2025

PATENT
ATTORNEY

변리사 1차
한권으로 끝내기

민법개론

시대에듀

2025
PATENT
ATTORNEY
변리사 1차
한권으로 끝내기
민법개론

머리말

변리사는 지식재산전문가로서 산업재산권에 관한 상담, 권리취득 및 분쟁해결 등에 관련된 제반 업무를 수행합니다. 첨단기술의 발달과 함께 변리사의 역할과 중요성은 나날이 커지고 있으며 그 수요 역시 꾸준히 증가하고 있으나, 고도로 기술적인 전문분야의 업무를 수행하는 만큼, 변리사가 되기 위해서는 관련 법규는 물론 특허 대상 분야에 대한 이해와 전문지식까지 요구되므로, 수험생들의 부담감 역시 상당한 것이 현실입니다.

「변리사 1차 민법개론 한권으로 끝내기」는 고득점자순으로 합격자가 결정되는 변리사 1차 시험을 준비하는 수험생 여러분을 위한 수험서입니다. 단 한 과목도 소홀히 할 수 없는 수험생 여러분을 위하여 본서는 최신 출제경향 및 학계동향을 정확하게 반영한 핵심이론과, 13개년 기출문제 및 상세해설을 한 권에 모두 수록하여 효율적인 시험준비에 도움이 되고자 하였습니다.

Always **with you**

사람의 인연은 길에서 우연하게 만나거나 함께 살아가는 것만을 의미하지는 않습니다.
책을 펴내는 출판사와 그 책을 읽는 독자의 만남도 소중한 인연입니다.
시대에듀는 항상 독자의 마음을 헤아리기 위해 노력하고 있습니다. 늘 독자와 함께하겠습니다.

『변리사 1차 민법개론 한권으로 끝내기』의 특징은 다음과 같습니다.

첫 째 최신 개정법령 및 기출문제의 출제경향을 완벽하게 반영하여 수록하였습니다.

둘 째 시대에듀 교수진의 철저한 검수를 통해 교재상의 오류를 없애고, 최신 학계동향을 정확하게 반영하여 출제가능성이 높은 테마를 빠짐없이 학습할 수 있도록 하였습니다.

셋 째 변리사 1차 시험의 기출문제를 완벽하게 분석하여 상세한 해설을 수록하였고, 기출표기를 통해 해당 문항의 중요도를 한눈에 파악할 수 있도록 하였습니다.

넷 째 보다 깊이 있는 학습을 원하는 수험생들은 본 도서를 교재로 사용하는 시대에듀 동영상 강의 (유료)를 통해 검증된 수준의 강의를 지원받을 수 있습니다.

본서가 수험생 여러분에게 합격의 지름길을 제시하는 안내서가 될 것을 확신하며, 본서로 공부하는 모든 수험생 여러분이 합격의 기쁨을 누리시길 바랍니다.

편저자 일동

혼자 공부하기 힘드시다면 방법이 있습니다.
시대에듀의 동영상 강의를 이용하시면 됩니다.
www.sdedu.co.kr ➜ 회원가입(로그인) ➜ 강의 살펴보기

시험안내

변리사란?

산업재산권에 관한 상담 및 권리취득이나 분쟁해결에 관련된 제반 업무를 수행하는 산업 재산권에 관한 전문자격사로서, 산업재산권의 출원에서 등록까지의 모든 절차를 대리하는 역할을 하는 사람

수행직무

- 산업재산권 분쟁사건 대리[무효심판 · 취소심판 · 권리범위확인심판 · 정정심판 · 통상 실시권허여심판 · 거절(취소)결정불복심판 등]
- 심판의 심결에 대해 특허법원 및 대법원에 소 제기하는 경우 그 대리
- 권리의 이전 · 명의변경 · 실시권 · 사용권 설정 대리
- 기업 등에 대한 산업재산권 자문 또는 관리업무 등 담당

시행처

한국산업인력공단

2024년 시험일정

구 분	원서접수	시험일자	합격자 발표
1차 시험	2024.01.15~2024.01.19	2024.02.24	2024.03.27
2차 시험	2024.04.22~2024.04.26	2024.07.26~2024.07.27	2024.10.30

※ 시험일정은 반드시 한국산업인력공단 홈페이지(https://www.q-net.or.kr/)를 다시 확인하시기 바랍니다.

시험과목

구 분		시험과목	시험시간	문항수	시험방법
1차	1교시	산업재산권법(특허법, 실용신안법, 상표법, 디자인보호법 및 조약 포함)	70분	과목당 40문항	객관식 (필기)
	2교시	민법개론(친족편 및 상속편 제외)			
	3교시	자연과학개론(물리, 화학, 생물 및 지구과학 포함)	60분		

합격기준

구 분	합격결정기준
1차 시험	영어능력검정시험의 해당 기준점수 이상 취득자로서, 영어과목을 제외한 나머지 과목에 대하여 매 과목 100점을 만점으로 하여 매 과목 40점 이상, 전 과목 평균 60점 이상을 득점한 자 중에서 전 과목 총득점에 의한 고득점자 순으로 결정
2차 시험	• 일반응시자 : 과목당 100점을 만점으로 하여 선택과목에서 50점 이상을 받고, 필수과목의 각 과목 40점 이상, 필수과목 평균 60점 이상을 받은 사람을 합격자로 결정 • 특허청경력자 　－ 특허법을 포함하여 필수과목 2과목을 응시하는 경우 : 과목당 100점을 만점으로 하여 각 과목 40점 이상을 받은 사람으로서 응시과목 평균점수가 60점(변리사법 시행령 제4조 제2항 단서에 따라 합격자를 결정하는 경우에는 합격자 중 최종 순위 합격자의 필수과목 평균점수) 이상인 사람을 합격자로 결정 　－ 특허법과 선택과목 1과목을 응시하는 경우 : 과목당 100점을 만점으로 하여 선택과목에서 50점 이상을 받은 사람으로서 특허법 점수가 60점(변리사법 시행령 제4조 제2항 단서에 따라 합격자를 결정하는 경우에는 합격자 중 최종 순위 합격자의 필수과목 평균점수) 이상인 사람을 합격자로 결정

공인어학성적 기준점수

시험명	TOEFL		TOEIC	TEPS	G-TELP	FLEX	IELTS
	PBT	IBT					
일반 응시자	560	83	775	385	77(level-2)	700	5
청각 장애인	373	41	387	245	51(level-2)	350	-

응시현황

구 분	1차 시험				2차 시험			
	대 상	응 시	합 격	합격률(%)	대 상	응 시	합 격	합격률(%)
2024년도	3,465	3,071	607	19.76	-	-	-	-
2023년도	3,640	3,312	665	20.07	1,184	1,116	209	18.72
2022년도	3,713	3,349	602	17.97	1,160	1,093	210	19.21
2021년도	3,380	3,305	613	20.20	1,193	1,111	201	18.09
2020년도	3,055	2,724	647	23.75	1,209	1,157	210	18.15

이 책의 구성과 특징

핵심이론

최근 13년간의 기출문제 보기지문을 바탕으로 핵심이론을 구성하였고, 기출연도와 함께 표시하여 반복출제된 내용을 파악할 수 있도록 하였습니다.

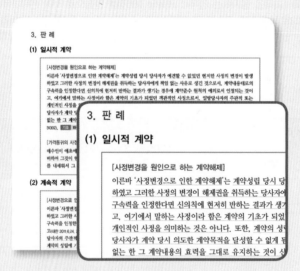

판례박스

심화학습이 필요한 부분에 대해서는 관련 판례를 수록하여 해당 이론을 보다 쉽게 이해할 수 있도록 하였습니다.

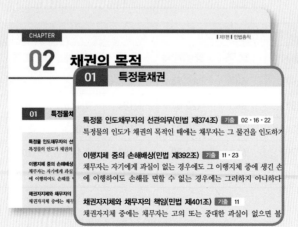

법령박스

학습의 토대가 되는 조문을 수록하여 어떠한 조문이 중요한지, 시험에 자주 출제되는지를 쉽게 파악할 수 있도록 하였습니다.

13개년 기출문제

매 CHAPTER별로 수록한 기출문제를 통해 문제해결능력을 습득할 수 있고, 2024년 최신 기출문제는 별도로 수록하여 최근 출제경향을 파악할 수 있도록 하였습니다.

상세해설 및 정답

최신 개정법령 및 출제포인트를 반영하여 상세해설을 수록하였습니다.

동영상 강의 교재

본 도서를 교재로 사용하는 시대에듀 동영상 강의(유료)가 진행되고 있습니다. 충분히 독학할 수 있도록 기획 제작되었으나, 내용이해가 어려운 수험생 여러분은 동영상 강의를 이용해 주시기 바랍니다.

이 책의 목차

이 책의 목차

CONTENTS

이 책의 목차

제1편

민법총칙

01 민법 서론

01 서 설

Ⅰ 민법의 의의

민법은 형식적으로 민법이라는 이름의 성문법전, 즉 민법전을 가리키지만, 실질적으로는 법질서 안에서의 지위에 착안하여 모든 사람들에게 일반적으로 적용되는 사법, 즉 일반사법을 말한다.

Ⅱ 민법의 성질

1. 사법으로서의 민법

(1) 공법과 사법

법을 공법과 사법으로 구별하는 경우, 통설인 주체설(국가나 공공단체 상호 간 또는 이들과 사인 간의 관계는 공법관계, 사인 간의 관계는 사법관계로 보는 견해)에 의하면 민법은 사법에 속한다.

(2) 사법의 내용

사법(私法)으로서의 민법의 내용에는 재산관계와 가족관계가 포함되어 있으며, 재산관계를 규율하는 법을 재산법(물권법, 채권법)이라 하고, 가족관계를 규율하는 법을 가족법(친족·상속법)이라 한다.

2. 일반사법으로서의 민법

민법은 일반법으로 사람·사항·장소 등에 특별한 제한 없이 일반적으로 적용되는 법이다. 한편 특정한 사람·사항·장소에 관하여만 적용되는 사법을 특별사법이라 한다. 일반법과 특별법을 구별하는 실익은 일반법과 특별법이 충돌되면 「특별법 우선의 원칙」에 따라 특별법이 먼저 적용되고, 특별법이 규율하지 않는 사항에 대하여 일반법이 적용된다는 점이다.

3. 실체법

민법은 실체법으로 직접 법률관계 자체, 즉 권리·의무에 관하여 규율하는 법이나. 이에 반하여 절차법은 권리·의무를 실현하는 절차를 정하는 법으로 민사소송법, 민사집행법, 가사소송법 등이 있다.

Ⅲ 민법의 형식

1. 형식적 의미의 민법

1958.2.22. 제정·공포되어 1960.1.1. 시행되고 있는 민법전을 의미한다.

2. 실질적 의미의 민법

특별사법 및 절차법을 제외한 모든 사람들에게 일반적으로 적용되는 사법, 즉 일반사법을 의미한다.

3. 형식적 의미의 민법이지만 실질적 의미의 민법은 아닌 것

민법전에 규정되어 있으나 민사에 관한 법률관계를 규율하지 않고, 그 내용이 행정벌이나 절차법에 관한 것인 경우가 있다.
① 행정벌 : 법인의 이사, 감사, 청산인에 대한 벌칙규정(민법 제97조)
② 절차법 : 강제이행에 관한 규정(민법 제389조)

02　민법의 법원(法源)

법원(민법 제1조)
민사에 관하여 '법률'에 규정이 없으면 '관습법'에 의하고 관습법이 없으면 '조리'에 의한다.

Ⅰ 의 의

1. 개 념

일반적으로 법원이란 「법의 존재형식」 내지 「법을 인식하는 근거가 되는 자료」로서의 의미를 갖는다.

2. 성문법과 불문법

성문법은 문장의 형식으로 표현되고 일정한 형식 및 절차에 따라서 제정되는 법이며, 성문법이 아닌 법을 불문법이라 한다.

3. 민법 제1조

① **법원의 종류 및 적용순서** : 민법 제1조는 민법의 법원과 그 적용순서를 정하고 있다. 즉 법률, 관습법 및 조리를 법원으로 인정하고, 이들의 적용순서에 관하여 1차적으로 법률, 법률이 없으면 관습법, 관습법도 없으면 조리에 의하도록 정하고 있는 것이다.

② **민사** : '민사'란 널리 사법관계를 의미한다.

③ **법률** : 민법 제1조의 법률은 형식적 의미의 법률만을 의미하는 것이 아니라 모든 법규범, 즉 성문법을 통칭한다.

Ⅱ 성문민법

성문민법에는 법률·명령·대법원규칙·조약·자치법이 있다.

1. 법 률

형식적 의미의 법률을 의미하며, 헌법이 정하는 절차에 따라 제정·공포되는 것이다(헌법 제53조 참조). 여기에는 민법전과 민법전 이외의 법률이 있다.

2. 명 령

국회가 아닌 다른 국가기관이 일정한 절차를 거쳐서 제정하는 법규로 제정권자에 따라서 대통령령·총리령·부령으로 나누어진다. 명령도 민사에 관하여 규정하고 있는 경우 민법의 법원이 된다.

3. 대법원규칙

대법원은 법률에 저촉되지 않는 범위 안에서 소송에 관한 절차, 법원의 내부규칙과 사무처리에 관한 규칙을 제정할 수 있는데(헌법 제108조), 이러한 대법원규칙이 민사에 관한 것이라면 민법의 법원이 된다.

4. 조 약

조약도 민사에 관한 것이라면 법원성이 긍정된다(헌법 제6조 제1항 참고).

5. 자치법

지방자치단체가 법률의 범위 내에서 그의 사무에 관하여 제정하는 조례나 규칙 속에 민사법규를 포함하는 경우에는 민법의 법원이 된다.

Ⅲ 불문민법

불문민법으로는 민법 제1조가 규정하고 있는 관습법과 조리가 있다. 또한 학설상으로 논의되는 판례와 헌법재판소결정에 대하여도 검토한다.

1. 관습법

(1) 관습법의 의의

관습법이란 사회의 거듭된 관행으로 생성한 사회생활규범이 사회의 법적 확신과 인식에 의하여 법적 규범으로 승인·강행되기에 이르는 것을 말하고, 관습법은 바로 법원으로서 법령과 같은 효력을 갖는 관습으로서 '법령에 저촉되지 않는 한' 법칙으로서의 효력이 있다(대판 1983.6.14. 80다 3231).

(2) 관습법의 성립

관행의 존재와 그 관행에 대한 일반적인 법적 확신의 취득으로 성립한다.

[1] 관습법이란 사회의 거듭된 관행으로 생성한 사회생활규범이 사회의 법적 확신과 인식에 의하여 법적 규범으로 승인·강행되기에 이른 것을 말하고, 그러한 관습법은 법원(法源)으로서 법령에 저촉되지 아니하는 한 법칙으로서의 효력이 있는 것이고, 또 사회의 거듭된 관행으로 생성한 어떤 사회생활규범이 법적 규범으로 승인되기에 이르렀다고 하기 위하여는 헌법을 최상위 규범으로 하는 전체 법질서에 반하지 아니하는 것으로서 정당성과 합리성이 있다고 인정될 수 있는 것이어야 하고, 그렇지 아니한 사회생활규범은 비록 그것이 사회의 거듭된 관행으로 생성된 것이라고 할지라도 이를 법적 규범으로 삼아 관습법으로서의 효력을 인정할 수 없다. [2] 사회의 거듭된 관행으로 생성된 사회생활규범이 관습법으로 승인되었다고 하더라도 사회 구성원들이 그러한 관행의 법적 구속력에 대하여 확신을 갖지 않게 되었다거나, 사회를 지배하는 기본적 이념이나 사회질서의 변화로 인하여 그러한 관습법을 적용하여야 할 시점에 있어서의 전체 법질서에 부합하지 않게 되었다면 그러한 관습법은 법적 규범으로서의 효력이 부정될 수밖에 없다. 기출 07·18 [3] [다수의견] 종의의 자격을 성년 남자로만 제한하고 여성에게는 종원의 자격을 부여하지 않는 종래 관습에 대하여 우리 사회 구성원들이 가지고 있던 법적 확신은 상당 부분 흔들리거나 약화되어 있고, 무엇보다도 헌법을 최상위 규범으로 하는 우리의 전체 법질서는 개인의 존엄과 양성의 평등을 기초로 한 가족생활을 보장하고, 가족 내의 실질적인 권리와 의무에 있어서 남녀의 차별을 두지 아니하며, 정치·경제·사회·문화 등 모든 영역에서 여성에 대한 차별을 철폐하고 남녀평등을 실현하는 방향으로 변화되어 왔으며, 앞으로도 이러한 남녀평등의 원칙은 더욱 강화될 것인바, 종중은 공동선조의 분묘수호와 봉제사 및 종원 상호 간의 친목을 목적으로 형성되는 종족단체로서 공동선조의 사망과 동시에 그 후손에 의하여 자연발생적으로 성립하는 것임에도, 공동선조의 후손 중 성년 남자만을 종중의 구성원으로 하고 여성은 종중의 구성원이 될 수 없다는 종래의 관습은, 공동선조의 분묘수호와 봉제사 등 종중의 활동에 참여할 기회를 출생에서 비롯되는 성별만에 의하여 생래적으로 부여하거나 원천적으로 박탈하는 것으로서, 위와 같이 변화된 우리의 전체 법질서에 부합하지 아니하여 정당성과 합리성이 있다고 할 수 없으므로, 종중 구성원의 자격을 성년 남자만으로 제한하는 종래의 관습법은 이제 더 이상 법적 효력을 가질 수 없게 되었다. [4] [다수의견] 종중이란 공동선조의 분묘수호와 제사 및 종원 상호 간의 친목 등을 목적으로 하여 구성되는 자연발생적인 종족집단이므로, 종중의 이러한 목적과 본질에 비추어 볼 때 공동선조와 성과 본을 같이 하는 후손은 성별의 구별 없이 성년이 되면 당연히 그 구성원이 된다고 보는 것이 조리에 합당하다(대 판[전합] 2005.7.21. 2002다1178). 기출 09·18

(3) 관습법과 사실인 관습의 차이

1) 법적 확신의 유무

사실인 관습은 사회의 관행에 의하여 발생한 사회생활규범인 점에서 관습법과 같으나 사회의 법적 확신이나 인식에 의하여 법적 규범으로서 승인된 정도에 이르지 않은 것이다(대판 1983.6.14. 80다3231).

2) 법직 효력

① 관습법 : 관습법은 바로 법원으로서 법령과 같은 효력을 갖는 관습으로서 법령에 저촉되지 않는 한 법칙으로서의 효력이 있는 것이다(제정법에 대한 열후적·보충적 효력).

> **[호주가 사망한 경우 딸에게 분재청구권을 인정하지 아니한 구 관습법(이하 '이 사건 관습법'이라 한다)이 헌법 재판소법 제68조 제2항에 의한 헌법소원심판의 대상이 되는지 여부(적극)]**
>
> 법률과 동일한 효력을 갖는 소약 능을 위헌법률심판의 대상으로 삼는 것은 헌법을 최고규범으로 하는 법질서의 통일성과 법적 안정성을 확보할 수 있을 뿐만 아니라, 합헌적인 법률에 의한 재판을 가능하게 하여 궁극적으로는 국민의 기본권 보장에 기여할 수 있다. 그런데 이 사건 관습법은 민법 시행 이전에 상속을 규율하는 법률이 없는 상황에서 재산상속에 관하여 적용된 규범으로서 비록 형식적 의미의 법률은 아니지만 실질적으로는 법률과 같은 효력을 갖는 것이므로 위헌법률심판의 대상이 된다(헌재결[전] 2013.2.28. 2009헌바129).

② 사실인 관습
- ㉠ 사실인 관습은 법령으로서의 효력이 없는 단순한 관행으로서 법률행위의 당사자의 의사를 보충함에 그치는 것이다.
- ㉡ 사실인 관습은 사적 자치가 인정되는 분야, 즉 그 분야의 제정법이 주로 임의규정일 경우에는 법률행위의 해석기준으로서 또는 의사를 보충하는 기능으로서 이를 재판의 자료로 할 수 있다.
- ㉢ 그 분야의 제정법이 주로 강행규정일 경우에는 그 강행규정 자체에 결함이 있거나 강행규정 스스로가 관습에 따르도록 위임한 경우 등 이외에는 법적 효력을 부여할 수 없다.

3) 주장·입증책임

① 관습법은 당사자의 주장·입증을 기다림이 없이 법원이 직권으로 확정하여야 한다. 다만, 관습은 그 존부 자체도 명확하지 않을 뿐만 아니라 그 관습이 사회의 법적 확신이나 법적 인식에 의하여 법적 규범으로까지 승인되었는지의 여부를 가리기는 더욱 어려운 일이므로, 법원이 이를 알 수 없는 경우 결국은 당사자가 이를 주장·입증할 필요가 있다.

② 사실인 관습은 그 존재를 당사자가 주장·입증하여야 한다.

> **[관습법과 사실인 관습의 구별]**
>
> [1] 관습법이란 사회의 거듭된 관행으로 생성한 사회생활규범이 사회의 법적 확신과 인식에 의하여 법적 규범으로 승인·강행되기에 이르른 것을 말하고, 사실인 관습은 사회의 관행에 의하여 발생한 사회생활규범인 점에서 관습법과 같으나 사회의 법적 확신이나 인식에 의하여 법적 규범으로서 승인된 정도에 이르지 않은 것을 말하는 바, 관습법은 바로 법원으로서 법령과 같은 효력을 갖는 관습으로시 법령에 저촉뇌지 않는 한 법칙으로시의 효력이 있는 것이며, 이에 반하여 사실인 관습은 법령으로서의 효력이 없는 단순한 관행으로서 법률행위의 당사자의 의사를 보충함에 그치는 것이다. `기출` `17·18` [2] 법령과 같은 효력을

갖는 관습법은 당사자의 주장 입증을 기다림이 없이 법원이 직권으로 이를 확정하여야 하고 사실인 관습은 그 존재를 당사자가 주장 입증하여야 하나, 관습은 그 존부자체도 명확하지 않을 뿐만 아니라 그 관습이 사회의 법적 확신이나 법적 인식에 의하여 법적 규범으로까지 승인되었는지의 여부를 가리기는 더욱 어려운 일이므로, 법원이 이를 알 수 없는 경우 결국은 당사자가 이를 주장입증할 필요가 있다. 기출 07·17·18
[3] 사실인 관습은 사적 자치가 인정되는 분야 즉 그 분야의 제정법이 주로 임의규정일 경우에는 법률행위의 해석기준으로서 또는 의사를 보충하는 기능으로서 이를 재판의 자료로 할 수 있을 것이나 이 이외의 즉 그 분야의 제정법이 주로 강행규정일 경우에는 그 강행규정 자체에 결함이 있거나 강행규정 스스로가 관습에 따르도록 위임한 경우등 이외에는 법적 효력을 부여할 수 없다(대판 1983.6.14. 80다3231).

2. 조 리

조리란 사물의 본성·자연의 이치를 말하며, 경험칙·사회통념·법의 일반원리 등으로 표현된다. 조리가 법원인지에 대해서는 학설의 대립이 있으나, 판례는 '섭외적 사건에 관하여 외국법규가 적용되는 경우, 법원에 관한 민사상 대원칙에 따라 외국법률, 외국관습법, 조리의 순으로 법원이 되는 것'이라고 판시한 적이 있다.

3. 판 례

불문법 국가인 영미법계 국가에서는 판례를 중요한 법원으로 보나, 성문법계 국가에서는 판례의 법원성에 대한 견해의 대립이 있다.

4. 헌법재판소결정

헌법재판소의 결정은 법원 기타 국가기관과 지방자치단체를 기속하므로(헌재법 제47조, 제67조, 제75조), 그 결정내용이 민사에 관한 것인 한 민법의 법원으로 된다.

03 민법의 기본원리

민법의 기본원리는 사유재산권 존중의 원칙(소유권 절대의 원칙), 계약 자유의 원칙(사적자치의 원칙), 과실책임의 원칙(자기책임의 원칙)을 내용으로 하는 근대민법의 기본원칙과 소유권 공공의 원칙, 계약 공정의 원칙, 무과실책임의 원칙을 내용으로 하는 근대민법의 수정원칙(현대민법의 원리)으로 구분할 수 있다.

[양자의 비교]

근대민법의 기본원칙	현대민법의 원리(근대민법의 수정원칙)
소유권 절대의 원칙(사유재산권 존중의 원칙)	소유권 공공의 원칙
계약 자유의 원칙	계약 공정의 원칙
과실책임의 원칙	무과실책임의 원칙

CHAPTER

01 민법 서론

01 서 설

02 민법의 법원

01 관습법과 관습에 관한 설명으로 옳은 것은?(다툼이 있으면 판례에 따름) [기출] 18

① 온천에 관한 권리는 관습법상의 물권이나 준물권이라고 볼 수 없다.

② 관습법은 사회의 거듭된 관행과 법적 확신이 없어도 성립된다.

③ 관습은 당사자의 주장·입증을 기다림이 없이 법원이 직권으로 이를 확정하여야 한다.

④ 공동선조와 성과 본을 같이하는 후손이면 미성년자라도 성별의 구별 없이 당연히 종중의 구성원이 된다.

⑤ 관습법이 사회생활규범으로 승인되었다면 사회를 지배하는 기본적 이념이나 사회질서의 변화로 인하여 그 관습법을 적용하여야 할 시점에 있어서의 전체 법질서에 부합하지 않게 되었더라도 그 법규범으로서의 효력이 인정된다.

해설　① (O) 온천에 관한 권리는 관습상의 물권이나 준물권이라 할 수 없고 온천수는 공용수 또는 생활상 필요한 용수에 해당되지 않는다(대판 1972.8.29. 72다1243).

　　② (×) 관습법이란 사회의 거듭된 관행으로 생성한 사회생활규범이 사회의 법적 확신과 인식에 의하여 법적 규범으로 승인·강행되기에 이른 것을 말하고, 사실인 관습은 사회의 관행에 의하여 발생한 사회생활규범인 점에서 관습법과 같으나 사회의 법적 확신이나 인식에 의하여 법적 규범으로서 승인된 정도에 이르지 않은 것을 말한다(대판 1983.6.14. 80다3231).

　　③ (×) 법령과 같은 효력을 갖는 관습법은 당사자의 주장입증을 기다림이 없이 법원이 직권으로 이를 확정하여야 하고 사실인 관습은 그 존재를 당사자가 주장입증하여야 한다(대판 1983.6.14. 80다3231).

　　④ (×) 종중은 공동선조의 분묘수호와 제사 및 종원 상호 간의 친목 등을 목적으로 하여 구성되는 **자연발생적인 종족집단**으로 그 공동선조와 성과 본을 같이하는 후손은 그 **의사와 관계없이 성년이 되면** 당연히 그 **구성원(종원)이 된다**(대판[전합] 2005.7.21. 2002다13850).

　　⑤ (×) 사회의 거듭된 관행으로 생성된 사회생활규범이 관습법으로 승인되었다고 하더라도 사회구성원들이 그러한 관행의 법적 구속력에 대하여 확신을 갖지 않게 되었다거나, 사회를 지배하는 기본적 이념이나 사회질서의 변화로 인하여 그러한 관습법을 적용하여야 할 시점에 있어서의 전체 법질서에 부합하지 않게 되었다면 그러한 관습법은 법적 규범으로서의 효력이 부정될 수밖에 없다(대판[전합] 2005.7.21. 2002다13850).

02 관습법과 사실인 관습에 관한 설명으로 옳지 않은 것은?(다툼이 있으면 판례에 따름) ^{기출} 17

① 관습법은 법원(法源)으로서 법령에 저촉되지 않는 한, 법칙으로서의 효력이 있다.

② 미등기무허가건물의 매수인은 그 소유권이전등기를 경료하지 않으면 건물의 소유권을 취득할 수 없지만, 소유권에 준하는 관습상의 물권이 인정될 수는 있다.

③ 종중의 명칭사용이 그에 관한 관습에 어긋난다고 하여도, 그러한 사실만으로 그 종중의 실체를 부인할 수는 없다.

④ 사실인 관습은 사적 자치가 인정되는 분야의 제정법이 임의규정인 경우에는 법률행위의 해석기준이 되므로, 이를 재판의 자료로 할 수 있다.

⑤ 제정법규와 배치되는 사실인 관습의 효력을 인정하려면, 그러한 관습을 인정할 수 있는 당사자의 주장과 입증이 있어야 할 뿐만 아니라 그 관습이 임의규정에 관한 것인지 여부를 심리·판단해야 한다.

해설 ① (○) 관습법은 바로 법원으로서 법령과 같은 효력을 갖는 관습으로서 법령에 저촉되지 않는 한 법칙으로서의 효력이 있는 것이며, 이에 반하여 사실인 관습은 법령으로서의 효력이 없는 단순한 관행으로서 법률행위의 당사자의 의사를 보충함에 그치는 것이다(대판 1983.6.14. 80다3231).

② (×) 미등기무허가건물의 양수인이라도 그 소유권이전등기를 경료하지 않는 한 그 건물의 소유권을 취득할 수 없고, 소유권에 준하는 관습상의 물권이 있다고도 할 수 없으며, 현행법상 사실상의 소유권이라고 하는 포괄적인 권리 또는 법률상의 지위를 인정하기도 어렵다(대판 2006.10.27. 2006다49000).

③ (○) 종중의 명칭사용이 비록 명칭사용에 관한 관습에 어긋난다고 하여도 그 점만 가지고 바로 그 종중의 실체를 부인할 수는 없다(대판 2002.6.28. 2001다5296).

④ (○) 사실인 관습은 사적 자치가 인정되는 분야 즉 그 분야의 제정법이 주로 임의규정일 경우에는 법률행위의 해석기준으로서 또는 의사를 보충하는 기능으로서 이를 재판의 자료로 할 수 있을 것이나 이 이외의 즉 그 분야의 제정법이 주로 강행규정일 경우에는 그 강행규정 자체에 결함이 있거나 강행규정 스스로가 관습에 따르도록 위임한 경우 등 이외에는 법적 효력을 부여할 수 없다(대판 1983.6.14. 80다3231).

⑤ (○) 가족의례준칙 제13조의 규정과 배치되는 사실인 관습의 효력을 인정하려면 그와 같은 관습을 인정할 수 있는 당사자의 주장과 입증이 있어야 할 뿐만 아니라 이 관습이 사적 자치가 인정되는 임의규정에 관한 것인지 여부를 심리판단하여야 한다(대판 1983.6.14. 80다3231).

---

03 **민법의 기본원리**

---

02 권리 일반

01 법률관계와 권리 · 의무

Ⅰ 법률관계

1. 의 의

법률관계는 인(人)의 생활관계 중 법규범에 의하여 규율되는 생활관계를 말한다(통설).

2. 내 용

법률관계가 아니면 법률관계 고유의 법적효과가 발생하지 않는다. 따라서 법률관계는 구체적으로 권리와 의무로 나타난다.

Ⅱ 권리 · 의무 및 구별개념

1. 권 리

(1) 의 의

통설(권리법력설)에 의하면, 권리란 법익을 향유하기 위하여 법에서 허용하는 힘이라 할 수 있다.

(2) 구별개념

① 권능 : 일반적으로 권리의 내용을 이루는 개개의 법률상의 힘을 말한다(소유권의 내용인 사용 · 수익 · 처분권능 등).

② 권한 : 타인을 위하여 일정한 행위를 하고, 그로 인한 법률효과를 타인에게 발생할 수 있게 하는 법률상의 자격이나 지위를 말한다(대리권, 대표권, 부재자재산관리인의 재산관리권 등).

③ 권원 : 일정한 법률상 또는 사실상 행위를 하는 것을 정당화 할 수 있는 법률상의 원인을 말한다(임차권은 타인의 부동산에 자기의 물건을 부속하여 그 부동산을 이용할 수 있는 법률상의 권원이 있다).

④ 반사적 이익 : 법률이 특정인 또는 일반인에게 어떤 행위를 명하거나 금지함으로써 다른 특정인 또는 일반인이 그 반사적 효과로서 받는 이익을 말한다.

2. 의 무

(1) 의 의

의무란 <u>의무자의 의사와는 무관하게 법에 의하여 강요되는 법률상의 구속</u>을 말한다.

(2) 권리와의 관계

보통 의무는 권리와 표리관계를 이루며 서로 대응하나, 언제나 권리와 의무가 상응하는 것은 아니다.

(3) 구별개념 : 간접의무(책무)

간접의무는 법이 규정한 대로 따르지 않은 경우 법이 정한 일정한 불이익을 받지만, 이행을 청구하거나 소구하는 것이 허용되지 않고, 불이행하는 경우에도 손해배상청구도 할 수 없다는 점에서 의무 또는 채무와 구별된다.

Ⅲ 사권의 분류

1. 작용(효력)에 따른 분류 ☞ : 작 · 지 · 청 · 항 · 형

지배권	• 권리의 객체를 직접 지배할 수 있는 권리 • 물권뿐만 아니라 무체재산권, 친권, 인격권 등이 이에 해당
청구권	• 특정인이 다른 특정인에 대하여 일정한 행위를 요구할 수 있는 권리로 채권이 대표적임
항변권 기출 07	• 상대방의 청구권은 인정하나, 그 작용만을 저지하는 권리 • 연기적 항변권 : 상대방의 권리행사를 일시적으로 저지하는 권리로, 동시이행항변권, 보증인의 최고 · 검색의 항변권이 이에 해당 • 영구적 항변권 : 상대방의 권리행사를 영구적으로 저지하는 권리로, 한정상속인의 한정승인의 항변권 등이 이에 해당
형성권	• 권리자의 일방적인 의사표시에 의하여 곧바로 법률관계의 변동(발생, 변경, 소멸)이 발생하는 권리 • 형성권에는 권리에 대응하는 의무가 없음 • 형성권은 조건에 친하지 않으나, 예외적으로 정지조건부 해제는 유효(대판 1992.8.18. 92다5928). • 형성권 행사의 의사표시는 철회를 할 수 없는 것이 원칙
	<div align="center">**권리자의 일방적 의사표시만으로 효과가 발생하는 형성권(대부분)**</div>
	• 동의권(민법 제5조, 제13조), 취소권(민법 제140조 이하), 추인권(민법 제143조 이하) • 계약의 해지 · 해제권(민법 제543조) • 상계권(민법 제492조) • 일방예약의 완결권(민법 제564조) • 약혼해제권(민법 제805조) • 상속포기권(민법 제1041조)
	<div align="center">**법원의 확정판결이 있어야만 법률효과가 발생하는 형성권**</div>
	• 채권자취소권(민법 제406조) • 친생부인권(민법 제846조) 등
	<div align="center">**성질이 형성권임에도 불구하고 청구권으로 불리는 것**</div>
	• 공유물분할청구권(민법 제268조) • 지상물매수청구권(민법 제283조 제2항, 제643조, 제644조, 제285조 제2항) • 부속물매수청구권(민법 제316조 제2항, 제646조, 제647조) • 지료(민법 제286조) · 전세금(민법 제312조의2) · 차임(민법 제628조)의 증감청구권 등

2. 내용에 따른 분류 🔟 : 내·인·신·사·재

인격권	• 권리자 자신을 객체로 하는 것으로 권리자와 분리할 수 없는 권리 • 생명권, 신체권, 초상권, 자유권, 명예권 등
가족권 (신분권)	• 친족관계에서 발생하는 신분적 이익을 내용으로 하는 권리 • 친권, 부부간의 동거청구권, 협력부조권, 친족 간 부양청구권, 상속권 등
사원권	• 단체의 구성원이 그 구성원의 지위에서 단체에 대하여 갖는 권리 • 의결권, 납부십행감독권, 이익배당청구권 등
재산권	• 금전으로 평가될 수 있는 경제적 이익을 내용으로 하는 권리 • 물권, 채권, 무체재산권, 위자료청구권 등

3. 기타의 분류

(1) 절대권(대세권)과 상대권(대인권)

① 절대권 : 모든 자에게 주장할 수 있는 권리로 물권, 지적재산권, 친권, 인격권이 이에 해당한다.

② 상대권 : 특정인에 대해서만 주장할 수 있는 권리로 채권이 이에 해당한다.

(2) 일신전속권과 비전속권

① 일신전속권 : ㉠ 행사상의 일신전속권과 ㉡ 귀속상의 일신전속권의 두 가지가 있다.

② 비전속권 : 대부분의 재산권이 이에 해당하며 양도, 상속, 대위, 대리가 가능한 권리이다.

(3) 주된 권리와 종된 권리

주된 권리는 독립성을 가지는 권리를 말하고, 종된 권리는 다른 권리에 종속된 권리를 말한다.

(4) 기대권

권리가 발생하기 위한 요건 중 일부만을 갖추어 장래 남은 요건이 갖추어지면 권리를 취득할 수 있는 상태에 대하여 법이 보호해 주는 것을 말한다.

02 신의성실의 원칙

I 신의성실의 원칙

신의성실(민법 제2조)
① 권리의 행사와 의무의 이행은 신의에 좇아 성실히 하여야 한다.
② 권리는 남용하지 못한다.

1. 의 의

신의성실의 원칙은 법률관계의 당사자가 상대방의 이익을 배려하여 형평에 어긋나거나, 신뢰를 저버리는 내용 또는 방법으로 권리를 행사하거나 의무를 이행하여서는 아니 된다는 추상적인 규범이다(대판 2011.2.10, 2009다68941).

2. 연 원

로마법에 연원을 두고 주로 채권법 영역에서 발전하였다.

3. 강행규정

판례는 「신의성실의 원칙에 반하는 것 또는 권리남용은 강행규정에 위배되는 것이므로 당사자의 주장이 없더라도 법원은 직권으로 판단할 수 있다」고 판시하였다(대판 1998.8.21. 97다37821).

기출 10 · 16 · 21

4. 적용범위

신의칙은 재산법뿐만 아니라 가족법, 강제집행법, 소송법, 행정법규 등 공법 영역, 노동법 등에도 포괄적으로 적용된다(통설 · 판례).

- 일반 행정법률관계에서 관청의 행위에 대하여 신의칙이 적용되기 위해서는 합법성의 원칙을 희생하여서라도 처분의 상대방의 신뢰를 보호함이 정의의 관념에 부합하는 것으로 인정되는 특별한 사정이 있을 경우에 한하여 예외적으로 적용된다(대판 2004.7.22. 2002두11233).
- 항소권과 같은 소송법상의 권리에 대하여도 신의성실의 원칙의 파생원칙인 실효의 원칙이 적용될 수 있다(대판 1996.7.30. 94다51840).
- 채무자의 소멸시효에 기한 항변권의 행사도 우리 민법의 대원칙인 신의성실의 원칙과 권리남용금지의 원칙의 지배를 받는 것으로 보아야 한다(대판 2014.5.29. 2011다95847).

5. 관련 판례

[신의칙상 인정되는 고지의무]
- 부동산 거래에 있어 거래 상대방이 일정한 사정에 관한 고지를 받았더라면 그 거래를 하지 않았을 것임이 경험칙상 명백한 경우에는 신의성실의 원칙상 사전에 상대방에게 그와 같은 사정을 고지할 의무가 있으며, 그와 같은 고지의무의 대상이 되는 것은 직접적인 법령의 규정뿐 아니라 널리 계약상, 관습상 또는 조리상의 일반원칙에 의하여도 인정될 수 있고, 일단 고지의무의 대상이 되는 사실이라고 판단되는 경우 이미 알고 있는 자에 대하여는 고지할 의무가 별도로 인정될 여지가 없지만, 상대방에게 스스로 확인할 의무가 인정되거나 거래관행상 상대방이 당연히 알고 있을 것으로 예상되는 예외적인 경우가 아닌 한, 실제 그 대상이 되는 사실을 알지 못하였던 상대방에 대하여는 비록 알 수 있었음에도 알지 못한 과실이 있다 하더라도 그 점을 들어 추후 책임을 일부 제한할 여지가 있음은 별론으로 하고 고지의 의무 자체를 면하게 된다고 할 수는 없다(대판 2007.6.1. 2005다5812 · 5829 · 5836). 기출 12 · 18

- [1] 아파트 분양자는 아파트 단지 인근에 쓰레기 매립장이 건설예정인 사실을 분양계약자에게 고지할 신의칙상 의무를 부담한다. **기출** 09·19 [2] 고지의무 위반은 부작위에 의한 기망행위에 해당하므로 원고들로서는 기망을 이유로 분양계약을 취소하고 분양대금의 반환을 구할 수도 있고 분양계약의 취소를 원하지 않을 경우 그로 인한 손해배상만을 청구할 수도 있다. **기출** 22 [3] 아파트 분양자가 아파트 단지 인근에 쓰레기 매립장이 건설예정인 사실을 분양계약자에게 고지하지 않은 경우, 그 후 부동산 경기의 상승에 따라 아파트의 시가가 상승하여 분양가격을 상회하는데도, 분양계약자의 손해액을 쓰레기 매립장 건설을 고려한 아파트의 가치 하락액 상당으로 본다(대판 2006.10.12. 2004다48515)

[신의칙상 인정되는 보호의무]

- 병원은 병실에의 출입자를 통제·감독하든가 그것이 불가능하다면 최소한 입원환자에게 휴대품을 안전하게 보관할 수 있는 시정장치가 있는 사물함을 제공하는 등으로 입원환자의 휴대품 등의 도난을 방지함에 필요한 적절한 조치를 강구하여 줄 신의칙상의 보호의무가 있다고 할 것이다(대판 2003.4.11. 2002다63275).
- 사용자는 근로계약에 수반되는 신의칙상의 부수적 의무로서 피용자가 노무를 제공하는 과정에서 생명, 신체, 건강을 해치는 일이 없도록 인적·물적 환경을 정비하는 등 필요한 조치를 강구하여야 할 보호의무를 부담하고, 이러한 보호의무를 위반함으로써 피용자가 손해를 입은 경우 이를 배상할 책임이 있다(대판 2001.7.27. 99다56734).
- 숙박업자는 고객에게 위험이 없는 안전하고 편안한 객실 및 관련시설을 제공함으로써 고객의 안전을 배려하여야 할 보호의무를 부담하며 이러한 의무는 숙박계약의 특수성을 고려하여 신의칙상 인정되는 부수적인 의무에 해당한다(대판 1994.1.28. 93다43590).

Ⅱ 사정변경의 원칙

1. 의 의

사정변경의 원칙이란 법률행위 당시의 기초가 된 객관적 사정의 현저한 변화로 최초에 약정한 내용을 당사자에게 강제하는 것이 형평에 어긋나게 되어 신의칙상 계약을 변경하거나, 해제 또는 해지할 수 있게 하도록 하는 원칙으로 신의칙의 파생원칙 중 하나이다.

2. 사정변경의 원칙의 적용요건

① 법률행위 당시의 기초가 된 객관적 사정의 현저한 변경이 있을 것
② 사정변경에 해제권을 취득하는 당사자에게 귀책사유가 없을 것
③ 법률행위 당시 사정변경을 예견할 수 없었을 것
④ 종전의 계약관계를 유지하는 것이 법률행위 당사자에게 심히 부당할 것

3. 판 례

(1) 일시적 계약

[사정변경을 원인으로 하는 계약해제]

이른바 '사정변경으로 인한 계약해제'는 계약성립 당시 당사자가 예견할 수 없었던 현저한 사정의 변경이 발생하였고 그러한 사정의 변경이 해제권을 취득하는 당사자에게 책임 없는 사유로 생긴 것으로서, 계약내용대로의 구속력을 인정한다면 신의칙에 현저히 반하는 결과가 생기는 성우에 계약준수 원칙의 예외로서 인정되는 것이고, 여기에서 말하는 사정이라 함은 계약의 기초가 되었던 객관적인 사정으로서, 일방당사자의 주관적 또는 개인적인 사정을 의미하는 것은 아니다. 또한, 계약의 성립에 기초가 되지 아니한 사정이 그 후 변경되어 일방당사자가 계약 당시 의도한 계약목적을 달성할 수 없게 됨으로써 손해를 입게 되었다 하더라도 특별한 사정이 없는 한 그 계약내용의 효력을 그대로 유지하는 것이 신의칙에 반한다고 볼 수도 없다(대판 2007.3.29. 2004다31302). 기출 19

[가격등귀의 사정변경 해당 여부]

매수인이 애초에 계약할 당시의 금액표시대로 잔대금을 제공한다면, 그 동안에 앙등한 매매 목적물의 가격에 비하여 그것이 현저히 균형을 잃은 이행이 되는 경우라 하더라도, 민법상 매도인으로 하여금 사정변경의 원리를 내세워서 그 매매계약을 해제할 수 있는 권리는 생기지 아니한다(대판 1963.9.12. 63다452).

(2) 계속적 계약

[사정변경으로 인한 계약해지]

이른바 '사정변경으로 인한 계약해지'는 계약성립 당시 당사자가 예견할 수 없었던 현저한 사정의 변경이 발생하였고 그러한 사정의 변경이 해지권을 취득하는 당사자에게 책임 없는 사유로 생긴 것으로서, 계약내용대로의 구속력을 인정한다면 신의칙에 현저히 반하는 결과가 생기는 경우에 계약준수 원칙의 예외로서 인정되는 것이고(대판 2011.6.24. 2008다44368), 여기서 말하는 사정이라 함은 계약의 기초가 되었던 객관적인 사정으로서, 일방당사자의 주관적 또는 개인적인 사정을 의미하는 것은 아니라 할 것이다(대판 2007.3.29. 2004다31302). 따라서 계약의 성립에 기초가 되지 아니한 사정이 그 후 변경되어 일방 당사자가 계약 당시 의도한 계약 목적을 달성할 수 없게 됨으로써 손해를 입게 되었다 하더라도 특별한 사정이 없는 한 그 계약 내용의 효력을 그대로 유지하는 것이 신의칙에 반한다고 볼 수 없다. 이러한 법리는 계속적 계약관계에서 사정변경을 이유로 계약의 해지를 주장하는 경우에도 마찬가지로 적용된다(대판[전합] 2013.9.26. 2013다26746).

[근보증]

판례는 계속적 계약 중의 하나인 근보증의 경우 사정변경을 이유로 근보증계약의 해지를 명시적으로 인정하고 있다(대판 2000.3.10. 99다61750).

[확정채무의 보증과 계약해지]

회사의 이사가 채무액과 변제기가 특정되어 있는 회사 채무에 대하여 보증계약을 체결한 경우에는 계속적 보증이나 포괄근보증의 경우와는 달리 이사직 사임이라는 사정변경을 이유로 보증인인 이사가 일방적으로 보증계약을 해지할 수 없다(대판 2006.7.4. 2004다30675). 기출 08 · 16 · 18

> **[특정채무의 보증과 책임범위의 제한]**
> 채권자와 채무자 사이에 계속적인 거래관계에서 발생하는 불확정한 채무를 보증하는 이른바 계속적 보증의
> 경우뿐만 아니라 특정채무를 보증하는 일반보증의 경우에 있어서도, 채권자의 권리행사가 신의칙에 비추어
> 용납할 수 없는 성질의 것인 때에는 보증인의 책임을 제한하는 것이 예외적으로 허용될 수 있을 것이나, 일단
> 유효하게 성립된 보증계약에 따른 책임을 신의칙과 같은 일반원칙에 의하여 제한하는 것은 자칫 잘못하면 사적
> 자치의 원칙이나 법적 안정성에 대한 중대한 위협이 될 수 있으므로 신중을 기하여 극히 예외적으로 인정하여야
> 한다(대판 2004.1.27. 2003다45410). **기출 00**
>
> **[차임불증액 특약이 있는 경우 차임증액청구]**
> 임대차계약에 있어서 차임불증액의 특약이 있더라도 그 약정 후 그 특약을 그대로 유지시키는 것이 신의칙에
> 반한다고 인정될 정도의 사정변경이 있다고 보여지는 경우에는 형평의 원칙상 임대인에게 차임증액청구를 인
> 정하여야 한다(대판 1996.11.12. 96다34061).

Ⅲ 권리남용금지의 원칙

1. 신의칙과의 관계

학설은 ① 권리행사가 신의칙에 반하는 경우에는 권리남용이 된다는 견해(다수설), ② 권리남용
금지는 신의칙의 파생원칙이라는 견해 등이 있으나, 판례는 다수설과 같이 「권리행사가 신의성
실에 반하는 경우에는 권리남용이 된다」고 판시하고 있다(대판 2007.1.25. 2005다67223).

2. 적용범위

소권, 항변권, 형성권의 행사 등도 권리남용이 될 수 있고, 소멸시효의 완성을 주장하는 것도
권리남용이 될 수 있으며, 확정판결에 기한 권리를 행사하는 것도 경우에 따라서는 권리남용이
될 수 있다.

3. 권리남용 성립요건

(1) 객관적 요건

권리남용이 성립하기 위해서는 ① 행사할 권리가 존재하여야 하며, ② 권리의 행사라고 볼 수
있는 행위가 존재하여야 하고, ③ 권리행사로 권리행사자의 이익과 그로 인하여 침해되는 상대방
의 이익 사이에 현저한 불균형이 있어야 한다.

(2) 주관적 요건

1) 학 설
통설은 객관적 요건만 갖추면 족하고, 주관적 요건은 불필요하다고 한다.

2) 판 례

① 주류적인 판례는 통설과 달리 주관적 요건(가해의사)이 필요하다고 보고 있다(대판 2006.11.23, 2004다44285).

> 권리행사가 권리의 남용에 해당한다고 할 수 있으려면, 주관적으로는 그 권리행사의 목적이 오직 상대방에게 고통을 주고 손해를 입히려는 데 있을 뿐 권리를 행사하는 사람에게 아무런 이익이 없는 경우이어야 하고, 객관적으로는 그 권리행사가 사회질서에 위반된다고 볼 수 있어야 하는 것이며, 이와 같은 경우에 해당하지 않는 한 비록 그 권리의 행사에 의하여 권리행사자가 얻는 이익보다 상대방이 입을 손해가 현저히 크다고 하여도 그러한 사정만으로는 이를 권리남용이라 할 수 없다고 할 것이다(대판 2002.9.4, 2002다22083·22090 등). 기출 14

② 다만, 객관적 요건이 존재하는 경우에는 주관적 요건이 추정된다고 한다(대판 2010.2.25, 2009다79378). 기출 07

③ 반면 상계권 행사(대판 2003.4.11, 2002다59481) 기출 07 와 상표권 행사(대판 2007.1.25, 2005다67223) 기출 14 가 권리남용에 해당하는지 여부가 문제된 사안에서는 주관적 요건을 반드시 필요로 하는 것은 아니라고 하였다.

4. 권리남용의 효과 기출 21

권리자의 권리 자체가 소멸되는 것은 아니다. 단지 청구권의 행사가 권리남용으로 인정되면 법에 의한 조력을 받지 못하게 되고, 상대방에게 항변권이 생기게 되는 것이며, 형성권의 경우에는 권리자의 권리행사에 따른 법적 효과가 발생하지 않게 되는 것이다.

> **[판결에 대한 강제집행이 권리남용에 해당하는 경우]**
> 채권자가 채권을 확보하기 위하여 제3자의 부동산을 채무자에게 명의신탁하도록 한 다음 동 부동산에 대하여 강제집행을 하는 따위의 행위는 신의칙에 비추어 허용할 수 없다(대판 1981.7.7, 80다2064). 기출 19
>
> **[부당이득반환청구 또는 불법행위에 기한 손해배상청구]**
> 소송당사자가 허위의 주장으로 법원을 기망하고 상대의 권리를 해할 의사로 상대방의 소송관여를 방해하는 등 부정한 방법으로 실체의 권리관계와 다른 내용의 확정판결을 취득하여 그 판결에 기하여 강제집행을 하는 것은 정의에 반하고 사회생활상 도저히 용인될 수 없는 것이어서 권리남용에 해당한다고 할 것이지만, 위 확정판결에 대한 재심의 소가 각하되어 확정되는 등으로 위 확정판결이 취소되지 아니한 이상 위 확정판결에 기한 강제집행으로 취득한 채권을 법률상 원인 없는 이득이라고 하여 반환을 구하는 것은 위 확정판결의 기판력에 저촉되어 허용될 수 없다(대판 2001.11.13, 99다32905). 다만, 확정판결에 기한 강제집행이 권리남용에 해당하는 이상 위 강제집행은 상대방에 대한 관계에서 불법행위를 구성한다. 기출 07·16
>
> **[유치권의 남용]**
> 유치권제도와 관련하여서는 거래당사자가 유치권을 자신의 이익을 위하여 고의적으로 작출함으로써 유치권의 최우선순위담보권으로서의 지위를 부당하게 이용하고 전체 담보권질서에 관한 법의 구상을 왜곡할 위험이 내재한다. 따라서 개별 사안의 구체적인 사정을 종합적으로 고려할 때 신의성실의 원칙에 반한다고 평가되는 유치권제도 남용의 유치권 행사는 허용될 수 없다(대판 2014.12.11, 2014다53462). 기출 21

[채무자의 시효완성의 주장이 권리남용이 되는 경우]

채무자의 소멸시효에 기한 항변권의 행사도 우리 민법의 대원칙인 신의성실의 원칙과 권리남용금지의 원칙의 지배를 받는 것이어서, 채무자가 시효완성 전에 채권자의 권리행사나 시효중단을 불가능 또는 현저히 곤란하게 하였거나, 그러한 조치가 불필요하다고 믿게 하는 행동을 하였거나, 객관적으로 채권자가 권리를 행사할 수 없는 장애사유가 있었거나, 또는 일단 시효완성 후에 채무자가 시효를 원용하지 아니할 것 같은 태도를 보여 권리자로 하여금 그와 같이 신뢰하게 하였거나, 채권자 보호의 필요성이 크고, 같은 조건의 다른 채권자가 채무의 변제를 수령하는 등의 사정이 있어 채무이행의 거절을 인정함이 현저히 부당하거나 불공평하게 되는 등의 특별한 사정이 있는 경우에는 채무자가 소멸시효의 완성을 주장하는 것이 신의성실의 원칙에 반하여 권리남용으로서 허용될 수 없다(대판 2011.1.13. 2009다103950). **기출 21**

[송금의뢰인이 착오송금임을 이유로 수취은행에 송금액의 반환을 요청하고 수취인도 착오송금을 인정하여 수취은행에 반환을 승낙하고 있는 경우, 수취은행이 수취인에 대한 대출채권 등을 자동채권으로 하여 수취인 계좌에 착오송금된 금원 상당의 예금채권과 상계하는 것이 송금의뢰인에 대한 관계에서 신의칙에 반하거나 상계권 남용인지 여부(원칙적 적극) / 이때 수취인의 계좌에 착오로 입금된 금원 상당의 예금채권이 이미 제3자에 의하여 압류되었다는 특별한 사정이 있는 경우, 수취은행이 수취인에 대한 대출채권 등을 자동채권으로 하여 수취인의 예금채권과 상계할 수 있는 범위(= 피압류채권액의 범위 내)]

송금의뢰인이 착오송금임을 이유로 거래은행을 통하여 혹은 수취은행에 직접 송금액의 반환을 요청하고, 수취인도 송금의뢰인의 착오송금에 의하여 수취인의 계좌에 금원이 입금된 사실을 인정하여 수취은행에 그 반환을 승낙하고 있는 경우, 수취은행이 수취인에 대한 대출채권 등을 자동채권으로 하여 수취인의 계좌에 착오로 입금된 금원 상당의 예금채권과 상계하는 것은 수취은행이 선의인 상태에서 수취인의 예금채권을 담보로 대출을 하여 그 자동채권을 취득한 것이라거나 그 예금채권이 이미 제3자에 의하여 압류되었다는 등의 특별한 사정이 없는 한, 공공성을 지닌 자금이체시스템의 운영자가 그 이용자인 송금의뢰인의 실수를 기화로 그의 희생하에 당초 기대하지 않았던 채권회수의 이익을 취하는 행위로서 상계제도의 목적이나 기능을 일탈하고 법적으로 보호받을 만한 가치가 없으므로, 송금의뢰인에 대한 관계에서 신의칙에 반하거나 상계에 관한 권리를 남용하는 것이다. 수취인의 계좌에 착오로 입금된 금원 상당의 예금채권이 이미 제3자에 의하여 압류되었다는 특별한 사정이 있어 수취은행이 수취인에 대한 대출채권 등을 자동채권으로 하여 수취인의 그 예금채권과 상계하는 것이 허용되더라도 이는 피압류채권액의 범위 내에서만 가능하고, 그 범위를 벗어나는 상계는 신의칙에 반하거나 권리를 남용하는 것으로서 허용되지 않는다(대판 2022.7.14. 2020다212958).

Ⅳ 모순행위금지의 원칙(금반언의 원칙)

1. 의 의

권리자의 권리행사가 그의 종전의 행동과 모순되는 경우에는 그러한 권리행사는 허용되지 않는다는 원칙을 말한다.

2. 적용 요건

① 행위자의 선행행위가 있을 것
② 상대방은 선행행위로 인하여 정당한 신뢰를 형성하였을 것, 즉 상대방의 보호가치 있는 신뢰가 있을 것
③ 행위자가 선행행위와 모순되는 후행행위를 하였을 것

3. 판례

(1) 금반언 내지 신의칙에 반하는 사례

> 甲이 대리권 없이 乙소유의 부동산을 丙에게 매도하여 소유권이전등기를 마쳐주었다면 그 매매계약은 무효이고 이에 터잡은 이전등기 역시 무효가 되나, 甲은 乙의 무권대리인으로서 민법 제135조 제1항의 규정에 의하여 매수인 丙에게 부동산에 대한 소유권이전등기를 이행할 의무가 있으므로 그러한 지위에 있는 甲이 乙로부터 부동산을 상속받아 그 소유자가 되며 소유권이전등기이행의무를 이행하는 것이 가능하게 된 시점에서 자신이 소유자라고 하여 자신으로부터 부동산을 전전매수한 丁에게 원래 자신의 매매행위가 무권대리행위여서 무효였다는 이유로 丁 앞으로 경료된 소유권이전등기가 무효의 등기라고 주장하여 그 등기의 말소를 청구하거나 부동산의 점유로 인한 부당이득의 반환을 구하는 것은 금반언의 원칙이나 신의성실의 원칙에 반하여 허용될 수 없다(대판 1994.9.27. 94다20617).

(2) 금반언 내지 신의칙에 반하지 않는 사례

> • 강행법규인 국토이용관리법 제21조의3 제1항, 제7항을 위반하였을 경우에 있어서 위반한 자 스스로가 무효를 주장함이 신의성실의 원칙에 위배되는 권리의 행사라는 이유로서 이를 배척한다면 위에서 본 국토이용관리법의 입법취지를 완전히 몰각시키는 결과가 되므로, 거래당사자 사이의 약정내용과 취득목적대로 관할관청에 토지거래허가신청을 하였을 경우에 그 신청이 국토이용관리법 소정의 허가기준에 적합하여 허가를 받을 수 있었으나 다른 급박한 사정으로 이러한 절차를 회피하였다고 볼만한 특단의 사정이 엿보이지 아니하는 한, 그러한 주장이 신의성실의 원칙에 반한다고는 할 수 없다(대판 1993.12.24. 93다44319 · 44326). 기출 07 · 16
> • 강행법규에 위반하여 무효인 수익보장약정이 투자신탁회사가 먼저 고객에게 제의함으로써 체결된 것이라고 하더라도, 이러한 경우에 강행법규를 위반한 투자신탁회사 스스로가 그 약정의 무효를 주장함이 신의칙에 위반되는 권리의 행사라는 이유로 그 주장을 배척한다면, 이는 오히려 강행법규에 의하여 배제하려는 결과를 실현시키는 셈이 되어 입법취지를 완전히 몰각하게 되므로, 달리 특별한 사정이 없는 한 위와 같은 주장이 신의성실의 원칙에 반하는 것이라고 할 수 없다(대판 1999.3.23. 99다4405). 기출 08 · 10 · 14
> • 유류분을 포함한 상속의 포기는 상속이 개시된 후 일정한 기간 내에만 가능하고, 가정법원에 신고 하는 등 일정한 절차와 방식을 따라야만 그 효력이 있으므로, 상속인이 상속개시 전인 피상속인의 생존 시에 피상속인에 대하여 상속을 포기하기로 약정하였다고 하더라도, 상속개시 후에 자신의 상속권을 주장하는 것은 정당한 권리행사로서 신의칙에 반하지 않는다(대판 1998.7.24. 98다9021).
> • 인지청구권은 포기할 수 없고, 포기하였다 하더라도 효력이 발생할 수 없고, 한편 인지청구권을 조정이나 화해로 포기하였다고 하더라도 인지청구가 금반언의 원칙에 반하거나 권리남용에 해당한다고 할 수 없다(대판 1999.10.8. 98므1698).
> • 단체협약 등 노사합의의 내용이 근로기준법의 강행규정을 위반하여 무효인 경우에, 그 무효를 주장하는 것이 신의성실의 원칙(이하 '신의칙'이라 한다)에 위배되는 권리의 행사라는 이유로 이를 배척한다면 강행규정으로 정한 입법 취지를 몰각시키는 결과가 될 것이므로, 그러한 주장은 신의칙에 위배된다고 볼 수 없음이 원칙이다. 다만 신의칙을 적용하기 위한 일반적인 요건을 갖추고 근로기준법의 강행규정성에도 불구하고 신의칙을 우선하여 적용할 만한 특별한 사정이 있는 예외적인 경우에 한하여 그 노사합의의 무효를 주장하는 것은 신의칙에 위배되어 허용될 수 없다. 노사가 협의하여 정기상여금은 통상임금에 해당하지 않는다는 것을 전제로 정기상여금을 통상임금 산정 기준에서 제외하기로 합의하고 이에 기초하여 임금수준을 정한 경우, 근로자가 정기상여금을 통상임금에 가산하고 이를 토대로 추가적인 법정수당의 지급을 청구함으로써 사용자에게 과도한 재정적 부담을 지워 중대한 경영상 어려움을 초래하거나 기업의 존립을 위태롭게 하는 것은 신의칙에 반할 수 있다. 그러나 통상임금에서 제외하기로 하는 노사합의가 없는 임금에 대해서는 근로자가 이를 통상임금에 가산하고 이를 토대로 추가적인 법정수당의 지급을 청구하더라도 신의칙에 반한다고 볼 수 없다(대판 2021.6.10. 2017다52712).

V 실효의 원칙

1. 의 의

실효의 원칙이란 권리자가 실제로 권리를 행사할 수 있는 기회가 있어서 그 권리를 행사할 수 있었음에도 불구하고 상당한 기간이 경과하도록 그 권리를 행사하지 아니하여 의무자인 상대방으로서도 이제는 권리자가 권리를 행사하지 아니할 것으로 신뢰될 만한 정당한 기대를 가지게 된 경우에 새삼스럽게 권리자가 그 권리를 행사하는 것은 법질서 전체를 지배하는 신의성실의 원칙에 위배되어 허용되지 아니한다는 것을 의미한다(대판 2011.4.28. 2010다89654). 이 원칙의 근거는 신의칙상의 모순행위금지의 원칙에서 찾을 수 있어, 신의칙의 파생원칙으로 이해하는 것이 일반적이다.

2. 적용 요건

① 권리자가 실제로 권리를 행사할 수 있는 기대가능성이 있었음에도 불구하고
② 상당한 기간이 경과하도록 권리를 행사하지 않았을 것
③ 의무자인 상대방으로서도 이제는 권리자의 권리 불행사를 신뢰할 만한 정당한 기대를 가지게 되었을 것
④ 그럼에도 불구하고 권리자가 새삼스럽게 권리를 행사하는 것일 것

3. 적용범위

판례는 사법상 권리뿐만 아니라 공법상 권리, 근로관계상의 권리, 소권, 항소권 등 소송법상 권리(대판 1996.7.30. 94다51840) 등에도 적용될 수 있다고 한다.

> 비록 친자관계의 직접 당사자인 호적상 부모가 사망한 때로부터 오랜 기간 경과한 후에 소를 제기하였다 하더라도 그것만으로 신의칙에 반하는 소송행위라고 볼 수는 없다 할 것이므로, 달리 특별한 사정이 없는 한 친생자관계부존재확인의 소가 소권의 남용이라는 명목으로 쉽게 배척되어서는 안 될 것이다(대판 2004.6.24. 2004므405).

4. 관련 판례

(1) 권리의 실효를 인정한 사례

> **[해제권의 실효]**
> 매도인에게 해제권이 발생하였음에도 불구하고 오랫동안 행사하지 않고 있어서 매수인으로서는 더 이상 매도인이 해제권을 행사하지 않을 것이라는 신뢰를 갖게 된 경우 매도인의 해제권 행사는 신의성실의 원칙에 반하여 허용되지 아니하고, 다시 매매계약을 해제하기 위해서는 다시 이행제공을 하면서 최고를 하여야 한다(대판 1994.11.25. 94다12234).

[소권의 실효]

회사로부터 퇴직금을 수령하고 징계면직처분에 대해 전혀 다툼이 없이 다른 생업에 종사해 오다가 징계면직일로부터 2년 10개월이 지난 때에 제기한 해고무효확인의 소는 실효의 원칙에 비추어 허용될 수 없다(대판 2000.4.25. 99다34475).

(2) 권리의 실효를 부정한 사례

- 토지소유자가 그 점유자에 대하여 장기간 적극적으로 권리를 행사하지 아니하였다는 사정만으로는 부당이득 반환청구권이 이른바 실효의 원칙에 따라 소멸하였다고 볼 수 없다(대판 2002.1.8. 2001다60019).
- 인지청구권은 본인의 일신전속적인 신분관계상의 권리로서 포기할 수도 없으며 포기하였더라도 그 효력이 발생할 수 없는 것이고, 이와 같이 인지청구권의 포기가 허용되지 않는 이상 거기에 실효의 법리가 적용될 여지도 없다(대판 2001.11.27. 2001므1353). **기출** 07·09·10
- 송전선이 토지 위를 통과하고 있다는 점을 알고서 토지를 취득하였다고 하여 소유권의 행사가 제한된 상태를 용인하였다고 할 수 없으므로, 그 취득자의 송전선철거청구 등의 권리행사는 신의성실의 원칙에 반하지 않는다. 또한 종전 토지 소유자가 자신의 권리를 행사하지 않았다는 사정은 그 토지의 소유권을 적법하게 취득한 새로운 권리자에게 실효의 원칙을 적용함에 있어서 고려하여야 할 것은 아니다(대판 1995.8.25. 94다27069).

02 권리 일반

01 법률관계와 권리·의무

02 신의성실의 원칙

01 신의성실의 원칙에 관한 설명으로 옳지 않은 것은?(다툼이 있으면 판례에 따름) 기출 24

① 채권자는 물상보증인이 되려는 자에게 주채무자의 신용상태를 조사해서 고지할 신의칙상 의무를 부담한다.

② 병원은 입원환자의 휴대품 등의 도난을 방지함에 필요한 적절한 조치를 강구하여 줄 신의칙상 보호의무를 부담한다.

③ 숙박업자는 투숙고객에게 객실을 사용·수익하게 할 의무를 넘어서 고객의 안전을 배려하여야 할 신의칙상 보호의무를 부담한다.

④ 사적 자치의 영역을 넘어 공공질서를 위하여 공익적 요구를 선행시켜야 할 경우, 신의칙은 합법성의 원칙을 희생하여서라도 구체적 신뢰보호의 필요성이 인정되는 경우에 한하여 예외적으로 적용된다.

⑤ 어떤 법률관계가 신의칙에 위반되는지의 여부는 법원의 직권조사사항이다.

해설 ① (×) 물상보증인은 채권자가 아니라 채무자를 위해 자기소유의 담보로 제공하는 사람이다. 물상보증인은 담보권의 실행으로 담보물의 소유권을 잃게 되면 채무자에 대한 구상권을 행사할 수 있다. 보증제도는 본질적으로 주채무자의 무자력에 따른 채권자의 위험을 인수하는 것이다. 이러한 사정을 고려하면 물상보증인이 주채무자의 자력에 대하여 조사한 다음 계약을 체결할 것인지 여부를 스스로 결정해야 하고, 채권자가 물상보증인에게 주채무자의 신용 상태를 고지할 신의칙상 의무는 존재하지않는다(대판 2020.10.15. 2017다254051).

② (○) 환자가 병원에 입원하여 치료를 받는 경우에 있어서, 병원은 진료뿐만 아니라 환자에 대한 숙식의 제공을 비롯하여 간호, 보호 등 입원에 따른 포괄적 채무를 지는 것인만큼, 병원은 병실에의 출입자를 통제·감독하든가 그것이 불가능하다면 최소한 입원환자에게 휴대품을 안전하게 보관할 수 있는 시정장치가 있는 사물함을 제공하는 등으로 입원환자의 휴대품 등의 도난을 방지함에 필요한 적절한 조치를 강구하여 줄 신의칙상의 보호의무가 있다고 할 것이고, 이를 소홀히 하여 입원환자와는 아무런 관련이 없는 자가 입원환자의 병실에 무단출입하여 입원환자의 휴대품 등을 절취하였다면 병원은 그로 인한 손해배상책임을 면하지 못한다(대판 2003.4.11. 2002다63275).

③ (○) 공중접객업인 숙박업을 경영하는 자가 투숙객과 체결하는 숙박계약은 숙박업자가 고객에게 숙박을 할 수 있는 객실을 제공하여 고객으로 하여금 이를 사용할 수 있도록 하고 고객으로부터 그 대가를 받는

일종의 일시사용을 위한 임대차계약으로서, 여관의 객실 및 관련시설, 공간은 오로지 숙박업자의 지배 아래 놓여 있는 것이므로 숙박업자는 통상의 임대차와 같이 단순히 여관의 객실 및 관련시설을 제공하여 고객으로 하여금 이를 사용수익하게 할 의무를 부담하는 것에서 한 걸음 더 나아가 고객에게 위험이 없는 안전하고 편안한 객실 및 관련시설을 제공함으로써 고객의 안전을 배려하여야 할 보호의무를 부담하며 이러한 의무는 숙박계약의 특수성을 고려하여 신의칙상 인정되는 부수적인 의무로서 숙박업자가 이를 위반하여 고객의 생명, 신체를 침해하여 손해를 입힌 경우 불완전이행으로 인한 채무불이행책임을 부담한다(대판 1994.1.28. 93다43590).

④ (○) 민법상 신의성실의 원칙은, 법률관계의 당사자가 상대방의 이익을 배려하여 형평에 어긋나거나 신뢰를 저버리는 내용 또는 방법으로 권리를 행사하거ㅏ 의무를 이행하여서는 안 된다는 추상적 규범을 말하는 것인바, 사적자치의 영역을 넘어 공공질서를 위하여 공익적 요구를 선행시켜야 할 사안에서는 원칙적으로 합법성의 원칙은 신의성실의 원칙보다 우월한 것이므로 신의성실의 원칙은 합법성의 원칙을 희생하여서라도 구체적 신뢰보호의 필요성이 인정되는 경우에 비로소 적용된다고 봄이 상당하다(대판 2000.8.22. 99다62609 · 62616).

⑤ (○) 신의성실의 원칙에 반하는 것 또는 권리남용은 강행규정에 위배되는 것이므로 당사자의 주장이 없더라도 법원은 직권으로 판단할 수 있다(대판 1995.12.22. 94다42129).

02 신의성실의 원칙에 관한 설명으로 옳지 않은 것은?(다툼이 있으면 판례에 따름) 기출 22

① 채권자가 유효하게 성립한 계약에 따른 급부의 이행을 청구하는 때에 법원이 급부의 일부를 감축하는 것은 원칙적으로 허용되지 않는다.

② 아파트 분양자는 아파트 단지 인근에 공동묘지가 조성되어 있는 사실을 분양계약자에게 고지할 신의칙상의 의무를 부담한다.

③ 경제상황의 변동으로 당사자에게 손해가 생기더라도 합리적인 사람의 입장에서 사정변경을 예견할 수 있었다면 사정변경을 이유로 계약을 해제할 수 없다.

④ 법령에 위반되어 무효임을 알면서도 법률행위를 한 자가 강행법규 위반을 이유로 그 무효를 주장하는 것은 신의칙에 반한다.

⑤ 취득시효완성 사실을 모르고 해당 토지에 관하여 어떠한 권리도 주장하지 않기로 약속한 후, 이에 반하여 취득시효주장을 하는 것은 특별한 사정이 없는 한 신의칙상 허용되지 않는다.

해설 ① (○) 유효하게 성립한 계약상의 책임을 공평의 이념 또는 신의칙과 같은 일반원칙에 의하여 제한하는 것은 사적자치의 원칙이나 법적 안정성에 대한 중대한 위협이 될 수 있으므로, 채권자가 유효하게 성립한 계약에 따른 급부의 이행을 청구하는 때에 법원이 급부의 일부를 감축하는 것은 원칙적으로 허용되지 않는다(대판 2016.12.1. 2016다240543).

② (○) 우리 사회의 통념상으로는 공동묘지가 주거환경과 친한 시설이 아니어서 분양계약의 체결 여부 및 가격에 상당한 영향을 미치는 요인일 뿐만 아니라 대규모 공동묘지를 가까이에서 조망할 수 있는 곳에 아파트 단지가 들어선다는 것은 통상 예상하기 어렵다는 점 등을 감안할 때 아파트 분양자는 아파트 단지 인근에 공동묘지가 조성되어 있는 사실을 수분양자에게 고지할 신의칙상의 의무를 부담한다(대판 2007.6.1. 2005다5812 · 5829 · 5836).

③ (○) 계약 성립의 기초가 된 사정이 현저히 변경되고 당사자가 계약의 성립 당시 이를 예견할 수 없었으며, 그로 인하여 계약을 그대로 유지하는 것이 당사자의 이해에 중대한 불균형을 초래하거나 계약을 체결한 목적을 달성할 수 없는 경우에는 계약준수 원칙의 예외로서 사정변경을 이유로 계약을 해제하거나 해지할 수 있다. 여기에서 말하는 사정이란 당사자들에게 계약 성립의 기초가 된 사정을 가리키고, 당사자들이 계약의 기초로 삼지 않은 사정이나 어느 일방당사자가 변경에 따른 불이익이나 위험을 떠안기로 한 사정은 포함되지 않는다. 경제상황 등의 변동으로 당사자에게 손해가 생기더라도 합리적인 사람의 입장에서 사정변경을 예견할 수 있었다면 사정변경을 이유로 계약을 해제할 수 없다(대판 2017.6.8. 2016다249557).

④ (×) 민법상 신의성실의 원칙은 법률관계의 당사자는 상대방의 이익을 배려하여 형평에 어긋나거나, 신뢰를 저버리는 내용 또는 방법으로 권리를 행사하거나 의무를 이행하여서는 아니 된다는 추상적 규범으로서, **신의성실의 원칙에 위배된다는 이유로 그 권리의 행사를 부정하기 위하여는 상대방에게 신의를 공여하였다거나, 객관적으로 보아 상대방이 신의를 가짐이 정당한 상태에 있어야 하고, 이러한 상대방의 신의에 반하여 권리를 행사하는 것이 정의관념에 비추어 용인될 수 없는 정도의 상태에 이르러야 하며, 또한 특별한 사정이 없는 한, 법령에 위반되어 무효임을 알고서도 그 법률행위를 한 자가 강행법규 위반을 이유로 무효를 주장한다 하여 신의칙 또는 금반언의 원칙에 반하거나 권리남용에 해당한다고 볼 수는 없다**(대판 2001.5.15. 99다53490).

⑤ (○) 취득시효완성 후에 그 사실을 모르고 당해 토지에 관하여 어떠한 권리도 주장하지 않기로 하였으나 하더라도 이에 반하여 시효주장을 하는 것은 특별한 사정이 없는 한 신의칙상 허용되지 않는다(대판 1998.5.22. 96다24101).

03 **신의성실의 원칙 등에 관한 설명으로 옳지 않은 것은?(다툼이 있으면 판례에 따름)** 기출 20

① 실효의 법리는 법의 일반원리인 신의성실의 원칙에 바탕을 둔 파생원칙이다.

② 취득시효 완성 후에 그 사실을 모르고 당해 토지에 관하여 어떠한 권리도 주장하지 않기로 하였다가 이후에 취득시효주장을 하는 것은 특별한 사정이 없는 한 신의성실의 원칙상 허용되지 않는다.

③ 법정대리인의 동의 없이 신용구매계약을 체결한 미성년자가 나중에 법정대리인의 동의 없음을 사유로 들어 이를 취소하는 것은 신의성실의 원칙에 반한다.

④ 매도인의 해제권이 장기간 행사되지 아니하고 매매대금도 거의 전부가 지급되어 있는 등 해제권이 더 이상 행사되지 아니할 것으로 매수인이 신뢰하는 데에 정당한 사유가 있는 경우, 매도인이 해제권을 행사하는 것은 신의성실의 원칙에 반한다.

⑤ 권리남용 금지의 원칙은 당사자의 주장이 없더라도 법원은 직권으로 판단할 수 있다.

해설 ① (○) 실권 또는 실효의 법리는 법의 일반원리인 신의성실의 원칙에 바탕을 둔 파생원칙인 것이므로 공법관계 가운데 관리관계는 물론이고 권력관계에도 적용되어야 함을 배제할 수는 없다(대판 1988.4.27. 87누915).

② (○) **취득시효 완성 후에 그 사실을 모르고 당해 토지에 관하여 어떠한 권리도 주장하지 않기로 하였다 하더라도 이에 반하여 시효주장을 하는 것은 특별한 사정이 없는 한 신의칙상 허용되지 않는다**(대판 1998.5.22. 96다24101).

③ (×) 미성년자의 법률행위에 법정대리인의 동의를 요하도록 하는 것은 강행규정인데, 위 규정에 반하여 이루어진 신용구매계약을 미성년자 스스로 취소하는 것을 신의칙 위반을 이유로 배척한다면, 이는 오히려 위 규정에 의해 배제하려는 결과를 실현시키는 셈이 되어 미성년자제도의 입법취지를 몰각시킬 우려가 있으므로, 법정대리인의 동의 없이 신용구매계약을 체결한 미성년자가 사후에 법정대리인의 동의 없음을 사유로 들어 이를 취소하는 것이 신의칙에 위배된 것이라고 할 수 없다(대판 2007.11.16. 2005다71659·71666·/1673).

④ (○) 일반적으로 권리의 행사는 신의에 좇아 성실히 하여야 하고 권리는 남용하지 못하는 것이므로, 해제권을 갖는 자가 상당한 기간이 경과하도록 이를 행사하지 아니하여 상대방으로서도 이제는 그 권리가 행사되지 아니할 것이라고 신뢰할 만한 정당한 사유를 갖기에 이르러 그 후 새삼스럽게 이를 행사하는 것이 법질서 전체를 지배하는 신의성실의 원칙에 위반하는 것으로 인정되는 결과가 될 때에는 이른바 실효의 원칙에 따라 그 해제권의 행사가 허용되지 않는다(대판 1994.11.25. 94다12234).

⑤ (○) 신의성실의 원칙에 반하는 것 또는 권리남용은 강행규정에 위배되는 것이므로 당사자의 주장이 없더라도 법원은 직권으로 판단할 수 있다(대판 1989.9.29. 88다카17181).

04 신의성실의 원칙에 관한 설명으로 옳은 것을 모두 고른 것은?(다툼이 있으면 판례에 따름)

기출 19

ㄱ. 사정변경을 이유로 계약의 해제가 인정되는 경우는 계약준수원칙의 예외에 해당한다.

ㄴ. 사용자는 근로계약에 수반되는 신의칙상의 부수의무로서 피용자가 노무를 제공하는 과정에서 건강을 해치는 일이 없도록 필요한 조치를 강구하여야 할 의무를 부담한다.

ㄷ. 채권사가 채권을 확보하기 위하여 제3지의 부동산을 채무자에게 명외신탁하도록 한 다음 ㄱ 부동산에 대하여 강제집행을 하는 행위는 신의칙상 허용되지 않는다.

ㄹ. 아파트분양자는 아파트단지 인근에 쓰레기매립장이 건설예정인 사실을 분양계약자에게 고지할 신의칙상 의무를 부담한다.

① ㄱ
② ㄴ, ㄷ
③ ㄷ, ㄹ
④ ㄱ, ㄴ, ㄹ
⑤ ㄱ, ㄴ, ㄷ, ㄹ

해설 ㄱ.(○) 사정변경을 이유로 한 계약해제는 계약성립 당시 당사자가 예견할 수 없었던 현저한 사정의 변경이 발생하였고 그러한 사정의 변경이 해제권을 취득하는 당사자에게 책임 없는 사유로 생긴 것으로서, 계약내용대로의 구속력을 인정한다면 신의칙에 현저히 반하는 결과가 생기는 경우에 계약준수원칙의 예외로서 인정된다(대판[전합] 2013.9.26. 2012다13637).

ㄴ.(○) 사용자는 근로계약에 수반되는 신의칙상의 부수적 의무로서 피용자가 노무를 제공하는 과정에서 생명, 신체, 건강을 해치는 일이 없도록 인적·물적 환경을 정비하는 등 필요한 조치를 강구하여야 할 보호의무를 부담하고, 이러한 보호의무를 위반함으로써 피용자가 손해를 입은 경우 이를 배상할 책임이 있다(대판 2000.5.16. 99다47129).

ㄷ.(○) 채권자가 채권을 확보하기 위하여 제3자의 부동산을 채무자에게 명의신탁하도록 한 다음 동 부동산에 대하여 강제집행을 하는 따위의 행위는 신의칙에 비추어 허용할 수 없다(대판 1981.7.7. 80다2064).

ㄹ.(○) 아파트분양자는 아파트단지 인근에 쓰레기매립장이 건설예정인 사실을 분양계약자에게 고지할 신의칙상 의무를 부담한다(대판 2006.10.12. 2004다48515).

05 신의성실의 원칙에 관한 설명으로 옳은 것을 모두 고른 것은?(다툼이 있으면 판례에 따름)

기출 18

ㄱ. 회사의 이사가 채무액과 변제기가 특정되어 있는 회사채무를 보증한 경우에는 이사직 사임이라는 사정변경을 이유로 일방적으로 보증계약을 해지할 수 없다.

ㄴ. 공무원의 불법행위에 따른 국가배상청구권의 소멸시효기간이 지났으나 국가가 소멸시효 완성을 주장하는 것이 신의성실의 원칙에 반하는 권리남용으로 허용될 수 없어 배상책임을 이행한 경우, 국가가 사건의 은폐·조작 등 권리남용에 해당하게 된 원인행위를 적극적으로 주도한 공무원에게 구상권을 행사하는 것은 신의칙상 허용되지 않는다.

ㄷ. 주식회사 대표이사의 대표권남용행위의 상대방이 그와 같은 사정을 알았던 경우에 회사는 상대방의 악의를 증명하여 행위의 효과를 부인할 수 있다.

ㄹ. 재산권의 거래계약에 있어서 일방당사자에게 상대방에 대한 고지의무가 인정되는 경우에는 상대방이 고지의무의 대상이 되는 사실을 이미 알고 있는 때에도 여전히 고지의무를 부담한다.

ㅁ. 부동산거래에 있어 거래상대방이 일정한 사정에 관한 고지를 받았더라면 그 거래를 하지 않았을 것임이 경험칙상 명백한 경우에는 신의성실의 원칙상 사전에 상대방에게 그와 같은 사정을 고지할 의무가 있다.

① ㄱ, ㄴ, ㄹ
② ㄱ, ㄴ, ㅁ
③ ㄱ, ㄷ, ㅁ
④ ㄴ, ㄷ, ㄹ
⑤ ㄷ, ㄹ, ㅁ

해설

ㄱ. (○) 사정변경을 이유로 보증계약을 해지할 수 있는 것은 포괄근보증이나 한정근보증과 같이 채무액이 불확정적이고 계속적인 거래로 인한 채무에 대하여 보증한 경우에 한하고, 회사의 이사로 재직하면서 보증 당시 그 채무가 특정되어 있는 확정채무에 대하여 보증을 한 후 이사직을 사임하였다 하더라도 사정변경을 이유로 보증계약을 해지할 수는 없다(대판 1994.12.27. 94다46008).

ㄴ. (×) 공무원의 불법행위로 손해를 입은 피해자의 국가배상청구권의 소멸시효기간이 지났으나 국가가 소멸시효 완성을 주장하는 것이 신의성실의 원칙에 반하는 권리남용으로 허용될 수 없어 배상책임을 이행한 경우에는, 소멸시효완성주장이 권리남용에 해당하게 된 원인행위와 관련하여 공무원이 원인이 되는 행위를 적극적으로 주도하였다는 등의 특별한 사정이 없는 한, 국가가 공무원에게 구상권을 행사하는 것은 신의칙상 허용되지 않는다(대판 2016.6.10. 2015다217843).

ㄷ. (○) 주식회사의 대표이사가 대표권의 범위 내에서 한 행위는 설사 대표이사가 회사의 영리목적과 관계없이 자기 또는 제3자의 이익을 도모할 목적으로 권한을 남용한 것이라도 일응 회사의 행위로서 유효하다. 그러나 행위의 상대방이 그와 같은 정을 알았던 경우에는 그로 인하여 취득한 권리를 회사에 대하여 주장하는 것이 신의칙에 반하므로 회사는 상대방의 악의를 입증하여 행위의 효과를 부인할 수 있다(대판 2016.8.24. 2016다222453).

ㄹ. (×), ㅁ (○) 부동산거래에 있어 거래상대방이 일정한 사정에 관한 고지를 받았더라면 그 거래를 하지 않았을 것임이 경험칙상 명백한 경우에는 신의성실의 원칙상 사전에 상대방에게 그와 같은 사정을 고지할 의무가 있으며, 그와 같은 고지의무의 대상이 되는 것은 직접적인 법령의 규정뿐 아니라 널리 계약상, 관습상 또는 조리상의 일반원칙에 의하여도 인정될 수 있고, 일단 고지의무의 대상이 되는 사실이라고 판단되는 경우 이미 알고 있는 자에 대하여는 고지할 의무가 별도로 인정될 여지가 없지만, 상대방에게 스스로 확인할 의무가 인정되거나 거래관행상 상대방이 당연히 알고 있을 것으로 예상되는 예외적인 경우가 아닌 한, 실제 그 대상이 되는 사실을 알지 못하였던 상대방에 대하여는 비록 알 수 있었음에도 알지 못한 과실이 있다 하더라도 그 점을 들어 추후 책임을 일부 제한할 여지가 있음은 별론으로 하고 고지할 의무 자체를 면하게 된다고 할 수는 없다(대판 2007.6.1. 2005다5812·5829·5836).

06 신의성실의 원칙에 관한 설명으로 옳은 것을 모두 고른 것은?(다툼이 있으면 판례에 따름)

기출 16

ㄱ. 계약성립의 기초가 되지 않는 사정이 그 후 변경되어 일방당사자가 계약 당시 의도한 계약목적을 달성할 수 없게 됨으로써 손해를 입은 경우, 특별한 사정이 없는 한 사정변경을 이유로 한 계약해제가 인정되지 않는다.

ㄴ. 회사의 이사가 채무액과 변제기가 특정되어 있는 회사채무에 대하여 보증계약을 체결한 경우, 이사직 사임이라는 사정변경을 이유로 일방적으로 보증계약을 해지할 수 있다.

ㄷ. 신의성실의 원칙에 반하는 것 또는 권리남용은 강행규정에 위배되는 것이므로 당사자의 주장이 없더라도 법원은 직권으로 판단할 수 있다.

ㄹ. 강행법규에 위반한 자가 스스로 그 약정의 무효를 주장하는 것은 특별한 사정이 없는 한 신의성실의 원칙에 반하는 것으로서 허용되지 않는다.

① ㄱ, ㄴ   ② ㄱ, ㄷ

③ ㄱ, ㄹ   ④ ㄴ, ㄷ

⑤ ㄷ, ㄹ

해설 ㄱ. (○) 이른바 사정변경으로 인한 계약해제는, 계약성립 당시 당사자가 예견할 수 없었던 현저한 사정의 변경이 발생하였고 그러한 사정의 변경이 해제권을 취득하는 당사자에게 책임 없는 사유로 생긴 것으로서, 계약내용대로의 구속력을 인정한다면 신의칙에 현저히 반하는 결과가 생기는 경우에 계약준수원칙의 예외로서 인정되는 것이고, 여기에서 말하는 사정이라 함은 계약의 기초가 되었던 객관적인 사정으로서, 일방당사자의 주관적 또는 개인적인 사정을 의미하는 것은 아니다. 또한, 계약의 성립에 기초가 되지 아니한 사정이 그 후 변경되어 일방당사자가 계약 당시 의도한 계약목적을 달성할 수 없게 됨으로써 손해를 입게 되었다 하더라도 특별한 사정이 없는 한 그 계약내용의 효력을 그대로 유지하는 것이 신의칙에 반한다고 볼 수도 없다(대판 2007.3.29. 2004다31302).

ㄴ. (×) 회사의 이사가 채무액과 변제기가 특정되어 있는 회사채무에 대하여 보증계약을 체결한 경우에는 계속적 보증이나 포괄근보증의 경우와는 달리 이사직 사임이라는 사정변경을 이유로 보증인인 이사가 일방적으로 보증계약을 해지할 수 없다(대판 1999.12.28. 99다25938).

ㄷ. (○) 신의성실의 원칙에 반하는 것 또는 권리남용은 강행규정에 위배되는 것이므로 당사자의 주장이 없더라도 법원은 직권으로 판단할 수 있다(대판 1995.12.12. 94다42129).

ㄹ. (×) 강행법규에 위반한 자가 스스로 그 약정의 무효를 주장하는 것이 신의칙에 위반되는 권리의 행사라는 이유로 그 주장을 배척한다면, 이는 오히려 강행법규에 의하여 배제하려는 결과를 실현시키는 셈이 되어 입법취지를 완전히 몰각하게 되므로 달리 특별한 사정이 없는 한 위와 같은 주장은 신의칙에 반하는 것이라고 할 수 없고, 한편 신의성실의 원칙에 위배된다는 이유로 그 권리의 행사를 부정하기 위해서는 상대방에게 신의를 공여하였다거나 객관적으로 보아 상대방이 신의를 가짐이 정당한 상태에 있어야 하며, 이러한 상대방의 신의에 반하여 권리를 행사하는 것이 정의관념에 비추어 용인될 수 없는 정도의 상태에 이르러야 한다(대판 2004.6.11. 2003다1601).

07 신의성실의 원칙에 관한 설명으로 옳지 않은 것은?(다툼이 있는 경우에는 판례에 의함)

기출 14

① 소멸시효 완성 전에 채무자가 시효중단을 현저히 곤란하게 하여 채권자가 아무런 조치를 할 수 없었던 경우, 채무자가 시효완성을 주장하는 것은 권리남용으로 허용되지 않는다.
② 「국토의 계획 및 이용에 관한 법률」이 정하는 거래허가를 받지 않고 토지매매계약을 체결하낭당사자가 스스로 그 계약의 무효를 주장하는 것은, 특별한 사정이 없으면, 신의성실의 원칙에 위반하는 권리행사로 허용되지 않는다.
③ 권리행사로 권리행사자가 얻을 이익보다 상대방이 잃을 손해가 현저히 크다는 사정만으로는 이를 권리남용이라 할 수 없다.
④ 소멸시효 완성 후 채무자가 이를 원용하지 않을 것 같은 태도를 보여 이를 신뢰한 권리자가 그로부터 시효정지에 준하는 단기간 내에 그의 권리를 행사한 경우 채무자는 시효완성을 주장하지 못한다.
⑤ 상표권의 행사가 권리행사의 외형을 갖추었다 하더라도 상표제도의 목적을 일탈하여 공정한 경쟁질서와 상거래질서를 어지럽히고 수요자 사이에 혼동을 초래하여 법적으로 보호받을 만한 가치가 없다고 인정되는 경우, 이는 등록상표에 관한 권리의 남용으로서 허용되지 않는다.

해설 ① (○) **채무자의 소멸시효에 기한 항변권의 행사도 우리 민법의 대원칙인 신의성실의 원칙과 권리남용 금지의 원칙의 지배를 받으므로,** 채무자가 시효완성 전에 채권자의 권리행사나 시효중단을 불가능 또는 현저히 곤란하게 하였거나 그러한 조치가 불필요하다고 믿게 하는 행동을 하였거나, 객관적으로 채권자가 권리를 행사할 수 없는 사실상의 장애사유가 있었거나, 일단 시효완성 후에 채무자가 시효를 원용하지 아니할 것 같은 태도를 보여 채권자로 하여금 그와 같이 신뢰하게 하였거나, 채권자를 보호할 필요성이 크고 같은 조건의 그 채권자들 중 일부가 이미 채무의 변제를 수령하는 등 채무이행의 거절을 인정함이 현저히 부당하거나 불공평하게 되는 등의 특별한 사정이 있는 경우에는, 채무자가 소멸시효의 완성을 주장하는 것이 신의성실의 원칙에 반하여 권리남용으로서 허용될 수 없다(대판[전합] 2008.9.18. 2007두2173).
② (×) 강행법규인 국토이용관리법 제21조의3 제1항, 제7항을 위반하였을 경우에 있어서 위반한 자 스스로가 무효를 주장함이 신의성실의 원칙에 위배되는 권리의 행사라는 이유로서 이를 배척한다면 투기거래계약의 효력발생을 금지하려는 국토이용관리법의 입법취지를 완전히 몰각시키는 결과가 되므로, 거래당사자 사이의 약정내용과 취득목적대로 관할관청에 토지거래허가신청을 하였을 경우에 그 신청이 국토이용관리법 소정의 허가기준에 적합하여 허가를 받을 수 있었으나 다른 급박한 사정으로 이러한 절차를 회피하였다고 볼만한 특단의 사정이 엿보이지 아니하는 한, 그러한 주장이 신의성실의 원칙에 반한다고는 할 수 없다(대판 1993.12.24. 93다44319 · 93다44326).
③ (○) **권리행사가 권리의 남용에 해당한다고 할 수 있으려면, 주관적으로** 그 권리행사의 목적이 오직 상대방에게 고통을 주고 손해를 입히려는 데 있을 뿐 행사하는 사람에게 아무런 이익이 없는 경우이어야 하고, **객관적으로는** 그 권리행사가 사회질서에 위반된다고 볼 수 있어야 한다. 이와 같은 경우에 해당하지 않는 한 비록 그 권리의 행사에 의하여 권리행사자가 얻는 이익보다 상대방이 잃을 손해가 현저히 크다고 하여도 그러한 사정만으로는 이를 권리남용이라 할 수 없다(대판 2010.2.25. 2009다58173).
④ (○) 소멸시효를 이유로 한 항변권의 행사도 민법의 대원칙인 신의성실의 원칙과 권리남용 금지의 원칙의 지배를 받는 것이어서 채무자가 소멸시효 완성 후 시효를 원용하지 아니할 것 같은 태도를 보여 권리자로 하여금 이를 신뢰하게 하였고, 채무자가 그로부터 권리행사를 기대할 수 있는 상당한 기간 내에 자신의 권리를 행사하였다면, 채무자가 소멸시효 완성을 주장하는 것은 신의성실원칙에 반하는 권리남용으로 허용될 수 없다(대판 2013.6.27. 2013다23211).
⑤ (○) 상대방에 대한 상표권의 행사가 상표사용자의 업무상의 신용유지와 수요자의 이익보호를 목적으로 하는 상표제도의 목적이나 기능을 일탈하여 공정한 경쟁질서와 상거래질서를 어지럽히고 수요자 사이에 혼동을 초래하거나 상대방에 대한 관계에서 신의성실의 원칙에 위배되는 등 법적으로 보호받을 만한 가치가 없다고 인정되는 경우에는, 그 상표권의 행사는 설령 권리행사의 외형을 갖추었다 하더라도 등록상표에 관한 권리를 남용하는 것으로서 허용될 수 없다(대판 2007.1.25. 2005다67223).

08 권리남용금지의 원칙에 관한 설명으로 옳은 것을 모두 고른 것은?(다툼이 있으면 판례에 따름)

ㄱ. 채무자가 소멸시효완성 전에 채권자의 권리행사를 현저하게 곤란하게 하여 시효가 완성된 경우, 채무자가 시효의 완성을 주장하는 것은 권리남용이 된다.

ㄴ. 권리남용은 당사자의 주장이 없더라도 법원은 직권으로 판단할 수 있다.

ㄷ. 거래당사자가 유치권을 자신의 이익을 위하여 고의적으로 삭출하여 유치권의 최우선순위담보권으로서의 지위를 부당하게 이용함으로써 신의성실의 원칙에 반한다고 평가되는 경우에는 유치권의 남용이 된다.

ㄹ. 권리남용으로 인정되는 경우, 남용의 구체적 효과는 권리의 종류와 남용의 결과에 관계없이 권리의 박탈이라는 점에서는 동일하다.

① ㄱ, ㄴ   ② ㄴ, ㄷ

③ ㄷ, ㄹ   ④ ㄱ, ㄴ, ㄷ

⑤ ㄴ, ㄷ, ㄹ

해설 ㄱ. (○) 채무자의 소멸시효에 기한 항변권의 행사도 우리 민법의 대원칙인 신의성실의 원칙과 권리남용금지의 원칙의 지배를 받는 것이어서, 채무자가 시효완성 전에 채권자의 권리행사나 시효중단을 불가능 또는 현저히 곤란하게 하였거나, 그러한 조치가 불필요하다고 믿게 하는 행동을 하였거나, 객관적으로 채권자가 권리를 행사할 수 없는 장애사유가 있었거나, 또는 일단 시효완성 후에 채무자가 시효를 원용하지 아니할 것 같은 태도를 보여 권리자로 하여금 그와 같이 신뢰하게 하였거나, 채권자 보호의 필요성이 크고, 같은 조건의 다른 채권자가 채무의 변제를 수령하는 등의 사정이 있어 채무이행의 거절을 인정함이 현저히 부당하거나 불공평하게 되는 등의 특별한 사정이 있는 경우에는 채무자가 소멸시효의 완성을 주장하는 것이 신의성실의 원칙에 반하여 권리남용으로서 허용될 수 없다(대판 2011.1.13. 2009다103950).

ㄴ. (○) 신의성실의 원칙에 반하는 것 또는 권리남용은 강행규정에 위배되는 것이므로 당사자의 주장이 없더라도 법원은 직권으로 판단할 수 있다(대판 1995.12.22. 94다42129).

ㄷ. (○) 유치권제도와 관련하여서는 거래당사자가 유치권을 자신의 이익을 위하여 고의적으로 작출함으로써 유치권의 최우선순위담보권으로서의 지위를 부당하게 이용하고 전체 담보권질서에 관한 법의 구상을 왜곡할 위험이 내재한다. 따라서 개별 사안의 구체적인 사정을 종합적으로 고려할 때 신의성실의 원칙에 반한다고 평가되는 유치권제도 남용의 유치권 행사는 허용될 수 없다(대판 2014.12.11. 2014다53462).

ㄹ. (×) 권리남용이 인정되더라도 원칙적으로 권리자의 권리가 실현되지 않는 것에 불과하며, 권리 자체가 박탈·소멸되는 것은 아니다. 다만, 친권이 남용된 경우 가정법원은 일정한 자의 청구에 의하여 친권의 상실 또는 일시 정지를 선고할 수 있다(민법 제924조 제1항 참고).

03 권리의 주체

01 서 설

I 권리의 주체

권리의 주체는 법에 의하여 권리를 향유할 수 있는 힘을 부여받은 자를 말하며, 법적 인격 또는 법인격이라고도 한다. 민법상 권리의 주체로 자연인과 법인이 있다.

II 민법상 능력

민법상 능력에 관한 규정은 모두 강행규정이다. 따라서 개인의 의사 또는 합의로 그 적용을 배제할 수 없다. 기출 18

1. 권리능력

권리능력은 권리·의무의 주체가 될 수 있는 자격을 말한다. 우리 민법상 권리능력자는 '모든 살아 있는 사람'(자연인)과 '법인'으로 법정·획일화되어 있다.

2. 의사능력

의사능력이란 자신의 행위의 의미나 결과를 정상적인 인식력과 예기력을 바탕으로 합리적으로 판단할 수 있는 정신적 능력 내지는 지능을 말하는바, 특히 어떤 법률행위가 그 일상적인 의미만을 이해하여서는 알기 어려운 특별한 법률적인 의미나 효과가 부여되어 있는 경우 의사능력이 인정되기 위하여는 그 행위의 일상적인 의미뿐만 아니라 법률적인 의미나 효과에 대하여도 이해할 수 있을 것을 요한다고 보아야 하고, 의사능력의 유무는 구체적인 법률행위와 관련하여 개별적으로 판단되어야 할 것이다(대판 2009.9.22. 2006다29358) 기출 07·18 , 의사능력이 없으면 이에 대한 명문규정이 없더라도 무효이다. 이 경우 무효의 주장은 의사무능력자뿐만 아니라 상대방도 할 수 있다(통설). 기출 18

3. 행위능력

행위능력이란 단독으로 완전하고 유효하게 법률행위를 할 수 있는 능력을 말한다. 행위능력이 없는 자를 제한능력자라고 하며, 제한능력자는 객관적으로 법정·획일화되어 있다. 행위능력이 없으면 취소사유가 된다(민법 제5조 제2항, 제10조 제1항, 제13조 제4항).

4. 책임능력

책임능력은 자기의 행위에 대한 책임을 변식할 수 있는 능력을 말한다. 책임능력은 의사능력과 마찬가지로 구체적·개별적으로 판단한다. 책임능력이 없으면 불법행위책임 또는 채무불이행책임이 인정되지 아니한다.

---

02   자연인

제1관 | 권리능력

I   서 설

> **권리능력의 존속기간(민법 제3조)**
> 사람은 생존하는 동안 권리와 의무의 주체가 된다.

1. 권리능력의 시기

① 권리능력은 사람이 생존하기 시작하는 때, 즉 출생과 함께 시작된다. 출생의 시기에 대해서는 통설은 태아가 모체로부터 완전히 분리된 때에 출생한 것으로 본다(전부노출설).
② 사람이 출생하면 가족관계의 등록 등에 관한 법률상의 절차에 따라 출생신고를 하여야 하는데 이 신고는 보고적 신고에 불과하다.

2. 권리능력의 종기

① 자연인에게 사망(死亡)만이 유일한 권리능력의 소멸사유이며, 인정사망이나 실종선고가 있더라도 당사자가 생존하고 있는 한 권리능력을 잃게 되지는 않는다.
② 사망의 시기에 대해서는 뇌사설이 주장되기는 하나 「심장정지설」이 통설이다.
③ 사망의 사실 및 시기에 대한 입증책임은 원칙적으로 그것을 전제로 한 법률효과를 주장하는 자가 진다(대판 1995.7.28. 94다42679).

Ⅱ 태아의 권리능력

손해배상청구권에 있어서의 태아의 지위(민법 제762조)
태아는 손해배상의 청구권에 관하여는 이미 출생한 것으로 본다.

포태중인 자의 인지(민법 제858조)
부는 포태 중에 있는 자에 대하여도 이를 인지할 수 있다.

상속의 순위(민법 제1000조)
③ 태아는 상속순위에 관하여는 이미 출생한 것으로 본다.

유언과 태아, 상속결격자(민법 제1064조)
제1000조 제3항, 제1004조의 규정은 수증자에 준용한다.

1. 태아보호를 위한 입법주의

민법의 태도에 따르면 태아는 원칙적으로 권리능력이 없지만 구체적 사례에서 개별적으로 이미 출생한 것으로 인정해주는 개별보호주의에 입각하고 있다.

2. 태아의 권리능력

손 · 상 · 유 · 인	부정되는 것
• 태아 자신에 대한 출생 전 불법행위에 기한 손해배상청구권(민법 제762조) • 부모의 생명침해로 인한 태아 자신의 위자료청구권(민법 제752조)	채무불이행에 기한 손해배상청구권
• 상속(민법 제1000조 제3항), 대습상속(민법 제1001조), 유류분권(민법 제1118조, 제1001조) • 사인증여(민법 제562조) : 민법 제562조가 유증에 관한 규정을 준용한다는 점을 근거로 태아의 권리능력을 인정(다수설) • 유증(민법 제1064조, 제1000조 제3항)	• 계약할 수 있는 능력이나 의사표시능력 원칙적 부정 • 판례는 '생전'증여의 수증능력을 부정(대판 1982.2.9. 81다534) [기출] 11 · 12
인지의 대상(민법 제858조)	태아의 인지청구권(다수설)

> **[태아의 불법행위로 인한 손해배상청구권]**
> 태아도 손해배상청구권에 관하여는 이미 출생한 것으로 보는바, 부가 교통사고로 상해를 입을 당시 태아가 출생하지 아니하였다고 하더라도 그 뒤에 출생한 이상 부의 부상으로 인하여 입게 될 정신적 고통에 대한 위자료를 청구할 수 있다(대판 1993.4.27. 93다4663). [기출] 11

3. 태아의 법적 지위 : 살아서 출생한 경우를 전제

구 분	정지조건설(판례)	해제조건설(다수설)
취득시기	태아는 권리능력을 갖지 못하고, 살아서 출생하면 권리능력을 가지며, 그 시기는 문제되는 시기로 소급(대판 1993.4.27. 93다4663).	태아는 문제된 시기에 권리능력을 갖지만, 사산되면 문제된 시기로 소급하여 권리능력이 소멸
법정대리인 유무	태아인 상태에서는 권리능력이 없으므로 법정대리인이 없음	태아인 상태에서도 권리능력이 인정되므로 법정대리인이 있음
장 점	거래안전에 유리	태아보호에 유리
출생한 경우	학설대립에 관계없이 권리능력의 취득시기는 문제가 된 사건 발생 시로 인식	
사산한 경우	학설대립에 관계없이 처음부터 권리능력을 취득하지 않는 것으로 인식 `기출` 11·12	

Ⅲ 동시사망·인정사망

1. 동시사망

> **동시사망(민법 제30조)**
> 2인 이상이 동일한 위난으로 사망한 경우에는 동시에 사망한 것으로 '추정'한다.

(1) 의 의

2인 이상이 동일한 위난으로 사망한 경우에는 동시에 사망한 것으로 추정한다(민법 제30조).

(2) 요 건

① 2인 이상이 동일한 위난으로 사망한 경우

② 동일하지 않은 위난으로 사망하였으나 그들의 사망시기의 선후를 확정할 수 없는 경우에도, 민법 제30조를 유추적용하여 동시사망을 추정하여야 한다는 것이 다수설이다.

(3) 효 과

① 동시사망 추정규정은 법률상 추정으로 이를 번복하기 위하여는 동일한 위난으로 사망하였다는 전제사실에 대하여 법원의 확신을 흔들리게 하는 반증을 제출하거나 각자 다른 시각에 사망하였다는 점에 대하여 법원에 확신을 줄 수 있는 본증을 제출하여야 한다(대판 1998.8.21. 98다8974).

② 동시사망 추정자 사이에는 상속이 일어나지 않는다. 다만, 그들의 직계비속이나 처가 있는 때에는 그 직계비속이나 처가 대습상속(민법 제1001조)을 한다(대판 2001.3.9. 99다13157).

2. 인정사망

(1) 의 의

인정사망은 수난, 화재나 그 밖의 재난으로 인하여 사망의 증명을 얻을 수 없으나 사망이 확실시되는 경우에, 이를 조사한 관공서가 사망지의 시·읍·면의 장에게 보고를 하고, 이 보고에 의하여 가족관계등록부에 사망의 기재를 하여 사망으로 추정하는 제도이다(가족관계의 등록 등에 관한 법률 제87조, 제16조). **기출** 12

(2) 효 과

실종선고와 달리 인정사망은 가족관계등록부에 사망을 기록하기 위한 절차적 특례 제도로, 강한 사망추정적 효과가 인정된다.

> **[인정사망이나 실종선고에 의하지 아니하고 법원이 사망사실을 인정할 수 있는지 여부(적극)]**
> 수난, 전란, 화재 기타 사변에 편승하여 타인의 불법행위로 사망한 경우에 있어서는 확정적인 증거의 포착이 손쉽지 않음을 예상하여 법은 인정사망, 위난실종선고 등의 제도와 그 밖에도 보통실종선고제도도 마련해 놓고 있으나 그렇다고 하여 위와 같은 자료나 제도에 의함이 없는 사망사실의 인정을 수소법원이 절대로 할 수 없다는 법리는 없다(대판 1989.1.31. 87다카2954). **기출** 11

제2관 | 의사능력

Ⅰ 서 설

1. 의 의

의사능력이란 자신의 행위의 의미나 결과를 정상적인 인식력과 예기력을 바탕으로 합리적으로 판단할 수 있는 정신적 능력 내지는 지능을 말한다.

2. 판단 기준

어떤 법률행위가 그 일상적인 의미만을 이해하여서는 알기 어려운 특별한 법률적인 의미나 효과가 부여되어 있는 경우 의사능력이 인정되기 위하여는 그 행위의 일상적인 의미뿐만 아니라 법률적인 의미나 효과에 대하여도 이해할 수 있을 것을 요한다고 보아야 하고 **기출** 18 , 의사능력의 유무는 구체적인 법률행위와 관련하여 개별적으로 판단되어야 할 것이다(대판 2006.9.22. 2006다29358). **기출** 07·18

Ⅱ 의사무능력의 효과

1. 무 효

의사무능력자의 법률행위는 무효이다. 따라서 누구나 언제든지 무효를 주장할 수 있다. 법률행위의 무효를 주장하는 자가 의사능력이 없었음을 증명하여야 한다. 기출 18

2. 의사무능력자의 부당이득 반환범위

> **[무능력자의 책임을 제한하는 민법 제141조 단서 규정이 의사능력의 흠결을 이유로 법률행위가 무효가 되는 경우에도 유추적용되는지 여부(적극) 및 이익의 현존 여부의 증명책임의 소재(= 의사무능력자)]**
>
> 무능력자의 책임을 제한하는 민법 제141조 단서는 부당이득에 있어 수익자의 반환범위를 정한 민법 제748조의 특칙으로서 무능력자의 보호를 위해 그 선의·악의를 묻지 아니하고 반환범위를 현존 이익에 한정시키려는 데 그 취지가 있으므로, 의사능력의 흠결을 이유로 법률행위가 무효가 되는 경우에도 유추적용되어야 할 것이나, 법률상 원인 없이 타인의 재산 또는 노무로 인하여 이익을 얻고 그로 인하여 타인에게 손해를 가한 경우에 그 취득한 것이 금전상의 이득인 때에는 그 금전은 이를 취득한 자가 소비하였는가의 여부를 불문하고 현존하는 것으로 추정되므로, 위 이익이 현존하지 아니함은 이를 주장하는 자, 즉 의사무능력자 측에 입증책임이 있다(대판 2009.1.15. 2008다58367).
>
> **[부당이득반환청구의 대상]**
>
> 의사무능력자가 자신이 소유하는 부동산에 근저당권을 설정해 주고 금융기관으로부터 금원을 대출받아 이를 제3자에게 대여한 경우, 대출로써 받은 이익이 위 제3자에 대한 대여금채권 또는 부당이득반환채권의 형태로 현존하므로, 금융기관은 대출거래약정 등의 무효에 따른 원상회복으로서 위 대출금 자체의 반환을 구할 수는 없더라도 현존 이익인 위 채권의 양도를 구할 수 있다(대판 2009.1.15. 2008다58367). 기출 24

제3관 | 행위능력

Ⅰ 서 설

행위능력제도는 근본적으로는 거래안전을 희생시키더라도 제한능력자를 보호하고자 하는 취지의 제도이다. 민법의 개정으로 금치산, 한정치산제도가 폐지되고 성년후견, 한정후견, 특정후견, 임의후견제도가 2013년 7월 1일부터 시행되었다. 그동안의 민법상 금치산, 한정치산제도는 재산관리에 중점을 두고 능력을 박탈 또는 제한한다는 점에서 제도를 악용하는 사례가 끊이지 않았으며, 이에 변경된 성년후견제도는 능력의 박탈 또는 제한이 아닌 능력지원과 재산관리, 신상보호에 중점을 둔 제도라는 점에 의미가 있다.

Ⅱ 미성년자

성년(민법 제4조)
사람은 19세로 성년에 이르게 된다.

미성년자의 능력(민법 제5조) `기출` 14 · 23
① 미성년자가 법률행위를 함에는 법정대리인의 동의를 얻어야 한다. 그러나 권리만을 얻거나 의무만을 면하는 행위는 그러하지 아니하다.
② 전항의 규정에 위반한 행위는 취소할 수 있다.

처분을 허락한 재산(민법 제6조) `기출` 15
법정대리인이 범위를 정하여 처분을 허락한 재산은 미성년자가 임의로 처분할 수 있다.

동의와 허락의 취소(민법 제7조) `기출` 15
법정대리인은 미성년자가 아직 법률행위를 하기 전에는 전2조의 동의와 허락을 취소할 수 있다.

영업의 허락(민법 제8조) `기출` 15
① 미성년자가 법정대리인으로부터 허락을 얻은 특정한 영업에 관하여는 성년자와 동일한 행위능력이 있다.
② 법정대리인은 전항의 허락을 취소 또는 제한할 수 있다. 그러나 선의의 제3자에게 대항하지 못한다.

1. 성년기

(1) 의 의

민법상 19세로 성년이 되며(민법 제4조), 성년에 이르지 않은 자가 미성년자이다. 나이는 출생일을 산입하여 만(滿) 나이로 계산하고, 연수(年數)로 표시한다(민법 제158조).

(2) 성년의제

① 미성년자가 혼인을 한 때에는 성년자로 본다(민법 제826조의2). `기출` 09 · 14 이때의 혼인이 법률혼인지 사실혼인지에 대하여 견해대립이 있으나 통설은 성년시기를 획일적으로 명확하게 하여 거래안전을 보호해야 한다는 점에서 법률혼에 한정하고 있다.
② 미성년자가 혼인을 한 때에는 행위능력자로 간주되므로 이혼을 할 때에는 부모 등의 동의를 얻을 필요가 없다. `기출` 14 · 23
③ 성년의제는 민법의 영역에 한정되고 공직선거법, 근로기준법 등 공법이나 기타 사회법에서는 적용되지 않는다.

2. 행위능력

(1) 원 칙

미성년자가 법률행위를 함에는 법정대리인의 동의를 얻어야 하며(민법 제5조 제1항 본문), 법정대리인의 동의 없이 법률행위를 한 때에는 미성년자 본인이나 법정대리인이 취소할 수 있다(민법 제5조 제2항, 제140조). `기출` 19 · 23 그 취소는 선의취득(민법 제249조) 등의 별개의 권리취득 원인이 인정되지 않는 이상 선의의 제3자에게도 대항할 수 있다(절대적 효력). 기출 09 법정대리인의 동의에 관한 입증책임은 미성년자에게 있는 것이 아니라 「동의가 있었음을 주장하는 상대방」에게 있다(대판 1970.2.24. 69다1568). 기출 15

(2) 예외 – 미성년자가 단독으로 할 수 있는 행위

① 권리만을 얻거나 의무만을 면하는 행위(민법 제5조 제1항 단서)

　㉠ 부담 없는 증여나 유증을 받는 경우 기출 14

　㉡ 면제계약에 있어서 채무면제의 청약에 대한 승낙, 의무만을 부담하는 계약의 해제, 이자 없는 소비대차의 해지 등

　㉢ 권리만을 얻는 제3자를 위한 계약의 수익의 의사표시

　㉣ 단, 부담부 증여, 미성년자에게 경제적으로 유리한 매매계약을 체결하는 경우, 상속의 승인, 변제의 수령(통설)은 미성년자가 단독으로 할 수 없다.

② 범위를 정하여 처분이 허락된 재산의 처분행위(민법 제6조)

　㉠ 목적범위를 정하여 처분을 허락한 경우에도 지정목적에 상관없이 임의처분 가능하다. 즉 여기서 허락의 대상은 「사용의 목적」이 아니라 「재산의 범위」라고 보아야 한다(통설).

　㉡ 법정대리인은 특정 재산에 관한 처분을 허락하였더라도 그 재산에 관한 대리권을 상실하지 않는다.

[일정 소득이 있고 성년에 근접한 미성년자가 행한 신용구매계약의 취소 가능 여부]

[1] 행위무능력자 제도는 사적자치의 원칙이라는 민법의 기본이념, 특히, 자기책임 원칙의 구현을 가능케 하는 도구로서 인정되는 것이고, 거래의 안전을 희생시키더라도 행위무능력자를 보호하고자 함에 근본적인 입법 취지가 있는바, 행위무능력자 제도의 이러한 성격과 입법 취지 등에 비추어 볼 때, 신용카드 가맹점이 미성년자와 신용구매계약을 체결할 당시 향후 그 미성년자가 법정대리인의 동의가 없었음을 들어 스스로 위 계약을 취소하지는 않으리라고 신뢰하였다 하더라도 그 신뢰가 객관적으로 정당한 것이라고 할 수 있을지 의문일 뿐만 아니라, 그 미성년자가 가맹점의 이러한 신뢰에 반하여 취소권을 행사하는 것이 정의관념에 비추어 용인될 수 없는 정도의 상태라고 보기도 어려우며, 미성년자의 법률행위에 법정대리인의 동의를 요하도록 하는 것은 강행규정인데, 위 규정에 반하여 이루어진 신용구매계약을 미성년자 스스로 취소하는 것을 신의칙 위반을 이유로 배척한다면, 이는 오히려 위 규정에 의해 배제하려는 결과를 실현시키는 셈이 되어 미성년자 제도의 입법 취지를 몰각시킬 우려가 있으므로, 법정대리인의 동의 없이 신용구매계약을 체결한 미성년자가 사후에 법정대리인의 동의 없음을 사유로 들어 이를 취소하는 것이 신의칙에 위배된 것이라고 할 수 없다. 기출 18 [2] 미성년자가 법률행위를 함에 있어서 요구되는 법정대리인의 동의는 언제나 명시적이어야 하는 것은 아니고 묵시적으로도 가능한 것이며, 미성년자의 행위가 위와 같이 법정대리인의 묵시적 동의가 인정되거나 처분허락이 있는 재산의 처분 등에 해당하는 경우라면, 미성년자로서는 더 이상 행위무능력을 이유로 그 법률행위를 취소할 수 없다. [3] 미성년자의 법률행위에 있어서 법정대리인의 묵시적 동의나 처분허락이 있다고 볼 수 있는지 여부를 판단함에 있어서는, 미성년자의 연령·지능·직업·경력, 법정대리인과의 동거 여부, 독자적인 소득의 유무와 그 금액, 경제활동의 여부, 계약의 성질·체결경위·내용, 기타 제반 사정을 종합적으로 고려하여야 할 것이고, 위와 같은 법리는 묵시적 동의 또는 처분허락을 받은 재산의 범위 내라면 특별한 사정이 없는 한 신용카드를 이용하여 재화와 용역을 신용구매한 후 사후에 결제하려는 경우와 곧바로 현금구매하는 경우를 달리 볼 필요는 없다(대판 2007.11.16. 2005다71659·71666·71673). 기출 10·11·15·16

③ 허락된 영업에 관한 행위(민법 제8조)

      ⊙ 법정대리인이 영업을 허락함에는 반드시 영업의 종류를 특정하여야 하며 **기출 14**, 그 영업에 관한 행위에 대하여는 성년자와 동일한 행위능력이 인정된다(민법 제8조 제1항). 따라서 그 영업에 관하여는 법정대리인의 동의권과 대리권이 모두 소멸한다. 한편 미성년자는 허락된 영업에 관하여는 소송능력도 갖게 된다.

      ⓛ 법정대리인은 허락을 취소 또는 제한할 수 있다. 그러나 선의의 제3자에게 대항하지 못한다(민법 제8조 제2항).

      ⓒ 영업의 허락은 특별한 방식을 요하지 않으나, 미성년후견인이 허락하는 경우에는 후견감독인이 있으면 그의 동의를 받아야 한다(민법 제950조 제1항 제1호).

④ 근로계약의 체결 : 민법 제920조 단서(미성년자의 동의를 얻어야 한다) **기출 10** 와 근로기준법 제67조 제1항(미성년자의 근로계약을 대리할 수 없다) **기출 14** 의 충돌이 있으나, 다수설은 근로기준법에 의하여 법정대리인의 동의를 얻어 미성년자가 스스로 체결하는 방식만 가능하다는 입장이다. 미성년자는 독자적으로 임금을 청구할 수 있다(근기법 제68조).

⑤ 대리행위(민법 제117조 참조) : 대리인은 행위능력자임을 요하지 아니한다(민법 제117조). **기출 07 · 11 · 18 · 19** 대리행위의 효과는 대리인이 아닌 본인에게 귀속하기 때문에 미성년자가 단독으로 할 수 있다.

⑥ 유언행위 : 유언에는 민법 제5조가 적용되지 않으며(민법 제1062조), 17세 이상이면 단독으로 유언이 가능하다(민법 제1061조). 〈개정 2022.12.27.〉

⑦ 제한능력을 이유로 하는 취소(민법 제140조) : 미성년자도 법정대리인의 동의 없이 단독으로 취소할 수 있다. **기출 06 · 11**

(3) 동의와 허락의 취소 또는 제한

① 미성년자의 법정대리인은 동의나 재산처분에 대한 허락을 취소할 수 있다(민법 제7조). 여기서 취소는 「철회」의 성질을 갖는다. 또한 철회는 미성년자가 법률행위를 하기 전에만 허용되는데, 미성년자나 상대방에게 하여야 한다. 미성년자에게만 철회를 한 경우에는 선의의 제3자에게 대항할 수 없다.

② 법정대리인은 그가 행한 영업의 허락을 취소 또는 제한할 수 있다(민법 제8조 제2항 본문). 여기서 취소도 「철회」의 의미이다. 따라서 그 효력은 장래를 향하여 발생한다. **기출 18** 그리고 영업허락의 취소나 제한은 선의의 제3자, 즉 미성년자와 거래한 선의의 상대방에게 대항하지 못한다(민법 제8조 제2항 단서). **기출 15**

3. 법정대리인

(1) 법정대리인으로 되는 자

① 1차적으로 친권자(부모)가 법정대리인이 된다(민법 제911조). **기출 22**

② 2차적으로 미성년자에게 부모가 없거나 부모가 친권을 행사할 수 없는 경우에는 후견인이 법정대리인으로 된다. 후견인은 지정후견인(민법 제931조), 선임후견인(민법 제932조)의 순으로 된다.

                                                              기출 22

(2) 법정대리인의 권한

① 동의권

㉠ 동의권은 미성년자와 피한정후견인의 법정대리인에게만 인정되며, 피성년후견인의 성년후견인에게는 동의권이 없다.

㉡ 동의는 미성년자의 법률행위가 있기 전에 하여야 하지만, 그 후에 하는 동의는 추인으로서 의미가 있다.

㉢ 법정대리인은 예견할 수 있는 범위 내에서 개괄적으로 동의 또는 허락할 수 있다. 동의나 허락은 미성년자나 그 상대방 어느 쪽에 대해서도 할 수 있으며, 명시적·묵시적으로도 할 수 있다. 다만, 미성년후견인이 미성년자의 일정한 행위에 동의를 할 때에는 후견감독인이 있으면 그의 동의를 받아야 한다(민법 제950조).

② 대리권

㉠ 대리권은 동의 또는 처분허락을 준 행위에 대해서도 행사할 수 있지만, 영업허락의 경우에는 그렇지 않다.

㉡ 미성년후견인이 미성년자의 일정한 행위를 대리한 때에는 후견감독인이 있으면 그의 동의를 받아야 한다(민법 제950조).

㉢ 민법 제909조를 위반하여 친권자인 부모의 일방이 부모의 공동명의로 대리권을 행사한 경우, 다른 일방의 의사에 반하더라도 선의의 상대방에 대하여 효력이 발생하는 반면(민법 제920조의2) 자기 단독명의로 대리권을 행사한 경우에는 무권대리행위가 된다.

③ 취소권 : 법정대리인은 미성년자가 독자적으로 한 법률행위를 취소할 수 있다(민법 제140조). 친권은 부모가 공동으로 행사하여야 하지만(민법 제909조 제2항), 취소는 친권자 각자가 단독으로 할 수 있다.

(3) 법정대리인의 권한에 대한 제한 : 이해상반행위

① 의의 : 법정대리인인 친권자와 그 자(子) 사이에 이해가 상반되는 행위 또는 그 친권에 따르는 수인의 자(子) 사이에 이해가 상반되는 행위를 행하는 경우에는 친권의 공정한 행사를 사실상 기대하기 어려우므로 법은 친권자의 친권을 제한하고 있다. 즉 이해상반행위에 해당하는 경우, 친권자는 특별대리인의 선임을 법원에 청구하여야 하며(민법 제921조), 수인의 자(子) 사이의 이해상반의 경우에는 미성년자 각자마다 특별대리인을 선임하여야 한다.

② 이해상반행위 여부에 대한 판단 기준

> 민법 제921조의 이해상반행위란 행위의 객관적 성질상 친권자와 그 자(子) 사이 또는 친권에 복종하는 수인의 자(子) 사이에 이해의 대립이 생길 우려가 있는 행위를 가리키는 것으로서, 친권자의 의도나 그 행위의 결과 실제로 이해의 대립이 생겼는지의 여부는 묻지 않는다(대판 1996.11.22. 96다10270).

③ 관련 판례

[이해상반행위에 해당하지 않는 경우]
- 친권자인 모(母)가 자기 오빠의 제3자에 대한 채무의 담보로 미성년자인 자(子) 소유의 부동산에 근저당권을 설정한 경우(대판 1991.11.26. 91다32466)
- 친권자인 모(母)가 자신이 대표이사로 있는 주식회사의 채무보증을 위하여 자신과 미성년자인 자(子)의 공동재산을 담보로 제공한 경우(대판 1996.11.22. 96다10270)
- 법생내리인인 친권자가 미성년자인 자(子)에게 부동산을 명의신탁한 경우(대판 1998.4.10. 97다4005)

[이해상반행위에 해당하는 경우]
- 친권자가 자기의 영업자금을 마련하기 위하여 미성년자인 자(子)를 대리하여 그 소유부동산을 담보로 제공하여 저당권을 설정한 경우(대판 1971.7.27. 71다1113)
- 미성년자인 자(子)와 동순위의 공동상속인인 모(母)가 미성년자인 자(子)의 친권자로서 상속재산분할협의를 하는 경우(대판 1993.3.9. 92다18481)
- 양모가 미성년자인 양자를 상대로 한 소유권이전등기청구소송을 제기한 경우(대판 1991.4.12. 90다17491)

Ⅲ 피성년후견인

성년후견개시의 심판(민법 제9조)
① 가정법원은 질병, 장애, 노령, 그 밖의 사유로 인한 정신적 제약으로 사무를 처리할 능력이 지속적으로 결여된 사람에 대하여 본인, 배우자, 4촌 이내의 친족, 미성년후견인, 미성년후견감독인, 한정후견인, 한정후견감독인, 특정후견인, 특정후견감독인, 검사 또는 지방자치단체의 장의 청구에 의하여 성년후견개시의 심판을 한다.
② 가정법원은 성년후견개시의 심판을 할 때 본인의 의사를 고려하여야 한다.

피성년후견인의 행위와 취소(민법 제10조) 기출 14 · 15 · 16 · 22
① 피성년후견인의 법률행위는 취소할 수 있다.
② 제1항에도 불구하고 가정법원은 취소할 수 없는 피성년후견인의 법률행위의 범위를 정할 수 있다.
③ 가정법원은 본인, 배우자, 4촌 이내의 친족, 성년후견인, 성년후견감독인, 검사 또는 지방자치단체의 장의 청구에 의하여 제2항의 범위를 변경할 수 있다.
④ 제1항에도 불구하고 일용품의 구입 등 일상생활에 필요하고 그 대가가 과도하지 아니한 법률행위는 성년후견인이 취소할 수 없다.

성년후견종료의 심판(민법 제11조)
성년후견개시의 원인이 소멸된 경우에는 가정법원은 본인, 배우자, 4촌 이내의 친족, 성년후견인, 성년후견감독인, 검사 또는 지방자치단체의 장의 청구에 의하여 성년후견종료의 심판을 한다.

심판 사이의 관계(민법 제14조의3)
① 가정법원이 피한정후견인 또는 피특정후견인에 대하여 성년후견개시의 심판을 할 때에는 종전의 한정후견 또는 특정후견의 종료 심판을 한다.
② 가정법원이 피성년후견인 또는 피특정후견인에 대하여 한정후견개시의 심판을 할 때에는 종전의 성년후견 또는 특정후견의 종료 심판을 한다.

1. 피성년후견인의 의의

피성년후견인이란 질병, 장애, 노령, 그 밖의 사유로 인한 정신적 제약으로 사무를 처리할 능력이 지속적으로 결여된 사람으로서 가정법원으로부터 일정한 자의 청구에 의하여 성년후견개시의 심판을 받은 자를 말한다(민법 제9조 제1항). 기출 14 · 15

2. 성년후견개시 심판의 요건

(1) 실질적 요건

질병, 장애, 노령, 그 밖의 사유로 인한 「정신적 제약」으로 사무를 처리할 능력이 「지속적으로 결여」된 사람이어야 한다(민법 제9조 제1항). 가정법원은 피성년후견인이 될 사람의 정신상태에 관하여 의사에게 감정을 시켜야 하지만, 본인의 정신상태를 판단할 만한 다른 충분한 자료가 있는 때에는 그러하지 아니하다(가사소송법 제45조의2 제1항).

(2) 형식적 요건

① 본인, 배우자, 4촌 이내의 친족, 미성년후견인, 미성년후견감독인, 한정후견인, 한정후견감독인, 특정후견인, 특정후견감독인, 검사 또는 지방자치단체의 장의 청구가 있어야 한다(민법 제9조 제1항).

② 가정법원이 직권으로 절차를 개시할 수 없다.

③ 가정법원이 심판을 할 때에는 본인의 의사를 고려하여야 한다(민법 제9조 제2항).

3. 성년후견개시 심판의 절차

① 성년후견개시 심판의 절차는 가사소송법에 의하며(가사소송법 제2조 제1항 제2호, 제44조 이하), 2.의 요건이 전부 갖추어지면 가정법원은 반드시 성년후견개시의 심판을 하여야 한다(민법 제9조 참조). 피성년후견인은 객관적으로 획일화되어 있다. 따라서 정신적 제약으로 사무처리능력이 지속적으로 결여된 사람이라도 성년후견개시의 심판을 받기 전에는 피성년후견인이 아니다(통설, 대판 1992.10.13. 92다6433).

② 가정법원의 성년후견개시 심판이 있으면 촉탁 또는 신청에 의하여 후견등기부에 그 구체적인 내용이 등기가 된다(후견등기에 관한 법률 제20조).

4. 피성년후견인의 행위능력

(1) 원칙

피성년후견인이 단독으로 한 법률행위는 원칙적으로 취소할 수 있다(민법 제10조 제1항). 성년후견인의 동의가 있었더라도 취소할 수 있는데, 취소권자는 피성년후견인 또는 성년후견인이다(민법 제140조).

(2) 예 외

① 가정법원은 피성년후견인이 단독으로 할 수 있는 법률행위의 범위를 정할 수 있고(민법 제10조 제2항), 일정한 자의 청구에 의하여 그 범위를 변경할 수 있다(민법 제10조 제3항).

② 일용품의 구입 등 일상생활에 필요하고 그 대가가 과도하지 아니한 법률행위는 성년후견인이 취소할 수 없다(민법 제10조 제4항).

③ 가족법상의 행위에 관하여 성년후견인의 동의를 받아 스스로 유효한 법률행위를 할 수 있는 경우가 있으며(민법 제802조, 제808조 제2항, 제835조, 제856조, 제873조 제1항, 제902조 등), 특히 유언의 경우 17세에 달한 피성년후견인은 의사능력을 회복한 때에 한하여 의사가 심신회복의 상태를 유언서에 부기하고 서명날인하면 단독으로 할 수 있다(민법 제1063조).

5. 법정대리인

① 피성년후견인에게는 성년후견인을 두어야 한다(민법 제959조의2). 성년후견인을 여러 명 둘 수 있으며(민법 제930조 제2항), 법인도 성년후견인이 될 수 있다(민법 제930조 제3항). 성년후견인은 성년후견개시 심판을 할 때 가정법원이 직권으로 선임한다(민법 제936조 제1항).

② 성년후견인은 피성년후견인의 법정대리인이 된다(민법 제938조 제1항). 기출 22

③ 성년후견인은 원칙적으로 동의권은 없으나(민법 제10조 제1항 참조), 대리권(민법 제949조)과 취소권(민법 제10조 제1항, 제140조)은 인정된다. 따라서 성년후견인의 동의를 받아 피성년후견인이 직접 상대방과 법률행위를 한 때에도 제한능력을 이유로 여전히 취소할 수 있다. 기출 15

④ 가정법원은 필요하다고 인정되면 직권으로 또는 일정한 자의 청구에 의하여 성년후견감독인을 선임할 수 있다(제940조의4 제1항).

⑤ 가정법원은 성년후견감독인이 사망, 결격, 그 밖의 사유로 없게 된 경우에는 직권으로 또는 피성년후견인, 친족, 성년후견인, 검사, 지방자치단체의 장의 청구에 의하여 성년후견감독인을 선임한다(민법 제940조의4 제2항).

6. 성년후견종료의 심판

① 성년후견개시의 원인이 소멸된 경우에는 가정법원은 본인, 배우자, 4촌 이내의 친족, 성년후견인, 성년후견감독인, 검사 또는 지방자치단체의 장의 청구에 의하여 성년후견종료의 심판을 해야 한다(민법 제11조). 이때에는 의사에 의한 정신감정을 요하지 않는다.

② 성년후견종료의 심판은 장래에 향하여 효력을 가진다. 따라서 그 심판이 있기 전에 행하여진 피성년후견인의 법률행위는 원칙적으로 취소될 수 있다.

③ 가정법원이 피성년후견인에 대하여 한정후견개시의 심판을 한 때에는 종전의 성년후견의 종료 심판을 해야 한다(민법 제14조의3 제2항).

Ⅳ 피한정후견인

1. 피한정후견인의 의의

피한정후견인이란 질병, 장애, 노령 그 밖의 사유로 인한 정신적 제약으로 사무를 처리할 능력이 부족한 사람으로서 가정법원으로부터 일정한 자의 청구에 의하여 한정후견개시 심판을 받은 자를 말한다(민법 제12조 제1항).

2. 한정후견개시 심판의 요건

(1) 실질적 요건

질병, 장애, 노령 그 밖의 사유로 인한 정신적 제약으로 사무를 처리할 능력이 「부족」해야 한다(민법 제12조 제1항). 기출 22 성년후견개시 원인인 사무처리능력의 지속적 결여보다는 정신적 제약이 경미한 상태를 말하며, 이때에도 원칙적으로 의사의 감정을 거쳐야 한다(가사소송법 제45조의2 제1항).

(2) 형식적 요건

① 본인, 배우자, 4촌 이내의 친족, 미성년후견인, 미성년후견감독인, 성년후견인, 성년후견감독인, 특정후견인, 특정후견감독인, 검사 또는 지방자치단체의 장의 <u>청구가 있어야 한다</u>(민법 제12조 제1항 참조). 가정법원은 직권으로 절차를 개시할 수 없다. 기출 10 · 15 · 22

② 가정법원은 한정후견개시의 심판을 할 때 본인의 의사를 고려하여야 한다(민법 제12조 제2항, 제9조 제2항). 기출 10

3. 한정후견개시 심판의 절차

가정법원은 2.의 요건이 충족되면 반드시 한정후견개시의 심판을 하여야 한다(민법 제12조 참조). 심판의 절차는 가사소송법에 의한다(가사소송법 제2조 제1항 제2호, 제44조 이하).

4. 피한정후견인의 행위능력

(1) 원 칙

① 한정후견이 개시되면 피한정후견인의 행위능력이 제한된다. 즉 가정법원은 <u>한정후견인의 동의를 받아야 하는 행위의 범위를 정할 수 있고</u>(민법 제13조 제1항), <u>그 범위에 속하는 행위를 한정후견인의 동의 없이 하였을 때에는 그 법률행위를 취소할 수 있다</u>(민법 제13조 제4항). 그리고 그 범위는 본인, 배우자, 4촌 이내의 친족, 한정후견인, 한정후견감독인, 검사 또는 지방자치단체의 장의 청구에 의하여 가정법원이 변경할 수 있다(민법 제13조 제2항).

② <u>한정후견인의 동의를 받아야 하는 행위에 대하여 피한정후견인의 이익을 해칠 염려가 있음에도 한정후견인이 동의를 하지 않는 때에는 가정법원은 피한정후견인의 청구에 의하여 한정후견인의 동의를 갈음하는 허가를 할 수 있다</u>(민법 제13조 제3항).

(2) 예 외

① <u>일용품의 구입 등 일상생활에 필요하고 그 대가가 과도하지 아니한 법률행위는 피한정후견인이 단독으로 할 수 있다</u>(민법 제13조 제4항 단서).

② <u>피한정후견인의 행위능력 제한은 가족법상의 행위에 미치지 않는다. 즉 피한정후견인은 신분행위에 관해서는 완전한 능력자로 취급된다</u>(통설).

5. 법정대리인

① <u>피한정후견인에게는 한정후견인을 두어야 한다</u>(민법 제959조의2). 한정후견인의 수와 자격, 선임방법 등은 성년후견인의 규정을 준용한다(민법 제959조의3 제2항). 즉 <u>한정후견인은 여러 명 둘 수 있고</u>(민법 제959조의3 제2항, 제930조 제2항), 법인도 한정후견인이 될 수 있으며(민법 제959조의3 제2항, 제930조 제3항), 한정후견개시의 심판을 할 때 가정법원이 직권으로 선임한다(민법 제959조의3 제1항).

② 한정후견인은 동의를 요하는 범위에서 동의권과 대리권 및 취소권을 가진다. 그런데 한정후견인에 의한 능력보충은 주로 동의권 행사에 의하여 이루어지며 그 범위는 가정법원에 유보되어 있다. 그리고 대리권 행사는 대리권을 수여하는 가정법원의 심판이 있어야 가능하다(민법 제959조의4 제1항).

6. 한정후견종료의 심판

① 한정후견개시의 원인이 소멸한 경우에는 가정법원은 일정한 자의 청구에 의하여 한정후견종료의 심판을 해야 한다(민법 제14조). **기출 22**

② 한정후견종료의 심판은 장래에 향하여 효력을 가진다.

③ 가정법원이 피한정후견인에 대하여 성년후견개시의 심판을 할 때에는 종전의 한정후견의 종료 심판을 한다(민법 제14조의3 제1항). **기출 15**

V 피특정후견인

특정후견의 심판(민법 제14조의2)

① 가정법원은 질병, 장애, 노령, 그 밖의 사유로 인한 정신적 제약으로 일시적 후원 또는 특정한 사무에 관한 후원이 필요한 사람에 대하여 본인, 배우자, 4촌 이내의 친족, 미성년후견인, 미성년후견감독인, 검사 또는 지방자치단체의 장의 청구에 의하여 특정후견의 심판을 한다.

② 특정후견은 본인의 의사에 반하여 할 수 없다.

③ 특정후견의 심판을 하는 경우에는 특정후견의 기간 또는 사무의 범위를 정하여야 한다.

심판 사이의 관계(민법 제14조의3)

① 가정법원이 피한정후견인 또는 피특정후견인에 대하여 성년후견개시의 심판을 할 때에는 종전의 한정후견 또는 특정후견의 종료 심판을 한다.

② 가정법원이 피성년후견인 또는 피특정후견인에 대하여 한정후견개시의 심판을 할 때에는 종전의 성년후견 또는 특정후견의 종료 심판을 한다.

1. 피특정후견인의 의의

피특정후견인이란 질병, 장애, 노령 그 밖의 사유로 인한 정신적 제약으로 일시적 후원 또는 특정한 사무에 관한 후원이 필요한 사람으로서 가정법원으로부터 일정한 자의 청구에 의하여 특정한 후견개시의 심판을 받은 자를 말한다(민법 제14조의2 제1항).

2. 특정후견 심판의 요건

(1) 실질적 요건

질병, 장애, 노령 그 밖의 사유로 인한 정신적 제약으로 「일시적 후원」 또는 「특정한 사무에 관한 후원」이 필요해야 한다. 성년후견이나 한정후견에서의 제약이 지속적·포괄적인 것인 반면, 여기에서의 제약은 일시적·한정적인 것이다.

(2) 형식적 요건

① 본인, 배우자, 4촌 이내의 친족, 미성년후견인, 미성년후견감독인, 검사 또는 지방자치단체의 장의 청구가 있어야 한다(민법 제14조의2). 가정법원이 직권으로 절차를 개시할 수는 없다.

② 특정후견은 본인의 의사에 반하여 할 수 없다(민법 제14조의2 제2항).

③ 특정후견의 심판을 하는 경우에는 특정후견의 기간 또는 사무의 범위를 정하여야 한다(민법 제14조의2 제3항). **기출 14**

④ 가정법원은 특정후견의 심판을 할 때 의사나 그 밖에 전문지식이 있는 사람의 의견을 들어야 한다(가사소송법 제45조의2 제2항).

3. 특정후견 심판의 절차

가정법원은 2.의 요건이 갖추어지면 반드시 특정후견의 심판을 하여야 한다. 심판의 절차는 가사소송법에 의한다(가사소송법 제2조 제1항 제2호, 제44조 이하).

4. 피특정후견인의 행위능력

특정후견의 심판을 하는 경우에 가정법원은 특정후견의 기간 또는 사무의 범위를 정하여야 하는데(민법 제14조의2 제3항), 특정후견의 심판이 있다고 하여 피특정후견인의 행위능력이 제한되지 않는다.

5. 특정후견인 및 특정후견감독인

① 가정법원은 피특정후견인의 후원을 위하여 필요한 처분을 명할 때 피특정후견인을 후원하거나 대리하기 위한 특정후견인을 선임할 수 있다(민법 제959조의8, 제959조의9 제1항). 특정후견인의 수와 자격 등은 성년후견인의 규정을 준용한다(민법 제959조의9 제2항). 즉 특정후견인은 여러 명을 둘 수 있고(민법 제959조의9 제2항, 제930조 제2항), 법인도 특정후견인이 될 수 있다(민법 제959조의9 제2항, 제930조 제3항).

② 가정법원은 피특정후견인의 후원을 위하여 필요하다고 인정되면 기간이나 범위를 정하여 특정후견인에게 대리권을 수여하는 심판을 할 수 있고(민법 제959조의11 제1항), 특정후견인은 그 범위에서 대리권을 가질 뿐이다.

③ 피특정후견인은 행위능력이 제한되지 않으므로 특정후견인은 동의권 및 취소권을 가지지 않는다.

④ 가정법원은 필요하다고 인정하면 직권으로 또는 일정한 자의 청구에 의하여 특정후견감독인을 선임할 수 있다(민법 제959조의10 제1항).

6. 특정후견의 종료

① 특정후견종료의 심판이라는 제도는 없으나, 가정법원이 피특정후견인에 대하여 성년후견개시의 심판을 하거나 한정후견개시의 심판을 할 때에는 종전의 특정후견의 종료심판을 하여야 한다(민법 제14조의3 제1항·제2항).

② 특정후견종료의 심판은 장래에 향하여 효력을 가진다.

[성년후견 · 한정후견 · 특정후견의 비교]

구 분	성년후견	한정후견	특정후견
개시사유	정신적 제약으로 사무처리능력의 지속적 결여	정신적 제약으로 사무처리능력의 부족	정신적 제약으로 일시적 후원 또는 특정사무 후원의 필요
후견개시 청구권자	• 본인, 배우자, 4촌 이내의 친족 • 미성년후견(감독)인 • 한정후견(감독)인 • 특정후견(감독)인 • 검사 또는 지방자치단체의 장	• 본인, 배우자, 4촌 이내의 친족 • 미성년후견(감독)인 • 성년후견(감독)인 • 특정후견(감독)인 • 검사 또는 지방자치단체의 장	• 본인, 배우자, 4촌 이내의 친족 • 미성년후견(감독)인 • 검사 또는 지방자치단체의 장
	• 임의후견(감독)인 (민법 제959조의20 제1항 참조)	• 임의후견(감독)인 (민법 제959조의20 제1항 참조)	• 임의후견(감독)인 (민법 제959조의20 제1항 참조)
후견개시 시점	성년후견개시 심판 확정 시	한정후견개시 심판 확정 시	특정후견 심판 확정 시
공시방법	법원의 등기촉탁	법원의 등기촉탁	법원의 등기촉탁
본인의 행위능력	원칙적 행위능력상실자	원칙적 행위능력자	행위능력자
후견인의 권한	포괄적인 대리권 · 취소권(원칙)	법원이 정한 범위 내의 대리권 · 동의권 · 취소권	법원이 정한 범위 내의 대리권

VI 제한능력자와 거래한 상대방의 보호

제한능력자의 상대방의 확답을 촉구할 권리(민법 제15조) 기출 01·12
① 제한능력자의 상대방은 제한능력자가 능력자가 된 후에 그에게 1개월 이상의 기간을 정하여 그 취소할 수 있는 행위를 추인할 것인지 여부의 확답을 촉구할 수 있다. 능력자로 된 사람이 그 기간 내에 확답을 발송하지 아니하면 그 행위를 추인한 것으로 본다.
② 제한능력자가 아직 능력자가 되지 못한 경우에는 그의 법정대리인에게 제1항의 촉구를 할 수 있고, 법정대리인이 그 정하여진 기간 내에 확답을 발송하지 아니한 경우에는 그 행위를 추인한 것으로 본다.
③ 특별한 절차가 필요한 행위는 그 정하여진 기간 내에 그 절차를 밟은 확답을 발송하지 아니하면 취소한 것으로 본다.

제한능력자의 상대방의 철회권과 거절권(민법 제16조) 기출 05·09·12·18
① 제한능력자가 맺은 계약은 추인이 있을 때까지 상대방이 그 의사표시를 철회할 수 있다. 다만, 상대방이 계약 당시에 제한능력자임을 알았을 경우에는 그러하지 아니하다.
② 제한능력자의 단독행위는 추인이 있을 때까지 상대방이 거절할 수 있다.
③ 제1항의 철회나 제2항의 거절의 의사표시는 제한능력자에게도 할 수 있다.

제한능력자의 속임수(민법 제17조) 기출 01·05·19
① 제한능력자가 속임수로써 자기를 능력자로 믿게 한 경우에는 그 행위를 취소할 수 없다.
② 미성년자나 피한정후견인이 속임수로써 법정대리인의 동의가 있는 것으로 믿게 한 경우에도 제1항과 같다.

1. 상대방 보호의 필요성

제한능력자의 법률행위는 취소될 수 있는데, 취소권을 제한능력자 측만이 가지므로 제한능력자와 거래하는 상대방은 매우 불안정한 지위에 놓이게 된다. 이에 민법은 불확정상태를 해소하기 위하여 법률행위의 취소에 관한 일반적 제도로서 법정추인제도(민법 제145조)와 취소권의 단기제척기간제도(민법 제146조)를 규정하고 있다. 더 나아가 제한능력자의 상대방을 보호하기 위한 특칙으로 상대방의 최고권(민법 제15조)과 철회·거절권(민법 제16조) 및 속임수를 이유로 한 취소권의 배제(민법 제17조)를 규정하고 있다.

2. 상대방의 최고권

(1) 의 의

① 최고권이란 제한능력자 측에 대하여 취소할 수 있는 행위를 추인할 것인지 여부의 확답을 촉구하고, 이에 대한 응답이 없으면 취소 또는 추인의 효과를 발생케 하는 권리를 말한다.

② 최고의 성질은 최고의 효과가 최고권자의 의사와 관계없이 법률규정에 의하여 결정되므로, 준법률행위의 일종인 「의사의 통지」이다. 또한 일방적인 행위에 의하여 취소할 수 있는 행위의 취소 또는 추인이라는 효과를 발생시키므로 형성권의 일종이라고 할 것이다(통설).

(2) 최고의 요건

① 제한능력자의 상대방은 취소할 수 있는 행위를 적시하고, 1월 이상의 기간을 정하여 추인 여부의 확답을 촉구하여야 한다(민법 제15조 제1항).

② 최고는 상대방의 선의·악의를 묻지 않는다.

③ 최고의 상대방은 최고를 수령할 수 있는 능력이 있고(민법 제112조 참조), 또한 추인할 수 있는 자에 한한다(민법 제140조, 제143조). 따라서 제한능력자는 능력자로 된 후에만 최고의 상대방이 될 수 있고(민법 제15조 제1항), 아직 제한능력자인 때에는 법정대리인만이 최고의 상대방이 된다(민법 제15조 제2항).

(3) 최고의 효과

① 유예기간 내에 확답을 한 경우 : 제한능력자 측이 유예기간 내에 추인 또는 취소의 확답을 한 경우 그에 따라 추인 또는 취소의 효과가 발생하는데, 이는 추인 또는 취소의 의사표시에 따른 효과이며, 최고 자체의 효과는 아니다.

② 유예기간 내에 확답을 발하지 않은 경우

  ㉠ 능력자가 된 후의 본인 또는 법정대리인이 상대방의 확답촉구를 받았으나 유예기간 내에 확답을 발송하지 않으면 그 행위를 추인한 것으로 본다(민법 제15조 제1항·제2항).

  ㉡ 그러나 법정대리인이 특별한 절차를 거쳐야 하는 경우에는 유예기간 내에 확답을 발송하지 않으면 그 행위를 취소한 것으로 본다(민법 제15조 제3항). 여기서 특별한 절차가 필요한 행위라 함은 법정대리인인 후견인이 민법 제950조 제1항에 열거된 법률행위에 관하여 추인하는 경우로, 후견감독인이 있으면 그의 동의를 받아야 하는 경우를 말한다[미성년자의 경우(민법 제950조 제1항), 피한정후견인의 경우(제959조의6)].

3. 상대방의 철회권과 거절권

(1) 철회권

① 의의 : 철회권은 제한능력자와 거래한 상대방이 본인의 추인이나 취소가 있을 때까지 불확정적인 법률행위를 확정적 무효로 돌리는 행위로(민법 제16조 제1항 본문), 계약에서 인정된다.

② 철회권자 : 계약 당시 제한능력자임을 몰랐던 선의의 상대방에 한한다(민법 제16조 제1항).

③ 철회의 상대방 : 법정대리인은 물론 제한능력자도 포함된다(민법 제16조 제3항).

④ 철회의 효과 : 상대방이 계약을 철회하면 법률행위는 소급하여 무효가 되며, 이미 이행한 것은 부당이득으로 반환하여야 한다(민법 제741조).

(2) 거절권

① 의의 : 거절권은 제한능력자의 행위에 대하여 그 상대방이 본인의 추인이나 취소가 있을 때까지 불확정한 법률행위를 확정적 무효로 돌리는 행위로(민법 제16조), 상대방 있는 단독행위에서 인정된다.

② 거절권자 : 철회권과 달리 악의인 경우에도 거절권을 행사할 수 있다(통설).

③ 거절의 상대방 : 법정대리인은 물론 제한능력자에게도 거절할 수 있다(민법 제16조 제3항).

④ 거절의 효과 : 제한능력자의 상대방이 제한능력자의 단독행위를 거절하면 단독행위는 소급하여 무효가 된다.

4. 취소권의 배제

(1) 의 의

제한능력자가 속임수를 써서 법률행위를 하는 경우에 상대방은 사기에 의한 의사표시임을 이유로 그 법률행위를 취소하거나(민법 제110조) 또는 불법행위를 이유로 손해배상을 청구할 수도 있으나(민법 제750조), 법은 더 나아가 보호가치 없는 제한능력자로부터 취소권을 박탈함으로써 상대방이 당초 예기한 대로의 효과를 발생케 하여 거래의 안전과 상대방을 보호하고 있다(민법 제17조).

(2) 요 건

① 제한능력자가 자기를 능력자로 믿게 하거나 법정대리인의 동의가 있는 것으로 믿게 하려고 했어야 한다(민법 제17조 제1항, 제2항). 다만, 민법 제17조 제1항은 제한능력자 모두에 적용되나, 민법 제17조 제2항은 「피성년후견인」에는 적용이 없다.

② 제한능력자가 속임수를 썼어야 한다. 여기서 속임수란 기망수단을 의미하는 바, 그 정도에 관하여 판례는 제한능력자의 보호를 위해 적극적인 기망수단을 의미한다고 한다(대판 1971.12.14. 71다2045). 그리하여 「성년자이며 군대를 갔다 왔다」 기출 09 , 「내가 사장이다」는 표현의 정도로는 민법 제17조의 속임수에 해당하지 않는다고 판단하였다. 이에 반하여 다수설은 거래의 안전을 위하여 침묵 등 소극적 기망수단도 포함된다고 한다.

③ 제한능력자의 속임수에 의하여 상대방이 능력자라고 믿었거나 또는 법정대리인의 동의가 있다고 믿었고, 이에 의하여 상대방이 제한능력자와 법률행위를 하여야 한다. 즉 오신과 법률행위 사이에 인과관계가 있어야 한다. 이때 오신에 대한 상대방의 과실 유무는 문제되지 않는다.

④ 제한능력자가 속임수를 썼다는 주장·입증책임은 상대방에게 있다(대판 1971.12.14. 71다2045).

(3) 효 과

제한능력자 측의 취소권이 배제된다. 이 경우 제한능력자의 행위는 「확정적」으로 유효하다(통설). 따라서 제한능력자의 상대방의 철회권도 배제된다(통설).

제4관 | 주 소

주소(민법 제18조)
① 생활의 근거되는 곳을 주소로 한다.
② 주소는 동시에 두 곳 이상 있을 수 있다.

거소(민법 제19조)
주소를 알 수 없으면 거소를 주소로 본다.

거소(민법 제20조)
국내에 주소 없는 자에 대하여는 국내에 있는 거소를 주소로 본다.

가주소(민법 제21조)
어느 행위에 있어서 가주소를 정한 때에는 그 행위에 관하여는 이를 주소로 본다.

1. 주소의 개념

주소는 사람의 생활의 근거가 되는 곳을 말한다(민법 제18조 제1항).

2. 주소의 결정에 관한 우리나라의 입법주의

(1) 복수주의

주소의 개수에 관해서는 단일주의와 복수주의가 있다. 민법은 복수주의를 취하고 있다(민법 제18조 제2항).

(2) 실질주의

주소를 결정하는 표준에 관해서 형식주의와 실질주의가 있다. 형식주의는 형식적 표준에 의하여 주소를 획일적으로 결정하는 주의이고, 실질주의는 생활의 실질적 관계에 의하여 구체적으로 주소를 결정하는 주의이다. 민법은 실질주의를 따르고 있다(민법 제18조 제1항).

(3) 객관주의(통설)

정주(定住)의 사실만으로 주소를 결정하는 객관주의와 정주의 사실과 그 밖에 정주의 의사도 필요하다는 의사주의가 있다. 민법은 객관주의를 취하고 있다(통설).

3. 주소의 효과

① 민법상 주소는 부재와 실종의 표준이고(민법 제22조, 제27조), 변제장소를 정하는 표준이며(민법 제467조), 상속의 개시지(민법 제998조)이다.

② 기타 법률상 어음·수표행위의 장소(어음법 제2조, 수표법 제8조), 재판관할의 표준지(민소법 제2조 등) 등이 된다.

4. 거소, 현재지, 가주소

① 거소란 사람이 상당한 기간 계속하여 거주하는 장소로서, 그 장소와의 밀접성이 주소만 못한 것을 말한다.

② 주소를 알 수 없거나 국내에 주소가 없을 경우 거소를 주소로 본다(민법 제19조, 제20조).

③ 현재지는 장소적 관계가 거소보다 희박한 곳을 말한다.

④ 가주소는 당사자가 특정한 거래에 관하여 일정한 장소를 선정하여 그 거래관계에 관하여 주소로서의 법적 기능을 부여한 장소를 말한다(민법 제21조). 가주소는 생활의 실질과는 무관하며, 당사자의 의사에 의해 설정하는 것으로 제한능력자는 단독으로 가주소를 설정할 수 없다(통설).

제5관 | 부재와 실종

I 서 설

① 사람이 그의 주소나 거소를 떠나서 단시일 내에 돌아올 가능성이 없는 경우에는 그의 재산을 관리하거나 또는 상속인이나 잔존배우자 등의 이익을 보호하기 위하여 적절한 조치를 취할 필요가 있다. 이에 민법은 「부재자 재산관리제도」와 「실종선고제도」를 두고 있다.

② 「부재자 재산관리제도」와 「실종선고제도」는 거래의 안전을 보호하는 것이 아닌 부재자의 재산과 이해관계인을 보호하고자 하는 것이다.

③ 재산을 관리할 책임이 있는 법정대리인인 친권자나 후견인이 있는 경우, 그들이 재산관리를 할 수 있으므로 재산관리제도가 적용되지 않는다. 기출 14

II 부재자의 재산관리

부재자의 재산의 관리(민법 제22조) 기출 09

① 종래의 주소나 거소를 떠난 자가 재산관리인을 정하지 아니한 때에는 법원은 이해관계인이나 검사의 청구에 의하여 재산관리에 관하여 필요한 처분을 명하여야 한다. 본인의 부재 중 재산관리인의 권한이 소멸한 때에도 같다.

② 본인이 그 후에 재산관리인을 정한 때에는 법원은 본인, 재산관리인, 이해관계인 또는 검사의 청구에 의하여 전항의 명령을 취소하여야 한다.

1. 부재자의 개념

① 부재자란 원래「종래의 주소·거소를 떠나서 용이하게 돌아올 가능성이 없어서」「그의 재산이 관리되지 못하고 방치되어 있는 자」를 의미한다(민법 제22조 제1항 참고). 실종선고와 달리 반드시 생사불명일 필요는 없다.
② 법인은 성질상 부재자가 될 수 없다(대결 1953.5.21. 4286민재항7).

2. 부재자 재산의 관리

(1) 부재자가 재산관리인을 둔 경우

① 원칙 : 부재자가 재산관리인을 둔 경우 그 관리인은 부재자의 임의대리인에 해당하며, 법원은 원칙적으로 간섭할 수 없다. 기출 14 따라서 그의 권한은 위임계약 및 민법 제118조에 의하여 정하여지며 그 관리인에게 필요한 처분권까지 주어진 경우에는 그 재산을 처분함에 있어서 법원의 허가를 받을 필요는 없다(대판 1973.7.24. 72다2136).
② 예 외
   ㉠ 부재자가 재산관리인을 두었더라도 재산관리인의 권한이 본인의 부재 중 소멸하면 관리인을 두지 않은 경우와 같은 조치를 취한다(민법 제22조 제1항 후문).
   ㉡ 부재자가 재산관리인을 두었더라도 부재자의 생사가 분명하지 않게 되면 관리인을 개임할 수 있으며(민법 제23조), 관리인을 바꾸지 않고 감독만 할 수도 있다. 이 경우 가정법원은 관리인에게 재산목록 작성·재산보존에 필요한 처분을 명할 수 있고(민법 제24조 제3항), 관리인이 권한을 넘는 행위를 할 때 허가를 주고(민법 제25조 후문), 상당한 담보를 제공하게 할 수 있으며, 부재자의 재산에서 상당한 보수를 지급할 수 있다(민법 제26조 제3항).

(2) 부재자가 재산관리인을 두지 않은 경우

① 법원의 조치 : 부재자에게 재산관리인이 없고, 법정대리인도 없는 경우에 가정법원은 (법률상) 이해관계인, 검사의 청구에 의하여 재산관리에 필요한 처분을 명해야 한다(민법 제22조 제1항 전문). 일반적으로 재산관리에 필요한 처분은 재산관리인의 선임이다.

② 선임된 재산관리인의 지위 및 권한범위

⑦ 지위 : 법원이 선임한 재산관리인은 법정대리인의 지위를 갖는다. 기출 22 선임된 재산관리인은 언제든지 사임할 수 있고(가사소송규칙 제42조 제2항), 법원도 언제든지 개임할 수 있다(가사소송규칙 제42조 제1항). 부재자와 관리인 사이에는 위임계약이 있는 것은 아니나, 그 직무의 성질상 수임인에 관한 민법의 규정을 유추적용한다(통설). 따라서 관리인은 선량한 관리자의 주의의무를 다하여 직무를 처리하여야 한다(민법 제681조).

ⓛ 권한범위 : 보존행위, 관리행위는 단독으로 자유롭게 할 수 있다(민법 제25조, 제118조). 그러나 처분행위는 가정법원의 허가를 얻어야 한다. 허가를 얻지 아니한 처분행위는 무효이며 가정법원의 허가는 사전뿐만 아니라 사후에도 가능하다(대판 1982.9.14. 80다3063). 기출 07·09·13 부재자재산관리인이 법원의 매각처분허가를 얻었다 하더라도 부재자와 아무런 관계가 없는 남의 채무의 담보만을 위하여 부재자 재산에 근저당권을 설정하는 행위는 통상의 경우 객관적으로 부재자를 위한 처분행위로서 당연하다고는 경험칙상 볼 수 없다(대결 1976.12.21. 75마551). 즉 법원의 허가를 얻은 처분행위에 있어서도 그 행위는 부재자를 위하는 범위에 한정된다. 기출 07·13·14

ⓒ 재산관리의 종료 : 부재자가 후에 재산관리인을 정한 때에는 법원은 부재자 본인·재산관리인·이해관계인 또는 검사의 청구에 의하여 처분에 관한 명령을 취소하여야 한다(민법 제22조 제2항). 부재자 스스로 그의 재산을 관리하게 된 때 또는 그의 사망이 분명하게 되거나 실종선고가 있는 때 또는 관리할 재산이 더 이상 남아 있지 아니한 때에는, 부재자 본인 또는 이해관계인의 청구에 의하여 그 명한 처분을 취소하여야 한다(가사소송규칙 제50조). 그런데 재산관리인이 부재자의 사망을 확인하였더라도 법원에 의하여 재산관리인 선임결정이 취소되지 않는 한 재산관리인은 계속하여 권한을 행사할 수 있다(대판 1971.3.23. 71다189). 기출 07 법원의 허가를 받은 재산관리인의 권한초과행위가 부재자에 대한 실종기간이 만료된 후에 이루어졌더라도 선임결정이 취소되기 전이라면 유효하다(대판 1991.11.26. 91다11810). 또한 가정법원의 처분허가 취소의 효력은 소급하지 않는다. 따라서 재산관리인이 선임결정 후 그 취소 전에 자기의 권한범위 내에서 한 행위는 그의 선·악의를 불문하고 유효하다. 기출 13

> **[처분명령 취소의 장래효]**
> 법원에 의하여 일단 부재자의 재산관리인 선임결정이 있었던 이상, 가령 부재자가 그 이전에 사망하였음이 위 결정 후에 확실하여졌다 하더라도 법에 정하여진 절차에 의하여 결정이 취소되지 않는 한 선임된 부재자 재산관리인의 권한이 당연히 소멸되지 아니한다. 나아가 위 선임결정이 취소된 경우에도 그 취소의 효력은 장래에 향하여서만 생기는 것이며 그간의 그 부재자재산관리인의 적법한 권한행사의 효과는 이미 사망한 그 부재자의 재산상속인에게 미친다 할 것이다(대판 1970.1.27. 69다719). 기출 07·13·14

Ⅲ 실종선고제도

실종의 선고(민법 제27조) `기출` 15
① 부재자의 생사가 5년간 분명하지 아니한 때에는 법원은 이해관계인이나 검사의 청구에 의하여 실종선고를 하여야 한다.
② 전지에 임한 자, 침몰한 선박 중에 있던 자, 추락한 항공기 중에 있던 자 기타 사망의 원인이 될 위난을 당한 자의 생사가 전쟁종지후 또는 선박의 침몰, 항공기의 추락 기타 위난이 종료한 후 1년간 분명하지 아니한 때에도 제1항과 같다.

실종선고의 효과(민법 제28조) `기출` 15 · 23
실종선고를 받은 자는 전조의 기간이 만료한 때에 사망한 것으로 본다.

실종선고의 취소(민법 제29조) `기출` 03 · 04 · 05 · 15 · 23
① 실종자의 생존한 사실 또는 전조의 규정과 상이한 때에 사망한 사실의 증명이 있으면 법원은 본인, 이해관계인 또는 검사의 청구에 의하여 실종선고를 취소하여야 한다. 그러나 실종선고 후 그 취소전에 선의로 한 행위의 효력에 영향을 미치지 아니한다.
② 실종선고의 취소가 있을 때에 실종의 선고를 직접원인으로 하여 재산을 취득한 자가 선의인 경우에는 그 받은 이익이 현존하는 한도에서 반환할 의무가 있고 악의인 경우에는 그 받은 이익에 이자를 붙여서 반환하고 손해가 있으면 이를 배상하여야 한다.

1. 실종선고의 의의

부재자의 생사불명상태가 일정기간 계속된 경우에, 가정법원의 선고에 의하여 부재자를 사망한 것으로 간주하고, 종래의 주소나 거소를 중심으로 한 법률관계를 확정하는 제도이다.

2. 실종선고의 요건

(1) 실질적 요건

① **생사불분명** : 생존의 증명도 사망의 증명도 할 수 없는 상태를 말한다. 호적상 이미 사망한 것으로 기재되어 있는 자에 대해서는 호적부의 추정력 때문에 실종선고를 할 수 없다(대결 1997.11.27, 97스4). 그리고 동일한 자에게 두 번의 실종선고를 할 수는 없다. 이 경우 먼저 선고된 실종선고를 기초로 상속관계를 판단하여야 한다. `기출` 10
② **실종기간의 경과** `기출` 23
　㉠ **보통실종**(민법 제27조 제1항) : 실종기간은 최후 소식 시로부터 5년이다.
　㉡ **특별실종**(민법 제27조 제2항) : 실종기간은 1년이다. 각 기산점은 전쟁실종은 전쟁 종료 시, 선박실종은 선박 침몰 시, 항공기실종은 항공기 추락 시, 위난실종은 위난 종료 시이다.

(2) 형식적 요건

① 이해관계인 또는 검사의 청구가 존재해야 함(민법 제27조) : 여기서의 이해관계인은 실종선고에 대하여 신분상 또는 재산상 이해관계를 가지는 자, 즉 법률상의 이해관계를 가지는 자를 말하며, 부재자의 배우자, 상속인, 재산관리인 등이 그 예이다. 제1순위 상속인이 있는 경우 부재자의 자매로서 제2순위 상속인, 제4순위 상속인 등에 불과한 자는 부재자에 대한 실종선고를 청구할 이해관계인이 될 수 없다. 기출 10 · 13 · 17

> **[부재자의 자매로서 제2순위 상속인인 자가 실종선고를 청구할 수 있는 이해관계인인지 여부(소극)]**
> 부재자의 자매로서 제2순위 상속인에 불과한 자는 부재자에 대한 실종선고의 여부에 따라 상속지분에 차이가 생긴다고 하더라도 이는 부재자의 사망 간주시기에 따른 간접적인 영향에 불과하고 부재자의 실종선고 자체를 원인으로 한 직접적인 결과는 아니므로 부재자에 대한 실종선고를 청구할 이해관계인이 될 수 없다 (대결 1986.10.10. 86스20).

② 공시최고 : 실종선고의 청구를 받은 가정법원은 가사소송규칙 제53조 이하에 따라 부재자 자신 또는 부재자의 생사를 알고 있는 자에 대하여 신고하도록 6개월 이상 공고해야 한다. 공시최고기간이 지나도록 신고가 없으면, 가정법원은 반드시 실종선고를 하여야 한다(민법 제27조 제1항).

3. 실종선고의 효과

(1) 사망의 간주

① 실종선고가 확정되면 실종선고를 받은 자는 사망한 것으로 본다(민법 제28조). 이에 따라 상속이 발생하고, 혼인이 해소되어 실종자의 배우자는 재혼할 수 있다.

② 실종선고를 받은 자는 사망한 것으로 간주되므로, 추정되는 경우와 달리 실종자의 생존 기타 반대증거를 들어 선고의 효과를 다투지 못하며 기출 10 · 12 · 17 , 사망의 효과를 저지하려면 실종선고를 취소해야 한다(대판 1995.2.17. 94다52751). 기출 23 따라서 실종선고가 가정법원에 의하여 취소되지 않는 한 사망의 효과는 그대로 존속한다.

(2) 사망간주의 시기

① 실종선고에 의하여 사망한 것으로 간주되는 시기에 관하여 다양한 입법례가 있으나, 민법은 실종기간 만료 시에 사망한 것으로 본다(민법 제28조). 이로 인해 사망간주 시점이 실종선고 시보다 앞서게 되어, 선의의 제3자를 보호하기 위한 조치의 필요성이 대두된다.

② 실종선고가 있으면 실종자는 실종기간이 만료되는 때에 사망한 것으로 간주되며, 그때까지 그는 생존하는 것으로 간주된다(대판 1977.3.22. 77다81 · 82).

③ 실종선고를 받지 않은 경우에는 학설은 생존하고 있는 것으로 추정된다는 견해가 다수설이다.

(3) 사망간주의 범위

실종선고는 부재자의 「종래 주소를 중심」으로 「실종기간 만료 시의 사법상의 법률관계를 종료시키고, 그 범위에서만」 사망의 효과를 발생시키는 것이고, 실종자의 권리능력 자체를 박탈하는 제도가 아니다. 따라서 종래의 주소로 「생환 후의 법률관계」나 실종자의 「다른 곳에서의 신주소를 중심으로 하는 법률관계」에 관하여는 사망의 효과가 미치지 않으며 기출 15 , 공법상의 법률관계(선거권, 납세의무 등)에 관해서는 영향을 미치지는 않는다. 기출 23

4. 실종선고의 취소

(1) 일반론

① 실종선고는 가정법원의 형식적인 취소선고가 있어야 취소된다(민법 제29조 제1항).
② 실종선고의 취소는 소급효가 있는 것이 원칙이다.

(2) 실종선고 취소의 요건

① 실질적 요건 : 실종자가 생존하고 있는 사실(민법 제29조 제1항 본문), 실종기간이 만료된 때와 다른 시기에 사망한 사실(민법 제29조 제1항 본문) 또는 실종기간의 기산점 이후의 어떤 시점에 생존하고 있었던 사실이 있어야 한다. 다만, 이러한 사실이 인정된다고 하더라도 실제로 실종선고가 취소되지 아니하는 한, 임의로 실종기간이 만료하여 사망한 때로 간주되는 시점과는 달리 사망 시점을 정하여 이미 개시된 상속을 부정하고 이와 다른 상속관계를 인정할 수는 없다(대판 1994.9.27. 94다21542). 기출 10 · 17

② 형식적 요건 : 본인, 이해관계인 또는 검사의 청구가 있어야 한다(민법 제29조 제1항 본문). 실종선고와 달리 공시최고는 요건이 아니다. 기출 15

(3) 실종선고 취소의 효과

① 원칙 : 소급효 기출 23
실종선고가 취소되면 실종선고가 소급적으로 무효로 되어, 종래의 주소나 거소를 중심으로 한 실종자의 사법적 법률관계는 선고 전의 상태로 돌아간다.

② 예외 : 소급효의 제한
㉠ 실종선고 후 그 취소 전에 선의로 한 행위의 효력에 영향을 미치지 아니한다(민법 제29조 제1항 단서). 기출 07 여기서 선의는 재산행위, 신분행위를 불문하고 양 당사자 모두 선의이어야 한다(다수설). 다만, 단독행위의 경우에는 단독행위자(상속인 등)가 선의이기만 하면 유효하다(통설).
㉡ 실종선고의 취소가 있을 때에 실종의 선고를 직접원인으로 하여 재산을 취득한 자가 선의인 경우에는 그 받은 이익이 현존하는 한도에서 반환할 의무가 있고, 악의인 경우에는 그 받은 이익에 이자를 붙여서 반환하고 손해가 있으면 이를 배상하여야 한다(민법 제29조 제2항).
기출 23

ⓒ 민법 제29조 제2항은 실종선고를 직접원인으로 하여 재산을 취득한 자에 국한하여 적용되므로 이로부터 다시 재산을 취득한 전득자는 포함되지 않는다(통설).

ⓓ 민법 제29조 제2항의 이득반환청구는 부당이득반환청구권의 성질을 갖기 때문에 실종선고 취소시로부터 10년의 시효에 걸린다. 다만, 실종선고의 취소로 인하여 상속인이 달라지는 경우에, 진정상속인이 표현상속인에게 재산회복청구를 하는 것은 상속회복청구가 되므로 상속회복청구권의 제척기간(민법 제999조)이 적용된다.

[소송절차와 실종선고]

실종선고의 효력이 발생하기 전에는 실종기간이 만료된 실종자라 하여도 소송상 당사자능력을 상실하는 것은 아니므로 실종선고 확정 전에는 실종기간이 만료된 실종자를 상대로 하여 제기된 소도 적법하고 실종자를 당사자로 하여 선고된 판결도 유효하며 그 판결이 확정되면 기판력도 발생한다고 할 것이고, 이처럼 판결이 유효하게 확정되어 기판력이 발생한 경우에는 그 판결이 해제조건부로 선고되었다는 등의 특별한 사정이 없는 한 그 효력이 유지되어 당사자로서는 그 판결이 재심이나 추완항소 등에 의하여 취소되지 않는 한 그 기판력에 반하는 주장을 할 수 없는 것이 원칙이라 할 것이며, 비록 실종자를 당사자로 한 판결이 확정된 후에 실종선고가 확정되어 그 사망간주의 시점이 소 제기 전으로 소급하는 경우에도 위 판결 자체가 소급하여 당사자능력이 없는 사망한 사람을 상대로 한 판결로서 무효가 된다고는 볼 수 없다(대판 1992.7.14. 92다2455). 기출 17

03　법 인

제1관 | 서 설

1. 법인의 의의

법인이란 자연인 이외에 법인격이 인정된 것으로, 일정한 목적을 위한 인적 결합에 법인격이 부여된 것을 「사단법인」, 일정한 목적에 바쳐진 재산에 법인격이 부여된 것을 「재단법인」이라 한다.

2. 법인제도의 존재이유

① 사단이나 재단을 그 구성원 또는 재산출연자와 별도의 법적 주체로서 활동하게 하기 위함이다(법인의 독립성).

② 사단 또는 재단의 재산과 사단의 구성원 또는 재산출연자의 고유재산을 분리하여 구별하여야 할 필요성이 있기 때문이다(유한책임).

3. 법인의 본질

(1) 서 설

법인이 그것을 구성하는 개인 또는 재산으로부터 분리되어 단체로서의 독자적인 실체를 가지는 것이냐의 문제가 법인의 본질론이다.

(2) 학 설

① 법인의제설 : 권리·의무의 주체가 되는 것은 자연인인 개인뿐이며, 법이 일정한 단체에 권리주체성을 부여한 것은 자연인이 법인을 통하여 사적 자치를 더욱 효율적으로 실현할 수 있다는 정책적 이유에 기인한다.

② 법인실재설 : 법인을 권리주체로서의 실질을 가지는 사회적 실체라고 보는 이론이다.

(3) 검 토

학설의 대립은 주로 법인의 불법행위능력과 관련하여 실익을 가진다. 즉 의제설을 따르면 원칙적으로 법인의 불법행위능력이 부정되고 가해행위를 한 대표기관 개인의 책임만이 문제되나, 실재설에 의하면 법인의 불법행위능력이 인정되고 대표기관 개인의 책임이 당연히 긍정되지는 않는다. 생각건대 민법 제35조에 의하여 법인과 그 대표기관의 책임이 인정되므로, 어느 학설에 의하더라도 논의의 실익은 크지 아니하다.

제2관 | 법인 아닌 사단·재단

Ⅰ 서 설

1. 조합과 비법인사단의 구별

(1) 단체성의 강약

민법상의 조합과 법인격은 없으나 사단성이 인정되는 비법인사단을 구별함에 있어서는 일반적으로 그 단체성의 강약을 기준으로 판단하여야 하는바, 조합은 2인 이상이 상호 간에 금전 기타 재산 또는 노무를 출자하여 공동사업을 경영할 것을 약정하는 계약관계에 의하여 성립하므로 어느 정도 단체성에서 오는 제약을 받게 되는 것이지만 구성원의 개인성이 강하게 드러나는 인적 결합체인 데 비하여 비법인사단은 구성원의 개인성과는 별개로 권리·의무의 주체가 될 수 있는 독자적 존재로서의 단체적 조직을 가지는 특성이 있다 하겠는데, 어떤 단체가 고유의 목적을 가지고 사단적 성격을 가지는 규약을 만들어 이에 근거하여 의사결정기관 및 집행기관인 대표자를 두는 등의 조직을 갖추고 있고, 기관의 의결이나 업무집행방법이 다수결의 원칙에 의하여 행하여지며, 구성원의 가입, 탈퇴 등으로 인한 변경에 관계없이 단체 그 자체가 존속되고, 그 조직에 의하여 대표의 방법, 총회나 이사회 등의 운영, 자본의 구성, 재산의 관리 기타 단체로서의 주요사항이 확정되어 있는 경우에는 비법인사단으로서의 실체를 가진다고 할 것이디(대판 1999.4.23. 99다4504). 기출 06

(2) 재산소유형태

① 조합의 소유형태는 조합원들의 합유이다(민법 제703조, 제704조).
② 비법인사단은 사원들의 총유이다(민법 제275조). `기출` `14·18` 총유물의 보존행위는 특별한 사정이 없는 한 사원총회의 결의를 거쳐야 하는 것인 바, 이러한 법리는 비법인사단인 주택조합이 대표자의 이름으로 소송행위를 하는 경우에도 마찬가지이다(대판 1994.4.26. 93다51591).
③ 한편 법인은 법인의 단독소유이다.

(3) 채무관계

① 조합채무에 대하여는 조합재산과 조합원의 개인재산으로 무한책임을 진다.
② 비법인사단의 채무는 사원들의 준총유 형태로 귀속되며(민법 제278조), 비법인사단의 재산으로만 책임을 진다. `기출` `21`
③ 법인의 채무에 대해서는 법인의 재산만이 책임재산이 된다.

Ⅱ 권리능력 없는 사단(비법인사단)

1. 의 의

사단의 실체를 갖추고 있으나 법인등기를 하지 아니한 단체를 말한다.

2. 성립요건

권리능력 없는 사단은 사단의 실체를 가져야 하므로, 별도의 조직행위를 요하지는 않더라도 대표자와 총회 등 사단으로서의 조직을 갖추어야 하고, 구성원의 변경과 관계없이 존속해야 한다. 그 밖에 성문의 규약이 아니더라도 사단법인의 정관에 상응하는 것은 있어야 한다.

3. 법률관계

① 소송법상 당사자능력(민소법 제52조)과 부동산등기법상 등기능력(부동산등기법 제26조 제1항)은 명문의 규정으로 인정된다. `기출` `08·13·14·21` 한편 비법인 사단이 당사자능력이 있는지 여부는 「사실심의 변론종결 시」를 기준으로 판단한다(대판 2010.3.25. 2009다95387).
② 권리능력 없는 사단에 관하여 민법은 제275조에서 그 재산소유형태를 총유라고 하여 조합이 아님을 규정하고 있을 뿐이므로, 통설·판례는 권리능력 없는 사단이 사단의 실질을 가지고 있음을 이유로 법인설립등기를 전제로 하는 것을 제외하고 전부 사단법인 규정을 유추적용하고 있다.

[판례가 비법인사단에 유추적용을 긍정한 법인규정]

- 비법인사단에 대하여는 사단법인에 관한 민법규정 중 법인격을 전제로 하는 것을 제외한 규정들을 유추적용하여야 할 것이므로 비법인사단인 교회의 교인이 존재하지 않게 된 경우 그 교회는 해산하여 청산절차에 들어가서 청산의 목적범위 내에서 권리·의무의 주체가 되며, 이 경우 해산 당시 그 비법인사단의 총회에서 향후 업무를 수행할 자를 선정하였다면 민법 제82조 제1항을 유추하여 그 선임된 자가 청산인으로서 청산 중의 비법인사단을 대표하여 청산업무를 수행하게 된다(대판 2003.11.14. 2001다32687). 기출 21

  비법인사단에는 법인에 관한 민법 규정 가운데 법인격을 전제로 하는 것을 제외하고는 이를 유추적용하여야 하는데, 민법 제62조에 비추어 보면 비법인사단의 대표자는 정관 또는 총회의 결의로 금지하지 아니한 사항에 한하여 타인으로 하여금 특정한 행위를 대리하게 할 수 있을 뿐 비법인사단의 제반 업무처리를 포괄적으로 위임할 수는 없으므로 비법인사단 대표자가 행한 타인에 대한 업무의 포괄적 위임과 그에 따른 포괄적 수임인의 대행행위는 민법 제62조를 위반한 것이어서 비법인사단에 대하여 그 효력이 미치지 않는다(대판 2011.4.28. 2008다15438). 기출 17·18·21

- 주택조합과 같은 비법인사단의 대표자가 직무에 관하여 타인에게 손해를 가한 경우 그 사단은 민법 제35조 제1항의 유추적용에 의하여 그 손해를 배상할 책임이 있으며 기출 09 , 비법인사단의 대표자의 행위가 대표자 개인의 사리를 도모하기 위한 것이었거나 혹은 법령의 규정에 위배된 것이었다 하더라도 외관상, 객관적으로 직무에 관한 행위라고 인정할 수 있는 것이라면 민법 제35조 제1항의 직무에 관한 행위에 해당한다(대판 2003.7.25. 2002다27088).

- 권리능력 없는 사단인 재건축주택조합과 그 대표기관과의 관계는 위임인과 수임인의 법률관계와 같은 것으로서 임기가 만료되면 일단 그 위임관계는 종료되는 것이 원칙이고, 다만 그 후임자가 선임될 때까지 대표자가 존재하지 않는다면 대표기관에 의하여 행위를 할 수밖에 없는 재건축주택조합은 당장 정상적인 활동을 중단하지 않을 수 없는 상태에 처하게 되므로, 민법 제691조의 규정을 유추하여 구 대표자로 하여금 조합의 업무를 수행케 함이 부적당하다고 인정할 만한 특별한 사정이 없고 종전의 직무를 구 대표자로 하여금 처리하게 할 필요가 있는 경우에 한하여 후임 대표자가 선임될 때까지 임기만료된 구 대표자에게 대표자의 직무를 수행할 수 있는 업무수행권이 인정된다(대판 2003.7.8. 2002다74817). 기출 14

[판례가 비법인사단에 유추적용을 부정한 법인규정]

- 비법인사단의 경우에는 대표자의 대표권 제한에 관하여 등기할 방법이 없어 민법 제60조의 규정을 준용할 수 없고, 비법인사단의 대표자가 정관에서 사원총회의 결의를 거쳐야 하도록 규정한 대외적 거래행위에 관하여 이를 거치지 아니한 경우라도, 이와 같은 사원총회 결의사항은 비법인사단의 내부적 의사결정에 불과하다 할 것이므로, 그 거래 상대방이 그와 같은 대표권 제한 사실을 알았거나 알 수 있었을 경우가 아니라면 그 거래행위는 유효하다고 봄이 상당하고, 이 경우 거래의 상대방이 대표권 제한 사실을 알았거나 알 수 있었음은 이를 주장하는 비법인사단 측이 주장·입증하여야 한다(대판 2003.7.22. 2002다64780).
  기출 06·07·09·13

- 종중원들이 종중 재산의 관리 또는 처분 등을 위하여 종중의 규약에 따른 적법한 소집권자 또는 일반 관례에 따른 종중총회의 소집권자인 종중의 연고항존자에게 필요한 종중의 임시총회 소집을 요구하였음에도 그 소집권자가 정당한 이유 없이 이에 응하지 아니하는 경우에는 차석 또는 발기인(위 총회의 소집을 요구한 발의자들)이 소집권자를 대신하여 그 총회를 소집할 수 있는 것이고, 반드시 민법 제70조를 준용하여 감사가 총회를 소집하거나 종원이 법원의 허가를 얻어 총회를 소집하여야 하는 것은 아니다(대판 2011.2.10. 2010다83199·83205).

③ 법인 아닌 사단의 구성원 개인이 총유재산의 보존을 위한 소를 제기할 수 있는지 여부(소극) : 민법 제276조 제1항은 "총유물의 관리 및 처분은 사원총회의 결의에 의한다", 같은 조 제2항은 "각 사원은 정관 기타의 규약에 좇아 총유물을 사용·수익할 수 있다"라고 규정하고 있을 뿐 공유나 합유의 경우처럼 보존행위는 그 구성원 각자가 할 수 있다는 민법 제265조 단서 또는 제272조 단서와 같은 규정을 두고 있지 아니한바, 이는 법인 아닌 사단의 소유형태인 총유가 공유나 합유에 비하여 단체성이 강하고 구성원 개인들의 총유재산에 대한 지분권이 인정되지 아니하는 데에서 나온 당연한 귀결이라고 할 것이므로 총유재산에 관한 소송은 법인 아닌 사단이 그 명의로 사원총회의 결의를 거쳐 하거나 또는 그 구성원 전원이 당사자가 되어 필수적 공동소송의 형태로 할 수 있을 뿐 그 사단의 구성원은 설령 그가 사단의 대표자라거나 사원총회의 결의를 거쳤다 하더라도 그 소송의 당사자가 될 수 없고, 이러한 법리는 총유재산의 보존행위로서 소를 제기하는 경우에도 마찬가지라 할 것이다(대판[전합] 2005.9.15. 2004다44971).

④ 비법인사단이 타인 간의 금전채무를 보증하는 행위를 총유물의 관리·처분행위로 볼 수 있는지 여부(소극) 및 비법인사단인 재건축조합의 조합장이 채무보증계약을 체결하면서 조합규약에서 정한 조합 임원회의 결의 등 절차를 거치지 않은 경우, 그 보증계약의 효력(원칙적 유효) : 민법 제275조, 제276조 제1항에서 말하는 총유물의 관리 및 처분이라 함은 총유물 그 자체에 관한 이용·개량행위나 법률적·사실적 처분행위를 의미하는 것이므로, 비법인사단이 타인 간의 금전채무를 보증하는 행위는 총유물 그 자체의 관리·처분이 따르지 아니하는 단순한 채무부담행위에 불과하여 이를 총유물의 관리·처분행위라고 볼 수는 없다. 따라서 비법인사단인 재건축조합의 조합장이 채무보증계약을 체결하면서 조합규약에서 정한 조합 임원회의결의를 거치지 아니하였다거나 조합원총회 결의를 거치지 않았다고 하더라도 그것만으로 바로 그 보증계약이 무효라고 할 수는 없다. 다만, 이와 같은 경우에 조합 임원회의의 결의 등을 거치도록 한 조합규약은 조합장의 대표권을 제한하는 규정에 해당하는 것이므로, 거래 상대방이 그와 같은 대표권 제한 및 그 위반 사실을 알았거나 과실로 인하여 이를 알지 못한 때에는 그 거래행위가 무효로 된다고 봄이 상당하며, 이 경우 그 거래 상대방이 대표권 제한 및 그 위반 사실을 알았거나 알지 못한 데에 과실이 있다는 사정은 그 거래의 무효를 주장하는 측이 이를 주장·입증하여야 한다(대판[전합] 2007.4.19. 2004다60072·60089 - 다수의견).

⑤ 주택건설촉진법에 의해 설립된 재건축조합의 법적 성격(비법인사단) 및 임기만료 또는 사임 이사의 후임 이사 선임시까지의 직무수행권 여부(적극) : 주택건설촉진법에 의하여 설립된 재건축조합은 민법상의 비법인사단에 해당하므로, 민법의 법인에 관한 규정 중 법인격을 전제로 하는 조항을 제외한 나머지 조항이 원칙적으로 준용되고, 민법상 법인과 그 기관인 이사와의 관계는 위임자와 수임자의 법률관계와 같은 것으로서 이사의 임기가 만료되면 일단 그 위임관계는 종료되는 것이 원칙이나, 그 후임 이사 선임시까지 이사가 존재하지 않는다면 기관에 의하여 행위를 할 수밖에 없는 법인으로서는 당장 정상적인 활동을 중단하지 않을 수 없는 상태에 처하게 되고 이는 민법 제691조에 규정된 위임종료의 경우에 급박한 사정이 있는 때와 같이 볼 수 있으므로, 임기만료되거나 사임한 이사라도 그 임무를 수행함이 부적당하다고 인정할 만한 특별한 사정이 없는 한 후임 이사가 선임될 때까지 이사의 직무를 계속 수행할 수 있다(대판 1996.10.25. 95다56866).

⑥ 매매계약에 의하여 부담하고 있는 채무의 존재를 인식하고 있다는 뜻을 표시하는 데 불과한 소멸시효중단 사유로서의 승인이 총유물의 관리·처분행위인지 여부(소극) : 비법인사단이 총유물에 관한 매매계약을 체결하는 행위는 총유물 그 자체의 처분이 따르는 채무부담행위로서 총유물의 처분행위에 해당하나, 그 매매계약에 의하여 부담하고 있는 채무의 존재를 인식하고 있다는 뜻을 표시하는 데 불과한 소멸시효중단 사유로서의 승인은 총유물 그 자체의 관리·처분이 따르는 행위가 아니어서 총유물의 관리·처분행위라고 볼 수 없다(대판 2009.11.26. 2009다64383).

4. 권리능력 없는 사단 여부

① 종중, 사찰, 교회, 주택조합 또는 재건축조합, 자연부락, 동·리, 어촌계, 집합건물의 관리단, 아파트입주자대표회의 **기출 08**, 채권자들로 구성된 청산위원회 등은 권리능력 없는 사단으로 인정하고 있다.
② 반면, 부도난 회사의 채권자들이 조직한 채권단, 원호대상자광주목공조합, 개인사찰, 학교, 대한불교조계종총무원 등은 판례가 권리능력 없는 사단으로 보고 있지 않다.

Ⅲ 권리능력 없는 재단(비법인재단)

1. 의 의

재단법인의 실질을 갖추어 목적재산과 조직은 존재하지만 아직 법인격을 취득하지 못한 것을 의미한다.

2. 법률관계

① 소송상 당사자능력이 인정된다.
② 부동산에 관하여는 등기능력이 인정되는데, 이는 결국 부동산은 권리능력 없는 재단의 단독소유로 취급된다(통설·판례). 부동산 이외의 재산권에 대하여는 아무런 규정이 없어 신탁의 법리로 설명하는 견해와 기타의 재산권도 역시 권리능력 없는 재단에 속한다는 견해가 대립하고 있다.
③ 그 밖의 법률관계에 대하여는 재단법인에 관한 규정 가운데 법인격을 전제로 하는 것을 제외하고는 이를 유추적용한다(통설).

3. 권리능력 없는 재단 여부

사찰, 장학재단(육영회), 유치원 등은 판례가 비법인재단으로 인정하였으나, 학교와 같이 시설(영조물)에 불과한 것은 비법인재단이 아니라고 보았다(대판 1977.8.23. 76다1478).

Ⅳ 종중의 법률관계

1. 종중의 의의

(1) 고유한 의미의 종중

① 종중의 개념 : 종중이란 공동선조의 분묘수호 및 봉제사와 후손 상호 간의 친목을 목적으로 형성되는 「자연발생적인 종족단체」로, 선조의 사망과 동시에 후손에 의하여 성립하는 것이며, 법적 성격은 법인격 없는 사단이다(대판[전합] 2005.7.21. 2002다1178).

② 종중 유사의 단체 : 공동선조의 후손 중 "일정한 범위"의 종족집단이 사회적 조직체로서 성립하여 고유의 재산을 소유 관리하면서 독자적인 활동을 하고 있다면 단체로서의 실체를 부인할 수 없다고 할 것이나 이는 고유 의미의 종중과는 다른 종중 유사의 단체이다(대판 1992.9.22. 92다15048). 종중 유사의 단체는 사적 자치의 원칙 내지 결사의 자유에 따라 그 구성원의 자격과 가입조건을 자유롭게 정할 수 있음이 원칙이므로 회칙 등에서 공동선조의 후손 중 남성만으로 구성원을 한정하고 있는 경우, 그러한 사정만으로 회칙 등이 무효로 되지는 않는다(대판 2011.2.24. 2009다17783). 같은 의미로 특정지역 내에 거주하는 일부 종중원이나 특정 항렬의 종중원만을 그 구성원으로 하는 단체는 종중 유사의 단체에 불과하고 고유한 의미의 종중은 될 수 없다(대판 2002.5.10. 2002다4863). 고유한 의미의 종중이라면 일부 종원의 자격을 임의로 제한하였거나 확장한 종중회칙은 종중의 본질에 반하여 무효이나, 그 종중의 회칙 규정이 종중의 본질에 반한다 하여 바로 고유한 의미의 종중이 아니라고 추단할 수는 없다(대판 2002.6.28. 2001다5296).

(2) 종중의 대표자

① 종중에는 관습에 따른 종장이 있는데, 종장이라는 이유만으로 당연히 법적 대표권한이 있는 것은 아니다(대판 1999.7.27. 99다9523).

② 「종중 대표자의 선임방법」은 그 종중에 규약이나 관례가 있으면 그에 따라 선임하고 그것이 없다면 종장 또는 문장이 그 종원을 소집하여 「출석종원의 과반수 결의」로 선출하며, 평소에 종중에 종장이나 문장이 선임되어 있지 아니하고 선임에 관한 규약이나 일반 관례가 없다면 현존하는 연고항존자(나이가 가장 많고 항렬이 가장 높은 사람)가 종장이나 문장이 되어 종중총회를 소집하는 것이 일반 관습이다(대판 2009.5.28. 2009다7182).

(3) 종중의 구성원

① 공동선조의 후손 중 성년이면 남녀를 불문하고 당연히 종중의 구성원이 된다.

② 다른 가문으로 출계한 아들(양자로 간 아들)은 그 생가의 종원 자격을 인정할 수 없다(대판 1996.8.23. 96다12566).

③ 민법 제781조 제6항에 따라 자녀의 복리를 위하여 자녀의 성과 본을 변경할 필요가 있어 자녀의 성과 본이 모의 성과 본으로 변경되었을 경우 성년인 그 자녀는 모가 속한 종중의 공동선조와 성과 본을 같이 하는 후손으로서 당연히 종중의 구성원이 된다(대판 2022.5.26. 2017다260940).

2. 종중의 법률관계

(1) 총회의 소집권자

① 총회의 소집권자는 '종중규약'에 정함이 있으면 그에 따르고, 정함이 없으면 '연고항존자'가 적법한 소집권자이다.

② 종중원들이 규약에 따라 적법한 소집권자 또는 그러한 자가 없어 연고항존자에게 총회의 소집을 요구하였으나 그 소집권자나 연고항존자가 정당한 이유 없이 이에 응하지 아니하는 경우에는 차석 또는 소집을 요구한 종중원들이 소집권자를 대신하여 그 총회를 소집할 수 있다(대판 2010.12.9. 2009다26596).

(2) 총회의 소집통지방법

반드시 직접 서면으로 하여야만 하는 것은 아니고 구두 또는 전화로 하여도 되고 다른 종중원이나 세대주를 통하여 하여도 무방하다(대판 2000.2.25. 99다20155).

> **[종중총회 소집통지의 대상과 방법 및 일부 종중원에 대한 소집통지를 결여한 종중총회 결의의 효력(무효)]**
> 종중총회는 특별한 사정이 없는 한 족보에 의하여 소집통지 대상이 되는 종중원의 범위를 확정한 후 국내에 거주하고 소재가 분명하여 통지가 가능한 모든 종중원에게 개별적으로 소집통지를 함으로써 각자가 회의와 토의 및 의결에 참가할 수 있는 기회를 주어야 하고, 일부 종중원에게 소집통지를 결여한 채 개최된 종중총회의 결의는 효력이 없으나, 그 소집통지의 방법은 반드시 직접 서면으로 하여야만 하는 것은 아니고 구두 또는 전화로 하여도 되고 다른 종중원이나 세대주를 통하여 하여도 무방하다(대판 2007.9.6. 2007다34982).
>
> **[소집절차에 하자가 있는 종중총회의 결의를 사후 적법한 종중총회에서 추인한 경우, 그 결의의 효력(유효)]**
> 소집절차에 하자가 있어 그 효력을 인정할 수 없는 종중총회의 결의라도 후에 적법하게 소집된 종중총회에서 이를 추인하면 처음부터 유효로 된다(대판 1996.6.14. 96다2729).
>
> **[주택조합의 대표자가 조합원 총회의 결의를 거치지 아니하고 건물을 처분한 행위에 관하여 민법 제126조 표현대리에 관한 규정을 준용할 수 있는지 여부(소극)]**
> 비법인사단인 피고 주택조합의 대표자가 조합총회의 결의를 거쳐야 하는 조합원 총유에 속하는 재산의 처분에 관하여는 조합원 총회의 결의를 거치지 아니하고는 이를 대리하여 결정할 권한이 없다 할 것이어서 피고 주택조합의 대표자가 행한 총유물인 이 사건 건물의 처분행위에 관하여는 민법 제126조의 표현대리에 관한 규정이 준용될 여지가 없다 할 것이다(대판 2003.7.11. 2001다73626).

(3) 총회의 결의방법

종중규약에 다른 규정이 없는 이상 종원은 서면이나 대리인으로 결의권을 행사할 수 있으므로, 일부 종원이 총회에 직접 출석하지 아니하고 다른 출석 종원에 대한 위임장 제출방식에 의하여 종중의 대표자 선임 등에 관한 결의권을 행사하는 것도 허용된다(대판 2000.2.25. 99다20155).

> **[종중 토지 매각대금의 분배에 관한 종중총회의 결의가 무효인 경우, 새로운 종중총회의 결의 없이 종원이 곧바로 종중을 상대로 분배금의 지급을 구할 수 있는지 여부(소극)]**
> 총유물인 종중 토지 매각대금의 분배는 정관 기타 규약에 달리 정함이 없는 한 종중총회의 결의에 의하여만 처분할 수 있고 이러한 분배결의가 없으면 종원이 종중에 대하여 직접 분배청구를 할 수 없다. 따라서 종중 토지 매각대금의 분배에 관한 종중총회의 결의가 무효인 경우, 종원은 그 결의의 무효확인 등을 소구하여 승소

판결을 받은 후 새로운 종중총회에서 공정한 내용으로 다시 결의하도록 함으로써 그 권리를 구제받을 수 있을 뿐이고 새로운 종중총회의 결의도 거치지 아니한 채 종전 총회결의가 무효라는 사정만으로 곧바로 종중을 상대로 하여 스스로 공정하다고 주장하는 분배금의 지급을 구할 수는 없다(대판 2010.9.9. 2007다42310·42327).

> **[종중재산을 분배함에 있어 단순히 성별의 구분에 따라 그 분배 비율 등에 차이를 두는 경우 그 효력(= 무효)]**
> 종중재산의 분배에 관한 종중총회의 결의 내용이 현저하게 불공정한 것인지 여부는 종중재산의 조성 경위, 종중재산의 유지·관리에 대한 기여도, 종중행사 참여도를 포함한 종중에 대한 기여도, 종중재산의 분배 경위, 전체 종원의 수와 구성, 분배 비율과 그 차등의 정도, 과거의 재산분배 선례 등 제반사정을 고려하여 판단하여야 한다. 그런데 공동선조와 성과 본을 같이하는 후손은 남녀의 구별 없이 성년이 되면 당연히 그 구성원(종원)이 되는 것이므로, 종중재산을 분배함에 있어 단순히 남녀 성별의 구분에 따라 그 분배 비율, 방법, 내용에 차이를 두는 것은 개인의 존엄과 양성의 평등을 기초로 한 가족생활을 보장하고, 가족 내의 실질적인 권리와 의무에 있어서 남녀의 차별을 두지 아니하며, 정치·경제·사회·문화 등 모든 영역에서 여성에 대한 차별을 철폐하고 남녀평등을 실현할 것을 요구하는 우리의 전체 법질서에 부합하지 아니한 것으로 정당성과 합리성이 없어 무효라고 할 것이다(대판 2010.9.30. 2007다74775).

(4) 총회의 의결정족수

총회의 의결정족수를 정하는 기준이 되는 출석종원이라 함은 문제가 된 결의 당시 회의장에 남아 있던 종원만을 의미한다. 따라서 회의 도중 스스로 회의장에서 퇴장한 종원들은 이에 포함되지 않는다(대판 2001.7.27. 2000다56037).

Ⅴ 교회의 분열과 재산귀속관계

1. 교회의 법적 성격

① 교인들로 구성된 비법인사단이다.
② 특정 교단에 소속된 지교회도 비법인사단으로서의 실체를 갖추고 있다면, 특정 교단과는 독립된 비법인사단이다.
③ 따라서 비법인사단에 관한 일반적인 법률관계가 교회에도 그대로 적용된다.

2. (비법인) 사단의 분열 여부

① 우리 민법이 사단법인에 있어서 구성원들이 2개의 법인으로 나뉘어 각각 독립한 법인으로 존속하면서 종전 사단법인에게 귀속되었던 재산을 소유하는 방식의 사단법인의 분열을 인정하지 아니하므로, 비법인사단의 분열은 허용되지 않는다(교회도 동일). 기출 07
② 따라서 비법인사단의 구성원들이 집단적으로 탈퇴하는 경우 탈퇴한 자들은 구성원의 지위를 상실하는 반면, 잔존 구성원들로 구성된 단체는 여전히 동일성을 잃지 않고 비법인사단으로서의 실체를 유지하며 존속한다.
③ 집단적으로 탈퇴한 구성원들은 종전 사단의 재산에 대하여는 어떠한 권리도 가질 수 없다.

3. 교회 탈퇴시 종전 교회재산의 귀속관계(잔존 교인들의 총유)

의결권을 가진 교인 2/3 이상의 찬성이 없이 집단적으로 교회를 탈퇴한 경우 종전 교회재산은 잔존 교인들의 총유로 귀속된다(대판 2006.6.30. 2000다15944).

4. 지교회의 교단변경의 결의요건(의결권을 가진 교인 2/3 이상이 찬성)

① 특정 교단에 가입한 지교회(교단과는 독립한 비법인사단)의 경우에, 소속교단을 변경하는 것은 지교회의 명칭이나 목적 등 자치규범을 변경하는 결과를 초래하므로, 소속 교단에서의 탈퇴 내지 변경은 사단법인 정관변경에 준하여 「의결권을 가진 교인 2/3 이상의 찬성」에 의한 결의를 필요로 하며, 소속 교단에서의 탈퇴 내지 변경이 의결권을 가진 교인의 2/3 이상의 찬성에 의하여 소속 교단에서의 탈퇴 또는 소속 교단의 변경결의가 적법·유효하게 이루어졌다는 점은 이를 주장하는 자가 입증하여야 한다(대판 2007.12.27. 2007다17062).

② 만약 교단 탈퇴 및 변경에 관한 결의를 하였으나 이에 찬성한 교인이 의결권을 가진 교인의 2/3에 이르지 못한다면, 종전 교회의 동일성은 여전히 종전 교단에 소속되어 있는 상태로서 유지된다(대판[전합] 2006.4.20. 2004다37775 – 다수의견).

③ 반대로 교단변경 결의요건을 갖추어 소속 교단에서 탈퇴하거나 다른 교단으로 변경한 경우에는 종전 교회의 실체는 이와 같이 교단을 탈퇴한 교회로서 존속하고 종전 교회재산은 위 「탈퇴한 교회 소속 교인들의 총유」로 귀속된다(대판[전합] 2006.4.20. 2004다37775 – 다수의견). 기출 07

제3관 | 법인의 설립

법인성립의 준칙(민법 제31조)
법인은 법률의 규정에 의함이 아니면 성립하지 못한다.

비영리법인의 설립과 허가(민법 제32조)
학술, 종교, 자선, 기예, 사교 기타 영리아닌 사업을 목적으로 하는 사단 또는 재단은 주무관청의 허가를 얻어 이를 법인으로 할 수 있다.

법인설립의 등기(민법 제33조) 기출 01·08
법인은 그 주된 사무소의 소재지에서 설립등기를 함으로써 성립한다.

Ⅰ 비영리사단법인의 설립요건

1. 목적의 비영리성(민법 제32조)

① 비영리성이란 사단법인의 수익이 사원들에게 분배되지 않는다는 의미이다. 다만, 목적달성을 위해 부수적인 영리행위는 그것이 비영리사단의 본질에 반하지 않는 한 문제되지 않는다.

② 비영리사단법인만이 민법이 적용되며, 영리사단법인에는 민사회사와 상사회사가 있는데, 이에는 상법이 적용된다(민법 제39조 참조).

2. 설립행위

(1) 서 설

사단법인을 설립하려면 2인 이상의 사람이 법인의 근본규칙을 정하여 서면에 기재하고 기명날인하여야 한다(민법 제40조). 이 서면을 정관이라 하며 이러한 정관작성행위를 사단법인의 설립행위라고 한다.

(2) 법적 성질

① 사단법인 설립행위는 서면에 의해야 하는 요식행위이다.

② 사단법인 설립행위의 법적 성질에 대하여 합동행위라는 견해(다수설)와 특수한 계약이라는 견해가 대립하고 있다.

③ 다수설인 합동행위설에 의하면, 설립행위는 계약이 아니므로, 민법 제124조(자기계약, 쌍방대리금지)가 적용되지 않고, 의사표시 흠결에 관한 규정(민법 제107조 내지 제110조)도 적용되지 않는다고 한다.

(3) 정 관

사단법인 정관의 법적 성질은 계약이 아니라 「자치법규」이다. 따라서 그 해석 방법은 어디까지나 객관적인 기준에 따라 그 규범적인 의미 내용을 확정하는 법규해석의 방법으로 해석되어야 하는 것이지, 작성자의 주관이나 해석 당시의 사원의 다수결에 의한 방법으로 자의적으로 해석될 수는 없다(대판 2000.11.24. 99다12437).

(4) 정관의 기재사항(민법 제40조, 제43조)

> **사단법인의 정관(민법 제40조)**
> 사단법인의 설립자는 다음 각 호의 사항을 기재한 정관을 작성하여 기명날인하여야 한다.
>   1. 목적
>   2. 명칭
>   3. 사무소의 소재지
>   4. 자산에 관한 규정
>   5. 이사의 임면에 관한 규정
>   6. 사원자격의 득실에 관한 규정
>   7. 존립시기나 해산사유를 정하는 때에는 그 시기 또는 사유

① **필요적 기재사항** : 정관에 다음의 사항들을 반드시 기재하여야 하며, 하나라도 빠지면 그 정관은 '무효'이다.

> • **재단법인과의 공통점** : 목적, 명칭, 사무소의 소재지, 자산에 관한 규정, 이사의 임면규정
> • **재단법인과의 차이점(사단법인의 고유 기재사항)** : 사원자격의 득실에 관한 규정, 존립시기나 해산사유를 정한 때에는 그 시기나 사유

② **임의적 기재사항** : 임의적 기재사항에는 제한이 없으며, 다만, 임의적 기재사항이라도 일단 정관에 기재되면 필요적 기재사항과 효력상 차이가 없으며, 따라서 그것을 변경할 때에는 정관변경절차에 의하여야 한다.

3. 주무관청의 허가

① 비영리법인의 특징으로서 주무관청의 '허가'가 필요하고, 주무관청은 사후에 허가를 취소하여 법인을 소멸시킬 수 있다(민법 제38조). 이 허가 취소는 소급효가 없다.

② 판례는 위 허가는 주무관청의 자유재량에 속하는 행위이므로 주무관청이 판단과정에 합리성이 있음을 부정할 수 없는 경우에는, 다른 특별한 사정이 없는 한 그 불허가처분에 재량권을 일탈·남용한 위법이 있다고 할 수 없어 주무관청의 불허가처분에 관하여 행정소송으로 다툴 수 없다고 한다(대판 1996.9.10. 95누18437).

4. 설립등기

법인설립의 등기(민법 제33조) 기출 01·08
법인은 그 주된 사무소의 소재지에서 설립등기를 함으로써 성립한다.

법인의 등기사항(민법 제49조)
① 법인설립의 허가가 있는 때에는 3주간내에 주된 사무소소재지에서 설립등기를 하여야 한다.
② 전항의 등기사항은 다음과 같다.
  1. 목적
  2. 명칭
  3. 사무소
  4. 설립허가의 연월일
  5. 존립시기나 해산이유를 정한 때에는 그 시기 또는 사유
  6. 자산의 총액
  7. 출자의 방법을 정한 때에는 그 방법
  8. 이사의 성명, 주소 기출 08
  9. 이사의 대표권을 제한한 때에는 그 제한

설립등기 이외의 등기의 효력과 등기사항의 공고(민법 제54조) 기출 08·15
① 설립등기 이외의 본절의 등기사항은 그 등기후가 아니면 제3자에게 대항하지 못한다.
② 등기한 사항은 법원이 지체없이 공고하여야 한다.

사단법인은 법인등기부에 설립등기를 함으로써 성립한다(민법 제33조). 즉 이 등기는 권리능력을 취득하기 위한 성립요건이고, 그 밖의 등기는 모두 대항요건에 해당한다(민법 제54조 제1항).

5. 설립 중의 회사

설립 중의 회사는 '강학상 개념'으로서 정관이 작성되고 발기인이 적어도 1주 이상의 주식을 인수하였을 때 비로소 성립한다(대판 1990.12.26. 90누2536). 설립 중의 회사의 법적 성격은 '법인 아닌 사단'으로 볼 것이다(대판 2008.2.28. 2007다37394·37400).

① 설립 중의 회사로서의 실체가 갖추어지기 이전에 발기인이 취득한 권리·의무는 구체적인 사정에 따라 발기인 개인 또는 발기인 조합에 귀속되는 것으로서 이들에게 귀속된 권리·의무를 설립 후의 회사에게 귀속시키기 위하여는 양수나 계약자 지위 인수 등의 특별한 이전행위가 있어야 한다(대판 1998.5.12. 97다56020). **기출 07**

② 설립 중인 법인의 행위에 대하여 설립 후의 법인이 책임지는 것은 설립자체를 위한 비용만이다.

Ⅱ 비영리재단법인의 설립요건

1. 목적의 비영리성(민법 제32조)

재단법인은 사원이 없으므로 비영리법인만 존재한다. **기출 19**

2. 설립행위

재단법인의 설립자는 일정한 재산을 출연하고 민법 제40조 제1호 내지 제5호의 사항을 기재한 정관을 작성하여 기명날인을 하여야 한다(민법 제43조). **기출 08·19**

(1) 법적 성질

재단법인 설립행위는 서면에 일정한 사항을 기재하는 '요식행위'이며, 상대방 없는 단독행위이다(통설, 대판 1999.7.9. 98다9045). 한편 설립자가 수인인 경우에는 단독행위의 경합으로 본다.

> [1] 민법 제47조 제1항에 의하여 생전처분으로 재단법인을 설립하는 때에 준용되는 민법 제555조는 "증여의 의사가 서면으로 표시되지 아니한 경우에는 각 당사자는 이를 해제할 수 있다"고 함으로써 서면에 의한 증여(출연)의 해제를 제한하고 있으나, 그 해제는 민법 총칙상의 취소와는 요건과 효과가 다르므로 서면에 의한 출연이더라도 민법 총칙규정에 따라 출연자가 착오에 기한 의사표시라는 이유로 출연의 의사표시를 취소할 수 있고, 상대방 없는 단독행위인 재단법인에 대한 출연행위라고 하여 달리 볼 것은 아니다. [2] 재단법인에 대한 출연자와 법인과의 관계에 있어서 그 출연행위에 터잡아 법인이 성립되면 그로써 출연재산은 민법 제48조에 의하여 법인 성립 시에 법인에게 귀속되어 법인의 재산이 되는 것이고, 출연재산이 부동산인 경우에 있어서도 위 양당사자 간의 관계에 있어서는 법인의 성립 외에 등기를 필요로 하는 것은 아니라 할지라도, 재단법인의 출연자가 착오를 원인으로 취소를 한 경우에는 출연자는 재단법인의 성립 여부나 출연된 재산의 기본재산인 여부와 관계없이 그 의사표시를 취소할 수 있다(대판 1999.7.9. 98다9045). **기출 09**

(2) 정관의 필요적 기재사항(민법 제43조, 제40조 참조)

(3) 정관의 보충

> **재단법인의 정관의 보충(민법 제44조)** 기출 02 · 23
> 재단법인의 설립자가 그 명칭, 사무소 소재지 또는 이사임면의 방법을 정하지 아니하고 사망한 때에는 이해관계인 또는 검사의 청구에 의하여 법원이 이를 정한다.

① 사단법인에는 없는 제도이다.
② 이해관계인과 검사의 '청구'에 의해 '법원'이 나머지 사항을 정하여 법인을 성립시킨다.
③ 목적과 자산은 정해진 상태여야 한다.

3. 주무관청의 허가와 설립등기(민법 제32조, 제33조)

사단법인과 동일하다.

> **[재단법인의 기본재산에 관하여 저당권을 설정하는 경우, 주무관청의 허가를 얻어야 하는지 여부(원칙적 소극)]**
> 민법상 재단법인의 기본재산에 관한 저당권 설정행위는 특별한 사정이 없는 한 정관의 기재사항을 변경하여야 하는 경우에 해당하지 않으므로, 그에 관하여는 주무관청의 허가를 얻을 필요가 없다(대결 2018.7.20. 2017마1565).
>
> **[민법상 재단법인의 정관에 기본재산은 주무관청의 허가 · 승인을 받은 경우에 담보설정 등을 할 수 있다는 취지로 정해져 있고, 이에 따라 주무관청의 허가 · 승인을 받아 기본재산에 관하여 근저당권을 설정한 경우, 근저당권을 실행하여 기본재산을 매각할 때 주무관청의 허가를 다시 받아야 하는지 여부(소극)]**
> 민법상 재단법인의 정관에 기본재산은 담보설정 등을 할 수 없으나 주무관청의 허가 · 승인을 받은 경우에는 이를 할 수 있다는 취지로 정해져 있고, 정관 규정에 따라 주무관청의 허가 · 승인을 받아 민법상 재단법인의 기본재산에 관하여 근저당권을 설정한 경우, 그와 같이 설정된 근저당권을 실행하여 기본재산을 매각할 때에는 주무관청의 허가를 다시 받을 필요는 없다(대결 2019.2.28. 2018마800).

Ⅲ 재단법인의 출연재산의 귀속시기

증여, 유증에 관한 규정의 준용(민법 제47조)
① 생전처분으로 재단법인을 설립하는 때에는 증여에 관한 규정을 준용한다.
② 유언으로 재단법인을 설립하는 때에는 유증에 관한 규정을 준용한다.

출연재산의 귀속시기(민법 제48조) 기출 09 · 23
① 생전처분으로 재단법인을 설립하는 때에는 출연재산은 법인이 성립된 때로부터 법인의 재산이 된다.
② 유언으로 재단법인을 설립하는 때에는 출연재산은 유언의 효력이 발생한 때로부터 법인에 귀속한 것으로 본다.

1. 서 설

재단법인의 출연재산의 귀속시기와 관련된 논의는 권리변동에 별도의 공시가 필요한 물권과 증권화된 채권(지시채권, 무기명채권) 등을 출연하는 경우에만 문제가 되고, 「지명채권(채권자가 특정되어 있고, 성립·양도에 증권이 불필요한 채권)」의 경우에는 공시가 성립요건이 아니기 때문에 견해대립 없이 민법 제48조가 적용된다. 기출 23

2. 생전처분으로 설립하는 경우(민법 제48조 제1항)

(1) 학 설

1) 민법 제48조 적용긍정설[법인성립시설(다수설)]

① 법인의 보호를 우선시하는 입장이다.

② 민법 제48조는 민법 제187조의 '기타 법률의 규정'에 해당한다.

③ 따라서 민법 제48조가 정한 시기(법인설립등기 시)에 권리귀속이 된다.

2) 민법 제48조 적용부정설[이전등기시설(소수설)]

① 거래의 안전을 우선시하는 입장이다.

② 민법 제187조의 '기타 법률의 규정'은 법률행위에 의하지 아니하고 형성적 효력을 갖는 물권변동을 규정한 법률만을 의미한다.

③ 따라서 민법 제187조가 법률행위에 의한 재단법인 설립의 경우에는 적용되지 않기 때문에, 공시가 있어야만 재단법인에게 출연재산이 귀속된다.

(2) 판례 : 소유권의 상대적 귀속

판례는 출연자와 법인의 관계에서는 민법 제187조가, 제3자에 대한 관계에서는 민법 제186조가 적용된다는 입장이다(대판[전합] 1979.12.11. 78다481·482). 기출 09

3. 유언으로 설립하는 경우(민법 제48조 제2항)

(1) 학 설

① 민법 제48조 적용긍정설[유언의 효력발생시설(다수설)] : 법인이 설립되면 공시 없이도 '유언자의 사망 시(민법 제1073조 제1항 참조)'에 소급하여 법인의 재산이 된다는 견해이다.

② 민법 제48조 적용부정설[이전등기시설(소수설)] : 법인이 설립되고 이전등기, 인도, 배서·교부 등을 마쳐야 비로소 재산권이 법인에게 귀속된다는 견해이다.

(2) 판 례

유언으로 재단법인을 설립하는 경우에도 제3자에 대한 관계에서는 출연재산이 '부동산'인 경우에는 그 법인에의 귀속은 법인의 설립 외에 등기를 필요로 한다는 입장이다(대판 1993.9.14. 93다8054).

제4관 | 법인의 능력

> **법인의 권리능력(민법 제34조)**
> 법인은 법률의 규정에 좇아 정관으로 정한 목적의 범위 내에서 권리와 의무의 주체가 된다.

Ⅰ 서 설

1. 의 의

법인도 권리의 주체이므로, 자연인과 동일하게 권리능력·행위능력·불법행위능력을 가진다. 다만, 법인의 능력은 의사능력 내지 판단능력을 중심으로 하여 논의되는 자연인의 경우와는 본질적으로 다르기에 ① 법인이 어느 범위에서 권리능력을 갖는지, ② 누가 어떠한 형식으로 법인의 행위를 할 수 있는지, ③ 누구의 어떤 행위에 대하여 법인 자신이 배상책임을 부담하는지 등이 문제된다.

2. 능력에 관한 규정

법인의 능력에 관한 규정은 강행규정이다.

Ⅱ 법인의 권리능력

법률의 규정과 정관으로 정한 목적의 범위 내에서 인정된다(민법 제34조).

1. 법률에 의한 제한

법인의 권리능력은 법률에 의하여 제한될 수 있다. 다만, 그 제한은 개별적(민법 제81조, 상법 제173조 등)이며, 법인의 권리능력을 일반적으로 제한하는 법률은 없다.

2. 성질상 제한

법인은 자연인을 전제로 하는 권리·의무의 주체가 될 수는 없다. 즉 생명권, 친권, 부양청구권, 상속권 등은 성질상 법인에게 인정되지 않는다. 다만, 명예권, 성명권, 유증을 받을 수 있는 지위 등은 인정된다. **기출** 17

3. 정관에 의한 제한

① 「목적범위 내」를 어떻게 해석할 것인지와 관련하여 목적달성에 필요한 범위 내라는 견해와 목적에 위반하지 않는 범위 내라는 견해의 대립이 있다.

② 판례는 "목적달성에 필요한 범위 내라고 판시하나, 직접적인 필요에 한정하지 않고 간접적으로 필요한 행위도 포함하고 있으며(대결 2001.9.21. 2000그98), 필요한지 여부도 객관적 성질에 따라 추상적으로 판단해야 한다(대판 1987.10.13. 86다카1522)"고 하여 그 범위를 넓히고 있다. 기출 11

Ⅲ 법인의 행위능력

1. 문제점

관념상 법인이 실제로 권리를 취득하거나 의무를 부담하는 것은 일정한 자연인의 행위에 의할 수밖에 없는데, 이 경우 누구의 행위를 법인의 행위로 볼 것인가의 문제가 발생하는 바, 이것이 법인의 행위능력의 문제이다.

2. 대표기관의 행위

법인은 대표기관을 통해 현실적인 행위를 하기에 대표기관의 행위는 법인의 행위로 간주된다. 이사(민법 제59조), 이사의 직무대행자(민법 제60조의2), 임시이사(민법 제63조), 특별대리인(민법 제64조), 청산인(민법 제82조) 등이 대표적인 대표기관에 해당한다.

3. 행위의 범위

민법은 법인의 행위능력에 관한 규정을 따로 두고 있지 않다. 다만, 법인의 경우에는 의사능력의 불완전성을 문제 삼을 필요가 없으므로 법인은 권리능력의 범위 내에서 행위능력을 갖는다고 보아야 한다(통설).

Ⅳ 법인의 불법행위능력

법인의 불법행위능력(민법 제35조) 기출 16
① 법인은 이사 기타 대표자가 그 직무에 관하여 타인에게 가한 손해를 배상할 책임이 있다. 이사 기타 대표자는 이로 인하여 자기의 손해배상책임을 면하지 못한다.
② 법인의 목적범위외의 행위로 인하여 타인에게 손해를 가한 때에는 그 사항의 의결에 찬성하거나 그 의결을 집행한 사원, 이사 및 기타 대표자가 연대하여 배상하여야 한다.

1. 의 의

법인은 이사 기타 대표자가 그 직무에 관하여 타인에게 가한 손해를 배상할 책임이 있다. 이사 기타 대표자는 이로 인하여 자기의 손해배상책임을 면하지 못한다(민법 제35조 제1항). 민법 제35조는 종중과 같은 권리능력 없는 사단에도 유추적용된다(대판 1994.4.12. 92다49300). `기출` 11 · 12 · 22

2. 요 건

(1) 대표기관의 행위일 것

① 법문상의 '이사 기타 대표자'는 '대표기관'만을 의미한다. 대표권 없는 이사는 법인의 기관이지만 대표기관은 아니기 때문에 그들의 행위로 인하여 민법 제35조상의 법인의 불법행위가 성립하지는 않는다(대판 2005.12.23. 2003다30159). `기출` 10 · 11 · 16 · 18 · 22 이러한 대표기관으로는 이사(민법 제59조), 임시이사(민법 제63조), 특별대리인(민법 제64조), 청산인(민법 제82조, 제83조), 직무대행자(민법 제52조의2, 제60조의2) 등이 있다. `기출` 08 이러한 '법인의 대표자'에는 그 명칭이나 직위 여하, 또는 대표자로 등기되었는지 여부를 불문하고 당해 법인을 실질적으로 운영하면서 법인을 사실상 대표하여 법인의 사무를 집행하는 사람을 포함한다(대판 2011.4.28. 2008다15438). `기출` 12 · 16

② 감사, 지배인, 이사의 임의대리인(민법 제62조) 등은 대표기관이 아니므로, 이들의 불법행위에 관해서는 법인이 사용자책임을 질 수 있을 뿐이다. `기출` 16

구 분	법인의 불법행위책임(민법 제35조)	사용자책임(민법 제756조)
행위자	법인의 대표기관	대표기관이 아닌 자, 피용자 `기출` 11
행 위	직무에 관하여 - 외형이론	사무집행에 관하여 - 외형이론
법인의 책임	법인 자체의 불법행위책임	사용자인 법인의 사용자책임
기타의 책임	법인과 대표기관은 부진정연대책임 관계	법인과 행위자는 부진정연대책임 관계
면책 규정	없 음	있 음

(2) 대표기관이 직무에 관하여 타인에게 손해를 주었을 것

① '직무에 관하여'의 의미(외형이론에 의하여 판단) : 직무상 행위란 직무행위와 견련관계가 있어 사회통념상 법인의 목적을 달성하기 위하여 행해진 것으로 인정되는 모든 행위를 말한다. 즉 직무상 행위로 인정되기 위해서는 행위의 외형상 그 대표기관의 직무행위라고 인정할 수 있는 행위이면 족하다(대판 2004.2.27. 2003다15280). `기출` 16 그러나 이때에도 상대방이 대표자의 배임행위를 알았거나 중대한 과실로 인하여 알지 못한 경우에는 제35조의 책임을 묻지 못한다(대판 2004.3.26. 2003다34045). `기출` 11 · 22

② 외형이론의 적용범위 : 대표기관의 주관적 의사는 불문하며, 대표기관의 행위가 설사 대표자 개인의 사리를 도모하기 위한 것이었거나 혹은 법령에 위배되더라도 민법 제35조의 책임이 성립할 수 있다(대판 2004.2.27. 2003다15280). `기출` 07 · 10 · 11 · 12 · 17 · 22

(3) 대표기관이 일반불법행위의 요건을 갖출 것

민법 제750조의 요건(즉 대표기관의 가해행위, 고의·과실, 책임능력, 가해행위의 위법성, 손해발생, 가해행위와 손해 간의 인과관계) 모두가 필요하다. 기출 12

3. 효 과

(1) 법인의 불법행위가 성립하는 경우

① 법인의 불법행위가 성립하는 경우에도 대표기관은 그 자신의 손해배상책임을 면하지 못한다 (민법 제35조 제1항 후문). 기출 06

② 법인과 대표기관 개인의 채무는 부진정연대채무이다. 기출 06

③ 법인이 피해자에게 손해를 배상한 때에는 법인은 대표기관 개인에게 구상권을 행사할 수 있고, 그 근거는 선관주의의무의 위반이다.

④ 대표기관의 고의적인 불법행위라고 하더라도, 피해자에게 그 불법행위 내지 손해발생에 과실이 있다면 법원은 과실상계의 법리에 좇아 손해배상의 책임 및 그 금액을 정함에 있어 이를 참작하여야 한다(대판 1987.12.8. 86다카1170). 기출 07

(2) 법인의 불법행위가 성립하지 않는 경우

① 대표기관의 가해행위가 직무의 범위를 벗어나는 경우에는 법인의 불법행위가 성립하지 않는다. 이때에는 대표기관만이 민법 제750조에 의해 불법행위책임을 진다.

② 다만, 민법은 피해자를 보호하기 위하여 그 의결에 찬성하거나 그 의결을 집행한 사원, 이사 및 기타 대표자는 민법 제760조의 공동불법행위의 성립 여부를 묻지 않고 연대(부진정)하여 배상책임을 지도록 하고 있다.

[민법 제756조와의 관계]

• 법인의 불법행위가 성립하는 경우에 법인이 사용자의 지위에서 사용자책임(민법 제756조)도 지는지, 즉 민법 제35조 제1항과 제756조가 경합하는지 문제된다. 법인의 불법행위책임이 성립하는 경우에는 사용자책임은 성립하지 않는다는 것이 통설·판례의 태도이다. 또한 법인의 불법행위책임은 사용자책임과 달리 선임·감독에 주의의무를 다하였음을 증명하여도 면책될 수 없다. 기출 07·12

• 대표기관의 대리인의 가해행위가 있는 경우, 대리인은 대표기관이 아니므로 법인에게 민법 제35조상의 불법행위책임은 성립하지 않지만, 민법 제756조의 사용자책임이 성립할 수는 있다. 기출 11

[법인의 대표자가 직무에 관하여 불법행위를 한 경우, 사용자책임을 규정한 민법 제756조 제1항을 적용할 수 있는지 여부(소극)]

민법 제35조 제1항은 "법인은 이사 기타 대표자가 그 직무에 관하여 개인에게 가한 손해를 배상할 책임이 있다"고 규정하고 있고, 민법 제756조 제1항은 "타인을 사용하여 어느 사무에 종사하게 한 자는 피용자가 그 사무집행에 관하여 제3자에게 가한 손해를 배상할 책임이 있다"고 규정하고 있다. 따라서 법인에 있어서 그 대표자가 직무에 관하여 불법행위를 한 경우에는 민법 제35조 제1항에 의하여, 법인의 피용자가 사무집행에 관하여 불법행위를 한 경우에는 민법 제756조 제1항에 의하여 각기 손해배상책임을 부담한다(대판 2009.11.26. 2009다57033).

제5관 | 법인의 기관

Ⅰ 서 설

1. 개 념

자연인과 같이 그 자체로 활동할 수 없는 법인이 독립체로서 법인이 의사를 결정하고 외부에 대하여 행동하며 내부의 사무를 처리하기 위한 일정한 조직을 기관이라 한다.

2. 필요기관 · 상설기관

① 이사는 집행기관으로서 재단 · 사단법인의 필요상설기관이다(민법 제57조). 기출 22 이에 반해 이사회는 이사들의 의결기관으로 임의기관이다(단, 상법상으로는 필요기관이다).
② 감사는 민법상 필요기관도 상설기관도 아닌 임의기관이다(단, 상법상으로는 필요상설기관 이다).
③ 사원총회는 의사결정기관으로서 사단법인에서만 필요기관이다(상설기관은 아님).

Ⅱ 이 사

1. 정관 기재사항 및 등기사항

이사는 정관에 임면 방법을 기재하여야 하고(민법 제40조 제5호, 제43조), 성명과 주소는 등기사항이다(민법 제49조 제2항). 기출 21

2. 임 면

(1) 선 임

이사의 선임행위는 법인과 이사 간의 위임과 유사한 계약에 해당하므로, 특별한 사정이 없는 한 위임의 법리가 적용된다.

(2) 해임 · 퇴임 등

이사의 해임 및 퇴임도 정관에 의할 것이나, 법인과 이사의 법률관계는 신뢰를 기초한 위임 유사 관계로 볼 수 있으므로 정관에 다른 규정이 없거나 규정이 있더라도 불충분한 경우에는 위임의 규정을 유추적용할 수 있다.

[민법 제691조의 유추적용에 관한 주요 판례]

- 민법상 법인과 그 기관인 이사의 관계는 위임자와 수임자의 법률관계와 같은 것으로서 이사의 임기가 만료하면 일단 그 위임관계는 종료되는 것이 원칙이나, 그 후임 이사 선임시까지 이사가 존재하지 않는다면 기관에 의하여 행위를 할 수밖에 없는 법인으로서는 당장 정상적인 활동을 중단하지 않을 수 없는 상태에 처하게 되고, 이는 민법 제691조에 규정된 급박한 사정이 있는 때와 같이 볼 수 있으므로 임기만료되거나 사임한 이사라고 할지라도 그 임무를 수행함이 부적당하다고 인정할 만한 특별한 사정이 없는 한 그 급박한 사정을 해소하기 위하여 필요한 범위 내에서 신임 이사가 선임될 때까지 이사의 직무를 계속 수행할 수 있고, 이러한 법리는 법인 아닌 사단에서도 마찬가지이다(대판 2007.6.15. 2007다6307). `기출 14`
- 임기만료된 이사의 업무수행권은 이사에 결원이 있음으로써 법인이 정상적인 활동을 할 수 없는 사태를 방지하자는 데 취지가 있으므로, 이사 중 일부의 임기가 만료되었더라도 아직 임기가 만료되지 아니한 다른 이사들로 정상적인 활동을 할 수 있는 경우에는 임기만료된 이사로 하여금 이사로서 직무를 행사하게 할 필요가 없고, 이러한 경우에는 임기만료로서 당연히 퇴임하며, 법인의 정상적인 활동이 가능한지는 이사의 임기만료시를 기준으로 판단하여야 하지 그 이후의 사정까지 고려할 수는 없다(대결 2014.1.17. 2013마1801). `기출 18`

[해임에 관한 주요 판례]

- 법인과 이사의 법률관계는 신뢰를 기초로 한 위임 유사의 관계이고, 위임계약은 원래 해지의 자유가 인정되어 쌍방 누구나 정당한 이유 없이도 언제든지 해지할 수 있으며, 다만 불리한 시기에 부득이한 사유 없이 해지한 경우에 한하여 상대방에게 그로 인한 손해배상책임을 질 뿐이다(대결 2014.1.17. 2013마1801). `기출 18`
- 법인과 이사의 법률관계는 신뢰를 기초로 한 위임 유사의 관계로 볼 수 있는데, 민법 제689조 제1항에서는 위임계약은 각 당사자가 언제든지 해지할 수 있다고 규정하고 있으므로, 법인은 원칙적으로 이사의 임기만료 전에도 이사를 해임할 수 있지만, 이러한 민법의 규정은 임의규정에 불과하므로 법인이 자치법규인 정관으로 이사의 해임사유 및 절차 등에 관하여 별도의 규정을 두는 것도 가능하다. 그리고 이와 같이 법인이 정관에 이사의 해임사유 및 절차 등을 따로 정한 경우 그 규정은 법인과 이사와의 관계를 명확히 함은 물론 이사의 신분을 보장하는 의미도 아울러 가지고 있어 이를 단순히 주의적 규정으로 볼 수는 없다. 따라서 법인의 정관에 이사의 해임사유에 관한 규정이 있는 경우 법인으로서는 이사의 중대한 의무위반 또는 정상적인 사무집행 불능 등의 특별한 사정이 없는 이상, 정관에서 정하지 아니한 사유로 이사를 해임할 수 없다(대판 2013.11.28. 2011다41741). `기출 18·21·22`

[사임에 관한 주요 판례]

- 학교법인의 이사는 법인에 대한 일방적인 사임의 의사표시에 의하여 법률관계를 종료시킬 수 있고, 그 의사표시는 수령권한 있는 기관에 도달됨으로써 바로 효력을 발생하는 것이며, 그 효력발생을 위하여 이사회의 결의나 관할관청의 승인이 있어야 하는 것은 아니다(대판 2003.1.10. 2001다1171). `기출 06`
- 법인의 이사를 사임하는 행위는 상대방 있는 단독행위이므로 그 의사표시가 상대방에게 도달함과 동시에 그 효력을 발생하고, 그 의사표시가 효력을 발생한 후에는 마음대로 이를 철회할 수 없음이 원칙이다. 그러나 법인이 정관에서 이사의 사임절차나 사임의 의사표시의 효력발생시기 등에 관하여 특별한 규정을 둔 경우에는 그에 따라야 하는바, 위와 같은 경우에는 이사의 사임의 의사표시가 법인의 대표자에게 도달하였다고 하더라도 그와 같은 사정만으로 곧바로 사임의 효력이 발생하는 것은 아니고 정관에서 정한 바에 따라 사임의 효력이 발생하는 것이므로, 이사가 사임의 의사표시를 하였더라도 정관에 따라 사임의 효력이 발생하기 전에는 그 사임의사를 자유롭게 철회할 수 있다(대판 2008.9.25. 2007다17109). `기출 10`
- 사임서 제시 당시 즉각적인 철회권유로 사임서 제출을 미루거나, 대표자에게 사표의 처리를 일임하거나, 사임서의 작성일자를 제출일 이후로 기재한 경우 등 사임의사가 즉각적이라고 볼 수 없는 특별한 사정이 있을 경우에는 별도의 사임서 제출이나 대표자의 수리행위 등이 있어야 사임의 효력이 발생하고, 그 이전에 사임의사를 철회할 수 있다(대판 2006.6.15. 2004다10909). `기출 10`

3. 직무권한

(1) 서 설

이사는 대외적으로 법인을 대표하고 대내적으로 법인의 사무를 집행할 권한을 가진 상설의 필요기관이다(민법 제58조 제1항). 이사가 될 수 있는 자는 자연인에 한정된다. [기출] 06 직무를 집행할 때 이사는 선량한 관리자의 주의를 기울여야 한다(민법 제61조). 이사가 그 임무를 해태한 때에는 그 이사는 법인에 대하여 연대하여 손해배상의 책임이 있다(민법 제65조).

(2) 대외적 권한 : 법인의 대표권

> **이사의 대표권(민법 제59조)** [기출] 01
> ① 이사는 법인의 사무에 관하여 각자 법인을 대표한다. 그러나 정관에 규정한 취지에 위반할 수 없고 특히 사단법인은 총회의 의결에 의하여야 한다.
> ② 법인의 대표에 관하여는 대리에 관한 규정을 준용한다.

① 원칙 : 이사는 법인 사무에 관하여 각자 법인을 대표한다(민법 제59조 제1항). 즉 각자대표가 원칙이다. 수인의 이사가 있더라도 동일하다. [기출] 15
② 적용법리
　㉠ 대표기관이 법인을 대표하여 어떤 행위를 하면, 그 행위는 법인의 행위로 되어 법인이 그로 인한 권리를 취득하고 의무를 부담한다. 그런데 민법 제59조 제2항은 대리에 관한 규정을 준용하므로, 대표행위를 할 때 법인을 위한 것임을 표시해야 하며(민법 제114조), 무권대리에 관한 규정도 준용된다.
　㉡ 법인이 대표기관을 통하여 법률행위를 한 때에는 대리에 관한 규정이 준용되므로 적법한 대표권을 가진 자와 맺은 법률행위의 효과는 대표자 개인이 아니라 본인인 법인에 귀속하고, 마찬가지로 그러한 법률행위상의 의무를 위반하여 발생한 채무불이행으로 인한 손해배상책임도 대표기관 개인이 아닌 법인만이 책임의 귀속주체가 되는 것이 원칙이다(대판 2019.5.30. 2017다53265).
③ 대표권의 제한
　㉠ 정관에 의한 제한

> **이사의 대표권에 대한 제한(민법 제41조)** [기출] 01 · 23
> 이사의 대표권에 대한 제한은 이를 정관에 기재하지 아니하면 그 효력이 없다.
>
> **이사의 대표권에 대한 제한의 대항요건(민법 제60조)** [기출] 23
> 이사의 대표권에 대한 제한은 등기하지 아니하면 제3자에게 대항하지 못한다.
>
> **이사의 대리인 선임(민법 제62조)**
> 이사는 정관 또는 총회의 결의로 금지하지 아니한 사항에 한하여 타인으로 하여금 특정한 행위를 대리하게 할 수 있다.

- 정관기재는 효력요건이고, 등기는 대항요건이다. `기출` 23
- 제3자의 범위 : 학설로는 악의의 제3자는 공평의 원칙상 보호할 필요가 없다는 제한설과 문리해석상 선·악의를 불문하고 대항할 수 있다는 무제한설의 대립이 있다. 판례는 '대표권의 제한에 관한 규정은 이를 등기하지 않을 경우 상대방의 선·악의를 불문하고 상대방에게 대표권 제한으로 대항할 수 없다'는 입장이다(무제한설)(대판 1992.2.14. 91다24564).

`기출` 06 · 18 · 19 · 21

ⓒ **사원총회의 의결에 의한 제한**(민법 제59조 제1항 단서)

> **이사의 대표권(민법 제59조)**
> ① 이사는 법인의 사무에 관하여 각자 법인을 대표한다. 그러나 정관에 규정한 취지에 위반할 수 없고 특히 사단법인은 총회의 의결에 의하여야 한다.
> ② 법인의 대표에 관하여는 대리에 관한 규정을 준용한다.

ⓒ **이익상반행위**

> **특별대리인의 선임(민법 제64조)** `기출` 21
> 법인과 이사의 이익이 상반하는 사항에 관하여는 이사는 대표권이 없다. 이 경우에는 전조의 규정에 의하여 특별대리인을 선임하여야 한다.

'이익이 상반되는 사항'이란 법인의 이익을 해할 염려가 있는 모든 재산적 거래를 말한다.

(3) 대내적 권한 : 법인의 사무집행권

> **이사의 사무집행(민법 제58조)**
> ① 이사는 법인의 사무를 집행한다.
> ② 이사가 수인인 경우에는 정관에 다른 규정이 없으면 법인의 사무집행은 이사의 과반수로써 결정한다.

이사는 대내적으로 법인의 모든 사무를 집행한다(민법 제58조 제1항). 이사의 수가 수인인 경우, 정관에 다른 규정이 없으면 법인의 사무집행은 이사의 과반수로써 결정한다(민법 제59조 제2항).

> [1] 민법상 법인의 정관에 대표권 있는 이사만 이사회를 소집할 수 있고, 다른 이사가 요건을 갖추어 이사회 소집을 요구하면 대표권 있는 이사가 이에 응하도록 규정하고 있는데도 대표권 있는 이사가 다른 이사의 정당한 이사회 소집을 거절한 경우, 이사가 정관의 규정 또는 민법에 기초하여 이사회를 소집할 수 있는지 여부(적극)
> : 민법 제58조 제1항은 민법상 법인의 사무집행은 이사가 하도록 규정하고 있고, 같은 조 제2항은 이사가 수인인 경우에는 이사의 과반수로써 결정하되 정관에 다른 규정이 있으면 이에 따르도록 규정하고 있다. 그러므로 이사가 수인인 민법상 법인의 정관에 대표권 있는 이사만 이사회를 소집할 수 있다고 규정하고 있다고 하더라도 이는 과반수의 이사가 본래 할 수 있는 이사회 소집에 관한 행위를 대표권 있는 이사로 하여금 하게 한 것에 불과하다. 따라서 정관에 다른 이사가 요건을 갖추어 이사회 소집을 요구하면 대표권 있는 이사가 이에 응하도록 규정하고 있는데도 대표권 있는 이사가 다른 이사의 정당한 이사회 소집을 거절하였다면, 대표권 있는 이사만 이사회를 소집할 수 있는 규정은 적용될 수 없다. 이 경우 이사는 정관의 이사회 소집권한에 관한 규정 또는 민법에 기초하여 법인의 사무를 집행할 권한에 의하여 이사회를 소집할 수 있다. `기출` 22

[2] 민법상 법인에서 과반수에 미치지 못하는 이사가 정관의 특별한 규정에 근거하여 이사회를 소집하거나 과반수의 이사가 민법 제58조 제2항에 근거하여 이사회를 소집하는 경우, 법원의 허가를 받을 필요 없이 이사회를 소집할 수 있는지 여부(적극) 및 법원이 민법상 법인의 이사회 소집을 허가할 법률상 근거가 있는지 여부(소극) : 민법상 법인의 필수기관이 아닌 이사회는 이사가 사무집행권한에 의해 소집하는 것이므로, 과반수에 미치지 못하는 이사는 특별한 사정이 없는 한 민법 제58조 제2항에 반하여 이사회를 소집할 수 없다. 반면 과반수에 미치지 못하는 이사가 정관의 특별한 규정에 근거하여 이사회를 소집하거나 과반수의 이사가 민법 제58조 제0항에 근거하여 이사회를 소집하는 경우에는 법원의 허가를 받을 필요 없이 본래적 사무집행권에 기초하여 이사회를 소집할 수 있다. 법원은 민법상 법인의 이사회 소집을 허가할 법률상 근거가 없고, 다만 이사회 결의의 효력에 관하여 다툼이 발생하면 소집절차의 적법 여부를 판단할 수 있을 뿐이다(대결 2017.12.1, 2017그661).

4. 이사의 주의의무와 임무해태에 대한 연대책임

이사의 주의의무(민법 제61조) 기출 02
이사는 선량한 관리자의 주의로 그 직무를 행하여야 한다.

이사의 임무해태(민법 제65조)
이사가 그 임무를 해태한 때에는 그 이사는 법인에 대하여 연대하여 손해배상의 책임이 있다.

Ⅲ 이사의 임의대리인

이사의 대리인 선임(민법 제62조)
이사는 정관 또는 총회의 결의로 금지하지 아니한 사항에 한하여 타인으로 하여금 특정한 행위를 대리하게 할 수 있다.

① 정관이나 총회로 금지하지 않은 사항에 대해 선임이 가능하다.
② 포괄적 대리권의 부여는 허용되지 않으며, 구체적 범위를 정하여 선임이 가능하다(대판 1989.5.9. 87다카2407).
③ 임의대리인의 불법행위에 대해서는 민법 제35조 제1항의 책임이 아니라 법인의 사용자책임(민법 제756조)이 적용된다(통설).

Ⅳ 이사회

이사회란 법인의 사무집행을 결정하기 위하여 이사 전원으로 구성된 의결기관으로, 민법상 법인에서는 필요기관이 아니다. 상법상 주식회사 이사회는 상설의 필수기관이다(상법 제390조 이하).

Ⅴ 　직무대행자

① 이사의 선임행위에 흠이 있음을 이유로 이해관계인의 신청에 의하여 법원이 가처분으로써 선임하는 임시적, 잠정적 기관이다(민법 제52조의2).

② 직무대행자는 가처분명령에 다른 정함이 없는 한 법인의 「통상사무」에 속하는 행위만을 할 수 있다. 이와 관련하여 직무대행자가 이를 위반한 경우 법인은 선의의 제3자에 대하여 책임을 진다(민법 제60조의2).

Ⅵ 　임시이사 · 특별대리인

1. 임시이사

이사가 없거나 결원이 있는 경우에 이로 인하여 손해가 생길 염려가 있는 때에는 법원은 이해관계인이나 검사의 청구에 의하여 임시이사를 선임하여야 한다(민법 제63조). 여기서 '이해관계인'이라 함은 임시이사가 선임되는 것에 관하여 법률상의 이해관계가 있는 자로서 그 법인의 다른 이사, 사원 및 채권자 등을 포함한다(대결[전합] 2009.11.19. 2008마699). 기출 10

2. 특별대리인

법인과 이사의 이익이 상반하는 사항에 관하여는 이사는 대표권이 없다. 이 경우 법원은 이해관계인이나 검사의 청구에 의하여 특별대리인을 선임하여야 한다(민법 제64조).

Ⅶ 임시총회의 소집권자

임시총회(민법 제70조) 기출 09·15
① 사단법인의 이사는 필요하다고 인정한 때에는 임시총회를 소집할 수 있다.
② 총사원의 5분의 1 이상으로부터 회의의 목적사항을 제시하여 청구한 때에는 이사는 임시총회를 소집하여야 한다. 이 정수는 정관으로 증감할 수 있다.
③ 전항의 청구 있는 후 2주간 내에 이사가 총회소집의 절차를 밟지 아니한 때에는 청구한 사원은 법원의 허가를 얻어 이를 소집할 수 있다.

임시총회의 소집권자는 <u>이사</u>(민법 제70조 제1항)·<u>임시이사·청산인·감사</u>(민법 제67조 제4호), <u>소수사원</u>(민법 제70조 제2항)이다.

Ⅷ 감 사

감사(민법 제66조) 기출 22
법인은 정관 또는 총회의 결의로 감사를 둘 수 있다.

감사의 직무(민법 제67조)
감사의 직무는 다음과 같다.
  1. 법인의 재산상황을 감사하는 일
  2. 이사의 업무집행의 상황을 감사하는 일
  3. 재산상황 또는 업무집행에 관하여 부정, 불비한 것이 있음을 발견한 때에는 이를 총회 또는 주무관청에 보고하는 일
  4. 전호의 보고를 하기 위하여 필요있는 때에는 총회를 소집하는 일

① 법인은 정관 또는 총회의 결의로 1인 또는 수인의 감사를 둘 수 있다(민법 제66조). 즉 감사는 사단법인이든 재단법인이든 임의기관이며 기출 15 , 그 선임방법 등은 정관 또는 총회의 결의로 정해진다. 기출 22
② 감사는 법인의 대표기관이 아니므로 감사의 성명과 주소는 등기사항이 아니며, 법인은 감사의 행위로 인하여 민법 제35조의 불법행위책임을 부담하지 않는다. 기출 16

Ⅸ 사원총회

총회의 권한(민법 제68조)
사단법인의 사무는 정관으로 이사 또는 기타 임원에게 위임한 사항외에는 총회의 결의에 의하여야 한다.

통상총회(민법 제69조)
사단법인의 이사는 매년 1회 이상 통상총회를 소집하여야 한다.

임시총회(민법 제70조) 기출 09·15

① 사단법인의 이사는 필요하다고 인정한 때에는 임시총회를 소집할 수 있다.

② 총사원의 5분의 1 이상으로부터 회의의 목적사항을 제시하여 청구한 때에는 이사는 임시총회를 소집하여야 한다. 이 정수는 정관으로 증감할 수 없다.

③ 전항의 청구 있는 후 2주간 내에 이사가 총회소집의 절차를 밟지 아니한 때에는 청구한 사원은 법원의 허가를 얻어 이를 소집할 수 있다.

총회의 소집(민법 제71조) 기출 23

총회의 소집은 1주간 전에 그 회의의 목적사항을 기재한 통지를 발하고 기타 정관에 정한 방법에 의하여야 한다.

총회의 결의사항(민법 제72조)

총회는 전조의 규정에 의하여 통지한 사항에 관하여서만 결의할 수 있다. 그러나 정관에 다른 규정이 있는 때에는 그 규정에 의한다.

사원의 결의권(민법 제73조) 기출 08

① 각 사원의 결의권은 평등으로 한다.

② 사원은 서면이나 대리인으로 결의권을 행사할 수 있다.

③ 전2항의 규정은 정관에 다른 규정이 있는 때에는 적용하지 아니한다.

사원이 결의권 없는 경우(민법 제74조)

사단법인과 어느 사원과의 관계사항을 의결하는 경우에는 그 사원은 결의권이 없다.

총회의 결의방법(민법 제75조)

① 총회의 결의는 본법 또는 정관에 다른 규정이 없으면 사원 과반수의 출석과 출석사원의 결의권의 과반수로써 한다.

② 제73조 제2항의 경우에는 당해사원은 출석한 것으로 한다.

총회의 의사록(민법 제76조)

① 총회의 의사에 관하여는 의사록을 작성하여야 한다.

② 의사록에는 의사의 경과, 요령 및 결과를 기재하고 의장 및 출석한 이사가 기명날인하여야 한다.

③ 이사는 의사록을 주된 사무소에 비치하여야 한다.

1. 의 의

사원총회는 사단 내부에서의 최고의결기관으로, 정관에 의하더라도 두지 않거나 폐지할 수 없는 필요기관이다. 또한 사원 총원으로 구성되는 회의체이다.

2. 사원총회의 종류 및 소집절차

(1) 종 류

사원총회는 적어도 1년에 1회 이상 정관에 정한 시기에 소집되는 통상총회(민법 제69조)와 특별한 필요에 따라 임시로 소집되는 임시총회(민법 제70조)의 두 가지가 있다.

(2) 소집절차

① 사원총회를 소집하기 위하여 이사나 소수사원 등 적법한 소집권자가 1주일 전에 그 회의의 목적사항을 기재한 통지를 발하고, 기타 정관에 정한 방법에 의해야 한다(민법 제71조).

기출 08·10·12·23

② 1주간의 기간은 정관으로 단축할 수 없지만, 연장하는 것은 가능하다.

③ 정관에 다른 규정이 없더라도 총회는 통지한 사항에 관해서만 결의할 수 있다(민법 제72조).

④ 소집절차가 법률이나 정관에 위반하여 하자가 있는 경우에, 사원총회의 결의는 무효이다.

> 소집권한 없는 자에 의한 총회소집이라고 하더라도 소집권자가 소집에 동의하여 그로 하여금 소집하게 한 것이라면 그와 같은 총회소집을 권한 없는 자의 소집이라고 볼 수 없으나 단지 소집권한 없는 자에 의한 총회에 소집권자가 참석하여 총회소집이나 대표자선임에 관하여 이의를 하지 아니하였다고 하여 이것만 가지고 총회가 소집권자의 동의에 의하여 소집된 것이라거나 그 총회의 소집절차상의 하자가 치유되어 적법하게 된다고는 할 수 없다(대판 1994.1.11. 92다40402). 기출 09

⑤ 임시총회는 사단법인의 이사가 필요하다고 인정한 때, 또는 총사원의 5분의 1 이상으로부터 회의의 목적사항을 제시하여 청구한 때에 사단법인의 이사가 소집하여야 한다(민법 제70조).

⑥ 임시총회소집의 청구 있은 후 2주간 내에 이사가 총회소집의 절차를 밟지 아니한 때에는 청구한 사원은 법원의 허가를 얻어 이를 소집할 수 있다(민법 제70조 제3항).

3. 사원총회의 권한

① 정관으로 이사나 기타 임원에게 위임한 사항을 제외한 법인사무 전부에 대한 의결권은 총회에게 있다(민법 제68조).

② 정관변경(민법 제42조)과 임의해산(민법 제77조 제2항, 제78조)은 총회의 전권사항으로서 정관에 의해서도 박탈할 수 없다. 단, 정관으로 정족수를 달리 정할 수는 있다. 기출 08

③ 총회의 결의로 소수사원권과 사원의 의결권과 같은 사원의 고유권을 박탈할 수는 없다.

④ 민법이나 정관에 달리 정함이 없으면, 결의의 성립에 필요한 의결정족수는 사원과반수의 출석과 출석사원 결의권의 과반수이다(민법 제75조).

4. 의결권

① 의결권은 출자액에 비례하는 것이 아니라 각 사원에게 평등한 것이 원칙이다(민법 제73조 제1항).

② 다만, 의결권 평등의 원칙은 사원의 고유권을 박탈하지 않는 범위 내에서 정관으로 변경이 가능하다(민법 제73조 제3항).

③ 서면 결의, 대리인을 통한 결의도 가능하다(민법 제73조 제2항).

④ 사단법인과 어느 사원과의 관계사항을 의결하는 경우에는 그 사원은 의결권이 없다(민법 제74조).

민법 제74조는 사단법인과 어느 사원과의 관계사항을 의결하는 경우 그 사원은 의결권이 없다고 규정하고 있으므로, 민법 제74조의 유추해석상 민법상 법인의 이사회에서 법인과 어느 이사와의 관계사항을 의결하는 경우에는 그 이사는 의결권이 없다. 이때 의결권이 없다는 의미는 상법 제368조 제4항, 제371조 제2항의 유추해석상 이해관계 있는 이사는 이사회에서 의결권을 행사할 수는 없으나 의사정족수 산정의 기초가 되는 이사의 수에는 포함되고, 다만 결의 성립에 필요한 출석이사에는 산입되지 아니한다고 풀이함이 상당하다(대판 2009.4.9, 2008다1521). 기출 10

5. 사원권

① 의의 : 사단법인의 사원이 사원이라는 자격 내지 지위에 기하여 사단법인에 대하여 가지는 권리·의무를 포괄하여 사원권이라 한다.

② 사원자격의 득실에 관한 규정은 정관의 필요적 기재사항이므로 사원권은 정관의 규정에 따라 취득한다(민법 제40조 제6호 참조).

③ 사단법인의 사원의 지위는 양도 또는 상속할 수 없다고 규정한 민법 제56조의 규정은 강행규정이라고 할 수 없다(대판 1992.4.14, 91다26850). 기출 07·09·13·18 이는 비법인사단에서도 동일하다(대판 1997.9.26, 95다6205).

④ 사원의 지위는 사원의 사망·탈퇴, 총회의 결의, 정관에 정하는 사유에 의하여 소멸한다.

제6관 | 법인의 소멸

I 서 설

법인의 소멸이란 법인이 권리능력을 상실하는 것을 말하며, 법인의 소멸은 「해산」과 「청산」의 2단계를 거치게 된다. 특히 청산절차에 관한 규정은 제3자의 이해관계에 중대한 영향을 미치기 때문에 강행규정이다.

II 법인의 해산

법인의 설립허가의 취소(민법 제38조)
법인이 목적 이외의 사업을 하거나 설립허가의 조건에 위반하거나 기타 공익을 해하는 행위를 한 때에는 주무관청은 그 허가를 취소할 수 있다.

해산사유(민법 제77조) 기출 08
① 법인은 존립기간의 만료, 법인의 목적의 달성 또는 달성의 불능 기타 정관에 정한 해산사유의 발생, 파산 또는 설립허가의 취소로 해산한다.
② 사단법인은 사원이 없게 되거나 총회의 결의로도 해산한다.

1. 개 념

해산이란 법인이 본래의 목적달성을 위한 적극적인 활동을 멈추고 청산단계로 들어가는 것을 말한다.

2. 해산사유

(1) 사단법인과 재단법인에 공통된 해산사유 団 : 존·목·파·설·기

법인은 존립기간의 만료, 법인의 목적의 달성 또는 달성의 불능, 기타 정관에 정한 해산사유의 발생, 파산 또는 설립허가의 취소로 해산한다(민법 제77조 제1항).

(2) 사단법인 특유의 해산사유

① 사단법인은 사원이 없게 되거나 총회의 결의로도 해산한다(민법 제77조 제2항). **기출 08**

② 사단법인은 총사원의 4분의 3 이상의 동의가 없으면 해산을 결의하지 못한다. 그러나 정관에 다른 규정이 있는 때에는 그 규정에 의한다(민법 제78조).

> 법인 아닌 사단에 대하여는 사단법인에 관한 민법규정 가운데서 법인격을 전제로 하는 것을 제외하고는 이를 유추적용하여야 할 것인바, 사단법인에 있어서는 사원이 없게 된다고 하더라도 이는 해산사유가 될 뿐 막바로 권리능력이 소멸하는 것이 아니므로 법인 아닌 사단에 있어서도 구성원이 없게 되었다 하여 막바로 그 사단이 소멸하여 소송상의 당사자능력을 상실하였다고 할 수는 없고 청산사무가 완료되어야 비로소 그 당사자능력이 소멸하는 것이다(대판 1992.10.9. 92다23087). **기출 18**

Ⅲ 법인의 청산

1. 개 념

청산이란 해산한 법인의 잔존사무를 처리하고 재산을 정리하여 권리능력을 완전히 소멸시키는 절차를 말한다. 청산절차에 관한 규정은 제3자의 이해관계에 중대한 영향을 미치기 때문에 강행규정에 해당한다(대판 1992.4.28. 91누9848).

2. 청산법인의 능력

> **청산법인(민법 제81조)** 기출 19
> 해산한 법인은 청산의 목적범위 내에서만 권리가 있고 의무를 부담한다.

① 청산법인은 해산 전의 법인과 동일성을 가지지만, 청산의 목적범위 내에서만 권리를 가지고 의무를 부담한다(민법 제81조). 이 범위를 초과하는 행위는 무효이다(대판 1980. 4. 8. 79다2030). 실제 청산사무의 종결 시까지 권리능력이 있다.
② '청산의 목적범위 내'란 청산목적과 직접 관련된 것에 한정할 것은 아니고, 청산의 목적달성을 위한 행위라면 이에 포함된다.

3. 청산법인의 기관

(1) 청산인

① 지 위

> **준용규정(민법 제96조)**
> 제58조 제2항, 제59조 내지 제62조, 제64조, 제65조 및 제70조의 규정은 청산인에 이를 준용한다.

법인이 해산하면 이사에 갈음하여 청산인이 청산법인의 집행기관이 된다. 청산인은 청산법인의 능력의 범위 내에서 내부의 사무를 집행하고, 외부에 대하여 청산법인을 대표한다(민법 제87조 제2항). 따라서 이사의 사무집행방법(민법 제58조 제2항), 임시총회의 소집(민법 제70조) 등에 관한 규정은 모두 청산인에게 준용된다(민법 제96조).

② 선 임

> **청산인(민법 제82조)**
> 법인이 해산한 때에는 파산의 경우를 제하고는 이사가 청산인이 된다. 그러나 정관 또는 총회의 결의로 달리 정한 바가 있으면 그에 의한다.
>
> **법원에 의한 청산인의 선임(민법 제83조)**
> 전조의 규정에 의하여 청산인이 될 자가 없거나 청산인의 결원으로 인하여 손해가 생길 염려가 있는 때에는 법원은 직권 또는 이해관계인이나 검사의 청구에 의하여 청산인을 선임할 수 있다.

③ 해 임

> **법원에 의한 청산인의 해임(민법 제84조)**
> 중요한 사유가 있는 때에는 법원은 직권 또는 이해관계인이나 검사의 청구에 의하여 청산인을 해임할 수 있다.

(2) 기타의 기관

청산법인은 해산 전의 법인과 동일성이 유지되므로, 사원총회, 감사 등의 기관은 그대로 계속하여 청산법인의 기관에 해당한다.

4. 청산사무(청산인의 직무권한)

(1) 해산의 등기와 신고(민법 제85조 제1항, 제86조 제1항)
(2) 현존사무의 종결(민법 제87조 제1항 제1호)
(3) 채권의 추심(민법 제87조 제1항 제2호)
(4) 채무의 변제(민법 제87조 제1항 제2호)

> **채권신고기간 내의 변제금지(민법 제90조)**
> 청산인은 제88조 제1항의 채권신고기간 내에는 채권자에 대하여 변제하지 못한다. 그러나 법인은 채권자에 대한 지연손해배상의 의무를 면하지 못한다.
>
> **채권변제의 특례(민법 제91조)**
> ① 청산 중의 법인은 변제기에 이르지 아니한 채권에 대하여도 변제할 수 있다.
> ② 전항의 경우에는 조건있는 채권, 존속기간의 불확정한 채권 기타 가액의 불확정한 채권에 관하여는 법원이 선임한 감정인의 평가에 의하여 변제하여야 한다.
>
> **청산으로부터 제외된 채권(민법 제92조)**
> 청산으로부터 제외된 채권자는 법인의 채무를 완제한 후 귀속권리자에게 인도하지 아니한 재산에 대하여서만 변제를 청구할 수 있다.

① 채권신고의 최고
  ㉠ 채권자들에게 일정한 기간 내에 채권을 신고할 것을 공시최고 하여야 한다(민법 제88조 제1항).
  ㉡ 신고하지 않으면 청산에서 제외됨도 표시해야 한다(민법 제88조 제2항).
  ㉢ 청산인이 알고 있는 채권자에게는 개별적으로 최고해야 한다(민법 제89조 제1문).
② 변 제
  ㉠ 채권 신고기간 내에는 변제할 수 없다(민법 제90조 본문).
  ㉡ 청산인이 알고 있는 채권자에게는 그의 신고가 없더라도 변제해야 한다(민법 제89조 제2문).
  ㉢ 기한미도래의 채권, 조건부 채권, 불확정 채권도 변제해야 한다(민법 제91조).

(5) 잔여재산의 인도(민법 제87조 제1항 제3호)

> **잔여재산의 귀속(민법 제80조)**
> ① 해산한 법인의 재산은 정관으로 지정한 자에게 귀속한다.
> ② 정관으로 귀속권리자를 지정하지 아니하거나 이를 지정하는 방법을 정하지 아니한 때에는 이사 또는 청산인은 주무관청의 허가를 얻어 그 법인의 목적에 유사한 목적을 위하여 그 재산을 처분할 수 있다. 그러나 사단법인에 있어서는 총회의 결의가 있어야 한다.
> ③ 전2항의 규정에 의하여 처분되지 아니한 재산은 국고에 귀속한다.

(6) 파산신청

> **청산중의 파산(민법 제93조)**
> ① 청산중 법인의 재산이 그 채무를 완제하기에 부족한 것이 분명하게 된 때에는 청산인은 지체없이 파산선고를 신청하고 이를 공고하여야 한다.
> ② 청산인은 파산관재인에게 그 사무를 인계함으로써 그 임무가 종료한다.
> ③ 제88조 제3항의 규정은 제1항의 공고에 준용한다.

(7) 청산종결의 등기와 신고

> **청산종결의 등기와 신고(민법 제94조)**
> 청산이 종결한 때에는 청산인은 3주간 내에 이를 등기하고 주무관청에 신고하여야 한다.

청산종결등기가 된 경우에도 실제 청산사무가 종료되지 않았다면 여전히 청산법인으로 존속한다
(대판 1980.4.8. 79다2036). **기출** 09 · 19

제7관 | 기타 법인에 관한 규정

I 정관변경

> **사단법인의 정관의 변경(민법 제42조)**
> ① 사단법인의 정관은 총사원 3분의 2 이상의 동의가 있는 때에 한하여 이를 변경할 수 있다. 그러나 정수에 관하여 정관에 다른 규정이 있는 때에는 그 규정에 의한다.
> ② 정관의 변경은 주무관청의 허가를 얻지 아니하면 그 효력이 없다.
>
> **재단법인의 정관변경(민법 제45조)**
> ① 재단법인의 정관은 그 변경방법을 정관에 정한 때에 한하여 변경할 수 있다.
> ② 재단법인의 목적달성 또는 그 재산의 보전을 위하여 적당한 때에는 전항의 규정에 불구하고 명칭 또는 사무소의 소재지를 변경할 수 있다.
> ③ 제42조 제2항의 규정은 전2항의 경우에 준용한다.
>
> **재단법인의 목적 기타의 변경(민법 제46조)** **기출** 23
> 재단법인의 목적을 달성할 수 없는 때에는 설립자나 이사는 주무관청의 허가를 얻어 설립의 취지를 참작하여 그 목적 기타 정관의 규정을 변경할 수 있다.

1. 의 의

① 정관의 변경이란 법인이 동일성을 유지하면서 그 조직을 변경하는 것을 말한다. 정관변경은 사단법인이든 재단법인이든 주무관청의 허가가 효력요건이다(민법 제42조 제2항).
② 주무관청의 정관변경허가의 법적 성질은 그 표현이 허가로 되어 있으나 법률행위의 효력을 보충하여 주는 것이지 일반적 금지를 해제하는 것은 아니므로, 「인가」라고 보아야 한다(대판[전합] 1996.5.16. 95누4810).

2. 사단법인

① 정관변경은 원칙적으로 허용된다.

② 사원총회의 전권사항이다(총사원 2/3 이상의 동의, 정관으로 정족수 변경 가능). 따라서 사원총회의 결의 없이 이루어진 정관변경은 무효이다(대판 2000.10.27. 2000다22881). **기출** 08

③ 주무관청의 허가가 효력요건이고(민법 제42조 제2항), 변경내용이 등기사항이면 등기가 대항요건이다(민법 제49조 제2항, 제54조 참조).

④ 정관에서 그 정관을 변경할 수 없다고 규정하고 있더라도 총사원의 동의가 있으면 정관을 변경할 수 있다(통설). 다만, 동일성을 해치거나 사단법인의 본질에 반하는 정관변경은 허용되지 않는다(대판 1978.9.26. 78다1435).

3. 재단법인

① 원칙적으로 정관을 변경할 수 없다.

② 그러나 재단법인의 목적달성 또는 재산보전을 위하여 적당한 경우에 명칭이나 사무소의 소재지를 변경할 수 있고(민법 제45조 제2항), 재단법인이 목적을 달성할 수 없으면 설립자나 이사가 설립의 취지를 참작하여 목적 기타 정관의 규정을 변경할 수 있다(민법 제46조). 어느 경우에나 주무관청의 「허가」를 받아야 하고, 등기사항이라면 등기하여야 제3자에게 대항할 수 있다(민법 제54조).

Ⅱ 법인의 감독

1. 주무관청의 감독사항

> **법인의 사무의 검사, 감독(민법 제37조)** **기출** 08
> 법인의 사무는 주무관청이 검사, 감독한다.

(1) 의 의

법인설립 시 주무관청의 허가를 얻어야 하므로(민법 제32조) 법인설립 후에도 법인의 사무는 주무관청이 검사·감독한다(민법 제37조).

(2) 검사·감독의 내용

① 비영리법인의 설립허가(민법 제32조)

② 정관변경에 대한 허가(민법 제42조 제2항, 제45조 제3항, 제46조)

③ 법인의 설립허가의 취소(민법 제38조)

④ 법인의 해산신고, 청산종결신고는 주무관청에 한다(민법 제86조, 제94조).

2. 법원의 감독사항

> **해산, 청산의 검사, 감독(민법 제95조)**
> 법인의 해산 및 청산은 법원이 검사, 감독한다.

해산, 청산은 법인의 목적과는 관계가 없을 뿐만 아니라 제3자의 이해관계와 밀접한 재산의 정리에 관한 것이므로 법원이 감독한다.

Ⅲ 벌칙(민법 제97조) : 법인의 이사, 감사 또는 청산인 / 500만원 이하 과태료

[사단법인과 재단법인의 비교]

구 분	사단법인	재단법인
의 의	일정목적을 위해 결합한 사람의 단체	일정한 목적을 위해 바쳐진 재산의 단체
본 질	자율적 법인(자율성)	타율적 법인(타율성)
종 류	영리법인, 비영리법인	언제나 비영리법인(사원이 없음)
설립요건	비영리성, 설립행위(정관작성), 주무관청의 허가, 설립등기	설립행위로서 재산출연이 필수적이며, 나머지는 사단법인과 동일
설립의 법적 성질	합동행위(다수설)	• 상대방 없는 단독행위 • 수인이 출연하면 상대방 없는 단독행위의 경합 (다수설)
의사결정 및 집행	최고의사결정기관은 사원총회이고, 이사가 집행함	사원총회는 재단법인에는 존재할 수 없고, 이사가 집행함
정관변경	원칙적으로 정관변경 허용 (총사원 2/3 동의 + 주무관청의 허가, 민법 제42조)	원칙적으로 정관변경 불가, 다만, 예외적으로 다음의 경우 주무관청허가를 받아서 가능(민법 제45조) • 정관에 그 변경방법을 규정한 경우 • 명칭, 사무소소재지 변경 • 목적달성 불가시 목적도 변경 가능
해산사유	[공통된 해산사유] (민법 제77조 제1항) 투 : 존·목·파·설·기 • 존립기간의 만료 • 목적의 달성 또는 달성 불가 • 파 산 • 설립허가의 취소 • 기타 정관으로 정한 사유	
	[사단법인에 특유한 해산사유] (민법 제77조 제2항) • 사원이 없게 된 때 • 총사원 3/4 결의	재단법인에 특유한 해산사유는 없음

출처 | 박기현·김종원, 「핵심정리민법」, 메티스, 2014

03 권리의 주체

01 서 설

02 자연인

제1관 | 권리능력

01 권리능력에 관한 설명으로 옳지 않은 것은?(다툼이 있는 경우에는 판례에 의함) 기출 12

① 태아는 증여를 받을 능력이 있다.

② 태아가 사산한 경우에는 정지조건설에 의하든 해제조건설에 의하든 태아의 권리능력은 부인된다.

③ 동시사망 추정의 경우에 사망의 선후가 관계인들의 법적 지위에 중대한 영향을 미치는 점을 감안할 때 충분하고도 명백한 반증이 없으면, 위 추정은 깨어지지 않는다.

④ 인정사망은 사망의 확증은 없으나 관공서의 보고에 의하여 가족관계등록부에 사망의 기재를 하여 사망한 것으로 추정하는 제도이다.

⑤ 실종선고 취소 전에는 실종자의 생존사실을 들어 선고의 효과를 다툴 수 없다.

해설 ① (×) 의용민법이나 구 관습하에 태아에게는 일반적으로 권리능력이 인정되지 아니하고 손해배상청구권 또는 상속 등 특별한 경우에 한하여 제한된 권리능력을 인정하였을 따름이므로 **증여에 관하여는 태아의 수증 능력이 인정되지 아니하였고, 또 태아인 동안에는 법정대리인이 있을 수 없으므로 법정대리인에 의한 수증 행위도 할 수 없다**(대판 1982.2.9. 81다534).

② (○) **태아가 사산된 경우에는 정지조건설이든 해제조건설이든 태아의 권리능력은 부인된다.** 정지조건을 따르는 판례는 태아가 특정한 권리에 있어서 이미 태어난 것으로 본다는 것은 살아서 출생한 때에 출생시기가 문제의 사건의 시기까지 소급하여 그때에 태아가 출생한 것과 같이 법률상 보아 준다고 해석하여야 상당하므로 그가 모체와 같이 사망하여 출생의 기회를 못 가진 이상 배상청구권을 논할 여지가 없다고 하였다(대판 1976.9.14. 76다1365).

③ (○) **민법 제30조**에 의하면, 2인 이상이 동일한 위난으로 사망한 경우에는 동시에 사망한 것으로 추정하도록 규정하고 있는바, 이 추정은 법률상 추정으로서 이를 번복하기 위하여는 동일한 위난으로 사망하였다는 전제사실에 대하여 법원의 확신을 흔들리게 하는 반증을 제출하거나 또는 각자 다른 시각에 사망하였다는 점에 대하여 법원에 확신을 줄 수 있는 본증을 제출하여야 하는데, 이 경우 사망의 선후에 의하여 관계인들의 법적 지위에 중대한 영향을 미치는 점을 감안할 때 충분하고도 명백한 입증이 없는 한 위 추정은 깨어지지 아니한다고 보아야 한다(대판 1998.8.21. 98다8974).

④ (○) 가족관계의 등록 등에 관한 법률 제87조, 제16조

⑤ (○) 민법 제28조는 "실종선고를 받은 자는 민법 제27조 제1항 소정의 생사불명기간이 만료된 때에 사망한 것으로 본다"고 규정하고 있으므로 실종선고가 취소되지 않는 한 반증을 들어 실종선고의 효과를 다툴 수는 없다(대판 1995.2.17. 94다52751).

제2관 | 의사능력

01 의사무능력자 甲은 자기 소유 X건물에 乙은행 앞으로 저당권을 설정해 주고 금원을 대출받아 곧바로 이를 丙에게 대여하였다. 이에 관한 설명으로 옳은 것을 모두 고른 것은?(다툼이 있으면 판례에 따름) 기출 24

ㄱ. 甲이 자신의 의사무능력을 이유로 乙과 체결한 저당권설정계약의 무효를 주장하는 것은 특별한 사정이 없는 한 신의칙에 반한다.
ㄴ. 甲은 선의·악의를 불문하고 받은 이익이 현존하는 한도에서 乙에게 그 이익을 반환할 의무를 부담한다.
ㄷ. 甲이 丙에 대한 부당이득반환채권을 乙에게 양도할 의무와 乙의 저당권등기말소의무는 동시이행관계에 있다.

① ㄱ
② ㄴ
③ ㄱ, ㄷ
④ ㄴ, ㄷ
⑤ ㄱ, ㄴ, ㄷ

해설 ㄱ.(✕) 의사무능력자가 사실상의 후견인이었던 아버지의 보조를 받아 자신의 명의로 대출계약을 체결하고 자신 소유의 부동산에 관하여 근저당권을 설정한 후, 의사무능력자의 여동생이 특별대리인으로 선임되어 위 대출계약 및 근저당권설정계약의 효력을 부인하는 경우에, 이러한 무효 주장이 거래관계에 있는 당사자의 신뢰를 배신하고 정의의 관념에 반하는 예외적인 경우에 해당하지 않는 한, 의사무능력자에 의하여 행하여진 법률행위의 무효를 주장하는 것이 신의칙에 반하여 허용되지 않는다고 할 수 없다(대판 2006.9.22. 2004다51627).

ㄴ.(○) 무능력자의 책임을 제한하는 민법 제141조 단서는 부당이득에 있어 수익자의 반환범위를 정한 민법 제748조의 특칙으로서 무능력자의 보호를 위해 그 선의·악의를 묻지 아니하고 반환범위를 현존 이익에 한정시키려는데 그 취지가 있으므로, 의사능력의 흠결을 이유로 법률행위가 무효가 되는 경우에도 유추적용되어야 할 것이나, 법률상 원인 없이 타인의 재산 또는 노무로 인하여 이익을 얻고 그로 인하여 타인에게 손해를 가한 경우에 그 취득한 것이 금전상의 이득인 때에는 그 금전은 이를 취득한 자가 소비하였는가의 여부를 불문하고 현존하는 것으로 추정되므로, 위 이익이 현존하지 아니함은 이를 주장하는 자, 즉 의사무능력자 측에 입증책임이 있다(대판 2009.1.15. 2008다58367).

> **취소의 효과(민법 제141조)**
> 취소된 법률행위는 처음부터 무효인 것으로 본다. 다만, 제한능력자는 그 행위로 인하여 받은 이익이 현존하는 한도에서 상환(償還)할 책임이 있다.

ㄷ.(○) 의사무능력자가 자신이 소유하는 부동산에 근저당권을 설정해 주고 금융기관으로부터 금원을 대출받아 이를 제3자에게 대여한 사안에서, 대출로 받은 이익이 위 제3자에 대한 대여금채권 또는 부당이득반환채권의 형태로 현존하므로, 금융기관은 대출거래약정 등의 무효에 따른 원상회복으로서 위 대출금 자체의 반환을 구할 수는 없더라도 현존 이익인 위 채권의 양도를 구할 수 있다고 본 사례(대판 2009.1.15. 2008다58367). 나아가 이 판결은 이유 부분에서 「공평의 관념과 신의칙에 비추어 볼때 원고의 위 채권양도 의무와 피고 조합의 이 사건 근저당권설정등기말소 의무는 동시이행관계에 있다고 보아야 할 것」이라고 하였다.

02 의사능력에 관한 설명으로 옳지 않은 것은?(다툼이 있으면 판례에 따름) 기출 18

① 의사능력이란 자신의 행위의 의미나 결과를 정상적인 인식력과 예기력을 바탕으로 합리적으로 판단할 수 있는 정신적 능력 내지 지능을 말한다.
② 의사능력의 유무는 구체적인 법률행위와 관련하여 개별적으로 판단되어야 한다.
③ 미성년자가 의사무능력상태에서 법정대리인의 동의 없이 법률행위를 한 경우, 법정대리인은 미성년을 이유로 법률행위를 취소할 수 있다.
④ 어떤 법률행위에 그 일상적인 의미만을 이해하여서는 알기 어려운 특별한 법률적인 의미나 효과가 부여되어 있는 경우에도 의사능력이 인정되기 위하여 그 행위의 일상적인 의미에 대한 이해만으로 족하고 법률적인 의미나 효과에 대한 이해는 요구되지 않는다.
⑤ 의사무능력자의 법률행위에 있어서는 그 행위의 무효를 주장하는 자가 의사능력이 없었음을 증명하여야 한다.

해설
① (○), ② (○), ④ (×) 의사능력이란 자신의 행위의 의미나 결과를 정상적인 인식력과 예기력을 바탕으로 합리적으로 판단할 수 있는 정신적 능력 내지는 지능을 말하는바, 특히 어떤 법률행위가 그 일상적인 의미만을 이해하여서는 알기 어려운 특별한 법률적인 의미나 효과가 부여되어 있는 경우 의사능력이 인정되기 위하여는 그 행위의 일상적인 의미뿐만 아니라 법률적인 의미나 효과에 대하여도 이해할 수 있을 것을 요한다고 보아야 하고, 의사능력의 유무는 구체적인 법률행위와 관련하여 개별적으로 판단되어야 할 것이다(대판 2009.1.15. 2008다58367).
③ (○) 의사무능력자의 법률행위는 무효이다. 또한 미성년자가 법정대리인의 동의 없이 법률행위를 한 경우, 법정대리인은 미성년을 이유로, 즉 제한능력을 이유로 법률행위를 취소할 수도 있다(민법 제5조 제2항, 제140조).
⑤ (○) 의사무능력자의 행위에 대하여는 누구나 언제든지 무효를 주장할 수 있는데, 이 경우 <u>그 행위의 무효를 주장하는 자가 의사능력이 없었음을 증명하여야 한다</u>.

제3관 | 행위능력

01 17세인 甲은 乙 소유의 자전거를 법정대리인의 동의를 얻지 않고 100만원에 구입하기로 乙과 매매계약을 체결하고, 다음 달 대금지급과 동시에 자전거를 건네받기로 하였다. 이에 관한 설명으로 옳지 않은 것은?(다툼이 있으면 판례에 따름) 기출 19

① 甲의 법정대리인은 특별한 사정이 없는 한 매매계약을 취소할 수 있다.
② 甲은 법정대리인의 동의가 없었다는 이유로 자신이 체결한 매매계약을 원칙적으로 취소할 수 없다.
③ 乙은 매매계약을 체결할 당시 甲이 17세라는 것을 알았던 경우에도 甲의 법정대리인에게 매매계약을 추인할 것인지 여부의 확답을 촉구할 수 있다.
④ 甲이 매매계약에 대하여 법정대리인의 동의서를 위조하였고, 乙이 이를 믿고 계약을 체결한 경우, 甲의 법정대리인도 매매계약을 취소할 수 없다.
⑤ 매매계약을 체결할 당시 甲이 17세라는 것을 乙이 알았던 경우, 乙은 매매계약과 관련한 자신의 의사표시를 철회할 수 없다.

해설 ① (○) <u>미성년자가 법률행위를 함에 있어서는 법정대리인의 동의를 얻어야 한다.</u> 따라서 甲의 법정대리인은 특별한 사정이 없는 한 매매계약을 취소할 수 있다(민법 제5조 제2항, 제140조).

② (×) 미성년자의 법률행위에 법정대리인의 동의를 요하도록 하는 것은 강행규정인데, 위 규정에 반하여 이루어진 신용구매계약을 미성년자 스스로 취소하는 것을 신의칙 위반을 이유로 배척한다면, 이는 오히려 위 규정에 의해 배제하려는 결과를 실현시키는 셈이 되어 미성년자제도의 입법취지를 몰각시킬 우려가 있으므로, 법정대리인의 동의 없이 신용구매계약을 체결한 미성년자가 사후에 법정대리인의 동의 없음을 사유로 들어 이를 취소하는 것이 신의칙에 위배된 것이라고 할 수 없다(대판 2007.11.16. 2005다71659 · 71666 · 71673). 따라서 원칙적으로 미성년자 甲은 법정대리인의 동의 없이 체결한 매매계약을 취소할 수 있다.

③ (○) <u>최고권(민법 제15조)은 악의자도 행사할 수 있다.</u>

④ (○) 미성년자가 속임수로써 법정대리인의 동의서를 위조하여 선의의 乙과 계약을 체결한 경우, 제한능력자인 미성년자 자신이나 그 법정대리인 등은 제한능력을 이유로 법률행위를 취소할 수 없다(민법 제17조 제2항).

⑤ (○) <u>철회권은 상대방이 계약 당시 제한능력자임을 알았을 경우에는 행사할 수 없다</u>(민법 제16조 제1항).

02 미성년자에 관한 설명으로 옳은 것은?(다툼이 있으면 판례에 따름) `기출 18`

① 미성년자는 임의대리인이 될 수 없다.

② 법정대리인이 미성년자에게 영업을 허락한 후 그 허락을 취소한 경우에 미성년자는 그 영업허락의 취소 전에 그 영업을 위하여 한 상품주문행위를 미성년임을 이유로 취소할 수 없다.

③ 미성년자가 법정대리인의 동의 없이 법률행위를 한 경우에 법정대리인의 취소권이 기간경과로 소멸되지 않는 한, 미성년자는 성년이 되기 전까지만 취소할 수 있고 성년이 된 후에는 취소할 수 없다.

④ 甲이 乙과 계약을 체결할 당시 乙이 미성년자임을 알고 계약했더라도 甲은 철회권을 행사할 수 있다.

⑤ 미성년자가 법정대리인의 동의 없이 법률행위를 하면서 특약에 의하여 미성년을 이유로 한 취소를 하지 않기로 한 경우에는 미성년을 이유로 그 법률행위를 취소할 수 없다.

해설 ① (×) 대리인은 행위능력자임을 요하지 아니하므로(민법 제117조), 미성년자도 임의대리인이 될 수 있다.

② (○) 미성년자는 법정대리인의 특정한 영업에 대한 허락이 있으면, 그 영업에 관하여 성년자와 동일한 행위능력이 있다(민법 제8조 제1항). 따라서 그 범위에서는 법정대리인의 동의가 필요하지 아니할 뿐만 아니라 그의 대리권도 소멸함을 의미하므로, 그 영업허락의 취소 전에 그 영업을 위하여 한 상품주문행위를 미성년임을 이유로 취소할 수 없다.

③ (×) 취소권은 추인할 수 있는 날로부터 3년 내에 법률행위를 한 날로부터 10년 내에 행사하여야 한다(민법 제146조). <u>따라서 법정대리인의 취소권이 기간의 경과로 소멸되지 아니하는 한, 미성년자는 추인할 수 있는 날인 성년이 된 날로부터 3년 이내에 취소권을 행사할 수 있다.</u>

④ (×) 철회권은 상대방이 계약 당시 제한능력자임을 알았을 경우에는 행사할 수 없다(민법 제16조 제1항).

⑤ (×) 미성년자의 법률행위에 법정대리인의 동의를 요하도록 하는 것은 강행규정이므로, 특약에 의하여 미성년을 이유로 한 취소권을 배제하는 것은 효력이 없다.

03 제한능력자의 행위능력에 관한 설명으로 옳지 않은 것은?(다툼이 있으면 판례에 따름)

기출 16

① 법정대리인의 동의 없이 신용구매계약을 체결한 미성년자는 특별한 사정이 없는 한 그 동의 없음을 이유로 위 계약을 취소할 수 있다.

② 미성년자가 법률행위를 함에 있어서 요구되는 법정대리인의 동의는 언제나 명시적이어야 하는 것은 아니고 묵시적으로도 가능하다.

③ 피성년후견인이 성년후견인의 동의 없이 일용품의 구입 등 일상생활에 필요하고 그 대가가 과도하지 아니한 법률행위를 한 경우, 성년후견인이 이를 취소할 수 없다.

④ 성년후견 개시의 심판을 받은 자가 취소할 수 없는 범위에 속하는 법률행위를 성년후견인의 동의 없이 한 경우에는 유효한 법률행위가 성립한다.

⑤ 한정후견인의 동의가 있어야 하는 법률행위에 있어서 동의가 없으면 피한정후견인의 이익이 침해될 염려가 있음에도 동의하지 않는 경우, 피한정후견인이 동의 없이 법률행위를 하였다면 한정후견인은 이를 취소할 수 없다.

해설

① (○) 미성년자의 법률행위에 법정대리인의 동의를 요하도록 하는 것은 강행규정인데, 위 규정에 반하여 이루어진 신용구매계약을 미성년자 스스로 취소하는 것을 신의칙 위반을 이유로 배척한다면, 이는 오히려 위 규정에 의해 배제하려는 결과를 실현시키는 셈이 되어 미성년자제도의 입법취지를 몰각시킬 우려가 있으므로, 법정대리인의 동의 없이 신용구매계약을 체결한 미성년자가 사후에 법정대리인의 동의 없음을 사유로 들어 이를 취소하는 것이 신의칙에 위배된 것이라고 할 수 없다(대판 2007.11.16. 2005다71659 · 71666 · 71673).

② (○) 미성년자가 법률행위를 함에 있어서 요구되는 법정대리인의 동의는 언제나 명시적이어야 하는 것은 아니고 묵시적으로도 가능한 것이며, 미성년자의 행위가 위와 같이 법정대리인의 묵시적 동의가 인정되거나 처분허락이 있는 재산의 처분 등에 해당하는 경우라면, 미성년자로서는 더 이상 행위무능력을 이유로 그 법률행위를 취소할 수 없다(대판 2007.11.16. 2005다71659 · 71666 · 71673).

③ (○) 민법 제10조 제4항

④ (○) 미성년후견인이나 한정후견인과 달리 성년후견인에게는 동의권이 인정되지 아니한다(민법 제10조 제1항, 제17조 제2항). 따라서 성년후견 개시의 심판을 받은 자가 성년후견인의 동의 없이 취소할 수 없는 범위에 속하는 법률행위를 한 경우에도, 그 행위는 유효하다.

⑤ (×) 한정후견인의 동의를 필요로 하는 행위에 대하여 한정후견인이 피한정후견인의 이익이 침해될 염려가 있음에도 그 동의를 하지 아니하는 때에는 **가정법원은 피한정후견인의 청구에 의하여 한정후견인의 동의를 갈음하는 허가를 할 수 있다**(민법 제13조 제3항).

04 미성년자의 법률행위에 관한 설명으로 옳지 않은 것은?(다툼이 있으면 판례에 따름) ^{기출} 15

① 법정대리인의 동의 없이 신용구매계약을 체결한 미성년자가 그 동의 없음을 이유로 계약을 취소하는 것은 신의칙에 반한다.

② 미성년자가 법정대리인으로부터 허락을 얻은 특정한 영업에 관하여는 성년자와 동일한 행위능력을 갖는다.

③ 미성년자가 법정대리인으로부터 재산처분의 허락을 받았지만 그 재산을 처분하기 전이라면, 법정대리인은 그 허락을 취소할 수 있다.

④ 법정대리인의 동의가 있었다는 점에 대한 증명책임은 그 법률행위의 유효를 주장하는 자에게 있다.

⑤ 법정대리인은 미성년자에게 한 특정한 영업의 허락을 제한할 수 있으나, 이러한 제한을 가지고 미성년자와 거래한 선의의 상대방에게 대항할 수 없다.

해설 ① (×) 미성년자의 법률행위에 법정대리인의 동의를 요하도록 하는 것은 강행규정인데, 위 규정에 반하여 이루어진 신용구매계약을 미성년자 스스로 취소하는 것을 신의칙 위반을 이유로 배척한다면, 이는 오히려 위 규정에 의해 배제하려는 결과를 실현시키는 셈이 되어 미성년자제도의 입법취지를 몰각시킬 우려가 있으므로, 법정대리인의 동의 없이 신용구매계약을 체결한 미성년자가 사후에 법정대리인의 동의 없음을 사유로 들어 이를 취소하는 것이 신의칙에 위배된 것이라고 할 수 없다(대판 2007.11.16, 2005다71659 · 71666 · 71673).

② (○) 민법 제8조 제1항

③ (○) <u>민법 제7조의 취소는 미성년자가 법률행위를 하기 전에만 허용되는 것이므로, 본래적 의미의 취소와 달리 소급효가 없는 철회에 불과하다.</u>

④ (○) 법정대리인의 동의를 얻지 아니한 행위는 미성년자 본인이나 법정대리인이 이를 취소할 수 있다. 이때 <u>법정대리인의 동의 여부에 대한 입증책임은 그 동의가 있었음을 이유로 법률행위의 유효를 주장하는 자(상대방)에게 있다</u>(대판 1970.2.24, 69다1568).

⑤ (○) 민법 제8조 제2항

05 미성년자의 법률행위에 관한 설명으로 옳은 것을 모두 고른 것은?(다툼이 있는 경우에는 판례에 의함) 기출 14

> ㄱ. 법정대리인의 동의 없이 계약을 체결한 미성년자는 단독으로 그 계약을 취소할 수 있다.
> ㄴ. 미성년자의 법정대리인은 그를 대리하여 근로계약을 체결할 수 있다.
> ㄷ. 법정대리인의 동의 없이 미성년자가 자신을 수증자로 하는 부담부 증여계약을 체결한 경우, 이는 확정적으로 유효한 법률행위이다.
> ㄹ. 법정대리인이 미성년자에게 영업을 허락함에는 반드시 영업의 종류를 특정하여야 한다.
> ㅁ. 혼인한 미성년자는 법정대리인의 동의 없이 확정적으로 이혼할 수 있다.

① ㄹ
② ㄱ, ㅁ
③ ㄴ, ㄷ
④ ㄱ, ㄹ, ㅁ
⑤ ㄴ, ㄷ, ㄹ

해설 ㄱ.(○) 취소할 수 있는 법률행위는 제한능력자, 착오로 인하거나 사기·강박에 의하여 의사표시를 한 자, 그의 대리인 또는 승계인만이 취소할 수 있다(민법 제140조).
ㄴ.(×) 친권자나 후견인은 미성년자의 근로계약을 대리할 수 없다(근로기준법 제67조 제1항).
ㄷ.(×) 부담부 증여는 수증자도 그 부담범위에서 의무를 부담하므로(민법 제561조), 미성년자가 단독으로 할 수 없다.
ㄹ.(○) 미성년자가 법정대리인으로부터 허락을 얻은 특정한 영업에 관하여는 성년자와 동일한 행위능력이 있는데(민법 제8조 제1항), **여기서 특정한 영업이란 영업의 종류가 특정되어 있는 영업을 의미한다.**
ㅁ.(○) 혼인한 미성년자는 성년자로 의제되므로, 부부는 협의에 의하여 법정대리인의 동의 없이 이혼할 수 있다(민법 제826조의2, 제834조 참고).

06 제한능력자에 관한 설명으로 옳지 않은 것은? 기출 20

① 성년후견인은 일용품의 구입 등 일상생활에 필요하고 그 대가가 과도하지 않은 피성년후견인의 법률행위를 취소할 수 없다.
② 가정법원은 피성년후견인의 청구에 의하여 취소할 수 없는 법률행위의 범위를 변경할 수 있다.
③ 가정법원은 질병, 장애, 노령, 그 밖의 사유로 인한 정신적 제약으로 사무를 처리할 능력이 지속적으로 결여된 사람에 대하여 한정후견 개시의 심판을 한다.
④ 가정법원은 한정후견 개시의 심판을 할 때 본인의 의사를 고려하여야 한다.
⑤ 특정후견의 심판을 하는 경우에는 그 기간 또는 사무의 범위를 정하여야 한다.

해설 ① (○) 민법 제10조 제4항
② (○) 민법 제10조 제3항
③ (×) 가정법원은 질병, 장애, 노령, 그 밖의 사유로 인한 정신적 제약으로 **사무를 처리할 능력이 지속적으로 결여된 사람에 대하여** 본인, 배우자, 4촌 이내의 친족, 미성년후견인, 미성년후견감독인, 한정후견인, 한정후견감독인, 특정후견인, 특정후견감독인, 검사 또는 지방자치단체의 장의 청구에 의하여 **성년후견 개시의 심판을 한다**(민법 제9조 제1항).
④ (○) 한정후견 개시의 경우, 가정법원은 성년후견 개시의 심판을 할 때 본인의 의사를 고려하여야 한다는 민법 제9조 제2항을 준용한다(민법 제12조 제2항).
⑤ (○) 민법 제14조의2 제3항

07 미성년자가 체결한 계약의 효력에 관한 설명 중 옳은 것은?(다툼이 있는 경우에는 판례에 의함) 기출수정 11

① 의사능력 있는 미성년자가 타인으로부터 대리권을 수여받아 부모의 동의 없이 매매계약을 체결한 경우에는 제한능력을 이유로 그 대리행위를 취소할 수 있다.

② 미성년자가 법정대리인의 동의를 얻지 않고 체결한 계약은 미성년인 본인이 취소할 수도 있고 추인할 수도 있다.

③ 미성년자가 매매계약을 체결한 후에 미성년인 상태에서 매매대금의 이행을 청구하고 대금을 모두 지급받았다면 법정대리인은 매매계약을 취소할 수 없다.

④ 미성년자 甲이 법정대리인의 동의 없이 자신이 소유한 토지를 매도한 후 사망함으로써 乙이 甲을 단독으로 상속하였다면 乙은 매매계약을 취소할 수 있다.

⑤ 법정대리인이 미성년자에게 일정한 범위 내에서 재산을 임의로 처분할 수 있도록 하는 허락은 명시적으로 행해져야 한다.

해설 ① (×) 대리인은 행위능력자임을 요하지 아니하므로(민법 제117조), 미성년자가 타인의 대리인으로 선임되어 매매계약을 체결한 경우에는, 제한능력을 이유로 그 대리행위를 취소할 수 없다.

② (×) 미성년자가 법정대리인의 동의를 얻지 아니하고 체결한 계약은 본인이 취소할 수 있으나(민법 제5조, 제140조), 추인은 취소의 원인이 소멸된 후에 하여야만 효력이 있으므로, 미성년자가 성년이 된 이후에나 추인할 수 있다.

③ (×), ⑤ (×) [1] 행위무능력자제도는 사적 자치의 원칙이라는 민법의 기본이념, 특히 자기책임원칙의 구현을 가능케 하는 도구로서 인정되는 것이고, 거래의 안전을 희생시키더라도 행위무능력자를 보호하고자 함에 근본적인 입법취지가 있는 것인바, 미성년자가 법정대리인의 동의 없이 매매계약을 체결한 후 그 이행을 완료하였다 하더라도 법정대리인은 매매계약을 취소할 수 있다. [2] 미성년자가 법률행위를 함에 있어서 요구되는 법정대리인의 동의는 언제나 명시적이어야 하는 것은 아니고 묵시적으로도 가능한 것이며, 미성년자의 행위가 위와 같이 법정대리인의 묵시적 동의가 인정되거나 처분허락이 있는 재산의 처분 등에 해당하는 경우라면, 미성년자로서는 더 이상 행위무능력을 이유로 그 법률행위를 취소할 수 없다(대판 2007.11.16. 2005다71659·71666·71673).

④ (○) 상속인 乙은 피상속인 미성년자의 법정대리인 또는 포괄승계인으로서 매매계약을 취소할 수 있다(민법 제140조).

08 성년인 甲은 질병으로 인한 정신적 제약으로 사무를 처리할 능력이 부족한 상태이다. 이에 관한 설명으로 옳지 않은 것은?(다툼이 있으면 판례에 따름) 기출 22

① 甲은 스스로 한정후견개시의 심판을 청구할 수 있다.

② 가정법원은 甲에 대한 한정후견개시의 심판을 할 때 甲의 의사를 고려해야 한다.

③ 甲의 배우자가 甲에 대한 성년후견개시의 심판을 청구한 경우에도 가정법원은 필요하다면 한정후견개시의 심판을 할 수 있다.

④ 가정법원은 甲에 대한 한정후견개시의 심판을 할 때 취소할 수 없는 甲의 법률행위의 범위를 정할 수 있다.

⑤ 甲에 대한 한정후견개시의 심판이 있은 후 한정후견개시의 원인이 소멸한 경우, 甲은 한정후견 종료의 심판을 청구할 수 있다.

해설 ① (○) 성년인 甲은 스스로 가정법원에 한정후견개시의 심판을 청구할 수 있다(민법 제12조 제1항).

② (○) 민법 제12조 제2항 – 제9조 제2항(가정법원은 성년후견개시의 심판을 할 때 본인의 의사를 고려하여야 한다) 준용

③ (○) 성년후견이나 한정후견에 관한 심판 절차는 가사소송법 제2조 제1항 제2호 (가)목에서 정한 가사비송 사건으로서, 가정법원이 당사자의 주장에 구애받지 않고 후견적 입장에서 합목적적으로 결정할 수 있다. 이때 성년후견이든 한정후견이든 본인의 의사를 고려하여 개시 여부를 결정한다는 점은 마찬가지이다(민법 제9조 제2항, 제12조 제2항). 위와 같은 규정 내용이나 입법 목적 등을 종합하면, 성년후견이나 한정후견개시의 청구가 있는 경우 가정법원은 청구 취지와 위의, 본인의 의사, 성년후견 제도와 한정후견 제도의 특성 등을 고려하여 어느 쪽의 보호를 주는 것이 적절한지를 탐지하고, 그에 따라 필요하다고 판단하는 절차를 결정해야 한다. 따라서 한정후견의 개시를 청구한 사건에서 의사의 감정 결과 등에 비추어 성년후견개시의 요건을 충족하고 본인도 성년후견의 개시를 희망한다면 법원이 성년후견을 개시할 수 있고, 성년후견개시를 청구하고 있더라도 필요하다면 한정후견을 개시할 수 있다고 보아야 한다(대결 2021.6.10. 2020스596).

④ (×) 가정법원은 성년후견개시의 심판을 할 때 취소할 수 없는 피성년후견인의 법률행위의 범위를 정할 수 있다(민법 제10조 제2항).

⑤ (○) 성년인 甲은 한정후견개시의 원인이 소멸된 경우에는 가정법원에 한정후견종료의 심판을 청구할 수 있다(민법 제14조).

09 법정대리인을 모두 고른 것은? 기출 22

> ㄱ. 성년후견인
> ㄴ. 법원이 선임한 부재자재산관리인
> ㄷ. 친권자
> ㄹ. 배우자

① ㄱ, ㄹ
② ㄴ, ㄷ
③ ㄱ, ㄴ, ㄷ
④ ㄴ, ㄷ, ㄹ
⑤ ㄱ, ㄴ, ㄷ, ㄹ

해설 ㄱ.(○) 피성년후견인의 법정대리인은 성년후견인이다(민법 제938조 제1항).

ㄴ.(○) 법원이 선임한 부재자재산관리인은 부재자 본인의 의사에 의하는 것이 아니라 법률에 규정된 자의 청구로 법원에 의하여 선임되는 일종의 법정대리인으로서 법정위임 관계가 있다(대결 1976.12.21. 75마551).

ㄷ.(○) 미성년자의 법정대리인은 1차적으로 친권자이며, 미성년자에게 부모가 없거나 부모가 친권을 행사할 수 없는 경우에는 2차적으로 후견인이 미성년자의 법정대리인이 된다.

ㄹ.(△) 부부는 일상의 가사에 관하여 서로 대리권이 있는데(민법 제827조 제1항), 통설과 판례는 이를 일종의 법정대리권이라 한다. 다만, 부(夫) 또는 처(妻)가 상대방 배우자의 모든 행위에 대하여 법정대리권이 있는 것은 아니므로 부부간의 일상가사대리권이라는 제한이 없는 ㄹ은 객관식 지문으로는 적절해 보이지 않는다.

10 후견에 관한 설명으로 옳은 것을 모두 고른 것은?(다툼이 있으면 판례에 따름) [기출 20]

> ㄱ. 가정법원은 일정한 자의 청구에 의하여 질병, 장애, 노령, 그 밖의 사유로 인한 정신적 제약으로 사무를 처리할 능력이 부족한 사람에 대하여 성년후견 개시의 심판을 한다.
> ㄴ. 가정법원은 피한정후견인이 한정후견인의 동의를 받아야 하는 행위의 범위를 정할 수 있다.
> ㄷ. 피특정후견인의 법률행위는 가정법원에 의해 취소할 수 있는 법률행위로 정해진 경우에만 취소할 수 있다.
> ㄹ. 특정후견은 본인의 의사에 반하여 할 수 없다.

① ㄱ, ㄴ 　　　　　　　　　② ㄱ, ㄹ
③ ㄴ, ㄷ 　　　　　　　　　④ ㄴ, ㄹ
⑤ ㄷ, ㄹ

해설 ㄱ.(×) 가정법원은 질병, 장애, 노령, 그 밖의 사유로 인한 <u>정신적 제약으로</u> 사무를 처리할 능력이 부족한 사람에 대하여 본인, 배우자, 4촌 이내의 친족, 미성년후견인, 미성년후견감독인, 성년후견인, 성년후견감독인, 특정후견인, 특정후견감독인, <u>검사 또는 지방자치단체의 장의</u> 청구에 의하여 한정후견 개시의 심판을 한다(민법 제12조 제1항).
ㄴ.(○) 민법 제13조 제1항
ㄷ.(×) 피특정후견인은 행위능력자로서의 행위능력이 제한되지 아니하므로, 특정후견인에게는 원칙적으로 동의권과 취소권이 인정되지 아니한다.
ㄹ.(○) 민법 제14조의2 제2항

11 피성년후견인에 관한 설명으로 옳은 것은? [기출 15]

① 질병, 장애, 노령, 그 밖의 사유로 인한 정신적 제약으로 사무를 처리할 능력이 지속적으로 결여된 자를 피성년후견인이라 한다.
② 가정법원은 취소할 수 없는 피성년후견인의 법률행위의 범위를 정한 경우에도 본인의 청구에 의해 그 범위를 변경할 수 있다.
③ 피성년후견인이 성년후견인의 동의를 얻어 재산상의 법률행위를 한 경우, 성년후견인은 이를 취소할 수 없다.
④ 가정법원이 한정후견 개시의 심판을 할 때에는 성년후견 개시의 심판을 할 때와 달리 본인의 의사를 고려하지 않는다.
⑤ 가정법원이 피한정후견인에 대하여 성년후견 개시의 심판을 할 때에는 종전의 한정후견의 종료 심판을 할 필요가 없다.

해설 ① (×) 피성년후견인이란 ⊙ 정신적 제약으로 사무를 처리할 능력이 지속적으로 결여된 사람에 대하여 ⓒ 본인 등 일정한 자들의 청구에 의하여 ⓒ 가정법원이 성년후견 개시의 심판을 한 자를 말한다(민법 제9조 제1항).

② (○) 가정법원은 취소할 수 없는 피성년후견인의 법률행위의 범위를 정할 수 있고, 본인 등 일정한 자들의 청구에 의하여 그 범위를 변경할 수 있다(민법 제10조 제2항·제3항).

③ (×) 미성년후견인이나 한정후견인과 달리 성년후견인에게는 동의권이 인정되지 아니한다(민법 제10조 제1항, 제17조 제2항). 따라서 성년후견인의 동의를 얻어 피성년후견인이 직접 상대방과 법률행위를 한 경우에도 성년후견인은 제한능력을 이유로 언제나 이를 취소할 수 있다.

④ (×) 한정후견 개시의 경우, 가정법원은 성년후견 개시의 심판을 할 때 본인의 의사를 고려하여야 한다는 민법 제9조 제2항을 준용한다(민법 제12조 제2항).

⑤ (×) 가정법원이 피한정후견인에 대하여 성년후견 개시의 심판을 할 때에는 종전의 한정후견의 종료심판을 한다(민법 제14조의3 제1항).

12 제한능력자와 거래한 상대방을 보호하기 위한 제도에 관한 설명으로 옳은 것만을 모두 고른 것은? 기출수정 12

> ㄱ. 미성년자와 부동산매매계약을 체결한 자가 미성년자의 친권자에게 추인 여부의 확답을 최고하였으나 상당한 기간 내에 확답을 발하지 않은 때에는 거절한 것으로 본다.
> ㄴ. 제한능력자의 단독행위는 추인이 있을 때까지 상대방이 거절할 수 있다.
> ㄷ. 제한능력자와 계약을 체결한 자는 그 상대방이 계약 당시 제한능력자임을 알았을 경우에는 자신의 의사표시를 철회할 수 없다.
> ㄹ. 철회나 거절의 의사표시는 제한능력자에 대하여 할 수 없다.
> ㅁ. 피성년후견인이 성년후견인의 동의가 있다는 확인서를 제시하고 자전거에 대한 매매계약을 체결한 경우에는 그 계약을 취소할 수 없다.

① ㄱ, ㄴ
② ㄴ, ㄷ
③ ㄷ, ㅁ
④ ㄱ, ㄴ, ㄷ
⑤ ㄷ, ㄹ, ㅁ

해설 ㄱ. (×) 제한능력자가 아직 능력자가 되지 못한 경우에는 그이 법정대리인에게 제1항의 촉구를 할 수 있고, 법정대리인이 그 정하여진 기간 내에 확답을 발송하지 아니한 경우에는 그 행위를 추인한 것으로 본다(민법 제15조 제2항).

ㄴ. (○) 민법 제16조 제2항

ㄷ. (○) 민법 제16조 제1항 단서

ㄹ. (×) 철회나 거절의 의사표시는 제한능력자에게도 할 수 있다(민법 제16조 제3항).

ㅁ. (×) 피성년후견인의 법률행위는 성년후견인의 동의가 있는 경우에도 취소할 수 있으므로, 피성년후견인이 속임수로써 성년후견인의 동의가 있는 것으로 믿게 한 때에도 그 행위를 취소할 수 있다(민법 제17조 제2항).

제4관 | 주 소

제5관 | 부재와 실종

01 외국에 장기체류하고 있는 甲은 당분간 국내에 돌아올 가능성이 없다. 이에 관한 설명으로 옳지 않은 것은?(다툼이 있는 경우에는 판례에 의함) `기출` 14

① 甲의 법정대리인 乙이 甲의 재산을 관리하는 경우, 부재자의 재산관리에 관한 규정이 적용되지 않는다.

② 甲이 丙에게 자신의 재산을 관리할 것을 부탁한 때에는, 특별한 사정이 없으면 법원은 이해관계인의 청구로 새로운 재산관리인을 정할 수 없다.

③ 법원이 丁을 甲의 재산관리인으로 선임결정하기 전에 이미 甲이 사망하였음이 확인된 때에도 그 결정이 취소되지 않으면 甲의 재산에 대한 丁의 처분행위는 유효하다.

④ 법원이 선임한 재산관리인 丁이 법원의 명령으로 甲의 재산을 보전하기 위하여 필요한 처분을 한 경우, 법원은 甲의 재산으로 그 비용을 지급한다.

⑤ 법원이 선임한 甲의 재산관리인 丁이 甲의 재산에 대한 법원의 매각처분허가를 얻은 때에도 甲의 채무를 담보하기 위하여 甲의 부동산에 저당권을 설정하려면 다시 법원의 허가를 얻어야 한다.

해설　① (○) 재산을 관리할 책임이 있는 법정대리인(친권자나 후견인 등)이 있는 경우에는 그들이 재산을 관리할 수 있으므로, 재산관리제도가 따로 적용되지 아니한다.

② (○) 부재자가 재산관리인을 둔 경우에 그 관리인은 임의대리인에 해당하고, 법원은 원칙적으로 그 관리인의 재산관리에 간섭할 수 없다. 따라서 특별한 사정(본인의 부재 중 재산관리인의 권한이 소멸하거나, 부재자의 생사가 분명하지 아니한 경우 등)이 없으면 법원은 이해관계인의 청구로 새로운 재산관리인을 정할 수 없다(민법 제23조 참고).

③ (○) 법원에 의하여 일단 부재자의 재산관리인선임결정이 있었던 이상, 가령 부재자가 그 이전에 사망하였음이 위 결정 후에 확실하여졌다 하더라도 법에 정하여진 절차에 의하여 결정이 취소되지 않는 한 선임된 부재자재산관리인의 권한이 당연히는 소멸되지 아니하고, 위 결정 이후에 이르러 취소된 경우에도 그 취소의 효력은 장래에 향하여서만 생기는 것이며 그간의 그 부재자재산관리인의 적법한 권한행사의 효과는 이미 사망한 그 부재자의 재산상속인에게 미친다 할 것이다(대판 1970.1.27. 69다719).

④ (○) 민법 제24조 제3항·제4항

⑤ (×) 부재자재산관리인이 매각을 허가받은 재산을 매도담보로 제공하거나 이에 저당권을 설정함에는 다시 법원의 허가를 받을 필요가 없다. 다만, 부재자재산관리인이 법원의 매각처분허가를 얻었다 하더라도 부재자와 아무런 관계가 없는 남의 채무의 담보만을 위하여 부재자재산에 근저당권을 설정하는 행위는 통상의 경우 객관적으로 부재자를 위한 처분행위로서 당연하다고는 경험칙상 볼 수 없다(대결 1976.12.21. 75마551).

02 X건물을 소유하고 있던 甲은 오지탐험을 떠난 후 장기간 연락이 두절되었다. 그 후 배우자 乙의 청구로 가정법원은 丙을 甲의 재산관리인으로 선임하였다. 다음 중 옳지 않은 것은?(다 툼이 있는 경우에는 판례에 의함) _{기출} 13

① 甲이 살아 돌아오더라도 그 이전에 丙이 법원의 허가를 받아 한 재판상 화해는 유효하다.

② 丙이 법원의 허가 없이 X건물을 처분하였어도 그 후 법원의 추인이 있으면 그 처분행위는 유효 하게 된다.

③ 丙이 법원의 허가를 받아 적법하게 X건물을 처분하였다면, 그 후 甲에게 실종선고가 내려져 그 처분행위가 있기 이전에 甲이 사망한 것으로 간주된 때에도 그 처분행위는 유효하다.

④ 甲의 형제로서 현재 제2순위 상속인에 불과한 자는 甲의 실종선고를 청구할 수 없다.

⑤ 丙이 법원으로부터 X건물의 매매를 허락받았다면, 특별한 사정이 없는 한, 甲과 아무 관계가 없는 타인의 채무담보를 위해 그 건물에 저당권을 설정할 수 있다.

해설 ① (○) 丙은 법원에 의하여 선임된 재산관리인이므로 법정대리인에 해당하고, 재판상 화해는 처분행위에 해당 하므로 법원의 허가를 받아야 한다. 따라서 丙이 법원의 허가를 받아 한 재판상 화해는 유효하며, 이 점은 부재자 甲이 생환하더라도 달라지지 아니한다.

② (○) 부재자의 재산관리인에 의한 부재자 소유 부동산매각행위의 추인행위가 법원의 허가를 얻기 전이어서 권한 없이 행하여진 것이라고 하더라도, **법원의 재산관리인의 초과행위결정의 효력은 그 허가받은 재산에 대한 장래의 처분행위뿐만 아니라 기왕의 처분행위를 추인하는 행위로도 할 수 있는 것**이므로 그 후 법원의 허가를 얻어 소유권이전등기절차를 경료케 한 행위에 의하여 종전에 권한 없이 한 치분행위를 추인한 것이 라 할 것이다(대판 1982.12.14. 80다1872・1873).

③ (○) 부재자재산관리인이 권한초과행위의 허가를 받고 그 선임결정이 취소되기 전에 위 권한에 의하여 이뤄 진 행위는 부재자에 대한 실종선고기간이 만료된 후에 이뤄졌다고 하더라도 유효한 것이고 그 재산관리인 의 적법한 권한행사의 효과는 이미 사망한 부재자의 재산상속인에게 미친다(대판 1975.6.10. 73다2023).

④ (○) **부재자의 자매로서 제2순위 상속인에 불과한 자**는 부재자에 대한 실종선고의 여부에 따라 상속지분에 차이가 생긴다고 하더라도 이는 부재자의 사망간주시기에 따른 간접적인 영향에 불과하고 부재자의 실종선 고 자체를 원인으로 한 직접적인 결과는 아니므로 **부재자에 대한 실종선고를 청구할 이해관계인이 될 수 없다**(대결 1986.10.10. 86스20).

⑤ (×) 부재자재산관리인이 법원의 매각처분허가를 얻었다 하더라도 부재자와 아무런 관계가 없는 남의 채무 의 담보만을 위하여 부재자재산에 근저당권을 설정하는 행위는 보통 있을 수 없는 드문 처사라 할 것이니 통상의 경우 객관적으로 그 행위가 부재자를 위한 처분행위로서 당연하다고는 경험칙상 쉽사리 볼 수 없는 처사라 할 것이다(대결 1976.12.21. 75마551).

03 甲은 2014.5.20. 항공기 추락으로 실종된 후, 2015.12.20. 실종선고가 청구되어 2016.7.20. 실종선고가 되었다. 甲에게는 가족으로 배우자 乙 외에 어머니 丙, 아들 丁이 있었고, 유산으로 X건물을 남겼다. 이에 관한 설명으로 옳지 않은 것을 모두 고른 것은?(다툼이 있으면 판례에 따름) 기출 17

> ㄱ. 특별한 사정이 없는 한 乙, 丙, 丁은 모두 甲의 실종선고에 대하여 이해관계가 있는 자로서 실종선고를 청구할 수 있다.
> ㄴ. 乙의 甲에 대한 이혼판결이 2016.5.10. 확정되었더라도, 그 후 甲에 대한 실종선고로 사망간주 시점이 소급되면, 이혼판결은 사망자를 상대로 한 것이므로 무효가 된다.
> ㄷ. 甲에 대한 실종선고로 X건물은 이미 상속되었는데, 2015.6.10. 甲의 생존사실이 밝혀진 경우, 실종선고가 취소되기 전에는 위 상속은 효력이 있다.

① ㄱ   ② ㄴ
③ ㄱ, ㄴ   ④ ㄴ, ㄷ
⑤ ㄱ, ㄴ, ㄷ

해설 ㄱ.(×) 민법 제27조의 실종선고를 청구할 수 있는 이해관계인이라 함은 부재자의 법률상 사망으로 인하여 직접적으로 신분상 또는 경제상의 권리를 취득하거나 의무를 면하게 되는 사람만을 뜻한다. 따라서 부재자의 제2순위 상속인에 불과한 자는 부재자에 대한 실종선고의 여부에 따라 상속지분에 차이가 생긴다고 하더라도 이는 부재자의 사망간주시기에 따른 간접적인 영향에 불과하고 부재자의 실종선고 자체를 원인으로 한 직접적인 결과는 아니므로 부재자에 대한 실종선고를 청구할 이해관계인이 될 수 없다(대결 1986.10.10. 86스20). 따라서 제2순위 상속인에 불과한 甲의 어머니 丙은 실종선고를 청구할 수 있는 이해관계인에 해당하지 아니한다.

ㄴ.(×) 실종선고의 효력이 발생하기 전에는 실종기간이 만료된 실종자라 하여도 소송상 당사자능력을 상실하는 것은 아니므로 실종선고 확정 전에는 실종기간이 만료된 실종자를 상대로 하여 제기된 소도 적법하고 실종자를 당사자로 하여 선고된 판결도 유효하며 그 판결이 확정되면 기판력도 발생한다고 할 것이고, 이처럼 판결이 유효하게 확정되어 기판력이 발생한 경우에는 그 판결이 해제조건부로 선고되었다는 등의 특별한 사정이 없는 한 그 효력이 유지되어 당사자로서는 그 판결이 재심이나 추완항소 등에 의하여 취소되지 않는 한 그 기판력에 반하는 주장을 할 수 없는 것이 원칙이라 할 것이며, 비록 실종자를 당사자로 한 판결이 확정된 후에 실종선고가 확정되어 그 사망간주의 시점이 소제기 전으로 소급하는 경우에도 위 판결 자체가 소급하여 당사자능력이 없는 사망한 사람을 상대로 한 판결로서 무효가 된다고는 볼 수 없다(대판 1992.7.14. 92다2455).

ㄷ.(○) 실종선고를 받은 자는 실종기간이 만료한 때에 사망한 것으로 간주되는 것이므로, 실종선고로 인하여 실종기간 만료 시를 기준으로 하여 상속이 개시된 이상 설사 이후 실종선고가 취소되어야 할 사유가 생겼다고 하더라도 실제로 실종선고가 취소되지 아니하는 한, 임의로 실종기간이 만료하여 사망한 때로 간주되는 시점과는 달리 사망 시점을 정하여 이미 개시된 상속을 부정하고 이와 다른 상속관계를 인정할 수는 없다(대판 1994.9.27. 94다21542).

04 실종선고에 관한 설명으로 옳지 않은 것은?(다툼이 있으면 판례에 따름) 기출 15

① 실종선고를 받은 자가 생존하여 새로운 주소에서 체결한 부동산매매계약은 실종선고가 취소되지 않았더라도 유효하다.

② 가정법원은 실종선고를 취소하기 위해서는 6개월 이상 공고를 하여야 한다.

③ 2013년 4월 16일 제주도행 여객선이 침몰하여 행방불명된 甲에 대하여 2015년 2월 11일 실종선고가 내려진 경우, 甲는 2014년 4월 16일 24시에 사망한 것으로 간주된다.

④ 해녀인 甲이 해산물을 채취하다가 행방불명되었다면, 이는 특별실종선고를 위한 '사망의 원인이 될 위난'이라고 할 수 없다.

⑤ 실종선고가 취소된 경우, 실종선고를 직접원인으로 하여 재산을 취득한 자가 선의인 경우에는 그 받은 이익이 현존하는 한도에서 반환할 의무가 있다.

해설 ① (○) 실종선고는 실종자의 종래 주소 또는 거소를 중심으로 하는 사법적 법률관계만을 종료하는 것이므로, 실종자가 종래 주소로 생환한 후의 법률관계나 실종자의 다른 주소를 중심으로 하는 법률관계에 대하여는 실종선고의 효과가 미치지 아니한다.

② (×) 실종선고는 6개월 이상의 공시최고절차를 거쳐야 하나(가사소송규칙 제53조, 제54조 제2항), **실종선고의 취소는 공시최고절차를 요하지 아니한다.**

③ (○) 여객선 침몰은 특별실종에 해당하고, 실종기간은 1년이다(민법 제27조 제2항). 사망간주 시점은 실종기간 만료 시이므로, **2013년 4월 17일부터 기산하여** 2014년 4월 16일 24시에 사망간주된다.

④ (○) 민법 제27조의 문언이나 규정의 체계 및 취지 등에 비추어, 그 제2항에서 정하는 "사망의 원인이 될 위난"이라고 함은 화재·홍수·지진·화산폭발 등과 같이 일반적·객관적으로 사람의 생명에 명백한 위험을 야기하여 사망의 결과를 발생시킬 가능성이 현저히 높은 외부적 사태 또는 상황을 가리킨다. **甲이 잠수장비를 착용한 채 바다에 입수하였다가 부상하지 아니한 채 행방불명되었다 하더라도, 이는 "사망의 원인이 될 위난"이라고 할 수 없다**는 원심판단은 정당하다(대결 2011.1.31. 2010스165).

⑤ (○) 실종선고의 취소가 있을 때에 실종의 선고를 직접원인으로 하여 재산을 취득한 자가 선의인 경우에는 그 받은 이익이 현존하는 한도에서 반환할 의무가 있고 악의인 경우에는 그 받은 이익에 이자를 붙여서 반환하고 손해가 있으면 이를 배상하여야 한다(민법 제29조 제2항).

제1관 | 서 설

제2관 | 법인 아닌 사단과 재단

01 비법인사단 A의 유일한 이사인 대표이사 甲이 대표자로서의 모든 권한을 乙에게 포괄적으로 위임하여 乙이 실질적으로 A의 대표자로서 행위한 경우에 관한 설명으로 옳은 것을 모두 고른 것은?(다툼이 있으면 판례에 따름) 기출 24

> ㄱ. 乙이 포괄적 수임인으로서 행한 대행행위의 효력은 원칙적으로 A에게 미친다.
> ㄴ. 乙이 A의 사무집행과 관련한 불법행위로 丙에게 손해를 입힌 경우, 丙은 A에게 법인의 불법행위책임에 따른 손해배상을 청구할 수 있다.
> ㄷ. 乙이 자신의 사익을 도모하기 위해 A의 사무를 처리하다가 丁에게 손해를 입힌 경우에는 법인의 불법행위 책임에 있어서 직무관련성이 부정된다.
> ㄹ. 甲이 乙에게 대표자로서의 권한을 포괄적으로 위임하고 대표이사로서의 직무를 전혀 집행하지 않은 것은 그 자체로 이사의 선관주의의무에 위반하는 행위이다.

① ㄱ, ㄴ ② ㄱ, ㄷ
③ ㄴ, ㄹ ④ ㄷ, ㄹ
⑤ ㄱ, ㄴ, ㄷ, ㄹ

해설 ㄱ. (×) 비법인사단에 대하여는 사단법인에 관한 민법규정 가운데 법인격을 전제로 하는 것을 제외하고는 이를 유추적용하여야 하는데, 민법 제62조에 비추어 보면 비법인사단의 대표자는 정관 또는 총회의 결의로 금지하지 아니한 사항에 한하여 타인으로 하여금 특정한 행위를 대리하게 할 수 있을 뿐 비법인사단의 제반 업무처리를 포괄적으로 위임할 수는 없으므로 비법인사단 대표자가 행한 타인에 대한 업무의 포괄적 위임과 그에 따른 포괄적 수임인의 대행행위는 민법 제62조를 위반한 것이어서 비법인사단에 대하여 그 효력이 미치지 않는다(대판 2011.4.28. 2008다15438). 사단법인에 관한 민법규정 제62조를 비법인사단에 유추적용 한다는 입장이다.

> **이사의 대리인 선임(민법 제62조)**
> 이사는 정관 또는 총회의 결의로 금지하지 아니한 사항에 한하여 타인으로 하여금 특정한 행위를 대리하게 할 수 있다.

ㄴ. (○) [1] 민법 제35조 제1항은 "법인은 이사 기타 대표자가 그 직무에 관하여 타인에게 가한 손해를 배상할 책임이 있다"라고 정한다. 여기서 '법인의 대표자'에는 그 명칭이나 직위 여하, 또는 대표자로 등기되었는지 여부를 불문하고 당해 법인을 실질적으로 운영하면서 법인을 사실상 대표하여 법인의 사무를 집행하는 사람을 포함한다고 해석함이 상당하다. [2] 甲 주택조합의 대표자가 乙에게 대표자의 모든 권한을 포괄적으로 위임하여 乙이 그 조합의 사무를 집행하던 중 불법행위로 타인에게 손해를 발생시킨 데 대하여 불법행위 피해자가 甲 주택조합을 상대로 민법 제35조에서 정한 법인의 불법행위책임에 따른 손해배상청구를 한 사안에서, ...(중략)... 乙은 甲 주택조합을 실질적으로 운영하면서 법인을 사실상 대표하여 법인의 사무를 집행하는 사람으로서 민법 제35조에서 정한 '대표자'에 해당한다고 보아야 함에도, 乙이 甲 주택조합의 적법한 대표자 또는 대표기관이라고 볼 수 없다는 이유로 甲 주택조합에 대한 법인의 불법행위에 따른 손해배상청구를 배척한 원심판결에는 법리오해의 위법이 있다고 한 사례(대판 2011.4.28. 2008다15438).

ㄷ. (×) 주택조합과 같은 비법인사단의 대표자가 직무에 관하여 타인에게 손해를 가한 경우 그 사단은 민법 제35조 제1항의 유추적용에 의하여 그 손해를 배상할 책임이 있으며, 비법인사단의 대표자의 행위가 대표자 개인의 사리를 도모하기 위한 것이었거나 혹은 법령의 규정에 위배된 것이었다 하더라도 외형상, 객관적으로 직무에 관한 행위라고 인정할 수 있는 것이라면 민법 제35조 제1항의 직무에 관한 행위에 해당한다(대판 2003.7.25. 2002다27088). 법인의 불법행위능력을 규정한 민법 제35조 제1항을 비법인사단에 유추적용하며, 민법 제35조의 제1항의 '직무에 관하여'의 의미는 행위의 외형상 법인의 대표자의 직무행위라고 인정할 수 있는 것이라면 설사 그것이 대표자 개인의 사리를 도모하기 위한 것이었거나 혹은 법령의 규정에 위배된 것이었다 하더라도 일이 직무에 관한 행위에 해당되고 ~~한다는 판례이다.~~

> **법인의 불법행위능력(민법 제35조)**
> ① 법인은 이사 기타 대표자가 그 직무에 관하여 타인에게 가한 손해를 배상할 책임이 있다. 이사 기타 대표자는 이로 인하여 자기의 손해배상책임을 면하지 못한다.

ㄹ. (○) 대표이사가 대표이사로서의 업무 일체를 다른 이사 등에게 위임하고, 대표이사로서의 직무를 전혀 집행하지 않는 것은 그 자체가 이사의 직무상 충실 및 선관의무를 위반하는 행위에 해당한다(대판 2003.4.11. 2002다70044).

02 비법인사단에 관한 설명으로 옳은 것은?(다툼이 있으면 판례에 따름) 기출 21

① 비법인사단은 부동산소유권에 관하여 등기의무자가 될 수 없다.
② 비법인사단의 해산에 따른 청산절차에는 사단법인의 청산인에 관한 민법 규정을 유추적용할 수 있다.
③ 비법인사단의 대표자가 행한 타인에 대한 업무의 포괄적 위임과 그에 따른 포괄적 수임인의 대행행위는 비법인사단에 대하여 그 효력이 있다.
④ 비법인사단의 채무는 구성원의 지분비율에 따라 귀속한다.
⑤ 이사의 결원으로 인하여 손해가 생길 염려가 있더라도 이해관계인은 법원에 임시이사의 선임을 청구할 수 없다.

해설
① (×) 비법인사단은 부동산소유권에 관하여 등기권리자 또는 등기의무자가 될 수 있다(부동산등기법 제26조 제1항).
② (○) 비법인사단에 대하여는 사단법인에 관한 민법 규정 중 법인격을 전제로 하는 것을 제외한 규정들을 유추적용하여야 할 것이므로 비법인사단인 교회의 교인이 존재하지 않게 된 경우 그 교회는 해산하여 청산 절차에 들어가서 청산의 목적범위 내에서 권리·의무의 주체가 되며, 이 경우 해산 당시 그 비법인사단의 총회에서 향후 업무를 수행할 자를 선정하였다면 민법 제82조 제1항을 유추하여 그 선임된 자가 청산인으로서 청산 중의 비법인사단을 대표하여 청산업무를 수행하게 된다(대판 2003.11.14. 2001다32687).
③ (×) 비법인사단에 대하여는 사단법인에 관한 민법 규정 가운데서 법인격을 전제로 하는 것을 제외하고는 이를 유추적용하여야 할 것인바, 민법 제62조의 규정에 비추어 보면 비법인사단의 대표자는 정관 또는 총회의 결의로 금지하지 아니한 사항에 한하여 타인으로 하여금 특정한 행위를 대리하게 할 수 있을 뿐 비법인사단의 제반 업무처리를 포괄적으로 위임할 수는 없다 할 것이므로, 비법인사단 대표자가 행한 타인에 대한 업무의 포괄적 위임과 그에 따른 포괄적 수임인의 대행행위는 민법 제62조의 규정에 위반된 것이어서 비법인사단에 대하여는 그 효력이 미치지 아니한다(대판 1996.9.6. 94다18522).
④ (×) 비법인사단의 채무는 사원들의 준총유 형태로 귀속되며(민법 제278조), 비법인사단의 재산으로 책임을 진다.
⑤ (×) 이해관계인은 이사의 결원으로 인하여 손해가 생길 염려가 있는 때에는 법원에 임시이사의 선임을 청구할 수 있다(민법 제63조 참고).

03 권리능력 없는 사단에 관한 설명으로 옳은 것은?(다툼이 있으면 판례에 따름) `기출` 18

① 권리능력 없는 사단의 구성원은 그가 사단의 대표자이거나 사원총회의 결의를 거쳤다 하더라도 그 사단의 재산에 관한 제3자와의 소송에서 당사자가 될 수 없다.

② 권리능력 없는 사단의 사원이 집합체로서 물건을 소유한 경우에는 합유로 한다.

③ 권리능력 없는 사단에 구성원이 없게 되었다면 그 사단은 바로 소멸하여 소송상의 당사자능력을 상실한다.

④ 권리능력 없는 사단의 대표자는 필요한 경우에 자신의 업무를 타인에게 포괄적으로 위임할 수 있다.

⑤ 권리능력 없는 사단의 사원의 지위는 규약에 의해서라도 양도나 상속될 수 없다.

해설 ① (○) 민법 제276조 제1항은 "총유물의 관리 및 처분은 사원총회의 결의에 의한다", 같은 조 제2항은 "각 사원은 정관 기타의 규약에 좇아 총유물을 사용·수익할 수 있다"라고 규정하고 있을 뿐 공유나 합유의 경우처럼 보존행위는 그 구성원 각자가 할 수 있다는 민법 제265조 단서 또는 제272조 단서와 같은 규정을 두고 있지 아니한바, 이는 법인 아닌 사단의 소유형태인 총유가 공유나 합유에 비하여 단체성이 강하고 구성원 개인들의 총유재산에 대한 지분권이 인정되지 아니하는 데에서 나온 당연한 귀결이라고 할 것이므로 총유재산에 관한 소송은 법인 아닌 사단이 그 명의로 사원총회의 결의를 거쳐 하거나 또는 그 구성원 전원이 당사자가 되어 필수적 공동소송의 형태로 할 수 있을 뿐 그 사단의 구성원은 설령 그가 사단의 대표자라거나 사원총회의 결의를 거쳤다 하더라도 그 소송의 당사자가 될 수 없고, 이러한 법리는 총유재산의 보존행위로서 소를 제기하는 경우에도 마찬가지라 할 것이다(대판[전합] 2005.9.15. 2004다44971).

② (×) <u>비법인사단의 재산은 사원의 총유로 하고</u>(민법 제275조 제1항), 소유권 이외의 재산권은 사원의 준총유로 한다(민법 제278조).

③ (×) 법인 아닌 사단에 대하여는 사단법인에 관한 민법규정 가운데서 법인격을 전제로 하는 것을 제외하고는 이를 유추적용하여야 할 것인바, 사단법인에 있어서는 사원이 없게 된다고 하더라도 이는 해산사유가 될 뿐 막바로 권리능력이 소멸하는 것이 아니므로 **법인 아닌 사단에 있어서도 구성원이 없게 되었다 하여 막바로 그 사단이 소멸하여 소송상의 당사자능력을 상실하였다고 할 수는 없고 청산사무가 완료되어야 비로소 그 당사자능력이 소멸하는** 것이다(대판 1992.10.9. 92다23087).

④ (×) **비법인사단에 대하여는 사단법인에 관한 민법규정 가운데 법인격을 전제로 하는 것을 제외하고는 이를 유추적용하여야** 하는데, 민법 제62조에 비추어 보면 비법인사단의 대표자는 정관 또는 총회의 결의로 금지하지 아니한 사항에 한하여 타인으로 하여금 특정한 행위를 대리하게 할 수 있을 뿐 비법인사단의 제반 업무처리를 포괄적으로 위임할 수는 없으므로 비법인사단 대표자가 행한 타인에 대한 업무의 포괄적 위임과 그에 따른 포괄적 수임인의 대행행위는 민법 제62조를 위반한 것이어서 비법인사단에 대하여 그 효력이 미치지 않는다(대판 2011.4.28. 2008다15438).

⑤ (×) 사단법인의 사원의 지위는 양도 또는 상속할 수 없다고 규정한 민법 제56조의 규정은 강행규정이라고 할 수 없으므로, 비법인사단에서도 사원의 지위는 규약이나 관행에 의하여 양도 또는 상속될 수 있다(대판 1997.9.26. 95다6205).

04 비법인사단인 A종중과 그 대표자 甲, 그리고 乙 사이의 법률관계에 관한 설명으로 옳은 것을 모두 고른 것은?(다툼이 있으면 판례에 따름) `기출` 17

> ㄱ. 甲이 乙에게 한 A의 업무에 대한 포괄적 위임과 그에 따른 乙의 대행행위는 A에게 그 효력이 미친다.
> ㄴ. 비법인사단은 자연인과 달리 명예권을 가질 수 없으므로, A의 명예를 훼손한 乙에 대하여 A가 손해배상을 청구할 수는 없다.
> ㄷ. 甲의 불법행위로 乙에게 손해가 발생한 경우, 甲의 행위가 직무에 관한 것이 아님을 乙이 알았다면, 乙은 A에 대하여 민법 제35조 제1항에 따른 불법행위책임을 물을 수 없다.
> ㄹ. 甲의 불법행위로 乙에게 손해가 발생한 경우, 甲의 행위가 법령의 규정에 위배되더라도 외관상 객관적으로 직무에 관한 행위라고 인정된다면, A는 乙에 대하여 민법 제35조 제1항에 따른 불법행위책임을 진다.

① ㄱ
② ㄷ
③ ㄱ, ㄴ
④ ㄷ, ㄹ
⑤ ㄱ, ㄴ, ㄹ

해설 ㄱ. (×) 비법인사단에 대하여는 사단법인에 관한 민법규정 가운데서 법인격을 전제로 하는 것을 제외하고는 이를 유추적용하여야 할 것인바, 민법 제62조의 규정에 비추어 보면 비법인사단의 대표자는 정관 또는 총회의 결의로 금지하지 아니한 사항에 한하여 타인으로 하여금 특정한 행위를 대리하게 할 수 있을 뿐 비법인사단의 제반 업무처리를 포괄적으로 위임할 수는 없다 할 것이므로, 비법인사단 대표자가 행한 타인에 대한 업무의 포괄적 위임과 그에 따른 포괄적 수임인의 대행행위는 민법 제62조의 규정에 위반된 것이어서 비법인사단에 대하여는 그 효력이 미치지 아니한다(대판 1996.9.6. 94다18522).

ㄴ. (×) 민법 제764조에서 말하는 명예라 함은 사람의 품성, 덕행, 명예, 신용 등 세상으로부터 받는 객관적인 평가를 말하는 것이고 특히 법인의 경우에는 그 사회적 명예, 신용을 가리키는 데 다름없는 것으로 명예를 훼손한다는 것은 그 사회적 평가를 침해하는 것을 말하고 이와 같은 법인의 명예가 훼손된 경우에 그 법인은 상대방에 대하여 불법행위로 인한 손해배상과 함께 명예회복에 적당한 처분을 청구할 수 있고, 종중과 같이 소송상 당사자능력이 있는 비법인사단 역시 마찬가지이다(대판 1997.10.24. 96다17851).

ㄷ. (○) 비법인사단의 경우 대표자의 행위가 직무에 관한 행위에 해당하지 아니함을 피해자 자신이 알았거나 또는 중대한 과실로 인하여 알지 못한 경우에는 비법인사단에게 손해배상책임을 물을 수 없다(대판 2003.7.25. 2002다27088).

ㄹ. (○) 주택조합과 같은 비법인사단의 대표자가 직무에 관하여 타인에게 손해를 가한 경우 그 사단은 민법 제35조 제1항의 유추적용에 의하여 그 손해를 배상할 책임이 있으며, 비법인사단의 대표자의 행위가 대표자 개인의 사리를 도모하기 위한 것이었거나 혹은 법령의 규정에 위배된 것이었다 하더라도 외관상, 객관적으로 직무에 관한 행위라고 인정할 수 있는 것이라면 민법 제35조 제1항의 직무에 관한 행위에 해당한다(대판 2003.7.25. 2002다27088).

05 비법인사단에 관한 설명으로 옳지 않은 것은?(다툼이 있는 경우에는 판례에 의함) ^{기출 14}

① 대표자가 있는 비법인사단이 소유하는 부동산의 등기는 그 대표자를 등기권리자 또는 등기의무자로 하여야 한다.

② 비법인사단의 사원이 집합체로서 물건을 소유한 때에는 사원의 총유로 한다.

③ 비법인사단의 대표자의 임기가 만료된 때에도 구 대표자가 비법인사단의 업무를 수행함이 부적당하다고 인정할 만한 특별한 사정이 없고 구 대표자에게 종전 직무를 처리하게 할 필요가 있는 경우, 그 후임자가 선임될 때까지 구 대표자는 업무수행권이 있다.

④ 법률에 근거하여 구성되는 공동주택의 입주자대표회의는 동별대표자를 사원으로 하는 비법인사단이다.

⑤ 대표자가 있는 비법인사단은 사단의 이름으로 소송에서 원고가 될 수 있다.

해설 ① (×) 종중, 문중, 그 밖에 대표자나 관리인이 있는 <u>법인 아닌 사단이나 재단에 속하는 부동산의 등기에 관하여는 그 사단이나 재단을 등기권리자 또는 등기의무자로 한다</u>(부동산등기법 제26조 제1항).

② (○) 민법 제275조 제1항

③ (○) 민법 제691조의 규정을 유추하여 구 대표자로 하여금 조합의 업무를 수행케 함이 부적당하다고 인정할 만한 특별한 사정이 없고 종전의 직무를 구 대표자로 하여금 처리하게 할 필요가 있는 경우에 한하여 후임대표자가 선임될 때까지 임기만료된 구 대표자에게 대표자의 직무를 수행할 수 있는 업무수행권이 인정된다 (대판 2003.7.8. 2002다74817).

④ (○) **공동주택의 입주자대표회의는** 동별세대수에 비례하여 선출되는 **동별대표자를 구성원으로 하는 법인 아닌 사단에 해당한다**(대판 2007.6.15. 2007다6307).

⑤ (○) 민법 제276조 제1항은 "총유물의 관리 및 처분은 사원총회의 결의에 의한다", 같은 조 제2항은 "각 사원은 정관 기타의 규약에 좇아 총유물을 사용·수익할 수 있다"라고 규정하고 있을 뿐 공유나 합유의 경우처럼 보존행위는 그 구성원 각자가 할 수 있다는 민법 제265조 단서 또는 제272조 단서와 같은 규정을 두고 있지 아니한바, 이는 법인 아닌 사단의 소유형태인 총유가 공유나 합유에 비하여 단체성이 강하고 구성원 개인들의 총유재산에 대한 지분권이 인정되지 아니하는 데에서 나온 당연한 귀결이라고 할 것이므로 **총유재산에 관한 소송은 법인 아닌 사단이 그 명의로 사원총회의 결의를 거쳐 하거나 또는 그 구성원 전원이 당사자가 되어 필수적 공동소송의 형태로 할 수 있을 뿐** 그 사단의 구성원은 설령 그가 사단의 대표자라거나 사원총회의 결의를 거쳤다 하더라도 그 소송의 당사자가 될 수 없고, 이러한 법리는 총유재산의 보존행위로서 소를 제기하는 경우에도 마찬가지라 할 것이다(대판[전합] 2005.9.15. 2004다44971).

06 권리능력 없는 사단에 관한 설명으로 옳지 않은 것은?(다툼이 있는 경우에는 판례에 의함)

기출 13

① 권리능력 없는 사단에게도 소송상 당사자능력 및 등기능력이 인정될 수 있다.

② 권리능력 없는 사단의 대표자가 정관을 위반하여 사원총회의 결의를 거치지 않고 거래행위를 한 경우, 그 거래상대방이 대표권제한사실을 알았거나 알 수 있었던 경우가 아니라면 그 거래행 위는 유효하다.

③ 권리능력 없는 사단인 종중 소유의 재산에 대한 보존행위로서 소송을 하는 경우, 특별한 사정이 없는 한 총회의 결의를 거쳐야 하는 것은 아니다.

④ 권리능력 없는 사단의 구성원들이 2개의 사단으로 나뉘어 각각 독립한 사단으로 존속하면서 종전 사단에게 귀속되었던 재산을 소유하는 방식의 분열은 인정되지 않는다.

⑤ 권리능력 없는 사단의 구성원 중 일부가 탈퇴하여 새로운 권리능력 없는 사단을 설립한 경우, 종전의 사단구성원들이 총유의 형태로 소유하고 있는 재산을 새로이 설립된 사단의 구성원들에 게 양도하는 것은 허용된다.

해설 ① (○) 비법인사단도 그 대표자가 정해져 있는 경우에는 소송상 당사자능력이 인정되고(민소법 제52조), 종중
· 문중 기타 대표자나 관리인이 있는 법인 아닌 사단에 속하는 부동산에 대한 **등기능력 역시 인정된다**(부동
산등기법 제26조).

② (○) 비법인사단의 경우에는 대표자의 대표권 제한에 관하여 등기할 방법이 없어 민법 제60조의 규정을
준용할 수 없고, 비법인사단의 대표자가 정관에서 사원총회의 결의를 거쳐야 하도록 규정한 대외적 거래행
위에 관하여 이를 거치지 아니한 경우라도, 이와 같은 **사원총회결의사항은 비법인사단의 내부적 의사결정
에 불과하다** 할 것이므로, 그 거래상대방이 그와 같은 대표권제한사실을 알았거나 알 수 있었을 경우가
아니라면 그 거래행위는 유효하다고 봄이 상당하고, 이 경우 거래의 상대방이 대표권제한사실을 알았거나
알 수 있었음은 이를 주장하는 비법인사단 측이 주장 · 입증하여야 한다(대판 2003.7.22. 2002다64780).

③ (×) 민법 제276조 제1항은 "총유물의 관리 및 처분은 사원총회의 결의에 의한다", 같은 조 제2항은 "각
사원은 정관 기타의 규약에 좇아 총유물을 사용 · 수익할 수 있다"라고 규정하고 있을 뿐 공유나 합유의
경우처럼 보존행위는 그 구성원 각자가 할 수 있다는 민법 제265조 단서 또는 제272조 단서와 같은 규정을
두고 있지 아니한바, 이는 법인 아닌 사단의 소유형태인 총유가 공유나 합유에 비하여 단체성이 강하고
구성원 개인들의 총유재산에 대한 지분권이 인정되지 아니하는 데에서 나온 당연한 귀결이라고 할 것이므
로 총유재산에 관한 소송은 법인 아닌 사단이 그 명의로 사원총회의 결의를 거쳐 하거나 또는 그 구성원
전원이 당사자가 되어 필수적 공동소송의 형태로 할 수 있을 뿐 그 사단의 구성원은 설령 그가 사단의
대표자라거나 사원총회의 결의를 거쳤다 하더라도 그 소송의 당사자가 될 수 없고, 이러한 법리는 총유재산
의 보존행위로서 소를 제기하는 경우에도 마찬가지라 할 것이다(대판[전합] 2005.9.15. 2004다44971).

④ (○) 우리 민법은 사단법인에 있어서 구성원의 탈퇴나 해산은 인정하지만 사단법인의 구성원들이 2개의
법인으로 나뉘어 각각 독립한 법인으로 존속하면서 종전 사단법인에게 귀속되었던 재산을 소유하는 방식의
사단법인의 분열은 인정하지 아니하는바, 그 법리는 법인 아닌 사단에 대하여도 동일하게 적용되므로, 그
구성원들의 집단적 탈퇴로써 법인 아닌 사단이 2개로 분열되고 분열되기 전의 법인 아닌 사단의 재산이
분열된 법인 아닌 사단들의 구성원들에게 각각 총유적으로 귀속되는 결과를 초래하는 형태의 법인 아닌
사단의 분열은 허용되지 않는다(대판[전합] 2006.4.20. 2004다37775).

⑤ (○) 법인 아닌 사단의 구성원 중 일부가 탈퇴하여 새로운 법인 아닌 사단을 설립하는 경우에 종전의 법인
아닌 사단에 남아 있는 구성원들이 자신들이 총유의 형태로 소유하고 있는 재산을 새로이 설립된 법인
아닌 사단의 구성원들에게 양도하거나, 법인 아닌 사단이 해산한 후 그 구성원들이 나뉘어 여러 개의 법인
아닌 사단들을 설립하는 경우에 해산되기 전의 법인 아닌 사단의 구성원들이 자신들이 총유의 형태로 소유하고
있던 재산을 새로이 설립된 법인 아닌 사단들의 구성원들에게 양도하는 것은 허용된다(대판 2008.1.31.
2005다60871).

제3관 | 법인의 설립

01 민법상 법인에 관한 설명으로 옳지 않은 것은?(다툼이 있으면 판례에 따름) `기출` `19`

① 민법상 재단법인은 비영리법인이다.

② 사원 자격의 득실에 관한 규정은 재단법인 정관의 필요적 기재사항에 해당한다.

③ 해산한 법인은 청산의 목적범위 내에서만 권리가 있고 의무를 부담한다.

④ 이사의 대표권에 대한 제한은 이를 등기하지 않으면, 제3자가 악의이더라도 대항하지 못한다.

⑤ 청산종결의 등기가 마쳐졌더라도 청산사무가 종료되지 않은 경우에는 그 범위 내에서 청산법인으로서 존속한다.

해설 ① (○) 재단법인은 일정한 목적에 바쳐진 재산, 즉 재단이 그 실체를 이루고 있는 법인으로, 설립자의 의사에 따라 타율적으로 구속된다는 점이 강하고, 민법상 재단법인에는 비영리재단법인만 있다.

② (×) 사원 자격의 득실에 관한 규정은 재단법인이 아닌 사단법인 정관의 필요적 기재사항에 해당한다(민법 제43조, 제40조 제6호).

> **사단법인의 정관(민법 제40조)**
> 사단법인의 설립자는 다음 각 호의 사항을 기재한 정관을 작성하여 기명날인하여야 한다.
> 1. 목적
> 2. 명칭
> 3. 사무소의 소재지
> 4. 자산에 관한 규정
> 5. 이사의 임면에 관한 규정
> 6. 사원 자격의 득실에 관한 규정
> 7. 존립시기나 해산사유를 정하는 때에는 그 시기 또는 사유
>
> **재단법인의 정관(민법 제43조)**
> 재단법인의 설립자는 일정한 재산을 출연하고 <u>제40조 제1호 내지 제5호의 사항을 기재한 정관을 작성하여 기명날인하여야 한다.</u>

③ (○) 민법 제81조

④ (○) 민법 제60조의 제3자는 선의·악의를 불문한다.

⑤ (○) 청산종결등기가 경료된 경우에도 청산사무가 종료되었다 할 수 없는 경우에는 청산법인으로 존속한다(대판 1980.4.8. 79다2036).

제4관 | 법인의 능력

01 민법 제35조(법인의 불법행위능력)에 관한 설명으로 옳지 않은 것은?(다툼이 있으면 판례에 따름) 기출 22

① 대표권이 없는 이사의 행위로 인하여는 법인의 불법행위가 성립하지 않는다.
② 법인의 불법행위능력은 사단법인뿐만 아니라 재단법인에 대하여서도 적용된다.
③ 민법 제35조 제1항의 규정은 법인 아닌 사단에 유추적용된다.
④ 대표자의 행위가 법령의 규정에 위배된 것이라도 외관상, 객관적으로 직무에 관한 행위라고 인정될 수 있는 것이라면 민법 제35조 제1항의 직무에 관한 행위에 해당한다.
⑤ 대표자의 행위가 직무에 관한 행위에 해당하지 아니함을 피해자가 알았던 경우에도 법인의 불법행위책임이 인정된다.

해설 ① (○) 민법 제35조에서 말하는 '이사 기타 대표자'는 법인의 대표기관을 의미하는 것이고 대표권이 없는 이사는 법인의 기관이기는 하지만 대표기관은 아니기 때문에 그들의 행위로 인하여 법인의 불법행위가 성립하지 않는다(대판 2005.12.23. 2003다30159). 다만 이에 대해서는 사용자책임(민법 제756조)이 성립할 수는 있다.

② (○) 법인의 능력에 관한 규정은 강행규정이므로 사단법인뿐만 아니라 재단법인에도 적용된다.

③ (○), ④ (○) 주택조합과 같은 비법인사단의 대표자가 직무에 관하여 타인에게 손해를 가한 경우 그 사단은 민법 제35조 제1항의 유추적용에 의하여 그 손해를 배상할 책임이 있으며, 비법인사단의 대표자의 행위가 대표자 개인의 사리를 도모하기 위한 것이었거나 혹은 법령의 규정에 위배된 것이었다 하더라도 외관상, 객관적으로 직무에 관한 행위라고 인정할 수 있는 것이라면 민법 제35조 제1항의 직무에 관한 행위에 해당한다(대판 2003.7.25. 2002다27088).

⑤ (×) 법인의 대표자의 행위가 직무에 관한 행위에 해당하지 아니함을 피해자 자신이 알았거나 또는 중대한 과실로 인하여 알지 못한 경우에는 법인에게 손해배상책임을 물을 수 없다고 할 것이고, 여기서 중대한 과실이라 함은 거래의 상대방이 조금만 주의를 기울였더라면 대표자의 행위가 그 직무권한 내에서 적법하게 행하여진 것이 아니라는 사정을 알 수 있었음에도 만연히 이를 직무권한 내의 행위라고 믿음으로써 일반인에게 요구되는 주의의무에 현저히 위반하는 것으로 거의 고의에 가까운 정도의 주의를 결여하고, 공평의 관점에서 상대방을 구태여 보호할 필요가 없다고 봄이 상당하다고 인정되는 상태를 말한다(대판 2009.11.26. 2009다57033).

02 甲법인의 대표이사 乙은 그 직무에 관하여 丙에게 불법행위를 하였다. 법인의 불법행위책임 (민법 제35조)에 관한 설명으로 옳은 것은?(다툼이 있으면 판례에 따름) 기출 20

① 乙의 행위가 乙 자신의 사익을 도모하기 위한 것이라도 甲법인은 불법행위책임을 진다.

② 甲법인은 乙의 선임 및 그 사무감독에 상당한 주의를 다하였음을 증명하면 불법행위책임을 면한다.

③ 丙에 대한 甲법인의 불법행위책임이 인정되는 경우 이중배상을 금지하기 위하여 乙의 丙에 대한 불법행위책임은 성립하지 않는다.

④ 乙이 甲법인을 실질적으로 운영하고 사실상 대표하여 사무를 집행하지만 대표이사로 등기되어 있지 않은 경우, 乙의 불법행위에 대해 甲법인은 손해배상책임이 없다.

⑤ 甲이 비법인사단이라면 乙이 직무수행에 관해 불법행위를 하였어도 丙에 대하여 甲의 불법행위책임은 성립하지 않는다.

해설 ① (○) 법인이 그 대표자의 불법행위로 인하여 손해배상의무를 지는 것은 그 대표자의 직무에 관한 행위로 인하여 손해가 발생한 것임을 요한다 할 것이나, 그 직무에 관한 것이라는 의미는 행위의 외형상 법인의 대표자의 직무행위라고 인정할 수 있는 것이라면 설사 그것이 대표자 개인의 사리를 도모하기 위한 것이었 거나 혹은 법령의 규정에 위배된 것이었다 하더라도 위의 직무에 관한 행위에 해당한다고 보아야 한다(대판 2004.2.27. 2003다15280).

② (×) 민법 제35조 법인의 불법행위책임은 사용자책임(민법 제756조 제1항 단서)과 달리, 선임·감독상 주의 의무를 다하였음을 증명하여도 면책될 수 없다.

③ (×) 법인의 대표자가 그 직무에 관하여 타인에게 손해를 가함으로써 법인에 손해배상책임이 인정되는 경우 에, 대표자의 행위가 제3자에 대한 불법행위를 구성한다면 그 대표자도 제3자에 대하여 손해배상책임을 면하지 못하며(민법 제35조 제1항), 또한 사원도 위 대표자와 공동으로 불법행위를 저질렀거나 이에 가담하 였다고 볼 만한 사정이 있으면 제3자에 대하여 위 대표자와 연대하여 손해배상책임을 진다. 그러나 사원총 회, 대의원총회, 이사회의 의결은 원칙적으로 법인의 내부행위에 불과하므로 특별한 사정이 없는 한 그 사항의 의결에 찬성하였다는 이유만으로 제3자의 채권을 침해한다거나 대표자의 행위에 가공 또는 방조한 자로서 제3자에 대하여 불법행위책임을 부담한다고 할 수는 없다(대판 2009.1.30. 2006다37465).

④ (×) 민법 제35조 제1항은 "법인은 이사 기타 대표자가 그 직무에 관하여 타인에게 가한 손해를 배상할 책임이 있다"라고 정한다. 여기서 '법인의 대표자'에는 그 명칭이나 직위 여하, 또는 대표자로 등기되었는지 여부를 불문하고 당해 법인을 실질적으로 운영하면서 법인을 사실상 대표하여 법인의 사무를 집행하는 사람을 포함한다고 해석함이 상당하다(대판 2011.4.28. 2008다15438).

⑤ (×) 비법인사단의 대표자가 직무에 관하여 타인에게 손해를 가한 경우 그 사단은 민법 제35조 제1항의 유추적용에 의하여 그 손해를 배상할 책임이 있고, 비법인사단의 대표자의 행위가 대표자 개인의 사리를 도모하기 위한 것이었거나 혹은 법령의 규정에 위배된 것이었다 하더라도 외관상, 객관적으로 직무에 관한 행위라고 인정할 수 있다면 민법 제35조 제1항의 직무에 관한 행위에 해당한다 할 것이나, 한편 그 대표자의 행위가 직무에 관한 행위에 해당하지 아니함을 피해자 자신이 알았거나 또는 중대한 과실로 인하여 알지 못한 경우에는 비법인사단에게 손해배상책임을 물을 수 없다(대판 2008.1.18. 2005다34711).

03 법인의 불법행위(민법 제35조)에 관한 설명으로 옳은 것은?(다툼이 있으면 판례에 따름)

기출 16

① 법인의 불법행위는 대표권이 없는 이사가 제3자에 대하여 행한 불법행위에 의해서도 성립한다.
② 법인의 불법행위는 법인을 실질적으로 운영하면서 법인을 사실상 대표하여 법인의 사무를 집행하는 자가 법인사무에 관하여 제3자에 대하여 행한 불법행위에 대해서는 성립하지 않는다.
③ 법인의 불법행위는 감사의 행위에 의해서도 성립한다.
④ 법인의 불법행위는 대표기관이 법인의 목적범위 외의 행위로 인하여 타인에게 손해를 가한 때에도 인정된다.
⑤ 법인의 불법행위책임의 성립요건으로 요구되는 대표기관의 직무관련성은 행위의 외형을 기준으로 객관적으로 판단하여야 한다.

해설 ① (×) 민법 제35조에서 말하는 '이사 기타 대표자'는 법인의 대표기관을 의미하는 것이고 **대표권이 없는 이사는 법인의 기관이기는 하지만 대표기관은 아니기 때문에 그들의 행위로 인하여 법인의 불법행위가 성립하지 않는다**(대판 2005.12.23. 2003다30159).
② (×) 민법 제35조 제1항은 "법인은 이사 기타 대표자가 그 직무에 관하여 타인에게 가한 손해를 배상할 책임이 있다"라고 정한다. 여기서 '법인의 대표'에는 그 명칭이나 직위 여하, 또는 대표자로 등기되었는지 여부를 불문하고 당해 법인을 실질적으로 운영하면서 법인을 사실상 대표하여 법인의 사무를 집행하는 사람을 포함한다고 해석함이 상당하다(대판 2011.4.28. 2008다15438).
③ (×) **법인의 대표기관이 아닌 기관(사원총회·감사)이나 이사가 선임한 임의대리인의 행위에 관하여는, 법인의 불법행위책임**(민법 제35조)이 **아닌 사용자책임**(민법 제756조)**만이 문제된다.**
④ (×), ⑤ (○) 법인이 그 대표자의 불법행위로 인하여 손해배상의무를 지는 것은 그 대표자의 직무에 관한 행위로 인하여 손해가 발생한 것임을 요한다 할 것이나, 그 직무에 관한 것이라는 의미는 행위의 외형상 법인의 대표자의 직무행위라고 인정할 수 있는 것이라면 설사 그것이 대표자 개인의 사리를 도모하기 위한 것이었거나 혹은 법령의 규정에 위배된 것이었다 하더라도 위의 직무에 관한 행위에 해당한다는 의미이다(대판 2004.2.27. 2003다15280).

04 법인의 불법행위책임(민법 제35조)에 관한 설명으로 옳지 않은 것은?(다툼이 있는 경우에는 판례에 의함) 기출 12

① 법인의 불법행위책임을 인정하기 위해서는 외형상 대표기관의 직무행위라고 판단되는 행위가 있으면 족하고 일반불법행위의 요건까지 갖추어야 하는 것은 아니다.
② 법인이 대표기관의 선임·감독에 주의를 다한 경우에도 법인의 불법행위책임이 성립할 수 있다.
③ 법인의 대표자에는 그 명칭이나 대표자로 등기되었는지 여부를 불문하고 법인을 실질적으로 운영하면서 법인을 사실상 대표하여 법인의 사무를 집행하는 사람도 포함된다.
④ 종중의 대표자가 직무와 관련하여 불법행위를 한 경우, 종중이 불법행위책임을 진다.
⑤ 대표기관이 법인의 목적과 관계없이 대표기관 자신이나 제3자의 이익을 도모할 목적으로 그 권한을 남용한 것이라 할지라도 상대방이 이를 알았던 경우, 법인의 불법행위책임을 묻지 못한다.

해설 ① (×) 민법 제35조 법인의 불법행위책임은 대표기관의 행위가 민법 제750조의 일반불법행위요건을 갖출 것을 요한다.
② (○) 민법 제35조 법인의 불법행위책임은 사용자책임(민법 제756조 제1항 단서)과 달리, 선임·감독상 주의의무를 다하였음을 증명하여도 면책될 수 없다.

③ (○) 민법 제35조 제1항은 "법인은 이사 기타 대표자가 그 직무에 관하여 타인에게 가한 손해를 배상할 책임이 있다"라고 정한다. 여기서 '법인의 대표자'에는 그 명칭이나 직위 여하, 또는 대표자로 등기되었는지 여부를 불문하고 당해 법인을 실질적으로 운영하면서 법인을 사실상 대표하여 법인의 사무를 집행하는 사람을 포함한다고 해석함이 상당하다(대판 2011.4.28. 2008다15438).

④ (○) 종중의 대표자가 종중 소유의 부동산을 개인 소유라 하여 매도하고 계약금과 중도금을 지급받은 후 잔대금 지급 이전에 매수인이 종중 소유임을 알고 항의하자 종중의 결의가 없는데도 종중대표자로서 그 이전을 약속하고 종중총회결의서 등을 위조하여 등기이전을 해 주고 잔금을 받았는데 그 후 종중이 소송으로 부동산을 되찾아간 경우 종중의 불법행위를 인정하고 매수인이 지급한 잔대금 상당액을 배상할 의무가 있다(대판 1994.4.12. 92다49300).

⑤ (○) 법인의 대표자의 행위가 직무에 관한 행위에 해당하지 아니함을 피해자 자신이 알았거나 또는 중대한 과실로 인하여 알지 못한 경우에는 법인에게 손해배상책임을 물을 수 없다(대판 2004.3.26. 2003다34045).

제5관 | 법인의 기관

01 법인의 기관에 관한 설명으로 옳은 것은?(다툼이 있으면 판례에 따름) _{기출} 22

① 재단법인은 이사를 둘 필요가 없다.

② 대표권 있는 이사가 다른 이사의 정당한 이사회 소집을 거절하는 경우, 법원이 이사회 소집을 허가할 수 있다.

③ 이사가 수인인 경우 정관에 다른 규정이 없으면 법인의 사무에 관하여 이사의 과반수로써 법인을 대표한다.

④ 법인과 이사의 법률관계는 신뢰를 기초로 한 고용 유사의 관계이다.

⑤ 재단법인은 정관의 규정에 따라 감사를 둘 수 있다.

해설 ① (×) 이사는 집행기관으로서 재단법인·사단법인을 불문하고 필수적 상설기관이다(민법 제57조).

② (×) 민법 제58조 제1항은 민법상 법인의 사무집행은 이사가 하도록 규정하고 있고, 같은 조 제2항이 이사가 수인인 경우에는 이사의 과반수로써 결정하되 정관에 다른 규정이 있으면 이에 따르도록 규정하고 있다. 그러므로 이사가 수인인 민법상 법인의 정관에 대표권 있는 이사만 이사회를 소집할 수 있다고 규정하고 있다고 하더라도 이는 과반수의 이사가 본래 할 수 있는 이사회 소집에 관한 행위를 대표권 있는 이사로 하여금 하게 한 것에 불과하다. 따라서 정관에 다른 이사가 요건을 갖추어 이사회 소집을 요구하면 대표권 있는 이사가 이에 응하도록 규정하고 있는데도 대표권 있는 이사가 다른 이사의 정당한 이사회 소집을 거절하였다면, 대표권 있는 이사만 이사회를 소집할 수 있는 규정은 적용될 수 없다. 이경우 이사는 정관의 이사회 소집권한에 관한 규정 또는 민법에 기초하여 법인의 사무를 집행할 권한에 의하여 이사회를 소집할 수 있다(대결 2017.12.1. 2017그661).

③ (×) 이사가 수인인 경우에는 정관에 다른 규정이 없으면 이사의 과반수로써 법인의 사무집행을 결정하나(민법 제58조 제2항), 이사는 법인의 사무에 관하여 각자 법인을 대표한다(민법 제59조 제1항).

④ (×) 법인과 이사의 법률관계는 신뢰를 기초로 한 위임 유사의 관계로 볼 수 있는데, 민법 제689조 제1항에서는 위임계약은 각 당사자가 언제든지 해지할 수 있다고 규정하고 있으므로, 법인은 원칙적으로 이사의 임기 만료 전에도 이사를 해임할 수 있지만, 이러한 민법의 규정은 임의규정에 불과하므로 법인이 자치법규인 정관으로 이사의 해임사유 및 절차 등에 관하여 별도의 규정을 두는 것도 가능하다(대판 2013.11.28. 2011다41741).

⑤ (○) 법인은 정관 또는 총회의 결의로 감사를 둘 수 있다(민법 제66조).

02 법인의 기관에 관한 설명으로 옳은 것을 모두 고른 것은?(다툼이 있으면 판례에 따름) 기출 21

> ㄱ. 법인의 정관에 이사의 해임사유에 관한 규정이 있는 경우, 법인으로서는 이사의 중대한 의무위반 등의 특별한 사정이 없는 이상 정관에서 정하지 아니한 사유로 이사를 해임할 수 없다.
> ㄴ. 이사와 감사의 성명·주소는 등기사항이다.
> ㄷ. 법인과 이사의 이익이 상반되는 경우, 법원이 선임한 특별대리인은 그 사항에 대하여 법인을 대표한다
> ㄹ. 이사의 대표권 제한이 정관에 기재된 경우, 이를 등기하지 않아도 악의의 제3자에게 대항할 수 있다.

① ㄱ, ㄷ
② ㄴ, ㄹ
③ ㄱ, ㄴ, ㄹ
④ ㄱ, ㄷ, ㄹ
⑤ ㄴ, ㄷ, ㄹ

해설 ㄱ. (○) 법인과 이사의 법률관계는 신뢰를 기초로 한 위임 유사의 관계로 볼 수 있는데, 민법 제689조 제1항에서는 위임계약은 각 당사자가 언제든지 해지할 수 있다고 규정하고 있으므로, 법인은 원칙적으로 이사의 임기 만료 전에도 이사를 해임할 수 있지만, 이러한 민법의 규정은 임의규정에 불과하므로 법인이 자치법규인 정관으로 이사의 해임사유 및 절차 등에 관하여 별도의 규정을 두는 것도 가능하다. 그리고 이와 같이 <u>법인이 정관에 이사의 해임사유 및 절차 등을 따로 정한 경우 그 규정은 법인과 이사와의 관계를 명확히 함은 물론 이사의 신분을 보장하는 의미도 아울러 가지고 있어 이를 단순히 주의적 규정으로 볼 수는 없다. 따라서 법인의 정관에 이사의 해임사유에 관한 규정이 있는 경우 법인으로서는 이사의 중대한 의무위반 또는 정상적인 사무집행 불능 등의 특별한 사정이 없는 이상, 정관에서 정하지 아니한 사유로 이사를 해임할 수 없다</u>(대판 2013.11.28. 2011다41741).

ㄴ. (×) 이사의 성명과 주소가 법인 설립등기 시 등기사항에 해당한다(민법 제49조 제1항·제2항).

ㄷ. (○) 법인과 이사의 이익이 상반하는 사항에 관해서는 <u>이사의 대표권은 없다</u>. 이 경우 법원은 이해관계인이나 검사의 청구에 의하여 <u>특별대리인을 선임하여야 한다</u>(민법 제64조 참고).

ㄹ. (×) <u>법인의 정관에 법인 대표권의 제한에 관한 규정이 있으나 그와 같은 취지가 등기되어 있지 않다면 법인은 그와 같은 정관의 규정에 대하여 선의냐 악의냐에 관계없이 제3자에 대하여 대항할 수 없다</u>(대판 1992.2.14. 91다24564).

03 법인의 이사에 관한 설명으로 옳은 것은?(다툼이 있으면 판례에 따름) 기출 18

① 법인의 정관에 법인대표권의 제한에 관한 규정이 있다면, 그러한 취지가 등기되어 있지 않은 경우에도 법인은 그 제한으로써 악의의 제3자에게 대항할 수 있다.

② 법인의 정관에 이사의 해임사유에 관한 규정이 있는 경우에는 이사의 중대한 의무위반이 있더라도 법인은 정관에서 정하지 아니한 사유로 이사를 해임할 수 없다.

③ 법인과 이사의 법률관계는 신뢰를 기초로 한 위임유사의 관계이고, 위임계약은 원래 해지의 자유가 인정되어 쌍방 누구나 정당한 이유 없이도 언제든지 해지할 수 있으며, 다만 불리한 시기에 부득이한 사유 없이 해지한 경우에 한하여 상대방에게 그로 인한 손해배상책임을 부담할 뿐이다.

④ 이사의 임기가 만료되었더라도 아직 임기가 만료되지 아니한 다른 이사들로 법인이 정상적인 활동을 할 수 있는 경우에는 임기만료된 이사로 하여금 이사로서 직무를 행사하게 할 필요가 없고, 법인의 정상적인 활동이 가능한지 여부는 이사의 임기만료 시뿐만 아니라 이후의 사정까지도 종합적으로 고려하여 판단하여야 한다.

⑤ 대표권 없는 이사도 법인의 기관이므로 그의 행위로 인하여 민법 제35조 소정의 법인의 불법행위가 성립할 수 있다.

해설 ① (×) 이사의 대표권 제한에 관한 규정이 있더라도, 이를 등기하지 아니하면 <u>선의·악의를 불문하고</u> 제3자에게 대항하지 못한다(민법 제60조).

② (×) 법인과 이사의 법률관계는 신뢰를 기초로 한 위임유사의 관계로 볼 수 있는데, 민법 제689조 제1항에서는 위임계약은 각 당사자가 언제든지 해지할 수 있다고 규정하고 있으므로, 법인은 원칙적으로 이사의 임기만료 전에도 이사를 해임할 수 있지만, 이러한 민법의 규정은 임의규정에 불과하여 <u>법인이 정관에 이사의 해임사유 및 절차 등을 따로 정한 경우 그 규정은 법인과 이사와의 관계를 명확히 함은 물론 이사의 신분을 보장하는 의미도 아울러 가지고 있어 이를 단순히 주의적 규정으로 볼 수는 없다. 따라서 **법인의 정관에 이사의 해임사유에 관한 규정이 있는 경우 법인으로서는 이사의 중대한 의무위반 또는 정상적인 사무집행 불능 등의 특별한 사정이 없는 이상, 정관에서 정하지 아니한 사유로 이사를 해임할 수 없다**(대판 2013.11.28. 2011다41741). 따라서 이와 같은 판례의 취지를 고려하면, 이사의 중대한 의무위반이 있는 경우에는 정관에서 정하지 아니한 사유로써 이사를 해임할 수 있다.

③ (○) 법인과 이사의 법률관계는 신뢰를 기초로 한 위임유사의 관계이고, 위임계약은 원래 해지의 자유가 인정되어 쌍방 누구나 정당한 이유 없이도 언제든지 해지할 수 있으며, 다만 불리한 시기에 부득이한 사유 없이 해지한 경우에 한하여 상대방에게 그로 인한 손해배상책임을 질 뿐이다(대결 2014.1.17. 2013마1801).

④ (×) 임기만료된 이사의 업무수행권은 이사에 결원이 있음으로써 법인이 정상적인 활동을 할 수 없는 사태를 방지하자는 데 취지가 있으므로, 이사 중 일부의 임기가 만료되었더라도 아직 임기가 만료되지 아니한 다른 이사들로 정상적인 활동을 할 수 있는 경우에는 임기만료된 이사로 하여금 이사로서 직무를 행사하게 할 필요가 없고, 이러한 경우에는 임기만료로서 당연히 퇴임하며, **법인의 정상적인 활동이 가능한지는 이사의 임기만료 시를 기준으로 판단하여야 하지 그 이후의 사정까지 고려할 수는 없다**(대결 2014.1.17. 2013마1801).

⑤ (×) 민법 제35조에서 말하는 '이사 기타 대표자'는 법인의 대표기관을 의미하는 것이고 <u>대표권이 없는 이사는 법인의 기관이기는 하지만 대표기관은 아니기 때문에 그들의 행위로 인하여 법인의 불법행위가 성립하지 않는다</u>(대판 2005.12.23. 2003다30159).

04 민법상 법인의 기관에 관한 설명으로 옳은 것은? `기출 15`

① 감사는 재단법인에서는 필요기관이지만 사단법인에서는 임의기관이다.

② 정관으로 정한 이사의 수가 여럿인 경우, 특별한 사정이 없는 한 공동으로 법인을 대표한다.

③ 이사의 성명과 주소는 등기사항이지만, 그 변경등기가 경료되기 전이라도 신임이사가 한 직무행위는 법인에 대하여 유효하다.

④ 법인과 이사의 이익이 상반되는 경우, 법원은 이해관계인이나 검사의 청구에 의하여 임시이사를 선임하여야 한다.

⑤ 정관에 달리 정함이 없으면 총사원 10분의 1이 회의의 목적사항을 제시하여 청구한 경우, 이사는 임시총회를 소집하여야 한다.

해설 ① (×) **감사는 사단법인이든 재단법인이든 임의기관이다**(민법 제66조).
② (×) 이사는 법인의 사무에 관하여 각자 법인을 대표한다(민법 제59조 제1항 본문).
③ (○) **이사의 성명과 주소는 설립등기사항**(민법 제49조 제2항 제8호)이고, 그 변경이 있는 때에는 3주간 내에 변경등기를 하여야 한다(민법 제52조). **설립등기 이외의 본절의 등기사항은 제3자에 대한 대항요건**(민법 제54조 제1항)이므로, 그 변경등기가 경료되기 전이라도, 신임이사가 한 직무행위는 법인을 대표하는 행위로서 그 법인에 대하여 유효하다.

> **법인의 등기사항(민법 제49조)**
> ① 법인설립의 허가가 있는 때에는 3주간 내에 주된 사무소 소재지에서 설립등기를 하여야 한다.
> ② 전항의 등기사항은 다음과 같다.
> > 1. 목적
> > 2. 명칭
> > 3. 사무소
> > 4. 설립허가의 연월일
> > 5. 존립시기나 해산이유를 정한 때에는 그 시기 또는 사유
> > 6. 자산의 총액
> > 7. 출자의 방법을 정한 때에는 그 방법
> > 8. **이사의 성명, 주소**
> > 9. 이사의 대표권을 제한한 때에는 그 제한
>
> **설립등기 이외의 등기의 효력과 등기사항의 공고(민법 제54조)**
> ① 설립등기 이외의 본절의 등기사항은 그 등기 후가 아니면 제3자에게 대항하지 못한다.
> ② 등기한 사항은 법원이 지체 없이 공고하여야 한다.

④ (×) 법인과 이사의 이익이 상반되는 경우에 법원은 특별대리인을 선임하여야 한다(민법 제64조).
⑤ (×) 정관으로 달리 정함이 없는 경우, **총사원 5분의 1 이상으로부터** 회의의 목적사항을 제시하여 청구한 때에는 이사는 임시총회를 소집하여야 한다(민법 제70조 제2항).

04 권리의 객체

01 서 설

1. 의 의

권리의 객체는 권리의 종류에 따라 다르다. 물권의 객체는 물건, 채권의 객체는 채무자의 일정한 행위, 즉 급부이며, 형성권에서는 법률관계 자체가 객체이다.

2. 민법의 규정

민법에는 권리의 객체에 관한 일반규정이 없다. 다만, 민법은 총칙편 제4장에서 물건에 관하여만 규정한다.

02 물 건

1. 물 건

> **물건의 정의(민법 제98조)** 기출 18
> 본법에서 물건이라 함은 유체물 및 전기 기타 관리할 수 있는 자연력을 말한다.

(1) 개 념

물건이란 '유체물 및 전기 기타 관리할 수 있는 자연력'을 말한다(민법 제98조). 관리가능성은 배타적 지배가능성을 뜻한다.
① 권리는 물건이 아니다. 기출 10 단, 물권의 객체는 될 수 있다.
② 해, 달, 공기, 전파, 바다는 물건이 아니다. 관리가능성이 부정되기 때문이다.

(2) 외계의 일부일 것

① 사람의 신체나 그 일부는 물건이 아니다. 의족, 의치 등도 신체에 부착되어 있다면 신체의 일부로 보아야 한다. 다만, 신체로부터 분리되면 물건이 된다.

② 사체, 유골이 물건인지에 관하여 물건성을 인정하는 견해와 부정하는 견해가 대립하지만, 물건성을 인정하는 견해도 매장, 제사, 공양의 대상으로서의 내용만 가진다고 보므로 양 학설은 실질적 차이가 없다.

③ 판례는「사람의 유체·유골은 매장·관리·제사·공양의 대상이 될 수 있는 유체물로서, 분묘에 안치되어 있는 선조의 유체·유골은 민법 제1008조의3 소정의 제사용 재산인 분묘와 함께 그 제사주재자에게 승계되고, 피상속인 자신의 유체·유골 역시 위 제사용 재산에 준하여 그 제사주재자에게 승계된다. 피상속인이 생전행위 또는 유언으로 자신의 유체·유골을 처분하거나 매장장소를 지정한 경우에, 선량한 풍속 기타 사회질서에 반하지 않는 이상 그 의사는 존중되어야 하고 이는 제사주재자로서도 마찬가지이지만, 피상속인의 의사를 존중해야 하는 의무는 도의적인 것에 그치고, 제사주재자가 무조건 이에 구속되어야 하는 법률적 의무까지 부담한다고 볼 수는 없다」(대판[전합] 2008.11.20. 2007다27670)고 한다. **기출** 15

(3) 독립한 물건일 것(독립성)

① 물건이 독립한 것인지 여부는 사회관념에 따라 판단된다.

② 물건의 일부 또는 물건의 집합은 원칙적으로 물권의 객체로 되지 못한다(일물일권주의).

2. 물건의 개수에 따른 분류

(1) 단일물

형체상 단일한 일체를 이루고 각 구성부분이 개성을 상실한 물건을 말한다. 따라서 단일물은 하나의 물건이다.

(2) 합성물

각각의 구성부분이 개성을 잃지 않고 결합하여 일체를 이루는 물건으로, 법률상 한 개의 물건으로 다루어진다. 소유자를 달리하는 수 개의 물건이 결합하여 합성물로 되면 첨부의 법리에 따라 소유권의 변동이 일어날 수 있다.

(3) 집합물

다수의 물건이 결합하여 경제적으로 단일한 가치를 가지는 경우이다.

① 일물일권주의 원칙상 집합물 위에 하나의 물권이 성립할 수 없다.

② 단, 법률상 특별한 규정이 있다면 1개의 물건처럼 다루어진다(예 공장 및 광업재단저당법, 입목에 관한 법률).

③ 판례는 일정한 요건을 갖춘 경우 집합물을 「1개의 물건」으로 인정한다(대판 1990.12.26. 88다카20224).

기출 07·13

3. 기타 물건의 분류

(1) 융통물 · 불융통물

사법상 거래의 객체가 될 수 있는 물건을 융통물이라 하고, 그렇지 못한 물건을 불융통물이라고 한다. 불융통물로는 공용물(예 관공서의 건물, 국공립학교의 건물 등) 기출 15 , 공공용물(예 도로, 공원, 하천, 항만 등), 금제물(예 아편, 음란한 문서나 도화, 위조나 변조한 통화 등)이 있다.

(2) 대체물 · 부대체물

거래상 개성이 중시되지 아니하여 동종 · 동량의 물건으로 바꾸어도 급부의 동일성이 바뀌지 않는 물건이 대체물이고, 대체성이 없는 물건이 부대체물이다. 양자의 구별은 일반거래상 물건의 개성이 중요시되는지 여부에 따른 일반적 · 객관적인 성질에 의한다. 기출 07 · 12

(3) 특정물 · 불특정물

당사자가 물건의 개성을 중요시하여 동종의 다른 물건으로 급부할 수 없는 물건이 특정물이고, 다른 물건으로 급부할 수 있는 물건이 불특정물이다. 기출 07 · 18 양자의 구별은 대체물 · 부대체물과 달리 당사자의 의사에 의하여 주관적으로 결정된다.

03 동산과 부동산

부동산, 동산(민법 제99조) 기출 22
① 토지 및 그 정착물은 부동산이다.
② 부동산 이외의 물건은 동산이다.

1. 동산과 부동산

① 민법은 토지와 그 정착물을 부동산이라 하고, 그 밖의 물건을 동산이라고 한다(민법 제99조).
② 동산과 부동산의 법적 취급이 다른 이유는 양자가 가지는 재산적 가치의 차이와 공시방법이 다르기 때문이다.

2. 부동산인 「토지」

(1) 토지의 범위

토지란 인위적으로 구획된 일정범위의 지면에 정당한 이익이 있는 범위 내에서 그 상하(上下)를 포함한다(민법 제212조 참조). 따라서 토지의 구성물은 당연히 토지의 일부분에 지나지 않는다.

(2) 토지의 개수

지적법에 의한 지적공부(토지대장, 임야대장)상의 「필(筆)」로써 계산되며, 분할 또는 합병이 가능하다.

3. 「토지의 정착물」

토지의 정착물은 원칙적으로 토지에 부합하여 토지와 일체를 이루는 것으로 토지와 별개의 물건으로 인정되지 않는다. 다만, 토지의 정착물 중 일부는 토지와 독립된 부동산으로 취급되기도 한다.

(1) 건 물

토지의 정착물 중 건물은 토지와는 독립된 별개의 부동산으로 취급되며, 토지에 부합하지 않는다. 독립한 건물의 개수는 건물의 물리적 구조뿐만 아니라 거래관념을 고려하여 결정되며(대판 1997.7.8. 96다36517), 동(棟)으로 표시한다.

> **[건물의 경계가 토지경계확정의 소의 대상이 될 수 있는지 여부(소극)]**
>
> 건물은 일정한 면적, 공간의 이용을 위하여 지상, 지하에 건설된 구조물을 말하는 것으로서, 건물의 개수는 토지와 달리 공부상의 등록에 의하여 결정되는 것이 아니라 사회통념 또는 거래관념에 따라 물리적 구조, 거래 또는 이용의 목적물로서 관찰한 건물의 상태 등 객관적 사정과 건축한 자 또는 소유자의 의사 등 주관적 사정을 참작하여 결정되는 것이고, 그 경계 또한 사회통념상 독립한 건물로 인정되는 건물 사이의 현실의 경계에 의하여 특정되는 것이므로, 이러한 의미에서 건물의 경계는 공적으로 설정 인증된 것이 아니고 단순히 사적관계에 있어서의 소유권의 한계선에 불과함을 알 수 있고, 따라서 사적자치의 영역에 속하는 건물 소유권의 범위를 확정하기 위하여는 소유권확인소송에 의하여야 할 것이고, 공법상 경계를 확정하는 경계확정소송에 의할 수는 없다(대판 1997.7.8. 96다36517). 기출 22

(2) 등기된 입목

원래 수목이나 수목의 집단은 토지에 부합되어 토지의 구성부분으로 취급되나, 입목에 관한 법률에 의하여 보존등기를 하게 되면 그 수목은 토지와 「독립한 부동산」으로 다루어진다.

(3) 명인방법을 갖춘 수목이나 그 집단 또는 미분리의 과실

① 수목은 토지로부터 분리되면 동산이지만 기출 14 , 분리되지 않은 상태에서는 토지의 일부이다. 그러나 입목에 관한 법률에 따른 입목등기를 하지 않은 수목이라도 명인방법을 갖추면 토지와 독립된 거래의 객체로 된다(대결 1998.10.28. 98마1817). 기출 17 이때 명인방법으로 공시할 수 있는 권리는 소유권(또는 소유권이전형식의 양도담보)에 한한다. 미분리의 과실도 명인방법을 갖추면 독립한 물건으로 다루어진다.

② 명인방법은 수목이나 그 집단 또는 미분리 과실의 현재 소유자가 누구라는 것을 제3자가 명백하게 인식할 수 있도록 하는 방법으로, 관습법에 의하여 인정되는 공시방법이다. 따라서 미분리 과실도 명인방법이라는 공시방법을 갖춘 때에는 독립한 물건으로서 거래의 목적이 될 수 있다. 기출 14 · 10

(4) 농작물에 관한 판례 법리(대판 1979.8.28. 79다784)

① 토지에 부합하지 않고 경작자에게 소유권이 있다. 기출 14·17·21

② 경작자에게 권원이 있을 필요도 없고, 명인방법을 갖출 필요도 없다. 그러나 농작물 매매에서 매수인이 농작물의 소유권을 취득하기 위해서는 명인방법을 갖추어야 하므로, 아직 명인방법을 갖추지 않았다면 농작물의 소유권은 여전히 매도인에게 있다(대판 1996.2.23. 95도2754). 기출 18

③ 단, 독립성은 있어야 하므로 성숙한 농작물이어야 한다. 기출 21

4. 동 산

(1) 의 의

부동산 이외의 물건은 동산이다(민법 제99조 제2항). 따라서 가식의 수목 기출 14 과 같이 토지에 부착된 물건도 정착물이 아니면 동산이고, 전기 기타 관리할 수 있는 자연력도 동산이다. 기출 18 선박·자동차·항공기·건설기계 등도 동산이지만, 특별법에 의하여 부동산에 준하여 취급된다. 무기명채권(예 상품권, 승차권, 입장권, 무기명국채 등)은 물건이 아니므로 동산에도 해당하지 않는다. 기출 10

(2) 금전의 특수성

금전 역시 동산이지만, 보통의 동산과는 다른 특수성이 인정된다. 즉 금전채무자는 채권자에게 일정한 화폐가치를 이전할 의무를 질 뿐이어서 채무불이행에 관한 특칙이 인정되고(민법 제397조), 타인의 점유에 들어간 금전에 대해서는 물권적 청구권이 인정되지 않고 부당이득이 문제될 뿐이며, 선의취득에 관해서도 특수성이 인정된다(민법 제250조 단서). 기출 08

---

04   주물과 종물

주물, 종물(민법 제100조)
① 물건의 소유자가 그 물건의 상용에 공하기 위하여 자기소유인 다른 물건을 이에 부속하게 한 때에는 그 부속물은 종물이다.
② 종물은 주물의 처분에 따른다.

1. 의 의

물건의 소유자가 그 물건의 일상적인 사용을 돕기 위하여 자기 소유의 다른 물건을 이에 부속하게 한 경우에, 그 물건을 주물이라 하고 주물에 부속된 다른 물건을 종물이라 한다(민법 제100조 제1항).

2. 종물의 요건

(1) 주물의 상용에 공할 것

주물의 상용에 공한다는 것은 사회관념상 계속해서 주물의 경제적 효용을 다하게 하는 작용을 하는 것을 말한다. `기출 15` 따라서 일시적으로 어떤 물건의 효용을 돕고 있는 것은 종물이 아니다. 그리고 주물의 소유자나 이용자의 상용에 공여되고 있더라도 주물 그 자체의 효용과 직접 관계가 없는 물건은 종물이 아니다(대판 1994.6.10. 94다11606). `기출 10·13·16·17·22` 주물과 종물 사이에 경제적 효용에 있어서 주종의 관계가 인정되려면 '장소적으로도 밀접한 위치'에 있어야 한다(통설·판례).

(2) 독립한 물건일 것

① 종물은 주물의 구성부분을 이루는 것이 아니라, 주물과는 독립한 물건이어야 한다. `기출 08·13·18` 법률상 독립한 물건인 이상 동산·부동산을 불문한다. `기출 08·13`

② 건물의 정화조, 주유소 토지에 매설된 유류저장탱크 등은 부합물에 불과할 뿐 종물이 아니다(판례).

(3) 주물과 종물이 모두 동일한 소유자 소유에 속할 것

① 학설은 종물이 타인의 소유라고 하더라도 그 타인의 권리를 해하지 않는 범위 내에서는 민법 제100조가 적용된다고 한다(통설).

② 반면 판례는 종물이 제3자의 소유임에도 민법 제100조 제2항에 따라 주물과 종물이 법률적 운명을 같이한다면 제3자의 권리가 침해되므로, 주물의 소유자 아닌 사람의 소유에 속하는 물건은 종물이 될 수 없다(대판 2008.5.8. 2007다36933·36940)고 하였다. `기출 10·12`

3. 종물의 효과

① 종물은 주물의 처분에 따른다(민법 제100조 제2항). 여기서의 처분은 법률행위에 의한 처분뿐만 아니라 주물의 권리관계가 압류와 같은 공법상의 처분 등에 의하여 변동된 경우도 포함된다(대판 2006.10.26. 2006다29020). 주물 위에 저당권이 설정된 경우에 그 저당권의 효력은 설정 후의 종물에도 미친다. 다만, 점유 기타 사실관계에 기한 권리변동에 있어서는 민법 제100조 제2항이 적용되지 않는다는 점을 주의해야 한다.

② 민법 제100조 제2항은 임의규정이므로, 당사자는 주물을 처분할 때에 특약으로 종물을 제외할 수 있고 종물만을 별도로 처분할 수도 있다(대판 2012.1.26. 2009다76546). `기출 13·16·21`

③ 민법 제100조 제2항의 법리는 권리 상호 간에도 유추적용할 수 있다. `기출 16`

4. 판례

종물 ○	종물 ×
• 농지에 부속한 양수시설 • 횟집점포건물에 붙여서 신축한 생선보관용 수족관 건물 　　　　　　　　　　　　　　　　 기출 08 · 23 • 주유소의 주유기 기출 23 • 공장건물과 인접한 저유조 • 백화점건물의 전화교환설비 • 건물 외의 창고 · 연탄창고 · 공동변소 기출 16	• 건물의 정화조 • 주유소의 유류저장탱크 기출 23 • 호텔의 객실에 설치된 전화기 · 텔레비전 등

05　원물과 과실

천연과실, 법정과실(민법 제101조) 기출 19
① 물건의 용법에 의하여 수취하는 산출물은 천연과실이다.
② 물건의 사용대가로 받는 금전 기타의 물건은 법정과실로 한다.

과실의 취득(민법 제102조) 기출 12 · 19
① 천연과실은 그 원물로부터 분리하는 때에 이를 수취할 권리자에게 속한다.
② 법정과실은 수취할 권리의 존속기간일수의 비율로 취득한다.

1. 의 의

물건으로부터 생기는 경제적 수익을 과실이라 하고, 과실을 생기게 하는 물건을 원물이라고 한다. 민법은 물건의 과실만을 인정하고, 권리의 과실을 인정하지 않는다. 노동의 대가인 임금도 과실이 아니다.

2. 수취권자

(1) 수취권자에 해당하는 자

과실수취권자는 원칙적으로 원물의 소유자이나 이에 한정하지 않는다. 즉 선의의 점유자(민법 제201조 제1항), 지상권자(민법 제279조), 전세권자(민법 제303조), 목적물을 인도하지 않은 매도인(민법 제587조 제1문), 임차인(민법 제618조) 등도 수취권을 가진다. 하나의 원물에 관하여 소유권자와 용익권자가 경합하는 경우, 원칙적으로 용익권자의 과실수취권이 우선한다. 기출 07

(2) 수취권자에 해당하지 않는 자

반면, 수치인(민법 제693조, 제701조), 수임인(민법 제680조, 제684조), 사무관리자(민법 제734조, 제738조), 후견인(민법 제957조) 등은 수취권자가 아니다.

3. 과실의 종류

(1) 천연과실

① 의의 : 물건의 용법에 의하여 수취하는 산출물을 천연과실이라고 한다(민법 제101조 제1항). **기출 19**
여기에서 '물건의 용법'은 원물의 경제적 용도에 따른다는 의미이고, 물건의 용법에 따르지
않은 산출물에 대하여도 보존가 유추적용된다(통설).

② 귀속 : 천연과실은 원물로부터 분리되는 때의 수취권자에게 귀속된다(민법 제102조 제1항). 이 규정
은 임의 규정이다. 분리는 자연적이든 인위적이든 불문한다.

(2) 법정과실

① 의의 : 물건의 사용대가로 받는 금전 기타 물건을 말한다(민법 제101조 제2항). 임료, 지료, 이자
등이 법정과실이다. **기출 12** 따라서 물건의 사용대가가 아닌 노동의 대가(임금) **기출 19** 나
권리사용의 대가(예 주식의 배당금, 특허권의 사용료 등)는 법정과실이 아니며, 매매대금도
사용대가가 아니므로 법정과실에 해당하지 않는다. **기출 19**

② 귀속 : 법정과실은 수취할 권리의 존속기간 일수의 비율로 취득한다(민법 제102조 제2항). **기출 22**
이 규정 역시 임의규정이다. **기출 19**

③ 관련 판례 : 국립공원의 입장료는 수익자부담의 원칙에 따라 국립공원의 유지·관리비용의
일부를 입장객에게 부담시키는 것에 지나지 않고, 토지의 사용대가가 아닌 점에서 민법상의
과실은 아니다(대판 2001.12.28. 2000다27749). **기출 10**

4. 사용이익

① 물건을 현실적으로 사용하여 얻는 이익을 사용이익이라 한다.

② 실질이 과실과 동일하다고 보아 과실에 관한 규정이 유추적용된다. **기출 18**

04 권리의 객체

01 서 설

02 물 건

01 물건에 관한 설명으로 옳지 않은 것은?(다툼이 있으면 판례에 따름) 기출 22

① 토지의 정착물은 부동산이다.

② 일정한 토지가 지적공부에 1필의 토지로 등록된 경우, 그 토지의 지적 및 경계는 일응 그 등록으로써 특정된다.

③ 건물의 경계는 사회통념상 독립한 건물로 인정되는 건물 사이의 현실적 경계에 의하여 특정된다.

④ 주물 그 자체의 효용과 직접 관계가 없는 물건이라도 주물 소유자의 사용에 공여되고 있으면 종물에 해당한다.

⑤ 특별한 사정이 없는 한 법정과실은 수취할 권리의 존속기간일수의 비율로 취득한다.

해설 ① (○) 토지 및 그 정착물은 부동산이다(민법 제99조).

② (○) 일정한 토지가 지적공부에 1필의 토지로 등록된 경우, 그 토지의 소재지번, 지목, 지적 및 경계는 일응 그 등록으로써 특정되고 그 토지의 소유권의 범위는 지적공부상의 경계에 의하여 확정된다(대판 1995.6.16. 94다4615).

③ (○) 건물은 일정한 면적, 공간의 이용을 위하여 지상, 지하에 건설된 구조물을 말하는 것으로서, 건물의 개수는 토지와 달리 공부상의 등록에 의하여 결정되는 것이 아니라 사회통념 또는 거래관념에 따라 물리적 구조, 거래 또는 이용의 목적물로서 관찰한 건물의 상태 등 객관적 사정과 건축한 자 또는 소유자의 의사 등 주관적 사정을 참작하여 결정되는 것이고, 그 경계 또한 사회통념상 독립한 건물로 인정되는 건물 사이의 현실의 경계에 의하여 특정되는 것이므로, 이러한 의미에서 건물의 경계는 공적으로 설정 인증된 것이 아니고 단순히 사적관계에 있어서의 소유권의 한계선에 불과함을 알 수 있고, 따라서 사적자치의 영역에 속하는 건물 소유권의 범위를 확정하기 위하여는 소유권확인소송에 의하여야 할 것이고, 공법상 경계를 확정하는 경계확정소송에 의할 수는 없다(대판 1997.7.8. 96다36517).

④ (×) 종물은 주물의 상용에 이바지하는 관계에 있어야 하고, 주물의 상용에 이바지한다 함은 주물 그 자체의 경제적 효용을 다하게 하는 것을 말하는 것으로서 주물의 소유자나 이용자의 상용에 공여되고 있더라도 주물 그 자체의 효용과 직접 관계가 없는 물건은 종물이 아니다(신·구폐수처리시설이 그 기능면에서는 전체적으로 결합하여 유기적으로 작용함으로써 하나의 폐수처리장을 형성하고 있지만, 신폐수처리시설이 구폐수처리시설 그 자체의 경제적 효용을 다하게 하는 시설이라고 할 수 없으므로 종물이 아니라고 한 사례)(대판 1997.10.10. 97다3750).

⑤ (○) 민법 제102조 제2항

02 물건에 관한 설명으로 옳은 것은?(다툼이 있으면 판례에 따름) 기출 21

① 부동산에 부속된 동산을 분리하면 그 동산의 경제적 가치가 없는 경우에는 타인이 권원에 의하여 동산을 부속시킨 경우라도 그 동산은 부동산소유자에게 귀속된다.

② 집합물에 대한 양도담보권자가 점유개정의 방법으로 양도담보권설정계약 당시 존재하는 집합물의 점유를 취득한 후 양도담보권설정자가 자기 소유의 집합물을 이루는 물건을 반입한 경우, 나중에 반입된 물건에는 양도담보권의 효력이 미치지 않는다.

③ 적법한 경작권 없이 타인의 토지를 경작하였다면 그 경작한 입도(立稻)가 성숙한 경우에도 경작자는 그 입도의 소유권을 갖지 못한다.

④ 종물은 주물의 처분에 따르므로, 당사자의 특약으로 종물만을 별도로 처분할 수 없다.

⑤ 입목에 관한 법률에 의하여 소유권보존등기가 마쳐진 입목은 토지와 분리하여 양도될 수 있으나, 저당권의 객체는 될 수 없다.

해설 ① (○) 부합물에 관한 소유권 귀속의 예외를 규정한 민법 제256조 단서의 규정은 타인이 그 권원에 의하여 부속시킨 물건이라 할지라도 그 부속된 물건이 분리하여 경제적 가치가 있는 경우에 한하여 부속시킨 타인의 권리에 영향이 없다는 취지이지 분리하여도 경제적 가치가 없는 경우에는 원래의 부동산 소유자의 소유에 귀속되는 것이고, 경제적 가치의 판단은 부속시킨 물건에 대한 일반 사회통념상의 경제적 효용의 독립성 유무를 그 기준으로 하여야 한다(대판 2007.7.27, 2006다39270·39278).

② (×) 재고상품, 제품, 원자재 등과 같은 집합물을 하나의 물건으로 보아 일정 기간 계속하여 채권담보의 목적으로 삼으려는 이른바 집합물에 대한 양도담보권설정계약에서는 담보목적인 집합물을 종류, 장소 또는 수량지정 등의 방법에 의하여 특정할 수 있으면 집합물 전체를 하나의 재산권 객체로 하는 담보권의 설정이 가능하므로, 그에 대한 양도담보권설정계약이 이루어지면 집합물을 구성하는 개개의 물건이 변동되거나 변형되더라도 한 개의 물건으로서의 동일성을 잃지 아니한 채 양도담보권의 효력은 항상 현재의 집합물 위에 미치고, 따라서 그러한 경우에 양도담보권자가 점유개정의 방법으로 양도담보권설정계약 당시 존재하는 집합물의 점유를 취득하면 그 후 양도담보권설정자가 집합물을 이루는 개개의 물건을 반입하였더라도 별도의 양도담보권설정계약을 맺거나 점유개정의 표시를 하지 않더라도 양도담보권의 효력이 나중에 반입된 물건에도 미친다. 다만 양도담보권설정자가 양도담보권설정계약에서 정한 종류·수량에 포함되는 물건을 계약에서 정한 장소에 반입하였더라도 그 물건이 제3자의 소유라면 담보목적인 집합물의 구성부분이 될 수 없고 따라서 그 물건에는 양도담보권의 효력이 미치지 않는다(대판 2016.4.28, 2012다19659).

③ (×) 적법한 경작권 없이 타인의 토지를 경작하였더라도 그 경작한 입도가 성숙하여 독립한 물건으로서의 존재를 갖추었으면 입도의 소유권은 경작자에게 귀속한다(대판 1979.8.28, 79다784).

④ (×) 종물은 주물의 처분에 수반된다는 민법 제100조 제2항은 임의규정이므로, 당사자는 주물을 처분할 때에 특약으로 종물을 제외할 수 있고 종물만을 별도로 처분할 수도 있다(대판 2012.1.26, 2009다76546).

⑤ (×) 입목(토지에 부착된 수목의 집단으로서 그 소유자가 입목에 관한 법률에 따라 소유권보존의 등기를 받은 것)의 소유자는 토지와 분리하여 입목을 양도하거나 저당권의 목적으로 할 수 있다(입목에 관한 법률 제3조 제2항).

03 물건에 관한 설명으로 옳지 않은 것은?(다툼이 있으면 판례에 따름) [기출] 18

① 특정물과 불특정물의 구별은 당사자의 의사에 따른 주관적인 구별이다.
② 종물은 주물의 일부이거나 구성부분이어야 한다.
③ 관리할 수 있는 전기는 동산이다.
④ 건물을 사용함으로써 얻는 이득은 그 건물의 과실에 준하는 것이다.
⑤ 수확되지 아니한 성숙한 쪽파와 같은 농작물 매매에 있어서 매수인이 그 소유권을 취득하기 위해서는 명인방법을 갖추어야 한다.

해설
① (○) 특정물·불특정물의 구별은 대체물·부대채물의 구별과는 달리, 당사자의 의사에 따라 주관적으로 구별되는 개념이다.
② (×) 종물은 주물과는 독립한 물건이어야 하고, 주물의 일부이거나 구성부분을 이루는 것은 종물이 아니다(민법 제100조 제1항 참고).
③ (○) 부동산(토지 및 그 정착물) 이외의 물건은 모두 동산이므로(민법 제99조 참고), 전기 기타 관리할 수 있는 자연력도 동산에 해당한다.
④ (○) 민법 제201조 제1항에 의하면 선의의 점유자는 점유물의 과실을 취득한다고 규정하고 있는바, 건물을 사용함으로써 얻는 이득은 그 건물의 과실에 준하는 것이므로, 선의의 점유자는 비록 법률상 원인 없이 타인의 건물을 점유·사용하고 이로 말미암아 그에게 손해를 입혔다고 하더라도 그 점유·사용으로 인한 이득을 반환할 의무는 없다(대판 1996.1.26. 95다44290).
⑤ (○) 물권변동에 있어서 형식주의를 채택하고 있는 현행 민법하에서는 소유권을 이전한다는 의사 외에 부동산에 있어서는 등기를, 동산에 있어서는 인도를 필요로 함과 마찬가지로 이 사건 쪽파와 같은 수확되지 아니한 농작물에 있어서는 명인방법을 실시함으로써 그 소유권을 취득한다(대판 1996.2.23. 95도2754).

04 물건에 관한 설명으로 옳은 것은?(다툼이 있으면 판례에 따름) [기출] 17

① 어떤 토지가 지적공부상 1필의 토지로 등록되면 특별한 사정이 없는 한, 그 경계는 지적도상의 경계에 의하여 특정된다.
② 입목등기를 하지 않은 수목은 명인방법을 갖추더라도 독립된 물건이 될 수 없다.
③ 주물소유자의 사용에 공여되고 있는 물건은 주물 자체의 효용과 관계없는 물건이라도 종물이 된다.
④ 성숙한 농작물은 명인방법을 갖추어야 경작자의 소유가 된다.
⑤ 토지등기부에 분필등기가 되면 「공간정보의 구축 및 관리 등에 관한 법률」이 정하는 바에 따른 분할절차를 밟지 않아도 분필의 효과가 발생한다.

해설
① (○) 어떤 토지가 지적공부에 1필지의 토지로 등록되면 토지의 소재, 지번, 지목, 지적 및 경계는 다른 특별한 사정이 없는 한 이 등록으로써 특정되고 소유권의 범위는 현실의 경계와 관계없이 공부의 경계에 의하여 확정되는 것이 원칙이지만, 지적도를 작성하면서 기점을 잘못 선택하는 등 기술적인 착오로 말미암아 지적도의 경계선이 진실한 경계선과 다르게 작성되었다는 등과 같은 특별한 사정이 있는 경우에는 토지의 경계는 실제의 경계에 의하여야 한다(대판 2016.5.24. 2012다87898).

② (×) <u>입목을 매매함에 있어서 소유권을 이전한다는 매매당사자 간의 계약이 있었고 이어서 동 입목의 소유자</u><u>가 매수인이라는 취지의 소위 명인방법을 실시하였다면 부동산에 있어서 등기를, 동산에 있어서 인도를</u><u>한 경우와 같이 동 입목의 소유권이 완전히 매수인에게로 이전되었다 할 것이다</u>(대판 1974.6.11. 74다542).

③ (×) 어느 건물이 주된 건물의 종물이기 위하여는 주물의 상용에 이바지되어야 하는 관계가 있어야 하는바, 여기에서 주물의 상용에 이바지한다 함은 주물 그 자체의 경제적 효용을 다하게 하는 것을 말하는 것이며, **주물의 소유자나 이용자의 상용에 공여되고 있더라도 주물 그 자체의 효용과는 직접 관계없는 물건은 종물이 아니다**(대판 1994.6.10. 94다11606).

④ (×) <u>토지에 대한 수음권이 없는 자가 권원 없이 경작한 입도가 치다가도 성숙하였다면 그에 대한 소유권은</u> 경작자에게 귀속되므로(대판 1963.2.21. 62다913), **성숙한 농작물은 명인방법을 갖추지 아니하였더라도 경작자에게 그 소유권이 귀속하게 된다.**

⑤ (×) <u>토지의 개수는 지적법에 의한 지적공부상의 토지의 필수를 표준으로 하여 결정되는 것으로서 1필지의</u><u>토지를 수필의 토지로 분할하여 등기하려면 지적법이 정하는 바에 따라 먼저 지적공부 소관청에 의하여</u><u>지적측량을 하고 그에 따라 필지마다 지번, 지목, 경계 또는 좌표와 면적이 정하여진 후 지적공부에 등록되</u><u>는 등 분할의 절차를 밟아야 되고, 가사 등기부에만 분필의 등기가 이루어졌다고 하여도 이로써 분필의</u><u>효과가 발생할 수는 없다</u>(대판 1995.6.16. 94다4615).

---

05 물건에 관한 설명으로 옳지 않은 것은?(다툼이 있으면 판례에 따름) [기출] 15

① 사람의 유체·유골은 매장·관리·제사·공양의 대상이 될 수 있는 유체물에 해당한다.

② 관공서의 건물과 같이 국가나 공공단체의 소유로서 공적 목적에 사용되는 공용물은 불융통물의 일종이다.

③ 1필의 토지 일부는 분필을 하지 않는 한 그 일부의 토지 위에 용익물권을 설정할 수 없다.

④ 「입목에 관한 법률」에 의하여 소유권보존등기를 한 수목의 집단 위에 저당권을 설정할 수 있다.

⑤ 어느 건물이 주된 건물의 종물이기 위해서는 주된 건물의 경제적 효용을 보조하기 위하여 계속적으로 이바지하는 관계가 있어야 한다.

해설 ① (○) <u>사람의 유체·유골은 매장·관리·제사·공양의 대상이 될 수 있는 유체물로서, 분묘에 안치되어 있</u> 는 선조의 유체·유골은 민법 제1008조의3 소정의 제사용 재산인 분묘와 함께 그 제사주재자에게 승계되고, 피상속인 자신의 유체·유골 역시 위 제사용 재산에 준하여 그 **제사주재자에게 승계된다**(대판[전합] 2008.11.20. 2007다27670).

② (○) <u>사법상 거래의 객체가 될 수 없는 물건을 **불융통물**이라고 하는데, **공용물**(예) 관공서의 건물이나 국공</u> 립학교의 건물 등), **공공용물**(예) 도로·공원·하천·항만 등) 및 **금제물**(예) 음란한 문서나 도화·위조나 변조한 통화 등) **등이 불융통물에 속한다.**

③ (×) <u>1필의 토지 일부는 분필을 하지 아니하여도 용익물권을 설정할 수 있다</u>(부동산등기법 제69조 제6호 참고).

④ (○) **입목에 관한 법률에 의하여 소유권보존등기가 경료된 수목의 집단은 입목으로서 그 토지로부터 독립된 부동산이 되고**(입목에 관한 법률 제3조 제1항), 입목의 소유자는 토지와 분리하여 입목을 양도하거나 저당권의 목적으로 할 수 있다(입목에 관한 법률 제3조 제2항).

⑤ (○) <u>어느 건물이 주된 건물의 종물이기 위하여는 주된 건물의 경제적 효용을 보조하기 위하여 계속적으로 이바지되어야 하는 관계가 있어야 한다</u>(대판 1988.2.23. 87다카600).

06 물건에 관한 설명으로 옳지 않은 것은?(다툼이 있는 경우에는 판례에 의함) _{기출} 14

① 임시로 심어 놓은 수목은 동산이다.
② 토지에서 분리된 수목은 동산이다.
③ 농작물이 토지와 별개의 독립한 물건이 되려면 명인방법을 갖추어야 한다.
④ 특별한 사정이 없으면, 권원 없이 타인 소유의 토지에 심어 놓은 수목은 그 타인에게 속한다.
⑤ 명인방법을 갖춘 미분리의 과실은 토지나 수목과는 별개의 독립한 물건이다.

해설 ① (○), ② (○) 부동산(토지 및 그 정착물) 이외의 물건은 동산이다(민법 제99조 참고). 따라서 **토지에 부착되었더라도 가식한 수목처럼 정착물이 아닌 이상 동산이고, 토지로부터 분리된 수목 또한 동산**이라 할 것이다.
③ (×) 토지에 대한 소유권이 없는 자가 권원 없이 경작한 입도라 하더라도 성숙하였다면 그에 대한 소유권은 경작자에게 귀속된다(대판 1963.2.21. 62다913). 따라서 **명인방법을 갖추지 아니하였더라도 농작물은 토지와 별개의 독립한 물건이 될 수 있다.**
④ (○) 민법 제256조 단서 소정의 "권원"이라 함은 지상권, 전세권, 임차권 등과 같이 타인의 부동산에 자기의 동산을 부속시켜서 그 부동산을 이용할 수 있는 권리를 뜻하므로 그와 같은 **권원이 없는 자가 토지소유자의 승낙을 받음이 없이 그 임차인의 승낙만을 받아 그 부동산 위에 나무를 심었다면 특별한 사정이 없는 한 토지소유자에 대하여 그 나무의 소유권을 주장할 수 없다**(대판 1989.7.11. 88다카9067).
⑤ (○) 미분리의 과실은 원칙적으로 수목의 일부에 지나지 아니하므로 독립한 물건의 객체가 되지 못하나, **명인방법이라는 공시방법을 갖춘 경우에는 독립한 물건으로서 거래의 목적이 될 수 있다.**

07 물건에 관한 설명으로 옳지 않은 것은?(다툼이 있는 경우에는 판례에 의함) _{기출} 12

① 천연과실은 수취할 권리의 존속기간일수의 비율로 수취한다.
② 수목의 집단이 관계법규에 따라 등기된 경우, 그 토지소유권처분의 효력은 입목에 영향을 미치지 않는다.
③ 주물의 소유자가 아닌 자의 물건은 종물이 될 수 없다.
④ 물건의 임대료는 법정과실이다.
⑤ 대체물인지 여부는 당사자의 의사가 아니라 일반거래관념에 따른다.

해설 ① (×) 천연과실은 그 원물로부터 분리하는 때에 이를 수취할 권리자에게 속하고, 법정과실은 수취할 권리의 존속기간일수의 비율로 취득한다(민법 제102조).
② (○) 수목의 집단이 입목에 관한 법률에 의하여 소유권보존등기가 경료되면 토지로부터 독립한 부동산이 되므로(입목에 관한 법률 제3조 제1항), 토지소유권처분의 효력은 입목에 영향을 미치지 아니한다.
③ (○) 종물은 물건의 소유자가 그 물건의 상용에 공하기 위하여 자기 소유인 다른 물건을 이에 부속하게 한 것을 말하므로(민법 제100조 제1항) 주물과 다른 사람의 소유에 속하는 물건은 종물이 될 수 없다(대판 2008.5.8. 2007다36933 · 36940).
④ (○) 건물사용대가인 차임(임대료)은 법정과실에 해당한다(민법 제101조 제2항 참고).
⑤ (○) 대체물과 부대체물의 구별은 일반거래상 물건의 개성이 중요시되는지 여부에 의한 일반적 · 객관적 구별에 의한다.

04 주물과 종물

01 주물과 종물에 관한 설명으로 옳은 것은?(다툼이 있으면 판례에 따름) 기출 24

① 독립한 물건이라도 부동산은 종물이 될 수 없다.

② 주물의 점유로 인한 시효취득의 효력은 점유하지 않은 종물에도 미친다.

③ 주물에 대한 압류의 효력은 원칙적으로 종물에 미치지 않는다.

④ 주물 그 자체의 효용과 직접 관계가 없더라도 주물의 소유자의 상용에 공여되고 있는 물건은 종물이다.

⑤ 원본채권이 양도되는 경우, 특별한 의사표시가 없으면 이미 변제기에 도달한 이자채권은 함께 양도되지 않는다.

해설
① (×) 횟집으로 사용할 점포 건물에 거의 붙여서 횟감용 생선을 보관하기 위하여 즉 위 점포 건물의 상용에 공하기 위하여 신축한 수족관 건물은 위 점포 건물의 종물이라고 해석할 것이다(대판 1993.2.12. 92도 3234). 종물은 독립한 물건으로 동산과 부동산 모두 종물이 될 수 있다.

② (×) 종물은 주물의 처분에 따른다(민법 제100조 제2항)는 규정에서의 처분은 점유 기타 사실관계에 기한 권리의 득실변경에 대해서는 적용되지 않는다. 주물 만에 대한 점유의 시효취득에 대하여 점유를 하지 않는 종물에 대해서는 시효취득이 인정되지 않는다.

③ (×) 민법 제100조 제2항의 종물과 주물의 관계에 관한 법리는 물건 상호간의 관계뿐 아니라 권리 상호간에도 적용되고, 위 규정에서의 처분은 처분행위에 의한 권리변동뿐 아니라 주물의 권리관계가 압류와 같은 공법상의 처분 등에 의하여 생긴 경우에도 적용되어야 하는 점, 저당권의 효력이 종물에 대하여도 미친다는 민법 제358조 본문 규정은 같은 법 제100조 제2항과 이론적 기초를 같이하는 점, 집합건물의 소유 및 관리에 관한 법률 제20조 제1항, 제2항에 의하면 구분건물의 대지사용권은 전유부분과 종속적 일체불가분성이 인정되는 점 등에 비추어 볼 때, 구분건물의 전유부분에 대한 소유권보존등기만 경료되고 대지지분에 대한 등기가 경료되기 전에 전유부분만에 대해 내려진 가압류결정의 효력은, 대지사용권의 분리처분이 가능하도록 규약으로 정하였다는 등의 특별한 사정이 없는 한, 종물 내지 종된 권리인 그 대지권에까지 미친다(대판 2006.10.26. 2006다29020).

> **주물, 종물(민법 제100조)**
> ② 종물은 주물의 처분에 따른다.

④ (×) 어느 건물이 주된 건물의 종물이기 위하여는 주물의 상용에 이바지되어야 하는 관계가 있어야 하는바, 여기에서 주물의 상용에 이바지한다 함은 주물 그 자체의 경제적 효용을 다하게 하는 것을 말하는 것이며, 주물의 소유자나 이용자의 상용에 공여되고 있더라도 주물 그 자체의 효용과는 직접 관계없는 물건은 종물이 아니다(대판 1994.6.10. 94다11606).

> **주물, 종물(민법 제100조)**
> ① 물건의 소유자가 그 물건의 상용에 공하기 위하여 자기소유인 다른 물건을 이에 부속하게 한 때에는 그 부속물은 종물이다.

⑤ (○) 이자채권은 원본채권에 대하여 종속성을 갖고 있으나 이미 변제기에 도달한 이자채권은 원본채권과 분리하여 양도할 수 있고 원본채권과 별도로 변제할 수 있으며 시효로 인하여 소멸되기도 하는 등 어느 정도 독립성을 갖게 되는 것이므로, 원본채권이 양도된 경우 이미 변제기에 도달한 이자채권은 원본채권의 양도당시 그 이자채권도 양도한다는 의사표시가 없는 한 당연히 양도되지는 않는다(대판 1989.3.28. 88다카12803).

02 주물과 종물에 관한 설명으로 옳지 않은 것은?(다툼이 있으면 판례에 따름) 기출 16

① 주택에 부속하여 지어진 연탄창고는 그 주택에서 떨어져 지어진 것일지라도 그 주택의 종물이다.
② 주물과 종물의 관계에 관한 법리는 특별한 사정이 없는 한 권리 상호 간의 관계에도 적용된다.
③ 물건이 주물의 소유자의 상용에 공여되고 있다면, 주물 그 자체의 효용과 직접 관계가 없는 것도 종물이다.
④ 주물을 처분할 때에 특약으로 종물을 제외할 수 있고, 종물만을 별도로 처분할 수도 있다.
⑤ 저당권의 효력은 특별한 사정이 없는 한 당해 저당부동산의 종물에도 미친다.

해설 ① (○) 판례는 「낡은 가재도구 등의 보관장소로 사용되고 있는 방과 연탄창고 및 공동변소가 본채에서 떨어져 축조되어 있기는 하나 본채의 종물」이라고 보았다(대판 1991.5.14. 91다2779).
② (○) 민법 제100조 제2항의 종물과 주물의 관계에 관한 법리는 물건 상호 간의 관계뿐 아니라 권리 상호 간에도 적용된다(대판 2006.10.26. 2006다29020).
③ (×) 어느 건물이 주된 건물의 종물이기 위하여는 주물의 상용에 이바지하는 관계에 있어야 하고, 주물의 상용에 이바지한다 함은 주물 그 자체의 경제적 효용을 다하게 하는 것을 말하는 것으로서, 주물의 소유자나 이용자의 사용에 공여되고 있더라도 주물 그 자체의 효용과 직접 관계가 없는 물건은 종물이 아니다(대결 2000.11.2. 2000마3530).
④ (○) 종물은 주물의 처분에 수반된다는 민법 제100조 제2항은 임의규정이므로, 당사자는 주물을 처분할 때에 특약으로 종물을 제외할 수 있고 종물만을 별도로 처분할 수도 있다(대판 2012.1.26. 2009다76546).
⑤ (○) 민법 제358조

03 종물에 관한 설명으로 옳은 것은?(다툼이 있는 경우에는 판례에 의함) 기출 13

① 부동산은 종물이 될 수 없다.
② 저당권이 설정된 후에 저당목적물의 소유자가 저당목적물에 부속시킨 종물에도 그 저당권의 효력이 미친다.
③ 주물소유자의 사용을 돕고 있다면 주물 자체의 효용과 직접 관계가 없는 물건도 종물이다.
④ 종물은 주물의 일부이거나 구성부분이어야 한다.
⑤ 당사자는 주물을 처분할 때에 특약으로 종물을 제외할 수 없다.

해설 ① (×) 종물은 주물의 일부이거나 구성부분을 이루는 것이 아니라, 주물과는 독립된 물건이어야 한다. **독립한 물건인 이상 동산인지 부동산인지 여부는 관계없다.**

② (○) 저당권의 효력은 저당부동산에 부합된 물건과 종물에 미치고(민법 제358조 본문), **종물이 동산이든 부동산이든 상관없으며, 또 저당권 설정 전에 생긴 것이든 후에 생긴 것이든 불문한다**(대결 1971.12.10. 71마757).

③ (×) 어느 건물이 주된 건물의 종물이기 위하여는 주물의 상용에 이바지되어야 하는 관계가 있어야 하는바, 여기에서 주물의 상용에 이바지한다 함은 주물 그 자체의 경제적 효용을 다하게 하는 것을 말하는 것이며, 주물이 소유자나 이용자의 사용에 공여되고 있더라도 주물 그 자체의 효용과 직접 관계없는 물건은 종물이 아니다(대판 1994.6.10. 94다11606).

④ (×) 종물은 주물과는 독립한 물건이어야 하고, 주물의 일부이거나 구성부분을 이루는 것은 종물이 아니다(민법 제100조 제1항 참고).

⑤ (×) <u>종물은 주물의 처분에 수반된다는 민법 제100조 제2항은 임의규정이므로, 당사자는 주물을 처분할 때에 특약으로 종물을 제외할 수 있고 종물만을 별도로 처분할 수도 있다</u>(대판 2012.1.26. 2009다76546).

---

05 원물과 과실

01 원물과 과실에 관한 설명으로 옳지 않은 것은? 기출 19

① 소유권이전의 대가, 노동의 대가는 법정과실이다.

② 물건의 용법에 의하여 수취하는 산출물은 천연과실이다.

③ 천연과실은 그 원물로부터 분리하는 때에 이를 수취할 권리자에게 속한다.

④ 미분리의 과실은 독립한 물건이 아니지만, 명인방법을 갖춘 경우에는 타인소유권의 객체가 될 수 있다.

⑤ 법정과실은 수취할 권리의 존속기간일수의 비율로 취득할 수 있는 것이지만, 당사자가 그와 다르게 약정할 수도 있다.

해설 ① (×) 법정과실은 물건사용대가로 받는 금전 기타 물건을 의미하므로(민법 제101조 제2항 참고), 물건매매대금과 같은 소유권 이전의 대가나 임금과 같은 노동의 대가는 법정과실이 아니다.

② (○) 민법 제101조 제1항

③ (○) 민법 제102조 제1항

④ (○) **미분리의 과실**은 원칙적으로 수목의 일부에 지나지 아니하므로 독립한 물건의 객체가 되지 못하나, **명인방법이라는 공시방법을 갖춘 경우에는 독립한 물건으로서 거래의 목적이 될 수 있다.**

⑤ (○) 법정과실은 수취할 권리의 존속기간일수의 비율로 취득하는데(민법 제102조 제2항), 이 규정은 임의규정이므로 당사자가 이와 다른 약정을 하는 것도 가능하다.

05 권리의 변동

01 서 설

I 의 의

1. 법률요건과 법률효과

법에 의하여 규율되는 생활관계를 법률관계라고 하며, 법률관계의 변동이 일어나려면 일정한 원인이 있어야 하는데, 그 원인을 법률요건이라고 한다. 따라서 법률요건이 갖추어지면 법률관계의 변동이 일어나게 되며 이를 법률효과라고 한다.

2. 권리변동의 모습

(1) 권리의 발생

1) 원시취득(절대적 발생)

타인의 권리에 기초하지 않고 원시적으로 취득하는 것을 말한다(예 건물신축, 선점, 습득, 발견, 시효취득, 선의취득). 원시취득 시에는 종전의 권리에 대한 제한이 소멸된다.

2) 승계취득(상대적 발생)

타인의 권리에 기초한 취득을 말한다. 따라서 무권리자로부터 승계취득은 불가능하며, 타인의 권리에 제한이나 흠이 있으면 그대로 승계한다.

① 이전적 승계 : 매매나 상속 등에 의하여 전주가 가지고 있던 권리가 그대로 승계된다.

② 설정적 승계 : 소유자로부터 지상권이나 저당권을 설정받는 경우와 같이 전주의 권리내용의 일부만을 승계한다.

(2) 권리의 변경

권리의 변경이란 권리의 동일성을 유지하면서 권리의 주체, 내용 또는 작용이 변경되는 것을 말한다.

1) 주체의 변경 : 이전적 승계

2) 내용의 변경

① 질적 변경 : 손해배상청구권으로의 전환, 물상대위, 대물변제 등
② 양적 변경 : 제한물권의 설정으로 소유권이 축소되거나 설정된 제한물권의 소멸로 인하여 소유권이 확장되는 것

3) 작용(효력)의 변경

저당권의 순위변경, 대항력 없는 부동산임차권이 대항력을 갖추는 것, 채권양도통지로 대항력 취득

(3) 권리의 소멸

① 절대적 소멸 : 권리 그 자체의 종국적 소멸을 의미한다.
② 상대적 소멸 : 이전적 승계 시 전주의 권리는 소멸하나, 설정적 승계 시에는 상대적 소멸이 없다는 점을 주의해야 한다.

Ⅱ 권리변동의 원인

1. 법률요건과 법률사실

(1) 법률요건

권리변동의 원인은 법률요건이며, 법률요건에는 의사표시를 필요불가결한 요건으로 하는 법률행위와 법률행위 이외의 그 밖의 행위로서 민법이 권리변동의 효과를 발생시키는 것으로 정한 법률의 규정이 있다.

(2) 법률사실

법률요건을 구성하는 개개의 사실을 법률사실이라 한다.

2. 법률사실의 분류

법률사실에 대한 전통적 분류는 일반화의 실익이 적기 때문에 크게 의사표시, 준법률행위, 사실행위로 구분하여 서술하기로 한다.

(1) 의사표시

의사표시라 함은 일정한 법률효과의 발생을 목적으로 하는 의사의 표시행위이며, 법률요건에서 가장 중요한 법률행위의 필수불가결한 요소가 되는 법률사실이다.

(2) 준법률행위(법률적 행위)

당사자의 의사가 아닌 법률의 규정에 의해 법적 효과가 발생하는 법률요건으로 준법률행위 중 표현행위에 대해서는 법률행위에 관한 규정을 유추적용할 수 있다는 것이 실익이다.

1) 표현행위

① 의사의 통지 : <u>각종의 최고 및 거절, 이행의 청구</u> 등이 이에 해당한다.

② 관념의 통지 : <u>사실의 통지</u>라고도 하며, 채권양도의 통지나 승낙(민법 제450조), 사원총회의 소집통지(민법 제71조), 시효중단사유의 채무의 승인(민법 제168조 제3호), 승낙연착의 통지(민법 제528조) 등이 이에 해당한다.

③ 감정의 표시 : 일정한 감정을 표시하는 행위이다. 수증자의 망은행위에 대한 용서(민법 제556조 제2항), 부정에 대한 용서(민법 제841조) 등이 이에 해당한다.

2) 비표현행위(사실행위)

① 순수사실행위(외부적 결과만 발생하면 족함) : 매장물발견(민법 제254조), 가공(민법 제259조), 주소의 설정(민법 제18조 제1항) 등

② 혼합사실행위(결과발생과 일정한 사실적 의사 필요) : 점유의 취득(민법 제192조 제1항), 무주물선점(민법 제252조 제1항), 유실물습득(민법 제253조), 사무관리(민법 제734조) 등

(3) 사건 : 사람의 정신작용에 기하지 않은 법률사실

① 출생과 사망, 물건의 멸실, 부합(민법 제256조, 제257조), 혼화(민법 제258조), 부당이득, 기간, 혼동 등

② <u>가공은 순수사실행위인데 반하여, 부합과 혼화는 사건이다.</u>

---

02   **법률행위**

제1관 | 법률행위 일반

Ⅰ 의 의

1. 개 념

<u>법률행위라 함은 일정한 법률효과의 발생을 목적으로 하는 하나 또는 수 개의 의사표시를 불가결의 요소로 하는 법률요건</u>을 말한다.

2. 성 질

(1) 법률요건

법률행위는 법률요건이다. 법률요건 중 사적자치의 법적 실현수단이다.

(2) 의사표시와의 관계

<u>법률행위는 의사표시를 필수불가결의 요소로 한다.</u> 그러나 의사표시가 곧바로 법률행위인 것은 아니다. 한편 법률행위는 언제나 의사표시만으로 구성되는 것은 아니다.

(3) 추상화 개념

법률행위는 추상적인 개념이다. 즉 법률행위라는 개념은 매매와 같은 행위로 구체화되어야 비로소 실재하는 법제도로서 생명력을 갖는다.

3. 법률행위의 요건

(1) 서 설

법률행위가 완전히 그 효과를 발생하려면, 이론적으로는 먼저 법률행위로서 「성립」하여야 하고, 이어서 성립된 법률행위가 「유효」한 것이어야 한다.

(2) 성립요건(적극적 요건 : 권리를 주장하는 자가 요건의 구비를 입증해야 함)

1) 일반성립요건

법률행위의 주체로서 당사자, 법률행위의 내용으로서 목적 및 법률행위의 불가결한 요소로서 의사표시가 있어야 한다.

2) 특별성립요건 – 개별적인 법률행위에 대하여 특별히 요구되는 성립요건

① 계약에서의 청약과 승낙의 합치

② 요식행위

③ 요물계약에서의 목적물의 인도

(3) 유효요건

1) 일반효력발생요건(소극적 요건 : 권리발생을 저지하는 측에서 권리장애・멸각사실의 존재를 입증해야 함)

① 당사자에게 각종의 능력이 있어야 한다. 즉 권리능력, 의사능력 및 행위능력이 있어야 한다.

② 법률행위의 목적이 확정가능성, 실현가능성, 적법성, 사회적 타당성이 있을 것

③ 의사표시에 있어서 의사와 표시가 일치하고 하자가 없을 것

2) 특별효력발생요건 – 개별적인 법률행위에 대하여 특별히 요구되는 효력발생요건(적극적 요건 : 그 법률행위의 효력을 주장하는 자가 입증해야 함)

① 법정대리인의 동의(민법 제5조)

② 대리권의 존재(민법 제114조 이하)

③ 조건의 성취와 기한의 도래(민법 제147조, 제152조)

④ 유언자의 사망(민법 제1073조)

⑤ 유증을 받을 자의 생존(민법 제1089조)

⑥ 허가(판례 : 토지거래허가구역 내의 토지매매 시 관할관청의 허가, 재단법인의 기본재산 처분 시 주무관청의 허가)

Ⅱ 법률행위의 종류

1. 단독행위 · 계약 · 합동행위

법률행위의 요소인 의사표시의 수와 방향에 의한 분류이다.

(1) 단독행위

하나의 의사표시로 이루어진 법률행위이다.

① 상대방 있는 단독행위 : 동의, 취소, 채무면제, 해제, 추인 등

② 상대방 없는 단독행위 : 재단법인설립행위, 유언, 소유권의 포기, 상속의 승인 · 포기

③ 한계 : 단독행위에는 상대방의 지위 불안정을 고려하여 원칙적으로 조건이나 기한을 붙이지 못한다(민법 제493조 제1항 참조).

(2) 계 약

청약과 승낙이라는 서로 대립하는 의사의 합치로 성립한다.

(3) 합동행위

두 개 이상의 서로 방향을 같이 하는 의사표시의 합치로 이루어진다.

① 사단법인 설립행위가 이에 해당한다.

② 합동행위에는 통정허위표시 규정(민법 제108조), 자기계약 · 쌍방대리 금지규정(민법 제124조)이 적용되지 않는다.

2. 채권행위(의무부담행위), 물권행위 · 준물권행위(처분행위)

① 채권행위는 이행의 문제를 남기고, 처분권이 불필요하다.

② 물권행위는 이행의 문제를 남기지 않고, 처분권이 필요하다. 물권행위는 물권의 변동을 직접 목적으로 하는 행위이고, 준물권행위는 물권 이외의 권리변동을 목적으로 하는 행위이다.

③ 채권법상의 모든 행위가 채권행위인 것은 아니다(예 준물권행위로 채권양도가 있다).

3. 출연(出捐)행위, 비출연행위

재산행위에는 자기의 재산을 감소시키고 타인의 재산을 증가시키는 출연행위와 그렇지 않은 행위로 비출연행위가 있다. 출연행위는 다시 다음과 같이 분류된다.

(1) 유상(有償)행위와 무상행위

자기의 출연에 대하여 상대방으로부터도 그에 대응하는 출연, 즉 대가를 받을 것을 목적으로 하는 행위가 유상행위이고, 그렇지 않은 것이 무상행위이다. 유상계약에 대하여 매매에 관한 규정이 준용된다(민법 제567조).

(2) 유인(有因)행위와 무인행위

출연행위는 일정한 법률상의 원인을 전제로 하여 행하여지는데, 이러한 원인이 존재하지 않으면 효력이 생기지 않는 것을 유인행위라 하고, 원인이 존재하지 않더라도 그대로 유효한 것을 무인행위라고 한다.

4. 신닉행위

현행법상 신탁행위는 민법상의 신탁행위와 신탁법에 의한 신탁행위의 두 가지가 있다.

(1) 민법상 신탁행위

추심을 위한 채권양도와 같이 일정한 경제적 목적을 위하여 신탁자가 수탁자에게 일정한 권리를 이전하고, 수탁자는 그 권리를 그 목적의 범위 내에서만 행사할 의무를 부담하는 법률관계를 말한다. 수탁자는 대외적으로 진정한 권리자의 지위를 가지지만, 대내적으로는 신탁자가 진정한 권리자이다. 이 점이 신탁법상 신탁과 구별된다.

(2) 신탁법상 신탁행위

신탁설정자(위탁자)가 법률행위에 의하여 상대방(신탁인수자 또는 수탁자)에게 재산권을 이전하는 동시에 그 재산권을 일정한 목적에 따라서 자기 또는 제3자(수익자)를 위하여 관리·처분하게 하는 법률관계이고(신탁법 제2조), 이러한 신탁을 설정하는 계약 또는 유언이 신탁행위이다(신탁법 제3조).

5. 요식(要式)행위, 불요식행위

① 의사표시가 일정한 방식에 따라 행해져야 하는 법률행위를 요식행위라고 하고, 그렇지 않은 행위를 불요식행위라고 한다.

② 법률행위는 계약자유의 원칙상 원칙적으로 불요식행위이다. 그러나 당사자의 신중한 의사결정을 위해, 거래의 안전과 신속 또는 법률관계의 명확화를 위해 일정한 방식이 요구되기도 한다.

6. 생전(生前)행위, 사인(死因)행위

① 행위자의 사망으로 그 효력이 생기는 법률행위를 사인행위 또는 사후행위라고 하고, 기타의 보통의 행위를 생전행위라고 한다.

② 사인행위는 원칙적으로 엄격한 방식을 요한다(민법 제1060조 참조).

7. 주(主)된 행위, 종(從)된 행위

① 법률행위가 유효하게 성립하기 위하여 다른 법률행위의 존재를 전제로 하는 행위를 종된 행위라 하고, 그 선제가 되는 행위를 주된 행위라고 한다.

② 종된 행위는 주된 행위와 법률적 운명을 같이하는 것이 원칙이다.

제2관 | 법률행위의 목적

I 의 의

① 법률행위의 목적이란 법률행위를 하는 자가 그 행위에 의하여 발생시키려고 하는 법률효과를 말하며, 법률행위의 내용이라고도 한다.
② 법률행위가 유효하려면 법률행위의 목적이 확정성, 실현가능성, 적법성, 사회적 타당성이라는 요건을 갖추어야 한다(통설).

II 목적의 확정성

① 법률행위가 유효하기 위하여는 법률행위의 목적이 확정되어 있거나 적어도 확정가능하여야 한다. 확정할 수 없으면 무효가 된다. 확정가능의 여부는 법률행위해석에 의한다.
② 법률행위의 성립 당시부터 확정성을 갖출 필요는 없고, 「이행할 때까지」 확정할 수 있으면 족하다.

III 목적의 실현가능성

1. 실현가능성의 의미

법률행위가 유효하기 위하여 목적의 실현이 가능하여야 한다. 따라서 목적이 불능인 법률행위는 효력이 없다. 여기에서 불능은 원시적 불능에 한한다.

2. 불능의 종류

(1) 불능사유의 발생 시점에 따른 구별

① 원시적 불능
  ㉠ 법률행위의 성립 당시부터 이미 그 목적의 이행 혹은 처분을 할 수 없는 경우를 말한다.
  ㉡ 법률행위는 당연무효가 되며, 계약체결상의 과실(민법 제535조)이 문제된다.

> 한의사인 갑이 을 소유의 건물에 한방병원을 개설 허가받아 사용하기 위하여 을과 건물 2~4층에 관한 임대차계약을 체결한 후 임차보증금 등을 지급하였는데, 의료법령, 건축법령 등에 따르면 위 임대차 목적물에 의료법상 병원급 의료기관을 개설하는 것이 계약 체결 당시부터 불가능하였고, 결국 갑이 위 임대차 목적물에 병원급 의료기관을 개설할 수 없게 되자, 갑이 을을 상대로 위 임대차계약은 원시적 불능으로 무효라고 주장하면서 임차보증금 등의 반환을 구한 사안에서, 계약이 원시적으로 불능인 경우 무효라는 법리는 불능인 급부의무가 계약 내용에 편입되어 있음을 전제로 하는데, 제반 사정에 비추어 '갑이 이 사건 임대차 목적물에 대하여 의료법상 병원급 의료기관으로만 개설 허가받아 사용한다'는 점 등에 관하여는 갑과 을 사이에 의사의 합치가 이루어지지 않았고 위 임대차계약에 편입되지 않았다고 봄이 타당하므로 위 임대차계약이 원시적 불능이어서 무효라고 할 수 없다는 이유로, 이와 달리 본 원심판단에 법리오해의 잘못이 있다고 한 사례(대판 2020.12.10. 2019다201785).

② 후발적 불능

    ㉠ 법률행위의 성립 당시에는 가능하였으나, 이행기 전에 불능으로 된 경우를 말한다.

    ㉡ 채무자의 고의·과실에 의한 불능의 경우, 채무불이행으로 인한 손해배상(민법 제390조) 및 계약해제(민법 제546조)가 문제된다.

    ㉢ 채무자의 귀책사유 없는 이행불능의 경우, 채무자의 목적물인도채무는 소멸하고 위험부담이 문제된다(민법 제537조).

(2) 불능의 범위에 따른 구별

① 전부불능 : 법률행위의 목적이 전부불능인 경우 원시적 불능인지 후발적 불능인지에 따라 처리된다.

② 일부불능

    ㉠ 법률행위의 목적이 일부가 불능인 경우 원칙적으로 전부무효가 되나, 당사자가 무효부분이 없더라도 나머지 부분의 법률행위를 하였을 것이라고 인정되면 나머지 부분을 유효로 본다(민법 제137조).

    ㉡ 쌍무계약에 있어 당사자 일방이 부담하는 채무의 일부만이 채무자의 책임 있는 사유로 이행할 수 없게 된 때에는 그 이행이 불가능한 부분을 제외한 나머지 부분만의 이행으로는 계약의 목적을 달성할 수 없다면 채무의 이행은 전부가 불능이라고 보아야 할 것이므로 채권자로서는 채무자에 대하여 계약 전부를 해제하거나 또는 채무 전부의 이행에 갈음하는 전보배상을 청구할 수 있을 뿐이지 이행이 가능한 부분만의 급부를 청구할 수는 없다(대판 1995.7.25. 95다5929). **기출 21**

Ⅳ 목적의 적법성

1. 의 의

법률행위가 유효하기 위하여 그 목적이 적법해야 한다. 즉 강행규정에 위반되는 법률행위는 무효이다. 법령 중 '선량한 풍속 기타 사회질서와 관계가 있는 규정'이 강행규정이다(민법 제105조).

2. 적법성과 사회적 타당성의 관계

① 학설 : 둘을 별개의 요건으로 보는 구별설(통설)과 동일설(소수설)의 대립이 있다.

② 판례(구별설) : 강행규정에 위반된다고 하여 곧바로 사회질서에 반하는 행위에 해당한다고 할 수는 없다(대판 2001.5.29. 2001다1782).

3. 강행규정과 임의규정의 구별

① 강행규정과 임의규정 구별의 표준에 관한 일반적인 원칙은 없으며, 각 규정마다 종류·성질·입법목적 등을 고려하여 이를 개별적으로 판정하는 수밖에 없다.

② 다만, 권리능력·행위능력·법인 제도 등에 관한 규정, 거래의 안전을 위한 규정, 경제적 약자를 보호하기 위한 사회정책적 규정, 가족관계·질서에 관한 규정 등은 강행규정에 해당한다.

4. 효력규정과 단속규정의 구별

(1) 견해의 대립

① **통설·판례** : 강행규정을 효력규정과 단속규정으로 나누어 효력규정을 위반하면 무효이나, 단속규정을 위반하면 벌칙의 적용이 있을 뿐이고, 행위 그 자체의 사법상의 효력에는 영향이 없다.

② **소수설** : 임의규정, 강행규정, 단속규정으로 크게 구분하고, 단속규정에 대하여는 다시 효력규정(위반시 무효)과 단순한 단속규정(위반시 사법상 효력에는 영향 없음)으로 세분하는 견해이다.

③ **검토** : 통설·판례와 소수설의 실질적인 견해의 차이는 없어 보인다. 생각건대 어떤 강행규정이 효력규정인지 단속규정인지를 구별하는 것은 쉽지 않고, 이를 판정하는 일반적인 기준 또한 없으나, 당해 규정의 입법취지가 어떤 행위의 효력발생을 금지하는지 아니면 단순히 그러한 행위를 금지하는지에 따라 판단할 수 있을 것이다.

(2) 효력규정과 단속규정의 예시

① 법률이 특히 엄격한 표준을 정하여 일정한 자격을 갖춘 자에게만 허용하는 경우에는 그 규정은 효력규정으로서 그 자격을 대여하는 계약은 무효이다. 광업권의 대차, 어업권의 임대차 등이 그러하다.

② 단속규정에 위반되는 무허가음식점 등의 영업행위, 신고 없이 숙박업을 하는 행위 등의 사법상 행위는 유효하다.

5. 탈법행위(간접적 위반)

(1) 의 의

강행규정을 직접 위반하지는 않았지만, 강행규정이 금지하고 있는 실질적 내용을 다른 수단으로 달성하려는 행위를 말한다.

(2) 효 과

탈법행위도 강행규정이 금지하고 있는 결과의 발생을 목적으로 하기 때문에 무효라는 점에는 이견이 없으나 탈법행위 개념을 따로 인정할 필요가 있는지에 관하여 견해가 대립된다.

6. 강행규정 위반의 효력

① 절대적 무효이다. 따라서 당사자가 무효임을 알고 추인하더라도 그 행위가 유효로 되지는 않는다.

② 제3자 보호규정을 강행규정에서 별도로 규정하고 있지 않는 한 강행규정에 반하여 무효인 법률행위를 기초로 하여 새롭게 이해관계를 갖게 되더라도 제3자는 선의·악의를 불문하고 보호되지 않는다(대판 1996.4.26. 94다43207 참조). 다만, 선의취득, 취득시효 등으로 보호받을 수는 있다.

Ⅴ 목적의 사회적 타당성

반사회질서의 법률행위(민법 제103조)
선량한 풍속 기타 사회질서에 위반한 사항을 내용으로 하는 법률행위는 무효로 한다.

1. 서 설

강행규정을 위반하지 않더라도 법률행위의 내용이 '선량한 풍속 기타 사회질서'에 반하면 무효이다(민법 제103조). 목적의 사회적 타당성은 강행규정과 더불어 사적자치의 한계를 이루며, 양자 모두 선량한 풍속 기타 사회질서와 관련되지만, 강행규정은 개개의 특정행위의 효력을 부인하는 반면, 목적의 사회적 타당성은 일반적·포괄적인 법의 근본이념에 의한 통제라는 점에서 차이가 있다.

2. 선량한 풍속 기타 사회질서의 의의

① 선량한 풍속이란 사회의 건전한 도덕관념이다.

② 사회질서란 사회의 평화와 질서를 유지하기 위하여 국민이 지켜야 할 국가, 사회의 공공적 질서 내지 일반적 이익이다.

3. 사회질서 위반의 요건

(1) 객관적 요건

법률행위의 내용이 선량한 풍속 기타 사회질서에 반해야 한다.

(2) 주관적 인식의 요부

자신의 법률행위가 사회질서에 반함을 행위자가 인식하고 있어야 하는가에 대하여 긍정하는 견해(통설)와 부정하는 견해의 대립이 있다.

(3) 사회질서 위반판단의 기준시기

학설은 법률행위시설과 효력발생시설이 대립하고 있으며, 판례는 법률행위시설을 취하고 있다.

기출 18

4. 동기의 불법

(1) 문제점

법률행위의 내용 자체는 사회질서에 반하지 않지만, 동기, 즉 의사표시를 하게 된 연유로 의사표시에 선행하는 심리과정에 반사회적 요소가 포함되어 있는 경우에, 법률행위의 효력은 어떻게 되는지 문제된다.

(2) 학설 및 판례의 태도

다수설은 동기의 불법에 관하여 동기의 착오와 마찬가지로 동기가 표시되거나 상대방에게 알려진 경우에 한하여 민법 제103조가 적용된다는 입장이다. 마찬가지로 판례도 동기가 표시되거나 상대방에게 알려진 경우에 민법 제103조를 적용한다(대판 2001.2.9. 99다38613).

5. 사회질서 위반행위의 유형화

(1) 정의관념에 반하는 행위

① 밀수입의 자금으로 사용하기 위한 소비대차 또는 그를 목적으로 한 출자행위

② 경매나 입찰에 있어서 부정한 약속을 하는 이른바 담합행위

③ 강제집행을 면할 목적으로 허위의 근저당권설정등기를 경료하는 행위나 비자금을 소극적으로 은닉하기 위하여 임차하는 행위는 반사회질서의 법률행위에 해당하지 않는다. 기출 17·22

④ 당사자의 일방이 상대방에게 공무원의 직무에 관한 사항에 관하여 특별한 청탁을 하게 하고 그에 대한 보수로 돈을 지급할 것을 내용으로 한 약정 기출 17

⑤ 매수인이 매도인에게 이중매도할 것을 적극 권유하는 등 그의 배임행위에 적극 가담하여 이루어진 매매계약 기출 22

⑥ 참고인이 수사기관에 허위의 진술을 하는 대가로 일정한 급부를 받기로 한 약정

⑦ 보험계약자가 다수의 보험계약을 통하여 보험금을 부정 취득할 목적으로 체결한 보험계약 기출 22

⑧ 증인은 진실을 진술할 의무가 있으므로, 증언의 대가로 급부를 제공받기로 한 약정도 무효이다. 허위진술의 대가로 급부를 받기로 하는 약정도 무효이다. 기출 08

⑨ 형사사건의 성공보수약정은 반사회적 법률행위에 해당하나, 민사사건의 성공보수약정은 반사회적 법률행위에 해당하지 않는다.

⑩ 행정기관에 진정서를 제출하여 상대방을 궁지에 빠뜨린 다음 이를 취하하는 조건으로 거액의 급부를 제공받기로 약정한 경우 기출 23

⑪ 위약벌의 약정은 채무의 이행을 확보하기 위하여 정해지는 것으로서 손해배상의 예정과는 그 내용이 다르므로 손해배상의 예정에 관한 민법 제398조 제2항을 유추적용하여 그 액을 감액할 수는 없고 다만, 그 의무의 강제에 의하여 얻어지는 채권자의 이익에 비하여 약정된 벌이 과도하게 무거울 때에는 그 일부 또는 전부가 공서양속에 반하여 무효가 된다.

(2) 윤리적 질서에 반하는 행위

① 첩계약[본처의 동의 유무를 불문하고 선량한 풍속에 반하는 사항을 내용으로 하는 법률행위로서 무효일 뿐만 아니라 위법한 행위이다(대판 1967.10.6. 67다1134)]

② 부첩관계의 종료를 해제조건으로 하는 증여계약은 그 조건만이 무효인 것이 아니라 증여계약 자체가 무효가 된다(대판 1966.6.21. 66다530). 다만, 부첩관계나 불륜관계를 해소 내지 단절하면서 장래의 생활대책을 마련해주기 위한 목적에서 그 첩의 생활비를 지급하거나 자녀의 양육비를 지급하기로 하는 계약은 유효하다(대판 1980.6.24. 80다458).

③ 자(子)가 부모를 상대로 불법행위에 의한 손해배상을 청구하는 행위

(3) 개인의 자유를 매우 심하게 제한하는 행위

① 어떠한 일이 있어도 이혼하지 아니하겠다는 각서(대판 1969.8.19. 69므18)

② 반면 해외파견된 근로자가 귀국일로부터 일정기간 소속회사에 근무하여야 한다는 사규나 약정은 민법 제103조 또는 제104조에 위반된다고 할 수 없다(대판 1982.6.22. 82다카90).

> **[해외연수 근로자가 귀국 후 일정기간 근무하지 않으면 그 소요경비를 배상한다는 사규나 약정의 효력]**
> 해외파견된 근로자가 귀국일로부터 일정기간 소속회사에 근무하여야 한다는 사규나 약정은 민법 제103조 또는 제104조에 위반된다고 할 수 없고, 일정기간 근무하지 않으면 해외파견 소요경비를 배상한다는 사규나 약정은 근로계약기간이 아니라 경비반환채무의 면제기간을 정한 것이므로 근로기준법 제21조에 위배하는 것도 아니다(대판 1982.6.22. 82다카90).

③ 민법 제103조에 의해 단체협약이 무효인지를 판단할 때 고려하여야 할 사정 / 업무상 재해로 인한 사망 등 일정한 사유가 발생하는 경우 조합원의 직계가족 등을 채용하기로 하는 내용의 단체협약이 선량한 풍속 기타 사회질서에 반하는지 판단하는 기준

단체협약이 민법 제103조의 적용대상에서 제외될 수는 없으므로 단체협약의 내용이 선량한 풍속 기타 사회질서에 위배된다면 그 법률적 효력은 배제되어야 한다. 다만 단체협약이 선량한 풍속 기타 사회질서에 위배되는지를 판단할 때에는 단체협약이 헌법이 직접 보장하는 기본권인 단체교섭권의 행사에 따른 것이자 헌법이 제도적으로 보장한 노사의 협약자치의 결과물이라는 점 및 노동조합 및 노동관계조정법에 의해 이행이 특별히 강제되는 점 등을 고려하여 법원의 후견적 개입에 보다 신중할 필요가 있다. 헌법 제15조가 정하는 직업선택의 자유, 헌법 제23조 제1항이 정하는 재산권 등에 기초하여 사용자는 어떠한 근로자를 어떠한 기준과 방법에 의하여 채용할 것인지를 자유롭게 결정할 자유가 있다. 다만 사용자는 스스로 이러한 자유를 제한할 수 있는 것이므로, 노동조합과 사이에 근로자 채용에 관하여 임의로 단체교섭을 진행하여 단체협약을 체결할 수 있고, 그 내용이 강행법규나 선량한 풍속 기타 사회질서에 위배되지 아니하는 이상 단체협약으로서의 효력이 인정된다. 사용자가 노동조합과의 단체교섭에 따라 업무상 재해로 인한 사망 등 일정한 사유가 발생하는 경우 조합원의 직계가족 등을 채용하기로 하는 내용의 단체협약을 체결하였다면, 그와 같은 단체협약이 사용자의 채용의 자유를 과도하게 제한하는 정도에 이르거나 채용 기회의 공정성을 현저히 해하는 결과를 초래하는 등의 특별한 사정이 없는 한 선량한 풍속 기타 사회질서에 반한다고 단정할 수 없다.

이러한 단체협약이 사용자의 채용의 자유를 과도하게 제한하는 정도에 이르거나 채용 기회의 공정성을 현저히 해하는 결과를 초래하는지는 단체협약을 체결한 이유나 경위, 그와 같은 단체협약을 통해 달성하고자 하는 목적과 수단의 적합성, 채용대상자가 갖추어야 할 요건의 유무와 내용, 사업장 내 동종 취업규칙 유무, 단체협약의 유지 기간과 준수 여부, 단체협약이 규정한 채용의 형태와 단체협약에 따라 채용되는 근로자의 수 등을 통해 알 수 있는 사용자의 일반 채용에 미치는 영향과 구직희망자들에 미치는 불이익 정도 등 여러 사정을 종합하여 판단하여야 한다(대판[전합] 2020.8.27. 2016다248998 – 다수의견).

④ 또한 강박행위의 주체가 국가 공권력이고 그 공권력 행사의 내용이 기본권을 침해하는 것이라고 하여 그 강박에 의한 의사표시가 항상 반사회성을 띠게 되어 당연히 무효로 된다고는 볼 수 없다(대판 2002.12.10. 2002다56031). 기출 22

(4) 사행성이 현저한 행위

① 도박자금을 대여하는 행위 기출 18 · 22
② 도박으로 부담한 채무의 변제로써 토지를 양도하는 계약
③ 도박에 패한 빚을 토대로 하여 그 노름빚을 변제하기로 한 계약

6. 사회질서 위반행위의 효과

(1) 이행 전 : 절대적 무효

무효이므로 이행할 필요가 없고, 상대방도 이행을 구할 수 없다. 또한 선량한 풍속 기타 사회질서에 반하는 법률행위는 절대적 무효이므로 별도의 선의취득과 같은 권리취득원인이 없는 한 제3자는 선의인 때에도 보호되지 않는다. 기출 18 그리고 추인을 하여도 추인의 효과가 인정되지 않으며, 무효임을 알고 추인하여도 새로운 법률행위를 한 효과가 발생하지 않는다(대판 1973.5.22. 72다2249). 기출 06 · 08

(2) 이행 후 : 불법원인급여

> **불법원인급여(민법 제746조)**
> 불법의 원인으로 인하여 재산을 급여하거나 노무를 제공한 때에는 그 이익의 반환을 청구하지 못한다. 그러나 그 불법원인이 수익자에게만 있는 때에는 그러하지 아니하다.

① 불법원인급여의 요건 : 불법한 원인에 기하여 이루어진 종국적인 급여는 불법원인에 해당하므로, 원칙적으로 그 반환을 청구할 수 없다(민법 제746조 본문). 기출 18
  ㉠ 원인의 불법 : 불법의 의미와 관련하여 견해의 대립이 있으나, 판례는 「민법 제746조가 규정하는 불법원인이라 함은 그 원인될 행위가 선량한 풍속 기타 사회질서에 위반하는 경우를 말하는 것으로서 설사 법률의 금지에 위반하는 경우라 할지라도 그것이 선량한 풍속 기타 사회질서에 위반하지 않는 경우에는 이에 해당하지 않는 것이다(대판 1983.11.22. 83다430)」고 판시하였다. 기출 11 · 18

ⓛ 급여 : 불법원인급여에 해당하기 위해서는 이익을 얻기 위해서 더 이상 국가의 조력이 필요 없는 종국적인 급여에 해당하여야 한다. 따라서 도박자금채권의 담보로 부동산에 관하여 근저당권설정등기가 경료되었을 뿐이라면 그 근저당권설정등기로 근저당권자가 받을 이익은 소유권 이전과 같은 종국적인 것이 되지 못하여 민법 제746조에서 말하는 이익에는 해당하지 아니하므로, 그 부동산의 소유자는 민법 제746조의 적용을 받음이 없이 그 말소를 청구할 수 있다(대판 1994.12.22. 93다55234).

② 효 과

ㄱ 부당이득반환청구권 : 급부자는 수익자가 얻은 이익의 반환을 청구하지 못한다(민법 제746조 본문). 따라서 영업상 관계 있는 윤락행위를 하는 자에 대하여 가지는 채권은 계약의 형식에 관계없이 무효이므로, 윤락행위를 할 자를 고용·모집하거나 그 직업을 소개·알선한 자가 윤락행위를 할 자를 고용·모집함에 있어 성매매의 유인·강요의 수단으로 이용되는 선불금 등 명목으로 제공한 금품이나 그 밖의 재산상 이익 등은 불법원인급여에 해당하여 그 반환을 청구할 수 없다(대판 2004.9.3. 2004다27488·27495). **기출 09**

ㄴ 소유권에 기한 물권적 청구권 : 불법의 원인으로 급여를 한 사람이 그 원인행위가 무효라고 주장하고, 그 결과 급여물의 소유권이 자기에게 있다는 주장으로 소유권에 기한 반환청구를 하는 것도 허용할 수 없다(대판 1989.9.29. 89다카5994). **기출 18** 따라서 급여한 물건의 소유권은 반사적으로 급여를 받은 상대방에게 귀속된다(대판[전합] 1979.11.13. 79다483). **기출 18**

ㄷ 불법행위를 원인으로 한 손해배상청구권 : 불법의 원인으로 재산을 급여한 사람은 상대방 수령자가 그 '불법의 원인'에 가공하였다고 하더라도 상대방에게만 불법의 원인이 있거나 그의 불법성이 급여자의 불법성보다 현저히 크다고 평가되는 등으로 제반 사정에 비추어 급여자의 손해배상청구를 인정하지 아니하는 것이 오히려 사회상규에 명백히 반한다고 평가될 수 있는 특별한 사정이 없는 한 상대방의 불법행위를 이유로 그 재산의 급여로 말미암아 발생한 자신의 손해를 배상할 것을 주장할 수 없다(대판 2013.8.22. 2013다35412). **기출 14**

7. 불공정한 법률행위(폭리행위)

불공정한 법률행위(민법 제104조)
당사자의 궁박, 경솔 또는 무경험으로 인하여 현저하게 공정을 잃은 법률행위는 무효로 한다.

(1) 의 의

① 상대방의 궁박, 경솔 또는 무경험을 이용하여 자기의 급부에 비하여 현저하게 균형을 잃은 반대급부를 하게 함으로써 부당한 재산적 이익을 얻는 행위를 불공정한 법률행위 또는 폭리행위라고 한다(민법 제104조).

② 민법 제103조와 민법 제104조와의 관계에 대하여 통설·판례는 민법 제104조를 민법 제103조의 예시로 본다.

(2) 적용범위

① 증여와 같이 대가적 급부의 출연이 없는 무상행위에는 민법 제104조의 적용이 없다(대판 2000.2.11. 99다56833). [기출] 11 · 16 · 21

② 당사자의 의사에 기하지 않은 경매에 의한 재산권 이전에는 민법 제104조의 적용이 없다(대결 1980.3.21. 80마77). [기출] 21

③ 채권의 포기에도 민법 제104조가 적용될 수 있다(대판 1975.5.13. 75다92).

④ 합동행위 내지 권리능력 없는 사단의 총회결의에도 민법 제104조가 적용된다.

(3) 요 건

① 객관적 요건

㉠ 현저한 공정성 상실 : 객관적으로 급부와 반대급부 사이에 현저한 불균형이 존재하는 것을 의미한다. [기출] 14

㉡ 현저한 불공정의 판단기준 시점은 법률행위 시이다(통설·판례).

> 어떠한 법률행위가 불공정한 법률행위에 해당하는지는 법률행위 시를 기준으로 판단하여야 한다. 따라서 계약 체결 당시를 기준으로 전체적인 계약 내용에 따른 권리의무관계를 종합적으로 고려한 결과 불공정한 것이 아니라면, 사후에 외부적 환경의 급격한 변화에 따라 계약당사자 일방에게 큰 손실이 발생하고 상대방에게는 그에 상응하는 큰 이익이 발생할 수 있는 구조라고 하여 그 계약이 당연히 불공정한 계약에 해당한다고 말할 수 없다(대판[전합] 2013.9.26. 2011다53683 · 53690). [기출] 14 · 16 · 23

② 주관적 요건

㉠ 불균형이 당사자의 궁박·경솔·무경험에 기인하여야 한다.

㉡ 폭리자가 당사자에게 위와 같은 사정이 있음을 알고서 그것을 이용하려는 의사가 있어야 한다. 따라서 폭리행위의 악의가 없었다면 민법 제104조에 규정된 불공정한 법률행위가 성립하지 않는다(대판 2011.1.27. 2010다53457). [기출] 13 · 16 · 17 · 22

㉢ 궁박·경솔·무경험은 모두 구비되어야 하는 요건은 아니고, 그중 일부만 갖추어지면 충분하다(대판 1993.10.12. 93다19924). [기출] 17

㉣ 궁박이라 함은 급박한 곤궁을 의미하며, 경제적·정신적·심리적 원인에서 기인할 수 있다(대판 2011.9.8. 2011다35722). [기출] 17

ⓜ 무경험은 일반적인 생활체험의 부족으로서 어느 특정영역에서의 경험부족이 아니라 거래 일반에 대한 경험부족을 의미한다(대판 2002.10.22. 2002다38927). **기출 17 · 22**

ⓗ 매도인의 대리인이 매매한 경우에 있어서 그 매매가 불공정한 법률행위인가를 판단함에는 매도인의 경솔, 무경험은 그 대리인을 기준으로 하여 판단하여야 하고, 궁박상태에 있었는 지의 여부는 매도인 본인의 입장에서 판단되어야 한다(대판 1972.4.25. 71다2255). **기출 14 · 16**

ⓢ 법률행위가 현저하게 공정을 잃었다고 하여 곧 그것이 궁박, 경솔 또는 무경험으로 이루어 진 것이라고 추정되는 것은 아니나(대판 1977.12.13. 76다2179). **기출 21**

ⓞ 경매에 있어서는 불공정한 법률행위에 관한 민법 제104조가 적용될 여지가 없다(대결 1980.3.21. 80마77).

③ 입증책임 : 폭리행위에 대한 주장 및 입증책임은 그 무효를 주장하는 자에게 있고, 급부와 반대급부 사이에 현저한 불균형이 있다는 사정만으로 곧바로 당사자의 궁박, 경솔 또는 무경 험에 기인하는 것으로 추정되지는 않지만 **기출 14** , 구체적 사정에 따라 추정되기도 한다.

(4) 효 과

① 요건이 구비되면 그 행위는 무효이고, 추인에 의해서도 그 법률행위가 유효로 될 수 없다(대판 1994.6.24. 94다10900). **기출 21**

② 무효행위 전환의 법리에 따라 법률행위의 일부가 유효할 수 있다는 것이 판례이다.

> 매매계약이 약정된 매매대금의 과다로 말미암아 민법 제104조에서 정하는 '불공정한 법률행위'에 해당하여 무효인 경우에도 무효행위의 전환에 관한 민법 제138조가 적용될 수 있다(대판 2010.7.15. 2009다50308). **기출 12 · 14 · 16 · 17 · 21**

③ 불공정한 법률행위는 무효이므로 아직 급부를 이행하지 아니한 경우에는 이행할 필요가 없 다. 다만, 이미 급부를 이행한 경우에는 불법원인급여로서 제746조가 적용된다.

제3관 | 법률행위의 해석

임의규정(민법 제105조)
법률행위의 당사자가 법령 중의 선량한 풍속 기타 사회질서에 관계없는 규정과 다른 의사를 표시한 때에는 그 의사에 의한다.

사실인 관습(민법 제106조)
법령 중의 선량한 풍속 기타 사회질서에 관계없는 규정과 다른 관습이 있는 경우에 당사자의 의사가 명확하지 아니한 때에는 그 관습에 의한다.

Ⅰ 의 의

1. 개 념

법률행위의 해석이란 법률행위의 성립 여부나 유효 여부를 판단하고, 목적(내용)을 확정시키는 것을 말한다. 그런데 법률행위는 의사표시를 요소로 하기 때문에 법률행위해석은 결국 의사표시의 해석으로 귀결된다.

2. 해석의 목표

법률행위(의사표시)의 해석의 목표는 표시행위가 가지는 당사자의 의사를 밝히는 것이다.

(1) 학 설

일반적으로 해석이란 당사자의 숨은 진의 내지 내심적 효과의사를 탐구하는 것이 아니라 당사자 의사의 객관적 표현이라고 볼 수 있는 표시행위가 가지는 객관적 의미를 밝히는 것이라고 한다.

(2) 판 례

'법률행위 해석은 당사자가 그 「표시행위에 부여한 객관적인 의미」를 명백하게 확정하는 것'이라고 판시하고 있다.

Ⅱ 해석의 방법

1. 자연적 해석

① 자연적 해석이란 표의자의 실제 내심의 의사를 밝히는 해석방법으로 [기출 09], 어떤 일정한 표시에 관하여 당사자가 사실상 일치하여 이해한 경우에는 그 의미대로 효력을 인정하는 해석방법을 말한다.

② 주로 상대방 없는 단독행위에서 자연적 해석방법이 적용된다.

③ 오표시무해의 원칙이란 표의자의 잘못된 표시는 그 표시의 진정한 의미를 인식할 수 있거나 명백한 때에는 표의자에게 해가 되지 않는다는 것으로, 자연적 해석 시 착오 문제는 발생하지 않는다.

> **[자연적 해석 : 오표시무해의 원칙]**
> 부동산의 매매계약에 있어 쌍방당사자가 모두 특정의 甲 토지를 계약의 목적물로 삼았으나 그 목적물의 지번 등에 관하여 착오를 일으켜 계약을 체결함에 있어서는 계약서상 그 목적물을 甲 토지와는 별개인 乙 토지로 표시하였다 하여도 甲 토지에 관하여 이를 매매의 목적물로 한다는 쌍방당사자의 의사합치가 있은 이상 위 매매계약은 甲 토지에 관하여 성립한 것으로 보아야 할 것이고 乙 토지에 관하여 매매계약이 체결된 것으로 보아서는 안 될 것이며, 만일 乙 토지에 관하여 위 매매계약을 원인으로 하여 매수인 명의로 소유권이전등기가 경료되었다면 이는 원인이 없이 경료된 것으로서 무효이다(대판 1993.10.26. 93다2629 · 2636). [기출 07]

2. 규범적 해석

① 상대방의 입장에서 표시행위의 객관적·규범적 의미를 밝히는 해석방법이다. 기출 09
② 상대방 있는 의사표시에 적용된다.
③ 착오에 의한 취소가 문제되는 것은 규범적 해석에 의할 경우에 한정된다.

[규범적 해석 : 표시주의 관념]

- 법률행위의 해석은 당사자가 그 표시행위에 부여한 객관적인 의미를 명백하게 확정하는 것으로서, 서면에 사용된 문구에 구애받는 것은 아니지만 어디까지나 당사자의 내심적 의사의 여하에 관계없이 그 서면의 기재 내용에 의하여 당사자가 그 표시행위에 부여한 객관적 의미를 합리적으로 해석하여야 하는 것이고, 당사자가 표시한 문언에 의하여 그 객관적인 의미가 명확하게 드러나지 않는 경우에는 그 문언의 내용과 그 법률행위가 이루어진 동기 및 경위, 당사자가 그 법률행위에 의하여 달성하려는 목적과 진정한 의사, 거래의 관행 등을 종합적으로 고려하여 사회정의와 형평의 이념에 맞도록 논리와 경험의 법칙, 그리고 사회일반의 상식과 거래의 통념에 따라 합리적으로 해석하여야 한다(대판 2000.11.10. 98다31493).
- 의사표시 해석에 있어서 당사자의 진정한 의사를 알 수 없다면, 의사표시의 요소가 되는 것은 표시행위로부터 추단되는 효과의사 즉 표시상의 효과의사이고 표의자가 가지고 있던 내심적 효과의사가 아니므로, 당사자의 내심의 의사보다는 외부로 표시된 행위에 의하여 추단된 의사를 가지고 해석함이 상당하다(대판 2002.6.28. 2002다23482). 기출 06
- 법원이 진정성립이 인정되는 처분문서를 해석함에 있어서는 특별한 사정이 없는 한 그 처분문서에 기재되어 있는 문언에 따라 당사자의 의사표시가 있었던 것으로 해석하여야 하는 것이나, 그 처분문서의 기재 내용과 다른 특별한 명시적, 묵시적 약정이 있는 사실이 인정될 경우에 그 기재 내용의 일부를 달리 인정하거나 작성자의 법률행위를 해석함에 있어서 경험칙과 논리법칙에 어긋나지 아니하는 범위 내에서 자유로운 심증으로 판단할 수 있다(대판 2003.4.8. 2001다38593). 기출 09
- **[1] 계약의 당사자가 누구인지 확정하는 방법** : 계약의 당사자가 누구인지는 계약에 관여한 당사자의 의사해석 문제이다. 당사자들의 의사가 일치하는 경우에는 그 의사에 따라 계약의 당사자를 확정해야 한다. 그러나 당사자들의 의사가 합치되지 않는 경우에는 의사표시 상대방의 관점에서 합리적인 사람이라면 누구를 계약의 당사자로 이해하였을 것인지를 기준으로 판단해야 한다.
  [2] 부가가치세법에 따른 고유번호나 소득세법에 따른 납세번호를 부여받지 않은 비법인 단체의 대표자가 단체를 계약의 당사자로 할 의사를 밝히면서 대표자인 자신의 실명으로 예금계약 등 금융거래계약을 체결하고, 금융기관이 그 사람이 비법인 단체의 대표자인 것과 그의 실명을 확인한 경우, 금융거래계약의 당사자를 비법인 단체라고 보아야 하는지 여부(원칙적 적극) : 금융실명거래 및 비밀보장에 관한 법률 제2조 제4호, 제3조 제1항, 제3항, 제7항, 금융실명거래 및 비밀보장에 관한 법률 시행령 제3조 제1호, 제4조의2 제1항 제1호, 제3조 제3호, 제4조의2 제1항 제3호의 문언 내용과 체계 등을 종합하면, 부가가치세법에 따른 고유번호나 소득세법에 따른 납세번호를 부여받지 않은 비법인 단체의 경우 그 대표자가 단체를 계약의 당사자로 할 의사를 밝히면서 대표자인 자신의 실명으로 예금계약 등 금융거래계약을 체결하고, 금융기관이 그 사람이 비법인 단체의 대표자인 것과 그의 실명을 확인하였다면, 특별한 사정이 없는 한 당사자 사이에 단체를 계약의 당사자로 하는 의사가 일치되었다고 할 수 있어 금융거래계약의 당사자는 비법인 단체라고 보아야 한다(대판 2020.12.10. 2019다267204).
- 하나의 법률관계를 둘러싸고 각기 다른 내용을 정한 여러 개의 계약서가 순차로 작성되어 있는 경우 당사자가 그러한 계약서에 따른 법률관계나 우열관계를 명확하게 정하고 있다면 그와 같은 내용대로 효력이 발생한다. 그러나 여러 개의 계약서에 따른 법률관계 등이 명확히 정해져 있지 않다면 각각의 계약서에 정해져 있는 내용 중 서로 양립할 수 없는 부분에 관해서는 원칙적으로 나중에 작성된 계약서에서 정한 대로 계약 내용이 변경되었다고 해석하는 것이 합리적이다(대판 2020.12.30. 2017다17603).

---

3. 보충적 해석

① 법률행위의 내용에 흠결이 있는 경우에 이를 해석에 의하여 보충하는 해석방법이다.

② 주로 계약에서 적용된다. 법률행위의 성립 전이나 불성립 시에는 보충적 해석이 문제되지 않는다.

③ 보충적 해석은 계약을 유지시키고자 하는 해석이기 때문에 착오에 의한 취소는 문제되지 않는다.

Ⅲ 해석의 표준

민법은 법률행위 해석의 기준에 관해 일반 규정을 두고 있지 않으나, 당사자가 기도한 목적, 사실인 관습, 임의법규, 신의성실의 원칙 등이 모두 해석의 기준이 될 수 있다.

03   의사표시

제1관 | 흠 있는 의사표시

Ⅰ 서 설

1. 의사표시의 의의

의사표시는 일정한 법률효과를 발생시키려는 의사를 외부로 표시하는 것으로, 법률행위의 본질적 구성부분이다.

2. 의사표시의 구성요소

(1) 구성요소

① 의사표시는 효과의사, 표시의사, 행위의사, 표시행위 등으로 분해될 수 있다.

② 다만, 이 중 '표시의사'가 의사표시의 구성요소로 필요한지 여부에 관하여 견해가 대립하고, 다수설은 이를 부정한다. '행위의사'에 대하여도 통설은 독립적인 구성요소로 보지는 않는다.

(2) 효과의사

효과의사는 어떤 구체적인 법률효과의 발생을 의도한 의사이다. 그런데 효과의사가 내심적 효과의사인가 표시상의 효과의사인가에 대하여 견해의 대립이 있으며, 다수설·판례는 법률행위의 해석과 관련하여 의사표시의 요소가 되는 것은 표시상의 효과의사라고 한다(대판 2002.6.28. 2002다23482).

(3) 표시의사

1) 의 의

표시의사란 효과의사를 외부에 표현하려는 의사이다. 포도주 경매사건이나 외환시장에서 손가락표시 등 자신의 표시행위의 법적 의미를 알지 못하고 표시행위를 한 경우를 표시의사가 없는 경우라 하는데, 이때의 법적 취급에 관하여 견해가 대립된다.

2) 표시의사 없는 경우의 법적 취급

① 표시의사는 의사표시의 구성요소가 아니라는 견해(불요설 : 통설) : 거래안전을 위해 표시의사가 없더라도 의사표시는 완전히 성립한다. 단, 의사와 표시의 불일치가 있는 경우로서 착오에 의한 취소 문제로 해결해야 한다는 입장이다.

② 표시의사는 의사표시의 구성요소라는 견해(필요설 : 소수설) : 이에 의하면 표시의사가 없는 경우 의사표시는 불성립한다. 따라서 원칙적으로 착오 문제는 발생하지 않는다.

(4) 행위의사

행위의사란 어떤 행위를 하겠다는 인식을 의미하는 바, 수면 중의 행위, 반사적 행위, 최면상태의 행위 등은 행위의사가 없다. 이에 대해 통설은 행위의사를 의사표시의 독립적인 구성요소로 보지 않고 표시행위의 문제로 본다.

(5) 표시행위

1) 문제점

효과의사를 외부에 표시하는 행위로 쟁점은 명시적인 표시행위가 없는 경우에도 침묵이나 거동 등 일정한 행위를 표시행위로 보아 의사표시로 인정할 수 있는가이다.

2) 묵시적 의사표시(거동, 침묵, 포함적 의사표시 등)

① 거동 : 거동에 의한 의사표시는 가능하다.

② 침묵 : 침묵이 의사표시가 되기 위해서는 당사자 사이의 약정이나 거래관행상 일정한 의사표시로 평가될 수 있는 특별한 사정과 그에 대한 인식이 필요하다.

③ 포함적 의사표시(추단적 행위에 의한 의사표시, 간접적 의사표시)

   ㉠ 행위자의 실행행위에 어떤 의사표시가 포함되어 있는 경우로 이를 간접적 의사표시라고 표현하기도 한다.

   ㉡ 취소할 수 있는 행위의 법정추인(민법 제145조)은 포함적 의사표시이론에 근거한다.

Ⅱ 진의 아닌 의사표시

> **진의 아닌 의사표시(민법 제107조)**
> ① 의사표시는 표의자가 진의아님을 알고 한 것이라도 그 효력이 있다. 그러나 상대방이 표의자의 진의아님을 알았거나 이를 알 수 있었을 경우에는 무효로 한다.
> ② 전항의 의사표시의 무효는 선의의 제3자에게 대항하지 못한다.

1. 의 의

비진의표시는 의사와 표시의 불일치를 표의자 스스로 알면서 하는 의사표시를 말한다.

2. 요 건

(1) 의사표시의 존재

진의 아닌 의사표시로 되기 위하여 우선 일정한 효과의사를 추단할 만한 행위가 있어야 한다.

(2) 진의와 표시가 불일치할 것

① 진의와 표시가 일치하지 않아야 한다.

② 진의란 특정한 내용의 의사표시를 하고자 하는 표의자의 생각을 말하는 것이지 표의자가 진정으로 마음속에서 바라는 사항을 뜻하는 것은 아니라고 할 것이다(대판 1993.7.16. 92다41528・92다41535).

③ 표의자가 의사표시의 내용을 진정으로 마음속으로 바라지는 아니하였다고 하더라도 당시의 상황에서는 그것을 최선이라고 판단하여 그 의사표시를 하였을 경우에는 이를 내심의 효과의사가 결여된 진의 아닌 의사표시라고 할 수 없다(대판 2003.4.25. 2002다11458).

> **[명의대여자의 의사표시가 비진의 의사표시에 해당하는지 여부]**
> 법률상 또는 사실상의 장애로 자기 명의로 대출받을 수 없는 자를 위하여 대출금채무자로서의 명의를 빌려 준 자에게 그와 같은 채무부담의 의사가 없는 것이라고는 할 수 없으므로 그 의사표시를 비진의표시에 해당한다고 볼 수 없고, 설령 명의대여자의 의사표시가 비진의표시에 해당한다고 하더라도 그 의사표시의 상대방인 상호신용금고로서는 명의대여자가 전혀 채무를 부담할 의사 없이 진의에 반한 의사표시를 하였다는 것까지 알았다거나 알 수 있었다고 볼 수도 없다고 보아, 그 명의대여자는 표시행위에 나타난 대로 대출금채무를 부담한다(대판 1996.9.10. 96다18182). `기출` 06・07・09

(3) 표의자가 그러한 사실을 알고 있을 것

① 상대방과 통정이 있으면 통정허위표시이다.

② 표의자가 불일치를 모르고 있는 경우에는 착오의 문제이다.

3. 효 과

① 원칙적으로 표시된 대로 효과가 발생하여 유효하다(민법 제107조 제1항 본문).

② 예외적으로 상대방이 알았거나 알 수 있었을 경우에는 무효이다(민법 제107조 제1항 단서). 이 경우 상대방이 진의 아님을 알았다거나 또는 알 수 있었다는 것은 의사표시의 무효를 주장하는 자가 주장・증명하여야 한다(통설・판례). `기출` 07・19

> [법정대리인인 친권자의 대리행위가 미성년자 본인에게는 경제적인 손실만을 초래하는 반면 친권자나 제3자에게는 경제적인 이익을 가져오는 행위이고 행위의 상대방이 이러한 사실을 알았거나 알 수 있었을 경우, 행위의 효과가 子(자)에게 미치는지 여부(소극) 및 그와 같은 사정을 들어 선의의 제3자에게 대항할 수 있는지 여부(소극) / 이때 제3자가 악의라는 사실에 관한 주장·증명책임의 소재(= 무효를 주장하는 자)]
>
> 법정대리인인 친권자의 대리행위가 객관적으로 볼 때 미성년자 본인에게는 경제적인 손실만을 초래하는 반면, 친권자나 제3자에게는 경제적인 이익을 가져오는 행위이고 행위의 상대방이 이러한 사실을 알았거나 알 수 있었을 때에는 민법 제107조 제1항 단서의 규정을 유추적용하여 행위의 효과가 子(자)에게는 미치지 않는다고 해석함이 타당하나, 그에 따라 외형상 형성된 법률관계를 기초로 하여 새로운 법률상 이해관계를 맺은 선의의 제3자에 대하여는 같은 조 제2항의 규정을 유추적용하여 누구도 그와 같은 사정을 들어 대항할 수 없으며, 제3자가 악의라는 사실에 관한 주장·증명책임은 무효를 주장하는 자에게 있다(대판 2018.4.26. 2016다3201).

③ 단, 무효로써 선의의 제3자에게 대항할 수 없다(민법 제107조 제2항).

4. 적용범위

① 계약 및 상대방 있는 단독행위 : 당연히 민법 제107조가 적용된다.
② 상대방 없는 단독행위 : 민법 제107조 제1항 단서의 적용 여부에 대하여 학설의 다툼이 있다.
③ 친족법상의 행위와 공법상의 의사표시 및 거래의 안전이 중시되는 주식인수의 청약 등에 대하여는 민법 제107조가 적용되지 않는다. 따라서 공무원의 사직의 의사표시에는 민법 제107조가 적용되지 않는다. `기출` 07·19

5. 판 례

(1) 진의 아닌 의사표시에 해당하는 사례

사용자가 사직의 의사 없는 근로자로 하여금 어쩔 수 없이 사직서를 작성·제출하게 한 후 이를 수리하는 이른바 의원면직의 형식을 취하여 근로계약관계를 종료시키는 경우는 근로자의 사직서 제출이 진의 아닌 의사표시에 해당하여 무효이다(대판 2000.4.25. 99다34475).

(2) 진의 아닌 의사표시에 해당하지 않는 사례

① 비록 재산을 강제로 뺏긴다는 것이 표의자의 본심으로 잠재되어 있었다 하여도 표의자가 강박에 의하여서나마 증여를 하기로 하고 그에 따른 증여의 의사표시를 한 이상 증여의 내심의 효과의사가 결여된 것이라고 할 수는 없다(대판 2002.12.27. 2000다47361). `기출` 07·11
② 근로자가 징계면직처분을 받은 후 당시 상황에서는 징계면직처분의 무효를 다투어 복직하기는 어렵다고 판단하여 퇴직금 수령 및 장래를 위하여 사직원을 제출하고 재심을 청구하여 종전의 징계면직처분이 취소되고 의원면직처리된 경우, 그 사직의 의사표시는 비진의의사표시에 해당하지 않는다(대판 2000.4.25. 99다34475).

③ 공무원이 사직의 의사표시를 하여 의원면직처분을 하는 경우 그 사직의 의사표시는 그 법률관계의 특수성에 비추어 외부적·객관적으로 표시된 바를 존중하여야 할 것이므로, 비록 사직원제출자의 내심의 의사가 사직할 뜻이 아니었다고 하더라도 진의 아닌 의사표시에 관한 민법 제107조는 그 성질상 사직의 의사표시와 같은 사인의 공법행위에는 준용되지 아니하므로 그 의사가 외부에 표시된 이상 그 의사는 표시된 대로 효력을 발한다(대판 1997.12.12. 97누13962).

기출 07·19

Ⅲ 통정한 허위의 의사표시

통정한 허위의 의사표시(민법 제108조)
① 상대방과 통정한 허위의 의사표시는 무효로 한다.
② 전항의 의사표시의 무효는 선의의 제3자에게 대항하지 못한다. 기출 12

1. 서 설

(1) 의 의

허위표시라 함은 상대방과 통정하여 하는 자기의 진의와 다른 의사표시를 말한다. 그리고 허위표시를 요소로 하는 법률행위를 가장행위라 한다.

(2) 구 별

① 은닉행위 : 증여를 하면서 증여세 면탈을 목적으로 매매를 가장하여 소유권이전등기를 하는 경우, 위 매매를 가장매매라 한다. 그리고 증여를 은닉행위라고 한다.

② 명의신탁행위 : 명의신탁에서 권리를 대외적으로 이전하려는 신탁자의 진의가 존재하므로, 명의신탁행위는 허위표시가 아니다.

③ 허수아비행위 : 계약당사자가 전면에 나서는 것을 꺼려 다른 사람을 내세워 법률행위를 하되 대내적으로 이에 따른 권리·의무를 자기에게 귀속시키는 행위를 허수아비행위라고 한다. 즉 허수아비행위는 비진의표시나 통정허위표시가 될 수 없고, 원칙적으로 유효한 행위가 되어 허수아비에게 법적 효과가 귀속되고, 추후 배후자에게로의 권리이전의 문제가 남게 된다.

2. 요 건

(1) 의사표시의 존재

허위표시는 당연히 상대방 있는 의사표시여야 한다.

(2) 표시와 진의의 불일치

표시행위의 의미(표시상의 효과의사)에 대응하는 표의자의 의사(내심적 효과의사)가 존재하는 한, 허위표시가 아니다.

(3) 상대방과의 통정이 있을 것

① 진의와 다른 표시를 하는 데 대하여 표의자가 알고 있어야 할 뿐만 아니라 상대방과 통정해야 한다.

② 이 요건은 허위표시의 무효를 주장하는 자가 증명해야 한다.

3. 효 과

(1) 당사자 간의 효과

<u>허위표시 당사자 사이에서는 언제나 무효이다. 또한 누구든지 그 무효를 주장할 수 있다</u>(대판 2003.3.28. 2002다72125).

① <u>민법 제746조와의 관계</u> : 허위표시는 그 자체로는 불법이 아니므로 민법 제746조는 적용되지 않는다. 즉 강제집행을 면할 목적으로 부동산의 소유자 명의를 허위의 근저당권 설정등기를 경료하거나 명의신탁 하는 것이 불법원인급여에 해당한다고 볼 수는 없다(대판 2004.5.28. 2003다70041). 기출 17 따라서 상대방에게 급부한 것에 대한 부당이득반환을 청구할 수 있다. 기출 12·14

② <u>민법 제406조와의 관계</u> : 무효인 법률행위를 취소할 수 있는지가 문제되는데, 통설·판례는 이를 긍정한다. 즉 법률행위가 통정허위표시인 경우에도 채권자취소권의 대상이 되며, 채권자취소권의 대상으로 된 채무자의 법률행위라도 통정허위표시의 요건을 갖춘 경우에는 무효이다(대판 1998.2.27. 97다50985). 기출 14·18·19·23

(2) 제3자에 대한 효과

① <u>제3자의 의의</u> : 허위표시의 당사자 및 포괄승계인 이외의 자로서 허위표시에 의하여 형성된 법률관계를 토대로 실질적으로 새로운 이해관계를 갖는 자를 말한다(통설, 대판 2007.7.6. 99다51258). 여기에서 선의의 제3자가 보호될 수 있는 법률상 이해관계는 위 전세권설정계약의 당사자를 상대로 하여 직접 법률상 이해관계를 가지는 경우 외에도 그 법률상 이해관계를 바탕으로 하여 다시 위 전세권설정계약에 의하여 형성된 법률관계와 새로이 법률상 이해관계를 가지게 되는 경우도 포함된다(대판 2013.2.15. 2012다49292). 기출 12 따라서 <u>통정허위표시의 제3자가 악의라도 그 전득자가 통정허위표시에 대하여 선의인 때에는 전득자에게 허위표시의 무효를 주장할 수 없다.</u> 기출 19

② 제3자에 해당하는 경우

㉠ <u>가장매매의 매수인으로부터 그 부동산을 다시 매수한 자</u>(대판 1996.4.26. 94다12074) 기출 06·22

㉡ 가장매매에 기한 대금채권의 양수인 또는 가장소비대차에 기한 채권의 양수인

㉢ <u>가장양수인으로부터 저당권을 취득한 자</u> 기출 13

㉣ 통정허위표시에 의하여 외형상 형성된 법률관계로 생긴 채권의 가압류권자 기출 22

㉤ 파산자가 상대방과 통정한 허위의 의사표시를 통하여 가장채권을 보유하고 있다가 파산이 선고된 경우의 <u>파산관재인</u>

㉥ 허위의 주채무자의 기망행위에 의하여 보증계약을 체결한 후 「보증채무를 이행한 보증인」

기출 13·23

③ 제3자에 해당하지 않는 경우
  ㉠ 채권의 가장양도에 있어서의 주채무자(대판 1983.1.18. 82다594)
  ㉡ 저당권의 가장포기시 기존의 후순위저당권자
  ㉢ 가장매매에 의한 손해배상청구권의 양수인(통설)
  ㉣ 채권의 가장양수인으로부터 추심을 위한 채권양도를 받은 자
  ㉤ 제3자를 위한 계약의 수익자 기출 13·14
  ㉥ 가장소비대차의 계약상 지위를 선의로 이전받은 자 기출 22
④ 제3자의 선의
  ㉠ 제3자의 선의는 추정되므로 무효를 주장하는 자가 제3자의 악의를 입증해야 한다는 것이 통설·판례이다. 기출 12
  ㉡ 제3자는 선의이면 족하고, 무과실은 요건이 아니다(대판 2004.5.28. 2003다70041). 기출 19·22
  ㉢ 선의의 제3자로부터 다시 매수한 자(전득자)가 악의라 할지라도 보호된다(엄폐물법칙·통설).
⑤ '대항하지 못한다'는 의미
  ㉠ 선의의 제3자가 보호받는 경우 허위표시의 당사자뿐만 아니라 그 누구도 제3자에게 허위표시의 무효를 주장할 수 없다는 것이 통설·판례이다.
  ㉡ 그러나 선의의 제3자가 스스로 허위표시의 무효를 주장할 수는 있다(통설).

4. 적용범위

① 민법 제108조는 계약에 한하지 않고, 상대방 있는 단독행위에도 적용된다.
② 상대방 없는 행위에는 적용되지 않는다.
③ 가족법상의 법률행위에서 허위표시는 언제나 무효이다.

5. 허위표시와 철회

① 당사자 간 합의로 허위표시의 철회는 가능하다(통설).
② 철회가 있기 전 이해관계를 맺은 선의의 제3자에 대하여 철회를 가지고 대항할 수 없고, 철회 후에 이해관계를 맺은 제3자에 대해서는 허위표시의 외형을 제거한 경우에만 철회를 가지고 제3자에게 대항할 수 있다(통설).

6. 민법 제108조 제2항의 유추적용 문제

乙이 甲으로부터 부동산에 관한 담보권설정의 대리권만 수여받고도 그 부동산에 관하여 자기 앞으로 소유권이전등기를 하고 이어서 丙에게 그 소유권이전등기를 경료한 경우, 丙은 乙을 甲의 대리인으로 믿고서 위 등기의 원인행위를 한 것도 아니고, 甲도 乙 명의의 소유권이전등기가 경료된 데 대하여 이를 통정·용인하였거나 이를 알면서 방치하였다고 볼 수 없다면 이에 민법 제126조나 제108조 제2항을 유추할 수는 없다(대판 1991.12.27. 91다3208). 기출 11

7. 차명대출

동일인에 대한 대출액 한도를 제한한 법령이나 금융기관 내부규정의 적용을 회피하기 위하여 실질적인 주채무자가 실제 대출받고자 하는 채무액에 대하여 제3자를 형식상의 주채무자로 내세우고, 금융기관도 이를 양해하여 제3자에 대하여는 채무자로서의 책임을 지우지 않을 의도하에 제3자 명의로 대출관계서류를 작성받은 경우, 제3자는 형식상의 명의만을 빌려 준 자에 불과하고 그 대출계약의 실질적인 당사자는 금융기관과 실질적 주채무자이므로, 제3자 명의로 되어 있는 대출약정은 그 금융기관의 양해하에 그에 따른 채무부담의 의사 없이 형식적으로 이루어진 것에 불과하여 통정허위표시에 해당하는 무효의 법률행위이고(대판 2001.5.29. 2001다11765), 기출 23 금융기관과 실질적 주채무자 간의 대출약정은 은닉행위에 해당하여 유효이다. 기출 09·14

Ⅳ 착오로 인한 의사표시

착오로 인한 의사표시(민법 제109조) 기출 06·21
① 의사표시는 법률행위의 내용의 중요부분에 착오가 있는 때에는 취소할 수 있다. 그러나 그 착오가 표의자의 중대한 과실로 인한 때에는 취소하지 못한다.
② 전항의 의사표시의 취소는 선의의 제3자에게 대항하지 못한다.

1. 서 설

의사표시는 법률행위의 내용의 중요부분에 착오가 있는 때에는 취소할 수 있다. 그러나 그 착오가 표의자의 중대한 과실로 인한 때에는 취소하지 못하며(민법 제109조 제1항), 그 의사표시의 취소는 선의의 제3자에게 대항하지 못한다(민법 제109조 제2항). 여기서 착오에 의한 의사표시란 표시에 의하여 추단되는 의사와 진의가 일치하지 않으며 그 불일치를 표의자 자신이 모르는 의사표시를 말한다. 또한 착오가 미필적인 장래의 불확실한 사실에 관한 것이라도 민법 제109조 소정의 착오에서 제외되는 것은 아니다(대판 1994.6.10. 93다24810). 기출 15

2. 착오의 유형

(1) 표시상의 착오

표의자가 외부적으로 자기가 표시한 것으로 나타난 바를 표시하려 하지 않았던 경우에 이 유형의 착오가 존재한다. 즉 표시행위 자체를 잘못하는 것이 표시상의 착오이다. 다만, 사자가 아니라 대리인이 표시를 잘못한 경우, 그 대리인의 표시만이 효과를 발생시키므로, 대리인에 의한 표시의 내용과 본인의 의사가 다르더라도, 그것은 원칙적으로 본인의 착오가 되지 아니한다. 기출 15

(2) 내용의 착오

표의자가 표시하려고 한 바를 제대로 표시하였지만 외부적으로 표시된 바를 법적으로 다른 의미 또는 범위와 결부시킨 경우에 내용의 착오가 존재한다.

(3) 동기의 착오

① 의의 : 동기의 착오란 의사형성의 과정에 있어서의 착오이며, 이에는 당사자 일방의 동기의 착오가 있고, 쌍방의 동기의 착오가 있다.

② 문제점 : 민법 제109조 제1항은 '법률행위의 내용'에 착오가 있는 경우에만 착오를 이유로 의사표시를 취소할 수 있도록 규정하고 있는 바, '법률행위의 동기'에 착오가 있는 경우에도 이를 이유로 의사표시를 취소할 수 있을지 문제된다.

　㉠ 학 설

- 동기표시설(다수설) : 동기가 표시되고 이를 상대방이 알고 있는 경우에는 동기가 법률행위의 내용이 되어 민법 제109조를 적용할 수 있다는 견해로 <u>표의자의 보호와 거래안전</u>의 조화를 추구한다.
- 동기포함설(민법 제109조 적용설) : 민법 제109조가 정한 착오의 개념에 동기의 착오도 포함되기에 표시 여하를 불문하고 민법 제109조의 요건을 갖추면 취소할 수 있다는 견해이다.
- 민법 제109조 유추적용설 : 법률행위해석에 의해 동기가 법률행위의 내용으로 되었다고 할 수 없는 경우에는 일반 착오와 동일하게 취급할 수는 없고, 다만, 거래에 있어서 중요한 사람 또는 물건의 성질에 대한 착오 및 이에 준하는 착오는 민법 제109조를 유추적용할 수 있다는 견해이다.

　㉡ 판례 : 동기가 표시되어 의사표시 해석상 법률행위의 내용이 된 경우이거나 표시되지는 않았더라도 동기의 착오가 상대방으로부터 유발되거나 제공된 경우, 민법 제109조를 적용할 수 있다. `기출` 06·14·15·19 다만, 이때에도 민법 제109조의 나머지 요건(중요 부분, 무중과실)을 갖추어야 취소할 수 있다는 점을 주의해야 한다.

　㉢ 검토 : 표의자의 보호와 거래안전의 조화의 필요성을 고려할 때 동기표시설이 타당하다.

3. 취소권 발생의 요건

(1) 법률행위 내용의 중요부분에 착오가 있을 것[이중적 기준설(통설)](대판 1999.4.23. 98다45546)

중요부분 착오 ○	중요부분의 착오 ×
임대차계약에서 임차인의 착오	매매에 있어서 사람의 동일성의 착오
보증인의 주채무자에 대한 착오	보증인의 주채무자의 신용상태나 변제자력에 대한 착오
매매계약에서 목적물인 점포에 대한 착오	표의자가 경제적 불이익을 입지 않은 경우
토지의 현황·경계에 대한 착오	토지의 수량
설계용역계약에서 건축사 자격증 여부에 대한 착오	시가에 대한 착오

① 객관적 현저성 : 보통 일반인이 표의자의 입장에 섰더라면 그러한 의사표시를 하지 않았을 것이라고 생각될 정도로 중요한 것이어야 한다. 기출 08

② 주관적 현저성 : 표의자가 이러한 착오가 없었더라면 그 의사표시를 하지 않았을 것이라고 판단될 정도로 중요한 것이어야 한다. 기출 14 결국, 판례는 법률행위의 내용의 중요부분에 착오가 있는지 여부는 그 행위에 관하여 주관적·객관적 표준에 좇아 구체적 사정에 따라 가려져야 할 것이고, 추상적·일률적으로 이를 가릴 수 없다고 한다(대판 1985.4.23. 84다카890).

③ 중요부분에 해당하는지 여부

㉠ 표의자에게 경제적인 불이익이 없는 경우 : 착오가 법률행위 내용의 중요 부분에 있다고 하기 위하여는 표의자에 의하여 추구된 목적을 고려하여 합리적으로 판단하여 볼 때 표시와 의사의 불일치가 객관적으로 현저하여야 하고, 만일 그 착오로 인하여 표의자가 무슨 경제적인 불이익을 입은 것이 아니라고 한다면 이를 법률행위 내용의 중요 부분의 착오라고 할 수 없다(대판 1999.2.23. 98다47924). 기출 06·09·19

㉡ 당사자에 관한 착오 : 원칙적으로 당사자의 동일성에 관한 착오는 법률행위 내용의 중요부분에 관한 착오에 해당한다. 따라서 채무자의 동일성에 관한 착오는 법률행위 내용의 중요 부분에 관한 착오에 해당한다(대판 1995.12.22. 95다37087). 기출 06·08

㉢ 목적물에 관한 착오 : 타인소유의 부동산을 임대한 것이 임대차계약을 해지할 사유는 될 수 없고 목적물이 반드시 임대인의 소유일 것을 특히 계약의 내용으로 삼은 경우라야 착오를 이유로 임차인이 임대차계약을 취소할 수 있다(대판 1975.1.28. 74다2069).

㉣ 토지의 현황·경계·시가·지가에 관한 착오

• 토지의 현황·경계에 관한 착오는 매매계약의 중요부분에 대한 착오에 해당한다.

• 시가·지가에 관한 착오

− 부동산 매매에 있어서 시가에 관한 착오는 부동산을 매매하려는 의사를 결정함에 있어 동기의 착오에 불과할 뿐 법률행위의 중요부분에 관한 착오라고 할 수 없다(대판 1992.10.23. 92다29337). 기출 15

− 매매대금은 매매계약의 중요 부분인 목적물의 성질에 대응하는 것이기는 하나 분량적으로 가분적인 데다가 시장경제하에서 가격은 늘 변동하는 것이어서, 설사 매매대금액 결정에 있어서 착오로 인하여 다소간의 차이가 나더라도 보통은 중요 부분의 착오로 되지 않는다. 그러나 이 사건은 정당한 평가액을 기준으로 무려 85%나 과다하게 평가된 경우로서 그 가격 차이의 정도가 현저할 뿐만 아니라, 원고 시(市)로서는 위와 같은 동기의 착오가 없었더라면 그처럼 과다하게 잘못 평가된 금액을 기준으로 협의매수계약을 체결하지 않았으리라는 점은 명백하므로 중요한 부분의 착오로 인정될 수 있다(대판 1998.2.10. 97다44737). 기출 14·23

㉤ 사격에 관한 착오 : 재건축아파트 설계용역에서 건축사 자격이 가지는 중요성에 비추어 볼 때, 재건축조합이 건축사 자격이 없이 건축연구소를 개설한 건축학 교수에게 건축사 자격이 없다는 것을 알았더라면 재건축조합만이 아니라 객관적으로 볼 때 일반인으로서도 이와 같은 설계용역계약을 체결하지 않았을 것으로 보이므로, 재건축조합 측의 착오는 중요 부분의 착오에 해당한다(대판 2003.4.11. 2002다70884).

(2) 표의자에게 중과실이 없을 것

① 중대한 과실이란 표의자의 직업, 행위의 종류, 목적 등에 비추어 보통 요구되는 주의를 현저하게 결여하는 것을 말한다(대판 2003.4.11. 2002다70884).

② 표의자에게 중과실이 없어야 취소할 수 있음이 원칙이나, 표의자에게 중대한 과실이 있다 하더라도 당초에 그 상대방이 악의로서 표의자의 착오를 알고 이를 이용한 경우에는 표의자는 의사표시를 취소할 수 있다(대판 1955.11.10. 4288민상321). 기출 19 · 21

(3) 입증책임

① 중요부분의 착오가 있다는 것은 착오에 의한 취소를 주장하는 표의자가 입증해야 한다.

② 표의자에게 중과실이 있다는 점은 상대방이 입증하여 취소를 저지해야 한다. 기출 09 · 21

(4) 착오에 대한 상대방의 예견가능성 요부

상대방의 예견가능성을 요건으로 하는 것은 명문에 반하고, 사실상 착오에 의한 취소를 봉쇄하는 결과가 되므로 이를 요건으로 하지 않는다(통설 · 판례).

4. 효 과

(1) 법률행위의 소급적 무효(민법 제141조 본문) 기출 15 · 23

착오가 법률행위 일부에만 관계된 경우에는 그 부분만의 일부취소가 가능하며, 그 효과는 일부무효의 법리가 적용된다(통설. 대판1998.2.10. 97다44737).

(2) 제3자에 대한 효과

① 착오에 의한 의사표시의 취소는 선의의 제3자에게 대항하지 못한다. 기출 06

② 제3자에는 단순히 착오로 인한 의사표시의 취소가 있기 전에 새로운 이해관계를 맺은 자뿐만 아니라 법률행위 취소 이후라도 그러한 사정을 모르는 자도 포함된다(통설).

(3) 신뢰이익의 배상책임

계약체결상의 과실책임(민법 제535조)을 유추적용하여 표의자에게 경과실이 있는 경우, 신뢰이익 배상책임을 인정한다(다수설).

(4) 불법행위로 인한 손해배상청구 여부

> 불법행위로 인한 손해배상책임이 성립하기 위하여는 가해자의 고의 또는 과실 이외에 행위의 위법성이 요구되므로, 전문건설공제조합이 계약보증서를 발급하면서 조합원이 수급할 공사의 실제 도급금액을 확인하지 아니한 과실이 있다고 하더라도 민법 제109조에서 중과실이 없는 착오자의 착오를 이유로 한 의사표시의 취소를 허용하고 있는 이상, 전문건설공제조합이 과실로 인하여 착오에 빠져 계약보증서를 발급한 것이나 그 착오를 이유로 보증계약을 취소한 것이 위법하다고 할 수는 없다(대판 1997.8.22. 97다13023). 기출 21

5. 적용범위

① 신분행위에는 적용이 없다(다수설).

② 소송행위(대판 1964.9.15. 64다92)나 공법상의 행위에는 적용되지 않는다. `기출` **14**

> **[표시기관의 착오로 인한 소 취하의 효력(유효)과 그 임의 철회 여부(소극)]**
> 수일 취하는 위고가 제기한 소를 철회하여 소송계속을 소멸시키는 인고의 법원에 대한 그 상 행위이고 이런 행위는 일반 사법성의 행위와는 널리 내심의 의사보나 그 표시를 기준으로 하여 그 효력 유무를 판정할 수밖에 없는 것인바, 원고들 소송대리인으로부터 원고 중 1인에 대한 소 취하를 지시받은 사무원은 원고들 소송대리인의 표시기관에 해당되어 그의 착오는 원고들 소송대리인의 착오로 보아야 하므로, 그 사무원의 착오로 원고들 소송대리인의 의사에 반하여 원고들 전원의 소를 취하하였다 하더라도 이를 무효라 볼 수는 없고, 적법한 소 취하의 서면이 제출된 이상 그 서면이 상대방에게 송달되기 전·후를 묻지 않고 원고는 이를 임의로 철회할 수 없다(대판 1997.6.27. 97다6124).

> **[민법 제109조에 따라 법률행위의 내용의 중요 부분에 착오가 있는 경우, 소취하합의의 의사표시도 취소할 수 있는지 여부(적극) 및 '법률행위의 중요 부분의 착오'의 의미 / 착오를 이유로 의사표시를 취소하는 자가 증명하여야 할 사항]**
> 소취하합의의 의사표시 역시 민법 제109조에 따라 법률행위의 내용의 중요 부분에 착오가 있는 때에는 취소할 수 있을 것이다. 의사표시의 동기에 착오가 있는 경우에는 당사자 사이에 그 동기를 의사표시의 내용으로 삼았을 때에 한하여 의사표시의 내용의 착오가 되어 취소할 수 있는 것이며, 법률행위의 중요 부분의 착오라 함은 표의자가 그러한 착오가 없었더라면 그 의사표시를 하지 않으리라고 생각될 정도로 중요한 것이어야 하고 보통 일반인도 표의자의 처지에 섰더라면 그러한 의사표시를 하지 않았으리라고 생각될 정도로 중요한 것이어야 한다. 이때 착오를 이유로 의사표시를 취소하는 자는 법률행위의 내용에 착오가 있었다는 사실과 함께 착오가 의사표시에 결정적인 영향을 미쳤다는 점, 즉 만일 착오가 없었더라면 의사표시를 하지 않았을 것이라는 점을 증명하여야 한다(대판 2020.10.15. 2020다227523[본소]·227530[반소]).

③ 정형적 거래행위, 단체적 거래행위에는 원칙적으로 민법 제109조가 적용되지만, 거래안전을 위하여 일정한 경우에는 제한될 수 있다. 회사성립 후에 주식을 인수한 자는 착오를 이유로 그 인수를 취소하지 못한다(상법 제320조 제1항).

> 민법 제109조의 법리는 적용을 배제하는 취지의 별도 규정이 있거나 당사자의 합의로 적용을 배제하는 등의 특별한 사정이 없는 한 원칙적으로 모든 사법(私法)상 의사표시에 적용된다(대판 2014.11.27. 2013다49794 참고). `기출` **21**

6. 민법 제109조와 다른 규정과의 경합 여부

(1) 착오와 사기의 경합

① 기망행위로 인하여 동기의 착오를 일으킨 경우 : 판례는 「기망행위로 인하여 법률행위의 중요 부분에 관하여 착오를 일으킨 경우 뿐만 아니라 법률행위의 내용으로 표시되지 아니한 의사결정의 동기에 관하여 착오를 일으킨 경우에도 표의자는 그 법률행위를 사기에 의한 의사표시로서 취소할 수 있다」(대판 1985.4.9. 85도167)고 하여 착오와 사기의 경합을 인정하였다. `기출` **11**

② 기망행위로 인하여 표시상의 착오를 일으킨 경우 : 반면 판례는「신원보증서류에 서명날인하는 것으로 잘못 알고 이행보증보험약정서를 읽어보지 않은 채 서명날인한 것일 뿐 연대보증약정을 한 사실이 없다는 주장은 위 연대보증약정을 착오를 이유로 취소한다는 취지로 볼 수 있다」(대판 2005.5.27. 2004다43824)고 하여 착오와 사기의 경합을 부정하였다. 기출 06·16

(2) 착오와 담보책임의 경합

① 학설 : 착오와 담보책임이 경합하는 경우에 양자는 경합하지 않고 매도인의 담보책임이 적용되는 한에 있어서 착오의 규정이 적용되지 않는다(법조경합설)는 견해와 양자의 경합을 인정하는 소수설이 대립한다.

② 판례 : 판례는「민법 제109조 제1항에 의하면 법률행위 내용의 중요 부분에 착오가 있는 경우 착오에 중대한 과실이 없는 표의자는 법률행위를 취소할 수 있고, 민법 제580조 제1항, 제575조 제1항에 의하면 매매의 목적물에 하자가 있는 경우 하자가 있는 사실을 과실 없이 알지 못한 매수인은 매도인에 대하여 하자담보책임을 물어 계약을 해제하거나 손해배상을 청구할 수 있다. 착오로 인한 취소 제도와 매도인의 하자담보책임 제도는 취지가 서로 다르고, 요건과 효과도 구별된다. 따라서 매매계약 내용의 중요 부분에 착오가 있는 경우 매수인은 매도인의 하자담보책임이 성립하는지와 상관없이 착오를 이유로 매매계약을 취소할 수 있다」(대판 2018.9.13. 2015다78703)고 판시하였다. 기출 21·23

③ 검토 : 착오로 인한 취소 제도와 매도인의 하자담보책임 제도는 취지가 서로 다르고, 요건과 효과도 구별되므로, 착오와 담보책임의 경합을 인정하는 것이 타당하다.

(3) 해제와 취소의 경합

매도인이 매수인의 중도금지급채무 불이행을 이유로 매매계약을 적법하게 해제한 후라도, 매수인은 계약해제에 따라 자신이 부담하게 될 손해배상책임을 피하기 위해 착오를 이유로 위 매매계약을 취소하여 이를 무효로 돌릴 수 있다(대판 1991.8.27. 91다11308). 기출 08·09·16·21

(4) 화해계약에 있어서 착오

① 민법상 화해계약에 있어서는 당사자는 착오를 이유로 취소하지 못하고 다만, 화해 당사자의 자격 또는 화해의 목적인 분쟁 이외의 사항에 착오가 있는 때에 한하여 취소할 수 있다(민법 제733조).

② 화해의 목적인 분쟁 이외의 사항이라 함은 분쟁의 대상이 아니라 분쟁의 전제 또는 기초가 된 사항으로서 쌍방 당사자가 예정한 것이어서 상호양보의 내용으로 되지 않고 다툼이 없는 사실로 양해된 사항을 말한다(대판 2007.12.27. 2007다70285).

7. 착오에 관한 구체적 검토

(1) 중요부분의 착오에 해당하는 사례

귀속해제된 토지인데도 귀속재산인 줄로 잘못 알고 국가에 증여를 한 경우 이러한 착오는 일종의 동기의 착오라 할 것이나 그 동기를 제공한 것이 관계 공무원이었고 그러한 동기의 제공이 없었더라면 위 토지를 선뜻 국가에게 증여하지는 않았을 것이라면 그 동기는 증여행위의 중요부분을 이룬다고 할 것이므로 뒤늦게 그 착오를 알아차리고 증여계약을 취소했다면 그 취소는 적법하다 (대판 1978.7.11. 78다719).

(2) 중요부분의 착오에 해당하지 않는 사례

① 주채무자의 차용금반환채무를 보증할 의사로 공정증서에 연대보증인으로 서명·날인하였으나 그 공정증서가 주채무자의 기존의 구상금채무 등에 관한 준소비대차계약의 공정증서이었던 경우, 이와 같은 착오는 연대보증계약의 중요 부분의 착오가 아니다(대판 2006.12.7. 2006다41457).

② 회사사고 담당직원이 회사운전수에게 잘못이 있는 것으로 착각하고 회사를 대리하여 병원경영자와 간에 환자의 입원치료비의 지급을 연대보증하기로 계약한 경우는, 의사표시의 동기에 착오가 있는 것에 불과하므로, 특히 그 동기를 계약내용으로 하는 의사를 표시하지 아니한 이상, 착오를 이유로 계약을 취소할 수 없다(대판1979.3.27. 78다2493).

V 사기·강박에 의한 의사표시

사기, 강박에 의한 의사표시(민법 제110조) 기출 08
① 사기나 강박에 의한 의사표시는 취소할 수 있다.
② 상대방 있는 의사표시에 관하여 제3자가 사기나 강박을 행한 경우에는 상대방이 그 사실을 알았거나 알 수 있었을 경우에 한하여 그 의사표시를 취소할 수 있다.
③ 전2항의 의사표시의 취소는 선의의 제3자에게 대항하지 못한다. 기출 13

1. 서 설

피기망자나 피강박자의 재산을 보호하려는 것이 아니라 표의자의 의사결정의 자유를 보장하려는 것이 그 취지이다. 따라서 표의자에게 재산상 손해가 있을 것은 취소권 발생의 요건이 아니다.

2. 요 건

(1) 사기에 의한 의사표시

① 의사표시의 존재 : 사기에 의한 의사표시가 인정되기 위해서는 의사표시의 존재가 인정되어야 한다. 따라서 매매계약 체결시 토지의 일정 부분을 매매 대상에서 제외시키는 특약을 한 경우, 이는 매매계약의 대상 토지를 특정하여 그 일정 부분에 대하여는 매매계약이 체결되지 않았음을 분명히 한 것으로써 그 부분에 대한 어떠한 법률행위가 이루어진 것으로는 볼 수 없으므로, 그 특약만을 기망에 의한 법률행위로서 취소할 수는 없다(대판 1999.3.26. 98다56607).
기출 13

② **사기자의 고의** : 표의자를 기망하여 착오에 빠지게 하려는 고의와 착오에 기하여 의사표시를 하게 하려는 고의, 즉 2단계의 고의가 있어야 한다.

③ **기망행위가 있었을 것**

　㉠ 작위에 의한 적극적 기망행위뿐만 아니라 부작위, 특히 침묵도 기망행위를 구성할 수 있다. 부작위가 기망이 되기 위해서는 신의칙 및 거래관념에 비추어 어떤 상황을 고지 내지 설명할 의무가 있음에도 불구하고 이를 알리지 않을 것을 요한다.

　㉡ 기망행위(사기행위)가 존재하여야 한다. 예를 들어, 상품의 선전, 광고에 있어 다소의 과장이나 허위가 수반되는 것은 그것이 일반 상거래의 관행과 신의칙에 비추어 시인될 수 있는 한 기망성이 결여된다고 하겠으나, 대형백화점의 이른바 변칙세일은 기망행위에 해당한다(대판 1993.8.13. 92다52665). 　기출　16 · 22

④ **기망행위의 위법성** : 교환계약의 당사자가 자기 소유 목적물의 시가를 묵비한 것은 특별한 사정이 없는 한 위법한 기망행위가 되지 않는다(대판 1959.1.29. 4291민상139).

⑤ **인과관계의 존재** : 기망과 착오, 착오와 의사표시 사이에 모두 인과관계가 있어야 한다.

(2) 강박에 의한 의사표시

① **의사표시의 존재** : 절대적 폭력에 의하여 행위를 한 경우에는 의사표시가 존재하지 않는다. 판례는 이러한 행위를 무효로 본다.

② **강박자의 고의** : 강박자는 표의자에게 공포심을 일으키려는 고의와 그 공포심에 의하여 일정한 의사표시를 하게 하려는 고의, 즉 2단계의 고의가 있어야 한다.

③ **강박행위**

　㉠ 강박행위란 장차 해악이 초래될 것임을 고지하여 공포심을 일으키게 하는 행위를 말한다.

　㉡ 해악의 종류나 방법은 불문한다. 해악은 비재산적 법익에 대한 것일 수도 있다.

　㉢ 어떤 해악의 고지가 아니라 단지 각서에 서명·날인할 것을 강력히 요구하는 행위는 강박행위가 아니다.

④ **강박행위의 위법성** : 이 의미는 강박행위 그 자체가 위법하여야 한다는 의미가 아닌 표의자의 의사결정이 위법하게 이루어져야 한다는 것을 의미한다. 따라서 위법성이 인정되기 위해서는 수단이 위법하거나, 추구하는 목적이 위법하거나 수단과 목적을 상관적으로 고려하여 정당하지 않으면 된다(통설·판례).

> **[부정행위에 대한 고소, 고발이 강박행위가 되는 경우]**
> 일반적으로 부정행위에 대한 고소, 고발은 그것이 부정한 이익을 목적으로 하는 것이 아닌 때에는 정당한 권리행사가 되어 위법하다고 할 수 없으나, 부정한 이익의 취득을 목적으로 하는 경우에는 위법한 강박행위가 되는 경우가 있고 목적이 정당하다 하더라도 행위나 수단 등이 부당한 때에는 위법성이 있는 경우가 있을 수 있다(대판 1992.12.24. 92다25120). 　기출　22

⑤ **인과관계의 존재**

3. 효 과

(1) 상대방의 사기·강박

사기나 강박에 의한 의사표시는 취소할 수 있다(민법 제110조 제1항).

(2) 제3자의 사기·강박

① 상대방 없는 의사표시 : 표의자는 언제든지 그 의사표시를 취소할 수 있다.

② 상대방 있는 의사표시 : 상대방 있는 의사표시에 관하여 제3자가 사기나 강박을 행한 경우에는 상대방이 그 사실을 알았거나 알 수 있었을 경우에 한하여 그 의사표시를 취소할 수 있다(민법 제110조 제2항). **기출** 06·08 따라서 조합원의 신청에 따라 보증채권자를 위하여 보증서를 발급하는 방식으로 조합이 보증채권자에 대하여 직접 보증의 의사표시를 함으로써 보증계약이 성립한 경우, 그 보증관계의 해소를 위한 보증 취소의 의사표시는 보증을 신청한 자에 불과한 조합원에 대하여 할 것이 아니라 보증의 의사표시의 상대방인 보증채권자에 대하여 하여야 한다(대판 1999.11.26. 99다36617). **기출** 13

(3) 제3자의 사기·강박 여부가 문제되는 사례

① 실제로 기망 또는 강박행위를 한 사람이 의사표시 상대방의 의사에 좇아 계약교섭에 관여한 경우에 그는 제3자가 아니며, 그 상대방은 제3자를 통해 간섭을 한 것으로 해석한다.

② 민법 제110조 제2항에서 정한 제3자에 해당되지 아니한다고 볼 수 있는 자란 그 의사표시에 관한 상대방의 대리인 등 상대방과 동일시할 수 있는 자만을 의미하고, 단순히 상대방의 피용자이거나 상대방이 사용자책임을 져야 할 관계에 있는 피용자에 지나지 않는 자는 상대방과 동일시할 수 없어 이 규정에서 말하는 제3자에 해당한다(대판 1998.1.23. 96다41496). **기출** 11

③ 대리인 등 상대방과 동일시할 수 있는 자가 사기나 강박을 행한 경우에는 민법 제110조 제1항에 의해 취소할 수 있다. **기출** 09·16·18 따라서 출장소장의 행위는 은행 또는 은행과 동일시할 수 있는 자의 사기일 뿐 제3자의 사기로 볼 수 없으므로, 은행이 그 사기사실을 알았거나 알 수 있었을 경우에 한하여 위 약정을 취소할 수 있는 것은 아니다(대판 1999.2.23. 98다60828·60835). **기출** 17

(4) 제3자에 대한 효과

① 취소를 주장하는 자와 양립되지 아니하는 법률관계를 가졌던 것이 취소 이전에 있었던가 이후에 있었던가는 가릴 필요 없이 사기에 의한 의사표시 및 그 취소사실을 몰랐던 모든 제3자에 대하여는 그 의사표시의 취소를 대항하지 못한다(대판 1975.12.23. 75다533). **기출** 11·13·16

② 사기의 의사표시로 인한 매수인으로부터 부동산의 권리를 취득한 제3자는 특별한 사정이 없는 한 선의로 추정할 것이므로 사기로 인하여 의사표시를 한 부동산의 양도인이 제3자에 대하여 사기에 의한 의사표시의 취소를 주장하려면 제3자의 악의를 입증할 필요가 있다(대판 1970.11.24. 70다2155).

4. 적용범위

① 가족법상의 법률행위에는 적용되지 않는다.

② 단체적 행위, 소송행위 및 공법상의 행위에는 적용되지 않는다. 따라서 민법상의 법률행위에 관한 규정은 민사소송법상의 소송행위에는 특별한 규정 기타 특별한 사정이 없는 한 적용이 없는 것이므로 소송행위가 강박에 의하여 이루어진 것임을 이유로 취소할 수는 없다. **기출** 17

5. 민법 제110조와 다른 규정과의 경합 여부

① 사기와 착오의 경합 : 통설과 판례는 경합을 긍정하므로 선택적으로 취소권을 행사할 수 있다.

② 사기와 담보책임과의 경합 : 통설과 판례는 기망에 의해 하자 있는 물건에 관한 매매가 성립한 경우 매수인은 하자담보청구권과 사기에 의한 취소권을 선택적으로 행사할 수 있다고 한다.

> 민법 제569조가 타인의 권리의 매매를 유효로 규정한 것은 선의의 매수인의 신뢰 이익을 보호하기 위한 것이므로, 매수인이 매도인의 기망에 의하여 타인의 물건을 매도인의 것으로 알고 매수한다는 의사표시를 한 것은 만일 타인의 물건인 줄 알았더라면 매수하지 아니하였을 사정이 있는 경우에는 매수인은 민법 제110조에 의하여 매수의 의사표시를 취소할 수 있다(대판 1973.10.23. 73다268). **기출** 13 · 15 · 17

③ 사기와 불법행위책임과의 경합

　㉠ 사기와 강박이 불법행위의 요건을 갖춘 때에는 의사표시의 취소와 동시에 불법행위에 기한 손해배상청구권을 행사할 수 있다. 다만, 경합에 대하여 판례는 "제3자의 사기행위로 인하여 피해자가 주택건설사와 사이에 주택에 관한 분양계약을 체결하였다고 하더라도 제3자의 사기행위 자체가 불법행위를 구성하는 이상, 제3자로서는 그 불법행위로 인하여 피해자가 입은 손해를 배상할 책임을 부담하는 것이므로, 피해자가 제3자를 상대로 손해배상청구를 하기 위하여 반드시 그 분양계약을 취소할 필요는 없다"(대판 1998.3.10. 97다55829)고 판시하고 있다. **기출** 06 · 09 · 19 · 22

ⓛ 법률행위가 사기에 의한 것으로서 취소되는 경우에 그 법률행위가 동시에 불법행위를 구성하는 때에는 취소의 효과로 생기는 부당이득반환청구권과 불법행위로 인한 손해배상청구권은 경합하여 병존하는 것이므로, 채권자는 어느 것이라도 선택하여 행사할 수 있지만 중첩적으로 행사할 수는 없다(대판 1993.4.27. 92다56087). 기출 11·16·17·19

제2판 | 의사표시의 효력발생

의사표시의 효력발생시기(민법 제111조) 기출 10·13·19
① 상대방이 있는 의사표시는 상대방에게 도달한 때에 그 효력이 생긴다.
② 의사표시자가 그 통지를 발송한 후 사망하거나 제한능력자가 되어도 의사표시의 효력에 영향을 미치지 아니한다.

제한능력자에 대한 의사표시의 효력(민법 제112조) 기출 10·13·19
의사표시의 상대방이 의사표시를 받은 때에 제한능력자인 경우에는 의사표시자는 그 의사표시로써 대항할 수 없다. 다만, 그 상대방의 법정대리인이 의사표시가 도달한 사실을 안 후에는 그러하지 아니하다.

의사표시의 공시송달(민법 제113조) 기출 08
표의자가 과실 없이 상대방을 알지 못하거나 상대방의 소재를 알지 못하는 경우에는 의사표시는 민사소송법 공시송달의 규정에 의하여 송달할 수 있다.

Ⅰ 서 설

① 상대방 없는 의사표시의 경우에 특정의 상대방이 없으므로 원칙적으로 표의자가 의사를 표명한 때에 그 효력이 발생한다. 다만, 유언의 경우 민법 제1065조의 방식을 준수해야 하고, 사인행위이므로 유언자의 사망 시에 그 효력이 발생한다. 한편 상대방 있는 의사표시의 경우에는 표의자에 의한 표백 → 발신 → 상대방에의 도달 → 상대방의 요지 단계를 거치는데, 위 의사표시가 효력을 발생하기 위해서는 원칙적으로 수령능력 있는 상대방에게 도달하여야 한다(도달주의)(민법 제111조 제1항, 제112조).
② 의사표시의 효력발생시기에 관한 규정은 임의규정이고, 다른 의사표시 규정과는 달리 원칙적으로 공법행위에도 적용된다.

Ⅱ 상대방 있는 의사표시의 효력발생시기

1. 문제점

상대방 있는 의사표시의 경우에는 표의자에 의한 표백 → 발신 → 상대방에의 도달 → 상대방의 요지 단계를 거치는데, 이들 중 어느 시기에 의사표시가 효력을 발생한다고 할지 문제된다.

2. 도달주의

(1) 도달주의의 원칙

① 민법은 도달주의를 채택하여 상대방에게 도달된 때에 그 의사표시가 효력을 발생한다고 한다.

② 도달주의 원칙을 규정한 민법 제111조는 임의규정이다.

(2) 도달의 의미 : 요지가능시설

① 상대방이 요지할 수 있는 상태에 이르면 도달한 것으로 본다(통설, 대판 1983.8.23. 82다카439).

② 도달은 상대방이 의사표시의 내용을 알 수 있는 상태에 있으면 족하기 때문에 비록 상대방이 그 내용을 알지 못하였더라도 도달은 있었다고 보아야 한다. <u>기출 19</u> 따라서 상대방이 정당한 사유 없이 통지의 수령을 거절한 경우에도 상대방이 통지의 내용을 알 수 있는 객관적 상태에 놓여 있는 때에는 의사표시의 효력이 발생한다(대판 2008.6.12. 2008다19973). <u>기출 16</u>

> 채권양도의 통지와 같은 준법률행위의 도달은 의사표시와 마찬가지로 사회관념상 채무자가 통지의 내용을 알 수 있는 객관적 상태에 놓여졌을 때를 지칭하고, 그 통지를 채무자가 현실적으로 수령하였거나 그 통지의 내용을 알았을 것까지는 필요하지 않다. 채권양도의 통지서가 들어 있는 우편물을 채무자의 가정부가 수령한 직후 한집에 거주하고 있는 통지인인 채권자가 그 우편물을 바로 회수해 버렸다면 그 우편물의 내용이 무엇인지를 그 가정부가 알고 있었다는 등의 특별한 사정이 없었던 이상 그 채권양도의 통지는 사회관념상 채무자가 그 통지내용을 알 수 있는 객관적 상태에 놓여 있는 것이라고 볼 수 없으므로 그 통지는 피고에게 도달되었다고 볼 수 없을 것이다(대판 1983.8.23. 82다카439). <u>기출 16 · 19</u>

(3) 도달의 인정 여부가 문제되는 경우

① 보통우편의 방법으로 발송되었다는 사실만으로는 그 우편물이 상당기간 내에 도달하였다고 추정할 수 없고 송달의 효력을 주장하는 측에서 증거에 의하여 도달사실을 입증하여야 할 것이다(대판 2002.7.26. 2000다25002). <u>기출 06 · 10 · 16</u>

② 내용증명 우편물이 발송되고 반송되지 아니하면, 특단의 사정이 없는 한, 그 무렵에 송달되었다고 볼 것이다(대판 1980.1.15. 79다1498).

> **[채권양도의 통지가 채무자에게 도달하였는지 여부에 대하여 민사소송법의 송달에 관한 규정을 유추적용할 수 있는지 여부(소극)]**
>
> 민사소송법상의 송달은 당사자나 그 밖의 소송관계인에게 소송상 서류의 내용을 알 기회를 주기 위하여 법정의 방식에 좇아 행하여지는 통지행위로서, 송달장소와 송달을 받을 사람 등에 관하여 구체적으로 법이 정하는 바에 따라 행하여지지 아니하면 부적법하여 송달로서의 효력이 발생하지 아니한다. 한편 채권양도의 통지는 채무자에게 도달됨으로써 효력이 발생하는 것이고, 여기서 도달이라 함은 사회통념상 상대방이 통지의 내용을 알 수 있는 객관적 상태에 놓여졌다고 인정되는 상태를 가리킨다. 이와 같이 도달은 보다 탄력적인 개념으로서 송달장소나 수송달자 등의 면에서 위에서 본 송달에서와 같은 엄격함은 요구되지 아니하며, 이에 송달장소 등에 관한 민사소송법의 규정을 유추적용할 것이 아니다. 따라서 채권양도의 통지는 민사소송법상의 송달에 관한 규정에서 송달장소로 정하는 채무자의 주소 · 거소 · 영업소 또는 사무소 등에 해당하지 아니하는 장소에서라도 채무자가 사회통념상 그 통지의 내용을 알 수 있는 객관적 상태에 놓여졌다고 인정됨으로써 족하다(대판 2010.4.15. 2010다57). <u>기출 13 · 16</u>

(4) 도달주의의 효과

① 도달주의를 채택한 결과 의사표시의 불착 또는 연착의 불이익을 표의자가 부담한다. 따라서 의사표시의 효력발생을 주장하는 표의자가 도달에 대한 입증책임을 진다.

② 의사표시가 일단 상대방에게 도달하여 그 효력을 발생하면, 더 이상 그 의사표시를 철회할 수 없다. **기출** 08 · 13 따라서 발신 이후 도달 이전까지는 아직 효력이 발생하지 않은 상태이므로 철회할 수 있다. **기출** 10

③ 의사표시 발신 후의 사정변경(표의자의 사망 또는 행위능력의 상실)은 의사표시에 영향을 미치지 않는다(민법 제111조 제2항).

3. 예외적 발신주의

① 격지자 간의 계약에서 청약에 대한 승낙의 의사표시는 의사표시를 발송한 때에 그 효력을 발생하며, 그때 계약이 성립한다(발신주의)(민법 제531조).

② 거래의 신속을 목적으로 하는 상법에서는 발신주의를 채택한 예가 적지 않다(상법 제53조 등).

> **도달주의에 대한 예외 – 발신주의**
> • 제한능력자의 상대방의 최고에 대한 제한능력자 측의 확답(민법 제15조)
> • 무권대리인의 상대방의 최고에 대한 본인의 확답(민법 제131조)
> • 채무인수에서 채무자의 최고에 대한 채권자의 확답(민법 제455조)
> • 사원총회의 소집 통지(민법 제71조) **기출** 08
> • 격지자 간 계약의 성립(민법 제531조)

Ⅲ 의사표시의 효력발생과 관련된 여론(餘論)

1. 공시송달(민법 제113조)

(1) 요 건

표의자가 과실 없이 의사표시의 상대방을 알지 못하거나 상대방의 소재를 알지 못하는 경우일 것

(2) 절 차

법원에 신청하면 법원사무관 등이 송달할 서류를 보관하고 그 사유를 법원게시판에 게시하거나 그 밖에 대법원규칙이 정하는 방법에 따라서 하여야 한다(민소법 제195조).

(3) 효 과

① 법원게시판 등에 게시한 날로부터 2주일이 경과된 때 상대방에게 의사표시가 도달한 것으로 간주한다(민소법 제196조 제1항 본문).

② 동일 당사자에 대한 그 다음의 공시송달은 실시한 다음 날부터 효력이 생긴다(민소법 제196조 제1항 단서).

③ 외국에 대한 송달은 2개월 후에 효력이 발생한다(민소법 제196조 제2항).

2. 수령무능력자(민법 제112조)

(1) 의 의

의사표시의 수령능력이란 타인의 의사표시의 내용을 이해할 수 있는 능력을 말한다. 민법은 모든 제한능력자를 의사표시의 수령무능력자로 규정하여 제한능력자를 보호하고 있다(민법 제112조).

(2) 효 과

① 수령무능력자(제한능력자)에 대한 송달은 무효가 아니라 표의자가 효력을 주장할 수 없을 뿐이다. 달리 말하면 수령무능력자 측에서 의사표시의 도달 및 의사표시의 효력발생을 주장하는 것은 무방하다(민법 제112조 본문 참고).

② 그러나 법정대리인이 수령무능력자에의 도달을 안 후에는 표의자가 의사표시의 도달을 주장할 수 있다(민법 제112조 단서).

③ 의사표시가 기재된 내용증명 우편물이 발송되고 달리 반송되지 아니하였다면 특별한 사정이 없는 한 이는 그 무렵에 송달되었다고 봄이 상당하다(대판 2000.10.27. 2000다20052).

(3) 적용범위

상대방 없는 의사표시, 발신주의에 의한 의사표시, 공시송달에 의한 의사표시에는 적용이 없다.

04 　 법률행위의 대리

I 　 서 설

1. 대리의 의의

(1) 대리의 개념

대리란 타인이 '본인의 이름으로' 법률행위를 하거나 또는 의사표시를 수령함으로써 그 법률효과가 직접 본인에게 귀속되도록 하는 제도를 말한다. 즉 법률상의 행위자는 대리인이지만 그 대리인의 효과의사에 기하여 본인에게 직접 법률효과가 귀속하는 것이다(대리인행위설).

(2) 대리의 기능

통설은 대리의 기능으로 '사적 자치의 확장(임의대리)'과 '사적 자치의 보충(법정대리)'을 든다.

2. 대리가 인정되는 범위

(1) 법률행위

원칙적으로 대리가 허용되나, 법률행위의 성질이나 당사자 사이의 약정, 법률의 규정에 의하여 대리가 금지되기도 한다.

(2) 준법률행위

① 원칙적으로 대리가 허용되지 않지만, 의사의 통지나 관념의 통지와 같은 표현행위로서의 준법률행위에는 대리가 허용된다.
② 사실행위에는 대리가 허용되지 않는다.

(3) 불법행위

① 대리가 허용되지 않고, 그 효과는 직접 대리인에게 발생한다.
② 만일 대리인이 피용자인 경우에는 본인은 민법 제756조의 사용자책임이 문제된다.

3. 구별개념

(1) 간접대리

① 행위자가 '자기이름으로' 타인을 위하여(타인의 계산으로) 하는 법률행위로 그 효과가 행위자 자신에게 생기되 나중에 그가 취득한 권리를 내부적으로 타인에게 이전하는 관계를 말한다(예 위탁매매업).
② 법률행위의 당사자와 법률효과의 귀속자가 간접대리인이라는 점에서 대리와 구별된다.

(2) 사자(使者)

① 본인이 결정한 내심적 효과의사를 상대방에게 표시하거나 전달함으로써 표시행위의 완성에 협력하는 자이다.
② 표시기관으로서의 사자와 전달기관으로서의 사자로 구분된다(통설).
③ 효과의사를 본인이 결정하면 사자, 대리하는 자가 결정하면 대리인으로 구별할 수 있다.
④ 사자에 있어서는 본인이 행위능력을 가지고 있어야 한다.
⑤ 의사표시의 착오 등에 관하여는 사자의 표시와 본인의 의사를 비교해서 결정하는 것이 타당하므로, ㉠ 사자가 선의로 본인의 의사와는 다르게 의사표시를 전달한 경우 본인이 민법 제109조의 착오를 이유로 취소할 수 있고, ㉡ 사자가 악의로 본인의 의사와는 다르게 의사표시를 전달한 경우 표현대리규정을 유추적용할 수 있다(다수설).
⑥ 대리인이 아니고 사실행위를 위한 사자라 하더라도 외견상 그에게 어떠한 권한이 있는 것의 표시 내지 행동이 있어 상대방이 그를 믿었고 또 그를 믿음에 있어 정당한 사유가 있다면 표현대리의 법리에 의하여 본인에게 책임이 있다(대판 1962.2.8. 4294민상192).

(3) 대 표

대표기관은 법인의 기관으로서 그의 행위가 법인의 행위로 평가되고, 따라서 대표는 본래의 대리처럼 법률행위에 국한되는 것이 아니라 사실행위나 불법행위에서도 문제된다.

4. 대리의 종류

(1) 임의대리와 법정대리

① 임의대리는 본인의 의사에 의하여 대리권이 주어진 경우이나, 법정대리는 본인의 의사와는 무관하게 대리권이 주어지는 경우를 총칭한다(즉 법률의 규정에 따라 대리인으로 되는 경우 뿐만 아니라 법원의 선임에 의한 경우도 법정대리인이다).

② 임의대리와 법정대리를 구별하는 실익은 대리인의 복임권(민법 제120조, 제122조)과 대리권의 소멸(민법 제128조) 등에서 나타난다.

(2) 능동대리와 수동대리

1) 의 의

능동대리는 본인을 위하여 제3자에게 의사표시를 하는 대리이고(민법 제114조 제1항), 수동대리는 본인을 위하여 제3자의 의사표시를 수령하는 대리이다(민법 제114조 제2항). 판례는 능동대리권이 있으면 수동대리권도 당연히 갖는다고 한다(대판 1994.2.8. 93다39379).

2) 양자의 차이점

① 현명주의의 요건 : 수동대리에는 민법 제115조가 적용되지 않는다.
② 공동대리의 적용 여부 : 수동대리의 경우에는 각자 수령이 가능하다(통설).

(3) 유권대리와 무권대리

정당한 대리권을 가진 경우를 유권대리라 하고, 그렇지 못한 경우를 무권대리라고 한다.

5. 명의모용과 당사자의 확정

(1) 문제점

계약은 원칙적으로 계약을 체결한 당사자 간에 성립한다. 따라서 타인의 명의를 사용하여 법률행위를 한 경우, 누가 계약의 당사자가 되는지 문제되며, 이는 계약에 관여한 당사자의 의사해석의 문제에 해당한다(대판 2010.5.13. 2009다92487).

(2) 판례의 입장

1) 당사자 확정 방법에 대한 일반론

> **[행위자가 타인의 이름으로 계약을 체결한 경우, 계약당사자의 확정 방법]**
> 계약을 체결하는 행위자가 타인의 이름으로 법률행위를 한 경우에 행위자 또는 명의인 가운데 누구를 계약의 당사자로 볼 것인가에 관하여는, 우선 행위자와 상대방의 의사가 일치한 경우에는 그 일치한 의사대로 행위자 또는 명의인을 계약의 당사자로 확정해야 하고, 행위자와 상대방의 의사가 일치하지 않는 경우에는 그 계약의 성질·내용·목적·체결 경위 등 그 계약 체결 전후의 구체적인 제반 사정을 토대로 상대방이 합리적인 사람이라면 행위자와 명의자 중 누구를 계약 당사자로 이해할 것인가에 의하여 당사자를 결정하여야 한다(대판 2011.2.10. 2010다83199·83205).

2) 명의자가 당사자로 확정되는 경우

① **명의가 중요한 거래행위** : 보험계약과 같이 신용이나 자격 등으로 인하여 명의가 중요한 거래행위의 경우에는 규범적 해석에 따라 명의자가 당사자로 확정된다. 따라서 행위자와 계약당사자가 분리되므로 대리의 법리가 적용된다.

② **대리행위의 효력**

㉠ **명의사용에 동의를 얻은 경우** : 행위자가 명의자로부터 명의사용에 대한 동의를 얻었다면 특별한 사정이 없는 한 유권대리행위가 된다.

㉡ **명의를 무단으로 도용한 경우** : 행위자가 명의자로부터 동의 없이 명의를 무단으로 사용한 경우에는 무권대리행위에 해당하여 무효이다(민법 제130조 및 제135조 참고). 이때 상대방의 보호와 관련하여 표현대리가 성립하는지 또는 유추적용될 수 있는지 문제된다. 판례는 행위자가 본인 명의를 모용하여 직접 법률행위를 한 경우에는 특별한 사정이 없는 한 민법 제126조 소정의 표현대리는 성립될 수 없지만(대판 2002.6.28. 2001다49814) **기출 13·14**, ㉮ 행위자에게 본인을 대리할 수 있는 기본대리권이 인정되고, ㉯ 행위자가 그 기본대리권을 넘는 행위를 하였으며, ㉰ 상대방에게 행위자가 명의자라고 믿을 만할 정당한 이유가 인정된다면 표현대리의 법리가 유추적용되어 본인에게 효력이 미친다고 한다(대판 1993.2.23. 92다52436).

> **[기본대리권이 부정된 사안]**
> 처가 제3자를 남편으로 가장시켜 관련 서류를 위조하여 남편 소유의 부동산을 담보로 금원을 대출받은 경우, 남편에 대한 민법 제126조 소정의 표현대리책임을 부정하였다(대판 2002.6.28. 2001다49814). 즉 기본대리권의 존재를 부정하였다. **기출 11**
>
> **[기본대리권이 인정된 사안]**
> 본인으로부터 아파트에 관한 임대 등 일체의 관리권한을 위임받아 본인으로 가장하여 아파트를 임대한 바 있는 대리인이 다시 자신을 본인으로 가장하여 임차인에게 아파트를 매도하는 법률행위를 한 경우에는 권한을 넘은 표현대리의 법리를 유추적용하여 본인에 대하여 그 행위의 효력이 미친다고 볼 수 있다(대판 1993.2.23. 92다52436). **기출 12·19**

3) 행위자가 당사자로 확정되는 경우

임대차계약과 같이 행위자의 개성이 중요한 거래행위의 경우에는 규범적 해석에 따라 행위자가 당사자로 확정된다. 이때에는 행위자와 계약 당사자가 일치하므로 대리의 법리가 적용되지 않고 무권리자 처분행위가 문제된다.

> **[대리구조가 부정되어 민법 제126조 표현대리의 성립이 부정된 사안]**
> 판례는 종중으로부터 임야의 매각과 관련한 권한을 부여받은 甲이 임야의 일부를 실질적으로 자기가 매수하여 그 처분권한이 있다고 하면서 乙로부터 금원을 차용하고 그 담보를 위하여 위 임야에 대하여 양도담보계약을 체결한 경우, 이는 종중을 위한 대리행위가 아니어서 그 효력이 종중에게 미치지 아니하고, 민법 제126조의 표현대리의 법리가 적용될 수도 없다고 하였다(대판 2001.1.19. 99다67598). **기출 11**

6. 대리의 3면관계

대리의 법률관계는 ① 본인과 대리인 사이의 「대리권」, ② 대리인과 상대방 사이의 「대리행위」, ③ 본인과 상대방 사이의 「대리의 효과」의 세 가지 측면에서 고찰되어야 한다.

Ⅱ 대리권(본인과 대리인 사이의 관계)

1. 대리권의 의의

대리권은 타인이 본인의 이름으로 의사표시를 하거나 제3자의 의사표시를 수령함으로써 직접 본인에게 그 법률효과를 귀속시킬 수 있는 법률상의 지위 또는 자격을 말한다. 대리권의 법적 성질에 관하여 자격설이 통설이며, 이에 의하면 대리권은 권리가 아니라 일종의 권한이다.

2. 대리권의 발생원인

(1) 법정대리권의 발생원인

① 법률의 규정에 의한 법정대리인 : 자(子)에 대한 친권자의 대리권(민법 제911조, 제920조), 부부의 일상가사대리권(민법 제827조) 등이 있다. 기출 22

② 지정권자의 지정에 의한 법정대리인 : 지정후견인(민법 제931조), 지정유언집행자(민법 제1093조, 제1094조) 등이 있다.

③ 법원의 선임에 의한 법정대리 : 부재자재산관리인(민법 제22조) 기출 22 , 선임후견인(민법 제936조), 상속재산관리인(민법 제1023조 등), 유언집행자(민법 제1096조) 등이 있다.

(2) 임의대리권의 발생원인 : 수권행위(授權行爲)

1) 수권행위의 의의

수권행위는 본인이 대리인에게 대리권을 수여하는 행위를 말한다.

2) 수권행위의 법적 성질

상대방 있는 단독행위이므로 수권행위 상대방의 동의, 승낙의 의사표시가 필요하지 않다(통설).

3) 수권행위의 방식

수권행위는 불요식행위이다. 따라서 반드시 서면으로 할 필요는 없으며, 구두로도 할 수 있다(통설). 또 명시적인 의사표시 외에 묵시적 의사표시로도 할 수 있다(대판 2016.5.26. 2016다203315).

4) 수권행위의 하자

① 대리행위의 하자 유무는 대리인을 기준으로 하여 결정되지만, 단독행위로서 수권행위의 하자는 본인을 기준으로 민법 제107조 이하에 따라 규율된다. 따라서 대리인은 제한능력자라도 무방하지만(민법 제117조), 수권행위에서 본인은 행위능력자여야 한다.

② 대리행위 자체에는 하자가 없더라도 수권행위가 무효·취소되면 대리행위는 당연히 소급하여 무권대리로 되는가에 대하여 견해가 대립하고 있으나 이미 행해진 대리행위에는 영향이 없다는 것이 통설이다.

③ 원인이 되는 기초적 법률관계가 종료하기 전에 본인은 언제든지 수권행위를 철회할 수 있으며, 이때 임의대리권은 소멸한다.

(3) 관련 판례

인감도장 및 인감증명서는 대리권을 인정할 수 있는 하나의 자료에 지나지 아니하고 이에 의하여 당연히 피고에게 원고를 대리하여 양도담보부 금전소비대차계약을 체결하거나 위 계약에 대한 공정증서 작성을 촉탁할 대리권이 인정되는 것은 아니며, 대리권이 있다는 점에 대한 입증책임은 그 효과를 주장하는 피고에게 있다(대판 2008.9.25. 2008다42195). 기출 17

3. 대리권의 범위와 그 제한

(1) 대리권의 범위

1) 법정대리권의 범위

법정대리권의 범위는 그 발생근거인 법률의 규정에 의하여 정해진다. 따라서 법률의 규정에 의하지 않는 한 법정대리권의 범위를 당사자의 의사에 따라 임의적으로 확장 또는 제한하는 것은 허용되지 않는다.

2) 임의대리권의 범위

> **대리권의 범위(민법 제118조)** 기출 11
> 권한을 정하지 아니한 대리인은 다음 각 호의 행위만을 할 수 있다.
> 　1. 보존행위
> 　2. 대리의 목적인 물건이나 권리의 성질을 변하지 아니하는 범위에서 그 이용 또는 개량하는 행위

① 원칙 : 임의대리권은 수권행위에 의하여 주어지므로 그 구체적 범위는 수권행위의 해석에 의하여 결정된다. 다만, 일반적으로 말하면 수권행위의 통상의 내용으로서의 임의대리권은 그 권한에 부수하여 필요한 한도에서 상대방의 의사표시를 수령하는 이른바 수령대리권을 포함하는 것으로 보아야 한다(대판 1994.2.8. 93다39379). 기출 08

> **[대리권 범위 밖의 행위로 평가된 판례들]**
> • 일반적으로 법률행위에 의하여 수여된 대리권은 원인된 법률관계의 종료에 의하여 소멸하는 것이므로 특별한 다른 사정이 없는 한, 본인을 대리하여 금전소비대차 내지 그를 위한 담보권설정계약을 체결할 권한을 수여받은 대리인에게 본래의 계약관계를 해제할 대리권까지 있다고 볼 수 없나(대판 1993.1.15. 92다39365). 기출 13
> • 계약을 대리하여 체결하였던 대리인이 체결된 계약의 해제 등 일체의 처분권과 상대방의 의사를 수령할 권한까지 가지고 있다고 볼 수는 없다(대판 2008.6.12. 2008다11276). 기출 10·11·12·19·21
> • 특별한 다른 사정이 없는 한 부동산을 매수할 권한을 수여받은 대리인에게 그 부동산을 처분할 대리권도 있다고 볼 수 없다(내반 1991.2.12. 90다7364). 기출 11

- 대여금의 영수권한만을 위임받은 대리인이 그 대여금 채무의 일부를 면제하기 위하여는 본인의 특별수권이 필요하다(대판 1981.6.23. 80다3221). 기출 08·13
- 예금계약의 체결을 위임받은 자가 가지는 대리권에 당연히 그 예금을 담보로 하여 대출을 받거나 이를 처분할 수 있는 대리권이 포함되어 있는 것은 아니다(대판 1995.8.22. 94다59042). 기출 11·13
- 신탁된 아파트의 분양을 수탁자로부터 위임받은 신탁자가 대물변제를 위하여 분양계약을 체결한 경우, 대리권의 범위 내의 행위는 아니지만 권한을 넘은 표현대리의 성립을 인정하였다(대판 2002.3.15. 2000다 52141). 기출 11

[대리권 범위 내의 행위로 평가된 판례들]
- 부동산의 소유자로부터 매매계약을 체결할 대리권을 수여받은 대리인은 특별한 사정이 없는 한 그 매매계약에서 약정한 바에 따라 중도금이나 잔금을 수령할 권한도 있다(대판 1994.2.8. 93다39379). 기출 13·17
- 매매계약의 체결과 이행에 관하여 포괄적으로 대리권을 수여받은 대리인은 특별한 다른 사정이 없는 한 상대방에 대하여 약정된 매매대금지급기일을 연기하여 줄 권한도 가진다고 보아야 할 것이다(대판 1992.4.14. 91다43107). 기출 13·17·21
- 소송상 화해나 청구의 포기에 관한 특별수권이 되어 있다면, 특별한 사정이 없는 한 그러한 소송행위에 대한 수권만이 아니라 그러한 소송행위의 전제가 되는 당해 소송물인 권리의 처분이나 포기에 대한 권한도 수여되어 있다고 봄이 상당하다(대결 2000.1.31. 99마6205). 기출 08

② **보충규정으로서 민법 제118조** : 대리권이 존재하는 것은 분명하지만 그 범위가 불명한 경우를 위하여 민법은 보충규정을 두고 있다(민법 제118조).

　　㉠ **보존행위** : 재산의 현상을 유지하기 위한 행위를 말하며, 대리인은 아무런 제한 없이 보존행위를 할 수 있다.

　　㉡ **이용·개량행위** : 이용행위란 재산의 수익을 꾀하는 행위를 말하고, 개량행위는 사용가치 또는 교환가치를 증가시키는 행위를 말한다. 민법은 대리의 목적인 물건이나 권리의 성질이 변하지 않는 범위에서만 이용·개량행위를 허용한다.

(2) 대리권의 제한

1) 자기계약 및 쌍방대리의 금지(민법 제124조)

> **자기계약, 쌍방대리(민법 제124조)** 기출 04·15
> 대리인은 본인의 허락이 없으면 본인을 위하여 자기와 법률행위를 하거나 동일한 법률행위에 관하여 당사자쌍방을 대리하지 못한다. 그러나 채무의 이행은 할 수 있다.

① **개념 및 근거**

　　㉠ 대리인이 본인을 대리하면서 다른 한편으로 자기 자신이 상대방으로서 계약을 체결하는 것을 자기계약이라 하며, 동일인이 하나의 법률행위에 관하여 당사자 쌍방의 대리인이 되어 대리행위를 하는 것을 쌍방대리라고 한다.

　　㉡ 자기계약과 쌍방대리는 원칙적으로 금지된다. 그 취지는 본인과 대리인 사이의 이해충돌 또는 본인 간의 이해충돌을 막기 위함이다. 민법 제124조는 임의규정에 해당한다. 기출 12

② 금지의 예외

　　㉠ 본인의 허락이 있는 경우(민법 제124조 본문)

　　㉡ 채무의 이행(민법 제124조 단서) 단, 새로운 이해관계의 변경을 수반하는 대물변제와 경개 [기출] 12
　　　또는 다툼이 있는 채무의 이행, 기한이 미도래한 채무의 변제, 항변권 있는 채무의 변제
　　　등은 허용되지 않는다.

　　㉢ 본인에게 유리

③ 위반의 효과 : 자기계약 또는 쌍방대리는 예외에 해당하지 않는 한 무권대리로 된다. 즉 본인
　　에 대하여 무효이지만, 본인의 추인에 의하여 유효로 될 수 있다. [기출] 10

④ 적용범위

　　㉠ 원칙 : 민법 제124조는 임의대리권과 법정대리권 모두에 적용된다(통설).

　　㉡ 민법 제124조에 대한 특칙 : 친권자에 대한 재산을 자(子)에게 증여하면서 친권자가 수증
　　　자로서의 자의 지위를 대리하는 것은 자기계약이기는 하지만 이해상반행위는 아니기 때문
　　　에 유효하다(대판 1981.10.13. 81다649).

2) 공동대리

① 의의 및 취지

　　㉠ 대리인이 수인인 경우에 원칙적으로 대리인 각자가 본인을 대리한다. 즉 각자대리가 원칙
　　　이다(민법 제119조 본문). 그러나 법률 또는 수권행위에서 수인의 대리인이 공동으로만 대리할
　　　수 있는 것으로 되어 있다면 공동으로 대리해야 한다.

　　㉡ 공동대리를 정한 취지는 대리인들로 하여금 상호견제하에 의사결정을 신중히 하게 하여
　　　본인을 보호하고자 함에 있다.

② 위반의 효과

　　㉠ 공동대리의 제한을 위반한 대리행위는 무권대리가 된다. 다만, 본인의 추인이 있으면 유효
　　　하다.

　　㉡ 친권의 행사에서 부모의 일방이 공동명의로 자를 대리한 경우, 다른 일방의 의사에 반하더
　　　라도 상대방이 악의가 아니라면 그 대리행위는 유효하다(민법 제920조의2).

③ 적용범위 : 공동대리의 제한이 있다 하더라도 수동대리는 단독으로 가능하다.

4. 대리권의 남용

(1) 의 의

① 대리권의 남용이란 대리인이 대리권의 범위 내에서 대리행위를 하였으나, 본인의 이익이 아
　　닌 자기 또는 제3자의 이익을 꾀하기 위하여 대리행위를 하는 경우를 말한다.

② 판례는 「대표권 남용」 사안에서의 주류는 비진의표시설의 입장에서 판시하고 있지만, 권리남
　　용설의 입장을 보인 것도 있으며, 「대리권 남용」 사안에서는 비진의표시설만을 따르고 있다.

> 진의 아닌 의사표시가 대리인에 의하여 이루어지고 그 대리인의 진의가 본인의 이익이나 의사에 반하여 자기 또는 제3자의 이익을 위한 배임적인 것임을 그 상대방이 알았거나 알 수 있었을 경우에는 민법 제107조 제1항 단서의 유추해석상 그 대리인의 행위에 대하여 본인은 책임을 지지 아니하므로, 금융기관의 임·직원이 예금 명목으로 돈을 교부받을 때의 진의가 예금주와 예금계약을 맺으려는 것이 아니라 그 돈을 사적인 용도로 사용하거나 비정상적인 방법으로 운용하는 데 있었던 경우에 예금주가 그 임·직원의 예금에 관한 비진의 내지 배임적 의사를 알았거나 알 수 있었다면 금융기관은 그러한 예금에 대하여 예금계약에 기한 반환책임을 지지 아니한다(대판 2007.4.12. 2004다51542). `기출 17`

(2) 적용범위

대리권의 남용이 주로 임의대리에서 논의가 되지만 그에 한정할 것은 아니다. 즉 법정대리에도 대리권남용의 법리가 적용되어야 한다. 판례도 법정대리권의 남용을 인정한다(대판 1997.1.24. 96다43928).

5. 대리권의 소멸

대리권의 소멸사유(민법 제127조) `기출 10·12·15`
대리권은 다음 각 호의 어느 하나에 해당하는 사유가 있으면 소멸된다. 두 : 본·사/대·사·성·개·파
 1. 본인의 사망
 2. 대리인의 사망, 성년후견의 개시 또는 파산

임의대리의 종료(민법 제128조)
법률행위에 의하여 수여된 대리권은 전조의 경우 외에 그 원인된 법률관계의 종료에 의하여 소멸한다. 법률관계의 종료 전에 본인이 수권행위를 철회한 경우에도 같다.

Ⅲ 대리행위(대리인과 상대방 사이의 관계)

1. 현명주의

대리행위의 효력(민법 제114조) `기출 21`
① 대리인이 그 권한 내에서 본인을 위한 것임을 표시한 의사표시는 직접 본인에게 대하여 효력이 생긴다.
② 전항의 규정은 대리인에게 대한 제3자의 의사표시에 준용한다.

(1) 현명의 의의

통설은 대리인의 「대리적 효과의사(대리의사)」를 「외부에 표시하는 의사표시」라고 한다.

(2) 현명의 방식

1) 내용

① 대리인은 대리행위의 법률효과를 본인에게 생기게 하려면 「본인을 위한 것임을 표시」하여야 한다(민법 제114조).

② 현명은 불요식행위이므로 방식에 제한이 없어 반드시 위임장을 제시할 필요도 없고 구두에 의해서도 가능하다.

③ 현명 시 본인을 특정할 필요도 없고, 본인의 이름을 명시할 필요도 없다. 즉 타인을 위한 것이라는 것만 표시하면 족하다(통설·판례).

2) 관련 판례

갑이 부동산을 농업협동조합중앙회에 담보로 제공함에 있어 동업자인 을에게 그에 관한 대리권을 주었다면 을이 동 중앙회와의 사이에 그 부동산에 관하여 근저당권설정계약을 체결함에 있어 그 피담보채무를 동업관계의 채무로 특정하지 아니하고 또 대리관계를 표시함이 없이 마치 자신이 갑 본인인 양 행세하였다 하더라도 위 근저당권설정계약은 대리인인 위 을이 그의 권한범위 안에서 한 것인 이상 그 효력은 본인인 갑에게 미친다(대판 1987.6.23. 86다카1411).

(3) 현명하지 않은 대리행위의 효력

본인을 위한 것임을 표시하지 아니한 행위(민법 제115조) 기출 11·12·17
대리인이 본인을 위한 것임을 표시하지 아니한 때에는 그 의사표시는 자기를 위한 것으로 본다. 그러나 상대방이 대리인으로서 한 것임을 알았거나 알 수 있었을 때에는 전조 제1항의 규정을 준용한다.

① 원칙 : 대리인이 본인을 위한 것임을 표시하지 아니한 때에는 그 의사표시는 자기를 위한 것으로 본다(민법 제115조 본문). 따라서 대리인이 법률행위의 당사자가 되며, 그로 인한 효과도 대리인에게 직접 발생하므로, 대리인은 자신을 위하여 행위 할 의사가 없었다는 이유로 그 계약을 착오에 근거하여 취소할 수 없다. 기출 15

② 예외 : 상대방이 대리인으로서 한 것임을 알았거나 알 수 있었을 때에는 대리행위의 효과가 직접 본인에게 발생한다(민법 제115조 단서).

> [1] 민법 제450조에 의한 채권양도통지는 양도인이 직접하지 아니하고 사자를 통하여 하거나 대리인으로 하여금 하게 하여도 무방하고, 채권의 양수인도 양도인으로부터 채권양도통지 권한을 위임받아 대리인으로서 그 통지를 할 수 있다. [2] 채권양도통지 권한을 위임받은 양수인이 양도인을 대리하여 채권양도통지를 함에 있어서는 민법 제114조 제1항의 규정에 따라 양도인 본인과 대리인을 표시하여야 하는 것이므로, 양수인이 서면으로 채권양도통지를 함에 있어 대리관계의 현명을 하지 아니한 채 양수인 명의로 된 채권양도통지서를 채무자에게 발송하여 도달되었다 하더라도 이는 효력이 없다고 할 것이다. 기출 16·18 [3] 대리에 있어 본인을 위한 것임을 표시하는 이른바 현명은 반드시 명시적으로만 할 필요는 없고 묵시적으로도 할 수 있는 것이고, 채권양도통지를 함에 있어 현명을 하지 아니한 경우라도 채권양도통지를 둘러싼 여러 사정에 비추어 양수인이 대리인으로서 통지한 것임을 상대방이 알았거나 알 수 있었을 때에는 민법 제115조 단서의 규정에 의하여 유효하다(대판 2004.2.13. 2003다43490).

2. 대리행위의 하자

> **대리행위의 하자(민법 제116조)** `기출` 10 · 12 · 18
> ① 의사표시의 효력이 의사의 흠결, 사기, 강박 또는 어느 사정을 알았거나 과실로 알지 못한 것으로 인하여 영향을 받을 경우에 그 사실의 유무는 대리인을 표준하여 결정한다.
> ② 특정한 법률행위를 위임한 경우에 대리인이 본인의 지시에 좇아 그 행위를 한 때에는 본인은 자기가 안 사정 또는 과실로 인하여 알지 못한 사정에 관하여 대리인의 부지를 주장하지 못한다.

(1) 원칙 : 대리인 표준

① 의사표시의 효력이 의사의 흠결, 사기, 강박 또는 어느 사정을 알았거나 과실로 알지 못한 것으로 인하여 영향을 받을 경우에 그 사실의 유무는 대리인을 표준하여 결정한다(민법 제116조 제1항).

② 그러나 그 대리행위의 하자에서 생기는 효과(취소권, 무효의 주장 등)는 본인에게 귀속됨을 주의해야 한다.

③ 본인에게 착오, 사기, 강박 등의 사유가 있더라도 대리인에게 그러한 사유가 없다면 본인은 이를 주장하여 취소권을 행사할 수 없다. `기출` 15

(2) 예 외

① 제3자가 대리행위의 상대방에게 사기·강박을 행한 경우에 대리인뿐만 아니라 본인이 제3자의 사기·강박을 알았거나 알 수 있었더라도 상대방이 그 의사표시를 취소할 수 있다.

② 본인이 대리행위의 상대방에게 사기·강박을 행한 경우에, 신의칙상 본인의 사기·강박은 대리인의 그것으로 평가되어, 대리인이 그 사실을 알았거나 알 수 있었는지 여부와 관계없이 상대방은 민법 제110조 제1항에 의하여 의사표시를 취소할 수 있다.

③ 대리인이 본인의 지시에 좇아 법률행위를 한 경우에는 본인은 자신에게 악의·과실이 있는 경우 대리인이 선의·무과실이라고 하여도 이를 주장하지 못한다(민법 제116조 제2항).

[사례] : 甲의 대리인 乙은 계약의 체결에 관한 대리권을 수여받아 甲의 대리인으로서 丙과 계약을 체결하였다.

- **대리인 乙이 상대방 丙을 기망한 경우** : 민법 제110조 제1항에 근거하여 丙은 본인 甲이 대리인 乙의 기망 사실에 관하여 알았는지 여부와 관계없이 사기를 이유로 법률행위를 취소할 수 있다.
- **상대방 丙이 대리인 乙을 기망한 경우** : 대리에서 의사표시의 효력이 사기로 인하여 영향을 받을 경우, 그 사실의 유무는 대리인을 표준으로 하여 결정되므로(민법 제116조 제1항), 대리인 乙이 기망을 당한 경우 본인 甲이 사기를 이유로 의사표시를 취소할 수 있다(민법 제110조 제1항). 물론 취소권에 관한 특별수권을 받은 경우 대리인 乙도 취소할 수 있다.
- **상대방 丙이 본인 甲을 기망한 경우** : 대리에서 의사표시의 효력이 사기로 인하여 영향을 받을 경우, 그 사실의 유무는 대리인을 표준으로 하여 결정되므로(민법 제116조 제1항), 본인 甲이 기망 당한 경우에는 의사표시에 하자가 없는 경우이므로, 甲은 의사표시를 취소할 수 없다.

---

3. 대리인의 능력

(1) 민법 제117조

① 대리인은 행위능력자임을 요하지 않는다(민법 제117조). 다만, 대리행위 당시 대리인이 적어도 의사능력은 가지고 있어야 한다.

② 본인에게는 행위능력도 의사능력도 불필요하다. 단, 권리능력은 있어야 한다.

(2) 제한능력자인 대리인과 본인의 관계

민법 제117조는 대리인이 제한능력자라는 점을 들어 본인이 그의 대리행위를 취소하지 못한다는 의미를 가질 뿐이며, 제한능력자인 대리인과 본인 사이의 내부적 관계에는 영향을 미치지 않는다. 즉 대리인은 본인과의 기초적 내부관계를 발생시키는 행위를 제한행위능력을 이유로 취소할 수 있다.

Ⅳ 대리의 효과(본인과 상대방 사이의 관계)

① 대리인이 한 대리행위의 효과는 모두 직접 본인에게 귀속된다. 이 점에서 대리는 간접대리와 구별된다.

② 대리인이 한 불법행위는 법률행위의 대리가 아니므로 본인에게 그 효과가 귀속되지는 않고, 다만, 본인과 대리인이 사용자·피용자의 관계에 있는 경우에 본인이 민법 제756조의 사용자책임을 질 수는 있다.

Ⅴ 복대리(複代理)

1. 의 의

(1) 복대리인의 개념

복대리인은 대리인이 「대리인 자신의 이름」으로 선임한 「본인의 대리인」이다. 기출 07·16·18·23

(2) 복대리인의 법적 성질

① 복대리인은 「본인의 대리인」이고 대리인의 대리인은 아니다. 기출 18

② 복대리인을 선임한 후에도 대리인의 대리권은 소멸하지 않고 복대리인의 대리권과 병존한다. 따라서 복임행위는 대리권의 「병존적 부여행위」라고 할 것이다. 기출 23

2. 대리인의 복임권과 책임

(1) 임의대리인의 복임권과 그 책임

① 원칙적으로 복임권을 가지지 못하지만, 예외적으로 본인의 승낙이 있거나 부득이한 사유가 있는 때에 한하여 복대리인 선임이 가능하다. 단, 선임이 가능한 경우에는 선임·감독상의 과실에 대해서만 책임을 진다(민법 제121조 제1항). 기출 18

> • 대리의 목적인 법률행위의 성질상 대리인 자신에 의한 처리가 필요하지 아니한 경우에는 본인이 복대리 금지의 의사를 명시하지 아니하는 한 복대리인의 선임에 관하여 묵시적인 승낙이 있는 것으로 보는 것이 타당하다(대판 1996.1.26. 94다30690). 기출 06
> • 甲이 채권자를 특정하지 아니한 채 부동산을 담보로 제공하여 금원을 차용해 줄 것을 乙에게 위임하였고, 乙은 이를 다시 丙에게 위임하였으며, 丙은 丁에게 위 부동산을 담보로 제공하고 금원을 차용하여 乙에게 교부하였다면, 乙에게 위 사무를 위임한 甲의 의사에는 '복대리인 선임에 관한 승낙'이 포함되어 있다고 봄이 타당하다(대판 1993.8.27. 93다21156). 기출 16

② 나아가 본인이 복대리인을 지명한 경우에는 책임이 더욱 완화되어 있다.

(2) 법정대리인의 복임권과 그 책임

① 언제나 복임권이 있다. 기출 16

② 법정대리인은 언제든지 복임권을 가지는 대신에 한편으로는 선임·감독상의 과실유무에 관계없이 모든 책임을 부담한다(민법 제122조 본문). 기출 07 그러나 부득이하게 선임한 경우 선임·감독상의 과실에 대해서만 책임을 진다(민법 제122조 단서).

3. 복대리인의 지위

(1) 대리인에 대한 관계

① 복대리인은 대리인이 자기의 권한 내에서 선임한 것이므로 대리인의 감독에 복종하며, 그 권한도 대리권의 범위 내에 한한다.

② 복대리권은 대리권을 초과할 수 없으며, 대리권이 소멸하면 복대리권도 소멸한다. **기출 18**

③ 복대리인의 선임으로 대리인의 대리권은 소멸하지 않으며, 대리인과 복대리인은 모두 본인을 대리한다.

(2) 상대방에 대한 관계

① 복대리인은 본인의 대리인이므로(민법 제123조 제1항), 상대방에 대하여는 대리인과 동일한 권리·의무가 있다(민법 제123조 제2항).

② 복대리인은 복대리행위를 함에 있어서 본인을 위한다는 표시를 하여야 하며(민법 제114조 제1항), 표현대리규정도 복대리행위에 적용될 수 있다.

(3) 본인에 대한 관계

민법 제123조 제2항에 의하여 본인과 대리인 사이의 내부적 법률관계가 본인과 복대리인 간의 내부적 기초적 법률관계로 의제된다(통설).

(4) 복대리인의 복임권

선임 대리인과 동일한 조건으로 복임권을 인정할 수 있다(통설).

4. 복대리권의 소멸

(1) 대리권 일반의 소멸원인

① 본인의 사망 또는 복대리인의 사망 **기출 18** , 성년후견의 개시 또는 파산(민법 제127조), ② 대리인과 복대리인 사이의 내부적 법률관계의 종료(민법 제128조 전단) 및 ③ 대리인의 수권행위의 철회(민법 제128조 후단)에 의해 복대리권은 소멸한다.

(2) 대리인의 대리권 소멸

Ⅵ 무권대리

1. 서 설

대리권 없이 행하여진 대리행위를 무권대리라 한다. 무권대리는 대리인에게 대리권이 있는 것으로 믿을 만한 외관이 있고, 그 외관 형성에 대하여 본인에게도 책임을 물을 만한 사정이 있는 표현대리와, 이러한 사정이 없는 경우인 협의의 무권대리로 나누어진다. 여기서의 양자를 통틀어 광의의 무권대리라 1 한다.

2. 표현대리

(1) 표현대리의 의의

1) 표현대리의 개념

표현대리란 대리인에게 대리권이 없음에도 불구하고 마치 그것이 있는 것과 같은 외관이 존재하고, 그러한 외관의 형성에 관여하든가 외관을 방치하는 등 본인이 책임져야 할 사정이 있는 경우에, 그 무권대리행위에 대하여 본인에게 책임을 지우는 제도이다.

2) 표현대리의 유형

민법은 대리권 수여표시에 의한 표현대리(민법 제125조)와 권한을 넘은 표현대리(민법 제126조), 대리권 소멸 후의 표현대리(민법 제129조)를 규정하고 있다.

3) 표현대리의 본질 및 무권대리와의 관계

① 문제점 : 표현대리가 유권대리의 일종인지 무권대리의 일종인지 문제되는데 양자를 구별하는 실익은 표현대리가 성립할 경우에도 민법 제130조 이하의 무권대리 규정이 적용될 수 있을지, 특히 무권대리인의 상대방에 대한 책임규정(민법 제135조)의 적용 여부이다.

② 학설 : 표현대리를 유권대리의 아종으로 보는 견해도 있으나 다수설은 표현대리는 광의의 무권대리에 속하는 것으로서 민법 제130조 이하가 적용되는 것이 원칙이나 민법 제135조는 적용되지 않는다는 점이 무권대리와 차이가 있다는 견해이다.

③ 판례 : 유권대리에 있어서는 본인이 대리인에게 수여한 대리권의 효력에 의하여 법률효과가 발생하는 반면, 표현대리에 있어서는 대리권이 없음에도 불구하고 법률이 특히 거래상대방 보호와 거래안전유지를 위하여 본래 무효인 무권대리행위의 효과를 본인에게 미치게 한 것으로, 양자의 구성요건 해당사실, 즉 주요사실은 다르다고 볼 수밖에 없으니, 유권대리에 관한 주장 속에 무권대리에 속하는 표현대리의 주장이 포함되어 있다고 볼 수 없다(대판[전합] 1983.12.13. 83다카1489). `기출` 21

④ 검토 : 거래상대방 보호와 거래안전 유지를 위하여 표현대리를 인정한 취지를 고려할 때 표현대리는 광의의 무권대리에 포함된다고 보아야 하나, 표현대리의 성립으로 상대방의 보호는 충분하므로, 민법 제135조를 적용하여 무권대리인의 책임을 추궁하는 것은 부정하는 것이 타당하다고 판단된다.

(2) 대리권수여 표시에 의한 표현대리(민법 제125조)

> **대리권수여의 표시에 의한 표현대리(민법 제125조)**
> 제3자에 대하여 타인에게 대리권을 수여함을 표시한 자는 그 대리권의 범위 내에서 행한 그 타인과 그 제3자간의 법률행위에 대하여 책임이 있다. 그러나 제3자가 대리권 없음을 알았거나 알 수 있었을 때에는 그러하지 아니하다.

1) 의 의

본인이 실제로는 타인에게 대리권을 수여하지 않았음에도 불구하고 수여하였다고 표시함으로써 대리권 수여의 외관이 존재하는 경우에 관한 규정이다.

2) 요 건

① 대리권수여의 표시

    ㉠ 수권표시의 법적 성질 : 통설은 수권행위가 있었다는 뜻의 「관념의 통지」로 본다.

    ㉡ 수권표시의 방법 : 제한이 없다. 따라서 서면으로 하든 구술로 하든, 특정인에 대한 것이든, 불특정인에 대한 것이든 불문한다. 또한 본인이 직접하지 않고 대리인이 될 자를 통해서 하더라도 무방하다.

> - 민법 제125조가 규정하는 대리권 수여의 표시에 의한 표현대리는 본인과 대리행위를 한 자 사이의 기본적인 법률관계의 성질이나 그 효력의 유무와는 관계없이 어떤 자가 본인을 대리하여 제3자와 법률행위를 함에 있어 본인이 그 자에게 대리권을 수여하였다는 표시를 제3자에게 한 경우에 성립한다(대판 2007.8.23. 2007다23425). **기출 16**
> - 대리권을 수여하는 수권행위는 불요식의 행위로서 명시적인 의사표시에 의함이 없이 묵시적인 의사표시에 의하여 할 수도 있으며, 어떤 사람이 대리인의 외양을 가지고 행위하는 것을 본인이 알면서도 이의를 하지 아니하고 방임하는 등 사실상의 용태에 의하여 대리권의 수여가 추단되는 경우도 있다(대판 2016.5.26. 2016다203315). **기출 19**
> - 본인에 의한 대리권 수여의 표시는 반드시 대리권 또는 대리인이라는 말을 사용하여야 하는 것이 아니라 사회통념상 대리권을 추단할 수 있는 직함이나 명칭 등의 사용을 승낙 또는 묵인한 경우에도 대리권 수여의 표시가 있은 것으로 볼 수 있다(대판 1998.6.12. 97다53762). **기출 14**

    ㉢ 수권표시의 철회 : 철회는 표현대리인이 대리행위를 하기 전에 행해져야 한다. 철회가 효력을 발생하려면 상대방에게 철회된 사실을 알려야 한다. 이때 철회는 표시와 동일한 방법이나 이에 준하는 방법으로 상대방에게 알려야 한다.

② 표시된 대리권의 범위 내의 행위일 것 : 만일 수권표시의 객관적인 범위를 넘는 행위가 있는 경우에 그 초과부분에 대해서는 민법 제126조가 적용될 여지가 있다.

③ 대리행위의 상대방 : 대리권수여의 표시를 받은 상대방에 한정한다. **기출 16**

④ 상대방의 선의·무과실 : 상대방의 과실 유무는 무권대리행위 당시의 제반사정을 객관적으로 판단하여 결정해야 한다(대판 1974.7.9. 73다1804). 민법 제125조의 책임을 면하려는 본인이 상대방의 악의 또는 과실에 대한 입증책임을 진다. 즉 상대방은 선의·무과실이어야 한다. **기출 13·16**

3) 적용범위

① 민법 제125조는 임의대리에만 적용되고 법정대리에는 적용되지 않는다(통설·판례).

② 복대리에 관해서도 민법 제125조는 적용된다(판례).

③ 소송행위에는 민법상의 표현대리규정이 적용 또는 유추적용될 수 없다(대판 1983.2.8. 81다카621). 공법상 행위도 마찬가지이다.

④ 대리행위가 강행규정에 위반하는 경우에는 표현대리의 법리가 적용되지 않는다.

4) 법률효과

① 표현대리는 상대방이 이를 주장하는 경우에 비로소 문제되는 것이고, 상대방이 주장하지 않는 한 본인 측에서 표현대리를 주장할 수는 없다.

② 상대방의 철회와 본인의 추인 중 먼저 행해진 것에 따라서 표현대리의 효과가 확정된다.

③ 상대방에 대한 무권대리인의 책임규정(민법 제135조)은 적용되지 않는다.

④ 표현대리가 성립하는 경우에 그 본인은 표현대리행위에 의하여 전적인 책임을 져야 하고, 상대방에게 과실이 있다고 하더라도 과실상계의 법리를 유추적용하여 본인의 책임을 경감할 수 없다(대판 1996.7.12. 95다49554).

(3) 권한을 넘은 표현대리(민법 제126조)

> **권한을 넘은 표현대리(민법 제126조)**
> 대리인이 그 권한 외의 법률행위를 한 경우에 제3자가 그 권한이 있다고 믿을 만한 정당한 이유가 있는 때에는 본인은 그 행위에 대하여 책임이 있다.

1) 의 의

대리인이 그 권한 외의 법률행위를 한 경우에 제3자가 그 권한이 있다고 믿을만한 정당한 이유가 있는 때에는 대리권의 범위 안에서 대리행위를 한 경우와 같이 본인은 그 행위에 대하여 책임이 있다.

2) 요 건

① 대리인에게 기본대리권이 존재할 것 `기출 08`

ㄱ 기본대리권에 법정대리권도 포함되며, 대리행위와 동종·유사한 것일 필요가 없고 전혀 별개의 행위에 대한 기본대리권도 가능하다. `기출 06`

ㄴ 기본대리권은 현재의 대리권을 말하고, 과거에 가졌던 대리권을 넘는 경우에는 민법 제126조가 적용되지 않고 민법 제129조가 적용될 수 있다.

> 민법 제126조에서 말하는 권한을 넘은 표현대리는 현재에 대리권을 가진 자가 그 권한을 넘은 경우에 성립하는 것이지, 현재에 아무런 대리권도 가지지 아니한 자가 본인을 위하여 한 어떤 대리행위가 과거에 이미 가졌던 대리권을 넘은 경우에까지 성립하는 것은 아니라고 할 것이고, 한편 과거에 가졌던 대리권이 소멸되어 민법 제129조에 의하여 표현대리로 인정되는 경우에 그 표현대리의 권한을 넘는 대리행위가 있을 때에는 민법 제126조에 의한 표현대리가 성립할 수 있다(대판 2008.1.31. 2007다74713).
> `기출 16`

② 권한을 넘은 표현대리행위가 존재할 것

ㄱ 표현대리인과 상대방 사이에 대리행위가 없는 때에는 민법 제126조가 적용되지 않는다.

ㄴ 민법 제126조의 표현대리는 문제된 법률행위와 수여받은 대리권 사이에 아무런 관계가 없는 경우에도 적용된다.

ㄷ 기본대리권이 공법상의 권리이고 표현대리행위가 사법상의 행위일지라도 민법 제126조의 표현대리는 적용된다. `기출 09·13`

ㄹ 민법 제126조의 상대방은 민법 제125조 및 민법 제129조의 경우와 같이 표현대리행위의 직접 상대방만을 말한다.

ㅁ 본인의 성명을 모용하여 자기가 마치 본인인 것처럼 기망하여 본인 명의로 직접 법률행위를 한 경우, 특별한 사정이 없는 한, 표현대리는 성립될 수 없다.

③ 정당한 이유의 존재

    ㉠ 정당한 이유란 대리행위에 대한 대리권이 존재하리라고 상대방이 믿은 데 과실이 없음을 말한다. 즉 선의이며 과실이 없는 것을 의미한다. **기출** 16

    ㉡ 정당한 이유의 존부는 대리인의 대리행위가 행하여질 때에 존재하는 제반사정을 객관적으로 관찰하여 판단하여야 한다(대판 2008.2.1. 2006다33418 · 33425).

    ㉢ 정당한 이유의 판단시기는 대리행위가 행사되고 그 후의 사정이 고려되어서는 안 된다(대판 1997.6.27. 97다3828). **기출** 08 · 14 · 21

    ㉣ 정당한 이유의 입증책임에 대하여 다수설은 본인이 상대방의 악의 · 과실을 주장 · 입증해야 한다고 하는 반면, 판례(대판 1968.6.18. 68다694)는 유효를 주장하는 자에게 있다고 한다. **기출** 19

    ㉤ 타인의 채무에 대한 보증행위는 그 성질상 아무런 반대급부 없이 오직 일방적으로 불이익만을 입는 것인 점에 비추어 볼 때, 남편이 처에게 타인의 채무를 보증함에 필요한 대리권을 수여한다는 것은 사회통념상 이례에 속하므로, 처가 특별한 수권 없이 남편을 대리하여 위와 같은 행위를 하였을 경우에 그것이 민법 제126조 소정의 표현대리가 되려면 처에게 일상가사대리권이 있었다는 것만이 아니라 상대방이 처에게 남편이 그 행위에 관한 대리의 권한을 주었다고 믿었음을 정당화할 만한 객관적인 사정이 있어야 한다(대판 1998.7.10. 98다18988). **기출** 09

3) 적용범위

① 민법 제126조의 표현대리는 임의대리와 법정대리에 모두 적용된다(통설 · 판례). **기출** 07 · 13

② 민법 제125조와 민법 제129조가 적용됨으로써 상대방에 대한 관계에 있어서는 법률상 대리권의 수여가 있었던 것으로 다루어지기 때문에 그러한 범위를 넘은 경우에도 민법 제126조가 적용되어 민법 제125조와 민법 제129조의 표현대리권이 민법 제126조의 기본대리권에 해당한다(통설).

③ 복임권이 없는 대리인에 의하여 선임된 복대리인의 행위에도 민법 제126조가 적용된다(판례).

④ 부부 상호 간의 법정대리권인 일상가사대리권에 대해서도 민법 제126조의 적용이 있다(통설).

⑤ 문제가 된 부부의 행위가 일상가사에 속하지 않더라도 일상가사대리권을 기본대리권으로 하여 문제의 행위에 특별수권이 주어졌다고 믿을 만한 정당한 이유가 있는 경우에 민법 제126조의 표현대리를 인정할 수 있다(판례).

⑥ 비법인사단인 교회의 대표자는 총유물인 교회 재산의 처분에 관하여 교인총회의 결의를 거치지 아니하고는 이를 대표하여 행할 권한이 없다. 따라서 교회의 대표자가 권한 없이 행한 교회 재산의 처분행위에 대하여는 민법 제126조의 표현대리에 관한 규정이 준용되지 아니한다(대판 2009.2.12. 2006다23312).

4) 법률효과

민법 제126조의 요건이 충족되면 상대방은 표현대리인이 한 법률행위의 효력을 본인에게 주장할 수 있다.

(4) 대리권 소멸 후의 표현대리(민법 제129조)

> **대리권 소멸 후의 표현대리(민법 제129조)**
> 대리권의 소멸은 선의의 제3자에게 대항하지 못한다. 그러나 제3자가 과실로 인하여 그 사실을 알지 못한 때에는 그러하지 아니하다.

1) 의 의

① 민법 제129조는 대리권이 소멸하여 대리권이 없게 된 자가 대리행위를 한 경우에 선의·무과실로 그와 거래한 상대방을 보호하기 위하여 그 상대방과의 관계에서 마치 대리권이 있는 경우와 마찬가지로 효과를 인정한다.

② 민법 제129조는 그 효과로 '제3자에 대항하지 못한다'라고 규정하고 있는 바, 그 표현이 민법 제125조나 민법 제126조의 '책임이 있다'와 다르나 그 의미는 같다.

2) 요 건

① 대리인이 이전에는 대리권을 가지고 있었으나 대리행위를 할 때에는 대리권이 소멸하고 있어야 한다.

> 대리인이 대리권 소멸 후 직접 상대방과 사이에 대리행위를 하는 경우는 물론 대리인이 대리권 소멸 후 복대리인을 선임하여 복대리인으로 하여금 상대방과 사이에 대리행위를 하도록 한 경우에도, 상대방이 대리권 소멸 사실을 알지 못하여 복대리인에게 적법한 대리권이 있는 것으로 믿었고 그와 같이 믿은 데 과실이 없다면 민법 제129조에 의한 표현대리가 성립할 수 있다(대판 1998.5.29. 97다55317).
> 기출 06 · 11 · 18 · 23

② 제3자는 선의·무과실이어야 한다.

③ 대리권이 이전에 존재하였던 것과 상대방의 신뢰 사이에 인과관계가 있어야 한다.

④ 대리인이 권한 내의 행위를 하여야 한다.

⑤ 처음부터 전혀 대리권이 없는 경우에는 민법 제129조가 적용될 수 없다.

⑥ 수권행위가 철회 또는 취소된 경우와 기초적 내부관계가 소멸한 경우에도 대리권은 소멸하므로 민법 제129조의 표현대리가 적용될 수 있다.

⑦ 상대방은 대리행위의 직접 상대방만을 말하며 상대방과 거래한 제3자는 포함되지 않는다.

⑧ 제3자의 악의·과실에 대한 입증책임은 본인에게 있다(통설).

3) 적용범위

① 민법 제129조의 표현대리는 임의대리와 법정대리 모두에 적용된다(통설·판례). 기출 14

② 민법 제129조는 복대리인의 무권대리행위에 대해서도 적용된다.

3. 협의의 무권대리(無權代理)

(1) 서 설

대리인이 대리권 없이 대리행위를 한 경우 중 표현대리가 성립하는 경우를 제외한 것이 협의의 무권대리이다. 민법은 협의의 무권대리로 계약의 무권대리(민법 제130조 내지 제135조)와 단독행위의 무권대리(민법 제136조)를 규정하고 있다.

(2) 계약의 무권대리

무권대리(민법 제130조) 기출 15
대리권 없는 자가 타인의 대리인으로 한 계약은 본인이 이를 추인하지 아니하면 본인에 대하여 효력이 없다.

상대방의 최고권(민법 제131조) 기출 08 · 15 · 17 · 19 · 21
대리권 없는 자가 타인의 대리인으로 계약을 한 경우에 상대방은 상당한 기간을 정하여 본인에게 그 추인 여부의 확답을 최고할 수 있다. 본인이 그 기간 내에 확답을 발하지 아니한 때에는 추인을 거절한 것으로 본다.

추인, 거절의 상대방(민법 제132조) 기출 15
추인 또는 거절의 의사표시는 상대방에 대하여 하지 아니하면 그 상대방에 대항하지 못한다. 그러나 상대방이 그 사실을 안 때에는 그러하지 아니하다.

추인의 효력(민법 제133조) 기출 04 · 15
추인은 다른 의사표시가 없는 때에는 계약 시에 소급하여 그 효력이 생긴다. 그러나 제3자의 권리를 해하지 못한다.

상대방의 철회권(민법 제134조) 기출 08 · 09 · 11 · 15 · 21
대리권 없는 자가 한 계약은 본인의 추인이 있을 때까지 상대방은 본인이나 그 대리인에 대하여 이를 철회할 수 있다. 그러나 계약 당시에 상대방이 대리권 없음을 안 때에는 그러하지 아니하다.

1) 본인과 상대방 사이의 효과

① **본인의 권리 : 추인권 및 추인거절권**

　㉠ **추인권의 성질** : 무권대리인의 법률행위에 대한 본인의 추인은 상대방이나 무권대리인의 동의나 승낙을 요하지 않는 상대방 있는 단독행위이다.

　㉡ **추인의 당사자** : 추인권자는 본인이지만, 상속인 등 본인의 포괄승계인도 추인할 수 있고, 그 밖에 법정대리인이나 본인으로부터 특별수권을 부여받은 임의대리인도 추인할 수 있다. 반면 추인의 상대방과 관련하여 판례는 "무권대리인, 무권대리인의 직접 상대방 및 그 무권대리행위로 인한 권리 또는 법률관계의 승계인에 대하여도 할 수 있다"(대판 1981.4.14. 80다2314)는 입장이다. 기출 12 다만, 추인을 무권대리인에게 하는 경우 상대방이 추인이 있음을 알지 못한 때에는 상대방에 대하여 추인의 효과를 주장하지 못한다(민법 제132조). 따라서 상대방은 그때까지 자신의 의사표시를 철회할 수 있다. 기출 09 · 11 · 19

　㉢ **추인의 방법** : 무권대리행위의 추인에 특별한 방식이 요구되는 것이 아니므로 명시적인 방법만 아니라 묵시적인 방법으로도 할 수 있고, 구술로 하든 서면으로 하는 모두 가능하며, 재판 외에서뿐만 아니라 재판상에서도 할 수 있다.

ⓔ **일부추인의 가부** : 추인은 원칙적으로 무권대리행위 전부에 대하여 해야 한다(대판 2008.8.21. 2007다79480). 따라서 무권대리행위의 일부에 대한 추인은 허용되지 않지만 상대방의 동의가 있으면 가능하다(대판 1982.1.26. 81다카549). 기출 08·11

ⓜ **추인의 효과와 소급효**(민법 제133조) 기출 08

> [1] 법률행위에 따라 권리가 이전되려면 권리자 또는 처분권한이 있는 자의 처분행위가 있어야 한다. 무권리자가 타인의 권리를 처분한 경우에는 특별한 사정이 없는 한 권리가 이전되지 않는다. 그러나 이러한 경우에 권리자가 무권리자의 처분을 추인하는 것도 자신의 법률관계를 스스로의 의사에 따라 형성할 수 있다는 사적 자치의 원칙에 따라 허용된다. 이러한 추인은 무권리자의 처분이 있음을 알고 해야 하고, 명시적으로 또는 묵시적으로 할 수 있으며, 그 의사표시는 무권리자나 그 상대방 어느 쪽에 해도 무방하다. [2] 권리자가 무권리자의 처분을 추인하면 무권대리에 대해 본인이 추인을 한 경우와 당사자들 사이의 이익상황이 유사하므로, 무권대리의 추인에 관한 민법 제130조, 제133조 등을 무권리자의 추인에 유추 적용할 수 있다. 따라서 무권리자의 처분이 계약으로 이루어진 경우에 권리자가 이를 추인하면 원칙적으로 계약의 효과가 계약을 체결했을 때에 소급하여 권리자에게 귀속된다고 보아야 한다(대판 2017.6.8. 2017다3499).

ⓗ **추인거절권** : 본인이 추인을 하지 않고 내버려 둘 수도 있으나, 적극적으로 추인의 의사가 없음을 표시하여 무권대리행위의 유동적 무효 상태를 확정적 무효 상태로 만들 수 있는데 이를 본인의 추인거절권이라 한다.

> 甲이 대리권 없이 乙 소유 부동산을 丙에게 매도하여 부동산소유권 이전등기 등에 관한 특별조치법에 의하여 소유권이전등기를 마쳐주었다면 그 매매계약은 무효이고 이에 터잡은 이전등기 역시 무효가 되나, 甲은 乙의 무권대리인으로서 민법 제135조 제1항의 규정에 의하여 매수인 丙에게 부동산에 대한 소유권이전등기를 이행할 의무가 있으므로 그러한 지위에 있는 甲이 乙로부터 부동산을 상속받아 그 소유자가 되어 소유권이전등기이행의무를 이행하는 것이 가능하게 된 시점에서 자신이 소유자라고 하여 자신으로부터 부동산을 전전매수한 丁에게 원래 자신의 매매행위가 무권대리행위여서 무효였다는 이유로 丁 앞으로 경료된 소유권이전등기가 무효의 등기라고 주장하여 그 등기의 말소를 청구하거나 부동산의 점유로 인한 부당이득금의 반환을 구하는 것은 금반언의 원칙이나 신의성실의 원칙에 반하여 허용될 수 없다(대판 1994.9.27. 94다20617). 기출 11·19

ⓐ **추인거절권의 상대방과 그 방법** : 추인의 경우와 동일하다(민법 제133조).

ⓞ **추인거절의 효과** : 추인거절이 있으면 이제는 본인도 추인할 수 없고, 상대방도 최고권, 철회권을 행사할 수 없다.

② **무권대리인과 상속**

ⓖ **무권대리인이 본인을 상속한 경우** : 학설은 비당연유효설 내지 양지위병존설과 당연유효설(다수설)의 대립이 있다. 판례는 당연유효로 보지는 않지만 "무권대리로서 무효임을 주장하는 것은 금반언의 원칙이나 신의칙에 반한다"(대판 1994.9.27. 94다20617)고 한다.

ⓛ **본인이 무권대리인을 상속한 경우** : 당연유효설이 있으나 다수설은 양지위병존설의 입장에서 본인의 자격에서 추인을 거절할 수 있고 이는 신의칙에 반하지 않는다고 한다. 추인을 거절하면 무권대리인의 지위에서 이행 또는 손해배상책임을 부담하게 된다. 판례의 입장도 동일한 것으로 보인다(대판 1994.8.26. 93다20191).

③ 상대방의 권리

ㄱ **상대방의 최고권**(민법 제131조) : 상대방의 선의·악의를 불문하고 본인에게만 행사할 수 있다. 기출 19

ㄴ **상대방의 철회권**(민법 제134조) : 상대방이 선의인 경우, 본인 또는 무권대리인 모두에게 철회권을 행사할 수 있다. 기출 11 적법하게 철회가 되면 불확정한 법률행위는 확정적으로 무효가 되고 기출 10 , 본인도 추인을 할 수 없게 되며, 상대방 역시 무권대리인에게 책임(민법 제135조)을 물을 수 없게 된다. 기출 08 한편 상대방이 대리인에게 대리권이 없음을 알았다는 점에 대한 주장·입증책임은 철회의 효과를 다투는 본인에게 있다(대판 2017.6.29. 2017다213838). 기출 19

2) 대리인과 상대방과의 관계 – 무권대리인의 상대방에 대한 책임

> **상대방에 대한 무권대리인의 책임(민법 제135조)** 기출 04
> ① 다른 자의 대리인으로서 계약을 맺은 자가 그 대리권을 증명하지 못하고 또 본인의 추인을 받지 못한 경우에는 그는 상대방의 선택에 따라 계약을 이행할 책임 또는 손해를 배상할 책임이 있다.
> ② 대리인으로서 계약을 맺은 자에게 대리권이 없다는 사실을 상대방이 알았거나 알 수 있었을 때 또는 대리인으로서 계약을 맺은 사람이 제한능력자일 때에는 제1항을 적용하지 아니한다.

① 의의 및 책임의 법적 성질

ㄱ 무권대리가 되면 본인은 원칙적으로 책임을 지지 않는다.

ㄴ 무권대리인의 상대방에 대한 책임은 무과실책임이며(대판 2014.2.27. 2013다213038) 기출 23 , 법정책임이다(통설).

> [다른 자의 대리인으로서 계약을 맺은 자가 대리권을 증명하지 못하고 또 본인의 추인을 받지 못하였는데, 상대방이 계약의 이행을 선택한 경우, 무권대리인이 이행할 책임의 범위 / 무권대리인이 계약에서 정한 채무를 이행하지 않은 경우, 상대방에게 채무불이행에 따른 손해를 배상할 책임을 지는지 여부(적극) 및 이때 채무불이행에 대비하여 손해배상액의 예정에 관한 조항을 둔 경우, 무권대리인은 조항에서 정한 바에 따라 산정한 손해액을 지급하여야 하는지 여부(원칙적 적극) / 이 경우에도 손해배상액의 예정에 관한 민법 제398조가 적용되는지 여부(적극)]
>
> 다른 자의 대리인으로서 계약을 맺은 자가 그 대리권을 증명하지 못하고 또 본인의 추인을 받지 못한 경우에는 그는 상대방의 선택에 따라 계약을 이행할 책임 또는 손해를 배상할 책임이 있다(민법 제135조 제1항). 이때 상대방이 계약의 이행을 선택한 경우 무권대리인은 계약이 본인에게 효력이 발생하였더라면 본인이 상대방에게 부담하였을 것과 같은 내용의 채무를 이행할 책임이 있다. 무권대리인은 마치 자신이 계약의 당사자가 된 것처럼 계약에서 정한 채무를 이행할 책임을 지는 것이다. 무권대리인이 계약에서 정한 채무를 이행하지 않으면 상대방에게 채무불이행에 따른 손해를 배상할 책임을 진다. 위 계약에서 채무불이행에 대비하여 손해배상액의 예정에 관한 조항을 둔 때에는 특별한 사정이 없는 한 무권대리인은 조항에서 정한 바에 따라 산정한 손해액을 지급하여야 한다. 이 경우에도 손해배상액의 예정에 관한 민법 제398조가 적용됨은 물론이다(대판 2018.6.20. 2018다210775).

② 책임의 요건

ㄱ 무권대리인이 대리권을 증명하지 못하고, 본인의 추인을 받지 못할 것

ㄴ **상대방이 선의·무과실일 것**(민법 제135조 제2항) : 상대방의 선의·무과실의 판단은 대리행위 당시를 기준으로 하며, 무권대리인이 상대방이 대리권 없음을 알았거나 알 수 있었다는 사실을 주장·입증해야 한다(통설).

> **[무권대리인의 상대방이 대리권이 없음을 알았다는 사실 또는 알 수 있었는데도 알지 못하였다는 사실에 관한 주장·증명책임의 소재(= 무권대리인)]**
>
> 민법 제135조 제2항은 '대리인으로서 계약을 맺은 자에게 대리권이 없다는 사실을 상대방이 알았거나 알 수 있었을 때에는 제1항을 적용하지 아니한다.'고 정하고 있다. 이는 무권대리인의 무과실책임에 관한 원칙 규정인 제1항에 대한 예외 규정이므로 상대방이 대리권이 없음을 알았다는 사실 또는 알 수 있었는데도 알지 못하였다는 사실에 관한 주장·증명책임은 무권대리인에게 있다(대판 2018.6.28. 2018다210775).

　ⓒ 무권대리인이 제한능력자가 아닐 것(민법 제135조 제2항) 　기출 `09·23`
　ⓓ 상대방이 철회권을 행사한 경우에는 민법 제135조의 책임을 추궁할 수 없다.
③ 책임의 내용 : 「상대방」의 선택에 따라 계약의 이행 또는 손해배상책임을 진다.

> 타인의 대리인으로 계약을 한 자가 그 대리권을 증명하지 못하고 또 본인의 추인을 얻지 못한 때에는 상대방의 선택에 좇아 계약의 이행 또는 손해배상의 책임이 있는 것인바 이 상대방이 가지는 계약이행 또는 손해배상청구권의 소멸시효는 그 선택권을 행사할 수 있는 때로부터 진행한다 할 것이고 또 선택권을 행사할 수 있는 때라고 함은 대리권의 증명 또는 본인의 추인을 얻지 못한 때라고 할 것이다(대판 1965.8.24. 64다1156). 　기출 `12·23`

3) 본인과 무권대리인과의 관계

① 본인이 추인한 경우 : 본인이 추인하면 사무관리(민법 제734조)가 성립한다.
② 본인이 추인하지 않은 경우 : 본인과 대리인 사이에는 아무런 효과도 발생하지 않는다. 다만, 부당이득(민법 제741조), 불법행위(민법 제750조)가 문제될 수 있고, 본인이 대리인에게 내부적 법률관계에 의하여 채무불이행책임(민법 제390조)을 추궁할 수도 있다.

(3) 단독행위의 무권대리

> **단독행위와 무권대리(민법 제136조)** 　기출 `06`
> 단독행위에는 그 행위 당시에 상대방이 대리인이라 칭하는 자의 대리권 없는 행위에 동의하거나 그 대리권을 다투지 아니한 때에 한하여 전6조의 규정을 준용한다. 대리권 없는 자에 대하여 그 동의를 얻어 단독행위를 한 때에도 같다.

1) 상대방 없는 단독행위

① 유언, 재단법인의 설립행위, 권리의 포기 등의 상대방 없는 단독행위는 능동대리 및 수동대리를 묻지 않고 언제나 무효이다.
② 본인의 추인이 있더라도 무효이다.

2) 상대방 있는 단독행위

① 단독행위에는 그 행위 당시에 상대방이 대리인이라 칭하는 자의 대리권 없는 행위에 동의하거나 그 대리권을 다투지 아니한 때에 한하여 무권대리에 관한 규정을 준용한다. 대리권 없는 자에 대하여 그 동의를 얻어 단독행위를 한 때에도 같다(민법 제136조).
② 상대방 있는 단독행위도 원칙적으로 무효이다.

③ 민법 제136조 전단의 능동대리의 경우 대리권을 다투지 아니한 때란 이의를 제출하지 아니한 것을 말하고, 무권대리인에게 대리권이 없다는 데에 대한 선의·악의 내지 과실·무과실은 문제되지 않는다.

④ 민법 제136조 후단의 수동대리의 경우에는 무권대리인의 동의를 얻어 단독행위를 한 경우에만 계약과 동일한 효과가 발생한다.

05 법률행위의 무효와 취소

I 서설

1. 개념

처음부터 당연히 법률행위의 효력이 발생하지 아니하는 경우를 무효라 하고, 취소권자의 취소라는 행위가 있어야 비로소 소급적으로 무효가 되는 경우를 취소라고 한다.

2. 무효와 취소의 구별

구분	무효	취소
효력	처음부터 당연히 효력이 없음	원칙적으로 유효한 법률행위이나 취소를 통해 소급적 무효가 됨
주장권자	누구든지 무효 주장 가능	취소권자만 주장 가능(민법 제140조)
상대방	누구에게나 무효 주장 가능	법률행위 상대방에게만 주장 가능
기간	한번 무효는 계속 무효	취소는 단기제척기간 존재(민법 제146조)
추인	무효행위의 추인제도가 있음. 다만, 추인하여도 원칙적으로 그 효력이 발생하지 아니함. 다만, 무효임을 알고 추인한 경우 새로운 법률행위로 될 수 있음(민법 제139조)	취소할 수 있는 법률행위를 추인하면 유효한 법률행위로 확정
법정추인	없음	있음(민법 제145조)

3. 무효와 취소의 이중효

어느 법률행위가 무효사유와 취소사유를 모두 포함하고 있는 경우 예를 들어, 매도인이 매수인의 중도금지급채무불이행을 이유로 매매계약을 해제한 후에도, 매수인은 계약해제에 따른 불이익을 면하기 위해 착오를 이유로 매매계약전체를 취소하여 이를 무효로 돌릴 수 있다. 이를 무효와 취소의 이중효라고 한다. 기출 23

출처 | 지원림, 「민법강의」, 홍문사, 2022, P. 348 [2-363]

Ⅱ 법률행위의 무효

1. 의의

법률행위가 성립요건을 갖추지 못할 때 법률행위의 부존재라고 하고, 성립요건은 갖추었으나 효력요건을 갖추지 못한 경우를 법률행위의 무효라고 한다.

2. 무효의 종류

(1) 절대적 무효·상대적 무효

① 절대적 무효는 누구에 대해서도 무효를 주장할 수 있는 경우이다. 대표적인 경우가 민법 제103조, 민법 제104조 위반, 강행규정 위반 등의 경우이다.

② 상대적 무효는 당사자 사이에서는 무효이지만 선의의 제3자에게 대항하지 못하는 경우이다. 대표적으로 비진의표시가 무효로 되는 경우(민법 제107조 제1항), 통정허위표시(민법 제108조 제2항) 등의 경우이다.

(2) 당연무효·재판상 무효

무효는 원칙적으로 법률상 당연무효이다. 이와 달리 법률관계의 획일적 확정을 위하여 소(訴)에 의해서만 이를 주장할 수 있는 경우가 재판상 무효이다.

3. 무효의 일반적 효과

① 법률행위가 무효이면 법률효과는 발생하지 않으므로, 무효인 법률행위에 따른 법률효과를 침해하는 것처럼 보이는 위법행위나 채무불이행이 있더라도 법률효과 침해에 따른 손해배상을 청구할 수 없다(대판 2003.3.28. 2002다72125).

② 무효인 법률행위에 기한 이행이 있기 전이라면 더 이상 이행할 필요가 없지만, 이미 급부가 이행되었다면 그 급부는 원칙적으로 부당이득에 관한 규정(민법 제741조 이하)에 의하여 반환되어야 한다.

4. 일부무효

법률행위의 일부무효(민법 제137조) 기출 22
법률행위의 일부분이 무효인 때에는 그 전부를 무효로 한다. 그러나 그 무효부분이 없더라도 법률행위를 하였을 것이라고 인정될 때에는 나머지 부분은 무효가 되지 아니한다.

(1) 의 의

① 전부무효가 원칙이나 예외적으로 무효부분을 제외한 나머지 부분은 유효가 될 수 있다.

② 일부무효에 관한 민법 제137조는 임의규정이다. 따라서 일부무효에 관하여 효력규정에 위반되지 않는 당사자의 명시적 또는 묵시적 약정이 있으면 그에 의하고, 제137조는 적용되지 않는다(대판 2010.3.25. 2009다41465).

(2) 요 건

1) 법률행위의 일체성과 분할가능성이 있을 것(객관적 요건)

① 일체성 : 당사자가 법률행위의 여러 부분을 하나의 전체로서 의욕한 경우 일체성이 인정된다.

② 분할가능성 : 단, 그 여러 부분이 각각 분할가능성이 인정되어야 일부무효의 법리가 적용된다.

2) 무효부분이 없더라도 법률행위를 하였을 것이라고 인정될 것(주관적 요건)

① 무효부분이 없더라도 나머지 부분만으로도 법률행위를 하였을 것이라는「가정적 의사」가 필요하다.

> 매매의 대상에 장차 불하받게 되는 특정의 토지 외에 양도인이 경작하던 간척지에 대한 임차권이 포함되어 있는 것으로 인정된다고 하여도 임차권의 대상이 되는 토지는 불하되기 전의 간척중인 토지로서 이 토지에 대한 임차권의 양도만이 거래허가의 대상이 되는 것이므로, 이에 대한 토지거래허가가 없었다고 하여 당연히 양도계약 전부가 무효로 된다고 할 수는 없는바, 법률행위의 내용이 불가분인 경우에는 그 일부분이 무효일 때에도 일부 무효의 문제는 생기지 아니하나, 분할이 가능한 경우에는 민법 제137조의 규정에 따라 그 전부가 무효로 될 때도 있고, 그 일부만 무효로 될 때도 있기 때문이다(대판 1994.5.24. 93다58332). <u>기출</u> 10

② 판단 시점은 법률행위 당시를 기준으로 한다.

3) 입증책임

잔부(殘部)의 유효를 주장하는 자가 위 요건의 존재를 입증해야 한다.

(3) 효 과

① 원칙적으로 전부무효이나, 위 요건을 갖춘 경우 그 일부만을 유효로 볼 수 있다.

② 유효가 되는 시점은 법률행위 당시로 소급한다.

(4) 적용범위

① 민법 제137조는 임의규정이므로 당사자의 의사에 의해 배제할 수 있다.

② 또한 법률에 일부무효에 관한 효력에 관하여 특별한 규정이 있는 경우에도 적용되지 않는다.

5. 유동적 무효

(1) 의 의

유동적 무효란 법률행위가 무효이기는 하지만 추인 등에 의하여 행위 시에 소급하여 유효로 될 수 있는 경우를 말한다. 이는 취소할 수 있는 법률행위인 유동적 유효와 다르다.

(2) 토지거래 허가제도

1) 적용범위

토지거래 허가제도는 대가를 받고 소유권 또는 지상권을 이전 또는 설정하는 경우, 즉 유상계약에만 한정되어 적용되는 것이다(대판 2009.5.14. 2009도926).

2) 토지거래허가를 받지 않은 계약의 효력

판례는 「허가를 받기 전의 거래계약이 처음부터 허가를 배제하거나 잠탈하는 내용의 계약일 경우에는 확정적으로 무효로서 유효화될 여지가 없으나 이와 달리 허가받을 것을 전제로 한 거래계약(허가를 배제하거나 잠탈하는 내용의 계약이 아닌 계약은 여기에 해당하는 것으로 본다)일 경우에는 허가를 받을 때까지는 법률상 미완성의 법률행위로서 소유권 등 권리의 이전 또는 설정에 관한 거래의 효력이 전혀 발생하지 않음은 위의 확정적 무효의 경우와 다를 바 없지만, 일단 허가를 받으면 그 계약은 소급하여 유효한 계약이 되고 이와 달리 불허가가 된 때에는 무효로 확정되므로 허가를 받기까지는 유동적 무효의 상태에 있다고 보는 것이 타당하므로 허가받을 것을 전제로 한 거래계약은 허가받기 전의 상태에서는 거래계약의 채권적 효력도 전혀 발생하지 않으므로 권리의 이전 또는 설정에 관한 어떠한 내용의 이행청구도 할 수 없으나 일단 허가를 받으면 그 계약은 소급해서 유효화되므로 허가 후에 새로이 거래계약을 체결할 필요는 없다」(대판 [전합] 1991.12.24. 90다12243 - 다수의견)고 하였다. 기출 15·23

3) 유동적 무효인 채권계약에 관한 법률관계

① 이행청구권의 인정 여부(소극) : 허가를 받을 것을 전제로 한 거래계약은 허가받기 전의 상태에서는 거래계약의 채권적 효력도 전혀 발생하지 않으므로 권리의 이전 또는 설정에 관한 어떠한 내용의 이행청구도 할 수 없고, 그러한 거래계약의 당사자로서는 허가받기 전의 상태에서 상대방의 거래계약상 채무불이행을 이유로 거래계약을 해제하거나 그로 인한 손해배상을 청구할 수 없다(대판 1997.7.25. 97다4357·4364).

② 해약금에 의한 해제 가능 여부(적극) : 특별한 사정이 없는 한 국토이용관리법상의 토지거래 허가를 받지 않아 유동적 무효 상태인 매매계약에 있어서도 당사자 사이의 매매계약은 매도인이 계약금의 배액을 상환하고 계약을 해제함으로써 적법하게 해제된다(대판 1997.6.27. 97다9369).

> **[토지거래허가구역 내 토지에 관하여 매매계약을 체결하고 계약금만 주고받은 상태에서 토지거래허가를 받은 경우, 매도인이 민법 제565조의 규정에 의하여 그 계약을 해제할 수 있는지 여부(적극)]**
> 국토의 계획 및 이용에 관한 법률에 정한 토지거래계약에 관한 허가구역으로 지정된 구역 안에 위치한 토지에 관하여 매매계약이 체결된 경우 당사자는 그 매매계약이 효력이 있는 것으로 완성될 수 있도록 서로 협력할 의무가 있지만, 이러한 의무는 그 매매계약의 효력으로서 발생하는 매도인의 재산권이전의무나

매수인의 대금지급의무와는 달리 신의칙상의 의무에 해당하는 것이어서 당사자 쌍방이 위 협력의무에 기초해 토지거래허가신청을 하고 이에 따라 관할관청으로부터 그 허가를 받았다 하더라도, 아직 그 단계에서는 당사자 쌍방 모두 매매계약의 효력으로서 발생하는 의무를 이행하였거나 이행에 착수하였다고 할 수 없을 뿐만 아니라, 그 단계에서 매매계약에 대한 이행의 착수가 있다고 보아 민법 제565조의 규정에 의한 해제권 행사를 부정하게 되면 당사자 쌍방 모두에게 해제권의 행사 기한을 부당하게 단축시키는 결과를 가져올 수도 있다. 그러므로 국토의 계획 및 이용에 관한 법률에 정한 토지거래계약에 관한 허가구역으로 지정된 구역 안의 토지에 관하여 매매계약이 체결된 후 계약금만 지급된 상태에서 당사자가 토지거래허가신청을 하고 이에 따라 관할관청으로부터 그 허가를 받았다 하더라도, 그러한 사정만으로는 아직 이행의 착수가 있다고 볼 수 없어 매도인으로서는 민법 제565조에 의하여 계약금의 배액을 상환하여 매매계약을 해제할 수 있다(대판 2009.4.23. 2008다62427).

③ **의사표시에 의한 계약의 무효·취소 주장 가부(적극)** : 국토이용관리법상 규제구역 내에 속하는 토지거래에 관하여 관할 도지사로부터 거래허가를 받지 아니한 거래계약은 처음부터 위 허가를 배제하거나 잠탈하는 내용의 계약이 아닌 한 허가를 받기까지는 유동적 무효의 상태에 있고 거래 당사자는 거래허가를 받기 위하여 서로 협력할 의무가 있으나, 그 토지거래가 계약 당사자의 표시와 불일치한 의사(비진의표시, 허위표시 또는 착오) 또는 사기, 강박과 같은 하자 있는 의사에 의하여 이루어진 경우에는, 이들 사유에 의하여 그 거래의 무효 또는 취소를 주장할 수 있는 당사자는 그러한 거래허가를 신청하기 전 단계에서 이러한 사유를 주장하여 거래허가신청 협력에 대한 거절의사를 일방적으로 명백히 함으로써 그 계약을 확정적으로 무효화시키고 자신의 거래허가절차에 협력할 의무를 면할 수 있다(대판 1997.11.14. 97다36118).

기출 21

④ **임의로 지급한 계약금·중도금에 대한 부당이득반환청구권의 인정 여부(원칙적 소극)** : 국토이용관리법상 토지거래허가를 받지 않아 거래계약이 유동적 무효의 상태에 있는 경우, 유동적 무효 상태의 계약은 관할 관청의 불허가처분이 있을 때뿐만 아니라 당사자 쌍방이 허가신청협력의무의 이행거절 의사를 명백히 표시한 경우에는 확정적으로 무효가 된다고 할 것이고, 이 경우 비로소 부당이득반환청구를 구할 수 있다(대판 1993.7.27. 91다33766). 기출 19·21·23 또한 거래계약이 확정적으로 무효가 된 경우에는 거래계약이 확정적으로 무효로 됨에 있어서 귀책사유가 있는 자라고 하더라도 그 계약의 무효를 주장할 수 있다(대판 1997.7.25. 97다4357·4364).

4) 협력의무에 관한 법률관계

① **협력의무의 인정 여부(적극)** : 국토이용관리법상의 규제구역 내의 토지에 관하여 관할관청의 허가 없이 체결된 매매계약이라 하더라도 거래당사자 사이에는 계약이 효력이 있는 것으로 완성될 수 있도록 서로 협력할 의무가 있어 매매계약의 쌍방 당사자는 공동으로 관할관청의 허가를 신청할 의무가 있고, 이러한 의무에 위배하여 허가신청절차에 협력하지 않는 당사자에 대하여 상대방은 협력의무의 이행을 구할 수 있는 것이므로 기출 21 , 허가를 받을 것을 전제로 하여 체결된 매매계약의 매수인은 비록 그 매매계약이 허가를 받을 때까지는 법률상 미완성의 법률행위로서 소유권의 이전에 관한 계약의 효력이 전혀 발생하지 아니한다고 할지라도 위와 같은 토지거래허가신청절차청구권을 피보전권리로 하여 매매목적물의 처분을 금하는 가처분을 구할 수 있다(대판 1988.12.22. 98다44376).

> **[국토의 계획 및 이용에 관한 법률상의 토지거래허가구역에 있는 토지의 매수인이 토지거래허가 신청절차의 협력의무 이행청구권을 보전하기 위하여 매도인의 권리를 대위하여 행사할 수 있는지 여부(적극)]** `기출` 23
>
> 국토의 계획 및 이용에 관한 법률상의 허가구역에 있는 토지의 거래계약이 토지거래허가를 전제로 체결된 경우에는 유동적 무효의 상태에 있고 거래계약의 채권적 효력도 전혀 발생하지 않으므로 권리의 이전 또는 설정에 관한 어떠한 내용의 이행청구도 할 수 없지만, 계약을 체결한 당사자 사이에서는 계약이 효력 있는 것으로 완성될 수 있도록 서로 협력할 의무가 있으므로, 계약의 쌍방 당사자는 공동으로 관할 관청의 허가를 신청할 의무가 있다. 그 결과 경우에 따라서는 매수인이 토지거래허가 신청절차의 협력의무 이행청구권을 보전하기 위하여 매도인의 권리를 대위하여 행사하는 것도 허용된다고 할 수 있지만, 보전의 필요성이 인정되어야 한다(대판 2013.5.23. 2010다50014).

② **협력의무와 대금지급의무의 동시이행관계 여부(소극)** : 협력의무가 대금지급의무와 동시이행 관계에 있는 것은 아니다. 즉 토지거래의 허가를 요하는 규제지역 내의 토지에 대한 거래계약은 허가받기 전의 상태에서는 채권적 효력도 전혀 발생하지 아니하여 계약의 이행청구를 할 수 없음은 당연하므로, 매수인이 토지거래허가에 대한 매도인의 협력을 구하기 위한 전제로 계약 내용에 따른 전대금지급의무를 이행 또는 이행제공하여야 하는 것은 아니다.

③ **협력의무불이행에 기한 손해배상청구권 인정 여부(적극)** : 유동적 무효 상태에 있는 매매계약에 대하여 허가를 받을 수 있도록 허가신청을 하여야 할 협력의무를 이행하지 아니하고 매수인이 그 매매계약을 일방적으로 철회함으로써 매도인이 손해를 입은 경우에 매수인은 이 협력의무 불이행과 인과관계가 있는 손해는 이를 배상하여야 할 의무가 있다(대판 1995.4.28. 93다26397). 나아가 당사자 사이에서 일방이 토지거래허가를 받기 위한 협력 자체를 이행하지 아니하거나 허가신청에 이르기 전에 매매계약을 철회하는 경우 상대방에게 일정한 손해액을 배상하기로 하는 약정을 유효하게 할 수 있다(대판 1996.3.8. 95다18673).

④ **협력의무불이행에 기한 계약해제 여부(소극)** : 유동적 무효의 상태에 있는 거래계약의 당사자는 상대방이 그 거래계약의 효력이 완성되도록 협력할 의무를 이행하지 아니하였음을 들어 일방적으로 유동적 무효의 상태에 있는 거래계약 자체를 해제할 수 없다(대판[전합] 1999.6.17. 98다40459). `기출` 15 · 21

5) 유동적 무효가 확정적 유효로 되는 경우

① 허가를 받은 경우(대판 1992.7.28. 91다33612)

② 허가구역 지정이 해제된 때(대판 2002.5.14. 2002다12635)

6. 무권리자 처분행위의 효력 및 그 추인

(1) 무권리자 처분행위의 의의

무권리자 처분행위란 타인의 재산을 처분할 권한이 없는 자가 타인의 권리를 자신의 이름으로 처분하는 것을 말한다.

(2) 무권리자 처분행위에 대한 추인

1) 인정 근거

종래 판례는 무권대리의 추인에서 근거를 찾았으나, 최근에는 사적 자치의 원칙을 인정근거로 하고 있다. 기출 09

2) 추인의 방법 및 대상

① 추인은 명시적뿐만 아니라 묵시적으로도 할 수 있다.

② 추인의 의사표시는 무권리자나 그 상대방 어느 쪽에게도 할 수 있다(대판 2001.11.9. 2001다44291).

3) 추인의 효과

① **권리자와 상대방 사이의 법률관계** : 권리자가 추인을 한 경우 무권리자의 처분행위의 효력은 권리자에게 미친다(대판 2001.11.9. 2001다44291).

② **무권리자와 상대방 사이의 법률관계** : 권리자가 무권리자의 처분행위에 대하여 추인을 하면, 무권리자는 상대방에게 담보책임을 지지 않는다. 한편 무권리자의 채권행위는 추인과 무관하게 민법 제569조에 의하여 처음부터 유효이다. 이 점이 채권계약도 무효인 무권대리행위와 구별된다.

③ **권리자와 무권리자의 관계** : 권리자가 무권리자의 처분행위에 대하여 추인을 한 경우 무권리자의 상대방이 유효하게 권리를 취득하게 될 뿐, 무권리자가 권리자에 대하여 그 처분으로 얻을 이득을 정당하게 보유할 권원이 있지는 않으므로, 권리자는 무권리자가 처분으로 얻은 이득을 부당이득으로 반환청구할 수 있다(대판 1992.9.8. 92다15550).

7. 무효행위의 전환

> **무효행위의 전환(민법 제138조)**
> 무효인 법률행위가 다른 법률행위의 요건을 구비하고 당사자가 그 무효를 알았더라면 다른 법률행위를 하는 것을 의욕하였으리라고 인정될 때에는 다른 법률행위로서 효력을 가진다.

(1) 의 의

① 무효행위의 전환이란 원래 법률행위가 무효이지만 이러한 법률행위가 동시에 다른 법률행위로서의 요건을 갖추고 있는 경우에, 당사자가 무효임을 알았다면 그 다른 법률행위를 하였을 것이라고 인정되는 경우 다른 법률행위로서의 효력을 인정하는 것을 말한다.

② 무효행위의 전환을 질적 일부무효라고 한다.

③ 현실적 의사가 아니라 「가상적 의사」를 기초로 한다는 점에서 추인과 다르다.

(2) 요 건

① 일단 무효인 법률행위가 존재하여야 한다.

② 다른 법률행위로서의 요건을 갖추어야 한다.

③ 가상적 의사가 인정되어야 한다. 가상적 의사의 판단 시점은 전환 시점이 아니라 법률행위 당시를 기준으로 한다.

> 매매계약이 약정된 매매대금의 과다로 말미암아 민법 제104조에서 정하는 '불공정한 법률행위'에 해당하여 무효인 경우에도 무효행위의 전환에 관한 민법 제138조가 적용될 수 있다. 따라서 당사자 쌍방이 위와 같은 무효를 알았더라면 대금을 다른 액으로 정하여 매매계약에 합의하였을 것이라고 예외적으로 인정되는 경우에는, 그 대금액을 내용으로 하는 매매계약이 유효하게 성립한다. 이때 당사자의 의사는 매매계약이 무효임을 계약 당시에 알았다면 의욕하였을 가정적(假定的) 효과의사로서, 당사자 본인이 계약 체결시와 같은 구체적 사정 아래 있다고 상정하는 경우에 거래관행을 고려하여 신의성실의 원칙에 비추어 결단하였을 바를 의미한다(대판 2010.7.15. 2009다50308). 기출 16 · 17 · 22

(3) 효 과
① 무효행위의 전환요건을 갖추면 다른 법률행위로서의 효력이 인정된다.
② 원래의 법률행위 시점부터 효력이 발생한다.

(4) 적용범위
① 단독행위의 전환에 대해 학설의 대립이 있으나 민법은 비밀증서 유언의 요건 흠결 시 자필증서 유언의 요건을 갖추면 자필증서 유언으로의 전환을 인정하고 있다(민법 제1071조).
② 신분행위의 전환에 관하여 판례는 혼인 외의 출생자를 혼인 중의 출생자로 신고한 경우에 그 신고는 친생자출생신고로는 무효이지만 인지신고로서의 효력을 인정한다(대판 1971.11.15. 71다 1983). 또한 타인의 자를 자기의 자로서 출생신고한 경우에 그 신고는 출생신고로는 무효이지만 입양신고로서는 유효하다(대판[전합] 1977.7.26. 77다492 – 다수의견)고 판시하고 있다.

8. 무효행위의 추인

> **무효행위의 추인(민법 제139조)** 기출 18
> 무효인 법률행위는 추인하여도 그 효력이 생기지 아니한다. 그러나 당사자가 그 무효임을 알고 추인한 때에는 새로운 법률행위로 본다.

(1) 의 의
① 민법은 원칙적으로 추인을 금지하되(민법 제139조 본문), 예외적으로 당사자가 그 무효임을 알고 추인한 때에는 새로운 법률행위를 한 것으로 간주하고 있다(민법 제139조 단서).
② 민법상 법률행위의 추인에는 소급효가 없다.

(2) 요 건
① 법률행위가 무효일 것 : 법률행위가 불성립된 경우에는 무효행위의 추인이 적용될 수 없다.
② 무효임을 알고 추인하였을 것 : 추인의 의사표시는 묵시적으로 할 수 있다. 추인은 「현실적인 의사표시」이다.
③ 새로운 법률행위의 요건을 구비할 것

(3) 효 과

① 무효인 법률행위에 대한 추인은 소급효가 없는 것이 원칙이다(민법 제139조 본문). 그러나 당사자 간의 합의로 소급하여 유효로 할 수 있다(통설·판례).

> 무효인 법률행위는 당사자가 무효임을 알고 추인할 경우 새로운 법률행위를 한 것으로 간주할 뿐이고 소급 효가 없는 것이므로 무효인 가등기를 유효한 등기로 전용키로 한 약정은 그때부터 유효하고 이로써 위 가등기가 소급하여 유효한 등기로 전환될 수 없다(대판 1992.5.12. 91다26546). **기출 08·12·19·22**

② 대법원은 무효인 신분행위의 추인에는 민법 제139조의 적용을 부정하면서 소급효를 인정하고 있다(대판 1965.12.28. 65므61).

(4) 한 계

강행규정·민법 제103조·민법 제104조 위반으로 무효인 경우에는 추인이 있더라도 무효이다.

기출 18

(5) 관련 쟁점 - 무권리자 처분행위

무권리자의 처분행위로서 무효인 처분행위도 권리자가 제3자의 이익을 해하지 않는 한 소급적으로 추인하여 유효로 할 수 있다.

Ⅲ 법률행위의 취소

1. 서 설

(1) 의 의

법률행위의 취소란 일단 유효하게 성립한 법률행위의 효력을 제한능력 또는 의사표시의 결함을 이유로 취소권자의 의사표시에 의하여 행위 시에 소급하여 무효로 하는 것을 말한다.

(2) 적용범위

법률행위의 취소에 관한 민법 제140조 이하는 제한능력 또는 의사표시의 결함을 이유로 하는 취소에 한하여 적용된다.

(3) 구별개념

① 철회 : 법률행위의 효력 발생 전에 그 발생을 저지하는 행위이다.

② 해제 : 해제의 효과에 관한 직접효과설에 의하면, 일단 유효하게 성립한 계약의 효력을 약정 해제권이나 법정해제권에 기하여 소급적으로 소멸하게 하는 행위이다.

2. 취소의 당사자

(1) 취소권자

> **법률행위의 취소권자(민법 제140조)**
> 취소할 수 있는 법률행위는 제한능력자, 착오로 인하거나 사기·강박에 의하여 의사표시를 한 자, 그의 대리인 또는 승계인만이 취소할 수 있다.

① 제한능력자, 착오·사기·강박에 의한 의사표시자 : 취소권을 행사하는 자는 능력이 있을 필요도 없고, 하자 상태에서 벗어나 있을 필요도 없다. 따라서 제한능력자는 법정대리인의 동의 없이 단독으로 취소할 수 있다. [기출] 06·09·14 또한 착오를 한 표의자만 취소할 수 있을 뿐, 착오자의 상대방은 착오를 이유로 취소할 수 없다. [기출] 14

② 대리인 : 취소도 법률행위이므로 대리인도 할 수 있다. 따라서 임의대리인(본인으로부터 별도의 수권이 필요) [기출] 18 과 법정대리인(고유의 취소권이 인정) 모두 취소권이 인정된다.

③ 승계인 : 특정승계인, 포괄승계인 모두 취소권을 행사할 수 있으나, 특정승계인에 대해서는 취소권만의 승계는 인정되지 않는다. [기출] 11

④ 보증인 : 보증인은 주채무자의 취소권이나 해제권을 직접 행사할 수는 없고, 주채무자에게 이러한 권리가 있을 때에는 이행을 거절할 수 있을 뿐이다(민법 제435조 참조). 단, 주채무자에게 상계권이 있을 때에는 보증인이 그 상계권을 직접 행사할 수 있다(민법 제434조).

(2) 취소의 상대방

> **취소의 상대방(민법 제142조)** [기출] 08·18·22
> 취소할 수 있는 법률행위의 상대방이 확정한 경우에는 그 취소는 그 상대방에 대한 의사표시로 하여야 한다.

① 취소할 수 있는 법률행위의 상대방이 있으면 그 취소는 그 상대방에 대한 의사표시로 해야 한다(민법 제142조).

② 상대방 없는 단독행위에서는 상대방이 확정되어 있지 않기 때문에 취소를 특정인에게 행할 필요가 없고, 취소의 의사를 적당한 방법으로 외부에 알리기만 하면 된다(다수설).

③ 취소할 수 있는 행위의 상대방이 그 행위로 취득한 권리를 양도한 경우에 그 취소의 상대방은 양수인이 아니라 원래의 상대방이다. [기출] 08·12

3. 취소의 방법

(1) 취소의 의사표시

① 취소권은 형성권이므로, 취소권자는 그의 일방적 의사표시에 의하여 취소권을 행사할 수 있다.

② 취소의 의사표시는 특별한 방식을 요하지 않는다. [기출] 11 취소의 의사가 상대방에 의하여 인식될 수 있다면 어떠한 방법에 의하더라도 무방하다.

③ 취소의 의사표시란 반드시 명시적이어야 하는 것은 아니고, 취소자가 그 착오를 이유로 자신의 법률행위의 효력을 처음부터 배제하려고 한다는 의사가 드러나면 족하다(대판 2005.5.27. 2004다43824). [기출] 11

④ 법률행위의 취소를 당연한 전제로 한 소송상의 이행청구나 이를 전제로 한 이행거절 가운데는 취소의 의사표시가 포함되어 있다고 볼 수 있다(대판 1993.9.14. 93다13162). [기출] 15 · 16 · 21

(2) 취소의 대상

제한능력을 이유로 하는 취소의 대상은 법률행위 자체이다.

(3) 일부취소

① 하나의 법률행위 중 일부에만 취소사유가 있는 경우에 그 일부만을 취소할 수 있을지 문제되는데 통설과 판례는 「일부무효의 법리」에 준하여 일부취소를 인정한다.

② 즉 일부무효와 마찬가지로 법률행위의 일부를 취소하기 위해서는 ㉠ 일체로서 법률행위가 ㉡ 가분적이고, ㉢ 그 법률행위의 일부에 취소사유가 존재해야 한다. 그 밖에 ㉣ 나머지 부분을 유지하려는 당사자의 가정적 의사가 있어야 한다. [기출] 06 · 13

③ 일부취소가 있으면 그 부분만이 소급적으로 무효가 되나, 당사자의 가정적 의사에 따라 법률행위 전부가 무효가 될 수 있다.

4. 취소의 효과

> **취소의 효과(민법 제141조)** [기출] 05 · 10 · 18
> 취소된 법률행위는 처음부터 무효인 것으로 본다. 다만, 제한능력자는 그 행위로 인하여 받은 이익이 현존하는 한도에서 상환(償還)할 책임이 있다.

(1) 원칙 : 소급적 무효

① 취소가 있으면 그 법률행위는 처음부터 무효인 것으로 본다(민법 제141조 본문). 다만, 취소한 후라도 무효행위의 추인 요건에 따라 다시 추인할 수 있다(대판 1997.12.12. 95다38240).

② 취소되면 법률행위가 소급하여 무효로 되기에 그 법률행위에 기하여 급부가 이미 행하여졌다면 부당이득반환의 법리(민법 제741조)에 의하여 그 급부가 반환되어야 한다. 반면 아직 급부가 이행되지 않은 경우에는 급부는 후속문제를 남기지 않고 소멸한다.

③ 취소의 효과는 원칙적으로 절대적이다. 단, 거래의 안전을 위해 법률에서 제3자에 대하여 취소로 대항할 수 없도록 규정하고 있는 경우가 있는데 이를 상대적 취소라 한다. 제한능력을 이유로 한 취소가 절대적 취소에 해당하고, 사기나 착오를 이유로 한 취소가 상대적 취소에 해당한다. [기출] 09

(2) 제한능력자의 반환범위에 관한 특칙

① 제한능력자는 선의·악의를 불문하고 언제나 현존이익만 반환하면 된다(민법 제141조 단서). 이 규정은 민법 제748조 제2항에 대한 특칙이다.

> 미성년자가 신용카드발행인과 사이에 신용카드 이용계약을 체결하여 신용카드거래를 하다가 신용카드 이용계약을 취소하는 경우 미성년자는 그 행위로 인하여 받은 이익이 현존하는 한도에서 상환할 책임이 있는 바, 신용카드 이용계약이 취소됨에도 불구하고 신용카드회원과 해당 가맹점 사이에 체결된 개별적인 매매계약은 특별한 사정이 없는 한 신용카드 이용계약취소와 무관하게 유효하게 존속한다 할 것이고 [기출 06], 신용카드발행인이 가맹점들에 대하여 그 신용카드사용대금을 지급한 것은 신용카드 이용계약과는 별개로 신용카드발행인과 가맹점 사이에 체결된 가맹점 계약에 따른 것으로서 유효하므로, 신용카드발행인의 가맹점에 대한 신용카드이용대금의 지급으로써 신용카드회원은 자신의 가맹점에 대한 매매대금 지급채무를 법률상 원인 없이 면제받는 이익을 얻었으며, 이러한 이익은 금전상의 이득으로서 특별한 사정이 없는 한 현존하는 것으로 추정된다(대판 2005.4.15, 2003다60297·60303·60310·60327). [기출 07]

② 현존이익이란 취소되는 행위에 의하여 사실상 얻은 이익이 그대로 있거나 또는 그것이 변형되어 잔존하는 것을 말한다.

③ 이익이 현존하는지 여부 및 현존이익의 범위는 「취소한 시점」을 기준으로 판단한다.

④ 이익의 현존에 대한 입증책임의 소재에 관하여, 다수설과 판례는 공평을 근거로 이익이 현존하는 것으로 추정되며 따라서 제한능력자가 현존이익이 없음을 입증해야 한다고 한다(대판 2009.1.15, 2008다58367).

(3) 소급효의 예외

근로계약, 조합계약과 같은 계속적인 계약관계는 소급효가 부인된다(통설).

5. 취소할 수 있는 법률행위의 추인

> **추인의 방법, 효과(민법 제143조)**
> ① 취소할 수 있는 법률행위는 제140조에 규정한 자가 추인할 수 있고 추인 후에는 취소하지 못한다.
> ② 전조의 규정은 전항의 경우에 준용한다.
>
> **추인의 요건(민법 제144조)** [기출 03·21]
> ① 추인은 취소의 원인이 소멸된 후에 하여야만 효력이 있다.
> ② 제1항은 법정대리인 또는 후견인이 추인하는 경우에는 적용하지 아니한다.

(1) 의 의

취소할 수 있는 법률행위의 추인이란 취소할 수 있는 법률행위를 취소하지 않겠다는 취소권자의 의사표시로, 취소권의 포기이다.

(2) 요 건

① 추인은 취소권의 포기이므로, 취소할 수 있는 행위임을 알고 추인해야 한다(대판 1997.5.30. 97다2986). 법정추인과의 차이점이다.

② 추인은 추인권자(즉 취소권자)가 취소의 원인이 종료한 후에 하여야 하고(대판 1997.5.30. 97다2986), 그렇지 않다면 그 효력이 없다(민법 제144조 제1항). 따라서 제한능력자는 능력자가 된 후, 착오·사기·강박에 의한 표의자는 그 상태를 벗어난 후가 아니면 추인할 수 없다. 기출 11·15 다만, 법정대리인은 이러한 제한 없이 추인할 수 있다(민법 제144조 제2항).

③ 법률행위의 상대방에게 추인의 의사표시를 해야 한다(민법 제143조 제2항).

④ 취소권을 행사하여 소급하여 무효가 된 후의 추인은 무효행위의 추인에 해당한다(대판 1997.12.12. 95다38240).

(3) 효 과

추인이 있으면 취소할 수 있는 행위를 더 이상 취소할 수 없고, 그 행위는 확정적으로 유효로 된다. 기출 13·21

6. 법정추인

법정추인(민법 제145조) 기출 01·05·12·21
취소할 수 있는 법률행위에 관하여 전조의 규정에 의하여 추인할 수 있는 후에 다음 각 호의 사유가 있으면 추인한 것으로 본다. 그러나 이의를 보류한 때에는 그러하지 아니하다. 퇴 : 전·이·경·담·양·강
  1. 전부나 일부의 이행
  2. 이행의 청구
  3. 경개
  4. 담보의 제공
  5. 취소할 수 있는 행위로 취득한 권리의 전부나 일부의 양도
  6. 강제집행

(1) 의 의

① 민법은 추인할 수 있는 후에 일정한 사유가 있으면 당연히 추인한 것으로 간주하는 법정추인을 규정하고 있다(민법 제145조).

② 취소할 수 있는 법률행위에만 적용된다.

③ 취소원인이 소멸된 후에만 법정추인이 가능하다. 기출 11

④ 행위자가 취소할 수 있는 법률행위인지를 알고 있을 필요가 없다(통설·판례).

(2) 법정추인의 사유

① 전부 또는 일부의 이행 : 취소권자가 상대방에게 이행한 경우는 물론이고 상대방의 이행을 수령한 경우를 포함한다.

② 이행의 청구 : 취소권자가 청구하는 경우에 한한다. 기출 12

③ 경개 : 취소권자가 채권자인지 아니면 채무자인지 묻지 않는다.

④ 담보의 제공 : 취소권자가 채무자로서 담보를 제공하거나 채권자로서 그러한 담보의 제공을 받는 경우이다.

⑤ 취소할 수 있는 행위로 취득한 권리의 전부나 일부의 양도 : 취소권자가 양도하는 경우에 한한다. 기출 21 반면 취소함으로써 발생하게 될 장래의 채권의 양도는 제외된다.

⑥ 강제집행(압류) : 집행을 하는 경우뿐만 아니라 집행을 받는 경우에도 소송상 이의를 제기할 수 있었음에도 불구하고 이를 하지 않는 경우에는 이에 포함된다.

(3) 효 과

위 요건이 갖추어지면 추인이 있었던 것으로 의제된다.

7. 단기제척기간

> **취소권의 소멸(민법 제146조)** 기출 06 · 18 · 19 · 22
> 취소권은 추인할 수 있는 날로부터 3년 내에 법률행위를 한 날로부터 10년 내에 행사하여야 한다.

(1) 법적 성질

민법 제146조가 규정하는 기간은 법률관계를 조속히 확정하여 상대방을 보호하기 위한 제도로 그 기간의 성질은 제척기간이다(통설, 대판 1996.9.20. 96다25371). 따라서 제척기간의 도과여부는 당사자의 주장과 관계없이 법원이 당연히 조사하여 고려하여야 할 사항이다(대판 1996.9.20. 96다25371). 기출 11 · 19

(2) 취소권의 단기소멸의 요건

1) 추인할 수 있는 때로부터 3년

① 취소할 수 있는 때로부터가 아니다.

② 「추인할 수 있는 날」이란 「취소의 원인이 종료」되어 취소권 행사에 관한 장애가 없어져서 취소권자가 취소의 대상인 법률행위를 추인할 수 있고 취소할 수도 있는 상태가 된 때를 가리킨다(대판 1998.11.27. 98다7421).

2) 법률행위를 한 날로부터 10년

3) 양 기간의 관계

① 둘 중 먼저 도달한 것이 있으면 그때 완전히 소멸한다.

② 법정대리인과 행위능력자 중 누구에 대해서라도 먼저 기간이 도과하면 취소권은 모두 소멸한다.

(3) 취소에 의해 발생한 청구권의 존속기간

① 통설은 취소권과 마찬가지로 단기제척기간에 걸린다고 한다.

② 판례는 전혀 별개의 문제이므로 취소권은 단기제척기간 내에 행사해야 하지만, 그 효과로서 생긴 부당이득반환청구권은 취소권을 행사한 때로부터 소멸시효가 별도로 진행한다고 한다 (대판 1991.2.22. 90다13420).

Ⅰ 서 설

법률행위가 성립하면 곧바로 그 효력이 발생함이 원칙이다. 그러나 법률행위의 효력의 발생 또는 소멸을 제한하기 위하여 법률행위에 부가되는 약관을 법률행위의 부관이라고 한다. 민법상 이를 조건·기한·부담의 세 가지가 있다. 이 중 조건과 기한은 총칙에 일반규정을 두고, 부담부 증여(민법 제561조)와 부담부 유증(민법 제1088조)에 관한 특별규정을 둔다.

Ⅱ 조 건

1. 조건의 의의

① 조건이란 법률행위의 효력의 발생 또는 소멸을 장래의 불확실한 사실의 성부에 의존케 하는 법률행위의 부관이다.

② 조건이 되는 사실은 발생할 것인지 여부가 객관적으로 불확실한 장래의 사실이어야 한다. 장래 반드시 실현되는 사실은 기한이지 조건으로 되지 못한다.

③ 조건은 당사자가 임의로 부가한 것이어야 한다. 따라서 법정조건은 조건이 아니다.

④ 의사표시의 일반원칙에 따라 조건을 붙이고자 하는 의사 즉 조건의사와 그 표시가 필요하며, 조건의사가 있더라도 그것이 외부에 표시되지 않으면 법률행위의 동기에 불과할 뿐이고 그것만 으로는 법률행위의 부관으로서의 조건이 되는 것은 아니다(대판 2003.5.13, 2003다10797). **기출** `06·10·16`

> **[당사자가 표시한 문언에 의하여 객관적인 의미가 명확하게 드러나지 않는 경우, 법률행위의 해석 방법 / 조건을 붙이고자 하는 의사는 외부에 표시되어야 하는지 여부(적극) 및 이를 인정하기 위한 요건]**
>
> 법률행위의 해석에 있어 당사자가 표시한 문언에 의하여 객관적인 의미가 명확하게 드러나지 않는 경우에는 문언의 형식과 내용, 법률행위가 이루어진 동기 및 경위, 당사자가 법률행위에 의하여 달성하려는 목적과 진정한 의사, 거래의 관행 등을 종합적으로 고려하여 사회정의와 형평의 이념에 맞도록 논리와 경험의 법칙, 그리고 사회일반의 상식과 거래의 통념에 따라 합리적으로 해석하여야 한다. 한편 조건은 법률행위 효력의 발생 또는 소멸을 장래 불확실한 사실의 발생 여부에 따라 좌우되게 하는 법률행위의 부관이고, 법률행위에서 효과의사와 일체적인 내용을 이루는 의사표시 그 자체이다. 조건을 붙이고자 하는 의사는 법률행위의 내용으로 외부에 표시되어야 하고, 조건을 붙이고자 하는 의사가 있는지는 의사표시에 관한 법리에 따라 판단하여야 한다. 조건을 붙이고자 하는 의사가 외부에 표시되었다고 인정하려면, 법률행위가 이루어진 동기와 경위, 법률행위에 의하여 달성하려는 목적, 거래의 관행 등을 종합적으로 고려하여 법률행위 효력의 발생 또는 소멸을 장래의 불확실한 사실의 발생 여부에 따라 좌우되게 하려는 의사가 인정되어야 한다(대판 2020.7.9. 2020다202821).

2. 조건의 종류

(1) 정지조건과 해제조건

① 정지조건 : 법률행위의 효력을 그 성취에 의해 발생하게 하는 조건이다(민법 제147조 제1항). 정지조건부 법률행위에 해당한다는 존재 사실은 그 법률행위로 인한 법률효과의 발생을 저지하는 사유로서, 법률효과의 발생을 다투는 자가 입증해야 하나, 정지조건의 성취는 법률행위의 효력을 주장하는 자가 입증해야 한다.

② 해제조건 : 법률행위의 효력을 그 성취에 의해 소멸하게 하는 조건이다(민법 제147조 제2항).

> **[부동산 매매계약에서 매수인이 잔대금 지급기일까지 대금을 지급하지 못하면 계약이 자동적으로 해제된다는 취지의 약정을 한 경우, 지급기일의 도과사실만으로 매매계약이 자동해제된 것으로 볼 수 있는지 여부(원칙적 소극) 및 지급기일의 도과사실만으로 매매계약이 자동해제된 것으로 볼 수 있는 경우]**
>
> 부동산 매매계약에 있어서 매수인이 잔대금 지급기일까지 그 대금을 지급하지 못하면 계약이 자동적으로 해제된다는 취지의 약정이 있더라도 매도인이 이행의 제공을 하여 매수인을 이행지체에 빠뜨리지 않는 한 지급기일의 도과사실만으로는 매매계약이 자동해제된 것으로 볼 수 없는 것이나, 매도인이 이전등기 소요서류를 갖추었는지 여부를 묻지 않고 매수인의 지급기일 도과사실 자체만으로 계약을 실효시키기로 특약을 하였다거나, 매수인이 수회에 걸친 채무불이행에 대하여 책임을 느끼고 잔금 지급기일의 연기를 요청하면서 새로운 약정기일까지는 반드시 계약을 이행할 것을 확약하고 불이행 시에는 매매계약이 자동적으로 해제되는 것을 감수하겠다는 내용의 약정을 하였다고 볼 특별한 사정이 있다면, 매수인이 잔금 지급기일까지 잔금을 지급하지 않음으로써 그 매매계약은 자동적으로 실효된다(대판 2020.12.24. 2018다256023, 대판 2022.11.30. 2022다255614).

(2) 수의조건과 비수의조건

① 수의조건 : 조건의 성부가 당사자의 일방적 의사에 의존하는 조건으로, 이에는 다시 ㉠ 법률행위의 효력이 전적으로 당사자의 일방적 의사에만 의존하는 순수수의조건과 ㉡ 당사자 일방의 의사와 함께 일정한 다른 사실상태에 의존하는 단순수의조건이 있다. 이 중 순수수의조건은 당사자에게 법률행위의 효력을 발생시킬 의사가 없다고 보아야 하므로 언제나 무효라고 할 것이지만, 단순수의조건은 유효한 조건이다.

② 비수의조건 : 조건의 성부가 당사자의 일방적 의사에만 의존하지 않는 조건을 말한다. 이에는 ㉠ 조건의 성부가 당사자의 일방적 의사와는 관계없이 결정되는 우성조건과 ㉡ 조건의 성부가 당사자의 일방적 의사와 제3자의 의사에 의하여 결정되는 혼성조건이 있다.

(3) 가장조건

형식적으로 조건이지만 실질적으로는 조건으로서의 효력이 인정되지 못하는 것을 총칭하여 가장조건이라고 한다.

> **불법조건, 기성조건(민법 제151조)** 기출 04·09·22
> ① 조건이 선량한 풍속 기타 사회질서에 위반한 것인 때에는 그 법률행위는 무효로 한다.
> ② 조건이 법률행위의 당시 이미 성취한 것인 경우에는 그 조건이 정지조건이면 조건 없는 법률행위로 하고 해제조건이면 그 법률행위는 무효로 한다.
> ③ 조건이 법률행위의 당시에 이미 성취할 수 없는 것인 경우에는 그 조건이 해제조건이면 조건 없는 법률행위로 하고 정지조건이면 그 법률행위는 무효로 한다.

1) 법정조건

법률행위의 효력이 발생하기 위하여 법률이 명문으로 요구하는 요건이 법정조건이다. <u>조건은 법률행위의 내용으로서 당사자들의 의사로 정하여야 하기에 법정조건은 조건이 아니다.</u>

2) 불법조건

① 선량한 풍속 기타 사회질서에 위반한 조건이 불법조건이다. 불법조건이 붙은 경우에 그 조건만이 무효인 것이 아니라 그 법률행위 전부가 무효로 된다(민법 제151조 제1항).

> • 부첩관계인 부부생활의 종료를 해제조건으로 하는 증여계약은 그 조건만이 무효인 것이 아니라 증여계약 자체가 무효이다(대판 1966.6.21. 66다530). **기출** 09 · 10 · 12 · 14
> • 조건부 법률행위에 있어 조건의 내용 자체가 불법적인 것이어서 무효일 경우 또는 조건을 붙이는 것이 허용되지 아니하는 법률행위에 조건을 붙인 경우 그 조건만을 분리하여 무효로 할 수는 없고 그 법률행위 전부가 무효로 된다(대결 2005.11.8. 2005마541). **기출** 17

② 매매계약에서 매도인에게 부과될 공과금을 매수인이 책임진다는 취지의 특약을 하였다 하더라도 이는 공과금이 부과되는 경우 그 부담을 누가 할 것인가에 관한 약정으로서 그 자체가 불법조건이라고 할 수 없고 이것만 가지고 사회질서에 반한다고 단정하기도 어렵다(대판 1993.5.25. 93다296).

3) 기성조건

조건인 사실이 법률행위 성립 당시 이미 발생한 경우가 기성조건이다. 기성조건이 정지조건이면 <u>조건 없는 법률행위가 되고, 해제조건이면 그 법률행위가 무효이다</u>(민법 제151조 제2항). **기출** 19 따라서 정지조건부 화해계약 당시 이미 그 조건이 성취되었다면 이는 무조건 화해계약으로 볼 것이다 (대판 1959.12.24. 4292민상670). **기출** 09 · 15 · 16

4) 불능조건

조건이 법률행위 성립 당시 이미 성취할 수 없는 것으로 객관적으로 확정된 경우가 불능조건이다. 불능조건이 해제조건이면 조건 없는 법률행위가 되고, 정지조건이라면 그 법률행위는 무효이다(민법 제151조 제3항). **기출** 12 · 17

(4) 관련 판례

동산의 매매계약을 체결하면서, 매도인이 대금을 모두 지급받기 전에 목적물을 매수인에게 인도하지만 대금이 모두 지급될 때까지는 목적물의 소유권은 매도인에게 유보되며 대금이 모두 지급된 때에 그 소유권이 매수인에게 이전된다는 내용의 이른바 소유권유보의 특약을 한 경우, 목적물의 소유권을 이전한다는 당사자 사이의 물권적 합의는 매매계약을 체결하고 목적물을 인도한 때 이미 성립하지만 대금이 모두 지급되는 것을 정지조건으로 한다(대판 1999.9.7. 99다30534).

3. 조건에 친하지 않은 법률행위

(1) 의 의

법률행위에 조건이 붙으면 그 효력의 발생이나 존속이 불확실하게 되는데 그러한 불확실성을 감내할 수 없는 법률행위를 조건에 친하지 않은 법률행위라고 한다. 그럼에도 불구하고 조건에 친하지 않은 법률행위에 조건을 붙이면, 그 법률행위는 전체가 무효로 된다(대결 2005.11.8. 2005마541).

(2) 단독행위

① 원칙적으로 조건을 붙일 수 없다. 따라서 상계, 해제, 해지, 철회, 선택채권의 선택, 환매권 등에 조건을 붙일 수 없다. 기출 18

② 단, 상대방의 동의가 있는 경우 또는 상대방에게 이익만을 주거나 상대방에게 불이익으로 되지 않는 경우에는 조건을 붙일 수 있다.

(3) 신분행위

① 원칙적으로 조건을 붙일 수 없다. 기출 12

② 단, 유언에는 조건을 붙일 수 있다(민법 제1073조 제2항). 또한 혼인과 달리 약혼에는 조건을 붙일 수 있다(통설).

(4) 어음·수표행위

① 원칙적으로 조건을 붙일 수 없고, 조건을 붙이면 그 행위 전부가 무효가 된다. 단, 어음·수표의 배서에 붙인 조건은 그 조건만 무효가 된다. 따라서 그 배서는 조건 없는 배서가 된다. 또한 어음보증에는 조건을 붙일 수 있다(대판 1986.9.9. 84다카2310).

② 조건과는 친하지 않지만, 기한과는 친하다.

(5) 물권행위

물권행위에 조건을 붙일 수 있는지 다툼이 있으나 다수설은 긍정하며, 판례는 소유권유보부매매(동산할부매매)에서 대금완납을 정지조건으로 하여 소유권이 이전된다는 '정지조건부 소유권이전의 합의'를 인정하고 있다.

4. 조건의 성취와 불성취

조건성취의 효과(민법 제147조) 기출 04
① 정지조건 있는 법률행위는 조건이 성취한 때로부터 그 효력이 생긴다.
② 해제조건 있는 법률행위는 조건이 성취한 때로부터 그 효력을 잃는다.
③ 당사자가 조건성취의 효력을 그 성취전에 소급하게 할 의사를 표시한 때에는 그 의사에 의한다.

(1) 의 의

조건인 장래의 불확실한 사실이 일어나는 것을 조건의 성취라 하고, 그 반대의 경우를 불성취라고 한다.

(2) 조건의 성취 또는 불성취의 주장

1) 조건성취의 주장

① 조건의 성취로 인하여 불이익을 받을 당사자가 신의성실에 반하여 조건의 성취를 방해한 경우에, 상대방은 그 조건이 성취된 것으로 주장할 수 있다(민법 제150조 제1항).

② 여기서의 당사자는 조건의 성취로 인하여 직접 불이익을 받는 자에 한한다.

③ 방해행위는 고의에 기한 경우뿐만 아니라 과실에 의한 경우를 포함하며, 작위에 한하지 않고 부작위라도 무방하다(대판 1990.11.13. 88다카29290).

④ 상대방의 주장에 의하여 조건성취로 의제되는 시점은 신의칙에 반하는 방해행위가 없었다면 조건이 성취되었으리라고 추정되는 시점이다(대판 1998.12.22. 98다42356). **기출** 06 · 14

2) 조건불성취의 주장

조건의 성취로 인하여 이익을 받을 당사자가 신의성실에 반하여 조건을 성취시킨 경우에 상대방은 그 조건이 성취되지 않은 것으로 주장할 수 있다(민법 제150조 제2항).

(3) 조건의 성취 또는 불성취의 효과

조건성취의 효과는 원칙적으로 소급하지 않는다. 즉 정지조건부 법률행위는 그 조건이 성취된 때부터 그 효력이 생기고(민법 제147조 제1항), 해제조건부 법률행위는 그 조건이 성취된 때부터 그 효력을 잃는다(민법 제147조 제2항). 다만, 당사자가 조건성취의 효력을 그 성취 전에 소급하게 할 의사를 표시한 경우에는 그 의사에 의한다(민법 제147조 제3항). **기출** 17

(4) 증명책임

① **정지조건부 법률행위** : 어떠한 법률행위가 조건의 성취시 법률행위의 효력이 발생하는 소위 정지조건부 법률행위에 해당한다는 사실은 그 법률행위로 인한 법률효과의 발생을 저지하는 사유로서 그 법률효과의 발생을 다투려는 자에게 주장입증책임이 있다(대판 1993.9.28. 93다20832). **기출** 10 · 17 반면 정지조건이 성취되었다는 사실은 권리를 취득하고자 하는 측에서 증명책임이 있다(대판 1983.4.12. 81다카692). **기출** 15 · 17 · 22

② **해제조건부 법률행위** : 해제조건부 법률행위에 해당하는 사실 및 해제조건이 성취되었다는 사실 모두 법률행위 효력의 소멸을 주장하는 측에게 증명책임이 있다.

5. 조건부 법률행위의 일반적 효력

조건부권리의 침해금지(민법 제148조) **기출** 19
조건 있는 법률행위의 당사자는 조건의 성부가 미정한 동안에 조건의 성취로 인하여 생길 상대방의 이익을 해하지 못한다.

(1) 의 의

① 조건성취에 의하여 이익을 받을 당사자는 조건성취 여부가 미정인 상태에서도 일종의 기대권을 가진다.

② 조건부 법률행위에서 조건의 내용 자체가 불법적인 것이어서 무효인 경우 또는 조건을 붙이는 것이 허용되지 않는 법률행위에 조건을 붙이는 경우에, 그 조건만을 분리하여 무효로 할 수 없고, 그 법률행위 전부가 무효로 된다(대결 2005.11.8. 2005마541). 기출 22

(2) 조건부 권리의 보호

① 조건부 법률행위의 당사자는 조건의 성부가 미정인 동안 조건의 성취로 인하여 생길 상대방의 이익을 해치지 못한다(민법 제148조).

> 해제조건부증여로 인한 부동산소유권이전등기를 마쳤다 하더라도 그 해제조건이 성취되면 그 소유권은 증여자에게 복귀한다고 할 것이고, 이 경우 당사자 간에 별단의 의사표시가 없는 한 그 조건성취의 효과는 소급하지 아니하나, 조건성취 전에 수증자가 한 처분행위는 조건성취의 효과를 제한하는 한도 내에서는 무효라고 할 것이고, 다만 그 조건이 등기되어 있지 않는 한 그 처분행위로 인하여 권리를 취득한 제3자에게 위 무효를 대항할 수 없다(대판 1992.5.22. 92다5584). 기출 14

② 조건부 권리에 대한 침해가 민법 제150조 위반에 해당하는 경우에, 당사자는 선택적으로 조건성취의 주장 또는 손해배상의 청구를 할 수 있다.

(3) 조건부 권리의 처분 등

조건부 권리도 조건의 성취가 미정인 동안에도 일반규정에 의하여 처분·상속·보존·담보로 할 수 있다(민법 제149조). 기출 22

Ⅲ 기 한

1. 기한의 의의

기한이란 법률행위의 효력의 발생이나 소멸을 장래 발생할 것이 확실한 사실에 의존케 하는 법률행위의 부관을 말한다. 기출 11 기한은 법률행위의 내용으로 당사자가 임의로 정한 것이므로, 법정기한은 기한이 아니다.

2. 기한의 종류

(1) 시기와 종기

시기란 법률행위 효력의 발생에 관한 기한을 말하고, 종기란 효력의 소멸이 걸려 있는 기한이다.

기출 19

(2) 확정기한과 불확정기한

① 기한의 내용인 사실이 발생하는 시기가 확정되어 있는 것이 확정기한이고, 그렇지 않은 것이 불확정기한이다.

② 어떤 부관이 불확정기한인지 조건인지 구별하기 어려운 경우 「법률행위의 해석」에 의해 판단한다. 부관에 표시된 사실이 발생하지 않으면 채무를 이행하지 않아도 된다고 보는 것이 합리적인 경우에는 조건으로 보아야 한다. 그러나 부관에 표시된 사실이 발생한 때에는 물론이고 반대로 발생하지 않는 것이 확정된 때에도 채무를 이행하여야 한다고 보는 것이 합리적인 경우에는 표시된 사실의 발생 여부가 확정되는 것을 불확정기한으로 정한 것으로 보아야 한다(대판 2018.6.28. 2018다201702). 기출 21 · 23

3. 기한에 친하지 않은 법률행위

① 혼인 등 신분행위에는 시기를 붙일 수 없다.

② 소급효가 있는 법률행위에는 시기를 붙일 수 없다(예 취소, 추인, 상계). 기출 21

③ 그러나 어음·수표행위에는 시기를 붙일 수 있다.

4. 기한부 법률행위의 효력

기한도래의 효과(민법 제152조) 기출 09 · 19
① 시기 있는 법률행위는 기한이 도래한 때로부터 그 효력이 생긴다.
② 종기 있는 법률행위는 기한이 도래한 때로부터 그 효력을 잃는다.

기한부권리와 준용규정(민법 제154조) 기출 11
제148조와 제149조의 규정은 기한 있는 법률행위에 준용한다.

(1) 기한도래의 효과

① 시기부 법률행위는 기한이 도래한 때부터 그 효력이 생긴다(민법 제152조 제1항). 반면 종기부 법률행위는 기한이 도래한 때부터 그 효력을 잃는다(민법 제152조 제2항).

② 기한에는 소급효가 없으며 `기출 11·15`, 당사자의 특약에 의해서도 소급효를 인정할 수 없다.

`기출 09`

(2) 기한부 권리

조건부 권리에 관한 규정(민법 제148조, 제149조)은 기한부 권리에도 준용된다(민법 제154조).

5. 기한의 이익

> **기한의 이익과 그 포기(민법 제153조)** `기출 19`
> ① 기한은 채무자의 이익을 위한 것으로 추정한다.
> ② 기한의 이익은 이를 포기할 수 있다. 그러나 상대방의 이익을 해하지 못한다.

(1) 의 의

기한의 이익이란 기한이 존재하는 것, 즉 기한이 도래하지 않음으로써 당사자가 받는 이익을 말한다.

(2) 기한의 이익의 추정

① 기한의 이익을 누가 가지는지는 우선 「법률행위의 성질」에 따라 정해진다.

② 당사자의 특약이나 법률행위의 성질에 비추어 보아도 어느 당사자를 위한 것인지 불분명하다면 채무자를 위한 것으로 추정한다(민법 제153조 제1항).

(3) 기한의 이익의 포기

① 기한의 이익은 포기할 수 있다. 다만, 상대방의 이익을 해치지 못한다(민법 제153조 제2항). `기출 19`

② 기한의 이익이 상대방을 위하여 존재하는 경우 상대방의 손해를 배상하고 포기할 수 있다.

③ 기한의 이익을 가지는 무이자 소비대차의 차주나 무상임치인은 손해배상 없이 언제든지 기한의 이익을 포기할 수 있다.

④ 포기는 상대방 있는 단독행위로, 상대방에 대한 일방적 의사표시로 행하여진다.

⑤ 기한의 이익의 포기는 소급효가 없고, 장래를 향해서만 효과가 있다.

(4) 기한의 이익의 상실

> **기한의 이익의 상실(민법 제388조)** `기출 15`
> 채무자는 다음 각 호의 경우에는 기한의 이익을 주장하지 못한다.
>   1. 채무자가 담보를 손상, 감소 또는 멸실하게 한 때
>   2. 채무자가 담보제공의 의무를 이행하지 아니한 때

1) 의 의

당사자의 합의에 의한 기한이익 상실의 특약 외에 법은 일정한 경우에 채무자는 기한의 이익을 주장하지 못한다고 한다(민법 제388조).

2) 기한이익의 상실 특약

① 정지조건부 기한이익 상실 특약 : 그 내용에 의하여 일정한 사유가 발생하면 채권자의 청구 능을 요함이 없이 당연히 기한의 이익이 상실되어 채무의 이행기가 도래하는 약정이다.

기출 08·14

② 형성권적 기한이익 상실 특약 : 일정한 사유가 발생한 후 채권자의 통지나 청구 등 채권자의 의사표시를 기다려 비로소 채무의 이행기가 도래하는 약정이다.

> 기한이익 상실의 특약이 위 양자 중 어느 것에 해당하느냐는 당사자의 의사해석의 문제이지만 일반적으로 기한이익 상실의 특약이 채권자를 위하여 둔 것인 점에 비추어 명백히 정지조건부 기한이익 상실의 특약이라고 볼 만한 특별한 사정이 없는 이상 형성적권 기한이익 상실의 특약으로 추정하는 것이 타당하다(대판 2002.9.4. 2002다28340). 기출 06·21·23

3) 기한의 도래

민법상 기한의 이익의 상실사유가 발생한 경우 즉시 기한의 도래가 의제된 것이 아니라 채권자가 기한의 이익의 상실을 주장하여 즉시 변제를 청구할 수도 있고, 변제기를 기다려 청구할 수도 있다.

05 권리의 변동

01 서 설

02 법률행위

제1관 | 법률행위 일반

제2관 | 법률행위의 목적

01 강행규정에 위반되어 무효인 경우는?(다툼이 있는 경우에는 판례에 의함) _{기출} 13

① 지상권자에게 불리한 지상권양도금지특약
② 지명채권의 양도를 금지하는 특약
③ 사단법인의 사원의 지위를 다른 사람에게 양도하기로 하는 특약
④ 甲과 乙이 조합계약을 체결하면서 민법규정의 청산절차를 거치지 않고 해산 시 조합재산을 乙의 단독소유로 한다는 甲과 乙 사이의 특약
⑤ 임대차 종료 시 필요비를 상환하지 않기로 하는 임대인과 임차인 사이의 특약

해설 ① (○) 지상권자에게 불리한 지상권양도금지특약은 편면적 강행규정 위반으로서 무효이다(민법 제289조).
② (×) 채권의 양도성과 관련하여 당사자는 반대의사표시를 할 수 있으나, 그 의사표시로써 선의의 제3자에게 대항하지 못한다(민법 제449조 제2항). 따라서 <u>지명채권의 양도를 금지하는 특약을 할 수 있다.</u>
③ (×) <u>사단법인의 사원의 지위는 양도 또는 상속할 수 없다고 규정한 민법 제56조의 규정은 강행규정이라고 할 수 없으므로,</u> 비법인사단에서도 사원의 지위는 규약이나 관행에 의하여 양도 또는 상속될 수 있다(대판 1997.9.26. 95다6205).
④ (×) **민법의 조합의 해산사유와 청산에 관한 규정은** 그와 내용을 달리하는 당사자의 특약까지 배제하는 **강행규정이 아니므로** 당사자가 민법의 조합의 해산사유와 청산에 관한 규정과 다른 내용의 특약을 한 경우, 그 특약은 유효하다(대판 1985.2.26. 84다카1921).
⑤ (×) 임차인의 비용상환청구권에 관한 규정은 강행규정이 아니므로, 약정으로써 이를 포기할 수 있다(대판 1998.5.29. 98다6497 참조).

02 반사회적 법률행위에 해당하지 않는 것을 모두 고른 것은?(다툼이 있으면 판례에 따름)

기출 22

ㄱ. 강제집행을 면할 목적으로 부동산에 허위의 근저당권설정등기를 경료하는 행위
ㄴ. 오로지 보험사고를 가장하여 보험금을 취득할 목적으로 생명보험계약을 체결하는 행위
ㄷ. 매도인의 배임행위에 제2매수인이 적극 가담하여 행해진 부동산이중매매
ㄹ. 도박자금에 제공한 목적으로 금전을 대치하는 행위

① ㄱ
② ㄹ
③ ㄱ, ㄴ
④ ㄴ, ㄷ
⑤ ㄷ, ㄹ

해설 ㄱ. (×) 강제집행을 면할 목적으로 부동산에 허위의 근저당권설정등기를 경료하는 행위는 민법 제103조의 선량한 풍속 기타 사회질서에 위반한 사항을 내용으로 하는 법률행위로 볼 수 없다(대판 2004.5.28. 2003다70041).

ㄴ. (○) 생명보험계약은 사람의 생명에 관한 우연한 사고에 대하여 금전을 지급하기로 약정하는 것이어서 금전을 취득할 목적으로 고의로 피보험자를 살해하는 등의 도덕적 위험의 우려가 있으므로, 그 계약 체결에 관하여 신의성실의 원칙에 기한 선의(이른바 선의계약성)가 강하게 요청되는바, 당초부터 오로지 보험사고를 가장하여 보험금을 취득할 목적으로 생명보험계약을 체결한 경우에는 사람의 생명을 수단으로 이득을 취하고자 하는 불법적인 행위를 유발할 위험성이 크고, 이러한 목적으로 체결된 생명보험계약에 의하여 보험금을 지급하게 하는 것은 보험계약을 악용하여 부정한 이득을 얻고자 하는 사행심을 조장함으로써 사회적 상당성을 일탈하게 되므로, 이와 같은 생명보험계약은 사회질서에 위배되는 법률행위로서 무효이다(대판 2000.2.11. 99다49064).

ㄷ. (○) 이중매도인의 배임행위에 적극 가담하여 매수한 매매행위는 사회정의관념에 위배된 반사회적인 법률행위로서 무효한 것이라 할 것이다(대판 1969.11.25. 66다1565, 대판 1994.3.11. 93다55289 등).

ㄹ. (○) 도박자금에 제공할 목적으로 금전의 대차를 한 때에는 그 대차계약은 민법 제103조의 반사회질서의 법률행위로 무효이다(대판 1973.5.22. 72다2249).

03 선량한 풍속 기타 사회질서에 반하는 행위를 모두 고른 것은?(다툼이 있으면 판례에 따름)

기출 20

> ㄱ. 수사기관에서 참고인으로서 허위진술을 해 주는 대가로 금원을 지급하기로 한 약정
> ㄴ. 강제집행을 면할 목적으로 부동산에 허위의 근저당설정등기를 경료하는 행위
> ㄷ. 전통사찰의 주지직을 거액의 금품을 대가로 양도·양수하기로 하는 약정이 있음을 알고도 이를 묵인 혹은 방소한 상태에서 한 종교법인의 주지임명행위
> ㄹ. 부동산을 매도인이 이미 제3자에게 매각한 사실을 매수인이 단순히 알고 있었던 경우에 매도인의 요청으로 그 부동산을 매수하기로 한 계약

① ㄱ   ② ㄱ, ㄴ
③ ㄴ, ㄷ   ④ ㄱ, ㄷ, ㄹ
⑤ ㄴ, ㄷ, ㄹ

해설 ㄱ. (○) 수사기관에서 참고인으로 진술하면서 자신이 잘 알지 못하는 내용에 대하여 허위의 진술을 하는 경우에 그 허위진술행위가 범죄행위를 구성하지 않는다고 하여도 이러한 행위 자체는 국가사회의 일반적인 도덕관념이나 국가사회의 공공질서이익에 반하는 행위라고 볼 것이니, 그 급부의 상당성 여부를 판단할 필요 없이 허위진술의 대가로 작성된 각서에 기한 급부의 약정은 민법 제103조 소정의 반사회적 질서행위로 무효이다(대판 2001.4.24. 2000다71999).

ㄴ. (×) 강제집행을 면할 목적으로 부동산에 허위의 근저당권설정등기를 경료하는 행위는 민법 제103조의 선량한 풍속 기타 사회질서에 위반한 사항을 내용으로 하는 법률행위로 볼 수 없다(대판 2004.5.28. 2003다70041).

ㄷ. (×) 전통사찰의 주지직을 거액의 금품을 대가로 양도·양수하기로 하는 약정이 있음을 알고도 이를 묵인 혹은 방조한 상태에서 한 종교법인의 주지임명행위는 민법 제103조 소정의 반사회질서의 법률행위에 해당하지 않는다(대판 2001.2.9. 99다38613).

ㄹ. (×) 부동산의 이중매매가 반사회적 법률행위로서 무효가 되기 위하여는 매도인의 배임행위와 매수인이 매도인의 배임행위에 적극 가담한 행위로 이루어진 매매로서, 그 적극 가담하는 행위는 매수인이 다른 사람에게 매매목적물이 매도된 것을 안다는 것만으로는 부족하고, 적어도 그 매도사실을 알고도 매도를 요청하여 매매계약에 이르는 정도가 되어야 한다(대판 1994.3.11. 93다55289).

04 반사회질서행위의 효과에 관한 설명으로 옳지 않은 것은?(다툼이 있으면 판례에 따름)

기출 18

① 도박자금에 제공할 목적으로 금전을 대차한 때에 그 대차계약으로 인한 금전의 반환을 청구할 수 없다.
② 반사회질서행위의 무효는 이를 주장할 이익이 있는 자라면 누구든지 그 무효를 주장할 수 있다.
③ 법률행위의 성립과정에 강박이라는 불법적 방법이 사용된 데에 불과한 때에는 반사회질서행위로서 무효라고 할 수는 없다.
④ 본처가 남편의 과거 부첩(夫妾)관계를 용서한 때에는 그것이 손해배상청구권의 포기라고 해석되는 한 그대로의 법적 효력이 인정될 수 있다.
⑤ 법률행위가 반사회질서행위로 무효인지 여부는 그 효력이 발생한 때를 기준으로 판단하여야 한다.

① (○) 도박자금에 제공할 목적으로 금전의 대차를 한 때에는 그 대차계약은 민법 제103조의 반사회질서의 법률행위로 무효이다(대판 1973.5.22. 72다2249).

② (○) 선량한 풍속 기타 사회질서에 위반한 사항을 내용으로 하는 법률행위의 무효는 이를 주장할 이익이 있는 자는 누구든지 무효를 주장할 수 있다(대판 2016.3.24. 2015다11281).

③ (○) 법률행위의 성립과정에 강박이라는 불법적 방법이 사용된 데에 불과한 때에는 강박에 의한 의사표시의 하자나 의사의 흠결을 이유로 효력을 논의할 수는 있을지언정 반사회질서의 법률행위로서 무효라고 할 수는 없다(대판 2002.12.27. 2000다47361).

④ (○) 夫의 첩계약(妾契約)은 본처(本妻)의 동의 유무를 불문하고 선량한 풍속에 반하는 사항을 내용으로 하는 법률행위로서 무효일 뿐만 아니라 위법한 행위이므로, 부첩관계에 있는 부(夫) 및 첩은 특별한 사정이 없는 한 그로 인하여 본처가 입은 정신상의 고통에 대하여 배상할 의무가 있고, 이러한 손해배상책임이 성립하기 위하여 반드시 부첩관계로 인하여 혼인관계가 파탄에 이를 필요까지는 없고, 한편 본처가 장래의 부첩관계에 대하여 동의하는 것은 그 자체가 선량한 풍속에 반하는 것으로서 무효라고 할 것이나, 기왕의 부첩관계에 대하여 용서한 때에는 그것이 손해배상청구권의 포기라고 해석되는 한 그대로의 법적 효력이 인정될 수 있다(대판 1998.4.10. 96므1434).

⑤ (×) 선량한 풍속 기타 사회질서는 부단히 변천하는 가치관념으로서 어느 법률행위가 이에 위반되어 민법 제103조에 의하여 무효인지는 법률행위가 이루어진 때를 기준으로 판단하여야 한다(대판[전합] 2015.7.23. 2015다200111).

05 甲男은 乙女와 부첩(夫妾)관계를 맺고, 그 대가로 자신이 소유하는 주택을 乙에게 증여하여 乙 앞으로 소유권이전등기를 해 주었다. 현재 乙은 위 주택에서 거주하고 있다. 다음 보기 중 옳은 설명을 모두 고른 것은?(다툼이 있으면 판례에 따름) 기출 18

> ㄱ. 甲과 乙의 증여계약은 무효이다.
> ㄴ. 甲은 乙 명의의 이전등기의 말소를 청구할 수 있다.
> ㄷ. 甲은 乙을 상대로 주택의 명도를 청구할 수 없다.
> ㄹ. 만약 乙이 丙에게 주택을 양도하고 이전등기를 해 준 경우 甲은 丙 명의의 이전등기의 말소를 청구할 수 없다.

① ㄱ, ㄴ   ② ㄱ, ㄷ

③ ㄴ, ㄹ   ④ ㄱ, ㄷ, ㄹ

⑤ ㄴ, ㄷ, ㄹ

해설 ㄱ. (○) 부첩관계를 조건으로 하는 증여는 법률행위에 반사회적 조건이 결부된 것으로 무효이다(대판 1984.12.11. 84다카1402).

ㄴ. (×), ㄷ. (○) 민법 제746조는 단지 부당이득제도만을 제한하는 것이 아니라 동법 제103조와 함께 사법의 기본이념으로서, 결국 사회적 타당성이 없는 행위를 한 사람은 스스로 불법한 행위를 주장하여 복구를 그 형식 여하에 불구하고 소구할 수 없다는 이상을 표현한 것이므로, 급여를 한 사람은 그 원인행위가 법률상 무효라 하여 상대방에게 부당이득반환청구를 할 수 없음은 물론 급여한 물건의 소유권은 여전히 자기에게 있다고 하여 소유권에 기한 반환청구도 할 수 없고 따라서 급여한 물건의 소유권은 급여를 받은 상대방에게 귀속된다(대판[전합] 1979.11.13. 79다483).

ㄹ. (○) 판례(대판[전합] 1979.11.13. 79다483)에 따라 위 주택의 소유권은 乙에게 귀속되었으므로, 丙은 乙과의 주택매매계약과 소유권이전등기 경료로써 위 주택의 소유권을 유효하게 취득하고, 甲은 丙 명의의 소유권이전등기말소청구를 할 수 없게 된다.

06 민법 제103조의 반사회적 법률행위에 해당하지 않는 것을 모두 고른 것은?(다툼이 있으면 판례에 따름) `기출` 17

> ㄱ. 강제집행을 면할 목적으로 부동산에 허위의 근저당권을 설정하는 행위
> ㄴ. 의무의 강제에 의하여 얻어지는 채권자의 이익에 비하여 과도하게 중한 위약벌의 약정
> ㄷ. 뇌물로 받은 금전을 소극적으로 은닉하기 위하여 이를 임치하는 약정
> ㄹ. 해외연수 후 그 비용과 관련하여 일정 기간 동안 소속회사에서 근무해야 한다는 사규나 약정
> ㅁ. 공무원의 직무에 관한 사항에 대하여 특별한 청탁을 하게 하고, 그에 대한 보수로 금전을 지급하기로 하는 약정

① ㄱ, ㄴ, ㄷ ② ㄱ, ㄷ, ㄹ
③ ㄴ, ㄹ, ㅁ ④ ㄷ, ㄹ, ㅁ
⑤ ㄱ, ㄴ, ㄷ, ㅁ

해설 ㄱ.(×) 강제집행을 면할 목적으로 부동산에 허위의 근저당권설정등기를 경료하는 행위는 민법 제103조의 선량한 풍속 기타 사회질서에 위반한 사항을 내용으로 하는 법률행위로 볼 수 없다(대판 2004.5.28, 2003다70041).

ㄴ.(○) 위약벌의 약정은 채무의 이행을 확보하기 위해서 정해지는 것으로서 손해배상의 예정과는 그 내용이 다르므로 손해배상의 예정에 관한 민법 제398조 제2항을 유추적용하여 그 액을 감액할 수는 없으며, 다만 그 의무의 강제에 의하여 얻어지는 채권자의 이익에 비하여 약정된 벌이 과도하게 무거울 때에는 그 일부 또는 전부가 공서양속에 반하여 무효로 되는 것에 불과하다(대판 2002.4.23, 2000다56976).

ㄷ.(×) 반사회적 행위에 의하여 조성된 재산인 이른바 비자금을 소극적으로 은닉하기 위하여 임치한 것은 사회질서에 반하는 법률행위로 볼 수 없다(대판 2001.4.10, 2000다49343).

ㄹ.(×) 해외파견된 근로자가 귀국일로부터 일정 기간 소속회사에 근무하여야 한다는 사규나 약정은 민법 제103조 또는 제104조에 위반된다고 할 수 없고, 일정 기간 근무하지 않으면 해외파견 소요 경비를 배상한다는 사규나 약정은 근로계약기간이 아니라 경비반환채무의 면제기간을 정한 것이므로 근로기준법 제21조에 위배하는 것도 아니다(대판 1982.6.22, 82다카90).

ㅁ.(○) 당사자의 일방이 상대방에게 공무원의 직무에 관한 사항에 관하여 특별한 청탁을 하게 하고 그에 대한 보수로 돈을 지급할 것을 내용으로 한 약정은 사회질서에 반하는 무효의 계약이고, 따라서 민법 제746조에 의하여 그 대가의 반환을 청구할 수 없으며, 나아가 그 돈을 반환하여 주기로 한 약정도 결국 불법원인급여물의 반환을 구하는 범주에 속하는 것으로서 무효이고, 그 반환약정에 기하여 약속어음을 발행하였다 하더라도 채권자는 그 이행을 청구할 수 없다(대판 1995.7.14, 94다51994).

07 불공정한 법률행위에 관한 설명으로 옳은 것은?(다툼이 있으면 판례에 따름) `기출` 21

① 불공정한 법률행위에도 무효행위 전환의 법리가 적용될 수 있다.
② 불공정한 법률행위로서 무효인 경우에도 추인하면 유효로 된다.
③ 불공정한 법률행위에 관한 규정은 부담 없는 증여의 경우에도 적용된다.
④ 경매에서 경매부동산의 매각대금이 시가에 비하여 현저히 저렴한 경우, 불공정한 법률행위에 해당하여 무효이다.
⑤ 법률행위가 현저하게 공정을 잃은 경우, 특별한 사정이 없는 한 그 법률행위는 궁박·경솔·무경험으로 인해 이루어진 것으로 추정된다.

① (○) 매매계약이 약정된 매매대금의 과다로 말미암아 민법 제104조에서 정하는 '불공정한 법률행위'에 해당하여 무효인 경우에도 무효행위의 전환에 관한 민법 제138조가 적용될 수 있다. 따라서 당사자 쌍방이 위와 같은 무효를 알았더라면 대금을 다른 액으로 정하여 매매계약에 합의하였을 것이라고 예외적으로 인정되는 경우에는, 그 대금액을 내용으로 하는 매매계약이 유효하게 성립한다(대판 2010.7.15. 2009다50308).

② (×) 불공정한 법률행위로서 무효인 경우에는 추인에 의하여 무효인 법률행위가 유효로 될 수 없다(대판 1994.6.24. 94다10900).

③ (○) 민법 제104조가 규정하는 현저히 공정성을 잃은 법률행위라 함은 자기의 급부에 비하여 현저하게 균형을 잃은 반대급부를 하게 하여 부당한 재산적 이익을 얻는 행위를 의미하는 것이므로, 증여계약과 같이 아무런 대가 관계없이 당사자 일방이 상대방에게 일방적인 급부를 하는 법률행위는 그 공정성 여부를 논의할 수 있는 성질의 법률행위가 아니다(대판 2000.2.11. 99다56833).

④ (×) 경매에 있어서는 불공정한 법률행위 또는 채무자에게 불리한 약정에 관한 것으로서 효력이 없다는 민법 제104조, 제608조는 적용될 여지가 없다(대결 1980.3.21. 80마77).

⑤ (×) 법률행위가 현저하게 공정을 잃었다고 하여 곧 그것이 궁박, 경솔하게 이루어진 것으로 추정되지 아니하므로 본조의 불공정한 법률행위의 법리가 적용되려면 그 주장하는 측에서 궁박, 경솔 또는 무경험으로 인하였음을 증명하여야 한다(대판 1969.12.30. 69다1873).

08 민법상의 불공정한 법률행위에 관한 설명으로 옳지 않은 것은?(다툼이 있으면 판례에 따름)

기출 17

① 궁박, 경솔, 무경험은 모두 구비되어야 하는 요건이 아니라 그중 일부만 갖추어져도 충분하다.

② 궁박은 경제적인 것에 한정하지 않으며 정신적, 신체적인 원인에 기인하는 것을 포함한다.

③ 무경험은 생활체험의 부족을 의미하는 것으로, 거래 일반에 대한 경험부족이 아니라 특정영역에 있어서의 경험부족을 의미한다.

④ 당사자 중 일방이 상대방의 궁박, 경솔 또는 무경험을 알면서 이를 이용하려는 의사가 있어야 한다.

⑤ 불공정한 법률행위로서 무효인 경우, 추인에 의하여 무효인 법률행위가 유효로 될 수는 없지만, 무효행위의 전환에 관한 민법 제138조는 적용될 수 있다.

① (○), ② (○), ③ (×), ④ (○) 민법 제104조에 규정된 불공정한 법률행위는 객관적으로 급부와 반대급부 사이에 현저한 불균형이 존재하고, 주관적으로 그와 같이 균형을 잃은 거래가 피해당사자의 궁박, 경솔 또는 무경험을 이용하여 이루어진 경우에 성립하는 것으로서, 약자적 지위에 있는 자의 궁박, 경솔 또는 무경험을 이용한 폭리행위를 규제하려는 데에 그 목적이 있고, **불공정한 법률행위가 성립하기 위한 요건인 궁박, 경솔, 무경험은 모두 구비되어야 하는 요건이 아니라 그중 일부만 갖추어져도 충분**한데, 여기에서 '**궁박**'이라 함은 '급박한 곤궁'을 의미하는 것으로서 경제적 원인에 기인할 수도 있고 정신적 또는 심리적 원인에 기인할 수도 있으며, '**무경험**'이라 함은 일반적인 생활체험의 부족을 의미하는 것으로서 어느 특정영역에 있어서의 경험부족이 아니라 거래 일반에 대한 경험부족을 뜻하고, 당사자가 궁박 또는 무경험의 상태에 있었는지 여부는 그의 나이와 직업, 교육 및 사회경험의 정도, 재산상태 및 그가 처한 상황의 절박성의 정도 등 제반 사정을 종합하여 구체적으로 판단하여야 하며, 한편 피해당사자가 궁박, 경솔 또는 무경험의 상태에 있었다고 하더라도 그 상대방당사자에게 그와 같은 피해당사자 측의 사정을 알면서 이를 이용하려는 의사, 즉 폭리행위의 악의가 없었다거나 또는 객관적으로 급부와 반대급부 사이에 현저한 불균형이 존재하지 아니한다면 불공정법률행위는 성립하지 않는다(대판 2002.10.22. 2002다38927).

⑤ (○) 불공정한 법률행위에 해당하여 무효인 경우에는 **원칙적으로 추인에 의하여 무효인 법률행위가 유효로 될 수 없으나**(대판 1994.6.24. 94다10900), **무효행위의 전환에 관한 민법 제138조는 적용될 수 있다**(대판 2010.7.15. 2009다50308).

09 불공정한 법률행위에 관한 설명으로 옳지 않은 것은?(다툼이 있으면 판례에 따름) 기출 16

① 계약체결 당시 불공정한 법률행위가 아니더라도 사후에 외부환경의 급격한 변화로 계약당사자 일방에게 큰 손실이, 상대방에게는 그에 상응하는 큰 이익이 발생할 수 있는 계약은 불공정한 계약에 해당한다.

② 폭리행위의 악의가 없거나 급부와 반대급부 사이에 현저한 불균형이 존재하지 않으면 불공정한 법률행위가 인정되지 않는다.

③ 대리인이 매매계약을 체결한 경우, 무경험은 그 대리인을 기준으로 판단하고 궁박상태에 있었는지의 여부는 본인의 입장에서 판단해야 한다.

④ 매매계약이 약정된 매매대금의 과다로 불공정한 법률행위에 해당하여 무효인 경우에 무효행위의 전환에 관한 민법 제138조가 적용될 수 있다.

⑤ 아무런 대가관계나 부담 없이 당사자 일방이 상대방에게 일방적인 급부를 하는 법률행위는 불공정한 법률행위가 아니다.

해설 ① (×) 어떠한 법률행위가 불공정한 법률행위에 해당하는지는 **법률행위 시를 기준으로** 판단하여야 한다. 따라서 계약체결 당시를 기준으로 전체적인 계약내용에 따른 권리의무관계를 종합적으로 고려한 결과 불공정한 것이 아니라면, 사후에 외부적 환경의 급격한 변화에 따라 계약당사자 일방에게 큰 손실이 발생하고 상대방에게는 그에 상응하는 큰 이익이 발생할 수 있는 구조라고 하여 그 계약이 당연히 불공정한 계약에 해당한다고 말할 수 없다(대판[전합] 2013.9.26. 2011다53683·53690).

② (○) 피해당사자가 궁박, 경솔 또는 무경험의 상태에 있었다고 하더라도 그 상대방당사자에게 그와 같은 피해당사자 측의 사정을 알면서 이를 이용하려는 의사, 즉 폭리행위의 악의가 없었다거나 또는 객관적으로 급부와 반대급부 사이에 현저한 불균형이 존재하지 아니한다면 불공정법률행위는 성립하지 않는다(대판 2002.10.22. 2002다38927).

③ (○) 대리인에 의하여 법률행위가 이루어진 경우 그 법률행위가 민법 제104조의 불공정한 법률행위에 해당하는지 여부를 판단함에 있어서 경솔과 무경험은 대리인을 기준으로 하여 판단하고, 궁박은 본인의 입장에서 판단하여야 한다(대판 2002.10.22. 2002다38927).

④ (○) 매매계약이 약정된 매매대금의 과다로 말미암아 민법 제104조에서 정하는 '불공정한 법률행위'에 해당하여 무효인 경우에도 무효행위의 전환에 관한 민법 제138조가 적용될 수 있다(대판 2010.7.15. 2009다50308).

⑤ (○) 민법 제104조가 규정하는 현저히 공정을 잃은 법률행위라 함은 자기의 급부에 비하여 현저하게 균형을 잃은 반대급부를 하게 하여 부당한 재산적 이익을 얻는 행위를 의미하는 것이므로, 증여계약과 같이 아무런 대가 관계없이 당사자 일방이 상대방에게 일방적인 급부를 하는 법률행위는 그 공정성 여부를 논의할 수 있는 성질의 법률행위가 아니다(대판 2000.2.11. 99다56833).

10 불공정한 법률행위에 관한 설명으로 옳은 것은?(다툼이 있는 경우에는 판례에 의함) 기출 14

① 불공정한 법률행위로 인한 무효는 절대적 무효이므로 그 법률행위에는 무효행위의 전환에 관한 민법 제138조가 적용될 수 없다.

② 계약체결 시를 기준으로 불공정한 행위가 아니라면 그 후 외부환경의 급격한 변화로 계약당사자 일방에게 큰 손실이 발생하고 상대방에게 그에 상응하는 큰 이익이 발생한다 하더라도 불공정한 법률행위가 되지 않는다.

③ 대리인에 의한 법률행위에서 무경험과 궁박은 대리인을 기준으로 판단하여야 한다.

④ 급부와 반대급부 사이의 현저한 불균형은 구체적, 개별적 사안에서 거래행위당사자의 의사를 기준으로 결정하여야 한다.

⑤ 급부와 반대급부 사이에 현저한 불균형이 있으면 당사자의 궁박, 경솔 또는 무경험으로 인한 법률행위가 추정된다.

해설 ① (×) 매매계약이 약정된 매매대금의 과다로 말미암아 민법 제104조에서 정하는 '불공정한 법률행위'에 해당하여 무효인 경우에도 무효행위의 전환에 관한 민법 제138조가 적용될 수 있다(대판 2010.7.15. 2009다50308).

② (○) 어떠한 법률행위가 불공정한 법률행위에 해당하는지는 **법률행위 시를 기준으로** 판단하여야 한다. 따라서 계약체결 당시를 기준으로 전체적인 계약내용에 따른 권리의무관계를 종합적으로 고려한 결과 불공정한 것이 아니라면, 사후에 외부적 환경의 급격한 변화에 따라 계약당사자 일방에게 큰 손실이 발생하고 상대방에게는 그에 상응하는 큰 이익이 발생할 수 있는 구조라고 하여 그 계약이 당연히 불공정한 계약에 해당한다고 말할 수 없다(대판[전합] 2013.9.26. 2011다53683 · 53690).

③ (×) 대리인에 의하여 법률행위가 이루어진 경우 그 법률행위가 민법 제104조의 불공정한 법률행위에 해당하는지 여부를 판단함에 있어서 경솔과 무경험은 대리인을 기준으로 하여 판단하고, 궁박은 본인의 입장에서 판단하여야 한다(대판 2002.10.22. 2002다38927).

④ (×) **급부와 반대급부 사이의 '현저한 불균형'**은 단순히 시가와의 차액 또는 시가와의 배율로 판단할 수 있는 것은 아니고 **구체적 · 개별적 사안에 있어서 일반인의 사회통념에 따라 결정하여야** 한다. 그 판단에 있어서는 피해당사자의 궁박 · 경솔 · 무경험의 정도가 아울러 고려되어야 하고, 당사자의 주관적 가치가 아닌 거래상의 객관적 가치에 의하여야 한다(대판 2020.7.15. 2009다50308).

⑤ (×) **법률행위가 현저하게 공정을 잃었다고 하여 곧 그것이 궁박, 경솔하게 이루어진 것으로 추정되지 아니하므로** 본조의 불공정한 법률행위의 법리가 적용되려면 그 주장하는 측에서 궁박, 경솔 또는 무경험으로 인하였음을 증명하여야 한다(대판 1969.12.30. 69다1873).

제3관 | 법률행위의 해석

01 법률행위의 해석에 관한 설명으로 옳지 않은 것은?(다툼이 있으면 판례에 따름) <u>기출 20</u>

① 문서의 기재내용과 다른 명시적, 묵시적 약정이 있는 사실이 인정될 경우에는 그 기재내용과 다른 사실을 인정할 수 있다.

② 사적 자치가 인정되는 분야의 제정법이 임의규정인 경우, 사실인 관습은 법률행위의 해석기준이 될 수 있다.

③ 매매계약사항에 이의가 생겼을 때에는 매도인의 해석에 따른다는 약정을 한 경우, 법원은 매도인의 해석과 다르게 법률행위를 해석할 권한이 없다.

④ 계약서를 작성하면서 계약상 지위에 관하여 당사자들의 합치된 의사와 달리 착오로 잘못 기재하였는데 오류를 인지하지 못한 채 계약상 지위가 잘못 기재된 계약서에 그대로 기명날인이나 서명을 한 경우, 당사자들의 합치된 의사에 따라 계약이 성립한 것으로 보아야 한다.

⑤ 甲과 乙이 X토지를 매매하기로 합의하였으나 Y토지로 매매계약서를 잘못 작성한 경우 X토지에 관하여 매매계약이 성립된 것으로 보아야 한다.

해설 ① (○) 법원이 진정성립이 인정되는 처분문서를 해석함에 있어서는 특별한 사정이 없는 한 그 처분문서에 기재되어 있는 문언에 따라 당사자의 의사표시가 있었던 것으로 해석하여야 하는 것이나, <u>그 처분문서의 기재내용과 다른 특별한 명시적, 묵시적 약정이 있는 사실이 인정될 경우에 그 기재내용의 일부를 달리 인정하거나 작성자의 법률행위를 해석함에 있어서 경험칙과 논리법칙에 어긋나지 아니하는 범위 내에서 자유로운 심증으로 판단할 수 있다</u>(대판 2003.4.8. 2001다38593).

② (○) 민법 제106조

③ (×) 매매계약서에 계약사항에 대한 이의가 생겼을 때에는 매도인의 해석에 따른다는 조항은 법원의 법률행위해석권을 구속하는 조항이라고 볼 수 없다(대판 1974.9.24. 74다1057).

④ (○), ⑤ (○) 계약당사자 쌍방이 모두 동일한 물건을 계약목적물로 삼았으나 계약서에는 착오로 다른 물건을 목적물로 기재한 경우 계약서에 기재된 물건이 아니라 쌍방당사자의 의사합치가 있는 물건에 관하여 계약이 성립한 것으로 보아야 한다. 이러한 법리는 계약서를 작성하면서 계약상 지위에 관하여 당사자들의 합치된 의사와 달리 착오로 잘못 기재하였는데 계약당사자들이 오류를 인지하지 못한 채 계약상 지위가 잘못 기재된 계약서에 그대로 기명날인이나 서명을 한 경우에도 동일하게 적용될 수 있다(대판 2018.7.26. 2016다242334).

제1관 | 흠 있는 의사표시

01 의사표시에 관한 설명으로 옳지 않은 것은?(다툼이 있으면 판례에 따름) 기출 24

① 상대방 있는 의사표시에 관하여 제3자가 표의자를 강박한 경우, 표의자는 상대방이 그 사실을 알았거나 알 수 있었을 경우에 한하여 강박에 의한 의사표시를 취소할 수 있다.

② 매매목적물에 하자가 있는 사실을 착오로 알지 못하고 매매계약을 체결한 매수인은 착오로 인한 의사표시의 취소 요건을 갖추더라도 매도인의 하자담보책임이 성립하는 경우에는 착오를 이유로 그 계약을 취소할 수 없다.

③ 통정허위표시로 매매계약이 체결된 경우, 매도인이 그 계약상 채무를 이행하지 않더라도 매수인은 매도인에게 채무불이행으로 인한 손해배상을 청구할 수 없다.

④ 경과실로 인한 착오로 의사표시를 한 자가 착오를 이유로 그 의사표시를 취소한 경우, 상대방은 이로 인해 손해를 입더라도 표의자에게 불법행위로 인한 손해배상을 청구할 수 없다.

⑤ 상대방이 표의자의 착오를 알고 이용한 경우에는 착오가 표의자의 중대한 과실로 인한 것이더라도 표의자는 착오를 이유로 의사표시를 취소할 수 있다.

해설 ① (○) 민법 제110조 제2항

> **사기, 강박에 의한 의사표시(민법 제110조)**
> ① 사기나 강박에 의한 의사표시는 취소할 수 있다.
> ② 상대방있는 의사표시에 관하여 제3자가 사기나 강박을 행한 경우에는 상대방이 그 사실을 알았거나 알 수 있었을 경우에 한하여 그 의사표시를 취소할 수 있다.

② (×) 민법 제109조 제1항에 의하면 법률행위 내용의 중요부분에 착오가 있는 경우 착오에 중대한 과실이 없는 표의자는 법률행위를 취소할 수 있고, 민법 제580조 제1항, 제575조 제1항에 의하면 매매의 목적물에 하자가 있는 경우 하자가 있는 사실을 과실 없이 알지 못한 매수인은 매도인에 대하여 하자담보책임을 물어 계약을 해제하거나 손해배상을 청구할 수 있다. 착오로 인한 취소 제도와 매도인의 하자담보책임 제도는 취지가 서로 다르고, 요건과 효과도 구별된다. 따라서 매매계약 내용의 중요 부분에 착오가 있는 경우 매수인은 매도인의 하자담보책임이 성립하는지와 상관없이 착오를 이유로 매매계약을 취소할 수 있다(대판 2018.9.13. 2015다78703).

③ (○) 통정허위표시로 매매계약이 체결된 경우 당사자 사이에서 매매계약은 무효이므로(민법 제108조 제1항), 채무불이행으로 인한 손해배상을 청구할 수 없다.

④ (○) 불법행위로 인한 손해배상책임이 성립하기 위하여는 가해자의 고의 또는 과실 이외에 행위의 위법성이 요구되므로, 전문건설공제조합이 계약보증서를 발급하면서 조합원이 수급할 공사의 실제 도급금액을 확인하지 아니한 과실이 있다고 하더라도 민법 제109조에서 중과실이 없는 착오자의 착오를 이유로 한 의사표시의 취소를 허용하고 있는 이상, 전문건설공제조합이 과실로 인하여 착오에 빠져 계약보증서를 발급한 것이나 그 착오를 이유로 보증계약을 취소한 것이 위법하다고 할 수는 없다(대판 1997.8.22. 97다13023). 따라서 불법행위로 인한 손해배상을 청구할 수 없다.

⑤ (○) 민법 제109조 제1항 단서는 의사표시의 착오가 표의자의 중대한 과실로 인한 때에는 그 의사표시를 취소하지 못한다고 규정하고 있는데, 위 단서 규정은 표의자의 상대방의 이익을 보호하기 위한 것이므로, 상대방이 표의자의 착오를 알고 이를 이용한 경우에는 착오가 표의자의 중대한 과실로 인한 것이라고 하더라도 표의자는 의사표시를 취소할 수 있다(대판 2014.11.27. 2013다49794).

> **착오로 인한 의사표시(민법 제109조)**
> ① 의사표시는 법률행위의 내용의 중요부분에 착오가 있는 때에는 취소할 수 있다. 그러나 그 착오가 표의자의 중대한 과실로 인한 때에는 취소하지 못한다.

02 의사표시에 관한 설명으로 옳지 않은 것은?(다툼이 있으면 판례에 따름) 기출 19

① 공무원 甲이 사직의 의사표시를 하는 것과 같은 사인의 공법행위에도 진의 아닌 의사표시에 관한 민법규정이 적용된다.

② 甲이 상대방 乙에게 진의 아닌 의사표시의 무효를 주장하는 경우, 乙의 악의나 과실 유무는 甲이 증명해야 한다.

③ 채무자 甲의 법률행위가 통정허위표시로서 무효인 경우에도 그 법률행위가 채권자취소권의 요건을 갖추었다면, 甲의 채권자 乙은 채권자취소권을 행사할 수 있다.

④ 통정허위표시의 제3자가 악의라도 그 전득자가 통정허위표시에 대하여 선의인 때에는 전득자에게 허위표시의 무효를 주장할 수 없다.

⑤ 의사표시의 상대방이 의사표시를 받은 때에 제한능력자인 경우에는 의사표시자는 원칙적으로 그 의사표시로써 대항할 수 없다.

해설 ① (×) 공무원이 사직의 의사표시를 하여 의원면직처분을 하는 경우 그 사직의 의사표시는 그 법률관계의 특수성에 비추어 외부적·객관적으로 표시된 바를 존중하여야 할 것이므로, 비록 사직원제출자의 내심의 의사가 사직할 뜻이 아니었다고 하더라도 진의 아닌 의사표시에 관한 민법 제107조는 그 성질상 사직의 의사표시와 같은 사인의 공법행위에는 준용되지 아니하므로 그 의사가 외부에 표시된 이상 그 의사는 표시된 대로 효력을 발한다(대판 1997.12.12. 97누13962).

② (○) 어떠한 의사표시가 비진의의사표시로서 무효라고 주장하는 경우에 그 입증책임은 그 주장자에게 있다 (대판 1992.5.22. 92다2295). 따라서 乙의 악의나 과실 유무에 대하여는 甲이 증명하여야 한다.

③ (○) 채권자는 채무자가 채권자를 해할 목적으로 수익자와 통정한 허위의 의사표시로써 그 재산권을 목적으로 한 법률행위를 하였다면, 사행행위 취소를 청구할 수 있다(대판 1975.2.25. 74다2114 등).

④ (○) 甲이 乙의 임차보증금반환채권을 담보하기 위하여 통정허위표시로 乙에게 전세권설정등기를 마친 후 丙이 이러한 사정을 알면서도 乙에 대한 채권을 담보하기 위하여 위 전세권에 대하여 전세권근저당권설 정등기를 마쳤는데, 그 후 丁이 丙의 전세권근저당권부 채권을 가압류하고 압류명령을 받은 경우, 丁이 통정허위표시에 관하여 선의라면 비록 丙이 악의라 하더라도 허위표시자는 그에 대하여 전세권이 통정허위 표시에 의한 것이라는 이유로 대항할 수 없다(대판 2013.2.15. 2012다49292).

⑤ (○) 의사표시의 상대방이 의사표시를 받은 때에 제한능력자인 경우에는 의사표시자는 그 의사표시로써 대항할 수 없다(민법 제112조 본문).

03 허위표시의 무효로 대항할 수 없는 선의의 제3자에 관한 설명으로 옳은 것은?(다툼이 있으면 판례에 따름) 기출 22

① 파산관재인은 파산채권자 모두가 악의가 아닌 한 선의의 제3자이다.
② 가장근저당권설정계약이 유효하다고 믿고 그 피담보채권을 가압류한 자는 선의의 제3자로 보호될 수 없다.
③ 가장소비대차의 계약상 지위를 선의로 이전받은 자는 선의의 제3자로 보호될 수 있다.
④ 악의의 제3자로부터 선의로 전득한 자는 선의의 제3자로 보호받지 못한다.
⑤ 선의의 제3자로 보호받기 위해서는 선의뿐만 아니라 무과실도 인정되어야 한다.

해설 ① (○) 파산자가 상대방과 통정한 허위의 의사표시를 통하여 가장채권을 보유하고 있다가 파산이 선고된 경우 그 가장채권도 일단 파산재단에 속하게 되고, 파산선고에 따라 파산자와는 독립한 지위에서 파산채권자 전체의 공동의 이익을 위하여 직무를 행하게 된 파산관재인은 그 허위표시에 따라 외형상 형성된 법률관계를 토대로 실질적으로 새로운 법률상 이해관계를 가지게 된 민법 제108조 제2항의 제3자에 해당하고, 그 선의·악의도 파산관재인 개인의 선의·악의를 기준으로 할 수는 없고, 총파산채권자를 기준으로 하여 파산채권자 모두가 악의로 되지 않는 한 파산관재인은 선의의 제3자라고 할 수밖에 없다(대판 2010.4.29. 2009다96083).
② (×), ⑤ (×) 통정한 허위표시에 의하여 외형상 형성된 법률관계로 생긴 채권을 가압류한 경우, 그 가압류권자는 허위표시에 기초하여 새로운 법률상 이해관계를 가지게 되므로 민법 제108조 제2항의 제3자에 해당한다고 봄이 상당하고, 또한 민법 제108조 제2항의 제3자는 선의이면 족하고 무과실은 요건이 아니다(대판 2004.5.28. 2003다70041).
③ (×) 민법 제108조 제2항의 제3자는 허위표시의 당사자 및 포괄승계인 이외의 자로서 허위표시에 의하여 형성된 법률관계를 토대로 실질적으로 이해관계를 갖는 자를 말하므로, 가장소비대차의 계약상 지위를 선의로 이전받은 자는 민법 제108조 제2항의 제3자에 해당하지 않는다(대판 2004.1.15. 2002다31537 참고).
④ (×) 비록 수익자가 악의라 하더라도 전득자가 선의인 경우에는 민법 제108조 제2항의 제3자에 해당한다.

04 통정허위표시에 관한 설명으로 옳은 것을 모두 고른 것은?(다툼이 있는 경우에는 판례에 의함)

기출 14

ㄱ. 동일인 여신한도의 제한을 회피하기 위하여 실질적 주채무자 아닌 제3자가 은행에 알리지 않고 주채무자로 서명·날인하여 은행과 소비대차계약을 체결한 경우, 이 계약은 통정허위표시로서 무효이다.

ㄴ. 통정허위표시로 무효가 된 법률행위도 채권자취소권의 대상이 될 수 있다.

ㄴ. 사주와 통정하여 금전소비대차를 체결한 금융기관으로부터 계약을 인수한 자는 법률상 새로운 이해관계를 가지게 된 제3자에 해당한다.

ㄹ. 통정허위표시는 반사회적 행위가 아니므로, 통정허위표시로 인한 채무를 이행한 때에도 불법원인급여가 되지 않는다.

① ㄱ, ㄴ　　　　　　　　　② ㄱ, ㄷ
③ ㄴ, ㄷ　　　　　　　　　④ ㄴ, ㄹ
⑤ ㄷ, ㄹ

해설 ㄱ. (×) 통정허위표시가 성립하기 위하여는 의사표시의 진의와 표시가 일치하지 아니하고, 그 불일치에 관하여 상대방과 사이에 합의가 있어야 하는바, 제3자가 은행을 직접 방문하여 금전소비대차약정서에 주채무자로서 서명·날인하였다면 제3자는 자신이 당해 소비대차계약의 주채무자임을 은행에 대하여 표시한 셈이고, 제3자가 은행이 정한 동일인에 대한 여신한도 제한을 회피하여 타인으로 하여금 제3자 명의로 대출을 받아 이를 사용하도록 할 의도가 있었다거나 그 원리금을 타인의 부담으로 상환하기로 하였더라도, 특별한 사정이 없는 한 이는 소비대차계약에 따른 경제적 효과를 타인에게 귀속시키려는 의사에 불과할 뿐, 그 법률상의 효과까지도 타인에게 귀속시키려는 의사로 볼 수는 없으므로 제3자의 진의와 표시에 불일치가 있다고 보기는 어렵다(대판 1998.9.4. 98다17909).

ㄴ. (○) 채무자의 법률행위가 통정허위표시인 경우에도 채권자취소권의 대상이 되고, 한편 채권자취소권의 대상으로 된 채무자의 법률행위라도 통정허위표시의 요건을 갖춘 경우에는 무효라고 할 것이다(대판 1998.2.27. 97다50985).

ㄷ. (×) 구 상호신용금고법(2000.1.28. 법률 제6203호로 개정되기 전의 것) 소정의 계약이전은 금융거래에서 발생한 계약상의 지위가 이전되는 사법상의 법률효과를 가져오는 것이므로, 계약이전을 받은 금융기관은 계약이전을 요구받은 금융기관과 대출채무자 사이의 통정허위표시에 따라 형성된 법률관계를 기초로 하여 새로운 법률상 이해관계를 가지게 된 민법 제108조 제2항의 제3자에 해당하지 않는다(대판 2004.1.15. 2002다31537).

ㄹ. (○) 불법원인급여를 규정한 민법 제746조 소정의 "불법의 원인"이라 함은 재산을 급여한 원인이 선량한 풍속 기타 사회질서에 위반하는 경우를 가리키는 것으로서, 강제집행을 면할 목적으로 부동산의 소유자 명의를 신탁하는 것이 위와 같은 불법원인급여에 해당한다고 볼 수는 없다(대판 1994.4.15. 93다61307).

05 통정허위표시에 따라 형성된 법률관계를 기초로 하여 새로운 법률상의 이해관계를 가진 제3자에 해당하지 않는 자는?(다툼이 있는 경우에는 판례에 의함) 기출 13

① 허위채무를 보증하고 그 보증채무를 이행한 보증인
② 가장매매의 매수인으로부터 소유권이전청구권 보전을 위한 가등기를 경료받은 자
③ 허위표시의 당사자로부터 계약상 지위를 이전받은 자
④ 가장저당권에 기인 저당권의 실행에 의해 저당목적물을 경락·취득한 자
⑤ 허위의 전세권설정계약에 기한 가장전세권 위에 저당권을 취득한 자

해설 ① (해당 ○) 보증인이 주채무자의 기망행위에 의하여 주채무가 있는 것으로 믿고 주채무자와 보증계약을 체결한 다음 그에 따라 보증채무자로서 그 채무까지 이행한 경우, 그 보증인은 주채무자에 대한 구상권 취득에 관하여 법률상의 이해관계를 가지게 되었고 그 구상권 취득에는 보증의 부종성으로 인하여 주채무가 유효하게 존재할 것을 필요로 한다는 이유로 결국 그 보증인은 주채무자의 채권자에 대한 채무부담행위라는 허위표시에 기초하여 구상권 취득에 관한 법률상 이해관계를 가지게 되었다고 보아 민법 제108조 제2항 소정의 '제3자'에 해당한다(대판 2000.7.6. 99다51258).

② (해당 ○) 허위표시매매에 의한 매수인으로부터 부동산상의 권리를 취득한 제3자는 특별한 사정이 없는 한 선의로 추정할 것이므로 허위표시를 한 부동산양도인이 제3자에 대하여 소유권을 주장하려면 그 제3자의 악의임을 입증하여야 한다(대판 1970.9.29. 70다466).

③ (해당 ×) 구 상호신용금고법(2000.1.28. 법률 제6203호로 개정되기 전의 것) 소정의 계약이전은 금융거래에서 발생한 계약상의 지위가 이전되는 사법상의 법률효과를 가져오는 것이므로, **계약이전을 받은 금융기관은 계약이전을 요구받은 금융기관과 대출채무자 사이의 통정허위표시에 따라 형성된 법률관계를 기초로 하여 새로운 법률상 이해관계를 가지게 된 민법 제108조 제2항의 제3자에 해당하지 않는다**(대판 2004.1.15. 2002다31537).

④ (해당 ○) 채권자와 채무자가 통모하여 허위의 의사표시로써 저당권설정행위를 하고 채권자가 그 저당권을 실행하여 경매절차가 적법히 진행된 결과 제3자가 경락으로 소유권을 취득하고 그 이전등기를 종료한 경우에 선의의 제3자에게는 그 허위표시를 주장하여 대항할 수 없다(대판 1957.3.23. 4289민상580).

⑤ (해당 ○) 실제로는 전세권설정계약이 없음에도 불구하고 임대차계약에 기한 임차보증금반환채권을 담보할 목적으로 임차인과 임대인, 제3자 사이의 합의에 따라 제3자 명의로 전세권설정등기를 경료한 후 그 전세권에 대하여 근저당권이 설정된 경우, 가사 위 전세권설정계약만 놓고 보아 그것이 통정허위표시에 해당하여 무효라고 한다 하더라도, 이로써 위 전세권설정계약에 의하여 형성된 법률관계를 토대로 별개의 법률원인에 의하여 새로운 법률상 이해관계를 갖게 된 근저당권자에 대해서는 그와 같은 사정을 알고 있었던 경우에만 그 무효를 주장할 수 있다(대판 1998.9.4. 98다20981).

06 甲은 강제집행을 피하기 위해 친구 乙과 짜고 허위로 매매계약서를 작성한 후 그의 유일한 부동산을 乙 명의로 소유권이전등기를 해 주었다. 다음 설명으로 옳지 않은 것은?(다툼이 있는 경우에는 판례에 의함) 기출 12

① 乙이 선의의 丙에게 그 부동산을 전매하여 소유권이전등기를 완료한 경우, 甲은 丙에게 甲과 乙의 매매계약의 무효를 주장할 수 없다.

② 乙이 선의의 丙에게 그 부동산을 전매하여 소유권이전등기를 완료한 경우, 甲은 乙에게 부당이득반환을 청구할 수 있다.

③ 乙이 자기의 채무를 담보하기 위하여 선의의 채권자 丙에게 위 부동산에 저당권을 설정한 경우, 甲은 丙의 저당권설정등기의 무효를 주장할 수 없다.

④ 악의의 丙이 乙로부터 그 부동산을 양수한 후 선의의 丁에게 다시 매도하여 이전등기를 마친 경우, 甲은 丁을 상대로 그 명의의 등기말소를 청구할 수 없다.

⑤ 甲이 乙로부터 부동산을 매수하여 이전등기를 마친 丙을 상대로 허위표시를 이유로 그 명의의 등기말소소송을 제기한 경우, 선의의 증명책임은 丙에게 있다.

해설 ① (○) 甲은 선의의 제3자인 丙에게 통정허위표시의 무효를 주장할 수 없다(민법 제108조 제2항).

② (○) 당사자 사이에서의 허위표시는 선의의 제3자의 존재 여부와 관계없이 언제나 무효이나(민법 제108조 제1항), 민법 제103조 위반을 이유로 한 무효가 아니므로, 허위표시에 기하여 이미 이행을 마친 자는 상대방에게 급부한 것에 대한 부당이득 반환을 청구할 수 있다. 즉, 민법 제746조 본문은 적용되지 아니한다.

③ (○) 가장매매의 매수인으로부터 저당권 설정을 받은 자는 민법 제108조 제2항 소정의 제3자에 해당하므로, 甲은 丙에게 저당권설정등기의 무효를 주장할 수 없다.

④ (○) 甲이 乙의 임차보증금반환채권을 담보하기 위하여 통정허위표시로 乙에게 전세권설정등기를 마친 후 丙이 이러한 사정을 알면서도 乙에 대한 채권을 담보하기 위하여 위 전세권에 대하여 전세권근저당권설정등기를 마쳤는데, 그 후 丁이 丙의 전세권근저당권부 채권을 가압류하고 압류명령을 받은 경우, 丁이 통정허위표시에 관하여 선의라면 비록 丙이 악의라 하더라도 허위표시자는 그에 대하여 전세권이 통정허위표시에 의한 것이라는 이유로 대항할 수 없다(대판 2013.2.15. 2012다49292).

⑤ (×) 민법 제108조 제1항에서 상대방과 통정한 허위의 의사표시를 무효로 규정하고, 제2항에서 그 의사표시의 무효는 선의의 제3자에게 대항하지 못한다고 규정하고 있는데, 여기에서 제3자는 특별한 사정이 없는 한 선의로 추정할 것이므로, 제3자가 악의라는 사실에 관한 주장·입증책임은 그 허위표시의 무효를 주장하는 자에게 있다(대판 2006.3.10. 2002다1321).

07 착오로 인한 법률행위에 관한 설명으로 옳은 것은?(다툼이 있으면 판례에 따름) 기출 21

① 법률에 관한 착오는 그것이 법률행위 내용의 중요부분에 관한 것이라 하더라도 착오를 이유로 취소할 수 없다.

② 착오로 인한 의사표시의 취소에 관한 민법 제109조 제1항은 당사자의 합의로 그 적용을 배제할 수 없다.

③ 착오인 표의사의 중대한 과실 유무에 관한 증명책임은 의사표시의 요력을 부인하는 착오자에게 있다.

④ 상대방이 표의자의 착오를 알고 이용한 경우, 그 착오가 표의자의 중대한 과실로 인한 것이라고 하더라도 표의자는 착오에 의한 의사표시를 취소할 수 있다.

⑤ 표의자가 착오를 이유로 의사표시를 취소한 경우, 취소로 인하여 손해를 입은 상대방은 표의자에게 불법행위로 인한 손해배상을 청구할 수 있다.

해설　① (×) 의사표시는 법률행위의 내용의 중요부분에 착오가 있는 때에는 취소할 수 있다. 그러나 그 착오가 표의자의 중대한 과실로 인한 때에는 취소하지 못한다(민법 제109조 제1항).

② (×) 민법 제109조의 법리는 적용을 배제하는 취지의 별도 규정이 있거나 당사자의 합의로 적용을 배제하는 등의 특별한 사정이 없는 한 원칙적으로 모든 사법(私法)상 의사표시에 적용된다(대판 2014.11.27. 2013다49794 참고).

③ (×) 민법 제109조 제1항 단서에서 규정하는 착오한 표의자의 중대한 과실 유무에 관한 주장과 입증책임은 착오자가 아니라 의사표시를 취소하게 하지 않으려는 상대방에게 있다(대판 2005.5.12. 2005다6228).

④ (○) 민법 제109조 제1항 단서는 의사표시의 착오가 표의자의 중대한 과실로 인한 때에는 그 의사표시를 취소하지 못한다고 규정하고 있는데, 위 단서 규정은 표의자의 상대방의 이익을 보호하기 위한 것이므로, 상대방이 표의자의 착오를 알고 이를 이용한 경우에는 착오가 표의자의 중대한 과실로 인한 것이라고 하더라도 표의자는 의사표시를 취소할 수 있다(대판 2014.11.27. 2013다49794).

⑤ (×) 불법행위로 인한 손해배상책임이 성립하기 위하여는 가해자의 고의 또는 과실 이외에 행위의 위법성이 요구되므로, 전문건설공제조합이 계약보증서를 발급하면서 조합원이 수급할 공사의 실제 도급금액을 확인하지 아니한 과실이 있다고 하더라도 민법 제109조에서 중과실이 없는 착오자의 착오를 이유로 한 의사표시의 취소를 허용하고 있는 이상, 전문건설공제조합이 과실로 인하여 착오에 빠져 계약보증서를 발급한 것이나 그 착오를 이유로 보증계약을 취소한 것이 위법하다고 할 수는 없다(대판 1997.8.22. 97다13023). 따라서 불법행위로 인한 손해배상을 청구할 수 없다.

08 매수인 甲과 매도인 乙은 진품임을 전제로 하여 乙 소유의 그림 1점의 매매계약을 체결하였는데, 그림이 위작이라는 사실을 나중에 알게 된 甲은 중도금지급일에 중도금을 지급하지 않았다. 이에 관한 설명으로 옳지 않은 것은?(다툼이 있으면 판례에 따름) 기출 20

① 위조된 그림을 진품으로 알고 매수한 것은 법률행위내용의 중요부분의 착오에 해당한다.

② 甲은 매매계약에 따른 하자담보책임을 乙에게 물을 수 있으므로 착오를 이유로 의사표시를 취소할 수 없다.

③ 乙이 甲의 중도금 지급 채무불이행을 이유로 매매계약을 해제한 후라도 甲은 착오를 이유로 의사표시를 취소할 수 있다.

④ 乙의 기망행위로 인해 매매계약을 체결하였다면 甲은 착오를 이유로 의사표시를 취소할 수 있을 뿐만 아니라 사기를 이유로도 의사표시를 취소할 수 있다.

⑤ 甲이 그림을 진품으로 믿은 것에 중대한 과실이 있는 경우에는 착오를 이유로 의사표시를 취소할 수 없다.

해설 ① (○), ② (×) 민법 제109조 제1항에 의하면 법률행위내용의 중요부분에 착오가 있는 경우 착오에 중대한 과실이 없는 표의자는 법률행위를 취소할 수 있고, 민법 제580조 제1항, 제575조 제1항에 의하면 매매의 목적물에 하자가 있는 경우 하자가 있는 사실을 과실 없이 알지 못한 매수인은 매도인에 대하여 하자담보책임을 물어 계약을 해제하거나 손해배상을 청구할 수 있다. 착오로 인한 취소제도와 매도인의 하자담보책임제도는 취지가 서로 다르고, 요건과 효과도 구별된다. 따라서 매매계약내용의 중요부분에 착오가 있는 경우 매수인은 매도인의 하자담보책임이 성립하는지와 상관없이 착오를 이유로 매매계약을 취소할 수 있다(대판 2018.9.13. 2015다78703). 따라서 위조된 그림을 진품으로 알고 매수한 것은 법률행위내용의 중요부분의 착오에 해당하므로, 甲이 乙에게 하자담보책임을 주장할 수 있는지 여부와 상관없이 그 착오를 이유로 위 매매계약을 취소할 수 있다.

③ (○) <u>매도인이 매수인의 중도금 지급 채무불이행을 이유로 매매계약을 적법하게 해제한 후라도 매수인으로서는</u> 상대방이 한 계약해제의 효과로서 발생하는 손해배상책임을 지거나 매매계약에 따른 계약금의 반환을 받을 수 없는 불이익을 면하기 위하여 <u>착오를 이유로 한 취소권을 행사</u>하여 위 매매계약 전체를 무효로 돌리게 할 수 있다(대판 1991.8.27. 91다11308).

④ (○) 판례는 「기망행위로 인하여 법률행위의 중요부분에 관하여 착오를 일으킨 경우뿐만 아니라 법률행위의 내용으로 표시되지 아니한 의사결정의 동기에 관하여 착오를 일으킨 경우에도 표의자는 그 법률행위를 사기에 의한 의사표시로서 취소할 수 있다」(대판 1985.4.9. 85도167)고 하여 경합을 인정하고 있다.

⑤ (○) 의사표시는 법률행위의 내용의 중요부분에 착오가 있는 때에는 취소할 수 있다. <u>그러나 그 착오가 표의자의 중대한 과실로 인한 때에는 취소하지 못한다</u>(민법 제109조 제1항).

09 착오나 사기에 의한 의사표시에 관한 설명으로 옳은 것은?(다툼이 있으면 판례에 따름)

기출 19

① 동기의 착오가 상대방에 의하여 제공되거나 유발된 경우에는 착오를 이유로 취소할 수 없다.
② 법률행위 내용의 중요부분에 대한 착오를 판단할 때, 의사표시자의 경제적인 불이익 여부는 문제되지 않는다.
③ 취소를 이유로 한 취소권은 추인할 수 있는 날로부터 3년 내에, 법률행위를 한 날로부터 10년 내에 행사하여야 한다.
④ 법률행위가 사기에 의한 것으로서 취소되는 경우, 그 법률행위가 동시에 불법행위를 구성하는 때에는 취소의 효과로 생기는 부당이득반환청구권과 불법행위로 인한 손해배상청구권을 중첩적으로 행사할 수 있다.
⑤ 제3자의 사기로 인하여 계약을 체결한 경우, 그 제3자에 대하여 불법행위로 인한 손해배상을 청구하기 위해서는 먼저 그 계약을 취소해야 한다.

해설 ① (×) 동기의 착오가 상대방의 부정한 방법에 의하여 유발되거나 상대방으로부터 제공된 경우와 같이 상대방의 보호필요성이 부정되는 때에는 동기가 표시되지 않았더라도 취소할 수 있다(대판 1970.2.24. 69누83, 대판 1990.7.10. 90다카7460).
② (×) 착오가 법률행위내용의 중요부분에 있다고 하기 위하여는 표의자에 의하여 추구된 목적을 고려하여 합리적으로 판단하여 볼 때 표시와 의사의 불일치가 객관적으로 현저하여야 하고, 만일 그 착오로 인하여 표의자가 무슨 경제적인 불이익을 입은 것이 아니라고 한다면 이를 법률행위내용의 중요부분의 착오라고 할 수 없다(대판 1999.2.23. 98다47924).
③ (○) 취소권은 추인할 수 있는 날로부터 3년 내에 법률행위를 한 날로부터 10년 내에 행사하여야 한다(민법 제146조).
④ (×) 법률행위가 사기에 의한 것으로서 취소되는 경우에 그 법률행위가 동시에 불법행위를 구성하는 때에는 취소의 효과로 생기는 부당이득반환청구권과 불법행위로 인한 손해배상청구권은 경합하여 병존하는 것이므로, 채권자는 어느 것이라도 선택하여 행사할 수 있지만 중첩적으로 행사할 수는 없다(대판 1993.4.27. 92다56087).
⑤ (×) 제3자의 사기행위로 인하여 피해자가 주택건설사와 사이에 주택에 관한 분양계약을 체결하였다고 하더라도 제3자의 사기행위 자체가 불법행위를 구성하는 이상, 제3자로서는 그 불법행위로 인하여 피해자가 입은 손해를 배상할 책임을 부담하는 것이므로, 피해자가 제3자를 상대로 손해배상청구를 하기 위하여 반드시 그 분양계약을 취소할 필요는 없다(대판 1998.3.10. 97다55829).

10 착오에 의한 의사표시에 관한 설명으로 옳지 않은 것은?(다툼이 있으면 판례에 따름) 기출 15

① 대리인의 표시내용과 본인의 의사가 다른 경우, 본인은 착오를 이유로 의사표시를 취소할 수 없다.
② 착오를 이유로 의사표시를 취소하면 그 법률행위는 소급하여 무효로 된다.
③ 착오의 존재 여부는 의사표시 당시를 기준으로 판단하므로, 장래의 불확실한 사실은 착오의 대상이 되지 않는다.
④ 시(市)의 개발사업을 위한 토지매수협의를 진행하면서 토지 전부가 대상에 편입된다는 시(市) 공무원의 말을 믿고 매매계약을 체결한 경우, 동기의 착오를 이유로 의사표시를 취소할 수 있다.
⑤ 부동산 매매에서 목적물의 시가에 관한 착오는 법률행위의 중요부분에 관한 착오에 해당하지 않는다.

해설 ① (○) 사자가 아닌 대리인이 표시를 잘못한 경우에는 그 대리인의 표시만이 효과를 일으키므로, 대리인의 표시내용과 본인의 의사가 다르다고 할지라도 이는 원칙적으로 본인의 착오가 아니다(민법 제116조 제1항 참고).

② (○) 취소된 법률행위는 처음부터 무효인 것으로 본다(민법 제141조 본문).

③ (×) 부동산의 양도가 있은 경우에 그에 대하여 부과될 양도소득세 등의 세액에 관한 착오가 미필적인 장래의 불확실한 사실에 관한 것이라도 민법 제109조 소정의 착오에서 제외되는 것은 아니다(대판 1994.6.10. 93다24810).

④ (○) 시가 산업기지개발사업을 실시하기 위해 토지를 취득함에 있어 일부가 그 사업대상토지에 편입된 토지는 무조건 잔여지를 포함한 전체 토지를 협의매수하기로 하여 지주들에게는 잔여지가 발생한 사실 등을 알리지 아니한 채 전체 토지에 대한 손실보상협의요청서를 발송하고 매수협의를 진행함에 따라 지주들이 그 소유 토지 전부가 사업대상에 편입된 것 등으로 잘못 판단하고 시의 협의매수에 응한 것에 대하여 그 의사표시의 동기에 착오가 있었음을 이유로 취소할 수 있다(대판 1991.3.27. 90다카27440).

⑤ (○) 부동산 매매에 있어서 시가에 관한 착오는 부동산을 매매하려는 의사를 결정함에 있어 동기의 착오에 불과할 뿐 법률행위의 중요부분에 관한 착오라고 할 수 없다(대판 1992.10.23. 92다29337).

11 착오에 의한 의사표시에 관한 설명으로 옳은 것은?(다툼이 있는 경우에는 판례에 의함)

기출 14

① 상대방이 동기를 제공한 경우에도 그 동기가 표시되지 않으면 착오를 이유로 취소할 수 없다.

② 착오에 있어서 목적물의 객관적인 가격이나 예상된 수량 및 범위와 현저하게 큰 차이는 법률행위내용의 중요부분에 해당한다.

③ 법률행위의 중요부분의 착오를 판단하는 기준은 표의자의 내심의 의사이다.

④ 착오자의 상대방도 착오로 인한 의사표시를 취소할 수 있는 취소권자이다.

⑤ 소의 취하 등과 같은 공법행위도 착오를 이유로 하는 취소가 허용된다.

해설 ① (×) 동기의 착오가 상대방의 부정한 방법에 의하여 유발되거나 상대방으로부터 제공된 경우와 같이 상대방의 보호필요성이 부정되는 때에는 동기가 표시되지 않았더라도 취소할 수 있다(대판 1970.2.24. 69누83, 대판 1990.7.10. 90다카7460).

② (○) 매매대금액 결정에 있어서 착오로 인하여 다소 간의 차이가 나더라도 보통은 중요부분의 착오로 되지 않는다. 그러나 이 사건은 정당한 평가액을 기준으로 무려 85%나 과다하게 평가된 경우로서 그 가격 차이의 정도가 현저할 뿐만 아니라, 원고는 지방자치단체로서 법령의 규정에 따라 정당하게 평가된 금액을 기준으로 협의매수를 하고 또한 협의가 성립되지 않는 경우 수용 등의 절차를 거쳐 사업에 필요한 토지를 취득하도록 되어 있다. 이러한 사정들에 비추어 볼 때, 원고 시(市)로서는 위와 같은 동기의 착오가 없었더라면 그처럼 과다하게 잘못 평가된 금액을 기준으로 협의매수계약을 체결하지 않았으리라는 점은 명백하다. 따라서 원고의 매수대금액 결정의 동기는 이 사건 협의매수계약내용의 중요한 부분을 이루고 있다고 봄이 상당하다(대판 1998.2.10. 97다44737).

③ (×) 법률행위의 내용의 착오는 보통 일반인이 표의자의 입장에 섰더라면 그와 같은 의사표시를 하지 아니하였으리라고 여겨질 정도로 그 착오가 중요한 부분에 관한 것이어야 한다(대판 2000.5.12. 2000다12259).

④ (×) 착오로 인하여 의사표시를 한 자, 그의 대리인 또는 승계인만이 취소권을 행사할 수 있다(민법 제140조).

⑤ (×) 공법상의 행위에는 원칙적으로 민법 제109조가 적용되지 아니하고(대판 1962.11.22. 62다655), 소송행위에도 역시 민법 제109조가 적용되지 아니한다(대판 1964.9.15. 64다92).

12 사기 · 강박에 의한 의사표시에 관한 설명으로 옳지 않은 것은?(다툼이 있으면 판례에 따름)

기출 22

① 아파트 분양자가 아파트 인근에 쓰레기매립장이 건설될 예정이라는 사실을 분양계약자에게 고지하지 않는 것은 기망행위에 해당한다.

② 신의칙에 반하여 정상가격을 높이 책정한 후 할인하여 원래 가격으로 판매하는 백화점 변칙세일은 기망행위에 해당한다.

③ 강박행위의 주체가 국가 공권력이고 그 공권력 행사의 내용이 기본권을 침해하는 것이면 그 강박에 의한 의사표시는 당연히 무효가 된다.

④ 부정한 이익을 목적으로 부정행위에 대한 고소, 고발이 행해지는 경우에는 강박행위가 될 수 있다.

⑤ 제3자에 의한 사기행위로 계약을 체결한 경우, 피해자는 그 계약을 취소하지 않아도 제3자에게 불법행위로 인한 손해배상을 청구할 수 있다.

해설 ① (○) 고지의무 위반은 부작위에 의한 기망행위에 해당하므로 원고들로서는 기망을 이유로 분양계약을 취소하고 분양대금의 반환을 구할 수도 있고 분양계약의 취소를 원하지 않을 경우 그로 인한 손해배상만을 청구할 수도 있다. 이와 달리, 이러한 경우 원고들로서는 분양계약 자체를 취소할 수 있을 뿐 손해배상은 청구할 수 없다는 이 부분 상고이유 주장은 받아들일 수 없다(대판 2006.10.12. 2004다48515).

② (○) 현대산업화 사회에 있어 소비자가 갖는 상품의 품질, 가격에 대한 정보는 대부분 생산자 및 유통업자의 광고에 의존할 수밖에 없고 백화점과 같은 대형유통업체에 대한 소비자들의 신뢰(정당한 품질, 정당한 가격)는 백화점 스스로의 대대적인 광고에 의하여 창출된 것으로서 이에 대한 소비자들의 신뢰와 기대는 보호되어야 한다고 할 것인바, 종전에 출하한 일이 없던 신상품에 대하여 첫 출하 시부터 종전가격 및 할인가격을 비교표시하여 막바로 세일에 들어가는 이른바 변칙세일은 진실규명이 가능한 구체적 사실인 가격조건에 관하여 기망이 이루어진 경우로서 그 기술의 정도가 사회적으로 용인될 수 있는 상술의 정도를 넘은 것이어서 사기죄의 기망행위를 구성한다(대판 1992.9.14. 91도2994).

③ (×) 국가기관이 헌법상 보장된 국민의 기본권을 침해하는 위헌적인 공권력을 행사한 결과 국민이 그 공권력의 행사에 외포되어 자유롭지 못한 의사표시를 하였다고 하더라도 그 의사표시의 효력은 의사표시의 하자에 관한 민법의 일반원리에 의하여 판단되어야 할 것이고, 그 강박행위의 주체가 국가 공권력이고 그 공권력 행사의 내용이 기본권을 침해하는 것이라고 하여 그 강박에 의한 의사표시가 항상 반사회성을 띠게 되어 당연히 무효로 된다고는 볼 수 없다(대판 2002.12.10. 2002다56031).

④ (○) 일반적으로 부정행위에 대한 고소, 고발은 그것이 부정한 이익을 목적으로 하는 것이 아닌 때에는 정당한 권리행사가 되어 위법하다고 할 수 없으나, 부정한 이익의 취득을 목적으로 하는 경우에는 위법한 강박행위가 되는 경우가 있고 목적이 정당하다 하더라도 행위나 수단 등이 부당한 때에는 위법성이 있는 경우가 있을 수 있다(대판 1992.12.24. 92다25120).

⑤ (○) 제3자의 사기행위로 인하여 피해자가 주택건설사와 사이에 주택에 관한 분양계약을 체결하였다고 하더라도 제3자의 사기행위 자체가 불법행위를 구성하는 이상, 제3자로서는 그 불법행위로 인하여 피해자가 입은 손해를 배상할 책임을 부담하는 것이므로, 피해자가 제3자를 상대로 손해배상청구를 하기 위하여 반드시 그 분양계약을 취소할 필요는 없다(대판 1998.3.10. 97다55829).

13 사기나 강박에 의한 의사표시에 관한 설명으로 옳지 않은 것은?(다툼이 있으면 판례에 따름)

기출 17

① 민법상의 법률행위에 관한 규정은 특별한 사정이 없는 한 소송행위에는 적용이 없으므로, 소송행위가 강박에 의하여 이루어지더라도 이를 이유로 취소할 수는 없다.

② 매도인의 기망에 의하여 타인 소유의 물건을 매도인의 것으로 알고 매수한 자는 만일 그것이 타인의 물건인 줄 알았더라면 매수하지 아니하였을 사정이 있는 경우, 매도인의 사기를 이유로 매매계약을 취소할 수 있다.

③ 상대방의 사기에 속아 신원보증서류에 서명날인한다는 착각에 빠진 상태로 연대보증서면에 서명날인한 경우, 이러한 표시상의 착오에서는 착오 이외에 사기를 이유로도 연대보증계약을 취소할 수 있다.

④ 은행 출장소장은 은행 또는 은행과 동일시할 수 있는 자이므로, 그의 사기에 속아 은행과 대출계약을 체결한 사람은 은행이 그 사기사실을 알았거나 알 수 있었을 경우에 한하여 대출계약을 취소할 수 있는 것은 아니다.

⑤ 강박에 의한 법률행위가 동시에 불법행위를 구성하는 경우, 그 취소의 효과로 생기는 부당이득반환청구권과 불법행위로 인한 손해배상청구권은 경합하지만 중첩적으로 행사할 수는 없다.

해설 ① (○) 민법상의 법률행위에 관한 규정은 민사소송법상의 소송행위에는 특별한 규정 기타 특별한 사정이 없는 한 적용이 없는 것이므로 소송행위가 강박에 의하여 이루어진 것임을 이유로 취소할 수는 없다(대판 1997.10.10. 96다35484).

② (○) 민법 제569조가 타인의 권리의 매매를 유효로 규정한 것은 선의의 매수인의 신뢰이익을 보호하기 위한 것이므로, 매수인이 매도인의 기망에 의하여 타인의 물건을 매도인의 것으로 알고 매수한다는 의사표시를 한 것은 만일 타인의 물건인줄 알았더라면 매수하지 아니하였을 사정이 있는 경우에는 매수인은 민법 제110조에 의하여 매수의 의사표시를 취소할 수 있다고 해석해야 할 것이다(대판 1973.10.23. 73다268).

③ (×) 사기에 의한 의사표시란 타인의 기망행위로 말미암아 착오에 빠지게 된 결과 어떠한 의사표시를 하게 되는 경우이므로 거기에는 의사와 표시의 불일치가 있을 수 없고, 단지 의사의 형성과정 즉 의사표시의 동기에 착오가 있는 것에 불과하며, 이 점에서 고유한 의미의 착오에 의한 의사표시와 구분되는데, 신원보증서류에 서명날인한다는 착각에 빠진 상태로 연대보증의 서면에 서명날인한 경우, 결국 위와 같은 행위는 강학상 기명날인의 착오(또는 서명의 착오), 즉 어떤 사람이 자신의 의사와 다른 법률효과를 발생시키는 내용의 서면에, 그것을 읽지 않거나 올바르게 이해하지 못한 채 기명날인을 하는 이른바 표시상의 착오에 해당하므로, 비록 위와 같은 착오가 제3자의 기망행위에 의하여 일어난 것이라 하더라도 그에 관하여는 사기에 의한 의사표시에 관한 법리, 특히 상대방이 그러한 제3자의 기망행위사실을 알았거나 알 수 있었을 경우가 아닌 한 의사표시자가 취소권을 행사할 수 없다는 민법 제110조 제2항의 규정을 적용할 것이 아니라, 착오에 의한 의사표시에 관한 법리만을 적용하여 취소권 행사의 가부를 가려야 한다(대판 2005.5.27. 2004다43824).

④ (○) 은행의 출장소장이 어음할인을 부탁받자 그 어음이 부도날 경우를 대비하여 담보조로 받아두는 것이라고 속이고 금전소비대차 및 연대보증약정을 체결한 후 그 대출금을 자신이 인출하여 사용한 경우, 위 출장소장의 행위는 은행 또는 은행과 동일시할 수 있는 자의 사기일 뿐 제3자의 사기로 볼 수 없으므로, 은행이 그 사기사실을 알았거나 알 수 있었을 경우에 한하여 위 약정을 취소할 수 있는 것은 아니다(대판 1999.2.23. 98다60828·60835).

⑤ (○) 법률행위가 사기에 의한 것으로서 취소되는 경우에 그 법률행위가 동시에 불법행위를 구성하는 때에는 취소의 효과로 생기는 부당이득반환청구권과 불법행위로 인한 손해배상청구권은 경합하여 병존하는 것이므로, 채권자는 어느 것이라도 선택하여 행사할 수 있지만 중첩적으로 행사할 수는 없다(대판 1993.4.27. 92다56087).

14 사기에 의한 의사표시에 관한 설명으로 옳지 않은 것은?(다툼이 있으면 판례에 따름) 기출 16

① 사기에 의한 의사표시에는 의사와 표시의 불일치가 있을 수 없고, 단지 의사표시의 동기에 착오가 있을 뿐이다.

② 상대방의 대리인 등 상대방과 동일시할 수 있는 자의 사기는 제3자의 사기에 해당하지 않는다.

③ 상품의 선전·광고에 있어서 중요한 사항에 관하여 구체적 사실을 신의성실의 의무에 비추어 비난받을 정도의 방법으로 허위로 고시하는 것은 기망행위에 해당한다.

④ 사기에 의한 법률행위가 동시에 불법행위를 구성하는 때에는, 취소의 효과로 생기는 부당이득반환청구권과 불법행위로 인한 손해배상청구권은 경합하여 병존한다.

⑤ 사기에 의한 의사표시의 취소로써 대항하지 못하는 선의의 제3자란 취소 전부터 취소를 주장하는 자와 양립되지 않는 법률관계를 가졌던 제3자에 한한다.

해설 ① (○) **사기에 의한 의사표시**란 타인의 기망행위로 말미암아 착오에 빠지게 된 결과 이러한 의사표시를 하게 되는 경우이므로 **거기에는 의사와 표시의 불일치가 있을 수 없고, 단지 의사의 형성과정 즉 의사표시의 동기에 착오가 있는 것에 불과하다**(대판 2005.5.27. 2004다43824).

② (○) 상대방의 대리인 등 상대방과 동일시할 수 있는 자는 제3자에 해당하지 아니하므로, 민법 제110조 제1항의 사기일 뿐이다.

③ (○) 상품의 선전·광고에 있어 다소의 과장이나 허위가 수반되었다고 하더라도 일반상거래의 관행과 신의칙에 비추어 시인될 수 있는 정도의 것이라면 이를 가리켜 기망하였다고 할 수는 없고, 거래에 있어 중요한 사항에 관한 구체적 사실을 신의성실의 의무에 비추어 비난받을 정도의 방법으로 허위로 고지한 경우에는 기망행위에 해당한다(대판 2008.11.27. 2008다56118).

④ (○) 법률행위가 사기에 의한 것으로서 취소되는 경우에 그 법률행위가 동시에 불법행위를 구성하는 때에는 **취소의 효과로 생기는 부당이득반환청구권과 불법행위로 인한 손해배상청구권은 경합하여 병존하는 것이므로, 채권자는 어느 것이라도 선택하여 행사할 수 있지만 중첩적으로 행사할 수는 없다**(대판 1993.4.27. 92다56087).

⑤ (×) **사기에 의한 법률행위의 의사표시를 취소하면 취소의 소급효로 인하여 그 행위의 시초부터 무효인 것으로 되는 것이요 취소한 때에 비로소 무효로 되는 것이 아니므로 취소를 주장하는 자와 양립되지 아니하는 법률관계를 가졌던 것이 취소 이전에 있었던가 이후에 있었던가는 가릴 필요 없이 사기에 의한 의사표시 및 그 취소사실을 몰랐던 모든 제3자에 대하여는 그 의사표시의 취소를 대항하지 못한다고 보아야 할 것이고 이는 거래안전의 보호를 목적으로 하는 민법 제110조 제3항의 취지에도 합당한 해석이 된다**(대판 1975.12.23. 75다533).

15 甲은 乙을 속여 그 소유의 시가 2억원 상당의 X토지를 1억 5천만원에 매수한 후 이전등기를 마쳤다. 그 후 甲은 丁에게 위 토지를 임대하다가 丙에게 시가보다 높은 2억 4천만원에 매도하고 소유권이전등기를 경료하였다. 이에 관한 설명으로 옳지 않은 것은?(다툼이 있는 경우에는 판례에 의함) 기출 13

① 乙이 사기를 이유로 매매계약을 취소한 경우, 乙은 악의의 丙에 대하여 X토지의 반환을 청구할 수 있다.

② 乙이 사기를 이유로 매매계약을 취소한 후 甲 명의의 등기를 말소하지 않던 중에 선의의 丙이 X토지를 매수한 경우, 丙은 그 토지에 대한 소유권을 취득할 수 있다.

③ 乙이 사기를 이유로 매매계약을 취소한 경우, 乙은 선의의 丙을 상대로 부당이득반환청구권을 행사할 수 없다.

④ 甲이 乙의 궁박·경솔·무경험을 이용하려는 악의가 없었다면, 乙은 甲과의 매매계약이 폭리행위임을 이유로 무효를 주장할 수 없다.

⑤ 乙이 사기를 이유로 매매계약을 취소한 경우, 甲을 상대로 하여 임대수익 및 전매차익 전부의 반환을 청구할 수 있다.

해설 ① (○) 민법 제110조 제3항 반대해석

② (○), ③ (○) 사기에 의한 법률행위의 의사표시를 취소하면 취소의 소급효로 인하여 그 행위의 시초부터 무효인 것으로 되는 것이요 취소한 때에 비로소 무효로 되는 것이 아니므로 취소를 주장하는 자와 양립되지 아니하는 법률관계를 가졌던 것이 취소 이전에 있었던가 이후에 있었던가는 가릴 필요 없이 사기에 의한 의사표시 및 그 취소사실을 몰랐던 모든 제3자에 대하여는 그 의사표시의 취소를 대항하지 못한다고 보아야 할 것이고 이는 거래안전의 보호를 목적으로 하는 민법 제110조 제3항의 취지에도 합당한 해석이 된다(대판 1975.12.23. 75다533).

④ (○) 피해당사자가 궁박한 상태에 있었다고 하더라도 그 상대방당사자에게 그와 같은 피해당사자 측의 사정을 알면서 이를 이용하려는 의사, 즉 폭리행위의 악의가 없었다거나 또는 객관적으로 급부와 반대급부 사이에 현저한 불균형이 존재하지 아니한다면 민법 제104조에 규정된 불공정법률행위는 성립하지 않는다(대판 2011.1.27. 2010다53457).

⑤ (×) 甲은 악의의 수익자이므로, 乙은 甲에 대하여 X토지의 가액(2억원)과 임대수익의 반환을 청구할 수 있으나(민법 제748조 제2항), 다만 전매차익(4천만원)은 운용이익에 해당하여 그 반환을 청구할 수 없다.

제2관 | 의사표시의 효력발생

01 의사표시의 효력발생에 관한 설명으로 옳지 않은 것은?(다툼이 있으면 판례에 따름) [기출] 24

① 상대방 있는 의사표시는 원칙적으로 상대방에게 도달되어야 효력이 발생한다.

② 청약자가 청약의 의사표시를 발송한 후 사망한 경우에도 그 의사표시의 효력에 영향을 미치지 아니한다

③ 적법하게 성립된 매매에 관하여 해제사유가 발생한 경우, 해제의 의사가 상대방 당사자의 미성년 자(子)에게 도달하면 그 즉시 해제의 효력이 발생한다.

④ 상대방이 부당하게 등기취급 우편물의 수취를 거부함으로써 우편물의 내용을 알 수 있는 객관적 상태의 형성을 방해한 것이 신의성실의 원칙에 반한다고 인정되는 경우, 수취 거부 시에 의사표시의 효력이 생긴 것으로 보아야 한다.

⑤ 의사표시가 담긴 우편물이 상대방의 집에 도달하자 가사도우미가 수취한 후 개봉하지 않은 채 식탁위에 두었는데, 그 즈음 우연히 그 집을 방문한 의사표시자가 그 미개봉된 우편물을 회수하여 가지고 간 경우, 그 의사표시가 도달한 것으로 볼 수 없다.

해설 ① (○) 민법 제111조 제1항

> **의사표시의 효력발생시기(민법 제111조)**
> ① 상대방이 있는 의사표시는 상대방에게 도달한 때에 그 효력이 생긴다.

② (○) 민법 제111조 제2항

> **의사표시의 효력발생시기(민법 제111조)**
> ② 의사표시자가 그 통지를 발송한 후 사망하거나 제한능력자가 되어도 의사표시의 효력에 영향을 미치지 아니한다.

③ (×) 민법은 제한능력자를 의사표시의 수령무능력자로 규정하여 제한능력자를 보호하고 있으므로(민법 제112조), 미성년자의 법정대리인이 의사표시가 도달한 사실을 안 후여야 표의자는 해제의 효력발생을 주장할 수 있다.

> **제한능력자에 대한 의사표시의 효력(민법 제112조)**
> 의사표시의 상대방이 의사표시를 받은 때에 제한능력자인 경우에는 의사표시자는 그 의사표시로써 대항할 수 없다. 다만, 그 상대방의 법정대리인이 의사표시가 도달한 사실을 안 후에는 그러하지 아니하다.

④ (○) 상대방이 부당하게 등기취급 우편물의 수취를 거부함으로써 우편물의 내용을 알 수 있는 객관적 상태의 형성을 방해한 경우 그러한 상태가 형성되지 아니하였다는 사정만으로 발송인의 의사표시의 효력을 부정하는 것은 신의성실의 원칙에 반하므로 허용되지 아니한다. 이러한 경우에는 <u>부당한 수취 거부가 없었더라면 상대방이 우편물의 내용을 알 수 있는 객관적 상태에 놓일 수 있었던 때, 즉 수취거부 시에 의사표시의 효력이 생긴 것으로 보아야 한다.</u> 여기서 우편물의 수취 거부가 신의성실의 원칙에 반하는지는 발송인과 상대방과의 관계, 우편물의 발송 전에 발송인과 상대방 사이에 우편물의 내용과 관련된 법률관계나 의사교환이 있었는지, 상대방이 발송인에 의한 우편물의 발송을 예상할 수 있었는지 등 여러 사정을 종합하여 판단하여야 한다. 이때 우편물의 수취를 거부한 것에 정당한 사유가 있는지에 관해서는 수취 거부를 한 상대방이 이를 증명할 책임이 있다(대판 2020.8.20. 2019두34630).

⑤ (○) 채권양도의 통지와 같은 준법률행위의 도달은 <u>의사표시와 마찬가지로 사회관념상 채무자가 통지의 내용을 알 수 있는 객관적 상태에 놓여졌을 때를 지칭하고, 그 통지를 채무자가 현실적으로 수령하였거나 그 통지의 내용을 알았을 것까지는 필요하지 않다.</u> 채권양도의 통지서가 들어 있는 우편물을 채무자의 가정부가 수령한 직후 한집에 거주하고 있는 통지인인 채권자가 그 우편물을 바로 회수해 버렸다면 그 우편물의 내봉이 무엇인지를 그 가정부가 알고 있었다는 등의 특별한 사정이 없었던 이상 그 채권양도의 통지는 <u>사회관념상 채무자가 그 통지 내용을 알 수 있는 객관적 상태에 놓여 있는 것이라고 볼 수 없으므로 그 통지는 피고에게 도달되었다고 볼 수 없을 것이다</u>(대판 1983.8.23. 82다카439).

02 의사표시의 효력발생에 관한 설명으로 옳지 않은 것은?(다툼이 있으면 판례에 따름) 기출 16

① 준법률행위의 도달은 의사표시와 마찬가지로 사회관념상 상대방이 준법률행위의 내용을 알 수 있는 객관적 상태에 놓여졌을 때를 말한다.

② 의사표시의 상대방이 정당한 사유 없이 통지의 수령을 거절한 경우 상대방이 그 통지의 내용을 알 수 있는 객관적 상태에 놓여 있는 때에 의사표시의 효력이 발생한다.

③ 채권양도의 통지는 채무자의 주소 등에 해당하지 아니하는 장소에서라도 채무자가 사회통념상 그 통지의 내용을 알 수 있는 객관적 상태에 놓여졌을 때에 그 효력이 발생한다.

④ 보통우편의 방법으로 의사표시를 통지한 경우에도 발송되었다는 사실만 증명되면, 상당한 기간 내에 도달한 것으로 추정된다.

⑤ 표의자의 의사표시가 상대방에게 도달하기 전에 그 표의자가 사망한 경우, 상속인은 의사표시의 도달 전에 이를 철회할 수 있다.

해설　① (○) 채권양도의 통지와 같은 준법률행위의 도달은 의사표시와 마찬가지로 사회관념상 채무자가 통지의 내용을 알 수 있는 객관적 상태에 놓여졌을 때를 지칭하고, 그 통지를 채무자가 현실적으로 수령하였거나 그 통지의 내용을 알았을 것까지는 필요하지 않다(대판 1983.8.23. 82다카439).

② (○) 상대방이 정당한 사유 없이 통지의 수령을 거절한 경우에는 상대방이 그 통지의 내용을 알 수 있는 객관적 상태에 놓여 있는 때에 의사표시의 효력이 생기는 것으로 보아야 한다(대판 2008.6.12. 2008다19973).

③ (○) 채권양도의 통지는 채무자에게 도달됨으로써 효력을 발생하는 것이고, 여기서 도달이라 함은 사회관념상 채무자가 통지의 내용을 알 수 있는 객관적 상태에 놓여졌다고 인정되는 상태를 지칭한다고 해석되므로, 채무자가 이를 현실적으로 수령하였다거나 그 통지의 내용을 알았을 것까지는 필요로 하지 않는다(대판 1997.11.25. 97다31281).

④ (×) 내용증명우편이나 등기우편과는 달리, 보통우편의 방법으로 발송되었다는 사실만으로는 그 우편물이 상당 기간 내에 도달하였다고 추정할 수 없고 송달의 효력을 주장하는 측에서 증거에 의하여 도달사실을 입증하여야 한다(대판 2002.7.26. 2000다25002).

⑤ (○) 상대방이 있는 의사표시의 도달은 이미 성립한 그 의사표시의 객관적 효력발생요건이므로, 통지를 발송한 후에 표의자가 사망하거나 제한능력자가 되더라도 그 의사표시의 효력에는 아무런 영향을 미치지 아니한다(민법 제111조). 사망한 표의자가 한 의사표시의 효력은 상속인에게 승계되므로, 상속인은 그 의사표시가 도달하기 전에 이를 철회할 수 있다.

03 의사표시의 효력발생에 관한 설명으로 옳은 것은?(다툼이 있는 경우에는 판례에 의함)

① 격지자 사이의 해제권 행사의 의사표시는 발신한 때에 그 효력이 발생한다.
② 상대방 있는 단독행위의 경우에는 의사표시가 상대방에게 도달하더라도 표의자는 여전히 그 의사표시를 철회할 수 있다.
③ 표의자가 의사표시를 발신한 후 그 도달 전에 사망한 경우, 그 의사표시는 효력을 상실한다.
④ 제한능력자에 대하여 의사표시를 한 경우, 표의자는 법정대리인이 그 도달사실을 알았더라도 그 의사표시로써 제한능력자에게 대항할 수 없다.
⑤ 채권양도의 통지가 채무자의 주소·거소·영업소 또는 사무소 등에 해당하지 아니하는 장소에서 이루어진 경우라도 그 효력이 발생할 수 있다.

해설
① (×) 상대방이 있는 의사표시는 상대방에게 도달한 때에 그 효력이 생긴다(민법 제111조 제1항). 따라서 **격지자 간의 해제권 행사의 의사표시** 또한 상대방에게 도달한 때에 효력이 생긴다. 반면, 격지자 간의 계약은 승낙의 통지를 발송한 때에 성립한다(민법 제531조).
② (×) 상대방이 있는 단독행위에서 의사표시가 상대방에게 도달한 경우에는, 상대방의 신뢰보호 차원에서 원칙적으로 그 의사표시를 철회할 수 없다.
③ (×) 의사표시자가 그 통지를 발송한 후 사망하거나 제한능력자가 되어도 의사표시의 효력에 영향을 미치지 아니한다(민법 제111조 제2항).
④ (×) 제한능력자의 법정대리인이 의사표시의 도달을 안 경우에는, 제한능력자 본인이 능력자로서 안 것과 동일하다 보아 표의자는 그 의사표시로써 대항할 수 있다(민법 제112조 단서).
⑤ (○) **민사소송법상의 송달**은 당사자나 그 밖의 소송관계인에게 소송상 서류의 내용을 알 기회를 주기 위하여 **법정의 방식에 좇아 행하여지는 통지행위**로서, 송달장소와 송달을 받을 사람 등에 관하여 **구체적으로 법이 정하는 바에 따라 행하여지지 아니하면 부적법하여 송달로서의 효력이 발생하지 아니한다.** 한편 채권양도의 통지는 채무자에게 도달됨으로써 효력이 발생하는 것이고, 여기서 도달이라 함은 사회통념상 상대방이 통지의 내용을 알 수 있는 객관적 상태에 놓여졌다고 인정되는 상태를 가리킨다. 이와 같이 도달은 보다 탄력적인 개념으로서 송달장소나 수송달자 등의 면에서 위에서 본 송달에서와 같은 엄격함은 요구되지 아니하며, 이에 송달장소 등에 관한 민사소송법의 규정을 유추적용할 것이 아니다. 따라서 채권양도의 통지는 민사소송법상의 송달에 관한 규정에서 송달장소로 정하는 채무자의 주소·거소·영업소 또는 사무소 등에 해당하지 아니하는 장소에서라도 채무자가 사회통념상 그 통지의 내용을 알 수 있는 객관적 상태에 놓여졌다고 인정됨으로써 족하다(대판 2010.4.15. 2010다57).

04 　법률행위의 대리

대리권

01 甲소유의 X토지를 매도하는 계약을 체결할 대리권을 甲으로부터 수여받은 乙은 甲의 대리인임을 현명하고 丙과 매매계약을 체결하였다. 이에 관한 설명으로 옳지 않은 것은?(다툼이 있으면 판례에 따름) 기출 21

① 乙은 특별한 사정이 없는 한 매매계약을 해제할 권한이 없다.

② 乙이 미성년자인 경우, 甲은 乙의 제한능력을 이유로 X토지에 대한 매매계약을 취소할 수 없다.

③ 丙과의 매매계약이 불공정한 법률행위에 해당하는지 여부가 문제된 경우, 매도인의 무경험은 甲을 기준으로 판단한다.

④ 乙이 丙으로부터 매매대금을 수령한 경우, 甲에게 이를 아직 전달하지 않았더라도 특별한 사정이 없는 한 丙의 매매대금채무는 소멸한다.

⑤ 甲이 乙에게 매매계약의 체결과 이행에 관한 포괄적 대리권을 수여한 경우, 특별한 사정이 없는 한 乙은 약정된 매매대금 지급기일을 연기하여 줄 권한을 가진다.

해설 ① (○) 어떠한 계약의 체결에 관한 대리권을 수여받은 대리인이 수권된 법률행위를 하게 되면 그것으로 대리권의 원인된 법률관계는 원칙적으로 목적을 달성하여 종료하는 것이고, 법률행위에 의하여 수여된 대리권은 그 원인된 법률관계의 종료에 의하여 소멸하는 것이므로(민법 제128조), 그 계약을 대리하여 체결하였던 대리인이 체결된 계약의 해제 등 일체의 처분권과 상대방의 의사를 수령할 권한까지 가지고 있다고 볼 수는 없다(대판 2008.6.12. 2008다11276).

② (○) 대리인은 행위능력자임을 요하지 아니한다(민법 제117조). 따라서 본인 甲은 미성년자인 대리인 乙의 제한능력을 이유로 X토지에 대한 매매계약을 취소할 수 없다.

③ (×) 매도인의 대리인이 매매한 경우에 있어서 그 매매가 민법 제104조의 불공정한 법률행위인가를 판단함에는 매도인의 경솔, 무경험은 그 대리인을 기준으로 하여 판단하여야 하고 궁박 상태에 있었는지의 여부는 매도인 본인의 입장에서 판단되어야 한다(대판 1972.4.25. 71다2255).

④ (○) 대리인이 그 권한 내에서 본인을 위한 것임을 표시한 의사표시는 직접 본인에게 대하여 효력이 생긴다(민법 제114조 제1항). 따라서 대리인 乙이 계약상대방 丙으로부터 매매대금을 수령한 후 아직 본인 甲에게 전달하지 않았더라도 특별한 사정이 없는 한 계약상대방 丙의 대금지급의무는 변제로 소멸한다.

⑤ (○) 부동산의 소유자로부터 매매계약을 체결할 대리권을 수여받은 대리인은 특별한 다른 사정이 없는 한 그 매매계약에서 약정한 바에 따라 중도금이나 잔금을 수령할 수도 있다고 보아야 하고, 매매계약의 체결과 이행에 관하여 포괄적으로 대리권을 수여받은 대리인은 특별한 다른 사정이 없는 한 상대방에 대하여 약정된 매매대금 지급기일을 연기하여 줄 권한도 가진다고 보아야 할 것이다(대판 1992.4.14. 91다43107).

02 甲이 乙에게는 자신의 부동산을 매도할 권한을, 丙에게는 다른 사람으로부터 부동산을 매수할 권한을 각기 부여하였다. 그에 따라 甲을 대리하여 乙은 丁과 매도계약을, 丙은 戊와 매수계약을 각기 체결한 경우, 이에 관한 설명으로 옳지 않은 것은?(다툼이 있으면 판례에 따름)

기출 20

① 乙은 위 매매계약에 따라 丁이 지급하는 중도금이나 잔금을 甲을 대리하여 수령할 권한이 있다.
② 丁이 위 매매계약의 채무를 이행하지 않는 경우, 乙은 그 계약을 해제할 수 있는 권한이 있다.
③ 丙은 위 매매계약을 체결한 후에는 그 매수한 부동산을 다시 처분할 수 있는 권한은 없다.
④ 丙이 위 매매계약을 체결한 경우, 丙에게는 戊로부터 위 매매계약의 해제의 의사표시를 수령할 권한은 없다.
⑤ 丁이 채무불이행을 이유로 위 매매계약을 적법하게 해제한 경우, 乙이 丁으로부터 받은 계약금을 도난당하여 甲에게 전달하지 못하였더라도 甲은 계약금을 반환해 줄 의무가 있다.

해설 ① (○) 부동산의 소유자로부터 매매계약을 체결할 대리권을 수여받은 대리인은 특별한 다른 사정이 없는 한 그 매매계약에서 약정한 바에 따라 중도금이나 잔금을 수령할 수도 있다고 보아야 하고, 매매계약의 체결과 이행에 관하여 포괄적으로 대리권을 수여받은 대리인은 특별한 다른 사정이 없는 한 상대방에 대하여 약정된 매매대금지급기일을 연기하여 줄 권한도 가진다고 보아야 할 것이다(대판 1992.4.14. 91다43107).
② (×), ③ (○), ④ (○) 어떠한 계약의 체결에 관한 대리권을 수여받은 대리인이 수권된 법률행위를 하게 되면 그것으로 대리권의 원인된 법률관계는 원칙적으로 목적을 달성하여 종료하는 것이고, 법률행위에 의하여 수여된 대리권은 그 원인된 법률관계의 종료에 의하여 소멸하는 것이므로(민법 제128조), 그 계약을 대리하여 체결하였던 대리인이 체결된 계약의 해제 등 일체의 처분권과 상대방의 의사를 수령할 권한까지 가지고 있다고 볼 수는 없다(대판 2008.6.12. 2008다11276).
⑤ (○) 계약상 채무의 불이행을 이유로 계약이 상대방당사자에 의하여 유효하게 해제되었다면, 해제로 인한 원상회복의무는 대리인이 아니라 계약의 당사자인 본인이 부담한다. 이는 본인이 대리인으로부터 그 수령한 급부를 현실적으로 인도받지 못하였다거나 해제의 원인이 된 계약상 채무의 불이행에 관하여 대리인에게 책임 있는 사유가 있다고 하여도 다른 특별한 사정이 없는 한 마찬가지라고 할 것이다(대판 2011.8.18. 2011다30871).

03 甲의 대리인 乙은 계약의 체결과 취소 등 포괄적인 대리권을 수여받아 甲의 대리인으로서 丙과 계약을 체결하였다. 이에 관한 설명으로 옳은 것을 모두 고른 것은?(다툼이 있으면 판례에 따름) 기출 18

> ㄱ. 乙이 丙을 기망한 경우, 丙은 의사표시를 취소할 수 있다.
> ㄴ. 丙이 乙을 기망한 경우, 甲은 의사표시를 취소할 수 있다.
> ㄷ. 丙이 乙을 기망한 경우, 乙은 의사표시를 취소할 수 있다.

① ㄱ   ② ㄴ
③ ㄱ, ㄷ   ④ ㄴ, ㄷ
⑤ ㄱ, ㄴ, ㄷ

해설 ㄱ. (○) 대리인이 상대방에게 사기·강박을 행한 경우, 그 대리인은 민법 제110조 제2항의 제3자가 아니므로, 본인이 그 사실을 알았는지 여부를 불문하고 상대방은 그 의사표시를 취소할 수 있다(민법 제110조 제1항).
ㄴ. (○) 상대방이 대리인에게 사기·강박을 행한 경우, 취소권이 있는 본인은 그 의사표시를 취소할 수 있다(민법 제116조 제1항).
ㄷ. (○) 상대방이 대리인에게 사기·강박을 행한 경우, 계약의 체결·취소 등 포괄적 대리권을 수여받은 대리인은 그 의사표시를 취소할 수 있다(민법 제116조 제1항, 제140조).

04 임의대리권의 범위에 관한 설명으로 옳지 않은 것은?(다툼이 있는 경우에는 판례에 의함) 기출 13

① 토지매각의 대리권을 수여받은 대리인은 특별한 사정이 없는 한, 중도금이나 잔금을 수령하고 소유권등기를 이전할 권한을 가진다.
② 매매계약의 체결에 대한 포괄적 대리권을 수여받은 자는 특별한 사정이 없는 한, 상대방에게 약정된 매매대금의 지급기일을 연장하여 줄 권한을 가진다.
③ 대여금의 영수권한만을 위임받은 대리인이 그 대여금채무의 일부를 면제하기 위해서는 본인의 특별수권이 필요하다.
④ 본인을 대리하여 금전소비대차 내지 그를 위한 담보권설정계약을 체결할 권한을 수여받은 대리인은 특별한 사정이 없는 한, 본래의 계약관계를 해제할 대리권을 가진다.
⑤ 예금계약의 체결을 위임받은 자가 가지는 대리권에는 그 예금을 담보로 하여 대출을 받거나 이를 처분할 수 있는 대리권이 당연히 포함되어 있는 것은 아니다.

해설 ① (○), ② (○) 부동산의 소유자로부터 매매계약을 체결할 대리권을 수여받은 대리인은 특별한 다른 사정이 없는 한 그 매매계약에서 약정한 바에 따라 중도금이나 잔금을 수령할 수도 있다고 보아야 하고, 매매계약의 체결과 이행에 관하여 포괄적으로 대리권을 수여받은 대리인은 특별한 다른 사정이 없는 한 상대방에 대하여 약정된 매매대금지급기일을 연기하여 줄 권한도 가진다고 보아야 할 것이다(대판 1992.4.14. 91다43107).

③ (○) 대여금의 영수권한만을 위임받은 대리인이 그 대여금채무의 일부를 면제하기 위하여는 본인의 특별수권이 필요하다(대판 1981.6.23. 80다3221).

④ (×) 임의대리권은 그것을 수여하는 본인의 행위, 즉 수권행위에 의하여 발생하는 것이므로 어느 행위가 대리권범위 내의 행위인지 여부는 개별적인 수권행위의 내용이나 그 해석에 의하여 판단하여야 할 것인바, 통상 사채알선업자가 전주(錢主)를 위하여 금전소비대차계약과 그 담보를 위한 담보권설정계약을 체결할 대리권을 수여받은 것으로 인정되는 경우라 하더라도 특별한 사정이 없는 한 일단 금전소비대차계약과 그 담보를 위한 담보권설정계약이 체결된 후에 이를 해제할 권한까지 당연히 가지고 있다고 볼 수는 없다(대판 1997.9.30. 97다23372).

⑤ (○) 예금계약의 체결을 위임받은 자가 가지는 대리권에 당연히 그 예금을 담보로 하여 대출을 받거나 이를 처분할 수 있는 대리권이 포함되어 있는 것은 아니다(대판 1995.8.22. 94다59042).

05 대리에 관한 설명으로 옳은 것은?(다툼이 있는 경우에는 판례에 의함) 기출 12

① 자기계약이나 쌍방대리를 금지하는 규정은 거래안전에 중대한 영향을 미치므로 강행규정이다.
② 대리인이 채무이행을 위하여 자기계약으로 대물변제를 하거나 경개를 하는 것은 허용된다.
③ 본인으로부터 아파트에 관한 임대 등 일체의 관리권한을 위임받아 본인으로 가장하여 아파트를 임대한 자가 다시 자신을 본인으로 가장하여 그 임차인에게 아파트를 매도한 경우, 그 매매계약은 본인에게 효력이 있다.
④ 무권대리행위의 추인은 무권대리인에 대하여 할 수 없다.
⑤ 부동산에 관하여 계약체결의 대리권을 수여받은 자는 특별한 사정이 없는 한 계약을 해제할 권한이 있다.

해설 ① (×) 자기계약과 쌍방대리가 금지되는 이유는, 이해관계의 충돌로 인하여 본인 또는 일방의 이익이 침해될 우려가 크다는 점에 있을 뿐이므로, **민법 제124조는 임의규정에 해당한다.** 따라서 본인의 이익을 침해할 여지가 없는 경우, 즉 본인의 허락이 있거나 이미 확정되어 있는 법률관계의 결제에 불과한 단순한 기존 채무를 이행하는 경우에는, 자기계약과 쌍방대리가 허용된다(민법 제124조).

② (×) **새로운 이해관계를 수반하는 대물변제나 경개계약은 자기계약과 쌍방대리가 허용되지 아니한다.**

③ (○) 민법 제126조의 표현대리는 대리인이 본인을 위한다는 의사를 명시 혹은 묵시적으로 표시하거나 대리 의사를 가지고 권한 외의 행위를 하는 경우에 성립하고, **사술을 써서 대리행위의 표시를 하지 아니하고 단지 본인의 성명을 모용하여 자기가 마치 본인인 것처럼 기망하여 본인 명의로 직접 법률행위를 한 경우에는 특별한 사정이 없는 한 위 법조 소정의 표현대리는 성립할 수 없으나,** 본인으로부터 아파트에 관한 임대 등 일체의 관리권한을 위임받아 본인으로 가장하여 아파트를 임대한 바 있는 대리인이 다시 자신을 본인으로 가장하여 임차인에게 아파트를 매도하는 법률행위를 한 경우에는 권한을 넘은 표현대리의 법리를 유추적용하여 본인에 대하여 그 행위의 효력이 미친다고 볼 수 있다(대판 1993.2.23. 92다52436).

④ (×) **무권대리행위의 추인은 무권대리인이나 상대방에게 명시 또는 묵시의 방법으로 할 수 있는 것이다**(대판 1991.3.8. 90다17088).

⑤ (×) 어떠한 계약의 체결에 관한 대리권을 수여받은 대리인이 수권된 법률행위를 하게 되면 그것으로 대리권의 원인된 법률관계는 원칙적으로 목적을 달성하여 종료하는 것이고, 법률행위에 의하여 수여된 대리권은 그 원인된 법률관계의 종료에 의하여 소멸하는 것이므로(민법 제128조), 그 계약을 대리하여 체결하였던 대리인이 체결권 계약의 해제 등 일체의 처분권과 상대방의 의사를 수령할 권한까지 가지고 있다고 볼 수는 없다(대판 2008.6.12. 2008다11276).

대리행위

01 법률행위의 대리에 관한 설명으로 옳지 않은 것은? 기출 15

① 甲의 대리인 乙이 대리행위를 하면서 甲을 위한 것임을 표시하지 않은 경우, 乙은 착오를 이유로 의사표시를 취소할 수 있다.

② 甲이 乙에게 재산관리에 관한 대리권을 수여하였지만 그 대리권의 범위가 명확하지 않은 경우, 乙은 甲의 주택을 수선하기 위한 공사계약을 체결할 수는 있지만, 甲이 예금을 주식으로 전환할 수는 없다.

③ 乙이 甲으로부터 예금인출의 대리권을 부여받았는데, 乙의 甲에 대한 금전채권의 기한이 도래한 경우, 乙은 甲의 예금을 인출하여 자신의 채권변제에 충당할 수 있다.

④ 甲이 乙을 대리인으로 선임한 경우, 乙은 甲의 승낙이 없더라도 부득이한 사유가 있는 때에는 복대리인을 선임할 수 있다.

⑤ 甲이 乙을 대리인으로 선임하였는데 乙이 파산선고를 받을 경우, 乙의 대리권은 소멸한다.

해설

① (×) 대리인이 본인을 위한 것임을 표시하지 아니한 때에는 그 의사표시는 자기를 위한 것으로 본다(민법 제115조 본문). 따라서 대리인은 자기를 위한 행위의사가 없음을 이유로 그 계약을 착오에 근거하여 취소할 수는 없다.

② (○) 대리권의 범위가 명확하지 아니한 경우, 대리인은 보존행위와 대리의 목적인 물건이나 권리의 성질을 변하지 아니하는 범위에서 그 이용 또는 개량하는 행위만을 할 수 있다(민법 제118조). 따라서 본인의 예금을 주식으로 바꾸거나 예금을 찾아 개인에게 빌려주는 등의 행위는 허용되지 아니한다.

③ (○) 자기계약은 원칙적으로 금지되나, 본인의 이익을 침해할 여지가 없는 경우, 즉 이미 확정되어 있는 법률관계의 결제에 불과한 단순한 기존 채무를 이행하는 경우에는, 자기계약이 허용된다. 단, 기한이 미도래한 금전채권이나 다툼이 있는 채무의 이행 등에는 허용되지 아니한다.

④ (○) 대리권이 법률행위에 의하여 부여된 경우에는 대리인은 본인의 승낙이 있거나 부득이한 사유 있는 때가 아니면 복대리인을 선임하지 못한다(민법 제120조). 따라서 본인의 승낙이 없더라도 부득이한 사유가 있는 경우에는, 대리인은 복대리인을 선임할 수 있다.

⑤ (○) 민법 제127조 제2호

> **대리권의 소멸사유(민법 제127조)**
> 대리권은 다음 각 호의 어느 하나에 해당하는 사유가 있으면 소멸된다.
> 1. 본인의 사망
> 2. 대리인의 사망, 성년후견의 개시 또는 파산

02 甲은 본인, 乙은 甲의 임의대리인, 丙은 대리인과 계약을 체결한 상대방이다. 다음 설명으로 옳지 않은 것은? 기출수정 12

① 乙이 甲을 위한 계약임을 표시하지 아니하였으나 丙은 乙이 甲의 대리인으로서 한 것임을 알 수 있었던 경우, 계약의 효력이 甲에게 미친다.

② 甲이 丙의 기망행위를 이유로 계약을 취소하려고 하는 경우, 계약체결이 丙의 기망행위로 영향 을 받았는지의 유무는 乙이 아니라 甲을 표준으로 하여 결정한다.

③ 甲이 피한정후견인 乙을 대리인으로 선임한 경우, 甲은 乙의 제한능력을 이유로 대리행위의 효력을 부인할 수 없다.

④ 乙은 부득이한 사유가 있는 때에는 甲의 승낙 없이 복대리인을 선임할 수 있다.

⑤ 乙이 대리인으로 선임된 후 파산선고를 받게 되면 대리권은 소멸한다.

해설 ① (○) 대리인이 본인을 위한 것임을 표시하지 아니한 때에는 그 의사표시는 자기를 위한 것으로 본다. 그러나 상대방이 대리인으로서 한 것임을 알았거나 알 수 있었을 때에는 전조 제1항의 규정을 준용한다(민법 제115 조). 즉, 본인에게 그 효력이 미친다.

② (×) **대리행위의 하자 유무는 원칙적으로 대리인을 표준하여 결정한다**(민법 제116조 제1항).

③ (○) **대리인은 행위능력자임을 요하지 아니하므로**(민법 제117조), **본인 甲은 대리인인 피한정후견인 乙의 제한능력을 이유로 대리행위의 효력을 부인할 수 없다.**

④ (○) 대리권이 법률행위에 의하여 부여된 경우에는 대리인은 본인의 승낙이 있거나 부득이한 사유 있는 때가 아니면 복대리인을 선임하지 못한다(민법 제120조).

⑤ (○) 민법 제127조 제2호

대리권의 소멸사유(민법 제127조)
대리권은 다음 각 호의 어느 하나에 해당하는 사유가 있으면 소멸된다.
1. 본인의 사망
2. 대리인의 사망, 성년후견의 개시 또는 파산

복대리

01 복대리에 관한 설명으로 옳지 않은 것은?(다툼이 있으면 판례에 따름) 기출 24

① 법정대리인은 원칙적으로 부득이한 사유가 있는 때에 한하여 복임권이 있다.

② 법정대리인이 부득이한 사유로 복대리인을 선임한 경우, 법정대리인은 그 선임감독에 관한 책임이 있다.

③ 임의대리인에게는 원칙적으로 복대리인을 선임할 권한이 없다.

④ 임의대리인이 본인의 승낙을 얻어 복대리인을 선임한 경우, 임의대리인은 그 선임감독에 관한 책임이 있다.

⑤ 임의대리의 목적인 법률행위의 성질상 대리인 자신에 의한 처리가 필요하지 아니한 경우, 본인이 복대리 금지의 의사를 명시하지 아니하는 한 복대리인의 선임에 관하여 묵시적인 승낙이 있는 것으로 보는 것이 타당하다.

해설 ① (×) 민법 제122조 본문

> **법정대리인의 복임권과 그 책임(민법 제122조)**
> 법정대리인은 그 책임으로 복대리인을 선임할 수 있다. 그러나 부득이한 사유로 인한 때에는 전조 제1항에 정한 책임만이 있다.

② (○) 법정대리인이 부득이한 사유로 복대리인을 선임한 경우에는 그 선임·감독상의 과실에 대해서만 책임을 진다(민법 제122조 단서).

③ (○) 민법 제120조. 임의대리인은 원칙적으로 복임권을 갖지 못하며, 임의대리인이 본인의 승낙이나 부득이한 사유없이 복대리인을 선임하여 복대리인이 본인의 대리인으로 법률행위를 하면, 이는 무권대리가 된다.

> **임의대리인의 복임권(민법 제120조)**
> 대리권이 법률행위에 의하여 부여된 경우에는 대리인은 본인의 승낙이 있거나 부득이한 사유있는 때가 아니면 복대리인을 선임하지 못한다.

④ (○) 민법 제121조 제1항

> **임의대리인의 복대리인선임의 책임(민법 제121조)**
> ① 전조의 규정에 의하여 대리인이 복대리인을 선임한 때에는 본인에게 대하여 그 선임감독에 관한 책임이 있다.

⑤ (○) 대판 1996.1.26. 94다30690

02 복대리에 관한 설명으로 옳은 것은?(다툼이 있으면 판례에 따름) 기출 18

① 복대리인은 대리인의 대리인이다.
② 임의대리인은 그 책임으로 언제든지 복대리인을 선임할 수 있다.
③ 대리인이 대리권 소멸 후 선임한 복대리인과 상대방 사이의 법률행위에도 상대방이 대리권소멸 사실을 알지 못하여 복대리인에게 적법한 대리권이 있는 것으로 믿었고 그와 같이 믿은 데 과실이 없다면, 대리권 소멸 후의 표현대리(민법 제129조)가 성립할 수 있다.
④ 법정대리인이 부득이한 사유로 복대리인을 선임한 경우에는 그 부적임 또는 불성실함을 알고 본인에 대한 통지나 그 해임을 태만한 때가 아니면 책임이 없다.
⑤ 대리인의 사망으로 대리권이 소멸한 경우에도 복대리권은 소멸하지 않는다.

해설 ① (×) 복대리인은 **본인의 대리인**이다(민법 제123조 제1항).
② (×) 대리권이 법률행위에 의하여 부여된 경우(임의대리의 경우)에는 **대리인은 본인의 승낙이 있거나 부득이한 사유 있는 때가 아니면 복대리인을 선임하지 못한다**(민법 제120조).
③ (○) 표현대리의 법리는 거래의 안전을 위하여 어떠한 외관적 사실을 야기한 데 원인을 준 자는 그 외관적 사실을 믿음에 정당한 사유가 있다고 인정되는 자에 대하여는 책임이 있다는 일반적인 권리외관이론에 그 기초를 두고 있는 것인 점에 비추어 볼 때, 대리인이 대리권 소멸 후 직접 상대방과 사이에 대리행위를 하는 경우는 물론 대리인이 대리권 소멸 후 복대리인을 선임하여 복대리인으로 하여금 상대방과 사이에 대리행위를 하도록 한 경우에도, 상대방이 대리권소멸사실을 알지 못하여 복대리인에게 적법한 대리권이 있는 것으로 믿었고 그와 같이 믿은 데 과실이 없다면 민법 제129조에 의한 표현대리가 성립할 수 있다(대판 1998.5.29. 97다55317).
④ (×) **법정대리인이 부득이한 사유로 복대리인을 선임한 때에는 그 선임감독에 관한 책임만이 있을 뿐이다**(민법 제122조 단서). 지문은 임의대리인이 본인의 지명에 의하여 복대리인을 선임한 경우, 그 책임(민법 제121조 제2항)에 대한 내용이다.
⑤ (×) **복대리인의 복대리권은 그 범위나 존립에 있어서 대리인의 대리권에 의존**하므로, 대리인의 사망으로 대리권이 소멸한 경우에는 복대리인의 복대리권도 소멸한다.

03 복대리에 관한 설명으로 옳지 않은 것은?(다툼이 있으면 판례에 따름) 기출 16

① 복대리인은 대리인의 보조자 내지 대리인의 대리인이다.
② 임의대리인은 원칙적으로 복임권을 갖지 못한다.
③ 법정대리인은 재산상의 법률행위에 대하여 복임권이 있다.
④ 복대리인은 행위능력자임을 요하지 아니한다.
⑤ 甲이 채권자를 특정하지 않은 채 부동산을 담보로 제공하면서 금원을 차용해 줄 것을 乙에게 위임하였다면, 甲의 의사에는 '복대리인 선임에 관한 승낙'이 포함되어 있다.

해설 ① (×) **복대리인은 본인의 대리인**이지(민법 제123조 제1항) 대리인의 보조자나 대리인의 대리인이 아니다.
② (○) 임의대리인은 원칙적으로 복임권을 갖지 못하나, 예외적으로 본인의 승낙이 있거나 부득이한 사유가 있는 때에는 복대리인을 선임할 수 있다(민법 제120조).
③ (○) 법정대리인은 그 책임으로 복대리인을 선임할 수 있다(민법 제122조 본문).
④ (○) 대리인은 행위능력자임을 요하지 아니하므로(민법 제117조), 복대리인도 행위능력자임을 요하지 아니한다.
⑤ (○) 갑이 채권자를 특정하지 아니한 채 부동산을 담보로 제공하여 금원을 차용해 줄 것을 을에게 위임하였고, 을은 이를 다시 병에게 위임하였으며, 병은 정에게 위 부동산을 담보로 제공하고 금원을 차용하여 을에게 교부하였다면, 을에게 위 사무를 위임한 갑의 의사에는 '복대리인 선임에 관한 승낙'이 포함되어 있다고 봄이 타당하다(대판 1993.8.27. 93다21156).

무권대리

01 제한능력자가 아닌 甲이 乙의 대리인이라고 하면서 丙에게 乙의 부동산을 3억원에 매도하는 계약을 체결하고 丙으로부터 계약금 3천원을 수령하였다. 그 계약에는 '쌍방이 계약을 불이행하는 경우 계약금을 손해배상금으로 한다'는 위약금 약정이 있었다. 그러나 乙은 甲에게 대리권을 수여한 바가 없다. 이에 관한 설명으로 옳지 않은 것은?(다툼이 있으면 판례에 따름) `기출` 24

① 乙이 위 계약을 적법하게 추인하면, 丙은 甲을 상대로 계약상의 책임이나 무권대리인의 책임을 일절 물을 수 없다.

② 乙이 甲에게 추인의 의사표시를 한 경우, 丙은 乙의 추인 사실을 몰랐다면 계약당시 乙의 무권대리사실에 관하여 선의인 때에 한하여 위 계약을 철회할 수 있다.

③ 乙이 추인을 거절한 경우, 丙은 무권대리사실에 관하여 선의·무과실이라면 甲에게 과실이 없더라도 甲을 상대로 무권대리인으로서의 책임을 추궁할 수 있다.

④ 甲이 무권대리인으로서 책임을 부담하는 경우, 丙은 위 계약에서의 위약금 조항의 효력을 주장할 수 있다.

⑤ 만일 丙이 丁에게 위 부동산을 매도한 경우, 乙이 丁에게만 추인의 의사를 표시하면 추인의 효력은 발생하지 아니한다.

해설 ① (O) 본인의 적법한 추인이 있으면 처음부터 유권대리였던 것과 마찬가지로 다루어지므로, 법률행위의 효과는 대리인이 아니라 본인에게 귀속된다. 따라서 상대방은 무권대리인에게 계약상의 책임을 물을 수 없고, 또한 본인의 추인을 받은 경우에는 상대방은 무권대리인에게 민법 제135조의 책임도 물을 수 없다(민법 제135조 참고).

② (O) 민법 제132조는 <u>본인이 무권대리인에게 무권대리행위를 추인한 경우에 상대방이 이를 알지 못하는 동안에는 본인은 상대방에게 추인의 효과를 주장하지 못한다</u>는 취지이므로 <u>상대방은 그때까지 민법 제134조에 의한 철회를 할 수 있고</u>, 또 무권대리인에의 추인이 있었음을 주장할 수도 있다(대판 1981.4.14. 80다2314). 여기서 철회는 상대방이 계약 당시 선의인 경우에 한하여 할 수 있다(민법 제134조).

③ (O) 민법 제135조 제1항은 "타인의 대리인으로 계약을 한 자가 그 대리권을 증명하지 못하고 또 <u>본인의 추인을 얻지 못한 때에는 상대방의 선택에 좇아 계약의 이행 또는 손해배상의 책임이 있다.</u>"고 규정하고 있다. <u>위 규정에 따른 무권대리인의 상대방에 대한 책임은 무과실책임으로서 대리권의 흠결에 관하여 대리인에게 과실 등의 귀책사유가 있어야만 인정되는 것이 아니고, 무권대리행위가 제3자의 기망이나 문서위조 등 위법행위로 야기되었다고 하더라도 책임은 부정되지 아니한다</u>(대판 2014.2.27. 2013다213038).

> **상대방에 대한 무권대리인의 책임(민법 제135조)**
> ① 다른 자의 대리인으로서 계약을 맺은 자가 그 대리권을 증명하지 못하고 또 본인의 추인을 받지 못한 경우에는 그는 상대방의 선택에 따라 계약을 이행할 책임 또는 손해를 배상할 책임이 있다.
> ② 대리인으로서 계약을 맺은 자에게 대리권이 없다는 사실을 상대방이 알았거나 알 수 있었을 때 또는 대리인으로서 계약을 맺은 사람이 제한능력자일 때에는 제1항을 적용하지 아니한다.

④ (O) 다른 자의 대리인으로서 계약을 맺은 자가 그 대리권을 증명하지 못하고 또 본인의 추인을 받지 못한 경우에는 그는 상대방의 선택에 따라 계약을 이행할 책임 또는 손해를 배상할 책임이 있다(민법 제135조 제1항). 이때 상대방이 계약의 이행을 선택한 경우 무권대리인은 계약이 본인에게 효력이 발생하였더라면 본인이 상대방에게 부담하였을 것과 같은 내용의 채무를 이행할 책임이 있다. 무권대리인은 마치 자신이 계약의 당사자가 된 것처럼 계약에서 정한 채무를 이행할 책임을 지는 것이다. 무권대리인이 계약에서 정한 채무를 이행하지 않으면 상대방에게 채무불이행에 따른 손해를 배상할 책임을 진다. <u>위 계약에서 채무불이행에 대비하여 손해배상액의 예정에 관한 조항을 둔 때에는 특별한 사정이 없는 한 무권대리인은 조항에서 정한 바에 따라 산정한 손해액을 지급하여야 한다. 이 경우에도 손해배상액의 예정에 관한 민법 제398조가 적용됨은 물론이다</u>(대판 2018.6.28. 2018다210775).

⑤ (×) 무권대리행위의 추인에 특별한 방식이 요구되는 것이 아니므로 명시적인 방법만 아니라 묵시적인 방법으로도 할 수 있고, 그 추인은 무권대리인, 무권대리행위의 직접의 상대방 및 그 무권대리행위로 인한 권리 또는 법률관계의 승계인에 대하여도 할 수 있다(대판 1981.4.14. 80다2314).

02 甲은 그 소유의 X토지에 저당권을 설정하고 금전을 차용하는 계약을 체결할 대리권을 친구 乙에게 수여하였는데, 乙이 甲을 대리하여 X토지를 丙에게 매도하는 계약을 체결하였다. 이에 관한 설명으로 옳은 것은?(다툼이 있으면 판례에 따름) [기출] 21

① 丙이 乙의 대리행위가 유권대리라고 주장하는 경우, 그 주장 속에는 표현대리의 주장이 포함된 것으로 보아야 한다.
② 丙이 계약체결 당시에 乙에게 매매계약 체결의 대리권이 없음을 알았더라도 丙의 甲에 대한 최고권이 인정된다.
③ 丙이 계약체결 당시에 乙에게 매매계약 체결의 대리권이 없음을 알았더라도 계약을 철회할 수 있다.
④ 乙의 행위가 권한을 넘은 표현대리로 인정되는 경우, 丙에게 과실(過失)이 있다면 과실상계의 법리에 따라 甲의 책임이 경감될 수 있다.
⑤ 丙이 乙의 대리행위가 권한을 넘은 표현대리라고 주장하는 경우, 乙에게 매매계약체결의 대리권이 있다고 丙이 믿을 만한 정당한 이유가 있었는지의 여부는 계약성립 이후의 모든 사정을 고려하여 판단해야 한다.

해설 ① (×) 유권대리에 있어서는 본인이 대리인에게 수여한 대리권의 효력에 의하여 법률효과가 발생하는 반면 표현대리에 있어서는 대리권이 없음에도 불구하고 법률이 특히 거래상대방 보호와 거래안전유지를 위하여 본래 무효인 무권대리행위의 효과를 본인에게 미치게 한 것으로서 표현대리가 성립된다고 하여 무권대리의 성질이 유권대리로 전환되는 것은 아니므로, 양자의 구성요건 해당사실, 즉 주요사실은 다르다고 볼 수밖에 없으니 유권대리에 관한 주장 속에 무권대리에 속하는 표현대리의 주장이 포함되어 있다고 볼 수 없다(대판[전합] 1983.12.13. 83다카1489).
② (○) 최고권은 악의자도 행사할 수 있다(민법 제131조 참고).
③ (×) 철회권은 무권대리인과 계약한 선의의 상대방에게만 인정되는 권리이다(민법 제134조 참고).
④ (×) 표현대리행위가 성립하는 경우에 본인은 표현대리행위에 기하여 전적인 책임을 져야 하는 것이고 상대방에게 과실이 있다고 하더라도 과실상계의 법리를 유추적용하여 본인의 책임을 감경할 수 없는 것이다(대판 1994.12.22. 94다24985).
⑤ (×) 권한을 넘은 표현대리에 있어서 무권대리인에게 그 권한이 있다고 믿을 만한 정당한 이유가 있는가의 여부는 대리행위(매매계약) 당시를 기준으로 결정하여야 하고, 매매계약성립 이후의 사정은 고려할 것이 아니다(대판 1981.12.8. 81다322).

03 乙은 甲으로부터 甲의 부동산을 담보로 3천만원을 차용할 수 있는 대리권을 수여받았다고 하면서 甲을 대리하여 丙과 소비대차계약을 체결하였다. 이에 관한 설명으로 옳지 않은 것은? (다툼이 있으면 판례에 따름) 기출 20

① 甲이 丙을 상대로, 乙에게 위와 같은 권한을 부여하였다고 말하였지만 실제로는 대리권을 乙에게 수여하지 않은 경우, 甲은 선의이고 무과실인 丙에게 대리권 수여의 표시에 의한 표현대리의 책임을 진다.

② 乙이 甲으로부터 위와 같은 권한을 적법하게 부여받고서 丙과 5천만원을 차용하는 계약을 체결한 경우, 丙이 乙에게 그런 권한이 있었다고 믿을 만한 정당한 이유가 있었다면 3천만원을 초과하는 부분에 대해서는 甲은 권한을 넘은 표현대리의 책임을 진다.

③ 甲으로부터 위와 같은 권한을 적법하게 부여받은 乙이 선임한 복대리인 丁이 丙으로부터 5천만원을 차용하는 계약을 체결한 경우, 丙이 丁에게 그런 권한이 있었다고 믿을 만한 정당한 이유가 있었다면 3천만원을 초과하는 부분에 대해서는 甲은 권한을 넘은 표현대리의 책임을 진다.

④ 甲으로부터 위와 같은 권한을 적법하게 부여받은 乙이 소비대차계약 대신 丙에게 甲의 대리인으로서 그 부동산을 매도하였다면, 丙이 乙에게 매도할 권한이 있었다고 믿을 만한 정당한 이유가 있다고 하더라도 매도행위는 차용행위와는 별개이므로 甲은 권한을 넘은 표현대리의 책임을 지지 않는다.

⑤ 권한을 넘은 표현대리에서 정당한 이유의 존부는 자칭 대리인의 대리행위가 행하여질 때에 존재하는 모든 사정을 객관적으로 관찰하여 판단하여야 한다.

해설 ① (○) 민법 제125조의 표현대리에 해당하기 위하여는 상대방은 선의·무과실이어야 하므로 상대방에게 과실이 있다면 제125조의 표현대리를 주장할 수 없다(대판 1997.3.25. 96다51271). 따라서 甲은 선의·무과실인 丙에게 민법 제125조의 표현대리책임을 진다.

② (○) 민법 제126조의 표현대리가 성립하기 위해서는, 무권대리인에게 법률행위에 관한 기본대리권이 있어야 한다. 민법 제125조나 제129조의 표현대리성립범위를 넘는 법률행위를 한 경우, 민법 제126조의 표현대리 성립이 인정될 수 있는지에 대하여 견해의 대립이 있으나, 판례(대판 2008.1.31. 2007다74713)는 민법 제129조의 표현대리권한을 넘는 대리행위에 관하여 민법 제126조의 표현대리 성립이 가능하다고 보았는데, 이때 상대방이 그 대리권의 존재를 믿었고 또한 그렇게 믿은 데에 과실이 없었음을 의미하는 정당한 이유가 있어야 한다.

③ (○) 대리인이 사자 내지 임의로 선임한 복대리인을 통하여 권한 외의 법률행위를 한 경우, 상대방이 그 행위자를 대리권을 가진 대리인으로 믿었고 또한 그렇게 믿는 데에 정당한 이유가 있는 때에는, 복대리인선임권이 없는 대리인에 의하여 선임된 복대리인의 권한도 기본대리권이 될 수 있을 뿐만 아니라, 그 행위자가 사자라고 하더라도 대리행위의 주체가 되는 대리인이 별도로 있고 그들에게 본인으로부터 기본대리권이 수여된 이상, 민법 제126조를 적용함에 있어서 기본대리권의 흠결문제는 생기지 않는다(대판 1998.3.27. 97다48982).

④ (×) 민법 제126조의 표현대리는 문제된 법률행위와 수여받은 대리권 사이에 아무런 관계가 없는 경우에도 적용이 있다(대판 1963.11.21. 63다418).

⑤ (○) 민법 제126조에서 말하는 권한을 넘은 표현대리의 효과를 주장하려면 자칭 대리인이 본인을 위한다는 의사를 명시 또는 묵시적으로 표시하거나 대리의사를 가지고 권한 외의 행위를 하는 경우에 상대방이 자칭 대리인에게 대리권이 있다고 믿고 그와 같이 믿는 데 정당한 이유가 있을 것을 요건으로 하는 것인바, 여기서 정당한 이유의 존부는 자칭 대리인의 대리행위가 행하여질 때에 존재하는 모든 사정을 객관적으로 관찰하여 판단하여야 한다(대판 2009.11.12. 2009다46828).

04 乙은 甲의 대리인으로서 甲을 위하여 丙과 계약을 체결하였다. 이에 관한 설명으로 옳지 않은 것은?(다툼이 있으면 판례에 따름) 기출 19

① 乙이 임의대리인이라면 乙은 행위능력자임을 요하지 않는다.

② 乙의 대리행위가 무권대리라는 이유로 甲이 무효를 주장하는 경우, 乙의 대리행위가 권한을 넘은 표현대리행위라는 주장 및 증명책임은 丙에게 있다.

③ 매매계약의 체결에 관한 권한을 수여받은 乙이 甲을 대리하여 매매계약을 체결한 경우, 乙은 특별한 사정이 없는 한 甲을 대리하여 매매계약의 해제 등 일체의 처분권을 행사할 수 있다.

④ 甲으로부터 아파트에 관한 일체의 관리권한을 위임받아 甲으로 가장하여 아파트를 丙에게 임대한 乙이 다시 甲으로 가장하여 임차인 丙에게 아파트를 매도하였다면, 권한을 넘은 표현대리의 법리를 유추적용할 수 있다.

⑤ 대리권수여행위는 묵시적인 의사표시로도 할 수 있으므로, 乙이 甲의 대리인의 외양을 가지고 행위하는 것을 甲이 알면서도 이의를 하지 않고 방임하는 등 사실상의 용태에 의하여 대리권의 수여가 추단되는 경우도 있다.

해설 ① (○) 대리인은 행위능력자임을 요하지 아니한다(민법 제117조).

② (○) 판례는 「표현대리행위로 인정된다는 점의 주장 및 입증책임은 그것을 유효하다고 주장하는 자에게 있는 것이다」라고 판시하고 있다(대판 1968.6.18. 68다694). 따라서 **정당한 이유에 대한 증명책임은 표현대리의 유효를 주장하는 상대방에게** 있다.

③ (×) 어떠한 계약의 체결에 관한 대리권을 수여받은 대리인이 수권된 법률행위를 하게 되면 그것으로 대리권의 원인된 법률관계는 원칙적으로 목적을 달성하여 종료하는 것이고, 법률행위에 의하여 수여된 대리권은 그 원인된 법률관계의 종료에 의하여 소멸하는 것이므로(민법 제128조), 그 계약을 대리하여 체결하였던 대리인이 체결된 계약의 해제 등 일체의 처분권과 상대방의 의사를 수령할 권한까지 가지고 있다고 볼 수는 없다(대판 2008.6.12. 2008다11276).

④ (○) 본인으로부터 아파트에 관한 임대 등 일체의 관리권한을 위임받아 본인으로 가장하여 아파트를 임대한 바 있는 대리인이 다시 자신을 본인으로 가장하여 임차인에게 아파트를 매도하는 법률행위를 한 경우에는 권한을 넘은 표현대리의 법리를 유추적용하여 본인에 대하여 그 행위의 효력이 미친다고 볼 수 있다(대판 1993.2.23. 92다52436).

⑤ (○) 대리권을 수여하는 수권행위는 불요식의 행위로서 명시적인 의사표시에 의함이 없이 묵시적인 의사표시에 의하여 할 수도 있으며, 어떤 사람이 대리인의 외양을 가지고 행위하는 것을 본인이 알면서도 이의를 하지 아니하고 방임하는 등 사실상의 용태에 의하여 대리권의 수여가 추단되는 경우도 있다(대판 2016.5.26. 2016다203315).

05 표현대리에 관한 설명으로 옳지 않은 것은?(다툼이 있으면 판례에 따름) 기출 16

① 비법인사단인 교회의 대표자가 교인총회의 결의를 거치지 않고 총유물인 교회재산을 처분한 행위에 대하여는 민법 제126조(권한을 넘은 표현대리)를 준용할 수 있다.

② 민법 제129조(대리권 소멸 후의 표현대리)에 의하여 인정되는 표현대리를 기본대리권으로 하여 그 권한을 넘는 표현대리가 성립할 수 있다.

③ 민법 제125조(대리권 수여이 표시에 의한 표현대리)의 표현대리가 인정되려면, 대리행위의 상대방이 대리인으로 행위한 사람에게 실제로는 대리권이 없다는 점에 대하여 선의일 뿐만 아니라 무과실이어야 한다.

④ 민법 제126조의 표현대리가 인정되려면, 대리행위의 상대방이 대리행위가 대리권의 범위 내에 있다고 믿고 그와 같이 믿는 데 정당한 이유가 있을 것을 요한다.

⑤ 민법 제125조의 표현대리는 어떤 자가 본인을 대리하여 제3자와 법률행위를 함에 있어 본인이 그 자에게 대리권을 수여하였다는 표시를 제3자에게 한 경우에 성립한다.

해설

① (×) 비법인사단인 교회의 대표자는 총유물인 교회재산의 처분에 관하여 교인총회의 결의를 거치지 아니하고는 이를 대표하여 행할 권한이 없다. 그리고 교회의 대표자가 권한 없이 행한 교회재산의 처분행위에 대하여는 민법 제126조의 표현대리에 관한 규정이 준용되지 아니한다(대판 2009.2.12. 2006다23312).

② (○) 민법 제126조에서 말하는 권한을 넘은 표현대리는 현재에 대리권을 가진 자가 그 권한을 넘은 경우에 성립하는 것이지, 현재에 아무런 대리권도 가지지 아니한 자가 본인을 위하여 한 어떤 대리행위가 과거에 이미 가졌던 대리권을 넘은 경우에까지 성립하는 것은 아니라고 할 것이고, 한편 과거에 가졌던 대리권이 소멸되어 민법 제129조에 의하여 표현대리로 인정되는 경우에 그 표현대리의 권한을 넘는 대리행위가 있을 때에는 민법 제126조에 의한 표현대리가 성립할 수 있다(대판 1970.2.10. 69다2149).

③ (○) 민법 제125조의 표현대리에 해당하기 위해서는 상대방은 선의·무과실이어야 하고 상대방에게 과실이 있다면 대리권수여표시에 의한 표현대리를 주장할 수 없다고 할 것이다(대판 1997.3.25. 96다51271).

④ (○) 민법 제126조 표현대리의 효과를 주장하려면 상대방이 자칭 대리인에게 대리권이 있다고 믿고 그와 같이 믿는 데 정당한 이유가 있을 것을 요건으로 하는 것인바, 여기의 정당한 이유의 존부는 자칭 대리인의 대리행위가 행하여 질 때에 존재하는 제반 사정을 객관적으로 관찰하여 판단하여야 한다(대판 1987.7.7. 86다카2475).

⑤ (○) 민법 제125조가 규정하는 대리권 수여의 표시에 의한 표현대리는 본인과 대리행위를 한 자 사이의 기본적인 법률관계의 성질이나 그 효력의 유무와는 관계없이 어떤 자가 본인을 대리하여 제3자와 법률행위를 함에 있어 본인이 그 자에게 대리권을 수여하였다는 표시를 제3자에게 한 경우에 성립한다(대판 2007.8.23. 2007다23425).

06 표현대리에 관한 설명으로 옳지 않은 것은?(다툼이 있는 경우에는 판례에 의함) 기출 14

① 주식거래에 관한 투자수익보장약정이 강행법규의 위반으로 무효인 경우, 그러한 약정을 체결할 권한이 수여되었는지 여부와 관계없이 표현대리에 관한 법리가 적용될 수 없다.

② 대리인이 본인을 위한다는 의사를 표시하지 않고 그의 이름을 모용하여 마치 자기가 본인인 것처럼 기망하여 본인 명의로 직접 대리권의 범위를 넘은 법률행위를 한 때에는, 특별한 사정이 없으면, 권한을 넘은 표현대리가 성립할 수 없다.

③ 권한을 넘은 표현대리에 있어서 정당한 이유의 유무는 대리행위 당시를 기준으로 하고 대리행위 성립 이후의 사정을 참작하여 판정하여야 한다.

④ 표현대리가 성립하면 그 본인은 표현대리행위에 대하여 전적인 책임을 져야 하고 상대방에게 과실이 있다고 하더라도 과실상계의 법리를 유추적용하여 그의 책임을 감경할 수 없다.

⑤ 대리권 소멸 후의 표현대리에 관한 민법 제129조는 임의대리권이 소멸한 경우만이 아니라 법정대리인의 대리권 소멸에 관하여도 그 적용이 있다.

해설 ① (○) 증권회사 또는 그 임·직원의 부당권유행위를 금지하는 증권거래법 제52조 제1호는 공정한 증권거래 질서의 확보를 위하여 제정된 강행법규로서 이에 위배되는 주식거래에 관한 투자수익보장약정은 무효이고, **투자수익 보장이 강행법규에 위반되어 무효인 이상 증권회사의 지점장에게 그와 같은 약정을 체결할 권한이 수여되었는지 여부에 불구하고** 그 약정은 여전히 무효이므로 표현대리의 법리가 준용될 여지가 없다(대판 1996.8.23. 94다38199).

② (○) 민법 제126조의 표현대리는 대리인이 본인을 위한다는 의사를 명시 혹은 묵시적으로 표시하거나 대리 의사를 가지고 권한 외의 행위를 하는 경우에 성립하고, **사술을 써서 위와 같은 대리행위의 표시를 하지 아니하고 단지 본인의 성명을 모용하여 자기가 마치 본인인 것처럼 기망하여 본인 명의로 직접 법률행위를 한 경우에는 특별한 사정이 없는 한 위 법조 소정의 표현대리는 성립될 수 없다**(대판 2002.6.28. 2001다 49814).

③ (×) 권한을 넘은 표현대리에 있어서 무권대리인에게 그 권한이 있다고 믿을 만한 정당한 이유가 있는가의 여부는 대리행위(매매계약) 당시를 기준으로 결정하여야 하고 매매계약 성립 이후의 사정은 고려할 것이 아니다(대판 1981.12.8. 81다322, 대판 2009.11.12. 2009다46828).

④ (○) 표현대리행위가 성립하는 경우에 본인은 표현대리행위에 기하여 전적인 책임을 져야 하는 것이고 상대 방에게 과실이 있다고 하더라도 과실상계의 법리를 유추적용하여 본인의 책임을 감경할 수 없는 것이다(대판 1994.12.22. 94다24985).

⑤ (○) 민법 제129조의 표현대리는 임의대리와 법정대리 모두에 적용된다.

07 표현대리에 관한 설명으로 옳은 것은?(다툼이 있는 경우에는 판례에 의함) 기출 13

① 기본대리권 없는 자가 자신이 본인인 것처럼 가장하여 본인 명의로 법률행위를 한 경우에는 특별한 사정이 없는 한, 권한을 넘은 표현대리가 성립하지 않는다.

② 표현대리가 성립하는 경우, 상대방에게 과실이 있으면 과실상계의 법리를 유추적용하여 본인의 책임을 경감할 수 있다.

③ 대리권 수여의 표시에 의한 표현대리에 해당하여 대리행위의 효과가 본인에게 귀속하기 위해서는 대리행위의 상대방의 선의 이외에 무과실까지 요하는 것은 아니다.

④ 권한을 넘은 표현대리규정은 법정대리에는 그 적용이 없다.

⑤ 등기신청의 대리권을 수여받은 자가 그 권한을 유월하여 대물변제라는 사법행위를 한 경우에는 권한을 넘은 표현대리가 성립하지 않는다.

해설 ① (○) 민법 제126조의 표현대리는 대리인이 본인을 위한다는 의사를 명시 혹은 묵시적으로 표시하거나 대리의사를 가지고 권한 외의 행위를 하는 경우에 성립하고, 사술을 써서 위와 같은 대리행위의 표시를 하지 아니하고 단지 본인의 성명을 모용하여 자기가 마치 본인인 것처럼 기망하여 본인 명의로 직접 법률행위를 한 경우에는 특별한 사정이 없는 한 위 법조 소정의 표현대리는 성립될 수 없다(대판 2002.6.28. 2001다49814).

② (×) 표현대리행위가 성립하는 경우에 본인은 표현대리행위에 기하여 전적인 책임을 져야 하는 것이고 상대방에게 과실이 있다고 하더라도 과실상계의 법리를 유추적용하여 본인의 책임을 감경할 수 없는 것이다(대판 1994.12.22. 94다24985).

③ (×) 민법 제125조의 표현대리에 해당하기 위해서는 상대방은 선의·무과실이어야 하고 상대방에게 과실이 있다면 대리권수여표시에 의한 표현대리를 주장할 수 없다고 할 것이다(대판 1997.3.25. 96다51271).

④ (×) 민법 제126조 소정의 권한을 넘는 표현대리규정은 거래의 안전을 도모하여 거래상대방의 이익을 보호하려는 데에 그 취지가 있으므로 법정대리라고 하여 임의대리와는 달리 그 적용이 없다고 할 수 없고, 따라서 한정치산자의 후견인이 친족회의 동의를 얻지 않고 피후견인의 부동산을 처분하는 행위를 한 경우에도 상대방이 친족회의 동의가 있다고 믿은 데에 정당한 사유가 있는 때에는 본인인 한정치산자에게 그 효력이 미친다(대판 1997.6.27. 97다3828).

⑤ (×) 기본대리권이 등기신청행위라 할지라도 표현대리인이 그 권한을 유월하여 대물변제라는 사법행위를 한 경우에는 표현대리의 법리가 적용된다(대판 1978.3.28. 78다282·283).

08 乙은 甲의 X건물에 대하여 甲의 대리인으로서 丙과 매매계약을 체결하였는데, 乙에게는 대리권이 없었다. 이에 관한 설명으로 옳지 않은 것은?(다툼이 있으면 판례에 따름) 기출 15

① 丙이 甲의 요구에 따라 매매대금 전부를 지급한 경우, 특별한 사정이 없는 한 丙은 甲에게 X건물의 소유권이전등기를 청구할 수 있다.

② 甲이 乙의 대리행위에 대하여 乙에게 추인의 의사표시를 한 경우, 甲은 이러한 사실을 알지 못한 丙에게 그 추인의 효력을 주장하지 못한다.

③ 乙과 丙 사이에 매매계약이 체결된 후, 甲이 X건물을 丁에게 매도하고 소유권이전등기를 해준 경우, 甲이 乙의 대리행위를 추인하더라도 丁은 유효하게 소유권을 취득한다.

④ 丙이 상당한 기간을 정하여 甲에게 추인 여부의 확답을 최고하였음에도 甲이 그 기간 내에 확답을 발하지 않은 경우, 甲은 추인을 거절한 것으로 본다.

⑤ 丙은 乙과의 매매계약 체결 당시에 乙에게 대리권 없음을 안 경우에도 甲의 추인이 있을 때까지 乙에 대하여 매매계약을 철회할 수 있다.

해설 ① (○) 무권대리행위는 그 효력이 불확정상태에 있다가 본인의 추인 유무에 따라 본인에 대한 효력발생 여부가 결정되는 것인바, 그 추인은 무권대리행위가 있음을 알고 그 행위의 효과를 자기에게 귀속시키도록 하는 단독행위로서 그 의사표시의 방법에 관하여 일정한 방식이 요구되는 것이 아니므로 명시적이든 묵시적이든 묻지 아니한다(대판 1990.4.27. 89다카2100). 甲이 丙에게 매매대금의 지급을 청구하는 것은 명시적인 추인에 해당한다.
② (○) 추인 또는 거절의 의사표시는 상대방에 대하여 하지 아니하면 그 상대방에 대항하지 못한다. 그러나 상대방이 그 사실을 안 때에는 그러하지 아니하다(민법 제132조).
③ (○) 법률행위에 의한 부동산물권 변동에는 물권행위와 등기가 필요하다(민법 제186조). 따라서 丁이 乙의 무권대리행위를 추인하여 그 법률행위가 유효로 되더라도, 丙이 소유권이전등기를 경료하기 전에는 X건물의 소유권을 취득할 수 없다. 반면, 丁은 甲으로부터 X건물을 매수하고 소유권이전등기를 마친 자이므로, 그 소유권을 유효하게 취득한다.
④ (○) 민법 제131조
⑤ (×) 상대방은 무권대리인과 체결한 계약을 본인의 추인이 있을 때까지 철회할 수 있으나, 계약 당시에 상대방이 대리권 없음을 안 때에는 철회하지 못한다(민법 제134조).

09 甲의 무권대리인 乙이 丙에게 甲 소유의 부동산을 매도하여 소유권이전등기를 경료해 주었고, 그 후 丙은 이 부동산을 丁에게 매도하고 소유권이전등기를 경료해 주었다. 이에 관한 설명으로 옳지 않은 것은?(다툼이 있으면 판례에 따름) `기출 20`

① 丙은 甲에게 상당한 기간을 정하여 추인 여부의 확답을 최고할 수 있고, 그 기간 내에 甲이 확답을 발하지 않으면 추인을 거절한 것으로 본다.

② 丙이 계약 당시 乙에게 대리권이 없음을 안 경우, 丙은 乙에게 한 매수의 의사표시를 철회할 수 없다.

③ 甲이 丁에게 추인의 의사를 표시하더라도 무권대리행위에 대한 추인의 효과가 발생하지 않는다.

④ 甲이 乙에게 추인의 의사를 표시한 경우, 추인사실을 알게 된 丙은 乙에게 한 매수의 의사표시를 철회할 수 없다.

⑤ 甲의 추인을 얻지 못한 경우, 丙이 무권대리에 관하여 선의이더라도 과실이 있으면 乙은 계약을 이행할 책임을 부담하지 않는다.

해설 ① (○) 민법 제131조(상대방의 최고권)

② (○) 철회권은 무권대리인과 계약한 선의의 상대방에게만 인정되는 권리이다(민법 제134조).

③ (×) 무권대리행위의 추인에 특별한 방식이 요구되는 것이 아니므로 명시적인 방법만 아니라 묵시적인 방법으로도 할 수 있고, 그 추인은 무권대리인, 무권대리행위의 직접의 상대방 및 그 무권대리행위로 인한 권리 또는 법률관계의 승계인에 대하여도 할 수 있다(대판 1981.4.14. 80다2314).

④ (○) 추인 또는 거절의 의사표시는 상대방에 대하여 하지 아니하면 그 상대방에 대항하지 못한다. 그러나 상대방이 그 사실을 안 때에는 그러하지 아니하다(민법 제132조). 따라서 본인 甲이 무권대리인 乙에게 추인의 의사를 표시한 경우, 추인 사실을 알게 된 丙은 乙에게 한 매수의 의사표시를 철회할 수 없다.

⑤ (○) 무권대리인의 상대방에 대한 책임은 상대방의 선의·무과실을 전제로 한다(민법 제135조 제2항). 이는 무권대리인의 무과실책임에 관한 원칙규정인 제1항에 대한 예외규정이므로 상대방이 대리권이 없음을 일었다는 사실 또는 알 수 있었는데도 알지 못하였다는 사실에 관한 주장·증명책임은 무권대리인에게 있다(대판 2018.6.28. 2018다210775).

10 무권대리인 乙은 자신을 甲의 대리인이라고 하면서 丙과 매매계약을 체결하였다. 이에 관한 설명으로 옳지 않은 것은?(다툼이 있으면 판례에 따름) 기출 19

① 乙이 무권대리인임을 알았던 丙은 甲에게 乙의 대리행위에 대한 추인 여부의 확답을 최고할 수 없다.

② 丙이 매매계약을 적법하게 철회하였다면 乙의 무권대리행위는 확정적으로 무효가 되어 그 후에는 甲이 매매계약을 추인할 수 없다.

③ 甲이 乙에 대하여 매매계약에 관한 추인의 의사표시를 한 경우, 이러한 추인의 의사표시를 丙이 알지 못하였다면 丙은 철회할 수 있다.

④ 丙이 매매계약을 철회하는 경우, 철회의 효과를 다투는 甲은 丙이 乙에게 대리권이 없다는 사실에 관하여 악의임을 증명할 책임이 있다.

⑤ 乙이 甲을 단독상속한 경우, 乙은 甲의 지위에서 무권대리임을 이유로 매매계약의 무효를 주장하는 것은 허용되지 않는다.

해설 ① (×) 무권대리인의 상대방은 선의·악의를 불문하고, 본인에게 무권대리행위의 추인 여부의 확답을 최고할 수 있다(민법 제131조 전문).

② (○) 상대방이 무권대리인과의 매매계약을 적법하게 철회하였다면 불확정한 법률행위는 확정적으로 무효가 되고, 본인도 추인할 수 없게 되며, 상대방 역시 무권대리인에게 민법 제135조의 책임을 물을 수 없게 된다.

③ (○) 본인 甲이 상대방 丙에게 추인의 의사표시를 하지 아니하면, 추인사실을 알지 못하는 상대방 丙에게 대항할 수 없다(민법 제132조). 따라서 상대방 丙은 무권대리인과 체결한 계약을 철회할 수 있다.

④ (○) 민법 제134조에서 정한 상대방의 철회권은, 무권대리행위가 본인의 추인에 따라 효력이 좌우되어 상대방이 불안정한 지위에 놓이게 됨을 고려하여 대리권이 없었음을 알지 못한 상대방을 보호하기 위하여 상대방에게 부여된 권리로서, 상대방이 유효한 철회를 하면 무권대리행위는 확정적으로 무효가 되어 그 후에는 본인이 무권대리행위를 추인할 수 없다. 한편 상대방이 대리인에게 대리권이 없음을 알았다는 점에 대한 주장·입증책임은 철회의 효과를 다투는 본인에게 있다(대판 2017.6.29. 2017다213838).

⑤ (○) 乙은 甲의 무권대리인으로서 민법 제135조 제1항의 규정에 의하여 매수인인 丙에게 부동산에 대한 소유권이전등기를 이행할 의무가 있으므로 그러한 지위에 있는 乙이 甲으로부터 부동산을 상속받아 그 소유자가 되어 소유권이전등기이행의무를 이행하는 것이 가능하게 된 시점에서 자신이 소유자라고 하여 자신으로부터 부동산을 전전매수한 丁에게 원래 자신의 매매행위가 무권대리행위여서 무효였다는 이유로 丁 앞으로 경료된 소유권이전등기가 무효의 등기라고 주장하여 그 등기의 말소를 청구하거나 부동산의 점유로 인한 부당이득금의 반환을 구하는 것은 금반언의 원칙이나 신의성실의 원칙에 반하여 허용될 수 없다(대판 1994.9.27. 94다20617).

11 甲의 무권대리인 乙은 甲 소유의 X토지에 대한 관련 서류를 위조하여 甲의 이름으로 丙과 매매계약을 체결하였다. 乙의 표현대리가 인정되지 않은 경우, 무권대리행위의 추인과 관련된 설명으로 옳지 않은 것은?(다툼이 있으면 판례에 따름) 기출 17

① 甲은 乙또는 丙을 상대로 매매계약을 추인할 수 있다.
② 甲은 乙의 처분행위와 사문서위조행위를 불문에 붙이기로 합의하는 등 묵시적인 방법으로도 매매계약을 추인할 수 있다.
③ 乙이 甲을 단독으로 상속하여 X토지의 소유자가 되면, 乙은 본인의 지위에서 매매계약의 추인을 거절할 수 있다.
④ 丙이 매매계약 당시 乙이 무권대리인임을 알지 못하였다면, 丙은 본인의 추인이 있을 때까지 乙을 상대로 매수의 의사표시를 철회할 수 있다.
⑤ 丙이 상당한 기간을 정하여 매매계약의 추인 여부에 대한 확답을 최고하였으나 甲이 그 기간 내에 확답을 발하지 않으면 추인을 거절한 것으로 본다.

해설 ① (○), ② (○) 무권대리행위의 추인에 특별한 방식이 요구되는 것이 아니므로 명시적인 방법만 아니라 묵시적인 방법으로도 할 수 있고, 그 추인은 무권대리인, 무권대리행위의 직접의 상대방 및 그 무권대리행위로 인한 권리 또는 법률관계의 승계인에 대하여도 할 수 있다(대판 1981.4.14. 80다2314).
③ (×) 乙은 甲의 무권대리인으로서 민법 제135조 제1항의 규정에 의하여 매수인 丙에게 부동산에 대한 소유권이전등기를 이행할 의무가 있으므로 그러한 지위에 있는 乙이 甲으로부터 부동산을 상속받아 그 소유자가 되어 소유권이전등기이행의무를 이행하는 것이 가능하게 된 시점에서 자신이 소유자라고 하여 자신으로부터 부동산을 전전매수한 丁에게 원래 자신의 매매행위가 무권대리행위여서 무효였다는 이유로 丁 앞으로 경료된 소유권이전등기가 무효의 등기라고 주장하여 그 등기의 말소를 청구하거나 부동산의 점유로 인한 부당이득금의 반환을 구하는 것은 금반언의 원칙이나 신의성실의 원칙에 반하여 허용될 수 없다(대판 1994.9.27. 94다20617).
④ (○) 철회의 의사표시는 상대방이 본인의 추인이 있을 때까지 본인이나 무권대리인에게 하여야 하고, 철회권은 선의의 상대방에게만 인정된다(민법 제134조).
⑤ (○) 대리권 없는 자가 타인의 대리인으로 계약을 한 경우에 상대방은 상당한 기간을 정하여 본인에게 그 추인 여부의 확답을 최고할 수 있다. 본인이 그 기간 내에 확답을 발하지 아니한 때에는 추인을 거절한 것으로 본다(민법 제131조).

12 甲은 乙에게 자기 소유의 아파트에 대하여 매매계약의 체결에 관한 대리권을 수여하였고, 이에 따라 乙은 甲을 위하여 丙과 매매계약을 체결하였다. 이에 관한 설명으로 옳지 않은 것은? (다툼이 있으면 판례에 따름) 기출 17

① 특별한 사정이 없는 한, 乙은 丙으로부터 중도금이나 잔금을 수령할 권한이 있다.
② 특별한 사정이 없는 한, 乙은 丙에게 약정된 매매대금지급기일을 연기해 줄 권한은 없다.
③ 丙이 甲에 대하여 소유권이전등기를 청구하는 경우, 乙의 대리권존재사실에 대한 증명책임은 丙이 진다.
④ 만약 乙이 甲을 위한 것임을 표시하지 않고 매매계약을 체결하였는데 乙이 甲의 대리인임을 丙이 알았다면, 그 계약의 효력은 甲에게 미친다.
⑤ 乙이 丙으로부터 받은 매매대금을 유용할 배임적 의도를 갖고 있었고 丙이 이를 알았다면, 그 한도에서 乙은 무권대리가 된다.

해설 ① (○), ② (○) 부동산의 소유자로부터 매매계약을 체결할 대리권을 수여받은 대리인은 특별한 다른 사정이 없는 한 그 매매계약에서 약정한 바에 따라 중도금이나 잔금을 수령할 수도 있다고 보아야 하고, 매매계약의 체결과 이행에 관하여 포괄적으로 대리권을 수여받은 대리인은 특별한 다른 사정이 없는 한 상대방에 대하여 약정된 매매대금지급기일을 연기하여 줄 권한도 가진다고 보아야 할 것이다(대판 1992.4.14. 91다43107).

③ (○) 대리권 존부에 대한 증명책임은 원칙적으로 대리권의 존재를 주장하는 측에게 있다(대판 2008.9.25. 2008다42195).

④ (○) 민법 제115조, 민법 제114조 제1항

⑤ (✕) 진의 아닌 의사표시가 대리인에 의하여 이루어지고 그 대리인의 진의가 본인의 이익이나 의사에 반하여 자기 또는 제3자의 이익을 위한 배임적인 것임을 그 상대방이 알았거나 알 수 있었을 경우에는, 민법 제107조 제1항 단서의 유추해석상 그 대리인의 행위는 본인의 대리행위로 성립할 수 없으므로 본인은 대리인의 행위에 대하여 아무런 책임이 없다(대판 1996.4.26. 94다29850). 그러나 대리권 남용의 경우에도, 대리권 행사의 효과가 본인에게 귀속되지 아니할 뿐 대리권이 소멸하는 것은 아니므로, 무권대리가 되는 것은 아니다.

---

05 법률행위의 무효와 취소

01 법률행위의 무효와 취소에 관한 설명으로 옳지 않은 것은?(다툼이 있으면 판례에 따름)

기출 22

① 법률행위가 무효임을 알고 이를 추인한 때에는 원칙적으로 소급하여 유효가 된다.

② 불공정한 법률행위에도 무효행위 전환의 법리가 적용될 수 있다.

③ 법률행위의 일부가 무효인 경우, 그 무효부분이 없더라도 법률행위를 하였을 것으로 인정되는 때에는 나머지 부분은 무효가 되지 않는다.

④ 취소할 수 있는 법률행위의 상대방이 확정되어 있는 경우에는 그 취소는 그 상대방에 대한 의사표시로 하여야 한다.

⑤ 강박에 의한 의사표시는 법률행위를 한 날로부터 10년이 경과하면 취소하지 못한다.

해설 ① (✕) 무효인 법률행위는 당사자가 무효임을 알고 추인할 경우 새로운 법률행위를 한 것으로 간주할 뿐이고 소급효가 없는 것이므로 무효인 가등기를 유효한 등기로 전용키로 한 약정은 그때부터 유효하고 이로써 위 가등기가 소급하여 유효한 등기로 전환될 수 없다(대판 1992.5.12. 91다26546).

② (○) 매매계약이 약정된 매매대금의 과다로 말미암아 민법 제104조에서 정하는 '불공정한 법률행위'에 해당하여 무효인 경우에도 무효행위의 전환에 관한 민법 제138조가 적용될 수 있다(대판 2010.7.15. 2009다50308).

③ (○) 민법 제137조 단서

④ (○) 민법 제142조

⑤ (○) 취소권은 추인할 수 있는 날로부터 3년 내에 법률행위를 한 날로부터 10년 내에 행사하여야 하므로(민법 제146조) 강박에 의한 의사표시가 법률행위를 한 날로부터 10년이 경과한 경우 취소할 수 없다.

01 ① 정답

02 부동산 거래신고 등에 관한 법률에 따른 토지거래허가구역 내에 존재하는 토지에 대하여 매도인 甲과 매수인 乙사이에 허가를 전제로 하여 매매계약이 체결되었으며 계약 당시 乙은 甲에게 계약금을 지급하였다. 이에 관한 설명으로 옳은 것은?(다툼이 있으면 판례에 따름) `기출` `24`

① 乙은 甲을 상대로 허가가 나오는 것을 조건으로 하여 잔금과 상환으로 이전등기를 해 달라고 청구할 수 있다.

② 허가가 나오기 전이라도 甲은 乙이 잔금기일에 잔금을 지급하지 않았다는 것을 이유로 위 계약을 해제 할 수 있다.

③ 위 계약이 확정적으로 무효가 된 경우, 그에 관해 귀책사유가 있는 당사자도 계약의 무효를 주장할 수 있다.

④ 거래허가를 신청하기 전에는 乙의 기망행위로 위 계약을 체결하였더라도 甲은 그 계약을 취소할 수 없다.

⑤ 만일 계약 당시 합의에 따라 계약금을 乙이 丙에게 지급하였는데 그 후 위 계약이 확정적으로 무효가된 경우, 특별한 사정이 없는 한 乙은 丙을 상대로 지급한 계약금 상당액의 반환을 청구할 수 있다.

해설 ① (×) 국토의 계획 및 이용에 관한 법률상의 토지거래계약허가구역 내의 토지에 관하여 관할관청의 허가를 받을 것을 전제로 한 매매계약은 법률상 미완성의 법률행위로서 허가받기 전의 상태에서는 아무런 효력이 없어, 그 매수인이 매도인을 상대로 하여 권리의 이전 또는 설정에 관한 어떠한 이행청구도 할 수 없고, 이행청구를 허용하지 않는 취지에 비추어 볼 때 그 매매계약에 기한 소유권이전등기청구권 또는 토지거래계약에 관한 허가를 받을 것을 조건으로 한 소유권이전등기청구권을 피보전권리로 한 부동산처분금지가처분신청 또한 허용되지 않는다(대결 2010.8.26. 2010마818). 토지거래허가를 받지 않은 상태에서의 매매계약은 유동적 무효로서, 허가가 있기까지는 채권계약의 효력이 발생하지 아니한다. 따라서 허가조건부이전등기의무나 토지거래계약에 관한 허가를 받을 것을 조건으로 한 소유권이전등기청구권을 피보전권리로 한 부동산처분금지가처분신청은 허용되지 않는다.

② (×) 허가받을 것을 전제로 하는 거래계약은 허가를 받을때까지는 법률상 미완성의 법률행위로서 소유권 등 권리의 이전 또는 설정에 관한 거래의 효력이 전혀 발생하지 않으나 일단 허가를 받으면 그 계약은 소급하여 유효한 계약이 되고, 이와 달리 불허가가 된 때에 무효로 확정되므로 허가를 받기까지는 유동적 무효의 상태에 있다고 볼 것인바, 허가를 받을 것을 전제로 한 거래계약은 허가 받기 전의 상태에서는 거래계약의 채권적 효력도 전혀 발생하지 않으므로 권리의 이전 또는 설정에 관한 어떠한 내용의 이행청구도 할 수 없고, 그러한 거래계약의 당사자로서는 허가받기 전의 상태에서 상대방의 거래계약상 채무불이행을 이유로 거래계약을 해제하거나 그로 인한 손해배상을 청구할 수 없다(토지거래허가구역 내에 있는 토지를 허가대상이 아닌 다른 부동산과 교환하기로 하는 내용의 교환계약이 국토이용관리법상의 토지거래허가를 받아야 하는 거래계약이어서, 당해 계약에 관하여 관할관청의 토지거래허가를 받지 않은 이상 허가를 받기까지는 유동적 무효의 상태에 있는 것임에도 불구하고, 당해 계약이 유효한 계약임을 전제로 하여, 매수인의 교환대상 건물에 관한 소유권이전등기의무가 이행불능이 되었고 그와 같은 채무불이행이 매수인의 귀책사유에 기한 것이라는 이유로 계약이 매도인에 의하여 적법하게 해제된 것을 이유로, 매수인은 매도인에게 이행불능으로 인한 손해배상책임이 있다고 한 원심판결을 파기한 사례)(대판 1997.7.25. 97다4357·4364). 매매계약이 유동적 무효인 상태에서는 물권적 효력뿐만 아니라, 채권적 효력도 발생하지 않는다. 따라서 허가가 나오기 전에는 각 당사자는 주된 급부의무의 이행을 청구할 수 없으며, 주된 급부의무가 없으므로 채무불이행을 이유로 손해배상을 청구하거나 계약을 해제할 수는 없다.

③ (○) 국토이용관리법상 토지거래허가를 받지 않아 거래계약이 유동적 무효의 상태에 있는 경우, 유동적 무효 상태의 계약은 관할 관청의 불허가처분이 있을 때뿐만 아니라 당사자 쌍방이 허가신청협력의무의 이행거절의사를 명백히 표시한 경우에는 허가 전 거래계약관계, 즉 계약의 유동적 무효 상태가 더 이상 지속된다고 볼 수 없으므로, 계약관계는 확정적으로 무효가 된다고 할 것이고, 그와같은 법리는 거래계약상 일방의 채무가 이행불능임이 명백하고 나아가 상대방이 거래계약의 존속을 더 이상 바라지 않고 있는 경우에도 마찬가지라고 보아야 하며, 거래계약이 확정적으로 무효가 된 경우에는 거래계약이 확정적으로 무효로 됨에 있어서 귀책사유가 있는 자라고 하더라도 그 계약의 무효를 주장할 수 있다(대판 1997.7.25. 97다4357·4364).

④ (×) 국토이용관리법상 규제구역 내에 속하는 토지거래에 관하여 관할 도지사로부터 거래허가를 받지 아니한 거래계약은 처음부터 위 허가를 배제하거나 잠탈하는 내용의 계약이 아닌 한 허가를 받기까지는 <u>유동적 무효의 상태</u>에 있고 거래 당사자는 거래허가를 받기 위하여 서로 협력할 의무가 있으나, 그 토지거래가 계약 당사자의 표시와 불일치한 의사(비진의표시, 허위표시 또는 착오) 또는 사기, 강박과 같은 하자 있는 의사에 의하여 이루어진 경우에는, <u>이들 사유에 의하여 그 거래의 무효 또는 취소를 주장할 수 있는 당사자는 그러한 거래허가를 신청하기 전 단계에 서 이러한 사유를 주장하여 거래허가신청 협력에 대한 거절의사를 일방적으로 명백히 함으로써 그 계약을 확정적으로 무효화시키고 자신의 거래허가절차에 협력할 의무를 면할 수 있다</u>(대판 1997.11.14. 97다36118).

⑤ (×) 제3자를 위한 계약관계에서 낙약자와 요약자 사이의 법률관계(이른바 기본관계)를 이루는 계약이 무효이거나 해제된 경우 <u>그 계약관계의 청산은 계약의 당사자인 낙약자와 요약자 사이에 이루어져야 하므로, 특별한 사정이 없는 한 낙약자가 이미 제3자에게 급부한 것이 있더라도 낙약자는 계약해제 등에 기한 원상회복 또는 부당이득을 원인으로 제3자를 상대로 그 반환을 구할 수 없다</u>(대판 2010.8.19. 2010다31860·31877). 따라서 乙은 丙을 상대로 지급한 계약금 상당액의 반환을 청구할 수 없다.

03 甲은 토지거래허가구역 내에 있는 그 소유의 X토지에 대하여 토지거래허가를 받을 것을 전제로 乙과 매매계약을 체결하였다. 이에 관한 설명으로 옳지 않은 것은?(다툼이 있으면 판례에 따름) 기출 21

① 甲이 허가신청절차에 협력하지 않으면 乙은 甲에 대하여 협력의무의 이행을 소구할 수 있다.

② 甲이 허가신청절차에 협력할 의무를 이행하지 않더라도 특별한 사정이 없는 한 乙은 이를 이유로 계약을 해제할 수 없다.

③ 甲과 乙이 허가신청절차 협력의무의 이행거절의사를 명백히 표시한 경우, 매매계약은 확정적으로 무효가 된다.

④ 매매계약이 乙의 사기에 의해 체결된 경우, 甲은 토지거래허가를 신청하기 전에 사기를 이유로 계약을 취소함으로써 허가신청절차의 협력의무를 면할 수 있다.

⑤ X토지가 중간생략등기의 합의에 따라 乙로부터 丙에게 허가 없이 전매된 경우, 丙은 甲에 대하여 직접 허가신청절차의 협력의무 이행청구권을 가진다.

해설 ① (○) 허가를 받을 것을 전제로 한 규제지역 내의 거래계약은 허가를 받을 때까지는 법률상 미완성의 법률행위로서 소유권 등 권리의 이전 또는 설정에 관한 거래의 효력이 전혀 발생하지 않음은 확정적 무효의 경우와 다를 바 없지만 일단 허가를 받으면 그 계약은 소급하여 유효한 계약이 되고, 이와 달리 불허가 된 때에는 무효로 확정되므로 허가를 받기까지는 유동적 무효의 상태에 있다고 보는 것이 타당하고, 이러한 계약을 체결한 당사자 사이에 있어서는 그 계약이 효력있는 것으로 완성될 수 있도록 서로 협력할 의무가 있음이 당연하므로, <u>규제지역 내의 토지에 관하여 거래계약이 체결된 경우에 계약의 쌍방 당사자는 공동으로 관할 관청의 허가를 받는 신청절차에 협력하지 않는 상대방에 대하여 협력의무의 이행을 소송으로서 구할 이익이 있다</u>(대판 1995.1.24. 93다25875).

② (○) 유동적 무효의 상태에 있는 거래계약의 당사자는 <u>상대방이 그 거래계약의 효력이 완성되도록 협력할 의무를 이행하지 아니하였음을 들어 일방적으로 유동적 무효의 상태에 있는 거래계약 자체를 해제할 수 없다</u>(대판[전합] 1999.6.17. 98다40459).

③ (○) 국토이용관리법상 규제구역 내에 속하는 토지거래에 관하여 관할 도지사로부터 거래허가를 받지 아니한 거래계약은 처음부터 허가를 배제하거나 잠탈하는 내용의 계약이 아닌 한 허가를 받기까지는 유동적 무효의 상태에 있고 거래당사자는 거래허가를 받기 위하여 서로 협력할 의무가 있으므로, <u>그 유동적 무효 상태의 계약에 기하여 임의로 지급한 계약금 등은 유동적 무효 상태가 확정적으로 무효가 되었을 때 비로소 부당이득으로 그 반환을 구할 수 있고, 유동적 무효 상태의 계약이 확정적으로 무효로 되는 경우로서는 관할 도지사에 의한 불허가 처분이 있을 때나 당사자 쌍방이 허가신청협력의무의 이행거절 의사를 명백히 표시한 경우 등이 있다</u>(대판 1996.11.8. 96다35309).

④ (○) 토지거래가 계약 당사자의 표시와 불일치한 의사(비진의표시, 허위표시 또는 착오) 또는 사기, 강박과 같은 하자 있는 의사에 의하여 이루어진 경우에는, 이들 사유에 의하여 그 거래의 무효 또는 취소를 주장할 수 있는 당사자는 그러한 거래허가를 신청하기 전 단계에서 이러한 사유를 주장하여 거래허가신청 협력에 대한 거절의사를 일방적으로 명백히 함으로써 그 계약을 확정적으로 무효화시키고 자신의 거래허가절차에 협력할 의무를 면할 수 있다(대판 1997.11.14. 97다36118).

⑤ (×) 토지거래허가구역 내의 토지가 관할 관청의 허가 없이 전전매매되고 그 당사자들 사이에 최초의 매도인으로부터 최종 매수인 앞으로 직접 소유권이전등기를 경료하기로 하는 중간생략등기의 합의가 있는 경우, 이러한 중간생략등기의 합의란 <스맨 뱅 흐링>의 편의상 최초의 매도인으로부터 최종의 매수인 앞으로 소유권이전등기를 경료하기로 한다는 당사자 사이의 합의에 불과할 뿐 그러한 합의가 있다고 하여 최초의 매도인과 최종의 매수인 사이에 매매계약이 체결되었다는 것을 의미하는 것은 아니고, 따라서 최종 매수인은 최초 매도인에 대하여 직접 그 토지에 관한 토지거래허가 신청절차의 협력의무 이행청구권을 가지고 있다고 할 수 없으며, 설사 최종 매수인이 자신과 최초 매도인을 매매 당사자로 하는 토지거래허가를 받아 최종 매수인 앞으로 소유권이전등기를 경료하더라도 그러한 소유권이전등기는 적법한 토지거래허가 없이 경료된 등기로서 무효이다(대판 1996.6.28. 96다3982).

04 법률행위의 무효와 취소에 관한 설명으로 옳은 것은?(다툼이 있으면 판례에 따름) 기출 19

① 착오가 의사표시자의 중대한 과실로 인한 경우에는 상대방이 그 착오를 알고 이를 이용하였더라도 의사표시자는 착오를 이유로 의사표시를 취소할 수 없다.

② 통정허위표시의 무효는 선의의 제3자에게 대항하지 못하며, 이때 제3자는 선의이면 족하고 무과실을 요하지 않는다.

③ 무효인 가등기를 유효한 등기로 전용할 것을 약정하였다면, 무효행위의 전환이론에 따라 무효인 가등기는 그 등기 시로 소급하여 유효로 전환된다.

④ 취소권을 행사할 수 있는 기간의 경과 여부는 당사자가 주장하여야 하므로, 법원이 이를 당연히 조사하고 고려해야 할 사항은 아니다.

⑤ 유동적 무효인 토지거래계약이 확정적으로 무효가 된 경우, 이에 대해 귀책사유가 있는 자는 계약의 무효를 주장할 수 없다.

해설 ① (×) 민법 제109조 제1항 단서는 의사표시의 착오가 표의자의 중대한 과실로 인한 때에는 그 의사표시를 취소하지 못한다고 규정하고 있는데, 위 단서규정은 표의자의 상대방의 이익을 보호하기 위한 것이므로, 상대방이 표의자의 착오를 알고 이를 이용한 경우에는 착오가 표의자의 중대한 과실로 인한 것이라고 하더라도 표의자는 의사표시를 취소할 수 있다(대판 2014.11.27. 2013다49794).

② (○) **민법 제108조 제2항의 제3자는 선의이면 족하고 무과실은 요건이 아니다**(대판 2004.5.28. 2003다70041).

③ (×) 무효인 법률행위는 당사자가 무효임을 알고 추인할 경우 새로운 법률행위를 한 것으로 간주할 뿐이고 소급효가 없는 것이므로 무효인 가등기를 유효한 등기로 전용키로 한 약정은 그때부터 유효하고 이로써 위 가등기가 소급하여 유효한 등기로 전환될 수 없다(대판 1992.5.12. 91다26546).

④ (×) 민법 제146조는 취소권은 추인할 수 있는 날로부터 3년 내에 행사하여야 한다고 규정하고 있는바, 이때의 3년이라는 기간은 일반소멸시효기간이 아니라 제척기간으로서 제척기간이 도과하였는지 여부는 당사자의 주장에 관계없이 법원이 당연히 조사하여 고려하여야 할 사항이다(대판 1996.9.20. 96다25371).

⑤ (×) **거래계약이 확정적으로 무효가 된 경우에는 거래계약이 확정적으로 무효로 됨에 있어서 귀책사유가 있는 자라고 하더라도 그 계약의 무효를 주장할 수 있다**(대판 1997.7.25. 97다4357·4364).

05 법률행위의 무효와 취소에 관한 설명으로 옳은 것은?(다툼이 있으면 판례에 따름) 기출 18

① 법률행위가 무효임을 알고 당사자가 추인한 때에는 새로운 법률행위로 추정한다.
② 취소할 수 있는 법률행위의 상대방이 확정된 경우에는 그 취소는 그 상대방에 대한 의사표시로 하여야 한다.
③ 취소권은 법률행위를 추인할 수 있는 날로부터 5년 뒤에도 소멸하지 않는다.
④ 폭리행위는 그 무효원인이 해소되지 않았더라도 당사자의 추인이 있으면 유효로 될 수 있다.
⑤ 미성년을 이유로 취소할 수 있다는 사실을 알고 법정대리인의 동의 없이 법률행위를 한 미성년자가 그 법률행위를 적법하게 취소한 경우, 미성년자는 그 행위로 받은 이익에 이자를 붙여서 반환하여야 한다.

해설　① (×) 당사자가 그 무효임을 알고 추인한 때에는 새로운 법률행위로 본다(민법 제139조 단서).
② (○) 취소할 수 있는 법률행위의 상대방이 확정한 경우에는 그 취소는 그 상대방에 대한 의사표시로 하여야 한다(민법 제142조).
③ (×) 취소권은 추인할 수 있는 날로부터 3년 내에 법률행위를 한 날로부터 10년 내에 행사하여야 한다(민법 제146조). 따라서 추인할 수 있는 날로부터 5년이 지났다면 취소권은 소멸한다.
④ (×) 불공정한 법률행위로서 무효인 경우에는 추인에 의하여 무효인 법률행위가 유효로 될 수 없다(대판 1994.6.24. 94다10900).
⑤ (×) 제한능력자는 선의·악의를 불문하고, 그 행위로 인하여 받은 이익이 현존하는 한도에서 상환할 책임이 있다(민법 제141조 단서). 민법 제141조 단서는 민법 제748조의 특칙에 해당한다.

06 법률행위의 무효와 취소에 관한 설명으로 옳지 않은 것은?(다툼이 있으면 판례에 따름)

기출 16

① 취소의 의사표시란 반드시 명시적이어야 하는 것은 아니고, 취소자가 자신의 법률행위의 효력을 처음부터 배제하려고 한다는 의사가 드러나면 된다.
② 매매계약 체결 당시 일정한 기간 안에 토지거래허가를 받기로 약정하였다고 하더라도, 특별한 사정이 없는 한 그 약정기간이 경과하였다는 사정만으로 곧바로 매매계약이 확정적으로 무효가 된다고 할 수 없다.
③ 법률행위의 취소를 당연한 전제로 한 소송상의 이행청구나 이행거절 가운데는 취소의 의사표시가 포함되어 있다.
④ 무효인 계약의 성립에 기초하여 외견상 있는 것처럼 보이는 의무를 위반한 계약당사자를 상대로 하여 채무불이행을 이유로 하는 손해배상을 청구할 수 있다.
⑤ 징계해임이 정당한 사유나 절차의 흠결로 인하여 무효인 경우 직권해임으로서 정당한 사유 및 절차적 요건을 갖추었다 하더라도 직권해임으로서의 효력을 발휘할 수 없다.

해설 ① (○) 취소의 의사표시란 반드시 명시적이어야 하는 것은 아니고, 취소자가 그 착오를 이유로 자신의 법률행위의 효력을 처음부터 배제하려고 한다는 의사가 드러나면 충분하다(대판 2005.5.27. 2004다43824).

② (○) 매매계약 체결 당시 일정한 기간 안에 토지거래허가를 받기로 약정하였다고 하더라도, 그 약정된 기간 내에 토지거래허가를 받지 못할 경우 계약해제 등의 절차 없이 곧바로 매매계약을 무효로 하기로 약정한 취지라는 등의 특별한 사정이 없는 한, 이를 쌍무계약에서 이행기를 정한 것과 달리 볼 것이 아니므로 위 약정기간이 경과하였다는 사정만으로 곧바로 매매계약이 확정적으로 무효가 된다고 할 수 없다(대판 2009.4.23. 2008다50615).

③ (○) 법률행위의 취소를 당연한 전제로 한 소송상의 이행청구나 이를 전제로 한 이행거절 가운데는 취소의 의사표시가 포함되어 있다고 볼 수 있다(대판 1993.9.14. 93다13162).

④ (×) 무효인 법률행위는 그 법률행위가 성립한 당초부터 당연히 효력이 발생하지 않는 것이므로, 무효인 법률행위에 따른 법률효과를 침해하는 것처럼 보이는 위법행위나 채무불이행이 있다고 하여도 법률효과의 침해에 따른 손해는 없는 것이므로 그 손해배상을 청구할 수는 없다(대판 2003.3.28. 2002다72125).

⑤ (○) 직권해임, 직권휴직 및 징계해임은 모두 근로자에게 불리한 신분적 조치를 규정한 것으로서 각 사유 및 절차를 달리하므로 어느 한 처분이 정당한 사유나 절차의 흠결로 인하여 무효인 경우 다른 처분으로서 정당한 사유 및 절차적 요건을 갖추었다 하더라도 다른 처분으로서의 효력을 발휘할 수 없다(대판 1993.5.25. 91다41750).

07 법률행위의 무효와 취소에 관한 설명으로 옳은 것은?(다툼이 있으면 판례에 따름) 기출 15

① 토지거래허가구역 내의 토지매매계약은 처음부터 그 허가를 배제하는 내용이더라도 유동적 무효이다.

② 토지거래허가구역 내의 토지매매계약의 당사자는 상대방의 허가신청협력의무 불이행을 이유로 거래계약 그 자체를 해제할 수 있다.

③ 무효인 법률행위의 당사자가 그 무효임을 알면서 추인한 경우에는 소급하여 유효한 법률행위로 된다.

④ 법률행위의 취소를 전제로 한 소송상의 이행청구나 이를 전제로 한 이행거절에는 취소의 의사표시가 포함되어 있다고 볼 수 있다.

⑤ 법정대리인의 동의 없이 매매계약을 체결한 미성년자는 성년이 되지 않았더라도 단독으로 그 계약을 추인할 수 있다.

해설 ① (×) 허가를 받기 전의 거래계약이 처음부터 허가를 배제하거나 잠탈하는 내용의 계약일 경우에는 확정적 무효로서 유효화될 여지가 없다(대판[전합] 1991.12.24. 90다12243).

② (×) 유동적 무효의 상태에 있는 거래계약의 당사자는 상대방이 그 거래계약의 효력이 완성되도록 협력할 의무를 이행하지 아니하였음을 들어 일방적으로 유동적 무효의 상태에 있는 거래계약 자체를 해제할 수 없다(대판[전합] 1999.6.17. 98다40459).

③ (×) 무효행위의 추인이라 함은 법률행위로서의 효과가 확정적으로 발생하지 않는 무효행위를 뒤에 유효케 하는 의사표시를 말하는 것으로 무효인 행위를 사후에 유효로 하는 것이 아니라 새로운 의사표시에 의하여 새로운 행위가 있는 것으로 그때부터 유효케 되는 것이므로 원칙적으로 소급효가 인정되지 않는 것이다(대판 1983.9.27. 83므22).

④ (○) 법률행위의 취소는 상대방에 대한 의사표시로 하여야 하나 그 취소의 의사표시는 특별히 재판상 행하여짐이 요구되는 경우 이외에는 특정한 방식이 요구되는 것이 아니고, 취소의 의사가 상대방에 의하여 인식될 수 있다면 어떠한 방법에 의하더라도 무방하다고 할 것이고, **법률행위의 취소를 당연한 전제로 한 소송상의 이행청구나 이를 전제로 한 이행거절 가운데는 취소의 의사표시가 포함되어 있다고 볼 수 있다**(대판 1993.9.14. 93나13162).

⑤ (×) 법정대리인의 동의 없이 매매계약을 체결한 미성년자는, 원칙적으로 제한능력자인 상태에서는 단독으로 그 계약을 추인할 수 없다(민법 제144조 제1항).

08 법률행위의 무효와 취소에 관한 설명으로 옳지 않은 것은?(다툼이 있는 경우에는 판례에 의함)

기출 12

① 甲이 乙의 사기로 토지를 乙에게 헐값에 판 후 乙이 丙에게 전매한 경우, 사기로 인한 법률행위의 취소의 상대방은 乙이다.

② 토지거래허가구역 내의 토지의 매도인은 거래허가 전에는 매수인의 대금지급의무 불이행을 이유로 계약을 해제할 수 없다.

③ 불공정한 법률행위는 법정추인에 의해 유효로 될 수 없다.

④ 강박으로 인하여 법률행위를 한 자가 강박상태에서 벗어나기 전에 한 추인도 추인으로서의 효력이 있다.

⑤ 허위표시에 기초하여 무효인 가등기를 유효한 등기로 전용하기로 약정한 경우, 가등기가 소급하여 유효한 등기로 전환되지 않는다.

해설 ① (○) **취소의 상대방은 취소의 대상이 되는 법률행위의 상대방이다**(민법 제142조). 따라서 법률행위의 상대방이 취득한 권리를 제3자에게 양도한 경우에도, 취소의 상대방은 원래 계약의 상대방이 되는 것이지 제3취득자가 되는 것이 아니다.

② (○) 토지거래허가를 전제로 하는 매매계약의 경우 **토지거래허가를 받기 전에는**, 그 계약내용대로의 효력이 있을 수 없어 당사자는 그 계약내용에 따른 어떠한 의무도 부담하지 아니하고 어떠한 이행청구도 할 수 **없으므로 그 계약내용에 따른 상대방의 채무불이행을 이유로 계약을 해제할 수 없다**(대판 2010.2.11. 2008다88795 · 88801).

③ (○) **무효행위에 대한 법정추인제도는 인정되지 아니하고, 취소행위에 대한 법정추인제도가 인정될 뿐이다**(민법 제145조).

④ (×) 무효행위의 추인은 그 무효원인이 소멸한 후에 하여야 그 효력이 있고, 따라서 <u>강박에 의한 의사표시임을 이유로 일단 유효하게 취소되어 당초의 의사표시가 무효로 된 후에 추인한 경우 그 추인이 효력을 가지기 위하여는 그 무효원인이 소멸한 후일 것을 요한다</u>고 할 것인데, 그 무효원인이란 바로 위 의사표시의 취소사유라 할 것이므로 결국 무효원인이 소멸한 후란 것은 당초의 의사표시의 성립과정에 존재하였던 취소의 원인이 종료된 후, 즉 강박상태에서 벗어난 후라고 보아야 한다(대판 1997.12.12. 95다38240).

⑤ (○) 무효인 법률행위는 당사자가 무효임을 알고 추인할 경우 새로운 법률행위를 한 것으로 간주할 뿐이고 소급효가 없는 것이므로 **무효인 가등기를 유효한 등기로 전용키로 한 약정은 그때부터 유효하고 이로써 위 가등기가 소급하여 유효한 등기로 전환될 수 없다**(대판 1992.5.12. 91다26546).

09 취소에 관한 설명으로 옳은 것은?(다툼이 있으면 판례에 따름) 기출 24

① 미성년자가 체결한 계약이 법정대리인의 동의없음을 이유로 취소할 수 있는 경우, 계약당사자인 미성년자는 단독으로 그 계약을 취소할 수 없다.

② 계약을 체결할 수 있는 권한만을 가진 임의대리인이 상대방의 사기로 계약을 체결한 경우, 그 임의대리인은 그 계약을 취소할 수 있다.

③ 미성년자인 임의대리인이 계약을 체결한 경우, 본인은 미성년자에 의한 대리행위라는 이유로 취소할 수 있다.

④ 전세권자의 사기에 의해 건물에 전세권이 설정되고 그 건물이 양도된 경우, 건물양수인은 전세권자의 사기를 이유로 전세권 설정 계약을 취소할 수 있다.

⑤ 미성년자가 단독으로 발급받은 신용카드를 이용하여 구입한 물품의 대금을 성년자가 되어 이의 없이 결제한 후에도 그 물품구입계약을 미성년자의 행위임을 이유로 취소할 수 있다.

해설 ① (×) 미성년자 자신이 체결한 계약도 미성년자가 단독으로 그 계약을 취소할 수 있다(민법 제140조).

② (×) 계약을 체결할 수 있는 권한만을 가진 임의대리인이 상대방의 사기로 계약을 체결한 경우, 그 임의대리인은 특별수권이 없는 한 그 계약을 취소 또는 해제 등을 할 수 없다.

③ (×) 대리인은 행위능력자임을 요하지 아니하므로(민법 제117조), 본인은 미성년자에 의한 대리행위라는 이유로 취소할 수 없다.

④ (○) 민법 제140조. 따라서 건물양수인은 특정승계인으로서 전세권자의 사기를 이유로 전세권 설정 계약을 취소할 수 있다.

> **법률행위의 취소권자(민법 제140조)**
> 취소할 수 있는 법률행위는 제한능력자, 착오로 인하거나 사기·강박에 의하여 의사표시를 한 자, 그의 대리인 또는 승계인만이 취소할 수 있다.

⑤ (×) 미성년자가 단독으로 발급받은 신용카드를 이용하여 구입한 물품의 대금을 성년자가 되어 이의없이 결제한 후에는 법정추인이 되어 그 물품구입계약을 미성년자의 행위임을 이유로 취소할 수 없다(민법 제145조 제1호).

> **법정추인(민법 제145조)**
> 취소할 수 있는 법률행위에 관하여 전조의 규정에 의하여 추인할 수 있는 후에 다음 각 호의 사유가 있으면 추인한 것으로 본다. 그러나 이의를 보류한 때에는 그러하지 아니하다.
> 1. 전부나 일부의 이행

10 법률행위의 취소에 관한 설명으로 옳지 않은 것은?(다툼이 있으면 판례에 따름) 기출 21

① 제한능력자의 법률행위에 대한 법정대리인의 추인은 취소의 원인이 소멸된 후에 하여야 그 효력이 있다.

② 취소할 수 있는 법률행위로 취득한 권리를 취소권자의 상대방이 제3자에게 양도한 경우, 법정추인이 되지 않는다.

③ 법률행위의 취소를 전제로 한 소송상의 이행청구나 이를 전제로 한 이행거절에는 취소의 의사표시가 포함되어 있다고 볼 수 있다.

④ 취소할 수 있는 법률행위는 취소권자가 추인할 수 있는 후에 이의를 보류하지 않고 이행청구를 하면 추인한 것으로 본다.

⑤ 취소권자가 취소할 수 있는 법률행위를 적법하게 추인한 경우, 그 법률행위를 다시 취소할 수 없다.

해설 ① (×) 추인은 취소의 원인이 소멸된 후에 하여야만 효력이 있으나, 법정대리인의 경우에는 취소의 원인이 소멸된지 여부에 상관없이 추인할 수 있다(민법 제144조 참고).

② (○) 민법 제145조 제5호의 '취소할 수 있는 행위로 취득한 권리의 전부나 일부의 양도'는 취소권자가 양도한 경우에 한하여 법정추인사유에 해당한다. 참고로 민법 제145조 제2호의 '이행의 청구'도 취소권자가 채무이행을 청구한 것에 한하여 법정추인사유에 해당한다.

③ (○) 법률행위의 취소는 상대방에 대한 의사표시로 하여야 하나 그 취소의 의사표시는 특별히 재판상 행하여짐이 요구되는 경우 이외에는 특정한 방식이 요구되는 것이 아니고, 취소의 의사가 상대방에 의하여 인식될 수 있다면 어떠한 방법에 의하더라도 무방하다고 할 것이고, 법률행위의 취소를 당연한 전제로 한 소송상의 이행청구나 이를 전제로 한 이행거절 가운데는 취소의 의사표시가 포함되어 있다고 볼 수 있다(대판 1993.9.14, 93다13162).

④ (○) 민법 제145조(법정추인) 제2호(이행의 청구)

⑤ (○) 취소권자가 취소할 수 있는 법률행위를 적법하게 추인한 경우 그 법률행위는 확정적으로 유효가 되므로 더 이상 취소할 수 없게 된다.

11 법률행위의 취소에 관한 설명으로 옳지 않은 것은?(다툼이 있는 경우에는 판례에 의함)

기출 13

① 취소할 수 있는 법률행위를 추인하면 이를 다시 취소할 수 없다.

② 법률행위를 취소한 이후에는 무효행위의 추인의 요건에 따라 다시 추인할 수 없다.

③ 매매계약의 체결 시 토지의 일정 부분을 매매의 대상에서 제외시키는 특약을 한 경우, 그 특약만을 기망에 의한 법률행위로서 취소할 수는 없다.

④ 수탁보증인이 보증계약을 취소할 때에는 채권자를 상대방으로 하여 의사표시를 하여야 한다.

⑤ 하나의 법률행위가 가분성이 있거나 또는 그 목적물의 일부를 특정할 수 있는 경우, 나머지 부분이라도 유지하려는 당사자의 가정적 의사가 인정된다면 그 일부만을 취소할 수 있다.

해설 ① (○) 적법한 추인이 있으면 더 이상 취소할 수 없게 되므로, 법률행위는 확정적으로 유효가 된다.

② (×) 취소한 법률행위는 처음부터 무효인 것으로 간주되므로 취소할 수 있는 법률행위가 일단 취소된 이상 그 후에는 취소할 수 있는 법률행위의 추인에 의하여 이미 취소되어 무효인 것으로 간주된 당초의 의사표시를 다시 확정적으로 유효하게 할 수는 없고, 다만 무효인 법률행위의 추인의 요건과 효력으로서 추인할 수는 있으나, 무효행위의 추인은 그 무효원인이 소멸한 후에 하여야 그 효력이 있다(대판 1997.12.12. 95다38240).

③ (○) 매매계약 체결 시 토지의 일정 부분을 매매대상에서 제외시키는 특약을 한 경우, 이는 매매계약의 대상토지를 특정하여 그 일정 부분에 대하여는 매매계약이 체결되지 않았음을 분명히 한 것으로써 그 부분에 대한 어떠한 법률행위가 이루어진 것으로는 볼 수 없으므로, 그 특약만을 기망에 의한 법률행위로서 취소할 수는 없다(대판 1999.3.26. 98다56607).

④ (○) 보증계약은 보증인과 채권자 간의 계약으로 성립하므로, 수탁보증인이 보증계약을 취소할 경우에는 채권자를 상대방으로 의사표시를 하여야 한다.

⑤ (○) 하나의 법률행위의 일부분에만 취소사유가 있다고 하더라도 그 법률행위가 가분적이거나 그 목적물의 일부가 특정될 수 있다면, 나머지 부분이라도 이를 유지하려는 당사자의 가정적 의사가 인정되는 경우 그 일부만의 취소도 가능하다고 할 것이고, 그 일부의 취소는 법률행위의 일부에 관하여 효력이 생긴다고 할 것이다(대판 2002.9.4. 2002다18435).

12 취소할 수 있는 법률행위의 경우, 추인할 수 있는 날로부터 일정한 사유가 있으면(이의를 보류하지 않은 것을 전제) 추인한 것으로 보는 경우로서 옳지 않은 것은? 기출 12

① 취소권자가 취소할 수 있는 법률행위의 상대방으로부터 이행청구를 받은 경우

② 취소권자가 채권자로서 강제집행한 경우

③ 취소권자가 채권자로서 물적 담보를 취득한 경우

④ 취소권자가 취소할 수 있는 매매계약으로부터 취득한 토지에 지상권을 설정한 경우

⑤ 취소할 수 있는 법률행위로부터 발생한 채권의 일부에 대하여 취소권자가 상대방의 이행을 수령한 경우

해설 ① (×) 법정추인사유로서의 '이행청구'는 취소권자가 상대방에 대하여 채무이행을 청구한 경우에 한하고, 취소권자가 상대방으로부터 이행청구를 받은 경우는 포함하지 아니한다(민법 제145조 제2호).

② (○) 취소권자가 채권자로서 강제집행을 하는 경우뿐만 아니라, 채무자로서 이의 없이 강제집행을 받는 경우도 법정추인사유에 포함한다(통설).

③ (○) 취소권자가 물적·인적 담보를 불문하고 그 담보를 제공하는 경우뿐만 아니라, 그 담보를 제공받는 경우도 법정추인사유에 포함한다.

④ (○) 법정추인사유는 취소권자가 취소할 수 있는 행위로써 취득한 권리의 전부나 일부를 양도한 경우에 한하는데, 여기에서의 양도에는 제한적 권리(제한물권이나 임차권 등)를 설정하는 경우도 포함된다.

⑤ (○) 법정추인사유로서의 전부나 일부의 이행에는 취소권자가 이행한 경우뿐만 아니라, 상대방의 이행을 수령한 경우도 포함된다.

법정추인(민법 제145조)

취소할 수 있는 법률행위에 관하여 전조의 규정에 의하여 추인할 수 있는 후에 다음 각 호의 사유가 있으면 추인한 것으로 본다. 그러나 이의를 보류한 때에는 그러하지 아니하다.

1. 전부나 일부의 이행
2. 이행의 청구
3. 경개
4. 담보의 제공
5. 취소할 수 있는 행위로 취득한 권리의 전부나 일부의 양도
6. 강제집행

---

06 법률행위의 부관

01 법률행위의 조건에 관한 설명으로 옳은 것은?(다툼이 있으면 판례에 따름) `기출 22`

① 조건이 선량한 풍속 기타 사회질서에 위반한 것인 때에는 조건 없는 법률행위로 한다.

② 조건의 성취가 미정한 권리의무는 이를 처분할 수 없다.

③ 조건을 붙이는 것이 허용되지 아니하는 법률행위에 조건에 붙인 경우 조건 없는 법률행위로 한다.

④ 정지조건부 채권양도에 있어서 조건이 성취되었다는 사실은 채권양도의 효력을 주장하는 자에게 그 증명책임이 있다.

⑤ 주택건설을 위한 토지매매계약의 당사자가 건축허가 신청이 불허되었을 때에는 이를 무효로 한다는 약정을 한 경우 이는 정지조건부계약이다.

해설 ① (×) 조건이 선량한 풍속 기타 사회질서에 위반한 것인 때에는 그 법률행위는 무효로 한다(민법 제151조 제1항).

② (×) 조건의 성취가 미정한 권리의무는 일반규정에 의하여 처분, 상속, 보존 또는 담보로 할 수 있다(민법 제149조).

③ (×) 조건부 법률행위에 있어 조건의 내용 자체가 불법적인 것이어서 무효일 경우 또는 조건을 붙이는 것이 허용되지 아니하는 법률행위에 조건을 붙인 경우 그 조건만을 분리하여 무효로 할 수는 없고 그 법률행위 전부가 무효로 된다(대결 2005.11.8. 2005마541).

④ (○) 정지조건부 법률행위에 있어서 조건이 성취되었다는 사실은 이에 의하여 권리를 취득하고자 하는 측에서 그 입증책임이 있다 할 것이므로, 정지조건부 채권양도에 있어서 정지조건이 성취되었다는 사실은 채권양도의 효력을 주장하는 자에게 그 입증책임이 있다(대판 1983.4.12. 81다카692).

⑤ (×) 주택건설을 위한 원·피고 간의 토지매매계약에 앞서 양자 간의 협의에 의하여 건축허가를 받을 때 매매계약이 성립하고 건축허가 신청이 불허되었을 때에는 이를 무효로 한다는 약정 아래 이루어진 본건 계약은 해제조건부계약이다(대판 1983.8.23. 83다카552).

02 법률행위의 부관에 관한 설명으로 옳지 않은 것은?(다툼이 있으면 판례에 따름) 기출 21

① 상계에는 시기(始期)를 붙이지 못한다.

② 현상광고에 정한 행위의 완료에 조건이나 기한을 붙일 수 있다.

③ 무상임치와 무이자 소비대차의 경우, 채무자만이 기한이익을 갖는다.

④ 조건의 성취로 인하여 이익을 받을 당사자가 신의성실에 반하여 조건을 성취시킨 때에는 상대 방은 그 조건이 성취하지 아니한 것으로 주장할 수 있다.

⑤ 부관이 붙은 법률행위에 있어서 부관에 표시된 사실이 발생한 때뿐만 아니라 발생하지 않는 것으로 확정된 때에도 그 채무를 이행하여야 한다고 보는 것이 상당한 경우에는 표시된 사실의 발생 여부가 확정되는 것을 불확정기한으로 정한 것으로 본다.

해설 ① (○) 상계의 의사표시에는 조건 또는 기한을 붙이지 못하므로(민법 제493조 제1항 후문), 시기(始期)를 붙일 수 없다.

② (○) 민법 제675조에 정하는 현상광고라 함은, 광고자가 어느 행위를 한 자에게 일정한 보수를 지급할 의사 를 표시하고 이에 응한 자가 그 광고에 정한 행위를 완료함으로써 그 효력이 생기는 것으로서, 그 광고에 정한 행위의 완료에 조건이나 기한을 붙일 수 있다(대판 2000.8.22. 2000다3675).

③ (×) 무상임치(민법 제693조)의 경우 임치인(채권자)이 기한의 이익을 갖으나, 무이자부 소비대차의 경우에 는 차주(채무자)가 기한의 이익을 갖는다.

④ (○) 민법 제150조 제2항

⑤ (○) 부관이 붙은 법률행위에 있어서 부관에 표시된 사실이 발생하지 아니하면 채무를 이행하지 아니하여도 된다고 보는 것이 상당한 경우에는 조건으로 보아야 하고, 표시된 사실이 발생한 때에는 물론이고 반대로 발생하지 아니하는 것이 확정된 때에도 그 채무를 이행하여야 한다고 보는 것이 상당한 경우에는 표시된 사실의 발생 여부가 확정되는 것을 불확정기한으로 정한 것으로 보아야 한다(대판 2003.8.19. 2003다 24215).

03 조건에 관한 설명으로 옳은 것은?(다툼이 있으면 판례에 따름) 기출 20

① 당사자가 조건성취의 효력을 그 성취 전에 소급하게 할 의사를 표시하였더라도 특별한 사정이 없는 한 소급하지 않는다.

② 조건부 법률행위에서 조건이 선량한 풍속에 위반되면 당사자의 의도를 살리기 위하여 그 조건 만이 무효이고 법률행위는 유효한 것이 원칙이다.

③ 조건부 권리는 조건의 성부가 미정인 상태에서는 그 가치에 대한 평가가 곤란하므로 담보제공 은 할 수 없다.

④ 해제조건부 법률행위의 조건이 법률행위의 당시에 이미 성취할 수 없는 것인 경우에는 조건 없는 법률행위로 한다.

⑤ 상계의 의사표시에는 조건을 붙일 수 있다.

해설 ① (×) 조건부 법률행위는 조건이 성취된 때로부터 그 효력이 발생·소멸한다(민법 제147조 제1항·제2항). 단, 이는 임의규정에 불과하므로, 당사자가 조건성취의 효력을 그 성취 전에 소급하게 할 의사를 표시한 때에는, 그 조건성취의 효력은 예외적으로 소급효를 갖는다(민법 제147조 제3항).

② (×) 조건부 법률행위에 있어 조건의 내용 자체가 불법적인 것이어서 무효일 경우 또는 조건을 붙이는 것이 허용되지 아니하는 법률행위에 조건을 붙인 경우 그 조건만을 분리하여 무효로 할 수는 없고 그 법률행위 전부가 무효로 된다(대결 2005.11.8. 2005마541).

③ (×) 조건의 성취가 미정한 권리의무는 일반규정에 의하여 처분, 상속, 보존 또는 담보로 할 수 있다(민법 제149조).

④ (○) 조건이 법률행위의 당시에 이미 성취할 수 없는 것인 경우에는 그 조건이 해제조건이면 조건 없는 법률행위로 하고 정지조건이면 그 법률행위는 무효로 한다(민법 제151조 제3항).

⑤ (×) 행위자의 일방적 의사표시에 따라 효력이 발생하는 **단독행위에는 원칙적으로 조건을 붙일 수 없으므로, 상계의 의사표시에는 조건을 붙이지 못한다**(민법 제493조 제1항).

04 조건과 기한에 관한 설명으로 옳지 않은 것은? 기출 19

① 종기 있는 법률행위는 기한이 도래한 때로부터 그 효력을 잃는다.

② 기한의 이익은 이를 포기할 수 있지만, 상대방의 이익을 해하지 못한다.

③ 조건이 법률행위 당시 이미 성취한 것인 경우에는 그 조건이 해제조건이면 그 법률행위는 조건 없는 법률행위로 한다.

④ 조건 있는 법률행위의 당사자는 조건의 성부가 미정인 동안에 조건의 성취로 인하여 생길 상대방의 이익을 해하지 못한다.

⑤ 조건의 성취로 인하여 불이익을 받을 당사자가 신의성실에 반하여 조건의 성취를 방해한 때에는 상대방은 그 조건이 성취한 것으로 주장할 수 있다.

해설 ① (○) 종기 있는 법률행위는 기한이 도래한 때로부터 그 효력을 잃는다(민법 제152조 제2항).

② (○) 기한의 이익은 이를 포기할 수 있다. 그러나 상대방의 이익을 해하지 못한다(민법 제153조 제2항).

③ (×) 기성조건이란 법률행위 당시 이미 성취되어 있는 조건을 말하는데, 기성조건이 해제조건이면 그 법률행위는 무효가 된다(민법 제151조 제2항).

④ (○) 조건 있는 법률행위의 당사자는 조건의 성부가 미정한 동안에 조건의 성취로 인하여 생길 상대방의 이익을 해하지 못한다(민법 제148조).

⑤ (○) 조건의 성취로 인하여 불이익을 받을 당사자가 신의성실에 반하여 조건의 성취를 방해한 때에는 상대방은 그 조건이 성취한 것으로 주장할 수 있다(민법 제150조 제1항).

05 민법상 조건부 법률행위에 관한 설명으로 옳지 않은 것은?(다툼이 있으면 판례에 따름)

기출 17

① 정지조건부 채권양도에 있어서 정지조건이 성취되었다는 사실은 채권양도의 효력을 부정하는 자가 증명해야 한다.

② 어떤 법률행위에 정지조건이 붙어 있는지 여부는 그 조건의 존재를 주장하는 자가 증명해야 한다.

③ 조건이 법률행위 당시에 이미 성취할 수 없는 것인 경우에 그 조건이 해제조건이면 조건 없는 법률행위가 된다.

④ 조건성취의 효력발생시기에 관한 민법의 규정은 임의규정이다.

⑤ 조선부 법률행위에 있어서 조건의 내용 자체가 불법으로 무효인 경우, 특별한 사정이 없는 한 그 조건만을 분리하여 일부만 무효로 할 수는 없다.

① (×) 정지조건부 법률행위에 있어서 조건이 성취되었다는 사실은 이에 의하여 권리를 취득하고자 하는 측에
서 그 입증책임이 있다 할 것이므로, **정지조건부 채권양도에 있어서 정지조건이 성취되었다는 사실은 채권
양도의 효력을 주장하는 자에게 그 입증책임이 있다**(대판 1983.4.12. 81다카692).

② (○) 어떠한 법률행위가 조건의 성취 시 법률행위의 효력이 발생하는 **소위 정지조건부 법률행위에 해당한다
는 사실은 그 법률행위로 인한 법률효과의 발생을 저지하는 사유로서 그 법률효과의 발생을 다투려는 자에
게 주장입증책임이 있다**(대판 1993.9.28. 93다20832).

③ (○) 조건이 법률행위의 당시에 이미 성취할 수 없는 것인 경우에는 그 조건이 해제조건이면 조건 없는
법률행위로 하고 정지조건이면 그 법률행위는 무효로 한다(민법 제151조 제3항).

④ (○) 조건부 법률행위는 조건이 성취된 때로부터 그 효력이 발생·소멸한다(민법 제147조 제1항·제2항).
단, 이는 임의규정에 불과하므로, 당사자가 조건성취의 효력을 그 성취 전에 소급하게 할 의사를 표시한
때에는, 그 조건성취의 효력은 예외적으로 소급효를 갖는다(민법 제147조 제3항).

⑤ (○) 조건부 법률행위에 있어 조건의 내용 자체가 불법적인 것이어서 무효일 경우 또는 조건을 붙이는 것이
허용되지 아니하는 법률행위에 조건을 붙인 경우 그 조건만을 분리하여 무효로 할 수는 없고 그 법률행위
전부가 무효로 된다(대결 2005.11.8. 2005마541).

06 조건과 기한에 관한 설명으로 옳지 않은 것은?(다툼이 있으면 판례에 따름) 기출 16

① 불확정기한부 법률행위는 특별한 사정이 없는 한 그 법률행위에 따른 채무가 이미 발생한 것으
로 본다.

② 기성조건이 정지조건이면 조건 없는 법률행위가 된다.

③ 조건부 법률행위에서 조건은 외부에 표시되지 않으면 그 법률행위의 동기에 불과하다.

④ 조건을 붙이는 것이 허용되지 않는 법률행위에 조건을 붙인 경우 그 법률행위는 조건 없는
법률행위로서 유효하다.

⑤ 부관이 붙은 법률행위에 있어서 부관에 표시된 사실이 발생하지 않으면 채무를 이행하지 않아
도 된다고 보는 것이 상당한 경우 그 부관은 조건으로 보아야 한다.

① (○) 어떠한 법률행위에 불확정기한이 부관으로 붙여진 경우에는 **특별한 사정이 없는 한 그 법률행위에
따른 채무는 이미 발생하여 있고 불확정기한은 그 변제기나 이행기를 유예한 것에 불과하다**(대판 2014.10.15.
2012두22706).

② (○) 기성조건이란 법률행위 당시 이미 성취되어 있는 조건을 말하는데, 기성조건이 정지조건이면 조건
없는 법률행위가 된다(민법 제151조 제2항).

③ (○) 조건은 법률행위의 효력의 발생 또는 소멸을 장래의 불확실한 사실의 성부에 의존케 하는 법률행위의
부관으로서 당해 법률행위를 구성하는 의사표시의 일체적인 내용을 이루는 것이므로, 의사표시의 일반원칙
에 따라 조건을 붙이고자 하는 의사 즉 조건의사와 그 표시가 필요하며, 조건의사가 있더라도 그것이 외부에
표시되지 않으면 법률행위의 동기에 불과할 뿐이고 그것만으로는 법률행위의 부관으로서의 조건이 되는
것은 아니다(대판 2003.5.13. 2003다10797).

④ (×) **조건을 붙일 수 없는 법률행위에 조건을 붙인 경우에는, 일부무효의 법리에 따라 그 법률행위 전체가
무효가 된다.**

⑤ (○) 법률행위에 붙은 부관이 조건인지 기한인지가 명확하지 않은 경우 법률행위의 해석을 통해서 이를
결정해야 한다. **부관에 표시된 사실이 발생하지 않으면 채무를 이행하지 않아도 된다고 보는 것이 합리적인
경우에는 조건으로 보아야 한다.** 그러나 부관에 표시된 사실이 발생한 때에는 물론이고 반대로 발생하지
않는 것이 확정된 때에도 채무를 이행하여야 한다고 보는 것이 합리적인 경우에는 표시된 사실의 발생
여부가 확정되는 것을 불확정기한으로 정한 것으로 보아야 한다(대판 2018.6.28. 2018다201702).

07 법률행위의 부관에 관한 설명으로 옳지 않은 것은?(다툼이 있으면 판례에 따름) [기출] 15

① 정지조건부 화해계약 당시 이미 그 조건이 성취되었다면, 이는 조건이 없는 화해계약이다.
② 정지조건부 채권양도에서 정지조건이 성취되었다는 사실은 채권양도의 효력을 주장하는 자에게 그 증명책임이 있다.
③ 조건의 성취로 이익을 받게 되는 당사자가 신의성실에 반하여 조건을 성취시킨 경우, 상대방은 그 조건의 불성취를 주장할 수 있다.
④ 기한의 이익은 상대방의 이익을 해하지 않는 한 포기할 수 있으므로, 그 포기의 효과는 소급효를 갖는다.
⑤ 채무자가 담보제공의 의무를 이행하지 않는 경우, 기한의 이익을 주장할 수 없다.

해설
① (○) 기성조건이란 법률행위 당시 이미 성취되어 있는 조건을 말하는데, 기성조건이 정지조건이면 조건 없는 법률행위가 된다(민법 제151조 제2항).
② (○) 정지조건부 법률행위에 있어서 조건이 성취되었다는 사실은 이에 의하여 권리를 취득하고자 하는 측에서 그 입증책임이 있다 할 것이므로, 정지조건부 채권양도에 있어서 정지조건이 성취되었다는 사실은 채권양도의 효력을 주장하는 자에게 그 입증책임이 있다(대판 1983.4.12. 81다카692).
③ (○) 조건의 성취로 인하여 이익을 받을 당사자가 신의성실에 반하여 조건을 성취시킨 때에는 상대방은 그 조건이 성취하지 아니한 것으로 주장할 수 있다(민법 제150조 제2항).
④ (×) 기한의 이익은 이를 포기할 수 있다. 그러나 상대방의 이익을 해하지 못한다(민법 제153조 제2항). **다만, 포기는 소급효가 없으므로 장래를 향해서만 효력이 있다.**
⑤ (○) 민법 제388조 제2호

> **기한의 이익의 상실(민법 제388조)**
> 채무자는 다음 각 호의 경우에는 기한의 이익을 주장하지 못한다.
>   1. 채무자가 담보를 손상, 감소 또는 멸실하게 한 때
>   2. 채무자가 담보제공의 의무를 이행하지 아니한 때

08 법률행위의 부관에 관한 설명으로 옳지 않은 것은?(다툼이 있는 경우에는 판례에 의함)

[기출] 14

① 조건의 성취로 불이익을 받을 자가 신의성실에 반하여 조건의 성취를 방해한 경우에는 고의에 의한 방해만이 아니라 과실에 의한 경우도 여기에 포함된다.
② 신의성실에 반하여 조건성취를 방해한 경우 조건성취로 의제되는 시기는 그러한 행위가 없었더라면 조건이 성취되었으리라고 추산되는 시점이다.
③ 계약당사자가 정지조건부 기한이익 상실의 특약을 한 경우에는, 그 특약에 정한 기한이익의 상실사유가 발생하면 즉시 이행기가 도래한다.
④ 해제조건부 증여로 인한 부동산소유권이전등기를 마친 경우, 등기된 조건이 성취되기 전에 수증자가 한 처분행위는 조건성취의 효과를 제한하는 한도 내에서 무효이다.
⑤ 조건을 붙이는 것이 허용되지 않는 법률행위에 조건을 붙인 때에는 조건만을 분리하여 무효로 할 수도 있고 그 법률행위 전부를 무효로 할 수도 있다.

해설 ① (○) 상대방이 하도급받은 부분에 대한 공사를 완공하여 준공필증을 제출하는 것을 정지조건으로 하여 공사대금채무를 부담하거나 위 채무를 보증한 사람은 위 조건의 성취로 인하여 불이익을 받을 당사자의 지위에 있다고 할 것이므로, 이들이 위 공사에 필요한 시설을 해 주지 않았을 뿐만 아니라 공사장에의 출입을 통제함으로써 위 상대방으로 하여금 나머지 공사를 수행할 수 없게 하였다면, 그것이 고의에 의한 경우만이 아니라 과실에 의한 경우에도 신의성실에 반하여 조건의 성취를 방해한 때에 해당한다고 할 것이므로, 그 상대방은 민법 제150조 제1항의 규정에 의하여 위 공사대금채무자 및 보증인에 대하여 그 조건이 성취된 것으로 주장할 수 있다(대판 1998.12.22. 98다42356).

② (○) 조건의 성취로 인하여 불이익을 받을 당사자가 신의성실에 반하여 조건의 성취를 방해한 경우, 조건이 성취된 것으로 의제되는 시점은 이러한 신의성실에 반하는 행위가 없었더라면 조건이 성취되었으리라고 추산되는 시점이다(대판 1998.12.22. 98다42356).

③ (○) 계약당사자 사이에 일정한 사유가 발생하면 채무자는 기한의 이익을 잃고 채권자의 별도의 의사표시가 없더라도 바로 이행기가 도래한 것과 같은 효과를 발생케 하는 이른바 정지조건부 기한이익 상실의 특약을 한 경우에는 그 특약에 정한 기한이익의 상실사유가 발생함과 동시에 기한의 이익을 상실케 하는 채권자의 의사표시가 없더라도 이행기 도래의 효과가 발생하고, 채무자는 특별한 사정이 없는 한 그때부터 이행지체의 상태에 놓이게 된다(대판 1989.9.29. 88다카14663).

④ (○) 해제조건부 증여로 인한 부동산소유권이전등기를 마쳤다 하더라도 그 해제조건이 성취되면 그 소유권은 증여자에게 복귀한다고 할 것이고, 이 경우 당사자 간에 별단의 의사표시가 없는 한 그 조건성취의 효과는 소급하지 아니하나, 조건성취 전에 수증자가 한 처분행위는 조건성취의 효과를 제한하는 한도 내에서는 무효라고 할 것이고, 다만 그 조건이 등기되어 있지 않는 한 그 처분행위로 인하여 권리를 취득한 제3자에게 위 무효를 대항할 수 없다(대판 1992.5.22. 92다5584).

⑤ (×) 조건을 붙일 수 없는 법률행위에 조건을 붙인 경우에는, 일부무효의 법리에 따라 그 법률행위 전체가 무효가 된다.

09 조건부 법률행위에 관한 설명으로 옳지 않은 것은?(다툼이 있는 경우에는 판례에 의함)

기출 12

① 혼인이나 입양에는 조건을 붙이지 못한다.
② 부첩(夫妾)관계의 종료를 해제조건으로 한 증여는 조건 없는 증여로서의 효력을 가진다.
③ 소유권유보부 매매의 경우, 소유권은 정지조건부로 매수인에게 이전한다.
④ 조건의 성부가 미정한 권리의무는 일반규정에 의하여 처분할 수 있다.
⑤ 조건이 법률행위의 당시에 이미 성취할 수 없는 것인 경우에는 그 조건이 해제조건이면 조건 없는 법률행위로 하고, 정지조건이면 그 법률행위는 무효로 한다.

해설 ① (○) 혼인·입양 등의 신분행위에는 원칙적으로 조건을 붙일 수 없다.

② (×) 부첩관계인 부부생활의 종료를 해제조건으로 하는 증여계약은 그 조건만이 무효인 것이 아니라 증여계약 자체가 무효이다(대판 1966.6.21. 66다530).

③ (○) 소유권유보부 매매의 경우, 매수인은 정지조건부로(매매대금 완납 시) 완전한 소유권을 취득한다.

④ (○) 조건의 성취가 미정한 권리의무는 일반규정에 의하여 처분, 상속, 보존 또는 담보로 할 수 있다(민법 제149조).

⑤ (○) 조건이 법률행위의 당시에 이미 성취할 수 없는 것인 경우에는 그 조건이 해제조건이면 조건 없는 법률행위로 하고 정지조건이면 그 법률행위는 무효로 한다(민법 제151조 제3항).

06 기 간

01 기 간

본장의 적용범위(민법 제155조) `기출` 12
기간의 계산은 법령, 재판상의 처분 또는 법률행위에 다른 정한 바가 없으면 본장의 규정에 의한다.

기간의 기산점(민법 제156조) `기출` 12 · 23
기간을 시, 분, 초로 정한 때에는 즉시로부터 기산한다.

기간의 기산점(민법 제157조) `기출` 10 · 12 · 23
기간을 일, 주, 월 또는 연으로 정한 때에는 기간의 초일은 산입하지 아니한다. 그러나 그 기간이 오전 영시로부터 시작하는 때에는 그러하지 아니하다.

나이의 계산과 표시(민법 제158조) `기출` 10 · 23
나이는 출생일을 산입하여 만(滿) 나이로 계산하고, 연수(年數)로 표시한다. 다만, 1세에 이르지 아니한 경우에는 월수(月數)로 표시할 수 있다.
[전문개정 2022.12.27.]

기간의 만료점(민법 제159조)
기간을 일, 주, 월 또는 연으로 정한 때에는 기간말일의 종료로 기간이 만료한다.

역에 의한 계산(민법 제160조) `기출` 10 · 23
① 기간을 주, 월 또는 연으로 정한 때에는 역에 의하여 계산한다.
② 주, 월 또는 연의 처음으로부터 기간을 기산하지 아니하는 때에는 최후의 주, 월 또는 연에서 그 기산일에 해당한 날의 전일로 기간이 만료한다.
③ 월 또는 연으로 정한 경우에 최종의 월에 해당일이 없는 때에는 그 월의 말일로 기간이 만료한다.

공휴일 등과 기간의 만료점(민법 제161조)
기간의 말일이 토요일 또는 공휴일에 해당한 때에는 기간은 그 익일로 만료한다.

I 기간의 의의

① 기간이란 어느 시점부터 어느 시점까지의 계속된 시간을 말한다. 법률사실로서 기간은 사건에 속한다. 따라서 기한(부관)과는 전혀 다르다.

② 기간계산에 관한 민법규정은 보충적인 것이다. 즉 법령이나 재판상의 처분 또는 법률행위에 달리 정한 바가 있으면 그에 의한다(민법 제155조). 그런데 민법의 기간에 관한 규정은 사법관계뿐만 아니라 공법관계에도 적용된다.

Ⅱ 기간의 계산방법

민법은 시·분·초와 같은 단기간의 경우 자연적 계산방법을, 일·주·월·연과 같은 장기간의 경우에는 역법적 계산방법을 활용한다.

1. 기간을 「시·분·초」로 정한 경우

즉시로 기산하고, 시, 분, 초 단위로 산정하여(민법 제156조), 기간의 만료는 그 정하여진 시, 분, 초가 종료한 때이다. 기출 23

2. 기간을 「일·주·월·연」으로 정한 경우

(1) 기산점

① 초일 불산입의 원칙(민법 제157조 본문) 기출 23
② 예외적으로 초일을 산입하는 경우 : ㉠ 나이의 계산(민법 제158조), ㉡ 오전 0시로부터 기산하는 경우(민법 제157조 단서) 기출 23

(2) 만료점

① 기간 말일의 종료로 기간이 만료된다(민법 제159조).
② 기간을 「주·월·연」으로 정한 경우에는 이를 일로 환산하지 않고 역(歷)에 의하여 계산한다(민법 제160조 제1항).
③ 주·월·연의 처음부터 기산하지 않을 경우에, 최후의 주·월·연에서 그 기산일에 해당하는 날의 전일로 기간이 만료된다(민법 제160조 제2항). 기출 23
④ 월 또는 연으로 정하였는데 최종의 월에 해당일이 없으면, 그 월의 말일로 기간이 만료된다(민법 제160조 제3항).
⑤ 기간의 말일이 토요일 또는 공휴일에 해당하는 경우에 그 다음 날로 만료하지만(민법 제161조), 기간의 초일이 토요일 또는 공휴일인 경우에는 그 적용이 없으며 기간은 초일부터 기산한다(대판 1982.2.23. 81누204). 기출 10

3. 기간의 역산 기출 23

민법상의 기간의 계산방법은 기간을 소급하여 계산할 때에도 유추적용된다(통설). 예를 들어 사단법인의 사원총회를 1주일 전에 통지한다고 할 때에(민법 제71조), 총회일이 10월 19일이라고 한다면 늦어도 10월 11일 24시까지는 사원총회의 소집통지를 발송하여야 한다.

06 기 간

01 기 간

01 민법상 기간에 관한 설명으로 옳지 않은 것은? 기출수정 12

① 사원총회의 소집통지를 1주간 전에 발송하여야 하므로, 총회일이 3월 15일이라면 늦어도 3월 7일 오후 12시 전까지 소집통지를 발송하여야 한다.

② 기간계산에 관해 당사자의 약정이 있는 때에는 그에 따른다.

③ 과제물을 10월 3일 오후 4시부터 46시간 내에 제출하라고 한 경우, 10월 5일 오후 2시까지 제출하여야 한다.

④ 2012년 1월 31일 오후 3시에 친구로부터 500만원을 무상으로 빌리면서 1개월 후에 갚기로 한 경우, 3월 1일은 공휴일이므로 2012년 3월 2일 오후 12시까지 반환하면 된다.

⑤ 1988년 3월 2일 출생한 사람은 2007년 3월 1일 오후 12시가 지나면 성년이 된다.

해설 ① (○) 사원총회의 총회일을 뺀 3월 14일 24시(오후 12시)를 기산점(민법 제157조)으로 하여 1주일 전인 3월 7일 24시(오후 12시)까지 소집통지를 발송하여야 한다.
② (○) 기간의 계산은 법령, 재판상의 처분 또는 법률행위에 다른 정한 바가 없으면 본장의 규정에 의한다(민법 제155조). 따라서 기간계산에 관하여 당사자의 약정이 있는 때에는 그에 따른다.
③ (○) 기간을 시, 분, 초로 정한 때에는 즉시로부터 기산한다(민법 제156조).
④ (×) 기간을 일, 주, 월 또는 연으로 정한 때에는 기간의 초일은 산입하지 아니하고(민법 제157조 본문), 기간 말일의 종료로 기간이 만료한다(민법 제159조). 따라서 2012년 2월 1일부터 기산하여 2012년 2월 말일까지 반환하면 된다.
⑤ (○) 나이의 계산에는 출생일을 산입한다(민법 제158조 본문). 따라서 1988년 3월 2일 출생한 사람은 만 19세가 되는 2007년 3월 1일 오후 12시가 지나면 성년이 된다.

07 소멸시효

01 총 설

Ⅰ 시효의 의의

1. 시효의 개념

시효란 일정한 사실상태가 일정기간 계속된 경우에, 진정한 권리관계와 일치하는지 여부를 불문하고 그 사실상태를 존중하여 일정한 법률효과를 발생시키는 제도이다.

2. 시효의 법적 성질

① 시효는 일정한 법률효과를 발생시키는 법률요건이다.
② 시효는 재산권에 관한 것이며, 가족관계에는 적용이 없다.
③ 법질서 안정을 위한 공익적 제도이기에 개인의 의사로 배척할 수 없다.

Ⅱ 시효제도의 존재이유(통설·판례)

시효제도의 존재이유로 통설·판례는 ① 법적 안정성의 확보, ② 증명곤란의 구제, ③ 권리행사의 태만에 대한 제재를 든다.

Ⅲ 구별제도 : 제척기간

1. 의 의

(1) 개 념

제척기간이란 법률이 예정하고 있는 일정한 권리의 행사기간 또는 존속기간을 말하며, 권리와 관련된 법률관계를 조속히 확정시키려는 취지에서 제척기간을 두고 있다. 제척기간은 불변기간이 아니어서 그 기간을 지난 후에는 당사자가 책임질 수 없는 사유로 그 기간을 준수하지 못하였더라도 추후에 보완될 수 없다(대결 2003.8.11. 2003스32). 기출 19

(2) 법적 성질

① 통설은 제척기간이 정하여진 권리는 그 기간 내 소의 제기가 있어야 보전되는 것으로 보아, 제소기간(출소기간)으로 본다.

② 판례는 재판상 또는 재판 외의 권리행사가 있으면 보전되는 것으로 보나 `기출 15`, 점유침탈자 또는 방해자에 대한 청구권의 제척기간을 출소기간으로 본다(대판 2002.4.26. 2001다8097·8103). `기출 15·16·19` 제소기간의 경우에는 소를 제기한 때, 즉 소장을 법원에 제출한 때 기간준수의 효과가 인정된다(민소법 제265조).

> 채권양도의 통지는 양도인이 채권이 양도되었다는 사실을 채무자에게 알리는 것에 그치는 행위이므로, 그것만으로 제척기간 준수에 필요한 권리의 재판 외 행사에 해당한다고 할 수 없다. 따라서 집합건물인 아파트의 입주자대표회의가 스스로 하자담보추급에 의한 손해배상청구권을 가짐을 전제로 하여 직접 아파트의 분양자를 상대로 손해배상청구소송을 제기하였다가, 소송 계속 중에 정당한 권리자인 구분소유자들에게서 손해배상채권을 양도받고 분양자에게 통지가 마쳐진 후 그에 따라 소를 변경한 경우에는, 채권양도 통지에 채권양도의 사실을 알리는 것 외에 이행을 청구하는 뜻이 별도로 덧붙여지거나 그 밖에 구분소유자들이 재판 외에서 권리를 행사하였다는 등 특별한 사정이 없는 한, 위 손해배상청구권은 입주자대표회의가 위와 같이 소를 변경한 시점에 비로소 행사된 것으로 보아야 한다(대판[전합] 2012.3.22. 2010다28840 - 다수의견). `기출 19`

2. 소멸시효와의 비교

구 분	소멸시효	제척기간
권 리	청구권	형성권
성 질	권리불행사로 권리소멸	권리관계의 조속한 확정
효력발생 시점(소급효 인정 여부)	소급효	장래효 `기출 15·19`
중단·정지	인정 ○	인정 × `기출 15·16·19`
포 기	인정 ○	인정 × `기출 16`
기간의 단축·경감	인정 ○	인정 ×
배제, 연장, 가중	인정 ×	인정 ×
기산점	권리를 행사할 수 있는 때	권리가 발생한 때
입증책임	당사자가 주장	법원이 직권조사

3. 내 용

(1) 소멸시효와의 구별기준

일반적으로 법문에 '시효로 인하여'라는 표현이 있으면 소멸시효로 보고, 그렇지 않은 것은 제척기간으로 본다. 형성권의 행사기간은 제척기간이다.

(2) 문제되는 경우

① 상속의 승인·포기의 취소권과 유증의 승인·포기의 취소권은 행사기간에 관하여 통설은 제척기간으로 본다.

② <u>유류분반환청구권의 행사기간에 관하여 학설은 제척기간으로 보나, 판례는 소멸시효로 본다</u>
(대판 1993.4.13. 92다3595).

③ **불법행위에 기한 손해배상청구권**(민법 제766조)

　㉠ 제1항의 <u>3년의 기간은 소멸시효라고 보는 데 이견이 없다.</u>

　㉡ 제2항의 <u>10년의 기간에 대해 통설은 제척기간</u>이라고 보나, <u>판례는 소멸시효</u>라고 한다.

④ **형성권 관련 쟁점**

　㉠ 형성권의 행사기간은 원직적으로 제척기간이다. <u>기간의 정함이 없는 경우 10년으로 한다.</u>

　㉡ 제척기간은 법원의 직권조사사항이다.

　㉢ 행사방법은 원칙적으로 재판 외에서도 가능하다.

(3) 소멸시효와 제척기간의 경합

판례는 「수급인의 담보책임에 기한 하자보수에 갈음하는 손해배상청구권에 대하여는 민법 제670조 또는 제671조의 제척기간이 적용되고, 이는 법률관계의 조속한 안정을 도모하고자 하는데에 취지가 있다. 그런데 이러한 도급인의 손해배상청구권에 대하여는 권리의 내용·성질 및 취지에 비추어 민법 제162조 제1항의 채권 소멸시효의 규정 또는 도급계약이 상행위에 해당하는 경우에는 상법 제64조의 상사시효의 규정이 적용되고, 민법 제670조 또는 제671조의 제척기간 규정으로 인하여 위 각 소멸시효 규정의 적용이 배제된다고 볼 수 없다」(대판 2012.11.15. 2011다56491) 고 판시하여 소멸시효와 제척기간의 경합을 인정하였다. `기출 15`

02　**소멸시효의 요건**

제1관 | 소멸시효의 대상이 되는 권리

Ⅰ 서 설

시효로 인하여 권리가 소멸하려면 ① 권리가 소멸시효의 목적이 될 수 있어야 하고(대상적격), ② 권리자가 권리를 행사할 수 있음에도 불구하고 행사하지 않아야 하며(시효의 기산점), ③ 권리 불행사의 상태가 일정기간 계속되어야 한다(시효기간)는 요건이 갖추어져야 한다. 이하에서는 대상적격에 대해 검토하고, 나머지 요건은 관을 달리하여 검토하겠다.

Ⅱ 소멸시효의 대상적격

1. 소멸시효에 걸리는 권리

채권뿐만 아니라 소유권을 제외한 그 밖의 재산권도 소멸시효의 대상이다(민법 제162조).

① 채권은 10년간 행사하지 아니하면 소멸시효가 완성한다(민법 제162조 제1항).

② 판결에 의하여 확정된 채권은 단기의 소멸시효에 해당한 것이라도 그 소멸시효는 10년으로 한다(민법 제165조 제1항).

③ 파산절차에 의하여 확정된 채권 및 재판상의 화해, 조정, 기타 판결과 동일한 효력이 있는 것에 의하여 확정된 채권도 단기의 소멸시효에 해당한 것이라도 그 소멸시효는 10년으로 한다(민법 제165조 제2항).

④ 판결확정 당시에 변제기가 도래하지 아니한 채권에 적용하지 아니한다(민법 제165조 제3항).

2. 소멸시효에 걸리지 않는 권리

(1) 비재산권

인격권 등의 비재산권은 소멸시효에 걸리지 않는다.

(2) 형성권

형성권에 존속기간이 정해져 있는 경우, 원칙적으로 제척기간으로 보아야 한다.

(3) 소유권

소멸시효에 걸리지 않는다. 합의해제에 따른 매도인의 원상회복청구권은 소유권에 기한 물권적 청구권으로서 소멸시효의 대상이 되지 않는다. 기출 22

(4) 법률행위로 인한 등기청구권

부동산에 관하여 인도, 등기 등의 어느 한쪽만에 대하여서라도 권리를 행사하는 자는 전체적으로 보아 그 부동산에 관하여 권리 위에 잠자는 자라고 할 수 없다 할 것이므로, 매수인이 목적부동산을 인도받아 계속 점유하는 경우에는 그 소유권이전등기청구권의 소멸시효가 진행하지 않는다(대판[전합] 1999.3.18. 98다32175). 기출 21 · 22

(5) 소멸시효에 걸리지 않는 재산권

① 점유권과 유치권은 점유가 존재하는 한 소멸시효가 문제되지 않는다.

② 상린권과 공유물분할청구권과 같이 소유권에 수반하는 권리는 소유권과 독립하여 소멸시효에 걸리지 않는다.

③ 피담보채권이 존속하는 한 담보물권만이 소멸시효에 걸리지는 않는다(담보물권의 부종성).

④ 항변권이 소멸시효에 걸리는지 논의가 있으나 적어도 동시이행의 항변권 또는 보증인의 최고 · 검색의 항변권은 소멸시효에 걸리지 않는다고 보아야 한다.

⑤ 소멸시효 제도의 존재 이유와 취지, 임대차기간이 끝난 후 보증금반환채권에 관계되는 당사자 사이의 이익형량, 주택임대차보호법 제4조 제2항의 입법 취지 등을 종합하면, 주택임대차보호법에 따른 임대자에서 그 기간이 끝난 후 임차인이 보증금을 반환받기 위해 목적물을 점유하고 있는 경우 보증금반환채권에 대한 소멸시효는 진행하지 않는다고 보아야 한다(대판 2020.7.9. 2016다244224 · 2016다244231).

제2관 | 소멸시효의 기산점

I 의의

소멸시효의 기산점은 권리를 행사할 수 있는 때로부터 진행한다(민법 제166조 제1항). 그런데 법률상 장애사유가 있으면 시효는 진행하지 않는다.

법률상 장애 (시효진행 ×)	• 정지조건이 아직 성취되지 않은 경우이거나 이행기가 아직 도래하지 않은 경우 기출 06 • 건물에 관한 소유권이전등기청구권에 있어서 그 목적물인 건물이 완공되지 않은 경우
사실상 장애 (원칙 : 시효진행 ○)	권리자의 개인적인 사정, 법률지식의 부족, 권리존재의 부지, 채무자의 부재 등 사실상의 장애로 권리를 행사하지 못한 것은 법률상 장애가 아니므로 시효의 진행을 막지 못한다. 이는 사실상 그 권리의 존부나 권리행사의 가능성을 알지 못하였거나 알지 못함에 과실이 없다고 하여도 마찬가지이다(대판 1982.1.19. 80다2626). 기출 06

II 변론주의의 적용대상

① 소멸시효의 기산점은 변론주의의 적용대상이다.
② 시효의 기산점에 대한 입증책임은 시효이익을 주장하는 자가 진다(대판 1995.6.30. 94다13435).

III 각종 권리의 기산점

권리	소멸시효의 기산점
확정기한부 채무	기한이 도래한 때가 소멸시효의 기산점이다. 기출 08 따라서 이행기가 도래한 후 채권자와 채무자가 기한을 유예하기로 합의한 경우 그 유예된 때로 이행기가 변경되어 소멸시효는 변경된 이행기가 도래한 때부터 다시 진행한다. 이 경우 유예의 합의는 명시적으로 뿐만 아니라 묵시적으로도 가능하다(대판 2017.4.13. 2016다274904). 기출 10
불확정기한부 채무	기한이 객관적으로 도래한 때가 소멸시효의 기산점이다. 기출 11 따라서 채무자가 기한 도래의 사실을 알고 있었는지 여부는 문제되지 않는다. 기출 06
기한의 정함이 없는 채무	• 채권의 성립 시부터 소멸시효가 진행된다. 기출 18 • 부당이득반환청구권 – 채권성립 시부터 기출 21 • 의사의 치료 채권 – 각 진료가 종료될 때부터
동시이행의 항변권이 붙은 권리	이행기가 도래한 때부터 소멸시효가 진행된다.

기한이익 상실 특약이 있는 경우	• 정지조건부 기한이익상실의 특약 – 사유발생 시(정지조건이 성취된 때) • 형성권적 기한이익상실의 특약 – 본래의 변제기
부작위채권	위반행위가 있은 때부터 **기출** 22
선택채권	선택권 행사 가능 시
채무불이행에 기한 손해배상청구권	채무불이행이 발생한 때 : 소유권이전등기 말소등기의무의 이행불능으로 인한 전보배상청구권의 소멸시효는 말소등기의무가 이행불능 상태에 돌아간 때로부터 진행(대판 2005.9.15. 2005다29474).
대상청구권	원칙 : 이행불능 시
불법행위에 기한 손해배상청구권	• 손해 및 가해자를 안 때(민법 제766조 제1항) • 불법행위가 있은 때(민법 제766조 제2항)
계속적 물품공급계약에서 발생한 외상대금채권	각 외상대금채권이 발생한 때로부터 개별적으로 진행
의사의 치료비채권	특약이 없는 한 개개의 진료가 종료될 때마다 각각의 당해 진료에 필요한 비용의 이행기가 도래하여 그에 대한 소멸시효가 진행된다(대판 2001.11.9. 2001다52568). **기출** 06

[채무불이행에 기한 손해배상청구권의 소멸시효 기산점]

[1] 소멸시효는 권리를 행사할 수 있는 때부터 진행한다(민법 제166조 제1항). 채무불이행으로 인한 손해배상청구권은 현실적으로 손해가 발생한 때에 성립하고, 현실적으로 손해가 발생하였는지 여부는 사회통념에 비추어 객관적이고 합리적으로 판단하여야 한다. [2] 甲 주식회사가 잠수함 건조계약에 따라 해군에 인도한 잠수함의 추진전동기에서 이상 소음이 발생하자, 이에 국가(해군)가 甲 회사를 상대로 계약의 불완전이행으로 인한 손해배상을 구한 경우, 甲 회사가 해군에 잠수함을 인도한 후 항해훈련 전에는 이상 소음이 발생하였다고 볼 자료가 없는 점, 추진전동기의 하자는 사단법인 한국선급과 국방기술품질원이 고장 원인에 대한 보고서를 작성하여 국방기술품질원장에게 제출함으로써 밝혀진 점 등에 비추어, 국가(해군)의 손해가 현실적으로 발생한 때는 추진전동기에서 이상 소음이 처음 발생한 때 또는 사단법인 한국선급과 국방기술품질원이 추진전동기의 고장 원인에 대한 보고서를 작성하여 제출한 때이고, 그때부터 소멸시효가 진행한다(대판 2020.6.11. 2020다201156).

[이행인수 채무불이행으로 인한 손해배상청구권의 소멸시효 기산점]

甲 소유의 부동산에 채무자 甲, 근저당권자 乙 축산업협동조합으로 하는 근저당권설정등기가 마쳐진 상태에서, 丙이 丁에게 위 부동산을 매도하는 내용의 매매계약을 체결하면서 위 근저당권이 담보하는 대출금채무를 丁이 승계하는 대신 중도금의 전부나 일부로 대체하기로 하였고, 그 후 丙이 甲과 체결한 약정에 따라 위 부동산에 관하여 자기 앞으로 소유권이전등기를 한 다음 丁 앞으로 매매계약에 따른 소유권이전등기를 하였는데, 丁이 대출금채무에 대한 인수의무를 이행하지 않아 甲이 대출금 이자 등을 지급하는 손해를 입게 되자, 甲이 丁을 상대로 丙을 대위하여 채권자대위에 따른 손해배상청구를 하여 丙의 손해배상채권의 소멸시효 기산점이 문제된 사안에서, 丁이 중도금 지급기일에 인수의무를 이행하지 않았다는 사정만으로 곧바로 丙에게 손해가 현실적으로 발생하였다고 볼 수는 없고, 甲이 이자 등을 지급한 때 丙에 대하여 채무불이행에 따른 손해배상청구권을 갖게 되며, 그때 丙에게 丁의 이행인수계약 불이행에 따른 손해가 현실적으로 발생하였다고 볼 수 있으므로, 丙에게 손해가 현실적으로 발생한 시점을 심리하여 소멸시효가 완성되었는지 판단하였어야 하는데도, 이에 관한 심리 없이 중도금 지급기일부터 소멸시효가 진행하여 이미 소멸시효가 완성되었다고 본 원심판단에 소멸시효 기산점 등에 관한 법리오해 등의 잘못이 있다고 한 사례(대판 2021.11.25. 2020다294516).

[임치계약 해지에 따른 임치물 반환청구권의 소멸시효 기산점(= 임치계약이 성립하여 임치물이 수치인에게 인도된 때)]

임치계약 해지에 따른 임치물 반환청구는 임치계약 성립 시부터 당연히 예정된 것이고, 임치계약에서 임치인은 언제든지 계약을 해지하고 임치물의 반환을 구할 수 있는 것이므로, 특별한 사정이 없는 한 임치물 반환청구권의 소멸시효는 임치계약이 성립하여 임치물이 수치인에게 인도된 때부터 진행하는 것이지, 임치인이 임치계약을 해지한 때부터 진행한다고 볼 수 없다(대판 2022.8.19. 2020다220140).

제3관 | 소멸시효의 기간

I 일반 채권

채권, 재산권의 소멸시효(민법 제162조) `기출` 01 · 19
① 채권은 10년간 행사하지 아니하면 소멸시효가 완성한다.
② 채권 및 소유권 이외의 재산권은 20년간 행사하지 아니하면 소멸시효가 완성한다.

상사시효(상법 제64조)
상행위로 인한 채권은 본법에 다른 규정이 없는 때에는 5년간 행사하지 아니하면 소멸시효가 완성한다. 그러나 다른 법령에 이보다 단기의 시효의 규정이 있는 때에는 그 규정에 의한다.

<u>민법상 채권은 10년이 원칙이고</u>(민법 제162조 제1항), <u>상행위로 인한 상사채권은 5년이 원칙이다</u>(상법 제64조).

II 단기시효

1. 3년의 시효

3년의 단기소멸시효(민법 제163조) `기출` 15
다음 각 호의 채권은 3년간 행사하지 아니하면 소멸시효가 완성한다. 두 : **이 · 의 · 도 · 변 · 변 · 생 · 수**
  1. 이자, 부양료, 급료, 사용료 기타 1년 이내의 기간으로 정한 금전 또는 물건의 지급을 목적으로 한 채권
  2. 의사, 조산사, 간호사 및 약사의 치료, 근로 및 조제에 관한 채권
  3. 도급받은 자, 기사 기타 공사의 설계 또는 감독에 종사하는 자의 공사에 관한 채권
  4. 변호사, 변리사, 공증인, 공인회계사 및 법무사에 대한 직무상 보관한 서류의 반환을 청구하는 채권
  5. 변호사, 변리사, 공증인, 공인회계사 및 법무사의 직무에 관한 채권
  6. 생산자 및 상인이 판매한 생산물 및 상품의 대가
  7. 수공업자 및 제조자의 업무에 관한 채권

(1) 제1호

① <u>'1년 이내의 기간으로 정한 채권'이란 1년 이내의 정기로 지급되는 채권을 의미하는 것이지,</u> <u>변제기가 1년 이내인 채권을 말하는 것이 아니다.</u>
② <u>이자란 약정이자를 의미하는 것이지 지연이자는 아니다.</u>

> 금전채무의 이행지체로 인하여 발생하는 지연손해금은 그 성질이 손해배상금이지 이자가 아니며, 민법 제163조 제1호가 규정한 '1년 이내의 기간으로 정한 채권'도 아니므로 3년간의 단기소멸시효의 대상이 되지 아니한다(대판 1998.11.10. 98다42141). `기출` 07

③ <u>사용료는 부동산의 사용료를 의미하고, 동산의 사용료는 1년의 단기소멸시효기간이 적용된다.</u>

(2) 제2호

무자격자의 치료행위라도 그 사법상 효력이 부인되는 것은 아니며 소멸시효규정도 그대로 적용된다.

(3) 제3호

① 수급인의 공사에 관한 채권은 수급인이 채권자로서 나설 경우의 공사채권이나 공사에 부수되는 채권을 의미하므로(대판 2010.11.25. 2010다56685) [기출] 15 , 도급인이 수급인을 상대로 그 공사의 과급금의 반환을 청구하는 채권은 포함되지 않는다(대판 1963.4.18. 63다92). 이 경우 수급인의 도급인에 대한 저당권설정청구권은 3년의 소멸시효기간이 적용된다(대판 2016.10.27. 2014다211978).
② 소멸시효의 기산점은 일을 완성한 때라 할 것이다.

(4) 제6호

3년의 단기소멸시효가 적용되는 '상인이 판매한 상품의 대가'란 상품의 매매로 인한 대금 그 자체의 채권만을 말하는 것으로서, 상품의 공급 자체와 등가성이 있는 청구권에 한한다(대판 1996.1.23. 95다39854).

2. 1년의 시효

> **1년의 단기소멸시효(민법 제164조)** [기출] 17
> 다음 각 호의 채권은 1년간 행사하지 아니하면 소멸시효가 완성한다. [튀]: **여·의·노·학**
> 1. 여관, 음식점, 대석, 오락장의 숙박료, 음식료, 대석료, 입장료, 소비물의 대가 및 체당금의 채권
> 2. 의복, 침구, 장구 기타 동산의 사용료의 채권
> 3. 노역인, 연예인의 임금 및 그에 공급한 물건의 대금채권
> 4. 학생 및 수업자의 교육, 의식 및 유숙에 관한 교주, 숙주, 교사의 채권

Ⅲ 판결이 확정된 채권의 소멸시효기간 : 10년

> **판결 등에 의하여 확정된 채권의 소멸시효(민법 제165조)** [기출] 01 · 09 · 18
> ① 판결에 의하여 확정된 채권은 단기의 소멸시효에 해당한 것이라도 그 소멸시효는 10년으로 한다.
> ② 파산절차에 의하여 확정된 채권 및 재판상의 화해, 조정 기타 판결과 동일한 효력이 있는 것에 의하여 확정된 채권도 전항과 같다.
> ③ 전2항의 규정은 판결확정 당시에 변제기가 도래하지 아니한 채권에 적용하지 아니한다.

1. 취 지

확정판결에 의하여 권리관계가 확정된 후에도 다시 단기소멸시효에 걸린다면 권리의 보존을 위하여 여러 차례 중난절차를 거쳐야 하는 불편을 고려한 규정이다.

2. 내 용

① 기판력 있는 확정판결만을 의미한다. 인낙조서가 그 예이다.
② 시효연장의 효과는 상대적이어서 판결 등의 당사자에게만 연장된다.

　　㉠ 채권자와 주채무자 사이의 확정판결에 의하여 주채무가 확정되어 그 소멸시효기간이 10년으로 연장되었다 할지라도, 위 확정판결 등은 채권자와 연대보증인 사이에는 아무런 영향을 미치지 않고 채권자의 연대보증인의 연대보증채권의 소멸시효기간은 여전히 종전의 소멸시효기간에 따른다(대판 2006.8.24. 2004다26287 · 26294). 기출 **14 · 22**

> **[비교] 유치권의 피담보채권의 소멸시효기간이 확정판결 등에 의하여 10년으로 연장된 경우, 유치권이 성립된 부동산의 매수인이 종전의 단기소멸시효를 원용할 수 있는지 여부(소극)**
>
> 유치권이 성립된 부동산의 매수인은 피담보채권의 소멸시효가 완성되면 시효로 인하여 채무가 소멸되는 결과 직접적인 이익을 받는 자에 해당하므로 소멸시효의 완성을 원용할 수 있는 지위에 있다고 할 것이나, 매수인은 유치권자에게 채무자의 채무와는 별개의 독립된 채무를 부담하는 것이 아니라 단지 채무자의 채무를 변제할 책임을 부담하는 점 등에 비추어 보면, 유치권의 피담보채권의 소멸시효기간이 확정판결 등에 의하여 10년으로 연장된 경우 매수인은 그 채권의 소멸시효기간이 연장된 효과를 부정하고 종전의 단기소멸시효기간을 원용할 수는 없다(대판 2009.9.24. 2009다39530). 기출 **10 · 19**

　　㉡ 단, 민법 규정에 의하여 시효중단의 효력은 당연히 보증인에게도 미친다(민법 제440조).

Ⅳ 기타 재산권의 소멸시효기간

채권과 소유권 이외의 재산권의 소멸시효기간은 20년이다(민법 제162조 제2항).

03　　**시효의 장애 : 소멸시효의 중단과 정지**

제1관 | 소멸시효의 중단

> **소멸시효의 중단사유(민법 제168조)** 기출 **19**
> 소멸시효는 다음 각 호의 사유로 인하여 중단된다.
> 　1. 청구
> 　2. 압류 또는 가압류, 가처분
> 　3. 승인

I 의 의

① 소멸시효의 중단이란 소멸시효가 진행하는 도중에 권리의 불행사라는 소멸시효의 기초가 되는 사실을 깨뜨리는 사정이 발생한 경우, 이미 진행한 시효기간의 효력을 상실케 하는 제도이다(대판 1979.7.10. 79다569).

② 시효가 중단된 때에는 중단까지에 경과한 시효기간은 이를 산입하지 아니하고 중단사유가 종료한 때로부터 새로이 진행한다(민법 제170조 제1항).

③ 시효중단사유는 변론주의의 대상이어서 당사자의 주장이 없으면 법원이 이에 관하여 판단할 필요가 없다. 그에 대한 입증책임은 시효완성을 다투는 당사자가 진다(대판 2017.3.22. 2016다258124).

II 소멸시효의 중단사유

1. 청구(민법 제168조 제1호)

> **재판상의 청구와 시효중단(민법 제170조)** 기출 17·19
> ① 재판상의 청구는 소송의 각하, 기각 또는 취하의 경우에는 시효중단의 효력이 없다.
> ② 전항의 경우에 6월 내에 재판상의 청구, 파산절차참가, 압류 또는 가압류, 가처분을 한 때에는 시효는 최초의 재판상 청구로 인하여 중단된 것으로 본다.
>
> **파산절차참가와 시효중단(민법 제171조)** 기출 15
> 파산절차참가는 채권자가 이를 취소하거나 그 청구가 각하된 때에는 시효중단의 효력이 없다.
>
> **지급명령과 시효중단(민법 제172조)**
> 지급명령은 채권자가 법정기간 내에 가집행신청을 하지 아니함으로 인하여 그 효력을 잃은 때에는 시효중단의 효력이 없다.
>
> **화해를 위한 소환, 임의출석과 시효중단(민법 제173조)** 기출 17
> 화해를 위한 소환은 상대방이 출석하지 아니 하거나 화해가 성립되지 아니한 때에는 1월 내에 소를 제기하지 아니하면 시효중단의 효력이 없다. 임의출석의 경우에 화해가 성립되지 아니한 때에도 그러하다.
>
> **최고와 시효중단(민법 제174조)** 기출 19
> 최고는 6월 내에 재판상의 청구, 파산절차참가, 화해를 위한 소환, 임의출석, 압류 또는 가압류, 가처분을 하지 아니하면 시효중단의 효력이 없다.

시효의 대상인 권리를 재판상 내지 재판 외로 행사하는 것을 말한다. 민법은 청구의 유형으로 재판상 청구(민법 제170조), 파산절차 참가(민법 제171조), 지급명령(민법 제172조), 화해를 위한 소환 내지 임의출석(민법 제173조), 최고(민법 제174조)를 규정하고 있나.

(1) 재판상 청구(민법 제170조)

의 의	자기의 권리를 재판상 주장하는 것을 말하며, 보통 소를 제기하는 것을 의미		
요 건	민사소송 ○ (각종의 모든 소 ○, 재심 ○)	형사소송 × (단, 배상명령신청 ○) 기출 12·19	행정소송 × (단, 과세처분의 취소 또는 무효확인의 소 ○) 기출 12·19
효 과	• 소멸시효의 중단 시점 : 소를 제기한 날(제소시) 기출 09 , 응소한 때(응소시) • 응소행위에 의한 시효 중단이 인정되기 위해서는 시효를 주장하는 자가 원고가 되어 소를 제기한 데 대하여 피고로서 응소하여 그 소송에서 적극적으로 권리를 주장하고 그것이 받아들여진 경우여야 한다(대판[전합] 1993.12.21. 92다47861). 기출 07·12·19 따라서 물상보증인이나 제3취득자가 제기한 소송에 대하여 채권자가 응소한 경우에는 시효가 중단되지 않는다(대판 2007.1.11. 2006다33364). 기출 11 재판상 청구는 소송의 각하, 기각 또는 취하의 경우에는 시효중단의 효력이 없다(민법 제170조 제1항). 그러나 이 경우에도 재판 외의 최고로서의 효력은 인정되므로(대판 1987.12.22. 87다카2337) 기출 12 , 피고가 응소하여 권리를 주장하였으나 그 소가 각하되거나 취하되는 경우에는, 6월 이내에 재판상의 청구 등 다른 시효중단조치를 취한 때에는 응소시에 시효중단의 효력이 있다(민법 제170조 제2항). • [1] 채무자의 제3채무자에 대한 금전채권에 대하여 압류 및 추심명령이 있더라도, 이는 추심채권자에게 피압류채권을 추심할 권능만을 부여하는 것이고, 이로 인하여 채무자가 제3채무자에게 가지는 채권이 추심채권자에게 이전되거나 귀속되는 것은 아니다. 따라서 채무자가 제3채무자를 상대로 금전채권의 이행을 구하는 소를 제기한 후 채권자가 위 금전채권에 대하여 압류 및 추심명령을 받아 제3채무자를 상대로 추심의 소를 제기한 경우, 채무자가 권리주체의 지위에서 한 시효중단의 효력은 집행법원의 수권에 따라 피압류채권에 대한 추심권능을 부여받아 일종의 추심기관으로서 그 채권을 추심하는 추심채권자에게도 미친다. [2] 재판상의 청구는 소송의 각하, 기각 또는 취하의 경우에는 시효중단의 효력이 없지만, 그 경우 6개월 내에 재판상의 청구, 파산절차참가, 압류 또는 가압류, 가처분을 한 때에는 시효는 최초의 재판상 청구로 인하여 중단된 것으로 본다(민법 제170조). 그러므로 채무자가 제3채무자를 상대로 제기한 금전채권의 이행소송이 압류 및 추심명령으로 인한 당사자적격의 상실로 각하되더라도, 위 이행소송의 계속 중에 피압류채권에 대하여 채무자에 갈음하여 당사자적격을 취득한 추심채권자가 위 각하판결이 확정된 날로부터 6개월 내에 제3채무자를 상대로 추심의 소를 제기하였다면, 채무자가 제기한 재판상 청구로 인하여 발생한 시효중단의 효력은 추심채권자의 추심소송에서도 그대로 유지된다고 보는 것이 타당하다(대판 2019.7.25. 2019다212945).

[흠 있는 소제기가 재판상 청구에 해당하는지 여부(적극)]

• 비록 대항요건을 갖추지 못하여 채무자에게 대항하지 못한다고 하더라도 채권의 양수인이 채무자를 상대로 재판상의 청구를 하였다면 이는 소멸시효 중단사유인 재판상의 청구에 해당한다(대판 2005.11.10. 2005다41818).
기출 11·13·16

• 채권양도 후 대항요건이 구비되기 전의 양도인은 채무자에 대한 관계에서는 여전히 채권자의 지위에 있으므로 채무자를 상대로 시효중단의 효력이 있는 재판상의 청구를 할 수 있고, 이 경우 양도인이 제기한 소송 중에 채무자가 채권양도의 효력을 인정하는 등의 사정으로 인하여 양도인의 청구가 기각됨으로써 민법 제170조 제1항에 의하여 시효중단의 효과가 소멸된다고 하더라도, 양도인의 청구가 당초부터 무권리자에 의한 청구로 되는 것은 아니므로, 양수인이 그로부터 6월 내에 채무자를 상대로 재판상의 청구 등을 하였다면, 민법 제169조 및 제170조 제2항에 의하여 양도인의 최초의 재판상 청구로 인하여 시효가 중단된다(대판 2009.2.12. 2008두20109). 기출 13

• 공동주택의 입주자대표회의가 하자보수에 갈음한 손해배상청구의 소를 제기하여 수행하던 중 자신에게 위 손해배상청구권이 없음을 알고 일부 구분소유자로부터 그 권리를 양도받아 채권양도에 의한 손해배상청구를 예비적 청구원인으로 추가한 경우, 당초의 소제기는 권리 없는 자의 소제기이므로 시효중단의 효력이 없고, 특별한 사정이 없는 한 채권양도를 받아 정당한 권리자로서 예비적 청구원인의 준비서면을 제출한 날에 비로소 시효중단의 효력이 발생한다(대판 2008.12.24. 2008다48490). 기출 11

> **[소장에서 청구의 대상으로 삼은 채권 중 일부만을 청구하면서 소송의 진행경과에 따라 장차 청구금액을 확장할 뜻을 표시하였으나 그 후 채권의 특정 부분을 청구범위에서 명시적으로 제외한 경우, 그 부분에 대하여 재판상 청구로 인한 시효중단의 효력이 발생하는지 여부(소극)]**
>
> 하나의 채권 중 일부에 관하여만 판결을 구한다는 취지를 명백히 하여 소송을 제기한 경우에는 소 제기에 의한 소멸시효중단의 효력이 그 일부에 관하여만 발생하고, 나머지 부분에는 발생하지 않는다. 다만 소장에서 청구의 대상으로 삼은 채권 중 일부만을 청구하면서 소송의 진행경과에 따라 장차 청구금액을 확장할 뜻을 표시하고 해당 소송이 종료될 때까지 실제로 청구금액을 확장한 경우에는 소 제기 당시부터 채권 전부에 관하여 재판상 청구로 인한 시효중단의 효력이 발생하나, 소장에서 청구의 대상으로 삼은 채권 중 일부만을 청구하면서 소송의 진행경과에 따라 장차 청구금액을 확장할 뜻을 표시하였더라도 그 후 채권의 특정 부분을 청구범위에서 명시적으로 제외하였다면, 그 부분에 대하여는 애초부터 소의 제기가 없었던 것과 마찬가지이므로 재판상 청구로 인한 시효중단의 효력이 발생하지 않는다(대판 2021.6.10. 2018다44114).

(2) 최고(민법 제174조)

① **의의** : 최고란 채권자가 채무자에 대하여 재판 외에서 채무이행을 청구하는 것으로, 그 법적 성질은 채권자의 의사통지이다.

② **방식** : 소멸시효 중단사유의 하나로서 민법 제174조가 규정하고 있는 최고는 채무자에 대하여 채무이행을 구한다는 채권자의 의사통지(준법률행위)로서, 이에는 특별한 형식이 요구되지 아니할 뿐 아니라 행위 당시 당사자가 시효중단의 효과를 발생시킨다는 점을 알거나 의욕하지 않았다 하더라도 이로써 권리 행사의 주장을 하는 취지임이 명백하다면 최고에 해당하는 것으로 보아야 할 것이므로, 채권자가 확정판결에 기한 채권의 실현을 위하여 채무자의 제3채무자에 대한 채권에 관하여 압류 및 추심명령을 받아 그 결정이 제3채무자에게 송달이 되었다면 거기에 소멸시효 중단사유인 최고로서의 효력을 인정하여야 한다(대판 2003.5.13. 2003다16238).

③ **효 과**

㉠ 임시적인 시효중단의 효과가 발생하는데, 최고는 상대방에게 도달한 때에 그 효과가 발생한다.

㉡ 확정적인 중단을 위해 6개월 이내에 별도의 조치가 필요하다.

- **문제점** : 민법 제174조에 의하면 최고는 6월 내에 재판상 청구, 파산절차참가, 화해를 위한 소환, 임의출석, 압류 또는 가압류, 가처분을 하지 아니하면 시효중단의 효력이 없다. 여기서 문제는 6개월의 기산점이 어느 시점인지이다.

- **판례의 입장**

  - 원칙 : 6개월의 기산점은 원칙적으로 최고가 상대방에게 도달한 때부터 기산된다. 따라서 민법 제174조가 시효중단 사유로 규정하고 있는 최고를 여러 번 거듭하다가 재판상 청구 등을 한 경우에 시효중단의 효력은 항상 최초의 최고 시에 발생하는 것이 아니라 재판상 청구 등을 한 시점을 기준으로 하여 이로부터 소급하여 6월 이내에 한 최고 시에 발생한다(대판 2019.3.14. 2018두56435). **기출 19**

  - 예외 : 채무자가 청구권의 존부에 대하여 조사하기 위하여 유예를 구한 경우 채무이행을 최고받은 채무자가 그 이행의무의 존부 등에 대하여 조사를 해 볼 필요가 있다는 이유로 채권자에 대하여 그 이행이 유예를 구한 경우에는 채권자가 그 회답을 받을 때까지는 최고의 효력이 계속된다고 보아야 하고 따라서 같은 조 소정의 6월의

기간은 채권자가 채무자로부터 회답을 받은 때로부터 기산되는 것이라고 해석하여야
한다(대판 1995.5.12. 94다24336).

2. 압류 · 가압류 · 가처분

압류, 가압류, 가처분과 시효중단(민법 제175조)
압류, 가압류 및 가처분은 권리자의 청구에 의하여 또는 법률의 규정에 따르지 아니함으로 인하여 취소된 때에
는 시효중단의 효력이 없다.

압류, 가압류, 가처분과 시효중단(민법 제176조)
압류, 가압류 및 가처분은 시효의 이익을 받은 자에 대하여 하지 아니한 때에는 이를 그에게 통지한 후가 아니면
시효중단의 효력이 없다.

의 의	압류 또는 가압류·가처분은 반드시 재판상의 청구를 전제로 하지 않을 뿐만 아니라 판결이 있더라도 재판확정 후에는 다시 시효가 진행하므로, 민법은 압류 등을 별도로 시효중단사유로 규정하고 있음
요 건	• 당연무효의 압류 등에는 시효중단효가 인정되지 않는다(대판 2006.8.24. 2004다26287·26294). 기출 19 • 채권자가 채무자의 제3채무자에 대한 채권을 압류 또는 가압류한 경우에, 채무자에 대한 채권자의 채권에 관하여 시효중단의 효력이 생김. 또한 채권자가 확정판결에 기한 채권의 실현을 위하여 채무자의 제3채무자에 대한 채권에 관하여 압류 및 추심명령을 받아 그 결정이 제3채무자에게 송달이 되었다면 거기에 소멸시효 중단사유인 최고로서의 효력을 인정해야 함(대판 2003.5.13. 2003다16238) • 판례는 배당요구를 압류에 준하는 것으로 이해(대판 2002.2.26. 2000다25484) 기출 21
효 과	• [1] 민법 제168조에서 가압류를 시효중단사유로 정하고 있는 것은 가압류에 의하여 채권자가 권리를 행사하였다고 할 수 있기 때문인데 가압류에 의한 집행보전의 효력이 존속하는 동안은 가압류채권자에 의한 권리행사가 계속되고 있다고 보아야 할 것이므로 가압류에 의한 시효중단의 효력은 가압류의 집행보전의 효력이 존속하는 동안은 계속된다. [2] 민법 제168조에서 가압류와 재판상의 청구를 별도의 시효중단사유로 규정하고 있는데 비추어 보면, 가압류의 피보전채권에 관하여 본안의 승소판결이 확정되었다고 하더라도 가압류에 의한 시효중단의 효력이 이에 흡수되어 소멸된다고 할 수 없다(대판 2000.4.25. 2000다11102). 기출 09 • [1] 시효가 중단된 때에는 중단까지에 경과한 시효기간은 이를 산입하지 아니하고 중단사유가 종료한 때로부터 새로이 진행하는데(국세기본법 제28조 제2항, 민법 제178조 제1항), 소멸시효의 중단사유 중 '압류'에 의한 시효중단의 효력은 압류가 해제되거나 집행절차가 종료될 때 중단사유가 종료한 것으로 볼 수 있다. [2] 보험계약자의 보험금 채권에 대한 압류가 행하여지더라도 채무자나 제3채무자는 기본적 계약관계인 보험계약 자체를 해지할 수 있고, 보험계약이 해지되면 계약에 의하여 발생한 보험금 채권은 소멸하게 되므로 이를 대상으로 한 압류명령은 실효된다. [3] 체납처분에 의한 채권압류로 인하여 채권자의 채무자에 대한 채권의 시효가 중단된 경우에 압류에 의한 체납처분 절차가 채권추심 등으로 종료된 때뿐만 아니라, 피압류채권이 기본계약관계의 해지·실효 또는 소멸시효 완성 등으로 인하여 소멸함으로써 압류의 대상이 존재하지 않게 되어 압류 자체가 실효된 경우에도 체납처분 절차는 더 이상 진행될 수 없으므로 시효중단사유가 종료한 것으로 보아야 하고, 그때부터 시효가 새로이 진행한다(대판 2017.4.28. 2016다239840). • 압류 등이 권리자의 청구에 의하여 또는 법률의 규정에 따르지 않음으로 인하여 취소되면 시효중단의 효력이 없음. 그러나 압류절차를 개시한 이상 집행불능에 그치더라도 시효중단의 효력은 발생(대판 2011.5.13. 2011다10044) • 압류 등은 시효의 이익을 받는 자에 대하여 하지 않은 경우에, 이를 그에게 통지한 후가 아니면 시효중단의 효력이 없음(민법 제176조) 기출 12 • 압류 등에 의하여 시효중단이 발생하는 시점은 다수설 및 판례에 의하면 소 제기에 준하여 집행행위가 있으면 신청 시에 소급하여 중단의 효력이 발생

3. 승 인

법적 성질	승인은 준법률행위 중 관념의 통지로서 의사표시 규정이 유추적용됨. 따라서 승인하는 자는 행위능력·의사능력이 필요		
당사자	채무자 : 시효중단의 효력 있는 승인에는 상대방의 권리에 관한 처분의 능력이나 권한 있음을 요하지 아니함(민법 제177조). 그러나 민법 제177조 반대해석상 승인자는 해당권리에 대한 관리능력이나 권한은 있어야 한다(대판 1965.12.28. 65다2133). 기출 17		
권리인식 기출 10	소멸시효 진행 이전 승인	소멸시효 진행 이후 승인	소멸시효 완성 이후 승인
	소멸시효 중단 ×	소멸시효 중단	소멸시효 이익의 포기
방 법	특별한 방식을 요하지 않음(서면·구두, 명시·묵시, 재판상·재판 외 모두 가능)		
효 과	• 소멸시효 중단 시점 : 승인이 상대방에게 도달한 때(대판 1995.9.29. 95다30178) 기출 10 • 채무승인이 있었다는 사실에 대한 입증책임은 채권자에게 있다(대판 1970.3.10. 69다401). 기출 09		

> **[동일한 채권자에게 다수의 채무를 부담하는 채무자가 변제에 충당할 채무를 지정하지 아니한 채 모든 채무를 변제하기에 부족한 금액을 변제한 경우, 모든 채무에 대한 승인으로서 소멸시효 중단의 효력이 있는지 여부(원칙적 적극)]**
> 동일한 채권자와 채무자 사이에 다수의 채권이 존재하는 경우 채무자가 변제를 충당하여야 할 채무를 지정하지 않고 모든 채무를 변제하기에 부족한 금액을 변제한 때에는 특별한 사정이 없는 한 그 변제는 모든 채무에 대한 승인으로서 소멸시효를 중단하는 효력을 가진다. 채무자는 자신이 계약당사자로 있는 다수의 계약에 기초를 둔 채무들이 존재한다는 사실을 인식하고 있는 것이 통상적이므로, 변제 시에 충당할 채무를 지정하지 않고 변제를 하였으면 특별한 사정이 없는 한 다수의 채무 전부에 대하여 그 존재를 알고 있다는 것을 표시했다고 볼 수 있기 때문이다(대판 2021.9.30. 2021다239745).

Ⅲ 시효중단의 효력

1. 기본적 효력

① 시효가 중단되면 그때까지 경과한 시효기간은 그 효력을 잃고(민법 제178조 제1항 전단), 중단사유가 없어지면 시효가 새로 진행되어야 한다.
② 시효가 중단된 후에는 중단사유가 종료된 때부터 다시 시효가 진행된다(민법 제178조 제1항 후단).

2. 시효중단의 효력이 미치는 인적 범위

(1) 원 칙

시효의 중단은 원칙적으로 당사자 및 그 승계인 사이에서만 그 효력이 있다(민법 제169조).

① 당사자는 시효중단행위에 관여한 당사자를 의미하고, 시효의 대상인 권리관계의 당사자를 말하는 것은 아니다.

② 승계인이란 시효중단에 관여한 당사자로부터 중단의 효과를 받는 권리를 승계한 자를 말하며, 특정승계이건 포괄승계이건 불문한다. **기출** 07·18·19 그리고 승계는 중단사유가 발생한 후에 이루어져야 하고, 중단사유 발생 전의 승계인은 포함되지 않는다.

(2) 예 외

다음의 경우에는 시효중단의 효력이 미치는 인적범위가 확대된다.

① 주채무자에 대한 시효의 중단은 보증인에 대하여 그 효력이 있다. 반면, 보증채무에 대한 시효가 중단되더라도 주채무에 대한 소멸시효가 중단되지는 않는다.

② 압류, 가압류, 가처분의 시효이익을 받은 자에 대하여 하지 않았더라도, 이를 시효이익을 받은 자에게 통지하면 그때부터 시효가 중단된다.

③ 연대채무자에 대한 이행청구는 다른 연대채무자에게도 효력이 있다. 반면 부진정연대채무자의 경우에는 그렇지 않다.

3. 시효중단의 효력이 미치는 물적 범위

(1) 일부청구

원칙적으로 한 개의 채권 중 일부에 관하여만 판결을 구한다는 취지를 명백히 한 경우 그 소제기에 의한 소멸시효의 중단의 효력은 그 일부에만 발생하고 나머지 부분에는 발생하지 아니한다.

[일부청구와 시효중단의 범위]

[1] 하나의 채권 중 일부에 관하여만 판결을 구한다는 취지를 명백히 하여 소송을 제기한 경우에는 소제기에 의한 소멸시효중단의 효력이 그 일부에 관하여만 발생하고, 나머지 부분에는 발생하지 아니하나, 소장에서 청구의 대상으로 삼은 채권 중 일부만을 청구하면서 소송의 진행경과에 따라 장차 청구금액을 확장할 뜻을 표시하고 당해 소송이 종료될 때까지 실제로 청구금액을 확장한 경우에는 소제기 당시부터 채권 전부에 관하여 판결을 구한 것으로 해석되므로, 이러한 경우에는 소제기 당시부터 채권 전부에 관하여 재판상 청구로 인한 시효중단의 효력이 발생한다. [2] 소장에서 청구의 대상으로 삼은 채권 중 일부만을 청구하면서 소송의 진행경과에 따라 장차 청구금액을 확장할 뜻을 표시하였으나 당해 소송이 종료될 때까지 실제로 청구금액을 확장하지 않은 경우에는 소송의 경과에 비추어 볼 때 채권 전부에 관하여 판결을 구한 것으로 볼 수 없으므로, 나머지 부분에 대하여는 재판상 청구로 인한 시효중단의 효력이 발생하지 아니한다. 그러나 이와 같은 경우에도 소를 제기하면서 장차 청구금액을 확장할 뜻을 표시한 채권자로서는 장래에 나머지 부분을 청구할 의사를 가지고 있는 것이 일반적이라고 할 것이므로, 다른 특별한 사정이 없는 한 당해 소송이 계속 중인 동안에는 나머지 부분에 대하여 권리를 행사하겠다는 의사가 표명되어 최고에 의해 권리를 행사하고 있는 상태가 지속되고 있는 것으로 보아야 하고, 채권자는 당해 소송이 종료된 때부터 6월 내에 민법 제174조에서 정한 조치를 취함으로써 나머지 부분에 대한 소멸시효를 중단시킬 수 있다(대판 2020.2.6. 2019다223723).

---

(2) 가분채권의 일부분을 피보전채권으로 한 가압류

채권자가 가분채권의 일부분을 피보전채권으로 주장하여 채무자 소유의 재산에 대하여 가압류를 한 경우에 있어서는 그 피보전채권 부분만에 한하여 시효중단의 효력이 있다 할 것이고 가압류에 의한 보전채권에 포함되지 아니한 나머지 채권에 대하여는 시효중단의 효력이 발생할 수 없다(대판 1976.2.24. 75다1240). 기출 13

(3) 일부변제

시효완성 전에 채무의 일부를 변제한 경우에는, 그 수액에 관하여 다툼이 없는 한 채무승인으로서의 효력이 있어 시효중단의 효과가 발생한다(대판 1996.1.23. 95다39854). 기출 12

(4) 어음채권과 원인채권

원인채권의 지급을 확보하기 위하여 어음이 수수된 당사자 사이에서 채권자가 어음채권을 청구채권으로 하여 채무자의 재산을 압류함으로써 그 권리를 행사한 경우에는 그 원인채권의 소멸시효를 중단시키는 효력이 있다. 그러나 이미 어음채권의 소멸시효가 완성된 후에는 그 채권이 소멸되고 시효중단을 인정할 여지가 없으므로, 시효로 소멸된 어음채권을 청구채권으로 하여 채무자의 재산을 압류한다 하더라도 이를 어음채권 내지는 원인채권을 실현하기 위한 적법한 권리행사로 볼 수 없어, 그 압류에 의하여 그 원인채권의 소멸시효가 중단된다고 볼 수 없다(대판 2010.5.13. 2010다6345). 기출 11

(5) 복수의 채권

채권자가 동일한 목적을 달성하기 위하여 복수의 채권을 갖고 있는 경우, 채권자로서는 그 선택에 따라 권리를 행사할 수 있되, 그중 어느 하나의 청구를 한 것만으로는 다른 채권 그 자체를 행사한 것으로 볼 수는 없으므로, 특별한 사정이 없는 한 그 다른 채권에 대한 소멸시효 중단의 효력은 없다(대판 2011.2.10. 2010다81285).

4. 시효중단의 효력이 미치는 시적 범위(민법 제178조)

(1) 재판상 청구 등

재판상의 청구로 인한 시효의 중단은 재판이 확정된 때로부터 새로이 진행한다(민법 제178조 제2항).

(2) 압류 · 가압류 · 가처분

압류 · 가압류 · 가처분은 절차의 종료로 인하여 그 효력이 상실된 때로부터 새롭게 시효가 진행된다.

(3) 승 인

원고(반소피고)의 승인에 대하여 피고가 채무의 변제를 유예해 주있다고 인정되는 경우, 만약 그 유예기간을 정하지 않았다면 변제유예의 의사를 표시한 때부터, 그리고 유예기간을 정하였다면 그 유예기간이 도래한 때부터 다시 소멸시효가 진행된다(대판 2006.9.22. 2006다22852 · 22869).

제2관 | 소멸시효의 정지

Ⅰ 의 의

시효기간이 거의 완성할 무렵에 권리자가 중단행위를 하는 것이 불가능 또는 대단히 곤란한 사정이 있는 경우에 그 시효기간의 진행을 일시적으로 멈추게 하고 그러한 사정이 없어졌을 때 다시 나머지 기간을 진행시키는 것을 말한다.

Ⅱ 정지사유

1. 제한능력자를 위한 정지

① 소멸시효의 기간만료 전 6개월 내에 제한능력자에게 법정대리인이 없는 경우에는 그가 능력자가 되거나 법정대리인이 취임한 때부터 6개월 내에는 시효가 완성되지 아니한다(민법 제179조).
② 재산을 관리하는 아버지, 어머니, 또는 후견인에 대한 제한능력자의 권리는 그가 능력자가 되거나 후임 법정대리인이 취임한 때부터 6개월 이내에는 소멸시효가 완성되지 아니한다(민법 제180조 제1항).

2. 혼인관계의 종료에 의한 정지

부부의 한쪽이 다른 쪽에 대하여 가지는 권리는 혼인관계가 종료된 때부터 6개월 내에는 소멸시효가 완성되지 아니한다(민법 제180조 제2항).

3. 상속재산에 관한 정지

상속재산에 속한 권리나 상속재산에 대한 권리는 상속인의 확정, 관리인의 선임 또는 파산선고가 있는 때로부터 6월 내에는 소멸시효가 완성하지 아니한다(민법 제181조).

4. 천재 기타 사변에 의한 정지

천재 기타 사변으로 인하여 소멸시효를 중단할 수 없을 때에는 그 사유가 종료한 때로부터 1월 내에는 시효가 완성하지 아니한다(민법 제182조).

04 | 소멸시효 완성의 효과

I 소멸시효 완성의 효과에 대한 견해 대립

구 분		절대적 소멸설	상대적 소멸설
시효완성의 효과(권리소멸 여부)		시효완성으로 권리는 당연히 소멸	시효완성으로 권리는 소멸하지 않고 원용권이 발생
재판상 시효완성사실을 주장해야 하는지 여부		민사소송법상 변론주의 원칙상 원용하지 않으면 직권 고려 불가	권리가 소멸하지 않으므로 원용하지 않으면 직권 고려 불가
시효완성 후의 변제	알고 변제한 경우	악의의 비채변제로서 반환청구 불가 (민법 제742조)	시효완성 후의 변제는 시효완성 사실을 알고 했든 모르고 했든 유효한 변제로서 부당이득반환청구 불가
	모르고 변제한 경우	도의관념에 적합한 비채변제로서 반환청구 불가(민법 제744조)	
소멸시효이익의 포기에 대한 이론구성		시효이익을 받지 않겠다는 의사표시로 이해	원용권을 포기하는 의사표시로 이해

소멸시효가 완성된 경우 이를 주장할 수 있는 사람은 시효로 채무가 소멸되는 결과 직접적인 이익을 받는 사람에 한정된다. 후순위 담보권자는 선순위 담보권의 피담보채권이 소멸하면 담보권의 순위가 상승하고 이에 따라 피담보채권에 대한 배당액이 증가할 수 있지만, 이러한 배당액 증가에 대한 기대는 담보권의 순위 상승에 따른 반사적 이익에 지나지 않는다. 후순위 담보권자는 선순위 담보권의 피담보채권 소멸로 직접 이익을 받는 자에 해당하지 않아 선순위 담보권의 피담보채권에 관한 소멸시효가 완성되었다고 주장할 수 없다고 보아야 한다(대판 2021.2.5, 2016 다232597).

Ⅱ 소멸시효의 소급효

소멸시효의 소급효(민법 제167조) 기출 07·08
소멸시효는 그 기산일에 소급하여 효력이 생긴다.

Ⅲ 소멸시효 이익의 포기

시효의 이익의 포기 기타(민법 제184조) 기출 13·21
① 소멸시효의 이익은 미리 포기하지 못한다.
② 소멸시효는 법률행위에 의하여 이를 배제, 연장 또는 가중할 수 없으나 이를 단축 또는 경감할 수 있다.

1. 의 의

소멸시효 이익의 포기에 대한 이론적 설명에 대해 학설상 다툼이 있으나 판례는 시효이익의 포기를 시효의 완성으로 인한 법적인 이익을 받지 않겠다고 하는 효과의사를 필요로 하는 의사표시로 파악하고 있다(대판 2013.7.25. 2011다56187·56194).

2. 요 건

(1) 소멸시효가 완성된 후일 것

소멸시효의 이익은 미리 포기하지 못한다(민법 제184조 제1항). 따라서 시효완성 전에 채무자가 한 포기의 의사표시는 시효이익 포기의 효력이 인정될 수 없다.

(2) 포기자에게 처분능력 또는 처분권한이 있을 것

시효이익의 포기는 처분행위에 해당하므로 포기자는 처분권한이 인정되어야 한다.

(3) 상대방에 대한 의사표시로 할 것

시효이익의 포기는 시효완성으로 권리를 상실한 자 또는 그 대리인에게 하여야 한다.

(4) 시효완성사실을 알았을 것

판례는 채무자가 시효완성 후에 채무를 승인하거나 일부를 변제한 때에는 시효완성의 사실을 알고 그 이익을 포기한 것이라고 추정할 수 있다고 한다(대판 2001.6.12. 2001다3580).

3. 효 과

(1) 효력발생시기

포기의 의사표시가 상대방에게 적법하게 도달한 때에 시효이익의 포기 효과가 발생한다(대판 2008.11.27. 2006다18129). 따라서 시효기간은 새로이 진행된다.

(2) 인적 범위

주채무자의 시효이익의 포기는 보증인, 물상보증인 등에게는 효력이 미치지 않는다(대판 1991.1.29. 89다카1114). [기출] 18 · 22

(3) 물적 범위

소멸시효 이익의 포기는 가분채무 일부에 대해서도 가능하다(대판 2012.5.10. 2011다109500). [기출] 14 다만, 통상적으로 가분채권의 일부변제가 전체 채무의 일부로서 변제한 것이라면 채권 전부에 관한 포기의 효과가 인정된다(대판 1993.10.26. 93다14936).

Ⅳ 종속된 권리에 대한 효력

종속된 권리에 대한 소멸시효의 효력(민법 제183조) [기출] 08 · 15
주된 권리의 소멸시효가 완성한 때에는 종속된 권리에 그 효력이 미친다.

[금전채권의 원금 일부가 변제된 후 나머지 부분에 대하여 소멸시효가 완성된 경우, 시효완성의 효력이 미치는 이자 또는 지연손해금의 범위]
이자 또는 지연손해금은 주된 채권인 원본의 존재를 전제로 그에 대응하여 일정한 비율로 발생하는 종된 권리인데, 하나의 금전채권의 원금 중 일부가 변제된 후 나머지 원금에 대하여 소멸시효가 완성된 경우, 가분채권인 금전채권의 성질상 변제로 소멸한 원금 부분과 소멸시효 완성으로 소멸한 원금 부분을 구분하는 것이 가능하고, 이 경우 원금에 종속된 권리인 이자 또는 지연손해금 역시 변제로 소멸한 원금 부분에서 발생한 것과 시효완성으로 소멸된 원금 부분에서 발생한 것으로 구분하는 것이 가능하므로, 소멸시효 완성의 효력은 소멸시효가 완성된 원금 부분으로부터 그 완성 전에 발생한 이자 또는 지연손해금에는 미치나, 변제로 소멸한 원금 부분으로부터 그 변제 전에 발생한 이자 또는 지연손해금에는 미치지 않는다(대판 2008.3.14. 2006다2940).

07 소멸시효

01 총설

01 제척기간에 관한 설명으로 옳은 것은?(다툼이 있으면 판례에 따름) 기출 19

① 제척기간이 경과하면 그 기산일에 소급하여 권리소멸의 효과가 발생한다.

② 제척기간은 권리자의 청구나 압류 등이 있으면 중단되고 그때까지 경과된 기간은 산입되지 않는다.

③ 점유보호청구권의 행사기간은 제척기간이기 때문에 점유보호청구권은 재판상·재판 외에서 행사할 수 있다.

④ 제척기간이 지난 후에는 당사자가 책임질 수 없는 사유로 그 기간을 준수하지 못하였더라도 추후에 보완될 수 없다.

⑤ 채권양도의 통지는 그 양도인이 채권이 양도되었다는 사실을 채무자에게 알리는 행위이므로, 채권양도의 통지만으로 제척기간의 준수에 필요한 권리의 재판 외 행사가 이루어졌다고 볼 수 있다.

해설 ① (×) 제척기간은 기간의 경과로 장래를 향하여 소멸하므로, 소급효가 인정되지 아니한다.

② (×) 제척기간은 권리관계를 조속히 확정시키기 위한 제도이므로, 중단이 인정되지 아니한다.

③ (×) 점유보호청구권의 제척기간은, 반드시 그 기간 내에 소를 제기하여야 하는 이른바 출소기간으로 해석함이 상당하다(대판 2002.4.26. 2001다8097·8103).

④ (○) 제척기간은 불변기간이 아니어서 그 기간을 지난 후에는 당사자가 책임질 수 없는 사유로 그 기간을 준수하지 못하였더라도 추후에 보완될 수 없다(대결 2003.8.11. 2003스32).

⑤ (×) 채권양도의 통지는 양도인이 채권이 양도되었다는 사실을 채무자에게 알리는 것에 그치는 행위이므로, 그것만으로 제척기간 준수에 필요한 권리의 재판 외 행사에 해당한다고 할 수 없다(대판[전합] 2012.3.22. 2010다28840 – 다수의견).

02 제척기간에 관한 설명으로 옳지 않은 것은?(다툼이 있으면 판례에 따름) `기출` 16

① 형성권은 제척기간의 경과 자체만으로 곧 권리소멸의 효과가 발생하지 않는다.

② 수급인의 하자담보책임기간은 재판상 또는 재판 외의 권리행사기간인 제척기간이다.

③ 민법 제146조에서 규정하는 취소권의 행사기간은 제척기간으로서 법원의 직권조사사항이다.

④ 매매예약완결권의 행사기간은 제척기간으로 해석되며, 기간의 중단이 있을 수 없다.

⑤ 점유보호청구권의 행사기간은 제척기간으로, 재판 외에서 권리를 행사할 수 있는 기간이 아니라 반드시 그 기간 내에 소를 제기하여야 하는 출소기간이다.

해설
① (×) 제척기간은 그 기간의 경과 자체만으로 곧바로 권리소멸의 효과가 발생한다.

② (○) **민법상 수급인의 하자담보책임에 관한 기간은 제척기간으로서 재판상 또는 재판 외의 권리행사기간이며 재판상 청구를 위한 출소기간이 아니라고 할 것이다**(대판 2000.6.9. 2000다15371).

③ (○) **민법 제146조는 취소권은 추인할 수 있는 날로부터 3년 내에 행사하여야 한다고 규정하고 있는바, 이때의 3년이라는 기간은 일반소멸시효기간이 아니라 제척기간으로서 제척기간이 도과하였는지 여부는 당사자의 주장에 관계없이 법원이 당연히 조사하여 고려하여야 할 사항이다**(대판 1996.9.20. 96다25371).

④ (○) **매매예약의 완결권은 일종의 형성권으로서 당사자 사이에 그 행사기간을 약정한 때에는 그 기간 내에, 그러한 약정이 없는 때에는 그 예약이 성립한 때로부터 10년 내에 이를 행사하여야** 하고, 그 기간을 지난 때에는 예약완결권은 **제척기간의 경과로 인하여 소멸한다**(대판 1995.11.10. 94다22682·22699[반소]). 또한, 제척기간은 권리관계를 조속히 확정시키기 위한 제도이므로, **중단이 인정되지 아니한다.**

⑤ (○) **점유보호청구권의 제척기간은, 반드시 그 기간 내에 소를 제기하여야 하는 이른바 출소기간으로 해석함이 상당하다**(대판 2002.4.26. 2001다8097·8103).

03 제척기간에 관한 설명으로 옳은 것은?(다툼이 있으면 판례에 따름) 기출 15

① 점유를 침탈당한 자의 침탈자에 대한 점유물회수청구권의 행사기간 1년은 제척기간이다.

② 법률행위의 취소권은 추인할 수 있는 날로부터 3년 내에 재판상으로 행사를 하여야 한다.

③ 제척기간 내에 권리자의 권리주장 또는 의무자의 승인이 있으면 제척기간은 중단된다.

④ 제척기간의 경우 그 기간이 경과하면 그 기산일에 소급하여 권리소멸의 효력이 생긴다.

⑤ 하자담보책임에 기한 매수인의 손해배상청구권에는 민법 제582조의 제척기간규정으로 인하여 소멸시효규정이 적용되지 않는다.

해설 ① (○) **점유보호청구권의 제척기간**은, 반드시 그 기간 내에 소를 제기하여야 하는 이른바 **출소기간**으로 해석함이 상당하다(대판 2002.4.26. 2001다8097·8103).

② (×) 민법 제146조에 규정된 취소권의 존속기간은 제척기간이라고 보아야 할 것이지만, 그 제척기간 내에 소를 제기하는 방법으로 권리를 재판상 행사하여야만 되는 것은 아니고, 재판 외에서 의사표시를 하는 방법으로도 권리를 행사할 수 있다고 보아야 한다(대판 1993.7.27. 92다52795 등).

③ (×) 제척기간은 권리관계를 조속히 확정시키기 위한 제도이므로, 중단이 인정되지 아니한다.

④ (×) 제척기간은 기간의 경과로 장래를 향하여 소멸하므로, 소급효가 인정되지 아니한다.

⑤ (×) 매도인에 대한 하자담보에 기한 손해배상청구권에 대하여는 민법 제582조의 제척기간이 적용되고, 이는 법률관계의 조속한 안정을 도모하고자 하는 데에 취지가 있다. 그런데 하자담보에 기한 매수인의 손해배상청구권은 권리의 내용·성질 및 취지에 비추어 민법 제162조 제1항의 채권소멸시효의 규정이 적용되고, 민법 제582조의 제척기간규정으로 인하여 소멸시효규정의 적용이 배제된다고 볼 수 없으며, 이때 다른 특별한 사정이 없는 한 무엇보다도 매수인이 매매목적물을 인도받은 때부터 소멸시효가 진행한다고 해석함이 타당하다(대판 2011.10.13. 2011다10266).

02 **소멸시효의 요건**

제1관 | 소멸시효의 대상이 되는 권리

제2관 | 소멸시효의 기산점

01 소멸시효에 관한 설명으로 옳지 않은 것은?(다툼이 있으면 판례에 따름) 기출 22

① 부동산의 매수인이 목적 부동산을 인도받아 계속 점유하는 경우, 그 매매로 인한 매수인의 소유권이전등기청구권의 소멸시효는 진행하지 않는다.

② 신축 중인 건물에 관한 소유권이전등기청구권의 소멸시효는 그 건물이 완공되지 아니한 동안에는 진행하지 않는다.

③ 부작위를 목적으로 하는 채권의 소멸시효는 위반행위를 한 때로부터 진행한다.

④ 단기의 소멸시효에 해당하는 주채무의 소멸시효기간이 확정판결에 의하여 10년으로 연장되면 보증채무의 소멸시효기간도 10년으로 연장된다.

⑤ 소멸시효의 중단을 위한 승인은 묵시적인 방법으로도 할 수 있다.

해설 ① (○) 시효제도는 일정 기간 계속된 사회질서를 유지하고 시간의 경과로 인하여 곤란해지는 증거보전으로부터의 구제를 꾀하며 자기 권리를 행사하지 않고 소위 권리 위에 잠자는 자는 법적 보호에서 이를 제외하기 위하여 규정된 제도라 할 것인바, 부동산에 관하여 인도, 등기 등의 어느 한 쪽만에 대하여서라도 권리를 행사하는 자는 전체적으로 보아 그 부동산에 관하여 권리 위에 잠자는 자라고 할 수 없다 할 것이므로, 매수인이 목적 부동산을 인도받아 계속 점유하는 경우에는 그 소유권이전등기청구권의 소멸시효가 진행하지 않는다(대판[전합] 1999.3.18. 98다32175).

② (○) 소멸시효는 객관적으로 권리가 발생하여 그 권리를 행사할 수 있는 때로부터 진행하고 그 권리를 행사할 수 없는 동안만은 진행하지 않는바, '권리를 행사할 수 없는' 경우란, 권리자가 권리의 존재나 권리행사 가능성을 알지 못하였다는 등의 사실상 장애사유가 있는 경우가 아니라, 법률상의 장애사유, 예컨대 기간의 미도래나 조건불성취 등이 있는 경우를 말하는데, 건물에 관한 소유권이전등기청구권에 있어서 그 목적물인 건물이 완공되지 아니하여 이를 행사할 수 없었다는 사유는 법률상의 장애사유에 해당한다(대판 2007.8.23. 2007다28024·28031).

③ (○) 민법 제166조 제2항

④ (✕) 채권자와 주채무자 사이의 확정판결에 의하여 주채무가 확정되어 그 소멸시효기간이 10년으로 연장되었다 할지라도 그 보증채무까지 당연히 단기소멸시효의 적용이 배제되어 10년의 소멸시효기간이 적용되는 것은 아니고, 채권자와 연대보증인 사이에 있어서 연대보증채무의 소멸시효기간은 여전히 종전의 소멸시효기간에 따른다(대판 2006.8.24. 2004다26287·26294).

⑤ (○) 소멸시효 중단사유인 승인은 시효이익을 받을 당사자인 채무자가 소멸시효의 완성으로 권리를 상실하게 될 자 또는 그 대리인에게 권리가 존재함을 인식하고 있다는 뜻을 표시함으로써 성립한다. 표시의 방법은 아무런 형식을 요구하지 않고, 명시적이든 묵시적이든 상관없다. 묵시적인 승인의 표시는 채무자가 채무의 존재와 액수를 인식하고 있음을 전제로 상대방으로 하여금 채무자가 채무를 인식하고 있음을 표시를 통해 추단하게 할 수 있는 방법으로 하면 충분하다(대판 2018.4.24. 2017다205127).

02 소멸시효의 기산점에 관한 설명으로 옳지 않은 것은?(다툼이 있으면 판례에 따름) 기출 20

① 소멸시효는 원칙적으로 권리를 행사할 수 있는 때부터 진행한다.
② 확정기한부 채권은 기한이 도래한 때부터 진행한다.
③ 불확정기한부 채권은 기한이 객관적으로 도래한 때부터 진행한다.
④ 소유권이전등기의무의 이행불능으로 인한 전보배상청구권의 소멸시효는 이전등기의무가 이행불능이 된 때부터 진행한다.
⑤ 부작위를 목적으로 한 채권의 소멸시효는 계약한 때부터 진행한다.

해설 ① (○) 소멸시효는 권리를 행사할 수 있는 때로부터 진행한다(민법 제166조 제1항).
② (○) 확정기한부 채권은 확정기한이 도래한 때가 소멸시효의 기산점이다.
③ (○) 불확정기한부 채권은 불확정기한이 객관적으로 도래한 때가 소멸시효의 기산점이다.
④ (○) 매매로 인한 부동산소유권이전채무가 이행불능됨으로써 매수인이 매도인에 대하여 갖게 되는 손해배상채권은 그 부동산소유권의 이전채무가 이행불능된 때에 발생하는 것이고 그 계약체결일에 생기는 것은 아니므로 위 손해배상채권의 소멸시효는 계약체결일이 아닌 소유권이전채무기 이행불능된 때부터 진행한다(대판 1990.11.9. 90다카22513).
⑤ (✕) 부작위를 목적으로 하는 채권의 소멸시효는 위반행위를 한 때로부터 진행한다(민법 제166조 제2항).

03 소멸시효에 관한 설명으로 옳은 것은?(다툼이 있으면 판례에 따름) 기출 18

① 부작위채권은 권리의 불행사가 있을 수 없으므로 소멸시효의 대상이 되지 않는다.

② 주채무자가 시효완성의 이익을 포기한 경우 보증인은 주채무의 시효소멸을 원용할 수 없다.

③ "시효의 중단은 당사자 및 그 승계인 간에만 효력이 있다"는 규정(민법 제169조)에서 '승계인'에는 특정승계인이 포함되지 아니한다.

④ 기한을 정하지 않은 채권의 소멸시효의 기산점은 채권이 발생된 때가 아니라 이행청구를 받은 때이다.

⑤ 단기소멸시효에 걸리는 채권이라도 판결에 의하여 확정되면 그 소멸시효기간은 10년이다.

해설　① (×) 부작위채권의 소멸시효는 위반행위를 한 때로부터 진행한다(민법 제166조 제2항).

② (×) 주채무가 시효로 소멸한 때에는 보증인도 그 시효소멸을 원용할 수 있으며, 주채무자가 시효의 이익을 포기하더라도 보증인에게는 그 효력이 없다(대판 1991.1.29. 89다카1114). 따라서 주채무자의 시효이익 포기에도 불구하고 보증인은 그 시효소멸을 원용할 수 있다.

③ (×) 시효중단의 효력은 당사자 및 그 승계인 간에만 미치는 바, 여기서 당사자라 함은 중단행위에 관여한 당사자를 가리키고 시효의 대상인 권리 또는 청구권의 당사자는 아니며, 승계인이라 함은 '시효중단에 관여한 당사자로부터 중단의 효과를 받는 권리를 그 중단효과 발생 이후에 승계한 자'를 뜻하고, 포괄승계인은 물론 특정승계인도 이에 포함된다(대판 1997.4.25. 96다46484).

④ (×) 기한을 정하지 아니한 채권은 채권성립과 동시에 이행 가능하므로, 원칙적으로 채권성립 당시가 소멸시효의 기산점이 된다.

⑤ (○) 판결에 의하여 확정된 채권은 단기의 소멸시효에 해당한 것이라도 그 소멸시효는 10년으로 한다(민법 제165조 제1항).

제3관 | 소멸시효의 기간

제1관 | 소멸시효의 중단

01 소멸시효 중단사유에 관한 설명으로 옳지 않은 것은?(다툼이 있으면 판례에 따름) 기출 24

① 채권자가 채무자에게 등기우편으로 이행청구를 한 경우, 법에서 정한 후속수단을 취하지 않으면 그 이행청구만으로는 시효가 중단되지 않는다.

② 채권자가 채무자를 상대로 제기한 소송에서, 피고인 채무자에게 소송서류가 송달된 적이 없는 상태에서 판결이 선고되더라도 시효중단의 효력은 있다.

③ 채무자가 채권자를 상대로 채무부존재확인소송을 제기하여 채권자가 이를 적극적으로 다툰 경우, 그 소가 법원에 접수된 때부터 시효중단의 효력이 인정된다.

④ 채권양수인이 채무자를 상대로 소를 제기하였다가 채무자에 대한 양도통지가 없었다는 이유로 청구가 기각되어 확정된 후, 양도통지를 하고 그 확정된 때로부터 6개월 내에 다시 소를 제기한 경우, 시효중단의 효력은 전소(前訴)제기 시로 소급하여 발생한다.

⑤ 채권자가 연대채무자의 1인에 대하여 가압류를 한 경우, 다른 연대채무자의 채무에 대해서는 시효가 중단되지 않는다.

해설 ① (○) 민법 제174조

> **최고와 시효중단(민법 제174조)**
> 최고는 6월내에 재판상의 청구, 파산절차참가, 화해를 위한 소환, 임의출석, 압류 또는 가압류, 가처분을 하지 아니하면 시효중단의 효력이 없다.

② (○) 민사소송법 제265조에 의하면, 시효중단사유 중 하나인 '재판상의 청구'(민법 제168조 제1호, 제170조)는 소를 제기한 때 시효중단의 효력이 발생한다. 이는 소장 송달 등으로 채무자가 소 제기 사실을 알기 전에 시효중단의 효력을 인정한 것이다. 가압류에 관해서도 위 민사소송법규정을 유추적용하여 '재판상의 청구'와 유사하게 가압류를 신청한 때 시효중단의 효력이 생긴다고 보아야 한다(대판 2017.4.7. 2016다35451).

③ (×) 민법 제168조 제1호, 제170조 제1항에서 시효중단사유의 하나로 규정하고 있는 재판상의 청구란, 통상적으로는 권리자가 원고로서 시효를 주장하는 자를 피고로 하여 소송물인 권리를 소의 형식으로 주장하는 경우를 가리키나, 이와 반대로 시효를 주장하는 자가 원고가 되어 소를 제기한 데 대하여 피고로서 응소하여 소송에서 적극적으로 권리를 주장하고 그것이 받아들여진 경우도 이에 포함되고, 위와 같은 응소행위로 인한 시효중단의 효력은 피고가 현실적으로 권리를 행사하여 응소한 때에 발생하지만, 권리자인 피고가 응소하여 권리를 주장하였으나 소가 각하되거나 취하되는 등의 사유로 본안에서 권리주장에 관한 판단 없이 소송이 종료된 경우에는 민법 제170조 제2항을 유추적용하여 그때부터 6월 이내에 재판상의 청구 등 다른 시효중단조치를 취한 경우에 한하여 응소 시에 소급하여 시효중단의 효력이 있다고 보아야 한다(대판 2012.1.12. 2011다78606).

④ (○) 비록 대항요건을 갖추지 못하여 채무자에게 대항하지 못한다고 하더라도 채권의 양수인이 채무자를 상대로 재판상의 청구를 하였다면 이는 소멸시효 중단사유인 재판상의 청구에 해당한다(대판 2005.11.10. 2005다41818) 그리고 재판상의 청구는 소송의 각하, 기각 또는 취하의 경우에는 시효중단의 효력이 없지만 6월 내에 재판상의 청구, 파산절차참가, 압류 또는 가압류, 가처분을 한 때에는 시효는 최초의 재판상 청구로 인하여 중단된 것으로 본다(민법 제170조).

⑤ (○) 채권자의 신청에 의한 경매개시결정에 따라 연대채무자 1인의 소유 부동산이 압류된 경우, 이로써 위 채무자에 대한 채권의 소멸시효는 중단되지만, 압류에 의한 시효중단의 효력은 다른 연대채무자에게 미치지 아니하므로, 경매개시결정에 의한 시효중단의 효력을 다른 연대채무자에 대하여 주장할 수 없다(대판 2001.8.21. 2001다22840). 연대채무에서 압류, 가압류 등 이행청구 이외의 시효중단사유는 상대적 효력이 있을 뿐이다.

02 소멸시효에 관한 설명으로 옳지 않은 것은?(다툼이 있으면 판례에 따름) 기출 21

① 소멸시효에 관한 규정은 강행규정이지만, 법률행위에 의하여 경감할 수 있다.

② 공유물분할청구권은 공유관계가 존속하는 한 별도로 소멸시효가 진행되지 않는다.

③ 부당이득반환청구권의 소멸시효는 청구권이 성립한 때로부터 진행하고, 원칙적으로 권리의 존재나 발생을 알지 못하였다고 하더라도 소멸시효의 진행에 장애가 되지 않는다.

④ 부동산매수인이 소유권이전등기 없이 부동산을 인도받아 사용·수익하다가 제3자에게 그 부동산을 처분하고 점유를 승계하여 준 경우, 소유권이전등기청구권의 소멸시효가 진행되지 않는다.

⑤ 원인채권의 지급을 확보하기 위하여 어음이 수수된 당사자 사이에 채권자가 어음채권에 관한 집행권원에 기하여 한 배당요구는 그 원인채권의 소멸시효를 중단시키는 효력이 없다.

해설 ① (○) 시효에 관한 규정은 원칙적으로 편면적 강행규정에 해당하므로, 소멸시효를 법률행위에 의하여 배제, 연장 또는 가중할 수는 없으나, 단축 또는 경감할 수는 있다(민법 제184조 제2항).

② (○) 공유물분할청구권은 공유관계에서 수반되는 형성권이므로 공유관계가 존속하는 한 그 분할청구권만이 독립하여 시효소멸될 수 없다(대판 1981.3.24. 80다1888·1889).

③ (○) 소멸시효의 진행은 당해 청구권이 성립한 때로부터 발생하고 원칙적으로 권리의 존재나 발생을 알지 못하였다고 하더라도 소멸시효의 진행에 장애가 되지 않는다고 할 것이지만, 법인의 이사회결의가 부존재함에 따라 발생하는 제3자의 부당이득반환청구권처럼 법인이나 회사의 내부적인 법률관계가 개입되어 있어 청구권자가 권리의 발생 여부를 객관적으로 알기 어려운 상황에 있고 청구권자가 과실 없이 이를 알지 못한 경우에도 청구권이 성립한 때부터 바로 소멸시효가 진행한다고 보는 것은 정의와 형평에 맞지 않을 뿐만 아니라 소멸시효제도의 존재이유에도 부합한다고 볼 수 없으므로, 이러한 경우에는 이사회결의부존재확인판결의 확정과 같이 객관적으로 청구권의 발생을 알 수 있게 된 때로부터 소멸시효가 진행된다고 보는 것이 타당하다(대판 2003.4.8. 2002다64957·64964).

④ (○) 부동산의 매수인이 그 부동산을 인도받은 이상 이를 사용·수익하다가 그 부동산에 대한 보다 적극적인 권리 행사의 일환으로 다른 사람에게 그 부동산을 처분하고 그 점유를 승계하여 준 경우에도 그 이전등기청구권의 행사 여부에 관하여 그가 그 부동산을 스스로 계속 사용·수익만 하고 있는 경우와 특별히 다를 바 없으므로 위 두 어느 경우에나 이전등기청구권의 소멸시효는 진행되지 않는다고 보아야 한다(대판[전합] 1993.3.18. 98다32175 – 다수의견).

⑤ (×) 원인채권의 지급을 확보하기 위하여 어음이 수수된 당사자 사이에서 채권자가 어음채권을 피보전권리로 하여 채무자의 재산을 가압류함으로써 그 권리를 행사한 경우에는 그 원인채권의 소멸시효를 중단시키는 효력이 있고, 이러한 법리는 채권자가 어음채권을 청구채권으로 하여 채무자의 재산을 압류함으로써 그 권리를 행사한 경우에도 마찬가지이며, 한편 집행력 있는 채무명의 정본을 가진 채권자는 이에 기하여 강제경매를 신청할 수 있으며, 다른 채권자의 신청에 의하여 개시된 경매절차를 이용하여 배당요구를 신청하는 행위도 채무명의에 기하여 능동적으로 그 권리를 실현하려고 하는 점에서는 강제경매의 신청과 동일하다고 할 수 있으므로, 부동산경매절차에서 집행력 있는 채무명의 정본을 가진 채권자가 하는 배당요구는 민법 제168조 제2호의 압류에 준하는 것으로서 배당요구에 관련된 채권에 관하여 소멸시효를 중단하는 효력이 생긴다고 할 것이고, 따라서 원인채권의 지급을 확보하기 위하여 어음이 수수된 당사자 사이에 채권자가 어음채권에 관한 집행력 있는 채무명의 정본에 기하여 한 배당요구는 그 원인채권의 소멸시효를 중단시키는 효력이 있다(대판 2002.2.26. 2000다25484).

03 소멸시효의 중단에 관한 설명으로 옳지 않은 것은?(다툼이 있으면 판례에 따름) 기출 20

① 시효의 중단은 당사자 및 그 승계인 간에만 효력이 있다.
② 주채무자에 대한 시효의 중단은 보증인에 대하여도 효력이 있다.
③ 연대채무자 중 1인이 소유하는 부동산에 대한 압류에 따른 시효중단의 효력은 다른 연대채무자에게는 미치지 않는다.
④ 채권자가 피고로서 응소하여 적극적으로 권리를 주장하고 그것이 받아들여진 경우 시효중단사유인 재판상의 청구에 해당한다.
⑤ 권리자인 피고가 응소하여 권리를 주장하였으나 그 소가 취하되어 본안에서 그 권리주장에 관한 판단 없이 소송이 종료된 후 종료된 때부터 6월 내에 가압류를 하면, 권리자가 가압류를 한 때부터 시효중단의 효력이 인정된다.

해설 ① (○) 시효의 중단은 당사자 및 그 승계인 간에만 효력이 있다(민법 제169조).
② (○) 주채무자에 대한 시효의 중단은 보증인에 대하여 그 효력이 있다(민법 제440조).
③ (○) 채권자의 신청에 의한 경매개시결정에 따라 연대채무자 1인의 소유 부동산이 압류된 경우, 이로써 위 채무자에 대한 채권의 소멸시효는 중단되지만, 압류에 의한 시효중단의 효력은 다른 연대채무자에게 미치지 아니하므로, 경매개시결정에 의한 시효중단의 효력을 다른 연대채무자에 대하여 주장할 수 없다(대판 2001.8.21. 2001다22840).
④ (○), ⑤ (×) 민법 제168조 제1호, 제170조 제1항에서 시효중단사유의 하나로 규정하고 있는 재판상의 청구란, 통상적으로는 권리자가 원고로서 시효를 주장하는 자를 피고로 하여 소송물인 권리를 소의 형식으로 주장하는 경우를 가리키나, 이와 반대로 시효를 주장하는 자가 원고가 되어 소를 제기한 데 대하여 피고로서 응소하여 소송에서 적극적으로 권리를 주장하고 그것이 받아들여진 경우도 이에 포함되고, 위와 같은 응소행위로 인한 시효중단의 효력은 피고가 현실적으로 권리를 행사하여 응소한 때에 발생하지만, 권리자인 피고가 응소하여 권리를 주장하였으나 소가 각하되거나 취하되는 등의 사유로 본안에서 권리주장에 관한 판단 없이 소송이 종료된 경우에는 민법 제170조 제2항을 유추적용하여 그때부터 6월 이내에 재판상의 청구 등 다른 시효중단조치를 취한 경우에 한하여 응소 시에 소급하여 시효중단의 효력이 있다고 보아야 한다(대판 2012.1.12. 2011다78606).

04 甲은 2017.10.1. 친구 乙에게 3,000만원을 대여하면서 이자는 월 1%, 변제기는 2018.10.1.로 정하였는데, 2019.2.16. 현재까지 乙은 원금과 이자를 전혀 변제하지 않고 있다. 이에 관한 설명으로 옳지 않은 것은?(다툼이 있으면 판례에 따름) **기출 19**

① 甲의 원금반환채권은 10년간 행사하지 아니하면 소멸시효가 완성한다.

② 甲이 乙을 사기죄로 고소하여 형사소송이 제기되었는데, 이 과정에서 배상명령을 신청하지 않은 경우에는 甲의 대여금채권의 소멸시효는 중단되지 않는다.

③ 甲이 乙을 상대로 대여금반환청구의 소를 제기하였다가 이후 그 소를 취하한 경우에도 甲의 대여금반환청구의 소제기로 인한 시효중단의 효력은 유지된다.

④ 乙의 재산에 대하여 甲의 가압류가 있는 경우에도 시효중단의 효력이 인정되지만, 당연무효의 가압류는 소멸시효의 중단사유에 해당하지 않는다.

⑤ 甲이 乙에게 대여금반환채무의 이행을 최고한 경우, 최고 후 6개월 내에 재판상의 청구를 하였다면 최고 시에 시효중단의 효력이 발생한다.

해설 ① (○) 채권은 10년간 행사하지 아니하면 소멸시효가 완성한다(민법 제162조 제1항).

② (○) 형사소송은 피고인에 대한 국가형벌권의 행사를 그 목적으로 하는 것이므로, **피해자가 형사소송에서 소송촉진 등에 관한 특례법에서 정한 배상명령을 신청한 경우를 제외하고는** 단지 피해자가 가해자를 상대로 고소하거나 그 고소에 기하여 형사재판이 개시되어도 이를 가지고 소멸시효의 중단사유인 재판상의 청구로 볼 수는 없다(대판 1999.3.12. 98다18124).

③ (×) 재판상의 청구는 소송의 취하의 경우에는 시효중단의 효력이 없다(민법 제170조 제1항).

④ (○) 사망한 사람을 피신청인으로 한 가압류신청은 부적법하고 그 신청에 따른 가압류결정이 내려졌다고 하여도 그 결정은 당연무효로서 그 효력이 상속인에게 미치지 않으며, 이러한 **당연무효의 가압류는 민법 제168조 제1호에 정한 소멸시효의 중단사유에 해당하지 않는다**(대판 2006.8.24. 2004다26287·26294).

⑤ (○) 민법 제174조가 시효중단사유로 규정하고 있는 **최고를 여러 번 거듭하다가 재판상 청구 등을 한 경우에 시효중단의 효력은 항상 최초의 최고 시에 발생하는 것이 아니라** 재판상 청구 등을 한 시점을 기준으로 하여 이로부터 소급하여 6월 이내에 한 최고 시에 발생하고, 민법 제170조의 해석상 **재판상의 청구는 그 소송이 취하된 경우에는 그로부터 6월 내에 다시 재판상의 청구를 하지 않는 한 시효중단의 효력이 없고 다만 재판 외의 최고의 효력만을 갖게 된다.** 이러한 법리는 그 소가 각하된 경우에도 마찬가지로 적용된다(대판 2019.3.14. 2018두56435).

05 甲은 A호텔에서 2015.12.5. 회갑연을 하고, 당일 지급하기로 한 3천만원의 음식료채무를 그의 친구 乙과 연대하여 부담하기로 약정하였다. A호텔이 2016.11.21. 3천만원을 받기 위하여 甲을 상대로 이행청구의 소를 제기하였다. 다음 설명 중 옳지 않은 것은?(다툼이 있으면 판례에 따름) 기출 17

① A호텔의 음식료채권은 1년의 소멸시효에 걸린다.
② 소멸시효가 완성되기 전에 A호텔이 소를 제기했으므로, 소멸시효의 진행이 중단된다.
③ A호텔이 소송을 취하하면 소멸시효 중단의 효력은 없으나, 6개월 내에 가압류를 하면 최초의 재판상 청구로 인하여 소멸시효가 중단된 것으로 본다.
④ A호텔의 청구에 대하여 기각판결이 확정된 후, A호텔이 재심을 청구하면 소멸시효의 진행이 중단된다.
⑤ A호텔의 재판상 청구로 인한 소멸시효 중단의 효력은 乙에게도 미친다.

해설 ① (○) 민법 제164조 제1호

> **1년의 단기소멸시효(민법 제164조)**
> 다음 각 호의 채권은 1년간 행사하지 아니하면 소멸시효가 완성한다.
> 1. **여관, 음식점, 대석, 오락장의 숙박료, 음식료, 대석료, 입장료, 소비물의 대가 및 체당금의 채권**
> 2. 의복, 침구, 장구 기타 동산의 사용료의 채권
> 3. 노역인, 연예인의 임금 및 그에 공급한 물건의 대금채권
> 4. 학생 및 수업자의 교육, 의식 및 유숙에 관한 교주, 숙주, 교사의 채권

② (○) **시효중단사유로서의 재판상의 청구에는 그 권리 자체의 이행청구를 하는 경우뿐만 아니라 그 권리가 발생한 기본적 권리관계에 관한 이행청구나 확인청구를 하는 경우에도 그 기본적 권리관계의 이행청구나 확인청구가 그로부터 발생한 권리의 실현수단이 될 수 있어 권리 위에 잠자는 것이 아님을 표명한 것으로 볼 수 있는 때에는 그 기본적 권리관계에 관한 이행청구나 확인청구도 시효중단사유로서의 재판상 청구에 포함된다**(대판 1995.6.30. 94다13435).

③ (○) 민법 제170조 제1항·제2항

> **재판상의 청구와 시효중단(민법 제170조)**
> ① 재판상의 청구는 소송의 각하, 기각 또는 취하의 경우에는 시효중단의 효력이 없다.
> ② 전항의 경우에 6월 내에 재판상의 청구, 파산절차 참가, 압류 또는 가압류, 가처분을 한 때에는 시효는 최초의 재판상 청구로 인하여 중단된 것으로 본다.

④ (×) **재판상 청구는 소송의 각하, 기각, 취하의 경우에는 시효중단의 효력이 없고 다만 각하 또는 취하되었다가 6월 내에 다시 재판상 청구를 하면 시효는 중단되나 기각판결이 확정된 경우에는 청구권의 부존재가 확정됨으로써 중단의 효력이 생길 수 없으므로 청구기각판결의 확정 후 재심을 청구하였다 하더라도 시효의 진행이 중단된다고 할 수 없다**(대판 1992.4.24. 92다6983).
⑤ (○) 어느 연대채무자에 대한 이행청구는 다른 연대채무자에게도 (시효중단의) 효력이 있다(민법 제416조).

06 소멸시효의 중단사유에 관한 설명으로 옳은 것은?(다툼이 있는 경우에는 판례에 의함)

기출 13

① 채권양도 후 대항요건이 구비되기 전에 양도인은 채무자를 상대로 시효중단의 효력이 있는 재판상 청구를 할 수 없다.

② 채권양도 후 대항요건이 구비되기 전에 양수인은 채무자를 상대로 시효중단의 효력이 있는 재판상 청구를 할 수 없다.

③ 채권자가 가분채권의 일부분을 피보전채권으로 하여 가압류를 한 경우에는 피보전채권에 포함되지 않은 나머지 채권에 대하여도 시효중단의 효력이 생긴다.

④ 시효완성 전에 한 면책적 채무인수는 소멸시효의 중단사유가 되지 않는다.

⑤ 시효중단의 효력이 있는 승인에는 상대방의 권리에 관한 처분의 능력이나 권한이 있음을 요하지 않는다.

해설　① (×) 채권양도 후 대항요건이 구비되기 전의 양도인은 채무자에 대한 관계에서는 여전히 채권자의 지위에 있으므로 채무자를 상대로 시효중단의 효력이 있는 재판상의 청구를 할 수 있다(대판 2009.2.12. 2008두 20109).

② (×) 비록 대항요건을 갖추지 못하여 채무자에게 대항하지 못한다고 하더라도 채권의 양수인이 채무자를 상대로 재판상의 청구를 하였다면 이는 소멸시효중단사유인 재판상의 청구에 해당한다고 보아야 한다(대판 2005.11.10. 2005다41818).

③ (×) 채권자가 가분채권의 일부분을 피보전채권으로 주장하여 채무자 소유의 재산에 대하여 가압류를 한 경우에 있어서는 그 피보전채권부분만에 한하여 시효중단의 효력이 있다 할 것이고 가압류에 의한 보전채권에 포함되지 아니한 나머지 채권에 대하여는 시효중단의 효력이 발생할 수 없다 할 것이다(대판 1976.2.24. 75다1240).

④ (×) 면책적 채무인수가 있은 경우, 인수채무의 소멸시효기간은 채무인수와 동시에 이루어진 소멸시효중단사유, 즉 채무승인에 따라 채무인수일로부터 새로이 진행된다(대판 1999.7.9. 99다12376).

⑤ (○) 시효중단의 효력 있는 승인에는 상대방의 권리에 관한 처분의 능력이나 권한 있음을 요하지 아니한다(민법 제177조).

07 소멸시효의 중단에 관한 설명으로 옳지 않은 것은?(다툼이 있는 경우에는 판례에 의함)

기출 12

① 시효완성을 주장하는 채무자가 채무부존재확인의 소를 제기함에 따라 채권자가 피고로서 응소하여 그 소송에서 적극적으로 권리를 주장하고 그것이 받아들여졌더라도 시효는 중단되지 않는다.

② 채무자의 일부변제는 채무 전부에 관하여 시효중단의 효력이 있다.

③ 채권자가 채무자를 고소하여 형사재판이 개시되어도 이를 소멸시효의 중단사유인 재판상 청구로 볼 수 없다.

④ 재판상의 청구를 한 후 그 소송을 취하한 경우, 그로부터 6월 내에 다시 재판상의 청구를 하지 않는 한 시효중단의 효력이 없고 재판 외의 최고의 효력만 있다.

⑤ 채권자가 물상보증인이 담보로 제공한 부동산을 압류한 경우, 채무자에게 통지한 후가 아니면 채무자에 대한 시효중단의 효력이 발생하지 않는다.

해설 ① (×) 민법 제168조 제1호, 제170조 제1항에서 시효중단사유의 하나로 규정하고 있는 **재판상의 청구라 함은, 통상적으로는 권리자가 원고로서 시효를 주장하는 자를 피고로 하여 소송물인 권리를 소의 형식으로 주장하는 경우를 가리키지만,** 이와 반대로 시효를 주장하는 자가 원고가 되어 소를 제기한 데 대하여 피고로서 응소하여 그 소송에서 적극적으로 권리를 주장하고 그것이 받아들여진 경우도 마찬가지로 이에 포함되는 것으로 해석함이 타당하다(대판[전합] 1993.12.21. 92다47861).

② (○) 시효완성 전에 채무의 일부를 변제한 경우에는, 그 수액에 관하여 다툼이 없는 한 채무승인으로서의 효력이 있어 채무 전부에 대하여 시효중단의 효과가 발생한다(대판 1996.1.23. 95다39854).

③ (○) 형사소송은 피고인에 대한 국가형벌권의 행사를 그 목적으로 하는 것이므로, **피해자가 형사소송에서 소송촉진 등에 관한 특례법에서 정한 배상명령을 신청한 경우를 제외하고는** 단지 피해자가 가해자를 상대로 고소하거나 그 고소에 기하여 형사재판이 개시되어도 이를 가지고 소멸시효의 중단사유인 재판상의 청구로 볼 수는 없다(대판 1999.3.12. 98다18124).

④ (○) 민법 제170조의 해석상 재판상의 청구는 그 소송이 취하된 경우에는 그로부터 6월 내에 다시 재판상의 **청구를 하지 않는 한 시효중단의 효력이 없고 다만 재판 외의 최고의 효력만을 갖게 된다**(대판 2019.3.14. 2018두56435).

⑤ (○) 압류, 가압류 및 가처분은 시효의 이익을 받은 자에 대하여 하지 아니한 때에는 이를 그에게 통지한 후가 아니면 시효중단의 효력이 없다(민법 제176조).

제2관 | 소멸시효의 정지

01 소멸시효에 관한 설명으로 옳은 것은? `기출 17`

① 재산을 관리하는 후견인에 대한 제한능력자의 권리는 그가 능력자가 된 때로부터 6개월 내에는 소멸시효가 완성되지 아니한다.

② 채권자가 채무자를 상대로 법원에 신청한 화해가 불성립되어 채권자가 그로부터 1월 내에 소를 제기한 경우, 채권의 소멸시효는 소제기 시부터 중단된다.

③ 소멸시효의 기간만료 전 1년 내에 제한능력자에게 법정대리인이 없는 경우, 그가 능력자가 되거나 법정대리인이 취임한 때로부터 1년 내에는 소멸시효가 완성되지 아니한다.

④ 상속재산에 대한 권리는 상속인의 확정, 관리인의 선임 또는 파산선고가 있는 때로부터 1년 내에는 소멸시효가 완성되지 아니한다.

⑤ 채무자가 시효중단의 효력이 있는 승인을 하려면 채권자의 채권에 관한 처분의 능력이나 권한이 있어야 한다.

해설 ① (○) 재산을 관리하는 아버지, 어머니 또는 후견인에 대한 제한능력자의 권리는 그가 능력자가 되거나 후임 법정대리인이 취임한 때부터 6개월 내에는 소멸시효가 완성되지 아니한다(민법 제180조 제1항).

② (×) 채권자가 채무자를 상대로 법원에 신청한 화해가 불성립되어 채권자가 그로부터 1월 내에 소를 제기한 경우, 그 채권의 소멸시효 중단의 효력은 화해를 신청한 때에 발생한다(민법 제173조 참고).

③ (×) 소멸시효의 기간만료 전 6개월 내에 제한능력자에게 법정대리인이 없는 경우에는 그가 능력자가 되거나 법정대리인이 취임한 때부터 6개월 내에는 시효가 완성되지 아니한다(민법 제179조).

④ (×) 상속재산에 속한 권리나 상속재산에 대한 권리는 상속인의 확정, 관리인의 선임 또는 파산선고가 있는 때로부터 6월 내에는 소멸시효가 완성하지 아니한다(민법 제181조).

⑤ (×) 시효중단의 효력 있는 승인에는 상대방의 권리에 관한 처분의 능력이나 권한 있음을 요하지 아니한다(민법 제177조).

02 소멸시효에 관한 설명으로 옳지 않은 것은? 기출 15

① 주된 권리의 소멸시효가 완성한 때에는 종속된 권리에 그 효력이 미친다.

② 파산절차 참가는 채권자가 이를 취소하거나 그 청구가 각하된 때에는 시효중단의 효력이 없다.

③ 변리사에 대하여 직무상 보관한 서류의 반환을 청구하는 채권은 3년간 행사하지 않으면 소멸시효가 완성한다.

④ 부부 중 한쪽이 다른 쪽에 대하여 가지는 권리는 혼인관계가 종료된 때부터 6개월 내에는 소멸시효가 완성되지 않는다.

⑤ 천재 기타 사변으로 인하여 소멸시효를 중단할 수 없을 때에는 그 사유가 종료한 때로부터 6개월 내에는 시효가 완성하지 않는다.

해설 ① (○) 주된 권리의 소멸시효가 완성한 때에는 종속된 권리에 그 효력이 미친다(민법 제183조).

② (○) 파산절차 참가는 채권자가 이를 취소하거나 그 청구가 각하된 때에는 시효중단의 효력이 없다(민법 제171조).

③ (○) 민법 제163조 제4호

> **3년의 단기소멸시효(민법 제163조)**
> 다음 각 호의 채권은 3년간 행사하지 아니하면 소멸시효가 완성한다.
>   1. 이자, 부양료, 급료, 사용료 기타 1년 이내의 기간으로 정한 금전 또는 물건의 지급을 목적으로 한 채권
>   2. 의사, 조산사, 간호사 및 약사의 치료, 근로 및 조제에 관한 채권
>   3. 도급받은 자, 기사 기타 공사의 설계 또는 감독에 종사하는 자의 공사에 관한 채권
>   4. **변호사, 변리사, 공증인, 공인회계사 및 법무사에 대한 직무상 보관한 서류의 반환을 청구하는 채권**
>   5. 변호사, 변리사, 공증인, 공인회계사 및 법무사의 직무에 관한 채권
>   6. 생산자 및 상인이 판매한 생산물 및 상품의 대가
>   7. 수공업자 및 제조자의 업무에 관한 채권

④ (○) 부부 중 한쪽이 다른 쪽에 대하여 가지는 권리는 혼인관계가 종료된 때부터 6개월 내에는 소멸시효가 완성되지 아니한다(민법 제180조 제2항).

⑤ (✕) 천재 기타 사변으로 인하여 소멸시효를 중단할 수 없을 때에는 그 사유가 종료한 때로부터 1월 내에는 시효가 완성하지 아니한다(민법 제182조).

01 소멸시효에 관한 설명으로 옳지 않은 것은?(다툼이 있는 경우에는 판례에 의함) <u>기출</u> **14**

① 가분채무의 일부에 대한 시효이익의 포기는 허용되지 않는다.

② 원금채무의 소멸시효는 완성되지 않았으나 이자채무의 소멸시효가 완성된 상태에서 채무자가 채무를 일부변제한 때에는, 그 액수에 관하여 다툼이 없으면 그 이자채무에 관하여 시효완성의 사실을 알고 시효이익을 포기한 것으로 추정한다.

③ 소멸시효가 완성된 후에 채권자의 제소기간연장요청에 대한 채무자의 동의는 시효이익을 포기하는 의사표시를 포함하지 않는다.

④ 특정한 채무의 이행을 청구할 수 있는 기간을 제한하고 그 기간이 경과하면 채무가 소멸하도록 하는 약정은 법률이 정하는 소멸시효기간을 단축하는 것으로서, 특별한 사정이 없으면 유효하다.

⑤ 채권자와 주채무자 사이의 확정판결로 주채무의 소멸시효기간이 10년으로 연장되더라도 보증채무의 소멸시효기간은 여전히 종전의 소멸시효기간에 따른다.

해설 ① (×) 소멸시효이익의 포기는 가분채무의 일부에 대하여도 가능하다(대판 2012.5.10. 2011다109500).

② (○) 원금채무에 관하여는 소멸시효가 완성되지 아니하였으나 이자채무에 관하여는 소멸시효가 완성된 상태에서 채무자가 채무를 일부변제한 때에는 액수에 관하여 다툼이 없는 한 원금채무에 관하여 묵시적으로 승인하는 한편 이자채무에 관하여 시효완성의 사실을 알고 그 이익을 포기한 것으로 추정된다(대판 2013.5.23. 2013다12464).

③ (○) **소멸시효중단사유로서의 채무승인**은 시효이익을 받는 당사자인 채무자가 소멸시효의 완성으로 채권을 상실하게 될 자에 대하여 상대방의 권리 또는 자신의 채무가 있음을 알고 있다는 뜻을 표시함으로써 성립하는 이른바 관념의 통지로 여기에 어떠한 효과의사가 필요하지 않다. 이에 반하여 **시효완성 후 시효이익의 포기**가 인정되려면 시효이익을 받는 채무자가 시효의 완성으로 인한 법적인 이익을 받지 않겠다는 효과의사가 필요하기 때문에 시효완성 후 소멸시효중단사유에 해당하는 채무의 승인이 있었다 하더라도 그것만으로는 곧바로 소멸시효이익의 포기라는 의사표시가 있었다고 단정할 수 없다(대판 2013.2.28. 2011다21556).

④ (○) 특정한 채무의 이행을 청구할 수 있는 기간을 제한하고 그 기간을 도과할 경우 채무가 소멸하도록 하는 약정은 민법 또는 상법에 의한 소멸시효기간을 단축하는 약정으로서 특별한 사정이 없는 한 민법 제184조 제2항에 의하여 유효하다(대판 2006.4.14. 2004다70253).

⑤ (○) **채권자와 주채무자 사이의 확정판결에 의하여 주채무가 확정되어 그 소멸시효기간이 10년으로 연장되**었다 할지라도 그 보증채무까지 당연히 단기소멸시효의 적용이 배제되어 10년의 소멸시효기간이 적용되는 것은 아니고, **채권자와 연대보증인 사이에 있어서 연대보증채무의 소멸시효기간은 여전히 종전의 소멸시효기간에 따른다**(대판 2006.8.24. 2004다26287 · 26294).

02 시효이익의 포기에 관한 설명으로 옳지 않은 것은?(다툼이 있는 경우에는 판례에 의함)

기출 13

① 소멸시효의 이익은 미리 포기하지 못하지만, 소멸시효가 완성된 후에는 자유롭게 포기할 수 있다.

② 근저당권부 피담보채권에 대한 소멸시효가 완성된 후의 시효이익의 포기의 효력은 저당부동산의 제3취득자에게도 미친다.

③ 소멸시효기간을 단축하는 약정은 특별한 사정이 없는 한 유효하다.

④ 소멸시효이익 포기의 의사표시를 할 수 있는 자는 시효완성의 이익을 받을 당사자 또는 그 대리인에 한정된다.

⑤ 취득시효이익의 포기는 특별한 사정이 없는 한, 원인무효인 등기의 등기부상 소유자가 아니라 취득시효 완성 당시의 진정한 소유자에 대하여 하여야 한다.

해설　① (○) 소멸시효의 이익은 미리 포기하지 못하나(민법 제184조 제1항), 반대해석상 소멸시효 완성 후에는 포기할 수 있다.

② (×) **소멸시효를 원용할 수 있는 사람은 권리의 소멸에 의하여 직접 이익을 받는 사람에 한정되는바**, 채권담보의 목적으로 매매예약의 형식을 빌어 소유권이전청구권 보전을 위한 가등기가 경료된 부동산을 양수하여 소유권이전등기를 마친 제3자는 당해 가등기담보권의 피담보채권의 소멸에 의하여 직접 이익을 받는 자이므로, 그 가등기담보권에 의하여 담보된 채권의 채무자가 아니더라도 그 피담보채권에 관한 소멸시효를 원용할 수 있고, 이와 같은 직접수익자의 소멸시효원용권은 채무자의 소멸시효원용권에 기초한 것이 아닌 독자적인 것으로서 채무자를 대위하여서만 시효이익을 원용할 수 있는 것은 아니며, 가사 **채무자가 이미 그 가등기에 기한 본등기를 경료하여 시효이익을 포기한 것으로 볼 수 있다고 하더라도 그 시효이익의 포기는 상대적 효과가 있음에 지나지 아니하므로 채무자 이외의 이해관계자에 해당하는 담보부동산의 양수인으로서는 여전히 독자적으로 소멸시효를 원용할 수 있다**(대판 1995.7.11, 95다12446).

③ (○) 소멸시효는 법률행위에 의하여 이를 배제, 연장 또는 가중할 수 없으나 이를 단축 또는 경감할 수 있다(민법 제184조 제2항). 따라서 소멸시효기간을 단축하는 약정은 특별한 사정이 없는 한 유효하다.

④ (○) **시효완성의 이익포기의 의사표시를 할 수 있는 자는 시효완성의 이익을 받을 당사자 또는 그 대리인에 한정되고**, 그 밖의 제3자가 시효완성의 이익포기의 의사표시를 하였다 하더라도 이는 시효완성의 이익을 받을 자에 대한 관계에서 아무 효력이 없다(대판 2014.1.23, 2013다64793).

⑤ (○) **시효이익의 포기와 같은 상대방 있는 단독행위는 그 의사표시로 인하여 권리에 직접적인 영향을 받는 상대방에게 도달하는 때에 효력이 발생한다** 할 것인바, 취득시효 완성으로 인한 권리변동의 당사자는 시효취득자와 취득시효 완성 당시의 진정한 소유자이고, 실체관계와 부합하지 않는 원인무효인 등기의 등기부상 소유명의자는 권리변동의 당사자가 될 수 없는 것이므로, 결국 **시효이익의 포기는 달리 특별한 사정이 없는 한 시효취득자가 취득시효 완성 당시의 진정한 소유자에 대하여 하여야 그 효력이 발생하는 것이지 원인무효인 등기의 등기부상 소유명의자에게 그와 같은 의사를 표시하였다고 하여 그 효력이 발생하는 것은 아니라** 할 것이다(대판 1994.12.23, 94다40734).

제2편

물권법

Ⅰ 물권법

1. 의 의

물권법은 사유재산제에 터 잡아 각종 재화에 대한 사람의 배타적인 지배·이용관계를 규율하는 사법이다. 형식적 의미의 물권법은 민법전의 물권편(민법 제185조 내지 제372조)만을 의미하나, 실질적 의미의 물권법은 민법전의 물권편뿐만 아니라, 수많은 특별법에 산재하여 있는 물권에 관한 모든 법령을 총칭한다.

2. 특질(강행규정성)

채권법은 대부분 계약자유의 원칙에 기한 임의규정인 데 반하여, 물권법은 물건에 대한 배타적인 지배관계를 규율하므로, 대부분 강행규정이다.

Ⅱ 물권의 의의 및 본질

1. 의 의

물권은 특정의 독립한 물건을 직접 지배하여 이익을 얻는 배타적·독점적 권리이다.

2. 본 질

(1) 재산권

물권은 채권과 더불어 재산권의 일종으로, 특성의 물건을 지배하여 이익(물건의 사용가치와 교환가치)을 얻는 권리이다.

(2) 절대권

물권은 상대방의 특정 없이 누구에게나 주장할 수 있는 절대권이나, 반면, 채권은 특정인 채무자에게만 일정한 행위를 청구할 수 있는 상대권이다.

(3) 지배권

물권은 특정의 독립된 물건을 직접적·배타적으로 지배하는 권리이다.

① 「직접적」 지배란 권리내용의 실현을 위하여 타인의 행위를 매개하지 아니하고, 스스로 물건으로부터 이익을 얻는다는 의미이다.

② 「배타적」 지배란 하나의 물건 위에 내용이 상충되는 수개의 물권이 존재할 수 없다는 의미이다.

Ⅲ   물권의 객체(客體)

물권의 객체인 물건은 배타적 지배에 복종하여야 하므로, 원칙적으로 「특정·독립된 물건」이어야 한다.

1. 물 건

물권의 객체는 원칙적으로 물건이어야 한다. 다만, 예외적으로 재산권을 객체로 하는 경우도 있다[권리질권(민법 제345조), 준점유권(민법 제210조), 지상권·전세권을 목적으로 하는 저당권(민법 제371조) 등].

2. 특정성

물권은 물건에 대한 직접적 지배와 배타성을 내용으로 하므로, 그 물건은 현존하여야 하고, 특정되어야 한다.

> **[일필의 토지의 특정방법 및 그 토지 소유권의 범위의 결정기준]**
> 일정한 토지가 지적공부에 1필의 토지로 등록된 경우, 그 토지의 소재지번, 지목, 지적 및 경계는 일응 그 등록으로써 특정되고 그 토지의 소유권의 범위는 지적공부상의 경계에 의하여 확정된다(대판 1995.6.16. 94다4615).
>
> **기출 22**

3. 독립성

물권의 객체는 독립한 물건이어야 하며, 독립성 유무는 사회통념에 의하여 결정된다.

(1) 동 산

일반적으로 동산은 물건이 분리되어 있으므로, 동산의 독립성은 특별히 문제되지 아니한다.

(2) 부동산

① 토지 : 독립된 지번이 부여된 1필(筆)이 1개의 토지가 된다. 따라서 1필의 토지를 수필(數筆)로 분필(分筆)하거나, 수필의 토지를 1필로 합병하려면 분필 또는 합병의 절차가 필요하다.

즉, 분필 또는 합병의 절차 없이 등기부에만 분필의 등기가 이루어진 경우 분필의 효과는 발생하지 아니한다(대판 1995.6.16. 94다4615). **기출** `06·17` 또한 토지의 개수는 지적법에 의한 지적공부상의 필수(筆數), 분계선에 의하여 결정되는 것이고, 어떤 토지가 지적공부상 1필의 토지로 등록되면 그 지적공부상의 경계가 현실의 경계와 다르다 하더라도 다른 특별한 사정이 없는 한 그 경계는 지적공부상의 등록, 즉 지적도상의 경계에 의하여 특정되는 것이다(대판 1997.7.8. 96다36517). **기출** `17`

② **건물** : 건물은 토지의 정착물이나, 토지와는 별개의 독립한 부동산으로 취급되어 물권의 객체가 된다. 건물의 개수는 토지와 달리 공부상의 등록에 의해 결정되는 것이 아니라 사회통념 또는 거래관념에 따라 물리적 구조, 거래 또는 이용의 목적물로서 관찰한 건물의 상태 등 객관적 사정과 건축한 자 또는 소유자의 의사 등 주관적 사정을 참작하여 결정된다(대판 1997.7.8. 96다36517). **기출** `22`

> **[건물의 경계가 토지경계확정의 소의 대상이 될 수 있는지 여부(소극)]**
>
> 건물은 일정한 면적, 공간의 이용을 위하여 지상, 지하에 건설된 구조물을 말하는 것으로서, 건물의 개수는 토지와 달리 공부상의 등록에 의하여 결정되는 것이 아니라 사회통념 또는 거래관념에 따라 물리적 구조, 거래 또는 이용의 목적물로서 관찰한 건물의 상태 등 객관적 사정과 건축한 자 또는 소유자의 의사 등 주관적 사정을 참작하여 결정되는 것이고, 그 경계 또한 사회통념상 독립한 건물로 인정되는 건물 사이의 현실의 경계에 의하여 특정되는 것이므로, 이러한 의미에서 건물의 경계는 공적으로 설정 인증된 것이 아니고 단순히 사적관계에 있어서의 소유권의 한계선에 불과함을 알 수 있고, 따라서 사적자치의 영역에 속하는 건물 소유권의 범위를 확정하기 위하여는 소유권확인소송에 의하여야 할 것이고, 공법상 경계를 확정하는 경계확정소송에 의할 수는 없다(대판 1997.7.8. 96다36517). **기출** `22`

4. 일물일권주의

(1) 의 의

일물일권주의란 하나의 물건 위에 그와 양립할 수 없는 동일한 내용의 물권이 수개 존재할 수 없다는, 물권의 절대성·배타성의 당연한 귀결로서 인정되는 원칙이다. 따라서 원칙적으로 하나의 물건의 일부분(一部分)·구성부분에는 독립한 물권이 존재할 수 없고, 물건의 집단(集團)에도 마찬가지로 물권이 존재할 수 없다.

> 일물일권주의(一物一權主義)의 원칙상, 물건의 일부분, 구성부분에는 물권이 성립할 수 없는 것이어서 구분 또는 분할의 절차를 거치지 아니한 채 하나의 부동산 중 일부분만에 관하여 따로 소유권보존등기를 경료하거나, 하나의 부동산에 관하여 경료된 소유권보존등기 중 일부분에 관한 등기만을 따로 말소하는 것은 허용되지 아니한다(대판 2000.10.27. 2000다39582).

(2) 인정근거

① 물건의 일부나 집단 위에 하나의 물권을 인정할 사회적 실익이 없다.
② 물건의 일부나 여러 개의 물건 위에 하나의 물권을 인정하면, 공시가 곤란하다.

(3) 위반의 효과

일물일권주의에 반하는 물권적 합의는 무효이다.

(4) 예 외

일물일권주의에는 많은 예외가 있고, 예외를 인정하는 기준은 사회적 필요성과 공시가능성이다.

① **1필 토지의 일부** : 물권변동에 관하여 형식주의를 취하는 현행 민법하에서는, 분필절차를 밟기 전에는 1필의 토지의 일부를 양도하거나 담보물권을 설정하지 못한다. 그러나 용익물권 은 분필절차를 밟지 아니하더라도, 1필의 토지의 일부 위에 설정할 수 있는 예외가 인정된다 (부동산등기법 제69조, 제70조, 제72조). 기출 15 · 19 · 22 또한 토지의 분할을 명함이 없이 1필지의 토지의 일부에 관하여 소유권이전등기절차의 이행을 명한 판결은, 분필절차를 마친 후 이전등기를 할 수 있으므로, 집행불능의 판결에 해당하지 아니한다(대판 1994.9.27. 94다25032).

② **1동 건물의 일부** : 1동 건물의 일부는 구분 또는 분할의 등기절차를 밟기 전에는 양도하거나 제한물권을 설정할 수 없다. 그러므로 원칙적으로 건물의 구성부분은 독립하여 물권의 객체 가 될 수 없으나, 예외적으로 전세권 등을 설정할 수는 있다(부동산등기법 제72조). 또한 1동의 건물 일부에 대한 구분소유권도 인정된다(민법 제215조, 집합건물의 소유 및 관리에 관한 법률).

Ⅳ 물권법정주의

> **물권의 종류(민법 제185조)**
> 물권은 법률 또는 관습법에 의하는 외에는 임의로 창설하지 못한다.

1. 의 의

물권법정주의는 물권의 종류와 내용은 법률(민법 기타 법률) 또는 관습법에 의하는 것에 한하여 인정될 뿐, 당사자가 그 밖의 종류와 내용을 자유롭게 창설하지 못한다는 원칙이다(민법 제185조).

> 민법 제185조는 "물권은 법률 또는 관습법에 의하는 외에는 임의로 창설하지 못한다"고 규정하여 이른바 물권 법정주의를 선언하고 있고, 물권법의 강행법규성은 이를 중핵으로 하고 있으므로, 법률(성문법과 관습법)이 인정하지 않는 새로운 종류의 물권을 창설하는 것은 허용되지 아니한다(대판 2002.2.26. 2001다64165).

2. 인정근거

① 제한물권의 종류를 법정화하여 엄격히 규율함으로써 소유권의 형해화를 방지할 수 있다.
② 물권의 종류와 내용을 엄격히 법률로 규제하여 제3자에게 발생할 수 있는 불측의 피해를 방지하고, 거래안전을 위한 공시원칙을 관철하기 위함이다.

3. 민법 제185조의 해석

① **법률** : 형식적 의미의 법률을 의미한다. 따라서 명령, 조례 및 규칙으로 물권을 창설할 수는 없다.

② **관습법** : 관습법이란 사회의 거듭된 관행으로 생성한 사회생활규범이 사회의 법적 확신과 인식에 의하여 법적 규범으로 승인·강행되기에 이른 것으로(대판 1983.6.14. 80다3231), 민법 제185조는 관습법에 의한 물권을 인정하고 있다.

4. 내 용

① **종류강제** : 새로운 물권을 임의로 창설할 수는 없다는 의미이다.

> • 관습상의 시도통행권은 성문법과 관습법 어디에서도 근거가 없으므로, 관습상의 사도통행권의 인정은 물권법정주의에 위배된다(대판 2002.2.26. 2001다64165). **기출** 06·14
> • 온천에 관한 권리를 관습법상의 물권이라고 볼 수 없고 또한 온천수는 민법 제235조, 제236조 소정의 공용수 또는 생활상 필요한 용수에 해당하지 아니한다(대판 1972.8.29. 72다1243). **기출** 18
> • 도시공원법상 근린공원으로 지정된 공원은 일반주민들이 다른 사람의 공동사용을 방해하지 않는 한 자유로이 이용할 수 있지만 그러한 사정만으로 인근 주민들이 누구에게나 주장할 수 있는 공원이용권이라는 배타적인 권리를 취득하였다고는 할 수 없다(대결 1995.5.23. 94마2218). **기출** 06
> • 미등기무허가건물의 양수인이라 할지라도 그 소유권이전등기를 경료받지 않는 한 건물에 대한 소유권을 취득할 수 없고, 그러한 건물의 취득자에게 소유권에 준하는 관습상의 물권이 있다고 볼 수 없다(대판 1999.3.23. 98다59118). **기출** 14·17

② **내용강제** : 법률이나 관습법이 인정하는 물권이라도, 다른 내용을 부여할 수는 없다는 의미이다.

> 물건에 대한 배타적인 사용·수익권은 소유권의 핵심적 권능이므로, 소유자가 제3자와의 채권관계에서 소유물에 대한 사용·수익의 권능을 포기하거나 사용·수익권의 행사에 제한을 설정하는 것을 넘어 이를 대세적, 영구적으로 포기하는 것은 법률에 의하지 않고 새로운 물권을 창설하는 것과 다를 바 없어 허용되지 않는다(대판 2013.8.22. 2012다54133).

5. 물법법정주의 위반의 효과

민법 제185조는 강행규정이므로, 물권법정주의에 반하는 법률행위는 무효이다. 단, 물권법정주의에 반하는 채권행위일지라도, 당사자 사이에서는 효력을 갖을 수 있다.

6. 물권의 종류

(1) 민법상의 물권

민법은 점유권, 소유권, 지상권, 지역권, 전세권, 유치권, 질권 및 저당권을 인정하고 있다. 민법상 물권은 ① 본권과 점유권, ② 소유권과 제한물권, ③ 용익물권과 담보물권, ④ 부동산물권과 동산물권 등으로 분류된다.

(2) 민법 외의 법률이 정하는 물권

1) 상법상의 물권

상사유치권, 상사질권 등

2) 특별법상의 물권

광업권·조광권(광업법), 어업권(수산업법), 가등기담보권(가등기담보 등에 관한 법률), 선박저당권(선박등기법) 및 농산납보권(동산·채권 등의 담보에 관한 법률) 등

3) 관습법상의 물권

① 판례는 분묘기지권(대판 1988.2.23. 86다카2919 등), 관습법상의 법정지상권(대판 1988.9.27. 87다카279 등) 및 동산양도담보권 등을 인정하고 있다.

② 그러나 온천권(대판 1972.8.29. 72다1243), 공원이용권(대결 1995.5.23. 94마2218) 및 관습상의 사도통행권(대판 2002.2.26. 2001다64165)은 인정하고 있지 아니하다.

02 　 물권의 효력

I 　 우선적 효력

우선적 효력이란 어떤 권리가 다른 권리에 우선하는 효력을 의미하는데, 이에는 다른 물권에 우선하는 효력과 채권에 우선하는 효력이 있다.

1. 다른 물권에 우선하는 효력

(1) 기 준

물권은 배타적 지배권이므로, 원칙적으로 동일한 물건 위에 성질·범위·순위가 같은 내용의 물권이 동시에 성립할 수 없다.

(2) 양립 불가능한 물권

두 개 이상의 소유권, 지상권 또는 전세권이 동일한 물건 위에 동시에 성립할 수 없다.

(3) 양립 가능한 물권

① 내용이 다른 물권은 병존할 수 있다(예 동일한 토지 위에 소유권과 제한물권, 지상권과 저당권 등이 성립할 수는 있다).

② 제한물권은 소유권에 우선한다.

③ 물권이 동일한 물건 위에 병존하는 경우에는, 시간적으로 먼저 성립한 물권이 우선한다[선시주의(先時主義)].

(4) 점유권

점유권은 물권이기는 하나, 현재의 사실상의 지배관계에 기한 권리이므로, 우선적 효력이 없다. 점유권은 본권과 병존 가능하고, 점유권 자체도 직접점유와 간접점유의 병존이 가능하다.

2. 채권에 우선하는 효력

(1) 원 칙

어떤 물건에 물권과 채권이 병존하는 경우에는, 원칙적으로 그 권리들의 시간적 선후를 불문하고, 물권이 채권에 우선한다. 또한 채권에 대한 물권의 우선적 효력은 경매절차 및 파산절차에서도 그대로 유지된다.

(2) 예 외

① 성립의 선후를 불문하고 채권이 우선하는 경우 : 근로기준법상 임금채권(3개월 분), 퇴직금채권(3개월 분) 및 주택임대차보호법상 또는 상가건물 임대차보호법상 소액보증금최우선변제권 등

② 물권과 동일하게 시간적 선후에 따라 우열이 결정되는 채권 : 조세채권(단, 그 물건 자체에 대한 조세인 당해세는 언제나 최우선한다), 등기된 부동산임차권, 주택임대차보호법상 또는 상가건물 임대차보호법상 대항력을 갖춘 임차권과 대항력·확정일자를 갖춘 보증금반환채권(우선변제) 및 가등기에 의해 순위가 보전된 청구권이 본등기를 갖춘 경우 등

Ⅱ 물권적 청구권

1. 의 의

물권적 청구권이란 물권의 내용실현이 어떤 사정으로 인하여 방해받고 있거나 방해받을 염려가 있는 경우, 그 방해자에 대하여 방해의 제거 또는 예방에 필요한 일정한 행위(작위·부작위)를 청구할 수 있는 권리이다.

2. 종 류

① 점유보호청구권(민법 제204조 내지 제207조) : 반환청구권, 방해제거청구권 및 방해예방청구권

② 본권에 기한 청구권 : 소유권에 목적물반환청구권·방해제거청구권·방해예방청구권이 명문으로 규정되어 있고(민법 제213조, 제214조), 지상권·지역권·전세권·서낭권에서 이를 준용하고 있다.

③ 반환청구권이 없는 물권 : 점유를 전제하지 아니한 지역권과 저당권은 반환청구권이 인정되지 아니한다.

④ 유치권 : 유치권에 의한 물권적 청구권은 인정되지 아니하나, 유치권은 점유를 수반하므로, 점유권에 기한 점유보호청구권은 인정된다.

⑤ 질권 : 물권적 청구권에 관한 규정은 없으나, 통설은 입법의 불비로 당연히 질권에 기해서도 물권적 청구권이 인정된다는 입장이다.

3. 성 질

① 통설은 물권적 청구권은 물권에 부종하는 특수한 청구권이라는 입장이다.

② 구체적으로 특정인에 대한 청구를 내용으로 하는 채권과 마찬가지로 상대적인 성질을 가지는 권리이다. 즉, 침해자 또는 침해의 우려가 있는 자를 대상으로 행사한다.

> 소유자가 자신의 소유권에 기하여 실체관계에 부합하지 아니하는 등기의 명의인을 상대로 그 등기말소나 진정명의 회복 등을 청구하는 경우에, 그 권리는 물권적 청구권으로서의 방해배제청구권(민법 제214조)의 성질을 가진다. 그러므로 소유자가 그 후에 소유권을 상실함으로써 이제 등기말소 등을 청구할 수 없게 되었다면, 이를 위와 같은 청구권의 실현이 객관적으로 불능이 되었다고 파악하여 등기말소 등 의무자에 대하여 그 권리의 이행불능을 이유로 민법 제390조상의 손해배상청구권을 가진다고 말할 수 없다(대판[전합] 2012.5.17. 2010다28604).

③ 물권적 청구권은 물권과 언제나 운명을 함께하므로, 물권적 청구권만을 따로 존속하게 하거나, 물권적 청구권만을 독립하여 양도할 수는 없다.

> 소유권에 기한 물상청구권을 소유권과 분리하여 이를 소유권 없는 전 소유자에게 유보하여 행사시킬 수는 없는 것이므로 소유권을 상실한 전 소유자는 제3자인 불법점유자에 대하여 소유권에 기한 물권적 청구권에 의한 방해배제를 구할 수 없다(대판 1980.9.9. 80다7).

④ 물권적 청구권은 물권에 기초한 권리이므로, 다른 채권적 청구권보다 우선한다.

4. 요 건

(1) 물권의 내용실현이 침해되었거나 침해될 우려가 있을 것

① 물권적 청구권은 물권의 존재로부터 당연히 발생하는 것이 아니라, 물권의 내용실현이 침해되었거나 침해될 우려가 있어야 한다.

② 물권적 청구권을 행사하기 위하여 언제나 현실적인 물권의 침해 및 손해가 있어야 하는 것은 아니다.

(2) 침해자의 고의·과실은 불요

이는 불법행위와의 차이점으로, 따라서 침해자에게 고의·과실이 있어 불법행위가 성립되면 두 권리는 병존하게 되고, 이에 권리자는 불법행위에 의한 손해배상청구권과 물권적 청구권을 함께 행사하거나, 선택적으로 행사할 수도 있다.

(3) 당사자

1) 청구권자

① 물권적 청구권자는 '현재' 물권을 침해당하고 있거나 침해당할 염려가 있는 자이다.

② 소유권자가 소유권을 이전하였을 경우, 전 소유자는 더 이상 물권적 청구권을 행사할 수 없다
(대판 1980.9.9. 80다7).

> 근저당권이 실행된 후 그 부동산의 소유권이 제3자에게 이전된 경우에는 현재의 소유자가 자신의 소유권에 기하여 피담보채무의 소멸을 원인으로 그 근저당권설정등기의 말소를 청구할 수 있음은 물론이지만, 근저당권설정자인 종전의 소유자도 근저당권설정계약의 당사자로서 근저당권 소멸에 따른 원상회복으로 근저당권자에게 근저당권설정등기의 말소를 구할 수 있는 계약상 권리가 있으므로 이러한 계약상 권리에 터잡아 근저당권자에게 피담보채무의 소멸을 이유로 하여 그 근저당권설정등기의 말소를 청구할 수 있다고 봄이 상당하고, 목적물의 소유권을 상실하였다는 이유만으로 그러한 권리를 행사할 수 없다고 볼 것은 아니다(대판 1994.1.25. 93다16338). 결국, 근저당권설정자는 더 이상 소유자가 아니므로, 소유권에 기한 물권적 청구권을 행사할 수는 없으나(대판[전합] 1969.5.27. 68다725), 근저당권설정계약의 당사자로서 피담보채무의 소멸을 원인으로, 근저당권설정등기의 말소를 구할 수 있다는 점에 주의를 요한다.

2) 상대방

① 물권적 청구권의 상대방은 '현재' 물권을 침해하고 있거나 침해할 염려가 있는 상태를 발생시키고 있는 자이다. 따라서 과거에는 침해하였으나 현재에는 침해하고 있지 아니한 자는, 물권적 청구권의 상대방이 될 수 없다.

② 침해자가 제3자와 임대차계약을 체결하는 등으로 간접점유를 하는 경우, 물권적 청구권자가 직접점유자뿐만 아니라 간접점유자에게도 반환을 청구할 수 있는지가 문제되는데, 통설은 반환청구 당시 상대방이 점유자라면, 직접점유자뿐만 아니라 간접점유자도 상대방이 될 수 있다고 한다. 반면, 판례는 불법점유를 원인으로 한 소유권에 기한 인도청구와 인도약정에 따른 인도청구를 구별하고 있는데, 전자는 현실로 불법점유를 하고 있는 자만을 상대로 하여야 한다는 입장인 반면, 후자는 간접점유자에 대하여도 인도를 구할 수 있다는 입장이다.

> **[불법점유를 원인으로 한 소유권에 기한 인도청구의 경우]**
> 불법점유를 이유로 하여 그 명도 또는 인도를 청구하려면 현실적으로 그 목적물을 점유하고 있는 자를 상대로 하여야 하고 불법점유자라 하여도 그 물건을 다른 사람에게 인도하여 현실적으로 점유를 하고 있지 않은 이상, 그 자를 상대로 한 인도 또는 명도청구는 부당하다(대판 1999.7.9. 98다9045).
>
> **[인도약정에 따른 인도청구의 경우]**
> 임대인이 임대차계약 종료로 인한 원상회복으로서 임차물의 반환을 구하는 경우에 있어 임차인이 직접점유자가 아님을 자백한 것일뿐, 간접점유자가 아닌 것까지 자백한 취지가 아니라면 임차인이 임차목적물을 직접점유하지 않는다는 이유로 그 반환을 거부할 수는 없다(대판 1991.4.23. 90다19695).

③ 점유보조자는 독립한 점유의 주체가 아니므로, 인도청구의 상대방이 될 수 없다.

④ 점유보호청구권의 상대방은 침탈자의 포괄승계인이나 악의의 특별승계인이어야 한다(민법 제204조 제2항 참고)는 제한이 있다.

01 물권법 서론

01 물권법과 물권

01 물권법정주의에 관한 설명으로 옳은 것은?(다툼이 있는 경우에는 판례에 의함) [기출] **14**

① 소유자는 소유권의 사용·수익의 권능을 대세적으로 유효하게 포기할 수 있으므로 현행 민법은 처분권능만을 내용으로 하는 소유권을 허용한다.

② 소유권이전등기 없이 미등기무허가건물을 양수한 자는 소유권에 준하는 관습상의 물권을 취득한 것으로 본다.

③ 물권법정주의는 물권의 내용형성의 자유뿐만이 아니라 물권변동에 관한 당사자 선택의 자유를 제한하는 법원칙이다.

④ 공로로부터 자연부락에 이르는 유일한 통로로 도로가 개설된 후 장기간에 걸쳐 일반의 통행에 제공되어 왔고 우회도로의 개설에 막대한 비용과 노력이 든다면 주민들은 이 도로에 관하여 물권에 준하는 관습상의 통행권을 가진다.

⑤ 물권법정주의에서 말하는 법률은 형식적 의미의 법률로 보아야 하므로 명령과 규칙은 이에 포함되지 않는다.

해설 ① (×) 판례는 「소유권의 핵심적 권능에 속하는 사용·수익의 권능이 소유자에 의하여 대세적으로 유효하게 포기될 수 있다고 하면, 이는 결국 처분권능만이 남는 민법이 알지 못하는 새로운 유형의 소유권을 창출하는 것으로서, 객체에 대한 전면적 지배권인 소유권을 핵심으로 하여 구축된 물권법의 체계를 현저히 교란하게 된다」고 하여 **소유권의 사용·수익권능을 대세적으로 포기할 수 없다고 본다**(대판 2009.3.26. 2009다228·235).
② (×) 미등기무허가건물의 양수인이라 할지라도 그 소유권이전등기를 경료받지 않는 한 건물에 대한 소유권을 취득할 수 없고, 그러한 건물의 취득자에게 소유권에 준하는 관습상의 물권이 있다고 볼 수 없다(대판 1999.3.23. 98다59118).
③ (×) 물권법정주의에 의하여 물권의 종류와 내용을 당사자가 자유로이 창설하는 것은 금지되나, **물권법정주의가 당사자 선택의 자유까지 제한하는 것은 아니다.**
④ (×) 판례는 「관습상의 사도통행권은 성문법과 관습법 어디에서도 근거가 없으므로, 원심이 원고들에게 관습상의 통행권이 있다고 판단하여 원고들의 통행권확인청구를 인용한 것은 물권법정주의에 관한 법리를 오해하여 판결결과에 영향을 미친 위법을 저지른 것」이라 하여 **관습법상 사도통행권을 부정하였다**(대판 2002.2.26. 2001다64165).
⑤ (○) 민법 제185조의 법률은 국회가 제정한 형식적 의미의 법률을 의미하고, 명령이나 규칙은 포함하지 아니한다.

02 물권의 효력

물권의 발생·변경·소멸을 총칭하여 물권변동이라고 하는데, 이러한 물권변동의 모습은 크게 ① 부동산물권 변동(민법 제186조, 제187조)과 동산물권 변동(민법 제188조 내지 제190조), ② 법률행위에 의한 물권변동과 법률행위에 의하지 않은 물권변동으로 분류할 수 있다. 이하에서는 물권변동과 공시, 물권행위에 대해서 서술한다.

I 물권변동과 공시

1. 공시의 원칙(公示의 原則)

(1) 의 의

공시의 원칙은 물권의 존재나 변동은 외부에서 인식할 수 있는 어떤 표상, 즉 공시방법을 수반하여야 한다는 원칙을 말한다. 이는 거래의 안전과 법률관계의 명료화를 위하여 요구된다.

(2) 현행법상 공시방법

① 부동산물권의 공시방법 : 등기
② 동산물권의 공시방법 : 점유 내지 인도
③ 수목의 집단·미분리과실 등에 관하여 관습법상 인정되는 공시방법 : 명인방법
④ 특별법의 적용을 받는 동산(자동차, 항공기 및 선박 등)에 관한 등기 또는 등록 등이 있다.

(3) 공시의 효과

공시의 효과로 권리변동의 효력, 공신력(동산에 관하여만 인정) 및 추정력을 들 수 있다. 이 중 추정력은 동산의 경우 민법 제200조에서 점유에 대한 권리존재의 추정력을 규정하고 있으나, 부동산의 경우에는 동산과는 달리 명문의 규정이 없어 학설과 판례에 의하여 등기의 추정력이 인정될 뿐이다.

(4) 적용범위

공시의 원칙은 법률행위에 의한 물권변동의 경우에만 적용된다(민법 제186조, 제188조 제1항). 따라서 법률규정에 의한 물권변동의 경우, 공시방법을 갖추지 아니하여도 물권변동의 효력이 발생한다(민법 제187조 본문). 다만, 부동산점유취득시효의 경우에는 등기를 요한다. 즉, 20년간 소유의 의사로 평온, 공연하게 부동산을 점유한 자는 등기함으로써 그 소유권을 취득한다(민법 제245조 제1항).

2. 공신의 원칙(公信의 原則)

(1) 의 의

공신의 원칙은 일정한 공시방법을 신뢰하고 거래한 경우, 비록 그 공시방법이 진정한 권리관계와 일치하지 아니하더라도, 공시된 대로의 권리관계가 존재하는 것처럼 다루어야 한다는 원칙이다. 따라서 공신의 원칙을 관철하면 동적 거래의 안전은 보호되나, 진정한 권리자의 기득권이 박탈되는 한계(정적 안전희생)가 발생한다.

(2) 민법의 태도

① 동산 : 민법은 거래안전의 요청에 따라 동산물권의 변동에 관하여는 선의취득제도를 통하여 공신의 원칙을 인정하고 있다(민법 제249조).

② 부동산 : 민법은 등기에 공신력을 인정하고 있지 아니하다.

③ 유사제도 : 표현대리제도(민법 제125조, 제126조, 제129조), 채권의 준점유자에 대한 변제(선의·무과실)(민법 제470조), 영수증소지자에 대한 변제(선의·무과실)(민법 제471조) 및 지시채권소지인에 대한 변제(선의·무중과실)(민법 제518조) 등은 공신의 원칙이 현행법상 구체화된 제도이다.

④ 또한 의사표시에서 표시주의이론이 공신의 원칙과 밀접한 관련성을 갖는다.

Ⅱ 물권행위

1. 서 설

(1) 의 의

물권행위란 직접 물권의 변동을 목적으로 하는 의사표시를 요소로 하는 법률행위를 말한다. 즉, 물권행위는 처분행위로, 이러한 점에서 의무부담행위인 채권행위와 구별된다. 또한 물권행위는 대부분 계약의 형식이나 단독행위(소유권이나 제한물권의 포기) 또는 합동행위(공유자의 소유권 포기)일 수도 있다.

(2) 법률행위에 의한 물권변동의 입법례

1) 의사주의(대항요건주의·프랑스민법)

① 물권행위만 있으면 공시방법을 갖추지 아니하여도 물권변동이 발생한다.

② 거래안전의 보호를 위한 보완책 : 동산물권의 경우 공신의 원칙이 적용되나, 부동산물권의 경우에는 공시방법을 갖추어야만 물권변동으로써 제3자에게 대항할 수 있다.

2) 형식주의(성립요건주의 · 독일민법)

① 물권행위뿐만 아니라, 등기 · 인도 등의 공시방법을 갖추어야 물권변동이 발생한다.
② 공시방법을 갖추지 아니하면 제3자에 대한 관계뿐만 아니라, 당사자 사이에서도 물권변동은 발생하지 아니한다.

(3) 물권행위와 공시방법의 관계(현행민법 = 형식주의)

우리 민법은 형식주의를 취하고 있으므로, 물권변동이 일어나기 위하여는 의사표시(물권행위) 외에 공시방법이 필요하다.

2. 물권행위의 독자성과 무인성 · 유인성

(1) 물권행위의 독자성

채권의 발생을 목적으로 하는 채권행위 외에 물권의 변동을 목적으로 하는 물권행위라는 개념을 인정할 것인지, 나아가 물권행위가 인정된다면 채권행위와 별개의 행위로 행하여져야 하는 지에 대한 논의가 물권행위의 독자성문제이다. 다수설은 독자성긍정설의 입장에서 원인행위인 채권행위로부터 독립된 별개의 행위로서 물권행위를 인정하고 있다. 반면, 판례는 우리의 법제가 물권행위의 독자성을 인정하고 있지 아니하다고 판시하고 있다(대판 1977.5.24. 75다1394).

(2) 물권행위의 무인성 · 유인성

1) 견해의 대립

① 무인설 : 물권행위의 독자성을 인정하는 결과, 물권행위의 효력은 물권행위 그 자체의 요건만으로 결정되고, 그 효력은 그 원인이 된 채권행위의 부존재나 무효 · 취소 · 해제 등에 의하여 직접적으로 영향을 받지 아니한다는 견해이다.
② 유인설 : 물권행위의 독자성을 부정함을 당연시하며, 물권행위의 효력은 그 원인이 된 채권행위의 부존재나 무효 · 취소 · 해제 등에 의하여 영향을 받는다는 견해이다.

2) 판례의 입장

물권행위의 무인성을 부정한다(대판 1977.5.24. 75다1394).

> 우리의 법제가 물권행위의 독자성과 무인성을 인정하고 있지 않는 점과 민법 제548조 제1항 단서가 거래안정을 위한 특별규정이란 점을 생각할 때 계약이 해제되면 그 계약의 이행으로 변동이 생겼던 물권은 당연히 그 계약이 없었던 원상태로 복귀한다(대판 1977.5.24. 75다1394).

제1관 | 법률행위에 의한 부동산물권의 변동

부동산물권 변동의 효력(민법 제186조)
부동산에 관한 법률행위로 인한 물권의 득실변경은 등기하여야 그 효력이 생긴다.

I 총설

1. 서설

법률행위에 의한 부동산물권의 변동은 민법 제186조가 적용되므로, <u>법률행위와 등기가 있어야 물권변동의 효과가 발생한다</u>(성립요건주의 또는 형식주의). 이때 물권행위는 유효하여야 하고, 등기 또한 실체적·형식적 유효요건을 갖추어야 한다.

2. 법률행위

민법 제186조의 법률행위를 물권행위로 보는 견해가 다수설이나, 채권행위를 의미한다는 견해도 있다.

II 물권변동의 요건으로서의 등기

1. 등기의 형식적 유효요건

(1) 등기의 존재

등기가 유효하기 위하여는 등기신청만으로는 부족하고, 등기부에 기록되어 있어야 한다.

(2) 등기의 불법말소

1) 불법말소로 인한 권리소멸 여부

① <u>등기는 물권의 효력발생요건이고, 그 존속요건은 아니므로 물권에 관한 등기가 원인 없이 말소된 경우에도 그 물권의 효력에는 아무런 변동이 없다</u>(대판 1988.12.27. 87다카2431). `기출 14`

② <u>등기가 원인 없이 말소된 경우, 그 회복등기를 마치기 전이라도 말소된 등기의 명의인은 적법한 권리자로 추정된다</u>(대판 1982.12.28. 81다카870). `기출 10·12·13`

2) 말소회복등기청구

① **의의** : 말소회복등기란 어떤 등기의 전부 또는 일부가 부적법하게 말소된 경우, 그 말소된 등기를 회복함으로써 말소 당시로 소급하여 그 말소가 없었던 것과 같은 효과를 발생시키는 등기를 의미한다(부동산등기법 제59조 참고, 대판 1997.9.30. 95다39526).

② **피고적격** : 불법하게 말소된 것을 이유로 한 근저당권설정등기회복등기청구는 그 등기말소 당시의 소유자를 상대로 하여야 한다(대판 1969.3.18. 68다1617). 따라서 가등기가 이루어진 부동산에 관하여 제3취득자 앞으로 소유권이전등기가 마쳐진 후 그 가등기가 말소된 경우 그와 같이 말소된 가등기의 회복등기절차에서 회복등기의무자는 가등기가 말소될 당시의 소유자인 제3 취득자이므로, 그 가등기의 회복등기청구는 회복등기의무자인 제3취득자를 상대로 하여야 한다(대판 2009.10.15. 2006다43903). [기출 11]

③ **절 차**

　㉠ 말소된 등기의 회복을 신청하는 경우에 등기상 이해관계 있는 제3자가 있을 때에는 그 제3자의 승낙이 있어야 한다(부동산등기법 제59조). 부동산등기법 제171조에서 말하는 등기상 이해관계 있는 제3자란 말소등기를 함으로써 손해를 입을 우려가 있는 등기상의 권리자로 서 그 손해를 입을 우려가 있다는 것이 등기부 기재에 의하여 형식적으로 인정되는 자이고, 그 제3자가 승낙의무를 부담하는지 여부는 그 제3자가 말소등기권리자에 대한 관계에서 그 승낙을 하여야 할 실체법상의 의무가 있는지 여부에 의하여 결정된다(대판 2007.4.27. 2005다43753).

　㉡ 이러한 요건을 갖추지 못한 회복등기는 등기상 이해관계 있는 제3자에 대한 관계에서는 무효이다(대판 2001.1.16. 2000다49473).

3) 저당권등기의 불법말소

① **저당권의 소멸 여부** : 등기는 물권의 효력발생요건이고, 그 존속요건은 아니므로 물권에 관한 등기가 원인 없이 말소된 경우에도 그 물권의 효력에는 아무런 변동이 없다(대판 1988.12.27. 87다카 2431). 따라서 저당권등기가 불법말소되어도 저당권은 여전히 존속하고, 이때 말소회복등기의 상대방은 「말소 당시」의 소유자이다. 다만, 부동산에 관하여 근저당권설정등기가 경료되었다 가 그 등기가 위조된 등기서류에 의하여 아무런 원인 없이 말소되었다는 사정만으로는 곧바로 근저당권이 소멸하는 것은 아니라고 할 것이지만, 부동산이 경매절차에서 경락되면 그 부동 산에 존재하였던 근저당권은 당연히 소멸하는 것이므로, 근저당권설정등기가 원인 없이 말소 된 이후에 그 근저당목적물인 부동산에 관하여 다른 근저당권자 등 권리자의 경매신청에 따라 경매절차가 진행되어 경락허가결정이 확정되고 경락인이 경락대금을 완납하였다면, 원인 없이 말소된 근저당권은 이에 의하여 소멸한다(대판 1998.10.2. 98다27197).

② **경매에 의해 권리가 소멸된 저당권자의 구제방법** : 근저당권설정등기가 위법하게 말소되어 아직 회복등기를 경료하지 못한 연유로 그 부동산에 대한 경매절차에서 피담보채권액에 해 당하는 금액을 전혀 배당받지 못한 근저당권자로서는 위 경매절차에서 실제로 배당받은 자에 대하여 부당이득반환청구로서 그 배당금의 한도 내에서 그 근저당권설정등기가 말소되지

아니하였더라면 배당받았을 금액의 지급을 구할 수 있을 뿐이고, 이미 소멸한 근저당권에 관한 말소등기의 회복등기를 위하여 현 소유자를 상대로 그 승낙의 의사표시를 구할 수는 없다(대판 1998.10.2. 98다27197). 기출 16

(3) 관할위반의 등기

등기는 관할등기소에 하여야 한다(부동산등기법 제7조, 제29조). 따라서 관할위반의 등기는 치유될 수 없고, 확정적 무효로서 권리변동은 발생하지 아니한다. 이러한 무효의 등기는 등기관이 일정한 절차에 의하여 직권으로 말소한다(부동산등기법 제58조).

(4) 등기법상의 절차위반과 그 치유

등기신청에 하자가 있었으나 그 등기가 사실상 행하여진 경우, 그 등기가 실체관계에 부합한다면 유효하다. 나아가 실제와 다른 등기원인에 의하여 등기가 경료된 경우에도, 실체적 권리관계에 부합한다면 유효하다.

1) 실체관계에 부합하는 등기

① 의의 : 등기의 효력을 너무 엄격하게 판단한다면, 등기의 공신력이 부정되는 현행 민법체계하에서의 거래안전이 침해될 소지가 다분하다. 판례는 등기가 실체관계에 부합하면 유효, 부합하지 아니하다면 무효로 보고 있다.

② 요건 : 등기절차에 하자가 있더라도, ㉠ 유효한 원인행위 또는 법률의 규정에 의한 등기청구권에 부합하는 등기가 경료되었고, ㉡ 종전의 진정한 권리자가 등기명의자의 등기청구권 행사를 저지할 만한 실체법상의 항변사유가 없는 경우, 그 등기는 실체적 권리관계에 부합한다.

> **[미등기 건물의 승계취득자가 직접 그 명의로 보존등기를 한 경우와 등기의 효력]**
> 미등기건물을 승계취득한 자가 원시취득자 명의의 보존등기없이 직접 자기명의로 보존등기를 하는 것이 탈법행위가 된다고 하더라도 양당사자 사이의 합의가 있는 이상 그 등기는 실체적 권리관계에 부합되어 유효하다(대판 1981.1.13. 80다1959 · 1960). 기출 22

③ 효과 : 실체관계에 부합한 등기는 유효하다. 즉, 하자가 치유된다. 이때 실체관계에 부합한 등기라는 점은 등기명의자가 주장 · 증명하여야 한다(대판 2004.8.30. 2002다48771).

(5) 1부동산1등기기록의 원칙

등기부를 편성할 때에는 1필의 토지 또는 1개의 건물에 대하여 1개의 등기기록을 두되, 1동의 건물을 구분한 건물에 있어서는 1동의 건물에 속하는 전부에 대하여 1개의 등기기록을 사용하여야 한다는 원칙이다(부동산등기법 제15조 제1항). 이와 관련하여 이중보존등기가 1부동산1등기기록의 원칙 위반인지에 대하여 다툼이 있다.

1) 이중보존등기

① 의의 : 동일한 부동산에 이미 보존등기가 경료되어 있음에도 불구하고, 다시 이중으로 보존등기가 경료된 경우를 의미한다. 이때 1부동산1등기기록의 원칙상 어느 보존등기가 유효한지 문제된다.

② 학설 : ㉠ 보존등기의 선후를 기준으로 뒤에 경료된 보존등기는 절차상 위법하여 무조건 무효라는 절차법설, ㉡ 실체관계에 부합하는 보존등기가 유효하다는 실체법설, ㉢ 절차법설을 기본으로 하되, 먼저 경료된 보존등기가 실체적 유효요건을 흠결하였고, 나중에 경료된 보존등기가 실체적 유효요건을 갖춘 경우에는, 뒤의 보존등기만이 유효하다는 절충설이 있다.

③ 판 례

㉠ 표제부의 표시란의 이중보존등기 : 실체법설에 따라 등기의 선후와 무관하게 부동산의 실제 상청과 부합하는 등기만이 유효하다(대판 1978.6.27. 77다405).

㉡ 사항란의 이중보존등기

• 등기명의인이 동일한 경우 : 중복등기의 효력은 절차법적으로 판단된다.

> 동일 부동산에 관하여 등기용지를 달리하여 동일인 명의로 소유권보존등기가 중복되어 등재되어 있는 경우에는 1물1용지주의를 채택하고 있는 부동산등기법상 시간적으로 뒤에 경료된 중복등기는 그것이 실체권리관계에 부합되는 여부를 가릴 것 없이 무효이다(대판 1979.1.16. 78다1648).

• 등기명의인이 다른 경우 : 실체법설에서 절차법적 절충설로 판례가 변경되었다고 평가할 수 있다.

> 동일 부동산에 관하여 등기명의인을 달리하여 중복된 소유권보존등기가 경료된 경우에는 먼저 이루어진 소유권보존등기가 원인무효가 되지 아니하는 한 뒤에 된 소유권보존등기는 비록 그 부동산의 매수인에 의하여 이루어진 경우에도 1부동산1용지주의를 채택하고 있는 부동산등기법 아래에서는 무효라고 해석함이 상당하다 할 것이다(대판[전합] 1990.11.27. 87다카2961・87다453). 기출 06

④ 후(後)보존등기명의자 측의 대항사유 검토

㉠ 등기부 취득시효 완성의 항변

> 민법 제245조 제2항은 부동산의 소유자로 등기한 자가 10년간 소유의 의사로 평온・공연하게 선의이며 과실 없이 그 부동산을 점유한 때에는 소유권을 취득한다고 규정하고 있는바, 위 법 조항의 '등기'는 부동산등기법 제15조가 규정한 1부동산1용지주의에 위배되지 아니한 등기를 말하므로, 어느 부동산에 관하여 등기명의인을 달리하여 소유권보존등기가 2중으로 경료된 경우 먼저 이루어진 소유권보존등기가 원인무효가 아니어서 뒤에 된 소유권보존등기가 무효로 되는 때에는, 뒤에 된 소유권보존등기나 이에 터 잡은 소유권이전등기를 근거로 하여서는 등기부 취득시효의 완성을 주장할 수 없다(대판[전합] 1996.10.17. 96다12511). 기출 12

㉡ 점유취득시효 완성과 실체관계 부합의 항변

> 동일 부동산에 관하여 이미 소유권이전등기가 경료되어 있음에도 그 후 중복하여 소유권보존등기를 경료한 자가 그 부동산을 20년간 소유의 의사로 평온・공연하게 점유하여 점유취득시효가 완성되었더라도, 선등기인 소유권이전등기의 토대가 된 소유권보존등기가 원인무효라고 볼 아무런 주장・입증이 없는 이상, 뒤에 경료된 소유권보존등기는 실체적 권리관계에 부합하는지의 여부에 관계없이 무효이므로, 뒤에 된 소유권보존등기의 말소를 구하는 것이 신의칙 위반이나 권리남용에 해당한다고 할 수 없다(대판 2008.2.14. 2007다63690).

2. 등기의 실질적 유효요건

(1) 물권행위와 등기의 합치(존재상의 합치)

법률행위에 의한 부동산물권 변동에는 물권행위와 등기의 합치가 요구된다. 이들 중 어느 하나가 결여되었다면, 원칙적으로 물권변동의 효력은 발생하지 아니한다. 이와 관련하여 등기를 갖추지 아니한 부동산매수인의 지위가 문제된다.

1) 미등기부동산매수인의 지위

① 문제점 : 존재상의 합치와 관련하여 미등기 부동산매수인의 법적 지위가 문제된다.

② 일반적 지위

ㄱ 등기를 갖추지 못한 매수인은 점유자로서 점유보호청구권을 행사할 수 있지만, 민법 제186조 형식주의에서는 소유권을 취득할 수는 없다.

> 미등기무허가건물의 양수인이라도 그 소유권이전등기를 경료하지 않는 한 그 건물의 소유권을 취득할 수 없고, 소유권에 준하는 관습상의 물권이 있다고도 할 수 없으며, 현행법상 사실상의 소유권이라고 하는 포괄적인 권리 또는 법률상의 지위를 인정하기도 어렵다(대판 2006.10.27, 2006다49000).

ㄴ 다만, 판례는 미등기건물의 매수인이 점유 중인 건물에 대하여 「법률상 또는 사실상 처분을 할 수 있는 지위」를 인정하여 미등기건물의 철거처분권이 있다고 하였다. `기출` 23

> [1] **건물에 대한 철거처분권자** : 건물철거는 그 소유권의 종국적 처분에 해당되는 사실행위이므로 원칙으로는 그 소유자(민법상 원칙적으로는 등기명의자)에게만 그 철거처분권이 있다 할 것이고, 예외적으로 건물을 전소유자로부터 매수하여 점유하고 있는 등 그 권리의 범위 내에서 그 점유 중인 건물에 대하여 법률상 또는 사실상 처분을 할 수 있는 지위에 있는 자에게도 그 철거처분권이 있다. [2] 미등기 건물에 대한 양도담보계약상의 채권자의 지위를 승계하여 건물을 관리하고 있는 자는 건물의 소유자가 아님은 물론 건물에 대하여 법률상 또는 사실상 처분권을 가지고 있는 자라고 할 수도 없다 할 것이어서 건물에 대한 철거처분권을 가지고 있는 자라고 할 수 없다고 한 사례(대판 2003.1.24, 2002다61521).

③ 등기부상 소유자에 대한 관계

ㄱ 소유권자의 소유권에 기한 반환청구권 행사에 대항할 수 있는지 여부 : 미등기 부동산매수인은 민법 제213조 단서의 '점유할 권리'를 갖는 자로 볼 수 있고 이를 근거로 매도인의 물권적 청구권에 대항할 수 있다.

> 토지의 매수인이 아직 소유권이전등기를 경료받지 아니하였다 하여도 매매계약의 이행으로 그 토지를 인도받은 때에는 매매계약의 효력으로서 이를 점유·사용할 권리가 생기게 된 것으로 보아야 하고, 또 매수인으로부터 위 토지를 다시 매수한 자는 위와 같은 토지의 점유·사용권을 취득한 것으로 봄이 상당하므로 매도인은 매수인으로부터 다시 위 토지를 매수한 자에 대하여 토지 소유권에 기한 물권적 청구권을 행사할 수 없다(대판 1998.6.26, 97다42823).

ㄴ 등기청구권 : 판례는 「미등기 부동산매수인의 등기청구권은 채권적 청구권이나, 매수인이 인도받아 사용·수익하고 있으면 소멸시효에 걸리지 않는다」고 본다.

ⓒ 과실수취권 : 목적물 인도시부터 취득자는 목적부동산으로부터 생기는 과실에 대하여 과실취득권이 있다(민법 제587조).

④ 제3자에 대한 관계

ⓐ 이중양도의 경우 : 다른 양수인이 먼저 등기를 취득하면 비록 부동산을 인도받아 사용·수익하고 있었더라도 다른 양수인이 양도인의 배임행위에 적극적으로 가담한 경우 등의 특별한 사정이 없는 한 등기를 경료한 자에게 대항할 수 없다.

ⓑ 방해배제청구권 : 미등기 매수인은 소유권에 기한 물권적 청구권은 행사할 수 없으나, 점유권에 기한 물권적 청구권은 행사할 수 있다.

ⓒ 강제집행, 환취권 : 소유권자는 여전히 양도인이므로, 양도인에 대한 강제집행시 미등기 매수인이 제3자 이의의 소를 제기할 수 없고, 양도인 파산시 환취권을 행사할 수도 없다.

(2) 내용상의 불합치

1) 서 설

① 양적 불합치 : 등기된 양이 물권행위의 양보다 큰 경우에는 물권행위의 한도 내에서 효력이 생긴다(대판 1965.6.22. 65다778). 반면 등기의 양이 법률행위의 양보다 작으면 일부무효의 법리(민법 제137조)에 따라 판단해야 한다는 것이 학설의 일반적인 입장이다.

② 질적 불합치 : 물권행위와 등기가 질적으로 불합치하는 경우 원칙적으로 등기는 원인무효이며, 따라서 권리변동은 발생하지 않는다. 다만, 등기가 실체관계와 부합하는 등기로 되는 경우 또는 무효인 등기를 말소한 후 법률행위와 부합하는 새로운 등기를 경료한 경우에는 유효한 권리변동이 발생한다. 이 경우 권리변동의 시기는 실체관계와 부합하는 때 또는 새로운 등기를 한 때이다. 질적 불합치는 중간생략등기, 실제와 다른 등기원인에 의한 등기, 무효등기의 유용과 관련된 논의이다.

2) 중간생략등기

① 의의 : 중간생략등기란 부동산물권이 최초의 양도인으로부터 중간취득자에게, 다시 중간취득자로부터 최후의 양수인에게 전전 양수되는 경우, 중간취득자 명의의 등기를 생략한 채 최초의 양도인으로부터 직접 최후의 양수인에게 행해지는 등기를 말한다. 중간생략등기와 관련하여 문제되는 것은 이미 경료된 최후 양수인 명의 등기의 효력과 최후 양수인이 최초 양도인에게 직접 소유권이전등기를 청구할 수 있는지 나아가 최초 양도인이 최후 양수인에게 이전등기를 경료한 것이 중간취득자에 대한 최초 양도인의 채무가 이행된 것으로 볼것인가이다.

② 이미 경료된 중간생략등기의 효력

ⓐ 원칙 : 최초양도인과 최후양수인 사이에는 등기원인에 해당하는 채권계약 자체가 존재하지 않으므로 원칙적으로 최후 양수인 명의의 등기는 무효등기에 해당한다.

ⓑ 예외 : 최초 양도인과 중간취득자 및 중간취득자와 최후 양수인 사이의 매매계약이 모두 유효하고 최초 양도인과 중간 취득자 모두에게 이전등기청구권 행사를 저지할 만한 실체법상의 항변사유가 없어서 최종 양수인 명의의 이전등기가 실체관계와 부합한다면 유효한 등기가

될 수 있다. 즉, 3자간 합의가 없더라도 그 등기가 적법한 등기원인에 의하여 성립되어 있는 때에는 합의가 없었음을 이유로 그 무효를 주장하지 못하고, 그 말소도 청구하지 못한다(대판 2005.9.29. 2003다40651). 기출 07 · 11 · 18

> 최종 양수인이 중간생략등기의 합의를 이유로 최초 양도인에게 직접 중간생략등기를 청구하기 위하여는 관계 당사자 전원의 의사합치가 필요하지만, 당사자 사이에 적법한 원인행위가 성립되어 일단 중간생략등기가 이루어진 이상 중간생략등기에 관한 합의가 없었다는 이유만으로는 중간생략등기가 무효라고 할 수는 없다(대판 2005.9.29. 2003다40651).

③ 최종양수인이 최초 양도인에게 등기를 청구할 수 있는지 여부

㉠ 중간생략등기의 합의에 의한 직접청구요건 : 관계당사자 전원의 의사 합치, 즉 최초 양도인·중간취득자·최종 양수인 간의 3자 합의가 있는 경우에 한하여 최종 양수인의 최초 양도인에게 직접 자기 명의로 소유권이전등기를 청구할 수 있다(통설·판례).

기출 11 · 18 · 23

> 부동산이 전전 양도된 경우에 중간생략등기의 합의가 없는 한 그 최종 양수인은 최초 양도인에 대하여 직접 자기 명의로의 소유권이전등기를 청구할 수 없고, 부동산의 양도계약이 순차 이루어져 최종 양수인이 중간생략등기의 합의를 이유로 최초 양도인에게 직접 그 소유권이전등기청구권을 행사하기 위하여는 관계 당사자 전원의 의사 합치, 즉 중간생략등기에 대한 최초 양도인과 중간자의 동의가 있는 외에 최초 양도인과 최종 양수인 사이에도 그 중간등기 생략의 합의가 있었음이 요구되므로, 비록 최종 양수인이 중간자로부터 소유권이전등기청구권을 양도받았다 하더라도 최초 양도인이 그 양도에 대하여 동의하지 않고 있다면 최종 양수인은 최초 양도인에 대하여 채권양도를 원인으로 하여 소유권이전등기절차 이행을 청구할 수 없다(대판 1997.5.16. 97다485).

㉡ 3자 합의가 있는 경우의 법률관계

- 중간매수인의 소유권이전등기청구권이 소멸된다거나 첫 매도인의 그 매수인에 대한 소유권이전등기의무가 소멸되는 것은 아니다(대판 1991.12.13. 91다18316). 기출 07 · 11 · 18 · 22 · 23
- 최초매도인과 중간 매수인, 중간 매수인과 최종 매수인 사이에 순차로 매매계약이 체결되고 이들 간에 중간생략등기의 합의가 있은 후에 최초 매도인과 중간 매수인 간에 매매대금을 인상하는 약정이 체결된 경우, 최초 매도인은 인상된 매매대금이 지급되지 않았음을 이유로 최종 매수인 명의로의 소유권이전등기의무의 이행을 거절할 수 있다(대판 2005.4.29. 2003다66431). 기출 11 · 22
- 최초매도인과 중간매수인이 합의해제를 한 경우, 최초매도인은 합의해제를 이유로 완전한 권리를 취득하지 못한 최종 매수인에게 대항할 수 있다. 즉, 최종 매수인은 민법 제548조 제1항 단서의 제3자에 해당하지 않는다(대판 1980.5.13. 79다932). 기출 18

㉢ 채권자대위권 행사에 따른 청구 : 중간생략등기의 합의가 없다면 부동산의 전전매수인은 매도인을 대위하여 그 전매도인인 등기명의자에게 매도인 앞으로의 소유권이전등기를 구할 수는 있을지언정 직접 자기 앞으로의 소유권이전등기를 구할 수는 없다(대판 1969.10.28. 69다1351). 기출 07 · 08 · 09 · 19

3) 실제와 다른 등기원인에 의한 등기

① 의의 : 등기관이 원칙적으로 실질적 심사권을 행사할 수 없기 때문에 종래 실제와 다른 등기원인에 의하여 경료된 등기에 대하여 판례는 실체관계에 부합함을 이유로 그 등기의 유효성을 인정하였다. 이와 관련하여 진정명의 회복을 원인으로 하는 소유권이전등기의 허용성이 문제된다.

② 진정명의 회복을 원인으로 하는 소유권이전등기 : 등기절차상 말소등기가 행하여지기 어려운 경우에 그에 대한 대안으로 기능을 한다.

　㉠ 진정명의 회복을 위한 소유권이전등기를 청구할 수 있는 자는 물권자에 한한다.

> • 이미 자기 앞으로 소유권을 표상하는 등기가 되어 있었거나 법률에 의하여 소유권을 취득한 자가 진정한 등기명의를 회복하기 위한 방법으로는 현재의 등기명의인을 상대로 그 등기의 말소를 구하는 외에 "진정한 등기명의의 회복"을 원인으로 한 소유권이전등기절차의 이행을 직접 구하는 것도 허용되어야한다(대판[전합] 1990.11.27. 89다카12398).
> • 자기 앞으로 소유권의 등기가 되어 있지 않았고 법률에 의하여 소유권을 취득하지도 않은 사람이 소유권자를 대위하여 현재의 등기명의인을 상대로 그 등기의 말소를 청구할 수 있을 뿐인 경우에는 진정한 등기명의의 회복을 위한 소유권이전등기청구를 할 수 없다(대판 2003.5.13. 2002다64148)

　㉡ 진정명의 회복을 위한 소유권이전등기의 피고적격 : 현재의 등기명의인

> 진정한 등기명의의 회복을 위한 소유권이전등기청구는 이미 자기 앞으로 소유권을 표상하는 등기가 되어 있었거나 법률에 따라 소유권을 취득한 자가 진정한 등기명의를 회복하기 위한 방법으로서, 현재의 등기명의인을 상대로 하여야 하고 현재의 등기명의인이 아닌 자는 피고적격이 없다(대판 2017.12.5. 2015다240645).

　㉢ 말소등기청구소송의 기판력은 진정명의 회복을 위한 소유권이전등기청구소송에 미친다.

> 진정한 등기명의의 회복을 위한 소유권이전등기청구는 이미 자기 앞으로 소유권을 표상하는 등기가 되어 있었거나 법률에 의하여 소유권을 취득한 자가 진정한 등기명의를 회복하기 위한 방법으로 현재의 등기명의인을 상대로 그 등기의 말소를 구하는 것에 갈음하여 허용되는 것인데, 말소등기에 갈음하여 허용되는 진정명의회복을 원인으로 한 소유권이전등기청구권과 무효등기의 말소청구권은 어느 것이나 진정한 소유자의 등기명의를 회복하기 위한 것으로서 실질적으로 그 목적이 동일하고, 두 청구권 모두 소유권에 기한 방해배제청구권으로서 그 법적 근거와 성질이 동일하므로, 비록 전자는 이전등기, 후자는 말소등기의 형식을 취하고 있다고 하더라도 그 소송물은 실질상 동일한 것으로 보아야 하고, 따라서 소유권이전등기말소청구소송에서 패소확정판결을 받았다면 그 기판력은 그 후 제기된 진정명의의회복을 원인으로 한 소유권이전등기청구소송에도 미친다(대판[전합] 2001.9.20. 99다37894 – 다수의견).

4) 무효등기의 유용

① 의의 : 어떤 등기가 행하여졌으나 그것이 실체관계에 부합되지 않아서 무효이거나 시후적으로 무효로 된 후 그와 부합하는 실체관계가 생긴 경우에, 기존의 무효등기를 말소하지 않고 새로운 실체관계를 공시하는 유효한 등기로 이용하는 것을 무효등기의 유용이라 한다.

② 인정 여부

　　㉠ 표제부 등기의 유용 : 판례는 표제부 등기의 유용은 인정될 수 없다는 입장이다.

> - 멸실된 건물과 신축된 건물이 위치나 기타 여러가지 면에서 서로 같다고 하더라도 그 두 건물이 동일한 건물이라고는 할 수 없으므로 신축건물의 물권변동에 관한 등기를 멸실건물의 등기부에 등재하여도 그 등기는 무효이고 가사 신축건물의 소유자가 멸실건물의 등기를 신축건물의 등기로 전용할 의사로써 멸실건물의 등기부상 표시를 신축건물의 내용으로 표시 변경 등기를 하였다고 하더라도 그 등기가 무효임에는 변함이 없다(대판 1980.11.11. 80다441).
> - 기존건물이 멸실된 후 그곳에 새로이 건축한 건물의 물권변동에 관한 등기를 멸실된 건물의 등기부에 하여도 이는 진실에 부합하지 아니하는 것이고 비록 당사자가 멸실건물의 등기로서 신축된 건물의 등기에 갈음할 의사를 가졌다 하여도 그 등기는 무효이니 이미 멸실된 건물에 대한 근저당권설정등기에 신축된 건물에 대한 근저당권이 설정되었다고는 할 수 없으며 그 등기에 기하여 진행된 경매에서 신축된 건물을 경락받았다 하더라도 그로써 소유권취득을 내세울 수는 없다(대판 1976.10.26. 75다2211).

　　㉡ 사항란 등기의 유용 : 등기의 유용 전에 「등기상 새로운 이해관계를 가지게 된 제3자」가 없는 경우에 무효등기의 유용이 가능하다(제한적 긍정설).

> - 실질관계의 소멸로 무효로 된 등기의 유용은 그 등기를 유용하기로 하는 합의가 이루어지기 전에 등기상 이해관계가 있는 제3자가 생기지 않은 경우에 한하여 허용된다(대판 1989.10.27. 87다카425).
>
> 기출 06 · 10
>
> - 부동산의 매매예약에 기하여 소유권이전등기청구권의 보전을 위한 가등기가 마쳐진 경우에 그 매매예약완결권이 소멸하였다면 그 가등기 또한 효력을 상실하여 말소되어야 할 것이나, 그 부동산의 소유자가 제3자와 사이에 새로운 매매예약을 체결하고 그에 기한 소유권이전등기청구권의 보전을 위하여 이미 효력이 상실된 가등기를 유용하기로 합의하고 실제로 그 가등기 이전의 부기등기를 마쳤다면, 그 가등기 이전의 부기등기를 마친 제3자로서는 언제든지 부동산의 소유자에 대하여 위 가등기 유용의 합의를 주장하여 가등기의 말소청구에 대항할 수 있고, 다만 그 가등기 이전의 부기등기 전에 등기부상 이해관계를 가지게 된 자에 대하여는 위 가등기 유용의 합의 사실을 들어 그 가등기의 유효를 주장할 수는 없다(대판 2009.5.28. 2009다4787). 기출 10

③ 요 건

　　㉠ 무효인 등기가 존재할 것

　　㉡ 새로운 실체적 관계가 발생하였을 것

　　㉢ 무효등기 유용의 합의가 있을 것

　　㉣ 유용의 합의 이전에 등기부상 이해관계가 있는 제3자가 없을 것

④ 효과 : 무효등기를 유용한 경우 물권변동의 효력이 발생하는데, 그 효과는 유용의 합의가 있는 때에 생기고, 소급효가 부정된다(대판 1992.5.12. 91다26546).

⑤ 무효등기 유용합의의 항변

　　㉠ 문제점 : 무효인 저당권등기에 관하여 채무자인 부동산 소유자(甲)와 새로운 제3의 채권자(丙)와 사이에 저당권등기의 유용의 합의를 하였으나 아직 종전의 채권자 겸 근저당권자(乙)의 협력을 받지 못하여 저당권 이전의 부기등기를 경료하지 못한 경우 채무자 甲이 현재 등기명의자인 종전 채권자 乙에게 근저당권등기의 말소를 청구할 수 있는지 여부가 문제된다.

ⓛ 판 례

> 채무자인 부동산 소유자와 새로운 제3의 채권자와 사이에 저당권등기의 유용의 합의를 하였으나 아직
> 종전의 채권자 겸 근저당권자의 협력을 받지 못하여 저당권 이전의 부기등기를 경료하지 못한 경우에는
> 부동산 소유자와 종전의 채권자 사이에서는 저당권설정등기는 여전히 등기원인이 소멸한 무효의 등기라
> 고 할 것이므로 부동산 소유자는 종전의 채권자에 대하여 그 저당권설정등기의 말소를 구할 수 있다고
> 할 것이지만, 부동산 소유자와 종전의 채권자 그리고 새로운 제3의 채권자 등 3자가 합의하여 저당권설정
> 등기를 유용하기로 합의한 경우라면 종전의 채권자는 부동산 소유자의 저당권설정등기말소청구에 대하
> 여 그 3자 사이의 등기 유용의 합의 사실을 들어 대항할 수 있고 또한 부동산 소유자로부터 그 부동산을
> 양도받기로 하였으나 아직 소유권이전등기를 경료받지 아니하여 그 소유자를 대위하여 저당권설정등기
> 의 말소를 구할 수밖에 없는 자에 대하여도 마찬가지로 대항할 수 있다(대판 1998.3.24. 97다56242).

제2관 │ 법률행위에 의하지 않는 부동산물권의 변동

등기를 요하지 아니하는 부동산물권취득(민법 제187조)
상속, 공용징수, 판결, 경매 기타 법률의 규정에 의한 부동산에 관한 물권의 취득은 등기를 요하지 아니한다. 그러나
등기를 하지 아니하면 이를 처분하지 못한다.

Ⅰ 서 설

1. 의 의

민법 제187조 본문은 민법 제186조 성립요건주의(형식주의)의 예외를 인정하여 등기 없이도 물
권변동이 이루어지는 경우를 규정하고 있다.

2. 민법 제187조 단서의 의미

민법 제187조 본문에 의하여 부동산물권을 등기 없이 취득하였더라도 그 권리자가 이를 법률행
위에 의하여 처분하려면 미리 물권의 취득을 등기하고 그 후 그 법률행위를 원인으로 하는 등기
를 경료하여야 한다는 의미이다. 따라서 부동산물권을 등기 없이 취득한 자가 자기 명의의 등기
없이 이를 처분한 경우 그 처분의 상대방은 부동산물권을 취득하지 못한다는 것일 뿐, 그 처분행
위의 채권적 효력까지 부인할 수는 없다(대판 1994.10.21. 93다12176).

Ⅱ 적용범위

민법 제187조는 취득만 규정하고 있으나 변경, 소멸 등을 모두 포함한다.

1. 상속

① 피상속인의 사망 시에 부동산물권변동이 일어난다(민법 제997조). 따라서 피상속인이 가지고 있었던 부동산 물권은 피상속인 사망 시 등기 없이도 법률상 당연히 상속인에게 이전된다.
기출 15·18

② 포괄적 유증(민법 제1078조)과 회사의 합병(상법 제235조, 제269조 등)도 상속과 마찬가지로 등기 없이 물권변동이 발생한다.

2. 공용징수

① 의의 : 공용징수(수용)란 공익사업을 위하여 소유권 기타 재산권을 법률의 힘에 의하여 강제적으로 취득하는 것을 말하며, 그 법적 성질은 원시취득이다(대판 2000.7.4. 98다62961).

② 물권변동의 시기 : 협의수용은 협의에서 정한 시기에(공익사업을 위한 토지 등의 취득 및 보상에 관한 법률 제29조, 제45조 제1항), 재결수용은 재결에서 정한 수용의 개시일에(동법 제30조, 제45조 제1항) 물권변동이 발생한다. 기출 18

3. 판 결

① 민법 제187조의 판결은 판결의 확정으로 권리변동이 일어나는 형성판결을 의미한다. 따라서 매매·증여 등의 법률행위를 원인으로 한 소유권이전등기절차의 이행판결(대판 2003.9.2. 2001다21717) 기출 15·18 이나 소유권 존재의 확인판결이 있더라도 소유권이전등기가 경료될 때까지는 부동산의 소유권을 취득할 수 없다.

② 민사소송법 제220조에 의해 화해조서나 인낙조서가 작성된 경우, 그 조서가 형성적 내용을 담고 있으면 민법 제187조의 판결에 포함되나, 그 조서의 내용이 이행에 관한 것이면 민법 제187조의 판결에 포함되지 않는다. 기출 09

> 민법 제187조에 소위 판결이라고 함은 판결 자체에 의하여 부동산물권취득의 형성적 효력이 발생하는 경우를 말하는 것이고 당사자 사이에 이루어진 어떠한 법률행위를 원인으로 하여 부동산 소유권이전등기절차의 이행을 명하는 것과 같은 내용의 판결 또는 소유권 이전의 약정을 내용으로 하는 화해조서는 이에 포함되지 않는다(대판 1065.8.17. 64다1721). 기출 23

③ 공유물분할의 소송절차 또는 조정절차에서 공유자 사이에 공유토지에 관한 현물분할의 협의가 성립하여 그 합의사항을 조서에 기재함으로써 조정이 성립하였다고 하더라도, 그와 같은 사정만으로 재판에 의한 공유물분할의 경우와 마찬가지로 그 즉시 공유관계가 소멸하고 각 공유자에게 그 협의에 따른 새로운 법률관계가 창설되는 것은 아니고, 공유자들이 협의한 바에 따라

토지의 분필절차를 마친 후 각 단독소유로 하기로 한 부분에 관하여 다른 공유자의 공유지분을 이전받아 등기를 마침으로써 비로소 그 부분에 대한 대세적 권리로서의 소유권을 취득하게 된다고 보아야 한다(대판[전합] 2013.11.21. 2011두1917 – 다수의견). **기출** 17·18·23

4. 경 매

민법 제187조에서 말하는 경매는 사인 사이에서 행해지는 사경매가 아닌 국가기관이 행하는 공경매를 의미한다. 여기에는 민사집행법상의 경매와 국세징수법상의 경매가 있는데, 소유권 취득시기는 전자의 경우에는 매수인이 매각대금을 완납한 때이고(민사집행법 제135조, 제268조) **기출** 09·15·18 , 후자의 경우에는 매수인이 매수대금을 납부한 때이다(국세징수법 제77조 제1항).

5. 기타 법률의 규정에 의한 부동산 물권변동

(1) 신축건물의 소유권 귀속

① 문제점 : 원칙적으로 자기의 비용과 노력으로 건물을 신축한 자는 그 건축허가가 타인의 명의로 된 여부에 관계없이 그 소유권을 원시취득한다(대판 2002.4.26. 2000다16350). **기출** 15·16·18·22 이와 관련하여 건축주의 사정으로 건축공사가 중단되었던 미완성 건물을 인도받아 나머지 공사를 마치고 완공한 경우에, 완성된 건물의 소유권이 누구에게 귀속되는지 문제된다.

② 판례 : 건축주의 사정으로 건축공사가 중단되었던 미완성의 건물을 인도받아 나머지 공사를 마치고 완공한 경우, 건물이 공사가 중단된 시점에서 사회통념상 독립한 건물이라고 볼 수 있는 형태와 구조를 갖추고 있었다면 원래의 건축주가 그 건물의 소유권을 원시취득한다(대판 1997.5.9. 96다54867). **기출** 22

> **[비교] 처음부터 여러 층으로 건축할 것이 예정된 미완성 건물을 인도받아 건축한 경우**
> 건물이 설계도상 처음부터 여러 층으로 건축할 것으로 예정되어 있고 그 내용으로 건축허가를 받아 건축공사를 진행하던 중에 건축주의 사정으로 공사가 중단되었고 그와 같이 중단될 당시까지 이미 일부 층의 기둥과 지붕 그리고 둘레 벽이 완성되어 그 구조물을 토지의 부합물로 볼 수 없는 상태에 이르렀다고 하더라도, 제3자가 이러한 상태의 미완성 건물을 종전 건축주로부터 양수하여 나머지 공사를 계속 진행한 결과 건물의 구조와 형태 등이 건축허가의 내용과 사회통념상 동일하다고 인정되는 정도로 건물을 축조한 경우에는, 그 구조와 형태가 원래의 설계 및 건축허가의 내용과 동일하다고 인정되는 건물 전체를 하나의 소유권의 객체로 보아 그 제3자가 그 건물 전체의 소유권을 원시취득한다고 보는 것이 옳고, 건축허가를 받은 구조와 형태대로 축조된 전체 건물 중에서 건축공사가 중단될 당시까지 기둥과 지붕 그리고 둘레 벽이 완성되어 있던 층만을 분리해 내어 이 부분만의 소유권을 종전 건축주가 원시취득한다고 볼 것이 아니다. 또한, 구분소유가 성립하는 시점은 원칙적으로 건물 전체가 완성되어 당해 건물에 관한 건축물대장에 구분건물로 등록된 시점이라고 할 것이므로, 건축공사가 중단될 당시까지 종전 건축주에 의하여 축조된 미완성 건물의 구조와 형태가 구분소유권의 객체가 될 수 있을 정도가 되었다고 하더라도 마찬가지이다(대판 2006.11.9. 2004다67691).

(2) 기 타

① 법정지상권(민법 제305조, 제366조)의 취득, 관습법상 법정지상권(대판 1966.9.20. 66다1434)의 취득, 법정저당권(민법 제649조)의 취득

② 혼동에 의한 물권의 소멸(민법 제191조)

③ 법정대위에 의한 저당권의 이전(민법 제482조)

④ 피담보채권의 소멸에 의한 저당권의 소멸(민법 제369조) 등

Ⅲ 예 외

민법 제245조 제1항(부동산 점유취득시효)은 20년간 소유의 의사로 평온, 공연하게 부동산을 점유한 자는 등기함으로써 그 소유권을 취득한다고 규정하여 민법 제187조의 예외를 인정하고 있다.

제3관 | 부동산등기제도

Ⅰ 총 설

1. 등기의 의의

등기란 국가기관인 등기관이 부동산등기법 소정의 절차에 따라 부동산에 관한 권리관계를 공적 장부인 등기부에 기재하는 것 또는 그러한 기재 자체를 말한다.

2. 등기의 종류

(1) 사실의 등기와 권리의 등기

등기는 '표제부(標題部)'에 하는 사실의 등기와 '갑구(甲區)'와 '을구(乙區)'에 하는 권리의 등기로 구분된다. 등기의 실체법상 효력은 권리의 등기에서만 인정된다.

(2) 보존등기와 권리변동의 등기

미등기의 부동산에 관하여 최초로 이루어져 그 후에 행하여지는 각종의 등기의 기초가 되는 등기를 보존등기라 하고, 보존등기를 기초로 하여 민법 제186조에 따라 행하여지는 등기를 권리변동의 등기라 한다.

> • 신축건물의 보존등기를 건물 완성 전에 하였더라도 그 후 건물이 완성된 이상 등기를 무효라고 볼 수 없다(대판 2016.1.28. 2013다59876). 기출 17
> • 소유권보존등기는 토지대장등본 또는 임야대장등본에 의하여 자기 또는 피상속인이 토지대장 또는 임야대장에 소유자로서 등록되어 있는 것을 증명하는 자[부동산등기법 제130조 제1호(현행 제65조 제1호)], 판결에 의하여 자기의 소유권을 증명하는 자[같은 조 제2호(현행 제65조 제2호)], 수용으로 소유권을 취득한 자[같은 조

제3호(현행 제65조 제3호)]가 신청할 수 있는데, 대장(토지대장, 임야대장)등본에 의하여 자기 또는 피상속인이 대장에 소유자로서 등록되어 있는 것을 증명하는 자는 대장에 최초의 소유자로 등록되어 있는 자 및 그 자를 포괄승계한 자이며, 대장상 소유권이전등록을 받았다 하더라도 물권변동에 관한 형식주의를 취하고 있는 현행 민법상 소유권을 취득했다고 할 수 없고, 따라서 대장상 소유권이전등록을 받은 자는 자기 앞으로 바로 보존등기를 신청할 수는 없으며, 대장상 최초의 소유명의인 앞으로 보존등기를 한 다음 이전등기를 하여야 한다(대판 2009.10.15. 2009다48633).

(3) 등기의 내용에 의한 분류

1) 기입등기

새로운 등기원인에 기하여 행해지는 등기로 보통 소유권보존등기, 소유권이전등기 등이 있다.

2) 경정등기

① 의의 : 등기가 행해졌으나 그 절차에 흠이 있어 「원시적으로」 등기와 실체관계가 불일치하는 경우 이를 시정하기 위한 등기이다(부동산등기법 제32조 제1항).

② 신청주의 : 경정등기도 신청주의(부동산등기법 제22조)가 원칙이나 착오나 빠진 부분이 등기관의 잘못으로 인하여 생긴 때에는 등기관이 직권으로 경정하여야 한다(부동산등기법 제32조 제2항 본문).

3) 변경등기

어떤 등기가 행하여진 후 등기된 사항에 변경이 생겨 「후발적으로」 등기와 실체관계가 불일치하는 경우 이를 시정하기 위한 등기이다(부동산등기법 제35조, 제41조).

4) 말소등기

① 의의 : 등기에 대응하는 실체관계가 원시적 또는 후발적으로 소멸함에 따라 기존의 등기 전부를 말소하는 등기이다.

> 말소등기란 어떤 등기의 등기사항 전부가 원시적 또는 후발적으로 실체관계와 불일치하게 된 경우 당해 등기 전부를 법률적으로 소멸시킬 목적으로 행하여지는 등기를 말하므로, 이미 말소되어 있는 등기에 대하여는 그 말소를 구할 법률상 이익이 없다(대판 2009.2.26. 2006다72802). **기출 08**

② 이해관계 있는 제3자가 있는 등기의 말소 : 등기상 이해관계 있는 제3자가 있을 때에는 등기의 말소를 신청하는 경우 제3자의 승낙이 있어야 하며, 이 경우 제3자 명의의 등기는 등기관이 직권으로 말소한다(부동산등기법 제57조).

5) 말소회복등기

기존의 등기가 부당하게 말소된 경우에 하는 등기로, 등기의 회복을 신청하는 때 등기상 이해관계 있는 제3자가 있는 경우 제3자의 승낙을 얻어야 한다(부동산등기법 제59조).

6) 멸실등기

부동산이 멸실된 경우에 행하여지는 등기로 권리의 등기가 아니라 사실의 등기에 해당한다(부동산등기법 제39조, 제43조, 제44조)이다. 부동산이 일부 멸실된 경우에는 멸실등기가 아니라 변경등기를 하여야 한다.

7) 멸실회복등기

등기부의 전부 또는 일부가 멸실된 경우에 행하여지는 등기이나 등기정보가 전산화되어 있는 현실을 감안하면 등기부의 멸실을 생각하기 어려워 2011년 개정부동산등기법에서 폐지되었다. 단, 종이형태로 작성된 등기부의 전부 또는 일부가 폐쇄되지 않은 상태에서 멸실되었으나, 2011.10.13.까지 종전의 규정에 따른 멸실회복등기절차가 이루어지지 않은 경우의 회복에 관한 절차는 종전의 규정에 따른다[부동산등기규칙 부칙 제3조(대법원규칙 제2356호, 2011.9.28.)].

(4) 등기의 형식에 의한 분류

① 주등기 : 표시번호란 또는 갑구나 을구의 순위번호란에 독립된 번호가 부여되는 등기이다.

② 부기등기 : 변경등기 또는 경정 등기 등과 같이 기존의 등기순위를 그대로 보유할 필요가 있는 경우에 주등기의 번호를 그대로 사용하며, 주등기의 번호 아래에 부기호수를 기재하여 이루어지는 등기이다. 따라서 부기등기는 주등기에 종속되는 것으로, 주등기와 별개의 새로운 등기가 아니다.

> • 근저당권 이전의 부기등기는 기존의 주등기인 근저당권설정등기에 종속되어 주등기와 일체를 이루는 것이어서, 피담보채무가 소멸된 경우 또는 근저당권설정등기가 당초 원인무효인 경우 주등기인 근저당권설정등기의 말소만 구하면 되고 그 부기등기는 별도로 말소를 구하지 않더라도 주등기의 말소에 따라 직권으로 말소되는 것이므로, 위 부기등기의 말소청구는 권리보호의 이익이 없는 부적법한 청구라고 할 것이다(대판 2000.10.10. 2000다19526). 또한 근저당권 양도의 부기등기는 기존의 근저당권설정등기에 의한 권리의 승계를 등기부상 명시하는 것 뿐으로, 그 등기에 의하여 새로운 권리가 생기는 것이 아닌 만큼 근저당권설정등기의 말소등기청구는 양수인만을 상대로 하면 족하고 양도인은 그 말소등기청구에 있어서 피고적격이 없으며, 근저당권의 이전이 전부명령 확정에 따라 이루어졌다고 하여 이와 달리 보아야 하는 것은 아니다(대판 2000.4.11. 2000다5640).
> • 다만, 근저당권의 이전원인만이 무효로 되거나 취소 또는 해제된 경우, 즉 근저당권의 주등기 자체는 유효한 것을 전제로 이와는 별도로 근저당권이전의 부기등기에 한하여 무효사유가 있다는 이유로 부기등기만의 효력을 다투는 경우에는 그 부기등기의 말소를 소구할 필요가 있으므로 예외적으로 소의 이익이 있다(대판 2005.6.10. 2002다15412·15429).

(5) 등기의 효력에 의한 분류

1) 의의

등기를 효력에 따라 분류하면 직접 물권변동을 발생케 하는 본등기로서 종국등기와 물권변동과는 직접적인 관계가 없이 간접적으로 물권변동에 대비하기 위한 예비등기로서 가등기가 있다. 과거에는 예비등기에 가등기와 예고등기가 있었으나, 2011년 개정부동산등기법에 의해 예고등기가 폐지되었다. 이하에서는 가등기에 대해서만 검토하기로 한다.

2) 가등기

① 의의 : 가등기란 종국등기를 할 만한 실체법적 또는 절차법적 요건을 구비하지 못한 경우에, 장차 행하여질 본등기의 순위를 보전해 주는 효력을 가지는 등기로, 부동산물권이나 임차권 등의 권리변동을 목적으로 하는 청구권을 보전하기 위하여 또는 그 청구권이 시기부 또는 정지조건부일 경우나 그 밖에 장래에 확정될 것인 경우에 그 본등기의 순위보전을 위하여 하는 예비등기를 말한다(부동산등기법 제88조). 따라서 청구권의 순위를 보전하기 위한 것이 아닌 물권적 청구권을 보전하기 위한 가등기는 허용되지 않는다(대판 1982.11.23. 81다카1110). 기출 14

② **종류** : 가등기는 청구권보전의 가등기와 담보가등기가 있다. 일반적으로 가등기는 청구권보전의 가등기를 의미하며 담보가등기는 가등기담보 등에 관한 법률이 적용되어 가등기만으로도 실체법상 효력이 인정된다.

③ **가등기의 유효요건** : 가등기를 하려면 아래와 같이 보전할 유효한 청구권이 존재하여야 한다.

　㉠ 권리변동을 목적으로 하는 청구권을 보전하려 할 때

　㉡ 보전할 청구권이 시기부 또는 정지조건부일 때 `기출` 07

　㉢ 그 밖의 청구권이 장래에 있어 확정될 것인 때

④ **가등기법상 권리의 이전(가등기의 부기등기)**

　㉠ **문제점** : 가등기에 의하여 보전된 청구권이 양도된 경우에, 그 양도의 가등기가 가능한지 문제된다.

　㉡ **판 례**

> 가등기는 원래 순위를 확보하는 데에 그 목적이 있으나, 순위 보전의 대상이 되는 물권변동의 청구권은 그 성질상 양도될 수 있는 재산권일 뿐만 아니라 가등기로 인하여 그 권리가 공시되어 결과적으로 공시방법까지 마련된 셈이므로, 이를 양도한 경우에는 양도인과 양수인의 공동신청으로 그 가등기상의 권리의 이전등기를 가등기에 대한 부기등기의 형식으로 경료할 수 있다고 보아야 한다(대판[전합] 1998.11.19. 98다24105). `기출` 06 · 11 · 23

⑤ **가등기의 효력**

　㉠ **본등기 전의 효력(실체법상 효력의 문제)**

　　• **문제점** : 본등기 전인 가등기 상태의 실체법상 효력에 대해서 학설의 대립이 있으나, 다수설과 판례는 소극설의 입장이다.

　　• **학 설**

　　　– 소극설(다수설) : 가등기는 본등기가 없는 한 아무런 효력이 없으며, 이에 따라 가등기권자는 가등기설정자의 처분행위를 저지할 수 없다는 입장이다. `기출` 18 　또한 가등기가 있다 하여, 어떤 청구권의 존재가 추정되지도 않는다는 견해이다.

　　　– 적극설 : 가등기 상태로도 청구권보전의 효력은 존재한다는 입장이다. 즉, 가등기가 있더라도 가등기설정자는 이를 제3자에게 처분할 수 있는데, 그 중간처분등기는 가등기된 권리를 침해하는 한도 내에서 효력이 없다고 보는 상대적 무효의 효력을 청구권보전의 효력이라고 한다.

　　• **판 례**

> • 가등기는 부동산등기법 제6조 제2항의 규정에 의하여 그 본등기 시에 본등기의 순위를 가등기의 순위에 의하도록 하는 순위보전적 효력만이 있을 뿐이고, 가등기만으로는 아무런 실체법상 효력을 갖지 아니하고 그 본등기를 명하는 판결이 확정된 경우라도 본등기를 경료하기까지는 마찬가지이므로, 중복된 소유권보존등기가 무효이더라도 가등기권리자는 그 말소를 청구할 권리가 없다(대판 2001.3.23. 2000다51285). `기출` 15 · 18
> • 소유권이전청구권 보전을 위한 가등기가 있다 하여, 소유권이전등기를 청구할 어떤 법률관계가 있다고 추정되지 아니한다(대판 1979.5.22. 79다239). `기출` 06 · 12 · 23

ⓛ 본등기 후의 효력

• **순위보전적 효력** : <u>가등기에 기해 본등기를 하면 본등기의 순위만 가등기 순위에 의한다</u>
(부동산등기법 제91조). 기출 14 그러나 물권변동의 시기는 본등기를 한 때이며 가등기를 한
때로 소급하지 않는다. 기출 06·11·14·15·18

> 가등기는 그 성질상 본등기의 순위보전의 효력만이 있어 후일 본등기가 경료된 때에는 본등기의 순위
> 가 가등기한 때로 소급하는 것뿐이지 본등기에 의한 물권변동의 효력이 가등기한 때로 소급하여 발생
> 하는 것은 아니다(대판 1992.9.25. 92다21258). 기출 15·18·21

• **본등기의 절차**
  - 문제점 : 甲에게서 乙로 소유권이전의 가등기가 경료된 후 甲에게서 丙으로 소유권
    이전등기가 경료된 경우, 乙은 가등기에 기한 본등기를 어떻게 하여야 하는지 문제
    된다.
  - 판례

> • [1] 가등기후에 제3자에게 소유권이전의 본등기가 된 경우에 가등기권리자는 본등기를 경료하지
>   아니하고는 가등기이후의 본등기의 말소를 청구할 수 없다. [2] 위의 경우에 가등기권리자는 가등기
>   의무자인 전 소유자를 상대로 본등기청구권을 행사할 것이고 제3자를 상대로 할 것이 아니다.
>   기출 06·15 [3] 가등기권자가 소유권이전의 본등기를 한 경우에는 등기공무원은 부동산등기법
>   제175조 제1항, 제55조 제2호에 의하여 가등기 이후에 한 제3자의 본등기를 직권말소할 수 있다
>   (대결[전합] 1962.12.24. 4294민재항675). 기출 15·18
> • 반면 가등기에 기한 소유권이전의 본등기가 경료됨으로써 등기공무원이 직권으로 가등기 후에
>   경료된 제3자의 등기를 말소한 경우 그 후에 그 가등기에 기한 본등기가 원인무효 등의 사유로
>   말소된 때에는 결국 그 제3자의 등기는 말소하지 아니할 것을 말소한 결과가 되므로 등기공무원은
>   직권으로 그 말소등기의 회복등기를 하여야 하는 것이고, 따라서 그 회복등기를 소구할 이익이
>   없다(대판 1995.5.26. 95다6878).

• **민법 제576조의 담보책임**

> <u>가등기의 목적이 된 부동산을 매수한 사람이 그 뒤 가등기에 기한 본등기가 경료됨으로써 그 부동산의
> 소유권을 상실하게 된 때에는 매매의 목적 부동산에 설정된 저당권 또는 전세권의 행사로 인하여 매수
> 인이 취득한 소유권을 상실한 경우와 유사하므로,</u> 이와 같은 경우 민법 제576조의 규정이 준용된다고
> 보아 같은 조 소정의 담보책임을 진다고 보는 것이 상당하고 민법 제570조에 의한 담보책임을 진다고
> 할 수 없다(대판 1992.10.27. 92다21784).

• **민법 제203조의 비용상환청구권**

> 가등기가 되어 있는 부동산 소유권을 이전받은 "甲"이 그 부동산에 대하여 필요비나 유익비를 지출한
> 것은 가등기에 의한 본등기가 경유됨으로써 가등기 이후의 저촉되는 등기라 하여 직권으로 말소를
> 당한 소유권이전등기의 명의자 "甲"과 본등기 명의인 "乙" 내지 그 특별승계인인 "丙"과의 법률관계
> 는 결과적으로 타인의 물건에 대하여 "甲"이 그 점유기간 내에 비용을 투입한 것이 된다(대판 1976.10.26.
> 76다2079). 따라서 <u>소유권이전등기를 직권말소 당한 甲은 본등기 명의인인 乙 내지 그 특별승계인 丙에
> 게 비용상환청구권을 행사할 수 있다.</u>

3. 등기부와 대장

(1) 등기부

등기부란 전산정보처리조직에 의하여 입력·처리된 등기정보자료를 대법원규칙이 정하는 바에 따라 편성한 공적 장부를 말한다(부동산등기법 제2조 제1호).

(2) 대 장

대장이란 부동산에 관한 사실상의 상황을 기재하는 공적 장부를 말한다. 이에는 지적공부로써 토지대장과 임야대장 등이 있고, 건물에 관한 것으로써 건축물대장이 있다. 등기부와 달리 대장의 기재에 대해서는 추정력이 인정되지 않는다.

> 개정 지적법 시행 이후 새로 작성된 카드화된 토지대장에 위와 같이 권리추정력이 인정되지 않는 종전 토지대장의 소유자란의 기재가 그대로 옮겨 적어졌다면, 그 새로운 토지대장의 소유자에 관한 사항에도 마찬가지로 권리추정력은 없다(대판 2013.7.11. 2013다202878).

(3) 양자의 관계

부동산의 물적 상황 내지 동일성은 대장의 기재를 기초로 하고, 등기는 이에 맞추어 수정한다(부동산등기법 제29조 제11호 참고). 그러나 권리의 변동은 역으로 등기부의 기재를 기초로 하여 대장상의 기재 내용을 수정한다(건축물대장의 기재 및 관리 등에 관한 규칙 제19조 참고).

4. 등기의 절차

(1) 등기의 신청

1) 신청주의

① 원칙(공동신청주의) : 등기는 등기의 진정을 확보하기 위하여 원칙적으로 등기권리자와 등기의무자가 공동으로 신청하여야 한다(부동산등기법 제23조 제1항).

② 예외(단독신청주의) : 다만, 등기의 진정을 담보할 수 있는 경우, 성질상 등기의무자가 없는 경우에는 등기권리자 또는 등기명의자에 의한 단독신청이 가능하다(부동산등기법 제23조 제2항 내지 제8항).

2) 등기신청의 대리와 대위

① 대리인이 등기를 신청할 수 있고(부동산등기법 제24조 제1항 제1호), 이 경우 민법 제124조(자기계약, 쌍방대리의 금지) 규정이 적용되지 않는다.

② 채권자는 채권자대위권을 행사하여, 채무자가 가지는 등기신청권을 대위할 수 있다(부동산등기법 제28조 제1항).

3) 등기신청에 필요한 서면

등기를 신청할 때에는 일정한 신청정보 및 첨부정보를 제공해야 한다(부동산등기법 제24조 제2항 참고).

(2) 등기신청에 대한 심사

> 등기관은 등기신청에 대하여 부동산등기법상 그 등기신청에 필요한 서면이 제출되었는지 여부 및 제출된 서면이 형식적으로 진정한 것인지 여부를 심사할 권한을 갖고 있으나 그 등기신청이 실체법상의 권리관계와 일치하는지 여부를 심사할 실질적인 심사권한은 없으므로, 등기관으로서는 오직 제출된 서면 자체를 검토하거나 이를 등기부와 대조하는 등의 방법으로 등기신청의 적법 여부를 심사하여야 할 것이고, 이러한 방법에 의한 심사 결과 형식적으로 부진정한, 즉 위조된 서면에 의한 등기신청이라고 인정될 경우 이를 각하하여야 할 직무상의 의무가 있다고 할 것이지만, 등기관은 다른 한편으로 대량의 등기신청사건을 신속하고 적정하게 처리할 것을 요구받기도 하므로 제출된 서면이 위조된 것임을 간과하고 등기신청을 수리한 모든 경우에 등기관의 과실이 있다고는 할 수 없고, 위와 같은 방법의 심사 과정에서 등기업무를 담당하는 평균적 등기관이 보통 갖추어야 할 통상의 주의의무만 기울였어도 제출 서면이 위조되었다는 것을 쉽게 알 수 있었음에도 이를 간과한 채 적법한 것으로 심사하여 등기신청을 각하하지 못한 경우에만 그 과실을 인정할 수 있다(대판 2007.6.14. 2007다4295).

(3) 등기의 실행

부동산등기법 제29조(신청의 각하) 소정의 사유가 없다면, 등기관은 접수번호와 순서에 따라 새로운 권리에 관한 등기를 마친 후(부동산등기법 제11조 제3항), 등기필정보를 작성하여 등기권리자에게 통지하여야 한다(부동산등기법 제50조 제1항).

Ⅱ 등기청구권

1. 의 의

등기 공동신청주의(부동산등기법 제23조 제1항)에 반하여 등기의무자가 등기신청에 협력하지 않는 경우, 등기권리자가 등기의무자에 대하여 등기에 협력하여 줄 것을 청구할 수 있는 실체법상의 권리를 등기청구권이라 한다. 반면 등기의무자가 등기권리자를 상대로 등기청구권을 행사할 수 있는데, 이를 등기인수청구권이라고도 한다.

2. 등기청구권의 발생원인과 그 법적 성질

(1) 문제점

등기청구권의 발생원인과 그 법적 성질에 관하여 법은 규정하고 있지 않으나, 그것이 채권적 청구권인지 물권적 청구권인가 하는 문제는 소멸시효, 기판력(민소법 제218조 제1항 참고) 등과 관련하여 논의가 된다. 이하에서는 등기청구권의 발생원인을 유형화하여 그 법적 성질에 대하여 검토하겠다.

(2) 법률행위에 의한 물권변동의 경우

1) 법적 성질

① 학설 : 다수설인 <u>채권적 청구권설은</u> ㉠ 채권행위에서 발생하는 채권적 청구권이라는 견해와 ㉡ 물권적 합의에서 나오는 채권적 청구권이라는 견해 등이 있다. 반면 소수설인 <u>물권적 청구권은</u> ㉠ 물권적 합의에서 나오는 물권적 청구권이라는 견해와 ㉡ 물권적 기대권의 효력으로 발생하는 물권적 청구권이라는 견해가 있다.

② 판례 : 법률행위에 의한 등기청구권은 채권행위로부터 발생하는 채권적 청구권이다.

> 신민법하의 부동산에 관한 매매에 있어서는 등기가 없는 한 소유권을 취득하지 못하므로 그 매수인은 소유권을 전제로 한 물권적 청구권에 의하여 소유권이전등기를 청구할 수 없으나 매매계약에 따라 물권을 이전하라는 채권적 청구권에 의하여 소유권의 이전등기를 청구할 수 있다고 해할 것이다(대판 1962.5.10. 4294민상1232).

2) 시효소멸 여부

① 학설 : 다수설인 채권적 청구권설에 따르면 10년의 소멸시효에 걸린다는 입장이나, 소수설인 물권적 청구권설에 따르면 시효에 걸리지 않는다는 입장이다.

② 판례 : 채권적 청구권이므로 원칙적으로 시효에 걸리지만 예외적으로 매수인이 인도받아 사용·수익하고 있는 경우에는 등기청구권자는 권리위에 잠자는 자에 해당하지 않으므로 소멸시효가 진행하지 않는다는 입장이다(대판[전합] 1976.11.6. 76다148 – 다수의견).

> • 시효제도의 존재이유에 비추어 보아 부동산 매수인이 그 목적물을 인도받아서 이를 사용수익하고 있는 경우에는 그 매수인을 권리 위에 잠자는 것으로 볼 수도 없고 또 매도인 명의로 등기가 남아 있는 상태와 매수인이 인도받아 이를 사용수익하고 있는 상태를 비교하면 매도인 명의로 잔존하고 있는 등기를 보호하기 보다는 매수인의 사용수익상태를 더욱 보호하여야 할 것이므로 그 매수인의 등기청구권은 다른 채권과는 달리 소멸시효에 걸리지 않는다고 해석함이 타당하다(대판[전합] 1976.11.6. 76다148 – 다수의견).
> • 부동산의 매수인이 그 부동산을 인도받은 이상 이를 사용·수익하다가 그 부동산에 대한 보다 적극적인 권리 행사의 일환으로 다른 사람에게 그 부동산을 처분하고 그 점유를 승계하여 준 경우에도 그 이전등기청구권의 행사 여부에 관하여 그가 그 부동산을 스스로 계속 사용·수익만 하고 있는 경우와 특별히 다를 바 없으므로 위 두 어느 경우에나 이전등기청구권의 소멸시효는 진행되지 않는다고 보아야 한다(대판[전합] 1993.3.18. 98다32175 – 다수의견).

(3) 실체관계와 등기가 불일치하는 경우

물권적 청구권이라는 것이 학설과 판례의 입장이다.

> • 부동산의 소유자 명의를 신탁한 자는 특별한 사정이 없는 한 언제든지 명의신탁을 해지하고 소유권에 기하여 신탁해지를 원인으로 한 소유권이전등기절차의 이행을 청구할 수 있는 것으로서, 이와 같은 등기청구권은 소멸시효의 대상이 되지 않는다(대판 1991.11.26. 91다34387).
> • 채권담보의 목적으로 이루어지는 부동산 양도담보의 경우에 있어서 피담보채무가 변제된 이후에 양도담보권설정자가 행사하는 등기청구권은 양도담보권설정자의 실질적 소유권에 기한 물권적청구권이므로 따로이 시효소멸되지 아니한다(대판 1979.2.13. 78다2412).

(4) 점유취득시효의 경우(민법 제245조 제1항)

① 학설 : 점유취득시효완성에 의한 소유권이전등기청구권에 대하여 물권적 기대권에 근거한 물권적 청구권이라는 소수견해도 있으나 다수설은 채권적 청구권이라고 한다.

② 판례 : 점유취득시효완성에 의한 소유권이전등기청구권은 채권적 청구권이지만 시효완성자가 점유를 계속하고 있는 한 소멸시효는 진행하지 않는다는 입장이나(대판[전합] 1999.3.18. 98다32175), 점유자가 점유를 상실한 때에는 점유를 상실한 때부터 10년의 소멸시효가 진행한다고 한다(대판 1996.3.8. 95다34866·34873).

> - 부동산에 대한 점유취득시효 완성을 원인으로 하는 소유권이전등기청구권도 채권적 청구권으로서, 취득시효가 완성된 점유자가 그 부동산에 대한 점유를 계속하는 한 소멸시효가 진행하지 아니하나, 그 점유를 상실한 때로부터 10년간 이를 행사하지 아니하면 소멸시효가 완성한다(대판[전합] 1999.3.18. 98다32175).
> - 나아가 그 후 점유를 상실하였다고 하더라도 이를 시효이익의 포기로 볼 수 있는 경우가 아닌 한 이미 취득한 소유권이전등기청구권은 바로 소멸되는 것은 아니나, 취득시효가 완성된 점유자가 점유를 상실한 경우 취득시효 완성으로 인한 소유권이전등기청구권의 소멸시효는 이와 별개의 문제로서, 그 점유자가 점유를 상실한 때로부터 10년간 등기청구권을 행사하지 아니하면 소멸시효가 완성한다(대판 1996.3.8. 95다34866·34873).

(5) 부동산 임차권(민법 제621조)과 부동산 환매권(민법 제592조)에 기한 등기청구권

채권에 기한 권리로서 채권적 청구권이다.

Ⅲ 본등기의 효력

1. 권리변동적 효력(창설적 효력)

물권변동을 일으키는 효력을 등기의 권리변동적 효력이라고 한다. 구체적으로 등기관이 등기를 마치면 그 등기의 효력은 「접수한 때」부터 발생한다(부동산등기법 제6조 제2항).

2. 대항적 효력

부동산 제한물권(지상권, 지역권, 전세권, 저당권 등)이나 부동산임차권, 부동산환매권은 물권변동 이외의 사항(존속기간, 이자, 지료, 전세금, 지급시기 등)에 대하여 등기를 할 수 있는데, 이들이 등기된 경우 제3자에게 대항할 수 있다는 효력을 말한다.

3. 순위확정적 효력

같은 부동산에 관하여 등기한 권리의 순위는 법률에 다른 규정이 없으면 등기한 순서에 따른다(부동산등기법 제4조 제1항). 다만, 부기등기의 순위는 주등기의 순위에 따르고, 같은 주등기에 관한 부기등기 상호 간의 순위는 그 등기 순서에 따른다(부동산등기법 제5조).

4. 추정적 효력

(1) 서 설

① 의의 : 등기가 형식적으로 존재하면 그 등기의 유효·무효와 관계없이 그에 부합하는 실체적 권리관계가 존재하는 것으로 추정되는 효력을 말한다.
② 인정 여부 : 점유(민법 제200조)와 달리 민법은 등기의 추정력에 관한 명문의 규정이 없으나 이를 인정하는 견해가 다수설·판례(대판 1979.6.26. 79다741)이다.

(2) 추정력의 본질

① 학설은 점유의 추정력에 관한 민법 제200조를 유추적용하여 법률상 추정으로 보는 ㉠ 법률상 추정설과 법률상 추정은 명문의 규정이 있어야 하는데, 명문의 규정이 없는 한 사실상 추정에 불과하다는 ㉡ 사실상 추정설의 대립이 있다.

② 판례는 등기의 추정력에 대해 법률상 권리추정으로 보고 있다.

> 부동산에 관한 소유권이전등기는 권리의 추정력이 있으므로, 이를 다투는 측에서 그 무효사유를 주장·입증하지 아니하는 한, 등기원인 사실에 관한 입증이 부족하다는 이유로 그 등기를 무효라고 단정할 수 없다 (대판 1979.6.26. 79다741).

(3) 추정력의 범위

1) 물적 범위

① 등기절차의 적법추정

> [1] 어느 부동산에 관하여 등기가 경료되어 있는 경우 특별한 사정이 없는 한 그 원인과 절차에 있어서 적법하게 경료된 것으로 추정된다. [2] 전 등기명의인이 미성년자이고 당해 부동산을 친권자에게 증여하는 행위가 이해상반행위라 하더라도 일단 친권자에게 이전등기가 경료된 이상, 특별한 사정이 없는 한, 그 이전등기에 관하여 필요한 절차를 적법하게 거친 것으로 추정된다(대판 2002.2.5. 2001다72029). [기출] 12·16

② 등기원인의 적법추정 : 학설의 대립이 있으나 판례는 긍정설의 입장이다.

> 부동산등기는 그것이 형식적으로 존재하는 것 자체로부터 적법한 등기원인에 의하여 마쳐진 것으로 추정되고, 등기명의자가 등기부에 기재된 것과 다른 원인으로 등기 명의를 취득하였다고 주장하고 있지만 그 주장 사실이 인정되지 않는다 하더라도 그 자체로 등기의 추정력이 깨어진다고 할 수 없으므로, 그와 같은 경우에도 등기가 원인 없이 마쳐진 것이라고 주장하는 쪽에서 그 무효 사유를 주장·입증할 책임을 지게 된다(대판 1997.9.30. 95다39526). [기출] 09·12·21

③ 등기된 권리의 귀속·내용의 적법추정

> • 토지의 소유권이전등기명의자는 등기의 효력으로서 그 토지에 대한 소유권자로 추정을 받는다(대판 1983.11.22. 83다카894).
> • [비교] 반면, 무허가건물대장은 행정관청이 무허가건물 정비에 관한 행정상 사무처리의 편의를 위하여 직권으로 무허가건물의 현황을 조사하고 필요 사항을 기재하여 비치한 대장으로서 건물의 물권 변동을 공시하는 법률상의 등록원부가 아니며 무허가건물대장에 건물주로 등재된다고 하여 소유권을 취득하는 것이 아닐 뿐만 아니라 권리자로 추정되는 효력도 없는 것이므로, 참칭상속인 또는 그로부터 무허가건물을 양수한 자가 무허가건물대장에 건물주로 기재되어 있다고 하여 이를 상속회복청구의 소에 있어 상속권이 참칭상속인에 의하여 침해된 때에 해당한다고 볼 수 없다(대판 1998.6.26. 97다48937).

④ 대리권 존재의 추정

전등기명의인의 직접적인 처분행위에 의한 것이 아니라 제3자가 그 처분행위에 개입된 경우 현등기명의인이 그 제3자가 전등기명의인의 대리인이라고 주장하더라도 현소유명의인의 등기가 적법히 이루어진 것으로 추정된다 할 것이므로 위 등기가 원인무효임을 이유로 그 말소를 청구하는 전소유명의인으로서는 그 반대사실 즉 그 제3자에게 전소유명의인을 대리할 권한이 없었다든지, 또는 제3자가 전소유명의인의 등기서류를 위조하였다는 등의 무효사실에 대한 입증책임을 진다(대판 1992.4.24. 91다26379·26386[병합]). 즉 대리권의 존재는 추정되므로 등기명의인이 주장·증명할 것이 아니라 상대방이 그 부존재를 주장·증명할 책임이 있다. 기출 16

⑤ 말소등기의 추정

• 소유권이전등기가 형식적으로 확정된 판결에 의하여 말소되었으나 그 후 그 판결이 취소되었다면 결국 위 소유권이전등기는 부적법하게 말소된 것이므로 말소된 등기의 등기명의자는 여전히 적법한 소유자로 추정되고, 따라서 그 등기의 효력을 다투는 쪽에서 그 무효사유를 주장·입증하여야 한다(대판 1999.9.17. 98다63018). 기출 17
• 소유권보존등기 명의인을 상대로 한 소유권보존등기 말소청구 소송을 제기하여 승소판결을 받은 원고가 그 판결에 기하여 기존의 소유권보존등기를 말소한 후 자신의 명의로 마친 소유권보존등기는 일단 적법한 절차에 따라 마쳐진 소유권보존등기라고 추정하여야 하고, 위 판결이 공시송달 절차에 의하여 선고되었다고 하여 달리 볼 것이 아니다(대판 2006.9.8. 2006다17485). 기출 09·16

2) 인적 범위

① 추정력은 등기명의인뿐만 아니라 제3자도 원용이 가능하다.
② 권리변동의 당사자 사이에서도 추정력이 인정된다.

부동산에 관하여 소유권이전등기가 경료되어 있는 경우에는 그 등기명의자는 제3자에 대하여서 뿐만 아니라 그 전 소유자에 대하여서도 적법한 등기원인에 의하여 소유권을 취득한 것으로 추정된다(대판 1992.4.24. 91다26379·26386[병합]). 기출 06·09·16

(4) 추정력의 효과

① 증명책임의 전환 : 등기의 추정은 법률상 추정이므로, 증명책임이 전환되어 추정을 면하려는 자가 반대사실을 증명하여야 한다. 기출 14
② 추정의 부수적 효과로 등기를 신뢰하고 거래한 자는 무과실로 추정된다. 반면 등기를 조사하지 않은 자는 비록 선의이더라도 과실이 있는 것으로 추정된다.

(5) 추정력의 번복

① 소유권이전등기의 추정력

• 허무인으로부터 등기를 이어받은 소유권이전등기는 원인무효라 할 것이어서 그 등기명의자에 대한 소유권추정은 깨트려진다(대판 1985.11.12. 84다카2494).
• 전 소유자가 사망한 이후에 그 명의의 신청에 의하여 이루어진 이전등기는 일단 원인무효의 등기라고 볼 것이어서 등기의 추정력을 인정할 여지가 없으므로 그 등기의 유효를 주장하는 자가 현재의 실체관계와 부합함을 입증할 책임이 있다(대판 1983.8.23. 83다카597). 기출 17·21
• 소유권이전등기의 원인으로 주장된 계약서가 진정하지 않은 것으로 증명된 이상 그 등기의 적법추정은 복멸되는 것이고 계속 다른 적법한 등기원인이 있을 것으로 추정할 수는 없다(대판 1998.9.22. 98다29568).

② 소유권보존등기의 추정력

> - 소유권보존등기의 추정력은 그 보존등기 명의인 이외의 자가 당해 토지를 사정받은 것으로 밝혀지면 깨어지는 것이어서, 등기명의인이 그 구체적인 승계취득 사실을 주장·입증하지 못하는 한 그 등기는 원인무효로 된다(대판 2002.4.26. 2001다81955).
> - 건물의 보존등기는 그 명의자가 신축한 것이 아니라면 그 등기의 권리추정력은 깨어진다 할 것이고, 그 명의자 스스로 적법하게 그 소유권을 양도받게 된 사실을 입증할 책임이 있다(대판 1995.11.10. 95다13685)
>
> 기출 13·16·17

③ 각종 특별조치법에 의한 등기의 추정력

> - 일반보존등기보다 더 강한 추정력을 인정하고 있다. 따라서 부동산소유권이전등기 등에 관한 특별조치법(1992.11.30. 법률 제4502호, 실효, 이하 '특별조치법'이라 한다)에 의하여 마쳐진 등기는 그 법 소정의 적법한 절차에 따라 마쳐진 것으로서 실체적 권리관계에 부합하는 등기로 일응 추정된다고 할 것이므로, 특별조치법에 의하여 경료된 소유권이전등기의 말소를 구하려는 자는 위 법 소정의 보증서나 확인서가 허위 작성 내지 위조되었다든가 그 밖에 다른 사유로 인하여 그 이전등기가 적법하게 이루어진 것이 아니라는 주장과 입증을 하여야 하는 것이고, 나아가 허위의 보증서나 확인서라 함은 권리변동의 원인에 관한 실체적 기재 내용이 진실에 부합하지 않는 것을 의미한다(대판 2011.2.24. 2010다88477). 그리고 이러한 보증서 등의 허위성의 입증 정도가 법관이 확신할 정도가 되어야만 하는 것은 아니다(대판[전합] 1997.10.16. 95다57029).
> - 부동산소유권 이전등기 등에 관한 특별조치법(이하 '특별조치법'이라고 한다)에 의한 소유권이전등기는 실체적 권리관계에 부합하는 등기로 추정되지만 그 소유권이전등기도 전 등기명의인으로부터 소유권을 승계취득하였음을 원인으로 하는 것이고 보증서 및 확인서 역시 그 승계취득사실을 보증 내지 확인하는 것이므로 그 전 등기명의인이 무권리자이기 때문에 그로부터의 소유권이전등기가 원인무효로서 말소되어야 할 경우라면, 등기의 추정력은 번복된다. 같은 취지에서 소유권보존등기의 추정력은 그 등기가 특별조치법에 의하여 마쳐진 것이 아닌 한 등기명의인 이외의 자가 해당 토지를 사정받은 것으로 밝혀지면 깨어지는 것이어서, 등기명의인이 구체적으로 실체관계에 부합한다거나 승계취득사실을 주장·증명하지 못하는 한 등기는 원인무효이므로, 이와 같이 원인무효인 소유권보존등기를 기초로 마친 소유권이전등기는 그것이 특별조치법에 의하여 이루어진 등기라고 하더라도 원인무효이다(대판 2018.1.25. 2017다260117).
> - 그러나 임야소유권이전등기에관한특별조치법(법률 제2111호)에 의한 소유권보존등기가 경료된 임야에 관하여서는 그 임야를 사정받은 사람이 따로 있는 것으로 밝혀진 경우라도 그 등기는 동법 소정의 적법한 절차에 따라 마쳐진 것으로서 실체적 권리관계에 부합하는 등기로 추정된다 할 것이므로 위 특별조치법에 의하여 경료된 소유권보존등기의 말소를 소구하려는 자는 그 소유권보존등기 명의자가 임야대장의 명의변경을 함에 있어 첨부한 원인증서인 위 특별조치법 제5조 소정의 보증서와 확인서가 허위 내지 위조되었다던가 그 밖에 다른 어떤 사유로 인하여 그 소유권보존등기가 위 특별조치법에 따라 적법하게 이루어진 것이 아니라는 주장과 입증을 하여야 한다(대판[전합] 1987.10.13. 86다카2928 – 다수의견). 기출 23

(6) 점유의 추정력(민법 제200조)과의 관계

학설 중 다수설은 미등기 부동산에 관하여 점유의 추정력이 미친다는 입장이나, 판례는 부동산에 대해서는 등기된 부동산이든 미등기부동산이든 점유의 추정력에 관한 규정이 적용되지 않는다는 입장이다.

> 점유자의 권리추정의 규정은 특별한 사정이 없는 한 부동산 물권에 대하여는 적용되지 아니하고 다만 그 등기에 대하여서만 추정력이 부여된다(대판 1982.4.13. 81다780). 토지대장등본에 토지의 소유자로 등재되어 있으면 토지의 소유권의 귀속에 관하여 추정을 받는 자료가 된다고 할 것이므로 도시내상능론에 토지의 소유자로 등재되어 있는 자는 반증이 없는 한 그의 소유토지로 추정을 받을 수 있다(대판 1976.9.28. 76다1431).

제4관 | 입목등기 및 명인방법

I 「입목에 관한 법률」에 의한 물권변동

1. 입목의 개념

입목이란 토지에 부착된 수목의 집단으로서 그 소유자가 입목에 관한 법률에 따라 소유권보존의
등기를 받은 것을 말한다(입목에 관한 법률 제2조 제1항 제1호).

2. 입목에 관한 물권변동의 대상

「입목에 관한 법률」은 입목에 대한 등기 및 저당권 설정 등에 필요한 사항을 규정함을 목적으로
한다(입목에 관한 법률 제1조).

3. 입목에 관한 물권변동의 요건

「입목에 관한 법률」은 물권변동에 관하여 특별한 규정을 두고 있지 않으므로, 민법 제186조,
제187조가 적용된다. 다만, 입목은 부동산으로 간주되며(입목에 관한 법률 제3조 제1항), 입목의 소유자는
토지와 분리하여 입목을 양도하거나 저당권의 목적으로 할 수 있다(입목에 관한 법률 제3조 제2항).
`기출` `15·21` 따라서 토지소유권 또는 지상권 처분의 효력은 입목에 미치지 아니한다(입목에 관한 법률
제3조 제3항). `기출` `12`

II 명인방법에 의한 물권변동

1. 서설

(1) 의의

명인방법이란 건물 이외의 토지의 정착물(수목의 집단이나 미분리 과실 등)을 토지로부터 분리하
지 않은 채 토지소유권으로부터 독립된 거래객체로 할 수 있는 관습법상의 공시방법을 말한다.

(2) 명인방법의 대상

① 수목(개개의 수목 1그루, 수목의 집단을 불문), 미분리 과실 등

> 물권변동에 있어서 형식주의를 채택하고 있는 현행 민법하에서는 소유권을 이전한다는 의사 외에 부동산에
> 있어서는 등기를, 동산에 있어서는 인도를 필요로 함과 마찬가지로 이 사건 쪽파와 같은 수확되지 아니한
> 농작물에 있어서는 명인방법을 실시함으로써 그 소유권을 취득한다(대판 1996.2.23. 95도2754). `기출` `07·18`

② 등기에 의해 공시될 수 있는 토지와 건물, 입목에 관한 법률에 의하여 등기된 입목은 불허
한다.

(3) 명인방법에 의해 공시되는 물권

명인방법에 의하여 공시되는 물권은 소유권 및 소유권이전 형식에 의한 양도담보에 한한다. 명인방법은 등기보다 훨씬 불완전한 공시방법이므로, 명인방법에 의한 저당권설정은 불가능하다.

2. 요 건

① 특정성 : 지상물이 「특정」되어야 한다.

> 특정하지 않고 매수한 입목에 대하여 그 입목을 특정하지 않은채 한 명인방법은 물권변동의 효력을 나타내지 못한다(대판 1975.11.25. 73다1323).

② 계속성 : 명인방법은 「현재 소유자 명의」가 「계속」되어야 한다.
③ 소유권의 귀속을 대외적으로 표시해야 한다.

> • 명인방법은 지상물이 독립된 물건이며 현재의 소유자가 누구라는 것이 명시되어야 하므로, 법원의 검증 당시 재판장의 수령 10년 이상된 수목을 흰 페인트칠로 표시하라는 명에 따라 측량감정인이 이 사건 포푸라의 표피에 흰 페인트칠을 하고 편의상 그 위에 일련번호를 붙인 경우에는 제3자에 대하여 이 사건 포푸라에 관한 소유권이 원고들에게 있음을 공시한 명인방법으로 볼 수 없다(대판 1990.2.13. 89다카23022).
> • 갑이 제3자를 상대로 입목소유권확인판결을 받아 확정된 후 법원으로부터 집행문을 부여받아 집달관에게 의뢰하여 그 집행으로 집달관이 임야의 입구부근에 그 지상입목들이 갑의 소유에 속한다는 공시문을 붙인 팻말을 세웠다면, 비록 확인판결이 강제집행의 대상이 될 수 없어서 위 확인판결에 대한 집행문의 부여나 집달관의 집행행위가 적법시될 수 없더라도 집달관의 위 조치만으로써 명인방법이 실시되었다고 할 것이니 그 이후 임야의 소유권을 취득한 자는 갑의 임목소유권을 다툴 수 없다(대판 1989.10.13. 89다카9064).

3. 우열관계

(1) 수개의 명인방법 간의 우열관계

먼저 명인방법을 갖춘 자가 소유권을 취득한다.

> 입목의 이중매매에 있어서는 관습법에 의하여 입목소유권 변동에 관한 공시방법으로 인정되어 있는 명인방법을 먼저 한 사람에게 입목의 소유권이 이전된다(대판 1967.2.28. 66다2442).

(2) 명인방법과 기타의 공시방법 간의 우열관계

명인방법에 등기와 대등한 효력을 인정하여 어느 것이나 먼저 한 쪽이 다른 쪽에 우선한다(통설·판례).

> 원심은 본건 입목이 지반과 함께 피고에게 이전되었다 하더라도 임야의 전 소유자인 소외인으로부터 입목을 매수하고 그 명인방법을 참가인이 먼저 실시하였을 때에는 피고로부터 이중으로 (결과적으로 이중매도가 된다) 입목을 매수한 원고들이 나중에 명인 방법을 강구하였다 하더라도 먼저 명인방법을 실시한 참가인에게 입목소유권을 주장할 수 없다고 판단한 취지가 명백하므로 원심판결이유에 소론과 같은 이유설시에 모순이 있다 할 수 없고 기타 원심과 견해를 달리하여 원판결을 비난하는 상고논지는 모두 이유없다(대판 1967.12.18. 66다2382 · 2383).

제1관 │ 권리자로부터의 취득

Ⅰ 서 설

> **동산물권양도의 효력, 간이인도(민법 제188조)**
> ① 동산에 관한 물권의 양도는 그 동산을 인도하여야 효력이 생긴다.
> ② 양수인이 이미 그 동산을 점유한 때에는 당사자의 의사표시만으로 그 효력이 생긴다.
>
> **점유개정(민법 제189조)**
> 동산에 관한 물권을 양도하는 경우에 당사자의 계약으로 양도인이 그 동산의 점유를 계속하는 때에는 양수인이 인도받은 것으로 본다.
>
> **목적물반환청구권의 양도(민법 제190조)**
> 제3자가 점유하고 있는 동산에 관한 물권을 양도하는 경우에는 양도인이 그 제3자에 대한 반환청구권을 양수인에게 양도함으로써 동산을 인도한 것으로 본다.

민법은 동산물권변동에 관해서도 형식주의를 규정하고 있다(민법 제188조 제1항). 따라서 물권행위와 공시방법으로서 동산의 인도를 갖추어야 물권변동이 발생한다.

Ⅱ 법률행위

부동산물권변동과 마찬가지로 동산물권의 변동에서도 법률행위를 물권행위로 파악하는 것이 다수설의 입장이다.

Ⅲ 인 도

1. 의 의

인도란 점유의 이전, 즉 사실적 지배를 이전하는 것을 말한다. 이에는 현실의 인도(민법 제188조 제1항), 간이인도(민법 제188조 제2항), 점유개정(민법 제189조), 목적물반환청구권의 양도(민법 제190조)가 포함된다.

2. 인도의 종류

(1) 현실의 인도

현실의 인도란 물건의 사실상 지배를 실제로 양도인으로부터 양수인에게 이전하는 것을 말한다(민법 제188조 제1항).

> 물건의 인도가 이루어졌는지 여부는 사회관념상 목적물에 대한 양도인의 사실상 지배인 점유가 동일성을 유지하면서 양수인의 지배로 이전되었다고 평가할 수 있는지 여부에 달려있는 것인바, 현실의 인도가 있었다고 하려면 양도인의 물건에 대한 사실상의 지배가 동일성을 유지한 채 양수인에게 완전히 이전되어 양수인은 목적물에 대한 지배를 계속적으로 확고하게 취득하여야 하고, 양도인은 물건에 대한 점유를 완전히 종결하여야 한다(대판 2003.2.11. 2000다66454).

(2) 간이인도

간이인도란 양수인이 이미 그 동산을 점유하고 있는 경우에 양도인과 양수인 사이에 소유권이전에 관한 합의가 있으면 소유권이 양수인에게 인도된 것으로 하는 것을 말한다(민법 제188조 제2항).

(3) 점유개정

① 의의 : 점유개정이란 동산물권을 양도하면서 양도인이 양수인과 점유매개관계를 설정하여, 양수인은 간접점유를 하고, 양도인 스스로는 양수인의 점유매개자로서 점유를 계속하는 것을 말한다(민법 제189조).

② 성립요건
  ㉠ 양도인과 양수인 사이에 동산물권에 대한 소유권이전의 합의가 있어야 한다.
  ㉡ 양도인과 양수인 사이에 간접점유를 취득케 하는 계약으로 점유매개관계가 성립하여야 한다.

③ 효 과
  ㉠ 양도인의 점유는 자주점유에서 타주점유로 변경된다.
  ㉡ 양수인의 점유는 양도인의 점유를 매개하여 간접점유를 취득한다.

(4) 목적물반환청구권의 양도

① 의의 : 목적물반환청구권의 양도란 양도인이 제3자의 점유를 매개하여 목적물을 간접점유하고 있는 경우에, 양도인이 제3자에 목적물반환청구권을 양수인에게 양도함으로써 동산의 소유권이 양수인에게 이전되는 것을 말한다(민법 제190조).

② 목적물반환청구권의 법적 성질 : 목적물반환청구권의 본질은 채권적 청구권이다. 따라서 반환청구권의 양도에는 채권양도에 관한 규정이 적용된다.

제2관 | 무권리자로부터의 취득 : 선의취득

선의취득(민법 제249조)
평온, 공연하게 동산을 양수한 자가 선의이며 과실없이 그 동산을 점유한 경우에는 양도인이 정당한 소유자가 아닌 때에도 즉시 그 동산의 소유권을 취득한다.

Ⅰ 의 의

선의취득이란 상대방의 점유를 신뢰하여 동산을 양수한 자는 상대방이 무권리자라 할지라도 그 동산에 대한 권리를 유효하게 취득하는 제도를 말한다. 즉, 거래의 안전을 위하여 권리외관을 신뢰한 자를 보호하기 위한 제도이다.

Ⅱ 선의취득의 요건

1. 선의취득의 객체

(1) 동 산

선의취득의 객체는 민법 규정에 따르면 동산의 소유권 내지는 질권(민법 제343조)이어야 한다. 따라서 지상권·저당권과 같은 부동산에 대한 권리는 선의취득의 대상이 될 수 없다.

> 민법 제249조의 선의취득은 점유인도를 물권변동의 요건으로 하는 동산의 소유권취득에 관한 규정으로서(동법 제343조에 의하여 동산질권에도 준용) 저당권의 취득에는 적용될 수 없다(대판 1985.12.24. 84다카2428). `기출` 06·11

(2) 문제되는 경우

① 금전 : 가치의 표상으로써 유통되는 금전은 타인의 금전을 점유·소비한 경우에는 원칙적으로 부당이득반환청구권이나 불법행위에 기한 손해배상청구권의 문제로 처리하며, 선의취득의 문제는 발생하지 않는다. 다만, 단순한 물건으로 거래되는 금전은 선의취득이 가능하다.

② 등기·등록으로 공시되는 동산 : 선박, 자동차, 항공기, 건설기계와 같이 등기·등록을 갖춘 동산은 성질상 동산이지만, 법률상 부동산과 같이 취급되므로 선의취득의 대상이 될 수 없다.

③ 명인방법에 의하여 공시되는 지상물 : 수목·미분리의 과실은 토지의 일부이거나 토지와 독립된 부동산이므로 선의취득의 대상이 되지 못한다. `기출` 06 다만, 토지로부터 벌채·분리된 수목은 동산이므로 선의취득의 목적이 될 수 있다.

④ 양도가 금지되어 있는 물건 : 국유문화재처럼 법률상 양도 및 사권설정이 금지된 경우나 아편·흡식기구, 음란한 문서·도화 기타의 물건 등과 같이 소유 또는 소지가 금지되는 것은 선의취득의 대상이 될 수 없다. `기출` 06

2. 양도인은 점유자이지만 무권리자일 것

① 양도인이 무권리자일 것 `기출` 18 : 소유권이 없는 경우뿐만 아니라 처분권이 제한된 경우도 포함된다.

② 양도인의 점유 : 선의취득은 양도인의 점유에 공신력을 주는 제도이므로, 양도인이 점유하고 있어야 한다. 다만, 양도인의 점유는 직접점유인지 간접점유인지 여부, 자주점유인지 타주점유인지 여부를 불문한다. 나아가 점유보조자가 점유주의 물건을 처분한 경우에도 선의취득이 인정될 수 있다(대판 1991.3.2. 91다70).

3. 양도인과 양수인이 유효한 거래행위를 하였을 것

(1) 거래행위가 있을 것

① 선의취득은 거래의 안전을 보호한다는 제도이므로 거래행위가 있어야 한다. 따라서 상속에 의한 포괄승계나 사실행위에 의한 원시취득에 대해서는 선의취득제도가 적용되지 않는다.

② 경매도 선의취득이 인정된다.

> 집행채무자의 소유가 아닌 경우에도 강제집행절차에서 그 유체동산을 경락받아 경락대금을 납부하고 이를 인도받은 경락인은 특별한 사정이 없는 한 그 소유권을 선의취득한다(대판 1997.6.27. 96다51332).

(2) 거래행위 자체는 유효할 것

① 양도인이 무권리자(처분권이 없다)라는 것을 제외하고 거래행위 자체는 유효하여야 한다. 따라서 거래행위가 무효이거나 당사자에게 제한능력, 착오, 사기·강박 등의 사유가 있어 취소 또는 무효가 된 경우에는 선의취득이 성립하지 않는다. 기출 24

② 거래행위가 무효여서 선의취득이 인정되지 않더라도 그로부터 다시 목적물을 양수한 제3자는 다시 선의취득에 의해서 보호받을 수 있다.

③ 선의취득은 무권대리에는 적용되지 않는다.

4. 양수인이 점유를 취득하였을 것

(1) 현실인도, 간이인도, 목적물반환청구권의 양도

양수인이 점유를 취득하는 방법은 반드시 현실인도에 국한하지 않으며, 간이인도, 목적물반환청구권의 양도에 의한 방법에 의해서도 가능하다.

> • 동산의 선의취득에 필요한 점유의 취득은 이미 현실적인 점유를 하고 있는 양수인에게는 간이인도에 의한 점유취득으로 그 요건은 충족된다(대판 1981.8.20. 80다2530).
> • 양도인이 소유자로부터 보관을 위탁받은 동산을 제3자에게 보관시킨 경우에 양도인이 그 제3자에 대한 반환청구권을 양수인에게 양도하고 지명채권양도의 대항요건을 갖추었을 때에는 동산의 선의취득에 필요한 점유의 취득 요건을 충족한다(대판 1999.1.26. 97다48906). 기출 07·18·22

(2) 점유개정에 의한 점유취득의 경우 선의취득의 가부

견해의 대립이 있으나, 판례는 점유개정에 의한 점유취득만으로는 선의취득의 요건을 충족할 수 없다는 입장이다.

> • 동산의 선의취득에 필요한 점유의 취득은 현실적 인도가 있어야 하고 점유개정에 의한 점유취득만으로서는 그 요건을 충족할 수 없다(대판 1978.1.17. 77다1872). 기출 18·21
> • 동산의 소유자가 이를 이중으로 양도하고 각 점유개정의 방법으로 양도인이 점유를 계속하는 경우 양수인들 사이에 있어서는 먼저 현실의 인도를 받아 점유를 해온 자가 소유권을 취득한다고 볼 것이나, 양수인 중한 사람이 처분금지가처분집행을 하고 그 동산의 인도를 명하는 판결을 받은 경우에는 다른 양수인이 위 가처분집행 후에 양도인으로부터 그 동산을 현실로 인도받아 점유를 승계하였더라도 그 동산을 선의취득한

것이 아니한 이와 같은 양수인은 가처분채권자가 본안소송에서의 승소판결에 따른 채무명의에 터잡아 강제집행을 하는 경우 이를 수인하여야 하는 지위에 있으므로 가처분채권자와의 사이에서는 그 동산의 소유권을 취득하였다고 주장할 수 없다(대판 1989.10.24. 88다카26802).

5. 양수인의 평온·공연·선의·무과실

① 평온·공연·선의는 추정되나(민법 제197조 제1항), 무과실은 추정규정이 없어 다툼이 있다. 판례는 무과실의 추정은 인정하지 않아 동산의 선의취득을 주장하는 자가 점유취득 시에 무과실이었다는 점을 주장·입증하여야 한다고 보나(대판 2002.2.5. 2000다38527) 기출 18 , 다수설은 선의취득에 있어서는 민법 제200조를 근거로 무과실이 추정되는 것으로 본다.

② 양수인의 선의·무과실은 물권행위가 완성되는 때를 기준으로 한다.

> 민법 제249조가 규정하는 선의·무과실의 기준 시점은 물권행위가 완성되는 때인 것이므로 물권적 합의가 동산의 인도보다 먼저 행하여 지면 인도된 때를, 인도가 물권적 합의보다 먼저 행하여지면 물권적 합의가 이루어진 때를 기준으로 해야 한다(대판 1991.3.22. 91다70). 기출 07·14·22·23

Ⅲ 선의취득의 효과

1. 양수인은 동산물권(소유권·질권)을 취득한다(민법 제249조, 제343조).

① 선의취득은 법률의 규정에 의한 원시취득으로, 선의취득의 효과는 종국적이다. 따라서 선의취득자가 임의로 선의취득의 효과를 거부하고, 종전 소유자에게 동산을 반환받아 갈 것을 요구할 수 없다(대판 1998.6.12. 98다6800). 기출 06·14·21·22

② 선의취득으로 인하여 전 소유자에게 존재했던 제한은 소멸한다.

2. 당사자 간의 법률관계

(1) 선의취득자와 양도인 사이의 관계

양도인은 타인의 물건이었다는 이유로 그 물건의 반환을 청구할 수 없고, 선의취득자도 그 권리를 종국적으로 취득한 이상 매매대금의 지급을 거부하거나 지급한 매매대금의 반환을 청구할 수 없으며, 담보책임도 추궁할 수도 없다.

(2) 진정한 권리자와 양도인 사이의 관계

양도인이 유상으로 처분한 경우에는 그 이익은 부당이득이므로, 진정한 권리자에게 반환하여야 한다. 기출 07·22 또한 양도인에게 귀책사유가 있으면 진정한 권리자에게 채무불이행 또는 불법행위에 기하여 손해배상의무도 진다.

(3) 선의취득자와 진정한 권리자 사이의 관계

① **유상취득의 경우** : 선의취득은 법률의 규정에 의한 원시취득이므로, 법률상 원인이 있는 것으로 선의취득자는 진정한 권리자에게 부당이득반환의무를 부담하지 않는다.

② **무상취득의 경우** : 독일 민법을 유추하여 공평의 원칙상 부당이득반환의무를 인정하는 견해도 있으나, 이득을 반환하여야 한다는 특별한 규정이 없는 한 그 반환의무를 인정할 수 없다는 견해가 일반적이다.

Ⅳ 도품, 유실물에 대한 특칙

> **도품, 유실물에 대한 특례(민법 제250조)** 기출 14
> 전조의 경우에 그 동산이 도품이나 유실물인 때에는 피해자 또는 유실자는 도난 또는 유실한 날로부터 2년내에 그 물건의 반환을 청구할 수 있다. 그러나 도품이나 유실물이 금전인 때에는 그러하지 아니하다.
>
> **도품, 유실물에 대한 특례(민법 제251조)** 기출 06
> 양수인이 도품 또는 유실물을 경매나 공개시장에서 또는 동종류의 물건을 판매하는 상인에게서 선의로 매수한 때에는 피해자 또는 유실자는 양수인이 지급한 대가를 변상하고 그 물건의 반환을 청구할 수 있다.

1. 특칙의 적용범위

(1) 선의취득을 하였을 것

① 도품·유실물특칙은 민법 제249조에 의해 점유자가 선의취득을 한 경우에 적용되는 규정이다.

② 도품·유실물이 물건으로서 금전인 경우에는 피해자가 반환을 청구할 수 없다(민법 제250조 단서).

③ 민법 제251조의 대가변상청구권과 관련하여 법문상 양수인의 선의만 규정되어 있으나 민법 제251조는 민법 제249조와 제250조를 전제로 하고 있는 규정이므로 무과실도 당연한 요건이라고 해석하여야 한다(대판 1991.3.22. 91다70). 기출 14

(2) 도품·유실물이어야 한다.

① 「도품」이란 점유자의 의사에 반해서 점유를 박탈당한 물건이고, 「유실물」이란 점유자의 의사에 의하지 않고서 그의 점유를 이탈한 물건으로서 도품이 아닌 것을 말한다.

② 점유자의 하자 있는 의사에 따른 사기, 공갈, 횡령에 의한 물건은 도품, 유실물에 해당하지 않는다.

③ **점유보조자가 처분한 경우** : 도품이 아닌 횡령물이라는 것이 학설과 판례의 태도이다(대판 1001.3.22. 91다70). 따라서 민법 제250조가 되지 않는다.

> 민법 제250조, 제251조 소정의 도품, 유실물이란 원권리자로부터 점유를 수탁한 사람이 적극적으로 제3자에게 부정 처분한 경우와 같은 위탁물 횡령의 경우는 포함되지 아니하고 또한 점유보조자 내지 소지기관의 횡령처럼 형사법상 절도죄가 되는 경우도 형사법과 민사법의 경우를 동일시 해야 하는 것은 아닐 뿐만 아니라 신청한 권리사와 선의의 거래 상대방 간의 이익형량의 필요성에 있어서 위탁물 횡령의 경우와 다를 바 없으므로 이 역시 민법 제250조의 도품·유실물에 해당되지 않는다(대판 1991.3.22. 91다70). 기출 21·22

2. 효 과

(1) 목적물 반환청구권

1) 반환청구권자와 그 상대방

① 반환청구권자 : 피해자 또는 유실자인 원 소유자이다.

② 반환청구권의 상대방 : 민법 제249조의 요건을 구비한 현재의 점유자이다.

2) 반환청구기간 : 도난 또는 유실한 날로부터 2년

2년의 기간의 성질에 대하여 시효기간설과 제척기간설의 다툼이 있다.

3) 소유권의 귀속

<u>도품, 유실물이더라도 양수인이 즉시 선의취득한다</u>(선의취득자 귀속설). 다만, 원소유자는 민법 제250조가 인정하는 특별한 원상회복청구권에 근거하여 2년 내에 반환청구를 행사할 수 있을 뿐이다.

(2) 대가변상청구권

1) 요 건

① 양수인이 도품 또는 유실물을 경매나 공개시장 또는 동 종류의 물건을 판매하는 상인으로부터 매수하였을 것

② <u>양수인은 선의·무과실일 것</u>

2) 효 과

① 회복을 청구하는 자는 <u>선의취득자에게 그가 지급한 대가를 변상하고</u> 물건의 반환을 청구할 수 있다.

② 대가변상청구권의 성질 : 대가를 변상하지 않으면 도품, 유실물에 대한 반환청구를 거부할 수 있다는 항변권을 인정한 것이라는 견해도 있으나, 민법 제251조의 취지가 선의취득자를 보호하고 거래안전을 보호하려는데 있으므로 선의취득자에게 대가변상청구권을 부여한 것으로 보아야 한다(대판 1972.5.23. 72다115). 따라서 선의취득자가 일단 회복자에게 목적물을 반환한 후에도 회복자에게 대가변상을 청구할 수 있다.

> 민법 제251조의 규정은 선의취득자에게 그가 지급한 댓가의 변상을 받을 때까지는 그 물건의 반환청구를 거부할 수 있는 항변권만을 인정한 것이 아니고 피해자가 그 물건의 반환을 청구하거나 어떠한 원인으로 반환을 받은 경우에는 그 댓가변상의 청구권이 있다는 취지이다(대판 1972.5.23. 72다115).

I   총 설

물권의 절대적 소멸원인에는 모든 물권에 공통된 것과 각각의 물권에 특유한 것이 있다. 후자는 각각의 물권에서 검토하기로 하고, 본절에서는 모든 물권에 공통된 소멸원인 중 목적물의 멸실, 물권의 포기, 혼동에 대해서 검토하겠다.

II   목적물의 멸실

1. 원칙적 소멸

목적물이 멸실되면 명문의 규정이 없더라도 그 목적물에 대한 물권은 원칙적으로 소멸한다.

> 토지소유권의 상실 원인이 되는 포락이라 함은 토지가 바닷물이나 적용 하천의 물에 개먹어 무너져 바다나 적용하천에 떨어져 그 원상복구가 불가능한 상태에 이르렀을 때를 말하고, 그 원상회복의 불가능 여부는 포락 당시를 기준으로 하여 물리적으로 회복이 가능한지 여부를 밝혀야 함은 물론, 원상회복에 소요될 비용, 그 토지의 회복으로 인한 경제적 가치 등을 비교 검토하여 사회통념상 회복이 불가능한지 여부를 기준으로 하여야 하는 것으로서, 복구 후 토지가액보다 복구공사비가 더 많이 들게 되는 것과 같은 경우에는 특별한 사정이 없는 한 사회통념상 그 원상복구가 불가능하게 되었다고 볼 것이며, 또한 원상복구가 가능한지 여부는 포락 당시를 기준으로 판단하여야 하므로 그 이후의 사정은 특별한 사정이 없는 한 이를 참작할 여지가 없는 것이다 (대판 2000.12.8. 99다11687). **기출 07**

2. 단, 목적물의 멸실로 변형물이 남은 경우

(1) 물질적 변형물(무너진 집의 목재 등)이 남은 경우

소유권은 그 물질적 변형물에 관하여 효력이 미친다.

(2) 가치적 변형물(보상금, 보험금)이 남는 경우

소유권이나 용익물권의 경우에는 가치적 변형물에 효력이 미친다고 할 수 없으나, 담보물권은 물권의 교환가치를 지배하는 것을 내용으로 하므로 가치적 변형물에도 미친다고 할 수 있다(물상대위).

III   물권의 포기

1. 물권적 단독행위

① 물권의 포기는 물권적 단독행위이다.
② 소유권의 포기, 점유권의 포기는 상대방 없는 단독행위이다.
③ 제한물권의 포기에 대해 다수설은 상대방 있는 단독행위로 본다.

2. 부동산물권의 포기에 말소등기의 요부

부동산물권의 포기에는 말소등기가 필요하다는 것이 다수설이다. 즉, 공시방법이 필요하다는 입장이다.

3. 제한 및 한계

① 포기는 원칙적으로 자유롭게 할 수 있다. 그러나 그 물권이 제3자의 권리의 목적이라면 제3자의 동의가 필요하다(민법 제371조 제2항 참고).
② 부동산의 소유자가 소유권을 포기한 경우, 그 부동산은 무주로 되어 국유로 된다(민법 제252조 제2항).

Ⅳ 혼 동

> **혼동으로 인한 물권의 소멸(민법 제191조)**
> ① 동일한 물건에 대한 소유권과 다른 물권이 동일한 사람에게 귀속한 때에는 다른 물권은 소멸한다. 그러나 그 물권이 제3자의 권리의 목적이 된 때에는 소멸하지 아니한다.
> ② 전항의 규정은 소유권 이외의 물권과 그를 목적으로 하는 다른 권리가 동일한 사람에게 귀속한 경우에 준용한다.
> ③ 점유권에 관하여는 전2항의 규정을 적용하지 아니한다.

1. 의 의

혼동이란 서로 대립하는 두 개의 법률상의 지위 또는 자격이 동일인에게 귀속되는 것을 말한다. 이 경우 양 지위를 모두 존속시키는 것은 무의미하므로 민법은 원칙적으로 어느 한 지위를 다른 지위에 흡수시켜 소멸하는 것으로 규정하고 있다. 다만, 양립시킬 특별한 사정이 있는 경우 혼동으로 소멸되지 않는다.

2. 혼동의 유형

(1) 소유권과 제한물권의 혼동

① 원칙 : 소유권과 제한물권이 동일인에게 귀속되면 제한물권은 혼동으로 소멸한다(민법 제191조 제1항 본문).
② 예외 : 제한물권이 제3자의 권리의 목적인 때(민법 제191조 제1항 단서) 기출 07·10·19 또는 본인이나 제3자의 이익을 위해서 존속할 필요가 있는 때에는 혼동으로 소멸하지 않는다. 기출 07

- 부동산에 대한 소유권과 임차권이 동일인에게 귀속하게 되는 경우 임차권은 혼동에 의하여 소멸하는 것이 원칙이지만, 그 임차권이 대항요건을 갖추고 있고 또한 그 대항요건을 갖춘 후에 저당권이 설정된 때에는 혼동으로 인한 물권소멸 원칙의 예외 규정인 민법 제191조 제1항 단서를 준용하여 임차권은 소멸하지 않는다(대판 2001.5.5. 2000다12693). 기출 07·10
- 어떠한 물건에 대한 소유권과 다른 물권이 동일한 사람에게 귀속한 경우 그 제한물권은 혼동에 의하여 소멸하는 것이 원칙이지만, 본인 또는 제3자의 이익을 위하여 그 제한물권을 존속시킬 필요가 있다고 인정되는 경우에는 민법 제191조 제1항 단서의 해석에 의하여 혼동으로 소멸하지 않는다(대판 1998.7.10. 98다18643). 기출 10·19

(2) 제한물권과 그 제한물권을 목적으로 하는 다른 권리의 혼동

① 원칙 : 제한물권과 그 제한물권을 목적으로 하는 다른 제한물권이 동일인에게 귀속되는 경우에는 그 다른 제한물권은 원칙적으로 소멸한다(민법 제191조 제2항).

② 예외 : 단, 이때에도 제한물권이 제3자의 권리의 목적인 때에는 소멸하지 않는다.

3. 권리의 성질상 혼동되지 않는 권리

점유권은 성질상 혼동으로 소멸하지 않는다(민법 제191조 제3항). 즉, 점유권은 사실상의 지배를, 소유권은 법률상의 지배를 내용으로 하는 것이므로, 양립할 수 있다. 기출 07·19

4. 혼동의 효과

① 원칙적으로 혼동에 의한 물권소멸의 효과는 절대적이다.

② 단, 혼동을 생기게 한 원인이 부존재하거나 원인행위가 무효, 취소, 해제 등으로 효력을 가지지 않는 것으로 밝혀지면 소멸한 물권은 당연히 부활한다. 이 경우 혼동에 의하여 소멸한 근저당권이 소유권취득이 무효로 밝혀져 부활하는 경우에 등기부상 이해관계가 있는 자는 위 근저당권 말소등기의 회복등기 절차를 이행함에 있어서 이것을 승낙할 의무가 있다(대판 1971.8.31. 71다1386). 기출 10

5. 가등기권리자가 별도의 소유권이전등기를 마친 경우, 다시 가등기의무자를 상대로 가등기에 기한 본등기절차의 이행을 청구할 수 있는지 여부(소극)

[1] 매매계약에 따른 소유권이전등기청구권 보전을 위하여 가등기가 경료된 경우 그 가등기권자가 가등기설정자에게 가지는 가등기에 기한 본등기청구은 채권으로서 가등기권자가 가등기설정자를 상속하거나 그의 가등기에 기한 본등기절차 이행의 의무를 인수하지 아니하는 이상, 가등기권자가 가등기에 기한 본등기절차에 의하지 아니하고 가등기설정자로부터 별도의 소유권이전등기를 경료받았다고 하여 혼동의 법리에 의하여 가등기권자의 가등기에 기한 본등기청구권이 소멸하지는 않는다 할 것이다. [2] 가등기권자가 별도의 소유권이전등기를 경료받았다 하더라도, 가등기 경료 이후에 가등기된 목적물에 관하여 제3자 앞으로 처분제한의 등기가 되어 있거나 중간처분의 등기가 되어 있지 않고 가등기와 소유권이전등기의 등기원인도 실질상 동일하다면, 가등기의 원인이 된 가등기의무자의 소유권이전등기의무는 그 내용에 좇은 의무이행이 완료되었다 할 것이어서 가등기에 의하여 보전될 소유권이전등기청구권은 소멸되었다고 보아야 하므로, 가등기권자는 가등기의무자에 대하여 더 이상 그 가등기에 기한 본등기절차의 이행을 구할 수 없는 것이다(대판 2007.2.22. 2004다59546). 기출 10

02 물권의 변동

01 총 설

02 부동산물권의 변동

01 甲 소유의 X토지에 관하여 甲과 乙, 乙과 丙 사이에 순차로 매매계약이 체결되었다. 甲, 乙, 丙은 이행의 편의상 X토지에 관하여 乙명의의 소유권이전등기를 생략하고, 바로 甲으로부터 丙명의로 소유권이전등기를 경료하여 주기로 합의하였다. 이에 관한 설명으로 옳은 것을 모두 고른 것은?(각 지문은 독립적이며, 다툼이 있으면 판례에 따름) 기출 22

> ㄱ. 위 합의에도 불구하고 乙은 甲에 대해 X토지에 관한 소유권이전등기청구권을 행사할 수 있다.
> ㄴ. 위 합의 이후 甲과 乙 사이에 매매대금을 인상하는 약정이 체결된 경우, 甲은 乙이 인상된 매매대금을 지급하지 않았음을 이유로 丙명의로의 소유권이전등기의무의 이행을 거절할 수 있다.
> ㄷ. 만일 X토지가 토지거래허가구역 내의 토지로서 관할 관청의 허가 없이 전전매매된 것이라면, 丙은 甲에 대하여 직접 X토지에 관한 토지거래허가 신청절차의 협력의무 이행청구권이 있다.

① ㄱ   ② ㄷ
③ ㄱ, ㄴ   ④ ㄴ, ㄷ
⑤ ㄱ, ㄴ, ㄷ

해설 ㄱ. (O) 중간생략등기의 합의가 있었다 하더라도 이러한 합의는 중간등기를 생략하여도 당사자 사이에 이의가 없겠고 또 그 등기의 효력에 영향을 미치지 않겠다는 의미가 있을 뿐이지 그러한 <u>합의가 있었다 하여 중간매수인의 소유권이전등기청구권이 소멸된다거나 첫 매도인의 그 매수인에 대한 소유권이전등기의무가 소멸되는 것은 아니라 할 것이므로</u>(대판 1991.12.13. 91다18316) 乙은 甲에 대해 X토지에 관한 소유권이전등기 청구권을 행사할 수 있다.

ㄴ. (O) 최초 매도인과 중간 매수인, 중간 매수인과 최종 매수인 사이에 순차로 매매계약이 체결되고 이들 간에 중간생략등기의 합의가 있은 후에 최초 매도인과 중간 매수인 간에 매매대금을 인상하는 약정이 체결된 경우, 최초 매도인은 인상된 매매대금이 지급되지 않았음을 이유로 최종 매수인 명의로의 소유권이전등기의무의 이행을 거절할 수 있으므로(대판 2005.4.29. 2003다66431) <u>중간생략등기의 합의 이후 甲과 乙 사이에 매매대금을 인상하는 약정이 체결된 경우, 甲은 乙이 인상된 매매대금을 지급하지 않았음을 이유로 丙명의로의 소유권이전등기의무의 이행을 거절할 수 있다.</u>

ㄷ. (×) 국토이용관리법에 의하여 허가를 받아야 하는 토지거래계약이 처음부터 허가를 배제하거나 잠탈하는 내용의 계약인 경우에는 허가 여부를 기다릴 것도 없이 확정적으로 무효로서 유효화될 여지가 없는바, 토지거래허가구역 내의 토지가 거래허가를 받거나 소유권이전등기를 경료할 의사 없이 중간생략등기의 합의 아래 전매차익을 얻을 목적으로 소유자 甲으로부터 부동산중개업자인 乙, 丙을 거쳐 丁에게 전전매매한 경우, 그 각각의 매매계약은 모두 확정적으로 무효로서 유효화될 여지가 없고, 각 매수인이 각 매도인에 대하여 토지거래허가 신청절차 협력의무의 이행청구권을 가지고 있다고 할 수 없으며, 따라서 丁이 이들을 순차 대위하여 甲에 대한 토지거래허가 신청절차 협력의무의 이행청구권을 대위행사할 수도 없다(대판 1996.6.28. 96다3982).

제1관 | 법률행위에 의한 부동산물권의 변동

01 부동산소유권의 변동을 위해 등기를 요하는 것을 모두 고른 것은?(다툼이 있으면 판례에 따름)

ㄱ. 甲이 자기 소유의 X토지를 친구 乙에게 사인증여한 후, 甲이 사망하여 乙이 X토지를 취득하는 경우
ㄴ. 甲·乙·丙 3인으로 구성된 조합에서 甲이 X토지에 관한 합유지분을 포기하여 그의 지분이 乙과 丙에게 균분으로 귀속하는 경우
ㄷ. 甲이 X토지에 관해 乙에게 소를 제기하여 법원으로부터 '乙은 甲에게 2023.2.1.자 매매계약을 원인으로 한 X토지의 소유권이전등기절차를 이행하라'는 확정판결을 받아 이에 기해 甲이 소유권을 취득하는 경우
ㄹ. 甲 소유의 X토지를 乙이 20년간 소유의 의사로 평온·공연하게 점유하여 점유취득시효의 요건이 완성되어 乙이 소유권을 취득하는 경우

① ㄱ, ㄴ
② ㄱ, ㄷ
③ ㄷ, ㄹ
④ ㄴ, ㄷ, ㄹ
⑤ ㄱ, ㄴ, ㄷ, ㄹ

해설 ㄱ. (○) 사인증여는 등기가 경료되어야지 물권변동이 된다.
ㄴ. (○) 합유지분 포기가 적법하다면 그 포기된 합유지분은 나머지 잔존 합유지분권자들에게 균분으로 귀속하게 되지만 그와 같은 물권변동은 합유지분권의 포기라고 하는 법률행위에 의한 것이므로 등기하여야 효력이 있고 지분을 포기한 합유지분권자로부터 잔존 합유지분권자들에게 합유지분권 이전등기가 이루어지지 아니하는 한 지분을 포기한 지분권자는 제3자에 대하여 여전히 합유지분권자로서의 지위를 가지고 있다(대판 1997.9.9. 96다16896).
ㄷ. (○) 민법 제187조의 판결은 형성판결을 의미하므로, 매매를 원인으로 한 소유권이전등기절차 이행판결이 확정된 경우에는, 매수인 명의로 등기가 된 때에 비로소 소유권 이전의 효력이 생긴다(민법 제186조).
ㄹ. (○) 부동산점유취득시효의 경우 등기를 요한다(민법 제245조 제1항).

> **점유로 인한 부동산소유권의 취득기간(민법 제245조)**
> ① 20년간 소유의 의사로 평온, 공연하게 부동산을 점유하는 자는 등기함으로써 그 소유권을 취득한다.

02 부동산물권 변동에 관한 설명으로 옳지 않은 것은?(다툼이 있으면 판례에 따름) 기출 17

① 소유권이전등기청구소송에서 승소판결이 확정된 경우에도 등기하여야 소유권을 취득한다.

② 전세권이 법정갱신된 경우, 전세권자는 등기 없이도 전세권설정자나 그 목적물을 취득한 제3자에 대하여 갱신된 권리를 주장할 수 있다.

③ 신축건물의 보존등기를 건물완성 전에 하였더라도 그 후 건물이 완성된 이상 그 등기는 무효가 아니다

④ 무허가건물의 신축자는 등기 없이 소유권을 원시취득하지만 이를 양도하는 경우에는 등기 없이 인도에 의하여 소유권을 이전할 수 없다.

⑤ 공유물 분할의 소에서 공유부동산의 특정한 일부씩을 각각의 공유자에게 귀속시키는 것으로 현물분할하는 내용의 조정이 성립하였다면, 그 조정이 성립한 때 물권변동의 효력이 발생한다.

해설 ① (○) 민법 제187조의 판결은 형성판결을 의미하므로, 매매를 원인으로 한 소유권이전등기절차이행판결이 확정된 경우에는, 매수인 명의로 등기가 된 때에 비로소 소유권 이전의 효력이 생긴다(민법 제186조).

② (○) 전세권이 법정갱신된 경우 이는 법률의 규정에 의한 물권의 변동이므로 전세권 갱신에 관한 등기를 필요로 하지 아니하고, 전세권자는 등기 없이도 전세권설정자나 그 목적물을 취득한 제3자에 대하여 갱신된 권리를 주장할 수 있다(대판 2010.3.25. 2009다35743).

③ (○) 신축건물의 보존등기를 건물완성 전에 하였다 하더라도 그 후 건물이 곧 완성된 이상 그 등기는 무효라고 볼 수 없다(대판 1970.4.14. 70다260).

④ (○) 무허가건물의 신축은 법률행위에 의하지 아니한 물권의 취득이므로 신축자가 등기 없이 소유권을 원시취득한다고 할 것이지만, 이를 양도하는 경우에는 등기 없이 물권행위 및 인도에 의하여 소유권을 이전할 수 없다(대판 1997.11.28. 95다43594).

⑤ (✕) 공유물 분할의 소송절차 또는 조정절차에서 공유자 사이에 공유토지에 관한 현물분할의 협의가 성립하여 그 합의사항을 조서에 기재함으로써 조정이 성립하였다고 하더라도, 그와 같은 사정만으로 재판에 의한 공유물 분할의 경우와 마찬가지로 그 즉시 공유관계가 소멸하고 각 공유자에게 그 협의에 따른 새로운 법률관계가 창설되는 것은 아니고, 공유자들이 협의한 바에 따라 토지의 분필절차를 마친 후 각 단독소유로 하기로 한 부분에 관하여 다른 공유자의 공유지분을 이전받아 등기를 마침으로써 비로소 그 부분에 대한 대세적 권리로서의 소유권을 취득하게 된다고 보아야 한다(대판[전합] 2013.11.21. 2011두1917).

03 甲은 자신이 소유하는 건물을 乙에게 매도한 뒤 인도하였고, 乙은 이를 다시 丙에게 매도한 뒤 인도하였다. 이에 관한 설명으로 옳은 것은?(다툼이 있으면 판례에 따름) 기출 18

① 乙이 무자력이 아닌 경우 丙은 乙의 甲에 대한 이전등기청구권을 대위행사할 수 없다.

② 甲, 乙, 丙 전원의 합의가 없더라도, 丙은 甲에게 직접 이전등기를 청구할 수 있다.

③ 甲에서 직접 丙에게 이전등기하는 것에 관해 甲, 乙, 丙 전원의 합의가 있었으나, 甲과 乙 사이의 매매가 적법하게 합의해제된 경우, 甲은 丙의 이전등기청구를 거절할 수 없다.

④ 甲에서 丙으로 직접 이전등기가 된 경우, 乙과 丙이 대금을 완제했더라도 甲은 중간생략등기의 합의가 없다는 이유로 丙 명의의 등기의 말소를 청구할 수 있다.

⑤ 만약 乙이 甲으로부터 丙으로 이전등기하는 것에 동의했더라도, 乙은 甲에 대한 이전등기청구권을 잃지 않는다.

해설 ① (×) 채권자는 자기의 채무자에 대한 부동산의 소유권이전등기청구권 등 특정채권을 보전하기 위하여 채무자가 방치하고 있는 그 부동산에 관한 특정권리를 대위하여 행사할 수 있고 그 경우에는 채무자의 무자력을 요건으로 하지 아니하는 것이다(대판 1992.10.27. 91다483).

② (×) 부동산이 전전양도된 경우에 중간생략등기의 합의가 없는 한 그 최종양수인은 최초양도인에 대하여 직접 자기명의로의 소유권이전등기를 청구할 수 없고, 부동산의 양도계약이 순차 이루어져 최종양수인이 중간생략등기의 합의를 이유로 최초양도인에게 직접 그 소유권이전등기청구권을 행사하기 위하여는 관계당사자 전원의 의사합치, 즉 중간생략등기에 대한 최초양도인과 중간자의 동의가 있는 외에 최초양도인과 최종양수인 사이에도 그 중간등기 생략의 합의가 있었음이 요구되므로, 비록 최종양수인이 중간자로부터 소유권이전등기청구권을 양도받았다 하더라도 최초양도인이 그 양도에 대하여 동의하지 않고 있다면 최종양수인은 최초양도인에 대하여 채권양도를 원인으로 하여 소유권이전등기절차 이행을 청구할 수 없다(대판 1997.5.16. 97다485). 단, 이 경우에도 최종매수인은 중간매도인의 최초매도인에 대한 등기청구권을 대위행사하여 중간매수인 앞으로 이전등기를 청구할 수 있다.

③ (×) 계약의 합의해제에 있어서도 계약해제의 경우와 같이 이로써 제3자의 권리를 해할 수 없으나 그 대상토지를 전득한 매수자라도 완전한 권리를 취득하지 못한 자는 위 제3자에 해당되지 아니한다(대판 1980.5.13. 79다932). 따라서 최초매도인과 중간매수인이 합의해제를 한 경우, 최초매도인은 합의해제한 사실에 근거하여 최종매수인에게 대항할 수 있다.

④ (×) 최종양수인이 중간생략등기의 합의를 이유로 최초양도인에게 직접 중간생략등기를 청구하기 위하여는 관계당사자 전원의 의사합치가 필요하지만, 당사자 사이에 적법한 원인행위가 성립되어 일단 중간생략등기가 이루어진 이상 중간생략등기에 관한 합의가 없었다는 이유만으로는 중간생략등기가 무효라고 할 수는 없다(대판 2005.9.29. 2003다40651).

⑤ (○) 중간생략등기의 합의가 있었다 하더라도 이러한 합의는 중간등기를 생략하여도 당사자 사이에 이의가 없겠고 또 그 등기의 효력에 영향을 미치지 않겠다는 의미가 있을 뿐이지 그러한 합의가 있었다 하여 중간매수인의 소유권이전등기청구권이 소멸된다거나 첫 매도인의 그 매수인에 대한 소유권이전등기의무가 소멸되는 것은 아니라 할 것이다(대판 1991.12.13. 91다18316).

04 등기에 관한 설명으로 옳은 것은?(다툼이 있으면 판례에 따름) 기출 21

① 본등기에 의한 물권변동의 효력은 가등기를 한 때에 소급하여 발생한다.

② 등기가 원인 없이 말소된 경우, 그 회복등기가 마쳐지기 전이라도 말소된 등기의 등기명의인은 적법한 권리자로 추정된다.

③ 합유자가 그 지분을 포기하면 지분권 이전등기를 하지 않더라도, 포기된 합유지분은 나머지 잔존 합유지분권자들에게 물권적으로 귀속하게 된다.

④ 매매로 인한 소유권이전등기에서 등기명의자가 등기원인을 증여로 주장하였다면 등기의 추정력은 깨어진다.

⑤ 사망자 명의로 신청하여 이루어진 이전등기도 특별한 사정이 없는 한 등기의 추정력이 인정되므로, 등기의 무효를 주장하는 자가 현재의 실제관계에 부합하지 않음을 증명하여야 한다.

해설 ① (×) 가등기는 그 성질상 본등기의 순위보전의 효력만이 있어 후일 본등기가 경료된 때에는 본등기의 순위가 가등기한 때로 소급하는 것뿐이지 본등기에 의한 물권변동의 효력이 가등기한 때로 소급하여 발생하는 것은 아니다(대판 1992.9.25. 92다21258).

② (○) 등기는 물권의 효력발생요건이고 존속요건은 아니어서 등기가 원인 없이 말소된 경우에는 그 물권의 효력에 아무런 영향이 없고, 그 회복등기가 마쳐지기 전이라도 말소된 등기의 등기명의인은 적법한 권리자로 추정된다(대판 2002.10.22. 2000다59678).

③ (×) 합유지분 포기가 적법하다면 그 포기된 합유지분은 나머지 잔존 합유지분권자들에게 균분으로 귀속하게 되지만 그와 같은 물권변동은 합유지분권의 포기라고 하는 법률행위에 의한 것이므로 등기하여야 효력이 있고 지분을 포기한 합유지분권자로부터 잔존 합유지분권자들에게 합유지분권 이전등기가 이루어지지 아니하는 한 지분을 포기한 지분권자는 제3자에 대하여 여전히 합유지분권자로서의 지위를 가지고 있다(대판 1997.9.9. 96다16896).

④ (×) 부동산 등기는 현실의 권리관계에 부합하는 한 그 권리취득의 경위나 방법 등이 사실과 다르다고 하더라도 그 등기의 효력에는 아무런 영향이 없는 것이므로 증여에 의하여 부동산을 취득하였지만 등기원인을 매매로 기재하였다고 하더라도 그 등기의 효력에는 아무런 하자가 없다(대판 1980.7.22. 80다791 참고).

⑤ (×) 사망자 명의로 신청하여 이루어진 이전등기는 일단 원인무효의 등기라고 볼 것이어서 등기의 추정력을 인정할 여지가 없으므로, 등기의 유효를 주장하는 자가 현재의 실체관계와 부합함을 증명할 책임이 있다(대판 2018.11.29. 2018다200730).

05 부동산등기에 관한 설명으로 옳지 않은 것은?(다툼이 있는 경우에는 판례에 의함) `기출` 14

① 물권에 관한 등기가 원인 없이 말소된 때에도 그 물권의 효력에는 영향이 없다.

② 소유권이전등기청구권을 보전하기 위한 가등기에 기하여 본등기를 한 경우, 물권변동의 효력은 본등기한 때에 발생하고 그 순위는 가등기한 때로 소급한다.

③ 소유권이전등기가 있으면 등기명의자가 정당한 원인에 의하여 적법하게 소유권을 취득한 것으로 추정되므로, 현 소유자 명의의 소유권이전등기의 말소등기절차의 이행을 구하는 전 소유명의자가 등기원인의 무효를 증명하여야 한다.

④ 소유권에 기한 물권적 청구권을 보존하기 위한 가등기는 허용되지 않는다.

⑤ 위치나 기타 여러 가지 면에서 멸실된 건물과 같은 신축건물의 소유자가 멸실건물의 등기를 신축건물의 등기로 전용할 의사로써 멸실건물의 등기부상 표시를 신축건물의 내용으로 표시변경등기를 한 경우, 그 등기는 유효한 등기이다.

해설 ① (○) 등기는 물권의 효력발생요건이고, 그 존속요건은 아니므로 물권에 관한 등기가 원인 없이 말소된 경우에도 그 물권의 효력에는 아무런 변동이 없다(대판 1988.12.27. 87다카2431).

② (○) 가등기는 그 성질상 본등기의 순위보전의 효력만이 있어 후일 본등기가 경료된 때에는 본등기의 순위가 가등기한 때로 소급하는 것뿐이지 본등기에 의한 물권변동의 효력이 가등기한 때로 소급하여 발생하는 것은 아니다(대판 1992.9.25. 92다21258).

③ (○) 부동산에 관하여 소유권이전등기가 마쳐져 있는 경우에는 그 등기명의자는 제3자에 대하여뿐 아니라 그 전 소유자에 대하여서도 적법한 등기원인에 의하여 소유권을 취득한 것으로 추정되는 것이므로 이를 다투는 측에서 그 무효사유를 주장·입증하여야 한다(대판 1994.9.13. 94다10160).

④ (○) 부동산등기법 제3조(현행 제88조)에서 말하는 청구권이란 동법 제2조(현행 제3조)에 규정된 물권 또는 부동산임차권의 변동을 목적으로 하는 청구권을 말하는 것이라 할 것이므로 부동산등기법상의 가등기는 위와 같은 청구권을 보전하기 위해서만 가능하고 이같은 청구권이 아닌 물권적 청구권을 보존하기 위해서는 할 수 없다(대판 1982.11.23. 81다카1110).

⑤ (×) 기존 건물이 멸실된 후 그곳에 새로이 건축한 건물의 물권변동에 관한 등기를 멸실된 건물의 등기부에 하여도 이는 진실에 부합하지 아니하는 것이고 비록 당사자가 멸실건물의 등기로서 신축된 건물의 등기에 갈음할 의사를 가졌다 하여도 그 등기는 무효이니 이미 멸실된 건물에 대한 근저당권설정등기에 신축된 건물에 대한 근저당권이 설정되었다고 할 수 없으며 그 등기에 기하여 진행된 경매에서 신축된 건물을 경락받았다 하더라도 그로써 소유권 취득을 내세울 수는 없다(대판 1976.10.26. 75다2211).

06 甲 소유 부동산에 乙 명의로 소유권이전등기청구권 보전을 위한 가등기가 경료된 후 甲에서 丙 명의로 매매를 원인으로 한 소유권이전등기가 경료되었다. 이에 관한 설명으로 옳은 것은? (다툼이 있으면 판례에 따름) 기출 18

① 甲이 丙에게 한 처분행위는 특별한 사정이 없는 한 무효이다.
② 乙의 甲에 대한 본등기청구권은 乙의 가등기가 존속하는 동안 소멸시효에 걸리지 않는다.
③ 乙이 甲에게 본등기를 청구하여 乙 명의로 본등기가 이루어지면, 丙의 등기는 직권말소된다.
④ 乙이 가등기에 기한 본등기를 하면, 乙의 소유권 취득의 효력은 가등기를 한 때로 소급한다.
⑤ 丙 명의의 소유권이전등기가 원인무효라면 가등기권리자인 乙이 직접 그 말소를 구할 수 있다.

해설 ① (×), ⑤ (×) 가등기는 후일 본등기를 한 경우에 그 본등기의 효력을 소급시켜 가등기를 한 때에 본등기를 한 것과 같은 순위를 확보케 하는 데에 그 목적이 있을 따름이고 가등기에 의하여 어떤 특별한 권리를 취득케 하는 것이라고는 볼 수 없다(대판 1972.6.2. 72마399). 따라서 가등기권자 乙은 가등기설정자 甲의 처분행위를 저지할 수 없을 뿐만 아니라, 가등기 이후의 제3취득자 丙에 대하여 그 가등기만으로 소유권을 주장할 수도 없고, 나아가 丙 명의의 소유권이전등기가 원인무효라 할지라도 직접 말소청구를 할 수도 없다(대판 2001.3.23. 2000다51285 참고).
② (×) 乙의 甲에 대한 본등기청구권은 그 본질이 채권적 청구권이므로, 특별한 사정이 없는 한 10년의 소멸시효가 적용되고, 가등기가 존속하고 있다 하여 본등기청구권의 소멸시효 진행이 저지되는 것도 아니다(대판 1991.3.12. 90다카27570 참고).
③ (○) [1] 가등기 후에 제3자에게 소유권 이전의 본등기가 된 경우에 가등기권리자는 본등기를 경료하지 아니하고는 가등기 이후의 본등기의 말소를 청구할 수 없다. [2] 가등기권자는 가등기의무자인 전 소유자를 상대로 본등기청구권을 행사할 것이고 제3자를 상대로 할 것이 아니다. [3] 가등기권자가 소유권 이전의 본등기를 한 경우에는 등기공무원은 부동산등기법 제175조 제1항, 제55조 제2호(현행 제58조 제1항, 제29조 제1호)에 의하여 가등기 이후에 한 제3자의 본등기를 직권말소할 수 있다(대결 1962.12.24. 4294민재항675).
④ (×) 가등기는 그 성질상 본등기의 순위보전의 효력만이 있어 후일 본등기가 경료된 때에는 본등기의 순위가 가등기한 때로 소급하는 것뿐이지 본등기에 의한 물권변동의 효력이 가등기한 때로 소급하여 발생하는 것은 아니다(대판 1992.9.25. 92다21258).

07 乙은 甲으로부터 X토지를 매수하고 중도금까지 지급한 후 소유권이전등기청구권을 보전하기 위하여 가등기를 하였다. 그 후 甲은 X토지를 丙에게 매도하고 소유권이전등기를 해 주었다. 乙이 잔금을 제공하면서 이전등기를 요구했으나 甲이 응하지 않고 있다. 이에 관한 설명으로 옳지 않은 것은?(다툼이 있으면 판례에 따름) 기출 15

① 乙은 가등기만으로 丙명의의 소유권이전등기의 말소를 구할 수 없다.
② 乙의 본등기청구권은 甲을 상대로 하여 행사하여야 한다.
③ 乙의 가등기에 기하여 본등기가 이루어진 경우, 丙은 乙에 대해 소유권을 주장할 수 없다.
④ 乙의 가등기에 기하여 본등기가 이루어진 경우, 乙은 가등기를 한 때로부터 소유권을 취득한 것으로 본다.
⑤ 乙의 가등기에 기하여 본등기가 이루어진 경우, 丙명의의 소유권이전등기는 등기관에 의해 직권말소된다.

08 등기청구권에 관한 설명으로 옳지 않은 것은?(다툼이 있으면 판례에 따름) `기출` 20

① 부동산 매매로 인한 소유권이전등기청구권은 채권적 청구권이다.

② 부동산 매매로 인한 소유권이전등기청구권은 특별한 사정이 없는 한 그 권리의 성질상 양도가 제한되고 그 양도에 채무자의 승낙이나 동의를 요한다.

③ 토지 일부에 대한 점유취득시효가 완성된 후 점유자가 그 토지부분에 대한 점유를 상실한 경우, 특별한 사정이 없는 한 시효완성을 원인으로 한 소유권이전등기청구권도 즉시 소멸한다.

④ 취득시효 완성으로 인한 소유권이전등기청구권의 양도는 특별한 사정이 없는 한 등기의무자에 게 통지함으로써 그에게 대항할 수 있다.

⑤ 소유권이전등기를 받지 않은 부동산의 매수인이 그 부동산을 인도받아 이를 사용·수익하다가 다른 사람에게 그 부동산을 처분하고 그 점유를 승계하여 준 경우, 매수인의 매도인을 상대로 한 이전등기청구권의 소멸시효는 진행되지 않는다.

09 등기의 추정력에 관한 설명으로 옳지 않은 것은?(다툼이 있으면 판례에 따름) 기출 20

① 미성년자인 전(前) 등기명의인이 친권자에게 이해상반행위인 부동산 증여를 했어도 일단 친권자에게 그 부동산의 소유권이전등기가 경료된 이상, 특별한 사정이 없는 한 그 이전등기의 절차를 적법하게 거친 것으로 추정된다.

② 소유권이전청구권 보전을 위한 가등기가 있으면 소유권이전등기를 청구할 어떤 법률관계가 있다고 추정된다.

③ 신축된 건물은 소유권보존등기의 명의자가 이를 신축한 것이 아니라면 그 보존등기의 권리추정력은 깨어진다.

④ 등기가 원인 없이 말소된 경우 그 회복등기가 마쳐지기 전이라도 말소된 등기의 등기명의인은 적법한 권리자로 추정된다.

⑤ 토지에 대한 소유권보존등기의 추정력은 그 보존등기명의인 이외의 자가 당해 토지를 사정받은 것으로 밝혀지면 깨어진다.

해설 ① (○) 전 등기명의인이 미성년자이고 당해 부동산을 친권자에게 증여하는 행위가 이해상반행위라 하더라도 일단 친권자에게 이전등기가 경료된 이상, 특별한 사정이 없는 한, 그 이전등기에 관하여 필요한 절차를 적법하게 거친 것으로 추정된다(대판 2002.2.5. 2001다72029).

② (×) 소유권이전청구권 보전을 위한 가등기가 있다 하여, 소유권이전등기를 청구할 어떤 법률관계가 있다고 추정되지 아니한다(대판 1979.5.22. 79다239).

③ (○) 건물의 보존등기는 그 명의자가 신축한 것이 아니라면 그 등기의 권리추정력은 깨어진다 할 것이고, 그 명의자 스스로 적법하게 그 소유권을 양도받게 된 사실을 입증할 책임이 있다(대판 1995.11.10. 95다13685).

④ (○) 등기는 물권의 효력발생요건이고 존속요건은 아니어서 등기가 원인 없이 말소된 경우에는 그 물권의 효력에 아무런 영향이 없고, 그 회복등기가 마쳐지기 전이라도 말소된 등기의 등기명의인은 적법한 권리자로 추정된다(대판 2002.10.22. 2000다59678).

⑤ (○) 소유권보존등기의 추정력은 그 보존등기명의인 이외의 자가 당해 토지를 사정받은 것으로 밝혀지면 깨어진다(대판 1995.4.28. 94다23524).

10 등기의 추정력에 관한 설명으로 옳지 않은 것은?(다툼이 있으면 판례에 따름) 기출 17

① 소유권이전등기가 경료되어 있는 경우, 그 등기명의자는 제3자에 대하여서뿐만 아니라 그 전 소유자에 대하여서도 적법한 등기원인에 의하여 소유권을 취득한 것으로 추정된다.

② 허무인으로부터 등기를 이어받은 소유권이전등기는 원인무효이므로 그 등기명의자에 대한 소유권 추정은 깨어진다.

③ 소유권이전등기의 원인으로 주장된 계약서가 진정하지 않은 것으로 증명된 경우에도 등기는 적법한 것으로 추정된다.

④ 등기가 원인 없이 말소된 경우에는 그 회복등기가 마쳐지기 전이라도 말소된 등기의 등기명의인은 적법한 권리자로 추정된다.

⑤ 신축된 건물의 소유권은 이를 건축한 사람이 원시취득하는 것이므로, 건물소유권보존등기의 명의자가 이를 신축한 것이 아니라면 그 등기의 권리추정력은 깨어진다.

해설 ① (○) 부동산에 관하여 소유권이전등기가 마쳐져 있는 경우에는 그 등기명의자는 제3자에 대하여뿐 아니라 그 전 소유자에 대하여서도 적법한 등기원인에 의하여 소유권을 취득한 것으로 추정되는 것이므로 이를 다투는 측에서 그 무효사유를 주장·입증하여야 한다(대판 1994.9.13. 94다10160).

② (○) 허무인으로부터 등기를 이어받은 소유권이전등기는 원인무효라 할 것이어서 그 등기명의자에 대한 소유권 추정은 깨트려진다(대판 1985.11.12. 84다카2494).

③ (✕) 소유권이전등기의 원인으로 주장된 계약서가 진정하지 않은 것으로 증명된 이상 그 등기의 적법추정은 복멸되는 것이고 계속 다른 적법한 등기원인이 있을 것으로 추정할 수는 없다(대판 1998.9.22. 98다29568).

④ (○) 등기는 물권의 효력발생요건이고 존속요건은 아니어서 등기가 원인 없이 말소된 경우에는 그 물권의 효력에 아무런 영향이 없고, 그 회복등기가 마쳐지기 전이라도 말소된 등기의 등기명의인은 적법한 권리자로 추정된다(대판 2002.10.22. 2000다59678).

⑤ (○) 신축된 건물의 소유권은 이를 건축한 사람이 원시취득하는 것이므로, 건물소유권보존등기의 명의자가 이를 신축한 것이 아니라면 그 등기의 권리추정력은 깨어지고, 등기명의자가 스스로 적법하게 그 소유권을 취득한 사실을 입증하여야 한다(대판 1996.7.30. 95다30734).

---

11 등기의 권리추정력에 관한 설명으로 옳지 않은 것은?(다툼이 있으면 판례에 따름) [기출] 16

① 甲이 X건물을 신축하였으나 그 건물이 乙 명의로 소유권보존등기가 된 경우, 乙 명의의 보존등기에 대한 권리추정력은 부정된다.

② 甲이 자신의 X건물을 乙에게 매도하고 소유권이전등기를 하여 준 경우, 乙은 제3자뿐만 아니라 甲에 대해서도 적법한 등기원인에 의하여 소유권을 취득한 것으로 추정된다.

③ 甲이 X건물에 대한 乙 명의의 소유권보존등기를 말소해 달라는 청구소송에서 승소판결을 받아 그 보존등기를 말소하고 자신의 명의로 소유권보존등기를 마친 경우, 위 판결이 공시송달절차에 의한 것이더라도 甲 명의의 소유권보존등기는 적법한 것으로 추정된다.

④ 甲 소유의 X건물을 乙이 丙에게 매도하고 소유권이전등기를 하여 준 경우, 丙이 乙을 甲의 대리인이라고 주장하면, 丙 명의의 등기가 원인무효임을 이유로 말소하기 위해서는 甲이 乙에게 대리권이 없다는 사실을 증명하여야 한다.

⑤ 미성년자인 甲이 자신의 X건물을 친권자 乙에게 증여하고 소유권이전등기를 하여 준 경우, 그 증여행위는 이해상반행위로서 특별한 사정이 없는 한 乙의 이전등기는 적법한 것으로 추정되지 않는다.

해설 ① (○) 신축된 건물의 소유권은 이를 건축한 사람이 원시취득하는 것이므로, 건물소유권보존등기의 명의자가 이를 신축한 것이 아니라면 그 등기의 권리추정력은 깨어지고, 등기명의자가 스스로 적법하게 그 소유권을 취득한 사실을 입증하여야 한다(대판 1996.7.30. 95다30734).

② (○) 부동산에 관하여 소유권이전등기가 마쳐져 있는 경우에는 그 등기명의자는 제3자에 대하여뿐 아니라 그 전 소유자에 대하여서도 적법한 등기원인에 의하여 소유권을 취득한 것으로 추정되는 것이므로 이를 다투는 측에서 그 무효사유를 주장·입증하여야 한다(대판 1994.9.13. 94다10160).

③ (○) 부동산등기법 제130조의 규정과 등기예규 제1026호에 의하면 소유권보존등기명의인을 상대로 한 소유권보존등기말소청구소송을 제기하여 승소판결을 받은 원고가 그 판결에 기하여 기존의 소유권보존등기를 말소한 후 자신의 명의로 마친 소유권보존등기는 일단 적법한 절차에 따라 마쳐진 소유권보존등기라고 추정하여야 하고, 위 판결이 공시송달절차에 의하여 선고되었다고 하여 달리 볼 것이 아니다(대판 2006.9.8. 2006다17485).

11 ⑤ [정답]

④ (○) 소유권이전등기가 전 등기명의인의 직접적인 처분행위에 의한 것이 아니라 제3자가 그 처분행위에 개입된 경우 현 등기명의인이 그 제3자가 전 등기명의인의 대리인이라고 주장하더라도 현 소유명의인의 등기가 적법히 이루어진 것으로 추정되므로, 그 등기가 원인무효임을 이유로 그 말소를 청구하는 전 소유명의인으로서는 반대사실, 즉 그 제3자에게 전 소유명의인을 대리할 권한이 없었다든가 또는 제3자가 전 소유명의인의 등기서류를 위조하는 등 등기절차가 적법하게 진행되지 아니한 것으로 의심할 만한 사정이 있다는 등의 무효사실에 대한 증명책임을 진다(대판 2009.9.24. 2009다37831).

⑤ (×) 전 등기명의인이 미성년자이고 당해 부동산을 친권자에게 증여하는 행위가 이해상반행위라 하더라도 일단 친권자에게 이전등기가 경료된 이상 특별한 사정이 없는 한, 그 이전등기에 관하여 필요한 절차를 적법하게 거친 것으로 추정된다(대판 2002.2.5. 2001다72029).

12 등기의 추정력에 관한 설명으로 옳지 않은 것은?(다툼이 있는 경우에는 판례에 의함) 기출 13

① 부동산소유권보존등기가 경료된 이상 그 보존등기명의자에게 소유권이 있다고 추정되므로 다른 사람이 건물을 신축한 사실이 드러나더라도 추정력은 깨어지지 않는다.

② 소유권이전등기가 원인 없이 말소된 경우에는 그 회복등기가 경료되기 전이라고 하더라도 말소된 등기의 등기명의인은 적법한 권리자로 추정된다.

③ 환매기간을 제한하는 환매특약이 등기부에 기재되어 있는 때에는 등기부 기재와 같은 환매특약이 진정하게 성립하는 것으로 추정된다.

④ 소유권이전청구권 보전을 위한 가등기가 있다고 하여, 소유권이전등기를 청구할 어떤 법률관계가 있다고 추정되지 않는다.

⑤ 소유권이전등기가 경료된 경우, 그 등기명의인은 전 소유자에 대해서도 적법한 등기원인에 의해 소유권을 취득한 것으로 추정된다.

해설 ① (×) 신축된 건물의 소유권은 이를 건축한 사람이 원시취득하는 것이므로, 건물소유권보존등기의 명의자가 이를 신축한 것이 아니라면 그 등기의 권리추정력은 깨어지고, 등기명의자가 스스로 적법하게 그 소유권을 취득한 사실을 입증하여야 한다(대판 1996.7.30. 95다30734).

② (○) 등기는 물권의 효력발생요건이고 존속요건은 아니어서 등기가 원인 없이 말소된 경우에는 그 물권의 효력에 아무런 영향이 없고, 그 회복등기가 마쳐지기 전이라도 말소된 등기의 등기명의인은 적법한 권리자로 추정된다(대판 2002.10.22. 2000다59678).

③ (○) 환매기간을 제한하는 환매특약이 등기부에 기재되어 있는 때에는 반증이 없는 한 등기부 기재와 같은 환매특약이 진정하게 성립된 것으로 추정함이 상당하다(대판 1991.10.11. 91다13700).

④ (○) 소유권이전청구권 보전을 위한 가등기가 있다 하여, 소유권이전등기를 청구할 어떤 법률관계가 있다고 추정되지 아니한다(대판 1979.5.22. 79다239).

⑤ (○) 부동산에 관하여 소유권이전등기가 마쳐져 있는 경우에는 그 등기명의자는 제3자에 대하여뿐 아니라 그 선 소유자에 대하여서도 적법한 등기원인에 의하여 소유권을 취득한 것으로 추정되는 것이므로 이를 다투는 측에서 그 무효사유를 주장·입증하여야 한다(대판 1994.9.13. 94다10160).

13 등기의 추정력에 관한 설명으로 옳지 않은 것은?(다툼이 있는 경우에는 판례에 의함) `기출` `12`

① 소유권이전등기는 그 효력을 다투는 측에서 그 무효사유를 주장·증명하지 않는 한, 등기명의 자가 등기원인사실에 관해 충분히 증명하지 못하였다는 이유만으로 그 등기를 무효라고 단정할 수 없다.

② 소유권이전등기를 마친 경우, 등기절차가 적법하게 이루어지지 않은 것으로 볼 만한 의심스러운 사정이 있음이 증명된 때에는 그 추정력은 깨어진다.

③ 이해상반행위에 해당하더라도 일단 미성년자로부터 친권자에게 이전등기를 마친 이상, 그 등 기에 관하여 필요한 절차를 적법하게 거친 것으로 추정된다.

④ 소유권이전등기청구권을 보전하기 위한 가등기를 마친 경우, 소유권이전등기를 청구할 수 있 는 원인된 법률관계의 존재가 추정된다.

⑤ 소유권이전등기가 원인 없이 말소된 경우, 그 회복등기를 마치기 전이라도 말소된 소유권이전 등기의 최종명의인은 적법한 권리자로 추정된다.

해설 ① (○) 부동산에 관한 소유권이전등기는 권리의 추정력이 있으므로, 이를 다투는 측에서 그 무효사유를 주장 ·입증하지 아니하는 한, 등기원인사실에 관한 입증이 부족하다는 이유로 그 등기를 무효라고 단정할 수 없다(대판 1979.6.26. 79다741).

② (○) 부동산에 관한 등기부상 소유권이전등기가 경료되어 있는 이상 일응 그 절차 및 원인이 정당한 것이라 는 추정을 받게 되고 그 절차 및 원인의 부당을 주장하는 당사자에게 이를 입증할 책임이 있는 것이나, 등기절차가 적법하게 진행되지 아니한 것으로 볼 만한 의심스러운 사정이 있음이 입증되는 경우에는 그 추정력은 깨어진다(대판 2003.2.28. 2002다46256).

③ (○) 전 등기명의인이 미성년자이고 당해 부동산을 친권자에게 증여하는 행위가 이해상반행위라 하더라도 일단 친권자에게 이전등기가 경료된 이상, 특별한 사정이 없는 한, 그 이전등기에 관하여 필요한 절차를 적법하게 거친 것으로 추정된다(대판 2002.2.5. 2001다72029).

④ (×) 소유권이전청구권 보전을 위한 가등기가 있다 하여, 소유권이전등기를 청구할 어떤 법률관계가 있다고 추정되지 아니한다(대판 1979.5.22. 79다239).

⑤ (○) 등기는 물권의 효력발생요건이고 존속요건은 아니어서 등기가 원인 없이 말소된 경우에는 그 물권의 효력에 아무런 영향이 없고, 그 회복등기가 마쳐지기 전이라도 말소된 등기의 등기명의인은 적법한 권리자 로 추정된다(대판 2002.10.22. 2000다59678).

제2관 | 법률행위에 의하지 않는 부동산물권의 변동

01 신축건물의 소유권 귀속에 관한 설명으로 옳지 않은 것을 모두 고른 것은?(다툼이 있으면 판례에 따름) 기출 22

> ㄱ. 자기 비용과 노력으로 건물을 신축한 자와 그 건축허가명의자가 다른 경우, 원칙적으로 건축허가명의자가 소유권을 원시취득한다.
> ㄴ. 건축주의 사정으로 건축공사가 중단되었던 미완성의 건물을 인도받아 나머지 공사를 마치고 완공한 경우, 그 건물이 공사가 중단된 시점에서 아직 사회통념상 독립한 건물이라고 볼 수 있는 형태와 구조를 갖추고 있지 않았더라도 원래의 건축주가 그 건물의 소유권을 원시취득한다.
> ㄷ. 건물신축도급계약에서 완성된 건물의 소유권을 도급인에게 귀속하기로 합의한 경우에는 그 건물의 소유권은 도급인에게 원시적으로 귀속된다.
> ㄹ. 미등기건물의 원시취득자와 승계취득자 사이의 합의로 승계취득자 앞으로 직접 경료한 미등기건물에 관한 소유권보존등기는 적법한 등기로서 효력이 있다.

① ㄱ, ㄴ   ② ㄱ, ㄷ
③ ㄴ, ㄹ   ④ ㄱ, ㄴ, ㄹ
⑤ ㄴ, ㄷ, ㄹ

해설 ㄱ. (×) 건축허가는 행정관청이 건축행정상 목적을 수행하기 위하여 수허가자에게 일반적으로 행정관청의 허가 없이는 건축행위를 하여서는 안 된다는 상대적 금지를 관계 법규에 적합한 일정한 경우에 해제하여 줌으로써 일정한 건축행위를 하여도 좋다는 자유를 회복시켜 주는 행정처분일 뿐 수허가자에게 어떤 새로운 권리나 능력을 부여하는 것이 아니고, 건축허가서는 허가된 건물에 관한 실체적 권리의 득실변경의 공시방법이 아니며 추정력도 없으므로 건축허가서에 건축주로 기재된 자가 건물의 소유권을 취득하는 것은 아니므로, 자기 비용과 노력으로 건물을 신축한 자는 그 건축허가가 타인의 명의로 된 여부에 관계없이 그 소유권을 원시취득한다(대판 2002.4.26. 2000다16350).

ㄴ. (×) 건축주의 사정으로 건축공사가 중단되었던 미완성의 건물을 인도받아 나머지 공사를 마치고 완공한 경우, 건물이 공사가 중단된 시점에서 사회통념상 독립한 건물이라고 볼 수 있는 형태와 구조를 갖추고 있었다면 원래의 건축주가 그 건물의 소유권을 원시취득한다(대판 1997.5.9. 96다54867).

ㄷ. (○) 일반적으로 자기의 노력과 재료를 들여 건물을 건축한 사람은 그 건물의 소유권을 원시취득하는 것이고, 다만 도급계약에 있어서는 수급인이 자기의 노력과 재료를 들여 건물을 완성하더라도 도급인과 수급인 사이에 도급인명의로 건축허가를 받아 소유권보존등기를 하기로 하는 등 완성된 건물의 소유권을 도급인에게 귀속시키기로 합의한 것으로 보여질 경우에는 그 건물의 소유권은 도급인에게 원시적으로 귀속된다(대판 1990.4.24. 89다카18884).

ㄹ. (○) 미등기건물을 승계취득한 자가 원시취득자 명의의 보존등기 없이 직접 자기명의로 보존등기를 하는 것이 탈법행위가 된다고 하더라도 양당사자 사이의 합의가 있는 이상 그 등기는 실체적 권리관계에 부합되어 유효하다(대판 1981.1.13. 80다1959·1960).

02 법률의 규정에 의한 부동산물권 변동에 관한 설명으로 옳지 않은 것은?(다툼이 있으면 판례에 따름) [기출] 18

① 상속재산인 부동산에 관하여 상속등기를 하지 않았더라도, 상속인은 상속이 개시된 때에 그 부동산의 소유권을 취득한다.
② 공용징수를 위한 수용절차에서 재결에 의하여 토지가 수용되는 경우, 보상금을 공탁한 사업시행자는 수용의 개시일에 그 토지의 소유권을 취득한다.
③ 자기의 노력과 비용으로 건물을 신축한 자는 그 건축허가가 타인의 명의로 된 경우에도 그 건물의 소유권을 원시취득한다.
④ 공유물 분할의 조정절차에서 공유자 사이에 공유토지에 대한 현물분할의 조정이 성립한 경우, 각 공유자는 조정에 기하여 지분이전등기를 마침으로써 분할된 부분에 대한 소유권을 취득한다.
⑤ 민사집행법에 따른 경매를 통하여 부동산을 매수한 경우, 매수인은 경매법원의 촉탁에 의한 이전등기가 경료된 때에 소유권을 취득한다.

해설
① (○) 상속이 개시되면 그때부터 상속인은 피상속인의 재산에 관한 포괄적 권리의무를 승계하므로(민법 제1005조 본문), 부동산의 소유권은 등기 없이도 상속인에게 이전되나(민법 제187조 본문), 등기를 하지 아니하면 그 부동산을 처분하지 못한다(민법 제187조 단서).
② (○) 공용징수를 위한 수용절차에서의 협의수용은 협의에서 정한 시기에, 재결수용은 재결에서 정한 수용의 개시일에 물권의 변동이 있게 된다(공익사업을 위한 토지 등의 취득 및 보상에 관한 법률 제29조, 제30조, 제45조 제1항 참고).
③ (○) 건축허가서는 허가된 건물에 관한 실체적 권리의 득실변경의 공시방법이 아니며 추정력도 없으므로, 건축허가서에 건축주로 기재된 자가 건물의 소유권을 취득하는 것은 아니므로, 자기비용과 노력으로 건물을 신축한 자는 그 건축허가가 타인의 명의로 된 여부에 관계없이 그 소유권을 원시취득한다(대판 2002.4.26. 2000다16350).
④ (○) 공유물 분할의 소송절차 또는 조정절차에서 공유자 사이에 공유토지에 관한 현물분할의 협의가 성립하여 그 합의사항을 조서에 기재함으로써 조정이 성립하였다고 하더라도, 그와 같은 사정만으로 재판에 의한 공유물 분할의 경우와 마찬가지로 그 즉시 공유관계가 소멸하고 각 공유자에게 그 협의에 따른 새로운 법률관계가 창설되는 것은 아니고, 공유자들이 협의한 바에 따라 토지의 분필절차를 마친 후 각 단독소유로 하기로 한 부분에 관하여 다른 공유자의 공유지분을 이전받아 등기를 마침으로써 비로소 그 부분에 대한 대세적 권리로서의 소유권을 취득하게 된다고 보아야 한다(대판[전합] 2013.11.21. 2011두1917).
⑤ (×) 매수인은 매각대금을 다 낸 때에 매각목적물에 대한 권리를 취득한다(민사집행법 제135조, 제268조).

03 등기 없이 물권변동이 일어나는 경우가 아닌 것은?(다툼이 있으면 판례에 따름) [기출] 15

① 단독건물을 완공하였으나 소유권보존등기를 하지 않은 경우
② 부동산소유자가 사망하여 그 부동산이 상속된 경우
③ 민사집행법에 의한 경매에서 부동산을 매수하고 매각대금을 완납한 경우
④ 채무의 담보로 자신의 토지에 저당권을 설정해 준 채무자가 그 채무를 모두 변제한 경우
⑤ 잔금을 지급한 부동산매수인이 매도인을 상대로 매매를 원인으로 한 소유권이전등기청구소송을 제기하여 승소의 확정판결을 받은 경우

해설
① (○) 건축허가서는 허가된 건물에 관한 실체적 권리의 득실변경의 공시방법이 아니며 추정력도 없으므로, 건축허가서에 건축주로 기재된 자가 건물의 소유권을 취득하는 것은 아니므로, **자기비용과 노력으로 건물을 신축한 자는 그 건축허가가 타인의 명의로 된 여부에 관계없이 그 소유권을 원시취득한다**(대판 2002.4.26. 2000다16350).

② (○) **상속이 개시되면 그때부터(피상속인의 사망 시)** 상속인은 피상속인의 재산에 관한 포괄적 권리의무를 승계하므로(민법 제1005조 본문), **부동산의 소유권은 등기 없이도 상속인에게 이전된다**(민법 제187조 본문).

③ (○) 매수인은 **매각대금을 다 낸 때에** 매각목적물에 대한 권리를 취득한다(민사집행법 제135조, 제268조).

④ (○) 채무자 자신의 토지에 대한 저당권은 혼동으로 소멸한다(민법 제191조 제1항 본문).

⑤ (×) 민법 제187조의 판결은 형성판결을 의미하므로, 매매를 원인으로 한 소유권이전등기절차이행판결이 확정된 경우에는, 매수인 명의로 등기가 된 때에 비로소 소유권 이전의 효력이 생긴다(민법 제186조).

03 동산물권의 변동

제1관 | 권리자로부터의 취득

제2관 | 무권리자로부터의 취득(선의취득)

01 선의취득에 관한 설명으로 옳지 않은 것은?(다툼이 있으면 판례에 따름) `기출` 24

① 명인방법에 의하여 공시되는 수목의 집단 중 토지로부터 분리된 수목은 선의취득의 대상이 될 수 있다.

② 무권리자로부터 연립주택의 입주권을 평온·공연하게 선의·무과실로 매수하더라도 매수인은 입주권에 관한 선의취득을 주장할 수 없다.

③ 법정대리인의 동의를 받지 않은 미성년자로부터 타인 소유의 자전거를 선의로 매수한 자는 그 미성년자가 제한능력을 이유로 매매계약을 취소하더라도 선의취득에 기해 그 자전거의 소유권을 취득한다.

④ 甲 소유의 발전기를 임차하여 공장에서 사용 중인 乙이 발전기의 소유자를 乙로 오신한 丙에게 그 발전기를 매도함과 동시에 이를 丙으로부터 임차하여 점유의 이전없이 공장에서 계속 사용하고 있는 경우, 丙은 발전기의 소유권을 선의취득 할 수 없다.

⑤ 선의취득의 대상이 된 금반지가 유실물일 때에는 유실자는 유실한 날로부터 2년 내에 그 금반지의 반환을 청구할 수 있다.

해설
① (○) 토지로부터 분리된 수목은 동산이므로 선의취득의 대상이 된다.

② (○) 서울특별시가 무허가 건물을 자진철거하는 시민들을 위하여 건립하는 연립주택의 입주권은 수분양자로서의 지위에 불과한 것이므로 선의취득의 대상이 될 수 없다(대판 1980.9.9. 79다2233).

③ (×) 선의취득은 양도인이 무권리자(처분권이 없다)라는 것을 제외하고 거래행위 자체는 유효하여야 한다. 따라서 거래행위가 무효이거나 당사자에게 제한능력, 착오, 사기·강박 등의 사유가 있어 취소 또는 무효가 된 경우에는 성립하지 않는다.

④ (○) 동산의 선의취득에 필요한 점유의 취득은 현실적 인도가 있어야 하고 점유개정에 의한 점유취득만으로시는 그 요건을 충족할 수 없나(대반 1978.1.17. 77다1872). 판례는 동산의 선의취득에 필요한 점유의 취득으로 점유개정을 부정한다. 위 사례의 경우, 乙이 종전대로 점유하고 있으므로 외부에서 매도하였다는 사실을 전혀 알 수 없기 때문에 선의취득이 부정된다.

⑤ (○) 민법 제250조

> **도품, 유실물에 대한 특례(민법 제250조)**
> 전조의 경우에 그 동산이 도품이나 유실물인 때에는 피해자 또는 유실자는 도난 또는 유실한 날로부터 2년내에 그 물건의 반환을 청구할 수 있다. 그러나 도품이나 유실물이 금전인 때에는 그러하지 아니하다.

02 선의취득에 관한 설명으로 옳지 않은 것은?(다툼이 있으면 판례에 따름) 기출 22

① 선의취득자가 임의로 선의취득 효과를 거부하고 종전 소유자에게 동산을 반환받아 갈 것을 요구할 수 없다.

② 물권적 합의가 동산의 인도보다 먼저 행해지면, 선의취득자의 선의·무과실 여부는 물권적 합의가 이루어진 때를 기준으로 판단한다.

③ 위탁물 횡령의 경우, 그 위탁물은 민법 제250조(도품, 유실물에 대한 특례)의 도품, 유실물에 포함되지 않는다.

④ 특별한 사정이 없는 한 선의취득이 성립되면 무권리자인 양도인은 양수인과의 거래행위에 의해 취득한 이익을 부당이득으로 종전 소유자에게 반환해야 한다.

⑤ 양도인이 소유자로부터 보관을 위탁받은 동산을 제3자에게 보관시킨 경우에 양도인이 그 제3자에 대한 반환청구권을 양수인에게 양도하고 지명채권양도의 대항요건을 갖추었을 때에는 양수인은 동산의 선의취득에 필요한 점유의 취득 요건을 충족한다.

해설 ① (○) 민법 제249조의 동산 선의취득제도는 동산을 점유하는 자의 권리외관을 중시하여 이를 신뢰한 자의 소유권 취득을 인정하고 진정한 소유자의 추급을 방지함으로써 거래의 안전을 확보하기 위하여 법이 마련한 제도이므로 <u>위 법조 소정의 요건이 구비되어 동산을 선의취득한 자는 권리를 취득하는 반면, 종전 소유자는 소유권을 상실하게 되는</u> 법률효과가 법률의 규정에 의하여 발생되므로, <u>취득자가 임의로 이와 같은 선의취득 효과를 거부하고 종전 소유자에게 동산을 반환받아 갈 것을 요구할 수 없다</u>(대판 1998.6.12. 98다6800).

② (×) <u>민법 제249조가 규정하는 선의·무과실의 기준 시점은 물권행위가 완성되는 때인 것이므로 물권적 합의가 동산의 인도보다 먼저 행하여 지면 인도된 때를, 인도가 물권적 합의보다 먼저 행하여지면 물권적 합의가 이루어진 때를 기준으로 해야 한다</u>(대판 1991.3.22. 91다70).

③ (○) 민법 제250조, 제251조 소정의 도품, 유실물이란 원권리자로부터 점유를 수탁한 사람이 적극적으로 제3자에게 부정 처분한 경우와 같은 <u>위탁물 횡령의 경우는 포함되지 아니하고 또한 점유보조자 내지 소지기관의 횡령처럼 형사법상 절도죄가 되는 경우</u>도 형사법과 민사법의 경우를 동일시 해야 하는 것은 아닐 뿐만 아니라 진정한 권리자와 선의의 거래 상대방 간의 이익형량의 필요성에 있어서 위탁물 횡령의 경우와 다를 바 없으므로 <u>이 역시 민법 제250조의 도품·유실물에 해당되지 않는다</u>(대판 1991.3.22. 91다70).

④ (○) 민법 제741조. 판례는 「<u>채무자 이외의 자의 소유에 속하는 동산을 경매한 경매절차에서 그 동산을 경락받아 경락대금을 납부하고 이를 인도받은 경락인이 동산의 소유권을 선의취득한 사안</u>에서 그 동산의 매득금은 채무자의 것이 아니어서 채권자가 이를 배당을 받았다고 하더라도 채권은 소멸하지 않고 계속 존속하므로, 배당을 받은 채권자는 이로 인하여 법률상 원인 없는 이득을 얻고 소유자는 경매에 의하여 소유권을 상실하는 손해를 입게 되었다고 할 것이니 그 동산의 소유자는 배당을 받은 채권자에 대하여 부당이득으로서 배당받은 금원의 반환을 청구할 수 있다(대판 1998.6.12. 98다6800)」고 하였다.

⑤ (○) <u>양도인이 소유자로부터 보관을 위탁받은 동산을 제3자에게 보관시킨 경우에 양도인이 그 제3자에 대한 반환청구권을 양수인에게 양도하고 지명채권양도의 대항요건을 갖추었을 때에는 동산의 선의취득에 필요한 점유의 취득 요건을 충족한다</u>(대판 1999.1.26. 97다48906).

03 선의취득에 관한 설명으로 옳지 않은 것은?(다툼이 있으면 판례에 따름) [기출] 21

① 대리인이 본인 소유가 아닌 물건을 처분하고 상대방이 본인 소유라고 오신한 경우에도 선의취득이 인정될 수 있다.

② 자동차관리법이 적용되는 자동차이더라도 행정상 특례조치에 의하지 아니하고는 적법하게 등록할 수 없어서 등록하지 아니한 상태에 있고 통상적인 용도가 도로 외의 장소에서만 사용하는 것이거나 등의 특별한 사정이 있다면, 민법 제249조의 선의취득 규정이 적용될 수 있다.

③ 채무자 이외의 사람에 속하는 동산을 경매절차에서 경락받은 경우에도 선의취득이 성립할 수 있다.

④ 매수인이 점유개정으로 동산의 점유를 취득한 경우에는 선의취득이 인정되지 않는다.

⑤ 점유보조자가 보관한 물건을 횡령하여 형사상 절도죄가 성립되는 경우, 그 물건은 민법 제250조(도품·유실물에 대한 특례)의 도품에 해당되므로, 피해자는 점유를 상실한 날로부터 2년 내에 그 물건의 반환을 청구할 수 있다.

해설

① (○) 대리인이 본인 소유가 아닌 동산을 처분한 경우(양도인이 무권리자 내지 무권한자인 경우) 상대방이 본인 소유라고 오신한 경우 선의취득이 인정될 수 있다. 반면 무권대리의 경우에는 선의취득이 인정되지 않는다.

② (○) 자동차관리법이 적용되는 자동차에 해당하더라도 구조와 장치가 제작 당시부터 자동차관리법령이 정한 자동차안전기준에 적합하지 아니하여 행정상 특례조치에 의하지 아니하고는 적법하게 등록할 수 없어서 등록하지 아니한 상태에 있고 통상적인 용도가 도로 외의 장소에서만 사용하는 것이라는 등의 특별한 사정이 있다면 그러한 자동차에 대하여 자동차관리법이 정한 공시방법인 '등록'에 의하여만 소유권 변동을 공시할 것을 기대하기는 어려우므로, 소유권을 취득함에는 민법상 공시방법인 '인도'에 의할 수도 있다. 그리고 이때는 민법 제249조의 선의취득 규정이 적용될 수 있다(대판 2016.12.15. 2016다205373).

③ (○) 채무자 이외의 자의 소유에 속하는 동산을 경매한 경매절차에서 그 동산을 경락받아 경락대금을 납부하고 이를 인도받은 경락인이 동산의 소유권을 선의취득한 경우 그 동산의 매득금은 채무자의 것이 아니어서 채권자가 이를 배당을 받았다고 하더라도 채권은 소멸하지 않고 계속 존속하므로, 배당을 받은 채권자는 이로 인하여 법률상 원인 없는 이득을 얻고 소유자는 경매에 의하여 소유권을 상실하는 손해를 입게 되었다고 할 것이니 그 동산의 소유자는 배당을 받은 채권자에 대하여 부당이득으로서 배당받은 금원의 반환을 청구할 수 있다(대판 1998.6.12. 98다6800 참고).

④ (○) 동산의 선의취득에 필요한 점유의 취득은 현실적 인도가 있어야 하고 점유개정에 의한 점유취득만으로서는 그 요건을 충족할 수 없다(대판 1978.1.17. 77다1872).

⑤ (×) 민법 제250조, 제251조 소정의 도품·유실물이란 원권리자로부터 점유를 수탁한 사람이 적극적으로 제3자에게 부정 처분한 경우와 같은 위탁물 횡령의 경우는 포함되지 아니하고 또한 점유보조자 내지 소지기관의 횡령처럼 형사법상 절도죄가 되는 경우도 형사법과 민사법의 경우를 동일시 해야 하는 것은 아닐 뿐만 아니라 진정한 권리자와 선의의 거래 상대방 간의 이익형량의 필요성에 있어서 위탁물 횡령의 경우와 다를 바 없으므로 이 역시 민법 제250조의 도품·유실물에 해당되지 않는다(대판 1991.3.22. 91다70).

04 동산 선의취득에 관한 설명으로 옳은 것은?(다툼이 있으면 판례에 따름) [기출] 18

① 甲 소유의 동산을 乙이 丙에게 양도하고 丙이 다시 丁에게 양도한 경우, 만약 丙의 선의취득이 인정된다면 丁의 선의취득 여부는 문제되지 않는다.
② 반환청구권의 양도에 의한 소유권의 양도의 경우에는 대항요건을 갖추었더라도 선의취득이 인정되지 않는다.
③ 甲이 자신의 소유 동산을 乙에게 매도하여 인도하고, 乙이 다시 丙에게 매도하여 인도한 경우, 甲과 乙의 매매가 사회질서에 반하여 무효라면 丙은 선의, 무과실이더라도 선의취득할 수 없다.
④ 점유보조자가 횡령한 물건은 민법 제250조(도품, 유실물에 대한 특례)의 도품에 해당한다.
⑤ 甲 소유 동산을 점유하는 乙이 丙에게 매도함과 동시에 丙으로부터 임차하기로 약정한 경우 丙은 현실인도를 받기 전이라도 그 동산을 선의취득할 수 있다.

해설 ① (○) 丙의 선의취득이 인정된다면, 丁은 승계취득법리에 따라 선의·악의를 불문하고 당연히 소유권을 취득하므로, 丁의 선의취득 여부는 문제되지 아니한다.
② (×) 양도인이 소유자로부터 보관을 위탁받은 동산을 제3자에게 보관시킨 경우에 양도인이 그 제3자에 대한 반환청구권을 양수인에게 양도하고 지명채권 양도의 대항요건을 갖추었을 때에는 동산의 선의취득에 필요한 점유의 취득요건을 충족한다(대판 1999.1.26. 97다48906).
③ (×) 선량한 풍속 기타 사회질서에 반하는 법률행위는 절대적 무효이므로, 별도의 선의취득과 같은 권리취득 원인이 없는 한, 제3자는 선의라 할지라도 보호받지 못한다.
④ (×) 민법 제250조, 제251조 소정의 도품, 유실물이란 원권리자로부터 점유를 수탁한 사람이 적극적으로 제3자에게 부정처분한 경우와 같은 위탁물 횡령의 경우는 포함되지 아니하고 또한 점유보조자 내지 소지기관의 횡령처럼 형사법상 절도죄가 되는 경우도 형사법과 민사법의 경우를 동일시해야 하는 것은 아닐 뿐만 아니라 진정한 권리자와 선의의 거래상대방 간의 이익형량의 필요성에 있어서 위탁물 횡령의 경우와 다를 바 없으므로 이 역시 민법 제250조의 도품·유실물에 해당되지 않는다(대판 1991.3.22. 91다70).
⑤ (×) 동산의 선의취득에 필요한 점유의 취득은 현실적 인도가 있어야 하고 점유개정에 의한 점유취득만으로서는 그 요건을 충족할 수 없다(대판 1978.1.17. 77다1872).

05 동산 선의취득에 관한 설명으로 옳지 않은 것은?(다툼이 있는 경우에는 판례에 의함) 기출 14

① 양도인과 양수인 사이에 물권적 합의가 물건의 인도보다 선행한 때에는 물권적 합의 시를 기준으로 선의취득의 요건이 되는 양수인의 선의·무과실을 판단한다.

② 저당부동산의 상용(常用)에 공하여진 물건이 부동산소유자 아닌 자의 소유일 경우, 저당부동산을 경매로 취득한 매수인은 선의취득의 요건을 구비하지 아니하면 그 물건의 소유권을 취득할 수 없다.

③ 도품·유실물에 대한 특례규정인 민법 제251조는 선의취득자의 무과실을 규정하지 않지만 무과실은 당연한 요건이다.

④ 일단 선의취득의 요건이 충족되면 양수인은 소유권 취득을 부정하고 종전 소유자에게 동산을 찾아갈 것을 요구할 수 없다.

⑤ 물건이 금전 아닌 동산으로서 도품일 경우, 피해자는 도난당한 날로부터 2년 내에 양수인에게 그 물건의 반환을 청구할 수 있다.

해설 ① (×) 민법 제249조가 규정하는 선의·무과실의 기준 시점은 물권행위가 완성되는 때인 것이므로 물권적 합의가 동산의 인도보다 먼저 행하여지면 인도된 때를, 인도가 물권적 합의보다 먼저 행하여지면 물권적 합의가 이루어진 때를 기준으로 해야 한다(대판 1991.3.22. 91다70).

② (○) 저당권의 실행으로 부동산이 경매된 경우에 그 부동산에 부합된 물건은 그것이 부합될 당시에 누구의 소유이었는지를 가릴 것 없이 그 부동산을 낙찰받은 사람이 소유권을 취득하지만, **그 부동산의 상용에 공하여진 물건일지라도 그 물건이 부동산의 소유자가 아닌 다른 사람의 소유인 때에는 이를 종물이라고 할 수 없으므로 부동산에 대한 저당권의 효력에 미칠 수 없어 부동산의 낙찰자가 당연히 그 소유권을 취득하는 것은 아니며, 나아가 부동산의 낙찰자가 그 물건을 선의취득하였다고 할 수 있으려면 그 물건이 경매의 목적물로 되었고 낙찰자가 선의이며 과실 없이 그 물건을 점유하는 등으로 선의취득의 요건을 구비하여야 한다**(대판 2008.5.8. 2007다36933·36940).

③ (○) 민법 제251조는 민법 제249조와 제250조를 전제로 하고 있는 규정이므로 무과실도 당연한 요건이라고 해석하여야 한다(대판 1991.3.22. 91다70).

④ (○) 채무자 이외의 자의 소유에 속하는 동산을 경매하여 그 매득금을 배당받은 채권자가 그 동산을 경락받아 선의취득자의 지위를 겸하고 있는 경우, 배당받은 채권자가 법률상 원인 없이 이득을 한 것은 배당액이지 선의취득한 동산이 아니므로, 동산의 전 소유자가 임의로 그 동산을 반환받아 가지 아니하는 이상 동산 자체를 반환받아 갈 것을 요구할 수는 없고 단지 배당금을 부당이득으로 반환할 수밖에 없다(대판 1998.6.12. 98다6800).

⑤ (○) 민법 제250조

> **도품, 유실물에 대한 특례(민법 제250조)**
> 전조의 경우에 그 동산이 도품이나 유실물인 때에는 피해자 또는 유실자는 도난 또는 유실한 날로부터 2년 내에 그 물건의 반환을 청구할 수 있다. 그러나 도품이나 유실물이 금전인 때에는 그러하지 아니하다.

01 물권의 소멸에 관한 설명으로 옳지 않은 것은?(다툼이 있으면 판례에 따름) 기출 20

① 부동산합유지분의 포기로 인한 물권변동은 등기하여야 효력이 있다.

② 어떠한 물건에 대한 소유권과 그에 대한 제한물권이 동일한 사람에게 귀속한 경우에도 본인 또는 제3자의 이익을 위해서 그 제한물권을 존속시킬 필요가 있으면 제한물권은 소멸하지 않는다.

③ 부동산임차권이 대항요건을 갖춘 후에 그 부동산에 제3자의 저당권이 설정된 경우, 소유권과 임차권이 동일인에게 귀속하더라도 임차권이 소멸하지 않는다.

④ 지상권이 저당권의 목적인 경우에는 저당권자의 동의가 없이는 지상권을 포기할 수 없다.

⑤ 부동산근저당권자가 그 소유권을 취득하여 근저당권이 혼동으로 소멸한 경우 그 소유권 취득이 무효인 것이 밝혀졌더라도 소멸하였던 근저당권은 부활하지 않는다.

해설 ① (○) 합유지분 포기가 적법하다면 그 포기된 합유지분은 나머지 잔존 합유지분권자들에게 균분으로 귀속하게 되지만 그와 같은 물권변동은 합유지분의 포기라고 하는 법률행위에 의한 것이므로 등기하여야 효력이 있고 지분을 포기한 합유지분권자로부터 잔존 합유지분권자들에게 합유지분권이전등기가 이루어지지 아니하는 한 지분을 포기한 지분권자는 제3자에 대하여 여전히 합유지분권자로서의 지위를 가지고 있다고 보아야 한다(대판 1997.9.9. 96다16896).

② (○) 어떠한 물건에 대한 소유권과 다른 물권이 동일한 사람에게 귀속한 경우 그 제한물권은 혼동에 의하여 소멸하는 것이 원칙이지만, 본인 또는 제3자의 이익을 위하여 그 제한물권을 존속시킬 필요가 있다고 인정되는 경우에는 민법 제191조 제1항 단서의 해석에 의하여 혼동으로 소멸하지 않는다(대판 1998.7.10. 98다18643).

③ (○) 부동산에 대한 소유권과 임차권이 동일인에게 귀속하게 되는 경우 임차권은 혼동에 의하여 소멸하는 것이 원칙이지만, 그 임차권이 대항요건을 갖추고 있고 또한 그 대항요건을 갖춘 후에 저당권이 설정된 때에는 혼동으로 인한 물권소멸원칙의 예외규정인 민법 제191조 제1항 단서를 준용하여 임차권은 소멸하지 않는다(대판 2001.5.15. 2000다12693).

④ (○) 지상권 또는 전세권을 목적으로 저당권을 설정한 자는 저당권자의 동의 없이 지상권 또는 전세권을 소멸하게 하는 행위를 하지 못한다(민법 제371조 제2항).

⑤ (×) 근저당권자가 소유권을 취득하면 그 근저당권은 혼동에 의하여 소멸하지만 그 뒤 그 소유권 취득이 무효인 것이 밝혀지면 소멸하였던 근저당권은 당연히 부활한다(대판 1971.8.31. 71다1386).

02 물권의 소멸에 관한 설명으로 옳지 않은 것은?(다툼이 있으면 판례에 따름) `기출 19`

① 점유권은 혼동이나 소멸시효에 의해 소멸하지 않는다.

② 소유권은 소멸시효에 의해 소멸하지 않지만, 타인이 시효취득하면 상대적으로 소멸할 수 있다.

③ 전세권에 저당권이 설정된 경우, 전세목적물에 대한 소유권과 전세권이 동일인에게 귀속되더라도 전세권은 혼동에 의해 소멸하지 않는다.

④ 주택임차권이 있는 부동산의 소유권을 선순위서당권자가 아무런 조건 없이 증여받아 취득한 경우, 혼동에 의해 저당권은 소멸한다.

⑤ 부동산공유자의 공유지분 포기의 의사표시가 다른 공유자에게 도달하더라도 그 공유지분이 바로 소멸하는 것은 아니고, 다른 공유자는 자신에게 귀속될 공유지분에 관하여 소유권이전등기를 청구할 수 있을 뿐이다.

해설 ① (○) 점유권은 사실상의 지배를, 소유권은 법률상의 지배를 내용으로 하므로, 양자는 양립할 수 있다. 따라서 점유권에 관하여는 혼동의 법리가 적용되지 아니하고(민법 제191조 제3항), 또한 소멸시효도 적용되지 아니한다.

② (○) 소유권은 소멸시효의 대상이 되지 아니하나(민법 제162조 제2항), 타인의 시효취득으로 인하여 그 소유권이 상대적으로 소멸될 수는 있다.

③ (○), ④ (×) 어떠한 물건에 대한 소유권과 다른 물권이 동일한 사람에게 귀속한 경우 그 제한물권은 혼동에 의하여 소멸하는 것이 원칙이지만, 본인 또는 제3자의 이익을 위하여 그 제한물권을 존속시킬 필요가 있다고 인정되는 경우에는 민법 제191조 제1항 단서의 해석에 의하여 혼동으로 소멸하지 않는다(대판 1998.7.10. 98다18643).

⑤ (○) 민법 제267조는 "공유자가 그 지분을 포기하거나 상속인 없이 사망한 때에는 그 지분은 다른 공유자에게 각 지분의 비율로 귀속한다"라고 규정하고 있다. 여기서 공유지분의 포기는 법률행위로서 상대방 있는 단독행위에 해당하므로, 부동산공유자의 공유지분 포기의 의사표시가 다른 공유자에게 도달하더라도 이로써 곧바로 공유지분 포기에 따른 물권변동의 효력이 발생하는 것은 아니고, 다른 공유자는 자신에게 귀속될 공유지분에 관하여 소유권이전등기청구권을 취득하며, 이후 민법 제186조에 의하여 등기를 하여야 공유지분 포기에 따른 물권변동의 효력이 발생한다. 그리고 부동산공유자의 공유지분 포기에 따른 등기는 해당 지분에 관하여 다른 공유자 앞으로 소유권이전등기를 하는 형태가 되어야 한다(대판 2016.10.27. 2015다52978).

03 기본물권

제1관 ┃ 서 론

Ⅰ 점유제도

점유제도는 물건을 사실상 지배하고 있는 경우 점유를 정당화할 수 있는 법률상 권리(본권)의 유무에도 불구하고 일정한 법률효과를 부여하는 제도를 말한다.

Ⅱ 점유권과 본권

본권은 점유를 법적으로 정당화할 수 있는 권리로 소유권과 제한물권이 그 예이다. 이에 반해 점유권은 본권의 유무와는 무관하게 물건에 대한 사실상의 지배 그 자체를 보호하는 것을 목적으로 하는 권리이다.

Ⅲ 점유의 요건

1. **객관적 요건 : 사실상의 지배**

   ① 개념 : 사실상의 지배란 사회관념상 물건이 어떤 사람의 지배 아래에 있다고 인정되는 객관적 관계를 말한다(대판 1974.7.16. 73다923).

   ② 사실상의 지배를 인정하기 위한 요소

   > 물건에 대한 점유란 사회관념상 어떤 사람의 사실적 지배에 있다고 보여지는 객관적 관계를 말하는 것으로서 사실상의 지배가 있다고 하기 위하여는 반드시 물건을 물리적, 현실적으로 지배하는 것만을 의미하는 것이 아니고, 물건과 사람과의 시간적, 공간적 관계와 본권관계, 타인지배의 배제 가능성 등을 고려하여 사회통념에 따라 합목적적으로 판단하여야 할 것이고, 대지의 소유자로 등기한 자는 보통의 경우 등기할 때에 그 대지의 인도를 받아 점유를 얻은 것으로 보아야 할 것이므로 등기사실을 인정하면서 특별한 사정의 설시 없이 점유사실을 인정할 수 없다고 판단할 수는 없다(대판 2001.1.16. 98다20110). 그러나 이는 임야나 대지 등이 매매 등을 원인으로 양도되고 이에 따라 소유권이전등기가 마쳐진 경우에 그렇다는 것이지, 소유권보존등기의 경우에도 마찬가지라고 볼 수는 없다. 소유권보존등기는 이전등기와 달리 해당 토지의

양도를 전제로 하는 것이 아니어서, 보존등기를 마쳤다고 하여 일반적으로 등기명의자가 그 무렵 다른 사람으로부터 점유를 이전받는다고 볼 수는 없기 때문이다(대판 2013.7.11. 2012다201410). 기출 18

2. 주관적 요건 : 점유설정의사

점유설정의사는 일정한 법률효과와 결부된 법적 의미의 의사가 아니라 「자연적」 의미의 의사이다. 따라서 행위능력이 요구되지 않아 미성년자라도 단독으로 점유할 수 있다.

3. 예외 : 관념화된 점유

점유는 사실상 지배에 의하여 성립하지만, 점유가 관념화되어 사실적 지배가 없음에도 점유의 성립이 인정되기도 하고[상속으로 인한 점유권의 이전(민법 제193조), 간접점유(민법 제194조)], 반면에 사실상 지배를 함에도 점유가 성립하지 않는 경우도 있다[점유보조자(민법 제195조)].

(1) 점유보조자

> **점유보조자(민법 제195조)** 기출 18
> 가사상, 영업상 기타 유사한 관계에 의하여 타인의 지시를 받아 물건에 대한 사실상의 지배를 하는 때에는 그 타인만을 점유자로 한다.

1) 의 의

점유보조자란 물건에 대하여 직접적으로 실력을 행사하면서도 점유를 인정받지 못하는 자를 말한다(민법 제195조). 기출 18 즉, 점유보조자에게는 점유권이 인정되지 않는다.

2) 요 건

① 점유보조자가 물건을 사실상 지배하고 있을 것

② 점유보조관계가 있을 것

　㉠ 점유보조관계는 지시에 의한 명령・복종관계, 즉 사회적 종속관계를 전제로 한다.

　㉡ 점유보조관계는 반드시 유효한 것이어야 하는 것은 아니고, 계속적일 필요도 없으며, 외부로부터 인식할 수 있는 것일 필요도 없다.

　㉢ 점유보조관계의 성립 여부가 문제되는 경우

　　• 처의 지위 : 부부는 명령・복종관계에 있지 않으므로 원칙적으로 처가 부의 점유보조자가 된다고는 할 수 없다.

　　• 법인의 기관 : 다수설・판례는 법인 대표기관의 점유는 법인의 점유로 보고 있다. 반면에 대표기관 이외 기관의 점유는 법인의 점유가 아니다. 이 경우 점유보조자가 될 수 있다.

　　• 자기 소유의 물건에 대해서도 점유보조자가 될 수 있다(예 부모가 어린아이에게 물건을 준 경우 그 어린아이는 소유자인 동시에 그 물건의 유지・관리에 있어서 점유보조자가 될 수 있다).

3) 점유보조자의 지위

① **점유권의 배제** : 점유주만이 점유자이고, 점유보조자는 점유자가 아니다. 따라서 점유보조자의 점유권 및 점유보호청구권이 인정되지 않는다.

② **자력구제권은 인정** : 점유보조자도 점유주를 위하여 자력구제권(민법 제209조)은 행사할 수 있다.

③ **점유보조관계가 인정되는 경우 점유주의 점유의 취득 및 상실 기준** : 점유보조자를 기준으로 결정된다.

④ **점유취득시 선의·악의의 판단기준** : 원칙적으로 점유주가 판단기준이 되나, 점유주가 선의라도 점유보조자가 악의인 경우에는 점유주의 불이익으로 돌아가 점유는 악의의 점유가 된다.

⑤ **점유보조관계의 종료** : 사회적 종속관계의 종료로 소멸한다.

(2) 간접점유

> **간접점유(민법 제194조)** 기출 18
> 지상권, 전세권, 질권, 사용대차, 임대차, 임치 기타의 관계로 타인으로 하여금 물건을 점유하게 한 자는 간접으로 점유권이 있다.

1) 의 의

간접점유는 관념화된 점유로 점유자와 물건 사이에 타인이 개재하여 그 타인의 점유를 매개로 점유하는 것을 말한다(민법 제194조 참고).

2) 성립요건

① **점유매개자가 물건을 직접 점유하고 있을 것** : 점유매개자의 직접점유가 있어야 하고, 점유매개자의 점유는 타주점유이다.

② **점유매개관계가 있을 것**
  ㉠ 점유매개관계는 직접점유자가 자신의 점유를 간접점유자의 반환청구권을 승인하면서 행사하는 경우에 인정된다(대판 2012.2.23. 2011다61424·61431).
  ㉡ 점유매개관계의 발생원인은 계약, 법률의 규정 및 사법관계·공법관계를 불문한다.
  ㉢ 점유매개관계는 반드시 유효할 필요가 없고, 중첩적으로 존재할 수도 있다.

③ 간접점유자의 점유는 직접점유자의 권리보다 포괄적이어야 한다.

④ 간접점유자는 직접점유자에 대하여 반환청구권을 가져야 한다. 기출 14

3) 간접점유자의 지위(간접점유의 효과)

① **점유권** : 간접점유자도 점유권은 갖는다(민법 제194조). 따라서 점유보호청구권을 행사할 수 있다.

② **법률관계**
  ㉠ 대내적 관계
  • 간접점유자는 직접점유자에 대하여 점유보호청구권(민법 제207조)이나 자력구제권(민법 제209조)을 행사할 수 없다. 다만, 점유매개관계 또는 본권에 기한 청구권을 행사할 수 있을 뿐이다.
  • 직접점유자는 간접점유자에 대하여 점유매개관계에서 발생한 청구권을 행사할 수 있을 뿐만 아니라 점유보호청구권과 자력구제권을 행사할 수 있다.

ⓛ 대외적 관계
- 직접점유자가 제3자에 의하여 점유를 침탈당하거나 방해받고 있는 경우에는 간접점유자도 제3자에 대하여 점유보호청구권을 갖는다(민법 제207조 제1항). 기출 21 그러나 직접점유자가 점유물을 횡령하여 제3자에게 처분한 경우에는 간접점유자의 제3자에 대한 점유보호청구권은 인정되지 않는다.
- 간접점유자는 직접적으로 물건을 지배하고 있지 않으므로, 자력구제권은 부정된다.

(3) 상속인에 의한 점유

> **상속으로 인한 점유권의 이전(민법 제193조)**
> 점유권은 상속인에 이전한다.

Ⅳ 점유의 모습

> **점유의 태양(민법 제197조)**
> ① 점유자는 소유의 의사로 선의, 평온 및 공연하게 점유한 것으로 추정한다.
> ② 선의의 점유자라도 본권에 관한 소에 패소한 때에는 그 소가 제기된 때로부터 악의의 점유자로 본다.

1. 자주점유와 타주점유

(1) 서 설

① 의의 : 자주점유란 「소유의 의사」를 갖고서 하는 점유를 말하고, 타주점유란 「타인의 소유권을 전제」로 한 점유로써 자주점유 이외의 점유를 의미한다.

> 취득시효에 있어서 자주점유라 함은 소유자와 동일한 지배를 하려는 의사를 가지고 하는 점유를 의미하는 것이지 법률상 그러한 지배를 할 수 있는 권원 즉 소유권을 가지고 있거나 또는 소유권이 있다고 믿고서 하는 점유를 의미하는 것은 아니다(대판 1996.10.11. 96다23719). 기출 06

② 구별실익 : 취득시효(민법 제245조), 무주물선점(민법 제252조), 점유자의 회복자에 대한 책임(민법 제202조) 등에 실익이 있다.

(2) 자주점유의 판단기준 및 판단기준시기

① 판단기준 : 자주점유는 내심의 의사로 판단해야 한다는 주관설도 있으나, 통설은 객관설을 취하여 점유취득의 원인이 된 권원이 성질에 따라 결정된다는 입장이다. 반면 판례들은 자주점유는 점유자의 내심의 의사에 따라 결정되는 것이 아니라 점유취득의 원인이 된 권원의 성질이나 점유와 관계가 있는 모든 사정에 의하여 외형적·객관적으로 결정된다(대판 1999.3.12. 98다29834)는 입장이다. 기출 07·14

② **판단기준시기** : 소유의 의사 유무는 「점유개시 시」를 기준으로 판단한다(대판 1998.5.8. 98다2945).

기출 23

> 법령상 주무관청의 허가가 있는 경우에 한하여 처분이 허용되고 그 허가 없이는 처분이 금지된 부동산에 대하여 처분허가가 없다는 것을 알면서 점유하는 자는 이미 자신이 그 부동산의 진정한 소유자의 소유권을 배제하고 마치 자기의 소유물처럼 배타적 지배를 할 수 없다는 것을 알면서 점유하는 자이므로 점유개시 당시에 그 부동산에 대하여 소유자의 소유권을 배제하고 자기의 소유물처럼 배타적 지배를 행사한다는 의사가 있었다고 볼 수 없다(대판 1998.5.8. 98다2945).

(3) 구체적인 판단

1) 점유취득의 원인이 분명한 경우

① 권원의 성질상 자주점유인 경우

㉠ 매매, 증여, 교환 등을 원인으로 점유를 취득한 경우

> • 토지매수인이 매매계약에 기하여 목적토지의 점유를 취득한 경우에는 그 매매가 설사 타인의 토지의 매매로서 그 소유권을 취득할 수 없다고 하더라도 다른 특별한 사정이 없는 이상 매수인의 점유는 소유의 의사로써 하는 것이라고 해석된다(대판 1993.10.12. 93다1886). 기출 06 다만, 부동산매매계약에 있어서 동 계약이 해제되었다면 매수인의 동 부동산에 대한 점유는 해제한 날로부터 타주점유가 된다(대판 1972.2.22. 71다2306).
> • 또한 통상 부동산을 매수하려는 사람은 매매계약을 체결하기 전에 그 등기부등본이나 지적공부 등에 의하여 소유관계 및 면적 등을 확인한 다음 매매계약을 체결하므로, 매매 대상 대지의 면적이 등기부상의 면적을 상당히 초과하는 경우에는 특별한 사정이 없는 한 계약 당사자들이 이러한 사실을 알고 있었으며 그 초과 부분은 단순한 점용권의 매매라고 보는 것이 상당하고, 따라서 그 점유는 권원의 성질상 타주점유에 해당한다(대판 2009.10.15. 2007다83632). 기출 10
> • 토지의 매도인은 매수인에게 매도한 토지의 인도의무를 지고 있으므로, 매도 후의 점유는 그 성질상 타주점유로 변경되지만 특별한 사정이 있는 경우에는 그러하지 아니하다. 소유권이전등기가 마쳐진 이후 매도인의 토지에 대한 점유는 자신이 매도한 토지의 일부로서 점유한 것이 아니라 인접한 토지의 일부로 알고서 종전과 같이 점유를 계속한 것에 지나지 아니한다면, 위 등기 이후의 매도인의 그 토지에 대한 점유는 타주점유로 변경되지 않고 여전히 자주점유로 남아 있다고 해석함이 상당하다(대판 1995.5.23. 94다51871). 기출 07
> • 부동산에 설정된 저당권에 기하여 임의경매가 개시된 이래 부동산의 소유자가 경매의 실행을 저지하지 아니한 채 절차가 진행되어 그 부동산이 제3자에게 경락되고 대금이 납부되어 종전 소유자의 소유권이 상실되었다면, 종전 소유자가 제3자의 소유로 귀속된 부동산을 계속 점유하고 있다고 하더라도 그 점유는 달리 특별한 사정이 없는 한 타주점유로 봄이 상당하다(대판 1996.11.26. 96다29335・29342). 기출 10

㉡ **상속** : 상속에 의하여 점유하게 된 경우에는 원칙적으로 자주점유이다. 즉, 피상속인의 장조카가 자기가 그 상속인 또는 권리귀속자인 것으로 믿고 점유를 개시하여 관리 및 수익을 독점하여 왔다면, 타주점유 중 자기에게 권리귀속된 것으로 믿는 경우와 달리 그 점유의 시초에 있어 권원의 성질상 자주점유라고 보아야 할 것이다(대판 1982.7.27. 81다1174・1175).

㉢ **취득시효** : 피고에게 소유권이전등기된 날짜 이전에 원고가 소유권취득에 필요한 취득시효기간이 완성되었다면 그 이후의 점유는 소유자로서의 평온, 공연, 선의, 무과실의 점유라고 보아야 한다(대판 1963.2.21. 62다749). 즉, 취득시효 완성 후의 점유는 자주점유에 해당한다.

또한 점유자가 취득시효기간이 경과한 후에 상대방에게 토지의 매수를 제의한 일이 있다고 하여도 일반적으로 점유자는 취득시효가 완성한 후에도 소유권자와의 분쟁을 간편히 해결하기 위하여 매수를 시도하는 사례가 허다함에 비추어 이와 같은 매수제의를 하였다는 사실을 가지고 위 점유자의 점유를 타주점유라고 볼 수는 없다(대판[전합] 1983.7.12. 82다708 · 709, 82다카1792 · 1793).

② **권원의 성질상 타주점유인 경우**

　　㉠ **간접점유에서 직접점유자의 점유** : 지상권자, 전세권자, 질권자, 사용차주, 임차인, 수치인 등의 점유는 원칙적으로 타주점유이다(대판 1990.11.13. 90다카21381 · 21398 등). 기출 06

　　㉡ **공유자 1인이 공유토지 전부를 점유한 경우** : 공유부동산은 공유자 1인이 전부를 점유하고 있다고 하더라도 다른 특별한 사정이 없는 한 권원의 성질상 다른 공유자의 지분비율의 범위 내에서는 타주점유라고 볼 수밖에 없다(대판 1995.1.12. 94다19884).

　　㉢ **명의수탁자의 점유** : 명의신탁에 의하여 부동산의 소유자로 등기된 자의 점유는 그 권원의 성질상 자주점유라 할 수 없다(대판 1991.12.10. 91다27655).

2) **점유취득의 원인이 불분명한 경우**

① **자주점유의 추정** : 권원의 존부가 불분명하거나 권원은 있는데 그 성질이 불분명한 경우에는 점유자는 소유의 의사로 점유한 것으로 추정된다(민법 제197조 제1항). 기출 06 · 10 따라서 점유자가 타주점유자임을 주장하는 상대방이 점유자의 점유가 자주점유가 아님을 입증해야 한다(대판 2006.2.23. 2005다66473). 또한 점유자가 스스로 매매 또는 증여와 같이 자주점유의 권원을 주장하였으나 이것이 인정되지 않는 경우에도 원래 자주점유의 권원에 관한 입증책임이 점유자에게 있지 아니한 이상 그 주장의 점유권원이 인정되지 않는다는 사유만으로 자주점유의 추정이 번복된다거나 또는 점유권원의 성질상 타주점유라고 볼 수는 없다(대판 2010.5.13. 2010다2565).

기출 10 · 11

② **추정의 번복** : 점유자가 진정한 소유자라면 통상 취하지 아니할 태도를 나타내거나 소유자라면 당연히 취했을 것으로 보이는 행동을 취하지 아니한 경우 등 외형적 · 객관적으로 보아 점유자가 타인의 소유권을 배척하고 점유할 의사를 갖고 있지 아니하였던 것이라고 볼 만한 사정이 증명된 경우에는 그 추정은 깨어지고, 점유자가 점유 개시 당시에 소유권 취득의 원인이 될 수 있는 법률행위 기타 법률요건이 없이 그와 같은 법률요건이 없다는 사실을 잘 알면서 타인 소유의 부동산을 무단점유한 것임이 입증되었다면, 특별한 사정이 없는 한 점유자는 타인의 소유권을 배척하고 점유할 의사를 갖고 있지 않다고 보아야 하므로 그 경우에도 소유의 의사가 있는 점유라는 추정은 깨어진다(대판 2011.1.13. 2010다66699).

> **[계약명의신탁에서 명의신탁자가 명의신탁약정에 따라 부동산을 점유하는 경우, 자주점유의 추정이 깨어지는지 여부(원칙적 적극)]**
> 계약명의신탁에서 명의신탁자는 부동산의 소유자가 명의신탁약정을 알았는지 여부와 관계없이 부동산의 소유권을 갖지 못할 뿐만 아니라 매매계약의 당사자도 아니어서 소유자를 상대로 소유권이전등기청구를 할 수 없고, 이는 명의신탁자도 잘 알고 있다고 보아야 한다. 명의신탁자가 명의신탁약정에 따라 부동산을 점유한다면 명의신탁자에게 점유할 다른 권원이 인정되는 등의 특별한 사정이 없는 한 명의신탁자는 소유권 취득의 원인이 되는 법률요건이 없이 그와 같은 사실을 잘 알면서 타인의 부동산을 점유한 것이다.

이러한 명의신탁자는 타인의 소유권을 배척하고 점유할 의사를 가지지 않았다고 할 것이므로 소유의 의사로 점유한다는 추정은 깨어진다(대판 2022.5.12. 2019다249428).

(4) 전 환

① **타주점유에서 자주점유로 전환** : 타주점유가 자주점유로 전환되기 위하여는 새로운 권원에 의하여 다시 소유의 의사로 점유하거나 자기에게 점유시킨 자에게 소유의 의사가 있음을 표시하지 않으면 그 점유의 성질이 변하지 않는다고 보아야 할 것인바, 이때 타주점유자가 그 명의로 소유권이전등기를 경료한 것만으로는 점유시킨 자에 대하여 소유의 의사를 표시함으로써 자주점유로 전환되었다고 볼 수는 없다(대판 1993.7.16. 92다37871). 기출 14 또한 상속은 점유취득의 새로운 권원에 포함되지 않는다는 것이 판례의 입장이다. 즉, 상속에 의하여 점유권을 취득한 경우에는 상속인은 새로운 권원에 의하여 자기 고유의 점유를 개시하지 않는 한 피상속인의 점유를 떠나 자기만의 점유를 주장할 수 없다(대판 1996.9.20. 96다25319). 기출 06

② **자주점유에서 타주점유로 전환** : 진정 소유자가 자신의 소유권을 주장하며 점유자 명의의 소유권이전등기는 원인무효의 등기라 하여 점유자를 상대로 토지에 관한 점유자 명의의 소유권이전등기의 말소등기청구소송을 제기하여 그 소송사건이 점유자의 패소로 확정되었다면, 그 점유자는 민법 제197조 제2항의 규정에 의하여 그 소송의 제기시부터는 토지에 대한 악의의 점유자로 간주되고, 또 이러한 경우 토지 점유자가 소유권이전등기 말소등기청구소송의 직접 당사자가 되어 소송을 수행하였고 결국 그 소송을 통해 대지의 정당한 소유자를 알게 되었으며, 나아가 패소판결의 확정으로 점유자로서는 토지에 관한 점유자 명의의 소유권이전등기에 관하여 정당한 소유자에 대하여 말소등기의무를 부담하게 되었음이 확정되었으므로, 단순한 악의점유의 상태와는 달리 객관적으로 그와 같은 의무를 부담하고 있는 점유자로 변한 것이어서 점유자의 토지에 대한 점유는 패소판결 확정 후부터는 타주점유로 전환되었다고 보아야 할 것이다(대판 2000.12.8. 2000다14934·14941).

2. 하자 있는 점유와 하자 없는 점유

(1) 의 의

하자 있는 점유는 악의, 과실, 폭행, 은비, 불계속 등의 점유를 말하고, 하자 없는 점유는 선의, 무과실, 평온, 공연, 계속 등의 점유를 말한다.

(2) 유 형

1) 선의점유와 악의점유

① **개념** : 선의점유란 본권(점유할 수 있는 권리)이 없음에도 불구하고 있다고 오신하면서 하는 점유를 말하고, 악의점유란 본권이 없음을 알면서 또는 본권의 유무에 관해 의심을 품으면서 하는 점유를 말한다. 점유자의 선의·악의가 불분명한 경우에는 선의 점유자로 추정한다(민법 제197조 제1항).

② **구별실익** : 과실취득권(민법 제201조), 점유자의 회복자에 대한 책임(민법 제202조), 등기부 취득시효 (민법 제245조 제2항), 선의취득(민법 제249조) 등에서 구별의 실익이 있다.

2) 과실 있는 점유와 과실 없는 점유

① **개념** : 과실 있는 점유란 본권이 없음에도 불구하고 있다고 오신하는데 과실이 있는 점유이고, 과실 없는 점유란 오신하는데 과실이 없는 점유를 말한다. 무과실은 추정되지 않는다. 그러므로 무과실을 주장하는 자에게 증명책임이 있다(대판 1983.10.11. 83다카531). [기출] 11·12·17

② **구별실익** : 등기부 취득시효(민법 제245조 제2항), 선의취득(민법 제249조) 등에서 과실 없는 점유를 요구한다는 점에서 구별의 실익이 있다.

3) 평온점유와 폭력점유 및 공연점유와 은비점유

① **개념** : 평온점유는 폭력에 의하지 않은 점유을 말하고, 공연점유는 남몰래 하지 않은 점유를 말한다. 점유자는 평온, 공연한 점유로 추정된다(민법 제197조 제1항).

② **구별실익** : 점유자의 과실취득권(민법 제201조 제3항), 취득시효(민법 제245조), 선의취득(민법 제249조)에서는 평온, 공연한 점유가 요구된다.

4) 계속점유와 불계속점유

① **개념** : 계속점유와 불계속점유는 점유의 계속 여부에 의한 구별이다.

② **구별실익** : 취득시효(민법 제245조)와 유치권(민법 제320조) 등에서 구별의 실익이 있다.

③ **추정범위** : 민법상 점유의 계속은 추정된다(민법 제198조). 판례는 민법 제198조 소정의 점유계속 추정은 동일인이 전후 양 시점에 점유한 것이 증명된 때에만 적용되는 것이 아니고 전후 양 시점의 점유자가 다른 경우에도 점유의 승계가 입증되는 한 점유계속은 추정된다(대판 1996.9.20. 96다24279·24286)는 입장이다. [기출] 17

제2관 | 점유권의 취득과 소멸

I 점유권의 취득

1. 의 의

점유를 취득하면 점유권이 발생한다.

2. 취득의 유형

(1) 원시취득

> **점유권의 취득과 소멸(민법 제192조)**
> ① 물건을 사실상 지배하는 자는 점유권이 있다.
> ② 점유자가 물건에 대한 사실상의 지배를 상실한 때에는 점유권이 소멸한다. 그러나 제204조의 규정에 의하여 점유를 회수한 때에는 그러하지 아니하다.

무주물 선점, 유실물 습득, 매장물 발견, 절취 등이 사실행위로 점유가 성립하고, 그 결과 점유권이 발생한다.

(2) 승계취득

1) 특정승계 : 점유권의 양도

> **점유권의 양도(민법 제196조)**
> ① 점유권의 양도는 <u>점유물의 인도</u>로 그 효력이 생긴다.
> ② 전항의 점유권의 양도에는 제188조 제2항(간이인도), 제189조(점유개정), 제190조(목적물반환청구권의 양도)의 규정을 준용한다.

① **현실인도에 의한 승계**(민법 제196조 제1항) : 점유권이전에 대한 물권적 합의와 물건에 대한 사실적 지배의 이전이 있어야 한다. 따라서 행위능력이 필요하고, 흠 있는 의사표시에 관한 규정이 적용된다.

② **간이인도에 의한 승계**(민법 제196조 제2항, 제188조 제2항) : 양수인이 이미 물건을 점유하고 있는 경우에, 의사의 합치만으로 양도인의 점유 및 점유권이 이전된다. 단, 간이인도에 의한 점유권의 승계도 법률행위이므로, 행위능력이 필요하고, 흠 있는 의사표시에 관한 규정이 역시 적용된다.

2) 포괄승계 : 점유권의 상속

> **상속으로 인한 점유권의 이전(민법 제193조)**
> 점유권은 상속인에 이전한다.

① **의의** : 점유권의 상속은 법률의 규정에 의한 점유권의 포괄승계로, 의사표시 또는 점유의 이전을 요하지 않는다.

② **요 건**
  ㉠ 점유권의 상속은 진정상속인에 한한다.
  ㉡ <u>상속인의 점유나 관리를 요하지 않는다. 또한 상속개시사실이나 자신이 상속인임을 알 필요도 없다.</u> 기출 09

③ **효과** : 상속인은 피상속인의 점유의 성질 및 그 하자를 그대로 승계한다. 따라서 <u>상속은 타주점유가 자주점유로 전환되기 위하여 필요한 새로운 권원에 해당하지 않는다</u>(대판 1997.5.30, 97다 2344).

3. 점유권 취득의 효과

(1) 원시취득의 효과

점유의 원시취득으로 점유권이 발생하며, 그때부터 점유권자로 인정된다.

(2) 승계취득의 효과

> **점유의 승계의 주장과 그 효과(민법 제199조)**
> ① 점유자의 승계인은 자기의 점유만을 주장하거나 자기의 점유와 전 점유자의 점유를 아울러 주장할 수 있다.
> ② 전 점유자의 점유를 아울러 주장하는 경우에는 그 하자도 계승한다.

1) 점유의 분리·병합

① 민법 제199조 제1항의 「전 점유자」란 직전의 점유자에 한하는 것이 아니라 현 점유에 앞서는 모든 점유자를 말한다.

② 점유의 병합을 주장하는 경우 「전 점유자」의 하자도 승계한다(민법 제199조 제2항). <u>기출</u> 06 그러나, 판례는 전 점유자의 점유를 승계한 자는 그 점유 자체와 하자만을 승계하는 것이지 그 점유로 인한 법률효과까지 승계하는 것은 아니라고 하였다(대판[전합] 1995.3.28. 93다47745 - 다수의견).

> 전 점유자의 점유를 승계한 자는 그 점유 자체와 하자만을 승계하는 것이지 그 점유로 인한 법률효과까지 승계하는 것은 아니므로 부동산을 취득시효기간 만료 당시의 점유자로부터 양수하여 점유를 승계한 현 점유자는 자신의 전 점유자에 대한 소유권이전등기청구권을 보전하기 위하여 전 점유자의 소유자에 대한 소유권이전등기청구권을 대위행사할 수 있을 뿐, 전 점유자의 취득시효 완성의 효과를 주장하여 직접 자기에게 소유권이전등기를 청구할 권원은 없다(대판[전합] 1995.3.28. 93다47745 - 다수의견).

③ 점유의 분리를 주장하는 경우 점유자는 자기의 점유만을 주장할 수 있고, 이때에는 비록 전 점유자의 점유가 타주점유라 하여도 현 점유자의 점유는 자주점유로 추정된다(대판 2002.2.26. 99다72743). <u>기출</u> 17

2) 취득시효 기산점의 선택

① 원칙 : 현 점유자가 자기의 점유개시일을 기산점으로 삼거나 점유의 승계가 있는 경우 전 점유자의 점유개시일을 선택할 수 있을 뿐, 점유기간 중의 임의의 시점을 취득시효의 기산점으로 선택할 수는 없다(대판 1998.4.10. 97다56822).

② 예외 : 단, 등기명의인의 변경이 없는 경우, 즉 이해관계인이 없다면 임의의 시점을 선택할 수 있다.

> • 부동산의 취득시효에 있어 시효기간의 경과를 계산하기 위한 기산점은 그 부동산에 대한 소유 명의자가 동일하고 그 변동이 없는 경우가 아니라면 원칙적으로 시효취득의 기초가 되는 점유가 개시된 시점이 기산점이 되고, 당사자가 기산점을 임의로 선택할 수 없으며, 그 기산점을 기초로 취득시효가 일단 완성된 후에 제3취득자가 소유권이전등기를 마친 경우에는 그 자에 대하여 취득시효로 대항할 수 없다(대판 1999.2.12. 98다40688).
> • 취득시효기간 중 계속해서 등기명의자가 동일한 경우에는 그 기산점을 어디에 두든지 간에 취득시효의 완성을 주장할 수 있는 시점에서 보아 그 기간이 경과한 사실만 확정되면 충분하므로, 전 점유자의 점유를 승계하여 자신의 점유기간과 통산하면 20년이 경과한 경우에 있어서도 전 점유자가 점유를 개시한 이후의 임의의 시점을 그 기산점으로 삼아 취득시효의 완성을 주장할 수 있고, 이는 소유권에 변동이 있더라도 그 이후 계속해서 취득시효기간이 경과하도록 등기명의자가 동일하다면 그 소유권 변동 이후 전 점유자의 점유기간과 자신의 점유기간을 통산하여 20년이 경과한 경우에 있어서도 마찬가지이다(대판 1998.5.12. 97다34037).

3) 상속인이 피상속인의 점유와의 분리를 주장할 수 있는지 여부

① 문제점 : 통설·판례에 의하면 상속 자체가 점유변경의 새로운 권원이 될 수는 없는데, 상속인이 현실적인 점유를 개시한 때부터 점유의 분리를 주장하여 자신만의 점유를 주장할 수 있는지 견해가 대립된다.

② **학설** : 상속인이 사실상의 점유를 취득한다고 해도 새로운 권원을 취득한 것은 아니기 때문에 민법 제199조는 상속의 경우에는 적용될 수 없다는 ㉠ 소수견해가 있으나 ㉡ 다수설은 상속인이 스스로 사실상의 지배를 취득한 때부터 점유를 분리·병합할 수 있다고 보아 자신의 하자 없는 점유만을 주장할 수 있다고 한다.

③ **판례** : 상속에 의하여 점유권을 취득한 경우에는 상속인이 새로운 권원에 의하여 자기 고유의 점유를 시작하지 않는 한 피상속인의 점유를 떠나 자기만의 점유를 주장할 수 없고, 선대의 점유가 타주점유인 경우 선대로부터 상속에 의하여 점유를 승계한 자의 점유도 그 성질 내지 태양을 달리하는 것이 아니어서 특단의 사정이 없는 한 그 점유가 자주점유로 될 수 없고, 그 점유가 자주점유가 되기 위하여는 점유자가 소유자에 대하여 소유의 의사가 있는 것을 표시하거나 새로운 권원에 의하여 다시 소유의 의사로써 점유를 시작하여야 한다(대판 2004.9.24. 2004다27273).

Ⅱ 점유권의 소멸

> **점유권의 취득과 소멸(민법 제192조)**
> ② 점유자가 물건에 대한 사실상의 지배를 상실한 때에는 점유권이 소멸한다. 그러나 제204조의 규정에 의하여 점유를 회수한 때에는 그러하지 아니하다.

점유자가 물건에 대한 사실상의 지배를 상실한 때에는 점유권이 소멸한다(민법 제192조 제2항 본문). 그러나 점유침탈의 경우에 점유자가 민법 제204조에 기하여 점유를 회수하면 점유권은 처음부터 상실되지 않았던 것으로 다루어진다(민법 제192조 제2항 단서).

> [참고] 건물의 소유권이 양도된 경우에는 특별한 사정이 없는 한 건물의 양도인인 전(前) 소유자는 그 건물의 부지에 대한 점유를 상실한다(대판 1993.10.26. 93다2483). **기출 24**

제3관 | 점유권의 효력

Ⅰ 총 설

점유(권)의 효력으로 민법은 점유의 권리적법의 추정력(민법 제200조), 점유자와 회복자의 관계(민법 제201조 내지 제203조), 점유보호청구권(민법 제204조 내지 제208조) 및 자력구제권(민법 제209조)을 규정하고 있다.

Ⅱ 점유의 권리적법의 추정력

> **권리의 적법의 추정(민법 제200조)**
> 점유자가 점유물에 대하여 행사하는 권리는 적법하게 보유한 것으로 추정한다.

1. 의 의

「권리적법의 추정력」이란 점유자가 점유물에 대하여 행사하는 권리는 적법하게 보유한 것으로 추정하는 효력을 말한다(민법 제200조).

2. 요 건

① 점유의 권리적법의 추정은 동산에 관해서만 적용되고, 특별한 사정이 없는 한 부동산 물권에 대하여는 적용되지 않는다(대판 1982.4.13. 81다780). **기출 09·11** 또한 미등기 부동산의 경우에도 민법 제200조는 적용되지 않는다.

② 민법 제200조가 적용되기 위한 요건은 「점유」뿐이므로, 점유의 종류 또는 하자의 유무는 문제되지 않는다.

3. 추정력의 범위

① 추정력은 제3자도 원용할 수 있다.

② 추정되는 것은 「점유물에 대하여 행사하는 권리」로 물권뿐만 아니라 점유할 수 있는 모든 권리를 포함한다.

③ 점유승계의 당사자 간에는 민법 제200조를 적용할 수 없다(통설, 대판 1964.12.8. 64다714). 따라서 점유자는 자기 자신의 점유권원을 스스로 입증하여야 한다.

④ 점유자의 불이익을 위해서도 추정된다.

4. 추정의 효과(증명책임의 전환)

점유자는 자기가 주장하는 권리의 존재를 적극적으로 증명할 책임을 지지 않는다. 오히려 상대방이 점유자의 권리가 부존재함을 증명할 책임을 지게 된다.

Ⅲ 점유자와 회복자의 관계

1. 서 설

본권에 기하여 타인의 물건을 점유하던 자가 그 물건을 반환하는 경우에는 본권을 발생시킨 법률관계에 따라 청산을 하면 된다. 반면 적법하게 점유할 권리를 가지지 않은 점유자가 소유자 등 본권자의 반환청구권의 행사에 응하여야 할 의무가 있는 경우, 그 물건의 반환뿐만 아니라 기타 부수적인 이해관계의 조정이라는 문제를 규율하는 것이 민법 제201조 내지 제203조 규정이다. 이하에서는 이에 대해서 검토하겠다.

2. 점유자의 과실취득

> **점유자와 과실(민법 제201조)** 기출 06 · 15 · 21
> ① 선의의 점유자는 점유물의 과실을 취득한다.
> ② 악의의 점유자는 수취한 과실을 반환하여야 하며 소비하였거나 과실로 인하여 훼손 또는 수취하지 못한 경우에는 그 과실의 대가를 보상하여야 한다.
> ③ 전항의 규정은 폭력 또는 은비에 의한 점유자에 준용한다.

(1) 선의점유자의 과실취득권

1) 의 의

선의의 점유자가 그 점유물의 과실을 취득하는 권리를 말한다(민법 제201조 제1항). 민법 제201조 제1항은 선의수익자의 반환범위에 관한 민법 제748조 제1항에 대한 특칙으로 선의점유자의 과실취득권을 인정한 것이다.

2) 요 건

① 선의 : 선의의 점유자란 과실취득권을 포함하는 권원(소유권, 지상권, 임차권 등)이 있다고 오신한 점유자를 말하고, 그와 같은 오신을 함에는 오신할 만한 근거가 있어야 한다(대판 1981.8.20. 80다2587). 기출 09 · 15 다만, 선의의 점유자라도 본권에 관한 소에 패소한 때에는 그 소가 제기된 때로부터 악의의 점유자로 간주된다(민법 제197조 제2항). 또한 폭력 또는 은비에 의한 점유자는 비록 선의일지라도 악의의 점유자와 동일시된다.

② 점유자 : 점유자란 점유할 권원 없이 타인의 물건을 점유하여 본권자에 대하여 그 물건의 반환의무를 부담하고 있는 자를 의미한다.

3) 효 과

① 과실의 취득
  ㉠ 여기의 과실에는 천연과실과 법정과실이 포함된다. 기출 09 또한 판례는 사용이익도 과실에 준한 것으로 본다(대판 1996.1.26. 95다44290).

> 민법 제201조 제1항에 의하면 선의의 점유자는 점유물의 과실을 취득한다고 규정하고 있는바, 건물을 사용함으로써 얻는 이득은 그 건물의 과실에 준하는 것이므로, 선의의 점유자는 비록 법률상 원인 없이 타인의 건물을 점유 · 사용하고 이로 말미암아 그에게 손해를 입혔다고 하더라도 그 점유 · 사용으로 인한 이득을 반환할 의무는 없다(대판 1996.1.26. 95다44290).

  ㉡ 민법 제201조 제1항 「과실을 취득한다」의 의미 : 통설과 판례는 선의점유자에게 과실을 수취할 수 있는 권리를 적극적으로 부여한 것으로 본다.
② 부당이득반환청구권과의 관계 : 민법 제201조 제1항에 의하면 선의의 점유자는 점유물의 과실을 취득한다고 규정하고 있고, 한편 토지를 사용함으로써 얻는 이득은 그 토지로 인한 과실과 동시할 것이므로 선의의 점유자는 비록 법률상 원인 없이 타인의 토지를 점유사용하고 이로 말미암아 그에게 손해를 입혔다 하더라도 그 점유사용으로 인한 이득을 그 타인에게 반환할 의무는 없다(대판 1987.9.22. 86다카1996 · 1997). 기출 09

③ **불법행위책임과의 관계** : 선의의 점유자도 과실취득권이 있다하여 불법행위로 인한 손해배상 책임이 배제되는 것은 아니다(대판 1966.7.19. 66다994). 기출 12 따라서 민법 제201조 제1항과 민법 제750조의 불법행위책임은 경합한다.

(2) 악의점유자의 과실반환의무

1) 의 의

악의점유자란 선의의 점유자가 아닌 점유자를 말한다. 따라서 폭력 또는 은비에 의한 점유자(민법 제201조 제3항) 및 과실수취권이 없는 본권에 관하여 오신한 자는 모두 악의의 점유자가 된다. 또한 선의점유자라도 본권에 관한 소에 패소한 때에는 그 소가 제기된 때로부터 악의의 점유자로 본다 (민법 제197조 제2항).

> 민법 제201조 제1항에 의하면, 선의의 점유자는 점유물의 과실을 취득한다고 규정되어 있고, 민법 제197조 제1항에 의하면, 점유는 선의인 것으로 추정되도록 규정되어 있으나, 같은 조 제2항에는 선의의 점유자라도 본권에 관한 소에 패소한 때에는 그 소가 제기된 때로부터 악의의 점유자로 본다고 규정되어 있는바, 위 민법 제197조 제2항의 취지와 부당이득반환에 관한 민법 제749조 제2항의 취지 등에 비추어 볼 때, 여기서의 본권에 관한 소에는 소유권에 기하여 점유물의 인도나 명도를 구하는 소송은 물론 부당점유자를 상대로 점유로 인한 부당이득의 반환을 구하는 소송도 포함된다(대판 2002.11.22. 2001다6213).

2) 반환의무의 내용

① **과실반환의무 및 대가보상**

㉠ 악의점유자는 수취한 과실을 반환해야 한다(민법 제201조 제2항 전단). 판례는 악의점유자의 반환 범위가 민법 제748조 제2항에 따라 정해진다는 입장이다(대판 2003.11.14. 2001다61869).

> 타인 소유물을 권원 없이 점유함으로써 얻은 사용이익을 반환하는 경우 민법은 선의 점유자를 보호하기 위하여 제201조 제1항을 두어 선의 점유자에게 과실수취권을 인정함에 대하여, 이러한 보호의 필요성이 없는 악의 점유자에 관하여는 민법 제201조 제2항을 두어 과실수취권이 인정되지 않는다는 취지를 규정하는 것으로 해석되는바, 따라서 악의 수익자가 반환하여야 할 범위는 민법 제748조 제2항에 따라 정하여지는 결과 그는 받은 이익에 이자를 붙여 반환하여야 하며, 위 이자의 이행지체로 인한 지연손해금도 지급하여야 한다(대판 2003.11.14. 2001다61869). 기출 09 · 16 · 21

㉡ 또한 악의의 점유자가 수취한 과실을 소비하였거나 과실로 인하여 훼손 또는 수취하지 못한 경우 그 과실의 대가를 보상하여야 한다(민법 제201조 제2항 후단). 기출 21

② **악의의 확장** : 민법 제197조 제2항 또는 제201조 제3항에 의하여 악의가 확장되기도 한다.

③ **불법행위책임과의 관계** : 악의점유자의 과실반환의무에 관한 민법 제201조 제2항은 불법행위에 관한 민법 제750조와 경합한다. 즉, 민법 제201조 제2항은 악의점유자의 과실반환 및 대가보상에 관한 규정이고, 민법 제750조의 불법행위책임은 피해자의 손해전보를 목적으로 하는 것으로 양자는 그 관점과 목적이 다르므로 경합적으로 적용된다는 의미이다(대판 1961.6.29. 4293민상704).

3. 점유물의 멸실·훼손에 대한 책임

> **점유자의 회복자에 대한 책임(민법 제202조)** [기출] 02·04·11·12·14·21·23
> 점유물이 점유자의 책임 있는 사유로 인하여 멸실 또는 훼손한 때에는 악의의 점유자는 그 손해의 전부를 배상하여야 하며 선의의 점유자는 이익이 현존하는 한도에서 배상하여야 한다. 소유의 의사가 없는 점유자는 선의인 경우에도 손해의 전부를 배상하여야 한다.

(1) 의 의

점유물이 점유자에게 책임 있는 사유로 멸실 또는 훼손된 경우에, 회복자와 사이에 계약관계 등이 없다면 일반적으로 불법행위로 인한 손해배상책임이 문제된다. 그런데 민법 제202조는 선의 자주점유자의 손해배상책임에 관한 민법 제750조의 특칙에 해당하여 책임을 경감한다(대판 1966.7.19. 66다994).

(2) 요 건

① **점유물이 멸실·훼손되었을 것** : 민법 제202조의 멸실은 물리적 멸실뿐만 아니라 법률적 멸실을 포함한다. 그리고 훼손이란 물건의 가치를 저하시키는 일체의 행위를 말한다.

② **점유물의 멸실·훼손이 점유자의 책임 있는 사유로 인할 것**

(3) 효 과

1) 점유자가 선의인 경우

① **자주점유인 경우** : 소유의 의사가 있는 선의·자주점유자는 회복자에 대하여 이익이 현존하는 한도에서 배상책임이 있다(민법 제202조 전문 후단).

② **타주점유인 경우** : 소유의 의사가 없는 타주점유자는 비록 선의이더라도 악의점유자와 마찬가지로 점유물의 멸실·훼손에 대한 손해의 전부를 배상하여야 한다(민법 제202조 후문). [기출] 23

2) 점유자가 악의인 경우

악의의 점유자는 자주점유이든 타주점유이든 관계없이 점유물의 멸실·훼손에 대한 손해 전부를 배상하여야 한다(민법 제202조 전문 전단). [기출] 23

4. 점유자의 비용상환청구권

> **점유자의 상환청구권(민법 제203조)** [기출] 02·04·11·12
> ① 점유자가 점유물을 반환할 때에는 회복자에 대하여 점유물을 보존하기 위하여 지출한 금액 기타 필요비의 상환을 청구할 수 있다. 그러나 점유자가 과실을 취득한 경우에는 통상의 필요비는 청구하지 못한다.
> ② 점유자가 점유물을 개량하기 위하여 지출한 금액 기타 유익비에 관하여는 그 가액의 증가가 현존한 경우에 한하여 회복자의 선택에 좇아 그 지출금액이나 증가액의 상환을 청구할 수 있다.
> ③ 전항의 경우에 법원은 회복자의 청구에 의하여 상당한 상환기간을 허여할 수 있다.

(1) 의 의

비용상환청구권은 점유자의 선의·악의 및 자주점유·타주점유를 불문하고 인정되는데 `기출 11` , 이는 적법한 점유를 요건으로 하는 유치권(민법 제320조 제2항)과 비교된다.

(2) 요 건

1) 비용지출

① 필요비 : 필요비는 물건을 통상적으로 사용하는 데 적합한 상태로 보존하고 관리하는데에 지출되는 비용을 말한다. 이에는 ㉠ 수리비, 조세 등 점유자가 이용하는 동안에 지출된 보존비용에 해당하는 통상의 필요비와 ㉡ 태풍으로 피해를 입은 주택을 수선하는데 드는 비용 등의 평상적인 보존 이외에 지출하는 특별한 필요비로 나눌 수 있다.

② 유익비 : 유익비는 필요비를 제외한 기타의 비용, 즉 물건의 개량이나 물건의 가치를 증가시키기 위하여 지출된 비용을 말한다. 유익비 상환을 청구하기 위해서는 지출한 비용으로 그 물건 가액의 증가가 현존하여야 한다(민법 제203조 제2항).

2) 상환청구권자

① 타인의 소유물을 권원 없이 점유하면서 그 비용지출과정을 관리한 자이어야 한다.

② 대항력 없는 임차인의 낙찰인에 대한 비용상환청구

    ㉠ 문제점 : 임대인 甲과 임대차계약을 체결한 대항력 없는 임차인 乙이 임차목적물에 유익비를 지출한 후 임차목적물이 경매가 되었고, 그 경매절차에서 丙이 소유권을 취득한 경우, 임차인 乙이 경락인 丙에게 민법 제203조에 근거하여 비용상환을 청구할 수 있는지 문제된다.

    ㉡ 판례 : 민법 제203조 제2항에 의한 점유자의 회복자에 대한 유익비상환청구권은 점유자가 계약관계 등 적법하게 점유할 권리를 가지지 않아 소유자의 소유물반환청구에 응하여야 할 의무가 있는 경우에 성립되는 것으로서, 이 경우 점유자는 그 비용을 지출할 당시의 소유자가 누구이었는지 관계없이 점유회복 당시의 소유자 즉 회복자에 대하여 비용상환청구권을 행사할 수 있는 것이나, 점유자가 유익비를 지출할 당시 계약관계 등 적법한 점유의 권원을 가진 경우에 그 지출비용의 상환에 관하여는 그 계약관계를 규율하는 법조항이나 법리 등이 적용되는 것이어서, 점유자는 그 계약관계 등의 상대방에 대하여 해당 법조항이나 법리에 따른 비용상환청구권을 행사할 수 있을 뿐 계약관계 등의 상대방이 아닌 점유회복 당시의 소유자에 대하여 민법 제203조 제2항에 따른 지출비용의 상환을 구할 수는 없다(대판 2003.7.25. 2001다64752). `기출 09·15·16` 따라서 임차인 乙은 민법 제203조 제2항에 따라 경락인 丙에게 비용상환을 청구할 수는 없고, 임대인 甲에게 민법 제626조 제2항에 근거하여 비용상환을 청구하여야 한다는 입장이다.

③ 도급계약에서 비용상환청구권자

    ㉠ 문제점 : 유효한 도급계약에 기하여 수급인 乙이 도급인 甲으로부터 제3자 丙소유 물건의 점유를 이전받아 이를 수리한 결과 그 물건의 가치가 증가한 경우, 도급인 甲과 수급인 乙 중에 누가 물건의 소유자 丙에게 민법 제203조에 의한 비용상환청구권을 행사할 수 있는 비용지출자인지 문제된다.

ⓛ **판례** : 유효한 도급계약에 기하여 수급인이 도급인으로부터 제3자 소유 물건의 점유를 이전받아 이를 수리한 결과 그 물건의 가치가 증가한 경우, 도급인이 그 물건을 간접점유하면서 궁극적으로 자신의 계산으로 비용지출과정을 관리한 것이므로, 도급인만이 소유자에 대한 관계에 있어서 민법 제203조에 의한 비용상환청구권을 행사할 수 있는 비용지출자라고 할 것이고, 수급인은 그러한 비용지출자에 해당하지 않는다고 보아야 한다(대판 2002.8.23. 99다66564 · 66571). 따라서 수급인 乙은 민법 제203조에 의한 비용상환청구권을 회복자 丙에게 청구할 수 없다는 입장이다.

3) 상환의무자

비용상환청구의 상대방은 소유물반환청구권을 행사하는 현재의 소유자인 회복자이다. 다만, 점유자의 비용지출 후에 소유자가 변경된 경우에는 신소유자가 구소유자의 반환범위에 속하는 것을 포함하여 함께 책임을 진다(대판 1965.6.15. 65다598 · 599).

4) 행사시기

민법 제203조 제1항 · 제2항에 의한 점유자의 필요비 또는 유익비상환청구권은 점유자가 회복자로부터 점유물의 반환을 청구받거나 회복자에게 점유물을 반환한 때에 비로소 회복자에 대하여 행사할 수 있다(대판 1994.9.9. 94다4592 등). **기출 21**

(3) 효 과

1) 필요비상환청구

① 점유자는 회복자에 대하여 필요비의 상환을 청구할 수 있다(민법 제203조 제1항 본문). 다만, 통상의 필요비는 점유자가 과실을 취득한 경우에는 상환을 청구하지 못한다(민법 제203조 제1항 단서).

> 기계의 점유자가 그 기계장치를 계속 사용함에 따라 마모되거나 손상된 부품을 교체하거나 수리하는 데에 소요된 비용은 통상의 필요비에 해당하고, 그러한 통상의 필요비는 점유자가 과실을 취득하면 회복자로부터 그 상환을 구할 수 없다(대판 1996.7.12. 95다41161 · 41178). **기출 11**

② 필요비는 유익비와 달리 상환기간의 유예가 허용되지 않는다(민법 제203조 제3항 반대해석).

③ 민법 제203조 제1항 단서에서 말하는 '점유자가 과실을 취득한 경우'의 의미 및 과실수취권이 없는 악의의 점유자에 대하여 위 단서 규정이 적용되는지 여부(소극)

> 민법 제201조 제1항은 "선의의 점유자는 점유물의 과실을 취득한다."라고 정하고, 제2항은 "악의의 점유자는 수취한 과실을 반환하여야 하며 소비하였거나 과실로 인하여 훼손 또는 수취하지 못한 경우에는 그 과실의 대가를 보상하여야 한다."라고 정하고 있다. 민법 제203조 제1항은 "점유자가 점유물을 반환할 때에는 회복자에 대하여 점유물을 보존하기 위하여 지출한 금액 기타 필요비의 상환을 청구할 수 있다. 그러나 점유자가 과실을 취득한 경우에는 통상의 필요비는 청구하지 못한다."라고 정하고 있다. 위 규정을 체계적으로 해석하면 민법 제203조 제1항 단서에서 말하는 '점유자가 과실을 취득한 경우'란 점유자가 선의의 점유자로서 민법 제201조 제1항에 따라 과실수취권을 보유하고 있는 경우를 뜻한다고 보아야 한다. 선의의 점유자는 과실을 수취하므로 물건의 용익과 밀접한 관련을 가지는 비용인 통상의 필요비를 스스로 부담하는 것이 타당하기 때문이다. 따라서 과실수취권이 없는 악의의 점유자에 대해서는 위 단서 규정이 적용되지 않는다(대판 2021.4.29. 2018다261889). **기출 23**

2) 유익비상환청구

점유물을 개량하기 위하여 지출한 금액 기타 유익비에 관하여는 그 가액의 증가가 현존한 경우에 한하여 회복자의 선택에 좇아 그 지출금액이나 증가액의 상환을 청구할 수 있다(민법 제203조 제2항). 이때 실제 지출금액 및 현존 증가액에 관한 증명책임은 모두 유익비의 상환을 구하는 점유자에게 있다. `기출 23`

0) 유치권 행사 여부

필요비·유익비는 물건에 관하여 생긴 채권이므로(민법 제320조 제1항), 점유자는 비용의 상환을 받을 때까지 유치권에 근거하여 점유물의 반환을 거절할 수 있다. 다만, 유예기간이 주어지면 점유자의 유치권은 성립하지 않는다(민법 제203조 제3항).

Ⅳ 점유보호청구권

1. 서 설

점유보호청구권은 점유에 대한 침해 또는 그 우려가 있는 경우에 본권의 유무와 관계없이 점유 그 자체를 보호하기 위하여 인정되는 물권적 청구권이다. 따라서 불법행위를 원인으로 하는 손해배상청구권과는 달리 상대방의 고의·과실을 요건으로 하지 않는다. `기출 12` 민법은 점유보호청구권의 유형으로 점유물반환청구권(민법 제204조), 점유물방해제거청구권(민법 제205조), 점유물방해예방청구권(민법 제206조)을 규정하고 있다.

2. 점유물반환청구권

점유의 회수(민법 제204조) `기출 15·19`
① 점유자가 점유의 침탈을 당한 때에는 그 물건의 반환 및 손해의 배상을 청구할 수 있다.
② 전항의 청구권은 침탈자의 특별승계인에 대하여는 행사하지 못한다. 그러나 승계인이 악의인 때에는 그러하지 아니하다.
③ 제1항의 청구권은 침탈을 당한 날로부터 1년 내에 행사하여야 한다.

간접점유의 보호(민법 제207조)
① 전3조의 청구권은 제194조의 규정에 의한 간접점유자도 이를 행사할 수 있다.
② 점유자가 점유의 침탈을 당한 경우에 간접점유자는 그 물건을 점유자에게 반환할 것을 청구할 수 있고 점유자가 그 물건의 반환을 받을 수 없거나 이를 원하지 아니하는 때에는 자기에게 반환할 것을 청구할 수 있다.

(1) 의 의

점유물반환청구권은 점유자가 점유의 침탈을 당한 때 그 물건의 반환 및 손해의 배상을 청구할 수 있는 권리이다(민법 제204조 제1항).

(2) 요 건

1) 점유의 침탈이 있을 것

① 점유의 침탈이란 강도나 절도와 같이 점유자가 그 의사에 기하지 아니하고 점유물에 대한 사실적 지배를 빼앗긴 경우를 말한다. 따라서 사기의 의사표시에 의해 건물을 명도해 준 것이라면 건물의 점유를 침탈당한 것이 아니므로 피해자는 점유회수의 소권을 가진다고 할 수 없다(대판 1992.2.28. 91다17443). 기출 12

② 침탈 여부는 「직접점유자」를 기준으로 판단하여야 한다.

> 직접점유자가 임의로 점유를 타에 양도한 경우에는 점유이전이 간접점유자의 의사에 반한다 하더라도 간접점유자의 점유가 침탈된 경우에 해당하지 않는다(대판 1993.3.9. 92다5300).

2) 청구권자

① 점유를 침탈당한 직접점유자는 물론 간접점유자도 청구권자가 될 수 있다. 그러나 점유자가 아닌 점유보조자는 청구권자가 될 수 없다.

② 본권의 유무와는 관계없이 반환을 청구할 수 있다(대판 1962.1.15. 4294민상793). 기출 19

3) 상대방

점유물반환청구권의 상대방은 점유를 침탈하여 현재 점유하고 있는 자이다. 따라서 침탈자라도 점유물반환청구권 행사 당시 점유를 상실하였다면 상대방이 될 수 없다(대판 1995.6.30. 95다12927). 또한 점유침탈자의 포괄승계인은 언제든지 상대방이 될 수 있으나, 특별승계인은 악의인 경우에 한하여 상대방이 될 수 있다(민법 제204조 제2항). 기출 19

> [1] 점유자의 점유회수청구권은 침탈자의 특별승계인에 대하여는 행사하지 못하고, 다만 승계인이 악의인 때에만 행사할 수 있다. [2] 임차인 甲이 임차보증금의 반환을 요구하며 임차물을 유치하던 중 임차물 관리인 乙이 그 점유를 침탈하여 점유·사용하다가 임대인으로부터 이를 다시 임차한 丙에게 이전한 경우, 乙은 이미 점유를 상실하였고 또 丙을 통하여 간접점유하고 있다고도 할 수 없어 甲의 乙에 대한 명도청구는 배척될 수밖에 없고, 乙이 甲의 점유를 침탈한 당사자라거나 丙이 소송을 인수한 후에도 탈퇴하지 않고 있다고 하여 달리 볼 것은 아니다(대판 1995.6.30. 95다12927).

(3) 효 과

① 물건의 반환청구 : 점유자는 침탈당한 물건의 반환을 청구할 수 있다(민법 제204조 제1항, 제207조 제2항).

② 손해배상청구 : 민법 제204조 제1항이 인정하는 손해배상청구권은 불법행위책임일 뿐 점유보호청구권의 내용은 아니다. 따라서 손해배상청구권은 불법행위의 요건을 갖춘 경우를 전제로 인정된다.

(4) 제척기간

점유물반환청구권은 점유물을 침탈당한 날로부터 1년 내에 행사하여야 한다(민법 제204조 제3항). 이 제척기간은 출소기간에 해당한다(대판 2002.4.26. 2001다8097 · 8103).

> **[민법 제204조 제3항과 제205조 제2항 소정의 점유보호청구권의 행사기간이 출소기간인지 여부(적극)]**
>
> 민법 제204조 제3항과 제205조 제2항에 의하면 점유를 침탈당하거나 방해를 받은 자의 침탈자 또는 방해자에 대한 청구권은 그 점유를 침탈당한 날 또는 점유의 방해행위가 종료된 날로부터 1년 내에 행사하여야 하는 것으로 규정되어 있는데, 여기에서 제척기간의 대상이 되는 권리는 형성권이 아니라 통상의 청구권인 점과 점유의 침탈 또는 방해의 상태가 일정한 기간을 지나게 되면 그대로 사회의 평온한 상태가 되고 이를 복구하는 것이 오히려 평화질서의 교란으로 볼 수 있게 되므로 일정한 기간을 지난 후에는 원상회복을 허용하지 않는 것이 점유제도의 이상에 맞고 여기에 점유의 회수 또는 방해제거 등 청구권에 단기의 제척기간을 두는 이유가 있는 점 등에 비추어 볼 때, 위의 제척기간은 재판 외에서 권리행사하는 것으로 족한 기간이 아니라 반드시 그 기간 내에 소를 제기하여야 하는 이른바 출소기간으로 해석함이 상당하다(대판 2002.4.26. 2001다8097 · 8103). `기출 19`
>
> **[민법 제204조 제3항에서 말하는 1년의 행사기간의 의미(= 소를 제기하여야 하는 제척기간) 및 점유를 침탈당한 자가 본권인 유치권 소멸에 따른 손해배상청구권을 행사하는 경우, 위 조항이 적용되는지 여부(소극)]**
>
> 민법 제204조에 따르면, 점유자가 점유의 침탈을 당한 때에는 그 물건의 반환 및 손해의 배상을 청구할 수 있고(제1항), 위 청구권은 점유를 침탈당한 날부터 1년 내에 행사하여야 하며(제3항), 여기서 말하는 1년의 행사기간은 제척기간으로서 소를 제기하여야 하는 기간을 말한다. 그런데 민법 제204조 제3항은 본권 침해로 발생한 손해배상청구권의 행사에는 적용되지 않으므로 점유를 침탈당한 자가 본권인 유치권 소멸에 따른 손해배상청구권을 행사하는 때에는 민법 제204조 제3항이 적용되지 아니하고, 점유를 침탈당한 날부터 1년 내에 행사할 것을 요하지 않는다(대판 2021.8.19. 2021다213866). `기출 23`

3. 점유물방해제거청구권

> **점유의 보유(민법 제205조)**
> ① 점유자가 점유의 방해를 받은 때에는 그 방해의 제거 및 손해의 배상을 청구할 수 있다.
> ② 전항의 청구권은 방해가 종료한 날로부터 1년 내에 행사하여야 한다.
> ③ 공사로 인하여 점유의 방해를 받은 경우에는 공사착수후 1년을 경과하거나 그 공사가 완성한 때에는 방해의 제거를 청구하지 못한다.

(1) 의 의

점유물방해제거청구권은 점유자가 점유의 방해를 받은 경우 그 방해의 제거 및 손해의 배상을 청구할 수 있는 권리이다(민법 제205조 제1항).

(2) 요 건

① **점유의 방해 필요** : 점유의 방해란 점유의 침탈 이외의 방법으로 점유를 방해하는 것이다(대판 1987.6.9. 86다카2942). 침탈과 달리 점유자가 점유를 상실하지는 않는다.

② **방해자의 고의 · 과실 등의 귀책사유 불요** : 점유물방해제거청구권은 물권적 청구권에 해당하므로 방해자의 고의 · 과실 등의 귀책사유를 요하지 않는다. 다만, 손해배상청구의 경우에는 점유물반환청구권과 마찬가지로 불법행위책임의 내용으로 고의 · 과실을 요한다(민법 제750조).

(3) 효 과

방해의 제거 및 손해배상을 청구할 수 있다(민법 제205조 제1항).

(4) 제척기간 등

① 기간 : 민법 제205조 제2항이 정한 1년의 제척기간은 재판 외에서 권리행사를 하는 것으로 족한 기간이 아니라 반드시 그 기간 내에 소를 제기하여야 하는 이른바 출소기간이다(대판[병합] 2016.7.29. 2016다214483 · 2016다214490).

② 기산점 : 점유물방해제거청구권은 방해가 종료한 날로부터 1년 내에 행사하여야 한다(민법 제205조 제2항). 여기서 「방해가 종료한 날」의 의미에 대해 견해 대립이 있으나, 판례는 방해 상태가 종료한 날이 아닌 방해행위가 종료한 날을 의미한다고 본다.

> 민법 제205조에 의하면, 점유자가 점유의 방해를 받은 때에는 방해의 제거 및 손해의 배상을 청구할 수 있고(제1항), 제1항의 청구권은 방해가 종료한 날로부터 1년 내에 행사하여야 하는데(제2항), 민법 제205조 제2항이 정한 '1년의 제척기간'은 재판 외에서 권리행사하는 것으로 족한 기간이 아니라 반드시 그 기간 내에 소를 제기하여야 하는 이른바 출소기간으로 해석함이 타당하다. 그리고 기산점이 되는 '방해가 종료한 날'은 방해행위가 종료한 날을 의미한다(대판 2016.7.29. 2016다214483 · 2016다214490[병합]). 기출 11 · 14

4. 점유물방해예방청구권

> **점유의 보전(민법 제206조)**
> ① 점유자가 점유의 방해를 받을 염려가 있는 때에는 그 방해의 예방 또는 손해배상의 담보를 청구할 수 있다.
> ② 공사로 인하여 점유의 방해를 받을 염려가 있는 경우에는 전조 제3항의 규정을 준용한다.

(1) 의 의

점유물방해예방청구권은 점유자가 점유의 방해를 받을 염려가 있는 때에 그 방해의 예방 또는 손해배상의 담보를 청구할 수 있는 권리이다(민법 제206조 제1항).

(2) 요 건

점유의 방해를 받을 염려가 있어야 한다. 판례는 「방해예방청구권(점유보전청구권)에 있어서 점유를 방해할 염려나 위험성이 있는지의 여부는 구체적인 사정하에 일반경험법칙에 따라 객관적으로 판정되어야 할 것이다」(대판 1987.6.9. 86다카2942)라고 판시하였다.

(3) 효 과

방해의 예방 또는 손해배상의 담보를 청구할 수 있다.

(4) 제척기간

점유물방해예방청구권은 방해의 염려가 있는 동안에는 언제든지 행사할 수 있으나, 공사로 인하여 점유의 방해를 받을 염려가 있는 경우에는 공사착수 후 1년을 경과하거나 그 공사가 완공된 때에는 청구하지 못한다(민법 제206조 제2항, 제205조 제3항).

V 점유의 소와 본권의 소와의 관계

> **점유의 소와 본권의 소와의 관계(민법 제208조)** 기출 19
> ① 점유권에 기인한 소와 본권에 기인한 소는 서로 영향을 미치지 아니한다.
> ② 점유권에 기인한 소는 본권에 관한 이유로 재판하지 못한다.

「점유의 소」는 점유보호청구권을 청구원인으로 하는 소를 말하고, 「본권의 소」는 소유권, 전세권, 임차권 등과 같은 점유할 수 있는 권리를 청구원인으로 하는 소를 말한다.

> **본권의 주장과 점유회수의 청구**
>
> 점유회수의 청구에 대하여 점유침탈자가 점유물에 대한 본권이 있다는 주장으로 점유회수를 배척할 수 없음은 민법 제208조의 규정 취지에 비추어 명백하다(대판 1967.6.20. 67다479). 기출 19
>
> **[점유회수의 청구 요건 및 여기서 '점유'의 의미와 판단 기준 / 점유권에 기한 본소에 대하여 본권자가 본소청구 인용에 대비하여 본권에 기한 예비적 반소를 제기하고 양 청구가 모두 이유 있는 경우, 법원은 위 본소와 반소를 모두 인용하여야 하는지 여부(적극) 및 점유권에 기한 본소를 본권에 관한 이유로 배척할 수 있는지 여부(소극)]**
>
> 점유자가 점유의 침탈을 당한 때에는 그 물건의 반환 등을 청구할 수 있고 이러한 점유회수의 청구에 있어서는 점유를 침탈당하였다고 주장하는 당시에 점유하고 있었는지의 여부만을 살피면 된다(민법 제204조 제1항). 여기서 점유란 물건이 사회통념상 그 사람의 사실적 지배에 속한다고 보여지는 객관적 관계에 있는 것을 말하고 사실상의 지배가 있다고 하기 위하여는 반드시 물건을 물리적, 현실적으로 지배하는 것만을 의미하는 것이 아니고 물건과 사람과의 시간적, 공간적 관계와 본권관계, 타인지배의 배제가능성 등을 고려하여 사회관념에 따라 합목적적으로 판단하여야 한다. 점유권에 기인한 소와 본권에 기인한 소는 서로 영향을 미치지 아니하고, 점유권에 기인한 소는 본권에 관한 이유로 재판하지 못하므로 점유회수의 청구에 대하여 점유침탈자가 점유물에 대한 본권이 있다는 주장으로 점유회수를 배척할 수 없다(민법 제208조). 그러므로 점유권에 기한 본소에 대하여 본권자가 본소청구 인용에 대비하여 본권에 기한 예비적 반소를 제기하고 양 청구가 모두 이유 있는 경우, 법원은 점유권에 기한 본소와 본권에 기한 예비적 반소를 모두 인용해야 하고 점유권에 기한 본소를 본권에 관한 이유로 배척할 수 없다(대판 2021.2.4. 2019다202795[본소] · 202801[반소]).

VI 자력구제권

> **자력구제(민법 제209조)** 기출 19
> ① 점유자는 그 점유를 부정히 침탈 또는 방해하는 행위에 대하여 자력으로써 이를 방위할 수 있다.
> ② 점유물이 침탈되었을 경우에 부동산일 때에는 점유자는 침탈 후 직시 가해자를 배제하여 이를 탈환할 수 있고 동산일 때에는 점유자는 현장에서 또는 추적하여 가해자로부터 이를 탈환할 수 있다.

1. 의 의

자력구제란 사인이 자기의 권리를 보호하거나 실현하기 위하여 국가의 힘을 빌리지 않고 점유자 자신이 직접 실력을 행사할 수 있는 권리이다.

2. 자력구제권자

직접점유자의 자력구제권은 인정되나, 간접점유자의 자력구제권은 부정된다. 그러나 점유보조자의 경우에는 점유주를 위한 자력구제권이 인정된다.

3. 상대방 : 점유를 침탈 또는 방해하는 자

> 위법한 강제집행에 의하여 부동산의 명도를 받는 것은 공권력을 빌려서 상대방의 점유를 침탈하는 것이 되므로 위 강제집행이 일응 종료한 후 불과 2시간 이내에 자력으로 그 점유를 탈환한 것은 민법상의 점유자의 자력구제권의 행사에 해당한다(대판 1987.6.9. 86다카1683).

4. 한 계

자력구제는 원칙적으로 금지되며, 국가구제가 불가능하거나 극히 곤란한 경우에 한하여 인정되므로 상당성 있는 범위 내에서만 행사해야 한다.

5. 종 류

(1) 자력방위권

점유를 침탈 또는 방해하는 행위에 대하여 방위할 수 있는 권리이다.

(2) 자력탈환권

점유자의 점유가 침탈되었을 때 짧은 시간 내에 다시 점유를 탈환할 수 있는 권리이다. 동산의 경우에는 현장에서 또는 추적하여서만 탈환을 할 수 있으나, 부동산의 경우에는 침탈 후 「직시(直時)」, 즉 곧바로 탈환할 수 있다.

> 민법 제209조 제1항에 규정된 점유자의 자력방위권은 점유의 침탈 또는 방해의 위험이 있는 때에 인정되는 것인 한편, 제2항에 규정된 점유자의 자력탈환권은 점유가 침탈되었을 때 시간적으로 좁게 제한된 범위 내에서 자력으로 점유를 회복할 수 있다는 것으로서, 위 규정에서 말하는 "직시"란 "객관적으로 가능한 한 신속히" 또는 "사회관념상 가해자를 배제하여 점유를 회복하는 데 필요하다고 인정되는 범위 안에서 되도록 속히"라는 뜻으로 해석할 것이므로 점유자가 침탈사실을 알고 모르고와는 관계없이 침탈을 당한 후 상당한 시간이 흘렀다면 자력탈환권을 행사할 수 없다(대판 1993.3.26. 91다14116). 기출 19

제4관 | 준점유

Ⅰ 의 의

「준점유」란 물건이 아닌 재산권을 사실상 행사하는 것을 말하는데, 민법은 준점유에 점유권의 규정을 준용한다(민법 제210조).

Ⅱ 요 건

1. 객체 : 재산권

① 신분권은 준점유가 인정되지 않는다.
② 준점유의 객체는 점유를 수반하지 않는 재산권(채권, 무체재산권, 광업권 등)에 한한다.

2. 사실상 행사

「사실상 행사」란 점유를 수반하지 않는 재산권이 사실상 어떤 자에게 귀속하는 것과 같은 외관을 가지는 것을 의미한다.

Ⅲ 효 과

준점유에는 점유권의 규정이 준용된다(민법 제210조). 특히 채권이 준점유자에 대한 변제의 효과를 규정한 민법 제470조가 가장 핵심이다. 그러나 준점유에 기한 선의취득은 인정되지 않는다.

제1관 | 총 설

I 소유권의 의의

> **소유권의 내용(민법 제211조)**
> 소유자는 법률의 범위 내에서 그 소유물을 사용, 수익, 처분할 권리가 있다.
>
> **토지소유권의 범위(민법 제212조)**
> 토지의 소유권은 정당한 이익 있는 범위 내에서 토지의 상하에 미친다.

「소유권」이란 법률의 범위 내에서 그 소유물을 사용·수익·처분할 수 있는 권리를 말한다(민법 제211조).

II 소유권의 내용과 제한 및 그 한계

1. 소유권의 내용

소유자는 소유물을 사용·수익·처분할 수 있는 권리가 있다(민법 제211조). 이때 「사용·수익」이란 물건의 사용가치를 파악하는 것이고, 「처분」이란 물건의 교환가치를 파악하는 것을 의미한다.

> **[소유자가 제3자에게 소유물의 처분권한을 수여한 경우, 제3자의 처분이 실제로 유효하게 행하여지지 아니하고 있는 동안에는 소유자가 소유물을 유효하게 처분하거나 소유권에 기한 물권적 청구권을 행사할 수 있는지 여부(적극)]**
> 소유자는 제3자에게 그 물건을 제3자의 소유물로 처분할 수 있는 권한을 유효하게 수여할 수 있다고 할 것인데, 그와 같은 이른바 '처분수권'의 경우에도 그 수권에 기하여 행하여진 제3자의 처분행위(부동산의 경우에 처분행위가 유효하게 성립하려면 단지 양도 기타의 처분을 한다는 의사표시만으로는 부족하고, 처분의 상대방 앞으로 그 권리 취득에 관한 등기가 있어야 한다. 민법 제186조 참조)가 대세적으로 효력을 가지게 되고 그로 말미암아 소유자가 소유권을 상실하거나 제한받게 될 수는 있다고 하더라도, 그러한 제3자의 처분이 실제로 유효하게 행하여지지 아니하고 있는 동안에는 소유자는 처분수권이 제3자에게 행하여졌다는 것만으로 그가 원래 가지는 처분권능에 제한을 받지 아니한다. 따라서 그는, 처분권한을 수여받은 제3자와의 관계에서 처분수권의 원인이 된 채권적 계약관계 등에 기하여 채권적인 책임을 져야 하는 것을 별론으로 하고, 자신의 소유물을 여전히 유효하게 처분할 수 있고, 또한 소유권에 기하여 소유물에 대한 방해 등을 배제할 수 있는 민법 제213조, 제214조의 물권적 청구권을 가진다(대판 2014.3.13. 2009다105215). 기출 22

2. 소유권의 제한 및 그 한계

소유자는 사용·수익·처분 권리를 법률의 범위 내에서만 행사할 수 있다(민법 제211조). 따라서 법률로써 소유권의 내용을 제한할 수 있다. 다만, 법률로써 소유권의 내용을 제한하더라도 사유재산제도 자체를 부정하거나 소유권의 본질적인 내용을 침해하는 것은 허용되지 않는다. 또한 소유권은 재산권으로써 공공복리에 적합하도록 행사되어야 한다(헌법 제23조 제2항).

[토지소유자의 독점적·배타적 사용·수익권 행사의 제한법리]

(가) 대법원 판례를 통하여 토지소유자 스스로 그 소유의 토지를 일반 공중을 위한 용도로 제공한 경우에 그 토지에 대한 소유자의 독점적이고 배타적인 사용·수익권의 행사가 제한되는 법리가 확립되었고, 대법원은 그러한 법률관계에 관하여 판시하기 위하여 '사용·수익권의 포기', '배타적 사용·수익권의 포기', '독점적·배타적인 사용·수익권의 포기', '무상으로 통행할 권한의 부여' 등의 표현을 사용하여 왔다. 이러한 법리는 대법원이 오랜 시간에 걸쳐 발전시켜 온 것으로서, 현재에도 여전히 그 타당성을 인정할 수 있다. 다만 토지소유자의 독점적이고 배타적인 사용·수익권 행사의 제한 여부를 판단하기 위해서는 토지소유자의 소유권 보장과 공공의 이익 사이의 비교형량을 하여야 하고, 원소유자의 독점적·배타적인 사용·수익권 행사가 제한되는 경우에도 특별한 사정이 있다면 특정승계인의 독점적·배타적인 사용·수익권 행사가 허용될 수 있다. 또한, 토지소유자의 독점적·배타적인 사용, ·수익권 행사가 제한되는 경우에도 일정한 요건을 갖춘 때에는 사정변경의 원칙이 적용되어 소유자가 다시 독점적·배타적인 사용·수익권을 행사할 수 있다고 보아야 한다.

(나) 토지소유자가 그 소유의 토지를 도로, 수도시설의 매설 부지 등 일반 공중을 위한 용도로 제공한 경우에, 소유자가 토지를 소유하게 된 경위와 보유기간, 소유자가 토지를 공공의 사용에 제공한 경위와 그 규모, 토지의 제공에 따른 소유자의 이익 또는 편익의 유무, 해당 토지 부분의 위치나 형태, 인근의 다른 토지들과의 관계, 주위 환경 등 여러 사정을 종합적으로 고찰하고, 토지소유자의 소유권 보장과 공공의 이익 사이의 비교형량을 한 결과, 소유자가 그 토지에 대한 독점적·배타적인 사용·수익권을 포기한 것으로 볼 수 있다면, 타인[사인(私人)뿐만 아니라 국가, 지방자치단체도 이에 해당할 수 있다. 이하 같다]이 그 토지를 점유·사용하고 있다 하더라도 특별한 사정이 없는 한 그로 인해 토지소유자에게 어떤 손해가 생긴다고 볼 수 없으므로, 토지소유자는 그 타인을 상대로 부당이득반환을 청구할 수 없고, 토지의 인도 등을 구할 수도 없다. 다만 소유권의 핵심적 권능에 속하는 사용·수익 권능의 대세적·영구적인 포기는 물권법정주의에 반하여 허용할 수 없으므로, 토지소유자의 독점적·배타적인 사용·수익권의 행사가 제한되는 것으로 보는 경우에도, 일반 공중의 무상 이용이라는 토지이용현황과 양립 또는 병존하기 어려운 토지소유자의 독점적이고 배타적인 사용·수익만이 제한될 뿐이고, 토지소유자는 일반 공중의 통행 등 이용을 방해하지 않는 범위 내에서는 그 토지를 처분하거나 사용·수익할 권능을 상실하지 않는다.

(다) ① 위와 같은 법리는 토지소유자가 그 소유의 토지를 도로 이외의 다른 용도로 제공한 경우에도 적용된다. 또한, 토지소유자의 독점적·배타적 사용·수익권의 행사가 제한되는 것으로 해석되는 경우 특별한 사정이 없는 한 그 지하 부분에 대한 독점적이고 배타적인 사용·수익권의 행사 역시 제한되는 것으로 해석함이 타당하다. ② 상속인은 피상속인의 일신에 전속한 것이 아닌 한 상속이 개시된 때로부터 피상속인의 재산에 관한 포괄적 권리·의무를 승계하므로(민법 제1005조), 피상속인이 사망 전에 그 소유 토지를 일반 공중의 이용에 제공하여 독점적·배타적 사용·수익권을 포기한 것으로 볼 수 있고 그 토지가 상속재산에 해당하는 경우에는, 피상속인의 사망 후 그 토지에 대한 상속인의 독점적·배타적 사용·수익권의 행사 역시 제한된다고 보아야 한다. ③ 원소유자의 독점적·배타적인 사용·수익권의 행사가 제한되는 토지의 소유권을 경매, 매매, 대물변제 등에 의하여 특정승계한 자는, 특별한 사정이 없는 한 그와 같은 사용·수익의 제한이라는 부담이 있다는 사정을 용인하거나 적어도 그러한 사정이 있음을 알고서 그 토지의 소유권을 취득하였다고 봄이 타당하므로, 그러한 특정승계인은 그 토지 부분에 대하여 독점적이고 배타적인 사용·수익권을 행사할 수 없다. 이때 특정승계인의 독점적·배타적인 사용·수익권의 행사를 허용할 특별한 사정이 있는지 여부는 특정승계인이 토지를 취득한 경위, 목적과 함께, 그 토지가 일반 공중의 이용에 제공되어 사용·수익에 제한이 있다는 사정이 이용현황과 지목 등을 통하여 외관에 어느 정도로 표시되어 있었는지, 해당 토지의 취득가액에 사용·수익권 행사의 제한으로 인한 재산적 가치 하락이 반영되어 있었는지, 원소유자가 그 토지를 일반 공중의 이용에 무상 제공한 것이 해당 토지를 이용하는 사람들과의 특별한 인적 관계 또는 그 토지 사용 등을 위한 관련 법령상의 허가·등록 등과 관계가 있었다고 한다면, 그와 같은 관련성이 특정승계인에게 어떠한 영향을 미치는지 등의 여러 사정을 종합적으로 고려하여 판단하여야 한다.

(라) 토지소유자의 독점적·배타적인 사용·수익권 행사의 제한은 해당 토지가 일반 공중의 이용에 제공됨으로 인한 공공의 이익을 전제로 하는 것이므로, 토지소유자가 공공의 목적을 위해 그 토지를 제공할 당시의 객관적인 토지이용현황이 유지되는 한도 내에서만 존속한다고 보아야 한다. 따라서 토지소유자가 그 소유 토지를 일반 공중의 이용에 제공함으로써 자신의 의사에 부합하는 토지이용상태가 형성되어 그에 대한 독점적·배타적인 사용·수익권의 행사가 제한된다고 하더라도, 그 후 토지이용상태에 중대한 변화가 생기는 등으로 독점적·배타적인 사용·수익권의 행사를 제한하는 기초가 된 객관적인 사정이 현저히 변경되고, 소유자가 일반 공중의 사용을 위하여 그 토지를 제공할 당시 이러한 변화를 예견할 수 없었으며, 사용·수익권 행사가 계속하여 제한된다고 보는 것이 당사자의 이해에 중대한 불균형을 초래하는 경우에는, 토지소유자는 그와 같은 사정변경이 있은 때부터는 다시 사용·수익 권능을 포함한 완전한 소유권에 기한 권리를 주장할 수 있다고 보아야 한다. 이때 그러한 사정변경이 있는지 여부는 해당 토지의 위치와 물리적 형태, 토지소유자가 그 토지를 일반 공중의 이용에 제공하게 된 동기와 경위, 해당 토지와 인근 다른 토지들과의 관계, 토지이용상태가 바뀐 경위와 종전 이용상태와의 동일성 여부 및 소유자의 권리행사를 허용함으로써 일반 공중의 신뢰가 침해될 가능성 등 전후 여러 사정을 종합적으로 고려하여 판단하여야 한다(대판[전합] 2019.1.24. 2016다264556 – 다수의견).

제2관 │ 부동산소유권의 범위

I 토지소유권의 범위

1. 상하의 범위

토지소유권은 정당한 이익이 있는 범위 내에서 토지의 상하에 미친다(민법 제212조). 즉, 토지소유권은 지표면뿐만 아니라 그 지상의 공간 및 지하의 토석에까지 확장된다.

(1) 미채굴의 광물

미채굴의 광물은 국가에 의해 채굴취득권이 유보되어 있는데, 미채굴 광물의 법적 성질에 대해 학설은 국유에 속하는 부동산이라는 견해와 토지의 구성부분으로서 토지소유자의 소유에 속하지만 국가의 배타적인 채굴취득허가권의 객체라는 견해 등의 다툼이 있다.

(2) 지하수

지하수 이용권의 법적 성질에 대하여 다수설은 토지소유자에게는 토지소유권의 권능으로 인정되는 것으로 보지만, 토지소유자 아닌 자가 지하수 이용권을 가질 때에는 인역권과 유사한 독립한 물권이라고 한다.

(3) 온천권

온천수는 독립한 물건의 객체가 아닌 토지의 구성부분이고, 온천권은 관습법상 인정되는 물권이 아니다(대판 1970.5.26. 69다1239).

2. 토지소유권의 경계

① 토지의 개수는 「필(筆)」로써 계산하는데, 토지소유권의 경계는 지적도와 같은 지적공부에 의해 결정된다(대판 2005.12.23. 2004다1691).

> 물권의 객체인 토지 1필지의 공간적 범위를 특정하는 것은 지적도나 임야도의 경계이지 등기부의 표제부나 임야대장·토지대장에 등재된 면적이 아니므로, 토지등기부의 표제부에 토지의 면적이 실제와 다르게 등재되어 있다 하여도, 이러한 등기는 해당 토지를 표상하는 등기로서 유효하다(대판 2005.12.23. 2004다1691).

② 지적도상의 경계와 실제의 경계가 불일치하는 경우

> **[원칙 : 공부상의 경계]**
> 지적법에 의하여 어떤 토지가 지적공부에 1필지의 토지로 등록되면 그 토지는 특별한 사정이 없는 한 등록으로써 특정되므로, 지적도를 작성함에 있어서 기술적 착오로 말미암아 지적도상의 경계선이 진실한 경계선과 다르게 작성되었다는 등의 특별한 사정이 없는 한 토지 소유권의 범위는 현실의 경계에 관계없이 지적공부상의 경계에 의하여 확정되어야 한다(대판 2012.1.12. 2011다72066).
>
> **[예외 : 실제의 경계]**
> • 지적법에 의하여 어떤 토지가 지적공부에 1필의 토지로 등록되면 그 토지의 경계는 다른 특별한 사정이 없는 한 이 등록으로써 특정되고, 지적공부를 작성함에 있어 기점을 잘못 선택하는 등의 기술적인 착오로 말미암아 지적공부상의 경계가 진실한 경계선과 다르게 잘못 작성되었다는 등의 특별한 사정이 있는 경우에는 그 토지의 경계는 지적공부에 의하지 않고 실제의 경계에 의하여 확정하여야 한다(대판 2000.5.26. 98다15446).
> • 또한 당사자가 사실상의 경계를 매매목적물의 범위로 삼은 특별한 사정이 있는 때에는 그 토지의 경계는 실제의 경계에 의하여야 한다(대판 1986.10.14. 84다카490).

③ 바다에 대한 토지의 경계선은 만조수위선이다(대판 2009.8.20. 2007다64303).

④ 토지의 경계를 확정하기 위한 소송은 형식적 형성의 소로서 법원은 당사자 쌍방이 주장하는 경계선에 기속되지 아니하고 스스로 진실하다고 인정하는 바에 따라 경계를 확정하여야 한다(대판 1993.11.23. 93다41792 · 41808).

Ⅱ 상린관계

1. 서 설

(1) 의 의

상린관계란 인접하고 있는 부동산 소유자 상호 간의 이용을 조절하기 위하여 민법이 규정하고 있는 권리관계를 말한다.

(2) 상린관계 규정의 성질

강행규정설과 임의규정설의 다툼이 있으나, 판례는 「민법 제242조와 제244조에 관하여 강행규정이라고 볼 수 없으므로, 이와 다른 내용의 당사자 사이의 특약을 무효라고 볼 수 없다」고 판시하였다.

> • 민법 제242조(구 민법 제234조)의 규정은 서로 인접하여 있는 소유자의 합의에 의하여 법정거리를 두지 않게 하는 것을 금지한다고는 해석할 수 없고 당사자 간의 합의가 있었다면 그것이 명시 또는 묵시라 하더라도 인접지에 건물을 축조하는 자에게 대하여 법정거리를 두지않았다고 하여 그 건축을 폐지시키거나 변경시킬 수 없다(대판 1962.11.1. 62다567). 즉, 민법 제242조의 규정은 임의규정으로 보아야 한다.
> • 지하시설을 하는 경우에 있어서 경계로부터 두어야 할 거리에 관한 사항 등을 규정한 민법 제244조는 강행규정이라고는 볼 수 없으므로 이와 다른 내용의 당사자 간의 특약을 무효라고 할 수 없다(대판 1982.10.26. 80다1634).

(3) 적용범위

민법상 상린관계의 규정은 소유권에 관한 것이지만, 인접하는 부동산 소유자 상호 간의 이용을 조절하는데 그 목적이 있으므로 소유권을 기초로 하지 않는 부동산 이용관계, 즉 지상권과 전세권에도 준용된다(민법 제290조, 제319조).

2. 인지사용청구권

> **인지사용청구권(민법 제216조)**
> ① 토지소유자는 경계나 그 근방에서 담 또는 건물을 축조하거나 수선하기 위하여 필요한 범위내에서 이웃 토지의 사용을 청구할 수 있다. 그러나 이웃 사람의 승낙이 없으면 그 주거에 들어가지 못한다.
> ② 전항의 경우에 이웃 사람이 손해를 받은 때에는 보상을 청구할 수 있다.

3. 생활방해의 금지

> **매연 등에 의한 인지에 대한 방해금지(민법 제217조)**
> ① 토지소유자는 매연, 열기체, 액체, 음향, 진동 기타 이에 유사한 것으로 이웃 토지의 사용을 방해하거나 이웃 거주자의 생활에 고통을 주지 아니하도록 적당한 조처를 할 의무가 있다.
> ② 이웃 거주자는 전항의 사태가 이웃 토지의 통상의 용도에 적당한 것인 때에는 이를 인용할 의무가 있다.

(1) 의 의

생활방해란 토지의 이용으로 인하여 생긴 매연, 열기체, 액체, 음향, 진동 기타 유사한 것으로 이웃 토지의 사용을 방해하거나 이웃 거주자의 생활에 고통을 주는 것을 의미한다. 생활방해는 민법 제217조 제1항에 의하여 금지되지만, 토지의 통상의 용도에 적당한 것인 때에는 이를 인용할 의무가 인정된다(민법 제217조 제2항).

(2) 요 건

① 매연, 열기체, 액체, 음향, 진동 기타 이와 유사한 것에 의한 생활방해가 있을 것
② 이로 인하여 이웃 토지의 사용을 방해하거나 이웃 거주자의 생활에 고통을 주어야 한다.
③ 생활방해가 수인한도를 넘어야 한다.

> [1] 도로에서 발생하는 소음으로 말미암아 생활에 고통을 받는(이하 '생활방해'라 한다) 정도가 사회통념상 일반적으로 참아내야 할 정도(이하 '참을 한도'라 한다)를 넘는지는 피해의 성질과 정도, 피해이익의 공공성, 가해행위의 태양, 가해행위의 공공성, 가해자의 방지조치 또는 손해 회피의 가능성, 공법상 규제기준의 위반 여부, 지역성, 토지이용의 선후관계 등 모든 사정을 종합적으로 고려하여 판단하여야 한다. [2] 이른바 도로소음으로 인한 생활방해를 원인으로 제기된 사건에서 공동주택에 거주하는 사람들이 참을 한도를 넘는 생활방해를 받고 있는지는 특별한 사정이 없는 한 일상생활이 실제 주로 이루어지는 장소인 거실에서 도로 등 소음원에 면한 방향의 모든 창호를 개방한 상태로 측정한 소음도가 환경정책기본법상 소음환경기준 등을 초과하는지에 따라 판단하는 것이 타당하다(대판 2015.9.24. 2011다91784).

(3) 효 과

① 생활방해방지조치의무와 조치청구권(민법 제217조 제1항)
② 방해제거청구권과 방해예방청구권(대판 1999.7.27. 98다47528)
③ **불법행위에 의한 손해배상청구권** : 이 경우 가해자의 고의·과실을 요하는지에 대해 견해대립이 있으나 고의·과실을 요한다는 견해가 타당하다.

4. 수도 등의 시설권

> **수도 등 시설권(민법 제218조)**
> ① 토지소유자는 타인의 토지를 통과하지 아니하면 필요한 수도, 소수관, 까스관, 전선 등을 시설할 수 없거나 과다한 비용을 요하는 경우에는 타인의 토지를 통과하여 이를 시설할 수 있다. 그러나 이로 인한 손해가 가장 적은 장소와 방법을 선택하여 이를 시설할 것이며 타토지의 소유자의 요청에 의하여 손해를 보상하여야 한다.
> ② 전항에 의한 시설을 한 후 사정의 변경이 있는 때에는 타토지의 소유자는 그 시설의 변경을 청구할 수 있다. 시설변경의 비용은 토지소유자가 부담한다.

> **[민법 제218조 제1항에서 정한 수도 등 시설권에 근거하여 시설공사를 시행하는 경우, 수도 등이 통과하는 토지소유자의 동의나 승낙을 받아야 하는지 여부(소극) 및 위 동의나 승낙이 수도 등 시설권의 성립이나 효력 등에 영향을 미치는 법률행위나 준법률행위인지 여부(소극)]**
>
> 민법 제218조 제1항 본문은 "토지소유자는 타인의 토지를 통과하지 아니하면 필요한 수도, 소수관, 까스관, 전선 등을 시설할 수 없거나 과다한 비용을 요하는 경우에는 타인의 토지를 통과하여 이를 시설할 수 있다"라고 규정하고 있는데, 이와 같은 수도 등 시설권은 법정의 요건을 갖추면 당연히 인정되는 것이고, 시설권에 근거하여 수도 등 시설공사를 시행하기 위해 따로 수도 등이 통과하는 토지소유자의 동의나 승낙을 받아야 하는 것이 아니다. 따라서 토지소유자의 동의나 승낙은 민법 제218조에 기초한 수도 등 시설권의 성립이나 효력 등에 어떠한 영향을 미치는 법률행위나 준법률행위라고 볼 수 없다(대판 2016.12.15. 2015다247325).

5. 주위토지통행권

(1) 의 의

주위토지통행권은 공로와의 사이에 그 용도에 필요한 통로가 없는 토지의 이용이라는 공익목적을 위하여 피통행지 소유자의 손해를 무릅쓰고 특별히 인정되는 것이므로, 그 통행로의 폭이나 위치 등을 정함에 있어서는 피통행지의 소유자에게 가장 손해가 적게 되는 방법이 고려되어야 하고, 어느 정도를 필요한 범위로 볼 것인가는 구체적인 사안에서 사회통념에 따라 쌍방 토지의 지형적·위치적 형상과 이용관계, 부근의 지리상황, 상린지 이용자의 이해득실 기타 제반 사정을 기초로 판단하여야 한다. 한편, 주거는 사람의 사적인 생활공간이자 평온한 휴식처로서 인간생활에서 가장 중요한 장소라고 아니할 수 없어 우리 헌법도 주거의 자유를 보장하고 있는바, 주위토지통행권을 행사함에 있어서도 이러한 주거의 자유와 평온 및 안전을 침해하여서는 아니 된다(대판 2009.6.11, 2008다75300·75317·75324).

(2) 요 건

1) 통로가 없거나 과다한 비용을 요할 것

① 민법 제219조의 주위토지통행권은 어느 토지와 공로 사이에 그 토지의 용도에 필요한 통로가 없는 경우에, 그 토지 소유자가 주위의 토지를 통행 또는 통로로 하지 않으면 공로에 전혀 출입할 수 없는 경우뿐 아니라 과다한 비용을 요하는 때에도 인정될 수 있다(대판 1995.9.29, 94다43580). [기출] 08

② 주위토지통행권은 어느 토지가 타인 소유의 토지에 둘러싸여 공로에 통할 수 없는 경우뿐만 아니라, 이미 기존의 통로가 있더라도 그것이 당해 토지의 이용에 부적합하여 실제로 통로로서의 충분한 기능을 하지 못하고 있는 경우에도 인정된다(대판 2003.8.19, 2002다53469). 그러나 기존의 통로를 사용하는 것보다 더 편리하다는 이유만으로 다른 장소로 통행할 권리를 인정할 수는 없다(대판 1995.6.13, 95다1088·95다1095).

③ 공로에 통할 수 있는 공유토지를 두고 공로에의 통로라 하여 타인의 토지를 통행하는 것이 허용되는지 여부(소극) 및 위 공로에 접하는 공유 부분을 구분소유적 공유관계에 있는 다른 공유자가 배타적으로 사용, 수익하고 있더라도 마찬가지인지 여부(적극)

> 공로에 통할 수 있는 자기의 공유토지를 두고 공로에의 통로라 하여 남의 토지를 통행한다는 것은 민법 제219조, 제220조에 비추어 허용될 수 없다. 설령 위 공유토지가 구분소유적 공유관계에 있고 공로에 접하는 공유 부분을 다른 공유자가 배타적으로 사용, 수익하고 있다고 하더라도 마찬가지이다(대판 2021.9.30, 2021다245443[본소]·245450[반소]).

2) 통행권자

① **주위토지통행권을 주장할 수 있는 자의 범위** : 민법 제219조에 정한 <u>주위토지통행권</u>은 인접한 토지의 상호이용의 조절에 기한 권리로서 <u>토지의 소유자 또는 지상권자, 전세권자 등 토지사용권을 가진 자에게 인정되는 권리</u>이다. 따라서 <u>명의신탁자에게는 주위토지통행권이 인정되지 아니한다</u>(대판 2008.5.8. 2007다22767).

② **토지의 불법점유자** : 토지의 불법점유자는 토지소유권의 상린관계로서 위요지 통행권의 무상이나 통행지역권의 시효취득 주장을 할 수 없다(대판 1976.10.29. 76다1694). **기출** 18

3) 통행수인의무자

통상 주위토지통행권에 관한 분쟁은 통행권자와 피통행지의 소유자 사이에 발생하나, 피통행지의 소유자 이외의 제3자가 일정한 지위나 이해관계에서 통행권을 부인하고 그 행사를 방해할 때에는 그 제3자를 상대로 통행권의 확인 및 방해금지 청구를 하는 것이 통행권자의 지위나 권리를 보전하는 데에 유효·적절한 수단이 될 수 있다(대판 2005.7.14. 2003다18661).

(3) 효 과

1) 소극적인 권리

① <u>주위토지통행권자는 통행권의 범위내에서 그 토지를 사용할 수 있을 뿐이고, 통행지 소유자의 점유를 배제할 권능은 없다.</u>

② 또한 <u>주위토지통행권자는 토지를 배타적으로 점유할 수는 없다.</u>

> 다른 사람의 소유토지에 대하여 상린관계로 인한 통행권을 가지고 있는 사람은 그 통행권의 범위 내에서 그 토지를 사용할 수 있을 뿐이고 그 통행지에 대한 통행지 소유자의 점유를 배제할 권능까지 있는 것은 아니므로 그 통행지 소유자는 그 통행지를 전적으로 점유하고 있는 주위토지통행권자에 대하여 그 통행지의 인도를 구할 수 있다고 할 것이나, 주위토지통행권자는 필요한 경우에는 통행지상에 통로를 개설할 수 있으므로, 모래를 깔거나, 돌계단을 조성하거나, 장해가 되는 나무를 제거하는 등의 방법으로 통로를 개설할 수 있으며 통행지 소유자의 이익을 해하지 않는다면 통로를 포장하는 것도 허용된다고 할 것이고, 주위토지통행권자가 통로를 개설하였다고 하더라도 그 통로에 대하여 통행지 소유자의 점유를 배제할 정도의 배타적인 점유를 하고 있지 않다면 통행지 소유자가 주위토지통행권자에 대하여 주위토지통행권이 미치는 범위 내의 통로 부분의 인도를 구하거나 그 통로에 설치된 시설물의 철거를 구할 수 없다(대판 2003.8.19. 2002다53469). **기출** 08

2) 보상의무

① <u>통행권자는 통행지 소유자에게 손해를 보상해주어야 한다</u>(민법 제219조 제2항). 단, 통행권자의 허락을 얻어 사실상 통행하고 있는 자에게는 그 손해의 보상을 청구할 수 없다(대판 1991.9.10. 91다19623). **기출** 10

② <u>보상의무의 이행이 법률상 통행권의 성립요건은 아니므로, 보상의무를 이행하지 않더라도 채무불이행책임이 문제될 뿐이고 통행권 자체가 소멸하는 것은 아니다.</u> **기출** 08

3) 인정범위

① 주위토지통행권은 현재의 토지의 용법에 따른 이용의 범위에서 인정되는 것이지 더 나아가 장차의 이용상황까지 미리 대비하여 통행로를 정할 것은 아니다(대판 1996.11.29. 96다33433 · 33440).

② 주위토지통행권은 통행을 위한 지역권과 달리 통행로가 항상 특정한 장소로 고정되어 있는 것은 아니다.

> 주위토지통행권은 통행을 위한 지역권과는 달리 그 통행로가 항상 특정한 장소로 고정되어 있는 것은 아니고, 주위토지통행권확인청구는 변론종결 시에 있어서의 민법 제219조에 정해진 요건에 해당하는 토지가 어느 토지인가를 확정하는 것이므로, 주위토지 소유자가 그 용법에 따라 기존 통행로로 이용되던 토지의 사용방법을 바꾸었을 때에는 대지소유자는 그 주위토지 소유자를 위하여 보다 손해가 적은 다른 장소로 옮겨 통행할 수밖에 없는 경우도 있다(대판 2009.6.11. 2008다75300 · 75317 · 75324). [기출] 10

(4) 분할이나 일부양도로 인한 무상 주위토지통행권

> **분할, 일부양도와 주위통행권(민법 제220조)**
> ① 분할로 인하여 공로에 통하지 못하는 토지가 있는 때에는 그 토지소유자는 공로에 출입하기 위하여 다른 분할자의 토지를 통행할 수 있다. 이 경우에는 보상의 의무가 없다.
> ② 전항의 규정은 토지소유자가 그 토지의 일부를 양도한 경우에 준용한다.

1) 요건 및 인정범위

① 요건 : 분할 또는 토지의 일부 양도로 인하여 공로에 통하지 못하는 토지가 있을 것

② 인정범위

    ㉠ 분할 또는 토지의 일부 양도로 인한 무상 주위토지통행권은 분할 전 또는 토지의 일부 양도 전의 양도인 소유의 종전 토지에 대하여만 생기고 다른 사람 소유의 토지에 대하여는 인정되지 아니한다.

    ㉡ 또한 무상의 주위토지통행권이 발생하는 토지의 일부 양도라 함은 1필의 토지의 일부가 양도된 경우뿐만 아니라 일단으로 되어 있던 동일인 소유의 수필의 토지 중 일부가 양도된 경우도 포함된다(대판 2005.3.10. 2004다65589 · 65596).

2) 무상통행권의 부담이 승계되는지 여부

① 문제점 : 무상 주위토지통행권(민법 제220조)의 적용범위와 관련하여, 직접 분할자 또는 일부 양도의 당사자로부터 양수한 특정승계인에게도 동조가 적용되는지 여부에 대하여 다툼이 있다.

② 판례의 입장 : 판례는 「원칙적으로 분할 또는 토지의 일부 양도로 인하여 공로에 통하지 못하는 토지가 생긴 경우에 그 포위된 토지를 위한 통행권은 분할 또는 일부 양도 전의 종전 토지에만 있고 그 경우 통행에 대한 보상의 의무가 없다고 하는 민법 제220조의 규정은 직접 분할자 또는 일부 양도의 당사자 사이에만 적용되고 포위된 토지 또는 피통행지의 특정승계인에게는 적용되지 않는다」(대판 1994.12.2. 93다45268)라고 판시하였다.

6. 물에 관한 상린관계

(1) 자연적 배수(排水)

자연유수의 승수의무와 권리(민법 제221조)
① 토지소유자는 이웃 토지로부터 자연히 흘러오는 물을 막지 못한다.
② 고지소유자는 이웃 저지에 자연히 흘러 내리는 이웃 저지에서 넘쳐난 물을 자기의 정당한 사용범위를 넘어서 이를 막지 못한다.

소통공사권(민법 제222조)
흐르는 물이 저지에서 폐색된 때에는 고지소유자는 자비로 소통에 필요한 공사를 할 수 있다.

관습에 의한 비용부담(민법 제224조)
전2조의 경우에 비용부담에 관한 관습이 있으면 그 관습에 의한다.

(2) 인공적 배수(排水)

① 원 칙

처마물에 대한 시설의무(민법 제225조)
토지소유자는 처마물이 이웃에 직접 낙하하지 아니하도록 적당한 시설을 하여야 한다.

저수, 배수, 인수를 위한 공작물에 대한 공사청구권(민법 제223조)
토지소유자가 저수, 배수 또는 인수하기 위하여 공작물을 설치한 경우에 공작물의 파손 또는 폐색으로 타인의 토지에 손해를 가하거나 가할 염려가 있는 때에는 타인은 그 공작물의 보수, 폐색의 소통 또는 예방에 필요한 청구를 할 수 있다.

관습에 의한 비용부담(민법 제224조)
전2조의 경우에 비용부담에 관한 관습이 있으면 그 관습에 의한다.

② 예 외

여수소통권(민법 제226조)
① 고지소유자는 침수지를 건조하기 위하여 또는 가용이나 농, 공업용의 여수를 소통하기 위하여 공로, 공류 또는 하수도에 달하기까지 저지에 물을 통과하게 할 수 있다.
② 전항의 경우에는 저지의 손해가 가장 적은 장소와 방법을 선택하여야 하며 손해를 보상하여야 한다.

유수용공작물의 사용권(민법 제227조)
① 토지소유자는 그 소유지의 물을 소통하기 위하여 이웃 토지소유자의 시설한 공작물을 사용할 수 있다.
② 전항의 공작물을 사용하는 자는 그 이익을 받는 비율로 공작물의 설치와 보존의 비용을 분담하여야 한다.

(3) 여수(餘水)급여청구권

여수급여청구권(민법 제228조)
토지소유자는 과다한 비용이나 노력을 요하지 아니하고는 가용이나 토지이용에 필요한 물을 얻기 곤란한 때에는 이웃 토지소유자에게 보상하고 여수의 급여를 청구할 수 있다.

(4) 유수(流水)의 이용권

① 수류지(水流地, 하천)의 소유권이 사인에게 속하고 유수(流水)를 흐르는 채로 사용하는 경우

> **수류의 변경(민법 제229조)**
> ① 구거 기타 수류지의 소유자는 대안의 토지가 타인의 소유인 때에는 그 수로나 수류의 폭을 변경하지 못한다.
> ② 양안의 토지가 수류지 소유자의 소유인 때에는 소유자는 수로와 수류의 폭을 변경할 수 있다. 그러나 하류는 자연의 수로와 일치하도록 하여야 한다.
> ③ 전2항의 규정은 다른 관습이 있으면 그 관습에 의한다.
>
> **언의 설치, 이용권(민법 제230조)**
> ① 수류지의 소유자가 언을 설치할 필요가 있는 때에는 그 언을 대안에 접촉하게 할 수 있다. 그러나 이로 인한 손해를 보상하여야 한다.
> ② 대안의 소유자는 수류지의 일부가 자기소유인 때에는 그 언을 사용할 수 있다. 그러나 그 이익을 받는 비율로 언의 설치, 보존의 비용을 분담하여야 한다.

② 공유하천의 물을 수류지 외의 토지로 끌어다 사용하는 경우

> **공유하천용수권(민법 제231조)**
> ① 공유하천의 연안에서 농, 공업을 경영하는 자는 이에 이용하기 위하여 타인의 용수를 방해하지 아니하는 범위내에서 필요한 인수를 할 수 있다.
> ② 전항의 인수를 하기 위하여 필요한 공작물을 설치할 수 있다.
>
> **하류 연안의 용수권보호(민법 제232조)**
> 전조의 인수나 공작물로 인하여 하류연안의 용수권을 방해하는 때에는 그 용수권자는 방해의 제거 및 손해의 배상을 청구할 수 있다.
>
> **용수권의 승계(민법 제233조)**
> 농, 공업의 경영에 이용하는 수로 기타 공작물의 소유자나 몽리자의 특별승계인은 그 용수에 관한 전 소유자나 몽리자의 권리의무를 승계한다.
>
> **용수권에 관한 다른 관습(민법 제234조)**
> 전3조의 규정은 다른 관습이 있으면 그 관습에 의한다.

(5) 지하수용수권

> **공용수의 용수권(민법 제235조)**
> 상린자는 그 공용에 속하는 원천이나 수도를 각 수요의 정도에 응하여 타인의 용수를 방해하지 아니하는 범위내에서 각각 용수할 권리가 있다.
>
> **용수장해의 공사와 손해배상, 원상회복(민법 제236조)**
> ① 필요한 용도나 수익이 있는 원천이나 수도가 타인의 건축 기타 공사로 인하여 단수, 감수 기타 용도에 장해가 생긴 때에는 용수권자는 손해배상을 청구할 수 있다.
> ② 전항의 공사로 인하여 음료수 기타 생활상 필요한 용수에 장해가 있을 때에는 원상회복을 청구할 수 있다.

7. 경계에 관한 상린관계

경계표, 담의 설치권(민법 제237조)
① 인접하여 토지를 소유한 자는 공동비용으로 통상의 경계표나 담을 설치할 수 있다.
② 전항의 비용은 쌍방이 절반하여 부담한다. 그러나 측량비용은 토지의 면적에 비례하여 부담한다.
③ 전2항의 규정은 다른 관습이 있으면 그 관습에 의한다.

담의 특수시설권(민법 제238조) `기출` 04
인지소유자는 자기의 비용으로 담의 재료를 통상보다 양호한 것으로 할 수 있으며 그 높이를 통상보다 높게 할 수 있고 또는 방화벽 기타 특수시설을 할 수 있다.

경계표 등의 공유추정(민법 제239조)
경계에 설치된 경계표, 담, 구거 등은 상린자의 공유로 추정한다. 그러나 경계표, 담, 구거 등이 상린자일방의 단독비용으로 설치되었거나 담이 건물의 일부인 경우에는 그러하지 아니하다.

수지, 목근의 제거권(민법 제240조)
① 인접지의 수목가지가 경계를 넘은 때에는 그 소유자에 대하여 가지의 제거를 청구할 수 있다.
② 전항의 청구에 응하지 아니한 때에는 청구자가 그 가지를 제거할 수 있다.
③ 인접지의 수목뿌리가 경계를 넘은 때에는 임의로 제거할 수 있다.

8. 공작물설치에 관한 상린관계

토지의 심굴금지(민법 제241조)
토지소유자는 인접지의 지반이 붕괴할 정도로 자기의 토지를 심굴하지 못한다. 그러나 충분한 방어공사를 한 때에는 그러하지 아니하다.

경계선부근의 건축(민법 제242조) `기출` 04
① 건물을 축조함에는 특별한 관습이 없으면 경계로부터 반미터 이상의 거리를 두어야 한다.
② 인접지소유자는 전항의 규정에 위반한 자에 대하여 건물의 변경이나 철거를 청구할 수 있다. 그러나 건축에 착수한 후 1년을 경과하거나 건물이 완성된 후에는 손해배상만을 청구할 수 있다.

차면시설의무(민법 제243조)
경계로부터 2미터 이내의 거리에서 이웃 주택의 내부를 관망할 수 있는 창이나 마루를 설치하는 경우에는 적당한 차면시설을 하여야 한다.

지하시설 등에 대한 제한(민법 제244조)
① 우물을 파거나 용수, 하수 또는 오물 등을 저치할 지하시설을 하는 때에는 경계로부터 2미터 이상의 거리를 두어야 하며 저수지, 구거 또는 지하실공사에는 경계로부터 그 깊이의 반 이상의 거리를 두어야 한다.
② 전항의 공사를 함에는 토사가 붕괴하거나 하수 또는 오액이 이웃에 흐르지 아니하도록 적당한 조처를 하여야 한다.

Ⅲ 건물의 구분소유

1. 서 설

건물의 일부가 경제적으로 독립한 건물과 동일한 효용을 가지고, 또한 사회관념상 독립한 건물로 다루어지는 경우, 그 위에 독립한 소유권을 인정하는 것을 구분소유권이라 한다. 민법과 「집합건물의 소유 및 관리에 관한 법률」은 다수의 구분소유자 상호 간의 구분소유건물의 관리·이용에 대한 이해관계에 대해 규율하고 있다.

2. 민법에 의한 규제

> **건물의 구분소유(민법 제215조)**
> ① 수인이 한 채의 건물을 구분하여 각각 그 일부분을 소유한 때에는 건물과 그 부속물 중 공용하는 부분은 그의 공유로 추정한다.
> ② 공용부분의 보존에 관한 비용 기타의 부담은 각자의 소유부분의 가액에 비례하여 분담한다.

3. 「집합건물의 소유 및 관리에 관한 법률」(이하 집합건물법)의 주요 내용

(1) 의 의

구분소유권이란 1동의 건물 중 구조상의 독립성 및 이용상의 독립성을 가진 전유부분을 목적으로 하는 소유권을 말한다(집합건물법 제2조 제1호).

(2) 구분소유권의 성립

① **구조상 및 이용상의 독립성(구분소유의 요건으로서 독립성)** : 건물이 구분소유의 객체가 되기 위해서는 ㉠ 1동의 건물이 구조상 구분될 수 있어야 하고, ㉡ 구분된 수개의 부분이 독립한 건물로써 사용될 수 있어야 한다.

> • 임차인이 임차한 건물에 그 권원에 의하여 증축을 한 경우에 증축된 부분이 부합으로 인하여 기존 건물의 구성 부분이 된 때에는 증축된 부분에 별개의 소유권이 성립할 수 없으나, 증축된 부분이 구조상으로나 이용상으로 기존 건물과 구분되는 독립성이 있는 때에는 구분소유권이 성립하여 증축된 부분은 독립한 소유권의 객체가 된다(대판 1999.7.27. 99다14518).
> • 1동의 건물의 일부분이 구분소유권의 객체가 될 수 있으려면 그 부분이 이용상은 물론 구조상으로도 다른 부분과 구분되는 독립성이 있어야 한다. 이러한 구분소유권의 객체로서 적합한 물리적 요건을 갖추지 못한 건물의 일부는 그에 관한 구분소유권이 성립할 수 없다. 그와 같은 건물 부분이 건축물관리대장상 독립한 별개의 구분건물로 등재되고 등기부상에도 구분소유권의 목적으로 등기되어 있어 이러한 등기에 기초하여 경매절차가 진행되어 매각허가를 받고 매수대금을 납부하였다 하더라도, 그 상태만으로는 그 등기는 효력이 없으므로 매수인은 소유권을 취득할 수 없다(대판 2018.3.27. 2015다3471).

② **구분행위** : 구분건물이 되기 위해서는 건물을 구분소유권의 객체로 하려는 의사표시, 즉 구분행위가 있어야 한다.

> 1동의 건물 중 구분된 각 부분이 구조상, 이용상 독립성을 가지고 있는 경우에 그 각 부분을 1개의 구분건물로 하는 것도 가능하고, 그 1동 전체를 1개의 건물로 하는 것도 가능하기 때문에, 이를 구분건물로 할 것인지 여부는 특별한 사정이 없는 한 소유자의 의사에 의하여 결정된다고 할 것이므로, 구분건물이 되기 위하여는 객관적, 물리적인 측면에서 구분건물이 구조상, 이용상의 독립성을 갖추어야 하고, 그 건물을 구분소유권의 객체로 하려는 의사표시 즉 구분행위가 있어야 하는 것으로서, 소유자가 기존 건물에 증축을 한 경우에도 증축 부분이 구조상, 이용상의 독립성을 갖추었다는 사유만으로 당연히 구분소유권이 성립된다고 할 수는 없고, 소유자의 구분행위가 있어야 비로소 구분소유권이 성립한다고 할 것이며, 이 경우에 소유자가 기존 건물에 마쳐진 등기를 이와 같이 증축한 건물의 현황과 맞추어 1동의 건물로서 증축으로 인한 건물표시변경등기를 경료한 때에는 이를 구분건물로 하지 않고 그 전체를 1동의 건물로 하려는 의사였다고 봄이 상당하다(대판 1999.7.27. 98다35020).

③ **대장의 등록이나 등기가 요구되는지 여부** : 1동의 건물에 대하여 구분소유가 성립하기 위해서는 객관적·물리적인 측면에서 1동의 건물이 존재하고, 구분된 건물부분이 구조상·이용상 독립성을 갖추어야 할 뿐 아니라, 1동의 건물 중 물리적으로 구획된 건물부분을 각각 구분소유권의 객체로 하려는 구분행위가 있어야 한다. 여기서 구분행위는 건물의 물리적 형질에 변경을 가함이 없이 법률관념상 건물의 특정 부분을 구분하여 별개의 소유권의 객체로 하려는 일종의 법률행위로서, 그 시기나 방식에 특별한 제한이 있는 것은 아니고 처분권자의 구분의사가 객관적으로 외부에 표시되면 인정된다. 따라서 구분건물이 물리적으로 완성되기 전에도 건축허가신청이나 분양계약 등을 통하여 장래 신축되는 건물을 구분건물로 하겠다는 구분의사가 객관적으로 표시되면 구분행위의 존재를 인정할 수 있고, 이후 1동의 건물 및 그 구분행위에 상응하는 구분건물이 객관적·물리적으로 완성되면 아직 그 건물이 집합건축물대장에 등록되거나 구분건물로서 등기부에 등기되지 않았더라도 그 시점에서 구분소유가 성립한다(대판[전합] 2013.1.17. 2010다71578 – 다수의견).

(3) 구분소유권의 내용 : 전유부분과 공용부분

① **의 의**

㉠ **전유부분** : 구조상 및 이용상의 독립성을 갖춘 건물부분으로 구분소유권의 목적이 되는 부분을 말한다(집합건물법 제2조 제3호).

㉡ **공용부분** : 공용부분은 1동의 건물 중 전유부분 이외의 건물의 부분, 전유부분에 속하지 않는 건물의 부속물, 전유부분이지만 규약에 의하여 공용부분으로 된 부속건물을 말한다(동법 제2조 제4호). 공용부분은 원칙적으로 구분소유자 전원의 공유에 속하고, 지분은 전유부분의 면적비율에 의한다(동법 제12조).

> **[집합건물의 구분소유자가 집합건물의 소유 및 관리에 관한 법률의 관련 규정에 따라 관리단집회 결의나 다른 구분소유자의 동의 없이 공용부분의 전부 또는 일부를 독점적으로 점유·사용하고 있는 경우, 다른 구분소유자가 공용부분의 보존행위로서 그 인도를 청구할 수 있는지 여부(소극) 및 자신의 지분권에 기초하여 공용부분에 대한 방해 상태를 제거하거나 공동점유를 방해하는 행위의 금지 등을 청구할 수 있는지 여부(원칙적 적극)]**
> 공유물의 소수지분권자가 다른 공유자와 협의 없이 공유물의 전부 또는 일부를 독점적으로 점유·사용하고 있는 경우 다른 소수지분권자는 공유물의 보존행위로서 그 인도를 청구할 수는 없고, 다만 자신의

지분권에 기초하여 공유물에 대한 방해 상태를 제거하거나 공동점유를 방해하는 행위의 금지 등을 청구할 수 있다. 이러한 법리는 집합건물의 소유 및 관리에 관한 법률(이하 '집합건물법'이라 한다)에 따라 구분소유자 전원 또는 일부의 공유에 속하고(제10조 제1항), 공유자가 그 용도에 따라 사용할 수 있는 집합건물의 공용부분(제11조)에도 마찬가지로 적용된다. 따라서 집합건물의 구분소유자가 집합건물법의 관련 규정에 따라 관리단집회 결의나 다른 구분소유자의 동의 없이 공용부분의 전부 또는 일부를 독점적으로 점유·사용하고 있는 경우 다른 구분소유자는 공용부분의 보존행위로서 그 인도를 청구할 수는 없고, 특별한 사정이 없는 한 자신의 지분권에 기초하여 공용부분에 대한 방해 상태를 제거하거나 공동점유를 방해하는 행위의 금지 등을 청구할 수 있다(대판 2020.10.15. 2019다245822).

② 구별기준 및 판단시기
   ㉠ 구별기준 : 전용부분과 공용부분의 구별기준은 구분소유자 간에 특별한 합의가 없는 한 건물의 구조에 따른 객관적인 용도에 의하여 결정되어야 한다.

   > 집합건물에 있어서 수개의 전유부분으로 통하는 복도, 계단 기타 구조상 구분소유자의 전원 또는 그 일부의 공용에 제공되는 건물부분은 공용부분으로서 구분소유권의 목적이 되지 않으며, 건물의 어느 부분이 구분소유자의 전원 또는 일부의 공용에 제공되는지의 여부는 소유자들 간에 특단의 합의가 없는 한 그 건물의 구조에 따른 객관적인 용도에 의하여 결정되어야 할 것이다(대판 2008.6.26. 2007다90241)

   ㉡ 판단시기 : 전유부분인지 공용부분인지 여부는 구분소유가 성립한 시점을 기준으로 판단하여야 한다.

   > 집합건물의 소유 및 관리에 관한 법률 제53조, 제54조, 제56조, 제57조의 규정에 비추어 보면, 집합건물의 어느 부분이 전유부분인지 공용부분인지 여부는 구분소유가 성립한 시점, 즉 원칙적으로 건물 전체가 완성되어 당해 건물에 관한 건축물대장에 구분건물로 등록된 시점을 기준으로 판단하여야 하고, 그 후의 건물 개조나 이용상황의 변화 등은 전유부분인지 공용부분인지 여부에 영향을 미칠 수 없다(대판 1999.9.17. 99다1345).

③ 관리비 체납의 문제
   ㉠ 아파트의 특별승계인은 전입주자의 체납관리비 중 공용부분에 관하여는 승계한다(대판[전합] 2001.9.20. 2001다8677).
   ㉡ 그러나 공용부분 관리비에 대한 연체료는 특별승계인에게 승계되는 공용부분 관리비에 포함되지 않는다(대판 2006.6.29. 2004다3598·3604).
   ㉢ 또한 채무인수에 있어서 면책적 인수인지, 중첩적 인수인지가 분명하지 아니한 때에는 이를 중첩적으로 인수한 것으로 볼 것이라는 채무인수의 법리에 비추어 보면, 구분소유권이 순차로 양도된 경우 각 특별승계인들은 이전 구분소유권자들의 채무를 중첩적으로 인수한다고 봄이 상당하다(대결 2010.1.14. 2009그196).

(4) 대지사용권
   ① 의의 : 대지사용권이란 구분소유자가 전유부분을 소유하기 위하여 건물의 대지에 대해서 가지는 일체의 권리를 말한다(집합건물법 제2조 제6호).

② 대지사용권의 취득

　　㉠ 문제점 : 구분소유자가 아직 대지에 대한 권리에 대해 등기를 마치지 못한 경우에도 대지에 관하여 매수인의 지위에서 소유권이전등기청구권을 가지고 있거나 매수인의 지위에서 점유·사용권을 가지고 있다면, 그러한 권리도 대지사용권으로 인정할 수 있는지 문제된다.

　　㉡ 판례 : 종래의 판례는 대지사용권이 아니라고 부정설의 입장이었으나(대판 1996.12.10. 96다1466)), 현재는 그 입장을 변경하여 구분소유자의 점유·사용권은 단순한 점유권과는 차원을 달리하는 본권으로서 집합건물법상의 대지사용권에 해당하므로 건물과 대지의 분리·처분이 금지되고, 건물과 분리하여 대지를 처분하는 것을 무효라고 판시하였다(대판[전합] 2000.11.16. 98다45652·45669).

> [1] 아파트와 같은 대규모 집합건물의 경우, 대지의 분·합필 및 환지절차의 지연, 각 세대당 지분비율 결정의 지연 등으로 인하여 전유부분에 대한 소유권이전등기만 수분양자를 거쳐 양수인 앞으로 경료되고, 대지지분에 대한 소유권이전등기는 상당기간 지체되는 경우가 종종 생기고 있는데, 이러한 경우 집합건물의 건축자로부터 전유부분과 대지지분을 함께 분양의 형식으로 매수하여 그 대금을 모두 지급함으로써 소유권 취득의 실질적 요건은 갖추었지만 전유부분에 대한 소유권이전등기만 경료받고 대지지분에 대하여는 위와 같은 사정으로 아직 소유권이전등기를 경료받지 못한 자는 매매계약의 효력으로써 전유부분의 소유를 위하여 건물의 대지를 점유·사용할 권리가 있는바, 매수인의 지위에서 가지는 이러한 점유·사용권은 단순한 점유권과는 차원을 달리하는 본권으로서 집합건물의 소유 및 관리에 관한 법률 제2조 제6호 소정의 구분소유자가 전유부분을 소유하기 위하여 건물의 대지에 대하여 가지는 권리인 대지사용권에 해당한다고 할 것이고, 수분양자로부터 전유부분과 대지지분을 다시 매수하거나 증여 등의 방법으로 양수받거나 전전 양수받은 자 역시 당초 수분양자가 가졌던 이러한 대지사용권을 취득한다. [2] 집합건물의 소유 및 관리에 관한 법률의 규정내용과 입법취지를 종합하여 볼 때, 대지의 분·합필 및 환지절차의 지연, 각 세대당 지분비율 결정의 지연 등의 사정이 없었다면 당연히 전유부분의 등기와 동시에 대지지분의 등기가 이루어졌을 것으로 예상되는 경우, 전유부분에 대하여만 소유권이전등기를 경료받았으나 매수인의 지위에서 대지에 대하여 가지는 점유·사용권에 터잡아 대지를 점유하고 있는 수분양자는 대지지분에 대한 소유권이전등기를 받기 전에 대지에 대하여 가지는 점유·사용권인 대지사용권을 전유부분과 분리 처분하지 못할 뿐만 아니라, 전유부분 및 장래 취득할 대지지분을 다른 사람에게 양도한 후 그중 전유부분에 대한 소유권이전등기를 경료해 준 다음 사후에 취득한 대지지분도 전유부분의 소유권을 취득한 양수인이 아닌 제3자에게 분리 처분하지 못한다 할 것이고, 이를 위반한 대지지분의 처분행위는 그 효력이 없다(대판[전합] 2000.11.16. 98다45652·45669).

③ 전유부분과 대지사용권의 일체화

> **전유부분과 대지사용권의 일체성(집합건물의 소유 및 관리에 관한 법률 제20조)**
> ① 구분소유자의 대지사용권은 그가 가지는 전유부분의 처분에 따른다.
> ② 구분소유자는 그가 가지는 전유부분과 분리하여 대지사용권을 처분할 수 없다. 다만, 규약으로써 달리 정한 경우에는 그러하지 아니하다.
> ③ 제2항 본문의 분리처분금지는 그 취지를 등기하지 아니하면 선의(善意)로 물권을 취득한 제3자에게 대항하지 못한다.
> ④ 제2항 단서의 경우에는 제3조 제3항을 준용한다.

ⓐ 분리처분금지 위반의 효과
- **무효** : 분리처분금지를 위반한 대지사용권의 처분행위는 무효이다. 따라서 매수인은 대지사용권을 취득할 수 없다.

> 집합건물의 소유 및 관리에 관한 법률 제20조 제2항에 의하면 구분소유자는 특별한 사정이 없는 한 대지사용권을 전유부분과 분리하여 처분할 수 없고, 이를 위반한 대지사용권의 처분은 법원의 공유물분할경매절차에 의한 것이라 하더라도 무효이므로, 구분소유의 목적물인 건물 각 층과 분리하여 그 대지만에 대하여 성배분할을 명한 확정판결에 기하여 진행되는 공유물분할경매절차에서 그 대지만을 매수하더라도 매수인은 원칙적으로 그 대지의 소유권을 취득할 수 없다(대판 2010.5.27. 2006다84171).

- **선의의 제3자** : 분리처분금지는 그 취지를 등기하지 아니하면 선의로 물권을 취득한 제3자에게 대항하지 못한다(동법 제20조 제3항). 여기의 선의의 제3자란 원칙적으로 집합건물의 대지로 되어 있는 사정을 모른 채 대지사용권의 목적이 된 토지를 취득한 제3자를 의미한다(대판 2009.6.23. 2009다26145).

ⓑ **전유부분과 대지사용권의 관계** : 대지사용권은 전유부분의 종된 권리에 해당한다(대판 1995.8.22. 94다12722).

> 집합건물에서 구분소유자의 대지사용권은 규약으로써 달리 정하는 등의 특별한 사정이 없는 한 전유부분과 종속적 일체불가분성이 인정되어 전유부분에 대한 경매개시결정과 압류의 효력은 종물 또는 종된 권리인 대지사용권에도 미치는 것이므로(집합건물법 제20조 제1항, 제2항), 건축자의 대지소유권에 관하여 부동산등기법에 따른 구분건물의 대지권등기가 마쳐지지 않았다 하더라도 전유부분에 관한 경매절차가 진행되어 그 경매절차에서 전유부분을 매수한 매수인은 전유부분과 함께 대지사용권을 취득한다(대판 2012.3.29. 2011다79210).

④ **대지의 분할청구 금지**(동법 제8조 참고)

> 집합건물의 대지에 대한 분할청구를 금지하는 집합건물의 소유 및 관리에 관한 법률 제8조의 입법 취지는 1동의 건물로서 개개의 구성부분이 독립한 구분소유권의 대상이 되는 집합건물의 존립 기초를 확보하려는 데 있는바, 집합건물의 대지는 그 지상의 구분소유권과 일체성 내지 불가분성을 가지는데 일반의 공유와 같이 공유지분권에 기한 공유물 분할을 인정한다면 그 집합건물의 대지사용관계는 파탄에 이르게 되므로 집합건물의 공동생활관계의 보호를 위하여 분할청구가 금지된다(대판 2007.12.27. 2005다66374·66381).

⑤ **대지 공유지분권에 기초한 부당이득반환청구**

> **[1동 건물의 대지에 관하여 구분소유자 외의 다른 공유자가 있는 경우, 다른 공유자가 대지 전부를 사용·수익해 온 구분소유자들을 상대로 자신의 대지 공유지분권에 기초하여 부당이득반환을 구할 수 있는지 여부(원칙적 적극)]**
>
> 1동 건물의 구분소유자들이 당초 건물을 분양받을 당시 대지 공유지분 비율대로 건물의 대지를 공유하고 있는 경우에는 별도의 규약이 존재하는 등 특별한 사정이 없는 한 구분소유자들이 대지에 대하여 가지는 공유지분의 비율과 상관없이 대지 전부를 용도에 따라 사용할 수 있는 적법한 권원이 있으므로, 구분소유자들 사이에서는 대지 공유지분 비율의 차이를 이유로 부당이득반환을 구할 수 없다. 그러나 그 대지에 관하여 구분소유자 외의 다른 공유자가 있는 경우에는 공유물에 관한 일반 법리에 따라 대지를 사용·수익·관리할 수 있다고 보아야 하므로, 특별한 사정이 없으면 구분소유자들이 무상으로 대지를 전부 사용·수익할 수 있는 권원을 가진다고 할 수 없고 다른 공유자는 대지 공유지분권에 기초하여 부당이득의 반환을 청구할 수 있다(대판 2018.6.28. 2016다219419[본소]·219426[반소]).

공유자는 공유물 전부를 지분의 비율로 사용·수익할 수 있으므로 공유토지의 일부를 배타적으로 점유하면서 사용·수익하는 공유자는 그가 보유한 공유지분의 비율에 관계없이 다른 공유자에 대하여 부당이득반환의무를 부담한다. 그런데 일반 건물에서 대지를 사용·수익할 권원이 건물의 소유권과 별개로 존재하는 것과는 달리, 집합건물의 경우에는 대지사용권인 대지지분이 구분소유권의 목적인 전유부분에 종속되어 일체화되는 관계에 있으므로 집합건물 대지의 공유관계에서는 이와 같은 민법상 공유물에 관한 일반 법리가 그대로 적용될 수 없고, 이는 대지 공유자들 중 구분소유자 아닌 사람이 있더라도 마찬가지이다. 집합건물에서 전유부분 면적 비율에 상응하는 적정 대지지분을 가진 구분소유자는 그 대지 전부를 용도에 따라 사용·수익할 수 있는 적법한 권원을 가지므로, 구분소유자 아닌 대지 공유자는 그 대지 공유지분권에 기초하여 적정 대지지분을 가진 구분소유자를 상대로는 대지의 사용·수익에 따른 부당이득반환을 청구할 수 없다(대판[전합] 2022.8.25. 2017다257067). 이와 달리 구분소유자가 적정 대지지분의 보유 여부를 불문하고 구분소유자 아닌 대지 공유자(또는 그로부터 대지 공유지분을 양수한 구분소유자)에 대하여 민법상 공유물에 관한 일반 법리에 따라 전유부분 면적이 차지하는 비율에 따른 차임 상당의 부당이득반환의무를 부담한다고 판단한 대판 2001.12.11. 2000다13948, 대판 2011.7.14. 2009다76522·76539 등은 이 판결의 견해와 배치되는 범위에서 변경하기로 한다.

⑥ 집합건물 대지의 소유자가 대지사용권을 갖지 아니한 구분소유자에 대하여 전유부분의 철거를 구하는 것이 권리남용에 해당하는지 여부(소극)

> 집합건물 대지의 소유자는 대지사용권을 갖지 아니한 구분소유자에 대하여 전유부분의 철거를 구할 수 있고, 일부 전유부분만의 철거가 사실상 불가능하다고 하더라도 이는 집행개시의 장애요건에 불과할 뿐이어서 대지소유자의 건물철거청구가 권리남용에 해당한다고 볼 수 없다(대판 2021.7.8. 2017다204247).

(5) 관리단

① 건물에 대한 구분소유관계가 성립하면 그 건물 및 대지와 부속시설의 관리를 위하여 구분소유자 전원으로 관리단을 구성하여야 한다(집합건물법 제23조 제1항).

② 집합건물의 소유 및 관리에 관한 법률 제23조 제1항에서는 "건물에 대하여 구분소유관계가 성립되면 구분소유자는 전원으로써 건물 및 그 대지와 부속시설의 관리에 관한 사업의 시행을 목적으로 하는 관리단을 구성한다"고 규정하고 있으므로, 관리단은 어떠한 조직행위를 거쳐야 비로소 성립되는 단체가 아니라 구분소유관계가 성립하는 건물이 있는 경우 당연히 그 구분소유자 전원을 구성원으로 하여 성립되는 단체이고, 관리단집회에서 적법하게 결의된 사항은 그 결의에 반대한 구분소유자에 대하여도 효력을 미치는 것이다(대판 1995.3.10. 94다49687·49694).

(6) 집합건물법상의 담보책임

① 법적 성질 : 집합건물법 제9조는 강행규정이면서 법정책임에 해당한다.

> 집합건물의 소유 및 관리에 관한 법률 제9조는 건축업자 내지 분양자로 하여금 견고한 건물을 짓도록 유도하고 부실하게 건축된 집합건물의 소유자를 두텁게 보호하기 위하여 집합건물 분양자의 담보책임에 관하여 민법상 도급인의 담보책임에 관한 규정을 준용하도록 함으로써 분양자의 담보책임의 내용을 명확히 하는 한편 이를 강행규정화한 것으로서, 같은 조에 의한 책임은 분양계약에 기한 책임이 아니라 집합건물의 분양자가 집합건물의 현재의 구분소유자에 대하여 부담하는 법정책임이므로 이에 따른 손해배상청구권에 대하여는 민법 제162조 제1항에 따라 10년의 소멸시효기간이 적용된다(대판 2008.12.11. 2008다12439).

② **적용범위** : 집합건물법상 담보책임은 집합건물의 건축상 하자에 관하여 적용될 뿐 대지부분의 권리상 하자에까지 적용되는 것은 아니다.

> 집합건물의 소유 및 관리에 관한 법률 제9조는, 민법 제667조 내지 제671조에 따른 담보책임이 집합건물에도 적용됨을 규정하는 것인데, 위 민법 각 규정에 따른 담보책임은 건물의 건축상의 하자에 관한 것으로, 집합건물의 소유 및 관리에 관한 법률 제20조에서 구분소유자의 대지사용권은 그가 가지는 전유부분의 처분에 따른다고 하는 규정이 있다고 하여 대지부분의 권리상의 하자에까지 적용되는 것이라 하기 어렵다(대판 2002.11.8. 99다58136).

③ **청구권자**

㉠ 하자담보추급권은 현재의 집합건물의 구분소유자에게 귀속된다(대판 2003.2.11. 2001다47733).

㉡ 공동주택에 하자가 있는 경우 입주자대표회의로서는 사업주체에 대하여 하자보수를 청구할 수 있을 뿐, 하자담보추급권(하자보수에 갈음하는 손해배상청구권)을 행사할 수는 없다(대판 2007.3.29. 2006다64863).

> 집합건물의 소유 및 관리에 관한 법률 제9조에 의한 하자담보추급권은 특별한 사정이 없는 한 집합건물 구분소유자에게 귀속하는 것이고(대판 2003.2.11. 2001다47733 참조), 비록 주택법 제49조 및 주택법 시행령 제59조 제2항이 구 주택건설촉진법(2003.5.29. 법률 제6916호로 전문 개정되기 전의 것. 이하 같다) 소정의 입주자대표회의에게 공동주택의 사업주체에 대한 하자보수청구권을 부여하고 있으나, 이는 행정적인 차원에서 공동주택 하자보수의 절차·방법 및 기간 등을 정하고 하자보수보증금으로 신속하게 하자를 보수할 수 있도록 하는 기준을 정하는 데 그 취지가 있을 뿐(대판 2004.4.9. 2003다7616 참조), 입주자대표회의에게 하자보수청구권 외에 하자담보추급권까지 부여하는 것이라고 볼 수는 없으므로, 공동주택에 하자가 있는 경우 입주자대표회의로서는 사업주체에 대하여 하자보수를 청구할 수 있을 뿐이며, 그에 갈음한 손해배상청구권을 가진다고 할 수 없다(대판 2007.3.29. 2006다64863). **기출 14**

㉢ 구 집합건물법 제23조 제1항에 따라 건물과 대지 및 부속시설의 관리에 관한 사업의 시행을 목적으로 설립되는 관리단은 구분소유자들에게서 그 권리를 양수하였다는 등의 특별한 사정이 없는 한, 하자담보추급권을 가진다고 할 수 없다(대판 2011.12.13. 2011다80531).

④ **행사기간 등**

㉠ **기산점** : 집합건물의 하자보수에 갈음한 손해배상청구권의 소멸시효기간은 각 하자가 발생한 시점부터 별도로 진행한다(대판 2009.2.26. 2007다83908). **기출 10**

㉡ **소멸시효기간** : 민법 제162조 제1항에 따라 10년의 소멸시효기간이 적용된다(대판 2008.12.11. 2008다12439).

⑤ 집합건물의 분양계약에 있어서는 민법 제688조(도급인의 해제권) 단서가 준용되지 않는다.

> 집합건물의 소유 및 관리에 관한 법률 제9조 제1항이 위 법 소정의 건물을 건축하여 분양한 자의 담보책임에 관하여 수급인에 관한 민법 제667조 내지 제671조의 규정을 준용하도록 규정한 취지는 건축업자 내지 분양자로 하여금 견고한 건물을 짓도록 유도하고 부실하게 건축된 집합건물의 소유자를 두텁게 보호하기 위하여 집합건물의 분양자의 담보책임에 관하여 민법상 수급인의 담보책임에 관한 규정을 준용하도록 함으로써 분양자의 담보책임의 내용을 명확히 하는 한편 이를 강행규정화한 것으로서 분양자가 부담하는 책임의 내용이 민법상 수급인의 담보책임이라는 것이지 그 책임이 분양계약에 기한 것이라거나 아니면 분양계약의

법률적 성격이 도급이라는 취지는 아니며, 통상 대단위 집합건물의 경우 분양자는 대규모 건설업체임에 비하여 수분양자는 경제적 약자로서 수분양자를 보호할 필요성이 높다는 점, 집합건물이 완공된 후 개별분양계약이 해제되더라도 분양자가 집합건물의 부지사용권을 보유하고 있으므로 계약해제에 의하여 건물을 철거하여야 하는 문제가 발생하지 않을 뿐 아니라 분양자는 제3자와 새로 분양계약을 체결함으로써 그 집합건물 건축의 목적을 충분히 달성할 수 있는 점 등에 비추어 볼 때 집합건물의 소유 및 관리에 관한 법률 제9조 제1항이 적용되는 집합건물의 분양계약에 있어서는 민법 제668조 단서가 준용되지 않고 따라서 수분양자는 집합건물의 완공 후에도 분양목적물의 하자로 인하여 계약의 목적을 달성할 수 없는 때에는 분양계약을 해제할 수 있다(대판 2003.11.14, 2002다2485). 기출 21

(7) 구분소유의 소멸

구분소유는 구분소유부분의 합병등기에 의하여, 물리적 구분의 제거에 의하여 또는 건물의 전부 또는 일부의 멸실에 의하여 소멸된다. 다만, 건물의 일부멸실의 경우에 복구권이 인정되기도 한다(집합건물법 제50조).

구분건물로 등기된 1동의 건물 중의 일부에 해당하는 구분건물들 사이에서 구조상의 구분이 소멸되는 경우에 그 구분건물에 해당하는 일부 건물 부분은 종전 구분건물 등기명의자의 공유로 된다 할 것이지만, 한편 구조상의 독립성이 상실되지 아니한 나머지 구분건물들의 구분소유권은 그대로 유지됨에 따라 위 일부 건물 부분은 나머지 구분건물들과 독립되는 구조를 이룬다고 할 것이고 또한 집합건물 중 일부 구분건물에 대한 공유도 당연히 허용됨에 비추어 보면, 위 일부 건물 부분과 나머지 구분건물들로 구성된 1동의 건물 전체는 집합건물법의 적용대상이 될 수 있다고 봄이 타당하다(대판 2013.3.28, 2012다4985).

제3관 | 소유권의 취득

I 총 설

점유로 인한 부동산소유권의 취득기간(민법 제245조) 기출 01
① 20년간 소유의 의사로 평온, 공연하게 부동산을 점유하는 자는 등기함으로써 그 소유권을 취득한다.
② 부동산의 소유자로 등기한 자가 10년간 소유의 의사로 평온, 공연하게 선의이며 과실 없이 그 부동산을 점유한 때에는 소유권을 취득한다.

점유로 인한 동산소유권의 취득기간(민법 제246조)
① 10년간 소유의 의사로 평온, 공연하게 동산을 점유한 자는 그 소유권을 취득한다.
② 전항의 점유가 선의이며 과실없이 개시된 경우에는 5년을 경과함으로써 그 소유권을 취득한다.

소유권 이외의 재산권의 취득시효(민법 제248조)
전3조의 규정은 소유권 이외의 재산권의 취득에 준용한다.

1. 의 의

취득시효란 어떤 물건에 대하여 권리를 가지는 듯한 외관이 일정기간 계속되는 경우 그것이 진실한 권리관계와 일치하는지 불문하고 외관상의 권리자에게 권리취득의 효과를 인정하는 제도를 말한다.

2. 취득시효의 유형

(1) 부동산 점유취득시효(민법 제245조 제1항)

(2) 부동산 등기부취득시효(민법 제245조 제2항)

(3) 동산소유권의 취득시효(민법 제246조)

(4) 그 밖의 재산권의 취득시효(민법 제248조)

Ⅱ 부동산 점유취득시효

> **점유로 인한 부동산소유권의 취득기간(민법 제245조)** 기출 01
> ① 20년간 소유의 의사로 평온, 공연하게 부동산을 점유하는 자는 등기함으로써 그 소유권을 취득한다.

1. 요 건

점유취득시효 완성의 효과로써 등기청구권이 인정되기 위해서는 ① 20년간 ② 소유의 의사로 평온·공연하게 ③ 부동산을 점유하여야 한다(민법 제245조 제1항).

(1) 주 체

권리의 주체가 될 수 있는 자는 모두 취득시효의 주체가 될 수 있다. 따라서 자연인은 물론 법인도 시효취득을 할 수 있다(대판 1977.3.22. 76다2705·2706). 나아가 권리능력 없는 사단 또는 재단도 취득시효의 주체가 될 수 있다(대판 1970.2.10. 69다2013). 기출 17

(2) 객 체

점유취득시효의 대상은 부동산, 즉 건물과 토지이다.

1) 타인성 여부, 즉 자기물건의 대상성 여부

통설과 판례(대판 2001.7.13. 2001다17572)는 자기물건에 대하여도 시효취득을 인정하고 있다. 나아가 판례는 성명불상자의 소유물에 대해서도 시효취득을 인정하고 있다(대판 1992.2.25. 91다9312).

2) 물건의 일부

부동산의 일부에 대한 점유취득시효도 인정된다(대판 1996.1.26. 95다24654). 다만, 1필의 토지의 일부에 대한 시효취득을 인정하기 위하여는 그 부분이 다른 부분과 구분되어 시효취득자의 점유에 속한다는 것을 인식하기에 족한 객관적 징표가 계속하여 존재할 것을 요한다(대판 1989.4.25. 88다카9494).

3) 공유지분의 일부

토지의 공유지분의 일부에 대하여도 시효취득이 가능하다(대판 1979.6.26. 79다639). 다만, 그 요건으로 부동산 전체를 점유해야 하고, 객관적 징표는 불필요하다.

4) 국유의 부동산

국유의 부동산은 공용폐지에 의하지 않는 한 원칙적으로 시효취득의 대상이 될 수 없다(대판 1990.11.27. 90다5948). 다만, 국유재산 중 잡종재산(일반재산)에 대해서는 취득시효의 성립을 인정한다(헌재결[전] 1991.5.13. 89헌가97). 현재 행정재산만이 취득시효의 대상에서 제외될 뿐이다.

> • 원래 잡종재산이던 것이 행정재산으로 된 경우 잡종재산일 당시에 취득시효가 완성되었다고 하더라도 행정재산으로 된 이상 이를 원인으로 하는 소유권이전등기를 청구할 수 없다(대판 1997.11.14. 96다10782). **기출 18**
> • 구 지방재정법상 공유재산에 대한 취득시효가 완성되기 위하여는 그 공유재산이 취득시효기간 동안 계속하여 시효취득의 대상이 될 수 있는 잡종재산이어야 하고, 이러한 점에 대한 증명책임은 시효취득을 주장하는 자에게 있다(대판 2009.12.10. 2006다19177).

5) 집합건물의 공용부분과 대지

① 집합건물의 공용부분은 취득시효에 의한 소유권 취득의 대상이 될 수 없다.

> 집합건물의 소유 및 관리에 관한 법률(이하 '집합건물법'이라 한다) 제1조, 제2조 제1호 및 제3호는 1동의 건물 중 구조상 구분된 수개의 부분이 독립한 건물로서 사용될 수 있을 때에는 그 각 부분을 집합건물법이 정하는 바에 따라 각각 소유권의 목적으로 할 수 있고, 그 각 부분을 목적으로 하는 소유권을 구분소유권으로, 구분소유권의 목적인 각 건물 부분을 전유부분으로 규정하고 있으므로, 공용부분은 전유부분으로 변경되지 않는 한 구분소유권의 목적이 될 수 없다. 집합건물의 공용부분은 구분소유자 전원의 공유에 속하나(집합건물법 제10조 제1항), 그 공유는 민법상의 공유와는 달리 건물의 구분소유라고 하는 공동의 목적을 위하여 인정되는 것으로 집합건물법 제13조는 공용부분에 대한 공유자의 지분은 그가 가지는 전유부분의 처분에 따를 뿐 전유부분과 분리하여 처분할 수 없도록 규정하고 있다. 또한 공용부분을 전유부분으로 변경하기 위하여는 집합건물법 제15조에 따른 구분소유자들의 집회결의와 그 공용부분의 변경으로 특별한 영향을 받게 되는 구분소유자의 승낙을 얻어야 한다. 그런데 공용부분에 대하여 취득시효의 완성을 인정하여 그 부분에 대한 소유권취득을 인정한다면 전유부분과 분리하여 공용부분의 처분을 허용하고 일정 기간의 점유로 인하여 공용부분이 전유부분으로 변경되는 결과가 되어 집합건물법의 취지에 어긋나게 된다. 따라서 집합건물의 공용부분은 취득시효에 의한 소유권 취득의 대상이 될 수 없다고 봄이 타당하다(대판 2013.12.12. 2011다78200 · 78217).

② **집합건물의 대지에 관한 점유취득시효** : [1] 1동의 건물의 구분소유자들은 전유부분을 구분소유하면서 공용부분을 공유하므로 특별한 사정이 없는 한 건물의 대지 전체를 공동으로 점유한다. 이는 집합건물의 대지에 관한 점유취득시효에서 말하는 '점유'에도 적용되므로, 20년간 소유의 의사로 평온, 공연하게 집합건물을 구분소유한 사람은 등기함으로써 대지의 소유권을 취득할 수 있다. 이와 같이 점유취득시효가 완성된 경우에 집합건물의 구분소유자들이 취득

하는 대지의 소유권은 전유부분을 소유하기 위한 대지사용권에 해당한다. [2] 집합건물의 구분소유자들이 대지 전체를 공동점유하여 그에 대한 점유취득시효가 완성된 경우에도 구분소유자들은 대지사용권으로 전유부분의 면적 비율에 따른 대지 지분을 보유한다(대판 2017.1.25. 2012다72469).

(3) 점 유

점유취득시효의 요건으로써 점유는 소유의 의사로 하는 자주점유여야 하며, 평온하고 공연한 점유여야 한다.

1) 자주점유

취득시효의 요건인 점유는 직접점유뿐만 아니라 간접점유도 포함한다(대판 1991.10.18. 91다25116). 다만, 간접점유자가 존재하는 경우에 직접점유자는 원칙적으로 타주점유에 해당하므로 취득시효가 인정될 수는 없다.

① 악의의 무단점유 : 자주점유의 추정이 번복된다(대판[전합] 1997.8.21. 95다28625 – 다수의견).

> 점유자가 점유 개시 당시에 소유권 취득의 원인이 될 수 있는 법률행위 기타 법률요건이 없이 그와 같은 법률요건이 없다는 사실을 잘 알면서 타인 소유의 부동산을 무단점유한 것임이 입증된 경우, 특별한 사정이 없는 한 점유자는 타인의 소유권을 배척하고 점유할 의사를 갖고 있지 않다고 보아야 할 것이므로 이로써 소유의 의사가 있는 점유라는 추정은 깨어졌다(대판[전합] 1997.8.21. 95다28625 – 다수의견).

② 등기를 수반하지 않은 점유임이 밝혀진 경우 : 민법 제197조 제1항이 규정하고 있는 점유자에게 추정되는 소유의 의사는 사실상 소유할 의사가 있는 것으로 충분한 것이지 반드시 등기를 수반하여야 하는 것은 아니므로 등기를 수반하지 아니한 점유임이 밝혀졌다고 하여 이 사실만 가지고 바로 점유권원의 성질상 소유의 의사가 결여된 타주점유라고 할 수 없다(대판[전합] 2000.3.16. 97다37661).

③ 공동상속인 1인이 공유물 전부를 점유한 경우 : 공동상속인의 1인이 상속재산인 부동산을 전부 점유한다고 하더라도 달리 특별한 사정이 없는 한 다른 공유자의 지분비율의 범위에서는 타주점유로 보아야 한다(대판 1997.6.24. 97다2993).

2) 평온·공연한 점유

(4) 시효기간(20년)의 경과

1) 20년

20년 이상 계속 점유할 것이 요구되며, 점유의 계속은 추정된다(민법 제198조).

2) 기산점

① 원 칙

　㉠ 취득시효기간의 기산점을 점유개시 시기와 다르게 임의로 선택하여 정할 수는 없다(대판 1985.3.26. 84다카2317).

　㉡ 취득시효의 기산점은 법률효과의 판단에 관하여 직접 필요한 주요사실이 아니고 간접사실에 불과하므로 법원으로서는 이에 관한 당사자의 주장에 구속되지 아니하고 소송자료에 의하여 점유의 시기를 인정할 수 있다(대판 1998.5.12. 97다34037).

② 예 외

　　㉠ 취득시효기간 중 계속해서 등기명의자가 동일한 경우에는 그 기산점을 어디에 두든지 간에 취득시효의 완성을 주장할 수 있는 시점에서 보아 그 기간이 경과한 사실만 확정되면 충분하므로, 전 점유자의 점유를 승계하여 자신의 점유기간을 통산하여 20년이 경과한 경우에 있어서도 전 점유자가 점유를 개시한 이후의 임의의 시점을 그 기산점으로 삼을 수 있다(대판 1998.5.12. 97다8496·8502). 기출 05·09·18

　　㉡ 나아가 취득시효완성 후 토지소유자에 변동이 있어도 당초의 점유자가 계속 점유하고 있고 소유자가 변동된 시점을 새로운 기산점으로 삼아도 다시 취득시효의 점유기간이 완성되는 경우에도 역시 타당하므로 시효취득을 주장하는 점유자로서는 소유권 변동시를 새로운 취득시효의 기산점으로 삼아 취득시효의 완성을 주장할 수 있다(대판[전합] 1994.3.22. 93다46360).

2. 효 과

(1) 소유자와 시효완성자 사이의 관계

1) 등기청구권의 취득

① 통설과 판례는 취득시효완성을 원인으로 하는 등기청구권의 법적 성질을 채권적 청구권으로 본다.

② 채권적 청구권이므로 소멸시효의 대상에 해당한다. 다만, 토지에 대한 취득시효완성으로 인한 소유권이전등기청구권은 그 토지에 대한 점유가 계속되는 한 시효로 소멸하지 아니하고, 여기서 말하는 점유에는 직접점유뿐만 아니라 간접점유도 포함한다(대판 1995.2.10. 94다28468).

③ 나아가 그 후 점유를 상실하였다고 하더라도 이를 시효이익의 포기로 볼 수 있는 경우가 아닌 한 이미 취득한 소유권이전등기청구권은 바로 소멸되는 것은 아니나, 취득시효가 완성된 점유자가 점유를 상실한 경우 취득시효 완성으로 인한 소유권이전등기청구권의 소멸시효는 이와 별개의 문제로서, 그 점유자가 점유를 상실한 때로부터 10년간 등기청구권을 행사하지 아니하면 소멸시효가 완성한다(대판 1996.3.8. 95다34866·34873). 기출 08·09

2) 등기청구권의 상대방

① 원칙 : 점유취득시효완성을 원인으로 한 소유권이전등기의무를 부담하는 자는 취득시효기간 완성 당시의 소유자이다.

> 점유취득시효완성을 원인으로 한 소유권이전등기의무를 부담하는 자는 취득시효기간완성 당시의 소유자이고, 취득시효완성 사실을 알면서 소유자로부터 그 부동산을 매수하여 소유권이전등기를 마친 자라고 하더라도, 소유자와의 사이에서 소유자이 소유권이전등기의무를 인수하여 이행하기로 묵시직 또는 명시적으로 약정하였다는 등의 특별한 사정이 인정되지 않는 한, 위의 의무를 승계한다고 볼 수는 없다(대판 1994.4.12. 93다50666·50673).

② 예외 : 진정한 소유자를 알 수가 없는 경우 등 진정한 소유자는 아니지만 현재 등기명의자를 상대로 이전등기를 청구할 수도 있다.

> 구 토지조사령(1912.8.13. 제령 제2호)에 따라 토지조사부가 작성되었으나 그 토지조사부의 소유자란 부분이 훼손되어 사정명의인이 누구인지 확인할 수 없게 되었지만 누구에겐가 사정된 것은 분명하고 시효취득자가 사정명의인 또는 그 상속인을 찾을 수 없어 취득시효완성을 원인으로 하는 소유권이전등기에 의하여 소유권을 취득하는 것이 사실상 불가능하게 된 경우, 시효취득자는 취득시효완성 당시 진정한 소유자는 아니지만 소유권보존등기명의를 가지고 있는 자에 대하여 직접 취득시효완성을 원인으로 하는 소유권이전등기를 청구할 수 있다(대판 2005.5.26. 2002다43417).

3) 등기경료의 효과

① 소유권 취득 : 민법 제245조 제1항의 취득시효기간의 완성만으로는 소유권취득의 효력이 바로 생기는 것이 아니라, 다만 이를 원인으로 하여 소유권취득을 위한 등기청구권이 발생할 뿐이고, 미등기 부동산의 경우라고 하여 취득시효기간의 완성만으로 등기 없이도 점유자가 소유권을 취득한다고 볼 수 없다(대판 2006.9.28. 2006다22074·22081). 기출 08·17

② 소급효

㉠ 취득시효완성을 이유로 한 소유권이전등기를 청구하고, 시효완성자가 등기를 경료하면 그 효과는 점유를 개시한 때로 소급한다(민법 제247조 제1항). 기출 17

㉡ 따라서 소유명의자는 시효완성자에게 부동산의 점유로 인한 손해배상을 청구할 수 없으며(대판 1966.2.15. 65다2189), 불법점유를 이유로 건물의 철거나 대지의 인도를 청구할 수 없다(대판 1988.5.10. 87다카1979). 기출 14·15 또한 점유자가 그 명의로 소유권이전등기를 경료하지 아니하여 아직 소유권을 취득하지 못하였다고 하더라도 소유명의자는 점유자에 대하여 점유로 인한 부당이득반환청구를 할 수도 없다(대판 1993.5.25. 92다51280). 기출 15·16·21

㉢ 그러나 점유자가 원소유자에 대하여 점유로 인한 취득시효기간이 만료되었음을 이유로 취득시효완성을 원인으로 한 소유권이전등기청구를 하는 등 그 권리행사를 하거나 원소유자가 취득시효완성 사실을 알고 점유자의 권리취득을 방해하려고 하는 등의 특별한 사정이 없는 한, 원소유자는 점유자 명의로 소유권이전등기가 경료되기까지는 소유자로서 그 토지에 관한 적법한 권리를 행사할 수 있고, 따라서 그 권리행사로 인하여 점유자의 토지에 대한 점유의 상태가 변경되었다면, 그 뒤 소유권이전등기를 경료한 점유자는 변경된 점유의 상태를 용인하여야 한다(대판 1999.7.9. 97다53632). 기출 07·17

4) 원시취득

① 기간 진행 중 설정된 각종 제한이나 부담

㉠ 원칙 : 취득시효기간 중 설정된 각종 제한이나 부담은 시효완성자가 등기를 경료한 경우 원시취득으로 소멸된다.

㉡ 예외 : 진정한 권리자가 아니었던 채무자 또는 물상보증인이 채권담보의 목적으로 채권자에게 부동산에 관하여 저당권설정등기를 경료해 준 후 그 부동산을 시효취득한 경우, 채무자 또는 물상보증인은 저당권의 존재를 용인하고 점유를 한 것이므로 저당권은 소멸하지 않는다(대판 2015.2.26. 2014다21649).

② 기간 완성 후 설정된 각종 제한이나 부담 : 원소유자가 취득시효의 완성 이후 그 등기가 있기 전에 그 토지를 제3자에게 처분하거나 제한물권의 설정, 토지의 현상 변경 등 소유자로서의 권리를 행사하였다 하여 시효취득자에 대한 관계에서 불법행위가 성립하는 것이 아님은 물론 위 처분행위를 통하여 그 토지의 소유권이나 제한물권 등을 취득한 제3자에 대하여 취득시효의 완성 및 그 권리취득의 소급효를 들어 대항할 수도 없다 할 것이니, 이 경우 시효취득자로서는 원소유자의 적법한 권리행사로 인한 현상이 변경이나 제한물권이 설정 등이 이루어진 그 토지의 사실상 혹은 법률상 현상 그대로의 상태에서 등기에 의하여 그 소유권을 취득하게 된다. 따라서 시효취득자가 원소유자에 의하여 그 토지에 설정된 근저당권의 피담보채무를 변제하는 것은 시효취득자가 용인하여야 할 그 토지상의 부담을 제거하여 완전한 소유권을 확보하기 위한 것으로서 그 자신의 이익을 위한 행위라 할 것이니, 위 변제액 상당에 대하여 원소유자에게 대위변제를 이유로 구상권을 행사하거나 부당이득을 이유로 그 반환청구권을 행사할 수는 없다(대판 2006.5.12. 2005다75910).

(2) 점유취득시효완성 후 완성자로부터 부동산의 점유를 이전받은 자의 법적 지위

전 점유자의 점유를 승계한 자는 그 점유 자체와 하자만을 승계하는 것이지 그 점유로 인한 법률효과까지 승계하는 것은 아니므로 부동산을 취득시효기간 만료 당시의 점유자로부터 양수하여 점유를 승계한 현 점유자는 자신의 전 점유자에 대한 소유권이전등기청구권을 보전하기 위하여 전 점유자의 소유자에 대한 소유권이전등기청구권을 대위행사할 수 있을 뿐, 전 점유자의 취득시효 완성의 효과를 주장하여 직접 자기에게 소유권이전등기를 청구할 권원은 없다(대판[전합] 1995.3.28. 93다47745). 기출 09·12

(3) 제3취득자와의 관계

1) 시효기간이 완성되기 「전」 제3취득자

시효기간 진행 중 제3취득자의 이전등기는 점유상태를 파괴한 것으로 볼 수 없으므로 취득시효 기간의 중단사유에 해당하지 않는다. 따라서 시효완성자는 완성 당시의 제3취득자에게 취득시효 완성을 이유로 이전등기를 청구할 수 있다(대판 1997.4.25. 97다6186). 기출 08·15·21

2) 시효기간이 완성된 「후」 제3취득자

① 시효완성자와 제3취득자와의 관계

㉠ 이전등기청구 가부

- 시효기간이 완성된 후의 제3취득자는 취득시효 완성 후 새로운 이해관계인에 해당하므로, 시효완성자는 그에게 취득시효 완성을 원인으로 한 이전등기를 청구할 수 없다. 기출 09·15 이는 제3취득자의 이전등기 원인이 점유자의 취득시효 완성 전의 것이라 하더라도 마찬가지이다(대판 1998.7.10. 97다45402). 기출 21
- 다만, 제3취득자가 취득시효 완성 당시의 소유자의 상속인인 경우에는 그 상속분에 한하여는 위 제3취득자에 대하여 직접 취득시효 완성을 원인으로 한 소유권이전등기를 구할 수 있다(대판 2002.3.15. 2001다77352·77369). 기출 08

ⓛ 제3취득자 명의의 등기가 원인무효인 경우 : 만일 위 제3취득자 명의의 등기가 원인무효라면 동인에게 대항할 수 있고, 따라서 취득시효완성당시의 소유자에 대하여 가지는 소유권이전등기청구권으로서 위 소유자를 대위하여 동인 앞으로 경료된 원인무효인 등기의 말소를 구하고 아울러 위 소유자에게 취득시효완성을 원인으로 한 소유권이전등기를 구할 수 있다(대판 1986.8.19. 85다2306). 기출 13

ⓒ 2차 취득시효 주장 가부

> [1] 당초의 점유자가 계속 점유하고 있고 소유자가 변동된 시점을 기산점으로 삼아도 다시 취득시효의 점유기간이 경과한 경우에는 점유자로서는 제3자 앞으로의 소유권 변동시를 새로운 점유취득시효의 기산점으로 삼아 2차의 취득시효의 완성을 주장할 수 있다. [2] 취득시효기간이 경과하기 전에 등기부상의 소유명의자가 변경된다고 하더라도 그 사유만으로는 점유자의 종래의 사실상태의 계속을 파괴한 것이라고 볼 수 없어 취득시효를 중단할 사유가 되지 못하므로, 새로운 소유명의자는 취득시효 완성 당시 권리의무 변동의 당사자로서 취득시효 완성으로 인한 불이익을 받게 된다 할 것이어서 시효완성자는 그 소유명의자에게 시효취득을 주장할 수 있는바, 이러한 법리는 새로이 2차의 취득시효가 개시되어 그 취득시효기간이 경과하기 전에 등기부상의 소유명의자가 다시 변경된 경우에도 마찬가지로 적용된다고 봄이 상당하다(대판[전합] 2009.7.16. 2007다15172 · 15189 - 다수의견). 기출 13 · 17 · 19 · 21

② 제3취득자에 대한 처분이 유효한 경우 전 소유자와 시효완성자의 관계

ⓐ 불법행위를 원인으로 한 손해배상청구권

> 취득시효가 완성된 토지에 관한 소유자의 처분행위가 불법행위가 되기 위하여는 소유자가 시효취득사실을 알았거나 알 수 있어야 할 것인바, 특별한 사정이 없는 한 부동산에 관한 시효취득이 완성된 후에 그 시효취득을 주장하거나 이로 인한 소유권이전등기청구를 하기 이전에는 부동산 소유자로서는 그 시효취득 사실을 알 수 없는 것이라고 보아야 한다(대판 1994.4.12. 93다60779). 기출 07

ⓛ 대상청구권

> 민법상 이행불능의 효과로서 채권자의 전보배상청구권과 계약해제권 외에 별도로 대상청구권을 규정하고 있지는 않으나 해석상 대상청구권을 부정할 이유는 없는 것이지만, 점유로 인한 부동산 소유권 취득기간 만료를 원인으로 한 등기청구권이 이행불능으로 되었다고 하여 대상청구권을 행사하기 위하여는, 그 이행불능 전에 등기명의자에 대하여 점유로 인한 부동산 소유권 취득기간이 만료되었음을 이유로 그 권리를 주장하였거나 그 취득기간 만료를 원인으로 한 등기청구권을 행사하였어야 하고, 그 이행불능 전에 그와 같은 권리의 주장이나 행사에 이르지 않았다면 대상청구권을 행사할 수 없다고 봄이 공평의 관념에 부합한다(대판 1996.12.10. 94다43825). 기출 09 · 10 · 13

ⓒ 채무불이행을 원인으로 한 손해배상청구권

> 부동산 점유자에게 시효취득으로 인한 소유권이전등기청구권이 있다고 하더라도 이로 인하여 부동산 소유자와 시효취득자 사이에 계약상의 채권 · 채무관계가 성립하는 것은 아니므로, 그 부동산을 처분한 소유자에게 채무불이행 책임을 물을 수 없다(대판 1995.7.11. 94다4509).

ㄹ 원소유자에게 소유권이 회복된 경우

> 부동산에 대한 점유로 인한 소유권취득시효가 완성되었다 하더라도 이를 등기하지 않고 있는 사이에 그 부동산에 관하여 제3자에게로 소유권이전등기가 경료되면 점유자가 그 제3자에게는 그 시효취득으로 대항할 수 없으나, 그로 인하여 점유자가 취득시효완성 당시의 소유자에 대한 시효취득으로 인한 소유권이전등기청구권을 상실하게 되는 것은 아니고 위 소유자의 점유자에 대한 소유권이전등기의무가 이행불능으로 된 것이라고 할 것인데, 그 후 어떠한 사유로 취득시효완성 당시의 소유자에게로 그 ⋯⋯⋯ 그 소유자에게 시효취득의 효과를 주장할 수 있다(대판 1991.6.25. 90다14225).

Ⅲ 부동산 등기부취득시효

점유로 인한 부동산소유권의 취득기간(민법 제245조) [기출] 12
② 부동산의 소유자로 등기한 자가 10년간 소유의 의사로 평온, 공연하게 선의이며 과실 없이 그 부동산을 점유한 때에는 소유권을 취득한다.

1. 서 설

부동산의 소유자로 등기한 자가 10년간 소유의 의사로 평온, 공연하게 선의이며 과실 없이 그 부동산을 점유한 때에 소유권을 취득하는 것을 등기부취득시효라고 한다(민법 제245조 제2항). 이하에서는 점유취득시효와 달리 별도로 요구되는 요건인 「등기한 자」와 「선의·무과실」을 중심으로 검토하겠다.

2. 요 건

(1) 등기한 자일 것

1) 등기의 유효성 여부

① 등기는 적법·유효한 등기일 필요가 없다(대판 1994.2.8. 93다23367). 다만, 판례는 중복등기로서 무효인 등기에 기초해서는 등기부취득시효가 불가능하다고 한다(대판[전합] 1996.10.17. 96다12511).

> 민법 제245조 제2항은 부동산의 소유자로 등기한 자가 10년간 소유의 의사로 평온·공연하게 선의이며 과실 없이 그 부동산을 점유한 때에는 소유권을 취득한다고 규정하고 있는바, 위 법 조항의 '등기'는 부동산 등기법 제15조가 규정한 1부동산 1용지주의에 위배되지 아니한 등기를 말하므로, 어느 부동산에 관하여 등기명의인을 달리하여 소유권보존등기가 2중으로 경료된 경우 먼저 이루어진 소유권보존등기가 원인무효가 아니어서 뒤에 된 소유권보존등기가 무효로 되는 때에는, 뒤에 된 소유권보존등기나 이에 터잡은 소유권이전등기를 근거로 하여서는 등기부취득시효의 완성을 주장할 수 없다(대판[전합] 1996.10.17. 96다12511).
> [기출] 23

② 등기부취득시효에 있어서는 이미 등기가 경료되어 있기 때문에 등기청구권의 문제는 발생하지 않는다.

2) 등기의 계속

① **문제점**: 등기기간과 점유기간은 각각 10년이어야 한다. 그런데 민법 제199조에 의하여 점유 승계가 인정되는데, 등기의 승계에 관한 규정은 없어 등기의 승계를 인정할 것인지 문제된다.

② **학설**: 등기의 병합을 인정하여 자신의 등기가 10년에 미치지 않더라도 전주의 등기와 병합하여 10년이 되면 족하다는 ⑦ 승계긍정설과 부동산의 소유자로 등기된 기간과 점유기간이 때를 같이하여 10년이어야 한다는 ⑥ 승계부정설의 다툼이 있다.

③ **판례**: 등기부취득시효에 관한 민법 제245조 제2항의 규정에 위하여 소유권을 취득하는 자는 10년간 반드시 그의 명의로 등기되어 있어야 하는 것은 아니고 앞 사람의 등기까지 아울러 그 기간동안 부동산의 소유자로 등기되어 있으면 된다고 할 것이다(대판[전합] 1989.12.26. 87다카2176). 기출 12

(2) 선의·무과실일 것

선의·무과실은 등기에 관한 것이 아니라 점유에 관한 것이다(대판 1998.1.20. 96다48527).

> **[부동산에 관하여 적법·유효한 등기를 하고 소유권을 취득한 사람이 자기 소유의 부동산을 점유하는 경우, 그 점유가 취득시효의 기초가 되는 점유인지 여부(원칙적 소극) 및 위 점유를 취득시효의 기초가 되는 점유로 볼 수 있는 예외적인 경우]**
>
> 부동산에 관하여 적법·유효한 등기를 하고 소유권을 취득한 사람이 자기 소유의 부동산을 점유하는 경우 특별한 사정이 없는 한 그러한 점유는 취득시효의 기초가 되는 점유라고 할 수 없다. 이러한 경우에는 사실 상태를 권리관계로 높여 보호할 필요가 없고, 부동산의 소유명의자는 부동산에 대한 소유권을 적법하게 보유하는 것으로 추정되어 소유권에 대한 증명의 곤란을 구제할 필요도 없기 때문이다. 그러나 소유권에 기초하여 부동산을 점유하는 사람이더라도 그 등기를 하고 있지 않아 자신의 소유권을 증명하기 어렵거나 소유권을 제3자에게 대항할 수 없는 등으로 점유의 사실 상태를 권리관계로 높여 보호하고 증명곤란을 구제할 필요가 있는 예외적인 경우에는, 자기 소유 부동산에 대한 점유도 취득시효를 인정하기 위해 기초가 되는 점유로 볼 수 있다(대판 2022.7.28. 2017다204629).

1) 증명책임 등의 문제

① 무과실은 민법 제197조에 의해 추정되지 않으므로, 무과실에 대한 증명책임은 그 시효취득을 주장하는 사람에게 있다(대판 2017.12.13. 2016다248424). 기출 12

② 부동산을 매수하는 사람으로서는 특별한 사정이 없는 한 매도인에게 그 부동산을 처분할 권한이 있는지 여부를 조사하여야 할 것이고, 그 조사를 하였더라면 매도인에게 처분권이 없음을 알 수 있었을 것임에도 그와 같은 조사를 하지 아니하고 매수하였다면 부동산의 점유에 대하여 과실 없다고 할 수 없다(대판 1991.2.12. 90다13178).

2) 판단의 기준시기 기출 23

선의·무과실이 전 시효기간을 통하여 계속되어야 하는 것은 아니다. 즉, 점유 개시 시에 선의·무과실이면 충분한다.

> **부동산의 등기부시효취득에 있어서 점유에 과실이 없다는 것의 의미**
>
> 민법 제245조 제2항에서 정한 부동산의 등기부시효취득을 인정함에 있어서 점유에 과실이 없다고 함은 그 점유의 개시 시에 과실이 없으면 된다는 취지이다(대판 1993.11.23. 93다21132).

3. 효 과

이미 등기가 경료되었기 때문에 등기부취득시효가 완성되면 즉시 소유권을 취득한다. 따라서 등기부취득시효가 완성된 후에 그 부동산에 관한 점유자 명의의 등기가 말소되거나 적법한 원인 없이 다른 사람 앞으로 소유권이전등기가 경료되었다 하더라도, 그 점유자는 등기부취득시효의 완성에 의하여 취득한 소유권을 상실하는 것은 아니다(대판 2001.1.16. 98다20110). [기출] 12 따라서 점유자는 현재의 등기명의자를 상대로 소유권에 기한 방해배제를 청구할 수 있다.

Ⅳ 동산소유권의 취득시효

점유로 인한 동산소유권의 취득기간(민법 제246조)
① 10년간 소유의 의사로 평온, 공연하게 동산을 점유한 자는 그 소유권을 취득한다.
② 전항의 점유가 선의이며 과실 없이 개시된 경우에는 5년을 경과함으로써 그 소유권을 취득한다.

Ⅴ 기타 재산권의 취득시효

소유권 이외의 재산권의 취득시효(민법 제248조)
전3조의 규정은 소유권 이외의 재산권의 취득에 준용한다.

Ⅵ 취득시효의 중단과 정지 등

1. 취득시효의 중단

소유권취득의 소급효, 중단사유(민법 제247조) [기출] 19
① 전2조의 규정에 의한 소유권취득의 효력은 점유를 개시한 때에 소급한다.
② 소멸시효의 중단에 관한 규정은 전2조의 소유권취득기간에 준용한다.

> 민법 제247조 제2항은 '소멸시효의 중단에 관한 규정은 점유로 인한 부동산소유권의 시효취득기간에 준용한다.'고 규정하고, 민법 제168조 제2호는 소멸시효 중단사유로 '압류 또는 가압류, 가처분'을 규정하고 있다. 점유로 인한 부동산소유권의 시효취득에 있어 취득시효의 중단사유는 종래의 점유상태의 계속을 파괴하는 것으로 인정될 수 있는 사유이어야 하는데, 민법 제168조 제2호에서 정하는 '압류 또는 가압류'는 금전채권의 강제집행을 위한 수단이거나 그 보전수단에 불과하여 취득시효기간의 완성 전에 부동산에 압류 또는 가압류 조치가 이루어졌다고 하더라도 이로써 종래의 점유상태의 계속이 파괴되었다고는 할 수 없으므로 이는 취득시효의 중단사유가 될 수 없다(대판 2019.4.3. 2018다296878).

2. 취득시효의 정지

민법은 취득시효의 중단과는 달리 취득시효의 정지에는 소멸시효의 정지에 관한 규정을 준용하는 명문규정은 없으나, 다수설은 유추적용을 긍정한다.

3. 취득시효이익의 포기

(1) 의 의

민법은 소멸시효이익의 포기에 관한 규정을 취득시효에 준용한다는 명문규정을 두고 있지 않지만, 판례는 민법 제184조 제1항을 유추적용하여 취득시효가 완성된 후에 시효이익을 포기할 수 있다고 한다.

> 토지에 대한 취득시효기간이 완성된 이후 점유자가 그 대지상의 건물을 도시계획시행청에게 매도하고 계속 그 건물에서 거주하다가 도로공사의 시행이 임박하여 건물을 비워달라는 시행청의 요구를 받고서야 위 토지에 대한 점유까지 이전하여 줌으로써 점유를 상실하였다면, 점유자가 위 토지에 대한 시효이익을 포기한 것이라고 볼 수는 없다(대판 1995.2.24. 94다18195).

(2) 요 건

시효완성의 이익을 받을 당사자 또는 대리인이 시효완성 당시의 진정한 소유자에게 시효완성사실을 알면서 그 이익을 받지 않겠다는 의사표시를 하여야 한다. 기출 13

> 취득시효 완성으로 인한 권리변동의 당사자는 시효취득자와 취득시효 완성 당시의 진정한 소유자이므로, 시효이익의 포기는 특별한 사정이 없는 한 시효취득자가 취득시효 완성 당시의 진정한 소유자에 대하여 하여야 그 효력이 발생한다(대판 2009.12.10. 2006다19177).

VII 기타 소유권의 취득

1. 선점 · 습득 · 발견

(1) 무주물선점(민법 제252조)

무주물의 귀속(민법 제252조) 기출 01
① 무주의 동산을 소유의 의사로 점유한 자는 그 소유권을 취득한다.
② 무주의 부동산은 국유로 한다.
③ 야생하는 동물은 무주물로 하고 사양하는 야생동물도 다시 야생상태로 돌아가면 무주물로 한다.

문화재의 국유(민법 제255조)
① 학술, 기예 또는 고고의 중요한 재료가 되는 물건에 대하여는 제252조 제1항 및 전2조의 규정에 의하지 아니하고 국유로 한다.
② 전항의 경우에 습득자, 발견자 및 매장물이 발견된 토지 기타 물건의 소유자는 국가에 대하여 적당한 보상을 청구할 수 있다.

1) 의 의

무주의 동산을 소유의 의사로 점유한 자는 그 소유권을 취득하는데(민법 제252조 제1항), 이를 무주물 선점이라 한다. 선점은 준법률행위 중 사실행위로 행위능력을 요하지 않는다.

2) 요 건

① 무주물일 것 : 무주물이란 현재의 소유자가 없는 물건을 말한다.

② 동산일 것 : 무주의 부동산은 국유에 속하므로(민법 제252조 제2항), 선점의 대상이 아니다.

③ 선점할 것 : 선점이란 소유의 의사로 점유하는 것을 말한다.

    ㉠ 선점은 사실행위이므로, 제한능력자도 선점할 수 있다.

    ㉡ 점유보조자, 점유매개자를 통해서도 선점할 수 있다.

3) 효 과

① 원칙 : 선점에 의하여 그 동산의 소유권을 원시취득한다(민법 제252조 제1항).

② 예외 : 학술 등의 자료가 되는 동산은 국유이다(민법 제255조 제1항).

(2) 유실물 습득(민법 제253조)

> **유실물의 소유권취득(민법 제253조)**
> 유실물은 법률에 정한 바에 의하여 공고한 후 6개월 내에 그 소유자가 권리를 주장하지 아니하면 습득자가 그 소유권을 취득한다.

1) 의 의

유실물을 유실물법이 정하는 바에 따라 공고한 후 6개월 내에 그 소유자가 권리를 주장하지 않으면 습득자가 그 소유권을 취득하는 것을 유실물 습득이라 한다(민법 제253조).

2) 요 건

① 유실물일 것 : 유실물이란 점유자의 의사에 기하지 않고 그의 점유를 떠난 물건으로서 도품이 아닌 것을 말한다.

② 습득할 것 : 습득이란 유실물에 대한 점유를 취득하는 것을 말한다. 선점과 달리 소유의 의사를 필요로 하지 않는다.

③ 유실물법이 정한 바에 의하여 공고한 후 6개월 내에 그 소유자가 권리를 주장하지 않을 것

3) 효 과

① 소유권의 취득 : 유실물 습득에 의하여 유실물에 대한 소유권을 원시취득한다(민법 제252조 제1항).

② 보수청구권(= 보상금청구권) : 유실자나 소유자 기타 물건회복의 청구권을 가진 자가 그 권리를 주장하면 유실물은 그에게 반환되며, 유실물의 소유자와 습득자의 관계는 대개 사무관리에 속하여 민법상으로는 보수청구권이 인정되지 않지만, 유실물법은 습득자의 보수청구권을 인정한다(유실물법 제4조).

③ 학술 등의 자료가 되는 동산은 국유로 되며, 이때에는 국가에 대하여 적당한 보상을 청구할 수 있다(민법 제252조 제2항).

(3) 매장물 발견(민법 제254조)

> **매장물의 소유권취득(민법 제254조)**
> 매장물은 법률에 정한 바에 의하여 공고한 후 1년 내에 그 소유자가 권리를 주장하지 아니하면 발견자가 그 소유권을 취득한다. 그러나 타인의 토지 기타 물건으로부터 발견한 매장물은 그 토지 기타 물건의 소유자와 발견자가 절반하여 취득한다.

1) 의 의

매장물은 유실법이 정한 바에 의하여 공고한 후 1년 내에 그 소유자가 권리를 주장하지 아니하면 발견자가 그 소유권을 취득하는데(민법 제254조 본문), 이를 매장물 발견이라 한다.

2) 요 건

① 매장물일 것 : 매장물이란 토지 기타 물건에 묻혀 있어서 외부에서 쉽게 발견할 수 없는 상태에 있고, 현재 누구의 소유에 속하는지가 불분명한 물건을 말한다.

② 발견하였을 것 : 발견이란 매장물의 존재를 구체적·객관적으로 인식하는 것으로서, 점유의 취득은 필요하지 않는다.

③ 유실물법이 정한 바에 의하여 공고한 후 1년 내에 그 소유자가 권리를 주장하지 않을 것

3) 효 과

① 소유권의 취득 : 매장물 발견에 의하여 매장물에 대한 소유권을 취득한다(민법 제254조 단서). 다만 타인의 토지 기타 물건으로부터 발견한 매장물은 그 토지 기타 물건의 소유자와 발견자가 절반하여 취득한다(민법 제254조 단서).

② 학술 등의 자료가 되는 물건은 국유로 되며, 이때에는 국가에 대하여 적당한 보상을 청구할 수 있다(민법 제252조 제2항).

2. 첨 부

(1) 서 설

> **부동산에의 부합(민법 제256조)**
> 부동산의 소유자는 그 부동산에 부합한 물건의 소유권을 취득한다. 그러나 타인의 권원에 의하여 부속된 것은 그러하지 아니하다.
>
> **동산 간의 부합(민법 제257조)**
> 동산과 동산이 부합하여 훼손하지 아니하면 분리할 수 없거나 그 분리에 과다한 비용을 요할 경우에는 그 합성물의 소유권은 주된 동산의 소유자에게 속한다. 부합한 동산의 주종을 구별할 수 없는 때에는 동산의 소유자는 부합당시의 가액의 비율로 합성물을 공유한다.
>
> **혼화(민법 제258조)**
> 전조의 규정은 동산과 동산이 혼화하여 식별할 수 없는 경우에 준용한다.

> **가공(민법 제259조)**
> ① 타인의 동산에 가공한 때에는 그 물건의 소유권은 원재료의 소유자에게 속한다. 그러나 가공으로 인한 가액의 증가가 원재료의 가액보다 현저히 다액인 때에는 가공자의 소유로 한다.
> ② 가공자가 재료의 일부를 제공하였을 때에는 그 가액은 전항의 증가액에 가산한다.
>
> **첨부의 효과(민법 제260조)**
> ① 전4조의 규정에 의하여 동산의 수유권이 소멸한 때에는 그 동산을 목적으로 한 다른 권리도 소멸한다.
> ② 동산의 소유자가 합성물, 혼화물 또는 가공물의 단독소유자가 된 때에는 전항의 권리는 합성물, 혼화물 또는 가공물에 존속하고 그 공유자가 된 때에는 그 지분에 존속한다.
>
> **첨부로 인한 구상권(민법 제261조)**
> 전5조의 경우에 손해를 받은 자는 부당이득에 관한 규정에 의하여 보상을 청구할 수 있다.

1) 의 의

첨부는 부합, 혼화, 가공을 총칭하는 용어로, 어떤 물건에 타인의 물건이 결합하거나 타인의 노력이 가하여지는 것을 말한다.

2) 규정의 법적 성질

① **강행규정** : ㉠ 첨부에 의하여 생긴 물건은 1개의 물건으로서 존속하고, 그 복구는 인정되지 않는다는 첨부의 중심적 효과에 관한 규정과 ㉡ 구 물건 위에 존재하던 제3자의 권리에 관한 규정(민법 제260조)

② **임의규정** : ㉠ 신 물건의 소유권 귀속에 관한 규정(민법 제256조 내지 제259조)과 ㉡ 당사자 사이의 이해관계를 조절하기 위한 규정(민법 제261조)

(2) 부 합

1) 의 의

부합이란 소유자를 각기 달리하는 수 개의 물건이 결합하여 한 개의 물건으로 되는 것을 의미한다. 부합의 유형으로는 부동산에의 부합과 동산 간의 부합이 있다.

2) 부동산에의 부합

> **부동산에의 부합(민법 제256조)** 기출 01·07
> 부동산의 소유자는 그 부동산에 부합한 물건의 소유권을 취득한다. 그러나 타인의 권원에 의하여 부속된 것은 그러하지 아니하다.

① **요 건**
 ㉠ **피부합물과 부합물** : 부합되는 물건(피부합물)은 부동산이어야 하나, 부합하는 물건(부합물)이 동산에 한정되는지 학설의 나뉨이 있으나, 판례는 부동산도 가능하다는 입장이다(대판 1962.1.31. 4294민상445, 대판 1991.4.12. 90다11967).
 ㉡ **부합의 정도** : 거래상 독립성이 상실되어야 하며, 명문규정은 없으나 동산 간의 부합과 동일하게 판단한다. 즉, 사회경제상 분리나 복구가 불가능하거나 불리하다고 판단되는 정도에 이르러야 한다고 본다. 판례의 입장도 동일하다.

어떠한 동산이 민법 제256조에 의하여 부동산에 부합된 것으로 인정되기 위해서는 그 동산을 훼손하거나 과다한 비용을 지출하지 않고서는 분리할 수 없을 정도로 부착·합체되었는지 여부 및 그 물리적 구조, 용도와 기능면에서 기존 부동산과는 독립한 경제적 효용을 가지고 거래상 별개의 소유권의 객체가 될 수 있는지 여부 등을 종합하여 판단하여야 하고, 이러한 부동산에의 부합에 관한 법리는 건물의 증축의 경우는 물론 건물의 신축의 경우에도 그대로 적용될 수 있다(대판 2009.9.24. 2009다15602).

`기출 22`

② 효 과
　㉠ 원칙 : 부동산의 소유자가 부합된 물건의 소유권을 취득한다(민법 제256조 본문). 동산이 부합한 경우에 동산의 가격이 부동산의 가격을 초과하더라도 마찬가지이다. 부합된 동산의 소유권을 취득한 부동산의 소유자는 동산소유자에게 보상의무를 진다(민법 제261조).
　㉡ 예 외
　　• 타인의 권원에 의하여 부속된 경우에 그 타인이 소유권을 보유한다(민법 제256조 단서).

민법 제256조 단서 소정의 "권원"이라 함은 지상권, 전세권, 임차권 등과 같이 타인의 부동산에 자기의 동산을 부속시켜서 그 부동산을 이용할 수 있는 권리를 뜻하므로 그와 같은 권원이 없는 자가 토지소유자의 승락을 받음이 없이 그 임차인의 승락만을 받아 그 부동산 위에 나무를 심었다면 특별한 사정이 없는 한 토지소유자에 대하여 그 나무의 소유권을 주장할 수 없다(대판 1989.7.11. 88다카9067).

　　• 타인의 토지에 농작물을 경작한 경우에도 그 생산물은 사실상 이를 경작·지배한 자의 소유에 속한다.

적법한 경작권 없이 타인의 토지를 경작하였더라도 그 경작한 입도가 성숙하여 독립한 물건으로서의 존재를 갖추었으면 입도의 소유권은 경작자에게 귀속한다(대판 1979.8.28. 79다784).

　　• 토지 위에 건물이 신축된 경우, 건물은 토지와 별개의 독립된 부동산이므로 토지에 부합하지 않는다.
③ 특수문제

　　• 건물이 증축된 경우에 증축 부분이 기존건물에 부합된 것으로 볼 것인가 아닌가 하는 점은 증축 부분이 기존건물에 부착된 물리적 구조뿐만 아니라, 그 용도와 기능의 면에서 기존건물과 독립한 경제적 효용을 가지고 거래상 별개의 소유권 객체가 될 수 있는지의 여부 및 증축하여 이를 소유하는 자의 의사 등을 종합하여 판단하여야 한다(대판 2002.10.25. 2000다63110).
　　• 부동산에 부합된 물건이 사실상 분리복구가 불가능하여 거래상 독립한 권리의 객체성을 상실하고 그 부동산과 일체를 이루는 부동산의 구성부분이 된 경우에는 타인이 권원에 의하여 이를 부합시켰더라도 그 물건의 소유권은 부동산의 소유자에게 귀속된다(대판 2008.5.8. 2007다36933·36940).
　　• 부동산에 부합된 물건이 사실상 분리복구가 불가능하여 거래상 독립한 권리의 객체성을 상실하고 그 부동산과 일체를 이루는 부동산의 구성부분이 된 경우에는 타인이 권원에 의하여 이를 부합시켰더라도 그 물건의 소유권은 부동산의 소유자에게 귀속되어 부동산의 소유자는 방해배제청구권에 기하여 부합물의 철거를 청구할 수 없지만, 부합물이 위와 같은 요건을 충족하지 못해 그 물건의 소유권이 부동산의 소유자에게 귀속되었다고 볼 수 없는 경우에는 부동산의 소유자는 방해배제청구권에 기하여 부합물의 철거를 청구할 수 있다(대판 2020.4.9. 2018다264307).

- 부합물에 관한 소유권 귀속의 예외를 규정한 민법 제256조 단서의 규정은 타인이 그 권원에 의하여 부속시킨 물건이라 할지라도 그 부속된 물건이 분리하여 경제적 가치가 있는 경우에 한하여 부속시킨 타인의 권리에 영향이 없다는 취지이지 분리하여도 경제적 가치가 없는 경우에는 원래의 부동산 소유자의 소유에 귀속되는 것이고, 경제적 가치의 판단은 부속시킨 물건에 대한 일반 사회통념상의 경제적 효용의 독립성 유무를 그 기준으로 하여야 한다(대판 2007.7.27, 2006다39270·39278). **기출** 21
- 타인의 임야에 권한 없이 식부한 임목의 소유권은 임야소유자에 귀속한다(대판 1970.11.30, 68다1995). **기출** 07

3) 동산 간의 부합

동산 간의 부합(민법 제257조)
동산과 동산이 부합하여 훼손하지 아니하면 분리할 수 없거나 그 분리에 과다한 비용을 요할 경우에는 그 합성물의 소유권은 주된 동산의 소유자에게 속한다. 부합한 동산의 주종을 구별할 수 없는 때에는 동산의 소유자는 부합당시의 가액의 비율로 합성물을 공유한다.

① **요 건**
　　㉠ 수개의 동산이 부합하여 훼손하지 아니하면 분리할 수 없거나 또는 분리에 과다한 비용을 요하게 되었어야 한다(민법 제257조 전문).
　　㉡ 수개의 물건이 다른 소유자에게 속했어야 한다.
② **효과** : 부합한 동산 사이에 주종을 구별할 수 있으면 주된 동산의 소유자가 합성물의 소유권을 취득하지만(민법 제257조 전문), 주종을 구별할 수 없으면 각 동산의 소유자가 부합 당시의 가액의 비율로 합성물을 공유한다(민법 제257조 후문).

(3) 혼 화

혼화(민법 제258조)
전조의 규정은 동산과 동산이 혼화하여 식별할 수 없는 경우에 준용한다.

혼화란 고형물의 혼합 또는 유동물의 융화처럼 물건이 동종의 다른 물건과 섞여서 원물을 식별할 수 없게 되는 것을 말한다. 혼화는 동산 간의 부합의 일종이다. 따라서 동산 간의 부합에 관한 규정을 준용한다.

(4) 가 공

가공(민법 제259조) **기출** 01
① 타인의 동산에 가공한 때에는 그 물건의 소유권은 원재료의 소유자에게 속한다. 그러나 가공으로 인한 가액의 증가가 원재료의 가액보다 현저히 다액인 때에는 가공자의 소유로 한다.
② 가공자가 재료의 일부를 제공하였을 때에는 그 가액은 전항의 증가액에 가산한다.

1) 의 의

가공이란 타인의 동산에 노력을 가하여 새로운 물건을 만들어 내는 것을 말한다.

2) 요 건

① 타인의 재료나 물건에 변경을 가하는 공작이 있을 것

② 그 공작의 결과 새로운 물건이 성립할 것

③ 가공과 원재료를 분리할 수 없을 것

3) 효 과

① 원칙(재료주의) : 소유권은 원칙적으로 원재료의 소유자에게 귀속한다(민법 제259조 제1항 본문).

② 예외(가공주의) : 가공으로 인한 가액의 증가가 원재료의 가액보다 현저히 다액인 경우에는 가공자의 소유로 한다(민법 제259조 제1항 단서). 이때에 가공자가 재료의 일부를 제공하였을 때에는 그 가액은 증가된 가액에 가산한다(민법 제259조 제2항).

(5) 첨부의 효과

> **[매도인에게 소유권이 유보된 자재를 매수인이 제3자와 체결한 도급계약에 의하여 제3자 소유의 건물 건축에 사용하여 부합된 경우, 매도인이 제3자에게 보상청구를 할 수 있는지 여부]**
>
> 민법 제261조에서 첨부로 법률규정에 의한 소유권 취득(민법 제256조 내지 제260조)이 인정된 경우에 "손해를 받은 자는 부당이득에 관한 규정에 의하여 보상을 청구할 수 있다"라고 규정하고 있는바, 이러한 보상청구가 인정되기 위해서는 민법 제261조 자체의 요건만이 아니라, 부당이득 법리에 따른 판단에 의하여 부당이득의 요건이 모두 충족되었음이 인정되어야 한다. 매도인에게 소유권이 유보된 자재가 제3자와 매수인 사이에 이루어진 도급계약의 이행으로 제3자 소유 건물의 건축에 사용되어 부합된 경우 (제3자가) 보상청구를 거부할 법률상 원인이 있다고 할 수 없지만, 제3자가 도급계약에 의하여 제공된 자재의 소유권이 유보된 사실에 관하여 과실 없이 알지 못한 경우라면 선의취득의 경우와 마찬가지로 제3자가 그 자재의 귀속으로 인한 이익을 보유할 수 있는 법률상 원인이 있다고 봄이 상당하므로, 매도인으로서는 그에 관한 보상청구를 할 수 없다(대판 2009.9.24. 2009다15602). `기출` 22

제4관 | 소유권에 기한 물권적 청구권

I 총 설

민법은 물권적 청구권을 소유권과 점유권에 관하여 각각 규정하고 있으며, 소유권에 기한 물권적 청구권에 관한 규정을 지상권(민법 제290조 제1항) · 지역권(민법 제301조) · 전세권(민법 제319조) · 저당권(민법 제370조)에서 각각 준용하고 있다. 민법은 소유권에 기한 물권적 청구권으로 소유물반환청구권(민법 제213조), 소유물방해제거청구권(민법 제214조), 소유물방해예방청구권(민법 제214조)을 규정하고 있다.

II 소유물반환청구권

> **소유물반환청구권(민법 제213조)**
> 소유자는 그 소유에 속한 물건을 점유한 자에 대하여 반환을 청구할 수 있다. 그러나 점유자가 그 물건을 점유할 권리가 있는 때에는 반환을 거부할 수 있다.

1. 의 의

소유물반환청구권이란 소유자가 법률상 정당한 원인 없이 그 소유에 속한 물건을 점유한 자에 대하여 반환을 청구할 수 있는 권리를 의미한다.

2. 요 건

(1) 청구권자의 소유

① 소유물반환청구권을 가지는 자는 법률상의 소유자이다.

② 소유자인지 여부는 사실심 변론종결 당시를 기준으로 결정된다(대판 1991.7.12. 90다13161).

③ 미등기 무허가건물의 양수인이라 할지라도 그 소유권이전등기를 경료받지 않는 한 그 건물에 대한 소유권을 취득할 수 없고, 그러한 상태의 건물 양수인에게 소유권에 준하는 관습상의 물권이 있다고 볼 수도 없으므로, 건물을 신축하여 그 소유권을 원시취득한 자로부터 그 건물을 매수하였으나 아직 소유권이전등기를 갖추지 못한 자는 그 건물의 불법점거자에 대하여 직접 자신의 소유권 등에 기하여 명도를 청구할 수는 없고(대판 2007.6.15. 2007다11347), 매도인의 소유물반환청구권을 대위행사할 수 있을 뿐이다. [기출] 08·09·19

④ 명의신탁의 경우 명의수탁자만이 대외적 소유권으로서 소유물반환청구권을 행사할 수 있다(대판[전합] 1979.9.25. 77다1079).

(2) 상대방의 점유

① 상대방은 현재 그 물건을 점유하고 있는 자이다. 따라서 불법점유자라 하여도 그 물건을 다른 사람에게 인도하여 현실적으로 점유를 하고 있지 않은 이상, 그 자를 상대로 한 인도 또는 명도청구는 부당하다(대판 1999.7.9. 98다9045).

② 소유물반환의무를 부담하는 자는 사실심 변론종결 당시의 점유자이다.

③ 점유보조자는 점유자가 아니므로 상대방이 될 수 없다. 즉, 주식회사의 직원으로서 회사의 사무실로 사용하고 있는 건물부분에 대한 점유보조자에 불과할 뿐 독립한 점유주체가 아닌 피고들은, 회사를 상대로 한 명도소송의 확정판결에 따른 집행력이 미치는 것은 별론으로 하고, 소유물반환청구의 성질을 가지는 퇴거청구의 독립한 상대방이 될 수는 없다(대판 2001.4.27. 2001다13983).

④ 간접점유자도 소유물반환의무를 진다는 데 학설은 일치하나, 판례는 불법점유를 원인으로 한 소유권에 기한 인도청구와 인도약정에 따른 인도청구를 구별하여, 전자는 현실로 불법점유를 하고 있는 자만을 상대로 하여야 한다고 한 반면, 후자의 경우에는 간접점유자에 대하여도 인도를 구할 수 있다는 입장이다.

> **[불법점유를 원인으로 한 소유권에 기한 인도청구의 경우]**
> 불법점유를 이유로 하여 그 명도 또는 인도를 청구하려면 현실적으로 그 목적물을 점유하고 있는 자를 상대로 하여야 하고 불법점유자라 하여도 그 물건을 다른 사람에게 인도하여 현실적으로 점유를 하고 있지 않은 이상, 그 자를 상대로 한 인도 또는 명도청구는 부당히다(대판 1999.7.9. 98다9045) [기출] 10

⑤ 건물 대지의 점유자

㉠ 사회통념상 건물은 그 부지를 떠나서는 존재할 수 없는 것이므로 건물의 부지가 된 토지는 그 건물의 소유자가 점유하는 것으로 볼 것이고, 이 경우 건물의 소유자가 현실적으로 건물이나 그 부지를 점거하고 있지 아니하고 있더라도 그 건물의 소유를 위하여 그 부지를 점유한다고 보아야 한다(대판 2003.11.13. 2002다57935). 따라서 원칙적으로 대지소유자는 건물의 소유자를 상대로 대지의 반환을 청구하여야 한다. 기출 14

㉡ 미등기건물을 양수하여 건물에 관한 사실상의 처분권을 보유하게 됨으로써 그 양수인이 건물부지 역시 아울러 점유하고 있다고 볼 수 있는 등의 다른 특별한 사정이 없는 한 건물의 소유명의자가 아닌 자로서는 실제로 그 건물을 점유하고 있다고 하더라도 그 건물의 부지를 점유하는 자로는 볼 수 없다. 기출 18

㉢ 건물 공유자 중 일부만이 당해 건물을 점유하고 있는 경우라도 그 건물의 부지는 건물소유를 위하여 공유명의자 전원이 공동으로 이를 점유하고 있는 것으로 볼 것이며, 건물 공유자들이 건물부지의 공동점유로 인하여 건물부지에 대한 소유권을 시효취득하는 경우라면 그 취득시효 완성을 원인으로 한 소유권이전등기청구권은 당해 건물의 공유지분비율과 같은 비율로 건물 공유자들에게 귀속된다(대판 2003.11.13. 2002다57935).

(3) 「점유할 권리」의 부존재

상대방에게 점유할 권리가 인정되는 때에는 소유권에 기한 반환청구가 인정되지 않는다(민법 제213조 단서). 여기서 「점유할 권리」란 엄격하게 권리에만 한정할 것은 아니고, 그 점유가 정당화되는 법적 지위를 모두 포함하는 의미이다.

- 토지의 매수인이 아직 소유권이전등기를 경료받지 아니하였다 하여도 매매계약의 이행으로 그 토지를 인도받은 때에는 매매계약의 효력으로서 이를 점유·사용할 권리가 생기게 된 것으로 보아야 하고, 또 매수인으로부터 위 토지를 다시 매수한 자는 위와 같은 토지의 점유사용권을 취득한 것으로 봄이 상당하므로 매도인은 매수인으로부터 다시 위 토지를 매수한 자에 대하여 토지 소유권에 기한 물권적 청구권을 행사하거나 그 점유·사용을 법률상 원인이 없는 이익이라고 하여 부당이득반환청구를 할 수는 없다고 할 것인바, 이러한 법리는 대물변제 약정에 의하여 매매와 같이 부동산의 소유권을 이전받게 되는 자가 이미 당해 부동산을 점유·사용하고 있거나, 그로부터 다시 이를 임차하여 점유·사용하고 있는 경우에도 마찬가지로 적용된다(대판 2001.12.11. 2001다45355). 기출 08 · 09 · 12 · 19
- 소유자는 그 소유에 속한 물건을 점유한 자에 대하여 반환을 청구할 수 있다. 그러나 점유자가 그 물건을 점유할 권리가 있는 때에는 반환을 거부할 수 있다(민법 제213조). 여기서 반환을 거부할 수 있는 권리에는 임차권, 임치, 도급 등과 같이 점유를 수반하는 채권도 포함되고, 소유자에 대하여 이러한 채권을 갖는 자가 소유자의 승낙이나 소유자와의 약정 등에 기초하여 제3자에게 점유할 권리를 수여할 수 있는 경우에는 그로부터 점유 내지 보관을 위탁받거나 그 밖에 점유할 권리를 취득한 제3자는 특별한 사정이 없는 한 자신에게도 점유할 권리가 있음을 들어 소유자의 소유물반환청구를 거부할 수 있다(대판 2020.5.28. 2020다211085). 기출 22

3. 효 과

① 이상의 요건이 충족되는 경우 소유자는 점유자에 대하여 그 물건의 「반환」을 청구할 수 있다.

② 반환에 따른 부수적 이해관계의 조절은 우선 계약관계를 지배하는 법리에 의하고, 다음으로 그러한 관계가 존재하지 않는 경우 민법 제201조 이하에 의한다.

> 점유자가 유익비를 지출할 당시 계약관계 등 적법한 점유의 권원을 가진 경우에 그 지출비용의 상환에 관하여는 그 계약관계를 규율하는 법조항이나 법리 등이 적용되는 것이어서, 점유자는 그 계약관계 등의 상대방에 대하여 해당 법조항이나 법리에 따른 비용상환청구권을 행사할 수 있을 뿐 계약관계 등의 상대방이 아닌 점유회복 당시의 소유자에 대하여 민법 제203조 제2항에 따른 지출비용의 상환을 구할 수는 없다 (대판 2003.7.25. 2001다64752).

Ⅲ 소유물방해제거청구권과 소유물방해예방청구권

소유물방해제거, 방해예방청구권(민법 제214조)
소유자는 소유권을 방해하는 자에 대하여 방해의 제거를 청구할 수 있고 소유권을 방해할 염려있는 행위를 하는 자에 대하여 그 예방이나 손해배상의 담보를 청구할 수 있다.

1. 소유물방해제거청구권

(1) 의 의

소유물방해제거청구권이란 소유자가 소유물을 점유의 침탈 이외의 방법으로 방해받고 있을 때 그 방해의 제거를 청구할 수 있는 권리이다(민법 제214조 전단).

(2) 요 건

1) 청구권자 : 현재의 소유자

소유물방해제거청구권의 주체는 소유권의 내용의 실현이 점유의 침탈 이외의 방법으로 방해받고 있는 현재의 소유자이다.

> • 소유자가 자신의 소유권에 기하여 실체관계에 부합하지 아니하는 등기의 명의인을 상대로 그 등기말소나 진정명의회복 등을 청구하는 경우에, 그 권리는 물권적 청구권으로서의 방해배제청구권(민법 제214조)의 성질을 가진다. 그러므로 소유자가 그 후에 소유권을 상실함으로써 이제 등기말소 등을 청구할 수 없게 되었다면, 이를 위와 같은 청구권의 실현이 객관적으로 불능이 되었다고 파악하여 등기말소 등 의무자에 대하여 그 권리의 이행불능을 이유로 민법 제390조상의 손해배상청구권을 가진다고 말할 수 없다. 위 법규정에서 정하는 채무불이행을 이유로 하는 손해배상청구권은 계약 또는 법률에 기하여 이미 성립하여 있는 채권관계에서 본래의 채권이 동일성을 유지하면서 그 내용이 확장되거나 변경된 것으로서 발생한다. 그러나 위와 같은 등기말소청구권 등의 물권적 청구권은 그 권리자인 소유자가 소유권을 상실하면 이제 그 발생의 기반이 아예 없게 되어 더 이상 그 존재 자체가 인정되지 아니하는 것이다. 이러한 법리는 선행소송에서 소유권보존등기의 말소등기청구가 확정되었다고 하더라도 그 청구권의 법적 성질이 채권적 청구권으로 바뀌지 아니하므로 마찬가지이다(대판[전합] 2012.5.17. 2010다28604 – 다수의견).

- 선행보존등기로부터 경료된 원고 명의의 소유권이전등기가 원인무효의 등기인 이상 특단의 사정이 없는 한 원고로서는 피고 명의의 후행보존등기에 대하여 그 말소를 청구할 권원이 없다고 할 것이므로, 아무리 후행보존등기가 무효라고 하여도 아무런 권원이 없는 원고의 말소등기청구를 받아들여 그 말소를 명할 수는 없다(대판 2007.5.10. 2007다3612). 기출 10
- 미등기 무허가건물의 양수인이라도 소유권이전등기를 마치지 않는 한 건물의 소유권을 취득할 수 없고, 소유권에 준하는 관습상의 물권이 있다고도 할 수 없으므로, 미등기 무허가건물의 양수인은 소유권에 기한 방해제거청구를 할 수 없다(대판 2016.7.29. 2016다214483·2016다214490). 기출 22

2) 청구의 상대방 : 현재 방해상태를 지배하는 지위에 있는 자 기출 21

건물철거는 그 소유권의 종국적 처분에 해당하는 사실행위이므로 원칙으로는 그 소유자(등기명의자)에게만 그 철거처분권이 있다고 할 것이나 그 건물을 매수하여 점유하고 있는 자는 등기부상 아직 소유자로서의 등기명의가 없다 하더라도 그 권리의 범위내에서 그 점유중인 건물에 대하여 법률상 또는 사실상 처분을 할 수 있는 지위에 있고 그 건물이 건립되어 있어 불법으로 점유를 당하고 있는 토지소유자는 위와 같은 지위에 있는 건물점유자에게 그 철거를 구할 수 있다(대판 1986.12.23. 86다카1751).

3) 소유권에 대한 방해의 존재

① 의의 : 「방해」란 현재에도 지속되고 있는 위법한 침해를 의미하므로, 법익 침해가 과거에 일어나서 이미 종결된 경우에 해당하는 「손해」의 개념과는 다르다. 따라서 소유권에 기한 방해배제청구권은 방해결과의 제거를 내용으로 해서는 아니 되며, 현재 계속되고 있는 방해의 원인을 제거하는 것을 내용으로 해야 한다(대판 2003.3.28. 2003다5917).

② 지상물에 대한 철거 내지 퇴거청구

　㉠ 무단으로 신축된 건물의 소유자와 점유자가 같은 경우

건물의 소유자가 그 건물의 소유를 통하여 타인 소유의 토지를 점유하고 있다고 하더라도 그 토지소유자로서는 그 건물의 철거와 그 대지 부분의 인도를 청구할 수 있을 뿐, 자기 소유의 건물을 점유하고 있는 자에 대하여 그 건물에서 퇴거할 것을 청구할 수는 없다(대판 1999.7.9. 98다57457·57464). 기출 18

　㉡ 무단으로 신축된 건물의 소유자와 점유자가 다른 경우

대지의 소유자는 건물이 소유자에 대하여 「철거청구」를, 건물의 점유자에 대하여는 「퇴거청구」를 하여야 한다. 그러나 경락에 의하여 건물의 소유자와 그 토지의 소유자가 달라지게 되어 경매 당시의 건물의 소유자가 그 건물의 이용을 위한 법정지상권을 취득한 경우, 토지 소유자는 건물을 점유하는 자에 대하여 그 건물로부터의 퇴거를 구할 수 없다(대판 1997.9.26. 97다10314).

　㉢ 건물의 소유자 아닌 점유자가 주택임대차보호법상의 대항력을 구비한 경우

건물이 그 존립을 위한 토지사용권을 갖추지 못하여 토지의 소유자가 건물의 소유자에 대하여 당해 건물의 철거 및 그 대지의 인도를 청구할 수 있는 경우에라도 건물소유자가 아닌 사람이 건물을 점유하고 있다면 토지소유자는 그 건물 점유를 제거하지 아니하는 한 위의 건물 철거 등을 실행할 수 없다. 따라서 그때 토지소유권은 위와 같은 점유에 의하여 그 원만한 실현을 방해당하고 있다고 할 것이므로,

> 토지소유자는 자신의 소유권에 기한 방해배제로서 건물점유자에 대하여 건물로부터의 퇴출을 청구할 수 있다. 그리고 이는 건물점유자가 건물소유자로부터의 임차인으로서 그 건물임차권이 이른바 대항력을 가진다고 해서 달라지지 아니한다. 건물임차권의 대항력은 기본적으로 건물에 관한 것이고 토지를 목적으로 하는 것이 아니므로 이로써 토지소유권을 제약할 수 없고, 토지에 있는 건물에 대하여 대항력 있는 임차권이 존재한다고 하여도 이를 토지소유자에 대하여 대항할 수 있는 토지사용권이라고 할 수는 없다. 바꾸어 말하면, 건물에 관한 임차권이 대항력을 갖춘 후에 그 대지의 소유권을 취득한 사람은 민법 제622조 제1항이나 주택임대차보호법 제3조 제1항 등에서 그 임차권에 대항을 받는 것으로 정하여진 '제3자'에 해당한다고 할 수 없다(대판 2010.8.19. 2010다43801). [기출] 18 · 22

(3) 효 과

이상의 요건이 충족되는 경우 소유자는 소유권을 방해하는 자에 대하여 그 방해의 제거를 청구할 수 있다.

(4) 관련 문제 : 진정명의 회복을 위한 소유권이전등기청구권

1) 서 설

① 의의 : 진정한 등기명의의 회복을 위한 소유권이전등기청구는 자기 명의로 소유권의 등기가 되어 있었거나 법률에 의하여 소유권을 취득한 진정한 소유자가 현재의 등기명의인을 상대로 그 등기의 말소를 구하는 것에 갈음하여 소유권에 기하여 진정한 등기명의의 회복을 구하는 것을 의미한다(대판 2003.5.13. 2002다64148). [기출] 06 · 18

② 인정 여부 : 견해의 다툼이 있으나, 판례는 「말소등기 이외에 진정명의 회복을 원인으로 한 소유권이전등기를 직접 청구할 수도 있다」고 하여 인정하고 있다.

> 이미 자기 앞으로 소유권을 표상하는 등기가 되어 있었거나 법률에 의하여 소유권을 취득한 자가 진정한 등기명의를 회복하기 위한 방법으로는 현재의 등기명의인을 상대로 그 등기의 말소를 구하는 외에 "진정한 등기명의의 회복"을 원인으로 한 소유권이전등기절차의 이행을 직접 구하는 것도 허용되어야 한다(대판[전합] 1990.11.27. 89다카12398). [기출] 08 · 22

2) 요 건

① 청구권자 : 현재의 소유자일 것

진정명의 회복을 위한 소유권이전등기는 소유물방해배제청구권의 성질을 가지므로 현재의 소유자만이 청구할 수 있다.

> 소유자가 자신의 소유권에 기하여 실체관계에 부합하지 아니하는 등기의 명의인을 상대로 그 등기말소나 진정명의회복 등을 청구하는 경우에, 그 권리는 물권적 청구권으로서의 방해배제청구권(민법 제214조)의 성질을 가진다. 그러므로 소유자가 그 후에 소유권을 상실함으로써 이제 등기말소 등을 청구할 수 없게 되었다면, 이를 위와 같은 청구권의 실현이 객관적으로 불능이 되었다고 파악하여 등기말소 등 의무자에 대하여 그 권리의 이행불능을 이유로 민법 제390조상의 손해배상청구권을 가진다고 말할 수 없다(대판[전합] 2012.5.17. 2010다28604 – 다수의견).

② 상대방 : 현재 등기명의자일 것

> 진정한 등기명의의 회복을 위한 소유권이전등기청구는 이미 자기 앞으로 소유권을 표상하는 등기가 되어 있었거나 법률에 따라 소유권을 취득한 자가 진정한 등기명의를 회복하기 위한 방법으로서, 현재의 등기명의인을 상대로 하여야 하고 현재의 등기명의인이 아닌 자는 피고적격이 없다(대판 2017.12.5. 2015다240645).

③ 원인무효의 등기가 경료되었을 것

3) 기판력의 문제

① 문제점 : 원고가 소유권이전등기말소등기청구소송에서 패소 확정판결을 받은 후 재차 진정명의회복을 위한 소유권이전등기청구소송을 제기할 수 있는지 문제된다.

② 판 례

> 진정한 등기명의의 회복을 위한 소유권이전등기청구는 이미 자기 앞으로 소유권을 표상하는 등기가 되어 있었거나 법률에 의하여 소유권을 취득한 자가 진정한 등기명의를 회복하기 위한 방법으로 현재의 등기명의인을 상대로 그 등기의 말소를 구하는 것에 갈음하여 허용되는 것인데, 말소등기에 갈음하여 허용되는 진정명의회복을 원인으로 한 소유권이전등기청구권과 무효등기의 말소청구권은 어느 것이나 진정한 소유자의 등기명의를 회복하기 위한 것으로서 실질적으로 그 목적이 동일하고, 두 청구권 모두 소유권에 기한 방해배제청구권으로서 그 법적 근거와 성질이 동일하므로, 비록 전자는 이전등기, 후자는 말소등기의 형식을 취하고 있다고 하더라도 그 소송물은 실질상 동일한 것으로 보아야 하고, 따라서 소유권이전등기말소청구소송에서 패소확정판결을 받았다면 그 기판력은 그 후 제기된 진정명의회복을 원인으로 한 소유권이전등기청구소송에도 미친다(대판[전합] 2001.9.20. 99다37894 – 다수의견). `기출 06`

2. 소유물방해예방청구권

(1) 의 의

소유물방해예방청구권이란 소유자가 소유물을 방해할 염려가 있는 행위를 하는 자에게 대하여 그 예방이나 손해배상의 담보를 청구할 수 있는 권리이다(민법 제214조 후단).

(2) 요 건

① 청구권자 : 방해될 염려가 있는 소유물의 소유자일 것
② 상대방 : 장차 소유권에 「방해를 일으킬 염려」가 있는 자일 것
③ 방해의 염려가 있을 것 : 방해의 염려가 있다고 하기 위하여는 방해예방의 소에 의하여 미리 보호받을 만한 가치가 있는 것으로서 객관적으로 근거 있는 상당한 개연성을 가져야 할 것이고 관념적인 가능성만으로는 이를 인정할 수 없다(대판 1995.7.14. 94다50533).

(3) 효 과

이상의 요건이 충족되는 경우 소유자는 방해의 예방이나 손해배상의 담보를 청구할 수 있다. 이는 선택적 권리이다. 따라서 소유자는 두 가지를 다 청구할 수는 없다. `기출 12`

제5관 | 공동소유

Ⅰ 총 설

1. 의 의

공동소유란 하나의 물건을 2인 이상의 다수인이 공동으로 소유하는 것을 말한다. 민법은 인적 결합형태에 따라 공동소유를 공유, 합유, 총유로 구분하고 있다.

2. 인적 결합형태에 따른 공동소유의 유형

(1) 공 유

공유자 각자가 가지는 지배권능을 지분이라고 하는데, 공유는 지분의 처분이 자유롭고, 언제든지 분할을 청구할 수 있다는 점이 특징이다.

(2) 합 유

공동사업을 위하여 결합된 것으로 조합이 대표적이다. 합유도 지분을 갖지만, 수인의 조합원은 공동목적으로 결합되어 있기 때문에 지분의 양도가 제한되고, 조합관계가 종료할 때까지 합유물의 분할청구가 금지된다.

(3) 총 유

다수인이 권리능력 없는 사단을 이루어 물건을 소유하는 형태가 총유이다. 공유나 합유와 달리 지분의 개념이 인정되지 않는다. 목적물의 관리·처분은 단체 자체의 권한에 속하고, 구성원들에게는 이를 각자 사용·수익하는 권능이 인정된다.

Ⅱ 공 유

1. 서 설

> **물건의 공유(민법 제262조)**
> ① 물건이 지분에 의하여 수인의 소유로 된 때에는 공유로 한다.
> ② 공유자의 지분은 균등한 것으로 추정한다.

(1) 공유의 개념 및 법적 성질

공유란 공동목적을 위한 인적 결합관계가 없는 수인이 물건을 공동으로 소유하는 것을 말한다. 공유의 법적 성질과 관련하여 견해의 다툼이 있으나 학설은 1개의 소유권이 분량적으로 분할되어 수인에게 귀속되는 상태라고 한다(양적 분할설).

(2) 공유의 성립

① 법률행위에 의한 성립 : 공유는 하나의 물건을 수인이 공동의 소유로 한다는 의사표시의 합치에 의해 성립한다. 다만, 법률행위에 의하여 부동산에 관한 공유를 성립시키기 위해서는 공유의 의사표시와 지분의 등기가 요구된다(민법 제186조).

② 법률의 규정에 의한 성립 : 타인의 물건 속의 매장물의 발견(민법 제254조)이나 주종을 구별할 수 없는 동산의 부합 또는 혼화(민법 제257조, 제258조) 등에 의하여 공유가 성립한다.

2. 공유의 지분

(1) 지분의 개념

다수설인 양적 분할설은 지분을 1개 소유권의 분량적 일부, 즉 소유의 비율이라고 한다.

(2) 지분의 비율

① 지분의 비율은 당사자의 약정 또는 법률의 규정에 의하여 결정되고, 그것이 불분명한 경우 균등한 것으로 추정된다(민법 제262조 제2항). 기출 07

② 공유자 1인이 지분을 포기하거나 상속인 없이 사망한 경우에, 그 지분은 다른 공유자에게 각 그 지분의 비율로 귀속한다(민법 제267조). 이를 지분의 탄력성이라 한다. 기출 09·15

> 민법 제267조는 "공유자가 그 지분을 포기하거나 상속인 없이 사망한 때에는 그 지분은 다른 공유자에게 각 지분의 비율로 귀속한다"라고 규정하고 있다. 여기서 공유지분의 포기는 법률행위로서 상대방 있는 단독행위에 해당하므로, 부동산 공유자의 공유지분 포기의 의사표시가 다른 공유자에게 도달하더라도 이로써 곧바로 공유지분 포기에 따른 물권변동의 효력이 발생하는 것은 아니고, 다른 공유자는 자신에게 귀속될 공유지분에 관하여 소유권이전등기청구권을 취득하며, 이후 민법 제186조에 의하여 등기를 하여야 공유지분 포기에 따른 물권변동의 효력이 발생한다(대판 2016.10.27. 2015다52978). 다만, 구분건물의 소유자가 갖는 대지사용권에 대한 지분에는 민법 제267조의 적용이 배제된다(집합건물법 제22조).

(3) 지분의 처분

> **공유지분의 처분과 공유물의 사용, 수익(민법 제263조)** 기출 04
> 공유자는 그 지분을 처분할 수 있고 공유물 전부를 지분의 비율로 사용, 수익할 수 있다.

① 처분의 자유

㉠ 각 공유자는 그 지분을 자유롭게 처분할 수 있다(민법 제263조 전단). 기출 11 따라서 지분을 처분함에 다른 공유자의 동의를 요하지 않는다(대판 1972.5.23. 71다2760). 다만, 지분에 지상권·전세권 등의 용익물권을 설정하는 것은 공유자 전원의 동의를 필요로 한다.

㉡ 공유자 간에 지분처분금지의 특약이 있더라도 이를 등기할 수 없으며, 채권적 효력이 있을 뿐이다. 기출 07

㉢ 지분을 담보로 제공하거나 포기하는 것도 가능하다.

② 처분의 방법 및 효과
　　㉠ 지분처분 시 공시방법을 갖추어야 한다.
　　㉡ 분할금지특약의 효력과 공유자 상호 간에 이미 성립한 개개의 채권·채무가 양수인에게 승계되는지 여부 : 분할금지특약을 등기하지 않았다면 양수인에게 대항할 수 없고, 이미 성립한 개개의 채권·채무가 양수인에게 승계되지 않는다.

3. 공유자 간의 법률관계

> **공유지분의 처분과 공유물의 사용, 수익(민법 제263조)**
> 공유자는 그 지분을 처분할 수 있고 공유물 전부를 지분의 비율로 사용, 수익할 수 있다.
>
> **공유물의 처분, 변경(민법 제264조)** 기출 14
> 공유자는 다른 공유자의 동의없이 공유물을 처분하거나 변경하지 못한다.
>
> **공유물의 관리, 보존(민법 제265조)** 기출 04
> 공유물의 관리에 관한 사항은 공유자의 지분의 과반수로써 결정한다. 그러나 보존행위는 각자가 할 수 있다.
>
> **공유물의 부담(민법 제266조)**
> ① 공유자는 그 지분의 비율로 공유물의 관리비용 기타 의무를 부담한다.
> ② 공유자가 1년 이상 전항의 의무이행을 지체한 때에는 다른 공유자는 상당한 가액으로 지분을 매수할 수 있다.

(1) 공유물의 사용·수익

공유자는 공유물 전부를 지분의 비율로 사용·수익할 수 있다(민법 제263조 후단). 여기서 사용·수익의 객체는 공유물 전체이지 특정 부분이 아니며, 지분의 비율로 사용·수익할 수 있다는 의미는 배타적 사용·수익이 인정되지 않는다는 의미이다. 따라서 공유자라도 공유물 중 지분비율에 상응하는 부분을 배타적으로 사용·수익할 수는 없다.

> **[과반수 공유지분권자가 그 공유물의 특정 부분을 배타적으로 사용·수익할 것을 정하는 것이 공유물의 관리방법으로서 적법한지 여부(적극)]**
> 공유자 사이에 공유물을 사용·수익할 구체적인 방법을 정하는 것은 공유물의 관리에 관한 사항으로서 공유자의 지분의 과반수로써 결정하여야 할 것이고, 과반수의 지분을 가진 공유자는 다른 공유자와 사이에 미리 공유물의 관리방법에 관한 협의가 없었다 하더라도 공유물의 관리에 관한 사항을 단독으로 결정할 수 있으므로, 과반수의 지분을 가진 공유자가 그 공유물의 특정 부분을 배타적으로 사용·수익하기로 정하는 것은 공유물의 관리방법으로서 적법하며, 다만 그 사용·수익의 내용이 공유물의 기존의 모습에 본질적 변화를 일으켜 '관리'아닌 '처분'이나 '변경'의 정도에 이르는 것이어서는 안 될 것이고, 예건대 나수시분권자라 하여 나대지에 새로이 건물을 건축한다든지 하는 것은 '관리'의 범위를 넘는 것이 될 것이다(대판 2001.11.27. 2000다33638·33645).

(2) 공유물의 관리 및 보존

1) 공유물의 관리

① 공유물의 관리에 관한 사항은 공유자 과반수가 아닌 공유 지분의 과반수로써 결정한다(민법 제265조 본문). 여기서 관리란 이용·개량행위를 의미하며, 처분이나 변경에 이르지 않는 것이어야 한다.

② 공유자가 공유물을 타인에게 임대하는 행위 및 그 임대차계약을 해지하는 행위는 공유물의 관리행위에 해당하므로 민법 제265조 본문에 의하여 공유자의 지분의 과반수로써 결정하여야 한다(대판 2010.9.9. 2010다37905). 기출 11

③ 공유물 임대와 관련한 법률관계

㉠ 과반수지분권자 甲이 단독으로 丙에게 임대한 경우

> [1] 공유자 사이에 공유물을 사용·수익할 구체적인 방법을 정하는 것은 공유물의 관리에 관한 사항으로서 공유자의 지분의 과반수로써 결정하여야 할 것이고, 과반수 지분의 공유자는 다른 공유자와 사이에 미리 공유물의 관리방법에 관한 협의가 없었다 하더라도 공유물의 관리에 관한 사항을 단독으로 결정할 수 있으므로, 과반수 지분의 공유자가 그 공유물의 특정 부분을 배타적으로 사용·수익하기로 정하는 것은 공유물의 관리방법으로서 적법하다고 할 것이므로, 과반수 지분의 공유자로부터 사용·수익을 허락받은 점유자에 대하여 소수 지분의 공유자는 그 점유자가 사용·수익하는 건물의 철거나 퇴거 등 점유배제를 구할 수 없다. 기출 06·07·08·11·22 [2] 과반수 지분의 공유자는 공유자와 사이에 미리 공유물의 관리방법에 관하여 협의가 없었다 하더라도 공유물의 관리에 관한 사항을 단독으로 결정할 수 있으므로 과반수 지분의 공유자는 그 공유물의 관리방법으로서 그 공유토지의 특정된 한 부분을 배타적으로 사용·수익할 수 있으나, 그로 말미암아 지분은 있으되 그 특정 부분의 사용·수익을 전혀 하지 못하여 손해를 입고 있는 소수지분권자에 대하여 그 지분에 상응하는 임료 상당의 부당이득을 하고 있다 할 것이므로 이를 반환할 의무가 있다 할 것이나 기출 07·16, 그 과반수 지분의 공유자로부터 다시 그 특정 부분의 사용·수익을 허락받은 제3자의 점유는 다수지분권자의 공유물관리권에 터잡은 적법한 점유이므로 그 제3자는 소수지분권자에 대하여도 그 점유로 인하여 법률상 원인 없이 이득을 얻고 있다고는 볼 수 없다(대판 2002.5.14. 2002다9738). 기출 06·22

㉡ 소수지분권자 乙이 단독으로 丙에게 임대한 경우

> • 공유자 사이에 공유물을 사용수익할 구체적인 방법을 정하는 것은 공유물의 관리에 관한 사항으로서 공유자의 과반수로써 결정할 것임은 민법 제265조가 규정한 바로서, 공유물의 지분권자는 타지분권자와의 협의가 없는 한 그 공유물의 일부라 하더라도 이를 자의적, 배타적으로 독점사용할 수 없고, 나머지 지분권자는 공유물 보존행위로서 그 배타적 사용의 배제를 구할 수 있다(대결 1992.6.13. 92마290). 기출 14
> • 공유물에 대한 과반수지분권자는 공유물의 관리방법으로 이를 점유하고 있는 다른 공유자 또는 제3자에 대하여 그 공유물 전부의 인도를 청구할 수 있다(대판 1968.11.26. 68다1675). 기출 16
> • [1] 부동산의 1/7 지분 소유권자가 타공유자의 동의없이 그 부동산을 타에 임대하여 임대차보증금을 수령하였다면, 이로 인한 수익 중 자신의 지분을 초과하는 부분에 대하여는 법률상 원인 없이 취득한 부당이득이 되어 이를 반환할 의무가 있고, 또한 위 무단임대행위는 다른 공유지분권자의 사용, 수익을 침해한 불법행위가 성립되어 그 손해를 배상할 의무가 있다. [2] [1]의 경우 반환 또는 배상해야 할 범위는 위 부동산의 임대차로 인한 차임 상당액이라 할 것으로서 타공유자는 그 임대보증금 자체에 대한 지분비율 상당액의 반환 또는 배상을 구할 수는 없다. [3] [1]의 경우 공유물의 보존행위란 공유물의 현상을 유지하기 위하여 이를 침해하는 제3자에게 그 배제를 구하는 행위를 말하므로 그 행위의 전제로서 공유자가 수령한 임대차보증금 중 자신의 지분비율 상당액의 지급을 구할 수 없다(대판 1991.9.24. 91다23639).

ⓒ 甲과 乙이 공동으로 丙에게 임대한 경우

> 건물의 공유자가 공동으로 건물을 임대하고 보증금을 수령한 경우, 특별한 사정이 없는 한 그 임대는 각자 공유지분을 임대한 것이 아니고 임대목적물을 다수의 당사자로서 공동으로 임대한 것이고 그 보증금 반환채무는 성질상 불가분채무에 해당된다(대판 1998.12.8. 98다43137). 기출 21

④ 관리에 관한 특약의 승계 여부

> • 공유자 간의 공유물에 대한 사용수익·관리에 관한 특약은 공유자의 특정승계인에 대하여도 당연히 승계된다고 할 것이나, 민법 제265조는 "공유물의 관리에 관한 사항은 공유자의 지분의 과반수로써 결정한다"라고 규정하고 있으므로, 위와 같은 특약 후에 공유자에 변경이 있고 특약을 변경할 만한 사정이 있는 경우에는 공유자의 지분의 과반수의 결정으로 기존 특약을 변경할 수 있다(대판 2005.5.12. 2005다1827).
> • 그러나 공유물에 관한 특약이 지분권자로서의 사용수익권을 사실상 포기하는 등으로 공유지분권의 본질적 부분을 침해한다고 볼 수 있는 경우에는 특정승계인이 그러한 사실을 알고도 공유지분권을 취득하였다는 등의 특별한 사정이 없는 한 특정승계인에게 당연히 승계되는 것으로 볼 수는 없다(대판 2009.12.10. 2009다54294). 마찬가지로 공유자 중 1인이 자신의 지분 중 일부를 다른 공유자에게 양도하기로 하는 공유자 간의 지분의 처분에 관한 약정까지 공유자의 특정승계인에게 당연히 승계되는 것으로 볼 수는 없다(대판 2007.11.29. 2007다64167). 기출 23

2) 공유물의 보존

① 공유물의 보존행위는 공유자 각자가 할 수 있다(민법 제265조 단서). 여기서 보존행위란 공유물의 멸실·훼손을 방지하고 그 현상을 유지하기 위하여 하는 사실상·법률상의 행위를 말한다.

② 무효등기에 대한 말소청구

> 부동산의 공유자 중 한 사람은 공유물에 대한 보존행위로서 그 공유물에 관한 원인무효의 등기 전부의 말소를 구할 수 있고, 진정명의회복을 원인으로 한 소유권이전등기청구권과 무효등기의 말소청구권은 어느 것이나 진정한 소유자의 등기명의를 회복하기 위한 것으로서 실질적으로 그 목적이 동일하고 두 청구권 모두 소유권에 기한 방해배제청구권으로서 그 법적 근거와 성질이 동일하므로, 공유자 중 한 사람은 공유물에 경료된 원인무효의 등기에 관하여 각 공유자에게 해당 지분별로 진정명의회복을 원인으로 한 소유권이전등기를 이행할 것을 단독으로 청구할 수 있다(대판 2005.9.29. 2003다40651).

③ 목적물의 불법점유

> • 건물의 공유지분권자는 동 건물 전부에 대하여 보존행위로서 방해배제 청구를 할 수 있다(대판 1968.9.17. 68다1142·68다1143). 기출 09·13·18
> • 토지공유자는 특별한 사정이 없는 한 그 지분에 대응하는 비율의 범위내에서만 그 차임상당의 부당이득금 반환의 청구권 또는 불법행위를 이유로 한 손해배상청구권을 행사할 수 있다(대판 1979.1.30. 78다2088, 대판 1993.5.11. 92다52870). 기출 11·13·18·21

④ 소수지분권자가 협의 없이 배타적으로 점유하고 있는 경우[판례 변경] 기출 06·07·09·22

> **[변경 전 판례]**
> 지분을 소유하고 있는 공유자나 그 지분에 관한 소유권이전등기청구권을 가지고 있는 자라고 할지라도 다른 공유자와의 협의 없이는 공유물을 배타적으로 점유하여 사용 수익할 수 없는 것이므로, 다른 공유권자는 그 지분이 과반수에 미달되더라도 공유물을 점유하고 있는 자에 대하여 공유물의 보존행위로서 공유물의 인도나 명도를 청구할 수 있다(대판[전합] 1994.3.22. 93다9392·93다9408).

[변경 후 판례]

(가) 공유물의 소수지분권자인 피고가 다른 공유자와 협의하지 않고 공유물의 전부 또는 일부를 독점적으로 점유하는 경우 다른 소수지분권자인 원고가 피고를 상대로 공유물의 인도를 청구할 수는 없다고 보아야 한다. 상세한 이유는 다음과 같다.

[1] 공유자 중 1인인 피고가 공유물을 독점적으로 점유하고 있어 다른 공유자인 원고가 피고를 상대로 공유물의 인도를 청구하는 경우, 그러한 행위는 공유물을 점유하는 피고의 이해와 충돌한다. 애초에 보존행위를 공유자 중 1인이 단독으로 할 수 있도록 한 것은 보존행위가 다른 공유자에게도 이익이 되기 때문이라는 점을 고려하면, 이러한 행위는 민법 제265조 단서에서 정한 보존행위라고 보기 어렵다.

[2] 피고가 다른 공유자를 배제하고 단독 소유자인 것처럼 공유물을 독점하는 것은 위법하지만, 피고는 적어도 자신의 지분 범위에서는 공유물 전부를 점유하여 사용·수익할 권한이 있으므로 피고의 점유는 지분비율을 초과하는 한도에서만 위법하다고 보아야 한다. 따라서 피고가 공유물을 독점적으로 점유하는 위법한 상태를 시정한다는 명목으로 원고의 인도청구를 허용한다면, 피고의 점유를 전면적으로 배제함으로써 피고가 적법하게 보유하는 '지분비율에 따른 사용·수익권'까지 근거 없이 박탈하는 부당한 결과를 가져온다.

[3] 원고의 피고에 대한 물건 인도청구가 인정되려면 먼저 원고에게 인도를 청구할 수 있는 권원이 인정되어야 한다. 원고에게 그러한 권원이 없다면 피고의 점유가 위법하더라도 원고의 청구를 받아들일 수 없다. 그런데 원고 역시 피고와 마찬가지로 소수지분권자에 지나지 않으므로 원고가 공유자인 피고를 전면적으로 배제하고 자신만이 단독으로 공유물을 점유하도록 인도해 달라고 청구할 권원은 없다.

[4] 공유물에 대한 인도 판결과 그에 따른 집행의 결과는 원고가 공유물을 단독으로 점유하며 사용·수익할 수 있는 상태가 되어 '일부 소수지분권자가 다른 공유자를 배제하고 공유물을 독점적으로 점유'하는 인도 전의 위법한 상태와 다르지 않다.

[5] 원고는 공유물을 독점적으로 점유하면서 원고의 공유지분권을 침해하고 있는 피고를 상대로 지분권에 기한 방해배제청구권을 행사함으로써 피고가 자의적으로 공유물을 독점하고 있는 위법 상태를 충분히 시정할 수 있다. 따라서 피고의 독점적 점유를 시정하기 위해 종래와 같이 피고로부터 공유물에 대한 점유를 빼앗아 원고에게 인도하는 방법, 즉 피고의 점유를 원고의 점유로 대체하는 방법을 사용하지 않더라도, 원고는 피고의 위법한 독점적 점유와 방해 상태를 제거하고 공유물이 본래의 취지에 맞게 공유자 전원의 공동 사용·수익에 제공되도록 할 수 있다.

(나) 공유자들은 공유물의 소유자로서 공유물 전부를 사용·수익할 수 있는 권리가 있고(민법 제263조), 이는 공유자들 사이에 공유물 관리에 관한 결정이 없는 경우에도 마찬가지이다. 공유물을 일부라도 독점적으로 사용할 수 없는 등 사용·수익의 방법에 일정한 제한이 있다고 하여, 공유자들의 사용·수익권이 추상적·관념적인 것에 불과하다거나 공유물 관리에 관한 결정이 없는 상태에서는 구체적으로 실현할 수 없는 권리라고 할 수 없다. 공유자들 사이에 공유물 관리에 관한 결정이 없는 경우 공유자가 다른 공유자를 배제하고 공유물을 독점적으로 점유·사용하는 것은 위법하여 허용되지 않지만, 다른 공유자의 사용·수익권을 침해하지 않는 방법으로, 즉 비독점적인 형태로 공유물 전부를 다른 공유자와 함께 점유·사용하는 것은 자신의 지분권에 기초한 것으로 적법하다. 일부 공유자가 공유물의 전부나 일부를 독점적으로 점유한다면 이는 다른 공유자의 지분권에 기초한 사용·수익권을 침해하는 것이다. 공유자는 자신의 지분권 행사를 방해하는 행위에 대해서 민법 제214조에 따른 방해배제청구권을 행사할 수 있고, 공유물에 대한 지분권은 공유자 개개인에게 귀속되는 것이므로 공유자 각자가 행사할 수 있다. 원고는 공유물의 종류(토지, 건물, 동산 등), 용도, 상태(피고의 독점적 점유를 전후로 한 공유물의 현황)나 당사자의 관계 등을 고려해서 원고의 공동점유를 방해하거나 방해할 염려 있는 피고의 행위와 방해물을 구체적으로 특정하여 방해의 금지, 제거, 예방(작위·부작위의무의 이행)을 청구하는 형태로 청구취지를 구성할 수 있다. 법원은 이것이 피고의 방해 상태를 제거하기 위하여 필요하고 원고가 달성하려는 상태가 공유자들의 공동점유 상태에 부합한다면 이를 인용할 수 있다.

(다) 이와 같이 공유물의 소수지분권자가 다른 공유자와 협의 없이 공유물의 전부 또는 일부를 독점적으로 점유·사용하고 있는 경우 다른 소수지분권자는 공유물의 보존행위로서 그 인도를 청구할 수는 없고, 다만 자신의 지분권에 기초하여 공유물에 대한 방해 상태를 제거하거나 공동점유를 방해하는 행위의 금지 등을 청구할 수 있다고 보아야 한다(대판[전합] 2020.5.21. 2018다287522 - 다수의견).

(3) 공유물의 처분·변경

① 공유자는 다른 공유자의 동의 없이 공유물을 처분하거나 변경하지 못한다(민법 제264조).

② 공유자 1인의 공유물 단독 처분행위와 관련된 법률관계

- 공유물을 처분하기 위하여 공유자 전원의 동의가 있어야 하므로, 공유자 1인이 단독으로 처분한 경우에는 무효이나 전부 무효가 아니고 그 자신의 지분에 한해서는 유효하다(대판 2008.4.24. 2008다5073). 기출 06
- 공유자 중 1인이 다른 공유자의 동의 없이 그 공유 토지의 특정부분을 매도하여 타인 명의로 소유권이전등기가 마쳐졌다면, 그 매도 부분 토지에 관한 소유권이전등기는 처분공유자의 공유지분 범위 내에서는 실체관계에 부합하는 유효한 등기라고 보아야 한다(대판 1994.12.2. 93다1596).
- 부동산의 공유자의 1인은 당해 부동산에 관하여 제3자 명의로 원인무효의 소유권보존등기가 경료되어 있는 경우 공유물에 관한 보존행위로서 제3자에 대하여 그 등기 전부의 말소를 구할 수 있다고 할 것이나, 그 제3자가 당해 부동산의 공유자 중의 1인인 경우에는 그 소유권보존등기는 동인의 공유지분에 관하여는 실체관계에 부합하는 등기라고 할 것이므로, 이러한 경우 공유자의 1인은 단독 명의로 등기를 경료하고 있는 공유자에 대하여 그 공유자의 공유지분을 제외한 나머지 공유지분 전부에 관하여만 소유권보존등기 말소등기절차의 이행을 구할 수 있다 할 것이다(대판 2006.8.24. 2006다32200). 기출 14 · 18

(4) 공유물에 대한 부담

① 각 공유자는 지분의 비율로 공유물의 관리비용 기타 의무를 부담한다(민법 제266조 제1항). 여기서 관리비용은 공유물의 유지·개량을 위하여 지출한 비용을 말한다. 민법 제266조 제1항은 임의규정이므로 공유자가 달리 약정할 수 있다.

② 제3자에 대한 관계에서는 민법 제266조 제1항이 적용되지 않는다. 즉 대외적으로 공유물에 대한 부담은 원칙적으로 불가분채무이므로 공유자는 각자가 부담 전부를 이행할 의무를 진다.

- 공유자가 공유물의 관리에 관하여 제3자와 계약을 체결한 경우에 그 계약에 기하여 제3자가 지출한 관리비용의 상환의무를 누가 어떠한 내용으로 부담하는가는 일차적으로 당해 계약의 해석으로 정하여진다. 공유자들이 공유물의 관리비용을 각 지분의 비율로 부담한다는 내용의 민법 제266조 제1항은 공유자들 사이의 내부적인 부담관계에 관한 규정일 뿐이다(대판 2009.11.12. 2009다54034 · 54041).
- 공유토지의 과반수지분권자는 다른 공유자와 협의없이 단독으로 관리행위를 할 수가 있으며 그로 인한 관리비용은 공유자의 지분비율에 따라 부담할 의무가 있으나, 위와 같은 관리비용의 부담의무는 공유자의 내부관계에 있어서 부담을 정하는 것일 뿐, 제3자와의 관계는 당해 법률관계에 따라 결정된다고 할 것이고, 따라서 과반수지분권자가 관리행위가 되는 정지공사를 시행함에 있어 시공회사에 대하여 공사비용은 자신이 정산하기로 약정하였다면 그 공사비를 직접 부담해야 할 사람은 과반수지분권자만이라 할 것이고, 다만 그가 그 공사비를 지출하였다면 다른 공유자에게 그의 지분비율에 따른 공사비만을 상환청구할 수 있을 뿐이다(대판 1991.4.12. 90다20220). 기출 08 · 16

4. 공유물분할

(1) 서 설

1) 의 의

공유자는 분할금지특약이 없는 한 원칙적으로 언제든지 공유물의 분할을 청구하여 공유관계를 해소할 수 있다(민법 제268조). 이는 합유와 대비되는 공유의 특색이다.

2) 분할청구권의 법적 성질

① 통설과 판례(대판 1981.3.24. 80다1888 · 1889)는 형성권이라고 한다.
② 구체적으로 협의분할의 경우에는 분할등기 시에, 재판상 분할의 경우에는 판결확정시에 분할이 된다.
③ 공유물분할청구권은 공유관계에서 수반되는 형성권이므로 공유관계가 존속하는 한 그 분할청구권만이 독립하여 시효소멸될 수 없다(대판 1981.3.24. 80다1888 · 1889). `기출` 21

(2) 분할청구의 자유와 제한

1) 원칙 : 분할청구의 자유(민법 제268조 제1항 본문)

2) 예외 : 분할의 제한

① 법률행위에 의한 제한(분할금지특약)

　㉠ 공유자는 5년 내의 기간으로 분할하지 아니할 것을 약정할 수 있다(민법 제268조 제1항 단서). 이 기간은 갱신할 수 있으나, 갱신된 기간은 갱신한 날로부터 5년을 넘지 못한다(민법 제268조 제2항). `기출` 10 · 15

　㉡ 부동산의 경우 분할금지특약을 등기해야 공유자의 특정승계인에게도 효력이 미친다(통설. 대판 1975.11.11. 75다82).

> 공유물을 분할한다는 공유자 간의 약정이 공유와 서로 분리될 수 없는 공유자 간의 권리관계라 할지라
> 도 그것이 그후 공유지분권을 양수받은 특정승계인에게 당연히 승계된다고 볼 근거가 없을 뿐 아니라
> 공유물을 분할하지 아니한다는 약정(민법 제268조 제1항 단서) 역시 공유와 서로 분리될 수 없는 공유자
> 간의 권리관계임에도 불구하고 이 경우엔 부동산등기법 제89조에 의하여 등기하도록 규정하고 있는
> 점을 대비하여 볼 때 다 같은 분할에 관한 약정이면서 분할특약의 경우에만 특정승계인에게 당연승계
> 된다고 볼 수 없다(대판 1975.11.11. 75다82).

② **법률규정에 의한 금지**
- ㉠ 건물을 구분소유하는 경우의 공용부분(민법 제215조), 경계에 설치된 경계표·담·구거 등(민법 제239조)에 대해서는 분할이 인정되지 않는다(민법 제268조 제3항). 기출 10
- ㉡ 집합건물법도 구분소유권의 목적인 건물이 속하는 1동의 건물대지의 공유자는 그 건물의 사용에 필요한 범위 내의 대지에 대한 분할청구를 금지하고 있다(집합건물법 제8조).

③ **판례에 의한 제한** : 공동명의수탁(대판 1993.2.9. 92다37482), 구분소유적 공유(대판 1989.9.12. 88다카10517)의 경우에도 분할청구를 할 수 없다.

> • 공동명의수탁을 받은 경우 수탁자들이 수탁받은 부동산에 대하여 공유물분할을 하는 것은 명의신탁의
> 목적에 반하고 신탁자가 명의신탁을 한 취지에도 어긋나는 것이고, 특히 종중의 재산을 보존하고 함부로
> 처분하지 못하게 하기 위하여 다수의 종중원에게 공동으로 명의신탁한 경우에는 더욱 그 취지에 반하는
> 것으로서 허용되지 아니한다(대판 1993.2.9. 92다37482).
> • 공유물분할청구는 공유자의 일방이 그 공유지분권에 터잡아서 하여야 하는 것이므로 공유지분권을 주장
> 하지 아니하고 목적물의 특정부분을 소유한다고 주장하는 자는 그 부분에 대하여 신탁적으로 지분등기를
> 가지고 있는 자들을 상대로 하여 그 특정부분에 대한 명의신탁해지를 원인으로 한 지분이전등기절차의
> 이행만을 구하면 될 것이고 공유물분할 청구를 할 수 없다 할 것이나(대판 1989.9.12. 88다카10517).

(3) 분할의 방법

1) 협의에 의한 분할

① 공유물의 분할은 협의에 의함이 우선이다(민법 제269조 제1항). 이때 전원이 참가해야 하며, 당사자는 협의에 의하여 분할의 방법을 임의로 자유로이 선택할 수 있다(대판[전합] 2013.11.21. 2011두1917).

② 분할방법으로는 ㉠ 현물분할(공유물을 그대로 분량적으로 분할하는 방법), ㉡ 대금분할(공유물을 매각하여 그 대금을 나누는 방법), ㉢ 가격(가액)배상(공유자 중 한 사람이 다른 공유자들의 지분을 양수하여 그 가격을 지급하고, 단독소유자가 되는 방법) 등이 있으며, 협의에 따라 그 어떤 방법으로도 자유롭게 선택할 수 있다.

2) 재판상 분할

① **요건** : 분할방법에 관하여 협의가 성립되지 아니할 것(민법 제269조 제1항)

> 공유물분할은 협의분할을 원칙으로 하고 협의가 성립되지 아니한 때에는 재판상 분할을 청구할 수 있으므
> 로 공유자 사이에 이미 분할에 관한 협의가 성립된 경우에는 일부 공유자가 분할에 따른 이전등기에 협조하
> 지 않거나 분할에 관하여 다툼이 있더라도 그 분할된 부분에 대한 소유권이전등기를 청구하든가 소유권확
> 인을 구함은 별문제이나 또다시 소로써 그 분할을 청구하거나 이미 제기한 공유물분할의 소를 유지함은
> 허용되지 않는다(대판 1995.1.12. 94나30040 · 94나30055[반소]). 기출 15

② 재판상 분할의 소의 법적 성질

ⓐ 형식적 형성의 소 : 공유물분할청구의 소는 형식적 형성의 소로서 처분권주의와 불이익변경금지의 원칙이 배제된다.

> 공유물분할의 소는 형성의 소로서 공유자 상호 간의 지분의 교환 또는 매매를 통하여 공유의 객체를 단독 소유권의 대상으로 하여 그 객체에 대한 공유관계를 해소하는 것을 말하므로, 법원은 공유물분할을 청구하는 자가 구하는 방법에 구애받지 아니하고 자유로운 재량에 따라 공유관계나 그 객체인 물건의 제반 상황에 따라 공유자의 지분 비율에 따른 합리적인 분할을 하면 된다(대판 2004.10.14. 2004다30583).

ⓑ 고유필수적 공동소송

> 공유물분할청구의 소는 분할을 청구하는 공유자가 원고가 되어 다른 공유자 전부를 공동피고로 하여야 하는 고유필수적 공동소송이다(대판 2014.1.29. 2013다78556). 기출 10 · 18

③ 분할의 대상 : 건축허가나 신고 없이 건축된 미등기 건물에 대해서는 경매에 의한 공유물분할이 허용되지 않는다(대판 2013.9.13. 2011다69190).

> 민사집행법 제81조 제1항 제2호 단서는 등기되지 아니한 건물에 대한 강제경매신청서에는 그 건물에 관한 건축허가 또는 건축신고를 증명할 서류를 첨부하여야 한다고 규정함으로써 적법하게 건축허가나 건축신고를 마친 건물이 사용승인을 받지 못한 경우에 한하여 부동산 집행을 위한 보존등기를 할 수 있게 하였고, 같은 법 제274조 제1항은 공유물분할을 위한 경매와 같은 형식적 경매는 담보권 실행을 위한 경매의 예에 따라 실시한다고 규정하며, 같은 법 제268조는 부동산을 목적으로 하는 담보권 실행을 위한 경매절차에는 같은 법 제79조 내지 제162조의 규정을 준용한다고 규정하고 있으므로, 건축허가나 신고 없이 건축된 미등기 건물에 대하여는 경매에 의한 공유물분할이 허용되지 않는다(대판 2013.9.13. 2011다69190).

④ 분할의 방법(민법 제269조 제2항)

ⓐ 원칙적으로 현물분할의 방법에 의하여야 한다.

ⓑ 다만, 현물로 분할할 수 없거나 현물로 분할하게 되면 그 가액이 현저하게 감손될 염려가 있는 때에는 물건의 경매를 명하여 대금분할을 할 수 있다. 기출 10

> 재판에 의하여 공유물을 분할하는 경우에 현물로 분할할 수 없거나 현물로 분할하게 되면 그 가액이 현저히 감손될 염려가 있는 때에는 물건의 경매를 명하여 대금분할을 할 수 있는 것이고, 여기에서 '현물로 분할할 수 없다'는 요건은 이를 물리적으로 엄격하게 해석할 것은 아니고, 공유물의 성질, 위치나 면적, 이용상황, 분할 후의 사용가치 등에 비추어 보아 현물분할을 하는 것이 곤란하거나 부적당한 경우를 포함한다 할 것이고, '현물로 분할을 하게 되면 현저히 그 가액이 감손될 염려가 있는 경우'라는 것은 공유자의 한 사람이라도 현물분할에 의하여 단독으로 소유하게 될 부분의 가액이 분할 전의 소유지분 가액보다 현저하게 감손될 염려가 있는 경우도 포함하는 것이다. 재판에 의하여 공유물을 분할하는 경우에 법원은 현물로 분할하는 것이 원칙이므로, 불가피하게 대금분할을 할 수밖에 없는 요건에 관한 객관적·구체적인 심리 없이 단순히 공유자들 사이에 분할의 방법에 관하여 의사가 합치하고 있지 않다는 등의 주관적·추상적인 사정에 터잡아 함부로 대금분할을 명하는 것은 허용될 수 없다(대판 2009.9.10. 2009다40219 · 40226).

ⓒ 판례는 공유물을 공유자 중의 1인의 단독소유 또는 수인의 공유로 하되, 현물을 소유하게 되는 공유자로 하여금 다른 공유자에 대하여 그 지분의 적정하고도 합리적인 가격을 배상시키는 방법에 의한 분할도 현물분할의 하나로 인정하고 있다(대판 2004.10.14. 2004다30583). 즉, 가격(가액)배상을 현물분할 방법의 하나로 인정하고 있다.

ⓔ 또한 공유물분할청구의 소는 형성의 소로서 법원은 공유물분할을 청구하는 원고가 구하는 방법에 구애받지 않고 재량에 따라 합리적 방법으로 분할은 명할 수 있으므로, 여러 사람이 공유하는 물건을 현물분할하는 경우에는 분할청구자의 지분 한도 안에서 현물분할을 하고 분할을 원하지 않는 나머지 공유자는 공유로 남게 하는 방법도 허용되나, 그렇다고 하더라도 공유물분할을 청구한 공유자의 지분 한도 안에서는 공유물을 현물 또는 경매·분할함으로써 공유관계를 해소하고 단독소유권을 인정하여야지, 분할청구자들이 그들 사이의 공유관계의 유지를 원하고 있지 아니한데도 분할청구자들과 상대방 사이의 공유관계만 해소한 채 분할청구자들을 여전히 공유로 남기는 방식으로 현물분할을 하는 것은 허용될 수 없다(대판 2015.7.23. 2014다88888).

(4) 분할의 효과

① 지분의 이전으로 인한 소유권의 변동 : 공유물분할에 의하여 공유관계는 종료되고, 각 공유자 간에 지분권의 교환(현물분할의 경우) 또는 매매(대금분할·가격배상의 경우)가 성립하여 소유권을 취득하게 된다.

> 공유물분할청구소송에 있어 원래의 공유자들이 각 그 지분의 일부 또는 전부를 제3자에게 양도하고 그 지분이전등기까지 마쳤다면, 새로운 이해관계가 형성된 그 제3자에 대한 관계에서는 달리 특별한 사정이 없는 한 일단 등기부상의 지분을 기준으로 할 수밖에 없을 것이나, 원래의 공유자들 사이에서는 등기부상 지분과 실제의 지분이 다르다는 사실이 인정된다면 여전히 실제의 지분을 기준으로 삼아야 할 것이고 등기부상 지분을 기준으로 하여 그 실제의 지분을 초과하거나 적게 인정할 수는 없다(대판 2001.3.9. 98다51169).
> 기출 13

② 효력발생시기

㉠ 협의에 의한 분할은 법률행위에 의한 물권변동에 해당한다. 공유물이 부동산인 경우에는 분할의 합의가 이루어졌다고 하더라도 바로 분할된 부분에 대한 단독소유권을 취득하는 것이 아니고, 등기하여야 비로소 단독소유권을 취득한다(민법 제186조).

㉡ 재판상 분할에 있어서는 현물분할판결이 확정되면 분할된 부분에 대해서는 민법 제187조에 근거하여 등기 없이도 단독소유권을 취득한다.

③ 분할효과의 불소급 : 분할의 효과는 소급하지 않는다. 다만, 공동상속재산 분할의 효과는 상속개시시로 소급한다(민법 제1015조).

④ 분할로 인한 담보책임

㉠ 대금분할의 경우를 제외하면 공유물의 분할은 실질적으로 지분의 교환 또는 매매를 의미하므로, 공유자는 다른 공유자가 분할에 의하여 취득한 물건에 대하여 그 지분의 비율로 매도인과 동일한 담보책임이 있다(민법 제270조). 기출 04·10·15

㉡ 담보책임의 일반적 효과로서 손해배상, 내금감액 및 해제를 들 수 있으나, 재판상 분할의 경우에서는 해제가 인정되지 않는다.

⑤ 공유지분에 대한 저당권 설정 후 공유물이 분할된 경우(지분상의 담보책임)

> 甲, 乙의 공유인 부동산 중 甲의 지분위에 설정된 근저당권 등 담보물권은 특단의 합의가 없는 한 공유물분할이 된 뒤에도 종전의 지분비율대로 공유물 전부의 위에 그대로 존속하고 근저당권설정자인 甲 앞으로 분할된 부분에 당연히 집중되는 것은 아니므로, 甲과 담보권자 사이에 공유물분할로 甲의 단독소유로 된 토지부분 중 원래의 乙지분부분을 근저당권의 목적물에 포함시키기로 합의하였다고 하여도 이런 합의가 乙의 단독소유로된 토지부분 중 甲지분부분에 대한 피담보채권을 소멸시키기로 하는 합의까지 내포한 것이라고는 할 수 없다(대판 1989.8.8. 88다카24868).

⑥ 대금분할을 명한 공유물분할 확정판결의 당사자인 공유자가 신청하여 진행된 공유물분할을 위한 경매절차에서 매수인이 매각대금을 완납한 경우, 위 판결의 변론이 종결된 뒤(또는 변론 없이 한 판결의 경우에는 판결을 선고한 뒤) 해당 공유자의 공유지분에 마쳐진 소유권이전청구권의 순위보전을 위한 가등기상 권리가 소멸하는지 여부(원칙적 적극)

> 대금분할을 명한 공유물분할 확정판결의 당사자인 공유자가 공유물분할을 위한 경매를 신청하여 진행된 경매절차에서 공유물 전부에 관하여 매수인에 대한 매각허가결정이 확정되고 매각대금이 완납된 경우, 매수인은 공유물 전부에 대한 소유권을 취득하게 되고, 이에 따라 각 공유지분을 가지고 있던 공유자들은 지분소유권을 상실하게 된다. 그리고 대금분할을 명한 공유물분할판결의 변론이 종결된 뒤(변론 없이 한 판결의 경우에는 판결을 선고한 뒤) 해당 공유자의 공유지분에 관하여 소유권이전청구권의 순위보전을 위한 가등기가 마쳐진 경우, 대금분할을 명한 공유물분할 확정판결의 효력은 민사소송법 제218조 제1항이 정한 변론종결 후의 승계인에 해당하는 가등기권자에게 미치므로, 특별한 사정이 없는 한 위 가등기상의 권리는 매수인이 매각대금을 완납함으로써 소멸한다(대판 2021.3.11. 2020다253836).

Ⅲ 합 유

1. 서 설

> **물건의 합유(민법 제271조)** 기출 05
> ① 법률의 규정 또는 계약에 의하여 수인이 조합체로서 물건을 소유하는 때에는 합유로 한다. 합유자의 권리는 합유물 전부에 미친다.
> ② 합유에 관하여는 전항의 규정 또는 계약에 의하는 외에 다음 3조의 규정에 의한다.
>
> **합유물의 처분, 변경과 보존(민법 제272조)** 기출 05
> 합유물을 처분 또는 변경함에는 합유자 전원의 동의가 있어야 한다. 그러나 보존행위는 각자가 할 수 있다.
>
> **합유지분의 처분과 합유물의 분할금지(민법 제273조)**
> ① 합유자는 전원의 동의없이 합유물에 대한 지분을 처분하지 못한다.
> ② 합유자는 합유물의 분할을 청구하지 못한다.
>
> **합유의 종료(민법 제274조)**
> ① 합유는 조합체의 해산 또는 합유물의 양도로 인하여 종료한다.
> ② 전항의 경우에 합유물의 분할에 관하여는 공유물의 분할에 관한 규정을 준용한다.

(1) 의 의

합유는 수인이 조합체를 이루어 물건을 소유하는 공동소유의 형태를 말한다(민법 제271조 제1항).

(2) 구별개념

① **공유와의 구별** : 합유는 소유권이 양적으로 다수인에게 분속(分屬)한다는 점에서는 공유와 같지만, 합유자의 지분은 공동목적을 위하여 구속되어 있어서 자유롭게 이를 처분하지 못한 다는 점에서 공유와 차이가 있다(민법 제263조 전단, 제270조 제1항).

② **권리능력 없는 사단과의 구별** : 조합체란 수인이 공동의 목적으로 결합되어 있지만, 구성원의 개별성이 강하여 아직 단체(법인이나 법인이 아닌 사단)로서의 체계를 갖추지 못한 수인의 결합체를 의미한다. 즉 민법상의 조합과 법인격은 없으나 사단성이 인정되는 비법인사단을 구별함에 있어서는 일반적으로 그 단체성의 강약을 기준으로 판단한다(대판 1999.4.23. 99다4504).

2. 합유의 성립

① 합유가 성립하기 위해서는 그 전제로서 조합체의 존재가 필요하며, 조합체는 법률의 규정 또는 계약(조합계약)에 의하여 성립한다(민법 제271조 제1항). 계약에 의한 조합 성립의 전형적인 예는 동업계약이며, 법률규정에 의한 조합으로는 신탁법 제50조에 의한 조합과 광업법 제19조에 의한 조합이 있다.

② 조합의 소유권 취득은 물권변동의 일반원칙이 적용된다. 따라서 물권적 합의와 공시방법을 필요로 한다. 특히 부동산을 합유하는 때에는 그 취지를 등기해야 한다(부동산등기법 제48조 제4항).

3. 합유의 법률관계

(1) 합유지분의 처분

합유에서도 지분이 존재한다. 그러나 공유와 달리 합유자 전원의 동의 없이는 합유물에 대한 지분을 처분하지 못한다(민법 제273조 제1항). 지분의 양도는 조합원으로서의 지위의 양도를 의미하기 때문이다.

(2) 합유물의 처분·변경과 보존

① 합유물을 처분 또는 변경하려면 합유자 전원의 동의가 있어야 한다(민법 제272조 본문).

② 합유물의 보존행위는 각 합유자가 단독으로 할 수 있다(민법 제272조 단서).

> 합유물에 관하여 경료된 원인 무효의 소유권이전등기의 말소를 구하는 소송은 합유물에 관한 보존행위로서 합유자 각자가 할 수 있다(대판 1997.9.9. 96다16896). **기출** 08·10·21

③ 합유물에 관한 소송은 필수적 공동소송이다.

> **[합유 부동산에 관한 소유권이전등기청구소송의 법적 성질(= 고유필요적 공동소송)]**
> 합유로 소유권이전등기가 된 부동산에 관하여 명의신탁해지를 원인으로 한 소유권이전등기절차의 이행을
> 구하는 소송은 합유물에 관한 소송으로서 고유필요적 공동소송에 해당하여 합유자 전원을 피고로 하여야
> 할 뿐 아니라 합유자 전원에 대하여 합일적으로 확정되어야 하므로, 합유자 중 일부의 청구인낙이나 합유자
> 중 일부에 대한 소의 취하는 허용되지 않는다(대판 1996.12.10. 96다23238).

(3) 합유관계의 종료

① 조합체의 해산 또는 합유물의 양도로 인하여 합유관계는 종료된다(민법 제274조 제1항). 조합체의
해산에 따른 합유물의 분할에 대하여 공유물 분할에 관한 규정이 준용된다(민법 제274조 제2항).

② 조합체가 존속하는 한 합유자는 합유물의 분할을 청구할 수 없다(민법 제273조 제2항). 다만 부득이
한 사유가 있으면 각 조합원은 조합체의 해산을 청구할 수 있다(민법 제720조).

Ⅳ 총 유

1. 의 의

> **물건의 총유(민법 제275조)**
> ① 법인이 아닌 사단의 사원이 집합체로서 물건을 소유할 때에는 총유로 한다.
> ② 총유에 관하여는 사단의 정관 기타 계약에 의하는 외에 다음 2조의 규정에 의한다.
>
> **총유물의 관리, 처분과 사용, 수익(민법 제276조)**
> ① 총유물의 관리 및 처분은 사원총회의 결의에 의한다.
> ② 각 사원은 정관 기타의 규약에 좇아 총유물을 사용, 수익할 수 있다.
>
> **총유물에 관한 권리의무의 득상(민법 제277조)** 기출 17
> 총유물에 관한 사원의 권리의무는 사원의 지위를 취득상실함으로써 취득상실된다.

총유는 법인이 아닌 사단의 사원이 집합체로서 물건을 소유하는 공동소유의 형태이다(민법 제275조
제1항). 총유의 주체는 권리능력 없는 사단인데, 그 대표적인 예가 종중과 교회이다.

2. 성 립

부동산의 총유는 이를 등기하여야 하고, 등기는 비법인사단 명의로 할 수 있다(부동산등기법 제26조,
제48조 제3항).

3. 총유의 법률관계

총유관계는 사단의 정관 기타 규약에 의하여 규율되나, 정관이나 규약으로 정한 바가 없는 때에
는 민법 제276조와 제277조의 규정에 의한다(민법 제275조 제2항).

(1) 총유물의 관리 · 처분

① 총유물의 관리 및 처분은 정관 기타 규약에 달리 정함이 없다면 사원총회의 결의에 의하여야 한다(민법 제275조 제2항, 제276조 제1항). 이를 위반한 관리 및 처분행위는 효력이 없다. 기출 17

② 총유물의 관리 및 처분이라 함은 총유물 그 자체에 관한 이용·개량행위나 법률적·사실적 처분행위를 의미하는 것이고, 총유물 그 자체의 관리·처분이 따르지 아니하는 단순한 채무부담행위는 이를 총유물의 관리·처분행위라고 볼 수는 없다(대판 2012.4.12. 2011다107900).

③ 판례의 분류

⊙ 총유물 관리·처분행위로 본 경우

• 총유물인 종산에 대한 분묘를 설치하는 행위(대판 1967.7.18. 66다1600)

• 주택 조합원 전원의 총유에 속하는 신축 완공한 건물을 일반인에게 분양하는 행위(대판 2007.12.13. 2005다52214) 기출 06

• 총유물에 관한 매매계약을 체결하는 행위(대판 2009.11.26. 2009다64383)

⊙ 정관에 의한 대표권 제한으로 본 경우(관리행위)

• 총유물의 사용권을 타인에게 부여하거나 임대하는 행위(대판 2012.10.25. 2010다56586)

• 비법인사단인 재건축조합이 재건축사업의 시행을 위하여 설계용역계약을 체결하는 것 (대판 2003.7.22. 2002다64780)

• 비법인사단이 타인 간의 금전채무를 보증하는 행위는 총유물 그 자체의 관리·처분이 따르지 아니하는 단순한 채무부담행위에 불과하여 이를 총유물의 관리·처분행위라고 볼 수는 없다(대판[전합] 2007.4.19. 2004다60072·60089). 기출 10

(2) 총유물의 사용 · 수익

총유물의 사용·수익의 권능은 개개의 사원에게 귀속된다(민법 제276조 제2항).

(3) 총유물의 보존행위

총유물의 보존행위에 대해서는 공유(민법 제265조 단서) 및 합유(민법 제272조 단서)와 달리 별도로 규정하고 있지 않다. 반면 판례는 「총유재산에 관한 소송은 법인아닌 사단이 그 명의로 사원총회의 결의를 거쳐야 하거나 그 구성원 전원이 당사자가 되어 필수적 공동소송이 형태로 할 수 있다」(대판[전합] 2005.9.15. 2004다44971)고 판시하였다.

> • 민법 제276조 제1항은 "총유물의 관리 및 처분은 사원총회의 결의에 의한다", 같은 조 제2항은 "각 사원은 정관 기타의 규약에 좇아 총유물을 사용·수익할 수 있다"라고 규정하고 있을 뿐 공유나 합유의 경우처럼 보존행위는 그 구성원 각자가 할 수 있다는 민법 제265조 단서 또는 제272조 단서와 같은 규정을 두고 있지 아니한바, 이는 법인 아닌 사단의 소유형태인 총유가 공유나 합유에 비하여 단체성이 강하고 구성원 개인들의 총유재산에 대한 지분권이 인정되지 아니하는 데에서 나온 당연한 귀결이라고 할 것이므로 총유재산에 관한 소송은 법인 아닌 사단이 그 명의로 사원총회의 결의를 거쳐 하거나 또는 그 구성원 전원이 당사사가 되어 필수적 공동소송의 형태로 할 수 있을 뿐 그 사단의 구성원은 설령 그가 사단의 대표자라거나 사원총회의 결의를 거쳤다 하더라도 그 소송의 당사자가 될 수 없고, 이러한 법리는 총유재산의 보존행위로서 소를 제기하는 경우에도 마찬가지이다(대판[전합] 2005.9.15. 2004다44971). 기출 06·07·10·13·17·18

> • 비법인사단이 총유재산에 관한 소송을 제기할 때에는 정관에 다른 정함이 있다는 등의 특별한 사정이 없는 한 사원총회 결의를 거쳐야 하는 것이므로, 비법인사단이 이러한 사원총회 결의 없이 그 명의로 제기한 소송은 소송요건이 흠결된 것으로서 부적법하다(대판 2011.7.28. 2010다97044). 기출 17

4. 총유물에 관한 사원의 권리의무의 득실

총유물에 관한 사원의 권리의무는 사원의 지위를 취득 또는 상실함에 따라 발생 또는 소멸한다(민법 제277조).

Ⅴ 준공동소유

준공동소유(민법 제278조)
본절의 규정은 소유권 이외의 재산권에 준용한다. 그러나 다른 법률에 특별한 규정이 있으면 그에 의한다.

1. 의 의

준공동소유란 소유권 이외의 재산권을 수인이 공동으로 소유하는 것을 말한다(민법 제278조). 공동소유에 공유, 합유, 총유가 있는 것처럼 준공동소유에도 준공유, 준합유, 준총유가 있다. 준공동소유에는 공동소유에 관한 규정들이 적용된다(민법 제278조).

2. 준공동소유가 인정되는 재산권

(1) 소유권 이외의 물권

(2) 채 권

채권에 대해서도 준공동소유가 성립하나, 다수당사자의 채권관계에 관한 규정이 우선 적용된다.

제6관 │ 명의신탁

Ⅰ 총 설

1. 의 의

판례는 「부동산의 명의신탁이란 당사자 간의 신탁에 관한 채권계약에 의하여 신탁자가 실질적으로는 그의 소유에 속하는 부동산의 등기명의를 실체적인 거래관계가 없는 수탁자에게 매매 등의 형식으로 이전하여 두는 것을 일컫는다」(대판 1993.11.9. 92다31699)고 판시하였다.

2. 명의신탁의 법적 성질 및 유효성

(1) 법적 성질

명의신탁이론은 판례에 의하여 정립되었는데, 판례에 의하면 명의신탁이 민법상의 신탁에 해당한다는 입장이다.

(2) 유효성

민법 제108조에 따라 무효라는 견해와 허위표시가 아니라 유효한 계약으로 보는 견해의 다툼이 있으나, 명의신탁에서 당사자들은 법적으로는 진정하게 소유권을 명의수탁자 앞으로 이전할 것을 의욕하기에, 명의신탁의 유효성 자체를 부정할 것은 아니다.

3. 규율방법

부동산 실권리자 명의 등기에 관한 법률(이하 '부동산실명법'이라 한다)이 1995년 7월 1일 시행됨에 따라 기존의 판례법리에 의존해야 하는 범위가 많이 축소된 것은 사실이나, 법률상 배우자 간의 명의신탁이나 종중의 명의신탁과 같이 부동산실명법이 적용되지 않는 유형의 명의신탁의 경우 등에는 여전히 판례의 이론이 적용된다. 따라서 이하에서는 우선 부동산실명법의 내용에 대해 검토하고, 이후 명의신탁에 관한 판례이론을 검토하겠다.

Ⅱ 부동산 실권리자명의 등기에 관한 법률(이하 '부동산실명법')

1. 서 설

판례에 의하여 형성된 명의신탁의 법리가 주로 조세를 포탈하거나 토지에 관한 각종 공법상 제한을 피하기 위하여 이용되는 등의 폐해가 발생하자 1995년 3월 30일 부동산실명법이 제정되어 동년 7월 1일부로 시행되어 오고 있다.

2. 적용범위

(1) 동법의 적용대상

소유권뿐만 아니라, 기타 물권도 규율한다(부동산실명법 제2조 제1호 본문).

(2) 적용의 예외(허용되는 명의신탁)

① 양도담보나 가등기담보, 상호명의신탁, 신탁등기(부동산실명법 제2조 제1호 단서 각 호)

② **특례의 인정** : 조세포탈, 강제집행의 면탈 또는 법령상 제한의 회피 목적이 없는 종중, 배우자 및 종교 단체 사이의 명의신탁(부동산실명법 제8조) 기출 06

ㄱ) 여기서 종중이란 원래의 의미의 종중을 의미하고 종중과 유사한 비법인사단은 이에 속하지 않는다(대판 2007.10.25. 2006다14165).

ㄴ) 배우자란 사실혼을 가장한 탈법행위를 방지하기 위해 '법률상의 배우자'에 한정된다(대판 2002.10.25. 2002다23840). 기출 06

3. 명의신탁의 효력

> **명의신탁약정의 효력(부동산실명법 제4조)**
> ① 명의신탁약정은 무효로 한다.
> ② 명의신탁약정에 따른 등기로 이루어진 부동산에 관한 물권변동은 무효로 한다. 다만, 부동산에 관한 물권을 취득하기 위한 계약에서 명의수탁자가 어느 한쪽 당사자가 되고 상대방 당사자는 명의신탁약정이 있다는 사실을 알지 못한 경우에는 그러하지 아니하다.
> ③ 제1항 및 제2항의 무효는 제3자에게 대항하지 못한다.
>
> **실명등기의무 위반의 효력 등(부동산실명법 제12조)**
> ① 제11조에 규정된 기간 이내에 실명등기 또는 매각처분 등을 하지 아니한 경우 그 기간이 지난 날 이후의 명의신탁약정 등의 효력에 관하여는 제4조를 적용한다.
> ② 제11조를 위반한 자에 대하여는 제3조 제1항을 위반한 자에 준하여 제5조, 제5조의2 및 제6조를 적용한다.
> ③ 법률 제4944호 부동산 실권리자명의 등기에 관한 법률 시행 전에 명의신탁약정에 따른 등기를 한 사실이 없는 자가 제11조에 따른 실명등기를 가장하여 등기한 경우에는 5년 이하의 징역 또는 2억원 이하의 벌금에 처한다.

(1) 명의신탁 「약정」의 무효

① 명의신탁약정은 적용의 예외에 해당하지 않는 한 명시적이든 묵시적이든 무효이다(부동산실명법 제4조 제1항). 다만, 강행법규에 위반되어 무효일뿐 제103조에 의한 무효는 아니다(대판 1991.9.13. 91다16334 · 16341[반소]). 기출 07

② 나아가 무효인 명의신탁약정에 기하여 타인 명의의 등기가 경료되었다는 이유로 그것이 불법원인급여에 해당한다고 볼 수는 없다(대판 2003.11.27. 2003다41722). 기출 09

③ 또한 이는 농지법에 따른 제한을 회피하고자 명의신탁을 한 경우에도 마찬가지이다(대판[전합] 2019.6.20. 2013다218156).

> [부동산 실권리자명의 등기에 관한 법률을 위반하여 무효인 명의신탁약정에 따라 명의수탁자 명의로 등기를 한 경우, 명의신탁자가 명의수탁자를 상대로 그 등기의 말소를 구하는 것이 민법 제746조의 불법원인급여를 이유로 금지되는지 여부(소극) 및 이는 농지법에 따른 제한을 회피하고자 명의신탁을 한 경우에도 마찬가지인지 여부(적극)]
> 부동산 실권리자명의 등기에 관한 법률(이하 '부동산실명법'이라 한다) 규정의 문언, 내용, 체계와 입법 목적 등을 종합하면, 부동산실명법을 위반하여 무효인 명의신탁약정에 따라 명의수탁자 명의로 등기를 하였다는 이유만으로 그것이 당연히 불법원인급여에 해당한다고 단정할 수는 없다. 이는 농지법에 따른 제한을 회피하고자 명의신탁을 한 경우에도 마찬가지이다(대판[전합] 2019.6.20. 2013다218156 – 다수의견).
> 기출 22

④ 부동산실명법 제4조 제1항에 의하여 무효가 되는 것은 명의신탁약정뿐이고, 명의신탁약정에 따라 행하여진 부동산취득의 원인계약은 무효로 되지 않는다.

⑤ 명의신탁자는 부동산실명법 제11조에서 정한 유예기간 이내에 실명등기 등을 하여야 하고, 유예기간이 경과한 날 이후부터 명의신탁약정과 그에 따라 행하여진 등기에 의한 부동산에 관한 물권변동이 무효가 되므로 명의신탁자는 더 이상 명의신탁해지를 원인으로 하는 소유권 이전등기를 청구할 수 없다(대판 1999.1.26. 98다1027). 기출 09 · 11

(2) 명의신탁「등기」의 효력

명의신탁약정에 기한 물권변동은 무효이다(부동산실명법 제4조 제2항 본문).

(3) 제3자에 대한 효과

① 제3자 : 부동산실명법 제4조 제3항의 '제3자'라 함은, 수탁자가 물권자임을 기초로 그와의 사이에 새로운 이해관계를 맺는 자를 말하고, 여기에는 소유권이나 저당권 등 물권을 취득한 자뿐만 아니라 압류 또는 가압류채권자도 포함하며, 제3자의 선의·악의를 묻지 않는다(대판 2009.3.12. 2008다36022). 기출 08·11·16

② 「대항하지 못한다」의 의미 : 「대항하지 못한다」의 의미는 수탁자 명의의 등기는 무효이나, 제3자에 대한 관계에서는 유효한 등기로 취급되어 제3자가 부동산 물권을 적법하게 취득할 수 있게 된다는 의미이다. 기출 06

4. 명의신탁의 유형

(1) 단순 명의신탁(양자 간 명의신탁)

1) 의 의

명의신탁자가 자신 소유 부동산의 등기명의를 명의수탁자에게 신탁한 경우에 해당한다.

2) 법률관계

① 명의신탁약정이 무효이므로(부동산실명법 제4조 제1항), 그 약정에 기한 물권변동도 무효이다(부동산실명법 제4조 제2항 본문). 따라서 소유권은 대내적이든 대외적이든 모두 신탁자에게 있다.

② 이 경우 신탁자는 소유권에 기초하여 수탁자를 상대로 소유권이전등기말소청구 또는 진정명의회복을 위한 소유권이전등기청구를 할 수 있다(대판 2002.9.6. 2002다35157).

[양자 간 등기명의신탁에서 명의수탁자가 신탁부동산을 처분하여 제3취득자가 유효하게 소유권을 취득함으로써 명의신탁자가 신탁부동산에 대한 소유권을 상실한 경우, 명의신탁자의 소유권에 기한 물권적 청구권이 인정되는지 여부(소극) 및 그 후 명의수탁자가 우연히 신탁부동산의 소유권을 다시 취득하더라도 마찬가지인지 여부(적극)]

양자 간 등기명의신탁에서 명의수탁자가 신탁부동산을 처분하여 제3취득자가 유효하게 소유권을 취득하고 이로써 명의신탁자가 신탁부동산에 대한 소유권을 상실하였다면, 명의신탁자의 소유권에 기한 물권적 청구권, 즉 말소등기청구권이나 진정명의회복을 원인으로 한 이전등기청구권도 더 이상 그 존재 자체가 인정되지 않는다. 그 후 명의수탁자가 우연히 신탁부동산의 소유권을 다시 취득하였다고 하더라도 명의신탁자가 신탁부동산의 소유권을 상실한 사실에는 변함이 없으므로, 여전히 물권적 청구권은 그 존재 자체가 인정되지 않는다(대판 2013.2.28. 2010다89814). 기출 22

[명의수탁자가 양자 간 명의신탁에 따라 명의신탁자로부터 소유권이전등기를 넘겨받은 부동산을 임의로 처분한 경우, 형사상 횡령죄의 성립 여부와 관계없이 명의신탁자에 대하여 민사상 불법행위책임을 부담하는지 여부(적극)]

명의수탁자가 양자 간 명의신탁에 따라 명의신탁자로부터 소유권이전등기를 넘겨받은 부동산을 임의로 처분한 행위가 형사상 횡령죄로 처벌되지 않더라도, 위 행위는 명의신탁자의 소유권을 침해하는 행위로서 형사상 횡령죄의 성립 여부와 관계없이 민법상 불법행위에 해당하여 명의수탁자는 명의신탁자에게 손해배상책임을 부담한다(대판 2021.6.3. 2016다34007). 기출 22

③ 부동산실명법 시행 이전의 명의신탁은 부동산실명법 시행일(1995.7.1.)로부터 1년간의 유예 기간 내에 실명등기를 하지 않으면 그 명의신탁도 부동산실명법이 적용되어 명의신탁약정은 무효가 되고, 그 약정에 기한 물권변동도 무효가 된다(부동산실명법 제11조 제1항 본문, 동법 제12조).

(2) 중간생략형 명의신탁(3자간 명의신탁)

1) 의 의

신탁자가 직접 계약의 당사자가 되어 매도인으로부터 부동산을 매수하지만, 자신에게 등기를 경료하지 않고, 수탁자에게 이전등기를 하는 경우를 의미하며, 「3자간 명의신탁」이라고도 한다.

2) 법률관계

① 신탁자와 수탁자 사이의 명의신탁약정은 무효이며(부동산실명법 제4조 제1항), 수탁자 앞으로 경료된 등기 또한 무효가 된다. 기출 06·08

② 따라서 부동산의 소유권은 등기부상 전 소유자인 매도인에게 여전히 남아 있으므로, 매도인은 자신의 소유권에 기하여 수탁자를 상대로 등기의 말소 또는 진정명의회복을 위한 소유권이전등기청구를 할 수 있지만, 신탁자는 소유자가 아니므로, 수탁자를 상대로 진정명의회복을 위한 소유권이전등기청구권을 행사할 수 없다.

> 진정한 등기명의의 회복을 위한 소유권이전등기청구는 자기 명의로 소유권의 등기가 되어 있었거나 법률에 의하여 소유권을 취득한 진정한 소유자가 현재의 등기명의인을 상대로 그 등기의 말소를 구하는 것에 갈음하여 소유권에 기하여 진정한 등기명의의 회복을 구하는 것이므로, 자기 앞으로 소유권의 등기가 되어 있지 않았고 법률에 의하여 소유권을 취득하지도 않은 사람이 소유권자를 대위하여 현재의 등기명의인을 상대로 그 등기의 말소를 청구할 수 있을 뿐인 경우에는 진정한 등기명의의 회복을 위한 소유권이전등기청구를 할 수 없다(대판 2011.1.27. 2008다2807). 기출 08

③ 매도인과 명의신탁자 간에 체결된 원인계약의 효력
  ㉠ 매도인과 명의신탁자 간에 체결된 매매계약 등의 원인계약은 유효하다(대판 1999.9.17. 99다21738). 기출 06·08·23
  ㉡ 따라서 매도인은 여전히 신탁자에게 소유권이전등기의무를 부담한다. 기출 09·23

> 부동산 실권리자명의 등기에 관한 법률 소정의 유예기간 경과에 의하여 기존 명의신탁 약정과 그에 의한 등기가 무효로 되면 명의신탁 부동산은 매도인 소유로 복귀하므로 매도인은 명의수탁자에게 무효인 명의수탁자 명의의 등기의 말소를 구할 수 있게 되고, 한편 같은 법은 매도인과 명의신탁자 사이의 매매계약의 효력을 부정하는 규정을 두고 있지 아니하여 위 유예기간 경과 후로도 매도인과 명의신탁자 사이의 매매계약은 여전히 유효하므로, 명의신탁자는 위 매매계약에 기한 매도인에 대한 소유권이전등기청구권을 보전하기 위하여 매도인을 대위하여 명의수탁자에게 무효인 명의수탁자 명의의 등기의 말소를 구할 수 있다(대판 1999.9.17. 99다21738). 기출 06·13 나아가 명의수탁자가 명의신탁자 앞으로 바로 경료해 준 소유권이전등기는 결국 실체관계에 부합하는 등기로서 유효하다(대판 2004.6.25. 2004다6764). 기출 09·13

④ 신탁자의 수탁자에 대한 부당이득반환청구

> **[3자간 등기명의신탁에서 명의수탁자가 제3자에게 부동산을 매도하거나 부동산에 근저당권을 설정하는 등으로 처분행위를 하여 제3자가 부동산 실권리자명의 등기에 관한 법률 제4조 제3항에 따라 부동산에 관한 권리를 취득하는 경우, 명의신탁자가 명의수탁자를 상대로 직접 부당이득반환을 청구할 수 있는지 여부(적극)]**
>
> [다수의견] (가) 3자간 등기명의신탁에서 명의수탁자의 임의처분 또는 강제수용이나 공공용지 협의취득등 (이러한 소유명의 이전의 원인관계를 통틀어 이하에서는 '명의수탁자의 처분행위 등'이라 한다)을 원인으로 제3자 명의로 소유권이전등기가 마쳐진 경우, 특별한 사정이 없는 한 제3자는 유효하게 소유권을 취득한다 (부동산실명법 제4조 제3항). 그 결과 매도인의 명의신탁자에 대한 소유권이전등기의무는 이행불능이 되어 명의신탁자로서는 부동산의 소유권을 이전받을 수 없게 되는 한편, 명의수탁자는 부동산의 처분대금이나 보상금 등을 취득하게 된다. 판례는, 명의수탁자가 그러한 처분대금이나 보상금 등의 이익을 명의신탁자에 게 부당이득으로 반환할 의무를 부담한다고 보고 있다. 이러한 판례는 타당하므로 그대로 유지되어야 한다. (나) 명의수탁자가 부동산에 관하여 제3자에게 근저당권을 설정하여 준 경우에도 부동산의 소유권이 제3자에 게 이전된 경우와 마찬가지로 보아야 한다. 명의수탁자가 제3자에게 부동산에 관하여 근저당권을 설정하여 준 경우에 제3자는 부동산실명법 제4조 제3항에 따라 유효하게 근저당권을 취득한다. 이 경우 매도인의 부동산에 관한 소유권이전등기의무가 이행불능된 것은 아니므로, 명의신탁자는 여전히 매도인을 대위하여 명의수탁자의 부동산에 관한 진정명의회복을 원인으로 한 소유권이전등기 등을 통하여 매도인으로부터 소유권을 이전받을 수 있지만, 그 소유권은 명의수탁자가 설정한 근저당권이 유효하게 남아 있는 상태의 것이다. 명의수탁자는 제3자에게 근저당권을 설정하여 줌으로써 피담보채무액 상당의 이익을 얻었고, 명의 신탁자는 매도인을 매개로 하더라도 피담보채무액만큼의 교환가치가 제한된 소유권만을 취득할 수밖에 없는 손해를 입은 한편, 매도인은 명의신탁자로부터 매매대금을 수령하여 매매계약의 목적을 달성하였으 면서도 근저당권이 설정된 상태의 소유권을 이전하는 것에 대하여 손해배상책임을 부담하지 않으므로 실질 적인 손실을 입지 않는다. 따라서 3자간 등기명의신탁에서 명의수탁자가 부동산에 관하여 제3자에게 근저 당권을 설정한 경우 명의수탁자는 근저당권의 피담보채무액 상당의 이익을 얻었고 그로 인하여 명의신탁자 에게 그에 상응하는 손해를 입혔으므로, 명의수탁자는 명의신탁자에게 이를 부당이득으로 반환할 의무를 부담한다.
> [대법관 5인의 반대의견] 3자간 등기명의신탁에서 명의수탁자의 처분행위 등으로 제3자에게 소유권이 이 전되고 명의수탁자가 부동산의 처분대금이나 보상금 등을 취득하는 이익을 얻게 되더라도, 명의신탁자는 명의수탁자를 상대로 직접 부당이득반환을 청구할 수 없다. 이와 달리 다수의견이 명의신탁자의 명의수탁 자에 대한 직접적인 부당이득반환청구권을 인정하는 판례로 들고 있는 대판 2011.9.8. 2009다49193·49209 판결 등은 부동산실명법 시행 이후에는 더 이상 유지될 수 없으므로 변경되어야 한다(대판[전합] 2021.9.9. 2018다284233).

> **[3자간 등기명의신탁에서 부동산 실권리자명의 등기에 관한 법률에서 정한 유예기간이 경과한 후 명의수탁자가 신탁부동산을 임의로 처분하거나 강제수용이나 공공용지 협의취득 등을 원인으로 제3취득자 명의로 이전등기 가 마쳐진 경우, 명의수탁자가 명의신탁자에게 신탁부동산의 처분대금이나 보상금으로 취득한 이익을 부당이 득으로 반환할 의무가 있는지 여부(적극)]**
>
> 이른바 3자간 등기명의신탁에서 부동산 실권리자명의 등기에 관한 법률에서 정한 유예기간이 경과한 후 명의수탁자가 신탁부동산을 임의로 처분하거나 강제수용이나 공공용지 협의취득 등을 원인으로 제3취득자 명의로 이전등기가 마쳐진 경우, 특별한 사정이 없는 한 제3취득자는 유효하게 소유권을 취득하게 되므로 (같은 법 제4조 제3항), 그로 인하여 매도인의 명의신탁자에 대한 소유권이전등기의무는 이행불능으로 되 고 그 결과 명의신탁자는 신탁부동산의 소유권을 이전받을 권리를 상실하는 손해를 입게 되는 반면, 명의수 탁자는 신탁부동산의 처분대금이나 보상금을 취득하는 이익을 얻게 되므로, 명의수탁자는 명의신탁자에게 그 이익을 부당이득으로 반환할 의무가 있다(대판 2011.9.8. 2009다49193·49209).

⑤ 이른바 3자간 등기명의신탁에 있어 명의신탁등기가 부동산 실권리자명의 등기에 관한 법률 시행에 의하여 무효로 된 후에 명의수탁자가 임의로 신탁부동산을 처분한 경우, 매도인이 명의수탁자의 처분행위로 인하여 손해를 입었다고 볼 수 있는지 여부(소극)

> 명의수탁자가 신탁부동산을 임의로 매각처분한 경우, 특별한 사정이 없는 한 그 매수인은 유효하게 소유권을 취득하게 되는바, 명의신탁약정 및 이에 따라 행하여진 등기에 의한 부동산에 관한 물권변동을 무효로 하는 부동산 실권리자명의 등기에 관한 법률이 시행되기 이전에 매도인이 명의신탁자의 요구에 따라 명의수탁자 앞으로 등기명의를 이전하여 주었다면, 매도인에게 매매계약의 체결이나 그 이행에 관하여 어떠한 귀책사유가 있다고 보기 어려우므로, 자신의 편의를 위하여 명의수탁자 앞으로의 등기이전을 요구한 명의신탁자가 자신의 귀책사유로 같은 법에서 정한 유예기간이 지나도록 실명등기를 하지 아니한 사정에 기인하여 매도인에 대하여 매매대금의 반환을 구하거나, 명의신탁자 앞으로 재차 소유권이전등기를 경료할 것을 요구하는 것은 신의칙상 허용되지 아니하고, 따라서 매도인으로서는 명의수탁자가 신탁부동산을 타에 처분하였다고 하더라도, 명의수탁자로부터 그 소유명의를 회복하기 전까지는 명의신탁자에 대하여 신의칙 내지 민법 제536조 제1항 본문의 규정에 의하여 이와 동시이행의 관계에 있는 매매대금 반환채무의 이행을 거절할 수 있고, 한편 명의신탁자의 소유권이전등기청구도 허용되지 아니하므로, 결국 매도인으로서는 명의수탁자의 처분행위로 인하여 손해를 입은 바가 없다(대판 2002.3.15. 2001다61654).

⑥ 명의신탁약정과는 별개의 적법한 원인에 기한 명의신탁자의 명의수탁자에 대한 소유권이전 등기청구권을 보전하기 위하여 제3자 명의로 마친 가등기의 효력(무효)

> 명의신탁자가 명의신탁약정과는 별개의 적법한 원인에 기하여 명의수탁자에 대하여 소유권이전등기청구권을 가지게 되었다 하더라도, 이를 보전하기 위하여 자신의 명의가 아닌 제3자 명의로 가등기를 마친 경우 위 가등기는 명의신탁자와 제3자 사이의 명의신탁약정에 기하여 마쳐진 것으로서 약정의 무효로 말미암아 효력이 없다(대판 2015.2.26. 2014다63315).

⑦ 명의신탁자와 부동산에 관한 물권계약을 맺고 단지 등기명의만을 명의수탁자로부터 경료받은 것과 같은 외관을 갖춘 자가 부동산 실권리자명의 등기에 관한 법률 제4조 제3항의 '제3자'에 해당하는지 여부(소극) 및 이러한 자도 자신의 등기가 실체관계에 부합하는 등기로서 유효하다는 주장을 할 수 있는지 여부(적극)

> 부동산 실권리자명의 등기에 관한 법률 제4조 제3항에 정한 '제3자'는 명의수탁자가 물권자임을 기초로 그와 새로운 이해관계를 맺은 사람을 말하고, 이와 달리 오로지 명의신탁자와 부동산에 관한 물권을 취득하기 위한 계약을 맺고 단지 등기명의만을 명의수탁자로부터 경료받은 것 같은 외관을 갖춘 자는 위 조항의 제3자에 해당하지 아니하므로, 위 조항에 근거하여 무효인 명의신탁등기에 터 잡아 경료된 자신의 등기의 유효를 주장할 수는 없다. 그러나 이러한 자도 자신의 등기가 실체관계에 부합하는 등기로서 유효하다는 주장은 할 수 있다(대판 2022.9.29. 2022다228933).

⑧ 이른바 3자간 등기명의신탁의 명의신탁자가 제3자와 부동산 처분에 관한 약정을 맺고 그 약정에 따라 명의수탁자에서 제3자 앞으로 소유권이전등기를 마쳐준 경우, 그 등기가 실체관계에 부합하는 등기로서 유효한지 여부(원칙적 적극)

> 이른바 3자간 등기명의신탁의 경우 명의신탁약정과 그에 기한 등기는 무효로 되고[부동산 실권리자명의 등기에 관한 법률(이하 '부동산실명법'이라 한다) 제4조 제1항, 제2항], 그 결과 명의신탁된 부동산은 매도인 소유로 복귀하므로 매도인은 명의수탁자에게 무효인 그 명의 등기의 말소를 구할 수 있게 된다. 한편 부동산

실명법은 매도인과 명의신탁자 사이의 매매계약의 효력을 부정하는 규정을 두고 있지 아니하므로 매도인과 명의신탁자 사이의 매매계약은 여전히 유효하고, 명의신탁자는 매도인에 대하여 매매계약에 기한 소유권이전등기를 청구하거나 그 소유권이전등기청구권을 보전하기 위하여 매도인을 대위하여 명의수탁자에게 무효인 그 명의 등기의 말소를 구할 수 있다. 그러므로 이러한 지위에 있는 명의신탁자가 제3자와 사이에 부동산 처분에 관한 약정을 맺고 그 약정에 기하여 명의수탁자에서 제3자 앞으로 마쳐준 소유권이전등기는 다른 특별한 사정이 없는 한 실체관계에 부합하는 등기로서 유효하다고 보아야 한다(대판 2022.9.29, 2022다 228933).

(3) 계약명의신탁(위임명의신탁)

1) 의 의

중간생략형 명의신탁(3자간 명의신탁)과 달리 신탁자의 위임에 따라 수탁자가 직접 계약당사자가 되어 자기 이름으로 매도인과 부동산의 매매계약을 하고 수탁자 자신에게 이전등기를 하는 명의신탁을 말한다.

2) 중간생략형 명의신탁과의 구별 기준

명의신탁약정이 3자간 등기명의신탁인지 아니면 계약명의신탁인지의 구별은 계약당사자가 누구인가를 확정하는 문제로 귀결되는데, 계약명의자가 명의수탁자로 되어 있다 하더라도 계약당사자를 명의신탁자로 볼 수 있다면 이는 3자간 등기명의신탁이 된다. 따라서 계약명의자인 명의수탁자가 아니라 명의신탁자에게 계약에 따른 법률효과를 직접 귀속시킬 의도로 계약을 체결한 사정이 인정된다면 명의신탁자가 계약당사자라고 할 것이므로, 이 경우의 명의신탁관계는 3자간 등기명의신탁으로 보아야 한다(대판 2010.10.28, 2010다52799).

3) 법률관계

① 명의신탁자와 명의수탁자 간의 명의신탁약정은 무효이다. 이는 매도인이 선의인 경우에 해당하여 수탁자가 소유권을 취득하여도 달라지지 않는다. 기출 16

② 매도인이 선의인 경우

   ㉠ 명의수탁자의 소유권 취득 여부

부동산 실권리자명의 등기에 관한 법률 제4조에 따르면 부동산에 관한 명의신탁약정과 그에 따른 부동산 물권변동은 무효이고, 다만 부동산에 관한 물권을 취득하기 위한 계약에서 명의수탁자가 어느 한쪽 당사자가 되고 상대방 당사자는 명의신탁약정이 있다는 사실을 알지 못한 경우[매도인이 선의인 계약명의신탁(註)] 명의수탁자는 부동산의 완전한 소유권을 취득하되 명의신탁자에 대하여 부당이득반환 의무를 부담하게 될 뿐이다(대판 2002.12.26, 2000다21123, 대판 2019.6.13, 2017다246180). 기출 10 · 16

   ㉡ 명의신탁자의 수탁자에 대한 부당이득반환청구

     • 부동산실명법 시행 전 명의신탁

       – 원칙 : 신탁자는 수탁자를 상대로 취득한 부동산 자체에 대한 부당이득반환을 청구할 수 있다(대판 2002.12.26, 2000다21123). 기출 10

> [1] 명의신탁자가 당해 부동산의 회복을 위해 명의수탁자에 대해 가지는 소유권이전등기청구권은 그 성질상 법률의 규정에 의한 부당이득반환청구권으로서 민법 제162조 제1항에 따라 10년의 기간이 경과함으로써 시효로 소멸한다. [2] 명의신탁자가 그 부동산을 점유·사용하여 온 경우에는 명의신탁자의 명의수탁자에 대한 부당이득반환청구권에 기한 등기청구권의 소멸시효가 진행되지 않는다고 보아야 한다면, 이는 명의신탁자가 부동산 실권리자명의 등기에 관한 법률의 유예기간 및 시효기간 경과 후 여전히 실명전환을 하지 않아 위 법률을 위반한 경우임에도 그 권리를 보호하여 주는 결과로 되어 부동산 거래의 실정 및 부동산 실권리자명의 등기에 관한 법률 등 관련 법률의 취지에도 맞지 않는다(대판 2009.7.9. 2009다23313). 즉, 소멸시효의 기간은 신탁자가 부동산을 점유 및 사용 중이더라도 시효의 진행을 막지 못한다는 의미이다. `기출 10`

- 예외 : 부동산실명법 시행 전의 명의신탁이지만 실명전환의 유예기간이 경과하기 전까지 신탁자가 소유권을 취득함에 별도의 법률상 장애가 있었던 경우에는 부동산 자체가 아니라 매수자금에 대해서만 반환을 청구할 수 있다(대판 2008.5.15. 2007다74690).

> 부동산 실권리자명의 등기에 관한 법률 시행 전에 명의신탁자와 명의수탁자가 이른바 계약명의신탁약정을 맺고 명의수탁자가 당사자가 되어 명의신탁약정이 있다는 사실을 알지 못하는 소유자와 부동산에 관한 매매계약을 체결한 후 그 매매계약에 따라 당해 부동산의 소유권이전등기를 수탁자 명의로 마쳤으나 위 법률 제11조에서 정한 유예기간이 경과하기까지 명의신탁자가 그 명의로 당해 부동산을 등기이전하는 데 법률상 장애가 있었던 경우에는, 명의신탁자는 당해 부동산의 소유권을 취득할 수 없었으므로, 위 명의신탁약정의 무효로 인하여 명의신탁자가 입은 손해는 당해 부동산 자체가 아니라 명의수탁자에게 제공한 매수자금이고, 따라서 명의수탁자는 당해 부동산 자체가 아니라 명의신탁자로부터 제공받은 매수자금을 부당이득하였다고 할 것이다(대판 2008.5.15. 2007다74690).

• **부동산실명법 시행 후 명의신탁** : 부동산실명법 시행(1995.7.1.) 후의 계약명의신탁의 경우, 명의신탁자는 애초부터 당해 부동산의 소유권을 취득할 수 없으므로, 그가 입은 손해는 당해 부동산 자체가 아니라 명의 수탁자에게 지급한 매수대금 상당의 금액이다.

> • 계약명의신탁약정이 부동산 실권리자명의 등기에 관한 법률 시행 후인 경우에는 명의신탁자는 애초부터 당해 부동산의 소유권을 취득할 수 없었으므로 위 명의신탁약정의 무효로 인하여 명의신탁자가 입은 손해는 당해 부동산 자체가 아니라 명의수탁자에게 제공한 매수자금이라 할 것이고, 따라서 명의수탁자는 당해 부동산 자체가 아니라 명의신탁자로부터 제공받은 매수자금을 부당이득하였다고 할 것이다(대판 2005.1.28. 2002다66922).
> • 이때 명의수탁자가 소유권이전등기를 위하여 지출하여야 할 취득세, 등록세 등을 명의신탁자로부터 제공받았다면, 이러한 자금 역시 위 계약명의신탁약정에 따라 명의수탁자가 당해 부동산의 소유권을 취득하기 위하여 매매대금과 함께 지출된 것이므로, 당해 부동산의 매매대금 상당액 이외에 명의신탁자가 명의수탁자에게 지급한 취득세, 등록세 등의 취득비용도 특별한 사정이 없는 한 위 계약명의신탁약정의 무효로 인하여 명의신탁자가 입은 손해에 포함되어 명의수탁자는 이 역시 명의신탁자에게 부당이득으로 반환하여야 한다(대판 2010.10.14. 2007다90432). `기출 06·11·16`

ⓒ 부동산 실권리자명의 등기에 관한 법률이 시행되기 전에 계약명의신탁약정을 한 명의수탁자가 이러한 사실을 알지 못하는 소유자와 부동산에 관한 매매계약을 체결한 후 자신의 명의로 소유권이전등기를 마치면서 장차 위 부동산의 처분대가를 명의신탁자에게 지급하기로 하는 정산약정을 한 경우, 정산약정 이후에 같은 법이 시행되었다거나 부동산의 처분이 같은 법 시행 이후에 이루어졌다는 사정만으로 정산약정이 당연무효가 되는지 여부(소극)

> 부동산 식권리자명의 등기에 관한 법률(이하 '부동산실명법'이라 한다)이 시행되기 전에 명의신탁자와 명의수탁자가 명의신탁약정을 맺고 이에 따라 명의수탁자가 당사자가 되어 명의신탁약정이 있다는 사실을 알지 못하는 소유자와 부동산에 관한 매매계약을 체결한 후 그 매매계약에 기하여 당해 부동산의 소유권이전등기를 자신의 명의로 마치는 한편, 장차 위 부동산의 처분대가를 명의신탁자에게 지급하기로 하는 정산약정을 한 경우, 그러한 약정 이후에 부동산실명법이 시행되었다거나 그 부동산의 처분이 부동산실명법 시행 이후에 이루어졌다고 하더라도 그러한 사정만으로 위 정산약정까지 당연히 무효로 된다고 볼 수 없다. 그 이유는 다음과 같다.
> 위와 같은 정산약정 당시에는 부동산실명법이 시행되기 전으로서 부동산에 관한 명의신탁약정이 허용되었고, 명의신탁의 당사자들 사이에 명의신탁자가 이른바 내부적 소유권을 가진다고 보았다. 이에 따라 장차 명의신탁자 앞으로 목적 부동산에 관한 소유권등기를 이전하거나 그 부동산의 처분대가를 명의신탁자에게 지급하는 것 등을 내용으로 하는 약정도 유효하였다. 부동산실명법 시행 전에 명의수탁자가 명의신탁약정에 따라 부동산에 관한 소유명의를 취득한 경우에 부동산실명법 시행 후 같은 법 제11조의 유예기간이 경과하기 전까지 명의신탁자는 언제라도 명의신탁약정을 해지하고 해당 부동산에 관한 소유권을 취득할 수 있었던 것으로, 실명화 등의 조치 없이 위 유예기간이 경과함으로써 같은 법 제12조 제1항, 제4조에 의해 명의신탁약정은 무효로 되는 한편, 명의수탁자가 해당 부동산에 관한 완전한 소유권을 취득하게 된다. 그런데 부동산실명법 제3조 및 제4조가 명의신탁자에게 소유권이 귀속되는 것을 막는 취지의 규정은 아니므로 명의수탁자는 명의신탁자에게 자신이 취득한 해당 부동산을 부당이득으로 반환할 의무가 있다. 이와 같은 경위로 명의신탁자가 해당 부동산의 회복을 위해 명의수탁자에 대해 가지는 소유권이전등기청구권은 그 성질상 법률의 규정에 의한 부당이득반환청구권이다. 만일 명의수탁자가 신탁부동산을 처분하였다면, 앞서 본 바와 같은 처분대가에 관한 정산약정이 없는 경우라도 명의수탁자는 민법 제747조 제1항에 의하여 명의신탁자에게 그 부동산의 가액을 반환할 의무를 부담한다. 부동산실명법 시행 전에 명의수탁자가 신탁부동산의 처분대가를 명의신탁자에게 지급하기로 하는 정산약정을 한 경우 그러한 약정에 따른 법적 효과는 위와 같이 법률에 의하여 이미 명의신탁자에게 인정되는 권리의 범위 내에 속하는 것이라고 볼 수 있다. 따라서 위 약정이 애초부터 신탁부동산의 소유권을 취득할 수 없는 명의신탁자를 위하여 사후에 보완하는 방책에 해당한다거나 무효인 명의신탁약정이 유효함을 전제로 명의신탁 부동산 자체 또는 그 처분대금의 반환을 구하는 범주에 든다고 보기 어렵다. 달리 위 정산약정 이후에 부동산실명법이 시행되었다거나 신탁부동산의 처분이 부동산실명법 시행 이후에 이루어졌다는 것만으로 그 유효성을 부인할 것은 아니다(대판 2021.7.21. 2019다266751).

ⓓ 신탁자와 수탁자 간의 명의신탁약정이 부동산실명법이 정한 유예기간의 경과로 무효가 된 경우, 명의신탁약정과 함께 이루어진 부동산 매입의 위임약정의 효력(원칙적 무효) 및 이 경우 신탁자와 수탁자 사이에 신탁자의 요구에 따라 부동산의 소유 명의를 이전하기로 한 약정의 효력(무효)

> 신탁자와 수탁자가 명의신탁약정을 맺고, 그에 따라 수탁자가 당사자가 되어 명의신탁약정의 존재 사실을 알지 못하는 소유자와 부동산에 관한 매매계약을 체결한 계약명의신탁에서 신탁자와 수탁자 간의 명의신탁약정이 부동산 실권리자명의 등기에 관한 법률이 정한 유예기간의 경과로 무효가 되었다면,

특별한 사정이 없는 한 신탁자와 수탁자 간에 명의신탁약정과 함께 이루어진 부동산 매입의 위임약정 역시 무효로 되고, 이 경우 신탁자와 수탁자 사이에 신탁자의 요구에 따라 부동산의 소유 명의를 이전하기로 한 약정도 명의신탁약정이 유효함을 전제로 명의신탁 부동산 자체의 반환을 구하는 범주에 속하는 것에 해당하여 역시 무효로 된다(대판 2015.9.10. 2013다55300).

③ 매도인이 악의인 경우

㉠ 매도인이 명의신탁약정의 존재를 알고 수탁자와 계약을 체결한 경우에는 **물권변동이 무효**이므로(부동산실명법 제4조 제2항 본문), **수탁자 앞으로 경료된 이전등기 역시 무효이다. 따라서 부동산의 소유권은 여전히 매도인에게 있다.**

㉡ 명의수탁자가 그 부동산을 제3자에게 처분하는 경우

> 명의신탁자와 명의수탁자가 이른바 계약명의신탁 약정을 맺고 매매계약을 체결한 소유자도 명의신탁자와 명의수탁자 사이의 명의신탁약정을 알면서 그 매매계약에 따라 명의수탁자 앞으로 당해 부동산의 소유권이전등기를 마친 경우 부동산 실권리자명의 등기에 관한 법률 제4조 제2항 본문에 의하여 명의수탁자 명의의 소유권이전등기는 무효이므로, 당해 부동산의 소유권은 매매계약을 체결한 소유자에게 그대로 남아 있게 되고, 명의수탁자가 자신의 명의로 소유권이전등기를 마친 부동산을 제3자에게 처분하면 이는 매도인의 소유권 침해행위로서 불법행위가 된다. 그러나 명의수탁자로부터 매매대금을 수령한 상태의 소유자로서는 그 부동산에 관한 소유명의를 회복하기 전까지는 신의칙 내지 민법 제536조 제1항 본문의 규정에 의하여 명의수탁자에 대하여 이와 동시이행의 관계에 있는 매매대금 반환채무의 이행을 거절할 수 있는데, 이른바 계약명의신탁에서 명의수탁자의 제3자에 대한 처분행위가 유효하게 확정되어 소유자에 대한 소유명의 회복이 불가능한 이상, 소유자로서는 그와 동시이행관계에 있는 매매대금 반환채무를 이행할 여지가 없다. 또한 명의신탁자는 소유자와 매매계약관계가 없어 소유자에 대한 소유권이전등기청구도 허용되지 아니하므로, 결국 소유자인 매도인으로서는 특별한 사정이 없는 한 명의수탁자의 처분행위로 인하여 어떠한 손해도 입은 바가 없다(대판 2013.9.12. 2010다95185). **기출 14**

4) 경매에서 타인의 자금으로 부동산을 매수한 경우의 법률관계

> [1] 부동산경매절차에서 부동산을 매수하려는 사람이 매수대금을 자신이 부담하면서 다른 사람의 명의로 매각허가결정을 받기로 그 다른 사람과 약정함에 따라 매각허가가 이루어진 경우, 그 경매절차에서 매수인의 지위에 서게 되는 사람은 어디까지나 그 명의인이므로, 경매 목적 부동산의 소유권은 매수대금을 실질적으로 부담한 사람이 누구인가와 상관없이 그 명의인이 취득한다. 이 경우 매수대금을 부담한 사람과 이름을 빌려 준 사람 사이에는 명의신탁관계[계약명의신탁(註)]가 성립한다. [2] 부동산 실권리자명의 등기에 관한 법률 시행 전에 명의수탁자가 명의신탁 약정에 따라 부동산에 관한 소유명의를 취득한 경우 위 법률의 시행 후 같은 법 제11조 소정의 유예기간이 경과하기 전까지는 명의신탁자는 언제라도 명의신탁 약정을 해지하고 당해 부동산에 관한 소유권을 취득할 수 있었던 것인데 실명화 등의 조치 없이 위 유예기간이 경과함으로써 같은 법 제12조 제1항, 제4조에 의해 명의신탁 약정은 무효로 되는 한편, 명의수탁자가 당해 부동산에 관한 완전한 소유권을 취득하게 되어 결국 명의수탁자는 당해 부동산 자체를 부당이득하게 되고, 같은 법 제3조 및 제4조가 명의신탁자에게 소유권이 귀속되는 것을 막는 취지의 규정은 아니므로 명의수탁자는 명의신탁자에게 자신이 취득한 당해 부동산을 부당이득으로 반환할 의무가 있다(대판 2008.11.27. 2008다62687).

Ⅲ 명의신탁에 관한 판례이론

1. 일반 명의신탁

(1) 성립 : 명의신탁의 약정과 등기

1) 명의신탁의 대상

① 명의신탁이 대상은 공부에 의하여 소유관계가 표시되는 재화, 즉 등기·등록에 의하여 공시되는 재화에 한한다. 따라서 공부상 그 소유관계가 공시될 수 없는 동산은 명의신탁이 성립할 여지가 없다(대판 1994.10.11. 94다16175).

② 소유권 또는 그 지분이 명의신탁의 대상이 됨은 의문의 여지가 없으며, 용익물권도 마찬가지이다(대판 1998.9.4. 98다20981).

③ 담보물권에 대해서는 명의신탁이 성립할 수 없다는 견해도 있으나, 판례는 명의신탁의 대상성을 긍정한다(대판 1995.9.26. 94다33583).

> 채권담보의 목적으로 채무자 소유의 부동산을 담보로 제공하여 저당권을 설정하는 경우에는 담보물권의 부종성의 법리에 비추어 원칙적으로 채권과 저당권이 그 주체를 달리할 수 없는 것이지만, 채권자 아닌 제3자의 명의로 저당권등기를 하는 데 대하여 채권자와 채무자 및 제3자 사이에 합의가 있었고, 나아가 제3자에게 그 채권이 실질적으로 귀속되었다고 볼 수 있는 특별한 사정이 있거나, 거래경위에 비추어 제3자의 저당권등기가 한낱 명목에 그치는 것이 아니라 그 제3자도 채무자로부터 유효하게 채권을 변제받을 수 있고 채무자도 채권자나 저당권 명의자인 제3자 중 누구에게든 채무를 유효하게 변제할 수 있는 관계 즉 묵시적으로 채권자와 제3자가 불가분적 채권자의 관계에 있다고 볼 수 있는 경우에는, 그 제3자 명의의 저당권등기도 유효하다고 볼 것인바, 이러한 법리는 저당권의 경우뿐 아니라 채권 담보를 목적으로 가등기를 하는 경우에도 마찬가지로 적용된다고 보아야 할 것이고, 이러한 법리가 부동산 실권리자명의 등기에 관한 법률에 규정된 명의신탁약정의 금지에 위반된다고 할 것은 아니다(대판 2000.12.12. 2000다49879).

2) 명의신탁약정

부동산에 관한 명의신탁 관계가 성립하려면 신탁자와 수탁자 사이에 명의신탁 관계의 설정에 관한 합의가 있어야 할 것이고, 이러한 명의신탁약정은 반드시 명시적으로 체결될 필요는 없고, 묵시적으로 체결될 수도 있다(대판 1981.12.8. 81다카367).

3) 명의신탁등기

① 명의신탁이 성립하려면 명의신탁관계 설정에 관한 합의 외에 명의수탁자 명의의 등기가 있어야 한다. 그리고 명의신탁등기가 유효하려면 명의신탁약정이 유효하여야 한다.

② 명의신탁등기는 본등기에 한하지 않고, 가등기라도 무방하다(대판 1992.7.28. 92다10173·92다10180).

(2) 법률관계

판례는 대내·대외적 관계로 구별하여 신탁자와 수탁자의 내부적 관계에서는 신탁자를 소유자로 보지만, 제3자와의 대외적 관계에서는 수탁자를 소유자로 인정한다(상대적 권리이전설).

1) 대내적 관계

① 소유권의 유보

   ㉠ 명의신탁약정에 의하여 명의수탁자 명의로 소유권이전등기가 경료되었더라도, 신탁자와 수탁자의 내부적 관계에서는 명의신탁자가 명의신탁재산에 대한 소유권을 그대로 보유하면서 그것을 관리·수익한다. 따라서 명의신탁자는 등기 없이도 명의수탁자에 대하여 소유권을 주장할 수 있다(대판 1982.11.23. 81다372).

   ㉡ 나아가 명의신탁자는 유보된 소유권에 기하여 명의신탁재산을 처분할 권한도 갖는다. 따라서 신탁자의 매도행위는 민법 제569조의 타인권리매매라 할 수 없으며(대판 1996.8.20. 96다18656), 명의신탁자로부터 적법하게 명의신탁된 주택을 임차한 경우 주택임대차보호법이 적용될 수 있다(대판 1999.4.23. 98다49753).

② 명의수탁자의 지위

   ㉠ 명의수탁자가 대외적으로 소유권을 취득하더라도, 명의신탁자에 대한 관계에서는 제약된다.

   ㉡ 명의수탁자는 명의신탁약정에 따라 대상재산의 소유명의를 보존하고 이와 관련된 사무를 처리한다는 점에서 명의신탁은 위임과 유사한 성질을 갖는다.

③ 명의신탁관계의 승계 : 명의신탁이 유효하게 성립한 경우, 계약당사자 중 어느 일방이 사망하더라도 명의신탁관계가 당연히 소멸하지는 않고, 그 재산상속인과의 사이에 존속한다(대판 1981.6.23. 80다2809).

④ 명의신탁부동산에 대한 시효취득 : 명의수탁자는 권원의 성질상 자주점유라 할 수 없으므로 명의신탁부동산의 소유권을 시효취득할 수 없고, 명의신탁자는 수탁자 명의의 등기를 자신의 등기로 볼 수 없으므로 등기부취득시효도 인정될 수 없다(대판 2002.4.26. 2001다8097·8103).

2) 대외적 관계

① 명의수탁자의 소유권 취득

   ㉠ 재산을 타인에게 신탁한 경우 대외적인 관계에 있어서는 수탁자만이 소유권자로서 그 재산에 대한 제3자의 침해에 대하여 배제를 구할 수 있으며, 신탁자는 수탁자를 대위하여 수탁자의 권리를 행사할 수 있을 뿐 직접 제3자에게 신탁재산에 대한 침해의 배제를 구할 수 없다(대판[전합] 1979.9.25. 77다1079). 기출 08·14

   ㉡ 또한 명의신탁사실이 인정된다고 할지라도 신탁자는 제3자에 대하여 진정한 등기명의의 회복을 원인으로 한 소유권이전등기청구를 할 수 있는 진정한 소유자의 지위에 있다고 볼 수 없다(대판 2001.8.21. 2000다36484).

② 명의신탁재산의 처분 등 : 명의수탁자로부터 명의신탁부동산을 양수한 제3자는 명의신탁관계에 대한 선의·악의를 불문하고 유효하게 소유권을 취득한다. 다만, 제3자가 명의수탁자의 배신행위에 적극적으로 가담한 경우에는 민법 제103조 위반으로 명의수탁자와 제3자의 계약은 무효가 된다(이중매매 법리).

(3) 명의신탁의 해지

1) 해지권자 및 해지의 방법

① 명의신탁자는 원칙적으로 언제든지 명의신탁계약을 해지하고 명의수탁자에 대하여 신탁재산의 반환을 청구할 수 있다(대판[전합] 1980.12.9. 79다634).

② 명의신탁자의 일반채권자도 명의신탁자를 대위하여 명의신탁을 해지할 수 있다.

③ 명의수탁자도 특별한 사정이 없는 한 명의신탁을 해지할 수 있다.

④ 명의신탁의 해지는 일방적 의사표시로 할 수 있고, 묵시적으로도 할 수 있다. 또한 명의수탁자가 수인이라도 계약의 해제·해지의 불가분성에 관한 민법 제547조 제1항이 적용되지는 않는다(대판 1992.6.9. 92다9579).

2) 해지의 효과(제3자의 보호범위)

① 부동산의 명의신탁계약이 해지되더라도 그 해지의 효과는 소급하지 아니하고 장래에 향하여 효력이 있음에 불과하여 그 부동산의 소유권이 당연히 신탁자에게 복귀된다고 볼 수 없고 다만 수탁자가 신탁자에게 그 등기명의를 이전할 의무를 부담하게 됨에 불과하므로 그 의무이행으로 등기명의를 신탁자 앞으로 이전하기 전까지는 여전히 외부관계에 있어서 소유권은 수탁자에게 있다(대판 1982.8.24. 82다카416).

② 문제점 : 명의신탁자가 해지를 하였음에도 불구하고 아직 등기명의가 명의수탁자에게 남아 있음을 이용하여 명의수탁자가 제3자에게 신탁재산을 처분한 경우, 제3자가 소유권을 취득할 수 있는지에 대해 다툼이 있다.

　㉠ 채권적 효과설 : 물권행위의 독자성과 무인성을 인정하는 입장에서 주장되는 견해로, 해지를 하여도 소유권은 당연히 복귀하지 않고 소유권을 회복시켜 줄 의무만 발생한다는 견해이다. 명의신탁이 해지된 후 신탁자가 등기를 회복하기 전에 수탁자로부터 등기를 이전받은 제3자는 선의·악의를 불문하고 보호된다고 본다.

　㉡ 물권적 효과설 : 물권행위의 무인성을 부정하는 견해로, 소유권은 당연히 복귀하고, 제3자는 선의인 경우에 한하여 예외적으로 민법 제548조 제1항 단서를 유추적용 함으로써 보호된다고 한다.

　㉢ 대내외관계 구별설(판례) : 내부적 소유권은 당연히 복귀하나, 외부적 소유권은 등기를 회복해야 복귀한다고 본다. 따라서 등기를 회복하기 전에 수탁자로부터 이전등기를 경료받은 제3자는 선의·악의를 불문하고 보호된다고 한다. 단, 제3자가 수탁자의 배임행위에 적극가담한 경우에는 민법 제103조 위반으로 양도행위가 무효로 된다는 견해이다.

2. 구분소유적 공유(상호명의신탁)

(1) 의 의

구분소유적 공유관계란 공유자들 사이에서 등기부상으로는 토지 전체에 대한 공유등기가 경료되어 있으나 내부적으로는 각 공유자들이 그 토지를 구분하여 특정부분만을 배타적으로 사용·수익할 수 있는 법률관계를 말한다. 이는 건물의 경우에도 동일하다(대결 2001.6.15. 2000마2633). 구분소유적 공유는 부동산실명법 제2조 제1호 단서에 의하여 동법의 적용이 배제되므로, 무효로 취급되지 않는다.

(2) 법적 성질

판례는 구분소유적 공유관계에 대해 각 공유자들이 각자의 배타적 사용·수익의 대상인 특정부분을 제외한 나머지 부분에 대한 등기를 상호명의신탁하고 있는 것으로 본다(대판[전합] 1980.12.9. 79다634).

(3) 성 립

구분소유적 공유관계는 어떤 토지에 관하여 그 위치와 면적을 특정하여 여러 사람이 구분소유하기로 하는 약정이 있어야만 적법하게 성립할 수 있다(대판 2009.3.26. 2008다44313).

(4) 구체적 법률관계

판례는 구분소유적 공유관계를 대내관계에서는 각자가 특정 부분을 단독소유하나, 대외적 관계에서는 일반 공유관계로 인정한다.

① 내부관계

㉠ 특정부분에 한하여 소유권을 취득하고, 이를 배타적으로 사용·수익할 수 있다. 따라서 다른 구분소유자의 방해행위에 대해서 소유권에 기한 방해배제를 구할 수 있다(대판 1994.2.8. 93다42986).

㉡ 구분소유적 공유관계에서 공유자 각자는 자신의 특정 부분을 단독으로 처분하고, 이에 해당하는 공유지분등기를 자유롭게 이전할 수 있다(대판 2009.10.15. 2007다83632).

② 외부관계 : 1필지 전체에 대하여 공유관계가 성립하고 공유자로서 권리만 주장할 수 있다. 따라서 제3자의 방해행위가 있는 경우 공유자는 자기의 구분소유 부분뿐만 아니라 전체토지에 대하여 공유물의 보존행위로서 그 배제를 구할 수 있다(대판 1994.2.8. 93다42986).

> • 여러 명이 각기 공유지분 비율에 따라 특정 부분을 독점적으로 소유하고 있는 토지 중 공유자 1인이 독점적으로 소유하고 있는 부분에 대하여 취득시효가 완성된 경우, 공유자 사이에 그와 같은 구분소유적 공유관계가 형성되어 있다 하더라도 이로써 제3자인 시효취득자에게 대항할 수는 없는 법리이므로, 그 토지 부분과 무관한 다른 공유자들도 그 토지 부분에 관한 각각의 공유지분에 대하여 취득시효완성을 원인으로 한 소유권이전등기절차를 이행할 의무가 있다(대판 1997.6.13. 97다1730).
> • 1필지의 토지의 위치와 면적을 특정하여 2인 이상이 구분소유하기로 하는 약정을 하고 구분소유자의 공유로 등기하는 이른바 구분소유적 공유관계에 있어서, 1필지의 토지 중 특정 부분에 대한 구분소유적 공유관계를 표상하는 공유지분을 목적으로 하는 근저당권이 설정된 후 구분소유하고 있는 특정 부분별로 독립한 필지로 분할되고 나아가 구분소유자 상호 간에 지분이전등기를 하는 등으로 구분소유적 공유관계가 해소되더라도 그 근저당권은 종전의 구분소유적 공유지분의 비율대로 분할된 토지들 전부의 위에 그대로 존속하는 것이고, 근저당권설정자의 단독소유로 분할된 토지에 당연히 집중되는 것은 아니다(대판 2014.6.26. 2012다25944).

(5) 승계의 문제

① 특정부분을 처분한 경우 : 구분소유적 공유관계가 그대로 승계된다.

② 지분으로 처분한 경우 : 부동산 전체에 대한 공유지분을 취득하고, 구분소유적 공유관계는 소멸한다.

> 1필지의 토지의 위치와 면적을 특정하여 2인 이상이 구분소유하기로 하는 약정을 하고 그 구분소유자의 공유로 등기하는 이른바 구분소유적 공유관계에 있어서, 각 구분소유적 공유자가 자신의 권리를 타인에게 처분하는 경우 중에는 구분소유의 목적인 특정 부분을 처분하면서 등기부상의 공유지분을 그 특정 부분에 대한 표상으로서 이전하는 경우와 등기부의 기재대로 1필지 전체에 대한 진정한 공유지분으로서 처분하는 경우가 있을 수 있고, 이 중 전자의 경우에는 그 제3자에 대하여 구분소유적 공유관계가 승계되나, 후자의 경우에는 제3자가 그 부동산 전체에 대한 공유지분을 취득하고 구분소유적 공유관계는 소멸한다. 이는 경매에서도 마찬가지이므로 ~~전자에 해당하기 위해서는 감정평가인이 통상지분이 아닌 특정 구분소유 목적물~~ 에 대한 평가를 하게 하고 그에 따라 최저경매가격을 정한 후 경매를 실시하여야 하며, 그러한 사정이 없는 경우에는 1필지에 관한 공유자의 지분에 대한 경매목적물은 원칙적으로 1필지 전체에 대한 공유지분 이라고 봄이 상당하다(대판 2008.2.15. 2006다68810 · 68827).

③ 경매가 된 경우 : ①·②와 동일한 법리가 적용된다.

(6) 구분소유적 공유와 (관습법상) 법정지상권

> • 공유로 등기된 토지의 소유관계가 구분소유적 공유관계에 있는 경우에는 공유자 중 1인이 소유하고 있는 건물과 그 대지는 다른 공유자와의 내부관계에 있어서는 그 공유자의 단독소유로 되었다 할 것이므로 건물을 소유하고 있는 공유자가 그 건물 또는 토지지분에 대하여 저당권을 설정하였다가 그 후 저당권의 실행으로 소유자가 달라지게 되면 건물 소유자는 그 건물의 소유를 위한 법정지상권을 취득하게 되며, 이는 구분소유적 공유관계에 있는 토지의 공유자들이 그 토지 위에 각자 독자적으로 별개의 건물을 소유하면서 그 토지 전체에 대하여 저당권을 설정하였다가 그 저당권의 실행으로 토지와 건물의 소유자가 달라지게 된 경우에도 마찬가지라 할 것이다(대판 2004.6.1. 2004다13533). 기출 13 · 14
> • 구분소유적 공유관계에 있어서는 통상적인 공유관계와는 달리 당사자 내부에 있어서는 각자가 특정매수한 부분은 각자의 단독 소유로 되었다 할 것이므로, 乙은 위 대지 중 그가 매수하지 아니한 부분에 관하여는 甲에게 그 소유권을 주장할 수 없어 위 대지 중 乙이 매수하지 아니한 부분지상에 있는 乙 소유의 건물부분은 당초부터 건물과 토지의 소유자가 서로 다른 경우에 해당되어 그에 관하여는 관습상의 법정지상권이 성립될 여지가 없다(대판 1994.1.28. 93다49871).

(7) 구분소유적 공유관계의 해소

① 해소방법 : 공유물분할이 아니라 상호명의신탁의 해지에 의한다.

> 공유물분할청구는 공유자의 일방이 그 공유지분권에 터잡아서 하여야 하는 것이므로 공유지분권을 주장하지 아니하고 목적물의 특정부분을 소유한다고 주장하는 자[구분소유적 공유관계를 주장하는 (註)]는 그 부분에 대하여 신탁적으로 지분등기를 가지고 있는 자들을 상대로 하여 그 특정부분에 대한 명의신탁해지를 원인으로 한 지분이전등기절차의 이행만을 구하면 될 것이고 공유물분할 청구를 할 수 없다 할 것이다(대판 1989.9.12. 88다카10517). 기출 23

② 동시이행관계 : 구분소유적 공유관계가 해소되는 경우 공유지분권자 상호 간의 지분이전등기 의무는 그 이행상 견련관계에 있다.

> 구분소유적 공유관계가 해소되는 경우 공유지분권자 상호 간의 지분이전등기의무는 그 이행상 견련관계에 있다고 봄이 공평의 관념 및 신의칙에 부합하고, 또한 각 공유지분권자는 특별한 사정이 없는 한 제한이나 부담이 없는 완전한 지분소유권이전등기의무를 지므로, 그 구분소유권 공유관계를 표상하는 공유지분에

근저당권설정등기 또는 압류, 가압류등기가 경료되어 있는 경우에는 그 공유지분권자로서는 그러한 각 등기도 말소하여 완전한 지분소유권이전등기를 해 주어야 한다. 따라서 구분소유적 공유관계가 해소되는 경우 쌍방의 지분소유권이전등기의무와 아울러 그러한 근저당권설정등기 등의 말소의무 또한 동시이행의 관계에 있다. 그리고 구분소유적 공유관계에서 어느 일방이 그 명의신탁을 해지하고 지분소유권이전등기를 구함에 대하여 상대방이 자기에 대한 지분소유권이전등기 절차의 이행이 동시에 이행되어야 한다고 항변하는 경우, 그 동시이행의 항변에는 특별한 사정이 없는 한 명의신탁 해지의 의사표시가 포함되어 있다고 보아야 한다(대판 2008.6.26. 2004다32992). 기출 21

3. 공동명의신탁

(1) 의 의

공동명의신탁이란 수인에 대한 부동산의 명의신탁을 말하는데, 수탁자 상호 간의 소유형태는 단순한 공유관계에 해당한다(대판 1982.11.23. 81다39). 기출 14

(2) 공유물 분할의 허부(許否)와 분할등기의 효력

① 공동명의수탁자 상호 간 공유물분할이 허용되는지 여부(소극)

공동명의수탁을 받은 경우 수탁자들이 수탁받은 부동산에 대하여 공유물분할을 하는 것은 명의신탁의 목적에 반하고 신탁자가 명의신탁을 한 취지에도 어긋나는 것이고, 특히 종중의 재산을 보존하고 함부로 처분하지 못하게 하기 위하여 다수의 종중원에게 공동으로 명의신탁한 경우에는 더욱 그 취지에 반하는 것으로서 허용되지 아니한다(대판 1993.2.9. 92다37482).

② 기경료된 분할등기의 효력(유효)

부동산의 공동명의수탁자들이 그 부동산에 대하여 공유물분할을 하고 각 그 지분을 서로 이전하여 단독소유로 하는 것은 수탁자들이 대외적인 소유형태를 변경하는 것일 뿐 명의신탁관계를 소멸시키는 수탁부동산의 처분행위가 아니므로 비록 그 공유물분할이 신탁자의 의사에 반한 것이더라도 그것이 신탁자에 대한 반사회적인 배임행위가 된다거나 그 지분이전등기가 원인없는 무효의 등기라고는 할 수 없다(대판 1987.2.24. 86다215 · 86다카1071).

(3) 공동명의수탁자들의 개별적 처분 후 공유물분할이 이루어진 경우

이는 소유형태의 변경에 불과하다.

여러 필지의 토지의 각 일부 지분을 명의신탁받은 명의수탁자가 임의로 명의신탁관계가 없는 다른 공유자들과의 공유물분할의 협의에 따라 특정 토지를 단독으로 소유하고 나머지 토지에 대한 지분을 다른 공유자에게 이전한 경우, 명의수탁자가 특정 토지를 단독으로 소유하게 된 것은 형식적으로는 다른 공유자들의 지분의 등기명의를 승계취득한 것과 같은 형태를 취하고 있으나 실질적으로는 명의신탁받은 여러 필지의 토지에 분산되어 있는 지분을 분할로 인하여 취득하는 특정 토지에 집중시켜 그에 대한 소유 형태를 변경한 것에 불과하다고 할 것이므로, 그 공유물분할이 명의신탁자의 의사와 관계없이 이루어진 것이라고 하더라도 명의신탁자와 명의수탁자 사이의 명의신탁관계는 위 특정 토지 전부에 그대로 존속한다(대판[전합] 1999.6.17. 98다58443 - 다수의견).

CHAPTER

03 기본물권

01 점유권

제1관 ┃ 서 론

01 점유에 관한 설명으로 옳지 않은 것은?(다툼이 있으면 판례에 따름) 기출 20

① 점유자는 선의로 점유한 것으로 추정되지만, 권원 없는 점유였음이 밝혀지면 곧 그동안의 점유에 대한 선의의 추정이 깨진다.

② 선의의 점유자라도 본권에 관한 소에 패소한 때에는 그 소가 제기된 때로부터 악의의 점유자로 본다.

③ 선의의 점유자에게 과실취득권이 있다는 이유만으로 불법행위로 인한 손해배상책임이 배제되지는 않는다.

④ 악의의 점유자는 그 받은 이익에 이자를 붙여 반환하여야 하며, 그 이자의 이행지체로 인한 지연손해금도 지급하여야 한다.

⑤ 악의의 점유자는 과실(過失)로 인하여 과실(果實)을 훼손한 경우 그 대가를 보상하여야 한다.

해설 ① (×) 민법 제197조에 의하여 점유자는 선의로 점유한 것으로 추정되고, 권원 없는 점유였음이 밝혀졌다고 하여 곧 그동안의 점유에 대한 선의의 추정이 깨어졌다고 볼 것은 아니다(대판 2000.3.10. 99다63350).

② (○) 선의의 점유자라도 **본권에 관한 소에 패소한 때에는 그 소가 제기된 때로부터 악의의 점유자로 본다**(민법 제197조 제2항).

③ (○) 선의의 점유자도 과실취득권이 있다 하여 불법행위로 인한 손해배상책임이 배제되는 것은 아니다(대판 1966.7.19. 66다994).

④ (○) 타인 소유물을 권원 없이 점유함으로써 얻은 사용이익을 반환하는 경우 민법은 선의 점유자를 보호하기 위하여 제201조 제1항을 두어 선의 점유자에게 과실수취권을 인정함에 대하여, 이러한 보호의 필요성이 없는 악의 점유자에 관하여는 민법 제201조 제2항을 두어 과실수취권이 인정되지 않는다는 취지를 규정하는 것으로 해석되는바, 따라서 **악의 수익자가 반환하여야 할 범위는 민법 제748조 제2항에 따라 정하여지는 결과 그는 받은 이익에 이자를 붙여 반환하여야 하며, 위 이자의 이행지체로 인한 지연손해금도 지급하여야 한다**(대판 2003.11.14. 2001다61869).

⑤ (○) 악의의 점유자는 수취한 과실을 반환하여야 하며 소비하였거나 과실로 인하여 훼손 또는 수취하지 못한 경우에는 그 과실의 대가를 보상하여야 한다(민법 제201조 제2항).

02 甲과 乙의 점유에 관한 설명으로 옳지 않은 것은?(다툼이 있으면 판례에 따름) `기출` 18

① 甲이 그 소유 건물을 乙에게 임대함으로써 현실적으로 건물이나 그 부지를 점거하고 있지 않으면, 甲은 그 부지를 점유한다고 볼 수 없다.

② 甲이 신축한 미등기건물을 양수하여 건물에 대한 사실상의 처분권을 보유하게 된 乙은 그 건물의 부지도 함께 점유하고 있다고 볼 수 있다.

③ 甲이 신축한 건물의 경비원 乙이 甲의 지시를 받아 건물을 사실상 지배하고 있더라도 특별한 사정이 없는 한 乙은 그 건물의 점유자가 되지 못한다.

④ 甲이 그 소유 건물을 乙에게 임대하여 인도한 경우에도 甲에게 점유권이 인정된다.

⑤ 甲 명의로 토지에 대한 소유권보존등기를 마쳤다면, 특별한 사정이 없는 한 甲이 그 등기 당시 그 토지의 점유를 이전받았다고 인정할 수 없다.

해설 ① (×), ② (○) [1] 사회통념상 건물은 그 부지를 떠나서는 존재할 수 없는 것이므로 건물의 부지가 된 토지는 그 건물의 소유자가 점유하는 것으로 볼 것이고, 이 경우 건물의 소유자가 현실적으로 건물이나 그 부지를 점거하고 있지 아니하고 있더라도 그 건물의 소유를 위하여 그 부지를 점유한다고 보아야 한다. [2] 미등기건물을 양수하여 건물에 관한 사실상의 처분권을 보유하게 됨으로써 그 양수인이 건물부지 역시 아울러 점유하고 있다고 볼 수 있는 등의 다른 특별한 사정이 없는 한 건물의 소유명의자가 아닌 자로서는 실제로 그 건물을 점유하고 있다고 하더라도 그 건물의 부지를 점유하는 자로는 볼 수 없다(대판 2003.11.13. 2002다57935).

③ (○) 경비원 乙은 점유보조자로서 점유자가 아니다. 따라서 점유권에 관한 여러 효력은 점유자에 대한 관계에서는 물론, 제3자에 대한 관계에서도 인정되지 아니한다.

④ (○) 甲은 점유매개관계(임대차)로 인하여 간접점유자로서 점유권이 있다(민법 제194조).

⑤ (○) 소유권보존등기는 소유권이 진실하게 보존되어 있다는 사실에만 추정력이 있고, 소유권 보존 이외의 권리변동이 진실하다는 점에 관하여는 추정력이 없다(대판 1996.6.28. 96다16247).

03 점유의 추정에 관한 설명으로 옳은 것을 모두 고른 것은?(다툼이 있으면 판례에 따름) 기출 17

ㄱ. 선의의 점유자라도 본권에 관한 소에 패소한 때에는 그 소가 제기된 때로부터 악의의 점유자로 본다.
ㄴ. 전후 양 시점에 점유한 사실이 있는 때에는 그 점유는 계속한 것으로 추정되지만, 전후 양 시점의 점유자가 다른 경우에는 점유의 승계가 입증되더라도 점유계속은 추정되지 않는다.
ㄷ. 점유의 승계가 있는 경우, 전 점유자의 점유가 타주점유라 하여도 점유자의 승계인이 자기의 점유만을 주장하는 경우에는 현 점유자의 점유는 자주점유로 추정된다.
ㄹ. 점유자는 소유의 의사로 선의·무과실, 평온 및 공연하게 점유한 것으로 추정한다.

① ㄱ, ㄴ   ② ㄱ, ㄷ
③ ㄷ, ㄹ   ④ ㄱ, ㄷ, ㄹ
⑤ ㄴ, ㄷ, ㄹ

해설 ㄱ. (○) 선의의 점유자라도 본권에 관한 소에 패소한 때에는 그 소가 제기된 때로부터 악의의 점유자로 본다(민법 제197조 제2항).
ㄴ. (×) 민법 제198조 소정의 점유계속 추정은 동일인이 전후 양 시점에 점유한 것이 증명된 때에만 적용되는 것이 아니고 전후 양 시점의 점유자가 다른 경우에도 점유의 승계가 입증되는 한 점유계속은 추정된다(대판 1996.9.20. 96다24279·24286).
ㄷ. (○) 점유의 승계가 있는 경우 전 점유자의 점유가 타주점유라 하여도 점유자의 승계인이 자기의 점유만을 주장하는 경우에는 현 점유자의 점유는 자주점유로 추정된다(대판 2002.2.26. 99다72743).
ㄹ. (×) 점유자는 소유의 의사로 선의, 평온 및 공연하게 점유한 것으로 추정한다(민법 제197조 제1항). 따라서 무과실의 점유는 추정되지 아니한다.

04 점유에 관한 설명으로 옳은 것은?(다툼이 있는 경우에는 판례에 의함) 기출 14

① 선의의 점유자도 본권에 관한 소에서 패소한 때에는 그때부터 악의의 점유자로 본다.
② 소유의 의사 없는 선의의 점유자가 점유물을 멸실한 때에는 그 이익이 현존하는 한도에서 손해를 배상하여야 한다.
③ 점유매개관계는 반환청구권을 내용으로 하는 법률관계이다.
④ 소유의 의사 여부는 점유자의 주관적 의사를 기준으로 판단한다.
⑤ 타주점유자가 그 명의로 소유권보존등기를 한 사실만 있으면, 소유의사의 표시에 의한 자주점유의 전환이 인정된다.

해설 ① (×) 선의의 점유자라도 본권에 관한 소에 패소한 때에는 그 소가 제기된 때로부터 악의의 점유자로 본다(민법 제197조 제2항).

② (×) 소유의 의사가 없는 점유자는 선의인 경우에도 손해의 전부를 배상하여야 한다(민법 제202조 후문).

③ (○) 점유매개관계가 인정되기 위하여는, 점유자에게 본권이 있고, 직접점유자는 점유매개관계에 의하여 점유할 권리를 가지며, 점유매개관계가 종료하면 간접점유자가 물건의 반환을 청구할 수 있어야 한다.

④ (×) 점유자의 점유가 소유의 의사 있는 자주점유인지 아니면 소유의 의사 없는 타주점유인지 여부는 점유자의 내심의 의사에 의하여 결정되는 것이 아니라 점유취득의 원인이 된 권원의 성질이나 점유와 관계가 있는 모든 사정에 의하여 외형적·객관적으로 결정된다(대판 1999.3.12. 98다29834).

⑤ (×) 타주점유자가 그 명의로 소유권보존등기를 경료한 것만으로는 소유자에 대하여 소유의 의사를 표시하여 자주점유로 전환되었다고 볼 수 없다(대판 1997.5.30. 97다2344).

05 점유에 관한 설명으로 옳은 것은?(다툼이 있는 경우에는 판례에 의함) 기출 12

① 점유의 권리추정효로 인하여 점유자의 무과실이 추정된다.

② 선의의 점유자도 본권의 소에서 패소한 때에는 점유를 개시한 때부터 악의의 점유자로 본다.

③ 점유자가 점유물을 멸실하여 회복자에 대하여 손해배상책임을 부담하는 경우, 타주점유자는 선의이더라도 손해 전부를 배상하여야 한다.

④ 선의의 점유자는 과실수취권이 있으므로 그에게 과실(過失)이 있더라도 회복자에 대하여 불법행위책임을 지지 않는다.

⑤ 선의의 점유자가 통상의 필요비를 지출한 경우, 이는 소유자에게 이익이 되므로 과실을 수취한 점유자는 회복자에 대하여 그 필요비의 상환을 청구할 수 있다.

해설 ① (×) 점유자는 소유의 의사로 선의, 평온 및 공연하게 점유한 것으로 추정한다(민법 제197조 제1항). 따라서 무과실의 점유는 추정되지 아니한다.

② (×) 선의의 점유자라도 본권에 관한 소에 패소한 때에는 그 소가 제기된 때로부터 악의의 점유자로 본다(민법 제197조 제2항).

③ (○) 소유의 의사가 없는 점유자는 선의인 경우에도 손해의 전부를 배상하여야 한다(민법 제202조 후문).

④ (×) 선의의 점유자도 과실취득권이 있다 하여 불법행위로 인한 손해배상책임이 배제되는 것은 아니다(대판 1966.7.19. 66다994).

⑤ (×) 점유자는 회복자에 대하여 필요비의 상환을 청구할 수 있다. 다만, 통상의 필요비는 점유자가 과실을 취득한 경우에는 그 상환을 청구할 수 없다(민법 제203조 제1항). 따라서 기계의 점유자가 그 기계장치를 계속 사용함에 따라 마모되거나 손상된 부품을 교체하거나 수리하는 데에 소요된 비용은 통상의 필요비에 해당하고, 그러한 통상의 필요비는 점유자가 과실을 취득하면 회복자로부터 그 상환을 구할 수 없다(대판 1996.7.12. 95다41161·41178).

제2관 | 점유권의 취득과 소멸

제3관 | 점유권의 효력

01 점유권에 관한 설명으로 옳은 것은?(다툼이 있으면 판례에 따름) 기출 24

① 선의의 김ᄋᄆᄂᄅ 본권에 관한 소에 패소한 때에는 그 소가 확정된 때로부터 악의의 점유자로 본다.

② 건물의 소유권이 양도된 경우에는 특별한 사정이 없는 한 건물의 양도인인 전(前) 소유자는 그 건물의 부지에 대한 점유를 상실한다.

③ 직접점유자가 그의 점유를 침탈당하거나 방해당하고 있는 경우, 직접점유자만이 점유보호청구권을 가지고 간접점유자는 점유보호청구권을 행사할 수 없다.

④ 甲의 점유가 타주점유인 경우, 甲의 특정승계인 乙이 자기의 점유만을 주장하더라도 그 점유는 타주점유로 추정된다.

⑤ 과실수취권이 있는 점유자는 점유물로부터 과실을 취득하였더라도 회복자에 대하여 점유물을 보존하기 위하여 지출한 통상의 필요비의 상환을 청구할 수 있다.

해설 ① (×) 민법 제197조 제2항

> **점유의 태양(민법 제197조)**
> ② 선의의 점유자라도 본권에 관한 소에 패소한 때에는 **그 소가 제기된 때로부터** 악의의 점유자로 본다.

② (○) 사회통념상 건물은 그 부지를 떠나서는 존재할 수 없는 것이므로 <u>건물의 부지가 된 토지는 그 건물의 소유자가 점유하는 것으로 볼 것이고</u>, 건물의 소유권이 양도된 경우에는 건물의 종전의 소유자가 건물의 소유권을 상실하였음에도 불구하고 그 부지를 계속 점유할 별도의 독립된 권원이 있는 등의 특별한 사정이 없는 한 그 부지에 대한 점유도 함께 상실하는 것으로 보아야 하며, 이 경우에 건물의 종전의 소유자가 그 건물에 계속 거주하고 있고 건물의 새로운 소유자는 현실적으로 건물이나 그 부지를 점거하고 있지 아니하고 있더라도 결론은 마찬가지이다(대판 1993.10.26. 93다2483).

③ (×) 직접점유자가 제3자에 의하여 점유를 침탈당하거나 방해받고 있는 경우에는 간접점유자도 제3자에 대하여 점유보호청구권을 갖는다(민법 제207조 제1항).

> **간접점유의 보호(민법 제207조)**
> ① 전3조의 청구권은 제194조의 규정에 의한 간접점유자도 이를 행사할 수 있다.

④ (×) 점유의 승계가 있는 경우 전 점유자의 점유가 타주점유라 하여도 점유자의 승계인이 자기의 점유만을 주장하는 경우에는 현 점유자의 점유는 자주점유로 추정된다(대판 2002.2.26. 99다72743).

⑤ (×) 기계의 점유자가 그 기계장치를 계속 사용함에 따라 마모되거나 손상된 부품을 교체하거나 수리하는 데에 소요된 비용은 통상의 필요비에 해당하고, 그러한 통상의 필요비는 <u>점유자가 과실을 취득하면 회복자로부터 그 상환을 구할 수 없다</u>(대판 1996.7.12. 05다41161·41178).(민법 제203조 제1항 단서 참고)

> **점유자의 상환청구권(민법 제203조)**
> ① 점유자가 점유물을 반환할 때에는 회복자에 대하여 점유물을 보존하기 위하여 지출한 금액 기타 필요비의 상환을 청구할 수 있다. 그러나 점유자가 과실을 취득한 경우에는 통상의 필요비는 청구하지 못한다.

02 甲 소유의 X건물을 임차하여 점유한 乙이 丙과 도급계약을 체결하고 X건물을 수리하게 하여 그 건물의 가치가 증가하였다. 이 사안에 관한 설명으로 옳은 것을 모두 고른 것은?(다툼이 있으면 판례에 따름) 기출 16

> ㄱ. 丙이 X건물을 수리하던 중 丁이 무단으로 X건물에 침입한 경우, 乙은 丁을 상대로 X건물의 점유권에 근거하여 방해배제를 청구할 수 없다.
> ㄴ. 丙은 甲을 상대로 수리비 상당액의 부당이득 반환을 청구할 수 없다.
> ㄷ. 丙은 민법 제203조에 따라 甲을 상대로 수리비 상당의 비용상환을 청구할 수 있다.
> ㄹ. 甲이 X건물의 소유권을 戊에게 이전한 경우, 乙은 민법 제203조에 따라 戊를 상대로 수리비 상당의 비용상환을 청구할 수 있다.

① ㄱ   ② ㄴ
③ ㄷ   ④ ㄴ, ㄹ
⑤ ㄷ, ㄹ

해설 ㄱ.(×) 乙은 X건물을 임차하여 점유 중인 자에 해당하므로, 점유권에 기한 방해배제청구권을 행사할 수 있다.
ㄴ.(○) 계약상의 급부가 계약의 상대방뿐만 아니라 제3자의 이익으로 된 경우에 급부를 한 계약당사자가 계약 상대방에 대하여 계약상의 반대급부를 청구할 수 있는 이외에 그 제3자에 대하여 직접 부당이득반환청구를 할 수 있다고 보면, 자기책임하에 체결된 계약에 따른 위험부담을 제3자에게 전가시키는 것이 되어 계약법의 기본원리에 반하는 결과를 초래할 뿐만 아니라, 채권자인 계약당사자가 채무자인 계약상대방의 일반채권자에 비하여 우대받는 결과가 되어 일반채권자의 이익을 해치게 되고, 수익자인 제3자가 계약상대방에 대하여 가지는 항변권 등을 침해하게 되어 부당하므로, 위와 같은 경우 **계약상의 급부를 한 계약당사자는 이익의 귀속주체인 제3자에 대하여 직접 부당이득 반환을 청구할 수는 없다**(대판 2002.8.23. 99다66564·66571).
ㄷ.(×) 유효한 도급계약에 기하여 수급인이 도급인으로부터 제3자 소유 물건의 점유를 이전받아 이를 수리한 결과 그 물건의 가치가 증가한 경우, 도급인이 그 물건을 간접점유하면서 궁극적으로 자신의 계산으로 비용 지출과정을 관리한 것이므로, 도급인만이 소유자에 대한 관계에 있어서 민법 제203조에 의한 비용상환청구권을 행사할 수 있는 비용지출자라고 할 것이고, 수급인은 그러한 비용지출자에 해당하지 않는다(대판 2002.8.23. 99다66564·66571).
ㄹ.(×) 민법 제203조 제2항에 의한 점유자의 회복자에 대한 유익비상환청구권은 점유자가 계약관계 등 적법하게 점유할 권리를 가지지 않아 소유자의 소유물반환청구에 응하여야 할 의무가 있는 경우에 성립되는 것으로서, 이 경우 점유자는 그 비용을 지출할 당시의 소유자가 누구이었는지 관계없이 점유회복 당시의 소유자 즉 회복자에 대하여 비용상환청구권을 행사할 수 있는 것이나, **점유자가 유익비를 지출할 당시 계약관계 등 적법한 점유의 권원을 가진 경우에 그 지출비용의 상환에 관하여는 그 계약관계를 규율하는 법조항이나 법리 등이 적용되는 것이어서, 점유자는 그 계약관계 등의 상대방에 대하여 해당 법조항이나 법리에 따른 비용상환청구권을 행사할 수 있을 뿐 계약관계 등의 상대방이 아닌 점유회복 당시의 소유자에 대하여 민법 제203조 제2항에 따른 지출비용의 상환을 구할 수는 없다**(대판 2003.7.25. 2001다64752). 즉, 임차인 乙은 임대차계약을 규율하는 민법 제626조에 근거하여 임대인 甲에게 비용상환을 청구할 수 있을 뿐, 민법 제203조에 근거하여 戊에게 그 비용상환을 청구할 수는 없다. 다만, 임차인 乙은 임대인 甲에 대한 비용상환청구권을 피담보채권으로 한 유치권을 戊에게 주장할 수 있다.

03 점유자와 회복자의 법률관계에 관한 설명으로 옳은 것은?(다툼이 있으면 판례에 따름)

기출 21

① 악의의 점유자가 점유물의 사용에 따른 이익을 반환하여야 하는 경우, 자신의 노력으로 점유물을 활용하여 얻은 초과이익도 반환하여야 한다.

② 악의의 수익자는 받은 이익에 이자를 붙여 반환하여야 하며, 그 이자의 이행지체로 인한 지연손해금도 지급하여야 한다.

③ 악의의 점유자가 과실(果實)을 수취하지 못한 경우, 이에 대한 과실(過失)이 없더라도 그 과실(果實)의 대가를 보상하여야 한다.

④ 점유자가 점유물을 개량하기 위하여 유익비를 지출한 경우는 점유자가 점유물을 반환할 때에 그 상환을 청구할 수 있으나, 필요비를 지출한 경우에는 즉시 상환을 청구할 수 있다.

⑤ 점유물이 점유자의 책임 있는 사유로 멸실된 때, 악의 점유자라 하더라도 자주점유인 경우는 타주점유에 비하여 책임이 경감된다.

해설 ① (×) 부당이득이란 원칙적으로 손실의 범위, 즉 통상의 가치에 한정되므로, 악의의 점유자의 재능과 노력으로 인한 초과이득은 그 반환을 부정하여야 할 것이다(대판 2008.1.18. 2005다34711 참고).

② (○) 타인 소유물을 권원 없이 점유함으로써 얻은 사용이익을 반환하는 경우 민법은 선의 점유자를 보호하기 위하여 제201조 제1항을 두어 선의 점유자에게 과실수취권을 인정함에 대하여, 이러한 보호의 필요성이 없는 악의 점유자에 관하여는 민법 제201조 제2항을 두어 과실수취권이 인정되지 않는다는 취지를 규정하는 것으로 해석되는바, 따라서 악의 수익자가 반환하여야 할 범위는 민법 제748조 제2항에 따라 정하여지는 결과 그는 받은 이익에 이자를 붙여 반환하여야 하며, 위 이자의 이행지체로 인한 지연손해금도 지급하여야 한다(대판 2003.11.14. 2001다61869).

③ (×) 악의의 점유자는 수취한 과실을 반환하여야 하며 소비하였거나 과실로 인하여 훼손 또는 수취하지 못한 경우에는 그 과실의 대가를 보상하여야 한다(민법 제201조 제2항). 본 규정의 반대해석상 악의의 점유자라도 과실(果實)을 무과실로 수취하지 못한 경우에는 그 과실(果實)의 대가를 보상할 필요가 없다.

④ (×) 민법 제203조 제1항, 제2항에 의한 점유자의 필요비 또는 유익비상환청구권은 점유자가 회복자로부터 점유물의 반환을 청구받거나 회복자에게 점유물을 반환한 때에 비로소 회복자에 대하여 행사할 수 있다(대판 1994.9.9. 94다4592).

⑤ (×) 점유물이 점유자의 책임 있는 사유로 인하여 멸실 또는 훼손한 때에는 악의의 점유자는 그 손해의 전부를 배상하여야 하며 선의의 점유자는 이익이 현존하는 한도에서 배상하여야 한다. 소유의 의사가 없는 점유자(타주점유자)는 선의인 경우에도 손해의 전부를 배상하여야 한다(민법 제202조).

04 점유자와 회복자의 관계에 관한 설명으로 옳지 않은 것은?(다툼이 있으면 판례에 따름)

기출 15

① 선의의 점유자는 과실을 취득한 경우에도 점유물을 보존하기 위하여 지출한 통상의 필요비를 상환할 것을 청구할 수 있다.

② 과실수취권이 인정되는 선의의 점유자란 과실수취권을 포함하는 권원이 있다고 오신한 점유자를 말하고, 그와 같은 오신을 함에는 오신할 만한 정당한 근거가 있어야 한다.

③ 권원 없이 타인 소유 토지의 상공에 송전선을 설치하여 그 토지를 사용·수익한 악의의 점유자는 받은 이익에 이자를 붙여 반환하여야 하며, 이자의 이행지체로 인한 지연손해금도 지급하여야 한다.

④ 악의의 점유자는 수취한 과실을 반환하여야 하며 소비하였거나 과실로 인하여 훼손 또는 수취하지 못한 경우에는 그 과실의 대가를 보상하여야 한다.

⑤ 점유자가 물건에 유익비를 지출할 당시 계약관계 등 적법한 점유의 권원을 가지고 있었다면, 계약관계 등의 상대방이 아닌 점유회복 당시의 소유자에 대하여 점유자와 회복자의 관계에 따른 유익비의 상환을 청구할 수 없다.

해설 ① (×) 선의의 점유자일지라도, 과실을 취득한 경우에는 통상의 필요비는 청구하지 못한다(민법 제203조 제1항 단서).

② (○) 민법 제201조 제1항에 의하여 과실취득권이 있는 선의의 점유자란 과실취득권을 포함하는 권원(소유권, 지상권, 임차권 등)이 있다고 오신한 점유자를 말하고, 그와 같은 오신을 함에는 오신할 만한 근거가 있어야 한다(대판 1981.8.20. 80다2587).

③ (○) 타인 소유물을 권원 없이 점유함으로써 얻은 사용이익을 반환하는 경우 민법은 선의 점유자를 보호하기 위하여 제201조 제1항을 두어 선의 점유자에게 과실수취권을 인정함에 대하여, 이러한 보호의 필요성이 없는 악의 점유자에 관하여는 민법 제201조 제2항을 두어 과실수취권이 인정되지 않는다는 취지를 규정하는 것으로 해석되는바, 따라서 악의 수익자가 반환하여야 할 범위는 민법 제748조 제2항에 따라 정하여지는 결과 그는 받은 이익에 이자를 붙여 반환하여야 하며, 위 이자의 이행지체로 인한 지연손해금도 지급하여야 한다(대판 2003.11.14. 2001다61869).

④ (○) 악의의 점유자는 수취한 과실을 반환하여야 하며 소비하였거나 과실로 인하여 훼손 또는 수취하지 못한 경우에는 그 과실의 대가를 보상하여야 한다(민법 제201조 제2항).

⑤ (○) 민법 제203조 제2항에 의한 점유자의 회복자에 대한 유익비상환청구권은 점유자가 계약관계 등 적법하게 점유할 권리를 가지지 않아 소유자의 소유물반환청구에 응하여야 할 의무가 있는 경우에 성립되는 것으로서, 이 경우 점유자는 그 비용을 지출할 당시의 소유자가 누구이었는지 관계없이 점유회복 당시의 소유자 즉 회복자에 대하여 비용상환청구권을 행사할 수 있는 것이나, 점유자가 유익비를 지출할 당시 계약관계 등 적법한 점유의 권원을 가진 경우에 그 지출비용의 상환에 관하여는 그 계약관계를 규율하는 법조항이나 법리 등이 적용되는 것이어서, 점유자는 그 계약관계 등의 상대방에 대하여 해당 법조항이나 법리에 따른 비용상환청구권을 행사할 수 있을 뿐 계약관계 등의 상대방이 아닌 점유회복 당시의 소유자에 대하여 민법 제203조 제2항에 따른 지출비용의 상환을 구할 수는 없다(대판 2003.7.25. 2001다64752).

05 甲 소유의 산악자전거를 乙이 훔쳐 보관하던 중, 선의이지만 과실이 있는 丙에게 팔고 인도하였다. 며칠 후 甲은 丙이 자신의 자전거를 가지고 있는 것을 발견하여 이를 자력으로써 탈환하였다. 이에 관한 설명으로 옳은 것을 모두 고른 것은?(다툼이 있으면 판례에 따름) 기출 19

> ㄱ. 丙은 甲에 대해 자전거의 반환을 청구할 수 있다.
> ㄴ. 丙은 자전거에 대한 선의취득을 근거로 소유권을 주장할 수 있다.
> ㄷ. 丙이 甲에 대한 점유의 소에서 甲은 자전거에 대한 소유권을 근거로 항변할 수 있다.
> ㄹ. 甲은 탈환행위 전에 丙에 대해 점유물반환청구권을 행사할 수 있다.

① ㄱ
② ㄱ, ㄴ
③ ㄴ, ㄷ
④ ㄱ, ㄴ, ㄹ
⑤ ㄴ, ㄷ, ㄹ

해설 ㄱ. (○) 점유자가 점유의 침탈을 당한 때에는 그 물건의 반환 및 손해의 배상을 청구할 수 있다(민법 제204조 제1항). 사안의 경우, 丙이 점유권에 기한 반환청구권을 행사하기 위하여는 甲의 탈환행위가 점유침탈에 해당하여야 한다. 동산은 현장에서 또는 추적하여 가해자로부터 탈환할 수 있는데, 甲이 丙으로부터 자전거를 탈환한 시점이 절취당한 날로부터 며칠 후이므로, 甲의 자력탈환권은 그 적법성이 인정되지 아니한다. 따라서 丙은 甲에게 자전거의 반환을 청구할 수 있다.

ㄴ. (×) 동산소유권의 선의취득이 인정되기 위하여는 양수인이 선의·무과실이어야 한다(민법 제249조). 따라서 선의이나 과실이 있는 丙은 선의취득을 주장할 수 없다.

ㄷ. (×) 점유권에 기인한 소는 본권에 관한 이유로 재판하지 못한다(민법 제208조 제2항). 따라서 위 소에서 甲은 그 소유권을 근거로 항변할 수 없다.

ㄹ. (×) 丙은 침탈자인 乙의 선의의 특별승계인이므로, 甲은 丙에게 점유물반환청구권을 행사할 수 없다(민법 제204조 제2항).

제1관 | 총 설

제2관 | 부동산소유권의 범위

01 상린관계에 관한 설명으로 옳지 않은 것은? 기출 20

① 토지소유자는 일정한 경우 이웃 토지소유자에게 보상하고 여수(餘水)의 급여를 청구할 수 있다.

② 토지소유자는 경계나 그 근방에서 담 또는 건물을 축조하거나 수선하기 위하여 필요한 범위 내에서 이웃 토지의 사용을 청구할 수 있다.

③ 분할로 인하여 공로(公路)에 통하지 못하는 토지의 소유자가 공로에 출입하기 위해 다른 분할자의 토지를 통행하는 경우 이로 인한 손해를 보상하여야 한다.

④ 고지소유자가 농업용 여수(餘水)를 소통하기 위하여 저지에 물을 통과하게 한 경우 이로 인한 저지의 손해를 보상하여야 한다.

⑤ 수류지(水流地)의 소유자가 대안(對岸)에 언(堰)을 접촉하게 한 경우 이로 인한 대안소유자의 손해를 보상하여야 한다.

해설 ① (○) 토지소유자는 과다한 비용이나 노력을 요하지 아니하고는 가용이나 토지이용에 필요한 물을 얻기 곤란한 때에는 이웃 토지소유자에게 보상하고 여수의 급여를 청구할 수 있다(민법 제228조).

② (○) 토지소유자는 경계나 그 근방에서 담 또는 건물을 축조하거나 수선하기 위하여 필요한 범위 내에서 이웃 토지의 사용을 청구할 수 있다(민법 제216조 제1항 본문).

③ (×) 이 경우에는 보상의 의무가 없다(민법 제220조 제1항 후문).

> **분할, 일부양도와 주위통행권(민법 제220조)**
> ① 분할로 인하여 공로에 통하지 못하는 토지가 있는 때에는 그 토지소유자는 공로에 출입하기 위하여 다른 분할자의 토지를 통행할 수 있다. 이 경우에는 보상의 의무가 없다.
> ② 전항의 규정은 토지소유자가 그 토지의 일부를 양도한 경우에 준용한다.

④ (○) 민법 제226조

> **여수소통권(민법 제226조)**
> ① 고지소유자는 침수지를 건조하기 위하여 또는 가용이나 농, 공업용의 여수를 소통하기 위하여 공로, 공류 또는 하수도에 달하기까지 저지에 물을 통과하게 할 수 있다.
> ② 전항의 경우에는 저지의 손해가 가장 적은 장소와 방법을 선택하여야 하며 손해를 보상하여야 한다.

⑤ (○) 민법 제230조 제1항

> **언의 설치, 이용권(민법 제230조)**
> ① 수류지의 소유자가 언을 설치할 필요가 있는 때에는 그 언을 대안에 접촉하게 할 수 있다. 그러나 이로 인한 손해를 보상하여야 한다.
> ② 대안의 소유자는 수류지의 일부가 자기 소유인 때에는 그 언을 사용할 수 있다. 그러나 그 이익을 받는 비율로 언의 설치, 보존의 비용을 분담하여야 한다.

02 乙 소유 토지에 대한 甲의 주위토지통행권에 관한 설명으로 옳지 않은 것은?(다툼이 있는 경우에는 판례에 의함) 기출 10

① 甲에게 인정되는 주위토지통행권은 그 통행로가 항상 특정한 장소로 고정된 것은 아니다.
② 甲의 주위토지통행권에 기한 통행로의 범위는 현재의 토지의 용법에 따른 이용뿐만 아니라 장차의 이용상황까지 대비하여 정할 수 있다.
③ 乙의 주거는 사적인 생활공간이자 평온한 휴식처이기 때문에 甲이 乙의 토지를 통행하는 경우에도 이러한 주거의 자유와 평온 및 안전을 침해해서는 안 된다.
④ 乙이 기존 통행로로 이용되던 토지의 사용방법을 그 용법에 따라 바꾸었을 때에는 甲은 乙을 위하여 보다 손해가 적은 다른 장소로 옮겨 통행하여야 한다.
⑤ 乙은 甲의 허락을 얻어 사실상 통행하고 있는 자에게는 그 손해의 보상을 청구할 수 없다.

해설 ① (○), ③ (○), ④ (○) [1] **주위토지통행권은 통행을 위한 지역권과는 달리 그 통행로가 항상 특정한 장소로 고정되어 있는 것은 아니고**, 주위토지통행권확인청구는 변론종결 시에 있어서의 민법 제219조에 정해진 요건에 해당하는 토지가 어느 토지인가를 확정하는 것이므로, **주위토지소유자가 그 용법에 따라 기존 통행로로 이용되던 토지의 사용방법을 바꾸었을 때에는 대지소유자는 그 주위토지소유자를 위하여 보다 손해가 적은 다른 장소로 옮겨 통행할 수밖에 없는 경우도 있다.** [2] 주거는 사람의 사적인 생활공간이자 평온한 휴식처로서 인간생활에서 가장 중요한 장소라고 아니할 수 없어 우리 헌법도 주거의 자유를 보장하고 있는 바, **주위토지통행권을 행사함에 있어서도 이러한 주거의 자유와 평온 및 안전을 침해하여서는 아니 된다**(대판 2009.6.11. 2008다75300·75317·75324).
② (×) 주위토지통행권의 범위는 통행권을 가진 자에게 필요할 뿐 아니라 이로 인한 주위토지소유자의 손해가 가장 적은 장소와 방법의 범위 내에서 인정되어야 하며, 그 범위는 결국 사회통념에 비추어 쌍방 토지의 지형적, 위치적 형상 및 이용관계, 부근의 지리상황, 상린지이용자의 이해득실 기타 제반 사정을 참작한 뒤 구체적 사례에 응하여 판단하여야 하는 것인바, **통상적으로는 사람이 주택에 출입하여 다소의 물건을 공로로 운반하는 등의 일상생활을 영위하는 데 필요한 범위의 노폭까지 인정되고, 또 현재의 토지의 용법에 따른 이용의 범위에서 인정되는 것이지 더 나아가 장차의 이용상황까지 미리 대비하여 통행로를 정할 것은 아니다**(대판 1996.11.29. 96다33433·33440).
⑤ (○) 민법 제219조는 어느 토지와 공로 사이에 그 토지의 용도에 필요한 통로가 없는 경우에 그 토지소유자에게 그 주위의 토지통행권을 인정하면서 그 통행권자로 하여금 통행지소유자의 손해를 보상하도록 규정하고 있는 것이므로 통행권자의 허락을 얻어 사실상 통행하고 있는 자에게는 그 손해의 보상을 청구할 수 없다(대판 1991.9.10. 91다19623).

제3관 | 소유권의 취득

01 甲이 2000.2.1.부터 乙 소유의 X토지를 소유의 의사로 평온·공연하게 현재까지 점유하고 있다. 이에 관한 설명으로 옳지 않은 것은? (각 지문은 독립적이며, 다툼이 있으면 판례에 따름) `기출` `24`

① 甲이 丙을 점유매개자로 하여 X토지를 간접적으로 점유하였더라도 甲은 시효취득을 주장할 수 있다.

② 乙이 X토지를 2015.2.1. 丙에게 매도하여 현재 丙이 소유권자로 등기되어 있는 경우, 甲은 丙에게 취득시효의 완성을 주장할 수 있다.

③ 乙이 丙에게 무효인 매매계약에 기하여 2022.2.1. 소유권이전등기를 마쳐주었다면, 甲은 乙을 대위하여 丙 명의의 등기의 말소를 구할 수 있다.

④ 乙의 채권자 丙이 채권을 보전하기 위하여 2018.2.1. X토지를 가압류 한 경우, 취득시효의 진행은 중단된다.

⑤ X토지에 관하여 甲의 취득시효가 완성된 경우, 乙은 甲에 대하여 취득시효 기간 동안 X토지를 점유하여 얻은 이득의 반환을 청구할 수 없다.

해설 ① (○) 시효취득의 요건인 점유에는 직접점유뿐만 아니라 간접점유도 포함되는 것이기는 하나, 간접점유를 인정하기 위해서는 간접점유자와 직접점유를 하는 자 사이에 일정한 법률관계, 즉 점유매개관계가 필요하다(대판 2020.5.28. 2020다202562). 따라서 甲은 20년간 소유의 의사로 평온, 공연하게 부동산을 점유하였으므로 시효취득을 주장할 수 있다.

② (○) 시효기간 진행 중 제3취득자의 이전등기는 점유상태를 파괴한 것으로 볼 수 없으므로 취득시효기간의 중단사유에 해당하지 않는다. 따라서 시효완성자는 완성 당시의 제3취득자에게 취득시효 완성을 이유로 이전등기를 청구 할 수 있다(대판 1997.4.25. 97다6186).

③ (○) 부동산의 점유로 인한 시효취득자는 취득시효완성당시의 소유자에 대하여 소유권이전등기청구권을 가질뿐 그 등기전에 먼저 소유권이전등기를 경료하여 부동산소유권을 취득한 제3자에 대하여 시효취득을 주장할 수 없는 것이지만 이는 어디까지나 그 제3자 명의의 등기가 적법 유효함을 전제로 하는 것이므로 만일 위 제3자 명의의 등기가 원인무효라면 동인에게 대항할 수 있고, 따라서 취득시효완성당시의 소유자에 대하여 가지는 소유권이전 등기청구권으로서 위 소유자를 대위하여 동인앞으로 경료된 원인무효인 등기의 말소를 구하고 아울러 위 소유자에게 취득시효완성을 원인으로 한 소유권이전등기를 구 할 수 있다(대판 1986.8.19. 85다카2306).

④ (✕) 민법 제247조 제2항은 '소멸시효의 중단에 관한 규정은 점유로 인한 부동산소유권의 시효취득기간에 준용한다.'고 규정하고, 민법 제168조 제2호는 소멸시효 중단사유로 '압류 또는 가압류, 가처분'을 규정하고 있다. 점유로 인한 부동산소유권의 시효취득에 있어 취득시효의 중단사유는 종래의 점유상태의 계속을 파괴하는 것으로 인정될 수 있는 사유이어야 하는데, 민법 제168조 제2호에서 정하는 '압류 또는 가압류'는 금전채권의 강제집행을 위한 수단이거나 그 보전수단에 불과하여 취득시효기간의 완성 전에 부동산에 압류 또는 가압류 조치가 이루어졌다고 하더라도 이로써 종래의 점유상태의 계속이 파괴되었다고는 할 수 없으므로 이는 취득시효의 중단사유가 될 수 없다(대판 2019.4.3. 2018다296878).

⑤ (○) 부동산에 대한 취득시효가 완성되면 점유자는 소유명의자에 대하여 취득시효완성을 원인으로 한 소유권이 전등기절차의 이행을 청구할 수 있고 소유명의자는 이에 응할 의무가 있으므로 점유자가 그 명의로 소유권이전등기를 경료하지 아니하여 아직 소유권을 취득하지 못하였다고 하더라도 소유명의자는 점유자에 대하여 점유로 인한 부당이득반환청구를 할 수 없다(대판 1993.5.25. 92다51280).

02 부동산 소유권의 점유취득시효에 관한 설명으로 옳지 않은 것은?(다툼이 있으면 판례에 따름)

기출 21

① 시효완성자는 취득시효완성에 따른 등기를 하지 않더라도 시효완성 당시의 등기명의인에 대하여 취득시효를 주장할 수 있다.

② 취득시효가 완성되기 전에 등기명의인이 바뀐 경우에는 시효완성자는 취득시효완성 당시의 등기명의인에게 취득시효를 주장할 수 있다.

③ 취득시효완성 후 등기명의인이 변경되면 설사 등기원인이 취득시효완성 전에 존재하였더라도, 시효완성자는 변경된 등기명의인에게 취득시효를 주장할 수 없다.

④ 취득시효기간이 진행하는 중에 등기명의인이 변동된 경우, 취득시효기간의 기산점을 임의로 선택하거나 소급하여 20년 이상 점유한 사실만을 내세워 시효완성을 주장할 수 없다.

⑤ 취득시효완성 후 등기명의인이 바뀐 경우, 등기명의가 바뀐 시점으로부터 다시 취득시효기간이 경과하더라도 취득시효완성을 주장할 수 없다.

해설 ① (○) 부동산에 대한 점유취득시효기간이 완성된 경우에 그 부동산의 원소유자는 권리변동의 당사자이므로 점유자는 원소유자에 대하여 등기 없이도 그 부동산의 시효취득을 주장하여 대항할 수 있는 반면에 원소유자는 점유자에 대한 이전등기의무자로서 소유권에 기한 권능을 행사할 수 없다(대판 1977.3.22. 76다242, 대판 1993.5.25. 92다51280 등 참고).

② (○) 점유취득시효기간이 완성되기 전, 그 진행 중에 등기부상의 소유자가 변경된 경우에 있어서는, 이는 점유자의 종래의 사실상태의 계속을 파괴한 것으로 볼 수 없어 시효중단사유가 될 수 없고 따라서 점유취득시효완성 당시의 등기부상의 소유자가 권리변동의 당사자가 되는 것이므로 점유자는 그 자에 대하여 등기 없이도 취득시효완성의 효과를 주장할 수 있다(대판 1972.1.31. 71다2416, 대판 1989.4.11. 88다카5843·5850 등 참고).

③ (○) 부동산에 대한 점유취득시효가 완성되었다고 하더라도 이를 등기하지 아니하고 있는 사이에 그 부동산에 관하여 제3자에게 소유권이전등기가 마쳐지면 점유자는 그 제3자에게 대항할 수 없는 것이고, 이 경우 제3자의 이전등기 원인이 점유자의 취득시효완성 전의 것이라 하더라도 마찬가지이다(대판 1998.7.10. 97다45402).

④ (○) 취득시효기간의 계산에 있어 점유기간 중에 당해 부동산의 소유권자의 변동이 있는 경우에는 취득시효를 주장하는 자가 임의로 기산점을 선택하거나 소급하여 20년 이상 점유한 사실만 내세워 시효완성을 주장할 수 없고, 이와 같은 경우에는 법원이 당사자의 주장에 구애됨이 없이 소송자료에 의하여 인정되는 바에 따라 진정한 점유의 개시시기를 인정하고, 그에 터잡아 취득시효주장의 당부를 판단하여야 한다(대판 1995.5.23. 94다39987).

⑤ (×) 부동산에 대한 점유취득시효가 완성된 후 취득시효완성을 원인으로 한 소유권이전등기를 하지 않고 있는 사이에 그 부동산에 관하여 제3자 명의의 소유권이전등기가 경료된 경우라 하더라도 당초의 점유자가 계속 점유하고 있고 소유자가 변동된 시점을 기산점으로 삼아도 다시 취득시효의 점유기간이 경과한 경우에는 점유자로서는 제3자 앞으로의 소유권 변동시를 새로운 점유취득시효의 기산점으로 삼아 2차의 취득시효의 완성을 주장할 수 있다(대판[전합] 2009.7.16. 2007다15172·15189).

03 점유취득시효에 관한 설명으로 옳은 것은?(다툼이 있으면 판례에 따름) 기출 18

① 취득시효 완성 후 등기경료 전에 그 부동산이 제3자에게 명의신탁된 경우, 점유자는 시효완성을 이유로 그 제3자의 소유권 행사를 저지할 수 없다.

② 취득시효기간의 계산에 있어 시효기간 동안 소유자에 변경이 없는 경우에는 그 기산점을 어디에 두던지 간에 취득시효 완성을 주장할 수 있는 시점에서 보아 그 기간이 경과된 사실이 확정되면 된다.

③ 甲의 취득시효 완성 당시 미등기로 남아 있던 토지의 소유자가 취득시효 완성 후에 그 명의로 소유권보존등기를 마쳤다면, 甲은 토지소유자에 대하여 취득시효의 완성을 주장할 수 없다.

④ 국유재산이 일반재산이던 당시에 취득시효가 완성되었다면 그 후 행정재산으로 되었다고 하더라도 시효취득을 원인으로 하는 소유권이전등기를 청구할 수 있다.

⑤ 점유자가 취득시효기간이 경과한 후 소유자와의 분쟁을 간편하게 해결하기 위하여 상대방에게 매수제의를 하였다면, 점유자의 점유는 타주점유로 전환된다.

해설 ① (×) 부동산에 관한 점유취득시효기간이 경과하였다고 하더라도 그 점유자가 자신의 명의로 등기하지 아니하고 있는 사이에 먼저 제3자 명의로 소유권이전등기가 경료되어 버리면, 특별한 사정이 없는 한, 그 제3자에 대하여는 시효취득을 주장할 수 없으나, 그 제3자가 취득시효기간 만료 당시의 등기명의인으로부터 신탁 또는 명의신탁받은 경우라면 종전 등기명의인으로서는 언제든지 이를 해지하고 소유권이전등기를 청구할 수 있고, 점유시효취득자로서는 종전 등기명의인을 대위하여 이러한 권리를 행사할 수 있으므로, 그러한 제3자가 소유자로서의 권리를 행사하는 경우 점유자로서는 취득시효 완성을 이유로 이를 저지할 수 있다(대판 1995.9.5. 95다24586).

② (○) 취득시효기간 중 계속해서 등기명의자가 동일한 경우에는 그 기산점을 어디에 두든지 간에 취득시효의 완성을 주장할 수 있는 시점에서 보아 그 기간이 경과한 사실만 확정되면 충분하므로, 전 점유자의 점유를 승계하여 자신의 점유기간과 통산하면 20년이 경과한 경우에 있어서도 전 점유자가 점유를 개시한 이후의 임의의 시점을 그 기산점으로 삼아 취득시효의 완성을 주장할 수 있고 이는 소유권에 변동이 있더라도 그 이후 계속해서 취득시효기간이 경과하도록 등기명의자가 동일하다면 그 소유권 변동 이후 전 점유자의 점유기간과 자신의 점유기간을 통산하여 20년이 경과한 경우에 있어서도 마찬가지이다(대판 1998.5.12. 97다34037).

③ (×) 토지에 대한 점유로 인한 취득시효 완성 당시 미등기로 남아 있던 토지에 관하여 소유권을 가지고 있던 자가 취득시효 완성 후에 그 명의로 소유권보존등기를 마쳤다 하더라도 소유자에 변경이 있다고 볼 수 없으며, 그러한 등기명의자로부터 상속을 원인으로 소유권이전등기를 마친 자가 있다 하여도 취득시효 완성을 주장할 수 있는 시점에서 역산하여 취득시효기간이 경과되면 그에게 취득시효 완성을 주장할 수 있다(대판 1998.4.14. 97다44089).

④ (×) 국유재산법 제7조 제2항은 "행정재산은 민법 제245조에도 불구하고 시효취득의 대상이 되지 아니한다"라고 규정하고 있으므로, 국유재산에 대한 취득시효가 완성되기 위해서는 그 국유재산이 취득시효기간 동안 계속하여 행정재산이 아닌 시효취득의 대상이 될 수 있는 일반재산이어야 한다(대판 2010.11.25. 2010다58957).

⑤ (×) 점유자가 취득시효기간 경과 후 상대방에게 토지의 매수제의를 한 일이 있다고 하더라도 일반적으로 점유자는 취득시효 완성 후에도 소유권자와의 분쟁을 간편히 해결하기 위하여 매수를 시도하는 사례가 허다함에 비추어 매수제의사실을 가지고 점유자가 시효의 이익을 포기한다는 의사표시로 보거나 악의의 점유로 간주할 수 없다(대판 1989.4.11. 88다카5843·88다카5850).

04 점유취득시효에 관한 설명으로 옳지 않은 것은?(다툼이 있으면 판례에 따름) 기출 17

① 자연인이나 법인뿐만 아니라 권리능력 없는 사단도 시효취득의 주체가 될 수 있다.

② 취득시효 완성으로 인한 소유권 취득의 효력은 점유를 개시한 때에 소급한다.

③ 토지에 대한 취득시효가 완성된 후 토지소유자가 그 토지 위에 담장을 설치한 경우, 시효완성자는 소유권에 기한 방해배제청구권의 행사로서 토지소유자를 상대로 담장의 철거를 청구할 수 없다.

④ 취득시효기간의 완성 전에 등기부상의 소유명의가 변경되었다 하더라도 이는 취득시효의 중단 사유가 될 수 없다.

⑤ 미등기부동산의 경우, 점유자가 취득시효기간의 완성만으로 등기 없이 소유권을 취득한다.

해설　① (○) **자연인은 물론 법인도 시효취득을 할 수 있고**(대판 1977.3.22. 76다2705·2706 참고), **권리능력 없는 사단 및 재단도 취득시효의 주체가 될 수 있다**(대판 1970.2.10. 69다2013 참고).
　　② (○) 취득시효 완성으로 인한 소유권 취득의 효력은 <u>점유를 개시한 때에 소급한다</u>(민법 제247조 제1항).
　　③ (○) 취득시효가 완성된 점유자는 **점유권에 기하여** 등기부상의 명의인을 상대로 **점유방해의 배제를 청구할 수 있다**(대판 2005.3.25. 2004다23899·23905).
　　④ (○) 점유로 인한 부동산소유권의 시효취득에 있어 취득시효의 중단사유는 종래의 점유상태의 계속을 파괴하는 것으로 인정될 수 있는 사유라야 할 것인바, **취득시효기간의 완성 전에 등기부상의 소유명의가 변경되었다 하더라도 이로써 종래의 점유상태의 계속이 파괴되었다고 할 수 없으므로 이는 취득시효의 중단사유가 될 수 없다**(대판 1993.5.25. 92다52764·52771[반소]).
　　⑤ (×) 민법 제245조 제1항의 취득시효기간의 완성만으로는 소유권 취득의 효력이 바로 생기는 것이 아니라, 다만 이를 원인으로 하여 소유권 취득을 위한 등기청구권이 발생할 뿐이고, **미등기부동산의 경우라고 하여 취득시효기간의 완성만으로 등기 없이도 점유자가 소유권을 취득한다고 볼 수 없다**(대판 2006.9.28. 2006다22074·22081).

05 甲은 무단으로 자신의 명의로 X토지에 관한 소유권보존등기를 하고 있다가, 매매를 원인으로 하여 乙 명의로 소유권을 이전해 주었다. 그런데 X토지의 정당한 소유자 丙이 甲에 대해서는 소유권보존등기 말소를, 乙에 대해서는 소유권이전등기 말소를 구하는 소를 제기하였다. 이 소송에서 법원은 甲 명의의 소유권보존등기는 원인무효이므로 그 말소등기절차를 이행할 의무가 있지만, 乙 명의의 소유권이전등기에 대해서는 등기부 취득시효가 완성되어 실체관계에 부합하는 유효한 등기라고 판시하였고, 이 판결은 곧 확정되었다. 이에 대한 설명으로 옳은 것을 모두 고른 것은?(다툼이 있으면 판례에 따름) 기출 16

> ㄱ. 丙의 甲에 대한 소유권보존등기말소청구는 소유권에 기한 방해배제청구권의 성격을 갖는다.
> ㄴ. 丙의 甲에 대한 소유권보존등기말소청구가 승소판결로 확정되었더라도 그 청구권의 법적 성격이 채권적 청구권으로 바뀌지는 않는다.
> ㄷ. 丙은 甲에 대하여 불법행위를 이유로 손해배상을 청구할 수 있다.
> ㄹ. 丙은 甲에 대하여 이행불능에 근거하여 X토지의 시가 상당액에 대한 전보배상을 청구할 수 있다.

① ㄱ, ㄴ
② ㄷ, ㄹ
③ ㄱ, ㄴ, ㄷ
④ ㄴ, ㄷ, ㄹ
⑤ ㄱ, ㄴ, ㄷ, ㄹ

해설 ㄱ.(○), ㄴ(○), ㄷ(○), ㄹ(×) [1] 소유자가 자신의 소유권에 기하여 실체관계에 부합하지 아니하는 등기의 명의인을 상대로 그 등기말소나 진정명의 회복 등을 청구하는 경우에, 그 권리는 물권적 청구권으로서의 방해배제청구권(민법 제214조)의 성질을 가진다. 그러므로 소유자가 그 후에 소유권을 상실함으로써 이제 등기말소 등을 청구할 수 없게 되었다면, 이를 위와 같은 청구권의 실현이 객관적으로 불능이 되었다고 파악하여 등기말소 등 의무자에 대하여 그 권리의 이행불능을 이유로 민법 제390조상의 손해배상청구권을 가진다고 말할 수 없다. 위 법규정에서 정하는 채무불이행을 이유로 하는 손해배상청구권은 계약 또는 법률에 기하여 이미 성립하여 있는 채권관계에서 본래의 채권이 동일성을 유지하면서 그 내용이 확장되거나 변경된 것으로서 발생한다. 그러나 위와 같은 등기말소청구권 등의 물권적 청구권은 그 권리자인 소유자가 소유권을 상실하면 이제 그 발생의 기반이 아예 없게 되어 더 이상 그 존재 자체가 인정되지 아니하는 것이다. 이러한 법리는 선행소송에서 소유권보존등기의 말소등기청구가 확정되었다고 하더라도 그 청구권의 법적 성질이 채권적 청구권으로 바뀌지 아니하므로 마찬가지이다. [2] 국가 명의로 소유권보존등기가 경료된 토지의 일부 지분에 관하여 甲 등 명의의 소유권이전등기가 경료되었는데, 乙이 등기말소를 구하는 소를 제기하여 국가는 乙에게 원인무효인 등기의 말소등기절차를 이행할 의무가 있고 甲 등 명의의 소유권이전등기는 등기부 취득시효 완성을 이유로 유효하다는 취지의 판결이 확정되자, 乙이 국가를 상대로 손해배상을 구한 경우, 甲 등의 등기부 취득시효 완성으로 토지에 관한 소유권을 상실한 乙이 불법행위를 이유로 소유권 상실로 인한 손해배상을 청구할 수 있음은 별론으로 하고, 애초 국가의 등기말소의무 이행불능으로 인한 채무불이행책임을 논할 여지는 없다(대판[전합] 2012.5.17. 2010다28604). 따라서 丙은 甲에 대하여 이행불능에 근거하여 X토지의 시가 상당액에 대한 전보배상을 청구할 수 없다.

06 甲 소유의 X토지를 乙이 소유의 의사로 평온·공연하게 점유하고 있다. 이에 관한 설명으로 옳지 않은 것은?(다툼이 있으면 판례에 따름) [기출] 15

① 乙의 취득시효가 완성된 경우, 甲은 乙에 대하여 X토지에 대한 불법점유임을 이유로 X토지의 인도를 청구할 수 없다.

② 乙이 X토지를 시효취득했더라도, 乙이 시효취득 전에 X토지를 사용하여 얻은 이익은 甲에게 반환하여야 한다.

③ 乙이 취득시효 완성 후 등기하기 전에 甲이 X토지를 丙에게 매도하여 소유권이전등기를 해 준 경우, 乙은 특별한 사정이 없는 한 丙에 대하여 시효취득을 이유로 등기말소를 청구할 수 없다.

④ 乙이 취득시효 완성 후 등기하기 전에 甲이 X토지를 丙에게 매도하여 소유권이전등기를 해 준 경우, 乙은 시효기간의 기산점을 임의로 선택할 수 없다.

⑤ 乙의 취득시효가 진행되는 중에 甲이 X토지를 丙에게 매도하여 소유권이전등기를 해 준 다음 시효가 완성된 경우, 乙은 丙에 대하여 시효취득 완성을 주장할 수 있다.

해설 ① (○), ② (×) 취득시효 완성으로 인한 소유권 취득의 효력은 점유를 개시한 때에 소급하므로(민법 제247조 제1항), 甲은 乙에 대하여 X토지의 불법점유를 이유로 그 지상건물의 철거나 대지의 인도를 청구할 수 없다(대판 1988.5.10. 87다카1979). 설사 乙이 아직 소유권이전등기를 경료하지 아니한 상태였다고 하더라도, 甲은 乙을 상대로 차임 상당의 부당이득 반환을 청구할 수 없다(대판 1993.5.25. 92다51280).

③ (○), ④ (○) 부동산의 취득시효에 있어 시효기간의 경과를 계산하기 위한 기산점은 그 부동산에 대한 소유 명의자가 동일하고 그 변동이 없는 경우가 아니라면 원칙적으로 시효취득의 기초가 되는 점유가 개시된 시점이 기산점이 되고, 당사자가 기산점을 임의로 선택할 수 없으며, 그 기산점을 기초로 취득시효가 일단 완성된 후에 제3취득자가 소유권이전등기를 마친 경우에는 그 자에 대하여 취득시효로 대항할 수 없다(대판 1992.2.12. 98다40688).

⑤ (○) 시효기간 진행 중 제3취득자로의 이전등기는 점유상태를 파괴한 것으로 보지 아니하므로, 취득시효기간은 중단되지 아니한다. 따라서 부동산의 점유로 인한 시효취득자는 취득시효 완성 당시의 진정한 소유자에 대하여 소유권이전등기청구권을 가진다.

07 甲은 1971.1. 소유자 A로부터 X토지를 매수하여 미등기인 상태로 인도받아 2012.3. 현재까지 점유·사용하고 있다. 한편, X토지에 대하여는 1992.2. B 명의로, 1998.3. C 명의로, 1998.4. 乙 명의로 각 소유권이전등기가 순차로 경료되었다. 다음 중 옳은 것은?(다툼이 있는 경우에는 판례에 의함) 기출 13

① 1971.1. 개시된 점유로 甲이 시효취득한 소유권이전등기청구권은 채권적 청구권으로서 10년의 소멸시효에 걸려 소멸하였다.

② B·C의 X토지에 대한 소유권 취득은 甲의 취득시효의 완성사실에 대하여 선의·무과실인 경우에 한하여 유효하다.

③ 1971.1. 개시된 점유로 인한 취득시효의 완성 후 다시 20년이 경과하였지만, 그 기간 중 X토지에 대한 소유권이 순차로 이전되었으므로, 甲은 乙을 상대로 하여 새로운 취득시효의 완성을 주장할 수 없다.

④ 甲이 1971.1. 개시된 점유로 인한 취득시효가 완성되어 A를 상대로 취득시효를 원인으로 하는 소유권이전등기를 청구한 사실이 있는 경우, B 명의로 소유권을 이전한 A에 대하여 1992.2. 대상청구권을 행사할 수 있었다.

⑤ 점유취득시효가 완성되었다 하더라도 그 후 甲이 X토지에 대한 점유를 상실하였다면, 甲의 乙에 대한 소유권이전등기청구권은 그 점유상실을 원인으로 하여 소멸한다.

해설 ① (×) 소유권이전등기청구권은 채권적 청구권이므로 10년의 소멸시효에 걸리지만 매수인이 매매목적물인 부동산을 인도받아 점유하고 있는 이상 매매대금의 지급 여부와는 관계없이 그 소멸시효가 진행되지 아니한다(대판 1991.3.22. 90다9797).

② (×) 비록 甲이 X토지에 대한 1차 점유취득시효를 완성하였다 하더라도, 소유권이전등기를 경료하기 전까지는 양도인 A에게 그 시효완성을 원인으로 하는 소유권이전등기청구권을 행사할 수 있을 뿐, X토지의 소유권은 여전히 A에게 있다. 따라서 양수인 B가 甲의 1차 점유취득시효 완성 후, 토지소유자 A의 배임행위에 적극적으로 가담하였다는 등의 특별한 사정 없이 A로부터 1992.2. 소유권이전등기를 경료한 것은, 甲이 1차 점유취득시효 완성을 주장할 수 없는 점유취득시효 완성 후의 유효한 소유권 취득이므로, B는 甲의 1차 점유취득시효완성사실에 대하여 선의·악의를 불문하고 X토지의 소유권을 취득하고, 나아가 B와 거래한 C 역시 선의·악의를 불문하고 X토지의 소유권을 취득한다. 따라서 B·C의 X토지에 대한 소유권 취득은 甲의 취득시효의 완성사실에 대하여 선의·무과실인 경우에 한하여 유효하다는 내용은 옳지 아니하다.

③ (×) 취득시효기간이 경과하기 전에 등기부상의 소유명의자가 변경된다고 하더라도 그 사유만으로는 점유자의 종래의 사실상태의 계속을 파괴한 것이라고 볼 수 없어 취득시효를 중단할 사유가 되지 못하므로, 새로운 소유명의자는 취득시효 완성 당시 권리의무 변동의 당사자로서 취득시효 완성으로 인한 불이익을 받게 된다 할 것이어서 시효완성자는 그 소유명의자에게 시효취득을 주장할 수 있는바, 이러한 법리는 새로이 2차의 취득시효가 개시되어 그 취득시효기간이 경과하기 전에 등기부상의 소유명의자가 다시 변경된 경우에도 마찬가지로 적용된다고 봄이 상당하다(대판[전합] 2009.7.16. 2007다15172·15189 – 다수의견). 따라서 제2차 점유취득시효 완성 당시의 소유인인 乙에게 취득시효 완성을 주장할 수 있다.

④ (O) 민법상 이행불능의 효과로서 채권자의 전보배상청구권과 계약해제권 외에 별도로 대상청구권을 규정하고 있지는 않으나 해석상 대상청구권을 부정할 이유는 없는 것이지만, 점유로 인한 부동산소유권취득기간 만료를 원인으로 한 등기청구권이 이행불능으로 되었다고 하여 대상청구권을 행사하기 위하여는, 그 이행불능 전에 등기명의자에 대하여 점유로 인한 부동산소유권취득기간이 만료되었음을 이유로 그 권리를 주장하였거나 그 취득기간 만료를 원인으로 한 등기청구권을 행사하였어야 하고, 그 이행불능 전에 그와 같은 권리의 주장이나 행사에 이르지 않았다면 대상청구권을 행사할 수 없다고 봄이 공평의 관념에 부합한다(대판 1996.12.10. 94다43825).

⑤ (×) 토지에 대한 취득시효 완성으로 인한 소유권이전등기청구권은 그 토지에 대한 점유가 계속되는 한 시효로 소멸하지 아니하고, 그 후 점유를 상실하였다고 하더라도 이를 시효이익의 포기로 볼 수 있는 경우가 아닌 한 이미 취득한 소유권이전등기청구권은 바로 소멸되는 것은 아니나, 취득시효가 완성된 점유자가 점유를 상실한 경우 취득시효 완성으로 인한 소유권이전등기청구권의 소멸시효는 이와 별개의 문제로서, 그 점유자가 점유를 상실한 때로부터 10년간 등기청구권을 행사하지 아니하면 소멸시효가 완성한다(대판 1996.3.8. 95다34866 · 34873).

08 甲은 그가 1977년부터 점유하던 A 명의의 X토지를 1995년에 乙에게 매도 · 인도하였고, 乙은 2000년에 이를 다시 丙에게 전매 · 인도하였으며, 2012년 현재 丙이 X토지를 점유하고 있다. A가 1994년에 B에게 X토지를 매도하고 소유권이전등기를 마쳤다. 다음 설명으로 옳은 것만을 모두 고른 것은?(다툼이 있는 경우에는 판례에 의함) 기출수정 12

> ㄱ. 丙은 1995년을 기산점으로 하여 현재 소유명의자인 B에게 취득시효의 완성을 원인으로 하는 이전등 기를 청구할 수 있다.
> ㄴ. 丙은 B가 소유권을 취득한 1994년을 기산점으로 하여 취득시효가 완성되었음을 원인으로 B를 상대로 이전등기를 청구할 수 있다.
> ㄷ. 1997년 乙은 취득시효의 완성을 원인으로 하여 B에게 이전등기를 청구할 권리를 취득했다.
> ㄹ. 2000년 乙로부터 점유를 승계한 丙은 乙이 B에 대하여 가지는 등기청구권을 직접 행사할 수 있다.

① ㄷ
② ㄹ
③ ㄱ, ㄴ
④ ㄱ, ㄹ
⑤ ㄴ, ㄷ

해설 ㄱ.(×), ㄴ.(×) 乙로부터의 점유승계 시점(1995년)이나 B에게로의 소유권이전 시점(1994년)을 기산점으로 하더라도, 丙의 점유기간이 아직 20년을 도과하지 아니하였으므로, 취득시효 완성을 원인으로 하는 이전등 기를 청구할 수 없다.
ㄷ.(○) 점유의 분리 · 병합의 경우 자기의 특정된 점유개시일이나 전 점유자의 특정된 점유개시일을 임의로 선택할 수 있을 뿐 원칙적으로 점유기간 중의 임의 시점을 선택할 수는 없다(대판 1980.3.11. 79다2110, 대판 1982.1.26. 81다826 등). 따라서 乙은 전 점유자인 甲의 점유까지 합산하여 주장할 수 있으므로, 甲의 점유개시 시인 1977년을 기산점으로 하여 1997년 취득시효 완성 당시의 소유자인 B를 상대로, 취득시효 완성을 원인으로 하는 이전등기를 청구할 수 있다.
ㄹ.(×) 전 점유자의 점유를 승계한 자는 그 점유 자체와 하자만을 승계하는 것이지 그 점유로 인한 법률효과까 지 승계하는 것은 아니므로 부동산을 취득시효기간 만료 당시의 점유자로부터 양수하여 점유를 승계한 현 점유자는 자신의 전 점유자에 대한 소유권이전등기청구권을 보전하기 위하여 전 점유자의 소유자에 대한 소유권이전등기청구권을 대위행사할 수 있을 뿐, 전 점유자의 취득시효 완성의 효과를 주장하여 직접 자기에게 소유권이전등기를 청구할 권원은 없다(대판[전합] 1995.3.28. 93다47745). 따라서 2000년 乙로 부터 점유를 승계한 丙은, 전 점유자 乙이 B에 대하여 가지는 점유취득시효 완성을 원인으로 하는 소유권이 전등기청구권을 대위행사할 수 있을 뿐, 전 점유자 乙의 점유취득시효완성효과를 주장하여 자기에게 직접 소유권이전등기를 청구할 수는 없다.

09 등기부 취득시효에 관한 설명으로 옳지 않은 것은?(다툼이 있는 경우에는 판례에 의함)

① 무효인 이중의 소유권보존등기에 기초하여 소유권이전등기를 경료받은 점유자는 등기부 취득시효의 완성을 주장할 수 없다.

② 부동산을 점유한 기간과 소유자로 등기된 기간은 각각 10년 이상이어야 하며, 점유와 마찬가지로 등기의 승계가 인정된다.

③ 선의와 무과실은 점유취득에 관한 것이고 등기에 관한 것이 아니다.

④ 시효완성 후 그 부동산의 소유권등기가 적법한 원인 없이 제3자 명의로 소유권이전등기가 된 경우, 그 점유자는 소유권을 상실한다.

⑤ 상속을 원인으로 점유를 승계하여 시효완성을 주장하는 점유자는 상속 후 10년이 경과하더라도 피상속인이 점유를 개시한 때에 무과실이었음을 증명하여야 한다.

해설 ① (○) 민법 제245조 제2항은 부동산의 소유자로 등기한 자가 10년간 소유의 의사로 평온·공연하게 선의이며 과실 없이 그 부동산을 점유한 때에는 소유권을 취득한다고 규정하고 있는바, 위 법조항의 '등기'는 부동산등기법 제15조가 규정한 1부동산1용지주의에 위배되지 아니한 등기를 말하므로, 어느 부동산에 관하여 등기명의인을 달리하여 소유권보존등기가 2중으로 경료된 경우 먼저 이루어진 소유권보존등기가 원인무효가 아니어서 뒤에 된 소유권보존등기가 무효로 되는 때에는, 뒤에 된 소유권보존등기나 이에 터 잡은 소유권이전등기를 근거로 하여서는 등기부 취득시효의 완성을 주장할 수 없다(대판[전합] 1996.10.17. 96다12511).

② (○) 부동산의 소유자로서 등기한 기간과 점유한 기간은 각각 10년 이상이어야 하고(민법 제245조 제2항), 판례는 「등기부 취득시효에 관한 민법 제245조 제2항의 규정에 위하여 소유권을 취득하는 자는 10년간 반드시 그의 명의로 등기되어 있어야 하는 것은 아니고 앞 사람의 등기까지 아울러 그 기간 동안 부동산의 소유자로 등기되어 있으면 된다」(대판[전합] 1989.12.26. 87다카2176)라고 하여 등기의 승계를 인정하고 있다.

③ (○), ⑤ (○) [1] 등기부 취득시효에 있어서 선의·무과실은 등기에 관한 것이 아니고, 점유취득에 관한 것으로서, 무과실은 민법 제197조에 의해 추정되지 않으므로 무과실에 대한 증명책임은 그 시효취득을 주장하는 사람에게 있다(대판 2017.12.13. 2016다248424). [2] 상속에 의하여 점유권을 취득한 경우에는 상속인은 새로운 권원에 의하여 자기의 고유의 점유를 개시하지 않는 한 피상속인의 점유를 떠나 자신만의 점유를 주장할 수 없다고 할 것이므로, 등기부 시효취득을 주장하는 당사자가 그의 부의 사망으로 토지에 대한 점유권을 상속에 의하여 취득하였고, 그의 부 역시 조부의 사망으로 그 토지에 대한 점유권을 상속에 의하여 취득한 것이라면, 특별한 사정이 없는 한 그 당사자나 그의 부는 새로운 권원에 의하여 그 점유를 개시한 것이라고 볼 수는 없다 할 것이어서 결국 그 당사자는 그의 조부가 그 토지에 대한 점유를 개시한 때에 과실이 없었음을 주장 입증하여야 한다(대판 1995.2.10. 94다22651).

④ (×) 등기는 물권의 효력발생요건이고 효력존속요건이 아니므로 물권에 관한 등기가 원인 없이 말소된 경우에 그 물권의 효력에는 아무런 영향을 미치지 않는 것이므로, 등기부 취득시효가 완성된 후에 그 부동산에 관한 점유자 명의의 등기가 말소되거나 적법한 원인 없이 다른 사람 앞으로 소유권이전등기가 경료되었다 하더라도, 그 점유자는 등기부 취득시효의 완성에 의하여 취득한 소유권을 상실하는 것은 아니다(대판 2001.1.16. 98다20110).

정답 09 ④ CHAPTER 03 기본물권 **507**

10 취득시효 중단에 관한 설명으로 옳지 않은 것은?(다툼이 있으면 판례에 따름) `기출` 19

① 취득시효기간 만료 전에 등기부상 소유명의가 변경된 사실은 취득시효의 중단사유가 될 수 없다.

② 취득시효의 중단사유인 재판상 청구에는 소유권 침해의 경우, 그 소유권을 기초로 하는 방해배제 및 손해배상 또는 부당이득반환청구소송도 포함된다.

③ 취득시효를 주장하는 자가 소를 제기한 데 대하여 권리자가 피고로서 응소하고 그 소송에서 적극적으로 권리를 주장하여 그것이 받아들여진 경우에는 시효중단사유인 재판상 청구에 해당한다.

④ 시효중단의 효력은 당사자 및 그 승계인에 미치므로, 그 중단효과가 발생한 후의 특정승계인 또는 포괄승계인은 중단 당시의 당사자의 점유기간을 승계하여 시효취득을 주장할 수 없다.

⑤ 소유권이전등기의 말소를 구하는 소를 제기하였다가 그 소를 취하한 후, 그로부터 6개월 내에 다시 취하된 소와 동일한 내용의 소를 제기한 경우, 후소가 제기된 때로부터 취득시효의 진행이 중단된다.

해설 ① (○) 점유로 인한 부동산소유권 취득에 있어 그 취득시효의 중단사유는 종래의 점유사실상태의 계속을 파괴하는 것으로 인정될 수 있는 사유라야 할 것이므로 <u>취득시효기간 완성 전에 부동산등기부상의 소유명의가 변경된 사유는 점유자의 종래의 사실상태의 계속을 파괴한 것이라고 볼 수 없어 시효중단사유가 될 수 없다</u>(대판 1976.3.9. 75다2220 · 2221).

② (○) <u>소유권의 시효취득에 준용되는 시효중단사유인 민법 제168조, 제170조에 규정된 재판상의 청구라 함은 시효취득의 대상인 목적물의 인도 내지는 소유권 존부확인이나 소유권에 관한 등기청구소송은 말할 것도 없고, 소유권 침해의 경우에 그 소유권을 기초로 하여 하는 방해배제 및 손해배상 혹은 부당이득반환청구소송도 이에 포함된다</u>(대판 1997.3.14. 96다55211).

③ (○) 취득시효를 주장하는 자가 원고가 되어 소를 제기한 데 대하여 권리자가 피고로서 응소하고 그 소송에서 적극적으로 권리를 주장하여 그것이 받아들여진 경우에는 민법 제247조 제2항에 의하여 취득시효기간에 준용되는 민법 제168조 제1호, 제170조 제1항에서 시효중단사유의 하나로 규정하고 있는 재판상 청구에 포함된다(대판 2003.6.13. 2003다17927 · 17934).

④ (○) <u>시효중단의 효력은 당사자 및 그 승계인 간에만 미치는 바, 여기서 당사자라 함은 중단행위에 관여한 당사자를 가리키고 시효의 대상인 권리 또는 청구권의 당사자는 아니며, 승계인이라 함은 '시효중단에 관여한 당사자로부터 중단의 효과를 받는 권리를 그 중단효과 발생 이후에 승계한 자'를 뜻하고, 포괄승계인은 물론 특정승계인도 이에 포함된다</u>(대판 1997.4.25. 96다46484). 따라서 그 중단효과가 발생한 후의 특정승계인 또는 포괄승계인은 중단 당시의 당사자의 점유기간을 승계하여 시효취득을 주장할 수 없다는 내용은 옳다.

⑤ (×) <u>소유권이전등기의 말소 등을 구하는 소를 제기하였다가 소를 취하한 후, 그로부터 6월 내에 다시 위 취하된 소와 동일한 내용의 소를 제기하였다면 취득시효의 진행은 최초의 재판상 청구일에 중단된다</u>(대판 1992.9.14. 91다46830).

11 甲이 소유권을 유보한 채 乙에게 철강제품을 매도하였다. 자신의 토지에 건물을 신축하려는 丙과 도급계약을 체결한 乙은 그 이행과정에서 그 철강제품을 건물의 골조공사에 사용하여 丙 소유의 X건물을 완성하였다. 丙은 그 철강제품의 소유권이 유보된 사실에 대해 과실 없이 알지 못하였고, 그 철강제품의 대금은 여전히 지급되지 않은 상태이다. 이에 관한 설명으로 옳은 것을 모두 고른 것은?(다툼이 있으면 판례에 따름) 기출 22

ㄱ. 부동산에의 부합에 관한 법리는 건물의 신축의 경우에 적용될 수 있다.
ㄴ. 甲의 소유권 유보에도 불구하고 丙은 철강제품에 대한 소유권을 취득한다.
ㄷ. 부당이득반환청구의 요건이 충족되지 않았더라도, 甲은 민법 제261조(첨부로 인한 구상권)에 근거하여 丙에게 보상청구권을 행사할 수 있다.
ㄹ. 특별한 사정이 없는 한 丙은 그 철강제품의 귀속으로 인한 이익을 보유할 수 있는 법률상 원인이 있다.

① ㄱ, ㄴ
② ㄷ, ㄹ
③ ㄱ, ㄴ, ㄹ
④ ㄴ, ㄷ, ㄹ
⑤ ㄱ, ㄴ, ㄷ, ㄹ

해설 ㄱ.(○), ㄴ.(○), ㄷ.(×), ㄹ.(○) [1] 어떠한 동산이 민법 제256조에 의하여 부동산에 부합된 것으로 인정되기 위해서는 그 동산을 훼손하거나 과다한 비용을 지출하지 않고서는 분리할 수 없을 정도로 부착·합체되었는지 여부 및 그 물리적 구조, 용도와 기능면에서 기존 부동산과는 독립한 경제적 효용을 가지고 거래상 별개의 소유권의 객체가 될 수 있는지 여부 등을 종합하여 판단하여야 하고, 이러한 부동산에의 부합에 관한 법리는 건물의 증축의 경우는 물론 건물의 신축의 경우에도 그대로 적용될 수 있다. [2] 민법 제261조에서 첨부로 법률규정에 의한 소유권 취득(민법 제256조 내지 제260조)이 인정된 경우에 "손해를 받은 자는 부당이득에 관한 규정에 의하여 보상을 청구할 수 있다"라고 규정하고 있는바, 이러한 보상청구가 인정되기 위해서는 민법 제261조 자체의 요건만이 아니라, 부당이득 법리에 따른 판단에 의하여 부당이득의 요건이 모두 충족되었음이 인정되어야 한다. 매도인에게 소유권이 유보된 자재가 제3자와 매수인 사이에 이루어진 도급계약의 이행으로 제3자 소유 건물의 건축에 사용되어 부합된 경우 [제3자가(註)] 보상청구를 거부할 법률상 원인이 있다고 할 수 없지만, 제3자가 도급계약에 의하여 제공된 자재의 소유권이 유보된 사실에 관하여 과실 없이 알지 못한 경우라면 선의취득의 경우와 마찬가지로 제3자가 그 자재의 귀속으로 인한 이익을 보유할 수 있는 법률상 원인이 있다고 봄이 상당하므로, 매도인으로서는 그에 관한 보상청구를 할 수 없다(대판 2009.9.24. 2009다15602).

제4관 | 소유권에 기한 물권적 청구권

01 물권적 청구권에 관한 설명으로 옳지 않은 것은?(다툼이 있으면 판례에 따름) `기출` 22

① 미등기 무허가건물의 양수인은 미등기인 상태에서 소유권에 기한 방해제거청구를 할 수 없다.

② 소유권에 기한 소유물반환청구를 거부할 수 있는 권리에는 임차권 등과 같이 점유를 수반하는 채권도 포함된다.

③ 특별한 사정이 없는 한 합의해제에 따른 부동산 매도인의 원상회복청구권은 소유권에 기한 물권적 청구권으로서 소멸시효의 대상이 되지 않는다. .

④ 소유자가 제3자에게 그 소유 물건에 대한 처분권한을 유효하게 수여하면 제3자의 처분이 없더라도 소유자는 그 제3자 이외의 자에 대해 소유권에 기한 물권적 청구권을 행사할 수 없다.

⑤ 공유자는 자신의 지분권 행사를 방해하는 행위에 대해서 지분권에 기한 방해배제청구권을 행사할 수 있다.

해설 ① (○) 미등기 무허가건물의 양수인이라도 소유권이전등기를 마치지 않는 한 건물의 소유권을 취득할 수 없고, 소유권에 준하는 관습상의 물권이 있다고도 할 수 없으므로, 미등기 무허가건물의 양수인은 소유권에 기한 방해제거청구를 할 수 없다(대판 2016.7.29. 2016다214483 · 2016다214490).

② (○) 소유자는 그 소유에 속한 물건을 점유한 자에 대하여 반환을 청구할 수 있다. 그러나 점유자가 그 물건을 점유할 권리가 있는 때에는 반환을 거부할 수 있다(민법 제213조). 여기서 반환을 거부할 수 있는 권리에는 임차권, 임치, 도급 등과 같이 점유를 수반하는 채권도 포함되고, 소유자에 대하여 이러한 채권을 갖는 자가 소유자의 승낙이나 소유자와의 약정 등에 기초하여 제3자에게 점유할 권리를 수여할 수 있는 경우에는 그로부터 점유 내지 보관을 위탁받거나 그 밖에 점유할 권리를 취득한 제3자는 특별한 사정이 없는 한 자신에게도 점유할 권리가 있음을 들어 소유자의 소유물반환청구를 거부할 수 있다(대판 2020.5.28. 2020다211085).

③ (○) 매매계약이 합의해제된 경우에도 매수인에게 이전되었던 소유권은 당연히 매도인에게 복귀하는 것이므로 합의해제에 따른 매도인의 원상회복청구권은 소유권에 기한 물권적 청구권이라고 할 것이고 이는 소멸시효의 대상이 되지 아니한다(대판 1982.7.27. 80다2968).

④ (×) 소유자는 제3자에게 그 물건을 제3자의 소유물로 처분할 수 있는 권한을 유효하게 수여할 수 있다고 할 것인데, 그와 같은 이른바 '처분수권'의 경우에도 그 수권에 기하여 행하여진 제3자의 처분행위(부동산의 경우에 처분행위가 유효하게 성립하려면 단지 양도 기타의 처분을 한다는 의사표시만으로는 부족하고, 처분의 상대방 앞으로 그 권리 취득에 관한 등기가 있어야 한다. 민법 제186조 참조)가 대세적으로 효력을 가지게 되고 그로 말미암아 소유자가 소유권을 상실하거나 제한받게 될 수는 있다고 하더라도, 그러한 제3자의 처분이 실제로 유효하게 행하여지지 아니하고 있는 동안에는 소유자는 처분수권이 제3자에게 행하여졌다는 것만으로 그가 원래 가지는 처분권능에 제한을 받지 아니한다. 따라서 그는, 처분권한을 수여받은 제3자와의 관계에서 처분수권의 원인이 된 채권적 계약관계 등에 기하여 채권적인 책임을 져야 하는 것을 별론으로 하고, 자신의 소유물을 여전히 유효하게 처분할 수 있고, 또한 소유권에 기하여 소유물에 대한 방해 등을 배제할 수 있는 민법 제213조, 제214조의 물권적 청구권을 가진다(대판 2014.3.13. 2009다105215).

⑤ (○) 공유자는 자신의 지분권 행사를 방해하는 행위에 대해서 민법 제214조에 따른 방해배제청구권을 행사할 수 있고, 공유물에 대한 지분권은 공유자 개개인에게 귀속되는 것이므로 공유자 각자가 행사할 수 있다(대판[전합] 2020.5.21. 2018다287522 – 다수의견).

02 乙은 2005.1.10. 甲 소유의 X토지를 매수하고 대금을 지급한 후 X토지를 인도받았으나 소유권이전등기는 마치지 않았다. 乙은 2015.12.31. X토지를 다시 丙에게 매도하였고, 2019.2.16. 현재까지 丙 역시 미등기상태로 X토지를 점유하고 있다. 이에 관한 설명으로 옳지 않은 것은? (다툼이 있으면 판례에 따름) 기출 19

① 甲은 丙에게 소유권에 기하여 X토지의 반환을 청구할 수 없다.
② 乙의 甲에 대한 소유권이전등기청구권이 소멸시효로 진행되지 않는다.
③ 丙은 乙의 甲에 대한 소유권이전등기청구권을 대위하여 행사할 수 있다.
④ 甲은 丙에 대해 불법점유를 이유로 임료 상당의 부당이득 반환을 청구할 수 없다.
⑤ X토지를 제3자가 불법점유하고 있다면, 丙은 제3자에 대하여 소유권에 기한 물권적 청구권을 행사할 수 있다.

해설 ① (○), ④ (○) 토지의 매수인이 아직 소유권이전등기를 경료받지 아니하였다 하여도 매매계약의 이행으로 그 토지를 인도받은 때에는 매매계약의 효력으로서 이를 점유·사용할 권리가 생기게 된 것으로 보아야 하고, 또 매수인으로부터 위 토지를 다시 매수한 자는 위와 같은 토지의 점유사용권을 취득한 것으로 봄이 상당하므로 매도인은 매수인으로부터 다시 위 토지를 매수한 자에 대하여 토지소유권에 기한 물권적 청구권을 행사하거나 그 점유·사용을 법률상 원인이 없는 이익이라고 하여 부당이득반환청구를 할 수는 없다 (대판 2001.12.11. 2001다45355).

② (○) 부동산의 매수인이 그 부동산을 인도받은 이상 이를 사용·수익하다가 그 부동산에 대한 보다 적극적인 권리행사의 일환으로 다른 사람에게 그 부동산을 처분하고 그 점유를 승계하여 준 경우에도 그 이전등기청구권의 행사 여부에 관하여 그가 그 부동산을 스스로 계속 사용·수익만 하고 있는 경우와 특별히 다를 바 없으므로 위 두 어느 경우에나 이전등기청구권의 소멸시효는 진행되지 않는다고 보아야 한다(대판[전합] 1999.3.18. 98다32175 – 다수의견).

③ (○) 미등기매수인 乙로부터 목적부동산의 점유를 양수받은 丙은, 중간생략등기의 합의가 없는 한 최초양도인 甲에 대하여 직접 소유권이전등기를 청구할 수 없고, 乙의 甲에 대한 소유권이전등기청구권을 대위행사할 수 있을 뿐이다.

⑤ (×) 미등기무허가건물의 양수인이라 할지라도 그 소유권이전등기를 경료받지 않는 한 그 건물에 대한 소유권을 취득할 수 없고, 그러한 상태의 건물양수인에게 소유권에 준하는 관습상의 물권이 있다고 볼 수도 없으므로, 건물을 신축하여 그 소유권을 원시취득한 자로부터 그 건물을 매수하였으나 아직 소유권이전등기를 갖추지 못한 자는 그 건물의 불법점거자에 대하여 직접 자신의 소유권 등에 기하여 명도를 청구할 수는 없다(대판 2007.6.15. 2007다11347).

03 甲 명의로 등기된 甲 소유 토지에 관해 乙이 관계서류를 위조하여 자기명의로 이전등기를 한 뒤 丙에게 임대하였고, 丙은 그 토지 위에 주택을 완성하여 보존등기를 하고 현재까지 그 주택에 거주하고 있다. 이에 관한 설명으로 옳은 것을 모두 고른 것은?(다툼이 있으면 판례에 따름) `기출 18`

> ㄱ. 甲은 丙을 상대로 주택으로부터의 퇴거를 청구할 수 있다.
> ㄴ. 甲은 乙을 상대로 토지에 대한 소유권이전등기를 청구할 수 있다.
> ㄷ. 甲은 丙을 상대로 주택의 철거를 청구할 수 있다.
> ㄹ. 만약 丁이 그 주택을 丙으로부터 임차하여 주민등록을 마치고 그 주택에 거주하고 있다면, 甲은 丁을 상대로 퇴거를 청구할 수 있다.

① ㄱ, ㄴ
② ㄱ, ㄹ
③ ㄴ, ㄷ
④ ㄴ, ㄷ, ㄹ
⑤ ㄱ, ㄴ, ㄷ, ㄹ

해설 ㄱ.(×), ㄷ (○) 건물의 소유자가 그 건물의 소유를 통하여 타인소유의 토지를 점유하고 있다고 하더라도 그 토지소유자로서는 그 건물의 철거와 그 대지부분의 인도를 청구할 수 있을 뿐, 자기 소유의 건물을 점유하고 있는 자에 대하여 그 건물에서 퇴거할 것을 청구할 수는 없다(대판 1999.7.9. 98다57457·57464). 따라서 甲은 건물소유자 丙을 상대로 주택의 철거를 청구할 수 있을 뿐, 주택으로부터의 퇴거를 청구할 수는 없다.

ㄴ.(○) 이미 자기 앞으로 소유권을 표상하는 등기가 되어 있었거나 법률에 의하여 소유권을 취득한 자가 진정한 등기명의를 회복하기 위한 방법으로는 현재의 등기명의인을 상대로 그 등기의 말소를 구하는 외에 "진정한 등기명의의 회복"을 원인으로 한 소유권이전등기절차의 이행을 직접 구하는 것도 허용되어야 한다(대판 [전합] 1990.11.27. 89다카12398).

ㄹ.(○) 건물이 그 존립을 위한 토지사용권을 갖추지 못하여 토지의 소유자가 건물의 소유자에 대하여 당해 건물의 철거 및 그 대지의 인도를 청구할 수 있는 경우에라도 건물소유자가 아닌 사람이 건물을 점유하고 있다면 토지소유자는 그 건물점유를 제거하지 아니하는 한 위의 건물철거 등을 실행할 수 없다. 따라서 그때 토지소유권은 위와 같은 점유에 의하여 그 원만한 실현을 방해당하고 있다고 할 것이므로, 토지소유자는 자신의 소유권에 기한 방해배제로서 건물점유자에 대하여 건물로부터의 퇴출을 청구할 수 있다. 그리고 이는 건물점유자가 건물소유자로부터의 임차인으로서 그 건물임차권이 이른바 대항력을 가진다고 해서 달라지지 아니한다. 건물임차권의 대항력은 기본적으로 건물에 관한 것이고 토지를 목적으로 하는 것이 아니므로 이로써 토지소유권을 제약할 수 없고, 토지에 있는 건물에 대하여 대항력 있는 임차권이 존재한다고 하여도 이를 토지소유자에 대하여 대항할 수 있는 토지사용권이라고 할 수는 없다. 바꾸어 말하면, 건물에 관한 임차권이 대항력을 갖춘 후에 그 대지의 소유권을 취득한 사람은 민법 제622조 제1항이나 주택임대차보호법 제3조 제1항 등에서 그 임차권의 대항을 받는 것으로 정하여진 '제3자'에 해당한다고 할 수 없다(대판 2010.8.9. 2010다43801).

04 乙은 甲의 X토지를 임차하여 점유하고 있는데, 丙이 무단으로 X토지 위에 건축폐자재를 적치 (積置)하여 乙의 토지사용을 방해하고 있다. 이에 관한 설명으로 옳지 않은 것은?(다툼이 있으면 판례에 따름) 기출 21

① 甲은 丙에 대하여 소유권에 기한 방해배제청구권을 행사할 수 있다.

② 乙은 丙에 대하여 소유권에 기한 방해배제청구권을 행사할 수 없지만, 甲의 소유권에 기한 방해배제청구권을 대위행사할 수 있다.

③ 丙이 X토지를 자신의 것으로 오신하여 건축폐자재를 적치한 경우라 하더라도, 乙은 丙에 대하여 점유권에 기한 방해배제청구권을 행사할 수 있다.

④ 甲은 丙에 대하여 점유권에 기한 방해배제청구권을 행사할 수 없지만, 乙의 점유권에 기한 방해배제청구권을 대위행사할 수 있다.

⑤ X토지에 대한 임대차 계약이 종료되면 甲은 乙에 대하여 임대차 계약상 반환청구권을 행사할 수 있는데, 이는 채권적 청구권으로 물권적 청구권과 별개로 행사할 수 있다.

해설 ① (○) 소유자는 소유권을 방해하는 자에 대하여 방해의 제거를 청구할 수 있으므로(민법 제214조), X토지의 소유자 甲은 X토지 위에 무단으로 건축폐자재를 적치하여 X토지의 임차인 乙의 토지사용을 방해하고 있는 丙에 대하여 소유권에 기한 방해배제청구권을 행사할 수 있다.

② (○), ③ (○) X토지의 임차인 乙은 소유권자가 아니므로 소유권에 기한 방해배제청구권을 행사할 수 없으나, 소유자 甲의 소유권에 기한 방해배제청구권을 대위행사할 수는 있다(민법 제404조 제1항). 나아가 임차인 乙은 X토지의 직접 점유자이므로 점유권에 기한 방해배제청구권을 행사할 수도 있다(민법 제205조 제1항).

④ (×) 임대차 계약이 유효하게 성립한 경우 토지 소유자인 임대인은 간접점유자가 되고(민법 제194조), 점유권에 관한 규정이 간접점유자에게 적용되므로, 토지 소유자 甲은 토지의 불법점유자 丙에게 점유권에 기한 방해배제청구권을 행사할 수 있다(민법 제207조 제1항).

⑤ (○) 소유권에 기한 반환청구권(물권적 청구권)과 임대차 계약상 반환청구권(채권적 청구권)은 그 발생원인이 다르며, 독립하여 존재하므로, 이를 따로 행사할 수 있다. 다만, 어느 하나의 권리를 행사하여 만족을 얻게 되면, 다른 권리는 소멸한다.

05 물권적 청구권에 관한 설명으로 옳지 않은 것은?(다툼이 있는 경우에는 판례에 의함) `기출` 14

① 부동산소유자가 실체관계에 부합하지 않는 등기명의인을 상대로 가지는 등기말소청구권은 그 소유자가 소유권을 상실하면 그 존재 자체가 인정되지 않는다.

② 물건을 침탈당한 점유자는 침탈당한 날로부터 1년 이내에 침탈자를 상대로 그 물건의 반환을 청구하여야 하고 1년의 기간은 그 기간 내에 소를 제기하여야 하는 출소기간이다.

③ 甲 소유의 X토지 위에 乙이 무단으로 Y건물을 신축하고 소유권보존등기를 마친 후 丙에게 Y건물을 임대하여 현재 丙이 Y건물을 점유·사용하는 경우, 甲은 乙을 상대로 X토지의 반환을 청구하여야 한다.

④ 甲 소유의 X토지에 대한 취득시효를 완성한 乙이 아직 이를 원인으로 하는 소유권이전등기를 마치지 못한 상태에서 X토지 위에 Y건물을 신축한 경우, 甲은 불법점유를 이유로 乙에게 X토지의 인도와 Y건물의 철거를 청구할 수 있다.

⑤ 혼인관계에 있는 甲과 乙이 X부동산에 관하여 유효하게 명의신탁약정을 체결하고 乙 명의로 그 소유권이전등기를 마친 경우, 甲은 X부동산을 침해한 丙에 대하여 소유권에 기한 물권적 청구권을 행사하지 못한다.

해설 ① (O) 등기말소청구권 등의 물권적 청구권은 그 권리자인 소유자가 소유권을 상실하면 이제 그 발생의 기반이 아예 없게 되어 더 이상 그 존재 자체가 인정되지 아니한다(대판[전합] 2012.5.17. 2010다28604).

② (O) 민법 제204조 제3항에 의하면 점유물반환청구권은 점유를 침탈당한 경우 그 점유를 침탈당한 날로부터 1년 내에 행사하여야 하는 것으로 규정되어 있는데, 위의 제척기간은 재판 외에서 권리행사하는 것으로 족한 기간이 아니라 반드시 그 기간 내에 소를 제기하여야 하는 이른바 출소기간으로 해석함이 상당하다(대판 2002.4.26. 2001다8097·8103).

③ (O) 건물의 소유자가 그 건물의 소유를 통하여 타인소유의 토지를 점유하고 있다고 하더라도 그 토지소유자로서는 그 건물의 철거와 그 대지부분의 인도를 청구할 수 있을 뿐, 자기 소유의 건물을 점유하고 있는 자에 대하여 그 건물에서 퇴거할 것을 청구할 수는 없다(대판 1999.7.9. 98다57457·57464).

④ (×) 피고가 원고 소유의 대지 일부를 소유의 의사로 평온, 공연하게 20년간 점유하였다면 피고는 원고에게 소유권이전등기절차의 이행을 청구할 수 있고, 원고는 이에 응할 의무가 있으므로 피고가 위 대지에 관하여 소유권이전등기를 경료하지 못한 상태에 있다고 해서 원고가 피고에 대하여 그 대지에 대한 불법점유임을 이유로 그 지상건물의 철거와 대지의 인도를 청구할 수는 없다(대판 1988.5.10. 87다카1979).

⑤ (O) 재산을 타인에게 신탁한 경우 대외적인 관계에 있어서는 수탁자만이 소유권자로서 그 재산에 대한 제3자의 침해에 대하여 배제를 구할 수 있으며, 신탁자는 수탁자를 대위하여 수탁자의 권리를 행사할 수 있을 뿐 직접 제3자에게 신탁재산에 대한 침해의 배제를 구할 수 없다(대판[전합] 1979.9.25. 77다1079). 참고로 혼인관계에 있는 甲과 乙이 유효한 명의신탁을 체결하였다고 하였으므로, 부동산실명법 제4조가 적용되지 않는다는 점에 주의를 요한다.

06 물권적 청구권에 관한 설명으로 옳은 것은?(다툼이 있는 경우에는 판례에 의함) 기출 12

① 타인의 기망행위로 물건을 인도한 사람은 인도받은 사람에 대하여 점유물반환청구권을 행사할 수 있다.

② 소유권이전등기 없이 토지를 인도받은 매수인으로부터 다시 토지를 매수하여 점유·사용하고 있는 자에 대하여 매도인은 토지소유권에 기하여 반환을 청구할 수 있다.

③ 소유물방해제거청구권은 방해가 있는 날로부터 1년 이내에 행사하여야 하며, 이 기간은 출소기간이나.

④ 점유물방해제거청구권을 행사하기 위해서는 방해자의 고의·과실에 의한 점유방해가 있어야 한다.

⑤ 소유자는 소유권을 방해할 염려가 있는 자에 대하여 그 예방이나 손해배상의 담보를 청구할 수 있다.

해설

① (×) 사기의 의사표시에 의해 건물을 명도해 준 것이라면 건물의 점유를 침탈당한 것이 아니므로 피해자는 점유회수의 소권을 가진다고 할 수 없다(대판 1992.2.28. 91다17443).

② (×) 토지의 매수인이 아직 소유권이전등기를 경료받지 아니하였다 하여도 매매계약의 이행으로 그 토지를 인도받은 때에는 매매계약의 효력으로서 이를 점유·사용할 권리가 생기게 된 것으로 보아야 하고, 또 매수인으로부터 위 토지를 다시 매수한 자는 위와 같은 토지의 점유사용권을 취득한 것으로 봄이 상당하므로 매도인은 매수인으로부터 다시 위 토지를 매수한 자에 대하여 토지소유권에 기한 물권적 청구권을 행사하거나 그 점유·사용을 법률상 원인이 없는 이익이라고 하여 부당이득반환청구를 할 수는 없다(대판 2001.12.11. 2001다45355).

③ (×) 소유권에 기한 방해제거청구권(민법 제214조)에는 점유권과 달리 제척기간의 제한이 없다.

> **점유의 보유(민법 제205조)**
> ① 점유자가 점유의 방해를 받은 때에는 그 방해의 제거 및 손해의 배상을 청구할 수 있다.
> ② 전항의 청구권은 방해가 종료한 날로부터 1년 내에 행사하여야 한다.
> ③ 공사로 인하여 점유의 방해를 받은 경우에는 공사착수 후 1년을 경과하거나 그 공사가 완성한 때에는 방해의 제거를 청구하지 못한다.

④ (×) 점유물방해제거청구의 경우 방해자의 고의·과실 등의 귀책사유를 요하지 아니하나(민법 제205조 참고), 손해배상청구의 경우에는 고의·과실 등의 귀책사유를 요한다(민법 제750조).

⑤ (○) 민법 제214조

> **소유물 방해제거, 방해예방청구권(민법 제214조)**
> 소유자는 소유권을 방해하는 자에 대하여 방해의 제거를 청구할 수 있고 소유권을 방해할 염려 있는 행위를 하는 자에 대하여 그 예방이나 손해배상의 담보를 청구할 수 있다.

제5관 | 공동소유

01 공동소유에 관한 설명으로 옳은 것은?(다툼이 있으면 판례에 따름) 기출 24

① 공유자는 다른 공유자의 동의없이 자기의 지분을 담보로 제공할 수 없다.
② 공유물의 변경은 공유자의 지분의 과반수로써 결정한다.
③ 공유물의 관리에 관한 사항은 공유자의 과반수로써 결정한다.
④ 합유자는 달리 정함이 없는 한 전원의 동의없이 합유물에 대한 지분을 처분하지 못한다.
⑤ 총유물에 대한 보존행위는 달리 정함이 없는 한 비법인사단을 구성하는 각 사원이 할 수 있다.

해설 ① (×) 공유자는 공유지분 처분의 자유가 있으므로(민법 제263조), 다른 공유자의 동의없이 자기의 지분을 담보로 제공할 수 있다.

> **공유지분의 처분과 공유물의 사용, 수익(민법 제263조)**
> 공유자는 그 지분을 처분할 수 있고 공유물 전부를 지분의 비율로 사용, 수익할 수 있다.

② (×) 공유물의 처분과 변경은 공유자 전원의 동의를 요한다(민법 제264조).

> **공유물의 처분, 변경(민법 제264조)**
> 공유자는 다른 공유자의 동의없이 공유물을 처분하거나 변경하지 못한다.

③ (×) 공유물의 관리에 관한 사항은 공유자의 지분의 과반수로써 결정한다(민법 제265조 본문).
④ (○) 민법 제273조 제1항

> **합유지분의 처분과 합유물의 분할금지(민법 제273조)**
> ① 합유자는 전원의 동의없이 합유물에 대한 지분을 처분하지 못한다.

⑤ (×) 민법 제276조 제1항은 "총유물의 관리 및 처분은 사원총회의 결의에 의한다", 같은 조 제2항은 "각 사원은 정관 기타의 규약에 좇아 총유물을 사용·수익할 수 있다"라고 규정하고 있을 뿐 공유나 합유의 경우처럼 보존행위는 그 구성원 각자가 할 수 있다는 민법 제265조 단서 또는 제272조 단서와 같은 규정을 두고 있지 아니한바, 이는 법인 아닌 사단의 소유형태인 총유가 공유나 합유에 비하여 단체성이 강하고 구성원 개인들의 총유재산에 대한 지분권이 인정되지 아니하는 데에서 나온 당연한 귀결이라고 할 것이므로 총유재산에 관한 소송은 법인 아닌 사단이 그 명의로 사원총회의 결의를 거쳐 하거나 또는 그 구성원 전원이 당사자가 되어 필수적 공동소송의 형태로 할 수 있을 뿐 그 사단의 구성원은 설령 그가 사단의 대표자라거나 사원총회의 결의를 거쳤다 하더라도 그 소송의 당사자가 될 수 없고, 이러한 법리는 총유재산의 보존행위로서 소를 제기하는 경우에도 마찬가지라 할 것이다(대판[전합] 2005.9.15. 2004다44971).

02 공유에 관한 설명으로 옳지 않은 것은?(다툼이 있으면 판례에 따름) 기출 22

① 공유물분할청구권은 공유관계에 수반되는 형성권으로서 채권자대위권의 목적이 될 수 있다.

② 공유물의 소수지분권자가 다른 공유자와 협의 없이 공유물의 전부를 독점적으로 점유·사용하고 있는 경우, 다른 소수지분권자는 보존행위로서 공유물의 인도를 청구할 수 없다.

③ 특별한 사정이 없는 한 공유물의 과반수 지분권자가 그 공유물의 특정 부분을 배타적으로 사용·수익하기로 정하는 것은 공유물의 관리방법으로서 적법하다.

④ 특별한 사정이 없는 한 공유물의 과반수 지분권자로부터 사용·수익을 허락받은 점유자에 대하여 소수지분권자는 그 점유자가 사용·수익하는 공유물에 대한 점유배제를 구할 수 없다.

⑤ 특별한 사정이 없는 한 공유물의 과반수 지분권자로부터 공유부동산의 특정 부분에 대한 사용·수익을 허락받은 제3자는 소수지분권자에 대해 그 점유로 인하여 법률상 원인 없이 이득을 얻은 것으로 볼 수 있다.

해설 ① (○) 채권자는 자기의 채권을 보전하기 위하여, 일신에 전속한 권리가 아닌 한 채무자의 권리를 행사할 수 있다(민법 제404조 제1항). 공유물분할청구권은 공유관계에서 수반되는 형성권으로서 공유자의 일반재산을 구성하는 재산권의 일종이다. 공유물분할청구권의 행사가 오로지 공유자의 자유로운 의사에 맡겨져 있어 공유자 본인만 행사할 수 있는 권리라고 볼 수는 없다. 따라서 공유물분할청구권도 채권자대위권의 목적이 될 수 있다(대판[전합] 2020.5.21. 2018다879).

② (○) 공유물의 소수지분권자가 다른 공유자와 협의하지 않고 공유물의 전부 또는 일부를 독점적으로 점유하는 경우 다른 소수지분권자가 공유물의 보존행위로서 공유물의 인도를 청구할 수는 없다(대판[전합] 2020.5.21. 2018다287522 – 다수의견).

③ (○), ④ (○), ⑤ (×) [1] 공유자 사이에 공유물을 사용·수익할 구체적인 방법을 정하는 것은 공유물의 관리에 관한 사항으로서 공유자의 지분의 과반수로써 결정하여야 할 것이고, 과반수 지분의 공유자는 다른 공유자와 사이에 미리 공유물의 관리방법에 관한 협의가 없었다 하더라도 공유물의 관리에 관한 사항을 단독으로 결정할 수 있으므로, 과반수 지분의 공유자가 그 공유물의 특정 부분을 배타적으로 사용·수익하기로 정하는 것은 공유물의 관리방법으로서 적법하다고 할 것이므로, 과반수 지분의 공유자로부터 사용·수익을 허락받은 점유자에 대하여 소수 지분의 공유자는 그 점유자가 사용·수익하는 건물의 철거나 퇴거 등 점유배제를 구할 수 없다. [2] 과반수 지분의 공유자는 공유자와 사이에 미리 공유물의 관리방법에 관하여 협의가 없었다 하더라도 공유물의 관리에 관한 사항을 단독으로 결정할 수 있으므로 과반수 지분의 공유자는 그 공유물의 관리방법으로서 그 공유토지의 특정된 한 부분을 배타적으로 사용·수익할 수 있으나, 그로 말미암아 지분은 있으되 그 특정 부분의 사용·수익을 전혀 하지 못하여 손해를 입고 있는 소수지분권자에 대하여 그 지분에 상응하는 임료 상당의 부당이득을 하고 있다 할 것이므로 이를 반환할 의무가 있다 할 것이나, 그 과반수 지분의 공유자로부터 다시 그 특정 부분의 사용·수익을 허락받은 제3자의 점유는 다수지분권자의 공유물관리권에 터잡은 적법한 점유이므로 그 제3자는 소수지분권자에 대하여도 그 점유로 인하여 법률상 원인 없이 이득을 얻고 있다고는 볼 수 없다(대판 2002.5.14. 2002다9738).

03 공유에 관한 설명으로 옳지 않은 것은?(다툼이 있으면 판례에 따름) 기출 18

① 제3자가 공유물의 이용을 방해하고 있는 경우 각 공유자는 그의 지분에 기하여 단독으로 공유물 전부에 대한 방해의 제거를 청구할 수 있다.

② 제3자가 공유물의 이용을 방해하고 있는 경우 각 공유자는 제3자에 대하여 자신의 지분의 비율에 해당하는 부분에 한하여 부당이득의 반환을 청구할 수 있다.

③ 공유물 분할의 소는 공유자 전원이 당사자로 되어야 하므로, 원고를 제외한 공유자 모두가 피고로 된다.

④ 부동산공유자의 공유지분 포기의 의사표시가 다른 공유자에게 도달하더라도 등기를 하여야 공유지분 포기에 따른 물권변동의 효력이 발생한다.

⑤ 공유자 중 1인이 다른 공유자의 동의 없이 공유토지 전부를 매도하여 타인명의로 소유권이전등기가 마쳐진 경우, 다른 공유자는 그 공유물 전부에 관해 소유권이전등기의 말소를 청구할 수 있다.

해설 ① (○) 건물의 공유지분권자는 동 건물 전부에 대하여 보존행위로서 방해배제청구를 할 수 있다(대판 1968.9.17. 68다1142 · 68다1143).

② (○) 토지공유자는 특별한 사정이 없는 한 그 지분에 대응하는 비율의 범위 내에서만 그 차임 상당의 부당이득금 반환의 청구권을 행사할 수 있다(대판 1979.1.30. 78다2088).

③ (○) <u>공물분할청구의 소</u>는 분할을 청구하는 공유자가 원고가 되어 다른 공유자 전부를 공동피고로 하여야 하는 <u>고유필수적 공동소송</u>이다(대판 2014.1.29. 2013다78556).

④ (○) 민법 제267조는 "공유자가 그 지분을 포기하거나 상속인 없이 사망한 때에는 그 지분은 다른 공유자에게 각 지분의 비율로 귀속한다"라고 규정하고 있다. 여기서 공유지분의 포기는 법률행위로서 상대방 있는 단독행위에 해당하므로, 부동산공유자의 공유지분 포기의 의사표시가 다른 공유자에게 도달하더라도 이로써 곧바로 공유지분 포기에 따른 물권변동의 효력이 발생하는 것은 아니고, 다른 공유자는 자신에게 귀속될 공유지분에 관하여 소유권이전등기청구권을 취득하며, 이후 민법 제186조에 의하여 등기를 하여야 공유지분 포기에 따른 물권변동의 효력이 발생한다(대판 2016.10.27. 2015다52978).

⑤ (×) 공유자 중 1인이 다른 공유자의 동의 없이 그 공유토지의 특정부분을 매도하여 타인명의로 소유권이전등기가 마쳐졌다면, 그 매도부분토지에 관한 소유권이전등기는 처분공유자의 공유지분범위 내에서는 실체관계에 부합하는 유효한 등기라고 보아야 한다(대판 1994.12.2. 93다1596).

04 甲, 乙, 丙이 X토지를 각각 4 : 2 : 1의 지분비율로 공유하고 있다. 이에 관한 설명으로 틀린 것을 모두 고른 것은?(다툼이 있으면 판례에 따름) 기출수정 16

> ㄱ. 乙이 甲, 丙과 협의 없이 X토지 지상에 Y건물을 신축한 경우, 丙은 乙에게 Y건물의 철거 및 X토지의 인도를 청구할 수 있다.
>
> ㄴ. 乙과 丙으로부터 X토지를 임차한 丁은 이에 동의하지 않은 甲에게 임대차의 효력을 주장할 수 있다.
>
> ㄷ. 甲이 X토지의 개량을 위하여 단독으로 丁과 공사계약을 체결하면서 공사비용을 甲 자신이 선택 지급하기로 약정하였더라도, 乙과 丙 역시 丁에게 그들의 지분에 상응하는 공사비를 지급할 의무를 부담한다.
>
> ㄹ. 甲, 乙, 丙이 X토지를 구분소유하는 경우 甲의 공유지분 위에 근저당권이 설정된 후 구분소유적 공유관계가 해소되어 각자의 단독소유로 분할되었다면, 그 근저당권은 甲의 단독소유로 분할된 토지에 집중된다.

① ㄱ   ② ㄱ, ㄴ
③ ㄱ, ㄹ   ④ ㄱ, ㄷ, ㄹ
⑤ ㄱ, ㄴ, ㄷ, ㄹ

해설 ㄱ. (×) 공유물의 소수지분권자가 <u>다른 공유자와 협의 없이 공유물의 전부 또는 일부를 독점적으로 점유·사용하고 있는 경우</u> 다른 소수지분권자는 공유물의 보존행위로서 그 인도를 청구할 수는 없고, 다만 자신의 지분권에 기초하여 공유물에 대한 방해상태를 제거하거나 공동점유를 방해하는 행위의 금지 등을 청구할 수 있다고 보아야 한다(대판[전합] 2020.5.21. 2018다287522 - 다수의견). 따라서 丙은 乙에게 Y건물의 철거를 청구할 수 있으나, X토지의 인도를 청구할 수는 없다.

ㄴ. (×) 공유자가 공유물을 타인에게 임대하는 행위 및 그 임대차계약을 해지하는 행위는 공유물의 관리행위에 해당하므로 민법 제265조 본문에 의하여 공유자의 지분의 과반수로써 결정하여야 한다(대판 2010.9.9. 2010다37905). 따라서 丁은 토지임대에 동의하지 아니한 과반수지분권자인 甲에게 임대차의 효력을 주장할 수 없다.

ㄷ. (×) 공유토지의 과반수지분권자는 다른 공유자와 협의 없이 단독으로 관리행위를 할 수가 있으며 그로 인한 관리비용은 공유자의 지분비율에 따라 부담할 의무가 있으나, 위와 같은 **관리비용의 부담의무는 공유자의 내부관계에 있어서 부담을 정하는 것일 뿐, 제3자와의 관계는 당해 법률관계에 따라 결정된다**고 할 것이고, 따라서 과반수지분권자가 관리행위가 되는 정지공사를 시행함에 있어 시공회사에 대하여 공사비용은 자신이 정산하기로 약정하였다면 그 공사비를 직접 부담해야 할 사람은 과반수지분권자만이라 할 것이고, 다만 그가 그 공사비를 지출하였다면 다른 공유자에게 그의 지분비율에 따른 공사비만을 상환청구할 수 있을 뿐이다(대판 1991.4.12. 90다20220). 따라서 乙과 丙은 丁에게 각 지분에 상응하는 공사비지급의무를 부담하지 아니한다.

ㄹ. (×) 1필지의 토지의 위치와 면적을 특정하여 2인 이상이 구분소유하기로 하는 약정을 하고 구분소유자의 공유로 등기하는 <u>이른바 구분소유적 공유관계에 있어서, 1필지의 토지 중 특정부분에 대한 구분소유적 공유관계를 표상하는 공유지분을 목적으로 하는 근저당권이 설정된 후 구분소유하고 있는 특정부분별로 독립한 필지로 분할되고 나아가 구분소유자 상호 간에 지분이전등기를 하는 등으로 구분소유적 공유관계가 해소되더라도 그 근저당권은 종전의 구분소유적 공유지분의 비율대로 분할된 토지들 전부의 위에 그대로 존속하는 것이지, 근저당권설정자의 단독소유로 분할된 토지에 당연히 집중되는 것은 아니다</u>(대판 2014.6.26. 2012다25944).

05 공유에 관한 설명으로 옳지 않은 것은?(다툼이 있으면 판례에 따름) [기출수정] 15

① 공유자는 다른 공유자가 분할로 인하여 취득한 물건에 대하여 그 지분의 비율로 매도인과 동일한 담보책임이 있다.

② 공유자가 그 지분을 포기하거나 상속인 없이 사망한 때에는 법률에 다른 규정이 없으면 그 지분은 다른 공유자에게 각 지분의 비율로 귀속한다.

③ 공유물분할협의가 성립한 후에 공유자 일부가 분할에 따른 이전등기에 협력하지 않으면, 재판상 분할을 청구할 수 있다.

④ 토지의 1/2 지분권자가 나머지 1/2 지분권자와 협의 없이 토지를 배타적으로 독점사용하는 경우, 나머지 지분권자가 공유물의 보존행위로서 그 인도를 청구할 수는 없고, 다만 자신의 지분권에 기초하여 공유물에 대한 방해상태를 제거하거나 공동점유를 방해하는 행위의 금지 등을 청구할 수 있다.

⑤ 공유자는 법률에 다른 규정이 없으면 5년 내의 기간으로 공유물분할금지약정을 할 수 있고, 갱신한 때에는 그 기간은 갱신일로부터 5년을 넘지 못한다.

해설 ① (○) 공유자는 다른 공유자가 분할로 인하여 취득한 물건에 대하여 그 지분의 비율로 매도인과 동일한 담보책임이 있다(민법 제270조).

② (○) 공유자가 그 지분을 포기하거나 상속인 없이 사망한 때에는 그 지분은 다른 공유자에게 각 지분의 비율로 귀속한다(민법 제267조).

③ (×) 공유물 분할은 협의분할을 원칙으로 하고 협의가 성립되지 아니한 때에는 재판상 분할을 청구할 수 있으므로 공유자 사이에 이미 분할에 관한 협의가 성립된 경우에는 일부 공유자가 분할에 따른 이전등기에 협조하지 않거나 분할에 관하여 다툼이 있더라도 그 분할된 부분에 대한 소유권이전등기를 청구하든가 소유권확인을 구함은 별 문제이나 또다시 소로써 그 분할을 청구하거나 이미 제기한 공유물 분할의 소를 유지함은 허용되지 않는다(대판 1995.1.12. 94다30348·94다30355).

④ (○) [1] 공유물의 소수지분권자인 피고가 다른 공유자와 협의하지 않고 공유물의 전부 또는 일부를 독점적으로 점유하는 경우 다른 소수지분권자인 원고가 피고를 상대로 공유물의 인도를 청구할 수는 없다. [2] 공유물의 소수지분권자가 다른 공유자와 협의 없이 공유물의 전부 또는 일부를 독점적으로 점유·사용하고 있는 경우 다른 소수지분권자는 공유물의 보존행위로서 그 인도를 청구할 수는 없고, 다만 자신의 지분권에 기초하여 공유물에 대한 방해상태를 제거하거나 공동점유를 방해하는 행위의 금지 등을 청구할 수 있다(대판[전합] 2020.5.21. 2018다287522 – 다수의견).

⑤ (○) 민법 제268조 제1항 단서·제2항

> **공유물의 분할청구(민법 제268조)**
> ① 공유자는 공유물의 분할을 청구할 수 있다. 그러나 5년 내의 기간으로 분할하지 아니할 것을 약정할 수 있다.
> ② 전항의 계약을 갱신한 때에는 그 기간은 갱신한 날로부터 5년을 넘지 못한다.
> ③ 전2항의 규정은 제215조, 제239조의 공유물에는 적용하지 아니한다.

06 공유에 관한 설명으로 옳은 것은?(다툼이 있는 경우에는 판례에 의함) 기출 14

① 공유부동산이 공유자 중 1인의 단독소유로 등기된 경우, 다른 공유자는 그 등기의 전부말소를 청구할 수 있다.

② 공유자 중 1인이 자신의 지분 중 일부를 다른 공유자에게 양도하기로 하는 지분처분에 관한 공유자 간의 약정은 각 공유자의 특정승계인에게 당연히 승계된다.

③ 수인을 1단체로 하는 부동산의 명의신탁이 있어 유효한 경우, 수탁자 상호 간의 소유형태는 단순한 공유관계라고 할 것이다.

④ 공유자 중 1인이 그 지분의 범위 내에서 공유물의 일부를 특정하여 타인에게 증여한 경우, 특별한 사정이 없으면, 이는 유효한 처분행위이다.

⑤ 특별한 사정이 없으면, 공유물의 과반수지분권자는 그 물건을 관리하기 위하여 이를 점유하는 다른 공유자에게 그 공유물 전부의 인도를 청구할 수 없다.

해설 ① (×) 공유자 중 1인의 단독명의로 마쳐진 원인무효의 소유권이전등기에 관하여 다른 공유자가 등기명의인인 공유자를 상대로 말소등기절차의 이행을 구할 수 있는 범위는 등기명의인인 공유자의 공유지분을 제외한 나머지 공유지분 전부이다(대판 2015.4.9. 2012다2408).

② (×) 공유자 간의 공유물에 대한 사용수익·관리에 관한 특약은 공유자의 특정승계인에 대하여도 당연히 승계된다고 할 것이나(대판 2005.5.12. 2005다1827), 공유자 중 1인이 자신의 지분 중 일부를 다른 공유자에게 양도하기로 하는 공유자 간의 **지분의 처분에 관한 약정**까지 공유자의 특정승계인에게 **당연히 승계되는 것으로 볼 수는 없다**(대판 2007.11.29. 2007다64167).

③ (○) 수인에 대한 부동산의 명의신탁에 있어 수탁자 상호 간의 소유형태는 단순한 공유관계라 할 것이다(대판 1982.11.23. 81다39).

④ (×) 공유물을 처분하거나 변경하기 위하여는 공유자 전원의 동의가 있어야 한다(민법 제264조). 따라서 **공유자의 1인이 공유물 중 일부를 특정하여 타인에게 증여하였다면 이는 특단의 사정이 없는 한 권한 없는 자의 처분행위에 지나지 않는다**(대판 1985.9.24. 85다카451·452).

⑤ (×) 공유물에 대한 **과반수지분권자는 공유물의 관리방법으로 이를 점유하고 있는 다른 공유자 또는 제3자에 대하여 그 공유물 전부의 인도를 청구할 수 있다**(대판 1968.11.26. 68다1675).

07 甲과 乙 두 사람은 X토지를 공유하고 있다(등기된 지분은 각 1/2, 실제의 지분은 甲 3/5, 乙 2/5임). 甲은 乙과 상의 없이 X토지 위에 건물을 신축하여 점유·사용하고 있다. 다음 설명 중 옳지 않은 것은?(다툼이 있는 경우에는 판례에 의함) 기출 13

① 乙은 甲을 상대로 X토지에 대한 자신의 등기부상의 지분에 따라 공유물분할청구소송을 제기할 수 있다.

② 제3자가 X토지를 불법점유하고 있는 경우, 乙은 X토지의 반환을 청구할 수 있다.

③ 乙은 甲을 상대로 하여 건물의 철거를 청구할 수 있다.

④ 乙은 甲을 상대로 자신의 지분의 비율로 X토지에 관한 임료 상당의 부당이득 반환을 청구할 수 있다.

⑤ 甲의 건물신축행위는 토지에 대한 관리행위가 아니므로 甲은 乙의 동의 없이 건물을 신축할 권한이 없다.

해설 ① (×) **공유물분할청구소송에 있어 원래의 공유자들이 각 그 지분의 일부 또는 전부를 제3자에게 양도하고 그 지분이전등기까지 마쳤다면, 새로운 이해관계가 형성된 그 제3자에 대한 관계에서는 달리 특별한 사정이 없는 한 일단 등기부상의 지분을 기준으로 할 수밖에 없을 것이나, 원래의 공유자들 사이에서는 등기부상 지분과 실제의 지분이 다르다는 사실이 인정된다면 여전히 실제의 지분을 기준으로 삼아야 할 것이고 등기부상 지분을 기준으로 하여 그 실제의 지분을 초과하거나 적게 인정할 수는 없다**(대판 2001.3.9. 98다51169).

② (○) **건물의 공유지분권자는 동 건물 전부에 대하여 보존행위로서 방해배제청구를 할 수 있다**(대판 1968.9.17. 68다1142·68다1143). 따라서 乙은 X토지의 불법점유자인 제3자에게 그 토지의 반환을 청구할 수 있다.

③ (○), ⑤ (○) **다수지분권자라 하여 나대지에 새로이 건물을 건축한다든지 하는 것은 '관리'의 범위를 넘는 것이다**(대판 2001.11.27. 2000다33638·33645). 따라서 甲이 乙의 동의 없이 건물을 신축하였다면, 乙은 甲을 상대로 그 건물의 철거를 청구할 수 있다.

④ (○) 과반수지분의 공유자는 공유자와 사이에 미리 공유물의 관리방법에 관하여 협의가 없었다 하더라도 공유물의 관리에 관한 사항을 단독으로 결정할 수 있으므로 **과반수지분의 공유자는 그 공유물의 관리방법으로서 그 공유토지의 특정된 한 부분을 배타적으로 사용·수익할 수 있으나, 그로 말미암아 지분은 있으되 그 특정부분의 사용·수익을 전혀 하지 못하여 손해를 입고 있는 소수지분권자에 대하여 그 지분에 상응하는 임료 상당의 부당이득을 하고 있다 할 것이므로 이를 반환할 의무가 있다 할 것이나, 그 과반수지분의 공유자로부터 다시 그 특정부분의 사용·수익을 허락받은 제3자의 점유는 다수지분권자의 공유물관리권에 터 잡은 적법한 점유이므로 그 제3자는 소수지분권자에 대하여도 그 점유로 인하여 법률상 원인 없이 이득을 얻고 있다고는 볼 수 없다**(대판 2002.5.14. 2002다9738).

08 총유에 관한 설명으로 옳은 것을 모두 고른 것은?(다툼이 있으면 판례에 따름) 기출 17

> ㄱ. 총유물에 관한 사원의 의무는 사원의 지위를 상실함으로써 상실된다.
> ㄴ. 총유물의 관리는 정관 기타 규약에 달리 정한 바가 없으면 사원총회의 결의에 의한다.
> ㄷ. 종중이 그 총유재산에 대한 보존행위로서 소송을 하는 경우에도 특별한 사정이 없는 한, 종중총회에서 전체 종원 과반수 이상의 결의를 거쳐야 한다.
> ㄹ. 비법인사단이 정관에 다른 정함이 있다는 등의 특별한 사정이 있음에도 불구하고 사원총회결의 없이 총유재산의 처분에 관하여 자기명의로 제기한 소송은 소송요건의 흠결로서 부적법하다.

① ㄱ, ㄷ
② ㄱ, ㄴ, ㄹ
③ ㄱ, ㄷ, ㄹ
④ ㄴ, ㄷ, ㄹ
⑤ ㄱ, ㄴ, ㄷ, ㄹ

해설　ㄱ. (○) 총유물에 관한 사원의 권리의무는 사원의 지위를 취득상실함으로써 취득상실된다(민법 제277조).
　ㄴ. (○) 민법 제275조 제2항, 제276조 제1항

> **물건의 총유(민법 제275조)**
> ① 법인이 아닌 사단의 사원이 집합체로서 물건을 소유할 때에는 총유로 한다.
> ② 총유에 관하여는 사단의 정관 기타 계약에 의하는 외에 다음 2조의 규정에 의한다.
>
> **총유물의 관리, 처분과 사용, 수익(민법 제276조)**
> ① 총유물의 관리 및 처분은 사원총회의 결의에 의한다.
> ② 각 사원은 정관 기타의 규약에 좇아 총유물을 사용, 수익할 수 있다.

　ㄷ. (×) 총유물의 보존에 있어서는 공유물의 보존에 관한 민법 제265조의 규정이 적용될 수 없고, 특별한 사정이 없는 한 민법 제276조 제1항의 규정에 따라 사원총회의 결의를 거쳐야 하므로(대판 1994.10.25. 94다28437), 법인 아닌 사단인 교회가 그 총유재산에 대한 보존행위로서 소송을 하는 경우에도 특별한 사정이 없는 한 교인총회의 결의를 거쳐야 한다. 이와 관련하여 "총회의 결의는 민법 또는 정관에 다른 규정이 없으면 사원 과반수의 출석과 출석사원의 의결권의 과반수로써 한다"는 민법 제75조 제1항의 규정은 법인 아닌 사단에 대하여도 유추적용될 수 있다(대판 2007.12.27. 2007다17062). 따라서 종원 과반수의 출석과 출석종원 과반수 이상의 결의를 거쳐야 한다.
　ㄹ. (○) 비법인사단이 총유재산에 관한 소송을 제기할 때에는 정관에 다른 정함이 있다는 등의 특별한 사정이 없는 한 사원총회결의를 거쳐야 하는 것이므로, 비법인사단이 이러한 사원총회결의 없이 그 명의로 제기한 소송은 소송요건이 흠결된 것으로서 부적법하다(대판 2011.7.28. 2010다97044).

제6관 | 명의신탁

01
甲은 농지법상 처분명령을 회피하기 위하여 친구인 乙과 2020.3.19. 양자 간 명의신탁약정을 체결하였다. 이에 따라 乙은 甲으로부터 甲 소유 X토지의 소유권이전등기를 넘겨받았다. 이에 관한 설명으로 옳지 않은 것은?(다툼이 있으면 판례에 따름) 기출 22

① 甲은 乙을 상대로 진정명의 회복을 위한 소유권이전등기를 청구할 수 있다.
② 甲은 명의신탁해지를 원인으로 하여 乙을 상대로 소유권이전등기를 청구할 수 없다.
③ 甲이 乙을 상대로 그 등기의 말소를 청구하는 것은 특별한 사정이 없는 한 민법 제746조의 불법원인급여를 이유로 금지된다.
④ 乙이 제3자에게 X토지를 임의로 처분한 경우, 甲은 그 제3자에게 소유권이전등기의 말소를 청구할 수 없다.
⑤ 乙이 제3자에게 X토지를 임의로 처분한 경우, 형사상 횡령죄의 성립 여부와 관계없이 乙은 甲에 대하여 민사상 불법행위책임을 부담한다.

해설 ① (○) 이미 자기 앞으로 소유권을 표상하는 등기가 되어 있었거나 법률에 의하여 소유권을 취득한 자가 진정한 등기명의를 회복하기 위한 방법으로는 현재의 등기명의인을 상대로 그 등기의 말소를 구하는 외에 "진정한 등기명의의 회복"을 원인으로 한 소유권이전등기절차의 이행을 직접 구하는 것도 허용되므로(대판[전합] 1990.11.27. 89다카12398) 甲은 乙을 상대로 진정명의 회복을 위한 소유권이전등기를 청구할 수 있다.
② (○) 부동산 실권리자명의 등기에 관한 법률(이하 '부동산실명법')이 적용되어 양자 간 명의신탁 약정이 무효인 경우(부동산실명법 제4조 제1항) 소유권자는 대내적 · 대외적으로 신탁자이므로(부동산실명법 제4조 제2항 본문) 신탁자 甲이 명의신탁해지를 원인으로 수탁자 乙을 상대로 소유권이전등기를 청구할 수는 없다.
③ (×) 부동산실명법 규정의 문언, 내용, 체계와 입법 목적 등을 종합하면, 부동산실명법을 위반하여 무효인 명의신탁약정에 따라 명의수탁자 명의로 등기를 하였다는 이유만으로 그것이 당연히 불법원인급여에 해당한다고 단정할 수는 없다. 이는 농지법에 따른 제한을 회피하고자 명의신탁을 한 경우에도 마찬가지이다(대판[전합] 2019.6.20. 2013다218156 – 다수의견). 따라서 명의신탁자 甲이 명의수탁자 乙을 상대로 그 등기의 말소를 청구하는 것은 특별한 사정이 없는 한 민법 제746조의 불법원인급여에 해당하지 않아 금지되지 않는다.
④ (○) 양자 간 등기명의신탁에서 명의수탁자가 신탁부동산을 처분하여 제3취득자가 유효하게 소유권을 취득하고 이로써 명의신탁자가 신탁부동산에 대한 소유권을 상실하였다면, 명의신탁자의 소유권에 기한 물권적 청구권, 즉 말소등기청구권이나 진정명의회복을 원인으로 한 이전등기청구권도 더 이상 그 존재 자체가 인정되지 않으므로(대판 2013.2.28. 2010다89814) 명의수탁자 乙이 제3자에게 X토지를 임의로 처분한 경우, 명의신탁자 甲은 그 제3자에게 소유권이전등기의 말소를 청구할 수 없다.
⑤ (○) 명의수탁자가 양자 간 명의신탁에 따라 명의신탁자로부터 소유권이전등기를 넘겨받은 부동산을 임의로 처분한 행위가 형사상 횡령죄로 처벌되지 않더라도, 위 행위는 명의신탁자의 소유권을 침해하는 행위로서 형사상 횡령죄의 성립 여부와 관계없이 민법상 불법행위에 해당하여 명의수탁자는 명의신탁자에게 손해배상책임을 부담하므로(대판 2021.6.3. 2016다34007) 명의수탁자 乙이 제3자에게 X토지를 임의로 처분한 경우, 형사상 횡령죄 성립 여부와 관계없이 乙은 명의신탁자 甲에 대하여 민사상 불법행위책임을 부담한다.

01 ③ 정답

02 甲은 2010년 2월 11일에 조세포탈의 목적으로 乙과 명의신탁약정을 맺었고, 이에 따라 乙은 甲으로부터 받은 매수자금을 가지고 계약의 당사자로서 丙 소유의 부동산을 매수하고 丙으로부터 소유권이전등기를 경료받았다. 이에 관한 설명으로 옳지 않은 것은?(다툼이 있으면 판례에 따름) 기출 20

① 丙이 계약체결 이후에 甲과 乙의 명의신탁약정사실을 알게 된 경우, 乙과의 매매계약은 소급적으로 무효가 된다.

② 丙이 甲과 乙의 명의신탁관계를 모른 경우, 그 명의신탁관계는 계약명의신탁에 해당한다.

③ 丙이 甲과 乙의 명의신탁관계를 모르고 있었던 경우, 특별한 사정이 없는 한 乙은 甲으로부터 지급받은 취득세를 甲에게 부당이득으로 반환하여야 한다.

④ 명의신탁약정의 무효로 인하여 乙은 당해 부동산 자체가 아니라 甲으로부터 제공받은 매수자금을 부당이득한 것이다.

⑤ 丙이 계약 당시 甲과 乙의 명의신탁관계를 알고 있었던 경우, 丙은 乙에게 매매계약이 무효임을 이유로 乙 명의의 등기말소를 구할 수 있다.

해설 ① (×) 부동산 실권리자명의 등기에 관한 법률 제4조 제2항 단서는 부동산거래의 상대방을 보호하기 위한 것으로 상대방이 명의신탁약정이 있다는 사실을 알지 못한 채 물권을 취득하기 위한 계약을 체결한 경우 그 계약과 그에 따른 등기를 유효라고 한 것이다. **명의신탁자와 명의수탁자가 계약명의신탁약정을 맺고 명의수탁자가 당사자가 되어 매도인과 부동산에 관한 매매계약을 체결하는 경우 그 계약과 등기의 효력은 매매계약을 체결할 당시 매도인의 인식을 기준으로 판단해야 하고, 매도인이 계약체결 이후에 명의신탁약정사실을 알게 되었다고 하더라도 위 계약과 등기의 효력에는 영향이 없다. 매도인이 계약체결 이후 명의신탁약정사실을 알게 되었다는 우연한 사정으로 인해서 위와 같이 유효하게 성립한 매매계약이 소급적으로 무효로 된다고 볼 근거가 없다.** 만일 매도인이 계약체결 이후 명의신탁약정사실을 알게 되었다는 사정을 들어 매매계약의 효력을 다툴 수 있도록 한다면 매도인의 선택에 따라서 매매계약의 효력이 좌우되는 부당한 결과를 가져올 것이다(대판 2018.4.10. 2017다257715).

② (○) 수탁자 乙은 계약당사자의 지위에서 매도인 丙과 매매계약을 체결하였으므로, 위 명의신탁은 계약명의신탁에 해당한다.

③ (○), ④ (○) [1] 부동산 실권리자명의 등기에 관한 법률 제4조에 따르면 **부동산에 관한 명의신탁약정과 그에 따른 부동산물권 변동은 무효이고, 다만 부동산에 관한 물권을 취득하기 위한 계약에서 명의수탁자가 어느 한쪽 당사자가 되고 상대방당사자는 명의신탁약정이 있다는 사실을 알지 못한 경우 명의수탁자는 부동산의 완전한 소유권을 취득하되 명의신탁자에 대하여 부당이득반환의무를 부담하게 될 뿐이다**(대판 2019.6.13. 2017다246180). [2] 부동산경매절차에서 부동산을 매수하려는 사람이 다른 사람과의 명의신탁약정 아래 그 사람의 명의로 매각허가결정을 받아 자신의 부담으로 매수대금을 완납한 경우, 경매목적부동산의 소유권은 매수대금의 부담 여부와는 관계없이 그 명의인이 취득하게 되고, 매수대금을 부담한 명의신탁자와 명의를 빌려준 명의수탁자 사이의 명의신탁약정은 부동산 실권리자명의 등기에 관한 법률 제4조 제1항에 의하여 무효이므로, **명의신탁자는 명의수탁자에 대하여 그 부동산 자체의 반환을 구할 수는 없고 명의수탁자에게 제공한 매수대금에 상당하는 금액의 부당이득반환청구권을 가질 뿐이다**(대판 2009.9.10. 2006다73102).

⑤ (○) 이른바 계약명의신탁약정을 맺고 명의수탁자가 당사자가 되어 **명의신탁약정이 있다는 사실을 알고 있는 소유자와 부동산에 관한 매매계약을 체결한 후 매매계약에 따라 부동산의 소유권이전등기를 명의수탁자 명의로 마친 경우에는 부동산 실권리자명의 등기에 관한 법률(이하 '부동산실명법'이라 한다) 제4조 제2항 본문에 의하여 수탁자 명의의 소유권이전등기는 무효이고 부동산의 소유권은 매도인이 그대로 보유하게 된다**(대판 2012.11.29. 2011도7361). 따라서 매도인 丙은 수탁자 乙에게 매매계약의 무효를 이유로 위 등기의 말소를 구할 수 있다.

03 甲은 2015년 초에 乙 소유의 X토지를 매입하면서, 친구인 丙이 乙과의 매매계약을 통하여 丙 명의로 소유권이전등기를 하되 나중에 甲이 원하면 甲의 명의로 X토지의 소유권을 이전해 주기로 丙과 합의한 후, 매매대금 명목으로 丙에게 5억원을 건네주었다. 수일 후 丙은 이러한 사정을 모르는 乙과 매매계약을 체결하고 같은 날 丙 명의의 소유권이전등기를 마쳤다. 그 후 丙이 X토지의 소유관계를 알고 있는 丁에게 매각하고 소유권이전등기를 넘겨주었다. 이에 대한 설명으로 옳지 않은 것은?(다툼이 있으면 판례에 따름) 기출 16

① 甲과 丙 사이의 합의는 무효이다.
② 丙은 X토지의 소유권을 적법하게 취득한다.
③ 丁은 X토지의 소유권을 적법하게 취득한다.
④ 甲의 丙에 대한 부당이득반환청구로서 X토지의 소유권을 甲에게 이전하라는 것은 허용되지 않는다.
⑤ 甲은 丙에게 지급한 매수자금 5억원의 반환을 청구할 수 없다.

해설 ① (○), ② (○) 사안은 계약명의신탁에서 매도인이 명의신탁약정사실에 대하여 선의인 경우에 해당하므로, 신탁자 甲과 수탁자 丙 간의 명의신탁약정은 무효이나(부동산실명법 제4조 제1항), 매매계약의 유효로 인하여 소유권은 수탁자 丙이 취득하게 된다(부동산실명법 제4조 제2항 단서).
③ (○) 계약명의신탁에서 매도인이 명의신탁약정사실에 대하여 선의인 경우에는 매도인과 수탁자 간의 물권 변동은 유효하므로(부동산실명법 제4조 제2항 단서), 수탁자 丙이 유효하게 X토지의 소유권을 취득하게 된다. 나아가 X토지의 소유자인 丙과 매매계약을 체결한 후 소유권이전등기를 마친 丁은, 비록 악의라 할지라도 특별한 사정이 없는 한 유효하게 X토지의 소유권을 취득하게 된다(부동산실명법 제4조 제3항).
④ (○), ⑤ (×) 부동산실명법 시행(1995.7.1.) 후 이루어진 계약명의신탁의 경우, 신탁자 甲은 당해 부동산의 소유권을 취득할 수 없으므로, 그가 입은 손해는 당해 부동산 자체가 아닌 수탁자 丙에게 제공한 매수대금에 상당하는 금액이다. 따라서 신탁자 甲은 수탁자 丙에게 매수자금 5억원의 반환을 청구할 수 있다.

04 甲은 X토지의 소유자인 丙과 매매계약을 체결하고 그 대금을 지급한 후, 소유권이전등기는 자신과 명의신탁약정을 한 친구 乙에게 이전해 줄 것을 요청하여 乙 앞으로 그 등기가 경료되었다. 다음 중 옳지 않은 것은?(다툼이 있는 경우에는 판례에 의함) 기출 13

① 乙에게로의 이전등기에도 불구하고 甲은 丙에 대하여 소유권이전등기청구권을 상실하지 않는다.
② 甲은 丙을 대위하여 乙 명의의 소유권이전등기의 말소를 청구할 수 있다.
③ 甲은 직접 乙을 상대로 하여 부당이득을 원인으로 하는 소유권이전등기를 청구할 수 없다.
④ 乙은 丙이 甲에게 매매대금을 반환할 때까지 丙의 소유권이전등기말소청구에 응하지 않을 수 있다.
⑤ 乙이 甲의 소유권이전등기청구에 응하여 자의로 X토지의 소유권이전등기를 하여 주었다면, 그 이전등기는 실체관계에 부합하므로 유효하다.

해설 ① (O), ② (O) 사안은 중간생략형 명의신탁(3자간 명의신탁)에 해당한다. 판례는 중간생략형 명의신탁에 대하여 「부동산 실권리자명의 등기에 관한 법률 소정의 유예기간 경과에 의하여 기존 명의신탁약정과 그에 의한 등기가 무효로 되면 명의신탁부동산은 매도인 소유로 복귀하므로 매도인은 명의수탁자에게 무효인 명의수탁자 명의의 등기의 말소를 구할 수 있게 되고, 한편 같은 법은 매도인과 명의신탁자 사이의 매매계약의 효력을 부정하는 규정을 두고 있지 아니하여 위 유예기간 경과 후로도 매도인과 명의신탁자 사이의 매매계약은 여전히 유효하므로, 명의신탁자는 위 매매계약에 기한 매도인에 대한 소유권이전등기청구권을 보전하기 위하여 매도인을 대위하여 명의수탁자에게 무효인 명의수탁자 명의의 등기의 말소를 구할 수 있다」고 보았다(대판 1999.9.17. 99다21738).
③ (O) 이른바 3자간 등기명의신탁의 경우 부동산 실권리자명의 등기에 관한 법률에서 정한 유예기간 경과에 의하여 그 명의신탁약정과 그에 의한 등기가 무효로 되더라도 명의신탁자는 매도인에 대하여 매매계약에 기한 소유권이전등기청구권을 보유하고 있어 그 유예기간의 경과로 그 등기명의를 보유하지 못하는 손해를 입었다고 볼 수 없다. 또한 명의신탁부동산의 소유권이 매도인에게 복귀한 마당에 명의신탁자가 무효인 등기의 명의인인 명의수탁자를 상대로 그 이전등기를 구할 수도 없다. 결국 3자간 등기명의신탁에 있어서 명의신탁자는 명의수탁자를 상대로 부당이득 반환을 원인으로 한 소유권이전등기를 구할 수 없다(대판 2008.11.27. 2008다55290·55306).
④ (×) 부동산실명법은 매도인과 신탁자 간의 매매계약의 효력을 부정하는 규정을 두고 있지 아니하므로, 유예기간이 경과한 후에도 그 계약은 여전히 유효하다. 따라서 매도인 丙에게 신탁자 甲에 대한 매매대금반환의무가 인정되지 아니하므로, 수탁자 乙이 동시이행의 항변권을 행사하여 丙의 소유권이전등기말소청구를 거부할 수는 없다.
⑤ (O) 부동산실명법에서 정한 유예기간의 경과로 기존 명의신탁약정과 그에 의한 명의수탁자 명의의 등기가 모두 무효로 되고, 명의신탁자는 명의신탁약정의 당사자로서 같은 법 제4조 제3항의 제3자에 해당하지 아니하므로 명의신탁자 명의의 소유권이전등기도 무효가 된다 할 것이지만, 한편 같은 법은 매도인과 명의신탁자 사이의 매매계약의 효력을 부정하는 규정을 두고 있지 아니하여 유예기간 경과 후로도 매도인과 명의신탁자 사이의 매매계약은 여전히 유효하므로, 명의신탁자는 매도인에 대하여 매매계약에 기한 소유권이전등기를 청구할 수 있고, 그 소유권이전등기청구권을 보전하기 위하여 매도인을 대위하여 명의수탁자에게 무효인 그 명의등기의 말소를 구할 수도 있으므로, 명의수탁자가 명의신탁자 앞으로 바로 경료해 준 소유권이전등기는 결국 실체관계에 부합하는 등기로서 유효하다(대판 2004.6.25. 2004다6764).

04 용익물권

01 지상권

제1관 | 일반 지상권

Ⅰ 총 설

1. 의의 및 법적 성질

> **지상권의 내용(민법 제279조)**
> 지상권자는 타인의 토지에 건물 기타 공작물이나 수목을 소유하기 위하여 그 토지를 사용하는 권리가 있다.

(1) 의 의

지상권이란 타인의 토지에 건물 기타 공작물 또는 수목을 소유하기 위하여 그 토지를 사용하는 권리를 말한다(민법 제279조).

(2) 법적 성질

1) 타물권

① 지상권은 타물권, 즉 타인의 토지에 대한 권리이다. 1필 토지의 일부라도 무방하나, 등기를 하여야 한다(부동산등기법 제69조 제6호, 부동산등기규칙 제126조 제2항 참고). 기출 19

② 지상권의 객체인 토지의 소유권은 그 상하에 미치지만(민법 제212조), 지상 또는 지하의 공간을 구분하여 지상권의 목적으로 할 수도 있다(구분지상권)(민법 제289조의2).

2) 용익물권

지상권은 타인의 토지를 독점적으로 사용할 수 있는 권리이다. 토지를 점유할 수 있는 권리(민법 제213조 단서)를 포함하며, 상린관계에 관한 규정이 준용된다(민법 제290조).

> 지상권은 타인의 토지에서 건물 기타의 공작물이나 수목을 소유하는 것을 본질적 내용으로 하는 것이 아니라 타인의 토지를 사용하는 것을 본질적 내용으로 하고 있으므로 지상권 설정계약 당시 건물 기타의 공작물이나 수목이 없더라도 지상권은 유효하게 성립할 수 있고, 또한 기존의 건물 기타의 공작물이나 수목이 멸실되더라도 존속기간이 만료되지 않는 한 지상권이 소멸되지 아니한다(대판 1996.3.22. 95다49318).

3) 건물 기타 공작물 또는 수목을 소유하기 위한 토지사용권

① 공작물은 인공적으로 설치된 모든 설비로서, 지상공작물뿐만 아니라 지하공작물도 포함한다.

② 수목은 식림(植林)의 대상이 되는 식물을 말한다. 경작의 대상이 되는 식물(쌀, 보리 등)은 포함하지 않는다(다수설).

4) 지료의 지급은 지상권의 성립요소가 아니다(민법 제279조).

> 지상권에 있어서 지료의 지급은 그의 요소가 아니어서 지료에 관한 유상 약정이 없는 이상 지료의 지급을 구할 수 없다(대판 1999.9.3. 99다24874). 다만, 법정지상권의 경우에는 당연히 지료지급의무가 발생한다.

2. 구별개념

(1) 지역권 및 전세권과 이동(異同)

지상권은 용익물권이라는 점에서 지역권 및 전세권과 공통되지만, 공작물이나 수목을 소유하기 위하여 타인의 토지를 사용한다는 점에서 소유를 목적으로 하지 않는 지역권이나 전세권과 다르다.

(2) 임대차와 이동

1) 대항력 유무

① 물권인 지상권은 대항력이 있다.

② 채권인 임차권은 원칙적으로 대항력을 없으나 등기하면 대항력을 갖는다(민법 제621조, 제622조). 또한 주거용 건물이나 상가건물의 임대차에서는 일정한 요건을 갖추면 등기 없이도 대항력을 갖게 된다.

2) 존속기간

① 지상권은 최장기간의 제한이 없고, 사용목적에 따라 최단기간이 법정되어 있다(민법 제280조). 존속기간의 정함이 없는 경우 지상권에서 토지의 사용목적에 따른 최단기간을 존속기간으로 본다(민법 제281조). 따라서 지상권에는 소멸통고가 인정되지 않는다.

② 임차권은 최장기간의 제한이 없는 것은 지상권과 동일하나, 최단기간의 제한과 관련해서는 민법상으로는 최단기간의 제한은 없으나 주택임대차보호법 제4조 제1항이나 상가건물 임대차보호법 제9조 제1항의 경우 최단기간의 제한을 규정하고 있다. 또한 기간의 약정이 없는 경우 당사자는 언제든지 해지통고를 할 수 있다(민법 제635조 제1항).

3) 지 료

① 지상권에서 지료는 그 요소가 아니나(민법 제270조), 차임은 임대차의 요소이다(민법 제618조).

② 지상권에서 2년 이상 지급이 연체되면 지상권설정자가 지상권소멸청구를 할 수 있는 반면(민법 제287조), 임대차에서는 2기의 차임액에 달하면 임대인은 해지통고를 할 수 있다(민법 제640조).

4) 법정갱신

지상권에는 법정갱신이 인정되지 않으나, 임차권에는 법정갱신이 인정된다.

5) 부속물매수청구권

지상권에는 부속물매수청구권이 인정되지 않으나, 건물임차인 또는 전차인은 부속물매수청구권이 인정된다(민법 제646조, 제647조).

6) 비용상환청구권

① 지상권자에게 수선의무가 있으므로, 해석상 지상권자의 유익비상환청구권만 인정된다.

② 반면 임차인의 필요비, 유익비상환청구권은 모두 명문으로 인정된다(민법 제626조).

7) 증감청구권

① 지상권에는 지상권설정자, 지상권자 모두에게 지료증감청구권이 인정된다(민법 제286조).

② 임차권 또한 임대인, 임차인 모두에게 차임증감청구권이 인정된다(민법 제628조).

Ⅱ 지상권의 취득

1. 법률행위에 의한 취득

토지소유자와 지상권자 사이의 지상권설정에 관한 물권적 합의와 등기에 의하여 지상권이 취득된다(민법 제186조).

2. 법률행위에 의하지 않은 취득(법정지상권)

등기 없이도 당연히 지상권을 취득한다(민법 제187조).

Ⅲ 지상권의 존속기간

1. 설정행위로 존속기간을 정하는 경우

> **존속기간을 약정한 지상권(민법 제280조)**
> ① 계약으로 지상권의 존속기간을 정하는 경우에는 그 기간은 다음 연한보다 단축하지 못한다.
>   1. 석조, 석회조, 연와조 또는 이와 유사한 견고한 건물이나 수목의 소유를 목적으로 하는 때에는 30년
>   2. 전호 이외의 건물의 소유를 목적으로 하는 때에는 15년
>   3. 건물 이외의 공작물의 소유를 목적으로 하는 때에는 5년
> ② 전항의 기간보다 단축한 기간을 정한 때에는 전항의 기간까지 연장한다.

① **최단기간의 제한**(민법 제280조)

ㄱ 지상권자를 보호하기 위하여 민법은 최단 존속기간을 규정하고 있다. 이에 어긋나는 계약은 강행법규에 위반되어 무효이다.

ㄴ 지상권설정행위로 민법 제280조 제1항의 기간보다 짧은 기간을 정한 때에는 그 존속기간을 최단기간까지 연장한다(민법 제280조 제2항).

ⓒ 최단 존속기간에 관한 규정은 지상권자가 그 소유의 건물 등을 건축하거나 수목을 식재하여 토지를 이용할 목적으로 지상권을 설정한 경우에만 그 적용이 있다(대판 1996.3.22. 95다49318). 따라서 기존 건물의 사용을 목적으로 지상권을 설정한 때에는 최단 존속기간에 관한 민법 제280조 제1항 제1호가 적용되지 않는다.

② **최장기간의 제한** : 민법상 최장기간의 제한은 없다. 따라서 존속기간을 영구·무제한으로 설정하는 것도 가능하다(대판 2001.5.29. 99다66410)

2. 설정행위로 존속기간을 정하지 않은 경우

> **존속기간을 약정하지 아니한 지상권(민법 제281조)**
> ① 계약으로 지상권의 존속기간을 정하지 아니한 때에는 그 기간은 전조의 최단존속기간으로 한다.
> ② 지상권설정당시에 공작물의 종류와 구조를 정하지 아니한 때에는 지상권은 전조 제2호의 건물의 소유를 목적으로 한 것으로 본다.

① 지상물의 종류와 구조에 따라 민법 제280조에 정한 최단기간이 존속기간으로 된다(민법 제281조 제1항). 따라서 지상권에는 전세권에서 인정되는 소멸통고제도(민법 제313조)가 없다.

② 지상권설정당시 공작물의 종류와 구조를 정하지 아니한 때에는 15년으로 한다(민법 제281조 제2항).

> 민법 제281조 제2항은 당사자가 지상권설정의 합의를 함에 있어서 다만 그 존속기간을 정하지 아니하고 지상권을 설정할 토지상에 소유한 공작물의 종류와 구조가 객관적으로 확정되지 않을 경우에 한하여 적용이 있는 것이므로 비록 무허가 또는 미등기건물이라 하더라도 그 건물의 종류와 구조가 확정되어 있는 경우에는 적용되는 것이 아니고 이러한 경우에는 민법 제281조 제1항에 의하여 존속기간을 정하여야 한다 (대판 1988.4.12. 87다카2404).

3. 갱신과 존속기간

지상권의 법정갱신은 인정되지 않으나, 지상권의 존속기간이 만료한 경우에 법률에 특별한 규정이 없더라도 당사자가 합의하여 계약을 갱신할 수 있음은 계약자유의 원칙상 당연하다.

(1) 지상권자의 갱신청구권과 지상물매수청구권

> **지상권자의 갱신청구권, 매수청구권(민법 제283조)**
> ① 지상권이 소멸한 경우에 건물 기타 공작물이나 수목이 현존한 때에는 지상권자는 계약의 갱신을 청구할 수 있다.
> ② 지상권설정자가 계약의 갱신을 원하지 아니하는 때에는 지상권자는 상당한 가액으로 전항의 공작물이나 수목의 매수를 청구할 수 있다.
>
> **갱신과 존속기간(민법 제284조)**
> 당사자가 계약을 갱신하는 경우에는 지상권의 존속기간은 갱신한 날로부터 제280조의 최단존속기간보다 단축하지 못한다. 그러나 당사자는 이보다 장기의 기간을 정할 수 있다.

1) 갱신청구권의 의의

① 갱신청구권이란 당사자가 갱신계약을 체결하지 않은 경우에도 일정한 요건하에 지상권자가 계약의 갱신을 청구할 수 있는 권리이다(민법 제283조 제1항).

② 갱신청구권의 성질은 형성권이 아니라 순수한 청구권이다. 따라서 설정자의 승낙이 있어야 한다.

2) 갱신청구권의 발생요건

① **지상권이 소멸한 경우일 것** : 지상권이 존속기간의 만료로 소멸하여야 하고, 지상권자의 의무위반으로 설정자가 지상권소멸청구를 하게 되면 갱신청구권은 인정되지 않는다.

> 민법 제283조 제2항 소정의 지상물매수청구권은 지상권이 존속기간의 만료로 인하여 소멸하는 때에 지상권자에게 갱신청구권이 있어 그 갱신청구를 하였으나 지상권설정자가 계약갱신을 원하지 아니할 경우 행사할 수 있는 권리이므로, 지상권자의 지료연체를 이유로 토지소유자가 그 지상권소멸청구를 하여 이에 터잡아 지상권이 소멸된 경우에는 매수청구권이 인정되지 않는다(대판 1993.6.29. 93다10781). 기출 15

② **지상물이 현존하고 있을 것** : 지상권이 존속기간의 만료로 소멸한 경우에 건물 기타 공작물이나 수목이 현존하고 있어야 한다(민법 제283조 제1항).

3) 갱신청구권 행사의 효과

① 지상권자의 갱신청구로 곧 계약갱신의 효과가 발생하지는 않으며, 지상권설정자가 갱신청구에 응하여 갱신계약을 체결함으로써 갱신이 효과가 발생한다.

② 지상권설정자가 지상권자의 갱신청구를 거절하는 경우에는 지상권자는 상당한 가액으로 지상물의 매수를 청구할 수 있다(민법 제283조 제2항). 따라서 갱신청구권과 지상물매수청구권은 선택적으로 행사할 수 있는 것이 아니다. 기출 19

4) 지상물매수청구권

① 지상물매수청구권은 형성권이다.

② 전세권자(민법 제316조 제2항)나 임차인(민법 제646조) 등의 부속물매수청구권과 달리 지상물은 설정자의 동의를 얻어 설치하였거나 설정자로부터 매수한 것일 필요가 없다.

③ 관습법상 법정지상권도 지상물매수청구권의 행사가 가능하다(대판 1993.6.29. 93다10781).

(2) 갱신과 존속기간

당사자가 계약을 갱신하는 경우 지상권의 존속기간은 갱신한 날로부터 민법 제280조의 최단존속기간보다 단축하지 못한다(민법 제284조 본문). 그러나 당사자는 이보다 장기의 기간을 정할 수 있다(민법 제284조 단서).

4. 강행규정

지상권의 존속기간과 갱신에 관한 규정은 모두 편면적 강행규정이다. 따라서 지상권자에게 불리한 약정은 효력이 없다(민법 제289조).

Ⅳ 지상권의 효력

1. 지상권자의 토지사용권

① **지상권이 미치는 범위** : 지상권자는 설정행위에서 정하여진 목적을 위하여 필요한 범위 내에서 토지를 사용할 권리를 가진다. 이에 대응하여 지상권설정자는 지상권자의 토지사용을 방해해서는 안 된다는 소극적 인용의무를 부담할 뿐 토지를 사용에 적합한 상태에 두어야 할 적극적 의무는 없다.

② **상린관계규정의 준용** : 지상권은 토지를 사용하는 권리이므로 상린관계에 관한 민법 제216조 내지 제244조는 두 사람의 지상권자 사이 또는 지상권자와 인지소유자 사이에 준용된다(민법 제290조).

③ **지상권에 기한 물권적 청구권** : 물권인 지상권의 내용 실현이 방해되는 경우에 물권적 청구권을 행사할 수 있다.

> • 물권은 법률 또는 관습법에 의하는 외에는 임의로 창설하지 못하는 것이므로(민법 제185조), 지상권설정등기가 경료되면 그 지상권의 내용과 범위는 등기된 바에 따라서 대세적인 효력이 발생하고, 제3자가 지상권설정자에 대하여 해당 토지를 사용·수익할 수 있는 채권적 권리를 가지고 있다고 하더라도 이러한 사정만으로 지상권자에 대항할 수는 없다(대판 2008.2.15, 2005다47205).
> • 지상권을 설정한 토지소유권자는 불법점유자에 대하여 물권적청구권을 행사할 수 있으나, 지상권을 설정한 토지소유권자는 지상권이 존속하는 한 토지를 사용 수익할 수 없으므로 특별한 사정이 없는 한 불법점유자에게 손해배상을 청구할 수는 없다(대판 1974.11.12, 74다1150). 기출 08

2. 지상권 처분의 자유와 양도금지의 특약

지상권의 양도, 임대(민법 제282조) 기출 01·09
지상권자는 타인에게 그 권리를 양도하거나 그 권리의 존속기간 내에서 그 토지를 임대할 수 있다.

강행규정(민법 제289조)
제280조 내지 제287조의 규정에 위반되는 계약으로 지상권자에게 불리한 것은 그 효력이 없다.

(1) 지상권의 양도 · 토지의 임대

① **강행규정** : 물권인 지상권은 당연히 양도성을 갖는다. 또한 민법 제282조는 편면적 강행규정이므로 이에 위반해서 지상권자에게 불리한 약정은 효력이 없다(민법 제289조). 따라서 양도 또는 임대를 금지하는 특약을 하더라도 무효이다. 기출 13

② **분리양도** : 지상권자는 지상권을 유보한 채 지상물의 소유권만을 양도할 수도 있고, 지상물 소유권을 유보한 채 지상권만을 양도할 수도 있다.

- 지상권자는 지상권을 유보한 채 지상물 소유권만을 양도할 수도 있고 지상물 소유권을 유보한 채 지상권만을 양도할 수도 있는 것이어서 지상권자와 그 지상물의 소유권자가 반드시 일치하여야 하는 것은 아니며, 또한 지상권설정시에 그 지상권이 미치는 토지의 범위와 그 설정 당시 매매되는 지상물의 범위를 다르게 하는 것도 가능하다(대판 2006.6.15. 2006다6126 · 6133).
- 민법 제366조 소정의 법정지상권은 토지와 그 토지상의 건물이 같은 사람의 소유에 속하였다가 그중의 하나가 경매 등으로 인하여 다른 사람의 소유에 속하게 된 경우에 그 건물의 유지, 존립을 위하여 특별히 인정된 권리이기는 하지만 그렇다고 하여 위 법정지상권이 건물의 소유에 부속되는 종속적인 권리가 되는 것이 아니며 하나의 독립된 법률상의 물권으로서의 성격을 지니고 있는 것이기 때문에 건물의 소유자가 건물과 법정지상권 중 어느 하나만을 처분하는 것도 가능하다(대판 2001.12.27. 2000다1976). 기출 07

(2) 지상권의 담보공여

지상권자는 지상권 위에 저당권을 설정할 수 있다(민법 제371조 제1항). 따라서 담보금지특약을 하더라도 그 특약은 지상권자에게 불리한 것으로 무효이다(다수설). 이와 달리 전세권 양도금지특약은 유효하다(민법 제306조 단서).

3. 지료

(1) 지료지급의무

지료의 지급은 지상권의 요소가 아니나, 당사자 간에 지료를 지급할 것을 약정하면 지료지급의무가 발생한다. 또한 법정지상권의 경우에는 지료지급의무가 있다.

(2) 지료에 관한 약정이 제3자에게 승계되는지 여부

1) 지료가 등기된 경우

① 소유자가 변경되건, 지상권자가 변경되건 당연히 제3자에게 승계된다.

② 전(前)지상권자가 과거에 연체한 지료는 현(現) 지상권자에게 이전되지 않는다.

2) 지료가 등기되지 않은 경우

① 토지소유권이 이전된 경우, 지료가 등기되어 있지 않더라도 현 소유자는 지상권자에게 대항할 수 있다. 즉, 지료를 청구할 수 있다.

② 지상권이 이전된 경우 장래의 지료채무도 이전하나, 지료에 대하여 등기가 없으면 토지소유자는 현 지상권자에게 대항하지 못한다.

- 지료액 또는 그 지급시기 등 지료에 관한 약정은 이를 등기하여야만 제3자에게 대항할 수 있으므로, 지료의 등기를 하지 않은 이상 토지소유자는 구 지상권자의 지료연체 사실을 들어 지상권을 이전받은 자에게 대항하지 못한다(대판 1996.4.26. 95다52864). 기출 12
- 지상권에 있어서 지료의 지급은 그 요소가 아니므로 지료에 관한 약정이 없으면 지료의 지급을 구할 수 없으나 그 약정이 있는 이상 토지소유자는 지료에 관한 등기 여부에 관계없이 지상권자에 대하여 그 약정된 지료의 지급을 구할 수 있고 다만 등기가 되어 있지 않다면 지상권을 양수한 사람 등 제3자에게 대항할 수 없을 뿐이므로, 당사자 사이에 지상권을 설정하고 지료에 관한 약정이 있었던 이상 그 지료액 또는 지급시기를 등기하지 않았다고 하더라도 토지소유자가 지급받는 지료는 계속적 · 정기적으로 지급받는지 여부에 상관없이 구 소득세법(2006.12.30. 법률 제8144호로 개정되기 전의 것) 제21조 제1항 제9호에서 정한 기타소득에 해당한다(대판 2009.9.24. 2007두7505).

(3) 지료증감청구권

> **지료증감청구권(민법 제286조)**
> 지료가 토지에 관한 조세 기타 부담의 증감이나 지가의 변동으로 인하여 상당하지 아니하게 된 때에는 당사자는 그 증감을 청구할 수 있다.

지료증감청구권은 사정변경으로 인한 권리로 형성권이다. 지료증감청구권에 관한 민법 제286조는 편면적 강행규정이므로, 따라서 불증액의 특약은 유효하나, 불감액의 특약은 무효이다.

(4) 지료체납의 효과

> **지상권소멸청구권(민법 제287조)**
> 지상권자가 2년 이상의 지료를 지급하지 아니한 때에는 지상권설정자는 지상권의 소멸을 청구할 수 있다.

> **강행규정(민법 제289조)**
> 제280조 내지 제287조의 규정에 위반되는 계약으로 지상권자에게 불리한 것은 그 효력이 없다.

① 지상권자가 2년 이상의 지료를 체납한 경우, 지상권설정자는 지상권의 소멸을 청구할 수 있다 (민법 제287조). 이 규정은 편면적 강행규정이다.

② 처음부터 지료에 관해서 결정된 바가 없는 경우에는 연체를 이유로 소멸을 청구할 수 없다.

> **[법정지상권에 관한 지료가 결정되지 않은 경우, 지료지급이 2년 이상 연체되었다는 이유로 지상권소멸청구를 할 수 있는지 여부(소극) 및 지료에 관한 당사자 사이의 약정 혹은 법원의 결정이 제3자에게도 효력이 미치기 위한 요건]**
> 법정지상권의 경우 당사자 사이에 지료에 관한 협의가 있었다거나 법원에 의하여 지료가 결정되었다는 아무런 입증이 없다면, 법정지상권자가 지료를 지급하지 않았다고 하더라도 지료지급을 지체한 것으로는 볼 수 없으므로 법정지상권자가 2년 이상의 지료를 지급하지 아니하였음을 이유로 하는 토지소유자의 지상권소멸청구는 이유가 없고, 지료액 또는 그 지급시기 등 지료에 관한 약정은 이를 등기하여야만 제3자에게 대항할 수 있는 것이고, 법원에 의한 지료의 결정은 당사자의 지료결정청구에 의하여 형식적 형성소송인 지료결정판결로 이루어져야 제3자에게도 그 효력이 미친다(대판 2001.3.13. 99다17142). 기출 12·15

V 지상권의 소멸

1. 소멸사유

(1) 물권 일반의 소멸사유

지상권은 토지의 멸실, 존속기간의 만료, 혼동, 지상권에 우선하는 저당권의 실행에 의한 경매, 토지수용 등으로 소멸한다.

(2) 특유한 소멸사유

1) 지상권설정자의 소멸청구

지상권소멸청구권(민법 제287조) 기출 01·09
지상권자가 2년 이상의 지료를 지급하지 아니한 때에는 지상권설정자는 지상권의 소멸을 청구할 수 있다.

지상권소멸청구와 저당권자에 대한 통지(민법 제288조)
지상권이 저당권의 목적인 때 또는 그 토지에 있는 건물, 수목이 저당권의 목적이 된 때에는 전조의 청구는 저당권자에게 통지한 후 상당한 기간이 경과함으로써 그 효력이 생긴다.

강행규정(민법 제289조)
제280조 내지 제287조의 규정에 위반되는 계약으로 지상권자에게 불리한 것은 그 효력이 없다.

① 의의 : 지상권소멸청구권은 정기의 지료를 지급하여야 하는 지상권자가 2년 이상의 지료를 체납한 경우에 지상권설정자가 지상권의 소멸을 청구할 수 있는 권리이다(민법 제287조). 형성권의 성질을 가진다.

② 요 건
  ㉠ 2년 이상의 지료를 지급하지 아니한 경우일 것(민법 제287조)

> **[토지의 양수인이 지상권자의 지료지급이 2년 이상 연체되었음을 이유로 지상권소멸청구를 함에 있어서 종전 소유자에 대한 연체기간의 합산을 주장할 수 있는지 여부(소극)]**
> 민법 제287조가 토지소유자에게 지상권소멸청구권을 부여하고 있는 이유는 지상권은 성질상 그 존속기간 동안은 당연히 존속하는 것을 원칙으로 하는 것이나, 지상권자가 2년 이상의 지료를 연체하는 때에는 토지소유자로 하여금 지상권의 소멸을 청구할 수 있도록 함으로써 토지소유자의 이익을 보호하려는 취지에서 나온 것이라고 할 것이므로, 지상권자가 그 권리의 목적이 된 토지의 특정한 소유자에 대하여 2년분 이상의 지료를 지불하지 아니한 경우에 그 특정의 소유자는 선택에 따라 지상권의 소멸을 청구할 수 있으나, 지상권자의 지료지급 연체가 토지소유권의 양도 전후에 걸쳐 이루어진 경우 토지양수인에 대한 연체기간이 2년이 되지 않는다면 양수인은 지상권소멸청구를 할 수 없다(대판 2001.3.13. 99다17142). 기출 12·19·23

  ㉡ 지상권자에게 책임 있는 사유로 지료를 지급하지 못한 것일 것
  ㉢ 지상권이 저당권의 목적인 경우 또는 그 토지 위에 있는 건물이나 수목이 저당권의 목적인 경우 지료체납을 이유로 하는 지상권소멸청구는 저당권자에게 통지한 후 상당한 기간이 경과함으로써 그 효력이 생긴다(민법 제288조).

③ 효과 : 지상권소멸청구권 행사에 따른 지상권 소멸의 효과는 장래에 대해서만 발생한다.

2) 지상권의 포기

무상의 지상권은 기간에 관한 약정의 유무를 불문하고 지상권자가 자유롭게 포기할 수 있다. 그러나 지상권이 저당권의 목적인 때에는 저당권자의 동의 없이는 포기하지 못한다(민법 제371조 제2항).

2. 소멸의 효과

(1) 지상물 수거권

> **수거의무, 매수청구권(민법 제285조)** 기출 09 · 15
> ① 지상권이 소멸한 때에는 지상권자는 건물 기타 공작물이나 수목을 수거하여 토지를 원상에 회복하여야 한다.
> ② 전항의 경우에 지상권설정자가 상당한 가액을 제공하여 그 공작물이나 수목의 매수를 청구한 때에는 지상권자는 정당한 이유없이 이를 거절하지 못한다.

① 지상권이 소멸하면, 지상권자는 건물 기타 공작물이나 수목을 수거하여 토지를 원상에 회복해야 한다(민법 제285조 제1항).

② 지상물의 수거는 지상권이 소멸된 후 지체 없이 행해져야 하고, 수거를 위하여 필요한 기간 동안은 토지의 사용을 계속할 수 있다.

③ 지상권이 소멸하면 지상권설정자는 "언제든지" 지상물의 매수를 청구할 수 있다. 이는 사회경제적 고려에 기한 것이다(민법 제285조 제2항).

(2) 지상권자의 지상물매수청구권

> **지상권자의 갱신청구권, 매수청구권**(민법 제283조)
> ① 지상권이 소멸한 경우에 건물 기타 공작물이나 수목이 현존한 때에는 지상권자는 계약의 갱신을 청구할 수 있다.
> ② 지상권설정자가 계약의 갱신을 원하지 아니하는 때에는 지상권자는 상당한 가액으로 전항의 공작물이나 수목의 매수를 청구할 수 있다.

① **법적 성질**: 토지소유자가 지상권자의 갱신청구를 거절하면, 지상권자는 토지소유자에 대하여 상당한 가격으로 지상물의 매수를 청구할 수 있는데, 지상물매수청구권은 형성권이다.

② **요 건**

　㉠ 지상권자가 갱신청구를 하였으나 설정자가 거절한 경우일 것 : 지료연체 등을 이유로 갱신청구조차 할 수 없다면 지상물매수청구권도 행사할 수 없다(대판 1997.4.8. 96다54249 · 54256).

　㉡ 매수청구권 행사의 상대방은 지상권을 설정한 토지소유자 또는 토지소유자가 변동된 경우에는 지상권 소멸 당시의 토지소유자이다.

　㉢ 지상물은 전세권자나 임차인이 갖는 부속물매수청구권과 달리 지상권설정자의 동의를 얻은 물건일 필요는 없다.

③ **효 과**

　㉠ 형성권인 지상물매수청구권을 행사하면 토지소유자와 지상권자 사이에 목적물에 관한 상당한 가격에 의한 매매계약이 체결된 것과 유사한 효과가 발생한다.

　㉡ 이때 「상당한 가격」은 매수청구권을 행사하여 매매계약이 성립되는 때의 시가를 의미한다(대판 1967.12.18. 67다2355).

제2관 | 특수한 지상권

Ⅰ 구분지상권

구분지상권(민법 제289조의2) 기출 05
① 지하 또는 지상의 공간은 상하의 범위를 정하여 건물 기타 공작물을 소유하기 위한 지상권의 목적으로 할 수 있다. 이 경우 설정행위로써 지상권의 행사를 위하여 토지의 사용을 제한할 수 있다.
② 제1항의 규정에 의한 구분지상권은 제3자가 토지를 사용·수익할 권리를 가진 때에도 그 권리자 및 그 권리를 목적으로 하는 권리를 가진 자 전원의 승낙이 있으면 이를 설정할 수 있다. 이 경우 토지를 사용·수익할 권리를 가진 제3자는 그 지상권의 행사를 방해하여서는 아니 된다.

준용규정(민법 제290조) 기출 08
① 제213조, 제214조, 제216조 내지 제244조의 규정은 지상권자 간 또는 지상권자와 인지소유자 간에 이를 준용한다.
② 제280조 내지 제289조 및 제1항의 규정은 제289조의2의 규정에 의한 구분지상권에 관하여 이를 준용한다.

1. 의 의

(1) 개 념

구분지상권이란 건물 기타 공작물을 소유하기 위하여 타인 소유의 토지의 지하 또는 지상의 공간을 상하의 범위를 정해서 사용하는 지상권을 말한다(민법 제289조의2 제1항).

(2) 일반지상권과 차이

구분지상권도 타인의 토지를 사용하는 물권이란 점은 일반지상권과 동일하나, 다음과 같은 차이가 있다.
① 객체 : 일반지상권은 토지의 상하 전부에 효력이 미치나, 구분지상권은 토지의 상하 특정층에 한하여 효력이 미친다.
② 목적 : 일반지상권은 공작물 외 수목의 소유를 위하여 설정할 수 있으나, 구분지상권은 공작물의 소유를 위해서만 설정할 수 있다. 즉 수목 소유를 위해서는 구분지상권을 설정할 수 없다.
③ 토지이용 : 일반지상권에서는 토지소유자의 토지이용이 전면적으로 배제되나, 구분지상권에서는 구분지상권이 설정된 층에 한하여 토지소유자의 토지이용이 배제될 뿐이다.

2. 설 정

① 기본적으로 구분지상권설정에 대한 합의와 등기가 있어야 한다.
② 구분지상권의 객체를 특정하기 위하여 토지의 상하 범위를 등기해야 한다(부동산등기규칙 제126조 제2항).
③ 구분지상권의 객체인 토지 위에 배타성이 있는 용익권(용익물권 또는 대항력 있는 임차권)을 침해해서는 안 된다. 따라서 배타성이 있는 용익권자 전원의 승낙을 얻으면 구분지상권을 설정할 수 있다(민법 제289조의2 제2항).

3. 효 과

① 민법 제279조(지상권의 내용)를 제외한 지상권에 관한 규정은 전부 구분지상권에 준용된다 (민법 제290조 제2항).

② 구분지상권자는 토지의 「특정된 어떤 층」만을 사용할 권리만 가질 뿐이고, 나머지 부분에 대해서는 토지소유자가 사용권을 갖는다. 다만, 설정행위로써 토지소유자의 토지사용을 제한할 수 있나(민법 제290조 제1항 후문). 이 제한을 능기하면 구분지상권자 또는 그 양수인이 토지소유자 또는 제3자에게 대항할 수 있다(부동산등기법 제69조 제6호).

③ 구분지상권의 지료는 당사자 간의 합의 또는 법원의 결정에 의하여 결정된다.

Ⅱ 분묘기지권

1. 의 의

분묘기지권이란 타인의 토지 위에 설치된 분묘를 소유하기 위하여 인정되는 지상권 유사의 관습상 물권을 말한다.

2. 취득요건

① 취득의 유형
  ㉠ 토지소유자의 승낙에 의한 취득(대판 2000.9.26. 99다14006)
  ㉡ 분묘기지권의 시효취득(대판 1969.1.28. 68다1927·1928)
  ㉢ 자기 소유의 토지에 분묘를 설치한 후 철거특약 없이 토지소유권을 이전한 경우(대판 1967.10.12. 67다1920)

② 분묘기지권이 성립하기 위해서는 봉분 등 외부에서 분묘의 존재를 인식할 수 있는 형태를 갖추고 있어야 한다.
  ㉠ 평장되어 있거나 암장되어 있어 객관적으로 인식할 수 있는 외형을 갖추고 있지 아니한 경우에는 분묘기지권이 인정되지 아니한다(대판 1996.6.14. 96다14036).
  ㉡ 또한 분묘의 내부에 시신이 안장되어 있어야 한다. 즉, 가묘(假墓)는 분묘기지권이 성립하지 않는다.

③ 분묘기지권은 공시방법으로 등기를 요하지 않는다(대판 1999.6.14. 96다14036). 봉분이 분묘의 존재를 공시하기 때문이다.

3. 권리의 내용

(1) 지상권 유사의 물권 취득

분묘기지권은 일종의 제한물권으로서 타인의 토지를 분묘를 소유하기 위해서만 제한된 범위에서 사용할 수 있는 권리에 불과하다.

(2) 분묘기지권이 미치는 범위

설치된 기지뿐만 아니라 수호, 제사에 필요한 범위 내에서 분묘기지권이 미치며, 이 범위 내에서는 토지소유자의 소유권은 제한된다(대판 2000.9.26. 99다14006).

[1] 분묘기지권은 분묘의 기지 자체(봉분의 기저 부분)뿐만 아니라 그 분묘의 수호 및 제사에 필요한 범위 내에서 분묘의 기지 주위의 공지를 포함한 지역에까지 미치는 것이고 그 확실한 범위는 각 구체적인 경우에 개별적으로 정하여야 할 것인바, 사성(莎城, 무덤 뒤를 반달형으로 둘러쌓은 둔덕)이 조성되어 있다 하여 반드시 그 사성 부분을 포함한 지역에까지 분묘기지권이 미치는 것은 아니다. [2] 분묘기지권은 분묘를 수호하고 봉제사하는 목적을 달성하는 데 필요한 범위 내에서 타인의 토지를 사용할 수 있는 권리를 의미하는 것으로서, 분묘기지권에는 그 효력이 미치는 지역의 범위 내라고 할지라도 기존의 분묘 외에 새로운 분묘를 신설할 권능은 포함되지 아니하는 것이므로, 부부 중 일방이 먼저 사망하여 이미 그 분묘가 설치되고 그 분묘기지권이 미치는 범위 내에서 그 후에 사망한 다른 일방의 합장을 위하여 쌍분(雙墳) 형태의 분묘를 설치하는 것도 허용되지 않는다(대판 1997.5.23. 95다29086·29093). 기출 08

(3) 지료 기출 22

[구 장사 등에 관한 법률의 시행일인 2001.1.13. 이전에 타인의 토지에 분묘를 설치하여 20년간 평온·공연하게 분묘의 기지를 점유함으로써 분묘기지권을 시효로 취득한 경우, 분묘기지권자는 토지소유자가 지료를 청구하면 그 청구한 날부터의 지료를 지급할 의무가 있는지 여부(적극)] 기출 22

[다수의견] 2000.1.12. 법률 제6158호로 전부 개정된 구 장사 등에 관한 법률(이하 '장사법'이라 한다)의 시행일인 2001.1.13. 이전에 타인의 토지에 분묘를 설치한 다음 20년간 평온·공연하게 분묘의 기지를 점유함으로써 분묘기지권을 시효로 취득하였더라도, 분묘기지권자는 토지소유자가 분묘기지에 관한 지료를 청구하면 그 청구한 날부터의 지료를 지급할 의무가 있다고 보아야 한다. 관습법으로 인정된 권리의 내용을 확정함에 있어서는 그 권리의 법적 성질과 인정 취지, 당사자 사이의 이익형량 및 전체 법질서와의 조화를 고려하여 합리적으로 판단하여야 한다. 취득시효형 분묘기지권은 당사자의 합의에 의하지 않고 성립하는 지상권 유사의 권리이고, 그로 인하여 토지 소유권이 사실상 영구적으로 제한될 수 있다. 따라서 시효로 분묘기지권을 취득한 사람은 일정한 범위에서 토지소유자에게 토지 사용의 대가를 지급할 의무를 부담한다고 보는 것이 형평에 부합한다. 취득시효형 분묘기지권이 관습법으로 인정되어 온 역사적·사회적 배경, 분묘를 둘러싸고 형성된 기존의 사실관계에 대한 당사자의 신뢰와 법적 안정성, 관습법상 권리로서의 분묘기지권의 특수성, 조리와 신의성실의 원칙 및 부동산의 계속적 용익관계에 관하여 이러한 가치를 구체화한 민법상 지료증감청구권 규정의 취지 등을 종합하여 볼 때, 시효로 분묘기지권을 취득한 사람은 토지소유자가 분묘기지에 관한 지료를 청구하면 그 청구한 날부터의 지료를 지급하여야 한다고 봄이 타당하다.

[대법관 이기택, 대법관 김재형, 대법관 이흥구의 별개의견] 분묘기지권을 시효취득한 경우 분묘기지권자는 토지소유자에게 분묘를 설치하여 토지를 점유하는 기간 동안 지료를 지급할 의무가 있다고 보아야 하고, 토지소유자의 지료 청구가 있어야만 그때부터 지료지급의무가 발생한다고 볼 수 없다. 헌법상 재산권 보장의 원칙, 민법상 소유권의 내용과 효력, 통상적인 거래 관념에 비추어 보면, 점유자가 스스로를 위하여 타인의 토지를 사용하는 경우 당사자 사이에 무상이라는 합의가 존재하는 등의 특별한 사정이 없는 한, 토지 사용의 대가를 지급해야 하는 유상의 사용관계라고 보아야 한다. 취득시효형 분묘기지권의 지료에 관하여 관습법으로 정해진 내용이 없다면 유사한 사안에 관한 법규범을 유추적용하여야 한다. 분묘기지권은 다른 사람의 토지를 이용할 수 있는 지상권과 유사한 물권으로서 당사자의 합의에 의하지 않고 관습법에 따라 성립한다. 이러한 토지 이용관계와 가장 유사한 모습은 법정지상권이다. 민법 제366조 등에 따라 법정지상권이 성립하면 지상권자는 '지상권 성립 시부터' 토지소유자에게 지료를 지급하여야 한다. 분묘기지권을 시효취득하여 성립하는 토지 이용관계에 관해서도 법정지상권의 경우와 마찬가지로 분묘기지권이 성립한 때부터 지료를 지급하여야 한다.

[대법관 안철상, 대법관 이동원의 반대의견] 장사법 시행일인 2001.1.13. 이전에 분묘를 설치하여 20년간 평온·공연하게 그 분묘의 기지를 점유하여 분묘기지권을 시효로 취득하였다면, 특별한 사정이 없는 한 분묘기지권자는 토지소유자에게 지료를 지급할 의무가 없다고 보아야 한다. 분묘기지권은 관습법상 물권이므로, 관습에

대한 조사나 확인을 통하여 관습법의 내용을 선언하여야 하고 법원이 해석을 통해 그 내용을 정하는 것은 타당하지 않다. 지금까지 분묘기지권에 관하여 유상성을 내용으로 하는 관습이 확인된 적이 없었다는 사실은 분묘기지권이 관습상 무상이었음을 반증한다. 지상권에 관한 일반 법리나 분묘기지권과 법정지상권의 차이점, 분묘기지권의 시효취득을 관습법으로 인정하여 온 취지에 비추어 보더라도 분묘기지권자에게 지료지급의무가 있다고 볼 수 없다(대판[전합] 2021.4.29. 2017다228007).

[자기 소유 토지에 분묘를 설치한 사람이 토지를 양도하면서 분묘를 이장하겠다는 특약을 하지 않아 분묘기지권을 취득한 경우, 분묘기지권이 성립한 때부터 분묘기지에 관한 지료지급의무를 지는지 여부(원칙적 적극)] **기출** 22 · 23

자기 소유 토지에 분묘를 설치한 사람이 그 토지를 양도하면서 분묘를 이장하겠다는 특약을 하지 않음으로써 분묘기지권을 취득한 경우, 특별한 사정이 없는 한 분묘기지권자는 분묘기지권이 성립한 때부터 토지 소유자에게 그 분묘의 기지에 대한 토지사용의 대가로서 지료를 지급할 의무가 있다(대판 2021.5.27. 2020다295892).

4. 권리의 소멸

(1) 존속기간

① 당사자 사이에 약정이 없는 한 이 권리는 권리자가 분묘의 수호와 봉사를 계속하며 그 분묘가 존속하고 있는 동안 존속한다. 그러나 권리자가 상당한 기간 동안 그 수호와 봉사를 저버리고 있으면, 토지소유자는 분묘의 이전을 청구할 수 있다(대판 1994.8.26. 94다28970). 또한 분묘를 다른 곳으로 이장하면 그 분묘기지권은 당연히 소멸한다(대판 2007.6.28. 2007다16885).

② 분묘가 멸실된 경우라도 유골이 존재하여 분묘의 원상회복이 가능하며 일시적인 멸실에 불과하다면 분묘기지권은 소멸하지 않고 존속한다(대판 2007.6.28. 2005다44114). **기출** 08

(2) 포 기

권리자가 의무자에 대하여 그 권리를 포기하는 의사표시를 하는 외에 점유까지도 포기하여야만 분묘기지권이 소멸하는 것은 아니다(대판 1992.6.23. 92다14762).

(3) 판결에 따라 분묘기지권에 관한 지료의 액수가 정해졌음에도 책임 있는 사유로 판결확정 전후에 걸쳐 2년분 이상의 지료지급을 지체한 경우 **기출** 22

[자기 소유의 토지 위에 분묘를 설치한 후 토지의 소유권이 경매 등으로 타인에게 이전되면서 분묘기지권을 취득한 자가, 판결에 따라 분묘기지권에 관한 지료의 액수가 정해졌음에도 책임 있는 사유로 판결확정 전후에 걸쳐 2년분 이상의 지료지급을 지체한 경우, 새로운 토지소유자가 분묘기지권의 소멸을 청구할 수 있는지 여부(적극) 및 이 경우 분묘기지권자가 판결확정 후 지료지급 청구를 받았음에도 지료지급을 지체한 경우에만 분묘기지권의 소멸을 청구할 수 있는지 여부(소극)]

자기 소유의 토지 위에 분묘를 설치한 후 토지의 소유권이 경매 등으로 타인에게 이전되면서 분묘기지권을 취득한 자가, 판결에 따라 분묘기지권에 관한 지료의 액수가 정해졌음에도 판결확정 후 책임 있는 사유로 상당한 기간 동안 지료의 지급을 지체하여 지체된 지료가 판결확정 전후에 걸쳐 2년분 이상이 되는 경우에는 민법 제287조를 유추적용하여 새로운 토지소유자는 분묘기지권자에 대하여 분묘기지권의 소멸을 청구할 수 있다. 분묘기지권자가 판결확정 후 지료지급 청구를 받았음에도 책임 있는 사유로 상당한 기간 지료의 지급을 지체한 경우에만 분묘기지권의 소멸을 청구할 수 있는 것은 아니다(대판 2015.7.23. 2015다200850).

Ⅲ 관습법상 법정지상권

1. 의 의

관습법상 법정지상권이란 동일인에게 속하였던 토지와 건물 중 어느 하나가 매매 기타의 원인으로 각각의 소유자를 달리하게 된 때에 그 건물을 철거한다는 특약이 없으면, 건물소유자가 당연히 취득하게 되는 지상권을 말한다. 관습법상 법정지상권은 사회경제적 고려, 즉 건물소유를 위한 대지이용권을 보장하기 위한 목적에서 판례에 의하여 인정된 것이다.

2. 성립요건

(1) 처분 당시 토지와 건물의 소유자가 동일하였을 것

① 처분 당시에만 동일한 소유이면 충분하므로, 처음부터 토지와 건물이 동일인 소유일 필요는 없다(대판 1995.7.28. 95다9075 · 9082[반소]).

② 건물이 미등기 건물이거나 무허가 건물인 때에도 관습법상 법정지상권이 인정될 수 있으나 `기출 14 · 16`, 그 건물을 원시취득한 경우에 한한다. 즉, 미등기건물이 대지와 함께 양도되었는데 대지에 대해서만 소유권이전등기가 경료된 후 대지가 경매되어 소유자가 달라진 경우에는 관습법상 법정지상권이 성립하지 않는다(대판 1998.4.24. 98다4798)(∵ 미등기 건물의 양수인이 건물에 대한 소유자가 아니므로 '동일인 소유'의 요건미충족).

> • 원소유자로부터 대지와 건물이 한 사람에게 매도되었으나 대지에 관하여만 그 소유권이전등기가 경료되고 건물의 소유 명의가 매도인 명의로 남아 있게 되어 형식적으로 대지와 건물이 그 소유 명의자를 달리하게 된 경우에 있어서는, 그 대지의 점유·사용 문제는 매매계약 당사자 사이의 계약에 따라 해결할 수 있는 것이므로 양자 사이에 관습에 의한 법정지상권을 인정할 필요는 없다(대판 1998.4.24. 98다4798). `기출 23`
>
> • 원래 채권을 담보하기 위하여 나대지상에 가등기가 경료되었고, 그 뒤 대지소유자가 그 지상에 건물을 신축하였는데, 그 후 그 가등기에 기한 본등기가 경료되어 대지와 건물의 소유자가 달라진 경우에 관습상 법정지상권을 인정하면 애초에 대지에 채권담보를 위하여 가등기를 경료한 사람의 이익을 크게 해하게 되기 때문에 특별한 사정이 없는 한 건물을 위한 관습상 법정지상권이 성립한다고 할 수 없다(대판 1994.11.22. 94다5458). `기출 14`
>
> • 토지공유자의 한 사람이 다른 공유자의 지분 과반수의 동의를 얻어 건물을 건축한 후 토지와 건물의 소유자가 달라진 경우 토지에 관하여 관습법상의 법정지상권이 성립되는 것으로 보게 되면 이는 토지공유자의 1인으로 하여금 자신의 지분을 제외한 다른 공유자의 지분에 대하여서까지 지상권설정의 처분행위를 허용하는 셈이 되어 부당하다(대판 1993.4.13. 92다55756). 즉, 관습법상 법정지상권이 성립하지 않는다.
>
> • 명의수탁자가 명의신탁토지 위에 건물을 신축한 경우에 「명의신탁 해지시」 그 건물의 소유를 위한 관습법상 법정지상권이 인정되지 않는다(대판 1986.5.27. 86다카62). 반면 상호명의신탁, 즉 구분소유적 공유에서 공유자 A가 배타적인 점유부분에 건물을 신축하여 소유하던 중 강제경매에 의하여 다른 공유자 B가 대지지분을 취득하였다면, 건물소유자A는 관습법상 법정지상권을 취득한다(대판 1990.6.26. 89다카24094).

③ 토지와 건물이 동일인 소유에 속하였는지를 판단하는 기준 시기 : 보통의 경우는 처분 당시이나, 강제경매의 경우 압류당시를 기준으로(대판[전합] 2012.10.18. 2010다52140) `기출 16`, 강제경매에 의한 압류 이전에 저당권이 설정되어 있었던 경우에는 저당권설정당시를 기준으로 한다(대판 2013.4.11. 2009다62059). `기출 14`

④ 소유는 「법률상의 소유」를 의미한다.

(2) 매매 기타 원인으로 토지와 건물의 소유자가 달라졌을 것

기타 원인에는 증여(대판 1963.5.9. 63아11), 강제경매(대판[전합] 2012.10.18. 2010다52140), 환매(대판 1981.4.14. 80다2637), 공유물 분할(대판 1967.11.14. 67다1105) 등이 있다.

> - 관습상의 법정지상권의 성립 요건인 해당 토지와 건물의 소유권의 동일인에의 귀속과 그 후의 각기 다른 사람에의 귀속은 법의 보호를 받을 수 있는 권리변동으로 인한 것이어야 하므로, 원래 동일인에게의 소유권 귀속이 원인무효로 이루어졌다가 그 뒤 그 원인무효임이 밝혀져 그 등기가 말소됨으로써 그 건물과 토지의 소유자가 달라지게 된 경우에는 관습상의 법정지상권을 허용할 수 없다(대판 1993.3.26. 98다64189). **기출 11·13·21**
> - 환지로 인하여 새로운 분할지적선이 그어진 결과 환지 전에는 동일인에게 속하였던 토지와 그 지상건물의 소유자가 달라졌다 하더라도, 환지의 성질상 건물의 부지에 관하여 소유권을 상실한 건물 소유자가 그 환지된 토지(건물부지)에 대하여 건물을 위한 관습상의 법정지상권을 취득한다거나 그 환지된 토지의 소유자가 그 건물을 위한 관습상 법정지상권의 부담을 안게 된다고는 할 수 없다(대판 1996.3.8. 95다44535).
> - **토지와 지상 건물이 함께 양도되었다가 채권자취소권의 행사에 따라 그중 건물에 관하여만 양도가 취소되고 수익자와 전득자 명의의 소유권이전등기가 말소된 경우, 관습상 법정지상권의 성립요건인 '동일인의 소유에 속하고 있던 토지와 지상 건물이 매매 등으로 인하여 소유자가 다르게 된 경우'에 해당하는지 여부(소극) :** 동일인의 소유에 속하고 있던 토지와 지상 건물이 매매 등으로 인하여 소유자가 다르게 된 경우에 건물을 철거한다는 특약이 없는 한 건물소유자는 건물의 소유를 위한 관습상 법정지상권을 취득한다. 그런데 민법 제406조의 채권자취소권의 행사로 인한 사해행위의 취소와 일탈재산의 원상회복은 채권자와 수익자 또는 전득자에 대한 관계에 있어서만 효력이 발생할 뿐이고 채무자가 직접 권리를 취득하는 것이 아니므로, 토지와 지상 건물이 함께 양도되었다가 채권자취소권의 행사에 따라 그중 건물에 관하여만 양도가 취소되고 수익자와 전득자 명의의 소유권이전등기가 말소되었다고 하더라도, 이는 관습상 법정지상권의 성립요건인 '동일인의 소유에 속하고 있던 토지와 지상 건물이 매매 등으로 인하여 소유자가 다르게 된 경우'에 해당한다고 할 수 없다(대판 2014.12.24. 2012다73158).

(3) 건물철거의 특약이 없을 것

관습법상 법정지상권은 임의규정이다. 따라서 관습법상 법정지상권의 포기 특약은 유효하다. 반면 민법 제366조의 법정지상권은 강행규정으로 포기 특약은 무효이다.

> - 대지와 건물의 소유자가 건물만을 양도하고 동 양수인과 대지에 대하여 임대차계약을 체결하였다면 특별한 사정이 없는 한 동 양수인은 본건 대지에 관한 관습상의 법정지상권을 포기하였다고 볼 것이다(대판 1968.1.31. 67다2007). **기출 15·23**
> - 건물을 철거하기로 하는 합의가 있었다는 등의 특별한 사정의 존재에 관한 주장입증책임은 그러한 사정의 존재를 주장하는 쪽에 있다(대판 1988.9.27. 87다카279).
> - 토지와 건물의 소유자가 토지만을 타인에게 증여한 후 구 건물을 철거하되 그 지상에 자신의 이름으로 건물을 다시 신축하기로 합의한 경우, 그 건물 철거의 합의는 건물 소유자가 토지의 계속 사용을 그만두고자 하는 내용의 합의로 볼 수 없어 관습상의 법정지상권의 발생을 배제하는 효력이 인정되지 않는다(대판 1999.12.10. 98다58467).

(4) 등기는 불필요

관습법상의 법정지상권 자체에 관한 등기를 요하지 않지만, 법정지상권을 양도하기 위하여 등기해야 한다.

3. 효 과

(1) 범 위

관습법상의 법정지상권이 성립된 토지에 대해서 법정지상권자가 건물의 유지 및 사용에 필요한 범위를 벗어나지 않은 한 그 토지를 자유로이 사용할 수 있다(대판 1995.7.28. 95다9075·9082[반소]).

(2) 기 간

존속기간의 약정이 없는 지상권이 된다. 따라서 민법 제281조에 의한다.

(3) 지 료

판례는 민법 제366조 단서를 유추적용하여, 관습법상 법정지상권을 유상지상권으로 보고 있다.

> 국유재산에 관하여 관습에 의한 법정지상권이 성립된 경우 그 지료에 관하여는 당사자의 청구에 의하여 법원이 이를 정한다고 규정한 민법 제366조를 준용하여야 할 것이고, 이때 토지소유자는 법원에서 상당한 지료를 결정할 것을 전제로 하여 바로 그 급부를 청구할 수 있다(대판 1996.2.13. 95누11023).

(4) 지상권갱신청구권 대위

관습법상 법정지상권을 양수한 자는 등기 없이도 건물양도인의 지상권갱신청구권을 대위할 수 있다.

> [1] 관습상 법정지상권이 붙은 건물의 소유자가 건물을 제3자에게 처분한 경우에는 법정지상권에 관한 등기를 경료하지 아니한 자로서는 건물의 소유권을 취득한 사실만 가지고는 법정지상권을 취득하였다고 할 수 없어 대지소유자에게 지상권을 주장할 수 없고 그 법정지상권은 여전히 당초의 법정지상권자에게 유보되어 있다고 보아야 한다. [2] 법정지상권자가 건물을 제3자에게 양도하는 경우에는 특별한 사정이 없는 한 건물과 함께 법정지상권도 양도하기로 하는 채권적 계약이 있었다고 할 것이며, 양수인은 양도인을 순차 대위하여 토지소유자 및 건물의 전 소유자에 대하여 법정지상권의 설정등기 및 이전등기절차이행을 구할 수 있고, 토지소유자는 건물소유자에 대하여 법정지상권의 부담을 용인하고 그 설정등기절차를 이행할 의무가 있다 할 것이므로, 법정지상권이 붙은 건물의 양수인은 법정지상권에 대한 등기를 하지 않았다 하더라도 토지소유자에 대한 관계에서 적법하게 토지를 점유사용하고 있는 자라 할 것이고, 따라서 건물을 양도한 자라고 하더라도 지상권갱신청구권이 있고 건물의 양수인은 법정지상권자인 양도인의 갱신청구권을 대위행사할 수 있다고 보아야 할 것이다(대판 1995.4.11. 94다39925).

(5) 압류, 가압류나 체납처분압류 등 처분제한 등기가 된 건물에 관하여 그에 저촉되는 소유권이전등기를 마친 사람이 건물의 소유자로서 관습상의 법정지상권을 취득한 후 경매 또는 공매절차에서 건물이 매각되는 경우, 매수인이 위 지상권을 취득하는지 여부(원칙적 적극)

> 동일한 소유자에 속하는 대지와 그 지상건물이 매매에 의하여 각기 소유자가 달라지게 된 경우에는 특히 건물을 철거한다는 조건이 없는 한 건물소유자는 대지 위에 건물을 위한 관습상의 법정지상권을 취득하는 것이고, 한편 건물 소유를 위하여 법정지상권을 취득한 자로부터 경매에 의하여 건물의 소유권을 이전받은 경락인은 경락 후 건물을 철거한다는 등의 매각조건하에서 경매되는 경우 등 특별한 사정이 없는 한 건물의 경락취득과 함께 위 지상권도 당연히 취득한다. 이러한 법리는 압류, 가압류나 체납처분압류 등 처분제한의 등기가 된 건물에 관하여 그에 저촉되는 소유권이전등기를 마친 사람이 건물의 소유자로서 관습상의 법정지상권을 취득한 후 경매 또는 공매절차에서 건물이 매각되는 경우에도 마찬가지로 적용된다(대판 2014.9.4. 2011다13463).

Ⅳ 담보 목적의 지상권

1. 의 의

담보 목적의 지상권이란 저당권이 실행될 때까지 제3자가 용익권을 취득하거나 목적 토지의 담보가치를 하락시키는 침해행위를 하는 것을 배제함으로써 저당 부동산의 담보가치를 확보하기 위한 권리이다. 기출 15

> 근저당권 등 담보권 설정의 당사자들이 그 목적이 된 토지 위에 차후 용익권이 설정되거나 건물 또는 공작물이 축조·설치되는 등으로써 그 목적물의 담보가치가 저감하는 것을 막는 것을 주요한 목적으로 하여 담보권과 아울러 지상권을 설정한 경우에 담보권이 소멸하면 등기된 지상권의 목적이나 존속기간과 관계없이 지상권도 그 목적을 잃어 함께 소멸한다고 할 것이다(대판 2011.4.14. 2011다6342). 한편 토지에 관하여 담보권이 설정될 당시 담보권자를 위하여 동시에 지상권이 설정되었다고 하더라도, 담보권 설정 당시 이미 토지소유자가 그 토지 상에 건물을 소유하고 있고 그 건물을 철거하기로 하는 등 특별한 사유가 없으며 담보권의 실행으로 그 지상권도 소멸하였다면 건물을 위한 법정지상권이 발생하지 않는다고 할 수 없다(대판 2014.7.24. 2012다97871·97888).
> 기출 12

2. 권리의 내용

(1) 제3자가 저당권의 목적인 토지 위에 건물을 신축한 경우

> 토지에 관하여 저당권을 취득함과 아울러 그 저당권의 담보가치를 확보하기 위하여 지상권을 취득하는 경우, 특별한 사정이 없는 한 그 지상권은 저당권이 실행될 때까지 제3자가 용익권을 취득하거나 목적 토지의 담보가치를 하락시키는 침해행위를 하는 것을 배제함으로써 저당 부동산의 담보가치를 확보하는 데에 그 목적이 있다고 할 것이므로, 제3자가 저당권의 목적인 토지 위에 건물을 신축하는 경우에는, 그 제3자가 지상권자에게 대항할 수 있는 권원을 가지고 있다는 등의 특별한 사정이 없는 한, 지상권자는 그 방해배제청구로서 신축중인 건물의 철거와 대지의 인도 등을 구할 수 있다(대판 2008.2.15. 2005다47205).

(2) 불법점유자에 대한 손해배상청구

> 금융기관이 대출금 채권의 담보를 위하여 토지에 저당권과 함께 지료 없는 지상권을 설정하면서 채무자 등의 사용·수익권을 배제하지 않은 경우, 위 지상권은 근저당목적물의 담보가치를 확보하는 데 목적이 있으므로, 그 위에 도로개설·옹벽축조 등의 행위를 한 무단점유자에 대하여 지상권 자체의 침해를 이유로 한 임료 상당 손해배상을 구할 수 없다(대판 2008.1.17. 2006다586).

(3) 토지의 사용·수익권

> [1] 지상권자는 타인의 토지에 건물 기타 공작물이나 수목을 소유하기 위하여 그 토지를 사용하는 권리가 있으므로(민법 제279조), 지상권설정등기가 경료되면 토지의 사용·수익권은 지상권자에게 있고, 지상권을 설정한 토지소유자는 지상권이 존속하는 한 토지를 사용·수익할 수 없다. 따라서 지상권을 설정한 토지소유자로부터 토지를 이용할 수 있는 권리를 취득하였다고 하더라도 지상권이 존속하는 한 이와 같은 권리는 원칙적으로 민법 제256조 단서가 정한 '권원'에 해당하지 아니한다. [2] 금융기관이 대출금 채권의 담보를 위하여 토지에 지당권과 함께 지료 없는 지상권을 설정하면서 채무자 등의 사용·수익권을 배제하지 않은 경우, 지상권은

저당권이 실행될 때까지 제3자가 용익권을 취득하거나 목적 토지의 담보가치를 하락시키는 침해행위를 하는 것을 배제함으로써 저당 부동산의 담보가치를 확보하는 데에 목적이 있으므로, 토지소유자는 저당 부동산의 담보가치를 하락시킬 우려가 있는 등의 특별한 사정이 없는 한 토지를 사용·수익할 수 있다고 보아야 한다. 따라서 그러한 토지소유자로부터 토지를 사용·수익할 수 있는 권리를 취득하였다면 이러한 권리는 민법 제256조 단서가 정한 '권원'에 해당한다고 볼 수 있다(대판 2018.3.15. 2015다69907).

3. 권리의 소멸

피담보채권이 변제 등으로 소멸한 경우는 물론이고 시효소멸한 경우에도 그 지상권은 피담보채권에 부종하여 소멸한다(대판 2011.4.14. 2011다6342).

02   지역권

Ⅰ 총 설

지역권의 내용(민법 제291조)
지역권자는 일정한 목적을 위하여 타인의 토지를 자기토지의 편익에 이용하는 권리가 있다.

용수지역권(민법 제297조)
① 용수승역지의 수량이 요역지 및 승역지의 수요에 부족한 때에는 그 수요정도에 의하여 먼저 가용에 공급하고 다른 용도에 공급하여야 한다. 그러나 설정행위에 다른 약정이 있는 때에는 그 약정에 의한다.
② 승역지에 수개의 용수지역권이 설정된 때에는 후순위의 지역권자는 선순위의 지역권자의 용수를 방해하지 못한다.

공작물의 공동사용(민법 제300조)
① 승역지의 소유자는 지역권의 행사를 방해하지 아니하는 범위내에서 지역권자가 지역권의 행사를 위하여 승역지에 설치한 공작물을 사용할 수 있다.
② 전항의 경우에 승역지의 소유자는 수익정도의 비율로 공작물의 설치, 보존의 비용을 분담하여야 한다.

1. 의 의

① 지역권이란 일정한 목적을 위하여 타인의 토지를 자기의 토지의 편익에 이용하는 용익물권이다(민법 제291조).
② 편익을 제공받는 토지를 요역지, 편익을 제공하는 토지를 승역지라고 하며, 요역지와 승역지는 서로 인접할 필요가 없다. 또한 요역지는 1필의 토지 전부이어야 하나, 승역지는 1필의 토지 일부여도 상관없다(민법 제293조 제2항 단서, 부동산등기법 제70조 제5호). 기출 17
③ 지역권은 무상일 수도 있고 유상일 수도 있다. 기출 18

2. 법적 성질

(1) 양도성과 상속성

물권으로서 양도성과 상속성을 갖는다.

(2) 부종성

> **부종성(민법 제292조)**
> ① 지역권은 요역지 소유권에 부종하여 이전하며 또는 요역지에 대한 소유권 이외의 권리의 목적이 된다. 그러나 다른 약정이 있는 때에는 그 약정에 의한다.
> ② 지역권은 요역지와 분리하여 양도하거나 다른 권리의 목적으로 하지 못한다.

① 의의 : 부종성이란 지역권은 토지에 종속된 권리이기 때문에 요역지와 분리하여 지역권만을 따로 양도하거나 다른 권리의 목적으로 하지 못한다는 것을 말한다(민법 제292조 제2항).

② 내 용
  ㉠ 수반성 : 수반성이란 지역권은 요역지의 편익을 위하여 토지에 종속하는 권리이므로, 요역지의 소유권이 이전되면 같이 이전되고 또 그 토지에 대해 설정된 다른 권리는 그 지역권에도 효력이 미치게 되는 것을 의미한다. **기출 18** 요역지의 소유권이전등기가 마쳐지면 지역권의 이전등기 없이도 지역권 이전의 효력이 생긴다(∵ 법률의 규정에 의한 부동산 물권 취득(민법 제187조)임). **기출 18** 그러나, 수반성은 당사자 약정에 의해 배제할 수 있다(민법 제292조 제1항 단서). 다만, 이를 등기해야 제3자에게도 대항이 가능하다(부동산등기법 제70조 제4호).
  ㉡ 요역지 소유권과 결합(민법 제292조 제2항)
  ㉢ 지역권은 요역지에 대한 소유권 이외의 권리의 목적이 된다(민법 제292조 제1항 본문 후단).

(3) 불가분성

> **공유관계, 일부양도와 불가분성(민법 제293조)** **기출 07**
> ① 토지공유자의 1인은 지분에 관하여 그 토지를 위한 지역권 또는 그 토지가 부담한 지역권을 소멸하게 하지 못한다.
> ② 토지의 분할이나 토지의 일부양도의 경우에는 지역권은 요역지의 각 부분을 위하여 또는 그 승역지의 각부분에 존속한다. 그러나 지역권이 토지의 일부분에만 관한 것인 때에는 다른 부분에 대하여는 그러하지 아니하다.

> **취득과 불가분성(민법 제295조)** **기출 17**
> ① 공유자의 1인이 지역권을 취득한 때에는 다른 공유자도 이를 취득한다.
> ② 점유로 인한 지역권취득기간의 중단은 지역권을 행사하는 모든 공유자에 대한 사유가 아니면 그 효력이 없다.

> **소멸시효의 중단, 정지와 불가분성(민법 제296조)** **기출 07 · 18**
> 요역지가 수인의 공유인 경우에 그 1인에 의한 지역권소멸시효의 중단 또는 정지는 다른 공유자를 위하여 효력이 있다.

3. 종 류

(1) 작위지역권 · 부작위지역권

작위지역권은 지역권자가 일정한 행위를 할 수 있고, 승역지소유자가 이를 인용하여야 하는 의무를 부담하는 경우를 말한다. 반면 부작위지역권은 승역지소유자가 일정한 행위를 하지 않을 의무를 부담하는 경우이다.

(2) 계속지역권 · 불계속지역권

지역권의 행사가 시간적으로 계속되느냐에 따른 구별이다.

(3) 표현지역권 · 불표현지역권

지역권의 내용 실현을 외부로부터 인식할 수 있는지 여부에 따른 구별이다.

Ⅱ 지역권의 취득

1. 일반적 취득사유

지역권은 지역권설정에 관한 물권적 합의와 등기에 의하여 취득한다. 또한 유언, 상속, 양도 등에 의한 취득도 인정된다. 다만, 지역권의 양도는 독립하여 할 수는 없고, 요역지의 소유권 또는 사용권의 이전에 수반해서만 가능하다(민법 제292조 제1항).

2. 시효취득

> **지역권취득기간(민법 제294조)**
> 지역권은 계속되고 표현된 것에 한하여 제245조의 규정을 준용한다.

① 지역권은 계속되고 표현된 것에 한하여 시효취득의 대상이 될 수 있다(민법 제294조).

> 지역권은 계속되고 표현된 것에 한하여 민법 제245조의 규정을 준용하도록 되어 있으므로, 통행지역권은 요역지의 소유자가 승역지 위에 도로를 설치하여 승역지를 사용하는 객관적 상태가 민법 제245조에 규정된 기간 계속된 경우에 한하여 그 시효취득을 인정할 수 있다(대판 2010.1.28. 2009다74939 · 74946). **기출 17**

② 요역지 소유자와 사용권자(지상권자, 전세권자 등)만 시효취득이 가능할 뿐, 요역지의 불법점유자는 시효취득을 주장할 수 없다(대판 1976.10.29. 76다1694).

> 위요지통행권이나 통행지역권은 모두 인접한 토지의 상호이용의 조절에 기한 권리로서 토지의 소유자 또는 지상권자 전세권자등 토지사용권을 가진자에게 인정되는 권리라 할 것이므로 위와 같은 권리자가 아닌 토지의 불법점유자는 토지소유권의 상린관계로서 위요지 통행권의 주장이나 통행지역권의 시효취득 주장을 할 수 없다(대판 1976.10.29. 76다1694).

Ⅲ 지역권의 존속기간

민법은 지역권의 존속기간에 대한 규정을 두고 있지 않으나, 당사자가 지역권의 존속기간을 정할 수는 있다. 판례는 영구적인 지역권의 설정도 가능하다는 입장이다(대판 1980.1.29. 79다1704).

Ⅳ 지역권의 효력

용수지역권(민법 제297조)
① 용수승역지의 수량이 요역지 및 승역지의 수요에 부족한 때에는 그 수요정도에 의하여 먼저 가용에 공급하고 다른 용도에 공급하여야 한다. 그러나 설정행위에 다른 약정이 있는 때에는 그 약정에 의한다.
② 승역지에 수개의 용수지역권이 설정된 때에는 후순위의 지역권자는 선순위의 지역권자의 용수를 방해하지 못한다.

승역지 소유자의 의무와 승계(민법 제298조) `기출` 17
계약에 의하여 승역지 소유자가 자기의 비용으로 지역권의 행사를 위하여 공작물의 설치 또는 수선의 의무를 부담한 때에는 승역지 소유자의 특별승계인도 그 의무를 부담한다.

위기에 의한 부담면제(민법 제299조)
승역지의 소유자는 지역권에 필요한 부분의 토지소유권을 지역권자에게 위기하여 전조의 부담을 면할 수 있다.

공작물의 공동사용(민법 제300조)
① 승역지의 소유자는 지역권의 행사를 방해하지 아니하는 범위 내에서 지역권자가 지역권의 행사를 위하여 승역지에 설치한 공작물을 사용할 수 있다.
② 전항의 경우에 승역지의 소유자는 수익정도의 비율로 공작물의 설치, 보존의 비용을 분담하여야 한다.

준용규정(민법 제301조)
제214조(소유물방해제거, 방해예방청구권)의 규정은 지역권에 준용한다.
* 지역권에는 승역지를 점유할 권능이 없으므로 승역지반환청구권은 인정되지 않는다. `기출` 18

Ⅴ 지역권의 소멸

1. 소멸사유 일반

지역권은 요역지 또는 승역지의 멸실, 존속기간의 만료, 지역권자의 포기, 혼동, 약정소멸사유의 발생, 승역지의 수용 등으로 소멸한다.

2. 승역지의 시효취득에 의한 소멸

승역지가 제3자에 의하여 시효취득되면, 승역지 위의 지역권은 소멸하는 것이 원칙이다. 다만, 승역지 점유자가 지역권의 존재를 인용하면서 점유를 계속하는 경우 지역권이 소멸하지 않는다.

3. 지역권의 시효소멸

① 지역권은 20년간 행사하지 않으면 소멸시효가 완성된다(민법 제162조 제2항).

② 요역지가 공유로 되어 있는 경우 지역권은 모든 공유자에게 소멸시효가 완성된 경우에만 소멸한다(민법 제296조).

③ 지역권자가 지역권의 일부만을 행사한 경우, 소멸시효는 그 불행사 부분에 한하여 완성된다.

Ⅵ 특수지역권

> **특수지역권(민법 제302조)**
> 어느 지역의 주민이 집합체의 관계로 각자가 타인의 토지에서 초목, 야생물 및 토사의 채취, 방목 기타의 수익을 하는 권리가 있는 경우에는 관습에 의하는 외에 본장의 규정을 준용한다.

1. 의 의

특수지역권이란 어느 지역의 주민이 집합체의 관계로 가지는 각자가 타인의 토지에서 초목, 야생물 및 토사의 채취, 방목 기타 수익을 하는 권리를 말한다(민법 제302조).

2. 법적 성질

(1) 제한물권

특수지역권은 타인의 토지 위에 존재하는 토지수익권으로, 제한물권에 속한다.

(2) 인역권

인역권의 일종으로, 지역권에서는 편익을 받는 것이 「토지」임에 반하여, 특수지역권에서는 「집합체로서 어느 지역의 주민」이 편익을 받는다.

(3) 주민들의 준총유

특수지역권은 한 개인에게 속하는 것이 아니라 어느 지역의 주민 전체에게 귀속된다.

3. 효 력

(1) 적용법규

특수지역권에 관습, 총유에 관한 규정(민법 제278조), 지역권에 관한 규정(민법 제302조)이 적용된다.

(2) 토지수익권

지역주민 각자는 목적토지를 다른 주민과 공동으로 수익할 수 있다.

(3) 특수지역권의 득실

① 주민단체는 관습이나 계약에 의하여 특수지역권을 취득한다. 반면 토지가 멸실되거나 사용·수익의 목적물이 멸실된 경우 특수지역권은 소멸한다.

② 주민 각자의 수익권은 주민 지위의 득실에 따라 당연히 취득 또는 상실되며, 양도성과 상속성이 인정되지는 않는다.

03 전세권

I 총 설

> **전세권의 내용(민법 제303조)**
> ① 전세권자는 전세금을 지급하고 타인의 부동산을 점유하여 그 부동산의 용도에 좇아 사용·수익하며, 그 부동산 전부에 대하여 후순위권리자 기타 채권자보다 전세금의 우선변제를 받을 권리가 있다.
> ② 농경지는 전세권의 목적으로 하지 못한다.

1. 의 의

전세권이란 전세금을 지급하고 타인의 부동산을 점유하여 그 부동산의 용도에 좇아 사용·수익하는 용익물권이다. 전세권 소멸시 목적부동산의 매각대금에서 전세금의 우선변제를 받을 수 있는 권리가 인정된다(민법 제303조 제1항).

2. 특 징

우리나라에 특유한 제도로서 채권적 전세(임대차)가 전세권으로 등기된 경우 물권으로서 전세권이 된다. 전세금의 지급은 전세권의 성립요소인 반면 목적물의 인도는 성립요건이 아니다(대판 1995.2.10. 94다18508). **기출 23**

3. 법적 성질

(1) 타물권

전세권은 타인의 부동산을 목적으로 하는 제한물권이다. 즉 목적물은 타인의 부동산(토지와 건물)이다. 단, 농경지는 전세권의 목적으로 하지 못한다(민법 제303조 제2항). 또한 부동산 일부에 대해서도 전세권을 설정할 수 있다(부동산등기법 제72조 제1항 제6호).

(2) 용익물권 겸 담보물권

전세권의 법적 성질에 대해서 ① 용익물권설, ② 순수담보물권설, ③ 용익물권 겸 담보물권설 등의 다툼이 있으나, 전세권은 목적부동산을 점유하여 그 부동산의 용도에 좇아 사용·수익하는 권리이므로 기본적으로 용익물권에 해당한다. 나아가 전세권자에게는 전세금에 관하여 우선변제권이 인정되므로, 담보물권의 성질도 갖는다는 견해가 타당하다.

> **전세권 존속기간이 시작되기 전에 마친 전세권설정등기가 유효한 것으로 추정되는지 여부(원칙적 적극) 및 전세권의 순위를 결정하는 기준(= 등기된 순서)**
> 전세권자는 전세금을 지급하고 타인의 부동산을 점유하여 그 부동산의 용도에 좇아 사용·수익하며, 그 부동산 전부에 대하여 후순위권리자 기타 채권자보다 전세금의 우선변제를 받을 권리가 있다(민법 제303조 제1항). 이처럼 전세권이 용익물권적인 성격과 담보물권적인 성격을 모두 갖추고 있는 점에 비추어 전세권 존속기간이 시작되기 전에 마친 전세권설정등기도 특별한 사정이 없는 한 유효한 것으로 추정된다. 한편 부동산등기법 제4조 제1항은 "같은 부동산에 관하여 등기한 권리의 순위는 법률에 다른 규정이 없으면 등기한 순서에 따른다."라고 정하고 있으므로, 전세권은 등기부상 기록된 전세권설정등기의 존속기간과 상관없이 등기된 순서에 따라 순위가 정해진다(대결 2018.1.25. 2017마1093). `기출` `22`

Ⅱ 전세권의 취득

1. 전세권 설정의 합의가 존재할 것

(1) 채권담보의 목적으로 설정된 전세권의 유효성 여부

> 전세권이 용익물권적 성격과 담보물권적 성격을 겸비하고 있다는 점 및 목적물의 인도는 전세권의 성립요건이 아닌 점 등에 비추어 볼 때, 당사자가 주로 채권담보의 목적으로 전세권을 설정하였고, 그 설정과 동시에 목적물을 인도하지 아니한 경우라 하더라도, 장차 전세권자가 목적물을 사용·수익하는 것을 완전히 배제하는 것이 아니라면, 그 전세권의 효력을 부인할 수는 없다(대판 1995.2.10. 94다18508). `기출` `14·23`

(2) 임차보증금반환채권을 담보할 목적으로 설정된 전세권과 전세권저당권

> **[채권담보의 목적으로 설정된 전세권의 효력]**
> 실제로는 전세권설정계약을 체결하지 아니하였으면서도 임대차계약에 기한 임차보증금반환채권을 담보할 목적 또는 금융기관으로부터 자금을 융통할 목적으로 임차인과 임대인 사이의 합의에 따라 임차인 명의로 전세권설정등기를 경료한 경우, <u>위 전세권설정계약이 통정허위표시에 해당하여 무효라 하더라도 위 전세권설정계약에 의하여 형성된 법률관계에 기초하여 새로이 법률상 이해관계를 갖게 된 제3자에 대하여는 그 제3자가 그와 같은 사정을 알고 있었던 경우에만 그 무효를 주장할 수 있다</u>(대판 2010.3.25. 2009다35743).
>
> **[임대인과 임차인이 임대차계약에 따른 임대보증금반환채권을 담보할 목적으로 전세권을 설정하기 위하여 전세권설정계약을 체결한 경우, 위 전세권설정계약이 임대차계약과 양립할 수 없는 범위에서 통정허위표시에 해당하여 무효인지 여부(적극) / 이때 임대인이 전세권설정계약에 의하여 형성된 법률관계에 기초하여 새로이 법률상 이해관계를 가지게 된 제3자에 대하여 무효를 주장할 수 있는 경우]**
> 임대차계약에 따른 임대차보증금반환채권을 담보할 목적으로 임대인과 임차인 사이의 합의에 따라 임차인 명의로 전세권설정등기를 마친 경우, 그 전세금의 지급은 이미 지급한 임대차보증금으로 대신한 것이고, 장차

전세권자가 목적물을 사용·수익하는 것을 완전히 배제하는 것도 아니므로, 그 전세권설정등기는 유효하다. 이때 임대인과 임차인이 그와 같은 전세권설정등기를 마치기 위하여 전세권설정계약을 체결하여도, 임대차보증금은 임대차계약이 종료된 후 임차인이 목적물을 인도할 때까지 발생하는 차임 및 기타 임차인의 채무를 담보하는 것이므로, 임대인과 임차인이 위와 같이 임대차보증금반환채권을 담보할 목적으로 전세권을 설정하기 위하여 전세권설정계약을 체결하였다면, 임대차보증금에서 연체차임 등을 공제하고 남은 돈을 전세금으로 하는 것이 임대인과 임차인의 합치된 의사라고 볼 수 있다. 그러나 그 전세권설정계약은 외관상으로는 그 내용에 차임지급 약정이 존재하지 않고 이에 따라 전세금이 연체차임으로 공제되지 않는 등 임대인과 임차인의 진의와 일치하지 않는 부분이 존재한다. 따라서 그러한 전세권설정계약은 위와 같이 임대차계약과 양립할 수 없는 범위에서 통정허위표시에 해당하여 무효라고 봄이 타당하다. 다만 그러한 전세권설정계약에 의하여 형성된 법률관계에 기초하여 새로이 법률상 이해관계를 가지게 된 제3자에 대하여는 그 제3자가 그와 같은 사정을 알고 있었던 경우에만 그 무효를 주장할 수 있다(대판 2021.12.30. 2018다268538).

[저당권이 설정된 전세권의 존속기간이 만료된 경우, 저당권자가 전세금의 지급을 구하는 방법 / 전세권저당권자가 전세금반환채권에 대하여 압류 및 추심명령 또는 전부명령을 받는 방법으로 물상대위권을 행사하여 전세금의 지급을 구하는 경우, 전세권설정자가 압류 및 추심명령 또는 전부명령이 송달된 때를 기준으로 하여 그 이전에 채무자와 사이에 발생한 모든 항변사유로 압류채권자에게 대항할 수 있는지 여부(적극) / 임대차계약에 따른 임대차보증금반환채권을 담보할 목적으로 유효한 전세권설정등기가 마쳐지고 전세권저당권자가 이를 알고 있었던 경우, 전세권설정자가 전세권저당권자에게 임대차계약에 따른 연체차임 등의 공제 주장으로 대항할 수 있는지 여부(적극)]

전세권을 목적으로 한 저당권이 설정된 경우, 전세권의 존속기간이 만료되면 전세권의 용익물권적 권능이 소멸하기 때문에 더 이상 전세권 자체에 대하여 저당권을 실행할 수 없게 되고, 저당권자는 저당권의 목적물인 전세권에 갈음하여 존속하는 것으로 볼 수 있는 전세금반환채권에 대하여 압류 및 추심명령 또는 전부명령을 받거나 제3자가 전세금반환채권에 대하여 실시한 강제집행절차에서 배당요구를 하는 등의 방법으로 물상대위권을 행사하여 전세금의 지급을 구하여야 한다. 전세권저당권자가 물상대위권을 행사하여 전세금반환채권에 대하여 압류 및 추심명령 또는 전부명령을 받고 이에 기하여 추심금 또는 전부금을 청구하는 경우 제3채무자인 전세권설정자는 일반적 채권집행의 법리에 따라 압류 및 추심명령 또는 전부명령이 송달된 때를 기준으로 하여 그 이전에 채무자와 사이에 발생한 모든 항변사유로 압류채권자에게 대항할 수 있다. 다만 임대차계약에 따른 임대차보증금반환채권을 담보할 목적으로 유효한 전세권설정등기가 마쳐진 경우에는 전세권저당권자가 저당권 설정 당시 그 전세권설정등기가 임대차보증금반환채권을 담보할 목적으로 마쳐진 것임을 알고 있었다면, 제3채무자인 전세권설정자는 전세권저당권자에게 그 전세권설정계약이 임대차계약과 양립할 수 없는 범위에서 무효임을 주장할 수 있으므로, 그 임대차계약에 따른 연체차임 등의 공제 주장으로 대항할 수 있다(대판 2021.12.30. 2018다268538). **기출 23**

[임대인과 임차인이 임대차계약에 따른 임대차보증금반환채권을 담보할 목적으로 전세권을 설정하기 위하여 전세권설정계약을 체결한 경우, 위 전세권설정계약이 임대차계약과 양립할 수 없는 범위에서 통정허위표시에 해당하여 무효인지 여부(적극) / 이때 전세권설정계약에 의하여 형성된 법률관계에 기초하여 새로이 법률상 이해관계를 가지게 된 제3자에 대하여 무효를 주장할 수 있는 경우 및 임대차계약에 따른 임차보증금반환채권을 담보할 목적으로 전세권설정등기를 마친 경우, 전세권설정자가 선의의 제3자에 대하여 연체차임 공제 주장으로 대항할 수 있는지 여부(소극) / 여기에서 선의의 제3자가 보호될 수 있는 법률상 이해관계의 범위]

임대차보증금은 임대차계약이 종료된 후 임차인이 목적물을 인도할 때까지 발생하는 차임과 그 밖의 채무를 담보한다. 임대인과 임차인이 위와 같이 임대차보증금반환채권을 담보할 목적으로 전세권을 설정하기 위해 전세권설정계약을 체결하였다면, 임대차보증금에서 연체차임 등을 공제하고 남은 돈을 전세금으로 하는 것이 임대인과 임차인의 합치된 의사라고 볼 수 있다. 그러나 전세권설정계약은 외관상으로는 그 내용에 차임지급 약정이 존재하지 않고 이에 따라 전세금에서 연체차임이 공제되지 않는 등 임대인과 임차인의 진의와 일치하지 않는 부분이 존재한다. 따라서 전세권설정계약은 위와 같이 임대차계약과 양립할 수 없는 범위에서 통정허위표시에 해당하여 무효라고 봄이 타당하다. 다만 전세권설정계약에 따라 형성된 법률관계에 기초하여 새로이 법률상 이해관계를 가지게 된 제3자에 대해서는 그 제3자가 그와 같은 사정을 알고 있었던 경우에만 무효를 주장할 수 있다. 따라서 임대차계약에 따른 임차보증금반환채권을 담보할 목적으로 전세권설정등기를 마친 경우 임대차계약에 따른 연체차임 공제는 전세권설정계약과 양립할 수 없으므로, 전세권설정자는 선의의 제3자에 대해서는 연체차임 공제 주장으로 대항할 수 없다. 여기에서 선의의 제3자가 보호될 수 있는 법률상 이해관계는 전세권설정계약의 당사자를 상대로 하여 직접 법률상 이해관계를 가지는 경우 외에도 법률상 이해관계를 바탕으로 하여 다시 위 전세권설정계약에 의하여 형성된 법률관계와 새로이 법률상 이해관계를 가지게 되는 경우도 포함된다(대판 2021.12.30. 2020다257999).

2. 전세금의 지급이 있을 것

[전세권 성립의 요소로서 전세금의 지급 및 기존의 채권으로 전세금 지급에 갈음할 수 있는지 여부(적극)]

전세금의 지급은 전세권 성립의 요소가 되는 것이지만 그렇다고 하여 전세금의 지급이 반드시 현실적으로 수수되어야만 하는 것은 아니고 기존의 채권으로 전세금의 지급에 갈음할 수도 있다(대판 1995.2.10. 94다18508).　기출　08 · 09 · 12 · 14 · 15 · 22

[당사자가 주로 채권담보의 목적으로 전세권을 설정하면서 목적물을 인도하지 않은 경우, 장차 전세권자가 목적물을 사용 · 수익하는 것을 완전히 배제하지 않는 한 전세권이 유효한지 여부(적극) 및 기존의 채권으로 전세금 지급을 대신할 수 있는지 여부(적극)]

전세권이 용익물권적 성격과 담보물권적 성격을 모두 갖추고 있고, 목적물의 인도는 전세권의 성립요건이 아닌 점 등에 비추어 볼 때, 당사자가 주로 채권담보의 목적으로 전세권을 설정하였고, 그 설정과 동시에 목적물을 인도하지 아니한 경우라 하더라도, 장차 전세권자가 목적물을 사용 · 수익하는 것을 완전히 배제하는 것이 아니라면 그 전세권의 효력을 부인할 수는 없다. 전세금의 지급은 전세권 성립의 요소가 되는 것이지만 그렇다고 하여 전세금의 지급이 반드시 현실적으로 수수되어야만 하는 것은 아니고 기존의 채권으로 전세금 지급을 대신할 수도 있다(대판 2021.12.30. 2018다268538).　기출　23

3. 전세권설정등기가 경료되었을 것

[채권자 · 채무자 및 제3자의 합의로 전세권 등 담보권의 명의를 제3자로 하는 것이 가능한지 여부(적극)]

전세권이 담보물권적 성격도 가지는 이상 부종성과 수반성이 있는 것이기는 하지만, 채권담보를 위하여 담보권을 설정하는 경우 채권자와 채무자 및 제3자 사이에 합의가 있으면 채권자가 그 담보권의 명의를 제3자로 하는 것도 가능하고, 이와 같은 경우에는 채무자와 담보권명의자인 제3자 사이에 담보계약관계가 성립하는 것으로 그 담보권명의자는 그 피담보채권을 수령하고 그 담보권을 실행하는 등의 담보계약상의 권한을 가진다(대판 1995.2.10. 94다18508).　기출　08

Ⅲ 전세권의 존속기간

1. 전세권 설정의 합의에서 존속기간을 약정한 경우

> **전세권의 존속기간(민법 제312조)** `기출` 02 · 12 · 21 · 22
> ① 전세권의 존속기간은 10년을 넘지 못한다. 당사자의 약정기간이 10년을 넘는 때에는 이를 10년으로 단축한다.
> ② 건물에 대한 전세권의 존속기간을 1년 미만으로 정한 때에는 이를 1년으로 한다.
> ③ 전세권의 설정은 이를 갱신할 수 있다. 그 기간은 갱신한 날로부터 10년을 넘지 못한다.
> ④ 건물의 전세권설정자가 <u>전세권의 존속기간 만료전 6월부터 1월까지 사이에 전세권자에 대하여 갱신거절의 통지 또는 조건을 변경하지 아니하면 갱신하지 아니한다는 뜻의 통지를 하지 아니한 경우에는 그 기간이 만료된 때에 전전세권과 동일한 조건으로 다시 전세권을 설정한 것으로 본다.</u> 이 경우 전세권의 존속기간은 그 정함이 없는 것으로 본다.

① 최장기간의 제한이 있다. 즉 10년을 넘지 못하고, 당사자 간의 약정기간이 10년을 넘는 때에는 10년으로 단축된다(민법 제312조 제1항). 이점이 최장기간의 제한이 없고 최단기간에 대해서만 일정한 제한이 있는 지상권(민법 제280조)과 다르다.
② 건물전세권에 1년의 최단존속기간의 제한이 있다(민법 제312조 제2항).

2. 존속기간을 약정하지 않은 경우

> **전세권의 소멸통고(민법 제313조)**
> 전세권의 존속기간을 약정하지 아니한 때에는 각 당사자는 언제든지 상대방에 대하여 전세권의 소멸을 통고할 수 있고 상대방이 이 통고를 받은 날로부터 6월이 경과하면 전세권은 소멸한다.

① 소멸통고권의 법적 성질은 형성권이다(다수설). 말소등기가 필요한지에 대하여 등기필요설과 등기불요설의 다툼이 있다.
② 건물전세권의 존속기간을 약정하지 않은 경우에도 1년의 최단존속기간이 적용된다(민법 제312조 제2항의 확대해석).

3. 법정갱신(민법 제312조 제4항)

① 건물전세권에만 인정된다.
② 종전 전세권과 동일한 조건으로 다시 전세권을 설정한 것으로 본다. 단, 존속기간은 정하지 않은 것으로 본다.
③ 전세권이 법정갱신된 경우 이는 법률의 규정에 의한 물권의 변동이므로 전세권갱신에 관한 등기를 필요로 하지 아니하고, 전세권자는 등기 없이도 전세권설정자나 그 목적물을 취득한 제3자에 대하여 갱신된 권리를 주장할 수 있다(대판 2010.3.25. 2009다35743). `기출` 21

Ⅳ 전세권의 효력

1. 전세권자의 권리 · 의무

> **전세권자의 유지, 수선의무(민법 제309조)**
> 전세권자는 목적물의 현상을 유지하고 그 통상의 관리에 속한 수선을 하여야 한다.
>
> **전세권의 소멸청구(민법 제311조)**
> ① 전세권자가 전세권설정계약 또는 그 목적물의 성질에 의하여 정하여진 용법으로 이를 사용, 수익하지 아니
> 한 경우에는 전세권설정자는 전세권의 소멸을 청구할 수 있다.
> ② 전항의 경우에는 전세권설정자는 전세권자에 대하여 원상회복 또는 손해배상을 청구할 수 있다.
>
> **준용규정(민법 제319조)**
> 제213조, 제214조, 제216조 내지 제244조의 규정은 전세권자 간 또는 전세권자와 인지소유자 및 지상권자
> 간에 이를 준용한다.

① **목적부동산을 용도에 좇아 사용 · 수익할 권리 · 의무와 소멸청구권** : 전세권자는 목적부동산
을 점유하고 그 부동산의 용도에 좇아 사용 · 수익할 권리를 갖는다(민법 제303조 제1항 전단). 반면
전세권설정자는 전세권자가 전세권설정계약 또는 그 목적물의 성질에 의하여 정하여진 용법
에 따르지 않은 사용 · 수익을 한 경우, 전세권의 소멸을 청구할 수 있으며, 원상회복 또는
손해배상을 청구할 수 있다(민법 제311조).

② **전세권자의 유지 · 수선의무** : 전세권자는 목적물의 현상을 유지하고 그 통상의 관리에 속한
수선을 하여야 한다(민법 제309조). 따라서 전세권자가 목적부동산을 통상적 유지 및 관리를 위하
여 필요한 비용을 지출한 경우에도 그 비용의 상환을 청구하지 못한다. `기출 13` 단, 유익비상
환청구권은 인정된다(민법 제310조 제1항).

③ **상린관계규정의 준용** : 민법 제216조 내지 제244조의 규정은 전세권자 간 또는 전세권자와
인지소유자 및 지상권자 간에 이를 준용한다(민법 제319조). `기출 04 · 15`

④ **전세권자의 점유권과 물권적 청구권** : 전세권자는 목적부동산을 점유할 권리를 갖는다. 따라
서 점유를 침해당한 경우 점유보호청구권을 행사할 수 있다(민법 제204조 내지 제206조). 또한 전세권
의 침해를 받은 때에는 물권적 청구권으로서 반환청구권, 방해제거청구권 및 방해예방청구권
을 행사할 수 있다(민법 제319조).

2. 전세권의 처분

> **전세권의 양도, 임대 등(민법 제306조)**
> 전세권자는 전세권을 타인에게 양도 또는 담보로 제공할 수 있고 그 존속기간 내에서 그 목적물을 타인에게
> 전전세 또는 임대할 수 있다. 그러나 설정행위로 이를 금지한 때에는 그러하지 아니하다.
>
> **전세권양도의 효력(민법 제307조)**
> 전세권양수인은 전세권설정자에 대하여 전세권양도인과 동일한 권리의무가 있다.

(1) 처분의 자유와 제한

전세권자는 전세권설정자의 동의 없이도 전세권을 양도하거나 담보로 제공할 수 있고 [기출] 22 , 그 존속기간 내에서 그 목적물을 타인에게 전전세 또는 임대할 수 있다(민법 제306조 본문). 그러나 설정행위로써 처분을 금지할 수 있다(민법 제306조 단서). [기출] 01 이러한 처분금지특약은 등기하여야 만 제3자에 대하여 대항할 수 있다(부동산등기법 제72조 제1항 제5호).

(2) 전세권의 양도

1) 존속기간 중 양도

법률행위에 의한 전세권의 양도의 경우에는 당사자 간의 합의와 등기가 있어야 한다(민법 제186조). 전세권의 양수인은 전세권설정자에 대하여 양도인인 전세권자와 동일한 권리의무를 갖게 된다(민법 제307조).

2) 존속기간 만료 후 양도 [기출] 07·08·14·15

① 전세권설정등기를 마친 민법상의 전세권을 존속기간 만료 후에 양도할 수 있는지 여부(적극) 및 대항요건

> 전세권설정등기를 마친 민법상의 전세권은 그 성질상 용익물권적 성격과 담보물권적 성격을 겸비한 것으로 서, 전세권의 존속기간이 만료되면 전세권의 용익물권적 권능은 전세권설정등기의 말소 없이도 당연히 소멸하고 단지 전세금반환채권을 담보하는 담보물권적 권능의 범위 내에서 전세금의 반환시까지 그 전세권 설정등기의 효력이 존속하고 있다 할 것인데, 이와 같이 존속기간의 경과로서 본래의 용익물권적 권능이 소멸하고 담보물권적 권능만 남은 전세권에 대해서도 그 피담보채권인 전세금반환채권과 함께 제3자에게 이를 양도할 수 있다 할 것이지만 이 경우에는 민법 제450조 제2항 소정의 확정일자 있는 증서에 의한 채권양도절차를 거치지 않는 한 위 전세금반환채권의 압류·전부 채권자 등 제3자에게 위 전세보증금반환 채권의 양도사실로써 대항할 수 없다(대판 2005.3.25. 2003다35659).

② 전세기간 만료 이후 전세권양도계약 및 전세권이전의 부기등기가 이루어진 것만으로는 전세 금반환채권의 양도에 관하여 확정일자 있는 통지나 승낙이 있었다고 볼 수 없어 이로써 제3자 인 전세금반환채권의 압류·전부 채권자에게 대항할 수 없다(대판 2005.3.25. 2003다35659).

3) 비교 : 전세권과 분리한 전세금반환채권만의 양도

① 전세권이 존속하는 동안에 전세권을 존속시키기로 하면서 전세금반환채권만을 전세권과 분 리하여 확성석으로 양도할 수 있는지 여부(소극)

> 전세권은 전세금을 지급하고 타인의 부동산을 그 용도에 따라 사용·수익하는 권리로서 전세금의 지급이 없으면 전세권은 성립하지 아니하는 등으로 전세금은 전세권과 분리될 수 없는 요소일 뿐 아니라, 전세권에 있어서는 그 설정행위에서 금지하지 아니하는 한 전세권자는 전세권 자체를 처분하여 전세금으로 지출한

자본을 회수할 수 있도록 되어 있으므로 전세권이 존속하는 동안은 전세권을 존속시키기로 하면서 전세금 반환채권만을 전세권과 분리하여 확정적으로 양도하는 것은 허용되지 않는 것이며 기출 07·10·12 , 다만 전세권 존속 중에는 장래에 그 전세권이 소멸하는 경우에 전세금 반환채권이 발생하는 것을 조건으로 그 장래의 조건부 채권을 양도할 수 있을 뿐이라 할 것이다(대판 2002.8.23. 2001다69122). 기출 07·09·19

② 당사자 간의 약정에 의하여 전세권의 처분이 따르지 않는 전세금반환채권만의 분리양도가 이루어진 경우, 그 전세권에 관하여 경료된 가압류부기등기의 효력(무효)

전세권설정계약의 당사자 사이에 그 계약이 합의해지된 경우 전세권설정등기는 전세금반환채권을 담보하는 효력은 있다고 할 것이나, 그 후 당사자 간의 약정에 의하여 전세권의 처분이 따르지 않는 전세금반환채권만의 분리양도가 이루어진 경우에는 양수인은 유효하게 전세금반환채권을 양수하였다고 할 것이고, 그로 인하여 전세금반환채권을 담보하는 물권으로서의 전세권마저 소멸된 이상 그 전세권에 관하여 가압류부기등기가 경료되었다고 하더라도 아무런 효력이 없다(대판 1999.2.5. 97다33997). 기출 08·16

③ 전세금반환채권을 전세권과 분리하여 양도할 수 있는지 여부(적극)

전세권이 담보물권적 성격도 가지는 이상 부종성과 수반성이 있는 것이므로 전세권을 그 담보하는 전세금반환채권과 분리하여 양도하는 것은 허용되지 않는다고 할 것이나, 한편 담보물권의 수반성이란 피담보채권의 처분이 있으면 언제나 담보물권도 함께 처분된다는 것이 아니라, 채권담보라고 하는 담보물권 제도의 존재 목적에 비추어 볼 때 특별한 사정이 없는 한 피담보채권의 처분에는 담보물권의 처분도 포함된다고 보는 것이 합리적이라는 것일 뿐이므로, 전세권이 존속기간의 만료로 소멸한 경우이거나 전세계약의 합의해지 또는 당사자 간의 특약에 의하여 전세권반환채권의 처분에도 불구하고, 전세권의 처분이 따르지 않는 경우 등의 특별한 사정이 있는 때에는 채권양수인은 담보물권이 없는 무담보의 채권을 양수한 것이 된다(대판 1997.11.25. 97다29790).

(3) 전전세

1) 의의 및 성질

전전세란 전세권자가 전세권을 기초로, 다시 그 전세권을 목적으로 하는 전세권을 설정하는 것을 의미한다. 즉 전전세는 원전세권에 종속되는 성질을 갖고 있다. 민법은 설정행위로 전전세를 금지하지 않는 한, 전세권자가 전세권의 존속기간 내에서 전전세를 할 수 있다고 규정하고 있다(민법 제306조).

2) 성립요건

① 전전세권설정의 물권적 합의와 등기가 있어야 한다(민법 제186조). 원전세권설정자의 동의는 요하지 않는다.

② 전전세권의 존속기간은 원전세권의 존속기간 내여야 한다(민법 제306조 본문). 또한 원전세권의 일부를 목적으로 전전세권을 설정할 수도 있다.

3) 효 과

① 원전세권의 존속과 기한 : 전전세권이 설정되더라도 원전세권은 소멸하지 않는다. 단, 전전세권은 원전세권을 기초로 하므로, 원전세권이 소멸하면 당연히 소멸한다.

② 전전세권자는 원전세권설정자에 대한 관계에서 아무런 권리·의무가 없다.

③ 전전세권자의 경매청구권 : 전전세권자가 경매청구권을 행사하기 위해서는 ㉠ 전전세권의 소멸 및 전세금반환의 지체뿐만 아니라 ㉡ 원전세권의 소멸 및 전세금반환의 지체가 있어야 한다.

④ 원전세권자의 책임가중 : 전세권자는 전전세를 하지 않았으면 면할 수 있었을 불가항력으로 인한 손해에 대해서도 그 책임을 부담한다(민법 제308조). <u>기출</u> 15

3. 건물전세권자의 보호를 위한 특칙

(1) 건물전세권의 지상권·임차권에 대한 효력

건물의 전세권, 지상권, 임차권에 대한 효력(민법 제304조) <u>기출</u> 09·17·21·22
① 타인의 토지에 있는 건물에 전세권을 설정한 때에는 전세권의 효력은 그 건물의 소유를 목적으로 한 지상권 또는 임차권에 미친다.
② 전항의 경우에 전세권설정자는 전세권자의 동의없이 지상권 또는 임차권을 소멸하게 하는 행위를 하지 못한다.

민법 제304조는 전세권을 설정하는 건물소유자가 건물의 존립에 필요한 지상권 또는 임차권과 같은 토지사용권을 가지고 있는 경우에 관한 것으로서, 그 경우에 건물전세권자로 하여금 토지소유자에 대하여 건물소유자, 즉 전세권설정자의 그러한 토지사용권을 원용할 수 있도록 함으로써 토지소유자 기타 토지에 대하여 권리를 가지는 사람에 대한 관계에서 건물전세권자를 보다 안전한 지위에 놓으려는 취지의 규정이다. 또한 지상권을 가지는 건물소유자가 그 건물에 전세권을 설정하였으나 그가 2년 이상의 지료를 지급하지 아니하였음을 이유로 지상권설정자, 즉 토지소유자의 청구로 지상권이 소멸하는 것(민법 제287조 참조)은 전세권설정자가 전세권자의 동의 없이는 할 수 없는 위 민법 제304조 제2항상의 "지상권 또는 임차권을 소멸하게 하는 행위"에 해당하지 아니한다. 위 민법 제304조 제2항이 제한하려는 것은 포기, 기간단축약정 등 지상권 등을 소멸하게 하거나 제한하여 건물전세권자의 지위에 불이익을 미치는 전세권설정자의 임의적인 행위이고, 그것이 법률의 규정에 의하여 지상권소멸청구권의 발생요건으로 정하여졌을 뿐인 지상권자의 지료 부지급 그 자체를 막으려고 한다거나 또는 지상권설정자가 취득하는 위의 지상권소멸청구권이 그의 일방적 의사표시로 행사됨으로 인하여 지상권이 소멸되는 효과를 제한하려고 하는 것이라고 할 수 없다. 따라서 전세권설정자가 건물의 존립을 위한 토지사용권을 가지지 못하여 그가 토지소유자의 건물철거 등 청구에 대항할 수 없는 경우에 민법 제304조 등을 들어 전세권자 또는 대항력 있는 임차권자가 토지소유자의 권리행사에 대항할 수 없음은 물론이다. 또한 건물에 대하여 전세권 또는 대항력 있는 임차권을 설정하여 준 지상권자가 그 지료를 지급하지 아니함을 이유로 토지소유자가 한 지상권소멸청구가 그에 대한 전세권자 또는 임차인의 동의가 없이 행하여졌다고 해도 민법 제304조 제2항에 의하여 그 효과가 제한된다고 할 수 없다(대판 2010.8.19. 2010다43801). <u>기출</u> 11·17

(2) 민법 제305조의 법정지상권

건물의 전세권과 법정지상권(민법 제305조) <u>기출</u> 09·11·15·21·22
① 대지와 건물이 동일한 소유자에 속한 경우에 건물에 전세권을 설정한 때에는 그 대지소유권의 특별승계인은 전세권설정자에 대하여 지상권을 설정한 것으로 본다. 그러나 지료는 당사자의 청구에 의하여 법원이 이를 정한다.
② 전항의 경우에 대지소유자는 타인에게 그 대지를 임대하거나 이를 목적으로 한 지상권 또는 전세권을 설정하지 못한다.

> 토지와 건물을 함께 소유하던 토지·건물의 소유자가 건물에 대하여 전세권을 설정하여 주었는데 그 후 토지가 타인에게 경락되어 민법 제305조 제1항에 의한 법정지상권을 취득한 상태에서 다시 건물을 타인에게 양도한 경우, 그 건물을 양수하여 소유권을 취득한 자는 특별한 사정이 없는 한 법정지상권을 취득할 지위를 가지게 되고, 다른 한편으로는 전세권 관계도 이전받게 되는바, 민법 제304조 등에 비추어 건물 양수인이 토지 소유자와의 관계에서 전세권자의 동의 없이 법정지상권을 취득할 지위를 소멸시켰다고 하더라도, 그 건물 양수인은 물론 토지 소유자도 그 사유를 들어 전세권자에게 대항할 수 없다(대판 2007.8.24. 2006다14684).

4. 전세목적물 양도 시 양수인의 지위

> 전세권이 성립한 후 전세목적물의 소유권이 이전된 경우 민법이 전세권 관계로부터 생기는 상환청구, 소멸청구, 갱신청구, 전세금증감청구, 원상회복, 매수청구 등의 법률관계의 당사자로 규정하고 있는 전세권설정자 또는 소유자는 모두 목적물의 소유권을 취득한 신 소유자로 새길 수밖에 없다고 할 것이므로, 전세권은 전세권자와 목적물의 소유권을 취득한 신 소유자 사이에서 계속 동일한 내용으로 존속하게 된다고 보아야 할 것이고, 따라서 목적물의 신 소유자는 구 소유자와 전세권자 사이에 성립한 전세권의 내용에 따른 권리의무의 직접적인 당사자가 되어 전세권이 소멸하는 때에 전세권자에 대하여 전세권설정자의 지위에서 전세금 반환의무를 부담하게 된다(대판 2006.5.11. 2006다6072). 기출 07·08·09·16·19·22

V 전세권의 소멸

1. 소멸사유

(1) 물권 일반의 소멸사유

전세권은 목적부동산의 멸실, 존속기간의 만료, 혼동, 소멸시효, 전세권의 포기 등으로 소멸한다.

① 목적부동산의 멸실

불가항력으로 인한 멸실(민법 제314조) 기출 02
① 전세권의 목적물의 전부 또는 일부가 불가항력으로 인하여 멸실된 때에는 그 멸실된 부분의 전세권은 소멸한다.
② 전항의 일부멸실의 경우에 전세권자가 그 잔존부분으로 전세권의 목적을 달성할 수 없는 때에는 전세권설정자에 대하여 전세권전부의 소멸을 통고하고 전세금의 반환을 청구할 수 있다.

전세권자의 손해배상책임(민법 제315조)
① 전세권의 목적물의 전부 또는 일부가 전세권자에 책임있는 사유로 인하여 멸실된 때에는 전세권자는 손해를 배상할 책임이 있다.
② 전항의 경우에 전세권설정자는 전세권이 소멸된 후 전세금으로써 손해의 배상에 충당하고 잉여가 있으면 반환하여야 하며 부족이 있으면 다시 청구할 수 있다.

> 전세금은 그 성격에 비추어 민법 제315조에 정한 전세권설정자의 전세권자에 대한 손해배상채권 외 다른 채권까지 담보한다고 볼 수 없으므로, 전세권설정자가 전세권자에 대하여 위 손해배상채권 외 다른 채권을 가지고 있더라도 다른 특별한 사정이 없는 한 이를 가지고 전세금반환채권에 대하여 물상대위권을 행사한 전세권저당권자에게 상계 등으로 대항할 수 없다(대판 2008.3.13. 2006다29372 · 29389). `기출` 17

② 전세권의 포기 : 비록 존속기간을 약정하고 있더라도 전세권자는 자유로이 그의 전세권을 포기할 수 있다. 그러나 전세권이 제3자의 권리의 목적일 때에는 포기할 수 없다(민법 제371조 제2항).

(2) 전세권 특유의 소멸사유

① 전세권설정자의 소멸청구

> **전세권의 소멸청구(민법 제311조)**
> ① 전세권자가 전세권설정계약 또는 그 목적물의 성질에 의하여 정하여진 용법으로 이를 사용, 수익하지 아니한 경우에는 전세권설정자는 전세권의 소멸을 청구할 수 있다.
> ② 전항의 경우에는 전세권설정자는 전세권자에 대하여 원상회복 또는 손해배상을 청구할 수 있다.

② 소멸통고

> **전세권의 소멸통고(민법 제313조)** `기출` 02 · 22
> 전세권의 존속기간을 약정하지 아니한 때에는 각 당사자는 언제든지 상대방에 대하여 전세권의 소멸을 통고할 수 있고 상대방이 이 통고를 받은 날로부터 6월이 경과하면 전세권은 소멸한다.

2. 소멸효과

(1) 전세금반환청구권의 발생과 동시이행관계

> **전세권의 소멸과 동시이행(민법 제317조)** `기출` 11 · 14
> 전세권이 소멸한 때에는 전세권설정자는 전세권자로부터 그 목적물의 인도 및 전세권설정등기의 말소등기에 필요한 서류의 교부를 받는 동시에 전세금을 반환하여야 한다.

> 전세권설정자는 전세권이 소멸한 경우 전세권자로부터 그 목적물의 인도 및 전세권설정등기의 말소등기에 필요한 서류의 교부를 받는 동시에 전세금을 반환할 의무가 있을 뿐이므로, 전세권자가 그 목적물을 인도하였다고 하더라도 전세권설정등기의 말소등기에 필요한 서류를 교부하거나 그 이행의 제공을 하지 아니하는 이상, 전세권설정자는 전세금의 반환을 거부할 수 있고, 이 경우 다른 특별한 사정이 없는 한 그가 전세금에 대한 이자 상당액의 이득을 법률상 원인 없이 얻는다고 볼 수 없다(대판 2002.2.5. 2001다62091).

(2) 경매청구권

① 전세권설정자가 전세금의 반환을 지체한 경우 전세권자는 경매를 청구하여(민법 제318조) 그 경락대금으로부터 우선변제를 받을 수 있다.

② 목적물 일부에 대한 전세권자의 목적물 전부에 대한 경매청구 가부(소극)

> 건물의 일부에 대하여 전세권이 설정되어 있는 경우 그 전세권자는 민법 제303조 제1항, 제318조의 규정에 의하여 그 건물 전부에 대하여 후순위 권리자 기타 채권자보다 전세금의 우선변제를 받을 권리가 있고, 전세권설정자가 전세금의 반환을 지체한 때에는 전세권의 목적물의 경매를 청구할 수 있다 할 것이나, 전세권의 목적물이 아닌 나머지 건물부분에 대하여는 우선변제권은 별론으로 하고 경매신청권은 없다(대결 1992.3.10. 91마256·91마257). 기출 19

(3) 우선변제권

1) 전세권자의 우선적 지위

대항력 없는 일반채권자에 대해서는 원칙적으로 전세권자가 우선한다. 그러나 등기된 임차권, 주택임대차보호법의 대항력과 같이 대항력이 있는 채권이 경합하는 경우에는 성립순위에 따른다.

2) 저당권과 경합하는 경우

① **전세권이 저당권보다 후순위인 경우** : 저당권자나 전세권자의 어느 쪽이 경매를 신청하든 양자 모두 소멸하고, 배당순위는 설정등기의 선후에 의하게 된다. 이때 용익권이 저당권의 실행으로 소멸되느냐 여부는 그 부동산 위의 최선순위의 저당권과의 사이의 우열로 정하여진다(대판 1987.2.24. 86다카1936). 기출 19

② **최선순위 전세권에 해당하는 경우** : 저당권, 압류채권, 가압류채권에 대항할 수 있는 최선순위 전세권은 매각으로 소멸되지 않고 매수인에게 인수되는 반면 기출 08·09, 전세권자가 민사집행법 제88조에 따라 배당요구를 하였다면 매각으로 인하여 소멸된다(민사집행법 제91조 제3항 및 제4항).

(4) 부속물수거권·수거의무(민법 제316조 제1항), 부속물매수청구권(민법 제316조 제2항)

(5) 비용상환청구권

> **전세권자의 상환청구권(민법 제310조)**
> ① 전세권자가 목적물을 개량하기 위하여 지출한 금액 기타 유익비에 관하여는 그 가액의 증가가 현존한 경우에 한하여 소유자의 선택에 좇아 그 지출액이나 증가액의 상환을 청구할 수 있다.
> ② 전항의 경우에 법원은 소유자의 청구에 의하여 상당한 상환기간을 허여할 수 있다.

전세권자는 스스로 목적물의 현상유지와 수선의무(민법 제309조)를 부담하므로, 필요비 상환을 청구할 수 없다. 나아가 전세권자는 필요비상환청구를 피담보채권으로 하여 유치권을 주장할 수도 없다. 그러나 유익비에 관해서는 그 가액이 증가가 현존하는 경우에 한하여 소유자의 선택에 좇아서 그 지출액이나 증가액의 상환을 청구할 수 있다(민법 제310조 제1항). **기출** 02 이 경우 전세권자는 유익비상환청구권을 피담보채권으로 하여 유치권도 행사할 수 있다. 단, 법원이 소유자의 청구에 의하여 상당한 상환기간을 허여한 경우에는 그 허여된 기간에는 유치권을 행사할 수 없다.

(6) 지상물매수청구권

> **[토지임차인의 지상물매수청구권에 관한 민법 제643조가 토지의 전세권에도 유추 적용되는지 여부(적극)]**
> 토지임차인의 건물 기타 공작물의 매수청구권에 관한 민법 제643조의 규정은 성질상 토지의 전세권에도 유추 적용될 수 있다고 할 것이지만, 그 매수청구권은 토지임차권 등이 건물 기타 공작물의 소유 등을 목적으로 한 것으로서 기간이 만료되어야 하고 건물 기타 지상시설이 현존하여야만 행사할 수 있는 것이다(대판 2007.9.21. 2005다41740).

CHAPTER

04 용익물권

01 지상권

제1관 │ 일반 지상권

01 건물의 소유를 목적으로 하는 지상권에 관한 설명으로 옳지 않은 것은?(다툼이 있으면 판례에 따름) 기출 24

① 토지에 관하여 근저당권을 설정함과 아울러 그 토지의 담보가치가 저감하는 것을 막기 위해 채권자 앞으로 건물의 소유를 목적으로 하는 지상권이 설정된 경우, 피담보채권의 변제로 근저당권이 소멸하더라도 그 지상권은 소멸하지 않는다.

② 존속기간의 만료로 지상권이 소멸할 당시에 건물이 현존한 경우, 지상권자가 계약갱신청구권을 행사하더라도 지상권설정자가 이를 거절하면 지상권은 갱신되지 않는다.

③ 지상권이 소멸한 때 지상권설정자가 상당한 가액을 제공하여 건물의 매수를 청구한 때에는 지상권자는 정당한 이유없이 이를 거절하지 못한다.

④ 건물의 소유를 목적으로 하는 지상권에서 그 건물이 멸실되더라도 존속기간이 만료되지 않은 한 지상권은 소멸되지 않는다.

⑤ 무상(無償)의 지상권자는 언제든지 지상권을 포기할 수 있지만, 지상권이 저당권의 목적인 때에는 저당권자의 동의가 있어야 포기할 수 있다.

해설 ① (×) 근저당권 등 담보권 설정의 당사자들이 그 목적 토지위에 차후 용익권 설정 등으로 담보가치가 저감하는 것을 막기 위해 채권자 앞으로 지상권을 설정한 경우, <u>피담보채권이 변제나 시효로 소멸하면 그 지상권도 부종하여 소멸한다</u>(대판 2011.4.14. 2011다6342). 저당권의 담보가치를 획득하기 위하여 지상권을 취득하는 담보지상권의 경우, 담보지상권은 저당권의 담보가치를 확보하는데 그 목적이 있기 때문에, 저당권이 양도되면 함께 양도되고 저당권이 피담보채권의 변제 등으로 소멸하면 담보지상권도 함께 소멸한다(담보지상권의 부종성).

② (○) 민법 제283조 제1항의 갱신청구권은, 지상권이 존속기간의 만료로 소멸한 경우에 한하여 건물 기타 공작물이나 수목이 현존하는 때에 지상권자에게 인정되는 권리이며(통설), 지상권자의 갱신청구로 곧 계약 갱신의 효과가 발생하지는 않고 지상권설정자가 갱신청구에 응하여 갱신계약을 체결함으로써 갱신이 효과가 발생한다.

> **지상권자의 갱신청구권, 매수청구권(민법 제283조)**
> ① 지상권이 소멸한 경우에 건물 기타 공작물이나 수목이 현존한 때에는 지상권자는 계약의 갱신을 청구할 수 있다.

③ (○) 민법 제285조 제2항

> **수거의무, 매수청구권(민법 제285조)**
> ① 지상권이 소멸한 때에는 지상권자는 건물 기타 공작물이나 수목을 수거하여 토지를 원상에 회복하여야 한다.
> ② 전항의 경우에 지상권설정자가 상당한 가액을 제공하여 그 공작물이나 수목의 매수를 청구한 때에는 지상권자는 정당한 이유없이 이를 거절하지 못한다.

④ (○) 지상권은 타인이 토지에서 건물 기타의 공작물이나 수목을 소유하는 것을 본질적 내용으로 하는 것이 아니라 타인의 토지를 사용하는 것을 본질적 내용으로 하고 있으므로 지상권 설정계약 당시 건물 기타의 공작물이나 수목이 없더라도 지상권은 유효하게 성립할 수 있고, 또한 기존의 건물 기타의 공작물이나 수목이 멸실되더라도 존속기간이 만료되지 않는 한 지상권이 소멸되지 아니한다(대판 1996.3.22. 95다49318).

⑤ (○) 무상의 지상권은 기간에 관한 약정의 유무를 불문하고 지상권자가 자유롭게 포기할 수 있다. 그러나 지상권이 저당권의 목적인 때에는 저당권자의 동의 없이는 포기하지 못한다(민법 제371조 제2항).

> **지상권, 전세권을 목적으로 하는 저당권(민법 제371조)**
> ② 지상권 또는 전세권을 목적으로 저당권을 설정한 자는 저당권자의 동의없이 지상권 또는 전세권을 소멸하게 하는 행위를 하지 못한다.

02 지상권에 관한 설명으로 옳은 것은?(다툼이 있으면 판례에 따름) [기출] 19

① 지상권은 1필 토지의 전부가 아닌 일부에 대해서는 성립할 수 없다.

② 지상권자는 존속기간이 만료한 때에 지상물이 현존하는 경우, 지상권설정자에 대해 선택적으로 지상권의 갱신청구 또는 지상물의 매수청구를 할 수 있다.

③ 지상권은 지상물의 소유를 목적으로 토지를 사용하는 권리이므로, 지상권자는 지상권을 유보한 채 지상물소유권만을 양도할 수 없다.

④ 지상권의 지료지급 연체가 토지소유권의 양도 전후에 걸쳐 이루어진 경우, 토지양수인에 대한 연체기간이 2년 이상이면 토지양수인은 지상권의 소멸을 청구할 수 있다.

⑤ 금융기관이 토지에 저당권과 함께 지료 없는 지상권을 설정받으면서 채무자의 사용수익권을 배제하지 않은 경우, 금융기관은 그 토지의 무단점유자에 대해 지상권 침해를 근거로 임료 상당의 손해배상을 청구할 수 있다.

해설
① (×) 지상권은 '타인소유의 토지 위'에 '건물 기타 공작물이나 수목을 소유하기 위하여' 그 토지를 사용하는 권리로, 1필 토지의 일부라도 무방하다. 다만, 등기하여야 한다(부동산등기법 제69조 제6호).

② (×) 지상권설정자가 계약의 갱신을 원하지 아니하는 때에는 지상권자는 상당한 가액으로 공작물이나 수목의 매수를 청구할 수 있다(민법 제283조 제2항). 따라서 갱신청구권과 지상물매수청구권은 선택적으로 행사할 수 있는 관계에 있지 아니하다.

③ (×) 지상권자는 지상권을 유보한 채 지상물소유권만을 양도할 수도 있고 지상물소유권을 유보한 채 지상권만을 양도할 수도 있는 것이어서 지상권자와 그 지상물의 소유권자가 반드시 일치하여야 하는 것은 아니며, 또한 지상권 설정 시에 그 지상권이 미치는 토지의 범위와 그 설정 당시 매매되는 지상물의 범위를 다르게 하는 것도 가능하다(대판 2006.6.15. 2006다6126 · 6133).

④ (○) 민법 제287조가 토지소유자에게 지상권소멸청구권을 부여하고 있는 이유는 지상권자가 2년 이상의 지료를 연체하는 때에는 토지소유자로 하여금 지상권의 소멸을 청구할 수 있도록 함으로써 토지소유자의 이익을 보호하려는 취지에서 나온 것이라고 할 것이므로, 지상권자가 그 권리의 목적이 된 토지의 특정한 소유지분에 대하여 2년분 이상의 지료를 지불하지 아니한 경우에 그 특정의 소유자는 선택에 따라 지상권의 소멸을 청구할 수 있으나, 지상권자의 지료지급 연체가 토지소유권의 양도 전후에 걸쳐 이루어진 경우 토지양수인에 대한 연체기간이 2년이 되지 않는다면 양수인은 지상권소멸청구를 할 수 없다(대판 2001.3.13. 99다17142).

⑤ (×) 금융기관이 대출금채권의 담보를 위하여 토지에 저당권과 함께 지료 없는 지상권을 설정하면서 채무자 등의 사용·수익권을 배제하지 않은 경우, 위 지상권은 근저당목적물의 담보가치를 확보하는 데 목적이 있으므로, 그 위에 도로개설·벽축조 등의 행위를 한 무단점유자에 대하여 지상권 자체의 침해를 이유로 한 임료 상당 손해배상을 구할 수 없다(대판 2008.1.17. 2006다586).

03 지상권에 관한 설명으로 옳지 않은 것은?(다툼이 있으면 판례에 따름) [기출 15]

① 토지에 관하여 저당권을 취득함과 아울러 그 저당권이 실행될 때까지 목적토지의 담보가치를 하락시키는 침해행위를 배제할 목적으로 지상권을 설정할 수 있다.

② 관습상의 법정지상권을 취득한 자가 대지소유자와 사이에 대지에 관하여 임대차계약을 체결한 경우, 특별한 사정이 없는 한 관습상의 법정지상권을 포기한 것으로 된다.

③ 지상권이 존속기간의 만료로 소멸한 경우, 건물 기타 공작물이나 수목이 현존하는 때에는 지상권자는 계약의 갱신을 청구할 수 있다.

④ 토지소유자가 지상권자의 지료연체를 이유로 지상권소멸청구를 하여 지상권이 소멸된 경우에도, 지상권자는 토지소유자를 상대로 현존하는 건물 기타 공작물이나 수목의 매수를 청구할 수 있다.

⑤ 법정지상권에 관한 지료가 결정된 바 없다면, 법정지상권자가 2년 이상의 지료를 지급하지 아니하였더라도 토지소유자는 지료지급 연체를 이유로 지상권의 소멸을 청구할 수 없다.

해설　① (○) [1] 근저당권 등 담보권 설정의 당사자들이 그 목적이 된 토지 위에 차후 용익권이 설정되거나 건물 또는 공작물이 축조·설치되는 등으로써 그 목적물의 담보가치가 저감하는 것을 막는 것을 주요한 목적으로 하여 담보권과 아울러 지상권을 설정한 경우에 담보권이 소멸하면 등기된 지상권의 목적이나 존속기간과 관계없이 지상권도 그 목적을 잃어 함께 소멸한다고 할 것이다. [2] 한편 토지에 관하여 담보권이 설정될 당시 담보권자를 위하여 동시에 지상권이 설정되었다고 하더라도, 담보권 설정 당시 이미 토지소유자가 그 토지상에 건물을 소유하고 있고 그 건물을 철거하기로 하는 등 특별한 사유가 없으며 담보권의 실행으로 그 지상권도 소멸하였다면 건물을 위한 법정지상권이 발생하지 않는다고 할 수 없다(대판 2014.7.24. 2012 다97871·97888).

②　(○) 토지의 점유·사용에 관하여 당사자 사이에 약정이 있는 것으로 볼 수 있는 경우에는 관습상의 법정지상권을 인정할 까닭이 없다(대판 2008.2.15. 2005다41771·41778). 대지와 건물의 소유자가 건물만을 양도하고 동 양수인과 대지에 대하여 임대차계약을 체결하였다면 특별한 사정이 없는 한 동 양수인은 본건 대지에 관한 관습상의 법정지상권을 포기하였다고 볼 것이다(대판 1968.1.31. 67다2007).

③　(○) 민법 제283조 제1항의 갱신청구권은, 지상권이 존속기간의 만료로 소멸한 경우에 한하여 건물 기타 공작물이나 수목이 현존하는 때에 지상권자에게 인정되는 권리이다(통설).

④　(×) 민법 제283조 제2항의 지상물매수청구권은, 지상권자의 갱신청구권에 대하여 지상권설정자가 계약의 갱신을 원하지 아니하는 때에 지상권자에게 인정되는 권리이므로, 지상권자의 지료연체를 이유로 토지소유자가 그 지상권소멸청구를 하여 이에 터 잡아 지상권이 소멸된 경우에는 매수청구권이 인정되지 않는다(대판 1993.6.29. 93다10781).

⑤　(○) 법정지상권의 경우 당사자 사이에 지료에 관한 협의가 있었다거나 법원에 의하여 지료가 결정되었다는 아무런 입증이 없다면, 법정지상권자가 지료를 지급하지 않았다고 하더라도 지료지급을 지체한 것으로는 볼 수 없으므로, 법정지상권자가 2년 이상의 지료를 지급하지 아니하였음을 이유로 하는 토지소유자의 지상권소멸청구는 이유가 없고, 지료액 또는 그 지급시기 등 지료에 관한 약정은 이를 등기하여야만 제3자에게 대항할 수 있는 것이고, 법원에 의한 지료의 결정은 당사자의 지료결정청구에 의하여 형식적 형성소송인 지료결정판결로 이루어져야 제3자에게도 그 효력이 미친다(대판 2001.3.13. 99다17142).

04 지상권에 관한 설명으로 옳지 않은 것은?(다툼이 있는 경우에는 판례에 의함) [기출 12]

① 지료에 관한 약정을 등기하지 않으면 토지소유자는 구(舊) 지상권자의 지료연체사실을 들어 지상권의 특정승계인에게 대항하지 못한다.

② 토지저당권자가 그 목적토지 위에 추후 용익권의 설정 등으로 인한 담보가치의 감소를 막기 위해 지상권을 취득한 경우, 저당채무가 변제로 소멸하면 그 지상권도 소멸한다.

③ 지상권자가 토지소유자 간의 양도 전후에 걸쳐서 지료지급을 지체한 경우, 양도인과 양수인에 대하여 연체된 지료의 합이 2년분에 이르면 양수인은 지상권의 소멸을 청구할 수 있다.

④ 동일인이 소유하던 토지와 그 지상건물이 매매 기타 원인으로 각각 소유자를 달리 하게 된 경우, 그 토지의 점유·사용에 관하여 당사자 사이에 약정이 있는 것으로 볼 수 있는 때에는 관습법상의 법정지상권이 성립하지 않는다.

⑤ 법정지상권의 경우 지료가 결정되지 않았다면 지상권자가 지료를 지급하지 않더라도 지료지급의 지체가 되지 아니한다.

해설 ① (O) 지료액 또는 그 지급시기 등 지료에 관한 약정은 이를 등기하여야만 제3자에게 대항할 수 있으므로, **지료의 등기를 하지 않은 이상 토지소유자는 구 지상권자의 지료연체사실을 들어 지상권을 이전받은 자에게 대항하지 못한다**(대판 1996.4.26. 95다52864).

② (O) 근저당권 등 담보권 설정의 당사자들이 그 목적이 된 토지 위에 차후 용익권이 설정되거나 건물 또는 공작물이 축조·설치되는 등으로써 그 목적물의 담보가치가 저감하는 것을 막는 것을 주요한 목적으로 하여 담보권과 아울러 지상권을 설정한 경우에 담보권이 소멸하면 등기된 지상권의 목적이나 존속기간과 관계없이 지상권도 그 목적을 잃어 함께 소멸한다고 할 것이다(대판 2014.7.24. 2012다97871·97888).

③ (×), ⑤ (O) [1] 민법 제287조에 의하면, 지상권자가 그 권리의 목적이 된 토지의 특정한 소유자에 대하여 2년분 이상의 지료를 지불하지 아니한 경우에 그 특정의 소유자는 선택에 따라 지상권의 소멸을 청구할 수 있으나, **지상권자의 지료지급 연체가 토지소유권의 양도 전후에 걸쳐 이루어진 경우 토지양수인에 대한 연체기간이 2년이 되지 않는다면 양수인은 지상권소멸청구를 할 수 없다.** [2] 법정지상권의 경우 당사자 사이에 지료에 관한 협의가 있었다거나 법원에 의하여 지료가 결정되었다는 아무런 입증이 없다면, 법정지상권자가 지료를 지급하지 않았다고 하더라도 지료지급을 지체한 것으로는 볼 수 없으므로, 법정지상권자가 2년 이상의 지료를 지급하지 아니하였음을 이유로 하는 토지소유자의 지상권소멸청구는 이유가 없고, 지료액 또는 그 지급시기 등 지료에 관한 약정은 이를 등기하여야만 제3자에게 대항할 수 있는 것이고, 법원에 의한 지료의 결정은 당사자의 지료결정청구에 의하여 형식적 형성소송인 지료결정판결로 이루어져야 제3자에게도 그 효력이 미친다(대판 2001.3.13. 99다17142).

④ (O) 토지와 지상건물이 동일인의 소유에 속해 있다가 각각 그 소유자를 달리하게 되는 경우에 성립하는 관습상의 지상권은, 그 경우 당사자 사이에 건물을 철거하기로 하는 등의 특별조건이 없다면 토지소유자는 지상건물소유자에게 그 건물소유를 위한 지상권을 설정하여 주기로 한 의사가 있었던 것이라고 해석하여 인정되는 권리이다(대판 1986.5.27. 86다카62). 따라서 **토지의 점유·사용에 관하여 당사자 사이에 약정이 있는 것으로 볼 수 있는 경우에는 관습상의 법정지상권을 인정할 까닭이 없다**(대판 2008.2.15. 2005다41771·41778).

제2관 │ 특수한 지상권

01 관습법상 법정지상권이 성립되지 않는 경우를 모두 고른 것은?(다툼이 있으면 판례에 따름)

기출 21

ㄱ. 환지처분으로 인하여 토지와 그 지상건물의 소유자가 달라진 경우
ㄴ. 미등기 건물을 그 대지와 함께 양수한 사람이 그 대지에 관하여서만 소유권이전등기를 넘겨받고 건물에 대하여는 그 등기를 이전받지 못하고 있는 상태에서 그 대지가 강제경매되어 소유자가 달라진 경우
ㄷ. 공유토지 위에 신축한 건물을 단독 소유하던 토지공유자 1인이 자신의 토지지분만을 양도하여 건물과 토지의 소유자가 달라진 경우
ㄹ. 토지를 매수하여 소유권이전등기를 마친 매수인이 그 지상에 건물을 신축한 후 그 토지의 소유권이전등기가 원인무효로 밝혀져 말소됨으로써 건물과 토지의 소유자가 달라진 경우

① ㄱ, ㄴ
② ㄴ, ㄹ
③ ㄱ, ㄴ, ㄷ
④ ㄴ, ㄷ, ㄹ
⑤ ㄱ, ㄴ, ㄷ, ㄹ

해설 ㄱ. (×) 환지의 경우, 관습상 법정지상권의 성립을 부정한다. 즉, 환지로 인하여 새로운 분할지적선이 그어진 결과 환지 전에는 동일인에게 속하였던 토지와 그 지상건물의 소유자가 달라졌다 하더라도 환지의 성질상 건물의 부지에 관하여 소유권을 상실한 건물 소유자가 환지된 토지(건물부지)에 대하여 건물을 위한 관습상의 법정지상권을 취득한다거나 그 환지된 토지의 소유자가 그 건물을 위한 관습상의 법정지상권의 부담을 안게 된다고는 할 수 없다(대판 2001.5.8. 2001다4101).
ㄴ. (×) 민법 제366조의 법정지상권은 저당권 설정 당시에 동일인의 소유에 속하는 토지와 건물이 저당권의 실행에 의한 경매로 인하여 각기 다른 사람의 소유에 속하게 된 경우에 건물의 소유를 위하여 인정되는 것이므로, 미등기건물을 그 대지와 함께 매수한 사람이 그 대지에 관하여만 소유권이전등기를 넘겨받고 건물에 대하여는 그 등기를 이전 받지 못하고 있다가, 대지에 대하여 저당권을 설정하고 그 저당권의 실행으로 대지가 경매되어 다른 사람의 소유로 된 경우에는, 그 저당권의 설정 당시에 이미 대지와 건물이 각각 다른 사람의 소유에 속하고 있었으므로 법정지상권이 성립될 여지가 없다(대판[전합] 2002.6.20. 2002다9660).
ㄷ. (×) 토지공유자 중의 1인이 공유토지 위에 건물을 소유하고 있다가 토지지분만을 전매함으로써 단순히 토지공유자의 1인에 대하여 관습상의 법정지상권이 성립된 것으로 볼 사유가 발생한 경우에 있어서는 당해 토지에 관하여 건물의 소유를 위한 관습상의 법정지상권이 성립될 수 없다(대판 1988.9.27. 87다카140).
ㄹ. (×) 관습상의 법정지상권의 성립 요건인 해당 토지와 건물의 소유권의 동일인에의 귀속과 그 후의 각기 다른 사람에의 귀속은 법의 보호를 받을 수 있는 권리변동으로 인한 것이어야 하므로, 원래 동일인에게의 소유권 귀속이 원인무효로 이루어졌다가 그 뒤 그 원인무효임이 밝혀져 그 등기가 말소됨으로써 그 건물과 토지의 소유자가 달라지게 된 경우에는 관습상의 법정지상권을 허용할 수 없다(대판 1999.3.26. 98다64189).

02 A토지와 그 지상의 B건물을 등기하여 소유하는 甲은 A토지의 자투리 공간에 C건물을 완공하였으나 보존등기를 하지 않은 채 A, B, C 모두를 乙에게 일괄매도하고 인도하였다. 乙은 A토지와 B건물에 관하여 소유권이전등기를 하였으나 C건물에 대해서는 소유권이전등기를 하지 않고 있었다. 그 후 乙이 은행으로부터 돈을 빌리면서 A토지에 근저당권을 설정하였는데, 이것이 경매되어 丙이 매수대금을 완납하고 A토지의 소유권을 취득하였다. 이어 乙은 B건물과 C건물 역시 丁에게 매도하고 인도하였는데, B건물에 대해서는 丁의 명의로 소유권이전등기가 되었고, C건물은 여전히 미등기상태로 남아 있다. 이에 관한 설명으로 옳은 것은?(다툼이 있으면 판례에 따름) <u>기출</u> 16

① 甲은 乙에게 A토지의 소유권을 넘겨주는 때에 C건물을 위한 관습법상 법정지상권을 취득한다.
② C가 무허가건물인 경우에는 무허가건물이라는 이유만으로도 C의 소유자는 그 건물의 소유를 위한 관습법상 법정지상권을 취득할 수 없다.
③ 丙이 A토지의 소유권을 취득한 때 乙은 B건물을 위한 법정지상권을 취득한다.
④ 만일 乙이 근저당권 설정 당시 존재하던 B건물을 철거하고 D건물을 신축한 후에 A토지에 대한 저당권이 실행되었다면, B건물과 D건물의 동일성이 인정되지 않는 한 乙은 D건물을 위한 법정지상권을 취득할 수 없다.
⑤ 丁은 지상권등기를 하지 않아도 B건물을 위한 법정지상권을 취득한다.

해설　① (×) 원소유자로부터 대지와 지상건물을 모두 매수하고 대지에 관하여만 소유권이전등기를 경료함으로써 건물의 소유명의가 매도인에게 남아 있게 된 경우라면 형식적으로는 대지와 건물의 소유명의자를 달리하게 된 것이라 하더라도 이는 대지와 건물 중 어느 하나만이 매도된 것이 아니어서 **관습에 의한 법정지상권은 인정될 수 없고** 이 경우 대지와 건물의 점유사용문제는 매매계약당사자 사이의 계약에 따라 해결할 것이다 (대판 1983.7.26. 83다카419·420). 따라서 甲은 C건물을 위한 관습법상 법정지상권을 취득할 수 없다.
　② (×) 건물은 건물로서의 요건을 갖추고 있는 이상 무허가건물이거나 미등기건물이거나를 가리지 않고, 부지에 관하여 관습상의 법정지상권을 취득한다(대판 1988.4.12. 87다카2404 참고). 따라서 C건물이 무허가건물이라는 이유만으로 관습법상 법정지상권의 성립이 부정되지 아니한다.
　③ (○) A토지에 근저당권이 설정될 당시 A토지와 B건물의 소유자는 乙이었고, 근저당권의 실행으로 A토지의 소유자와 B건물의 소유자가 달라졌으므로, 乙은 B건물을 위한 법정지상권을 취득한다(민법 제366조 참고).
　④ (×) 민법 제366조 소정의 법정지상권이 성립하려면 저당권의 설정 당시 저당권의 목적이 되는 토지 위에 건물이 존재하여야 하고, 저당권 설정 당시 건물이 존재한 이상 그 이후 건물을 개축, 증축하는 경우는 물론이고 건물이 멸실되거나 철거된 후 재축, 신축하는 경우에도 법정지상권이 성립하며, 이 경우의 법정지상권의 내용인 존속기간, 범위 등은 구 건물을 기준으로 하여 그 이용에 일반적으로 필요한 범위 내로 제한된다(대판 1991.4.26. 90다19985). 따라서 乙은 D건물을 위한 법정지상권을 취득할 수 있다.
　⑤ (×) 乙의 B건물을 위한 법정지상권을 취득하기 위하여 丁은 소유권이전등기뿐만 아니라, 지상권이전등기까지 마쳐야 한다(대판[전합] 1985.4.9. 84다카1131·1132 – 다수의견). 이와 달리 건물에 대한 저당권이 실행되어 경락인이 그 건물의 소유권을 취득하였다면 경락 후 건물을 철거한다는 등의 매각조건하에서 경매되었다는 등 특별한 사정이 없는 한 그 건물소유를 위한 지상권도 민법 제187조의 규정에 따라 등기 없이 당연히 경락인이 취득하게 된다(대판 1992.7.14. 92다527).

03 관습법상 법정지상권이 성립하는 경우를 모두 고른 것은?(다툼이 있는 경우에는 판례에 의함)

기출 14

> ㄱ. 토지와 그 지상의 무허가건물이 동일한 소유자에게 속하였다가 토지의 처분으로 서로 소유자가 달라진 경우
>
> ㄴ. 대지공유자 중 1인이 지분과반수의 동의를 얻어 건물을 신축한 후 제3자가 그 대지의 소유권을 취득한 경우
>
> ㄷ. 대지소유자가 채권의 담보로 가등기를 설정한 대지 위에 건물을 신축한 후 가등기에 기한 본등기가 이루어짐에 따라 대지와 건물의 소유자가 달라진 경우
>
> ㄹ. 1필지의 대지를 구분소유적으로 공유하던 자가 그 몫의 대지 위에 건물을 신축하여 사용하던 중 다른 공유자가 그 대지만을 경매로 매수한 경우
>
> ㅁ. 무허가미등기건물을 그 대지와 함께 양수한 자가 대지에 대하여만 소유권이전등기를 마친 후 대지를 처분한 경우

① ㄱ, ㄴ   ② ㄱ, ㄹ
③ ㄴ, ㄷ   ④ ㄷ, ㅁ
⑤ ㄹ, ㅁ

해설 ㄱ. (○) 토지와 그 지상의 건물이 동일한 소유자에게 속하였다가 토지 또는 건물이 매매나 기타 원인으로 인하여 양자의 소유자가 다르게 된 때에는 그 건물을 철거하기로 하는 합의가 있었다는 등의 특별한 사정이 없는 한 건물소유자는 토지소유자에 대하여 그 건물을 위한 관습상의 지상권을 취득하게 되고, **그 건물은 반드시 등기가 되어 있어야만 하는 것이 아니고 무허가건물이라고 하여도 상관이 없다**(대판 1991.8.13. 91다16631).

ㄴ. (×) 토지공유자의 한 사람이 다른 공유자의 지분 과반수의 동의를 얻어 건물을 건축한 후 토지와 건물의 소유자가 달라진 경우 토지에 관하여 관습법상의 법정지상권이 성립되는 것으로 보게 되면 이는 토지공유자의 1인으로 하여금 자신의 지분을 제외한 다른 공유자의 지분에 대하여서까지 지상권 설정의 처분행위를 허용하는 셈이 되어 부당하다(대판 1993.4.13. 92다55756). **따라서 관습법상 법정지상권이 성립하지 아니한다.**

ㄷ. (×) 원래 채권을 담보하기 위하여 나대지상에 가등기가 경료되었고, 그 뒤 대지소유자가 그 지상에 건물을 신축하였는데, 그 후 그 가등기에 기한 본등기가 경료되어 대지와 건물의 소유자가 달라진 경우에 관습상 법정지상권을 인정하면 애초에 대지에 채권담보를 위하여 가등기를 경료한 사람의 이익을 크게 해하게 되기 때문에 **특별한 사정이 없는 한 건물을 위한 관습상 법정지상권이 성립한다고 할 수 없다**(대판 1994.11.22. 94다5458).

ㄹ. (○) 원고와 피고가 1필지의 대지를 공동으로 매수하여 같은 평수로 사실상 분할한 다음 각자 자기의 돈으로 자기 몫의 대지 위에 건물을 신축하여 점유하여 왔다면 비록 위 대지가 등기부상으로는 원·피고 사이의 공유로 되어 있다 하더라도 그 대지의 소유관계는 처음부터 구분소유적 공유관계에 있다 할 것이고, 따라서 피고 소유의 건물과 그 대지는 원고와의 내부관계에 있어서 피고의 단독소유로 되었다 할 것이므로 피고는 그 후 이 사건 대지의 피고지분만을 경락취득한 원고에 대하여 그 소유의 위 건물을 위한 관습상의 법정지상권을 취득하였다고 할 것이다(대판 1990.6.26. 89다카24094).

ㅁ. (×) 미등기건물을 그 대지와 함께 양수한 사람이 그 대지에 관하여서만 소유권이전등기를 넘겨받고 건물에 대하여는 그 등기를 이전받지 못하고 있는 상태에서 그 대지가 경매되어 소유자가 달라지게 된 경우에는, **미등기건물의 양수인은 미등기건물을 처분할 수 있는 권리는 있을지언정 소유권은 가지고 있지 아니하므로 대지와 건물이 동일인의 소유에 속한 것이라고 볼 수 없어 법정지상권이 발생할 수 없다**(대판 1998.4.24. 98다4798).

04 분묘기지권에 관한 설명으로 옳은 것을 모두 고른 것은?(다툼이 있으면 판례에 따름) `기출` 22

> ㄱ. 시효로 분묘기지권을 취득한 사람은 토지소유자가 분묘기지에 관한 지료를 청구하면 그 청구한 날부터의 지료를 지급할 의무가 있다.
> ㄴ. 자기 소유 토지에 분묘를 설치한 사람이 그 토지를 양도하면서 분묘를 이장하겠다는 특약을 하지 않음으로써 분묘기지권을 취득한 경우, 특별한 사정이 없는 한 분묘기지권자는 분묘기지권이 성립한 때부터 토지소유자에게 지료를 지급할 의무가 있다.
> ㄷ. 자기 소유의 토지 위에 분묘를 설치한 후 토지의 소유권이 경매 등으로 타인에게 이전되면서 분묘기지권을 취득한 자가, 판결에 따라 분묘기지권에 관한 지료의 액수가 정해졌음에도 판결확정 후 책임 있는 사유로 상당한 기간 동안 지료의 지급을 지체하여 지체된 지료가 판결확정 전후에 걸쳐 2년분 이상이 되는 경우에는 새로운 토지소유자는 분묘기지권에 대하여 분묘기지권의 소멸을 청구할 수 있다.

① ㄱ   ② ㄴ
③ ㄱ, ㄴ   ④ ㄴ, ㄷ
⑤ ㄱ, ㄴ, ㄷ

해설 ㄱ. (○) 분묘기지권을 시효로 취득하였더라도, 분묘기지권자는 토지소유자가 분묘기지에 관한 지료를 청구하면 그 청구한 날부터의 지료를 지급할 의무가 있다고 보아야 한다(대판[전합] 2021.4.29. 2017다228007 – 다수의견).

ㄴ. (○) 자기 소유 토지에 분묘를 설치한 사람이 그 토지를 양도하면서 분묘를 이장하겠다는 특약을 하지 않음으로써 분묘기지권을 취득한 경우, 특별한 사정이 없는 한 분묘기지권자는 분묘기지권이 성립한 때부터 토지소유자에게 그 분묘의 기지에 대한 토지사용의 대가로서 지료를 지급할 의무가 있다(대판 2021.5.27. 2020다295892).

ㄷ. (○) 자기 소유의 토지 위에 분묘를 설치한 후 토지의 소유권이 경매 등으로 타인에게 이전되면서 분묘기지권을 취득한 자가, 판결에 따라 분묘기지권에 관한 지료의 액수가 정해졌음에도 판결확정 후 책임 있는 사유로 상당한 기간 동안 지료의 지급을 지체하여 지체된 지료가 판결확정 전후에 걸쳐 2년분 이상이 되는 경우에는 민법 제287조를 유추적용하여 새로운 토지소유자는 분묘기지권자에 대하여 분묘기지권의 소멸을 청구할 수 있다. 분묘기지권자가 판결확정 후 지료지급 청구를 받았음에도 책임 있는 사유로 상당한 기간 지료의 지급을 지체한 경우에만 분묘기지권의 소멸을 청구할 수 있는 것은 아니다(대판 2015.7.23. 2015다206850).

01 지역권에 관한 설명으로 옳지 않은 것은?(다툼이 있으면 판례에 따름) 기출 18

① 무상의 지역권 설정도 가능하다.

② 요역지의 불법점유자는 지역권을 시효취득할 수 없다.

③ 지역권자 甲이 그 소유 토지를 乙에게 매도하고 이전등기한 경우, 특별한 사정이 없는 한 乙은 지역권의 이전등기 없이는 지역권을 취득하지 못한다.

④ 지역권자는 승역지의 점유를 침탈한 제3자를 상대로 지역권에 기초하여 승역지의 반환을 청구할 수 없다.

⑤ 요역지를 여러 사람이 공유하는 경우 공유자 중 한 사람에 대한 지역권의 소멸시효 중단은 다른 공유자를 위하여 효력이 있다.

해설 ① (○) 지역권은 유상·무상 모두 설정 가능하다.
② (○) 위요지통행권이나 통행지역권은 모두 인접한 토지의 상호 이용의 조절에 기한 권리로서 토지의 소유자 또는 지상권자 전세권자 등 토지사용권을 가진 자에게 인정되는 권리라 할 것이므로 위와 같은 권리자가 아닌 토지의 불법점유자는 토지소유권의 상린관계로서 위요지통행권의 주장이나 통행지역권의 시효취득주장을 할 수 없다(대판 1976.10.29. 76다1694).
③ (×) 지역권은 요역지소유권에 부종하여 이전하므로(민법 제292조 제1항 본문), 요역지소유권의 이전등기가 경료된 경우에는 지역권의 이전등기 없이도 지역권 이전의 효력이 생긴다.
④ (○) 지역권은 일정한 목적을 위하여 승역지를 자기토지(요역지)의 편익에 이용하는 권리로, 편익의 이용에 방해되는 경우에는 물권적 청구권으로서 방해제거청구권이나 방해예방청구권을 행사할 수 있으나, 승역지를 점유할 권리는 없어 반환청구권은 인정되지 아니한다는 점에 주의를 요한다.
⑤ (○) 요역지가 수인의 공유인 경우에 그 1인에 의한 지역권소멸시효의 중단 또는 정지는 다른 공유자를 위하여 효력이 있다(민법 제296조).

02 지역권에 관한 설명으로 옳은 것은?(다툼이 있으면 판례에 따름) 기출 17

① 지역권은 다른 약정이 없는 한 승역지소유권에 부종하여 이전한다.

② 계약에 의하여 승역지소유자가 자기의 비용으로 지역권의 행사를 위하여 공작물의 설치 또는 수선의 의무를 부담하기로 한 경우, 위 약정으로 승역지소유자의 특별승계인에게 대항하기 위해서는 등기를 하여야 한다.

③ 통행지역권을 시효취득하기 위해서는 요역지의 소유자가 타인의 토지를 20년간 통행하였다는 사실만으로 충분하며, 요역지의 소유자가 타인의 소유인 승역지 위에 통로를 개설할 필요는 없다.

④ 요역지의 공유자 중 1인이 지역권을 시효로 취득하더라도 다른 공유자는 지역권을 취득하지 못한다.

⑤ 승역지는 반드시 1필의 토지이어야 하며, 토지의 일부 위에 지역권을 설정할 수 없다.

해설 ① (×) **지역권**은 승역지소유권이 아닌 **요역지소유권에 부종하여 이전한다**(민법 제292조 제1항 본문).
　② (○) **민법 제298조의 내용으로, 이는 부동산등기법 제70조 제4호의 지역권의 등기사항에 해당한다. 따라서 등기를 한 경우에만 승역지소유자의 특별승계인에게 대항할 수 있다.**
　③ (×) 지역권은 계속되고 표현된 것에 한하여 민법 제245조의 규정을 준용하도록 되어 있으므로, **통행지역권은 요역지의 소유자가 승역지 위에 도로를 설치하여 승역지를 사용하는 객관적 상태가 민법 제245조에 규정된 기간 계속된 경우에 한하여 그 시효취득을 인정할 수 있다**(대판 2010.1.28. 2009다74939・74946).
　④ (×) 공유자의 1인이 지역권을 취득한 때에는 다른 공유자도 이를 취득한다(민법 제295조 제1항).
　⑤ (×) 요역지는 1필의 토지이어야 하나 승역지는 반드시 1필의 토지일 것을 요하지 아니한다. 따라서 승역지의 일부 위에도 지역권을 설정할 수 있다(민법 제293조 제2항, 부동산등기법 제70조 제5호).

03 전세권

01 甲은 乙 소유의 X토지에 건물의 소유를 목적으로 하는 지상권을 취득한 후 Y건물을 신축하여 보존등기를 마쳤다. 그 후 甲은 丙과 Y건물에 관하여 전세금을 3억원으로 하는 전세권설정계약을 체결하고 3억원을 지급받은 뒤 전세권설정등기를 마쳐주었다. 이에 관한 설명으로 옳은 것은?(다툼이 있으면 판례에 따름) 기출 24

① 甲이 丙에게 Y건물을 인도하지 않은 경우, 특별한 사정이 없는 한 丙의 전세권은 성립하지 않는다.
② 甲과 丙이 전세권의 존속기간을 약정하지 아니한 경우, 甲과 丙은 언제든지 상대방에 대하여 전세권의 소멸을 통고할 수 있고 상대방이 이 통고를 받은 때 전세권은 소멸한다.
③ 전세금 3억원은 현실적으로 수수되어야 하며, 丙이 甲에 대하여 갖는 기존의 채권으로 전세금의 지급에 갈음할 수 없다.
④ 특별한 사정이 없는 한, 전세기간 중 丙은 甲의 동의를 얻어야 Y건물을 타인에게 임대할 수 있다.
⑤ 甲이 乙에게 약정한 지료를 2년분 이상 연체한 경우, 乙은 丙의 동의가 없어도 甲에게 지상권 소멸을 청구할 수 있다.

해설 ① (×) 전세권이 용익물권적 성격과 담보물권적 성격을 겸비하고 있다는 점 및 목적물의 인도는 전세권의 성립요건이 아닌 점 등에 비추어 볼 때, 당사자가 주로 채권담보의 목적으로 전세권을 설정하였고, 그 설정과 동시에 목적물을 인도하지 아니한 경우라 하더라도, 장차 전세권자가 목적물을 사용・수익하는 것을 완전히 배제하는 것이 아니라면, 그 전세권의 효력을 부인할 수는 없다(대판 1995.2.10. 94다18508). 전세금의 지급은 전세권의 성립요소인 반면 목적물의 인도는 전세권의 성립요건이 아니다.
　② (×) 민법 제313조. 따라서 상대방이 이 통고를 받은 날로부터 <u>6개월이 경과하여야</u> 전세권이 소멸한다.

> **전세권의 소멸통고(민법 제313조)**
> 전세권의 존속기간을 약정하지 아니한 때에는 각 당사자는 언제든지 상대방에 대하여 전세권의 소멸을 통고할 수 있고 상대방이 이 통고를 받은 날로부터 6월이 경과하면 전세권은 소멸한다.

③ (×) 전세금의 지급은 전세권 성립의 요소가 되는 것이지만 그렇다고 하여 전세금의 지급이 반드시 현실적으로 수수되어야만 하는 것은 아니고 기존의 채권으로 전세금의 지급에 갈음할 수도 있다(대판 1995.2.10. 94다18508).

④ (×) 전세권자는 전세권을 타인에게 양도 또는 담보로 제공할 수 있고 그 존속기간내에서 그 목적물을 타인에게 전전세 또는 임대할 수 있다(민법 제306조 본문). 따라서 전세권설정자의 동의 없이도 전세권자는 타인에게 목적물을 임대할 수 있다.

⑤ (○) 지상권을 가지는 건물소유자가 그 건물에 전세권을 설정하였으나 그가 2년 이상의 지료를 지급하지 아니하였음을 이유로 지상권설정자, 즉 토지소유자의 청구로 지상권이 소멸하는 것(민법 제287조 참조)은 전세권설정자가 전세권자의 동의 없이는 할 수 없는 민법 제304조 제2항상의 "지상권 또는 임차권을 소멸하게 하는 행위"에 해당하지 아니한다. 민법 제304조 제2항이 제한하려는 것은 포기, 기간단축약정 등 지상권 등을 소멸하게 하거나 제한하여 건물전세권자의 지위에 불이익을 미치는 전세권설정자의 임의적인 행위이고, 그것이 법률의 규정에 의하여 지상권소멸청구권의 발생요건으로 정하여졌을 뿐인 지상권자의 지료 부지급 그 자체를 막으려고 한다거나 또는 지상권설정자가 취득하는 위의 지상권소멸청구권이 그의 일방적 의사표시로 행사됨으로 인하여 지상권이 소멸되는 효과를 제한하려고 하는 것이라고 할 수 없다. 따라서 전세권설정자가 건물의 존립을 위한 토지사용권을 가지지 못하여 그가 토지소유자의 건물철거 등 청구에 대항할 수 없는 경우에 민법 제304조 등을 들어 전세권자 또는 대항력 있는 임차권자가 토지소유자의 권리행사에 대항할 수 없음은 물론이다. 또한 건물에 대하여 전세권 또는 대항력 있는 임차권을 설정하여 준 지상권자가 그 지료를 지급하지 아니함을 이유로 토지소유자가 한 지상권소멸청구가 그에 대한 전세권자 또는 임차인의 동의가 없이 행하여졌다고 해도 민법 제304조 제2항에 의하여 그 효과가 제한된다고 할 수 없다(대판 2010.8.19. 2010다43801). 따라서 乙은 丙의 동의 없이도 甲에게 지상권 소멸을 청구할 수 있다.

02 甲은 자신 소유의 X건물에 대하여 乙과 전세금을 1억원으로 하는 전세권설정계약을 체결하고 乙명의의 전세권설정등기를 마쳐 주었다. 이에 관한 설명으로 옳은 것은?(다툼이 있으면 판례에 따름) 기출 22

① 甲이 X건물의 소유를 목적으로 한 지상권을 가지고 있던 경우, 그 지상권에는 乙의 전세권의 효력이 미치지 않는다.

② X건물의 대지도 甲의 소유인 경우, 대지소유권의 특별승계인 丙은 乙에 대하여 지상권을 설정한 것으로 본다.

③ 乙은 전세권 존속 중에 원칙적으로 甲의 동의 없이는 자신의 전세권을 제3자에게 양도할 수 없다.

④ 甲이 전세권 존속 중 X건물의 소유권을 丁에게 양도한 경우, 특별한 사정이 없는 한 乙에 대한 전세금반환의무는 丁이 부담한다.

⑤ 甲에게 X건물의 소유를 위한 토지사용권이 없어 토지소유자가 X건물의 철거를 청구하는 경우, 乙은 자신의 전세권으로 그 철거청구에 대항할 수 있다.

해설 ① (×) 타인의 토지에 있는 건물에 전세권을 설정한 때에는 전세권의 효력은 그 건물의 소유를 목적으로 한 지상권 또는 임차권에 미치므로(민법 제304조 제1항) 甲이 X건물의 소유를 목적으로 한 지상권을 가지고 있던 경우, 그 지상권에는 乙의 전세권의 효력이 미친다.

② (×) 대지와 건물이 동일한 소유자에 속한 경우에 건물에 전세권을 설정한 때에는 그 대지소유권의 특별승계인은 전세권설정자에 대하여 지상권을 설정한 것으로 보므로(민법 제305조 제1항 본문) 대지소유권의 특별승계인 丙은 전세권자인 乙이 아닌 전세권설정자인 甲에 대하여 지상권을 설정한 것이다.

③ (×) 전세권자 乙은 전세권 존속 중에 원칙적으로 甲의 동의 없이도 자신의 전세권을 제3자에게 양도할 수 있다(민법 제306조 본문).

④ (○) **전세권이 성립한 후 전세목적물의 소유권이 이전된 경우** 민법이 전세권 관계로부터 생기는 상환청구, 소멸청구, 갱신청구, 전세금증감청구, 원상회복, 매수청구 등의 법률관계의 당사자로 규정하고 있는 전세권설정자 또는 소유자는 모두 목적물의 소유권을 취득한 신 소유자로 새길 수밖에 없다고 할 것이므로, **전세권은 전세권자와 목적물의 소유권을 취득한 신 소유자 사이에서 계속 동일한 내용으로 존속하게 된다고 보아야 할 것이고,** 따라서 목적물의 신 소유자는 구 소유자와 전세권자 사이에 성립한 전세권의 내용에 따른 권리의무의 직접적인 당사자가 되어 전세권이 소멸하는 때에 전세권자에 대하여 전세권설정자의 지위에서 전세금 반환의무를 부담하게 되므로(대판 2006.5.11. 2006다6072) 甲이 전세권 존속 중 X건물의 소유권을 丁에게 양도한 경우, 특별한 사정이 없는 한 乙에 대한 전세금반환의무는 丁이 부담한다.

⑤ (×) 민법 제304조는 전세권을 설정하는 건물소유자가 건물의 존립에 필요한 지상권 또는 임차권과 같은 토지사용권을 가지고 있는 경우에 관한 것으로서, 그 경우에 건물전세권자로 하여금 토지소유자에 대하여 건물소유자, 즉 전세권설정자의 그러한 토지사용권을 원용할 수 있도록 함으로써 토지소유자 기타 토지에 대하여 권리를 가지는 사람에 대한 관계에서 건물전세권자를 보다 안전한 지위에 놓으려는 취지의 규정이다. 따라서 전세권설정자가 건물의 존립을 위한 토지사용권을 가지지 못하여 그가 토지소유자의 건물철거 등 청구에 대항할 수 없는 경우에 민법 제304조 등을 들어 전세권자 또는 대항력 있는 임차권자가 토지소유자의 권리행사에 대항할 수 없음은 물론이다(대판 2010.8.19. 2010다43801). 따라서 전세권설정자 甲에게 X건물의 소유를 위한 토지사용권이 없어 토지소유자가 X건물의 철거를 청구하는 경우, 전세권자 乙은 자신의 전세권으로 그 철거청구에 대항할 수 없다.

03 전세권에 관한 설명으로 옳지 않은 것은?(다툼이 있으면 판례에 따름) 기출 22

① 전세권은 1필의 토지 중 일부에 대해서도 설정할 수 있다.

② 전세권 존속기간이 시작되기 전에 마친 전세권설정등기는 특별한 사정이 없는 한 무효로 추정된다.

③ 전세금이 현실적으로 수수되지 않은 경우에도 기존의 채권으로 전세금의 지급에 갈음할 수 있다.

④ 전세권 존속기간 만료의 경우, 합의에 의하여 전세권설정계약을 갱신할 수 있으나 그 기간은 갱신한 날로부터 10년을 넘을 수 없다.

⑤ 전세권설정계약의 당사자가 전세권의 존속기간을 약정하지 않은 경우, 각 당사자는 언제든지 상대방에 대하여 전세권의 소멸을 통고할 수 있다.

해설 ① (○) 전세권의 목적은 1필의 토지 전부라야 할 필요는 없고 그 일부라도 무방하다(부동산등기법 제72조 제1항 제6호 참고).

② (×) 전세권자는 전세금을 지급하고 타인의 부동산을 점유하여 그 부동산의 용도에 좇아 사용·수익하며, 그 부동산 전부에 대하여 후순위권리자 기타 채권자보다 전세금의 우선변제를 받을 권리가 있다(민법 제303조 제1항). 이처럼 전세권이 용익물권적인 성격과 담보물권적인 성격을 모두 갖추고 있는 점에 비추어 전세권 존속기간이 시작되기 전에 마친 전세권설정등기도 특별한 사정이 없는 한 유효한 것으로 추정된다(대결 2018.1.25. 2017마1093).

③ (○) 전세금의 지급은 전세권 성립의 요소가 되는 것이지만 그렇다고 하여 전세금의 지급이 반드시 현실적으로 수수되어야만 하는 것은 아니고 기존의 채권으로 전세금의 지급에 갈음할 수도 있다(대판 1995.2.10. 94다18508).

④ (○) 민법 제312조 제3항

⑤ (○) 전세권의 존속기간을 약정하지 아니한 때에는 각 당사자는 언제든지 상대방에 대하여 전세권의 소멸을 통고할 수 있고 상대방이 이 통고를 받은 날로부터 6월이 경과하면 전세권은 소멸한다(민법 제313조).

04 전세권에 관한 설명으로 옳지 않은 것은?(다툼이 있으면 판례에 따름) [기출] 21

① 타인의 토지에 있는 건물의 소유자가 그 건물에 설정한 전세권의 효력은 그 건물의 소유를 목적으로 한 임차권에도 미친다.

② 대지와 건물이 동일한 소유자에게 속한 경우에 건물에 전세권을 설정한 때에는 그 대지소유권의 특별승계인은 전세권설정자에 대하여 지상권을 설정한 것으로 본다.

③ 전세권이 법정갱신된 경우, 전세권자는 등기 없이도 그 목적물을 취득한 제3자에 대하여 갱신된 권리를 주장할 수 있다.

④ 전세권에 저당권을 설정한 경우, 전세기간이 만료되더라도 전세권의 저당권자는 전세권 자체에 대하여 저당권을 실행하여 전세금을 배당받을 수 있다.

⑤ 토지전세권의 존속기간을 15년으로 약정한 경우에 그 존속기간은 10년으로 단축되지만, 당사자는 존속기간 만료 시에 갱신한 날로부터 10년을 넘지 않는 기간으로 전세권을 갱신할 수 있다.

해설 ① (○) 민법 제304조 제1항

② (○) 민법 제305조 제1항 본문

③ (○) 전세권의 법정갱신(민법 제312조 제4항)은 법률의 규정에 의한 부동산에 관한 물권의 변동이므로 전세권갱신에 관한 등기를 필요로 하지 아니하고 전세권자는 그 등기 없이도 전세권설정자나 그 목적물을 취득한 제3자에 대하여 그 권리를 주장할 수 있다(대판 1989.7.11. 88다카21029).

④ (×) 전세권에 대하여 설정된 저당권은 민사소송법 제724조 소정의 부동산경매절차에 의하여 실행하는 것이나, 전세권의 존속기간이 만료되면 전세권의 용익물권적 권능이 소멸하기 때문에 더 이상 전세권 자체에 대하여 저당권을 실행할 수 없게 되고, 이러한 경우는 민법 제370조, 제342조 및 민사소송법 제733조에 의하여 저당권의 목적물인 전세권에 갈음하여 존속하는 것으로 볼 수 있는 전세금반환채권에 대하여 추심명령 또는 전부명령을 받거나(이 경우 저당권의 존재를 증명하는 등기부등본을 집행법원에 제출하면 되고 별도의 채무명의가 필요한 것이 아니다), 제3자가 전세금반환채권에 대하여 실시한 강제집행절차에서 배당요구를 하는 등의 방법으로 자신의 권리를 행사할 수 있을 뿐이다(대결 1995.9.18. 95마684).

⑤ (○) 전세권의 존속기간은 10년을 넘지 못하므로, 당사자의 약정기간이 10년을 넘는 때에는 10년으로 단축된다(민법 제312조 제1항). 그리고 전세권의 설정은 갱신한 날로부터 10년을 넘지 않는 한도 내에서 약정갱신할 수 있다(민법 제312조 제3항).

05 甲은 乙 소유의 X주택 일부(A부분)에 전세금 1억원, 존속기간 2년으로 하는 전세계약을 체결하고 전세권설정등기를 마쳤다. 이에 관한 설명으로 옳은 것은?(다툼이 있으면 판례에 따름)

`기출` 19

① 甲은 전세권 존속 중에는 장래에 그 전세권이 소멸하는 경우에 전세금반환채권이 발생하는 것을 조건으로 그 장래의 조건부 채권을 양도할 수 없다.
② 乙이 甲에게 전세금의 반환을 지체한 경우, 甲은 X주택의 A부분이 아니라 전부에 대하여 경매를 청구할 수 있다.
③ 경매절차에서 X주택이 매각된 경우, 甲은 X주택의 전부에 대하여 후순위권리자보다 전세금을 우선변제받을 수 없다.
④ 甲의 채권자 丙이 甲의 전세권에 저당권을 취득한 경우, 전세권의 존속기간이 만료되더라도 丙은 전세권 자체에 대하여 저당권을 실행할 수 있다.
⑤ 甲의 전세권이 존속하는 동안에 乙이 X주택을 丁에게 매도하고 丁 명의로 소유권이전등기를 마쳐준 경우, 乙은 전세금반환의무를 면하게 된다.

해설 ① (×) 전세권은 전세금을 지급하고 타인의 부동산을 그 용도에 따라 사용·수익하는 권리로서 전세금의 지급이 없으면 전세권은 성립하지 아니하는 등으로 **전세금은 전세권과 분리될 수 없는 요소일 뿐 아니라,** 전세권에 있어서는 그 설정행위에서 금지하지 아니하는 한 전세권자는 전세권 자체를 처분하여 전세금으로 지출한 자본을 회수할 수 있도록 되어 있으므로 전세권이 존속하는 동안은 전세권을 존속시키기로 하면서 전세금반환채권만을 전세권과 분리하여 확정적으로 양도하는 것은 허용되지 않는 것이며, 다만 전세권 존속 중에는 장래에 그 전세권이 소멸하는 경우에 전세금반환채권이 발생하는 것을 조건으로 그 장래의 조건부 채권을 양도할 수 있을 뿐이라 할 것이다(대판 2002.8.23. 2001다69122).

② (×), ③ (×) 건물의 일부에 대하여 전세권이 설정되어 있는 경우 전세권의 목적물이 아닌 나머지 건물부분에 대하여는 우선변제권은 별론으로 하고 경매신청권은 없으므로, 위와 같은 경우 전세권자는 전세권의 목적이 된 부분을 초과하여 건물 전부의 경매를 청구할 수 없다고 할 것이고, 그 전세권의 목적이 된 부분이 구조상 또는 이용상 독립성이 없어 독립한 소유권의 객체로 분할할 수 없고 따라서 그 부분만의 경매신청이 불가능하다고 하여 달리 볼 것은 아니다(대결 2001.7.2. 2001마212, 대결 1992.3.10. 91마256·257).

④ (×) 전세권에 대하여 설정된 저당권은 민사소송법 제724조 소정의 부동산경매절차에 의하여 실행하는 것이나, 전세권의 존속기간이 만료되면 전세권의 용익물권적 권능이 소멸하기 때문에 더 이상 전세권 자체에 대하여 저당권을 실행할 수 없게 되고, 이러한 경우는 민법 제370조, 제342조 및 민사소송법 제733조에 의하여 **저당권의 목적물인 전세권에 갈음하여 존속하는 것으로 볼 수 있는 전세금반환채권에 대하여 추심명령 또는 전부명령을 받거나**(이 경우 저당권의 존재를 증명하는 등기부등본을 집행법원에 제출하면 되고 별도의 채무명의가 필요한 것이 아니다), 제3자가 전세금반환채권에 대하여 실시한 강제집행절차에서 배당요구를 하는 등의 방법으로 자신의 권리를 행사할 수 있을 뿐이다(대결 1995.9.18. 95마684).

⑤ (○) 전세권이 성립한 후 전세목적물의 소유권이 이전된 경우 민법이 전세권관계로부터 생기는 상환청구, 소멸청구, 갱신청구, 전세금증감청구, 원상회복, 매수청구 등의 법률관계의 당사자로 규정하고 있는 전세권설정자 또는 소유자는 모두 목적물의 소유권을 취득한 신 소유자로 새길 수밖에 없다고 할 것이므로, **전세권은 전세권자와 목적물의 소유권을 취득한 신 소유자 사이에서 계속 동일한 내용으로 존속하게 된다고 보아야 할 것이고,** 따라서 목적물의 신 소유자는 구 소유자와 전세권자 사이에 성립한 전세권의 내용에 따른 권리의무의 직접적인 당사자가 되어 전세권이 소멸하는 때에 전세권자에 대하여 전세권설정자의 지위에서 전세금반환의무를 부담하게 되고, 구 소유자는 전세권설정자의 지위를 상실하여 전세금반환의무를 면하게 된다(대판 2006.5.11. 2006다6072, 대판 2000.6.9. 99다15122).

06 전세권에 관한 설명으로 옳지 않은 것은?(다툼이 있으면 판례에 따름) `기출 17`

① 전세권설정자가 전세권자에 대하여 민법 제315조에 정한 손해배상채권 이외의 다른 채권을 가지고 있더라도 특별한 사정이 없는 한, 이를 가지고 전세금반환채권에 대하여 물상대위권을 행사한 전세권저당권자에게 상계로 대항할 수 없다.

② X건물에 대해 1순위 저당권자 甲, 2순위 전세권자 乙, 3순위 저당권자 丙이 있고 그중 丙이 경매신청을 하여 丁에게 매각된 경우, 乙의 전세권은 소멸하되 2순위로 우선변제권을 가진다.

③ 타인의 토지에 있는 건물에 전세권을 설정한 경우, 전세권의 효력은 그 건물의 소유를 목적으로 한 지상권에 미친다.

④ 지상권을 가진 건물소유자가 그 건물에 전세권을 설정하였으나 그가 2년 이상의 지료를 지급하지 아니한 경우, 토지소유자는 전세권자의 동의 없이 지상권소멸청구를 할 수 없다.

⑤ 전세권에 저당권이 설정되어 있는 경우에도 전세권의 존속기간이 만료되면 전세권의 용익물권적 권능은 전세권설정등기의 말소등기 없이도 당연히 소멸한다.

해설 ① (○) 전세금은 그 성격에 비추어 민법 제315조에 정한 전세권설정자의 전세권자에 대한 손해배상채권 외 다른 채권까지 담보한다고 볼 수 없으므로, 전세권설정자가 전세권자에 대하여 위 손해배상채권 외 다른 채권을 가지고 있더라도 다른 특별한 사정이 없는 한 이를 가지고 전세금반환채권에 대하여 물상대위권을 행사한 전세권저당권자에게 상계 등으로 대항할 수 없다(대판 2008.3.13, 2006다29372 · 29389).

② (○) 경매법 제3조에 의하여, 경매의 목적인 부동산 위에 존재하는 권리로서 경매인의 권리보다 후에 등기된 권리는 경락대금의 완납으로 인하여 소멸되고, 한편 저당권의 경우는 경매인의 권리보다 먼저 등기한 것도 소멸하는 것이므로, 후순위저당권의 실행으로 목적부동산이 경락되어 그 선순위저당권이 함께 소멸한 경우라면 비록 후순위저당권자에게는 대항할 수 있는 임차권이더라도 소멸된 선순위저당권보다 뒤에 등기되었거나 대항력을 갖춘 임차권은 함께 소멸한다(민사집행법 제91조 제2항)고 해석함이 상당하고, 따라서 이와 같은 경우의 경락인은 주택임대차보호법 제3조에서 말하는 임차주택의 양수인 중에 포함되지 않는다 할 것이므로, 경락인에 대하여 그 임차권의 효력을 주장할 수 없다(대판 1987.2.24, 86다카1936). 따라서 3순위 저당권자 丙의 경매신청에 의하여 X건물이 丁에게 매각된 경우, 1순위 저당권자라 할지라도 甲의 저당권은 소멸하고, 이로써 甲보다 뒤에 등기된 2순위 전세권자 乙의 전세권도 함께 소멸하나, 전세권자는 전세금에 대한 법률상 우선변제권이 인정되므로(민법 제303조 제1항), 乙은 여전히 2순위로 우선변제받을 수 있다.

③ (○) 타인의 토지에 있는 건물에 전세권을 설정한 때에는 전세권의 효력은 그 건물의 소유를 목적으로 한 지상권 또는 임차권에 미친다(민법 제304조 제1항).

④ (×) 지상권을 가지는 건물소유자가 그 건물에 전세권을 설정하였으나 그가 2년 이상의 지료를 지급하지 아니하였음을 이유로 지상권설정자, 즉 토지소유자의 청구로 지상권이 소멸하는 것(민법 제287조 참조)은 전세권설정자가 전세권자의 동의 없이는 할 수 없는 민법 제304조 제2항상의 "지상권 또는 임차권을 소멸하게 하는 행위"에 해당하지 아니한다. 민법 제304조 제2항이 제한하려는 것은 포기, 기간단축약정 등 지상권 등을 소멸하게 하거나 제한하여 건물전세권자의 지위에 불이익을 미치는 전세권설정자의 임의적인 행위이고, 그것이 법률의 규정에 의하여 지상권소멸청구권의 발생요건으로 정하여졌을 뿐인 지상권자의 지료 부지급 그 자체를 막으려고 한다거나 또는 지상권설정자가 취득하는 위의 지상권소멸청구권이 그의 일방적 의사표시로 행사됨으로 인하여 지상권이 소멸되는 효과를 제한하려고 하는 것이라고 할 수 없다. 따라서 전세권설정자가 건물의 존립을 위한 토지사용권을 가지지 못하여 그가 토지소유자의 건물철거 등 청구에 대항할 수 없는 경우에 민법 제304조 등을 들어 전세권자 또는 대항력 있는 임차권자가 토지소유자의 권리 행사에 대항할 수 없음은 물론이다. 또한 건물에 대하여 전세권 또는 대항력 있는 임차권을 설정하여 준 지상권자가 그 지료를 지급하지 아니함을 이유로 토지소유자가 한 지상권소멸청구가 그에 대한 전세권자 또는 임차인의 동의가 없이 행하여졌다고 해도 민법 제304조 제2항에 의하여 그 효과가 제한된다고 할 수 없다(대판 2010.8.19, 2010다43801). 따라서 토지소유자는 건물전세권자의 동의 없이도 그 지상권의 소멸을 청구할 수 있다.

⑤ (○) 전세권설정등기를 마친 민법상의 전세권은 그 성질상 용익물권적 성격과 담보물권적 성격을 겸비한 것으로서, 전세권의 존속기간이 만료되면 전세권의 용익물권적 권능은 전세권설정등기의 말소 없이도 당연히 소멸하고 단지 전세금반환채권을 담보하는 담보물권적 권능의 범위 내에서 전세금의 반환 시까지 그 전세권설정등기의 효력이 존속하고 있다 할 것이다(대판 2005.3.25. 2003다35659).

07

甲은 자신의 소유인 X주택을 乙에게 빌려주고 전세권을 설정하였다. 이에 관한 설명으로 옳은 것을 모두 고른 것은?(다툼이 있으면 판례에 따름) 기출 16

> ㄱ. 甲과 乙 사이의 전세권설정계약이 그 합의에 따라 해지되더라도 乙은 전세권과 분리하여 전세금반환채권을 양도할 수 없다.
> ㄴ. X주택의 소유권이 丙에게 양도된 후 전세권이 계약기간의 만료에 따라 소멸하면, 乙은 甲에 대해서도 전세금 반환을 청구할 수 있다.
> ㄷ. 丁이 乙의 전세권에 대하여 저당권을 취득한 후 乙의 전세권이 기간만료로 소멸하면, 丁은 전세금반환채권에 대한 압류의 방법으로 권리를 행사하여 甲에 대해 전세금의 지급을 청구할 수 있다.

① ㄱ
② ㄴ
③ ㄷ
④ ㄱ, ㄴ
⑤ ㄱ, ㄴ, ㄷ

해설 ㄱ. (×) 전세권설정계약의 당사자 사이에 그 계약이 합의해지된 경우 전세권설정등기는 전세금반환채권을 담보하는 효력은 있다고 할 것이나, 그 후 당사자 간의 약정에 의하여 전세권의 처분이 따르지 않는 전세금반환채권만의 분리양도가 이루어진 경우에는 양수인은 유효하게 전세금반환채권을 양수하였다고 할 것이고, 그로 인하여 전세금반환채권을 담보하는 물권으로서의 전세권마저 소멸된 이상 그 전세권에 관하여 가압류 부기등기가 경료되었다고 하더라도 아무런 효력이 없다(대판 1999.2.5. 97다33997). 따라서 乙은 전세권과 분리하여 전세금반환채권을 양도할 수 있다.

ㄴ. (×) 목적물의 신 소유자는 구 소유자와 전세권자 사이에 성립한 전세권의 내용에 따른 권리의무의 직접적인 당사자가 되어 전세권이 소멸하는 때에 전세권자에 대하여 전세권설정자의 지위에서 전세금반환의무를 부담하게 되고, 구 소유자는 전세권설정자의 지위를 상실하여 전세금반환의무를 면하게 된다(대판 2000.6.9. 99다15122). 사안의 경우, 丙이 X주택의 소유권을 양수함으로써 전세권설정자의 지위 또한 승계하였으므로, 乙의 전세권이 그 계약기간의 만료로 소멸하면, 乙은 구 소유자 甲이 아닌 신 소유자 丙에게 전세금 반환을 청구하여야 한다.

ㄷ. (○) 전세권에 대하여 설정된 저당권은 민사소송법 제724조 소정의 부동산경매절차에 의하여 실행하는 것이나, 전세권의 존속기간이 만료되면 전세권의 용익물권적 권능이 소멸하기 때문에 더 이상 전세권 자체에 대하여 저당권을 실행할 수 없게 되고, 이러한 경우는 민법 제370조, 제342조 및 민사소송법 제733조에 의하여 저당권의 목적물인 전세권에 갈음하여 존속하는 것으로 볼 수 있는 전세금반환채권에 대하여 압류 및 추심명령 또는 전부명령을 받거나(이 경우 저당권의 존재를 증명하는 등기부등본을 집행법원에 제출하면 되고 별노의 채무명의가 필요한 것이 아니다), 제3자가 전세금반환채권에 대하여 실시한 강제집행절차에서 배당요구를 하는 등의 방법으로 자신의 권리를 행사할 수 있을 뿐이다(대결 1995.9.18. 95마684, 대판 1999.9.17. 98다31301).

08 전세권에 관한 설명으로 옳은 것을 모두 고른 것은?(다툼이 있으면 판례에 따름) `기출 15`

> ㄱ. 전세권자와 인접 토지소유자 사이에는 상린관계에 관한 규정이 적용되지 않는다.
> ㄴ. 현실적으로 전세금을 지급하지 않고 기존 채권으로 전세금에 갈음한 경우, 설사 전세권설정등기가 되어 있고 전세권자로 등기된 자가 사용·수익을 하고 있더라도 전세권은 성립하지 않는다.
> ㄷ. 전세권자가 목적물을 타인에게 임대한 경우, 임대하지 않았으면 면할 수 있었던 불가항력으로 인한 손해에 대하여도 책임을 부담한다.
> ㄹ. 전세기간 만료 후 전세권양도계약 및 전세권 이전의 부기등기가 이루어졌으나 전세금반환채권의 양도에 관하여 대항요건을 갖추지 못한 경우, 양수인은 전세금반환채권의 압류채권자에게 전세금반환채권의 취득을 대항할 수 없다.
> ㅁ. 대지와 건물이 동일한 소유자에 속한 경우에 건물에 전세권을 설정한 때에는 그 대지소유권의 특별승계인은 전세권자에 대하여 지상권을 설정한 것으로 본다.

① ㄱ, ㄴ   ② ㄷ, ㄹ
③ ㄷ, ㅁ   ④ ㄱ, ㄴ, ㅁ
⑤ ㄷ, ㄹ, ㅁ

해설 ㄱ.(×) 전세권자와 인접 토지소유자 간에는 상린관계규정(민법 제216조 내지 제244조)이 준용된다(민법 제319조).
ㄴ.(×) 전세금의 지급은 전세권 성립의 요소가 되는 것이지만 그렇다고 하여 전세금의 지급이 반드시 현실적으로 수수되어야만 하는 것은 아니고 기존의 채권으로 전세금의 지급에 갈음할 수도 있다(대판 1995.2.10. 94다18508).
ㄷ.(○) 전세권의 목적물을 전전세 또는 임대한 경우에는 전세권자는 전전세 또는 임대하지 아니하였으면 면할 수 있는 불가항력으로 인한 손해에 대하여 그 책임을 부담한다(민법 제308조).
ㄹ.(○) 전세기간 만료 이후 전세권양도계약 및 전세권 이전의 부기등기가 이루어진 것만으로는 전세금반환채권의 양도에 관하여 확정일자 있는 통지나 승낙이 있었다고 볼 수 없어 이로써 제3자인 전세금반환채권의 압류·전부채권자에게 대항할 수 없다(대판 2005.3.25. 2003다35659).
ㅁ.(×) 대지와 건물이 동일한 소유자에 속한 경우에 건물에 전세권을 설정한 때에는 그 대지소유권의 특별승계인은 전세권설정자에 대하여 지상권을 설정한 것으로 본다(민법 제305조 제1항 본문).

09 전세권에 관한 설명으로 옳지 않은 것은?(다툼이 있는 경우에는 판례에 의함) `기출 14`

① 장차 전세목적물에 대한 전세권자의 사용·수익을 완전히 배제하는 것이 아니라면, 채권을 담보하기 위하여 설정된 전세권도 유효하다.
② 전세권자는 전세권설정자에게 그 목적물의 인도와 전세권설정등기의 말소등기에 필요한 서류를 제공하지 않더라도 전세금반환채권을 원인으로 한 경매를 청구할 수 있다.
③ 전세금은 반드시 현실적으로 수수되어야 하는 것은 아니고 기존의 채권으로 전세금의 지급에 갈음할 수 있다.
④ 건물의 일부에 대하여 전세권이 설정된 경우, 그 전세권자는 전세권설정자가 전세금의 반환을 지체한 때에도 나머지 건물부분에 대하여 전세권에 기한 경매를 신청하지 못한다.
⑤ 전세금반환채권의 양수인은 전세존속기간이 만료한 후 전세권양도계약과 전세권 이전의 부기등기가 이루어진 것만으로는 그 채권의 압류채권자에게 대항할 수 없다.

해설 ① (O), ③ (O) [1] 전세권이 용익물권적 성격과 담보물권적 성격을 겸비하고 있다는 점 및 목적물의 인도는 전세권의 성립요건이 아닌 점 등에 비추어 볼 때, 당사자가 주로 채권담보의 목적으로 전세권을 설정하였고, 그 설정과 동시에 목적물을 인도하지 아니한 경우라 하더라도, 장차 전세권자가 목적물을 사용·수익하는 것을 완전히 배제하는 것이 아니라면, 그 전세권의 효력을 부인할 수는 없다. [2] 전세금의 지급은 전세권 성립의 요소가 되는 것이지만 그렇다고 하여 전세금의 지급이 반드시 현실적으로 수수되어야만 하는 것은 아니고 기존의 채권으로 전세금의 지급에 갈음할 수도 있다(대판 1995.2.10. 94다18508).

② (×) 전세권이 소멸한 때에는 전세권설정자는 전세권자로부터 그 목적물의 인도 및 전세권설정등기의 말소등기에 필요한 서류의 교부를 받는 동시에 전세금을 반환하여야 하는데(민법 제317조), 전세권설정자가 전세금의 반환을 지체한 때에는 전세권자는 민사집행법의 정한 바에 의하여 전세권의 목적물의 경매를 청구할 수 있다(민법 제318조). 따라서 전세권설정자에는 동시이행항변권이 인정되므로 사안의 경우 전세권자는 전세목적물에 대한 경매를 청구를 할 수 없다.

④ (O) 건물의 일부에 대하여 전세권이 설정되어 있는 경우 전세권의 목적물이 아닌 나머지 건물부분에 대하여는 우선변제권은 별론으로 하고 경매신청권은 없으므로, 위와 같은 경우 전세권자는 전세권의 목적이 된 부분을 초과하여 건물 전부의 경매를 청구할 수 없다고 할 것이고, 그 전세권의 목적이 된 부분이 구조상 또는 이용상 독립성이 없어 독립한 소유권의 객체로 분할할 수 없고 따라서 그 부분만의 경매신청이 불가능하다고 하여 달리 볼 것은 아니다(대결 2001.7.2. 2001마212, 대결 1992.3.10. 91마256·91마257).

⑤ (O) 전세기간 만료 이후 전세권양도계약 및 전세권 이전의 부기등기가 이루어진 것만으로는 전세금반환채권의 양도에 관하여 확정일자 있는 통지나 승낙이 있었다고 볼 수 없어 이로써 제3자인 전세금반환채권의 압류·전부채권자에게 대항할 수 없다(대판 2005.3.25. 2003다35659).

10 甲은 자신 소유의 건물에 대하여 乙과 전세권설정계약을 체결하고 乙명의로 전세권등기를 해 주었다. 다른 특약이 없는 한, 乙에게 인정되지 않는 권리는? [기출] 13

① 건물에 대한 사용수익권
② 통상의 필요비에 대한 상환청구권
③ 전세금반환을 목적으로 한 우선변제권
④ 전세금반환을 목적으로 한 건물에 대한 경매청구권
⑤ 甲의 동의를 얻어 부속시킨 부속물의 매수청구권

해설 ① (O) 전세권이란 전세금을 지급하고 타인의 부동산을 점유하여 그 부동산의 용도에 좇아 사용·수익하는 용익물권이다(민법 제303조 제1항).

② (×) 전세권자는 스스로 목적물의 현상유지와 수선의무를 부담하므로(민법 제309조), 필요비의 상환을 청구할 수 없고, 다만 유익비의 상환만을 청구할 수 있을 뿐이다(민법 제310조).

③ (O), ④ (O) 건물의 일부에 대하여 전세권이 설정되어 있는 경우 전세권의 목적물이 아닌 나머지 건물부분에 대하여는 우선변제권은 별론으로 하고 경매신청권은 없으므로, 위와 같은 경우 전세권자는 전세권의 목적이 된 부분을 초과하여 건물 전부의 경매를 청구할 수 없다고 할 것이고, 그 전세권의 목적이 된 부분이 구조상 또는 이용상 독립성이 없어 독립한 소유권의 객체로 분할할 수 없고 따라서 그 부분만의 경매신청이 불가능하다고 하여 달리 볼 것은 아니다(대결 2001.7.2. 2001마212, 대결 1992.3.10. 91마256·91마257).

⑤ (O) 민법 제316조 제2항 전문

원상회복의무, 매수청구권(민법 제316조)
① 전세권이 그 존속기간의 만료로 인하여 소멸한 때에는 전세권자는 그 목적물을 원상에 회복하여야 하며 그 목적물에 부속시킨 물건은 수거할 수 있다. 그러나 전세권설정자가 그 부속물건의 매수를 청구한 때에는 전세권자는 정당한 이유 없이 거절하지 못한다.
② 전항의 경우에 그 부속물건이 전세권설정자의 동의를 얻어 부속시킨 것인 때에는 전세권자는 전세권설정자에 대하여 그 부속물건의 매수를 청구할 수 있다. 그 부속물건이 전세권설정자로부터 매수한 것인 때에도 같다.

---

11 전세권에 관한 설명으로 옳지 않은 것은?(다툼이 있는 경우에는 판례에 의함) 기출 12

① 토지를 목적으로 하는 전세권에는 법정갱신이 인정되지 않는다.
② 전세권이 법정갱신된 경우, 전세권자는 그 등기 없이도 전세권설정자나 그 목적물을 취득한 제3자에 대하여 갱신된 권리를 주장할 수 있다.
③ 전세권설정계약의 당사자는 전세금을 현실적으로 지급하지 않고 기존의 채권으로 전세금의 지급에 갈음할 수 있다.
④ 전세권의 존속기간 동안 전세권을 존속시키기로 하면서 전세권과 분리하여 전세금반환채권만을 확정적으로 양도하기로 하는 전세권자와 제3자의 약정은 효력이 없다.
⑤ 건물의 일부에 대하여 전세권이 설정되어 있는 경우, 그 전세권의 목적이 된 부분이 구조상·이용상 독립성이 없어 독립한 소유권의 객체로 분할할 수 없는 때에는 전세권자는 전세금을 우선변제 받기 위하여 건물 전부의 경매를 청구할 수 있다.

해설 ① (○) 법정갱신은 건물을 목적으로 하는 전세권의 경우에만 인정되고, 토지를 목적으로 하는 전세권의 경우에는 인정되지 아니한다(민법 제312조 제4항).
② (○) 전세권이 법정갱신된 경우 이는 법률의 규정에 의한 물권의 변동이므로 전세권 갱신에 관한 등기를 필요로 하지 아니하고, 전세권자는 등기 없이도 전세권설정자나 그 목적물을 취득한 제3자에 대하여 갱신된 권리를 주장할 수 있다(대판 2010.3.25. 2009다35743).
③ (○) 전세금의 지급은 전세권 성립의 요소가 되는 것이지만 그렇다고 하여 전세금의 지급이 반드시 현실적으로 수수되어야만 하는 것은 아니고 기존의 채권으로 전세금의 지급에 갈음할 수도 있다(대판 1995.2.10. 94다18508).
④ (○) 전세권은 전세금을 지급하고 타인의 부동산을 그 용도에 따라 사용·수익하는 권리로서 전세금의 지급이 없으면 전세권은 성립하지 아니하는 등으로 전세금은 전세권과 분리될 수 없는 요소일 뿐 아니라, 전세권에 있어서는 그 설정행위에서 금지하지 아니하는 한 전세권자는 전세권 자체를 처분하여 전세금으로 지출한 자본을 회수할 수 있도록 되어 있으므로 전세권이 존속하는 동안은 전세권을 존속시키기로 하면서 전세금반환채권만을 전세권과 분리하여 확정적으로 양도하는 것은 허용되지 않는 것이며, 다만 전세권 존속 중에는 장래에 그 전세권이 소멸하는 경우에 전세금반환채권이 발생하는 것을 조건으로 그 장래의 조건부 채권을 양도할 수 있을 뿐이라 할 것이다(대판 2002.8.23. 2001다69122).
⑤ (×) 건물의 일부에 대하여 전세권이 설정되어 있는 경우 전세권의 목적물이 아닌 나머지 건물부분에 대하여는 우선변제권은 별론으로 하고 경매신청권은 없으므로, 위와 같은 경우 전세권자는 전세권의 목적이 된 부분을 초과하여 건물 전부의 경매를 청구할 수 없다고 할 것이고, 그 전세권의 목적이 된 부분이 구조상 또는 이용상 독립성이 없어 독립한 소유권의 객체로 분할할 수 없고 따라서 그 부분만의 경매신청이 불가능하다고 하여 달리 볼 것은 아니다(대결 2001.7.2. 2001마212, 대결 1992.3.10. 91마256·91마257).

05 담보물권

01 총 설

I 서 설

1. 담보제도의 필요성 및 개념

채권자 평등의 원칙상 수개의 채권이 경합하여 채무자의 일반재산으로 채권 전부의 변제를 할수 없다면, 비록 먼저 성립한 채권이라도 우선적으로 변제받지 못한다. 따라서 채권의 만족을확실하게 하기 위하여 채권자 평등의 원칙에 구애받지 않는 채무자의 일반재산에 의한 보장 이상의 대비책을 담보제도라고 한다.

2. 인적 담보와 물적 담보

인적 담보는 채무자의 일반재산 외에 제3자의 일반재산으로 채권을 담보하는 것을 말하며, 대표적인 예로 보증채무와 연대채무를 들 수 있다. 반면 물적 담보는 채무자 또는 제3자 소유의 특정한 물건으로 채권을 담보하는 것을 말하며, 민법상 담보물권, 가등기담보, 동산담보권 및 양도담보가 그 예이다.

II 담보물권의 성질

1. 담보물권의 본질

① 물건의 교환가치를 직접 지배하며, 배타성과 우선적 효력을 가진다.
② 타물권이다.
③ 담보물권은 가치권으로서 목적물의 교환가치로부터 담보목적을 달성한다. 다만, 유치권이나 동산질권은 가치권성이 약하지만, 저당권과 권리질권은 가치권의 성질이 강하다고 할 수 있다.

2. 담보물권의 통유성(通有性)

(1) 부종성

부종성(민법 제369조)
저당권으로 담보한 채권이 시효의 완성 기타 사유로 인하여 소멸한 때에는 저당권도 소멸한다.

부종성이란 피담보채권의 존재를 전제로 담보물권이 존재하는 성질을 말한다. 부종성은 법정담보물권인 유치권이 가장 강하고, 약정담보물권인 질권과 저당권은 근질, 근저당 제도의 인정으로 인하여 부종성이 상대적으로 완화되어 있다.

(2) 수반성

저당권의 처분제한(민법 제361조)
저당권은 그 담보한 채권과 분리하여 타인에게 양도하거나 다른 채권의 담보로 하지 못한다.

담보권의 수반성이란 피담보채권의 처분이 있으면 언제나 담보권도 함께 처분된다는 것이 아니라 채권담보라고 하는 담보권 제도의 존재 목적에 비추어 볼 때 특별한 사정이 없는 한 피담보채권의 처분에는 담보권의 처분도 당연히 포함된다고 보는 것이 합리적이라는 의미이다.

> 담보권의 수반성이란 피담보채권의 처분이 있으면 언제나 담보권도 함께 처분된다는 것이 아니라 채권담보라고 하는 담보권 제도의 존재 목적에 비추어 볼 때 특별한 사정이 없는 한 피담보채권의 처분에는 담보권의 처분도 당연히 포함된다고 보는 것이 합리적이라는 것일 뿐이므로, 피담보채권의 처분이 있음에도 불구하고, 담보권의 처분이 따르지 않는 특별한 사정이 있는 경우에는 채권양수인은 담보권이 없는 무담보의 채권을 양수한 것이 되고 채권의 처분에 따르지 않은 담보권은 소멸한다(대판 2004.4.28. 2003다61542).

(3) 물상대위성

물상대위(민법 제342조)
질권은 질물의 멸실, 훼손 또는 공용징수로 인하여 질권설정자가 받을 금전 기타 물건에 대하여도 이를 행사할 수 있다. 이 경우에는 그 지급 또는 인도전에 압류하여야 한다.

준용규정(민법 제355조)
권리질권에는 본절의 규정외에 동산질권에 관한 규정을 준용한다.

준용규정(민법 제370조)
제214조, 제321조, 제333조, 제340조, 제341조 및 제342조의 규정은 저당권에 준용한다.

물상대위성이란 담보물권의 목적물이 멸실, 훼손 또는 공용징수로 인하여 목적물에 갈음하는 금전 기타 물건으로 변하여 목적물 소유자에게 귀속된 경우, 담보물권이 그 목적물에 갈음하는 것에 관하여 존속하는 성질을 의미한다(민법 제342조, 제355조, 제370조). 이러한 물상대위성은 담보권의 가치권성에 기인한 것으로, 가치권성이 희박한 유치권에는 물상대위성이 인정되지 않는다.

(4) 불가분성

불가분성이란 담보물권자가 피담보채권의 전부에 대한 변제를 받을 때까지 목적물 전부에 대하여 그 권리를 행사할 수 있다는 성질을 의미한다(민법 제321조, 제343조, 제370조).

Ⅲ 담보물권의 효력

1. 우선변제적 효력

채권자가 채권의 변제를 받지 못한 때 목적물을 환가해서 다른 채권자보다 우선하여 변제받을 수 있는 효력을 우선변제적 효력이라고 한다. 질권과 저당권에 인정되는 효력이나, 유치권에는 법률상 우선변제적 효력이 인정되지 않는다. 기출 08

2. 유치적 효력

채권담보를 위하여 목적물을 유치하여 채무변제를 간접적으로 독촉하는 효력으로, 유치권, 질권에 인정되는 효력이다. 목적물의 점유를 요소로 하지 않는 담보권에는 유치적 효력이 인정되지 않는다.

02 유치권

제1관 | 총 설

1. 의 의

유치권이란 타인의 물건 또는 유가증권을 점유하는 자가 그 물건 등에 관하여 생긴 채권을 가지는 경우에, 그 채권을 변제받을 때까지 그 목적물을 유치할 수 있는 권리를 말한다(민법 제320조 제1항). 유치권은 법정담보물권으로서 공평의 원칙에 기인한다.

2. 법적 성질

(1) 물 권

유치권자는 채권의 변제를 받을 때까지 누구에게나 목적물을 유치하여 인도를 거절할 수 있다(민법 제213조 단서). 기출 15 그러나 타인의 물건을 점유하고 있음에 기초하여 인정되는 권리이므로, 점유를 상실한 경우 유치권은 소멸한다(민법 제328조).

(2) 담보물권

① 법정담보물권 : 유치권은 일정한 요건이 존재하는 경우에 법률상 당연히 인정되는 권리이다. 이 점에서 약정담보물권인 질권 및 저당권과 다르다.

② 담보물권의 통유성의 수정

> **유치권의 불가분성(민법 제321조)** 기출 09 · 22
> 유치권자는 채권전부의 변제를 받을 때까지 유치물전부에 대하여 그 권리를 행사할 수 있다.

유치권은 법정담보물권으로서 부종성이 특히 강하며, 수반성과 불가분성(민법 제321조)이 인정된다. 그러나 경매청구권이 인정되지만, 그 매각대금으로부터 우선변제권이 인정되지 않으므로 물상대위성이 부정된다. 기출 19

> 다세대주택의 창호 등의 공사를 완성한 하수급인이 공사대금채권 잔액을 변제받기 위하여 위 다세대주택 중 한 세대를 점유하여 유치권을 행사하는 경우, 그 유치권은 위 한 세대에 대하여 시행한 공사대금만이 아니라 다세대주택 전체에 대하여 시행한 공사대금채권의 잔액 전부를 피담보채권으로 하여 성립한다(대판 2007.9.7. 2005다16942). 기출 09 · 11 · 22

3. 동시이행의 항변권과의 비교

(1) 공통점

① 양 제도는 공평의 원칙에 기인하여 이행거절권능이 인정된다.
② 성립요건으로 견련관계와 변제기의 도과를 필요로 한다.
③ 상대방의 이행청구에 대하여 소송상 권리를 행사하면 상환급부판결이 내려진다.

(2) 차이점

① 유치권은 물권이기에 누구에게나 주장할 수 있으나, 동시이행의 항변권은 채권관계의 당사자 간에만 주장할 수 있다.
② 유치권은 「인도」만을 거절할 수 있는 권리이나, 동시이행의 항변권은 「일체의 채무이행」을 거절할 수 있는 권리이다.
③ 유치권의 채권은 계약관계이든, 법률의 규정에 의해 발생한 것이든 불문하나, 동시이행의 항변권의 채권은 쌍무계약상의 채권관계에서 인정되는 권리여야 한다.
④ 유치권은 채권의 전부를 변제받을 때까지 유치물 전부에 대하여 인도를 거절할 수 있으나, 동시이행의 항변권은 미제공 부분에 대해서만 항변권을 행사할 수 있다.

제2관 | 유치권의 성립요건

> **유치권의 내용(민법 제320조)**
> ① 타인의 물건 또는 유가증권을 점유한 자는 그 물건이나 유가증권에 관하여 생긴 채권이 변제기에 있는 경우에는 변제를 받을 때까지 그 물건 또는 유가증권을 유치할 권리가 있다.
> ② 전항의 규정은 그 점유가 불법행위로 인한 경우에 적용하지 아니한다.

Ⅰ 타인의 물건 또는 유가증권을 점유하였을 것

1. 타인 소유

① 유치권자는 반드시 타인의 물건이나 유가증권을 점유하고 있어야 하나(민법 제320조 제1항), 채무자 소유에 한정하지 않는다. 이 점에서 채무자 소유의 물건만을 객체로 하는 상사유치권(상법 제58조)과 구별된다.

② 또한 자기 소유물에 대한 유치권은 성립하지 않는다.

> 유치권은 타물권인 점에 비추어 볼 때 수급인의 재료와 노력으로 건축되었고 독립한 건물에 해당되는 기성부분은 수급인의 소유라 [기출] 11·13·19·23 할 것이므로 수급인은 공사대금을 지급받을 때까지 이에 대하여 유치권을 가질 수 없다(대판 1993.3.26. 91다14116).

2. 물건 또는 유가증권

유치권의 객체인 물건에는 동산뿐만 아니라 부동산도 포함된다. 또한 물건의 일부에도 유치권은 성립한다(대판 1968.3.5. 67다2786).

3. 점유

① 유치권자가 목적물의 점유를 잃으면 유치권은 당연히 소멸한다(민법 제328조). 다만, 점유가 침탈되었더라도 침탈된 점유를 회복하면, 그 점유가 소멸하지 않은 것으로 간주되므로(민법 제192조 제2항 단서), 유치권이 소멸하지 않는다. [기출] 23

> 甲 주식회사가 건물신축 공사대금 일부를 지급받지 못하자 건물을 점유하면서 유치권을 행사해 왔는데, 그 후 乙이 경매절차에서 건물 중 일부 상가를 매수하여 소유권이전등기를 마친 다음 甲 회사의 점유를 침탈하여 丙에게 임대한 사안에서, 乙의 점유침탈로 甲 회사가 점유를 상실한 이상 유치권은 소멸하고, 甲 회사가 점유회수의 소를 제기하여 승소판결을 받아 점유를 회복하면 점유를 상실하지 않았던 것으로 되어 유치권이 되살아나지만, 위와 같은 방법으로 점유를 회복하기 전에는 유치권이 되살아나는 것이 아님에도, 甲 회사가 상가에 대한 점유를 회복하였는지를 심리하지 아니한 채 점유회수의 소를 제기하여 점유를 회복할 수 있다는 사정만으로 甲 회사의 유치권이 소멸하지 않았다고 본 원심판결에 점유상실로 인한 유치권 소멸에 관한 법리오해의 위법이 있다고 한 사례(대판 2012.2.9. 2011다72189). [기출] 23

② 유치권자의 점유는 원칙적으로 직접점유이든 간접점유이든 묻지 않으나, 직접점유자가 채무자인 경우에는 유치권의 요건으로서 점유에 해당하지 않는다(대판 2008.4.11. 2007다27236).

기출 11 · 13 · 14 · 17 · 19 · 22

> 유치권의 성립요건이자 존속요건인 유치권자의 점유는 직접점유이든 간접점유이든 관계가 없으나, 다만 유치권은 목적물을 유치함으로써 채무자의 변제를 간접적으로 강제하는 것을 본체적 효력으로 하는 권리인 점 등에 비추어, 그 직접점유자가 채무자인 경우에는 유치권의 요건으로서의 점유에 해당하지 않는다(대판 2008.4.11. 2007다27236)

③ 유치권의 성립요건인 유치권자의 점유는 직접점유이든 간접점유이든 관계없다. 간접점유를 인정하기 위해서는 간접점유자와 직접점유를 하는 자 사이에 일정한 법률관계, 즉 점유매개관계가 필요한데, 간접점유에서 점유매개관계를 이루는 임대차계약 등이 해지 등의 사유로 종료되더라도 직접점유자가 목적물을 반환하기 전까지는 간접점유자의 직접점유자에 대한 반환청구권이 소멸하지 않는다. 따라서 점유매개관계를 이루는 임대차계약 등이 종료된 이후에도 직접점유자가 목적물을 점유한 채 이를 반환하지 않고 있는 경우에는, 간접점유자의 반환청구권이 소멸한 것이 아니므로 간접점유의 점유매개관계가 단절된다고 할 수 없다(대판 2019.8.14. 2019다205329).

4. 「적법한」 점유일 것

① 점유가 불법행위로 인한 경우에는 유치권이 성립하지 않는다(민법 제320조 제2항). 기출 11 · 16 이 경우 점유가 불법행위로 인하여 개시되었다는 점에 대한 증명책임은 반환청구권자에게 있다(대판 1966.6.7. 66다600 · 601).

② 건물점유자가 건물의 원시취득자에게 그 건물에 관한 유치권이 있다고 하더라도 그 건물의 존재와 점유가 토지소유자에게 불법행위가 되고 있다면 그 유치권으로 토지소유자에게 대항할 수 없다(대판 1989.2.14. 87다카3073). 기출 12 · 22

③ 유치권자의 점유하에 있는 유치물의 소유자가 변동하더라도 유치권자의 점유는 유치물에 대한 보존행위로서 하는 것이므로 적법하고 그 소유자 변동 후 유치권자가 유치물에 관하여 새로이 유익비를 지급하여 그 가격의 증가가 현존하는 경우에는 이 유익비에 대하여도 유치권을 행사할 수 있다(대판 1972.1.31. 71다2414). 기출 09

Ⅱ 그 물건이나 유가증권에 관하여 생긴 채권이 존재할 것(채권과 목적물 사이의 견련관계)

1. 서 설

유치권이 성립하기 위해서는 점유자의 채권이 "그 물건이나 유가증권에 관하여 생긴 것"이어야 한다(민법 제320조 제1항). 이를 채권과 목적물 사이의 견련관계라고 한다. 반면 채권과 목적물의 점유 간에는 견련성이 요구되지 않는다.

2. 견련관계 의미에 대한 판례의 입장

「견련관계」의 의미와 관련하여 견해의 대립이 있으나, 판례는 민법 제320조 제1항에서 '그 물건에 관하여 생긴 채권'은 유치권 제도 본래의 취지인 공평의 원칙에 특별히 반하지 않는 한 채권이 목적물 자체로부터 발생한 경우는 물론이고 채권이 목적물의 반환청구권과 동일한 법률관계나 사실관계로부터 발생한 경우도 포함된다는 입장이다.

3. 유치권 성립이 문제되는 사례의 구체적 검토

(1) 유치권의 성립이 인정된 판례

① 임차인의 임대인에 대한 비용상환청구권으로 임차물을 유치할 수 있다.

> 임차인이 임대인에 대한 비용상환청구권으로 임차물을 유치할 수 있으나, 건물의 임차인이 임대차관계 종료 시에는 건물을 원상으로 복구하여 임대인에게 명도하기로 약정한 것은 건물에 지출한 각종 유익비 또는 필요비의 상환청구권을 미리 포기하기로 한 취지의 특약이라고 볼 수 있어 임차인은 유치권을 주장을 할 수 없다(대판 1975.4.22. 73다2010).

② 도급계약에서 수급인의 도급인에 대한 공사대금채권과 이 채권의 지연손해금채권으로 완성물에 대하여 유치권을 행사할 수 있다.

> • 주택건물의 신축공사를 한 수급인이 그 건물을 점유하고 있고 또 그 건물에 관하여 생긴 공사금 채권이 있다면, 수급인은 그 채권을 변제받을 때까지 건물을 유치할 권리가 있다고 할 것이고, 이러한 유치권은 수급인이 점유를 상실하거나 피담보채무가 변제되는 등 특단의 사정이 없는 한 소멸되지 않는다(대판 1995.9.15. 95다16202·95다16219).
> • 채무불이행에 의한 손해배상청구권은 원채권의 연장이라 보아야 할 것이므로 물건과 원채권과 사이에 견련관계가 있는 경우에는 그 손해배상채권과 그 물건과의 사이에도 견련관계가 있다할 것으로서 손해배상채권에 관하여 유치권항변을 내세울 수 있다(대판 1976.9.28. 76다582).

③ 물건 자체에 의하여 손해가 발생한 경우 그 손해배상청구권을 위하여 물건을 유치할 수 있다.

> 물건의 인도를 청구하는 소송에 있어서 피고의 유치권 항변이 인용되는 경우에는 그 물건에 관하여 생긴 채권의 변제와 상환으로 그 물건의 인도를 명하여야 한다(대판 1969.11.25. 69다1592).

(2) 유치권의 성립이 부정된 판례

① 임차인의 보증금반환청구권

> 건물의 임대차에 있어서 임차인의 임대인에게 지급한 임차보증금반환청구권이나 임대인이 건물시설을 아니하기 때문에 임차인에게 건물을 임차목적대로 사용못한 것을 이유로 하는 손해배상청구권은 모두 민법 제320조 소정 소위 그 건물에 관하여 생긴 채권이라 할 수 없다(대판 1976.5.11. 75다1305). 기출 18

② 임차인의 권리금반환청구권

> 임대인과 임차인 사이에 건물명도시 권리금을 반환하기로 하는 약정이 있었다 하더라도 그와 같은 권리금 반환청구권은 건물에 관하여 생긴 채권이라 할 수 없으므로 그와 같은 채권을 가지고 건물에 대한 유치권을 행사할 수 없다(대판 1994.10.14. 93다62119). **기출** 09 · 11 · 12 · 14 · 21 · 22

③ 토지임차인이 부속물매수청구권을 행사한 경우 부속물매수대금채권과 건물 또는 건물의 부지인 대지의 반환의무 상호 간

> 토지임차인의 부속물매수청구권은 그가 건물 기타 공작물을 임대차한 경우에 생기는 것이므로 토지임차인은 임차지상에 해놓은 시설물에 대한 매수청구권으로서 임대인에게 임차물인 토지에 대한 유치권을 주장할 수 없다(대판 1977.12.13. 77다115).

④ 매도인의 매매대금채권을 피담보채권으로 하여 유치권을 주장할 수 있는지 여부(소극)

> 부동산 매도인이 매매대금을 다 지급받지 아니한 상태에서 매수인에게 소유권이전등기를 마쳐주어 목적물의 소유권을 매수인에게 이전한 경우에는, 매도인의 목적물인도의무에 관하여 동시이행의 항변권 외에 물권적 권리인 유치권까지 인정할 것은 아니다. 왜냐하면 법률행위로 인한 부동산물권변동의 요건으로 등기를 요구함으로써 물권관계의 명확화 및 거래의 안전·원활을 꾀하는 우리 민법의 기본정신에 비추어 볼 때, 만일 이를 인정한다면 매도인은 등기에 의하여 매수인에게 소유권을 이전하였음에도 매수인 또는 그의 처분에 기하여 소유권을 취득한 제3자에 대하여 소유권에 속하는 대세적인 점유의 권능을 여전히 보유하게 되는 결과가 되어 부당하기 때문이다. 또한 매도인으로서는 자신이 원래 가지는 동시이행의 항변권을 행사하지 아니하고 자신의 소유권이전의무를 선이행함으로써 매수인에게 소유권을 넘겨 준 것이므로 그에 필연적으로 부수하는 위험은 스스로 감수하여야 한다. 따라서 매도인이 부동산을 점유하고 있고 소유권을 이전받은 매수인에게서 매매대금 일부를 지급받지 못하고 있다고 하여 매매대금채권을 피담보채권으로 매수인이나 그에게서 부동산 소유권을 취득한 제3자를 상대로 유치권을 주장할 수 없다(대결 2012.1.12. 2011마2380). **기출** 13 · 14 · 18 · 22

⑤ 건물신축공사를 도급받은 수급인이 사회통념상 독립한 건물이 되지 못한 정착물을 토지에 설치한 상태에서 공사가 중단된 경우, 위 정착물 또는 토지에 대하여 유치권을 행사할 수 있는지 여부(소극)

> 건물의 신축공사를 한 수급인이 그 건물을 점유하고 있고 또 그 건물에 관하여 생긴 공사금 채권이 있다면, 수급인은 그 채권을 변제받을 때까지 건물을 유치할 권리가 있는 것이지만(대판 1995.9.15. 95다16202 · 16219 참조), 건물의 신축공사를 도급받은 수급인이 사회통념상 독립한 건물이라고 볼 수 없는 정착물을 토지에 설치한 상태에서 공사가 중단된 경우에 위 정착물은 토지의 부합물에 불과하여 이러한 정착물에 대하여 유치권을 행사할 수 없는 것이고, 또한 공사중단시까지 발생한 공사금 채권은 토지에 관하여 생긴 것이 아니므로 위 공사금 채권에 기하여 토지에 대하여 유치권을 행사할 수도 없는 것이다(대결 2008.5.30. 2007마98). **기출** 17 · 18

⑥ 건축자재대금채권은 매매계약에 따른 매매대금채권에 불과할 뿐 건물 자체에 관하여 생긴 채권이라고 할 수는 없어 유치권을 행사할 수 없다.

> 甲이 건물 신축공사 수급인인 乙 주식회사와 체결한 약정에 따라 공사현장에 시멘트와 모래 등의 건축자재를 공급한 사안에서, 甲의 건축자재대금채권은 매매계약에 따른 매매대금채권에 불과할 뿐 건물 자체에

관하여 생긴 채권이라고 할 수는 없음에도 건물에 관한 유치권의 피담보채권이 된다고 본 원심판결에 유치권의 성립요건인 채권과 물건 간의 견련관계에 관한 법리오해의 위법이 있다(대판 2012.1.26. 2011다96208). 기출 13 · 17

Ⅲ 채권의 변제기가 도래하였을 것

1. 채권의 존재

점유자가 채권을 가지고 있어야 한다. 그런데 <u>채권의 발생원인은 묻지 않으므로 유치권의 행사도중에 발생한 채권도 포함된다.</u>

> 목적물에 관하여 채권이 발생하였으나 채권자가 목적물에 관한 점유를 취득하기 전에 그에 관하여 저당권 등 담보물권이 설정되고 이후에 채권자가 목적물에 관한 점유를 취득한 경우 채권자는 다른 사정이 없는 한 그와 같이 취득한 민사유치권을 저당권자 등에게 주장할 수 있다(대판 2014.12.11. 2014다53462). 즉, 채권과 목적물의 점유 간에는 견련성이 요구되지 않는다. 기출 11 · 16

2. 변제기의 도래

① 유치권은 그 목적물에 관하여 생긴 채권이 변제기에 있는 경우에 성립하는 것이므로 <u>아직 변제기에 이르지 아니한 채권에 기하여 유치권을 행사할 수는 없다</u>(대판 2007.9.21. 2005다41740). 기출 18 · 23

② 다만 기한을 정하지 않은 채권의 경우에는 채권자는 언제든지 이행청구를 할 수 있으므로, 채권 성립과 동시에 유치권이 성립할 수 있다.

③ 유익비상환청구에 대하여 법원이 상당한 기한을 허여하면 유치권은 소멸한다. 기출 23

Ⅳ 유치권 성립을 배제하는 특약이 없을 것

> • 유치권은 법정담보물권이기는 하나 채권자의 이익보호를 위한 채권담보의 수단에 불과하므로 이를 포기하는 특약은 유효하고, 유치권을 사전에 포기한 경우 다른 법정요건이 모두 충족되더라도 유치권이 발생하지 않는 것과 마찬가지로 유치권을 사후에 포기한 경우 곧바로 유치권은 소멸한다고 보아야 하며, 채권자가 유치권의 소멸 후에 그 목적물을 계속하여 점유한다고 하여 여기에 적법한 유치의 의사나 효력이 있다고 인정할 수 없고 다른 법률상 권원이 없는 한 무단점유에 지나지 않는다(대결 2011.5.13. 2010마1544). 기출 15
> • 제한물권은 이해관계인의 이익을 부당하게 침해하지 않는 한 자유로이 포기할 수 있는 것이 원칙이다. 유치권은 채권자의 이익을 보호하기 위한 법정담보물권으로서, 당사자는 미리 유치권의 발생을 막는 특약을 할 수 있고 이러한 특약은 유효하다. 유치권 배제 특약이 있는 경우 다른 법정요건이 모두 충족되더라도 유치권은 발생하지 않는데, 특약에 따른 효력은 특약의 상대방뿐 아니라 그 밖의 사람도 주장할 수 있다(대판 2018.1.24. 2016다234043). 기출 22

제3관 | 유치권의 효력

I 유치권자의 권리

1. 목적물을 유치할 권리

① 유치의 의미 : 유치권자는 그의 채권을 변제받을 때까지 목적물을 유치할 수 있다(민법 제320조 제1항). 여기서 「유치한다」는 의미는 목적물의 점유를 계속하여 인도를 거절한다는 뜻이다.

> 소유자는 그 소유에 속한 물건을 점유한 자에 대하여 반환을 청구할 수 있다. 그러나 점유자가 그 물건을 점유할 권리가 있는 때에는 반환을 거부할 수 있다(민법 제213조). 여기서 반환을 거부할 수 있는 점유할 권리에는 유치권도 포함되고, 유치권자로부터 유치물을 유치하기 위한 방법으로 유치물의 점유 내지 보관을 위탁받은 자는 특별한 사정이 없는 한 점유할 권리가 있음을 들어 소유자의 소유물반환청구를 거부할 수 있다(대판 2014.12.24. 2011다62618). 기출 16 · 17

② 인도거절의 상대방 : 유치권은 물권이므로 채무자뿐만 아니라 모든 사람에 대하여 행사할 수 있다. 따라서 유치권을 행사하는 도중에 유치물의 소유권이 제3자에게 양도된 경우에도 그 제3자에게 유치권을 행사할 수 있다(대판 1972.1.31. 71다2414).

> **[유치권자가 경락인에 대하여 피담보채권의 변제를 청구할 수 있는지 여부(소극)]**
> 민사소송법 제728조에 의하여 담보권의 실행을 위한 경매절차에 준용되는 같은 법 제608조 제3항은 경락인은 유치권자에게 그 유치권으로 담보하는 채권을 변제할 책임이 있다고 규정하고 있는바, 여기에서 '변제할 책임이 있다'는 의미는 부동산상의 부담을 승계한다는 취지로서 인적 채무까지 인수한다는 취지는 아니므로, 유치권자는 경락인에 대하여 그 피담보채권의 변제가 있을 때까지 유치목적물인 부동산의 인도를 거절할 수 있을 뿐이고 그 피담보채권의 변제를 청구할 수는 없다(대판 1996.8.23. 95다8713). 기출 08 · 16
>
> **[근저당권설정 후 경매로 인한 압류의 효력 발생 전에 취득한 유치권으로 경매절차의 매수인에게 대항할 수 있는지 여부(적극)]**
> 부동산 경매절차에서의 매수인은 민사집행법 제91조 제5항에 따라 유치권자에게 그 유치권으로 담보하는 채권을 변제할 책임이 있는 것이 원칙이나, 채무자 소유의 건물 등 부동산에 경매개시결정의 기입등기가 경료되어 압류의 효력이 발생한 후에 채무자가 위 부동산에 관한 공사대금 채권자에게 그 점유를 이전함으로써 그로 하여금 유치권을 취득하게 한 경우, 그와 같은 점유의 이전은 목적물의 교환가치를 감소시킬 우려가 있는 처분행위에 해당하여 민사집행법 제92조 제1항, 제83조 제4항에 따른 압류의 처분금지효에 저촉되므로 점유자로서는 위 유치권을 내세워 그 부동산에 관한 경매절차의 매수인에게 대항할 수 없다. 기출 22 그러나 이러한 법리는 경매로 인한 압류의 효력이 발생하기 전에 유치권을 취득한 경우에는 적용되지 아니하고, 유치권 취득시기가 근저당권설정 후라거나 유치권 취득 전에 설정된 근저당권에 기하여 경매절차가 개시되었다고 하여 달리 볼 것은 아니다(대판 2009.1.15. 2008다70763). 기출 16 따라서 부동산유치권은 대부분의 경우에 사실상 최우선순위의 담보권으로서 작용하여, 유치권자는 자신의 채권을 목적물의 교환가치로부터 일반채권자는 물론 저당권자 등에 대하여도 그 성립의 선후를 불문하여 우선적으로 자기 채권의 만족을 얻을 수 있게 된다. 기출 14

> **[채무자 소유의 건물에 관하여 공사를 도급받은 수급인이 경매개시결정의 기입등기가 마쳐지기 전에 채무자에게서 건물의 점유를 이전받았으나 경매개시결정의 기입등기가 마쳐져 압류의 효력이 발생한 후에 공사를 완공하여 공사대금채권을 취득함으로써 유치권이 성립한 경우, 수급인이 유치권을 내세워 경매절차의 매수인에게 대항할 수 있는지 여부(소극)]**
>
> 유치권은 목적물에 관하여 생긴 채권이 변제기에 있는 경우에 비로소 성립하고(민법 제320조), 한편 채무자 소유의 부동산에 경매개시결정의 기입등기가 마쳐져 압류의 효력이 발생한 후에 유치권을 취득한 경우에는 그러한 부동산에 관한 경매절차의 매수인에게 대항할 수 없는데, 채무자 소유의 건물에 관하여 증·개축 등 공사를 도급받은 수급인이 경매개시결정의 기입등기가 마쳐지기 전에 채무자에게서 건물의 점유를 이전받았다 하더라도 경매개시결정의 기입등기가 마쳐져 압류의 효력이 발생한 후에 공사를 완공하여 공사대금채권을 취득함으로써 그때 비로소 유치권이 성립한 경우에는, 수급인은 유치권을 내세워 경매절차의 매수인에게 대항할 수 없다(대판 2011.10.13. 2011다55214). `기출` `14 · 18`
>
> **[체납처분압류가 되어 있는 부동산에 대하여 경매절차가 개시되기 전에 민사유치권을 취득한 유치권자가 경매절차의 매수인에게 유치권을 행사할 수 있는지 여부(적극)]**
>
> 부동산에 관한 민사집행절차에서는 경매개시결정과 함께 압류를 명하므로 압류가 행하여짐과 동시에 매각절차인 경매절차가 개시되는 반면, 국세징수법에 의한 체납처분절차에서는 그와 달리 체납처분에 의한 압류(이하 '체납처분압류'라고 한다)와 동시에 매각절차인 공매절차가 개시되는 것이 아닐 뿐만 아니라, 체납처분압류가 반드시 공매절차로 이어지는 것도 아니다. 또한 체납처분절차와 민사집행절차는 서로 별개의 절차로서 공매절차와 경매절차가 별도로 진행되는 것이므로, 부동산에 관하여 체납처분압류가 되어 있다고 하여 경매절차에서 이를 그 부동산에 관하여 경매개시결정에 따른 압류가 행하여진 경우와 마찬가지로 볼 수는 없다. 따라서 체납처분압류가 되어 있는 부동산이라고 하더라도 그러한 사정만으로 경매절차가 개시되어 경매개시결정등기가 되기 전에 부동산에 관하여 민사유치권을 취득한 유치권자가 경매절차의 매수인에게 유치권을 행사할 수 없다고 볼 것은 아니다(대판[전합] 2014.3.20. 2009다60336 – 다수의견). `기출` `18 · 21`

③ **소송상 효과** : 물건의 인도를 청구하는 소송에 있어서 피고의 유치권 항변이 인용되는 경우에는 그 물건에 관하여 생긴 채권의 변제와 상환으로 그 물건의 인도를 명하여야 한다(대판 1969.11.25. 69다1592). 즉 법원은 상환급부판결을 해야 한다.

2. 경매권과 간이변제충당

(1) 경매권

① 유치권자는 채권의 변제를 받기 위하여 유치물을 경매할 수 있다(민법 제322조 제1항). `기출` `05 · 19` 그러나 우선변제권은 없다.

> 민법 제322조 제1항에 의하여 실시되는 유치권에 의한 경매도 강제경매나 담보권 실행을 위한 경매와 마찬가지로 목적부동산 위의 부담을 소멸시키는 것을 법정매각조건으로 하여 실시되고 우선채권자뿐만 아니라 일반채권자의 배당요구도 허용되며, 유치권자는 일반채권자와 동일한 순위로 배당을 받을 수 있다고 봄이 상당하다(대판 2011.8.18. 2011다35593). `기출` `19`

② 유치권에 의한 경매절차가 정지된 상태에서 목적물에 대한 강제경매 또는 담보권 실행을 위한 경매절차가 진행되어 매각이 이루어진 경우, 유치권이 소멸하는지 여부(소극)

> 부동산에 관한 강제경매 또는 담보권 실행을 위한 경매절차에서의 매수인은 유치권자에게 그 유치권으로 담보하는 채권을 변제할 책임이 있고(민사집행법 제91조 제5항, 제268조), 유치권에 의한 경매절차는 목적물에 대하여 강제경매 또는 담보권 실행을 위한 경매절차가 개시된 경우에는 정지되도록 되어 있으므로(민사집행법 제274조 제2항), 유치권에 의한 경매절차가 정지된 상태에서 그 목적물에 대한 강제경매 또는 담보권 실행을 위한 경매절차가 진행되어 매각이 이루어졌다면, 유치권에 의한 경매절차가 소멸주의를 원칙으로 하여 진행된 경우와는 달리 그 유치권은 소멸하지 않는다고 봄이 상당하다(대판 2011.8.18. 2011다35593). **기출** 17

(2) 간이변제충당

> **경매, 간이변제충당(민법 제322조)**
> ① 유치권자는 채권의 변제를 받기 위하여 유치물을 경매할 수 있다.
> ② 정당한 이유있는 때에는 유치권자는 감정인의 평가에 의하여 유치물로 직접 변제에 충당할 것을 법원에 청구할 수 있다. 이 경우에는 유치권자는 미리 채무자에게 통지하여야 한다.

① 경매는 복잡한 절차와 비용이 소요되므로 소액의 채권을 담보하기 위한 유치권에서는 적합하지 아니할 수 있다. 이 경우 민법은 제322조 제2항에서 유치물로서 직접 변제에 충당할 수 있는 간이변제충당을 규정하고 있다.
② 간이변제충당의 요건 : 민법은 간이변제충당의 요건으로 ㉠ 정당한 이유가 있을 것, ㉡ 법원에 청구할 것, ㉢ 감정인의 평가에 의할 것, ㉣ 채무자에게 사전통지할 것을 규정하고 있다.

3. 과실수취권

> **과실수취권(민법 제323조)** **기출** 05 · 08 · 21
> ① 유치권자는 유치물의 과실을 수취하여 다른 채권보다 먼저 그 채권의 변제에 충당할 수 있다. 그러나 과실이 금전이 아닌 때에는 경매하여야 한다.
> ② 과실은 먼저 채권의 이자에 충당하고 그 잉여가 있으면 원본에 충당한다.

4. 유치물 사용권

> **유치권자의 선관의무(민법 제324조)** **기출** 01 · 02 · 07 · 08 · 10
> ① 유치권자는 선량한 관리자의 주의로 유치물을 점유하여야 한다.
> ② 유치권자는 채무자의 승낙없이 유치물의 사용, 대여 또는 담보제공을 하지 못한다. 그러나 유치물의 보존에 필요한 사용은 그러하지 아니다.
> ③ 유치권자가 전2항의 규정에 위반한 때에는 채무자는 유치권의 소멸을 청구할 수 있다.

(1) 원 칙

유치권에는 적극적인 사용·수익권이 인정되지 않는다. 따라서 유치권자는 원칙적으로 유치물의 사용·대여 또는 담보제공 등 이용행위를 할 수 없다.

(2) 예 외

다음의 경우에는 유치물을 사용할 수 있다.

① **채무자의 승낙에 의한 사용** : 승낙을 받아야 할 자는 원칙적으로 채무자이나(민법 제324조 제2항), 소유자와 채무자가 다른 사람인 경우에는 소유자의 승낙이 필요하다.

> 유치권의 성립요건인 유치권자의 점유는 직접점유이든 간접점유이든 관계없지만 유치권자는 채무자 또는 소유자의 승낙이 없는 이상 그 목적물을 타에 인대할 수 있는 권한이 없으므로(민법 제324조 제2항 침소), 유치권자의 그러한 임대행위는 소유자의 처분권한을 침해하는 것으로서 소유자에게 그 임대의 효력을 주장할 수 없다. 따라서 소유자의 승낙 없는 유치권자의 임대차에 의하여 유치권의 목적물을 임차한 자의 점유는 소유자에게 대항할 수 있는 적법한 권원에 기한 것이라고 볼 수 없다(대판 2011.2.10. 2010다94700).

② **보존에 필요한 사용** : 보존에 필요한 사용은 채무자의 승낙이 없는 경우에도 가능하다.

> • 민법 제324조에 의하면, 유치권자는 선량한 관리자의 주의로 유치물을 점유하여야 하고, 소유자의 승낙 없이 유치물을 보존에 필요한 범위를 넘어 사용하거나 대여 또는 담보제공을 할 수 없으며, 소유자는 유치권자가 위 의무를 위반한 때에는 유치권의 소멸을 청구할 수 있다고 할 것인바, 공사대금채권에 기하여 유치권을 행사하는 자가 스스로 유치물인 주택에 거주하며 사용하는 것은 특별한 사정이 없는 한 유치물인 주택의 보존에 도움이 되는 행위로서 유치물의 보존에 필요한 사용에 해당한다고 할 것이다. **기출 19** 따라서 유치권의 소멸을 청구할 수 없다. 그리고 유치권자가 유치물의 보존에 필요한 사용을 한 경우에도 특별한 사정이 없는 한 차임에 상당한 이득을 소유자에게 반환할 의무가 있다(대판 2009.9.24. 2009다40684). **기출 10 · 12 · 13 · 21** 이러한 법리는 유치권자가 자신의 점유보조자로 하여금 건물에 거주하도록 한 경우에도 동일하게 적용된다(대판 2013.4.11. 2011다107009). **기출 09**
> • 유치권자가 유치물에 대한 보존행위로서 목적물을 사용하는 것은 적법행위이므로 불법점유로 인한 손해배상책임이 없는 것이다(대판 1972.1.31. 71다2414).

5. 비용상환청구권

> **유치권자의 상환청구권(민법 제325조)** **기출 02 · 07 · 08**
> ① 유치권자가 유치물에 관하여 필요비를 지출한 때에는 소유자에게 그 상환을 청구할 수 있다.
> ② 유치권자가 유치물에 관하여 유익비를 지출한 때에는 그 가액의 증가가 현존한 경우에 한하여 소유자의 선택에 좇아 그 지출한 금액이나 증가액의 상환을 청구할 수 있다. 그러나 법원은 소유자의 청구에 의하여 상당한 상환기간을 허여할 수 있다.

① 비용상환의무자는 소유자이다.

② 비용상환청구권에 기하여 유치권자는 다시 유치물 위에 유치권을 취득할 수 있다(대판 1972.1.31. 71다2414).

> 유치권자의 점유하에 있는 유치물의 소유자가 변동하더라도 유치권자의 점유는 유치물에 대한 보존행위로서 하는 것이므로 적법하고 그 소유자변동 후 유치권자가 유치물에 관하여 새로이 유익비를 지급하여 그 가격의 증가가 현존하는 경우에는 이 유익비에 대하여도 유치권을 행사할 수 있다(대판 1972.1.31. 71다2414).

Ⅱ 유치권자의 의무

유치권자의 선관의무(민법 제324조)
① 유치권자는 선량한 관리자의 주의로 유치물을 점유하여야 한다.
② 유치권자는 채무자의 승낙없이 유치물의 사용, 대여 또는 담보제공을 하지 못한다. 그러나 유치물의 보존에 필요한 사용은 그러하지 아니하다.
③ 유치권자가 전2항의 규정에 위반한 때에는 채무자는 유치권의 소멸을 청구할 수 있다.

제4관 | 유치권의 소멸

Ⅰ 물권 일반의 소멸사유

물권인 유치권도 물권 일반의 소멸사유인 목적물의 멸실, 혼동, 포기 등으로 소멸한다. 그러나 유치권 자체가 시효로 소멸하는 경우는 없으며, 유치 목적물의 소유자가 변동되었다고 유치권이 소멸하는 것도 아니다.

[유치권을 포기하는 특약의 효력(유효) / 유치권을 사후에 포기한 경우, 곧바로 유치권이 소멸하는지 여부(적극) 및 이때 포기로 인한 유치권의 소멸은 포기의 의사표시 상대방뿐만 아니라 그 이외의 사람도 주장할 수 있는지 여부(적극)]
유치권은 법정담보물권이기는 하나 채권자의 이익보호를 위한 채권담보의 수단에 불과하므로 이를 포기하는 특약은 유효하고, 유치권을 사전에 포기한 경우 다른 법정요건이 모두 충족되더라도 유치권이 발생하지 않는 것과 마찬가지로 유치권을 사후에 포기한 경우 곧바로 유치권은 소멸한다. 그리고 유치권 포기로 인한 유치권의 소멸은 유치권 포기의 의사표시의 상대방뿐 아니라 그 이외의 사람도 주장할 수 있다(대판 2016.5.12. 2014다52087).

[유치권 배제 특약에 조건을 붙일 수 있는지 여부(적극) 및 조건을 붙이고자 하는 의사가 있는지 판단하는 기준]
조건은 법률행위의 효력 발생 또는 소멸을 장래의 불확실한 사실의 발생 여부에 의존케 하는 법률행위의 부관으로서, 법률행위에서 효과의사와 일체적인 내용을 이루는 의사표시 그 자체라고 볼 수 있다. 유치권 배제 특약에도 조건을 붙일 수 있는데, 조건을 붙이고자 하는 의사가 있는지는 의사표시에 관한 법리에 따라 판단하여야 한다(대판 2018.1.24. 2016다234043).

Ⅱ 담보물권의 공통된 소멸사유

피담보채권의 소멸시효(민법 제326조) 기출 21 · 22
유치권의 행사는 채권의 소멸시효의 진행에 영향을 미치지 아니한다.

담보물권에 공통된 소멸사유는 피담보채권의 소멸이다. 따라서 비록 채권자가 유치권을 행사하고 있더라도 피담보채권의 소멸시효의 진행에 영향을 미치지 아니하므로(민법 제326조), 피담보채권이 시효로 소멸하면 부종성에 의하여 유치권이 소멸하게 된다.

[유치권의 피담보채권의 소멸시효기간이 확정판결 등에 의하여 10년으로 연장된 경우, 유치권이 성립된 부동산의 매수인이 종전의 단기소멸시효를 원용할 수 있는지 여부(소극)]

유치권이 성립된 부동산의 매수인은 피담보채권의 소멸시효가 완성되면 시효로 인하여 채무가 소멸되는 결과 직접적인 이익을 받는 자에 해당하므로 소멸시효의 완성을 원용할 수 있는 지위에 있다고 할 것이나, 매수인은 유치권자에게 채무자의 채무와는 별개의 독립된 채무를 부담하는 것이 아니라 단지 채무자의 채무를 변제할 책임을 부담하는 점 등에 비추어 보면, 유치권의 피담보채권의 소멸시효기간이 확정판결 등에 의하여 10년으로 연장된 경우 매수인은 그 채권의 소멸시효기간이 연장된 효과를 부정하고 종전의 단기소멸시효기간을 원용할 수는 없다(대판 2009.9.24, 2009다39530).

Ⅲ 유치권 특유의 소멸사유

1. 의무 위반에 근거한 소멸청구

유치권자의 선관의무(민법 제324조)
① 유치권자는 선량한 관리자의 주의로 유치물을 점유하여야 한다.
② 유치권자는 채무자의 승낙없이 유치물의 사용, 대여 또는 담보제공을 하지 못한다. 그러나 유치물의 보존에 필요한 사용은 그러하지 아니하다.
③ 유치권자가 전2항의 규정에 위반한 때에는 채무자는 유치권의 소멸을 청구할 수 있다.

유치권자가 민법 제324조 제1항과 제2항의 의무를 위반한 경우 채무자는 유치권의 소멸을 청구할 수 있다(민법 제324조 제3항). 이 청구권은 상대방의 의무위반에 대한 일종의 제재이므로 형성권에 해당한다.

2. 다른 담보의 제공

타담보제공과 유치권소멸(민법 제327조) 기출 07
채무자는 상당한 담보를 제공하고 유치권의 소멸을 청구할 수 있다.

[담보제공에 의한 유치권 소멸청구에 있어 담보의 상당성의 판단 기준 및 그 소멸청구권자]
민법 제327조에 의하여 제공하는 담보가 상당한가의 여부는 그 담보의 가치가 채권의 담보로서 상당한가, 태양에 있어 유치물에 의하였던 담보력을 저하시키지는 아니한가 하는 점을 종합하여 판단하여야 할 것인바, 유치물의 가격이 채권액에 비하여 과다한 경우에는 채권액 상당의 가치가 있는 담보를 제공하면 족하다고 할 것이고, 한편 당해 유치물에 관하여 이해관계를 가지고 있는 자인 채무자나 유치물의 소유자는 상당한 담보가 제공되어 있는 이상 유치권 소멸 청구의 의사표시를 할 수 있다(대판 2001.12.11, 2001다59866).

[민법 제327조에 따른 유치권 소멸청구를 채무자뿐만 아니라 유치물의 소유자도 할 수 있는지 여부(적극) 및 이때 채무자나 소유자가 제공하는 담보가 상당한지 판단하는 기준]
채무자는 상당한 담보를 제공하고 유치권의 소멸을 청구할 수 있다(민법 제327조). 유치권 소멸청구는 민법 제327조에 규정된 채무자뿐만 아니라 유치물의 소유자도 할 수 있다. 민법 제327조에 따라 채무자나 소유자가

> 제공하는 담보가 상당한지는 담보가치가 채권담보로서 상당한지, 유치물에 의한 담보력을 저하시키지 않는지를 종합하여 판단해야 한다. 따라서 유치물 가액이 피담보채권액보다 많을 경우에는 피담보채권액에 해당하는 담보를 제공하면 되고, 유치물 가액이 피담보채권액보다 적을 경우에는 유치물 가액에 해당하는 담보를 제공하면 된다(대판 2021.7.29. 2019다216077).

3. 점유의 상실

> **점유상실과 유치권소멸(민법 제328조)**
> 유치권은 점유의 상실로 인하여 소멸한다.

점유는 유치권의 성립요건인 동시에 존속요건이기도 하다. 따라서 원칙적으로 유치권은 점유의 상실로 인하여 소멸한다(민법 제328조). **기출** 15·17 단, 유치권자의 간접점유는 점유상실에 해당하지 않는다.

03 질 권

제1관 | 총 설

I 질권의 의의

> **동산질권의 내용(민법 제329조)**
> 동산질권자는 채권의 담보로 채무자 또는 제3자가 제공한 동산을 점유하고 그 동산에 대하여 다른 채권자보다 자기 채권의 우선변제를 받을 권리가 있다.

> **권리질권의 목적(민법 제345조)**
> 질권은 재산권을 그 목적으로 할 수 있다. 그러나 부동산의 사용, 수익을 목적으로 하는 권리는 그러하지 아니하다.

질권이란 채권자가 채무의 변제를 받을 때까지 그 채권의 담보로 채무자 또는 제3자로부터 인도받은 물건 또는 재산권을 유치함으로써 채무의 변제를 간접적으로 강제하고, 이행기에 변제가 없으면 유치물의 환가대금으로부터 우선적으로 변제를 받을 수 있는 담보물권을 의미한다. 질권 설정만으로 질물 소유자가 목적물을 제3자에게 처분하는 것까지 금지되는 것은 아니다. **기출** 14

Ⅱ 질권의 법적 성질

① 경매권(민법 제338조 제1항)뿐만 아니라 우선변제권도 인정된다(민법 제329조).

② 저당권과 더불어 약정담보물권에 해당한다.

③ 질권은 유치적 효력이 있다(유치권과 동일하나, 저당권과 차이점이다).

④ 질권은 동산과 일정한 재산권에 대해서만 인정된다.

　㉠ 부동산과 부동산에 관한 권리에는 질권이 설정될 수 없다(민법 제329조, 제345조 단서).

　㉡ 동산이더라도 등기, 등록으로 공시되는 것은 부동산으로 취급되어 질권이 아니라 저당권이 설정될 수 있다.

⑤ 담보물권으로서 통유성　**기출** 21

　㉠ 부종성이 인정된다. 즉 담보물권으로서 질권은 피담보채권에 부종한다. 다만 근질에서는 소멸의 부종성이 완화된다.

　㉡ 수반성이 인정된다. 다만, 공시방법이 갖추어져야 한다.

　㉢ 물상대위성이 인정된다(민법 제342조).

> **물상대위(민법 제342조)**
> 질권은 질물의 멸실, 훼손 또는 공용징수로 인하여 질권설정자가 받을 금전 기타 물건에 대하여도 이를 행사할 수 있다. 이 경우에는 그 지급 또는 인도전에 압류하여야 한다.

　㉣ 불가분성이 인정된다(민법 제343조, 제321조).

> **준용규정(민법 제343조)**
> 제249조 내지 제251조, 제321조 내지 제325조의 규정은 동산질권에 준용한다.
>
> **유치권의 불가분성(민법 제321조)**
> 유치권자는 채권전부의 변제를 받을 때까지 유치물전부에 대하여 그 권리를 행사할 수 있다.

제2관 | 동산질권

Ⅰ 동산질권의 성립

1. 약정질권

(1) 피담보채권의 존재

① 질권에 의하여 담보될 수 있는 채권의 종류에는 제한이 없다. 따라서 금전으로 가액을 산정할 수 없는 채권도 질권의 피담보채권으로 될 수 있다(민법 제373조).

② 조건부 채권 또는 기한부 채권과 같은 장래의 채권도 성립에 관한 부종성이 완화되어 질권의 피담보채권으로서 적격성을 갖는다.

③ 일성한 계속석인 거래관계로부터 장래 발생될 다수의 불특정채권을 담보하기 위하여 설정되는 근질(根質) 또한 성립에 관한 부종성이 완화되어 유효성이 인정된다.

(2) 질권설정계약

① 동산질권은 질권설정에 관한 당사자 사이의 질권설정에 관한 물권적 합의에 의하여 설정되는 것이 원칙이다.

② 당사자

    ㉠ **질권자** : 원칙적으로 피담보채권의 채권자에 한한다.

    ㉡ **질권설정자** : 질권설정자에는 채무자와 물상보증인이 있다.

- **처분권한** : 질권의 설정은 처분행위이므로, 설정자에게는 원칙적으로 처분권한이 있거나 처분수권이 있어야 한다. 그러나 질권설정자에게 처분권한이 없더라도 질권자가 선의·무과실이면 질권을 선의취득할 수 있다(민법 제343조, 제249조). **기출 09·17·19** 이 경우 선의, 무과실은 동산질권자가 입증하여야 한다(대판 1981.12.22. 80다2910).

- **물상보증인** : 타인의 채무를 담보하기 위하여 자기의 물건 위에 질권을 설정하는 자를 의미한다.

    – 물상보증인은 채무를 부담하지 않고 책임을 부담할 뿐이다.

    – 피담보채무를 변제하거나 질권이 실행되어 질물의 소유권을 잃으면 물상보증인은 보증채무에 관한 규정에 의하여 채무자에게 구상권을 행사할 수 있다(민법 제341조).

기출 06·17·19

> **[물상보증인의 구상권의 법적 성질]**
> 물상보증은 채무자 아닌 사람이 채무자를 위하여 담보물권을 설정하는 행위이고 채무자를 대신해서 채무를 이행하는 사무의 처리를 위탁받는 것이 아니므로, 물상보증인이 변제 등에 의하여 채무자를 면책시키는 것은 위임사무의 처리가 아니고 법적 의미에서는 의무 없이 채무자를 위하여 사무를 관리한 것에 유사하다. 따라서 물상보증인의 채무자에 대한 구상권은 그들 사이의 물상보증위탁계약의 법적 성질과 관계없이 민법에 의하여 인정된 별개의 독립한 권리이고, 그 소멸시효에 있어서는 민법상 일반채권에 관한 규정이 적용된다(대판 2001.4.24. 2001다6237).

    – 담보권의 실행으로 담보물의 소유권을 잃은 경우 물상보증인의 구상범위는 매수인이 매각대금을 다 낸 때의 담보물의 시가를 기준으로 한다.

> 물상보증은 채무자 아닌 사람이 채무자를 위하여 담보물권을 설정하는 행위이고 물상보증인은 담보물로 물적 유한책임만을 부담할 뿐 채권자에 대하여 채무를 부담하지 않는다. 보증인은 '변제 기타의 출재로 주채무를 소멸하게 한 때' 주채무자에 대한 구상권이 있는 반면(민법 제441조 제1항, 제444조 제1항, 제2항), 물상보증인은 '그 채무를 변제'한 경우 외에 '담보권의 실행으로 인하여 담보물의 소유권을 잃은 때'에도 채무자에 대한 구상권이 있다(민법 제341조). 물상보증인이 담보권의 실행으로 타인의 채무를 담보하기 위하여 제공한 부동산의 소유권을 잃은 경우 물상보증인이 채무자에게 구상할 수 있는 범위는 특별한 사정이 없는 한 담보권의 실행으로 부동산의 소유권을 잃게 된 때, 즉 매수인이 매각대금을 다 낸 때의 부동산 시가를 기준으로 하여야 하고, 매각대금을 기준으로 할 것이 아니다(대판 2018.4.10. 2017다283028).

(3) 목적동산의 인도

> **설정계약의 요물성(민법 제330조)** 기출 17
> 질권의 설정은 질권자에게 목적물을 인도함으로써 그 효력이 생긴다.
>
> **질권의 목적물(민법 제331조)**
> 질권은 양도할 수 없는 물건을 목적으로 하지 못한다.
>
> **설정자에 의한 대리점유의 금지(민법 제332조)** 기출 19 · 22
> 질권자는 설정자로 하여금 질물의 점유를 하게 하지 못한다.

① **동산질권설정계약의 요물성 여부**(민법 제330조) : 민법 제330조의 취지에 관하여 질권설정계약을 요물계약이라고 보는 소수 견해가 있으나 물권변동에 성립요건주의를 취하는 결과 인도가 필요할 뿐이라는 요물계약부정설이 다수설이다.
② **동산질권의 목적물**(민법 제331조) : 양도성 있는 물건이어야 한다.
③ **점유개정에 의한 질권설정의 금지**(민법 제332조) : 민법 제332조의 취지는 질권의 유치적 효력의 확보이다. 따라서 질권자가 질권설정자에게 자신의 의사에 기하여 질물을 반환한 경우에는 질권이 소멸한다. 즉, 인도는 질권의 성립요건이자 효력존속요건이다.

2. 법정질권

> **임차지의 부속물, 과실 등에 대한 법정질권(민법 제648조)**
> 토지임대인이 임대차에 관한 채권에 의하여 임차지에 부속 또는 그 사용의 편익에 공용한 임차인의 소유 동산 및 그 토지의 과실을 압류한 때에는 질권과 동일한 효력이 있다.
>
> **임차건물등의 부속물에 대한 법정질권(민법 제650조)** 기출 19
> 건물 기타 공작물의 임대인이 임대차에 관한 채권에 의하여 그 건물 기타 공작물에 부속한 임차인 소유의 동산을 압류한 때에는 질권과 동일한 효력이 있다.

(1) 의 의

법정질권이란 법률의 규정에 의하여 당연히 성립하는 질권을 말한다. 그 예로 토지임대인의 법정질권(민법 제648조)과 건물 기타 공작물의 임대인의 법정질권(민법 제650조)이 있다.

(2) 요 건

① 법정질권의 피담보채권은 임대인의 「임대차에 관한 채권」이다. 즉, 차임, 위약금, 임대차에 기한 손해배상청구권 등이 그 예이다.
② 법정질권의 목적물은 「임차인 소유」에 속하는 임대목적물에 부속하거나 그 사용의 편익에 제공한 동산과 그 과실이다.

③ 채권자가 목적물을 「압류」하여야 한다.

④ 일시사용을 위한 임대차가 아니어야 한다(민법 제653조).

(3) 효 과

법정질권은 약정질권과 동일한 효력을 가진다.

Ⅱ 동산질권의 효력

1. 동산질권의 효력이 미치는 범위

(1) 목적물의 범위

① 동산질권은 설정계약에 의하여 질권의 목적물로써 질권자에게 인도된 물건 전부에 그 효력이 미친다. 또한 설정계약에서 달리 정하지 않는 한 종물이 인도된 경우에 한하여 질권의 효력은 종물에도 미친다(민법 제100조 제2항).

② 동산질권에 대하여 유치권자의 과실수취권에 관한 규정이 준용되어(민법 제343조, 제323조), 질권자는 질물에서 생기는 천연과실이나 소유자의 승낙을 얻어 질물을 임대한 경우(민법 제324조 제2항) 차임을 수취하여 다른 채권자보다 우선하여 자기 채권의 변제에 충당할 수 있다. 기출 19

③ **물상대위**: 질권은 질물의 멸실, 훼손 또는 공용징수로 인하여 질권설정자가 받을 금전 기타 물건에 대하여도 이를 행사할 수 있다. 이 경우에는 그 지급 또는 인도 전에 압류하여야 한다(민법 제342조).

(2) 피담보채권의 범위

> **피담보채권의 범위(민법 제334조)** 기출 15 · 22
> 질권은 원본, 이자, 위약금, 질권실행의 비용, 질물보존의 비용 및 채무불이행 또는 질물의 하자로 인한 손해배상의 채권을 담보한다. 그러나 다른·약정이 있는 때에는 그 약정에 의한다.

① 질권은 원본, 이자, 위약금, 질권실행의 비용, 질물보존의 비용 및 채무불이행 또는 질물의 하자로 인한 손해배상의 채권을 담보한다(민법 제334조 본문). 그러나 이러한 피담보채권의 범위는 당사자의 특약으로 변경될 수 있다(민법 제334조 단서). 즉 민법 제334조는 임의규정이다.

② **불가분성**: 질권은 피담보채권 전부에 관하여 목적물 전부 위에 그 효력이 미친다.

2. 유치적 효력

> **유치적효력(민법 제335조)** 기출 09
> 질권자는 전조의 채권의 변제를 받을 때까지 질물을 유치할 수 있다. 그러나 자기보다 우선권이 있는 채권자에게 대항하지 못한다.

① 질권자는 피담보채권 전부를 변제받을 때까지 질물을 유치할 수 있다(민법 제335조 본문). 그러나 자기보다 우선권이 있는 채권자에게 대항하지 못한다(민법 제335조 단서).

② 질권자는 목적물을 유치할 권리를 가지므로, 유치권의 규정이 준용된다. 따라서 유치권자의 과실수취권(민법 제323조), 선관의무(민법 제324조) 및 비용상환청구권(민법 제325조)에 관한 규정이 준용된다.

3. 우선변제직 효력

> **동산질권의 순위(민법 제333조)**
> 수개의 채권을 담보하기 위하여 동일한 동산에 수개의 질권을 설정한 때에는 그 순위는 설정의 선후에 의한다.

(1) 질권자의 순위

① 선수위질권자, 우선특권을 가지는 자, 질권에 우선하는 조세채권을 가지는 자보다는 후순위이지만, 일반채권자보다는 질물에 대해서 우선변제권이 있다.

② 질권설정자가 파산한 경우에는 질권자는 별제권을 가지고, 회생절차가 개시되면 피담보채권은 회생담보권이 된다(채무자 회생 및 파산에 관한 법률 제411조, 제141조).

(2) 우선변제권의 행사방법

> **경매, 간이변제충당(민법 제338조)** 기출 15
> ① 질권자는 채권의 변제를 받기 위하여 질물을 경매할 수 있다.
> ② 정당한 이유있는 때에는 질권자는 감정자의 평가에 의하여 질물로 직접 변제에 충당할 것을 법원에 청구할 수 있다. 이 경우에는 질권자는 미리 채무자 및 질권설정자에게 통지하여야 한다.
>
> **유질계약의 금지(민법 제339조)** 기출 14
> 질권설정자는 채무변제기전의 계약으로 질권자에게 변제에 갈음하여 질물의 소유권을 취득하게 하거나 법률에 정한 방법에 의하지 아니하고 질물을 처분할 것을 약정하지 못한다.
>
> **질물 이외의 재산으로부터의 변제(민법 제340조)** 기출 14·19
> ① 질권자는 질물에 의하여 변제를 받지 못한 부분의 채권에 한하여 채무자의 다른 재산으로부터 변제를 받을 수 있다.
> ② 전항의 규정은 질물보다 먼저 다른 재산에 관한 배당을 실시하는 경우에는 적용하지 아니한다. 그러나 다른 채권자는 질권자에게 그 배당금액의 공탁을 청구할 수 있다.

① 행사요건 : 채무자가 이행지체에 빠진 경우여야 한다.

② 행사방법 : 경매(민법 제338조 제1항)나 간이변제충당(민법 세338소 세2항) 등이 있다.

　㉠ 경 매
　　• 먼저 자신의 담보물권을 실행하고, 부족하면 채무자의 일반재산에 집행권원을 얻어 집행할 수 있다(민법 제340조 제1항).

- 질물보다 먼저 채무자의 다른 물건의 매각대금을 배당할 경우에, 질권자는 채권 전액을 가지고 배당에 참가할 수 있으며, 다른 채권자는 질권자에게 그 배당금의 공탁을 청구할 수 있다(민법 제340조 제2항).
  - ⓒ **간이변제충당** : 정당한 이유가 있는 경우에, 질권자는 감정인의 평가에 의하여 질물로 직접 변제에 충당할 것을 법원에 청구할 수 있고, 질권자는 이 사실을 채무자 및 질권설정자에게 미리 통지해야 한다(민법 제338조 제2항).
- ③ **유질계약의 금시**(민법 제339조)
  - ㉠ 민법은 폭리가능성을 막기 위해서 유질계약을 금지하고 있다. 즉 변제기 전에 체결된 유질계약만이 금지되며, 변제기 이후의 약정은 대물변제에 해당하여 유효하다.
  - ㉡ 유질계약은 무효이나, 질권설정계약 자체가 무효로 되는 것은 아니다.

Ⅲ 동산질권자의 전질권

유치권자의 선관의무(민법 제324조)
① 유치권자는 선량한 관리자의 주의로 유치물을 점유하여야 한다.
② 유치권자는 채무자의 승낙없이 유치물의 사용, 대여 또는 담보제공을 하지 못한다. 그러나 유치물의 보존에 필요한 사용은 그러하지 아니하다.
③ 유치권자가 전2항의 규정에 위반한 때에는 채무자는 유치권의 소멸을 청구할 수 있다.

전질권(민법 제336조) `기출` 05 · 13 · 14 · 15
질권자는 그 권리의 범위내에서 자기의 책임으로 질물을 전질할 수 있다. 이 경우에는 전질을 하지 아니하였으면 면할 수 있는 불가항력으로 인한 손해에 대하여도 책임을 부담한다.

전질의 대항요건(민법 제337조) `기출` 13 · 15
① 전조의 경우에 질권자가 채무자에게 전질의 사실을 통지하거나 채무자가 이를 승낙함이 아니면 전질로써 채무자, 보증인, 질권설정자 및 그 승계인에게 대항하지 못한다.
② 채무자가 전항의 통지를 받거나 승낙을 한 때에는 전질권자의 동의없이 질권자에게 채무를 변제하여도 이로써 전질권자에게 대항하지 못한다.

준용규정(민법 제343조) `기출` 09 · 19
제249조 내지 제251조, 제321조 내지 제325조의 규정은 동산질권에 준용한다.

1. 서 설

전질이란 질권자가 자기의 채무를 담보하기 위하여 질물 위에 다시 제2의 질권을 설정하는 것을 말한다. 우리 민법은 책임전질(민법 제336조)과 승낙전질(민법 제343조, 제324조 제2항)의 두 형태를 인정하고 있다(다수설).

2. 책임전질

(1) 의 의

책임전질이란 질권자가 질권설정자의 승낙 없이 오로지 자기의 책임으로 하는 전질을 말한다(민법 제336조 전문). 책임전질의 법적 성질에 대해서 ① 질물재입질설과 ② 채권·질권공동입질설의 다툼이 있으나 통설은 질권과 함께 피담보채권도 입질하는 것으로 본다(채권·질권공동입질설). 이에 따라 통설의 입장에서 요건과 효과를 검토하겠다.

(2) 요 건

① **전질권설정계약과 질물의 인도** : 전질도 질권의 일종이므로, 원질권자와 전질권자 사이의 전질권설정계약과 질물의 인도가 있어야 한다. 전질권설정계약에 원질권설정자의 동의나 승낙은 요구되지 않는다.

② **원질권의 범위 내일 것**(민법 제336조 전문) [기출] 13 : 전질권의 피담보채권액은 원질권의 피담보채권액을 초과하지 못하며, 전질권의 존속기간 역시 원질권의 존속기간 내여야 한다.

③ **채무자에의 통지 또는 채무자의 승낙**(민법 제337조) : 전질은 피담보채권의 입질을 포함하므로, 권리질권설정의 요건을 갖추어야 한다.

(3) 효 과

① **원질권의 존속** : 전질권이 설정되더라도 원질권은 존속한다.

② **원질권자의 책임가중** : 전질권설정자는 전질을 하지 않았더라면 면할 수 있었을 불가항력으로 인한 손해에 대해서도 책임을 진다(민법 제336조 후문).

③ **원질권자의 원질권 소멸행위의 금지** : 원질권은 전질권자의 우선변제의 대상이기 때문에 원질권자는 그 질권을 소멸하게 하는 처분행위를 하지 못한다(민법 제352조 참고).

④ **원질권설정자의 채권소멸행위의 금지** : 전질이 대항요건을 갖춘 때, 즉 채무자(원질권설정자)가 전질의 통지를 받거나 승낙을 한 때에는 채무자는 원채권을 소멸시키지 않을 구속을 받게 되므로, 전질권자의 동의 없이 원질권자에게 채무를 변제하여도 이로써 전질권자에게 대항하지 못한다(민법 제337조 제2항). [기출] 07·13

⑤ **유치적 효력** : 전질권자는 자기의 피담보채권의 변제를 받을 때까지 질물을 유치할 수 있다(민법 제335조).

⑥ **전질권의 실행요건** : 전질권자가 전질권의 실행을 하기 위해서는 자기의 채권이 변제기가 도래하였을 뿐만 아니라 원질권의 피담보채권도 변제기가 도래하였어야 한다. [기출] 13

3. 승낙전질

(1) 의 의

승낙전질이란 질권자가 질물소유자의 승낙을 받아 그 질물 위에 다시 질권을 성립시키는 것을 말한다(민법 제343조, 제324조 제2항). 승낙전질의 법질 성질에 대해서는 통설은 책임전질과 달리 원질권과는 전혀 별개로서 독립적으로 설정된 것으로 본다(질물재입질설).

(2) 요 건

① 전질권설정계약과 질물의 인도.

② **질물소유자의 승낙이 있을 것** : 승낙 없이 전질하면 질권의 소멸을 청구할 수 있다(민법 제343조, 제324조 제3항).

③ **기타 책임전질과 차이점** : 승낙전질은 원질권과 무관하므로, 책임전질과 달리 피담보채권의 액 및 존속기간에 대한 제한을 받지 않는다. [기출] 07 또한 민법 제337조의 통지도 필요 없다.

(3) 효 과

① **원질권자의 책임 불가중** : 책임전질에서와 달리 질물에 관한 질권자의 책임이 가중되지 않는다. [기출] 07

② **원질권설정자의 질권소멸행위 가능** : 승낙전질은 원질권과는 무관한 전질로서 원질권의 피담보채권이 입질된 것이 아니므로, 원질권설정자는 질권소멸행위를 할 수 있다.

Ⅳ   동산질권의 침해에 대한 구제

1. 점유보호청구권

동산 질권은 질물을 점유하는 물권이므로, 점유가 침해된 경우 질권자는 점유보호청구권을 행사할 수 있다(민법 제204조 내지 제206조).

2. 질권에 기한 물권적 청구권

민법은 소유권에 기한 물권적 청구권의 규정(민법 제213조, 제214조)을 각종의 물권에 준용하는 규정을 두면서, 질권에 관해서는 준용규정을 두고 있지 않았다. 이에 질권자에게 점유보호청구권 외에 질권에 기한 물권적 청구권을 인정할 것인지에 대한 다툼이 있으나, 다수설은 질권도 물권이므로, 그 내용의 실현이 침해당하고 있는 때에는 당연히 물권적 청구권을 행사할 수 있다는 입장이다.

3. 불법행위에 기한 손해배상청구권

질권설정자나 제3자가 질물을 훼손한 경우, 질권자는 불법행위에 기한 손해배상청구권을 행사할 수 있다(민법 제750조).

4. 즉시변제청구권

질권설정자인 채무자가 질물을 손상 내지 멸실시킨 경우, 질권자는 피담보채권의 즉시이행을 청구할 수 있다(민법 제388조). [기출] 14

Ⅴ 동산질권의 소멸

1. 소멸사유

① 물권 일반에 공통된 소멸사유 : 질권도 물권 일반의 소멸사유인 목적물의 멸실, 혼동, 포기 등으로 소멸한다. 그러나 질권 자체가 피담보채권과 독립하여 시효로 소멸하는 경우는 없다.

② 담보물권에 공통된 소멸사유 : 피담보채권의 소멸, 질권이 실행, 경매기에 우선미는 다른 채권자의 실비면제승낭

③ 동산질권 특유의 소멸사유 : 질권자의 질권설정자에 대한 목적물 반환, 의무 위반을 이유로 한 질권설정자의 소멸청구(민법 제343조, 제324조 제3항)

2. 소멸의 효과

① 질물을 질권설정자에게 반환하여야 한다.

② 질물의 반환은 피담보채권의 변제와 동시이행의 관계에 있지 않다. 즉, 피담보채권의 변제가 선이행의무이다. 따라서 피담보채권을 변제하지 않고 질물의 반환을 소송상 청구하는 경우, 상환이행판결이 아닌 원고 전부패소판결을 해야 한다.

Ⅵ 증권에 의하여 표창되는 동산의 입질

① 의의 : 질권은 원칙적으로 목적물의 점유이전에 의하여 공시된다. 그러나 목적물의 점유이전이 불편한 경우이거나 부적절한 경우가 있기 때문에 질권의 목적물이 상품인 경우 이를 증권에 화체시켜 그 증권의 점유로 상품 자체의 점유에 갈음하게 되었다. 이에 대한 대표적인 것으로 운송증권을 들 수 있다. 운송증권에 의한 입질은 권리질이 아니라 동산질이다.

② 입질방법 : 동 증권 등은 지시채권이므로, 질권설정의 합의와 증권의 배서·교부로 질권설정을 할 수 있다.

제3관 | 권리질권

Ⅰ 서 설

1. 의 의

권리질권이란 동산 이외의 재산권을 목적으로 하는 질권을 말한다(민법 제345조 본문). 권리질권에서 유치적 효력은 동산질권과 같은 채무변제를 심리적으로 강제하는 기능은 없으나, 권리행사 또는 처분을 금지함으로써 단지 교환가치를 지배할 뿐이다.

2. 목적(대상)

> **질권의 목적물(민법 제331조)**
> 질권은 양도할 수 없는 물건을 목적으로 하지 못한다.
>
> **권리질권의 목적(민법 제345조)**
> 질권은 재산권을 그 목적으로 할 수 있다. 그러나 부동산의 사용, 수익을 목적으로 하는 권리는 그러하지 아니하다.
>
> **준용규정(민법 제355조)**
> 권리질권에는 본절의 규정외에 동산질권에 관한 규정을 준용한다.

① 권리질권의 목적으로 될 수 있는 것은 <u>양도성을 가진 재산권이어야 한다</u>(민법 제355조, 제345조, 제331조). 따라서 재산권이더라도 일신전속권과 같이 양도성이 없으면 권리질권의 목적이 되지 못한다.
② 양도성을 가진 재산권이더라도 지상권·전세권·부동산임차권 등 <u>부동산의 사용·수익을 목적으로 하는 권리는 질권의 목적으로 할 수 없다</u>(민법 제345조 단서).
③ 특허권도 권리질권의 목적이 될 수 있다(특허법 제121조). `기출 12`

3. 설정방법

> **권리질권의 설정방법(민법 제346조)** `기출 12`
> 권리질권의 설정은 법률에 다른 규정이 없으면 그 권리의 양도에 관한 방법에 의하여야 한다.

Ⅱ 채권질권

1. 의 의

권리질권 중 채권을 목적으로 하는 질권을 채권질권이라 한다.

2. 채권질권의 목적(대상)

(1) 원칙 : 양도성이 있는 채권

장래의 채권·조건부 채권·선택채권 등에 관하여도 질권을 설정할 수 있으며, 금전으로 가액을 평가할 수 없는 채권도 질권의 피담보채권이 될 수 있다. `기출 09`

(2) 예외 : 양도성이 없는 채권

① 법률상 처분이 금지된 채권이나 성질상 양도성이 없는 채권은 입질하지 못한다(민법 제449조 제1항 단서).

② 당사자의 특약으로 양도가 금지된 채권(민법 제449조 제2항 본문)도 질권의 목적이 될 수 없다. 그러나 이러한 당사자의 특약으로 선의·무중과실의 제3자에게 대항할 수 없으므로(민법 제449조 제2항 단서), 질권자가 중과실 없이 이를 모르고 질권의 설정을 받은 경우에는 유효하게 질권을 취득할 수 있다.

3. 채권질권의 설정(질권설정의 합의 + 공시방법)

> **설정계약의 요물성(민법 제347조)**
> 채권을 질권의 목적으로 하는 경우에 채권증서가 있는 때에는 질권의 설정은 그 증서를 질권자에게 교부함으로써 그 효력이 생긴다.

① 지시채권(민법 제350조)이나 무기명채권(민법 제351조)에 관해서는 특칙이 따로 있기 때문에 법문에도 불구하고 민법 제347조 규정이 적용되는 것은 지명채권에 한한다.

② 민법 제347조의 '채권증서'는 채권의 존재를 증명하기 위하여 채권자에게 제공된 문서로서 특정한 이름이나 형식을 따라야 하는 것은 아니지만, 장차 변제 등으로 채권이 소멸하는 경우에는 민법 제475조에 따라 채무자가 채권자에게 그 반환을 청구할 수 있는 것이어야 한다. 이에 비추어 임대차계약서와 같이 계약 당사자 쌍방의 권리의무관계의 내용을 정한 서면은 그 계약에 의한 권리의 존속을 표상하기 위한 것이라고 할 수는 없으므로 위 채권증서에 해당하지 않는다(대판 2013.8.22. 2013다32574). **기출** 21·23

4. 채권질권의 공시방법

(1) 지명채권

> **지명채권에 대한 질권의 대항요건(민법 제349조)** **기출** 10
> ① 지명채권을 목적으로 한 질권의 설정은 설정자가 제450조의 규정에 의하여 제3채무자에게 질권설정의 사실을 통지하거나 제3채무자가 이를 승낙함이 아니면 이로써 제3채무자 기타 제3자에게 대항하지 못한다.
> ② 제451조의 규정은 전항의 경우에 준용한다.

① 질권설정의 합의와 증서가 있으면 증서를 교부함으로써 성립한다.

② 채무자에 대한 통지와 승낙은 대항요건에 해당한다(민법 제349조).

> **[채권양도나 채권에 대한 질권설정에 있어서 채무자가 이의를 보류하지 않은 승낙을 한 경우]**
> [1] 채권양도나 채권에 대한 질권설정에 있어서 채무자가 이의를 보류하지 않은 승낙을 한 경우, 채무자는 질권설정자에게 대항할 수 있는 사유로서 질권자에게 대항할 수 없고, 이 경우 대항할 수 없는 사유는 협의의 항변권에 한하지 아니하고, 넓게 채권의 성립, 존속, 행사를 저지하거나 배척하는 사유를 포함한다.

[2] 채권의 양도나 질권의 설정에 대하여 이의를 보류하지 아니하고 승낙을 하였더라도 양수인 또는 질권자가 악의 또는 중과실의 경우에 해당하는 한 채무자의 승낙 당시까지 양도인 또는 질권설정자에 대하여 생긴 사유로써도 양수인 또는 질권자에게 대항할 수 있다(대판 2002.3.29. 2000다13887). 기출 16

[제3채무자가 질권설정을 승낙한 후 질권설정계약이 합의해지된 경우]

제3채무자가 질권설정 사실을 승낙한 후 질권설정계약이 합의해지된 경우 질권설정자가 해지를 이유로 제3채무자에게 원래의 채권으로 대항하려면 질권자가 제3채무자에게 해지 사실을 통지하여야 하고, 만일 질권자가 제3채무자에게 질권설정계약의 해지 사실을 통지하였다면, 설사 아직 해지가 되지 아니하였느냐고 하더라도 선의인 제3채무자는 질권설정자에게 대항할 수 있는 사유로 질권자에게 대항할 수 있다고 봄이 타당하다. 그리고 위와 같은 해지 통지가 있었다면 해지 사실은 추정되고, 그렇다면 해지 통지를 믿은 제3채무자의 선의 또한 추정된다고 볼 것이어서 제3채무자가 악의라는 점은 선의를 다투는 질권자가 증명할 책임이 있다(대판 2014.4.10. 2013다76192). 기출 16 · 19

[질권설정자가 제3채무자에게 질권이 설정된 사실을 통지하거나 제3채무자가 이를 승낙한 경우, 제3채무자가 질권자의 동의 없이 질권의 목적인 채무를 변제하였음을 이유로 질권자에게 대항할 수 있는지 여부(소극) 및 이는 질권의 목적인 채권에 대하여 질권설정자의 일반채권자의 신청으로 압류 · 전부명령이 내려졌고, 위 명령이 송달된 날보다 먼저 질권자가 확정일자 있는 문서에 의해 대항요건을 갖춘 경우에도 마찬가지인지 여부(적극)]

질권설정자가 민법 제349조 제1항에 따라 제3채무자에게 질권이 설정된 사실을 통지하거나 제3채무자가 이를 승낙한 때에는 제3채무자가 질권자의 동의 없이 질권의 목적인 채무를 변제하더라도 질권자에게 대항할 수 없고, 질권자는 여전히 제3채무자에게 직접 채무의 변제를 청구할 수 있다. 질권의 목적인 채권에 대하여 질권설정자의 일반채권자의 신청으로 압류 · 전부명령이 내려진 경우에도 그 명령이 송달된 날보다 먼저 질권자가 확정일자 있는 문서에 의해 민법 제349조 제1항에서 정한 대항요건을 갖추었다면, 전부채권자는 질권이 설정된 채권을 이전받을 뿐이고 제3채무자는 전부채권자에게 변제했음을 들어 질권자에게 대항할 수 없다(대판 2022.3.31. 2018다21326).

(2) 지시채권

지시채권에 대한 질권의 설정방법(민법 제350조) 기출 10 · 16
지시채권을 질권의 목적으로 한 질권의 설정은 증서에 배서하여 질권자에게 교부함으로써 그 효력이 생긴다.

(3) 무기명채권

무기명채권에 대한 질권의 설정방법(민법 제351조)
무기명채권을 목적으로 한 질권의 설정은 증서를 질권자에게 교부함으로써 그 효력이 생긴다.

(4) 저당권부 채권

저당채권에 대한 질권과 부기등기(민법 제348조) 기출 05 · 10 · 15 · 19 · 22 · 23
저당권으로 담보한 채권을 질권의 목적으로 한 때에는 그 저당권등기에 질권의 부기등기를 하여야 그 효력이 저당권에 미친다.

민법 제348조는 저당권으로 담보한 채권을 질권의 목적으로 한 때에는 그 저당권설정등기에 질권의 부기등기를 하여야 그 효력이 저당권에 미친다고 정한다. 저당권에 의하여 담보된 채권에 질권을 설정하였을 때 저당권의 부종성으로 인하여 등기 없이 성립하는 권리질권이 당연히 저당권에도 효력이 미친다고 한다면, 공시의 원칙에 어긋나고 그 저당권에 의하여 담보된 채권을 양수하거나 압류한 사람, 저당부동산을 취득한 제3자 등에게 예측할 수 없는 질권의 부담을 줄 수 있어 거래의 안전을 해할 수 있다. 이에 따라 민법 제348조는 저당권설정등기에 질권의 부기등기를 한 때에만 질권의 효력이 저당권에 미치도록 한 것이다. 이는 민법 제186조에서 정하는 물권변동에 해당한다. 이러한 민법 제348조의 입법 취지에 비추어 보면, 담보가 없는 채권에 질권을 설정한 다음 그 채권을 담보하기 위해서 저당권을 설정한 경우'에도 '저당권으로 담보한 채권에 질권을 설정한 경우'와 달리 볼 이유가 없다. 또한 담보가 없는 채권에 질권을 설정한 다음 그 채권을 담보하기 위해 저당권을 설정한 경우에, 당사자 간 약정 등 특별한 사정이 있는 때에는 저당권이 질권의 목적이 되지 않을 수 있으므로, 질권의 효력이 저당권에 미치기 위해서는 질권의 부기등기를 하도록 함으로써 이를 공시할 필요가 있다. 따라서 담보가 없는 채권에 질권을 설정한 다음 그 채권을 담보하기 위해 저당권이 설정되었더라도, 민법 제348조가 유추적용되어 저당권설정등기에 질권의 부기등기를 하지 않으면 질권의 효력이 저당권에 미친다고 볼 수 없다(대판 2020.4.29. 2016다235411). 기출 **22 · 23**

5. 채권질권의 효력

> **준용규정(민법 제355조)**
> 권리질권에는 본절의 규정외에 동산질권에 관한 규정을 준용한다.

(1) 효력이 미치는 범위

① 피담보채권의 범위는 동산질권에서와 같으며(민법 제355조, 제334조), 불가분성도 인정된다(민법 제355조, 제343조, 제321조).

② 채권질권의 효력은 입질된 원본채권 및 그 이자채권과 이들에 관한 인적·물적 담보 모두에 미친다(민법 제355조, 제334조).

(2) 유치적 효력

① 채권증서의 유치 : 질권자는 채권증서를 점유하고, 변제가 있을 때까지 이를 유치할 수 있다(민법 제355조, 제335조).

② 질권설정자 및 제3채무자에 대한 구속력

　㉠ 질권설정자에 대한 구속력

　　• 질권설정자는 질권자의 동의 없이 질권이 목적이 된 권리를 소멸하게 하거나 질권자의 이익을 해하는 변경을 할 수 없다(민법 제352조). 기출 **22**

　　• 질권의 목적인 채권의 양도행위는 민법 제352조 소정의 질권자의 이익을 해하는 변경에 해당되지 않으므로 질권자의 동의를 요하지 아니한다(대판 2005.12.22. 2003다55059).

　　기출 **16 · 19 · 22**

ⓛ 제3채무자에 대한 구속력 기출 22
- 제3채무자의 경우 민법 제352조와 같은 규정은 없으나, 질권설정의 통지를 받거나 이를 승낙한 경우라면 질권설정자에게 입질채권을 변제하지 못한다고 보아야 한다.
- 민법 제352조를 위반한 질권설정자의 행위의 효력(상대적 무효)

> 민법 제352조가 질권설정자는 질권자의 동의 없이 질권의 목적된 권리를 소멸하게 하거나 질권자의 이익을 해하는 변경을 할 수 없다고 규정한 것은 질권자가 질권의 목적인 채권의 교환가치에 대하여 가지는 배타적 지배권능을 보호하기 위한 것이므로, 질권설정자와 제3채무자가 질권의 목적된 권리를 소멸하게 하는 행위를 하였다고 하더라도 이는 질권자에 대한 관계에 있어 무효일 뿐이어서 특별한 사정이 없는 한 질권자 아닌 제3자가 그 무효의 주장을 할 수는 없다(대판 1997.11.11. 97다35375). 기출 16

(3) 우선변제적 효력

채권질권은 유치적 효력 외에 우선변제적 효력도 있다. 민법은 입질채권의 실행방법으로 채권의 직접청구(민법 제353조)와 민사집행법이 정하는 집행(민법 제354조)을 인정한다.

① 채권의 직접청구

> **질권의 목적이 된 채권의 실행방법(민법 제353조)** 기출 06·10·12·19
> ① 질권자는 질권의 목적이 된 채권을 직접 청구할 수 있다.
> ② 채권의 목적물이 금전인 때에는 질권자는 자기채권의 한도에서 직접 청구할 수 있다.
> ③ 전항의 채권의 변제기가 질권자의 채권의 변제기보다 먼저 도래한 때에는 질권자는 제삼채무자에 대하여 그 변제금액의 공탁을 청구할 수 있다. 이 경우에 질권은 그 공탁금에 존재한다.
> ④ 채권의 목적물이 금전 이외의 물건인 때에는 질권자는 그 변제를 받은 물건에 대하여 질권을 행사할 수 있다.

> **[채권질권의 효력 범위 및 그 실행 방법]**
> 질권의 목적이 된 채권이 금전채권인 때에는 질권자는 자기채권의 한도에서 질권의 목적이 된 채권을 직접 청구할 수 있고, 채권질권의 효력은 질권의 목적이 된 채권의 지연손해금 등과 같은 부대채권에도 미치므로 채권질권자는 질권의 목적이 된 채권과 그에 대한 지연손해금채권을 피담보채권의 범위에 속하는 자기채권액에 대한 부분에 한하여 직접 추심하여 자기채권의 변제에 충당할 수 있다(대판 2005.2.25. 2003다40668).
> 기출 06·09·10·19

> **[입질채권의 발생원인인 계약관계에 무효 등의 흠이 있어 입질채권이 부존재하는 경우, 제3채무자가 질권자를 상대로 직접 부당이득반환을 구할 수 있는지 여부(원칙적 소극)]**
> 입질채권의 발생원인인 계약관계에 무효 등의 흠이 있어 입질채권이 부존재한다고 하더라도 제3채무자는 특별한 사정이 없는 한 상대방 계약당사자인 질권설정자에 대하여 부당이득반환을 구할 수 있을 뿐이고 질권자를 상대로 직접 부당이득반환을 구할 수 없다. 이와 달리 제3채무자가 질권자를 상대로 직접 부당이득반환청구를 할 수 있다고 보면 자기 책임하에 체결된 계약에 따른 위험을 제3자인 질권자에게 전가하는 것이 되어 계약법의 원리에 반하는 결과를 초래할 뿐만 아니라 질권자가 질권설정자에 대하여 가지는 항변권 등을 침해하게 되어 부당하기 때문이다(대판 2015.5.29. 2012다92258).

> [질권자가 제3채무자로부터 자기채권을 초과하여 금전을 지급받은 경우, 제3채무자가 질권자를 상대로 초과 지급 부분에 관하여 부당이득반환을 구할 수 있는지 여부(원칙적 적극) 및 질권자가 초과 지급 부분을 질권설정자에게 그대로 반환한 경우에도 마찬가지인지 여부(소극)]
>
> 질권자가 제3채무자로부터 자기채권을 초과하여 금전을 지급받은 경우 초과 지급 부분에 관하여는 제3채무자의 질권설정자에 대한 급부와 질권설정자의 질권자에 대한 급부가 있다고 볼 수 없으므로, 제3채무자는 특별한 사정이 없는 한 질권자를 상대로 초과 지급 부분에 관하여 부당이득반환을 구할 수 있지만, 부당이득반환청구의 상대방이 되는 수익자는 실질적으로 그 이익이 귀속된 주체여야 하는데, 질권자가 초과 지급 부분을 질권설정자에게 그대로 반환한 경우에는 초과 지급 부분에 관하여 질권설정자가 실질적 이익을 받은 것이지 질권자로서는 실질적 이익이 없다고 할 것이므로, 제3채무자는 질권자를 상대로 초과 지급 부분에 관하여 부당이득반환을 구할 수 없다(대판 2015.5.29. 2012다92258).

> [타인에 대한 채무의 담보로 제3채무자에 대한 채권에 대하여 권리질권을 설정하고, 질권설정자가 제3채무자에게 질권설정의 사실을 통지하거나 제3채무자가 이를 승낙하였는데, 제3채무자가 질권자의 동의 없이 질권의 목적인 채무를 변제한 경우, 이로써 질권자에게 대항할 수 있는지 여부(소극) 및 이는 제3채무자가 질권자의 동의 없이 질권설정자와 상계합의를 하여 질권의 목적인 채무를 소멸시킨 경우에도 마찬가지인지 여부(적극)]
>
> 타인에 대한 채무의 담보로 제3채무자에 대한 채권에 대하여 권리질권을 설정한 경우 질권설정자는 질권자의 동의 없이 질권의 목적된 권리를 소멸하게 하거나 질권자의 이익을 해하는 변경을 할 수 없다(민법 제352조). 이는 질권자가 질권의 목적인 채권의 교환가치에 대하여 가지는 배타적 지배권능을 보호하기 위한 것이다. 따라서 질권설정자가 제3채무자에게 질권설정의 사실을 통지하거나 제3채무자가 이를 승낙한 때에는 제3채무자가 질권자의 동의 없이 질권의 목적인 채무를 변제하더라도 이로써 질권자에게 대항할 수 없고, 질권자는 민법 제353조 제2항에 따라 여전히 제3채무자에 대하여 직접 채무의 변제를 청구할 수 있다. 제3채무자가 질권자의 동의 없이 질권설정자와 상계합의를 함으로써 질권의 목적인 채무를 소멸하게 한 경우에도 마찬가지로 질권자에게 대항할 수 없고, 질권자는 여전히 제3채무자에 대하여 직접 채무의 변제를 청구할 수 있다(대판 2018.12.27. 2016다265689). **기출** 22 · 23

② 민사집행법이 정하는 집행

> **동전(민법 제354조)**
> 질권자는 전조의 규정에 의하는 외에 민사집행법에 정한 집행방법에 의하여 질권을 실행할 수 있다.

민사집행법이 정하는 집행방법은 채권의 추심, 전부, 현금화(환가)이다(민사집행법 제273조, 제223조 이하). 이 경우 집행권원은 필요하지 않다.

(4) 기 타

① 유질계약의 금지 : 채권질권에 관해서도 유질계약의 금지에 관한 민법 제339조가 준용된다(민법 제355조).

② 전질 : 채권질권자도 전질을 할 수 있으며, 동산질권에 관한 규정이 준용된다(민법 제355조, 제336조, 제337조).

04 저당권

제1관 | 총 설

Ⅰ 의 의

> **저당권의 내용**(민법 제356조)
> 저당권자는 채무자 또는 제3자가 점유를 이전하지 아니하고 채무의 담보로 제공한 부동산에 대하여 다른 채권자보다 자기채권의 우선변제를 받을 권리가 있다.

저당권이란 채권자가 채무담보를 위하여 채무자 또는 제3자(물상보증인)가 제공한 부동산 기타 목적물의 점유를 이전받지 않은 채 그 목적물을 관념적으로만 지배하다가, 채무의 변제가 없으면 그 목적물로부터 우선변제를 받을 수 있는 담보물권을 말한다(민법 제356조).

Ⅱ 법적 성질

1. 물 권

물권으로서 저당권은 우선변제적 효력에 의하여 목적물의 교환가치를 직접적·배타적으로 지배한다.

2. 담보물권

① **타물권** : 저당권은 타인 소유의 부동산을 목적으로 하는 타물권이다. 따라서 원칙적으로 소유자저당권의 성립은 불가능하고, 혼동의 예외로서 자기 소유의 부동산 위에 저당권이 성립할 수 있을 뿐이다.

② 질권과 마찬가지로 원칙적으로 약정담보물권이다. 단, 예외적으로 법정저당권(민법 제649조)이 인정된다.

③ **담보물권의 통유성**

　㉠ **부종성** : 담보물권으로서 저당권은 피담보채권에 부종한다. 따라서 피담보채권이 시효의 완성 기타 사유로 인하여 소멸한 때에는 저당권도 소멸한다(민법 제369조). **기출 09** 단, 근저당에서는 성립과 소멸에서 부종성이 완화된다.

　㉡ **수반성** : 저당권은 피담보채권과 분리하여 타인에게 양도하거나 다른 채권의 담보로 하지 못한다(민법 제361조).

　㉢ **불가분성** : 저당권은 채권 전부의 변제를 받을 때까지 목적물 전부에 대하여 그 권리를 행사할 수 있다(민법 제370조, 제321조).

　㉣ **물상대위성** : 저당권은 목적물의 멸실, 훼손 또는 공용징수로 인하여 저당권설정자가 받은 금전 기타 물건에 대하여도 행사할 수 있다(민법 제370조, 제342조).

제2관 | 저당권의 성립

Ⅰ 약정(법률행위)에 의한 저당권 : 저당권설정계약 + 등기

1. 피담보채권의 존재

① 저당권의 피담보채권은 제한이 없다. 보통 금전채권이지만, 금전의 지급 이외의 급부를 목적으로 하는 채권은 물론이고, 금전으로 가액을 산정할 수 없는 채권이라도 저당권의 피담보채권이 될 수 있다. 다만, 피담보채권액이 등기사항이므로(부동산등기법 제75조, 제77조), 등기된 가액의 한도에서만 우선변제권을 주장할 수 있다.

② 장래에 발생할 특정의 조건부 채권을 위해서도 저당권을 설정할 수 있다. 나아가 장래의 증감·변동하는 불특정다수의 채권에 대해서도 목적물이 담보하는 일정한 한도를 정하고 저당권을 설정할 수 있는데, 이를 근저당이라 한다(민법 제357조). 이는 부종성이 완화된 것이다.

> **[장래에 발생할 특정의 조건부 채권이 근저당권의 피담보채권으로 확정될 수 있는지 여부(적극) 및 위 확정당시 조건이 성취되지 아니한 경우, 근저당권이 소멸하는지 여부(원칙적 소극)]**
>
> 장래에 발생할 특정의 조건부 채권을 담보하기 위하여도 저당권을 설정할 수 있으므로 그러한 채권도 근저당권의 피담보채권으로 확정될 수 있고, 그 조건이 성취될 가능성이 없게 되었다는 등의 특별한 사정이 없는 이상 확정 당시 조건이 성취되지 아니하였다는 사정만으로 근저당권이 소멸하는 것은 아니다(대판 2015.12.24. 2015다200531).

2. 저당권의 목적물(객체)

① 민법이 인정하는 저당권의 객체는 부동산 및 부동산물권(지상권, 전세권)이다.

② 특별법이 인정하는 저당권의 객체는 등기된 선박(상법 제871조, 선박등기법 제3조), 입목 등기가 경료된 입목(입목에 관한 법률 제3조), 광업권(광업법 제11조), 어업권(수산업법 제16조), 공장재단·광업재단(공장 및 광업재단 저당법 제10조, 제52조) 등이 있다.

3. 저당권설정계약

(1) 계약의 성질

① 저당권설정계약은 처분행위에 해당하므로, 저당권설정자는 목적물에 관한 처분권 또는 대리권을 가지고 있어야 한다.

② 저당권설정계약은 불요식이며, 조건이나 기한을 붙일 수 있다.

③ 저당권설정계약은 피담보채권의 발생을 위한 계약에 종된 계약이나(∵ 저당권의 부종성).

(2) 계약의 당사자

① **저당권자** : 저당권의 부종성 때문에 저당권자는 원칙적으로 피담보채권의 채권자에 한한다. 다만, 일정한 경우 채권자 아닌 제3자를 저당권자로 하는 등기도 유효하다.

② **저당권설정자** : 저당권설정자는 보통 채무자이지만, 제3자(물상보증인)라도 무방하다.

4. 저당권설정등기

(1) 설정등기

① 저당권은 저당권설정계약 외에 설정등기가 있어야 성립한다(민법 제186조).

② 동일목적물 위에 성립한 저당권과 다른 물권의 우열관계는 등기의 선후에 의하여 결정된다.

③ 저당권설정등기비용은 다른 특별한 약정이 없으면 채무자가 부담하는 것이 종래의 거래관행이나(대판 1962.2.15. 4294민상291).

(2) 제3자 명의로 저당권등기를 한 경우

1) 채권자 아닌 제3자를 저당권자로 등기한 경우

① 원칙 : 저당권의 부종성 때문에 저당권자는 원칙적으로 피담보채권의 채권자에 한한다. 따라서 제3자 명의의 저당권등기는 원칙적으로 무효이다.

② 예외 : 유효

> 채권담보의 목적으로 채무자 소유의 부동산을 담보로 제공하여 저당권을 설정하는 경우에는 담보물권의 부종성의 법리에 비추어 원칙적으로 채권과 저당권이 그 주체를 달리할 수 없는 것이지만, 채권자 아닌 제3자의 명의로 저당권등기를 하는 데 대하여 채권자와 채무자 및 제3자 사이에 합의가 있었고, 나아가 제3자에게 그 채권이 실질적으로 귀속되었다고 볼 수 있는 특별한 사정이 있거나, 거래경위에 비추어 제3자의 저당권등기가 한낱 명목에 그치는 것이 아니라 그 제3자도 채무자로부터 유효하게 채권을 변제받을 수 있고 채무자도 채권자나 저당권 명의자인 제3자 중 누구에게든 채무를 유효하게 변제할 수 있는 관계 즉 묵시적으로 채권자와 제3자가 불가분적 채권자의 관계에 있다고 볼 수 있는 경우에는, 그 제3자 명의의 저당권등기도 유효하다고 볼 것이고, 이러한 법리는 채권 담보를 목적으로 가등기를 하는 경우에도 마찬가지로 적용된다(대판 2009.11.26. 2008다64478 · 64485 · 64492).

2) 채무자 아닌 제3자를 채무자로 등기한 경우

① 원칙 : 저당권의 부종성 때문에 저당권설정자는 원칙적으로 채무자에 한한다. 따라서 저당권설정계약상의 채무자 아닌 제3자를 채무자로 하여 경료된 등기는 원칙적으로 무효이다.

> 근저당권 설정계약상의 채무자 아닌 제3자를 채무자로 하여 된 근저당권 설정등기는 채무자를 달리 한 것이므로 근저당권의 부종성에 비추어 원인 없는 무효의 등기이다(대판 1981.9.8. 80다1468).

② 예외 : 유효

> 자기 소유 부동산을 타인에게 명의신탁한 명의신탁자가 제3자와의 거래관계에서 발생하는 차용금 채무를 담보하기 위하여 위 부동산에 제3자 명의로 근저당권을 설정함에 있어서 당사자 간의 편의에 따라 명의수탁자를 채무자로 등재한 경우 위 부동산의 근저당권이 담보하는 채무는 명의신탁자의 제3자에 대한 채무로 보아야 한다(대결 1999.7.22. 99마2870).

(3) 저당권등기의 불법말소

저당권등기가 불법말소된 경우, 등기는 효력발생요건일 뿐이지 효력존속요건은 아니므로 저당권은 소멸되지 않고 여전히 존속한다(통설·판례).

> 등기는 물권의 효력 발생 요건이고 존속 요건은 아니어서 등기가 원인 없이 말소된 경우에는 그 물권의 효력에 아무런 영향이 없고, 그 회복등기가 마쳐지기 전이라도 말소된 등기의 등기명의인은 적법한 권리자로 추정되므로, 근저당권설정등기가 위법하게 말소되어 아직 회복등기를 경료하지 못한 연유로 그 부동산에 대한 경매절차의 배당기일에서 피담보채권액에 해당하는 금액을 배당받지 못한 근저당권자는 배당기일에 출석하여 이의를 하고 배당이의의 소를 제기하여 구제를 받을 수 있고, 가사 배당기일에 출석하지 않음으로써 배당표가 확정되었다고 하더라도, 확정된 배당표에 의하여 배당을 실시하는 것은 실체법상의 권리를 확정하는 것이 아니기 때문에 위 경매절차에서 실제로 배당받은 자에 대하여 부당이득반환 청구로서 그 배당금의 한도 내에서 그 근저당권설정등기가 말소되지 아니하였더라면 배당받았을 금액의 지급을 구할 수 있다(대판 2002.10.22. 2000다59678).

Ⅱ 법률의 규정에 의한 법정저당권(민법 제649조)

> **임차지상의 건물에 대한 법정저당권(민법 제649조)**
> 토지임대인이 변제기를 경과한 최후 2년의 차임채권에 의하여 그 지상에 있는 임차인소유의 건물을 압류한 때에는 저당권과 동일한 효력이 있다.

제3관 | 저당권의 효력

Ⅰ 저당권의 효력이 미치는 범위

1. 목적물의 범위

(1) 부합물과 종물

> **저당권의 효력의 범위(민법 제358조)** 기출 15·16·23
> 저당권의 효력은 저당부동산에 부합된 물건과 종물에 미친다. 그러나 법률에 특별한 규정 또는 설정행위에 다른 약정이 있으면 그러하지 아니하다.

1) 부합물

① **원칙** : 저당권의 효력은 저당부동산에 부합된 물건에 미친다(민법 제358조 본문). 부합의 시기는 불문한다. 따라서 저당권설정 당시 부합된 것이든 이 후 부합된 것이든 상관없이 부합물에 대하여 저당권의 효력이 미친다.

- 건물이 증개축·대수리된 경우에도 동일성이 인정되는 한 현존건물 전체에 대하여 저당권의 효력이 미친 다(대결 1966.5.19. 66마592). 기출 15
- 건물이 증축된 경우에 증축부분이 본래의 건물에 부합되어 본래의 건물과 분리하여서는 전혀 별개의 독립 물로서의 효용을 갖지 않는다면, 위 증축부분에 관하여 별도로 보존등기가 경료되었고 본래의 건물에 대한 경매절차에서 경매목적물로 평가되지 아니하였다고 할지라도 경락인은 그 부합된 증축부분의 소유 권을 취득한다(대판 1981.11.10. 80다2757·2758). 기출 08·23 반면에 경매법원이 기존건물의 종물이라거나 부합된 부속건물이라고 볼 수 없는 건물에 대하여 경매신청된 기존건물의 부합물이나 종물로 보고서 경매 를 같이 진행하여 경락허가를 하였다 하더라도 그 독립된 건물에 대한 경락은 당연무효이고 따라서 그 경락인은 위 독립된 건물에 대한 소유권을 취득할 수 없다(대판 1988.2.23. 87다카600). 기출 12·15

② 예외 : 법률에 특별한 규정이 있는 경우나 설정행위에서 다른 약정을 한 경우, 그 특약이 등기되어 있다면 저당권의 효력은 부합물에 미치지 않는다(민법 제358조 단서).

2) 종 물

① 저당권의 효력은 저당부동산의 종물에도 미친다(민법 제358조 본문). 부합물과 마찬가지로 종물로 된 시기는 불문한다. 따라서 저당권이 설정된 후의 종물에도 저당권이 효력이 미친다(대결 1971.12.10. 71마757). 기출 10·13·23

② 주된 권리에 설정된 저당권의 효력은 종된 권리에도 미친다.

- 민법 제358조 본문은 "저당권의 효력은 저당부동산에 부합된 물건과 종물에 미친다"고 규정하고 있는바, 이 규정은 저당부동산에 종된 권리에도 유추적용된다(대판 1995.8.22. 94다12722). 기출 08
- 저당권의 실행으로 부동산이 경매된 경우에 그 부동산에 부합된 물건은 그것이 부합될 당시에 누구의 소유이었는지를 가릴 것 없이 그 부동산을 낙찰받은 사람이 소유권을 취득하지만, 그 부동산의 상용에 공하여진 물건일지라도 그 물건이 부동산의 소유자가 아닌 다른 사람의 소유인 때에는 이를 종물이라고 할 수 없으므로 부동산에 대한 저당권의 효력이 미칠 수 없어 부동산의 낙찰자가 당연히 그 소유권을 취득하는 것은 아니며, 나아가 부동산의 낙찰자가 그 물건을 선의취득하였다고 할 수 있으려면 그 물건이 경매의 목적물로 되었고 낙찰자가 선의이며 과실 없이 그 물건을 점유하는 등으로 선의취득의 요건을 구비하여야 한다(대판 2008.5.8. 2007다36933·36940). 기출 14
- 건물의 소유를 목적으로 하여 토지를 임차한 사람이 그 토지 위에 소유하는 건물에 저당권을 설정한 때에 는 민법 제358조 본문에 따라서 저당권의 효력이 건물뿐만 아니라 건물의 소유를 목적으로 한 토지의 임차권에도 미친다고 보아야 할 것이므로, 건물에 대한 저당권이 실행되어 경락인이 건물의 소유권을 취득한 때에는 특별한 다른 사정이 없는 한 건물의 소유를 목적으로 한 토지의 임차권도 건물의 소유권과 함께 경락인에게 이전된다(대판 1993.4.13. 92다24950). 기출 15

(2) 과 실

과실에 대한 효력(민법 제359조) 기출 03·08·15·17
저당권의 효력은 저당부동산에 대한 압류가 있은 후에 저당권설정자가 그 부동산으로부터 수취한 과실 또는 수취할 수 있는 과실에 미친다. 그러나 저당권자가 그 부동산에 대한 소유권, 지상권 또는 전세권을 취득한 제3자에 대하여는 압류한 사실을 통지한 후가 아니면 이로써 대항하지 못한다.

① **천연과실** : 원칙적으로 천연과실에 대하여 저당권의 효력이 미치지 않으나, 민법 제359조는 저당부동산에 대한 압류가 있은 후에는 그 부동산으로부터 수취한 또는 수취할 수 있는 과실에 대하여 저당권의 효력이 미친다고 규정하고 있다.

② **법정과실** : 법정과실에 대해서도 원칙적으로 저당권의 효력이 미치지 않지만, 다수설은 민법 제359조가 법정과실에도 적용된다는 입장이다.

(3) 물상대위

> **물상대위(민법 제342조)**
> 질권은 질물의 멸실, 훼손 또는 공용징수로 인하여 질권설정자가 받을 금전 기타 물건에 대하여도 이를 행사할 수 있다. 이 경우에는 그 지급 또는 인도 전에 압류하여야 한다.
>
> **준용규정(민법 제355조)**
> 권리질권에는 본절의 규정외에 동산질권에 관한 규정을 준용한다.
>
> **준용규정(민법 제370조)**
> 제214조, 제321조, 제333조, 제340조, 제341조 및 제342조의 규정은 저당권에 준용한다.

1) 의 의

담보물권은 목적물 자체가 아니라 그 교환가치를 우선적으로 파악하는 권리이다. 따라서 담보물권의 목적물이 멸실, 훼손 또는 공용징수로 인하여 그 목적물에 갈음하는 금전 기타의 물건으로 변하여 목적물 소유자에게 귀속하게 된 경우, 담보물권이 그 목적물에 갈음하는 것에 존속하는 성질을 물상대위성이라 한다(민법 제370조, 제342조).

2) 인정범위

① 물상대위성은 우선변제적 효력이 있는 담보물권에만 인정된다. 따라서 동산·권리질권(민법 제342조, 제355조) [기출 12], 저당권(민법 제370조)뿐만 아니라 전세권양도담보권의 경우(대판 2009.11.26. 2006다37106)에도 물상대위성이 인정된다.

② 반면 가압류는 담보물권과는 달리 목적물의 교환가치를 지배하는 권리가 아니고, 담보물권의 경우에 인정되는 물상대위의 법리가 여기에 적용된다고 볼 수도 없다(대판 2009.9.10. 2006다61536·61543).

3) 요 건

① **저당물의 멸실, 훼손 또는 공용징수**

ⓐ 멸실, 훼손이란 물리적 멸실, 훼손뿐만 아니라 부합·혼화·가공 등의 법률적인 멸실, 훼손도 포함한다.

ⓑ 담보물이 매각 또는 임대차되는 경우에는 담보물권이 그 목적물 위에 존속하므로 그 매가 대금이나 차임에 대해서는 민법상의 물상대위가 허용되지 않는다. [기출 08]

② 저당권설정자가 받을 금전 기타 물건에 대한 청구권

> 저당목적물이 소실되어 저당권설정자가 보험회사에 대하여 화재보험계약에 따른 보험금청구권을 취득한 경우 그 보험금청구권은 저당목적물이 가지는 가치의 변형물이라 할 것이므로 저당권자는 민법 제370조, 제342조에 의하여 저당권설정자의 보험회사에 대한 보험금청구권에 대하여 물상대위권을 행사할 수 있다 (대판 2004.12.24. 2004다52798). 기출 10

③ 지급 또는 인도 전에 압류 : 담보물권자가 물상대위권을 행사하려면, 질권자(저당권자)는 질권설정자(저당권설정자)가 그 금전 기타의 물건을 지급 또는 인도받기 전에 압류하여야 한다 (민법 제342조 후문, 제355조, 제370조).

> 민법 제370조에 의하여 저당권에 준용되는 제342조 후문이 "저당권자가 물상대위권을 행사하기 위하여서는 저당권 설정자가 지급받을 금전 기타 물건의 지급 또는 인도 전에 압류하여야 한다"라고 규정한 취지는, 물상대위의 목적이 되는 금전 기타 물건의 특정성을 유지하여 제3자에게 불측의 손해를 입히지 아니하려는 데 있는 것이므로, 저당목적물의 변형물인 금전 기타 물건에 대하여 이미 제3자가 압류하여 그 금전 또는 물건이 특정된 이상 저당권자는 스스로 이를 압류하지 않고서도 물상대위권을 행사할 수 있다(대판 1996.7.12. 96다21058). 기출 09

4) 행사방법

물상대위권의 행사방법으로는 담보권의 존재를 증명하는 서류를 집행법원에 제출하여 그 채권에 대해 압류 및 추심명령이나 전부명령을 신청하는 방법(민사집행법 제273조)과 다른 채권자에 의해 강제집행이 진행되고 있는 경우에 배당요구를 하는 방법(민사집행법 제247조)이 있다(대판 2010.10.28. 2010다 46756).

5) 물상대위권을 행사하지 않은 경우의 법률관계

① 저당목적물의 소유자가 금전 등을 수령한 경우

  ㉠ 부당이득반환청구 : 저당권자는 저당목적물의 소유자에게 부당이득반환을 청구할 수 있다. 기출 10

  ㉡ 물상대위권 : 근저당권자 금전이나 물건의 인도청구권을 압류하기 전에 토지의 소유자가 인도청구권에 기하여 금전 등을 수령한 경우 근저당권자는 더 이상 물상대위권을 행사할 수 없다(대판 2015.9.10. 2013다216273). 기출 17

② 다른 채권자 등이 금전 등을 수령한 경우 : 저당권자가 물상대위권의 행사에 나아가지 아니하여 우선변제권을 상실한 이상, 다른 채권자가 그 보상금 또는 이에 관한 변제공탁금으로부터 이득을 얻었다고 하더라도 저당권자는 이를 부당이득으로서 반환청구할 수 없다(대판 2010.10.28. 2010다46756). 기출 10·11

2. 저당권에 의하여 담보되는 범위

피담보채권의 범위(민법 제360조)
저당권은 원본, 이자, 위약금, 채무불이행으로 인한 손해배상 및 저당권의 실행비용을 담보한다. 그러나 지연배상에 대하여는 원본의 이행기일을 경과한 후의 1년분에 한하여 저당권을 행사할 수 있다.

① 원본, 이자, 위약금, 채무불이행으로 인한 손해배상은 <u>등기가 되어야 담보된다.</u> 그러나 저당권 실행비용은 등기가 없어도 담보된다.
② 약정이자는 등기되면 무제한 담보된다.
③ 채무불이행으로 인한 손해배상, 즉 지연배상에 관하여 약정이 있으면 이를 등기하여야 후순위저당권자 등에게 대항 가능하며, 원본의 이행기일을 경과한 후의 1년분에 한한다. 위약금이 손해배상의 예정으로 추정되면 동일하게 등기해야 제3자에게 대항가능하다.

> 저당권의 피담보채무의 범위에 관하여 민법 제360조가 지연배상에 대하여는 원본의 이행기일을 경과한 후의 1년분에 한하여 저당권을 행사할 수 있다고 규정하고 있는 것은 저당권자의 제3자에 대한 관계에서의 제한이며 채무자나 저당권설정자가 저당권자에 대하여 대항할 수 있는 것이 아니고, 민법 제360조가 양도담보의 경우에 준용된다고 하여도 마찬가지로 해석하여야 할 것인 만큼, 양도담보의 채무자가 양도담보권자에 대하여 민법 제360조에 따른 피담보채권의 제한을 주장할 수는 없는 것이다(대판 1992.5.12, 90다8855). **기출** 12

Ⅱ 우선변제적 효력

1. 의 의

채무자가 변제기에 변제하지 않으면, 저당권자는 저당목적물을 현금화하여 그 대금으로부터 다른 채권자에 우선하여 피담보채권의 변제를 받을 수 있다(민법 제356조). 이를 우선변제권이라 한다.

2. 저당권자가 피담보채권의 변제를 받는 방법

(1) 저당권에 기하여 우선변제를 받는 경우

1) 저당권자가 직접 경매를 청구하여 우선변제 받는 방법(담보권 실행경매) : 집행권원 불필요

저당권자의 경매청구권, 경매인(민법 제363조)
① 저당권자는 그 채권의 변제를 받기 위하여 저당물의 경매를 청구할 수 있다.
② 저당물의 소유권을 취득한 제3자도 경매인이 될 수 있다.

① 의의 : 담보권 실행경매란 질권, 저당권 등의 담보권의 실행을 위한 경매를 의미한다. 통상의 강제경매와 달리 확정판결과 같은 집행권원은 필요로 하지 않는다. 또한 일반채권자와 달리 첫 경매개시결정등기 전에 저당권등기를 마친 자는 별도로 배당요구를 하지 않아도 당연히 배당을 받을 수 있다. **기출** 09

② 요 건

　　㉠ 피담보채권 및 저당권이 존재해야 한다.

> 부동산등기에는 공신력이 인정되지 아니하므로, 부동산의 소유권이전등기가 불실등기인 경우 그 불실등기를 믿고 부동산을 매수하여 소유권이전등기를 경료하였다 하더라도 그 소유권을 취득한 것으로 될 수 없고, 부동산에 관한 소유권이전등기가 무효라면 이에 터잡아 이루어진 근저당권설정등기는 특별한 사정이 없는 한 무효이며, 무효인 근저당권에 기하여 진행된 임의경매절차에서 부동산을 경락받았다 하더라도 그 소유권을 취득할 수 없다(대판 2009.2.26. 2006다72802).

　　㉡ 피담보채권의 이행기가 도래해야 한다.

③ 매각의 효과

　　㉠ 매수인의 권리취득 : 매수인은 등기 없이도 매각대금을 완납한 때 소유권을 취득한다(민법 제187조).

　　㉡ 목적물 위의 다른 권리에 대한 효과

　　　• 저당부동산 위에 존재하던 다른 저당권은 순위에 관계없이 모두 소멸한다.

　　　• 저당목적물 위에 존재하던 용익권의 운명은 최선순위 저당권과의 우선순위에 따라 결정된다.

　　　• 유치권은 매각이 있더라도 그대로 존속하여, 유치권자는 매수인에게도 채권의 변제가 있을 때까지 인도를 거절할 수 있으므로, 사실상의 우선변제권을 가진다.

　　　• 담보가등기는 순위에 관계없이 모두 말소되지만, 보전가등기는 최선순위 저당권에 앞선 것이면 말소되지 않는다.

2) 저당목적물에 대해 일반채권자나 후순위저당권자가 경매를 청구하는 경우

① 저당권자는 경매청구를 막을 수 없고, 배당에 참가하여 우선변제를 받을 수밖에 없다.

② 선순위저당권도 소멸한다.

(2) 단순한 일반채권자로서 변제를 받는 경우(통상의 강제경매, 집행권원 필요)

질물 이외의 재산으로부터의 변제(민법 제340조)
① 질권자는 질물에 의하여 변제를 받지 못한 부분의 채권에 한하여 채무자의 다른 재산으로부터 변제를 받을 수 있다.
② 전항의 규정은 질물보다 먼저 다른 재산에 관한 배당을 실시하는 경우에는 적용하지 아니한다. 그러나 다른 채권자는 질권자에게 그 배당금액의 공탁을 청구할 수 있다.

준용규정(민법 제370조)
제214조, 제321조, 제333조, 제340조, 제341조 및 제342조의 규정은 저당권에 준용한다.

3. 우선변제의 순위

(1) 일반채권자에 대한 관계

① 저당권자는 원칙적으로 일반채권자에 우선한다. 다만, 저당권설정등기일보다 먼저 주택임대차보호법상 또는 상가건물 임대차보호법상 대항력과 확정일자를 갖춘 보증금반환채권에 관하여는 저당권자에 우선한다.

② 또한 주택임대차보호법상 또는 상가건물임대차보호법상 소액보증금에 관하여는 다른 담보권자의 경매신청등기 전에 대항요건을 갖춘 경우 최우선변제권이 인정된다.

(2) 임금 등 우선권과의 관계

① 근로기준법상 근로자의 최종 3개월분의 임금, 최종 3년분의 퇴직금 및 재해보상금에 대한 채권은 사용자의 총재산에 대하여 저당권 또는 질권에 의하여 담보된 채권에 우선한다.

② 임금 등에 대한 지연손해금채권에 대해서는 최우선변제권이 인정되지 않는다(대결 2000.2.12. 99마5143).

(3) 국세 등의 우선권과의 관계

① 저당부동산 소유자가 체납한 국세 또는 지방세는 그 법정기일 전에 설정된 저당권에 우선하여 징수하지 못한다.

② 다만 당해세, 즉「그 재산에 대하여 부과되는 국세」등은 언제나 저당권에 우선한다.

> 부동산에 대하여 가압류등기가 먼저 되고 나서 근저당권설정등기가 마쳐진 경우에 그 근저당권등기는 가압류에 의한 처분금지의 효력 때문에 그 집행보전의 목적을 달성하는 데 필요한 범위 안에서 가압류채권자에 대한 관계에서만 상대적으로 무효이다. 이 경우 가압류채권자와 근저당권자 및 근저당권설정등기 후 강제경매신청을 한 압류채권자 사이의 배당관계에 있어서, 근저당권자는 선순위 가압류채권자에 대하여는 우선변제권을 주장할 수 없으므로 1차로 채권액에 따른 안분비례에 의하여 평등배당을 받은 다음, 후순위 경매신청압류채권자에 대하여는 우선변제권이 인정되므로 경매신청압류채권자가 받을 배당액으로부터 자기의 채권액을 만족시킬 때까지 이를 흡수하여 배당받을 수 있다(대결 1994.11.29. 94마417). [기출] 09 · 14 · 19

Ⅲ 저당권과 용익관계

1. 저당권과 용익권의 관계

용익권이 저당권의 실행에 의하여 소멸되느냐 여부는 그 부동산 위의 최선순위 저당권과의 사이의 우열로 정하여진다(대판 1987.2.24. 86다카1936). [기출] 10 · 17

2. 법정지상권

> **법정지상권(민법 제366조)** [기출] 21
> 저당물의 경매로 인하여 토지와 그 지상건물이 다른 소유자에 속한 경우에는 토지소유자는 건물소유자에 대하여 지상권을 설정한 것으로 본다. 그러나 지료는 당사자의 청구에 의하여 법원이 이를 정한다.

(1) 의의 및 법적 성질

법정지상권이란 동일인 소유에 속하던 토지와 그 지상건물 중 어느 하나 또는 양자 위에 설정된 저당권의 실행으로 토지와 그 지상건물이 그 소유자를 달리하게 된 경우에 건물소유자에게 그 건물 소유를 위하여 법률상 당연히 인정되는 지상권을 말한다(민법 제366조). 민법 제366조는 가치권과 이용권의 조절을 위한 공익상의 이유로 지상권의 설정을 강제하는 것이므로 저당권설정 당사자 간의 특약으로 저당목적물인 토지에 대하여 법정지상권을 배제하는 약정을 하더라도 그 특약은 효력이 없다(대판 1988.10.25. 87다카1564). 즉, 민법 제366조는 강행규정에 해당한다.

(2) 성립요건

1) 저당권 설정 당시 토지와 그 위에 지상건물이 존재할 것

① 건물의 존재

㉠ (최선순위) 저당권 설정 당시 건물이 존재하고 있어야 한다.

> • **지상건물이 없는 토지에 관하여 근저당권 설정 당시 근저당권자가 건물의 건축에 동의한 경우 민법 제366조의 법정지상권의 성립 여부(소극)** : 민법 제366조의 법정지상권은 저당권 설정 당시부터 저당권의 목적되는 토지 위에 건물이 존재할 경우에 한하여 인정되며, 토지에 관하여 저당권이 설정될 당시 그 지상에 토지소유자에 의한 건물의 건축이 개시되기 이전이었다면, 건물이 없는 토지에 관하여 저당권이 설정될 당시 근저당권자가 토지소유자에 의한 건물의 건축에 동의하였다고 하더라도 그러한 사정은 주관적 사항이고 공시할 수도 없는 것이어서 토지를 낙찰받는 제3자로서는 알 수 없는 것이므로 그와 같은 사정을 들어 법정지상권의 성립을 인정한다면 토지 소유권을 취득하려는 제3자의 법적 안정성을 해하는 등 법률관계가 매우 불명확하게 되므로 법정지상권이 성립되지 않는다(대판 2003.9.5. 2003다26051). 기출 13·18
> • **나대지에 저당권이 설정된 후 저당권설정자가 그 위에 건물을 건축하고 경매로 인하여 그 토지와 건물의 소유자가 달라진 경우, 법정지상권의 성립 여부(소극)** : 건물 없는 토지에 저당권이 설정된 후 저당권설정자가 그 위에 건물을 건축하였다가 담보권의 실행을 위한 경매절차에서 경매로 인하여 그 토지와 지상 건물이 소유자를 달리하였을 경우에는, 민법 제366조의 법정지상권이 인정되지 아니할 뿐만 아니라 관습상의 법정지상권도 인정되지 아니한다(대결 1995.12.11. 95마1262).
> • **가설건축물에 관하여 민법 제366조의 법정지상권이 성립하는지 여부(원칙적 소극)** : 민법 제366조의 법정지상권은 저당권 설정 당시 동일인의 소유에 속하던 토지와 건물이 경매로 인하여 양자의 소유자가 다르게 된 때에 건물의 소유자를 위하여 발생하는 것으로서, 법정지상권이 성립하려면 경매절차에서 매수인이 매각대금을 다 낼 때까지 해당 건물이 독립된 부동산으로서 건물의 요건을 갖추고 있어야 한다. 독립된 부동산으로서 건물은 토지에 정착되어 있어야 하는데(민법 제99조 제1항), 가설건축물은 일시 사용을 위해 건축되는 구조물로서 설치 당시부터 일정한 존치기간이 지난 후 철거가 예정되어 있어 일반적으로 토지에 정착되어 있다고 볼 수 없다. 민법상 건물에 대한 법정지상권의 최단 존속기간은 견고한 건물이 30년, 그 밖의 건물이 15년인 데 비하여, 건축법령상 가설건축물의 존치기간은 통상 3년 이내로 정해져 있다. 따라서 가설건축물은 특별한 사정이 없는 한 독립된 부동산으로서 건물의 요건을 갖추지 못하여 법정지상권이 성립하지 않는다(대판 2021.10.28. 2020다224821).

ⓛ 무허가건물이나 미등기건물이라도 법정지상권의 성립에 아무런 지장이 없다(대판 1964.9.22. 63아62).

> 민법 제366조는 저당물의 경매로 인하여 토지와 그 지상건물이 다른 소유자에 속한 경우에 토지소유자는 건물소유자에 대하여 지상권을 설정한 것으로 보는 것인 바 이 경우에 있어서 그 지상건물은 반드시 등기를 거친 것임을 필요로 하지 아니하며 또 그 건물은 건물로서의 요소를 갖추고 있는 이상 무허가건물이고 건평 5평에 지나지 아니한다 하여도 법정지상권 성립에 아무런 장애도 될 수 없다(대판 1964.9.22. 63아62)

© 신축 중인 건물의 지상층 부분이 골조공사만 진행되었을 뿐이라고 하더라도 지하층 부분만으로도 독립된 건물로서의 요건을 갖추었다고 본 사례

> 신축 건물이 경락대금 납부 당시 이미 지하 1층부터 지하 3층까지 기둥, 주벽 및 천장 슬라브 공사가 완료된 상태이었을 뿐만 아니라 지하 1층의 일부 점포가 일반에 분양되기까지 하였다면, 비록 토지가 경락될 당시 신축 건물의 지상층 부분이 골조공사만 이루어진 채 벽이나 지붕 등이 설치된 바가 없다 하더라도, 지하층 부분만으로도 구분소유권의 대상이 될 수 있는 구조라는 점에서 신축 건물은 경락 당시 미완성 상태이기는 하지만 독립된 건물로서의 요건을 갖추었다(대판 2003.5.30. 2002다21592·21608).

② 건물의 증축·개축과 신축

ⓐ 증축·개축한 경우

> 민법 제366조 소정의 법정지상권이 성립하려면 저당권의 설정당시 저당권의 목적되는 토지 위에 건물이 존재할 경우이어야 하는 바, 저당권설정 당시 건물이 존재한 이상 그 이후 건물을 개축, 증축하는 경우는 물론이고 건물이 멸실되거나 철거된 후 재축, 신축하는 경우에도 법정지상권이 성립한다 할 것이고, 이 경우 법정지상권의 내용인 존속기간, 범위 등은 구 건물을 기준으로 하여 그 이용에 일반적으로 필요한 범위 내로 제한되는 것이다(대판 1970.7.10. 90다카6399). **기출 16·18**

ⓑ 철거 후 신축한 경우

- 토지에만 저당권이 설정된 경우(대판 1990.7.10. 90다카6399 참고)
- 토지와 건물에 공동저당권이 설정된 경우

> 동일인의 소유에 속하는 토지 및 그 지상 건물에 관하여 공동저당권이 설정된 후 그 지상 건물이 철거되고 새로 건물이 신축된 경우에는 그 신축건물의 소유자가 토지의 소유자와 동일하고 토지의 저당권자에게 신축건물에 관하여 토지의 저당권과 동일한 순위의 공동저당권을 설정해 주는 등 특별한 사정이 없는 한 저당물의 경매로 인하여 토지와 그 신축건물이 다른 소유자에 속하게 되더라도 그 신축건물을 위한 법정지상권은 성립하지 않는다(대판[전합] 2003.12.18. 98다43601 – 다수의견). **기출 18**

2) 저당권 설정 당시 토지와 건물이 동일인 소유일 것

① 판단 시점 : 저당권 설정 당시에만 토지와 건물이 동일인 소유에 속하면 된다.

> 미등기건물을 그 대지와 함께 양수한 사람이 그 대지에 대하여서만 소유권이전등기를 넘겨 받고 건물에 대하여는 그 등기를 이전받지 못하고 있는 상태에서 그 대지가 경매되어 소유자가 달라지게 된 경우에는 법정지상권이 발생할 수 없는 것이다(대판 1991.8.27. 91다16730). **기출 13**

② 대지와 미등기건물을 매수한 자가 대지에 대해서만 이전등기를 마친 경우

> [1] 민법 제366조의 법정지상권은 저당권 설정 당시에 동일인의 소유에 속하는 토지와 건물이 저당권의 실행에 의한 경매로 인하여 각기 다른 사람의 소유에 속하게 된 경우에 건물의 소유를 위하여 인정되는 것이므로, 미등기건물을 그 대지와 함께 매수한 사람이 그 대지에 관하여만 소유권이전등기를 넘겨받고 건물에 대하여는 그 등기를 이전 받지 못하고 있다가, 대지에 대하여 저당권을 설정하고 그 저당권의 실행으로 대지가 경매되어 다른 사람의 소유로 된 경우에는, 그 저당권의 설정 당시에 이미 대지와 건물이 각각 다른 사람의 소유에 속하고 있었으므로 법정지상권이 성립될 여지가 없다. [2] 관습상의 법정지상권은 동일인의 소유이던 토지와 그 지상건물이 매매 기타 원인으로 인하여 각각 소유자를 달리하게 되었으나 그 건물을 철거한다는 등의 특약이 없으면 건물 소유자로 하여금 토지를 계속 사용하게 하려는 것이 당사자의 의사라고 보아 인정되는 것이므로 토지의 점유·사용에 관하여 당사자 사이에 약정이 있는 것으로 볼 수 있거나 토지 소유자가 건물의 처분권까지 함께 취득한 경우에는 관습상의 법정지상권을 인정할 까닭이 없다 할 것이어서, 미등기건물을 그 대지와 함께 매도하였다면 비록 매수인에게 그 대지에 관하여만 소유권이전등기가 경료되고 건물에 관하여는 등기가 경료되지 아니하여 형식적으로 대지와 건물이 그 소유 명의자를 달리하게 되었다 하더라도 매도인에게 관습상의 법정지상권을 인정할 이유가 없다(대판[전합] 2002.6.20. 2002다9660). 기출 14·16·21

③ 공유와 법정지상권

> • 토지공유자의 한 사람이 다른 공유자의 지분 과반수의 동의를 얻어 건물을 건축한 후 토지와 건물의 소유자가 달라진 경우 토지에 관하여 관습법상의 법정지상권이 성립되는 것으로 보게 되면 이는 토지공유자의 1인으로 하여금 자신의 지분을 제외한 다른 공유자의 지분에 대하여서까지 지상권설정의 처분행위를 허용하는 셈이 되어 부당하다(대판 2014.9.4. 2011다73038·73045). 즉 관습법상 법정지상권이 성립하지 않는다. 기출 14·18
>
> • 토지의 공유자 중의 1인이 공유토지 위에 건물을 소유하고 있다가 토지지분만을 전매함으로써 단순히 토지공유자의 1인에 대하여 관습상의 법정지상권이 성립된 것으로 볼 사유가 발생하였다고 하더라도 당해 토지 자체에 관하여 건물의 소유를 위한 관습상의 법정지상권이 성립된 것으로 보게 된다면 이는 마치 토지공유자의 1인으로 하여금 다른 공유자의 지분에 대하여서까지 지상권설정의 처분행위를 허용하는 셈이 되어 부당하다 할것이므로 위와 같은 경우에 있어서는 당해 토지에 관하여 건물의 소유를 위한 관습상의 법정지상권이 성립될 수 없다(대판 1987.6.23. 86다카2188). 같은 취지에서 공유물이 강제분할된 경우에도 관습법상 법정지상권의 성립을 부정하였다(대판 1993.4.13. 92다55756). 기출 13

3) 토지나 건물의 양쪽 또는 어느 한쪽에 저당권이 설정될 것

4) 저당권의 실행으로 지상건물과 토지의 소유자가 달라질 것

저당권 실행으로 인한 경매 이외의 방법으로 소유자를 달리하게 된 경우, 관습법상 법정지상권은 성립될 수 있으나, 민법 제366조에 의한 법정지상권은 성립하지 않는다.

(3) 효 과

① 성립시기 : 매수인이 매각대금을 완납한 때 법정지상권이 성립한다(민사집행법 제268조, 제135조).

② 공시방법 : 민법 제366조의 법정지상권은 민법 제187조의 법률의 규정에 의한 물권의 취득에 해당하므로, 등기를 필요로 하지 않는다. 다만, 법정지상권자는 이를 등기하지 아니하면 지상권을 처분할 수 없다(민법 제187조 단서).

> 관습상의 지상권은 법률행위로 인한 물권의 취득이 아니고 관습법에 의한 부동산물권의 취득이므로 등기를 필요로 하지 아니하고 지상권취득의 효력이 발생하고 이 관습상의 법정지상권은 물권으로서의 효력에 의하여 이를 취득할 당시의 토지소유자나 이로부터 소유권을 전득한 제3자에게 대하여도 등기없이 위 지상권을 주장할 수 있다(대판 1988.9.27. 87다카279). 기출 07·21

③ **존속기간** : 법정지상권은 기간의 정함이 없는 지상권으로 보아 민법 제280조의 최단존속기간이 적용된다고 보는 것이 다수설이며, 판례(대판 1992.6.9. 92다4857)이다.

(4) 관련 문제 : (관습법상) 법정지상권 성립 후 건물의 소유권이 이전된 경우

1) **법률행위에 의한 이전**

① **건물 양수인의 지위** : 법정지상권을 가진 건물소유자가 건물을 제3자에게 양도한 경우, 특별한 사정이 없는 한 민법 제100조 제2항의 유추적용에 의하여 건물과 함께 종된 권리인 지상권도 양도하기로 한 것으로 봄이 상당하지만(대판 1992.7.14. 92다527) 기출 07 , 소유권이전등기뿐만 아니라 지상권 이전등기까지 마쳐야 지상권 이전의 효과가 발생한다. 기출 06 따라서 법정지상권을 가진 건물소유자로부터 건물을 양수하면서 법정지상권까지 양도받기로 한 자는 채권자대위의 법리에 따라 전건물소유자 및 대지소유자에 대하여 차례로 지상권의 설정등기 및 이전등기절차이행을 구할 수 있다(대판[전합] 1985.4.9. 84다카1131·1132 - 다수의견).

② **토지소유자의 건물 양수인에 대한 청구**

㉠ **소유권에 기한 지상물 철거청구**

> 법정지상권을 가진 건물소유자로부터 건물을 양수하면서 법정지상권까지 양도받기로 한 자는 채권자대위의 법리에 따라 전건물소유자 및 대지소유자에 대하여 차례로 지상권의 설정등기 및 이전등기절차이행을 구할 수 있다 할 것이므로 이러한 법정지상권을 취득할 지위에 있는 자에 대하여 대지소유자가 소유권에 기하여 건물철거를 구함은 지상권의 부담을 용인하고 그 설정등기절차를 이행할 의무있는 자가 그 권리자를 상대로 한 청구라 할 것이어서 신의성실의 원칙상 허용될 수 없다(대판[전합] 1985.4.9. 84다카1131·1132 - 다수의견). 기출 07·21

㉡ **지료상당액에 관한 청구**

> 법정지상권자라 할지라도 대지소유자에게 지료를 지급할 의무는 있는 것이고, 법정지상권이 있는 건물의 양수인으로서 장차 법정지상권을 취득할 지위에 있어 대지소유자의 건물 철거나 대지 인도 청구를 거부할 수 있다 하더라도 그 대지를 점유·사용함으로 인하여 얻은 이득은 부당이득으로서 대지소유자에게 반환할 의무가 있다(대판 1997.12.26. 96다34665). 기출 07·21

2) **경매에 의한 이전**

건물에 대한 저당권의 효력은 그 건물의 소유를 목적으로 하는 지상권에도 미친다(민법 제358조). 따라서 건물에 대한 저당권이 실행되어 경락인이 소유권을 취득하였다면 법정지상권도 등기없이 당연히 취득하고, 경락인은 종전의 지상권자를 상대로 지상권이전등기절차의 이행을 청구할 수 있다(대판 1992.7.14. 92다527).

(5) 법정지상권의 소멸

법정지상권은 토지소유자의 소멸청구(민법 제287조 참고), 지상권자에 의한 포기 및 당사자 사이의 계약에 의하여 소멸한다.

3. 일괄경매청구권

> **저당지상의 건물에 대한 경매청구권(민법 제365조)**
> 토지를 목적으로 저당권을 설정한 후 그 설정자가 그 토지에 건물을 축조한 때에는 저당권자는 토지와 함께 그 건물에 대하여도 경매를 청구할 수 있다. 그러나 그 건물의 경매대가에 대하여는 우선변제를 받을 권리가 없다.

(1) 의 의

① 민법 제365조가 일괄경매청구권을 규정한 취지는 저당권은 담보물의 교환가치의 취득을 목적으로 할 뿐 담보물의 이용을 제한하지 아니하여 저당권설정자로서는 저당권설정 후에도 그 지상에 건물을 신축할 수 있는데, 후에 그 저당권의 실행으로 토지가 제3자에게 경락될 경우에 건물을 철거하여야 한다면 사회경제적으로 현저한 불이익이 생기게 되어 이를 방지할 필요가 있으므로 이러한 이해관계를 조절하고, 저당권자에게도 저당토지상의 건물의 존재로 인하여 생기게 되는 경매의 어려움을 해소하여 저당권의 실행을 쉽게 할 수 있도록 한 데에 있다(대판 2003.4.11. 2003다3850).

② 저당권자의 일괄경매청구권은 저당권자의 권리이지 의무가 아니다.

(2) 요 건

① 저당권 설정 당시 그 지상에 건물이 없을 것 : 토지저당권 설정 후에 그 지상에 건물이 신축된 경우에 한하여 민법 제365조가 적용된다. 따라서 토지저당권 설정 당시에 이미 그 토지상에 건물이 존재한다면 법정지상권의 성부가 문제된다.

② 저당권설정자가 축조하고 소유하는 건물일 것

> 저당지상의 건물에 대한 일괄경매청구권은 저당권설정자가 건물을 축조한 경우뿐만 아니라 저당권설정자로부터 저당토지에 대한 용익권을 설정받은 자가 그 토지에 건물을 축조한 경우라도 그 후 저당권설정자가 그 건물의 소유권을 취득한 경우에는 저당권자는 토지와 함께 그 건물에 대하여 경매를 청구할 수 있다(대판 2003.4.11. 2003다3850). 기출 17

(3) 효 과

① 일괄경매를 하는 경우에도 저당권자의 우선변제적 효력은 건물에는 미치지 않고(민법 제365조 단서), 토지의 경매대금에 한정된다.

② 민법 제365조의 취지에 따라 토지와 그 지상건물은 동일인에게 매각되어야 한다.

4. 제3취득자의 지위

> **저당권자의 경매청구권, 경매인(민법 제363조)** 기출 06 · 11
> ① 저당권자는 그 채권의 변제를 받기 위하여 저당물의 경매를 청구할 수 있다.
> ② 저당물의 소유권을 취득한 제3자도 경매인이 될 수 있다.
>
> **제3취득자의 변제(민법 제364조)** 기출 13 · 17 · 21
> 저당부동산에 대하여 소유권, 지상권 또는 전세권을 취득한 제3자는 저당권자에게 그 부동산으로 담보된 채권을 변제하고 저당권의 소멸을 청구할 수 있다.
>
> **제3취득자의 비용상환청구권(민법 제367조)** 기출 11
> 저당물의 제3취득자가 그 부동산의 보존, 개량을 위하여 필요비 또는 유익비를 지출한 때에는 제203조 제1항, 제2항의 규정에 의하여 저당물의 경매대가에서 우선상환을 받을 수 있다.

(1) 제3취득자의 의의

저당부동산의 제3취득자란 저당권이 설정된 후 저당목적물의 소유권을 취득한 자나 저당목적물에 지상권이나 전세권을 취득한 자를 말한다(민법 제364조).

(2) 제3취득자의 지위

제3취득자는 저당권이 실행되기 전에는 부동산을 용익하는 데 아무런 제한을 받지 않으나, 저당권이 실행되면 저당부동산 위의 권리를 상실할 위험이 존재한다. 따라서 민법은 제3취득자를 보호하기 위하여 특칙을 두고 있다.

(3) 제3취득자의 보호

1) 경매인이 될 수 있는 지위(민법 제363조 제2항)

저당물의 소유권을 취득한 제3자도 경매인이 될 수 있다는 규정은 주의적 규정이다. 단, 채무자는 경매인이 될 수 없다(민사집행규칙 제59조 제1호).

2) 제3취득자의 변제권(민법 제364조)

① 요건 : 제3취득자의 변제가 인정되기 위해서는 저당부동산에 대하여 제3자가 권리를 취득하였으며, 피담보채무의 변제기가 도래하였어야 한다.

② 제3취득자의 범위

  ㉠ 제3취득자는 저당목적물의 소유권, 지상권, 전세권을 취득한 자이다.

  ㉡ 판례는 저당부동산의 후순위근저당권자는 민법 제364조의 제3취득자에 해당하지 않는다 보았다.

> 근저당부동산에 대하여 후순위근저당권을 취득한 자는 민법 제364조에서 정한 권리를 행사할 수 있는 제3취득자에 해당하지 아니하므로 이러한 후순위근저당권자가 선순위근저당권의 피담보채무가 확정된 이후에 그 확정된 피담보채무를 변제한 것은 민법 제469조의 규정에 의한 이해관계 있는 제3자의 변제로서 유효한 것인지 따져볼 수는 있을지언정 민법 제364조의 규정에 따라 선순위근저당권의 소멸을 청구할 수 있는 사유로는 삼을 수 없다(대판 2006.1.26. 2005다17341).

③ 변제해야 하는 채무의 범위
- ㉠ 민법 제469조에 의하면 제3취득자는 이해관계 있는 제3자로서 채무자의 모든 채무를 변제하여야 하나. 민법 제364조에 의하면 「그 부동산으로 담보된 채권」만을 변제하고 저당권의 소멸을 청구할 수 있다. 이 경우 채권의 범위는 민법 제360조에 따라 결정된다.
- ㉡ 제3취득자가 민법 제453조 및 제454조의 요건을 갖추어 피담보채무를 면책적으로 인수하면 제3취득자는 채권자에 대한 관계에서 채무자로 지위가 변경되므로 민법 제364조의 규정은 적용될 여지가 없다(대판 2002.5.24. 2002다7176). 기출 11

④ 변제기 전의 변제가 가능한지 여부 : 다수설 및 판례는 변제기 전의 변제는 원칙적으로 저당권의 투자수단으로서의 기능을 해하므로 제3취득자의 변제기 전의 변제권이 원칙적으로 인정되지 않는다고 한다. 그러나 제3취득자는 손해를 배상하고 변제기 전에도 변제를 할 수 있다(민법 제468조).

⑤ 변제의 효과
- ㉠ 저당권소멸청구권(민법 제364조) : 제3취득자는 부동산으로 담보된 채권을 변제하고 저당권의 소멸을 청구할 수 있다(민법 제364조). 다만, 다수설은 제3취득자의 변제에 의하여 피담보채권이 소멸되면 저당권은 부종성에 의하여 당연히 소멸하고, 법률의 규정에 의한 물권변동이므로 말소등기를 요하지 않는다고 본다.
- ㉡ 변제자의 법정대위권(민법 제481조) : 제3취득자는 변제하는 데 정당한 이익이 있는 자이므로 변제를 하면 당연히 채권자를 대위한다.

> 타인의 채무를 담보하기 위하여 저당권을 설정한 부동산의 소유자(물상보증인)로부터 소유권을 양수한 제3자는 채권자에 의하여 저당권이 실행되게 되면 저당부동산에 대한 소유권을 상실한다는 점에서 물상보증인과 유사한 지위에 있다고 할 것이므로, 물상보증의 목적물인 저당부동산의 제3취득자가 채무를 변제하거나 저당권의 실행으로 저당물의 소유권을 잃은 때에는 물상보증인의 구상권에 관한 민법 제370조, 제341조의 규정을 유추적용하여 보증채무에 관한 규정에 의하여 채무자에 대한 구상권이 있다(대판 1997.7.25. 97다8403).

- ㉢ 상환청구권 : 제3취득자는 매도인에게 출재액의 상환을 청구할 수 있다(민법 제576조 제2항).

3) 제3취득자의 비용상환청구권
① 제3취득자가 그 부동산의 보존, 개량을 위하여 필요비 또는 유익비를 지출한 경우에 점유자의 비용상환청구권 규정(민법 제203조 제1항 및 제2항)에 따라 저당물의 매각대금에서 비용의 우선상환을 받을 수 있다(민법 제367조).
② 판례는 민법 제367조의 비용상환청구권을 갖는 저당물의 제3취득자에 소유권자가 포함된다는 입장이다(대판 2004.10.15. 2004다36604).

Ⅳ 저당권 침해에 대한 구제수단

1. 침해의 의의 및 특수성

(1) 저당권 침해의 의의

저당권 침해란 저당권자의 담보가치를 위태롭게 하는 일체의 행위를 의미한다.

(2) 저당권 침해의 특수성

① 저당권은 목적물의 교환가치만 지배할 뿐, 사용·수익에 관한 권리는 저당권설정자에게 있으므로, 목적물이 통상의 용법에 따라 이용되고 있다면 저당권의 침해로 되지 않는다. 다만, 저당권의 실현이 곤란하게 될 특수한 사정이 있는 경우에는 저당권 침해가 인정될 수 있으며, 이러한 특수한 사정의 증명책임은 저당권의 침해를 주장하는 자에게 있다.

② 저당목적물을 침해하여 교환가치가 감소되었더라도 나머지 가치가 아직 피담보채권액을 상회한다면 손해가 발생하지 않는 것으로 손해배상청구권이 인정되지 않는다.

2. 각종의 구제방법

(1) 물권적 청구권

> **준용규정(민법 제370조)** `기출` 08 · 09
> 제214조, 제321조, 제333조, 제340조, 제341조 및 제342조의 규정은 저당권에 준용한다.

① 저당권은 점유를 수반하지 않으므로 반환청구권은 없고, 방해제거와 방해예방청구권만 인정된다(민법 제370조).

② 침해된 후 교환가치가 피담보채권의 만족을 줄 수 있는 경우에도 물권적 청구권을 행사할 수 있다.

③ 피담보채권의 변제기 전에도 침해가 있으면 인정된다.

④ 저당권의 목적물 자체가 멸실된 경우 저당권은 소멸하므로, 저당권의 존재를 전제로 하는 물권적 청구권은 인정될 여지가 없다.

(2) 손해배상청구권

① 저당권이 침해된 경우 불법행위가 성립하므로 저당권자는 손해배상을 청구할 수 있다(민법 제750조). 침해자는 저당부동산의 소유자이든 제3자이든 불문한다.

② 목적물의 침해로 저당권자가 채권의 완전한 만족을 얻을 수 없는 때 손해배상청구권이 인정된다.

③ 손해배상청구권은 담보물보충청구권과는 선택적 행사의 대상이 되지만, 즉시변제청구권과는 함께 행사할 수 있다.

(3) 담보물보충청구권

> **저당물의 보충(민법 제362조)** 기출 01·03
>
> 저당권설정자의 책임있는 사유로 인하여 저당물의 가액이 현저히 감소된 때에는 저당권자는 저당권설정자에
> 대하여 그 원상회복 또는 상당한 담보제공을 청구할 수 있다.

① 다수설은 저당권설정자에 채무자뿐만 아니라 물상보증인도 포함된다는 입장이다.
② 저당권자가 담보물보충청구권을 행사하면, 다른 구제수단(손해배상청구권, 즉시변제청구권)
   이 인정되지 않는다.

(4) 즉시변제청구권

> **기한의 이익의 상실(민법 제388조)**
>
> 채무자는 다음 각 호의 경우에는 기한의 이익을 주장하지 못한다.
>   1. 채무자가 담보를 손상, 감소 또는 멸실하게 한 때
>   2. 채무자가 담보제공의 의무를 이행하지 아니한 때

① 채무자의 책임 있는 사유에 의한 경우에만 인정된다. 즉 물상보증인이나 제3취득자는 포함되
   지 않는다.
② 저당권자는 즉시변제를 청구하거나 저당권을 실행할 수 있다.
③ 즉시변제청구권은 손해배상청구권도 함께 행사할 수 있으나, 담보물보충청구권과는 함께 행
   사할 수 없다.

제4관 | 저당권의 처분 및 소멸

Ⅰ 저당권의 처분

> **저당권의 처분제한(민법 제361조)** 기출 15
>
> 저당권은 그 담보한 채권과 분리하여 타인에게 양도하거나 다른 채권의 담보로 하지 못한다.

1. 서 설

저당권자는 원칙적으로 저당채무의 변제 또는 저당권의 실행에 의하여 만족을 얻지만, 피담보채
권의 변제기 전에 자본을 회수하기 위해서는 저당권을 처분(양도 또는 입질)할 수밖에 없다.

2. 저당권부 채권의 양도

(1) 수반성

민법 제361조는 "저당권은 그 담보한 채권과 분리하여 타인에게 양도하거나 다른 채권의 담보로
하지 못한다"고 하여 저당권의 수반성을 규정하고 있다. 즉 저당권은 피담보채권과 일체로만

처분할 수 있다. 따라서 저당권부 채권의 양도에는 채권양도의 합의 외에 저당권의 양도라는 물권적 합의와 저당권이전의 부기등기가 필요하다.

> 민법 제361조는 "저당권은 그 담보한 채권과 분리하여 타인에게 양도하거나 다른 채권의 담보로 하지 못한다"라고 정하고 있을 뿐 피담보채권을 저당권과 분리해서 양도하거나 다른 채권의 담보로 하지 못한다고 정하고 있지 않다. 채권담보라고 하는 저당권 제도의 목적에 비추어 특별한 사정이 없는 한 피담보채권의 처분에는 저당권의 처분도 당연히 포함된다고 볼 것이지만, 피담보채권의 처분이 있으면 언제나 저당권도 함께 처분된다고는 말 수 없다. 따라서 저당권으로 담보된 채권에 질권을 설정한 경우 원칙적으로는 저당권이 피담보채권과 함께 질권의 목적이 된다고 보는 것이 합리적이지만, 질권자와 질권설정자가 피담보채권만을 질권의 목적으로 하고 저당권은 질권의 목적으로 하지 않는 것도 가능하고 이는 저당권의 부종성에 반하지 않는다. 이는 저당권과 분리해서 피담보채권만을 양도한 경우 양도인이 채권을 상실하여 양도인 앞으로 된 저당권이 소멸하게 되는 것과 구별된다. 이와 마찬가지로 담보가 없는 채권에 질권을 설정한 다음 그 채권을 담보하기 위하여 저당권이 설정된 경우 원칙적으로는 저당권도 질권의 목적이 되지만, 질권자와 질권설정자가 피담보채권만을 질권의 목적으로 하였고 그 후 질권설정자가 질권자에게 제공하려는 의사 없이 저당권을 설정받는 등 특별한 사정이 있는 경우에는 저당권은 질권의 목적이 되지 않는다. 이때 저당권은 저당권자인 질권설정자를 위해 존재하며, 질권자의 채권이 변제되거나 질권설정계약이 해지되는 등의 사유로 질권이 소멸한 경우 저당권자는 자신의 채권을 변제받기 위해서 저당권을 실행할 수 있다(대판 2020.4.29. 2016다235411). 기출 21

(2) 양도의 요건

① 저당권부 채권의 양도는 언제나 저당권의 양도와 채권양도가 결합되어 행해져야 한다. 따라서 민법 제186조의 부동산물권 변동에 관한 규정과 민법 제449조 이하의 채권양도에 관한 규정에 의해 규율된다.

> 피담보채권과 근저당권을 함께 양도하는 경우에 채권양도는 당사자 사이의 의사표시만으로 양노의 효력이 발생하지만 근저당권이전은 이전등기를 하여야 하므로 채권양도와 근저당권이전등기 사이에 어느 정도 시차가 불가피한 이상 피담보채권이 먼저 양도되어 일시적으로 피담보채권과 근저당권의 귀속이 달라진다고 하여 근저당권이 무효로 된다고 볼 수는 없으나, 위 근저당권은 그 피담보채권의 양수인에게 이전되어야 할 것에 불과하고, 근저당권의 명의인은 피담보채권을 양도하여 결국 피담보채권을 상실한 셈이므로 집행채무자로부터 변제를 받기 위하여 배당표에 자신에게 배당하는 것으로 배당표의 경정을 구할 수 있는 지위에 있다고 볼 수 없다(대판 2003.10.10. 2001다77888). 기출 11·15

② 우선 피담보채권의 양도에 민법 제450조 이하의 규정이 적용되어, 저당권부 채권의 양도의 효력을 채무자 기타 제3자에게 대항하기 위해서는 양도인의 통지 또는 채무자의 승낙이 있어야 한다.

> 피담보채권을 저당권과 함께 양수한 자는 저당권이전의 부기등기를 마치고 저당권실행의 요건을 갖추고 있는 한 채권양도의 대항요건을 갖추고 있지 아니하더라도 경매신청을 할 수 있으며, 채무자는 경매절차의 이해관계인으로서 채권양도의 대항요건을 갖추지 못하였다는 사유를 들어 경매개시결정에 대한 이의나 즉시항고절차에서 다툴 수 있고, 이 경우는 신청채권자가 대항요건을 갖추었다는 사실을 증명하여야 할 것이나, 이러한 절차를 통하여 채권 및 근저당권의 양수인의 신청에 의하여 개시된 경매절차가 실효되지 아니한 이상 그 경매절차는 적법한 것이고, 또한 그 경매신청인은 양수채권의 변제를 받을 수도 있다(대판 2005.6.23. 2004다29279). 기출 15·17

③ 그리고 저당권의 양도와 관련하여 물권변동의 일반원칙에 따라 저당권을 이전할 것을 목적으로 하는 물권적 합의와 부기등기가 있어야 저당권이 이전되지만, 이때의 물권적 합의는 저당권의 양도·양수받는 당사자 사이에 있으며 족하고, 그 외에 채무자나 물상보증인 사이에까지 있어야 하는 것은 아니다(대판 2005.6.10. 2002다15412·15429). 기출 15

(3) 일부양도

피담보채권의 일부가 양도 또는 이전되는 경우, 저당권의 불가분성에 따라 양 채권자는 그 채권액의 비율로 저당권을 준공유한다.

(4) 저당권부 채권의 이전 후 피담보채무가 소멸된 경우의 법률관계

> • [1] 근저당권의 양도에 의한 부기등기는 기존의 근저당권설정등기에 의한 권리의 승계를 등기부상 명시하는 것뿐으로, 그 등기에 의하여 새로운 권리가생기는 것이 아닌 만큼 근저당권설정등기의 말소등기청구는 양수인만을 상대로 하면 족하고, 양도인은 그 말소등기청구에 있어서 피고적격이 없다. 기출 13·15·19 [2] 근저당권 이전의 부기등기는 기존의 주등기인 근저당권설정등기에 종속되어 주등기와 일체를 이루는 것이어서 피담보채무가 소멸된 경우 또는 근저당권설정등기가 당초 원인무효인 경우 주등기인 근저당권설정등기의 말소만구하면 되고 그 부기등기는 별도로 말소를 구하지 않더라도 주등기의 말소에 따라 직권으로 말소된다(대판 1995.5.26. 95다7550). 따라서 피담보채무가 소멸된 경우 양수인을 상대로 주등기인 근저당권설정등기의 말소를 청구하여야 한다.
> • 반면에 근저당권의 이전원인만이 무효로 되거나 취소 또는 해제된 경우, 즉 근저당권의 주등기 자체는 유효한 것을 전제로 이와는 별도로 근저당권이전의 부기등기에 한하여 무효사유가 있다는 이유로 부기등기만의 효력을 다투는 경우에는 그 부기등기의 말소를 소구할 필요가 있으므로 예외적으로 소의 이익이 있다(대판 2005.6.10. 2002다15412·15429).

3. 저당권부 채권의 입질

① 입질도 피담보채권과 저당권을 함께 하여야 한다. 따라서 채권이 입질되는 것이기 때문에 권리질권의 설정에 관한 규정이 적용되고, 저당권등기에 질권의 부기등기를 하여야 저당권에도 질권의 효력이 미치게 된다(민법 제348조).
② 저당권부 채권이 입질되면 질권자는 입질된 채권의 추심권을 가지며(민법 제353조), 입질채권이 변제되지 않으면 저당권을 실행할 수 있다.

Ⅱ 저당권의 소멸

1. 일반적 소멸사유

저당권은 물권 일반에 공통하는 소멸원인 및 담보물권에 공통하는 소멸원인에 의하여 소멸한다. 또한 경매, 제3취득자의 변제 등에 의해서도 소멸한다.

2. 소멸시효

피담보채권이 소멸하면 저당권은 그 부종성에 의하여 당연히 소멸하게 되므로, 그 말소등기가 경료되기 전에 그 저당권부채권을 가압류하고 압류 및 전부명령을 받아 저당권 이전의 부기등기를 경료한 자라 할지라도, 그 가압류 이전에 그 저당권의 피담보채권이 소멸된 이상, 그 근저당권을 취득할 수 없고, 실체관계에 부합하지 않는 그 근저당권 설정등기를 말소할 의무를 부담한다(대판 2002.9.24. 2002다27910). 기출 09

3. 지상권·전세권을 목적으로 하는 저당권

민법 제371조 제2항의 "지상권 또는 전세권을 소멸하게 하는 행위"란 지상권 또는 전세권의 포기와 같이 저당권설정자의 적극적인 의사에 의한 소멸행위를 말하고, 저당권설정자의 의사에 기하지 않고 소멸하는 경우는 여기에 해당하지 않는다.

[전세권에 대하여 저당권이 설정된 경우, 전세기간 만료 후에 그 저당권을 실행하는 방법]

전세권에 대하여 설정된 저당권은 민사소송법 제724조 소정의 부동산경매절차에 의하여 실행하는 것이나, 전세권의 존속기간이 만료되면 전세권의 용익물권적 권능이 소멸하기 때문에 더 이상 전세권 자체에 대하여 저당권을 실행할 수 없게 되고 기출 11·17·19 , 이러한 경우는 민법 제370조, 제342조 및 민사소송법 제733조에 의하여 저당권의 목적물인 전세권에 갈음하여 존속하는 것으로 볼 수 있는 전세금반환채권에 대하여 추심명령 또는 전부명령을 받거나(이 경우 저당권의 존재를 증명하는 등기부등본을 집행법원에 제출하면 되고 별도의 채무명의가 필요한 것이 아니다), 제3자가 전세금반환채권에 대하여 실시한 강제집행절차에서 배당요구를 하는 등의 방법으로 자신의 권리를 행사할 수 있을 뿐이다(대결 1995.9.18. 95마684). 기출 11·21

[전세권에 대하여 저당권이 설정되어 있는데 전세권이 기간만료로 종료된 경우, 전세금반환채권에 대한 제3자의 압류 등이 없는 한 전세권설정자는 전세권자에 대하여만 전세금반환의무를 부담하는지 여부(적극)]

전세권을 목적물로 하는 저당권의 설정은 전세권의 목적물 소유자의 의사와는 상관없이 전세권자의 동의만 있으면 가능한 것이고, 원래 전세권에 있어 전세권설정자가 부담하는 전세금반환의무는 전세금반환채권에 대한 제3자의 압류 등이 없는 한 전세권자에 대해 전세금을 지급함으로써 그 의무이행을 다할 뿐이라는 점에 비추어 볼 때, 전세권저당권이 설정된 경우에도 전세권이 기간만료로 소멸되면 전세권설정자는 전세금반환채권에 대한 제3자의 압류 등이 없는 한 전세권자에 대하여만 전세금반환의무를 부담한다(대판 1999.9.17. 98다31301).

제5관 | 특수저당권

I 공동저당(민법 제368조)

공동저당과 대가의 배당, 차순위자의 대위(민법 제368조) **기출 07·19**
① 동일한 채권의 담보로 수개의 부동산에 저당권을 설정한 경우에 그 부동산의 경매대가를 동시에 배당하는 때에는 각부동산의 경매대가에 비례하여 그 채권의 분담을 정한다.
② 전항의 저당부동산중 일부의 경매대가를 먼저 배당하는 경우에는 그 대가에서 그 채권전부의 변제를 받을 수 있다. 이 경우에 그 경매한 부동산의 차순위저당권자는 선순위저당권자가 전항의 규정에 의하여 다른 부동산의 경매대가에서 변제를 받을 수 있는 금액의 한도에서 선순위자를 대위하여 저당권을 행사할 수 있다.

1. 의 의

공동저당이란 채권자가 동일한 채권의 담보로서 수개의 부동산 위에 저당권을 설정하는 것을 말한다.

2. 성립요건

(1) 저당권 설정의 합의

① "동일한" 채권의 의미는 하나의 채권을 의미하는 것이 아니다. 따라서 수개의 채권을 담보하기 위한 공동저당의 설정도 가능하다.

② 공동저당은 동시에 성립해야 하는 것은 아니며, 때를 달리하여 설정할 수도 있다(민법 제362조의 저당물 보충 참고). **기출 16** 또한 수개의 저당권의 순위가 달라도 무방하다.

③ 저당목적물이 전부 채무자 소유일 필요는 없고, 물상보증인 소유인 경우에도 공동저당이 성립하는 데 지장이 없다.

④ 목적물 수만큼 수개의 저당권이 성립한다(저당권의 독립성).

(2) 등 기

① 각각의 부동산에 저당권등기를 한다. 이 경우 다른 부동산과 함께 공동담보로 되어 있다는 취지를 기록하여야 한다(부동산등기법 제78조 제1항).

② 공동저당부동산이 5개 이상인 경우에는 등기관은 공동담보목록을 작성하여야 한다(부동산등기법 제78조 제2항). 공동담보목록은 등기기록의 일부로 본다(부동산등기법 제78조 제3항).

3. 공동저당의 효력

(1) 공동저당권의 실행

보통의 저당권과 다르지 않지만, 채권자의 실행선택권이 인정된다. 그러나 민법은 채권자의 실행선택권을 인정하면서 후순위권리자 보호를 위하여 일정한 조치를 규정하고 있다.

(2) 동시배당(민법 제368조 제1항)

1) 부담의 안분

① 동시배당의 경우에는 공동저당권자에게 안분배당을 해야 한다. 남는 부분은 각 부동산의 후순위저당권자 등에게 배당한다. 여기서 동시배당이란 경매신청이 아닌 배당을 기준으로 한다. 따라서 동시에 경매를 신청하였더라도 배당의 시기가 다르다면 동시배당에 해당하지 않는다. 기출 07

② 후순위저당권자가 없더라도 안분배당을 해야 한다.

2) 적용범위

① **공동근저당** : 민법 제368조 제1항은 공동저당의 목적물이 모두 채무자 소유인 경우에 적용된다. 또한 공동근저당권의 경우에도 적용되고, 공동근저당권자 스스로 경매를 실행하는 경우는 물론이고 타인이 실행한 경매에서 우선배당을 받는 경우에도 적용된다(대판 2006.10.27. 2005다14502).

> [공동근저당권자가 스스로 근저당권을 실행하거나 타인에 의하여 개시된 경매·공매 절차, 수용 절차 또는 회생 절차 등을 통하여 공동담보의 목적 부동산 중 일부에 대한 환가대금 등으로부터 다른 권리자에 우선하여 피담보채권의 일부에 대하여 배당받은 경우, 공동담보의 나머지 목적 부동산에 대한 경매 등의 환가절차에서 나머지 피담보채권에 대하여 다시 최초의 채권최고액 범위 내에서 공동근저당권자로서 우선변제권을 행사할 수 있는지 여부(소극) 및 공동담보의 나머지 목적 부동산에 대하여 공동근저당권자로서 행사할 수 있는 우선변제권의 범위(= 최초의 채권최고액에서 우선변제받은 금액을 공제한 나머지 채권최고액) / 이러한 법리는 채권최고액을 넘는 피담보채권이 원금이 아니라 이자·지연손해금인 경우에도 마찬가지로 적용되는지 여부(적극)]
> 민법 제368조는 공동근저당권의 경우에도 적용되고, 공동근저당권자가 스스로 근저당권을 실행한 경우는 물론이며 타인에 의하여 개시된 경매·공매 절차, 수용 절차 또는 회생 절차 등(이하 '경매 등의 환가절차'라 한다)에서 환가대금 등으로부터 다른 권리자에 우선하여 피담보채권의 일부에 대하여 배당받은 경우에도 적용된다. 공동근저당권이 설정된 목적 부동산에 대하여 동시배당이 이루어지는 경우에 공동근저당권자는 채권최고액 범위 내에서 피담보채권을 민법 제368조 제1항에 따라 부동산별로 나누어 각 환가대금에 비례한 액수로 배당받으며, 공동근저당권의 각 목적 부동산에 대하여 채권최고액만큼 반복하여, 이른바 누적적으로 배당받지 아니한다. 그렇다면 공동근저당권이 설정된 목적 부동산에 대하여 이시배당이 이루어지는

경우에도 동시배당의 경우와 마찬가지로 공동근저당권자가 공동근저당권 목적 부동산의 각 환가대금으로부터 채권최고액만큼 반복하여 배당받을 수는 없다고 해석하는 것이 민법 제368조 제1항 및 제2항의 취지에 부합한다. 그러므로 공동근저당권자가 스스로 근저당권을 실행하거나 타인에 의하여 개시된 경매 등의 환가절차를 통하여 공동담보의 목적 부동산 중 일부에 대한 환가대금 등으로부터 다른 권리자에 우선하여 피담보채권의 일부에 대하여 배당받은 경우에, 그와 같이 우선변제받은 금액에 관하여는 공동담보의 나머지 목적 부동산에 대한 경매 등의 환가절차에서 다시 공동근저당권자로서 우선변제권을 행사할 수 없다고 보아야 하며, 공동담보의 나머지 목적 부동산에 대하여 공동근저당권자로서 행사할 수 있는 우선변제권의 범위는 피담보채권의 확정 여부와 상관없이 최초의 채권최고액에서 위와 같이 우선변제받은 금액을 공제한 나머지 채권최고액으로 제한된다고 해석함이 타당하다. 그리고 이러한 법리는 채권최고액을 넘는 피담보채권이 원금이 아니라 이자·지연손해금인 경우에도 마찬가지로 적용된다(대판[전합] 2017.12.21. 2013다16992).

② 공동저당의 목적부동산의 일부는 채무자, 나머지는 물상보증인의 소유인 경우

[공동저당권의 목적물인 채무자 소유의 부동산과 물상보증인 소유의 부동산이 함께 경매되어 그 경매대가를 동시에 배당하는 경우, 민법 제368조 제1항이 적용되는지 여부(소극) 및 그 경우의 배당 방법]
공동저당권이 설정되어 있는 수개의 부동산 중 일부는 채무자 소유이고 일부는 물상보증인의 소유인 경우 위 각 부동산의 경매대가를 동시에 배당하는 때에는, 물상보증인이 민법 제481조, 제482조의 규정에 의한 변제자대위에 의하여 채무자 소유 부동산에 대하여 담보권을 행사할 수 있는 지위에 있는 점 등을 고려할 때, "동일한 채권의 담보로 수개의 부동산에 저당권을 설정한 경우에 그 부동산의 경매대가를 동시에 배당하는 때에는 각 부동산의 경매대가에 비례하여 그 채권의 분담을 정한다"고 규정하고 있는 민법 제368조 제1항은 적용되지 아니한다고 봄이 상당하다. 따라서 이러한 경우 경매법원으로서는 채무자 소유 부동산의 경매대가에서 공동저당권자에게 우선적으로 배당을 하고, 부족분이 있는 경우에 한하여 물상보증인 소유 부동산의 경매대가에서 추가로 배당을 하여야 한다(대판 2010.4.15. 2008다41475). [기출] 11·13·16 이러한 이치는 물상보증인이 채무자를 위한 연대보증인의 지위를 겸하고 있는 경우에도 마찬가지이다(대판 2016.3.10. 2014다231965).

(3) 이시배당(민법 제368조 제2항)

1) 후순위저당권자의 대위

① 의의 : 민법 제368조 제2항 후문은 대위제도를 규정하여 공동저당권의 목적 부동산 중 일부의 경매대가를 먼저 배당하는 이시배당의 경우에도 최종적인 배당의 결과가 동시배당의 경우와 같게 함으로써 공동저당권자의 실행선택권 행사로 인하여 불이익을 입은 차순위저당권자를 보호하는 데 그 취지가 있다(대판 2006.10.27. 2005다14502). [기출] 07

② 요건 : 후순위저당권자의 대위가 인정되기 위해서는 ㉠ 공동저당물 중 일부의 경매대가가 먼저 배당되었을 것, ㉡ 공동저당권자가 일부의 경매대가로부터 그 부동산의 책임분담액을 초과하는 배당을 받았을 것, ㉢ 그로 인하여 후순위저당권자가 동시배당에 비하여 불이익을 받았을 것 등이 요구된다.

③ 효과 : 선순위공동저당권자의 미실행 저당권이 경매된 부동산의 후순위저당권자에게 법률상 당연히 이전되고(민법 제187조), 후순위저당권자는 미실행 저당권에 기한 경매를 신청할 수 있으며, 그 부동산의 경매절차에서 동시배당의 경우와 비교하여 감소된 금액을 한도로 우선변제를 받을 수 있다(민법 제368조 제2항).

④ 대위등기가 없는 상태에서 저당권등기가 말소된 경우

> 먼저 경매된 부동산의 후순위저당권자가 다른 부동산에 공동저당의 대위등기를 하지 아니하고 있는 사이에 선순위저당권자 등에 의해 그 부동산에 관한 저당권등기가 말소되고, 그와 같이 저당권등기가 말소되어 등기부상 저당권의 존재를 확인할 수 없는 상태에서 그 부동산에 관하여 소유권이나 저당권 등 새로 이해관계를 취득한 사람에 대해서는, 후순위저당권자가 민법 제368조 제2항에 의한 대위를 주장할 수 없다(대판 2015.3.20. 2012다99341).

2) 공동저당 부동산 중 채무자 이외의 자, 즉 물상보증인 또는 제3취득자의 소유인 부동산이 존재하는 경우에도 민법 제368조 제2항 후문에 의한 후순위저당권자의 대위가 인정되는지 여부

> **[채무자 소유의 부동산이 먼저 경매된 경우]**
> 공동저당의 목적인 채무자 소유의 부동산과 물상보증인 소유의 부동산 중 채무자 소유의 부동산에 대하여 먼저 경매가 이루어져 그 경매대금의 교부에 의하여 1번 공동저당권자가 변제를 받더라도 채무자 소유의 부동산에 대한 후순위 저당권자는 민법 제368조 제2항 후단에 의하여 1번 공동저당권자를 대위하여 물상보증인 소유의 부동산에 대하여 저당권을 행사할 수 없다. 그리고 이러한 법리는 채무자 소유의 부동산에 후순위 저당권이 설정된 후에 물상보증인 소유의 부동산이 추가로 공동저당의 목적으로 된 경우에도 마찬가지로 적용된다(대판 2014.1.23. 2013다207996). 기출 16
>
> **[물상보증인 소유의 부동산이 먼저 경매된 경우]**
> 공동저당에 제공된 채무자 소유의 부동산과 물상보증인 소유의 부동산 가운데 물상보증인 소유의 부동산이 먼저 경매되어 매각대금에서 선순위공동저당권자가 변제를 받은 때에는 물상보증인은 채무자에 대하여 구상권을 취득함과 동시에 변제자대위에 의하여 채무자 소유의 부동산에 대한 선순위공동저당권을 대위취득한다. 물상보증인 소유의 부동산에 대한 후순위저당권자는 물상보증인이 대위취득한 채무자 소유의 부동산에 대한 선순위공동저당권에 대하여 물상대위를 할 수 있다. 기출 07·10·13·16·19 이 경우에 채무자는 물상보증인에 대한 반대채권이 있더라도 특별한 사정이 없는 한 물상보증인의 구상금 채권과 상계함으로써 물상보증인 소유의 부동산에 대한 후순위저당권자에게 대항할 수 없다. 채무자는 선순위공동저당권자가 물상보증인 소유의 부동산에 대해 먼저 경매를 신청한 경우에 비로소 상계할 것을 기대할 수 있는데, 이처럼 우연한 사정에 의하여 좌우되는 상계에 대한 기대가 물상보증인 소유의 부동산에 대한 후순위저당권자가 가지는 법적 지위에 우선할 수 없다(대판 2017.4.26. 2014다221777·2014다221784).

3) 물상보증인 소유의 복수의 부동산에 공동저당권이 설정된 경우

> [1] 공동저당이 설정된 복수의 부동산이 같은 물상보증인의 소유에 속하고 그중 하나의 부동산에 후순위저당권이 설정되어 있는데 그 부동산의 대가만 배당되는 경우, 후순위저당권자가 공동저당이 설정된 다른 부동산에 대한 선순위 공동저당권자의 저당권을 대위 행사할 수 있는지 여부(적극) 및 이는 공동저당이 설정된 부동산이 제3자에게 양도되어 소유자가 다르게 되더라도 마찬가지인지 여부(적극) : 공동저당이 설정된 복수의 부동산이 같은 물상보증인의 소유에 속하고 그중 하나의 부동산에 후순위저당권이 설정되어 있는 경우에, 그 부동산의 대가만이 배당되는 때에는 후순위저당권자는 민법 제368조 제2항에 따라 선순위 공동저당권자가 같은 조 제1항에 따라 공동저당이 설정된 다른 부동산으로부터 변제를 받을 수 있었던 금액에 이르기까지 선순위 공동저당권자를 대위하여 그 부동산에 대한 저당권을 행사할 수 있다. 이 경우 공동저당이 설정된 부동산이 제3자에게 양도되어 그 소유자가 다르게 되더라도 민법 제482조 제2항 제3호, 제4호에 따라 각 부동산의 소유자는 그 부동산의 가액에 비례해서만 변제자대위를 할 수 있으므로 후순위저당권자의 지위는 영향을 받지 않는다.

[3] 물상보증인이 소유하는 복수의 부동산에 공동저당이 설정되고 그중 한 부동산에 후순위저당권이 설정된 다음에 그 부동산이 채무자에게 양도됨으로써 채무자 소유의 부동산과 물상보증인 소유의 부동산에 대해 공동저당이 설정된 상태가 된 경우, 물상보증인의 변제자대위는 후순위저당권자의 지위에 영향을 주지 않는 범위에서만 성립하는지 여부(적극) 및 이는 물상보증인으로부터 부동산을 양수한 제3취득자가 변제자대위를 하는 경우에도 마찬가지인지 여부(적극) : 같은 물상보증인이 소유하는 복수의 부동산에 공동저당이 설정되고 그중 한 부동산에 후순위저당권이 설정된 다음에 그 부동산이 채무자에게 양도됨으로써 채무자 소유의 부동산과 물상보증인 소유의 부동산에 대해 공동저당이 설정된 상태에 있게 된 경우에는 물상보증인의 변제자대위는 후순위저당권자의 지위에 영향을 주지 않는 범위에서 성립한다고 보아야 하고, 이는 물상보증인으로부터 부동산을 양수한 제3취득자가 변제자대위를 하는 경우에도 마찬가지이다. 이 경우 물상보증인이 자신이 변제한 채권 전부에 대해 변제자대위를 할 수 있다고 본다면, 후순위저당권자는 저당부동산이 채무자에게 이전되었다는 우연한 사정으로 대위를 할 수 있는 지위를 박탈당하는 반면, 물상보증인 또는 그로부터 부동산을 양수한 제3취득자는 뜻하지 않은 이득을 얻게 되어 부당하다. 같은 물상보증인이 소유하는 복수의 부동산에 공동저당이 설정된 경우 그 부동산 중 일부에 대한 후순위저당권자는 선순위 공동저당권자가 공동저당이 설정된 부동산의 가액에 비례하여 배당받는 것을 전제로 부동산의 담보가치가 남아있다고 기대하여 저당권을 설정받는 것이 일반적이고, 이러한 기대를 보호하는 것이 민법 제368조의 취지에 부합한다(대판 2021.12.16. 2021다247258).

4. 저당권의 포기로 인한 대위 침해의 문제

> 선순위 공동저당권자가 피담보채권을 변제받기 전에 공동저당 목적 부동산 중 일부에 관한 저당권을 포기한 경우에는, 후순위저당권자가 있는 부동산에 관한 경매절차에서, 저당권을 포기하지 아니하였더라면 후순위저당권자가 대위할 수 있었던 한도에서는 후순위저당권자에 우선하여 배당을 받을 수 없다고 보아야 하고, 이러한 법리는 공동근저당권의 경우에도 마찬가지로 적용된다(대판 2009.12.10. 2009다41250). **기출 13**

5. 공동저당 법리의 유추적용

(1) 유추적용이 인정된 경우

판례는 공동저당의 법리를 임금채권 최우선특권, 주택임대차보호법상 소액임차인의 보증금 최우선변제특권, 조세채권 우선특권에 따라 이들에게 우선배당이 실시될 경우에 후순위자에 대하여 민법 제368조를 유추한다.

(2) 유추적용이 부정된 경우

동일한 채권의 담보를 위하여 부동산과 선박에 저당권이 설정된 경우에는 민법 제368조 제2항 후문 규정이 적용 또는 유추적용되지 아니 한다(대판 2002.7.12. 2001다53264).

Ⅱ 근저당(민법 제357조)

근저당(민법 제357조)
① 저당권은 그 담보할 채무의 최고액만을 정하고 채무의 확정을 장래에 보류하여 이를 설정할 수 있다. 이 경우에는 그 확정될 때까지의 채무의 소멸 또는 이전은 저당권에 영향을 미치지 아니한다.
② 전항의 경우에는 채무의 이자는 최고액 중에 산입한 것으로 본다.

1. 서 설

(1) 의 의

근저당이란 계속적인 거래관계로부터 생기는 다수의 불특정의 채권을 장래의 결산기에 있어서 일정한 한도액(채권최고액)까지 담보하는 저당권을 말한다(민법 제357조).

> **[누적적 근저당권]**
> [1] 당사자 사이에 하나의 기본계약에서 발생하는 동일한 채권을 담보하기 위하여 여러 개의 부동산에 근저당권을 설정하면서 각각의 근저당권 채권최고액을 합한 금액을 우선변제받기 위하여 공동근저당권의 형식이 아닌 개별 근저당권의 형식을 취한 경우, 이러한 근저당권은 민법 제368조가 적용되는 공동근저당권이 아니라 피담보채권을 누적적으로 담보하는 근저당권에 해당한다. 이와 같은 누적적 근저당권은 공동근저당권과 달리 담보의 범위가 중첩되지 않으므로, 누적적 근저당권을 설정받은 채권자는 여러 개의 근저당권을 동시에 실행할 수도 있고, 여러 개의 근저당권 중 어느 것이라도 먼저 실행하여 그 채권최고액의 범위에서 피담보채권의 전부나 일부를 우선변제받은 다음 피담보채권이 소멸할 때까지 나머지 근저당권을 실행하여 그 근저당권의 채권최고액 범위에서 반복하여 우선변제를 받을 수 있다. [2] 채권자가 하나의 기본계약에서 발생하는 동일한 채권을 담보하기 위하여 채무자 소유의 부동산과 물상보증인 소유의 부동산에 누적적 근저당권을 설정받았는데 물상보증인 소유의 부동산이 먼저 경매되어 매각대금에서 채권자가 변제를 받은 경우, 물상보증인은 채무자에 대하여 구상권을 취득함과 동시에 민법 제481조, 제482조에 따라 종래 채권자가 가지고 있던 채권 및 담보에 관한 권리를 행사할 수 있다. 이때 물상보증인은 변제자대위에 의하여 종래 채권자가 보유하던 채무자 소유 부동산에 관한 근저당권을 대위취득하여 행사할 수 있다고 보아야 한다(대판 2020.4.9. 2014다51756·2014다51763[병합]).

(2) 특수성

① 근저당권은 장래의 증감·변동하는 불특정의 채권도 담보한다는 점에서 현재 또는 장래의 특정의 채권을 담보하는 보통의 저당권과 다르다.
② 근저당권은 보통의 저당권과 달리 부종성이 요구되지 않는다.

2. 근저당권의 성립요건

(1) 근저당권설정계약

① 근저당권설정계약의 당사자는 근저당권자(채권자)와 근저당권설정자(채무자 또는 물상보증인)이다.

> **[채권자와 근저당권자 사이에 형성된 법률관계의 실체를 밝히는 것이 의사표시 해석의 문제인지 여부(적극) 및 그 해석 방법 / 근저당권설정등기상 근저당권자가 다른 사람과 함께 채무자로부터 유효하게 채권을 변제받을 수 있고 채무자도 그들 중 누구에게든 채무를 유효하게 변제할 수 있는 관계에 있다고 볼 수 있는 경우, 그러한 근저당권설정등기의 효력(유효)]**
> 채권자와 근저당권자 사이에 형성된 법률관계의 실체를 밝히는 것은 단순한 사실인정의 문제가 아니라 의사표시 해석의 영역에 속하는 것일 수밖에 없고, 따라서 그 행위가 가지는 법률적 의미는 채권자와 근저당권자의 관계, 근저당권설정의 동기 및 경위, 당사자들의 진정한 의사와 목적 등을 종합적으로 고찰하여 논리와 경험칙에 따라 합리적으로 해석하여야 한다. 그리고 근저당권설정등기상 근저당권자가 다른 사람과 함께 채무자로부터 유효하게 채권을 변제받을 수 있고 채무자도 그들 중 누구에게든 채무를 유효하게 변제할 수 있는 관계, 가령 채권자와 근저당권자가 불가분적 채권자의 관계에 있다고 볼 수 있는 경우에는 그러한 근저당권설정등기도 유효하다고 볼 것이다(대판 2020.7.9. 2019다212594).

② 근저당권설정계약에서 담보할 채권의 최고액과 함께 피담보채권의 범위를 결정하는 기준을 정해야 한다.

③ 근저당권에 의해 담보될 채권(피담보채권)을 발생케 하는 계속적 계약관계(기본계약관계)가 정해져야 한다. 기출 14

(2) 근저당권설정등기

① 채권의 최고액을 등기해야 한다(부동산등기법 제75조 제2항 제1호).

② 근저당권의 존속기간을 등기할 수 있으나(부동산등기법 제75조 제2항 제4호), 이를 등기하지 않았더라도 근저당권 등기가 무효로 되는 것은 아니다.

> **[부동산 매매대금의 지급을 담보하기 위하여 당사자 간의 합의에 의하여 소유권이전등기를 매수인에게 경료하지 않은 상태에서 목적 부동산 위에 근저당권자를 매도인이 지정하는 제3자로, 채무자를 매도인으로 하는 근저당권을 설정한 경우, 그 근저당권설정등기가 담보물권의 부수성에 반하여 무효인지 여부(= 제한적 유효)]**
>
> 근저당권은 채권담보를 위한 것이므로 원칙적으로 채권자와 근저당권자는 동일인이 되어야 하지만, 제3자를 근저당권 명의인으로 하는 근저당권을 설정하는 경우 그 점에 대하여 채권자와 채무자 및 제3자 사이에 합의가 있고, 채권양도, 제3자를 위한 계약, 불가분적 채권관계의 형성 등 방법으로 채권이 그 제3자에게 실질적으로 귀속되었다고 볼 수 있는 특별한 사정이 있는 경우에는 제3자 명의의 근저당권설정등기도 유효하다고 보아야 할 것이고, 한편 부동산을 매수한 자가 소유권이전등기를 마치지 아니한 상태에서 매도인인 소유자의 승낙 아래 매수 부동산을 타에 담보로 제공하면서 당사자 사이의 합의로 편의상 매수인 대신 등기부상 소유자인 매도인을 채무자로 하여 마친 근저당권설정등기는 실제 채무자인 매수인의 근저당권자에 대한 채무를 담보하는 것으로서 유효하다고 볼 것인바, 위 양자의 형태가 결합된 근저당권이라 하여도 그 자체만으로는 부종성의 관점에서 근저당권이 무효라고 보아야 할 어떤 질적인 차이를 가져오는 것은 아니라 할 것이다. 그리고 매매잔대금 채무를 지고 있는 부동산 매수인이 매도인과 사이에 소유권이전등기를 경료하지 아니한 상태에서 그 부동산을 담보로 하여 대출받는 돈으로 매매잔대금을 지급하기로 약정하는 한편, 매매잔대금의 지급을 위하여 당좌수표를 발행·교부하고 이를 담보하기 위하여 그 부동산에 제1순위 근저당권을 설정하되, 그 구체적 방안으로서 채권자인 매도인과 채무자인 매수인 및 매도인이 지정하는 제3자 사이의 합의 아래 근저당권자를 제3자로, 채무자를 매도인으로 하기로 하고, 이를 위하여 매도인이 제3자로부터 매매잔대금 상당액을 차용하는 내용의 차용금증서를 작성·교부하였다면, 매도인이 매매잔대금 채권의 이전 없이 단순히 명의만을 제3자에게 신탁한 것으로 볼 것은 아니고, 채무자인 매수인의 승낙 아래 매매잔대금 채권이 제3자에게 이전되었다고 보는 것이 일련의 과정에 나타난 당사자들의 진정한 의사에 부합하는 해석일 것이므로, 제3자 명의의 근저당권설정등기는 그 피담보채무가 엄연히 존재하고 있어 그 원인이 없거나 부종성에 반하는 무효의 등기라고 볼 수 없다(대판[전합] 2001.3.15. 99다48948 – 다수의견).

3. 근저당권의 효력

(1) 최고액

① 최고액이란 근저당권자가 목적물로부터 우선변제를 받을 수 있는 한도액을 의미한다.

② 「채무자 겸 근저당권설정자」가 그 채무의 일부인 채권최고액만을 변제하고, 나머지 잔존 채무에 대해서는 변제를 하지 않은 경우 근저당권의 말소를 구할 수 없다(대판 2001.10.12. 2000다59081). 즉 채무 전액을 변제해야 한다.

③ 「물상보증인」이나 「제3취득자」인 경우에는 채권최고액만을 변제하고 근저당권의 말소를 청구할 수 있다(대판 1974.12.10. 74다998, 대결 1971.5.15. 71마251). 기출 22

(2) 피담보채권

① **피담보채권의 범위** : 우선 근저당권설정계약에 의하여 결정되지만, 계약에 정함이 없는 경우에는 민법 제360조가 적용된다.

② **최고액과 피담보채권의 범위와 관계**

　ㄱ 원본, 이자, 위약금, 채무불이행으로 인한 손해배상, 저당권의 실행비용 등이 근저당권에 의하여 담보된다. 다만, 지연손해금은 일반 저당과 달리 1년분에 한정될 필요가 없다.

`기출` 16 · 23

> **[저당권의 피담보채권 범위에 관한 민법 제360조 단서가 근저당권에도 적용되는지 여부(소극) 및 이는 근저당권의 피담보채권이 회생담보권인 경우에도 마찬가지인지 여부(적극)]**
>
> 저당권의 피담보채권 범위에 관한 민법 제360조 단서는 근저당권에 적용되지 않으므로 근저당권의 피담보채권 중 지연손해금도 근저당권의 채권최고액 한도에서 전액 담보된다. 이는 근저당권의 피담보채권이 회생담보권인 경우라고 해서 달리 볼 이유가 없다(대판 2021.10.14. 2021다240851). `기출` 23

　ㄴ 근저당권 실행비용이 최고액에 포함되는지 견해의 다툼이 있으나 다수설 및 판례는 포함하지 않는다는 입장이다.

> 경매부동산을 매수한 제3취득자는 그 부동산으로 담보하는 채권최고액과 경매비용을 변제공탁하면 그 저당권의 소멸을 청구할 수 있다(대결 1971.5.15. 71마251). `기출` 17

(3) 근저당권의 실행

① **의의** : 채무자 또는 제3취득자 등이 피담보채권을 변제하여 근저당권을 소멸시키키 위해서는 먼저 피담보채권이 확정된 후 그 채권을 변제해야 한다. 실행절차는 보통의 저당권과 같다.

② **피담보채권의 확정** : 근저당권의 피담보채권은 증감, 변동하는데, 그러한 상태가 종료되는 것을 근저당권의 확정 또는 피담보채권의 확정이라 한다. 민법이 피담보채권의 확정사유 및 시기를 규정하고 있지 않아, 이론 및 판례에 의해 해결되고 있다.

　ㄱ 확정사유에 대한 검토

　　• 근저당권설정자 등의 확정청구

> [1] 근저당권이라 함은 그 담보할 채권의 최고액만을 정하고 채무의 확정을 장래에 유보하여 설정하는 저당권을 말하고, 이 경우 그 피담보채무가 확정될 때까지의 채무의 소멸 또는 이전은 근저당권에 영향을 미치지 아니하므로, 근저당부동산에 대하여 소유권을 취득한 제3자는 피담보채무가 확정된 이후에 그 확정된 피담보채무를 채권최고액의 범위 내에서 변제하고 근저당권의 소멸을 청구할 수 있다고 할 것이며, 피담보채무는 근저당권설정계약에서 근저당권의 존속기간을 정하거나 근저당권으로 담보되는 기본적인 거래계약에서 결산기를 정한 경우에는 원칙적으로 존속기간이나 결산기가 도래한 때에 확정되지만, 이 경우에도 근저당권에 의하여 담보되는 채권이 전부 소멸하고 채무자가 채권자로부터 새로이 금원을 차용하는 등 거래를 계속할 의사가 없는 경우에는, 그 존속기간 또는 결산기가 경과하기 전이라 하더라도 근저당권설정자는 계약을 해지하고 근저당권설정등기의 말소를 구할 수 있고, 한편 존속기간이나 결산기의 정함이 없는 때에는 근저당권의 피담보채무의 확정방법에 관한 다른 약정이 있으면 그에 따르되 이러한 약정이 없는 경우라면 근저당권설정자가 근저당권자를 상대로

언제든지 해지의 의사표시를 함으로써 피담보채무를 확정시킬 수 있다. 기출 16·22 [2] 피담보채무를 확정시키는 근저당권설정자의 근저당권설정계약의 해제 또는 해지에 관한 권한은 근저당부동산의 소유권을 취득한 제3취득자도 원용할 수 있다(대판 2002.5.24. 2002다7176).

- 경매신청

- 근저당권자의 경매신청

근저당권자가 피담보채무의 불이행을 이유로 경매신청을 한 경우에는 경매신청시에 근저당 채무액이 확정되고, 그 이후부터 근저당권은 부종성을 가지게 되어 보통의 저당권과 같은 취급을 받게 되는바, 위와 같이 경매신청을 하여 경매개시결정이 있은 후에 경매신청이 취하되었다고 하더라도 채무확정의 효과가 번복되는 것은 아니다(대판 2002.11.26. 2001다73022). 기출 16·17

- 제3자의 경매신청

[후순위근저당권자가 경매를 신청한 경우, 선순위근저당권자의 피담보채권액이 확정되는 시기(= 경락대금 완납시)]

당해 근저당권자는 저당부동산에 대하여 경매신청을 하지 아니하였는데 다른 채권자가 저당부동산에 대하여 경매신청을 한 경우 민사소송법 제608조 제2항, 제728조의 규정에 따라 경매신청을 하지 아니한 근저당권자의 근저당권도 경락으로 인하여 소멸하므로, 다른 채권자가 경매를 신청하여 경매절차가 개시된 때로부터 경락으로 인하여 당해 근저당권이 소멸하게 되기까지의 어느 시점에서인가는 당해 근저당권의 피담보채권도 확정된다고 하지 아니할 수 없는데, 그중 어느 시기에 당해 근저당권의 피담보채권이 확정되는가 하는 점에 관하여 우리 민법은 아무런 규정을 두고 있지 아니한바, 부동산 경매절차에서 경매신청기입등기 이전에 등기되어 있는 근저당권은 경락으로 인하여 소멸되는 대신에 그 근저당권자는 민사소송법 제605조가 정하는 배당요구를 하지 아니하더라도 당연히 그 순위에 따라 배당을 받을 수 있고, 이러한 까닭으로 선순위 근저당권이 설정되어 있는 부동산에 대하여 근저당권을 취득하는 거래를 하려는 사람들은 선순위 근저당권의 채권최고액 만큼의 담보가치는 이미 선순위 근저당권자에 의하여 파악되어 있는 것으로 인정하고 거래를 하는 것이 보통이므로, 담보권 실행을 위한 경매절차가 개시되었음을 선순위근저당권자가 안 때 이후의 어떤 시점에 선순위근저당권의 피담보채무액이 증가하더라도 그와 같이 증가한 피담보채무액이 선순위 근저당권의 채권최고액 한도 안에 있다면 경매를 신청한 후순위근저당권자가 예측하지 못한 손해를 입게 된다고 볼 수 없는 반면, 선순위근저당권자는 자신이 경매신청을 하지 아니하였으면서도 경락으로 인하여 근저당권을 상실하게 되는 처지에 있으므로 거래의 안전을 해치지 아니하는 한도 안에서 선순위근저당권자가 파악한 담보가치를 최대한 활용할 수 있도록 함이 타당하다는 관점에서 보면, 후순위근저당권자가 경매를 신청한 경우 선순위근저당권의 피담보채권은 그 근저당권이 소멸하는 시기, 즉 경락인이 경락대금을 완납한 때에 확정된다고 보아야 한다(대판 1999.9.21. 99다26085).

기출 12·17·22

[공동근저당권자가 목적 부동산 중 일부 부동산에 대하여 제3자가 신청한 경매절차에 소극적으로 참가하여 우선배당을 받은 경우, 해당 부동산에 관한 근저당권의 피담보채권이 확정되는 시기(= 매수인이 매각대금을 지급한 때) 및 같은 시기에 나머지 목적 부동산에 관한 근저당권의 피담보채권도 확정되는지 여부(원칙적 소극)]

공동근저당권자가 목적 부동산 중 일부 부동산에 대하여 제3자가 신청한 경매절차에 소극적으로 참가하여 우선배당을 받은 경우, 해당 부동산에 관한 근저당권의 피담보채권은 그 근저당권이 소멸하는 시기, 즉 매수인이 매각대금을 지급한 때에 확정되지만, 나머지 목적 부동산에 관한 근저당권의 피담보채권은 기본거래가 종료하거나 채무자나 물상보증인에 대하여 파산이 선고되는 등의 다른 확정사유가 발생하지 아니하는 한 확정되지 아니한다. 공동근저당권자가 제3자가 신청한 경매절차에 소극적으로 참가하여 우선배당을 받았다는 사정만으로는 당연히 채권자와 채무자 사이의 기본거래가 종료된다고 볼 수 없고, 기본거래가 계속되는 동안에는 공동근저당권자가 나머지 목적 부동산에 관한 근저당권의 담보가치를 최대한 활용할 수 있도록 피담보채권의 증감·교체를 허용할 필요가 있으며, 위와 같이 우선배당을 받은 금액은 나머지 목적 부동산에 대한 경매절차에서 다시 공동근저당권자로서 우선변제권을 행사할 수 없어 이후에 피담보채권액이 증가하더라도 나머지 목적 부동산에 관한 공동근저당권자의 우선변제권 범위는 우선배당액을 공제한 채권최고액으로 제한되므로 후순위 근저당권자나 기타 채권자들이 예측하지 못한 손해를 입게 된다고 볼 수 없기 때문이다(대판 2017.9.21. 2015다50637). **기출** 23

• 채무자가 합병으로 소멸한 경우

물상보증인이 설정한 근저당권의 채무자가 합병으로 소멸하는 경우 합병 후의 존속회사 또는 신설회사는 합병의 효과로서 채무자의 기본계약상 지위를 승계하지만 물상보증인이 존속회사 또는 신설회사를 위하여 근저당권설정계약을 존속시키는 데 동의한 경우에 한하여 합병 후에도 기본계약에 기한 근저당거래를 계속할 수 있고, 합병 후 상당한 기간이 지나도록 그러한 동의가 없는 때에는 합병 당시를 기준으로 근저당권의 피담보채무가 확정된다. 따라서 위와 같이 근저당권의 피담보채무가 확정되면, 근저당권은 그 확정된 피담보채무로서 존속회사 또는 신설회사에 승계된 채무만을 담보하게 되므로, 합병 후 기본계약에 의하여 발생한 존속회사 또는 신설회사의 채무는 근저당권에 의하여 더 이상 담보되지 아니한다. 그리고 이러한 법리는 채무자의 합병 전에 물상보증인으로부터 저당목적물의 소유권을 취득한 제3자가 있는 경우에도 마찬가지로 적용된다(대판 2010.1.28. 2008다12057).

ⓛ 확정의 효과
• 담보되는 채권의 범위

근저당권자의 경매신청 등의 사유로 인하여 근저당권의 피담보채권이 확정되었을 경우, 확정 이후에 새로운 거래관계에서 발생한 원본채권은 그 근저당권에 의하여 담보되지 아니하지만, 확정 전에 발생한 원본채권에 관하여 확정 후에 발생하는 이자나 지연손해금 채권은 채권최고액의 범위 내에서 근저당권에 의하여 여전히 담보되는 것이다(대판 2007.4.26. 2005다38300). **기출** 14·17·22·23

• 실제 채권액이 채권최고액을 초과하는 경우

• 근저당권의 목적이 된 부동산의 제3취득자는 근저당권의 피담보채무에 대하여 채권최고액을 한도로 당해 부동산에 의한 담보적 책임을 부담하므로, 제3취득자로서는 채무자 또는 제3자의 변제 등으로 피담보채권이 일부 소멸하였다고 하더라도 잔존 피담보채권이 채권최고액을 초과하는 한 담보 부동산에 의한 자신의 책임이 그 변제 등으로 인하여 감축되었다고 주장할 수 없다(대판 2007.4.26. 2005다38300). **기출** 12
• 근저당부동산에 대하여 민법 제364조의 규정에 의한 권리를 취득한 제3자는 피담보채무가 확정된 이후에 채권최고액의 범위 내에서 그 확정된 피담보채무를 변제하고 근저당권의 소멸을 청구할 수 있으나, 근저당부동산에 대하여 후순위근저당권을 취득한 자는 민법 제364조에서 정한 권리를 행사할 수 있는 제3취득자에 해당하지 아니하므로 이러한 후순위근저당권자가 선순위근저당권의 피담보채무가 확정된 이후에 그 확정된 피담보채무를 변제한 것은 민법 제469조의 규정에 의한 이해관계 있는 제3자의 변제로서 유효한 것인지 따져볼 수는 있을지언정 민법 제364조의 규정에 따라 선순위근저당권의 소멸을 청구할 수 있는 사유로는 삼을 수 없다(대판 2006.1.26. 2005다17341). **기출** 11

- 채무자의 채무액이 근저당 채권최고액을 초과하는 경우에 채무자 겸 근저당권설정자가 그 채무의 일부인 채권최고액과 지연손해금 및 집행비용 만을 변제하였다면 채권전액의 변제가 있을 때까지 근저당권의 효력은 잔존채무에 미치는 것이므로 위 채무일부의 변제로써 위 근저당권의 말소를 청구할 수 없다(대판 1981.11.10. 80다2712). 기출 23

ⓒ 확정시기에 대한 검토

[근저당권의 피담보채무의 확정시기 및 피담보채무의 확정에 관한 근저당권설정자의 권한을 근저당부동산의 제3취득자가 원용할 수 있는지 여부(적극)]

근저당부동산에 대하여 민법 제364조의 규정에 의한 권리를 취득한 제3자는 피담보채무가 확정된 이후에 채권최고액의 범위 내에서 그 확정된 피담보채무를 변제하고 근저당권의 소멸을 청구할 수 있으므로, 타인의 불법행위로 인하여 부동산에 유효한 근저당권이 설정되는 경우 부동산 소유자가 입은 손해는 부동산 소유자가 근저당권자에 대하여 당해 근저당권의 소멸을 청구하는 데 드는 비용이라고 할 것이고, 한편 근저당권에 의하여 담보되는 피담보채무는 근저당권설정계약에서 근저당권의 존속기간을 정하거나 근저당권으로 담보되는 기본적인 거래계약에서 결산기를 정한 경우에는 원칙적으로 존속기간이나 결산기가 도래한 때에 확정되지만, 이 경우에도 근저당권에 의하여 담보되는 채권이 전부 소멸하고 채무자가 채권자로부터 새로이 금원을 차용하는 등 거래를 계속할 의사가 없는 경우에는, 그 존속기간 또는 결산기가 경과하기 전이라 하더라도 근저당권설정자는 계약을 해제하고 근저당권설정등기의 말소를 구할 수 있고, 존속기간이나 결산기의 정함이 없는 때에는 근저당권설정자가 근저당권자를 상대로 언제든지 해지의 의사표시를 함으로써 피담보채무를 확정시킬 수 있으며, 이러한 계약의 해제 또는 해지에 관한 권한은 근저당부동산의 소유권을 취득한 제3자도 원용할 수 있다고 할 것이다(대판 2006.4.28. 2005다74108).

4. 근저당권의 변경

(1) 채무의 범위 또는 채무자의 변경

[근저당권의 피담보채무가 확정되기 전에는 채무의 범위나 채무자의 변경이 가능한지 여부(적극) 및 근저당권의 채무의 범위나 채무자가 변경된 경우, 변경 전의 범위에 속하는 채권이나 채무자에 대한 채권은 그 근저당권의 피담보채무에서 제외되는지 여부(적극)]

근저당권은 당사자 사이의 계속적인 거래관계로부터 발생하는 불특정채권을 어느 시기에 계산하여 잔존하는 채무를 일정한 한도액 범위 내에서 담보하는 저당권으로서 보통의 저당권과 달리 발생 및 소멸에 있어 피담보채무에 대한 부종성이 완화되어 있는 관계로 피담보채무가 확정되기 이전이라면 채무의 범위나 또는 채무자를 변경할 수 있는 것이고, 채무의 범위나 채무자가 변경된 경우에는 당연히 변경 후의 범위에 속하는 채권이나 채무자에 대한 채권만이 당해 근저당권에 의하여 담보되고, 변경 전의 범위에 속하는 채권이나 채무자에 대한 채권은 그 근저당권에 의하여 담보되는 채무의 범위에서 제외된다(대판 1999.5.14. 97다15777·15784). 기출 12

[물상보증인이 근저당권의 피담보채무만을 면책적으로 인수하고 이를 원인으로 하여 근저당권 변경의 부기등기를 경료한 경우, 그 변경등기는 채무를 인수한 물상보증인이 다른 원인으로 근저당권자에 대하여 부담하게 된 새로운 채무까지 담보하는지 여부(소극)]

물상보증인이 근저당권의 채무자의 계약상의 지위를 인수한 것이 아니라 다만 그 채무만을 면책적으로 인수하고 이를 원인으로 하여 근저당권 변경의 부기등기가 경료된 경우, 특별한 사정이 없는 한 그 변경등기는 당초 채무자가 근저당권자에 대하여 부담하고 있던 것으로서 물상보증인이 인수한 채무만을 그 대상으로 하는 것이지, 그 후 채무를 인수한 물상보증인이 다른 원인으로 근저당권자에 대하여 부담하게 된 새로운 채무까지 담보하는 것으로 볼 수는 없다(대판 1999.9.3. 98다40657). 기출 14·16·18

[근저당권을 설정한 후에 근저당설정자와 근저당권자의 합의로 채무의 범위 또는 채무자를 추가하거나 교체하는 등으로 피담보채무를 변경할 수 있는지 여부(적극) 및 이 경우 이해관계인의 승낙이 필요한지 여부(소극)]

근저당권은 피담보채무의 최고액만을 정하고 채무의 확정을 장래에 보류하여 설정하는 저당권이다(민법 제357조 제1항 본문 참조). 근저당권을 설정한 후에 근저당설정자와 근저당권자의 합의로 채무의 범위 또는 채무자를 추가하거나 교체하는 등으로 피담보채무를 변경할 수 있다. 이러한 경우 위와 같이 변경된 채무가 근저당권에 의하여 담보된다. 후순위저당권자 등 이해관계인은 근저당권의 채권최고액에 해당하는 담보가치가 근저당권에 의하여 이미 파악되어 있는 것을 알고 이해관계를 맺었기 때문에 이러한 변경으로 예측하지 못한 손해를 입었다고 볼 수 없으므로, 피담보채무의 범위 또는 채무자를 변경할 때 이해관계인의 승낙을 받을 필요가 없다. 또한 등기사항의 변경이 있다면 변경등기를 해야 하지만, 등기사항에 속하지 않는 사항은 당사자의 합의만으로 변경의 효력이 발생한다(대판 2021.12.16, 2021다255648).

(2) 피담보채무의 일부양도 또는 일부 변제

[근저당권을 가지고 있는 채권자에게 그 근저당권의 피담보채권이 확정되기 전에 채무의 일부를 대위변제한 자가 그 근저당권의 피담보채권 확정 후 그 근저당권 내지 그 실행으로 인한 경락대금에 대하여 취득하는 권리 범위]

변제할 정당한 이익이 있는 자가 채무자를 위하여 채권의 일부를 대위변제할 경우에 대위변제자는 변제한 가액의 범위 내에서 종래 채권자가 가지고 있던 채권 및 담보에 관한 권리를 법률상 당연히 취득하게 되는 것이므로, 채권자가 부동산에 대하여 근저당권을 가지고 있는 경우에는, 채권자는 대위변제자에게 일부 대위변제에 따른 저당권의 일부 이전의 부기등기를 경료해 주어야 할 의무가 있다 할 것이나, 이 경우에도 채권자는 일부 변제자에 대하여 우선변제권을 가지고 있다 할 것이고, 근저당권이라고 함은 계속적인 거래관계로부터 발생하고 소멸하는 불특정다수의 장래채권을 결산기에 계산하여 잔존하는 채무를 일정한 한도액의 범위 내에서 담보하는 저당권이어서, 거래가 종료하기까지 채권은 계속적으로 증감변동하는 것이므로, 근저당 거래관계가 계속중인 경우 즉 근저당권의 피담보채권이 확정되기 전에 그 채권의 일부를 양도하거나 대위변제한 경우 근저당권이 양수인이나 대위변제자에게 이전할 여지는 없다 할 것이나, 그 근저당권에 의하여 담보되는 피담보채권이 확정되게 되면, 그 피담보채권액이 그 근저당권의 채권최고액을 초과하지 않는 한 그 근저당권 내지 그 실행으로 인한 경락대금에 대한 권리 중 그 피담보채권액을 담보하고 남는 부분은 저당권의 일부이전의 부기등기의 경료 여부와 관계없이 대위변제자에게 법률상 당연히 이전된다(대판 2002.7.26, 2001다53929). 기출 09·22

[근저당 거래관계가 계속되는 관계로 근저당권의 피담보채권이 확정되지 아니하는 동안에 채권의 일부가 대위변제된 경우, 근저당권이 대위변제자에게 이전되는지 여부(소극)]

근저당권은 계속적인 거래관계로부터 발생·소멸하는 불특정다수의 채권 중 그 결산기에 잔존하는 채권을 일정한 한도액의 범위 내에서 담보하는 것으로서 그 거래가 종료하기까지 그 피담보채권은 계속적으로 증감·변동하는 것이므로, 근저당 거래관계가 계속되는 관계로 근저당권의 피담보채권이 확정되지 아니하는 동안에는 그 채권의 일부가 대위변제되었다 하더라도 그 근저당권이 대위변제자에게 이전될 수 없다(대판 2000.12.26, 2000다54451).

[변제할 정당한 이익이 있는 자가 채무자를 위하여 근저당권의 피담보채무의 일부를 대위변제한 경우, 근저당권의 실행으로 인한 배당절차에서 근저당권자의 우선변제권의 범위]

변제할 정당한 이익이 있는 자가 채무자를 위하여 근저당권의 피담보채무의 일부를 대위변제한 경우에 대위변제자는 피담보채무의 일부대위변제를 원인으로 한 근저당권 일부이전의 부기등기의 경료 여부와 관계없이 변제한 가액의 범위 내에서 종래 채권자가 가지고 있던 채권 및 담보에 관한 권리를 법률상 당연히 취득하게 되는 것이나 이때에도 채권자는 대위변제자에 대하여 우선변제권을 가진다고 할 것인바, 이 경우에 채권자의 우선변제권은 피담보채권액을 한도로 특별한 사정이 없는 한 자기가 보유하고 있는 잔존 채권액 전액에 미친다고 할 것이고, 이러한 법리는 채권자와 후순위권리자 사이에서도 마찬가지라 할 것이므로 근저당권의 실행으로 인한 배당절차에서도 채권자는 특별한 사정이 없는 한 자기가 보유하고 있는 잔존 채권액 및 피담보채권액의 한도에서 후순위권리자에 우선해서 배당받을 수 있다(대판 2004.6.25, 2001다2426).

5. 근저당권의 소멸

근저당권도 저당권의 일종이므로, 저당권의 소멸사유가 그대로 적용된다.

6. 포괄근저당

(1) 의 의

포괄근저당이란 채권자와 채무자 사이에 기초적인 계속적 계약(기본계약)조차도 특정하지 않고서 채권자가 채무자에 대하여 「현재 및 장래에 발생할 일체의 채권」을 일정한 한도까지 담보하는 것을 내용으로 하는 근저당을 말한다.

(2) 유 형

① 무제한적 포괄근저당 : 당사자 사이에 현재 및 장래에 발생할 일체의 채권·채무를 담보하는 유형이다.

② 제한적 포괄근저당 : 기본계약을 열거하고 그와 관련하여 생기는 채무 기타 일체의 채무를 담보하는 유형이다. 주로 금융거래에서 이용한다.

(3) 유효성

포괄근저당의 유효성에 관하여 학설은 대체로 긍정하는 입장이며, 인정범위에 차이가 있을 뿐이다. 반면에 판례는 포괄근저당을 유효라고 보고 있음은 분명하지만, 인정범위를 명백히 밝히지 않아 무제한적 포괄근저당도 유효인지는 분명하지 않다.

> 은행과 물상보증인 사이에 근저당권설정계약을 체결할 때 작성된 근저당권설정계약서에 "주채무자가 은행에 대하여 기왕, 현재 또는 장래에 부담하는 모든 채무를 담보하기 위하여 부동산에 근저당권을 설정한다"라는 취지의 기재가 있는 경우 그 기재는 주채무의 종류나 성립시기에 관계없이 모든 채무를 담보하기로 하는 이른바 포괄근저당권을 설정한다는 문언이라 할 것이고, 계약서가 부동문자로 인쇄된 일반거래약관의 형태를 취하고 있다 하더라도 이는 처분문서라 할 것이므로 그 진정성립이 인정되는 때에는 은행의 담보취득행위가 은행대차관계에 있어서 이례에 속하거나 관례를 벗어나는 것이라고 보여지는 등의 특별한 사정이 없는 한 그 계약문언대로 의사표시의 존재와 내용을 인정하여야 한다(대판 1994.9.30. 94다20242).

Ⅲ 특별법에 의한 저당권

타법률에 의한 저당권(민법 제372조)
본장의 규정은 다른 법률에 의하여 설정된 저당권에 준용한다.

민법 외의 다른 법률에 의해 저당권이 인정되는 것으로 입목저당(입목에 관한 법률), 공장저당과 광업재단저당(공장 및 광업재단 저당법), 동산저당(자동차 등 특정동산 저당법), 선박(상법, 선박등기법) 등이 있다.

05 담보물권

01 총 설

01 물상대위에 관한 다음 설명 중 옳지 않은 것은?(다툼이 있는 경우에는 판례에 의함) `기출` 10

① 저당목적물의 소실로 저당권설정자가 취득하게 된 화재보험계약상의 보험금청구권에 대하여도 저당권자가 물상대위권을 행사할 수 있다.

② 저당목적물의 변형물인 금전 기타 물건에 대하여 이미 제3자가 압류하여 그 금전 기타 물건이 특정된 이상 저당권자는 스스로 이를 압류하지 않고서도 물상대위권을 행사할 수 있다.

③ 저당목적물의 변형물인 금전 기타 물건에 대하여 저당권자의 압류 또는 배당요구가 있기 전에 그 금전 기타 물건이 물상보증인에게 지급되었다면, 저당권자는 그 물상보증인에게 부당이득반환을 청구할 수 있다.

④ 저당목적물의 변형물인 금전 기타 물건에 대하여 이미 제3자가 압류하였다면, 저당권자가 물상대위권의 행사에 나아가지 않아도, 다른 일반채권자가 그 금전 기타 물건으로부터 얻은 이득에 대하여 부당이득반환청구를 할 수 있다.

⑤ 공동저당권의 실행에서 물상보증인 소유 부동산이 먼저 경매되어 1번 저당권자에게 대위변제를 한 물상보증인은 채무자 소유 부동산에 대한 1번 저당권을 대위취득하고, 그 물상보증인 소유 부동산의 후순위저당권자는 위 1번 저당권에 기하여 물상대위를 할 수 있다.

해설 ① (○) 저당목적물이 소실되어 저당권설정자가 보험회사에 대하여 화재보험계약에 따른 보험금청구권을 취득한 경우 그 <u>보험금청구권은 저당목적물이 가지는 가치의 변형물</u>이라 할 것이므로 **저당권자는 민법 제370조, 제342조에 의하여 저당권설정자의 보험회사에 대한 보험금청구권에 대하여 물상대위권을 행사할 수 있다**(대판 2004.12.24. 2004다52798).

② (○), ④ (×) 민법 제370조, 제342조 단서가 저당권자는 물상대위권을 행사하기 위하여 저당권설정자가 받을 금전 기타 물건의 지급 또는 인도 전에 압류하여야 한다고 규정한 것은 물상대위의 목적인 채권의 특정성을 유지하여 그 효력을 보전함과 동시에 제3자에게 불측의 손해를 입히지 않으려는 데 있는 것이므로, **저당목적물의 변형물인 금전 기타 물건에 대하여 이미 제3자가 압류하여 그 금전 또는 물건이 특정된 이상 저당권자가 스스로 이를 압류하지 않고서도 물상대위권을 행사하여 일반채권자보다 우선변제를 받을 수 있으나, 그 행사방법으로는** 민사집행법 제273조[구 민사소송법(2002.1.26. 법률 제6626호로 전단개정되기 전의 것) 제733조]에 의하여 담보권의 존재를 증명하는 서류를 집행법원에 제출하여 **채권압류 및 전부명령을 신청하는 것이거나** 민사집행법 제247조 제1항[구 민사소송법(2002.1.26. 법률 제6626호로 전단개정되기 전의 것) 제580조 제1항]에 의하여 **배당요구를 하는 것이므로,** 이러한 물상대위권의 행사에 나아가지 아니한 채 단지 수용대상토지에 대하여 담보물권의 등기가 된 것만으로는 그 보상금으로부터 우선변제를 받을 수 없고, 저당권자가 물상대위권의 행사에 나아가지 아니하여 우선변제권을 상실한 이상 다른 채권자가 그 보상금 또는 이에 관한 변제공탁금으로부터 이득을 얻었다고 하더라도 저당권자는 이를 부당이득으로서 반환청구할 수 없다(대판 2002.10.11. 2002다33137).

③ (O) 저당권자는 저당권의 목적이 된 물건의 멸실, 훼손 또는 공용징수로 인하여 저당목적물의 소유자가 받을 저당목적물에 갈음하는 금전 기타 물건에 대하여 물상대위권을 행사할 수 있으나, 다만 그 지급 또는 인도 전에 이를 압류하여야 하며, 저당권자가 위 금전 또는 물건의 인도청구권을 압류하기 전에 저당물의 소유자가 그 인도청구권에 기하여 금전 등을 수령한 경우 저당권자는 더 이상 물상대위권을 행사할 수 없게 된다. 이 경우 저당권자는 저당권의 채권최고액범위 내에서 저당목적물의 교환가치를 지배하고 있다가 저당권을 상실하는 손해를 입게 되는 반면에, 저당목적물의 소유자는 저당권의 채권최고액범위 내에서 저당권자에게 저당목적물의 교환가치를 양보하여야 할 지위에 있다가 마치 그러한 저당권의 부담이 없었던 것과 같은 상태에서의 대가를 취득하게 되는 것이므로, 그 수령한 금액 가운데 저당권의 채권최고액을 한도로 하는 피담보채권액의 범위 내에서는 이득을 얻게 된다. 따라서 저당목적물소유자는 저당권자에게 이를 부당이득으로 반환할 의무가 있다(대판 2009.5.14. 2008다17656).

⑤ (O) 공동저당의 목적인 채무자 소유의 부동산과 물상보증인 소유의 부동산에 각각 채권자를 달리하는 후순위저당권이 설정되어 있는 경우, 물상보증인 소유의 부동산에 대하여 먼저 경매가 이루어져 그 경매대금의 교부에 의하여 1번 저당권자가 변제를 받은 때에는 물상보증인은 채무자에 대하여 구상권을 취득함과 동시에 민법 제481조, 제482조의 규정에 의한 변제자 대위에 의하여 채무자 소유의 부동산에 대한 1번 저당권을 취득하고, 이러한 경우 물상보증인 소유의 부동산에 대한 후순위저당권자는 물상보증인에게 이전한 1번 저당권으로 우선하여 변제를 받을 수 있으며, 이러한 법리는 수인의 물상보증인이 제공한 부동산 중 일부에 대하여 경매가 실행된 경우에도 마찬가지로 적용되어야 한다(대판 2001.6.1. 2001다21854).

02　유치권

01 민법상 유치권에 관한 설명으로 옳지 않은 것은?(다툼이 있으면 판례에 따름) _{기출 24}

① 채권자는 자기 소유의 물건에 대하여는 유치권을 취득할 수 없다.

② 임대인과 임차인 사이에 건물명도시 권리금을 반환하기로 약정한 경우, 임차인은 권리금반환청구권을 피담보채권으로 하여 그 건물에 대하여 유치권을 행사할 수 없다.

③ 당사자가 미리 유치권의 발생을 배제하기로 하는 특약을 하는 것도 가능하다.

④ 어떠한 물건에 관련하여 채권이 발생한 후 채권자가 그 물건의 점유를 취득한 경우에도 유치권이 성립할 수 있다.

⑤ 유치권자가 소유자의 승낙 없이 유치목적물을 임대한 경우, 임차인의 점유는 소유자에게 대항할 수 있는 적법한 권원에 기한 것이다.

01 ⑤　**정답**

① (○) 유치권은 타물권인 점에 비추어 볼 때 수급인의 재료와 노력으로 건축되었고 독립한 건물에 해당되는 기성부분은 수급인의 소유라 할 것이므로 수급인은 공사대금을 지급받을 때까지 이에 대하여 유치권을 가질 수 없다(대판 1993.3.26. 91다14116). 따라서 자기 소유물에 대한 유치권은 성립하지 않는다.

② (○) 임대인과 임차인 사이에 건물명도시 권리금을 반환하기로 하는 약정이 있었다 하더라도 그와 같은 권리금반환청구권은 건물에 관하여 생긴 채권이라 할 수 없으므로 그와 같은 채권을 가지고 건물에 대한 유치권을 행사할 수 없다(대판 1994.10.14. 93다62119).

③ (○) 제한물권은 이해관계인의 이익을 부당하게 침해하지 않는 한 자유로이 포기할 수 있는 것이 원칙이다. 유치권은 채권자의 이익을 보호하기 위한 법정담보물권으로서, 당사자는 미리 유치권의 발생을 막는 특약을 할 수 있고 이러한 특약은 유효하다. 유치권 배제 특약이 있는 경우 다른 법정요건이 모두 충족되더라도 유치권은 발생하지 않는데, 특약에 따른 효력은 특약의 상대방뿐 아니라 그 밖의 사람도 주장할 수 있다(대판 2018.1.24. 2016다234043).

④ (○) 유치권자가 유치물을 점유하기 전에 발생된 채권(건축비채권)이라도 그 후 그 물건(건물)의 점유를 취득했다면 유치권은 성립한다(대판 1965.3.30. 64다1977).

⑤ (×) 유치권의 성립요건인 유치권자의 점유는 직접점유이든 간접점유이든 관계없지만, 유치권자는 채무자 또는 소유자의 승낙이 없는 이상 그 목적물을 타에 임대할 수 있는 권한이 없으므로(민법 제324조 제2항 참조), 유치권자의 그러한 임대행위는 소유자의 처분권한을 침해하는 것으로서 소유자에게 그 임대의 효력을 주장할 수 없다. 따라서 소유자의 승낙 없는 유치권자의 임대차에 의하여 유치권의 목적물을 임차한 자의 점유는 소유자에게 대항할 수 있는 적법한 권원에 기한 것이라고 볼 수 없다(대판 2011.2.10. 2010다 94700).

> **유치권자의 선관의무(민법 제324조)**
> ② 유치권자는 채무자의 승낙없이 유치물의 사용, 대여 또는 담보제공을 하지 못한다. 그러나 유치물의 보존에 필요한 사용은 그러하지 아니하다.

02 甲이 유치권을 행사할 수 있는 경우는?(다툼이 있으면 판례에 따름) [기출] 20

① 건물신축공사의 수급인 甲이 사회통념상 독립한 건물이라고 볼 수 없는 구조물을 설치한 상태에서 공사가 중단되고 토지에 대한 경매가 진행되자 공사대금 지급을 요구하며 토지를 점유하는 경우

② 乙 소유의 건물에 경매개시결정의 기입등기가 경료되어 압류의 효력이 발생한 이후에 공사업자 甲이 乙로부터 위 부동산의 점유를 이전받아 공사를 하고 경매절차의 매수인에게 그 공사대금 지급을 요구하며 건물을 점유하는 경우

③ 수급인 甲이 건물을 완공한 후 도급인 乙로부터 공사대금은 받았지만 그 대금의 이행지체로 인한 손해배상액은 지급받지 못하자 그 지급을 요구하며 건물을 점유하는 경우

④ 임차인 甲과 임대인 乙 사이에 임대차계약 종료 후 건물명도 시 권리금을 반환하기로 하는 약정이 있었음에도 乙이 권리금을 반환하지 않자 甲이 그 지급을 요구하며 건물을 점유하는 경우

⑤ 甲이 건물을 매도하면서 중도금만 지급받고 잔금은 못 받은 상태에서 매수인에게 소유권이전등기를 미쳐 준 후 잔금지급을 요구하며 건물을 점유하는 경우

해설 ① (×) 건물의 신축공사를 한 수급인이 그 건물을 점유하고 있고 또 그 건물에 관하여 생긴 공사금채권이 있다면, 수급인은 그 채권을 변제받을 때까지 건물을 유치할 권리가 있다고 할 것이나(대판 1995.9.15. 95다16202·95다16219), 건물의 신축공사를 도급받은 수급인이 사회통념상 독립한 건물이라고 볼 수 없는 정착물을 토지에 설치한 상태에서 공사가 중단된 경우에 위 정착물은 토지의 부합물에 불과하여 이러한 정착물에 대하여 유치권을 행사할 수 없는 것이고, 또한 공사중단 시까지 발생한 공사금채권은 토지에 관하여 생긴 것이 아니므로 위 공사금채권에 기하여 토지에 대하여 유치권을 행사할 수도 없는 것이다(대결 2008.5.30. 2007마98).

② (×) 부동산경매절차에서의 매수인은 민사집행법 제91조 제5항에 따라 유치권자에게 그 유치권으로 담보하는 채권을 변제할 책임이 있는 것이 원칙이나, 채무자 소유의 건물 등 부동산에 경매개시결정의 기입등기가 경료되어 압류의 효력이 발생한 후에 채무자가 위 부동산에 관한 공사대금채권자에게 그 점유를 이전함으로써 그로 하여금 유치권을 취득하게 한 경우, 그와 같은 점유의 이전은 목적물의 교환가치를 감소시킬 우려가 있는 처분행위에 해당하여 민사집행법 제92조 제1항, 제83조 제4항에 따른 압류의 처분금지효에 저촉되므로 점유자로서는 위 유치권을 내세워 그 부동산에 관한 경매절차의 매수인에게 대항할 수 없다. 그러나 이러한 법리는 경매로 인한 압류의 효력이 발생하기 전에 유치권을 취득한 경우에는 적용되지 아니하고, 유치권취득시기가 근저당권 설정 후라거나 유치권 취득 전에 설정된 근저당권에 기하여 경매절차가 개시되었다고 하여 달리 볼 것은 아니다(대판 2009.1.15. 2008다70763). 따라서 甲은 경매절차의 매수인에게 유치권을 내세워 대항할 수 없다.

③ (○) 채무불이행에 의한 손해배상청구권은 원채권의 연장이라 보아야 할 것이므로 물건과 원채권과 사이에 견련관계가 있는 경우에는 그 손해배상채권과 그 물건과의 사이에도 견련관계가 있다 할 것으로서 손해배상채권에 관하여 유치권항변을 내세울 수 있다 할 것이다(대판 1976.9.28. 76다582).

④ (×) 임대인과 임차인 사이에 건물명도 시 권리금을 반환하기로 하는 약정이 있었다 하더라도 그와 같은 권리금반환청구권은 건물에 관하여 생긴 채권이라 할 수 없으므로 그와 같은 채권을 가지고 건물에 대한 유치권을 행사할 수 없다(대판 1994.10.14. 93다62119).

⑤ (×) 부동산매도인이 매매대금을 다 지급받지 아니한 상태에서 매수인에게 소유권이전등기를 마쳐 주어 목적물의 소유권을 매수인에게 이전한 경우에는, 매도인의 목적물인도의무에 관하여 동시이행의 항변권 외에 물권적 권리인 유치권까지 인정할 것은 아니다. 왜냐하면 법률행위로 인한 부동산물권 변동의 요건으로 등기를 요구함으로써 물권관계의 명확화 및 거래의 안전·원활을 꾀하는 우리 민법의 기본정신에 비추어 볼 때, 만일 이를 인정한다면 매도인은 등기에 의하여 매수인에게 소유권을 이전하였음에도 매수인 또는 그의 처분에 기하여 소유권을 취득한 제3자에 대하여 소유권에 속하는 대세적인 점유의 권능을 여전히 보유하게 되는 결과가 되어 부당하기 때문이다. 또한 매도인으로서는 자신이 원래 가지는 동시이행의 항변권을 행사하지 아니하고 자신의 소유권이전의무를 선이행함으로써 매수인에게 소유권을 넘겨준 것이므로 그에 필연적으로 부수하는 위험은 스스로 감수하여야 한다. 따라서 매도인이 부동산을 점유하고 있고 소유권을 이전받은 매수인에게서 매매대금 일부를 지급받지 못하고 있다고 하여 매매대금채권을 피담보채권으로 매수인이나 그에게서 부동산소유권을 취득한 제3자를 상대로 유치권을 주장할 수 없다(대결 2012.1.12. 2011마2380).

03 민사유치권에 관한 설명으로 옳은 것은?(다툼이 있으면 판례에 따름) 기출 22

① 채무자가 자신의 소유물을 직접점유하고 채권자가 이를 통해 간접점유하는 방법으로는 유치권이 성립하지 않는다.

② 부동산 매도인이 매매대금을 다 지급받지 못하고 매수인에게 부동산 소유권을 이전해준 경우, 특별한 사정이 없는 한 매도인은 매매대금채권을 피담보채권으로 하여 자신이 점유하는 부동산이 유치권을 행사할 수 있다.

③ 유치물이 분할 가능한 경우, 유치권자가 피담보채권의 일부를 변제받았다면 유치물 전부에 대하여 유치권을 행사할 수 없다.

④ 임차인이 임대인에 대하여 권리금반환청구권을 가지는 경우, 이를 피담보채권으로 하여 임차목적물에 대한 유치권을 행사할 수 있다.

⑤ 유치권 배제 특약이 있는 경우, 유치권이 발생하지 않으나 이는 유치권 배제 특약을 한 당사자 사이에서만 주장할 수 있다.

해설　① (○) 유치권의 성립요건이자 존속요건인 유치권자의 점유는 직접점유이든 간접점유이든 관계가 없으나, 다만 유치권은 목적물을 유치함으로써 채무자의 변제를 간접적으로 강제하는 것을 본체적 효력으로 하는 권리인 점 등에 비추어, 그 직접점유자가 채무자인 경우에는 유치권의 요건으로서의 점유에 해당하지 않는다(대판 2008.4.11. 2007다27236).

　② (×) 부동산 매도인이 매매대금을 다 지급받지 아니한 상태에서 매수인에게 소유권이전등기를 마쳐주어 목적물의 소유권을 매수인에게 이전한 경우에는, 매도인의 목적물인도의무에 관하여 동시이행의 항변권 외에 물권적 권리인 유치권까지 인정할 것은 아니다. 왜냐하면 법률행위로 인한 부동산물권변동의 요건으로 등기를 요구함으로써 물권관계의 명확화 및 거래의 안전·원활을 꾀하는 우리 민법의 기본정신에 비추어 볼 때, 만일 이를 인정한다면 매도인은 등기에 의하여 매수인에게 소유권을 이전하였음에도 매수인 또는 그의 처분에 기하여 소유권을 취득한 제3자에 대하여 소유권에 속하는 대세적인 점유의 권능을 여전히 보유하게 되는 결과가 되어 부당하기 때문이다. 또한 매도인으로서는 자신이 원래 가지는 동시이행의 항변권을 행사하지 아니하고 자신의 소유권이전의무를 선이행함으로써 매수인에게 소유권을 넘겨 준 것이므로 그에 필연적으로 부수하는 위험은 스스로 감수하여야 한다. 따라서 매도인이 부동산을 점유하고 있고 소유권을 이전받은 매수인에게서 매매대금 일부를 지급받지 못하고 있다고 하여 매매대금채권을 피담보채권으로 매수인이나 그에게서 부동산 소유권을 취득한 제3자를 상대로 유치권을 주장할 수 없다(대결 2012.1.12. 2011마2380).

　③ (×) 민법 제320조 제1항에서 '그 물건에 관하여 생긴 채권'은 유치권 제도 본래의 취지인 공평의 원칙에 특별히 반하지 않는 한 채권이 목적물 자체로부터 발생한 경우는 물론이고 채권이 목적물의 반환청구권과 동일한 법률관계나 사실관계로부터 발생한 경우도 포함하고, 한편 민법 제321조는 "유치권자는 채권 전부의 변제를 받을 때까지 유치물 전부에 대하여 그 권리를 행사할 수 있다"고 규정하고 있으므로, 유치물은 그 각 부분으로써 피담보채권의 전부를 담보하며, 이와 같은 유치권의 불가분성은 그 목적물이 분할 가능하거나 수개의 물건인 경우에도 적용된다(대판 2007.9.7. 2005다16942).

　④ (×) 임대인과 임차인 사이에 건물명도 시 권리금을 반환하기로 하는 약정이 있었다 하더라도 그와 같은 권리금반환청구권은 건물에 관하여 생긴 채권이라 할 수 없으므로 그와 같은 채권을 가지고 건물에 대한 유치권을 행사할 수 없다(대판 1994.10.14. 93다62119).

　⑤ (×) 제한물권은 이해관계인의 이익을 부당하게 침해하지 않는 한 자유로이 포기할 수 있는 것이 원칙이다. 유치권은 채권자의 이익을 보호하기 위한 법정담보물권으로서, 당사자는 미리 유치권의 발생을 막는 특약을 할 수 있고 이러한 특약은 유효하다. 유치권 배제 특약이 있는 경우 다른 법정요건이 모두 충족되더라도 유치권은 발생하지 않는데, 특약에 따른 효력은 특약의 상대방뿐 아니라 그 밖의 사람도 주장할 수 있다(대판 2018.1.24. 2016다234043).

04 甲은 乙 소유의 X주택에 관한 공사대금채권을 가진 자로서 그 주택에 거주하며 점유·사용하고 있다. 이에 관한 설명으로 옳은 것을 모두 고른 것은?(각 지문은 독립적이며, 다툼이 있으면 판례에 따름) 기출 22

> ㄱ. X주택의 존재와 점유가 대지소유권자에게 불법행위가 되는 경우에도 X주택에 대한 甲의 유치권이 인정되면 甲은 자신의 유치권으로 대지소유권자에게 대항할 수 있다.
> ㄴ. X주택에 경매개시설정의 기입등기가 경료되어 압류의 효력이 발생한 후 甲이 X주택의 점유를 乙로부터 이전받은 경우, 甲은 그 경매절차의 매수인에게 유치권을 주장할 수 없다.
> ㄷ. 甲이 X주택을 자신의 유치권 행사로 점유·사용하더라도, 이를 이유로는 甲의 乙에 대한 공사대금채권의 소멸시효가 중단되지 않는다.
> ㄹ. 甲이 자신의 유치권에 기하여 X주택에 거주하던 중 乙의 허락 없이 X주택을 제3자에게 임대하고 임차보증금을 수령하였다면, 甲은 乙에 대하여 임차보증금 상당액을 부당이득으로 반환하여야 한다.

① ㄱ, ㄴ   ② ㄴ, ㄷ
③ ㄷ, ㄹ   ④ ㄱ, ㄷ, ㄹ
⑤ ㄴ, ㄷ, ㄹ

해설 ㄱ. (×) 건물점유자가 건물의 원시취득자에게 그 건물에 관한 유치권이 있다고 하더라도 그 건물의 존재와 점유가 토지소유자에게 불법행위가 되고 있다면 그 유치권으로 토지소유자에게 대항할 수 없으므로(대판 1989.2.14. 87다카3073) X주택의 존재와 점유가 대지소유권자에게 불법행위가 되는 경우에는 X주택에 대한 甲의 유치권이 인정되더라도 甲은 자신의 유치권으로 대지소유권자에게 대항할 수 없다.

ㄴ. (○) 채무자 소유의 건물 등 부동산에 강제경매개시결정의 기입등기가 경료되어 압류의 효력이 발생한 이후에 채무자가 위 부동산에 관한 공사대금 채권자에게 그 점유를 이전함으로써 그로 하여금 유치권을 취득하게 한 경우, 그와 같은 점유의 이전은 목적물의 교환가치를 감소시킬 우려가 있는 처분행위에 해당하여 민사집행법 제92조 제1항, 제83조 제4항에 따른 압류의 처분금지효에 저촉되므로 점유자로서는 위 유치권을 내세워 그 부동산에 관한 경매절차의 매수인에게 대항할 수 없다(대판 2005.8.19. 2005다22688). 따라서 X주택에 경매개시결정의 기입등기가 경료되어 압류의 효력이 발생한 후 甲이 X주택의 점유를 乙로부터 이전받은 경우, 甲은 그 경매절차의 매수인에게 유치권을 주장할 수 없다.

ㄷ. (○) 유치권의 행사는 채권의 소멸시효의 진행에 영향을 미치지 아니하므로(민법 제326조) 甲이 X주택을 자신의 유치권 행사로 점유·사용하더라도, 이를 이유로는 甲의 乙에 대한 공사대금채권의 소멸시효가 중단되지 않는다.

ㄹ. (×) 유치권의 성립요건인 유치권자의 점유는 직접점유이든 간접점유이든 관계없지만, 유치권자는 채무자의 승낙이 없는 이상 그 목적물을 타인에게 임대할 수 있는 처분권한이 없으므로(민법 제324조 제2항), 유치권자의 그러한 임대행위는 소유자의 처분권한을 침해하는 것으로서 소유자에게 그 임대의 효력을 주장할 수 없다. 따라서 유치권자 甲은 X주택의 소유자인 채무자 乙에 대하여 임차보증금 상당액을 부당이득으로 반환할 필요가 없다. 이경우 채무자 乙은 유치권자 甲의 선관의무 위반을 이유로 유치권의 소멸을 청구할 수 있다(민법 제324조 제3항).

05 민사유치권에 관한 설명으로 옳은 것은?(다툼이 있으면 판례에 따름) 기출 21

① 유치권자는 유치물의 과실(果實)이 금전인 경우, 이를 수취하여 다른 채권보다 먼저 유치권으로 담보된 채권의 변제에 충당할 수 있다.

② 유치권자가 유치물의 보존에 필요한 사용을 한 경우에는 특별한 사정이 없는 한, 차임 상당의 이득을 소유자에게 반환할 의무가 없다.

③ 건물공사대금이 채권자가 그 건물에 대하여 유치권을 행사하는 동안에는 그 공사대금채권의 소멸시효가 진행하지 않는다.

④ 임대인과 임차인 사이에 임대차 종료에 따른 건물명도 시에 권리금을 반환하기로 약정한 경우, 임차인은 권리금반환청구권을 가지고 건물에 대한 유치권을 행사할 수 있다.

⑤ 유치권자가 경매개시결정등기 전에 부동산에 관하여 유치권을 취득하였더라도 그 취득에 앞서 저당권설정등기가 먼저 되어 있었다면, 경매절차의 매수인에게 자기의 유치권으로 대항할 수 없다.

해설 ① (O) 유치권자는 유치물의 과실을 수취하여 다른 채권보다 먼저 그 채권의 변제에 충당할 수 있다. 그러나 과실이 금전이 아닌 때에는 경매하여야 한다(민법 제323조 제1항).

② (×) 민법 제324조에 의하면, 유치권자는 선량한 관리자의 주의로 유치물을 점유하여야 하고, 소유자의 승낙 없이 유치물을 보존에 필요한 범위를 넘어 사용하거나 대여 또는 담보제공을 할 수 없으며, 소유자는 유치권자가 위 의무를 위반한 때에는 유치권의 소멸을 청구할 수 있다고 할 것인바, <u>공사대금채권에 기하여 유치권을 행사하는 자가 스스로 유치물인 주택에 거주하며 사용하는 것은 특별한 사정이 없는 한 유치물인 주택의 보존에 도움이 되는 행위로서 유치물의 보존에 필요한 사용에 해당한다고 할 것이다. 그리고 유치권자가 유치물의 보존에 필요한 사용을 한 경우에도 특별한 사정이 없는 한 차임에 상당한 이득을 소유자에게 반환할 의무가 있다</u>(대판 2009.9.24. 2009다40684).

③ (×) <u>유치권의 행사는 채권의 소멸시효의 진행에 영향을 미치지 아니하므로</u>(민법 제326조), 건물공사대금의 채권자가 그 건물에 대하여 유치권을 행사하는 동안에도 그 공사대금채권의 소멸시효는 진행한다.

④ (×) 임대인과 임차인 사이에 건물명도 시 권리금을 반환하기로 하는 약정이 있었다 하더라도 그와 같은 <u>권리금반환청구권은 건물에 관하여 생긴 채권이라 할 수 없으므로 그와 같은 채권을 가지고 건물에 대한 유치권을 행사할 수 없다</u>(대판 1994.10.14. 93다62119).

⑤ (×) 부동산에 관한 민사집행절차에서는 경매개시결정과 함께 압류를 명하므로 압류가 행하여짐과 동시에 매각절차인 경매절차가 개시되는 반면, 국세징수법에 의한 체납처분절차에서는 그와 달리 체납처분에 의한 압류(이하 '체납처분압류'라고 한다)와 동시에 매각절차인 공매절차가 개시되는 것이 아닐 뿐만 아니라, 체납처분압류가 반드시 공매절차로 이어지는 것도 아니다. 또한 체납처분절차와 민사집행절차는 서로 별개의 절차로서 공매절차와 경매절차가 별도로 진행되는 것이므로, 부동산에 관하여 체납처분압류가 되어 있다고 하여 경매절차에서 이를 그 부동산에 관하여 경매개시결정에 따른 압류가 행하여진 경우와 마찬가지로 볼 수는 없다. 따라서 체납처분압류가 되어 있는 부동산이라고 하더라도 그러한 사정만으로 경매절차가 개시되어 경매개시결정등기가 되기 전에 부동산에 관하여 민사유치권을 취득한 유치권자가 경매절차의 매수인에게 유치권을 행사할 수 없다고 볼 것은 아니다(대판[전합] 2014.3.20. 2009다60336).

06 민사유치권에 관한 설명으로 옳은 것은?(다툼이 있으면 판례에 따름) 기출 19

① 채권자가 채무자의 직접점유를 통하여 간접점유하는 경우에는 유치권은 성립하지 않는다.

② 유치권자는 채권의 변제를 받기 위하여 유치물을 경매할 수 있고, 매각대금에서 후순위권리자보다 우선변제를 받을 수 있다.

③ 수급인이 자신의 노력과 재료를 들여 신축한 건물에 대한 소유권을 원시취득한 경우, 수급인은 공사대금을 지급받을 때까지 유치권을 행사할 수 있다.

④ 유치권의 피담보채권의 소멸시효기간이 확정판결 등에 의하여 10년으로 연장된 경우, 유치권이 성립된 부동산의 매수인은 종전의 단기소멸시효를 원용할 수 있다.

⑤ 공사대금채권에 기하여 유치권을 행사하는 자가 스스로 보존에 필요한 범위 내에서 유치물인 주택에 거주하며 사용하는 경우에도 소유자는 유치권의 소멸을 청구할 수 있다.

해설 ① (O) 유치권의 성립요건이자 존속요건인 유치권자의 점유는 직접점유이든 간접점유이든 관계가 없으나, 다만 유치권은 목적물을 유치함으로써 채무자의 변제를 간접적으로 강제하는 것을 본체적 효력으로 하는 권리인 점 등에 비추어, 그 직접점유자가 채무자인 경우에는 유치권의 요건으로서의 점유에 해당하지 않는다(대판 2008.4.11. 2007다27236).

② (×) 유치권에 의한 경매도 강제경매나 담보권 실행을 위한 경매와 마찬가지로 목적부동산 위의 부담을 소멸시키는 것을 법정매각조건으로 하여 실시되고 우선채권자뿐만 아니라 일반채권자의 배당요구도 허용되며, 유치권자는 일반채권자와 동일한 순위로 배당을 받을 수 있다고 보아야 한다(대결 2011.6.15. 2010마1059). 따라서 유치권자는 채권변제를 위하여 유치물을 경매할 수는 있으나(민법 제322조 제1항), **우선변제권이 인정되지 아니하므로 일반채권자와 동 순위로 배당받는다.**

③ (×) 유치권은 타물권인 점에 비추어 볼 때 수급인의 재료와 노력으로 건축되었고 독립한 건물에 해당되는 기성부분은 수급인의 소유라 할 것이므로 수급인은 공사대금을 지급받을 때까지 이에 대하여 유치권을 가질 수 없다(대판 1993.3.26. 91다14116).

④ (×) 유치권이 성립된 부동산의 매수인은 피담보채권의 소멸시효가 완성되면 시효로 인하여 채무가 소멸되는 결과 직접적인 이익을 받는 자에 해당하므로 소멸시효의 완성을 원용할 수 있는 지위에 있다고 할 것이나, 매수인은 유치권자에게 채무자의 채무와는 별개의 독립된 채무를 부담하는 것이 아니라 단지 채무자의 채무를 변제할 책임을 부담하는 점 등에 비추어 보면, 유치권의 피담보채권의 소멸시효기간이 확정판결 등에 의하여 10년으로 연장된 경우 매수인은 그 채권의 소멸시효기간이 연장된 효과를 부정하고 종전의 단기소멸시효기간을 원용할 수는 없다(대판 2009.9.24. 2009다39530).

⑤ (×) 민법 제324조에 의하면, 유치권자는 선량한 관리자의 주의로 유치물을 점유하여야 하고, 소유자의 승낙 없이 유치물을 보존에 필요한 범위를 넘어 사용하거나 대여 또는 담보제공을 할 수 없으며, 소유자는 유치권자가 위 의무를 위반한 때에는 유치권의 소멸을 청구할 수 있다고 할 것인바, **공사대금채권에 기하여 유치권을 행사하는 자가 스스로 유치물인 주택에 거주하며 사용하는 것은 특별한 사정이 없는 한 유치물인 주택의 보존에 도움이 되는 행위로서 유치물의 보존에 필요한 사용에 해당한다**고 할 것이다. 그리고 유치권자가 유치물의 보존에 필요한 사용을 한 경우에도 특별한 사정이 없는 한 차임에 상당한 이득을 소유자에게 반환할 의무가 있다(대판 2009.9.24. 2009다40684).

07 민법상의 유치권에 관한 설명으로 옳은 것은?(다툼이 있으면 판례에 따름) `기출` 18

① 세금체납을 이유로 한 체납처분압류가 되어 있는 부동산에 대한 경매절차가 개시되기 전에 유치권을 취득한 유치권자는 그 경매절차의 매수인에게 유치권을 주장할 수 없다.

② 아직 변제기에 이르지 아니한 채권에 기해서는 유치권을 행사할 수 없다.

③ 매도인이 중도금만 받고서 매수인에게 부동산의 소유권을 이전한 경우, 매도인은 잔금채권을 피담보채권으로 하여 매수인에 대하여 유치권을 행사할 수 있다.

④ 부동산근저당권에 기한 압류의 효력이 발생한 후에 취득한 유치권으로 그 근저당권에 기한 경매절차의 매수인에게 대항할 수 있다.

⑤ 건물신축공사를 도급받은 수급인이 사회통념상 독립한 건물이 되지 못한 정착물을 토지에 설치한 상태에서 공사가 중단된 경우, 토지에 대하여 유치권을 행사할 수 있다.

해설 ① (×) 부동산에 관한 민사집행절차에서는 경매개시결정과 함께 압류를 명하므로 압류가 행하여짐과 동시에 매각절차인 경매절차가 개시되는 반면, 국세징수법에 의한 체납처분절차에서는 그와 달리 체납처분에 의한 압류(이하 '체납처분압류'라고 한다)와 동시에 매각절차인 공매절차가 개시되는 것이 아닐 뿐만 아니라, 체납처분압류가 반드시 공매절차로 이어지는 것도 아니다. 또한 체납처분절차와 민사집행절차는 서로 별개의 절차로서 공매절차와 경매절차가 별도로 진행되는 것이므로, 부동산에 관하여 체납처분압류가 되어 있다고 하여 경매절차에서 이를 그 부동산에 관하여 경매개시결정에 따른 압류가 행하여진 경우와 마찬가지로 볼 수는 없다. 따라서 체납처분압류가 되어 있는 부동산이라고 하더라도 그러한 사정만으로 경매절차가 개시되어 경매개시결정등기가 되기 전에 부동산에 관하여 민사유치권을 취득한 유치권자가 경매절차의 매수인에게 유치권을 행사할 수 없다고 볼 것은 아니다(대판[전합] 2014.3.20. 2009다60336).

② (○) 유치권은 그 목적물에 관하여 생긴 채권이 변제기에 있는 경우에 성립하는 것이므로 아직 변제기에 이르지 아니한 채권에 기하여 유치권을 행사할 수는 없다(대판 2007.9.21. 2005다41740).

③ (×) 부동산매도인이 매매대금을 다 지급받지 아니한 상태에서 매수인에게 소유권이전등기를 마쳐 주어 목적물의 소유권을 매수인에게 이전한 경우에는, 매도인의 목적물인도의무에 관하여 동시이행의 항변권 외에 물권적 권리인 유치권까지 인정할 것은 아니다. 왜냐하면 법률행위로 인한 부동산물권 변동의 요건으로 등기를 요구함으로써 물권관계의 명확화 및 거래의 안전·원활을 꾀하는 우리 민법의 기본정신에 비추어 볼 때, 만일 이를 인정한다면 매도인은 등기에 의하여 매수인에게 소유권을 이전하였음에도 매수인 또는 그의 처분에 기하여 소유권을 취득한 제3자에 대하여 소유권에 속하는 대세적인 점유의 권능을 여전히 보유하게 되는 결과가 되어 부당하기 때문이다. 또한 매도인으로서는 자신이 원래 가지는 동시이행의 항변권을 행사하지 아니하고 자신의 소유권이전의무를 선이행함으로써 매수인에게 소유권을 넘겨준 것이므로 그에 필연적으로 부수하는 위험은 스스로 감수하여야 한다. 따라서 매도인이 부동산을 점유하고 있고 소유권을 이전받은 매수인에게서 매매대금 일부를 지급받지 못하고 있다고 하여 매매대금채권을 피담보채권으로 매수인이나 그에게서 부동산소유권을 취득한 제3자를 상대로 유치권을 주장할 수 없다(대결 2012.1.12. 2011마2380).

④ (×) 부동산경매절차에서의 매수인은 민사집행법 제91조 제5항에 따라 유치권자에게 그 유치권으로 담보하는 채권을 변제할 책임이 있는 것이 원칙이나, 채무자 소유의 건물 등 부동산에 경매개시결정의 기입등기가 경료되어 압류의 효력이 발생한 후에 채무자가 위 부동산에 관한 공사대금채권자에게 그 점유를 이전함으로써 그로 하여금 유치권을 취득하게 한 경우, 그와 같은 점유의 이전은 목적물의 교환가치를 감소시킬 우려가 있는 처분행위에 해당하여 민사집행법 제92조 제1항, 제83조 제4항에 따른 압류의 처분금지효에 저촉되므로 점유자로서는 위 유치권을 내세워 그 부동산에 관한 경매절차의 매수인에게 대항할 수 없다. 그러나 이러한 법리는 경매로 인한 압류의 효력이 발생하기 전에 유치권을 취득한 경우에는 적용되지 아니하고, 유치권 취득시기가 근저당권 설정 후라거나 유치권 취득 전에 설정된 근저당권에 기하여 경매절차가 개시되었다고 하여 달리 볼 것은 아니다(대판 2009.1.15. 2008다70763). 따라서 부동산 위 유치권으로는 경매절차의 매수인에게 대항할 수 없다.

⑤ (×) 건물의 신축공사를 한 수급인이 그 건물을 점유하고 있고 또 그 건물에 관하여 생긴 공사금채권이 있다면, 수급인은 그 채권을 변제받을 때까지 건물을 유치할 권리가 있다고 할 것이나(대판 1995.9.15. 95다16202·95다16219), 건물의 신축공사를 도급받은 수급인이 사회통념상 독립한 건물이라고 볼 수 없는 정착물을

토지에 설치한 상태에서 공사가 중단된 경우에 위 정착물은 토지의 부합물에 불과하여 이러한 정착물에 대하여 유치권을 행사할 수 없는 것이고, 또한 공사중단 시까지 발생한 공사금채권은 토지에 관하여 생긴 것이 아니므로 위 공사금채권에 기하여 토지에 대하여 유치권을 행사할 수도 없는 것이다(대결 2008.5.30. 2007마98).

08 민사유치권에 관한 설명으로 옳지 않은 것은?(다툼이 있으면 판례에 따름) _{기출 17}

① 특별한 사정이 없는 한, 간접점유는 유치권의 성립요건이자 존속요건인 점유에 해당한다.

② 건축자재공급업자가 건물신축공사수급인과 체결한 자재공급계약에 따라 건축자재를 공급한 경우, 자재공급업자는 자재대금을 피담보채권으로 하여 건물에 대한 유치권을 행사할 수 없다.

③ 유치권에 의한 경매절차가 정지된 상태에서 그 목적물에 대한 담보권 실행을 위한 경매가 진행되어 매각이 이루어지게 되면 그 유치권은 소멸한다.

④ 유치권자로부터 유치물을 유치하기 위한 방법으로 유치물의 점유를 위탁받은 자는 특별한 사정이 없는 한 점유할 권리가 있음을 들어 소유자의 소유물반환청구를 거부할 수 있다.

⑤ 건물신축공사를 도급받은 수급인은 사회통념상 독립한 건물이 되지 못한 정착물을 토지에 설치한 상태에서 공사가 중단된 경우, 위 정착물에 대하여 유치권을 행사할 수 없다.

해설 ① (○) 유치권의 성립요건이자 존속요건인 유치권자의 점유는 직접점유이든 간접점유이든 관계가 없으나, 다만 유치권은 목적물을 유치함으로써 채무자의 변제를 간접적으로 강제하는 것을 본체적 효력으로 하는 권리인 점 등에 비추어, 그 직접점유자가 채무자인 경우에는 유치권의 요건으로서의 점유에 해당하지 않는다(대판 2008.4.11. 2007다27236).

② (○) [1] 민법 제320조 제1항은 "타인의 물건 또는 유가증권을 점유한 자는 그 물건이나 유가증권에 관하여 생긴 채권이 변제기에 있는 경우에는 변제를 받을 때까지 그 물건 또는 유가증권을 유치할 권리가 있다"고 규정하고 있으므로, 유치권의 피담보채권은 '그 물건에 관하여 생긴 채권'이어야 한다. [2] 甲이 건물 신축공사 수급인인 乙 주식회사와 체결한 약정에 따라 공사현장에 시멘트와 모래 등의 건축자재를 공급한 경우, 甲의 건축자재대금채권은 매매계약에 따른 매매대금채권에 불과할 뿐 건물 자체에 관하여 생긴 채권이라고 할 수는 없음에도 건물에 관한 유치권의 피담보채권이 된다고 본 원심판결에 유치권의 성립요건인 채권과 물건 간의 견련관계에 관한 법리오해의 위법이 있다(대판 2012.1.26. 2011다96028). 따라서 자재공급업자는 자재대금을 피담보채권으로 하여 건물에 대한 유치권을 행사할 수 없다.

③ (×) 유치권에 의한 경매절차가 개시된 유체동산에 대하여 유치권자의 승낙 없이 민사집행법 제215조에 따라 다른 채권자가 강제집행을 위하여 압류를 한 다음 민사집행법 제274조 제2항에 따라 유치권에 의한 경매절차를 정지하고 채권자를 위한 강제경매절차를 진행하였다면, 그 강제경매절차에서 목적물이 매각되었더라도 유치권자의 지위에는 영향을 미칠 수 없고 유치권자는 그 목적물을 계속하여 유치할 권리가 있다(대결 2012.9.13. 2011그213).

④ (○) 소유자는 그 소유에 속한 물건을 점유한 자에 대하여 반환을 청구할 수 있다. 그러나 점유자가 그 물건을 점유할 권리가 있는 때에는 반환을 거부할 수 있다(민법 제213조). 여기서 반환을 거부할 수 있는 점유할 권리에는 유치권도 포함되고, 유치권자로부터 유치물을 유치하기 위한 방법으로 유치물의 점유 내지 보관을 위탁받은 자는 특별한 사정이 없는 한 점유할 권리가 있음을 들어 소유자의 소유물반환청구를 거부할 수 있다(대판 2014.12.24. 2011다62618).

⑤ (○) 건물의 신축공사를 한 수급인이 그 건물을 점유하고 있고 또 그 건물에 관하여 생긴 공사금채권이 있다면, 수급인은 그 채권을 변제받을 때까지 건물을 유치할 권리가 있다고 할 것이나(대판 1995.9.15. 95다16202·95다16219), 건물의 신축공사를 도급받은 수급인이 사회통념상 독립한 건물이라고 볼 수 없는 정착물을 토지에 설치한 상태에서 공사가 중단된 경우에 위 정착물은 토지의 부합물에 불과하여 이러한 정착물에 대하여 유치권을 행사할 수 없는 것이고, 또한 공사중단 시까지 발생한 공사금채권은 토지에 관하여 생긴 것이 아니므로 위 공사금채권에 기하여 토지에 대하여 유치권을 행사할 수도 없는 것이다(대결 2008.5.30. 2007마98).

09 甲건설회사는 乙회사와 공사비 10억원의 공장건축의 도급계약을 맺고 1년 후 약정대로 공장을 완공하였으며, 乙회사는 이를 보존등기하였다. 甲은 공사대금 중 5억원은 지급받았으나 공장 완공 후에도 잔금 5억원을 받지 못하고 있던 중, 乙회사가 부도가 나자 공사잔금채권을 확보하기 위해 직원을 보내 위 공장을 점유하였다. 그런데 공장은 완공과 동시에 丙은행에 근저당권이 설정되었고, 甲의 점유 직후에 경매가 진행되어 이를 매수한 丁에게 소유권이 이전되었다. 이에 관한 설명으로 옳은 것은?(다툼이 있으면 판례에 따름) **기출 10**

① 채권발생 후에 공장을 점유한 甲은 공장에 대한 유치권을 주장하지 못한다.

② 甲이 공장을 점유하는 과정에서 폭력을 사용하는 등의 불법행위가 있었더라도 공장을 점유한 이상 유치권은 성립한다.

③ 丙은행에 근저당권이 설정된 후에 공장을 점유한 甲은 매수인 丁에 대해서는 유치권을 주장하지 못한다.

④ 甲이 丁에게 유치권을 행사할 수 있다는 것은 丁에게 직접 공사잔금 5억원을 청구할 수 있음을 뜻한다.

⑤ 공장을 유치하기 위한 방법으로 甲으로부터 공장의 점유를 위탁받은 戊에게 乙회사가 자신의 소유라고 하면서 반환을 청구할 경우, 戊는 이를 거절할 수 있다.

해설 ① (×) 유치권자가 유치물을 점유하기 전에 발생된 채권(건축비채권)이라도 그 후 그 물건(건물)의 점유를 취득했다면 유치권은 성립한다(대판 1965.3.30. 64다1977).

② (×) 불법행위로써 점유를 취득한 경우에는 유치권이 인정되지 아니한다(대판 1966.6.7. 66다600·601 참고).

③ (×) 부동산 경매절차에서의 매수인은 민사집행법 제91조 제5항에 따라 유치권자에게 그 유치권으로 담보하는 채권을 변제할 책임이 있는 것이 원칙이나, <u>채무자 소유의 건물 등 부동산에 경매개시결정의 기입등기가 경료되어 압류의 효력이 발생한 후에 채무자가 위 부동산에 관한 공사대금채권자에게 그 점유를 이전함으로써 그로 하여금 유치권을 취득하게 한 경우, 그와 같은 점유의 이전은 목적물의 교환가치를 감소시킬 우려가 있는 처분행위에 해당하여 민사집행법 제92조 제1항, 제83조 제4항에 따른 압류의 처분금지효에 저촉되므로 점유자로서는 위 유치권을 내세워 그 부동산에 관한 경매절차의 매수인에게 대항할 수 없다. 그러나 이러한 법리는 경매로 인한 압류의 효력이 발생하기 전에 유치권을 취득한 경우에는 적용되지 아니하고, 유치권 취득시기가 근저당권 설정 후라거나 유치권 취득 전에 설정된 근저당권에 기하여 경매절차가 개시되었다고 하여 달리 볼 것은 아니다</u>(대판 2009.1.15. 2008다70763). **따라서 甲이 경매로 인한 압류의 효력이 발생하기 전에 유치권을 취득한 경우에는, 그 유치권을 주장할 수 있다.**

④ (×) 민사소송법 제728조에 의하여 담보권의 실행을 위한 경매절차에 준용되는 같은 법 제608조 제3항은 경락인은 유치권자에게 그 유치권으로 담보하는 채권을 변제할 책임이 있다고 규정하고 있는바, 여기에서 '변제할 책임이 있다'는 의미는 부동산상의 부담을 승계한다는 취지로서 인적 채무까지 인수한다는 취지는 아니므로, 유치권자는 경락인에 대하여 그 피담보채권의 변제가 있을 때까지 유치목적물인 부동산의 인도를 거절할 수 있을 뿐이고 그 피담보채권의 변제를 청구할 수는 없다(대판 1996.8.23. 95다8713).

⑤ (○) **소유자는 그 소유에 속한 물건을 점유한 자에 대하여 반환을 청구할 수 있다. 그러나 점유자가 그 물건을 점유할 권리가 있는 때에는 반환을 거부할 수 있다(민법 제213조). 여기서 반환을 거부할 수 있는 점유할 권리에는 유치권도 포함되고, 유치권자로부터 유치물을 유치하기 위한 방법으로 유치물의 점유 내지 보관을 위탁받은 자는 특별한 사정이 없는 한 점유할 권리가 있음을 들어 소유자의 소유물반환청구를 거부할 수 있다**(대판 2014.12.24. 2011다62618).

10 甲은 자신의 X노트북을 乙에게 빌려주었는데, 乙은 丙에게 노트북 수리를 맡겼다. 丙이 수리를 마쳤지만 아직 수리대금을 받지 못하고 있다. 이에 관한 설명으로 옳지 않은 것은?(다툼이 있으면 판례에 따름) 기출 15

① 丙의 乙에 대한 수리대금채권은 민법상 3년의 단기소멸시효에 걸린다.

② 乙과 丙이 유치권의 성립을 배제하는 특약을 하였다면, 그 특약은 유효하다.

③ X노트북을 점유하고 있는 丙은 甲에 대하여 유치권을 주장할 수 있다.

④ 丙이 乙에게 노트북을 반환하였다면, 丙은 수리대금채권에 관하여 甲에게 유치권을 주장할 수 없다.

⑤ 甲과 乙 사이에 수리비는 乙이 부담하기로 사전에 약정하였다면, X노트북을 점유하고 있는 丙은 甲에게 유치권을 주장할 수 없다.

해설 ① (○) 수급인 丙의 수리대금채권은 공사에 관한 채권에 해당하므로, 3년의 단기소멸시효가 적용된다(민법 제163조 제3호).

② (○) 유치권은 법정담보물권이기는 하나 채권자의 이익보호를 위한 채권담보의 수단에 불과하므로 이를 포기하는 특약은 유효하고, 유치권을 사전에 포기한 경우 다른 법정요건이 모두 충족되더라도 유치권이 발생하지 않는 것과 마찬가지로 유치권을 사후에 포기한 경우 곧바로 유치권은 소멸한다고 보아야 하며, 채권자가 유치권의 소멸 후에 그 목적물을 계속하여 점유한다고 하여 여기에 적법한 유치의 의사나 효력이 있다고 인정할 수 없고 다른 법률상 권원이 없는 한 무단점유에 지나지 않는다(대결 2011.5.13. 2010마1544).

③ (○), ⑤ (×) 甲과 乙 사이에 수리비는 乙이 부담하기로 사전에 약정하였더라도, 이는 상대적 효력만이 있을 뿐이다. 반면, 유치권은 타인의 물건을 유치하여 점유할 수 있는 물권으로, 노트북수리계약에 기하여 乙에게 수리대금의 지급을 청구할 수 있는 유치권자 丙은, 원칙적으로 채권을 변제받을 때까지 누구에 대하여도 그 목적물의 인도를 거절할 수 있다(민법 제213조 단서).

④ (○) 점유는 유치권의 성립요건인 동시에 존속요건이므로(대판 1996.8.23. 95다8713, 대판 2009.9.24. 2009다39530 등), 유치권은 점유의 상실로 인하여 소멸한다(민법 제328조).

11 유치권에 관한 설명으로 옳지 않은 것은?(다툼이 있는 경우에는 판례에 의함) 기출 14

① 부동산유치권은 대부분의 경우 사실상 최우선순위의 담보권으로 작용하므로 유치권자는 다른 담보물권자에 대하여 그 성립의 선후를 불문하고 우선적으로 자기채권의 만족을 얻을 수 있다.

② 임대인과 임차인이 건물명도 시 권리금을 반환하기로 약정한 경우, 임차인은 그 권리금반환청구권을 피담보채권으로 하여 건물에 대한 유치권을 행사할 수 있다.

③ 매매대금이 일부를 받고 부동산을 점유하면서 소유 간이건물기를 넘기고 매도인은 매수인으로부터 부동산소유권을 취득한 제3자에게 대금채권을 피담보채권으로 하여 유치권을 행사할 수 없다.

④ 채무자 소유의 부동산에 경매개시결정의 기입등기가 된 후에 채무자가 그 부동산에 관한 공사대금 채권자에게 부동산의 점유를 이전하여 유치권을 취득하게 한 경우, 공사대금채권자는 유치권으로 경매절차의 매수인에게 대항하지 못한다.

⑤ 유치권자의 전유는 직접점유와 간접점유를 가리지 않으나, 그 직접점유자가 채무자일 때에는 유치권의 요건으로서 점유에 해당하지 않는다.

해설 ① (○) 판례는 「근저당권 설정 후 경매로 인한 압류의 효력발생 전에 취득한 유치권으로 경매절차의 매수인에게 대항할 수 있다」고 본다(대판 2009.1.15. 2008다70763). 즉, **부동산유치권은 대부분의 경우에 사실상 최우선순위의 담보권으로서 작용하여**, 유치권자는 자신의 채권을 목적물의 교환가치로부터 일반채권자는 물론 저당권자 등에 대하여도 그 성립의 선후를 불문하고 우선적으로 자기채권의 만족을 얻을 수 있게 된다(대판 2011.12.22. 2011다84298).

② (×) 임대인과 임차인 사이에 건물명도 시 권리금을 반환하기로 하는 약정이 있었다 하더라도 그와 같은 권리금반환청구권은 건물에 관하여 생긴 채권이라 할 수 없으므로 그와 같은 채권을 가지고 건물에 대한 유치권을 행사할 수 없다(대판 1994.10.14. 93다62119).

③ (○) **부동산매도인이 매매대금을 다 지급받지 아니한 상태에서 매수인에게 소유권이전등기를 마쳐 주어 목적물의 소유권을 매수인에게 이전한 경우에는**, 매도인의 목적물인도의무에 관하여 동시이행의 항변권 외에 물권적 권리인 유치권까지 인정할 것은 아니다. 왜냐하면 법률행위로 인한 부동산물권 변동의 요건으로 등기를 요구함으로써 물권관계의 명확화 및 거래의 안전·원활을 꾀하는 우리 민법의 기본정신에 비추어 볼 때, 만일 이를 인정한다면 매도인은 등기에 의하여 매수인에게 소유권을 이전하였음에도 매수인 또는 그의 처분에 기하여 소유권을 취득한 제3자에 대하여 소유권에 속하는 대세적인 점유의 권능을 여전히 보유하게 되는 결과가 되어 부당하기 때문이다. 또한 매도인으로서는 자신이 원래 가지는 동시이행의 항변권을 행사하지 아니하고 자신의 소유권이전의무를 선이행함으로써 매수인에게 소유권을 넘겨준 것이므로 그에 필연적으로 부수하는 위험은 스스로 감수하여야 한다. 따라서 매도인이 부동산을 점유하고 있고 소유권을 이전받은 매수인에게서 매매대금 일부를 지급받지 못하고 있다고 하여 매매대금채권을 피담보채권으로 매수인이나 그에게서 부동산소유권을 취득한 제3자를 상대로 유치권을 주장할 수 없다(대결 2012.1.12. 2011마2380).

④ (○) 부동산경매절차에서의 매수인은 민사집행법 제91조 제5항에 따라 유치권자에게 그 유치권으로 담보하는 채권을 변제할 책임이 있는 것이 원칙이나, **채무자 소유의 건물 등 부동산에 경매개시결정의 기입등기가 경료되어 압류의 효력이 발생한 후에 채무자가 위 부동산에 관한 공사대금채권자에게 그 점유를 이전함으로써 그로 하여금 유치권을 취득하게 한 경우**, 그와 같은 점유의 이전은 목적물의 교환가치를 감소시킬 우려가 있는 처분행위에 해당하여 민사집행법 제92조 제1항, 제83조 제4항에 따른 압류의 처분금지효에 저촉되므로 점유자로서는 위 유치권을 내세워 그 부동산에 관한 경매절차의 매수인에게 대항할 수 없다. 그러나 이러한 법리는 경매로 인한 압류의 효력이 발생하기 전에 유치권을 취득한 경우에는 적용되지 아니하고, 유치권 취득시기가 근저당권 설정 후라거나 유치권 취득 전에 설정된 근저당권에 기하여 경매절차가 개시되었다고 하여 달리 볼 것은 아니다(대판 2009.1.15. 2008다70763).

⑤ (○) 유치권의 성립요건이자 존속요건인 유치권자의 점유는 직접점유이든 간접점유이든 관계가 없으나, 다만 유치권은 목적물을 유치함으로써 채무자의 변제를 간접적으로 강제하는 것을 본체적 효력으로 하는 권리인 점 등에 비추어, 그 직접점유자가 채무자인 경우에는 유치권의 요건으로서의 점유에 해당하지 않는다(대판 2008.4.11. 2007다27236).

12 유치권에 관한 설명으로 옳지 않은 것은?(다툼이 있는 경우에는 판례에 의함) 기출 13

① 건물신축공사수급인인 乙과의 계약으로 자재를 납품한 甲은 그 자재가 사용되어 건물이 완공된 경우, 자재대금 미지급을 이유로 그 건물에 대한 유치권을 행사할 수 있다.

② 채무자 乙 소유의 물건으로부터 발생한 채권을 가진 甲이 乙을 직접점유자로 하여 그 물건을 간접점유하는 경우, 甲에게는 유치권이 성립하지 않는다.

③ 부동산매도인 甲이 매매대금의 일부를 지급받지 못한 상태에서 매수인 乙에게 소유권이전등기를 마쳐 주었으나 부동산을 계속 점유하고 있는 경우, 甲은 그 대금채권을 피담보채권으로 하여 乙로부터 부동산소유권을 취득한 제3자를 상대로 유치권을 주장할 수 없다.

④ 유치권이 인정되는 아파트를 경락·취득한 甲이 유치권자에 대한 임료 상당의 부당이득금반환채권을 자동채권으로 하고 유치권자의 종전 소유자 乙에 대한 유익비상환채권을 수동채권으로 하여 상계의 의사표시를 하였더라도, 그 상계는 허용되지 않는다.

⑤ 유치권을 행사하는 甲이 스스로 유치물인 주택에 거주하더라도 이는 유치물의 보존에 필요한 사용에 해당하지만, 甲은 차임 상당의 이득을 유치물의 소유자에게 반환할 의무가 있다.

해설 ① (×) 甲이 건물신축공사수급인인 乙주식회사와 체결한 약정에 따라 공사현장에 시멘트와 모래 등의 건축자재를 공급한 경우, 甲의 건축자재대금채권은 매매계약에 따른 매매대금채권에 불과할 뿐 건물 자체에 관하여 생긴 채권이라고 할 수는 없으므로 건물에 관한 유치권의 피담보채권이 될 수 없다(대판 2012.1.26. 2011다96208).

② (○) 유치권의 성립요건이자 존속요건인 유치권자의 점유는 직접점유이든 간접점유이든 관계가 없으나, 다만 유치권은 목적물을 유치함으로써 채무자의 변제를 간접적으로 강제하는 것을 본체적 효력으로 하는 권리인 점 등에 비추어, 그 직접점유자가 채무자인 경우에는 유치권의 요건으로서의 점유에 해당하지 않는다(대판 2008.4.11. 2007다27236).

③ (○) 부동산매도인이 매매대금을 다 지급받지 아니한 상태에서 매수인에게 소유권이전등기를 마쳐 주어 목적물의 소유권을 매수인에게 이전한 경우에는, 매도인의 목적물인도의무에 관하여 동시이행의 항변권 외에 물권적 권리인 유치권까지 인정할 것은 아니다. 왜냐하면 법률행위로 인한 부동산물권 변동의 요건으로 등기를 요구함으로써 물권관계의 명확화 및 거래의 안전·원활을 꾀하는 우리 민법의 기본정신에 비추어 볼 때, 만일 이를 인정한다면 매도인은 등기에 의하여 매수인에게 소유권을 이전하였음에도 매수인 또는 그의 처분에 기하여 소유권을 취득한 제3자에 대하여 소유권에 속하는 대세적인 점유의 권능을 여전히 보유하게 되는 결과가 되어 부당하기 때문이다. 또한 매도인으로서는 자신이 원래 가지는 동시이행의 항변권을 행사하지 아니하고 자신의 소유권이전의무를 선이행함으로써 매수인에게 소유권을 넘겨준 것이므로 그에 필연적으로 부수하는 위험은 스스로 감수하여야 한다. 따라서 매도인이 부동산을 점유하고 있고 소유권을 이전받은 매수인에게서 매매대금 일부를 지급받지 못하고 있다고 하여 매매대금채권을 피담보채권으로 매수인이나 그에게서 부동산소유권을 취득한 제3자를 상대로 유치권을 주장할 수 없다(대결 2012.1.12. 2011마2380).

④ (○) 상계제도의 취지는 서로 대립하는 두 당사자 사이의 채권·채무를 간이한 방법으로 원활하고 공평하게 처리하려는 데 있으므로, 수동채권으로 될 수 있는 채권은 상대방이 상계자에 대하여 가지는 채권이어야 하고, 상대방이 제3자에 대하여 가지는 채권과는 상계할 수 없다고 보아야 한다(대판 2011.4.28. 2010다101394).

⑤ (○) 민법 제324조에 의하면, 유치권자는 선량한 관리자의 주의로 유치물을 점유하여야 하고, 소유자의 승낙 없이 유치물을 보존에 필요한 범위를 넘어 사용하거나 대여 또는 담보제공을 할 수 없으며, 소유자는 유치권자가 위 의무를 위반한 때에는 유치권의 소멸을 청구할 수 있다고 할 것인바, 공사대금채권에 기하여 유치권을 행사하는 자가 스스로 유치물인 주택에 거주하며 사용하는 것은 특별한 사정이 없는 한 유치물인 주택의 보존에 도움이 되는 행위로서 유치물의 보존에 필요한 사용에 해당한다고 할 것이다. 그리고 유치권자가 유치물의 보존에 필요한 사용을 한 경우에도 특별한 사정이 없는 한 차임에 상당한 이득을 소유자에게 반환할 의무가 있다(대판 2009.9.24. 2009다40684).

12 ① 정답

13 유치권에 관한 설명으로 옳지 않은 것은?(다툼이 있는 경우에는 판례에 의함) [기출] 12

① 건물점유자가 그 건물에 대하여 유치권을 행사하는 경우, 그 건물의 존재와 점유가 토지소유자에게 불법행위가 되는 때에는 유치권으로 토지소유자에게 대항할 수 없다.

② 수급인이 그의 재료와 노력으로 건물을 신축한 경우, 그는 다른 사정이 없으면 그 건물에 유치권을 행사할 수 있다.

③ 유치권자가 그가 점유한 건물에 거주·사용하는 경우, 그것이 보존에 필요한 행위이니니므로 사임에 상당한 이득을 소유자에게 반환하여야 한다.

④ 임대인과 임차인 사이에 임차목적물을 반환하는 시기에 권리금을 반환하기로 약정하였더라도 임차인은 권리금반환청구권으로써 건물에 대하여 유치권을 행사할 수 없다.

⑤ 유치권자가 유치물에 관하여 제3자와 전세계약을 체결하여 전세금을 수령한 경우, 유치물의 소유자에게 전세금에 대한 법정이자 상당액을 부당이득으로 반환하여야 한다.

해설 ① (○) 미등기건물의 점유자가 건물의 원시취득자에게 그 건물에 관한 유치권이 있다고 하더라도 그 건물의 존재와 점유가 토지소유자에게 불법행위가 되고 있다면 그 유치권으로 토지소유자에게 대항할 수 없다(대판 1989.2.14. 87다카3073).

② (×) 유치권은 타물권인 점에 비추어 볼 때 수급인의 재료와 노력으로 건축되었고 독립한 건물에 해당되는 기성부분은 수급인의 소유라 할 것이므로 수급인은 공사대금을 지급받을 때까지 이에 대하여 유치권을 가질 수 없다(대판 1993.3.26. 91다14116).

③ (○) 민법 제324조에 의하면, 유치권자는 선량한 관리자의 주의로 유치물을 점유하여야 하고, 소유자의 승낙 없이 유치물을 보존에 필요한 범위를 넘어 사용하거나 대여 또는 담보제공을 할 수 없으며, 소유자는 유치권자가 위 의무를 위반한 때에는 유치권의 소멸을 청구할 수 있다고 할 것인바, 공사대금채권에 기하여 유치권을 행사하는 자가 스스로 유치물인 주택에 거주하며 사용하는 것은 특별한 사정이 없는 한 유치물인 주택의 보존에 도움이 되는 행위로서 유치물의 보존에 필요한 사용에 해당한다고 할 것이다. 그리고 유치권자가 유치물의 보존에 필요한 사용을 한 경우에도 특별한 사정이 없는 한 차임에 상당한 이득을 소유자에게 반환할 의무가 있다(대판 2009.9.24. 2009다40684).

④ (○) 임대인과 임차인 사이에 건물명도 시 권리금을 반환하기로 하는 약정이 있었다 하더라도 그와 같은 **권리금반환청구권은 건물에 관하여 생긴 채권이라 할 수 없으므로** 그와 같은 채권을 가지고 건물에 대한 유치권을 행사할 수 없다(대판 1994.10.14. 93다62119).

⑤ (○) 유치권자가 유치물에 관하여 제3자와의 사이에 전세계약을 체결하여 전세금을 수령하였다면 전세금이 종국에는 전세입자에게 반환되어야 할 것임에 비추어 다른 특별한 사정이 없는 한 그가 얻은 구체적 이익은 그가 전세금으로 수령한 금전의 이용가능성이고, 그가 이와 같이 구체적으로 얻은 이익과 관계없이 추상적으로 산정된 차임 상당액을 부당이득으로 반환하여야 한다고 할 수 없다. 그리고 이러한 이용가능성은 그 자체 현물로 반환될 수 없는 성질의 것이므로 그 '가액'을 산정하여 반환을 명하여야 하는바, 그 가액은 결국 전세금에 대한 법정이자 상당액이다(대판 2009.12.24. 2009다32324).

제1관 | 총 설

제2관 | 동산질권

01 민법상 질권에 관한 설명으로 옳지 않은 것은?(다툼이 있으면 판례에 따름) 기출 24

① 동산질권은 선의취득의 대상이 될 수 있다.

② 저당권으로 담보한 채권을 질권의 목적으로 한 때에는 그 저당권등기에 질권의 부기등기를 하여야 그 효력이 저당권에 미친다.

③ 근질권이 설정된 금전채권에 대하여 제3자의 압류로 강제집행절차가 개시된 경우, 근질권의 피담보채권은 근질권자가 그 강제집행이 개시된 사실을 알게 된 때에 확정된다.

④ 채무자의 부탁으로 그의 채무를 담보하기 위하여 자기 소유의 동산에 질권을 설정한 자는 그 채무의 이행기가 도래한 때 채무자에게 미리 구상권을 행사할 수 있다.

⑤ 질물의 변형물인 금전 기타 물건에 대하여 이미 제3자가 압류한 경우, 질권자 스스로 이를 압류하지 않아도 물상대위권을 행사할 수 있다.

해설 ① (○) 질권설정은 처분행위이므로, 질권설정자는 처분권한이 있어야 한다. 다만, 질권설정자에게 처분권한이 없더라도, 채권자가 평온·공연하게 선의이며 과실 없이 질권설정을 받은경우에는, 채권자는 그 동산질권을 선의취득한다(민법 제343조, 제249조).

② (○) 민법 제348조

③ (○) 대판 2009.10.15. 2009다43621

④ (×) 타인의 채무를 담보하기 위하여 자신의 채권에 질권을 설정하여 준 물상보증인은 <u>채무자의 채무를 변제하거나, 질권의 실행으로 인하여 질물의 소유권을 잃은 경우</u>, 민법 제355조에 의하여 준용되는 같은 법 제341조에 의하여 채무자에 대하여 구상권을 갖게 된다고 할 것이다(대판 2007.5.31. 2005다28686).

⑤ (○) 대판 1996.7.12. 96다21058

02 동산질권에 관한 설명으로 옳지 않은 것은?(다툼이 있으면 판례에 따름) 기출 19

① 질물의 과실에 대해서도 질권의 효력이 미친다.

② 질권설정을 위한 인도는 현실의 인도에 한하지 않고 점유개정에 의하더라도 무방하다.

③ 질권자가 질물을 점유하고 있더라도 피담보채권의 소멸시효 진행에 영향을 미치지 않는다.

④ 건물의 임대인이 임대차에 관한 채권에 의하여 그 건물에 부속한 임차인 소유의 동산을 압류한 때에는 질권과 동일한 효력이 있다.

⑤ 질권설정자에게 처분권한이 없더라도 채권자가 평온·공연하게 선의이며 과실 없이 질권설정을 받은 경우, 채권자는 동산질권을 선의취득한다.

① (○) 명문의 규정은 없으나, 천연과실·법정과실을 불문하고 질권의 효력이 미치며, 과실을 취득하여 자기 채권의 우선변제에 충당할 수도 있다.

② (×) 질권의 설정은 질권자에게 목적물을 인도함으로써 그 효력이 생기고(민법 제330조), 질권자는 설정자로 하여금 질물의 점유를 하게 하지 못하므로(민법 제332조), 점유개정에 의한 질권설정은 불가하다.

③ (○) 현행 민법 제324조는 구(舊) 민법과 달리, '유치권의 행사는 채권의 소멸시효의 진행에 영향을 미치지 아니한다'는 민법 제326조를 준용하고 있지 아니하므로, 질권자의 질물점유 시 피담보채권의 소멸시효 진행 여부와 관련하여 견해의 대립이 있으나, 통설은 유치권과 동일하게 피담보채권의 소멸시효 진행에 영향을 미치지 아니한다고 본다.

④ (○) 건물 기타 공작물의 임대인이 임대차에 관한 채권에 의하여 그 건물 기타 공작물에 부속한 임차인 소유의 동산을 압류한 때에는 질권과 동일한 효력이 있다(민법 제650조).

⑤ (○) 질권설정은 처분행위이므로, 질권설정자는 처분권한이 있어야 한다. 다만, 질권설정자에게 처분권한이 없더라도, 채권자가 평온·공연하게 선의이며 과실 없이 질권설정을 받은 경우에는, 채권자는 그 동산질권을 선의취득한다(민법 제343조, 제249조).

03

甲은 자신의 채권담보를 위해 乙로부터 X동산에 질권을 설정받아 이를 점유하고 있다. 이에 관한 설명으로 옳은 것을 모두 고른 것은?(다툼이 있으면 판례에 따름) [기출] 17

ㄱ. X동산의 소유자 乙이 제3자에 대하여 가지는 목적물반환청구권의 양도의 방법으로 甲에게 질권을 설정하는 것도 유효하다.
ㄴ. 乙이 X동산에 대한 처분권 없이 질권을 설정한 경우, 甲이 X동산의 선의취득에 필요한 요건을 갖추었더라도 甲은 질권을 취득할 수 없다.
ㄷ. 甲의 채무자인 丙의 부탁을 받고 乙이 X동산에 질권을 설정한 경우, 甲의 질권실행으로 X동산의 소유권을 상실한 乙은 자신의 구상범위 내에서 甲의 丙에 대한 권리를 대위할 수 있다.
ㄹ. 만약 X동산이 타인의 물건에 부합되어 乙이 보상금을 지급받은 경우, 甲은 물상대위권을 행사할 수 없다.

① ㄱ, ㄴ   ② ㄱ, ㄹ
③ ㄴ, ㄷ   ④ ㄱ, ㄷ, ㄹ
⑤ ㄴ, ㄷ, ㄹ

ㄱ. (○) 동산질권의 설정을 위하여는 동산질권설정계약과 목적동산의 인도가 있어야 하는데, 그 인도방법으로서 현실인도, 간이인도 및 목적물반환청구권의 양도는 인정되나(민법 제196조 제2항), 점유개정에 의한 동산질권이 설정은 허용되지 아니한다.

ㄴ. (×) 동산질권을 선의취득하기 위하여는 질권자가 평온, 공연하게 선의이며 과실 없이 질권의 목적동산을 취득하여야 하고, 그 취득자의 선의, 무과실은 동산질권자가 입증하여야 한다(대판 1981.12.22. 80다2910). 따라서 甲이 X동산의 선의취득에 필요한 요건을 갖추었다면, 甲은 그 질권을 취득할 수 있다.

ㄷ. (○) 乙은 물상보증인에 해당한다. 따라서 질권실행으로 인하여 그 소유권을 잃은 경우에는, 보증채무에 관한 규정에 의하여 채무자를 상대로 구상권을 갖게 되고(민법 제341조), 구상권을 확보하기 위한 수단으로서 법정대위를 주장할 수 있다(민법 제481조).

ㄹ. (○) 물상대위권을 행사하기 위하여는 보상금의 지급 전에 압류하여야 한다(민법 제342조).

04 민법상 동산질권에 관한 설명으로 옳지 않은 것은? 기출 15

① 질권은 다른 약정이 없는 한 원본, 이자, 위약금, 질권실행의 비용, 질물보존의 비용 및 채무불이행 또는 질물의 하자로 인한 손해배상의 채권을 담보한다.

② 질권자는 그 권리의 범위 내에서 자기의 책임으로 질물을 전질할 수 있으며, 이 경우에는 전질을 하지 아니하였으면 면할 수 있는 불가항력으로 인한 손해에 대해서도 책임을 부담한다.

③ 책임전질의 경우에 질권자가 채무자에게 전질의 사실을 통지하거나 채무자가 이를 승낙하지 않으면 전질로써 채무자, 보증인, 질권설정자 및 그 승계인에게 대항하지 못한다.

④ 질권자가 질물에 대해 우선변제권을 행사할 수 있으려면 채무자가 이행지체에 빠져야 한다.

⑤ 질권자는 정당한 이유가 있는 때에는 미리 채무자 및 질권설정자에게 통지함이 없이 감정인의 평가에 의하여 질물로 직접 변제에 충당할 것을 법원에 청구할 수 있다.

해설 ① (○) 질권은 원본, 이자, 위약금, 질권실행의 비용, 질물보존의 비용 및 채무이행 또는 질물의 하자로 인한 손해배상의 채권을 담보한다. 그러나 다른 약정이 있는 때에는 그 약정에 의한다(민법 제334조).
② (○) 질권자는 그 권리의 범위 내에서 자기의 책임으로 질물을 전질할 수 있다. 이 경우에는 전질을 하지 아니하였으면 면할 수 있는 불가항력으로 인한 손해에 대하여도 책임을 부담한다(민법 제336조).
③ (○) 민법 제337조 제1항

> **전질의 대항요건(민법 제337조)**
> ① **전조의 경우에 질권자가 채무자에게 전질의 사실을 통지하거나 채무자가 이를 승낙함이 아니면 전질로써 채무자, 보증인, 질권설정자 및 그 승계인에게 대항하지 못한다.**
> ② 채무자가 전항의 통지를 받거나 승낙을 한 때에는 전질권자의 동의 없이 질권자에게 채무를 변제하여도 이로써 전질권자에게 대항하지 못한다.

④ (○) 채무자의 이행지체는 질권자가 질물에 대하여 우선변제권을 행사하기 위한 요건에 해당한다.
⑤ (×) 민법 제338조 제2항

> **경매, 간이변제충당(민법 제338조)**
> ① 질권자는 채권의 변제를 받기 위하여 질물을 경매할 수 있다.
> ② 정당한 이유 있는 때에는 질권자는 감정자의 평가에 의하여 질물로 직접 변제에 충당할 것을 법원에 청구할 수 있다. **이 경우에는 질권자는 미리 채무자 및 질권설정자에게 통지하여야 한다.**

05 민법상 동산질권에 관한 설명으로 옳지 않은 것은? 기출 14

① 질권이 설정된 사실은 질물소유자의 처분행위를 방해하지 않는다.

② 질권설정자는 채무변제기 전의 계약으로 질권자에게 변제에 갈음하여 질물의 소유권을 취득하게 하거나 법률에 정한 방법에 의하지 아니하고 질물을 처분할 것을 약정하지 못한다.

③ 질권자가 질권설정자의 승낙 없이 그 책임으로 질물을 전질한 경우, 그는 전질하지 않았더라면 면할 수 있었을 불가항력으로 인한 손해에 대하여 책임이 있다.

④ 질권설정자가 질물을 멸실하게 한 경우, 질권자는 피담보채권의 즉시이행을 청구할 수 있지만 손해배상은 청구할 수 없다.

⑤ 질물보다 먼저 채무자의 다른 재산에 관한 배당을 실시하는 경우, 질권자는 채권 전액을 가지고 배당에 참가할 수 있다.

해설 ① (○) **질권설정만으로는 질물소유자의 처분권이 제한되지 아니하므로**, 질권설정된 목적물의 제3자에의 양도 또한 가능한데, 이 경우 제3자는 특별한 사정이 없는 한, 질권부담이 있는 목적물의 소유권을 취득할 뿐이다.

② (○) 질권설정자는 채무변제기 전의 계약으로 질권자에게 변제에 갈음하여 질물의 소유권을 취득하게 하거나 법률에 정한 방법에 의하지 아니하고 질물을 처분할 것을 약정하지 못한다(민법 제339조).

③ (○) 질권자는 그 권리의 범위 내에서 자기의 책임으로 질물을 전질할 수 있다. 이 경우에는 전질을 하지 아니하였으면 면할 수 있는 불가항력으로 인한 손해에 대하여도 책임을 부담한다(민법 제336조).

④ (×) 질권설정자인 채무자의 질물멸실행위는 기한이익상실사유에 해당하므로(민법 제388조 제1호), 채권자는 채무자에게 즉시이행을 청구할 수 있고, 채무자의 이행이 없는 경우에는 질권을 실행할 수 있으며, 나아가 질권침해를 이유로 손해배상을 청구할 수도 있다(민법 제750조).

⑤ (○) 질권자는 질물에 의하여 변제를 받지 못한 부분의 채권에 한하여 채무자의 다른 재산으로부터 변제를 받을 수 있으나, 질물보다 먼저 다른 재산에 관한 배당을 실시하는 경우에는, 채권 전액을 가지고 배당에 참가할 수 있다(민법 제340조).

06 질권자가 질권설정자의 승낙 없이 전질을 하는 경우에 관한 설명으로 옳지 않은 것은?

`기출 13`

① 질권자가 채무자에게 전질의 사실을 통지하거나 채무자가 이를 승낙하지 않으면 전질로써 채무자에게 대항하지 못한다.

② 전질이 대항요건을 갖춘 경우에도 채무자는 전질권자의 동의 없이 원질권자에게 변제하고 전질권자에 대하여 질물의 반환을 청구할 수 있다.

③ 전질권설정자는 전질을 하지 않았더라면 면할 수 있었을 불가항력으로 인한 손해에 대해서도 책임을 진다.

④ 원질권과 전질권의 피담보채권이 모두 변제기에 있으면 전질권자는 직접 원질권을 실행하여 자기 채권을 우선변제받을 권리가 있다.

⑤ 전질권의 존속기간이 원질권의 존속기간을 초과하고 있다면 전질권은 원질권의 존속기간의 범위 내에서만 유효하다.

해설 ① (○), ② (×) 민법 제337조

> **전질의 대항요건(민법 제337조)**
> ① 전조의 경우에 질권자가 채무자에게 전질의 사실을 통지하거나 채무자가 이를 승낙함이 아니면 전질로써 채무자, 보증인, 질권설정자 및 그 승계인에게 대항하지 못한다.
> ② 채무자가 전항의 통지를 받거나 승낙을 한 때에는 전질권자의 동의 없이 질권자에게 채무를 변제하여도 이로써 전질권자에게 대항하지 못한다.

③ (○) 질권자는 그 권리의 범위 내에서 자기의 책임으로 질물을 전질할 수 있다. 이 경우에는 전질을 하지 아니하였으면 면할 수 있는 불가항력으로 인한 손해에 대하여도 책임을 부담한다(민법 제336조).

④ (○) 전질권자가 질권을 실행하기 위하여는, 자기채권의 변제기가 도래하고 원질권의 피담보채권 또한 변제기가 도래하여야 한다. 따라서 양 채권 모두의 변제기가 도래하였다면, 전질권자는 직접 원질권을 실행하여 자기채권을 우선변제받을 권리가 있다.

⑤ (○) **전질권은 원질권의 범위 내이어야 한다**(민법 제336조 전문). 따라서 전질권의 존속기간은 원질권의 존속기간의 범위 내에서만 유효하다.

07 甲은 2018년 5월 1일 乙 소유 X아파트를 임차기간 2년, 임대차보증금 1억 5천만원에 임차하고 전입신고 후 살고 있다. 甲은 2019년 5월 30일 丙으로부터 변제기를 2020년 5월 30일로 하여 1억원을 대출받으면서 임대차보증금반환채권에 대해 질권을 설정해 주었고, 乙도 이를 승낙하였다. 이에 관한 설명으로 옳지 않은 것은?(다툼이 있으면 판례에 따름) `기출` 20

① 乙이 丙의 동의 없이 甲에게 임대차보증금반환채무를 변제하더라도 丙에게 대항할 수 없다.

② 丙은 甲이 변제기가 지나도 변제하지 않는 경우, 질권의 목적이 된 채권을 자기채권의 한도에서 乙에게 직접 청구할 권리가 있다.

③ 甲이 질권의 목적인 임대차보증금반환채권을 제3자에게 양도하는 경우 丙의 동의를 요하지 않는다.

④ 乙이 丙의 동의 없이 자신의 1억원의 채권으로 甲과 상계합의를 한 경우, 丙은 乙에게 직접 채무의 변제를 청구할 수 없다.

⑤ 乙이 丁에게 X아파트를 양도한 경우, 질권이 설정되어 있더라도 특별한 사정이 없는 한 丁이 임대차보증금반환채무를 면책적으로 인수한다.

해설 ① (○), ④ (×) 타인에 대한 채무의 담보로 제3채무자에 대한 채권에 대하여 권리질권을 설정한 경우 질권설정자는 질권자의 동의 없이 질권의 목적된 권리를 소멸하게 하거나 질권자의 이익을 해하는 변경을 할 수 없다(민법 제352조). 이는 질권자가 질권의 목적인 채권의 교환가치에 대하여 가지는 배타적 지배권능을 보호하기 위한 것이다. 따라서 질권설정자가 제3채무자에게 질권설정의 사실을 통지하거나 제3채무자가 이를 승낙한 때에는 제3채무자가 질권자의 동의 없이 질권의 목적인 채무를 변제하더라도 이로써 질권자에게 대항할 수 없고, 질권자는 민법 제353조 제2항에 따라 여전히 제3채무자에 대하여 직접 채무의 변제를 청구할 수 있다. 제3채무자가 질권자의 동의 없이 질권설정자와 상계합의를 함으로써 질권의 목적인 채무를 소멸하게 한 경우에도 마찬가지로 질권자에게 대항할 수 없고, 질권자는 여전히 제3채무자에 대하여 직접 채무의 변제를 청구할 수 있다(대판 2018.12.27. 2016다265689).

② (○) 민법 제353조 제1항, 제2항

> **질권의 목적이 된 채권의 실행방법(민법 제353조)**
> ① 질권자는 질권의 목적이 된 채권을 직접 청구할 수 있다.
> ② 채권의 목적물이 금전인 때에는 질권자는 자기채권의 한도에서 직접 청구할 수 있다.
> ③ 전항의 채권의 변제기가 질권자의 채권의 변제기보다 먼저 도래한 때에는 질권자는 제3채무자에 대하여 그 변제금액의 공탁을 청구할 수 있다. 이 경우에 질권은 그 공탁금에 존재한다.
> ④ 채권의 목적물이 금전 이외의 물건인 때에는 질권자는 그 변제를 받은 물건에 대하여 질권을 행사할 수 있다.

③ (○) 질권이 목적인 채권의 양도행위는 민법 제352조 소정의 질권자의 이익을 해하는 변경에 해당되지 않으므로 질권자의 동의를 요하지 아니한다(대판 2005.12.22. 2003다55059).

⑤ (○) 구 주택임대차보호법(2013.8.13. 법률 제12043호로 개정되기 전의 것, 이하 '구 주택임대차법'이라고 한다) 제3조 제3항은 같은 조 제1항이 정한 대항요건을 갖춘 임대차의 목적이 된 임대주택의 양수인은 임대인의 지위를 승계한 것으로 본다고 규정하고 있다. 이는 법률상의 당연승계규정으로 보아야 하므로, 임대주택이 양도된 경우에 양수인은 주택의 소유권과 결합하여 임대인의 임대차계약상 권리 · 의무 일체를 그대로 승계한다. 그 결과 양수인이 임대차보증금반환채무를 면책적으로 인수하고, 양도인은 임대차관계에서 탈퇴하여 임차인에 대한 임대차보증금반환채무를 면하게 된다. 이는 임차인이 임대차보증금반환채권에 질권을 설정하고 임대인이 그 질권설정을 승낙한 후에 임대주택이 양도된 경우에도 마찬가지라고 보아야한다. 따라서 이 경우에도 임대인은 구 주택임대차법 제3조 제3항에 의해 임대차관계에서 탈퇴하고 임차인에 대한 임대차보증금반환채무를 면하게 된다(대판 2018.6.9. 2018다201610).

제3관 | 권리질권

01 질권에 관한 설명으로 옳은 것은?(다툼이 있으면 판례에 따름) [기출] 22

① 질권설정을 위한 인도는 현실의 인도에 한하지 않고 점유개정의 방법에 의하더라도 무방하다.

② 질권은 다른 약정이 없는 한 피담보채권의 원본, 이자, 위약금, 질권실행의 비용뿐 아니라 질물
보존의 비용 및 채무불이행 또는 질물의 하자로 인한 손해배상채권도 담보한다.

③ 담보가 없는 채권에 질권을 설정한 다음 그 채권을 담보하기 위해 저당권이 설정된 경우, 저당
권등기에 질권의 부기등기 없이도 저당권의 부종성으로 인해 질권의 효력은 저당권에 미친다.

④ 채권질권 설정 후 채권질권설정자인 채권자가 질권자의 동의 없이 입질채권의 채무자와 상계합
의를 하였다면 질권자는 그 입질채권의 채무자에게 자신의 질권을 주장할 수 없다.

⑤ 질권의 목적인 채권의 양도행위는 질권자의 이익을 해하는 변경에 해당하므로 그 양도에는
질권자의 동의를 요한다.

해설 ① (×) 질권설정을 위한 인도는 현실의 인도에 한하지 않으나, 점유개정에 의한 질권설정은 금지된다(민법
제332조).

② (○) 민법 제334조

③ (×) 민법 제348조는 저당권으로 담보한 채권을 질권의 목적으로 한 때에는 그 저당권설정등기에 질권의
부기등기를 하여야 그 효력이 저당권에 미친다고 정한다. 저당권에 의하여 담보된 채권에 질권을 설정하였
을 때 저당권의 부종성으로 인하여 등기 없이 성립하는 권리질권이 당연히 저당권에도 효력이 미친다고
한다면, 공시의 원칙에 어긋나고 그 저당권에 의하여 담보된 채권을 양수하거나 압류한 사람, 저당부동산을
취득한 제3자 등에게 예측할 수 없는 질권의 부담을 줄 수 있어 거래의 안전을 해할 수 있다. 이에 따라
민법 제348조는 저당권설정등기에 질권의 부기등기를 한 때에만 질권의 효력이 저당권에 미치도록 한 것이
다. 이는 민법 제186조에서 정하는 물권변동에 해당한다. 이러한 민법 제348조의 입법 취지에 비추어 보면,
'담보가 없는 채권에 질권을 설정한 다음 그 채권을 담보하기 위해서 저당권을 설정한 경우'에도 '저당권으
로 담보한 채권에 질권을 설정한 경우'와 달리 볼 이유가 없다. 담보가 없는 채권에 질권을 설정한 다음
그 채권을 담보하기 위해 저당권을 설정한 경우에, 당사자 간 약정 등 특별한 사정이 있는 때에는 저당권이
질권의 목적이 되지 않을 수 있으므로, 질권의 효력이 저당권에 미치기 위해서는 질권의 부기등기를 하도록
함으로써 이를 공시할 필요가 있다. 따라서 담보가 없는 채권에 질권을 설정한 다음 그 채권을 담보하기
위해 저당권이 설정되었더라도, 민법 제348조가 유추적용되어 저당권설정등기에 질권의 부기등기를 하지
않으면 질권의 효력이 저당권에 미친다고 볼 수 없다(대판 2020.4.29. 2016다235411).

④ (×) 타인에 대한 채무의 담보로 제3채무자에 대한 채권에 대하여 권리질권을 설정한 경우 질권설정자는
질권자의 동의 없이 질권의 목적된 권리를 소멸하게 하거나 질권자의 이익을 해하는 변경을 할 수 없다(민법
제352조). 이는 질권자가 질권의 목적인 채권의 교환가치에 대하여 가지는 배타적 지배권능을 보호하기
위한 것이다. 따라서 질권설정자가 제3채무자에게 질권설정의 사실을 통지하거나 제3채무자가 이를 승낙한
때에는 제3채무자가 질권자의 동의 없이 질권의 목적인 채무를 변제하더라도 이로써 질권자에게 대항할
수 없고, 질권자는 민법 제353조 제2항에 따라 여전히 제3채무자에 대하여 직접 채무의 변제를 청구할
수 있다. 제3채무자가 질권자의 동의 없이 질권설정자와 상계합의를 함으로써 질권의 목적인 채무를 소멸하
게 한 경우에도 마찬가지로 질권자에게 대항할 수 없고, 질권자는 여전히 제3채무자에 대하여 직접 채무의
변제를 청구할 수 있다(대판 2018.12.27. 2016다265689).

⑤ (×) 질권의 목적인 채권의 양도행위는 민법 제352조 소정의 질권자의 이익을 해하는 변경에 해당되지 않으
므로 질권자의 동의를 요하지 아니한다(대판 2005.12.22. 2003다55059).

02 채권질권에 관한 설명으로 옳지 않은 것은?(다툼이 있으면 판례에 따름) 기출 21

① 피담보채권액이 입질채권액보다 적은 경우에도 질권의 효력은 입질채권 전부에 미친다.

② 주택임차인이 보증금반환채권을 담보로 질권을 설정한 경우, 질권자에게 임대차계약서를 교부하지 않았더라도 그 질권은 유효하다.

③ 질권설정자가 제3채무자에게 질권설정 사실을 통지한 후 제3채무자가 질권자의 동의없이 질권설정자와 상계합의를 하여 질권의 목적인 채무를 소멸하게 한 경우, 질권자는 제3채무자에 대하여 직접 채무의 변제를 청구할 수 있다.

④ 저당권부 채권에 질권을 설정한 경우에는 그 저당권등기에 질권의 부기등기를 하여야 질권의 효력이 저당권에 미친다.

⑤ 저당권부 채권에 질권을 설정하면서 그 저당권의 피담보채권만을 질권의 목적으로 하고 저당권은 질권의 목적으로 하지 않는 것은 저당권의 부종성에 반하여 허용되지 않는다.

해설 ① (○) 피담보채권액이 입질채권액보다 적은 경우에도 입질채권 전부에 대하여 질권의 효력이 미친다(불가분성).

② (○) 민법 제347조는 채권을 질권의 목적으로 하는 경우에 채권증서가 있는 때에는 질권의 설정은 그 증서를 질권자에게 교부함으로써 효력이 생긴다고 규정하고 있다. 여기에서 말하는 '채권증서'는 채권의 존재를 증명하기 위하여 채권자에게 제공된 문서로서 특정한 이름이나 형식을 따라야 하는 것은 아니지만, 장차 변제 등으로 채권이 소멸하는 경우에는 민법 제475조에 따라 채무자가 채권자에게 그 반환을 청구할 수 있는 것이어야 한다. 이에 비추어 임대차계약서와 같이 계약 당사자 쌍방의 권리의무관계의 내용을 정한 서면은 그 계약에 의한 권리의 존속을 표상하기 위한 것이라고 할 수는 없으므로 위 채권증서에 해당하지 않는다(대판 2013.8.22. 2013다32574).

③ (○) 타인에 대한 채무의 담보로 제3채무자에 대한 채권에 대하여 권리질권을 설정한 경우 질권설정자는 질권자의 동의없이 질권의 목적된 권리를 소멸하게 하거나 질권자의 이익을 해하는 변경을 할 수 없다(민법 제352조). 이는 질권자가 질권의 목적인 채권의 교환가치에 대하여 가지는 배타적 지배권능을 보호하기 위한 것이다. 따라서 질권설정자가 제3채무자에게 질권설정의 사실을 통지하거나 제3채무자가 이를 승낙한 때에는 제3채무자가 질권자의 동의없이 질권의 목적인 채무를 변제하더라도 이로써 질권자에게 대항할 수 없고, 질권자는 민법 제353조 제2항에 따라 여전히 제3채무자에 대하여 직접 채무의 변제를 청구할 수 있다. 제3채무자가 질권자의 동의없이 질권설정자와 상계합의를 함으로써 질권의 목적인 채무를 소멸하게 한 경우에도 마찬가지로 질권자에게 대항할 수 없고, 질권자는 여전히 제3채무자에 대하여 직접 채무의 변제를 청구할 수 있다(대판 2018.12.27. 2016다265689).

④ (○) 민법 제348조는 저당권으로 담보한 채권을 질권의 목적으로 한 때에는 그 저당권설정등기에 질권의 부기등기를 하여야 그 효력이 저당권에 미친다고 정한다. 저당권에 의하여 담보된 채권에 질권을 설정하였을 때 저당권의 부종성으로 인하여 등기 없이 성립하는 권리질권이 당연히 저당권에도 효력이 미친다고 한다면, 공시의 원칙에 어긋나고 그 저당권에 의하여 담보된 채권을 양수하거나 압류한 사람, 저당부동산을 취득한 제3자 등에게 예측할 수 없는 질권의 부담을 줄 수 있어 거래의 안전을 해할 수 있다. 이에 따라 민법 제348조는 저당권설정등기에 질권의 부기등기를 한 때에만 질권의 효력이 저당권에 미치도록 한 것이다. 이는 민법 제186조에서 정하는 물권변동에 해당한다. 이러한 민법 제348조의 입법 취지에 비추어 보면, '담보가 없는 채권에 질권을 설정한 다음 그 채권을 담보하기 위해서 저당권을 설정한 경우'에도 '저당권으로 담보한 채권에 질권을 설정한 경우'와 달리 볼 이유가 없다. 또한 담보가 없는 채권에 질권을 설정한 다음 그 채권을 담보하기 위해 저당권을 설정한 경우에, 당사자 간 약정 등 특별한 사정이 있는 때에는 저당권이 질권의 목적이 되지 않을 수 있으므로, 질권의 효력이 저당권에 미치기 위해서는 질권의 부기등기를 하도록 함으로써 이를 공시할 필요가 있다. 따라서 담보가 없는 채권에 질권을 설정한 다음 그 채권을 담보하기 위해 저당권이 설정되었더라도, 민법 제348조가 유추적용되어 저당권설정등기에 질권의 부기등기를 하지 않으면 질권의 효력이 저당권에 미친다고 볼 수 없다(대판 2020.4.29. 2016다235411).

⑤ (×) 민법 제361조는 "저당권은 그 담보한 채권과 분리하여 타인에게 양도하거나 다른 채권의 담보로 하지 못한다"라고 정하고 있을 뿐 피담보채권을 저당권과 분리해서 양도하거나 다른 채권의 담보로 하지 못한다고 정하고 있지 않다. 채권담보라고 하는 저당권 제도의 목적에 비추어 특별한 사정이 없는 한 피담보채권의 처분에는 저당권의 처분도 당연히 포함된다고 볼 것이지만, 피담보채권의 처분이 있으면 언제나 저당권도 함께 처분된다고는 할 수 없다. 따라서 저당권으로 담보된 채권에 질권을 설정한 경우 원칙적으로는 저당권이 피담보채권과 함께 질권의 목적이 된다고 보는 것이 합리적이지만, 질권자와 질권설정자가 피담보채권만을 질권의 목적으로 하고 저당권은 질권의 목적으로 하지 않는 것도 가능하고 이는 저당권의 부종성에 반하지 않는다. 이는 저당권과 분리해서 피담보채권만을 양도한 경우 양도인이 채권을 상실하여 양도인 앞으로 된 저당권이 소멸하게 되는 것과 구별된다(대판 2020.4.29. 2016다235411).

03 **채권질권에 관한 설명으로 옳지 않은 것은?(다툼이 있으면 판례에 따름)** 기출 19

① 질권의 목적인 채권의 양도행위에는 질권자의 동의가 필요하다.
② 채권의 목적물이 금전인 때에는 질권자는 자기채권의 한도에서 직접 청구할 수 있다.
③ 채권질권의 효력은 질권의 목적이 된 채권의 지연손해금 등과 같은 부대채권에도 미친다.
④ 저당권으로 담보한 채권을 질권의 목적으로 한 때에는 그 저당권등기에 질권의 부기등기를 하여야 그 효력이 저당권에 미친다.
⑤ 제3채무자가 질권설정사실을 승낙한 후 질권설정계약이 합의해지된 경우, 질권설정자가 해지를 이유로 제3채무자에게 원래의 채권으로 대항하려면 질권자가 제3채무자에게 해지사실을 통지하여야 한다.

해설 ① (×) 질권의 목적인 채권의 양도행위는 민법 제352조 소정의 질권자의 이익을 해하는 변경에 해당되지 않으므로 질권자의 동의를 요하지 아니한다(대판 2005.12.22. 2003다55059).
② (○) 채권의 목적물이 금전인 때에는 질권자는 자기채권의 한도에서 직접 청구할 수 있다(민법 제353조 제2항).
③ (○) 질권의 목적이 된 채권이 금전채권인 때에는 질권자는 자기채권의 한도에서 질권의 목적이 된 채권을 직접 청구할 수 있고, 채권질권의 효력은 질권의 목적이 된 채권의 지연손해금 등과 같은 부대채권에도 미치므로 채권질권자는 질권의 목적이 된 채권과 그에 대한 지연손해금채권을 피담보채권의 범위에 속하는 자기채권액에 대한 부분에 한하여 직접 추심하여 자기채권의 변제에 충당할 수 있다(대판 2005.2.25. 2003다40668).
④ (○) 저당권으로 담보한 채권을 질권의 목적으로 한 때에는 그 저당권등기에 질권의 부기등기를 하여야 그 효력이 저당권에 미친다(민법 제348조).
⑤ (○) 제3채무자가 질권설정사실을 승낙한 후 질권설정계약이 합의해지된 경우 질권설정자가 해지를 이유로 제3채무자에게 원래의 채권으로 대항하려면 질권자가 제3채무자에게 해지사실을 통지하여야 하고, 만일 질권자가 제3채무자에게 질권설정계약의 해지사실을 통지하였다면, 설사 아직 해지가 되지 아니하였다고 하더라도 선의인 제3채무자는 질권설정자에게 대항할 수 있는 사유로 질권자에게 대항할 수 있다고 봄이 타당하다. 그리고 위와 같은 해지통지가 있었다면 해지사실은 추정되고, 그렇다면 해지통지를 믿은 제3채무자의 선의 또한 추정된다고 볼 것이어서 제3채무자가 악의라는 점은 선의를 다투는 질권자가 증명할 책임이 있다. 그리고 위와 같은 해지사실의 통지는 질권자가 질권설정계약이 해제되었다는 사실을 제3채무자에게 알리는 이른바 관념의 통지로서, 통지는 제3채무자에게 도달됨으로써 효력이 발생하고, 통지에 특별한 방식이 필요하지는 않다(대판 2014.4.10. 2013다76192).

04 채무자 甲은 채권자 乙을 위하여 자신의 丙에 대한 금전채권에 대하여 질권을 설정하였다. 이에 관한 설명으로 옳은 것은?(다툼이 있으면 판례에 따름) `기출` 16

① 甲이 질권의 목적인 채권을 양도하기 위해서는 乙의 동의를 요한다.

② 丙이 질권설정사실을 승낙한 후 그 질권설정계약이 합의해지된 경우, 甲이 해지를 이유로 丙에게 원래의 채권으로 대항하려면 甲이 丙에게 해지사실을 통지하여야 한다.

③ 甲과 丙이 질권의 목적된 권리를 소멸하게 하는 행위를 하였더라도 이는 乙에 대한 관계에 있어 무효일 뿐이어서 특별한 사정이 없는 한 乙 아닌 제3자가 그 무효의 수상을 할 수는 없다.

④ 甲에게 이미 변제한 丙이 착오로 乙에게 이의를 보류하지 아니하고 승낙하였다면, 乙에게 중과실이 있다고 하여도 丙은 변제로 乙에게 대항하지 못한다.

⑤ 乙이 丙에게 직접청구권을 행사하여 변제받은 경우, 입질채권의 발생원인인 계약관계가 무효였다면 丙은 乙을 상대로 부당이득 반환을 청구할 수 있다.

해설 ① (×) 질권의 목적인 채권의 양도행위는 민법 제352조 소정의 질권자의 이익을 해하는 변경에 해당되지 않으므로 질권자의 동의를 요하지 아니한다(대판 2005.12.22. 2003다55059).

② (×) 제3채무자가 질권설정사실을 승낙한 후 질권설정계약이 합의해지된 경우 질권설정자가 해지를 이유로 제3채무자에게 원래의 채권으로 대항하려면 질권자가 제3채무자에게 해지사실을 통지하여야 하고, 만일 질권자가 제3채무자에게 질권설정계약의 해지사실을 통지하였다면, 설사 아직 해지가 되지 아니하였다고 하더라도 선의인 제3채무자는 질권설정자에게 대항할 수 있는 사유로 질권자에게 대항할 수 있다고 봄이 타당하다. 그리고 위와 같은 해지통지가 있었다면 해지사실은 추정되고, 그렇다면 해지통지를 믿은 제3채무자의 선의 또한 추정된다고 볼 것이어서 제3채무자가 악의라는 점은 선의를 다투는 질권자가 증명할 책임이 있다. 그리고 위와 같은 해지사실의 통지는 질권자가 질권설정계약이 해제되었다는 사실을 제3채무자에게 알리는 이른바 관념의 통지로서, 통지는 제3채무자에게 도달됨으로써 효력이 발생하고, 통지에 특별한 방식이 필요하지는 않다(대판 2014.4.10. 2013다76192). 따라서 사안의 경우, 甲이 해지를 이유로 丙에게 원래의 채권으로 대항하려면, 질권자 乙이 丙에게 해지사실을 통지하여야 한다.

③ (○) 민법 제352조가 질권설정자는 질권자의 동의 없이 질권의 목적된 권리를 소멸하게 하거나 질권자의 이익을 해하는 변경을 할 수 없다고 규정한 것은 질권자가 질권의 목적인 채권의 교환가치에 대하여 가지는 배타적 지배권능을 보호하기 위한 것이므로, 질권설정자와 제3채무자가 질권의 목적된 권리를 소멸하게 하는 행위를 하였다고 하더라도 이는 질권자에 대한 관계에 있어 무효일 뿐이어서 특별한 사정이 없는 한 질권자 아닌 제3자가 그 무효의 주장을 할 수는 없다(대판 1997.11.11. 97다35375).

④ (×) 민법 제451조 제1항이 이의를 보류하지 않은 승낙에 대하여 항변사유를 제한한 취지는 이의를 보류하지 않은 승낙이 이루어진 경우 양수인은 양수한 채권에 아무런 항변권도 부착되지 아니한 것으로 신뢰하는 것이 보통이므로 채무자의 '승낙'이라는 사실에 공신력을 주어 양수인의 신뢰를 보호하고 채권양도나 질권설정과 같은 거래의 안전을 꾀하기 위한 규정이라 할 것이므로, 채권의 양도나 질권의 설정에 대하여 이의를 보류하지 아니하고 승낙을 하였더라도 양수인 또는 질권자가 악의 또는 중과실의 경우에 해당하는 한 채무자의 승낙 당시까지 양도인 또는 질권설정자에 대하여 생긴 사유로써도 양수인 또는 질권자에게 대항할 수 있다(대판 2002.3.29. 2000다13887). 따라서 사안의 경우, 乙에게 중과실이 있다면, 丙은 변제로 乙에게 대항할 수 있다.

⑤ (×) 금전채권의 질권자가 민법 제353조 제1항, 제2항에 의하여 자기채권의 범위 내에서 직접청구권을 행사하는 경우 질권자는 질권설정자의 대리인과 같은 지위에서 입질채권을 추심하여 자기채권의 변제에 충당하고 그 한도에서 질권설정자에 의한 변제가 있었던 것으로 보므로, 위 범위 내에서는 제3채무자의 질권자에 대한 금전지급으로써 제3채무자의 질권설정자에 대한 급부가 이루어질 뿐만 아니라 질권설정자의 질권자에 대한 급부도 이루어진다. 이러한 경우 입질채권의 발생원인인 계약관계에 무효 등의 흠이 있어 입질채권이 부존재한다고 하더라도 제3채무자는 특별한 사정이 없는 한 상대방 계약당사자인 질권설정자에 대하여 부당이득 반환을 구할 수 있을 뿐이고 질권자를 상대로 직접 부당이득 반환을 구할 수 없다. 이와 달리 제3채무자가 질권자를 상대로 직접 부당이득반환청구를 할 수 있다고 보면 자기책임하에 체결된 계약에 따른 위험을 제3자인 질권자에게 전가하는 것이 되어 계약법의 원리에 반하는 결과를 초래할 뿐만 아니라 질권자가 질권설정자에 대하여 가지는 항변권 등을 침해하게 되어 부당하기 때문이다(대판 2015.5.29. 2012다92258).

05 권리질권에 관한 설명으로 옳지 않은 것은? `기출` 12

① 특허권은 권리질권의 목적이 될 수 있다.
② 권리질권에 물상대위가 인정된다.
③ 질권자는 질권의 목적이 된 채권을 직접 청구하여 질권을 실행할 수 있다.
④ 권리질권의 설정은 법률에 다른 규정이 없으면 그 권리의 양도에 관한 방법에 의하여야 한다.
⑤ 지시채권을 질권이 목적으로 한 질권의 설정은 증서에 배서하여 질권자에게 교부함으로써 그 효력이 생긴다.

해설 ① (○) 권리질권은 동산 이외의 재산권을 목적으로 하는 질권으로(민법 제345조 본문), 특허권도 그 목적이 될 수 있다(특허법 제121조).
② (○) 동산질권뿐만 아니라 권리질권 또한 물상대위가 인정된다(민법 제342조, 제355조).
③ (○) 질권자는 질권의 목적이 된 채권을 직접 청구할 수 있다(민법 제353조 제1항).
④ (○) 권리질권의 설정은 법률에 다른 규정이 없으면 그 권리의 양도에 관한 방법에 의하여야 한다(민법 제346조).
⑤ (×) 지시채권을 질권의 목적으로 한 질권의 설정은 **증서에 배서하여 질권자에게 교부함으로써** 그 효력이 생긴다(민법 제350조).

---

04 저당권

제1관 | 총 설

제2관 | 저당권의 성립

01 저당권과 동산질권에 관한 설명으로 옳은 것을 모두 고른 것은?(다툼이 있으면 판례에 따름)
`기출` 20

> ㄱ. 저당권과 질권 모두 그 설정에 있어 부동산 또는 동산의 인도는 요구되지 않는다.
> ㄴ. 저당권과 질권 모두 피담보채권의 전부를 변제받을 때까지 목적물 전부에 대해 그 권리를 행사할 수 있다.
> ㄷ. 저당권과 달리 질권은 담보물의 보존비용이나 담보물의 하자로 인한 손해배상청구권을 담보한다.
> ㄹ. 저당권과 달리 질권은 담보물의 공용징수로 인하여 질권설정자가 받을 금전에 대해서는 질권을 행사할 수 없다.

① ㄱ, ㄴ
② ㄴ, ㄷ
③ ㄷ, ㄹ
④ ㄱ, ㄴ, ㄹ
⑤ ㄱ, ㄷ, ㄹ

해설 ㄱ. (×) 저당권은 부동산의 인도를 요하지 아니하나(민법 제356조), 동산질권은 동산의 인도를 요한다(민법 제330조).

ㄴ. (○) 담보물권의 불가분성(민법 제370조, 제343조, 제321조)

> **유치권의 불가분성(민법 제321조)**
> 유치권자는 채권 전부의 변제를 받을 때까지 유치물 전부에 대하여 그 권리를 행사할 수 있다.
>
> **준용규정(민법 제343조)**
> 제249조 내지 제251조, **제321조** 내지 제325조의 규정은 **동산질권에 준용한다**
>
> **준용규정(민법 제370조)**
> 제214조, **제321조**, 제333조, 제340조, 제341조 및 제342조의 규정은 **저당권에 준용한다.**

ㄷ. (○) 질권과 저당권의 피담보채권의 범위(민법 제334조, 민법 제360조)

> **피담보채권의 범위(민법 제334조)**
> 질권은 원본, 이자, 위약금, 질권실행의 비용, 질물보존의 비용 및 채무불이행 또는 질물의 하자로 인한 손해배상의 채권을 담보한다. 그러나 다른 약정이 있는 때에는 그 약정에 의한다.
>
> **피담보채권의 범위(민법 제360조)**
> 저당권은 원본, 이자, 위약금, 채무불이행으로 인한 손해배상 및 저당권의 실행비용을 담보한다. 그러나 지연배상에 대하여는 원본의 이행기일을 경과한 후의 1년분에 한하여 저당권을 행사할 수 있다.

ㄹ. (×) 질권과 저당권 모두 물상대위가 인정된다(민법 제342조, 제370조).

> **물상대위(민법 제342조)**
> 질권은 질물의 멸실, 훼손 또는 공용징수로 인하여 질권설정자가 받을 금전 기타 물건에 대하여도 이를 행사할 수 있다. 이 경우에는 그 지급 또는 인도 전에 압류하여야 한다.
>
> **준용규정(민법 제370조)**
> 제214조, 제321조, 제333조, 제340조, 제341조 및 제342조의 규정은 저당권에 준용한다.

제3관 | 저당권의 효력

01 저당권에 관한 설명으로 옳지 않은 것은?(다툼이 있으면 판례에 따름) 기출 21

① 구분건물의 전유부분에 설정된 저당권의 효력은 특별한 사정이 없는 한 그 전유부분의 소유자가 나중에 취득한 대지권에도 미친다.

② 저당목적물에 갈음하는 금전의 인도청구권에 대하여 저당권자가 압류하기 전에 그 금전이 물상보증인에게 지급되었더라도, 저당권자는 물상보증인에게 부당이득반환을 청구할 수 있다.

③ 저당권부 채권을 양수한 채권자가 채권양도의 대항요건을 갖추지 않은 경우에는 그보다 후순위 저당권자에 대하여 채권양도로써 대항할 수 없다.

④ 물상대위권을 행사하지 아니하여 우선변제권을 상실한 저당권자는 저당목적물에 갈음한 보상금으로 이득을 얻은 다른 채권자에 대하여 그 이익을 부당이득으로 반환청구할 수 없다.

⑤ 저당부동산에 대하여 전세권을 취득한 제3자는 저당권자에게 그 부동산으로 담보된 채권을 변제하고 저당권의 소멸을 청구할 수 있다.

해설 ① (○) 집합건물의 소유 및 관리에 관한 법률 제20조 제1항, 제2항과 민법 제358조 본문의 각 규정에 비추어 볼 때, 집합건물의 대지의 분·합필 및 환지절차의 지연, 각 세대당 지분비율 결정의 지연 등으로 인하여 구분건물의 전유부분에 대한 소유권이전등기만 경료되고 대지지분에 대한 소유권이전등기가 경료되기 전에 전유부분만에 관하여 설정된 저당권의 효력은, 대지사용권의 분리처분이 가능하도록 규약으로 정하였다는 등의 특별한 사정이 없는 한, 그 전유부분의 소유자가 나중에 대지지분에 관한 등기를 마침으로써 전유부분과 대지권이 동일 소유자에게 귀속하게 되었다면 당연히 종물 내지 종된 권리인 그 대지사용권에까지 미친다(대판 2001.9.4. 2001다22604).

② (○) 저당권자는 저당권의 목적이 된 물건의 멸실, 훼손 또는 공용징수로 인하여 저당목적물의 소유자가 받을 저당목적물에 갈음하는 금전 기타 물건에 대하여 물상대위권을 행사할 수 있으나, 다만 그 지급 또는 인도 전에 이를 압류하여야 하며, 저당권자가 위 금전 또는 물건의 인도청구권을 압류하기 전에 저당물의 소유자가 그 인도청구권에 기하여 금전 등을 수령한 경우 저당권자는 더 이상 물상대위권을 행사할 수 없게 된다. 이 경우 저당권자는 저당권의 채권최고액 범위 내에서 저당목적물의 교환가치를 지배하고 있다가 저당권을 상실하는 손해를 입게 되는 반면에, 저당목적물의 소유자는 저당권의 채권최고액 범위 내에서 저당권자에게 저당목적물의 교환가치를 양보하여야 할 지위에 있다가 마치 그러한 저당권의 부담이 없었던 것과 같은 상태에서의 대가를 취득하게 되는 것이므로, 그 수령한 금액 가운데 저당권의 채권최고액을 한도로 하는 피담보채권액의 범위 내에서는 이득을 얻게 된다. 저당목적물 소유자가 얻은 위와 같은 이익은 저당권자의 손실로 인한 것으로서 인과관계가 있을 뿐 아니라, 공평의 관념에 위배되는 재산적 가치의 이동이 있는 경우 수익자로부터 그 이득을 되돌려받아 손실자와 재산상태의 조정을 꾀하는 부당이득제도의 목적에 비추어 보면 위와 같은 이익을 소유권자에게 종국적으로 귀속시키는 것은 저당권자에 대한 관계에서 공평의 관념에 위배되어 법률상 원인이 없다고 봄이 상당하므로, **저당목적물 소유자는 저당권자에게 이를 부당이득으로 반환할 의무가 있다**(대판 2009.5.14. 2008다17656).

③ (×) 채권양도의 대항요건의 흠결의 경우 채권을 주장할 수 없는 채무자 이외의 제3자는 양도된 채권 자체에 관하여 양수인의 지위와 양립할 수 없는 법률상 지위를 취득한 자에 한하므로, 선순위의 근저당권부채권을 양수한 채권자보다 후순위의 근저당권자는 채권양도의 대항요건을 갖추지 아니한 경우 대항할 수 없는 제3자에 포함되지 않는다(대판 2005.6.23. 2004다29279).

④ (○) 민법 제370조, 제342조 단서가 저당권자는 물상대위권을 행사하기 위하여 저당권설정자가 받을 금전 기타 물건의 지급 또는 인도 전에 압류하여야 한다고 규정한 것은 물상대위의 목적인 채권의 특정성을 유지하여 그 효력을 보전함과 동시에 제3자에게 불측의 손해를 입히지 않으려는 데 있는 것이므로, 저당목적물의 변형물인 금전 기타 물건에 대하여 이미 제3자가 압류하여 그 금전 또는 물건이 특정된 이상 저당권자가 스스로 이를 압류하지 않고서도 물상대위권을 행사하여 일반 채권자보다 우선변제를 받을 수 있으나,

그 행사방법으로는 민사집행법 제273조{구 민사소송법(2002.1.26. 법률 제6626호로 전단 개정되기 전의 것) 제733조}에 의하여 담보권의 존재를 증명하는 서류를 집행법원에 제출하여 채권압류 및 전부명령을 신청하는 것이거나 민사집행법 제247조 제1항{구 민사소송법(2002.1.26. 법률 제6626호로 전단 개정되기 전의 것) 제580조 제1항}에 의하여 배당요구를 하는 것이므로, 이러한 물상대위권의 행사에 나아가지 아니한 채 단지 수용대상토지에 대하여 담보물권의 등기가 된 것만으로는 그 보상금으로부터 우선변제를 받을 수 없고, 저당권자가 물상대위권의 행사에 나아가지 아니하여 우선변제권을 상실한 이상 다른 채권자가 그 보상금 또는 이에 관한 변제공탁금으로부터 이득을 얻었다고 하더라도 저당권자는 이를 부당이득으로서 반환청구할 수 없다(대판 2002.10.11. 2002다33137).

⑤ (○) 저당부동산에 대하여 소유권, 지상권 또는 전세권을 취득한 제3자는 저당권자에게 그 부동산으로 담보된 채권을 변제하고 저당권의 소멸을 청구할 수 있다(민법 제364조).

02 저당권의 효력이 미치는 범위 등에 관한 설명으로 옳지 않은 것은?(다툼이 있으면 판례에 따름) 기출 15

① 저당권설정행위에서 저당권의 효력은 종물에 미치지 않는다고 약정한 경우, 이를 등기하여야 제3자에게 대항할 수 있다.

② 건물의 증축부분이 기존 건물에 부합하여 기존 건물과 분리하여서는 별개의 독립물로서 효용을 갖지 못하는 경우, 기존 건물에 대한 저당권은 부합된 증축부분에도 그 효력이 미친다.

③ 지상권자가 축조하여 소유하고 있는 건물에는 토지저당권의 효력이 미치지 않는다.

④ 저당부동산에 대한 압류가 있기 전에 저당권설정자가 그 부동산으로부터 수취한 과실에도 저당권의 효력이 미친다.

⑤ 건물소유를 목적으로 한 토지임차인이 그 토지 위에 소유하는 건물에 저당권을 설정한 때에는, 저당권의 효력이 건물뿐만 아니라 건물소유를 목적으로 한 토지의 임차권에도 미친다.

해설 ① (○) 저당권의 효력은 저당부동산에 부합된 물건과 종물에 미친다. 그러나 법률에 특별한 규정 또는 설정행위에 다른 약정이 있으면 그러하지 아니하다(민법 제358조). 이 경우 다른 약정은 부동산등기법 제75조에 따라 등기하여야만 제3자에게 대항할 수 있다.

② (○) 건물의 증축부분이 기존 건물에 부합하여 기존 건물과 분리하여서는 별개의 독립물로서의 효용을 갖지 못하는 이상 기존 건물에 대한 근저당권은 민법 제358조에 의하여 부합된 증축부분에도 효력이 미치는 것이므로 기존 건물에 대한 경매절차에서 경매목적물로 평가되지 아니하였다고 할지라도 경락인은 부합된 증축부분의 소유권을 취득한다(대판 2002.10.25. 2000다63110).

③ (○) 토지와 건물은 별개의 물건이고, 건물은 토지의 부합물이나 종물도 아니므로, 토지에 설정된 저당권의 효력은 별개의 물건인 건물에 미치지 아니한다.

④ (✕) 저당권의 효력은 저당부동산에 대한 압류, 즉 저당권의 실행착수가 있은 후에 저당권설정자가 그 부동산으로부터 수취한 과실 또는 수취할 수 있는 과실에 미친다(민법 제359조 본문).

⑤ (○) 민법 제358조 본문은 "저당권의 효력은 저당부동산에 부합된 물건과 종물에 미친다"고 규정하고 있는 바, 이 규정은 저당부동산에 종된 권리에도 유추적용되어 건물에 대한 저당권의 효력은 그 건물의 소유를 목적으로 하는 지상권에도 미친다고 보아야 할 것이다(대판 1992.7.14. 92다527).

03 2020.10.1. 甲소유의 X토지와 그 지상에 있는 Y건물에 설정된 저당권의 실행으로 X토지는 乙이 경락받았고, Y건물은 丙이 경락받았다. X토지 및 Y건물에는 매각에 따른 소유권이전등 기만 되었으며, X토지에 대한 법정지상권 등기는 현재까지 경료되지 않았다. 2021.1.15. 乙은 X토지를 丁에게 양도하고 丁명의로 소유권이전등기를 하였고, 2021.2.10. 丙은 자신이 가진 X토지에 대한 권리와 Y건물에 대한 소유권을 戊에게 매도하는 계약을 체결하고 Y건물에 대한 소유권이전등기를 하였다. 이에 관한 설명으로 옳은 것은?(다툼이 있으면 판례에 따름)

기출 21

① 2020.10.1. 당시 丙은 X토지에 대하여 법정지상권 등기를 하지 않았기 때문에, 丙은 X토지에 대한 법정지상권을 취득하지 못한다.

② 2020.10.1. 당시 丙이 법정지상권을 취득하였더라도 본인의 의사와 무관하게 취득한 것이므로, 지료를 지급할 필요가 없다.

③ 2021.1.16. 丙은 X토지에 대한 법정지상권을 丁에게 주장할 수 있다.

④ 2021.2.10. 戊는 법정지상권 등기 없이도, X토지에 대하여 법정지상권을 취득한다.

⑤ 2021.2.27. 현재 丁은 戊에 대하여 Y건물의 철거를 청구할 수 있다.

해설 ① (×) 저당물의 경매로 인하여 토지와 그 지상건물이 다른 소유자에 속한 경우에는 토지소유자는 건물소유자에 대하여 지상권을 설정한 것으로 간주되므로(민법 제366조 본문), 2020.10.1. Y건물의 경락인 丙은 Y건물에 대한 소유권과 X토지에 대한 민법 제366조 법정지상권을 취득하게 된다.

② (×) 약정지상권과 달리 관습법상 또는 민법 제366조의 법정지상권은 지료를 지급하여야 하므로, 2020.10.1. 건물소유자 丙은 자신의 의사와 무관하게 X토지에 대한 법정지상권을 취득하였더라도 지료를 지급하여야 한다.

③ (O) 법정지상권은 민법 제187조에서 말하는 법률의 규정에 의한 물권의 취득으로 등기를 필요로 하지 않으므로, 건물소유자(丙)는 2020.10.1. 법정지상권을 취득할 당시의 토지소유자(乙)뿐만 아니라 2021.1.15. 그로부터 토지소유권을 전득한 제3자(丁)에 대해서도 2021.1.16. 등기 없이 지상권을 주장할 수 있다(대판[전합] 1965.9.23. 65다1222, 대판 1971.1.26. 70다2576 참고).

④ (×) 법정지상권이 붙은 건물의 소유자(丙)가 2021.2.10. 건물을 제3자(戊)에게 처분한 경우에는 법정지상권에 관한 등기를 경료하지 아니한 자(戊)로서는 건물의 소유권을 취득한 사실만 가지고는 법정지상권을 취득하였다고 할 수 없어 대지소유자(丁)에게 지상권을 주장할 수 없고 그 법정지상권은 여전히 당초의 법정지상권자(丙)에게 유보되어 있다고 보아야 한다.

⑤ (×) 법정지상권을 가진 건물소유자로부터 건물을 양수하면서 법정지상권까지 양도받기로 한 자는 채권자대위의 법리에 따라 전건물소유자 및 대지소유자에 대하여 차례로 지상권의 설정등기 및 이전등기절차이행을 구할 수 있다 할 것이므로 이러한 법정지상권을 취득할 지위에 있는 자에 대하여 대지소유자가 소유권에 기하여 건물철거를 구함은 지상권의 부담을 용인하고 그 설정등기절차를 이행할 의무있는 자가 그 권리자를 상대로 한 청구라 할 것이어서 신의성실의 원칙상 허용될 수 없다(대판[전합] 1985.4.9. 84다카1131·1132 - 다수의견). 이에 따라 2021.2.27. 현재 戊에 대한 丁의 Y건물 철거청구는 신의성실의 원칙상 허용되지 않는다.

04 법정지상권에 관한 설명으로 옳지 않은 것은?(다툼이 있으면 판례에 따름) 기출 18

① 토지에 관하여 1번 저당권 설정 당시 건물이 건축 중이던 경우에도 건물의 규모, 종류를 예상할 수 있었다면 법정지상권이 성립할 수 있다.

② 토지에 관하여 1번 저당권 설정 당시 건물이 존재하였다면, 그 후 그 건물을 철거하고 동일한 규모의 건물을 신축한 경우에도 법정지상권이 성립할 수 있다.

③ 동일인 소유의 토지와 지상건물에 관하여 공동저당권을 설정한 후, 그 건물을 철거하고 새로 건물을 신축한 경우에는 특별한 사정이 없는 한 법정지상권이 성립하지 않는다.

④ 지상건물이 없는 토지에 관하여 1번 저당권을 설정할 당시 저당권자가 그 토지에 건물을 축조하는 것에 동의하였다면 법정지상권이 성립할 수 있다.

⑤ 토지공유자 한 사람이 다른 공유자지분 과반수의 동의를 얻어 건물을 건축한 후 경매로 인하여 토지와 건물의 소유자가 달라진 경우 법정지상권이 성립하지 않는다.

해설

① (○) 민법 제366조의 법정지상권은 저당권 설정 당시 동일인의 소유에 속하던 토지와 건물이 경매로 인하여 양자의 소유자가 다르게 된 때에 건물의 소유자를 위하여 발생하는 것으로서, 토지에 관하여 저당권이 설정될 당시 토지소유자에 의하여 그 지상에 건물을 건축 중이었던 경우 그것이 사회관념상 독립된 건물로 볼 수 있는 정도에 이르지 않았다 하더라도 건물의 규모, 종류가 외형상 예상할 수 있는 정도까지 건축이 진전되어 있었고, 그 후 경매절차에서 매수인이 매각대금을 다 낸 때까지 최소한의 기둥과 지붕 그리고 주벽이 이루어지는 등 독립된 부동산으로서 건물의 요건을 갖추어야 법정지상권의 성립이 인정된다(대판 2004.2.13. 2003다29043).

② (○) 민법 제366조 소정의 법정지상권이 성립하려면 저당권의 설정 당시 저당권의 목적이 되는 토지 위에 건물이 존재하여야 하고, 저당권 설정 당시 건물이 존재한 이상 그 이후 건물을 개축, 증축하는 경우는 물론이고 건물이 멸실되거나 철거된 후 재축, 신축하는 경우에도 법정지상권이 성립하며, 이 경우의 법정지상권의 내용인 존속기간, 범위 등은 구 건물을 기준으로 하여 그 이용에 일반적으로 필요한 범위 내로 제한된다(대판 1991.4.26. 90다19985).

③ (○) 동일인의 소유에 속하는 토지 및 그 지상건물에 관하여 공동저당권이 설정된 후 그 지상건물이 철거되고 새로 건물이 신축된 경우에는 그 신축건물의 소유자가 토지의 소유자와 동일하고 토지의 저당권자에게 신축건물에 관하여 토지의 저당권과 동일한 순위의 공동저당권을 설정해 주는 등 특별한 사정이 없는 한 저당물의 경매로 인하여 토지와 그 신축건물이 다른 소유자에 속하게 되더라도 그 신축건물을 위한 법정지상권은 성립하지 않는다(대판[전합] 2003.12.18. 98다43601 – 다수의견).

④ (✕) 민법 제366조의 법정지상권은 저당권 설정 당시부터 저당권의 목적되는 토지 위에 건물이 존재할 경우에 한하여 인정되며, 토지에 관하여 저당권이 설정될 당시 그 지상에 토지소유자에 의한 건물의 건축이 개시되기 이전이었다면, 건물이 없는 토지에 관하여 저당권이 설정될 당시 근저당권자가 토지소유자에 의한 건물의 건축에 동의하였다고 하더라도 그러한 사정은 주관적 사항이고 공시할 수도 없는 것이어서 토지를 낙찰받는 제3자로서는 알 수 없는 것이므로 그와 같은 사정을 들어 법정지상권의 성립을 인정한다면 토지소유권을 취득하려는 제3자의 법적 안정성을 해하는 등 법률관계가 매우 불명확하게 되므로 법정지상권이 성립되지 않는다(대판 2003.9.5. 2003다26051).

⑤ (○) 토지공유자의 한 사람이 다른 공유자의 지분 과반수의 동의를 얻어 건물을 건축한 후 토지와 건물의 소유자가 달라진 경우 토지에 관하여 관습법상의 법정지상권이 성립되는 것으로 보게 되면 이는 토지공유자의 1인으로 하여금 자신의 지분을 제외한 다른 공유자의 지분에 대하여서까지 지상권 설정의 처분행위를 허용하는 셈이 되어 부당하다. 그리고 이러한 법리는 민법 제366조의 법정지상권의 경우에도 마찬가지로 적용되고, 나아가 토지와 건물 모두가 각각 공유에 속한 경우에 토지에 관한 공유자 일부의 지분만을 목적으로 하는 근저당권이 설정되었다가 경매로 인하여 그 지분을 제3자가 취득하게 된 경우에도 마찬가지로 적용된다(대판 2014.9.4. 2011다73038·73045). 즉, 법정지상권은 성립하지 아니한다.

05 법정지상권이 인정되는 경우는?(다툼이 있는 경우에는 판례에 의함) 기출 13

① 甲이 자신의 소유인 나대지에 대하여 乙에게 저당권을 설정해 준 후 乙의 승낙을 얻어 건물을 신축하였으나 乙의 저당권 실행으로 인하여 대지가 丙에게 경락된 경우

② 乙이 甲으로부터 미등기건물을 대지와 함께 매수하였으나 대지에 관하여만 소유권이전등기를 넘겨받고 대지에 대해서 저당권을 설정한 후 그 저당권이 실행되어 丙이 경락받은 경우

③ 乙이 甲으로부터 토지를 매수하여 소유권이전등기를 한 후 乙이 건물을 신축하였으나 토지 매매가 무효가 된 경우

④ 甲과 乙이 1필지의 대지를 구분소유적으로 공유하던 중, 甲이 자기몫으로 점유하던 특정부분에 건물을 신축하여 자신의 이름으로 등기하였으나, 乙이 강제경매로 대지에 관한 甲의 지분을 모두 취득한 경우

⑤ 甲, 乙, 丙이 같은 지분으로 공유하고 있는 대지 위에 甲이 乙의 동의를 얻어 건물을 신축한 후 丙이 공유물 분할을 위한 경매에서 대지 전부의 소유권을 취득한 경우

해설 ① (×) 민법 제366조의 법정지상권은 저당권 설정 당시부터 저당권의 목적되는 토지 위에 건물이 존재할 경우에 한하여 인정되며, 토지에 관하여 저당권이 설정될 당시 그 지상에 토지소유자에 의한 건물의 건축이 개시되기 이전이었다면, **건물이 없는 토지에 관하여 저당권이 설정될 당시 근저당권자가 토지소유자에 의한 건물의 건축에 동의하였다고 하더라도** 그러한 사정은 주관적 사항이고 공시할 수도 없는 것이어서 토지를 낙찰받는 제3자로서는 알 수 없는 것이므로 그와 같은 사정을 들어 법정지상권의 성립을 인정한다면 토지소유권을 취득하려는 제3자의 법적 안정성을 해하는 등 법률관계가 매우 불명확하게 되므로 **법정지상권이 성립되지 않는다**(대판 2003.9.5. 2003다26051).

② (×) [1] 민법 제366조의 법정지상권은 저당권 설정 당시에 동일인의 소유에 속하는 토지와 건물이 저당권의 실행에 의한 경매로 인하여 각기 다른 사람의 소유에 속하게 된 경우에 건물의 소유를 위하여 인정되는 것이므로, **미등기건물을 그 대지와 함께 매수한 사람이 그 대지에 관하여만 소유권이전등기를 넘겨받고 건물에 대하여는 그 등기를 이전받지 못하고 있다가, 대지에 대하여 저당권을 설정하고 그 저당권의 실행으로 대지가 경매되어 다른 사람의 소유로 된 경우에는, 그 저당권의 설정 당시에 이미 대지와 건물이 각각 다른 사람의 소유에 속하고 있었으므로 법정지상권이 성립될 여지가 없다.** [2] 관습상의 법정지상권은 동일인의 소유이던 토지와 그 지상건물이 매매 기타 원인으로 인하여 각각 소유자를 달리하게 되었으나 그 건물을 철거한다는 등의 특약이 없으면 건물소유자로 하여금 토지를 계속 사용하게 하려는 것이 당사자의 의사라고 보아 인정되는 것이므로 토지의 점유·사용에 관하여 당사자 사이에 약정이 있는 것으로 볼 수 있거나 토지소유자가 건물의 처분권까지 함께 취득한 경우에는 관습상의 법정지상권을 인정할 까닭이 없다 할 것이어서, **미등기건물을 그 대지와 함께 매도하였다면 비록 매수인에게 그 대지에 관하여만 소유권이전등기가 경료되고 건물에 관하여는 등기가 경료되지 아니하여 형식적으로 대지와 건물이 그 소유명의자를 달리하게 되었다 하더라도 매도인에게 관습상의 법정지상권을 인정할 이유가 없다**(대판[전합] 2002.6.20. 2002다9660).

③ (×) 관습상의 법정지상권의 성립요건인 해당 토지와 건물의 소유권의 동일인에의 귀속과 그 후의 각기 다른 사람에의 귀속은 법의 보호를 받을 수 있는 권리변동으로 인한 것이어야 하므로, **원래 동일인에게의 소유권 귀속이 원인무효로 이루어졌다가 그 뒤 원인무효임이 밝혀져 그 등기가 말소됨으로써 그 건물과 토지의 소유자가 달라지게 된 경우에는 관습상의 법정지상권을 허용할 수 없다**(대판 1999.3.26. 98다64189).

④ (○) 원고와 피고가 1필지의 대지를 공동으로 매수하여 같은 평수로 사실상 분할한 다음 각자 자기의 돈으로 자기 몫의 대지 위에 건물을 신축하여 점유하여 왔다면 비록 위 대지가 등기부상으로는 원·피고 사이의 공유로 되어 있다 하더라도 그 대지의 소유관계는 처음부터 구분소유적 공유관계에 있다 할 것이고, 따라서 피고 소유의 건물과 그 대지는 원고와의 내부관계에 있어서 피고의 단독소유로 되었다 할 것이므로 피고는 그 후 이 사건 대지의 피고지분만을 경락취득한 원고에 대하여 그 소유의 위 건물을 위한 관습상의 법정지상권을 취득하였다고 할 것이다(대판 1990.6.26. 89다카24094).

⑤ (×) 토지공유자의 한 사람이 다른 공유자의 지분 과반수의 동의를 얻어 건물을 건축한 후 토지와 건물의 소유자가 달라진 경우 토지에 관하여 관습법상의 법정지상권이 성립되는 것으로 보게 되면 이는 토지공유자의 1인으로 하여금 자신의 지분을 제외한 다른 공유자의 지분에 대하여서까지 지상권 설정의 처분행위를 허용하는 셈이 되어 부당하다. 그리고 이러한 법리는 민법 제366조의 법정지상권의 경우에도 마찬가지로 적용되고, 나아가 토지와 건물 모두가 각각 공유에 속한 경우에 토지에 관한 공유자 일부의 지분만을 목적으로 하는 근저당권이 설정되었다가 경매로 인하여 그 지분을 제3자가 취득하게 된 경우에도 마찬가지로 적용된다(대판 2014.9.4. 2011다73038·73045). 즉, **법정지상권은 성립하지 아니한다.**

---

06 甲은 乙에 대한 1억원의 채권을 담보하기 위해 乙 소유의 X주택에 저당권설정등기를 마쳤다. 그 후 丙은 2017.10.1. X주택을 보증금 2억원에 임차하여 인도받고, 전입신고를 마친 후 2019.2.16. 현재까지 살고 있다. 2018.1.10. 丁이 乙에 대한 8,000만원의 채권으로 X주택을 가압류하였고, 2018.4.10. 戊는 乙에 대한 1억원의 채권을 담보하기 위해 X주택에 저당권설정등기를 마쳤다. 2019.2.16. X주택은 戊의 저당권 실행을 위한 경매로 A에게 매각되었으며, 배당할 금액은 2억 5,000만원이다. 이에 관한 설명으로 옳은 것은?(다툼이 있으면 판례에 따름) `기출` 19

① A는 임대인 乙의 지위를 승계한 것으로 본다.
② 저당권자는 가압류채권자에 우선하므로, 戊는 丁에 우선하여 변제받을 수 있다.
③ 경매로 인해 丙의 임차권은 소멸하기 때문에 丙은 A에게 주택을 인도하여야 한다.
④ 丙이 임대차계약서상에 확정일자를 받았다면, 丙은 甲에 우선하여 보증금 전액에 대해 우선변제를 받을 수 있다.
⑤ 丙이 적법하게 배당요구를 하였다면 배당받을 수 있었던 금액이 丙의 적법한 배당요구가 없어서 丁과 戊에게 배당된 경우, 丙은 丁과 戊에게 부당이득 반환을 청구할 수 있다.

해설 ① (×), ③ (○) 후순위저당권의 실행으로 목적부동산이 경락된 경우에는 민사소송법 제728조, 제608조 제2항의 규정에 의하여 선순위저당권까지도 당연히 소멸하는 것이므로, 이 경우 비록 후순위저당권자에게는 대항할 수 있는 임차권이라 하더라도 소멸된 선순위저당권보다 뒤에 등기되었거나 대항력을 갖춘 임차권은 함께 소멸하는 것이고, 따라서 그 경락인은 주택임대차보호법 제3조에서 말하는 임차주택의 양수인 중에 포함된다고 할 수 없을 것이므로 경락인에 대하여 그 임차권의 효력을 주장할 수 없다(대판 1999.4.23. 98다32939). 사안의 경우, 丙은 최선순위저당권자 甲보다 뒤에 대항력을 갖춘 임차권자로, 후순위저당권자 戊가 신청한 임의경매로 인하여 X주택이 A에게 매각되면, 甲의 저당권과 함께 丙의 임차권은 소멸한다. 따라서 경락인 A는 주택임대차법 제3조에서 말하는 임차주택의 양수인이라고 볼 수 없으므로, 임대인 乙의 지위를 승계하지 아니하고, 결국 丙은 A에게 주택을 인도하여야 한다.
② (×) [1] 부동산에 대하여 가압류등기가 먼저 되고 나서 근저당권설정등기가 마쳐진 경우에 그 근저당권등기는 가압류에 의한 처분금지의 효력 때문에 그 집행보전의 목적을 달성하는 데 필요한 범위 안에서 가압류채권자에 대한 관계에서만 상대적으로 무효이다. [2] 가압류채권자와 근저당권자 및 근저당권설정등기 후 강제경매신청을 한 압류채권자 사이의 배당관계에 있어서, 근저당권자는 선순위가압류채권자에 대하여는 우선변제권을 주장할 수 없으므로 1차로 채권액에 따른 안분비례에 의하여 평등배당을 받은 다음, 후순위경매신청압류채권자에 대하여는 우선변제권이 인정되므로 경매신청압류채권자가 받을 배당액으로부터 자기의 채권액을 만족시킬 때까지 이를 흡수하여 배당받을 수 있다(대결 1994.11.29. 94마417).
④ (×) 주택임대차법 제3조 제1항·제2항 또는 제3항의 대항요건과 임대차계약증서(제3조 제2항 및 제3항의 경우에는 법인과 임대인 사이의 임대차계약증서를 말한다)상의 확정일자를 갖춘 임차인은 민사집행법에 따른 경매 또는 국세징수법에 따른 공매를 할 때에 임차주택(대지를 포함한다)의 환가대금에서 후순위권리자나 그 밖의 채권자보다 우선하여 보증금을 변제받을 권리가 있다(주택임대차법 제3조의2 제2항). 따라서 丙은 소액임차인의 지위에서 인정되는 소액보증금(주택임대차법 제8조 참조)은 별론으로 하고, 선순위저당권자인 甲에 우선하여 보증금 전액에 대하여 우선변제받을 수는 없다.

⑤ (×) [1] 민사소송법 제605조 제1항에서 규정하는 배당요구가 필요한 배당요구채권자는, (압류의 효력발생 전에 등기한 가압류채권자, 경락으로 인하여 소멸하는 저당권자 및 전세권자로서 압류의 효력발생 전에 등기한 자 등) 당연히 배당을 받을 수 있는 채권자의 경우와는 달리, 경락기일까지 배당요구를 한 경우에 한하여 비로소 배당을 받을 수 있고, 적법한 배당요구를 하지 아니한 경우에는 비록 실체법상 우선변제청구권이 있다 하더라도 경락대금으로부터 배당을 받을 수는 없을 것이므로, 이러한 배당요구채권자가 적법한 배당요구를 하지 아니하여 그를 배당에서 제외하는 것으로 배당표가 작성·확정되고 그 확정된 배당표에 따라 배당이 실시되었다면 그가 적법한 배당요구를 한 경우에 배당받을 수 있었던 금액 상당의 금원이 후순위채권자에게 배당되었다고 하여 이를 법률상 원인이 없는 것이라고 할 수 없다. [2] 주택임대차보호법에 의하여 우선변제청구권이 인정되는 임대차보증금반환채권은 현행법상 배당요구가 필요한 배당요구채권에 해당한다(대판 1998.10.13. 98다12379). 따라서 적법한 배당요구를 하지 아니한 丙은, 丁과 戊에 대하여 부당이득반환청구를 할 수 없다.

제4관 | 저당권의 처분 및 소멸

01 저당권에 관한 설명으로 옳지 않은 것은?(다툼이 있으면 판례에 따름) 기출 17

① 피담보채권을 저당권과 함께 양수한 자는 저당권 이전의 부기등기를 마치고 저당권 실행의 요건을 갖추고 있는 한 채권양도의 대항요건을 갖추고 있지 아니하더라도 경매신청을 할 수 있다.

② 저당권설정자로부터 저당토지에 용익권을 설정받은 자가 그 토지에 건물을 축조한 경우라도 그 후 저당권설정자가 그 건물의 소유권을 취득하였다면, 저당권자는 토지와 함께 그 건물에 대하여 경매를 신청할 수 있다.

③ 피담보채권이 저당권과 분리되어 양도된 경우, 채권의 처분에 따르지 않는 저당권은 소멸한다.

④ 저당부동산에 대하여 지상권을 취득한 제3자는 채무자의 의사에 반하여 저당권자에게 그 부동산으로 담보된 채권을 변제하고 저당권의 소멸을 청구할 수 있다.

⑤ 저당권의 효력은 저당부동산에 대한 압류가 없더라도 저당권설정자가 그 부동산으로부터 수취한 과실 또는 수취할 수 있는 과실에 미친다.

해설 ① (○) **피담보채권을 저당권과 함께 양수한 자는** 저당권 이전의 부기등기를 마치고 저당권 실행의 요건을 갖추고 있는 한 채권양도의 대항요건을 갖추고 있지 아니하더라도 경매신청을 할 수 있으며, **채무자는** 경매절차의 이해관계인으로서 채권양도의 대항요건을 갖추지 못하였다는 사유를 들어 경매개시결정에 대한 이의나 즉시항고절차에서 다툴 수 있고, 이 경우는 신청채권자가 대항요건을 갖추었다는 사실을 증명하여야 할 것이나, 이러한 절차를 통하여 채권 및 근저당권의 양수인의 신청에 의하여 개시된 경매절차가 실효되지 아니한 이상 그 경매절차는 적법한 것이고, 또한 그 경매신청인은 양수채권의 변제를 받을 수도 있다(대판 2005.6.23. 2004다29279).

② (○) 저당지상의 건물에 대한 일괄경매청구권은 저당권설정자가 건물을 축조한 경우뿐만 아니라 저당권설정자로부터 저당토지에 대한 용익권을 설정받은 자가 그 토지에 건물을 축조한 경우라도 그 후 저당권설정자가 그 건물의 소유권을 취득한 경우에는 저당권자는 토지와 함께 그 건물에 대하여 경매를 청구할 수 있다(대판 2003.4.11. 2003다3850).

③ (○) 담보권의 수반성이란 피담보채권의 처분이 있으면 언제나 담보권도 함께 처분된다는 것이 아니라 채권 담보라고 하는 담보권제도의 존재목적에 비추어 볼 때 특별한 사정이 없는 한 피담보채권의 처분에는 담보권의 처분도 당연히 포함된다고 보는 것이 합리적이라는 것일 뿐이므로, 피담보채권의 처분이 있음에도 불구하고, 담보권의 처분이 따르지 않는 특별한 사정이 있는 경우에는 채권양수인은 담보권이 없는 무담보의 채권을 양수한 것이 되고 채권의 처분에 따르지 않은 담보권은 소멸한다(대판 2004.4.28. 2003다61542).

④ (○) 저당부동산에 대하여 소유권, 지상권 또는 전세권을 취득한 제3자는 저당권자에게 그 부동산으로 담보된 채권을 변제하고 저당권의 소멸을 청구할 수 있다(민법 제364조). 이때 제3취득자는 저당목적물에 대한 이해관계 있는 제3자이므로, 채무자의 의사에 반하여 변제할 수 있다(민법 제469조 제2항 반대해석).

⑤ (×) 저당권의 효력은 저당부동산에 대한 압류가 있은 후에 저당권설정자가 그 부동산으로부터 수취한 과실 또는 수취할 수 있는 과실에 미친다(민법 제359조 본문).

02 저당권의 처분에 관한 설명으로 옳지 않은 것은?(다툼이 있으면 판례에 따름) 기출 15

① 저당권은 그 담보한 채권과 분리하여 타인에게 양도하거나 다른 채권의 담보로 하지 못한다.

② 피담보채권을 저당권과 함께 양수한 자는 저당권 이전의 부기등기를 마치고 저당권 실행의 요건을 갖추고 있는 한, 채권양도의 대항요건을 갖추고 있지 않더라도 경매신청을 할 수 있다.

③ 저당권의 양도에 있어서 물권적 합의는 저당권의 양도인과 양수인 사이뿐만 아니라 채무자 사이에까지 있어야 한다.

④ 저당권부 채권을 양도하는 경우, 피담보채권 양도의 시기와 저당권이전등기의 시기가 반드시 일치할 필요는 없으므로, 일시적으로 피담보채권과 저당권의 귀속이 달라진다고 하여 저당권이 무효로 되는 것은 아니다.

⑤ 저당권으로 담보한 채권을 질권의 목적으로 한 때에는 저당권등기에 질권의 부기등기를 하여야 그 효력이 저당권에 미친다.

해설
① (○) 저당권은 그 담보한 채권과 분리하여 타인에게 양도하거나 다른 채권의 담보로 하지 못한다(민법 제361조).

② (○) 피담보채권을 저당권과 함께 양수한 자는 저당권 이전의 부기등기를 마치고 저당권 실행의 요건을 갖추고 있는 한 채권양도의 대항요건을 갖추고 있지 아니하더라도 경매신청을 할 수 있으며, 채무자는 경매절차의 이해관계인으로서 채권양도의 대항요건을 갖추지 못하였다는 사유를 들어 경매개시결정에 대한 이의나 즉시항고절차에서 다툴 수 있고, 이 경우는 신청채권자가 대항요건을 갖추었다는 사실을 증명하여야 할 것이나, 이러한 절차를 통하여 채권 및 근저당권의 양수인의 신청에 의하여 개시된 경매절차가 실효되지 아니한 이상 그 경매절차는 적법한 것이고, 또한 그 경매신청인은 양수채권의 변제를 받을 수도 있다(대판 2005.6.23. 2004다29279).

③ (×) 저당권은 피담보채권과 분리하여 양도하지 못하는 것이어서 저당권부 채권의 양도는 언제나 저당권의 양도와 채권양도가 결합되어 행해지므로 저당권부 채권의 양도는 민법 제186조의 부동산물권 변동에 관한 규정과 민법 제449조 내지 제452조의 채권양도에 관한 규정에 의해 규율되므로 저당권의 양도에 있어서도 물권변동의 일반원칙에 따라 저당권을 이전할 것을 목적으로 하는 물권적 합의와 등기가 있어야 저당권이 이전된다고 할 것이나, 이때의 물권적 합의는 저당권의 양도·양수받는 당사자 사이에 있으면 족하고 그 외에 그 채무자나 물상보증인 사이에까지 있어야 하는 것은 아니라 할 것이고, 단지 채무자에게 채권양도의 통지나 이에 대한 채무자의 승낙이 있으면 채권양도를 가지고 채무자에게 대항할 수 있게 되는 것이다(대판 2005.6.10. 2002다15412·15429).

④ (○) 피담보채권과 근저당권을 함께 양도하는 경우에 채권양도는 당사자 사이의 의사표시만으로 양도의 효력이 발생하지만 근저당권 이전은 이전등기를 하여야 하므로 채권양도와 근저당권이전등기 사이에 어느 정도 시차가 불가피한 이상 피담보채권이 먼저 양도되어 일시적으로 피담보채권과 근저당권의 귀속이 달라진다고 하여 근저당권이 무효로 된다고 볼 수는 없으나, 위 근저당권은 그 피담보채권의 양수인에게 이전되어야 할 것에 불과하고, 근저당권의 명의인은 피담보채권을 양도하여 결국 피담보채권을 상실한 셈이므로 집행채무자로부터 변제를 받기 위하여 배당표에 자신에게 배당하는 것으로 배당표의 경정을 구할 수 있는 지위에 있다고 볼 수 없다(대판 2003.10.10. 2001다77888).

⑤ (○) 저당권으로 담보한 채권을 질권의 목적으로 한 때에는 그 저당권등기에 질권의 부기등기를 하여야 그 효력이 저당권에 미친다(민법 제348조).

03 저당권에 관한 설명으로 옳지 않은 것은?(다툼이 있는 경우에는 판례에 의함) `기출` 12

① 부동산소유자가 이미 채무가 변제되어 말소되어야 할 저당권설정등기를 유용하기로 다른 채권자와 합의하고 저당권 이전의 부기등기를 마친 경우, 다른 사정이 없으면 이 등기는 유효하다.

② 부동산의 매수인이 매매목적물에 관한 근저당권의 피담보채무를 인수하는 한편 그 채무액을 매매대금에서 공제하기로 약정한 경우, 다른 특별한 사정이 없으면 이는 이행인수이다.

③ 피담보설정자는 "지연배상에 대하여는 원본의 이행기일을 경과한 후의 1년분에 한하여 저당권을 행사할 수 있다"고 규정한 민법 제360조 단서를 원용하여 저당권자에게 피담보채권의 제한을 주장할 수 없다.

④ 근저당권자가 피담보채무의 불이행을 이유로 경매를 신청한 경우, 경매를 신청한 근저당권자의 피담보채권액은 경매신청 시에 확정되고 근저당권은 보통의 저당권과 같이 취급된다.

⑤ 경매법원이 담보목적이 아닌 지상건물을 저당토지의 부합물 또는 종물로 보아 토지와 함께 경매를 진행하여 매각허가를 한 경우, 매수인(경락인)은 그 건물의 소유권을 취득한다.

해설 ① (○) 부동산의 소유자 겸 채무자인 채권자인 저당권자에게 당해 저당권설정등기에 의하여 담보되는 채무를 모두 변제함으로써 저당권이 소멸된 경우 그 저당권설정등기 또한 효력을 상실하여 말소되어야 할 것이나, 그 부동산의 소유자가 새로운 제3의 채권자로부터 금원을 차용함에 있어 그 제3자와 사이에 새로운 차용금채무를 담보하기 위하여 잔존하는 종전 채권자 명의의 저당권설정등기를 이용하여 이에 터 잡아 새로운 제3의 채권자에게 저당권 이전의 부기등기를 경료하기로 하는 내용의 저당권등기 유용의 합의를 하고 실제로 그 부기등기를 경료하였다면, 그 저당권이전등기를 경료받은 새로운 제3의 채권자로서는 언제든지 부동산의 소유자에 대하여 그 등기유용의 합의를 주장하여 저당권설정등기의 말소청구에 대항할 수 있다고 할 것이고, 다만 그 저당권 이전의 부기등기 이전에 등기부상 이해관계를 가지게 된 자에 대하여는 위 등기유용의 합의사실을 들어 위 저당권설정등기 및 그 저당권 이전의 부기등기의 유효를 주장할 수는 없다(대판 1998.3.24. 97다56242).

② (○) 근저당권이 설정된 부동산에 관하여 그 매수인이 소유자 겸 채무자와의 계약으로 그 피담보채무를 인수하는 경우 그 채무인수에 관하여 채권자의 묵시의 승낙이 있는 것으로 보아야 할 경험칙이 있다고 할 수 없고, 또 그러한 거래의 관행이 있다고 인정할 증거도 없다면 **채권자의 승낙이 없는 이상 채무자를 면책시키는 채무인수로 볼 수 없고 이행인수로 보아야 한다**(대판 1990.1.25. 88다카29467).

③ (○) 저당권의 피담보채무의 범위에 관하여 민법 제360조가 지연배상에 대하여는 원본의 이행기일을 경과한 후의 1년분에 한하여 저당권을 행사할 수 있다고 규정하고 있는 것은 **저당권자의 제3자에 대한 관계에서의 제한이며 채무자나 저당권설정자가 저당권자에 대하여 대항할 수 있는 것이 아니고,** 민법 제360조가 양도담보의 경우에 준용된다고 하여도 마찬가지로 해석하여야 할 것인 만큼, 양도담보의 채무자가 양도담보권자에 대하여 민법 제360조에 따른 피담보채권의 제한을 주장할 수는 없다(대판 1992.5.12. 90다8855). 다만, 근저당권의 물상보증인은 민법 제357조에서 말하는 채권의 최고액만을 변제하면 근저당권설정등기의 말소청구를 할 수 있고 채권최고액을 초과하는 부분의 채권액까지 변제할 의무가 있는 것이 아니다(대판 1974.12.10. 74다998).

④ (○) 근저당권자가 그 피담보채무의 불이행을 이유로 경매신청을 한 때에는 그 경매신청 시에 근저당권은 확정되는 것이고 근저당권이 확정되면 그 이후에 발생하는 원금채권은 그 근저당권에 의하여 담보되지 않는다(대판 1989.11.28. 89다카15601). 또한 다수학설과 판례(대판 1963.2.7. 62다796)는, 경매신청 시 확정된 근저당권은 일반저당권으로 전환된다고 본다

⑤ (×) 저당권은 법률에 특별한 규정이 있거나 설정행위에 다른 약정이 있는 경우를 제외하고 그 저당부동산에 부합된 물건과 종물 이외에까지 그 효력이 미치는 것이 아니므로, 토지에 대한 경매절차에서 그 지상건물을 토지의 부합물 내지 종물로 보아 경매법원에서 저당토지와 함께 경매를 진행하고 경락허가를 하였다고 하여 그 건물의 소유권에 변동이 초래될 수 없다(대판 1997.9.26. 97다10314).

제5관 | 특수저당권

01 甲은 乙에 대한 3억원의 채권을 담보하기 위하여 乙 소유의 X토지와 Y토지에 각각 1번 저당권을 설정하였다. 그 후 丙은 乙에 대한 2억원의 피담보채권을 가지고 X토지에 2번 저당권을 설정하였다. 경매절차에서 X토지와 Y토지는 각각 4억원, 2억원에 매각되었다. 이에 관한 설명으로 옳은 것을 모두 고른 것은?(다른 우선권자는 없고 원본만을 고려하며, 다툼이 있으면 판례에 따름) `기출` 24

> ㄱ. 동시배당이 이루어지는 경우, 甲은 X토지의 매각대금으로부터 2억원, Y토지의 매각대금으로부터 1억원을 배당받는다.
> ㄴ. 먼저 X토지에 대한 경매가 이루어져 甲이 3억원을 배당받은 경우, 丙은 Y토지에 대하여 1억원의 범위에서 甲의 1번 저당권을 대위할 수 있다.
> ㄷ. 먼저 X토지에 대한 경매가 이루어져 甲이 3억원을 배당받은 경우, 만일 丙이 Y토지에 공동저당의 대위등기를 하지 아니한 사이에 甲이 Y토지에 대한 저당권을 말소하고 丁이 Y토지를 매수하여 소유권을 취득하였더라도 丙은 丁에 대하여 저당권을 주장할 수 있다.
> ㄹ. 만일 甲이 경매가 개시되기 전에 Y토지에 대한 저당권을 포기하였다면 甲은 X토지의 매각대금으로부터 3억원을 배당받고 丙은 Y토지에 대하여 1억원의 범위에서 甲의 1번 저당권을 대위할 수 있다.

① ㄱ, ㄴ
② ㄴ, ㄷ
③ ㄷ, ㄹ
④ ㄱ, ㄴ, ㄹ
⑤ ㄱ, ㄷ, ㄹ

해설 ㄱ. (○) 동시배당의 경우 각 부동산의 경매대가에 비례하여 안분배당해야 하므로 甲은 X토지의 매각대금으로부터 2억원, Y토지의 매각대금으로부터 1억원을 배당받는다(민법 제368조 제1항).

ㄴ. (○) 일부의 경매대가를 먼저 배당하는 경우에는 그 대가에서 그 채권전부의 변제를 받을 수 있다. 이 경우에 그 경매한 부동산의 차순위저당권자는 선순위저당권자가 전항의 규정에 의하여 다른 부동산의 경매대가에서 변제를 받을 수 있는 금액의 한도에서 선순위자를 대위하여 저당권을 행사할 수 있다(민법 제368조 제2항). 따라서 먼저 X토지에 대한 경매가 이루어져 甲이 3억원을 배당받은 경우, 丙은 Y토지에 대하여 1억원의 범위에서 甲의 1번 저당권을 대위할 수 있다.

ㄷ. (×) 먼저 경매된 부동산의 후순위저당권자가 다른 부동산에 공동저당의 대위등기를 하지 아니하고 있는 사이에 선순위저당권자 등에 의해 그 부동산에 관한 저당권등기가 말소되고, 그와 같이 저당권등기가 말소되어 등기부상 저당권의 존재를 확인할 수 없는 상태에서 그 부동산에 관하여 소유권이나 저당권 등 새로 이해관계를 취득한 사람에 대해서는, 후순위저당권자가 민법 제368조 제2항에 의한 대위를 주장할 수 없다(대판 2015.3.20. 2012다99341).

ㄹ. (×) 선순위 공동저당권자가 피담보채권을 변제받기 전에 공동저당 목적 부동산 중 일부에 관한 저당권을 포기한 경우에는, 후순위저당권자가 있는 부동산에 관한 경매절차에서, 저당권을 포기하지 아니하였더라면 후순위저당권자가 대위할 수 있었던 한도에서는 후순위저당권자에 우선하여 배당을 받을 수 없다고 보아야 하고, 이러한 법리는 공동근저당권의 경우에도 마찬가지로 적용된다(대판 2009.12.10. 2009다41250). 따라서 사례에서 甲은 X토지의 매각대금으로부터 2억원만 우선 배당받을 수 있다.

02 甲은 乙에 대한 1억 5천만원의 채권을 담보하기 위하여 乙 소유의 X토지(시가 2억원)와 물상보증인 丙 소유 Y토지(시가 1억원)에 각각 1번 저당권을 가지고 있다. 그리고 丁이 X토지에 피담보채권 1억원의 2번 저당권을, 戊가 Y토지에 피담보채권 1억원의 2번 저당권을 가지고 있다. 경매가 이루어져 X토지 및 Y토지가 시가대로 낙찰되고 다른 비용은 고려하지 않는다면, 이에 관한 설명으로 옳은 것은?(다툼이 있으면 판례에 따름) `기출` 20

① 동시배당이 이루어지는 경우, 甲은 X토지로부터 1억원, Y토지로부터 5천만원을 배당받는다.

② 甲이 피담보채권을 변제받기 전에 X토지에 관한 저당권을 포기하였더라도, 甲은 Y토지의 경매가 먼저 이루어지는 경우 1억원을 배당받을 수 있다.

③ 먼저 X토지의 경매가 이루어져 甲이 그 경매대가로부터 채권 전액의 변제를 받았다면, 丁은 Y토지에 대하여 1억원의 범위 내에서 甲이 가지고 있던 1번 저당권을 대위할 수 있다.

④ 먼저 Y토지의 경매가 이루어져 甲이 그 경매대가로부터 1억원의 변제를 받았다면, 나중에 X토지의 경매대가로부터 戊가 1억원, 丙이 5천만원을 배당받게 된다.

⑤ 먼저 Y토지의 경매가 이루어져 甲이 그 경매대가로부터 1억원의 변제를 받은 경우, 乙이 丙에 대한 5천만원의 다른 채권으로 丙의 구상금채권과 상계하더라도 戊에게 대항할 수 없다.

해설 ① (×) 공동저당권이 설정되어 있는 수개의 부동산 중 일부는 채무자 소유이고 일부는 물상보증인의 소유인 경우 위 각 부동산의 경매대가를 동시에 배당하는 때에는, 물상보증인이 민법 제481조, 제482조의 규정에 의한 변제자 대위에 의하여 채무자 소유 부동산에 대하여 담보권을 행사할 수 있는 지위에 있는 점 등을 고려할 때, "동일한 채권의 담보로 수개의 부동산에 저당권을 설정한 경우에 그 부동산의 경매대가를 동시에 배당하는 때에는 각 부동산의 경매대가에 비례하여 그 채권의 분담을 정한다"고 규정하고 있는 민법 제368조 제1항은 적용되지 아니한다고 봄이 상당하다. 따라서 이러한 경우 경매법원으로서는 채무자 소유 부동산의 경매대가에서 공동저당권자에게 우선적으로 배당을 하고, 부족분이 있는 경우에 한하여 물상보증인 소유 부동산의 경매대가에서 추가로 배당을 하여야 한다(대판 2010.4.15. 2008다41475). 따라서 채권자 甲은 채무자 乙 소유의 X토지로부터 1억 5천만원을 배당받는다.

② (×) 물상보증인의 변제자 대위에 대한 기대권은 민법 제485조에 의하여 보호되어, 채권자가 고의나 과실로 담보를 상실하게 하거나 감소하게 한 때에는, 특별한 사정이 없는 한 물상보증인은 그 상실 또는 감소로 인하여 상환을 받을 수 없는 한도에서 면책주장을 할 수 있다. 채권자가 물적 담보인 담보물권을 포기하거나 순위를 불리하게 변경하는 것은 담보의 상실 또는 감소행위에 해당한다. 따라서 채무자 소유 부동산과 물상보증인 소유 부동산에 공동근저당권을 설정한 채권자가 공동담보 중 채무자 소유 부동산에 대한 담보 일부를 포기하거나 순위를 불리하게 변경하여 담보를 상실하게 하거나 감소하게 한 경우, 물상보증인은 그로 인하여 상환받을 수 없는 한도에서 책임을 면한다. 그리고 이 경우 공동근저당권자는 나머지 공동담보목적물인 물상보증인 소유 부동산에 관한 경매절차에서, 물상보증인이 위와 같이 담보상실 내지 감소로 인한 면책을 주장할 수 있는 한도에서는, 물상보증인 소유 부동산의 후순위근저당권자에 우선하여 배당받을 수 없다(대판 2018.7.11. 2017다292756). 따라서 채권자 甲이 채무자 乙 소유 X토지에 대한 1번 저당권을 포기하지 아니한 상태에서 물상보증인 丙 소유 Y토지가 먼저 경매되었다면, 甲은 Y토지의 경매대가 1억원과 이후 X토지의 경매대가 중 5천만원을 우선배당받고, 나머지 1억 5천만원 중 1억원을 丙이 변제자 대위(민법 제481조)의 법리에 따라 배당받았을 것이나, 사안에서 甲은 X토지에 대한 1번 저당권을 포기하였으므로, 丙은 상환받을 수 없는 한도(1억원)에서 책임을 면하게 되고, 결국 甲은 후순위저당권자 戊에 우선하여 Y토지의 경매대가를 배당받을 수 없다.

③ (×) 공동저당의 목적인 채무자 소유의 부동산과 물상보증인 소유의 부동산 중 채무자 소유의 부동산에 대하여 먼저 경매가 이루어져 그 경매대금의 교부에 의하여 1번 공동저당권자가 변제를 받더라도 **채무자 소유의 부동산에 대한 후순위저당권자는 민법 제368조 제2항 후단에 의하여 1번 공동저당권자를 대위하여 물상보증인 소유의 부동산에 대하여 저당권을 행사할 수 없다.** 그리고 이러한 법리는 채무자 소유의 부동산에 후순위저당권이 설정된 후에 물상보증인 소유의 부동산이 추가로 공동저당의 목적으로 된 경우에도 마찬가지로 적용된다(대판 2014.1.23. 2013다207996).

④ (×) 공동저당의 목적인 채무자 소유의 부동산과 물상보증인 소유의 부동산에 각각 채권자를 달리하는 후순위저당권이 설정되어 있는 경우, 물상보증인 소유의 부동산에 대하여 먼저 경매가 이루어져 그 경매대금의 교부에 의하여 1번 저당권자가 변제를 받은 때에는 물상보증인은 채무자에 대하여 구상권을 취득함과 동시에 민법 제481조, 제482조의 규정에 의한 변제자 대위에 의하여 채무자 소유의 부동산에 대한 1번 저당권을 취득하고, 이러한 경우 물상보증인 소유의 부동산에 대한 후순위저당권자는 물상보증인에게 이전한 1번 저당권으로 우선하여 변제를 받을 수 있으며, 이러한 법리는 수인의 물상보증인이 제공한 부동산 중 일부에 대하여 경매가 실행된 경우에도 마찬가지로 적용되어야 한다(대판 2001.6.1. 2001다21854). 따라서 채권자 甲은 부족분 5천만원을 우선하여 추가배당받고, 물상보증인 丙은 1억원의 범위에서 민법 제481조·제482조에 따른 변제자대위권을 행사하여 1억원을 배당받게 되며, X토지의 후순위저당권자 丁은 나머지 5천만원을 배당받는다. 다만, Y토지의 후순위저당권자 戊는 丙에게 물상대위를 주장함으로써 그 1억원에 대하여 우선변제받을 수 있다.

⑤ (○) 공동저당에 제공된 채무자 소유의 부동산과 물상보증인 소유의 부동산 가운데 물상보증인 소유의 부동산이 먼저 경매되어 매각대금에서 선순위공동저당권자가 변제를 받은 때에는 물상보증인은 채무자에 대하여 구상권을 취득함과 동시에 변제자 대위에 의하여 채무자 소유의 부동산에 대한 선순위공동저당권을 대위취득한다. 물상보증인 소유의 부동산에 대한 후순위저당권자는 물상보증인이 대위취득한 채무자 소유의 부동산에 대한 선순위공동저당권에 대하여 물상대위를 할 수 있다. 이 경우에 채무자는 물상보증인에 대한 반대채권이 있더라도 특별한 사정이 없는 한 물상보증인의 구상금채권과 상계함으로써 물상보증인 소유의 부동산에 대한 후순위저당권자에게 대항할 수 없다. 채무자는 선순위공동저당권자가 물상보증인 소유의 부동산에 대해 먼저 경매를 신청한 경우에 비로소 상계할 것을 기대할 수 있는데, 이처럼 우연한 사정에 의하여 좌우되는 상계에 대한 기대가 물상보증인 소유의 부동산에 대한 후순위저당권자가 가지는 법적 지위에 우선할 수 없다(대판 2017.4.26. 2014다221777·2014다221784).

03 채권자 甲이 채무자 乙에 대한 1억원의 채권을 담보하기 위해 물상보증인 丙 소유의 X부동산 (가액 1억 2,000만원), 丁 소유의 Y부동산(가액 8,000만원)에 각각 1번 저당권을 취득하고, A가 8,000만원의 채권으로 X부동산에, B가 6,000만원의 채권으로 Y부동산에 각각 2번 저당 권을 취득하였다. 甲이 X부동산에 대하여 먼저 담보권 실행을 위한 경매를 하여 매각대금 1억 2,000만원이 배당순위에 따라 甲과 A에게 배당되었다. 이 경우 A가 Y부동산의 매각대금 (8,000만원)에서 배당받을 수 있는 금액은?(단, 실행비용·이자 등은 고려하지 않고, 다툼이 있으면 판례에 따름) 기출 19

① 0원
② 2,000만원
③ 4,000만원
④ 6,000만원
⑤ 8,000만원

해설 공동저당의 목적인 채무자 소유의 부동산과 물상보증인 소유의 부동산에 각각 채권자를 달리하는 후순위저당 권이 설정되어 있는 경우, 물상보증인 소유의 부동산에 대하여 먼저 경매가 이루어져 그 경매대금의 교부에 의하여 1번 저당권자가 변제를 받은 때에는 물상보증인은 채무자에 대하여 구상권을 취득함과 동시에 민법 제481조, 제482조의 규정에 의한 변제자 대위에 의하여 채무자 소유의 부동산에 대한 1번 저당권을 취득하고, 이러한 경우 물상보증인 소유의 부동산에 대한 후순위저당권자는 물상보증인에게 이전한 1번 저당권으로 우선 하여 변제를 받을 수 있으며, 이러한 법리는 수인의 물상보증인이 제공한 부동산 중 일부에 대하여 경매가 실행된 경우에도 마찬가지로 적용되어야 하므로(이 경우 물상보증인들 사이의 변제자 대위의 관계는 민법 제482조 제2항 제4호, 제3호에 의하여 규율될 것이다), 자기 소유의 부동산이 먼저 경매되어 1번 저당권자에게 대위변제를 한 물상보증인은 다른 물상보증인의 부동산에 대한 1번 저당권을 대위취득하고, 그 물상보증인 소유 부동산의 후순위저당권자는 1번 저당권에 대하여 물상대위를 할 수 있으므로 물상보증인이 대위취득한 선순위저당권설정등기에 대하여는 말소등기가 경료될 것이 아니라 물상보증인 앞으로 대위에 의한 저당권 이전의 부기등기가 경료되어야 하고, 아직 경매되지 아니한 공동저당물의 소유자로서는 1번 저당권자에 대한 피담보채무가 소멸하였다는 사정만으로 말소등기를 청구할 수 없다(대판 2001.6.1. 2001다21854). 따라서 먼 저 경매로 매각된 X부동산의 소유자 겸 물상보증인 丙은, 채권자 甲에게 배당된 1억원 중, 자신의 책임분담금 6천만원을 초과하는 4천만원의 한도에서(민법 제482조 제2항 제4호·제3호) 변제자 대위에 의하여 Y부동산에 대한 저당권을 취득하고, X부동산의 후순위저당권자 A는 변제자 대위에 의하여 丙에게 이전된 저당권에 대하 여 물상대위를 행사할 수 있으므로, 결국 A는 Y부동산의 매각대금 8천만원에서 4천만원을 배당받을 수 있다.

04 甲 소유의 X토지와 乙 소유의 Y건물에 甲의 丙에 대한 채무 5억원을 담보하기 위하여 공동저당권이 설정되었고, X토지에는 甲의 丁에 대한 피담보채무 4억원을 담보하기 위하여 丁 명의의 2번 저당권이 설정되었다. X토지와 Y건물의 경매대가가 각각 4억원인 경우, 옳은 것을 모두 고른 것은?(매각비용, 이자는 고려하지 않으며, 다툼이 있으면 판례에 따름) 기출 16

ㄱ. X토지의 경매대가가 먼저 배당되는 경우, 丁은 Y건물의 경매대가에서 배당받지 못한다.
ㄴ. Y건물의 경매대가가 먼저 배당되는 경우, 乙은 X토지의 경매대가에서 3억원을 배당받을 수 있다.
ㄷ. X토지와 Y건물의 경매대가가 동시에 배당되는 경우, 丁은 Y건물의 경매대가에서 1억 5천만원을 배당받을 수 있다.

① ㄴ
② ㄱ, ㄴ
③ ㄱ, ㄷ
④ ㄴ, ㄷ
⑤ ㄱ, ㄴ, ㄷ

해설 ㄱ. (○) 공동저당의 목적인 채무자 소유의 부동산과 물상보증인 소유의 부동산 중 채무자 소유의 부동산에 대하여 먼저 경매가 이루어져 그 경매대금의 교부에 의하여 1번 공동저당권자가 변제를 받더라도, 채무자 소유의 부동산에 대한 후순위저당권자는 민법 제368조 제2항 후단에 의하여 1번 공동저당권자를 대위하여 물상보증인 소유의 부동산에 대하여 저당권을 행사할 수 없다(대결 1995.6.13. 95마500). 따라서 채무자 甲 소유 X토지의 후순위저당권자 丁은 물상보증인 乙 소유 Y건물의 경매대가에서 배당받지 못한다.

ㄴ. (○) 공동저당의 목적인 채무자 소유의 부동산과 물상보증인 소유의 부동산에 각각 채권자를 달리하는 후순위저당권이 설정되어 있는 경우, 물상보증인 소유의 부동산에 대하여 먼저 경매가 이루어져 그 경매대금의 교부에 의하여 1번 저당권자가 변제를 받은 때에는 물상보증인은 채무자에 대하여 구상권을 취득함과 동시에, 민법 제481조, 제482조의 규정에 의한 변제자 대위에 의하여 채무자 소유의 부동산에 대한 1번 저당권을 취득하고, 이러한 경우 물상보증인 소유의 부동산에 대한 후순위저당권자는 물상보증인에게 이전한 1번 저당권으로부터 우선하여 변제를 받을 수 있으며, 물상보증인이 수인인 경우에도 마찬가지라 할 것이다(대판 1994.5.10. 93다25417). 따라서 물상보증인 乙은 채무자 甲 소유 X토지의 경매대가 4억원에서 먼저 1번 공동저당권자 丙의 부족분 1억원을 배당하고 남은 3억원을 배당받게 된다.

ㄷ. (×) 공동저당권이 설정되어 있는 수개의 부동산 중 일부는 채무자 소유이고 일부는 물상보증인의 소유인 경우 위 각 부동산의 경매대가를 동시에 배당하는 때에는, 물상보증인이 민법 제481조, 제482조의 규정에 의한 변제자 대위에 의하여 채무자 소유 부동산에 대하여 담보권을 행사할 수 있는 지위에 있는 점 등을 고려할 때, "동일한 채권의 담보로 수개의 부동산에 저당권을 설정한 경우에 그 부동산의 경매대가를 동시에 배당하는 때에는 각 부동산의 경매대가에 비례하여 그 채권의 분담을 정한다"고 규정하고 있는 민법 제368조 제1항은 적용되지 아니한다고 봄이 상당하다. 따라서 이러한 경우 경매법원으로서는 채무자 소유 부동산의 경매대가에서 공동저당권자에게 우선적으로 배당을 하고, 부족분이 있는 경우에 한하여 물상보증인 소유 부동산의 경매대가에서 추가로 배당을 하여야 한다(대판 2010.4.15. 2008다41475). 따라서 1순위 공동저당권자 丙은 채무자 甲 소유 X토지의 경매대가에서 4억원을 우선배당받고, 나머지 1억원은 물상보증인 乙 소유 Y건물의 경매대가에서 배당받게 되며, 남은 Y건물의 경매대가 3억원은 물상보증인 乙에게 배당되므로, 결국 X토지의 후순위저당권자 丁은 X토지와 Y건물의 경매대가 모두에서 배당받지 못한다.

05 공동저당에 관한 설명으로 옳은 것을 모두 고른 것은?(다툼이 있는 경우에는 판례에 의함)

기출 13

ㄱ. 공동저당권이 설정되어 있는 수개의 부동산 중 일부는 채무자 소유이고 일부는 물상보증인의 소유인 경우, 위 각 부동산의 매각대금을 동시에 배당하는 때에는 각 부동산의 경매대가에 비례하여 그 채권의 분담을 정한다.

ㄴ. 선순위공동저당권자가 피담보채권을 변제받기 전에 공동저당목적부동산 중 일부에 관한 저당권을 포기한 경우에는, 후순위저당권자가 있는 부동산에 관한 경매절차에서 저당권을 포기하지 아니하였더라면 후순위저당권자가 대위할 수 있었던 한도에서는 후순위저당권자에 우선하여 배당을 받을 수 없다.

ㄷ. 공동저당의 목적인 채무자 소유의 부동산과 물상보증인 소유의 부동산에 각각 채권자를 달리하는 후순위저당권이 설정되어 있는 경우, 물상보증인 소유의 부동산에 대하여 먼저 경매가 이루어져 1번 저당권자가 전부변제를 받은 때에는 물상보증인은 1번 저당권을 대위취득하고, 그 물상보증인 소유의 부동산의 후순위저당권자는 1번 저당권에 대하여 물상대위를 할 수 있다.

① ㄱ   ② ㄴ
③ ㄷ   ④ ㄱ, ㄷ
⑤ ㄴ, ㄷ

해설 ㄱ.(×) 공동저당권이 설정되어 있는 수개의 부동산 중 일부는 채무자 소유이고 일부는 물상보증인의 소유인 경우 위 각 부동산의 경매대가를 동시에 배당하는 때에는, 물상보증인이 민법 제481조, 제482조의 규정에 의한 변제자 대위에 의하여 채무자 소유 부동산에 대하여 담보권을 행사할 수 있는 지위에 있는 점 등을 고려할 때, "동일한 채권의 담보로 수개의 부동산에 저당권을 설정한 경우에 그 부동산의 경매대가를 동시에 배당하는 때에는 각 부동산의 경매대가에 비례하여 그 채권의 분담을 정한다"고 규정하고 있는 민법 제368조 제1항은 적용되지 아니한다고 봄이 상당하다. 따라서 이러한 경우 경매법원으로서는 채무자 소유 부동산의 경매대가에서 공동저당권자에게 우선적으로 배당을 하고, 부족분이 있는 경우에 한하여 물상보증인 소유 부동산의 경매대가에서 추가로 배당을 하여야 한다(대판 2010.4.15. 2008다41475).

ㄴ.(○) 채무자 소유의 수개 부동산에 관하여 공동저당권이 설정된 경우 민법 제368조 제2항 후문에 의한 후순위저당권자의 대위권은 선순위공동저당권자가 공동저당의 목적물인 부동산 중 일부의 경매대가로부터 배당받은 금액이 그 부동산의 책임분담액을 초과하는 경우에 비로소 인정되는 것이지만, 후순위저당권자로서는 선순위공동저당권자가 피담보채권을 변제받지 않은 상태에서도 추후 공동저당목적부동산 중 일부에 관한 경매절차에서 선순위공동저당권자가 그 부동산의 책임분담액을 초과하는 경매대가를 배당받는 경우 다른 공동저당목적부동산에 관하여 선순위공동저당권자를 대위하여 저당권을 행사할 수 있다는 대위의 기대를 가진다고 보아야 하고, 후순위저당권자의 이와 같은 대위에 관한 정당한 기대는 보호되어야 하므로, 선순위공동저당권자가 피담보채권을 변제받기 전에 공동저당목적부동산 중 일부에 관한 저당권을 포기한 경우에는, 후순위저당권자가 있는 부동산에 관한 경매절차에서, 저당권을 포기하지 아니하였더라면 후순위저당권자가 대위할 수 있었던 한도에서는 후순위저당권자에 우선하여 배당을 받을 수 없다고 보아야 하고, 이러한 법리는 공동근저당권의 경우에도 마찬가지로 적용된다고 보아야 한다(대판 2009.12.10. 2009다41250).

ㄷ.(○) 공동저당의 목적인 채무자 소유의 부동산과 물상보증인 소유의 부동산에 각각 채권자를 달리하는 후순위저당권이 설정되어 있는 경우, 물상보증인 소유의 부동산에 대하여 먼저 경매가 이루어져 그 겸매대금의 교부에 의하여 1번 저당권자가 변제를 받은 때에는 물상보증인은 채무자에 대하여 구상권을 취득함과 동시에, 민법 제481조, 제482조의 규정에 의한 변제자 대위에 의하여 채무자 소유의 부동산에 대한 1번 저당권을 취득하고, 이러한 경우 물상보증인 소유의 부동산에 대한 후순위저당권자는 물상보증인에게 이전한 1번 저당권으로부터 우선하여 변제를 받을 수 있으며(물상대위), 물상보증인이 수인인 경우에도 마찬가지라 할 것이다(대판 1994.5.10. 93다25417).

06 근저당권에 관한 설명으로 옳은 것은?(다툼이 있으면 판례에 따름) 기출 22

① 근저당권의 물상보증인은 확정된 채무액이 채권최고액을 초과하더라도 특별한 사정이 없는 한 채권최고액만을 변제하고 근저당권설정등기의 말소청구를 할 수 있다.

② 근저당권에 존속기간이나 결산기의 정함이 없는 경우, 근저당권설정자는 근저당권자에 대한 해지의 의사표시로써 피담보채권을 확정시킬 수 없다.

③ 후순위 근저당권자가 경매를 신청한 경우, 선순위 근저당권의 피담보채권은 후순위 근저당권자의 경매신청 시에 확정된다.

④ 근저당권의 피담보채권 확정 전에 발생한 원본채권에 관하여 확정 후에 발생하는 이자나 지연손해금 채권은 채권최고액의 범위 내일지라도 근저당권에 의하여 담보되지 않는다.

⑤ 근저당권의 피담보채권이 확정되기 전에 채권의 일부가 대위변제된 경우, 근저당권의 일부이전의 부기등기 여부와 관계없이 근저당권은 대위변제자에게 법률상 당연히 이전된다.

해설 ① (○) 근저당권의 물상보증인은 민법 제357조에서 말하는 채권의 최고액만을 변제하면 근저당권설정등기의 말소청구를 할 수 있고 채권최고액을 초과하는 부분의 채권액까지 변제할 의무가 있는 것이 아니다(대판 1974.12.10. 74다998).

② (×) 근저당권이라 함은 그 담보할 채권의 최고액만을 정하고 채무의 확정을 장래에 유보하여 설정하는 저당권을 말하고, 이 경우 그 피담보채무가 확정될 때까지의 채무의 소멸 또는 이전은 근저당권에 영향을 미치지 아니하므로, 근저당부동산에 대하여 소유권을 취득한 제3자는 피담보채무가 확정된 이후에 그 확정된 피담보채무를 채권최고액의 범위 내에서 변제하고 근저당권의 소멸을 청구할 수 있다고 할 것이며, 피담보채무는 근저당권설정계약에서 근저당권의 존속기간을 정하거나 근저당권으로 담보되는 기본적인 거래계약에서 결산기를 정한 경우에는 원칙적으로 존속기간이나 결산기가 도래한 때에 확정되지만, 이 경우에도 근저당권에 의하여 담보되는 채권이 전부 소멸하고 채무자가 채권자로부터 새로이 금원을 차용하는 등 거래를 계속할 의사가 없는 경우에는, 그 존속기간 또는 결산기가 경과하기 전이라 하더라도 근저당권설정자는 계약을 해지하고 근저당권설정등기의 말소를 구할 수 있고, 한편 존속기간이나 결산기의 정함이 없는 때에는 근저당권의 피담보채무의 확정방법에 관한 다른 약정이 있으면 그에 따르되 이러한 약정이 없는 경우라면 근저당권설정자가 근저당권자를 상대로 언제든지 해지의 의사표시를 함으로써 피담보채무를 확정시킬 수 있다(대판 2002.5.24. 2002다7176).

③ (×) 후순위 근저당권자가 경매를 신청한 경우 선순위 근저당권의 피담보채권은 그 근저당권이 소멸하는 시기, 즉 경락인이 경락대금을 완납한 때에 확정된다고 보아야 한다(대판 1999.9.21. 99다26085).

④ (×) 근저당권자의 경매신청 등의 사유로 인하여 근저당권의 피담보채권이 확정되었을 경우, 확정 이후에 새로운 거래관계에서 발생한 원본채권은 그 근저당권에 의하여 담보되지 아니하지만, 확정 전에 발생한 원본채권에 관하여 확정 후에 발생하는 이자나 지연손해금 채권은 채권최고액의 범위 내에서 근저당권에 의하여 여전히 담보되는 것이다(대판 2007.4.26. 2005다38300).

⑤ (×) 근저당권이라고 함은 계속적인 거래관계로부터 발생하고 소멸하는 불특정다수의 장래채권을 결산기에 계산하여 잔존하는 채무를 일정한 한도액의 범위 내에서 담보하는 저당권이어서, 거래가 종료하기까지 채권은 계속적으로 증감변동하는 것이므로, 근저당 거래관계가 계속 중인 경우 즉, 근저당권의 피담보채권이 확정되기 전에 그 채권의 일부를 양도하거나 대위변제한 경우 근저당권이 양수인이나 대위변제자에게 이전할 여지는 없다 할 것이나, 그 근저당권에 의하여 담보되는 피담보채권이 확정되게 되면, 그 피담보채권액이 그 근저당권의 채권최고액을 초과하지 않는 한 그 근저당권 내지 그 실행으로 인한 경락대금에 대한 권리 중 그 피담보채권액을 담보하고 남는 부분은 저당권의 일부이전의 부기등기의 경료 여부와 관계없이 대위변제자에게 법률상 당연히 이전된다(대판 2002.7.26. 2001다53929).

07 甲은 乙로부터 돈을 빌리면서 자기 소유의 X토지에 1번 근저당권(채권최고액 5억원)을 설정해 주었고, 甲은 다시 丙으로부터 돈을 빌리면서 X토지에 2번 근저당권(채권최고액 3억원)을 설정해 주었다. 이에 관한 설명으로 옳은 것은?(다툼이 있으면 판례에 따름) 기출 20

① 丙이 2번 근저당권의 피담보채무 불이행을 이유로 경매를 신청한 때에는 경매신청 시에 乙의 피담보채권이 확정된다.

② 乙이 경매를 신청하여 피담보채권의 원본채권이 4억원으로 확정되었더라도 이 4억원에 대한 확정 후 발생한 이자 1천만원은 근저당권에 의해 담보된다.

③ 丙의 근저당권의 존속기간을 정하지 않은 경우, 甲이 근저당권설정계약을 해지하더라도 근저당권으로 담보되는 丙의 피담보채무는 확정되지 않는다.

④ 결산기에 확정된 乙의 채권이 6억원인 경우, 甲은 5억원만 변제하면 乙의 근저당권의 소멸을 청구할 수 있다.

⑤ 丁이 X토지를 매수하여 소유권을 취득한 경우, 丙의 확정된 피담보채권이 4억원이면 丁은 4억원을 변제하지 않는 한 丙의 근저당권의 소멸을 청구할 수 없다.

해설 ① (×) 담보권 실행을 위한 경매절차가 개시되었음을 선순위근저당권자가 안 때 이후의 어떤 시점에 선순위근저당권의 피담보채무액이 증가하더라도 그와 같이 증가한 피담보채무액이 선순위근저당권의 채권최고액 한도 안에 있다면 경매를 신청한 후순위근저당권자가 예측하지 못한 손해를 입게 된다고 볼 수 없는 반면, 선순위근저당권자는 자신이 경매신청을 하지 아니하였으면서도 경락으로 인하여 근저당권을 상실하게 되는 처지에 있으므로 거래의 안전을 해치지 아니하는 한도 안에서 선순위근저당권자가 파악한 담보가치를 최대한 활용할 수 있도록 함이 타당하다는 관점에서 보면, **후순위근저당권자가 경매를 신청한 경우 선순위근저당권의 피담보채권은 그 근저당권이 소멸하는 시기, 즉 경락인이 경락대금을 완납한 때에 확정된다**고 보아야 한다(대판 1999.9.21. 99다26085).

② (○) 근저당권자의 경매신청 등의 사유로 인하여 근저당권의 피담보채권이 확정되었을 경우, **확정 이후에 새로운 거래관계에서 발생한 원본채권은 그 근저당권에 의하여 담보되지 아니하지만, 확정 전에 발생한 원본채권에 관하여 확정 후에 발생하는 이자나 지연손해금채권은 채권최고액의 범위 내에서 근저당권에 의하여 여전히 담보되는 것이다**(대판 2007.4.26. 2005다38300).

③ (×) **존속기간이나 결산기의 정함이 없는 때에는 근저당권의 피담보채무의 확정방법에 관한 다른 약정이 있으면 그에 따르되 이러한 약정이 없는 경우라면 근저당권설정자가 근저당권자를 상대로 언제든지 해지의 의사표시를 함으로써 피담보채무를 확정시킬 수 있다**(대판 2002.5.24. 2002다7176).

④ (×) 채무자의 채무액이 근저당채권최고액을 초과하는 경우에 **채무자 겸 근저당권설정자가 그 채무의 일부인 채권최고액과 지연손해금 및 집행비용만을 변제하였다면 채권 전액의 변제가 있을 때까지 근저당권의 효력은 잔존채무에 미치는 것이므로 위 채무 일부의 변제로써 위 근저당권의 말소를 청구할 수 없다**(대판 1981.11.10. 80다2712). 따라서 채무자 겸 근저당권설정자 甲은 6억원을 변제하여야만, 乙의 근저당권의 소멸을 청구할 수 있다.

⑤ (×) **근저당권의 물상보증인은 민법 제357조에서 말하는 채권의 최고액만을 변제하면 근저당권설정등기의 말소청구를 할 수 있고 채권최고액을 초과하는 부분의 채권액까지 변제할 의무가 있는 것이 아니다**(대판 1974.12.10. 74다998). 따라서 丁은 채권최고액 3억원만을 변제하면, 丙의 근저당권의 소멸을 청구할 수 있다.

08 甲이 채무자 乙 소유인 X토지에 대하여 채무불이행을 이유로 채권최고액 1천만원의 근저당권을 실행하기 위한 경매를 신청하였다. 이에 관한 설명으로 옳지 않은 것은?(다툼이 있으면 판례에 따름) [기출] 17

① 경매개시결정이 있은 후, 甲이 경매신청을 취하하였다면 채무확정의 효과는 번복된다.

② 甲의 경매신청 시에 근저당권이 확정되므로, 그 이후에 발생하는 甲의 원본채권은 근저당으로 담보되지 않는다

③ 근저당권의 실행에 따른 경매비용은 채권최고액 1천만원에 포함되지 아니한다.

④ 甲의 피담보채권이 확정되기 전에 발생한 원본채권에 관하여 그 확정 후에 발생하는 원본채권의 이자나 지연손해금은 채권최고액의 범위 내에서는 근저당권에 의하여 담보된다.

⑤ 만일 X토지에 대하여 후순위저당권을 취득한 丙이 경매를 신청한 경우에는 그 매각대금 완납 시에 甲의 피담보채권액이 확정된다.

해설 ① (×) 근저당권자가 피담보채무의 불이행을 이유로 경매신청을 한 경우에는 경매신청 시에 근저당채무액이 확정되고, 그 이후부터 근저당권은 부종성을 가지게 되어 보통의 저당권과 같은 취급을 받게 되는바, 위와 같이 경매신청을 하여 경매개시결정이 있은 후에 경매신청이 취하되었다고 하더라도 채무확정의 효과가 번복되는 것은 아니다(대판 2002.11.26, 2001다73022).

② (○) 근저당권자가 그 피담보채무의 불이행을 이유로 경매신청을 한 때에는 그 경매신청 시에 근저당권은 확정되는 것이고 근저당권이 확정되면 그 이후에 발생하는 원금채권은 그 근저당권에 의하여 담보되지 않는다(대판 1989.11.28, 89다카15601).

③ (○) 경매부동산을 매수한 제3취득자는 그 부동산으로 담보하는 채권최고액과 경매비용을 변제공탁하면 그 저당권의 소멸을 청구할 수 있다(대결 1971.5.15, 71마251). 따라서 근저당권의 실행에 따른 경매비용은 채권최고액에 포함되지 아니한다.

④ (○) 근저당권자의 경매신청 등의 사유로 인하여 근저당권의 피담보채권이 확정되었을 경우, 확정 이후에 새로운 거래관계에서 발생한 원본채권은 그 근저당권에 의하여 담보되지 아니하지만, 확정 전에 발생한 원본채권에 관하여 확정 후에 발생하는 이자나 지연손해금채권은 채권최고액의 범위 내에서 근저당권에 의하여 여전히 담보되는 것이다(대판 2007.4.26, 2005다38300).

⑤ (○) 후순위근저당권자가 경매를 신청한 경우 선순위근저당권의 피담보채권은 그 근저당권이 소멸하는 시기, 즉 경락인이 경락대금을 완납한 때에 확정된다고 보아야 한다(대판 1999.9.21, 99다26085).

09 저당권에 관한 설명으로 옳지 않은 것은?(다툼이 있으면 판례에 따름) [기출] 24

① 구분지상권을 목적으로 하는 저당권의 설정도 가능하다.

② 저당권 등기가 위법하게 말소된 후 그 저당부동산이 경매절차에서 매각된 경우, 저당권자는 매수인을 상대로 말소된 저당권 등기의 회복을 청구할 수 있다.

③ 피담보채무의 소멸로 무효가 된 저당권 등기의 유용은 등기부상 이해관계가 있는 제3자가 생기지 않은 경우에 허용된다.

④ 저당부동산에 대한 압류가 있으면 압류 이후의 저당권설정자의 저당부동산에 관한 차임채권에도 저당권의 효력이 미친다.

⑤ 금전채권이 아닌 채권을 피담보채권으로 하는 저당권을 설정하면서 그 평가액을 등기한 경우, 채권자는 제3자에 대한 관계에 있어서 그 등기된 평가액의 한도에서만 저당권을 주장할 수 있다.

해설 ① (○) 민법상 부동산(민법 제356조)과 지상권, 전세권을 저당권의 목적으로 할 수 있다(민법 제371조 제1항).
② (×) 근저당권설정등기가 위법하게 말소되어 아직 회복등기를 경료하지 못한 연유로 그 부동산에 대한 경매절차에서 피담보채권액에 해당하는 금액을 전혀 배당받지 못한 근저당권자로서는 위 경매절차에서 실제로 배당받은 자에 대하여 부당이득반환 청구로서 그 배당금의 한도 내에서 그 근저당권설정등기가 말소되지 아니하였더라면 배당받았을 금액의 지급을 구할 수 있을 뿐이고, 이미 소멸한 근저당권에 관한 말소등기의 회복등기를 위하여 현소유자를 상대로 그 승낙의 의사표시를 구할 수는 없다(대판 1998.10.2. 98다27197).
③ (○) 실질관계의 소멸로 무효로 된 등기의 유용은 그 등기를 유용하기로 하는 합의가 이루어지기 전에 등기상 이해관계가 있는 제3자가 생기지 않은 경우에는 허용된다(대판 2002.12.6. 2001다2846).
④ (○) 민법 제359조 전문은 "저당권의 효력은 저당부동산에 대한 압류가 있은 후에 저당권설정자가 그 부동산으로부터 수취한 과실 또는 수취할 수 있는 과실에 미친다."라고 규정하고 있는데, 위 규정상 '과실'에는 천연과실뿐만 아니라 법정과실도 포함되므로, 저당부동산에 대한 압류가 있으면 압류 이후의 저당권설정자의 저당부동산에 관한 차임채권 등에도 저당권의 효력이 미친다(대판 2016.7.27. 2015다230020).
⑤ (○) 저당권의 피담보채권의 범위는 민법 제360조에 열거되어 있다. 즉, 원본, 이자, 위약금, 채무불이행에 기한 손해배상채권, 저당권실행비용이 그 범위에 포함된다. 피담보채권이 금전으로 산정되어 등기되면 채권자는 제3자와의 관계에서는 등기된 평가액의 한도에서만 저당권의 효력을 주장할 수 있다.

10 근저당권에 관한 설명으로 옳지 않은 것은?(다툼이 있으면 판례에 따름) 기출 16

① 물상보증인이 근저당권채무자의 채무만을 면책적으로 인수하고 이를 원인으로 하여 근저당권 변경의 부기등기가 경료된 경우, 그 후 물상보증인이 다른 원인으로 근저당권자에 대하여 부담하게 된 새로운 채무까지 담보하는 것은 아니다.
② 근저당권에 기해 경매신청을 하면 경매신청 시에 근저당채무액이 확정되고, 경매신청에 따른 경매개시결정이 있은 후에 경매신청이 취하되더라도 채무확정의 효과가 번복되지 않는다.
③ 존속기간이나 결산기의 정함이 없는 때에는 특별한 사정이 없으면 근저당권설정자가 근저당권자를 상대로 언제든지 해지의 의사표시를 함으로써 피담보채무를 확정시킬 수 있다.
④ 근저당권설정등기가 원인 없이 말소된 이후에, 근저당목적물인 부동산에 관하여 다른 근저당권자의 신청에 따라 경매절차가 진행되어 매각허가결정이 확정되고 매수인이 매각대금을 완납하였더라도, 그 근저당권은 소멸하지 않는다.
⑤ 근저당권에 있어서 피담보채무의 이자는 최고액 중에 산입한 것으로 본다.

해설 ① (○) 물상보증인이 근저당권의 채무자의 계약상의 지위를 인수한 것이 아니라 다만 그 채무만을 면책적으로 인수하고 이를 원인으로 하여 근저당권 변경의 부기등기가 경료된 경우, 특별한 사정이 없는 한 그 변경등기는 당초 채무자가 근저당권자에 대하여 부담하고 있던 것으로서 물상보증인이 인수한 채무만을 그 대상으로 하는 것이지, 그 후 채무를 인수한 물상보증인이 다른 원인으로 근저당권자에 대하여 부담하게 된 새로운 채무까지 담보하는 것으로 볼 수는 없다(대판 1999.9.3. 98다40657).
② (○) 근저당권자가 피담보채무의 불이행을 이유로 경매신청을 한 경우에는 경매신청 시에 근저당채무액이 확정되고, 그 이후부터 근저당권은 부종성을 가지게 되어 보통의 저당권과 같은 취급을 받게 되는바, 위와 같이 경매신청을 하여 경매개시결정이 있은 후에 경매신청이 취하되었다고 하더라도 채무확정의 효과가 번복되는 것은 아니다(대판 2002.11.26. 2001다73022).
③ (○) 존속기간이나 결산기의 정함이 없는 때에는 근저당권의 피담보채무의 확정방법에 관한 다른 약정이 있으면 그에 따르되 이러한 약정이 없는 경우라면 근저당권설정자가 근저당권자를 상대로 언제든지 해지의 의사표시를 함으로써 피담보채무를 확정시킬 수 있다(대판 2002.5.24. 2002다7176).

④ (×) 부동산에 관하여 근저당권설정등기가 경료되었다가 그 등기가 위조된 등기서류에 의하여 아무런 원인 없이 말소되었다는 사정만으로는 곧바로 근저당권이 소멸하는 것은 아니라고 할 것이지만, **부동산이 경매절차에서 경락되면 그 부동산에 존재하였던 근저당권은 당연히 소멸하는 것이므로, 근저당권설정등기가 원인 없이 말소된 이후에 그 근저당목적물인 부동산에 관하여 다른 근저당권자 등 권리자의 경매신청에 따라 경매절차가 진행되어 경락허가결정이 확정되고 경락인이 경락대금을 완납하였다면, 원인 없이 말소된 근저당권은 이에 의하여 소멸한다**(대판 1998.10.2. 98다27197).

⑤ (○) 근저당권이 설정된 경우에는 채무의 이자는 최고액 중에 산입한 것으로 본다(민법 제357조 제2항).

11 근저당권에 관한 설명으로 옳지 않은 것은?(다툼이 있는 경우에는 판례에 의함) 기출 14

① 근저당권자의 경매신청으로 그 피담보채권이 확정된 경우, 확정 전에 발생한 원본채권에 관하여 확정 후에 발생하는 지연손해금채권은 근저당권으로 담보되지 않는다.

② 근저당권이 유효하기 위해서는 그 설정행위와 별도로 피담보채권을 발생하게 하는 법률행위가 있어야 한다.

③ 물상보증인이 근저당권의 피담보채무를 면책적으로 인수하고 이를 원인으로 하여 근저당권 변경의 부기등기를 마친 경우, 특별한 사정이 없으면 그 변경등기는 당초 물상보증인이 인수한 채무만을 담보대상으로 한다.

④ 가압류등기가 기입된 부동산에 근저당권이 설정된 경우 그 근저당권등기는 가압류의 집행보전의 목적을 달성하는 데 필요한 범위 안에서 가압류채권자에 대한 관계에서만 무효이다.

⑤ 근저당권자와 근저당권을 설정한 채무자의 관계에서는 피담보채권의 총액이 근저당권의 채권최고액을 넘더라도 그 채권 전부의 변제가 있을 때까지 근저당권의 효력이 잔존채무에 미친다.

해설 ① (×) 근저당권자의 경매신청 등의 사유로 인하여 근저당권의 피담보채권이 확정되었을 경우, **확정 이후에 새로운 거래관계에서 발생한 원본채권은 그 근저당권에 의하여 담보되지 아니하지만, 확정 전에 발생한 원본채권에 관하여 확정 후에 발생하는 이자나 지연손해금채권은 채권최고액의 범위 내에서 근저당권에 의하여 여전히 담보되는 것이다**(대판 2007.4.26. 2005다38300).

② (○) 근저당권은 그 담보할 채무의 최고액만을 정하고, 채무의 확정을 장래에 보류하여 설정하는 저당권으로서, 계속적인 거래관계로부터 발생하는 다수의 불특정채권을 장래의 결산기에서 일정한 한도까지 담보하기 위한 목적으로 설정되는 담보권이므로 **근저당권설정행위와는 별도로 근저당권의 피담보채권을 성립시키는 법률행위가 있어야 한다**(대판 2004.5.28. 2003다70041).

③ (○) 물상보증인이 근저당권의 채무자의 계약상의 지위를 인수한 것이 아니라 다만 그 채무만을 면책적으로 인수하고 이를 원인으로 하여 근저당권 변경의 부기등기가 경료된 경우, 특별한 사정이 없는 한 그 변경등기는 당초 채무자가 근저당권자에 대하여 부담하고 있던 것으로서 **물상보증인이 인수한 채무만을 그 대상으로 하는 것이지, 그 후 채무를 인수한 물상보증인이 다른 원인으로 근저당권자에 대하여 부담하게 된 새로운 채무까지 담보하는 것으로 볼 수는 없다**(대판 1999.9.3. 98다40657).

④ (○) 부동산에 대하여 가압류등기가 먼저 되고 나서 근저당권설정등기가 마쳐진 경우에 그 근저당권등기는 가압류에 의한 처분금지의 효력 때문에 그 집행보전의 목적을 달성하는 데 필요한 범위 안에서 가압류채권자에 대한 관계에서만 상대적으로 무효이다(대결 1994.11.29. 94마417).

⑤ (○) 채무자의 채무액이 근저당채권최고액을 초과하는 경우에 **채무자 겸 근저당권설정자가** 그 채무의 일부인 채권최고액과 지연손해금 및 집행비용만을 변제하였다면 채권 전액의 변제가 있을 때까지 근저당권의 효력은 잔존채무에 미치는 것이므로 위 채무 일부의 변제로써 위 근저당권의 말소를 청구할 수 없다(대판 1981.11.10. 80다2712).

12 甲은 丙에 대한 채무를 담보하기 위하여 자신소유의 X토지에 丙 명의로 근저당권을 설정해 주었다. 그 후 甲은 X토지를 乙에게 매도하여 소유권이전등기를 해 주었다. 다음 중 옳지 않은 것은?(다툼이 있는 경우에는 판례에 의함) **기출** 13

① 甲이 위 근저당권에 의해 담보된 채무를 모두 변제한 경우, 乙은 丙을 상대로 하여 피담보채무의 소멸을 원인으로 그 근저당권설정등기의 말소를 청구할 수 있다.

② 甲은 일부뿐만 아니라 이자, 위약금, 채무불이행으로 인한 손해배상도 모두 변제하여야 근저당권설정등기의 말소를 청구할 수 있다.

③ 甲이 위 근저당권에 의해 담보된 채무를 모두 변제한 경우, 甲은 丙을 상대로 피담보채무의 소멸을 원인으로 하여 그 근저당권설정등기의 말소를 청구할 수 있다.

④ 乙은 甲의 의사에 반하더라도 피담보채무를 변제하여 근저당권을 소멸시킬 수 있다.

⑤ 乙은 甲의 채무가 채권최고액을 초과하는 경우, 채무 전액을 변제하지 않으면 근저당권설정등기의 말소를 청구할 수 없다.

해설 ① (○), ③ (○) 근저당권이 설정된 후에 그 부동산의 소유권이 제3자에게 이전된 경우에는 현재의 소유자가 자신의 소유권에 기하여 피담보채무의 소멸을 원인으로 그 근저당권설정등기의 말소를 청구할 수 있음은 물론이지만, 근저당권설정자인 종전의 소유자도 근저당권설정계약의 당사자로서 근저당권 소멸에 따른 원상회복으로 근저당권자에게 근저당권설정등기의 말소를 구할 수 있는 계약상 권리가 있으므로 이러한 계약상 권리에 터 잡아 근저당권자에게 피담보채무의 소멸을 이유로 하여 그 근저당권설정등기의 말소를 청구할 수 있다고 봄이 상당하고, 목적물의 소유권을 상실하였다는 이유만으로 그러한 권리를 행사할 수 없다고 볼 것은 아니다(대판 1994.1.25. 93다16338).

② (○) 채무자의 채무액이 근저당채권최고액을 초과하는 경우에 **채무자 겸 근저당권설정자가** 그 채무의 일부인 채권최고액과 지연손해금 및 집행비용만을 변제하였다면 채권 전액의 변제가 있을 때까지 근저당권의 효력은 잔존채무에 미치는 것이므로 위 채무 일부의 변제로써 위 근저당권의 말소를 청구할 수 없다(대판 1981.11.10. 80다2712). 따라서 채무자 甲은 원본뿐만 아니라, 이자·위약금·채무불이행으로 인한 손해배상 모두를 변제하여야만, 근저당권설정등기의 말소를 청구할 수 있다.

④ (○) 민법 제469조 제2항은 이해관계 없는 제3자는 채무자의 의사에 반하여 변제하지 못한다고 규정하고, 민법 제481조는 변제할 정당한 이익이 있는 자는 변제로 당연히 채권자를 대위한다고 규정하고 있는바, 위 조항에서 말하는 '이해관계' 내지 '변제할 정당한 이익'이 있는 자는 변제를 하지 않으면 채권자로부터 집행을 받게 되거나 또는 채무자에 대한 자기의 권리를 잃게 되는 지위에 있기 때문에 변제함으로써 당연히 대위의 보호를 받아야 할 법률상 이익을 가지는 자를 말하고, 단지 사실상의 이해관계를 가진 자는 제외된다 (대결 2009.5.28. 2008마109). 따라서 乙은 담보부동산의 제3취득자로서 법률상의 이해관계 내지 변제할 정당한 이익이 있는 자에 해당한다.

⑤ (×) 근저당권의 물상보증인은 민법 제357조에서 말하는 채권의 최고액만을 변제하면 근저당권설정등기의 말소청구를 할 수 있고 채권최고액을 초과하는 부분의 채권액까지 변제할 의무가 있는 것이 아니다(대판 1974.12.10. 74다998).

13 근저당권에 관한 설명으로 옳은 것은?(다툼이 있는 경우에는 판례에 의함) 기출 12

① 피담보채무가 확정되기 전에 채무자가 변경되면 변경 후는 물론 변경 전의 채무자에 대한 채권도 근저당권으로 담보된다.

② 동일한 사람이 동일 채무의 담보를 위하여 연대보증계약과 물상보증계약을 체결한 경우, 다른 사정이 없으면 연대보증채무의 범위는 담보물 가액의 범위로 제한된다.

③ 채무액이 채권최고액을 초과하는 경우, 근저당권을 설정한 채무자는 그 최고액을 변제하고 근저당권 설정등기의 말소를 청구할 수 있다.

④ 근저당권의 목적이 된 부동산의 제3취득자는 채무자 또는 제3자의 변제 등으로 피담보채무의 일부가 소멸하였으나 그 잔존 채무가 채권최고액을 초과하는 경우, 자신이 담보부동산에 의하여 부담하는 책임이 그 변제 등으로 인하여 감축되었음을 항변하지 못한다.

⑤ 동일한 당사자가 동일 부동산에 관하여 동일 거래관계로 발생하는 채무를 담보하기 위하여 순위가 다른 여러 개의 근저당권을 설정한 경우, 그 담보물의 경매대금이 채무 전액을 만족시키지 못할 때에는 경매대금을 선순위근저당 설정 시에 발생한 채무에 우선적으로 변제충당하여야 한다.

해설 ① (×) 근저당권은 당사자 사이의 계속적인 거래관계로부터 발생하는 불특정채권을 어느 시기에 계산하여 잔존하는 채무를 일정한 한도액범위 내에서 담보하는 저당권으로서 보통의 저당권과 달리 발생 및 소멸에 있어 피담보채무에 대한 부종성이 완화되어 있는 관계로 피담보채무가 확정되기 이전이라면 채무의 범위나 또는 채무자를 변경할 수 있는 것이고, 채무의 범위나 채무자가 변경된 경우에는 당연히 변경 후의 범위에 속하는 채권이나 채무자에 대한 채권만이 당해 근저당권에 의하여 담보되고, 변경 전의 범위에 속하는 채권이나 채무자에 대한 채권은 그 근저당권에 의하여 담보되는 채무의 범위에서 제외된다(대판 1999.5.14. 97다15777 · 15784).

② (×) 어느 한 사람이 같은 채권의 담보를 위하여 연대보증계약과 물상보증계약을 체결한 경우 부종성을 인정할 특별한 사정이 없는 한 위 두 계약은 별개의 계약이므로 보증책임의 범위가 담보부동산의 가액범위 내로 제한된다고 할 수 없다(대판 1990.1.25. 88다카26406).

③ (×) 채무자의 채무액이 근저당채권최고액을 초과하는 경우에 **채무자 겸 근저당권설정자가** 그 채무의 일부인 채권최고액과 지연손해금 및 집행비용만을 변제하였다면 채권 전액의 변제가 있을 때까지 근저당권의 효력은 잔존채무에 미치는 것이므로 위 채무 일부의 변제로써 위 근저당권의 말소를 청구할 수 없다(대판 1981.11.10. 80다2712).

④ (○) 근저당권의 목적이 된 부동산의 제3취득자는 근저당권의 피담보채무에 대하여 채권최고액을 한도로 당해 부동산에 의한 담보적 책임을 부담하므로, 제3취득자로서는 채무자 또는 제3자의 변제 등으로 피담보채권이 일부소멸하였다고 하더라도 잔존피담보채권이 채권최고액을 초과하는 한 담보부동산에 의한 자신의 책임이 그 변제 등으로 인하여 감축되었다고 주장할 수 없다(대판 2007.4.26. 2005다38300).

⑤ (×) 동일한 당사자가 동일 목적물에 관하여 동일 거래관계로 인하여 발생되는 채무를 담보하기 위하여 순위가 다른 여러 개의 근저당권을 설정한 경우에 있어서도 그 각 근저당권은 모두 그 설정계약에서 정한 거래관계로 인하여 발생된 여러 개의 채무 전액을 각 그 한도범위 안에서 담보하는 것이라 할 것이므로 그 담보물의 경매대금이 채무 전액을 만족시키지 못할 때에는 변제충당의 방법으로 그 경매대금 수령으로 인하여 소멸할 채무를 정할 것이지 위 경매대금을 선순위근저당권 설정 시에 발생된 채무에 우선적으로 변제충당할 것은 아니다(대판 1987.5.26. 86다카2950).

01   총 설

Ⅰ   의 의

비전형담보란 민법이 규정하는 담보물권이 아니면서 담보적 기능을 수행하는 제도를 말한다. 비전형 담보가 거래계에서 이용되는 이유는 ① 민법상의 담보물권의 설정 및 실행절차의 복잡성과 불편함을 회피할 수 있다는 점, ② 채권자가 초과이득을 취득할 수 있다는 점, ③ 동산에 대한 담보를 설정할 때 담보권자에게 점유를 이전하지 않고 담보제공자가 동산을 이용할 수 있다는 등의 이점이 있기 때문이다.

Ⅱ   유 형

비전형담보를 자금획득의 방법에 따라 분류하면 매매의 형식을 이용하는 매도담보와 소비대차의 형 식을 이용하는 양도담보 내지 가등기담보가 있다.

(1) 자금을 매매에 의하여 얻는 경우

이를 매도담보라고 하며, 채무자가 소유권을 되찾아오기 위한 방법으로 환매나 재매매의 예약이 이용된다. 넓은 의미의 양도담보로 이해된다.

(2) 자금을 소비대차에 의하여 얻는 경우

소비대차의 형식을 이용하는 비전형담보는 계약체결과 동시에 담보물의 소유권이 채권자에게 이전되는 양도담보와, 채무불이행이 있는 때에 목적물의 소유권을 채권자에게 이전하는 형식으로 대물변제예약을 원인으로 한 소유권이전등기청구권 보전의 가등기를 하는 가등기담보가 있다. 이는 매도담보와 함께 넓은 의미의 양도담보로 이해된다.

Ⅲ 비전형담보에 대한 규제

1. 규제의 필요성

비전형담보제도는 채권자가 고가인 부동산을 청산절차 없이 취득하는 폐단을 초래하였으며, 이를 시정하기 위한 논리가 학설과 판례를 통해서 강구되었고, 1984년 1월 1일 가등기담보 등에 관한 법률(이하 가등기담보법)이 시행됨으로써 마침내 입법적 규제가 이루어지게 되었다.

2. 규제방법

(1) 민법 제607조·제608조에 의한 규제

현행 민법은 구 민법에는 없던 제607조와 제608조를 신설하여 채권자의 청산의무를 인정하였으나, 절차 규정의 미비로 구체적인 실현방법이 확보되지 못하였다. 이에 비전형담보를 효과적으로 규제하기 위하여 1983년 12월 30일 가등기담보법이 제정되었다.

(2) 가등기담보법에 의한 규제

1983년 채무자를 더욱 적극적으로 보호하기 위하여 민법 제607조와 제608조의 절차법적 성격을 띠는 특별법으로 가등기담보법이 제정되었다. 가등기담보법에서 정산의 방법은 사적 실행으로 귀속청산만을 인정하여 채무자는 청산금을 지급받기 전까지는 담보목적물의 인도를 거절할 수 있고, 또한 귀속청산 절차를 엄격히 하여 채권자의 폭리가능성을 원천적으로 방지하고자 하였다.

---

02 가등기담보

Ⅰ 서 설

1. 의 의

가등기담보란 소비대차에 기한 채권을 담보할 목적으로 채권자와 채무자 또는 제3자(물상보증인) 사이에 채무자 또는 제3자 소유의 부동산을 목적으로 하는 대물변제예약 또는 매매예약 등을 체결하고, 채무자의 채무불이행이 있는 경우 채권자가 예약완결권을 행사함으로써 발생하게 될 장래의 소유권이전등기청구권을 보전하기 위하여 가등기를 경료하기로 하는 내용의 가등기담보계약을 체결한 후, 이에 기하여 채권자 앞으로 가등기를 경료하여 두는 담보를 의미한다.

2. 청구권 보전의 가등기와 담보가등기의 구별

- 당해 가등기가 담보 가등기인지 여부는 당해 가등기가 실제상 채권담보를 목적으로 한 것인지 여부에 의하여 결정되는 것이지 당해 가등기의 등기부상 원인이 매매예약으로 기재되어 있는지 아니면 대물변제예약으로 기재되어 있는가 하는 형식적 기재에 의하여 결정되는 것이 아니다(대결 1998.10.7. 98마1333).
- 부동산의 강제경매절차에서 경매목적부동산이 낙찰된 때에도 소유권이전등기청구권의 순위보전을 위한 가등기는 그대로 설수위에 다른 권이나 기입까지 없느 나름 ̄담보목적의 기 등기서느 을니 필소께시 아니한 새 낙찰인에게 인수되는 것인바, 권리신고가 되지 않아 담보가등기인지 순위보전의 가등기인지 알 수 없는 경우에도 그 가등기가 등기부상 최선순위이면 집행법원으로서는 일단 이를 순위보전을 위한 가등기로 보아 낙찰인에게 그 부담이 인수될 수 있다는 취지를 입찰물건명세서에 기재한 후 그에 기하여 경매절차를 진행하면 족한 것이지, 반드시 그 가등기가 담보가등기인지 순위보전의 가등기인지 밝혀질 때까지 경매절차를 중지하여야 하는 것은 아니다(대결 2003.10.6. 2003마1438). 기출 11 · 15

3. 법적 성질

가등기담보의 법적 성질에 관하여 담보물권설(다수설), 신탁적 소유권이전설(소수설)의 다툼이 있으나, 가등기담보법 제4조 제2항이 채권자에게 소유권이전등기가 경료되어 있더라도 동법상 청산절차를 완료한 때 비로소 소유권을 취득한다는 점을 고려한다면, 가등기담보권은 특수한 담보물권이라고 봄이 타당하다. 따라서 가등기담보권은 담보물권의 통유성을 갖는다.

Ⅱ   가등기담보 등에 관한 법률(이하 가등기담보법)

1. 가등기담보법의 적용범위

목적(가등기담보법 제1조) 기출 10 · 19
이 법은 차용물(借用物)의 반환에 관하여 차주(借主)가 차용물을 갈음하여 다른 재산권을 이전할 것을 예약할 때 그 재산의 예약 당시 가액(價額)이 차용액(借用額)과 이에 붙인 이자를 합산한 액수를 초과하는 경우에 이에 따른 담보계약(擔保契約)과 그 담보의 목적으로 마친 가등기(假登記) 또는 소유권이전등기(所有權移轉登記)의 효력을 정함을 목적으로 한다.

(1) 피담보채권이 차용물일 것

가등기담보법은 소비대차계약이나 준소비대차에 의하여 발생한 차용물의 반환에 관하여 차주가 차용물에 갈음하여 다른 재산권을 이전할 것을 예약한 경우에 적용된다.

- 차주가 차용물의 반환에 관하여 차용물에 갈음하여 다른 재산권을 이전할 것을 예약한 경우가 아니라 단순히 매매잔대금 채권을 담보하기 위하여 경료된 가등기에 기하여 본등기를 구하는 경우에는 가등기담보 등에 관한 법률은 적용되지 아니한다(대판 1991.9.24. 90다13765). 기출 14

- 가등기담보 등에 관한 법률은 차용물의 반환에 관하여 다른 재산권을 이전할 것을 예약한 경우에 적용되므로 금전소비대차나 준소비대차에 기한 차용금반환채무 이외의 채무를 담보하기 위하여 경료된 가등기나 양도담보에는 위 법이 적용되지 아니하나, 금전소비대차나 준소비대차에 기한 차용금반환채무와 그 외의 원인으로 발생한 채무를 동시에 담보할 목적으로 경료된 가등기나 소유권이전등기라도 그 후 후자의 채무가 변제 기타의 사유로 소멸하고 금전소비대차나 준소비대차에 기한 차용금반환채무의 전부 또는 일부만이 남게 된 경우에는 그 가등기담보나 양도담보에 가등기담보 등에 관한 법률이 적용된다(대판 2004.4.27. 2003다29968). **기출** 17

(2) 대물변제의 예약 당시의 부동산 가액이 차용액과 그 이자의 합산액을 초과할 것

기출 10

가등기담보 등에 관한 법률은 재산권 이전의 예약에 의한 가등기담보에 있어서 재산의 예약 당시의 가액이 차용액 및 이에 붙인 이자의 합산액을 초과하는 경우에 적용되는바, 재산권 이전의 예약 당시 재산에 대하여 선순위 근저당권이 설정되어 있는 경우에는 재산의 가액에서 피담보채무액을 공제한 나머지 가액이 차용액 및 이에 붙인 이자의 합산액을 초과하는 경우에만 적용된다(대판 2006.8.24. 2005다61140).

(3) 가등기 또는 소유권이전등기가 경료되었을 것

① 가등기담보법이 적용되기 위해서는 채권담보의 목적으로 채권자 명의의 소유권이전등기나 가등기가 경료되어 채권자가 담보권을 취득하였어야 한다.

가등기담보 등에 관한 법률 (이하 '가등기담보법'이라 한다) 제3조, 제4조는 채권자가 가등기담보법 제2조 제1호에 정한 담보계약에 따른 '담보권'을 실행하는 방법으로서 귀속정산 절차를 규정한 것이므로, 가등기담보법 제3조, 제4조가 적용되기 위해서는 채권자가 담보목적부동산에 관하여 가등기나 소유권이전등기 등을 마침으로써 '담보권'을 취득하였음을 요한다. 이와 달리 채권자가 채무자와 담보계약을 체결하였지만, 담보목적부동산에 관하여 가등기나 소유권이전등기를 마치지 아니한 경우에는 '담보권'을 취득하였다고 할 수 없으므로, 이러한 경우에는 가등기담보법 제3조, 제4조는 원칙적으로 적용될 수 없다. 따라서 채권자와 채무자가 담보계약을 체결하였지만, 담보목적부동산에 관하여 가등기나 소유권이전등기를 마치지 아니한 상태에서 채권자로 하여금 귀속정산 절차에 의하지 않고 담보목적부동산을 타에 처분하여 채권을 회수할 수 있도록 약정하였다 하더라도, 그러한 약정이 가등기담보법의 규제를 잠탈하기 위한 탈법행위에 해당한다는 등의 특별한 사정이 없는 한 가등기담보법을 위반한 것으로 보아 무효라고 할 수는 없다(대판 2013.9.27. 2011다106778).

② 동산의 경우에는 원칙적으로 가등기담보법이 적용되지 않는다.

2. 가등기담보권의 성립요건

가등기담보권이 성립하기 위해서는 ① 피담보채권의 발생원인에 해당하는 소배대차계약이나 준소비대차계약이 존재해야 하고, ② 계약 당사자 사이에 가등기담보설정계약을 체결하였으며, ③ 채권자명의의 (가)등기가 설정되었어야 한다.

3. 효력

(1) 일반적 효력

1) 효력이 미치는 범위

① **피담보채권의 범위** : 가등기담보권의 효력이 미치는 피담보채권의 범위에 대하여 저당권에 관한 민법 제360조가 적용되어야 한다(가등기담보법 제10조 제2항). 따라서 원본, 이자, 위약금, 채무불이행으로 인한 손해배상 및 담보권의 실행비용 등이 피담보채권에 포함된다.

② **목적물의 범위** : 가등기담보권의 효력이 미치는 목적물의 범위는 보통 가등기담보설정계약에서 정하여지지만, 부합물, 종물, 과실에 대해서는 설정계약이나 법률에 달리 정함이 없는 한 민법 제358조와 제359조가 유추적용된다. **기출** 12

2) 대내적 효력

① **목적물의 사용 · 수익권** : 가등기담보권설정자는 원칙적으로 가등기담보권의 실행이 있기까지는 소유자로서 담보목적물을 사용 · 수익할 수 있다.

② **방해의 제거 또는 예방청구권** : 반면 가등기담보권설정자가 담보목적물의 가치를 감소시키는 경우에, 가등기담보권자는 방해의 제거 또는 예방을 청구할 수 있다. 그리고 그 침해로 인하여 피담보채권의 완전한 만족을 얻을 수 없는 손해가 발생한 경우에는 그 손해의 배상을 청구할 수 있다.

3) 대외적 효력

① 제3자가 담보목적물의 가치를 감소시키는 경우에, 가등기담보권자는 방해의 제거 또는 예방을 청구할 수 있다. 그리고 그 침해로 인하여 피담보채권의 완전한 만족을 얻을 수 없는 손해가 발생한 경우에는 그 손해의 배상을 청구할 수 있다.

② 가등기담보권자는 목적부동산에 대하여 다른 채권자의 경매신청에 따른 경매개시결정이 있으면, 그 경매절차에서 우선변제권을 가진다(가등기담보법 제13조).

③ 가등기담보권설정자가 파산한 경우 가등기담보권자는 별제권을 가지며(가등기담보법 제17조 제1항, 채무자 회생 및 파산에 관한 법률 제411조), 가등기담보권설정자에 대한 회생절차가 개시된 경우 가등기담보권은 회생담보권으로 취급된다(가등기담보법 제17조 제3항, 채무자 회생 및 파산에 관한 법률 제141조).

(2) 가등기담보권의 실행

1) 의의

가등기담보권의 실행 방법은 권리취득에 의한 사적 실행, 즉 가등기담보권자가 담보목적물의 소유권을 취득하여 피담보채권의 만족을 얻는 귀속청산과 경매에 의한 공적 실행의 두가지가 있다. 가등기담보법상 가등기담보권의 실행은 사적 실행과 공적 실행 모두 가능하며, 다른 약정이 없는 한 가등기담보권자가 자유롭게 선택할 수 있다. 그러나 가등기담보법상 가등기담보권의 사적 실행에 있어서 청산기간이나 동시이행관계 등을 인정하지 아니하는 처분청산형 담보권실행은 허용되지 않는다(대판 2002.4.23. 2001다81856). **기출** 14

2) 권리취득에 의한 사적 실행

① 실행의 통지

㉠ 통지사항

- 「청산금의 평가액」과 「통지 당시의 목적부동산의 평가액」 및 「민법 제360조에 규정된 채권액, 즉 피담보채권액」을 명시하여야 한다(가등기담보법 제3조). 기출 23
- 목적부동산의 가액을 평가하는 방법에 제한이 없으므로, 채권자는 주관적으로 평가한 청산금의 평가액을 통지하면 족하고, 채권자가 주관적으로 평가한 청산금의 액수가 성당하게 평가된 청산금의 액수에 미치지 못하더라도 담보권 실행의 통지로서의 효력에는 아무런 영향이 없다(대판 2016.6.23. 2015다13171). 다만, 일단 통지하고 나면 채권자는 그가 통지한 청산금의 금액에 관하여 다툴 수 없다(가등기담보법 제9조). 기출 10

> 채권자가 가등기담보 등에 관한 법률(이하 '가등기담보법'이라 한다)에 의한 가등기담보권을 실행하여 그 담보목적 부동산의 소유권을 취득하기 위하여 채무자 등에게 하는 담보권 실행의 통지에는 채권자가 주관적으로 평가한 통지 당시의 목적 부동산의 가액과 피담보채권액을 명시함으로써 청산금의 평가액을 채무자 등에게 통지하면 족하며, 채권자가 이와 같이 주관적으로 평가한 청산금의 액수가 정당하게 평가된 청산금의 액수에 미치지 못한다고 하더라도 담보권 실행의 통지로서의 효력이나 청산기간의 진행에는 아무런 영향이 없고 청산기간이 경과한 후에는 그 가등기에 기한 본등기를 청구할 수 있다. 이 경우에, 채무자 등은 채권자가 통지한 청산금액을 다투고 정당하게 평가된 청산금을 지급받을 때까지 목적부동산의 소유권이전등기 및 인도채무의 이행을 거절하거나 피담보채무 전액을 채권자에게 지급하고 채권담보의 목적으로 마쳐진 가등기의 말소를 구할 수 있을 뿐 아니라, 채권자에게 정당하게 평가된 청산금을 청구할 수도 있다(대판 2008.4.11. 2005다36618). 기출 19·23

- 평가한 결과 청산금이 없다고 인정되는 경우에도 그 뜻을 통지해야 한다(가등기담보법 제3조 제2항 후문). 기출 13·15·19·23

> 채권의 담보 목적으로 양도된 재산에 관한 담보권의 실행은 다른 약정이 없는 한 처분정산이나 귀속정산 중 채권자가 선택하는 방법에 의할 수 있는바, 그 재산에 관한 담보권이 귀속정산의 방법으로 실행되어 채권자에게 확정적으로 이전되기 위해서는 채권자가 이를 적정한 가격으로 평가한 후 그 가액으로 피담보채권의 원리금에 충당하고 그 잔액을 반환하거나, 평가액이 피담보채권액에 미달하는 경우에는 채무자에게 그와 같은 내용의 통지를 하는 등 정산절차를 마쳐야 하며, 귀속정산의 통지방법에는 아무런 제한이 없어 구두로든 서면으로든 가능하고, 담보부동산의 평가액이 피담보채권액에 미달하는 경우에는 청산금이 있을 수 없으므로 귀속정산의 통지방법으로 부동산의 평가액 및 채권액을 구체적으로 언급할 필요 없이 그 미달을 이유로 채무자에 대하여 담보권의 실행으로 그 부동산을 확정적으로 채권자의 소유로 귀속시킨다는 뜻을 알리는 것으로 족하다(대판 2001.8.24. 2000다15661). 기출 19

㉡ 통지의 상대방 : 통지의 상대방은 채무자 등, 즉 채무자, 물상보증인, 가등기담보 후에 소유권을 취득한 제3자이다(가등기담보법 제2조 제2호). 이들 모두에게 통지를 하여야 한다. 일부에 대하여 통지가 누락되면 통지로서의 효력이 발생하지 않는다.

> 가등기담보 등에 관한 법률에 의하면 가등기담보권자가 담보권실행을 위하여 담보목적 부동산의 소유권을 취득하기 위하여는 그 채권의 변제기 후에 소정의 청산금 평가액 또는 청산금이 없다고 하는 뜻을 채무자 등에게 통지하여야 하고, 이때의 채무자 등에는 채무자와 물상보증인뿐만 아니라 담보

> 가등기 후 소유권을 취득한 제3취득자가 포함되는 것이므로, 위 통지는 이들 모두에게 하여야 하는 것으로서 채무자 등의 전부 또는 일부에 대하여 통지를 하지 않으면 청산기간이 진행할 수 없게 되고, 따라서 가등기담보권자는 그 후 적절한 청산금을 지급하였다 하더라도 가등기에 기한 본등기를 청구할 수 없으며, 양도담보의 경우에는 그 소유권을 취득할 수 없다(대판 1995.4.28. 94다36162).

   ⓒ 통지의 시기 및 방법 : 통지는 피담보채권의 변제기 이후에 하여야 하며(가등기담보법 제3조 제1항 전문) 기출 04·10 , 통지의 방법에 대해서는 법상 제한이 없으므로, 구두로든 서면으로든 가능하다.

② 청 산
   ㉠ 청산기간의 경과 : 실행의 통지가 채무자에게 도달한 날부터 2개월이 지나야 한다.
      기출 10·15 2개월의 기간을 청산기간이라 하는데, 청산기간에 관한 가등기담보법 제3조 제1항에 반하는 특약으로 채무자 등에게 불리한 것은 그 효력이 없다(가등기담보법 제4조 제4항 본문). 즉, 편면적 강행규정이다.

   ㉡ 청산금의 지급
      • 청산금은 실행통지 당시의 목적부동산의 가액에서 그 시점의 피담보채권액(원본, 이자, 위약금, 지연배상금, 실행비용)을 공제한 차액이다. 기출 04·19
      • 이 경우 담보목적부동산에 선순위 담보권 등의 권리가 있다면, 피담보채권액을 산정할 때 선순위 담보 등에 의하여 담보된 채권액을 포함해야 한다(가등기담보법 제4조 제1항). 기출 19 반면 후순위담보권자의 피담보채권액은 청산금에서 미리 공제하는 것이 아니므로, 부동산에 존재하는 모든 피담보채권액을 공제하는 것은 아니다. 기출 19

   ㉢ 청산금 청구권자
      • 설정자 또는 제3취득자와 후순위권리자가 청산금 청구권자이다(가등기담보법 제4조 제1항, 제5조 제1항).
      • 후순위권리자란 담보가등기 후에 등기된 저당권자·전세권자 및 담보가등기권리자를 말한다(가등기담보법 제2조 제5호). 기출 08
      • 담보가등기 후에 대항력 있는 임차권을 취득한 자에게는 청산금의 범위에서 동시이행의 항변권에 관한 민법 제536조를 준용한다(가등기담보법 제5조 제5항).

   ㉣ 청산금 지급시기 : 청산기간의 만료 시이다. 따라서 채무자가 청산기간이 지나기 전에 청산금에 관한 권리를 제3자에게 양도 기타의 처분을 하거나 또는 채권자가 채무자에게 청산금을 지급한 때에는 이로써 후순위권리자에게 대항하지 못한다(가등기담보법 제7조).
   기출 13·15

③ 본등기에 의한 소유권의 취득
   ㉠ 가등기담보권자가 실행통지와 청산을 거쳐 본등기를 하면 담보목적물의 소유권을 취득하고(가등기담보법 제4조 제2항 후단), 청산금의 지급과 소유권 이전등기 및 목적물의 인도는 동시이행의 관계에 있다(가등기담보법 제4조 제3항). 기출 23
   ㉡ 채권자가 가등기담보법의 청산절차를 거치지 않고, 가등기에 기한 본등기를 마친 경우의 법률관계

[1] 가등기담보 등에 관한 법률(이하 '가등기담보법'이라고 한다) 제3조는 채권자가 담보계약에 의한 담보권을 실행하여 그 담보목적 부동산의 소유권을 취득하기 위해서는 그 채권의 변제기 후에 같은 법 제4조의 청산금의 평가액을 채무자 등에게 통지하여야 하고, 이 통지에는 통지 당시 부동산의 평가액과 민법 제360조에 규정된 채권액을 밝혀야 하며, 그 통지를 받은 날부터 2월의 청산기간이 지나야 한다고 규정하고 있다. 가등기담보법 제4조는 채권자는 위 통지 당시 부동산의 가액에서 피담보채권의 가액을 공제한 청산금을 지급하여야 하고, 부동산에 관하여 이미 소유권이전등기를 마친 경우에는 청산기간이 지난 후 청산금을 채무자 등에게 지급한 때에 부동산의 소유권을 취득하고, 담보가등기를 마친 경우에는 청산기간이 지나야 그 가등기에 따른 본등기를 청구할 수 있으며, 이에 반하는 특약으로서 채무자 등에게 불리한 것은 효력이 없다고 규정하고 있다. 위 규정들은 강행법규에 해당하여 이를 위반하여 담보가등기에 기한 본등기가 이루어진 경우 본등기는 무효라고 할 것이고, 설령 그와 같은 본등기가 가등기권리자와 채무자 사이에 이루어진 특약에 의하여 이루어졌다고 할지라도 만일 특약이 채무자에게 불리한 것으로서 무효라고 한다면 본등기는 여전히 무효일 뿐, 이른바 약한 의미의 양도담보로서 담보의 목적 내에서는 유효하다고 할 것이 아니다. 다만 가등기권리자가 가등기담보법 제3조, 제4조에 정한 절차에 따라 청산금의 평가액을 채무자 등에게 통지한 후 채무자에게 정당한 청산금을 지급하거나 지급할 청산금이 없는 경우에는 채무자가 통지를 받은 날부터 2월의 청산기간이 지나면 위와 같이 무효인 본등기는 실체적 법률관계에 부합하는 유효한 등기로 될 수 있을 뿐이다. [2] 담보가등기에 기하여 마쳐진 본등기가 무효인 경우, 담보목적 부동산에 대한 소유권은 담보가등기 설정자인 채무자 등에게 있고 소유권의 권능 중 하나인 사용수익권도 당연히 담보가등기 설정자가 보유한다. 따라서 채무자가 자신이 소유하는 담보목적 부동산에 관하여 채권자와 임대차계약을 체결하고 채권자에게 차임을 지급하거나 채무자가 자신과 임대차계약을 체결하고 있는 임차인으로 하여금 채권자에게 차임을 지급하도록 하여 채권자가 차임을 수령하였다면, 채권자와 채무자 사이에 위 차임을 피담보채무의 변제와는 무관한 별개의 것으로 취급하기로 약정하였거나 달리 차임이 피담보채무의 변제에 충당되었다고 보기 어려운 특별한 사정이 없는 한 위 차임은 피담보채무의 변제에 충당된 것으로 보아야 한다(대판 2019.6.13. 2018다300661).

④ 채무자 등의 말소청구권

㉠ 채무자 등은 청산금채권을 변제받을 때까지 그 채무액(반환할 때까지의 이자와 손해금을 포함한다)을 채권자에게 지급하고 그 채권담보의 목적으로 마친 소유권이전등기의 말소를 청구할 수 있다(가등기담보법 제11조 본문). **기출 13·19**

㉡ 다만, 채무자 등이 아직 청산금을 받지 못하고 있더라도 그 채무의 변제기로부터 10년의 제척기간이 경과하거나 선의의 제3자가 소유권을 취득한 때에는 그 채무액을 지급하고 그 소유권이전등기의 말소를 청구할 수 없다(가등기담보법 제11조 단서). **기출 04·10**

[1] 가등기담보 등에 관한 법률 제3조, 제4조를 위반하여 적법한 청산절차를 거치지 않고 이루어진 담보가등기에 기한 본등기의 효력(무효) / 이때 채무자 등이 무효인 본등기의 말소를 청구할 수 없는 경우로서 같은 법 제11조 단서 후문에서 정한 '선의의 제3자가 소유권을 취득한 경우'의 의미 및 제3자가 악의라는 사실에 관한 주장·증명책임의 소재(= 무효를 주장하는 사람) : 가등기담보 등에 관한 법률(이하 '가등기담보법'이라고 한다) 제3조, 제4조를 위반하여 적법한 청산절차를 거치지 아니한 채 담보가등기에 기한 본등기가 이루어진 경우 그 본등기는 무효이다. 이때 가등기담보법 제2조 제2호에서 정한 채무자 등은 청산금채권을 변제받을 때까지는 여전히 가등기담보계약의 존속을 주장하여 그때까지의 이자와 손해금을 포함한 피담보채무액 전부를 변제하고 무효인 위 본등기의 말소를 청구할 수 있다(제11조 본문). 그러나 선의의 제3자가 소유권을 취득한 경우에는 그러하지 아니하다(제11조 단서 후문). 여기서 '선의의 제3자'라 함은 채권자가 적법한 청산절차를 거치지 않고 담보목적부동산에 관하여 본등기를 마쳤다는 사실을 모르고 그 본등기에 터 잡아 소유권이전등기를 마친 자를 뜻한다. 제3자가 악의라는 사실에 관한 주장·증명책임은 무효를 주장하는 사람에게 있다.

[2] 가등기담보 등에 관한 법률 제3조, 제4조의 청산절차를 위반하여 담보가등기에 기한 본등기가 이루어진 후 선의의 제3자가 그 본등기에 터 잡아 소유권이전등기를 마치는 등으로 담보목적부동산의 소유권을 취득한 경우, 무효인 채권자 명의의 본등기가 그 등기를 마친 시점으로 소급하여 확정적으로 유효하게 되고, 담보목적부동산에 관한 채권자의 가등기담보권은 소멸하는지 여부(적극) 및 이때 채권자의 위 본등기에 터 잡아 이루어진 등기 역시 소급하여 유효하게 되는지 여부(적극) / 이러한 법리는 무효인 본등기가 마쳐진 담보목적부동산에 관하여 진행된 경매절차에서 경락인이 본등기가 무효인 사실을 알지 못한 채 담보목적부동산을 매수한 경우에도 마찬가지로 적용되는지 여부(적극) : 가등기 담보 등에 관한 법률(이하 '가등기담보법'이라고 한다) 제3조, 제4조의 청산절차를 위반하여 이루어진 담보가등기에 기한 본등기가 무효라고 하더라도 선의의 제3자가 그 본등기에 터 잡아 소유권이전등기를 마치는 등으로 담보목적부동산의 소유권을 취득하면, 가등기담보법 제2조 제2호에서 정한 채무자 등(이하 '채무자 등'이라고 한다)은 더 이상 가등기담보법 제11조 본문에 따라 채권자를 상대로 그 본등기의 말소를 청구할 수 없게 된다. 이 경우 그 반사적 효과로서 무효인 채권자 명의의 본등기는 그 등기를 마친 시점으로 소급하여 확정적으로 유효하게 되고, 이에 따라 담보목적부동산에 관한 채권자의 가등기담보권은 소멸하며, 청산절차를 거치지 않아 무효였던 채권자의 위 본등기에 터 잡아 이루어진 등기 역시 소급하여 유효하게 된다고 보아야 한다. 다만 이 경우에도 채무자 등과 채권자 사이의 청산금 지급을 둘러싼 채권·채무 관계까지 모두 소멸하는 것은 아니고, 채무자 등은 채권자에게 청산금의 지급을 청구할 수 있다. 이러한 법리는 경매의 법적 성질이 사법상 매매인 점에 비추어 보면 무효인 본등기가 마쳐진 담보목적부동산에 관하여 진행된 경매절차에서 경락인이 본등기가 무효인 사실을 알지 못한 채 담보목적부동산을 매수한 경우에도 마찬가지로 적용된다(대판 2021.10.28. 2016다248325).

⑤ **후순위담보권자의 경매와 가등기담보권자의 지위** : 가등기담보권자의 귀속청산에 이의가 있는 후순위권리자는 청산기간에 한정하여 그 피담보채권의 변제기 도래 전이라도 담보목적부동산의 경매를 청구할 수 있다(가등기담보법 제12조 제2항). 이 경우 가등기담보권자는 경매절차에 참가하여 배당을 받아야 하며(가등기담보법 제14조), 더 이상 권리취득에 의한 사적 실행은 허용되지 않는다. 기출 04·13

3) 경매에 의한 공적 실행

가등기담보권자는 권리취득에 의한 사적 실행에 의하지 않고 목적부동산의 경매를 청구하여 권리를 실행할 수도 있다(가등기담보법 제12조 제1항 전문). 기출 08

(3) 경매에서 가등기담보권자의 배당참가

① **우선변제청구권** : 담보가등기를 마친 부동산에 대하여 제3자에 의한 경매가 진행되는 경우에, 가등기담보권자는 그 배당에 참가하여 다른 채권자보다 우선변제를 받을 수 있다. 기출 04·13 이 경우 담보가등기권리는 그 순위에 관하여 저당권으로 보고, 그 담보가등기가 경료된 때를 기준으로 우선순위를 정한다(가등기담보법 제13조).

② **경매와 사적 실행의 경합** : 가등기담보법은 경매절차와 사적 실행절차가 경합하는 경우에, 청산금이 지급되어 사적 실행절차가 사실상 종료된 상태가 아닌 한 경매의 신청이 있으면 가등기담보권자는 본등기를 청구할 수 없게 되어 경매절차가 사적 실행절차에 우선하도록 규정하고 있다(가등기담보법 제14조).

③ **담보가등기권리의 소멸** : 담보가등기가 경료된 부동산에 대하여 강제경매 등이 행하여진 경우에, 담보가등기권리는 그 부동산의 매각에 의하여 소멸한다(가등기담보법 제15조). 기출 14

4. 소 멸

(1) 일반적 소멸사유

담보가등기권리가 물권 일반에 공통된 소멸원인 및 담보물권에 공통된 소멸원인에 의하여 소멸한다. 또한 경매, 제3취득자의 변제 등에 의해서도 소멸한다.

(2) 담보가등기권리에 특유한 소멸사유

① 담보가등기권리는 그 담보권의 실행이 종료되거나 다른 경매절차에서 우선변제권을 행사함으로써 소멸한다.

② 가등기담보법 제11조에 의한 채무자 등의 말소청구에 의하여 또는 동조 단서의 사유(그 채무의 변제기로부터 10년의 제척기간이 경과하거나 선의의 제3자가 소유권을 취득한 때)가 발생하면 담보가등기권리는 소멸한다.

---

03   양도담보

Ⅰ 서 설

1. 의 의

양도담보란 채권담보의 목적으로 채무자 또는 제3자(물상보증인)가 목적물의 소유권을 채권자에게 이전하고, 채무자가 채무를 변제하지 않으면 채권자가 그 소유권을 확정적으로 취득하거나 그 목적물로부터 우선변제를 받지만, 채무자가 채무를 이행하는 경우에는 목적물의 소유권을 다시 채무자 또는 제3자에게 반환하는 소유권이전형 비전형담보이다.

2. 법적 성질

(1) 문제점

양도담보의 법적 성질에 관한 논의는 가등기담보법을 계기로 변화되었다. 따라서 가등기담보법 제정 이전과 제정 이후로 나누어 검토할 필요가 있다.

(2) 가등기담보법 제정 이전

① 종래 다수설과 판례는 신탁적 소유권이전설의 입장에서 양도담보를 채권담보의 목적을 가지는 신탁적인 소유권양도행위로 파악하였다. 따라서 외부적으로는 소유권이 이전되나 내부적으로는 설정자에게 소유권이 있다고 보았다.

② 반면 담보물권설은 소유권은 대내적이든 대외적이든 여전히 설정자에게 있고, 양도담보권자는 담보물권을 취득한다고 보았다.

(3) 가등기담보법 제정 이후

1) 부동산 양도담보

① 통설은 담보물권설의 입장이며, 대체로 동법의 적용범위를 제한하지 않는다.

② 반면 판례의 입장이 담보물권설인지 신탁적 소유권이전설의 입장인지는 불분명하다.

2) 동산 양도담보

① 동산양도담보의 경우에는 가능기담보법의 적용이 부정된다.

② 판례는 가등기담보법이 적용되지 않는 동산 양도담보에 대해서는 일관되게 신탁적 소유권이전설의 입장이다.

> 금전채무를 담보하기 위하여 채무자가 그 소유의 동산을 채권자에게 양도하되 점유개정에 의하여 채무자가 이를 계속 점유하기로 한 경우, 특별한 사정이 없는 한 동산의 소유권은 신탁적으로 이전되고, 채권자와 채무자 사이의 대내적 관계에서 채무자는 의연히 소유권을 보유하나 대외적인 관계에 있어서 채무자는 동산의 소유권을 이미 채권자에게 양도한 무권리자가 된다. 따라서 동산에 관하여 양도담보계약이 이루어지고 채권자가 점유개정의 방법으로 인도를 받았다면, 그 정산절차를 마치기 전이라도 양도담보권자인 채권자는 제3자에 대한 관계에 있어서는 담보목적물의 소유자로서 그 권리를 행사할 수 있다(대판 2008.11.27. 2006도4263). `기출` 12 · 14

Ⅱ 양도담보의 설정

1. 양도담보권설정계약

(1) 계약의 당사자

양도담보는 채권자와 채무자 또는 제3자(물상보증인) 사이의 양도담보권설정계약에 의하여 성립한다.

(2) 피담보채권

판례에 의하면 가등기담보법은 차용물의 반환에 관하여 다른 재산권을 이전할 것을 예약한 경우에 적용되는 것이므로, 공사잔대금의 지급을 담보하기 위하여 체결된 양도담보계약에 기하여 소유권이전등기를 구하는 경우에는 동법이 적용되지 않는다(대판 1996.11.15. 96다31116).

(3) 목적물

① 양도담보의 목적물은 보통 동산이나 부동산이지만, 양도할 수 있는 재산권이라면 양도담보의 목적물이 될 수 있다.

② 집합물에 대한 양도담보권 설정

> • [1] 재고상품, 제품, 원자재 등과 같은 집합물을 하나의 물건으로 보아 이를 일정기간 계속하여 채권담보의 목적으로 삼으려는 이른바 집합물에 대한 양도담보권설정계약에 있어서는 그 목적동산을 종류, 장소 또는 수량지정 등의 방법에 의하여 특정할 수만 있다면 그 집합물 전체를 하나의 재산권으로 하는 담보권의

설정이 가능하다. [2] 위와 같이 집합물에 대한 양도담보권설정계약이 이루어지면 그 집합물을 구성하는 개개의 물건이 변동되거나 변형되더라도 한 개의 물건으로서의 동일성을 잃지 아니한 채 양도담보권의 효력은 항상 현재의 집합물 위에 미치는 것이고 따라서 그러한 경우에 양도담보권자가 담보권설정계약당시 존재하는 집합물을 점유개정의 방법으로 그 점유를 취득하면 그 후 양도담보설정자가 그 집합물을 이루는 개개의 물건을 반입하였다 하더라도 그때마다 별도의 양도담보권설정계약을 맺거나 점유개정의 표시를 하여야 하는 것은 아니다(대판 1988.12.27. 87누1043). 기출 07·13·21

- [1] 돈사에서 대량으로 사육되는 돼지를 집합물에 대한 양도담보의 목적물로 삼은 경우, 그 돼지는 번식, 사망, 판매, 구입 등의 요인에 의하여 증감 변동하기 마련이므로 양도남보권자가 그때마다 별도의 양도담보권설정계약을 맺거나 점유개정의 표시를 하지 않더라도 하나의 집합물로서 동일성을 잃지 아니한 채 양도담보권의 효력은 항상 현재의 집합물 위에 미치게 되고, 양도담보설정자로부터 위 목적물을 양수한 자가 이를 선의취득하지 못하였다면 위 양도담보권의 부담을 그대로 인수하게 된다. [2] 돈사에서 대량으로 사육되는 돼지를 집합물에 대한 양도담보의 목적물로 삼은 경우, 위 양도담보권의 효력은 양도담보설정자로부터 이를 양수한 양수인이 당초 양수한 돈사 내에 있던 돼지들 및 통상적인 양돈방식에 따라 그 돼지들을 사육·관리하면서 돼지를 출하하여 얻은 수익으로 새로 구입하거나 그 돼지와 교환한 돼지 또는 그 돼지로부터 출산시켜 얻은 새끼돼지에 한하여 미치는 것이지 양수인이 별도의 자금을 투입하여 반입한 돼지에까지는 미치지 않는다. 기출 06 [3] 유동집합물에 대한 양도담보계약의 목적물을 선의취득하지 못한 양수인이 그 양도담보의 효력이 미치는 목적물에다 자기 소유인 동종의 물건을 섞어 관리함으로써 당초의 양도담보의 효력이 미치는 목적물의 범위를 불명확하게 한 경우에는 양수인으로 하여금 그 양도담보의 효력이 미치지 아니하는 물건의 존재와 범위를 입증하도록 하는 것이 공평의 원칙에 부합한다(대판 2004.11.12. 2004다22858). 기출 08·13

2. 공시방법

(1) 동 산

목적물이 동산인 경우에는 인도가 있어야 한다(민법 제188조 내지 제190조). 인도의 방법에는 특별한 제한이 없으므로 점유개정에 의해서도 가능하다. 기출 08

- [1] 동산에 대하여 점유개정의 방법으로 양도담보를 일단 설정한 후에는 양도담보권자나 양도담보설정자가 그 동산에 대한 점유를 상실하였다고 하더라도 그 양도담보의 효력에는 아무런 영향이 없다 할 것이고, 양도담보권 실행을 위한 환가절차에 있어서는 환가로 인한 매득금에서 환가비용을 공제한 잔액 전부를 양도담보권자의 채권변제에 우선 충당하여야 하고 양도담보설정자의 다른 채권자들은 양도담보권자에 대한 관계에 있어서 안분배당을 요구할 수 없다. 기출 08·16 [2] 동산에 대하여 점유개정의 방법으로 이중양도담보를 설정한 경우 원래의 양도담보권자는 뒤의 양도담보권자에 대하여 배타적으로 자기의 담보권을 주장할 수 있으므로, 뒤의 양도담보권자가 양도담보의 목적물을 처분함으로써 원래의 양도담보권자로 하여금 양도담보권을 실행할 수 없도록 하는 행위는, 이중양도담보 설정행위가 횡령죄나 배임죄를 구성하는지 여부나 뒤의 양도담보권자가 이중양도담보 설정행위에 적극적으로 가담하였는지 여부와 관계없이, 원래의 양도담보권자의 양도담보권을 침해하는 위법한 행위이다(대판 2000.6.23. 99다65066). 기출 16
- 금전채무를 담보하기 위하여 채무자가 그 소유의 동산을 채권자에게 양도하되 점유개정에 의하여 채무자가 이를 계속 점유하기로 한 경우 특별한 사정이 없는 한 동산의 소유권은 신탁적으로 이전됨에 불과하여 채권자와 채무자 사이의 대내적 관계에서 채무자는 의연히 소유권을 보유하나 대외적인 관계에 있어서 채무자는 동산의 소유권을 이미 채권자에게 양도한 무권리자가 되는 것이어서 다시 다른 채권자와의 사이에 양도담보 설정계약을 체결하고 점유개정의 방법으로 인도를 하더라도 선의취득이 인정되지 않는 한 나중에 설정계약을 체결한 채권자는 양도담보권을 취득할 수 없는데, 현실의 인도가 아닌 점유개정으로는 선의취득이 인정되지 아니하므로, 결국 뒤의 채권자는 양도담보권을 취득할 수 없다(대판 2004.10.28. 2003다30463). 기출 08·12·13·16·21

(2) 부동산

목적물이 부동산인 경우에는 보통 매매를 원인으로 소유권이전등기를 한다. 이 경우 부동산 실권리자명의 등기에 관한 법률 제3조 제2항에 의해 채무자, 채권금액 및 채무변제를 위한 담보라는 뜻이 적힌 서면을 등기신청서와 함께 등기관에게 제출하여야 한다.

(3) 채 권

양도담보의 목적물이 채권이나 채산권이라면 그 권리의 이전에 필요한 공시방법을 갖추어야 한다(민법 제450조, 제451조).

Ⅲ 양도담보의 효력

1. 효력이 미치는 범위

(1) 피담보채권의 범위

양도담보권의 피담보채권의 범위에 대하여 저당권의 피담보채권에 관한 민법 제360조가 적용된다(가등기담보법 제3조 제2항). 판례도 같은 입장이다.

> 저당권의 피담보채무의 범위에 관하여 민법 제360조가 지연배상에 대하여는 원본의 이행기일을 경과한 후의 1년분에 한하여 저당권을 행사할 수 있다고 규정하고 있는 것은 저당권자의 제3자에 대한 관계에서의 제한이며 채무자나 저당권설정자가 저당권자에 대하여 대항할 수 있는 것이 아니고, 민법 제360조가 양도담보의 경우에 준용된다고 하여도 마찬가지로 해석하여야 할 것인 만큼, 양도담보의 채무자가 양도담보권자에 대하여 민법 제360조에 따른 피담보채권의 제한을 주장할 수는 없는 것이다(대판 1992.5.12. 90다8855).

(2) 목적물의 범위

양도담보권의 효력은 설정계약에 의하지만, 부합물 또는 종물에 대해서는 원칙적으로 저당권에 관한 민법 제358조와 제359조가 유추적용된다.

> 돼지를 양도담보의 목적물로 하여 소유권을 양도하되 점유개정의 방법으로 양도담보설정자가 계속하여 점유·관리하면서 무상으로 사용·수익하기로 약정한 경우, 양도담보 목적물로서 원물인 돼지가 출산한 새끼 돼지는 천연과실에 해당하고 그 천연과실의 수취권은 원물인 돼지의 사용·수익권을 가지는 양도담보설정자에게 귀속되므로, 다른 특별한 약정이 없는 한 천연과실인 새끼 돼지에 대하여는 양도담보의 효력이 미치지 않는다(대판 1996.9.10. 96다25463). **기출** 12

(3) 물상대위권

양도담보는 담보권의 실질을 가지므로 불가분성과 물상대위성이 인정된다. 판례도 물상대위를 인정한다.

> 양도담보권자는 양도담보 목적물이 소실되어 양도담보 설정자가 보험회사에 대하여 화재보험계약에 따른 보험금청구권을 취득한 경우에도 담보물 가치의 변형물인 위 화재보험금청구권에 대하여 양도담보권에 기한 물상대위권을 행사할 수 있다(대판 2009.11.26. 2006다37106). **기출** 17

2. 대내적 효력

> 일반적으로 부동산을 채권담보의 목적으로 양도한 경우 특별한 사정이 없는 한 목적부동산에 대한 사용수익권은 채무자인 양도담보설정자에게 있는 것이므로 양도담보권자는 사용수익할 수 있는 정당한 권한이 있는 채무자나 채무자로부터 그 사용수익할 수 있는 권한을 승계한 자에 대하여는 사용수익을 하지 못한 것을 이유로 임료상당의 손해배상이나 부당이득반환청구는 할 수 없다(대판 1988.11.22. 87다카2555). **기출** 06·14·17

3. 대외적 효력

(1) 가등기담보법의 적용을 받는 경우

① 가등기담보법 제4조는 채권자는 가등기담보법 제3조에 의한 청산금의 평가액 통지 당시 부동산의 가액에서 피담보채권의 가액을 공제한 청산금을 지급하여야 하고, 부동산에 관하여 이미 소유권이전등기를 마친 경우에는 청산기간이 지난 후 청산금을 채무자 등에게 지급한 때에 부동산의 소유권을 취득하고, 담보가등기를 마친 경우에는 청산기간이 지나야 가등기에 따른 본등기를 청구할 수 있으며, 이에 반하는 특약으로서 채무자 등에게 불리한 것은 효력이 없다고 규정하고 있다. 위 규정들은 강행법규에 해당하여 이를 위반하여 담보가등기에 기한 본등기가 이루어진 경우 그 본등기는 효력이 없다(대판 2017.5.17. 2017다202296). **기출** 17

② 양도담보권자가 변제기 도래 전에 목적물을 제3자에게 처분한 경우, 원칙적으로 무권리자 처분행위에 해당하여 제3자는 소유권을 취득하지 못한다(담보물권설). 다만, 제3자가 선의의 경우 처분행위가 유효하므로 소유권을 취득하게 된다(가등기담보법 제11조 단서).

③ 채무를 담보하기 위하여 채무자가 자기의 비용과 노력으로 신축하는 건물의 신축허가 명의를 채권자 명의로 한 경우 이는 완성될 건물을 양도담보로 제공하기로 하는 담보권 설정의 합의가 있다고 볼 수 있다. 이때 완성된 건물의 소유권은 이를 건축한 채무자가 원시적으로 취득하고, 채권자가 그 명의로 소유권보존등기를 함으로써 건물에 대한 양도담보가 설정된 것으로 보아야 한다. 이러한 양도담보가 가등기담보 등에 관한 법률의 적용 대상이 되는 경우에는 양도담보권자가 청산절차 등을 거쳐 담보목적 부동산의 소유권을 취득하기 전까지 특별한 사정이 없는 한 양도담보설정자가 건물의 소유자로서 이를 현실적으로 점유하면서 사용·수익하고 있다고 볼 수 있으므로 채권자가 건물에 대한 양도담보권을 취득했다고 해서 그 대지 소유자에게 부당이득반환의무를 부담하는 것은 아니다(대판 2022.4.14. 2021다263519).

(2) 가등기담보법의 적용을 받지 않는 경우

양도담보권자가 변제기 도래 전에 목적물을 제3자에게 처분한 경우, 소유권은 대외적으로 양도담보권자에게 있으므로, 처분행위는 유효하다. 따라서 제3자는 선의·악의를 불문하고 소유권을 취득한다. 다만, 제3자가 양도담보권자의 배임행위에 적극가담 등을 한 경우에는 반사회적 행위에 해당하여 소유권을 취득할 수 없다(민법 제103조).

4. 우선변제적 효력

양도담보권의 실행방법은 당사자의 합의에 의하지만, 통상 양도담보권자가 담보제공자나 그로 부터 적법하게 점유를 이전받은 제3자로부터 목적물을 인도받은 후 그것을 처분하거(처분청산) 나 자신에게 귀속시킴으로써(귀속청산) 그 가액으로부터 우선변제를 받고, 잔액이 있으면 담보 제공자에게 반환하는 방법에 의한다.

Ⅳ 양도담보의 소멸

1. 일반적 소멸사유

양도담보권은 물권 일반에 공통된 소멸원인 및 담보물권에 공통된 소멸원인에 의하여 소멸한다. 또한 경매, 제3취득자의 변제 등에 의해서도 소멸한다.

2. 피담보채무의 변제에 의한 목적물의 회수

피담보채무가 변제되어 양도담보권이 소멸하면, 담보제공자는 소유권이전등기의 말소를 포함하 여 담보목적물을 회수할 수 있다(가등기담보법 제11조 본문 참고).

04 소유권유보부 매매

Ⅰ 법적 성질

판례는 소유권유보부 매매의 법적 성질에 대해 정지조건부 소유권이전설의 입장이다. 따라서 대금 완납 전까지는 대내·대외 구별 없이 여전히 매도인에게 소유권이 남아 있으나, 매수인이 대금을 완납하면 별도의 의사표시 없이도 소유권이 매수인에게 이전된다.

> 동산의 매매계약을 체결하면서, 매도인이 대금을 모두 지급받기 전에 목적물을 매수인에게 인도하지만 대금이 모두 지급될 때까지는 목적물의 소유권은 매도인에게 유보되며 대금이 모두 지급된 때에 그 소유권이 매수인에게 이전된 다는 내용의 이른바 소유권유보의 특약을 한 경우, 목적물의 소유권을 이전한다는 당사자 사이의 물권적 합의는 매매계약을 체결하고 목적물을 인도한 때 이미 성립하지만 대금이 모두 지급되는 것을 정지조건으로 하므로, 목적물 이 매수인에게 인도되었다고 하더라도 특별한 사정이 없는 한 매도인은 대금이 모두 지급될 때까지 매수인뿐만 아니라 제3자에 대하여도 유보된 목적물의 소유권을 주장할 수 있으며, 이와 같은 법리는 소유권유보의 특약을 한 매매계약이 매수인의 목적물 판매를 예정하고 있고, 그 매매계약에서 소유권유보의 특약을 제3자에 대하여 공시 한 바 없고, 또한 그 매매계약이 종류물을 목적물로 하고 있다 하더라도 다를 바 없다(대판 1999.9.7. 99다30534).
> 기출 12·23

대금이 모두 지급되지 아니한 상태에서 매수인이 목적물을 다른 사람에게 양도하더라도, 양수인이 선의취득의 요건을 갖추거나 소유자인 소유권매도인이 후에 처분을 추인하는 등의 특별한 사정이 없는 한 그 양도는 목적물의 소유자 아닌 사람이 행한 것으로서 효력이 없어서, 그 양도로써 목적물의 소유권이 매수인에게 이전되지 아니한다(대판 2010.2.11. 2009다93671).

---

05 동산 · 채권 등의 담보에 관한 법률(이하 동산채권담보법)

Ⅰ 서 설

1. 기존 동산 · 채권담보제도의 문제점

① 동산을 목적으로 하는 기존 담보로는 질권과 양도담보가 있다. 질권은 점유질원칙(민법 제330조, 제332조) 때문에 질권설정자가 동산을 활용하지 못한다는 문제가 있으며, 양도담보는 점유개정을 통해서 활용되어 실질적으로 거의 공시가 이루어지지 않는다는 점과 선의취득을 통해 양도담보가 침해될 수 있다는 문제가 있다.

② 또한 채권을 목적으로 하는 기존 담보로 역시 권리질권과 양도담보가 있다. 권리질권과 채권양도담보는 모두 그 설정방법으로 채권양도에 따른 통지나 승낙 등 대항요건을 갖추어야 하는 문제점이 있다.

③ 이러한 문제점에 더하여 국제적 금융거래가 활발해 짐에 따라 2010년 6월 10일 동산 · 채권 등의 담보에 관한 법률이 제정되어 2012년 6월 11일부터 시행되고 있다.

2. 동산채권담보법의 특징

(1) 동산 · 채권담보에 관한 새로운 공시방법

동산 · 채권담보를 위한 새로운 공시방법으로 등기제도를 도입하였다. 한편 등기부는 담보설정자별로 편성한 인적편성주의를 채택하고 있어 물적 편성주의를 따르는 부동산등기와 구별된다.

(2) 기존의 질권이나 양도담보의 효력

새로운 등기담보권에 의하여 기존에 활용되던 질권이나 양도담보가 폐지되지 않으며, 이로 인해 어느 한 쪽에 우선적 지위가 부여되는 것도 아니다.

(3) 인적 적용범위의 제한

법인 또는 부가가치세법에 따라 사업자등록을 한 사람에 한하여 동산 · 채권 등의 담보에 관한 법률에 따른 담보제도를 활용할 수 있다(동법 제2조 제5호 단서). 다만, 담보권설정자의 사업자등록이 말소된 경우에도 이미 설정된 동산담보권의 효력에는 영향을 미치지 않는다(동법 제4조). [시행 2022.4.21.] 〈개정 2020.10.20.〉

3. 담보권의 존속기간

동산채권담보법에 따른 담보권의 존속기간은 5년을 초과할 수 없다. 다만 5년을 초과하지 않는 기간으로 이를 갱신할 수 있다(동법 제49조 제1항).

Ⅱ 동산담보권

1. 의 의

동산담보권이란 담보약정에 따라 동산(여러 개의 동산 또는 장래에 취득할 동산을 포함한다)을 목적으로 등기한 담보권을 말한다(동법 제2조 제2호). 여기서 담보약정이란 양도담보 등 명목을 묻지 아니하고 이 법에 따라 동산·채권·지식재산권을 담보로 제공하기로 하는 약정을 말한다(동법 제2조 제1호).

2. 동산담보권의 성립

(1) 객 체

① 동산담보권의 목적물은 양도할 수 있는 동산이다(동법 제33조, 민법 제331조).
② 동산담보권이 설정된 담보목적물의 소유권, 질권을 취득하는 경우에는 민법 제249조부터 제251조까지의 규정을 준용되므로(동법 제32조), 동산담보권이 설정된 담보목적물도 선의취득의 대상이 될 수 있다.

(2) 담보약정과 담보등기

① 동산담보권이 성립하기 위해서는 채권자와 목적동산의 소유자인 채무자 또는 제3자 사이의 담보약정이 있어야 한다(동법 제2조 제1호, 제2호).
② 동산담보권은 등기함으로써 성립한다(동법 제2조 제2호, 제7조 제1항).

3. 동산담보권의 효력

(1) 동산담보권의 성질

동산담보권은 채무자 또는 제3자가 제공한 담보목적물에 대하여 다른 채권자보다 자기의 채권을 우선변제받는 것을 내용으로 하는 담보물권이다(동법 제8조). 따라서 동산담보권은 담보물권의 통유성, 즉 부종성(동법 제33조, 민법 제369조), 수반성(동법 제13조), 불가분성(동법 제9조), 물상대위성(동법 제14조)을 가진다.

(2) 동산담보권의 효력이 미치는 범위

① 피담보채권의 범위 : 동산담보권은 원본, 이자, 위약금, 담보권실행의 비용, 담보목적물의 보존비용 및 채무불이행 또는 담부목적물의 흠으로 인한 손해배상의 채권을 담보한다. 다민, 설정행위에 다른 약정이 있는 경우에는 그 약정에 따른다(동법 제12조). 민법의 저당권에서와 같은 지연배상의 제한(민법 제360조 단서)은 인정되지 않는다.

② 목적물의 범위

　　㉠ 동산담보권의 효력은 담보목적물에 부합된 물건과 종물에 미친다. 다만, 법률에 다른 규정이 있거나 설정행위에 다른 약정이 있으면 그러하지 아니하다(동법 제10조).

　　㉡ 동산담보권의 효력은 담보목적물에 대한 압류 또는 제25조 제2항의 인도 청구가 있은 후에 담보권설정자가 그 담보목적물로부터 수취한 과실(果實) 또는 수취할 수 있는 과실에 미친다(동법 제11조).

　　㉢ 물상대위도 인정된다. 즉 동산담보권은 담보목적물의 매각, 임대, 멸실, 훼손 또는 공용징수 등으로 인하여 담보권설정자가 받을 금전이나 그 밖의 물건에 대하여도 행사할 수 있다. 이 경우 그 지급 또는 인도 전에 압류하여야 한다(동법 제14조).

(3) 우선변제적 효력

① 담보권자에게는 채무자 또는 제3자가 제공한 담보목적물에 대하여 다른 채권자보다 자기채권을 우선변제받을 권리가 있다(동법 제8조).

② 동일한 동산에 설정된 동산담보권의 순위는 등기의 순서에 따른다(동법 제7조 제2항).

4. 동산담보권의 실행

① 동산담보권의 실행은 원칙적으로 경매에 의하지만, 예외적으로 사적 실행, 특히 귀속청산 외에 처분청산도 허용된다. 다만, 사적 실행을 위해서는 정당한 이유가 있어야 하고, 선순위 권리자가 있는 경우에는 그의 동의를 받아야 한다(동법 제21조 제2항).

② 유담보약정의 허용 : 담보권자와 설정자가 동법에서 정한 실행절차와 다른 내용의 약정을 할 수 있다(동법 제31조 본문).

Ⅲ   채권담보권

1. 의 의

채권담보권이란 담보약정에 따라 금전의 지급을 목적으로 하는 지명채권(여러 개의 채권 또는 장래에 발생할 채권을 포함한다)을 목적으로 등기한 담보권을 말한다(동법 제2조 제3호).

2. 채권담보권의 성립

(1) 객 체

① 채권담보권의 대상은 금전의 지급을 목적으로 하는 지명채권이다(동법 제2조 제3호, 제34조 제1항).

② 여러 개의 채권(채무자가 특정되었는지 여부를 묻지 아니하고 장래에 발생할 채권을 포함한다)이더라도 채권의 종류, 발생 원인, 발생 연월일을 정하거나 그 밖에 이와 유사한 방법으로 특정할 수 있는 경우에는 이를 목적으로 하여 담보등기를 할 수 있다(동법 제34조 제2항).

③ 당사자 사이에 채권에 대한 양도금지특약이 있는 경우에는 이를 채권담보의 목적으로 할 수 없다.

(2) 담보약정과 담보등기

채권담보권의 등기는 동산담보권과 달리 성립요건이 아니라 대항요건이다(동법 제35조 제1항).

3. 채권담보권의 효력

(1) 채권담보권의 성질

담보물권으로서 통유성을 가진다.

(2) 채권담보권의 효력이 미치는 범위

채권담보권에 관하여는 성질에 반하지 아니하는 범위에서 동산담보권에 관한 규정들이 준용된다 (동법 제37조).

(3) 대항요건

① 담보권자 또는 담보권설정자는 제3채무자에게 등기사항증명서를 건네주는 방법으로 그 사실을 통지하거나 제3채무자가 이를 승낙하지 아니하면 제3채무자에게 대항하지 못한다(동법 제35조 제2항). 이 경우 통지나 승낙에 대해서는 민법 제451조와 제452조가 준용된다(동법 제35조 제4항).

② 동일한 채권에 관하여 담보등기부의 등기와 민법 제349조 또는 제450조 제2항에 따른 통지 또는 승낙이 있는 경우에 담보권자 또는 담보의 목적인 채권의 양수인은 법률에 다른 규정이 없으면 제3채무자 외의 제3자에게 등기와 그 통지의 도달 또는 승낙의 선후에 따라 그 권리를 주장할 수 있다(동법 제35조 제3항).

4. 채권담보권의 실행

① 채권담보권자는 피담보채권의 한도에서 채권담보권의 목적이 된 채권을 직접 청구할 수 있다 (동법 제36조 제1항). 그런데 채권담보권의 목적이 된 채권이 피담보채권보다 먼저 변제기에 이른 경우에는 담보권자는 제3채무자에게 그 변제금액의 공탁을 청구할 수 있고, 제3채무자가 변제금액을 공탁한 후에는 채권담보권은 그 공탁금에 존재한다(동법 제36조 제2항).

② 채권담보권자는 민사집행법에 의한 집행방법으로 채권담보권을 실행할 수도 있다(동법 제36조 제3항, 민사집행법 제273조).

CHAPTER

06 비전형담보물권

01 총 설

01 비전형담보에 관한 설명 중 옳지 않은 것은?(다툼이 있으면 판례에 따름) 기출 17

① 채권자와 채무자가 가등기담보권설정계약을 체결함에 있어 가등기 이후에 발생될 채무도 피담보채무의 범위에 포함시키기로 한 약정은 유효하다.

② 가등기가 금전소비대차에 기한 차용금반환채무와 그 외의 원인으로 발생한 채무를 동시에 담보할 목적으로 경료되었으나 그 후 금전소비대차에 기한 차용금반환채무만이 남게 된 경우, 그 가등기담보에 「가등기담보 등에 관한 법률」이 적용된다.

③ 양도담보목적물이 소실되어 양도담보설정자가 보험회사에 대하여 화재보험계약에 따른 보험금청구권을 취득한 경우, 양도담보권자는 위 보험금청구권에 대하여 양도담보권에 기한 물상대위권을 행사할 수 있다.

④ 양도담보권자는 사용·수익할 수 있는 정당한 권한이 있는 채무자나 그 채무자로부터 사용·수익할 수 있는 권한을 승계한 자에 대하여 그 사용·수익을 하지 못한 것을 이유로 임료 상당의 손해배상이나 부당이득 반환을 청구할 수 있다.

⑤ 채무자가 채무를 변제하고 가등기 말소를 구하는 경우, 채무변제와 담보가등기 말소는 동시이행관계가 아니라 채무변제가 선이행의무이다.

해설 ① (○) 채권자와 채무자 또는 물상보증인이 가등기담보권설정계약을 체결함에 있어 가등기 이후에 발생될 채무도 가등기부동산의 피담보채무범위에 포함시키기로 한 약정은 가등기담보 등에 관한 법률 제4조 제1항 내지 제3항의 어느 규정에도 반하는 것이라고 볼 수 없고 가등기담보권의 존재가 가등기에 의하여 공시되므로 후순위권리자로 하여금 예측할 수 없는 위험에 빠지게 하는 것도 아니다(대판 1993.4.13. 92다12070). 따라서 위 약정은 유효하다.

② (○) 가등기담보 등에 관한 법률은 차용물의 반환에 관하여 다른 재산권을 이전할 것을 예약한 경우에 적용되므로 금전소비대차나 준소비대차에 기한 차용금반환채무 이외의 채무를 담보하기 위하여 경료된 가등기나 양도담보에는 위 법이 적용되지 아니하나, 금전소비대차나 준소비대차에 기한 차용금반환채무와 그 외의 원인으로 발생한 채무를 동시에 담보할 목적으로 경료된 가등기나 소유권이전등기라도 그 후 후자의 채무가 변제 기타의 사유로 소멸하고 금전소비대차나 준소비대차에 기한 차용금반환채무의 전부 또는 일부만이 남게 된 경우에는 그 가등기담보나 양도담보에 가등기담보 등에 관한 법률이 적용된다(대판 2004.4.27. 2003다29968).

③ (○) 동산양도담보권자는 양도담보목적물이 소실되어 양도담보설정자가 보험회사에 대하여 화재보험계약에 따른 보험금청구권을 취득한 경우 담보물가치의 변형물인 화재보험금청구권에 대하여 양도담보권에 기한 물상대위권을 행사할 수 있는데, 동산양도담보권자가 물상대위권 행사로 양도담보설정자의 화재보험금청구권에 대하여 압류 및 추심명령을 얻어 추심권을 행사하는 경우 특별한 사정이 없는 한 제3채무자인

보험회사는 양도담보 설정 후 취득한 양도담보설정자에 대한 별개의 채권을 가지고 상계로써 양도담보권자에게 대항할 수 없다. 그리고 이는 보험금청구권과 본질이 동일한 공제금청구권에 대하여 물상대위권을 행사하는 경우에도 마찬가지이다(대판 2014.9.25. 2012다58609).

④ (×) 일반적으로 부동산을 채권담보의 목적으로 양도한 경우 특별한 사정이 없는 한 목적부동산에 대한 사용수익권은 채무자인 양도담보설정자에게 있으므로, **양도담보권자는 사용수익할 수 있는 정당한 권한이 있는 채무자나 채무자로부터 그 사용수익할 수 있는 권한을 승계한 자에 대하여는 사용수익을 하지 못한 것을 이유로 임료 상당의 손해배상이나 부당이득반환청구를 할 수 없다**(대판 2008.2.28. 2007다37394·37400).

⑤ (○) 채무담보의 목적으로 경료된 채권자 명의의 소유권이전등기나 그 청구권 보전의 가등기의 말소를 구하려면 먼저 채무를 변제하여야 하고 피담보채무의 변제와 교환적으로 말소를 구할 수는 없다(대판 1984.9.11. 84다카781).

02 비전형담보에 관한 설명으로 옳지 않은 것은?(다툼이 있는 경우에는 판례에 의함) 기출 14

① 「가등기담보 등에 관한 법률」은 매매대금채권을 담보하기 위한 양도담보에는 적용되지 않는다.

② 「가등기담보 등에 관한 법률」에 따라 담보의 목적으로 가등기를 마친 부동산에 대하여 강제경매가 이루어진 경우 가등기담보권은 부동산의 매각으로 소멸한다.

③ 「가등기담보 등에 관한 법률」은 담보권의 실행방법으로 귀속정산만을 규정하고 처분정산의 방법에 의한 담보권의 실행을 인정하지 않는다.

④ 특별한 사정이 없으면, 양도담보설정자가 담보목적물에 대한 사용·수익권을 가진다.

⑤ 동산소유자가 점유개정의 방법으로 그 동산에 양도담보를 설정한 후 다시 같은 방법으로 제3채권자에게 양도담보를 설정한 때에는 제3채권자는 양도담보권을 취득할 수 없다.

해설 ① (○) 가등기담보 등에 관한 법률은 차용물의 반환에 관하여 다른 재산권을 이전할 것을 예약한 경우에 적용되는 것이므로, **공사잔대금의 지급을 담보하기 위하여 체결된 양도담보계약에 기하여 소유권이전등기를 구하는 경우에는 같은 법이 적용되지 않는다**(대판 1996.11.15. 96다31116).

② (○) 담보가등기를 마친 부동산에 대하여 강제경매 등이 행하여진 경우에는 담보가등기권리는 그 부동산의 매각에 의하여 소멸한다(가등기담보 등에 관한 법률 제15조).

③ (×) 가등기담보권을 실행하는 방법으로는 특단의 약정이 없는 한 **처분정산이나 귀속정산 중 채권자가 선택하는 방법에 의할 수 있다**(대판 1988.12.20. 87다카2685).

④ (○) 일반적으로 부동산을 채권담보의 목적으로 양도한 경우 특별한 사정이 없는 한 목적부동산에 대한 사용수익권은 채무자인 양도담보설정자에게 있으므로, 양도담보권자는 사용수익할 수 있는 정당한 권한이 있는 채무자나 채무자로부터 그 사용수익할 수 있는 권한을 승계한 자에 대하여는 사용수익을 하지 못한 것을 이유로 임료 상당의 손해배상이나 부당이득반환청구를 할 수 없다(대판 2008.2.28. 2007다37394·37400).

⑤ (○) 금전채무를 담보하기 위하여 채무자가 그 소유의 동산을 채권자에게 양도하되 점유개정에 의하여 채무자가 이를 계속 점유하기로 한 경우 특별한 사정이 없는 한 동산의 소유권은 신탁적으로 이전됨에 불과하여 채권자와 채무자 사이의 대내적 관계에서 채무자는 의연히 소유권을 보유하나 대외적인 관계에 있어서 채무자는 동산의 소유권을 이미 채권자에게 양도한 무권리자가 되는 것이어서 다시 다른 채권자와의 사이에 양도담보설정계약을 체결하고 점유개정의 방법으로 인도를 하더라도 선의취득이 인정되지 않는 한 나중에 설정계약을 체결한 채권자는 양도담보권을 취득할 수 없는데, 현실의 인도가 아닌 점유개정으로는 선의취득이 인정되지 아니하므로, 결국 뒤의 채권자는 양도담보권을 취득할 수 없다(대판 2004.10.28. 2003다30463).

01 가등기담보에 관한 설명으로 옳지 않은 것은?(다툼이 있으면 판례에 따름) 기출 24

① 매매대금 채권을 담보하기 위하여 가등기를 한 경우에는 가등기담보 등에 관한 법률이 적용되지 않는다.

② 가등기담보권이 설정되기 위해서는 피담보채권이 등기되어야 한다.

③ 당사자가 가등기담보권설정계약을 체결하면서 가등기 이후에 발생할 채권도 가등기부동산의 피담보채권에 포함시키기로 약정한 경우, 이 약정은 특별한 사정이 없는 한 유효하다.

④ 채권자가 가등기담보권을 실행하기 위해 청산금의 평가액을 통지하는 경우, 그가 주관적으로 평가한 청산금의 평가액을 통지하면 족하다.

⑤ 가등기담보권자는 담보목적부동산의 경매를 청구할 수 있고, 이 경우 경매에 관하여는 가등기담보권을 저당권으로 본다.

해설 ① (○) 가등기담보 등에 관한 법률은 소비대차계약이나 준소비대차에 의하여 발생한 차용물의 반환에 관하여 차주가 차용물에 갈음하여 다른 재산권을 이전할 것을 예약한 경우에 적용된다.

② (×) 가등기담보권이 성립하기 위해서는 '피담보채권의 발생원인에 해당하는 소배대차계약이나 준소비대차계약이 존재'해야 하고, '계약 당사자 사이에 가등기담보설정 계약을 체결'하였으며, '채권자명의의 (가)등기'가 설정되었어야 한다. 피담보채권의 등기여부는 요건이 아니다.

③ (○) 채권자와 채무자가 가등기담보권설정계약을 체결하면서 가등기 이후에 발생할 채권도 후순위권리자에 대하여 우선변제권을 가지는 가등기담보권의 피담보채권에 포함시키기로 약정할 수 있고, 가등기담보권을 설정한 후에 채권자와 채무자의 약정으로 새로 발생한 채권을 기존 가등기담보권의 피담보채권에 추가할 수도 있다(대판 2011.7.14. 2011다28090).

④ (○) 가등기담보 등에 관한 법률 제3조, 제4조에 의하면 가등기담보권자가 담보계약에 따른 담보권을 실행하여 담보목적부동산의 소유권을 취득하기 위해서는 채권의 변제기 후에 청산금의 평가액을 채무자 등에게 통지하여야 한다. 여기서 말하는 청산금의 평가액은 통지 당시의 담보목적부동산의 가액에서 그 당시의 피담보채권액(원본, 이자, 위약금, 지연배상금, 실행비용)을 뺀 금액을 의미하므로, 가등기담보권자가 담보권 실행을 통하여 우선변제받게 되는 이자나 지연배상금 등 피담보채권의 범위는 통지 당시를 기준으로 확정된다. 채권자는 주관적으로 평가한 청산금의 평가액을 통지하면 족하고, 채권자가 주관적으로 평가한 청산금의 액수가 정당하게 평가된 청산금의 액수에 미치지 못하더라도 담보권 실행의 통지로서의 효력에는 아무런 영향이 없다(대판 2016.6.23. 2015다13171).

⑤ (○) 가등기담보에 관한 법률 제12조 제1항

02 甲은 乙에 대한 1억원의 대여금채권을 담보하기 위해 乙 소유의 부동산(가액 3억원)에 가등기를 마쳤고, 그 후 丙이 그 부동산에 저당권설정등기를 마쳤다. 이에 관한 설명으로 옳은 것은? (다툼이 있으면 판례에 따름) 기출 19

① 甲이 담보권 실행을 통지할 때에 청산금이 없더라도 2개월의 청산기간이 지나기 전에는 가등기에 기한 본등기를 청구할 수 없다.

② 甲이 담보권 실행을 통하여 우선변제받게 되는 이자나 지연배당금 등 피담보채권의 범위는 청산금 지급 당시를 기준으로 확정된다.

③ 甲이 담보권 실행을 통지하고 2개월의 청산기간이 지난 경우, 청산금의 지급이 없더라도 乙은 대여금을 변제하고 가등기 말소를 청구할 수는 없다.

④ 甲이 주관적으로 평가한 청산금의 액수가 정당하게 평가된 청산금의 액수에 미치지 못하면 담보권실행통지는 효력이 없다.

⑤ 甲이 담보권 실행을 위해 통지하여야 할 청산금의 평가액은 통지 당시의 목적부동산가액에서 그 당시의 목적부동산에 존재하는 모든 피담보채권액을 공제한 차액이다.

해설 ① (○) 채권자가 담보계약에 따른 담보권을 실행하여 그 담보목적부동산의 소유권을 취득하기 위하여는 그 채권의 변제기 후에 청산금의 평가액을 채무자등에게 통지하고, 그 통지가 채무자등에게 도달한 날부터 2개월(이하 "청산기간"이라 한다)이 지나야 한다. 이 경우 청산금이 없다고 인정되는 경우에는 그 뜻을 통지하여야 한다(가등기담보 등에 관한 법률 제3조 제1항).

② (×), ④ (×) 가등기담보 등에 관한 법률 제3조, 제4조에 의하면 가등기담보권자가 담보계약에 따른 담보권을 실행하여 담보목적부동산의 소유권을 취득하기 위해서는 채권의 변제기 후에 청산금의 평가액을 채무자 등에게 통지하여야 한다. 여기서 말하는 청산금의 평가액은 통지 당시의 담보목적부동산의 가액에서 그 당시의 피담보채권액(원본, 이자, 위약금, 지연배상금, 실행비용)을 뺀 금액을 의미하므로, 가등기담보권자가 담보권 실행을 통하여 우선변제받게 되는 이자나 지연배상금 등 피담보채권의 범위는 통지 당시를 기준으로 확정된다. 채권자는 주관적으로 평가한 청산금의 평가액을 통지하면 족하고, 채권자가 주관적으로 평가한 청산금의 액수가 정당하게 평가된 청산금의 액수에 미치지 못하더라도 담보권 실행의 통지로서의 효력에는 아무런 영향이 없다(대판 2016.6.23. 2015다13171).

③ (×) 채무자등은 청산금채권을 변제받을 때까지 그 채무액(반환할 때까지의 이자와 손해금을 포함한다)을 채권자에게 지급하고 그 채권담보의 목적으로 마친 소유권이전등기의 말소를 청구할 수 있다(가등기담보 등에 관한 법률 제11조 본문). 따라서 비록 甲이 담보권 실행을 통지하고 2개월의 청산기간이 지났으나, 청산금의 지급이 없었다면, 乙은 대여금을 변제하고 가등기 말소를 청구할 수 있다.

⑤ (×) 채권자는 통지 당시의 담보목적부동산의 가액에서 그 채권액을 뺀 금액을 채무자등에게 지급하여야 한다. 이 경우 담보목적부동산에 선순위담보권 등의 권리가 있을 때에는 그 채권액을 계산할 때에 선순위담보 등에 의하여 담보된 채권액을 포함한다(가등기담보 등에 관한 법률 제4조 제1항). 반면, 후순위권리자는 그 순위에 따라 채무자등이 지급받을 청산금에 대하여 통지된 평가액의 범위에서 청산금이 지급될 때까지 그 권리를 행사할 수 있고, 채권자는 후순위권리자의 요구가 있는 경우에는 청산금을 지급하여야 한다(가등기담보 등에 관한 법률 제5조 제1항). 즉, 후순위담보권자의 피담보채권액은 청산금에서 미리 공제하지 아니하므로, 甲이 담보권 실행을 위하여 통지하여야 할 청산금의 평가액은, 통지 당시의 목적부동산가액에서 그 당시의 목적부동산에 존재하는 모든 피담보채권액을 공제한 차액이 아니다.

03 가등기담보 등에 관한 설명으로 옳지 않은 것은?(다툼이 있으면 판례에 따름) [기출] 15

① 채권자가 담보권을 실행하여 담보목적부동산의 소유권을 취득하기 위해서는 그 채권의 변제기 후에 청산금의 평가액을 채무자 등에게 통지하고, 그 통지가 채무자 등에게 도달한 날부터 2개월이 지나야 한다.

② 담보권 실행의 통지 시 담보목적부동산의 평가액이 채권액에 미달하여 청산금이 없다고 인정되는 때에는 그 뜻을 통지하여야 한다.

③ 채권자는 담보목적부동산에 관하여 이미 소유권이전등기를 마친 경우에는 청산기간이 지난 후 청산금을 채무자 등에게 지급한 때에 담보목적부동산의 소유권을 취득한다.

④ 가등기담보권자인 채권자가 청산기간이 경과하기 전에 채무자에게 청산금을 지급한 경우, 후순위권리자에게 대항할 수 있다.

⑤ 담보가등기를 마친 부동산에 대하여 강제경매 등이 행하여진 경우, 담보가등기권리는 그 부동산의 매각에 의하여 소멸한다.

해설 ① (○), ② (○) 채권자가 담보계약에 따른 담보권을 실행하여 그 담보목적부동산의 소유권을 취득하기 위하여는 그 채권의 변제기 후에 청산금의 평가액을 채무자등에게 통지하고, 그 통지가 채무자등에게 도달한 날부터 2개월(이하 "청산기간"이라 한다)이 지나야 한다. 이 경우 청산금이 없다고 인정되는 경우에는 그 뜻을 통지하여야 한다(가등기담보 등에 관한 법률 제3조 제1항).
③ (○) 채권자는 담보목적부동산에 관하여 이미 소유권이전등기를 마친 경우에는 청산기간이 지난 후 청산금을 채무자등에게 지급한 때에 담보목적부동산의 소유권을 취득하며, 담보가등기를 마친 경우에는 청산기간이 지나야 그 가등기에 따른 본등기를 청구할 수 있다(가등기담보 등에 관한 법률 제4조 제2항).
④ (✕) 채권자가 청산기간이 지나기 전에 청산금을 지급한 경우에는, 이로써 후순위권리자에게 대항하지 못한다(가등기담보 등에 관한 법률 제7조 제2항).
⑤ (○) 담보가등기를 마친 부동산에 대하여 강제경매 등이 행하여진 경우에는 담보가등기권리는 그 부동산의 매각에 의하여 소멸한다(가등기담보 등에 관한 법률 제15조).

04 가등기담보 등에 관한 법률에 관한 설명으로 옳지 않은 것은? [기출] 13

① 채무자가 청산기간이 지나기 전에 한 청산금에 관한 권리의 양도나 그 밖의 처분은 이로써 후순위권리자에게 대항하지 못한다.

② 담보가등기를 마친 부동산에 강제경매의 개시결정이 있는 경우에 그 경매의 신청이 청산금을 지급하기 전에 행하여진 경우(청산금이 없는 경우에는 청산기간이 지나기 전)에는 담보가등기권리자는 그 가등기에 따라 본등기를 청구할 수 있다.

③ 채무자 등은 특별한 사정이 없는 한 청산금채권을 변제받을 때까지 그 채무액을 채권자에게 지급하고 그 채권담보의 목적으로 마친 소유권이전등기의 말소를 청구할 수 있다.

④ 담보가등기를 마친 부동산에 강제경매 등이 개시된 경우에 담보가등기권리자는 다른 채권자보다 자기채권을 우선변제받을 권리가 있다.

⑤ 담보가등기권리자가 담보목적부동산의 소유권을 취득하기 위하여 청산금의 평가액을 통지하는 경우, 청산금이 없다고 인정되더라도 그 뜻을 통지하여야 한다.

해설 ① (○) 채무자가 청산기간이 지나기 전에 한 청산금에 관한 권리의 양도나 그 밖의 처분은 이로써 후순위권리 자에게 대항하지 못한다(가등기담보 등에 관한 법률 제7조 제1항).

② (×) 담보가등기를 마친 부동산에 대하여 강제경매등의 개시결정이 있는 경우에 그 경매의 신청이 청산금을 지급하기 전에 행하여진 경우(청산금이 없는 경우에는 청산기간이 지나기 전)에는 담보가등기권리자는 그 가등기에 따른 본등기를 청구할 수 없다(가등기담보 등에 관한 법률 제14조).

③ (○) 채무자등은 청산금채권을 변제받을 때까지 그 채무액(반환할 때까지의 이자와 손해금을 포함한다)을 채권자에게 지급하고 그 채권담보의 목적으로 마친 소유권이전등기의 말소를 청구할 수 있다(가등기담보 등에 관한 법률 제11조 본문).

④ (○) 담보가등기를 마친 부동산에 대하여 강제경매등이 개시된 경우에 담보가등기권리자는 다른 채권자보 다 자기채권을 우선변제받을 권리가 있다(가등기담보 등에 관한 법률 제13조 전문).

⑤ (○) 채권자가 담보계약에 따른 담보권을 실행하여 그 담보목적부동산의 소유권을 취득하기 위하여는 그 채권의 변제기 후에 청산금의 평가액을 채무자등에게 통지하고, 그 통지가 채무자등에게 도달한 날부터 2개월(이하 "청산기간"이라 한다)이 지나야 한다. 이 경우 청산금이 없다고 인정되는 경우에는 그 뜻을 통지 하여야 한다(가등기담보 등에 관한 법률 제3조 제1항).

05 가등기담보 및 양도담보에 관한 설명으로 옳은 것은?(다툼이 있는 경우에는 판례에 의함)

기출 12

① 채권자가 담보권을 실행하기 위하여 담보부동산의 객관적 가액에 미치지 못하는 청산금의 평가 액을 채무자 등에게 통지한 경우, 이는 담보권 실행의 통지로서 효력이 없다.

② 가등기담보권에는 과실수취권이 없으므로 담보권자가 담보부동산을 압류한 경우에도 담보설 정자가 그 부동산으로부터 수취하였거나 수취할 수 있는 과실에 대하여 효력이 없다.

③ 동산의 양도담보설정자가 그가 점유하던 담보목적물을 제3자에게 처분하고 제3자가 선의취득 의 요건을 구비한 때에는, 제3자는 양도담보권의 부담이 없는 완전한 소유권을 취득한다.

④ 양도담보에 관한 신탁적 소유권이전설은 양도담보권자와 양도담보설정자 사이의 내부적 관계 에서 소유권이 양도담보권자에게 있는 것으로 보고 있다.

⑤ 돼지를 담보목적물로 하여 소유권을 이전하고 점유개정의 방법으로 담보설정자가 계속하여 점유·관리하면서 사용·수익하기로 약정한 경우, 담보권은 특별한 사정이 없는 한 돼지가 출 산한 새끼돼지에 대하여 효력이 미친다.

해설 ① (×) 가등기담보 등에 관한 법률 제3조, 제4조에 의하면 가등기담보권자가 담보계약에 따른 담보권을 실행 하여 담보목적부동산의 소유권을 취득하기 위해서는 채권의 변제기 후에 청산금의 평가액을 채무자 등에게 통지하여야 한다. 여기서 말하는 청산금의 평가액은 통지 당시의 담보목적부동산의 가액에서 그 당시의 피담보채권액(원본, 이자, 위약금, 지연배상금, 실행비용)을 뺀 금액을 의미하므로, 가등기담보권자가 담보 권 실행을 통하여 우선변제받게 되는 이자나 지연배상금 등 피담보채권의 범위는 통지 당시를 기준으로 확정된다. 채권자는 주관적으로 평가한 청산금의 평가액을 통지하면 족하고, 채권자가 주관적으로 평가한 청산금의 액수가 정당하게 평가된 청산금의 액수에 미치지 못하더라도 담보권 실행의 통지로서의 효력에는 아무런 영향이 없다(대판 2016.6.23. 2015다13171).

② (×) 일반적으로 담보목적의 가등기를 경료한 경우, 담보물에 대한 사용·수익권은 가등기설정자인 소유자 에게 있으므로, 가등기담보권자는 원칙적으로 과실수취권이 없다. 다만, 가등기담보권자가 담보부동산을 압류한 경우에는, 그 압류가 있은 후에 가등기담보설정자가 그 부동산으로부터 수취한 과실 또는 수취할 수 있는 과실에 그 효력이 미친다 할 것이다(민법 제358조, 제359조 유추적용).

③ (○), ④ (×) 금전채무를 담보하기 위하여 채무자가 그 소유의 동산을 채권자에게 양도하되 점유개정에 의하여 채무자가 이를 계속 점유하기로 한 경우 특별한 사정이 없는 한 동산의 소유권은 신탁적으로 이전됨에 불과하여 채권자와 채무자 사이의 대내적 관계에서 채무자는 의연히 소유권을 보유하나 대외적인 관계에 있어서 채무자는 동산의 소유권을 이미 채권자에게 양도한 무권리자가 되는 것이어서 다시 다른 채권자와의 사이에 양도담보설정계약을 체결하고 점유개정의 방법으로 인도를 하더라도 선의취득이 인정되지 않는 한 나중에 설정계약을 체결한 채권자는 양도담보권을 취득할 수 없는데, 현실의 인도가 아닌 점유개정으로는 선의취득이 인정되지 아니하므로, 결국 뒤의 채권자는 양도담보권을 취득할 수 없다(대판 2004.10.28. 2003다30463). 사안은 제3자가 현실인도로써 선의취득의 요건을 구비한 경우이므로, 제3자는 양도담보권의 부담이 없는 완전한 소유권을 취득한다.

⑤ (×) 돼지를 양도담보의 목적물로 하여 소유권을 양도하되 점유개정의 방법으로 양도담보설정자가 계속하여 점유·관리하면서 무상으로 사용·수익하기로 약정한 경우, 양도담보목적물로서 원물인 돼지가 출산한 새끼돼지는 천연과실에 해당하고 그 천연과실의 수취권은 원물인 돼지의 사용·수익권을 가지는 양도담보설정자에게 귀속되므로, 다른 특별한 약정이 없는 한 천연과실인 새끼돼지에 대하여는 양도담보의 효력이 미치지 않는다(대판 1996.9.10. 96다25463).

03 **양도담보**

01 양도담보에 관한 설명으로 옳지 않은 것은?(다툼이 있으면 판례에 따름) `기출` 21

① 집합물 양도담보에서 양도담보의 목적인 집합물을 구성하는 개개의 물건이 변동되더라도 양도담보권의 효력은 항상 현재의 집합물에 미친다.

② 주택을 채권담보의 목적으로 양도한 경우, 양도담보권자가 그 주택을 사용·수익하기로 하는 약정이 없는 이상 주택에 대한 임대권한은 양도담보설정자에게 있다.

③ 채무자가 피담보채무의 이행지체에 빠진 경우, 양도담보권자는 채무자로부터 적법하게 목적부동산의 점유를 이전받은 제3자에 대하여 직접 소유권에 기한 인도청구를 할 수 있다.

④ 양도담보권의 목적인 주된 동산에 다른 동산이 부합되어 부합된 동산에 관한 권리를 상실하는 손해를 입은 사람은 양도담보권자를 상대로 그로 인한 보상을 청구할 수 없다.

⑤ 채무자가 금전채무를 담보하기 위하여 그 소유의 동산을 채권자에게 양도하되 점유개정에 의하여 이를 계속 점유하기로 한 경우, 다시 다른 채권자와 양도담보설정계약을 체결하고 점유개정의 방법으로 그 동산을 인도하더라도 뒤의 채권자는 양도담보권을 취득할 수 없다.

해설 ① (×), ④ (○) [1] 재고상품, 제품, 원자재 등과 같은 집합물을 하나의 물건으로 보아 일정 기간 계속하여 채권담보의 목적으로 삼으려는 이른바 집합물에 대한 양도담보권설정계약에서는 담보목적인 집합물을 종류, 장소 또는 수량지정 등의 방법에 의하여 특정할 수 있으면 집합물 전체를 하나의 재산권 객체로 하는 담보권의 설정이 가능하므로, 그에 대한 양도담보권설정계약이 이루어지면 집합물을 구성하는 개개의 물건이 변동되거나 변형되더라도 한 개의 물건으로서의 동일성을 잃지 아니한 채 양도담보권의 효력은 항상 현재의 집합물 위에 미치고, 따라서 그러한 경우에 양도담보권자가 점유개정의 방법으로 양도담보권설정계약 당시 존재하는 집합물의 점유를 취득하면 그 후 양도담보권설정자가 집합물을 이루는 개개의 물건을 반입하였더라도 별도의 양도담보권설정계약을 맺거나 점유개정의 표시를 하지 않더라도 양도담보권의 효력이 나중에 반입된 물건에도 미친다. 다만 양도담보권설정자가 양도담보권설정계약에서 정한 종류·수량에 포함되는 물건을 계약에서 정한 장소에 반입하였더라도 그 물건이 제3자의 소유라면 담보목적인 집합물의 구성부분이 될 수 없고 따라서 그 물건에는 양도담보권의 효력이 미치지 않는다. [2] 양도담보권의 목적인 주된 동산에 다른 동산이 부합되어 부합된 동산에 관한 권리자가 권리를 상실하는 손해를 입은 경우 주된 동산이 담보물로서 가치가 증가된 데 따른 실질적 이익은 주된 동산에 관한 양도담보권설정자에게 귀속되는 것이므로, 이 경우 부합으로 인하여 권리를 상실하는 자는 양도담보권설정자를 상대로 민법 제261조에 따라 보상을 청구할 수 있을 뿐 양도담보권자를 상대로 보상을 청구할 수는 없다(대판 2016.4.28. 2012다19659).

② (○) 일반적으로 부동산을 채권담보의 목적으로 양도한 경우 특별한 사정이 없는 한 목적부동산에 대한 사용수익권은 채무자인 양도담보설정자에게 있는 것이므로 설정자와 양도담보권자 사이에 양도담보권자가 목적물을 사용·수익하기로 하는 약정이 없는 이상 목적부동산을 임대할 권한은 양도담보설정자에게 있다(대판 2001.12.11. 2001다40213).

③ (×) 채권담보를 위하여 소유권이전등기를 경료한 양도담보권자는 채무자가 변제기를 도과하여 피담보채무의 이행지체에 빠졌을 때에는 담보계약에 의하여 취득한 목적 부동산의 처분권을 행사하기 위한 환가절차의 일환으로서 즉, 담보권의 실행으로서 채무자에 대하여 그 목적 부동산의 인도를 구할 수 있고 제3자가 채무자로부터 적법하게 목적 부동산의 점유를 이전받아 있는 경우에는 그 목적 부동산의 인도청구를 할 수도 있다 할 것이나 직접 소유권에 기하여 그 인도를 구할 수는 없다(대판 1991.11.8. 91다21770).

⑤ (○) 금전채무를 담보하기 위하여 채무자가 그 소유의 동산을 채권자에게 양도하되 점유개정의 방법으로 인도하고 채무자가 이를 계속 점유하기로 한 경우에는, 특별한 사정이 없는 한 동산의 소유권은 신탁적으로 이전됨에 불과하여 채권자와 채무자 사이의 대내적 관계에서 채무자는 의연히 소유권을 보유하나 대외적인 관계에 있어서 채무자는 동산의 소유권을 이미 채권자에게 양도한 무권리자가 되는 것이어서 채무자가 다시 다른 채권자와 사이에 양도담보설정계약을 체결하고 점유개정의 방법으로 인도를 하더라도 현실의 인도가 아닌 점유개정으로는 선의취득이 인정되지 아니하므로 나중에 설정계약을 체결한 채권자는 양도담보권을 취득할 수 없다(대판 2004.12.24. 2004다45943).

02 甲은 乙에 대한 5천만원의 채무를 담보하기 위하여 점유개정의 방법으로 甲 소유의 A기계를 乙에게 양도하였고, 甲은 丙에 대한 5천만원의 채무를 담보하기 위하여 점유개정의 방법으로 다시 그 기계를 丙에게 양도하였다. 그 후 甲은 乙로부터 5천만원을 추가로 빌리면서 양도담보계약에서 약정하였던 피담보채무액을 증액하였다. 이에 관한 설명으로 옳은 것을 모두 고른 것은?(다툼이 있으면 판례에 따름) 기출 20

ㄱ. 甲이 A기계에 대한 점유를 잃으면, 乙 역시 양도담보권을 상실한다.
ㄴ. 만약 甲의 의뢰로 丁이 A기계를 수리한 경우, 丁은 乙에게 수리비 상당의 부당이득 반환을 청구할 수 있다.
ㄷ. A기계에 대해 경매절차가 진행되어 1억원에 매각된 경우, 乙이 1억원을 변제받게 된다.
ㄹ. 丙이 乙에게 양도담보권이 있다는 사실을 알면서 甲으로부터 A기계를 현실인도받아 제3자에게 처분하여 제3자가 선의취득한 경우, 丙은 乙에게 불법행위책임을 진다.

① ㄱ, ㄴ
② ㄴ, ㄷ
③ ㄷ, ㄹ
④ ㄱ, ㄴ, ㄹ
⑤ ㄱ, ㄷ, ㄹ

ㄱ.(×) ㄹ.(○) [1] 동산에 대하여 점유개정의 방법으로 양도담보를 일단 설정한 후에는 양도담보권자나 양도담보설정자가 그 동산에 대한 점유를 상실하였다고 하더라도 그 양도담보의 효력에는 아무런 영향이 없다 할 것이고, 양도담보권 실행을 위한 환가절차에 있어서는 환가로 인한 매득금에서 환가비용을 공제한 잔액 전부를 양도담보권자의 채권변제에 우선충당하여야 하고 양도담보설정자의 다른 채권자들은 양도담보권자에 대한 관계에 있어서 안분배당을 요구할 수 없다. 따라서 양도담보설정자 甲이 A기계에 대한 점유를 잃더라도, 양도담보권자인 채권자 乙은 그 양도담보권을 상실하지 아니한다. [2] 동산에 대하여 점유개정의 방법으로 이중양도담보를 설정한 경우 원래의 양도담보권자는 뒤의 양도담보권자에 대하여 배타적으로 자기의 담보권을 주장할 수 있으므로, 뒤의 양도담보권자가 양도담보의 목적물을 처분함으로써 원래의 양도담보권자로 히여금 양도담보권을 실행할 수 없도록 하는 행위는, 이중양도담보설정행위가 횡령죄나 배임죄를 구성하는지 여부나 뒤의 양도담보권자가 이중양도담보설정행위에 적극적으로 가담하였는지 여부와 관계없이, 원래의 양도담보권자의 양도담보권을 침해하는 위법한 행위이다(대판 2000.6.23. 99다65066).

ㄴ.(×) 계약상의 급부가 계약의 상대방뿐만 아니라 제3자의 이익으로 된 경우에 급부를 한 계약당사자가 계약 상대방에 대하여 계약상의 반대급부를 청구할 수 있는 이외에 그 제3자에 대하여 직접 부당이득반환청구를 할 수 있다고 보면, 자기책임하에 체결된 계약에 따른 위험부담을 제3자에게 전가시키는 것이 되어 계약법의 기본원리에 반하는 결과를 초래할 뿐만 아니라, 채권자인 계약당사자가 채무자인 계약상대방의 일반채권자에 비하여 우대받는 결과가 되어 일반채권자의 이익을 해치게 되고, 수익자인 제3자가 계약상대방에 대하여 가지는 항변권 등을 침해하게 되어 부당하므로, 위와 같은 경우 계약상의 급부를 한 계약당사자는 이익의 귀속주체인 제3자에 대하여 직접 부당이득 반환을 청구할 수는 없다고 보아야 한다(대판 2002.8.23. 99다66564·66571). 이와 같이 판례는 전용물소권을 부정하고 있으므로, 丁은 계약상대방인 甲이 아닌 제3자 乙에게 수리비 상당의 부당이득 반환을 청구할 수 없다.

ㄷ.(○) 금전채무를 담보하기 위하여 채무자가 그 소유의 동산을 채권자에게 양도하되 점유개정에 의하여 채무자가 이를 계속 점유하기로 한 경우 특별한 사정이 없는 한 동산의 소유권은 신탁적으로 이전됨에 불과하여 채권자와 채무자 사이의 대내적 관계에서 채무자는 의연히 소유권을 보유하나 대외적인 관계에 있어서 채무자는 동산의 소유권을 이미 채권자에게 양도한 무권리자가 되는 것이어서 다시 다른 채권자와의 사이에 양도담보설정계약을 체결하고 점유개정의 방법으로 인도를 하더라도 선의취득이 인정되지 않는 한 나중에 설정계약을 체결한 채권자는 양도담보권을 취득할 수 없는데, 현실의 인도가 아닌 점유개정으로는 선의취득이 인정되지 아니하므로, 결국 뒤의 채권자는 양도담보권을 취득할 수 없다(대판 2004.10.28. 2003다30463). 따라서 나중에 설정계약을 체결한 후순위채권자 丙은 단순 일반채권자에 불과하므로, 채무자와 채권자의 합의로 증액된 금액 역시 양도담보권자인 채권자 乙에게 우선변제권이 있다.

03 甲이 乙에 대한 1억원의 채무를 담보하기 위하여 자신의 소유인 X기계를 乙에게 점유개정의 방법으로 양도하였다. 그 후 甲이 丙에 대한 다른 금전채무 5천만원을 담보하기 위하여 다시 점유개정의 방법으로 X기계를 丙에게 양도하였다. 이에 관한 설명으로 옳은 것을 모두 고른 것은?(다툼이 있으면 판례에 따름) 기출 16

> ㄱ. 甲과 乙 사이의 대내적 관계에서 X기계의 소유권은 乙에게 있다.
> ㄴ. 甲이 X기계에 대한 점유를 상실하면 乙은 X기계에 대한 양도담보권을 상실한다.
> ㄷ. 丙은 선의취득에 의하여 양도담보권을 취득한다.
> ㄹ. 丙이 乙에게 양도담보권이 있음을 알면서 甲으로부터 그 기계를 인도받아 제3자에게 처분함으로써 乙의 담보권 실행을 방해하였다면, 丙의 행위는 위법한 것으로 불법행위에 기한 손해배상청구의 대상이 될 수 있다.

① ㄹ
② ㄱ, ㄷ
③ ㄴ, ㄹ
④ ㄱ, ㄴ, ㄷ
⑤ ㄴ, ㄷ, ㄹ

ㄱ.(×), ㄷ.(×) 금전채무를 담보하기 위하여 채무자가 그 소유의 동산을 채권자에게 양도하되 점유개정에 의하여 채무자가 이를 계속 점유하기로 한 경우 특별한 사정이 없는 한 동산의 소유권은 신탁적으로 이전됨에 불과하여 채권자와 채무자 사이의 대내적 관계에서 채무자는 의연히 소유권을 보유하나 대외적인 관계에 있어서 채무자는 동산의 소유권을 이미 채권자에게 양도한 무권리자가 되는 것이어서 다시 다른 채권자와의 사이에 양도담보 설정계약을 체결하고 점유개정의 방법으로 인도를 하더라도 선의취득이 인정되지 않는 한 나중에 설정계약을 체결한 채권자는 양도담보권을 취득할 수 없는데, 현실의 인도가 아닌 점유개정으로는 선의취득이 인정되지 아니하므로, 결국 뒤의 채권자는 양도담보권을 취득할 수 없다(대판 2004.10.28. 2003다30463).

ㄴ.(×) ㄹ.(○) [1] 동산에 대하여 점유개정의 방법으로 양도담보를 일단 설정한 후에는 양도담보권자나 양도담보설정자가 그 동산에 대한 점유를 상실하였다고 하더라도 그 양도담보의 효력에는 아무런 영향이 없다 할 것이고, 양도담보권 실행을 위한 환가절차에 있어서는 환가로 인한 매득금에서 환가비용을 공제한 잔액 전부를 양도담보권자의 채권변제에 우선충당하여야 하고 양도담보설정자의 다른 채권자들은 양도담보권자에 대한 관계에 있어서 안분배당을 요구할 수 없다(대판 2000.6.23. 99다65066). [2] 동산에 대하여 점유개정의 방법으로 이중양도담보를 설정한 경우 원래의 양도담보권자는 뒤의 양도담보권자에 대하여 배타적으로 자기의 담보권을 주장할 수 있으므로, 뒤의 양도담보권자가 양도담보의 목적물을 처분함으로써 원래의 양도담보권자로 하여금 양도담보권을 실행할 수 없도록 하는 행위는, 이중양도담보설정행위가 횡령죄나 배임죄를 구성하는지 여부나 뒤의 양도담보권자가 이중양도담보설정행위에 적극적으로 가담하였는지 여부와 관계없이, 원래의 양도담보권자의 양도담보권을 침해하는 위법한 행위이다(대판 2000.6.23. 99다65066).

04 집합물에 대한 양도담보권설정계약에 관한 설명으로 옳지 않은 것은?(다툼이 있는 경우에는 판례에 의함) 기출 13

① 점유개정의 방법으로 동산에 대한 이중의 양도담보설정계약이 체결된 경우, 나중에 설정계약을 체결한 채권자는 양도담보권을 취득할 수 없다.

② 재고상품을 종류, 장소 또는 수량지정 등의 방법에 의하여 특정할 수 있으면, 그 집합물 전체에 대한 하나의 담보권을 설정할 수 있다.

③ 대량으로 생산·출하가 반복되는 특정돈사의 돼지들을 양도담보의 목적물로 삼은 경우, 그 돼지들을 출하하여 얻은 수익으로 새로 구입한 돼지에 대하여는 양도담보권이 미치지 않는다.

④ 유동집합물에 대한 양도담보계약의 목적물을 선의취득하지 못한 양수인이 그 목적물에 자기 소유인 동종의 물건을 섞어 관리한 경우, 양도담보의 효력이 미치지 않는 물건의 존재와 범위에 대한 증명책임은 양수인에게 있다.

⑤ 대량으로 생산·출하가 반복되는 특정돈사의 돼지들을 양도담보의 목적물로 삼은 경우, 그 돼지로부터 출산시켜 얻은 새끼돼지에 대해서는 별도의 양도담보권설정계약을 맺지 않더라도 양도담보권의 효력이 미친다.

해설 ① (O) 금전채무를 담보하기 위하여 채무자가 그 소유의 동산을 채권자에게 양도하되 점유개정에 의하여 채무자가 이를 계속 점유하기로 한 경우 특별한 사정이 없는 한 동산의 소유권은 신탁적으로 이전됨에 불과하여 채권자와 채무자 사이의 대내적 관계에서 채무자는 의연히 소유권을 보유하나 대외적인 관계에 있어서 채무자는 동산의 소유권을 이미 채권자에게 양도한 무권리자가 되는 것이어서 다시 다른 채권자와의 사이에 양도담보설정계약을 체결하고 점유개정의 방법으로 인도를 하더라도 선의취득이 인정되지 않는 한 나중에 설정계약을 체결한 채권자는 양도담보권을 취득할 수 없는데, 현실의 인도가 아닌 점유개정으로는 선의취득이 인정되지 아니하므로, 결국 뒤의 채권자는 양도담보권을 취득할 수 없다(대판 2004.10.28. 2003다 30463).

② (O), ⑤ (O) 재고상품, 제품, 원자재 등과 같은 집합물을 하나의 물건으로 보아 일정 기간 계속하여 채권담보의 목적으로 삼으려는 이른바 집합물에 대한 양도담보권설정계약에서는 담보목적인 집합물을 종류, 장소 또는 수량지정 등의 방법에 의하여 특정할 수 있으면 집합물 전체를 하나의 재산권객체로 하는 담보권의 설정이 가능하므로, 그에 대한 양도담보권설정계약이 이루어지면 집합물을 구성하는 개개의 물건이 변동되거나 변형되더라도 한 개의 물건으로서의 동일성을 잃지 아니한 채 양도담보권의 효력은 항상 현재의 집합물 위에 미치고, 따라서 그러한 경우에 양도담보권자가 점유개정의 방법으로 양도담보권설정계약 당시 존재하는 집합물의 점유를 취득하면 그 후 양도담보권설정자가 집합물을 이루는 개개의 물건을 반입하였더라도 별도의 양도담보권설정계약을 맺거나 점유개정의 표시를 하지 않더라도 양도담보권의 효력이 나중에 반입된 물건에도 미친다. 다만 양도담보권설정자가 양도담보권설정계약에서 정한 종류·수량에 포함되는 물건을 계약에서 정한 장소에 반입하였더라도 그 물건이 제3자의 소유라면 담보목적인 집합물의 구성부분이 될 수 없고 따라서 그 물건에는 양도담보권의 효력이 미치지 않는다(대판 2016.4.28. 2012다19659).

③ (×), ④ (O) [1] 돈사에서 대량으로 사육되는 돼지를 집합물에 대한 양도담보의 목적물로 삼은 경우, 그 돼지는 번식, 사망, 판매, 구입 등의 요인에 의하여 증감변동하기 마련이므로 양도담보권자가 그때마다 별도의 양도담보권설정계약을 맺거나 점유개정의 표시를 하지 않더라도 하나의 집합물로서 동일성을 잃지 아니한 채 양도담보권의 효력은 항상 현재의 집합물 위에 미치게 되고, 양도담보설정자로부터 위 목적물을 양수한 자가 이를 선의취득하지 못하였다면 위 양도담보권의 부담을 그대로 인수하게 된다. [2] 돈사에서 대량으로 사육되는 돼지를 집합물에 대한 양도담보의 목적물로 삼은 경우, 위 양도담보권의 효력은 양도담보설정자로부터 이를 양수한 양수인이 당초 양수한 돈사 내에 있던 돼지들 및 통상적인 양돈방식에 따라 그 돼지들을 사육·관리하면서 돼지를 출하하여 얻은 수익으로 새로 구입하거나 그 돼지와 교환한 돼지 또는 그 돼지로부터 출산시켜 얻은 새끼돼지에 한하여 미치는 것이지 양수인이 별도의 자금을 투입하여 반입한 돼지에까지는 미치지 않는다. [3] 유동집합물에 대한 양도담보계약의 목적물을 선의취득하지 못한 양수인이 그 양도담보의 효력이 미치는 목적물에다 자기 소유인 동종의 물건을 섞어 관리함으로써 당초의 양도담보의 효력이 미치는 목적물의 범위를 불명확하게 한 경우에는 양수인으로 하여금 그 양도담보의 효력이 미치지 아니하는 물건의 존재와 범위를 입증하도록 하는 것이 공평의 원칙에 부합한다(대판 2004.11.12. 2004다22858).

04 소유권유보부 매매

05 동산·채권 등의 담보에 관한 법률(이하 동산채권담보법)

의심은 실패보다 더 많은 꿈을 죽인다.

– 카림 세디키 –

무언가를 시작하는 방법은

말하는 것을 멈추고, 행동을 하는 것이다.

- 월트 디즈니 -

제3편

채권총론

01 채권법 서론

01 채권법의 의의

I 채권법의 개념

채권법은 형식적으로 민법의 제3편을 지칭하지만, 실질적으로는 채권관계를 규율하는 사법의 일부를 말한다.

1. 채권관계 규율

채권관계란 채권자가 채무자에 대하여 일정한 행위, 즉 급부를 청구할 수 있는 권리를 가지는 법률관계를 말한다. 채권관계로부터 채권이 나오고, 채무가 이에 대응된다.

2. 사법의 일부

사법은 대등한 권리주체들 사이의 법률관계, 즉 평등관계를 규율한다.

II 채권법의 특질

1. 임의규정성 : 계약자유의 원칙

(1) 원 칙

① 채권은 물권과 달리 배타성이 없기 때문에 사적자치가 허용되는 범위가 물권에 비하여 상대적으로 넓으며, 따라서 원칙적으로 당사자의 의사가 1차적인 분쟁해결의 기준이 된다.
② 채권법규는 당사자의 의사가 불명확하거나 결여된 경우 합리적인 거래의 기준을 제시하고 당사자의 의사를 보충하는 기능을 하는 임의규정적 성격이 강하다.

(2) 임의규정성의 제한

사회적 형평이나 거래의 안전, 약자 보호를 위해 강행규정도 등장하고 있다.

2. 국제성 · 보편성 · 통일성

일반적으로 물권법이나 가족법이 각국의 관습이나 전통의 영향을 강하게 받음에 비하여, 채권법은 세계적으로 보편화·통일화되는 경향을 보인다.

3. 신의칙의 지배

채권관계는 채권자와 채무자 사이의 특별한 신뢰관계를 전제로 하여 성립되므로, 다른 영역에 비하여 신의칙의 강한 지배를 특징으로 한다.

4. 강한 로마법적 요소

물권법이 게르만적 요소와 로마법적 요소가 혼재되어 있는 반면, 채권법은 로마법적 요소가 매우 강하다.

---

02 채권의 목적(급부)

채권의 목적(민법 제373조) `기출` 01
금전으로 가액을 산정할 수 없는 것이라도 채권의 목적으로 할 수 있다.

Ⅰ 급 부

채권의 목적인 급부란 원칙적으로 채권자가 채무자에게 요구할 수 있는 일정한 행위를 말한다. 채권의 내용이라고도 하며, 채권의 목적물과는 구별된다.

Ⅱ 급부의 종류

1. 작위급부와 부작위급부

급부의 내용이 적극적 행위, 즉 작위인 경우를 작위급부라 하고, 소극적 행위, 즉 부작위인 경우를 부작위급부라고 한다.

2. 주는 급부와 하는 급부

작위급부는 다시 주는 급부와 하는 급부로 나뉘며, 주는 급부는 물건의 인도(또는 권리의 이전)를 목적으로 하며, 하는 급부는 노무의 제공 또는 일의 완성을 목적으로 한다.

3. 특정물급부와 불특정물급부

주는 급부는 다시 특정물급부와 불특정물급부로 나누어지는데, 이는 인도의 목적물이 특정되어 있느냐 여부에 따른 구분이다.

4. 가분급부와 불가분급부

급부가 가분인지 여부는 급부의 객관적 성질에 의하지만, 당사자의 의사에 의하여 가분을 불가분으로 할 수도 있다.

5. 일회적 급부 · 계속적 급부 · 회귀적 급부

급부를 실현하는 모습에 의한 구별로 채무의 이행이 1회의 행위에 의하여 끝나는 경우가 일회적 급부이고, 채무의 이행이 일정기간 계속되어야 하는 경우를 계속적 급부라 하며, 일정기간 동안 정기적으로 제공되어야 하는 급부를 회귀적 급부라고 하는데, 이는 계속적 급부의 특수한 예로 이해하는 것이 일반적이다.

Ⅲ 결과채무와 수단채무

결과채무란 일정한 결과발생을 목적으로 하는 채무를 말하며, 수단채무란 어떤 결과발생을 위하여 최선의 노력을 할 것을 내용으로 하는 채무를 말한다.

03 채무의 내용(채무구조론)

Ⅰ 채무의 의의

채무란 채권에 상응하여 채권자에게 일정한 행위를 부담하는 의무이다. 이에는 주된 급부의무와 종된 급부의무, 부수적 주의의무, 보호의무 등이 있다.

Ⅱ 주된 급부의무와 종된 급부의무

1. 주된 급부의무

① 계약의 유형을 규정하는 채무자의 중심적 급부의무로 매매에 있어서 재산권이전의무나 대금지급의무 등이 이에 해당한다.
② 주된 급부의무 위반시 일반 채무불이행의 효과(손해배상, 계약해제권 등)가 전부 인정된다.

2. 종된 급부의무

① 주된 급부의무에 종속적인 급부의무로, 복잡한 기계의 매매에 있어서 설명서나 보증서의 인도의무 등이 이에 해당한다.

② 종된 급부의무 위반시 손해배상청구권은 인정되나, 계약해제권은 인정되지 않는다.

Ⅲ 부수적 주의의무

1. 의 의

급부의무의 내용을 제대로 실현하기 위해 급부에 대한 주의나 배려를 베풀어야 할 의무를 말한다. 대표적으로 약을 팔면서 부작용 등을 설명해 주어야 할 의무 등이 이에 해당한다.

2. 법적 근거

신의칙이 법적 근거이고, 주로 계속적 채권관계나 인적 신뢰가 중요시되는 채무에서 문제된다.

3. 의무위반시 효과

부수적 주의의무 위반시 원칙적으로 불완전이행책임이 문제된다.

① 손해배상청구권은 인정되나, 계약해제권은 그 불이행으로 인하여 계약의 목적을 달성할 수 없는 경우 또는 특별한 약정이 있는 경우에 한정하여 인정된다.

② 부수적 주의의무의 위반이 항상 불완전이행을 야기하는 것은 아니다. 경우에 따라서는 이행불능이나 이행지체가 성립할 수도 있다.

Ⅳ 보호의무

1. 의 의

보호의무란 계약교섭과정이나 계약이행단계에서 문제되는 급부의무와는 무관한 채권자의 생명, 신체, 재산 등의 다른 법익을 침해하지 아니할 의무를 말하며, 이를 채무의 내용으로 인정할 경우 채무자는 채무불이행책임을 부담하게 된다.

2. 법적 지위

보호의무의 민법상 지위에 관하여 논란이 많은데, 핵심은 계약상의 의무로서 보호의무를 인정할 것인가 하는 점이다. 다수설은 보호의무를 계약상의 부수적 주의의무의 한 유형으로 파악한다.

3. 보호의무의 근거

계약상 보호의무의 근거는 신의성실의 원칙에서 찾을 수 있다(민법 제2조 제1항). 또한 보호의무는 채무자뿐만 아니라 채권자도 부담하며, 그 범위는 채권관계의 종류에 따라 달라진다.

4. 판례의 태도

판례는 숙박업자, 기획여행계약에서 여행업자, 고용계약이나 노무도급계약상의 사용자 등의 보호의무를 인정한다.

[안전배려의무 또는 보호의무를 인정한 주요 판례]

- [1] 사용자는 근로계약에 수반되는 신의칙상의 부수적 의무로서 피용자가 노무를 제공하는 과정에서 생명, 신체, 건강을 해치는 일이 없도록 인적·물적 환경을 정비하는 등 필요한 조치를 강구하여야 할 보호의무를 부담하고, 이러한 보호의무를 위반함으로써 피용자가 손해를 입은 경우 이를 배상할 책임이 있다. [2] 보호의무위반을 이유로 사용자에게 손해배상책임을 인정하기 위하여는 특별한 사정이 없는 한 그 사고가 피용자의 업무와 관련성을 가지고 있을 뿐 아니라 또한 그 사고가 통상 발생할 수 있다고 하는 것이 예측되거나 예측할 수 있는 경우라야 할 것이고, 그 예측가능성은 사고가 발생한 때와 장소, 가해자의 분별능력, 가해자의 성행, 가해자와 피해자의 관계 기타 여러 사정을 고려하여 판단하여야 한다(대판 2001.7.27. 99다56734). **기출** 12·19
- 근로자파견관계에서 사용사업주와 파견근로자 사이에는 특별한 사정이 없는 한 파견근로와 관련하여 사용사업주가 파견근로자에 대한 보호의무 또는 안전배려의무를 부담한다는 점에 관한 묵시적인 의사의 합치가 있다고 할 것이고, 따라서 사용사업주의 보호의무 또는 안전배려의무 위반으로 손해를 입은 파견근로자는 사용사업주와 직접 고용 또는 근로계약을 체결하지 아니한 경우에도 위와 같은 묵시적 약정에 근거하여 사용사업주에 대하여 보호의무 또는 안전배려의무 위반을 원인으로 하는 손해배상을 청구할 수 있다. 그리고 이러한 약정상 의무 위반에 따른 채무불이행책임을 원인으로 하는 손해배상청구권에 대하여는 불법행위책임에 관한 민법 제766조 제1항의 소멸시효 규정이 적용될 수는 없다(대판 2013.11.28. 2011다60247).

---

5. 보호의무 위반의 효과

① 계약상의 의무로서 보호의무를 위반하여 상대방에게 손해를 발생시켰다면, 이는 불완전이행 또는 적극적 채권침해가 되어 손해배상책임이 문제된다.
② 원칙적으로 계약해제권이 발생하지 않는다. 다만, 계속적 채권관계에서 보호의무 위반으로 당사자들 사이의 신뢰관계의 기초가 파괴되었다면 예외적으로 계약해제권이 인정될 수 있다.

01 채권법 서론

01 채권법의 의의

02 채권의 목적(급부)

03 채무의 내용(채무구조론)

01 계약교섭의 당사자 또는 유효한 계약의 당사자가 부담하는 의무에 관한 설명으로 옳은 것은?
(다툼이 있는 경우에는 판례에 의함) 기출 12

① 통상의 임대차에서 임대인은 임차인에게 임대목적물을 제공하여 이를 사용·수익하게 해야
할 뿐만 아니라, 특별한 사정이 없는 한 안전배려 또는 도난방지 등의 보호의무를 부담한다.

② 사용자가 피용자의 안전을 위한 인적·물적 환경의 정비 등 필요한 조치를 강구할 보호의무를
위반하여 피용자에게 손해가 발생한 경우, 특별한 사정이 없는 한 그 사고가 피용자의 업무와
관련성이 없거나 예측할 수 없는 때에도 사용자는 손해배상의 책임을 진다.

③ 건축공사 일부분의 수급인 甲이 구체적인 지휘·감독권을 유보하고 재료와 설비를 공급하면서
시공부분만을 시공기술자 乙에게 다시 도급을 준 노무도급관계에서, 甲은 乙이 시공하는 과정
에서 그의 생명이나 건강 등을 해치지 않도록 인적·물적 환경을 정비하고 필요한 조치를 강구
할 보호의무를 부담한다.

④ 부동산거래에서 거래상대방이 일정한 사정을 알았다면 그 거래를 하지 않았을 것임이 경험칙상
명백한 경우라도, 계약자유의 원칙에 따라 교섭에서 우월적 지위를 확보하는 수단은 보장되어
야 하므로 상대방에게 그런 사정을 사전에 고지할 의무는 없다.

⑤ 어느 일방이 교섭단계에서 계약이 확실하게 체결되리라는 정당한 기대 내지 신뢰를 부여하여
상대방이 그 신뢰에 따라 행동하였음에도 상당한 이유 없이 계약의 체결을 거부하여 손해를
입힌 경우, 계약책임을 물을 수 있다.

해설 ① (×) 통상의 임대차관계에 있어서 임대인의 임차인에 대한 의무는 특별한 사정이 없는 한 단순히 임차인에게 임대목적물을 제공하여 임차인으로 하여금 이를 사용·수익하게 함에 그치는 것이고, 더 나아가 **임차인의 안전을 배려하여 주거나 도난을 방지하는 등의 보호의무까지 부담한다고 볼 수 없을 뿐만** 아니라 임대인이 임차인에게 임대목적물을 제공하여 그 의무를 이행한 경우 임대목적물은 임차인의 지배 아래 놓이게 되어 그 이후에는 임차인의 관리하에 임대목적물의 사용·수익이 이루어지는 것이다(대판 1999.7.9. 99다 10004).

② (×) [1] **사용자는 근로계약에 수반되는 신의칙상의 부수적 의무로서 피용자가 노무를 제공하는 과정에서 생명 신체 건강을 해치는 일이 없도록 인적 물적 환경을 정비하는 등 필요한 조치를 강구하여야 할 보호 의무를 부담하고,** 이러한 보호의무를 위반함으로써 피용자가 손해를 입은 경우 이를 배상할 책임이 있다. [2] 보호의무 위반을 이유로 사용자에게 손해배상책임을 인정하기 위하여는 특별한 사정이 없는 한 그 사고 가 피용자의 업무와 관련성을 가지고 있을 뿐 아니라 또한 그 사고가 통상 발생할 수 있다고 하는 것이 예측되거나 예측할 수 있는 경우라야 할 것이고, 그 예측가능성은 사고가 발생한 때와 장소, 가해자의 분별 능력, 가해자의 성행, 가해자와 피해자의 관계 기타 여러 사정을 고려하여 판단하여야 한다(대판 2001.7.27. 99다56734).

③ (○) [1] 건축공사의 일부분을 하도급받은 자가 구체적인 지휘·감독권을 유보한 채, 재료와 설비는 자신이 공급하면서 시공부분만을 시공기술자에게 재하도급하는 경우와 같은 **노무도급의 경우, 그 노무도급의 도급 인과 수급인은 실질적으로 사용자와 피용자의 관계에 있다.** [2] 노무도급의 도급인은 수급인이 노무를 제공 하는 과정에서 **생명·신체·건강을 해치는 일이 없도록 물적 환경을 정비하고 필요한 조치를 강구할 보호 의무를 부담하며,** 이러한 보호의무는 실질적인 고용계약의 특수성을 고려하여 신의칙상 인정되는 부수적 의무로서 구 산업안전보건법 시행령(1995.10.19. 대통령령 제14787호로 개정되기 전의 것) 제3조 제1항에 의하여 사업주의 안전상 조치의무를 규정한 산업안전보건법 제23조가 적용되지 아니하는 사용자일지라도 마찬가지로 인정된다고 할 것이고, 만일 실질적인 사용관계에 있는 노무도급인이 고의 또는 과실로 이러한 보호의무를 위반함으로써 노무수급인의 생명·신체·건강을 침해하여 손해를 입힌 경우 노무도급인은 노 무도급계약상의 채무불이행책임과 경합하여 불법행위로 인한 손해배상책임을 부담한다(대판 1997.4.25. 96다53086).

④ (×) **부동산거래에 있어 거래상대방이 일정한 사정에 관한 고지를 받았더라면 그 거래를 하지 않았을 것임이 경험칙상 명백한 경우에는 신의성실의 원칙상 사전에 상대방에게 그와 같은 사정을 고지할 의무가 있으며,** 그와 같은 고지의무의 대상이 되는 것은 직접적인 법령의 규정뿐 아니라 널리 계약상, 관습상 또는 조리상의 일반원칙에 의하여도 인정될 수 있고, 일단 고지의무의 대상이 되는 사실이라고 판단되는 경우 이미 알고 있는 자에 대하여는 고지할 의무가 별도로 인정될 여지가 없지만, 상대방에게 스스로 확인할 의무가 인정되 거나 거래관행상 상대방이 당연히 알고 있을 것으로 예상되는 예외적인 경우가 아닌 한, 실제 그 대상이 되는 사실을 알지 못하였던 상대방에 대하여는 비록 알 수 있었음에도 알지 못한 과실이 있다 하더라도 그 점을 들어 추후 책임을 일부 제한할 여지가 있음은 별론으로 하고 고지할 의무 자체를 면하게 된다고 할 수는 없다(대판 2007.6.1. 2005다5812·5829·5836).

⑤ (×) 어느 일방이 교섭단계에서 계약이 확실하게 체결되리라는 정당한 기대 내지 신뢰를 부여하여 상대방이 그 신뢰에 따라 행동하였음에도 상당한 이유 없이 계약의 체결을 거부하여 손해를 입혔다면 이는 신의성실의 원칙에 비추어 볼 때 **계약자유원칙의 한계를 넘는 위법한 행위로서 불법행위를 구성한다**고 할 것이다(대판 2001.6.15. 99다40418).

02 채권의 목적

01 특정물채권

특정물 인도채무자의 선관의무(민법 제374조) 기출 02 · 16 · 22
특정물의 인도가 채권의 목적인 때에는 채무자는 그 물건을 인도하기까지 선량한 관리자의 주의로 보존하여야 한다.

이행지체 중의 손해배상(민법 제392조) 기출 11 · 23
채무자는 자기에게 과실이 없는 경우에도 그 이행지체 중에 생긴 손해를 배상하여야 한다. 그러나 채무자가 이행기에 이행하여도 손해를 면할 수 없는 경우에는 그러하지 아니하다.

채권자지체와 채무자의 책임(민법 제401조) 기출 11
채권자지체 중에는 채무자는 고의 또는 중대한 과실이 없으면 불이행으로 인한 모든 책임이 없다.

특정물의 현상인도(민법 제462조) 기출 05
특정물의 인도가 채권의 목적인 때에는 채무자는 이행기의 현상대로 그 물건을 인도하여야 한다.

Ⅰ 특정물채권의 의의 및 판단기준

1. 의 의

특정물채권이란 소유권의 이전 여부와는 관계없이 특정물의 인도를 목적으로 하는 채권이다(민법 제374조). 특정물채권은 채권이 성립할 당시부터 목적물이 특정되어 있어야만 하는 것은 아니며, 채권이 성립할 당시에는 특정되어 있지 않더라도 후에 특정되면 그때부터는 특정물채권이 된다.

2. 판단기준

특정물인지 종류물인지 여부를 판단하는 1차적인 기준은 '당사자들의 주관적인 의사'이다. 따라서 특정물인지 종류물인지는 1차적으로 법률행위의 해석으로 귀결되나, 당사자의 의사가 불명확한 경우에는 부대체물은 특정물, 대체물은 종류물로 본다. 반면 대체물인지 부대체물인지 여부는 물건의 성질이라는 객관적 기준에 의하여 구별된다.

Ⅱ　목적물 보존의무 : 선관주의의무(민법 제374조)

1. 선관주의

(1) 의 의

선량한 관리자의 주의란 거래상 일반적으로 평균인에게 요구되는 정도의 주의를 말한다. 민법상 선관주의의무가 원칙적인 모습이며, 이러한 주의의무 위반을 「추상적 경과실」이라 한다.

(2) 발생시기 및 존속기간

① 발생시기 : 특정물 인도채무의 성립 시부터 선관주의의무가 발생한다.

② 존속기간 : 특정물의 인도시까지 선관주의의무를 부담하며 여기서 인도시란 현실적인 인도시를 의미한다.

2. 위반의 효과

채무자가 선관주의의무를 위반하여 목적물이 멸실 또는 훼손된 경우에 채무자는 다른 물건으로 급부할 의무는 없으나 채무불이행책임을 진다(민법 제390조). 선관주의의무를 다하였는지에 대한 입증책임은 채무자가 부담한다.

Ⅲ　목적물의 현상인도의무(민법 제462조)

1. 현상인도의무

특정물 인도채무의 경우 「이행기」의 「현상」대로 그 물건을 인도하여야 한다(민법 제462조).

2. 인도장소(민법 제467조 제1항)

> **변제의 장소(민법 제467조)** 기출 21 · 22
> ① 채무의 성질 또는 당사자의 의사표시로 변제장소를 정하지 아니한 때에는 특정물의 인도는 채권성립당시에 그 물건이 있던 장소에서 하여야 한다.
> ② 전항의 경우에 특정물인도 이외의 채무변제는 채권자의 현주소에서 하여야 한다. 그러나 영업에 관한 채무의 변제는 채권자의 현영업소에서 하여야 한다.

① 지참채무의 원칙의 특칙으로서 「채권성립 당시 목적물이 있던 장소」가 변제의 장소가 된다.

② 매매목적물의 인도와 동시에 대금지급을 하는 때에는 「목적물의 인노상소」가 대금지급장소라는 점을 유의해야 한다(민법 제586조).

3. 과실의 귀속

① 원칙 : 이행기 이전의 과실은 채무자에게, 이행기 이후의 과실은 채권자에게 귀속된다(다수설).

② 예외 : 매수인이 아직 대금을 지급하지 않은 경우에는 이행기 이후라도 인도 전 과실은 매도인에게 속한다(민법 제587조).

Ⅳ 목적물이 채무자의 귀책사유에 의하지 않고 멸실·훼손된 경우

1. 내 용

① 멸실된 경우 채무자는 목적물 인도의무를 면한다.

② 훼손된 경우에는 훼손된 상태대로의 물건을 인도하면 된다.

③ 채무자가 목적물 인도채무를 면하므로 채권자는 채무자에 대한 목적물 인도채권을 상실한다.

2. 선관의무

채무자가 선관주의의무를 다한 때에는 채무불이행책임도 지지 않는다.

02 종류채권

종류채권(민법 제375조) `기출` 17

① 채권의 목적을 종류로만 지정한 경우에 법률행위의 성질이나 당사자의 의사에 의하여 품질을 정할 수 없는 때에는 채무자는 중등품질의 물건으로 이행하여야 한다.

② 전항의 경우에 채무자가 이행에 필요한 행위를 완료하거나 채권자의 동의를 얻어 이행할 물건을 지정한 때에는 그때로부터 그 물건을 채권의 목적물로 한다.

Ⅰ 의 의

1. 개 념

종류채권이란 급부하여야 할 물건이 종류와 수량으로 정해져 있는 채권을 말한다.

2. 제한종류채권

급부가 종류와 수량으로 정해져 있으나, 일정의 제한된 범위에서만 특정할 수 있는 채권이다.

- 보유주식 일정량을 담보로 제공하기로 한 담보제공약정은 특정한 "주권"에 대한 담보약정이 아니라 기명의 "주식"에 관한 담보약정이고 다만 그 담보약정의 이행으로서 약정한 기명주식을 표창하는 주권을 인도할 의무가 있는 것인데, 주식은 동가성이 있고 상법 등의 규정에 따른 소각, 변환, 병합 등 변화가능성이 있으며 담보약정에 이르게 된 경위 등에 비추어 볼 때, 담보약정 후 주권의 이행제공 전에 갖고 있던 주식에 대한 처분이나 새로운 주식의 취득이 있더라도 약정된 수의 기명주식을 표창하는 주권만 인도하면 되고 인도할 주권의 특정은 쌍방 어느 쪽에서도 할 수 있는 것으로서 담보약정에 기한 채권은 일종의 제한종류채권이다(대판 1994.8.26. 93다20191). **기출 16**
- 특정창고에 소재한 백미 일부를 목적으로 한 매매계약을 제한종류채권의 발생원인으로 본 경우가 있다(대판 1956.3.31. 4288민상232).

Ⅱ 종류채권에서 목적물의 품질

1. 품질을 정할 수 없는 경우

채무자는 법률행위의 성질이나 당사자의 의사에 의하여 품질을 정할 수 없는 경우에 「중등품질」의 물건을 급부하면 된다(민법 제375조 제1항).

2. 채무자가 상등품질의 물건을 급부한 경우

채무자가 상등품질의 물건을 급부한 경우, 통설은 채권자가 특히 중등품질의 물건을 급부받아야 할 특수한 사정이 있는 경우가 아니라면, 채무불이행으로 되지는 않는다고 한다.

Ⅲ 종류채권의 특정

1. 의 의

종류물 중에서 인도할 물건이 구체적으로 결정되는 것을 종류채권의 특정이라고 한다.

2. 특정의 방법

(1) 채무자가 이행에 필요한 행위를 완료한 때

1) 지참채무
① 지참채무는 민법상 채무이행의 원칙으로 채무자가 목적물을 채권자의 주소에 가지고 가서 이행하여야 하는 채무를 말한다.
② 이행준비를 다해서 채권자의 현주소에서 현실제공을 하면 특정이 된다. 다만, 지참채무라고 하더라도 채권자가 미리 변제받기를 거절한 경우에는 인도한 목적물을 분리·지정히고 구두의 제공(변제준비의 완료를 통지하고 그 수령을 최고)을 하면 된다.

2) 추심채무

채권자가 채무자의 주소에 와서 목적물을 추심하여 이행받는 채무를 말한다. 채무자가 인도할 목적물을 분리·지정하고 「구두제공」을 하면 특정된다.

3) 송부채무

① 송부채무란 채무자가 채권자에게 물건을 송부해야 하는 채무를 말한다. 급부장소는 채무자의 주소이고, 급부결과발생지는 통상 채권자의 주소이지만 합의된 제3지일 수도 있다.

② 송부채무에서 채무자가 채권자에게 물건을 발송함으로써 발송된 물건으로 특정이 이루어진다.

(2) 채무자가 채권자의 동의를 얻어 이행할 물건을 지정한 때

① 채무자가 채권자로부터 지정권을 부여받아 인도할 물건을 지정한 때에 특정이 이루어진다. 이러한 경우에도 채무자는 종류물의 품질에 관한 제한을 준수해야 한다.

② 판례는 지정권 불행사에 따른 지정권 이전에 대하여 선택채권에 관한 규정의 유추적용을 긍정하나, 다수설은 부정한다.

> 제한종류채권에 있어 급부목적물의 특정은, 원칙적으로 종류채권의 급부목적물의 특정에 관하여 민법 제375조 제2항이 적용되므로, 채무자가 이행에 필요한 행위를 완료하거나 채권자의 동의를 얻어 이행할 물건을 지정한 때에는 그 물건이 채권의 목적물이 되는 것이나, 당사자 사이에 지정권의 부여 및 지정의 방법에 관한 합의가 없고, 채무자가 이행에 필요한 행위를 하지 아니하거나 지정권자로 된 채무자가 이행할 물건을 지정하지 아니하는 경우에는 선택채권의 선택권 이전에 관한 민법 제381조를 준용하여 채권의 기한이 도래한 후 채권자가 상당한 기간을 정하여 지정권이 있는 채무자에게 그 지정을 최고하여도 채무자가 이행할 물건을 지정하지 아니하면 지정권이 채권자에게 이전한다(대판 2003.3.28. 2000다24856). 기출 16

③ 당사자 사이의 특약으로 제3자에게 지정권을 줄 수 있다.

Ⅳ 종류채권의 특정의 효과

1. 특정물채권으로의 전환 기출 22

특정 후 채무자는 특정된 물건에 대한 선관주의의무만을 부담하지만(민법 제374조), 특정된 물건의 수령을 채권자가 지체하는 경우에 채권자지체가 성립하여 채무자의 보관상의 주의의무가 경감될 수 있다(민법 제401조).

2. 급부위험의 이전

특정에 의하여 급부위험이 채무자로부터 채권자에게로 이전된다. 즉, 특정 전에는 채무자에게 조달의무가 있었으나 특정 후에는 조달의무를 면하고 급부위험이 채권자에게 이전된다.

3. 급부변경권

당사자 의사에 기한 특정물채권에서와 달리 종류채권에서는 특정의 구속을 엄격하게 새길 것은 아니고, 채권자의 이익을 해치지 않는 한 채무자의 급부변경권을 인정할 필요가 있다.

> **금전채권(민법 제376조)**
> 채권의 목적이 어느 종류의 통화로 지급할 것인 경우에 그 통화가 변제기에 강제통용력을 잃은 때에는 채무자는 다른 통화로 변제하여야 한다.

I 금전채권의 의의

1. 개 념

금전채권이란 금전의 지급(인도)을 목적으로 하는 채권이며, 대부분의 경우에 금전채권은 금액채권이다.

2. 발생원인

금전채권은 법률행위 또는 법률의 규정에 의하여 발생한다.

3. 금전채권의 특수성

금전채권은 보통의 종류채권에서와 같은 특정의 문제도 없으며, 따라서 급부위험의 이전이라는 문제도 발생할 수 없고, 이행불능의 문제도 발생하지 않는다.

II 금전채권의 종류

1. 금액채권

일정액의 금전의 지급(인도)을 목적으로 하는 금전채권을 금액채권이라고 한다.

2. 상대적 금종채권

당사자 간의 특약으로 특정한 종류의 통화로써 지급하기로 약정한 금전채권이 금종채권이다. 이 경우 그 특정 통화가 변제기에 강제통용력을 상실한 경우 통용력 있는 다른 화폐로 지급 가능하다(민법 제376조).

3. 특정금전채권과 절대적 금종채권

(1) 특정금전채권

진열용 또는 소장용 등 특정의 화폐의 인도를 목적으로 하는 채권을 특정금전채권이라고 하는데, 이는 순수한 금액채권이 아닌, 「특정물채권」에 해당한다.

(2) 절대적 금종채권

절대적으로 일정한 종류의 금전을 급부하는 것이 목적인 경우, 이는 금액채권이 아닌 「종류채권」의 일종이다.

4. 외화채권

> **외화채권(민법 제377조)**
> ① 채권의 목적이 다른 나라 통화로 지급할 것인 경우에는 채무자는 자기가 선택한 그 나라의 각 종류의 통화로 변제할 수 있다.
> ② 채권의 목적이 어느 종류의 다른 나라 통화로 지급할 것인 경우에 그 통화가 변제기에 강제통용력을 잃은 때에는 그 나라의 다른 통화로 변제하여야 한다.
>
> **동전(민법 제378조)** 기출 07
> 채권액이 다른 나라 통화로 지정된 때에는 채무자는 지급할 때에 있어서의 이행지의 환금시가에 의하여 우리나라 통화로 변제할 수 있다.

(1) 의 의

외국의 통화로 지급하기로 한 금전채권을 말한다.

(2) 종 류

① **외화금액채권** : 채무자는 자신의 선택에 따라 그 나라의 각종 통화로 지급할 수 있다(민법 제377조 제1항).

② **외화금종채권** : 그 나라의 특종의 통화로 지급할 약정이 있으면 그것으로 지급하고, 그 통화가 강제통용력을 상실했다면 그 나라의 다른 통화로 지급하여야 한다(민법 제377조 제2항).

(3) 채무자의 대용권(민법 제378조)

① 외화채권의 경우 외화금액채권이든, 외화금종채권이든 채무자는 지급할 때의 있어서의 이행지의 환금시가로 환산하여 우리나라 통화로 변제할 수 있다(대판[전합] 1991.3.12. 90다2147).

② 지급할 때의 의미란 현실이행시설의 입장에서 채무자가 현실로 이행할 때, 소로써 청구하는 경우에는 사실심변론종결 당시의 외국환시세를 우리나라 통화로 환산하는 기준시로 삼아야 한다(다수설·판례). 기출 15·21

③ 채권자에게도 이러한 대용급부청구권이 있다고 보는 것이 통설·판례이다.

Ⅲ 금전채권의 특수성

> **금전채무불이행에 대한 특칙(민법 제397조)** 기출 01·04·08·23
> ① 금전채무불이행의 손해배상액은 법정이율에 의한다. 그러나 법령의 제한에 위반하지 아니한 약정이율이 있으면 그 이율에 의한다.
> ② 전항의 손해배상에 관하여는 채권자는 손해의 증명을 요하지 아니하고 채무자는 과실 없음을 항변하지 못한다.

1. 금전채권의 성격

① 종류채권에 관한 민법 제375조는 금전채권에 적용되지 않는다.
② 채무자는 지급무능력을 이유로 자신의 급부의무로부터 해방될 수 없다.

2. 금전채무불이행에 대한 특칙

(1) 요건에 관한 특칙

① 금전채무불이행시 채권자는 손해의 증명을 요하지 아니하고, 채무자는 과실 없음을 항변하지 못한다(민법 제397조 제2항). 기출 23 다만, 채권자가 채무의 불이행을 원인으로 손해배상을 구할 때에 지연이자 상당의 손해가 발생하였다는 취지의 주장은 하여야 한다(대판 2000.2.11. 99다49644).
기출 07

② 채무자는 자신의 귀책사유에 기한 것이 아닌 채무불이행에 대하여 책임을 지지 않지만(민법 제390조 단서), 금전채무의 채무자는 채무불이행이 자신에게 책임 없는 사유로 인한 것임을 증명하더라도 책임을 면할 수 없다.

(2) 효과에 관한 특칙

① 금전채무불이행의 경우에 손해배상액은 법정이율에 따라 산정되고(민법 제397조 제1항 본문), 채권자에게 실제로 발생한 손해가 법정이율에 의하여 산정된 액보다 많거나 적더라도 채무자는 법정이율에 따라 산정된 금액을 손해배상액으로 지급해야 한다. 그러나 법정이율과 다른 이자율의 약정이 있는 경우에 손해배상액은 그에 의하여 산정된다(민법 제397조 제1항 단서). 기출 07·08

② 계약 해제 시 반환할 금전에 가산할 이자에 관하여 당사자 사이에 약정이 있는 경우에는 특별한 사정이 없는 한 이행지체로 인한 지연손해금도 그 약정이율에 의하기로 하였다고 보는 것이 당사자의 의사에 부합한다(대판 2013.4.26. 2011다50509). 기출 15

③ 당사자 간에 실제로 발생한 손해액을 배상한다는 특약이 있는 경우, 법률에 특별한 규정이 있는 경우, 손해배상액의 예정이 있는 경우 또는 불이행 후 손해배상액에 대한 합의가 있는 경우에는 그에 의한다.

④ 확정된 지연배상금채무는 이행기의 정함이 없는 채무이므로 채무자는 채권자로부터 이행청구를 받은 때로부터 지체책임을 부담한다.

⑤ 금전채무의 이행지체로 인하여 발생히는 지연손해금은 그 성질이 손해배상금이지 이자가 아니며, 민법 제163조 제1호가 규정한 '1년 이내의 기간으로 정한 채권'도 아니므로 3년간의 단기소멸시효의 대상이 되지 아니한다(대판 1998.11.10. 98다42141). 기출 22

04 이자채권

Ⅰ 이자의 의의

1. 개 념

이사란 금전 기타 대체물의 사용대가로 그 원본액과 사용기간에 따라 일정기간마다 일정한 비율에 따라 지급되는 금전 기타 대체물을 말한다.

2. 원본과 이자의 관계

원본과 이자는 금전에 한하지 않는다. 또한 원본과 이자는 동종일 필요가 없다.

3. 발생원인

이자채권은 법률의 규정 또는 당사자 간의 약정에 의하여 발생한다.

Ⅱ 이자채권

1. 의 의

이자채권은 이자의 지급을 목적으로 하는 채권을 말한다. 여기에는 변제기에 도달하지 않은 기본적인 이자채권과 변제기에 도달하여 구체화된 이자채권인 지분적 이자채권이 있다.

2. 기본적 이자채권의 특징

① 부종성 : 원본채권에 대한 종속성이 강하여 운명을 같이 한다.
② 수반성 : 원본채권의 처분시 특별한 의사표시가 없는 한 기본적 이자채권도 함께 수반하여 이전한다.
③ 독립성 : 기본적 이자채권도 원본채권과 분리하여 「장래의 채권」으로서 양도가 가능하다.

3. 지분적 이자채권의 특징(독립성)

① 원본채권과 분리하여 지분적 이자채권만의 양도가 가능하며, 원본채권을 양도할 때 이미 발생한 지분적 이자채권까지도 양도한다는 의사표시가 없는 한 당연히 수반하여 양도되지는 않는다(통설, 대판 1989.3.28, 88다카12803). 기출 07·15
② 지분적 이자채권은 원본채권과 별도로 소멸시효에 걸린다. 단, 원본채권이 먼저 시효소멸하면 지분적 이자채권은 당연히 소멸한다. 기출 23

③ 지분적 이자채권만 별도로 변제 가능하며, 원본채권만이 변제 등으로 소멸하더라도 지분적 이자채권은 소멸하지 않는다. 단, 원본채권의 발생원인이 무효·취소가 되어 원본채권이 부존재하게 되면 이자채권도 발생하지 않는다.

Ⅲ 이 율

> **법정이율(민법 제379조)**
> 이자 있는 채권의 이율은 다른 법률의 규정이나 당사자의 약정이 없으면 연 5분으로 한다.

1. 의 의

이율은 원본액에 대한 비율을 말하는데, 이자는 이율에 의하여 산정된다.

2. 법정이율과 약정이율

① 법정이율은 법률이 정한 이율로 민사에 있어서는 연 5푼(민법 제379조), 상사에 있어서는 연 6푼이다(상법 제54조).
② 약정이율은 당사자에 의하여 정하여진 이율로 사적자치의 원칙상 자유롭게 정할 수 있다. 다만, 이자제한법 등 특별법의 제한이 있다.

3. 복 리

이자의 이자, 즉 변제기에 도달한 이자를 원본에 산입하여 그 합계액을 원금으로 하여 이에 또 붙여진 이자를 복리라고 한다. 민법은 복리를 금지 또는 제한하지 않으므로, 법률이나 선량한 풍속 기타 사회질서에 반하지 않는 한 복리의 약정을 할 수 있다.

Ⅳ 이자의 제한

1. 서 설

종래 당사자 간의 약정이자를 규제하는 이자제한법이 있었으나, 1997년 외환위기시에 IMF의 권고에 의하여 종전의 이자제한법이 1998년 폐지되었다. 이후에는 당사자 간의 약정이율이 과도한 경우 민법 제103조, 제104조에 의해서만 규율할 수밖에 없었다. 그러한 과정에서 대법원이 전원합의체판결로 이자약정이 과도한 사안에서「사회통념상 허용되는 한도를 초과하는 이율의 이자를 약정하여 지급한 경우에는 차주는 그 이자의 반환을 청구할 있다」고 판시하지, 국회는 고니대금입자들의 폭리행위를 원직적으로 막고자 과거의 이자제한법과 거의 동일한 내용의 새로운 이자제한법을 제정하였다.

2. 이자제한법의 적용범위

① 이자제한법은 금전대차에 관한 계약상의 최고이자율을 제한한다(이자제한법 제2조 제1항). 즉, 금전소비대차에 있어서의 약정이자에 적용된다(대판 1980.6.10. 80다669).

　⑦ 금전 이외의 소비물을 목적으로 하는 소비대차에는 동법이 적용되지 않지만, 민법 제104조의 폭리행위로서 무효로 될 수 있다.

　ⓒ 매매대금과 같이 대차관계에 기하지 않은 금전채권에도 동법이 적용되지 않는다(이자제한법 제2조 제5항).

　ⓒ 이자제한법의 최고이자율 제한에 관한 규정은 금전대차에 관한 계약상의 이자에 관하여 적용될 뿐, 계약을 위반한 사람을 제재하고 계약의 이행을 간접적으로 강제하기 위하여 정한 위약벌의 경우에는 적용될 수 없다(대판 2017.11.29. 2016다259769).

② 이자제한법 시행 전에 성립한 대차관계의 약정이자율에 관해서도 동법 시행일 이후부터는 동법에 따른다(이자제한법 부칙 제2항).

③ 이자제한법은 다른 법률에 의하여 인가·허가·등록을 마친 금융업 및 대부업에는 적용되지 않고(이자제한법 제7조), 대부업법은 여전히 효력을 가진다.

3. 제한이율

(1) 최고이자율

이자제한법은 약정이율의 최고한도를 제한하는 방식을 취한다. 즉, 최고이자율은 연 25%를 넘지 않는 범위 안에서 대통령령으로 정하는데(이자제한법 제2조 제1항), 이에 의하면 금전대차에 관한 계약상의 최고이자율은 연 20%이다(이자제한법 제2조 제1항의 최고이자율에 관한 규정).

(2) 간주이자

① 금전대차에 관하여 채권자가 받는 원본 외의 금전은 그 명칭 여하를 불문하고 모두 이자로 본다(이자제한법 제4조 제1항).

② 채무자가 금전대차와 관련하여 금전지급의무를 부담하기로 약정하는 경우 의무 발생의 원인 및 근거법령, 의무의 내용, 거래상 일반원칙 등에 비추어 그 의무가 원래 채권자가 부담하여야 할 성질인 때에는 이를 이자로 본다(이자제한법 제4조 제2항).

4. 제한위반의 효과

(1) 제한이율 초과부분은 무효

① 금전소비대차의 약정이자로 최고이자율을 초과하는 부분은 무효이다(이자제한법 제2조 제3항).

② 준소비대차계약을 하거나 경개계약을 하더라도 초과부분에 관해서는 효력이 없다(대판 1998.10.13. 98다17046). 기출 15·21

③ 최고이자율을 초과하는 이자채권을 자동채권으로 하여 상계의 의사표시를 하더라도 그 효력이 발생하지 않는다(대판 1963.11.21. 63다429).

(2) 임의로 지급한 제한초과이자의 반환청구

채무자가 최고이자율을 초과하는 이자를 임의로 지급한 경우에는 초과지급된 이자 상당금액은 '원본에 충당되고', '원본이 소멸한 때에는 그 반환을 청구'할 수 있다(이자제한법 제2조 제4항). 기출 08

---

05 선택채권

선택채권(민법 제380조) 기출 06 · 12
채권의 목적이 수개의 행위 중에서 선택에 좇아 확정될 경우에 다른 법률의 규정이나 당사자의 약정이 없으면 선택권은 채무자에게 있다.

당사자의 선택권의 행사(민법 제382조)
① 채권자나 채무자가 선택하는 경우에는 그 선택은 상대방에 대한 의사표시로 한다.
② 전항의 의사표시는 상대방의 동의가 없으면 철회하지 못한다. 기출 06 · 18

제3자의 선택권의 행사(민법 제383조)
① 제3자가 선택하는 경우에는 그 선택은 채무자 및 채권자에 대한 의사표시로 한다. 기출 06
② 전항의 의사표시는 채권자 및 채무자의 동의가 없으면 철회하지 못한다.

불능으로 인한 선택채권의 특정(민법 제385조) 기출 06 · 10 · 12 · 18 · 22
① 채권의 목적으로 선택할 수개의 행위 중에 처음부터 불능한 것이나 또는 후에 이행불능하게 된 것이 있으면 채권의 목적은 잔존한 것에 존재한다.
② 선택권 없는 당사자의 과실로 인하여 이행불능이 된 때에는 전항의 규정을 적용하지 아니한다.

선택의 소급효(민법 제386조) 기출 18
선택의 효력은 그 채권이 발생한 때에 소급한다. 그러나 제3자의 권리를 해하지 못한다.

I 의 의

1. 개 념

여러 개의 상이(相異)한 급부들 중 어느 하나를 목적으로 하는 채권이 선택채권이다. 판례에 따르면 「토지소유자가 1필 또는 수필의 토지 중 일정 면적의 소유권을 상대방에게 양도하기로 하는 계약을 체결하였으나 양도할 토지 위치가 확정되지 않은 경우, 상대방이 토지소유자에게 가지는 채권은 선택채권에 해당한다」(대판 2011.6.30. 2010다16090)고 판시하였다. 기출 15

2. 선택채권의 발생원인

선택채권은 당사자의 법률행위 또는 법률의 규정에 의하여 발생한다. 이중 법률의 규정에 의한 발생하는 선택채권으로는 무권대리인의 책임(민법 제135조) 기출 12 , 점유자 등의 유익비상환청구권 (민법 제203조, 제325조 제2항, 제367조, 제594조, 제611조 제2항, 제626조, 제1081조), 보증인의 사전구상에 대한 주채무자의 보호(민법 제443조) 등이 있다.

3. 종류채권과의 비교

이동(異同)		종류채권	선택채권
공통점		채권의 내용이 아직 확정되어 있지 않음	
차이점	급부 확정	특정으로 급부가 확정	선택권자의 선택권 행사로 급부가 확정
	특정물채권화 여부	종류채권이 특정되면 특정물채권	선택채권은 선택으로 당연히 특정물채권이 되는 것이 아님(일반채권화)
	잔존급부의 특정	–	급부의 원시적 일부불능으로 잔존급부에 특정이 가능(민법 제385조 제1항)
	특정의 소급효 유무	종류채권 특정의 효과는 소급하지 않음	선택의 효과는 소급하나(민법 제386조), 급부불능에 의한 특정은 불소급

Ⅱ 선택채권의 특정

1. 특정의 개념

선택채권이 이행되기 위해서는 수 개의 급부가 하나의 급부로 특정되어 단순채권으로 변경되어야 한다. 선택채권의 특정에는 선택권자의 선택에 의한 특정과 급부불능에 의한 특정이 있다.

2. 선택에 의한 특정

(1) 법적 성질

선택권은 일방적 의사표시로써 행사되며, 형성권이다.

(2) 선택권자

법률의 규정이나 당사자의 약정에 의해 정해지며, 정함이 없는 경우에는 채무자에게 선택권이 있다(민법 제380조).

(3) 당사자의 선택권 행사

① 상대방 있는 단독행위로 상대방에 대한 의사표시로 한다. 따라서 선택의 의사표시는 상대방에게 도달한 때 효력이 발생하며, 도달하여 효력이 발생한 후에는 선택의 의사표시는 원칙적으로 철회할 수 없다.

② 단독행위이므로 원칙적으로 조건이나 기한을 붙이지 못한다. 기출 18

(4) 제3자의 선택권 행사

① 채권자 및 채무자 모두에게 행사되어야 한다(민법 제383조 제1항).
② 선택의 의사표시는 채무자 및 채권자의 동의가 없으면 철회할 수 없다(민법 제383조 제2항).

3. 급부불능으로 인한 특정

(1) 원시적 불능의 경우

여러 급부들 중에 처음부터 불능한 것이 있는 경우, 즉 원시적으로 불능인 급부가 있는 경우에, 잔존하는 급부에 채권이 존재한다(민법 제385조 제1항).

(2) 후발적 불능의 경우

① 선택권자의 귀책 또는 불가항력 : 잔존급부가 채권의 목적이 된다(민법 제385조 제1항).
② 선택권 없는 자의 귀책 : 선택채권의 존속에 영향이 없다. 즉, 선택권자는 불능으로 된 급부를 선택할 수 있고, 이때 선택한 급부 자체의 이행이 불가능하므로 제1차적 급부의무는 소멸하고 그 대신 전보배상이 문제될 뿐이다.

Ⅲ 선택권 행사의 효과

1. 단순 · 일반채권화

선택된 급부의 내용에 따라 특정물채권, 종류물채권, 금전채권 등으로 된다.

2. 선택의 소급효

① 채권발생 당시로 소급된다(민법 제386조 본문). 단, 선택의 소급효로서 제3자의 이익을 해치지 못한다(동조 단서).
② 급부불능에 의한 특정 시에는 소급효가 없다.

Ⅳ 선택권의 이전

선택권의 이전(민법 제381조)
① 선택권행사의 기간이 있는 경우에 선택권자가 그 기간 내에 선택권을 행사하지 아니하는 때에는 상대방은 상당한 기간을 정하여 그 선택을 최고할 수 있고 선택권자가 그 기간 내에 선택하지 아니하면 선택권은 상대방에게 있다.
② 선택권행사의 기간이 없는 경우에 채권의 기한이 도래한 후 상대방이 상당한 기간을 정하여 그 선택을 최고하여도 선택권자가 그 기간 내에 선택하지 아니할 때에도 전항과 같다.

1. 당사자 일방이 선택권자인 경우(민법 제381조)

① 선택기간이 정해진 경우 : 최고가 필요하고, 기간 내에 선택이 없으면 선택권은 상대방에게 이전한다.

② 선택기간이 정해지지 않은 경우 : 채권의 기한이 도래한 후 상당한 기간을 정하여 최고가 필요하고, 선택권자의 선택이 그 기간 내에 없으면 선택권은 상대방에게 이전한다.

2. 제3자가 선택권자인 경우(민법 제384조)

① 제3자가 선택할 수 없는 경우 : 선택권은 채무자에게 있다.

② 선택이 가능함에도 선택하지 않고 있는 경우 : 채권자나 채무자의 상당한 기간을 정한 최고가 필요하고, 그 기간 내에 선택이 없으면 선택권은 채무자에게 이전한다.

---

06 임의채권

I 의 의

1. 개 념

임의채권이란 채권의 목적은 하나의 급부로 특정되어 있으나 채권자 또는 채무자가 다른 급부를 가지고, 본래의 급부에 갈음할 수 있는 권리(대용권·보충권)를 보유하고 있는 채권을 말한다.

2. 성 립

법률행위에 의한 성립과 법률의 규정에 의한 성립을 들 수 있다.

Ⅱ 선택채권과의 구별

차이점	선택채권	임의채권
개념상 차이	각각의 급부는 특정되기 전에는 동등한 지위에 있음	급부는 하나로 특정되어 있으며, 대용급부는 보충적 지위에 있을 뿐 대용권 행사 전에는 아무런 의미가 없음
대용권·선택권의 행사방법	의사표시만으로 충분함	대용권을 채무자가 가진 때에는 대용의 의사표시 이외에 대용급부의 현실적인 이행이 있어야 함
급부의 감축	급부의 감축문제가 발생하지 않음	대용 전 본래의 급부가 감축되면 대용급부도 감축됨
급부의 멸실	하나의 급부가 불능이 되면 다른 잔존급부로 특정될 수 있음	대용 전 본래의 급부가 소멸하면 대용급부도 소멸됨

Ⅲ 대용권 행사의 방법

1. 대용권자

대용권자는 당사자의 의사표시나 법률의 규정에 의하여 정하여지나, 당사자의 의사가 불명확한 경우에는 '채무자'가 대용권자이고, 채권자는 대용급부청구권이 없다고 봄이 통설이나, 판례는 외화채권의 경우에는 예외를 인정한다.

2. 대용권 행사

(1) 채무자의 대용권 행사

대용의 의사표시 외에 '현실적인 대용급부의 이행'이 있어야 급부가 대용급부로 전환이 된다.

(2) 채권자의 대용권 행사

대용급부를 청구하는 의사표시만으로 급부가 대용급부로 전환되어 확정된다.

Ⅳ 대용권 행사의 효과

1. 대용 전(본래의 급부만이 급부대상)

① 본래의 급부가 멸실로 소멸되면 대용급부를 이행할 의무도 없다.
② 대용급부가 멸실로 소멸되더라도 본래의 급부는 아무런 영향 없이 존속한다.

2. 대용 후(대용급부가 급부로 확정)

① 본래의 급부가 멸실로 소멸되더라도 대용급부는 존속한다.
② 대용급부가 멸실로 소멸되더라도 본래의 급부를 이행할 의무는 없다.

02 채권의 목적

01 특정물채권

01 특정물채권에 관한 설명으로 옳지 않은 것은?(다툼이 있으면 판례에 따름) 기출 24

① 특정물매매에 있어서 매수인의 대금지급채무가 이행지체에 빠졌다고 하더라도 그 목적물이 매수인에게 인도될 때까지는 매수인은 매매대금의 이자를 지급할 필요가 없다.

② 특정물매매의 경우, 매수인이 매매대금을 지급하지 않더라도 인도받지 않은 목적물로부터 생긴 과실에 대한 수취권은 특별한 사정이 없는 한 매수인에게 귀속된다.

③ 채권자는 특정물에 관한 자신의 채권을 보전하기 위하여 채무자의 제3채무자에 대한 그 특정물에 관한 권리만을 대위행사할 수 있다.

④ 103동 607호, 107동 203호 등으로 아파트를 지정하여 매매하는 것을 내용으로 하는 아파트분양계약은 수량을 지정한 매매가 아닌 특정물을 목적으로 한 매매에 해당한다.

⑤ 채권자가 특정물채권을 보전하기 위해 채권자취소권을 행사하는 것은 허용되지 않는다.

해설 ① (○) 특정물의 매매에 있어서 매수인의 대금지급채무가 이행지체에 빠졌다 하더라도 그 목적물이 매수인에게 인도될 때까지는 매수인은 매매대금의 이자를 지급할 필요가 없는 것이므로, 그 목적물의 인도가 이루어지지 아니하는 한 매도인은 매수인의 대금지급의무 이행의 지체를 이유로 매매대금의 이자 상당액의 손해배상청구를 할 수 없다(대판 1995.6.10. 95다14190).

② (✕) 매매계약 있은 후에도 인도하지 아니한 목적물로부터 생긴 과실은 매도인에게 속한다(민법 제587조).

③ (○) 채권자대위권은 채무자의 채권을 대위행사함으로써 채권자의 채권이 보전되는 관계가 존재하는 경우에 한하여 이를 행사할 수 있으므로 특정물에 관한 채권자는 채권을 보전하기 위하여 채무자의 제3채무자에 대한 그 특정물에 관한 권리만을 대위행사할 수 있다(대판 1993.4.23. 93다289).

④ (○) 원고와 피고들간에 체결된 아파트분양계약이 아파트의 6층 607호, 1층 102호 등으로 특정된 아파트 1동씩을 특정하여 매매한 것이므로 이는 수량을 지정한 매매가 아니라 특정물을 목적으로 한 매매로서 설사 분양안내 카타로그가 잘못되어 피고들이 분양받은 아파트의 실제면적이 분양계약서상에 표시된 분양면적보다 다소 넓다하더라도 피고들이 법률상 원인없이 이득을 얻은 것이라 할 수 없다(대판 1991.3.27. 90다13888).

⑤ (○) 채권자취소권은 채무자가 채권자를 해함을 알면서 자기의 일반재산을 감소시키는 행위를 한 경우에 그 행위를 취소하여 채무자의 재산을 원상회복시킴으로써 모든 채권자를 위하여 채무자의 책임재산을 보전하는 권리로서, 특정물 채권을 보전하기 위하여 행사하는 것은 허용되지 않는다(대판 1995.2.10. 94다2534).

02 채권에 관한 설명으로 옳지 않은 것은?(다툼이 있으면 판례에 따름) [기출 16]

① 목적물의 인도장소가 정해지지 않은 경우 특정물의 인도는 채권성립 당시 그 물건이 있던 장소에서 하여야 한다.

② 특정물채권에서 채무자의 목적물에 대한 선관주의의무의 존속기간은 특정물채무의 성립 시부터 이행기까지이다.

③ 제한종류채권에서 지정권자로 된 채무자가 이행기가 지나도 이행할 물건을 지정하지 않는 경우, 채권자가 상당한 기간을 정하여 최고하였으나 채무자가 이행할 물건을 지정하지 않으면 지정권은 채권자에게 이전한다.

④ 이미 발생한 이자에 관하여 채무자가 이행을 지체한 경우에는 그 이자에 대한 지연손해금을 청구할 수 있다.

⑤ 채무자가 자신이 가진 주식의 일부분을 담보로 제공하기로 한 경우, 담보약정에 기한 채권은 제한종류채권에 해당한다.

해설 ① (○) 채무의 성질 또는 당사자의 의사표시로 **변제장소를 정하지 아니한 때에는 특정물의 인도는 채권성립 당시에 그 물건이 있던 장소에서 하여야 한다**(민법 제467조 제1항).

② (×) 특정물의 인도가 채권의 목적인 때에는 채무자는 **그 물건을 인도하기까지** 선량한 관리자의 주의로 보존하여야 한다(민법 제374조).

③ (○) 제한종류채권에서 급부목적물의 특정은, 원칙적으로 종류채권의 급부목적물의 특정에 관한 민법 제375조 제2항이 적용되므로, 채무자가 이행에 필요한 행위를 완료하거나 채권자의 동의를 얻어 이행할 물건을 지정한 때에는 그 물건이 채권의 목적물이 되지만, 당사자 사이에 지정권의 부여 및 지정의 방법에 관한 합의가 없고, 채무자가 이행에 필요한 행위를 하지 아니하거나 지정권자로 된 채무자가 이행할 물건을 지정하지 아니하는 경우에는, **선택채권의 선택권 이전에 관한 민법 제381조를 준용**하여, 채권의 기한이 도래한 후 채권자가 상당한 기간을 정하여 지정권이 있는 채무자에게 그 지정을 최고하여도 채무자가 이행할 물건을 지정하지 않으면 지정권이 채권자에게 이전한다(대판 2009.1.30. 2006다37465).

④ (○) 이미 발생한 이자에 관하여 채무자가 이행을 지체한 경우에는 그 이자에 대한 지연손해금을 청구할 수 있다(대판 1996.9.20. 96다25302).

⑤ (○) 보유주식 일정량을 담보로 제공하기로 한 담보제공약정은 특정한 "주권"에 대한 담보약정이 아니라 기명의 "주식"에 관한 담보약정이고 다만 그 담보약정의 이행으로서 약정한 기명주식을 표창하는 주권을 인도할 의무가 있는 것인데, 주식은 동가성이 있고 상법 등의 규정에 따른 소각, 변환, 병합 등 변화가능성이 있으며 담보약정에 이르게 된 경위 등에 비추어 볼 때, 담보약정 후 주권의 이행제공 전에 갖고 있던 주식에 대한 처분이나 새로운 주식의 취득이 있더라도 약정된 수의 기명주식을 표창하는 주권만 인도하면 되고 인도할 주권의 특정은 쌍방 어느 쪽에서도 할 수 있는 것으로서 **담보약정에 기한 채권은 일종의 제한종류채권이다**(대판 1994.8.26. 93다20191).

01 채권의 목적에 관한 설명으로 옳은 것은?(다툼이 있다면 판례에 따름) 기출 22

① 주채무가 외화채무인 경우, 채권자와 보증인 사이에 미리 약정한 환율로 환산한 원화로 보증채 무를 이행하기로 하는 약정은 허용되지 않는다.

② 특정물채권의 경우, 채무의 성질 또는 당사자의 의사표시로 변제장소를 정하지 아니한 때에는 특정물의 인도는 채권자의 현주소에서 해야 한다.

③ 선택채권의 경우, 선택권 없는 당사자의 과실로 인하여 수개의 급부 중 일부가 이행불능이 된 때에는 채권의 목적은 잔존한 것에 존재한다.

④ 금전채무의 이행지체로 인하여 발생하는 지연이자는 그 성질이 이자이다.

⑤ 종류채권이 특정되면 그 채권은 특정물채권으로 전환되고, 특별한 사정이 없는 한 채무자는 그 특정물을 인도할 때까지 선량한 관리자의 주의로 보존해야 한다.

해설 ① (×) 보증채무는 채권자와 보증인 간의 보증계약에 의하여 성립하고, 주채무와는 별개 독립의 채무이지만 주채무와 동일한 내용의 급부를 목적으로 함이 원칙이라고 할 것이나 채권자와 보증인은 보증채무의 내용, 이행의 시기, 방법 등에 관하여 특약을 할 수 있고, 그 특약에 따른 보증인의 부담이 주채무의 목적이나 형태보다 중하지 않는 한 그러한 특약이 무효라고 할 수도 없으므로(민법 제430조 참조), 주채무가 외화채무인 경우에도 채권자와 보증인 사이에 미리 약정한 환율로 환산한 원화로 보증채무를 이행하기로 약정하는 것도 허용된다(대판 2002.8.27. 2000다9734).

② (×) 특정물채권의 경우, 채무의 성질 또는 당사자의 의사표시로 변제장소를 정하지 아니한 때에는 특정물의 인도는 채권성립당시에 그 물건이 있던 장소에서 하여야 한다(민법 제467조 제1항).

③ (×) 선택채권의 경우, 선택권 없는 당사자의 과실로 인하여 수개의 급부 중 일부가 이행불능이 된 때에는 선택채권의 존속에 영향이 없다. 즉, 선택권자는 불능이 된 급부를 선택할 수 있고, 이때 선택한 급부 자체의 이행이 불가능하므로 제1차적 급부의무는 소멸하고 그 대신 전보배상이 문제될 뿐이다(민법 제385조 제2항 참고).

④ (×) 변제기 이후에 지급하는 지연이자는 금전채무의 이행을 지체함으로 인한 손해배상금이지 이자가 아니고 또 민법 제163조 제1호 소정의 1년 이내의 기간으로 정한 채권도 아니므로 단기소멸시효의 대상이 되는 것도 아니다(대판 1989.2.28. 88다카214).

⑤ (○) 종류채권이 특정되면 그 채권은 특정물채권으로 전환되고, 특별한 사정이 없는 한 채무자는 그 특정물을 인도할 때까지 선량한 관리자의 주의로 보존해야 한다(민법 제374조).

01 채권의 목적에 관한 설명으로 옳지 않은 것은?(다툼이 있으면 판례에 따름) 기출 21

① 수임인이 위임사무의 처리과정에서 받은 물건으로 위임인에게 인도할 목적물이 대체물이더라도 당사자 사이에는 특정된 물건과 같은 것으로 보아야 한다.

② 채권의 성질 또는 당사자의 의사표시로 달리 정한 바가 없는 이상, 특정물의 인도는 채권성립 당시의 그 물건의 소재지에서 한다.

③ 제한종류채권에서 채무자가 지정권자인 경우, 채권의 기한이 도래한 후 채권자의 최고에도 불구하고 채무자가 이행할 물건을 지정하지 않으면 그 지정권은 채권자에게 이전한다.

④ 채권액이 외국통화로 지정된 금액채권인 외화채권의 경우, 채권자는 대용급부권을 행사하여 우리나라 통화로 환산하여 청구할 수 없다.

⑤ 이자제한법상 제한이자를 초과하는 이자채권을 자동채권으로 하여 상계의 의사표시를 하더라도 그 상계의 효력은 발생하지 않는다.

해설 ① (○) 수임인이 위임사무를 처리함에 있어 받은 물건으로 위임인에게 인도한 목적물은 그것이 대체물이더라도 당사자 간에 있어서는 특정된 물건과 같은 것으로 보아야 한다(대판 1962.12.16. 67다1525).

② (○) 채무의 성질 또는 당사자의 의사표시로 변제장소를 정하지 아니한 때에는 특정물의 인도는 채권성립 당시에 그 물건이 있던 장소에서 하여야 한다(민법 제467조 제1항).

③ (○) 제한종류채권에서 급부목적물의 특정은, 원칙적으로 종류채권의 급부목적물의 특정에 관한 민법 제375조 제2항이 적용되므로, 채무자가 이행에 필요한 행위를 완료하거나 채권자의 동의를 얻어 이행할 물건을 지정한 때에는 그 물건이 채권의 목적물이 되지만, 당사자 사이에 지정권의 부여 및 지정의 방법에 관한 합의가 없고, 채무자가 이행에 필요한 행위를 하지 아니하거나 지정권자로 된 채무자가 이행할 물건을 지정하지 아니하는 경우에는, 선택채권의 선택권 이전에 관한 민법 제381조를 준용하여, 채권의 기한이 도래한 후 채권자가 상당한 기간을 정하여 지정권이 있는 채무자에게 그 지정을 최고하여도 채무자가 이행할 물건을 지정하지 않으면 지정권이 채권자에게 이전한다(대판 2009.1.30. 2006다37465).

④ (×) 채권액이 외국통화로 지정된 금전채권인 외화채권을 채권자가 대용급부의 권리를 행사하여 우리나라 통화로 환산하여 청구하는 경우 법원이 채무자에게 그 이행을 명함에 있어서는 채무자가 현실로 이행할 때에 가장 가까운 사실심 변론종결 당시의 외국환시세를 우리나라 통화로 환산하는 기준시로 삼아야 한다(대판 2007.7.12. 2007다13640).

⑤ (○) 계약상의 이자로서 이자제한법 소정의 제한이율을 초과하는 부분은 무효(이자제한법 제2조 제3항)이고, 이러한 제한초과의 이자에 대하여 자동채권으로 상계의 의사표시를 하더라도 그 상계의 효력은 발생하지 않는다(대판 1998.10.13. 98다17046 참고).

01 이자채권에 관한 설명으로 옳지 않은 것은?(다툼이 있으면 판례에 따름) [기출] 20

① 이자채권은 주된 채권인 원본의 존재를 전제로 그에 대응하여 일정한 비율로 발생하는 종된 권리이다.

② 이미 발생한 이자에 관하여 채무자가 이행을 지체한 경우에는 그 이자에 대한 지연손해금을 청구할 수 있다.

③ 원본채권이 양도될 당시 이미 변제기에 도달한 이자채권은 그 이자채권도 함께 양도한다는 의사표시가 없더라도 양도되는 것이 원칙이다.

④ 이자채권이라고 하더라도 1년 이내의 정기에 지급하기로 한 것이 아니면 민법 제163조가 정한 3년의 단기소멸시효가 적용되지 않는다.

⑤ 대여금원본채권에 대한 소멸시효 완성의 효력은 소멸시효가 완성된 원금부분으로부터 그 완성 전에 발생한 이자에도 미친다.

해설　① (○), ⑤ (○) 이자 또는 지연손해금은 주된 채권인 원본의 존재를 전제로 그에 대응하여 일정한 비율로 발생하는 종된 권리인데, 하나의 금전채권의 원금 중 일부가 변제된 후 나머지 원금에 대하여 소멸시효가 완성된 경우, 가분채권인 금전채권의 성질상 변제로 소멸한 원금부분과 소멸시효 완성으로 소멸한 원금부분을 구분하는 것이 가능하고, 이 경우 원금에 종속된 권리인 이자 또는 지연손해금 역시 변제로 소멸한 원금부분에서 발생한 것과 시효완성으로 소멸된 원금부분에서 발생한 것으로 구분하는 것이 가능하므로, 소멸시효 완성의 효력은 소멸시효가 완성된 원금부분으로부터 그 완성 전에 발생한 이자 또는 지연손해금에는 미치나, 변제로 소멸한 원금부분으로부터 그 변제 전에 발생한 이자 또는 지연손해금에는 미치지 않는다(대판 2008.3.14. 2006다2940).

② (○) 이미 발생한 이자에 관하여 채무자가 이행을 지체한 경우에는 그 이자에 대한 지연손해금을 청구할 수 있다(대판 1996.9.20. 96다25302).

③ (×) 이자채권은 원본채권에 대하여 종속성을 갖고 있으나 이미 변제기에 도달한 이자채권은 원본채권과 분리하여 양도할 수 있고 원본채권과 별도로 변제할 수 있으며 시효로 인하여 소멸되기도 하는 등 어느 정도 독립성을 갖게 되는 것이므로, 원본채권이 양도된 경우 이미 변제기에 도달한 이자채권은 원본채권의 양도 당시 그 이자채권도 양도한다는 의사표시가 없는 한 당연히 양도되지는 않는다(대판 1989.3.28. 88다카12803).

④ (○) 민법 제163조 제1호 소정의 '1년 이내의 기간으로 정한 금전 또는 물건의 지급을 목적으로 하는 채권'이란 1년 이내의 정기에 지급되는 채권을 의미하는 것이지, 변제기가 1년 이내의 채권을 말하는 것이 아니므로, 이자채권이라고 하더라도 1년 이내의 정기에 지급하기로 한 것이 아닌 이상 위 규정 소정의 3년의 단기소멸시효에 걸리는 것이 아니다(대판 1996.9.20. 96다25302).

02 채권의 목적에 관한 설명으로 옳은 것은?(다툼이 있으면 판례에 따름) 기출 15

① 집행법원이 경매절차에서 외화채권자에 대하여 배당할 때에는 특별한 사정이 없는 한 외화채권 성립 당시의 외국환시세를 우리나라 통화로 환산하는 기준으로 삼아야 한다.

② 토지소유자가 수필의 토지 중 일정 면적을 상대방에게 매도한 경우, 양도할 토지의 위치가 확정되지 않았다면 특별한 사정이 없는 한 상대방의 채권은 종류채권에 해당한다.

③ 계약해제로 인한 원상회복의무가 이행지체에 빠진 이후의 지연손해금률에 관하여 약정이 있는 경우, 그 지연손해금률이 법정이율보다 낮더라도 약정에 따른 지연손해금률이 적용된다.

④ 선택권 없는 당사자의 과실로 인하여 수개의 급부 중 일부가 이행불능이 된 때에는 채권의 목적은 잔존한 것에 존재한다.

⑤ 이자제한법의 최고이자율을 초과하는 이자에 대하여 당사자가 준소비대차계약을 체결하면, 그 초과부분은 유효하다.

해설 ① (×) 채권액이 외국통화로 정해진 금전채권인 외화채권을 채무자가 우리나라 통화로 변제하는 경우에 그 환산시기는 이행기가 아니라 현실로 이행하는 때, 즉 현실이행 시의 외국환시세에 의하여 환산한 우리나라 통화로 변제하여야 하고, 이와 같은 법리는 외화채권자가 경매절차를 통하여 변제를 받는 경우에도 동일하게 적용되어야 할 것이므로, 집행법원이 경매절차에서 외화채권자에 대하여 배당을 할 때에는 특별한 사정이 없는 한 배당기일 당시의 외국환시세를 우리나라 통화로 환산하는 기준으로 삼아야 한다(대판 2011.4.14. 2010다103642).

② (×) 토지소유자가 1필 또는 수필의 토지 중 일정 면적의 소유권을 상대방에게 양도하기로 하는 계약을 체결한 경우, 상대방이 토지소유자에 대하여 구체적으로 어떠한 내용의 권리를 가지는지는 원칙적으로 당해 계약의 해석문제로 귀착되는 것이지만, 위치와 형상이 중요시되는 토지의 특성 등을 감안하여 볼 때 특별한 사정이 없는 한 위치가 특정된 일정 면적의 토지소유권을 양도받을 수 있는 권리를 가지는 것으로 보아야 하고, 따라서 위와 같은 계약에서 양도받을 토지위치가 확정되지 아니하였다면 상대방이 토지소유자에게 가지는 채권은 민법 제380조에서 정한 선택채권에 해당하는 것으로 보아야 한다(대판 2011.6.30. 2010다16090).

③ (○) 당사자 일방이 계약을 해제한 때에는 각 당사자는 상대방에 대하여 원상회복의무가 있고, 이 경우 반환할 금전에는 받은 날로부터 이자를 가산하여 지급하여야 한다(민법 제548조 참고). 여기서 가산되는 이자는 원상회복의 범위에 속하는 것으로서 일종의 부당이득 반환의 성질을 가지는 것이고 반환의무의 이행지체로 인한 지연손해금이 아니다. 따라서 당사자 사이에 그 이자에 관하여 특별한 약정이 있으면 그 약정이율이 우선적용되고 약정이율이 없으면 민사 또는 상사 법정이율이 적용된다. 반면 원상회복의무가 이행지체에 빠진 이후의 기간에 대해서는 부당이득반환의무로서의 이자가 아니라 반환채무에 대한 지연손해금이 발생하게 되므로 거기에는 지연손해금률이 적용되어야 한다. 그 지연손해금률에 관하여도 당사자 사이에 별도의 약정이 있으면 그에 따라야 할 것이고, 설사 그것이 법정이율보다 낮다 하더라도 마찬가지이다(대판 2013.4.26. 2011다50509).

④ (×) 선택권 없는 당사자의 과실로 인하여 이행불능이 된 때에는 민법 제385조 제1항의 규정을 적용하지 아니한다(민법 제385조 제2항). 따라서 선택권자는 불능이 된 급부를 선택할 수 있다.

⑤ (×) 구 이자제한법(2011.7.25. 법률 제10925호로 개정되기 전의 것, 이하 같다) 제2조 제1항, 제3항, 제4항 및 구 이자제한법 제2조 제1항의 최고이자율에 관한 규정(2014.6.11. 대통령령 제25376호로 개정되기 전의 것)에 의하면, 금전대차에 관한 계약상의 최고이자율은 연 30%이고, 계약상의 이자로서 최고이자율을 초과하는 부분은 무효이며, 채무자가 최고이자율을 초과하는 이자를 임의로 지급한 경우에는 초과지급된 이자 상당 금액은 원본에 충당되고, 이러한 초과지급된 이자 상당 금액에 대하여 준소비대차계약 또는 경개계약을 체결하더라도 그 금액부분에 대하여는 효력이 발생하지 아니한다(대판 2015.1.15. 2014다223506).

01 甲은 자신이 사용하던 노트북 X, Y 중에 하나를 乙에게 팔기로 하였고, 대금지급일에 乙이 선택하기로 하였다. 그런데 대금지급일 전에 甲이 X노트북을 丙에게 매도하고 인도까지 해 주었다. 이에 관한 설명으로 옳은 것은?(다툼이 있으면 판례에 따름) 기출 18

① 乙이 Y노트북을 선택하고 그 의사를 甲에게 전달한 경우, 乙은 특별한 사정이 없는 한 甲의 동의 없이도 이를 철회할 수 있다.

② 乙은 Y노트북을 선택하면서 조건을 붙일 수 있다.

③ 乙이 X노트북을 선택하더라도 채권의 목적물은 Y노트북으로 확정된다.

④ 乙은 X노트북을 선택하고 丙에게 X노트북의 반환을 청구할 수 있다.

⑤ 乙은 X노트북을 선택하고 甲에게 채무불이행을 이유로 손해배상을 청구할 수 있다.

해설 ① (×) 사안은 선택채권에 해당하고, 乙에게 선택권이 있다. 선택권은 상대방에 대한 의사표시로 하고(민법 제382조 제1항), 선택의 의사표시가 상대방에게 도달한 이후에는, 그 효력이 발생하여 상대방의 동의가 없으면 철회하지 못한다(민법 제382조 제2항). 따라서 Y노트북에 대한 乙의 선택의 의사표시가 甲에게 도달한 이상, 乙은 甲의 동의 없이 이를 철회할 수 없다.

② (×) 선택권은 선택권자의 일방적 의사표시로써 채권의 내용을 변경할 수 있으므로, 형성권에 해당한다. 따라서 원칙적으로 선택권 행사 시에는 조건이나 기한을 붙일 수 없다.

③ (×), ⑤ (○) 선택권 없는 당사자 甲이 X노트북을 丙에게 매도·인도함으로써 이행불능이 되었으므로, 채권의 목적물은 잔존한 Y노트북으로 특정되지 아니하고, 乙은 여전히 X노트북을 선택할 수 있다(민법 제385조 제2항). 또한 乙은 甲에게 그 이행불능을 이유로 한 전보배상청구권(민법 제390조)이나 해제권(민법 제546조)을 행사할 수도 있다.

④ (×) 선택의 효력은 그 채권이 발생한 때에 소급한다. 그러나 제3자의 권리를 해하지 못한다(민법 제386조). 따라서 乙이 X노트북을 선택하더라도, 丙에게 그 반환을 청구할 수는 없다.

02 선택채권 등에 관한 설명으로 옳지 않은 것은?(다툼이 있는 경우에는 판례에 의함) `기출` 12

① 법률행위 또는 법률의 규정에 의하여 선택권자가 정해지지 않은 경우, 선택권은 채무자에게 있다.

② 무권대리인의 상대방이 가지는 계약이행 또는 손해배상청구권의 소멸시효는 무권대리행위를 한 때부터 진행한다.

③ 당사자 쌍방의 과실 없이 어떤 급부가 불능으로 된 때에는, 채권의 목적은 나머지 급부에 존재한다.

④ 선택권이 있는 제3자가 선택할 수 있는데도 선택하지 않은 경우, 채권자나 채무자는 상당 기간을 정하여 그 선택을 최고할 수 있고, 제3자가 그 기간 내에 선택하지 않으면 선택권은 채무자에게 이전한다.

⑤ 채권자에게 선택권이 있는 경우, 채무자의 과실로 어떤 급부가 이행불능이 된 때에는 채권자는 불능이 된 급부를 선택할 수 있다.

해설 ① (○) 채권의 목적이 수개의 행위 중에서 선택에 좇아 확정될 경우에 다른 법률의 규정이나 당사자의 약정이 없으면 선택권은 채무자에게 있다(민법 제380조).

② (×) 타인의 대리인으로 계약을 한 자가 그 대리권을 증명하지 못하고 또 본인의 추인을 얻지 못한 때에는 상대방의 선택에 좇아 계약의 이행 또는 손해배상의 책임이 있는 것인바 이 **상대방이 가지는 계약이행 또는 손해배상청구권의 소멸시효는 그 선택권을 행사할 수 있는 때로부터 진행한다** 할 것이고 **또 선택권을 행사할 수 있는 때라고 함은** 대리권의 증명 또는 본인의 추인을 얻지 못한 때라고 할 것이다(대판 1965.8.24. 64다1156).

③ (○) 채권의 목적으로 선택할 수개의 행위 중에 처음부터 불능한 것이나 또는 후에 이행불능하게 된 것이 있으면 채권의 목적은 잔존한 것에 존재한다(민법 제385조 제1항).

④ (○) 민법 제384조 제2항

> **제3자의 선택권의 이전(민법 제384조)**
> ① 선택할 제3자가 선택할 수 없는 경우에는 선택권은 채무자에게 있다.
> ② 제3자가 선택하지 아니하는 경우에는 채권자나 채무자는 상당한 기간을 정하여 그 선택을 최고할 수 있고 제3자가 그 기간 내에 선택하지 아니하면 선택권은 채무자에게 있다.

⑤ (○) 선택권 없는 당사자의 과실로 인하여 이행불능이 된 때에는 민법 제385조 제1항의 규정을 적용하지 아니한다(민법 제385조 제2항). 따라서 선택권자는 불능이 된 급부를 선택할 수 있다.

---

06 **임의채권**

03 채권의 효력

01 서 설

민법전 제3편 제1장 제2절에서는 '채권의 효력'이라는 제목 아래 ① 채무불이행과 손해배상·강제이행의 방법(민법 제387조 내지 제399조) ② 채권자지체(민법 제400조 내지 제403조) ③ 채무자의 책임재산 보전(민법 제404조 내지 제407조)을 규정하고 있다. 이하에서는 이에 대해서 검토하겠다.

02 채무불이행의 유형과 그 효과

I 채무불이행의 일반적 요건

> **채무불이행과 손해배상(민법 제390조)**
> 채무자가 채무의 내용에 좋은 이행을 하지 아니한 때에는 채권자는 손해배상을 청구할 수 있다. 그러나 채무자의 고의나 과실 없이 이행할 수 없게 된 때에는 그러하지 아니하다.

1. 채무불이행의 의의

채무불이행이란 채무자에게 책임 있는 사유로 채무의 내용에 좋은 이행이 이루어지지 않고 있는 상태를 말한다. 이러한 채무불이행의 유형에 대하여 다수설은 이행지체, 이행불능, 불완전이행(또는 적극적 채권침해)으로 한정하는 입장이나, 이외에도 이행거절 등이 채무불이행의 유형으로 인정된다는 견해가 있다. 이하에서는 이에 대해서 검토하겠다.

2. 채무불이행의 요건

(1) 객관적 요건

① 이행지체 : 이행이 가능함에도 불구하고 이행기에 이행하지 않고 있는 경우일 것
② 이행불능 : 이행기에 이행이 불가능할 것. 단, 후발적 불능일 것
③ 불완전이행 : 채무의 이행은 있었으나 그 이행이 채무의 내용에 좋은 이행이 아닌 경우일 것

(2) 주관적 요건

1) 채무자의 귀책사유

채무불이행에 대하여 채무자의 고의·과실이 있어야 한다. 이때의 과실은 추상적 경과실을 의미하며, 예외적인 경우에만 구체적 과실에 의한 책임을 진다.

> **[채무자가 채무 발생원인 내지 존재에 관한 잘못된 법률적인 판단을 통하여 자신의 채무가 없다고 믿고 채무 이행을 거부한 채 소송을 통하여 다툰 경우, 채무불이행에 관하여 채무자에게 고의나 과실이 있는지 여부(원칙적 적극)]**
>
> 채무불이행으로 인한 손해배상청구에 있어서 확정된 채무의 내용에 좇은 이행을 하지 아니하였다면 그 자체가 바로 위법한 것으로 평가되는 것이고, 다만 채무불이행에 채무자의 고의나 과실이 없는 때에는 채무자는 손해배상책임을 부담하지 않는다(민법 제390조 참조). 한편 채무자가 자신에게 채무가 없다고 믿었고 그렇게 믿은 데 정당한 사유가 있는 경우에는 채무불이행에 고의나 과실이 없는 때에 해당한다고 할 수 있다. 그러나 채무자가 채무의 발생원인 내지 존재에 관한 법률적인 판단을 통하여 자신의 채무가 없다고 믿고 채무의 이행을 거부한 채 소송을 통하여 이를 다투었다고 하더라도, 채무자의 그러한 법률적 판단이 잘못된 것이라면 특별한 사정이 없는 한 채무불이행에 관하여 채무자에게 고의나 과실이 없다고는 할 수 없다(대판 2013.12.26, 2011다85352). **기출 17**
>
> **[계약당사자 일방이 자신의 계약상 채무 이행에 장애가 될 수 있는 사유를 계약 체결 당시 알았거나 예견할 수 있었음에도 이를 상대방에게 고지하지 않은 경우, 채무불이행에 대하여 귀책사유가 인정되는지 여부(원칙적 적극)]**
>
> 계약당사자 일방이 자신이 부담하는 계약상 채무를 이행하는 데 장애가 될 수 있는 사유를 계약을 체결할 당시에 알았거나 예견할 수 있었음에도 이를 상대방에게 고지하지 아니한 경우에는, 비록 그 사유로 말미암아 후에 채무불이행이 되는 것 자체에 대하여는 그에게 어떠한 잘못이 없다고 하더라도, 상대방이 그 장애사유를 인식하고 이에 관한 위험을 인수하여 계약을 체결하였다거나 채무불이행이 상대방의 책임 있는 사유로 인한 것으로 평가되어야 하는 등의 특별한 사정이 없는 한, 그 채무가 불이행된 것에 대하여 귀책사유가 없다고 할 수 없다. 그것이 계약의 원만한 실현과 관련하여 각각의 당사자가 부담하여야 할 위험을 적절하게 분배한다는 계약법의 기본적 요구에 부합한다(대판 2011.8.25, 2011다43778). **기출 23**

2) 이행보조자의 고의·과실

> **이행보조자의 고의, 과실(민법 제391조)**
> 채무자의 법정대리인이 채무를 위하여 이행하거나 채무자가 타인을 사용하여 이행하는 경우에는 법정대리인 또는 피용자의 고의나 과실은 채무자의 고의나 과실로 본다.

① 의의 : 민법 제391조의 이행보조자로서 피용자라 함은 채무자의 의사 관여 아래 그 채무의 이행행위에 속하는 활동을 하는 사람을 의미하므로 **기출 22** , 채무자의 채권자에 대한 채무 이행행위에 속한다고 볼 수 없는 활동을 하는 사람을 민법 제391조의 이행보조자에 해당한다고 볼 수는 없다(대판 2013.8.23, 2011다2142). **기출 12**

② 요 건
   ㉠ 채무자의 의사관여 아래 있었을 것 : 반드시 채무자의 지시 또는 감독을 받는 관계에 있어야 하는 것은 아니므로 채무자에 대하여 종속적인가 또는 독립적인 지위에 있는가는 문제되지 않는다(대판 2008.2.15, 2005다69458).

기출 12·13·22

ⓛ 채무의 이행행위에 속하는 활동을 하였을 것 : 이행보조자의 행위가 채무자에 의하여 그에 게 맡겨진 이행업무와 객관적, 외형적으로 관련을 가지는 경우에는 채무자는 그 행위에 대하여 책임을 져야 하고, 채무의 이행에 관련된 행위이면 가사 이행보조자의 행위가 채권 자에 대한 불법행위가 된다고 하더라도 채무자가 면책될 수는 없다(대판 2008.2.15. 2005다69458).

기출 13·22·23

③ 효 과
　㉠ 채무자의 법적 책임
　　• 채무불이행책임 : 채무자와 채권자 간에는 계약관계가 존재하고, 이행보조자의 고의나 과실은 채무자의 고의나 과실로 보므로(민법 제391조) 기출 11 , 채권자는 채무자에게 계약상 채무불이행책임을 물을 수 있고 기출 11 , 채무자는 자신 및 이행보조자 모두에게 고의·과실이 없는 경우에 한하여 채무불이행책임을 면할 수 있다(민법 제390조).

> 임대인이 임차인과의 임대차계약상의 약정에 따라 제3자에게 도급을 주어 임대차목적물에 시설물을 설치하던 중 원인불명의 화재가 발생하였는데, 제반 사정에 비추어 그 설치공사를 맡은 수급인이 임대 차목적물의 전력용량을 초과한 전기용접기를 연결하여 계속 사용함으로써 과부하로 인한 전선의 발열 로 인하여 화재가 발생한 것으로 추정함이 타당하여 공사수급인에게 화재발생에 대한 과실이 인정되는 경우, 공사수급인은 임대차계약에 따른 임대인의 이행보조자라 할 것이어서 임대인은 민법 제391조에 따라 위 화재발생에 귀책사유가 있으므로 임차인에 대한 채무불이행상의 손해배상책임이 있다(대판 1999.4.13. 98다51077·51084). 기출 22

　　• 불법행위책임 : 이행보조자와 채무자 간에 지휘·감독관계가 인정되고, 기타 민법 제756 조 요건을 모두 구비한 경우, 채무자는 민법 제756조의 사용자책임을 부담할 수 있다.
　㉡ 이행보조자의 법적 책임
　　• 채무불이행책임 : 이행보조자와 채권자 간에는 계약관계가 존재하지 않으므로, 채권자 는 이행보조자에게 계약상 채무불이행책임을 물을 수 없다(민법 제390조).
　　• 불법행위책임 : 채권자는 민법 제750조 요건을 모두 구비한 경우에 한하여 이행보조자 에게 불법행위책임을 추궁할 수 있다.
　㉢ 기 타
　　• 채무자의 채무불이행책임과 이행보조자의 불법행위책임은 부진정연대채무의 관계에 있 다(대판 1994.11.11. 94다22446). 기출 22
　　• 채권자에게 배상을 한 채무자는 이행보조자에게 구상권을 행사할 수 있다. 또한 채무자 는 이행보조자에 관한 선임·감독상의 주의의무를 다하였음에 근거하여 면책을 받지 못한다. 기출 13 이 점이 민법 제756조 사용자책임과 비교된다.
④ 복이행보조자 : 이행보조자가 채무의 이행을 위하여 제3자를 복이행보조자로서 사용하는 경 우에도 채무자가 이를 승낙하였거나 적어도 묵시적으로 동의한 경우에는 채무자는 복이행보 조자의 고의·과실에 관하여 민법 제391조에 의하여 책임을 부담한다(대판 2011.5.26. 2011다1330).

기출 13·22

3. 위법성

채무불이행의 위법성이 채무불이행의 요건인지에 대해서 견해대립이 있다. 다수설은 고의 · 과실은 채무자 개인에 대한 주관적 판단인데 대하여 위법성은 행위 자체에 대한 객관적 판단이어서 고의 · 과실과는 별개의 요건으로 보아야 한다고 한다.

4. 채무자의 책임능력

채무자에게 채무불이행에 대한 귀책사유가 있다고 하려면 채무자가 책임능력을 갖출 것이 요구된다.

5. 손해배상청구권의 특유요건

원칙적으로 현실적인 손해가 발생해야 하고, 채무불이행과 손해 사이에 인과관계가 있어야 한다.

> 채무불이행으로 인한 손해배상청구권의 성립 시기(= 현실적으로 손해가 발생한 때) 및 이때 현실적으로 손해가 발생하였는지 판단하는 방법 / 부동산 매도인이 매매목적물인 부동산에 근저당권을 설정한 사실만으로 매수인에게 피담보채무액 상당의 손해가 발생하였다고 볼 수 있는지 여부(소극) 및 위 손해가 현실적으로 발생하였다고 볼 수 있는 경우 / 채무불이행으로 인한 손해배상청구에서 손해발생 사실에 대한 증명책임의 소재(= 채권자)
>
> 채무불이행으로 인한 손해배상청구권은 현실적으로 손해가 발생한 때에 성립하는 것이고, 이때 현실적으로 손해가 발생하였는지 여부는 사회통념에 비추어 객관적이고 합리적으로 판단하여야 한다. 한편, 부동산 매도인이 매매목적물인 부동산에 관하여 근저당권을 설정하였다고 하더라도, 매도인으로서는 근저당권을 소멸시킨 다음 매수인에게 부동산 소유권을 이전할 수 있고, 경우에 따라서는 매수인이 계약 해제나 이행불능 등으로 인하여 위 부동산의 소유권을 취득하지 못할 수도 있다. 따라서 위와 같은 근저당권 설정 사실만으로 곧바로 매수인에게 그 피담보채무액 상당의 손해가 발생한다고 볼 수는 없고, 거기에서 더 나아가 사회통념상 매수인이 매수한 부동산에 관한 소유권 또는 소유권이전등기청구권의 보전 등을 위하여 근저당권의 피담보채무를 변제하지 않을 수 없게 되었다는 등의 사정이 있어야 위와 같은 손해가 현실적으로 발생하였다고 볼 수 있다. 그리고 채무불이행으로 인한 손해배상청구에서 손해발생 사실은 채권자가 이를 증명하여야 한다(대판 2017.6.19. 2017다215070).

6. 입증책임

(1) 채권자의 입증책임

채무가 존재한다는 사실과 채무불이행의 객관적 요건에 대해서는 채권자에게 입증책임이 있다.

(2) 채무자의 입증책임

주관적 요건에 대해서는 채무자에게 입증책임이 있다.

7. 면책특약의 효력

(1) 과실면책특약

과실면책특약은 유효하다. 다만, 중과실 면책특약에 관해서는 유효설과 무효설의 대립이 있다. 단, 사업자, 이행보조자 또는 피용자의 고의 또는 중대한 과실로 인한 법률상의 책임을 배제하는 약관조항은 약관법 제7조 제1호에 의해 무효이다(대판 2002.4.12. 98다57099).

(2) 고의면책특약

① 채무자의 고의면책특약은 사회질서에 반하기 때문에 무효이다.

② 이행보조자의 고의면책특약에 대해서는 유효설과 무효설의 대립이 있으나 약관법 제7조 제1호에 비추어 무효라고 보는 것이 타당해 보인다.

출처 | 박기현·김종원, 「핵심정리 민법」, 메티스, 2014, P. 976-979

Ⅱ 이행지체

이행기와 이행지체(민법 제387조) `기출` 04·06·08·09

① 채무이행의 확정한 기한이 있는 경우에는 채무자는 기한이 도래한 때로부터 지체책임이 있다. 채무이행의 불확정한 기한이 있는 경우에는 채무자는 기한이 도래함을 안 때로부터 지체책임이 있다.

② 채무이행의 기한이 없는 경우에는 채무자는 이행청구를 받은 때로부터 지체책임이 있다.

1. 이행지체의 의의

이행지체란 채무가 이행기에 있고 또한 이행이 가능함에도 불구하고 채무자의 귀책사유로 인하여 채무가 이행되지 않는 것을 말한다.

2. 이행지체의 요건

(1) 채무가 이행기에 있을 것

1) 확정기한이 있는 채무

① 기한의 도래·도과에 의하여 이행지체가 된다(민법 제387조 제1항 전문). 채무자는 변제기 당일까지 변제하면 되므로, 「기한이 도래한 때」란 기한이 도래한 다음 날을 의미한다(대판 1988.11.8. 88다3253). `기출` 16

② 채권자의 최고가 필요 없는 것이 원칙이다.

③ 지시채권, 무기명채권, 추심채무 기타 이행에 관하여 먼저 채권자가 협력을 하여야 할 채무의 경우 채권자가 먼저 협력 내지 그 제공을 하여 이행의 최고를 하지 않으면 지체가 되지 않는다. `기출` 12·16

④ 쌍방의 채무가 동시이행관계에 있는 경우

> 쌍무계약에서 쌍방의 채무가 동시이행관계에 있는 경우 일방의 채무의 이행기가 도래하더라도 상대방 채무의 이행제공이 있을 때까지는 그 채무를 이행하지 않아도 이행지체의 책임을 지지 않는 것이며, 이와 같은 효과는 이행지체의 책임이 없다고 주장하는 자가 반드시 동시이행의 항변권을 행사하여야만 발생하는 것은 아니므로, 동시이행관계에 있는 쌍무계약상 자기채무의 이행을 제공하는 경우 그 채무를 이행함에 있어 상대방의 행위를 필요로 할 때에는 언제든지 현실로 이행을 할 수 있는 준비를 완료하고 그 뜻을 상대방에게 통지하여 그 수령을 최고하여야만 상대방으로 하여금 이행지체에 빠지게 할 수 있는 것이다(대판 2001.7.10. 2001다3764). 기출 06·09

2) 불확정기한이 있는 채무

① 채무자가 기한의 도래를 안 때로부터 지체책임이 있다(민법 제387조 제1항 후문). 기출 06 여기서 「안 때」란 안 날의 다음 날을 의미한다.

② 채무자가 기한의 도래를 알지 못하더라도 채권자가 기한도래 후에 최고를 한 경우에는 최고시부터 지체책임이 있다(다수설).

③ 당사자가 불확정한 사실이 발생한 때를 이행기한으로 정한 경우에는 그 사실이 발생한 때는 물론 그 사실의 발생이 불가능하게 된 때에도 이행기한은 도래한 것으로 보아야 한다(대판 2002.3.29. 2001다41766). 기출 23

3) 기한이 없는 채무

① 원칙 : 기한의 정함이 없는 채무는 그 이행의 청구를 받은 다음 날로부터 이행지체의 책임을 진다(민법 제387조 제2항, 대판 1988.11.8. 88다3253).

> • 금전채무의 지연손해금채무는 금전채무의 이행지체로 인한 손해배상채무로서 이행기의 정함이 없는 채무에 해당하므로, 채무자는 확정된 지연손해금채무에 대하여 채권자로부터 이행청구를 받은 때로부터 지체책임을 부담하게 된다(대판 2004.7.9. 2004다11582). 기출 08·16
> • 타인의 토지를 점유함으로 인한 부당이득반환채무는 이행의 기한이 없는 채무로서 이행청구를 받은 때로부터 지체책임이 있다(대판 2008.2.1. 2007다8914). 기출 17
> • 집합건물법 제9조에 의하여 준용되는 민법 제667조가 정하는 수급인의 하자보수에 갈음하는 손해배상채무는 이행의 기한이 없는 채무로서 이행청구를 받은 때부터 지체책임이 있다(대판 2009.5.28. 2009다9539).
> 기출 13
> • 유류분반환청구권의 행사로 인하여 생기는 원물반환의무 또는 가액반환의무는 이행기한의 정함이 없는 채무이므로, 반환의무자는 그 의무에 대한 이행청구를 받은 때에 비로소 지체책임을 진다(대판 2013.3.14. 2010다42624·42631).
> • 추심명령은 압류채권자에게 채무자의 제3채무자에 대한 채권을 추심할 권능을 수여함에 그치고, 제3채무자로 하여금 압류채권자에게 압류된 채권액 상당을 지급할 것을 명하거나 그 지급 기한을 정하는 것이 아니므로, 제3채무자가 압류채권자에게 압류된 채권액 상당에 관하여 지체책임을 지는 것은 집행법원으로부터 추심명령을 송달받은 때부터가 아니라 추심명령이 발령된 후 압류채권자로부터 추심금 청구를 받은 다음 날부터라고 하여야 한다(대판 2012.10.25. 2010다47117).

② 예 외

　　㉠ 소비대차로 인한 반환채무의 대주는 상당한 기간을 정하여 최고하여야 하므로(민법 제603조
　　　제2항) 기출 06·12, 만약 이를 정하지 않고 최고하면 최고 후 상당한 기간이 경과한 후에야
　　　지체가 생긴다.

　　㉡ 불법행위손해배상채무는 최고하지 않아도 불법행위 시부터 지체책임이 있다(통설·판례).

　　㉢ 이행기의 정함이 없는 채권의 양수인이 채무자를 상대로 이행청구소송을 제기하고 소송
　　　계속 중 채무자에 대한 채권양도통지가 이루어진 경우, 채무자가 이행지체책임을 지는
　　　시기

> 지명채권이 양도된 경우 채무자에 대한 대항요건이 갖추어질 때까지 채권양수인은 채무자에게 대항할
> 수 없으므로, 이행기의 정함이 없는 채권을 양수한 채권양수인이 채무자를 상대로 그 이행을 구하는
> 소를 제기하고 소송 계속 중 채무자에 대한 채권양도통지가 이루어진 경우에는 특별한 사정이 없는
> 한 채무자는 채권양도통지가 도달된 다음 날부터 이행지체의 책임을 진다(대판 2014.4.10. 2012다29557).
>
> 　　　　　　　　　　　　　　　　　　　　　　　　　　　　　　　　　　　기출 21·22

4) 기한의 이익의 상실

기한의 이익의 상실(민법 제388조) 기출 01·15
채무자는 다음 각 호의 경우에는 기한의 이익을 주장하지 못한다.
1. 채무자가 담보를 손상, 감소 또는 멸실하게 한 때
2. 채무자가 담보제공의 의무를 이행하지 아니한 때

① 채무자는 담보를 손상, 감소 또는 멸실하게 한 때나 담보제공의 의무를 이행하지 아니한 경우
　에는 기한의 이익을 주장하지 못한다(민법 제388조).

② 채무자가 기한이익을 상실하면 채권자는 즉시이행을 청구할 수도 있고 본래의 이행기에 청구
　할 수도 있다.

③ 채무자가 기한이익을 상실하였다 하여 당연히 변제기가 도래하는 것은 아니고 채권자의 청구
　가 있는 때부터 지체의 책임을 진다.

(2) 이행이 가능할 것

① 이행이 가능함에도 이행기를 도과한 경우가 아니면 이행지체가 되지 않는다.

② 이행기에 이행이 불가능한 경우에는 이행불능의 문제가 된다.

(3) 이행지체가 채무자에게 책임이 있는 사유(귀책사유)에 기인할 것

① 채무자의 귀책사유란 채무자의 고의, 과실 및 신의칙상 이와 동일시되는 사유이다.

② 채무자의 법정대리인이 채무자를 위하여 이행하거나 채무자가 타인을 사용하여 이행하는 경
　우에는 법정대리인 또는 피용자의 고의나 과실은 채무자의 고의나 과실로 본다(민법 제391조).

(4) 이행하지 않는 것이 위법일 것

동시이행의 항변권(민법 제536조)이나 유치권(민법 제320조)과 같은 이행의 지연을 정당하게 하는 사유가
있는 때에는 이행지체의 책임을 지지 않는다. 따라서 채권자는 자기채무의 이행 또는 이행제공을
하여 채무자의 동시이행의 항변권을 소멸시켰다는 점을 주장·증명하여야 한다. 기출 19

> 채권의 가압류는 제3채무자에 대하여 채무자에게 지급하는 것을 금지하는 데 그칠 뿐 채무 그 자체를 면하게
> 하는 것이 아니고, 가압류가 있다 하여도 그 채권의 이행기가 도래한 때에는 제3채무자는 그 지체책임을 면할
> 수 없다고 보아야 할 것이다(대판[전합] 1994.12.13. 93다951). <u>기출 17</u>

(5) 책임능력

채무자에게 **고의·과실**이 있다고 하기 위해서는 책임능력이 있어야 한다.

(6) 입증책임

채무자는 귀책사유 없음을 입증하지 못하면 채무불이행책임을 진다.

3. 이행지체의 효과

> **채무불이행과 손해배상(민법 제390조)**
> 채무자가 채무의 내용에 좇은 이행을 하지 아니한 때에는 채권자는 손해배상을 청구할 수 있다. 그러나 채무자
> 의 고의나 과실 없이 이행할 수 없게 된 때에는 그러하지 아니하다.

(1) 이행의 강제

① 이행지체의 경우에 이행은 원칙적으로 가능하므로, 채권자는 채무자에 대하여 본래의 채무의 이행을 청구할 수 있다.

② 청구가 있음에도 불구하고 채무자가 이행하지 않는 때에는, 채권자는 그 강제이행을 법원에 소구하여 채권의 만족을 꾀할 수 있다.

③ 담보가 설정되어 있는 경우에는 담보를 실행할 수 있고, 위약금의 특약이 있으면 그 효력이 발생한다.

(2) 지연배상청구

① 채권자는 지체로 말미암아 생긴 손해의 배상, 즉 지연배상을 청구할 수 있다.

② 채권의 내용은 본래의 급부에 지연배상을 더한 것으로 확대된다.

(3) 전보배상청구

> **이행지체와 전보배상(민법 제395조)**
> 채무자가 채무의 이행을 지체한 경우에 채권자가 상당한 기간을 정하여 이행을 최고하여도 그 기간 내에 이행하
> 지 아니하거나 지체 후의 이행이 채권자에게 이익이 없는 때에는 채권자는 수령을 거절하고 이행에 갈음한
> 손해배상을 청구할 수 있다.

(4) 책임가중

> **이행지체 중의 손해배상(민법 제392조)** <u>기출 02·04·12</u>
> 채무자는 자기에게 과실이 없는 경우에도 그 이행지체 중에 생긴 손해를 배상하여야 한다. 그러나 채무자가
> 이행기에 이행하여도 손해를 면할 수 없는 경우에는 그러하지 아니하다.

(5) 계약해제

> **이행지체와 해제(민법 제544조)**
> 당사자 일방이 그 채무를 이행하지 아니하는 때에는 상대방은 상당한 기간을 정하여 그 이행을 최고하고 그 기간 내에 이행하지 아니한 때에는 계약을 해제할 수 있다. 그러나 채무자가 미리 이행하지 아니할 의사를 표시한 경우에는 최고를 요하지 아니한다.

> **정기행위와 해제(민법 세545조)**
> 계약의 성질 또는 당사자의 의사표시에 의하여 일정한 시일 또는 일정한 기간 내에 이행하지 아니하면 계약의 목적을 달성할 수 없을 경우에 당사자 일방이 그 시기에 이행하지 아니한 때에는 상대방은 전조의 최고를 하지 아니하고 계약을 해제할 수 있다.

① 계약에서 생긴 채무의 이행지체가 있는 경우, 채권자는 일정한 요건에 따라 그 계약을 해제할 수 있다.

② 당사자 일방이 그 채무를 이행하지 아니하는 때에는 상대방은 상당한 기간을 정하여 그 이행을 최고하고 그 기간 내에 이행하지 아니한 때에는 계약을 해제할 수 있다.

③ 채무자가 미리 이행하지 아니할 의사를 표시한 경우 최고를 요하지 아니한다(민법 제544조).

④ 계약의 성질 또는 당사자의 의사표시에 의하여 일정한 시일 또는 일정한 기간 내에 이행하지 아니하면 계약의 목적을 달성할 수 없을 경우에 당사자 일방이 그 시기에 이행하지 아니한 때에는 상대방은 최고를 하지 아니하고 계약을 해제할 수 있다(민법 제545조).

Ⅲ 이행불능

1. 이행불능의 의의

채권이 성립한 후에 채무자에게 책임 있는 사유로 인하여 이행할 수 없게 된 것을 이행불능이라 하며, 불능한 급부를 목적으로 해서는 채권이 존속할 수 없으므로, 이행불능은 채권에 대한 침해가 된다.

2. 이행불능의 요건

(1) 채권성립 후에 이행할 수 없게 될 것

① 후발적 불능일 것

② 이행의 가능 여부는 사회생활상의 경험칙 내지 거래상의 통념에 의해 판단한다.

[불능 여부에 대한 관련 판례]
• 소유권이전등기의무자가 그 부동산상에 제3자 명의로 가등기를 마쳐 주었다 하여도 가등기는 본등기의 순위보전의 효력을 가지는 것에 불과하고, 또한 그 소유권이전등기의무자의 처분권한이 상실되는 것도 아니므로 그 가등기만으로는 소유권이전등기의무가 이행불능이 된다고 할 수 없다(대판 1993.9.14. 93다12268). 기출 19 · 22

- 매매의 목적이 된 부동산에 관하여 제3자의 처분금지가처분의 등기가 기입되었다 할지라도, 이는 단지 그에 저촉되는 범위 내에서 가처분채권자에게 대항할 수 없는 효과가 있다는 것일 뿐 그것에 의하여 곧바로 부동산 위에 어떤 지배관계가 생겨서 채무자가 그 부동산을 임의로 타에 처분하는 행위 자체를 금지하는 것은 아니라 하겠으므로, 그 가처분등기로 인하여 바로 계약이 이행불능으로 되는 것은 아니고, 제3자 앞으로 소유권이전등기가 경료되는 등 사회거래의 통념에 비추어 계약의 이행이 극히 곤란한 사정이 발생하는 때에 비로소 이행불능으로 된다(대판 2002.12.27, 2000다47361). **기출 13**
- 매매목적물에 대한 가압류집행이 되어있느 데 압류느 베ㅅㄴ러이 채약위반을 이유로 매매계약을 해제할 수 없는 사정이어서 매도인이 착각하여 계약금의 배액을 위약금으로 지급하였다 하더라도 위약금 지급과 가압류집행 사이에 상당인과관계가 없다(대판 1992.12.22, 92다28518). **기출 06 · 09 · 19** 즉 매매목적물에 대한 가압류집행 사실만으로는 이행불능에 해당하지 않는다.
- 부동산소유권이전등기 의무자가 그 부동산에 관하여 제3자 앞으로 비록 채무담보를 위하여 소유권이전등기를 경료하였다고 할지라도 그 의무자가 채무를 변제할 자력이 없는 경우에는 특단의 사정이 없는 한 그 소유권이전등기의무는 이행불능이 된다(대판 1991.7.26, 91다8104). **기출 15**
- 매매목적물에 관하여 이중으로 제3자와 매매계약을 체결하였다는 사실만 가지고는 매매계약이 법률상 이행불능이라고 할 수 없고, 채무의 이행이 불능이라는 것은 단순히 절대적, 물리적으로 불능인 경우가 아니라 사회생활에 있어서의 경험법칙 또는 거래상의 관념에 비추어 볼 때 채권자가 채무자의 이행의 실현을 기대할 수 없는 경우를 말한다(대판 1996.7.26, 96다14616). **기출 11**
- 매수인에게 부동산의 소유권이전등기를 해줄 의무를 지는 매도인이 그 부동산에 관하여 다른 사람에게 이전등기를 마쳐 준 때에는 매도인이 그 부동산의 소유권에 관한 등기를 회복하여 매수인에게 이전등기해 줄 수 있는 특별한 사정이 없어야 비로소 매수인에 대한 소유권이전등기의무가 이행불능의 상태에 이르렀다고 할 수 있다(대판 2010.4.29, 2009다99129). **기출 11 · 13 · 22**
- 부동산 매매계약에서 계약금만 지급된 단계에서는 어느 당사자나 계약금을 포기하거나 그 배액을 상환함으로써 자유롭게 계약의 구속력에서 벗어날 수 있다. 그러나 중도금이 지급되는 등 계약이 본격적으로 이행되는 단계에 이른 때에는 계약이 취소되거나 해제되지 않는 한 매도인은 매수인에게 부동산의 소유권을 이전해 줄 의무에서 벗어날 수 없다(대판[전합] 2018.5.17, 2017도4027 - 다수의견). 따라서 매도인 甲이 제1매수인 乙의 잔금미지급을 이유로 계약을 적법하게 해제할 수 있었으나 해제하지 않은 상태에서 甲이 제2매수인 丙에게 X토지를 매도하고 소유권이전등기를 마쳐준 경우라면, 특별한 사정이 없는 한 甲은 乙에게 이행불능에 따른 책임을 부담한다. **기출 22**
- 부동산소유권이전등기 의무자가 그 목적물을 제3자에게 양도하고 아직 그 소유권이전등기를 경유하지 아니한 경우에는 특단의 사유가 없는 한 위 소유권이전등기의무는 이행불능의 상태에 있다고 볼 수 없음은 물론 위 소유권이전등기의무를 상속한 위 제3자가 그 명의로 소유권이전등기를 경료하였다고 할지라도 상속한 소유권이전등기의무가 이행불능이 되었다고는 볼 수 없다(대판 1984.4.10, 83다카1222). **기출 14**
- 매매목적물에 관하여 매도인의 다른 채권자가 강제경매를 신청하여 그 절차가 진행중에 있다는 사유만으로는 아직 매도인이 그 목적물의 소유권을 취득할 수 없는 때에 해당한다고 할 수 없으므로 매수인은 이를 이유로 계약을 해제하거나 위약금의 청구를 할 수 없다(대판 1987.9.8, 87다카655). **기출 15 · 21**
- [1] 소유자가 자신의 소유권에 기하여 실체관계에 부합하지 아니하는 등기의 명의인을 상대로 그 등기말소나 진정명의회복 등을 청구하는 경우에, 그 권리는 물권적 청구권으로서의 방해배제청구권(민법 제214조)의 성질을 가진다. 그러므로 소유자가 그 후에 소유권을 상실함으로써 이제 등기말소 등을 청구할 수 없게 되었다면, 이를 위와 같은 청구권의 실현이 객관적으로 불능이 되었다고 파악하여 등기말소 등 의무자에 대하여 그 권리의 이행불능을 이유로 민법 제390조상의 손해배상청구권을 가진다고 말할 수 없다. [2] 국가 명의로 소유권보존등기가 경료된 토지의 일부 지분에 관하여 甲 등 명의의 소유권이선등기가 경료되었는데, 乙이 등기말소를 구하는 소를 제기하여 국가는 乙에게 원인무효인 등기의 말소등기절차를 이행할 의무가 있고 甲 등 명의의 소유권이전등기는 등기부취득시효 완성을 이유로 유효하다는 취지의 판결이 확정되자, 乙이 국가를 상대로 손해배상을 구한 경우, 甲 등의 등기부취득시효 완성으로 토지에 관한 소유권을 상실한 乙이 불법행위를 이유로 소유권 상실로 인한 손해배상을 청구할 수 있음은 별론으로 하고, 애초 국가가 등기말소의무 이행불능으로 인한 채무불이행책임을 논할 여지는 없다(대판[전합] 2012.5.17, 2010다28604). **기출 13 · 14 · 16**

③ 금전채무에는 이행불능은 없으며 언제나 이행지체가 된다.

④ 이행지체 후에 불능으로 된 경우도 이행불능으로 본다.

(2) 불능이 채무자에게 책임 있는 사유에 기인할 것

채무자가 이행기에 이행하여도 역시 채권자가 손해를 면할 수 없었을 것을 입증할 수 없는 한, 과실이 없는 경우에도 그 지체 중에 생긴 손해를 배상하여야 한다(민법 제392조).

> 甲이 토지를 乙에게 증여하기로 하는 계약을 체결하고, 또 丙에게도 노무제공에 대한 보수조로 양도하기로 하는 계약을 체결하는 등의 2중양도 약정을 하였다가 위 乙에게 소유권이전등기가 됨으로써 丙에게는 그 소유권 이전등기를 하여줄 수 없게 된 것이라면 甲으로서는 丙에게 위 약정의 이행불능으로 인한 손해를 배상할 의무가 있다 할 것이고, 이 경우, 丙이 토지를 양도받기로 하는 약정을 할 때 甲의 위 乙에 대한 증여사실을 알고 있었는지의 여부는 甲의 이행불능으로 인한 손해배상 의무와는 아무런 관련이 없다(대판 1984.11.27. 84다카 1542 · 1543). **기출** 14

(3) 불능이 위법할 것

이행불능에 위법성조각사유가 없어야 한다.

3. 이행불능의 효과

(1) 손해배상청구

① 채권자는 본래급부 청구권에 갈음하여 전보배상을 청구할 수 있다(민법 제390조). 이것은 채무의 내용이 변경된 것에 불과하여 채무의 동일성은 그대로 유지된다. 따라서 본래의 급부청구권을 위한 담보는 여전히 손해배상청구권을 위하여 존속하며, 전보배상청구권과 반대급부청구권의 동시이행관계도 여전히 유지된다. **기출** 15 · 19

② 판례는 「매매계약의 이행불능으로 인한 전보배상책임의 범위는 이행불능 당시의 매매목적물의 시가에 의하여야 하고 **기출** 11 , 그와 같은 시가 상당액이 곧 통상의 손해라 할 것이고, 그 후 시가의 등귀는 채무자가 알거나 알 수 있었을 경우에 한하여 이를 특별사정으로 인한 손해로 보아 그 배상을 청구할 수 있는 것이므로 이행불능 당시의 시가가 계약 당시의 그것보다 현저하게 앙등되었다 할지라도 그 가격을 이른바 특별사정으로 인한 손해라고 볼 수 없다」(대판 1993.5.27. 92다20163)고 한다. 또한 이행불능으로 인한 전보배상청구권의 소멸시효는 이행불능이 되었을 때부터 진행된다(대판 2005.9.15. 2005다29474)고 하였다. **기출** 06

(2) 계약해제

채권자는 '최고 없이' 계약을 해제할 수 있다(민법 제546조). 이때 해제와 전보배상을 함께 청구할 수 있다.

> 매도인의 매매계약상의 소유권이전등기의무가 이행불능이 되어 이를 이유로 매매계약을 해제함에 있어서는 상대방의 잔대금지급의무가 매도인의 소유권이전등기의무와 동시이행관계에 있다고 하더라도 그 이행의 제공을 필요로 하는 것이 아니다(대판 2003.1.24. 2000다22850). **기출** 19

(3) 대상청구

1) 의 의

대상청구권이란 급부의 후발적 불능으로 인해, 채무자가 이행의 목적물에 갈음하는 이익을 취득하는 경우에 채권자가 채무자에 대하여 그 이익의 상환을 청구하는 권리를 말한다.

2) 인정 여부

통설·판례는 명문의 규정은 없지만, 이행불능의 효과로서 공평의 원칙상 당연히 인정된다는 입장이다. 기출 13

> 우리 민법에는 이행불능의 효과로서 채권자의 전보배상청구권과 계약해제권 외에 별도로 대상청구권을 규정하고 있지 않으나 해석상 대상청구권을 부정할 이유가 없다(대판 1992.5.12. 92다4581·92다4598).

3) 요 건

① 채권자가 물건 내지 권리의 급부를 목적으로 하는 채권을 취득하였을 것
② 급부가 후발적으로 불능이 되었을 것 : 급부가 원시적으로 불능인 경우 대상청구권이 문제될 여지가 없으며, 후발적 불능에 대한 채무자의 귀책사유도 문제가 되지 않는다.
③ 채무자가 이행불능이 된 사정으로 인하여 취득한 이익이 있을 것
④ **채권자는 자신의 채무자에 대한 반대급부 이행이 가능할 것** : 쌍무계약 당사자 쌍방의 급부가 모두 이행불능이 된 경우에는 당사자 일방이 상대방에 대하여 대상청구권을 행사할 수 없다(대판 1996.6.25. 95다6601). 기출 14·21·23

> 쌍무계약의 당사자 일방이 상대방의 급부가 이행불능이 된 사정의 결과로 상대방이 취득한 대상에 대하여 급부청구권을 행사할 수 있다고 하더라도, 그 당사자 일방이 대상청구권을 행사하려면 상대방에 대하여 반대급부를 이행할 의무가 있는바, 이 경우 당사자 일방의 반대급부도 그 전부가 이행불능이 되거나 그 일부가 이행불능이 되고 나머지 잔부의 이행만으로는 상대방의 계약목적을 달성할 수 없는 등 상대방에게 아무런 이익이 되지 않는다고 인정되는 때에는, 상대방이 당사자 일방의 대상청구를 거부하는 것이 신의칙에 반한다고 볼 만한 특별한 사정이 없는 한, 당사자 일방은 상대방에 대하여 대상청구권을 행사할 수 없다(대판 1996.6.25. 95다6601).

4) 효 과

① 대상청구권은 채권적 권리에 불과하다.
　㉠ 소유권이전등기의무의 목적 부동산이 수용되어 그 소유권이전등기의무가 이행불능이 된 경우, 등기청구권자는 등기의무자에게 대상청구권의 행사로써 등기의무자가 지급받은 수용보상금의 반환을 구하거나 또는 등기의무자가 취득한 수용보상금청구권의 양도를 구할 수 있을 뿐 그 수용보상금청구권 자체가 등기청구권자에게 귀속되는 것은 아니다(대판 1996.10.29. 95다56910). 기출 10
　㉡ 취득시효가 완성된 토지가 수용됨으로써 취득시효 완성을 원인으로 하는 소유권이전등기의무가 이행불능이 된 경우에는 그 소유권이전등기 청구권자가 대상청구권의 행사로서 그 토지의 소유자가 부지의 대가로서 지급받은 수용보상금의 반환을 청구할 수 있다고

하더라도, 시효취득자가 직접 토지의 소유자를 상대로 공탁된 토지수용보상금의 수령권
자가 자신이라는 확인을 구할 수는 없다(대판 1995.7.28. 95다2074). **기출** 14

② **대상청구의 범위** : 대상청구권의 행사 범위와 관련하여 이행불능으로 인한 손해를 그 한도로
하는지 여부와 관련하여 무제한설과 제한설의 견해 대립이 있다. 판례 또한 다음과 같은 판시
를 한 적이 있으나, 어떤 입장인지는 명확하지 않다.

> • 채무자가 목적물 소유자로서 수령하게 되는 보상금에 대하여 채권자인 경락인이 대상청구권을 가신나고
> 보는 이상, 특별한 사정이 없는 한 채권자는 그 목적물에 대하여 지급되는 보상금 전부에 대하여 대상청구
> 권을 행사할 수 있는 것이고, 소유권이전등기의무의 이행불능 당시 채권자가 그 목적물의 소유권을 취득
> 하기 위하여 지출한 매수대금 상당액 등의 한도 내로 그 범위가 제한된다고 할 수 없다(대판 2008.6.12.
> 2005두5956).
> • 매매의 목적물이 화재로 소실됨으로써 매도인이 지급받게 되는 화재보험금, 화재공제금에 대하여 매수인
> 의 대상청구권이 인정되는 이상, 매수인은 특별한 사정이 없는 한 목적물에 대하여 지급되는 화재보험금,
> 화재공제금 전부에 대하여 대상청구권을 행사할 수 있고, 인도의무의 이행불능 당시 매수인이 지급하였
> 거나 지급하기로 약정한 매매대금 상당액의 한도 내로 범위가 제한된다고 할 수 없다(대판 2016.10.27. 2013다
> 7769). **기출** 23

③ **소멸시효의 기산점** : 대상청구권은 특별한 사정이 없는 한 원칙적으로 이행불능이 된 때부터
10년의 소멸시효가 진행한다. **기출** 10 다만, 법규정의 미비 등으로 인하여 손실보상청구권
자체를 행사조차 할 수 없었던 경우에는 관계법령이 시행되어 손실보상청구권을 행사할 수
있었을 때부터 대상청구권의 소멸시효가 진행한다.

> 대상청구권은 특별한 사정이 없는 한 매매 목적물의 수용 또는 국유화로 인하여 매도인의 소유권이전등기
> 의무가 이행불능 되었을 때 매수인이 그 권리를 행사할 수 있다고 보아야 할 것이고 따라서 그때부터 소멸
> 시효가 진행하는 것이 원칙이라 할 것이나, 국유화가 된 사유의 특수성과 법규의 미비 등으로 그 보상금의
> 지급을 구할 수 있는 방법이나 절차가 없다가 상당한 기간이 지난 뒤에야 보상금청구의 방법과 절차가
> 마련된 경우라면, 대상청구권자로서는 그 보상금청구의 방법이 마련되기 전에는 대상청구권을 행사하는
> 것이 불가능하였던 것이고, 따라서 이러한 경우에는 보상금을 청구할 수 있는 방법이 마련된 시점부터
> 대상청구권에 대한 소멸시효가 진행하는 것으로 봄이 상당하다(대판 2002.2.8. 99다23901).

(4) 청구권 경합

채무불이행에 기한 손해배상청구권과 불법행위에 기한 손해배상청구권이 경합하는 경우, 채무
자는 어느 한쪽만을 주장할 수도 있고, 선택적으로 주장할 수도 있다(통설·판례).

Ⅳ 불완전이행

1. 불완전이행의 의의

채무자가 채무의 이행으로 일정한 급부를 하였으나, 급부의 목적에 하자가 있거나 또는 채무불이
행과 관련된 주의의무를 위반함으로써 채권자에게 손해를 끼친 경우이다.

① 불완전이행의 실질적 근거는 채권관계의 구성요소인 급부의무, 부수적 주의의무, 보호의무의 위반에서 찾는다. 즉, 명문의 규정은 없으나, 민법 제390조를 실정법적 근거로 들 수 있다(통설).

② 채무자의 고의·과실을 요건으로 하지 않고 부가적 손해가 배상범위에 포함되지 않는 하자담보책임과는 구별된다.

불완전이행과 하자담보책임

· 하자 있는 목적물의 손해를 담보책임이라고 보는 다수설에 의하면 양자는 별개의 책임체계로서 특정물매매이든 불특정물매매이든 경합의 문제는 발생하지 않고 하자담보책임의 문제만 있을 뿐이라고 한다. 다만, 확대손해가 발생한 경우에는 불완전이행의 문제가 발생한다.

· **판례** : 하자담보책임의 본질에 대한 계약책임설의 입장에서 타인의 물건의 매매로 인한 담보책임의 경우에는 양자의 경합을 인정하고 있다.

---

③ 이행불능 또는 이행지체 등의 소극적 사유에 의한 침해가 아닌, 이행이라는 적극적 행위에 의하여 침해가 발생한다.

2. 불완전이행의 성립요건

① 이행행위가 있어야 한다.

② 이행이 불완전하여야 한다.

ㄱ 목적물에 원시적 하자가 존재하는 경우

> 토지 매도인이 성토작업을 기화로 다량의 폐기물을 은밀히 매립하고 그 위에 토사를 덮은 다음 도시계획사업을 시행하는 공공사업시행자와 사이에서 정상적인 토지임을 전제로 협의취득절차를 진행하여 이를 매도함으로써 매수자로 하여금 그 토지의 폐기물처리비용 상당의 손해를 입게 하였다면 매도인은 이른바 불완전이행으로서 채무불이행으로 인한 손해배상책임을 부담하고, 이는 하자 있는 토지의 매매로 인한 민법 제580조 소정의 하자담보책임과 경합적으로 인정된다(대판 2004.7.22. 2002다51586).

ㄴ 안전배려의무 위반의 경우

> 공중접객업인 숙박업을 경영하는 자가 투숙객과 체결하는 숙박계약은 숙박업자가 고객에게 숙박을 할 수 있는 객실을 제공하여 고객으로 하여금 이를 사용할 수 있도록 하고 고객으로부터 그 대가를 받는 일종의 일시사용을 위한 임대차계약으로서, 여관의 객실 및 관련시설, 공간은 오로지 숙박업자의 지배 아래 놓여 있는 것이므로 숙박업자는 통상의 임대차와 같이 단순히 여관의 객실 및 관련시설을 제공하여 고객으로 하여금 이를 사용수익하게 할 의무를 부담하는 것에서 한 걸음 더 나아가 고객에게 위험이 없는 안전하고 편안한 객실 및 관련시설을 제공함으로써 고객의 안전을 배려하여야 할 보호의무를 부담하며 이러한 의무는 숙박계약의 특수성을 고려하여 신의칙상 인정되는 부수적인 의무로서 숙박업자가 이를 위반하여 고객의 생명, 신체를 침해하여 손해를 입힌 경우 불완전이행으로 인한 채무불이행책임을 부담한다(대판 1994.1.28. 93다43590). `기출 12`

③ 채무자의 귀책사유가 있어야 한다.

④ 완전하지 못한 이행이 위법하여야 한다.

⑤ 하자 있는 이행에 의해 채권자에게 손해가 발생하여야 한다.

3. 불완전이행의 효과

(1) 완전이행이 가능한 경우

① 채권자의 완전이행청구권, 추완청구권, 손해배상청구권이 있다.

② 이런 청구권들은 시효기간이 아니라 신의칙상 상당한 기간의 경과로 소멸한다(다수설).

(2) 완전이행이 불가능한 경우

이행방법이 불완전하여 채권자에게 적극적 손해를 가한 동시에 급부의 목적물이 멸실된 경우, 완전이행 그 자체가 불가능하지는 않더라도 새로운 이행이 채권자에게 아무런 이익을 주지 아니하는 경우 등에는 이행불능이 되며, 적극적 채권침해에 의한 손해배상 혹은 이행불능에 의한 전보배상을 청구할 수 있다.

(3) 계약해제

① 완전이행이 가능한 경우 상당한 기간을 정하여 최고해도 채무자가 이행치 않은 때에는 채권자는 계약을 해제할 수 있다.

② 완전이행이 불가능한 때에는 바로 계약을 해제할 수 있다.

4. 입증책임

① 채무의 이행이 있었다는 사실의 입증책임은 채무자에게 있다.

② 이행이 불완전하거나 불능이었다는 사실의 입증책임은 채권자에게 있다.

③ 채무자에게 고의·과실이 없었다는 사실은 채무자가 입증하여야 한다.

V 이행거절

1. 의 의

이행거절이란 채무자가 채무의 이행이 가능함에도 채권자에 대하여 채무를 이행할 의사가 없음을 명백하고 종국적으로 표시하여 객관적으로 보아 채권자로 하여금 채무자의 임의 이행을 더 이상 기대할 수 없게 하는 상태를 말한다.

2. 요 건

이행거절의 요건으로는 ① 채무의 이행이 가능할 것, ② 채무자가 진지하고 종국적으로 채무를 이행하지 아니할 의사표시를 하였을 것, ③ 객관적으로 보아 채무자의 임의 이행을 더 이상 기대할 수 없을 것, ④ 채무자의 이행거절이 위법할 것을 필요로 한다.

3. 효 과

① 강제이행청구권 : 이행이 가능하므로 강제이행을 청구할 수 있다. 이 점이 이행불능과 다르다.

② 손해배상청구권 : 채무자가 채무를 이행하지 아니할 의사를 명백히 표시한 경우에는 이행의 최고나 자기 채무의 이행제공 없이 채무자의 이행거절을 이유로 계약을 해제하거나 채무자를 상대로 손해배상을 청구할 수 있지만 기출 07·13 , 이러한 이행거절이라는 채무불이행이 인정되기 위해서는 채무를 이행하지 아니할 채무자의 명백한 의사표시가 위법한 것으로 평가되어야 한다(대판 2003.2.26. 2000다40995, 대판 2015.2.12. 2014다227225). 기출 16

③ 계약해제권 : 쌍무계약에 있어서 계약당사자의 일방은 상대방이 채무를 이행하지 아니할 의사를 명백히 표시한 경우에는 최고나 자기 채무의 이행제공 없이 그 계약을 적법하게 해제할 수 있다.

4. 이행거절의 종료

이행거절의 의사표시가 적법하게 철회된 경우에는 상대방으로서는 자기 채무의 이행을 제공하고 상당한 기간을 정하여 이행을 최고한 후가 아니면 채무불이행을 이유로 계약을 해제할 수 없다(대판 2003.2.26. 2000다40995). 기출 07

Ⅵ 채무불이행의 효과(= 채무불이행에 대한 구제)

1. 강제이행

강제이행(민법 제389조) 기출 10

① 채무자가 임의로 채무를 이행하지 아니한 때에는 채권자는 그 강제이행을 법원에 청구할 수 있다. 그러나 채무의 성질이 강제이행을 하지 못할 것인 때에는 그러하지 아니하다.

② 전항의 채무가 법률행위를 목적으로 한 때에는 채무자의 의사표시에 갈음할 재판을 청구할 수 있고 채무자의 일신에 전속하지 아니한 작위를 목적으로 한 때에는 채무자의 비용으로 제3자에게 이를 하게 할 것을 법원에 청구할 수 있다.

③ 그 채무가 부작위를 목적으로 한 경우에 채무자가 이에 위반한 때에는 채무자의 비용으로써 그 위반한 것을 제각하고 장래에 대한 적당한 처분을 법원에 청구할 수 있다.

④ 전3항의 규정은 손해배상의 청구에 영향을 미치지 아니한다.

(1) 의 의

국가가 사인의 급부청구권을 실현시키기 위하여 법원에 의하여 채무자의 의사에 관계없이 국가의 강제력을 동원하여 급부의 내용을 실현하는 것이다. 강제이행의 방법에는 직접강제, 대체집행, 간접강제 등이 있다.

(2) 강제이행의 순서

강제이행의 순서는 직접강제, 대체집행, 간접강제의 순으로 한다. 기출 10

(3) 강제이행의 방법

1) 직접강제(민법 제389조 제1항, 민사집행법 제257조 이하)

① 채권의 내용을 집행기관의 집행행위만에 의하여 직접 실현시키는 것이다.

② 인도채무의 집행방법으로 허용된다.

③ 직접강제가 허용되는 채무에 관하여는 대체집행이나 간접강제가 허용되지 않는다.

2) 대체집행(민법 제389조 제2항·제3항, 민사집행법 제260조)

① 채권자나 제3자로 하여금 대신 급부의 내용을 실현하게 하고 그의 비용을 금전으로 채무자에게 추심할 수 있도록 하는 강제이행방법이다.

② 주는 채무 이외에 하는 채무 중 대체적 작위채무의 불이행의 경우에 인정된다.

③ 대체집행이 허용되는 경우에 간접강제는 허용되지 않는다.

3) 간접강제(민사집행법 제261조 제1항)

① 의의 : 채무자에게 불이익(일정금액 지급, 벌금, 구금)을 예고하거나 부과하여 심리적 압박을 가함으로써 채무자 자신이 채무를 이행하도록 하는 방법으로, 부대체적 작위채무에 인정된다.

② 간접강제가 허용되지 않는 경우 : 채무자의 자유의사에 반하여 강제한다면 채무의 내용에 좇은 급부가 되지 못하는 채무(예술가의 작품 제작), 채무자의 의사에 반하여 그 이행을 강제하는 것이 채무자의 인격존중에 반하는 채무(고용계약의 노무 제공), 채무자의 일신전속적 채무 등은 간접강제가 허용되지 않고, 다만 손해배상을 허용한다.

(4) 부작위채무의 강제이행

위반행위로 인하여 발생, 존속하는 물적 결과에 대하여 채무자는 제거의무를 지는데 그 제거의무의 집행은 대체집행의 방법에 의한다.

① 의무위반은 있었으나 아무런 물적 결과가 남아 있지 않은 경우에는 대체집행을 할 수 없으며 손해배상청구만이 가능하다.

② 의무위반이 반복되는 경우 법원은 장래에 대한 적당한 처분을 명한다.

(5) 강제이행과 손해배상의 청구

강제이행의 청구는 손해배상의 청구에 영향을 미치지 아니한다(민법 제389조 제4항).

2. 손해배상

(1) 의 의

불법한 원인으로 발생한 손해를 피해자 이외의 자가 전보하는 것이다. 이에는 원상회복주의와 금전배상주의가 있는데, 민법은 금전배상주의 원칙에 따른다(민법 제394조).

(2) 손해배상의 근거와 방법

채무불이행과 손해배상(민법 제390조)
채무자가 채무의 내용에 좇은 이행을 하지 아니한 때에는 채권자는 손해배상을 청구할 수 있다. 그러나 채무자의 고의나 과실 없이 이행할 수 없게 된 때에는 그러하지 아니하다.

손해배상의 방법(민법 제394조)
다른 의사표시가 없으면 손해는 금전으로 배상한다.

준용규정(민법 제763조)
제393조, 제394조, 제396조, 제399조의 규정은 불법행위로 인한 손해배상에 준용한다.

명예훼손의 경우의 특칙(민법 제764조)
타인의 명예를 훼손한 자에 대하여는 법원은 피해자의 청구에 의하여 손해배상에 갈음하거나 손해배상과 함께 명예회복에 적당한 처분을 명할 수 있다.
[89헌마160 1991.4.1. 민법 제764조(1958.2.22. 법률 제471호)의 "명예회복에 적당한 처분"에 사죄광고를 포함시키는 것은 헌법에 위반됨]

민법은 금전배상주의를 규정하고 있다(민법 제394조). 다만, 당사자가 다른 의사표시를 한 때(민법 제394조, 제763조), 명예훼손의 경우의 특칙과 같이 법률에 다른 규정이 있을 때에는 그에 의한다.

> 채무불이행으로 인한 손해배상을 규정하고 있는 민법 제394조는 다른 의사표시가 없는 한 손해는 금전으로 배상하여야 한다고 규정하고 있는바, 위 법조 소정의 금전이라 함은 우리나라의 통화를 가리키는 것이어서 채무불이행으로 인한 손해배상을 구하는 채권은 당사자가 외국통화로 지급하기로 약정하였다는 등의 특별한 사정이 없는 한 채권액이 외국통화로 지정된 외화채권이라고 할 수 없다(대판 2005.7.28. 2003다12083). **기출 19**

(3) 손해배상의 범위

손해배상의 범위(민법 제393조)
① 채무불이행으로 인한 손해배상은 통상의 손해를 그 한도로 한다.
② 특별한 사정으로 인한 손해는 채무자가 그 사정을 알았거나 알 수 있었을 때에 한하여 배상의 책임이 있다.

1) 손해배상의 범위에 관한 학설

채무불이행 당시 보통인이 알 수 있었던 사정과 채무자가 특별히 알고 있는 사정을 함께 고려하여 그 사정으로 인한 손해를 손해배상의 범위로 결정한다(절충적 상당인과관계설).

2) 통상손해

채무자의 예견유무를 불문하고 특별한 사정이 없는 한 그 종류의 채무불이행이 있으면 사회일반관념에 따라 통상 발생하는 것으로 생각되는 범위의 손해를 말한다.

3) 특별손해

① 당사자 사이의 개별적·구체적 사정에 의한 손해로서 채무자가 특별한 사정을 알았거나 알수 있어야 한다.

② 결과인 손해는 인식할 필요가 없다.

③ 손해의 범위는 특별한 사정으로부터 통상 생기는 손해이다.

4) 재산권침해에 의한 특별손해가 인정되는 경우

① 특별사정으로 인한 손해배상에 있어서 채무자가 그 사정을 알았거나 알 수 있었는지의 여부를 가리는 시기는 계약체결 당시가 아니라 채무의 이행기까지를 기준으로 판단하여야 한다(대판 1985.9.10. 84다카1532). **기출** 19

② 일반적으로 타인의 불법행위에 의하여 재산권이 침해된 경우에는 그 재산적 손해의 배상에 의하여 정신적 고통도 회복된다고 보아야 할 것이므로, 재산적 손해의 배상에 의하여 회복할 수 없는 정신적 손해가 발생하였다면 이는 특별한 사정으로 인한 손해로서 가해자가 그러한 사정을 알았거나 알 수 있었을 경우에 한하여 그 손해에 대한 위자료를 인정할 수 있다(대판 1988.3.22. 87다카1096).

③ 매도인이 매수인으로부터 매매대금을 약정된 기일에 지급받지 못한 결과 제3자로부터 부동산을 매수하고 그 잔대금을 지급하지 못하여 그 계약금을 몰수당함으로써 손해를 입었다고 하더라도 이는 특별한 사정으로 인한 손해이므로 매수인이 이를 알았거나 알 수 있었던 경우에만 그 손해를 배상할 책임이 있다(대판 1991.10.11. 91다25369). **기출** 19

④ 매매대상 토지의 개별공시지가가 급등하여 매도인의 양도소득세 부담이 늘었다고 하더라도 그 손해는 사회일반의 관념상 매매계약에서의 잔금지급의 이행지체의 경우 통상 발생하는 것으로 생각되는 범위의 통상손해라고 할 수는 없고, 이는 특별한 사정에 의하여 발생한 손해에 해당한다(대판 2006.4.13. 2005다75897). **기출** 07

(4) 손해배상액의 산정 기준

1) 가격 산정

① 재산적 손해의 배상은 통상가격을 표준으로 하고, 특별한 가격은 채무자가 특별사정을 알았거나 알 수 있었을 때 배상의 책임을 진다.

② 위자료액은 배상권리자가 정당하다고 생각되는 액을 청구하게 하고, 법원이 재량에 의하여 판단한다.

2) 기준 시기

① 토지의 소유권이전등기가 이행불능된 데 대한 전보배상을 명함에 있어 이행불능사유 발생 당시의 시가를 감정하여 그 가액 상당의 배상을 명한 것은 정당하다(대판 1990.12.7. 90다5672). 또한 그 이후 목적물의 가격이 등귀하였다 하여도 그로 인한 손해는 특별손해에 해당한다(대판 2005.9.15. 2005다29474). **기출** 11·16

② 판례는 이행지체로 인한 전보배상에 대하여는 책임원인발생시설을 취한 경우도 있고, 사실심 변론종결시설을 취한 경우도 있다.

3) 기준 장소

당사자의 특약 또는 특별한 규정이 없는 경우 채무 이행지의 가격을 표준으로 한다.

4) 육체노동의 가동연한

> **[일반육체노동을 하는 사람 또는 육체노동을 주로 생계활동으로 하는 사람의 가동연한을 경험칙상 만 65세까지로 보아야 하는지 여부(원칙적 적극)]**
>
> 대법원은 1989.12.26. 선고한 88다카16867 전원합의체 판결(이하 '종전 전원합의체 판결'이라 한다)에서 일반 육체노동을 하는 사람 또는 육체노동을 주로 생계활동으로 하는 사람(이하 '육체노동'이라 한다)의 가동연한을 경험칙상 만 55세라고 본 기존 견해를 폐기하였다. 그 후부터 현재에 이르기까지 육체노동의 가동연한을 경험칙상 만 60세로 보아야 한다는 견해를 유지하여 왔다. 그런데 우리나라의 사회적·경제적 구조와 생활여건이 급속하게 향상·발전하고 법제도가 정비·개선됨에 따라 종전 전원합의체 판결 당시 위 경험칙의 기초가 되었던 제반 사정들이 현저히 변하였기 때문에 위와 같은 견해는 더 이상 유지하기 어렵게 되었다. 이제는 특별한 사정이 없는 한 만 60세를 넘어 만 65세까지도 가동할 수 있다고 보는 것이 경험칙에 합당하다(대판[전합] 2019.2.21. 2018다248909 – 다수의견).

(5) 손해배상의 범위에 관한 특수문제

1) 과실상계

> **과실상계(민법 제396조)**
> 채무불이행에 관하여 채권자에게 과실이 있는 때에는 법원은 손해배상의 책임 및 그 금액을 정함에 이를 참작하여야 한다.

① 의의 : 채무불이행이나 불법행위에 기한 손해배상책임의 범위를 정함에 있어 채권자의 과실이 손해의 발생 및 확대에 기여한 경우 법원은 이를 참작하여야 하는데, 이를 과실상계라고 한다.

② 요 건

　ㄱ 손해배상청구권이 발생하였을 것

　　• 채무 내용에 따른 본래의 급부의 이행을 구하는 경우에는 과실상계가 인정되지 않는다.

　　• 표현대리가 성립하는 경우, 상대방에게 과실이 있더라도 과실상계의 법리를 유추적용하여 본인의 책임을 경감할 수 없다(대판 1994.12.12. 94다24985). **기출** 08·13·14·21

　ㄴ 채권자의 과실이 있을 것 : 판례는 손해배상책임의 요건으로서의 과실은 의무위반이라는 강력한 과실임에 반하여, 과실상계에서의 과실은 가해자의 과실과 달리 사회통념이나 신의성실의 원칙에 따라 공동생활에 있어 요구되는 약한 의미의 부주의라고 설시하고 있다 (대판 2000.8.22. 2000다29028).

> **[과실에 의한 물법행위자인 중개보조원이 고의에 의한 불법행위자와 공동불법행위책임을 부담하는 경우, 중개보조원의 손해배상액을 정할 때 피해자의 과실을 참작하여 과실상계를 할 수 있는지 여부(적극) 및 중개보조원을 고용한 개업공인중개사의 손해배상금액을 정할 때 불법행위에 관여하지는 않았다는 등의 개별적인 사정까지 고려하여 중개보조원보다 가볍게 책임을 제한할 수 있는지 여부(적극)]**
>
> 피해지의 부주의를 이용하여 고의로 불법행위를 저지른 사람이 바로 피해자의 부주의를 이유로 자신의 책임을 줄여 달라고 주장하는 것은 허용될 수 없다. 그러나 이는 그러한 사유가 있는 자에게 과실상계의

주장을 허용하는 것이 신의칙에 반하기 때문이므로, 불법행위자 중의 일부에게 그러한 사유가 있다고 하여 그러한 사유가 없는 다른 불법행위자까지도 과실상계의 주장을 할 수 없다고 해석할 것은 아니다. 또한 중개보조원이 업무상 행위로 거래당사자인 피해자에게 고의로 불법행위를 저지른 경우라고 하더라도, 중개보조원을 고용하였을 뿐 이러한 불법행위에 가담하지 않은 개업공인중개사에게 책임을 묻고 있는 피해자에게 과실이 있다면, 법원은 과실상계의 법리에 따라 손해배상의 책임과 그 금액을 정하는 데 이를 참작하여야 한다. 따라서 과실에 의한 불법행위자인 중개보조원이 고의에 의한 불법행위자와 공동불법행위책임을 부담하는 경우 중개보조원의 손해배상액을 정할 때에는 피해자의 과실을 참작하여 과실상계를 할 수 있고, 중개보조원을 고용한 개업공인중개사의 손해배상금액을 정할 때에는 개업공인중개사가 중개보조원의 사용자일 뿐 불법행위에 관여하지는 않았다는 등의 개별적인 사정까지 고려하여 중개보조원보다 가볍게 책임을 제한할 수도 있다(대판 2018.2.13. 2015다242429).

ⓒ **책임능력의 요부(要否)** : 채권자에게 책임능력이 필요한지 여부에 대해 견해대립이 있으나, 통설과 판례는 책임능력은 불필요하고, 다만 사리변식능력만 있으면 족하다는 태도이다.

③ **효 과**

㉠ 과실상계 사유에 관한 사실인정이나 그 비율을 정하는 것은 그것이 형평의 원칙에 비추어 현저히 불합리하다고 인정되지 않는 한 사실심의 전권에 속하는 사항이다(대판 2012.1.12. 2010다79947).

㉡ 채권자에게 과실이 인정되면 법원은 손해배상의 책임 및 그 금액을 정함에 있어서 이를 참작하여야 하며, 배상의무자가 피해자의 과실에 관하여 주장하지 않는 경우에도 소송자료에 의하여 과실이 인정되는 경우에는 이를 법원이 직권으로 심리·판단하여야 한다(대판 2008.2.28. 2005다60369).

㉢ **일부청구에서의 과실상계의 방법** : 일부청구 시 과실상계의 방법으로 안분설, 내측설, 외측설 등이 주장되고 있으나, 판례(대판 2008.12.24. 2008다51649)는 외측설을 따르고 있다.

> 일개의 손해배상청구권 중 일부가 소송상 청구되어 있는 경우에 과실상계를 함에 있어서는 손해의 전액에서 과실비율에 의한 감액을 하고 그 잔액이 청구액을 초과하지 않을 경우에는 그 잔액을 인용할 것이고 잔액이 청구액을 초과할 경우에는 청구의 전액을 인용하는 것으로 해석하여야 할 것이며, 이와 같이 풀이하는 것이 일부청구를 하는 당사자의 통상적 의사라고 할 것이고, 이러한 방식에 따라 원고의 청구를 인용한다고 하여도 처분권주의에 위배되는 것이라고 할 수는 없다(대판 2008.12.24. 2008다51649).

④ **적용범위**

㉠ 과실책임주의를 기초로 하는 손해배상책임에 적용됨이 원칙이다. 따라서 피해자의 부주의를 이용하여 고의로 불법행위를 저지른 자가 피해자의 바로 그 부주의를 이유로 자신의 책임을 감하여 달라고 주장하는 것은 허용될 수 없다(대판 2010.7.8. 2010다21276). `기출 13`

㉡ 무과실책임(매도인의 하자담보책임)의 경우 직접적용은 부정하나 참작은 가능하다.

㉢ 법률행위 본래의 책임을 묻는 경우에는 과실상계가 적용되지 않는다.

㉣ 손해배상의 예정에는 적용이 없다는 것이 판례의 태도이다.

⑤ 피해자 측 과실
- ㉠ 채무불이행으로 인한 손해배상의 경우 : 통설은 채권자의 수령보조자의 과실을 채권자의 과실과 동일시하여 과실상계를 한다.
- ㉡ 불법행위로 인한 손해배상의 경우 : 학설의 대립이 있으나, 판례는 과실상계에서 피해자의 과실에는 피해자 본인의 과실뿐 아니라 피해자와 동일시할 수 있는 피해자 측의 과실도 포함되어야 한다(대판 1997.11.14. 97다35344)고 석시하였다.

2) 손익상계

채무불이행이라는 동일한 원인에 의하여 채권자가 손해와 함께 이익을 얻은 경우에 그 이익을 공제하여 배상액을 산정하는 것을 말한다.

① 민법에는 규정이 없으나 공평의 원칙상 인정되는 제도임을 유의하여야 한다.
② 공제되는 이익의 범위는 채무불이행과 상당인과관계가 있는 이익이므로 채무불이행 이외의 원인을 통해 채권자가 이익을 얻은 경우에는 그 이익은 공제대상이 되지 않는다. **기출** 08
- ㉠ 부의금은 공제의 대상이 아니다(통설, 대판 2005.10.28. 2003다69638). **기출** 08
- ㉡ 피해자의 사망 시 피해자의 생활비는 손익상계로 공제된다(대판 1969.7.22. 69다504). 다만, 부양가족의 생활비는 공제되지 않는다.
③ 과실상계 후 손익상계를 한다(대판 2010.2.25. 2009다87621). **기출** 08·09·16

3) 손해배상자의 대위

손해배상자의 대위(민법 제399조) **기출** 17
채권자가 그 채권의 목적인 물건 또는 권리의 가액 전부를 손해배상으로 받은 때에는 채무자는 그 물건 또는 권리에 관하여 당연히 채권자를 대위한다.

(6) 손해배상액의 예정

배상액의 예정(민법 제398조) **기출** 08·10
① 당사자는 채무불이행에 관한 손해배상액을 예정할 수 있다.
② 손해배상의 예정액이 부당히 과다한 경우에는 법원은 적당히 감액할 수 있다.
③ 손해배상액의 예정은 이행의 청구나 계약의 해제에 영향을 미치지 아니한다.
④ 위약금의 약정은 손해배상액의 예정으로 추정한다.
⑤ 당사자가 금전이 아닌 것으로써 손해의 배상에 충당할 것을 예정한 경우에도 전4항의 규정을 준용한다.

1) 의 의

계약과 동시에 계약 위반으로 인한 손해를 미리 산정하여 계약 위반 시에 채권자가 별도의 손해 발생 및 손해액의 증명 없이 예정배상액을 청구하기로 하는 당사자 간의 합의를 말한다.

① 당사자는 채무불이행에 관한 손해배상액을 예정할 수 있다(민법 제398조 제1항).
② 채무불이행을 정지조건으로 하는 계약이며, 기본채권에 종된 계약이다.
③ 채무불이행 시에만 적용되고 불법행위 시에는 손해배상예정을 할 수 없다.

2) 요건

① 채무불이행의 전제가 되는 채권관계가 있어야 한다.

② 기본채권관계의 채권자와 채무자 간 손해 발생과 손해액에 대한 약정이 체결되어야 한다.

　㉠ 물적합의 범위

　　• 계약 당시 당사자 사이에 손해배상액을 예정하는 내용의 약정이 있는 경우에는 그것은 계약상의 채무불이행으로 인한 손해에 관한 것이고 이를 그 계약과 관련된 불법행위상의 손해까지 예정한 것이라고는 볼 수 없다(대판 1999.1.15. 98다48033). 기출 09 · 10 · 17

　　• 지연배상금에 대한 약정은 이행지체에 대비한 손해배상액의 예정 합의에 해당한다.
　　　　　　　　　　　　　　　　　　　　　　　　　　　　　　　　　기출 09

　㉡ 인적합의 범위 : 분양계약서에서 수분양자인 甲의 분양대금 납입 지체에 따른 지연손해금의 납부책임과 금액만을 규정하고 분양자이자 매도인인 乙 주식회사 등의 이행지체에 따른 지체상금에 관하여는 아무런 규정을 두지 않은 경우, 수분양자의 분양대금 납입 지체에 적용되는 지연손해금 조항이 당연히 매도인에게도 적용되어 동일한 내용의 지체상금 조항이 있는 것으로 간주될 수는 없다(대판 2012.3.29. 2010다590).

③ 채무불이행이 있었을 것

3) 효과

① 예정배상액의 청구

　㉠ 채무불이행으로 인한 손해배상액의 예정이 있는 경우에는, 채권자는 채무불이행 사실만 증명하면 손해의 발생 및 그 액을 증명하지 아니하고 예정배상액을 청구할 수 있다(대판 2000.12.8. 2000다50350). 기출 09 · 14 · 15

　㉡ 실제의 손해액이 예정된 배상액보다 많거나 적다는 것을 입증하더라도, 예정된 배상액만을 청구할 수 있을 뿐이다.

　㉢ 당사자 사이의 채무불이행에 관하여 손해배상액을 예정한 경우에 채권자는 통상의 손해뿐만 아니라 특별한 사정으로 인한 손해에 관하여도 예정된 배상액만을 청구할 수 있고 특약이 없는 한 예정액을 초과한 배상액을 청구할 수는 없다(대판 1988.9.27. 86다카2375[본소] · 2376[반소]).
　　　　　　　　　　　　　　　　　　　　　　　　　　　　　　　　　기출 10 · 13

　㉣ 채무불이행으로 인한 손해배상액이 예정되어 있는 경우에는 채권자는 채무불이행 사실만 증명하면 손해의 발생 및 그 액을 증명하지 아니하고, 예정배상액을 청구할 수 있고, 채무자는 채권자와 채무불이행에 있어 채무자의 귀책사유를 묻지 아니한다는 약정을 하지 아니한 이상 자신의 귀책사유가 없음을 주장·입증함으로써 예정배상액의 지급책임을 면할 수 있다.

② 예정배상액의 감액

　㉠ 손해배상의 예정액이 부당히 과다한 경우에는 법원은 (직권으로) 적당히 감액할 수 있다
　　(민법 제398조 제2항, 대판 2002.12.24. 2000다54536). 기출 14 · 15 · 16

　㉡ 예정배상액이 과소한 경우에 대해서는 아무런 규정을 두고 있지 않은데, 다수설은 법원에 의한 직권 증액을 부정한다.

ⓒ 손해배상의 예정액이 부당하게 과다한지의 여부 내지 그에 대한 적당한 감액의 범위를 판단하는 데 있어서는 <u>사실심의 변론종결 당시를 기준으로 한다</u>(대판 2000.12.8. 2000다35771).

기출 13·14·15

ⓓ 금전채무에 관하여 이행지체에 대비한 지연손해금 비율을 따로 약정한 경우에 이는 일종의 손해배상액의 예정으로서 민법 제398조에 의한 감액의 대상이 된다(대판 2000.7.28. 99다38637).

ⓔ "손해배상의 예정액"이라 함은 문언상 배상비율 자체를 말하는 것이 아니라 그 비율에 따라 계산한 예정배상액의 총액을 의미한다고 해석하여야 한다(대판 2000.7.28. 99다38637).

③ 과실상계와 손익상계의 적용

ⓐ 손해배상액이 예정된 경우에도 채무불이행에 대한 채권자의 과실이 있을 때에는 손해배상의 책임 및 금액의 산정에 있어서 이를 참작해야 한다(통설).

ⓑ 손해배상액의 예정에 있어서도 손익상계는 부정되지 않는다.

ⓒ 손해배상액을 예정한 경우에는 과실상계를 적용할 것이 아니다(대판 1972.3.31. 72다108).

기출 08·09·10·19

④ 배상액의 예정과 이행청구·계약해제 : 손해배상액의 예정은 이행의 청구나 계약의 해제에 영향을 미치지 않는다(민법 제398조 제3항).

> **[채권자가 채무불이행을 이유로 계약을 해제하거나 해지한 경우, 채무불이행으로 인한 전보배상에 관한 손해배상액의 예정이 실효되는지 여부(원칙적 소극) / 이때 손해배상액의 예정이 계약의 유지를 전제로 정해진 약정이라는 등의 사정이 있는 경우에는 손해배상액의 예정이 실효될 수 있는지 여부(적극) 및 위와 같은 특별한 사정이 있는지 판단하는 기준]**
>
> 민법 제398조 제1항, 제3항, 제551조의 문언·내용과 계약당사자의 일반적인 의사 등을 고려하면, 계약당사자가 채무불이행으로 인한 전보배상에 관하여 손해배상액을 예정한 경우에 채권자가 채무불이행을 이유로 계약을 해제하거나 해지하더라도 원칙적으로 손해배상액의 예정은 실효되지 않고, 전보배상에 관하여 특별한 사정이 없는 한 손해배상액의 예정에 따라 배상액을 정해야 한다. 다만 위와 같은 손해배상액의 예정이 계약의 유지를 전제로 정해진 약정이라는 등의 사정이 있는 경우에 채무불이행을 이유로 계약을 해제하거나 해지하면 손해배상액의 예정도 실효될 수 있다. 이때 손해배상액의 예정이 실효된다고 볼 특별한 사정이 있는지는 약정 내용, 약정이 이루어지게 된 동기와 경위, 당사자가 이로써 달성하려는 목적, 거래의 관행 등을 종합적으로 고려하여 당사자의 의사를 합리적으로 해석하여 판단해야 한다(대판 2022.4.14. 2019다292736[본소]·292743[반소]).

4) 관련 문제

① 위약금

ⓐ 위약금이란 채무불이행의 경우에 채무자가 채권자에게 지급할 것을 약속한 금액으로서 손해배상액의 예정 또는 위약벌로서의 성격을 갖는다.

ⓑ 위약금의 약정이 있는 경우에는 채무자에게 채무불이행이 있으면 채권자는 실제손해액을 증명할 필요 없이 그 예정액을 청구할 수 있는 반면에 실제손해액이 예정액을 초과하더라도 그 초과액을 청구할 수 없다(대결 1990.2.13. 89다카26250).

ⓒ 도급계약에서 계약이행보증금과 지체상금의 약정이 있는 경우, 특별한 사정이 없는 한 계약이행보증금은 위약벌 또는 제재금의 성질을 가지고, 지체상금은 손해배상의 예정으로 봄이 상당하다(대판 1996.4.26. 95다11436).

ⓓ 위약금은 그 약정목적에 따라 위약벌과 손해배상액의 예정으로 분류되는데 당사자 사이의 특별한 약정이 없는 한 손해배상액의 예정으로 추정된다(민법 제398조 제4항). 따라서 위약벌임을 주장하는 자에게 위약벌로서의 약정이었다는 사실에 대한 입증책임이 있다(대판 2001.9.28. 2001다14689).

> [1] **위약금이 위약벌로 해석되기 위한 요건 및 위약금의 법적 성질을 판단하는 방법** : 당사자 사이에 채무불이행이 있으면 위약금을 지급하기로 약정한 경우에 위약금 약정이 손해배상액의 예정인지 위약벌인지는 구체적인 사건에서 개별적으로 판단해야 할 의사해석의 문제이다. 그런데 위약금은 손해배상액의 예정으로 추정되므로(민법 제398조 제4항), 위약금을 위약벌로 해석하기 위해서는 이를 위약벌로 인정할 만한 특별한 사정이 있어야 한다. 위약금의 법적 성격을 판단할 때에는 계약을 체결할 당시 위약금과 관련하여 사용하고 있는 명칭이나 문구뿐만 아니라 계약 당사자의 경제적 지위, 계약 체결의 경위와 내용, 위약금 약정을 하게 된 경위와 그 교섭 과정, 당사자가 위약금을 약정한 주된 목적, 위약금을 통해 그 이행을 담보하려는 의무의 성격, 채무불이행이 발생한 경우에 위약금 이외에 별도로 손해배상을 청구할 수 있는지 여부, 위약금액의 규모나 전체 채무액에 대한 위약금액의 비율, 채무불이행으로 발생할 것으로 예상되는 손해액의 크기, 그 당시의 거래관행 등 여러 사정을 종합적으로 고려하여 합리적으로 판단하여야 한다.
> [2] **위약금 약정이 손해배상액의 예정과 위약벌의 성격을 함께 가지는 경우, 법원은 당사자의 주장이 없더라도 직권으로 민법 제398조 제2항에 따라 위약금 전체 금액을 기준으로 감액할 수 있는지 여부(원칙적 적극) 및 이때 그 금액이 부당하게 과다한지 판단하는 기준** : 위약금 약정이 손해배상액의 예정과 위약벌의 성격을 함께 가지는 경우 특별한 사정이 없는 한 법원은 당사자의 주장이 없더라도 직권으로 민법 제398조 제2항에 따라 위약금 전체 금액을 기준으로 감액할 수 있다. 이때 그 금액이 부당하게 과다한지는 채권자와 채무자의 각 지위, 계약의 목적과 내용, 위약금 약정을 한 동기와 경위, 계약위반 과정, 채무액에 대한 위약금의 비율, 예상 손해액의 크기, 의무의 강제를 통해 얻는 채권자의 이익, 그 당시의 거래관행 등 모든 사정을 참작하여 일반 사회관념에 비추어 위약금의 지급이 채무자에게 부당한 압박을 가하여 공정성을 잃는 결과를 초래한다고 볼 수 있는지를 고려해서 판단해야 한다(대판 2020.11.12. 2017다275270).

ⓜ 위약벌의 경우에는 별도의 채무불이행으로 인한 손해배상청구가 가능하다.

ⓗ 위약벌의 약정은 손해배상의 예정에 관한 민법 제398조 제2항을 유추적용하여 그 액을 감액할 수는 없고, 다만, 그 의무의 강제에 의하여 얻어지는 채권자의 이익에 비하여 약정된 벌이 과도하게 무거울 때에는 그 일부 또는 전부가 공서양속에 반하여 무효로 된다.

② 계약금

㉠ 계약금이란 계약을 체결할 때에 그 계약에 부수하여 당사자의 일방이 상대방에게 교부하는 금전 기타 유가물을 말한다.

㉡ 계약금이 수수된 경우 이는 특별한 사정이 없는 한 해약금으로 추정될 뿐 그것을 위약금으로 하여 손해배상의 예정을 한 것으로 볼 수는 없다.

㉢ 다만, 계약금을 수수하면서 '일방이 위약하면 계약금을 포기하거나 배액을 상환하기로 하는 별도의 약정'이 있다면 이는 손해배상액의 예정으로서의 성질을 갖는다(대판 1989.12.12. 89다카10811).

VII 채권자지체

채권자지체(민법 제400조)

채권자가 이행을 받을 수 없거나 받지 아니한 때에는 이행의 제공 있는 때로부터 지체책임이 있다.

채권자지체와 채무자의 책임(민법 제401조) 기출 02·11·18

채권자지체 중에는 채무자는 고의 또는 중대한 과실이 없으면 불이행으로 인한 모든 책임이 없다.

동전(민법 제402조) 기출 14·18

채권자지체 중에는 이자 있는 채권이라도 채무자는 이자를 지급할 의무가 없다.

채권자지체와 채권자의 책임(민법 제403조) 기출 18

채권자지체로 인하여 그 목적물의 보관 또는 변제의 비용이 증가된 때에는 그 증가액은 채권자의 부담으로 한다.

채권자귀책사유로 인한 이행불능(민법 제538조)

① 쌍무계약의 당사자 일방의 채무가 채권자의 책임 있는 사유로 이행할 수 없게 된 때에는 채무자는 상대방의 이행을 청구할 수 있다. 채권자의 수령지체 중에 당사자쌍방의 책임 없는 사유로 이행할 수 없게 된 때에도 같다.

② 전항의 경우에 채무자는 자기의 채무를 면함으로써 이익을 얻은 때에는 이를 채권자에게 상환하여야 한다.

1. 의 의

채무의 이행에 있어서 채권자의 수령 기타의 협력을 필요로 하는 경우, 채무자가 채무의 내용에 좇은 이행의 제공을 하였음에도 불구하고 채권자가 이행을 받을 수 없거나 받지 아니한 때에는 이행의 제공이 있는 때로부터 지체책임이 있다(민법 제400조).

2. 채권자지체의 법적 성질에 관한 학설의 논의

① **채무불이행책임설(다수설)** : 채권자의 수령의무를 인정하며, 수령하지 않음에 대한 채권자의 귀책사유가 필요하다. 따라서 민법 제401조 내지 민법 제403조 이외에 손해배상청구권과 계약해제권도 인정된다.

② **법정책임설** : 채권자의 수령의무는 인정되지 않으며, 따라서 채권자의 귀책사유는 요건이 아니다. 또한 민법 제401조 내지 민법 제403조 이외에 손해배상청구권과 계약해제권은 인정될 수 없다.

③ **절충설** : 원칙적으로 채권자의 일반적 수령의무는 인정할 수 없으나, 매매, 도급, 임치와 같은 계약유형에 있어서는 신의칙상 채권자이 수취의무를 인정할 수 있다. 따라서 이러한 계약유형에 있어서는 채권자에게 귀책사유가 있다면 손해배상청구권과 계약해제권도 인정할 수 있다.

3. 채권자지체의 요건

(1) 채무의 내용에 좇은 이행의 제공이 있을 것

채무의 내용에 좇지 않은 제공의 불수령은 채권자지체가 되지 않는다.

(2) 채권자가 채무자의 이행의 제공을 받을 수 없거나 받지 않을 것

수령거절·수령불능의 이유는 묻지 않는다. 이행불능과 수령불능과의 구별은 이행의 장애가 채권자·채무자의 어느 쪽의 영향범위 내지 사업범위에서 발생 또는 결과를 일으켰느냐를 기준으로 하여, 그것이 채권자 측에 있으면 수령불능이 되며 채무자 측에 있으면 이행불능이 된다[영역설(통설)].

(3) 채권자의 귀책사유에 기인할 것

① 법정책임설 : 채권자의 고의·과실 및 기타의 귀책사유는 요건이 되지 않는다.
② 채무불이행책임설 : 채권자지체는 과실책임주의의 원칙이 지배하므로 당연히 귀책사유가 필요하게 된다.

(4) 채권자의 수령불능 또는 수령거절이 위법일 것

채무자의 이행의 제공이 채무의 내용에 적합한 것이 아닐 때에는 채권자가 수령을 거절하는 것은 법률상 당연한 일이며 위법성이 없다.

4. 채권자지체의 효과

(1) 손해배상청구권

① 채무불이행책임설은 채권자지체로 생긴 손해배상의 청구를 인정한다.
② 법정책임설은 손해배상청구권을 인정하지 않는다.

(2) 계약해제권

① 채무불이행책임설은 채무자가 수령이 가능한 경우에는 상당한 기간을 정하여 수령을 최고한 다음에, 정기행위의 경우와 수령이 불가능한 경우에는 최고 없이 곧 계약을 해제할 수 있다.
② 법정책임설은 계약해제권을 인정하지 않는다.

> [채권자지체가 성립하는 경우, 채무자가 채권자에 대하여 손해배상이나 계약 해제를 주장할 수 있는지 여부(원칙적 소극) / 신의칙상 채권자에게 급부를 수령할 의무나 급부 이행에 협력할 의무가 있다고 볼 특별한 사정이 있는지 판단하는 기준 및 위와 같은 수령의무나 협력의무가 이행되지 않으면 계약 목적을 달성할 수 없거나 채무자에게 계약의 유지를 더 이상 기대할 수 없다고 볼 수 있는 경우, 채무자가 위 의무 위반을 이유로 계약을 해제할 수 있는지 여부(적극)]
>
> 민법은 채권자지체의 효과로서 채권자지체 중에는 채무자는 고의 또는 중대한 과실이 없으면 불이행으로 인한 모든 책임이 없고(제401조), 이자 있는 채권이라도 채무자는 이자를 지급할 의무가 없으며(제402조), 채권자지체로 인하여 그 목적물의 보관 또는 변제의 비용이 증가된 때에는 그 증가액은 채권자가 부담하는 것으로 정한다(제403조). 나아가 채권자의 수령지체 중에 당사자 쌍방의 책임 없는 사유로 채무를 이행할 수 없게 된 때에는 채무자는 상대방의 이행을 청구할 수 있다(제538조 제1항). 이와 같은 규정 내용과 체계에

비추어 보면, 채권자지체가 성립하는 경우 그 효과로서 원칙적으로 채권자에게 민법 규정에 따른 일정한 책임이 인정되는 것 외에, 채무자가 채권자에 대하여 일반적인 채무불이행책임과 마찬가지로 손해배상이나 계약 해제를 주장할 수는 없다. 그러나 계약 당사자가 명시적·묵시적으로 채권자에게 급부를 수령할 의무 또는 채무자의 급부 이행에 협력할 의무가 있다고 약정한 경우, 또는 구체적 사안에서 신의칙상 채권자에게 위와 같은 수령의무나 협력의무가 있다고 볼 특별한 사정이 있다고 인정되는 경우에는 그러한 의무 위반에 대한 책임이 발생할 수 있다. 그중 신의칙상 채권자에게 급부를 수령할 의무나 급부 이행에 협력할 의무가 있다고 볼 특별한 사정이 있느냐는 추상적·일반적으로 판단할 것이 아니라 구체적 사안에서 계약의 목적과 내용, 급부의 성질, 거래 관행, 객관적·외부적으로 표명된 계약 당사자의 의사, 계약 체결의 경위와 이행 상황, 급부의 이행 과정에서 채권자의 수령이나 협력이 차지하는 비중 등을 종합적으로 고려해서 개별적으로 판단해야 한다. 이와 같이 채권자에게 계약상 의무로서 수령의무나 협력의무가 인정되는 경우, 그 수령의무나 협력의무가 이행되지 않으면 계약 목적을 달성할 수 없거나 채무자에게 계약의 유지를 더 이상 기대할 수 없다고 볼 수 있는 때에는 채무자는 수령의무나 협력의무 위반을 이유로 계약을 해제할 수 있다(대판 2021.10.28. 2019다293036).

(3) 주의의무의 경감

채무자는 채권자지체 중에는 주의의무가 경감되며, 고의 또는 중대한 과실에 대해서만 책임을 진다(민법 제401조).

(4) 이자의 정지

채무자는 채권자지체 중에는 이자 있는 채권이라도 이자를 지급할 의무가 없다(민법 제402조).

(5) 채권자의 책임의 가중

채권자지체로 인하여 그 목적물의 보관 또는 변제의 비용이 증가된 때에는 그 증가액은 채권자의 부담으로 한다(민법 제403조).

(6) 쌍무계약에 있어서의 대가위험이전

① 채권자의 수령지체 중에 당사자 쌍방의 책임 없는 사유, 즉 불가항력으로 인하여 이행불능으로 된 때에는 그 위험은 채권자가 부담한다.
② 채무자는 상대방의 이행을 청구할 수 있다(민법 제538조 제1항 본문).

5. 입증책임

채권자지체의 성립에 관해서는 이를 주장하는 채무자가 입증하여야 한다.
① 채무자는 채권자의 협력이 필요하다는 사실과 이행의 제공 및 채권자의 지체사실에 대한 입증책임을 부담한다.
② 채권자는 채무의 불수령에 대한 자신의 귀책사유가 없음을 입증하여야 한다.

Ⅰ 서 설

제3자에 의한 채권침해란 채권자의 채권 실현이 계약당사자가 아닌 제3자에 의해 불가능해지거나 방해받는 것을 말한다. 제3자가 채권을 침해한 경우 그 효과로서 문제되는 것은 채권자가 제3자에게 불법행위에 기한 손해배상을 청구할 수 있는지 여부와 채권자가 제3자에게 방해배제를 청구할 수 있는지 여부이다. 통설은 이러한 문제를 채권의 대외적 효력의 문제로 파악한다.

Ⅱ 제3자의 채권침해에 의한 불법행위의 성부

1. 불법행위의 성부에 대한 이론구성

(1) 권리불가침성설

채권도 물권과 마찬가지로 법적으로 보호되는 권리로 대세적 불가침성을 가지고 있다는 이유로 채권의 상대성을 부인하고, 제3자가 채권을 침해한 경우에 불법행위의 성립을 인정한다.

(2) 위법성설(통설·판례)

채권의 상대성을 전제로 채권은 채무자 이외의 제3자에 의해서는 침해될 수 없는 것이 원칙이나, 채권의 성질상 그 침해가 가능한 경우 위법성이 인정되는 한도에서 불법행위가 성립할 수 있다는 견해이다.

2. 불법행위를 성립시킬 수 있는 채권침해의 유형

채권의 귀속을 침해하는 경우, 급부를 침해하는 경우, 제3자가 채무자의 일반재산을 감소시키는 경우 등으로 구분할 수 있다.

3. 불법행위의 성립요건

(1) 문제점

일반불법행위의 성립요건을 모두 갖추어야 하는데, 특히 채권의 상대성에 비추어 고의·과실과 위법성의 판단이 문제된다.

(2) 고의·과실

제3자의 채권침해가 불법행위가 되기 위해서는 가해자인 제3자의 고의 또는 과실이 있어야 한다. 그런데 채권은 공시가 되지 아니하기 때문에 제3자가 채권의 존재를 인식한다는 것은 매우 어렵다. 따라서 일반적으로는 제3자에게 고의가 있는 경우에 불법행위가 성립한다고 할 것이다.

(3) 위법성

제3자에 의한 채권침해시 위법성을 쉽게 인정하면 채권의 상대성의 원칙에 반하므로 침해의 의도나 모습 등에 비추어 예외적·한정적으로 신중하게 인정하여야 한다.

4. 효 과

불법행위의 요건을 갖추면 손해배상의 청구가 가능하다.

Ⅲ 제3자의 채권침해에 대한 방해배제청구권

1. 문제점

제3자가 채권자의 채권행사를 방해하는 경우에 채권자는 채권에 기하여 방해한 제3자에 대하여 방해배제를 청구할 수 있는지 문제된다.

2. 인정 여부

(1) 학 설

① 통설(위법성설) : 채권은 상대권이라는 전제 아래 채권의 일반적 효력으로서 방해제거청구권을 인정할 수 없으나, 입법정책상 이를 인정할 수 있다는 견해이다.
② 소수설 : 채권은 절대권이라는 전제 아래 제3자도 채권을 침해할 수 있고 따라서 채권의 일반적 효력으로서 방해배제청구권이 인정된다는 견해(일반적 인정설)와 방해배제청구권을 일반적으로는 인정할 수 없고, 채권침해가 위법성을 띠고 있고 방해자에게 고의·과실이 있는 경우에 예외적으로 인정된다는 견해(예외적 인정설)가 있다.

(2) 판 례

등기된 임차권에는 용익권적 권능 외에 임차보증금반환채권에 대한 담보권적 권능이 있고, 임대차 기간이 종료되면 용익권적 권능은 임차권등기의 말소등기 없이도 곧바로 소멸하나 담보권적 권능은 곧바로 소멸하지 않는다고 할 것이어서, 임차권등기가 원인 없이 말소된 때에는 그 방해를 배제하기 위한 청구를 할 수 있다(대판 2002.2.26. 99다67079).

(3) 인정 시 방해배제청구권의 내용

① 방해제거·방해예방청구권의 인정에는 다툼이 없다.
② 반환청구권에 관해서는 이를 부정하는 견해(통설)와 채권은 상내권이므로 채권자가 제3자에 대하여 그 물건을 자기에게 반환할 것을 청구하지는 못하나, 물권자인 채무자에게 반환할 것을 청구할 수는 있다는 견해가 대립한다.

출처 | 박기현·김종원, 「핵심정리 민법」, 메티스, 2014, P. 1056 1061

I 서 설

민법은 일정한 경우에 채권자가 채무자의 책임재산에 대하여 간섭하는 것을 인정함으로써, 채권의 실질적 가치를 보전하는 것을 허용한다. 이를 위하여 두 개의 제도가 인정되는데, 하나는 채권자가 채무자에 갈음하여 채무자의 재산권을 행사함으로써 채무자의 책임재산을 보전하고 충실히 하는 것이고(채권자대위권), 다른 하나는 채무자가 행한 법률행위를 채권자가 취소하고 그 법률행위로 인하여 발생한 책임재산의 감소로부터 책임재산을 원상회복하는 것이다(채권자취소권). 이하에서는 이에 대해서 검토하겠다.

II 채권자대위권

1. 의 의

채무자가 그 재산권을 행사하지 않는 경우에 채권자가 자기의 채권을 보전하기 위하여 채무자에 갈음하여 그 권리를 행사함으로써 채무자의 책임재산의 유지·충실을 꾀하는 제도로, 간접소권·대위소권이라고도 한다.

2. 법적 성질

실체법상의 권리이다. 또한 채권자가 채무자의 재산을 대신 관리해주는 법정재산관리권이다(통설).

3. 채권자대위권의 행사요건

> **채권자대위권(민법 제404조)**
> ① 채권자는 자기의 채권을 보전하기 위하여 채무자의 권리를 행사할 수 있다. 그러나 일신에 전속한 권리는 그러하지 아니하다.
> ② 채권자는 그 채권의 기한이 도래하기 전에는 법원의 허가 없이 전항의 권리를 행사하지 못한다. 그러나 보전행위는 그러하지 아니하다.

(1) 채권자가 자기의 채권을 보전할 필요가 있을 것

1) 피보전채권의 존재

① 피보전채권의 범위와 내용

ㄱ) 피보전채권의 의미(널리 청구권을 의미한다)(대판 2003.4.11. 2003다1250)

- 토지거래규제구역 내의 토지에 대해 관할관청의 허가 없이 체결된 매매계약이라 하더라도, 매수인은 매도인에 대해 토지거래허가신청절차의 협력의무의 이행청구권을 가지므로, 이를 보전하기 위해 매도인의 제3자에 대한 권리를 대위행사할 수 있다(대판 1994.12.27. 94다4806). 기출 19·23

- 물권적 청구권을 피보전채권으로 하는 채권자대위권의 행사도 인정된다(대판 2007.5.10. 2006다82700·82717). 기출 15·17

ㄴ) 구체적 권리일 것

> **[이혼으로 인한 재산분할청구권이 채권자대위권의 목적이 될 수 있는지 여부(소극) 및 파산재단에 속하는지 여부(소극)]**
>
> 이혼으로 인한 재산분할청구권은 이혼을 한 당사자의 일방이 다른 일방에 대하여 재산분할을 청구할 수 있는 권리로서 청구인의 재산에 영향을 미치지만, 순전한 재산법적 행위와 같이 볼 수는 없다. 오히려 이혼을 한 경우 당사자는 배우자, 자녀 등과의 관계 등을 종합적으로 고려하여 재산분할청구권 행사 여부를 결정하게 되고, 법원은 청산적 요소뿐만 아니라 이혼 후의 부양적 요소, 정신적 손해(위자료)를 배상하기 위한 급부로서의 성질 등도 고려하여 재산을 분할하게 된다. 또한 재산분할청구권은 협의 또는 심판에 의하여 구체적 내용이 형성되기까지는 그 범위 및 내용이 불명확·불확정하기 때문에 구체적으로 권리가 발생하였다고 할 수 없어 채무자의 책임재산에 해당한다고 보기 어렵고, 채권자의 입장에서는 채무자의 재산분할청구권 불행사가 그의 기대를 저버리는 측면이 있다고 하더라도 채무자의 재산을 현재의 상태보다 악화시키지 아니한다. 이러한 사정을 종합하면, 이혼으로 인한 재산분할청구권은 그 행사 여부가 청구인의 인격적 이익을 위하여 그의 자유로운 의사결정에 전적으로 맡겨진 권리로서 행사상의 일신전속성을 가지므로, 채권자대위권의 목적이 될 수 없고 파산재단에도 속하지 않는다고 보아야 한다(대결 2022.7.28. 2022스613).
>
> **[채무자가 파산절차에서 면책결정을 받은 경우, 파산채권을 피보전채권으로 하여 채권자대위권을 행사하는 것이 허용되는지 여부(원칙적 소극)]**
>
> 채권자대위권은 채권자가 자기의 채권을 보전하기 위하여 채무자의 권리를 행사할 수 있는 권리로서 채무자에 대하여 채권을 행사할 수 있음이 전제되어야 할 것인바, 채무자 회생 및 파산에 관한 법률 제566조 본문은 "면책을 받은 채무자는 파산절차에 의한 배당을 제외하고는 파산채권자에 대한 채무의 전부에 관하여 그 책임이 면제된다."라고 규정하고 있고, 다만 그 단서에서 들고 있는 일정한 채무의 경우에만 책임이 면제되지 아니한다는 예외규정을 두고 있으므로, 채무자가 파산절차에서 면책결정을 받은 때에는 파산채권을 피보전채권으로 하여 채권자대위권을 행사하는 것은 그 채권이 위 법률 제566조 단서의 예외사유에 해당하지 않는 한 허용되지 않는다(대판 2022.9.7. 2022다230165).

② 소송상 취급

ㄱ 피보전채권의 존재 여부는 소송요건으로서 법원의 직권조사사항이다(대판 2009.4.23. 2009다 3234). `기출` 13 · 17 · 19

ㄴ 피보전채권이 부존재하는 경우, 당사자적격이 부정되므로 대위소송은 부적법 각하되어야 한다(대판 1988.6.14. 87다카2753).

> • 채권자대위권을 행사함에 있어 채권자가 채무자를 상대로 그 보전되는 청구권에 기한 이행청구의 소를 제기하여 승소판결을 선고받고 그 판결이 확정되면 제3채무자는 그 청구권의 존재를 다툴 수 없다(대판 2007.5.10. 2006다82700 · 82717). `기출` 11 · 16
> • [1] 채권자대위권을 행사하는 경우, 채권자가 채무자를 상대로 보전되는 청구권에 기한 이행청구의 소를 제기하여 승소판결을 선고받고 판결이 확정되었다면, 특별한 사정이 없는 한 그 청구권의 발생원인이 되는 사실관계가 제3채무자에 대한 관계에서도 증명되었다고 볼 수 있다. 그러나 그 청구권의 취득이, 채권자로 하여금 채무자를 대신하여 소송행위를 하게 하는 것을 주목적으로 이루어진 경우와 같이, 강행법규에 위반되어 무효라고 볼 수 있는 경우 등에는 위 확정판결에도 불구하고 채권자대위소송의 제3채무자에 대한 관계에서는 피보전권리가 존재하지 아니한다고 보아야 한다. 이는 위 확정판결 또는 그와 같은 효력이 있는 재판상 화해조서 등이 재심이나 준재심으로 취소되지 아니하여 채권자와 채무자 사이에서는 그 판결이나 화해가 무효라는 주장을 할 수 없는 경우라 하더라도 마찬가지이다. [2] 구 국토의 계획 및 이용에 관한 법률(2016.1.19. 법률 제13797호로 개정되기 전의 것, 이하 '구 국토계획법'이라고 한다)에서 정한 토지거래계약 허가구역 내 토지에 관하여 허가를 배제하거나 잠탈하는 내용으로 매매계약이 체결된 경우에는, 강행법규인 구 국토계획법 제118조 제6항에 따라 계약은 체결된 때부터 확정적으로 무효이다. 계약체결 후 허가구역 지정이 해제되거나 허가구역 지정기간 만료 이후 재지정을 하지 아니한 경우라 하더라도 이미 확정적으로 무효로 된 계약이 유효로 되는 것이 아니다(대판 2019.1.31. 2017다228618).
> • 채권자대위소송에서 대위에 의하여 보전될 채권자의 채무자에 대한 권리가 인정되지 아니할 경우에는 채권자가 스스로 원고가 되어 채무자의 제3채무자에 대한 권리를 행사할 당사자적격이 없게 되므로 그 대위소송은 부적법하여 각하할 것인바, 피대위자인 채무자가 실존인물이 아니거나 사망한 사람인 경우 역시 피보전채권인 채권자의 채무자에 대한 권리를 인정할 수 없는 경우에 해당하므로 그러한 채권자대위소송은 당사자적격이 없어 부적법하다(대판 2021.7.21. 2020다300893).

ㄷ 피보전채권의 소멸시효가 완성된 경우에도 제3채무자는 원칙적으로 이를 채권자에게 원용할 수 없다(대판 2004.2.12. 2001다10151). `기출` 08 · 10 · 11 · 12 · 16 · 19

2) 채권보전의 필요성

① 원 칙

ㄱ 채권자대위권은 채권자가 자기의 채권을 보전할 필요가 있어야 행사할 수 있다. 채권의 종류는 묻지 않으며, 청구권을 포함한다. 또한, 채무자의 제3채무자에 대한 권리보다 먼저 성립되어 있을 필요도 없고, 발생원인을 불문하며(대판 2003.4.11. 2003다1250) `기출` 10 , 채무자에 대한 채권이 제3채무자에게까지 대항할 수 있는 것임을 요하는 것도 아니다. `기출` 19

ㄴ 금전채권이나 손해배상채권으로 귀착되는 채권인 경우에 보전필요성이란 원칙적으로 채무자가 무자력이여서 그 일반재산의 감소를 방지할 필요가 있는 경우를 말한다.

ㄷ 채무자가 무자력인지 여부를 인정하는 시기는 사실심의 변론종결 당시를 표준으로 한다.

`기출` 14

㉣ 채무자의 무자력에 관하여는 채권자가 주장·입증하여야 한다.

> • 채권자가 채무자를 대위함에 있어 대위에 의하여 보전될 채권자의 채무자에 대한 권리가 금전채권인 경우에는 그 보전의 필요성 즉, 채무자가 무자력인 때에만 채권자가 채무자를 대위하여 채무자의 제3채무자에 대한 권리를 행사할 수 있는바, 채권자대위의 요건으로서의 무자력이란 채무자의 변제자력이 없음을 뜻하고 특히 임의 변제를 기대할 수 없는 경우에는 강제집행을 통한 변제가 고려되어야 하므로, 소극재산이든 적극재산이든 위와 같은 목적에 부합할 수 있는 재산인지 여부가 변제자력 유무 판단의 중요한 고려요소가 되어야 한다. 따라서 채무자의 적극재산인 부동산에 이미 제3자 명의로 소유권이전청구권보전의 가등기가 마쳐져 있는 경우에는 강제집행을 통한 변제가 사실상 불가능하므로, 그 가등기가 가등기담보 등에 관한 법률에 정한 담보가등기로서 강제집행을 통한 매각이 가능하다는 등의 특별한 사정이 없는 한, 위 부동산은 실질적으로 재산적 가치가 없어 적극재산을 산정할 때 제외하여야 한다(대판 2009.2.26. 2008다76556). 기출 13·14
> • 권리의 행사 여부는 그 권리자가 자유로운 의사에 따라 결정하는 것이 원칙이다. 채무자가 스스로 권리를 행사하지 않는데도 채권자가 채무자를 대위하여 채무자의 권리를 행사할 수 있으려면 그러한 채무자의 권리를 행사함으로써 채권자의 권리를 보전해야 할 필요성이 있어야 한다. 여기에서 보전의 필요성은 채권자가 보전하려는 권리의 내용, 채권자가 보전하려는 권리가 금전채권인 경우 채무자의 자력 유무, 채권자가 보전하려는 권리와 대위하여 행사하려는 권리의 관련성 등을 종합적으로 고려하여 채권자가 채무자의 권리를 대위하여 행사하지 않으면 자기 채권의 완전한 만족을 얻을 수 없게 될 위험이 있어 채무자의 권리를 대위하여 행사하는 것이 자기 채권의 현실적 이행을 유효·적절하게 확보하기 위하여 필요한지 여부를 기준으로 판단하여야 하고, 채권자대위권의 행사가 채무자의 자유로운 재산관리행위에 대한 부당한 간섭이 되는 등 특별한 사정이 있는 경우에는 보전의 필요성을 인정할 수 없다(대판[전합] 2020.5.21. 2018다879).

② **예외** : 특정채권의 보전을 위하는 경우에는 채무자의 무자력과 관계없이 채권자대위권이 허용된다(대판 1992.10.27. 91다483). 기출 12·15·18 특히 판례는 임대차보증금반환채권의 양수인이 임대인의 임차인에 대한 임차가옥명도청구권을 대위행사하는 경우(대판 1989.4.25. 88다카4253·4260), 기출 11·15 수임인이 민법 제688조 제2항 전단 소정의 대변제청구권을 보전하기 위하여 채무자인 위임인의 채권을 대위행사하는 경우(대판 2002.1.25. 2001다52506) 등에는 채무자인 임대인이나 위임인의 무자력을 요건으로 하지 아니한다. 한편, 피보전채권과 피대위권리 간에 상호 밀접 관련성은 인정되어야 한다. 따라서 채권자대위권의 행사가 채무자의 자유로운 재산관리행위에 대한 부당한 간섭이 된다는 등의 특별한 사정이 있는 경우에는 보전의 필요성을 인정할 수 없다(대판 2013.5.23. 2010다50014). 기출 17

> [금전채권자가 자신의 채권을 보전하기 위하여 채무자가 보유한 부동산에 관한 공유물분할청구권을 대위행사할 수 있는지 여부(원칙적 소극) 및 이는 채무자의 공유지분이 다른 공유자들의 공유지분과 함께 근저당권을 공동으로 담보하고 있고, 근저당권의 피담보채권이 채무자의 공유지분 가치를 초과하여 채무자의 공유지분만을 경매하면 남을 가망이 없어 민사집행법 제102조에 따라 경매절차가 취소될 수밖에 없는 반면, 공유물분할의 방법으로 공유부동산 전부를 경매하면 민법 제368조 제1항에 따라 각 공유지분의 경매대가에 비례해서 공동근저당권의 피담보채권을 분담하게 되어 채무자의 공유지분 경매대가에서 근저당권의 피담보채권 분담액을 변제하고 남을 가망이 있는 경우에도 마찬가지인지 여부(적극)]
> 채권자가 자신의 금전채권을 보전하기 위하여 채무자를 대위하여 부동산에 관한 공유물분할청구권을 행사하는 것은, 책임재산의 보전과 직접적인 관련이 없어 채권의 현실적 이행을 유효·적절하게 확보하기 위하여 필요하다고 보기 어렵고 채무자의 자유로운 재산관리행위에 대한 부당한 간섭이 되므로 보전의 필요성을 인정할 수 없다. 또한 특정 분할 방법을 전제하고 있지 않은 공유물분할청구권의 성격 등에 비추어

볼 때 그 대위행사를 허용하면 여러 법적 문제들이 발생한다. 따라서 극히 예외적인 경우가 아니라면 금전채권자는 부동산에 관한 공유물분할청구권을 대위행사할 수 없다고 보아야 한다. 이는 채무자의 공유지분이 다른 공유자들의 공유지분과 함께 근저당권을 공동으로 담보하고 있고, 근저당권의 피담보채권이 채무자의 공유지분 가치를 초과하여 채무자의 공유지분만을 경매하면 남을 가망이 없어 민사집행법 제102조에 따라 경매절차가 취소될 수밖에 없는 반면, 공유물분할의 방법으로 공유부동산 전부를 경매하면 민법 제368조 제1항에 따라 각 공유지분의 경매대가에 비례해서 공동근저당권의 피담보채권을 분담하게 되어 채무자의 공유지분 경매대가에서 근저당권의 피담보채권 분담액을 변제하고 남을 가망이 있는 경우에도 마찬가지이다(대판[전합] 2020.5.21. 2018다879 - 다수의견).

[피보험자가 임의 비급여 진료행위에 따라 요양기관에 진료비를 지급한 다음 실손의료보험계약상의 보험자에게 청구하여 진료비와 관련한 보험금을 지급받았는데, 진료행위가 위법한 임의 비급여 진료행위로서 무효인 동시에 실손의료보험계약상 보험금 지급사유에 해당하지 아니하여 보험자가 피보험자에 대하여 보험금 상당의 부당이득반환채권을 갖게 된 경우, 채권자인 보험자가 위 부당이득반환채권을 보전하기 위하여 채무자인 피보험자를 대위하여 제3채무자인 요양기관을 상대로 진료비 상당의 부당이득반환채권을 행사하는 형태의 채권자대위소송에서 채무자의 자력 유무에 관계없이 보전의 필요성이 인정되는지 여부(소극)]

피보험자가 임의 비급여 진료행위에 따라 요양기관에 진료비를 지급한 다음 실손의료보험계약상의 보험자에게 청구하여 진료비와 관련한 보험금을 지급받았는데, 진료행위가 위법한 임의 비급여 진료행위로서 무효인 동시에 보험자와 피보험자가 체결한 실손의료보험계약상 진료행위가 보험금 지급사유에 해당하지 아니하여 보험자가 피보험자에 대하여 보험금 상당의 부당이득반환채권을 갖게 된 경우, 채권자인 보험자가 금전채권인 부당이득반환채권을 보전하기 위하여 채무자인 피보험자를 대위하여 제3채무자인 요양기관을 상대로 진료비 상당의 부당이득반환채권을 행사하는 형태의 채권자대위소송에서 채무자가 자력이 있는 때에는 보전의 필요성이 인정된다고 볼 수 없다. 구체적인 이유는 다음과 같다.

(가) 채무자인 피보험자가 자력이 있는 경우라면, 특별한 사정이 없는 한 채권자인 보험자가 채무자의 요양기관에 대한 부당이득반환채권을 대위하여 행사하지 않으면 자신의 채무자에 대한 부당이득반환채권의 완전한 만족을 얻을 수 없게 될 위험이 있다고 할 수 없다. 나아가 피보전채권인 보험자의 피보험자에 대한 부당이득반환채권과 대위채권인 피보험자의 요양기관에 대한 부당이득반환채권 사이에는 피보전채권의 실현 또는 만족을 위하여 대위권리의 행사가 긴밀하게 필요하다는 등의 밀접한 관련성을 인정할 수도 없다. 만약 채무자인 피보험자의 자력이 있는데도 보전의 필요성을 인정한다면, 이는 채권자인 보험자에게 사실상의 담보를 취득하게 하는 특권을 부여하고, 법적 근거 없이 직접청구권을 인정하는 위험을 야기하며, 다른 채권자보다 우선하여 보험자의 채권만족이 실현되어 채권자평등주의에 기반한 민사집행법 체계와 조화를 이루지 못할 우려가 있다.

(나) 보험자가 요양기관의 위법한 임의 비급여 진료행위가 무효라는 이유로 자력이 있는 피보험자의 요양기관에 대한 권리를 대위하여 행사하는 것은 피보험자의 자유로운 재산관리행위에 대한 부당한 간섭이 될 수 있다(대판[전합] 2022.8.25. 2019다229202 - 다수의견).

---

3) 채권이 변제기에 있을 것

① 대위권을 행사하려는 채권자의 채권의 이행기가 아직 도래하기 전에는 대위권의 행사가 허용되지 않는 것이 원칙이다.

② 단, 법원의 허가를 얻어서 하는 재판상의 대위와 보존행위의 대위는 이행기 전이라도 할 수 있다(민법 제404조 제2항). **기출** 23

(2) 채무자가 스스로 그 권리를 행사하지 않을 것

① 채권자대위권은 채무자가 그 권리를 행사하지 아니하는 경우에 한하여 자기 채권의 보전을 위하여 행사할 수 있다(대판 1969.2.25. 68다2352 · 2353). 채무자 스스로 권리를 행사하고 있음에도 불구하고 채권자대위를 허용한다면 채무자에 대한 부당한 간섭이 된다(대판 1979.3.27. 78다2342).

> 채권자대위권은 채무자가 스스로 제3채무자에 대한 권리를 행사하지 아니하는 경우에 한하여 채권자가 자기의 채권을 보전하기 위하여 행사할 수 있는 것이어서, 채권자가 대위권을 행사할 당시에 이미 채무자가 그 권리를 재판상 행사하였을 때에는 채권자는 채무자를 대위하여 채무자의 권리를 행사할 수 없다. 그런데 비법인사단이 사원총회의 결의 없이 제기한 소는 소제기에 관한 특별수권을 결하여 부적법하고, 그 경우 소제기에 관한 비법인사단의 의사결정이 있었다고 할 수 없다. 따라서 비법인사단인 채무자 명의로 제3채무자를 상대로 한 소가 제기되었으나 사원총회의 결의 없이 총유재산에 관한 소가 제기되었다는 이유로 각하판결을 받고 그 판결이 확정된 경우에는 채무자가 스스로 제3채무자에 대한 권리를 행사한 것으로 볼 수 없다(대판 2018.10.25. 2018다210539).

② 따라서 채무자가 권리를 행사하는 이상, 부적당한 방법으로 권리를 행사해도 채권자대위는 허용되지 않는다. [기출] 08 · 10

③ 마찬가지로 채권자가 대위권을 행사할 당시 이미 채무자가 그 권리를 재판상 행사하였을 때에는 설사 패소의 확정판결을 받았더라도 채권자는 채무자를 대위하여 채무자의 권리를 행사할 당사자적격이 없다(대판 1993.3.26. 92다32876). [기출] 12 · 16

④ 채무자가 대위권 행사에 반대하더라도 채권자는 대위권을 행사할 수 있다(대판 1963.11.21. 63다634).
[기출] 11

(3) 채권자대위권의 객체(피대위권리)

1) 대위권의 객체가 될 수 있는 권리

① 청구권 · 형성권을 불문한다.

> 채권자는 자기의 채권을 보전하기 위하여, 일신에 전속한 권리가 아닌 한 채무자의 권리를 행사할 수 있다(민법 제404조 제1항). 공유물분할청구권은 공유관계에서 수반되는 형성권으로서 공유자의 일반재산을 구성하는 재산권의 일종이다. 공유물분할청구권의 행사가 오로지 공유자의 자유로운 의사에 맡겨져 있어 공유자 본인만 행사할 수 있는 권리라고 볼 수는 없다. 따라서 공유물분할청구권도 채권자대위권의 목적이 될 수 있다(대판[전합] 2020.5.21. 2018다879). [기출] 22

② 채권자대위권 · 채권자취소권 [기출] 16

③ 소유권이전등기의 말소등기청구권

④ 채무자의 권리는 사권뿐만 아니라 공권이라도 무방하다.

⑤ 등기신청권에 관해서는 명문의 규정이 있다(부동산등기법 제28조).

⑥ 소송법상의 권리도 식섭 실체법상의 권리를 주장하는 형식인 한 대위권의 객체가 될 수 있다.

2) 대위권의 객체가 될 수 없는 권리

① 채무자의 일신전속권(민법 제404조 제1항 단서)

> **[계약의 청약이나 승낙이 채권자대위권의 목적이 될 수 있는지 여부(원칙적 소극) 및 이는 특정채권의 보전이나 실현을 위하여 채권자대위권을 행사하고자 하는 경우에도 마찬가지인지 여부(적극)]**
>
> 계약의 청약이나 승낙과 같이 비록 행사상의 일신전속권은 아니지만 이를 행사하면 그로써 새로운 권리의 무관계가 발생하는 등으로 권리자 본인이 그로 인한 법률관계 형성의 결정 권한을 가지도록 한 필요가 있는 경우에는, 채무자에게 이미 그 권리행사의 확정적 의사가 있다고 인정되는 등 특별한 사정이 없는 한, 그 권리는 채권자대위권의 목적이 될 수 없다고 봄이 상당하다. 그리고 이는 일반채권자의 책임재산의 보전을 위한 경우뿐만 아니라 특정채권의 보전이나 실현을 위하여 채권자대위권을 행사하고자 하는 경우에 있어서도 마찬가지라고 할 것이다(대판 2012.3.29. 2011다100527).

② 압류금지채권

③ 채무자와 제3자와의 사이에 소송이 계속한 후에 그 소송을 수행하기 위한 소송법상의 개개의 행위인 공격·방어 방법의 제출, 상소나 재심의 소의 제기, 집행방법에 관한 이의 등은 채권자가 대위하지 못한다.

4. 채권자대위권의 행사방법

(1) 행사의 방법

① 채권자는 자기의 이름으로 채무자의 권리를 행사하는 것이며, 채무자의 대리인으로서 행사하는 것이 아니다.

② 대위권을 행사함에 있어서 법원의 허가를 얻거나 재판상 행사하여야 할 필요는 없으나, 다만, 채권자의 채권이 이행기에 있지 않은 때에는 재판상의 대위를 하여야 한다.

③ 채권자가 수령한 경우 채무자에게 인도하여야 하지만, 그것이 채권자의 채무자에 대한 채권과 동종의 것이고 또 상계적상에 있는 것인 때에는 상계를 함으로써 사실상 우선변제를 받을 수 있다.

④ 채권자대위권은 제3채무자에 대해 채무자에게 일정한 급부행위를 하라고 청구하는 것이 원칙이다. 다만, 금전 기타 물건의 급부를 목적으로 하는 채권과 같이 변제의 수령을 요하는 경우에는, 채무자가 수령하지 않는다면 대위권행사의 목적을 달성할 수 없으므로, 채권자는 제3채무자에 대해 채무자에게 인도할 것을 청구할 수 있음은 물론이고 직접 자기에게 인도할 것을 청구할 수도 있다(대판 1962.1.11. 4294민상195). [기출 10]

(2) 대위권행사의 통지

> **채권자대위권행사의 통지(민법 제405조)** `기출` `01`
> ① 채권자가 전조 제1항의 규정에 의하여 보전행위 이외의 권리를 행사한 때에는 채무자에게 통지하여야 한다.
> ② 채무자가 전항의 통지를 받은 후에는 그 권리를 처분하여도 이로써 채권자에게 대항하지 못한다.

① 채권자대위권의 행사에 채무자의 동의는 필요 없지만, 그 행사 후에는 그 사실을 채무자에게 통지하여야 한다. 채권자가 보존행위 이외의 권리를 대위행사하는 경우에는 채무자에게 이를 통지하여야 한다.

② 통지를 받은 후에는 채무자가 그 권리를 처분하여도 이로써 채권자에게 대항하지 못한다.

`기출` `08`

> • 채무자가 그러한 채권자대위권 행사 사실을 알게 된 후에 그 매매계약을 합의해제함으로써 채권자대위권의 객체인 부동산 소유권이전등기청구권을 소멸시켰다 하더라도 이로써 채권자에게 대항할 수 없고, 그 결과 제3채무자 또한 그 계약해제로써 채권자에게 대항할 수 없다(대판 2007.6.28. 2006다85921). `기출` `12`
> • 채무자의 변제수령은 처분행위라 할 수 없고 같은 이치에서 채무자가 그 명의로 소유권이전등기를 경료하는 것 역시 처분행위라고 할 수 없으므로 소유권이전등기청구권의 대위행사 후에도 채무자는 그 명의로 소유권이전등기를 경료하는 데 아무런 지장이 없다(대판 1991.4.12. 90다9407). `기출` `10·23`
> • 채무자가 채권자대위권행사의 통지를 받은 후에 채무를 불이행함으로써 통지 전에 체결된 약정에 따라 매매계약이 자동적으로 해제되거나, 채권자대위권행사의 통지를 받은 후에 채무자의 채무불이행을 이유로 제3채무자가 매매계약을 해제한 경우 제3채무자는 계약해제로써 대위권을 행사하는 채권자에게 대항할 수 있다. 다만 형식적으로는 채무자의 채무불이행을 이유로 한 계약해제인 것처럼 보이지만 실질적으로는 채무자와 제3채무자 사이의 합의에 따라 계약을 해제한 것으로 볼 수 있거나, 채무자와 제3채무자가 단지 대위채권자에게 대항할 수 있도록 채무자의 채무불이행을 이유로 하는 계약해제인 것처럼 외관을 갖춘 것이라는 등의 특별한 사정이 있는 경우에는 채무자가 피대위채권을 처분한 것으로 보아 제3채무자는 계약해제로써 대위권을 행사하는 채권자에게 대항할 수 없다(대판[전합] 2012.5.17. 2011다87235). `기출` `13·14·16`

③ 채무자가 자신의 채권이 채권자에 의해 대위행사 되고 있는 사실을 안 때에는 채권자가 통지를 한 것과 같은 효과가 발생한다.

(3) 제3채무자의 지위

행사되는 권리의 의무자는 채무자에 대하여 가지는 모든 항변을 대위채권자에 대하여 주장할 수 있다.

5. 채권자대위권의 행사효과

(1) 채무자 처분권의 제한

① 채권자가 대위권의 행사에 착수하여 이를 채무자에게 통지하면, 채무자는 그 후 이를 방해하는 처분행위를 하여도 이로써 채권자에게 대항하지 못한다(민법 제405조 제2항).

② 채무자는 채권자대위권 행사의 통지를 받은 후에도, 자신의 채무자로부터 변제를 수령할 수 있다. 채무자의 처분행위가 금지될 뿐 관리·보존행위까지 금지되는 것은 아니다. `기출` `23`

(2) 효과의 귀속

① 행사의 효과는 직접 채무자에 귀속한다.

② 제3채무자가 대위채권자에게 인도한 때에도 채무자의 채권은 소멸하며, 인도된 재산은 총채권자를 위한 공동담보가 된다.

> [채권자가 자기의 금전채권을 보전하기 위하여 채무자의 금전채권을 대위행사하는 경우, 제3채무자로 하여금 직접 대위채권자 자신에게 이행하도록 청구할 수 있는지 여부(적극) 및 채권자대위소송에서 제3채무자로 하여금 직접 대위채권자에게 금전의 지급을 명하는 판결이 확정된 경우, 피대위채권이 변제 등으로 소멸하기 전에 채무자의 다른 채권자가 이를 압류·가압류할 수 있는지 여부(적극)]
>
> 채권자가 자기의 금전채권을 보전하기 위하여 채무자의 금전채권을 대위행사하는 경우 제3채무자로 하여금 채무자에게 지급의무를 이행하도록 청구할 수도 있지만, 직접 대위채권자 자신에게 이행하도록 청구할 수도 있다. 그런데 채권자대위소송에서 제3채무자로 하여금 직접 대위채권자에게 금전의 지급을 명하는 판결이 확정되더라도, 대위의 목적인 권리, 즉 채무자의 제3채무자에 대한 피대위채권이 판결의 집행채권으로서 존재하고 대위채권자는 채무자를 대위하여 피대위채권에 대한 변제를 수령하게 될 뿐 자신의 채권에 대한 변제로서 수령하게 되는 것이 아니므로, 피대위채권이 변제 등으로 소멸하기 전이라면 채무자의 다른 채권자는 이를 압류·가압류할 수 있다(대판 2016.8.29. 2015다236547). `기출 17·23`

(3) 시효의 중단

채권자대위권은 채권자가 채무자의 권리를 행사하는 것이므로, 채무자의 제3채무자에 대한 권리에 관해 시효중단의 효과가 발생한다.

(4) 판결의 효과

판결의 기판력이 소송참가도 하지 않고, 소송고지도 받지 않은 채무자에게도 미치는가에 대하여 학설과 판례는 다음과 같다.

① 학설 : 채무자가 알았든 몰랐든 기판력이 채무자에게 미친다(다수설).

② 판례 : 채권자가 채권자대위권을 행사하는 방법으로 제3채무자를 상대로 소송을 제기하고 판결을 받은 경우에는 어떠한 사유로 인하였든 적어도 채무자가 채권자대위권에 의한 소송이 제기된 사실을 알았을 경우에는 그 판결의 효력은 채무자에게 미친다(대판[전합] 1975.5.13. 74다1664). 나아가 대위소송확정판결 이후 동일한 대위소송을 제기한 채무자의 다른 채권자에게도 기판력이 미친다(대판 1994.8.12. 93다52808). `기출 12`

(5) 비용상환청구권

① 채권자가 대위하기 위하여 비용을 지출한 때에는 그 비용의 상환을 청구할 수 있다.

② 채권자가 목적물의 대위수령과 목적물 보관에 비용을 지출한 때에는 채권자는 목적물상에 유치권을 취득한다.

Ⅲ 채권자취소권

1. 의 의

채권자취소권이란 채무자가 채권자를 해함을 알면서 법률행위에 의하여 자기의 책임재산을 감소시킨 경우, 채권자가 그 법률행위의 효력을 취소하고 책임재산을 회복시키려는 권리를 말한다.

2. 법적 성질

(1) 상대적 무효설(통설, 대판 1991.8.13. 91다13717)

1) 법적 성질

사해행위의 취소와 일탈된 재산의 반환을 목적으로 하는 권리이다.

2) 소송의 형태

취소소송(형성소송)과 반환소송(이행소송)을 병합하는 것이 원칙이나 취소소송만을 먼저 제기하고 나중에 이행소송을 제기할 수도 있다.

3) 소송의 상대방

취소소송의 피고는 수익자 또는 전득자이며 채무자는 피고적격을 갖지 아니한다(판례).

4) 효 과

① 일탈된 목적물은 채무자에게 반환된다. 다만, 취소된 사해행위는 소송당사자인 수익자 또는 전득자와 채권자 사이에만 무효가 되고, 채무자와 수익자 또는 전득자 사이의 법률관계는 그대로 유효하다.

② 취소권을 행사한 채권자에게 우선변제권이 있는 것은 아니다.

③ 강제집행을 통하여 권리를 상실한 수익자나 전득자는 채무자에게 상환을 받을 수 있다.

(2) 책임설

1) 법적 성질

일탈된 재산의 회복이 목적이 아니라, 일탈재산의 책임법상의 지위회복을 목적으로 하는 권리이다. 즉, 수익자나 전득자는 물상보증인과 유사한 지위가 된다.

2) 소송의 형태

책임의 소로서 형성의 소이다.

3) 소송의 상대방

채무자는 피고적격이 없고, 수익자 또는 전득자만이 피고가 된다는 점에서 통설과 동일하다.

4) 효 과

① 일탈된 재산이 채무자에게 반환되지 않고, 여전히 수익자나 전득자에게 소유권이 있는 상태에서 채무자의 책임재산으로서의 지위만을 부여받는다.

② 총채권자의 공동담보가 될 뿐 채무자에게 반환이 되는 것은 아니기 때문에 상계적상에 있더라도 상계로써 우선변제를 받을 수 없다.

3. 채권자취소권의 행사요건

> **채권자취소권(민법 제406조)**
> ① 채무자가 채권자를 해함을 알고 재산권을 목적으로 한 법률행위를 한 때에는 채권자는 그 취소 및 원상회복을 법원에 청구할 수 있다. 그러나 그 행위로 인하여 이익을 받은 자나 전득한 자가 그 행위 또는 전득 당시에 채권자를 해함을 알지 못한 경우에는 그러하지 아니하다.
> ② 전항의 소는 채권자가 취소원인을 안 날로부터 1년, 법률행위 있은 날로부터 5년 내에 제기하여야 한다.
>
> **채권자취소의 효력(민법 제407조)**
> 전조의 규정에 의한 취소와 원상회복은 모든 채권자의 이익을 위하여 그 효력이 있다.

(1) 피보전채권이 존재할 것

1) 피보전채권의 적격이 문제되는 경우

① 특정채권 : 특정채권 그 자체의 보전을 위해 채권자취소권을 행사할 수는 없다(특정물에 대한 소유권이전등기청구권). `기출 22`

> 채권자취소권을 특정물에 대한 소유권이전등기청구권을 보전하기 위하여 행사하는 것은 허용되지 않으므로, 부동산의 제1양수인은 자신의 소유권이전등기청구권 보전을 위하여 양도인과 제3자 사이에서 이루어진 이중양도행위에 대하여 채권자취소권을 행사할 수 없다(대판 1999.4.27. 98다56690). `기출 07·08·09·18`
> 민법 제406조 소정의 채권자취소권은 채무자의 행위로 인하여 그의 일반재산이 감소되어 총 채권자들의 채권의 공동담보에 부족이 생겨 채권자를 해함을 요건으로 하여 인정되는 권리인 것이므로, 이 사건에 있어서와 같이 취득시효의 대상인 부동산의 소유자가 취득시효 완성 후에 이를 처분하여 채권자의 시효취득을 원인으로 한 소유권이전등기청구권이 침해되었음을 이유로 하는 경우에는, 채권자취소권을 인정할 수 없는 것이고, 원심이 원고의 매수행위가 통정하여서 한 허위의 의사표시라고 인정하지 아니한 조처가 위법하다고 할 수 없다(대판 1992.11.24. 92다33855). `기출 23·24`

② 담보가 설정된 피보전채권

㉠ 피보전채권에 인적 담보가 있는 경우에도 채권자취소권을 행사할 수 있다.

㉡ 질권·저당권 등 물적 담보를 수반하는 채권에 대해서는 담보목적물의 가격이 채권액에 부족한 한도에서 채권자의 취소권을 인정하여야 한다. 따라서 채무 전액에 대하여 채권자에게 우선변제권이 확보되어 있다면 채무자가 비록 유일한 재산을 처분하는 법률행위를 하더라도 채권자에 대하여 사해행위가 성립하지 않는다(대판 2014.9.4. 2013다60661). `기출 12`

> • 주채무자 또는 제3자 소유의 부동산에 대하여 채권자 앞으로 근저당권이 설정되어 있고, 그 부동산의 가액 및 채권최고액이 당해 채무액을 초과하여 채무 전액에 대하여 채권자에게 우선변제권이 확보되어 있다면, 연대보증인이 비록 유일한 재산을 처분하는 법률행위를 하더라도 채권자에 대하여 사해행위가 성립되지 않는다고 보아야 한다(대판 2000.12.8. 2000다21017). `기출 17·23`
> • 채무자가 다른 재산을 처분하는 법률행위를 하더라도, 채무자 소유의 부동산에 채권자 앞으로 근저당권이 설정되어 있고 그 부동산의 가액 및 채권최고액이 당해 채권액을 초과하여 채권자에게 채권 전액에 대한 우선변제권이 확보되어 있다면, 그와 같은 재산처분행위는 채권자를 해하지 아니하므로 채권자에 대하여 사해행위가 성립하지 않는다. 이러한 경우 주채무의 보증인이 있더라도 채무자가 보증인에 대하여 부담하는 사전구상채무를 별도로 소극재산으로 평가할 수는 없고, 보증인이 변제로 채권자를 대위할 경우 자기의 권리에 의하여 구상할 수 있는 범위에서 채권 및 그 담보에 관한 권리를 행사할 수 있으므로, 사전구상권을 피보전권리로 주장하는 보증인에 대하여도 사해행위가 성립하지 않는다(대판 2009.6.23. 2009다549). `기출 23`

③ **상속재산의 분할협의** : 상속재산의 분할협의는 그 성질상 재산권을 목적으로 하는 법률행위이므로, 사해행위취소권 행사의 대상이 될 수 있다.

2) 피보전채권의 성립시기

① **원칙** : 사해행위 이전에 발생하였을 것을 요한다. 채권자의 채권이 사해행위 이전에 성립한 이상, 사해행위 이후에 양도되었다 하더라도 양수인은 채권자취소권을 행사할 수 있다.

> • 피보전채권이 사해행위 이전에 성립되어 있는 이상 액수나 범위가 구체적으로 확정되지 않은 경우라고 하더라도 채권자취소권의 피보전채권이 된다(대판 2018.6.28. 2016다1045). **기출 19**
> • 채권자의 채권이 사해행위 이전에 성립되어 있는 이상 그 채권이 양도된 경우에도 그 양수인이 채권자취소권을 행사할 수 있고, 이 경우 채권양도의 대항요건을 사해행위 이후에 갖추었더라도 채권양수인이 채권자취소권을 행사하는 데 아무런 장애사유가 될 수 없다(대판 2006.6.29. 2004다5822). **기출 17**

② **예외** : 단, 사해행위 당시 이미 채권 성립의 기초가 되는 법률관계가 성립되어 있고, 가까운 장래에 그 법률관계에 기하여 채권이 발생하리라는 점에 대한 고도의 개연성이 있으며, 실제로 가까운 장래에 그 개연성이 현실화되어 채권이 발생한 경우에는 그 채권도 채권자취소권의 피보전채권이 될 수 있다(대판 2012.2.23. 2011다76426).

3) 피보전채권의 이행기

피보전채권의 이행기 도래는 채권자취소권의 요건이 아니다. 따라서 조건부·기한부 채권자도 채권자취소권을 행사할 수 있다. **기출 14**

> **[정지조건부채권을 피보전채권으로 하여 채권자취소권을 행사할 수 있는지 여부(원칙적 적극)]**
> 채권자취소권 행사는 채무 이행을 구하는 것이 아니라 총채권자를 위하여 이행기에 채무 이행을 위태롭게 하는 채무자의 자력 감소를 방지하는 데 목적이 있는 점과 민법이 제148조, 제149조에서 조건부권리의 보호에 관한 규정을 두고 있는 점을 종합해 볼 때, 취소채권자의 채권이 정지조건부채권이라 하더라도 장래에 정지조건이 성취되기 어려울 것으로 보이는 등 특별한 사정이 없는 한, 이를 피보전채권으로 하여 채권자취소권을 행사할 수 있다(대판 2011.12.8. 2011다55542).

(2) 사해행위가 있을 것

1) 사해행위의 개념

사해행위란 채무자의 무자력 상태를 초래하는 재산상의 법률행위를 의미한다.

2) 무자력상태

무자력이란 채무자의 변제자력이 없음을 뜻하는 것으로, 무자력인지 여부의 판단은 「사해행위 당시」를 기준으로 한다. 다만, 무자력상태는 「사실심 변론종결 시」까지 유지되어야 한다. 한편 처분행위 당시에 무자력상태의 채무자가 사실심 변론종결 당시 자력을 회복하였다는 점에 대한 입증책임은 채권자취소소송의 상대방에게 있다.

3) 채무자의 법률행위는 재산권을 목적으로 할 것

① 혼인, 입양, 이혼, 상속포기 등의 신분행위는 사해행위가 될 수 없다. 다만, 이혼시 재산분할과 상속재산분할협의는 사해행위가 될 수 있다.

② 채무자의 법률행위로 계약뿐만 아니라 단독행위도 사해행위가 되면 취소할 수 있다. 또한 준법률행위도 포함시키는 것이 일반적이다.

③ 채무자의 법률행위가 통정허위표시인 경우에도 사해행위취소의 요건을 갖추었다면 채권자취소권의 대상이 된다(대판 1975.2.25. 74다2114). 기출 07

4) 구체적 검토

① 변제와 대물변제

ⓐ 변제와 대물변제는 원칙적으로 사해행위가 되지 않는다(통설).

ⓑ 채무사의 재산이 채무의 전부를 변제하기에 부족한 경우에 채무자가 그의 유일한 재산을 어느 특정 채권자에게 대물변제로 제공하는 행위는 다른 특별한 사정이 없는 한 다른 채권자들에 대한 관계에서 사해행위가 된다(대판 2008.2.14. 2006다33357). 기출 22

② 물적 담보의 제공

ⓐ 다수설 : 채무자가 일부의 채권자를 위하여 부동산 기타의 재산을 저당권 기타의 물적 담보를 위한 담보물로 제공하는 행위는 변제와 구별할 이유가 없다는 점에서 사해행위성을 부정한다.

ⓑ 주요 판례

> • 채무초과의 상태에 있는 채무자가 적극재산을 채권자 중 일부에게 담보로 양도하는 행위는 원칙적으로 다른 채권자들에 대한 관계에서 사해행위가 될 수 있다(대판 2011.3.10. 2010다52416).
> • 채무자 소유 부동산에 담보권이 설정되어 있으면 그 피담보채권액을 공제한 나머지 부분만이 일반 채권자들의 공동담보로 제공되는 책임재산이 되므로 피담보채권액이 부동산의 가액을 초과하고 있는 때에는 그와 같은 부동산의 양도나 그에 대한 새로운 담보권의 설정은 사해행위에 해당한다고 할 수 없다(대판 2007.7.26. 2007다23081). 기출 09 · 18
> • 비록 당해 부동산의 환가대금으로부터는 가압류채권자가 위와 같이 근저당권을 설정받은 근저당권자와 평등하게 배당을 받을 수 있다고 하더라도, 일반적으로 그 배당으로부터 가압류채권의 충분한 만족을 얻는다는 보장이 없고 가압류채권자는 여전히 다른 책임재산을 공취할 권리를 가지는 이상, 원래 위 가압류채권을 포함한 일반채권들의 만족을 담보하는 책임재산 전체를 놓고 보면 위와 같은 물상보증으로 책임재산이 부족하게 되거나 그 상태가 악화되는 경우에는 역시 가압류채권자도 자기 채권의 충분한 만족을 얻지 못하게 되는 불이익을 받는다. 그러므로 위와 같은 가압류채권자라고 하여도 채무자의 물상보증으로 인한 근저당권 설정행위에 대하여 채권자취소권을 행사할 수 있다(대판 2010.1.28. 2009다90047). 기출 14
> • 반면에 채무자가 자금을 융통하여 사업을 계속 추진하는 것이 채무변제력을 갖게 되는 최선의 방법이라고 생각하고 물품을 공급받기 위하여 채무초과상태에 있으면서도 부득이 채무자 소유의 부동산을 특정 채권자에게 담보로 제공하고 그로부터 물품을 공급 받았다면 특별한 사정이 없는 한 채무자의 담보권설정행위는 사해행위에 해당하지 않는다(대판 2012.2.23. 2011다88832).

③ 인적 담보의 제공 : 채무자가 연대채무나 보증채무를 부담하는 것은 소극재산을 증가시키므로 사해행위가 된다.

④ 부동산, 기타 중요한 재산의 매각

ⓐ 재산을 무상 또는 부당한 염가로 매각하는 행위는 사해행위가 된다.

ⓑ 부동산 기타 재산을 상당한 대가를 받고 매각하는 것도 사해행위가 되는가에 대하여 다수설은 거래의 안전을 이유로 사해행위를 부정하나, 판례는 사해행위를 긍정한다. 기출 09

ⓒ 채무자가 자기의 유일한 재산인 부동산을 매각하여 소비하기 쉬운 금전으로 바꾸는 행위로 그 매각이 일부 채권자에 대한 정당한 변제에 충당하기 위하여 상당한 매각으로 이루어졌던가 하는 특별한 사정이 없는 한 항상 채권자에 대하여 사해행위가 된다(대판 1966.10.4. 66다1535).

⑤ 건축 중인 건물 외에 별다른 재산이 없는 채무자가 수익자에게 책임재산인 위 건물을 양도하기 위해 수익자 앞으로 건축주명의를 변경해주기로 약정하였다면 위 양도 약정이 포함되어 있다고 볼 수 있는 건축주명의변경 약정은 채무자의 재산감소 효과를 가져오는 행위로서 다른 일반채권자의 이익을 해하는 사해행위가 될 수 있다(대판 2017.4.27. 2016다279206).

⑥ 부부간 명의신탁

> [부부간 명의신탁에서 명의신탁관계가 종료된 경우, 신탁자의 수탁자에 대한 소유권이전등기청구권이 신탁자의 책임재산이 되는지 여부(적극) / 신탁자가 유효한 명의신탁약정을 해지함을 전제로 신탁된 부동산을 제3자에게 직접 처분하면서 수탁자에게서 곧바로 제3자 앞으로 소유권이전등기를 마쳐 주는 것이 사해행위에 해당하는 경우]
>
> 부부간의 명의신탁약정은 특별한 사정이 없는 한 유효하고(부동산 실권리자명의 등기에 관한 법률 제8조 참조), 이때 명의신탁자는 명의수탁자에 대하여 신탁해지를 하고 신탁관계의 종료 그것만을 이유로 하여 소유 명의 이전등기절차의 이행을 청구할 수 있음은 물론, 신탁해지를 원인으로 하고 소유권에 기해서도 그와 같은 청구를 할 수 있는데, 이와 같이 명의신탁관계가 종료된 경우 신탁자의 수탁자에 대한 소유권이전등기청구권은 신탁자의 일반채권자들에게 공동담보로 제공되는 책임재산이 된다. 그런데 신탁자가 유효한 명의신탁약정을 해지함을 전제로 신탁된 부동산을 제3자에게 직접 처분하면서 수탁자 및 제3자와의 합의 아래 중간등기를 생략하고 수탁자에게서 곧바로 제3자 앞으로 소유권이전등기를 마쳐 준 경우 이로 인하여 신탁자의 책임재산인 수탁자에 대한 소유권이전등기청구권이 소멸하게 되므로, 이로써 신탁자의 소극재산이 적극재산을 초과하게 되거나 채무초과상태가 더 나빠지게 되고 신탁자도 그러한 사실을 인식하고 있었다면 이러한 신탁자의 법률행위는 신탁자의 일반채권자들을 해하는 행위로서 사해행위에 해당한다 (대판 2016.7.29. 2015다56086).

⑦ 채무자와 물상보증인의 공유인 부동산에 관하여 저당권이 설정된 후 채무자가 자신의 지분을 양도한 경우

> [채무자와 물상보증인의 공유인 부동산에 관하여 저당권이 설정된 후 채무자가 자신의 지분을 양도한 경우, 그 양도가 사해행위에 해당하는지를 판단할 때 채무자 소유의 지분이 부담하는 피담보채권액]
>
> 사해행위취소의 소에서 채무자가 수익자에게 양도한 목적물에 저당권이 설정되어 있는 경우라면 그 목적물 중에서 일반채권자들의 공동담보에 제공되는 책임재산은 피담보채권액을 공제한 나머지 부분만이라고 할 것이고 그 피담보채권액이 목적물의 가액을 초과할 때는 당해 목적물의 양도는 사해행위에 해당한다고 할 수 없다. 그런데 수 개의 부동산에 공동저당권이 설정되어 있는 경우 책임재산을 산정함에 있어 각 부동산이 부담하는 피담보채권액은 특별한 사정이 없는 한 민법 제368조의 규정 취지에 비추어 공동저당권의 목적으로 된 각 부동산의 가액에 비례하여 공동저당권의 피담보채권액을 안분한 금액이라고 보아야 한다. 그러나 그 수 개의 부동산 중 일부는 채무자의 소유이고 다른 일부는 물상보증인의 소유인 경우에는, 물상보증인이 민법 제481조, 제482조의 규정에 따른 변제자대위에 의하여 채무자 소유의 부동산에 대하여 저당권을 행사할 수 있는 지위에 있는 점 등을 고려할 때, 그 물상보증인이 채무자에 대하여 구상권을 행사할 수 없는 특별한 사정이 없는 한 채무자 소유의 부동산에 관한 피담보채권액은 공동저당권의 피담보채권액 전액으로 봄이 상당하다. 이러한 법리는 하나의 공유부동산 중 일부 지분이 채무자의 소유이고, 다른 일부 지분이 물상보증인의 소유인 경우에도 마찬가지로 적용된다(대판[전합] 2013.7.18. 2012다5643).

(3) 사해의사가 있었을 것

1) 채무자의 악의

① 채무자가 사해행위를 할 당시에 그 행위에 의하여 채권자를 해하는 것을 알고 있어야 한다(민법 제406조 제1항 본문). 이때 과실의 유무는 문제되지 않는다(대판 2007.11.29. 2007다52430). `기출 12`

② 사해의사는 소극적인 인식으로 족하다. 특정의 채권자를 해하게 된다는 것을 인식할 필요는 없으며, 공동담보에 부족이 생긴다는 것에 관하여 인식하면 족하다.

③ 사해의사는 사해행위 당시에 존재하여야 한다. 그 당시 과실로 인하여 인식하지 못한 경우에도 채권자취소권은 성립하지 않고, 사해행위가 있은 후에 인식하더라도 역시 취소하지 못한다.

④ 채무자의 사해의사는 사해행위의 성립요건이 되는 점에서 채권자가 이를 입증하여야 한다.

2) 수익자·전득자의 악의

① 사해행위로 인하여 이익을 받은 자(수익자)나 전득한 자가 그 행위 또는 전득 당시에 채권자를 해함을 알고 있어야 한다(제406조 제1항 단서).

② 수익자나 전득자 모두에게 사해의사가 있어야 하는 것은 아니고, 그중의 어느 1인에게 있으면 충분하다.

③ 전득자의 악의를 판단함에 있어서는 단지 전득자가 전득행위 당시 채무자와 수익자 사이의 법률행위의 사해성을 인식하였는지 여부만이 문제가 될 뿐이지, 수익자와 전득자 사이의 전득행위가 다시 채권자를 해하는 행위로서 사해행위의 요건을 갖추어야 하는 것은 아니다(대판 2006.7.4. 2004다61280).

④ 사해행위취소소송에 있어서 수익자 또는 전득자가 악의라는 점에 대하여는 그 수익자 또는 전득자 자신에게 선의임을 입증할 책임이 있다(대판 2015.6.11. 2014다237192). `기출 12`

4. 채권자취소권의 행사

(1) 행사의 당사자

① 취소권의 주체는 사해행위로 인하여 완제를 받을 수 없게 되는 채권자이다.

② 상대방은 이득반환청구의 상대방인 수익자 또는 전득자이다.

③ 채무자를 상대로 채권자취소의 소송을 제기할 수는 없다(대판 1991.8.13. 91다13717).

(2) 행사의 방법

① 채권자취소권은 채권자가 자기의 이름으로, 반드시 재판상 소송의 형태로 행사하여야 한다. 따라서 사해행위취소를 소구하지 않고 소송상의 공격·방어방법으로는 행사할 수 없다(대판 1993.1.26. 92다11008). `기출 12·23`

② 소의 성질은 형성의 소와 이행의 소를 합한 것이라고 한다.

③ 원상회복의 방법으로 원칙적으로 원물반환을 하여야 하나, 거래관념상 원물반환이 불가능하거나 현저히 곤란한 경우에는 사해행위의 목적물의 가액을 상환하여야 한다. 사해행위 취소로 인한 원상회복으로서 가액배상을 명하는 경우에는, 취소채권자는 직접 자기에게 가액배상금을 지급할 것을 청구할 수 있다(대판 2008.11.13. 2006다1442).

(3) 행사의 범위

① **원칙** : 보전되어야 할 채권액의 범위는 원칙적으로 취소채권자의 채권액을 표준으로 하여야 한다(통설·판례). 따라서 다른 채권자가 있더라도 자신의 채권액을 넘어서 취소하지 못한다(대판 2002.10.25. 2000다64441). 기출 09 또한 채권자의 채권액에는 사해행위 이후 사실심 변론종결시까지 발생한 이자나 지연손해금도 포함된다(대판 2003.7.11. 2003다19572). 기출 09·13

② **예외** : 목적물이 불가분인 경우와 같이 특별한 사정이 있는 경우에는 취소채권자의 가액을 초과하더라도 전부를 취소할 수 있다. 다만, 사해행위취소로 인한 원상회복으로서 가액배상을 명하는 경우에는, 취소채권자는 직접 자기에게 가액배상금을 지급할 것을 청구할 수 있고, 위 지급받은 가액배상금을 분배하는 방법이나 절차 등에 관한 아무런 규정이 없는 현행법 아래에서 다른 채권자들이 위 가액배상금에 대하여 배당요구를 할 수도 없으므로, 결국 채권자는 자신의 채권액을 초과하여 가액배상을 구할 수는 없다(대판 2008.11.13. 2006다1442). 기출 09

5. 채권자취소권 행사의 효과

> **채권자취소의 효력(민법 제407조)**
> 전조의 규정에 의한 취소와 원상회복은 모든 채권자의 이익을 위하여 그 효력이 있다.

① **상대적 무효설**에 의할 때 채권자와 수익자 혹은 전득자 사이에서만 무효의 효력이 있다. 따라서 채권자가 전득자를 상대로 하여 사해행위의 취소와 함께 책임재산의 회복을 구하는 소를 제기한 경우에 그 취소의 효과는 채권자와 전득자 사이의 상대적인 관계에서만 생기는 것이고 채무자 또는 채무자와 수익자 사이의 법률관계에는 미치지 않는 것이므로, 이 경우 취소의 대상이 되는 사해행위는 채무자와 수익자 사이에서 행하여진 법률행위에 국한되고, 수익자와 전득자 사이의 법률행위는 취소의 대상이 되지 않는다(대판 2004.8.30. 2004다21923). 기출 13

> [1] 무자력상태의 채무자가 소송절차를 통해 수익자에게 자신의 책임재산을 이전하기로 하여, 수익자가 제기한 소송에서 자백하는 등의 방법으로 패소판결 또는 그와 같은 취지의 화해권고결정 등을 받아 확정시키고, 이에 따라 수익자 앞으로 책임재산에 대한 소유권이전등기 등이 마쳐졌다면, 이러한 일련의 행위의 실질적인 원인이 되는 채무자와 수익자 사이의 이전합의는 다른 일반채권자의 이익을 해하는 사해행위가 될 수 있다. [2] 채권자가 사해행위의 취소와 함께 수익자 또는 전득자로부터 책임재산의 회복을 명하는 사해행위취소의 판결을 받은 경우 수익자 또는 전득자가 채권자에 대하여 사해행위의 취소로 인한 원상회복 의무를 부담하게 될 뿐, 채권자와 채무자 사이에서 취소로 인한 법률관계가 형성되는 것은 아니다. 따라서 위와 같이 채무자와 수익자 사이의 소송절차에서 확정판결 등을 통해 마쳐진 소유권이전등기가 사해행위취소로 인한 원상회복으로써 말소된다고 하더라도, 그것이 확정판결 등의 효력에 반하거나 모순되는 것이라고는 할 수 없다(대판 2017.4.7. 2016다204783).

② 취소권행사의 효과는 총채권자의 이익을 위하여 생긴다(민법 제407조). 따라서 취소채권자에게 회복된 재산에 대한 우선권이 인정되는 것은 아니다(대판 2005.8.25. 2005다14595). 기출 07·23

③ 민법 제407조의 채권자라 함은 사해행위 당시 채무자에 대하여 채권을 갖고 있던 자 및 채권 자취소권의 피보전채권으로서의 적격을 갖는 장래의 채권을 갖는 자에 한정되고, 사해행위 후의 채권자는 포함되지 않는다. 기출 12

④ 사해행위인 채권양도행위가 취소된 경우

> 사해행위의 취소는 채권자와 수익자의 관계에서 상대적으로 채무자와 수익자 사이의 법률행위를 무효로 하는 데에 그치고, 채무자와 수익자 사이의 법률관계에는 영향을 미치지 아니한다. 따라서 채무자의 수익자에 대한 채권양도가 사해행위로 취소되고, 그에 따른 원상회복으로서 제3채무자에게 채권양도가 취소되었다는 취지의 통지가 이루어지더라도, 채권자와 수익자의 관계에서 채권이 채무자의 책임재산으로 취급될 뿐, 채무자가 직접 채권을 취득하여 권리자로 되는 것은 아니므로, 채권자는 채무자를 대위하여 제3채무자에게 채권에 관한 지급을 청구할 수 없다(대판 2015.11.17. 2012다2743). 기출 17 · 22

⑤ 취소에 의하여 채무자 명의로 회복된 부동산을 채무자가 제3자에게 다시 처분한 경우

> **[제3자 명의의 이전등기의 효력]**
> 채무자가 사해행위 취소로 등기명의를 회복한 부동산을 제3자에게 처분하더라도 이는 무권리자의 처분에 불과하여 효력이 없으므로, 채무자로부터 제3자에게 마쳐진 소유권이전등기나 이에 기초하여 순차로 마쳐진 소유권이전등기 등은 모두 원인무효의 등기로서 말소되어야 한다(대판 2017.3.9. 2015다217980).
> 기출 18 · 19 · 23
>
> **[제3자 명의의 이전등기에 대하여 말소를 청구할 수 있는 자의 범위]**
> 취소채권자나 민법 제407조에 따라 사해행위 취소와 원상회복의 효력을 받는 채권자는 채무자의 책임재산 으로 취급되는 부동산에 대한 강제집행을 위하여 원인무효 등기의 명의인을 상대로 등기의 말소를 청구할 수 있다(대판 2017.3.9. 2015다217980). 기출 18 · 19 · 23

⑥ 취소소송의 당사자가 아닌 다른 채권자가 판결에 기하여 채무자를 대위하여 마친 말소등기의 유효성

> 사해행위 취소의 효력은 채무자와 수익자의 법률관계에 영향을 미치지 아니하고, 사해행위 취소로 인한 원상회복 판결의 효력도 소송의 당사자인 채권자와 수익자 또는 전득자에게만 미칠 뿐 채무자나 다른 채권 자에게 미치지 아니하므로, 어느 채권자가 수익자를 상대로 사해행위 취소 및 원상회복으로 소유권이전등 기의 말소를 명하는 판결을 받았으나 말소등기를 마치지 아니한 상태라면 소송의 당사자가 아닌 다른 채권 자는 위 판결에 기하여 채무자를 대위하여 말소등기를 신청할 수 없다. 그럼에도 불구하고 다른 채권자의 등기신청으로 말소등기가 마쳐졌다면 등기에는 절차상의 흠이 존재한다. 그러나 채권자가 사해행위 취소 의 소를 제기하여 승소한 경우 취소의 효력은 민법 제407조에 따라 모든 채권자의 이익을 위하여 미치므로 수익자는 채무자의 다른 채권자에 대하여도 사해행위의 취소로 인한 소유권이전등기의 말소등기의무를 부담하는 점, 등기절차상의 흠을 이유로 말소된 소유권이전등기가 회복되더라도 다른 채권자가 사해행위 취소판결에 따라 사해행위가 취소되었다는 사정을 들어 수익자를 상대로 다시 소유권이전등기의 말소를 청구하면 수익자는 말소등기를 해 줄 수밖에 없어서 결국 말소된 소유권이전등기가 회복되기 전의 상태로 돌아가는데 이와 같은 불필요한 절차를 거치게 할 필요가 없는 점 등에 비추어 보면, 사해행위 취소 및 원상회복으로 소유권이전등기의 말소를 명한 판결의 소송당사자가 아닌 다른 채권자가 위 판결에 기하여 채무자를 대위하여 마친 말소등기는 등기절차상의 흠에도 불구하고 실체관계에 부합하는 등기로서 유효하 다(대판 2015.11.17. 2013다84995). 기출 17

6. 원상회복의 방법

(1) 원칙적 원물반환

① **가등기가 사해행위인 경우** : 소유권이전등기청구권보전을 위한 가등기가 사해행위로서 이루어진 경우 그 매매예약을 취소하고 원상회복으로서 가등기를 말소하면 족한 것이고, 가등기 후에 저당권이 말소되었다거나 그 피담보채무가 일부 변제된 점 또는 그 가등기가 사실상 담보가등기라는 점 등은 그와 같은 원상회복의 방법에 아무런 영향을 주지 않는다(대판 2003.7.11. 2003다19435).

② **근저당권설정등기가 사해행위인 경우** : 사해행위로 경료된 근저당권설정등기가 사해행위취소소송의 변론종결 시까지 존속하고 있는 경우 그 원상회복은 근저당권설정등기를 말소하는 방법에 의하여야 하고, 사해행위 이전에 설정된 별개의 근저당권이 사해행위 후에 말소되었다는 사정은 원상회복의 방법에 아무런 영향을 주지 아니한다(대판 2007.10.11. 2007다45364).

③ 사해행위 취소소송에 있어서 취소 목적 부동산의 등기 명의를 수익자로부터 채무자 앞으로 복귀시키고자 하는 경우, 수익자를 상대로 채무자 앞으로 직접 소유권이전등기절차의 이행을 청구할 수 있는지 여부(적극) : 자기 앞으로 소유권을 표상하는 등기가 되어 있었거나 법률에 의하여 소유권을 취득한 자가 진정한 등기명의를 회복하기 위한 방법으로는 그 등기의 말소를 구하는 외에 현재의 등기명의인을 상대로 직접 소유권이전등기절차의 이행을 구하는 것도 허용되어야 하는바, 이러한 법리는 사해행위 취소소송에 있어서 취소 목적 부동산의 등기명의를 수익자로부터 채무자 앞으로 복귀시키고자 하는 경우에도 그대로 적용될 수 있다. 따라서 채권자는 사해행위의 취소로 인한 원상회복 방법으로 수익자 명의의 등기의 말소를 구하는 대신 수익자를 상대로 채무자 앞으로 직접 소유권이전등기절차를 이행할 것을 구할 수도 있다(대판 2000.2.25. 99다53704). **기출** 13

④ 예금주 명의신탁계약이 사해행위에 해당하여 취소될 경우, 원상회복은 명의인에 대하여 금융기관에 대한 예금채권을 출연자에게 양도하고 금융기관에 대하여 양도통지를 할 것을 명하는 방법으로 이루어져야 하는지 여부(원칙적 적극) : 명의수탁자는 명의신탁자와의 관계에서 상대방과의 계약으로 취득한 권리를 명의신탁자에게 이전하여 줄 의무를 지고, 출연자와 예금주인 명의인 사이에 예금주 명의신탁계약이 체결된 경우 명의인은 출연자의 요구가 있을 때에는 금융기관에 대한 예금반환채권을 출연자에게 양도할 의무가 있으므로, 예금주 명의신탁계약이 사해행위에 해당하여 취소될 경우 취소에 따른 원상회복은 명의인이 예금계좌에서 예금을 인출하여 사용하였거나 예금계좌를 해지하였다는 등의 특별한 사정이 없는 한 명의인에 대하여 금융기관에 대한 예금채권을 출연자에게 양도하고 아울러 금융기관에 대하여 양도통지를 할 것을 명하는 방법으로 이루어져야 한다(대판 2015.7.23. 2014다212438).

(2) 예외적 가액배상

① 요건 : 원물반환이 불가능하거나 현저히 곤란한 경우에 한하여 성립하고, 그 외에 불가능하게 된 데에 상대방인 수익자 등의 고의나 과실을 요하는 것은 아니다(대판 1998.5.15. 97다58316).

② 범위 : 가액반환의 범위는 원칙적으로 사해행위의 범위와 피보전권리액 중 적은 금액으로 결정된다.

③ 배상액 산정기준 : 사해행위의 취소에 따른 원상회복은 원칙적으로 그 목적물 자체의 반환에 의하여야 할 것이나, 그것이 불가능하거나 현저히 곤란한 경우에는 예외적으로 가액배상에 의하여야 하고, 가액배상액을 산정함에 있어 그 가액은 수익자가 전득자로부터 실제로 수수한 대가와는 상관없이 사실심 변론종결 시를 기준으로 객관적으로 평가하여야 한다(대판 2010.4.29. 2009다104564).

> [근저당권이 설정되어 있는 부동산에 관하여 사해행위가 이루어진 후 근저당권이 말소되어 사해행위를 취소하고 가액배상을 명하는 경우, 가액산정의 기준 시기(= 사실심 변론종결 시) 및 이 경우 근저당권이 말소된 후 부동산을 취득한 전득자에 대하여 가액배상을 명할 수 있는 한도]
>
> 근저당권이 설정되어 있는 부동산에 관하여 사해행위가 이루어진 후 근저당권이 말소되어 그 부동산의 가액에서 근저당권 피담보채무액을 공제한 나머지 금액의 한도에서 사해행위를 취소하고 가액의 배상을 명하는 경우 그 가액의 산정은 사실심 변론종결 시를 기준으로 하여야 하고, 이 경우 사해행위가 있은 후 그 부동산에 관한 권리를 취득한 전득자에 대하여는 사실심 변론종결 시의 부동산 가액에서 말소된 근저당권 피담보채무액을 공제한 금액과 사실심 변론종결 시를 기준으로 한 취소채권자의 채권액 중 적은 금액의 한도 내에서 그가 취득한 이익에 대해서만 가액배상을 명할 수 있다(대판 2019.4.11. 2018다203715).

④ 채권자가 채권자취소권을 행사하면서 원상회복만을 구하는 경우에도 가액배상을 명할 수 있는지 여부(적극) : 사해행위를 전부 취소하고 원상회복을 구하는 채권자의 주장 속에는 사해행위를 일부 취소하고 가액의 배상을 구하는 취지도 포함되어 있으므로, 채권자가 원상회복만을 구하는 경우에도 법원은 가액의 배상을 명할 수 있다(대판 2001.9.4. 2000다66416).

⑤ 사해행위취소에 따른 원상회복으로 가액배상을 명할 수 있는 경우 : 어느 부동산에 관한 법률행위가 사해행위에 해당하는 경우에는 원칙적으로 그 사해행위를 취소하고 소유권이전등기의 말소 등 부동산 자체의 회복을 명하여야 할 것이나, 사해행위를 취소하여 그 부동산 자체의 회복을 명하게 되면 당초 일반 채권자들의 공동담보로 되어 있지 아니하던 부분까지 회복을 명하는 것이 되어 공평에 반하는 결과가 되는 경우에는 그 부동산의 가액에서 공동담보로 되어 있지 아니하던 부분의 가액을 공제한 잔액의 한도에서 사해행위를 취소하고 그 한도에서 가액의 배상을 명함이 상당하다(대판 2010.7.22. 2009다60466).

㉠ 저당권이 설정되어 있는 부동산이 사해행위 이후에 그 저당권 등이 말소된 경우 – 가액배상(부동산가액 – 피담보채무) : 어느 부동산의 매매계약이 사해행위에 해당하는 경우에는 원칙적으로 그 매매계약을 취소하고 그 소유권이전등기의 말소 등 부동산 자체의 회복을 명하여야 하지만, 그 사해행위가 저당권이 설정되어 있는 부동산에 관하여 당해 저당권자 이외의 자와의 사이에 이루어지고 그 후 변제 등에 의하여 저당권설정등기가 말소된 때에는, 매매계약 전부를 취소하여 그 부동산 자체의 회복을 명하는 것은 당초 담보로 되어

있지 아니하던 부분까지 회복시키는 것이 되어 공평에 반하는 결과가 되므로, 그 부동산의 가액에서 저당권의 피담보채권액을 공제한 잔액의 한도에서 그 매매계약의 일부 취소와 그 가액의 배상을 구할 수 있을 뿐 부동산 자체의 회복을 구할 수는 없다(대판 1996.10.29, 96다23207). 기출 22

ⓛ 수개의 저당권이 설정되어 있는 부동산에 관하여 사해행위가 이루어진 후 일부 저당권설정등기가 말소된 경우 : 사해행위의 목적인 부동산에 수 개의 저당권이 설정되어 있다가 사해행위 후 그중 일부의 저당권만이 말소된 경우에도 사해행위의 취소에 따른 원상회복은 가액배상의 방법에 의할 수밖에 없을 것이고, 그 경우 배상하여야 할 가액은 사해행위 취소시인 사실심 변론종결 시를 기준으로 하여 그 부동산의 가액에서 말소된 저당권의 피담보채권액과 말소되지 아니한 저당권의 피담보채권액을 모두 공제하여 산정하여야 한다(대판 1998.2.13, 97다6711).

ⓒ 근저당권설정계약을 사해행위로 취소하는 경우 경매절차가 진행되어 타인이 소유권을 취득하고 근저당권설정등기가 말소되었다면 원물반환이 불가능하므로 가액배상의 방법으로 원상회복을 명한다. 이때 이미 배당이 종료되어 수익자가 배당금을 수령한 경우에는 수익자로 하여금 배당금을 반환하도록 명하고, 배당표가 확정되었으나 채권자의 배당금지급금지가처분으로 인하여 수익자가 배당금을 현실적으로 지급받지 못한 경우에는 배당금지급채권의 양도와 그 채권양도의 통지를 명한다. 만약 채권자가 배당기일에 출석하여 수익자의 배당 부분에 대하여 이의를 하였다면 그 채권자는 사해행위취소의 소를 제기함과 아울러 원상회복의 방법으로 배당이의의 소를 제기할 수 있다(대판 2018.4.10, 2016다272311).

⑥ 사해행위취소의 소에서 수익자가 원상회복으로서 가액배상을 하는 경우

[1] 사해행위취소의 소에서 수익자가 원상회복으로서 채권자취소권을 행사하는 채권자에게 가액배상을 할 경우, 수익자 자신이 사해행위취소소송의 채무자에 대한 채권자라는 이유로 채무자에 대하여 가지는 자기의 채권과 상계하거나 채무자에게 가액배상금 명목의 돈을 지급하였다는 점을 들어 채권자취소권을 행사하는 채권자에 대해 이를 가액배상에서 공제할 것을 주장할 수 없다. 그러나 수익자가 채권자취소권을 행사하는 채권자에 대해 가지는 별개의 다른 채권을 집행하기 위하여 그에 대한 집행권원을 가지고 채권자의 수익자에 대한 가액배상채권을 압류하고 전부명령을 받는 것은 허용된다. 이는 수익자의 채무자에 대한 채권을 기초로 한 상계나 임의적인 공제와는 내용과 성질이 다르다. 또한 채권자가 채무자의 제3채무자에 대한 채권을 압류하는 경우 제3채무자가 채권자 자신인 경우에도 이를 압류하는 것이 금지되지 않으므로 단지 채권자와 제3채무자가 같다고 하여 채권압류 및 전부명령이 위법하다고 볼 수 없다. [2] 상계가 금지되는 채권이라고 하더라도 압류금지채권에 해당하지 않는 한 강제집행에 의한 전부명령의 대상이 될 수 있다(대결 2017.8.21, 2017마499). 기출 23

7. 채권자취소권의 제소기간

> **채권자취소권(민법 제406조)**
> ② 전항의 소는 채권자가 취소원인을 안 날로부터 1년, 법률행위 있은 날로부터 5년 내에 제기하여야 한다.

(1) 제척기간

① 사해행위의 취소 및 원상회복의 소는 채권자가 취소원인을 안 날로부터 1년, 법률행위 있은 날로부터 5년 내에 제기하여야 한다(민법 제406조 제2항). <u>존속기간의 성질은 제척기간이다(통설 · 판례).</u>

② 채권자가 민법 제406조 제1항에 따라 사해행위의 취소와 원상회복을 청구하는 경우 <u>사해행위의 취소만을 먼저 청구한 다음 원상회복을 나중에 청구할 수 있다.</u> 채권자가 민법 제406조 제1항에 따라 사해행위의 취소와 원상회복을 청구하는 경우 <u>사해행위 취소 청구가 민법 제406조 제2항에 정하여진 기간 안에 제기되었다면 원상회복의 청구는 그 기간이 지난 뒤에도 할 수 있다</u>(대판 2001.9.4. 2001다14108). `기출` `07·19`

(2) 기산점

① **취소원인을 안 날로부터 1년** : 취소원인을 안 날이란 채권자가 채권자취소권의 요건을 안 날, 즉 채무자가 채권자를 해함을 알면서 사해행위를 하였다는 사실을 알게 된 날을 의미한다. `기출` `12`

② **법률행위가 있은 날로부터 5년** : 법률행위가 있은 날이란 법률행위가 실제로 이루어진 날을 의미한다.

(3) 판단기준의 주체

채권자가 채무자의 채권자취소권을 대위행사하는 경우, <u>제소기간은 대위의 목적되는 권리의 채권자인 채무자를 기준으로 그 준수 여부를 가려야 한다</u>(대판 2001.12.27. 2000다73049). `기출` `08·14·17`

01 서 설

02 채무불이행의 유형과 그 효과

채무불이행의 요건 · 유형

01 채무불이행에 관한 설명으로 옳지 않은 것은?(다툼이 있으면 판례에 따름) 기출 24

① 이행보조자는 채무자의 의사 관여 아래 채무의 이행행위에 속하는 활동을 하는 자이면 충분하고, 반드시 채무자의 지시 또는 감독을 받는 관계에 있어야 하는 것은 아니다.

② 이행기의 정함이 없는 지명채권을 양수한 채권양수인이 채무자를 상대로 그 이행을 구하는 소를 제기하고, 그 소송 계속 중 채무자에 대한 채권양도통지가 이루어진 경우에는 특별한 사정이 없는 한 채무자는 그 소가 제기된 날부터 채권양수인에 대해 이행지체의 책임을 진다.

③ 매매목적물에 관하여 이중으로 제3자와 매매계약을 체결하였다는 사실만 가지고는 먼저 체결된 매매계약이 법률상 이행불능이라고 할 수 없다.

④ 매매목적물이 채무자의 과실에 의한 화재로 소실됨으로써 채무자의 매매목적물에 대한 인도의무가 이행불능으로 된 경우, 채권자는 화재사고로 채무자가 지급받게 되는 화재보험금에 대하여 대상청구권을 행사할 수 있다.

⑤ 임대인이 임대물수선의무를 이행하기 위하여 제3자에게 도급을 주어 임차물을 공사하던 중 그 수급인의 과실에 의한 임차물의 화재로 인해 임차인의 손해가 발생한 경우, 임대인은 임차인에 대하여 채무불이행에 따른 손해배상책임을 부담한다.

해설 ① (○) 대판 2011.5.26. 2011다13330

② (×) 채무에 이행기의 정함이 없는 경우에는 채무자가 이행의 청구를 받은 다음 날부터 이행지체의 책임을 지는 것이나, 한편 지명채권이 양도된 경우 채무자에 대한 대항요건이 갖추어질 때까지 채권양수인은 채무자에게 대항 할 수 없으므로, 이행기의 정함이 없는 채권을 양수한 채권양수인이 채무자를 상대로 그 이행을 구하는 소를 제기하고 소송 계속 중 채무자에 대한 채권양도통지가 이루어진 경우에는 특별한 사정이 없는 한 채무자는 채권양도통지가 도달된 다음 날부터 이행지체의 책임을 진다(대판 2014.4.10. 2012다29557).

③ (○) 매매목적물에 관하여 이중으로 제3자와 매매계약을 체결하였다는 사실만 가지고는 매매계약이 법률상 이행 불능이라고 할 수 없고, 채무의 이행이 불능이라는 것은 단순히 절대적, 물리적으로 불능인 경우가 아니라 사회생활에 있어서의 경험법칙 또는 거래상의 관념에 비추어 볼 때 채권자가 채무자의 이행의 실현을 기대할 수 없는 경우를 말한다(대판 1996.7.26. 96다14616).

④ (○) 대판 2016.10.27. 2013다7769

⑤ (○) 임대인이 임차인과의 임대차계약상의 약정에 따라 제3자에게 도급을 주어 임대차목적 시설물을 수선한 경우에는 그 수급인도 임대인에 대하여 종속적인지 여부를 불문하고 이행보조자로서의 피용자라고 보아야 할 것이고, 이러한 수급인이 시설물 수선 공사 등을 하던 중 수급인의 과실로 인하여 화재가 발생한 경우에는 임대인은 민법 제391조에 따라 위 화재발생에 귀책사유가 있다 할 것이어서 임차인에 대한 채무불이행상의 손해배상책임이 있다(대판 2002.7.12. 2001다44338).

02 민법 제391조(이행보조자의 고의, 과실)에 관한 설명으로 옳지 않은 것은?(다툼이 있으면 판례에 따름) 기출 22

① 이행보조자의 피용자라 함은 일반적으로 채무자의 의사관여 아래 그 채무의 이행행위에 속하는 활동을 하는 사람이면 족하다.

② 임대인이 임차인과의 임대차계약상의 약정에 따라 제3자에게 도급을 주어 임차목적물을 수선한 경우, 그 수급인인 제3자는 임대인에 대하여 이행보조자로서 피용자가 아니다.

③ 이행보조자가 채무의 이행을 위하여 제3자를 복이행보조자로서 사용하는 경우, 채무자가 이를 승낙하였거나 적어도 묵시적으로 동의했다면 채무자는 복이행보조자의 고의·과실에 관하여 민법 제391조에 따라 책임을 부담한다.

④ 이행보조자의 행위가 채무자에 의하여 그에게 맡겨진 이행업무와 객관적·외형적으로 관련을 가지는 경우에는 채무자는 그 행위에 대하여 책임을 져야 한다.

⑤ 임대인의 이행보조자가 임차인으로 하여금 임차목적물을 사용·수익하지 못하게 함으로써 임대인은 채무불이행책임을 지고 그 이행보조자는 불법행위책임을 지는 경우, 양 책임은 부진정연대채무관계에 있다.

해설 ① (○), ③ (○) 민법 제391조는 이행보조자의 고의·과실을 채무자의 고의·과실로 본다고 규정하고 있는데, 이러한 이행보조자는 채무자의 의사관여 아래 채무이행행위에 속하는 활동을 하는 사람이면 족하고 반드시 채무자의 지시 또는 감독을 받는 관계에 있어야 하는 것은 아니므로, 그가 채무자에 대하여 종속적 또는 독립적인 지위에 있는가는 문제되지 않으며, 이행보조자가 채무의 이행을 위하여 제3자를 복이행보조자로서 사용하는 경우에도 채무자가 이를 승낙하였거나 적어도 묵시적으로 동의한 경우에는 채무자는 복이행보조자의 고의·과실에 관하여 민법 제391조에 의하여 책임을 부담한다(대판 2011.5.26. 2011다1330).

② (×) 임대인이 임차인과의 임대차계약상의 약정에 따라 제3자에게 도급을 주어 임대차목적물에 시설물을 설치하던 중 원인불명의 화재가 발생하였는데, 제반 사정에 비추어 그 설치공사를 맡은 수급인이 임대차목적물의 전력용량을 초과한 전기용접기를 연결하여 계속 사용함으로써 과부하로 인한 전선의 발열로 인하여 화재가 발생한 것으로 추정함이 타당하여 공사수급인에게 화재발생에 대한 과실이 인정되는 경우, 공사수급인은 임대차계약에 따른 임대인의 이행보조자라 할 것이어서 임대인은 민법 제391조에 따라 위 화재발생에 귀책사유가 있으므로 임차인에 대한 채무불이행상의 손해배상책임이 있다(대판 1999.4.13. 98다51077·51084).

④ (○) 이행보조자의 행위가 채무자에 의하여 그에게 맡겨진 이행업무와 객관적, 외형적으로 관련을 가지는 경우에는 채무자는 그 행위에 대하여 책임을 져야 하고, 채무의 이행에 관련된 행위이면 가사 이행보조자의 행위가 채권자에 대한 불법행위가 된다고 하더라도 채무자가 면책될 수는 없다(대판 2008.2.15. 2005다69458).

⑤ (○) 임대인인 피고 甲은 이행보조자인 피고 乙이 임차물인 점포의 출입을 봉쇄하고 내부시설공사를 중단시켜 임차인인 원고로 하여금 그 사용·수익을 하지 못하게 한 행위에 대하여 임대인으로서의 채무불이행으로 인한 손해를 배상할 의무가 있고, 또한 피고 乙이 원고가 임차인이라는 사정을 알면서도 위와 같은 방법으로 원고로 하여금 점포를 사용·수익하지 못하게 한 것은 원고의 임차권을 침해하는 불법행위를 이룬다고 할 것이므로 피고 乙은 원고에게 불법행위로 인한 손해배상의무가 있다고 할 경우, 피고 甲의 채무불이행책임과 피고 乙의 불법행위책임은 동일한 사실관계에 기한 것으로 부진정연대채무관계에 있다(대판 1994.11.11. 94다22446).

03 이행보조자의 책임에 관한 설명 중 옳지 않은 것은?(다툼이 있는 경우에는 판례에 의함)

기출 13

① 채무자로부터 지시 또는 감독을 받는 관계에 있지 않은 자도 이행보조자가 될 수 있다.
② 채무자의 묵시적 동의하에 이행보조자가 채무의 이행을 위하여 제3자를 복이행보조자로 사용하는 경우, 복이행보조자의 고의·과실에 관하여도 채무자가 그 책임을 진다.
③ 채무의 성질상 반드시 변제자 본인의 행위에 의해서만 가능한 것이 아닌 이상, 제3자를 이행보조자로 사용하여 변제할 수 있다.
④ 채무자가 이행보조자의 선임·감독에 상당한 주의를 다하였음을 증명한 경우, 채무자는 이행보조자의 과책에 대하여 그 책임을 면한다.
⑤ 이행보조자의 행위가 채무이행과 객관적·외형적으로 관련이 있으면 그 행위가 채권자에 대한 불법행위가 된다고 하더라도 채무자는 면책될 수 없다.

해설 ① (○), ⑤ (○) 민법 제391조의 이행보조자로서의 피용자라 함은 일반적으로 채무자의 의사관여 아래 그 채무의 이행행위에 속하는 활동을 하는 사람이면 족하고, 반드시 채무자의 지시 또는 감독을 받는 관계에 있어야 하는 것은 아니므로 채무자에 대하여 종속적인가 또는 독립적인 지위에 있는가는 문제되지 않는다. 다만, 이행보조자의 행위가 채무자에 의하여 그에게 맡겨진 이행업무와 객관적, 외형적으로 관련을 가지는 경우에는 채무자는 그 행위에 대하여 책임을 저야 하고, 채무의 이행에 관련된 행위이면 가사 이행보조자의 행위가 채권자에 대한 불법행위가 된다고 하더라도 채무자가 면책될 수는 없다(대판 2008.2.15. 2005다69458).
② (○) 민법 제391조는 이행보조자의 고의·과실을 채무자의 고의·과실로 본다고 규정하고 있는데, 이러한 이행보조자는 채무자의 의사관여 아래 채무이행행위에 속하는 활동을 하는 사람이면 족하고 반드시 채무자의 지시 또는 감독을 받는 관계에 있어야 하는 것은 아니므로, 그가 채무자에 대하여 종속적 또는 독립적인 지위에 있는가는 문제되지 않으며, 이행보조자가 채무의 이행을 위하여 제3자를 복이행보조자로서 사용하는 경우에도 채무자가 이를 승낙하였거나 적어도 묵시적으로 동의한 경우에는 채무자는 복이행보조자의 고의·과실에 관하여 민법 제391조에 의하여 책임을 부담한다(대판 2011.5.26. 2011다1330).
③ (○) 채무의 변제는 원칙적으로 채무자뿐만 아니라 제3자도 할 수 있고, 채무의 성질상 반드시 변제자 본인의 행위에 의해서만 가능한 것이 아닌 이상 제3자를 이행보조자 내지 이행대행자로 사용하여 대위변제할 수도 있다(대판 2001.6.15. 99다13515).
④ (×) 이행보조자의 고의나 과실은 채무자의 고의나 과실로 간주되므로(민법 제391조), 채무자가 이행보조자의 선임·감독에 상당한 주의를 다하였다 하더라도, 면책되지 아니한다.

04 이행보조자에 관한 설명으로 옳은 것은?(다툼이 있는 경우에는 판례에 의함) `기출` 12

① 이행보조자는 채무자의 지시·감독을 받아야 하므로 채무자에 대한 관계에서 종속적인 지위에 있어야 한다.

② 이행보조자의 행위로 채무자가 채무불이행책임을 지는 경우, 과실의 유무를 판단하는 주의의무의 정도는 이행보조자를 기준으로 판단한다.

③ 채무자가 이행보조자에게 맡긴 이행업무와 이행보조자의 행위가 객관적·외형적으로 관련이 없는 경우에도 채무자는 이행보조자의 고의·과실에 대하여 채무불이행책임을 진다.

④ 임대인이 임대차계약에 따라 임대물에 추가시설을 설치하기 위하여 제3자에게 공사를 맡긴 경우, 공사 중 제3자의 과실로 화재가 발생하였다면 임대인은 임차인에게 채무불이행책임을 진다.

⑤ 임대인의 이행보조자가 임차인으로 하여금 임차목적물을 사용·수익하지 못하게 함으로써 임대인은 채무불이행에 의한 책임을 지고 그 이행보조자는 불법행위책임을 지는 경우, 양자는 부진정연대채무가 아니다.

해설 ① (×), ③ (×) 민법 제391조의 이행보조자로서의 피용자라 함은 일반적으로 채무자의 의사관여 아래 그 채무의 이행행위에 속하는 활동을 하는 사람이면 족하고, 반드시 채무자의 지시 또는 감독을 받는 관계에 있어야 하는 것은 아니므로 채무자에 대하여 종속적인가 또는 독립적인 지위에 있는가는 문제되지 않는다. 다만, 이행보조자의 행위가 채무자에 의하여 그에게 맡겨진 이행업무와 객관적, 외형적으로 관련을 가지는 경우에는 채무자는 그 행위에 대하여 책임을 져야 하고, 채무의 이행에 관련된 행위이면 가사 이행보조자의 행위가 채권자에 대한 불법행위가 된다고 하더라도 채무자가 면책될 수는 없다(대판 2008.2.15. 2005다69458).

② (×) 채무자는 채무이행과 관련된 이행보조자의 고의·과실이 있는 행위에 대하여 채무불이행책임을 지게 되는데(민법 제391조), 이때 이행보조자의 과실 유무를 판단하는 기준에 대하여 학설상 명확한 기준이나 명시적인 판례가 없는 상태로, 해당 지문은 계약당사자인 채무자를 기준으로 그 유무를 판단하여야 한다는 입장에서 출제된 것으로 보인다.

④ (○) 임대인이 임차인과의 임대차계약상의 약정에 따라 제3자에게 도급을 주어 임대차목적시설물을 수선한 경우에는 그 수급인도 임대인에 대하여 종속적인지 여부를 불문하고 이행보조자로서의 피용자라고 보아야 할 것이고, 이러한 수급인이 시설물수선공사 등을 하던 중 수급인의 과실로 인하여 화재가 발생한 경우에는 임대인은 민법 제391조에 따라 위 화재발생에 귀책사유가 있다 할 것이어서 임차인에 대한 채무불이행상의 손해배상책임이 있다(대판 2002.7.12. 2001다44338).

⑤ (×) 임대인인 피고 甲은 이행보조자인 피고 乙이 임차물인 점포의 출입을 봉쇄하고 내부시설공사를 중단시켜 임차인인 원고로 하여금 그 사용·수익을 하지 못하게 한 행위에 대하여 임대인으로서의 채무불이행으로 인한 손해를 배상할 의무가 있고, 또한 피고 乙이 원고가 임차인이라는 사정을 알면서도 위와 같은 방법으로 원고로 하여금 점포를 사용·수익하지 못하게 한 것은 원고의 임차권을 침해하는 불법행위를 이룬다고 할 것이므로 피고 乙은 원고에게 불법행위로 인한 손해배상의무가 있다고 할 경우, 피고 甲의 채무불이행책임과 피고 乙의 불법행위책임은 동일한 사실관계에 기한 것으로 부진정연대채무관계에 있다(대판 1994.11.11. 94다22446).

05 이행지체에 관한 설명으로 옳지 않은 것은?(다툼이 있으면 판례에 따름) 기출 21

① 동산매매계약에서 매도인 甲이 매수인 乙에 대해 잔금 지급기일 도과를 이유로 지연손해금을 청구하려면 甲은 자기 채무의 이행제공을 계속하여야 한다.
② 신축 중인 상가를 乙에게 분양한 甲이 분양대금의 중도금 지급기한을 1층 골조공사 완료시로 약정한 경우, 1층 골조공사 완료 후 乙이 그 사실을 안 날의 다음 날부터 중도금 지급채무의 지체책임을 진다.
③ 이행기의 정함이 없는 매매대금채권을 甲으로부터 양수한 丙이 채무자 乙을 상대로 그 이행을 구하는 소를 제기하고 소송 계속 중 甲이 乙에 대해 채권양도통지를 한 경우, 특별한 사정이 없는 한 乙은 채권양도통지가 도달된 날의 다음 날부터 이행지체의 책임을 진다.
④ 매수인 乙이 매도인 甲의 영업소에서 쌀 10포대를 받아가기로 약정한 경우, 乙이 변제기 이후에 오지 않은 이상 甲은 지연에 따른 손해배상책임을 지지 않는다.
⑤ 甲은 乙로부터 1억원을 빌리면서 5회에 걸쳐 매회 2천만원씩 분할상환하되, 분할변제기한을 1회라도 지체하였을 때는 기한의 이익을 잃는 것으로 특약한 경우, 특별한 사정이 없는 한 甲은 1회 변제기한이라도 지체하면 미상환금액 전부에 대하여 지체책임을 진다.

해설 ① (○) 쌍무계약의 당사자 일방이 먼저 한번 현실의 제공을 하고 상대방을 수령지체에 빠지게 하였다 하더라도 그 이행의 제공이 계속되지 않는 경우는 과거에 이행의 제공이 있었다는 사실만으로 상대방이 가지는 동시이행의 항변권이 소멸하는 것은 아니므로, 일시적으로 당사자 일방의 의무의 이행제공이 있었으나 곧 그 이행의 제공이 중지되어 더 이상 그 제공이 계속되지 아니하는 기간 동안에는 상대방의 의무가 이행지체 상태에 빠졌다고 할 수는 없다고 할 것이고, 따라서 그 이행의 제공이 중지된 이후에 상대방의 의무가 이행지체되었음을 전제로 하는 손해배상청구도 할 수 없다(대판 1999.7.9. 98다13754·13761).

② (○) 채무이행시기가 확정기한으로 되어 있는 경우에는 기한이 도래한 때로부터 지체책임이 있으나, 불확정기한으로 되어 있는 경우에는 채무자가 기한이 도래함을 안 때로부터 지체책임이 발생한다고 할 것인바, 이 사건 중도금 지급기일을 '1층 골조공사 완료시'로 정한 것은 중도금 지급의무의 이행기를 장래 도래할 시기가 확정되지 아니한 때, 즉 불확정기한으로 이행기를 정한 경우에 해당한다고 할 것이므로, 중도금 지급의무의 이행지체의 책임을 지우기 위해서는 1층 골조공사가 완료된 것만으로는 부족하고 채무자인 원고가 그 완료 사실을 알아야 한다고 할 것이다(대판 2005.10.7. 2005다38546).

③ (○) 이행기의 정함이 없는 채권을 양수한 채권양수인이 채무자를 상대로 그 이행을 구하는 소를 제기하고 소송 계속 중 채무자에 대한 채권양도통지가 이루어진 경우에는 특별한 사정이 없는 한 채무자는 채권양도통지가 도달된 다음 날부터 이행지체의 책임을 진다(대판 2014.4.10. 2012다29557).

④ (○) 채권자의 협력을 필요로 하는 추심채무는 채권자가 먼저 필요한 협력 또는 그 제공을 하여 이행을 최고한 경우에만 지체책임을 지므로, 매수인 乙이 매도인 甲의 영업소에 변제기 이후에 오지 않은 이상 매도인 甲은 지연에 따른 손해배상책임을 지지 않는다.

⑤ (×) [1] 기한이익 상실의 특약은 그 내용에 의하여 일정한 사유가 발생하면 채권자의 청구 등을 요함이 없이 당연히 기한의 이익이 상실되어 이행기가 도래하는 것으로 하는 정지조건부 기한이익 상실의 특약과 일정한 사유가 발생한 후 채권자의 통지나 청구 등 채권자의 의사행위를 기다려 비로소 이행기가 도래하는 것으로 하는 형성권적 기한이익 상실의 특약의 두 가지로 대별할 수 있고, 기한이익 상실의 특약이 위의 양자 중 어느 것에 해당하느냐는 당사자의 의사해석의 문제이지만 일반적으로 기한이익 상실의 특약이 채권자를 위하여 둔 것인 점에 비추어 명백히 정지조건부 기한이익 상실의 특약이라고 볼 만한 특별한 사정이 없는 이상 형성권적 기한이익 상실의 특약으로 추정하는 것이 타당하다. [2] 형성권적 기한이익 상실의 특약이 있는 경우에는 그 특약은 채권자의 이익을 위한 것으로서 기한이익의 상실 사유가 발생하였다고 하더라도 채권자가 나머지 전액을 일시에 청구할 것인가 또는 종래대로 할부변제를 청구할 것인가를 자유로이 선택할 수 있으므로, 이와 같은 기한이익 상실의 특약이 있는 할부채무에 있어서는 1회의 불이행이 있더라도 각 할부금에 대해 그 각 변제기의 도래 시마다 그때부터 순차로 소멸시효가 진행하고 채권자가 특히 잔존 채무 전액의 변제를 구하는 취지의 의사를 표시한 경우에 한하여 전액에 대하여 그때부터 소멸시효가 진행한다(대판 2002.9.4. 2002다28340).

06 이행지체책임의 발생시기에 관한 설명으로 옳은 것을 모두 고른 것은?(다툼이 있으면 판례에 따름) 기출 20

> ㄱ. 채무이행의 확정한 기한이 있는 경우에는 채무자는 기한이 도래한 때로부터 지체책임이 있고, 채무이행의 불확정한 기한이 있는 경우에는 채무자는 기한이 도래함을 안 때로부터 지체책임이 있다.
> ㄴ. 채무이행이 기한이 없는 경우에는 채무자는 이행청구를 받은 다음 날부터 지체책임이 있다.
> ㄷ. 불법행위로 인한 손해배상의 경우 채무자는 불법행위일 다음 날부터 재산상 손해와 위자료를 합산한 금액 전부에 대하여 지체책임이 있다.
> ㄹ. 불법행위에서 위법행위 시점과 손해발생 시점 사이에 시간적 간격이 있는 경우에 불법행위로 인한 손해배상청구권의 지연손해금은 손해발생 시점을 기산일로 하여 발생한다.

① ㄱ, ㄴ　　　　　　　　　　　　② ㄴ, ㄷ
③ ㄷ, ㄹ　　　　　　　　　　　　④ ㄱ, ㄴ, ㄹ
⑤ ㄱ, ㄷ, ㄹ

해설 ㄱ. (○) 민법 제387조 제1항

> **이행기와 이행지체(민법 제387조)**
> ① 채무이행의 확정한 기한이 있는 경우에는 채무자는 **기한이 도래한 때로부터** 지체책임이 있다. 채무이행의 **불확정한 기한이 있는 경우**에는 채무자는 **기한이 도래함을 안 때로부터** 지체책임이 있다.
> ② 채무이행의 **기한이 없는 경우**에는 채무자는 **이행청구를 받은 때로부터** 지체책임이 있다.

ㄴ. (○) 민법 제387조 제2항의 취지는 기한의 약정이 없는 채무의 채무자는 **이행의 청구를 받은 날 안으로** 이행을 하면 되고, 그 청구를 받은 날을 초과할 때 비로소 변제의 책임을 진다는 뜻이다(대판 1972.8.22. 72다1066). 따라서 채무이행의 기한이 없는 경우, 채무자는 이행청구를 받은 다음 날로부터 지체책임을 지게 된다.

ㄷ. (×) 불법행위로 인한 손해배상채무의 지연손해금의 기산일은 원칙적으로 불법행위성립일이다(대판 2010.7.22. 2010다18829). 따라서 최고나 이행청구 여부와 상관없이 불법행위가 발생한 때로부터 손해배상채무의 성립과 동시에 지체책임이 인정된다.

ㄹ. (○) 불법행위로 인한 손해배상채무의 지연손해금의 기산일은 불법행위성립일이 원칙이고, 불법행위에 있어 위법행위 시점과 손해발생 시점 사이에 시간적 간격이 있는 경우에는 손해발생 시점이 기산일이 된다고 할 것이다(대판 2012.2.23. 2010다97426).

07 이행지체의 성립과 관련한 설명으로 옳지 않은 것은?(다툼이 있으면 판례에 따름) `기출` 16

① 2016년 1월 12일(화)까지 채무를 이행하기로 한 경우에는 2016년 1월 13일부터 지체책임을 진다.

② 지시채권의 경우 확정기한이 정하여져 있는 때에도 그 기한이 도래한 후 소지인이 증서를 제시하여 이행을 청구한 때로부터 지체책임이 있다.

③ 2016년 1월 12일(화)에 채권자가 방문하면 상품을 인도하기로 하였으나 채권자가 오지 않아서 이행을 못한 때에는, 2016년 1월 13일이 지나도 채무자는 지체책임을 지지 않는다.

④ 원인채무의 이행확보를 위해 발행한 어음의 반환과 원인채무의 이행이 동시이행관계에 있는 경우, 원인채무의 이행기가 지났다 하더라도 채무자는 어음을 반환받을 때까지는 이행지체책임을 지지 않는다.

⑤ 금전채무의 채무자는 확정된 지연손해금채무에 대하여 채권자로부터 이행청구를 받은 때부터 지체책임을 진다.

해설 ① (O) 확정기한부 채무는 기한이 도래한 때로부터 지체책임이 있다(민법 제387조 제1항 전문). 판례에 의하면, 「기한이 도래한 때」란 기한이 도래한 다음 날을 의미한다(대판 1988.11.8. 88다3253).

② (O) 증서에 변제기한이 있는 경우에도 그 기한이 도래한 후에 소지인이 증서를 제시하여 이행을 청구한 때로부터 채무자는 지체책임이 있다(민법 제517조).

③ (O) 사안의 경우, 채권자가 방문하면 상품을 인도하기로 하였으므로, 추심채무에 해당한다. **채권자의 협력을 필요로 하는 추심채무는, 채권자가 먼저 필요한 협력이나 제공을 하여 이행을 최고한 경우에만 지체책임을 진다.** 따라서 채무자는 확정기한이 도래한 것만으로는 지체책임을 지지 아니한다.

④ (×) 채무자가 어음의 반환이 없음을 이유로 원인채무의 변제를 거절할 수 있는 것은 채무자로 하여금 무조건적인 원인채무의 이행으로 인한 이중지급의 위험을 면하게 하려는 데에 그 목적이 있는 것이지, 기존의 원인채권에 터 잡은 이행청구권과 상대방의 어음반환청구권이 민법 제536조에 정하는 쌍무계약상의 채권채무관계나 그와 유사한 대가관계가 있어서 그러는 것은 아니므로, 원인채무이행의무와 어음반환의무가 동시이행의 관계에 있다 하더라도 이는 어음의 반환과 상환으로 하지 아니하면 지급을 할 필요가 없으므로 이를 거절할 수 있다는 것을 의미하는 것에 지나지 아니하는 것이며, 따라서 채무자가 어음의 반환이 없음을 이유로 원인채무의 변제를 거절할 수 있는 권능을 가진다고 하여 채권자가 어음의 반환을 제공하지 아니하면 채무자에게 적법한 이행의 최고를 할 수 없다고 할 수는 없고, 채무자는 원인채무의 이행기를 도과하면 원칙적으로 이행지체의 책임을 진다(대판 1999.7.9. 98다47542·47559).

⑤ (O) 금전채무의 지연손해금채무는 금전채무의 이행지체로 인한 손해배상채무로서 이행기의 정함이 없는 채무에 해당하므로, 채무자는 확정된 지연손해금채무에 대하여 **채권자로부터 이행청구를 받은 때부터 지체책임을 부담하게 된다**(대판 2010.12.9. 2009다59237).

08 이행기와 이행지체에 관한 설명으로 옳지 않은 것은?(다툼이 있는 경우에는 판례에 의함)

① 이행기 있는 지시채권이나 무기명채권의 채무자는 그 이행기가 도래하였더라도 소지인이 그 채권증서를 제시하여 이행을 청구한 때로부터 지체책임이 있다.

② 반환시기의 약정이 없는 금전소비대차의 차주는 대주가 이행을 청구한 때로부터 지체책임이 있다.

③ 당사자가 불확정한 사실이 발생한 때를 이행기로 정한 경우, 그 사실이 발생한 때는 물론 그 사실의 발생이 불가능하게 된 때에도 이행기가 도래한 것으로 보아야 한다.

④ 타인의 토지를 점유함으로써 발생한 부당이득반환채무는 기한이 없는 채무이므로, 점유자는 이행청구를 받은 때로부터 지체책임이 있다.

⑤ 채무자는 자기에게 과실이 없는 경우에도 원칙적으로 그 이행지체 중에 생긴 손해를 채권자에게 배상하여야 한다.

해설 ① (○) **지시채권이나 무기명채권의 경우**, 증서에 변제기한이 있는 때에도 그 기한이 도래한 후에 소지인이 **증서를 제시하여 이행을 청구한 때로부터 채무자는 지체책임이 있다**(민법 제517조, 제524조).

② (✕) 반환시기의 약정이 없는 금전소비대차에서 대주는 상당한 기간을 정하여 반환을 최고하여야 한다(민법 제603조 제2항 본문). 따라서 최고나 이행청구한 때로부터 상당한 기간이 경과하여야 이행지체가 된다.

③ (○) 당사자가 불확정한 사실이 발생한 때를 이행기한으로 정한 경우 그 사실이 발생한 때는 물론 그 사실의 **발생이 불가능하게 된 때에도 이행기한은 도래한 것으로 보아야 하고**, 이때 불확정한 사실의 발생이 불가능하게 된 것인지 여부를 구체적으로 판단함에 있어서는 당사자의 의사, 불확정기한사실의 종류와 특성 및 경과한 기간의 정도 등을 감안하여야 할 뿐만 아니라, 불확정기한사실이 사회경제적 상황에 영향을 받는 경우에는 이 점도 폭넓게 참작하여 <u>사회통념에 따라 그 불가능 여부를 신중하게 판정하여야 한다</u>(대판 2006.12.21. 2005다40754).

④ (○) 타인의 토지를 점유함으로 인한 **부당이득반환채무는 이행의 기한이 없는 채무로서 이행청구를 받은 때로부터 지체책임이 있다**(대판 2008.2.1. 2007다8914).

⑤ (○) 채무자는 자기에게 과실이 없는 경우에도 그 이행지체 중에 생긴 손해를 배상하여야 한다(민법 제392조 본문).

09 甲은 자신의 X토지를 乙에게 1억원에 매도하는 계약을 체결하였다. 乙은 계약금과 중도금으로 6천만원을 甲에게 지급하였다. 그 후 X토지의 가격이 폭등하자 甲은 X토지를 丙에게 1억 5천만원에 매도하고 丙 명의로 소유권이전등기를 마쳐 주었다. 이에 관한 설명으로 옳은 것을 모두 고른 것은?(각 지문은 독립적이며, 다툼이 있으면 판례에 따름) 기출 22

> ㄱ. 甲과 乙의 매매계약은 특별한 사정이 없는 한 甲이 丙과 매매계약을 맺은 때에 이행불능이 된다.
> ㄴ. 특별한 사정이 없는 한 乙은 甲을 상대로 X토지의 인도 및 소유권이전등기의 청구를 할 수 없다.
> ㄷ. 만일 甲이 乙의 잔금미지급을 이유로 계약을 적법하게 해제할 수 있었으나 해제하지 않은 상태에서 甲이 丙에게 X토지를 매도하고 소유권이전등기를 마쳐준 경우라면, 특별한 사정이 없는 한 甲은 乙에게 이행불능에 따른 책임을 부담하지 않는다.
> ㄹ. 만일 甲이 丙에게 X토지의 소유권이전등기가 아니라 소유권이전등기청구권 보전을 위한 가등기만을 마쳐준 경우라면, 특별한 사정이 없는 한 甲은 乙에게 이행불능에 따른 책임을 부담하지 않는다.

① ㄴ
② ㄱ, ㄷ
③ ㄴ, ㄹ
④ ㄱ, ㄷ, ㄹ
⑤ ㄴ, ㄷ, ㄹ

해설 ㄱ.(×), ㄴ. (○) 판례는 「매수인에게 부동산의 소유권이전등기를 해줄 의무를 지는 매도인이 그 부동산에 관하여 다른 사람에게 이전등기를 마쳐 준 때에는 매도인이 그 부동산의 소유권에 관한 등기를 회복하여 매수인에게 이전등기해 줄 수 있는 특별한 사정이 없어야 비로소 매수인에 대한 소유권이전등기의무가 이행불능의 상태에 이르렀다(대판 2010.4.29. 2009다99129)」고 판단하여 매도인 甲이 등기를 회복하여 제1매수인 乙에게 이전등기를 해 줄 수 있는 특별한 사정이 없는 한 乙은 甲을 상대로 X토지의 인도 및 소유권이전등기의 청구를 할 수 없다고 본다.

ㄷ.(×) 부동산 매매계약에서 계약금만 지급된 단계에서는 어느 당사자나 계약금을 포기하거나 그 배액을 상환함으로써 자유롭게 계약의 구속력에서 벗어날 수 있다. 그러나 중도금이 지급되는 등 계약이 본격적으로 이행되는 단계에 이른 때에는 계약이 취소되거나 해제되지 않는 한 매도인은 매수인에게 부동산의 소유권을 이전해 줄 의무에서 벗어날 수 없으므로(대판[전합] 2018.5.17. 2017도4027 – 다수의견) 설문의 경우 매도인 甲이 제1매수인 乙의 잔금미지급을 이유로 계약을 적법하게 해제할 수 있었으나 해제하지 않은 상태에서 甲이 제2매수인 丙에게 X토지를 매도하고 소유권이전등기를 마쳐준 경우라면, 특별한 사정이 없는 한 甲은 乙에게 이행불능에 따른 책임을 부담한다.

ㄹ.(○) 소유권이전등기의무자가 그 부동산상에 제3자 명의로 가등기를 마쳐 주었다 하여도 가등기는 본등기의 순위보전의 효력을 가지는 것에 불과하고, 또한 그 소유권이전등기의무자의 처분권한이 상실되는 것도 아니므로 그 가등기만으로는 소유권이전등기의무가 이행불능이 된다고 할 수 없으므로(대판 1993.9.14. 93다12268), 특별한 사정이 없는 한 매도인 甲은 제1매수인 乙에게 이행불능에 따른 책임을 부담하지 않는다.

10 이행불능에 관한 설명으로 옳지 않은 것은?(다툼이 있으면 판례에 따름) 기출 21

① 토지거래허가구역 내의 토지에 관하여 허가를 조건으로 매매계약을 체결한 경우, 그 허가 전에는 거래계약상의 채무를 이행할 수 없게 되더라도 그에 따른 손해배상책임을 지지 않는다.

② 쌍무계약에서 당사자 일방이 부담하는 채무의 일부만이 채무자의 책임 있는 사유로 이행할 수 없게 된 경우, 이행가능한 나머지 부분만의 이행으로 계약목적을 달성할 수 없다면 채무의 이행은 전부가 불능이라고 보아야 한다.

③ 민법상 임대차에서 목적물을 사용·수익하게 할 임대인의 의무는 임대인이 임대차목적물의 소유권을 상실한 것만으로 이행불능이 된다.

④ 매매목적물에 관하여 매도인의 다른 채권자가 강제경매를 신청하여 그 절차가 진행 중에 있다는 사유만으로 매도인의 채무가 이행불능이 되는 것은 아니다.

⑤ 쌍무계약에서 당사자 일방의 급부뿐만 아니라 상대방의 반대급부도 전부 이행불능이 된 경우, 특별한 사정이 없는 한 당사자 일방은 상대방에게 대상청구를 할 수 없다.

해설 ① (○) 국토이용관리법상 토지거래허가구역 내에 있는 토지에 관하여 소유권 등 권리를 이전 또는 설정하는 내용의 거래계약은 관할 시장·군수 또는 구청장의 허가를 받아야만 효력이 발생하고 허가를 받기 전에는 물권적 효력은 물론 채권적 효력도 발생하지 아니하여 무효라고 보아야 할 것이므로, 따라서 허가받을 것을 전제로 하는 거래계약은 허가를 받을 때까지는 법률상 미완성의 법률행위로서 소유권 등 권리의 이전 또는 설정에 관한 거래의 효력이 전혀 발생하지 않으나 일단 허가를 받으면 그 계약은 소급하여 유효한 계약이 되고, 이와 달리 불허가가 된 때에 무효로 확정되므로 허가를 받기까지는 유동적 무효의 상태에 있다고 볼 것인바, 허가를 받을 것을 전제로 한 거래계약은 허가받기 전의 상태에서는 거래계약의 채권적 효력도 전혀 발생하지 않으므로 권리의 이전 또는 설정에 관한 어떠한 내용의 이행청구도 할 수 없고, 그러한 거래계약의 당사자로서는 허가받기 전의 상태에서 상대방의 거래계약상 채무불이행을 이유로 거래계약을 해제하거나 그로 인한 손해배상을 청구할 수 없다(대판 1997.7.25. 97다4357·4364).

② (○) 쌍무계약에 있어 당사자 일방이 부담하는 채무의 일부만이 채무자의 책임 있는 사유로 이행할 수 없게 된 때에는, 그 이행이 불가능한 부분을 제외한 나머지 부분만의 이행으로는 계약의 목적을 달성할 수 없다면 채무의 이행은 전부가 불능이라고 보아야 할 것이므로, 채권자로서는 채무자에 대하여 계약 전부를 해제하거나 또는 채무 전부의 이행에 갈음하는 전보배상을 청구할 수 있을 뿐이지 이행이 가능한 부분만의 급부를 청구할 수는 없다(대판 1995.7.25. 95다5929).

③ (×) 계약의 이행불능 여부는 사회통념에 의하여 이를 판정하여야 할 것인바, 임대차계약상의 임대인의 의무는 목적물을 사용수익케 할 의무로서, 목적물에 대한 소유권 있음을 성립요건으로 하고 있지 아니하여 임대인이 소유권을 상실하였다는 이유만으로 그 의무가 불능하게 된 것이라고 단정할 수 없다(대판 1994.5.10. 93다37977).

④ (○) 매매목적물에 관하여 매도인의 다른 채권자가 강제경매를 신청하여 그 절차가 진행 중에 있다는 사유만으로는 아직 매도인이 그 목적물의 소유권을 취득할 수 없는 때에 해당한다고 할 수 없으므로 매수인은 이를 이유로 계약을 해제하거나 위약금의 청구를 할 수 없다고 할 것이고 그와 같은 법리는 매매목적물에 관하여 강제경매가 진행 중인데 대한 책임이 누구에게 있느냐에 따라 달라지는 것이 아니다(대판 1987.9.8. 87다카655).

⑤ (○) 쌍무계약의 당사자 일방이 상대방의 급부가 이행불능이 된 사정의 결과로 상대방이 취득한 대상에 대하여 급부청구권을 행사할 수 있다고 하더라도, 그 당사자 일방이 대상청구권을 행사하려면 상대방에 대하여 반대급부를 이행할 의무가 있는바, 이 경우 당사자 일방의 반대급부도 그 전부가 이행불능이 되거나 그 일부가 이행불능이 되고 나머지 잔부의 이행만으로는 상대방의 계약목적을 달성할 수 없는 등 상대방에게 아무런 이익이 되지 않는다고 인정되는 때에는, 상대방이 당사자 일방의 대상청구를 거부하는 것이 신의칙에 반한다고 볼 만한 특별한 사정이 없는 한, 당사자 일방은 상대방에 대하여 대상청구권을 행사할 수 없다(대판 1996.6.25. 95다6601).

11 이행불능에 관한 설명으로 옳지 않은 것은?(다툼이 있으면 판례에 따름) 기출 19

① 증여계약의 대상인 권리가 타인에게 귀속되어 있다는 이유만으로 증여자의 계약에 따른 이행이 불능이라고 할 수는 없다.

② 매매목적물인 부동산이 가압류되었다는 사유만으로 매도인의 이행불능을 이유로 매매계약을 해제할 수는 없다.

③ 부동산소유권이전등기의무자가 그 부동산에 제3자 명의로 가등기를 마쳐 주면, 부동산의 처분권한 상실로 소유권이전등기의무가 이행불능이 된다.

④ 매수인의 잔대금지급의무가 소유권이전등기의무와 동시이행관계에 있더라도, 소유권이전등기의무의 이행불능을 이유로 매수인이 매매계약을 해제하기 위해서는 매수인이 대금지급의무의 이행제공을 할 필요가 없다.

⑤ 임대인에게 임대목적물에 대한 소유권이 없는 경우, 임차인이 진실한 소유자로부터 목적물의 반환청구를 받는 등의 이유로 임차인이 이를 사용·수익할 수가 없게 되면 임대인의 채무는 이행불능이 된다.

해설 ① (○) 민법이 타인의 권리의 매매를 인정하고 있는 것처럼 타인의 권리의 증여도 가능하며, 이 경우 채무자는 권리를 취득하여 채권자에게 이전하여야 하고, 이같은 사정은 계약 당시부터 예정되어 있으므로, 매매나 증여의 대상인 권리가 타인에게 귀속되어 있다는 이유만으로 채무자의 계약에 따른 이행이 불능이라고 할 수는 없다(대판 2016.5.12. 2016다200729).

② (○) 매수인은 매매목적물에 대하여 가압류집행이 되었다고 하여 매매에 따른 소유권이전등기가 불가능한 것도 아니므로, 이러한 경우 매수인으로서는 신의칙 등에 의해 대금지급채무의 이행을 거절할 수 있음은 별론으로 하고, 매매목적물이 가압류되었다는 사유만으로 매도인의 계약위반을 이유로 매매계약을 해제할 수는 없다(대판 1999.6.11. 99다11045).

③ (×) 부동산소유권이전등기의무자가 그 부동산상에 가등기를 경료한 경우 가등기는 본등기의 순위보전의 효력을 가지는 것에 불과하고 또한 그 소유권이전등기의무자의 처분권한이 상실되지도 아니하므로 그 가등기만으로는 소유권이전등기의무가 이행불능이 된다고 할 수 없다(대판 1991.7.26. 91다8104).

④ (○) 매도인의 매매계약상의 의무가 이행불능이 되어 이를 이유로 매매계약을 해제함에 있어서는 상대방인 원고의 잔대금지급의무가 매도인의 위 의무와 동시이행관계에 있다고 하더라도 그 이행의 제공을 필요로 하는 것이 아니다(대판 2003.1.24. 2000다22850).

⑤ (○) 임대인은 임차인으로 하여금 그 목적물을 완전하게 사용·수익하게 할 의무가 있고, 또한 임차인은 이러한 임대인의 의무가 이행불능으로 되지 아니하는 한 그 사용·수익의 대가로 차임을 지급할 의무가 있으며, 그 임대차관계가 종료되면 임차인은 임차목적물을 임대인에게 반환하여야 할 계약상의 의무가 있다. 다만 이러한 경우 임차인이 진실한 소유자로부터 목적물의 반환청구나 임료 내지 그 해당액의 지급요구를 받는 등의 이유로 임대인이 임차인으로 하여금 사용·수익하게 할 수가 없게 되면 임대인의 채무는 이행불능으로 되고 임차인은 이행불능으로 인한 임대차의 종료를 이유로 그때 이후의 임대인의 차임지급청구를 거절할 수 있다(대판 2009.9.24. 2008다38325).

12 이행불능에 관한 설명으로 옳은 것은?(다툼이 있는 경우에는 판례에 의함) 기출 14

① 甲은 그 소유의 X토지를 乙에게 증여하는 계약을 체결한 후 다시 丙에게 노무제공에 대한 보수로 X토지를 양도하는 계약을 체결하였다. 이어서 甲은 乙에게 X토지의 소유권이전등기를 마쳤다. 丙이 甲과 계약할 당시 甲이 乙에게 증여한 사실을 알았다면 甲은 丙에게 손해를 배상할 책임이 없다.

② 甲은 그 소유의 X토지를 乙에게 매도하는 계약을 체결하고 乙에게 인도하였으나 아직 소유권이전등기를 마치지 않았다. 그동안 甲의 사망으로 甲의 상속인 丙이 자기 명의로 X토지에 대한 소유권이전등기를 하였다면, 乙의 소유권이전등기청구권은 이행불능이 된다.

③ 甲 소유의 X토지를 임차한 乙이 甲으로부터 X토지의 소유권을 취득한 丙의 요구에 따라 丙에게 직접 X토지를 인도한 때에는 甲의 乙에 대한 임대차계약상의 의무는 이행불능이 되지 않는다.

④ 甲 소유의 X토지와 乙 소유의 Y토지를 교환하는 계약이 체결된 후 「공익사업을 위한 토지 등의 취득 및 보상에 관한 법률」에 의해 X토지는 1억 2천만원에, Y토지는 1억원에 각각 수용되어 甲과 乙이 모두 계약을 이행할 수 없게 된 때에는, 특별한 사정이 없으면 乙은 甲에게 대상청구권을 행사할 수 없다.

⑤ 乙 명의의 X토지에 대하여 甲의 취득시효가 완성된 후 X토지가 수용되어 乙의 소유권이전등기의무가 이행불능이 된 경우, 甲은 직접 乙을 상대로 하여 공탁된 토지수용보상금의 수령권자가 자신이라는 확인을 구할 수 있다.

해설 ① (×) **甲이 토지를 乙에게 증여하기로 하는 계약을 체결하고, 또 丙에게도 노무제공에 대한 보수조로 양도하기로 하는 계약을 체결하는 등의 2중양도약정을 하였다가 위 乙에게 소유권이전등기가 됨으로써 丙에게는 그 소유권이전등기를 하여 줄 수 없게 된 것이라면 甲으로서는 丙에게 위 약정의 이행불능으로 인한 손해를 배상할 의무가 있다 할 것이고, 이 경우, 丙이 토지를 양도받기로 하는 약정을 할 때 甲의 위 乙에 대한 증여사실을 알고 있었는지의 여부는 甲의 이행불능으로 인한 손해배상의무와는 아무런 관련이 없다**(대판 1984.11.27. 84다카1542·1543).

② (×) **부동산소유권이전등기의무자가 그 목적물을 제3자에게 양도하고 아직 그 소유권이전등기를 경유하지 아니한 경우에는 특단의 사유가 없는 한 위 소유권이전등기의무는 이행불능의 상태에 있다고 볼 수 없음은 물론 위 소유권이전등기의무를 상속한 위 제3자가 그 명의로 소유권이전등기를 경료하였다고 할지라도 상속한 소유권이전등기의무가 이행불능이 되었다고는 볼 수 없다**(대판 1984.4.10. 83다카1222).

③ (×) 임대차는 당사자 일방이 상대방에게 목적물을 사용·수익하게 할 것을 약정하고 상대방이 이에 대하여 차임을 지급할 것을 약정함으로써 성립하는 것으로서(민법 제618조), **임대인이 그 목적물에 대한 소유권 기타 이를 임대할 권한이 없다고 하더라도 임대차계약은 유효하게 성립한다.** 따라서 임대인은 임차인으로 하여금 그 목적물을 완전하게 사용·수익하게 할 의무가 있고, 또한 임차인은 이러한 임대인의 의무가 이행불능으로 되지 아니하는 한 그 사용·수익의 대가로 차임을 지급할 의무가 있으며, 그 임대차관계가 종료되면 임차인은 임차목적물을 임대인에게 반환하여야 할 계약상의 의무가 있다. 다만 이러한 경우 **임차인이 진실한 소유자로부터 목적물의 반환청구나 임료 내지 그 해당액의 지급요구를 받는 등의 이유로 임대인이 임차인으로 하여금 사용·수익하게 할 수가 없게 되면 임대인의 채무는 이행불능으로 되고 임차인은 이행불능으로 인한 임대차의 종료를 이유로 그때 이후의 임대인의 차임지급청구를 거절할 수 있다**(대판 2009.9.24. 2008다38325).

④ (○) **쌍무계약의 당사자 일방이 상대방의 급부가 이행불능이 된 사정의 결과로 상대방이 취득한 대상에 대하여 급부청구권을 행사할 수 있다고 하더라도, 그 당사자 일방이 대상청구권을 행사하려면 상대방에 대하여 반대급부를 이행할 의무가 있는바**, 이 경우 당사자 일방의 반대급부도 그 전부가 이행불능이 되거나 그 일부가 이행불능이 되고 나머지 잔부의 이행만으로는 상대방의 계약목적을 달성할 수 없는 등 상대방에게 아무런 이익이 되지 않는다고 인정되는 때에는, 상대방이 당사자 일방의 대상청구를 거부하는 것이 신의칙에 반한다고 볼 만한 특별한 사정이 없는 한, 당사자 일방은 상대방에 대하여 대상청구권을 행사할 수 없다(대판 1996.6.25. 95다6601).

⑤ (×) 취득시효가 완성된 토지가 수용됨으로써 취득시효 완성을 원인으로 하는 소유권이전등기의무가 이행불능이 된 경우에는 그 소유권이전등기청구권자가 대상청구권의 행사로서 그 토지의 소유자가 토지의 대가로서 지급받은 수용보상금의 반환을 청구할 수 있다고 하더라도, 시효취득자가 직접 토지의 소유자를 상대로 공탁된 토지수용보상금의 수령권자가 자신이라는 확인을 구할 수는 없다(대판 1995.7.28. 95다2074).

13 이행불능에 관한 설명으로 옳지 않은 것은?(다툼이 있으면 판례에 따름) 기출 15

① 동시이행의 관계에 있는 쌍방의 채무 중 어느 한 채무가 이행불능이 됨으로 인하여 발생한 손해배상채무도 여전히 다른 채무와 동시이행의 관계에 있다.

② 매매목적물에 관하여 매도인의 다른 채권자가 강제경매를 신청하여 그 절차가 진행 중이라는 사유만으로 매도인의 채무가 이행불능이 되는 것은 아니다.

③ 甲이 자신의 토지를 乙에게 매도하는 계약을 체결한 후 그 토지가 수용된 경우, 乙이 대상청구권을 행사하면 甲의 수용보상금청구권 자체가 乙에게 귀속한다.

④ 甲과 乙 사이에 토지교환계약이 체결된 후 甲이 그 소유 교환목적토지에 대하여 친구 丙과의 명의신탁약정에 따라 丙에게 소유권이전등기를 해 준 경우, 특별한 사정이 없는 한 甲의 소유권이전등기의무가 이행불능이 되는 것은 아니다.

⑤ 甲이 자신의 토지를 乙에게 매도한 후 그 토지를 丙에게 채무담보를 위하여 소유권이전등기를 해 준 경우, 甲이 채무를 변제할 자력이 없으면 甲의 乙에 대한 소유권이전등기의무는 특별한 사정이 없는 한 이행불능이 된다.

해설 ① (○) 동시이행의 관계에 있는 쌍방의 채무 중 어느 한 채무가 이행불능이 됨으로 인하여 발생한 손해배상채무도 여전히 다른 채무와 동시이행의 관계에 있다(대판 2000.2.25. 97다30066).

② (○) 매매목적물에 관하여 매도인의 다른 채권자가 강제경매를 신청하여 그 절차가 진행 중에 있다는 사유만으로는 아직 매도인이 그 목적물의 소유권을 취득할 수 없는 때에 해당한다고 할 수 없으므로 매수인은 이를 이유로 계약을 해제하거나 위약금의 청구를 할 수 없다고 할 것이고 그와 같은 법리는 매매목적물에 관하여 강제경매가 진행 중인 데 대한 책임이 누구에게 있느냐에 따라 달라지는 것이 아니다(대판 1987.9.8. 87다카655).

③ (×) **소유권이전등기의무의 목적부동산이 수용되어 그 소유권이전등기의무가 이행불능이 된 경우**, 등기청구권자는 등기의무자에게 대상청구권의 행사로써 등기의무자가 지급받은 수용보상금의 반환을 구하거나 또는 등기의무자가 취득한 수용보상금청구권의 양도를 구할 수 있을 뿐 **그 수용보상금청구권 자체가 등기청구권자에게 귀속되는 것은 아니다**(대판 1996.10.29. 95다56910).

④ (○) 甲과 乙 사이의 토지교환계약 후 甲 소유의 교환목적토지에 관하여 丙 명의로 소유권이전등기가 경료되었다고 하더라도 甲과 丙 사이에 명의신탁관계가 성립된 것으로서 甲이 丙으로부터 그 소유권을 회복하여 乙에게 소유권이전등기절차를 이행할 수 있는 특별한 사정이 있다면 그 교환목적토지의 소유권이전등기절차이행은 아직 이행불능이 확정되었다고 볼 수 없다(대판 1989.9.12. 88다카33176).

⑤ (○) 부동산소유권이전등기의무자가 그 부동산에 관하여 제3자 앞으로 비록 채무담보를 위하여 소유권이전등기를 경료하였다고 할지라도 그 의무자가 채무를 변제할 자력이 없는 경우에는 특단의 사정이 없는 한 그 소유권이전등기의무는 이행불능이 된다(대판 1991.7.26. 91다8104).

14 이행불능에 관한 설명으로 옳지 않은 것은?(다툼이 있는 경우에는 판례에 의함) 기출 13

① 토지의 진정소유자 甲이 무효인 등기의 명의인 乙을 상대로 물권적 청구권을 행사하여 그 토지에 관하여 등기말소를 청구하였으나 제3자의 시효취득으로 인하여 등기말소의무가 이행불능이 된 경우, 甲은 乙을 상대로 전보배상을 청구할 수 있다.
② 매매목적부동산이 이중으로 양도되어 제2매수인 앞으로 소유권이전등기가 경료되면 특별한 사정이 없는 한, 제1매수인은 매도인에 대하여 전보배상을 청구할 수 있다.
③ 매도인 甲의 매매목적물에 관한 소유권이전의무가 매수인 乙의 귀책사유로 이행불능이 된 경우에는 乙은 그 이행불능을 이유로 계약을 해제할 수 없다.
④ 이행불능의 효과로는 전보배상청구권, 계약해제권, 대상청구권이 인정될 수 있다.
⑤ 매매목적부동산에 관하여 제3자의 처분금지가처분의 등기가 기입되었다는 사정만으로 이행불능이 되는 것은 아니다.

해설 ① (×) 소유자가 자신의 소유권에 기하여 실체관계에 부합하지 아니하는 등기의 명의인을 상대로 그 등기말소나 진정명의 회복 등을 청구하는 경우에, 그 권리는 물권적 청구권으로서의 방해배제청구권(민법 제214조)의 성질을 가진다. 그러므로 소유자가 그 후에 소유권을 상실함으로써 이제 등기말소 등을 청구할 수 없게 되었다면, 이를 위와 같은 청구권의 실현이 객관적으로 불능이 되었다고 파악하여 등기말소 등 의무자에 대하여 그 권리의 이행불능을 이유로 민법 제390조상의 손해배상청구권을 가진다고 말할 수 없다. 위 법규정에서 정하는 채무불이행을 이유로 하는 손해배상청구권은 계약 또는 법률에 기하여 이미 성립하여 있는 채권관계에서 본래의 채권이 동일성을 유지하면서 그 내용이 확장되거나 변경된 것으로서 발생한다. 그러나 위와 같은 등기말소청구권 등의 물권적 청구권은 그 권리자인 소유자가 소유권을 상실하면 이제 그 발생의 기반이 아예 없게 되어 더 이상 그 존재 자체가 인정되지 아니하는 것이다. 이러한 법리는 선행소송에서 소유권보존등기의 말소등기청구가 확정되었다고 하더라도 그 청구권의 법적 성질이 채권적 청구권으로 바뀌지 아니하므로 마찬가지이다(대판[전합] 2012.5.17. 2010다28604).
② (○) 부동산을 이중매도하고 매도인이 그중 1인에게 먼저 소유권명의를 이전하여 준 경우에는 특별한 사정이 없는 한 다른 1인에 대한 소유권이전등기의무는 이행불능상태에 있다 할 것이다(대판 1965.7.27. 65다947). 따라서 이행불능의 효과로서 전보배상청구권, 계약해제권 및 대상청구권이 인정될 수 있다.
③ (○) 이행불능을 이유로 계약을 해제하기 위해서는 그 이행불능이 채무자의 귀책사유에 의한 경우여야만 한다 할 것이므로(민법 제546조), 매도인의 매매목적물에 관한 소유권이전의무가 이행불능이 되었다고 할지라도, 그 이행불능이 매수인의 귀책사유에 의한 경우에는 매수인은 그 이행불능을 이유로 계약을 해제할 수 없다(대판 2002.4.26. 2000다50497).
④ (○) 우리 민법은 이행불능의 효과로서 채권자의 전보배상청구권과 계약해제권 외에 별도로 대상청구권을 규정하고 있지 않으나 해석상 대상청구권을 부정할 이유가 없다고 할 것인데, 매매의 일종인 경매의 목적물인 토지가 경락허가결정 이후 하천구역에 편입되게 됨으로써 소유자의 경락자에 대한 소유권이전등기의무가 이행불능이 되었다면 경락자는 소유자가 하천구역 편입으로 인하여 지급받게 되는 손실보상금에 대한 대상청구권을 행사할 수 있다(대판 2002.2.8. 99다23901).
⑤ (○) 매매목적부동산에 관하여 이미 제3자의 처분금지가처분등기가 기입되었다 할지라도 이는 단지 그에 저촉되는 범위 내에서 가처분채권자에게 대항할 수 없는 효과가 있다는 것일 뿐 그것에 의하여 곧바로 부동산 위에 어떤 지배관계가 생겨서 채무자가 그 부동산을 임의로 타에 처분하는 행위 자체를 금지하는 것은 아니라 하겠으므로 가처분등기로 인하여 바로 계약이 이행불능으로 되는 것은 아니다(대판 1993.5.27. 92다20163).

15 채무불이행으로서 이행거절에 관한 설명으로 옳지 않은 것은?(다툼이 있으면 판례에 따름)

기출 20

① 이행거절을 이유로 계약을 해제하기 위해서는 채권자는 채무자에게 채무이행을 최고하여야 한다.

② 채무자가 계약을 이행하지 않을 의사를 명백히 표시하였는지 여부는 계약이행에 관한 당사자의 행동과 계약 전후의 구체적인 사정 등을 종합적으로 고려하여 판단하여야 한다.

③ 쌍무계약에서 당사자 일방이 자기의 채무를 아직 다 이행하지 아니하였으면서도 이미 다 이행하였다고 주장하면서 상대방 채무의 이행을 구하는 제소까지 하였다면, 특별한 사정이 없는 한 미리 자기의 채무를 이행하지 아니할 의사를 표명한 것으로 볼 수 있다.

④ 이행거절을 이유로 채권자가 해제권을 행사하는 경우 그 이행거절의사를 표명했는지 여부에 대한 판단시기는 계약해제 시이다.

⑤ 이행거절이라는 채무불이행이 인정되기 위해서는 채무를 이행하지 아니할 채무자의 명백한 의사표시가 위법한 것으로 평가되어야 한다.

해설
① (×) 쌍무계약에 있어서 계약당사자의 일방은 상대방이 채무를 이행하지 아니할 의사를 명백히 표시한 경우에는 최고나 자기채무의 이행제공 없이 그 계약을 적법하게 해제할 수 있으나, 그 이행거절의 의사표시가 적법하게 철회된 경우 상대방으로서는 자기채무의 이행을 제공하고 상당한 기간을 정하여 이행을 최고한 후가 아니면 채무불이행을 이유로 계약을 해제할 수 없다(대판 2003.2.26. 2000다40995).

② (○) 채무자가 채무를 이행하지 아니할 의사를 명백히 표시한 경우에 채권자는 신의성실의 원칙상 이행기 전이라도 이행의 최고 없이 채무자의 이행거절을 이유로 계약을 해제하거나 채무자를 상대로 손해배상을 청구할 수 있고, 채무자가 채무를 이행하지 아니할 의사를 명백히 표시하였는지 여부는 채무이행에 관한 당사자의 행동과 계약 전후의 구체적인 사정 등을 종합적으로 살펴서 판단하여야 한다(대판 2007.9.20. 2005다63337).

③ (○), ④ (○) 쌍무계약에서 당사자 일방이 미리 이행을 하지 아니할 의사를 표시하거나 상대방이 이행을 제공하더라도 자기의 채무를 이행하지 아니할 것이 객관적으로 명백한 경우에는 상대방은 이를 이유로 계약을 해제할 수 있다고 할 것인바, 당사자 일방이 자기의 채무를 아직 다 이행하지 아니하였으면서도 이미 다 이행하였다고 주장하면서 상대방 채무의 이행을 구하는 제소까지 하였다면 그것이 계산상의 착오 때문이라는 등 특별한 사정이 없는 한 미리 자기의 채무를 이행하지 아니할 의사를 표명한 것으로 볼 것이고, 따라서 상대방은 계약을 해제할 수 있다. 그리고 당사자 일방이 위와 같은 의사를 표명한 것으로 볼 것인지 여부는 계약해제 시를 기준으로 하여 판단하여야 한다(대판 2014.10.6. 2014다210531).

⑤ (○) 채무자가 채무를 이행하지 아니할 의사를 명백히 표시한 경우에 채권자는 신의성실의 원칙상 이행기 전이라도 이행의 최고 없이 채무자의 이행거절을 이유로 계약을 해제하거나 채무자를 상대로 손해배상을 청구할 수 있지만, 이러한 이행거절이라는 채무불이행이 인정되기 위해서는 채무를 이행하지 아니할 채무자의 명백한 의사표시가 위법한 것으로 평가되어야 한다(대판 2015.2.12. 2014다227225).

16 채무불이행에 따른 손해배상에 관한 설명으로 옳은 것은?(다툼이 있으면 판례에 따름)

기출 24

① 숙박업자가 숙박계약에 따른 의무를 다하지 못하여 투숙객이 사망한 경우, 숙박계약의 당사자가 아니면서 그 사고로 인하여 정신적 고통을 받은 그 투숙객의 근친자는 그 투숙객에 대한 숙박계약상의 채무불이행을 이유로 숙박업자에게 위자료를 청구할 수 있다.

② 채무불이행을 이유로 계약이 해제된 경우에 채권자는 이행이익의 배상 내신에 계약이 이행되리라고 믿고 지출한 비용을 채무불이행으로 인한 손해로 배상을 청구할 수 있으며, 그 지출비용이 이행이익의 범위를 초과하더라도 그 전부를 청구할 수 있다.

③ 부동산매매계약에서 매도인의 이행거절로 인한 채무불이행에서의 손해액 산정은 이행거절 당시의 부동산의 시가를 표준으로 한다.

④ 채무자의 채무불이행으로 인한 손해배상액이 예정되어 있는 경우에 채무불이행으로 인한 손해의 발생 및 확대에 채권자에게도 과실이 있다면 과실상계를 할 수 있다.

⑤ 위약금이 위약벌로 해석되기 위해 특별한 사정이 주장·입증될 필요는 없으며, 도급계약서에 계약보증금 외에 지체상금도 규정되어 있다면 이 자체로 계약보증금은 위약벌이 된다.

해설 ① (×) 숙박업자가 숙박계약상의 고객 보호의무를 다하지 못하여 투숙객이 사망한 경우, 숙박계약의 당사자가 아닌 그 투숙객의 근친자가 그 사고로 인하여 정신적 고통을 받았다 하더라도 숙박업자의 그 망인에 대한 숙박계약상의 채무불이행을 이유로 위자료를 청구할 수는 없다(대판 2000.11.14. 2000다38718).

② (×) 채무불이행을 이유로 계약을 해제하거나 해지하고 손해배상을 청구하는 경우에, 채권자는 채무가 이행되었더라면 얻었을 이익을 얻지 못하는 손해를 입은 것이므로 계약의 이행으로 얻을 이익, 즉 이행이익의 배상을 구하는 것이 원칙이다. 그러나 채권자는 그 대신에 계약이 이행되리라고 믿고 지출한 비용의 배상을 채무불이행으로 인한 손해라고 볼 수 있는 한도에서 청구할 수도 있다. <u>이러한 지출비용의 배상은 이행이익의 증명이 곤란한 경우에 증명을 용이하게 하기 위하여 인정되는데, 이 경우에도 채권자가 입은 손해, 즉 이행이익의 범위를 초과할 수는 없다</u>(대판 2017.2.15. 2015다235766).

③ (○) 이행지체에 의한 전보배상에 있어서의 손해액 산정은 본래의 의무이행을 최고한 후 상당한 기간이 경과한 당시의 시가를 표준으로 하고, <u>이행불능으로 인한 전보배상액은 이행불능 당시의 시가 상당액을 표준으로 할 것인 바</u>, 채무자의 이행거절로 인한 채무불이행에서의 손해액 산정은, 채무자가 이행거절의 의사를 명백히 표시하여 최고 없이 계약의 해제나 손해배상을 청구할 수 있는 경우에는 이행거절 당시의 급부목적물의 시가를 표준으로 해야한다(대판 2007.9.20. 2005다63337).

④ (×) 당사자 사이의 계약에서 채무자의 채무불이행으로 인한 손해배상액이 예정되어 있는 경우, 채무불이행으로 인한 손해의 발생 및 확대에 채권자에게도 과실이 있더라도 민법 제398조 제2항에 따라 채권자의 과실을 비롯하여 채무자가 계약을 위반한 경위 등 제반 사정을 참작하여 <u>손해배상 예정액을 감액할 수는 있을지언정 채권자의 과실을 들어 과실상계를 할 수는 없다</u>(대판 2016.6.10. 2014다200763).

⑤ (×) 도급계약서 및 그 계약내용에 편입된 약관에 수급인의 귀책사유로 인하여 계약이 해제된 경우에는 계약보증금이 도급인에게 귀속한다는 조항이 있는 경우, 그 계약보증금이 손해배상액의 예정인지 위약벌인지는 도급계약서 및 위 약관 등을 종합하여 개별적으로 결정할 의사해석의 문제이고, <u>위약금은 민법 제398조 제4항에 의하여 손해배상액의 예정으로 추정되므로 위약금이 위약벌로 해석되기 위하여는 특별한 사정이 주장·입증되어야 하는바, 도급계약서에 계약보증금 외에 지체상금도 규정되어 있다는 점만을 이유로 하여 계약보증금을 위약벌이라고 보기는 어렵다</u> 할 것이다(대판 2005.11.10. 2004다40597).

17 채무불이행에 관한 설명으로 옳지 않은 것은?(다툼이 있으면 판례에 따름) [기출] 17

① 매매계약 당시 매매목적토지의 소유권이 매도인에게 속하지 아니함을 알고 있던 매수인은 소유권이전의무의 이행불능에 매도인의 귀책사유가 있더라도 채무불이행을 이유로 계약을 해제하고 손해배상을 청구할 수 없다.

② 이행보증계약에 기한 보증인의 보증금지급의무에 관하여 지급금지가처분결정이 있었다고 하더라도, 이로써 보증인에게 지급거절의 권능이 발생한다고 할 수 없다.

③ 매매의 대상인 권리가 타인에게 귀속되어 있다는 이유만으로 채무자의 계약에 따른 이행이 불능이라고 할 수는 없다.

④ 부당이득반환의무는 이행기한의 정함이 없는 채무이므로 그 채무자는 이행청구를 받은 그 다음 날부터 지체책임을 진다.

⑤ 채무자가 채무발생원인 내지 존재에 관한 잘못된 법률적 판단을 통하여 자신의 채무가 없다고 믿고 채무이행을 거부한 채 소송을 통하여 다툰 경우, 특별한 사정이 없는 한 채무불이행에 관하여 채무자에게 고의나 과실이 인정된다.

해설 ① (×) 타인의 권리를 매매의 목적으로 한 경우에 있어서 그 권리를 취득하여 매수인에게 이전하여야 할 매도인의 의무가 매도인의 귀책사유로 인하여 이행불능이 되었다면 매수인이 매도인의 담보책임에 관한 민법 제570조 단서의 규정에 의해 손해배상을 청구할 수 없다 하더라도 채무불이행 일반의 규정(민법 제546조, 제390조)에 좇아서 계약을 해제하고 손해배상을 청구할 수 있다(대판 1993.11.23. 93다37328).

② (○) 이행보증계약에 기한 보증인의 보증금지급의무에 관하여 지급금지가처분결정이 있었다고 하더라도 그것으로써 보증인에게 그 지급을 거절할 수 있는 사유, 즉 지급거절의 권능이 발생한다고 할 수 없고, 보증금지급의무가 실제로 발생하여 그 이행기가 도래하면 보증인은 보증채권자에게 이를 이행하여야 하며, 이를 이행하지 아니하는 경우에는 지체책임 발생의 다른 요건이 갖추어지는 한 그 이행의 지체로 인한 손해배상 등 법적 책임을 져야 한다. 다만, 그는 보증금을 채권자의 수령불능을 이유로 변제공탁함으로써 자신의 보증금지급채무로부터 벗어날 수 있고, 그에 따라 위에서 본 바와 같은 지체책임도 면하게 된다(대판 2010.2.25. 2009다22778).

③ (○) 민법이 타인의 권리의 매매를 인정하고 있는 것처럼 타인의 권리의 증여도 가능하며, 이 경우 채무자는 권리를 취득하여 채권자에게 이전하여야 하고, 이같은 사정은 계약 당시부터 예정되어 있으므로, **매매나 증여의 대상인 권리가 타인에게 귀속되어 있다는 이유만으로 채무자의 계약에 따른 이행이 불능이라고 할 수는 없다**(대판 2016.5.12. 2016다200729).

④ (○) **부당이득반환의무는 이행기한의 정함이 없는 채무이므로 그 채무자는 이행청구를 받은 때에 비로소 지체책임을 진다**(대판 2017.3.30. 2016다253297).

⑤ (○) 채무불이행으로 인한 손해배상청구에 있어서 확정된 채무의 내용에 좇은 이행을 하지 아니하였다면 그 자체가 바로 위법한 것으로 평가되는 것이고, 다만 채무불이행에 채무자의 고의나 과실이 없는 때에는 채무자는 손해배상책임을 부담하지 않는다(민법 제390조). 한편 채무자가 자신에게 채무가 없다고 믿었고 그렇게 믿은 데 정당한 사유가 있는 경우에는 채무불이행에 고의나 과실이 없는 때에 해당한다고 할 수 있다. 그러나 채무자가 채무의 발생원인 내지 존재에 관한 법률적인 판단을 통하여 자신의 채무가 없다고 믿고 채무의 이행을 거부한 채 소송을 통하여 이를 다투었다고 하더라도, 채무자의 그러한 법률적 판단이 잘못된 것이라면 특별한 사정이 없는 한 채무불이행에 관하여 채무자에게 고의나 과실이 없다고는 할 수 없다(대판 2013.12.26. 2011다85352).

18 채무불이행에 관한 설명으로 옳은 것은?(다툼이 있으면 판례에 따름) 기출 16

① 임차건물이 화재로 소실된 경우 그 화재의 발생 원인이 불명이면, 임차인은 임차건물의 보존에 관한 선관주의의무를 다하지 않은 경우에도 그 책임을 면한다.
② 이행보조자의 불법행위로 인하여 채무자가 채무불이행책임을 부담하는 경우 이행보조자의 손해배상책임과 채무자의 채무불이행책임은 연대채무관계에 있다.
③ 채무자의 제3채무자에 대한 채권의 가압류가 있는 경우에는 그 채권의 이행기가 도래하였다고 하더라도 제3채무자는 그 지체책임을 부담하지 않는다.
④ 채무불이행으로 인하여 계약이 합의해제 되었더라도 손해배상을 금하는 특약이 없는 한 채무불이행으로 인한 손해배상을 청구할 수 있다.
⑤ 이행거절이라는 채무불이행이 인정되기 위해서는 채무를 이행하지 아니할 채무자의 명백한 의사표시가 위법한 것으로 평가되어야 한다.

해설   ① (×) 임차인의 임차물 반환채무가 이행불능이 된 경우 임차인이 그 이행불능으로 인한 손해배상책임을 면하려면 그 이행불능이 임차인의 귀책사유로 말미암은 것이 아님을 입증할 책임이 있으며, **임차건물이 화재로 소훼된 경우에 있어서 그 화재의 발생원인이 불명인 때에도 임차인이 그 책임을 면하려면 그 임차건물의 보존에 관하여 선량한 관리자의 주의의무를 다하였음을 입증하여야 한다**(대판 2001.1.19. 2000다57351).

② (×) 임대인인 피고 甲은 이행보조자인 피고 乙이 임차물인 점포의 출입을 봉쇄하고 내부시설공사를 중단시켜 임차인인 원고로 하여금 그 사용·수익을 하지 못하게 한 행위에 대하여 임대인으로서의 채무불이행으로 인한 손해를 배상할 의무가 있고, 또한 피고 乙이 원고가 임차인이라는 사정을 알면서도 위와 같은 방법으로 원고로 하여금 점포를 사용·수익하지 못하게 한 것은 원고의 임차권을 침해하는 불법행위를 이룬다고 할 것이므로 피고 乙은 원고에게 불법행위로 인한 손해배상의무가 있다고 할 경우, 피고 甲의 채무불이행책임과 피고 乙의 불법행위책임은 동일한 사실관계에 기한 것으로 부진정연대채무관계에 있다(대판 1994.11.11. 94다22446).

③ (×) **채권의 가압류는 제3채무자에 대하여 채무자에게 지급하는 것을 금지하는 데 그칠 뿐 채무 그 자체를 면하게 하는 것이 아니고, 가압류가 있다 하여도 그 채권의 이행기가 도래한 때에는 제3채무자는 그 지체책임을 면할 수 없다고 할 것이므로,** 당사자 사이에 채권의 지체에 관한 약정이 있는 경우에는 그 약정에 따른 지체책임을 부담한다고 할 것이다(대판 2004.7.9. 2004다16181).

④ (×) 계약이 합의해제된 경우에는 그 해제 시에 당사자 일방이 상대방에게 손해배상을 하기로 특약하거나 손해배상청구를 유보하는 의사표시를 하는 등 다른 사정이 없는 한 채무불이행으로 인한 손해배상을 청구할 수 없다(대판 1989.4.25. 86다카1147·86다카1148).

⑤ (○) 채무자가 채무를 이행하지 아니할 의사를 명백히 표시한 경우에 채권자는 신의성실의 원칙상 이행기 전이라도 이행의 최고 없이 채무자의 이행거절을 이유로 계약을 해제하거나 채무자를 상대로 손해배상을 청구할 수 있지만, 이러한 <u>이행거절이라는 채무불이행이 인정되기 위해서는 채무를 이행하지 아니할 채무자의 명백한 의사표시가 위법한 것으로 평가되어야 한다</u>(대판 2015.2.12. 2014다227225).

19 대상청구권에 관한 설명으로 옳지 않은 것은?(다툼이 있으면 판례에 따름) _{기출} 20

① 쌍무계약의 당사자 일방이 대상청구권을 행사하는 경우 상대방에 대하여 반대급부를 이행할 의무가 있다.

② 부동산점유취득시효 완성을 원인으로 한 등기청구권이 이행불능으로 되었다고 하여 대상청구권을 행사하기 위해서는, 그 이행불능 전에 등기명의자에 대하여 점유취득시효 완성을 이유로 그 권리를 주장하였거나 점유취득시효 완성을 원인으로 한 등기청구권을 행사하였어야 한다.

③ 매매목적물인 부동산이 수용되어 그 소유권이전등기의무가 이행불능이 된 경우, 등기청구권자는 등기의무자에게 대상청구권의 행사로써 등기의무자가 지급받은 수용보상금의 반환을 구하거나 또는 등기의무자가 취득한 수용보상금청구권의 양도를 구할 수 있다.

④ 대상청구의 대상이 되는 보상금을 채권자가 직접 자신의 명의로 지급받았다면 채무자에 대한 관계에서 바로 부당이득이 된다.

⑤ 매매목적물의 이중매매로 인하여 매도인의 소유권이전등기의무가 이행불능된 경우, 매수인에게 인정되는 대상청구권은 특별한 사정이 없는 한 매도인의 소유권이전등기의무가 이행불능되었을 때부터 소멸시효가 진행하는 것이 원칙이다.

해설 ① (○) 쌍무계약의 당사자 일방이 상대방의 급부가 이행불능이 된 사정의 결과로 상대방이 취득한 대상에 대하여 급부청구권을 행사할 수 있다고 하더라도, 그 당사자 일방이 대상청구권을 행사하려면 상대방에 대하여 반대급부를 이행할 의무가 있는바, 이 경우 당사자 일방의 반대급부도 그 전부가 이행불능이 되거나 그 일부가 이행불능이 되고 나머지 잔부의 이행만으로는 상대방의 계약목적을 달성할 수 없는 등 상대방에게 아무런 이익이 되지 않는다고 인정되는 때에는, 상대방이 당사자 일방의 대상청구를 거부하는 것이 신의칙에 반한다고 볼 만한 특별한 사정이 없는 한, 당사자 일방은 상대방에 대하여 대상청구권을 행사할 수 없다(대판 1996.6.25. 95다6601).

② (○) 민법상 이행불능의 효과로서 채권자의 전보배상청구권과 계약해제권 외에 별도로 대상청구권을 규정하고 있지는 않으나 해석상 대상청구권을 부정할 이유는 없는 것이지만, 점유로 인한 **부동산소유권취득기간 만료**를 원인으로 한 등기청구권이 이행불능으로 되었다고 하여 대상청구권을 행사하기 위하여는, 그 이행불능 전에 등기명의자에 대하여 점유로 인한 부동산소유권취득기간이 만료되었음을 이유로 그 권리를 주장하였거나 그 취득기간 만료를 원인으로 한 등기청구권을 행사하였어야 하고, 그 이행불능 전에 그와 같은 권리의 주장이나 행사에 이르지 않았다면 대상청구권을 행사할 수 없다고 봄이 공평의 관념에 부합한다(대판 1996.12.10. 94다43825).

③ (○) 소유권이전등기의무의 목적부동산이 수용되어 그 소유권이전등기의무가 이행불능이 된 경우, **등기청구권자는 등기의무자에게 대상청구권의 행사로써 등기의무자가 지급받은 수용보상금의 반환을 구하거나 또는 등기의무자가 취득한 수용보상금청구권의 양도를 구할 수 있을 뿐** 그 수용보상금청구권 자체가 등기청구권자에게 귀속되는 것은 아니다(대판 1996.10.29. 95다56910).

④ (×) 채무자가 수령하게 되는 보상금이나 그 청구권에 대하여 채권자가 대상청구권을 가지는 경우에도 채권자는 채무자에 대하여 그가 지급받은 보상금의 반환을 청구하거나 채무자로부터 보상청구권을 양도받아 보상금을 지급받아야 할 것이나, 어떤 사유로 채권자가 직접 자신의 명의로 대상청구의 대상이 되는 보상금을 지급받았다고 하더라도 이로써 채무자에 대한 관계에서 바로 부당이득이 되는 것은 아니라고 보아야 할 것이다(대판 2002.2.8. 99다23901).

⑤ (○) 매매목적물의 수용 또는 국유화로 인하여 매도인의 소유권이전등기의무가 이행불능된 경우 매수인에게 인정되는 대상청구권에 대하여는 특별한 사정이 없는 한 매수인이 그 대상청구권을 행사할 수 있는 시점인 매도인의 소유권이전등기의무가 이행불능되었을 때부터 소멸시효가 진행하는 것이 원칙이다. 그리고 이러한 대상청구권의 소멸시효기산점에 관한 법리는 매매목적물의 이중매매로 인하여 매도인의 소유권이전등기의무가 이행불능된 경우와 같이 그 대상청구권이 채무자의 귀책사유로 발생한 때에도 마찬가지로 적용된다(대판 2018.11.15. 2018다248244).

채무불이행에 대한 구제

01 채무불이행으로 인한 손해배상책임에 관한 설명으로 옳지 않은 것은?(다툼이 있으면 판례에 따름) `기출` 19

① 손해배상방법으로서 금전배상의 경우, 금전은 우리나라 통화를 의미하지만, 당사자의 약정이 있으면 외국통화로 배상될 수 있다.

② 채무불이행으로 인한 손해배상책임과 달리 매매계약의 해제로 인한 원상회복의무의 이행으로서 이미 지급한 매매대금 기타 급부의 반환을 구하는 경우에는 과실상계의 법리가 적용되지 않는다.

③ 지체상금이 손해배상의 예정으로 인정되어 감액할 때, 채무자가 계약을 위반한 경위 등 제반 사정이 참작되므로, 손해배상액의 감경에 앞서 채권자의 과실 등을 들어 따로 감경할 필요는 없다.

④ 특별손해의 배상에서 채무자가 그 사정을 알았거나 알 수 있었는지의 여부는 채무의 이행기가 아니라 계약체결 당시를 기준으로 판단하여야 한다.

⑤ 매도인이 매수인으로부터 부동산매매대금을 약정기일에 지급받지 못한 결과 제3자로부터 이와 유사한 부동산을 매수하고 그 잔대금을 지급하지 못하여 계약금이 몰수되는 손해를 입었다면, 이는 특별한 사정으로 인한 손해에 해당한다.

해설 ① (○) 채무불이행으로 인한 손해배상을 규정하고 있는 민법 제394조는 다른 의사표시가 없는 한 손해는 금전으로 배상하여야 한다고 규정하고 있는바, 위 법조 소정의 금전이라 함은 우리나라의 통화를 가리키는 것이어서 채무불이행으로 인한 손해배상을 구하는 채권은 당사자가 외국통화로 지급하기로 약정하였다는 등의 특별한 사정이 없는 한 채권액이 외국통화로 지정된 외화채권이라고 할 수 없다(대판 2005.7.28. 2003다12083).

② (○) 과실상계는 본래 채무불이행 또는 불법행위로 인한 손해배상책임에 대하여 인정되는 것이고, 매매계약이 해제되어 소급적으로 효력을 잃은 결과 매매당사자에게 당해 계약에 기한 급부가 없었던 것과 동일한 재산상태를 회복시키기 위한 원상회복의무의 이행으로서 이미 지급한 매매대금 기타의 급부의 반환을 구하는 경우에는 적용되지 아니한다(대판 2014.3.13. 2013다34143).

③ (○) 지체상금이 손해배상의 예정으로 인정되어 이를 감액함에 있어서는 채무자가 계약을 위반한 경위 등 제반 사정이 참작되므로 손해배상액의 감경에 앞서 채권자의 과실 등을 들어 따로 감경할 필요는 없다(대판 2002.1.25. 99다57126).

④ (×) 민법 제393조 제2항 소정의 특별사정으로 인한 손해배상에 있어서 채무자가 그 사정을 알았거나 알 수 있었는지의 여부를 가리는 시기는 계약체결 당시가 아니라 채무의 이행기까지를 기준으로 판단하여야 한다(대판 1985.9.10. 84다카1532).

⑤ (○) 매도인이 매수인으로부터 매매대금을 약정된 기일에 지급받지 못한 결과 제3자로부터 부동산을 매수하고 그 잔대금을 지급하지 못하여 그 계약금을 몰수당함으로써 손해를 입었다고 하더라도 이는 특별한 사정으로 인한 손해이므로 매수인이 이를 알았거나 알 수 있었던 경우에만 그 손해를 배상할 책임이 있다(대판 1991.10.11. 91다25369).

02 손해배상에 관한 설명으로 옳지 않은 것은?(다툼이 있으면 판례에 따름) [기출] 17

① 계약 당시 당사자 사이에 손해배상액을 예정하는 내용의 약정이 있는 경우, 특별한 사정이 없는 한 위 약정은 그 계약과 관련된 불법행위책임에 따른 손해배상까지 예정한 것이라고는 볼 수 없다.

② 채권자가 그 채권의 목적인 물건 또는 권리의 가액 전부를 손해배상으로 받은 때에는 채무자는 그 물건 또는 권리에 관하여 당연히 채권자를 대위한다.

③ 숙박업자가 숙박계약상의 고객보호의무를 다하지 못하여 투숙객이 사망한 경우, 그 투숙객의 근친자가 그 사고로 인하여 정신적 고통을 받았다면, 숙박계약의 당사자가 아닌 그 근친자는 숙박업자의 그 망인에 대한 숙박계약상의 채무불이행을 이유로 위자료를 청구할 수 있다.

④ 피용자의 고의에 의한 불법행위로 인하여 사용자가 사용자책임을 부담하는 경우, 사용자책임의 범위를 정함에 있어서 피해자의 과실을 고려하여 그 책임을 제한할 수 있다.

⑤ 과실상계는 매매계약이 해제되어 원상회복의무의 이행으로서 이미 지급한 매매대금 기타 급부의 반환을 구하는 경우에는 적용되지 않는다.

해설 ① (○) 계약 당시 당사자 사이에 손해배상액을 예정하는 내용의 약정이 있는 경우에는 그것은 계약상의 채무불이행으로 인한 손해액에 관한 것이고 이를 그 계약과 관련된 불법행위상의 손해까지 예정한 것이라고는 볼 수 없다(대판 1999.1.15. 98다48033).

② (○) 채권자가 그 채권의 목적인 물건 또는 권리의 가액 전부를 손해배상으로 받은 때에는 채무자는 그 물건 또는 권리에 관하여 당연히 채권자를 대위한다(민법 제399조).

③ (×) 숙박업자가 숙박계약상의 고객보호의무를 다하지 못하여 투숙객이 사망한 경우, **숙박계약의 당사자가 아닌 그 투숙객의 근친자가** 그 사고로 인하여 정신적 고통을 받았다 하더라도 **숙박업자의 그 망인에 대한 숙박계약상의 채무불이행을 이유로 위자료를 청구할 수는 없다**(대판 2000.11.24. 2000다38718·38725).

④ (○) 사용자가 피용자의 과실에 의한 불법행위로 인한 사용자책임을 부담하는 경우와 마찬가지로 피용자의 고의에 의한 불법행위로 인하여 사용자책임을 부담하는 경우에도 피해자에게 그 손해의 발생과 확대에 기여한 과실이 있다면 **사용자책임의 범위를 정함에 있어서 이러한 피해자의 과실을 고려하여 그 책임을 제한할 수 있다**(대판 2002.12.26. 2000다56952).

⑤ (○) **과실상계는 본래 채무불이행 또는 불법행위로 인한 손해배상책임에 대하여 인정되는 것이고**, 매매계약이 해제되어 소급적으로 효력을 잃은 결과 매매당사자에게 당해 계약에 기한 급부가 없었던 것과 동일한 재산상태를 회복시키기 위한 원상회복의무의 이행으로서 이미 지급한 매매대금 기타의 급부의 반환을 구하는 경우에는 적용되지 아니한다(대판 2014.3.13. 2013다34143).

03 손해배상에 관한 설명으로 옳지 않은 것은?(다툼이 있으면 판례에 따름) `기출` `16`

① 이행불능 후에 가격이 등귀하였다고 하여도 매도인이 이행불능 당시 이를 알았거나 알 수 있었던 경우에만 등귀한 가격에 의한 손해배상을 청구할 수 있다.

② 불법행위의 직접적 대상에 대한 손해가 아닌 간접적 손해는 가해자가 그 사정을 알았거나 알 수 있었을 것이라고 인정되는 경우에만 배상책임이 있다.

③ 재산상 손해의 발생이 인정되는데도 입증곤란 등의 이유로 그 손해액의 확정이 불가능하여 그 배상을 받을 수 없다는 사정은 위자료의 증액사유로 참작할 수 있다.

④ 손해발생으로 인하여 피해자에게 이득이 생겼다면 손해액을 산정할 때 먼저 손익상계를 한 후에 과실상계를 하여야 한다.

⑤ 손해배상액 산정에서 손익상계가 허용되기 위해서는 피해자의 이득이 배상의무자가 배상하여야 할 손해의 범위에 대응하는 것이어야 한다.

해설 ① (○) 채무자의 부동산에 관한 소유권이전등기의무가 이행불능으로 된 경우, 그 손해배상액은 원칙적으로 이행불능 당시의 목적물의 시가에 의하여야 하고, 그 후 목적물의 시가가 등귀하였다고 하더라도 그로 인한 손해는 특별한 사정에 인한 것이어서 **채무자가 이행불능 당시** 그와 같은 **특별한 사정을 알았거나 알 수 있었을 경우에** 한하여 그 등귀한 가격에 의한 손해배상을 청구할 수 있다(대판 1995.10.13. 95다22337).
② (○) 불법행위의 직접적 대상에 대한 손해가 아닌 간접적 손해는 특별한 사정으로 인한 손해로서 가해자가 그 사정을 알았거나 알 수 있었을 것이라고 인정되는 경우에만 배상책임이 있다(대판 1996.1.26. 94다5472).
③ (○) **법원은 위자료액을 산정함에 있어서 피해자 측과 가해자 측의 제반 사정을 참작하여 그 금액을 정하여야 하므로** 피해자가 가해자로부터 당해 사고로 입은 재산상 손해에 대하여 배상을 받을 수 있는지의 여부 및 그 배상액의 다과 등과 같은 사유도 위자료액 산정의 참작사유가 되는 것은 물론이며, **특히 재산상 손해의 발생이 인정되는데도 입증곤란 등의 이유로 그 손해액의 확정이 불가능하여 그 배상을 받을 수 없는 경우에 이러한 사정을 위자료의 증액사유로 참작할 수 있다**(대판 2007.6.1. 2005다5843).
④ (×) 손해발생으로 인하여 피해자에게 이득이 생기고, 한편 그 손해발생에 피해자의 과실이 경합되어 과실상계를 하여야 할 경우에는 먼저 산정된 손해액에다 과실상계를 한 후에 위 이득을 공제하여야 한다(대판 1981.6.9. 80다3277).
⑤ (○) 손해배상액 산정에서 손익상계가 허용되기 위해서는 손해배상책임의 원인이 되는 행위로 인하여 피해자가 새로운 이득을 얻었을 뿐만 아니라 그 이득은 배상의무자가 배상하여야 할 손해의 범위에 대응하는 것이어야 한다(대판 2011.4.28. 2009다98652).

04 손해배상액의 예정에 관한 설명으로 옳은 것은?(다툼이 있으면 판례에 따름) `기출` `15`

① 채권자는 채무불이행사실 및 손해발생사실을 증명하여야 예정배상액을 청구할 수 있다.

② 법원은 손해배상의 예정액이 부당하게 과다한지 여부는 채무불이행 시를 기준으로 판단하여야 한다.

③ 손해배상액의 예정에 관한 약관조항이 「약관의 규제에 관한 법률」에 의하여 무효인 경우에도 그것이 유효함을 전제로 손해배상의 예정액을 적당한 한도로 감액할 수 있다.

④ 채무자는 채무불이행에 대하여 자신의 귀책사유가 없음을 주장·증명하더라도 특별한 사정이 없는 한 예정배상액의 지급책임을 면할 수 없다.

⑤ 법원이 손해배상의 예정액이 부당하게 과다하다고 하여 감액을 한 경우, 손해배상액의 예정에 관한 약정 중 감액부분에 해당하는 부분은 처음부터 무효이다.

해설 ① (×), ④ (×) 채무불이행으로 인한 손해배상액이 예정되어 있는 경우 채권자는 채무불이행사실만 증명하면 손해의 발생 및 그 액수를 증명하지 아니하고 예정배상액을 청구할 수 있으나, 반면 채무자는 채권자와 채무불이행에 있어 채무자의 귀책사유를 묻지 아니한다는 약정을 하지 아니한 이상 자신의 귀책사유가 없음을 주장·증명함으로써 위 예정배상액의 지급책임을 면할 수 있다(대판 2010.2.25, 2009다83797).

② (×) 손해배상의 예정액이 부당하게 과다한지의 여부 내지 그에 대한 적당한 감액의 범위를 판단하는 데 있어서는, 법원이 구체적으로 그 판단을 하는 때, 즉 사실심의 변론종결 당시를 기준으로 하여 그 사이에 발생한 위와 같은 모든 사정을 종합적으로 고려하여야 할 것이다(대판 2009.11.26, 2009다58692).

③ (×) 약관의 규제에 관한 법률에 의하여 약관조항이 무효인 경우 그것이 유효임을 전제로 민법 제398조 제2항을 적용하여 적정한 한도로 손해배상예정액을 감액하거나, 과중한 손해배상의무를 부담시키는 부분을 감액한 나머지 부분만으로 그 효력을 유지시킬 수는 없다(대판 2009.8.20, 2009다20475·20482).

⑤ (○) 법원이 손해배상의 예정액이 부당히 과다하다고 하여 감액을 한 경우에는 손해배상액의 예정에 관한 약정 중 감액부분에 해당하는 부분은 처음부터 무효라고 할 것이다(대판 2004.12.10, 2002다73852).

05 손해배상액의 예정에 관한 설명으로 옳지 않은 것은?(다툼이 있는 경우에는 판례에 의함)

기출 14

① 채무불이행으로 인한 손해배상액의 예정이 있는 경우에는 채권자는 손해의 발생과 실제손해액을 증명하지 아니하고 채무불이행사실만 증명하여 손해배상예정액을 청구할 수 있다.

② 특별한 사정이 없으면, 당사자들이 계약보증금 외에 지체상금을 약정하였다는 이유만으로는 계약보증금을 위약벌로 보기 어렵다.

③ 손해배상예정액이 부당하게 과다한 경우에는 법원은 당사자의 주장이 없더라도 직권으로 이를 감액할 수 있다.

④ 손해배상예정액이 부당하게 과다한지의 여부와 그에 대한 적당한 감액의 범위를 판단하는 기준시점은 사실심의 변론종결 시이다.

⑤ 손해배상예정액의 감액에 관한 민법규정은 위약벌에 유추적용된다.

해설 ① (○) 채무불이행으로 인한 손해배상액이 예정되어 있는 경우 채권자는 채무불이행사실만 증명하면 손해의 발생 및 그 액수를 증명하지 아니하고 예정배상액을 청구할 수 있으나, 반면 채무자는 채권자와 채무불이행에 있어 채무자의 귀책사유를 묻지 아니한다는 약정을 하지 아니한 이상 자신의 귀책사유가 없음을 주장·증명함으로써 위 예정배상액의 지급책임을 면할 수 있다(대판 2010.2.25, 2009다83797).

② (○) 위약금은 민법 제398조 제4항에 의하여 손해배상의 예정으로 추정되므로 위약금이 위약벌로 해석되기 위하여는 특별한 사정이 주장·입증되어야 하는바, 도급계약서에 계약보증금 외에 지체상금도 규정되어 있다는 점만을 이유로 하여 계약보증금을 위약벌이라고 보기는 어렵다(대판 2005.11.10, 2004다40597).

③ (○) 손해배상예정액이 부당하게 과다한 경우에는 법원은 당사자의 주장이 없더라도 직권으로 이를 감액할 수 있다(대판 2002.12.24, 2000다54536).

④ (○) 손해배상의 예정액이 부당하게 과다한지의 여부 내지 그에 대한 적당한 감액의 범위를 판단하는 데 있어서는, 법원이 구체적으로 그 판단을 하는 때, 즉 사실심의 변론종결 당시를 기준으로 하여 그 사이에 발생한 위와 같은 모든 사정을 종합적으로 고려하여야 할 것이다(대판 2009.11.26, 2009다58692).

⑤ (×) 위약벌의 약정은 채무의 이행을 확보하기 위하여 정해지는 것으로서 손해배상의 예정과는 그 내용이 다르므로 손해배상액 예정에 관한 민법 제398조 제2항을 유추적용하여 그 액을 감액할 수는 없고 다만 그 의무의 강제에 의하여 얻어지는 채권자의 이익에 비하여 약정된 벌이 과도하게 무거울 때에는 그 일부 또는 전부가 공서양속에 반하여 무효로 된다(대판 1993.3.23, 92다46905).

손해배상액의 예정에 관한 설명으로 옳은 것은?(다툼이 있는 경우에는 판례에 의함) 기출 13

① 법원은 손해배상의 예정액이 부당하게 과다한지의 여부를 판단함에 있어서 실제손해액을 구체적으로 심리·확정하여야 한다.

② 일방당사자의 귀책사유로 계약이 해제된 경우에 관해서만 위약금약정을 둔 경우, 그 상대방의 귀책사유로 계약이 해제되는 경우에도 당연히 위약금지급의무가 인정된다.

③ 계약 당시 손해배상액을 예정한 경우, 다른 특약이 없는 한, 채무불이행으로 인하여 채권자가 입은 통상손해와 특별손해까지 예정액에 포함되고, 예정액을 초과하는 부분을 별도로 청구할 수는 없다.

④ 채무자는 특약이 없는 한, 자신에게 귀책사유가 없음을 증명하더라도 예정배상액의 지급책임을 면할 수 없다.

⑤ 법원은 채무불이행 시를 기준으로 그 사이에 발생한 여러 사정을 종합적으로 고려하여 손해배상의 예정액이 부당하게 과다한지의 여부 및 그에 대한 적당한 감액의 범위를 판단하여야 한다.

해설 ① (×) 손해배상의 예정액이 부당히 과다한지의 여부를 판단함에 있어서는 **실제의 손해액을 구체적으로 심리할 필요는 없다**(대판 1987.5.12. 86다카2070).
② (×) 계약의 일방당사자인 피고의 귀책사유로 인하여 계약이 해제되는 경우에는 위약금약정을 두지 않고 그 상대방인 원고의 귀책사유로 인하여 계약이 해제된 경우에 대해서만 위약금약정을 두었다 하더라도, 그 위약금약정이 무효로 되는지 여부는 별론으로 하고 원고에 대한 위약금규정이 있다고 하여 공평의 원칙상 그 상대방인 피고의 귀책사유로 계약이 해제되는 경우에도 원고의 귀책사유로 인한 해제의 경우와 마찬가지로 피고에게 위약금지급의무가 인정되는 것은 아니다(대판 2008.2.14. 2006다37892).
③ (○) 당사자 사이의 채무불이행에 관하여 손해배상액을 예정한 경우에 채권자는 통상의 손해뿐만 아니라 특별한 사정으로 인한 손해에 관하여도 예정된 배상액만을 청구할 수 있고 특약이 없는 한 예정액을 초과한 배상액을 청구할 수는 없다(대판 1988.9.27. 86다카2375[본소]·2376[반소]).
④ (×) 채무불이행으로 인한 손해배상액이 예정되어 있는 경우 **채권자는 채무불이행사실만 증명하면 손해의 발생 및 그 액수를 증명하지 아니하고 예정배상액을 청구할 수 있으나, 반면 채무자는 채권자와 채무불이행에 있어 채무자의 귀책사유를 묻지 아니한다는 약정을 하지 아니한 이상 자신의 귀책사유가 없음을 주장·증명함으로써 위 예정배상액의 지급책임을 면할 수 있다**(대판 2010.2.25. 2009다83797).
⑤ (×) 손해배상의 예정액이 부당하게 과다한지의 여부 내지 그에 대한 적당한 감액의 범위를 판단하는 데 있어서는, 법원이 구체적으로 그 판단을 하는 때, 즉 **사실심의 변론종결 당시를 기준으로** 하여 그 사이에 발생한 위와 같은 **모든 사정을 종합적으로 고려하여야** 할 것이다(대판 2009.11.26. 2009다58692).

채권자지체에 관한 설명으로 옳은 것은?(다툼이 있으면 판례에 따름) 기출 18

① 채권자지체 중에 채무자가 채권의 목적물을 보관하던 중 그의 경과실로 목적물이 멸실된 경우, 채무자는 그 멸실로 인한 책임이 없다.

② 채권자지체 중에 이행불능이 된 경우, 채권자지체가 발생한 사실에 대한 증명책임은 채권자에게 있다.

③ 채권자지체로 인하여 채권의 목적물을 보관 또는 변제하기 위한 비용이 증가된 때에 그 증가액은 채무자가 부담한다.

④ 이자 있는 채권의 경우에 채권자지체 중에도 채무자는 이자를 지급할 의무가 있다.

⑤ 민법 제538조 제1항의 '채권자의 수령지체 중에 당사자 쌍방의 책임 없는 사유로 채무를 이행할 수 없게 된 때'에 해당하기 위해서 채무자의 현실제공 또는 구두제공이 필요한 것은 아니다.

해설 ① (○) 채권자지체 중에는 채무자는 고의 또는 중대한 과실(중과실)이 없으면 불이행으로 인한 모든 책임이 없다(민법 제401조). 따라서 **채권자지체 중에 채무자에게 경과실이 있는 때에는 그에게 목적물의 멸실로 인한 책임을 물을 수 없으므로**, 이 경우에도 채무자는 채권자에게 반대급부를 청구할 수 있다(민법 제538조 제1항).

② (×) **채권자지체발생사실에 대한 주장·증명책임은 채무자에게 있다.**

③ (×) 채권자지체로 인하여 그 목적물의 보관 또는 변제의 비용이 증가된 때에는 그 증가액은 채권자의 부담으로 한다(민법 제403조).

④ (×) 채권자지체 중에는 이자 있는 채권이라도 채무자는 이자를 지급할 의무가 없다(민법 제402조).

⑤ (×) 민법 제538조 제1항 제2문 소정의 '채권자의 수령지체 중에 당사자 쌍방의 책임 없는 사유로 이행할 수 없게 된 때'에 해당하기 위해서는 현실제공이나 구두제공이 필요하다(다만, 그 제공의 정도는 그 시기와 구체적인 상황에 따라 신의성실의 원칙에 어긋나지 않게 합리적으로 정하여야 한다)(대판 2004.3.12. 2001다79013).

08 수령지체에 관한 설명으로 옳지 않은 것은?(다툼이 있는 경우에는 판례에 의함) [기출] 14

① 특별한 사정이 없으면, 수령지체에 빠진 쌍무계약의 채권자는 채무자에게 선이행의무를 부담한다.

② 쌍무계약의 당사자 일방의 채무가 채권자의 수령지체 중에 당사자 쌍방의 책임 없는 사유로 이행불능이 된 경우, 채무자는 상대방의 이행을 청구할 수 있다.

③ 채권자가 변제수령을 거절한 때에도 채무자가 변제를 제공하지 않으면, 이는 쌍무계약에서 채권자의 수령지체 중에 당사자 쌍방의 책임 없는 사유로 이행불능이 된 때에 해당하지 않는다.

④ 채권이 이자 있는 것이라 하더라도, 수령지체 중에는 채무자는 이자를 지급할 의무가 없다.

⑤ 수령지체 중에 불가항력으로 급부가 불능이 된 경우, 채권자가 그 위험을 부담하여야 한다.

해설 ① (×) 쌍무계약의 당사자 일방이 먼저 한 번 현실의 제공을 하고 상대방을 수령지체에 빠지게 하였다 하더라도 그 이행의 제공이 계속되지 않은 경우는 과거에 이행의 제공이 있었다는 사실만으로 상대방이 가진 동시이행의 항변권이 소멸한다고 볼 수 없다(대판 1972.11.14. 72다1513·1514).

② (○), ⑤ (○) 쌍무계약에서 채권자지체 중에 당사자 쌍방의 귀책사유 없이 급부가 불능이 된 경우에는, 대가위험이 채권자에게 이전되고, 채무자는 반대급부청구권을 상실하지 아니한다(민법 제538조 제1항 후문).

③ (○) 민법 제538조 제1항 제2문 소정의 '채권자의 수령지체 중에 당사자 쌍방의 책임 없는 사유로 이행할 수 없게 된 때'에 해당하기 위해서는 현실제공이나 구두제공이 필요하다(다만, 그 제공의 정도는 그 시기와 구체적인 상황에 따라 신의성실의 원칙에 어긋나지 않게 합리적으로 정하여야 한다)(대판 2004.3.12. 2001다79013).

④ (○) 채권자지체 중에는 이자 있는 채권이라도 채무자는 이자를 지급할 의무가 없다(민법 제402조).

04 책임재산의 보전

채권자대위권

01 책임재산의 보전에 관한 설명으로 옳지 않은 것은?(다툼이 있으면 판례에 따름) [기출] 24

① 농지취득자격증명 발급신청권은 채권자대위권의 행사대상이 될 수 있다.

② 채권자대위권 행사의 효과는 채무자에게 귀속되는 것이므로 채권자대위소송의 제기로 인한 피대위채권의 소멸시효 중단의 효과는 채무자에게 생긴다.

③ 취득시효의 대상인 부동산의 소유자가 취득시효 완성 후에 그 부동산을 처분하여 점유자의 시효취득을 원인으로 한 소유권이전등기청구권이 침해된 경우, 그 점유자는 소유권이전등기청구권의 보전을 위해 채권자취소권을 행사할 수 있다.

④ 채권자는 원칙적으로 자신의 채권액을 초과하여 채권자취소권을 행사할 수 없다.

⑤ 사해행위에 해당하는지가 문제되는 법률행위가 수익자의 대리인에 의하여 이루어진 때에는 특별한 사정이 없는 한 수익자의 사해의사는 대리인을 표준으로 결정한다.

해설 ① (○) 농지를 취득하려는 자가 농지에 대한 매매계약을 체결하는 등으로 농지에 관한 소유권이전등기청구권을 취득하였다면, 농지취득자격증명 발급신청권을 보유하게된다. 이러한 농지취득자격증명 발급신청권은 채권자대위권의 행사대상이 될 수 있다(대판 2018.7.11. 2014다36518).

② (○) 대판 2011.10.13. 2010다80930

③ (×) 민법 제406조 소정의 채권자취소권은 채무자의 행위로 인하여 그의 일반재산이 감소되어 총 채권자들의 채권의 공동담보에 부족이 생겨 채권자를 해함을 요건으로 하여 인정되는 권리인 것이므로, 이 사건에 있어서와 같이 취득시효의 대상인 부동산의 소유자가 취득시효 완성 후에 이를 처분하여 채권자의 시효취득을 원인으로 한 소유권이전등기청구권이 침해되었음을 이유로 하는 경우에는, 채권자취소권을 인정할 수 없는 것이고, 원심이 원고의 매수행위가 통정하여서 한 허위의 의사표시라고 인정하지 아니한 조처가 위법하다고 할 수 없다.(대판 1992.11.24. 92다33855).

④ (○) 채권자가 채권자취소권을 행사할 때에는 원칙적으로 자신의 채권액을 초과하여 취소권을 행사할 수 없고, 이때 채권자의 채권액에는 사해행위 이후 사실심 변론종결시까지 발생한 이자나 지연손해금이 포함된다(대판 2001.9.4. 2000다66416).

⑤ (○) 사해행위인지가 문제되는 법률행위가 대리인에 의하여 이루어진 때에는 수익자의 사해의사 또는 전득자의 사해행위에 대한 악의의 유무는 대리인을 표준으로 결정하여야 한다(대판 2006.9.8. 2006다22661).

02 채권자대위권에 관한 설명으로 옳은 것은?(다툼이 있으면 판례에 따름) [기출] 20

① 토지거래허가구역 내의 토지에 관한 매매계약에서 매수인이 매도인에 대하여 가지는 토지거래 허가신청절차의 협력의무의 이행청구권은 채권자대위권의 피보전채권에 해당하지 않는다.

② 특정채권도 채권자대위권의 피보전채권이 될 수 있지만, 순차매도에서 소유권이전등기청구권 이나 임대차에 있어 명도청구권 등의 보전을 위한 경우에 한하여 채권자대위권이 인정된다.

③ 채권자대위권의 피보전채권이 피기 위해서는 그 채권이 제3채무자에게까지 대항할 수 있는 것이어야 한다.

④ 채권자가 채권자대위권을 행사하여 제3채무자에 대하여 하는 청구에서, 제3채무자는 채무자가 채권자에 대하여 가지는 동시이행의 항변권을 행사하여 대항할 수 있다.

⑤ 임대인의 동의 없는 임차권의 양도는 다른 특약이 없는 한 임대인에게는 대항할 수 없고, 그 임차권의 양수인은 임대인의 권한을 대위행사할 수 없다.

해설

① (×) 국토이용관리법상의 토지거래규제구역 내의 토지에 관하여 관할관청의 허가 없이 체결된 매매계약이 라고 하더라도, 거래당사자 사이에는 그 계약이 효력이 있는 것으로 완성될 수 있도록 서로 협력할 의무가 있어, 그 매매계약의 쌍방당사자는 공동으로 관할관청의 허가를 신청할 의무가 있고, 이러한 의무에 위배하 여 허가신청에 협력하지 아니하는 당사자에 대하여 상대방은 협력의무의 이행을 청구할 수 있는 것이므로, 이와 같은 **매수인이 매도인에 대하여 가지는 토지거래허가신청절차의 협력의무의 이행청구권도 채권자대 위권의 행사에 의하여 보전될 수 있는 채권에 해당한다**(대판 1995.9.5. 95다22917).

② (×) **피보전채권이 특정채권이라 하여 반드시 순차매도 또는 임대차에 있어 소유권이전등기청구권이나 명 도청구권 등의 보전을 위한 경우에만 한하여 채권자대위권이 인정되는 것은 아니다**(대판 2001.5.8. 99다 38699).

③ (×) 민법 제404조에서 규정하고 있는 채권자대위권은 채권자가 채무자에 대한 자기의 채권을 보전하기 위하여 필요한 경우에 채무자의 제3자에 대한 권리를 대위행사할 수 있는 권리를 말하는 것으로서, **이때 보전되는 채권은 보전의 필요성이 인정되고 이행기가 도래한 것이면 족하고, 그 채권의 발생원인이 어떠하 든 대위권을 행사함에는 아무런 방해가 되지 아니하며, 또한 채무자에 대한 채권이 제3채무자에게까지 대항할 수 있는 것임을 요하는 것도 아니다**(대판 2003.4.11. 2003다1250).

④ (×) **채권자대위권을 행사하는 사건에 있어서, 제3채무자는 채무자가 채권자에게 주장할 수 있는 사유를 원용할 수 있는 것이 아니다**(대판 1995.5.12. 93다59502). 따라서 제3채무자는 채무자가 채권자에 대하여 가지는 동시이행의 항변권을 행사하여 대항할 수 없다.

⑤ (○) 임대인의 동의 없는 임차권의 양도는 당사자 사이에서는 유효하다 하더라도 다른 특약이 없는 한 임대 인에게는 대항할 수 없는 것이고 임대인에 대항할 수 없는 임차권의 양수인으로서는 임대인의 권한을 대위 행사할 수 없다(대판 1985.2.8. 84다카188).

03 甲이 乙에 대한 A채권을 보전하기 위하여 丙을 상대로 채권자대위소송을 제기하는 경우, A채권에 관한 설명으로 옳지 않은 것은?(다툼이 있으면 판례에 따름) [기출] 19

① A채권의 존재뿐만 아니라 그 발생원인도 甲이 증명할 책임이 있다.

② A채권은 丙에게 대항할 수 있는 권리가 아니어도 된다.

③ 토지거래허가신청절차의 협력의무이행청구권도 A채권이 될 수 있다.

④ 丙은 특별한 사정이 없는 한 甲에 대하여 A채권의 소멸시효가 완성되었음을 항변할 수 없다.

⑤ 丙은 甲에 대하여 A채권의 발생원인이 된 법률행위가 무효라는 사실을 주장하여 A채권의 인정 여부를 다툴 수 있다.

해설 ① (×), ② (○) [1] 민법 제404조에서 규정하고 있는 채권자대위권은 채권자가 채무자에 대한 자기의 채권을 보전하기 위하여 필요한 경우에 채무자의 제3자에 대한 권리를 대위행사할 수 있는 권리를 말하는 것으로서, 이때 보전되는 채권은 보전의 필요성이 인정되고 이행기가 도래한 것이면 족하고, 그 채권의 발생원인이 어떠하든 대위권을 행사함에는 아무런 방해가 되지 아니하며, 또한 채무자에 대한 채권이 제3채무자에게까지 대항할 수 있는 것임을 요하는 것도 아니다. [2] 채권자대위권을 재판상 행사하는 경우에 있어서도 채권자인 원고는 그 채권의 존재사실 및 보전의 필요성, 기한의 도래 등을 입증하면 족한 것이지, 채권의 발생원인사실 또는 그 채권이 제3채무자인 피고에게 대항할 수 있는 채권이라는 사실까지 입증할 필요는 없으며, 따라서 채권자가 채무자를 상대로 하여 그 보전되는 청구권에 기한 이행청구의 소를 제기하여 승소판결이 확정되면 제3채무자는 그 청구권의 존재를 다툴 수 없다(대판 2003.4.11. 2003다1250).

③ (○) 매수인과 매도인 사이의 토지거래규제구역 내에 있는 토지에 대한 매매계약이 관할관청의 허가 없이 체결된 것이라고 하더라도, 매수인은 매도인에 대한 토지거래허가신청절차의 협력의무의 이행청구권을 보전하기 위하여 매도인을 대위하여 제3자 명의의 소유권이전등기의 말소등기절차 이행을 구할 수 있는 것이다(대판 1994.12.27. 94다4806).

④ (○) 채권자가 채권자대위권을 행사하여 제3자에 대하여 하는 청구에 있어서, 제3채무자는 채무자가 채권자에 대하여 가지는 항변으로 대항할 수 없고, 채권의 소멸시효가 완성된 경우 이를 원용할 수 있는 자는 원칙적으로는 시효이익을 직접 받는 자뿐이고, 채권자대위소송의 제3채무자는 이를 행사할 수 없다(대판 2004.2.12. 2001다10151).

⑤ (○) 채권자가 채권자대위소송을 제기한 경우, 제3채무자는 채무자가 채권자에 대하여 가지는 항변권이나 형성권 등과 같이 권리자에 의한 행사를 필요로 하는 사유를 들어 채권자의 채무자에 대한 권리가 인정되는지 여부를 다툴 수 없지만, 채권자의 채무자에 대한 권리의 발생원인이 된 법률행위가 무효라거나 위 권리가 변제 등으로 소멸하였다는 등의 사실을 주장하여 채권자의 채무자에 대한 권리가 인정되는지 여부를 다투는 것은 가능하고, 이 경우 법원은 제3채무자의 주장을 고려하여 채권자의 채무자에 대한 권리가 인정되는지 여부에 관하여 직권으로 심리·판단하여야 한다(대판 2015.9.10. 2013다55300).

04 채권자대위권에 관한 설명으로 옳은 것은?(다툼이 있으면 판례에 따름) 기출 17

① 채권자대위소송에서 제3채무자로 하여금 직접 대위채권자에게 금전의 지급을 명하는 판결이 확정된 경우, 피대위채권이 변제 등으로 소멸하기 전이라면 채무자의 다른 채권자가 이를 압류 또는 가압류할 수 있다.

② 채권자대위소송에서 제3채무자는 채권자의 채무자에 대한 권리의 발생원인이 된 법률행위가 무효이거나 변제 등으로 소멸하였나는 등의 사실을 수상하여 채권자의 채무자에 대한 권리가 인정되는지를 다툴 수 없다.

③ 토지거래허가구역에 있는 토지의 매수인은 채권보전의 필요성 여부와 무관하게 토지거래허가 신청절차의 협력의무이행청구권을 보전하기 위하여 매도인의 권리를 대위하여 행사할 수 있다.

④ 이행인수약정이 체결된 경우, 채무자는 인수인이 그 채무를 이행하지 아니하면 인수인에 대하여 채권자에게 이행할 것을 청구할 수 있으나, 채무자의 인수인에 대한 위 청구권을 채권자가 대위행사할 수 없다.

⑤ 지하도상가 내 점포의 사용청구권을 가지는 자는 상가의 소유자인 시(市)가 불법점유자들에 대하여 가지는 점포의 인도청구권을 대위행사할 수 없다.

해설 ① (○) 채권자가 자기의 금전채권을 보전하기 위하여 채무자의 금전채권을 대위행사하는 경우 제3채무자로 하여금 채무자에게 지급의무를 이행하도록 청구할 수도 있지만, 직접 대위채권자 자신에게 이행하도록 청구할 수도 있다. 그런데 채권자대위소송에서 제3채무자로 하여금 직접 대위채권자에게 금전의 지급을 명하는 판결이 확정되더라도, 대위의 목적인 권리, 즉 채무자의 제3채무자에 대한 피대위채권이 판결의 집행채권으로서 존재하고 대위채권자는 채무자를 대위하여 피대위채권에 대한 변제를 수령하게 될 뿐 자신의 채권에 대한 변제로서 수령하게 되는 것이 아니므로, **피대위채권이 변제 등으로 소멸하기 전이라면 채무자의 다른 채권자는 이를 압류·가압류할 수 있다**(대판 2016.8.29. 2015다236547).

② (×) 채권자가 채권자대위소송을 제기한 경우, 제3채무자는 채무자가 채권자에 대하여 가지는 항변권이나 형성권 등과 같이 권리자에 의한 행사를 필요로 하는 사유를 들어 채권자의 채무자에 대한 권리가 인정되는지 여부를 다툴 수 없지만, 채권자의 채무자에 대한 권리의 발생원인이 된 법률행위가 무효이거나 위 권리가 변제 등으로 소멸하였다는 등의 사실을 주장하여 채권자의 채무자에 대한 권리가 인정되는지 여부를 다투는 것은 가능하고, 이 경우 법원은 제3채무자의 주장을 고려하여 채권자의 채무자에 대한 권리가 인정되는지 여부에 관하여 직권으로 심리·판단하여야 한다(대판 2015.9.10. 2013다55300).

③ (×) [1] 채권자대위권의 행사가 채무자의 자유로운 재산관리행위에 대한 부당한 간섭이 된다는 등의 특별한 사정이 있는 경우에는 보전의 필요성을 인정할 수 없다. [2] 매수인이 토지거래허가신청절차의 협력의무이행청구권을 보전하기 위하여 매도인의 권리를 대위하여 행사하는 것도 허용된다고 할 수 있지만, 보전의 필요성이 인정되어야 한다(대판 2013.5.23. 2010다50014).

④ (×) 이행인수는 인수인이 채무자에 대하여 그 채무를 이행할 것을 약정하는 채무자와 인수인 간의 계약으로서, 인수인은 채무자와 사이에 채권자에게 채무를 이행할 의무를 부담하는 데 그치고 직접 채권자에 대하여 채무를 부담하는 것이 아니므로 채권자는 직접 인수인에게 채무를 이행할 것을 청구할 수 없으나, 채무자는 인수인이 그 채무를 이행하지 아니하는 경우 인수인에 대하여 채권자에게 이행할 것을 청구할 수 있고, 그에 관한 승소의 판결을 받은 때에는 금전채권의 집행에 관한 규정을 준용하여 강제집행을 할 수도 있다. 이러한 채무자의 인수인에 대한 청구권은 그 성질상 재산권의 일종으로서 일신전속적 권리라고 할 수는 없으므로, **채권자는 채권자대위권에 의하여 채무자의 인수인에 대한 청구권을 대위행사할 수 있다**(대판 2009.6.11. 2008다75072).

⑤ (×) 지하도상가의 운영을 목적으로 한 도로점용허가를 받은 자로서 그 상가의 소유자 겸 관리주체인 시에 대하여 그 상가 내 각 점포의 사용을 청구할 수 있는 권리를 가지는 자는, 시(市)에 대한 위 각 점포사용청구권을 보전하기 위하여 그 점포들의 소유자인 시(市)가 불법점유자들에 대하여 가지는 명도청구권을 대위행사할 수 있고, 이러한 경우 불법점유자들에 대하여 직접 자기에게 그 점포들을 명도할 것을 청구할 수도 있다(대판 1995.5.12. 93다59502).

05 甲이 乙을 대위하여 丙에 대하여 채권자대위권을 행사한 경우에 관한 설명으로 옳은 것은?(다툼이 있으면 판례에 따름) [기출] [16]

① 乙이 丙에 대하여 채무의 이행을 청구하는 소를 제기하였다가 패소한 경우에도 甲은 丙에 대하여 채권자대위권을 행사할 수 있다.

② 甲이 丙에 대하여 채권자대위권을 행사한 경우 丙은 甲의 乙에 대한 채권이 시효로 소멸하였음을 주장할 수 있다.

③ 甲이 乙에 대하여 이행청구의 소를 제기하여 승소한 경우에도, 丙은 甲의 채권자대위권 행사에 대항하여 乙에 대한 甲의 채권이 무효임을 주장할 수 있다.

④ 무자력인 丙이 자신의 채무자인 丁의 채무를 면제함으로써 乙에 대한 관계에서 사해행위를 한 경우, 甲은 丙의 사해행위를 취소하기 위하여 乙의 채권자취소권을 대위할 수 있다.

⑤ 甲이 채권자대위권을 행사하는 과정에서 비용을 지출하였더라도 甲은 乙에게 그 비용의 상환을 청구할 수 없다.

해설 ① (×) 채권자대위권은 채무자가 제3채무자에 대한 권리를 행사하지 아니하는 경우에 한하여 채권자가 자기의 채권을 보전하기 위하여 행사할 수 있는 것이어서, <u>채권자가 대위권을 행사할 당시에 이미 채무자가 그 권리를 재판상 행사하였을 때에는 채권자는 채무자를 대위하여 채무자의 권리를 행사할 수 없다</u>(대판 2009.3.12. 2008다65839).

② (×) 채권자가 채권자대위권을 행사하여 제3자에 대하여 하는 청구에 있어서, **제3채무자는 채무자가 채권자에 대하여 가지는 항변으로 대항할 수 없고, 채권의 소멸시효가 완성된 경우 이를 원용할 수 있는 자는 원칙적으로는 시효이익을 직접 받는 자뿐이고, 채권자대위소송의 제3채무자는 이를 행사할 수 없다**(대판 2004.2.12. 2001다10151). 따라서 丙은 甲의 乙에 대한 채권이 시효로 소멸하였음을 주장할 수 없다.

③ (×) <u>채권자가 채무자를 상대로 그 보전되는 청구권에 기한 이행청구의 소를 제기하여 승소판결이 확정되고 채권자가 그 확정판결에 기한 청구권을 피보전채권으로 하여 제3채무자를 상대로 채권자대위소송을 제기한 경우</u>, **제3채무자는 채권자와 채무자 사이에 확정된 그 청구권의 존재를 다툴 수 없다**(대판 2010.11.11. 2010다43597).

④ (○) 채권자취소권도 채권자가 채무자를 대위하여 행사하는 것이 가능하다(대판 2001.12.27. 2000다73049).

⑤ (×) <u>채권자대위권을 행사하는 경우 채권자와 채무자는 일종의 법정위임의 관계에 있으므로 채권자는 민법 제688조를 준용하여 채무자에게 그 비용의 상환을 청구할 수 있고</u>, 그 비용상환청구권은 강제집행을 직접 목적으로 하여 지출된 집행비용이라고는 볼 수 없으므로 지급명령신청에 의하여 지급을 구할 수 있다(대결 1996.8.21. 96그8).

06 채권자 甲이 乙에 대한 채권을 보전하기 위하여 대위행사할 수 있는 권리(피대위권리)를 모두 고른 것은?(다툼이 있으면 판례에 따름) 기출 15

> ㄱ. 丙이 乙의 甲에 대한 채무를 이행인수하기로 한 계약에 따라 가지는 乙의 丙에 대한 청구권
> ㄴ. 토지소유자 乙이 甲에게 임대한 토지 전부를 丙이 불법점유하고 있는 경우, 乙의 丙에 대한 소유권에 기한 소유물반환청구권
> ㄷ. 丙이 乙에게 자신의 부동산을 매도하고 乙이 그 부동산을 甲에게 전매한 경우, 乙의 丙에 대한 소유권 이전등기청구권
> ㄹ. 임차인 丙으로부터 건물임대차보증금반환채권을 양수한 甲이 그 이행을 청구하기 위하여 丙의 건물 명도가 선이행되어야 할 필요가 있는 경우, 임대인 乙의 丙에 대한 명도청구권

① ㄱ, ㄷ   ② ㄴ, ㄷ
③ ㄴ, ㄹ   ④ ㄱ, ㄴ, ㄹ
⑤ ㄱ, ㄴ, ㄷ, ㄹ

해설 ㄱ.(○) 이행인수는 인수인이 채무자에 대하여 그 채무를 이행할 것을 약정하는 채무자와 인수인 간의 계약으로서, 인수인은 채무자와 사이에 채권자에게 채무를 이행할 의무를 부담하는 데 그치고 직접 채권자에 대하여 채무를 부담하는 것이 아니므로 채권자는 직접 인수인에게 채무를 이행할 것을 청구할 수 없으나, 채무자는 인수인이 그 채무를 이행하지 아니하는 경우 인수인에 대하여 채권자에게 이행할 것을 청구할 수 있고, 그에 관한 승소의 판결을 받은 때에는 금전채권의 집행에 관한 규정을 준용하여 강제집행을 할 수도 있다. 이러한 채무자의 인수인에 대한 청구권은 그 성질상 재산권의 일종으로서 일신전속적 권리라고 할 수는 없으므로, 채권자는 채권자대위권에 의하여 채무자의 인수인에 대한 청구권을 대위행사할 수 있다(대판 2009.6.11. 2008다75072).

ㄴ.(○) 채권자가 대위행사할 수 있는 채무자의 권리에는 물권적인 청구권도 포함된다(대판 1966.9.27. 66다1334). 따라서 소유권에 기한 소유물반환청구권도 대위행사할 수 있다.

ㄷ.(○) 중간생략등기의 합의가 없다면 부동산의 전전매수인은 매도인을 대위하여 그 전매도인인 등기명의자에게 매도인 앞으로의 소유권이전등기를 구할 수는 있을지언정 직접 자기 앞으로의 소유권이전등기를 구할 수는 없다 할 것이다(대판 1969.10.28. 69다1351).

ㄹ.(○) 채권자가 자기채권을 보전하기 위하여 채무자의 권리를 행사하려면 채무자의 무자력을 요건으로 하는 것이 통상이지만 임대차보증금반환채권을 양수한 채권자가 그 이행을 청구하기 위하여 임차인의 가옥명도가 선이행되어야 할 필요가 있어서 그 명도를 구하는 경우에는 그 채권의 보전과 채무자인 임대인의 자력 유무는 관계가 없는 일이므로 무자력을 요건으로 한다고 할 수 없다(대판 1989.4.25. 88다카4253·4260).

07 채권자대위권에 관한 설명으로 옳은 것은?(다툼이 있는 경우에는 판례에 의함) 기출 14

① 특별한 사정이 없으면, 계약의 청약 또는 승낙의 의사표시는 채권자대위권의 목적이 될 수 없다.
② 채권보전의 필요성은 이행기를 표준으로 판단하여야 하며, 그 채권이 금전채권일 경우 채권자가 채무자의 무자력과 그 일반재산의 감소를 방지할 필요를 주장·증명하여야 한다.
③ 채무자가 제3자 명의로 소유권이전청구권을 보전하기 위한 가등기가 된 부동산을 소유한 경우, 특별한 사정이 없으면 그 부동산은 채무자의 무자력요건 판단에서 적극재산에 산입되어야 한다.
④ 채무자에게 채권자대위권의 행사가 통지된 후에는 제3채무자가 채무자의 채무불이행을 이유로 채무자와의 계약을 해제한 때에도 제3채무자는 계약해제로써 채권자에게 대항하지 못한다.
⑤ 채무자의 채권자취소권을 대위행사하는 경우 채권자가 그 취소원인을 안 지 1년이 지났다면, 비록 채무자가 취소원인을 안 날로부터 1년, 법률행위를 한 날로부터 5년 내라 하더라도 취소권의 대위행사는 허용되지 않는다.

해설 ① (O) 계약의 청약이나 승낙과 같이 비록 행사상의 일신전속권은 아니지만 이를 행사하면 그로써 새로운 권리의무관계가 발생하는 등으로 권리자 본인이 그로 인한 법률관계 형성의 결정권한을 가지도록 할 필요가 있는 경우에는, 채무자에게 이미 그 권리행사의 확정적 의사가 있다고 인정되는 등 특별한 사정이 없는 한, 그 권리는 채권자대위권의 목적이 될 수 없다고 봄이 상당하다. 그리고 이는 일반채권자의 책임재산의 보전을 위한 경우뿐만 아니라 특정채권의 보전이나 실현을 위하여 채권자대위권을 행사하고자 하는 경우에 있어서도 마찬가지라고 할 것이다(대판 2012.3.29. 2011다100527).
② (×) 채권자대위권의 행사로서 채권자가 채권을 보전하기에 필요한 여부는 변론종결 당시를 표준으로 판단되어야 할 것이며 그 채권이 금전채권일 때에는 채무자가 무자력하여 그 일반재산의 감소를 방지할 필요가 있는 경우에 허용되고 이와 같은 요건의 존재사실은 채권자가 주장입증하여야 하는 것이라고 할 것이다(대판 1976.7.13. 75다1086).
③ (×) 채권자 대위의 요건으로서의 무자력이란 채무자의 변제자력이 없음을 뜻하고 특히 임의변제를 기대할 수 없는 경우에는 강제집행을 통한 변제가 고려되어야 하므로, 소극재산이든 적극재산이든 위와 같은 목적에 부합할 수 있는 재산인지 여부가 변제자력 유무 판단의 중요한 고려요소가 되어야 한다. 따라서 **채무자의 적극재산인 부동산에 이미 제3자 명의로 소유권이전청구권 보전의 가등기가 마쳐져 있는 경우에는 강제집행을 통한 변제가 사실상 불가능하므로, 그 가등기가 가등기담보 등에 관한 법률에 정한 담보가등기로서 강제집행을 통한 매각이 가능하다는 등의 특별한 사정이 없는 한, 위 부동산은 실질적으로 재산적 가치가 없어 적극재산을 산정할 때 제외하여야 한다**(대판 2009.2.26. 2008다76556).
④ (×) 민법 제405조 제2항은 '채무자가 채권자대위권 행사의 통지를 받은 후에는 그 권리를 처분하여도 이로써 채권자에게 대항하지 못한다'고 규정하고 있다. 위 조항의 취지는 채권자가 채무자에게 대위권행사사실을 통지하거나 채무자가 채권자의 대위권행사사실을 안 후에 채무자에게 대위의 목적인 권리의 양도나 포기 등 처분행위를 허용할 경우 채권자에 의한 대위권 행사를 방해하는 것이 되므로 이를 금지하는 데에 있다. 그런데 채무자의 채무불이행사실 자체만으로는 권리변동의 효력이 발생하지 않아 이를 채무자가 제3채무자에 대하여 가지는 채권을 소멸시키는 적극적인 행위로 파악할 수 없는 점, 더구나 법정해제는 채무자의 객관적 채무불이행에 대한 제3채무자의 정당한 법적 대응인 점, 채권이 압류·가압류된 경우에도 압류 또는 가압류된 채권의 발생원인이 된 기본계약의 해제가 인정되는 것과 균형을 이룰 필요가 있는 점 등을 고려할 때 **채무자가 자신의 채무불이행을 이유로 매매계약이 해제되도록 한 것을 두고 민법 제405조 제2항에서 말하는 '처분'에 해당한다고 할 수 없다. 따라서 채무자가 채권자대위권 행사의 통지를 받은 후에 채무를 불이행함으로써 통지 전에 체결된 약정에 따라 매매계약이 자동적으로 해제되거나, 채권자대위권 행사의 통지를 받은 후에 채무자의 채무불이행을 이유로 제3채무자가 매매계약을 해제한 경우 제3채무자는 계약해제로써 대위권을 행사하는 채권자에게 대항할 수 있다.** 다만 형식적으로는 채무자의 채무불이행을 이유로 한 계약해제인 것처럼 보이지만 실질적으로는 채무자와 제3채무자 사이의 합의에 따라 계약을 해제한 것으로 볼 수 있거나, 채무자와 제3채무자가 단지 대위채권자에게 대항할 수 있도록 채무자의 채무불이행을

이유로 하는 계약해제인 것처럼 외관을 갖춘 것이라는 등의 특별한 사정이 있는 경우에는 채무자가 피대위채권을 처분한 것으로 보아 제3채무자는 계약해제로써 대위권을 행사하는 채권자에게 대항할 수 없다(대판 [전합] 2012.5.17. 2011다87235).

⑤ (×) 민법 제404조 소정의 채권자대위권은 채권자가 자신의 채권을 보전하기 위하여 채무자의 권리를 자신의 이름으로 행사할 수 있는 권리라 할 것이므로, 채권자가 채무자의 채권자취소권을 대위행사하는 경우, 제소기간은 대위의 목적으로 되는 권리의 채권자인 채무자를 기준으로 하여 그 준수 여부를 가려야 할 것이고, 따라서 채권자취소권을 대위행사하는 채권자가 취소원인을 안 지 1년이 지났다 하더라도 채무자가 취소원인을 안 날로부터 1년 변론해가 있은 날로부터 5년 내라면 제기가 취소의 소를 제기할 수 있으니(대판 2001.12.27. 2000다73049).

---

08 甲이 자신의 부동산을 乙에게 매도하고, 乙은 그 부동산을 丙에게 매도하였으나 아직 그 부동산의 등기명의가 甲으로 되어 있다. 다음 설명으로 옳지 않은 것은?(다툼이 있는 경우에는 판례에 의함) 기출 12

① 丙이 乙의 甲에 대한 등기청구권을 대위행사하기 위해서는, 乙의 무자력을 필요로 하지 않는다.

② 乙이 丙의 채권자대위권행사사실을 알게 된 후에 甲과의 매매계약을 합의해제하여 乙의 소유권이전등기청구권을 소멸시켰더라도 乙은 이로써 丙에게 대항할 수 없다.

③ 丙이 甲을 상대로 채권자대위소송을 제기하여 확정판결을 받은 경우, 乙이 채권자대위소송이 제기된 사실을 알았다면 그 판결의 효력은 乙에게 미친다.

④ 乙이 甲에 대한 권리를 재판상 행사하여 패소의 판결을 받은 경우, 丙은 乙의 등기청구권을 대위행사할 수 없다.

⑤ 丙의 乙에 대한 소유권이전등기청구권의 소멸시효가 완성된 경우, 甲은 乙의 소유권이전등기청구권을 대위행사하는 丙에게 소멸시효의 완성을 원용할 수 있다.

해설 ① (○) **채권자는** 자기의 채무자에 대한 부동산의 소유권이전등기청구권 등 **특정채권을 보전**하기 위하여 채무자가 방치하고 있는 그 부동산에 관한 **특정권리를 대위하여 행사**할 수 있고 그 경우에는 채무자의 무자력을 요건으로 하지 아니하는 것이다(대판 1992.10.27. 91다483).

② (○) **채무자가** 채권자대위권행사사실을 알게 된 후에 그 매매계약을 합의해제함으로써 채권자대위권의 객체인 부동산소유권이전등기청구권을 소멸시켰다 하더라도 이로써 채권자에게 대항할 수 없고, 그 결과 제3채무자 또한 그 계약해제로써 채권자에게 대항할 수 없다(대판 2007.6.28. 2006다85921).

③ (○) 채권자가 채권자대위권을 행사하는 방법으로 제3채무자를 상대로 소송을 제기하고 판결을 받은 경우에는 어떠한 사유로 인하였던 적어도 채무자가 채권자대위권에 의한 소송이 제기된 사실을 알았을 경우에는 그 판결의 효력은 채무자에게 미친다(대판[전합] 1975.5.13. 74다1664).

④ (○) 채권자대위권은 채무자가 제3채무자에 대한 권리를 행사하지 아니하는 경우에 한하여 채권자가 자기의 채권을 보전하기 위하여 행사할 수 있는 것이어서, 채권자가 대위권을 행사할 당시에 이미 채무자가 그 권리를 재판상 행사하였을 때에는 채권자는 채무자를 대위하여 채무자의 권리를 행사할 수 없다(대판 2009.3.12. 2008다65839).

⑤ (×) 채권자가 채권자대위권을 행사하여 제3자에 대하여 하는 청구에 있어서, 제3채무자는 채무자가 채권자에 대하여 가지는 항변으로 대항할 수 없고, 채권의 소멸시효가 완성된 경우 이를 원용할 수 있는 자는 원칙적으로는 시효이익을 직접 받는 자뿐이고, 채권자대위소송의 제3채무자는 이를 행사할 수 없다(대판 2004.2.12. 2001다10151).

채권자대위권에 관한 설명으로 옳지 않은 것은?(다툼이 있는 경우에는 판례에 의함) 기출 13

① 채무자의 적극재산인 부동산에 이미 제3자 명의로 소유권이전등기청구권 보전의 가등기가 경료되어 있는 경우, 특별한 사정이 없는 한 그 부동산은 적극재산을 산정할 때 제외하여야 한다.

② 취득시효 완성 후 제3자 앞으로 경료된 소유권이전등기가 원인무효인 경우, 취득시효 완성으로 인한 소유권이전등기청구권을 가진 자는 취득시효 완성 당시의 소유자를 대위하여 제3자 명의의 등기말소를 청구할 수 있다.

③ 채권자대위권의 행사가 통지된 후에 채무자의 채무불이행을 이유로 제3채무자가 채무자와의 계약을 해제하더라도, 원칙적으로 제3채무자는 이로써 대위채권자에게 대항할 수 없다.

④ 채권자대위소송의 제3채무자는 원칙적으로 채무자가 채권자에 대하여 가지는 항변으로써 대위채권자에게 대항할 수 없다.

⑤ 채권자대위소송에서 채권자의 채무자에 대한 피보전권리의 존재 여부는 법원의 직권조사사항이다.

해설 ① (○) 채권자 대위의 요건으로서의 무자력이란 채무자의 변제자력이 없음을 뜻하고 특히 임의변제를 기대할 수 없는 경우에는 강제집행을 통한 변제가 고려되어야 하므로, 소극재산이든 적극재산이든 위와 같은 목적에 부합할 수 있는 재산인지 여부가 변제자력 유무 판단의 중요한 고려요소가 되어야 한다. 따라서 **채무자의 적극재산인 부동산에 이미 제3자 명의로 소유권이전청구권 보전의 가등기가 마쳐져 있는 경우에는 강제집행을 통한 변제가 사실상 불가능하므로, 그 가등기가 가등기담보 등에 관한 법률에 정한 담보가등기로서 강제집행을 통한 매각이 가능하다는 등의 특별한 사정이 없는 한, 위 부동산은 실질적으로 재산적 가치가 없어 적극재산을 산정할 때 제외하여야 한다**(대판 2009.2.26. 2008다76556).

② (○) 취득시효 완성으로 인한 등기를 하기 전에 먼저 소유권이전등기를 경료하여 그 부동산소유권을 취득한 제3자에 대하여는 시효취득을 주장할 수 없지만 이는 어디까지나 그 제3자 명의의 등기가 적법, 유효함을 전제로 하는 것이므로 만일 위 제3자 명의의 등기가 원인무효의 등기라면 취득시효 완성으로 인한 소유권이전등기청구권을 가진 자는 취득시효 완성 당시의 소유자에 대하여 가지는 소유권이전등기청구권으로써 위 소유자를 대위하여 위 제3자 앞으로 경료된 원인무효인 등기의 말소를 구할 수 있다(대판 1990.11.27. 90다6651).

③ (×) 민법 제405조 제2항은 '채무자가 채권자대위권 행사의 통지를 받은 후에는 그 권리를 처분하여도 이로써 채권자에게 대항하지 못한다'고 규정하고 있다. 위 조항의 취지는 채권자가 채무자에게 대위권행사사실을 통지하거나 채무자가 채권자의 대위권행사사실을 안 후에 채무자에게 대위의 목적인 권리의 양도나 포기 등 처분행위를 허용할 경우 채권자에 의한 대위권 행사를 방해하는 것이 되므로 이를 금지하는 데에 있다. 그런데 채무자의 채무불이행사실 자체만으로는 권리변동의 효력이 발생하지 않아 이를 채무자가 제3채무자에 대하여 가지는 채권을 소멸시키는 적극적인 행위로 파악할 수 없는 점, 더구나 법정해제는 채무자의 객관적 채무불이행에 대한 제3채무자의 정당한 법적 대응인 점, 채권이 압류·가압류된 경우에도 압류 또는 가압류된 채권의 발생원인이 된 기본계약의 해제가 인정되는 것과 균형을 이룰 필요가 있는 점 등을 고려할 때 **채무자가 자신의 채무불이행을 이유로 매매계약이 해제되도록 한 것을 두고 민법 제405조 제2항에서 말하는 '처분'에 해당한다고 할 수 없다. 따라서 채무자가 채권자대위권 행사의 통지를 받은 후에 채무를 불이행함으로써 통지 전에 체결된 약정에 따라 매매계약이 자동적으로 해제되거나, 채권자대위권 행사의 통지를 받은 후에 채무자의 채무불이행을 이유로 제3채무자가 매매계약을 해제한 경우 제3채무자는 계약해제로써 대위권을 행사하는 채권자에게 대항할 수 있다.** 다만 형식적으로는 채무자의 채무불이행을 이유로 한 계약해제인 것처럼 보이지만 실질적으로는 채무자와 제3채무자 사이의 합의에 따라 계약을 해제한 것으로 볼 수 있거나, 채무자와 제3채무자가 단지 대위채권자에게 대항할 수 있도록 채무자의 채무불이행을 이유로 하는 계약해제인 것처럼 외관을 갖춘 것이라는 등의 특별한 사정이 있는 경우에는 채무자가 피대위채권을 처분한 것으로 보아 제3채무자는 계약해제로써 대위권을 행사하는 채권자에게 대항할 수 없다(대판[전합] 2012.5.17. 2011다87235).

④ (○) **채권자가 채권자대위권을 행사하여 제3자에 대하여 하는 청구에 있어서, 제3채무자는 채무자가 채권자에 대하여 가지는 항변으로 대항할 수 없고**, 채권의 소멸시효가 완성된 경우 이를 원용할 수 있는 자는 원칙적으로는 시효이익을 직접 받는 자뿐이고, 채권자대위소송의 제3채무자는 이를 행사할 수 없다(대판 2004.2.12. 2001다10151).

⑤ (○) 채권자대위소송에서 대위에 의하여 보전될 채권자의 채무자에 대한 권리(피보전채권)가 존재하는지 여부는 소송요건으로서 법원의 직권조사사항이므로, 법원으로서는 그 판단의 기초자료인 사실과 증거를 직권으로 탐지할 의무까지는 없다 하더라도, 법원에 현출된 모든 소송자료를 통하여 살펴보아 피보전채권의 존부에 관하여 의심할 만한 사정이 발견되면 직권으로 추가적인 심리·조사를 통하여 그 존재 여부를 확인하여야 할 의무가 있다(대판 2009.4.23. 2009다3234).

채권자취소권

01 甲이 자신의 X건물을 乙에게 매도하는 계약을 체결하고 계약금 및 중도금을 수령하였으나 아직 소유권 이전등기를 마쳐주지 않았다. 이러한 사실을 알고 있는 丙이 甲의 배임행위에 적극적으로 가담하여 甲으로부터 X건물을 매수하고 소유권이전등기를 경료받았다. 이에 관한 설명으로 옳은 것을 모두 고른 것은?(다툼이 있으면 판례에 따름) 기출 24

> ㄱ. 甲과 丙이 체결한 매매계약은 반사회적 법률행위로서 무효이다.
> ㄴ. 乙은 甲을 대위함이 없이 직접 丙에 대하여 그 소유권이전등기의 말소를 청구할 수 있다.
> ㄷ. 乙은 甲에 대한 소유권이전등기청구권을 보전하기 위하여 甲과 丙사이의 매매계약에 대하여 채권자 취소권을 행사할 수 있다.
> ㄹ. 丁이 丙을 소유권자로 믿고 丙으로부터 X건물을 매수하여 소유권이전등기를 마친 경우, 丁은 甲과 丙사이의 매매계약의 유효를 주장할 수 있다.

① ㄱ
② ㄱ, ㄷ
③ ㄴ, ㄹ
④ ㄱ, ㄴ, ㄹ
⑤ ㄱ, ㄴ, ㄷ, ㄹ

해설 ㄱ.(○) 부동산의 이중매매가 반사회적 법률행위로서 무효가 되기 위하여는 매도인의 배임행위와 매수인이 매도인의 배임행위에 적극 가담한 행위로 이루어진 매매로서, 그 적극가담하는 행위는 매수인이 다른 사람에게 매매목적물이 매도된 것을 안다는 것만으로는 부족하고, 적어도 그 매도사실을 알고도 매도를 요청하여 매매계약에 이르는 정도가 되어야 한다(대판 1994.3.11. 93다55289). 따라서 제2매수인이 매도인의 제1매수인에 대한 배임행위에 적극 가담하였으면 제2매매는 민법 제103조의 선량한 풍속 기타 사회질서에 위반하여 무효이다.

ㄴ.(×) 매도인의 매수인에 대한 배임행위에 가담하여 증여를 받아 이를 원인으로 소유권이전등기를 경료한 수증자에 대하여 매수인은 매도인을 대위하여 위 등기의 말소를 청구할 수는 있으나 직접 청구할 수는 없다는 것은 형식주의 아래서의 등기청구권의 성질에 비추어 당연하다(대판 1983.4.26. 83다카57).

ㄷ.(×) 채권자취소권을 특정물에 대한 소유권이전등기청구권을 보전하기 위하여 행사하는 것은 허용되지 않으므로, 부동산의 제1양수인은 자신의 소유권이전등기청구권 보전을 위하여 양도인과 제3자 사이에서 이루어진 이중양도행위에 대하여 채권자취소권을 행사할 수 없다(대판 1999.4.27. 98다56690). 채권자취소권은 민법 제407조의 모든 채권자를 위하여 행사되어야 하기 때문에 특정채권인 소유권이전등기청구권을 보전하기 위하여 채권자 취소권을 행사할 수는 없다.

ㄹ.(×) 부동산의 이중매매가 반사회적 법률행위에 해당하는 경우에는 이중매매계약은 절대적으로 무효이므로, 당해 부동산을 제2매수인으로부터 다시 취득한 제3자는 설사 제2매수인이 당해 부동산의 소유권을 유효하게 취득한 것으로 믿었더라도 이중매매계약이 유효하다고 주장할 수 없다(대판 1996.10.25. 96다29151).

02 甲이 乙의 사해행위를 이유로 채권자취소권을 행사하는 것에 관한 설명으로 옳은 것을 모두 고른 것은?(각 지문은 독립적이며, 다툼이 있으면 판례에 따름) 기출 22

ㄱ. 乙 소유 X토지에 대해 甲의 점유취득시효가 완성된 후에 乙이 X토지를 丙에게 처분한 경우, 甲은 자신의 소유권이전등기청구권이 침해되었음을 이유로 채권자취소권을 행사할 수 없다.

ㄴ. 乙은 甲에게 5천만원, 丙에게 1억원 등 총 3억원 이상의 채무를 부담하고 있다. 乙의 재산은 시가 2억원 상당의 X아파트가 유일한데, 乙은 이 아파트를 丙에게 대물변제로 소유권이전등기를 마쳐 주었다. 이 경우 특별한 사정이 없는 한 乙이 병에게 한 대물변제는 사해행위에 해당한다.

ㄷ. 甲은 乙에 대하여 5천만원의 채권을 가지고 있다. 乙이 소유하고 있는 유일한 재산인 시가 3억원 상당의 X토지에는 甲의 乙에 대한 채권이 발생하기 전에 이미 근저당권자 丙은행, 채권최고액 1억원으로 하는 근저당권이 설정되어 있었다. 그 후 乙은 위 부동산을 丁에게 2억원에 매도하고, 丁은 丙은행에 1억원을 변제함으로써 근저당권은 소멸되었다. 이 경우 원칙적으로 甲은 乙이 丁에게 X토지를 매도한 행위를 사해행위로 취소하고 원상회복으로 X토지의 명의를 乙에게 회복시킬 수 있다.

ㄹ. 乙은 丙에 대한 자신의 채권을 丁에게 양도하고 丙에게 채권양도의 통지를 하였다. 이후 乙의 금전채권자 甲에 의해 위 채권양도가 사해행위로 적법하게 취소된 경우, 甲은 丙을 상대로 乙을 대위하여 채무의 이행을 청구할 수 있다.

① ㄱ

② ㄱ, ㄴ

③ ㄴ, ㄹ

④ ㄷ, ㄹ

⑤ ㄱ, ㄴ, ㄷ

해설 ㄱ. (○) 채권자취소권을 특정물에 대한 소유권이전등기청구권을 보전하기 위하여 행사하는 것은 허용되지 않으므로(대판 1999.4.27. 98다56690), 乙 소유 X토지에 대해 甲의 점유취득시효가 완성된 후에 乙이 X토지를 丙에게 처분한 경우, 甲은 자신의 소유권이전등기청구권이 침해되었음을 이유로 채권자취소권을 행사할 수 없다.

ㄴ. (○) 판례는 「채무자의 재산이 채무의 전부를 변제하기에 부족한 경우에 채무자가 그의 유일한 재산을 어느 특정 채권자에게 대물변제로 제공하는 행위는 다른 특별한 사정이 없는 한 다른 채권자들에 대한 관계에서 사해행위가 되지만, 채권자들의 공동담보가 되는 채무자의 총재산에 대하여 다른 채권자에 우선하여 변제를 받을 수 있는 권리를 가지는 채권자는 처음부터 채무자의 재산에 대한 환가절차에서 다른 채권자에 우선하여 배당을 받을 수 있는 지위에 있으므로, 그와 같은 우선변제권 있는 채권자에 대한 대물변제의 제공행위는 특별한 사정이 없는 한 다른 채권자들의 이익을 해한다고 볼 수 없어 사해행위가 되지 않는다(대판 2008.2.14. 2006다33357)」고 보아 丙이 우선변제권 있는 채권자에 해당한다는 특별한 사정이 없는 한 乙이 丙에게 한 대물변제는 사해행위에 해당한다는 입장이다.

ㄷ. (×) 판례는 「어느 부동산의 매매계약이 사해행위에 해당하는 경우에는 원칙적으로 그 매매계약을 취소하고 그 소유권이전등기의 말소 등 부동산 자체의 회복을 명하여야 하지만, 그 사해행위가 저당권이 설정되어 있는 부동산에 관하여 당해 저당권자 이외의 자와의 사이에 이루어지고 그 후 변제 등에 의하여 저당권설정등기가 말소된 때에는, 매매계약 전부를 취소하여 그 부동산 자체의 회복을 명하는 것은 당초 담보로 되어 있지 아니하던 부분까지 회복시키는 것이 되어 공평에 반하는 결과가 되므로, 그 부동산의 가액에서 저당권의 피담보채권액을 공제한 잔액의 한도에서 그 매매계약의 일부 취소와 그 가액의 배상을 구할 수 있을 뿐 부동산 자체의 회복을 구할 수는 없다(대판 1996.10.29. 96다23207)」고 판단하여 乙의 금전채권자 甲은 乙이 丁에게 X토지를 매도한 행위를 사해행위로 취소하고 원상회복으로 X토지의 명의를 乙에게 회복시킬 수는 없다는 입장이다.

ㄹ. (×) 판례는 「채무자의 수익자에 대한 채권양도가 사해행위로 취소되는 경우, 수익자가 제3채무자에게서 아직 채권을 추심하지 아니한 때에는, 채권자는 사해행위취소에 따른 원상회복으로서 수익자가 제3채무자에게 채권양도가 취소되었다는 취지의 통지를 하도록 청구할 수 있다. 그런데 사해행위의 취소는 채권자와 수익자의 관계에서 상대적으로 채무자와 수익자 사이의 법률행위를 무효로 하는 데에 그치고, 채무자와

수익자 사이의 법률관계에는 영향을 미치지 아니한다. 따라서 채무자의 수익자에 대한 채권양도가 사해행위로 취소되고, 그에 따른 원상회복으로서 제3채무자에게 채권양도가 취소되었다는 취지의 통지가 이루어지더라도, 채권자와 수익자의 관계에서 채권이 채무자의 책임재산으로 취급될 뿐, 채무자가 직접 채권을 취득하여 권리자로 되는 것은 아니므로, 채권자는 채무자를 대위하여 제3채무자에게 채권에 관한 지급을 청구할 수 없다(대판 2015.11.17. 2012다2743)」고 하였다. 이에 따르면 채무자 乙의 금전채권자 甲에 의해 위 채권양도가 사해행위로 적법하게 취소된 경우, 甲은 제3채무자 丙을 상대로 채무자 乙을 대위하여 채무의 이행을 청구할 수 없다.

03 甲은 乙에 대해 2020.7.1. 발생한 대여금채권을 갖고 있다. 2021.1.10.부터 채무초과상태인 乙이 사해의사로 악의의 丙과 2021.1.15.에 법률행위를 하였다. 甲은 乙과 丙 사이의 법률행위에 대해서 2021.2.15. 채권자취소권을 행사하고자 한다. 이에 관한 설명으로 옳지 않은 것은?(다툼이 있으면 판례에 따름) [기출] 21

① 甲이 乙을 상대로 위 대여금채무의 이행청구소송을 제기하였으나 2020.9.1. 원고패소로 확정된 경우, 甲의 사해행위취소청구는 인용될 수 없다.

② 乙이 2020.9.1. 甲의 위 대여금채권에 대한 담보로 그 소유의 X부동산에 저당권설정등기를 한 경우, 우선변제적 효력이 미치는 범위 내에서는 甲의 채권자취소권 행사도 허용되지 않는다.

③ 甲이 위 대여금채권에 기해 2021.1.3. 乙 소유의 X부동산에 가압류를 한 후 乙은 丁의 丙에 대한 채무를 담보하기 위해 X부동산에 대하여 2021.1.15. 丙과 저당권설정계약을 체결하고 저당권설정등기를 마쳐준 경우, 甲은 채권자취소권을 행사할 수 있다.

④ 乙이 2020.10.3. 그 소유 X부동산(시가 6,000만원)과 Y부동산(시가 4,000만원)에 丁에 대한 3,000만원의 피담보채무를 담보하기 위해 공동저당권을 설정한 후, 2021.1.15. 丙에게 X부동산을 매도하고 당일 소유권이전등기를 마친 경우, 4,200만원의 범위 내에서 사해행위가 성립한다.

⑤ 乙의 채권자 戊가 2020.12.3. 乙 소유의 X부동산을 가압류한 상태에서, 2021.1.15. 乙로부터 X부동산을 양도받은 丙이 乙의 戊에 대한 가압류채무를 변제한 경우, X부동산의 양도계약이 사해행위로 취소되면 丙은 특별한 사정이 없는 한 甲에게 가액반환을 하여야 하고, 위 변제액을 공제하여야 한다.

해설 ① (○) 채권자취소권을 행사하려면 채무자에 대하여 채권을 행사할 수 있음이 전제되어야 할 것인데, 채권자의 채무자에 대한 대여금채무의 이행청구소송이 채권자의 패소로 확정된 경우 채무자와 악의의 제3자 사이의 법률행위에 대한 사해행위취소청구는 인용될 수 없다(대판 1993.2.12. 92다25151 참고).

② (○) 주채무자 또는 제3자 소유의 부동산에 대하여 채권자 앞으로 근저당권이 설정되어 채권자에게 우선변제권이 확보되어 있다면 그 범위 내에서는 채무자의 재산처분행위는 채권자를 해하지 아니하므로 그 담보물로부터 우선변제받을 액을 공제한 나머지 채권액에 대하여만 채권자취소권이 인정된다(대판 2002.4.12. 2000다63912).

③ (○) 채무자가 아무 채무도 없이 다른 사람을 위해 자신이 부동산에 관하여 근저당권을 설정함으로써 물상보증인이 되는 행위는 그 부동산의 담보가치만큼 채무자의 총재산에 감소를 가져오는 것이므로, 그 근저당권이 채권자의 가압류와 동순위의 효력밖에 없다 하여도, 그 자체로 다른 채권자를 해하는 행위가 된다(대판 2010.6.24. 2010다20617·20624).

④ (○) 채무자가 양도한 목적물에 담보권이 설정되어 있는 경우라면 그 목적물 중에서 일반 채권자들의 공동 담보에 공하여지는 책임재산은 피담보채권액을 공제한 나머지 부분만이라 할 것이고 피담보채권액이 목적 물의 가격을 초과하고 있는 때에는 당해 목적물의 양도는 사해행위에 해당한다고 할 수 없는데(대판 1997.9.9. 97다10864), 사안의 경우 공동저당권(피담보채권액 3천만원)이 설정되어 있는 채무자 乙의 X부 동산(시가 6천만원)과 Y부동산(시가 4천만원) 중 X부동산이 丙에게 양도된 경우 그 피담보채권액은 특별한 사정이 없는 한 민법 제368조 제1항의 규정 취지에 비추어 공동저당권의 목적이 된 각 부동산의 가액에 비례하여 X부동산이 1천 8백만원, Y부동산이 1천 2백만원을 각각 안분하게 된다. 결국 乙이 공동저당권을 설정한 후 丙에게 X부동산을 매도하고 소유권이전등기를 마친 경우, X부동산의 시가(6천만원)에서 안분된 피담보채권액(1천 800만원)을 공제한 4천 2백만원의 범위 내에서 사해행위가 성립한다.

⑤ (×) 사해행위 당시 어느 부동산이 가압류되어 있다는 사정은 채권자 평등의 원칙상 채권자의 공동담보로서 그 부동산의 가치에 아무런 영향을 미치지 아니하므로, 가압류가 된 여부나 그 청구채권액의 다과에 관계없 이 그 부동산 전부에 대하여 사해행위가 성립하고, 따라서 사해행위 후 수익자 또는 전득자가 그 가압류 청구채권을 변제하거나 채권액 상당을 해방공탁하여 가압류를 해제시키거나 또는 그 집행을 취소시켰다 하더라도, 법원이 사해행위를 취소하면서 원상회복으로 원물반환 대신 가액배상을 명하여야 하거나, 다른 사정으로 가액배상을 명하는 경우에도 그 변제액을 공제할 것은 아니다(대판 2003.2.11. 2002다37474).

04 채권자취소권의 대상이 되는 사해행위에 관한 설명으로 옳지 않은 것은?(다툼이 있으면 판례에 따름) 기출 20

① 사해행위는 채무자가 재산을 처분하기 이전에 이미 채무초과상태에 있는 경우뿐만 아니라, 문 제된 처분행위로 말미암아 비로소 채무초과상태에 빠지는 경우에도 성립할 수 있다.

② 채권양도행위가 사해행위에 해당하지 않는 경우에 양도통지가 따로 채권자취소권 행사의 대상 이 될 수는 없다.

③ 채무자의 재산적 법률행위라 하더라도 채무자의 책임재산이 아닌 재산에 관한 법률행위인 경우 에는 채권자취소권의 대상이 될 수 없다.

④ 채권자취소권에서 취소의 대상이 되는 사해행위는 채권행위거나 물권행위임을 불문한다.

⑤ 채무자의 법률행위가 통정허위표시로서 무효이거나 이미 해지된 경우에는 채권자취소권의 대 상이 되지 않는다.

해설 ① (○) 민법 제406조에서 정하는 채권자취소권의 대상인 '사해행위'란 채무자가 적극재산을 감소시키거나 소극재산을 증가시킴으로써 채무초과상태에 이르거나 이미 채무초과상태에 있는 것을 심화시킴으로써 채 권자를 해하는 행위를 가리킨다(대판 2013.4.26. 2012다118334).

② (○) 채권자취소권은 채무자가 채권자에 대한 책임재산을 감소시키는 행위를 한 경우 이를 취소하고 원상회 복을 하여 공동담보를 보전하는 권리이고, 채권양도의 경우 권리이전의 효과는 원칙적으로 당사자 사이의 양도계약 체결과 동시에 발생하며 채무자에 대한 통지 등은 채무자를 보호하기 위한 대항요건일 뿐이므로, 채권양도행위가 사해행위에 해당하지 않는 경우에 양도통지가 따로 채권자취소권 행사의 대상이 될 수는 없다(대판 2012.8.30. 2011다32785·32792).

③ (○) 채권자취소권은 채무자가 채권자를 해함을 알면서 일반채권자의 공동담보인 채무자의 책임재산을 감 소하게 하는 법률행위를 한 경우에 그 감소행위의 효력을 부인하여 채무자의 재산을 원상회복함으로써 채권의 공동담보를 유지보전하게 하기 위하여 채권자에게 부여된 권리이므로, **채무자의 재산적 법률행위라 하더라도 채무자의 책임재산이 아닌 재산에 관한 법률행위인 경우에는 이를 채권자취소권의 대상이 된다고 할 수 없다**(대판 2013.4.11. 2011다27158).

④ (O) 채권자취소권에서 취소의 대상이 되는 사해행위는 채권행위거나 물권행위임을 불문한다(대판 1975.4.8. 74다1700).

⑤ (×) **채무자의 법률행위가 통정허위표시인 경우에도 채권자취소권의 대상이 되고,** 한편 채권자취소권의 대상으로 된 채무자의 법률행위라도 통정허위표시의 요건을 갖춘 경우에는 무효라고 할 것이다(대판 1998.2.27. 97다50985). 또한 채무자가 선순위근저당권이 설정되어 있는 상태에서 그 부동산을 제3자에게 양도한 후 선순위근저당권설정계약을 해지하고 근저당권설정등기를 말소한 경우에, 비록 근저당권설정계약이 이미 해지되었지만 그것이 사해행위에 해당하는지에 따라 후행 양도계약 당시 당해 부동산의 잔존가치가 피담보채무액을 초과하는지 여부가 달라지고 그 결과 후행 양도계약에 대한 사해행위가 성립하는지 여부 및 반환범위가 달라지는 때에는 이미 해지된 근저당권설정계약이라 하더라도 그에 대한 사해행위취소청구를 할 수 있는 권리보호의 이익이 있다고 보아야 한다(대판 2013.5.9. 2011다75232).

05 乙이 유일하게 소유하고 있는 X토지를 丙에게 매도한 후 소유권이전등기를 마쳐 주었고, 甲은 乙에 대한 대여금채권을 보전하기 위하여 丙을 상대로 채권자취소소송을 제기하여 승소하였다. 이에 관한 설명으로 옳은 것을 모두 고른 것은?(다툼이 있으면 판례에 따름) 기출 19

ㄱ. 채권자취소소송의 확정판결에 따라 丙 명의의 소유권이전등기가 말소되면 乙은 소유권이전등기명의의 회복으로 X토지의 소유권을 취득한다.
ㄴ. 甲의 대여금채권이 乙과 丙 사이의 매매계약 전에 성립되었다면 그 액수나 범위가 구체적으로 확정되지 않아도 피보전채권이 된다.
ㄷ. 甲이 사해행위의 취소만을 먼저 구한 다음 원상회복을 나중에 청구하는 경우, 사해행위취소청구가 채권자취소권의 행사기간 내에 제기되었다면 원상회복청구는 그 기간이 지난 뒤에도 할 수 있다.
ㄹ. 채권자취소소송의 확정판결에 따라 丙 명의의 소유권이전등기가 말소된 후, 乙이 회복된 소유권이전등기명의를 기화로 丁에게 X토지를 매도하고 소유권이전등기를 마쳐 준 경우, 사해행위 취소와 원상회복의 효력을 받는 乙의 다른 일반채권자 戊는 丁을 상대로 소유권이전등기 말소를 청구할 수 없다.

① ㄱ, ㄷ
② ㄴ, ㄷ
③ ㄷ, ㄹ
④ ㄱ, ㄴ, ㄹ
⑤ ㄴ, ㄷ, ㄹ

해설 ㄱ. (×), ㄹ (×) [1] 사해행위의 취소는 채권자와 수익자의 관계에서 상대적으로 채무자와 수익자 사이의 법률행위를 무효로 하는 데에 그치고 채무자와 수익자 사이의 법률관계에는 영향을 미치지 아니하므로, **채무자와 수익자 사이의 부동산매매계약이 사해행위로 취소되고 그에 따른 원상회복으로 수익자 명의의 소유권이전등기가 말소되어 채무자의 등기명의가 회복되더라도, 그 부동산은 취소채권자나 민법 제407조에 따라 사해행위 취소와 원상회복의 효력을 받는 채권자와 수익자 사이에서 채무자의 책임재산으로 취급될 뿐, 채무자가 직접 부동산을 취득하여 권리자가 되는 것은 아니다.** [2] 채무자가 사해행위 취소로 등기명의를 회복한 부동산을 제3자에게 처분하더라도 이는 무권리자의 처분에 불과하여 효력이 없으므로, 채무자로부터 제3자에게 마쳐진 소유권이전등기나 이에 기초하여 순차로 마쳐진 소유권이전등기 등은 모두 원인무효의 등기로서 말소되어야 한다. 이 경우 취소채권자나 민법 제407조에 따라 사해행위 취소와 원상회복의 효력을 받는 채권자는 채무자의 책임재산으로 취급되는 부동산에 대한 강제집행을 위하여 원인무효등기의 명의인을 상대로 등기의 말소를 청구할 수 있다(대판 2017.3.9. 2015다217980).

ㄴ. (○) 채권자취소권 행사는 채무이행을 구하는 것이 아니라 총채권자를 위하여 채무자의 자력감소를 방지하고, 일탈된 채무자의 책임재산을 회수하여 채권의 실효성을 확보하는 데 목적이 있으므로, **피보전채권이 사해행위 이전에 성립되어 있는 이상 액수나 범위가 구체적으로 확정되지 않은 경우라고 하더라도 채권자취소권의 피보전채권이 된다**(대판 2018.6.28. 2016다1045).

ㄷ. (○) 채권자가 민법 제406조 제1항에 따라 사해행위의 취소와 원상회복을 청구하는 경우 사해행위취소청구가 민법 제406조 제2항에 정하여진 기간 안에 제기되었다면 원상회복의 청구는 그 기간이 지난 뒤에도 할 수 있다(대판 2001.9.4. 2001다14108).

06 채권자취소권에 관한 설명으로 옳은 것은?(다툼이 있으면 판례에 따름) 기출 18

① 채무자의 법률행위가 통정허위표시로 무효인 경우에는 채권자취소권의 대상이 될 수 없다.

② 매매계약을 원인으로 하는 가등기에 기하여 본등기가 경료된 경우, 사해행위요건의 구비 여부는 특별한 사정이 없는 한 본등기를 한 시점을 기준으로 판단하여야 한다.

③ 부동산이 이중(二重)으로 매도되고 제2매수인에게 소유권이전등기가 이루어진 경우, 제1매수인은 자신의 소유권이전등기청구권을 보전하기 위하여, 매도인과 제2매수인 사이에 이루어진 양도행위에 대하여 채권자취소권을 행사할 수 없다.

④ 채무자가 저당권이 설정되어 있는 자신의 유일한 재산을 양도한 경우, 저당권의 피담보채권액이 그 재산의 가액을 초과하더라도 당해 재산의 양도는 사해행위에 해당한다.

⑤ 채권자가 채무자와 수익자 사이의 부동산매매계약을 사해행위로 취소함에 따라 수익자 명의의 소유권이전등기가 말소되어 채무자의 등기명의가 회복된 경우, 채무자는 그 부동산의 소유권을 제3자에게 유효하게 양도할 수 있다.

해설 ① (×) 채무자의 법률행위가 통정허위표시인 경우에도 채권자취소권의 대상이 되고, 한편 채권자취소권의 대상으로 된 채무자의 법률행위라도 통정허위표시의 요건을 갖춘 경우에는 무효라고 할 것이다(대판 1998.2.27. 97다50985).

② (×) 가등기에 기하여 본등기가 경료된 경우 가등기의 원인인 법률행위와 본등기의 원인인 법률행위가 명백히 다른 것이 아닌 한 사해행위요건의 구비 여부는 가등기의 원인된 법률행위 당시를 기준으로 판단하여야 한다(대판 2014.3.27. 2013다1518).

③ (○) 채권자취소권을 특정물에 대한 소유권이전등기청구권을 보전하기 위하여 행사하는 것은 허용되지 않으므로, 부동산의 제1양수인은 자신의 소유권이전등기청구권 보전을 위하여 양도인과 제3자 사이에서 이루어진 이중양도행위에 대하여 채권자취소권을 행사할 수 없다(대판 1999.4.27. 98다56690).

④ (×) 저당권이 설정되어 있는 재산이 사해행위로 양도된 경우에 그 사해행위는 그 재산의 가액, 즉 시가에서 저당권의 피담보채권액을 공제한 잔액의 범위 내에서 성립하고, 피담보채권액이 그 재산의 가액을 초과하는 때에는 당해 재산의 양도는 사해행위에 해당한다고 할 수 없다(대판 2006.4.13. 2005다70090).

⑤ (×) 사해행위의 취소는 채권자와 수익자의 관계에서 상대적으로 채무자와 수익자 사이의 법률행위를 무효로 하는 데에 그치고 채무자와 수익자 사이의 법률관계에는 영향을 미치지 아니하므로, **채무자와 수익자 사이의 부동산매매계약이 사해행위로 취소되고 그에 따른 원상회복으로 수익자 명의의 소유권이전등기가 말소되어 채무자의 등기명의가 회복되더라도, 그 부동산은 취소채권자나 민법 제407조에 따라 사해행위 취소와 원상회복의 효력을 받는 채권자와 수익자 사이에서 채무자의 책임재산으로 취급될 뿐, 채무자가 직접 부동산을 취득하여 권리자가 되는 것은 아니다**(대판 2017.3.9. 2015다217980). **따라서 채무자가 사해행위의 취소로 인하여 등기명의가 회복된 부동산을 제3자에게 처분하더라도, 이는 무권리자의 처분행위에 불과하여 효력이 없다**.

06 ③

채권자취소권에 관한 설명으로 옳지 않은 것은?(다툼이 있으면 판례에 따름) `기출` 17

① 채권자가 수익자를 상대로 사해행위 취소 및 원상회복으로 소유권이전등기의 말소를 명하는 판결을 받았으나 말소등기를 마치지 않은 경우, 소송당사자가 아닌 다른 채권자가 위 판결에 따라 채무자를 대위하여 마친 말소등기는 등기절차상의 흠에도 불구하고 실체관계에 부합하는 등기로서 유효하다.

② 채권자의 채권이 사해행위 이전에 성립한 이상 사해행위 이후에 양도되었다고 하더라도 양수인의 채권은 채권자취소권의 피보전채권이 될 수 있다.

③ 주채무의 전액에 관하여 물상보증인의 담보로 채권자의 우선변제권이 확보되어 있다면, 연대보증인이 유일한 재산을 처분하였더라도 사해행위가 되지 않는다.

④ 채무자의 수익자에 대한 채권양도가 사해행위로 취소되고, 그에 따른 원상회복으로서 제3채무자에게 채권양도가 취소되었다는 취지의 통지가 이루어진 경우, 채권자는 채무자를 대위하여 제3채무자에게 채권에 관한 지급을 청구할 수 있다.

⑤ 채권자가 채무자의 채권자취소권을 대위행사하는 경우, 채권자취소권을 대위행사하는 채권자가 취소원인을 안 지 1년이 경과하였다고 하더라도 채무자가 취소원인을 안 날로부터 1년, 법률행위가 있은 날로부터 5년 내라면 채권자 취소의 소를 제기할 수 있다.

해설 ① (○) 사해행위 취소의 효력은 채무자와 수익자의 법률관계에 영향을 미치지 아니하고, 사해행위 취소로 인한 원상회복판결의 효력도 소송의 당사자인 채권자와 수익자 또는 전득자에게만 미칠 뿐 채무자나 다른 채권자에게 미치지 아니하므로, 어느 채권자가 수익자를 상대로 사해행위 취소 및 원상회복으로 소유권이전등기의 말소를 명하는 판결을 받았으나 말소등기를 마치지 아니한 상태라면 소송의 당사자가 아닌 다른 채권자는 위 판결에 기하여 채무자를 대위하여 말소등기를 신청할 수 없다. 그럼에도 불구하고 다른 채권자의 등기신청으로 말소등기가 마쳐졌다면 등기에는 절차상의 흠이 존재한다. 그러나 채권자가 사해행위 취소의 소를 제기하여 승소한 경우 취소의 효력은 민법 제407조에 따라 모든 채권자의 이익을 위하여 미치므로 수익자는 채무자의 다른 채권자에 대하여도 사해행위의 취소로 인한 소유권이전등기의 말소등기의무를 부담하는 점, 등기절차상의 흠을 이유로 말소된 소유권이전등기가 회복되더라도 다른 채권자가 사해행위취소판결에 따라 사해행위가 취소되었다는 사정을 들어 수익자를 상대로 다시 소유권이전등기의 말소를 청구하면 수익자는 말소등기를 해 줄 수밖에 없어서 결국 말소된 소유권이전등기가 회복되기 전의 상태로 돌아가는데 이와 같은 불필요한 절차를 거치게 할 필요가 없는 점 등에 비추어 보면, 사해행위 취소 및 원상회복으로 소유권이전등기의 말소를 명한 판결의 소송당사자가 아닌 다른 채권자가 위 판결에 기하여 채무자를 대위하여 마친 말소등기는 등기절차상의 흠에도 불구하고 실체관계에 부합하는 등기로서 유효하다(대판 2015.11.17. 2013다84995).

② (○) 사해행위라고 볼 수 있는 행위가 행하여지기 전에 발생한 채권은 원칙적으로 채권자취소권에 의하여 보호될 수 있는 채권이 될 수 있고, **채권자의 채권이 사해행위 이전에 성립한 이상 사해행위 이후에 양도되었다고 하더라도 양수인은 채권자취소권을 행사할 수 있으며, 채권양수일에 채권자취소권의 피보전채권이 새로이 발생되었다고 할 수 없다**(대판 2012.2.9. 2011다77146).

③ (○) 주채무자 또는 제3자 소유의 부동산에 대하여 채권자 앞으로 근저당권이 설정되어 있고, 그 부동산의 가액 및 채권최고액이 당해 채무액을 초과하여 **채무 전액에 대하여 채권자에게 우선변제권이 확보되어 있다면, 연대보증인이 비록 유일한 재산을 처분하는 법률행위를 하더라도 채권자에 대하여 사해행위가 성립되지 않는다고 보아야 한다**(대판 2000.12.8. 2000다21017).

④ (×) 채무자의 수익자에 대한 채권양도가 사해행위로 취소되는 경우, 수익자가 제3채무자에게서 아직 채권을 추심하지 아니한 때에는, 채권자는 사해행위 취소에 따른 원상회복으로서 수익자가 제3채무자에게 채권양도가 취소되었다는 취지의 통지를 하도록 청구할 수 있다. 그런데 **사해행위의 취소는 채권자와 수익자의 관계에서 상대적으로 채무자와 수익자 사이의 법률행위를 무효로 하는 데에 그치고, 채무자와 수익자 사이의 법률관계에는 영향을 미치지 아니한다.** 따라서 채무자의 수익자에 대한 채권양도가 사해행위로 취소되고, 그에 따른 원상회복으로서 제3채무자에게 채권양도가 취소되었다는 취지의 통지가 이루어지더라도,

채권자와 수익자의 관계에서 채권이 채무자의 책임재산으로 취급될 뿐, 채무자가 직접 채권을 취득하여 권리자로 되는 것은 아니므로, 채권자는 채무자를 대위하여 제3채무자에게 채권에 관한 지급을 청구할 수 없다(대판 2015.11.17. 2012다2743).

⑤ (○) 민법 제404조 소정의 채권자대위권은 채권자가 자신의 채권을 보전하기 위하여 채무자의 권리를 자신의 이름으로 행사할 수 있는 권리라 할 것이므로, 채권자가 채무자의 채권자취소권을 대위행사하는 경우, 제소기간은 대위의 목적으로 되는 권리의 채권자인 채무자를 기준으로 하여 그 준수 여부를 가려야 할 것이고, 따라서 채권자취소권을 대위행사하는 채권자가 취소원인을 안 지 1년이 지났다 하더라도 채무자가 취소원인을 안 날로부터 1년, 법률행위가 있은 날로부터 5년 내라면 채권자 취소의 소를 제기할 수 있다(대판 2001.12.27. 2000다73049).

08 채권자취소권에 관한 설명으로 옳지 않은 것은?(다툼이 있는 경우에는 판례에 의함) 기출 14

① 특별한 사정이 없으면, 채권자는 정지조건부 채권을 피보전채권으로 하여 채권자취소권을 행사할 수 있다.

② 채무자 소유의 부동산을 가압류한 채권자는 그 후에 채무자가 제3자의 채무를 담보하기 위하여 그 부동산에 근저당권을 설정하여 책임재산이 부족하게 되더라도 그 근저당권설정행위의 취소를 청구할 수 없다.

③ 사해행위의 목적물이 불가분인 경우 채권자는 그의 채권액을 넘어 취소를 청구할 수 있다.

④ 채권자가 채무자 소유의 부동산에 대한 가압류신청에 첨부한 등기부등본에 수익자 명의의 근저당권설정등기가 되었다는 사실만으로는 채권자가 가압류신청 당시 사해행위의 취소원인을 알았다고 할 수 없다.

⑤ 채권자가 사해행위의 취소와 원물반환을 청구하여 승소판결이 확정되었다면, 그 후 원물반환이 불가능하게 되더라도 그는 다시 원상회복으로 가액배상을 청구할 수 없다.

해설 ① (○) 채권자취소권 행사는 채무이행을 구하는 것이 아니라 총채권자를 위하여 이행기에 채무이행을 위태롭게 하는 채무자의 자력감소를 방지하는 데 목적이 있는 점과 민법이 제148조, 제149조에서 조건부 권리의 보호에 관한 규정을 두고 있는 점을 종합하여 볼 때, 취소채권자의 채권이 정지조건부 채권이라 하더라도 장래에 정지조건이 성취되기 어려울 것으로 보이는 등 특별한 사정이 없는 한, 이를 피보전채권으로 하여 채권자취소권을 행사할 수 있다(대판 2011.12.8. 2011다55542).

② (×) 채권자가 이미 자기채권의 보전을 위하여 가압류를 한 바 있는 부동산을 채무자가 제3자가 부담하는 채무의 담보로 제공하여 근저당권을 설정하여 줌으로써 물상보증을 한 경우에는 일반채권자들이 만족을 얻는 물적 기초가 되는 책임재산이 새로이 감소된다. 따라서 비록 당해 부동산의 환가대금으로부터는 가압류채권자가 위와 같이 근저당권을 설정받은 근저당권자와 평등하게 배당을 받을 수 있다고 하더라도, 일반적으로 그 배당으로부터 가압류채권의 충분한 만족을 얻는다는 보장이 없고 가압류채권자는 여전히 다른 책임재산을 공취할 권리를 가지는 이상, 원래 위 가압류채권을 포함한 일반채권들의 만족을 담보하는 책임재산 전체를 놓고 보면 위와 같은 물상보증으로 책임재산이 부족하게 되거나 그 상태가 악화되는 경우에는 역시 가압류채권자도 자기채권의 충분한 만족을 얻지 못하게 되는 불이익을 받는다. 그러므로 위와 같은 가압류채권자라고 하여도 채무자의 물상보증으로 인한 근저당권설정행위에 대하여 채권자취소권을 행사할 수 있다(대판 2010.1.28. 2009다90047).

③ (○) **채권자**는 자신의 채권원금에 사해행위 이후 사실심 변론종결 시까지의 이자나 지연손해금을 더한 금액의 범위 내에서 채권자취소권을 행사할 수 있지만, 그 채권액을 초과하여 취소권을 행사할 수는 없다(대판 2002.10.25. 2000다64441). 다만, 다른 채권자가 배당요구를 할 것이 명백하거나 목적물이 불가분인 경우와 같이 특별한 사정이 있는 경우에는 취소채권자의 채권액을 넘어서까지도 취소를 구할 수 있다(대판 1997.9.9. 97다10864).

④ (○) 채권자 취소의 소에서 채권자가 취소원인을 안다고 하는 것은 단순히 채무자의 법률행위가 있었다는 사실을 아는 것만으로는 부족하고, 그 법률행위가 채권자를 해하는 행위라는 것까지 알아야 하므로, **채권자가 채무자의 유일한 재산에 대하여 가등기가 경료된 사실을 알고 채무자의 재산상태를 조사한 결과 다른 재산이 없음을 확인한 후 채무자의 재산에 대하여 가압류를 한 경우에는 채권자는 그 가압류 무렵에는 채무자가 채권자를 해함을 알면서 사해행위를 한 사실을 알았다고 봄이 상당하지만, 채권자가 채무자 소유의 부동산에 대한 가압류신청 시 첨부한 등기부등본에 수익자 명의의 근저당권설정등기가 경료되어 있었다는 사실만으로는 채권자가 가압류신청 당시 취소원인을 알았다고 인정할 수 없다**(대판 2001.2.27. 2000다44348).

⑤ (○) 사해행위 후 목적물에 관하여 제3자가 저당권이나 지상권 등의 권리를 취득한 경우에는 수익자가 목적물을 저당권 등의 제한이 없는 상태로 회복하여 이전하여 줄 수 있다는 등의 특별한 사정이 없는 한, 채권자는 원상회복방법으로 수익자를 상대로 가액 상당의 배상을 구할 수도 있고, 채무자 앞으로 직접 소유권이전등기절차를 이행할 것을 구할 수도 있다. 이 경우 **원상회복청구권은 사실심 변론종결 당시의 채권자의 선택에 따라 원물반환과 가액배상 중 어느 하나로 확정되며, 채권자가 일단 사해행위 취소 및 원상회복으로서 원물반환청구를 하여 승소판결이 확정되었다면, 그 후 어떠한 사유로 원물반환의 목적을 달성할 수 없게 되었다고 하더라도 다시 원상회복청구권을 행사하여 가액배상을 청구할 수는 없으므로 그 청구는 권리보호의 이익이 없어 허용되지 않는다**(대판 2006.12.7. 2004다54978).

09 甲에 대하여 금전채무를 부담하고 있는 乙은 그 채무를 이행하지 않을 목적으로 丙과 공모하여 그의 유일한 재산인 X토지를 丙에게 매도한 후 소유권이전등기를 마쳐 주었다. 甲이 채권자취소소송을 제기한 경우에 관한 설명으로 옳은 것은?(다툼이 있는 경우에는 판례에 의함)

기출 **13**

① 甲은 X토지의 등기를 乙에게 회복시키기 위하여 丙을 상대로 乙 앞으로 직접 소유권이전등기절차의 이행을 청구할 수 없다.
② 甲이 원상회복을 구하고 있으면 법원은 가액배상을 명할 수 없다.
③ 丙이 취득한 X토지를 제3자인 丁에게 임대한 경우, 丙이 丁으로부터 받은 임료 상당액은 원상회복의 대상이 되지 않는다.
④ 원상회복이 가액배상의 방법으로 이루어지는 경우, 甲이 보전하고자 하는 채권액에는 乙과 丙 사이의 매매계약 이후 사실심 변론종결 시까지 발생한 이자나 지연손해금은 포함되지 않는다.
⑤ 甲의 청구가 인용되면 乙·丙 사이의 법률관계는 소급적으로 소멸한다.

해설 ① (×) 자기 앞으로 소유권을 표상하는 등기가 되어 있었거나 법률에 의하여 소유권을 취득한 자가 진정한 등기명의를 회복하기 위한 방법으로는 그 등기의 말소를 구하는 외에 현재의 등기명의인을 상대로 직접 소유권이전등기절차의 이행을 구하는 것도 허용되어야 하는바, 이러한 법리는 사해행위취소소송에 있어서 취소목적부동산의 등기명의를 수익자로부터 채무자 앞으로 복귀시키고자 하는 경우에도 그대로 적용될 수 있다고 할 것이고, 따라서 채권자는 사해행위의 취소로 인한 원상회복방법으로 수익자 명의의 등기의 말소를 구하는 대신 수익자를 상대로 채무자 앞으로 직접 소유권이전등기절차를 이행할 것을 구할 수도 있다(대판 2000.2.25. 99다53704).
② (×) 사해행위를 전부취소하고 원상회복을 구하는 채권자의 주장 속에는 사해행위를 일부취소하고 가액의 배상을 구하는 취지도 포함되어 있으므로, 채권자가 원상회복만을 구하는 경우에도 법원은 가액의 배상을 명할 수 있다(대판 2001.9.4. 2000다66416).

③ (○) 부동산에 관한 법률행위가 사해행위에 해당하여 민법 제406조 제1항에 의하여 취소된 경우에 수익자 또는 전득자가 사해행위 이후 그 부동산을 직접 사용하거나 제3자에게 임대하였다고 하더라도, 당초 채권자의 공동담보를 이루는 채무자의 책임재산은 당해 부동산이었을 뿐 수익자 또는 전득자가 그 부동산을 사용함으로써 얻은 사용이익이나 임차인으로부터 받은 임료 상당액까지 채무자의 책임재산이었다고 볼 수 없으므로 수익자 등이 원상회복으로서 당해 부동산을 반환하는 이외에 그 사용이익이나 임료 상당액을 반환해야 하는 것은 아니다(대판 2008.12.11, 2007다69162).

④ (×) 채권자는 자신의 채권원금에 사해행위 이후 사실심 변론종결 시까지의 이자나 지연손해금을 더한 금액의 범위 내에서 채권자취소권을 행사할 수 있지만, 그 채권액을 초과하여 취소권을 행사할 수는 없다(대판 2002.10.25, 2000다64441).

⑤ (×) 사해행위취소판결의 기판력은 그 취소권을 행사한 채권자와 그 상대방인 수익자 또는 전득자와의 상대적인 관계에서만 미칠 뿐 그 소송에 참가하지 아니한 채무자 또는 채무자와 수익자 사이의 법률관계에는 미치지 아니한다(대판 1988.2.23, 87다카1989). 따라서 甲의 청구가 인용되더라도, 乙과 丙 사이의 법률관계에는 영향이 없다.

10 甲은 乙에 대해 8,000만원의 금전채무를, 丙에 대해서는 4,000만원의 금전채무를 부담하고 있다. 甲은 乙에 대한 8,000만원의 채무를 담보하기 위해, 자신의 X주택(시가 1억원)에 乙 명의로 저당권을 설정해 주었다. 그 후 채무초과상태에 빠진 甲이 자신의 유일한 재산인 X주택을 丁에게 1억원에 매도하여 소유권이전등기를 해 주었다. 다음 설명으로 옳지 않은 것은?(다툼이 있는 경우에는 판례에 의함) 기출 12

① 丁이 그와 甲의 거래행위가 채권자를 해함을 안 경우, 乙은 채권자취소권을 행사할 수 있다.

② 丙의 丁에 대한 사해행위취소소송에서 丁이 사해행위임을 몰랐다는 사실에 대한 증명책임은 丁에게 있고, 丁의 선의에 과실이 있는지 여부는 문제되지 않는다.

③ 丙은 법원에 소를 제기하는 방법으로 사해행위의 취소를 청구할 수 있을 뿐 소송상의 공격·방어방법으로는 주장할 수 없다.

④ 甲의 사해행위 이후에 甲에게 금전을 빌려준 채권자는 특별한 사정이 없는 한 사해행위의 취소와 원상회복의 효력을 받는 채권자에 포함되지 않는다.

⑤ 채권자취소권의 행사에 있어서 제척기간의 기산점인 채권자가 '취소원인을 안 날'은 채무자가 채권자를 해함을 알면서 사해행위를 하였다는 사실을 알게 된 날을 의미한다.

해설 ① (×) 주채무자 또는 제3자 소유의 부동산에 대하여 채권자 앞으로 근저당권이 설정되어 있고, 그 부동산의 가액 및 채권최고액이 당해 채무액을 초과하여 채무 전액에 대하여 채권자에게 우선변제권이 확보되어 있다면, 그 범위 내에서는 채무자의 재산처분행위는 채권자를 해하지 아니하므로 연대보증인이 비록 유일한 재산을 처분하는 법률행위를 하더라도 채권자에 대하여 사해행위가 성립되지 않는다고 보아야 할 것이고, 당해 채무액이 그 부동산의 가액 및 채권최고액을 초과하는 경우에는 그 담보물로부터 우선변제받을 액을 공제한 나머지 채권액에 대하여만 채권자취소권이 인정된다고 할 것이며, 피보전채권의 존재와 그 범위는 채권자취소권 행사의 한 요건에 해당된다고 할 것이므로 이 경우 채권자취소권을 행사하는 채권자로서는 그 담보권의 존재에도 불구하고 자신이 주장하는 피보전채권이 그 우선변제권범위 밖에 있다는 점을 주장·입증하여야 한다(대판 2002.11.8, 2002다41589). 사안의 경우, 채권자 乙은 채무자 甲 소유 X주택(시가 1억원)에 설정된 저당권에 기하여 피담보채권 8천만원 전부에 대한 우선변제권을 확보한 자이므로, 甲이 매수인 丁에게 X주택을 매도하였더라도, 채권자취소권을 행사할 수 없다.

② (○) 사해행위취소소송에 있어서 수익자가 사해행위임을 몰랐다는 사실은 그 수익자 자신에게 입증책임이 있다고 할 것이지만, 수익자의 선의에 과실이 있는지 여부는 문제되지 아니한다(대판 2007.11.29. 2007다 52430).

③ (○) 채무자가 채권자를 해함을 알고 재산권을 목적으로 한 법률행위를 한 때에는 **채권자는 사해행위의 취소를 법원에 소를 제기하는 방법으로 청구할 수 있을 뿐 소송상의 공격방어방법으로 주장할 수 없다**(대판 1993.1.26. 92다11008).

④ (○) 채권자취소권은 채무자가 채권자를 해함을 알면서 자기의 일반재산을 감소시키는 행위를 한 경우에 그 행위를 취소하여 채무자의 재산을 원상회복시키므로써 모든 채권자를 위하여 채무자의 책임재산을 보전하는 권리이나, 사해행위 이후에 채권을 취득한 채권자는 채권의 취득 당시에 사해행위 취소에 의하여 회복되는 재산을 채권자의 공동담보로 파악하지 아니한 자로서 민법 제407조에 정한 사해행위 취소와 원상회복의 효력을 받는 채권자에 포함되지 아니한다(대판 2009.6.23. 2009다18502).

⑤ (○) 채권자취소소송은 채권자가 취소원인을 안 날로부터 1년, 법률행위 있은 날로부터 5년 내에 제기하여야 한다(민법 제406조 제2항). 여기서 **제척기간의 기산점인 채권자가 '취소원인을 안 날'은 채권자가 채권자취소권의 요건을 안 날, 즉 채무자가 채권자를 해함을 알면서 사해행위를 하였다는 사실을 알게 된 날을 의미**하므로, 단순히 채무자가 재산의 처분행위를 하였다는 사실을 아는 것만으로는 부족하고, 그 법률행위가 채권자를 해하는 행위라는 것, 즉 그에 의하여 채권의 공동담보에 부족이 생기거나 이미 부족상태에 있는 공동담보가 한층 더 부족하게 되어 채권을 완전하게 만족시킬 수 없게 되었으며 나아가 채무자에게 사해의 의사가 있었다는 사실까지 알 것을 요한다고 할 것이나, 그렇다고 하여 채권자가 수익자나 전득자의 악의까지 알아야 하는 것은 아니다(대판 2012.1.12. 2011다82384).

04 다수당사자의 채권관계

01 서 설

1. 의 의

다수당사자의 채권관계란 「하나의 동일한 내용의 급부」에 관하여 채권자 또는 채무자가 복수인 경우를 말한다.

2. 종 류

민법은 다수당사자의 채권관계로 분할채권관계(민법 제408조), 불가분채권관계(민법 제409조 이하), 연대채무(민법 제413조 이하) 및 보증채무(민법 제428조 이하)의 네 종류를 규정하고 있으며, 해석상 부진정연대채무가 인정되고 있다. 이하에서는 이에 대해서 검토하겠다.

02 분할채권관계

분할채권관계(민법 제408조)
채권자나 채무자가 수인인 경우에 특별한 의사표시가 없으면 각 채권자 또는 각 채무자는 균등한 비율로 권리가 있고 의무를 부담한다.

I 의 의

하나의 가분적 급부에 대하여 채권자나 채무자가 다수 존재하는 경우에, 각 채권자가 급부의 일부에 대해서만 권리를 가지거나 또는 각 채무자가 급부의 일부만을 부담하는 채권관계를 분할채권·채무관계라고 한다. 민법상 다수당사자의 채권·채무관계의 원칙적인 모습이다.

Ⅱ 성 립

① 하나의 가분급부가 존재할 경우
② 가분적 급부임에도 불구하고 학설의 경향은 채권의 효력강화를 위해 특별한 사정이 있다면 불가분채무나 연대채무로 수정해석을 한다.

> - 채권적인 전세계약에 있어서 전세목적의 수유자가 공유자인 경우에는 그 전세계약에 관련하여 받은 신세금반환채무는 성질상 불가분의 것이다(대판 1967.4.25. 67다328).
> - 건물의 공유자가 공동으로 건물을 임대하고 보증금을 수령한 경우, 특별한 사정이 없는 한 그 임대는 각자 공유지분을 임대한 것이 아니고 임대목적물을 다수의 당사자로서 공동으로 임대한 것이고 그 보증금 반환채무는 성질상 불가분채무에 해당된다고 보아야 할 것이다(대판 1998.12.8. 98다43137). **기출 10**
> - 여러 사람이 공동으로 법률상 원인 없이 타인의 재산을 사용한 경우의 부당이득 반환채무는 특별한 사정이 없는 한 불가분적 이득의 반환으로서 불가분채무이고, 불가분채무는 각 채무자가 채무 전부를 이행할 의무가 있으며, 1인의 채무이행으로 다른 채무자도 그 의무를 면하게 된다(대판 2001.12.11. 2000다13948). **기출 10**

Ⅲ 효 과

1. 대외적 효력

> **가분채권, 가분채무에의 변경(민법 제412조)**
> 불가분채권이나 불가분채무가 가분채권 또는 가분채무로 변경된 때에는 각 채권자는 자기부분만의 이행을 청구할 권리가 있고 각 채무자는 자기부담부분만을 이행할 의무가 있다.

① 특별한 사정이 없는 한 균등비율로 부담한다(민법 제408조).
② 분할채권자는 자신의 채권비율만 청구할 수 있고, 분할채무자는 자신의 채무비율만 변제하면 된다.

2. 1인에게 생긴 사유의 효력

분할채권관계에서 각 채권자의 채권과 각 채무자의 채무는 독립된 것이기 때문에, 1인의 채권자 또는 채무자에게 생긴 사유는 다른 채권자 또는 채무자에게 영향을 미치지 않는다(예외 : 해제·해지의 불가분성에 관한 민법 제547조).

3. 구상관계

① 원칙 : 구상권의 문제가 발생하지 않는다.
② 예외 : 다만, 자신의 채무부담비율 이상을 변제한 채무자는 부당이득 또는 사무관리를 근거로 구상권을 행사할 수 있다.

불가분채권(민법 제409조) 기출 06
채권의 목적이 그 성질 또는 당사자의 의사표시에 의하여 불가분인 경우에 채권자가 수인인 때에는 각 채권자는 모든 채권자를 위하여 이행을 청구할 수 있고 채무자는 모든 채권자를 위하여 각 채권자에게 이행할 수 있다.

1인의 채권자에 생긴 사항의 효력(민법 제410조)
① 전조의 규정에 의하여 모든 채권자에게 효력이 있는 사항을 제외하고는 불가분채권자 중 1인의 행위나 1인에 관한 사항은 다른 채권자에게 효력이 없다.
② 불가분채권자 중의 1인과 채무자 간에 경개나 면제 있는 경우에 채무전부의 이행을 받은 다른 채권자는 그 1인이 권리를 잃지 아니하였으면 그에게 분급할 이익을 채무자에게 상환하여야 한다.

불가분채무와 준용규정(민법 제411조)
수인이 불가분채무를 부담한 경우에는 제413조 내지 제415조, 제422조, 제424조 내지 제427조 및 전조의 규정을 준용한다.

가분채권, 가분채무에의 변경(민법 제412조)
불가분채권이나 불가분채무가 가분채권 또는 가분채무로 변경된 때에는 각 채권자는 자기부분만의 이행을 청구할 권리가 있고 각 채무자는 자기부담부분만을 이행할 의무가 있다.

I 의 의

하나의 불가분급부를 목적으로 하는 다수당사자의 채권관계를 불가분채권관계라고 한다. 불가분채권관계는 다시 불가분채권과 불가분채무가 있다.

II 성 립

불가분채권관계는 급부가 성질상 불가분인 경우, 의사표시에 의해 불가분채권·채무관계로 정한 경우에도 성립한다.

III 불가분채권의 효력

1. 대외적 효력

각 채권자는 단독으로 채권 전부의 이행을 청구할 수 있으며, 채무자는 모든 채권자를 위하여 1인의 채권자에게 전부 이행할 수 있다(민법 제409조).

2. 1인의 채권자에게 생긴 사유의 효력

① 절대효 : 이행청구 `기출 21`, 이행청구로 인한 시효중단과 이행지체, 변제, 변제의 제공, 공탁, 수령지체

② 상대효 : 상계, 대물변제, 경개, 면제, 혼동, 시효완성의 효과

3. 대내적 효력

채권자 상호 간의 내부관계에 관한 명문규정이 없지만, 특별한 의사표시가 없는 한 전부 이행을 받은 채권자는 다른 채권자들에게 균등한 비율로 그 이익을 분급하여야 한다.

Ⅳ 불가분채무의 효력

1. 대외적 효력

채권자는 1인의 채무자에게 전부의 이행을 청구할 수도 있고, 채무자 전원에게 동시 또는 순차로 이행을 청구할 수도 있다(민법 제411조, 제414조).

2. 1인의 채무자에게 생긴 사유의 효력

① 절대효 : 변제, 변제제공 `기출 13`, 공탁, 수령지체, 대물변제, 상계

② 상대효 : 경개, 면제, 시효완성의 효과

③ 이행청구 : 견해의 대립이 있으나 다수설은 상대효 사유로 본다.

3. 대내적 효력

불가분채무자 상호 간의 관계에 대하여 연대채무에 관한 규정이 준용된다.

> • 수인이 타인의 토지를 무단으로 점유한 경우의 부당이득반환채무는 특별한 사정이 없는 한 불가분적 이득의 반환으로 불가분채무이다(대판 2001.12.11. 2000다13948).
> • 건물의 공유자가 임대인의 지위에서 보증금을 수령한 경우 그 반환의무는 성질상 불가분채무이다(대판 1998.12.8. 98다43137). `기출 22` 참고로 공동차주(민법 제616조, 제654조)의 차임지급의무는 연대채무이다.
> • 공동상속인들의 건물철거의무는 성질상 불가분채무이고, 각자 그 지분의 한도 내에서 건물 전체에 대한 철거 의무를 지는 것이다(대판 1980.6.24. 80다756). `기출 10`

Ⅴ 불가분채권관계의 분할채권관계로의 전환

불가분급부가 가분급부로 되면 불가분채권관계가 분할채권관계로 전환된다(민법 제412조).

> **연대채무의 내용(민법 제413조)** 기출 06
>
> 수인의 채무자가 채무전부를 각자 이행할 의무가 있고 채무자 1인의 이행으로 다른 채무자도 그 의무를 면하게
> 되는 때에는 그 채무는 연대채무로 한다.
>
> **채무자에 생긴 무효, 취소(민법 제415조)**
>
> 어느 연대채무자에 대한 법률행위의 무효나 취소의 원인은 다른 연대채무자의 채무에 영향을 미치지 아니한다.

I　의 의

연대채무란 수인의 채무자가 각자 채무 전부를 이행할 의무를 부담하되, 채무자 1인의 이행으로 다른 채무자도 그 의무를 면하게 되는 다수당사자의 채권관계를 말한다(민법 제413조).

II　성 립

1. 법률행위에 의한 성립

① 계약이나 단독행위(유언)에 의해 성립한다.
② 연대약정은 명시적뿐만 아니라 묵시적으로도 인정될 수 있다.

2. 법률의 규정에 의한 성립

(1) 공동차주(임차인, 사용차주)의 연대책임(민법 제616조, 제654조)

순수한 연대채무 규정이다.

(2) 법인의 사원, 이사, 기타 대표자의 연대책임(민법 제35조 제2항)

법문은 '연대하여'라고 규정되어 있으나 통설은 부진정연대책임으로 해석한다.

(3) 부부의 일상가사 연대책임(민법 제832조)

(4) 상행위로 인한 채무

연대채무이다(상법 제47조 제1항).

1. 대외적 효력 : 채권자와 채무자 사이의 관계

> **각 연대채무자에 대한 이행청구(민법 제414조)** [기출] 06
> 채권자는 어느 연대채무자에 대하여 또는 동시나 순차로 모든 연대채무자에 대하여 채무의 전부나 일부의 이행을 청구할 수 있다.

(1) 청구방법

채권자는 어느 한 연대채무자에 대하여 또는 동시나 순차로 모든 연대채무자에 대하여 채무의 전부 또는 일부의 이행을 청구할 수 있다(민법 제414조).

(2) 연대채무자 1인의 파산 시

파산선고 당시 가진 채권의 전액을 가지고 파산재단에 참가할 수 있다. 그 후 어느 파산재단으로부터 일부배당을 받았거나 임의변제를 받았더라도 배당참가액을 감액할 필요가 없다.

2. 연대채무자 1인에 대하여 생긴 사유의 효력

> **이행청구의 절대적 효력(민법 제416조)** [기출] 06·07·13
> 어느 연대채무자에 대한 이행청구는 다른 연대채무자에게도 효력이 있다.
>
> **경개의 절대적 효력(민법 제417조)** [기출] 05·13·18
> 어느 연대채무자와 채권자 간에 채무의 경개가 있는 때에는 채권은 모든 연대채무자의 이익을 위하여 소멸한다.
>
> **상계의 절대적 효력(민법 제418조)** [기출] 16·17·18
> ① 어느 연대채무자가 채권자에 대하여 채권이 있는 경우에 그 채무자가 상계한 때에는 채권은 모든 연대채무자의 이익을 위하여 소멸한다.
> ② 상계할 채권이 있는 연대채무자가 상계하지 아니한 때에는 그 채무자의 부담부분에 한하여 다른 연대채무자가 상계할 수 있다.
>
> **면제의 절대적 효력(민법 제419조)** [기출] 05·07·16·18·24
> 어느 연대채무자에 대한 채무면제는 그 채무자의 부담부분에 한하여 다른 연대채무자의 이익을 위하여 효력이 있다.
>
> **혼동의 절대적 효력(민법 제420조)** [기출] 05
> 어느 연대채무자와 채권자 간에 혼동이 있는 때에는 그 채무자의 부담부분에 한하여 다른 연대채무자도 의무를 면한다.
>
> **소멸시효의 절대적 효력(민법 제421조)** [기출] 16
> 어느 연대채무자에 대하여 소멸시효가 완성한 때에는 그 부담부분에 한하여 다른 연대채무자도 의무를 면한다.

(1) 민법의 태도

현행 민법은 급부의 실현을 가져오는 것 이외의 사항에 대해서도 당사자 간의 사후 법률관계를 간편하게 처리하기 위하여 절대효 사유를 넓히고 있다.

(2) 일체형 절대효 사유

변제(민법 제413조), 대물변제, 공탁, 상계(민법 제418조), 경개(민법 제417조), 이행청구(민법 제416조)와 그로 인한 이행지체(민법 제387조 제2항) 및 시효중단(민법 제168조 제1호)

> 채권자가 연대채무자 1인의 소유 부동산에 대하여 경매신청을 한 경우, 이는 최고로서의 효력을 가지고 있고, 연대채무자에 대한 이행청구는 다른 연대채무자에게도 효력이 있으므로, 채권자가 6월 내에 다른 연대채무자를 상대로 재판상 청구를 하였다면 그 다른 연대채무자에 대한 채권의 소멸시효가 중단되지만, 이로 인하여 중단된 시효는 위 경매절차가 종료된 때가 아니라 재판이 확정된 때로부터 새로 진행된다(대판 2001.8.21. 2001다22840). 기출 17

(3) 부담부형 절대효 사유

면제(민법 제419조), 혼동(민법 제420조), 소멸시효의 완성(민법 제421조)

> • 민법 제419조의 규정은 임의규정이라고 할 것이므로 채권자가 의사표시 등으로 위 규정의 적용을 배제하여 어느 한 연대채무자에 대하여서만 채무면제를 할 수 있다(대판 1992.9.25. 91다37553).
> • 연대채무자 중 1인에 대한 채무의 일부 면제에 상대적 효력만 있다고 볼 특별한 사정이 없는 한 일부 면제의 경우에도 면제된 부담부분에 한하여 면제의 절대적 효력이 인정된다고 보아야 한다. 구체적으로 연대채무자 중 1인이 채무 일부를 면제받는 경우에 그 연대채무자가 지급해야 할 잔존 채무액이 부담부분을 초과하는 경우에는 그 연대채무자의 부담부분이 감소한 것은 아니므로 다른 연대채무자의 채무에도 영향을 주지 않아 다른 연대채무자는 채무 전액을 부담하여야 한다. 반대로 일부 면제에 의한 피면제자의 잔존 채무액이 부담부분보다 적은 경우에는 차액(부담부분 - 잔존 채무액)만큼 피면제자의 부담부분이 감소하였으므로, 차액의 범위에서 면제의 절대적 효력이 발생하여 다른 연대채무자의 채무도 차액만큼 감소한다(대판 2019.8.14. 2019다216435).

(4) 상대효 사유

① 절대효 사유 이외의 모든 사유(민법 제423조)
② 이행청구 이외의 시효중단(압류·가압류·가처분·승인) 사유 기출 07·13
③ 채권양도에서 대항요건
④ 확정판결의 효과

3. 대내적 효력 : 연대채무자 상호 간의 구상관계

(1) 부담부분

> **부담부분의 균등(민법 제424조)**
> 연대채무자의 부담부분은 균등한 것으로 추정한다.

특약이나 특별한 사정이 없는 한 연대채무자의 부담부분은 균등한 것으로 추정한다(민법 제424조).

(2) 구 상

1) 개 념

어느 연대채무자가 변제 기타 출재로 연대채무자 모두의 면책, 즉 공동면책을 가져온 경우에, 그는 다른 연대채무자들에 대하여 그들의 부담부분에 따라 구상권을 행사할 수 있다.

2) 구상의 요건 : 자기의 출재 + 공동면책

> **출재채무자의 구상권(민법 제425조)**
> ① 어느 연대채무자가 변제 기타 자기의 출재로 공동면책이 된 때에는 다른 연대채무자의 부담부분에 대하여 구상권을 행사할 수 있다.
> ② 전항의 구상권은 면책된 날 이후의 법정이자 및 피할 수 없는 비용 기타 손해배상을 포함한다.

① **자기의 출재** : 자기의 재산 감소로 채권자의 재산을 증가시켰어야 한다. 따라서 변제, 대물변제, 공탁, 상계, 경개, 혼동 등의 경우에는 구상권이 발생하나, 면제나 시효의 완성은 출재가 없으므로 구상권이 발생하지 않는다.

> 민법은 연대보증인 중의 한 사람이 공동면책을 이유로 다른 연대보증인에게 구상권을 행사하려면 '자기의 부담부분을 넘은' 변제를 하였을 것을 그 요건으로 규정하였으나(제448조 제2항), 연대채무자 중의 한 사람이 공동면책을 이유로 다른 연대채무자에게 구상권을 행사하는 데 있어서는 그러한 제한 없이 '부담부분'에 대하여 구상권을 행사할 수 있는 것으로 규정하고 있다(제425조 제1항). 따라서 연대채무자 사이의 구상권행사에 있어서 '부담부분'이란 연대채무자가 그 내부관계에서 출재를 분담하기로 한 비율을 말한다고 봄이 타당하다. 그 결과 변제 기타 자기의 출재로 일부 공동면책되게 한 연대채무자는 역시 변제 기타 자기의 출재로 일부 공동면책되게 한 다른 연대채무자를 상대로 하여서도 자신의 공동면책액 중 다른 연대채무자의 분담비율에 해당하는 금액이 다른 연대채무자의 공동면책액 중 자신의 분담비율에 해당하는 금액을 초과한다면 그 범위에서 여전히 구상권을 행사할 수 있다(대판 2013.11.14. 2013다46023). **기출 16 · 22**

② **공동면책** : 공동면책이 있기만 하면 되고 그 범위가 출재를 한 연대채무자의 부담부분 이상일 필요가 없다. 다만, 공동보증인의 타 공동보증인에 대한 구상권(민법 제448조), 공동불법행위자들 사이의 구상권에 있어서는 「자기의 부담부분 이상의 면책」이 있어야 한다(통설 · 판례).

3) 구상의 범위

구상의 범위는 출재액과 공동면책액 중 작은 쪽이다. 즉, 출재액이 소멸한 채권액보다 크더라도 면책액을 넘어 구상할 수 없다. 반면 출재액이 공동면책액보다 작으면 출재액의 한도에서 구상권을 행사할 수 있다.

4) 구상의 통지(구상권의 제한)

> **구상요건으로서의 통지(민법 제426조)**
> ① 어느 연대채무자가 다른 연대채무자에게 통지하지 아니하고 변제 기타 자기의 출재로 공동면책이 된 경우에 다른 연대채무자가 채권자에게 대항할 수 있는 사유가 있었을 때에는 그 부담부분에 한하여 이 사유로 면책행위를 한 연대채무자에게 대항할 수 있고 그 대항사유가 상계인 때에는 상계로 소멸할 채권은 그 연대채무자에게 이전된다.
> ② 어느 연대채무자가 변제 기타 자기의 출재로 공동면책되었음을 다른 연대채무자에게 통지하지 아니한 경우에 다른 연대채무자가 선의로 채권자에게 변제 기타 유상의 면책행위를 한 때에는 그 연대채무자는 자기의 면책행위의 유효를 주장할 수 있다.

① 어느 연대채무자가 변제 등 공동면책을 발생시키는 행위를 하는 경우에, 사전 및 사후에 그 사실을 다른 연대채무자에게 통지해야 한다(민법 제426조). 공동면책을 발생시키는 행위를 한 연대채무자가 사전 또는 사후의 통지를 하지 않은 경우에, 그의 내부관계에 기한 구상권이 제한된다.

② 사전의 통지를 게을리한 경우에 채권자에게 대항할 수 있는 사유를 가지는 다른 연대채무자는 그의 부담부분에 한하여 그 사유로 사전의 통지를 하지 않은 채 면책행위를 한 연대채무자에게 대항할 수 있고, 그 대항사유가 상계라면 상계로 소멸할 채권이 면책행위를 한 연대채무자에게 이전된다(민법 제426조 제1항). **기출 18**

③ 사후의 통지를 게을리한 경우에 선의로 변제 기타 유상의 면책행위를 한 다른 연대채무자는 제1의 면책행위자에 대하여 자기의 면책행위의 유효를 주장할 수 있다(민법 제426조 제2항).

④ 제1변제자가 사후통지 해태 중 제2변제자가 사전통지를 해태하고 변제한 경우에는 일반원칙에 따라 제1변제만이 유효하고, 제1변제자만이 구상권을 행사할 수 있다(통설·판례).

5) 상환무자력자가 있는 경우의 구상권자의 보호(구상권의 확장)

> **상환무자력자의 부담부분(민법 제427조)** **기출 01·07·18**
> ① 연대채무자 중에 상환할 자력이 없는 자가 있는 때에는 그 채무자의 부담부분은 구상권자 및 다른 자력이 있는 채무자가 그 부담부분에 비례하여 분담한다. 그러나 구상권자에게 과실이 있는 때에는 다른 연대채무자에 대하여 분담을 청구하지 못한다.
> ② 전항의 경우에 상환할 자력이 없는 채무자의 부담부분을 분담할 다른 채무자가 채권자로부터 연대의 면제를 받은 때에는 그 채무자의 분담할 부분은 채권자의 부담으로 한다.

① 민법 제427조 제1항의 내용 : 연대채무자 중 상환할 자력이 없는 자가 있는 경우, 그 채무자의 부담부분은 구상권자 및 다른 자력이 있는 채무자가 자신들의 부담비율에 따라 비례하여 분담한다(본문). 단, 지체 없이 구상하지 않았기 때문에 다른 연대채무자가 무자력이 된 경우와 같이 구상권자의 과실이 있는 때에는 분담을 청구할 수 없다(단서).

② 연대의 면제 : 채권자가 어느 한 연대채무자에 대해서만 연대의 면제를 하였는데 나머지 연대채무자 중 무자력자가 생긴 경우에, 연대의 면제를 받은 채무자가 분담하였을 부분을 채권자가 부담한다(민법 제427조 제2항).

Ⅳ 부진정연대채무

1. 의 의

① 부진정연대채무란 하나의 동일한 급부에 대하여 수인의 채무자가 각기 독립하여 그 전부를 급부해야 하는 의무를 부담하는 채무를 말한다.

② 부진정연대채무관계는 서로 별개의 원인으로 발생한 독립된 채무라 하더라도 가능하고, 양 채무의 발생원인, 채무의 액수 등이 반드시 서로 동일할 필요는 없다(대판 2009.3.26. 2006다47677).

③ 부진정연대채무는 「주관적 공동관계」가 없다는 점에서 연대채무와 다르다.

2. 발생원인

(1) 계약책임과 불법행위책임

> 채무자가 부담하는 채무불이행으로 인한 손해배상채무와 제3자가 부담하는 불법행위로 인한 손해배상채무의 원인이 동일한 사실관계에 기한 경우에는 하나의 동일한 급부에 관하여 수인의 채무자가 각자 독립해서 그 전부를 급부하여야 할 의무를 부담하는 경우로서 부진정연대채무관계에 있다(대판 2006.9.8. 2004다55230).
> **기출 12·16**

(2) 공동불법행위책임

공동불법행위책임의 성질에 대해서 연대채무설, 부진정연대채무설, 절충설 등의 대립이 있으나, 판례는 부진정연대채무로 보고 있다(대판 1999.2.26. 98다52469).

> • 공동불법행위자는 채권자에 대한 관계에서는 연대책임(부진정연대채무)을 지되, 공동불법행위자들 내부관계에서는 일정한 부담 부분이 있고, 이 부담 부분은 공동불법행위자의 과실의 정도에 따라 정하여지는 것으로서 공동불법행위자 중 1인이 자기의 부담 부분 이상을 변제하여 공동의 면책을 얻게 하였을 때에는 다른 공동불법행위자에게 그 부담 부분의 비율에 따라 구상권을 행사할 수 있다(대판 1999.2.26. 98다52469).
> • 금융기관이 회사 임직원의 대규모 분식회계로 인하여 회사의 재무구조를 잘못 파악하고 회사에 대출을 해준 경우, 회사의 금융기관에 대한 대출금채무와 회사 임직원의 분식회계 행위로 인한 금융기관에 대한 손해배상채무는 서로 동일한 경제적 목적을 가진 채무로서 서로 중첩되는 부분에 관하여는 일방의 채무가 변제 등으로 소멸하면 타방의 채무도 소멸하는 이른바 부진정연대의 관계에 있다(대판 2008.1.18. 2005다65579).
> **기출 11**

3. 효 력

(1) 대외적 효력

부진정연대채무도 각자 채무전부를 부담하므로, 채권자는 채무자의 1인 또는 전원에 대하여 동시 또는 순차로 전부나 일부의 이행을 청구할 수 있다.

(2) 부진정연대채무자 1인에 관하여 생긴 사유의 효력

① **절대효** : 변제, 대물변제, 공탁, 상계 등 목적도달 사유는 절대효이다(통설·판례). 상계계약도 절대효이다(대판[전합] 2010.9.16. 2008다97218).

> • 부진정연대채무자 중 1인이 자신의 채권자에 대한 반대채권으로 상계를 한 경우에도 채권은 변제, 대물변제, 또는 공탁이 행하여진 경우와 동일하게 현실적으로 만족을 얻어 그 목적을 달성하는 것이므로, 그 상계로 인한 채무소멸의 효력은 소멸한 채무 선액에 관하여 다른 부진정연대채무자에 대하여도 미친다고 보아야 한다. 이는 부진정연대채무자 중 1인이 채권자와 상계계약을 체결한 경우에도 마찬가지이다. 나아가 이러한 법리는 채권자가 상계 내지 상계계약이 이루어질 당시 다른 부진정연대채무자의 존재를 알았는지 여부에 의하여 좌우되지 아니한다(대판[전합] 2010.9.16. 2008다97218). `기출` `01·07·18`
> • 그러나 부진정연대채무에 있어서 부진정연대채무자 1인이 한 상계가 다른 부진정연대채무자에 대한 관계에 있어서도 공동면책의 효력 내지 절대적 효력이 있는 것인지는 별론으로 하더라도, 부진정연대채무자 사이에는 고유의 의미에 있어서의 부담부분이 존재하지 아니하므로 위와 같은 고유의 의미의 부담부분의 존재를 전제로 하는 민법 제418조 제2항은 부진정연대채무에는 적용되지 아니하는 것으로 봄이 상당하고, 따라서 부진정연대채무에 있어서는 한 부진정연대채무자가 채권자에 대하여 상계할 채권을 가지고 있음에도 상계를 하지 않고 있다 하더라도 다른 부진정연대채무자가 그 채권을 가지고 상계를 할 수는 없다(대판 1994.5.27. 93다21521). `기출` `11·12·18`

② **상대효** : 이외의 사유는 모두 상대효이다.

> • 부진정연대채무에서는 채무자 1인에 대한 이행청구 또는 채무자 1인이 행한 채무의 승인 등 소멸시효의 중단사유나 시효이익의 포기가 다른 채무자에게 효력을 미치지 아니한다(대판 2011.4.14. 2010다91886). `기출` `10·11·12·13·15`
> • 부진정연대채무에 있어 피해자가 채무자 중의 1인에 대하여 손해배상에 관한 권리를 포기하거나 채무를 면제하는 의사표시를 하였다 하더라도 다른 채무자에 대하여 그 효력이 미친다고 볼 수는 없다(대판 2006.1.27. 2005다19378). `기출` `11·12·13·15`
> • 연대채무에 있어서 소멸시효의 절대적 효력에 관한 민법 제421조의 규정은 공동불법행위자 상호 간의 부진정연대채무에 대하여는 그 적용이 없다(대판 1997.12.23. 97다42830). `기출` `11·18`

(3) 대내적 효력

1) 원 칙

부진정연대채무자 사이에는 주관적 공동관계가 없으므로, 원칙적으로 부담부분이 없다. 따라서 구상관계가 당연히 발생하는 것은 아니다.

2) 예 외

① 판례는 공동불법행위와 관련하여 불법행위자 상호 간에 특별한 사정이 없는 한 공평의 이념상 과실정도에 비례하는 부담부분이 있고, 그에 따라 구상권이 발생한다는 입장이다(대판 2006.1.27. 2005다19378).

> • [1] 공동불법행위자는 채권자에 대한 관계에서는 연대책임(부진정연대채무)을 지되, 공동불법행위자들 내부관계에서는 일정한 부담 부분이 있고, 이 부담 부분은 공동불법행위자의 과실의 정도에 따라 정하여 지는 것으로서 공동불법행위자 중 1인이 자기의 부담 부분 이상을 변제하여 공동의 면책을 얻게 하였을

때에는 다른 공동불법행위자에게 그 부담 부분의 비율에 따라 구상권을 행사할 수 있다. [2] 공동불법행위자 중 1인이 다른 공동불법행위자에 대하여 구상권을 행사하기 위하여는 자기의 부담 부분 이상을 변제하여 공동의 면책을 얻었음을 주장·입증하여야 하며, 위와 같은 법리는 피해자의 다른 공동불법행위자에 대한 손해배상청구권이 시효소멸한 후에 구상권을 행사하는 경우라고 하여 달리 볼 것이 아니다. [3] 피해자가 부진정연대채무자 중 1인에 대하여 손해배상에 관한 권리를 포기하거나 채무를 면제하는 의사표시를 하였다 하더라도 다른 채무자에 대하여 그 효력이 미친다고 볼 수는 없다. [4] 공동불법행위자가 구상권의 발생 시점은 구상권자가 현실로 피해자에게 손해배상금을 지급한 때이다(대판 1997.12.12. 96다50896). 기출 10·13·17

- **금액이 다른 채무가 서로 부진정연대 관계에 있을 때 다액채무자가 일부 변제를 하는 경우, 변제로 먼저 소멸하는 부분(= 다액채무자가 단독으로 채무를 부담하는 부분)** : 금액이 다른 채무가 서로 부진정연대관계에 있을 때 다액채무자가 일부 변제를 하는 경우 변제로 인하여 먼저 소멸하는 부분은 당사자의 의사와 채무 전액의 지급을 확실히 확보하려는 부진정연대채무 제도의 취지에 비추어 볼 때 다액채무자가 단독으로 채무를 부담하는 부분으로 보아야 한다. 이러한 법리는 사용자의 손해배상액이 피해자의 과실을 참작하여 과실상계를 한 결과 타인에게 직접 손해를 가한 피용자 자신의 손해배상액과 달라졌는데 다액채무자인 피용자가 손해배상액의 일부를 변제한 경우에 적용되고, 공동불법행위자들의 피해자에 대한 과실비율이 달라 손해배상액이 달라졌는데 다액채무자인 공동불법행위자가 손해배상액의 일부를 변제한 경우에도 적용된다. 또한 중개보조원을 고용한 개업공인중개사의 공인중개사법 제30조 제1항에 따른 손해배상액이 과실상계를 한 결과 거래당사자에게 직접 손해를 가한 중개보조원 자신의 손해배상액과 달라졌는데 다액채무자인 중개보조원이 손해배상액의 일부를 변제한 경우에도 마찬가지이다(대판[전합] 2018.3.22. 2012다74236).

② 판례는 연대채무에 관한 민법 제425조 제2항의 유추적용을 인정하여 면책된 날 이후의 법정이자 및 피할 수 없는 비용 기타 손해배상도 구상할 수 있다고 한다(대판 1997.4.8. 96다54232).

③ 민법 제426조 유추적용 여부(소극) : 부진정 연대채무에 해당하는 공동불법행위로 인한 손해배상채무에 있어서도 채무자 상호 간에 구상요건으로서의 통지에 관한 민법의 위 규정을 유추적용할 수는 없다(대판 1998.6.26. 98다5777).

05   보증채무

I   총 설

1. 의 의

> **보증채무의 내용(민법 제428조)**
> ① 보증인은 주채무자가 이행하지 아니하는 채무를 이행할 의무가 있다.
> ② 보증은 장래의 채무에 대하여도 할 수 있다.

(1) 개 념

보증채무란 채권자와 보증인 사이에 체결된 보증계약에 의하여 성립하는 채무로서 주채무자가 그 채무를 이행하지 않는 경우에 보증인이 이를 보충적으로 이행하여야 하는 채무를 말한다.

(2) 구별개념 : 손해담보계약

당사자 일방이 상대방에 대하여 일정한 사항으로부터 발생할 장래의 손해를 전보할 것을 목적으로 하는 손해담보계약(예 신원인수계약)은 수채무의 손새를 선세로 하지 않으니 팀보자는 독립하여 책임을 부담한다는 점에서 보증채무와 다르다. 즉, 손해담보계약상의 책임은 계약내용을 실현하는 이행책임이며, 보증채무와 달리 부종성이나 보충성이 인정되지 않을 뿐만아니라 과실상계도 문제되지 않는다.

> 손해담보계약상 담보의무자의 책임은 손해배상책임이 아니라 이행의 책임이고, 따라서 담보계약상 담보권리자의 담보의무자에 대한 청구권의 성질은 손해배상청구권이 아니라 이행청구권이므로, 민법 제396조의 과실상계 규정이 준용될 수 없음은 물론 과실상계의 법리를 유추적용하여 그 담보책임을 감경할 수도 없는 것이 원칙이지만, 다만 담보권리자의 고의 또는 과실로 손해가 야기되는 등의 구체적인 사정에 비추어 담보권리자의 권리 행사가 신의칙 또는 형평의 원칙에 반하는 경우에는 그 권리 행사의 전부 또는 일부가 제한될 수는 있다(대판 2002.5.24. 2000다72572).

2. 법적 성질

(1) 독립성

보증채무는 채권자와 보증인 사이의 독자적인 계약에 의하여 성립하며, 보증채무는 주채무와는 별개의 독립한 채무이다. 이에 따라 보증계약이 존재한다는 점에서 채무가 없는 책임이 아니다.

> 보증채무는 주채무와는 별개의 채무이기 때문에 보증채무 자체의 이행지체로 인한 지연손해금은 보증한도액과는 별도로 부담하고 이 경우 보증채무의 연체이율에 관하여 특별한 약정이 없는 경우라면 그 거래행위의 성질에 따라 상법 또는 민법에서 정한 법정이율에 따라야 하며, 주채무에 관하여 약정된 연체이율이 당연히 여기에 적용되는 것은 아니지만, 특별한 약정이 있다면 이에 따라야 한다(대판 2000.4.11. 99다12123). `기출 15`

(2) 내용의 동일성

보증채무의 내용은 주채무의 내용과 동일하여야 한다. 따라서 원칙적으로 주채무는 대체적 급부이어야 한다.

(3) 부종성

1) 성립상의 부종성

주채무가 무효 또는 취소로 인하여 성립하지 않은 경우에는 보증채무에 그러한 사유가 없더라도 성립하지 않는다.

2) 존속상의 부종성

주채무가 소멸한 때에는 그 원인 여하를 불문하고 보증채무도 소멸한다.

3) 이전상의 부종성(수반성)

① 채권양도

㉠ 주채무자에 대한 채권이 양도된 경우에 보증인에 대한 채권도 당연히 양도되고, 대항요건은 주채무자에 대해서만 갖추면 되고, 보증인에게는 대항요건을 갖출 필요가 없다.

㉡ 주채권과 보증인에 대한 채권의 귀속주체를 달리하는 것은, 주채무자의 항변권으로 채권자에게 대항할 수 있는 보증인의 권리가 침해되는 등 보증계무의 부종성에 반하고, 구채권을 가지지 않는 자에게 보증재권만을 인정할 실익도 없기 때문에 주채권과 분리하여 보증채권만을 양도하기로 하는 약정은 그 효력이 없다(대판 2002.9.10. 2002다21509). 기출 10 · 21 · 22

② 채무인수 : 주채무가 인수된 경우에, 보증인의 동의가 없는 한 인수인의 주채무를 보증할 수 없고, 원칙적으로 보증채무는 소멸된다(민법 제459조).

4) 내용에 관한 부종성

> **목적, 형태상의 부종성(민법 제430조)**
> 보증인의 부담이 주채무의 목적이나 형태보다 중한 때에는 주채무의 한도로 감축한다.

> **[주채무가 외화채무인 경우, 채권자와 보증인 사이에 미리 약정한 환율로 환산한 원화로 보증채무를 이행하기로 약정하는 것이 허용되는지 여부(적극)]**
> 보증채무는 채권자와 보증인 간의 보증계약에 의하여 성립하고, 주채무와는 별개 독립의 채무이지만 주채무와 동일한 내용의 급부를 목적으로 함이 원칙이라고 할 것이나 채권자와 보증인은 보증채무의 내용, 이행의 시기, 방법 등에 관하여 특약을 할 수 있고, 그 특약에 따른 보증인의 부담이 주채무의 목적이나 형태보다 중하지 않는 한 그러한 특약이 무효라고 할 수도 없으므로(민법 제430조 참조), 주채무가 외화채무인 경우에도 채권자와 보증인 사이에 미리 약정한 환율로 환산한 원화로 보증채무를 이행하기로 약정하는 것도 허용된다(대판 2002.8.27. 2000다9734). 기출 22

(4) 보충성

1) 의 미

주채무의 이행기가 도래하였으나 주채무자가 이를 이행하지 않으면, 채권자는 보증인에 대하여 보증채무의 이행을 청구할 수 있다(민법 제428조 제1항). 그런데 보증채무는 원칙적으로 주된 채무가 이행되지 않는 경우에 그 보충으로 이행되어야 할 채무의 성격, 즉 보충성을 가진다.

2) 최고 · 검색의 항변권

> **보증인의 최고, 검색의 항변(민법 제437조)**
> 채권자가 보증인에게 채무의 이행을 청구한 때에는 보증인은 주채무자의 변제자력이 있는 사실 및 그 집행이 용이할 것을 증명하여 먼저 주채무자에게 청구할 것과 그 재산에 대하여 집행할 것을 항변할 수 있다. 그러나 보증인이 수채무자와 연대하여 채무를 부담한 때에는 그러하지 아니하다.

> **최고, 검색의 해태의 효과(민법 제438조)**
> 전조의 규정에 의한 보증인의 항변에 불구하고 채권자의 해태로 인하여 채무자로부터 전부나 일부의 변제를 받지 못한 경우에는 채권자가 해태하지 아니하였으면 변제받았을 한도에서 보증인은 그 의무를 면한다.

① 채권자로부터 채무의 이행을 청구를 받은 경우에, 보증인은 주채무자에게 변제자력이 있다는 사실과 그 집행이 용이하다는 사실을 증명하고 먼저 주채무자에게 이행을 청구하라고 항변할 수 있으며, 채권자가 먼저 주채무자에게 최고하고 보증인에게 채무의 이행을 청구하더라도 보증인은 다시 주채무자에게 변제자력이 있다는 사실과 그 집행이 용이하다는 사실을 증명하고 먼저 주채무자의 재산에 대하여 집행하라고 항변할 수 있다(민법 제437조 본문). 전자를 최고의 항변이라 하고, 후자를 검색의 항변이라 한다.

② 보증인의 최고·검색의 항변에도 불구하고 채권자가 최고나 검색을 게을리 하여 주채무자로부터 전부나 일부의 변제를 받지 못한 경우에, 보증인은 채권자가 해태하지 않았으면 변제받았을 한도에서 그 의무를 면한다(민법 제438조).

3) 보충성의 배제

연대보증은 보충성이 없지만 보증으로서의 성질을 갖는다(민법 제437조 단서).

Ⅱ 성립

1. 보증계약에 의한 성립

1) 보증채무는 채권자와 보증인 사이의 보증계약에 의하여 성립한다. 주채무자는 보증계약의 당사자가 아니다.

2) 보증채무는 채권자와 보증인 사이에 체결되는 무상·편무·요식계약이다.

① 보증계약은 보증인만이 의무를 부담하므로 편무계약이며 무상계약이다.

② 보증계약은 종래 민법상 특별한 방식을 요하지 않는 낙성계약이었으나, 2015년 민법개정에 의하여 요식계약으로 바뀌었다. 즉, 서면주의를 채택하였으며, 보증계약의 서면성은 근보증에서 강화되었다.

> **보증의 방식(민법 제428조의2)**
> ① 보증은 그 의사가 보증인의 기명날인 또는 서명이 있는 서면으로 표시되어야 효력이 발생한다. 다만, 보증의 의사가 전자적 형태로 표시된 경우에는 효력이 없다.
>
> > **전자문서의 효력(전자문서 및 전자거래 기본법 제4조)**
> > ① 전자문서는 전자적 형태로 되어 있다는 이유만으로 법적 효력이 부인되지 아니한다. 〈개정 2020.6.9.〉
> > ② 보증인이 자기의 영업 또는 사업으로 작성한 보증의 의사가 표시된 전자문서는 「민법」 제428조의2 제1항 단서에도 불구하고 같은 항 본문에 따른 서면으로 본다. 〈신설 2016.1.19.〉
> > ③ 삭제 〈2020.6.9.〉
>
> ② 보증채무를 보증인에게 불리하게 변경하는 경우에도 제1항과 같다.
> ③ 보증인이 보증채무를 이행한 경우에는 그 한도에서 제1항과 제2항에 따른 방식의 하자를 이유로 보증의 무효를 주장할 수 없다.

2. 보증계약의 요건

(1) 주채무에 관한 요건 : 부종성 관련

1) 주채무가 존재할 것

① 보증채무는 주채무의 이행을 담보로 하는 채무이기 때문에 성질상 주채무가 존재하여야 한다.

② 장래의 채무·정지조건부 채무 등과 같이 현재는 존재하지 않으나 장래 발생될 채무에 대해서도 보증할 수 있다(민법 제428조 제2항). 그리고 여기의 장래의 채무에는 장래의 특정채무뿐만 아니라 장래의 불특정채무도 포함된다. 장래의 불특정채무에 대한 보증을 근보증이라고 한다.

> **[주채무 발생의 원인이 되는 기본계약이 보증계약보다 먼저 체결되어야 하는지 여부(소극) 및 장래의 채무에 대하여 보증계약을 체결할 수 있는지 여부(한정 적극)]**
>
> 주채무 발생의 원인이 되는 기본계약이 반드시 보증계약보다 먼저 체결되어야만 하는 것은 아니고, 보증계약 체결 당시 보증의 대상이 될 주채무의 발생원인과 그 내용이 어느 정도 확정되어 있다면 장래의 채무에 대해서도 유효하게 보증계약을 체결할 수 있다 할 것이다(대판 2006.6.27. 2005다50041).

③ 근보증에 대하여 과거에는 특별한 규정이 없었으며, 판례는「채권자와 주채무자 사이의 계속적 거래관계로 인한 현재 및 장래에 발생하는 불확정적 채무에 관하여 보증책임을 부담하기로 하는 이른바 계속적 보증계약은 보증책임의 한도액이나 보증기간에 관하여 아무런 정함이 없는 경우에는 보증인은 원칙적으로 변제기에 있는 주채무 전액에 관하여 보증책임을 부담한다(대판 1988.11.8. 88다3253 등)」고 하였으나, 2015년 민법개정으로 근보증에 관한 규정(민법 제428조의3)이 신설되어 포괄근보증이라도 허용되나, 보증하는 채무의 최고액을 서면으로 특정해야 하며, 최고액을 서면으로 특정하지 않은 보증계약은 효력이 없다고 규정하였다.

④ 취소의 원인 있는 채무를 보증한 경우 : 보증채무는 주채무가 취소되면 부종성으로 인하여 보증채무도 무효로 되는데,「취소의 원인 있는 채무를 보증한 자가 보증계약당시에 그 원인 있음을 안 경우에 주채무의 불이행 또는 취소가 있는 때에는 주채무와 동일한 목적의 독립채무를 부담한 것으로 본다」는 민법 제436조는 2015년 민법 개정 시 삭제되었다.

2) 주채무의 급부는 대체적일 것

① 보증채무는 주채무와 내용상 동일할 것을 요하므로 보증채무가 성립하기 위해서는 원칙적으로 주채무가 대체적 급부를 내용으로 하여야 한다.

② 부대체적 급부를 내용으로 하는 채무에 대한 보증에 있어서는 그 채무자 불이행에 의하여 손해배상채무로 변하는 것을 정지기간으로 하여 조건부 보증채무가 성립할 수 있다.

(2) 보증인에 관한 요건

> **보증인의 조건(민법 제431조) 기출 19**
> ① 채무자가 보증인을 세울 의무가 있는 경우에는 그 보증인은 행위능력 및 변제자력이 있는 자로 하여야 한다.
> ② 보증인이 변제자력이 없게 된 때에는 채권자는 보증인의 변경을 청구할 수 있다.
> ③ 채권자가 보증인을 지명한 경우에는 전2항의 규정을 적용하지 아니한다.

> **타담보의 제공(민법 제432조)**
> 채무자는 다른 상당한 담보를 제공함으로써 보증인을 세울 의무를 면할 수 있다.

(3) 보증계약 체결 시 채권자가 보증인에게 주채무자의 신용상태를 고지할 신의칙상 의무가 인정되는지 여부(소극)

보증제도는 본질적으로 주채무자의 무자력으로 인한 채권자의 위험을 인수하는 것이므로, 보증인이 주채무자의 자력에 대하여 조사한 후 보증계약을 체결할 것인지의 여부를 스스로 결정하여야 하는 것이고, 채권자가 보증인에게 채무자의 신용상태를 고지할 신의칙상의 의무는 인정되지 않는다(대판 1998.7.24. 97다35276). 다만, 2015년 민법 개정에 따라 채권자는 일정범위에서 정보제공 및 통지의무를 부담하게 되었다(민법 제436조의2).

> **채권자의 정보제공의무와 통지의무 등(민법 제436조의2)**
> ① 채권자는 보증계약을 체결할 때 보증계약의 체결 여부 또는 그 내용에 영향을 미칠 수 있는 주채무자의 채무 관련 신용정보를 보유하고 있거나 알고 있는 경우에는 보증인에게 그 정보를 알려야 한다. 보증계약을 갱신할 때에도 또한 같다.
> ② 채권자는 보증계약을 체결한 후에 다음 각 호의 어느 하나에 해당하는 사유가 있는 경우에는 지체 없이 보증인에게 그 사실을 알려야 한다.
>   1. 주채무자가 원본, 이자, 위약금, 손해배상 또는 그 밖에 주채무에 종속한 채무를 3개월 이상 이행하지 아니하는 경우
>   2. 주채무자가 이행기에 이행할 수 없음을 미리 안 경우
>   3. 주채무자의 채무 관련 신용정보에 중대한 변화가 생겼음을 알게 된 경우
> ③ 채권자는 보증인의 청구가 있으면 주채무의 내용 및 그 이행 여부를 알려야 한다.
> ④ 채권자가 제1항부터 제3항까지의 규정에 따른 의무를 위반하여 보증인에게 손해를 입힌 경우에는 법원은 그 내용과 정도 등을 고려하여 보증채무를 감경하거나 면제할 수 있다.
> [본조신설 2015.2.3.]

Ⅲ 보증채무의 효력

1. 보증채무의 내용

(1) 보증채무의 급부(주채무와의 내용적 동일성)

1) 원칙적으로 보증채무의 목적인 급부는 주채무와 동일한 것이어야 한다(민법 제428조).

2) 특정물채무에 대한 보증은 우선 그 채무가 장래의 채무불이행으로 인해 손해배상채무로 변경된 경우에 그 채무를 조건부로 보증한다.

(2) 보증채무의 범위

1) 보증채무의 내용은 보증계약에 의하여 결정된다.

2) 채권자와 보증인 사이에 특별한 의사표시가 없는 한 보증채무는 주채무의 이자, 위약금, 손해배상, 기타 주채무에 종속한 채무를 포함한다(민법 제429조 제1항).

3) 보증인은 계약해제에 의한 원상회복의무(민법 제548조)와 손해배상의무(민법 제551조)에 대해서도 보증채무를 부담한다.

- [1] 보증한도액을 정한 근보증에 있어 보증채무는 특별한 사정이 없는 한 보증한도 범위 안에서 확정된 주채무 및 그 이자, 위약금, 손해배상 기타 주채무에 종속한 채무를 모두 포함한다. [2] 보증채무는 주채무와는 별개의 채무이기 때문에 보증채무 자체의 이행지체로 인한 지연손해금은 보증한도액과는 별도로 부담하고 이 경우 보증채무의 연체이율에 관하여 특별한 약정이 없는 경우라면 그 거래행위의 성질에 따라 상법 또는 민법에서 정한 법정이율에 따라야 하며, 주채무에 관하여 약정된 연체이율이 당연히 여기에 적용되는 것은 아니지만, 특별한 약정이 있다면 이에 따라야 한다(대판 2000.4.11. 99다12123). 기출 06 · 09
- 어느 한 사람이 같은 채권의 담보를 위하여 연대보증계약과 물상보증계약을 체결한 경우 부종성을 인정할 특별한 사정이 없는 한 위 두 계약은 별개의 계약이므로 보증책임의 범위가 담보부동산의 가액범위 내로 제한된다고 할 수 없다(대판 1990.1.25. 88다카26406). 기출 12
- 채무가 특정된 확정채무에 대하여 보증한 보증인으로서는 자신의 동의 없이 피보증채무의 이행기를 연장해 주었는지에 상관없이 보증채무를 부담하는 것이 원칙이다. 그렇지만 당사자 사이에 보증인의 동의를 얻어 피보증채무의 이행기가 연장된 경우에 한하여 피보증채무를 계속하여 보증하겠다는 취지의 특별한 약정이 있다면 약정에 따라야 한다. 이 경우에 보증채무를 존속시키기 위하여 필요한 이행기 연장에 대한 보증인의 동의는 이행기가 연장된 주채무에 대하여 보증채무를 변제하겠다는 의사를 의미하며, 위와 같은 의사가 담겨 있는 이상 동의는 이행기가 연장되기 전뿐 아니라 이행기가 연장된 후에도 가능하고, 묵시적 의사표시의 방법으로도 할 수 있다고 보아야 한다(대판 2012.8.30. 2009다90924).
- 물품제조공급계약에 있어서 공급인을 위한 보증인은 특단의 사정이 없는한 그 공급인이 채무불이행으로 그 상대방에게 부담할 채무에 관하여 책임을 진다는 취지로 볼 것이므로 공급인의 채무불이행을 이유로 계약이 해제된 경우 공급인이 이미 수령한 대금을 상대방에게 반환하여야 하는 등 원상회복의무에 관하여도 보증인이 책임이 있다(대판 1967.9.16. 67다1482).
- 보증채무자가 주채무를 소멸시키는 행위는 주채무의 존재를 전제로 하므로, 보증인의 출연행위 당시에는 주채무가 유효하게 존속하고 있었다 하더라도 그 후 주계약이 해제되어 소급적으로 소멸하는 경우에는 보증인은 변제를 수령한 채권자를 상대로 이미 이행한 급부를 부당이득으로 반환청구할 수 있다(대판 2004.12.24. 2004다20265). 기출 18

---

(3) 보증채무에 대한 위약금 등

보증채무의 이행을 확보하기 위해 보증인과 채권자 사이에서 보증채무에 관한 위약금 기타 손해배상액을 예정할 수 있다(민법 제429조 제2항). 기출 15

2. 보증채무의 대외적 효력

(1) 채권자의 보증인에 대한 권리

주채무의 이행기가 도래하였으나 주채무자가 이를 이행하지 않는 경우에 채권자는 보증인에 대하여 보증채무의 이행을 청구할 수 있다(민법 제428조 제1항).

(2) 보증인의 권리

1) 부종성에 기한 권리

> **보증인과 주채무자 항변권(민법 제433조)**
> ① 보증인은 주채무자의 항변으로 채권자에게 대항할 수 있다.
> ② 주채무자의 항변포기는 보증인에게 효력이 없다.

① 보증인은 주채무자가 채권자에 대하여 가지는 항변권을 행사할 수 있으며 주채무자가 항변권을 포기하더라도 보증인에게 아무런 효력이 없다(민법 제433조).

> 보증채무에 대한 소멸시효가 중단되었다고 하더라도 이로써 주채무에 대한 소멸시효가 중단되는 것은 아니고, 주채무가 소멸시효 완성으로 소멸된 경우에는 보증채무도 그 채무 자체의 시효중단에 불구하고 부종성에 따라 당연히 소멸된다(대판 2002.5.14. 2000다62476). 기출 06 · 09 · 15 · 17

② 보증인의 권리에는 주채무의 부존재 및 소멸의 항변권, 주채무자의 상계권(민법 제434조), 주채무자의 취소권 · 해제권 · 해지권(민법 제435조) 등이 있다. 기출 17 · 18

③ 주채무자의 취소권 · 해제권 · 해지권을 보증인이 직접 행사할 수 있는 것이 아니고 채권자의 이행청구에 대해서 거절할 수 있는 것이다(민법 제435조).

> **보증인과 주채무자의 취소권 등(민법 제435조)**
> 주채무자가 채권자에 대하여 취소권 또는 해제권이나 해지권이 있는 동안은 보증인은 채권자에 대하여 채무의 이행을 거절할 수 있다.

2) 보충성에 기한 권리

① 채권자가 주채무자에게 이행을 청구하지 않고 곧바로 보증인에게 채무의 이행을 청구한 때에 보증인은 주채무자에게 변제능력이 있다는 사실과 그 집행이 용이하다는 사실을 증명하여 먼저 주채무자에게 청구할 것과 주채무자의 재산에 대하여 집행할 것을 항변할 수 있다(민법 제437조 본문). 즉, 최고 · 검색의 항변권을 행사할 수 있다. 기출 09 · 19

② 보증인이 주채무자와 연대하여 채무를 부담한 때(민법 제437조 단서) 기출 09 · 19 , 주채무자가 파산선고를 받은 때, 주채무자가 행방불명인 때, 보증인이 항변권을 포기한 때 등의 경우에는 최고 · 검색의 항변권을 행사할 수 없다.

③ 전조의 규정에 의한 보증인의 항변에 불구하고 채권자의 해태로 인하여 채무자로부터 전부나 일부의 변제를 받지 못한 경우에는 채권자가 해태하지 아니하였으면 변제받았을 한도에서 보증인은 그 의무를 면한다(민법 제438조).

3. 주채무자 또는 보증인에 관하여 생긴 사유의 효력

(1) 원칙

① 주채무자에게 발생한 사유는 절대적 효력을 갖는다.

② 보증인에게 생긴 사유는 채권을 만족시키는 사유 이외에는 상대적 효력을 갖는다.

(2) 주채무자에게 생긴 사유

① 수채무의 소멸 : 보증채무도 소멸한다.

② 주채무에 관한 채권양도와 채무인수

> **채무인수와 보증, 담보의 소멸(민법 제459조)**
> 전채무자의 채무에 대한 보증이나 제3자가 제공한 담보는 채무인수로 인하여 소멸한다. 그러나 보증인이나 제3자가 채무인수에 동의한 경우에는 그러하지 아니하다.

③ 주채무에 관한 시효중단

> **시효중단의 보증인에 대한 효력(민법 제440조)** `기출` 17
> 주채무자에 대한 시효의 중단은 보증인에 대하여 그 효력이 있다.

> • 민법 제169조는 '시효의 중단은 당사자 및 그 승계인 간에만 효력이 있다.'고 규정하고 있고, 한편 민법 제440조는 '주채무자에 대한 시효의 중단은 보증인에 대하여 그 효력이 있다.'라고 규정하고 있는바, 민법 제440조는 민법 제169조의 예외규정으로서 이는 채권자 보호 내지 채권담보의 확보를 위하여 주채무자에 대한 시효중단의 사유가 발생하였을 때는 그 보증인에 대한 별도의 중단조치가 이루어지지 아니하여도 동시에 시효중단의 효력이 생기도록 한 것이고, 그 시효중단사유가 압류, 가압류 및 가처분이라고 하더라도 이를 보증인에게 통지하여야 비로소 시효중단의 효력이 발생하는 것은 아니다(대판 2005.10.27. 2005다 35554 · 35561). `기출` 17 · 18
> • 민법 제165조가 판결에 의하여 확정된 채권, 판결과 동일한 효력이 있는 것에 의하여 확정된 채권은 단기의 소멸시효에 해당한 것이라도 그 소멸시효는 10년으로 한다고 규정하는 것은 당해 판결 등의 당사자 사이에 한하여 발생하는 효력에 관한 것이고 채권자와 주채무자 사이의 판결 등에 의해 채권이 확정되어 그 소멸시효가 10년으로 되었다 할지라도 위 당사자 이외의 채권자와 연대보증인 사이에 있어서는 위 확정판결 등은 그 시효기간에 대하여는 아무런 영향도 없고 채권자의 연대보증인의 연대보증채권의 소멸 시효기간은 여전히 종전의 소멸시효기간에 따른다(대판 1986.11.25. 86다카1569). `기출` 14 · 17 · 22

(3) 보증인에게 생긴 사유

① 시효의 중단은 시효중단행위에 관여한 당사자 및 그 승계인 사이에 효력이 있는 것이므로 연대보증인 겸 물상보증인은 보증채무의 부종성에 따라 주채무가 시효로 소멸되었음을 주장할 수는 있다.

② 원칙적으로 보증인에 관하여 생긴 사유는 상대효에 불과하므로, 채권자의 보증인에 대한 면제 등의 행위는 주채무자에게 영향을 미치지 않는다. `기출` 09 · 15 따라서 주채무자에 대한 시효중단의 사유가 없는 이상 연대보증인 겸 물상보증인에 대한 시효중단의 사유가 있다 하여 주채무까지 시효중단되었다고 힐 수는 없다(대판 1994.1.11. 93다21477).

4. 보증채무의 대내적 효력

(1) 수탁보증인의 구상권

1) 사후구상권의 발생요건

수탁보증인의 구상권(민법 제441조) 기출 18·19
① 주채무자의 부탁으로 보증인이 된 자가 과실 없이 변제 기타의 출재로 주채무를 소멸하게 한 때에는 주채무자에 대하여 구상권이 있다.
② 제425조 제2항의 규정은 전항의 경우에 준용한다.

① 주채무자의 부탁에 의하여 보증인이 된 자가 과실 없이 변제, 대물변제, 경개 등의 출재를 통하여 주채무를 소멸시켰을 경우에는 주채무자에 대하여 구상권을 갖는다(민법 제441조 제1항). 보증인이 주채무를 소멸시키는 행위는 주채무의 존재를 전제로 한다. 기출 06
② 구상권은 면책된 날 이후의 법정이자 및 피할 수 없는 비용 기타 손해배상을 포함한다(민법 제425조 제2항). 기출 18

2) 사전구상권

수탁보증인의 사전구상권(민법 제442조) 기출 08
① 주채무자의 부탁으로 보증인이 된 자는 다음 각 호의 경우에 주채무자에 대하여 미리 구상권을 행사할 수 있다.
  1. 보증인이 과실 없이 채권자에게 변제할 재판을 받은 때
  2. 주채무자가 파산선고를 받은 경우에 채권자가 파산재단에 가입하지 아니한 때
  3. 채무의 이행기가 확정되지 아니하고 그 최장기도 확정할 수 없는 경우에 보증계약 후 5년을 경과한 때
  4. 채무의 이행기가 도래한 때
② 전항 제4호의 경우에는 보증계약 후에 채권자가 주채무자에게 허여한 기한으로 보증인에게 대항하지 못한다.

주채무자의 면책청구(민법 제443조)
전조의 규정에 의하여 주채무자가 보증인에게 배상하는 경우에 주채무자는 자기를 면책하게 하거나 자기에게 담보를 제공할 것을 보증인에게 청구할 수 있고 또는 배상할 금액을 공탁하거나 담보를 제공하거나 보증인을 면책하게 함으로써 그 배상의무를 면할 수 있다.

- 수탁보증인은 특별한 사정이 없는 한 그 주채무의 변제기 연장이 언제 이루어졌던지 간에 본래의 변제기가 도래한 후에는 민법 제442조 제1항 제4호에 의하여 주채무자에 대하여 사전구상권을 행사할 수 있고, 이 경우에는 민법 제442조 제2항에 따라 보증계약 후에 채권자가 주채무자에게 허여(許與)한 기한으로 보증인에게 대항하지 못할 뿐만 아니라, 수탁보증인이 본래의 변제기가 도래한 후 과실 없이 변제 기타의 출재로 주채무를 소멸하게 한 후 이를 주채무자에게 통지하였다면, 민법 제445조 제1항에 의하여 주채무자는 위 통지를 받은 후 채권자와 사이에 이루어진 변제기 연장에 관한 합의로서 사후구상권을 행사하는 수탁보증인에게 대항할 수는 없다(대판 2007.4.26. 2006다22715). 기출 18
- 수탁보증인이 민법 제442조에 의하여 주채무자에 대하여 미리 구상권을 행사하는 경우에 사전구상으로서 청구할 수 있는 범위는 주채무인 원금과 사전구상에 응할 때까지 이미 발생한 이자와 기한 후의 지연손해금, 피할 수 없는 비용 기타의 손해액이 포함될 뿐이고, 주채무인 원금에 대한 완제일까지의 지연손해금은 사전구상권의 범위에 포함될 수 없으며, 또한 사전구상권은 장래의 변제를 위하여 자금의 제공을 청구하는 것이므로

수탁보증인이 아직 지출하지 아니한 금원에 대하여 지연손해금을 청구할 수도 없다(대판 2004.7.9. 2003다46758). **기출** 10

3) 수탁보증인의 사전구상권과 사후구상권의 병존

수탁보증인의 사전구상권과 사후구상권은 종국적 목적과 사회적 효용을 같이하는 공통성을 가지고 있으나, 사후구상권은 보증인이 채무자에 갈음하여 변제 등 기신의 출연으로 채무를 그밀시켰다고 하는 사실에 의하여 발생하는 것이고, 이에 대하여 사전구상권은 그 외의 민법 제442조 제1항 소정의 사유나 약정으로 정한 일정한 사실에 의하여 발생하는 등 발생원인을 달리하고 법적 성질도 달리하는 별개의 독립된 권리이므로, 사후구상권이 발생한 이후에도 사전구상권은 소멸하지 아니하고 병존하며, 다만 목적달성으로 일방이 소멸하면 타방도 소멸하는 관계에 있을 뿐이다(대판 2019.2.14. 2017다274703).

4) 구상권의 제한

구상요건으로서의 통지(민법 제445조) **기출** 06
① 보증인이 주채무자에게 통지하지 아니하고 변제 기타 자기의 출재로 주채무를 소멸하게 한 경우에 주채무자가 채권자에게 대항할 수 있는 사유가 있었을 때에는 이 사유로 보증인에게 대항할 수 있고 그 대항사유가 상계인 때에는 상계로 소멸할 채권은 보증인에게 이전된다.
② 보증인이 변제 기타 자기의 출재로 면책되었음을 주채무자에게 통지하지 아니한 경우에 주채무자가 선의로 채권자에게 변제 기타 유상의 면책행위를 한 때에는 주채무자는 자기의 면책행위의 유효를 주장할 수 있다.

주채무자의 보증인에 대한 면책통지의무(민법 제446조) **기출** 08 · 15
주채무자가 자기의 행위로 면책하였음을 그 부탁으로 보증인이 된 자에게 통지하지 아니한 경우에 보증인이 선의로 채권자에게 변제 기타 유상의 면책행위를 한 때에는 보증인은 자기의 면책행위의 유효를 주장할 수 있다.

민법 제446조의 규정은 같은 법 제445조 제1항의 규정을 전제로 하는 것이어서 같은 법 제445조 제1항의 사전통지를 하지 아니한 수탁보증인까지 보호하는 취지의 규정은 아니므로, 수탁보증에 있어서 주채무자가 면책행위를 하고도 그 사실을 보증인에게 통지하지 아니하고 있던 중에 보증인도 사전통지를 하지 아니한 채 이중의 면책행위를 한 경우에는 보증인은 주채무자에 대하여 민법 제446조에 의하여 자기의 면책행위의 유효를 주장할 수 없다고 봄이 상당하고 따라서 이 경우에는 이중변제의 기본원칙으로 돌아가 먼저 이루어진 주채무자의 면책행위가 유효하고 나중에 이루어진 보증인의 면책행위는 무효로 보아야 하므로 보증인은 민법 제446조에 기하여 주채무자에게 구상권을 행사할 수 없다(대판 1997.10.10. 95다46265). **기출** 08 · 10 · 18

(2) 부탁 없는 보증인의 구상권

부탁 없는 보증인의 구상권(민법 제444조) **기출** 05 · 15 · 19
① 주채무자의 부탁 없이 보증인이 된 자가 변제 기타 자기의 출재로 주채무를 소멸하게 한 때에는 주채무자는 그 당시에 이익을 받은 한도에서 배상하여야 한다.
② 주채무자의 의사에 반하여 보증인이 된 자가 변제 기타 자기의 출재로 주채무를 소멸하게 한 때에는 주채무자는 현존이익의 한도에서 배상하여야 한다.
③ 전항의 경우에 주채무자가 구상한 날 이전에 상계원인이 있음을 주장한 때에는 그 상계로 소멸할 채권은 보증인에게 이전된다.

① 주채무자의 부탁 없이 보증인이 된 자가 변제 기타 자기의 출재로 주채무를 소멸하게 한 때에는 주채무자는 '그 당시에 이익을 받은 한도에서' 배상하여야 한다(민법 제444조 제1항).

② 주채무자의 의사에 반하여 보증인이 된 자가 변제 기타 자기의 출재로 주채무를 소멸하게 한 때에는 주채무자는 '현존 이익의 한도에서' 배상하여야 한다(민법 제444조 제2항).

③ 부탁 없는 보증인은 사전구상권이 없다.

(3) 구상권자의 법정대위권

① 보증인은 변제할 정당한 이익이 있는 자이므로 변제에 의해 당연히 채권자의 채권 및 담보에 관한 권리를 대위한다.

② 변제할 정당한 이익이 있는 자가 채무자를 위하여 채권의 일부를 대위변제할 경우 대위자는 그 변제한 가액에 비례하여 채권자와 함께 그 권리를 행사하고, 변제한 가액의 범위 내에서 종래 채권자가 가지고 있던 채권 및 담보에 관한 권리를 취득하는 것이되, 이 경우에도 채권자는 일부 대위변제자에 대하여 우선변제권을 가지는 것이라 하겠으나, 보증인이 변제 기타의 출재로 주채무를 소멸하게 하는 등의 사유로 주채무자에 대하여 가지게 되는 구상권은 변제자가 갖는 고유의 권리로서 대위의 객체가 된 권리와는 별개라 할 것이어서 당사자 사이에 다른 약정이 있다는 등의 특정한 사정이 없는 한 일부대위에 관한 위와 같은 법리가 보증인이 행사하는 구상권의 경우에 당연히 그대로 적용되는 것은 아니다(대판 1995.3.3. 94다33514).

(4) 수인의 주채무자 중 1인만을 위해 보증인이 된 경우의 구상관계

① 주채무가 분할채무인 경우 : 보증인이 채무자 전원이 부담하는 채무액 전부를 변제한 경우 보증한 주채무자 이외의 자의 부담에 관하여는 제3자의 변제에 해당하여, 사무관리에 의한 비용의 상환청구 또는 부당이득반환을 청구할 수 있다.

② 주채무가 불가분채무・연대채무인 경우

연대, 불가분채무의 보증인의 구상권(민법 제447조) `기출` 08
어느 연대채무자나 어느 불가분채무자를 위하여 보증인이 된 자는 다른 연대채무자나 다른 불가분채무자에 대하여 그 부담부분에 한하여 구상권이 있다.

어느 공동불법행위자를 위하여 보증인이 된 사람이 피보증인을 위하여 손해배상채무를 변제한 경우, 그 보증인은 피보증인이 아닌 다른 공동불법행위자에 대하여 그 부담 부분에 한하여 구상권을 행사할 수 있고, 이러한 법리는 어느 공동불법행위자를 위하여 그가 위 손해배상채무를 변제한 보증인에 대하여 부담하는 구상채무를 보증한 구상보증인이 피보증인을 위하여 그 구상채무를 변제한 경우에도 마찬가지여서 그 구상보증인은 피보증인이 아닌 다른 공동불법행위자에 대하여 그 부담 부분에 한하여 구상권을 행사할 수 있다 (대판 2008.7.24. 2007다37530). `기출` 17

Ⅳ   연대보증

1. 의 의

연대보증이란 보증인이 채권자에 대하여 주채무자와 연대하여 채무를 부담하는 형태의 보증채무를 말한다.

2. 특 성   `기출` 09 · 19

① 연대보증채무도 보증채무이므로 부종성이 있다.
② 그러나 연대보증인은 주채무자와 연대하여 채무를 부담하기에 보충성이 없다. 따라서 연대보증인에게 최고 · 검색의 항변권이 인정되지 않는다.
③ 그리고 수인의 연대보증인이 있더라도 분별의 이익이 없어 채권자는 어느 연대보증인에게나 채권 전액을 청구할 수 있다.

3. 연대보증에서의 구상

연대보증인 중 1인이 채무의 전액이나 적어도 자기의 부담부분 이상을 변제하였다면 다른 보증인에 대하여 구상을 할 수 있으나, 다른 보증인 중 이미 자기의 부담부분을 변제한 자에 대하여는 구상을 할 수 없다(대판 1993.5.27. 93다4656).

Ⅴ   보증연대

수인의 보증인이 연대하여 채무를 부담함으로써 주채무의 이행을 담보하는 다수당사자의 채무이다. 보증연대는 부종성과 보충성을 갖는다는 점에서 보증채무와 같은 성질을 갖지만 분별의 이익이 없다는 점에서 공동보증과 구별된다.

Ⅵ   공동보증

1. 의 의

① 동일한 주채무에 대하여 수인이 보증채무를 부담하는 보증의 형태이다.
② 연대보증에 있어서는 보충성과 분별의 이익이 없으나 부종성이 있으며, 보증연대에 있어서는 부종성과 보충성이 있으나 분별의 이익이 없다는 점에서 부종성, 보충성, 분별의 이익을 갖는 공동보증과 구별된다.

2. 공동보증인 사이의 분별의 이익

> **공동보증의 분별의 이익(민법 제439조)** 기출 03
> 수인의 보증인이 각자의 행위로 보증채무를 부담한 경우에도 제408조의 규정을 적용한다.

① 분별의 이익이란 공동보증인이 주채무를 균등한 비율로 분할한 부분에 관해서만 보증채무를 부담하는 것을 말한다.
② 주채무가 불가분인 경우 보증연대, 연대보증의 경우에는 분별의 이익이 인정되지 않는다.
③ 어느 연대채무자나 어느 불가분채무자를 위하여 보증인이 된 자는 다른 연대채무자나 다른 불가분채무자에 대하여 그 부담부분에 한하여 구상권이 있다(민법 제447조).
④ 연대채무자 甲, 乙의 채권자에 대한 채무를 담보할 목적으로 자기 소유의 부동산에 관하여 근저당권을 설정하였다가 그 실행으로 인하여 위 부동산의 소유권을 상실하게 된 물상보증인은 채무자들에 대한 구상권이 있다.
⑤ 연대채무자 甲의 부탁 없이 물상보증인이 되었다면 甲은 '그 당시에 이익을 받은 한도 내에서' 물상보증인에게 이를 구상하여 줄 의무가 있다.
⑥ 제447조는 어느 연대채무자나 어느 불가분채무자를 위하여 보증인이 된 자의 다른 연대채무자나 다른 불가분채무자에 대한 구상권에 관한 규정에 불과하므로 연대채무자 모두를 위하여 물상보증인이 된 자가 그 연대채무자의 1인에 대하여 구상권을 행사하는 경우에는 적용될 여지가 없다(대판 1990.11.13. 90다카26065).

3. 공동보증인 간의 구상관계

> **공동보증인 간의 구상권(민법 제448조)** 기출 03·08
> ① 수인의 보증인이 있는 경우에 어느 보증인이 자기의 부담부분을 넘은 변제를 한 때에는 제444조의 규정을 준용한다.
> ② 주채무가 불가분이거나 각 보증인이 상호연대로 또는 주채무자와 연대로 채무를 부담한 경우에 어느 보증인이 자기의 부담부분을 넘은 변제를 한 때에는 제425조 내지 제427조의 규정을 준용한다.

① 공동보증인이 분별의 이익을 가지는 경우에 자기의 분담액을 넘어 변제하였다면 채무자의 부탁을 받지 않은 보증인의 지위와 유사하므로 다른 공동보증인에 대하여 일종의 사무관리가 되어 민법 제444조가 준용된다(민법 제448조 제1항).
② 공동보증인이 분별의 이익을 가지지 않는 경우(주채무가 불가분이거나 각 보증인이 상호연대로 또는 주채무자와 연대로 채무를 부담한 경우)에 자기의 부담부분을 넘는 변제를 한 때에는 연대채무자의 구상권에 관한 규정을 준용해야 할 것이다(민법 제448조 제2항).

Ⅶ 계속적 보증

1. 의 의

계속적 보증이란 일시적 보증에 대응하는 개념으로서 계속적 채권관계에 기하여 채무자가 부담하는 현재 또는 장래의 불특정한 채무에 대한 보증을 말한다. 이러한 계속적 보증에는 근보증(신용보증), 신원보증(身元保證) 및 임대차의 보증 등이 있다. 계속적 보증의 경우에는 보증인에게 과도한 책임이 요구되므로 보증인을 보호할 필요성이 크다. 이에 따라 민법과 보증인보호법은 근보증에 관한 명문규정을 두었으며, 신원보증에 관하여는 신원보증법이라는 특별법을 두었다. 이하에서는 민법상의 근보증에 관하여 알아보고, 목차를 바꿔서 보증인보호법과 신원보증에 관하여 알아보기로 한다.

2. 근보증

> **근보증(민법 제428조의3)**
> ① 보증은 불확정한 다수의 채무에 대해서도 할 수 있다. 이 경우 보증하는 채무의 최고액을 서면으로 특정하여야 한다.
> ② 제1항의 경우 채무의 최고액을 제428조의2 제1항에 따른 서면으로 특정하지 아니한 보증계약은 효력이 없다.

(1) 의 의

근보증은 계속적 채권관계(당좌대월계약, 어음할인계약 등)에서 발생하는 불확정채무를 보증하는 것을 말하는데, 신용보증이라고도 한다. 민법은 2015년 개정 시 근보증에 관한 규정을 신설하였다(민법 제428조의3).

> 민법 제428조의3의 규정 및 그 입법 취지에 비추어 볼 때, 불확정한 다수의 채무에 대하여 보증하는 경우 보증채무의 최고액이 서면으로 특정되어 보증계약이 유효하다고 하기 위해서는, 보증인의 보증의사가 표시된 서면에 보증채무의 최고액이 명시적으로 기재되어 있어야 하고, 보증채무의 최고액이 명시적으로 기재되어 있지 않더라도 서면 자체로 보아 보증채무의 최고액이 얼마인지를 객관적으로 알 수 있는 등 보증채무의 최고액이 명시적으로 기재되어 있는 경우와 동일시할 수 있을 정도의 구체적인 기재가 필요하다(대판 2019.3.14. 2018다282473).

(2) 내 용

1) 책임의 범위

① 보증은 불확정한 다수의 채무에 대해서도 할 수 있다. 즉, 포괄근보증도 인정된다(민법 제428조의3 제1항 전문). 다만, 이 경우 보증하는 채무의 최고액을 서면으로 특정하여야 하고(민법 제428조의3 제1항 후문), 채무의 최고액을 서면으로 특정하지 아니한 보증계약은 효력이 없다(민법 제428조의3 제2항). 이에 따라 근보증에 관한 과거의 판례 중 민법 제428조의3에 어긋나는, 즉 계속적 보증

계약에 있어서 보증책임의 한도액에 관하여 아무런 정함이 없는 경우의 보증책임의 범위에 관한 부분(대판 1988.11.8. 88다3253 등)은 더 이상 유지되기 어렵다고 판단된다. 반면에 채무의 최고액을 서면으로 특정한 경우에는 보증인은 그 한도액만큼 책임을 부담한다.

> **[계속적 보증계약에 있어서의 보증책임의 범위]**
> 보증책임의 한도액이나 보증기간에 관하여 아무런 정함이 없는 경우에는 보증인은 원칙적으로 변제기에 있는 주채무 전액에 관하여 보증책임을 부담한다(대판 1988.11.8. 88다3253).

② 계속적 보증계약에서 보증한도액의 정함이 있는 경우, 그 한도액을 주채무의 원본 총액만을 기준으로 할 것인지 그 한도액에 이자, 지연손해금 등의 부수채무까지도 포함될 것으로 할 것인지는 먼저 계약당사자의 의사에 따라야 하나, 특약이 없는 한도액 내에는 이자 등 부수채무도 포함되는 것으로 해석하여야 한다(대판 1995.6.30. 94다40444).

③ 계속적 보증계약 당시 주채무의 액수를 보증인이 예상하였거나 예상할 수 있었을 경우에는 그 예상범위로 보증책임을 제한할 수 있다 할 것이나, 그 예상범위를 상회하는 주채무 과다발생의 원인이 채권자가 주채무자의 자산상태가 현저히 악화된 사실을 잘 알면서도(중대한 과실로 알지 못한 경우도 같다) 이를 알지 못하는 보증인에게 아무런 통보나 의사 타진도 없이 고의로 거래규모를 확대함에 연유하는 등 신의칙에 반하는 사정이 있는 경우에 한하여 보증인의 책임을 합리적인 범위 내로 제한할 수 있다(대판 1995.12.22. 94다42129).

④ 계속적인 신용거래 관계로부터 장래 발생할 불특정 채무를 보증하기 위해 이른바 보증한도액을 정하여 근보증을 하고 아울러 그 불특정 채무를 담보하기 위하여 동일인이 근저당권설정등기를 하여 물상보증도 한 경우에, 근보증약정과 근저당권설정계약은 별개의 계약으로서 원칙적으로 그 성립과 소멸이 따로 다루어져야 할 것이나, 근보증의 주채무와 근저당권의 피담보채무가 동일한 채무인 이상 근보증과 근저당권은 특별한 사정이 없는 한 동일한 채무를 담보하기 위한 중첩적인 담보로서 근저당권의 실행으로 변제를 받은 금액은 근보증의 보증한도액에서 공제되어야 한다(대판 2004.7.9. 2003다27160).

⑤ 보증한도액이 정해진 계속적 보증계약의 경우 보증인이 사망하였다 하더라도 보증계약이 당연히 종료되는 것은 아니고 특별한 사정이 없는 한 상속인들이 보증인의 지위를 승계한다고 보아야 할 것이나, 보증기간과 보증한도액의 정함이 없는 계속적 보증계약의 경우에는 보증인이 사망하면 보증인의 지위가 상속인에게 상속된다고 할 수 없고 다만, 기왕에 발생된 보증채무만이 상속된다(대판 2001.6.12. 2000다47187).

2) 해 지

① 계속적인 보증에 있어서는 보증계약 후 당초 예기하지 못한 사정변경이 생겨 보증인에게 계속하여 보증책임을 지우는 것이 당사자의 의사해석 내지 신의칙에 비추어 상당하지 못하다고 인정되는 경우에는, 상대방인 채권자에게 신의칙상 묵과할 수 없는 손해를 입게 하는 등의 특별한 사정이 없는 한 보증인의 일방적인 보증계약해지의 의사표시에 의하여 보증계약을 해지할 수 있다(대판 1996.12.10. 96다27858).

② 회사의 이사의 지위에서 부득이 회사와 제3자 사이의 계속적 거래로 인한 회사의 채무에 대하여 보증인이 된 자가 그 후 퇴사하여 이사의 지위를 떠난 때에는 보증계약 성립 당시의 사정에 현저한 변경이 생긴 경우에 해당하므로 이를 이유로 보증계약을 해지할 수 있는 것이고, 한편 계속적 보증계약의 보증인이 장차 그 보증계약에 기한 보증채무를 이행할 경우 피보증인이 계속적 보증계약의 보증인에게 부담하게 될 불확정한 구상금채무를 보증한 자에게도 사정변경이라는 해지권의 인정 근거에 비추어 마찬가지로 해지권을 인정하여야 한 것이니, 이와 같은 경우에도 보증계약이 해지되기 전에 계속적 거래가 종료되거나 그 밖의 사유로 주채무 내지 구상금채무가 확정된 경우라면 보증인으로서는 더 이상 사정변경을 이유로 보증계약을 해지할 수 없다(대판 2002.5.31. 2002다1673).

Ⅷ 보증인 보호를 위한 특별법(이하 '보증인보호법')

1. 제정취지

이 법은 보증에 관하여 「민법」에 대한 특례를 규정함으로써 아무런 대가 없이 호의(好意)로 이루어지는 보증으로 인한 보증인의 경제적·정신적 피해를 방지하고, 금전채무에 대한 합리적인 보증계약 관행을 확립함으로써 신용사회 정착에 이바지함을 목적으로 한다(보증인보호법 제1조).

2. 편면적 강행규정

이 법에 위반하는 약정으로서 보증인에게 불리한 것은 효력이 없다(보증인보호법 제11조).

3. 주요 내용

(1) 보증인보호법의 적용 대상

아무런 대가 없이 호의로 보증인이 된 자가 동법의 적용을 받는 보증인에 해당한다.

> **정의(보증인보호법 제2조)**
> 이 법에서 사용하는 용어의 뜻은 다음과 같다. 〈개정 2020.2.11.〉
> 1. "보증인"이란 「민법」 제429조 제1항에 따른 보증채무(이하 "보증채무"라 한다)를 부담하는 자로서 다음 각 목에서 정하는 경우를 제외한 자를 말한다.
> 　가. 「신용보증기금법」 제2조 제1호에 따른 기업(이하 "기업"이라 한다)이 영위하는 사업과 관련된 타인의 채무에 대하여 보증채무를 부담하는 경우
> 　나. 기업의 대표자, 이사, 무한책임사원, 「국세기본법」 제39조 제2항에 따른 과점주주(寡占株主) 또는 기업의 경영을 사실상 지배하는 자가 그 기업의 채무에 대하여 보증채무를 부담하는 경우
> 　다. 기업의 대표자, 이사, 무한책임사원, 「국세기본법」 제39조 제2항에 따른 과점주주 또는 기업의 경영을 사실상 지배하는 자의 배우자, 직계 존속·비속 등 특수한 관계에 있는 자가 기업과 경제적 이익을 공유하거나 기업의 경영에 직접·간접적으로 영향을 미치면서 그 기업의 채무에 대하여 보증채무를 부담하는 경우

라. 채무자와 동업 관계에 있는 자가 동업과 관련한 동업자의 채무를 부담하는 경우

마. 나목부터 라목까지의 어느 하나에 해당하는 경우로서 기업의 채무에 대하여 그 기업의 채무를 인수한 다른 기업을 위하여 보증채무를 부담하는 경우

바. 기업 또는 개인의 신용을 보증하기 위하여 법률에 따라 설치된 기금 또는 그 관리기관이 보증채무를 부담하는 경우

> **[물상보증의 경우에도 보증인 보호를 위한 특별법이 적용되는지 여부(소극)]**
>
> 보증인 보호를 위한 특별법(이하 '보증인보호법'이라 한다)의 목적 및 보증인보호법 제2조 제1호, 제2호의 문언에 비추어 볼 때, 보증인보호법은 민법 제429조 제1항에 따른 보증채무를 부담하는 경우에 적용될 뿐 타인의 채무에 대하여 담보물의 한도 내에서 책임을 지는 물상보증의 경우에는 적용되지 아니한다(대판 2015.3.26. 2014다83142).

(2) 보증의 방식

종래 동법 제3조에서 보증의사 등을 서면으로 표시할 것을 요구하였으나, 2015년 2월 3일 민법 제428조의2(보증의 방식)가 신설됨에 따라 2015년 2월 3일 삭제되었다.

> **[구 보증인 보호를 위한 특별법 제3조 제1항에서 정한 '보증인의 서명'의 의미 및 타인이 보증인의 이름을 대신 쓰는 것이 이에 해당하는지 여부(소극)]**
>
> 구 보증인 보호를 위한 특별법(2015.2.3. 법률 제13125호로 개정되기 전의 것, 이하 '구 보증인보호법'이라 한다) 제3조 제1항에서 보증의 의사표시에 보증인의 기명날인 또는 서명이 있는 서면을 요구하는 것은, 보증의사를 명확하게 표시하게 함으로써 보증 의사의 존부 및 내용에 관하여 분명한 확인수단을 보장하여 분쟁을 예방하는 한편, 보증인으로 하여금 가능한 한 경솔하게 보증에 이르지 아니하고 숙고의 결과로 보증을 하도록 하려는 취지에서 나온 것이다(대판 2017.12.13. 2016다233576).

(3) 보증채무 최고액의 특정

보증계약을 체결할 때에는 보증채무의 최고액(最高額)을 서면으로 특정(特定)하여야 한다. 보증 기간을 갱신할 때에도 또한 같다(보증인보호법 제4조).

(4) 채권자의 통지의무 등

> **채권자의 통지의무 등(보증인보호법 제5조)** `기출 10`
>
> ① 채권자는 주채무자가 원본, 이자 그 밖의 채무를 3개월 이상 이행하지 아니하는 경우 또는 주채무자가 이행기에 이행할 수 없음을 미리 안 경우에는 지체 없이 보증인에게 그 사실을 알려야 한다.
> ② 채권자로서 보증계약을 체결한 금융기관은 주채무자가 원본, 이자 그 밖의 채무를 1개월 이상 이행하지 아니하는 경우에는 지체 없이 그 사실을 보증인에게 알려야 한다.
> ③ 채권자는 보증인의 청구가 있으면 주채무의 내용 및 그 이행 여부를 보증인에게 알려야 한다.
> ④ 채권자가 제1항부터 제3항까지의 규정에 따른 의무를 위반한 경우에는 보증인은 그로 인하여 손해를 입은 한도에서 채무를 면한다.

1) 채권자의 통지의무

① 채권자는 주채무자가 원본, 이자 그 밖의 채무를 3개월 이상 이행하지 아니하는 경우 또는 주채무자가 이행기에 이행할 수 없음을 미리 안 경우에는 지체 없이 보증인에게 그 사실을 알려야 한다(보증인보호법 제5조 제1항).

② 채권자로서 보증계약을 체결한 금융기관은 주채무자가 원본, 이자 그 밖의 채무를 1개월 이상 이행하지 아니하는 경우에는 지체 없이 그 사실을 보증인에게 알려야 한다(보증인보호법 제5조 제2항).

③ 채권자는 보증인의 청구가 있으면 주채무의 내용 및 그 이행 여부를 보증인에게 알려야 한다 (보증인보호법 제5조 제3항).

2) 채권자의 통지의무 위반으로 인한 보증인의 채무면제 범위

채권자가 1)의 ① 내지 ③에 따른 의무를 위반한 경우에는 보증인은 채권자의 통지의무 위반으로 인하여 손해를 입은 한도에서 채무를 면한다(보증인보호법 제5조 제4항).

(5) 근보증

> **근보증(보증인보호법 제6조)**
> ① 보증은 채권자와 주채무자 사이의 특정한 계속적 거래계약이나 그 밖의 일정한 종류의 거래로부터 발생하는 채무 또는 특정한 원인에 기하여 계속적으로 발생하는 채무에 대하여도 할 수 있다. 이 경우 그 보증하는 채무의 최고액을 서면으로 특정하여야 한다.
> ② 제1항의 경우 채무의 최고액을 서면으로 특정하지 아니한 보증계약은 효력이 없다.

1) 의 의

보증인보호법은 포괄근보증이 아닌 한정근보증만을 규정하고 있다(보증인보호법 제6조 제1항 전문). 한정근보증의 경우 보증하는 채무의 최고액을 서면으로 특정하여야 하며(동법 제6조 제1항 후문), 서면으로 특정하지 아니한 보증계약은 효력이 없다(동법 제6조 제2항).

2) 보증책임의 범위

① 근보증의 피보증채무가 구체적으로 확정되는 시기(= 근보증관계 종료 시점) 및 한정근보증계약에서 미리 정한 기본거래의 종류에 의하여 장래 체결될 기본거래계약 또는 그에 기하여 발생하는 보증대상인 채무를 특정할 수 있는 경우, 주채무 발생의 원인이 되는 기본거래계약이 한정근보증계약보다 먼저 체결되어 있지 않은 것이 한정근보증계약의 성립이나 효력에 영향을 미치는지 여부(소극) : 근보증은 채권자와 주채무자 사이의 특정한 계속적 거래계약뿐 아니라 그 밖에 일정한 종류의 거래로부터 발생하는 채무 또는 특정한 원인에 기하여 계속적으로 발생하는 채무에 대하여도 할 수 있다. 또한 근보증의 대상인 주채무는 근보증계약을 체결할 당시에 이미 발생되어 있거나 구체적으로 내용이 특정되어 있을 필요는 없고, 장래의 채무, 조건부 채무는 물론 장래 증감·변동이 예정된 불특정의 채무라도 이를 특정할 수 있는 기준이 정해져 있으면 된다. 이와 같이 근보증은 그 보증대상인 주채무의 확정을 장래 근보증관계가 종료될 시점으로 유보하여 두는 것이므로, 그 종료 시점에 이르러 비로소 보증인이 부담할 피보증채무가 구체적으로 확정된다. 한편 위와 같은 근보증의 특질에 비추어 볼 때, 근보증계약이 특정 기본거래계약에 기하여 발생하는 채무만을 보증하기로 한 것이 아니라, 기본거래의 종류만을 정하고 그 종류에 속하는 현재 또는 장래의 기본거래계약에 기하여 근보증 결산기 이전에 발생하는 채무를 보증한도액 범위 내에서 보증하기로 하는 이른바 '한정근보증계약'인 경우, 미리 정한 기본거래의 종류에 의하여 장래 체결될 기본거래계약 또는 그에 기하여 발생하는 보증대상인 채무를 특정할 수 있다면 비록 주채무 발생이 원인이 되는 기본거래계약이 한정근보증계약보다 먼저 체결되어 있지 아니하더라도 그 근보증계약의 성립이나 효력에는 아무런 영향이 없다(대판 2013.11.14. 2011다29987).

② 한정근보증계약 체결 후 새로운 기본거래계약을 체결하거나 기존 기본거래계약의 기한을 갱신하고 거래 한도금액을 증액하는 약정이 당초 정한 기본거래의 종류에 속하고 채무가 근보증 결산기 이전에 발생한 것으로서 근보증한도액을 넘지 않는 경우, 보증인의 동의를 받거나 보증인에게 통지를 하여야 한정근보증의 피담보채무 범위에 속하게 되는지 여부(원칙적 소극) : 한정근보증계약은 거기에 정한 기본거래의 종류에 속하는 기본거래계약이 별도로 체결되는 것을 예정하고 있으므로, 채권자와 주채무자가 한정근보증계약 체결 이후 새로운 기본거래계약을 체결하거나 기존 기본거래계약의 기한을 갱신하고 그 거래 한도금액을 증액하는 약정을 하였다고 하더라도, 그것이 당초 정한 기본거래의 종류에 속하고 그로 인한 채무가 근보증 결산기 이전에 발생한 것으로서 근보증한도액을 넘지 않는다면, 이는 모두 한정근보증의 피보증채무 범위에 속한다고 보아야 하고, 별도의 약정이 있다는 등의 특별한 사정이 없는 한 새로운 기본거래계약 체결 등에 관하여 보증인의 동의를 받거나 보증인에게 통지하여야만 피보증채무의 범위에 속하게 되는 것은 아니다(대판 2013.11.14. 2011다29987).

(6) 보증기간 등

> **보증기간 등(보증인보호법 제7조)** 기출 09
> ① 보증기간의 약정이 없는 때에는 그 기간을 3년으로 본다.
> ② 보증기간은 갱신할 수 있다. 이 경우 보증기간의 약정이 없는 때에는 계약 체결 시의 보증기간을 그 기간으로 본다.
> ③ 제1항 및 제2항에서 간주되는 보증기간은 계약을 체결하거나 갱신하는 때에 채권자가 보증인에게 고지하여야 한다.
> ④ 보증계약 체결 후 채권자가 보증인의 승낙 없이 채무자에 대하여 변제기를 연장하여 준 경우에는 채권자나 채무자는 보증인에게 그 사실을 알려야 한다. 이 경우 보증인은 즉시 보증채무를 이행할 수 있다

1) 동법 제7조 제1항의 '보증기간' 3년의 의미

판례는 「보증인보호법 제1조, 제4조, 제6조, 제7조 제1항 및 제2항의 내용과 체계, 입법 목적 등에 비추어 보면, 보증인보호법 제7조 제1항의 취지는 보증채무의 범위를 특정하여 보증인을 보호하는 것이다. 따라서 이 규정에서 정한 '보증기간'은 특별한 사정이 없는 한 보증인이 보증책임을 부담하는 주채무의 발생기간이라고 해석함이 타당하고, 보증채무의 존속기간을 의미한다고 볼 수 없다(대판 2020.7.23. 2018다42231)」고 판시하였다.

[계속적 채권관계에서 발생하는 주계약상 불확정 채무에 대하여 보증계약이 체결된 후 주계약상 거래기간이 연장되었으나 보증기간이 연장되지 아니함으로써 보증계약이 종료된 경우, 보증인은 보증계약 종료 시의 주계약상의 채무에 대하여만 보증책임을 지는지 여부(적극)]

계속적 채권관계에서 발생하는 주계약상의 불확정 채무에 대하여 보증한 경우 그 보증채무는 통상적으로 주계약상의 채무가 확정된 때에 이와 함께 확정된다. 그러나 채권자와 주채무자 사이에서 주계약상의 거래기간이 연장되었으나 보증인과 사이에서 보증기간이 연장되지 아니하는 등의 사정으로 보증계약 관계가 먼저 종료된 때에는 그 종료로 보증채무가 확정되므로, 보증인은 그 당시의 주계약상의 채무에 대하여 보증책임을 지고, 그 후의 채무에 대하여는 보증책임을 지지 아니한다(대판 2021.1.28. 2019다207141).

---

2) 보증기간의 갱신 및 갱신 기간

보증기간은 갱신할 수 있는데, 이 경우 보증기간의 약정이 없는 때에는 계약 체결 시의 보증기간을 갱신 기간으로 본다(보증인보호법 제7조 제2항).

3) 채권자의 고지의무

동법 제7조 제1항 및 제2항에서 간주되는 보증기간은 계약을 체결하거나 갱신하는 때에 채권자가 보증인에게 고지하여야 한다(보증인보호법 제7조 제3항).

4) 채권자나 채무자의 통지의무 등

① 보증계약 체결 후 채권자가 보증인의 승낙 없이 채무자에 대하여 변제기를 연장하여 준 경우에는 채권자나 채무자는 보증인에게 그 사실을 알려야 한다(보증인보호법 제7조 제4항 전문).

② ①의 경우 보증인은 즉시 보증채무를 이행할 수 있다(보증인보호법 제7조 제4항 후문).

(7) 금융기관 보증계약의 특칙

> **금융기관 보증계약의 특칙(보증인보호법 제8조)**
> ① 금융기관이 채권자로서 보증계약을 체결할 때에는 「신용정보의 이용 및 보호에 관한 법률」에 따라 종합신용정보집중기관으로부터 제공받은 채무자의 채무관련 신용정보를 보증인에게 제시하고 그 서면에 보증인의 기명날인이나 서명을 받아야 한다. 보증기간을 갱신할 때에도 또한 같다.
> ② 금융기관이 제1항에 따라 채무자의 채무관련 신용정보를 보증인에게 제시할 때에는 채무자의 동의를 받아야 한다.
> ③ 금융기관이 제1항에 따라 보증인에게 채무관련 신용정보를 제시하지 아니한 경우에는 보증인은 금융기관에 대하여 보증계약 체결 당시 채무자의 채무관련 신용정보를 제시하여 줄 것을 요구할 수 있다.
> ④ 금융기관이 제3항에 따라 채무관련 신용정보의 제시요구를 받은 날부터 7일 이내에 그 요구에 응하지 아니하는 경우에는 보증인은 그 사실을 안 날부터 1개월 이내에 보증계약의 해지를 통고할 수 있다. 이 경우 금융기관이 해지통고를 받은 날부터 1개월이 경과하면 해지의 효력이 생긴다.

1) 보증계약 체결 및 갱신 시 채권자인 금융기관의 의무

① 금융기관이 채권자로서 보증계약을 체결할 때에는 「신용정보의 이용 및 보호에 관한 법률」에 따라 종합신용정보집중기관으로부터 제공받은 채무자의 채무관련 신용정보를 보증인에게 제시하고 그 서면에 보증인의 기명날인이나 서명을 받아야 한다(보증인보호법 제8조 제1항 전문).

② 금융기관이 채권자로서 체결한 보증계약을 갱신할 때에도 ①과 같다(보증인보호법 제8조 제1항 후문).

③ 금융기관이 채무자의 채무관련 신용정보를 보증인에게 제시할 때에는 채무자의 동의를 받아야 한다(보증인보호법 제8조 제2항).

2) 보증계약 체결 및 갱신 시 보증인의 권리

① 금융기관이 보증인에게 채무관련 신용정보를 제시하지 아니한 경우에는 보증인은 금융기관에 대하여 보증계약 체결 당시 채무자의 채무관련 신용정보를 제시하여 줄 것을 요구할 수 있다(보증인보호법 제8조 제3항).

② 금융기관이 채무관련 신용정보의 제시요구를 받은 날부터 7일 이내에 그 요구에 응하지 아니하는 경우에는 보증인은 그 사실을 안 날부터 1개월 이내에 보증계약의 해지를 통고할 수 있다(보증인보호법 제8조 제4항 전문). 이 경우 금융기관이 해지통고를 받은 날부터 1개월이 경과하면 해지의 효력이 생긴다(보증인보호법 제8조 제4항 후문).

IX 신원보증법

1. 의 의

(1) 개념 및 모습

신원보증은 주로 고용계약에 부수하여 체결되는 계약으로서 주로 신원보증계약 내지는 신원인수계약(손해담보계약)의 모습으로 행하여진다. 구체적으로 신원보증계약은 피용자가 장차 고용계약상의 채무불이행 또는 불법행위로 인하여 사용자에 대하여 부담할 손해배상의무 등을 보증하는 경우인 반면에 신원인수계약은 피용자가 사용자에 대하여 법률상 의무를 부담하는지 여부를 불문하고 피용자의 고용으로부터 발생하는 사용자의 모든 손해를 담보한다는 점에서 일종의 손해담보계약의 성질을 가진다.

> 손해담보계약상 담보의무자의 책임은 손해배상책임이 아니라 이행의 책임이고, 따라서 담보계약상 담보권리자의 담보의무자에 대한 청구권의 성질은 손해배상청구권이 아니라 이행청구권이므로, 민법 제396조의 과실상계 규정이 준용될 수 없음은 물론 과실상계의 법리를 유추적용하여 그 담보책임을 감경할 수도 없는 것이 원칙이지만, 다만 담보권리자의 고의 또는 과실로 손해가 야기되는 등의 구체적인 사정에 비추어 담보권리자의 권리 행사가 신의칙 또는 형평의 원칙에 반하는 경우에는 그 권리 행사의 전부 또는 일부가 제한될 수는 있다(대판 2002.5.24. 2000다72572).

(2) 신원보증법의 제정 이유

주로 고용계약과 관련되는 인적담보제도로서의 신원보증제도는 통상 피용자와의 인간관계상 어쩔 수 없이 보증인이 된 신원보증인에게 예측가능성이 희박하면서도 광범위한 책임을 지우는 불합리한 측면이 있어 신원보증인의 책임을 완화하기 위하여 신원보증법이 제정되었다. 이하에서는 신원보증법의 내용에 대해 알아보기로 한다.

2. 신원보증법의 내용

목적(신원보증법 제1조)
이 법은 신원보증 관계를 적절히 규율함을 목적으로 한다.

정의(신원보증법 제2조)
이 법에서 "신원보증계약"이란 피용자가 업무를 수행하는 과정에서 그에게 책임 있는 사유로 사용자에게 손해를 입힌 경우에 그 손해를 배상할 채무를 부담할 것을 약정하는 계약을 말한다.

신원보증계약의 존속기간 등(신원보증법 제3조)
① 기간을 정하지 아니한 신원보증계약은 그 성립일부터 2년간 효력을 가진다.
② 신원보증계약의 기간은 2년을 초과하지 못한다. 이보다 장기간으로 정한 경우에는 그 기간을 2년으로 단축한다.
③ 신원보증계약은 갱신할 수 있다. 다만, 그 기간은 갱신한 날부터 2년을 초과하지 못한다.

사용자의 통지의무(신원보증법 제4조)
① 사용자는 다음 각 호의 어느 하나에 해당하는 경우에는 지체 없이 신원보증인에게 통지하여야 한다.

1. 피용자가 업무상 부적격자이거나 불성실한 행적이 있어 이로 인하여 신원보증인의 책임을 야기할 우려가 있음을 안 경우
2. 피용자의 업무 또는 업무수행의 장소를 변경함으로써 신원보증인의 책임이 가중되거나 업무 감독이 곤란하게 될 경우

② 사용자가 고의 또는 중과실로 제1항의 통지의무를 게을리하여 신원보증인이 제5조에 따른 해지권을 행사하지 못한 경우 신원보증인은 그로 인하여 발생한 손해의 한도에서 의무를 면한다.

신원보증인의 계약해지권(신원보증법 제5조)
신원보증인은 다음 각 호의 어느 하나에 해당하는 사유가 있는 경우에는 계약을 해지할 수 있다.
1. 사용자로부터 제4조 제1항의 통지를 받거나 신원보증인이 스스로 제4조 제1항 각 호의 어느 하나에 해당하는 사유가 있음을 안 경우
2. 피용자의 고의 또는 과실로 인한 행위로 발생한 손해를 신원보증인이 배상한 경우
3. 그 밖에 계약의 기초가 되는 사정에 중대한 변경이 있는 경우

신원보증인의 책임(신원보증법 제6조)
① 신원보증인은 피용자의 고의 또는 중과실로 인한 행위로 발생한 손해를 배상할 책임이 있다.
② 신원보증인이 2명 이상인 경우에는 특별한 의사표시가 없으면 각 신원보증인은 같은 비율로 의무를 부담한다.
③ 법원은 신원보증인의 손해배상액을 산정하는 경우 피용자의 감독에 관한 사용자의 과실 유무, 신원보증을 하게 된 사유 및 이를 할 때 주의를 한 정도, 피용자의 업무 또는 신원의 변화, 그 밖의 사정을 고려하여야 한다.

신원보증계약의 종료(신원보증법 제7조)
신원보증계약은 신원보증인의 사망으로 종료된다.

불이익금지(신원보증법 제8조)
이 법의 규정에 반하는 특약으로서 어떠한 명칭이나 내용으로든지 신원보증인에게 불리한 것은 효력이 없다.

(1) 적용범위

신용보증법은 신원보증 관계를 적절히 규율할 목적으로 신용보증계약에 적용되는데(신원보증법 제1조 참고), 신용보증계약은 피용자가 업무를 수행하는 과정에서 그에게 책임 있는 사유로 사용자에게 손해를 입힌 경우에 그 손해를 배상할 채무를 부담할 것을 약정하는 계약을 의미한다(동법 제2조).

(2) 존속기간 등

1) 신원보증계약의 존속기간을 당사자가 정한 경우

① 원칙적으로 그 기간이 존속기간이 된다.

② 다만, 신원보증계약의 기간은 2년을 초과하지 못하므로, 존속기간을 2년보다 장기간으로 정한 경우에는 2년으로 단축한다(신원보증법 제3조 제2항).

2) 신원보증계약의 존속기간을 당사자가 정하지 아니한 경우

기간을 정하지 아니한 신원보증계약의 존속기간은 계약 성립일부터 2년이다(신원보증법 제3조 제1항).

3) 신원보증계약의 갱신 및 그 기간

신원보증계약은 갱신할 수 있고(신원보증법 제3조 제3항 본문), 그 기간은 갱신한 날부터 2년을 초과하지 못한다(신원보증법 제3조 제3항 단서).

(3) 사용자의 통지의무

1) 사용자는 다음의 어느 하나에 해당하는 경우에는 지체 없이 신원보증인에게 통지하여야 한다(신원보증법 제4조 제1항).

① 피용자가 업무상 부적격자이거나 불성실한 행적이 있어 이로 인하여 신원보증인의 책임을 야기할 우려가 있음을 안 경우(제1호).

② 피용자의 업무 또는 업무수행의 장소를 변경함으로써 신원보증인의 책임이 가중되거나 업무감독이 곤란하게 될 경우(제2호).

2) 사용자가 고의 또는 중과실로 1)의 통지의무를 게을리하여 신원보증인이 제5조에 따른 해지권을 행사하지 못한 경우 신원보증인은 그로 인하여 발생한 손해의 한도에서 의무를 면한다(신원보증법 제4조 제2항).

(4) 신원보증인의 계약해지권

신원보증인은 다음의 어느 하나에 해당하는 사유가 있는 경우에는 계약을 해지할 수 있다(신원보증법 제5조).

1) 사용자로부터 제4조 제1항의 통지를 받거나 신원보증인이 스스로 제4조 제1항 각 호의 어느 하나에 해당하는 사유가 있음을 안 경우(제1호)

2) 피용자의 고의 또는 과실로 인한 행위로 발생한 손해를 신원보증인이 배상한 경우(제2호)

3) 그 밖에 계약의 기초가 되는 사정에 중대한 변경이 있는 경우(제3호)

(5) 신원보증인의 책임

1) 신원보증인은 피용자의 고의 또는 중과실 있는 행위로 발생한 손해를 배상할 책임이 있으나(신원보증법 제6조 제1항), 피용자의 경과실로 발생한 손해에 대해서는 책임을 부담하지 않는다.

2) 공동신원보증인에게는 분별의 이익이 있다.

신원보증인이 2명 이상인 경우에는 특별한 의사표시가 없으면 각 신원보증인은 같은 비율로 의무를 부담한다(신원보증법 제6조 제2항).

3) 법원의 신원보증인의 손해배상액 산정 시 고려사항

법원은 신원보증인의 손해배상액을 산정하는 경우 피용자의 감독에 관한 사용자의 과실 유무, 신원보증을 하게 된 사유 및 이를 할 때 주의를 한 정도, 피용자의 업무 또는 신원의 변화, 그 밖의 사정을 고려하여야 한다(신원보증법 제6조 제3항).

(6) 신원보증채무의 비상속성

신원보증계약은 신원보증인의 사망으로 종료된다(신원보증법 제7조). 즉, 신원보증인 사망 시 그의 지위가 상속인에게 승계되지는 않는다. 단, 신원보증인이 사망하기 전에 이미 발생한 신원보증계약에 의한 보증채무는 상속인에게 상속된다(대판 1972.2.29. 71다2747).

(7) 불이익금지

신원보증법의 규정은 편면적 강행규정이며, 이 법의 규정에 반하는 특약으로서 어떠한 명칭이나 내용으로든지 신원보증인에게 불리한 것은 효력이 없다(신원보증법 제8조).

CHAPTER

04 다수당사자의 채권관계

01 서 설

01 다수당사자의 채권관계에 관한 설명으로 옳은 것은?(다툼이 있으면 판례에 따름) 기출 22

① 甲과 乙이 공유하는 건물을 丙에게 공동으로 임대하고 임차보증금을 수령한 경우, 특별한 사정이 없는 한 임대차 종료 시 甲과 乙은 지분비율에 따라 丙에게 임차보증금을 반환할 채무를 부담한다.

② 甲의 乙에 대한 금전채무에 대하여 丙이 乙과 보증계약을 체결한 경우, 주채무자 甲이 시효이익을 포기하면 보증인 丙에게도 그 효력이 있다.

③ 甲, 乙, 丙이 균등한 부담으로 丁에 대하여 3억원의 연대채무를 부담하고 있는 경우, 甲이 丁에게 9천만원을 변제하였다면 甲은 乙과 丙에게 각 3천만원씩 구상할 수 있다.

④ 甲, 乙, 丙이 균등한 부담으로 丁에 대하여 6천만원의 연대채무를 부담하고, 甲이 丁에 대한 4천만원의 반대채권을 가지고 유효하게 상계한 경우, 丙은 丁에 대하여 2천만원의 채무를 면한다.

⑤ 甲의 乙에 대한 금전채무에 대하여 丙이 乙과 연대보증계약을 체결하고, 乙이 丙에게 채무의 이행을 청구한 경우, 丙은 최고·검색의 항변권을 행사할 수 있다.

해설 ① (×) 건물의 공유자가 공동으로 건물을 임대하고 보증금을 수령한 경우, 특별한 사정이 없는 한 그 임대는 각자 공유지분을 임대한 것이 아니고 임대목적물을 다수의 당사자로서 공동으로 임대한 것이고 <u>그 보증금 반환채무는 성질상 불가분채무에 해당된다고 보아야 하므로</u>(대판 1998.12.8. 98다43137) 특별한 사정이 없는 한 임대차 종료 시 건물의 공유자 甲과 乙은 임차인 丙에게 불가분의 임차보증금 반환채무를 부담한다.

② (×) <u>주채무가 시효로 소멸한 때에는 보증인도 그 시효소멸을 원용할 수 있으며, 주채무자가 시효의 이익을 포기하더라도 보증인에게는 그 효력이 없으므로</u>(대판 1991.1.29. 89다카1114) 주채무자 甲이 시효이익을 포기한 경우에도 보증인 丙에게는 그 효력이 없다.

③ (○) 민법은 연대보증인 중의 한 사람이 공동면책을 이유로 다른 연대보증인에게 구상권을 행사하려면 '**자기의 부담부분을 넘은**' 변제를 하였을 것을 그 요건으로 규정하였으나(제448조 제2항), 연대채무자 중의 한 사람이 공동면책을 이유로 다른 연대채무자에게 구상권을 행사하는 데 있어서는 그러한 제한 없이 '**부담부분**'에 대하여 구상권을 행사할 수 있는 것으로 규정하고 있다(제425조 제1항). 따라서 연대채무자 사이의 구상권행사에 있어서 '부담부분'이란 연대채무자가 그 내부관계에서 출재를 분담하기로 한 비율을 말한다고 봄이 타당하므로(대판 2013.11.14. 2013다46023) 연대채무자 甲, 乙, 丙이 균등한 부담으로 丁에 대하여 3억원의 연대채무를 부담하고 있는 경우, 甲이 丁에게 9천만원을 변제하였다면 <u>출재를 분담하기로 한 비율 (1/3) 만큼</u> 甲은 다른 연대채무자 乙과 丙에게 각 3천만원씩 구상할 수 있다.

④ (×) 연대채무자 甲이 丁에 대하여 가지고 있는 4천만원의 반대채권으로 상계한 경우 일체형 절대효가 발생하여 6천만원 중 4천만원의 연대채무는 소멸하고(민법 제418조 제1항), 甲, 乙, 丙은 2천만원의 연대채무를 부담하게 된다.
⑤ (×) 연대보증인에게는 최고·검색의 항변권이 인정되지 않는다. 따라서 연대보증인 丙은 최고·검색의 항변권을 행사할 수 없다.

---

02 다수당사자의 채권관계에 관한 설명으로 옳지 않은 것은?(다툼이 있으면 판례에 따름)

기출 21

① 甲과 乙이 공유하는 부동산을 丙에게 공동으로 임대한 경우, 임대차 종료 시 甲과 乙은 지분비율에 따라 丙에게 임대차보증금을 반환할 채무를 부담한다.
② 丙에 대해 불가분채권을 가지고 있는 甲과 乙 중 甲이 丙에게 이행을 청구하여 丙이 이행지체에 빠진 경우, 丙은 乙에게도 이행지체 책임을 진다.
③ 甲과 乙이 공유하는 부동산을 丙이 무단으로 점유·사용하고 있는 경우, 특별한 사정이 없는 한 甲과 乙은 丙에 대해 지분비율에 따른 부당이득반환청구권을 갖는다.
④ 甲이 乙의 丙에 대한 채무를 중첩적으로 인수하는 경우, 甲과 乙은 원칙적으로 연대채무를 부담한다.
⑤ 甲의 채권자 丁이 甲의 연대채무자 乙, 丙에 대한 채권 중 甲의 乙에 대한 채권에 대해 압류 및 추심명령을 발령받았더라도 甲은 丙에 대해 이행을 청구할 수 있다.

해설 ① (×) 건물의 공유자가 공동으로 건물을 임대하고 보증금을 수령한 경우, 특별한 사정이 없는 한 그 임대는 각자 공유지분을 임대한 것이 아니고 임대목적물을 다수의 당사자로서 공동으로 임대한 것이고 그 보증금 반환채무는 성질상 불가분채무에 해당된다고 보아야 할 것이다(대판 1998.12.8. 98다43137).
② (○) 불가분채권에서 각 채권자는 모든 채권자를 위하여 이행을 청구할 수 있고, 그 효과는 다른 채권자에게도 미치므로(절대효), 채권자 甲이 채무자 丙에게 이행을 청구하여 丙이 이행지체에 빠진 경우 丙은 乙에게도 이행지체 책임을 진다.
③ (○) 토지공유자는 특별한 사정이 없는 한 그 지분에 대응하는 비율의 범위 내에서만 그 차임상당의 부당이득금반환의 청구권을 행사할 수 있으므로(대판 1979.1.30. 78다2088), 부동산 공유자 甲과 乙은 그 부동산을 무단으로 점유한 丙에게 지분비율에 따른 부당이득반환청구권을 갖는다.
④ (○) 중첩적 채무인수에서 인수인이 채무자의 부탁 없이 채권자와의 계약으로 채무를 인수하는 것은 매우 드문 일이므로 채무자와 인수인은 원칙적으로 주관적 공동관계가 있는 연대채무관계에 있고, 인수인이 채무자의 부탁을 받지 아니하여 주관적 공동관계가 없는 경우에는 부진정연대관계에 있는 것으로 보아야 한다(대판 2009.8.20. 2009다32409).
⑤ (○) 2인 이상의 불가분채무자 또는 연대채무자(이하 '불가분채무자 등'이라 한다)가 있는 금전채권의 경우에, 그 불가분채무자 등 중 1인을 제3채무자로 한 채권압류 및 추심명령이 이루어지면 그 채권압류 및 추심명령을 송달받은 불가분채무자 등에 대한 피압류채권에 관한 이행의 소는 추심채권자만이 제기할 수 있고 추심채무자는 그 피압류채권에 대한 이행소송을 제기할 당사자적격을 상실하지만, 그 채권압류 및 추심명령의 제3채무자가 아닌 나머지 불가분채무자 등에 대하여는 추심채무자가 여전히 채권자로서 추심권한을 가지므로 나머지 불가분채무자 등을 상대로 이행을 청구할 수 있고, 이러한 법리는 위 금전채권 중 일부에 대하여만 채권압류 및 추심명령이 이루어진 경우에도 마찬가지이다(대판 2013.10.31. 2011다98426).

02 ① 정답

03 다수당사자의 채권관계에서 채무자 1인에게 생긴 사유가 다른 채무자에 대하여 절대적 효력을 가지지 않는 경우는?(다툼이 있는 경우에는 판례에 의함) 기출 13

① 연대채무자 1인에 대한 압류로 인하여 시효가 중단된 경우
② 부진정연대채무자 1인이 자신의 채권자에 대한 반대채권으로 상계를 한 경우
③ 연대채무자 1인과 채권자 사이에 채무의 경개가 이루어진 경우
④ 채권자가 연대채무자 1인에 대하여 이행의 청구를 한 경우
⑤ 불가분채무자 1인이 채무를 이행하였으나, 채권자가 그 수령을 거절한 경우

해설 ① (×) 어느 연대채무자에 대한 압류·가압류·가처분·승인에 의한 시효중단은 다른 연대채무자에게 효력이 없다(상대효). 판례 또한「채권자의 신청에 의한 경매개시결정에 따라 연대채무자 1인의 소유 부동산이 압류된 경우, 이로써 위 채무자에 대한 채권의 소멸시효는 중단되지만, **압류에 의한 시효중단의 효력은 다른 연대채무자에게 미치지 아니하므로**, 경매개시결정에 의한 시효중단의 효력을 다른 연대채무자에 대하여 주장할 수 없다」고 한다(대판 2001.8.21. 2001다22840).

② (○) 부진정연대채무자 중 1인이 자신의 채권자에 대한 반대채권으로 상계를 한 경우에도 채권은 변제, 대물변제, 또는 공탁이 행하여진 경우와 동일하게 현실적으로 만족을 얻어 그 목적을 달성하는 것이므로, 그 상계로 인한 채무소멸의 효력은 소멸한 채무 전액에 관하여 다른 부진정연대채무자에 대하여도 미친다고 보아야 한다. 이는 부진정연대채무자 중 1인이 채권자와 상계계약을 체결한 경우에도 마찬가지이다. 나아가 이러한 법리는 채권자가 상계 내지 상계계약이 이루어질 당시 다른 부진정연대채무자의 존재를 알았는지 여부에 의하여 좌우되지 아니한다(대판[전합] 2010.9.16. 2008다97218 - 다수의견).

③ (○) 어느 연대채무자와 채권자 간에 채무의 경개가 있는 때에는 채권은 모든 연대채무자의 이익을 위하여 소멸한다(민법 제417조).

④ (○) 어느 연대채무자에 대한 **이행청구**는 다른 연대채무자에게도 효력이 있다(민법 제416조). 판례 또한「채권자가 연대채무자 1인의 소유 부동산에 대하여 경매신청을 한 경우, 이는 최고로서의 효력을 가지고 있고, 연대채무자에 대한 이행청구는 다른 연대채무자에게도 효력이 있으므로, 채권자가 6월 내에 다른 연대채무자를 상대로 재판상 청구를 하였다면 그 다른 연대채무자에 대한 채권의 소멸시효가 중단되지만, 이로 인하여 중단된 시효는 위 경매절차가 종료된 때가 아니라 재판이 확정된 때로부터 새로 진행된다」고 한다(대판 2001.8.21. 2001다22840).

⑤ (○) 불가분채무자 중 1인의 변제제공 및 그 효과인 수령지체는 다른 채무자에 대하여 효력이 생기고(민법 제411조, 제422조), 불가분채무자 중 1인의 변제·대물변제·공탁 또한 마찬가지이다.

| 02 | 분할채권관계 |

| 03 | 불가분채권관계 |

01 연대채무자 甲·乙·丙이 채권자 丁에게 대여금 3억원을 변제하기로 하는 채무를 부담하는 경우, 이에 관한 설명으로 옳지 않은 것은? (甲·乙·丙의 부담부분은 균등하며 원본만 고려함. 각 지문은 독립적이고, 다툼이 있으면 판례에 따름) [기출] 24

① 丁이 변제기에 甲을 상대로 채무이행의 소를 제기하여 승소판결이 확정된 경우, 그 소멸시효 중단의 효과는 乙과 丙에게도 발생한다.

② 乙이 丁에 대해 상계적상에 있는 2억원의 채권을 가지고 있으나 상계하지 아니한 경우, 丙은 乙의 丁에 대한 2억원의 채권 중 1억원에 한해 상계할 수 있다.

③ 丙이 채무 3억원의 지급에 갈음하여 자신이 소유하는 부동산의 소유권을 丁에게 이전하기로 하는 경개계약을 丁과 유효하게 체결한 경우, 丁에 대한 甲과 乙의 채무는 소멸한다.

④ 丁이 甲에 대해 채무 전부를 면제한 경우, 丁에 대한 乙과 丙의 채무 전부도 소멸한다.

⑤ 丙이 丁의 위 채권(3억원)을 유효하게 양수한 경우, 甲과 乙은 丙에게 각 1억원을 변제하여야 한다.

해설 ① (○) 어느 연대채무자에 대한 이행청구는 다른 연대채무자에게도 효력이 있다(민법 제416조).
② (○) 상계할 채권이 있는 연대채무자가 상계하지 아니한 때에는 그 채무자의 부담부분에 한하여 다른 연대채무자가 상계할 수 있다(민법 제418조 제2항).
③ (○) 어느 연대채무자와 채권자간에 채무의 경개가 있는 때에는 채권은 모든 연대채무자의 이익을 위하여 소멸한다(민법 제417조).
④ (×) 어느 연대채무자에 대한 채무면제는 그 채무자의 부담부분에 한하여 다른 연대채무자의 이익을 위하여 효력이 있다(민법 제419조). 따라서 1억원의 범위에서 채무면제의 효력이 있다.
⑤ (○) 어느 연대채무자와 채권자간에 혼동이 있는 때에는 그 채무자의 부담부분에 한하여 다른 연대채무자도 의무를 면한다(민법 제420조).

02 甲, 乙, 丙이 균등한 부담으로 丁에 대하여 6천만원의 연대채무를 부담하고 있다. 이에 관한 설명으로 옳지 않은 것은? [기출] 18

① 甲이 丁에 대한 4천만원의 반대채권을 가지고 유효하게 상계한 경우, 丙은 2천만원의 채무를 면한다.

② 乙이 6천만원의 지급에 갈음하여 丁에게 자신의 주택의 소유권 이전을 내용으로 하는 경개계약을 체결한 경우, 甲과 丙의 丁에 대한 연대채무는 소멸한다.

③ 甲이 丁에게 6천만원을 변제하고 과실(過失) 없이 바로 乙과 丙에게 구상하려는데 乙이 무자력이 된 경우, 甲은 丙에게 3천만원을 구상할 수 있다.

④ 丁이 丙의 채무를 면제한 경우, 甲과 乙은 丁에 대해 4천만원에 대하여 연대채무를 부담한다.

⑤ 甲이 乙과 丙에게 사전통지를 하지 않은 채 丁에게 채무 전부를 변제하고 乙과 丙에게 구상권을 행사하였는데 乙이 甲의 변제 전에 丁에 대하여 4천만원의 상계적상인 반대채권을 갖고 있었던 경우, 乙의 丁에 대한 채권은 2천만원에 한하여 甲에게 이전된다.

해설 ① (×) 어느 연대채무자가 채권자에 대하여 채권이 있는 경우에 그 채무자가 **상계**한 때에는 채권은 모든 연대채무자의 이익을 위하여 소멸한다(민법 제418조 제1항). 따라서 丙은 4천만원의 채무를 면한다.

② (○) 어느 연대채무자와 채권자 간에 채무의 **경개**가 있는 때에는 채권은 모든 연대채무자의 이익을 위하여 소멸한다(민법 제417조). 따라서 乙이 6천만원의 지급에 갈음하여 丁과 경개계약을 체결한 경우에는, 甲과 丙의 丁에 대한 연대채무는 소멸하고, 이 경우 乙은 甲과 丙에게 각 2천만원씩을 구상할 수 있다(민법 제425조 제1항).

③ (○) 연대채무자 중에 **상환할 자력이 없는 자가 있는 때**에는 그 채무자의 부담부분은 구상권자 및 다른 자력이 있는 채무자가 그 부담부분에 비례하여 분담한다. 그러나 丁상환자에게 과실이 있는 때에는 다른 연대채무자에 대하여 분담을 청구하지 못한다(민법 제427조 제1항). 따라서 무자력자 乙의 부담부분인 2천만원은, 구상권자 甲 및 다른 자력이 있는 채무자 丙이 그 부담부분에 비례하여 분담하게 되므로, 甲은 丙에게 3천만원을 구상할 수 있다.

④ (○) 어느 연대채무자에 대한 **채무면제는 그 채무자의 부담부분에 한하여** 다른 연대채무자의 이익을 위하여 효력이 있다(민법 제419조). 따라서 丁이 丙의 채무를 면제한 경우에는, 丙의 부담부분인 2천만원에 한하여 甲과 乙에게 효력이 미친다. 즉, 甲과 乙은 丁에 대하여 4천만원에 대하여 연대채무를 부담한다.

⑤ (○) 어느 연대채무자가 다른 연대채무자에게 통지하지 아니하고 변제 기타 자기의 출재로 공동면책이 된 경우에 다른 연대채무자가 채권자에게 대항할 수 있는 사유가 있었을 때에는 그 부담부분에 한하여 이 사유로 면책행위를 한 연대채무자에게 대항할 수 있고 그 대항사유가 상계인 때에는 상계로 소멸할 채권은 그 연대채무자에게 이전된다(민법 제426조 제1항). 따라서 乙이 甲의 변제 전에 丁에 대하여 4천만원의 상계적상인 반대채권을 갖고 있었던 경우에는, 부담부분인 2천만원에 한하여 甲에 대한 상계항변권이 있음을 주장함으로써 그 구상을 거부할 수 있고, 이 경우 부담부분인 2천만원은 甲에게 이전된다.

03   甲, 乙, 丙은 丁에 대하여 3,000만원의 연대채무를 부담하고 있으며, 그 부담부분이 균등한 경우에 관한 설명으로 옳지 않은 것은?(다툼이 있으면 판례에 따름) **기출** 16

① 甲이 丁에게 900만원을 변제하였다면 甲은 乙과 丙에게 각 300만원씩 구상할 수 있다.

② 乙이 변제기가 도래한 丁에 대한 2,000만원의 금전채권을 자동채권으로 하여 상계한 경우, 2,000만원의 범위 내에서 甲과 丙의 채무도 소멸한다.

③ 乙이 丁에 대한 채권으로 상계하지 않는 경우, 甲은 乙의 丁에 대한 금전채권을 자동채권으로 하여 1,000만원의 범위 내에서 상계할 수 있다.

④ 丁의 甲에 대한 채권이 시효완성으로 인하여 소멸하였다면 乙과 丙도 채무를 전부 면하게 된다.

⑤ 丁이 丙에 대하여 채무 전부를 면제해 주었다면 이제 甲과 乙은 丁에 대하여 2,000만원의 연대채무를 부담하게 된다.

해설 ① (○) 민법은 연대보증인 중의 한 사람이 공동면책을 이유로 다른 연대보증인에게 구상권을 행사하려면 '자기의 부담부분을 넘은' 변제를 하였을 것을 그 요건으로 규정하였으나(민법 제448조 제2항), 연대채무자 중의 한 사람이 공동면책을 이유로 다른 연대채무자에게 구상권을 행사하는 데 있어서는 그러한 제한 없이 '부담부분'에 대하여 구상권을 행사할 수 있는 것으로 규정하고 있다(민법 제425조 제1항). 따라서 연대채무자 사이의 구상권 행사에 있어서 '부담부분'이란 연대채무자가 그 내부관계에서 출재를 분담하기로 한 비율을 말한다고 봄이 타당하다(대판 2013.11.14. 2013다46023). 따라서 甲이 丁에게 900만원을 변제하였다면, 乙과 丙에게 부담부분 1/3에 따라 각 300만원씩 구상할 수 있다.

② (○) 어느 연대채무자가 채권자에 대하여 채권이 있는 경우에 **그 채무자가 상계한 때**에는 채권은 모든 연대채무자의 이익을 위하여 소멸한다(민법 제418조 제1항). 따라서 乙이 직접 상계하였다면, 2천만원의 범위 내에서 甲과 丙의 채무도 소멸한다.

③ (○) 반면, **상계할 채권이 있는 연대채무자가 상계하지 아니한 때에는** 그 채무자의 부담부분에 한하여 다른 연대채무자가 상계할 수 있다(민법 제418조 제2항). 따라서 甲은 乙의 丁에 대한 금전채권 중 乙의 부담부분인 1천만원의 범위 내에서 상계할 수 있다.

④ (×) 어느 연대채무자에 대하여 **소멸시효가 완성한 때에는** 그 부담부분에 한하여 다른 연대채무자도 의무를 면한다(민법 제421조). 따라서 乙과 丙은 甲의 부담부분인 1천만원의 범위 내에서 채무를 면하게 된다.

⑤ (○) 어느 연대채무자에 대한 **채무면제는** 그 채무자의 부담부분에 한하여 다른 연대채무자의 이익을 위하여 효력이 있다(민법 제419조). 따라서 甲과 乙은 丙의 부담부분인 1천만원의 범위 내에서 채무를 면하게 되나, 여전히 丁에 대하여 2천만원의 연대채무를 부담하게 된다.

---

04 甲은 乙의 피용자 丙의 과실에 의한 불법행위로 2억원의 손해를 입었는데, 丙의 위 불법행위에 대해 乙의 사용자책임이 인정되었다. 丙의 손해배상채무액은 2억원으로 인정되었고, 乙의 손해배상채무액은 甲의 과실을 참작하여 과실상계를 한 결과 1억 5천만원으로 인정되었다. 이에 관한 설명으로 옳지 않은 것은?(다툼이 있으면 판례에 따름) [기출] 20

① 甲에 대한 丙의 손해배상채무와 乙의 손해배상채무는 부진정연대채무의 관계에 있다.

② 丙이 甲에게 1억원을 변제한 경우, 甲에 대한 乙의 손해배상채무액은 5천만원이 남게 된다.

③ 甲이 乙에 대한 손해배상채권의 소멸시효를 중단시키더라도 丙에 대한 손해배상채권의 소멸시효는 중단되지 않는다.

④ 丙이 자신의 甲에 대한 2억원의 대여금채권으로 적법하게 상계한 경우, 그 상계로 인한 채무소멸의 효력은 乙에 대하여도 미친다.

⑤ 丙이 甲에 대하여 상계할 채권을 가지고 있으면서 상계하지 않고 있는 경우, 乙이 그 채권을 가지고 상계할 수는 없다.

해설
① (○) 사용자의 손해배상책임은 피용자의 배상책임에 대한 대체적 책임이어서 사용자도 제3자와 부진정연대 관계에 있다고 보아야 할 것이므로, 사용자가 피용자와 제3자의 책임비율에 의하여 정해진 피용자의 부담부분을 초과하여 피해자에게 손해를 배상한 경우에는 사용자는 제3자에 대하여도 구상권을 행사할 수 있다(대판 2006.2.9. 2005다28426).

② (×) 판례는 외측설의 입장에서 「금액이 다른 채무가 서로 부진정연대관계에 있을 때 다액채무자가 일부변제를 하는 경우 변제로 인하여 먼저 소멸하는 부분은 당사자의 의사와 채무 전액의 지급을 확실히 확보하려는 부진정연대채무제도의 취지에 비추어 볼 때 다액채무자가 단독으로 채무를 부담하는 부분으로 보아야 한다. 이러한 법리는 사용자의 손해배상액이 피해자의 과실을 참작하여 과실상계를 한 결과 타인에게 직접 손해를 가한 피용자 자신의 손해배상액과 달라졌는데 다액채무자인 피용자가 손해배상액의 일부를 변제한 경우에 적용되고, 공동불법행위자들의 피해자에 대한 과실비율이 달라 손해배상액이 달라졌는데 다액채무자인 공동불법행위자가 손해배상액의 일부를 변제한 경우에도 적용된다」고 한다(대판[전합] 2018.3.22. 2012다74236). 즉, 丙이 甲에게 1억원을 변제한 경우, 그 변제로 인하여 먼저 소멸하는 부분은 丙이 단독으로 부담하는 5천만원이고, 나머지 5천만원은 공동부분에서 소멸한다. 따라서 甲에 대한 乙의 손해배상채무액은 1억원이 남게 된다.

③ (○) 부진정연대채무의 경우 채권의 만족을 주는 사유(변제, 대물변제, 공탁, 상계 등) 이외에는 모두 상대적 효력이 있다. 따라서 부진정연대채무에서는 채무자 1인에 대한 이행청구 또는 채무자 1인이 행한 채무의 승인 등 소멸시효의 중단사유나 시효이익의 포기가 다른 채무자에게 효력을 미치지 아니한다(대판 2011.4.14. 2010다91886).

④ (○) 부진정연대채무자 중 1인이 자신의 채권자에 대한 반대채권으로 상계를 한 경우에도 채권은 변제, 대물변제, 또는 공탁이 행하여진 경우와 동일하게 현실적으로 만족을 얻어 그 목적을 달성하는 것이므로, 그 상계로 인한 채무소멸의 효력은 소멸한 채무 전액에 관하여 다른 부진정연대채무자에 대하여도 미친다고 보아야 한다. 이는 부진정연대채무자 중 1인이 채권자와 상계계약을 체결한 경우에도 마찬가지이다. 나아가 이러한 법리는 채권자가 상계 내지 상계계약이 이루어질 당시 다른 부진정연대채무자의 존재를 알았는지 여부에 의하여 좌우되지 아니한다(대판[전합] 2010.9.16. 2008다97218 – 다수의견). 따라서 사안의 경우, 민법 제496조의 적용대상이 아니므로, 그 상계로 인한 채무소멸의 효력은 乙에 대하여도 미친다.

⑤ (○) 부진정연대채무에 있어서 부진정연대채무자 1인이 한 상계로 따른 부진정연대채무자에 대한 변제에 있어서도 공동면책의 효력 내지 절대적 효력이 있는 것인지는 별론으로 하더라도, 부진정연대채무자 사이에는 고유의 의미에 있어서의 부담부분이 존재하지 아니하므로 위와 같은 고유의 의미의 부담부분의 존재를 전제로 하는 민법 제418조 제2항은 부진정연대채무에는 적용되지 아니하는 것으로 봄이 상당하고, 따라서 부진정연대채무에 있어서는 한 부진정연대채무자가 채권자에 대하여 상계할 채권을 가지고 있음에도 상계를 하지 않고 있다 하더라도 다른 부진정연대채무자가 그 채권을 가지고 상계를 할 수는 없는 것으로 보아야 한다(대판 1994.5.27. 93다21521).

05 부진정연대채무에 관한 설명으로 옳은 것은?(다툼이 있는 경우에는 판례에 의함) 기출 12

① 공동임차인의 차임지급채무는 부진정연대채무이다.
② 어느 부진정연대채무자가 채권자에 대하여 상계할 채권을 가지고 있음에도 상계를 하지 않은 경우, 다른 부진정연대채무자는 그 채권을 가지고 상계할 수 없다.
③ 손해를 배상한 공동불법행위자는 다른 공동불법행위자에게 그 과실의 비율에 따라 구상할 수 있고, 이 경우 다른 공동불법행위자의 구상채무는 부진정연대채무에 해당한다.
④ 채권자가 부진정연대채무자 중 1인에 대하여 이행청구를 한 경우, 다른 채무자에 대하여 시효 중단의 효과가 발생한다.
⑤ 피해자가 공동불법행위자 중 1인에 대하여 한 채무면제의 효력은 다른 공동불법행위자에게 미친다.

해설
① (×) 수인이 공동하여 물건을 차용한 때에는 연대하여 그 의무를 부담한다(민법 제616조). 따라서 **공동임차인의 차임지급채무는 연대채무이다.**
② (○) 부진정연대채무에 있어서 부진정연대채무자 1인이 한 상계가 다른 부진정연대채무자에 대한 관계에 있어서도 공동면책의 효력 내지 절대적 효력이 있는 것인지는 별론으로 하더라도, 부진정연대채무자 사이에는 고유의 의미에 있어서의 부담부분이 존재하지 아니하므로 위와 같은 고유의 의미의 부담부분의 존재를 전제로 하는 민법 제418조 제2항은 부진정연대채무에는 적용되지 아니하는 것으로 봄이 상당하고, 따라서 부진정연대채무에 있어서는 한 부진정연대채무자가 채권자에 대하여 상계할 채권을 가지고 있음에도 상계를 하지 않고 있다 하더라도 다른 부진정연대채무자가 그 채권을 가지고 상계를 할 수는 없는 것으로 보아야 한다(대판 1994.5.27. 93다21521).
③ (×) 공동불법행위자 중 1인에 대하여 구상의무를 부담하는 다른 공동불법행위자가 수인인 경우에는 **특별한 사정이 없는 이상** 그들의 구상권자에 대한 채무는 각자의 부담부분에 따른 분할채무로 봄이 상당하지만, **구상권자인 공동불법행위자 측에 과실이 없는 경우,** 즉 내부적인 부담부분이 전혀 없는 경우에는 이와 달리 그에 대한 수인의 구상의무 사이의 관계를 **부진정연대관계로 봄이 상당하다**(대판 2005.10.13. 2003다24147).
④ (×) 부진정연대채무의 경우 채권의 만족을 주는 사유(변제, 대물변제, 공탁, 상계 등) 이외에는 모두 상대적 효력이 있다. 따라서 부진정연대채무에서는 채무자 1인에 대한 이행청구 또는 채무자 1인이 행한 채무의 승인 등 소멸시효의 중단사유나 시효이익의 포기가 다른 채무자에게 효력을 미치지 아니한다(대판 2011.4.14. 2010다91886).
⑤ (×) 공동불법행위자 중 1인이 한 변제·대물변제·공탁·상계 등 채권의 만족을 주는 사유는 절대효가 인정되나, 면제와 같은 사유는 다른 부진정연대채무자에게 그 효력이 미치지 아니한다.

01 보증계약에 관한 설명으로 옳지 않은 것은? [기출] 19

① 보증인은 보증채무에 대하여 위약금 또는 손해배상액을 예정할 수 있다.

② 채무자가 보증인을 세울 의무가 있는 경우, 채권자가 보증인을 지명하였다면 보증인은 행위능력 및 변제자력이 없어도 된다.

③ 주채무자의 의사에 반하여 보증인이 된 자가 과실 없이 변제 기타 자기의 출재로 주채무를 소멸시킨 경우, 주채무자는 현존이익의 한도에서 배상하여야 한다.

④ 채권자가 연대보증인에게 채무이행을 청구한 경우, 연대보증인은 채무자의 변제자력이 있는 사실 및 그 집행이 용이할 것을 증명하여 먼저 채무자에게 청구할 것과 그 재산에 대하여 집행할 것을 항변할 수 있다.

⑤ 주채무자의 부탁으로 보증인이 된 자가 과실 없이 변제 기타의 출재로 주채무를 소멸시킨 경우, 보증인은 주채무자를 상대로 면책된 날 이후의 법정이자에 관하여 구상청구를 할 수 있다.

해설   ① (○) 보증인은 그 보증채무에 관한 위약금 기타 손해배상액을 예정할 수 있다(민법 제429조 제2항).

      ② (○) 채무자가 보증인을 세울 의무가 있는 경우, 그 보증인은 행위능력 및 변제자력이 있어야 하나(민법 제431조 제1항), 채권자가 보증인을 지명한 경우에는, 행위능력 및 변제자력을 요하지 아니한다(민법 제431조 제3항).

      ③ (○) 주채무자의 의사에 반하여 보증인이 된 자가 변제 기타 자기의 출재로 주채무를 소멸하게 한 때에는 주채무자는 현존이익의 한도에서 배상하여야 한다(민법 제444조 제2항).

      ④ (×) 연대보증인에게는 최고·검색의 항변권이 인정되지 아니한다(민법 제437조 단서).

      ⑤ (○) 주채무자의 부탁으로 보증인이 된 자가 과실 없이 변제 기타의 출재로 주채무를 소멸하게 한 때에는 주채무자에 대하여 구상권이 있고(민법 제441조 제1항), 그 구상권은 면책된 날 이후의 법정이자 및 피할 수 없는 비용 기타 손해배상을 포함한다(민법 제441조 제2항, 제425조 제2항).

02 乙은 丙으로부터 부동산을 매수하면서 甲에게 자신의 대금지급채무의 보증을 부탁하였고, 이에 따라 甲은 丙과 보증계약을 체결하였다. 이에 관한 설명으로 옳은 것은?(다툼이 있으면 판례에 따름) 기출 18

① 丙이 보증계약 후 乙의 변제기를 연장해 준 경우, 특별한 사정이 없는 한 甲은 주채무의, 보증계약 당시의 이행기가 되더라도 乙에게 미리 구상권을 행사할 수 없다.

② 甲이 丙에게 변제한 이후 乙과 丙의 계약이 해제되어 소급적으로 소멸한 경우 甲은 丙을 상대로 이미 이행한 급부를 부당이득으로 반환청구할 수 없다.

③ 乙이 채무를 변제하고도 그 사실을 甲에게 통지하지 않고 있던 중에 甲이 이러한 사실을 모르고 乙에 대한 사전통지 없이 채무를 변제한 경우, 甲은 乙에 대하여 자기의 변제가 유효함을 주장할 수 없다.

④ 丙이 乙에 대한 대금채권을 실행하기 위해 乙의 재산을 압류하더라도 甲의 보증채무의 소멸시효는 중단되지 않는다.

⑤ 甲이 변제로 乙의 채무를 소멸시킨 경우, 甲은 乙이 그 당시에 이익을 받은 한도에서 구상할 수 있다.

해설 ① (×) 수탁보증인은 특별한 사정이 없는 한 그 주채무의 변제기 연장이 언제 이루어졌던지 간에 본래의 변제기가 도래한 후에는 민법 제442조 제1항 제4호에 의하여 주채무자에 대하여 사전구상권을 행사할 수 있고, 이 경우에는 민법 제442조 제2항에 따라 보증계약 후에 채권자가 주채무자에게 허여(許與)한 기한으로 보증인에게 대항하지 못할 뿐만 아니라, 수탁보증인이 본래의 변제기가 도래한 후 과실 없이 변제 기타의 출재로 주채무를 소멸하게 한 후 이를 주채무자에게 통지하였다면, 민법 제445조 제1항에 의하여 주채무자는 위 통지를 받은 후 채권자와 사이에 이루어진 변제기 연장에 관한 합의로서 사후구상권을 행사하는 수탁보증인에게 대항할 수는 없다(대판 2007.4.26. 2006다22715).

② (×) 보증채무는 주채무와 동일한 내용의 급부를 목적으로 함이 원칙이지만 주채무와는 별개 독립의 채무이고, 한편 보증채무자가 주채무를 소멸시키는 행위는 주채무의 존재를 전제로 하므로, 보증인의 출연행위 당시에는 주채무가 유효하게 존속하고 있었다 하더라도 그 후 주계약이 해제되어 소급적으로 소멸하는 경우에는 보증인은 변제를 수령한 채권자를 상대로 이미 이행한 급부를 부당이득으로 반환청구할 수 있다(대판 2004.12.24. 2004다20265).

③ (O) 민법 제446조의 규정은 같은 법 제445조 제1항의 규정을 전제로 하는 것이어서 같은 법 제445조 제1항의 사전통지를 하지 아니한 수탁보증인까지 보호하는 취지의 규정은 아니므로, 수탁보증에 있어서 주채무자가 면책행위를 하고도 그 사실을 보증인에게 통지하지 아니하고 있던 중에 보증인도 사전통지를 하지 아니한 채 이중의 면책행위를 한 경우에는 보증인은 주채무자에 대하여 민법 제446조에 의하여 자기의 면책행위의 유효를 주장할 수 없다고 봄이 상당하고 따라서 이 경우에는 이중변제의 기본원칙으로 돌아가 먼저 이루어진 주채무자의 면책행위가 유효하고 나중에 이루어진 보증인의 면책행위는 무효로 보아야 하므로 보증인은 민법 제446조에 기하여 주채무자에게 구상권을 행사할 수 없다(대판 1997.10.10. 95다46265).

④ (×) 주채무자에 대한 시효의 중단은 보증인에 대하여 그 효력이 있다(민법 제440조). 따라서 채권자 丙이 주채무자 乙의 재산을 압류하면, 주채무의 시효뿐만 아니라 보증채무의 시효 또한 중단된다.

⑤ (×) 수탁보증인은 변제 기타 자기의 출재로 면책된 날 이후의 법정이자 및 피할 수 없는 비용 기타 손해배상을 포함하여 구상할 수 있다(민법 제441조 제2항, 제425조 제2항).

03 甲은 乙에게 1천만원의 채무를 지고 있고, 이러한 甲의 채무에 대하여 丙이 연대보증을 하였다. 이에 관한 설명으로 옳은 것은?(다툼이 있으면 판례에 따름) _{기출} 17

① 甲이 1천만원의 채무에 대한 소멸시효기간이 경과한 후 시효의 이익을 포기한 경우, 丙은 소멸시효를 원용하여 연대보증채무의 소멸을 주장할 수 없다.

② 甲이 乙에게 8백만원의 채권을 가지고 있는 경우, 丙은 5백만원의 한도 내에서만 상계를 할 수 있다.

③ 乙이 甲에 대한 채권을 丁에게 양도하고 확정일자 있는 증서로 甲에게 통지한 경우, 乙이 丙에게 보증채권 양도의 통지를 해야 丙에 대한 채권이 丁에게 이전된다.

④ 乙의 甲에 대한 채권에 시효중단사유가 발생한 경우, 丙에게 통지 등 별도의 중단조치를 하지 않아도 丙에게 시효중단의 효력이 미친다.

⑤ 甲의 채무가 본래 단기소멸시효에 걸리는 것이었지만 확정판결에 의해 소멸시효기간이 10년으로 연장된 경우, 丙의 보증채무도 10년의 소멸시효기간이 적용된다.

해설 ① (×) 주채무가 시효로 소멸한 때에는 보증인도 그 시효소멸을 원용할 수 있으며, 주채무자가 시효의 이익을 포기하더라도 보증인에게는 그 효력이 없다(대판 1991.1.29. 89다카1114). 따라서 연대보증인 丙은 주채무자 甲이 시효이익을 포기하더라도, 여전히 소멸시효를 원용하여 (주채무의 소멸을 이유로) 연대보증채무의 소멸을 주장할 수 있다(부종성).

② (×) 보증인은 주채무자의 채권에 의한 상계로 채권자에게 대항할 수 있다(민법 제434조). 따라서 연대보증인 丙은 주채무자 甲의 채권 전액(8백만원)으로 상계를 할 수 있다.

③ (×) 보증채무는 주채무에 대한 부종성 또는 수반성이 있어서 주채무자에 대한 채권이 이전되면 당사자 사이에 별도의 특약이 없는 한 보증인에 대한 채권도 함께 이전하고, 이 경우 채권양도의 대항요건도 주채권의 이전에 관하여 구비하면 족하고, 별도로 보증채권에 관하여 대항요건을 갖출 필요는 없다(대판 2002.9.10. 2002다21509).

④ (○) 민법 제169조는 '시효의 중단은 당사자 및 그 승계인 간에만 효력이 있다'고 규정하고 있고, 한편 민법 제440조는 '주채무자에 대한 시효의 중단은 보증인에 대하여 그 효력이 있다'라고 규정하고 있는바, 민법 제440조는 민법 제169조의 예외규정으로서 이는 채권자 보호 내지 채권담보의 확보를 위하여 주채무자에 대한 시효중단의 사유가 발생하였을 때는 그 보증인에 대한 별도의 중단조치가 이루어지지 아니하여도 동시에 시효중단의 효력이 생기도록 한 것이고, 그 시효중단사유가 압류, 가압류 및 가처분이라고 하더라도 이를 보증인에게 통지하여야 비로소 시효중단의 효력이 발생하는 것은 아니다(대판 2005.10.27. 2005다35554·35561).

⑤ (×) 민법 제165조가 판결에 의하여 확정된 채권, 판결과 동일한 효력이 있는 것에 의하여 확정된 채권은 단기의 소멸시효에 해당한 것이라도 그 소멸시효는 10년으로 한다고 규정하는 것은 당해 판결 등의 당사자 사이에 한하여 발생하는 효력에 관한 것이고 채권자와 주채무자 사이의 판결 등에 의해 채권이 확정되어 그 소멸시효가 10년으로 되었다 할지라도 위 당사자 이외의 채권자와 연대보증인 사이에 있어서는 위 확정판결 등은 그 시효기간에 대하여는 아무런 영향도 없고 채권자의 연대보증인의 연대보증채권의 소멸시효기간은 여전히 종전의 소멸시효기간에 따른다(대판 1986.11.25. 86다카1569).

04 甲의 乙에 대한 금전채무에 대하여 丙이 乙과 보증계약을 체결하였다. 이에 관한 설명으로 옳은 것은?(다툼이 있으면 판례에 따름) <u>기출</u> 15

① 甲이 시효이익을 포기하면 丙은 보증채무의 소멸을 乙에게 주장할 수 없다.
② 甲과 乙 사이에 금전채무에 관하여 위약금약정이 없는 경우, 乙과 丙은 보증채무에 관하여 위약금을 정할 수는 없다.
③ 甲이 乙에게 변제를 한 경우, 丙에게 사전에 통지하지 않으면 甲은 자기의 면책행위의 유효를 丙에게 주장할 수 없다.
④ 丙이 甲의 의사에 반하여 乙과 보증계약을 체결하고 乙에게 보증채무를 이행한 경우, 丙은 甲의 현존이익의 한도에서 甲에 대하여 구상할 수 있다.
⑤ 丙이 보증채무의 이행을 지체한 경우, 丙은 특별한 약정이 없으면 법정이율이 아니라 甲과 乙 사이에 약정된 연체이율에 따라 보증채무 자체의 이행지체로 인한 지연손해금을 부담한다.

해설 ① (×) 주채무가 시효로 소멸한 때에는 보증인도 그 시효소멸을 원용할 수 있으며, 주채무자가 시효의 이익을 포기하더라도 보증인에게는 그 효력이 없다(대판 1991.1.29. 89다카1114). 따라서 보증인 丙은 주채무자 甲이 시효이익을 포기하더라도, 여전히 소멸시효를 원용하여 (주채무의 소멸을 이유로) 보증채무의 소멸을 주장할 수 있다(부종성).
② (×) 보증채무는 주채무와는 별개의 독립된 채무이므로, 채권자 乙과 보증인 丙은 그 보증채무에 관한 위약금 기타 손해배상액을 예정할 수 있다(민법 제429조 제2항).
③ (×) 주채무자는 오직 수탁보증인에게만 사후통지의무가 있으나(민법 제446조), 보증인은 수탁·비수탁을 불문하고 주채무자에게 사전·사후통지의무가 있다(민법 제445조). 따라서 주채무자 甲이 수탁보증인 丙에게 사전통지를 하지 아니하였더라도, 甲은 자기의 면책행위의 유효를 丙에게 주장할 수 있다.
④ (○) 주채무자의 의사에 반하여 보증인이 된 자가 변제 기타 자기의 출재로 주채무를 소멸하게 한 때에는 주채무자는 현존이익의 한도에서 배상하여야 한다(민법 제444조 제2항).
⑤ (×) 보증채무는 주채무와는 별개의 채무이기 때문에 보증채무 자체의 이행지체로 인한 지연손해금은 보증한도액과는 별도로 부담하고 이 경우 보증채무의 연체이율에 관하여 특별한 약정이 없는 경우라면 그 거래행위의 성질에 따라 상법 또는 민법에서 정한 법정이율에 따라야 하며, 주채무에 관하여 약정된 연체이율이 당연히 여기에 적용되는 것은 아니지만, 특별한 약정이 있다면 이에 따라야 한다(대판 2000.4.11. 99다12123).

05 채권양도와 채무인수

01 채권양도

I 서설

1. 채권양도의 의의

채권양도란 채권을 그 동일성을 유지하면서 이전하는 양도인과 양수인 사이의 계약이다.

2. 채권양도의 법적 성질

(1) 처분행위

채권양도는 처분행위로서 준물권행위이다.

(2) 불요식성

지명채권양도는 낙성·불요식 계약이다. 통지·승낙은 대항요건일 뿐이다.

(3) 독자성과 무인성

① 독자성 여부 : 채권양도가 그 원인행위와는 독립하여 따로 체결되는지의 여부가 채권양도의 독자성의 문제이다. 지명채권양도는 원칙적으로 독자성을 부정하나, 증권적 채권의 경우에는 독자성을 긍정한다(통설).

② 무인성 여부 : 원인행위가 무효·취소·해제되면 채권양도행위가 효력을 상실하는지 여부가 무인성의 문제이다. 지명채권양도는 유인성이 인정되나, 증권적 채권의 양도는 무인성이 인정된다(통설).

(4) 동일성의 유지

종전 채권과 동일성이 인정된다.

3. 구별개념 : 담보를 위한 채권양도

> 채무자가 채권자에게 채무변제에 '갈음하여' 다른 채권을 양도하기로 한 경우에는 특별한 사정이 없는 한 채권양도의 요건을 갖추어 대체급부가 이루어짐으로써 원래의 채무는 소멸하는 것이고 그 양수한 채권의 변제까지 이루어져야만 원래의 채무가 소멸한다고 할 것은 아니다. 이 경우 대체급부로서 채권을 양도한 양도인은 양도 당시 양도대상인 채권의 존재에 대해서는 담보책임을 지지만 당사자 사이에 별도의 약정이 있다는 등 특별한 사정이 없는 한 그 채무자의 변제자력까지 담보하는 것은 아니다(대판 2013.5.9, 2012다40998). **기출** 14 · 16

Ⅱ 지명채권의 양도

1. 의 의

(1) 지명채권의 개념

지명채권이란 채권자가 특정되어 있고, 그 채권의 성립, 양도를 위해서 증서의 작성·교부를 필요로 하지 않는 채권이다.

(2) 지명채권의 양도성

> **채권의 양도성(민법 제449조) 기출 13**
> ① 채권은 양도할 수 있다. 그러나 채권의 성질이 양도를 허용하지 아니하는 때에는 그러하지 아니하다.
> ② 채권은 당사자가 반대의 의사를 표시한 경우에는 양도하지 못한다. 그러나 그 의사표시로써 선의의 제3자에게 대항하지 못한다.

1) 원 칙

지명채권의 양도는 원칙적으로 인정된다. 또한 장래의 채권도 그 권리의 특정이 가능하고 가까운 장래에 발생할 것임이 상당 정도 기대되는 경우에는 채권양도의 대상이 될 수 있다(대판 1996.7.30, 95다7932). **기출** 22

2) 예 외

단, 다음의 세 경우에는 예외적으로 양도성이 인정되지 않는다.

① 채권의 성질이 양도를 허용하지 않는 경우(민법 제449조 제1항 단서)

> 부동산의 매매로 인한 소유권이전등기청구권은 물권의 이전을 목적으로 하는 매매의 효과로서 매도인이 부담하는 재산권이전의무의 한 내용을 이루는 것이고, 매도인이 물권행위의 성립요건을 갖추도록 의무를 부담하는 경우에 발생하는 채권적 청구권으로 그 이행과정에 신뢰관계가 따르므로, 소유권이전등기청구권을 매수인으로부터 양도받은 양수인은 매도인이 그 양도에 대하여 동의하지 않고 있다면 매도인에 대하여 채권양도를 원인으로 하여 소유권이전등기절차의 이행을 청구할 수 없고, 따라서 매매로 인한 소유권이전등기청구권은 특별한 사정이 없는 이상 그 권리의 성질상 양도가 제한되고 그 양도에 채무자의 승낙이나 동의를 요한다고 할 것이므로 통상의 채권양도와 달리 양도인의 채무자에 대한 통지만으로는 채무자에 대한 대항력이 생기지 않으며 반드시 채무자의 동의나 승낙을 받아야 대항력이 생긴다(대판 2005.3.10, 2004다67653 · 67660). **기출** 10 · 11 · 22

② 당사자가 양도금지특약을 한 경우(민법 제449조 제2항 본문)

　ᄀ 양도금지특약을 위반하여 이루어진 채권양도는 원칙적으로 효력이 없다(대판[전합] 2019.12.19.
　2016다24284).

> **[양도금지특약을 위반한 채권양도의 효력(원칙적 무효) 및 채권양수인의 악의 또는 중과실에 대한 주장·증명책임의 소재(= 양도금지특약으로 양수인에게 대항하려는 자)]**
> 채권은 양도할 수 있다. 그러나 채권의 성질이 양도를 허용하지 아니하는 때에는 그러하지 아니하다(민법 제449조 제1항). 그리고 채권은 당사자가 반대의 의사를 표시한 경우에는 양도하지 못한다. 그러나 그 의사표시로써 선의의 제3자에게 대항하지 못한다(민법 제449조 제2항). 이처럼 당사자가 양도를 반대하는 의사를 표시(이하 '양도금지특약'이라고 한다)한 경우 채권은 양도성을 상실한다. 양도금지특약을 위반하여 채권을 제3자에게 양도한 경우에 채권양수인이 양도금지특약이 있음을 알았거나 중대한 과실로 알지 못하였다면 채권 이전의 효과가 생기지 아니한다. 반대로 양수인이 중대한 과실 없이 양도금지특약의 존재를 알지 못하였다면 채권양도는 유효하게 되어 채무자는 양수인에게 양도금지특약을 가지고 채무 이행을 거절할 수 없다. 채권양수인의 악의 내지 중과실은 양도금지특약으로 양수인에게 대항하려는 자가 주장·증명하여야 한다(대판[전합] 2019.12.19. 2016다24284 – 다수의견).
>
> **[양도금지특약이 있는 채권을 전부받은 자로부터 다시 그 채권을 양수한 자가 양도금지특약에 대하여 악의인 경우, 채무자는 위 특약을 근거로 채권양도의 무효를 주장할 수 있는지 여부(소극)]**
> 당사자 사이에 양도금지의 특약이 있는 채권이더라도 전부명령에 의하여 전부되는 데에는 지장이 없고, 양도금지의 특약이 있는 사실에 관하여 집행채권자가 선의인가 악의인가는 전부명령의 효력에 영향을 미치지 못하는 것인바, 이와 같이 양도금지특약부 채권에 대한 전부명령이 유효한 이상, 그 전부채권자로부터 다시 그 채권을 양수한 자가 그 특약의 존재를 알았거나 중대한 과실로 알지 못하였다고 하더라도 채무자는 위 특약을 근거로 삼아 채권양도의 무효를 주장할 수 없다(대판 2003.12.11. 2001다3771).
>
> **[임대차계약의 당사자들이 '임차인은 임대인의 동의 없이는 임차권을 양도 또는 담보제공하지 못한다'고 약정한 경우, 그 약정의 취지를 임대보증금반환채권의 양도를 금지하는 것으로 볼 수 있는지 여부(소극)]**
> 임대차계약의 당사자 사이에 '임차인은 임대인의 동의 없이는 임차권을 양도 또는 담보제공 하지 못한다.'는 약정을 하였다면, 그 약정의 취지는 임차권의 양도를 금지한 것으로 볼 것이지 임대차계약에 기한 임대보증금반환채권의 양도를 금지하는 것으로 볼 수는 없다(대판 2013.2.28. 2012다104366·104373).
> **기출 23**

　ᄂ 당사자의 의사표시에 의한 양도금지특약은 선의의 제3자에 대해 대항할 수 없다.

　ᄃ 중대한 과실은 악의와 같이 취급되어야 하므로, 양도금지특약의 존재를 알지 못하고 채권을 양수한 경우에 있어서 그 알지 못함에 중대한 과실이 있는 때에는 악의의 양수인과 같이 양도에 의한 채권을 취득할 수 없다(대판 1996.6.28. 96다18281). **기출 11·13·14·15** 다만, 양도금지의 특약이 있는 경우에도 채무자의 사후승낙(승인)이 있는 경우에는 그 채권양도는 유효하다(대판 1989.7.11. 88다카20866). **기출 10** 또한 사후승낙의 효력은 다른 약정이 없는 한 채권양도시에 소급하는 것이 아니라 승낙시부터 효과가 발생한다(대판 2002.4.7. 99다52817).
　기출 19

　ᄅ 양도금지의 특약이 붙은 채권이 양도된 경우에 양수인의 악의 또는 중과실에 관한 입증책임은 채무자가 부담한다(대판 2000.12.22. 2000다55904).

③ 법률이 양도를 금지하는 경우 : 근로자의 임금채권은 그 양도를 금지하는 법률의 규정이 없으므로 이를 양도할 수 있다. 그러나, 근로자가 그 임금채권을 양도한 경우라 할지라도 그 임금의 지급에 관하여는 임금직접지급의 원칙이 적용되어 사용자는 직접 근로자에게 임금을 지급하지 아니하면 안 되는 것이고 그 결과 비록 양수인이라고 할지라도 스스로 사용자에 대하여 임금의 지급을 청구할 수는 없다(대판[전합] 1988.12.13. 87다카2803). [기출] 10

> [주택건설촉진법에 의하여 일정기간 동안 임차권이 양도가 금지된 아파트에 대한 임차권양도계약의 사법상 효력(= 유효) / 이경우 임차보증금반환채권의 양도도 금지되는지 여부 및 임차보증금반환채권을 양도한 경우 양도인이 부담하는 의무의 내용] [기출] 22
> 주택건설촉진법에 의하여 아파트 분양 후 일정기간 동안 임차권의 양도가 금지되어 있다 하더라도 이는 매수인이 분양자에게 양도사실로 대항할 수 없다는 것이지 당사자 사이의 사법상의 임차권의 양도계약의 효력까지 무효로 한다는 것은 아니다. 임차권의 양도가 금지된다 하더라도 임차보증금반환채권의 양도마저 금지되는 것은 아니므로 양도인은 양수인에 대하여 그 채권의 양도에 관하여 임대인에게 통지를 하거나 그에 대한 승낙을 받아 주어야 할 의무를 부담한다(대판 1993.6.25. 93다13131).

2. 채권양도의 대항요건

> **지명채권양도의 대항요건(민법 제450조)** [기출] 01
> ① 지명채권의 양도는 양도인이 채무자에게 통지하거나 채무자가 승낙하지 아니하면 채무자 기타 제3자에게 대항하지 못한다.
> ② 전항의 통지나 승낙은 확정일자 있는 증서에 의하지 아니하면 채무자 이외의 제3자에게 대항하지 못한다.
>
> **양도통지와 금반언(민법 제452조)** [기출] 18
> ① 양도인이 채무자에게 채권양도를 통지한 때에는 아직 양도하지 아니하였거나 그 양도가 무효인 경우에도 선의인 채무자는 양수인에게 대항할 수 있는 사유로 양도인에게 대항할 수 있다.
> ② 전항의 통지는 양수인의 동의가 없으면 철회하지 못한다.

(1) 채무자에 대한 대항요건

1) 채무자에 대한 통지(민법 제450조 제1항)

① 통지란 채권양도가 있었다는 사실을 알리는 행위로서 그 법적 성질은 관념의 통지이다.

② 통지권자는 양도인이며, 양수인에 의한 통지는 대항력이 발생하지 않는다. [기출] 14·16

③ 통지의 상대방은 채무자이다.

연대채무인 경우에는 연대채무자 전원에게 통지하여야 한다. 그러나 보증채무의 경우에는 주채무자에 대한 채권이 양도되면 보증인에 대한 채권도 당연히 수반되어 이전되므로, 그 대항요건도 주채무자에게만 통지하면 되고, 보증인은 민법 제450조 제1항의 제3자에 해당하기 때문에 따로 통지할 필요가 없다(대판 2002.9.10. 2002다21509). [기출] 13·15·17·19

④ 지명채권의 양도통지를 한 후 그 양도계약이 해제된 경우에, 양도인이 그 해제를 이유로 다시 원래의 채무자에 대하여 양도채권으로 대항하려면 양수인이 채무자에게 위와 같은 해제사실을 통지하여야 한다(대판 1993.8.27. 93다17379).

⑤ 양도인이 채무자에게 채권양도를 통지한 때에는 아직 양도하지 아니하였거나 그 양도가 무효인 경우에도 선의인 채무자는 양수인에게 대항할 수 있는 사유로 양도인에게 대항할 수 있다(민법 제452조 제1항).

⑥ 채권양도의 통지는 양수인의 동의가 없으면 철회하지 못한다(민법 제452조 제2항).

⑦ 채권양도의 통지는 양도인이 직접 하지 아니하고 사자를 통하여 하거나 나아가서 대리인으로 하여금 하게 하여도 무방하고, ⑦과 같은 경우에 양수인이 양도인의 사자 또는 대리인으로서 채권양도통지를 하였다 하여 민법 제450조의 규정에 어긋난다고 할 수 없다(대판 1997.6.27. 95다40977·40984). **기출** 17

⑧ 채권양도가 있기 전에 미리 하는 사전통지는 채무자로 하여금 양도의 시기를 확정할 수 없는 불안한 상태에 있게 하는 결과가 되어 원칙적으로 허용될 수 없다(대판 2000.4.11. 2000다2627).

⑨ 채권을 양수하기는 하였으나 아직 양도인에 의한 통지 또는 채무자의 승낙이라는 대항요건을 갖추지 못하였다면 채권양수인은 현재는 채무자와 사이에 아무런 법률관계가 없어 채무자에 대하여 아무런 권리 주장을 할 수 없기 때문에 채무자에 대하여 채권양도인으로부터 양도통지를 받은 다음 채무를 이행하라는 청구는 장래이행의 소로서의 요건을 갖추지 못하여 부적법하다(대판 1992.8.18. 90다9452·9469).

2) 채무자의 승낙

① 승낙은 관념의 통지이다.

② 승낙권자는 채무자이고, 상대방은 양도인 또는 양수인이다. **기출** 18

③ 지명채권의 양도를 승낙함에 있어서는 이의를 보류하고 할 수 있음은 물론이고 양도금지의 특약이 있는 채권양도를 승낙함에 있어 조건을 붙여서 할 수도 있으며 승낙의 성격이 관념의 통지라고 하여 조건을 붙일 수 없는 것은 아니다(대판 1989.7.11. 88다카20866). **기출** 18·19

④ 채무자가 이의를 보류하지 아니하고 승낙을 한 때에는 양도인에게 대항할 수 있는 사유로써 양수인에게 대항하지 못한다(민법 제451조 제1항 본문). **기출** 15 이는 공신의 원칙에 기하여 양수인의 신뢰를 보호하고 채권양도의 안전을 보장하려는 것이므로, 양수인은 선의·무중과실이어야 한다(대판 1984.9.11. 83다카2288). **기출** 19

⑤ 채권양수인으로서는 양도인이 채무자에게 채권양도통지를 하거나 채무자가 이를 승낙하여야 채무자에게 채권양수를 주장(대항)할 수 있는 것이며, 그 입증은 양수인이 사실심에서 하여야 할 책임이다(대판 1990.11.27. 90다카27662).

⑥ 부동산이 전전 양도된 경우에 중간생략등기의 합의가 없는 한 최종 양수인은 최초 양도인에 대하여 직접 자기 명의로의 소유권이전등기를 청구할 수 없고, 부동산의 양도계약이 순차 이루어져 최종 양수인이 중간생략등기의 합의를 이유로 최초 양도인에게 직접 소유권이전등기청구권을 행사하기 위하여는 관계 당사자 전원의 의사 합치, 즉 중간생략등기에 대한 최초 양도인과 중간자의 동의가 있는 외에 최초 양도인과 최종 양수인 사이에도 중간등기 생략의 합의가 있었음이 요구된다. 그러므로 비록 최종 양수인이 중간자로부터 소유권이전등기청구권을 양도받았다 하더라도 최초 양도인이 양도에 대하여 동의하지 않고 있다면 최종 양수인은

최초 양도인에 대하여 채권양도를 원인으로 하여 소유권이전등기절차 이행을 청구할 수 없다. 이와 같은 법리는 명의신탁자가 부동산에 관한 유효한 명의신탁약정을 해지한 후 이를 원인으로 한 소유권이전등기청구권을 양도한 경우에도 적용된다. 따라서 비록 부동산 명의신탁자가 명의신탁약정을 해지한 다음 제3자에게 '명의신탁 해지를 원인으로 한 소유권이전등기청구권'을 양도하였다고 하더라도 명의수탁자가 양도에 대하여 동의하거나 승낙하지 않고 있다면 양수인은 위와 같은 소유권이전등기청구권을 양수하였다는 이유로 명의수탁자에 대하여 직접 소유권이전등기청구를 할 수 없다(대판 2021.6.3. 2018다280316). [기출] 23

⑦ 채권양도에 있어서 채무자가 양도인에게 이의를 보류하지 아니하고 승낙을 하였다는 사정이 없거나 또는 이의를 보류하지 아니하고 승낙을 하였더라도 양수인이 악의 또는 중과실의 경우에 해당하는 한, 채무자의 승낙 당시까지 양도인에 대하여 생긴 사유로써 양수인에게 대항할 수 있다고 할 것인데, 승낙 당시 이미 상계를 할 수 있는 원인이 있었던 경우에는 아직 상계적상에 있지 아니하였다 하더라도 그 후에 상계적상이 생기면 채무자는 양수인에 대하여 상계로 대항할 수 있다(대판 1999.8.20. 99다18039). [기출] 23

⑧ 민법 제451조 제1항의 "양도인에게 대항할 수 있는 사유"란 채권의 성립, 존속, 행사를 저지·배척하는 사유를 가리킬 뿐이고, 채권의 귀속(채권이 이미 타인에게 양도되었다는 사실)은 이에 포함되지 아니한다(대판 1994.4.29. 93다35551).

⑨ 채무자는 채권양도를 승락한 후에 취득한 양도인에 대한 채권으로써 양수인에 대하여 상계로써 대항하지 못한다(대판 1984.9.11. 83다카2288). [기출] 18

(2) 채무자 이외의 제3자에 대한 대항요건

① 지명채권의 통지나 승낙은 확정일자 있는 증서에 의하지 아니하면 채무자 이외의 제3자에게 대항하지 못한다(민법 제450조 제2항).

② 확정일자란 당사자가 후에 변경하지 못하는 것으로 공정증서, 공무소에서 기입한 일자 등이다.

③ 제3자란 그 채권에 대해서 법률상의 이익을 가지고 있는 자 또는 그 채권에 대해 양수인의 지위와 양립할 수 없는 법률상의 지위를 취득한 자를 의미한다.

④ 채권의 이중양수인, 채권질권자, 채권을 압류한 양도인의 채권자 및 그 채권의 양도인이 파산한 경우의 파산채권자 등은 제3자에 해당된다.

⑤ 확정판결은 확정일자 있는 증서에 해당한다(대판 1999.3.26. 97다30622).

⑥ 채권자가 채권양도통지서에 공증인가 합동법률사무소의 확정일자인증을 받아 그 자리에서 채무자에게 교부하였다면 하나의 행위로서 확정일자인증과 채권양도통지가 이루어진 것으로 보아 확정일자 있는 증서에 의한 채권양도의 통지가 있었다고 해석함이 타당하다(대판 1986.12.9. 86다카858).

⑦ 지명채권양도에 있어서 확정일자 있는 증서에 의한 통지나 승낙은 제3자에 대한 대항요건에 불과하고 채권양도의 유효요건은 아니며, 당해 채권을 양수한 양수인에게까지 필요한 것은 아니다(대판 1983.2.22. 81다134·135·136).

⑧ 선순위의 근저당권부 채권을 양수한 채권자보다 후순위의 근저당권자는 채권양도의 대항요건을 갖추지 아니한 경우 대항할 수 없는 제3자에 포함되지 않는다(대판 2005.6.23. 2004다29279). [기출] 24

⑨ 지명채권이 '양도되는 채권의 채무자'에게 양도된 경우의 법률관계

> [1] 채권양도에 따른 채권의 귀속주체 변경의 효과가 발생하는 시점(= 채권양도에 따른 처분행위 시) 및 지명채권 양수인이 '양도되는 채권의 채무자'인 경우, 채권양도에 따른 처분행위 시 채권이 혼동에 의하여 소멸하는지 여부(적극) : 채권양도는 양도인과 양수인 사이에 채권을 동일성을 유지하면서 전자로부터 후자에게로 이전시킬 것을 목적으로 하는 계약을 말한다. 채권양도에 의하여 채권은 동일성을 잃지 않고 양도인으로부터 양수인에게 이전되는데, 이는 채권양도의 대항요건을 갖추지 못하였다고 하더라도 마찬가지이다. 이와 같은 채권의 귀속주체 변경의 효과는 원칙적으로 채권양도에 따른 처분행위 시 발생하는바, 지명채권 양수인이 '양도되는 채권의 채무자'인 경우에는 채권양도에 따른 처분행위 시 채권과 채무가 동일한 주체에 귀속한 때에 해당하므로 민법 제507조 본문에 따라 채권이 혼동에 의하여 소멸한다.
> [2] 지명채권 양수인이 '양도되는 채권의 채무자'여서 양도된 채권이 혼동에 의하여 소멸한 후 채권에 관한 압류 또는 가압류결정이 제3채무자에게 송달된 경우, 채권압류 또는 가압류결정의 효력(무효) 및 이때 압류 또는 가압류채권자가 민법 제450조 제2항에서 정한 제3자에 해당하는지 여부(소극) : 민법 제450조 제2항에서 정한 지명채권양도의 제3자에 대한 대항요건은 양도된 채권이 존속하는 동안에 그 채권에 관하여 양수인의 지위와 양립할 수 없는 법률상의 지위를 취득한 제3자가 있는 경우에 적용된다. 따라서 지명채권 양수인이 '양도되는 채권의 채무자'여서 양도된 채권이 민법 제507조 본문에 따라 혼동에 의하여 소멸한 경우에는 후에 채권에 관한 압류 또는 가압류결정이 제3채무자에게 송달되더라도 채권압류 또는 가압류결정은 존재하지 아니하는 채권에 대한 것으로서 무효이고, 압류 또는 가압류채권자는 민법 제450조 제2항에서 정한 제3자에 해당하지 아니한다(대판 2022.1.13. 2019다272855).

3. 채권양도의 유형과 대항관계

> **승낙, 통지의 효과(민법 제451조)**
> ① 채무자가 이의를 보류하지 아니하고 전조의 승낙을 한 때에는 양도인에게 대항할 수 있는 사유로써 양수인에게 대항하지 못한다. [기출] 15 그러나 채무자가 채무를 소멸하게 하기 위하여 양도인에게 급여한 것이 있으면 이를 회수할 수 있고 양도인에 대하여 부담한 채무가 있으면 그 성립되지 아니함을 주장할 수 있다.
> ② 양도인이 양도통지만을 한 때에는 채무자는 그 통지를 받은 때까지 양도인에 대하여 생긴 사유로써 양수인에게 대항할 수 있다.

(1) 채권양도만이 있는 경우

① 채무자에 대한 통지나 채무자의 승낙을 갖추지 않는 한 채무자에게 대항할 수 없다.
② 이중양도의 경우에는 양수인 상호 간에도 대항할 수 없다.

(2) 채권양도와 함께 채무자에 대한 통지만이 행해진 경우

① 1인의 양수인에게만 양도한 경우에, 통지나 승낙의 요건을 갖추는 한 채무자에 대하여 양도사실을 주장할 수 있다.
② 이중양도를 하였으나 1인의 양수인에 관해서만 통지를 한 경우에도 그 양수인은 채무자에게 대항할 수 있다.
③ 이중양도를 행하고 각 양도에 대해 모두 통지를 행한 경우에는 각 양수인은 상호 간에 대항할 수 없는 결과 채무자에 대해서도 대항할 수 없다. 다만, 채무자는 임의로 1인의 양수인에게 유효한 변제를 할 수 있다.

(3) 채권양도와 확정일자 있는 증서에 의해 통지가 행해진 경우

① 먼저 이중양도가 행해지고 1인에 대해서는 확정일자부 증서에 의한 통지를, 그리고 다른 1인에 대해서는 단순한 통지만을 행한 경우에는 확정일자부 증서에 의해 통지된 양수인만이 진정한 권리자가 된다. 기출 08 · 17

② 이중양도가 행해지고 각 양도에 대해 모두 확정일자 있는 증서에 의한 통지가 행해진 경우 다수설에 따르면 각 채권양도 사이의 우열의 기준을 획일적으로 처리하기 위하여 확정일자 있는 증서에 의한 통지 가운데 확정일자가 우선하는 통지에 대해 우선적 효력을 부여하고 있다. 반면 판례는 확정일자 있는 양도통지가 채무자에게 도달한 일시 또는 확정일자 있는 승낙의 일시 선후에 따라 우선적 효력을 부여하고 있다.

> 채권이 이중으로 양도된 경우의 양수인 상호 간의 우열은 통지 또는 승낙에 붙여진 확정일자의 선후에 의하여 결정할 것이 아니라, 채권양도에 대한 채무자의 인식, 즉 확정일자 있는 양도통지가 채무자에게 도달한 일시 또는 확정일자 있는 승낙의 일시의 선후에 의하여 결정하여야 할 것이다(대판[전합] 1994.4.26. 93다24223). 기출 08 · 16 · 17

③ 채권양도 통지와 채권가압류결정 정본이 같은 날 도달되었는데 그 선후관계에 대하여 달리 입증이 없으면 동시에 도달된 것으로 추정한다(대판[전합] 1994.4.26. 93다24223). 기출 13

> (가) 채권이 이중으로 양도된 경우의 양수인 상호 간의 우열은 통지 또는 승낙에 붙여진 확정일자의 선후에 의하여 결정할 것이 아니라, 채권양도에 대한 채무자의 인식, 즉 확정일자 있는 양도통지가 채무자에게 도달한 일시 또는 확정일자 있는 승낙의 일시의 선후에 의하여 결정하여야 할 것이고, 이러한 법리는 채권 양수인과 동일 채권에 대하여 가압류명령을 집행한 자 사이의 우열을 결정하는 경우에 있어서도 마찬가지이므로, 확정일자 있는 채권양도 통지와 가압류결정 정본의 제3채무자(채권양도의 경우는 채무자)에 대한 도달의 선후에 의하여 그 우열을 결정하여야 한다. (나) 채권양도 통지, 가압류 또는 압류명령 등이 제3채무자에 동시에 송달되어 그들 상호 간에 우열이 없는 경우에도 그 채권양수인, 가압류 또는 압류채권자는 모두 제3채무자에 대하여 완전한 대항력을 갖추었다고 할 것이므로, 그 전액에 대하여 채권양수금, 압류전부금 또는 추심금의 이행청구를 하고 적법하게 이를 변제받을 수 있고, 제3채무자로서는 이들 중 누구에게라도 그 채무 전액을 변제하면 다른 채권자에 대한 관계에서도 유효하게 면책되는 것이며, 만약 양수채권액과 가압류 또는 압류된 채권액의 합계액이 제3채무자에 대한 채권액을 초과할 때에는 그들 상호 간에는 법률상의 지위가 대등하므로 공평의 원칙상 각 채권액에 안분하여 이를 내부적으로 다시 정산할 의무가 있다. (다) 채권양도의 통지와 가압류 또는 압류명령이 제3채무자에게 동시에 송달되었다고 인정되어 채무자가 채권양수인 및 추심명령이나 전부명령을 얻은 가압류 또는 압류채권자 중 한 사람이 제기한 급부소송에서 전액 패소한 이후에도 다른 채권자가 그 송달의 선후에 관하여 다시 문제를 제기하는 경우 기판력의 이론상 제3채무자는 이중지급의 위험이 있을 수 있으므로, 동시에 송달된 경우에도 제3채무자는 송달의 선후가 불명한 경우에 준하여 채권자를 알 수 없다는 이유로 변제공탁을 함으로써 법률관계의 불안으로부터 벗어날 수 있다. (라) 채권양도 통지와 채권가압류결정 정본이 같은 날 도달되었는데 그 선후관계에 대하여 달리 입증이 없으면 동시에 도달된 것으로 추정한다(대판[전합] 1994.4.26. 93다24223). 기출 21

Ⅲ 증권적 채권의 양도

1. 지시채권의 양도

① 지시채권은 그 증서에 배서하여 양수인에게 교부하는 방식으로 양도할 수 있다(민법 제508조).
② 증서의 배서·교부는 대항요건이 아니라 성립요건이다.
③ 지시채권은 그 채무자에 대하여도 배서하여 양도할 수 있다(민법 제509조 제1항).
④ 배서로 지시채권을 양수한 채무자는 다시 배서하여 이를 양도할 수 있다(민법 제509조 제2항).

2. 무기명채권의 양도

무기명채권은 지시채권과 달리 특정 채권자가 증서면에 기재·표시되어 있지 않다는 점에서 배서를 요하지 않고 양수인에게 그 증서를 교부함으로써 양도의 효력이 생긴다(민법 제523조).

3. 지명소지인출급채권의 양도

지명소지인출급채권은 무기명채권과 동일한 효력을 가지고 있으므로(민법 제525조), 증서의 교부만으로도 양도의 효력이 생긴다.

4. 면책증서

면책증서란 채무자가 증서의 소지인에게 변제를 하면 소지인이 정당한 권리자가 아닌 경우에도, 채무자에게 악의 또는 중대한 과실이 없는 한 면책의 효력을 갖는 증서를 말한다. 채권을 화체하고 있는 증서는 아니므로 면책증서를 가지고 권리를 양도할 수는 없다.

---

02   채무인수

Ⅰ   면책적 채무인수

채권자와의 계약에 의한 채무인수(민법 제453조) `기출` 22
① 제3자는 채권자와의 계약으로 채무를 인수하여 채무자의 채무를 면하게 할 수 있다. 그러나 채무의 성질이 인수를 허용하지 아니하는 때에는 그러하지 아니하다.
② 이해관계 없는 제3자는 채무자의 의사에 반하여 채무를 인수하지 못한다.

채무자와의 계약에 의한 채무인수(민법 제454조) `기출` 09
① 제3자가 채무자와의 계약으로 채무를 인수한 경우에는 채권자의 승낙에 의하여 그 효력이 생긴다.
② 채권자의 승낙 또는 거절의 상대방은 채무자나 제3자이다.

승낙 여부의 최고(민법 제455조)
① 전조의 경우에 제3자나 채무자는 상당한 기간을 정하여 승낙 여부의 확답을 채권자에게 최고할 수 있다.
② 채권자가 그 기간 내에 확답을 발송하지 아니한 때에는 거절한 것으로 본다.

채무인수의 철회, 변경(민법 제456조) `기출` 22
제3자와 채무자 간의 계약에 의한 채무인수는 채권자의 승낙이 있을 때까지 당사자는 이를 철회하거나 변경할 수 있다.

채무인수의 소급효(민법 제457조) `기출` 22
채권자의 채무인수에 대한 승낙은 다른 의사표시가 없으면 채무를 인수한 때에 소급하여 그 효력이 생긴다. 그러나 제3자의 권리를 침해하지 못한다.

전채무자의 항변사유(민법 제458조)
인수인은 전채무자의 항변할 수 있는 사유로 채권자에게 대항할 수 있다.

채무인수와 보증, 담보의 소멸(민법 제459조) `기출` 22
전채무자의 채무에 대한 보증이나 제3자가 제공한 담보는 채무인수로 인하여 소멸한다. 그러나 보증인이나 제3자가 채무인수에 동의한 경우에는 그러하지 아니하다.

1. 서 설

(1) 의 의

채무인수란 채무의 동일성을 유지하면서 채무를 인수인에게 이전시키는 계약이다. 채무의 동일성이 변경되지 않는다는 점에서 채무자변경에 의한 경개와는 다르다.

(2) 채무인수의 법적 성질

① 채무인수의 종류에 따라 다르다.
　　㉠ 채권자·채무자·인수인의 3면계약에 의한 경우와 채권자와 인수인이 당사자인 경우는, 준물권행위(채권자의 처분행위) + 채권행위(인수인의 의무부담행위)가 합체되어 이루어진 것으로 본다.
　　㉡ 채무자와 인수인이 당사자인 경우는, 일단은 채권행위로서의 성질을 갖다가 채권자의 승낙이 있으면 비로소 준물권행위로 된다.
② 채무인수는 낙성·불요식 계약이다.

2. 채무인수의 요건

(1) 채무에 관한 요건

1) 채무의 존재

조건부·기한부 채무도 이미 성립한 채무로서 인수의 대상이 된다. 또 장래의 채무노 인수할 수 있다(단, 특정이 가능하여야 한다).

2) 이전가능성

① 채무인수가 되려면 채무는 이전할 수 있는 것이어야 한다.

② 단, 성질상 제한_{민법 제455조 제1항 단서}과 당사자의 의사표시에 의하여 이전이 제한될 수 있다(통설).

(2) 인수계약의 당사자

1) 채권자·인수인·채무자 사이의 계약

명문의 규정은 없지만, 계약자유의 원칙상 당연히 유효하다.

2) 채권자와 인수인 사이의 계약

① 이해관계 없는 제3자는 채무자의 의사에 반하여 인수인이 되지 못한다(민법 제453조 제2항). 단, 병존적 채무인수는 사실상 인적담보의 기능을 가지는 점에서 보증채무의 경우(민법 제444조 제2항)에 준하여 채무자의 의사에 반해서도 가능하다(대판 1988.5.24. 87다카3104).

② 이해관계 없는 제3자가 채무자의 의사에 반하여 채무를 인수했다는 것에 대한 입증책임은 판례에 의하면 이를 주장하는 자가 부담한다.

3) 채무자와 인수인 사이의 계약

① 채무자와 인수인 사이의 계약으로 채무인수를 할 수 있으나, 이때에는 채권자의 승낙이 있어야 그 효력이 발생한다(민법 제454조 제1항). 즉, 채권자의 승낙은 계약의 효력발생요건에 해당한다. `기출 09·15` 채권자는 명시적인 방법뿐만 아니라 묵시적인 방법으로도 승낙을 할 수 있다. 따라서 채권자가 직접 채무인수인에게 인수채무금의 지급을 청구하였다면 그 지급청구로써 묵시적으로 채무인수를 승낙한 것으로 보아야 한다(대판 1989.11.14. 88다카29962). `기출 19·21`

② 채권자의 승낙은 사전에도 가능하며(통설), 그 상대방은 채무자 또는 인수인에게 가능하다(민법 제454조 제2항).

③ 채무인수에 대한 채권자의 승낙은 다른 의사표시가 없으면 채무를 인수한 때에 소급하여 그 효력이 생긴다. 그러나 제3자의 권리를 해하지 못한다(민법 제457조).

④ 채무자나 인수인은 상당한 기간을 정하여 승낙 여부의 확답을 최고할 수 있다. 채권자가 그 기간 내에 확답을 발송하지 아니한 때에는 승낙을 거절한 것으로 본다(민법 제455조 제2항).

⑤ 채권자의 승낙에 의하여 채무인수의 효력이 생기는 경우, 채권자가 승낙을 거절하면 그 이후에는 채권자가 다시 승낙하여도 채무인수로서의 효력이 생기지 않는다(대판 1998.11.24. 98다33765).

`기출 07·18·19·21`

⑥ 채무자나 인수인은 채권자의 승낙이 있을 때까지는 채무인수계약을 철회하거나 변경할 수 있다(민법 제456조).

3. 채무인수의 효과

(1) 채무의 이전

① 채무인수가 효력이 발생함과 동시에 채무는 동일성을 유지하면서 채무자로부터 인수인에게 이전한다. 이로써 전(前)채무자는 채무를 면하고 인수인이 채무를 부담한다.

② 채무가 동일성을 유지하면서 이전된다는 점에서 그 채무에 종된 권리도 그대로 이전된다.

- [1] 인수채무가 원래 5년의 상사시효의 적용을 받던 채무라면 그 후 면책적 채무인수에 따라 그 채무자의 지위가 인수인으로 교체되었다고 하더라도 그 소멸시효의 기간은 여전히 5년의 상사시효의 적용을 받는다 할 것이고, 이는 채무인수행위가 상행위나 보조적 상행위에 해당하지 아니한다고 하여 달리 볼 것이 아니다. [2] 면책적 채무인수가 있는 경우, 인수채무의 소멸시효기간은 채무인수와 동시에 이루어진 소멸시효중단 사유, 즉 채무승인에 따라 채무인수일로부터 새로이 진행된다(대판 1999.7.9. 99다12376). 기출 13 · 15 · 19
- 면책적 채무인수라 함은 채무의 동일성을 유지하면서 이를 종래의 채무자로부터 제3자인 인수인에게 이전하는 것을 목적으로 하는 계약을 말하는바, 채무인수로 인하여 인수인은 종래의 채무자의 지위를 교체하여 새로이 당사자로서 채무관계에 들어서서 종래의 채무자와 동일한 채무를 부담하고 동시에 종래의 채무자는 채무관계에서 탈퇴하여 면책되는 것일 뿐 종래의 채무가 소멸하는 것이 아니므로, 채무인수로 종래의 채무가 소멸하였으니 저당권의 부종성으로 인하여 당연히 소멸한 채무를 담보하는 저당권도 소멸한다는 법리는 성립하지 않는다(대판 1996.10.11. 96다27476). 기출 11 · 12

(2) 항변권의 이전

전채무자의 항변사유(민법 제458조) 기출 05 · 09 · 11 · 12 · 21
인수인은 전채무자의 항변할 수 있는 사유로 채권자에게 대항할 수 있다.

① 인수인은 전채무자가 채권자에 대해 가지고 있던 항변사유로 채권자에게 대항할 수 있다(민법 제458조). 단, 인수된 채무의 발생원인이 되는 계약의 취소권 · 해제권은 계약당사자만이 가지는 권리이므로, 단순히 채무의 특정승계인에 지나지 않는 인수인은 이러한 권리를 주장할 수 없다. 또 인수인은 전채무자가 가지고 있던 반대채권으로 상계하지도 못한다.
② 인수인이 전채무자에 대하여 가지는 항변사유로 채권자에게 대항할 수는 없다(대판 1966.11.29. 66다1861). 기출 18 · 21 · 22

(3) 보증 · 담보의 존속 여부

1) 제3자가 제공한 담보

채무인수와 보증, 담보의 소멸(민법 제459조) 기출 07 · 23
전채무자의 채무에 대한 보증이나 제3자가 제공한 담보는 채무인수로 인하여 소멸한다. 그러나 보증인이나 제3자가 채무인수에 동의한 경우에는 그러하지 아니하다.

① 제3자가 제공한 담보(물상보증)나 보증채무는 이들의 승낙이 없는 한 이전하지 않고 소멸한다(민법 제459조).
② 물상보증인이 피담보채무를 인수한 때에는 그 동의를 한 것으로 해석된다.

2) 채무자가 제공한 담보

① 채무인수가 「채권자와 인수인」 사이의 계약으로 이루어질 때에는 채무자의 승낙이 없는 한 소멸한다(통설).
② 채무자와 인수인 또는 3면계약에 의해 이루어진 때에는 채무자인 담보제공자가 채무인수에 동의한 것으로 보아 민법 제459조를 유추적용하여 존속하는 것으로 본다(통설).

3) 법정담보

채무인수에 영향을 받지 않고 그대로 존속한다(통설).

Ⅱ 병존적 채무인수

1. 의의

① 병존적 채무인수란 기존 채무자의 채무도 존속시키면서 인수인이 동일한 채무를 부담하는 채무인수를 말한다.

② 병존적 채무인수란 인적 담보의 기능을 하는데, 기존 채무자의 채무를 면하게 하는 것은 아니므로 처분행위가 아니다.

③ 면책적인지 병존적인지 의사가 불분명하면 채권자에게 유리한 병존적 인수로 해석한다.

> 채무인수가 면책적인가 중첩적인가 하는 것은 채무인수계약에 나타난 당사자 의사의 해석에 관한 문제이고, 채무인수에 있어서 면책적 인수인지, 중첩적 인수인지가 분명하지 아니한 때에는 이를 중첩적으로 인수한 것으로 볼 것이다(대판 2002.9.24. 2002다36228). 기출 16

④ 부동산을 매매하면서 매도인과 매수인 사이에 중도금 및 잔금은 매도인의 채권자에게 직접 지급하기로 약정한 경우, 그 약정은 매도인의 채권자로 하여금 매수인에 대하여 그 중도금 및 잔금에 대한 직접청구권을 행사할 권리를 취득케 하는 제3자를 위한 계약에 해당하고 동시에 매수인이 매도인의 그 제3자에 대한 채무를 인수하는 병존적 채무인수에도 해당한다(대판 1997.10.24. 97다28698).

2. 요건

① 계약의 당사자는 채권자·채무자·인수인, 채권자·인수인, 채무자·인수인 모두 가능하다.

② 채권자와 인수인 사이의 계약으로 이루어질 경우 이는 담보적 기능을 갖기 때문에 채무자의 의사에 반해서도 제3자의 병존적 채무인수가 가능하다(대판 1988.11.22. 87다카1836).

기출 07·09·11·14·15·19·21

③ 채무자와 인수인 사이의 병존적 채무인수계약은 일종의 제3자를 위한 계약으로서(대판 1989.4.25. 87다카2443), 민법 제539조 제2항 소정의 채권자의 수익의 의사표시가 필요하다. 기출 09

> **[채무자와 인수인의 합의에 의한 중첩적 채무인수에서 채권자의 '수익의 의사표시'가 계약의 성립요건이나 효력발생요건인지 여부(소극)]**
> 채무자와 인수인의 합의에 의한 중첩적 채무인수는 일종의 제3자를 위한 계약이라고 할 것이므로, 채권자는 인수인에 대하여 채무이행을 청구하거나 기타 채권자로서의 권리를 행사하는 방법으로 수익의 의사표시를 함으로써 인수인에 대하여 직접 청구할 권리를 갖게 된다. 이러한 점에서 채무자에 대한 채권을 상실시키는 효과가 있는 면책적 채무인수의 경우 채권자의 승낙을 계약의 효력발생요건으로 보아야 하는 것과는 달리, 채무자와 인수인의 합의에 의한 중첩적 채무인수의 경우 채권자의 수익의 의사표시는 그 계약의 성립요건이나 효력발생요건이 아니라 채권자가 인수인에 대하여 채권을 취득하기 위한 요건이다(대판 2019.9.13. 2011다56033).

3. 효 과

① 두 채무 가운데 어느 하나가 변제되면 두 채무는 전부 소멸한다. 물론 채무인수인이 변제하게 되면 원래의 채무자에게 구상권을 행사할 수 있다. 이 경우 인수인은 채권자의 권리를 법정대 위한다.

② 종전의 채무와 인수된 채무가 채권자에 대하여 어떠한 관계에 있는지 문제되는데 학설은 보증 채무연세설, 연대채무관계설, 부신성여대재무관계설 등이 주장되고 있다. 최근 판례는 채무자와 인수인 사이에 주관적 공동관계가 있으면 연대채무관계, 주관적 공동관계가 없으면 부진정연대관계라고 하여 연대채무관계설을 취하고 있다(대판 2009.8.20. 2009다32409).

기출 14 · 16 · 21 · 23

Ⅲ   이행인수

1. 의 의

이행인수는 인수인이 채무자에 대해 채무자의 채무를 이행할 것을 약정하는 채무자·인수인 사이의 계약을 말한다. **기출** 14

2. 요 건

인수되는 채무는 제3자에 의한 변제를 허용하는 것이어야 하며, 이행인수계약이 유효하게 체결되어야 한다.

3. 효 과

① 인수인은 채무자와 사이에 채권자에게 채무를 이행할 의무를 부담하는데 그치고 직접 채권자에 대하여 채무를 부담하는 것이 아니므로 채권자는 직접 인수인에 대하여 채무를 이행할 것을 청구할 수 없다(대판 2010.9.30. 2009다65942·65959). **기출** 06

> [이행인수인이 채권자에 대한 관계에서 직접 이행의무를 부담하는지 여부(소극) / 이행인수인이 채권자에 대하여 채무자의 채무를 승인한 경우, 시효중단 사유가 되는 채무승인의 효력이 발생하는지 여부(원칙적 소극)]
> 이행인수는 채무자와 인수인 사이의 계약에 따라 인수인이 채권자에 대한 채무를 변제하기로 약정하는 것을 말한다. 이 경우 인수인은 채무자의 채무를 변제하는 등으로 면책시킬 의무를 부담하지만 채권자에 대한 관계에서 직접 이행의무를 부담하게 되는 것은 아니다. 한편 소멸시효 중단사유인 채무의 승인은 시효이익을 받을 당사자나 대리인만 할 수 있으므로 이행인수인이 채권자에 대하여 채무자의 채무를 승인하더라도 다른 특별한 사정이 없는 한 시효중단 사유가 되는 채무승인의 효력은 발생하지 않는다(대판 2016.10.27. 2015다239744). **기출** 23

② 다만, 채무자는 인수인이 그 채무를 이행하지 아니하는 경우 인수인에 대하여 채권자에게 이행할 것을 청구할 수 있고, 그에 관한 승소의 판결을 받은 때에는 금전채권의 집행에 관한 규정을 준용하여 강제집행을 할 수도 있다. 이러한 채무자의 인수인에 대한 청구권은 그 성질상 재산권의 일종으로서 일신전속적 권리라고 할 수는 없으므로, 채권자는 채권자대위권에 의하여 채무자의 인수인에 대한 청구권을 대위행사 할 수 있다(대판 2009.6.11. 2008다75072). 기출 15·17

③ 부동산의 매수인이 매매목적물에 관한 근저당권이나 가등기 등의 피담보채무를 인수하는 한편 그 채무액을 매매대금에서 공제하기로 약정한 경우 다른 특별한 약정이 없는 이상 이는 매도인을 면책시키는 채무인수가 아니라 이행인수로 보아야 한다(대판 1994.6.14. 92다23377). 기출 19·23

> [물상보증인이 담보부동산을 제3취득자에게 매도하여 제3취득자가 근저당권의 피담보채무를 인수한 경우, 담보권 실행으로 인한 구상권의 귀속 주체(= 물상보증인)]
> 물상보증인이 담보부동산을 제3취득자에게 매도하고 제3취득자가 담보부동산에 설정된 근저당권의 피담보채무의 이행을 인수한 경우, 그 이행인수는 매매당사자 사이의 내부적인 계약에 불과하여 이로써 물상보증인의 책임이 소멸하지 않는 것이고, 따라서 담보부동산에 대한 담보권이 실행된 경우에도 제3취득자가 아닌 원래의 물상보증인이 채무자에 대한 구상권을 취득한다(대판 1997.5.30. 97다1556). 기출 06·15
>
> [부동산 매수인이 매매목적물에 관한 임대차보증금 반환채무 등을 인수하면서 채무액을 매매대금에서 공제하기로 약정한 경우, 채무인수의 법적 성질]
> 부동산의 매수인이 매매목적물에 관한 임대차보증금 반환채무 등을 인수하는 한편 그 채무액을 매매대금에서 공제하기로 약정한 경우, 그 인수는 특별한 사정이 없는 이상 매도인을 면책시키는 면책적 채무인수가 아니라 이행인수로 보아야 하고, 면책적 채무인수로 보기 위해서는 이에 대한 채권자 즉 임차인의 승낙이 있어야 한다(대판 2015.5.29. 2012다84370). 기출 06·12·15·16·18·19
>
> [부동산 매수인이 매매목적물에 관한 근저당권의 피담보채무를 인수하고 그 채무액을 매매대금에서 공제하기로 약정한 경우, 이를 이행인수로 보아야 하는지 여부(원칙적 적극) 및 이행인수계약의 불이행으로 인한 손해배상의 범위]
> 부동산의 매수인이 매매목적물에 관한 근저당권의 피담보채무를 인수하고 그 채무액을 매매대금에서 공제하기로 약정한 경우, 특별한 사정이 없는 한 매도인을 면책시키는 채무인수가 아니라 이행인수로 보아야 한다. 이행인수계약의 불이행으로 인한 손해배상의 범위는 원칙적으로 채무자가 채무의 내용에 따른 이행을 하지 않음으로써 생긴 통상의 손해를 한도로 한다. 매수인이 인수하기로 한 근저당권의 피담보채무를 변제하지 않아 원리금이 늘어났다면 그 원리금이 매수인의 이행인수계약 불이행으로 인한 통상의 손해액이 된다(대판 2021.11.25. 2020다294516).
>
> [담보책임]
> 매매의 목적이 된 부동산에 설정된 저당권의 행사로 인하여 매수인이 취득한 소유권을 잃은 때에는 매수인은 민법 제576조 제1항의 규정에 의하여 매매계약을 해제할 수 있지만, 매수인이 매매목적물에 관한 근저당권의 피담보채무를 인수하는 것으로 매매대금의 지급에 갈음하기로 약정한 경우에는 특별한 사정이 없는 한, 매수인으로서는 매도인에 대하여 민법 제576조 제1항의 담보책임을 면제하여 주었거나 이를 포기한 것으로 봄이 상당하므로, 매수인이 매매목적물에 관한 근저당권의 피담보채무 중 일부만을 인수한 경우 매도인으로서는 자신이 부담하는 피담보채무를 모두 이행한 이상 매수인이 인수한 부분을 이행하지 않음으로써 근저당권이 실행되어 매수인이 취득한 소유권을 잃게 되더라도 민법 제576조 소정의 담보책임을 부담하게 되는 것은 아니다(대판 2002.9.4. 2002다11151). 기출 06

Ⅳ 계약인수

1. 의 의

계약인수란 계약당사자로서의 지위의 이전을 목적으로 하는 계약을 말한다. 계약인수는 민법상 명문의 규정이 없다고 하더라도 그 같은 계약이 인정되어야 할 것임은 계약자유, 사법자치의 원칙에 비추어 당연한 귀결이다(대판 1996.9.24. 96다25548).

2. 요 건

계약의 인수는 양도인과 양수인 및 잔류 당사자의 동시적인 합의에 의한 3면계약으로 이루어지는 것이 통상적이라고 할 것이지만, 계약관계자 3인 중 2인의 합의와 나머지 당사자의 동의 내지 승낙의 방법으로도 가능하다(대판 1992.3.13. 91다32534).

3. 효 과

① 계약으로부터 발생된 채권·채무는 인수인에게 이전되며, 그 계약의 내용에 따라 장래 발생하게 될 채권·채무도 양수인을 주체로 하여 발생한다. 이 경우 그 계약관계로부터 생기는 취소권, 해제권 등의 권리·의무도 포괄적으로 이전된다.

② 계약인수가 적법하게 이루어지면 양도인은 계약관계에서 탈퇴하게 되고 계약인수 후에는 특별한 사정이 없는 한 잔류당사자와 양도인 사이에는 계약관계가 존재하지 않게 되며 그에 따른 채권채무관계도 소멸한다(대판 1987.9.8. 85다카733·734). 기출 16·17

05 채권양도와 채무인수

01 채권의 양도

01 채권의 양도에 관한 설명으로 옳은 것은?(다툼이 있으면 판례에 따름) 기출 24

① 부동산매매로 인한 소유권이전등기청구권이 양도된 경우, 양도인의 채무자에 대한 통지만으로 채무자에 대한 대항력이 발생한다.

② 소송행위를 하게 하는 것을 주목적으로 지명채권의 양도가 이루어진 경우, 그 채권양도가 신탁법상의 신탁에 해당하지 않는 경우에는 유효이다.

③ 주채무자에 대한 지명채권이 양도된 후 양수인이 보증인에게 보증채권을 행사하기 위해서는 주채권의 양도에 대한 대항요건과 별도로 보증채권의 양도에 대한 대항요건을 갖추어야 한다.

④ 선순위의 근저당권부채권을 양수한 채권자보다 후순위의 근저당권자는 '지명채권양도의 대항요건을 갖추지 아니한 경우에 대항할 수 없는 제3자'에 포함되지 않는다.

⑤ 채권자와 양수인 사이의 계약에 의해 지명채권이 양도된 경우, 양수인은 제3자에 대한 대항요건을 구비하기 위함이라고 하더라도 그 채권자에게 채권양도통지절차의 이행을 청구할 수 없다.

해설 ① (×) 부동산의 매매로 인한 소유권이전등기청구권은 물권의 이전을 목적으로 하는 매매의 효과로서 매도인이 부담하는 재산권이전의무의 한 내용을 이루는 것이고, 매도인이 물권행위의 성립요건을 갖추도록 의무를 부담하는 경우에 발생하는 채권적 청구권으로 그 이행과정에 신뢰관계가 따르므로, <u>소유권이전등기청구권을 매수인으로부터 양도받은 양수인은 매도인이 그 양도에 대하여 동의하지 않고 있다면 매도인에 대하여 채권양도를 원인으로 하여 소유권이전등기절차의 이행을 청구할 수 없고</u>, 따라서 매매로 인한 소유권이전등기청구권은 특별한 사정이 없는 이상 그 권리의 성질상 양도가 제한되고 그 양도에 채무자의 승낙이나 동의를 요한다고 할 것이므로 통상의 채권양도와 달리 양도인의 채무자에 대한 통지만으로는 채무자에 대한 대항력이 생기지 않으며 반드시 채무자의 동의나 승낙을 받아야 대항력이 생긴다(대판 2001.10.9. 2000다51216).

② (×) 소송행위를 하게 하는 것을 주목적으로 채권양도 등이 이루어진 경우, 그 채권 양도가 신탁법상의 신탁에 해당하지 않는다고 하여도 신탁법 제6조가 유추적용되므로 무효이다(대판 2022.1.14. 2017다257098).

③ (×) 보증채무는 주채무에 대한 부종성 또는 수반성이 있어서 주채무자에 대한 채권이 이전되면 당사자 사이에 별도의 특약이 없는 한 보증인에 대한 채권도 함께 이전하고, 이 경우 채권양도의 대항요건도 주채권의 이전에 관하여 구비하면 족하고, 별도로 보증채권에 관하여 대항요건을 갖출 필요는 없다(대판 2002.9.10. 2002다21509).

④ (○) 채권양도의 대항요건의 흠결의 경우 채권을 주장할 수 없는 채무자 이외의 제3자는 <u>양도된 채권 자체에 관하여 양수인의 지위와 양립할 수 없는 법률상 지위를 취득한 자에 한하므로</u>, 선순위의 근저당권부채권을 양수한 채권자보다 후순위의 근저당권자는 채권양도의 대항요건을 갖추지 아니한 경우 대항할 수 없는 제3자에 포함되지 않는다(대판 2005.6.23. 2004다29279).

⑤ (×) 지명채권의 양도는 특별한 사정이 없는 한 채권자와 양수인 사이의 계약에 의하여 이루어지는데, 채무자에 대한 통지 또는 채무자의 승낙이 없으면 채무자 기타 제3자에게 대항할 수 없다(민법 제450조 제1항).

한편 위 통지나 승낙이 확정일자 있는 증서에 의한 것이 아니면 채무자 이외의 제3자에게 대항하지 못하므로(민법 제450조 제2항), 양수인은 대항요건을 구비하기 위해 채권자에게 채권양도통지절차의 이행을 청구할 수 있다(대판 2022.10.27. 2017다243143).

02 지명채권의 양도에 관한 설명 중 옳지 않은 것은?(다툼이 있으면 판례에 따름) 기출 22

① 상래의 채권도 양도 당시 기본적 채권관계가 어느 정도 확정되어 있어 그 권리의 특정이 가능하고 가까운 장래에 발생할 것임이 상당 정도 기대되는 경우에는 이를 양도할 수 있다.

② 전세권이 존속하는 동안은 전세권을 존속시키키로 하면서 전세금반환채권만을 전세권과 분리하여 확정적으로 양도할 수 있다.

③ 특별한 사정이 없는 한 임차인은 임차권과 분리하여 임대차보증금반환채권만을 제3자에게 양도할 수 있다.

④ 부동산의 매매로 인한 소유권이전등기청구권의 양도는 채무자의 동의나 승낙을 받아야 대항력이 생긴다.

⑤ 주채권과 분리하여 보증채권만을 양도할 수 없다.

해설 ① (○) 장래의 채권도 양도 당시 기본적 채권관계가 어느 정도 확정되어 있어 그 권리의 특정이 가능하고 가까운 장래에 발생할 것임이 상당 정도 기대되는 경우에는 이를 양도할 수 있다(대판 1996.7.30. 95다7932).

② (×) 전세권은 전세금을 지급하고 타인의 부동산을 그 용도에 따라 사용·수익하는 권리로서 전세금의 지급이 없으면 전세권은 성립하지 아니하는 등으로 전세금은 전세권과 분리될 수 없는 요소일 뿐 아니라, 전세권에 있어서는 그 설정행위에서 금지하지 아니하는 한 전세권자는 전세권 자체를 처분하여 전세금으로 지출한 자본을 회수할 수 있도록 되어 있으므로 전세권이 존속하는 동안은 전세권을 존속시키기로 하면서 전세금반환채권만을 전세권과 분리하여 확정적으로 양도하는 것은 허용되지 않는 것이며, 다만 전세권 존속중에는 장래에 그 전세권이 소멸하는 경우에 전세금반환채권이 발생하는 것을 조건으로 그 장래의 조건부 채권을 양도할 수 있을 뿐이라 할 것이다(대판 2002.8.23. 2001다69122).

③ (○) 판례는 「임차인과 임대인 간의 약정에 의하여 임차권의 양도가 금지되어 있다 하더라도 그러한 사정만으로 임대차계약에 따른 임차보증금반환채권의 양도까지 금지되는 것은 아니므로, 소외 회사가 원고에게 병원 영안실에 대한 임차권뿐만 아니라 이 사건 임차보증금 반환채권을 양도하고, 피고에게 이 사건 임차보증금반환채권이 원고에게 양도되었다는 통지를 한 이상 그 후 소외 회사와 피고 간의 임대차계약이 종료되는 경우 원고로서는 이 사건 임차보증금반환채권의 양수인으로서 피고가 소외 회사와 원고 간의 임차권 양도에 동의하였는지의 여부에 상관없이 피고에 대하여 이 사건 임차보증금의 반환을 구할 수 있다(대판 2001.6.12. 2001다2624)」고 하여 특별한 사정이 없는 한 임차인은 임차권과 분리하여 임대차보증금반환채권만을 제3자에게 양도할 수 있다고 본다.

④ (○) 부동산의 매매로 인한 소유권이전등기청구권은 물권의 이전을 목적으로 하는 매매의 효과로서 매도인이 부담하는 재산권이전의무의 한 내용을 이루는 것이고, 매도인이 물권행위의 성립요건을 갖추도록 의무를 부담하는 경우에 발생하는 채권적 청구권으로 그 이행과정에 신뢰관계가 따르므로, 소유권이전등기청구권을 매수인으로부터 양도받은 양수인은 매도인이 그 양도에 대하여 동의하지 않고 있다면 매도인에 대하여 채권양도를 원인으로 하여 소유권이전등기절차의 이행을 청구할 수 없고, 따라서 매매로 인한 소유권이전등기청구권은 특별한 사정이 없는 이상 그 권리의 성질상 양도가 제한되고 그 양도에 채무자의 승낙이나 동의를 요한다고 할 것이므로 통상의 채권양도와 달리 양도인의 채무자에 대한 통지만으로는 채무자에 대한 대항력이 생기지 않으며 반드시 채무자의 동의나 승낙을 받아야 대항력이 생긴다(대판 2005.3.10. 2004다67653·67660).

⑤ (○) 주채권과 보증인에 대한 채권이 귀속주체를 달리하는 것은, 주채무자의 항변권으로 채권자에게 대항할 수 있는 보증인의 권리가 침해되는 등 보증채무의 부종성에 반하고, 주채권을 가지지 않는 자에게 보증채권만을 인정할 실익도 없기 때문에 주채권과 분리하여 보증채권만을 양도하기로 하는 약정은 그 효력이 없다(대판 2002.9.10. 2002다21509).

03 甲이 乙에게 자신의 주택을 매도한 후에 乙에 대한 매매대금채권을 丙에게 양도하였다. 이에 관한 설명으로 옳지 않은 것은?(다툼이 있으면 판례에 따름) **기출** 18

① 乙은 丙에게 채권양도에 대한 승낙을 하면서 조건을 붙일 수 있다.

② 甲으로부터 채권양도통지권한을 위임받은 丙이 대리관계를 현명하지 않고 丙 명의의 채권양도 통지서를 乙에게 발송하여 도달한 경우, 특별한 사정이 없는 한 그 양도통지는 효력이 없다.

③ 甲이 乙에게 채권양도사실을 통지한 후에 乙이 甲에게 금전을 빌려주었다면, 乙은 그 대여금반 환채권에 의한 상계로써 丙에게 대항할 수 없다.

④ 채권양도에 대한 乙의 승낙이 있은 후에 채권양도계약이 해제되어 甲이 乙에게 양도철회통지를 한 경우, 乙은 이로써 丙의 채무이행청구에 대하여 대항할 수 있다.

⑤ 甲이 乙에게 채권양도의 사실을 통지하였으나 양도행위가 적법하게 취소된 경우, 乙이 이 사실을 모르고 丙에게 변제하였다면 이를 가지고 甲에게 대항할 수 있다.

해설 ① (O) 지명채권의 양도를 승낙함에 있어서는 이의를 보류하고 할 수 있음은 물론이고 양도금지의 특약이 있는 채권양도를 승낙함에 있어 조건을 붙여서 할 수도 있으며 승낙의 성격이 관념의 통지라고 하여 조건을 붙일 수 없는 것은 아니다(대판 1989.7.11. 88다카20866).

② (O) 채권양도통지권한을 위임받은 양수인이 양도인을 대리하여 채권양도통지를 함에 있어서는 민법 제114조 제1항의 규정에 따라 양도인 본인과 대리인을 표시하여야 하는 것이므로, **양수인이 서면으로 채권양도통지를 함에 있어 대리관계의 현명을 하지 아니한 채 양수인 명의로 된 채권양도통지서를 채무자에게 발송하여 도달되었다 하더라도 이는 효력이 없다**고 할 것이다(대판 2004.2.13. 2003다43490).

③ (O) 양도인이 양도통지만을 한 때에는 채무자는 **그 통지를 받은 때까지 양도인에 대하여 생긴 사유로써 양수인에게 대항할 수 있다**(민법 제451조 제2항). 따라서 양도인 甲이 채무자 乙에게 채권양도사실을 통지한 후에 乙이 甲으로부터 자동채권을 취득하였다면, 특별한 사정이 없는 한 乙은 그 대여금반환채권에 의한 상계로써 양수인 丙에게 대항할 수 없다.

④ (✕) 민법 제452조 제2항에 채권양도의 통지는 양수인의 동의가 없으면 철회하지 못한다고 규정되어 있으므로 **채권양도인과 양수인과의 채권양도계약이 해제되었고 채권양도인이 채무자에게 양도철회통지를 하였다고 하더라도 채무자는 이것을 채권양수인에게 대항할 수는 없다**(대판 1978.6.13. 78다468). 사안의 경우, 양도인 甲은 양수인 丙의 동의를 받지 아니하고 양도철회통지를 하였으므로, 채무자 乙은 이로써 丙의 채무이행청구에 대하여 대항할 수 없다.

⑤ (O) 양도인이 채무자에게 채권양도를 통지한 때에는 아직 양도되지 아니하였거나 그 양도가 무효인 경우에도 선의인 **채무자는 양수인에게 대항할 수 있는 사유로 양도인에게 대항할 수 있다**(민법 제452조 제1항). 따라서 비록 양도행위가 적법하게 취소되어 무효가 되었더라도, 채무자 乙이 이 사실을 모르고 양수인 丙에게 변제하였다면, 乙은 이를 가지고 양도인 甲에게 대항할 수 있다.

04 수급인 甲은 2020.10.1. 도급인 乙과 도급계약을 체결하고, 2021.1.5. 공사를 완성하여 乙에 대한 1억원의 공사대금채권을 갖고 있던 중 위 채권을 丙에게 양도하고, 이를 乙에게 통지하였다. 이에 관한 설명으로 옳지 않은 것은?(다툼이 있으면 판례에 따름) 기출 21

① 甲이 丙에게 공사대금채권의 추심 기타 행사를 위임하면서 그 채권을 양도하였으나 양도의 원인인 위임이 해지된 경우, 공사대금채권은 甲에게 복귀한다.

② 甲이 주채무자 乙에 대한 채권과 그의 보증인 丁에 대한 채권 중 丁에 대한 채권만을 양도하기로 한 경우, 그 약정은 효력이 없다.

③ 甲과 乙사이에 채권양도금지특약이 있는 경우, 이와 같은 사실을 알고 있는 甲의 채권자 戊가 甲의 乙에 대한 채권에 대해 압류 및 전부명령을 받았다면 乙은 戊에게 위 특약에 의해 대항할 수 없다.

④ 甲이 丙에게 공사대금채권 중 5,000만원만 양도하고 乙에게 채권양도통지 후 乙이 甲에 대한 2,000만원의 하자보수에 갈음하는 손해배상채권을 취득한 경우, 乙의 위 채권에 의한 상계는 각 분할된 채권액의 채권 총액에 대한 비율에 따라야 한다.

⑤ 甲의 丙에 대한 채권양도 및 乙에 대한 확정일자부 통지와 甲의 채권자 戊가 신청한 甲의 乙에 대한 채권에 대한 압류 및 전부명령이 乙에게 동시에 도달한 경우, 乙은 채권자를 알 수 없음을 이유로 변제공탁을 할 수 있다.

해설 ① (O) 종전의 채권자가 채권의 추심 기타 행사를 위임하여 채권을 양도하였으나 양도의 '원인'이 되는 그 위임이 해지 등으로 효력이 소멸한 경우에 이로써 채권은 양도인에게 복귀하게 되고, 나아가 양수인은 그 양도의무계약의 해지로 인하여 양도인에 대하여 부담하는 원상회복의무(이는 계약의 효력불발생에서의 원상회복의무 일반과 마찬가지로 부당이득반환의무의 성질을 가진다)의 한 내용으로 채무자에게 이를 통지할 의무를 부담한다(대판 2011.3.24. 2010다100711).

② (O) 주채권과 보증인에 대한 채권의 귀속주체를 달리하는 것은, 주채무자의 항변권으로 채권자에게 대항할 수 있는 보증인의 권리가 침해되는 등 보증채무의 부종성에 반하고, 주채권을 가지지 않는 자에게 보증채권만을 인정할 실익도 없기 때문에 주채권과 분리하여 보증채권만을 양도하기로 하는 약정은 그 효력이 없다(대판 2002.9.10. 2002다21509).

③ (O) 당사자 사이에 양도금지의 특약이 있는 채권이라도 압류 및 전부명령에 의하여 이전할 수 있고, 양도금지의 특약이 있는 사실에 관하여 압류채권자가 선의인가 악의인가는 전부명령의 효력에 영향을 미치지 못한다(대판 1976.10.29. 76다1623).

④ (✕) 채권의 일부 양도가 이루어지면 특별한 사정이 없는 한 각 분할된 부분에 대하여 독립한 분할채권이 성립하므로 그 채권에 대하여 양도인에 대한 반대채권으로 상계하고자 하는 채무자로서는 양도인을 비롯한 각 분할채권자 중 어느 누구도 상계의 상대방으로 지정하여 상계할 수 있고, 그러한 채무자의 상계 의사표시를 수령한 분할채권자는 제3자에 대한 대항요건을 갖춘 양수인이라 하더라도 양도인 또는 다른 양수인에 귀속된 부분에 대하여 먼저 상계되어야 한다거나 각 분할채권액의 채권 총액에 대한 비율에 따라 상계되어야 한다는 이의를 할 수 없다(대판 2002.2.8. 2000다50596).

⑤ (O) 채권양도의 통지와 가압류 또는 압류명령이 제3채무자에게 동시에 송달되었다고 인정되어 채무자가 채권양수인 및 추심명령이나 전부명령을 얻은 가압류 또는 압류채권자 중 한 사람이 제기한 급부소송에서 전액 패소한 이후에도 다른 채권자가 그 송달의 선후에 관하여 다시 문제를 제기하는 경우 기판력의 이론상 제3채무자는 이중지급의 위험이 있을 수 있으므로, 동시에 송달된 경우에도 제3채무자는 송달의 선후가 불명한 경우에 준하여 채권자를 알 수 없다는 이유로 변제공탁을 함으로써 법률관계의 불안으로부터 벗어날 수 있다(대판[전합] 1994.4.26. 93다24223).

05 甲이 乙에 대한 대여금채권을 丙에게 양도하였고 乙이 이를 승낙하여 그 의사표시가 丙에게 도달되었다. 이에 관한 설명으로 옳지 않은 것은?(다툼이 있으면 판례에 따름) 기출 19

① 乙의 승낙에는 조건을 붙일 수 있다.

② 乙이 이의 없이 승낙을 하더라도 특별한 사정이 없는 한 乙에게는 甲의 대여금채권의 성립이나 소멸에 영향을 미치는 사정을 丙에게 알려야 할 주의의무가 없다.

③ 丙이 甲의 대여금채권에 양도금지특약이 있다는 사실을 알았더라도 그 후 乙이 승낙하였다면, 채권양도는 다른 약정이 없는 한 그 성립 당시로 소급하여 유효하게 된다.

④ 乙이 이의 없이 승낙을 하였더라도 그때까지 발생한 乙의 甲에 대한 항변사유를 丙이 중대한 과실로 알지 못하였다면, 乙은 甲에 대한 그 항변사유로 丙에게 대항할 수 있다.

⑤ 甲의 대여금채권에 관하여 보증인 丁이 있는 경우, 다른 약정이 없는 한 丁에 대한 보증채권의 양도에 관하여 별도의 대항요건을 갖추지 않더라도 甲의 대여금채권과 함께 丁에 대한 보증채권 역시 丙에게 이전된다.

해설 ① (○) 지명채권의 양도를 승낙함에 있어서는 이의를 보류하고 할 수 있음은 물론이고 양도금지의 특약이 있는 채권양도를 승낙함에 있어 조건을 붙여서 할 수도 있으며 승낙의 성격이 관념의 통지라고 하여 조건을 붙일 수 없는 것은 아니다(대판 1989.7.11. 88다카20866).

② (○) 채무자가 채권양도에 대하여 이의를 보류하지 아니하는 승낙을 하였더라도 양도인에게 대항할 수 있는 사유로서 양수인에게 대항하지 못할 뿐이고(민법 제451조), 채권의 내용이나 양수인의 권리확보에 위험을 초래할 만한 사정을 조사, 확인할 책임은 원칙적으로 양수인 자신에게 있으므로, 채무자는 양수인이 대상채권의 내용이나 원인이 되는 법률관계에 대하여 잘 알고 있음을 전제로 채권양도를 승낙할지를 결정하면 되고 양수인이 채권의 내용 등을 실제와 다르게 인식하고 있는지까지 확인하여 위험을 경고할 의무는 없다. 따라서 채무자가 양도되는 채권의 성립이나 소멸에 영향을 미치는 사정에 관하여 양수인에게 알려야 할 신의칙상 주의의무가 있다고 볼 만한 특별한 사정이 없는 한 채무자가 그러한 사정을 알리지 아니하였다고 하여 불법행위가 성립한다고 볼 수 없다(대판 2015.12.24. 2014다49241).

③ (×) 당사자의 양도금지의 의사표시로써 채권은 양도성을 상실하며 양도금지의 특약에 위반해서 채권을 제3자에게 양도한 경우에 악의 또는 중과실의 채권양수인에 대하여는 채권이전의 효과가 생기지 아니하나, 악의 또는 중과실로 채권양수를 받은 후 채무자가 그 양도에 대하여 승낙을 한 때에는 채무자의 사후승낙에 의하여 무효인 채권양도행위가 추인되어 유효하게 되며 이 경우 다른 약정이 없는 한 소급효가 인정되지 않고 양도의 효과는 승낙 시부터 발생한다. 이른바 집합채권의 양도가 양도금지특약을 위반하여 무효인 경우 채무자는 일부 개별채권을 특정하여 추인하는 것이 가능하다(대판 2009.10.29. 2009다47685).

④ (○) 채무자가 이의를 보류하지 아니하고 승낙을 한 때에는 양도인에게 대항할 수 있는 사유로써 양수인에게 대항하지 못한다(민법 제451조 제1항 본문). 이는 양수인의 신뢰보호를 위한 규정이므로, 양수인이 악의인 경우에는 적용되지 아니한다. 다만, 무과실까지 요구되는지와 관련하여 견해의 대립이 있으나, 판례는 선의·무중과실일 것을 요하고 있다(대판 2002.3.29. 2000다13887). 따라서 채무자 乙은 채권자 甲에 대한 항변사유로써 중과실이 인정되는 양수인 丙에게 대항할 수 있다.

⑤ (○) 보증채무는 주채무에 대한 부종성 또는 수반성이 있어서 주채무자에 대한 채권이 이전되면 당사자 사이에 별도의 특약이 없는 한 보증인에 대한 채권도 함께 이전하고, 이 경우 채권양도의 대항요건도 주채권의 이전에 관하여 구비하면 족하고, 별도로 보증채권에 관하여 대항요건을 갖출 필요는 없다(대판 2002.9.10. 2002다21509).

06 甲은 2016.1.5. 乙에게 1억원을 대여하였고, 그 후 A 또는 B에게 자신의 채권을 양도하였다. 이에 관한 설명으로 옳은 것을 모두 고른 것은?(다툼이 있으면 판례에 따름) [기출] 17

> ㄱ. 甲이 A에게만 채권을 양도하였을 경우, A가 甲의 대리인으로서 乙에게 한 채권양도의 통지도 효력이 있다.
> ㄴ. 甲이 乙에게 휴대폰 문자로 양수인을 A로 한 채권양도의 통지를 하였고 이에 따라 乙이 A에 대하여 채무를 변제하였는데, 그 후 다시 甲이 양수인을 B로 한 확정일자 있는 증서로 채권양도통지를 하였더라도 乙의 A에 대한 채무변제는 유효하다.
> ㄷ. 甲이 乙에게 양수인을 A로 한 단순한 채권양도의 통지를 하였고, 그 후 乙이 아직 변제하지 않은 상태에서 다시 양수인을 B로 한 확정일자 있는 증서로 채권양도를 통지하였다면 乙이 A에 대하여 한 변제로 B에게 대항할 수 없다.
> ㄹ. 채권양수인을 A로 한 양도통지서의 확정일자는 2017.1.10.이고, B로 한 양도통지서의 확정일자는 2017.1.11.이었으나, 양수인 B로 한 확정일자 있는 증서가 먼저 乙에게 도달하였을 경우, 乙은 B에게 변제할 책임이 있다.

① ㄱ
② ㄴ, ㄹ
③ ㄱ, ㄷ, ㄹ
④ ㄴ, ㄷ, ㄹ
⑤ ㄱ, ㄴ, ㄷ, ㄹ

해설 ㄱ. (○) 민법 제450조에 의한 채권양도통지는 양도인이 직접하지 아니하고 사자를 통하여 하거나 대리인으로 하여금 하게 하여도 무방하고, 채권의 양수인도 양도인으로부터 채권양도통지권한을 위임받아 대리인으로서 그 통지를 할 수 있다(대판 2004.2.14. 2003다43490).

ㄴ. (○) 민법 제450조 제2항 소정의 지명채권양도의 제3자에 대한 대항요건은 양도된 채권이 존속하는 동안에 그 채권에 관하여 양수인의 지위와 양립할 수 없는 법률상의 지위를 취득한 제3자가 있는 경우에 적용되는 것이므로, 양도된 채권이 이미 변제 등으로 소멸한 경우에는 그 후에 그 채권에 관한 채권압류 및 추심명령이 송달되더라도 그 채권압류 및 추심명령은 존재하지 아니하는 채권에 대한 것으로서 무효이고, 위와 같은 대항요건의 문제는 발생될 여지가 없다(대판 2003.10.24. 2003다37426).

ㄷ. (○) 이중의 채권양도가 있는 경우에 확정일자 있는 증서에 의한 통지를 한 채권양수인만이 채권양수에 의한 적법한 채권자가 된다 할 것이고 채무자는 위의 채권자에게만 채무변제의 의무가 있으며 그 결과 확정일자 있는 증서에 의하지 아니한 채무자의 승낙 있는 채권양도에 있어서의 채권양수인에 대하여는 채무변제의 의무가 없게 되는 것이다(대판 1972.1.31. 71다2697). 따라서 확정일자 있는 증서로 채권양도를 통지한 양수인 B가 적법한 채권자가 되므로, 채무자 乙은 A에 대하여 한 변제로 B에게 대항할 수 없다.

ㄹ. (○) 채권이 이중으로 양도된 경우의 양수인 상호 간의 우열은 통지 또는 승낙에 붙여진 확정일자의 선후에 의하여 결정할 것이 아니라, 채권양도에 대한 채무자의 인식, 즉 확정일자 있는 양도통지가 채무자에게 도달한 일시 또는 확정일자 있는 승낙의 일시의 선후에 의하여 결정하여야 할 것이고, 이러한 법리는 채권양수인과 동일 채권에 대하여 가압류명령을 집행한 자 사이의 우열을 결정하는 경우에 있어서도 마찬가지이므로, 확정일자 있는 채권양도통지와 가압류결정 정본의 제3채무자(채권양도의 경우는 채무자)에 대한 도달의 선후에 의하여 그 우열을 결정하여야 한다(대판[전합] 1994.4.26. 93다24223). 따라서 확정일자의 선후와 상관없이 양수인 B로 한 확정일자 있는 증서가 먼저 채무자 乙에게 도달하였으므로, 乙은 B에게 변제할 책임이 있다.

07 甲이 자신의 乙에 대한 매매대금채권을 丙에게 양도한 경우에 관한 설명으로 옳은 것은?(다툼이 있으면 판례에 따름) <u>기출</u> 16

① 丙이 乙에게 자신의 명의로 된 확정일자 있는 채권양도통지서를 발송하여 도달되었다면, 특별한 사정이 없는 한 丙은 乙에게 위 채권양도로 대항할 수 있다.

② 매매대금채권에 관하여 甲과 乙 사이에 양도금지특약이 있다면, 乙은 경과실로 이를 알지 못한 丙에게 위 특약으로써 대항할 수 있다.

③ 丙이 乙로부터 변제를 받은 후 甲과 乙 사이의 매매계약이 해제되었다면 乙은 직접 丙에게 급부의 반환을 청구할 수 있다.

④ 甲이 乙에 대한 위 채권을 丁에게도 양도하였고 丙과 丁에 대한 양도에 대하여 확정일자 있는 증서에 의한 통지가 이루어졌다면 丙과 丁 간의 우열은 확정일자의 선후에 의한다.

⑤ 丙이 乙에 대하여 매매대금의 지급을 소구(訴求)하였다고 하더라도 丙이 아직 대항요건을 갖추지 못하였다면 丙의 재판상 청구는 소멸시효중단사유로 인정되지 않는다.

해설 ① (×) 채권양도통지는 원칙적으로 양도인이 채무자에게 하여야 한다. 다만, 판례는 「민법 제450조에 의한 채권양도통지는 양도인이 직접하지 아니하고 사자를 통하여 하거나 대리인으로 하여금 하게 하여도 무방하고, 채권의 양수인도 양도인으로부터 채권양도통지권한을 위임받아 대리인으로서 그 통지를 할 수 있다」(대판 2004.2.13. 2003다43490)고 하고 있다. 따라서 채권양도통지권한을 위임받은 사실이 없는 이상, 양수인 丙이 자신의 명의로 한 채권양도통지는 그 효력이 없다.

② (×) 채권은 당사자가 반대의 의사를 표시한 경우에는 양도하지 못한다. 그러나 그 의사표시로써 선의의 제3자에게 대항하지 못한다(민법 제449조 제2항). 「선의의 제3자」의 의미와 관련하여 판례는 「양도금지특약의 존재를 알지 못하고 채권을 양수한 경우에 있어서 그 알지 못함에 중대한 과실이 있는 때에는 악의의 양수인과 같이 양도에 의한 채권을 취득할 수 없다」(대판 1996.6.28. 96다18281)고 하여 **선의·무중과실일 것을 요하고 있다.**

③ (○) 민법 제548조 제1항 단서에서 규정하고 있는 제3자란 일반적으로 계약이 해제되는 경우 그 해제된 계약으로부터 생긴 법률효과를 기초로 하여 해제 전에 새로운 이해관계를 가졌을 뿐 아니라 등기·인도 등으로 완전한 권리를 취득한 자를 말하고, 계약상의 채권을 양수한 자는 여기서 말하는 제3자에 해당하지 않는다고 할 것인바, 계약이 해제된 경우 계약해제 이전에 해제로 인하여 소멸되는 채권을 양수한 자는 계약해제의 효과에 반하여 자신의 권리를 주장할 수 없음은 물론이고, 나아가 특단의 사정이 없는 한 채무자로부터 이행받은 급부를 원상회복하여야 할 의무가 있다(대판 2003.1.24. 2000다22850).

④ (×) 채권이 이중으로 양도된 경우의 양수인 상호 간의 우열은 통지 또는 승낙에 붙여진 확정일자의 선후에 의하여 결정할 것이 아니라, 채권양도에 대한 채무자의 인식, 즉 확정일자 있는 양도통지가 채무자에게 도달한 일시 또는 확정일자 있는 승낙의 일시의 선후에 의하여 결정하여야 할 것이고, 이러한 법리는 채권양수인과 동일 채권에 대하여 가압류명령을 집행한 자 사이의 우열을 결정하는 경우에 있어서도 마찬가지이므로, 확정일자 있는 채권양도통지와 가압류결정 정본의 제3채무자(채권양도의 경우는 채무자)에 대한 도달의 선후에 의하여 그 우열을 결정하여야 한다(대판[전합] 1994.4.26. 93다24223).

⑤ (×) 비록 대항요건을 갖추지 못하여 채무자에게 대항하지 못한다고 하더라도 채권의 양수인이 채무자를 상대로 재판상의 청구를 하였다면 이는 소멸시효중단사유인 재판상의 청구에 해당한다고 보아야 한다(대판 2005.11.10. 2005다41818).

08 2013년 10월 10일 甲은 乙로부터 1억원을 변제기는 2014년 10월 10일, 이자는 월 1%로 하여 차용하였으며, 이 채무에 대하여 丙이 연대보증하였다. 2014년 3월 10일 乙은 위 1억원의 원본채권을 丁에게 양도하였고, 甲은 乙에게 그동안의 이자를 지급하지 않았다. 이에 관한 설명으로 옳은 것은?(다툼이 있으면 판례에 따름) 기출 15

① 乙이 丙에게 채권양도사실을 별도로 통지하지 않으면, 甲에 대한 대항요건을 갖춘 것만으로 丁은 丙에게 대항할 수 없다.

② 채권을 양도하기 전에 이미 변제한 甲이 채권양도를 이의 없이 승낙했더라도 甲은 丁의 이행청구를 거절할 수 있다.

③ 이자채권도 양도한다는 의사표시가 없는 한 대항요건을 구비한 丁은 丙에 대하여 1억원의 원본채권을 양도받을 때까지 발생한 이자를 청구할 수 없다.

④ 丁이 채권을 취득한 후 丙에 대하여 그 채무의 일부를 면제한 경우, 그 면제의 효력은 甲에게 미친다.

⑤ 甲과 乙 사이에 양도금지특약이 있는 경우, 丁이 중과실로 그 사실을 알지 못하더라도 丁은 양도에 의해 채권을 취득할 수 있다.

해설 ① (×) 보증채무는 주채무에 대한 부종성 또는 수반성이 있어서 주채무자에 대한 채권이 이전되면 당사자 사이에 별도의 특약이 없는 한 보증인에 대한 채권도 함께 이전하고, 이 경우 채권양도의 대항요건도 주채권의 이전에 관하여 구비하면 족하고, 별도로 보증채권에 관하여 대항요건을 갖출 필요는 없다(대판 2002.9.10. 2002다21509). 따라서 양도인 乙이 연대보증인 丙에게 채권양도사실을 별도로 통지하지 아니하였더라도, 채무자 甲에 대한 대항요건을 갖추었다면, 양수인 丁은 丙에게 대항할 수 있다.

② (×) **채무자가 이의를 보류하지 아니하고 승낙을 한 때에는 양도인에게 대항할 수 있는 사유로써 양수인에게 대항하지 못한다**(민법 제451조 제1항 본문). **다만, 판례는 양수인이 선의·무중과실일 것을 요하고 있다**(대판 2002.3.29. 2000다13887). 따라서 양수인 丁이 악의·중과실이 아닌 한, 이의를 보류하지 아니하고 승낙을 한 채무자 甲은 丁의 이행청구를 거절할 수 없다.

③ (○) 이자채권은 원본채권에 대하여 종속성을 갖고 있으나 이미 변제기에 도달한 이자채권은 원본채권과 분리하여 양도할 수 있고 원본채권과 별도로 변제할 수 있으며 시효로 인하여 소멸되기도 하는 등 어느 정도 독립성을 갖게 되는 것이므로, **원본채권이 양도된 경우 이미 변제기에 도달한 이자채권은 원본채권의 양도 당시 그 이자채권도 양도한다는 의사표시가 없는 한 당연히 양도되지는 않는다**(대판 1989.3.28. 88다카12803).

④ (×) **원칙적으로 보증인에게 생긴 사유는 상대효만 있을 뿐이므로, 채권자의 보증인에 대한 면제 등은 주채무자에게 영향을 미치지 아니한다.** 다만, 변제·대물변제·공탁·상계 등 채권의 만족을 주는 사유는 절대효가 인정된다.

⑤ (×) 채권은 당사자가 반대의 의사를 표시한 경우에는 양도하지 못한다. 그러나 그 의사표시로써 선의의 제3자에게 대항하지 못한다(민법 제449조 제2항). 「선의의 제3자」의 의미와 관련하여 판례는 「양도금지특약의 존재를 알지 못하고 채권을 양수한 경우에 있어서 그 알지 못함에 중대한 과실이 있는 때에는 악의의 양수인과 같이 양도에 의한 채권을 취득할 수 없다」(대판 1996.6.28. 96다18281)고 하여 **선의·무중과실일 것을 요하고 있다.** 따라서 양수인 丁이 중과실로 양도금지특약의 존재를 알지 못한 경우에는, 양도에 의하여 채권을 취득할 수 없다.

09 甲은 乙에게 4억원의 채무를 부담하고 있었고, 丙에 대하여 4억원의 채권을 가지고 있었다. 甲과 乙은 甲의 乙에 대한 채무변제에 갈음하여 甲이 丙에 대하여 가지는 채권을 양도하는 계약을 체결하였다. 이때 법률관계에 관한 설명으로 옳은 것은?(다툼이 있는 경우에는 판례에 의함) 기출 14

① 甲의 채권양도로 乙의 甲에 대한 채권은 바로 소멸하지 않으며, 乙이 양수한 채권을 변제받은 때에 비로소 그 범위 내에서 甲이 면책된다.

② 특별한 사정이 없으면, 채권을 양도한 甲은 乙에게 丙의 변제자력을 담보한다.

③ 甲과 丙이 그 채권을 양도하지 않기로 미리 약정하였으나 乙이 중대한 과실 없이 그 사실을 알지 못한 때에는, 丙은 그 약정으로 乙에게 대항하지 못한다.

④ 甲이 丙에게 채권양도를 통지한 때에도 丙의 승낙이 없으면, 乙은 丙에 대하여 채무이행을 청구할 수 없다.

⑤ 乙이 丙에 대하여 채권양도를 통지하였다면, 특별한 사정이 없으면, 乙은 丙에게 채무이행을 청구할 수 있다.

해설 ① (×), ② (×) [1] 채무자가 채권자에게 채무변제와 관련하여 다른 채권을 양도하는 것은 특단의 사정이 없는 한 채무변제를 위한 담보 또는 변제의 방법으로 양도되는 것으로 추정할 것이지 채무변제에 갈음한 것으로 볼 것은 아니어서, 그 경우 채권양도만 있으면 바로 원래의 채권이 소멸한다고 볼 수는 없고 채권자가 양도받은 채권을 변제받은 때에 비로소 그 범위 내에서 채무자가 면책된다. [2] 채무자가 채권자에게 채무변제에 '갈음하여' 다른 채권을 양도하기로 한 경우에는 특별한 사정이 없는 한 채권양도의 요건을 갖추어 대체급부가 이루어짐으로써 원래의 채무는 소멸하는 것이고 그 양수한 채권의 변제까지 이루어져야만 원래의 채무가 소멸한다고 할 것은 아니다. 이 경우 대체급부로서 채권을 양도한 양도인은 양도 당시 양도대상인 채권의 존재에 대해서는 담보책임을 지지만 당사자 사이에 별도의 약정이 있다는 등 특별한 사정이 없는 한 그 채무자의 변제자력까지 담보하는 것은 아니다(대판 2013.5.9. 2012다40998). 따라서 당사자 사이에 별도의 약정이 있다는 등 특별한 사정이 없는 한, 양도인 甲은 양수인 乙에게 채무자 丙의 변제자력을 담보하지 아니한다.

③ (○) 채권은 당사자가 반대의 의사를 표시한 경우에는 양도하지 못한다. 그러나 그 의사표시로써 선의의 제3자에게 대항하지 못한다(민법 제449조 제2항). 「선의의 제3자」의 의미와 관련하여 판례는 「양도금지 특약의 존재를 알지 못하고 채권을 양수한 경우에 있어서 그 알지 못함에 중대한 과실이 있는 때에는 악의의 양수인과 같이 양도에 의한 채권을 취득할 수 없다」(대판 1996.6.28. 96다18281)고 하여 선의·무중과실일 것을 요하고 있다. 따라서 채무자 丙은 양도금지특약에 대하여 선의·무중과실인 양수인 乙에게 대항하지 못한다.

④ (×) 지명채권의 양도는 <u>양도인이 채무자에게 통지하거나 채무자가 승낙하지 아니하면</u> 채무자 기타 제3자에게 대항하지 못한다(민법 제450조 제1항). 따라서 양도인 甲이 채무자 丙에게 채권양도를 통지하였다면, 비록 丙의 승낙이 없다 하더라도, 양수인 乙은 丙에 대하여 채무이행을 청구할 수 있다.

⑤ (×) 채권양도통지는 원칙적으로 양도인이 채무자에게 하여야 한다. 다만, 판례는 「민법 제450조에 의한 채권양도통지는 양도인이 직접하지 아니하고 사자를 통하여 하거나 대리인으로 하여금 하게 하여도 무방하고, 채권의 양수인도 양도인으로부터 채권양도통지권한을 위임받아 대리인으로서 그 통지를 할 수 있다」(대판 2004.2.14. 2003다43490)고 하고 있다. 따라서 양수인 乙이 채무자 丙에 대하여 단순히 채권양도의 통지만을 한 것뿐이라면, 이는 유효한 대항요건을 구비하였다고 볼 수 없으므로, 乙은 丙에게 채무이행을 청구할 수 없다.

10 甲은 2012.5.20. 2억원을 乙에게 1년간 대출해 주면서 이를 담보하기 위하여 丙과 보증계약을 체결하였다. 그런데 2012.10.15. 甲은 乙에 대한 위 대출금채권을 丁에게 양도하고 같은 달 17일을 확정일자로 하여 乙에게 서면으로 양도통지를 하였으며, 이 통지는 같은 달 25일 乙에게 도달하였다. 다음 중 옳은 것을 모두 고른 것은?(다툼이 있는 경우에는 판례에 의함)

기출 13

ㄱ. 甲이 丙에게 채권양도의 통지를 하지 않았다면, 丁은 그 양도의 사실로써 丙에게 대항할 수 없다.
ㄴ. 甲과 乙 사이의 금전소비대차계약에서 채권양도금지특약을 한 경우, 丁이 그러한 특약의 존재를 알지 못한 데 대하여 중대한 과실이 있다면 丁은 위 대출금채권을 취득할 수 없다.
ㄷ. 만일 丁에 대한 채권양도와 별개로 甲이 乙에 대한 위 대출금채권을 2012.10.17. 戊에게도 양도하면서 같은 달 18일자의 확정일자부 서면으로 乙에게 통지하였고, 이 통지가 같은 달 23일 乙에게 도달하였다면, 위 대출금채권에 대한 우선권은 丁에게 있다.

① ㄱ
② ㄴ
③ ㄱ, ㄷ
④ ㄴ, ㄷ
⑤ ㄱ, ㄴ, ㄷ

해설 ㄱ. (×) 보증채무는 주채무에 대한 부종성 또는 수반성이 있어서 주채무자에 대한 채권이 이전되면 당사자 사이에 별도의 특약이 없는 한 보증인에 대한 채권도 함께 이전하고, 이 경우 채권양도의 대항요건도 주채권의 이전에 관하여 구비하면 족하고, 별도로 보증채권에 관하여 대항요건을 갖출 필요는 없다(대판 2002.9.10. 2002다21509). 따라서 양도인 甲이 보증인 丙에게 채권양도사실을 별도로 통지하지 아니하였더라도, 채무자 乙에 대한 대항요건을 갖추었다면, 양수인 丁은 丙에게 대항할 수 있다.
ㄴ. (○) 민법 제449조 제2항이 채권양도 금지의 특약은 선의의 제3자에게 대항할 수 없다고만 규정하고 있어서 그 문언상 제3자의 과실의 유무를 문제 삼고 있지는 아니하지만, 제3자의 중대한 과실은 악의와 같이 취급되어야 하므로, 양도금지특약의 존재를 알지 못하고 채권을 양수한 경우에 있어서 그 알지 못함에 중대한 과실이 있는 때에는 악의의 양수인과 같이 양도에 의한 채권을 취득할 수 없다고 해석하는 것이 상당하다(대판 1996.6.28. 96다18281).
ㄷ. (×) **채권이 이중으로 양도된 경우의 양수인 상호 간의 우열은** 통지 또는 승낙에 붙여진 확정일자의 선후에 의하여 결정할 것이 아니라, **채권양도에 대한 채무자의 인식, 즉 확정일자 있는 양도통지가 채무자에게 도달한 일시 또는 확정일자 있는 승낙의 일시의 선후에 의하여 결정하여야 할 것이고,** 이러한 법리는 채권양수인과 동일 채권에 대하여 가압류명령을 집행한 자 사이의 우열을 결정하는 경우에 있어서도 마찬가지이므로, 확정일자 있는 채권양도통지와 가압류결정 정본의 제3채무자(채권양도의 경우는 채무자)에 대한 도달의 선후에 의하여 그 우열을 결정하여야 한다(대판[전합] 1994.4.26. 93다24223). 따라서 확정일자의 선후와 상관없이 채무자 乙에게 먼저 도달한 것은, 丁에 대한 채권양도통지(2012.10.25.)가 아닌 戊에 대한 채권양도통지(2012.10.23.)이므로, 위 대출금채권에 대한 우선권은 戊에게 있다.

01 채무의 인수에 관한 설명으로 옳은 것을 모두 고른 것은?(다툼이 있으면 판례에 따름) `기출` 24

> ㄱ. 중첩적 채무인수는 채권자와 채무인수인과의 합의가 있는 이상 채무자의 의사에 반하여서도 이루어질 수 있다.
>
> ㄴ. 면책적 채무인수가 있은 경우, 인수채무의 소멸시효기간은 특별한 사정이 없는 한 채무인수와 동시에 이루어진 채무인수인의 채무승인에 따라 채무인수일로부터 새로이 진행된다.
>
> ㄷ. 채무자와 채무인수인의 합의에 의한 중첩적 채무인수는 제3자를 위한 계약에 해당하지 않으며, 채권자는 채무인수인에게 수익의 의사를 표시하지 않더라도 채무인수인에 대하여 직접 청구할 권리를 갖는다.

① ㄱ   ② ㄱ, ㄴ
③ ㄱ, ㄷ   ④ ㄴ, ㄷ
⑤ ㄱ, ㄴ, ㄷ

해설 ㄱ. (○) 채권자와 인수인 사이의 계약으로 이루어질 경우 이는 담보적 기능을 갖기 때문에 채무자의 의사에 반해서도 제3자의 병존적 채무인수가 가능하다(대판 1988.11.22. 87다카1836).
　　ㄴ. (○) 면책적 채무인수가 있은 경우, 인수채무의 소멸시효 기간은 채무인수와 동시에 이루어진 소멸시효 중단사유, 즉 채무승인에 따라 채무인수일로부터 새로이 진행된다(대판 1999.7.9. 99다12376).
　　ㄷ. (×) 채무자와 인수인의 합의에 의한 중첩적 채무인수는 일종의 제3자를 위한 계약이라고 할 것이므로, 채권자는 인수인에 대하여 채무이행을 청구하거나 기타 채권자로서의 권리를 행사하는 방법으로 수익의 의사표시를 함으로써 인수인에 대하여 직접 청구할 권리를 갖게 된다(대판 2013.9.13. 2011다56033).

02 면책적 채무인수에 관한 설명으로 옳지 않은 것은? `기출` 22

① 전(前) 채무자로부터 채무를 인수한 채무인수인은 특별한 의사표시가 없으면 전(前) 채무자에 대한 항변사유를 가지고 채권자에게 대항할 수 있다.
② 이해관계 없는 제3자는 채무자의 의사에 반하여 채무를 인수하지 못한다.
③ 채권자의 채무인수에 대한 승낙은 다른 의사표시가 없으면 원칙적으로 채무를 인수한 때에 소급하여 그 효력이 생긴다.
④ 제3자와 채무자 간의 계약에 의한 채무인수는 특별한 사정이 없는 한 채권자의 승낙이 있을 때까지 당사자는 이를 철회하거나 변경할 수 있다.
⑤ 전(前) 채무자의 채무에 대한 보증이나 제3자가 제공한 담보는 채무인수로 인하여 원칙적으로 소멸한다.

해설 ① (×) 채무인수계약은 구 채무자의 채무의 동일성을 유지하면서 신 채무자가 이를 부담하는 것이므로 특별한 의사표시가 없으면 채무인수자의 구 채무자에 대한 항변사유로서는 채권자에게 대항할 수는 없다고 해석된다(대판 1966.11.29. 66다1861). 이와 달리 채무인수인은 전(前) 채무자의 항변할 수 있는 사유로 채권자에게 대항할 수 있다(민법 제458조).

② (○) 민법 제453조 제2항

③ (○) 민법 제457조 본문

④ (○) 민법 제456조

⑤ (○) 민법 제459조 본문

03 채무인수에 관한 설명으로 옳은 것은?(다툼이 있으면 판례에 따름) `기출` `21`

① 채무자와 채무인수인 사이의 면책적 채무인수에서 채권자가 승낙을 거절하였더라도 다시 승낙하면 채무인수의 효력이 생긴다.

② 채무자와 채무인수인 사이의 면책적 채무인수에서 채권자가 채무인수인에게 인수금의 지급을 청구하더라도 채무인수의 승낙으로 볼 수 없다.

③ 채무자와 채무인수인 사이의 면책적 채무인수에서 채권자의 승낙이 없는 경우, 채무자와 인수인 사이에는 이행인수로서의 효력도 인정될 수 없다.

④ 채권자와 채무인수인 사이의 중첩적 채무인수는 채무자의 의사에 반하여도 이루어질 수 있다.

⑤ 면책적 채무인수의 경우, 채무인수인은 채무자에 대한 항변사유로 채권자에게 대항할 수 있다.

해설 ① (×) [1] 채무인수의 효력이 생기기 위하여 채권자의 승낙을 요하는 것은 면책적 채무인수의 경우에 한하고, 채무인수가 면책적인가 중첩적인가 하는 것은 채무인수계약에 나타난 당사자 의사의 해석에 관한 문제이다. [2] 채권자의 승낙에 의하여 채무인수의 효력이 생기는 경우, 채권자가 승낙을 거절하면 그 이후에는 채권자가 다시 승낙하여도 채무인수로서의 효력이 생기지 않는다(대판 1998.11.24. 98다33765).

② (×) 채무자와 인수인 사이의 계약에 의한 채무인수에 대하여 채권자는 명시적인 방법뿐만 아니라 묵시적인 방법으로도 승낙을 할 수 있는 것인데, 채권자가 직접 채무인수인에 대하여 인수채무금의 지급을 청구하였다면 그 지급청구로써 묵시적으로 채무인수를 승낙한 것으로 보아야 한다(대판 1989.11.14. 88다카29962).

③ (×) 민법 제454조는 제3자가 채무자와 계약으로 채무를 인수하여 채무자의 채무를 면하게 하는 면책적 채무인수의 경우에 채권자 승낙이 있어야 채권자에 대하여 효력이 생긴다고 규정하고 있으므로, 채권자의 승낙이 없는 경우에는 채무자와 인수인 사이에서 면책적 채무인수 약정을 하더라도 이행인수 등으로서 효력밖에 갖지 못하며 채무자는 채무를 면하지 못한다(대판 2012.5.24. 2009다88303).

④ (○) 중첩적 채무인수는 채권자와 채무인수인과의 합의가 있는 이상 채무자의 의사에 반하여서도 이루어질 수 있다(대판 1988.11.22. 87다카1836).

⑤ (×) 채무인수계약은 구채무자의 채무의 동일성을 유지하면서 신채무자가 이를 부담하는 것이므로 특별한 의사표시가 없으면 채무인수인의 구채무자에 대한 항변사유로서는 채권자에게 대항할 수는 없으나(대판 1966.11.29. 66다1861), 채무인수인은 전채무자의 항변할 수 있는 사유(채권의 성립·존속·이행을 저지·배척하는 모든 항변)로 채권자에게 대항할 수는 있다(민법 제458조).

04 채무인수 등에 관한 설명으로 옳지 않은 것은?(다툼이 있으면 판례에 따름) 기출 20

① 부동산의 매수인이 매매목적물에 관한 근저당권의 피담보채무를 인수하는 한편 그 채무액을 매매대금에서 공제하기로 약정한 경우, 다른 특별한 약정이 없는 한 이는 채무인수로 보아야 한다.

② 부동산매매계약과 함께 매수인이 매매대금 지급에 갈음하여 매도인의 제3자에 대한 채무의 이행을 인수하였는데 매수인의 인수채무 불이행으로 말미암아 매도인이 인수채무를 대신 변제한 경우, 그로 인한 매수인의 손해배상채무와 매도인의 소유권이전등기의무는 동시이행관계에 있다.

③ 채무자와 인수인 사이에 이행인수계약이 체결된 경우, 채권자는 직접 인수인에게 채무를 이행할 것을 청구할 수 없다.

④ 계약당사자로서의 지위승계를 목적으로 하는 계약인수는 계약당사자 및 인수인의 3면합의에 의하여 이루어지는 것이 보통이나, 관계당사자 중 2인이 합의하고 나머지 당사자가 이를 동의 내지 승낙하는 방법으로도 가능하다.

⑤ 채무자와 인수인의 계약으로 체결되는 병존적 채무인수는 제3자를 위한 계약의 하나로 볼 수 있다.

해설 ① (×) 부동산의 매수인이 매매목적물에 관한 채무를 인수하는 한편 그 채무액을 매매대금에서 공제하기로 약정한 경우, 그 인수는 특별한 사정이 없는 한 매도인을 면책시키는 채무인수가 아니라 **이행인수로 보아야** 하고, 면책적 채무인수로 보기 위하여는 이에 대한 채권자의 승낙이 있어야 한다(대판 1995.8.11. 94다58599).

② (○) 부동산매매계약과 함께 이행인수계약이 이루어진 경우, 매수인이 인수한 채무는 매매대금지급채무에 갈음한 것으로서 매도인이 매수인의 인수채무 불이행으로 말미암아 또는 임의로 인수채무를 대신 변제하였다면, 그로 인한 손해배상채무 또는 구상채무는 인수채무의 변형으로서 매매대금지급채무에 갈음한 것의 변형이므로 매수인의 손해배상채무 또는 구상채무와 매도인의 소유권이전등기의무는 대가적 의미가 있어 이행상 견련관계에 있다고 인정되고, 따라서 양자는 동시이행의 관계에 있다고 해석함이 공평의 관념 및 신의칙에 합당하다(대판 2004.7.9. 2004다13083).

③ (○) **이행인수**는 인수인이 채무자에 대하여 그 채무를 이행할 것을 약정하는 채무자와 인수인 간의 계약으로서, 인수인은 채무자와 사이에 채권자에게 채무를 이행할 의무를 부담하는 데 그치고 직접 채권자에 대하여 채무를 부담하는 것이 아니므로 채권자는 직접 인수인에게 채무를 이행할 것을 청구할 수 없으나, 채무자는 인수인이 그 채무를 이행하지 아니하는 경우 인수인에 대하여 채권자에게 이행할 것을 청구할 수 있고, 그에 관한 승소의 판결을 받은 때에는 금전채권의 집행에 관한 규정을 준용하여 강제집행을 할 수도 있다. 이러한 채무자의 인수인에 대한 청구권은 그 성질상 재산권의 일종으로서 일신전속적 권리라고 할 수는 없으므로, 채권자는 채권자대위권에 의하여 채무자의 인수인에 대한 청구권을 대위행사할 수 있다(대판 2009.6.11. 2008다75072).

④ (○) 계약당사자로서의 지위승계를 목적으로 하는 계약인수는 계약당사자 및 인수인의 3면합의에 의하여 계약당사자 중 일방이 당사자로서의 지위를 포괄적으로 제3자에게 이전하여 계약관계에서 탈퇴하고 제3자가 그 지위를 승계하는 것을 목적으로 하는 계약으로서 3면계약으로 이루어지는 것이 보통이나 관계당사자 중 2인이 합의하고 나머지 당사자가 이를 동의 내지 승낙하는 방법으로도 가능하고, 나머지 당사자의 동의 내지 승낙이 반드시 명시적 의사표시에 의하여야 하는 것은 아니며 묵시적 의사표시에 의하여서도 가능하다(대판 2012.6.28. 2010다54535 · 54542).

⑤ (○) 채무자와 인수인의 계약으로 체결되는 **병존적 채무인수**는 채권자로 하여금 인수인에 대하여 새로운 권리를 취득하게 하는 것으로 **제3자를 위한 계약**의 하나로 볼 수 있다(대판 1997.10.24. 97다28698).

05 채무인수에 관한 설명으로 옳지 않은 것은?(다툼이 있으면 판례에 따름) 기출 19

① 중첩적 채무인수는 채권자와 인수인 사이의 합의가 있으면 채무자의 의사에 반해서도 할 수 있다.

② 면책적 채무인수가 있는 경우, 인수채무의 소멸시효기간은 채무인수에 따라 중단되고 채무인수일로부터 새로이 진행한다.

③ 채권자의 승낙에 의하여 채무인수의 효력이 생기는 경우, 채권자가 승낙을 거절하면 그 이후에는 채권자가 다시 승낙하여도 채무인수로서의 효력이 생기지 않는다.

④ 면책적 채무인수에 대한 채권자의 승낙은 묵시적으로도 가능하며, 채권자가 승낙을 하지 않는 대신 직접 인수인을 상대로 인수채무의 이행을 청구하는 것도 묵시적 승낙에 해당한다.

⑤ 매수인이 매매목적물에 관한 임대차보증금반환채무를 인수하면서 그 채무액을 매매대금에서 공제하기로 약정한 경우, 임차인의 승낙이 없으면 병존적 채무인수로 본다.

해설 ① (○) **중첩적 채무인수는 채권자와 채무인수인과의 합의가 있는 이상 채무자의 의사에 반하여서도 이루어질 수 있다**(대판 1988.11.22. 87다카1836).

② (○) 면책적 채무인수라 함은 채무의 동일성을 유지하면서 이를 종래의 채무자로부터 제3자인 인수인에게 이전하는 것을 목적으로 하는 계약으로서, 채무인수로 인하여 인수인은 종래의 채무자와 지위를 교체하여 새로이 당사자로서 채무관계에 들어서서 종래의 채무자와 동일한 채무를 부담하고 동시에 종래의 채무자는 채무관계에서 탈퇴하여 면책되는 것일 뿐이므로, **인수채무가 원래 5년의 상사시효의 적용을 받던 채무라면 그 후 면책적 채무인수에 따라 그 채무자의 지위가 인수인으로 교체되었다고 하더라도 그 소멸시효의 기간은 여전히 5년의 상사시효의 적용을 받는다** 할 것이고, **이는 채무인수행위가 상행위나 보조적 상행위에 해당하지 아니한다고 하여 달리 볼 것이 아니다**(대판 1999.7.9. 99다12376).

③ (○) 채권자의 승낙에 의하여 채무인수의 효력이 생기는 경우, 채권자가 승낙을 거절하면 그 이후에는 채권자가 다시 승낙하여도 채무인수로서의 효력이 생기지 않는다(대판 1998.11.24. 98다33765).

④ (○) 채무자와 인수인 사이의 계약에 의한 채무인수에 대하여 채권자는 명시적인 방법뿐만 아니라 묵시적인 방법으로도 승낙을 할 수 있는 것인데, 채권자가 직접 채무인수인에 대하여 인수채무금의 지급을 청구하였다면 그 지급청구로써 묵시적으로 채무인수를 승낙한 것으로 보아야 한다(대판 1989.11.14. 88다카29962).

⑤ (×) 부동산의 매수인이 매매목적물에 관한 임대차보증금반환채무 등을 인수하는 한편, 그 채무액을 매매대금에서 공제하기로 약정한 경우, 그 인수는 특별한 사정이 없는 이상 매도인을 면책시키는 면책적 채무인수가 아니라 이행인수로 보아야 하고, 면책적 채무인수로 보기 위하여는 이에 대한 채권자, 즉 임차인의 승낙이 있어야 한다(대판 2001.4.27. 2000다69026).

06 채무인수에 관한 설명으로 옳은 것은?(다툼이 있으면 판례에 따름) 기출 18

① 채무인수인은 특별한 의사표시가 없으면 자신의 구(舊) 채무자에 대한 항변사유를 가지고 채권자에게 대항할 수 있다.

② 채무자와 인수인 사이의 계약에 의해 채무인수가 이루어지는 경우, 채권자가 승낙을 거절하면 이후에 다시 승낙을 하더라도 면책적 채무인수의 효력이 발생하지 않는다.

③ 토지매수인이 토지에 관한 매도인의 채무를 인수하면서 그 채무액을 매매대금에서 공제하기로 약정한 경우, 특별한 사정이 없는 한 면책적 채무인수에 해당한다.

④ 채무자 아닌 제3자가 설정한 근저당권에 관하여 그 제3자의 동의를 얻어 채무인수를 원인으로 채무자를 교체하는 변경등기가 마쳐졌다면, 특별한 사정이 없는 한 그 근저당권은 그 후 채무인수인이 다른 원인으로 부담하는 채무까지 담보한다.

⑤ 채무자와 인수인 간의 중첩적 채무인수계약의 경우에 채권자는 인수인에 대하여 수익의 의사표시 없이도 직접 청구할 권리를 갖는다.

해설 ① (×) 채무인수계약은 구 채무자의 채무의 동일성을 유지하면서 신 채무자가 이를 부담하는 것이므로 **특별한 의사표시가 없으면 채무인수자의 구 채무자에 대한 항변사유로서는 채권자에게 대항할 수는 없다**고 해석된다(대판 1966.11.29. 66다1861).

② (○) 채권자의 승낙에 의하여 채무인수의 효력이 생기는 경우, 채권자가 승낙을 거절하면 그 이후에는 채권자가 다시 승낙하여도 채무인수로서의 효력이 생기지 않는다(대판 1998.11.24. 98다33765).

③ (×) 부동산의 매수인이 매매목적물에 관한 채무를 인수하는 한편 그 채무액을 매매대금에서 공제하기로 약정한 경우, 그 인수는 특별한 사정이 없는 한 매도인을 면책시키는 채무인수가 아니라 이행인수로 보아야 하고, 면책적 채무인수로 보기 위하여는 이에 대한 채권자의 승낙이 있어야 한다(대판 1995.8.11. 94다58599).

④ (×) 근저당권에 관하여 채무인수를 원인으로 채무자를 교체하는 변경등기(부기등기)가 마쳐진 경우 특별한 사정이 없는 한 그 근저당권은 당초 구 채무자가 부담하고 있다가 신 채무자가 인수하게 된 채무만을 담보하는 것이지, 그 후 신 채무자(채무인수인)가 다른 원인으로 부담하게 된 새로운 채무까지 담보하는 것으로 볼 수는 없다(대판 2000.12.26. 2000다56204).

⑤ (×) 채무자와 인수인의 합의에 의한 중첩적 채무인수는 일종의 제3자를 위한 계약이라고 할 것이므로, 채권자는 인수인에 대하여 채무이행을 청구하거나 기타 채권자로서의 권리를 행사하는 방법으로 수익의 의사표시를 함으로써 인수인에 대하여 직접 청구할 권리를 갖게 된다. 이러한 점에서 채무자에 대한 채권을 상실시키는 효과가 있는 면책적 채무인수의 경우 채권자의 승낙을 계약의 효력발생요건으로 보아야 하는 것과 달리, **채무자와 인수인의 합의에 의한 중첩적 채무인수의 경우 채권자의 수익의 의사표시는 그 계약의 성립요건이나 효력발생요건이 아니라 채권자가 인수인에 대하여 채권을 취득하기 위한 요건이다**(대판 2013.9.13. 2011다56033).

07 채무인수 등에 관한 설명으로 옳은 것은?(다툼이 있으면 판례에 따름) 기출 17

① 이행인수인은 법정대위를 할 수 있는 변제할 정당한 이익이 있는 자에 해당하지 않는다.

② 채권자와 보증인 사이에 보증인이 주채무를 중첩적으로 인수하기로 약정한 경우, 특별한 사정이 없는 한 보증인은 주채무자에 대한 관계에서는 종전의 보증인의 지위를 그대로 유지한다.

③ 부동산매수인이 매매목적물에 설정된 근저당권의 피담보채무를 이행인수한 뒤 그 변제를 게을리하여 근저당권의 실행됨으로써 매도인이 매매목적물에 대한 소유권을 상실한 경우, 이는 매수인의 책임 있는 사유로 소유권이전등기의무가 이행불능으로 된 경우에 해당하고 그에 대하여 매도인의 과실도 인정된다.

④ 계약당사자로서의 지위가 제3자에게 이전되는 경우, 계약상 지위를 전제로 한 권리관계가 이전될 뿐만 아니라 불법행위에 기한 손해배상청구권도 별도의 채권양도절차 없이 제3자에게 당연히 이전된다.

⑤ 채무자와 인수인의 합의에 의한 중첩적 채무인수의 경우, 채권자의 수익의 의사표시는 계약의 성립요건이 아니라 효력발생요건이다.

해설 ① (×) 민법 제481조에 의하여 법정대위를 할 수 있는 '변제할 정당한 이익이 있는 자'라고 함은 변제함으로써 당연히 대위의 보호를 받아야 할 법률상의 이익을 가지는 자를 의미한다. 그런데 이행인수인이 채무자와의 이행인수약정에 따라 채권자에게 채무를 이행하기로 약정하였음에도 불구하고 이를 이행하지 아니하는 경우에는 채무자에 대하여 채무불이행의 책임을 지게 되어 특별한 법적 불이익을 입게 될 지위에 있다고 할 것이므로, **이행인수인은 그 변제를 할 정당한 이익이 있다고 할 것이다**(대결 2012.7.16. 2009마461).

② (○) **채권자와 보증인 사이에 보증인이 주채무를 중첩적으로 인수하기로 약정하였다 하더라도 특별한 사정이 없는 한 보증인은 주채무자에 대한 관계에서는 종전의 보증인의 지위를 그대로 유지한다고 봄이 상당하므로, 채무인수로 인하여 보증인과 주채무자 사이의 주채무에 관련된 구상관계가 달라지는 것은 아니다**(대판 2003.11.14. 2003다37730).

③ (×) **부동산매수인이 매매목적물에 설정된 근저당권의 피담보채무에 관하여 그 이행을 인수한 경우**, 채권자에 대한 관계에서는 매도인이 여전히 채무를 부담한다고 하더라도, 매도인과 매수인 사이에서는 매수인에게 위 피담보채무를 변제할 책임이 있으므로, **매수인이 그 변제를 게을리하여 근저당권이 실행됨으로써 매도인이 매매목적물에 관한 소유권을 상실하였다면, 특별한 사정이 없는 한, 이는 매수인에게 책임 있는 사유로 인하여 소유권이전등기의무가 이행불능으로 된 경우에 해당하고, 거기에 매도인의 과실이 있다고 할 수는 없다**(대판 2008.8.21. 2007다8464・8471).

④ (×) 구 표시・광고의 공정화에 관한 법률(2011.9.15. 법률 제11050호로 개정되기 전의 것, 이하 '표시광고법'이라 한다)상 허위・과장광고로 인한 손해배상청구권은 불법행위에 기한 손해배상청구권의 성격을 가지는데, **계약상 지위의 양도에 의하여 계약당사자로서의 지위가 제3자에게 이전되는 경우 계약상 지위를 전제로 한 권리관계만이 이전될 뿐 불법행위에 기한 손해배상청구권은 별도의 채권양도절차 없이 제3자에게 당연히 이전되는 것이 아니다**(대판 2015.7.23. 2012다15336・15343・15350・15367・15374・15381・15398・15404).

⑤ (×) 채무자와 인수인의 합의에 의한 중첩적 채무인수는 일종의 제3자를 위한 계약이라고 할 것이므로, 채권자는 인수인에 대하여 채무이행을 청구하거나 기타 채권자로서의 권리를 행사하는 방법으로 수익의 의사표시를 함으로써 인수인에 대하여 직접 청구할 권리를 갖게 된다. 이러한 점에서 채무자에 대한 채권을 상실시키는 효과가 있는 면책적 채무인수의 경우 채권자의 승낙을 계약의 효력발생요건으로 보아야 하는 것과는 달리, **채무자와 인수인의 합의에 의한 중첩적 채무인수의 경우 채권자의 수익의 의사표시는 그 계약의 성립요건이나 효력발생요건이 아니라 채권자가 인수인에 대하여 채권을 취득하기 위한 요건이다**(대판 2013.9.13. 2011다56033).

08 채무인수에 관한 설명으로 옳지 않은 것은?(다툼이 있으면 판례에 따름) 기출 16

① 채무인수계약에 있어서 당사자의사가 면책적 채무인수인지 중첩적 채무인수인지 분명하지 아니한 경우, 중첩적 채무인수로 보아야 한다.

② 계약당사자 중 일방이 상대방의 승낙을 얻어 계약상 당사자의 지위를 포괄적으로 제3자에게 이전하는 경우, 제3자는 종래 계약에서 이미 발생한 채권·채무도 모두 이전받는다.

③ 중첩적 채무인수인이 채권자에 대한 채권을 자동채권으로 하여 채권자의 인수인에 대한 채권을 대등액에서 상계한 경우, 원채무자의 채권자에 대한 채무도 그 범위에서 소멸된다.

④ 토지매수인이 그 토지에 관한 임대차보증금반환채무 등을 인수하면서 채무액을 매매대금에서 공제하기로 약정한 경우, 그 인수는 특별한 사정이 없는 한 면책적 채무인수로 보아야 한다.

⑤ 인수인이 채무자의 부탁을 받지 아니하고 채권자와의 계약으로 채무를 중첩적으로 인수한 경우, 채무자와 인수인은 부진정연대관계에 있는 것으로 보아야 한다.

해설 ① (○) 채무인수가 면책적인가 중첩적인가 하는 것은 채무인수계약에 나타난 당사자의사의 해석에 관한 문제이고, 채무인수에 있어서 면책적 인수인지, 중첩적 인수인지가 분명하지 아니한 때에는 이를 중첩적으로 인수한 것으로 볼 것이다(대판 2002.9.24. 2002다36228).

② (○) 계약인수가 적법하게 이루어지면 양도인은 계약관계에서 탈퇴하게 되고 계약인수 후에는 특별한 사정이 없는 한 잔류당사자와 양수인 사이에는 계약관계가 존재하지 않게 되며 그에 따른 채권채무관계도 소멸한다(대판 1987.9.8. 85다카733·734). 따라서 계약당사자 중 일방이 상대방 및 제3자와 사이에 3면계약을 체결하거나 상대방의 승낙을 얻어 계약상 당사자로서의 지위를 포괄적으로 제3자에게 이전하는 경우 이를 양수한 제3자는 양도인의 계약상의 지위를 승계함으로써 종래의 계약에서 이미 발생된 채권·채무도 모두 이전받게 된다(대판[전합] 2011.6.23. 2007다63089·63096).

③ (○), ⑤ (○) 중첩적 채무인수에서 인수인이 채무자의 부탁 없이 채권자와의 계약으로 채무를 인수하는 것은 매우 드문 일이므로 채무자와 인수인은 원칙적으로 주관적 공동관계가 있는 연대채무관계에 있고, 인수인이 채무자의 부탁을 받지 아니하여 주관적 공동관계가 없는 경우에는 부진정연대관계에 있는 것으로 보아야 한다(대판 2009.8.20. 2009다32409). 다만, 상계는 연대채무관계·부진정연대채무관계를 불문하고 절대효가 인정된다.

④ (×) 부동산의 매수인이 매매목적물에 관한 채무를 인수하는 한편 그 채무액을 매매대금에서 공제하기로 약정한 경우, 그 인수는 특별한 사정이 없는 한 매도인을 면책시키는 채무인수가 아니라 이행인수로 보아야 하고, 면책적 채무인수로 보기 위하여는 이에 대한 채권자의 승낙이 있어야 한다(대판 1995.8.11. 94다58599).

09 채무인수와 이행인수에 관한 설명으로 옳지 않은 것은?(다툼이 있는 경우에는 판례에 의함)
기출 14

① 채권자와 제3자의 약정으로는 이행인수를 할 수 없다.

② 병존적 채무인수는 면책적 채무인수와 달리 의무부담행위이다.

③ 제3자가 채무자의 의사에 반하여 체결한 병존적 채무인수는 그 효력이 없다.

④ 채권자 아닌 자와 채무자의 계약으로 성립한 병존적 채무인수는 제3자를 위한 계약이다.

⑤ 채무자의 부탁으로 병존적으로 채무를 인수한 제3자는 채무자와 연대채무관계에 있다.

해설 ① (○) **이행인수**는 인수인이 채무자에 대하여 그 채무를 이행할 것을 약정하는 **채무자와 인수인 간의 계약이다**(대판 2009.6.11. 2008다75072). 따라서 채권자와 제3자의 약정으로는 이행인수를 할 수 없다.

② (○) **병존적 채무인수**는 새로운 채무를 발생시키는 의무부담행위일 뿐 처분행위에 해당하지 아니하나, **면책적 채무인수**는 구 채무자의 채무를 면책시키는 처분행위에 해당한다.

③ (×) 중첩적 채무인수는 채권자와 채무인수인과의 합의가 있는 이상 채무자의 의사에 반하여서도 이루어질 수 있다(대판 1988.11.22. 87다카1836).

④ (○) 채무자와 인수인 간에 체결된 병존적 채무인수계약은 제3자를 위한 계약에 해당한다.

⑤ (○) **중첩적 채무인수**에서 인수인이 채무자의 부탁 없이 채권자와의 계약으로 채무를 인수하는 것은 매우 드문 일이므로 채무자와 인수인은 원칙적으로 수관적 공동관계가 있는 연대채무관계에 있고, 인수인이 채무자의 부탁을 받지 아니하여 주관적 공동관계가 없는 경우에는 부진정연대관계에 있는 것으로 보아야 한다(대판 2009.8.20. 2009다32409).

10 채무인수 또는 이행인수에 관한 설명으로 옳지 않은 것은?(다툼이 있으면 판례에 따름)

기출 15

① 채무자와 인수인이 면책적 채무인수를 약정하더라도 채권자의 승낙이 없으면 채무자는 채무를 면하지 못한다.

② 채권자와 인수인의 합의에 의한 중첩적 채무인수는 면책적 채무인수와 달리 채무자의 의사에 반하여서도 이루어질 수 있다.

③ 면책적 채무인수는 소멸시효의 중단사유인 채무승인에 해당하여 인수채무의 소멸시효기간은 채무인수일로부터 새로이 진행한다.

④ 부동산매수인이 매매목적물에 관한 채무를 인수하고 그 채무액을 매매대금에서 공제하기로 약정한 경우, 특별한 사정이 없는 한 이행인수에 해당한다.

⑤ 물상보증인이 저당부동산을 제3취득자에게 매도하고 제3취득자가 피담보채무의 이행을 인수한 경우, 저당권이 실행되더라도 물상보증인은 저당채무자에 대한 구상권을 행사할 수 없다.

해설 ① (○) 제3자가 채무자와의 계약으로 채무를 인수한 경우에는 채권자의 승낙에 의하여 그 효력이 생긴다(민법 제454조 제1항). 따라서 **면책적 채무인수계약의 효력발생요건인 채권자의 승낙이 없으면, 채무자는 채무를 면하지 못한다.**

② (○) 중첩적 채무인수는 채권자와 채무인수인과의 합의가 있는 이상 **채무자의 의사에 반하여서도 이루어질 수 있다**(대판 1988.11.22. 87다카1836).

③ (○) 면책적 채무인수가 있은 경우, 인수채무의 소멸시효기간은 채무인수와 동시에 이루어진 소멸시효중단 사유, 즉 채무승인에 따라 채무인수일로부터 새로이 진행된다(대판 1999.7.9. 99다12376).

④ (○) 부동산의 매수인이 매매목적물에 관한 채무를 인수하는 한편 그 채무액을 매매대금에서 공제하기로 약정한 경우, 그 인수는 특별한 사정이 없는 한 매도인을 면책시키는 채무인수가 아니라 **이행인수로 보아야** 하고, 면책적 채무인수로 보기 위하여는 이에 대한 채권자의 승낙이 있어야 한다(대판 1995.8.11. 94다 58599).

⑤ (×) 물상보증인이 담보부동산을 제3취득자에게 매도하고 제3취득자가 담보부동산에 설정된 근저당권의 피담보채무의 이행을 인수한 경우, 그 이행인수는 매매당사자 사이의 내부적인 계약에 불과하여 이로써 물상보증인의 책임이 소멸하지 않는 것이고, 따라서 담보부동산에 대한 담보권이 실행된 경우에도 제3취득자가 아닌 원래의 물상보증인이 채무자에 대한 구상권을 취득한다(대판 1997.5.30. 97다1556).

11 甲은 乙과 丙에 대해 각각 금전채무를 부담하고 있다. 丁은 甲의 乙·丙에 대한 채무를 담보하기 위해 자신의 X부동산에 乙 명의의 1순위 근저당권을, 丙 명의의 2순위 근저당권을 설정해 주었다. 또한 丁은 1순위 근저당채무만을 면책적으로 인수하기로 甲과 약정하였고, 乙이 이에 동의하였다. 다음 설명으로 옳은 것은?(다툼이 있는 경우에는 판례에 의함) 기출 12

① 丁의 면책적 채무인수로 甲의 乙에 대한 채무는 소멸하였으므로, 저당권의 부종성에 따라 1순위 근저당권은 소멸한다.

② 丁은 1순위 근저당채무의 성립·존속을 저지·배척하는 모든 항변사유를 乙에게 주장할 수 있다.

③ 丙의 담보권 실행으로 X부동산이 제3자에게 매각된 경우, 丙의 근저당권은 소멸하나 乙의 근저당권은 소멸하지 않는다.

④ 만약 근저당권이 설정된 후 丁이 X부동산의 소유권을 제3자에게 이전한 경우, 제3자가 피담보채무를 변제하더라도 丁은 근저당권설정등기의 말소를 청구할 수 없다.

⑤ 만약 채무를 인수한 丁 명의로 채무자 변경의 부기등기가 되기 전에, 丙이 2순위 근저당권설정등기를 하였다면 부기등기는 丙에 대해서는 그 효력이 없다.

해설

① (×) 면책적 채무인수라 함은 채무의 동일성을 유지하면서 이를 종래의 채무자로부터 제3자인 인수인에게 이전하는 것을 목적으로 하는 계약을 말하는바, 채무인수로 인하여 인수인은 종래의 채무자와 지위를 교체하여 새로이 당사자로서 채무관계에 들어서서 종래의 채무자와 동일한 채무를 부담하고 동시에 종래의 채무자는 채무관계에서 탈퇴하여 면책되는 것일 뿐 종래의 채무가 소멸하는 것이 아니므로, 채무인수로 종래의 채무가 소멸하였으니 저당권의 부종성으로 인하여 당연히 소멸한 채무를 담보하는 저당권도 소멸한다는 법리는 성립하지 않는다(대판 1996.10.11. 96다27476).

② (○) 인수인은 전 채무자의 항변할 수 있는 사유로 채권자에게 대항할 수 있다(민법 제458조). 따라서 丁은 1순위 근저당채무의 성립·존속을 저지·배척하는 모든 항변사유를 乙에게 주장할 수 있다.

③ (×) 매각부동산 위의 모든 저당권은 매각으로 소멸된다(민사집행법 제91조 제2항). 따라서 후순위근저당권자 丙의 담보권 실행으로 X부동산이 제3자에게 매각된 경우, 선순위근저당권자 乙의 근저당권도 소멸한다.

④ (×) 근저당권이 설정된 후에 그 부동산의 소유권이 제3자에게 이전된 경우에는 현재의 소유자가 자신의 소유권에 기하여 피담보채무의 소멸을 원인으로 그 근저당권설정등기의 말소를 청구할 수 있음은 물론이지만, 근저당권설정자인 종전의 소유자도 근저당권설정계약의 당사자로서 근저당권 소멸에 따른 원상회복으로 근저당권자에게 근저당권설정등기의 말소를 구할 수 있는 계약상 권리가 있으므로 이러한 계약상 권리에 터 잡아 근저당권자에게 피담보채무의 소멸을 이유로 하여 그 근저당권설정등기의 말소를 청구할 수 있다고 봄이 상당하고, 목적물의 소유권을 상실하였다는 이유만으로 그러한 권리를 행사할 수 없다고 볼 것은 아니다(대판 1994.1.25. 93다16338). 따라서 근저당권이 설정된 후 丁이 X부동산의 소유권을 제3자에게 이전한 경우, 제3자가 피담보채무를 변제하였다면, 丁은 근저당권설정계약의 당사자로서 그 등기의 말소를 청구할 수 있다.

⑤ (×) 채무자 변경의 부기등기의 선후에 따라 2순위 근저당권자 丙의 지위가 변경되는 것은 아니므로, 부기등기가 丙의 2순위 근저당권설정등기보다 나중에 경료되었더라도, 부기등기는 丙에 대하여 그 효력이 있다.

CHAPTER

06 채권의 소멸

01 서 설

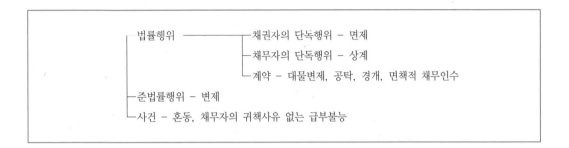

```
                    ┌─ 채권자의 단독행위 - 면제
        ┌ 법률행위 ──┼─ 채무자의 단독행위 - 상계
        │            └─ 계약 - 대물변제, 공탁, 경개, 면책적 채무인수
        ├ 준법률행위 - 변제
        └ 사건 - 혼동, 채무자의 귀책사유 없는 급부불능
```

02 변 제

Ⅰ 변제 일반

1. 변제의 의의

변제란 채무자 또는 제3자의 급부행위에 의하여 채권이 만족을 얻어 채권의 소멸이라는 법률효과를 발생시키는 법률요건이다.

2. 변제의 법적 성질

① 변제는 법률행위가 아니라 준법률행위이다(통설). 따라서 변제의사나 행위능력을 필요로 하지 않는다.
② 단, 변제와 변제행위는 구별되어야 한다.

Ⅱ 변제의 당사자

1. 변제자

(1) 채무자

채무자는 변제를 하여야 할 자로서 스스로 변제를 할 수도 있고 이행보조자를 시켜 변제할 수도 있으며 [기출] 13 , 급부가 법률행위인 때에는 대리인을 시켜 변제할 수도 있다.

(2) 제3자의 변제

> **제3자의 변제(민법 제469조)** [기출] 06
> ① 채무의 변제는 제3자도 할 수 있다. 그러나 채무의 성질 또는 당사자의 의사표시로 제3자의 변제를 허용하지 아니하는 때에는 그러하지 아니하다.
> ② 이해관계 없는 제3자는 채무자의 의사에 반하여 변제하지 못한다.

1) 의 의

제3자의 변제란 채무자의 이름으로 변제하는 것이 아니라 자신의 이름으로 타인의 채무를 변제하려는 의사를 가지고 변제하는 것을 말한다.

2) 제3자의 변제의 요건

① 타인 채무의 변제라는 지정행위가 있을 것

② 제3자가 채권자에 대하여 자기의 채무변제를 지정하는 경우에는 본조가 적용되지 않는다.

3) 제3자의 변제의 제한

① 채무의 성질상 제3자의 변제가 허용되지 않는 경우

② 이해관계 없는 제3자의 변제로서 채무자의 의사에 반하는 경우 : 물상보증인이나 담보부동산의 제3취득자 등과 같이 법률상의 이해관계를 가지는 제3자는 채무자의 의사에 반하여서도 변제할 수 있으나 [기출] 17 , 이해관계가 없는 제3자는 채무자의 의사에 반하여 변제할 수 없다 (민법 제469조 제2항).

③ 당사자의 의사표시로 제3자의 변제를 금지한 경우(민법 제469조 제1항 단서)

(3) 제3자의 변제의 효과

① 제3자의 변제가 유효하면 채권이 소멸된다.

② 채무자에 대한 구상권을 갖는다. 제3자가 채무자에 대해 구상권을 가지는 경우 이러한 구상권의 확보를 위해 변제자대위가 가능하다.

③ 제3자의 변제제공을 채권자가 정당한 이유 없이 거절하면 수령지체에 빠진다.

④ 변제자는 채권자에 대하여 영수증의 교부를 청구하는 권리(민법 제474조)와 채권증서의 반환을 청구하는 권리(민법 제475조 전단)를 가진다.

⑤ 다수설에 의하면 영수증의 교부와 변제는 동시이행의 관계에 있다고 해석되지만, 채권증서의 반환과 변제는 동시이행의 관계가 없다고 한다.

2. 변제수령자

(1) 원 칙

채권자에게 변제수령권이 있는 것이 원칙이다.

(2) 채권자에게 변제수령권한이 없는 경우

압류당한 채권자, 파산한 채권자, 입질되긴 채권자는 수령할 권한이 없다.

(3) 채권의 준점유자에 대한 변제

> **채권의 준점유자에 대한 변제(민법 제470조)**
> 채권의 준점유자에 대한 변제는 변제자가 선의이며 과실 없는 때에 한하여 효력이 있다.

1) 의 의

채권의 준점유자란 채권을 사실상 행사하는 자로 사실상 행사의 의미는 진정한 채권자가 아니면서 채권자로서의 외형을 갖춘 것을 말한다(대판 2004.4.23. 2004다5389). **기출 21**

2) 요 건

① 채권의 준점유자일 것

> **[판례가 채권의 준점유자로 인정한 주요 사례]**
> • 채권의 표현상속인
> • 예금증서와 인장의 소지인
> • 위조된 영수증의 소지자
> • 가압류된 채권이 지급된 경우
> • 채권양도가 무효인 경우 사실상의 양수인 또는 무효인 전부명령을 받은 자
> • 채권자의 대리인이라고 칭한 자

② 변제자의 선의·무과실

  ㉠ 채권의 준점유자에게 변제수령의 권한이 있다고 믿었으며 또 그와 같이 믿는 데 과실이 없는 때에만 유효한 것으로 된다(민법 제470조).

  ㉡ 통설은 선의 및 무과실의 주장·입증책임은 변제의 유효를 주장하는 자가 부담한다고 한다.

③ 채권자의 귀책사유가 필요한지 여부 : 통설은 채권의 준점유자가 외형을 갖추는 것에 대한 채권자의 귀책사유는 불필요하다고 한다.

3) 효 과

채권의 준점유자에 대한 변제가 유효하면 채권은 확정적으로 소멸하고 채무자는 채무를 면한다. 따라서 채권자는 채무자에 대해 이행을 청구할 수 없다. 또한 채무자는 준점유자에 부당이득의 반환을 청구할 수 없으며, 진정한 채권자만이 준점유자에게 부당이득반환을 청구할 수 있다.

(4) 영수증소지자에 대한 변제

> **영수증소지자에 대한 변제(민법 제471조)**
> 영수증을 소지한 자에 대한 변제는 그 소지자가 변제를 받을 권한이 없는 경우에도 효력이 있다. 그러나 변제자가 그 권한 없음을 알았거나 알 수 있었을 경우에는 그러하지 아니하다.

1) 의의

영수증이란 변제의 수령을 증명하는 서면을 말하는데, 영수증소지자가 무권한자인 경우에도 변제자가 선의·무과실로 변제한 경우라면 변제자를 보호할 필요가 있다.

2) 요건

① 영수증은 진정하게 작성된 것이어야 한다.

② 변제자는 선의·무과실이어야 한다. 변제자에게 악의나 과실이 있다는 점은 변제의 효력을 부정하는 채권자가 증명해야 한다.

3) 효과

유효한 변제가 되어 채무는 소멸한다.

(5) 증권적 채권의 소지인에 대한 변제

증권적 채권(지시채권, 무기명채권, 지명소지인출급채권 등)의 소지인에 대한 변제는 그가 진정한 권리자가 아니더라도 변제자가 악의이거나 중과실이 없는 한 유효하다. 증권적 채권의 유통성 확보를 위한 것이다.

(6) 권한 없는 자에 대한 변제의 특칙

> **권한 없는 자에 대한 변제(민법 제472조)**
> 전2조의 경우 외에 변제받을 권한 없는 자에 대한 변제는 채권자가 이익을 받은 한도에서 효력이 있다.

1) 원칙

권한 없는 자에 대한 변제는 원칙적으로 민법 제470조나 민법 제471조에 의해 보호되는 경우가 아닌 한 변제로서의 효력이 없다.

2) 예외

① 단, 무효인 변제에 의하여 채권자가 사실상 이익을 받은 경우에는 그 한도에서 변제가 유효하다.

② 변제자의 선의·악의는 불문한다.

Ⅲ   변제의 제공

1. 변제제공의 의의

변제의 제공이란 채권자의 수령, 협력을 요하는 채무에 있어서 채무자가 그 급부실현에 필요한 준비를 다하고 채권자에게 협력을 구하는 것을 말한다.

2. 변제제공의 방법

> **변제제공의 방법(민법 제460조)**
> 변제는 채무내용에 좇은 현실제공으로 이를 하여야 한다. 그러나 채권자가 미리 변제받기를 거절하거나 채무의 이행에 채권자의 행위를 요하는 경우에는 변제준비의 완료를 통지하고 그 수령을 최고하면 된다.

(1) 원칙 : 현실의 제공

현실의 제공은 채권자의 현주소지나 이행지에서 채권자가 수령할 수 있는 상태에 두는 것을 말한다.

(2) 예외 : 구두의 제공

구두의 제공이란 채권자의 협력이 있으면 급부를 할 수 있도록 준비한 것을 채권자에게 통지하여 그 수령, 기타의 협력을 최고하는 것을 말한다.

(3) 구두의 제공조차 필요하지 않은 경우

① 채권자가 수령거절의 의사를 명백히 한 경우
② 분할적·회귀적 급부에 있어서 그 급부의 1회분을 제공했음에도 불구하고 채권자가 수령을 거절한 경우

3. 변제제공의 효과

> **변제제공의 효과(민법 제461조)**
> 변제의 제공은 그때로부터 채무불이행의 책임을 면하게 한다.

채무자는 변제의 제공이 있는 때로부터 채무불이행으로 인하여 생기는 손해배상, 지연이자, 위약금 등 모든 책임을 면한다(민법 제461조).

① 채무불이행책임을 면할 뿐 채권이 소멸하는 것은 아니다.
② 담보권을 실행 당하지 않는다.
③ 약정이자는 그 발생이 정지된다.
④ 쌍무계약에서는 상대방은 동시이행의 항변권을 상실한다. 그러나 판례는 동시이행항변권을 상실시키려면 일회적 제공으로는 안되고 변제의 제공이 계속되어야 한다고 한다.

Ⅳ 변제의 장소와 시기

1. 변제의 장소

변제의 장소(민법 제467조)
① 채무의 성질 또는 당사자의 의사표시로 변제장소를 정하지 아니한 때에는 특정물의 인도는 채권성립 당시에 그 물건이 있던 장소에서 하여야 한다.
② 전항의 경우에 특정물인도 이외의 채무변제는 채권자의 현주소에서 하여야 한다. 그러나 영업에 관한 채무의 변제는 채권자의 현영업소에서 하여야 한다.

대금지급장소(민법 제586조)
매매의 목적물의 인도와 동시에 대금을 지급할 경우에는 그 인도장소에서 이를 지급하여야 한다.

임치물의 반환장소(민법 제700조)
임치물은 그 보관한 장소에서 반환하여야 한다. 그러나 수치인이 정당한 사유로 인하여 그 물건을 전치한 때에는 현존하는 장소에서 반환할 수 있다.

2. 변제의 시기

변제기전의 변제(민법 제468조)
당사자의 특별한 의사표시가 없으면 변제기전이라도 채무자는 변제할 수 있다. 그러나 상대방의 손해는 배상하여야 한다.

기한전의 변제(민법 제743조)
변제기에 있지 아니한 채무를 변제한 때에는 그 반환을 청구하지 못한다. 그러나 채무자가 착오로 인하여 변제한 때에는 채권자는 이로 인하여 얻은 이익을 반환하여야 한다.

Ⅴ 변제의 목적물

특정물의 현상인도(민법 제462조)
특정물의 인도가 채권의 목적인 때에는 채무자는 이행기의 현상대로 그 물건을 인도하여야 한다.

변제로서의 타인의 물건의 인도(민법 제463조)
채무의 변제로 타인의 물건을 인도한 채무자는 다시 유효한 변제를 하지 아니하면 그 물건의 반환을 청구하지 못한다.

양도능력 없는 소유자의 물건인도(민법 제464조)
양도할 능력 없는 소유자가 채무의 변제로 물건을 인도한 경우에는 그 변제가 취소된 때에도 다시 유효한 변제를 하지 아니하면 그 물건의 반환을 청구하지 못한다.

채권자의 선의소비, 양도와 구상권(민법 제465조)
① 전2조의 경우에 채권자가 변제로 받은 물건을 선의로 소비하거나 타인에게 양도한 때에는 그 변제는 효력이 있다.
② 전항의 경우에 채권자가 제3자로부터 배상의 청구를 받은 때에는 채무자에 대하여 구상권을 행사할 수 있다.

Ⅵ 변제의 비용과 변제의 증거

1. 변제의 비용

> **변제비용의 부담(민법 제473조)**
> 변제비용은 다른 의사표시가 없으면 채무자의 부담으로 한다. 그러나 채권자의 주소이전 기타의 행위로 인하여 변제비용이 증가될 때에는 그 증가액은 채권자의 부담으로 한다.
>
> **매매계약의 비용의 부담(민법 제566조)**
> 매매계약에 관한 비용은 당사자 쌍방이 균분하여 부담한다.

2. 변제의 증거

> **영수증청구권(민법 제474조)**
> 변제자는 변제를 받는 자에게 영수증을 청구할 수 있다.
>
> **채권증서반환청구권(민법 제475조)** 기출 06
> 채권증서가 있는 경우에 변제자가 채무전부를 변제한 때에는 채권증서의 반환을 청구할 수 있다. 채권이 변제 이외의 사유로 전부 소멸한 때에도 같다.

(1) 영수증청구권

① 변제와 영수증의 교부는 동시이행관계에 있다(통설, 대판 2005.8.19, 2003다22042).

② 일부변제나 대물변제도 변제의 효과가 발생하므로 영수증을 청구할 수 있다.

(2) 채권증서반환청구권

① 채권증서의 반환비용은 채권자가 부담한다.

② 변제와 채권증서의 반환은 동시이행관계가 아니다(통설, 대판 2005.8.19, 2003다22042). 기출 06·10·18

③ 일부변제자는 채권증서의 반환을 청구할 수 없고, 일부변제 사실의 기재만을 청구할 수 있다.

Ⅶ 변제의 충당

> **지정변제충당(민법 제476조)**
> ① 채무자가 동일한 채권자에 대하여 같은 종류를 목적으로 한 수개의 채무를 부담한 경우에 변제의 제공이 그 채무전부를 소멸하게 하지 못하는 때에는 변제자는 그 당시 어느 채무를 지정하여 그 변제에 충당할 수 있다.
> ② 변제자가 전항의 지정을 하지 아니할 때에는 변제받는 자는 그 당시 어느 채무를 지정하여 변제에 충당할 수 있다. 그러나 변제자가 그 충당에 대하여 즉시 이의를 한 때에는 그러하지 아니하다.
> ③ 전2항의 변제충당은 상대방에 대한 의사표시로써 한다.

1. 의 의

변제의 충당이란 채무자가 같은 채권자에 대하여 수 개의 동종의 채무를 부담하고 있는 경우 또는 한 개의 채무의 변제로서 수 개의 급부를 하여야 할 경우에, 변제자가 제공한 급부가 그 채무의 전부를 소멸시킬 수 없는 때에는 어느 채무 또는 급부의 변제에 충당할 것인가를 결정하는 것을 말한다.

① 당사자 사이의 계약이 있는 경우에는 그에 의하며, 계약이 없는 경우에는 지정충당에 의하여 정하여지고, 지정이 없을 때에는 법률의 규정에 의하여 충당이 이루어진다. 기출 22
② 변제충당에 관한 규정은 임의규정이므로 변제자와 변제받는 자 사이에 위 규정과 다른 약정이 있다면 그 약정에 따라 변제충당의 효력이 발생한다(대결 2010.3.10. 2009마1942). 기출 23

2. 변제충당의 순서

① 합의충당이 최우선이다.
② 비용·이자·원본의 순서는 지정충당으로 변경할 수 없고, 합의로만 변경할 수 있다. 따라서 채무자가 1개 또는 수개 채무의 비용 및 이자를 전부 소멸케 하지 못하는 급여를 한 경우의 변제충당에 관하여는 민법 제479조에 그 충당순서가 법정되어 있고 지정변제충당에 관한 민법 제476조는 준용되지 아니하므로, 당사자 사이에 특별한 합의가 없는 한 비용, 이자, 원본의 순서로 변제에 충당되며, 채무자는 물론 채권자라고 할지라도 위 법정순서와 다르게 일방적으로 충당의 순서를 지정할 수는 없다(대판 2006.10.12. 2004재다818). 기출 22·23

3. 합의충당(계약에 의한 충당)

> 변제충당에 관한 민법 제476조 내지 제479조의 규정은 임의규정이므로, 합의변제충당이 원칙적으로 우선하여 적용된다. 다만, 강제경매나 담보권 실행을 위한 경매[임의경매(註)]에서는 합의변제충당이 허용될 수 없고, 획일적으로 가장 공평·타당한 충당방법인 민법 제477조 및 제479조의 규정에 의한 법정변제충당의 방법에 따라야 한다(대판 2000.12.8. 2000다51339, 대판 1991.7.23. 90다18678 등 참고).

4. 지정행위에 의한 충당(민법 제476조)

(1) 변제자에 의한 충당

1차 충당지정권자는 변제자이다. 따라서 변제자의 지정으로 충당할 수 있고, 수령자는 이의를 제기할 수 없다.

(2) 변제수령자에 의한 충당

2차 충당지정권자는 변제수령자이다. 따라서 변제자는 변제수령자의 지정충당에 대하여 즉시 이의를 제기할 수 있고, 이의를 제기하면 변제수령자의 지정충당은 그 효력이 없어지면서 법정충당에 의한다(통설).

(3) 지정충당에 대한 제한(민법 제479조)

5. 법정충당(민법 제477조)

(1) 의 의

변제자에 의한 지정도 변제수령자에 의한 지정도 없는 경우 또는 변제수령자가 지정하였으나 변제자가 즉시 이의를 제기한 경우에 그리고 비용, 이자 및 원본 사이에서는 법정충당에 따라 충당된다.

(2) 충당의 순서 [기출] 22

① **이행기 도래의 여부** : 채무 중에 이행기가 도래한 것과 도래하지 아니한 것이 있으면 이행기가 도래한 채무의 변제에 충당한다(제1호).

② **변제이익의 다과** : 채무 전부의 이행기가 도래하였거나 도래하지 아니한 때에는 채무자에게 변제이익이 많은 채무의 변제에 충당한다(제2호).

③ **이행기의 선후** : 채무자에게 변제이익이 같으면 이행기가 먼저 도래한 채무나 먼저 도래할 채무의 변제에 충당한다(제3호).

④ **비례충당** : 전2호의 사항이 같은 때에는 그 채무액에 비례하여 각 채무의 변제에 충당한다(제4호).

(3) 관련 판례

> **[주채무자의 경우 보증인이 있는 채무와 보증인이 없는 채무 간에 변제이익에 차이가 있는지 여부(소극)]**
> 변제자가 주채무자인 경우에 보증인이 있는 채무와 보증인이 없는 채무 사이에 있어서 전자가 후자에 비하여 변제이익이 더 많다고 볼 근거는 전혀 없어 양자는 변제이익의 점에 있어 차이가 없다(대판 1985.3.12. 84다카2093). `기출 22`

> **[채무자의 변제에 따른 법정변제충당에서 물상보증인이 제공한 물적 담보가 있는 채무와 그러한 담보가 없는 채무 사이에 변제이익의 차이가 있는지 여부(소극)]**
> 변제자가 주채무자인 경우에 보증인이 있는 채무와 보증인이 없는 채무 사이에 있어서 전자가 후자에 비하여 변제이익이 더 많다고 볼 근거는 전혀 없는 것이고 양자는 변제의 이익의 점에 있어 차이가 없다고 봄이 상당하다고 할 것이며 이와 같이 변제의 이익이 같을 경우에는 변제금은 이행기가 먼저 도래한 채무나 먼저 도래할 채무의 변제에 충당하여야 한다(대판 1985.3.12. 84다카2093). `기출 22`

> **[변제충당의 순서와 관련된 판례]**
> 채무자가 1개 또는 수개 채무의 비용 및 이자를 전부 소멸케 하지 못하는 급여를 한 경우의 변제충당에 관하여는 민법 제479조에 그 충당순서가 법정되어 있고 지정변제충당에 관한 민법 제476조는 준용되지 아니하므로, 당사자 사이에 특별한 합의가 없는 한 비용, 이자, 원본의 순서로 변제에 충당되며, 채무자는 물론 채권자라고 할지라도 위 법정 순서와 다르게 일방적으로 충당의 순서를 지정할 수는 없다(대판 2006.10.12. 2004재다818). `기출 22`

Ⅷ 변제자대위

1. 의의

변제로서 당연히 소멸되어야 할 채권자의 채권을 소멸시키지 않고 구상권자의 구상권의 확보를 위해 구상권자에게 이전할 수 있도록 하는 규정이 변제자대위 제도이다.

2. 법적 성질

① 권리의 이전 : 변제에 의한 대위의 경우 채권자의 권리가 변제자에게 이전된다(법률상 권리이전설)(통설·판례).

② 청구권의 경합

> 어느 연대채무자가 자기의 출재로 공동면책이 된 때에는 민법 제425조 제1항에 따라 다른 연대채무의 부담 부분에 대하여 구상권을 가짐과 동시에 민법 제481조, 제482조 제1항에 따른 변제자대위에 의하여 당연히 채권자를 대위하여 채권자의 채권 및 그 담보에 관한 권리를 행사할 수 있는데, 구상권과 변제자대위권은 원본, 변제기, 이자, 지연손해금의 유무 등에서 내용이 다른 별개의 권리이다(대판 2015.11.12. 2013다214970). `기출 06`

3. 변제자대위의 요건

(1) 대위의 요건

① 변제 기타 원인으로 채권의 만족을 주었을 것 : 변제, 대물변제, 공탁, 상계 등 자기의 출재로 채권자에게 만족을 주었어야 하며(민법 제486조), 채권 일부의 만족을 준 때에도 변제자대위가 인정된다. 기출 14

② 변제자가 채무자에 대하여 구상권을 가질 것 : 변제자대위 제도의 목적이 구상권을 확보하기 위함이므로, 구상권이 없다면 대위가 인정되지 않는다(대판 1994.12.9. 94다38106). 기출 14

③ 변제할 정당한 이익이 있을 것(민법 제481조) : 민법 제469조 제2항은 이해관계 없는 제3자는 채무자의 의사에 반하여 변제하지 못한다고 규정하고, 민법 제481조는 변제할 정당한 이익이 있는 자는 변제로 당연히 채권자를 대위한다고 규정하고 있는바, 위 조항에서 말하는 '이해관계' 내지 '변제할 정당한 이익'이 있는 자는 변제를 하지 않으면 채권자로부터 집행을 받게 되거나 또는 채무자에 대한 자기의 권리를 잃게 되는 지위에 있기 때문에 변제함으로써 당연히 대위의 보호를 받아야 할 법률상 이익을 가지는 자를 말하고, 단지 사실상의 이해관계를 가진 자는 제외된다(대결 2009.5.28. 2008마109). 기출 14

④ 변제와 동시에 채권자의 승낙이 있을 것(민법 제480조 제1항)

(2) 구체적 검토

1) 법정대위의 경우

변제자의 법정대위(민법 제481조) 기출 14 · 19
변제할 정당한 이익이 있는 자는 변제로 당연히 채권자를 대위한다.

① 변제할 정당한 이익을 갖는 자 : 변제할 정당한 이익이 있는 자란 변제를 하지 않으면 채권자로부터 집행을 받게 되거나 또는 채무자에 대한 자기의 권리를 잃게 되는 지위에 있기 때문에 변제함으로써 당연히 대위의 보호를 받아야 할 법률상의 이익을 가지는 자를 의미하며, 사실상의 이해관계를 가지는 자는 포함되지 않는다(대판 1991.7.12. 90다17774 · 17781). 변제할 정당한 이익이 있는 자란 구체적으로 불가분채무자, 연대채무자, 보증인 기출 13 , 물상보증인 기출 06 · 17 · 19 등을 말한다.

> [민법 제481조에 의하여 법정대위를 할 수 있는 '변제할 정당한 이익이 있는 자'의 의미 및 이행인수인이 '변제할 정당한 이익이 있는 자'에 해당하는지 여부(적극)]
> 민법 제481조에 의하여 법정대위를 할 수 있는 '변제할 정당한 이익이 있는 자'라고 함은 변제함으로써 당연히 대위의 보호를 받아야 할 법률상의 이익을 가지는 자를 의미한다. 그런데 이행인수인이 채무자와의 이행인수약정에 따라 채권자에게 채무를 이행하기로 약정하였음에도 불구하고 이를 이행하지 아니하는 경우에는 채무자에 대하여 채무불이행의 책임을 지게 되어 특별한 법적 불이익을 입게 될 지위에 있다고 할 것이므로, 이행인수인은 그 변제를 할 정당한 이익이 있다고 할 것이다(대결 2012.7.16. 2009마461). 기출 17

② 법정대위의 효과 : 채권양도의 합의나 대항요건을 갖추지 않더라도 법률상 당연히 채권자의 채권이 변제자에게 이전되고 담보권 등도 당연히 이전된다(통설).

2) 임의대위의 경우

> **변제자의 임의대위(민법 제480조)**
> ① 채무자를 위하여 변제한 자는 변제와 동시에 채권자의 승낙을 얻어 채권자를 대위할 수 있다.
> ② 전항의 경우에 제450조 내지 제452조의 규정을 준용한다.

① 성립요건
   ⊙ 변제할 정당한 이익을 가지지 않는 자라 하더라도 채무자를 위해 변제한 자는 변제와 동시에 채권자의 승낙을 얻어 채권자를 대위할 수 있다(민법 제480조 제1항).
   ⓛ 채권자의 승낙은 반드시 명시적일 필요가 없다.
② 효과 : 변제만으로 채권자의 채권이 당연히 이전하지는 않고, 채권자의 승낙이 필요할 뿐만 아니라 채무자 기타 제3자에게 대항하기 위해서는 채권양도의 대항요건을 갖추어야 한다(민법 제480조 제2항).

4. 변제자대위의 효과

> **변제자대위의 효과, 대위자 간의 관계(민법 제482조)**
> ① 전2조의 규정에 의하여 채권자를 대위한 자는 자기의 권리에 의하여 구상할 수 있는 범위에서 채권 및 그 담보에 관한 권리를 행사할 수 있다.
> ② 전항의 권리행사는 다음 각 호의 규정에 의하여야 한다. `기출` 07 · 11 · 19 · 23
>   1. 보증인은 미리 전세권이나 저당권의 등기에 그 대위를 부기하지 아니하면 전세물이나 저당물에 권리를 취득한 제3자에 대하여 채권자를 대위하지 못한다.
>   2. 제3취득자는 보증인에 대하여 채권자를 대위하지 못한다.
>   3. 제3취득자 중의 1인은 각 부동산의 가액에 비례하여 다른 제3취득자에 대하여 채권자를 대위한다.
>   4. 자기의 재산을 타인의 채무의 담보로 제공한 자가 수인인 경우에는 전호의 규정을 준용한다.
>   5. 자기의 재산을 타인의 채무의 담보로 제공한 자와 보증인 간에는 그 인원수에 비례하여 채권자를 대위한다. 그러나 자기의 재산을 타인의 채무의 담보로 제공한 자가 수인인 때에는 보증인의 부담부분을 제외하고 그 잔액에 대하여 각 재산의 가액에 비례하여 대위한다. 이 경우에 그 재산이 부동산인 때에는 제1호의 규정을 준용한다.

> **일부의 대위(민법 제483조)** `기출` 06 · 13
> ① 채권의 일부에 대하여 대위변제가 있는 때에는 대위자는 그 변제한 가액에 비례하여 채권자와 함께 그 권리를 행사한다.
> ② 전항의 경우에 채무불이행을 원인으로 하는 계약의 해지 또는 해제는 채권자만이 할 수 있고 채권자는 대위자에게 그 변제한 가액과 이자를 상환하여야 한다.

(1) 대위자와 채무자 사이의 효과

① 원채권 및 그 담보권은 동일성이 유지되면서 대위권자에게 이전된다(민법 제482조 제1항).
② 대위권은 구상권의 범위 내에서만 행사가 가능하다(대판 2005.10.13, 2003다24147). `기출` 06
   ⊙ 구상권 확보와 무관한 계약해제권이나 취소권은 행사할 수 없다.
   ⓛ 구상권이 소멸하면 원채권 및 그 담보권도 소멸한다. 변제자대위권은 구상권에 부종하기 때문이다.

(2) 일부대위의 경우

① 변제자가 「그 변제한 가액에 비례하여 채권자와 함께 그 권리를 행사」한다(민법 제483조 제1항).

> [변제할 정당한 이익이 있는 자가 채무자를 위하여 채권의 일부를 대위변제한 경우, 일부 대위변제자와 채권자 사이의 변제의 순위]
> 변제할 정당한 이익이 있는 자가 채무자를 위하여 채권의 일부를 대위변제할 경우에 대위변제자는 변제한 가액의 범위 내에서 종래 채권자가 가지고 있던 채권 및 담보에 관한 권리를 취득하게 되고 따라서 채권자가 부동산에 대하여 저당권을 가지고 있는 경우에는 채권자는 대위변제자에게 일부 대위변제에 따른 저당권의 일부이전의 부기등기를 경료해 주어야 할 의무가 있으나 이 경우에도 채권자는 일부 대위변제자에 대하여 우선변제권을 가지고, 다만 일부 대위변제자와 채권자 사이에 변제의 순위에 관하여 따로 약정을 한 경우에는 그 약정에 따라 변제의 순위가 정해진다(대판 2010.4.8. 2009다80460). **기출 17**

② 채권의 일부에 대하여 대위변제가 있는 경우에 채무불이행을 원인으로 하는 계약의 해지 또는 해제는 채권자만이 할 수 있고 채권자는 대위자에게 그 변제한 가액과 이자를 상환하여야 한다(민법 제483조 제2항).

(3) 법정대위자 상호 간의 효과

1) 의 의

동일한 채권에 관하여 법정대위자가 수인이 있는 경우 민법은 대위변제자 상호 간의 관계, 즉 대위의 순서와 비율에 관하여 규정하고 있다(민법 제482조 제2항).

2) 권리행사방법

① 보증인·물상보증인과 제3취득자 **기출 09·11·19** : 보증인(제1호와 제2호)과 물상보증인(해석상)이 우선한다.

> [물상보증인이 채무를 변제하거나 담보권의 실행으로 소유권을 잃은 경우, 채무자로부터 담보부동산을 취득한 제3자에 대하여 채권자를 대위할 수 있는 범위(= 구상권의 범위 내에서 출재한 전액) 및 채무자로부터 담보부동산을 취득한 제3자가 채무를 변제하거나 담보권의 실행으로 소유권을 잃은 경우, 물상보증인에 대하여 채권자를 대위할 수 있는지 여부(소극)]
> 민법 제481조는 "변제할 정당한 이익이 있는 자는 변제로 당연히 채권자를 대위한다."라고 규정하고, 민법 제482조 제1항은 "전2조의 규정에 의하여 채권자를 대위한 자는 자기의 권리에 의하여 구상할 수 있는 범위에서 채권 및 그 담보에 관한 권리를 행사할 수 있다."라고 규정하며, 같은 조 제2항은 "전항의 권리행사는 다음 각 호의 규정에 의하여야 한다."라고 규정하고 있으나, 그중 물상보증인과 제3취득자 사이의 변제자대위에 관하여는 명확한 규정이 없다. 그런데 보증인과 제3취득자 사이의 변제자대위에 관하여 민법 제482조 제2항 제1호는 "보증인은 미리 전세권이나 저당권의 등기에 그 대위를 부기하지 아니하면 전세물이나 저당물에 권리를 취득한 제3자에 대하여 채권자를 대위하지 못한다."라고 규정하고, 같은 항 제2호는 "제3취득자는 보증인에 대하여 채권자를 대위하지 못한다."라고 규정하고 있다. 한편 민법 제370조, 제341조에 의하면 물상보증인이 채무를 변제하거나 담보권의 실행으로 소유권을 잃은 때에는 '보증채무'에 관한 규정에 의하여 채무자에 대한 구상권을 가지고, 민법 제482조 제2항 제5호에 따르면 물상보증인과 보증인 상호 간에는 그 인원수에 비례하여 채권자를 대위하게 되어 있을 뿐 이들 사이의 우열은 인정하고 있지 아니하다. 위와 같은 규정 내용을 종합하여 보면, 물상보증인이 채무를 변제하거나 담보권의 실행으로 소유권을 잃은 때에는 보증채무를 이행한 보증인과 마찬가지로 채무자로부터 담보부동산을 취득한 제3자에

대하여 구상권의 범위 내에서 출재한 전액에 관하여 채권자를 대위할 수 있는 반면, 채무자로부터 담보부동산을 취득한 제3자는 채무를 변제하거나 담보권의 실행으로 소유권을 잃더라도 물상보증인에 대하여 채권자를 대위할 수 없다고 보아야 한다. 만일 물상보증인의 지위를 보증인과 다르게 보아서 물상보증인과 채무자로부터 담보부동산을 취득한 제3자 상호 간에는 각 부동산의 가액에 비례하여 채권자를 대위할 수 있다고 한다면, 본래 채무자에 대하여 출재한 전액에 관하여 대위할 수 있었던 물상보증인은 채무자가 담보부동산의 소유권을 제3자에게 이전하였다는 우연한 사정으로 이제는 각 부동산의 가액에 비례하여서만 대위하게 되는 반면, 낭초 채무 젼핵에 테힌 담보긴의 부담을 가오하고 채무자로부터 담보부동산을 취득한 제3자는 그 범위에서 뜻하지 않은 이득을 얻게 되어 부당하다(대판[전합] 2014.12.18. 2011다50233). 기출 23

② 보증인 상호 간, 보증인과 물상보증인 상호 간은 '인원수'에 비례하여 대위한다(제5호 본문).

③ 제3취득자 상호 간 기출 11 , 물상보증인 상호 간은 '가액'에 비례하여 대위한다(제3호, 제4호).

④ 보증인과 물상보증인 사이에서는 인원수에 비례하여 채권자를 대위한다. 다만, 이때 물상보증인이 수인인 때에는 보증인의 부담부분을 제외하고 그 잔액에 대해서 각 담보물의 가액에 비례하여 대위한다(제5호 단서). 기출 23

[여러 보증인 또는 물상보증인 중 어느 1인이 자신의 부담 부분에 미달하는 대위변제 등을 한 경우, 민법 제482조 제2항 제5호에 따른 변제자대위를 할 수 있는지 여부(소극)]

민법 제482조 제2항 제5호는 동일한 채무에 대하여 인적 무한책임을 지는 보증인과 물적 유한책임을 지는 물상보증인이 여럿 있고 그중 어느 1인이 먼저 대위변제를 하거나 경매를 통한 채무상환을 함으로써 다른 자에 대하여 채권자의 권리를 대위하게 되는 경우, 먼저 대위변제 등을 한 자가 부당하게 이익을 얻거나 대위가 계속 반복되는 것을 방지하고 대위관계를 공평하게 처리하기 위하여 대위자들 상호 간의 대위의 순서와 분담비율을 규정하고 있는바, 위 규정에 의하면, 여러 보증인과 물상보증인 사이에서는 그중 어느 1인에 의하여 주채무 전액이 상환되었을 것을 전제로 하여 그 주채무 전액에 민법 제482조 제2항 제5호에서 정한 대위비율을 곱하여 산정한 금액이 각자가 대위관계에서 분담하여야 할 부담 부분이다. 그런데 여러 보증인 또는 물상보증인 중 어느 1인이 위와 같은 방식으로 산정되는 자신의 부담 부분에 미달하는 대위변제 등을 한 경우 그 대위변제액 또는 경매에 의한 채무상환액에 위 규정에서 정한 대위비율을 곱하여 산출된 금액만큼 곧바로 다른 자를 상대로 채권자의 권리를 대위할 수 있도록 한다면, 먼저 대위변제 등을 한 자가 부당하게 이익을 얻거나 대위자들 상호 간에 대위가 계속 반복되게 되고 대위관계를 공평하게 처리할 수도 없게 되므로, 민법 제482조 제2항 제5호의 규정 취지에 반하는 결과가 생기게 된다. 따라서 보증인과 물상보증인이 여럿 있는 경우 어느 누구라도 위와 같은 방식으로 산정한 각자의 부담 부분을 넘는 대위변제 등을 하지 않으면 다른 보증인과 물상보증인을 상대로 채권자의 권리를 대위할 수 없다(대판 2010.6.10. 2007다6113 · 61120). 기출 23

(4) 채권자와 대위자 사이의 효과

대위변제와 채권증서, 담보물(민법 제484조)
① 채권전부의 대위변제를 받은 채권자는 그 채권에 관한 증서 및 점유한 담보물을 대위자에게 교부하여야 한다.
② 채권의 일부에 대한 대위변제가 있는 때에는 채권자는 채권증서에 그 대위를 기입하고 자기가 점유한 담보물의 보존에 관하여 대위자의 감독을 받아야 한다.

> **채권자의 담보상실, 감소행위와 법정대위자의 면책(민법 제485조)** 기출 13
> 제481조의 규정에 의하여 대위할 자가 있는 경우에 채권자의 고의나 과실로 담보가 상실되거나 감소된 때에는
> 대위할 자는 그 상실 또는 감소로 인하여 상환을 받을 수 없는 한도에서 그 책임을 면한다.

① 채권자는 채권증서 및 담보물 교부의무가 있다(민법 제484조).

② 채권자의 담보보존의무(민법 제485조)

③ 채권자의 부당이득반환의무(민법 제483조 제2항)

03　대물변제

> **대물변제(민법 제466조)**
> 채무자가 채권자의 승낙을 얻어 본래의 채무이행에 갈음하여 다른 급여를 한 때에는 변제와 같은 효력이 있다.

Ⅰ　의 의

1. 개 념

대물변제란 채무자가 부담하는 원래의 급부에 갈음하여 다른 급부를 현실적으로 함으로써 채권
을 소멸시키는 변제자와 채권자 사이의 계약을 말한다(민법 제466조).

2. 법적 성질

대물변제를 계약, 유상계약 및 요물계약으로 여긴다(다수설·판례). 기출 16

Ⅱ　요 건

1. 채권이 존재할 것

원래의 급부를 목적으로 하는 채권이 존재하지 않거나, 무효이거나 또는 취소된 경우에 대물변제
의 효과가 발생하지 않는다.

2. 본래의 급부와 다른 급부를 현실적으로 할 것

① 본래의 급부와 다른 급부의 종류에는 제한이 없다. 단, 양도가 금지되어 있는 것이어서는 안 된다(대판 1965.7.6. 65다563). 그리고 대물변제한 물건에 하자 있는 경우에도 담보책임이 문제될 뿐 대물변제가 무효가 되는 것은 아니다. 기출 10·12

② 대물변제가 채무소멸의 효력을 발생시키려면 채무자가 본래의 이행에 갈음하여 행하는 다른 급부가 현실적인 것이어야 한다. 즉, 다른 급부가 등기나 등록을 요하는 경우에는 그 등기나 등록까지 마쳐야 대물변제의 효과가 발생한다(대판 1995.9.15. 95다13371). 다른 급부를 약속하는 약정은 대물변제의 예약이나 경개에 불과하다.

③ 본래의 급부와 다른 급부가 동가치의 것이어야 하는 것은 아니다.

3. 본래의 채무이행에 갈음하여 다른 급부가 행하여질 것

① 대물변제가 성립하려면 다른 급부가 변제를 '위하여'가 아니고 변제에 '갈음하여' 행하여져야 한다.

② 당사자들이 변제에 갈음하는 급부를 원했는지 아니면 변제를 위한 급부를 원했는지는 법률행위의 해석에 의하는데, 채무자가 채권자에게 채무변제와 관련하여 다른 채권을 양도하는 것은 특단의 사정이 없는 한 채무변제를 위한 담보 또는 변제의 방법으로 양도되는 것으로 추정할 것이지 채무변제에 갈음한 것으로 볼 것은 아니어서 채권양도만 있으면 바로 원래의 채권이 소멸한다고 볼 수 없다(대판 1995.9.15. 95다13371).

4. 채권자의 승낙이 있을 것

Ⅲ 효 과

1. 기본적 효과

① 대물변제는 변제와 동일한 효과를 갖는다(민법 제466조). 즉, 대물변제에 의하여 본래의 채권과 그 채권을 담보하는 담보권도 소멸한다.

② 다만, 대물변제가 채권의 일부에 관한 것에 불과하고 나머지 채권을 남겨두기로 하였다면 이를 주장하고 입증할 책임은 채권자에게 있다.

2. 담보책임

대물변제는 유상계약이므로, 대물변제로 급부된 것에 하자가 있으면 매도인의 담보책임에 관한 규정이 준용된다(민법 제567조).

Ⅳ 대물변제의 예약

1. 의 의

(1) 개 념

대물변제의 예약이란 채무자가 본래의 급부에 갈음하여 장래 다른 급부를 할 것을 채권자와 미리 약정하는 것을 의미한다.

(2) 기 능

대물변제의 예약은 물적 담보제도로 기능한다.

2. 종 류

(1) 진정한 의미의 대물변제의 예약

대물변제의 예약의 법적 성질에 대해 예약설을 취하는 통설에서는 예약권자의 일방적인 의사표시인 예약완결권의 행사가 있으면 상대방의 승낙을 받을 필요 없이 본계약을 성립시키는 「일방 또는 쌍방예약」이라는 견해와 예약권자가 본계약의 청약을 하면 상대방이 승낙하여야 할 의무를 부담하는 「편무 또는 쌍무예약」이라는 견해의 대립이 있다.

(2) 정지조건부 대물변제예약

변제기에 채무의 이행이 없는 경우 목적물의 소유권이 공시 없이도 당연히 채권자에게 이전하는 유형이다. 현행 민법은 물권변동에 관하여 성립요건주의(민법 제186조)를 취하고 있으므로 정지조건부 대물변제예약은 무효이나, 무효행위의 전환에 의해 진정한 의미의 대물변제예약으로 전환되는 것으로 해석될 수 있다.

3. 효과(진정한 의미의 대물변제의 예약을 전제)

① 당사자 사이에 예약의 성질이 명백하게 약정되지 않은 경우에는 대물변제예약은 채권자에게 예약완결권이 인정되는 일방예약이라고 추정되고, 대물변제계약은 유상계약이므로 민법 제567조에 의해 민법 제564조의 규정이 준용된다(다수설).

② 비전형담보제도로서 이용되는 대물변제의 예약에 관해서는 민법 제607조, 민법 제608조가 적용되어 담보의 범위에서만 그 효력이 인정된다.

③ 대물변제예약에 따른 장래의 소유권이전등기청구권을 보전하기 위해 가등기를 한 때에는 가등기담보 등에 관한 법률의 규제를 받는다.

04 공탁

I 서설

1. 의의

① 공탁이란 금전·유가증권 기타 물건을 공탁소에 임치하는 것을 말한다. 공탁원인 내지 목적에 따라 변제공탁(민법 제487조 이하), 담보공탁(민법 제353조 제3항), 집행공탁(민사집행법 제222조) 등이 있는데, 민법 제487조 이하에서 정하는 공탁은 채권의 소멸원인으로 다루어지는 변제공탁이다.

② 변제공탁이란 채권자가 변제를 받지 않거나 받을 수 없는 경우에 변제자가 채권자를 위하여 변제의 목적물을 공탁소에 임치함으로써 채무를 면하는 제도이다.

2. 법적 성질

(1) 학설

공탁의 법적 성질에 대하여 공법관계설, 사법관계설, 양면관계설 등이 대립하고 있다.

(2) 판례

판례는 공탁은 국가기관인 공탁소를 중심으로 공탁법 규정에 따라 그 절차가 실현되어 민법상의 채무가 소멸된다고 하여 공법관계설을 취하고 있다.

II 요건

> **변제공탁의 요건, 효과(민법 제487조)** 기출 07
> 채권자가 변제를 받지 아니하거나 받을 수 없는 때에는 변제자는 채권자를 위하여 변제의 목적물을 공탁하여 그 채무를 면할 수 있다. 변제자가 과실 없이 채권자를 알 수 없는 경우에도 같다.

1. 변제공탁의 원인

(1) 채권자의 변제수령의 거절 또는 불능

① 채권자가 미리 수령을 거절한 경우에 구두제공을 포함하는 변제제공 없이 바로 공탁할 수 있다.

> 채권자의 태도로 보아 채무자가 설사 채무의 이행제공을 하였더라도 그 수령을 거절하였을 것이 명백한 경우에는 채무자는 이행의 제공을 하지 않고 바로 변제공탁할 수 있다(대판 1981.9.8. 80다2851).

② 수령불능의 경우에도 변제제공 없이 바로 공탁할 수 있다. 수령불능은 사실상의 불능 외에 법률상의 불능을 포함한다.

③ 수령거절에서 그 주관적 이유 또는 불능에서 채권자의 귀책사유의 유무는 문제되지 않는다.

(2) 변제자가 과실 없이 채권자를 알 수 없는 경우(채권자 불확지)

채권자 불확지란 객관적으로 채권자가 존재하지만 채무자가 선관주의를 다하여도 채권자가 누구인지를 알 수 없는 경우를 의미한다(상대적 불확지). 대표적인 예로 상속이 개시되었으나 공동상속인들이나 그 상속인들의 지분을 구체적으로 알기 어려운 경우(대판 1991.5.28. 91다3055) 기출 07 와 확정일자 있는 채권양도 통지와 채권가압류명령이 제3채무자에게 동시에 도달된 경우에도 제3채무자는 송달의 선후기 불명한 경우에 군이 채권자를 알 수 없다는 이유로 변제공탁을 할 수 있다(대판 2004.9.3. 2003다22561). 기출 08

2. 공탁의 내용

(1) 일부공탁

원칙적으로 일부에 대해서도 무효가 되어 그 부분에 대하여도 채무소멸의 효력이 발생하지 않으나 기출 07 , 예외적으로 채권자의 승인이 있거나, 이의 없이 수령한 경우에는 하자가 치유된다(통설·판례).

(2) 조건부 공탁

① 본래 채무에 붙은 조건은 부착이 가능하다.

> **공탁물수령과 상대의무이행(민법 제491조)** 기출 15
> 채무자가 채권자의 상대의무이행과 동시에 변제할 경우에는 채권자는 그 의무이행을 하지 아니하면 공탁물을 수령하지 못한다.

② 새로운 조건은 채권자의 승낙이 없는 한 불가능하다.

3. 공탁적성

(1) 공탁목적물

공탁하려는 물건이 공탁에 적합한 것이어야 한다. 다수설은 동산뿐만 아니라 부동산도 공탁이 가능하다고 한다. 판례는 등기인수청구권에 관한 사안에서 「통상의 채권채무 관계에서는 채권자가 수령을 지체하는 경우 채무자는 공탁 등에 의한 방법으로 채무부담에서 벗어날 수 있으나 등기에 관한 채권채무 관계에 있어서는 이러한 방법을 사용할 수 없다」(대판 2001.2.9. 2000다60708)고 판시하였다.

(2) 자조매각

> **자조매각금의 공탁(민법 제490조)** 기출 15
> 변제의 목적물이 공탁에 적당하지 아니하거나 멸실 또는 훼손될 염려가 있거나 공탁에 과다한 비용을 요하는 경우에는 변제자는 법원의 허가를 얻어 그 물건을 경매하거나 시가로 방매하여 대금을 공탁할 수 있다.

Ⅲ 절 차

1. 공탁의 당사자

① 공탁자와 공탁소가 공탁의 당사자이며, 채권자는 공탁의 당사자가 아니다.
② 공탁자는 변제자이며, 채무자에 한하지 않는다.
③ 공탁을 받는 자는 채무이행지의 공탁소이다(민법 제488조 제1항).

2. 공탁절차

공탁법과 공탁사무처리규칙이 규율한다.

Ⅳ 효 과

1. 채무의 소멸

① 공탁의 기본적인 효과로 채무자는 공탁에 의하여 채무를 면한다(민법 제487조). 공탁의 효력은 공탁공무원의 수탁처분과 공탁물보관자의 공탁물 수령시에 발생한다(통설, 대결 1972.5.15. 72마401).

기출 10

> 변제공탁이 적법한 경우에는 채권자가 공탁물 출급청구를 하였는지와 관계없이 공탁을 한 때에 변제의 효력이 발생하고, 그 후 공탁물 출급청구권에 대하여 가압류 집행이 되더라도 변제의 효력에 영향을 미치지 아니한다(대판 2011.12.13. 2011다11580).

② 공탁통지나 채권자의 수익의 의사표시는 공탁의 효력발생의 요건이 아니다.
③ 공탁이 행해진 후에도 변제자에 의해 원칙적으로 공탁물의 회수가 허용된다. 따라서 공탁에 의하여 채무가 일단 소멸하지만, 공탁자가 공탁물을 회수하면 채무가 부활된다.

2. 채권자의 공탁물출급청구권

(1) 공탁물출급청구권의 발생 및 출급청구권자

① 공탁에 의하여 채권자는 공탁소에 대하여 공탁물출급청구권을 취득한다.
② 공탁물출급청구권자는 공탁서의 기재에 의하여 형식적으로 결정된다(대판 2006.8.25. 2005다67476).

(2) 표현대리의 성부

판례는 「공탁물 수령에 있어서도 표현대리가 성립한다」고 한다.

3. 공탁물소유권의 이전

① 공탁물이 금전 기타 소비물인 경우 ; 공탁물의 소유권이 일단 공탁소에게 귀속되며, 채권자가 공탁소로부터 동종·동질·동량의 물건을 수령하였을 때에 그 물건의 소유권을 취득한다.

② 공탁물이 특정물인 경우 : 공탁소가 소유권을 취득하지 않고 변제자로부터 직접 채권자에게 소유권이 이전된다.

4. 공탁물의 회수

공탁물의 회수(민법 제489조) 기출 07·12·15
① 채권자가 공탁을 승인하거나 공탁소에 대하여 공탁물을 받기를 통고하거나 공탁유효의 판결이 확정되기까지는 변제자는 공탁물을 회수할 수 있다. 이 경우에는 공탁하지 아니한 것으로 본다[공탁의 효과는 소급적 소멸(註)].
② 전항의 규정은 질권 또는 저당권이 공탁으로 인하여 소멸한 때에는 적용하지 아니한다.

공탁물의 수령·회수(공탁법 제9조)
① 공탁물을 수령하려는 자는 대법원규칙으로 정하는 바에 따라 그 권리를 증명하여야 한다.
② 공탁자는 다음 각 호의 어느 하나에 해당하면 그 사실을 증명하여 공탁물을 회수할 수 있다.
  1. 민법 제489조에 따르는 경우
  2. 착오로 공탁을 한 경우
  3. 공탁의 원인이 소멸한 경우
③ 제1항 및 제2항의 공탁물이 금전인 경우(제7조에 따른 유가증권상환금, 배당금과 제11조에 따른 물품을 매각하여 그 대금을 공탁한 경우를 포함한다) 그 원금 또는 이자의 수령, 회수에 대한 권리는 그 권리를 행사할 수 있는 때부터 10년간 행사하지 아니할 때에는 시효로 인하여 소멸한다.
④ 법원행정처장은 제3항에 따른 시효가 완성되기 전에 대법원규칙으로 정하는 바에 따라 제1항 및 제2항의 공탁금 수령·회수권자에게 공탁금을 수령하거나 회수할 수 있는 권리가 있음을 알릴 수 있다.

---

05 상 계

I 의 의

1. 개 념

상계란 채권자와 채무자가 서로 동종의 채권·채무를 가지는 경우에, 그 채권·채무를 대등액에서 소멸시키는 당사자 일방의 일방적 의사표시이다.

2. 기 능

상계는 간이한 결제방법이면서 자동채권의 확보를 위하여 수동채권이 최우선, 최강력의 담보적 역할을 한다.

Ⅱ 요 건

상계의 요건(민법 제492조) `기출` 18
① 쌍방이 서로 같은 종류를 목적으로 한 채무를 부담한 경우에 그 쌍방의 채무의 이행기가 도래한 때에는 각 채무자는 대등액에 관하여 상계할 수 있다. 그러나 채무의 성질이 상계를 허용하지 아니할 때에는 그러하지 아니하다.
② 전항의 규정은 당사자가 다른 의사를 표시한 경우에는 적용하지 아니한다. 그러나 그 의사표시로써 선의의 제3자에게 대항하지 못한다.

이행지를 달리하는 채무의 상계(민법 제494조)
각 채무의 이행지가 다른 경우에도 상계할 수 있다. 그러나 상계하는 당사자는 상대방에게 상계로 인한 손해를 배상하여야 한다.

소멸시효완성된 채권에 의한 상계(민법 제495조) `기출` 07·11·23
소멸시효가 완성된 채권이 그 완성전에 상계할 수 있었던 것이면 그 채권자는 상계할 수 있다.

1. 쌍방의 채권이 상계적상에 있을 것

(1) 쌍방의 채권이 대립하고 있을 것

① 상계하는 측의 채권을 자동채권이라 하고, 상계를 당하는 측의 채권을 수동채권이라 한다.
② 자동채권은 원칙적으로 상계자 자신이 피상계자에 대하여 가지는 채권이어야 한다. 수동채권 역시 원칙적으로 피상계자가 상계자에 대하여 가지는 채권이어야 한다. 따라서 상대방이 제3자에 대하여 가지는 채권과는 상계할 수 없다. `기출` 11 따라서 유치권이 인정되는 아파트를 경락·취득한 자가 아파트 일부를 점유·사용하고 있는 유치권자에 대한 임료 상당의 부당이득금 반환채권을 자동채권으로 하고 유치권자의 종전 소유자에 대한 유익비상환채권을 수동채권으로 하여 상계의 의사표시를 한 경우, 상대방이 제3자에 대하여 가지는 채권을 수동채권으로 하여 상계할 수 없다(대판 2011.4.28. 2010다101394). `기출` 13
③ 상계의 대상이 되는 채권은 상대방과 사이에서 직접 발생한 채권에 한하는 것이 아니라, 제3자로부터 양수 등을 원인으로 하여 취득한 채권도 포함된다(대판 2003.4.11. 2002다59481). `기출` 06

(2) 쌍방의 채권이 동종의 목적일 것

① 쌍방의 채권이 동종의 목적이어야 하므로 특정채권인 경우에는 상계적상이 인정되기 어렵다.
② 이행지가 다르더라도 상계가 허용된다. 단, 이로 인한 손해는 배상하여야 한다(민법 제494조).
③ 채권의 종류에는 별도의 제한이 없다. 따라서 소송비용상환청구권도 성질은 사법상의 청구권이며, 상계의 수동채권으로 될 수 있다(대판 1994.5.13. 94다9856). `기출` 09

(3) 쌍방의 채권이 변제기에 있을 것

쌍방의 채권이 변제기에 있을 것이 원칙이나, 자동채권의 변제기만 도래한 경우도 상계권자인 채무자는 자신의 채무(수동채권)의 기한의 이익을 포기할 수 있으므로 상계가 가능하다. 단, 이 경우에도 자동채권에 항변권의 부착이 없어야 한다.

> **[민법 제492조 제1항에서 정한 '채무의 이행기가 도래한 때'의 의미]**
> 쌍방이 서로 같은 종류를 목적으로 한 채무를 부담한 경우 쌍방 채무의 이행기가 도래한 때에는 각 채무자는 대등액에 관하여 상계할 수 있다(민법 제492조 제1항). 민법 제492조 제1항에서 정한 '채무의 이행기가 도래한 때'는 채권자가 채무자에게 이행의 청구를 할 수 있는 시기가 도래하였음을 의미하고 채무자가 이행지체에 빠지는 시기를 말하는 것이 아니다(대판 2021.5.7. 2018다25946).

(4) 상계가 금지되어 있지 않을 것

1) 채권의 성질이 상계를 허용할 것(민법 제492조 제1항 단서)

> • 항변권이 붙어 있는 채권을 자동채권으로 하여 타의 채무와의 상계를 허용한다면 상계자 일방의 의사표시에 의하여 상대방의 항변권행사의 기회를 상실케 하는 결과가 되므로 이와 같은 상계는 그 성질상 허용될 수 없다(대판 2002.8.23. 2002다25242). `기출` `07` 반면에 수동채권에 항변권이 붙어 있는 경우에는 상계권자 스스로 항변권을 포기하는 것이 가능하므로, 상계가 허용된다. `기출` `07·11`
> • 항변권이 붙어 있는 채권을 자동채권으로 하여 다른 채무(수동채권)와의 상계를 허용한다면 상계자 일방의 의사표시에 의하여 상대방의 항변권 행사의 기회를 상실시키는 결과가 되므로 그러한 상계는 허용될 수 없고, 특히 수탁보증인이 주채무자에 대하여 가지는 민법 제442조의 사전구상권에는 민법 제443조의 담보제공청구권이 항변권으로 부착되어 있는 만큼 이를 자동채권으로 하는 상계는 원칙적으로 허용될 수 없다(대판 2019.2.14. 2017다274703).
> • 상계의 대상이 될 수 있는 자동채권과 수동채권이 동시이행관계에 있다고 하더라도 서로 현실적으로 이행하여야 할 필요가 없는 경우라면 상계로 인한 불이익이 발생할 우려가 없고 오히려 상계를 허용하는 것이 동시이행관계에 있는 채권·채무 관계를 간명하게 해소할 수 있으므로 특별한 사정이 없는 한 상계가 허용된다(대판 2006.7.28. 2004다54633). `기출` `09·15`

2) 당사자의 약정에 의한 금지(민법 제492조 제2항)

채권자와 채무자는 상계의 금지를 약정할 수 있다. 당사자 사이에 상계금지의 특약이 있는 경우에 상계는 허용되지 아니한다. 상계금지의 특약은 선의의 제3자에게 대항하지 못한다.

3) 법률의 규정에 의한 금지

> **불법행위채권을 수동채권으로 하는 상계의 금지(민법 제496조)** `기출` `10·18`
> 채무가 고의의 불법행위로 인한 것인 때에는 그 채무자는 상계로 채권자에게 대항하지 못한다.
>
> **압류금지채권을 수동채권으로 하는 상계의 금지(민법 제497조)** `기출` `09`
> 채권이 압류하지 못할 것인 때에는 그 채무자는 상계로 채권자에게 대항하지 못한다.
>
> **지급금지채권을 수동채권으로 하는 상계의 금지(민법 제498조)** `기출` `18`
> 지급을 금지하는 명령을 받은 제3채무자는 그 후에 취득한 채권에 의한 상계로 그 명령을 신청한 채권자에게 대항하지 못한다

① 고의의 불법행위로 인한 손해배상채권

　㉠ 내 용

　　• 가해자가 자기의 채권을 자동채권으로 하고 피해자의 손해배상채권을 수동채권으로 하여 상계하는 것은 허용되지 않는다. 기출 16

　　• 피해자 스스로 불법행위로 인한 손해배상채권을 자동채권으로 하여 상계하는 것은 허용된다. 기출 11 · 18

　㉡ 적용범위

　　• 중과실의 불법행위에 의한 손해배상채무 : 민법 제496조가 고의의 불법행위로 인한 손해배상채권에 대한 상계를 금지하는 입법취지는 고의에 의한 불법행위의 발생을 방지함과 아울러 고의의 불법행위로 인한 피해자에게 현실의 변제를 받게 하려는 데 있는바, 이같은 입법취지나 적용결과에 비추어 볼 때 고의의 불법행위에 인한 손해배상채권에 대한 상계금지를 중과실의 불법행위에 인한 손해배상채권에까지 유추 또는 확장적용하여야 할 필요성이 있다고 할 수 없다(대판 1994.8.12. 93다52808). 기출 06 · 10 · 14

　　　[민법 제496조의 규정 취지 및 이 규정이 고의의 채무불이행으로 인한 손해배상채권을 수동채권으로 하는 상계에 적용되는지 여부(원칙적 소극) / 고의에 의한 행위가 불법행위와 채무불이행을 동시에 구성하여 불법행위로 인한 손해배상채권과 채무불이행으로 인한 손해배상채권이 경합하는 경우, 위 규정이 유추적용되어 채무자는 고의의 채무불이행으로 인한 손해배상채권을 수동채권으로 하여 상계하더라도 채권자에게 대항할 수 없는지 여부(적극)]

　　　민법 제496조는 "채무가 고의의 불법행위로 인한 것인 때에는 그 채무자는 상계로 채권자에게 대항하지 못한다"라고 정하고 있다. 고의의 불법행위로 인한 손해배상채권에 대하여 상계를 허용한다면 고의로 불법행위를 한 사람까지도 상계권 행사로 현실적으로 손해배상을 지급할 필요가 없게 되어 보복적 불법행위를 유발하게 될 우려가 있다. 또 고의의 불법행위로 인한 피해자가 가해자의 상계권 행사로 현실의 변제를 받을 수 없는 결과가 됨은 사회적 정의관념에 맞지 않는다. 따라서 고의에 의한 불법행위의 발생을 방지함과 아울러 고의의 불법행위로 인한 피해자에게 현실의 변제를 받게 하려는 데 이 규정의 취지가 있다. 이 규정은 고의의 불법행위로 인한 손해배상채권을 수동채권으로 한 상계에 관한 것이고 고의의 채무불이행으로 인한 손해배상채권에는 적용되지 않는다. 다만 고의에 의한 행위가 불법행위를 구성함과 동시에 채무불이행을 구성하여 불법행위로 인한 손해배상채권과 채무불이행으로 인한 손해배상채권이 경합하는 경우에는 이 규정을 유추적용할 필요가 있다. 이러한 경우에 고의의 채무불이행으로 인한 손해배상채권을 수동채권으로 한 상계를 허용하면 이로써 고의의 불법행위로 인한 손해배상채권까지 소멸하게 되어 고의의 불법행위에 의한 손해배상채권은 현실적으로 만족을 받아야 한다는 이 규정의 입법 취지가 몰각될 우려가 있기 때문이다. 따라서 이러한 예외적인 경우에는 민법 제496조를 유추적용하여 고의의 채무불이행으로 인한 손해배상채권을 수동채권으로 하는 상계를 한 경우에도 채무자가 상계로 채권자에게 대항할 수 없다고 보아야 한다(대판 2017.2.15. 2014다19776 · 2014다19783).

　　• 피용자의 고의의 불법행위로 인하여 사용자책임이 성립하는 경우 : 피용자의 고의의 불법행위로 인하여 사용자책임이 성립하는 경우에 민법 제496조의 적용을 배제하여야 할 이유가 없으므로 사용자책임이 성립하는 경우 사용자는 자신의 고의의 불법행위가 아니라는 이유로 민법 제496조의 적용을 면할 수는 없다(대판 2006.10.26. 2004다63019). 기출 18 · 23

② 압류가 금지된 채권

　㉠ 내용 : 수동채권이 압류가 금지된 채권인 경우에는 그 채무자는 상계로 채권자에게 대항하지 못한다. 반면에 압류금지의 채권을 자동채권으로 하는 상계는 허용된다.

　㉡ 임금채권 등을 수동채권으로 한 상계가 허용되는지 여부(원칙 소극) : 근로기준법 제43조 제1항의 임금 전액지급의 원칙에 따라 원칙적으로 사용자가 근로자에 대하여 가지는 채권을 자동채권으로 근로자의 임금채권을 수동채권으로 하여 일방적으로 상계하는 것은 금지되나, 사용자가 근로자의 동의를 얻어 근로자의 임금채권에 대해 상계하는 것은 근로기준법 제43조 제1항에 위반되지 않으므로 허용된다. 다만, 그 동의는 근로자의 자유로운 의사에 기한 것이라는 판단은 엄격하고 신중하게 이루어져야 한다(대판 2001.10.23. 2001다25184).

③ 지급이 금지된 채권

　㉠ 일반론

> 채권압류명령을 받은 제3채무자가 압류채무자에 대한 반대채권을 가지고 있는 경우에 상계로써 압류채권자에게 대항하기 위하여는, 압류의 효력 발생 당시에 대립하는 양 채권이 상계적상에 있거나, 그 당시 반대채권(자동채권)의 변제기가 도래하지 아니한 경우에는 그것이 피압류채권(수동채권)의 변제기와 동시에 또는 그보다 먼저 도래하여야 한다. 이러한 법리는 채권압류명령을 받은 제3채무자이자 보증채무자인 사람이 압류 이후 보증채무를 변제함으로써 담보제공청구의 항변권을 소멸시킨 다음, 압류채무자에 대하여 압류 이전에 취득한 사전구상권으로 피압류채권과 상계하려는 경우에도 적용된다고 봄이 타당하다(대판 2019.2.14. 2017다274703).

　㉡ 압류의 효력이 생긴 후에 비로소 자동채권이 발생한 경우

> 금전채권에 대한 압류 및 전부명령이 있는 때에는 압류된 채권은 동일성을 유지한 채로 압류채무자로부터 압류채권자에게 이전되고, 제3채무자는 채권이 압류되기 전에 압류채무자에게 대항할 수 있는 사유로써 압류채권자에게 대항할 수 있는 것이므로, 제3채무자의 압류채무자에 대한 자동채권이 수동채권인 피압류채권과 동시이행의 관계에 있는 경우에는, 압류명령이 제3채무자에게 송달되어 압류의 효력이 생긴 후에 자동채권이 발생하였다고 하더라도 제3채무자는 동시이행의 항변권을 주장할 수 있다. 이 경우에 자동채권이 발생한 기초가 되는 원인은 수동채권이 압류되기 전에 이미 성립하여 존재하고 있었던 것이므로, 그 자동채권은 민법 제498조의 '지급을 금지하는 명령을 받은 제3채무자가 그 후에 취득한 채권'에 해당하지 않는다고 봄이 상당하고, 제3채무자는 그 자동채권에 의한 상계로 압류채권자에게 대항할 수 있다(대판 2010.3.25. 2007다35152). 기출 18

　㉢ 압류의 효력이 생기기 전에 자동채권이 발생한 경우

> [지급금지명령 효력 발생 당시 상계적상 상태에 있었던 경우]
> 양 채권이 변제기가 도래한 상태뿐만 아니라 기출 18 자동채권의 변제기는 도래하였으나 수동채권의 변제기가 아직 도래하지 않았던 경우에도 상계를 하여 압류채권자에게 대항할 수 있다(대판 1979.6.12. 79다662).

> **[지급금지명령 효력 발생 당시 상계적상 상태에 있지 않았던 경우]**
> 가압류명령을 받은 제3채무자가 가압류채무자에 대한 반대채권을 가지고 있는 경우에 상계로써 가압류채권자에게 대항하기 위하여는 가압류의 효력 발생 당시에 양 채권이 상계적상에 있거나, 반대채권이 압류 당시 변제기에 이르지 않는 경우에는 피압류채권인 수동채권의 변제기와 동시에 또는 보다 먼저 변제기에 도달하는 경우이어야 된다(대판 1982.6.22. 82다카200).

④ **질권이 설정된 채권** : 질권이 설정된 채권은 실권의 효력으로써 지급금지의 효력이 생기므로 지급금지명령을 받은 채권과 동일하게 상계가 금지된다.

2. 상계의 방법

> **상계의 방법, 효과(민법 제493조)**
> ① 상계는 상대방에 대한 의사표시로 한다. 이 의사표시에는 조건 또는 기한을 붙이지 못한다.
> ② 상계의 의사표시는 각 채무가 상계할 수 있는 때에 대등액에 관하여 소멸한 것으로 본다.

① 당사자 일방의 상대방에 대한 일방적 의사표시로 상계권을 행사한다. 상계의 의사표시가 없는 한 상계적상이라는 이유만으로는 상계의 효과가 발생하지 않는다(대판 2000.9.8. 99다6524). 또한 상계의 의사표시가 묵시적으로도 가능하더라도, 다른 의사와 구분되는 별도의 상계 의사를 확인하지 않은 채 상계를 인정할 수는 없다(대판 2009.10.29. 2009다51359). 기출 17

② 상계는 특별한 방식을 요하지 않으나, 증권적 채권을 자동채권으로 하는 상계의 경우에 판례는 증권적 채권의 제시와 교부를 요한다.

③ 상계의 의사표시는 일방적으로 철회할 수 없지만, 상계의 의사표시 후에 상계자와 상대방이 상계가 없었던 것으로 하기로 하는 약정은 제3자에게 손해를 미치지 않는 한 계약자유의 원칙상 유효하다(대판 1995.6.16. 95다11146). 기출 14·16

④ 상계는 단독행위이므로 조건을 붙일 수 없고, 소급효가 있기 때문에 시기를 붙일 수 없다(민법 제493조 제1항).

⑤ 상계는 자동채권의 처분행위의 성질을 갖기 때문에 상계시에 행위능력이 요구된다.

Ⅲ 효 과

1. 채권의 소멸

상계에 의하여 당사자 쌍방의 채권은 각 채무가 상계할 수 있었던 때에 그 대등액에 관하여 소멸한다(민법 제493조 제2항). 기출 06·11·18 다만, 피상계자가 여러 개의 상계적상에 있는 수동채권을 가지고 있는데 자동채권이 그 전부를 소멸시키기에 부족한 경우 변제충당에 관한 규정을 준용하여 상계에 의하여 소멸될 수동채권을 결정한다(상계충당, 민법 제499조).

상계의 의사표시가 있는 경우, 채무는 상계적상 시에 소급하여 대등액에 관하여 소멸한 것으로 보게 되므로, 상계에 의한 양 채권의 차액 계산 또는 상계 충당은 상계적상의 시점을 기준으로 하게 되고, 따라서 그 시점 이전에 수동채권의 변제기가 이미 도래하여 지체가 발생한 경우에는 상계적상 시점까지의 수동채권의 약정이 자 및 지연손해금을 계산한 다음 자동채권으로써 먼저 수동채권의 약정이자 및 지연손해금을 소각하고 잔액을 가지고 원본을 소각하여야 한다(대판 2005.7.8. 2005다8125). 기출 14

2. 상계의 소급효

① 자동채권과 수동채권은 상계표시시가 아니라 '상계할 수 있는 때'에 소급하여 소멸하는데, 상계할 수 있는 때란 양 채권이 모두 변제기가 도래한 경우와 수동채권의 변제기가 도래하지 아니하였더라도 기한의 이익을 포기할 수 있는 경우를 포함한다(대판 2011.7.28. 2010다70018).

> [채권양수인이 양수채권을 자동채권으로 하여 채무자가 채권양수인에 대해 가지고 있던 기존 채권과 상계한 경우, 채권양도 전에 이미 양 채권의 변제기가 도래하였더라도 상계의 효력은 변제기가 아니라 채권양도의 대항요건이 갖추어진 시점으로 소급하는지 여부(적극)]
>
> 민법 제493조 제2항은 "상계의 의사표시는 각 채무가 상계할 수 있는 때에 대등액에 관하여 소멸한 것으로 본다."라고 정하고 있으므로 상계의 효력은 상계적상 시로 소급하여 발생한다. 상계적상은 자동채권과 수동채권이 상호 대립하는 때에 비로소 생긴다. 채권양수인이 양수채권을 자동채권으로 하여 그 채무자가 채권양수인에 대해 가지고 있던 기존 채권과 상계한 경우, 채권양수인은 채권양도의 대항요건이 갖추어진 때 비로소 자동채권을 행사할 수 있으므로 채권양도 전에 이미 양 채권의 변제기가 도래하였다고 하더라도 상계의 효력은 변제기로 소급하는 것이 아니라 채권양도의 대항요건이 갖추어진 시점으로 소급한다(대판 2022.6.30. 2022다200089).

② 상계의 소급효가 인정되더라도 상계표시 전에 이미 실현된 사실을 번복할 수는 없다.

06 　기타 채권의 소멸원인

I 　경 개

경개의 요건, 효과(민법 제500조) 기출 08
당사자가 채무의 중요한 부분을 변경하는 계약을 한 때에는 구채무는 경개로 인하여 소멸한다.

채무자변경으로 인한 경개(민법 제501조) 기출 08
채무자의 변경으로 인한 경개는 채권자와 신채무자 간의 계약으로 이를 할 수 있다. 그러나 구채무자의 의사에 반하여 이를 하지 못한다.

1. 개 념

경개는 채무의 중요한 부분을 변경함으로써 신채무를 성립시키고 구채무를 소멸시키는 유상계약을 말한다(민법 제500조). 기출 08

2. 경개의 유형과 당사자

(1) 채무내용 변경의 경개(민법 제500조)

원래의 채권자와 채무자가 당사자가 된다.

(2) 채무자 변경의 경개(민법 제501조)

① 구채무자의 의사에 반하여 채무자변경의 경개를 할 수는 없으며, 이는 이해관계 있는 제3자도 마찬가지이다.
② 채무의 동일성이 인정되지 않는다는 점에서 면책적 채무인수와 구별된다.

(3) 채권자 변경의 경개(민법 제502조)

반드시 신·구채권자와 채무자가 3면계약으로 하여야 한다.

3. 요 건

① 소멸할 채무의 존재와 그에 대한 처분권한이 필요하다.
② 신채무의 성립
③ 채무의 중요한 부분이 변경되어야 한다.

4. 효 과

(1) 구채무의 소멸과 신채무의 성립(민법 제500조)

(2) 경개계약의 해제 인정 여부

① 법정해제 : 경개계약은 신채권을 성립시키고 구채권을 소멸시키는 처분행위로서 신채권이 성립되면 그 효과는 완결되고 경개계약 자체의 이행이 문제는 발생할 여지가 없으므로 경개에 의하여 성립된 신채무의 불이행을 이유로 경개계약을 해제할 수는 없다(대판 2003.2.11. 2002다62333).

기출 08·10

② 합의해제 : 계약자유의 원칙상 경개계약의 성립 후에 그 계약을 합의해제하여 구채권을 부활 시키는 것은 적어도 당사자 사이에서는 가능하다(대판 2003.2.11. 2002다62333). 기출 08

Ⅱ 면 제

면제의 요건, 효과(민법 제506조)
채권자가 채무자에게 채무를 면제하는 의사를 표시한 때에는 채권은 소멸한다. 그러나 면제로써 정당한 이익을 가진 제3자에게 대항하지 못한다.

1. 의 의

면제란 채무자에 대한 채권자의 일방적 의사표시에 의하여 채권을 무상으로 소멸시키는 것을 의미한다(민법 제506조). 채권의 포기에 해당하며, 채권의 처분행위에 해당한다.

2. 요 건

(1) 채권자에게 처분권한이 인정될 것

(2) 면제의 의사표시를 하였을 것

① 면제는 채무자에 대한 일방적 의사표시로 한다.

② 방식에 제한이 없으므로, 면제의 의사표시는 명시적이든 묵시적이든 불문한다(대판 1979.7.10. 79다 705).

3. 효 과

① 면제의 효과로써 채권은 소멸한다. 일부면제도 유효하며, 그 범위에서 채권은 소멸한다. 채권 의 전부가 소멸한 때에는 그에 수반하는 담보물권, 보증채무 등의 종된 권리 또한 소멸한다.

② 채권이 제3자의 권리의 목적이 되어 있는 때에는 물론이고, 제3자가 그 채권에 관하여 정당한 이익을 갖는 경우에는 면제로써 그 제3자에게 대항하지 못한다(민법 제506조 단서).

Ⅲ 혼 동

> **혼동의 요건, 효과(민법 제507조)**
> 채권과 채무가 동일한 주체에 귀속한 때에는 채권은 소멸한다. 그러나 그 채권이 제3자의 권리의 목적인 때에는
> 그러하지 아니하다.

1. 의 의

혼동이란 채권자가 채무자를 상속하는 경우와 같이 채권과 채무가 동일인에게 귀속되는 사실을
의미한다.

2. 요 건

채권과 채무가 동일한 주체에 귀속되어야 한다(민법 제507조 본문).

3. 효 과

① 원칙 : 원칙적으로 혼동에 의하여 채권은 소멸한다(민법 제507조 본문).

> **[대항력을 갖춘 주택 임차인이 당해 주택을 양수한 경우, 임대인의 보증금반환채무의 소멸 여부(적극)]**
> 주택의 임차인이 제3자에 대한 대항력을 갖춘 후 임차주택의 소유권이 양도되어 그 양수인이 임대인의
> 지위를 승계하는 경우에는, 임대차보증금의 반환채무도 부동산의 소유권과 결합하여 일체로서 이전하는
> 것이므로 양도인의 임대인으로서의 지위나 보증금반환채무는 소멸하는 것이고, 대항력을 갖춘 임차인이
> 양수인이 된 경우라고 하여 달리 볼 이유가 없으므로 대항력을 갖춘 임차인이 당해 주택을 양수한 때에도
> 임대인의 보증금반환채무는 소멸하고 양수인인 임차인이 임대인의 자신에 대한 보증금반환채무를 인수하
> 게 되어, 결국 임차인의 보증금반환채권은 혼동으로 인하여 소멸하게 된다(대판 1996.11.22. 96다38216).
>
> 기출 23

② 예외 : 채권과 채무가 동일인에게 귀속하더라도 그 채권이 제3자의 권리의 목적인 때에는
채권을 존속시킬 법률상의 이익이 있으므로, 채권은 혼동이 있어도 소멸하지 않는다(민법 제507조
단서).

06 채권의 소멸

01 채권의 소멸에 관한 설명으로 옳지 않은 것을 모두 고른 것은?(다툼이 있으면 판례에 따름)

기출 24

> ㄱ. 법정변제충당의 순위를 정함에 있어서 변제의 유예가 있는 채무에 대하여는 유예기까지 변제기가 도래하지 않은 것과 같게 보아야 한다.
> ㄴ. 채권자의 태도로 보아 채무자가 채무의 이행제공을 하였더라도 그 수령을 거절하였을 것이 명백한 경우에도 채무자는 이행의 제공을 하지 않고 바로 변제공탁할 수는 없다.
> ㄷ. 변제공탁이 적법한 경우에는 채권자가 공탁물 출급청구를 하였는지와 관계없이 공탁을 한 때에 변제의 효력이 발생하지만, 그 후 공탁물 출급청구권에 대하여 가압류 집행이 된 경우에는 변제의 효력이 발생하지 아니한다.
> ㄹ. 매도인의 담보책임을 기초로 한 손해배상채권의 제척기간이 지난 경우, 매수인은 그 제척기간이 지나기 전에 상계할 수 있었을지라도 그 손해배상채권을 자동채권으로 해서 매도인의 채권과 상계할 수 없다.

① ㄱ, ㄴ
② ㄷ, ㄹ
③ ㄱ, ㄴ, ㄷ
④ ㄱ, ㄷ, ㄹ
⑤ ㄴ, ㄷ, ㄹ

해설 ㄱ. (○) 법정변제충당의 순위를 정함에 있어서 변제의 유예가 있는 채무에 대하여는 유예기까지 변제기가 도래하지 않은 것과 같게 보아야 한다(대판 1999.8.24. 99다22281).
ㄴ. (×) 채권자의 태도로 보아 채무자가 설사 채무의 이행제공을 하였더라도 그 수령을 거절하였을 것이 명백한 경우에는 채무자는 이행의 제공을 하지 않고 바로 변제공탁할 수 있다(대판 1981.9.8. 80다2851).
ㄷ. (×) 변제공탁이 적법한 경우에는 채권자가 공탁물 출급청구를 하였는지와 관계없이 공탁을 한 때에 변제의 효력이 발생하고, 그 후 공탁물 출급청구권에 대하여 가압류 집행이 되더라도 변제의 효력에 영향을 미치지 아니한다(대판 2011.12.13. 2011다11580).
ㄹ. (×) 매도인이나 수급인의 담보책임을 기초로 한 손해배상채권의 제척기간이 지난 경우에도 제척기간이 지나기전 상대방의 채권과 상계할 수 있었던 경우에는 매수인이나 도급인은 민법 제495조를 유추적용해서 위 손해배상 채권을 자동채권으로 해서 상대방의 채권과 상계할 수 있다고 봄이 타당하다(대판 2019.3.14. 2018나255648).

02 채권의 소멸에 관한 설명으로 옳은 것은?(다툼이 있는 경우에는 판례에 의함) 기출 12

① 경개계약에 의하여 성립된 신 채무의 불이행을 이유로 경개계약을 해제할 수 있다.

② 대금지급채무에 갈음하여 대물변제한 물건에 하자가 있는 경우, 대물변제는 무효이다.

③ 대항력을 갖춘 주택임차인이 그 주택을 경락받아 소유권을 취득한 경우, 특별한 사정이 없는 한 임대차계약에 기한 채권은 혼동으로 인하여 소멸한다.

④ 채무자가 적법하게 변제공탁하여 채권담보를 위한 동산질권이 소멸하였더라도 채무자는 공탁물을 회수할 수 있다.

⑤ 조합으로부터 부동산을 매수하여 대금지급채무를 지는 자는 조합원 중의 1인에 대한 자신의 채권과 상계할 수 있다.

해설 ① (×) 경개계약은 신 채권을 성립시키고 구 채권을 소멸시키는 처분행위로서 신 채권이 성립되면 그 효과는 완결되고 경개계약 자체의 이행의 문제는 발생할 여지가 없으므로 경개에 의하여 성립된 신 채무의 불이행을 이유로 경개계약을 해제할 수는 없다(대판 2003.2.11. 2002다62333).

② (×) 대물변제한 물건에 하자가 있는 경우, 담보책임이 문제될 뿐이지 대물변제가 무효로 되는 것은 아니다.

③ (○) 임차주택의 양수인에게 대항할 수 있는 주택임차인이 당해 임차주택을 경락받아 그 대금을 납부함으로써 임차주택의 소유권을 취득한 때에는, 그 주택임차인은 임대인의 지위를 승계하는 결과, 그 임대차계약에 기한 채권이 혼동으로 인하여 소멸하게 되므로 그 임대차는 종료된 상태가 된다(대판 1998.9.25. 97다28650).

④ (×) 질권 또는 저당권이 공탁으로 인하여 소멸한 때에는, 공탁자의 공탁물회수청구권이 부정된다(민법 제489조 제2항 참고).

⑤ (×) 조합에 대한 채무자는 그 채무와 조합원에 대한 채권으로 상계할 수는 없는 것이므로(민법 제715조), 조합으로부터 부동산을 매수하여 잔대금채무를 지고 있는 자가 조합원 중의 1인에 대하여 개인채권을 가지고 있다고 하더라도 그 채권과 조합과의 매매계약으로 인한 잔대금채무를 서로 대등액에서 상계할 수는 없다(대판 1998.3.13. 97다6919).

01 甲은 乙에 대하여 다음과 같은 내용의 대여금 채무를 부담하고 있다.

> ○ A채무 : 대여일 2020.3.7., 원금 1억원(무이자), 변제기 2021.3.7.
> ○ B채무 : 대여일 2020.4.12., 원금 2억원(무이자), 변제기 2021.4.12.

이에 관한 설명으로 옳지 않은 것은?(비용·지연이자는 고려하지 말 것)(각 지문은 독립적이며, 다툼이 있으면 판례에 따름) [기출] 22

① 甲이 2021.4.3. 1억원을 변제하면서 특별한 합의나 지정이 없었던 경우, 위 1억원은 A채무의 변제에 충당된다.

② 甲이 2021.5.7. 1억원을 변제하면서 특별한 합의나 지정이 없었던 경우, 위 1억원은 B채무의 변제에 충당된다.

③ 甲이 2021.5.7. 1억원을 변제하면서 특별한 합의나 지정이 없었던 경우, A채무의 담보를 위해 丙의 X토지에 저당권이 설정되어 있었다면 위 1억원은 A채무의 변제에 충당된다.

④ 甲이 2021.5.7. 1억원을 변제하면서 특별한 합의나 지정이 없었던 경우, B채무의 담보를 위해 보증인 丙이 있었다면 위 1억원은 A채무의 변제에 충당된다.

⑤ 만일 A채무와 B채무 모두 월 1%의 이자가 약정되어 있고, 甲이 2021.5.7. 1억원을 변제하면서 A채무의 원본에 충당하기로 지정한 것에 대하여 乙과의 묵시적 합의가 인정된다면, 위 1억원은 A채무의 원본에 충당된다.

해설　① (○) 당사자 간에 변제충당에 대한 특별한 합의나 지정이 없었던 경우, 법정변제충당에 따라 채무 중에 이행기가 도래한 것과 도래하지 아니한 것이 있으면 이행기가 도래한 채무의 변제에 충당되므로(민법 제477조 제1호) 2021.4.3. 1억원의 변제금은 이행기가 도래한 A채무의 변제에 충당된다.

② (×) 당사자 간에 변제충당에 대한 특별한 합의나 지정이 없었던 경우, 법정변제충당에 따른다. 2021.5.7. 1억원의 변제금은 채무전부의 이행기가 도래한 경우 채무자에게 변제이익이 많은 채무의 변제에 충당해야 하나 설문의 경우 무이자로 변제이익에 차이가 없으므로, 결국 이행기가 먼저 도래한 A채무의 변제에 충당된다(민법 제477조 제2호·제3호).

③ (○) 당사자 간에 변제충당에 대한 특별한 합의나 지정이 없었던 경우, 법정변제충당에 따른다. 판례는 「변제자가 주채무자인 경우 보증인이 있는 채무와 보증인이 없는 채무 사이에 전자가 후자에 비하여 변제이익이 더 많다고 볼 근거는 전혀 없으므로 양자는 변제이익의 점에서 차이가 없다고 보아야 한다. 마찬가지로 변제자가 채무자인 경우 물상보증인이 제공한 물적 담보가 있는 채무와 그러한 담보가 없는 채무 사이에도 변제이익의 점에서 차이가 없다(대판 2014.4.30. 2013다8250)」고 본다. 따라서 1억원의 변제금은 이행기가 먼저 도래한 A채무의 변제에 충당된다.

④ (○) 당사자 간에 변제충당에 대한 특별한 합의나 지정이 없었던 경우, 법정변제충당에 따른다. 판례는 「변제자가 주채무자인 경우에 보증인이 있는 채무와 보증인이 없는 채무사이에 있어서 전자가 후자에 비하여 변제이익이 더 많다고 볼 근거는 전혀 없는 것이고 양자는 변제의 이익의 점에 있어 차이가 없다고 봄이 상당하다고 할 것이며 이와 같이 변제의 이익이 같을 경우에는 변제금은 이행기가 먼저 도래한 채무나 먼저 도래할 채무의 변제에 충당하여야 한다(대판 1985.3.12. 84다카2093)」고 본다. 따라서 2021.5.7. 1억원의 변제금은 이행기가 먼저 도래한 A채무의 변제에 충당된다.

⑤ (O) 채무자가 1개 또는 수개 채무의 비용 및 이자를 전부 소멸케 하지 못하는 급여를 한 경우의 변제충당에 관하여는 민법 제479조에 그 충당순서가 법정되어 있고 지정변제충당에 관한 민법 제476조는 준용되지 아니하므로, 당사자 사이에 특별한 합의가 없는 한 비용, 이자, 원본의 순서로 변제에 충당되며, 채무자는 물론 채권자라고 할지라도 위 법정 순서와 다르게 일방적으로 충당의 순서를 지정할 수는 없다(대판 2006.10.12. 2004재다818). 따라서 甲이 2021.5.7. 1억원을 변제하면서 A채무의 원본에 충당하기로 지정한 것에 대하여 乙과의 묵시적 합의가 인정된다면, 위 1억원의 변제금은 A채무의 원본에 충당된다.

02 변제에 관한 설명으로 옳은 것을 모두 고른 것은?(다툼이 있으면 판례에 따름) 기출 21

ㄱ. 甲은 乙에 대해 1,000만원의 채무를 부담하고 있는데, 丙이 자신의 채무로 오해하여 乙에게 1,000만원을 지급한 경우, 제3자 변제에 해당하지 않는다.

ㄴ. 甲이 그의 乙에 대한 공사대금채무의 담보로 乙의 유치권이 성립한 그 소유의 건물을 丙에게 매도하면서 소유권이전등기 시까지 임대한 경우, 丙은 甲의 의사에 반하여 공사대금채무를 乙에게 변제할 수 없다.

ㄷ. 예금주 甲의 대리인이라고 주장하는 乙이 甲의 통장과 인감을 소지하고 丙은행에 예금반환청구를 한 경우, 대리인을 사칭한 乙은 채권의 사실상 귀속자와 같은 외형을 갖추고 있지 아니하여 채권의 준점유자로 볼 수 없다.

ㄹ. 지시채권 증서 소지인 甲에 대한 乙의 변제는 乙이 甲의 권리 없음을 알았거나 중과실이 있는 경우를 제외하고 유효하다.

① ㄱ
② ㄱ, ㄴ
③ ㄱ, ㄹ
④ ㄱ, ㄴ, ㄷ
⑤ ㄴ, ㄷ, ㄹ

해설 ㄱ. (O) 제3자가 착오로 타인의 채무를 자기의 채무로 오인하여 금전 등을 지급하였다면, 이는 제3자의 변제가 아닌 부당이득반환청구권의 문제이다. 제3자가 타인의 채무를 변제하여 그 채무를 소멸시키기 위하여는 제3자가 타인의 채무를 변제한다는 의사를 가지고 있었음을 요건으로 하고 이러한 의사는 타인의 채무변제임을 나타내는 변제지정을 통하여 표시되어야 할 것이지만, 채권자가 변제를 수령하면서 제3자가 타인의 채무를 변제하는 것이라는 사실을 인식하였다면 타인의 채무변제라는 지정이 있었다고 볼 수 있다(대판 2010.2.11. 2009다71558).

ㄴ. (×) 부동산의 매수인은 그 권리실현에 장애가 되는 그 부동산에 대한 담보권 등의 권리를 소멸시키기 위하여 매도인의 채무를 대신 변제할 법률상 이해관계 있는 제3자라고 볼 수 있으므로(대판 1995.3.24. 94다44620), 사안의 경우 부동산의 매수인 丙은 매도인 甲의 의사에 반하여 甲의 채무(공사대금채무)를 유치권자 乙에게 변제할 수 있다.

ㄷ. (×) 예금주의 대리인이라고 주장하는 자가 예금주의 통장과 인감을 소지하고 예금반환청구를 한 경우, 은행이 예금청구서에 나타난 인영과 비밀번호를 신고된 것과 대조 확인하는 외에 주민등록증을 통하여 예금주와 청구인의 호주가 동일인이라는 점까지 확인하여 예금을 지급하였다면 이는 채권의 준점유자에 대한 변제로서 유효하다(대판 2004.4.23. 2004다5389).

ㄹ. (O) 지시채권 증서 소지인 甲에 대한 乙의 변제는 甲이 권리자아님을 알았거나 중대한 과실로 알지 못한 경우를 제외하고 유효하다(민법 제518조 단서 반대해석).

03 甲은 乙에 대한 대여금채무 6억원을 담보하기 위하여 자기 소유 X토지에 乙 명의의 저당권을 설정해 주었다. 甲의 부탁으로 위 채무를 담보하기 위하여 丙은 乙과 보증계약을 체결하였고, 丁과 戊는 각각 자기 소유 Y토지와 Z토지에 乙 명의의 저당권을 설정해 주었다. 이에 관한 설명으로 옳지 않은 것은?(단, 이자 및 지연배상금은 고려하지 않고, 다툼이 있으면 판례에 따름) 기출 19

① 丁이 甲의 대여금채무를 모두 변제한 경우, 丁은 甲에 대하여 구상권을 행사할 수 있다.
② 丁이 甲의 대여금채무를 모두 변제한 경우, 丁은 乙을 대위하여 丙을 상대로 2억원의 지급을 청구할 수 있다.
③ 戊는 甲의 대여금채무를 변제할 정당한 이익이 있는 자이므로, 戊가 그 채무를 모두 변제하였다면 乙의 승낙이 없어도 당연히 乙을 대위한다.
④ 丙이 甲의 대여금채무를 모두 변제한 경우, 미리 저당권등기에 대위의 부기등기를 하지 않더라도 丁에 대하여 乙을 대위할 수 있다.
⑤ A가 甲과의 매매계약을 원인으로 X토지의 소유권이전등기를 마친 후 甲의 대여금채무를 모두 변제한 경우, A는 丙에 대하여 乙을 대위할 수 있다.

해설 ① (○) **물상보증인**은 타인의 채무변제를 위하여 자기의 재산 위에 물적 담보를 제공한 자이므로, **채무자에 대한 관계에서 보증인과 유사한 지위에 있다.** 따라서 물상보증인 丁이 대여금채무를 변제하거나 질권·저당권의 실행으로 인하여 그 소유권을 잃은 때에는, 보증채무에 관한 규정에 의하여 채무자 甲에 대한 구상권이 있다 할 것이다(민법 제341조 참고).
② (○) 자기의 재산을 타인의 채무의 담보로 제공한 자(**물상보증인**)와 보증인 간에는 그 인원수에 비례하여 **채권자를 대위한다.** 그러나 자기의 재산을 타인의 채무의 담보로 제공한 자(**물상보증인**)가 수인인 때에는 **보증인의 부담부분을 제외하고 그 잔액에 대하여 각 재산의 가액에 비례하여 대위한다**(민법 제482조 제2항 제5호 전문). 따라서 물상보증인 丁이 채무자 甲의 대여금채무를 모두 변제한 경우, 丁은 인원수에 비례하여 채권자 乙을 대위하므로, 보증인 丙을 상대로 2억원의 지급을 청구할 수 있다.
③ (○) 민법 제469조 제2항은 이해관계 없는 제3자는 채무자의 의사에 반하여 변제하지 못한다고 규정하고, 민법 제481조는 변제할 정당한 이익이 있는 자는 변제로 당연히 채권자를 대위한다고 규정하고 있는바, 위 조항에서 말하는 '이해관계' 내지 '변제할 정당한 이익'이 있는 자는 변제를 하지 않으면 채권자로부터 집행을 받게 되거나 또는 채무자에 대한 자기의 권리를 잃게 되는 지위에 있기 때문에 변제함으로써 당연히 대위의 보호를 받아야 할 법률상 이익을 가지는 자를 말하고, 단지 사실상의 이해관계를 가진 자는 제외된다(대결 2009.5.28. 2008마109). 따라서 **물상보증인 戊는 변제할 정당한 이익이 있는 자**에 해당하므로, 채권자 乙의 승낙이 없어도 당연히 乙을 대위한다.
④ (○) 보증인은 미리 전세권이나 저당권의 등기에 그 대위를 부기하지 아니하면 전세물이나 저당물에 권리를 취득한 제3자에 대하여 채권자를 대위하지 못한다(민법 제482조 제2항 제1호). 다만, 사안은 보증인 丙이 채무자 甲의 대여금채무를 모두 변제하고, 물상보증인 丁에 대하여 채권자 乙을 대위하려는 경우이므로, 민법 제482조 제2항 제1호가 아닌 제5호 전문이 적용된다 할 것이다. 따라서 丙은 보증인의 부담부분을 제외하고, 그 잔액에 대하여 물상보증인 丁에게 Y토지의 가액에 비례하여 채권자 乙을 대위할 수 있다.
⑤ (×) **제3취득자는 보증인에 대하여 채권자를 대위하지 못한다**(민법 제482조 제2항 제2호). 따라서 채무자 甲 소유 X토지의 제3취득자 A는 보증인 丙에 대하여 채권자 乙을 대위할 수 없다

04 변제자 대위에 관한 설명으로 옳지 않은 것은?(다툼이 있는 경우에는 판례에 의함) 기출 14

① 변제자 대위는 채무자에 대한 구상권을 담보하는 효력을 가지므로 구상권이 없으면 변제자 대위가 성립하지 않는다.

② 법률상 이해관계 있는 제3자는 그가 가지는 구상권의 범위에서 당연히 채권자의 채권과 그 담보에 관한 권리를 행사할 수 있다.

③ 제3자가 채무자를 위하여 대물변제로 채권자에게 채권 일부의 만족을 준 때에도 변제자 대위가 인정된다.

④ 근저당권으로 담보된 채무의 일부를 변제한 제3자는 변제한 가액의 범위에서 채권자가 가졌던 채권과 담보에 관한 권리를 법률상 당연히 취득하여 채권자에 우선하여 변제받을 권리가 있다.

⑤ 자유의사에 기한 변제가 아니라 채권자의 담보권 실행으로 그에게 만족을 준 제3자도 채권자를 대위할 수 있다.

해설 ① (○) 변제에 의한 대위 또는 대위변제는 제3자 또는 공동채무자의 한 사람이 채무자 또는 다른 공동채무자에 대하여 가지는 구상권의 실현을 확보하는 것을 목적으로 하는 제도이므로, 구상권이 없으면 대위는 성립하지 않는다고 할 것이고, 위와 같은 **구상권 발생의 근거로는** 먼저 불가분채무자, 연대채무자, 보증인, 물상보증인, 담보물의 제3취득자, 후순위담보권자가 구상권을 가짐은 민법의 개별적 규정에 의하여 분명하고, 제3자가 채무자의 부탁으로 채무자를 위하여 변제하는 경우에는 민법 제688조 소정의 위임사무처리비용의 상환청구권에 의하여, 제3자가 사무관리에 의하여 채무자를 위하여 변제하는 경우에는 민법 제739조 소정의 사무관리비용의 상환청구권에 의하여 구상권을 취득하는 수가 있을 수 있다(대판 1994.12.9. 94다38106).

② (○) 임의대위(민법 제480조)와 달리, 변제할 정당한 이익이 있는 자는 채권자의 승낙 여부와 상관없이 변제로 당연히 채권자를 대위한다(민법 제481조).

③ (○) 제3자가 공탁 기타 자기의 출재로 채무자의 채무를 면하게 한 경우에도 전6조의 규정(임의대위, 법정대위)을 준용한다(민법 제486조). 따라서 사안의 경우에도 변제자 대위가 인정된다.

④ (×) 변제할 정당한 이익이 있는 자가 채무자를 위하여 채권의 일부를 대위변제할 경우에 대위변제자는 변제한 가액의 범위 내에서 종래 채권자가 가지고 있던 채권 및 담보에 관한 권리를 취득하게 되고 따라서 채권자가 부동산에 대하여 저당권을 가지고 있는 경우에는 채권자는 대위변제자에게 일부대위변제에 따른 저당권의 일부이전의 부기등기를 경료해 주어야 할 의무가 있다 할 것이나 이 경우에도 채권자는 일부대위변제자에 대하여 우선변제권을 가지고 있다(대판 1988.9.27. 88다카1797).

⑤ (○) 타인의 채무를 담보하기 위하여 저당권을 설정한 부동산의 소유자인 물상보증인으로부터 저당부동산의 소유권을 취득한 제3취득자는 저당권이 실행되면 저당부동산에 대한 소유권을 잃는다는 점에서 물상보증인과 유사한 지위에 있다. 따라서 물상보증의 목적물인 저당부동산의 제3취득자가 채무를 변제하거나 저당권의 실행으로 인하여 저당부동산의 소유권을 잃은 때에는 특별한 사정이 없는 한 물상보증인의 구상권에 관한 민법 제370조, 제341조의 규정을 유추적용하여, 물상보증인으로부터 저당부동산을 양수한 제3취득자는 보증채무에 관한 규정에 의하여 채무자에 대한 구상권이 있다(대판 2014.12.24. 2012다49285). 따라서 자유의사에 기한 변제가 아니라 채권자의 담보권 실행으로 그에게 만족을 준 제3자에게도, 변제와 마찬가지로 대위가 인정된다.

05 乙이 丙으로부터 금전을 차용하면서 자신 소유의 X토지에 대하여 저당권을 설정해 주었고, 甲은 이를 연대보증하였다. 그 후 甲이 丙에게 채무를 변제하고자 하는 경우에 관한 설명으로 옳지 않은 것은?(다툼이 있는 경우에는 판례에 의함) 기출 13

① 甲이 변제한 경우, 甲은 丙의 승낙이 없더라도 당연히 丙을 대위할 수 있다.

② 甲이 채무의 일부만을 변제하는 경우, 甲은 변제한 가액에 비례하여 丙과 함께 乙에 대한 권리를 행사하게 된다.

③ 甲이 일부만을 변제한 후 乙이 잔존채무를 이행하지 아니하여 X토지가 경매된 경우, 甲과 丙은 동순위로 배당을 받는다.

④ 甲의 변제 후 乙이 X토지를 丁에게 매도한 경우, 甲이 미리 저당권등기에 대위의 부기등기를 하면 丁에 대하여 채권자 丙을 대위할 수 있다.

⑤ 丙이 고의로 X토지에 대한 저당권을 말소한 경우, 특단의 사정이 없는 한 甲은 그 말소로 인하여 상환받을 수 없는 한도에서 면책을 주장할 수 있다.

해설 ① (○) 보증인은 채무자가 변제를 하지 아니하면 채권자로부터 집행을 받게 되는 지위에 있으므로, 변제할 정당한 이익이 있는 자에 해당한다. 따라서 보증인 甲이 변제한 경우, **변제할 정당한 이익이 있는 甲은 채권자 乙의 승낙 여부와 상관없이 그 변제로 당연히 乙을 대위한다**(민법 제481조).

② (○) 채권의 일부에 대하여 대위변제가 있는 때에는 대위자는 그 변제한 가액에 비례하여 채권자와 함께 그 권리를 행사한다(민법 제483조 제1항).

③ (×) 변제할 정당한 이익이 있는 자가 채무자를 위하여 채권의 일부를 대위변제할 경우에 대위변제자는 변제한 가액의 범위 내에서 종래 채권자가 가지고 있던 채권 및 담보에 관한 권리를 취득하게 되고 따라서 채권자가 부동산에 대하여 저당권을 가지고 있는 경우에는 채권자는 대위변제자에게 일부대위변제에 따른 저당권의 일부이전의 부기등기를 경료해 주어야 할 의무가 있으나 이 경우에도 채권자는 일부대위변제자에 대하여 우선변제권을 가지고, 다만 일부대위변제자와 채권자 사이에 변제의 순위에 관하여 따로 약정을 한 경우에는 그 약정에 따라 변제의 순위가 정해진다(대판 2010.4.8. 2009다80460). 따라서 변제순위에 관한 약정이 없는 한, 원칙적으로 채권자 丙이 일부대위변제자 甲에 대하여 우선변제권을 가진다.

④ (○) 보증인은 미리 전세권이나 저당권의 등기에 그 대위를 부기하지 아니하면 전세물이나 저당물에 권리를 취득한 제3자에 대하여 채권자를 대위하지 못한다(민법 제482조 제2항 제1호). 따라서 보증인 甲이 미리 저당권등기에 부기등기를 하였다면, 제3취득자 丁에 대하여 채권자 丙을 대위할 수 있다.

⑤ (○) 제481조(법정대위)의 규정에 의하여 대위할 자가 있는 경우에 채권자의 고의나 과실로 담보가 상실되거나 감소된 때에는 대위할 자는 그 상실 또는 감소로 인하여 상환을 받을 수 없는 한도에서 그 책임을 면한다(민법 제485조).

01 대물변제에 관한 설명으로 옳지 않은 것은?(다툼이 있으면 판례에 따름) `기출` 16

① 채무자가 채권자에게 채무변제에 갈음하여 다른 채권을 양도하기로 한 경우, 채권양도의 요건을 갖추어 대체급부가 이루어짐으로써 원래의 채무는 소멸한다.

② 채무자가 채권자에게 채무변제에 갈음하여 다른 채권을 양도하기로 한 경우, 양도인은 양도된 채권의 채무자의 변제자력까지 담보하는 것으로 보아야 한다.

③ 채무자가 채무담보를 위해 대물변제의 예약을 한 후 같은 채권자로부터 추가로 채무를 지는 경우에는 특별한 사정이 없는 한 추가되는 채무도 대물변제 예약의 대상이 되는 채무범위에 포함된다.

④ 대물변제가 채무소멸의 효력을 발생하려면 채무자가 본래의 이행에 갈음하여 행하는 다른 급부가 현실적인 것이어야 한다.

⑤ 대물변제예약완결권의 행사기간에 관한 약정이 없는 때에는 그 권리가 발생한 때로부터 10년 내에 이를 행사하여야 하고, 이 기간을 도과한 때에는 예약완결권은 소멸한다.

해설 ① (O), ② (×) [1] 채무자가 채권자에게 채무변제와 관련하여 다른 채권을 양도하는 것은 특단의 사정이 없는 한 채무변제를 위한 담보 또는 변제의 방법으로 양도되는 것으로 추정할 것이지 채무변제에 갈음한 것으로 볼 것은 아니어서, 그 경우 채권양도만 있으면 바로 원래의 채권이 소멸한다고 볼 수는 없고 채권자가 양도받은 채권을 변제받은 때에 비로소 그 범위 내에서 채무자가 면책된다. [2] 채무자가 채권자에게 채무변제에 '갈음하여' 다른 채권을 양도하기로 한 경우에는 특별한 사정이 없는 한 채권양도의 요건을 갖추어 대체급부가 이루어짐으로써 원래의 채무는 소멸하는 것이고 그 양수한 채권의 변제까지 이루어져야만 원래의 채무가 소멸한다고 할 것은 아니다. 이 경우 대체급부로서 채권을 양도한 양도인은 양도 당시 양도대상인 채권의 존재에 대해서는 담보책임을 지지만 당사자 사이에 별도의 약정이 있다는 등 특별한 사정이 없는 한 그 채무자의 변제자력까지 담보하는 것은 아니다(대판 2013.5.9. 2012다40998).

③ (O) 채무자가 채권자에 대하여 소비대차 등으로 인한 채무를 부담하고 이를 담보하기 위하여 대물변제의 예약을 한 후에 다시 같은 채권자로부터 추가로 채무를 지게 되는 경우에는 특별한 사정이 없는 한 추가되는 채무 역시 기왕에 한 대물변제 예약의 대상이 되는 채무범위에 포함된다고 봄이 상당하다(대판 2010.4.29. 2009다16896).

④ (O) 대물변제가 채무소멸의 효력을 발생하려면 채무자가 본래의 이행에 갈음하여 행하는 다른 급부가 현실적인 것이어야 한다(대판 2012.10.11. 2011다82995).

⑤ (O) 대물변제예약완결권은 일종의 형성권으로 당사자 사이에 그 행사기간을 약정한 때에는 그 기간 내에, 그러한 약정이 없는 때에는 그 권리가 발생한 때로부터 10년 내에 이를 행사하여야 하고, 이 기간을 도과한 때에는 예약완결권은 제척기간의 경과로 인하여 소멸한다(대판 1997.6.27. 97다12488).

01 ② `정답`

01 변제공탁에 관한 설명으로 옳지 않은 것은? [기출] 15

① 공탁자는 공탁으로 인하여 질권이 소멸하더라도 공탁물을 회수할 수 있다.

② 변제자가 과실 없이 채권자를 알 수 없는 경우, 채권자를 위하여 변제의 목적물을 공탁할 수 있다.

③ 공탁소에 관하여 법률에 특별한 규정이 없으면 법원은 변제자의 청구에 의하여 공탁소를 지정하고 공탁물보관자를 선임하여야 한다.

④ 변제의 목적물이 공탁에 적당하지 않은 경우, 변제자는 법원의 허가를 얻어 그 물건을 경매하여 대금을 공탁할 수 있다.

⑤ 채무자가 채권자의 상대의무 이행과 동시에 변제할 경우, 채권자는 그 의무이행을 하지 않으면 공탁물을 수령하지 못한다.

해설 ① (×) 공탁자는 **질권 또는 저당권이 공탁으로 인하여 소멸한 때에는 공탁물을 회수할 수 없다**(민법 제489조 제2항).

② (○) **채권자가 변제를 받지 아니하거나 받을 수 없는 때에는 변제자는 채권자를 위하여 변제의 목적물을 공탁하여 그 채무를 면할 수 있다. 변제자가 과실 없이 채권자를 알 수 없는 경우에도 같다**(민법 제487조).

③ (○) 공탁소에 관하여 법률에 특별한 규정이 없으면 법원은 변제자의 청구에 의하여 공탁소를 지정하고 공탁물보관자를 선임하여야 한다(민법 제488조 제2항).

④ (○) **변제의 목적물이 공탁에 적당하지 아니하거나 멸실 또는 훼손될 염려가 있거나 공탁에 과다한 비용을 요하는 경우에는 변제자는 법원의 허가를 얻어 그 물건을 경매하거나 시가로 방매하여 대금을 공탁할 수 있다**(민법 제490조).

⑤ (○) 채무자가 채권자의 상대의무 이행과 동시에 변제할 경우에는 채권자는 그 의무이행을 하지 아니하면 공탁물을 수령하지 못한다(민법 제491조).

01 甲이 乙에게 5천만원을 빌릴 때 丙은 甲을 위한 보증인이 되었다. 丁은 乙에 대하여 3천만원의 공사대금채권을 갖고 있으며, 甲은 乙에 대하여 2천만원의 채권을 갖고 있다. 이에 관한 설명으로 옳지 않은 것은?(모든 채무는 상계적상에 있음을 가정하며, 다툼이 있으면 판례에 따름) 기출 18

① 甲과 乙 상호 간의 채권이 상계로 인해 소멸하는 경우, 그 효력은 각 채무가 상계할 수 있는 때로 소급하여 발생한다.

② 丙은 甲의 乙에 대한 위 금전채권에 의한 상계로 乙에게 대항할 수 있다.

③ 甲과 乙이 상계금지특약을 하였는데, 乙에 대해 보증금반환채무를 부담하는 A가 그 특약사실을 모른 채 甲의 乙에 대한 위 금전채권을 양수하고 채권양도의 대항요건을 갖춘 경우, A는 그 양수채권을 가지고 乙에 대한 자신의 채무와 상계할 수 있다.

④ 만약 丁이 乙의 甲에 대한 대여금채권을 압류한 이후에 甲이 乙에게 자동차를 매도하여 위 금전채권을 취득하였다면, 甲은 乙에 대한 위 금전채권에 의한 상계로써 丁에게 대항할 수 있다.

⑤ 만약 甲의 乙에 대한 위 금전채권이 고의의 불법행위로 인한 것이라면, 甲은 이를 자동채권으로 하여 상계할 수 있다.

해설 ① (○) 상계의 의사표시가 있으면, 각 채무가 상계할 수 있는 때에 대등액에 관하여 소멸한 것으로 본다(민법 제493조 제2항).

② (○) 보증인은 주채무자의 채권에 의한 상계로 채권자에게 대항할 수 있다(민법 제434조).

③ (○) 상계의 대상이 되는 채권은 상대방과 사이에서 직접 발생한 채권에 한하는 것이 아니라, 제3자로부터 양수 등을 원인으로 하여 취득한 채권도 포함한다(대판 2003.4.11. 2002다59481). 따라서 상계금지특약사실에 대하여 선의인 A는, 甲의 乙에 대한 2천만원의 양수채권을 가지고 乙에 대한 자신의 보증금반환채무와 상계할 수 있다(민법 제492조 제2항 단서).

④ (×) 지급을 금지하는 명령을 받은 제3채무자는 그 후에 취득한 채권에 의한 상계로 그 명령을 신청한 채권자에게 대항하지 못한다(민법 제498조). 따라서 丁이 대여금채권을 압류한 이후에 체결된 매매계약으로 금전채권을 취득한 甲은, 그 금전채권에 의한 상계로써 丁에게 대항할 수 없다.

⑤ (○) 채무가 고의의 불법행위로 인한 것인 때에는 그 채무자는 상계로 채권자에게 대항하지 못한다(민법 제496조). 즉, 불법행위채권을 수동채권으로 하는 상계는 금지되나, 불법행위로 인한 손해배상채권을 자동채권으로 하는 상계는 허용된다.

02 甲과 乙은 상호 간에 각 1억원의 대여금채권을 가지고 있었는데, 그 후 甲의 채권자 丙이 甲의 乙에 대한 채권을 가압류하였다. 이러한 상태에서 乙은 상계를 하고자 한다. 다음 설명 중 옳지 않은 것은?(다툼이 있으면 판례에 따름) `기출 17`

① 가압류의 효력발생 당시 乙의 채권과 甲의 채권의 변제기가 모두 도래한 경우, 乙은 상계로써 丙에게 대항할 수 있다.

② 가압류효력 발생 당시 乙의 채권이 변제기에 도달하지 않은 경우, 乙의 채권이 변제기가 甲의 채권의 변제기와 동시에 도래하면, 乙은 상계로써 丙에게 대항할 수 있다.

③ 가압류의 효력발생 당시 乙의 채권이 변제기에 도달하지 않은 경우, 甲의 채권의 변제기 후에 乙의 채권이 변제기에 도달하더라도 乙은 상계로써 丙에게 대항할 수 있다.

④ 가압류효력 발생 당시 乙의 채권이 변제기에 도달하지 않은 경우, 乙의 채권의 변제기가 甲의 채권의 변제기보다 먼저 도래하면 乙은 상계로써 丙에게 대항할 수 있다.

⑤ 가압류효력 발생 당시 비록 甲과 乙의 채권이 변제기에 도달하였더라도 乙이 甲에 대하여 상계의 의사표시를 하지 않은 경우, 특별한 사정이 없는 한 乙은 상계로써 丙에게 대항할 수 없다.

해설 ① (O), ② (O), ③ (×), ④ (O) **가압류명령을 받은 제3채무자**가 가압류채무자에 대한 반대채권을 가지고 있는 경우에 **상계로써 가압류채권자에게 대항하기 위하여는 가압류의 효력발생 당시에 양 채권이 상계적상** 에 있거나, 반대채권이 압류 당시 변제기에 이르지 않는 경우에는 피압류채권인 수동채권의 변제기와 동시 에 또는 보다 먼저 변제기에 도달하는 경우이어야 된다(대판 1982.6.22. 82다카200). 따라서 가압류의 효력 발생 당시 乙의 채권이 변제기에 도달하지 아니한 경우, 甲의 채권의 변제기 후에 乙의 채권이 변제기에 도달하였다면, 乙은 상계로써 丙에게 대항할 수 없다.
⑤ (O) 상계는 상대방에 대한 의사표시로 한다(민법 제493조). 따라서 乙이 甲에 대하여 상계의 의사표시를 하지 아니한 경우에는, 그 효력이 인정되지 아니하여 乙은 상계로써 丙에게 대항할 수 없다.

03 상계에 관한 설명으로 옳지 않은 것은?(다툼이 있는 경우에는 판례에 의함) `기출 14`

① 제3채무자의 압류채무자에 대한 자동채권이 수동채권인 피압류채권과 동시이행의 관계에 있고 수동채권이 가압류되기 전에 이미 자동채권 발생의 기초가 되는 원인이 존재하여 제3채무자에게 가압류의 효력이 생긴 후에 자동채권이 발생한 경우, 제3채무자는 그 상계를 주장할 수 있다.

② 수개의 자동채권이 있고 수동채권의 원리금이 자동채권의 원리금 합계에 미치지 못하는 때에는 자동채권의 채무자가 상계의 대상이 되는 자동채권을 지정할 수 있고, 다음으로 자동채권의 채권자가 이를 지정할 수 있으며, 양 당사자의 지정이 없으면 법정변제충당에 따른다.

③ 상계의 의사표시가 있으면 상계에 의한 자동채권과 수동채권의 차액계산 또는 상계충당은 상계 적상의 시점을 기준으로 하며, 상계적상 이전에 이미 수동채권의 변제기가 도래하여 지체가 발생한 때에는 그 시점까지의 지연손해금을 계산하여 자동채권으로 그 지연손해금을 소각한 다음 잔액으로 원본을 소각하여야 한다.

④ 상계의 의사표시는 구속력이 있으므로 철회할 수 없으나, 상계의 의사표시 후에 상계가 없었던 것으로 하는 상계자와 그의 상대방 간의 약정은 제3자에게 손해를 미치지 않으면 유효하다.

⑤ 채무가 중과실에 의한 불법행위로 발생한 경우 그 채무자는 상계로써 채권자에게 대항할 수 있다.

해설 ① (○) 제3채무자의 압류채무자에 대한 자동채권이 수동채권인 피압류채권과 동시이행의 관계에 있는 경우에는, 압류명령이 제3채무자에게 송달되어 압류의 효력이 생긴 후에 자동채권이 발생하였다고 하더라도 제3채무자는 동시이행의 항변권을 주장할 수 있다. 이 경우에 자동채권이 발생한 기초가 되는 원인은 수동채권이 압류되기 전에 이미 성립하여 존재하고 있었던 것이므로, 그 자동채권은 민법 제498조의 '지급을 금지하는 명령을 받은 제3채무자가 그 후에 취득한 채권'에 해당하지 않는다고 봄이 상당하고, 제3채무자는 그 자동채권에 의한 상계로 압류채권자에게 대항할 수 있다(대판 2010.3.25. 2007다35152).

② (×), ③ (○) 상계의 의사표시가 있는 경우, 채무는 상계적상 시에 소급하여 대등액에서 소멸한 것으로 보게 되므로, 상계에 의한 양 채권의 차액계산 또는 상계충당은 상계적상의 시점을 기준으로 하게 된다. 따라서 그 시점 이전에 수동채권의 변제기가 이미 도래하여 지체가 발생한 경우에는 상계적상 시점까지의 수동채권의 약정이자 및 지연손해금을 계산한 다음 자동채권으로 그 약정이자 및 지연손해금을 먼저 소각하고 잔액을 가지고 원본을 소각하여야 한다. 한편 상계의 경우에도 민법 제499조에 의하여 민법 제476조, 제477조에 규정된 변제충당의 법리가 준용된다. 따라서 여러 개의 자동채권이 있고 수동채권의 원리금이 자동채권의 원리금 합계에 미치지 못하는 경우에는 우선 자동채권의 채권자가 상계의 대상이 되는 자동채권을 지정할 수 있고, 다음으로 자동채권의 채무자가 이를 지정할 수 있으며, 양 당사자가 모두 지정하지 아니한 때에는 법정변제충당의 방법으로 상계충당이 이루어지게 된다(대판 2013.2.28. 2012다94155).

④ (○) 상계의 의사표시는 일방적으로 철회할 수는 없는 것이지만, 상계의 의사표시 후에 상계자와 상대방이 상계가 없었던 것으로 하기로 한 약정은 제3자에게 손해를 미치지 않는 한 계약자유의 원칙상 유효하다(대판 1995.6.16. 95다11146).

⑤ (○) 민법 제496조가 고의의 불법행위로 인한 손해배상채권에 대한 상계를 금지하는 입법취지는 고의의 불법행위에 인한 손해배상채권에 대하여 상계를 허용한다면 고의로 불법행위를 한 자가 상계권 행사로 현실적으로 손해배상을 지급할 필요가 없게 됨으로써 보복적 불법행위를 유발하게 될 우려가 있고, 고의의 불법행위로 인한 피해자가 가해자의 상계권 행사로 인하여 현실의 변제를 받을 수 없는 결과가 됨은 사회적 정의관념에 맞지 아니하므로 고의에 의한 불법행위의 발생을 방지함과 아울러 고의의 불법행위로 인한 피해자에게 현실의 변제를 받게 하려는 데 있는바, 이같은 입법취지나 적용결과에 비추어 볼 때 고의의 불법행위에 인한 손해배상채권에 대한 상계금지를 중과실의 불법행위에 인한 손해배상채권에까지 유추 또는 확장적용하여야 할 필요성이 있다고 할 수 없다(대판 1994.8.12. 93다52808).

---

06 기타 채권의 소멸원인

제4편

채권각론

01 계약총론

01 서 설

Ⅰ 계약의 의의

계약은 서로 대립하는 두 개 이상의 의사표시의 합치로 성립하는 법률행위로, 채권관계의 발생을 목적으로 한다.

Ⅱ 계약의 자유 및 제한

1. 계약자유의 원칙

근대민법은 개인에게 그들의 이해관계를 스스로 조절하고 그들의 사사(私事)를 자율적으로 처리하도록 사적자치를 넓게 허용하여, 그들 상호 간의 문제를 원칙적으로 그들의 자유로운 합의, 즉 계약에 의하여 자율적으로 처리하게 하고 있는데, 이를 계약자유의 원칙이라고 한다. 계약자유의 원칙의 구체적인 내용으로 계약체결의 자유, 상대방 선택의 자유, 내용결정의 자유, 방식의 자유를 들 수 있다.

2. 계약자유의 원칙에 대한 제한

① 계약자유의 원칙에는 일정한 위험이 따른다. 즉 형식적 자유를 지나치게 강조한 결과, 개인의 구체적 능력의 차이로 인한 실질적 불평등, 특히 자본주의의 고도의 발달에 따른 빈부의 격차, 노사 간의 대립 등의 폐단을 초래함으로써 결과적으로 경제적 약자에게 계약부자유로 나타나기도 한다. 여기서 계약에서의 정의가 문제된다.

② 계약자유의 원칙이 제대로 기능하기 위하여 당사자들이 대등한 교섭력을 가져야 하며, 아울러 경쟁이 갖추어져야 한다. 이러한 인식은 사회저 형평이라는 이념에 따라 계약자유의 원칙이 제한될 것을 요구하고, 그 결과 계약자유에 대한 국가의 간섭이 점차 늘고 있다.

③ 계약에서 정의의 실현은 원칙적으로 무기평등의 원칙에 의해야 하고, 계약자유에 대한 제한은 단지 소극적·제한적으로 행해져야 한다.

3. 약관과 계약

(1) 의 의

① **약관의 개념** : 약관이란 그 명칭이나 형식 또는 범위에 상관없이 계약의 한쪽 당사자가 여러 명의 상대방과 계약을 체결하기 위하여 일정한 형식으로 미리 마련한 계약의 내용을 말한다(약관법 제2조 제1호). 따라서 **구체적인 계약에서의 개별적 합의 등은 그 형태와 관계없이 동법의 규제를 받는 약관에 해당하지 않는다**(대판 2002.10.11. 2002다39807). 기출 17

> • 계약의 일방 당사자가 다수의 상대방과 계약을 체결하기 위해서 일정한 형식에 의하여 미리 계약서를 마련하여 두었다가 어느 한 상대방에게 이를 제시하여 계약을 체결하는 경우에도 그 상대방과 특정 조항에 관하여 개별적인 교섭(또는 흥정)을 거침으로써 상대방이 자신의 이익을 조정할 기회를 가졌다면, 그 특정 조항은 약관의 규제에 관한 법률의 규율대상이 아닌 개별약정이 된다고 보아야 하고, 이때 개별적인 교섭이 있었다고 하기 위해서는 비록 그 교섭의 결과가 반드시 특정 조항의 내용을 변경하는 형태로 나타나야 하는 것은 아니라 하더라도, 적어도 계약의 상대방이 그 특정 조항을 미리 마련한 당사자와 거의 대등한 지위에서 당해 특정 조항에 대하여 충분한 검토와 고려를 한 뒤 영향력을 행사함으로써 그 내용을 변경할 가능성은 있어야 한다(대판 2008.7.10. 2008다16950). 기출 17
> • [1] 사업자와 고객 사이에 교섭이 이루어진 약관 조항은 약관 작성상의 일방성이 없으므로 약관의규제에 관한법률 소정의 약관에 해당하지 않는다고 할 것이나, 이 경우 원칙적으로 개개의 조항별로 교섭의 존재 여부를 살펴야 하며, 약관 조항 중 일부의 조항이 교섭되었음을 이유로 그 조항에 대하여는 같은 법의 적용이 배제되더라도 교섭되지 아니한 나머지 조항들에 대하여는 여전히 같은 법이 적용되어야 한다. [2] 동일한 약관집 내의 대다수의 조항들이 교섭되고 변경된 사정이 있다면, 변경되지 아니한 나머지 소수의 조항들에 대해서도 교섭이 이루어진 것으로 추정할 수 있다(대판 2000.12.22. 99다4634). 기출 17

② **약관규제의 필요성** : 경제적 약자를 보호하고 내용결정에 관한 실질적 자유를 보장하기 위하여 약관에 대한 법적 규제가 필요하게 되었으며, 이를 약관의 규제에 관한 법률이 담당하고 있다.

(2) 약관의 편입통제

1) 약관의 구속력의 근거

종래 규범설이 주장되었으나, 통설·판례는 계약당사자인 작성자와 그 상대방의 합의가 약관의 구속력에 대한 근거라는 계약설을 취하고 있다.

2) 약관편입의 요건 : 약관의 명시·설명

① **명시·설명의 대상** : 명시·설명의 대상이 되는 것은 원칙적으로 약관의 중요한 사항, 즉 고객의 이해관계에 중대한 영향을 미치는 계약의 중요한 내용에 한한다.

> • 약관에 정하여진 사항이라고 하더라도 거래상 일반적이고 공통된 것이어서 보험계약자가 별도의 설명 없이도 충분히 예상할 수 있었던 사항이거나, 이미 법령에 의하여 정하여진 것을 되풀이하거나 부연하는 정도에 불과한 사항이라면, 그러한 사항에 관하여까지 보험자에게 명시·설명의무가 있다고는 할 수 없다(대판 2007.4.27. 2006다87543). 기출 17

> • 고객이 약관의 내용을 충분히 잘 알고 있는 경우에는 약관이 바로 계약내용이 되어 당사자에 대하여 구속력을 가지므로, 사업자로서는 고객에게 약관의 내용을 따로 설명할 필요가 없다(대판 2016.6.23. 2015다5194). **기출** 17

② **명시·설명의 방법** : 사업자는 약관에 정하여져 있는 「중요한 내용」을 고객이 이해할 수 있도록 설명하여야 한다(약관법 제3조 제3항). 설명의무의 상대방은 계약자 본인에 국한되는 것은 아니고, 고객의 대리인과 계약을 체결하는 경우에 그 대리인에게 약관을 설명하면 된다(대판 2001.7.27. 2001다23973). **기출** 17

③ **명시·설명의무 위반의 효과** : 명시·설명을 요하는 사항이 명시·설명되지 않은 경우에, 사업자가 그 사항을 계약의 내용으로 주장하지 못하지만(약관법 제3조 제4항), 고객은 그 사항을 계약의 내용으로 주장할 수 있다.

④ **입증책임** : 명시·설명을 요하는 약관이 명시·설명되었다는 점 또는 명시·설명의 대상이 아니라는 점에 대하여 사업자(보험자)가 입증책임을 진다. **기출** 11

(3) 약관의 해석통제

① 객관적·통일적 해석의 원칙 **기출** 09
② 작성자 불이익의 원칙
③ 개별 약정 우선의 원칙(약관법 제4조)

(4) 약관의 불공정성통제

1) 일반통제(약관법 제6조)

① 신의성실의 원칙을 위반하여 공정성을 잃은 약관 조항은 무효이다(제1항).
② 약관의 내용 중 다음의 어느 하나에 해당하는 내용을 정하고 있는 조항은 공정성을 잃은 것으로 추정된다(제2항).
　　㉠ 고객에게 부당하게 불리한 조항(제1호)
　　㉡ 고객이 계약의 거래형태 등 관련된 모든 사정에 비추어 예상하기 어려운 조항(제2호)
　　㉢ 계약의 목적을 달성할 수 없을 정도로 계약에 따르는 본질적 권리를 제한하는 조항(제3호)

2) 개별통제

① 면책조항의 금지(약관법 제7조)
② 손해배상액의 예정에 대한 통제(약관법 제8조)
③ 계약의 해제·해지에 대한 통제(약관법 제9조)
④ 채무의 이행과 관련된 통제(약관법 제10조)
⑤ 고객의 권익 보호를 위한 통제(약관법 제11조)
⑥ 의사표시의 의제에 대한 통제(약관법 제12조)
⑦ 대리인의 책임 가중에 대한 통제(약관법 제13조)
⑧ 제소와 관련된 통제(약관법 제14조)

3) 무효인 약관조항의 효력(약관법 제16조)

① 약관조항의 일부 또는 전부가 계약의 내용으로 되지 못하거나 무효인 경우에 민법상의 일부무효의 법리(민법 제137조)가 적용되지 않는다. 즉 민법과 달리 약관법은 약관의 일부가 무효인 경우, 원칙적으로 전부무효가 아니라 일부무효로 규정하고 있다. 기출 10 · 17

② 무효조항에 기초하여 고객이 이미 급부한 경우, 그 급부는 원칙적으로 민법 제746조의 불법원인급여에 해당하지 않으므로 부당이득반환청구의 대상에 해당한다(민법 제741조).

> 약관의 규제에 관한 법률에 의하여 약관조항이 무효인 경우 그것이 유효함을 전제로 민법 제398조 제2항을 적용하여 적당한 한도로 손해배상예정액을 감액하거나, 과중한 손해배상의무를 부담시키는 부분을 감액한 나머지 부분만으로 그 효력을 유지시킬 수는 없다(대판 2009.8.20. 2009다20475 · 20482). 기출 15

Ⅲ 계약의 종류

1. 전형계약과 비전형계약

민법전에 규정되어 있는 15종의 계약을 전형계약이라고 말하고, 이에 속하지 않는 것을 비전형계약이라고 한다. 그리고 두 가지 이상의 전형계약의 성질을 겸하는 것 또는 전형계약과 비전형계약의 내용이 혼합된 것을 혼합계약이라고 한다.

2. 쌍무계약과 편무계약

(1) 쌍무계약

쌍무계약이라 함은 당사자의 쌍방이 서로 대가적 의미를 가지는 채무를 부담하는 계약을 말한다.
① 매매, 교환, 임대차, 고용, 도급, 조합, 화해
② 위임, 임치, 종신정기금이 유상인 때

(2) 편무계약

편무계약이라 함은 당사자의 일방만이 채무를 부담하거나, 또는 쌍방이 채무를 부담하더라도 그 채무가 서로 대가적 의미를 갖지 않는 계약을 말한다. 증여, 사용대차, 현상광고가 편무계약에 해당한다.

(3) 구별의 실익

쌍무계약에 있어서는 동시이행의 항변(민법 제536조), 위험부담(민법 제537조 이하)의 문제가 생기고 계약해제에 관한 규정이 적용되지만, 편무계약에서는 이런 문제가 생기지 않는다.

3. 유상계약과 무상계약

(1) 개 념

계약 당사자가 서로 대가적 의미를 가진 재산상 출원 내지 출재를 하는가에 따른 구별이다.

(2) 유상계약과 쌍무계약의 비교

쌍무계약은 모두 유상계약이기만, 유상계약이 반드시 쌍무계약인 것은 아니다. 현상광고는 유상계약이지만 편무계약이다.

(3) 구체적인 검토

① 유상계약 : 매매, 교환, 임대차, 고용, 도급, 조합, 현상광고, 화해

② 무상계약 : 증여, 사용대차

③ 유상 또는 무상계약 : 소비대차, 위임, 임치, 종신정기금은 이자 또는 보수를 지급하는가의 여부에 따라 유상이 되거나 또는 무상이 된다.

(4) 유상계약의 특칙

① 유상계약에 관하여는 매매에 관한 규정이 준용된다(민법 제567조). 특히 담보책임에 관한 규정이 준용된다. 단, 도급에는 독자적인 담보책임 규정이 있기 때문에 매매에 관한 담보책임 규정이 준용될 수 없다(통설·판례).

② 무상계약에 있어서는 원칙적으로 담보책임이 없다. 단, 예외적으로 담보책임을 부담하는 경우가 있다.

4. 낙성계약과 요물계약

낙성계약은 당사자의 합의만으로 성립하는 계약이며, 민법상 전형계약은 현상광고를 제외하고는 모두 이에 속한다. 요물계약은 당사자의 합의 이외에 물건의 인도 기타의 급부를 하여야만 성립하는 계약으로, 민법상 전형계약 중에서 현상광고만이 요물계약이다.

5. 요식계약과 불요식계약

의사표시가 일정한 방식을 갖추어야 성립하는 계약이 요식계약이고, 그렇지 않은 계약이 불요식계약이다. 민법상 계약은 원칙적으로 방식을 요하지 않는다.

6. 계속적 계약과 일시적 계약

임대차, 임치, 고용 등과 같이 일정기간 동안 계속하여 급부를 실현해야 할 의무가 발생하는 계약을 계속적 계약이라 하고, 반면에 급부가 1회적으로 이행되는 계약을 일시적 계약이라고 한다.

I   계약성립요건

1. 계약의 일반성립요건

당사자의 존재 및 특정가능성(당사자는 이행기까지 특정되면 족하다), 목적의 존재, 의사표시의 존재가 필요하다.

2. 계약의 특별성립요건 : 청약과 승낙의 합치

(1) 객관적 합치(내용의 합치)

불합치된 부분이 경미하다 할지라도 계약은 성립하지 않는다.

> • 계약이 성립하기 위하여는 당사자의 서로 대립하는 수개의 의사표시의 객관적 합치가 필요하고 객관적 합치가 있다고 하기 위하여는 당사자의 의사표시에 나타나 있는 사항에 관하여는 모두 일치하고 있어야 하는 한편, 계약 내용의 '중요한 점' 및 계약의 객관적 요소는 아니더라도 특히 당사자가 그것에 중대한 의의를 두고 계약성립의 요건으로 할 의사를 표시한 때에는 이에 관하여 합치가 있어야 계약이 적법·유효하게 성립한다(대판 2003.4.11, 2001다53059). 기출 11
> • 계약의 성립을 위한 의사표시의 객관적 합치 여부를 판단함에 있어, 처분문서인 계약서가 있는 경우에는 특별한 사정이 없는 한 계약서에 기재된 대로의 의사표시의 존재 및 내용을 인정하여야 하고, 계약을 체결함에 있어 당해 계약으로 인한 법률효과에 관하여 제대로 알지 못하였다 하더라도 이는 계약체결에 관한 의사표시의 착오의 문제가 될 뿐이다(대판 2009.4.23, 2008다96291·96307). 기출 11

(2) 주관적 합치(상대방의 일치)

주관적 합치가 없는 경우에도 계약이 성립하지 않는다.

3. 불합의의 구별개념

(1) 불합의

의식적 불합의이건 무의식적 불합의이건 구별 없이 계약은 성립하지 않는다.

(2) 숨은 불합의와 착오의 구별

당사자가 불합의를 모르고 있었던 경우인 숨은 불합의는 착오와 구별이 곤란하다. 다만, 의사표시의 합치는 계약의 성립요건이고, 착오는 계약의 성립을 전제로 한 계약의 유효요건의 문제이므로 숨은 불합의는 착오가 문제될 여지는 없다.

4. 의사의 합치의 정도

당해 계약의 내용을 이루는 모든 사항에 관하여 의사의 합치가 있어야 하는 것은 아니나 그 본질적 사항이나 중요사항에 관하여는 구체적으로 의사의 합치가 있거나 적어도 장래 구체적으로 특정할 수 있는 기준과 방법 등에 관한 합의는 있어야 한다(대판 2006.11.24. 2005다39594).

Ⅱ 청약과 승낙에 의한 계약의 성립

계약의 청약의 구속력(민법 제527조) [기출] 19
계약의 청약은 이를 철회하지 못한다.

승낙기간을 정한 계약의 청약(민법 제528조) [기출] 19
① 승낙의 기간을 정한 계약의 청약은 청약자가 그 기간 내에 승낙의 통지를 받지 못한 때에는 그 효력을 잃는다.
② 승낙의 통지가 전항의 기간 후에 도달한 경우에 보통 그 기간 내에 도달할 수 있는 발송인 때에는 청약자는 지체 없이 상대방에게 그 연착의 통지를 하여야 한다. 그러나 그 도달 전에 지연의 통지를 발송한 때에는 그러하지 아니하다.
③ 청약자가 전항의 통지를 하지 아니한 때에는 승낙의 통지는 연착되지 아니한 것으로 본다.

승낙기간을 정하지 아니한 계약의 청약(민법 제529조)
승낙의 기간을 정하지 아니한 계약의 청약은 청약자가 상당한 기간 내에 승낙의 통지를 받지 못한 때에는 그 효력을 잃는다.

연착된 승낙의 효력(민법 제530조)
전2조의 경우에 연착된 승낙은 청약자가 이를 새 청약으로 볼 수 있다.

격지자 간의 계약성립시기(민법 제531조) [기출] 19
격지자 간의 계약은 승낙의 통지를 발송한 때에 성립한다.

변경을 가한 승낙(민법 제534조) [기출] 13
승낙자가 청약에 대하여 조건을 붙이거나 변경을 가하여 승낙한 때에는 그 청약의 거절과 동시에 새로 청약한 것으로 본다.

1. 청 약

(1) 청약의 개념

① 청약은 승낙과 결합하여 일정한 계약을 성립시키는 것을 목적으로 하는 일방적·확징직 의사표시이다.
② 청약은 불특정다수인에 대한 것도 유효하다.
③ 청약은 그에 대응하는 승낙만 있으면 곧 계약을 성립시키는 구체적·확정적 의사표시이다.

(2) 청약의 효력

1) 청약의 효력발생시기

① 청약도 의사표시이므로, 의사표시의 효력발생시기에 관한 일반원칙(민법 제111조 제1항)에 따라 도달에 의하여 그 효력이 발생한다. 다만, 불특정인에 대한 청약에서는 불특정인이 요지할 수 있는 상태가 성립한 때에 도달이 있다고 할 수 있다.

② 청약의 발신 후 그 도달 전에 청약자가 사망하거나 행위능력을 상실하더라도 청약의 효력에는 영향이 없다(민법 제111조 제2항).

2) 청약의 구속력(비철회성)

① 의의 : 청약이 상대방에게 도달하여 그 효력이 발생한 경우에는 청약자가 이를 마음대로 철회하지 못한다(민법 제527조)는 것을 의미한다. `기출` 19

> 공무원이 한 사직의 의사표시는 그에 터잡은 의원면직처분이 있을 때까지는 원칙적으로 이를 철회할 수 있는 것이지만, 다만 의원면직처분이 있기 전이라도 사직의 의사표시를 철회하는 것이 신의칙에 반한다고 인정되는 특별한 사정이 있는 경우에는 그 철회는 허용되지 아니한다(대판 1993.7.27. 92누16942). `기출` 19

② 구속력의 존속기간

  ㉠ 승낙기간을 정한 청약은 그 기간 중에는 철회하지 못하고(민법 제527조), 그 기간을 경과하면 청약은 효력(승낙적격)을 잃는다(민법 제528조 제1항).

  ㉡ 승낙기간을 정하지 아니한 청약을 한 경우에는 청약자가 상당한 기간 내에 승낙의 통지를 받지 못한 때에는 효력을 잃는다(민법 제529조).

3) 청약의 실질적 효력(승낙적격, 청약의 존속기간)

① 청약을 받은 상대방은 승낙함으로써 곧 계약을 성립시킬 수 있다. 즉 청약은 그에 대한 승낙만 있으면 바로 계약을 성립하게 하는 효력이 있는데, 이를 청약의 실질적 효력(승낙적격)이라고 한다.

② 승낙기간이 정하여진 청약의 경우 그 기간 내에 한하여 승낙할 수 있는데, 승낙은 승낙기간 내에 도달해야 한다(민법 제528조 제1항). 다만, 승낙의 통지가 기간 후에 도달한 경우에 보통 그 기간 내에 도달할 수 있는 발송인 때에는 청약자는 지체 없이 상대방에게 그 연착의 통지를 하여야 한다. 청약자가 통지를 하지 아니한 때에는 승낙의 통지는 연착되지 아니한 것으로 본다(민법 제528조).

③ 승낙기간을 경과하여 연착된 승낙은 청약자가 이를 새로운 청약으로 보고(민법 제530조), 이에 대해 승낙을 하면 계약은 성립한다.

2. 승 낙

(1) 승낙의 개념

승낙은 청약의 상대방이 청약에 응하여 계약을 성립시킬 목적으로 청약자에 대하여 행하는 의사 표시이다.

① 승낙의 상대방 : 승낙은 반드시 특정의 청약자에 대하여 해야 한다. 즉, 불특정·다수인에 대한 승낙은 불가능하다.

② 변경을 가한 승낙 : 승낙은 청약과 내용적으로 일치(객관적 합치)해야 하는데, 청약의 양적 일부에만 승낙한 경우 새로운 청약이 된다(민법 제534조).

> 매매계약 당사자 중 매도인이 매수인에게 매매계약의 합의해제를 청약하였다고 할지라도, 매수인이 그 청약에 대하여 조건을 붙이거나 변경을 가하여 승낙한 때에는 민법 제534조의 규정에 비추어 그 청약의 거절과 동시에 새로 청약한 것으로 보게 되는 것이고, 그로 인하여 종전의 매도인의 청약은 실효된다(대판 2009.2.12. 2008다71926). **기출** 11 · 19

③ 연착된 승낙 : 새로운 청약이 된다(민법 제530조).

④ 승낙의 방법 : 원칙적으로 자유이고 그에 대한 특별한 제한이 없다.

(2) 승낙의 효력발생시기

1) 문제점

계약의 성립시기와 관련하여 민법 제528조 제1항과 민법 제529조를 민법 제531조와 어떻게 조화롭게 해석해야 하는지 문제된다.

2) 학 설

① 해제조건설(다수설)

    ㉠ 승낙기간 내 승낙의 부도달을 해제조건으로 승낙통지 발송시에 계약은 성립한다는 견해이다. 따라서 승낙자는 발송사실만 증명하면 되고, 부도달의 입증책임은 청약자가 부담한다.

    ㉡ 승낙의 발신 후에는 그 도달 전이라도 철회할 수 없다.

    ㉢ 민법 제531조는 승낙의 효력발생시기에 관하여 발신주의를 규정한 것이다.

② 정지조건설

    ㉠ 승낙통지가 승낙기간 내에 청약자에게 도달할 것을 정지조건으로 하여 승낙통지를 발송한 때에 소급하여 유효한 계약이 성립한다는 견해이다. 이 경우에는 승낙자가 발송사실과 도달 모두의 입증책임을 부담한다.

    ㉡ 승낙의 발신 후에도 그 도달 전에는 철회할 수 있다.

    ㉢ 승낙은 도달한 때에 효력이 발생한다.

3) 학설의 공통점

기간 내에 도달하면 발송시에 계약은 성립하고, 기간 내에 도달하지 않으면 계약은 불성립한다.

3. 의사실현에 의한 계약의 성립

> **의사실현에 의한 계약성립(민법 제532조)**
> 청약자의 의사표시나 관습에 의하여 승낙의 통지가 필요하지 아니한 경우에는 계약은 승낙의 의사표시로 인정되는 사실이 있는 때에 성립한다.

4. 교차청약에 의한 계약의 성립

> **교차청약(민법 제533조)** 기출 13
> 당사자 간에 동일한 내용의 청약이 상호교차된 경우에는 양청약이 상대방에게 도달한 때에 계약이 성립한다.

Ⅲ 사실적 계약관계론

1. 의 의

일상생활에 밀접하고 대량적·반복적으로 이루어지는 계약유형에 있어서는 당사자의 사실적 행위만으로 당사자의 구체적 의사와 관계없이 계약관계가 성립한다는 이론이다. 대표적인 경우로 통신이나 교통수단, 수도·가스의 공급 등을 들 수 있다.

2. 취 지

① 제한능력자제도를 배제하고자 하는 취지이다.
② 법률행위에 무효나 취소원인이 있더라도 이미 존재한 사실에는 법률효과를 인정한다. 따라서 착오취소를 배제한다.
③ 명시적인 승낙의 거절이 있어도 급부를 받으면 계약의 성립을 인정한다.

3. 인정 여부

통설은 의사자치를 기본으로 하는 실정법 체계에 맞지 않아 도입을 부정한다.

Ⅳ 계약체결상 과실책임

1. 의 의

(1) 개 념

계약체결을 위한 준비과정이나 계약의 성립과정에서 당사자 일방이 유책적으로 상대방의 손해를 야기한 경우에, 이를 배상해야 할 책임을 계약체결상의 과실책임이라 한다.

(2) 기 능

계약체결상의 과실책임은 원래 계약책임에 대해서도 불법행위책임에 대해서도 일반조항을 두지 않았던 독일민법에서 피해자 구제의 공백을 메우기 위하여 논의되었다. 반면, 우리나라 민법은 계약이 원시적 불능으로 인하여 무효인 경우에 관하여 명문으로 이 책임을 규정하지만(민법 제535조), 학설은 일반적으로 여기에서 더 나아가 계약체결의 준비단계 또는 계약이 좌절된 경우에도 계약체결상의 과실책임을 인정한다. 반면 판례는 민법 제535조 이외에 계약체결상 과실책임을 명시적으로 인정한 예는 없다.

2. 책임의 법적 성질

(1) 논의의 실익

법적 성질을 어떻게 보느냐에 따라 입증책임의 부담자, 법정대리인 또는 이행보조자의 고의·과실에 관한 민법 제391조의 적용 여부, 배상청구권의 소멸시효기간 등이 달라지게 된다.

(2) 학 설

① **계약책임설(다수설)** : 계약상의 의무에는 주된 급부의무 이외에 부수적 주의의무, 보호의무 등 신의칙상의 의무가 포함되고, 신의칙상 의무는 계약체결을 위한 준비단계에서도 인정되어 계약책임으로 구성할 수 있다고 보는 견해이다.

② **불법행위책임설** : 계약체결과정에서 또는 무효인 계약에 의해 상대방에게 불의의 손해를 주지 않도록 하는 것은 사회생활상의 의무이고, 이를 위반하여 과실로 상대방에게 손해를 준 자는 불법행위책임을 진다는 견해이다.

③ **법정책임설(고유책임설)** : 계약체결을 위한 협의의 개시시부터 계약의 성립 시까지의 과정을 하나의 독립된 단계로 보아 그 자체에 법적으로 특별한 지위를 부여하고 전통적인 불법행위책임과 계약책임의 체계에 수정을 가하는 견해로, 계약책임과 유사한 독자적인 책임이고, 그 실정법적 근거는 민법 제535조를 유추적용한다.

3. 책임의 유형

① 계약준비단계에 있어서의 체약상 과실책임

② 계약이 무효·취소된 경우의 체약상 과실책임

③ 계약이 유효한 경우의 체약상 과실책임

4. 원시적 불능으로 인한 계약체결상의 과실책임

> **계약체결상의 과실(민법 제535조)** 기출 05
> ① 목적이 불능한 계약을 체결할 때에 그 불능을 알았거나 알 수 있었을 자는 상대방이 그 계약의 유효를 믿었음으로 인하여 받은 손해를 배상하여야 한다. 그러나 그 배상액은 계약이 유효함으로 인하여 생길 이익액을 넘지 못한다.
> ② 전항의 규정은 상대방이 그 불능을 알았거나 알 수 있었을 경우에는 적용하지 아니한다.

(1) 의 의

민법 제535조는 계약의 목적이 원시적 불능으로 무효인 경우 그 불능을 알았거나 알 수 있었던 자에게 상대방이 입은 손해를 배상할 책임을 규정하고 있다.

(2) 요 건

① 원시적 불능으로 무효일 것 : 특히 계약이 원시적·전부불능일 때에만 민법 제535조의 적용이 있다(대판 2002.4.9. 99다47396).

② 배상자 측 요건 : 원시적 불능이라는 사실에 대해 알았거나 알 수 있었어야 한다.

③ 상대방 측 요건 : 상대방은 불능의 원인에 대해 선의·무과실이어야 한다.

(3) 효 과

① 손해배상청구권 : 계약의 유효를 믿었음으로 인하여 받은 손해를 배상하여야 하고, 그 배상액은 계약이 유효함으로 인하여 생길 이익액을 넘지 못한다.

② 입증책임 및 이행보조자 책임의 문제 : 다수설(계약책임설)에 의하면 가해자가 자신에게 귀책사유가 없음을 입증해야 하며, 이행보조자에 대해서는 민법 제391조가 적용된다.

출처 | 박기현·김종원, 「핵심정리 민법」, 메티스, 2014, P. 1325-1339

(4) 관련판례

> 계약이 의사의 불합치로 성립하지 아니한 경우 그로 인하여 손해를 입은 당사자가 상대방에게 부당이득반환 청구 또는 불법행위로 인한 손해배상청구를 할 수 있는지는 별론으로 하고, 상대방이 계약이 성립되지 아니할 수 있다는 것을 알았거나 알 수 있었음을 이유로 민법 제535조를 유추적용하여 계약체결상의 과실로 인한 손해배상 청구를 할 수는 없다(대판 2017.11.14. 2015다10929). 기출 24

---

03 계약의 효력

Ⅰ 서 설

성립요건과 효력발생요건을 갖춘 쌍무계약으로부터 생기는 두 개의 채무는 서로 대가적 의의를 가지고 각 채무 사이에는 성립상·이행상·존속상의 견련관계가 인정되고 있다.

Ⅱ 동시이행의 항변권

1. 의 의

① 쌍무계약에 있어서의 이행상의 견련관계를 인정하기 위한 제도이다.
② 쌍무계약의 당사자 일방은 상대방이 그 채무의 이행을 제공할 때까지는 자기의 채무의 이행을 거절할 수 있는 항변권을 가진다(민법 제536조).
③ 쌍무계약에서의 각 채무자가 거절할 수 있는 권능[항변권설(다수설)]이라고 한다.
④ 동시이행항변권 규정은 임의규정이다.

2. 요 건

(1) 당사자 쌍방이 서로 대가적 의미 있는 채무를 부담하고 있을 것

① 원칙적으로 동일한 쌍무계약에 의하여 당사자 쌍방이 서로 대가적 의미 있는 채무를 부담하여야 한다. 따라서 쌍방이 채무를 부담하더라도 그 채무가 서로 대가적 의미를 가지지 않거나 서로 다른 법률상의 원인에 의해 발생한 경우에는 원칙적으로 동시이행항변권이 인정되지 않는다(대판 1989.2.14. 88다카10753). 기출 13 · 16 · 22

> 임대차계약 해제에 따른 임차인의 임대차계약의 이행으로 이루어진 목적물 인도의 원상회복의무와 임대인이 임차인에게 건물을 사용수익하게 할 의무를 불이행한 데 대하여 손해배상을 하기로 한 각서에 기하여 발생된 약정지연손해배상의무는 하나의 임대차계약에서 이루어진 계약이행의 원상회복관계에 있지 않고 그 발생원인을 달리하고 있어 특별한 사정이 없는 한 양자 사이에 이행상의 견련관계는 없으므로 임차인의 동시이행의 항변은 배척되어야 한다(대판 1990.12.26. 90다카25383). 기출 18

② 본래의 채무의 내용이 바뀌어 손해배상채무가 되더라도 채무의 동일성은 있으므로 항변권은 소멸하지 않는다(대판 2000.2.25. 97다30066). 기출 06 · 15 · 16 · 21 · 23

> 공사도급계약의 도급인이 자신 소유의 토지에 근저당권을 설정하여 수급인으로 하여금 공사에 필요한 자금을 대출받도록 한 경우, 수급인의 근저당권 말소의무는 도급인의 공사대금채무와 이행상 견련관계기 인정되어 서로 동시이행관계에 있고, 나아가 도급인이 대출금 등을 대위변제함으로써 수급인이 지게 된 구상금채무도 근저당권 말소의무의 변형물로서 도급인의 공사대금채무와 동시이행관계에 있다(대판 2010.3.25. 2007다35152). 기출 16

③ 채무불이행으로 인한 손해배상채권은 본래의 채권과 동일성을 가진다.

> 채무불이행으로 인한 손해배상채권은 본래의 채권이 확장된 것이거나 본래의 채권의 내용이 변경된 것이므로 본래의 채권과 동일성을 가진다. 따라서 본래의 채권이 시효로 소멸한 때에는 손해배상채권도 함께 소멸한다(대판 2018.2.28. 2016다45779).

(2) 상대방의 채무가 변제기에 있을 것

① 법률의 규정 또는 특약에 의하여 일방이 선이행의무를 지는 때에는 선이행의무자는 항변권을 가지지 않는다.

② 쌍방의 채무가 변제기를 같이 할 필요는 없으며, 항변권을 행사할 때에 상대방의 채무의 변제기가 도래되어 있으면 되므로 선이행의 의무를 지는 자가 이행하지 않고 있는 동안에 상대방의 채무가 이행기에 달한 경우, 상대방의 청구에 대하여 선이행의무자도 동시이행의 항변을 행사할 수 있다(통설·판례). **기출 23**

> 매수인이 선이행의무 있는 중도금을 이행하지 않았다 하더라도 계약이 해제되지 않은 상태에서 잔대금지급기일이 도래하여 그때까지 중도금과 잔대금이 지급되지 아니하고 잔대금과 동시이행관계에 있는 매도인의 소유권이전등기 소요 서류가 제공된 바 없이 그 기일이 도과하였다면 매수인의 위 중도금 및 잔대금의 지급과 매도인의 소유권이전등기 소요 서류의 제공은 동시이행관계에 있다 할 것이어서 그때부터는 매수인은 위 중도금을 지급하지 아니한 데 대한 이행지체의 책임을 지지 아니한다(대판 1988.9.27. 87다카1029). **기출 07·08·10·13·16**

③ 당사자 일방이 선이행의무를 지고 있는 경우라도 상대방의 재산상태의 악화 등으로 상대방이 부담하는 의무의 이행이 곤란할 현저한 사유가 있는 때에는, 상대방의 채무의 변제기가 도래하기 전에도 동시이행의 항변권을 가진다(불안의 항변권)(민법 제536조 제2항).

> **[민법 제536조 제2항에서 정한 '상대방의 이행이 곤란할 현저한 사유'의 의미 및 그 판단 기준] 기출 22**
> 민법 제536조 제2항은 쌍무계약의 당사자 일방이 상대방에게 먼저 이행을 하여야 하는 의무를 지고 있는 경우에도 "상대방의 이행이 곤란할 현저한 사유가 있는 때"에는 동시이행의 항변권을 가진다고 하여, 이른바 '불안의 항변권'을 규정한다. 여기서 '상대방의 이행이 곤란할 현저한 사유'란 선이행채무를 지게 된 채무자가 계약성립 후 채권자의 신용불안이나 재산상태의 악화 등의 사정으로 반대급부를 이행받을 수 없는 사정변경이 생기고 이로 인하여 당초의 계약내용에 따른 선이행의무를 이행하게 하는 것이 공평과 신의칙에 반하게 되는 경우를 말하고, 이와 같은 사유가 있는지 여부는 당사자 쌍방의 사정을 종합하여 판단되어야 한다. 한편 위와 같은 불안의 항변권을 발생시키는 사유에 관하여 신용불안이나 재산상태 악화와 같이 채권자 측에 발생한 객관적·일반적 사정만이 이에 해당한다고 제한적으로 해석할 이유는 없다(대판 2012.3.29. 2011다93025).

(3) 상대방이 자기의 채무의 이행 또는 그 제공을 하지 않고서 이행을 청구할 것

① 상대방이 일부의 이행이나 불완전한 이행을 한 경우에는, 청구를 받은 채무가 가분적이면 원칙적으로 불이행 또는 불완전한 부분에 상당하는 만큼의 채무의 이행을 거절할 수 있다.

② 불이행 또는 불완전한 부분이 경미한 것이면 일부에 관한 항변권은 없고, 반대로 중요한 것이면 전부에 대한 항변권이 성립한다.

③ 청구를 받은 채무가 불가분인 때에는 불이행 또는 불완전한 부분의 중요성에 따라서 전부에 관한 항변권이 성립하느냐 않느냐가 결정된다. 중요성의 판단은 계약의 취지나 신의칙에 의하여 결정된다.

④ 수령지체에 빠진 당사자도 그 후 상대방이 자기의 채무의 이행의 제공을 다시 하지 않고서 이행을 청구한 경우에 항변권을 여전히 갖는다(통설). 판례도 이행의 제공이 계속되지 않는 한 과거에 이행의 제공이 있었다는 사실만으로 상대방이 가진 동시이행의 항변권이 소멸되지는 않는다고 하여 동시이행의 항변권을 인정하고 있다.

3. 동시이행항변권의 효과

(1) 이행거절권능

이행거절을 위해서는 동시이행의 항변권을 실제로 행사하여야 한다(통설·판례).

(2) 당연효의 문제

이행지체저지효는 항변권의 존재만으로 당연히 생긴다(통설·판례). 기출 07·13·19·22 그러나 변제와 어음·수표의 반환과 같이 동일한 쌍무계약에서 발생한 고유의 대가관계가 있는 채무가 아니더라도 동시이행항변권이 인정될 수 있는지 문제된다.

> • 당사자가 부담하는 각 채무가 쌍무계약에 있어 고유의 대가관계가 있는 채무가 아니라고 하더라도 구체적인 계약관계에서 각 당사자가 부담하는 채무에 관한 약정내용에 따라 그것이 대가적 의미가 있어 이행상의 견련 관계를 인정하여야 할 사정이 있는 경우에는 동시이행의 항변권을 인정할 수 있을 것이다(대판 1992.8.18. 91다 30927). 기출 08·11
> • 채무자가 어음의 반환이 없음을 이유로 원인채무의 변제를 거절할 수 있는 권능을 가진다고 하여 채권자가 어음의 반환을 제공하지 아니하면 채무자에게 적법한 이행의 최고를 할 수 없다고 할 수는 없고, 채무자는 원인채무의 이행기를 도과하면 원칙적으로 이행지체의 책임을 진다(대판 1999.7.9. 98다47542·47559). 기출 16
> • 쌍무계약의 당사자 일방이 계약상 선이행의무를 부담하고 있는데 그와 대가관계에 있는 상대방의 채무가 아직 이행기에 이르지 아니하였지만 이행기의 이행이 현저히 불투명하게 된 경우에는 민법 제536조 제2항 및 신의칙에 의하여 그 당사자에게 반대급부의 이행이 확실하여 질 때까지 선이행의무의 이행을 거절할 수 있고, 이와 같이 대가적 채무 간에 이행거절의 권능을 가지는 경우에는 비록 이행거절 의사를 구체적으로 밝히지 아니하였다고 할지라도 이행거절 권능의 존재 자체로 이행지체책임은 발생하지 않는다(대판 1999.7.9. 98다13754·13761). 기출 22

(3) 상계금지효

원칙적으로 동시이행항변권이 붙은 채권은 이를 자동채권으로 상계하지 못한다. 다만, 판례는 자동채권과 수동채권이 서로 동시이행관계에 있는 경우에는 상계를 허용한다.

4. 동시이행항변권이 인정되는 사례

(1) 민법상 명문규정이 있는 경우

계약해제로 인한 원상회복의무의 이행(민법 제549조), 매도인의 담보책임(민법 제583조), 도급에서 완성된 목적물에 하자가 있는 경우에 손해배상을 할 수급인의 의무와 도급인의 보수지급의무(민법 제667조 제3항), 종신정기금계약의 해제에 따른 쌍방의 채무(민법 제728조) 등

(2) 판례가 인정하는 경우

임차인의 목적물반환의무와 임대인의 보증금반환의무, 변제와 영수증의 교부, 계약이 무효·취소된 경우의 반환의무 <u>기출</u> 10·11·13 , 채무의 변제와 그 채무이행 확보를 위해 교부한 어음·수표의 반환, 매도인의 소유권이전등기의무 및 인도의무와 매수인의 잔대금지급의무 등

> [판례가 동시이행관계를 부정한 주요 사례]
> - 채무자가 채무 전부를 변제한 때에는 채권자에게 채권증서의 반환을 청구할 수 있으며, 제3자가 변제를 하는 경우에는 제3자도 채권증서의 반환을 구할 수 있으나, 이러한 채권증서 반환청구권은 채권 전부를 변제한 경우에 인정되는 것이고, 영수증 교부의무와 달리 변제와 동시이행관계에 있지 않다(대판 2005.8.19. 2003다22042).
> - 채무담보의 목적으로 경료된 채권자 명의의 소유권이전등기나 그 청구권보전의 가등기의 말소를 구하려면 먼저 채무를 변제하여야 하고 피담보채무의 변제와 교환적으로 말소를 구할 수는 없다(대판 1984.9.11. 84다카781). <u>기출</u> 06·10·17
> - 근저당권 실행을 위한 경매가 무효로 되어 채권자(= 근저당권자)가 채무자를 대위하여 낙찰자에 대한 소유권이전등기 말소청구권을 행사하는 경우, 낙찰자가 부담하는 소유권이전등기 말소의무는 채무자에 대한 것인 반면, 낙찰자의 배당금 반환청구권은 실제 배당금을 수령한 채권자(= 근저당권자)에 대한 채권인바, 채권자(= 근저당권자)가 낙찰자에 대하여 부담하는 배당금 반환채무와 낙찰자가 채무자에 대하여 부담하는 소유권이전등기 말소의무는 서로 이행의 상대방을 달리하는 것으로서, 채권자(= 근저당권자)의 배당금 반환채무가 동시이행의 항변권이 부착된 채 채무자로부터 승계된 채무도 아니므로, 위 두 채무는 동시에 이행되어야 할 관계에 있지 아니하다(대판 2006.9.22. 2006다24049). <u>기출</u> 11·19·23

5. 관련 쟁점 : 일시적 제공

(1) 동시이행의 항변권 소멸 여부

쌍무계약의 당사자 일방이 먼저 한 번 현실의 제공을 하고, 상대방을 수령지체에 빠지게 하였다 하더라도 그 이행의 제공이 계속되지 않는 경우는 과거에 이행의 제공이 있었다는 사실만으로 상대방이 가지는 동시이행의 항변권이 소멸하는 것은 아니다(대판 1993.8.24. 92다56490). <u>기출</u> 07·13·16

(2) 이행제공의 중지와 지연배상청구

일시적으로 당사자 일방의 의무의 이행 제공이 있었으나 곧 그 이행의 제공이 중지되어 더 이상 그 제공이 계속되지 아니하는 기간 동안에는 상대방의 의무가 이행지체 상태에 빠졌다고 할 수는 없다고 할 것이고, 따라서 그 이행의 제공이 중지된 이후에 상대방의 의무가 이행지체되었음을 전제로 하는 손해배상청구도 할 수 없는 것이다(대판 1995.3.14. 94다26646). <u>기출</u> 12·14

Ⅲ 위험부담

채무자위험부담주의(민법 제537조) 기출 03 · 05 · 10
쌍무계약의 당사자 일방의 채무가 당사자쌍방의 책임 없는 사유로 이행할 수 없게 된 때에는 채무자는 상대방의
이행을 청구하지 못한다.

채권자귀책사유로 인한 이행불능(민법 제538조) 기출 03 · 11
① 쌍무계약의 당사자 일방의 채무가 채권자의 책임 있는 사유로 이행할 수 없게 된 때에는 채무자는 상대방의
이행을 청구할 수 있다. 채권자의 수령지체 중에 당사자쌍방의 책임 없는 사유로 이행할 수 없게 된 때에도
같다.
② 전항의 경우에 채무자는 자기의 채무를 면함으로써 이익을 얻은 때에는 이를 채권자에게 상환하여야 한다.

1. 의 의

① 위험부담은 쌍무계약으로부터 생기는 양 채무의 존속상의 견련관계를 인정하는 제도이다.
② 쌍무계약상의 일방의 채무가 채무자의 책임 없는 사유로 후발적 불능이 되어 소멸한 경우,
다른 일방의 채무의 존속 여부에 관한 문제이다.
③ 우리 민법은 채무자위험부담주의 원칙을 취하고(민법 제537조) 예외적으로 채권자위험부담주의
를 취하고 있다(민법 제538조 제1항).

2. 채무자위험부담주의

(1) 요 건

① 쌍무계약일 것
② 일방의 채무가 후발적 불능일 것
③ 급부의 불능에 관하여 양 당사자에게 귀책사유가 없을 것
④ 민법 제537조는 임의규정이므로 당사자 사이의 특약에 의하여 위험부담의 문제를 약정할 수
있다(대판 1995.3.28. 94다44132).

(2) 효 과

1) 내 용
급부위험은 채권자가 부담하고, 대가위험은 채무자가 부담한다.

2) 일부불능과 반대급부의 감축
① 일부불능이 생긴 경우에는 채무자는 불능이 생긴 범위에서 채무를 면함과 동시에 그것에 대응
하는 반대급부를 받을 권리도 소멸한다.
② 일부불능 때문에 계약의 목적을 달성할 수 없게 된 때에는 전부불능의 경우와 마찬가지로
다루어야 할 것이다.

3) 대상청구권

대상청구권을 인정하는 것이 통설·판례이다. 즉 채무자가 급부불능을 원인으로 급부에 갈음하는 이익을 취득한 경우에는, 채권자는 그 대상을 청구하고 자기의 반대급부를 이행할 수 있다.

3. 채권자의 귀책사유로 인한 이행불능(채권자위험부담주의)

(1) 요 건

① 채권자의 귀책사유로 인한 불능의 경우
② 채권자의 수령지체 중 불능의 경우

(2) 효 과

1) 대가위험의 이전

대가위험이 채권자에게 이전되어 채무자는 반대급부청구권을 상실하지 않는다.

2) 채무자의 이익상환의무

① 채무자는 자신의 채무를 면함으로써 얻은 이익을 채권자에게 상환하여야 한다(민법 제538조 제2항).
② 이때 이익이란 적극적으로 얻은 이익뿐만 아니라 소극적으로 지출하지 않게 된 비용도 포함된다.
③ 상환하여야 할 이익은 채무를 면한 것과 상당인과관계에 있는 것에 한한다(대판 1993.5.25. 92다 31125).

Ⅳ 제3자를 위한 계약

제3자를 위한 계약(민법 제539조) 기출 03
① 계약에 의하여 당사자 일방이 제3자에게 이행할 것을 약정한 때에는 그 제3자는 채무자에게 직접 그 이행을 청구할 수 있다.
② 전항의 경우에 제3자의 권리는 그 제3자가 채무자에 대하여 계약의 이익을 받을 의사를 표시한 때에 생긴다.

채무자의 제3자에 대한 최고권(민법 제540조) 기출 07·13
전조의 경우에 채무자는 상당한 기간을 정하여 계약의 이익의 향수 여부의 확답을 제3자에게 최고할 수 있다. 채무자가 그 기간 내에 확답을 받지 못한 때에는 제3자가 계약의 이익을 받을 것을 거절한 것으로 본다.

제3자의 권리의 확정(민법 제541조) 기출 03·08
제539조의 규정에 의하여 제3자의 권리가 생긴 후에는 당사자는 이를 변경 또는 소멸시키지 못한다.

채무자의 항변권(민법 제542조) 기출 07
채무자는 제539조의 계약에 기한 항변으로 그 계약의 이익을 받을 제3자에게 대항할 수 있다.

1. 의 의

제3자를 위한 계약이란 계약당사자의 일방이 계약당사자 이외의 자에게 직접 채무를 부담할 것을 내용으로 하는 계약을 말한다(민법 제539조 제1항).

2. 3자 사이의 법률관계

① 기본관계(보상관계) : 요약자와 낙약자 사이의 관계
② 대가관계(출연관계) : 요약자와 제3자와의 관계
③ 급부관계 : 낙약자와 제3자와의 관계로 낙약자와 제3자 사이에는 계약이 존재하지 않는다.

> [제3자를 위한 계약에서 요약자와 제3자 사이의 법률관계의 효력이 요약자와 낙약자 사이의 법률관계에 영향을 미치는지 여부(소극)]
> 제3자를 위한 계약의 체결 원인이 된 요약자와 제3자(수익자) 사이의 법률관계(이른바 대가관계)의 효력은 제3자를 위한 계약 자체는 물론 그에 기한 요약자와 낙약자 사이의 법률관계(이른바 기본관계)의 성립이나 효력에 영향을 미치지 아니하므로 낙약자는 요약자와 수익자 사이의 법률관계에 기한 항변으로 수익자에게 대항하지 못하고, 요약자도 대가관계의 부존재나 효력의 상실을 이유로 자신이 기본관계에 기하여 낙약자에게 부담하는 채무의 이행을 거부할 수 없다(대판 2003.12.11. 2003다49771).
> **기출** 06 · 07 · 08 · 09 · 10 · 13 · 17 · 23

3. 요 건

(1) 요약자와 낙약자 간에 유효한 계약의 성립(기본관계의 유효)

① 대가관계의 효력은 제3자를 위한 계약 또는 요약자와 낙약자 사이의 기본계약의 성립이나 효력에 아무런 영향을 주지 않는다.
② 낙약자는 요약자와 수익자 사이의 법률관계에 기한 항변으로 수익자에게 대항하지 못하고, 요약자도 대가관계의 부존재나 효력의 상실을 이유로 자신이 기본관계에 기하여 낙약자에게 부담하는 채무의 이행을 거부할 수 없다.
③ 제3자는 계약당사자가 아니다.
④ 조건부 제3자를 위한 계약도 체결가능하다(대판 2006.5.12. 2005다68783). **기출** 13

(2) 제3자 수익의 약정

① 제3자를 위한 계약이 성립하려면 요약자와 낙약자 간의 계약으로 '제3자에게 직접적으로 채권을 취득시키려는 약정'이 있어야 하며, 「제3자에게 직접 권리를 취득하게 하려는 것」인지는 의사해석의 문제이다(대판 2006.9.14. 2004다18804). 또한 제3자의 수익의 의사표시는 계약의 성립요건, 효력발생요건이 아니고, 「제3자가 채권을 취득하기 위한 요건」일 뿐이다. **기출** 23

[1] 채무자와 인수인의 합의에 의한 중첩적 채무인수는 일종의 제3자를 위한 계약이라고 할 것이므로, 채권자는 인수인에 대하여 채무이행을 청구하거나 기타 채권자로서의 권리를 행사하는 방법으로 수익의 의사표시를 함으로써 인수인에 대하여 직접 청구할 권리를 갖게 된다. 이러한 점에서 채무자에 대한 채권을 상실시키는 효과가 있는 면책적 채무인수의 경우 채권자의 승낙을 계약의 효력발생요건으로 보아야 하는 것과는 달리, 채무자와 인수인의 합의에 의한 중첩적 채무인수의 경우 채권자의 수익의 의사표시는 그 계약의 성립요건이나 효력발생요건이 아니라 채권자가 인수인에 대하여 채권을 취득하기 위한 요건이다. [2] 채무자와 인수인의 합의에 의한 중첩적 채무인수의 경우 채권자가 수익을 받지 않겠다는 의사표시를 하였다면 채권자는 인수인에 대하여 채권을 취득하지 못하고, 특별한 사정이 없는 한 사후에 이를 번복하고 다시 수익의 의사표시를 할 수는 없다고 할 것이지만, 인수인이 채권자에게 중첩적 채무인수라는 취지를 알리지 아니한 채 채무인수에 대한 승낙 여부만을 최고하여 채권자가 인수인으로부터 최고받은 채무인수가 채무자에 대한 채권을 상실하게 하는 면책적 채무인 것으로 잘못 알고 면책적 채무인수를 승낙하지 아니한다는 취지의 의사표시를 한 경우에는, 이는 중첩적 채무인수에 대하여 수익 거절의 의사표시를 한 것이라고 볼 수 없으므로, 채권자는 그 후 중첩적 채무인수 계약이 유효하게 존속하고 있는 한 수익의 의사표시를 하여 인수인에 대한 채권을 취득할 수 있다(대판 2013.9.13. 2011다56033). **기출** 17 · 18 · 23

② 제3자를 위한 계약인 병존적 채무인수와 이행인수의 판별 기준은 계약 당사자에게 제3자 또는 채권자가 계약 당사자 일방 또는 인수인에 대하여 직접 채권을 취득케 할 의사가 있는지 여부에 달려 있다(대판 1997.10.24. 97다28698).

(3) 제3자의 존재(수익자의 특정)

수익자는 계약체결 당시 현존하고 있을 필요가 없으므로 설립 중의 법인도 수익자가 될 수 있다(대판 1960.7.21. 4292민상773). 다만, 수익의 의사표시를 할 때에는 제3자가 현존·특정되어 있어야 한다.

(4) 제3자를 위한 계약의 목적

① 제3자가 물권을 취득하게 하는 약정도 가능하다. 다만, 등기나 인도는 제3자 앞으로 갖추어야 한다.

② 낙약자가 제3자에 대한 채권에 관하여 채무의 면제를 하는 계약도 제3자를 위한 계약에 준하는 것으로 유효하다(대판 2004.9.3. 2002다37405). **기출** 06

③ 제3자의 부담을 목적으로 하는 계약, 즉 제3자에게 직접 채무를 부담시키는 계약은 무효이다(통설). 그러나 제3자에게 권리만을 주는 것이 아니라 일정한 의무를 부담케 하는 계약은 학설상으로는 다툼이 있으나 판례는 유효하다고 한다.

4. 효과

(1) 제3자의 지위

① 수익의 의사표시가 있어야 제3자는 이행청구권을 갖는다(통설).

② 수익의 의사표시는 명시·묵시를 불문한다.

③ 수익의 의사표시를 할 권리는 형성권에 해당하고, 계약에서 특별히 정한 바가 없으면 10년의 제척기간이 걸린다.

④ 수익의 의사표시 후 요약자·낙약자 등은 계약을 변경·소멸하게 할 수 없다(민법 제541조). 그러나 계약으로 해제권을 유보한 경우 등에는 그러하지 아니하다. 기출 08·13·22·23

> [제3자를 위한 계약에 있어 제3자의 권리를 변경·소멸시키는 행위의 효력]
> 제3자를 위한 계약에 있어서, 제3자가 민법 제539조 제2항에 따라 수익의 의사표시를 함으로써 제3자에게 권리가 확정적으로 귀속된 경우에는, 요약자와 낙약자의 합의에 의하여 제3자의 권리를 변경·소멸시킬 수 있음을 미리 유보하였거나, 제3자가 동의하고 있는 경우가 아니면 계약의 당사자인 요약자와 낙약자는 제3자의 권리를 변경·소멸시키지 못하고, 만일 계약의 당사자가 제3자의 권리를 임의로 변경·소멸시키는 행위를 한 경우 이는 제3자에 대하여 효력이 없다(대판 2001.1.25. 2001다30285). 기출 22·23

⑤ 낙약자의 채무불이행을 이유로 하여 요약자가 법정해제권을 행사함에는 수익자의 동의 없이도 가능하다(대판 1970.2.24. 69다1410·1411). 기출 07·08·17·21

⑥ 제3자를 위한 계약이 무효·취소·해제가 된 경우 수익자는 제3자로서 보호를 받을 수 없다(통설). 기출 07·09·10·17

(2) 수익자의 지위

① 낙약자의 귀책사유에 의한 채무불이행이 있게 되면 제3자가 채무불이행에 의한 손해배상청구권을 갖게 된다(대판 1994.8.12. 92다41559). 기출 06·08·10

② 요약자가 낙약자의 채무불이행을 이유로 계약을 해제하게 되면 수익자는 낙약자에게 자기가 입은 손해의 배상을 청구할 수 있다. 단, 수익자는 제3자를 위한 계약의 당사자는 아니므로 해제권이나 해제를 원인으로 한 원상회복청구권이 있다고 볼 수 없다(대판 1994.8.12. 92다41559). 기출 06·07·09·16

③ 제3자를 위한 계약관계에서 낙약자와 요약자 사이의 법률관계(이른바 기본관계)를 이루는 계약이 무효이거나 해제된 경우 그 계약관계의 청산은 계약의 당사자인 낙약자와 요약자 사이에 이루어져야 하므로, 특별한 사정이 없는 한 낙약자가 이미 제3자에게 급부한 것이 있더라도 낙약자는 계약해제 등에 기한 원상회복 또는 부당이득을 원인으로 제3자를 상대로 그 반환을 구할 수 없다(대판 2010.8.19. 2010다31860·31877). 기출 09·10·13·17·21

④ 제3자를 위한 계약의 수익자가 민법 제548조 제1항 단서에서 정한 제3자에 해당하는지 여부 (적극)

> 계약이 적법하게 해제되면 그 효력이 소급적으로 소멸하므로 그 계약상 의무에 기하여 실행된 급부는 원상회복을 위하여 부당이득으로 반환되어야 하고, 그 계약의 이행으로 변동이 되었던 물권은 당연히 그 계약이 없었던 상태로 복귀한다(민법 제548조 제1항 본문). 다만 이와 같은 계약해제의 소급효는 제3자의 권리를 해할 수 없으므로, 계약해제 이전에 계약으로 인하여 생긴 법률효과를 기초로 하여 새로운 권리를 취득한 제3자가 있을 때에는 그 계약해제의 소급효는 제한을 받아 그 제3자의 권리를 해하지 아니하는 한도에서만 생긴다(민법 제548조 제1항 단서). 이때 계약해제의 소급효가 제한되는 제3자는 일반적으로 그 해제된 계약으로부터 생긴 법률효과를 기초로 하여 해제 전에 새로운 이해관계를 가졌을 뿐만 아니라 등기, 인도 등으로 권리를 취득한 사람을 말한다. 나아가 제3자를 위한 계약에서도 낙약자와 요약자 사이의 법률관계(기본관계)에 기초하여 수익자가 요약자와 원인관계(대가관계)를 맺음으로써 해제 전에 새로운 이해관계를 갖고 그에 따라 등기, 인도 등을 마쳐 권리를 취득하였다면, 수익자는 민법 제548조 제1항 단서에서 말하는 계약해제의 소급효가 제한되는 제3자에 해당한다고 봄이 타당하다(대판 2021.8.19. 2018다244976).

(3) 요약자의 지위

① 요약자는 제3자에 대해 채무를 이행할 것을 낙약자에게 청구할 수 있다. 기출 23

> [제3자를 위한 계약에서 요약자가 제3자의 권리와는 별도로 낙약자에 대하여 제3자에게 급부를 이행할 것을 요구할 수 있는 권리를 가지는지 여부(적극) 및 이때 낙약자가 요약자의 이행청구에 응하지 않은 경우, 요약자는 낙약자에 대하여 제3자에게 급부를 이행할 것을 소로써 구할 이익이 있는지 여부(원칙적 적극)]
>
> 이행의 소는 원칙적으로 원고가 이행청구권의 존재를 수장하는 것으로서 권리보호의 이익이 인정되고, 이행판결을 받아도 집행이 사실상 불가능하거나 현저히 곤란하다는 사정만으로 그 이익이 부정되는 것은 아니다. 제3자를 위한 계약에서 제3자는 채무자(낙약자)에 대하여 계약의 이익을 받을 의사를 표시한 때에 채무자에게 직접 이행을 청구할 수 있는 권리를 취득하고(민법 제539조), 요약자는 제3자를 위한 계약의 당사자로서 원칙적으로 제3자의 권리와는 별도로 낙약자에 대하여 제3자에게 급부를 이행할 것을 요구할 수 있는 권리를 가진다. 이때 낙약자가 요약자의 이행청구에 응하지 아니하면 특별한 사정이 없는 한 요약자는 낙약자에 대하여 제3자에게 급부를 이행할 것을 소로써 구할 이익이 있다(대판 2022.1.27. 2018다259565). 기출 23

② 낙약자의 채무불이행시 요약자는 낙약자를 상대로 수익자에게 손해를 배상하도록 청구할 수 있다. 또한 요약자는 계약해제권을 행사할 수 있고, 이때에는 수익자의 동의가 불필요하다(대판 1970.2.24. 69다1410·1411).

(4) 낙약자의 지위

채무자는 민법 제539조의 계약에 기한 항변으로 그 계약의 이익을 받을 제3자에게 대항할 수 있다(민법 제542조).

5. 제3자를 위한 계약의 종류

(1) 제3자를 위한 계약인 것

변제를 위한 공탁, 타인을 위한 보험, 타인을 위한 신탁, 병존적 채무인수 기출 18

> 부동산을 매매하면서 매도인과 매수인 사이에 중도금 및 잔금은 매도인의 채권자에게 직접 지급하기로 약정한 경우, 그 약정은 매도인의 채권자로 하여금 매수인에 대하여 그 중도금 및 잔금에 대한 직접청구권을 행사할 권리를 취득케 하는 제3자를 위한 계약에 해당하고 동시에 매수인이 매도인의 그 제3자에 대한 채무를 인수하는 병존적 채무인수에도 해당한다(대판 1997.10.24. 97다28698). 기출 09·10

(2) 제3자를 위한 계약이 아닌 것

이행인수, 면책적 채무인수 기출 06 , 계약인수

I 서 설

1. 의 의

① 계약해제란 유효하게 성립한 계약의 효력을 당사자 일방의 의사표시에 의하여 소급적으로 소멸하게 하여, 계약이 처음부터 성립하지 않는 것과 같은 상태로 복귀시키는 것을 말한다(해제에 관한 직접효과설).

> 계약의 해제권은 일종의 형성권으로서 당사자의 일방에 의한 계약해제의 의사표시가 있으면 그 효과로서 새로운 법률관계가 발생하고 각 당사자는 그에 구속되는 것이므로, 일방 당사자의 계약위반을 이유로 한 상대방의 계약해제 의사표시에 의하여 계약이 해제되었음에도 상대방이 계약이 존속함을 전제로 계약상 의무의 이행을 구하는 경우 계약을 위반한 당사자도 당해 계약이 상대방의 해제로 소멸되었음을 들어 그 이행을 거절할 수 있는 것이고, 다른 특별한 사정이 없는 한 그러한 주장이 신의칙이나 금반언의 원칙에 위배된다고 할 수도 없다(대판 2008.10.23. 2007다54979). `기출` 13

② 해제권은 권리자의 일방적 의사표시에 의하여 계약의 효력을 소멸시키는 권리로 형성권에 속한다. 또한 해제권은 계약에 종된 권리로서 계약당사자만이 이를 가질 수 있고, 계약당사자의 지위를 승계하지 않는 한 해제권만의 양도는 허용되지 않는다.

③ 해제권은 법률의 규정에 의하여 당연히 발생하는 법정해제권과 당사자 사이의 특약으로 유보된 약정해제권으로 구분된다.

> 계약서에 명문으로 위약시의 법정해제권의 포기 또는 배제를 규정하지 않은 이상 계약당사자 중 어느 일방에 대한 약정해제권의 유보 또는 위약벌에 관한 특약의 유무 등은 채무불이행으로 인한 법정해제권의 성립에 아무런 영향을 미칠 수 없다(대결 1990.3.27. 89다카14110). `기출` 18

④ 해제에 관한 민법규정은 임의규정이다.

2. 구별개념

(1) 해제계약(합의해제)

1) 의 의

해제권의 유무에도 불구하고 계약당사자 쌍방이 합의에 의하여 기존의 계약의 효력을 소멸시켜 당초부터 계약이 체결되지 않았던 것과 같은 상태로 복귀시킬 것을 내용으로 하는 새로운 계약이다. `기출` 22 계약자유의 원칙상 당사자들의 약정으로 종전의 해제된 계약을 부활시키는 것은 적어도 그 계약 당사자 사이에서는 가능하다(대판 2006.4.13. 2003다45700). `기출` 08 · 19 · 22

2) 성립요건

계약의 일반적 성립요건 및 유효요건을 갖추어야 한다.

① 합의해제가 인정되려면 계약의 청약과 승낙이라는 의사표시가 합치되어야 한다.

② 합의해제는 묵시적으로 이루어질 수 있으나 [기출 08], 묵시적 합의해제는 계약 후 당사자 쌍방의 계약실현의사의 결여 또는 포기로 인하여 계약을 실현하지 아니할 당사자 쌍방의 의사가 일치되어야만 하고(대판 2007.6.15. 2004다37904·37911) [기출 19], 계약이 일부 이행된 경우에는 그 원상회복에 관하여도 의사가 일치되어야 할 것이다(대판 2011.4.28. 2010다98412·98429). [기출 19]

> **[계약의 합의해제 또는 해제계약의 요건]**
> 계약의 합의해제 또는 해제계약은 해제권의 유무를 불문하고 계약당사자 쌍방이 합의에 의하여 기존 계약의 효력을 소멸시켜 당초부터 계약이 체결되지 않았던 것과 같은 상태로 복귀시킬 것을 내용으로 하는 새로운 계약으로서, 계약이 합의해제되기 위하여는 계약의 성립과 마찬가지로 계약의 청약과 승낙이라는 서로 대립하는 의사표시가 합치될 것(합의)을 요건으로 하는바, 이와 같은 합의가 성립하기 위하여는 쌍방 당사자의 표시행위에 나타난 의사의 내용이 객관적으로 일치하여야 한다. 그리고 계약의 합의해제는 명시적으로뿐만 아니라 당사자 쌍방의 묵시적인 합의에 의하여도 할 수 있으나, 묵시적인 합의해제를 한 것으로 인정되려면 계약이 체결되어 그 일부가 이행된 상태에서 당사자 쌍방이 장기간에 걸쳐 나머지 의무를 이행하지 아니함으로써 이를 방치한 것만으로는 부족하고, 당사자 쌍방에게 계약을 실현할 의사가 없거나 계약을 포기할 의사가 있다고 볼 수 있을 정도에 이르러야 한다. 이 경우에 당사자 쌍방이 계약을 실현할 의사가 없거나 포기할 의사가 있었는지 여부는 계약이 체결된 후의 여러 가지 사정을 종합적으로 고려하여 판단하여야 한다(대판 2011.2.10. 2010다77385). [기출 22]

3) 효 과

① 해제에 관한 민법 제543조 이하의 규정은 원칙적으로 단독행위로서의 해제권의 행사를 전제로 하는 것이므로, 해제계약에는 적용되지 않는다(대판 1979.10.30. 79다1455). [기출 08]

② 계약의 합의해제의 경우에도 민법 제548조 제1항 단서가 적용된다(대판 2005.6.9. 2005다6341). [기출 08]

③ 합의해제 또는 해제계약이라 함은 해제권의 유무에 불구하고 계약 당사자 쌍방이 합의에 의하여 기존의 계약의 효력을 소멸시켜 당초부터 계약이 체결되지 않았던 것과 같은 상태로 복귀시킬 것을 내용으로 하는 새로운 계약으로서, 그 효력은 그 합의의 내용에 의하여 결정되고 여기에는 해제에 관한 민법 제548조 제2항의 규정은 적용되지 아니하므로, 당사자 사이에 약정이 없는 이상 합의해제로 인하여 반환할 금전에 그 받은 날로부터의 이자를 가하여야 할 의무가 있는 것은 아니다(대판 1996.7.30. 95다16011). [기출 19]

④ 계약이 합의해제된 경우에는 그 해제시에 당사자 일방이 상대방에게 손해배상을 하기로 특약하거나 손해배상청구를 유보하는 의사표시를 하는 등 다른 사정이 없는 한 채무불이행으로 인한 손해배상을 청구할 수 없다(대판 1989.4.25. 86다카1147·1148). [기출 16·19·22·23]

⑤ 합의해제에 따른 매도인의 원상회복청구권은 소멸시효의 대상이 되지 않는다(대판 1982.7.27. 80다2968). [기출 22]

⑥ 계약을 합의해제할 때에 원상회복에 관하여 반드시 약정을 하여야 하는 것은 아니지만, 매매계약을 합의해제하는 경우에 이미 지급된 계약금, 중도금의 반환 및 손해배상금에 관하여는 아무런 약정도 하지 아니한 채 매매계약을 해제하기만 하는 것은 경험칙에 비추어 이례에 속하는 일이다(대판 1994.9.13. 94다17093). **기출 22**

⑦ 원래의 계약에 있는 위약금이나 손해배상에 관한 약정이 합의해제·해지의 경우에까지 적용되는지 여부(원칙적 소극)

> 법률행위의 해석은 당사자가 그 표시행위에 부여한 의미를 명백하게 확정하는 것으로서, 당사자가 표시한 문언에서 그 의미가 명확하게 드러나지 않는 경우에는 문언의 내용, 법률행위가 이루어진 동기와 경위, 당사자가 법률행위로 달성하려는 목적과 진정한 의사, 거래의 관행 등을 종합적으로 고려하여 논리와 경험의 법칙, 그리고 사회일반의 상식과 거래의 통념에 따라 합리적으로 해석하여야 한다. 계약을 합의하여 해제하거나 해지하면서 상대방에게 손해배상을 하기로 하는 특약이나 손해배상청구를 유보하는 의사표시를 하였는지를 판단할 때에도 위와 같은 법률행위 해석에 관한 법리가 적용된다. 위와 같은 특약이나 의사표시가 있었는지는 합의해제·해지 당시를 기준으로 판단하여야 하는데, 원래의 계약에 있는 위약금이나 손해배상에 관한 약정은 그것이 계약 내용이나 당사자의 의사표시 등에 비추어 합의해제·해지의 경우에도 적용된다고 볼 만한 특별한 사정이 없는 한 합의해제·해지의 경우에까지 적용되지는 않는다(대판 2021.5.7. 2017다220416).

(2) 해제조건(실권조항)

실권조항이란 채무불이행이 있는 경우에 채권자의 특별한 의사표시가 없더라도 당연히 계약의 효력을 잃게 하고, 채무자의 계약상의 권리를 상실하게 하는 취지의 약정 또는 약관을 말한다. 따라서 실권조항이 있는 경우 채무자의 채무불이행을 해제조건으로 하는 조건부 법률행위가 있는 것으로 해석된다.

(3) 취 소

구 분	취 소	해 제
공통점	법률행위의 효력이 소급적으로 소멸	
차이점	법률행위의 흠이 요건	유효하게 성립한 계약의 효력이 소급적으로 소멸
	모든 법률행위에 대해 인정	계약에 대해서만 인정
	법률의 규정이 있는 경우에만 인정	법률의 규정 외에 당사자의 약정에 의해서도 발생

(4) 철 회

해제는 유효하게 성립한 계약의 효력을 소급적으로 소멸시키는 제도라는 점에서 법률행위의 효력이 발생하기 전에 그 발생을 저지하는 철회와 구별된다.

Ⅱ 법정해제

1. 해제권의 발생

(1) 의 의

① 법정해제권 발생의 요건인 채무불이행은 주된 채무의 그것이어야 하고, 주된 채무 이외의 부수의무의 불이행은 원칙적으로 해제권을 발생시키지 않는다. 다만, 외관상 부수의무라도 실질적으로 그것을 불이행함으로써 계약의 목적을 달성할 수 없다면, 그 불이행이 해제권을 발생시킬 수도 있을 것이다.

② 유동적 무효상태에서는 계약의 효력으로서 채무가 발생하지 않으므로, 채무불이행을 이유로 한 해제 및 손해배상의 청구가 불가능하다(대판 1997.7.25. 97다4357·4364). `기출` `21`

③ 채무불이행이 있더라도 법정해제권의 발생을 배제하기로 하는 합의가 유효하지만, 그 효력을 인정함에는 신중해야 한다.

④ 채무불이행에 따른 해제의 의사표시 당시에 이미 채무불이행의 대상이 되는 본래 채권이 시효가 완성되어 소멸한 경우, 채권자가 채무불이행을 이유로 한 해제권 및 이에 기한 원상회복청구권을 행사할 수 있는지 여부(원칙적 소극)

> 이행불능 또는 이행지체를 이유로 한 법정해제권은 채무자의 채무불이행에 대한 구제수단으로 인정되는 권리이다. 따라서 채무자가 이행해야 할 본래 채무가 이행불능이라는 이유로 계약을 해제하려면 그 이행불능의 대상이 되는 채무자의 본래 채무가 유효하게 존속하고 있어야 한다. 민법 제167조는 "소멸시효는 그 기산일에 소급하여 효력이 생긴다."라고 정한다. 본래 채권이 시효로 인하여 소멸하였다면 그 채권은 그 기산일에 소급하여 더는 존재하지 않는 것이 되어 채권자는 그 권리의 이행을 구할 수 없는 것이고, 이와 같이 본래 채권이 유효하게 존속하지 않는 이상 본래 채무의 불이행을 이유로 계약을 해제할 수 없다고 보아야 한다. 결국 채무불이행에 따른 해제의 의사표시 당시에 이미 채무불이행의 대상이 되는 본래 채권이 시효가 완성되어 소멸하였다면, 채무자가 소멸시효의 완성을 주장하는 것이 신의성실의 원칙에 반하여 허용될 수 없다는 등의 특별한 사정이 없는 한, 채권자는 채무불이행 시점이 본래 채권의 시효 완성 전인지 후인지를 불문하고 그 채무불이행을 이유로 한 해제권 및 이에 기한 원상회복청구권을 행사할 수 없다(대판 2022.9.29. 2019다204593).

(2) 이행지체에 의한 해제권의 발생

① 채무자의 이행지체가 있어야 한다.

② 상당기간을 정한 최고가 있어야 한다.

상당한 기간을 정하지 않은 최고도 유효하고, 최고 후 객관적으로 상당한 기간이 지나면 해제권이 발생한다(대결 1990.3.27. 89다카14110).

③ 상당기간 내에 채무자의 이행이나 이행의 제공이 없어야 한다.

④ 상대방에게 동시이행의 항변권이 있는 경우에 상대방을 이행지체에 빠뜨리기 위해서는 자신의 채무의 이행을 제공하고 이행청구를 하여야 한다.

⑤ 해제권 발생요건을 경감하는 특약도 유효하다.

(3) 이행불능에 의한 해제권의 발생

① 이행불능으로 인한 해제권 행사에는 후발적 불능에 국한한다. 이행지체와 달리 최고가 요구되지 않으며 기출 18 , 채무자의 채무가 상대방의 채무와 동시이행관계에 있더라도 반대급부의 이행제공을 할 필요가 없다(대판 2003.1.24. 2000다22850). 기출 13 · 16 · 18 · 19

② 이행기에 불능한 것이 확실한 경우에는 이행기를 기다리지 않고 곧 해제할 수 있다.

(4) 이행거절의 경우 해제권의 발생

이른바 '이행거절'로 인한 계약해제의 경우에는 상대방의 최고 및 동시이행관계에 있는 자기 채무의 이행제공을 요하지 아니하여 이행지체시의 계약해제와 비교할 때 계약해제의 요건이 완화되어 있는바, 명시적으로 이행거절의사를 표명하는 경우 외에 계약 당시나 계약 후의 여러 사정을 종합하여 묵시적 이행거절의사를 인정하기 위하여는 그 거절의사가 정황상 분명하게 인정되어야 한다(대판 2011.2.10. 2010다77385). 기출 07 · 13 · 16

(5) 불완전이행을 이유로 한 해제권의 발생

① 민법에 명문의 규정이 없으나 통설은 불완전한 이행으로 인하여 계약의 목적을 달성할 수 없는 경우에는 채권자는 계약을 해제할 수 있다.

② 부수적 주의의무를 위반한 경우에는 원칙적으로 해제권이 인정되지 않지만, 그 불이행으로 인하여 계약의 목적을 달성할 수 없는 경우 또는 특별한 약정이 있는 경우에는 예외적으로 해제권이 인정될 수 있다.

(6) 채권자지체에 의한 해제권의 발생

① 법정책임설에 의하면 수령지체에 의하여는 해제권이 생기지 않는다.

② 채무불이행책임설에 의할 때에는 상당한 기간을 정하여 수령을 최고하고 해제할 수 있게 된다.

(7) 사정변경과 해제권

① 다수설은 사정변경의 원칙에 의하여 계약체결 당시에 선혀 예상하지 못하고 또한 예상할 수도 없었던 사정이 발생하여 당사자를 그대로 그 계약의 구속을 받게 하면 가혹하고 온당치 않다고 인정될 때에는 최고 없이 계약을 해제할 수 있다고 한다.

② 판례에 의하면 종래 일시적 계약에서는 사정변경의 원칙에 의한 해제권 인정에 대하여 소극적이었으나 최근에는 일시적 계약에서도 사정변경에 의한 계약해제의 법리를 긍정하는 판시를 한 바 있다(대판 2007.3.29. 2004다31302).

[사정변경을 이유로 계약을 해제하거나 해지할 수 있는 경우 / 사정변경에 대한 예견가능성이 있었는지 판단하는 기준]

민법 제2조 제1항은 신의성실의 원칙에 관하여 "권리의 행사와 의무의 이행은 신의에 좇아 성실히 하여야 한다."라고 정하고 있다. 이 원칙은 법률관계의 당사자가 상대방의 이익을 배려하여 형평에 어긋나거나 신의를 저버리는 내용 또는 방법으로 권리를 행사하거나 의무를 이행해서는 안 된다는 추상적 규범으로서 법질서 전체를 관통하는 일반 원칙으로 작용하고 있다. 판례는 계약을 체결할 때 예견할 수 없었던 사정이 발생함으로써 야기된 불균형을 해소하고자 신의성실 원칙의 파생원칙으로서 사정변경의 원칙을 인정하고 있다. 즉, 계약 성립의 기초가 된 사정이 현저히 변경되고 당사자가 계약의 성립 당시 이를 예견할 수 없었으며, 그로 인하여 계약을 그대로 유지하는 것이 당사자의 이해에 중대한 불균형을 초래하거나 계약을 체결한 목적을 달성할 수 없는 경우에는 계약준수 원칙의 예외로서 사정변경을 이유로 계약을 해제하거나 해지할 수 있다. 여기에서 말하는 사정이란 당사자들에게 계약 성립의 기초가 된 사정을 가리키고, 당사자들이 계약의 기초로 삼지 않은 사정이나 어느 일방당사자가 변경에 따른 불이익이나 위험을 떠안기로 한 사정은 포함되지 않는다. 사정변경에 대한 예견가능성이 있었는지는 추상적·일반적으로 판단할 것이 아니라, 구체적인 사안에서 계약의 유형과 내용, 당사자의 지위, 거래경험과 인식가능성, 사정변경의 위험이 크고 구체적인지 등 여러 사정을 종합적으로 고려하여 개별적으로 판단하여야 한다. 이때 합리적인 사람의 입장에서 볼 때 당사자들이 사정변경을 예견했다면 계약을 체결하지 않거나 다른 내용으로 체결했을 것이라고 기대되는 경우 특별한 사정이 없는 한 예견가능성이 없다고 볼 수 있다. 경제상황 등의 변동으로 당사자에게 손해가 생기더라도 합리적인 사람의 입장에서 사정변경을 예견할 수 있었다면 사정변경을 이유로 계약을 해제하거나 해지할 수 없다. 특히 계속적 계약에서는 계약의 체결 시와 이행 시 사이에 간극이 크기 때문에 당사자들이 예상할 수 없었던 사정변경이 발생할 가능성이 높지만, 이러한 경우에도 계약을 해지하려면 경제상황 등의 변동으로 당사자에게 불이익이 발생했다는 것만으로는 부족하고 위에서 본 요건을 충족하여야 한다(대판 2021.6.30. 2019다276338). 기출 23

2. 해제권의 행사

해지, 해제권(민법 제543조)
① 계약 또는 법률의 규정에 의하여 당사자의 일방이나 쌍방이 해지 또는 해제의 권리가 있는 때에는 그 해지 또는 해제는 상대방에 대한 의사표시로 한다.
② 전항의 의사표시는 철회하지 못한다.

해지, 해제권의 불가분성(민법 제547조) 기출 06·23
① 당사자의 일방 또는 쌍방이 수인인 경우에는 계약의 해지나 해제는 그 전원으로부터 또는 전원에 대하여 하여야 한다.
② 전항의 경우에 해지나 해제의 권리가 당사자 1인에 대하여 소멸한 때에는 다른 당사자에 대하여도 소멸한다.

해제권행사 여부의 최고권(민법 제552조)
① 해제권의 행사의 기간을 정하지 아니한 때에는 상대방은 상당한 기간을 정하여 해제권행사 여부의 확답을 해제권자에게 최고할 수 있다.
② 전항의 기간 내에 해제의 통지를 받지 못한 때에는 해제권은 소멸한다.

(1) 행사의 방법

① 해제권이 발생하더라도, 해제권의 행사 여부는 해제권자의 자유이다.

② 해제의 의사표시에는 원칙적으로 조건이나 기한을 붙이지 못한다.

③ 해제권의 행사는 상대방 있는 의사표시로서 상대방에게 도달한 때 효과가 발생한다.

④ 소제기로써 계약해제권을 행사한 후 그 뒤 그 소송을 취하하였다 하더라도 해제권은 형성권이므로 그 행사의 효력에는 아무런 영향을 미치지 아니한다(대판 1982.5.11, 80다916). 기출 18

(2) 해제의 불가분성

1) 해제권 행사의 불가분성

① 계약당사자 일방 또는 쌍방이 수인인 경우에 해제의 의사표시는 전원으로부터 전원에 대하여 하여야 그 효과가 발생한다. 기출 23

> [매매계약의 일방 당사자가 사망하여 여러 명의 상속인이 있는 경우, 상속인들이 계약을 해제하기 위한 요건]
> 민법 제547조 제1항은 '당사자의 일방 또는 쌍방이 수인인 경우에는 계약의 해지나 해제는 그 전원으로부터 또는 전원에 대하여 하여야 한다'고 규정하고 있다. 따라서 매매계약의 일방 당사자가 사망하였고 그에게 여러 명의 상속인이 있는 경우에 그 상속인들이 위 계약을 해제하려면, 상대방과 사이에 다른 내용의 특약이 있다는 등의 특별한 사정이 없는 한, 상속인들 전원이 해제의 의사표시를 하여야 한다(대판 2013.11.28, 2013다22812). 기출 23

② 명의수탁자가 수인인 경우 신탁자가 그 일부에 대해서만 해지권을 행사하였다면 신탁해지의 효과는 그 일부에 대해서만 발생하는 것이고, 해제, 해지의 불가분성에 대한 민법 제547조 규정은 적용되지 않는다.

③ 해제의 불가분성에 관한 민법 제547조는 당사자의 특약에 의하여 배제될 수 있는 임의규정이다. 기출 18

2) 해제권 소멸의 불가분성

해제권을 가진 자가 수인인 경우, 1인의 당사자에 대하여 해제권이 소멸하면 다른 당사자의 해제권도 소멸한다.

3. 해제의 효과

> **해제의 효과, 원상회복의무(민법 제548조)**
> ① 당사자 일방이 계약을 해제한 때에는 각 당사자는 그 상대방에 대하여 원상회복의 의무가 있다. 그러나 제3자의 권리를 해하지 못한다.
> ② 전항의 경우에 반환할 금전에는 그 받은 날로부터 이자를 가하여야 한다.
>
> **원상회복의무와 동시이행(민법 제549조)**
> 제536조의 규정은 전조의 경우에 준용한다.

(1) 해제의 효과에 관한 법리구성

1) 직접효과설

① 계약은 소급적으로 소멸한다.

② 원상회복청구권은 부당이득반환청구권의 성질을 가진다. 단, 반환범위는 원상회복으로서 민법 제548조에 의하여 정해지는데, 이는 민법 제748조의 특별규정의 성격을 띤다(대판 2014.3.13. 2013다34143).

③ 계약해제로 원인행위인 채권행위는 소급적으로 소멸하는데, 물권이 계약해제로 당연히 복귀하는지가 문제된다. 이에 대해 채권적 효과설은 물권행위의 무인론을 근거로 물권변동은 유효하다고 하나, 물권적 효과설은 물권행위의 유인론을 근거로 물권행위도 소급적으로 소멸하여 물권은 말소등기 없이도 당연히 복귀한다고 한다.

④ 민법 제548조 제1항 단서의 성격에 대해 채권적 효과설은 제3자는 선의, 악의를 불문하고 보호된다고 하여 민법 제548조 제1항 단서는 주의적 규정에 불과하다고 하나, 물권적 효과설은 제3자는 원칙적으로 보호될 수 없고 민법상 특별한 규정이 있어야만 보호된다는 입장으로 이에 의하면 민법 제548조 제1항 단서는 거래안전의 보호를 위한 특별규정으로 본다.

⑤ 민법 제549조의 원상회복의무 사이의 동시이행관계는 공평의 원칙상 인정된 것이다.

2) 청산관계설

① 해제의 의사표시에 의해 기존의 계약관계는 소급적으로 소멸하는 것이 아니라 장래를 향하여 청산관계로 변경된다는 견해이다.

② 원상회복청구권의 성질은 부당이득반환청구권이 아니고 원채권관계의 변형일 뿐이라고 한다.

③ 해제의 의사표시로 원인행위가 소급적으로 소멸하는 것이 아니므로 해제의 의사표시만으로는 물권의 귀속에 아무런 영향이 없다. 원소유자는 원상회복청구권에 기해 채권적 반환청구권만을 갖는다.

④ 해제의 의사표시만으로 물권이 당연히 복귀되지는 않으므로 그 권리를 취득한 제3자의 지위에는 아무런 영향을 주지 않는다. 따라서 해제의 의사표시의 전후와 선·악의를 불문하고 제3자는 보호된다는 입장이다.

⑤ 원상회복의무 사이의 동시이행관계는 쌍무계약의 상환성이 유지되므로 당연히 인정된다.

(2) 원상회복의무

1) 받은 이익 전부의 반환(부당이득의 특별규정)

① 금전이 급부된 경우 받은 금전 및 그 받은 날부터 이자를 붙여서 반환하여야 한다(민법 제548조 제2항). **기출 06** 여기서 가산되는 이자는 원상회복의 범위에 속하는 것으로서 일종의 부당이득 반환의 성질을 갖는 것으로, 반환의무의 이행지체로 인한 지연손해금이 아니다(대판 2016.6.9. 2015 다222722). **기출 06**

② 당사자 사이에 이자에 관하여 특별한 약정이 있으면 그 약정이율이 우선적용되고, 약정이율이 없으면 법정이율이 적용된다(대판 2013.4.26. 2011다50509). **기출 14·21**

2) 원물반환의 원칙

3) 가액반환의 예외

① 원물반환이 불가능한 경우에는 가액을 반환하여야 한다.

② 원물반환이 불가능한 경우 가액의 산정은 「회복불능 당시」의 목적물의 시가를 기준으로 한다 (대판 1995.5.12. 94다25551).

4) 과실·비용의 반환

① 과실 : 금전은 이를 받은 날로부터 반환할 때까지의 이자를 가산하여 반환해야 한다(민법 제548조 제2항).

> • 양도인은 양수인이 양도 목적물을 인도받은 후 사용하였다 하더라도 양도계약의 해제로 인하여 양수인에게 그 사용에 의한 이익의 반환을 구함은 별론으로 하고, 양도 목적물 등이 양수인에 의하여 사용됨으로 인하여 감가 내지 소모가 되는 요인이 발생하였다 하여도 그것을 훼손으로 볼 수 없는 한 그 감가비 상당은 원상회복 의무로서 반환할 성질의 것은 아니다(대판 2000.2.25. 97다30066). **기출 17**
> • 매매계약이 해제되면 각 당사자는 그 상대방에 대하여 원상회복의 의무가 있다(민법 제548조 제1항 본문). 따라서 이 경우에 매수인은 매도인에게 목적물을 반환할 의무는 물론이고 그 목적물을 사용하였으면 그 사용이익을 반환할 의무도 부담한다. 그러나 이러한 매수인의 사용이익 반환의무는 매매계약의 해제에 따른 원상회복 의무의 일환으로서 인정되는 것이므로 매도인이 매매계약의 이행으로서 목적물을 매수인에게 인도하여 매수 인이 그 목적물을 사용한 경우에 비로소 인정될 수 있다(대판 2011.6.30. 2009다30724). **기출 14**

② 비용 : 반환의무자가 반환할 물건에 관하여 필요비나 유익비를 지출한 경우에는 회복자에게 그 상환을 청구할 수 있다.

5) 원상회복의무의 제한 가능 여부

계약의 해제로 인한 원상회복청구권에 대하여 해제자가 해제의 원인이 된 채무불이행에 관하여 '원인'의 일부를 제공하였다는 등의 사유를 내세워 신의칙 또는 공평의 원칙에 기하여 일반적으로 손해배상에 있어서의 과실상계에 준하여 권리의 내용이 제한될 수 있다고 하는 것은 허용되어 서는 아니 된다(대판 2014.3.13. 2013다34143). **기출 17·19**

(3) 민법 제548조 제1항 단서의 제3자의 보호

① **제3자의 의미** : 민법 제548조 제1항 단서의 제3자란 그 해제된 계약으로부터 생긴 법률효과를 기초로 하여 해제 전 새로운 이해관계를 가졌을 뿐만 아니라 등기, 인도 등으로 완전한 권리를 취득한 자를 말한다(대판 2007.12.27, 2006다60229). 또한 해제의 의사표시가 있은 후 그 해제에 기한 말소등기가 있기 이전에 이해관계를 갖게 된 선의의 제3자도 민법 제548조 제1항 단서의 제3자에 포함된다(대판 2000.4.21, 2000다584). 기출 17

② 제3자의 해당 여부

제3자에 해당하는 경우	제3자에 해당하지 않는 경우
부동산을 가압류집행한 가압류채권자	계약상의 채권을 양도받은 양수인이나 그 채권자체를 압류 또는 전부한 채권자 기출 06·17
매수인과 매매예약을 체결한 후 그에 기한 소유권이전 등기청구권 보전을 위한 가등기를 마친 사람 기출 17	계약상의 채권을 양수하여 이를 피보전권리로 하여 처분금지가처분결정을 받은 자
교환계약 당사자로부터 전득하여 등기를 마친 자	토지매수인이 토지위에 신축한 건물을 매수한 자

(4) 손해배상

① 해제권 행사와 함께 해제원인에 귀책사유 있는 상대방에게 손해배상을 청구할 수 있으며, 이는 채무불이행으로 인한 손해배상을 의미한다.

② 손해배상의 범위는 이행이익의 배상이 원칙이다. 다만, 그에 갈음하여 그 계약이 이행되리라고 믿고 채권자가 지출한 비용, 즉 신뢰이익의 배상을 구하는 것도 가능하다(대판 2002.6.11, 2002다2539). 기출 09

4. 해제권의 소멸

(1) 일반적 소멸원인

① 해제권의 행사 전에 채무의 이행이나 이행제공이 있으면 해제권은 소멸한다.

② 해제권의 포기 또는 실효

③ 제척기간의 만료

(2) 해제권에 특유한 소멸원인

> **해제권행사여부의 최고권(민법 제552조)**
> ① 해제권의 행사의 기간을 정하지 아니한 때에는 상대방은 상당한 기간을 정하여 해제권행사여부의 확답을 해제권자에게 최고할 수 있다.
> ② 전항의 기간 내에 해제의 통지를 받지 못한 때에는 해제권은 소멸한다.
>
> **훼손 등으로 인한 해제권의 소멸(민법 제553조)**
> 해제권자의 고의나 과실로 인하여 계약의 목적물이 현저히 훼손되거나 이를 반환할 수 없게 된 때 또는 가공이나 개조로 인하여 다른 종류의 물건으로 변경된 때에는 해제권은 소멸한다.

① **최고에 의한 소멸** : 상대방의 최고권 행사에 대해 확답을 하지 않은 경우(민법 제552조) 기출 18

② 해제권자의 고의·과실로 계약목적물을 현저히 훼손시키거나 목적물을 반환할 수 없게 된 경우(민법 제553조)

③ 해제권 행사·소멸의 불가분성에 따라 1인에게 해제권이 소멸한 경우(민법 제547조 제2항)

Ⅲ 약정해제

1. 의 의

계약을 체결하면서 장래의 사정변경에 대비하기 위하여 특약으로 해제권을 유보하는 경우를 의미한다.

2. 약정해제권의 행사

① 특약을 한 경우 그에 따라야 한다.

② 특약이 없는 경우에는 상대방에 대한 의사표시로 한다. 해제의 불가분성에 관한 민법 제547조도 적용된다.

3. 약정해제의 효과

① 원상회복의무가 생긴다.

② 채무불이행에 의한 것이 아니므로 일반적으로 손해배상의 청구라는 효과는 생기지 않는다. 따라서 민법 제551조는 적용되지 않는다.

4. 약정해제권의 소멸

법정해제권의 소멸을 참조하라. 단, 계약금의 교부에 의하여 해제권이 유보된 경우에 당사자의 일방이 이행에 착수하면 해제권이 소멸하지만, 그 밖의 경우에는 중도금 지급 후라도 약정해제권을 행사할 수 있다(대판 1979.9.25. 79다832·833).

Ⅳ 계약의 해지

1. 의 의

계속적 계약관계의 경우 일방적 의사표시로 그 효력을 장래에 향하여 소멸시키는 것을 해지라고 한다.

2. 해지권의 발생

(1) 법정해지권

민법은 각종의 계약에 관하여 개별적으로 법정해지권의 발생원인을 규정하고 있다.

(2) 약정해지권

계약을 체결하면서 당사자 일방이나 쌍방을 위하여 해지권을 유보하는 특약을 할 수도 있다.

3. 해지권의 행사

① 해지권의 행사는 상대방에 대한 의사표시로써 하며, 재판상·재판 외 행사 모두 가능하다(대판 2000.1.28. 99다50712).

② 해지의 의사표시는 철회하지 못한다(민법 제543조 제2항).

③ 행사 및 소멸의 불가분성은 해제권과 동일하다(민법 제547조).

4. 해지의 효과

(1) 장래효

계약을 해지한 때에는 계약은 장래에 대하여 그 효력을 잃는다(민법 제550조). 이 점이 소급효가 인정되는 해제와 근본적으로 다르다.

(2) 손해배상의 청구

해지는 손해배상의 청구에 영향을 미치지 않는다(민법 제551조).

01 계약총론

01 서 설

02 계약의 성립

01 계약의 성립에 관한 설명으로 옳지 않은 것은?(다툼이 있으면 판례에 따름) 기출 24

① 의사표시의 불일치로 인해 계약이 성립하지 않는 경우, 그로 인해 손해를 입은 당사자는 상대방이 계약의 불성립을 알았거나 알 수 있었음을 이유로 계약체결상의 과실로 인한 손해배상을 청구할 수 있다.

② 은행 직원이 예금자로부터 돈을 받아 확인한 후에는 실제로 입금하지 않아도 예금자와 은행 사이에 예금계약이 성립한다.

③ 甲이 자신의 X건물을 乙에게 1억원에 팔겠다는 청약을 하였는데, 이 사실을 모르는 乙이 甲에게 X건물을 1억원에 구입하겠다고 청약을 한 경우에 두 청약이 상대방에게 도달한 때에 계약은 성립한다.

④ 매도인이 매수인에게 매매계약의 합의해제를 청약하였는데, 매수인이 그 청약에 대하여 조건을 붙여 승낙한 경우에는 합의해제의 청약이 실효된다.

⑤ 임대인이 임대목적물에 대한 소유권 기타 이를 임대할 권한이 없다고 하더라도 임대차계약은 유효하게 성립할 수 있다.

해설 ① (×) 계약이 의사의 불합치로 성립하지 아니한 경우 그로 인하여 손해를 입은 당사자가 상대방에게 부당이득 반환 청구 또는 불법행위로 인한 손해배상청구를 할 수 있는지는 별론으로 하고, 상대방이 계약이 성립되지 아니할 수 있다는 것을 알았거나 알 수 있었음을 이유로 민법 제535조를 유추적용하여 계약체결상의 과실로 인한 손해배상 청구를 할 수는 없다(대판 2017.11.14. 2015다10929).

② (○) 예금계약은 예금자가 예금의 의사를 표시하면서 금융기관에 돈을 제공하고 금융기관이 그 의사에 따라 그 돈을 받아 확인을 하면 그로써 성립하며, 금융기관의 직원이 그 받은 돈을 금융기관에 입금하지 아니하고 이를 횡령하였다고 하더라도 예금계약의 성립에는 아무런 소장이 없다(대판 1996.1.26. 95다26919).

③ (○) 1억원에 매도, 매수하겠다는 甲과 乙의 청약이 도달한 경우라면 의사표시의 객관적 합치와 주관적 합치가 발생하였으므로 계약이 성립한다.

④ (O) 매매계약 당사자 중 매도인이 매수인에게 매매계약을 합의해제할 것을 청약하였다고 할지라도, 매수인이 그 청약에 대하여 조건을 붙이거나 변경을 가하여 승낙한 때에는 민법 제534조의 규정에 비추어 보면 그 청약의 거절과 동시에 새로 청약한 것으로 보게 되는 것이고, 그로 인하여 종전의 매도인의 청약은 실효된다(대판 2002.4.12. 2000다17834).

⑤ (O) 임대차는 당사자 일방이 상대방에게 목적물을 사용·수익하게 할 것을 약정하고 상대방이 이에 대하여 차임을 지급할 것을 약정함으로써 성립하는 것으로서(민법 제618조 참조), 임대인이 그 목적물에 대한 소유권 기타 이를 임대할 권한이 없다고 하더라도 임대차계약은 유효하게 성립한다(대판 2009.9.24. 2008다38325).

02 계약의 성립에 관한 설명으로 옳지 않은 것은?(다툼이 있으면 판례에 따름) [기출] 21

① 계약의 당사자가 누구인지는 계약에 관여한 당사자의 의사해석 문제로서, 당사자들의 의사가 일치하는 경우에는 그 의사에 따라 계약의 당사자를 확정해야 한다.

② 임대차계약에서 보증금의 지급약정이 있는 경우, 보증금의 수수는 임대차계약의 성립요건이 아니다.

③ 계약이 의사의 불합치로 성립하지 아니한 경우, 그로 인하여 손해를 입은 당사자는 상대방에 대하여 민법 제535조(계약체결상의 과실)를 유추적용하여 손해배상을 청구할 수 있다.

④ 매매계약체결 당시 목적물과 대금이 구체적으로 확정되지 않았더라도, 이행기 전까지 구체적으로 확정될 수 있는 방법과 기준이 정해져 있다면 계약의 성립을 인정할 수 있다.

⑤ 청약자의 의사표시나 관습에 의해 승낙의 통지가 필요하지 않은 경우, 계약은 승낙의 의사표시로 인정되는 사실이 있는 때에 성립한다.

해설
① (O) 계약의 당사자가 누구인지는 계약에 관여한 당사자의 의사해석 문제이다. 당사자들의 의사가 일치하는 경우에는 그 의사에 따라 계약의 당사자를 확정해야 한다. 그러나 당사자들의 의사가 합치되지 않는 경우에는 의사표시 상대방의 관점에서 합리적인 사람이라면 누구를 계약의 당사자로 이해하였을 것인지를 기준으로 판단해야 한다(대판 2019.9.10. 2016다237691).

② (O) 임대차는 사용·수익의 대가로 차임을 지급할 것을 필수요소로 하지만, 보증금의 수수는 임대차계약의 성립요소가 아니다. 보증금계약은 임대차의 종된 계약일 뿐이다.

③ (×) 계약이 의사의 불합치로 성립하지 아니한 경우 그로 인하여 손해를 입은 당사자가 상대방에게 부당이득 반환청구 또는 불법행위로 인한 손해배상청구를 할 수 있는지는 별론으로 하고, 상대방이 계약이 성립되지 아니할 수 있다는 것을 알았거나 알 수 있었음을 이유로 민법 제535조를 유추적용하여 계약체결상의 과실로 인한 손해배상청구를 할 수는 없다(대판 2017.11.14. 2015다10929).

④ (O) 매매계약에 있어서 그 목적물과 대금은 반드시 계약체결 당시에 구체적으로 특정될 필요는 없고 이를 사후에라도 구체적으로 특정할 수 있는 방법과 기준이 정해져 있으면 족하다(대판 1997.1.24. 96다26176).

⑤ (O) 민법 제532조

02 ③ [정답]

03 계약에 관한 설명으로 옳은 것을 모두 고른 것은?(다툼이 있으면 판례에 따름) `기출 20`

> ㄱ. 승낙기간을 정하지 아니한 계약의 청약을 한 자가 상당한 기간 내에 승낙의 통지를 받은 때에는 계약이 성립한다.
> ㄴ. 관습에 의하여 승낙의 의사표시가 필요하지 아니한 경우, 계약의 성립시기는 청약자가 승낙의 의사표시로 인정되는 사실을 알게 된 때이다.
> ㄷ. 어느 일방이 교섭단계에서 계약이 확실하게 체결되리라는 정당한 기대 내지 신뢰를 부여하여 상대방이 그 신뢰에 따라 행동하였음에도 상당한 이유 없이 계약의 체결을 거부하여 손해를 입혔다면 불법행위를 구성할 수 있다.
> ㄹ. 목적이 불능인 계약을 체결할 때에 그 불능을 알 수 있었을 자는 상대방이 그 불능을 알 수 있었더라도 이행이익을 넘지 않은 한도에서 상대방에게 신뢰이익을 배상하여야 한다.

① ㄱ, ㄴ   ② ㄱ, ㄷ
③ ㄴ, ㄹ   ④ ㄱ, ㄷ, ㄹ
⑤ ㄴ, ㄷ, ㄹ

해설 ㄱ. (○) 승낙의 기간을 정하지 아니한 계약의 청약은 청약자가 상당한 기간 내에 승낙의 통지를 받지 못한 때에는 그 효력을 잃는다(민법 제529조). 따라서 반대해석상 청약을 한 자가 상당한 기간 내에 승낙의 통지를 받은 때에는 계약이 성립한다.

ㄴ. (×) 청약자의 의사표시나 관습에 의하여 승낙의 통지가 필요하지 아니한 경우에는 계약은 승낙의 의사표시로 인정되는 사실이 있는 때에 성립한다(민법 제532조).

ㄷ. (○) 어느 일방이 교섭단계에서 계약이 확실하게 체결되리라는 정당한 기대 내지 신뢰를 부여하여 상대방이 그 신뢰에 따라 행동하였음에도 상당한 이유 없이 계약의 체결을 거부하여 손해를 입혔다면 이는 신의성실의 원칙에 비추어 볼 때 계약자유원칙의 한계를 넘는 위법한 행위로서 불법행위를 구성한다(대판 2001.6.15. 99다40418).

ㄹ. (×) 목적이 불능한 계약을 체결할 때에 그 불능을 알았거나 알 수 있었을 자는 상대방이 그 계약의 유효를 믿었음으로 인하여 받은 손해를 배상하여야 한다. 다만, 상대방이 그 불능을 알았거나 알 수 있었을 경우에는 그러하지 아니하다(민법 제535조). 즉, 상대방에게 손해를 배상할 필요가 없다.

04 甲은 2018.9.10. 乙에게 자신이 사용하던 X컴퓨터를 50만원에 매각하겠다는 의사표시와 2018.9.25.까지 구매 여부를 알려 달라는 내용의 편지를 발송하였고, 그 편지는 2018.9.13. 乙에게 도달하였다. 이에 乙이 2018.9.17. X컴퓨터를 50만원에 매수하겠다는 승낙의 편지를 甲에게 발송하였다. 이에 관한 설명으로 옳은 것은? 기출 19

① 甲은 乙이 발송한 편지를 2018.9.19. 받았는데, 甲이 2018.9.24. 개봉하여 읽었다면 매매계약은 2018.9.24. 성립한다.

② 乙이 승낙의 의사표시를 하였으므로, 乙이 발송한 편지를 甲이 2018.9.25.까지 받지 못하였더라도 매매계약은 성립한다.

③ 甲은 乙이 발송한 편지를 2018.9.20. 받았다면, 매매계약은 그때부터 성립하고 효력이 발생한다.

④ 乙이 발송한 편지가 2018.9.26. 甲에게 도달하였고 甲이 2018.9.27. 연착의 통지를 한 경우, 매매계약은 성립하지 않는다.

⑤ 乙이 2018.9.17. 매수하겠다는 편지를 발송하기 전까지 특별한 사정이 없는 한 甲은 乙에 대하여 매각의 의사표시를 철회할 수 있다.

해설 ① (×), ③ (×) 격지자 간의 계약은 승낙의 통지를 발송한 때에 성립한다(민법 제531조). 즉, 승낙의 통지가 승낙기간 내에 청약자에게 도달하면, 승낙통지를 발송한 때에 계약이 성립한다. 여기서 도달이라 함은 사회관념상 채무자가 통지의 내용을 알 수 있는 객관적 상태에 놓여졌다고 인정되는 상태를 지칭한다고 해석되므로, 채무자가 이를 현실적으로 수령하였다거나 그 통지의 내용을 알았을 것까지는 필요로 하지 않는다(대판 1997.11.25. 97다31281). 사안의 경우, 乙의 승낙통지가 승낙기간(2018.9.25.) 내인 2018.9.19. 도달하였으므로, 甲이 편지를 읽은 시점과는 상관없이 매매계약은 乙이 편지를 발송한 2018.9.17. 성립한다.

② (×) 승낙의 기간을 정한 계약의 청약은 청약자가 그 기간 내에 승낙의 통지를 받지 못한 때에는 그 효력을 잃는다(민법 제528조 제1항). 따라서 乙의 승낙통지가 승낙기간(2018.9.25.) 내에 도달하지 못하였다면, 청약은 그 효력을 상실하고, 매매계약 또한 성립하지 아니한다.

④ (○) 승낙의 통지가 전항의 기간 후에 도달한 경우에 보통 그 기간 내에 도달할 수 있는 발송인 때에는 청약자는 지체 없이 상대방에게 그 연착의 통지를 하여야 한다. 그러나 그 도달 전에 지연의 통지를 발송한 때에는 그러하지 아니하다(민법 제528조 제2항). 또한 청약자가 연착의 통지를 하지 아니한 때에는 승낙의 통지는 연착되지 아니한 것으로 본다(민법 제528조 제3항). 따라서 甲이 연착의 통지를 한 이상, 매매계약은 성립하지 아니한다.

⑤ (×) 계약의 청약은 이를 철회하지 못한다(민법 제527조). 따라서 청약이 상대방에게 도달하여 그 효력을 발생한 경우에는, 상대방의 승낙이 있었다는 등의 특별한 사정이 없는 한, 甲은 乙에 대하여 매각의 의사표시를 철회할 수 없다.

05 약관에 관한 설명으로 옳은 것은?(다툼이 있으면 판례에 따름) [기출] 17

① 사업자와 고객 사이에 교섭이 이루어진 약관조항도 「약관의 규제에 관한 법률」에 정한 약관에 해당한다.
② 약관조항이 무효로 되면, 민법상 일부무효의 법리에 따라 그 전부를 무효로 함이 원칙이다.
③ 약관에 정하여진 사항이 거래상 일반적이고 공통된 것이어서 고객이 별도의 설명 없이도 충분히 예상할 수 있었던 사항이더라도, 사업자에게 명시·설명의무가 있다.
④ 사업자가 고객의 대리인과 계약을 체결하는 경우, 설명의무의 상대방이 계약자 본인에 국한되는 것은 아니므로 그 대리인에게 약관을 설명하는 것으로 충분하다.
⑤ 동일한 약관집 내의 대다수의 조항들이 교섭되고 변경된 사정이 있다고 하더라도, 변경되지 아니한 나머지 소수의 조항들에 대해서 교섭이 이루어진 것으로 추정할 수는 없다.

해설 ① (×) 약관의 규제에 관한 법률의 규제대상인 약관이라 함은 그 명칭이나 형태 또는 범위를 불문하고 계약당사자가 다수의 상대방과 계약을 체결하기 위하여 **일정한 형식에 의하여 미리 마련한 계약의 내용이 되는 것**으로서 구체적인 계약에서의 개별적 합의 등은 그 형태에 관계없이 약관에 해당한다고 할 수 없다(대판 2002.10.11. 2002다39807).

② (×) 민법 제137조와 달리, 약관법은 약관조항의 일부가 무효로 되면, 계약은 나머지 부분만으로 유효하게 **존속한다**(약관의 규제에 관한 법률 제16조 본문). 즉, 전부무효가 아닌 일부무효가 원칙이다.

③ (×) 약관에 정하여진 사항이라고 하더라도 거래상 일반적이고 공통된 것이어서 고객이 별도의 설명 없이도 충분히 예상할 수 있었던 사항이거나 이미 법령에 의하여 정하여진 것을 되풀이하거나 부연하는 정도에 불과한 사항이라면, 그러한 사항에 대하여서까지 사업자에게 설명의무가 있다고 할 수는 없다(대판 2019.5.30. 2016다276177).

④ (○) 상법 제638조의3 제1항 및 약관의 규제에 관한 법률 제3조의 규정에 의하여 보험자는 보험계약을 체결할 때 보험계약자에게 보험계약의 중요한 내용에 대하여 구체적이고 상세한 명시·설명의무를 지고 있다. 이 경우 **설명의무의 상대방은 반드시 보험계약자 본인에 국한되는 것이 아니라, 보험자가 보험계약자의 대리인과 보험계약을 체결할 경우에는 그 대리인에게 보험약관을 설명함으로써 족하다**(대판 2001.7.27. 2001다23973).

⑤ (×) 동일한 약관집 내의 대다수의 조항들이 교섭되고 변경된 사정이 있다면, 변경되지 아니한 나머지 소수의 조항들에 대해서도 교섭이 이루어진 것으로 추정할 수 있다(대판 2000.12.22. 99다4634).

06 甲과 乙 사이에 계약이 성립한 경우를 모두 고른 것은? ^{기출} 13

> ㄱ. 甲이 청약일로부터 15일간의 승낙기간을 정하여 乙에게 청약을 하였고, 乙이 승낙기간을 지나 승낙통지를 발송하여 甲에게 도착하였는데, 甲이 乙의 승낙에 대하여 조건을 붙여 승낙의 의사표시를 하여 그 의사표시가 乙에게 도달된 경우
> ㄴ. 甲이 2013.1.10. 乙에게 A를 100만원에 팔겠다는 청약을 하였으나, 乙이 그와 같은 甲의 청약사실을 알지 못한 채 같은 달 12일 甲에게 A를 100만원에 사겠다는 청약을 하였는데, 甲과 乙의 청약이 모두 상대방에게 도달한 경우
> ㄷ. 甲의 청약에 대하여 乙이 조건을 붙여서 승낙을 하였는데, 甲이 乙의 조건부 승낙에 대하여 승낙의 의사표시를 하여 그 의사표시가 乙에게 도달된 경우

① ㄴ ② ㄷ
③ ㄱ, ㄷ ④ ㄴ, ㄷ
⑤ ㄱ, ㄴ, ㄷ

해설 ㄱ. (×) 승낙의 기간을 정한 계약의 청약은 청약자가 그 기간 내에 승낙의 통지를 받지 못한 때에는 그 효력을 잃는다(민법 제528조 제1항). 반면, 연착된 승낙은 청약자가 이를 새 청약으로 볼 수 있고(민법 제530조), 승낙자가 청약에 대하여 조건을 붙이거나 변경을 가하여 승낙한 때에는 그 청약의 거절과 동시에 새로 청약한 것으로 본다(민법 제534조). 따라서 乙의 승낙의 의사표시가 인정되지 아니하는 한, 甲과 乙 사이의 계약은 성립하지 아니한다.
ㄴ. (○) 당사자 간에 동일한 내용의 청약이 상호 교차된 경우에는 양 청약이 상대방에게 도달한 때에 계약이 성립한다(민법 제533조).
ㄷ. (○) 乙의 조건부 승낙은 새로운 청약에 해당하므로(민법 제534조), 甲이 乙의 조건부 승낙에 대하여 승낙의 의사표시를 하여 그 의사표시가 乙에게 도달된 경우에는, 甲과 乙 사이에 계약이 성립한다.

동시이행의 항변권

01 동시이행의 항변권에 관한 설명으로 옳지 않은 것은?(다툼이 있다면 판례에 따름) `기출` 22

① 동일한 사정이 없는 한 수뢰 급부의무만이 동시이행의 관계에 있다.

② 쌍방의 채무가 별개의 계약에 기한 것이라도 당사자들은 특약으로 동시이행의 항변권을 성립시킬 수 있다.

③ 쌍무계약의 당사자 일방이 선이행의무를 이행하지 않고 있던 중 상대방 채무의 이행기가 도래한 경우에도 특별한 사정이 없는 한 동시이행의 항변권을 행사할 수 있다.

④ 채무자에게 민법 제356조 제2항의 불안의 항변권이 인정되기 위해서는 채권자 측에 발생한 사정이 신용불안이나 재산상태 악화와 같이 객관적·일반적인 것이어야 한다.

⑤ 부동산 매도인이 동시이행의 항변권을 가지는 경우에는 이행거절 의사를 구체적으로 밝히지 않았더라도 동시이행의 항변권으로 인해 이행지체책임이 발생하지 않는다.

해설 ① (○) 견련성은 주된 급부의무 사이에서 문제되고, 부수의무 상호 간 또는 그와 주된 급부의무 사이에서는 원칙적으로 동시이행관계가 인정되지 않는다.

② (○) 당사자 쌍방이 각각 별개의 약정으로 상대방에 대하여 채무를 지게 된 경우에는 자기의 채무이행과 상대방의 어떤 채무이행과를 견련시켜 동시이행을 하기로 특약한 사실이 없다면 상대방이 자기에게 이행할 채무가 있다 하더라도 동시이행의 항변권이 생긴다고 볼 수 없다(대판 1989.2.14. 88다카10753).

③ (○) 쌍무계약인 매매계약에서 매수인이 선이행의무인 잔금지급의무를 이행하지 않던 중 매도인도 소유권이전등기의무의 이행을 제공하지 아니한 채 소유권이전등기의무의 이행기를 도과한 경우, 여전히 선이행의무로 하기로 약정하는 등 특별한 사정이 없는 한 매도인과 매수인 쌍방의 의무는 동시이행 관계에 놓이게 된다(대판 1999.7.9. 98다13754·13761).

④ (×) 민법 제536조 제2항은 쌍무계약의 당사자 일방이 상대방에게 먼저 이행을 하여야 하는 의무를 지고 있는 경우에도 "상대방의 이행이 곤란할 현저한 사유가 있는 때"에는 동시이행의 항변권을 가진다고 하여, 이른바 '불안의 항변권'을 규정한다. 여기서 '상대방의 이행이 곤란할 현저한 사유'란 선이행채무를 지게된 채무자가 계약성립 후 채권자의 신용불안이나 재산상태의 악화 등의 사정으로 반대급부를 이행받을 수 없는 사정변경이 생기고 이로 인하여 당초의 계약내용에 따른 선이행의무를 이행하게 하는 것이 공평과 신의칙에 반하게 되는 경우를 말하고, 이와 같은 사유가 있는지 여부는 당사자 쌍방의 사정을 종합하여 판단되어야 한다. 한편 위와 같은 불안의 항변권을 발생시키는 사유에 관하여 신용불안이나 재산상태 악화와 같이 채권자 측에 발생한 객관적·일반적 사정만이 이에 해당한다고 제한적으로 해석할 이유는 없다(대판 2012.3.29. 2011다93025).

⑤ (○) 쌍무계약의 당사자 일방이 계약상 선이행의무를 부담하고 있는데 그와 대가관계에 있는 상대방의 채무가 아직 이행기에 이르지 아니하였지만 이행기의 이행이 현저히 불투명하게 된 경우에는 민법 제536조 제2항 및 신의칙에 의하여 그 당사자에게 반대급부의 이행이 확실하여 질 때까지 선이행의무의 이행을 거절할 수 있고, 이와 같이 대가적 채무 간에 이행거절의 권능을 가지는 경우에는 비록 이행거절 의사를 구체적으로 밝히지 아니하였다고 할지라도 이행거절 권능이 존재 자체로 이행지체책임은 발생하지 않는다(대판 1999.7.9. 98다13754·13761).

02 동시이행의 항변권에 관한 설명으로 옳지 않은 것은?(다툼이 있으면 판례에 따름) 기출 21

① 부동산 매매계약에서 매수인이 부가가치세를 부담하기로 약정한 경우, 특별한 사정이 없는 한 부가가치세를 포함한 매매대금 전부와 부동산의 소유권이전등기의무는 동시이행관계에 있다.

② 공사도급계약상 도급인의 지체상금채권과 수급인의 공사대금채권은 특별한 사정이 없는 한 동시이행관계에 있다고 할 수 없다.

③ 구분소유적 공유관계가 전부 해소된 경우, 공유지분권자 상호 간의 지분이전등기의무는 동시이행의 관계에 있다.

④ 원인채무의 지급을 담보하기 위하여 어음이 교부된 경우, 채무자는 어음반환과 동시이행을 주장하여 원인채무의 지급을 거절할 수는 없다.

⑤ 동시이행의 관계에 있는 쌍방의 채무 중 어느 한 채무가 이행불능이 됨으로 인하여 발생한 손해배상채무도 여전히 다른 채무와 동시이행의 관계에 있다.

해설 ① (○) 부동산 매매계약에 있어 매수인이 부가가치세를 부담하기로 약정한 경우, <u>부가가치세를 매매대금과 별도로 지급하기로 했다는 등의 특별한 사정이 없는 한 부가가치세를 포함한 매매대금 전부와 부동산의 소유권이전등기의무가 동시이행의 관계에 있다고 봄이 상당하다</u>(대판 2006.2.24. 2005다58656·58663).

② (○) <u>공사도급계약상 도급인의 지체상금채권과 수급인의 공사대금채권은 특별한 사정이 없는 한 동시이행의 관계에 있다고 할 수 없다</u>(대판 2015.8.27. 2013다81224·81231).

③ (○) 구분소유적 공유관계가 해소되는 경우 공유지분권자 상호 간의 지분이전등기의무는 그 이행상 견련관계에 있다고 봄이 공평의 관념 및 신의칙에 부합하고, 또한 각 공유지분권자는 특별한 사정이 없는 한 제한이나 부담이 없는 완전한 지분소유권이전등기의무를 지므로, 그 구분소유권 공유관계를 표상하는 공유지분에 근저당권설정등기 또는 압류, 가압류등기가 경료되어 있는 경우에는 그 공유지분권자로서는 그러한 각 등기도 말소하여 완전한 지분소유권이전등기를 해 주어야 한다. 따라서 <u>구분소유적 공유관계가 해소되는 경우 쌍방의 지분소유권이전등기의무와 아울러 그러한 근저당권설정등기 등의 말소의무 또한 동시이행의 관계에 있다</u>(대판 2008.6.26. 2004다32992).

④ (×) <u>기존채무와 어음, 수표채무가 병존하는 경우 원인채무의 이행과 어음, 수표의 반환이 동시이행의 관계에 있다</u> 하더라도 채권자가 어음, 수표의 반환을 제공을 하지 아니하면 채무자에게 적법한 이행의 최고를 할 수 없다고 할 수는 없고, <u>채무자는 원인채무의 이행기를 도과하면 원칙적으로 이행지체의 책임을 지고, 채권자로부터 어음, 수표의 반환을 받지 아니하였다 하더라도 이 어음, 수표를 반환하지 않음을 이유로 위와 같은 항변권을 행사하여 그 지급을 거절하고 있는 것이 아닌 한 이행지체의 책임을 면할 수 없다</u>(대판 1993.11.9. 93다11203·11210[반소]).

⑤ (○) 동시이행의 관계에 있는 쌍방의 채무 중 어느 한 채무가 이행불능이 됨으로 인하여 발생한 손해배상채무도 여전히 다른 채무와 동시이행의 관계에 있다(대판 2000.2.25. 97다30066).

03 동시이행관계에 관한 설명으로 옳은 것은?(다툼이 있으면 판례에 따름) _{기출} 20

① 목적물 인도와 대금지급이 동시이행관계에 있는 매매에서 매도인이 대금채권을 제3자에게 양도하고 매수인에게 통지한 경우, 매수인은 제3자에 대해 동시이행의 항변권을 행사할 수 없다.

② 매수인이 선이행의무 있는 중도금 지급을 이행하지 않은 상태에서 잔대금 지급과 동시이행관계에 있는 매도인의 소유권이전등기 소요 서류 제공 없이 잔대금지급기일이 도과한 경우, 특별한 사정이 없는 한 그때 이후의 기간에 대해서는 매수인은 위 중도금을 지급하지 않더라도 이행지체의 책임을 지지 않는다.

③ 동시이행관계에 있는 채무에 있어 상대방의 이행제공을 수령하지 않음으로써 수령지체에 빠진 당사자는 그 후 상대방이 자신의 채무의 이행제공 없이 이행을 청구하는 경우 동시이행의 항변권을 행사할 수 없다.

④ 동시이행의 항변권이 붙은 채권을 수동채권으로 하여 상계하지 못한다.

⑤ 乙이 甲의 공장건물을 매수한 뒤 그 소유권이전등기 전에 甲의 동의를 얻어 丙에게 임대하였으나 甲이 매매계약을 적법하게 해제하고 丙에게 건물명도를 청구하는 경우, 丙의 甲에 대한 건물명도의무와 乙의 보증금반환의무는 동시이행관계에 있다.

해설 ① (×) 채권양도에 의하여 채권은 그 동일성을 유지하면서 양수인에게 이전되고, 채무자는 양도통지를 받은 때까지 양도인에 대하여 생긴 사유로써 양수인에게 대항할 수 있다(민법 제451조 제2항, 대판 2015.4.9. 2014다80945). 따라서 사안의 경우, 매수인은 제3자에 대하여 동시이행의 항변권을 행사할 수 있다.

② (○) 매수인이 선이행의무 있는 중도금 등 매매대금을 이행하지 않았더라도 계약이 해제되지 않은 상태에서 잔대금지급기일까지 중도금과 잔대금이 지급되지 아니하고, 잔대금과 동시이행관계에 있는 매도인의 소유권이전등기 소요 서류가 제공된 바 없이 그 기일이 도과되었으면 매수인의 중도금 및 잔대금의 지급과 매도인의 소유권이전등기 소요 서류의 제공은 동시이행관계에 있다 할 것이고 그때부터는 매수인이 위 중도금을 지급하지 아니한 데 대한 이행지체의 책임을 지지 않는다(대판 1989.10.27. 88다카33442).

③ (×), ④ (×) [1] 동시이행관계에 있는 채무를 부담하는 쌍방당사자 중 일방이 먼저 현실의 제공을 하고 상대방을 수령지체에 빠지게 하였다고 하더라도 그 이행의 제공이 계속되지 아니하였다면 과거에 이행제공이 있었다는 사실만으로 상대방이 가지는 동시이행의 항변권이 소멸하지 아니한다. [2] 항변권이 붙어 있는 채권을 자동채권으로 하여 다른 채무(수동채권)와의 상계를 허용한다면 상계자 일방의 의사표시에 의하여 상대방의 항변권 행사의 기회를 상실시키는 결과가 되므로 그러한 상계는 허용될 수 없다(대판 2014.4.30. 2010다11323).

⑤ (×) 건물매수인이 아직 건물의 소유권을 취득하지 못한 채 매도인의 동의를 얻어 제3자에게 임대하였으나 매수인(임대인)의 채무불이행으로 매도인이 매매계약을 해제하고 임차인에게 건물의 명도를 구하는 경우 임차인은 매도인에 대한 관계에서 건물의 전차인의 지위와 흡사하다 할 것인바, 임대인의 동의 있는 전차인도 임차인의 채무불이행으로 임대차계약이 해지되면 특단의 사정이 없는 한 임대인에 대해서 전차인의 전대차에 대한 권리를 주장할 수가 없고, 또 임차인이 매매계약목적물에 대하여 직접 임차권을 취득했다고 보더라도, 대항력을 갖추지 아니한 상태에서는 그 매매계약이 해제되어 소급적으로 실효되면 그 권리를 보호받을 수가 없다는 점에 비추어 볼 때, 임차인의 건물명도의무와 매수인(임대인)의 보증금반환의무를 동시이행관계에 두는 것은 오히려 공평의 원칙에 반한다 할 것이다(대판 1990.12.7. 90다카24939).

동시이행의 항변권에 관한 설명으로 옳은 것은?(다툼이 있으면 판례에 따름) 기출 19

① 근저당권 실행을 위한 경매가 무효로 된 경우, 매수인의 채무자에 대한 소유권이전등기말소의무와 근저당권자의 매수인에 대한 배당금반환의무는 동시이행관계에 있다.

② 동시이행관계에 있는 쌍방의 채무 중 어느 한 채무가 이행불능이 됨으로 인하여 발생한 손해배상채무는 다른 채무와 동시이행관계에 있지 않다.

③ 가압류등기가 있는 부동산매매계약의 경우, 특별한 사정이 없는 한 매도인의 가압류등기의 말소의무는 매수인의 대금지급의무와 동시이행관계에 있지 않다.

④ 쌍방의 채무가 동시이행관계에 있는 경우, 상대방채무의 이행제공이 없더라도 채무자가 이행기에 채무를 이행하지 않으면 이행지체의 책임을 진다.

⑤ 부동산매매계약에서 매수인이 부가가치세를 부담하기로 약정한 경우, 특별한 사정이 없는 한 부가가치세를 포함한 매매대금 전부와 부동산소유권이전등기의무가 동시이행관계에 있다.

해설

① (×) 근저당권 실행을 위한 경매가 무효로 되어 채권자(＝근저당권자)가 채무자를 대위하여 낙찰자에 대한 소유권이전등기말소청구권을 행사하는 경우, 낙찰자가 부담하는 소유권이전등기말소의무는 채무자에 대한 것인 반면, 낙찰자의 배당금반환청구권은 실제 배당금을 수령한 채권자(＝근저당권자)에 대한 채권인바, 채권자(＝근저당권자)가 낙찰자에 대하여 부담하는 배당금반환채무와 낙찰자가 채무자에 대하여 부담하는 소유권이전등기말소의무는 서로 이행의 상대방을 달리하는 것으로서, 채권자(＝근저당권자)의 배당금반환채무가 동시이행의 항변권이 부착된 채 채무자로부터 승계된 채무도 아니므로, 위 두 채무는 동시에 이행되어야 할 관계에 있지 아니하다(대판 2006.9.22. 2006다24049).

② (×) 동시이행의 관계에 있는 쌍방의 채무 중 어느 한 채무가 이행불능이 됨으로 인하여 발생한 손해배상채무도 여전히 다른 채무와 동시이행의 관계에 있다(대판 2000.2.25. 97다30066).

③ (×) 가압류등기 등이 있는 부동산의 매매계약에 있어서는 매도인의 소유권이전등기의무와 아울러 가압류등기의 말소의무도 매수인의 대금지급의무와 동시이행관계에 있다(대판 2000.11.28. 2000다8533).

④ (×) 당사자 쌍방의 채무가 동시이행관계에 있는 경우 일방채무의 이행기가 도래하더라도 상대방채무의 이행제공이 있을 때까지는 채무를 이행하지 않아도 이행지체의 책임을 지지 않는다(대판 2019.10.31. 2019다247651).

⑤ (○) 부동산매매계약에 있어 매수인이 부가가치세를 부담하기로 약정한 경우, 부가가치세를 매매대금과 별도로 지급하기로 했다는 등의 특별한 사정이 없는 한 부가가치세를 포함한 매매대금 전부와 부동산의 소유권이전등기의무가 동시이행의 관계에 있다고 봄이 상당하다(대판 2006.2.24. 2005다58656·58663).

05 동시이행의 항변권에 관한 설명으로 옳은 것을 모두 고른 것은?(다툼이 있으면 판례에 따름)

기출 18

> ㄱ. 매매계약을 맺은 후에야 매수인이 등기부상의 매매목적물이 매도인의 소유가 아니라는 것을 알게 되었다면 매수인은 중도금 지급을 선이행하기로 하였더라도 그 지급을 거절할 수 있다.
> ㄴ. 임대차계약 종료 후 발생하는, 임차인의 임차목적물반환의무와 임대인의 임차보증금반환의무는 동시이행관계이다.
> ㄷ. 임대차계약 해제에 따른 임차인의 목적물반환의무와 임대인의 목적물을 사용수익하게 할 의무불이행에 대한 약정지연손해배상의무는 특별한 사정이 없는 한 동시이행관계이다.
> ㄹ. 채무자의 변제와 채권자의 채권증서반환의무는 동시이행관계이다.
> ㅁ. 가압류등기가 있는 부동산의 매매계약에서 매도인의 소유권이전등기의무와 아울러 가압류등기의 말소의무도 매수인의 대금지급의무와 동시이행관계이다.
> ㅂ. 부동산매매계약에서 부동산소유권이전등기의무뿐만 아니라 그 인도의무도 대금지급의무와 동시이행관계이다.

① ㄱ, ㄴ
② ㄴ, ㄷ
③ ㄱ, ㄴ, ㅁ, ㅂ
④ ㄱ, ㄷ, ㄹ, ㅁ
⑤ ㄴ, ㄷ, ㅁ, ㅂ

해설 ㄱ.(○) 매매계약을 맺은 후에야 등기부상 매매목적물이 매도인의 소유가 아닌 것이 발견되었다면 매수인은 경우에 따라서는 민법 제588조에 의하여 중도금의 지급을 거절할 수 있고 그렇지 않다고 하더라도 계약에 있어서의 형평의 원칙이나 신의성실의 원칙에 비추어 선행의무에 해당하는 중도금지급의무라 하더라도 그 지급을 거절할 수 있다(대판 1974.6.11. 73다1632).

ㄴ.(○) 임대차계약의 종료에 의하여 발생된 임차인의 목적물반환의무와 임대인의 연체차임을 공제한 나머지 보증금의 반환의무는 동시이행의 관계에 있다(대판 1998.5.29. 98다6497).

ㄷ.(×) 임대차계약 해제에 따른 **임차인의** 임대차계약의 이행으로 이루어진 **목적물 인도의 원상회복의무와 임대인이** 임차인에게 건물을 사용수익하게 할 의무를 불이행한 데 대하여 손해배상을 하기로 한 각서에 기하여 발생된 **약정지연손해배상의무는** 하나의 임대차계약에서 이루어진 계약이행의 원상회복관계에 있지 않고 그 발생원인을 달리하고 있어 특별한 사정이 없는 한 양자 사이에 이행상의 견련관계는 없으므로 **임차인의 동시이행의 항변은 배척되어야 한다**(대판 1990.12.26. 90다카25383).

ㄹ.(×) 채무자가 채무 전부를 변제한 때에는 채권자에게 채권증서의 반환을 청구할 수 있으며, 제3자가 변제를 하는 경우에는 제3자도 채권증서의 반환을 구할 수 있으나(민법 제475조 참조), 이러한 **채권증서반환청구권은 채권 전부를 변제한 경우에 인정되는 것이고, 영수증교부의무와는 달리 변제와 동시이행관계에 있지 않다**(대판 2005.8.19. 2003다22042).

ㅁ.(○) 가압류등기 등이 있는 부동산의 매매계약에 있어서는 매도인의 소유권이전등기의무와 아울러 가압류등기의 말소의무도 매수인의 대금지급의무와 동시이행관계에 있다(대판 2000.11.28. 2000다8533).

ㅂ.(○) 부동산의 매매계약이 체결된 경우에는 매도인의 소유권이전등기의무, 인도의무와 매수인의 잔대금지급의무는 동시이행의 관계에 있는 것이 원칙이고, 이 경우 매도인은 특별한 사정이 없는 한 제한이나 부담이 없는 소유권이전등기의무를 지는 것이므로 매매목적부동산에 지상권이 설정되어 있고 가압류등기가 되어 있는 경우에는 비록 매매가액에 비하여 소액인 금원의 변제로써 언제든지 말소할 수 있는 것이라 할지라도 매도인은 이와 같은 등기를 말소하여 완전한 소유권이전등기를 해 주어야 한다(대판 1991.9.10. 91다6368).

06 동시이행의 항변권에 관한 설명으로 옳지 않은 것은?(다툼이 있으면 판례에 따름) 기출 16

① 당사자 쌍방의 채무가 각각 별개의 계약에 의하여 생긴 경우에는 특별한 사정이 없는 한 동시이행의 항변권이 인정되지 않는다.

② 당사자 일방의 채무가 손해배상채무로 전환되는 경우 본래의 채무와 손해배상채무는 동일성을 유지하므로 동시이행항변권은 존속한다.

③ 공사도급계약의 도급인이 자기 소유의 토지에 근저당권을 설정하여 수급인으로 하여금 공사에 필요한 자금을 대출받도록 한 경우, 수급인의 근저당권말소의무는 도급인의 공사대금채무보다 먼저 이행되어야 한다.

④ 매수인이 선이행해야 할 중도금을 지급하지 않은 채 잔대금지급일을 경과한 경우, 매수인의 중도금과 지연손해금 및 잔대금지급채무와 매도인의 소유권이전등기의무는 특별한 사정이 없는 한 동시이행관계에 있다.

⑤ 당사자 일방이 먼저 현실의 제공을 함으로써 상대방을 수령지체에 빠지게 하였다 하더라도 그 이행의 제공이 계속되지 않는 경우에는 과거에 이행의 제공이 있었다는 사실만으로 상대방이 가지는 동시이행의 항변권이 소멸하지 않는다.

해설 ① (○) 당사자 쌍방이 각각 별개의 약정으로 상대방에 대하여 채무를 지게 된 경우에는 자기의 채무이행과 상대방의 어떤 채무이행과를 견련시켜 동시이행을 하기로 특약한 사실이 없다면 상대방이 자기에게 이행할 채무가 있다 하더라도 동시이행의 항변권이 생긴다고 볼 수 없다(대판 1989.2.14. 88다카10753).

② (○) 동시이행의 관계에 있는 쌍방의 채무 중 어느 한 채무가 이행불능이 됨으로 인하여 발생한 손해배상채무도 여전히 다른 채무와 동시이행의 관계에 있다(대판 2014.4.30. 2010다11323).

③ (×) 공사도급계약의 도급인이 자신 소유의 토지에 근저당권을 설정하여 수급인으로 하여금 공사에 필요한 자금을 대출받도록 한 경우, 수급인의 근저당권말소의무는 도급인의 공사대금채무에 대하여 공사도급계약상 고유한 대가관계가 있는 의무는 아니지만, 담보제공의 경위와 목적, 대출금의 사용용도 및 그에 따른 공사대금의 실질적 선급과 같은 자금지원효과와 이로 인하여 도급인이 처하게 될 이중지급의 위험 등 구체적인 계약관계에 비추어 볼 때, 이행상의 견련관계가 인정되므로 양자는 서로 동시이행의 관계에 있고, 나아가 수급인이 근저당권말소의무를 이행하지 아니한 결과 도급인이 위 대출금 및 연체이자를 대위변제함으로써 수급인이 지게 된 구상금채무도 근저당권말소의무의 변형물로서 그 대등액의 범위 내에서 도급인의 공사대금채무와 동시이행의 관계에 있다(대판 2010.3.25. 2007다35152).

④ (○) 매수인이 선이행하여야 할 중도금 지급을 하지 아니한 채 잔대금지급일을 경과한 경우에는 매수인의 중도금 및 이에 대한 지급일 다음 날부터 잔대금지급일까지의 지연손해금과 잔대금의 지급채무는 매도인의 소유권이전등기의무와 특별한 사정이 없는 한 동시이행관계에 있다(대판 1991.3.27. 90다19930).

⑤ (○) 쌍무계약의 당사자 일방이 먼저 한 번 현실의 제공을 하고 상대방을 수령지체에 빠지게 하였다 하더라도 그 이행의 제공이 계속되지 않는 경우는 과거에 이행의 제공이 있었다는 사실만으로 상대방이 가지는 동시이행의 항변권이 소멸하는 것은 아니므로, 일시적으로 당사자 일방의 의무의 이행제공이 있었으나 곧 그 이행의 제공이 중지되어 더 이상 그 제공이 계속되지 아니하는 기간 동안에는 상대방의 의무가 이행지체 상태에 빠졌다고 할 수는 없다고 할 것이고, 따라서 그 이행의 제공이 중지된 이후에 상대방의 의무가 이행지체되었음을 전제로 하는 손해배상청구도 할 수 없다(대판 1999.7.9. 98다13754·13761).

07 동시이행의 항변권에 관한 설명으로 옳은 것은?(다툼이 있는 경우에는 판례에 의함) 기출 13

① 당사자 쌍방이 각각 별개의 약정으로 상대방에 대하여 채무를 지게 된 경우, 특약이 없더라도 상대방이 자기에게 이행할 채무가 있다는 점을 들어 동시이행의 항변권을 행사할 수 있다.

② 쌍무계약에서 선이행의무자가 선이행하여야 할 채무를 이행하지 않은 상태에서 상대방의 채무가 이행기에 도달한 경우, 선이행의무자는 동시이행의 항변권을 행사할 수 없다.

③ 당사자 일방의 이행제공이 계속되지 않더라도 이미 과거에 유효한 이행의 제공이 있었던 경우, 상대방은 더 이상 동시이행의 항변권을 행사할 수 없다.

④ 동시이행의 항변권이 있는 채무의 이행기가 도래한 경우, 그 채무자는 반대채무의 이행의 제공이 없는 한 동시이행의 항변권을 행사하지 않더라도 지체책임을 지지 않는다.

⑤ 쌍무계약이 무효로 되어 각 당사자가 그 이행으로 취득한 것을 서로 반환하여야 하는 경우, 각 당사자의 반환의무는 동시이행의 관계에 있지 않다.

해설 ① (×) 당사자 쌍방이 각각 별개의 약정으로 상대방에 대하여 채무를 지게 된 경우에는 자기의 채무이행과 상대방의 어떤 채무이행과를 견련시켜 동시이행을 하기로 특약한 사실이 없다면 상대방이 자기에게 이행할 채무가 있다 하더라도 동시이행의 항변권이 생긴다고 볼 수 없다(대판 1989.2.14. 88다카10753).

② (×) 매수인이 선이행의무 있는 중도금을 이행하지 않았다 하더라도 계약이 해제되지 않은 상태에서 잔대금 지급기일이 도래하여 그때까지 중도금과 잔대금이 지급되지 아니하고 잔대금과 동시이행관계에 있는 매도인의 소유권이전등기 소요 서류가 제공된 바 없이 그 기일이 도과하였다면 매수인의 위 중도금 및 잔대금의 지급과 매도인의 소유권이전등기 소요 서류의 제공은 동시이행관계에 있다 할 것이어서 그때부터는 매수인은 위 중도금을 지급하지 아니한 데 대한 이행지체의 책임을 지지 아니한다(대판 1988.9.27. 87다카1029).

③ (×) 쌍무계약의 당사자 일방이 먼저 한 번 현실의 제공을 하고 상대방을 수령지체에 빠지게 하였다 하더라도 그 이행의 제공이 계속되지 않는 경우는 과거에 이행의 제공이 있었다는 사실만으로 상대방이 가지는 동시이행의 항변권이 소멸하는 것은 아니므로, 일시적으로 당사자 일방의 의무의 이행제공이 있었으나 곧 그 이행의 제공이 중지되어 더 이상 그 제공이 계속되지 아니하는 기간 동안에는 상대방의 의무가 이행지체 상태에 빠졌다고 할 수는 없다고 할 것이고, 따라서 그 이행의 제공이 중지된 이후에 상대방의 의무가 이행지체되었음을 전제로 하는 손해배상청구도 할 수 없다(대판 1999.7.9. 98다13754 · 13761).

④ (○) 쌍무계약에서 쌍방의 채무가 동시이행관계에 있는 경우 일방의 채무의 이행기가 도래하더라도 상대방 채무의 이행제공이 있을 때까지는 그 채무를 이행하지 않아도 이행지체의 책임을 지지 않는 것이고, 이와 같은 효과는 이행지체의 책임이 없다고 주장하는 자가 반드시 동시이행의 항변권을 행사하여야만 발생하는 것은 아니다(대판 1998.3.13. 97다54604 · 54611). 즉, 이행지체의 저지효는 존재효이다.

⑤ (×) 쌍무계약이 무효로 되어 각 당사자가 서로 취득한 것을 반환하여야 할 경우, 어느 일방의 당사자에게만 먼저 그 반환의무의 이행이 강제된다면 공평과 신의칙에 위배되는 결과가 되므로 각 당사자의 반환의무는 동시이행관계에 있다(대판 2007.12.28. 2005다38843).

08 甲은 5월 2일 乙에게 고장 난 자신의 시계수리를 맡기고, 그 시계를 5월 9일에 찾아가면서 수리대금을 지급하기로 하였다. 그런데 甲은 5월 9일 시계의 수리대금을 지급하지 아니한 채 乙에게 그 시계의 반환을 요구하였다. 다음 설명으로 옳지 않은 것은?(다툼이 있는 경우에는 판례에 의함) 기출 12

① 乙은 甲이 수리대금을 제공할 때까지 동시이행의 항변권을 행사할 수 있다.

② 乙은 甲이 수리대금을 제공할 때까지 유치권을 행사할 수 있다.

③ 甲이 수리대금을 제공하여 乙을 수령지체에 빠뜨린 후 甲이 다시 이행제공을 하지 않고 시계의 반환을 청구하면, 乙은 동시이행의 항변권을 행사할 수 있다.

④ 乙이 자신의 수리대금채권을 丙에게 양도하고 甲에게 통지한 경우, 丙이 甲에게 수리대금 지급을 청구한 때에는 甲은 乙에게 대항할 수 있는 항변사유로 대항할 수 있다.

⑤ 만약 시계의 소유자가 丁인 경우, 丁이 乙에게 시계의 반환을 청구하면, 乙은 丁에게 유치권을 행사할 수 없다.

해설 ① (○), ② (○), ⑤ (×) 동시이행의 항변권은 채권적 권리로서 계약상대방에게만 주장할 수 있으나, 유치권은 물권으로서 누구에게나 주장할 수 있다. 따라서 乙은 甲이 수리대금을 제공할 때까지 계약상대방인 甲에게 동시이행의 항변권 및 유치권을 행사할 수 있다. 이와 달리 시계소유자가 丁이고, 丁이 乙에게 그 시계의 반환을 청구하는 경우에는, 乙은 계약상대방이 아닌 丁에게 동시이행의 항변권을 행사할 수 없으나, 유치권을 행사할 수는 있다.

③ (○) 쌍무계약의 당사자 일방이 먼저 한 번 현실의 제공을 하고 상대방을 수령지체에 빠지게 하였다 하더라도 그 이행의 제공이 계속되지 않는 경우는 과거에 이행의 제공이 있었다는 사실만으로 상대방이 가지는 동시이행의 항변권이 소멸하는 것은 아니다(대판 1999.7.9. 98다13754·13761). 따라서 사안의 경우, 乙은 동시이행의 항변권을 행사할 수 있다.

④ (○) 양도인 乙이 양도통지만을 한 때에는 채무자 甲은 그 통지를 받은 때까지 乙에 대하여 생긴 사유로써 양수인 丙에게 대항할 수 있다(민법 제451조 제2항).

위험부담

01 甲은 2024.2.10. 자신이 소유하는 특정 도자기를 1천만원에 乙에게 매도하기로 약정하면서 2024.2.28. 乙에게 인도하기로 하였다. 이에 관한 설명으로 옳지 않은 것은?(다툼이 있으면 판례에 따름) <u>기출</u> 24

① 乙이 기르고 도자기가 멸실된 경우, 甲은 도자기 이전의무를 면하면서 얻은 이익이 있더라도 이를 乙에게 상환할 필요는 없다.

② 도자기가 2024.2.20. 지진으로 멸실된 경우, 甲은 乙에게 매매대금의 지급을 청구할 수 없다.

③ 乙이 계약체결 당시 甲에게 매매대금을 지급하였는데, 도자기가 2024.2.20. 지진으로 멸실된 경우에 乙은 甲에게 부당이득반환을 청구할 수 있다.

④ 乙의 과실로 도자기가 멸실된 경우, 甲은 乙에게 매매대금의 지급을 청구할 수 있다.

⑤ 乙의 수령지체 중에 지진으로 도자기가 멸실된 경우, 甲은 乙에게 매매대금의 지급을 청구할 수 있다.

해설 ① (×) 채권자 귀책사유로 인한 이행불능시 채무자는 채무를 면함으로써 이익을 얻는 때에는 이를 채권자에게 상환하여야 한다(민법 제538조 제2항) 따라서 사례에서 乙의 과실로 도자기가 멸실된 경우, 甲은 도자기 이전의무를 면하면서 얻은 이익이 있으면 이를 乙에게 상환해야 한다.

② (○) 쌍무계약의 당사자 일방의 채무가 당사자쌍방의 책임 없는 사유로 이행할 수 없게 된 때에는 채무자는 상대방의 이행을 청구하지 못한다(민법 제537조). 따라서 도자기가 2024.2.20. 지진으로 멸실된 경우, 甲은 乙에게 매매대금의 지급을 청구할 수 없다.

③ (○) 계약일에 대금을 지급했고 그 후 인도일 이전에 쌍방 귀책사유없는 사유로 이행불능이 된 경우이므로 부당이득의 법리에 따라 乙은 甲에게 부당이득반환을 청구할 수 있다.

④ (○) 민법 제538조 제1항 전문

> **채권자귀책사유로 인한 이행불능(민법 제538조)**
> ① 쌍무계약의 당사자 일방의 채무가 채권자의 책임있는 사유로 이행할 수 없게 된 때에는 채무자는 상대방의 이행을 청구할 수 있다. 채권자의 수령지체 중에 당사자쌍방의 책임없는 사유로 이행할 수 없게 된 때에도 같다.

⑤ (○) 민법 제538조 제1항 후문

02 甲은 자기 소유의 주택에 대하여 乙과 매매계약을 체결하고 계약금과 중도금만 받은 상태이다. 그런데 제3자 丙의 방화로 甲과 乙의 과실 없이 그 주택이 소실된 경우, 다음 설명 중 옳지 않은 것은?(다툼이 있는 경우에는 판례에 의함) 기출 10

① 甲과 乙 상호 간에는 채무불이행에 의한 손해배상청구권이 발생하지 않는다.

② 甲은 이미 지급받은 계약금과 중도금을 乙에게 반환하여야 한다.

③ 甲이 대가위험을 부담하게 되므로 甲은 乙에게 잔금의 지급을 청구할 수 없다.

④ 위와 같은 경우에 甲에게 잔금지급청구권을 인정하기로 하는 특약은 유효하다.

⑤ 만약 乙이 주택을 인도받아 사용하고 있더라도 임료 상당의 부당이득반환문제는 발생하지 않는다.

해설 ① (○), ② (○), ③ (○), ④ (○), ⑤ (×) [1] 민법 제537조는 채무자위험부담주의를 채택하고 있는바, 쌍무계약에서 당사자 쌍방의 귀책사유 없이 채무가 이행불능된 경우 채무자는 급부의무를 면함과 더불어 반대급부도 청구하지 못하므로, 쌍방급부가 없었던 경우에는 계약관계는 소멸하고 이미 이행한 급부는 법률상 원인 없는 급부가 되어 부당이득의 법리에 따라 반환청구할 수 있다. [2] 매매목적물이 경매절차에서 매각됨으로써 당사자 쌍방의 귀책사유 없이 이행불능에 이르러 매매계약이 종료된 경우, **위험부담의 법리에 따라** **매도인은 이미 지급받은 계약금을 반환하여야** 하고 매수인은 목적물을 점유·사용함으로써 취득한 임료 상당의 부당이득을 반환할 의무가 있다(대판 2009.5.28. 2008다98655·98662).

제3자를 위한 계약

01 甲은 자신 소유의 X노트북을 乙에게 매도하면서 그 대금은 乙이 甲의 채권자 丙에게 직접 지급하기로 하는 제3자를 위한 계약을 체결하였고, 丙은 乙에게 수익의 의사를 표시하였다. 이에 관한 설명으로 옳지 않은 것은?(다툼이 있으면 판례에 따름) 기출 21

① 甲과 乙이 미리 매매계약에서 丙의 권리를 변경·소멸할 수 있음을 유보한 경우, 이러한 약정은 丙에 대해서도 효력이 있다.

② 甲은 丙의 동의가 없는 한 乙의 채무불이행을 이유로 계약을 해제할 수 없다.

③ 제3자를 위한 계약의 체결 원인이 된 甲과 丙 사이의 법률관계가 취소된 경우, 특별한 사정이 없는 한 乙은 丙에게 대금지급을 거절할 수 없다.

④ 乙의 채무불이행을 이유로 甲이 계약을 해제한 경우, 丙은 乙에게 자기가 입은 손해에 대한 배상을 청구할 수 있다.

⑤ 甲과 乙의 매매계약이 취소된 경우, 乙이 丙에게 이미 매매대금을 지급하였다고 하더라도 특별한 사정이 없는 한 乙은 丙을 상대로 부당이득반환청구를 할 수 없다.

해설 ① (○) 제3자를 위한 계약에 있어서, 제3자가 민법 제539조 제2항에 따라 수익의 의사표시를 함으로써 제3자에게 권리가 확정적으로 귀속된 경우에는, 요약자와 낙약자의 합의에 의하여 제3자의 권리를 변경·소멸시킬 수 있음을 미리 유보하였거나, 제3자의 동의가 있는 경우가 아니면 계약의 당사자인 요약자와 낙약자는 제3자의 권리를 변경·소멸시키지 못하고, 만일 계약의 당사자가 제3자의 권리를 임의로 변경·소멸시키는 행위를 한 경우 이는 제3자에 대하여 효력이 없는데(대판 2002.1.25. 2001다30285), 사안의 경우 요약자 甲과 낙약자 乙이 미리 매매계약에서 수익자 丙의 권리를 변경·소멸할 수 있다고 유보한 경우이므로, 이 약정은 수익자 丙에게도 효력이 있다.

② (×) 제3자를 위한 유상·쌍무계약의 경우 요약자는 낙약자의 채무불이행을 이유로 제3자의 동의없이 계약을 해제할 수 있으므로(대판 1970.2.24. 69다1410·1411), 요약자 甲은 수익자 丙의 동의없이 낙약자 乙의 채무불이행을 이유로 계약을 해제할 수 있다.

③ (○) 제3자를 위한 계약의 체결 원인이 된 요약자와 제3자(수익자) 사이의 법률관계(이른바 대가관계)의 효력은 제3자를 위한 계약 자체는 물론 그에 기한 요약자와 낙약자 사이의 법률관계(이른바 기본관계)의 성립이나 효력에 영향을 미치지 아니하므로 낙약자는 요약자와 수익자 사이의 법률관계에 기한 항변으로 수익자에게 대항하지 못하고, 요약자도 대가관계의 부존재나 효력의 상실을 이유로 자신이 기본관계에 기하여 낙약자에게 부담하는 채무의 이행을 거부할 수 없다(대판 2003.12.11. 2003다49771). 이에 낙약자 乙은 요약자 甲과 수익자 丙 사이의 법률관계가 취소되더라도 특별한 사정이 없는 한 수익자 丙에게 대금지급을 거절할 수 없다.

④ (○) 제3자를 위한 계약에 있어서 수익의 의사표시를 한 수익자는 낙약자에게 직접 그 이행을 청구할 수 있을 뿐만 아니라 요약자가 계약을 해제한 경우에는 낙약자에게 자기가 입은 손해의 배상을 청구할 수 있다(대판 1994.8.12. 92다41559).

⑤ (○) 제3자를 위한 계약관계에서 낙약자와 요약자 사이의 법률관계(이른바 기본관계)를 이루는 계약이 무효이거나 해제된 경우 그 계약관계의 청산은 계약의 당사자인 낙약자와 요약자 사이에 이루어져야 하므로, 특별한 사정이 없는 한 낙약자가 이미 제3자에게 급부한 것이 있더라도 낙약자는 계약해제 등에 기한 원상회복 또는 부당이득을 원인으로 제3자를 상대로 그 반환을 구할 수 없다(대판 2010.8.19. 2010다31860·31877).

02 乙은 甲 소유의 X주택을 매수하면서 그 대금을 甲의 대여금채권자 丙에게 지급하기로 하는 제3자를 위한 계약을 체결하였고, 丙은 위 매매대금의 수령의사를 밝혔다. 다음 설명 중 옳지 않은 것은?(다툼이 있으면 판례에 따름) 기출 17

① X주택의 소유권이전의무가 甲의 과실로 이행불능이 된 경우, 乙은 丙의 동의 없이 매매계약을 해제할 수 있다.

② 甲과 丙 간의 금전소비대차계약이 취소되더라도 甲과 乙 간의 매매계약은 유효하다.

③ 甲과 乙 간의 매매계약이 乙의 사기를 이유로 취소된 경우, 丙이 그 사실을 몰랐더라도 丙은 선의의 제3자로서 보호받지 못한다.

④ 만약 丙이 甲의 대리인으로서 乙을 기망하여 乙이 위 매매계약을 체결한 경우, 乙은 丙의 대금 지급청구를 거절할 수 있을 뿐이고 위 매매계약을 취소할 수는 없다.

⑤ 甲의 채무불이행으로 위 매매계약이 해제된 경우, 乙이 丙에게 매매대금의 일부를 이미 지급하였더라도, 특별한 사정이 없는 한 乙은 丙을 상대로 부당이득을 원인으로 이미 지급한 대금의 반환을 청구할 수 없다.

해설 ① (○) X주택의 소유권이전의무가 요약자 甲의 과실로 이행불능이 된 경우, 낙약자 乙은 수익자 丙의 동의가 없더라도, 민법 제539조(제3자를 위한 계약)에 기한 항변으로써 매매계약을 해제할 수 있다(민법 제542조).

② (○) 제3자를 위한 계약의 체결원인이 된 요약자와 제3자(수익자) 사이의 법률관계(이른바 대가관계)의 효력은 제3자를 위한 계약 자체는 물론 그에 기한 요약자와 낙약자 사이의 법률관계(이른바 기본관계)의 성립이나 효력에 영향을 미치지 아니하므로 낙약자는 요약자와 수익자 사이의 법률관계에 기한 항변으로 수익자에게 대항하지 못하고, 요약자도 대가관계의 부존재나 효력의 상실을 이유로 자신이 기본관계에 기하여 낙약자에게 부담하는 채무의 이행을 거부할 수 없다(대판 2003.12.11. 2003다49771). 따라서 甲과 丙 간의 금전소비대차계약이 취소되더라도, 甲과 乙 간의 매매계약은 유효하다.

③ (○) 의사표시에 관한 민법의 규정(민법 제107조 내지 제110조)상 제3자란, 계약당사자와 그의 포괄승계인 이외의 자로서 당해 의사표시에 의한 법률행위에 기하여 새롭게 이해관계를 맺은 자를 의미하는데, 수익자는 제3자를 위한 계약을 통하여 직접 채권을 취득한 자이므로, 의사표시에 관한 민법의 규정상 제3자에 해당하지 아니한다.

④ (×) 상대방 있는 의사표시에 관하여 제3자가 사기나 강박을 한 경우에는 상대방이 그 사실을 알았거나 알 수 있었을 경우에 한하여 그 의사표시를 취소할 수 있으나, 상대방의 대리인 등 상대방과 동일시할 수 있는 자의 사기나 강박은 제3자의 사기ㆍ강박에 해당하지 아니한다(대판 1999.2.23. 98다60828ㆍ60835). 따라서 매수인 乙은 매도인 甲이 자신의 대리인 丙의 사기ㆍ강박을 알았거나 알 수 있었는지를 불문하고, 민법 제110조 제1항에 근거하여 위 매매계약을 취소할 수 있다.

⑤ (○) 제3자를 위한 계약관계에서 낙약자와 요약자 사이의 법률관계(이른바 기본관계)를 이루는 계약이 무효이거나 해제된 경우 그 계약관계의 청산은 계약의 당사자인 낙약자와 요약자 사이에 이루어져야 하므로, 특별한 사정이 없는 한 낙약자가 이미 제3자에게 급부한 것이 있더라도 낙약자는 계약해제 등에 기한 원상회복 또는 부당이득을 원인으로 제3자를 상대로 그 반환을 구할 수 없다(대판 2010.8.19. 2010다31860ㆍ31877).

03 甲은 자신이 소유하는 건물을 乙에게 매각하면서 乙과 매매대금 중 잔금의 지급청구권을 甲의 대여금채권자인 丙에게 귀속시키기로 약정하였다. 이에 관한 설명으로 옳은 것은?(다툼이 있는 경우에는 판례에 의함) 기출 13

① 甲과 乙이 丙에게 잔금지급청구권을 귀속시키기로 하는 약정에 조건을 붙이는 것은 丙의 지위를 불안하게 하므로 원칙적으로 허용되지 않는다.

② 甲·乙 사이의 매매계약이 해제되면, 특별한 사정이 없는 한, 乙은 계약해제 등에 기한 원상회복을 원인으로 丙에게 이미 지급한 잔금의 반환을 청구할 수 있다.

③ 丙에게 잔금을 지급하기로 한 약정이 체결된 이후, 甲·丙 사이의 금전소비대차계약이 취소되었다면 乙은 丙에 대하여 잔금의 지급을 거절할 수 있다.

④ 丙이 수익의 의사표시를 하였더라도, 특별한 사정이 없는 한, 이후 甲과 乙이 잔금지급과 관련한 丙의 권리를 변경시키는 합의를 하였다면 그 합의는 丙에 대하여 효력이 있다.

⑤ 乙이 丙에게 상당한 기간을 정하여 잔금에 대한 수익 여부를 최고하였으나 그 기간 내에 확답을 받지 못하였다면, 丙이 계약의 이익을 받기를 거절한 것으로 본다.

해설 ① (×) 제3자를 위한 계약에는 제3자에게 권리를 직접 취득하게 하는 약정이 있어야 한다. **제3자가 직접 취득하게 되는 권리는 채권에 한하지 않으며, 물권 기타 어떠한 권리라도 무방하다. 따라서 조건부 제3자를 위한 계약이 가능하다**(대판 2006.5.12. 2005다68783).

② (×) 제3자를 위한 계약관계에서 낙약자와 요약자 사이의 법률관계(이른바 기본관계)를 이루는 계약이 무효이거나 해제된 경우 그 계약관계의 청산은 계약의 당사자인 낙약자와 요약자 사이에 이루어져야 하므로, **특별한 사정이 없는 한 낙약자가 이미 제3자에게 급부한 것이 있더라도 낙약자는 계약해제 등에 기한 원상회복 또는 부당이득을 원인으로 제3자를 상대로 그 반환을 구할 수 없다**(대판 2010.8.19. 2010다31860·31877). 따라서 낙약자 乙은 계약해제 등에 기한 원상회복을 원인으로 수익자 丙에게 이미 지급한 잔금의 반환을 청구할 수 없다.

③ (×) 제3자를 위한 계약의 체결원인이 된 요약자와 제3자(수익자) 사이의 법률관계(이른바 대가관계)의 효력은 제3자를 위한 계약 자체는 물론 그에 기한 요약자와 낙약자 사이의 법률관계(이른바 기본관계)의 성립이나 효력에 영향을 미치지 아니하므로 낙약자는 요약자와 수익자 사이의 법률관계에 기한 항변으로 수익자에게 대항하지 못하고, 요약자도 대가관계의 부존재나 효력의 상실을 이유로 자신이 기본관계에 기하여 낙약자에게 부담하는 채무의 이행을 거부할 수 없다(대판 2003.12.11. 2003다49771).

④ (×) **제3자의 권리가 생긴 후[제3자가 수익의 의사표시를 한 후(註)]에는 당사자는 이를 변경 또는 소멸시키지 못한다**(민법 제541조). 따라서 丙이 수익의 의사표시를 하였다면, 甲과 乙이 잔금지급과 관련한 丙의 권리를 변경시키는 합의를 하였더라도, 그 합의는 丙에 대하여 효력이 없다.

⑤ (○) 제3자를 위한 계약의 경우에 채무자는 상당한 기간을 정하여 계약의 이익의 향수 여부의 확답을 제3자에게 최고할 수 있다. **채무자가 그 기간 내에 확답을 받지 못한 때에는 제3자가 계약의 이익을 받을 것을 거절한 것으로 본다**(민법 제540조).

01 甲과 乙은 甲소유의 X토지에 대하여 매매계약을 체결하였다. 이에 관한 설명으로 옳지 않은 것은?(다툼이 있으면 판례에 따름) 기출 21

① 甲과 乙이 계약해제로 인한 원상회복의무로 반환할 매매대금에 가산할 이자를 4%로 약정한 경우, 동 약정이율은 매매대금 반환의무의 이행지체로 인한 지연손해금률에도 적용된다.

② 甲이 乙의 채무불이행을 이유로 매매계약을 해제한 후에도 乙은 착오를 이유로 매매계약을 취소할 수 있다.

③ 乙명의로 소유권이전등기가 경료된 X토지에 대하여 乙의 채권자 丙이 가압류 집행을 마쳐둔 경우, 甲은 丙에 대하여 乙의 채무불이행을 이유로 한 해제의 소급효를 주장할 수 없다.

④ 甲이 乙의 채무불이행에 관하여 원인의 일부를 제공하였다고 하더라도 乙이 이를 이유로 甲의 계약해제에 따른 원상회복청구에 대하여 과실상계하는 것은 인정되지 않는다.

⑤ 乙이 중도금을 약정된 기일에 지급하지 않으면 최고 없이 계약은 자동적으로 해제되는 것으로 약정한 경우, 특별한 사정이 없는 한 그 불이행이 있으면 계약은 자동적으로 해제된다.

해설 ① (×) 계약해제 시 반환할 금전에 가산할 이자에 관하여 당사자 사이에 약정이 있는 경우에는 특별한 사정이 없는 한 이행지체로 인한 지연손해금도 그 약정이율에 의하기로 하였다고 보는 것이 당사자의 의사에 부합한다. 다만 그 약정이율이 법정이율보다 낮은 경우에는 약정이율에 의하지 아니하고 법정이율에 의한 지연손해금을 청구할 수 있다고 봄이 타당하므로(대판 2013.4.26. 2011다50509) 이행지체로 인한 지연손해금률은 약정이율 4%가 아닌 법정이율 5%가 적용된다.

② (○) **매도인이** 매수인의 중도금 지급채무불이행을 이유로 매매계약을 적법하게 해제한 후라도 **매수인으로서는** 상대방이 한 계약해제의 효과로서 발생하는 손해배상책임을 지거나 매매계약에 따른 계약금의 반환을 받을 수 없는 불이익을 면하기 위하여 **착오를 이유로 한 취소권을 행사하여** 위 매매계약 전체를 무효로 돌리게 할 수 있다(대판 1991.8.27. 91다11308).

③ (○) 민법 제548조 제1항 단서에서 말하는 제3자란 일반적으로 그 해제된 계약으로부터 생긴 법률효과를 기초로 하여 해제 전에 새로운 이해관계를 가졌을 뿐 아니라 등기, 인도 등으로 완전한 권리를 취득한 자를 말하는 것인데, 해제된 매매계약에 의하여 채무자의 책임재산이 된 부동산을 가압류 집행한 가압류채권자도 원칙상 위 조항 단서에서 말하는 제3자에 포함된다(대판 2005.1.14. 2003다33004).

④ (○) 과실상계는 본래 채무불이행 또는 불법행위로 인한 손해배상책임에 대하여 인정되는 것이고, 매매계약이 해제되어 소급적으로 효력을 잃은 결과 매매당사자에게 당해 계약에 기한 급부가 없었던 것과 동일한 재산상태를 회복시키기 위한 원상회복의무의 이행으로서 이미 지급한 매매대금 기타의 급부의 반환을 구하는 경우에는 적용되지 아니한다(대판 2014.3.13. 2013다34143).

⑤ (○) 매매계약에 있어 매수인이 중도금을 약정한 일자에 지급하지 아니하면 그 계약을 무효로 한다고 하는 특약이 있는 경우 매수인이 약정한 대로 중도금을 지급하지 아니하면 그 불이행 자체로써 계약은 그 일자에 자동적으로 해제된 것이라고 보아야 한다(대판 1988.12.20. 88다카132).

02 甲은 2020년 1월 29일에 그 소유 토지를 乙에게 10억원에 매도하는 계약을 체결하면서 계약금은 1억원으로 하고, 2020년 2월 29일에 중도금 4억원을 지급받음과 동시에 소유권이전등기를 넘겨주고, 잔금은 2020년 3월 29일까지 지급받기로 하였다. 이에 관한 설명으로 옳은 것을 모두 고른 것은?(다툼이 있으면 판례에 따름) 기출 20

> ㄱ. 乙이 약정대로 중도금까지 지급하고 소유권이전등기를 당료하였으나, 2020년 3월 29일에 잔금을 지급하지 않은 경우, 甲은 즉시 계약을 해제할 수 있다.
> ㄴ. 등기를 취득한 乙이 2020년 4월 16일에 丙에게 매도하고 이전등기를 해 준 뒤, 甲이 乙의 채무불이행을 이유로 적법하게 계약을 해제한 경우, 丙이 乙과의 계약 당시 乙의 채무불이행사실을 알았더라도 甲은 丙 명의 등기의 말소를 청구할 수 없다.
> ㄷ. 乙이 등기를 취득한 후 甲이 2020년 4월 25일에 乙의 채무불이행을 이유로 적법하게 계약을 해제하였으나 乙 명의의 등기를 말소하기 전에 丙 명의의 저당권등기가 이루어진 경우, 丙이 계약해제사실을 몰랐다면 甲은 丙 명의 등기의 말소를 청구할 수 없다.

① ㄱ
② ㄷ
③ ㄱ, ㄴ
④ ㄴ, ㄷ
⑤ ㄱ, ㄴ, ㄷ

해설 ㄱ.(×) 금전채무는 원칙적으로 이행지체가 문제될 뿐, 이행불능은 문제되지 아니한다. 사안은 잔금이행기인 2020.3.29. 잔금을 지급하지 아니한 경우이므로, 이는 이행지체에 해당한다. 따라서 이행지체를 이유로 해제권을 행사하기 위하여는, 甲이 상당한 기간을 정하여 乙에게 그 이행을 최고하고, 乙이 그 기간 내에 이행하지 아니하여야 한다(민법 제544조 본문).

ㄴ.(○) 당사자 일방이 계약을 해제한 때에는 각 당사자는 그 상대방에 대하여 원상회복의 의무가 있다. 그러나 제3자의 권리를 해하지 못한다(민법 제548조 제1항). 민법 제548조 제1항 단서에서 말하는 제3자란 일반적으로 그 해제된 계약으로부터 생긴 법률효과를 기초로 하여 해제 전에 새로운 이해관계를 가졌을 뿐 아니라 등기, 인도 등으로 완전한 권리를 취득한 자를 말한다(대판 2005.1.14. 2003다33004). 이 경우 제3자의 선의·악의는 불문하므로, 甲은 악의인 丙 명의 등기의 말소를 청구할 수 없다.

ㄷ.(○) 계약당사자의 일방이 계약을 해제하였을 때에는 계약은 소급하여 소멸하고 각 당사자는 원상회복의 의무를 지게 되나, 이 경우 계약해제로 인한 원상회복등기 등이 이루어지기 전에는 계약의 해제를 주장하는 자와 양립되지 아니하는 법률관계를 가지게 되었고 계약해제사실을 몰랐던 제3자에 대하여는 계약해제를 주장할 수 없다(대판 2000.4.21. 2000다584). 따라서 사안의 경우, 甲은 丙 명의 등기의 말소를 청구할 수 없다.

03 합의해제에 관한 설명으로 옳은 것은?(다툼이 있다면 판례에 따름) 기출 22

① 계약의 합의해제는 단독행위의 일종이다.

② 계약의 합의해제가 된 경우에도 특별한 사정이 없는 한 채무불이행으로 인한 손해배상청구는 인정된다.

③ 특별한 사정이 없는 한 계약이 일부이행된 상태에서 당사자 쌍방이 장기간에 걸쳐 나머지 의무를 이행하지 않고 이를 방치한 것만으로도 묵시적 합의해제가 인정된다.

④ 계약을 합의해제할 때에는 원상회복에 관하여 반드시 약정을 하여야 한다.

⑤ 매매계약을 합의해제한 후 그 합의해제를 무효화시키고, 해제된 매매계약을 부활시키는 약정은 계약자유의 원칙상 적어도 당사자 사이에서는 가능하다.

해설 ① (×) 해제는 상대방 있는 단독행위이나, 합의해제는 기존계약을 해소하기로 하는 계약당사자 간의 합의(계약)이다.

② (×) 계약이 합의해제된 경우에는 그 해제 시에 당사자 일방이 상대방에게 손해배상을 하기로 특약하거나 손해배상청구를 유보하는 의사표시를 하는 등 다른 사정이 없는 한 채무불이행으로 인한 손해배상을 청구할 수 없다(대판 1989.4.25. 86다카1147 · 1148).

③ (×) 계약의 합의해제는 명시적으로뿐만 아니라 당사자 쌍방의 묵시적인 합의에 의하여도 할 수 있으나, 묵시적인 합의해제를 한 것으로 인정되려면 계약이 체결되어 그 일부가 이행된 상태에서 당사자 쌍방이 장기간에 걸쳐 나머지 의무를 이행하지 아니함으로써 이를 방치한 것만으로는 부족하고, 당사자 쌍방에게 계약을 실현할 의사가 없거나 계약을 포기할 의사가 있다고 볼 수 있을 정도에 이르러야 한다. 이 경우에 당사자 쌍방이 계약을 실현할 의사가 없거나 포기할 의사가 있었는지 여부는 계약이 체결된 후의 여러 가지 사정을 종합적으로 고려하여 판단하여야 한다(대판 2011.2.10. 2010다77385).

④ (×) 계약을 합의해제할 때에 원상회복에 관하여 반드시 약정을 하여야 하는 것은 아니지만, 매매계약을 합의해제하는 경우에 이미 지급된 계약금, 중도금의 반환 및 손해배상금에 관하여는 아무런 약정도 하지 아니한 채 매매계약을 해제하기만 하는 것은 경험칙에 비추어 이례에 속하는 일이다(대판 1994.9.13. 94다17093).

⑤ (○) 매매계약을 합의해제한 후 그 합의해제를 무효화시키고, 해제된 매매계약을 부활시키는 약정은 계약자유의 원칙상 적어도 당사자 사이에서는 가능하다(대판 2006.4.13. 2003다45700).

04 계약의 합의해제 등에 관한 설명으로 옳지 않은 것은?(다툼이 있으면 판례에 따름) 기출 19

① 계약이 합의해제된 경우, 특별한 사정이 없는 한 채무불이행으로 인한 손해배상청구는 할 수 없다.

② 매도인이 매수인에게 매매계약의 합의해제를 청약하였더라도 매수인이 그 청약에 대하여 조건을 붙여 승낙한 경우, 매도인의 청약은 실효된다.

③ 계약이 일부이행된 경우, 그 원상회복에 관하여 의사가 일치되지 않아도 계약의 묵시적 합의해제가 인정될 수 있다.

④ 매매계약을 합의해제한 후 그 합의해제를 무효화시키고, 해제된 매매계약을 부활시키는 약정은 적어도 당사자 사이에서는 가능하다.

⑤ 당사자 사이에 약정이 없는 이상 합의해지로 인하여 반환할 금전에 그 받은 날로부터 이자를 붙여서 반환할 의무는 없다.

해설 ① (○) **계약이 합의해제된 경우**에는 그 해제 시에 당사자 일방이 상대방에게 손해배상을 하기로 특약하거나 손해배상청구를 유보하는 의사표시를 하는 등 **다른 사정이 없는 한 채무불이행으로 인한 손해배상을 청구할 수 없다**(대판 1989.4.25. 86다카1147 · 1148).

② (○) 매매계약당사자 중 매도인이 매수인에게 매매계약의 합의해제를 청약하였다고 할지라도, 매수인이 그 청약에 대하여 조건을 붙이거나 변경을 가하여 승낙한 때에는 민법 제534조의 규정에 비추어 그 청약의 거절과 동시에 새로 청약한 것으로 보게 되는 것이고, 그로 인하여 종전의 매도인의 청약은 실효된다(대판 2009.2.12. 2008다71926).

③ (×) 계약이 합의해제는 무시저으로 이루어질 ㅣ도 있으니, 계익이 묵시적으노 법의애세되었나고 하려며 계약의 성립 후에 낭사사 쌍방의 계약실현의사의 결여 또는 포기로 인하여 당사자 쌍방의 계약을 실현하지 아니할 의사가 일치되어야만 하고, 계약이 일부이행된 경우에는 그 원상회복에 관하여도 의사가 일치되어야 할 것이다(대판 2011.4.28. 2010다98412 · 98429).

④ (○) 매매계약을 합의해제한 후 그 합의해제를 무효화시키고, 해제된 매매계약을 부활시키는 약정은 계약자유의 원칙상 적어도 당사자 사이에서는 가능하다(대판 2006.4.13. 2003다45700).

⑤ (○) **합의해제 또는 해제계약이라 함은** 해제권의 유무에 불구하고 계약당사자 쌍방이 합의에 의하여 기존의 계약의 효력을 소멸시켜 당초부터 계약이 체결되지 않았던 것과 같은 상태로 복귀시킬 것을 내용으로 하는 새로운 계약으로서, 그 효력은 그 합의의 내용에 의하여 결정되고 여기에는 해제에 관한 민법 제548조 제2항의 규정은 적용되지 아니하므로, 당사자 사이에 약정이 없는 이상 합의해제로 인하여 반환할 금전에 그 받은 날로부터의 이자를 가하여야 할 의무가 있는 것은 아니다(대판 1996.7.30. 95다16011).

05 甲은 자신이 소유하는 토지를 乙에게 매도하고 중도금까지 받았는데, 乙에게 그 토지에 대한 소유권이전등기를 넘기지 않은 상태에서 甲이 丙에게 다시 그 토지를 매도하고, 丙 명의로 소유권이전등기까지 마쳤다. 이에 관한 설명으로 옳은 것은?(다툼이 있으면 판례에 따름)

`기출 18`

① 乙이 甲과의 계약을 해제하기 위해서는 상당한 기간을 정해 이행을 최고하여야 한다.

② 乙이 甲과의 계약을 해제하면 乙은 甲에 대해 원상회복청구권을 갖는데, 그 권리의 소멸시효는 해제권이 발생한 때로부터 진행한다.

③ 乙이 甲과의 계약을 해제하기 위해서는 甲의 소유권이전등기의무와 동시이행관계에 있는 잔대금지급의무의 이행제공을 하여야 한다.

④ 만약 丙이 아직 甲에게 매매대금을 지급하지 않았다면, 乙은 甲과의 계약을 해제하지 않고 丙을 상대로 甲에게 지급할 매매대금을 자신에게 대상(代償)으로 지급하라고 청구할 수 있다.

⑤ 만약 丁이 甲의 乙에 대한 채무의 이행을 보증하였고 乙이 甲의 채무불이행을 이유로 계약을 해제하였다면, 丁은 특별한 사정이 없는 한 甲의 乙에 대한 원상회복의무에 대해 책임을 부담한다.

해설 ① (×) 부동산을 이중매도하고 매도인이 그중 1인에게 먼저 소유권명의를 이전하여 준 경우에는 특별한 사정이 없는 한 다른 1인에 대한 소유권이전등기의무는 이행불능상태에 있다(대판 1965.7.27. 65다947). 따라서 이행지체와 달리 이행불능은 해제권 행사를 위한 최고가 요구되지 아니한다.

② (×) 乙의 원상회복청구권은 매매대금에 내한 반환청구권으로서 그 본질은 채권적 청구권이므로, 소멸시효의 대상이다(민법 제162조). 나아가 계약의 해제로 인한 원상회복청구권의 소멸시효는 해제 시, 즉 원상회복청구권이 발생한 때부터 진행한다(대판 2009.12.24. 2009다63267).

③ (×) 매도인의 매매계약상의 소유권이전등기의무가 이행불능이 되어 이를 이유로 매매계약을 해제함에 있어서는 상대방의 잔대금지급의무가 매도인의 소유권이전등기의무와 동시이행관계에 있다고 하더라도 그 이행의 제공을 필요로 하는 것이 아니다(대판 2003.1.24. 2000다22850).

④ (×) 소유권이전등기의무의 목적부동산이 수용되어 그 소유권이전등기의무가 이행불능이 된 경우, 등기청구권자는 등기의무자에게 대상청구권의 행사로써 등기의무자가 지급받은 수용보상금의 반환을 구하거나 또는 등기의무자가 취득한 수용보상금청구권의 양도를 구할 수 있을 뿐 그 수용보상금청구권 자체가 등기청구권자에게 귀속되는 것은 아니다(대판 1996.10.29. 95다56910). 따라서 乙은 甲에게 丙에 대한 매매대금채권의 양도를 청구할 수 있을 뿐, 丙을 상대로 甲에게 지급한 매매대금을 자신에게 대상(代償)으로 지급하라고 청구할 수는 없다.

⑤ (○) 타인 간의 계약에 있어 그 계약상의 여러 가지 의무를 부담하는 당사자의 일방을 위하여 그 계약을 보증한 보증인은 상대방에 대하여 특단의 사정이 없는 한 피보증인의 채무불이행으로 인하여 그 계약이 해제되었음으로 인한 피보증인의 원상회복의 의무에 대하여도 책임을 진다(대판 1972.5.9. 71다1474). 따라서 丁은 특별한 사정이 없는 한, 甲의 乙에 대한 원상회복의무에 대하여 책임을 부담한다.

06 계약해제에 관한 설명으로 옳지 않은 것은?(다툼이 있으면 판례에 따름) [기출] 18

① 해제권자가 그 상대방으로부터 인도받은 목적물을 자신의 과실(過失)로 인해 반환할 수 없게 된 경우에 그 해제권은 소멸한다.

② 당사자가 수인인 경우에 적용되는 해제권의 불가분성에 관한 규정(민법 제547조)에 대해 당사자는 특약으로 그 적용을 배제할 수 있다.

③ 해제권의 행사기간을 정하지 아니한 때에는 상대방은 상당한 기간을 정하여 해제권 행사 여부의 확답을 해제권자에게 최고할 수 있다.

④ 계약에서 위약 시의 해제권을 배제하기로 약정하지 않은 경우, 어느 일방에 대한 약정해제권의 유보는 채무불이행으로 인한 법정해제권의 발생에 영향을 주지 않는다.

⑤ 매수인이 매도인의 채무불이행을 이유로 계약금 반환을 구하는 소를 제기함으로써 계약해제권을 행사하고 그 소장이 송달된 후, 그 소를 취하하고 본래의 매매계약의 이행을 구하는 소를 제기하면 매도인은 매매계약상의 의무를 이행하여야 한다.

해설 ① (○) 해제권자의 고의나 과실로 인하여 계약의 목적물이 현저히 훼손되거나 이를 반환할 수 없게 된 때 또는 가공이나 개조로 인하여 다른 종류의 물건으로 변경된 때에는 해제권은 소멸한다(민법 제553조).

② (○) 매도인이 매수인들과 사이에서 민법 제547조 제1항의 적용을 배제하기로 하였다는 특별한 사정이 없는 한 매매계약을 해제함에 있어 매수인들 모두에 대하여 그 해제의 의사표시를 하여야 그 효력이 발생한다(대판 1994.11.18. 93다46209). 즉, 해제권의 불가분성에 관한 규정인 민법 제547조는 당사자의 특약으로 그 적용을 배제할 수 있는 임의규정이다.

③ (○) 해제권의 행사의 기간을 정하지 아니한 때에는 상대방은 상당한 기간을 정하여 해제권 행사 여부의 확답을 해제권자에게 최고할 수 있다(민법 제552조 제1항).

④ (○) 계약서에 명문으로 위약 시의 법정해제권의 포기 또는 배제를 규정하지 않은 이상 계약당사자 중 어느 일방에 대한 약정해제권의 유보 또는 위약벌에 관한 특약의 유무 등은 채무불이행으로 인한 법정해제권의 성립에 아무런 영향을 미칠 수 없다(대결 1990.3.27. 89다카14110).

⑤ (×) 소제기로써 계약해제권을 행사한 후 그 뒤 그 소송을 취하하였다 하여도 해제권은 형성권이므로 그 행사의 효력에는 아무런 영향을 미치지 아니한다(대판 1982.5.11. 80다916). 따라서 매수인이 매도인의 채무불이행을 이유로 계약금 반환을 구하는 소를 제기함으로써 계약해제권을 행사하고 그 소장이 송달된 후, 그 소를 취하하고 본래의 매매계약의 이행을 구하는 소를 제기하더라도, 매도인은 매매계약상의 의무를 이행할 필요가 없다.

07 2015.2.5. 甲은 乙에게 자신 소유의 X주택을 대금 1억원에 매도하면서 계약금 1천만원을 수령하였고, 중도금 7천만원은 2015.2.25. X주택의 소유권 이전에 필요한 서류 일체를 교부함과 동시에 지급받기로 하였으며, 잔금 2천만원은 2015.3.5. 지급받기로 하였다. 2015.2.25. 乙이 중도금을 지급하고 자신의 명의로 X주택의 소유권이전등기를 마쳤으나, 2015.4.15. 甲은 乙의 잔금미지급을 이유로 위 매매계약을 적법하게 해제하였다. 다음 설명 중 옳은 것은?(다툼이 있으면 판례에 따름) **기출 17**

① 만약 계약 당시 乙이 계약금 5백만원을 지급하였더라도 계약의 이행착수 전이라면, 甲은 1천만원을 상환하고 위 매매계약을 해제할 수 있다.

② 甲의 채권자 丙이 2015.2.15. 甲의 잔대금채권을 가압류한 경우라면, 丙은 민법 제548조 제1항 단서에 의해 보호받을 수 있는 제3자에 해당한다.

③ 2015.3.1. 丁이 乙과 X주택에 대하여 매매예약을 하고 그에 기해 소유권이전등기청구권 보전을 위한 가등기를 마쳤다면, 위 매매계약의 해제에도 불구하고 丁은 매매예약에 기한 본등기를 할 수 있다.

④ 乙 명의의 등기말소 전인 2015.4.20. 乙로부터 X주택의 일부를 임차하여 주택임대차보호법상 대항력을 갖춘 임차인은 위 매매계약이 해제된 사실을 알고 있었더라도 X주택에 대한 甲의 명도청구에 대항할 수 있다.

⑤ X주택을 사용한 乙이 계약의 해제로 이를 甲에게 반환하는 경우, X주택이 乙의 사용으로 인해 훼손되었다고 볼 수 없는 경우에도 그 사용이익 외에 감가상각비를 별도로 산정하여 반환하여야 한다.

해설 ① (×) 계약금 일부만 지급된 경우 수령자가 매매계약을 해제할 수 있다고 하더라도 해약금의 기준이 되는 금원은 「실제 교부받은 계약금」이 아니라 「약정계약금」이라고 봄이 타당하므로, 매도인이 계약금의 일부로서 지급받은 금원의 배액을 상환하는 것으로는 매매계약을 해제할 수 없다(대판 2015.4.23. 2014다231378). 따라서 계약 당시 乙이 계약금 1천만원 중 5백만원만을 지급하였더라도, 甲이 해약금계약에 따라 그 계약을 해제하려는 경우에는, 약정계약금 1천만원을 기준으로 한 배액인 2천만원을 상환하여야 한다.

② (×), ③ (○) 민법 제548조 제1항 단서에서 말하는 제3자란 일반적으로 그 해제된 계약으로부터 생긴 법률효과를 기초로 하여 해제 전에 새로운 이해관계를 가졌을 뿐 아니라 등기, 인도 등으로 완전한 권리를 취득한 자를 말하므로 계약상의 채권을 양수한 자나 그 채권 자체를 압류 또는 전부한 채권자는 여기서 말하는 제3자에 해당하지 아니한다(대판 2000.4.11. 99다51685). 따라서 甲의 채권자 丙이 2015.2.15. 甲의 잔대금채권을 가압류한 경우라면, 丙은 민법 제548조 제1항 단서에 의하여 보호받을 수 있는 제3자에 해당하지 아니한다. 반면, 매수인과 매매예약을 체결한 후 그에 기한 소유권이전청구권 보전을 위한 가등기를 마친 사람은 위 조항 단서에서 말하는 제3자에 포함된다(대판 2014.12.11. 2013다14569). 따라서 2015.3.1. 丁이 乙과 X주택에 대하여 매매예약을 하고 그에 기하여 소유권이전등기청구권 보전을 위한 가등기를 마쳤다면, 위 매매계약의 해제에도 불구하고 丁은 매매예약에 기한 본등기를 할 수 있다.

④ (×) 계약당사자의 일방이 계약을 해제하였을 때에는 계약은 소급하여 소멸하여 해약당사자는 각 원상회복의 의무를 지게 되나 이 경우 계약해제로 인한 원상회복등기 등이 이루어지기 이전에 계약의 해제를 주장하는 자와 양립되지 아니하는 법률관계를 가지게 되었고 계약해제사실을 몰랐던 제3자에 대하여는 계약해제를 주장할 수 없다(대판 1985.4.9. 84다카130·131). 따라서 乙 명의의 등기말소 전인 2015.4.20. 乙로부터 X주택의 일부를 임차하여 주택임대차보호법상 대항력을 갖춘 임차인이더라도, 위 매매계약이 해제된 사실을 알고 있었다면, 민법 제548조 제1항 단서에서 말하는 제3자에 해당하지 아니하므로, X주택에 대한 甲의 명도청구에 대항할 수 없다.

⑤ (×) 계약해제로 인하여 계약당사자가 원상회복의무를 부담함에 있어서 당사자 일방이 목적물을 이용한 경우에는 그 사용에 의한 이익을 상대방에게 반환하여야 하는 것이므로, 양도인은 양수인이 양도목적물을 인도받은 후 사용하였다 하더라도 양도계약의 해제로 인하여 양수인에게 그 사용에 의한 이익의 반환을

구함은 별론으로 하고, 양도목적물 등이 양수인에 의하여 사용됨으로 인하여 감가 내지 소모가 되는 요인이 발생하였다 하여도 그것을 훼손으로 볼 수 없는 한 그 감가비 상당은 원상회복의무로서 반환할 성질의 것은 아니다(대판 2000.2.25. 97다30066).

08 계약해제에 관한 설명으로 옳지 않은 것은?(다툼이 있으면 판례에 따름) 기출 16

① 채권자가 채무불이행을 이유로 하여 계약을 적법하게 해제한 후에도 채무자는 착오를 이유로 그 계약을 취소할 수 있다.

② 채권자대위권 행사의 통지를 받은 후 채무자의 채무불이행을 이유로 제3채무자가 매매계약을 해제한 경우, 특별한 사정이 없는 한 그 제3채무자는 계약해제로써 대위권을 행사하는 채권자에게 대항할 수 없다.

③ 매도인의 소유권이전등기의무가 이행불능임을 이유로 매매계약을 해제함에 있어서, 상대방의 잔대금지급의무가 매도인의 소유권이전등기의무와 동시이행관계에 있더라도 그 이행의 제공을 필요로 하지 않는다.

④ 제3자를 위한 계약에서 수익자는 낙약자의 채무불이행을 이유로 계약을 해제할 수 없다.

⑤ 수증자가 증여자에 대하여 범죄행위를 한 경우에 증여자는 그 증여를 해제할 수 있지만, 그 해제는 이미 이행한 부분에는 효력을 미치지 않는다.

해설 ① (○) 매도인이 매수인의 중도금지급채무 불이행을 이유로 매매계약을 적법하게 해제한 후라도 매수인으로서는 상대방이 한 계약해제의 효과로서 발생하는 손해배상책임을 지거나 매매계약에 따른 계약금의 반환을 받을 수 없는 불이익을 면하기 위하여 착오를 이유로 한 취소권을 행사하여 매매계약 전체를 무효로 돌리게 할 수 있다(대판 1996.12.6. 95다24982·24999).

② (×) 민법 제405조 제2항은 '채무자가 채권자대위권 행사의 통지를 받은 후에는 그 권리를 처분하여도 이로써 채권자에게 대항하지 못한다'고 규정하고 있다. 위 조항의 취지는 채권자가 채무자에게 대위권행사사실을 통지하거나 채무자가 채권자의 대위권행사사실을 안 후에 채무자에게 대위의 목적인 권리의 양도나 포기 등 처분행위를 허용할 경우 채권자에 의한 대위 행사를 방해하는 것이 되므로 이를 금지하는 데에 있다. 채무자가 자신의 채무불이행을 이유로 매매계약이 해제되도록 한 것을 두고 민법 제405조 제2항에서 말하는 '처분'에 해당한다고 할 수 없다. 따라서 채무자가 채권자대위권 행사의 통지를 받은 후에 채무를 불이행함으로써 통지 전에 체결된 약정에 따라 매매계약이 자동적으로 해제되거나, **채권자대위권 행사의 통지를 받은 후에 채무자의 채무불이행을 이유로 제3채무자가 매매계약을 해제한 경우 제3채무자는 계약해제로써 대위권을 행사하는 채권자에게 대항할 수 있다.** 다만 형식적으로는 채무자의 채무불이행을 이유로 한 계약해제인 것처럼 보이지만 실질적으로는 채무자와 제3채무자 사이의 합의에 따라 계약을 해제한 것으로 볼 수 있거나, 채무자와 제3채무자가 단지 대위채권자에게 대항할 수 있도록 채무자의 채무불이행을 이유로 하는 계약해제인 것처럼 외관을 갖춘 것이라는 등의 특별한 사정이 있는 경우에는 채무자가 피대위채권을 처분한 것으로 보아 제3채무자는 계약해제로써 대위권을 행사하는 채권자에게 대항할 수 없다(대판 [전합] 2012.5.17. 2011다87235).

③ (○) 매도인의 매매계약상의 소유권이전등기의무가 이행불능이 되어 이를 이유로 매매계약을 해제함에 있어서는 상대방의 잔대금지급의무가 매도인의 소유권이전등기의무와 동시이행관계에 있다고 하더라도 그 이행의 제공을 필요로 하는 것이 아니다(대판 2003.1.24. 2000다22850).

④ (○) 제3자를 위한 계약의 당사자가 아닌 수익자는 계약의 해제권이나 해제를 원인으로 한 원상회복청구권이 있다고 볼 수 없다(대판 1994.8.12. 92다41559).

⑤ (○) 수증자가 증여자에 대하여 증여자 또는 그 배우자나 직계혈족에 대한 범죄행위가 있는 때에는 증여자는 그 증여를 해제할 수 있으나(민법 제556조 제1항 제1호), 그 해제는 이미 이행한 부분에 대하여는 영향을 미치지 아니한다(민법 제558조).

09 甲은 乙에게 X전시장을 2011년 3월 1일부터 2013년 2월 28일까지 임대하였고, 乙은 이를 자동차전시장으로 사용하고 있었다. 그런데 2012년 12월 21일 甲은 乙과 X전시장을 금 5억원에 매도하는 계약을 체결하면서 계약금을 지급받고, 2013년 1월 11일에 중도금을, 그리고 2013년 2월 21일에 잔금을 지급하고 잔금지급과 동시에 X전시장의 소유권이전등기에 필요한 서류를 넘겨주기로 하였다. 이에 관한 설명으로 옳은 것은?(다툼이 있는 경우에는 판례에 의함) 기출 14

① 계약해제로 甲이 乙에게 매매대금을 반환하여야 하는 경우 가산되는 이자는 지연배상금이 아니라 원상회복을 위한 일종의 부당이득 반환의 성질을 가지기 때문에 이자에 관하여 甲과 乙의 특약이 있더라도 법정이율이 적용된다.

② 甲이 2013년 1월 11일 중도금을 지급하지 않은 乙에게 그 이행을 최고하였으나 이행이 없이 상당한 기간이 지난 2013년 2월 11일에 계약을 해제한 경우, 甲은 乙에게 계약해제에 따른 원상회복으로 X전시장의 인도와 임료 상당의 사용이익의 반환을 청구할 수 있다.

③ 甲이 2013년 2월 11일 중도금의 미지급을 이유로 적법하게 계약을 해제한 경우, 원상회복청구권의 소멸시효는 중도금을 지급하기로 약정한 2013년 1월 11일부터 진행한다.

④ 甲이 乙에 대한 대금채권을 丙에게 양도하고 이 사실을 乙에게 통지한 후 매매계약이 해제된 경우, 乙은 매매계약의 해제로써 丙에게 대항하지 못한다.

⑤ 甲과 乙이 "매도인이 위약 시에는 계약금의 배액을 배상하고 매수인이 위약 시에는 지급한 계약금을 매도인이 취득하고 계약은 자동적으로 해제된다"고 합의한 때에도, 甲 또는 乙은 최고 또는 통지하지 않으면 해제할 수 없다.

해설 ① (×) 당사자 일방이 계약을 해제한 때에는 각 당사자는 상대방에 대하여 원상회복의무가 있고, 이 경우 반환할 금전에는 받은 날부터 이자를 가산하여 지급하여야 한다. 여기서 가산되는 이자는 원상회복의 범위에 속하는 것으로서 일종의 부당이득 반환의 성질을 가지는 것이고 반환의무의 이행지체로 인한 지연손해금이 아니다(대판 2016.6.9. 2015다222722). 또한, 계약해제 시 반환할 금전에 가산할 이자에 관하여 당사자 사이에 약정이 있는 경우에는 특별한 사정이 없는 한 이행지체로 인한 지연손해금도 그 약정이율에 의하기로 하였다고 보는 것이 당사자의 의사에 부합한다. 다만 그 약정이율이 법정이율보다 낮은 경우에는 약정이율에 의하지 아니하고 법정이율에 의한 지연손해금을 청구할 수 있다고 봄이 타당하다(대판 2013.4.26. 2011다50509). 따라서 이자에 관하여 임대인 甲과 임차인 乙의 특약이 있다면, 원칙적으로 약정이율이 적용된다.

② (×) 임대인 甲이 임차인 乙에게 丙부동산을 매도하기로 하였는데, 乙이 중도금 지급을 하지 않아 매매계약이 해제된 경우, 乙이 丙부동산을 점유한 것은 위 매매계약에 앞서 체결된 임대차계약에 기한 것일 뿐 매매계약의 이행으로서 인도받았다고는 볼 수 없으므로, 乙이 임대차계약에 기하여 부당이득반환의무를 지는 것은 별론으로 하고 매매계약의 해제에 따른 원상회복으로서 임료 상당의 사용이익을 반환할 의무를 진다고는 볼 수 없다(대판 2011.6.30. 2009다30724). 따라서 임대인 甲은 임차인 乙에게 계약해제에 따른 원상회복으로 임료 상당의 사용이익의 반환을 청구할 수 없다.

③ (×) 계약의 해제로 인한 원상회복청구권의 소멸시효는 해제 시, 즉 원상회복청구권이 발생한 때부터 진행한다(대판 2009.12.24. 2009다63267). 따라서 원상회복청구권의 소멸시효는 중도금의 미지급을 이유로 직법하게 계약을 해제한 2013.2.11.부터 진행한다.

④ (×) 민법 제548조 제1항 단서에서 규정하고 있는 제3자란 일반적으로 계약이 해제되는 경우 그 해제된 계약으로부터 생긴 법률효과를 기초로 하여 해제 전에 새로운 이해관계를 가졌을 뿐 아니라 등기·인도 등으로 완전한 권리를 취득한 자를 말하고, 계약상의 채권을 양수한 자는 여기서 말하는 제3자에 해당하지 않는다(대판 2003.1.24. 2000다22850). 따라서 채무자 乙은 매매계약의 해제로써 양수인 丙에게 대항할 수 있다.

⑤ (O) 매도인이 위약 시에는 계약금의 배액을 배상하고 매수인이 위약 시에는 지급한 계약금을 매도인이 취득하고 계약은 자동적으로 해제된다는 조항은 위약당사자가 상대방에 대하여 계약금을 포기하거나 그 배액을 배상하여 계약을 해제할 수 있다는 해제권유보조항이라 할 것이고 최고나 통지 없이 해제할 수 있다는 특약이라고 볼 수 없다(대판 1982.4.27. 80다851). 따라서 임대인 甲 또는 임차인 乙은 해제권유보 조항에도 불구하고, 최고 또는 통지하지 아니하면 해제할 수 없다.

10 법정해제권에 관한 설명으로 옳지 않은 것은?(다툼이 있는 경우에는 판례에 의함) <small>기출 13</small>

① 매도인이 미리 계약을 이행하지 아니할 의사를 명백히 표시한 경우, 매수인은 자기채무의 이행 제공 없이 계약을 해제할 수 있다.

② 채무이행의 최고액이 본래 이행할 채무액보다 현저히 과다하고, 채권자가 최고한 금액을 제공 하지 않으면 수령을 거절할 것이 명백한 경우에도, 그 최고는 해제권 행사의 요건인 최고로서의 효력이 있다.

③ 일방당사자의 계약위반을 이유로 상대방이 계약을 해제하였다면, 특별한 사정이 없는 한, 계약 을 위반한 당사자도 계약해제의 효과를 주장할 수 있다.

④ 목적물이 타인에게 양도되어 전세권설정등기의 이행이 불능이 된 경우, 전세계약을 해제하기 위해서는 전세금의 이행제공을 요하지 않는다.

⑤ 계약의 목적달성과 관련이 없는 부수적 채무의 위반만을 이유로 한 해제권의 행사는 허용되지 않는다.

해설 ① (O) 동시이행관계에 있는 쌍무계약에 있어서 상대방이 채무를 이행하지 않음을 이유로 하여 계약을 해제하 려면 계약을 해제하려고 하는 당사자는 자기채무의 이행을 제공하여 상대방을 지체에 빠지게 하여야 하고, 다만 당사자의 일방이 자기채무의 이행을 제공하여도 상대방이 그 채무를 이행하지 않을 의사를 미리 표시 한 경우에는 최고나 자기채무의 이행의 제공이 없이도 상대방의 이행지체를 이유로 계약을 해제할 수 있다 (대판 1991.11.26. 91다23103).

② (×) 채권자의 이행최고가 본래 이행하여야 할 채무액을 초과하는 경우에도 본래 급부하여야 할 수량과의 차이가 비교적 적거나 채권자가 급부의 수량을 잘못 알고 과다한 최고를 한 것으로서 과다하게 최고한 진의가 본래의 급부를 청구하는 취지라면, 그 최고는 본래 급부하여야 할 수량의 범위 내에서 유효하다고 할 것이나, 그 과다한 정도가 현저하고 채권자가 청구한 금액을 제공하지 않으면 그것을 수령하지 않을 것이라는 의사가 분명한 경우에는 그 최고는 부적법하고 이러한 최고에 터 잡은 계약의 해제는 그 효력이 없다(대판 2004.7.9. 2004다13083).

③ (O) 계약의 해제권은 일종의 형성권으로서 당사자의 일방에 의한 계약해제의 의사표시가 있으면 그 효과로 서 새로운 법률관계가 발생하고 각 당사자는 그에 구속되는 것이므로, 일방당사자의 계약위반을 이유로 한 상대방의 계약해제의사표시에 의하여 계약이 해제되었음에도 상대방이 계약이 존속함을 전제로 계약상 의무의 이행을 구하는 경우 계약을 위반한 당사자도 당해 계약이 상대방의 해제로 소멸되었음을 들어 그 이행을 거절할 수 있다(대판 2001.6.29. 2001다21441·21458).

④ (O) 이미 타인에게 양도하여 소유권이전등기까지 경료된 부동산에 관하여 전세계약을 체결한 경우에 전세 권설정자의 전세계약상의 의무가 이행불능이라는 이유로 동 전세계약을 해제함에 있어서는 전세금잔금지 급의무가 전세권설정등기절차이행의무와 동시이행관계에 있다고 하더라도 그 이행의 제공을 필요로 하지 아니한다(대판 1977.9.13. 77다918).

⑤ (O) 민법 제544조에 의하여 채무불이행을 이유로 계약을 해제하려면, 당해 채무가 계약의 목적달성에 있어 필요불가결하고 이를 이행하지 아니하면 계약의 목적이 달성되지 아니하여 채권자가 그 계약을 체결하지 아니하였을 것이라고 여겨질 정도의 주된 채무이어야 하고 그렇지 아니한 부수적 채무를 불이행한 데에 지나지 아니한 경우에는 계약을 해제할 수 없다(대판 2005.11.25. 2005다53705·53712).

01 증여

Ⅰ 서설

1. 의의

① 증여란 당사자 일방이 무상으로 재산을 상대방에 수여하는 의사를 표시하고 상대방이 이를 승낙함으로써 그 효력이 생기는 계약을 말한다(민법 제554조). 증여는 무상·편무·낙성·불요식의 계약이다. ② 수증자의 의사표시를 요건으로 하므로 태아나 아직 형성되지 않은 종중 또는 친족 공동체에 대한 증여의 의사표시는 효력이 인정되지 않는다. 기출 08 ③ 서면에 의하지 않은 증여는 각 당사자가 해제할 수 있는데(민법 제555조), 증여의 성립에 반드시 서면이 작성되어야만 하는 것은 아니다. ④ 증여는 채권계약이므로 타인의 재산도 증여의 목적으로 할 수 있다. 기출 06·10

2. 증여의 효력

(1) 증여자의 의무

증여자는 약정한 재산권을 이전해 줄 의무를 부담한다(민법 제554조).

(2) 증여자의 담보책임

> **증여자의 담보책임(민법 제559조)** 기출 10
> ① 증여자는 증여의 목적인 물건 또는 권리의 하자나 흠결에 대하여 책임을 지지 아니한다. 그러나 증여자가 그 하자나 흠결을 알고 수증자에게 고지하지 아니한 때에는 그러하지 아니하다.
> ② 상대부담 있는 증여에 대하여는 증여자는 그 부담의 한도에서 매도인과 같은 담보의 책임이 있다.

증여는 무상계약이므로 원칙적으로 담보책임을 지지 않으나(민법 제559조 제1항 본문), 예외적으로 증여자가 악의인 때(민법 제559조 제1항 단서)와 증여가 부담부인 때(민법 제559조 제2항)에는 담보책임을 진다.

(3) 증여의 특수한 해제

1) 서면에 의하지 않은 증여(민법 제555조)

① 서면에 의한 증여는 증여자의 증여의사가 문서를 통하여 확실히 알 수 있는 정도로 서면에 나타난 증여를 말한다. 즉 서면에 표시되어야 하는 것은 증여의 의사표시이다(대판 1998.9.25. 98다22543). 기출 07

② 민법 제555조에서 말하는 해제는 일종의 특수한 철회일 뿐 민법 제543조 이하에서 규정한 본래 의미의 해제와는 다르다고 할 것이어서 형성권의 제척기간의 적용을 받지 않는다(대판 2003.4.11. 2003다1755). 기출 07·10

2) 망은행위(민법 제556조)

① 민법 제556조 제1항 제1호는 '수증자가 증여자에 대하여 증여자 또는 그 배우자나 직계혈족에 대한 범죄행위가 있는 때에는 증여자는 그 증여를 해제할 수 있다.'고 정한다. 이는 중대한 배은행위를 한 수증자에 대해서까지 증여자로 하여금 증여계약상의 의무를 이행하게 할 필요가 없다는 윤리적 요청을 법률적으로 고려한 것이다. 여기에서 '범죄행위'는, 수증자가 증여자에게 감사의 마음을 가져야 함에도 불구하고 증여자가 배은망덕하다고 느낄 정도로 둘 사이의 신뢰관계를 중대하게 침해하여 수증자에게 증여의 효과를 그대로 유지시키는 것이 사회통념상 허용되지 아니할 정도의 범죄를 저지르는 것을 말한다. 이때 이러한 범죄행위에 해당하는지는 수증자가 범죄행위에 이르게 된 동기 및 경위, 수증자의 범죄행위로 증여자가 받은 피해의 정도, 침해되는 법익의 유형, 증여자와 수증자의 관계 및 친밀도, 증여행위의 동기와 목적 등을 종합적으로 고려하여 판단하여야 하고, 반드시 수증자가 그 범죄행위로 형사처벌을 받을 필요는 없다(대판 2022.3.11. 2017다207475·2017다207482).

② 민법 제556조 제1항 제2호에 규정되어 있는 '부양의무'라 함은 민법 제974조에 규정되어 있는 직계혈족 및 그 배우자 또는 생계를 같이 하는 친족 간의 부양의무를 가리키는 것으로서, 친족 간이 아닌 당사자 사이의 약정에 의한 부양의무는 이에 해당하지 아니하여 민법 제556조 제2항이나 민법 제558조가 적용되지 않는다(대판 1996.1.26. 95다43358).

3) 증여자의 재산상태 악화(민법 제557조)

4) 해제 효력의 제한(민법 제558조)

① 이행의 의미 : 증여계약의 특수한 해제는 이미 이행한 부분에 대해서는 영향을 미치지 않는다(민법 제558조). 여기서 이행이란 증여자의 의사에 기한 것을 의미한다.

② 이행 여부에 대한 판단 : 동산이라면 수증자에게 인도, 부동산이라면 수증자에게 등기를 한 때에 이행한 것이 된다. 증여부동산의 인도까지 있어야 하는 것은 아니다(대판 1981.10.13. 81다649).

기출 06·07·08·10

Ⅱ 특수한 증여

정기증여와 사망으로 인한 실효(민법 제560조) 기출 06
정기의 급여를 목적으로 한 증여는 증여자 또는 수증자의 사망으로 인하여 그 효력을 잃는다.

부담부증여(민법 제561조)
상대부담 있는 증여에 대하여는 본절의 규정 외에 쌍무계약에 관한 규정을 적용한다.

사인증여(민법 제562조)
증여자의 사망으로 인하여 효력이 생길 증여에는 유증에 관한 규정을 준용한다.

1. 부담부 증여

(1) 의 의

부담부 증여란 수증자가 증여를 받는 동시에 일정한 부담, 즉 일정한 급부를 하여야 할 채무를 부담하는 것을 부관으로 하는 증여를 말한다. 따라서 본 계약인 증여계약이 무효이면 부관에 불과한 부담도 함께 무효가 된다. 반면 부담만이 무효인 경우에는 본 계약인 증여계약까지 반드시 무효가 되는 것은 아니다. 기출 09

(2) 담보책임

부담부분에 한하여 담보책임을 진다(민법 제559조 제2항). 기출 10

(3) 준용규정

① 부담에 한해 동시이행항변권, 위험부담의 규정을 적용한다(민법 제561조). **기출 09**

② 부담 있는 증여에 대하여는 쌍무계약에 관한 규정이 준용되어 부담의무 있는 상대방이 자신의 의무를 이행하지 아니할 때에는 비록 증여계약이 이미 이행되어 있다 하더라도 증여자는 계약을 해제할 수 있고, 그 경우 민법 제555조와 민법 제558조는 적용되지 아니하기 때문에 원상회복의무가 있다(대판 1997.7.8. 97다2177). **기출 06 · 09**

> [증여의 의사가 서면으로 표시되지 않은 경우, 민법 제555조에 따라 부담부증여계약을 해제할 수 있는지 여부(원칙적 적극) / 부담부증여계약에서 증여자의 증여 이행이 완료되지 않았더라도 수증자가 부담의 이행을 완료한 경우, 서면에 의하지 않은 증여임을 이유로 증여계약의 전부 또는 일부를 해제할 수 있는지 여부(원칙적 소극)]
>
> 민법 제555조는 "증여의 의사가 서면으로 표시되지 아니한 경우에는 각 당사자는 이를 해제할 수 있다."라고 정하고, 민법 제561조는 "상대부담있는 증여에 대하여는 본절의 규정 외에 쌍무계약에 관한 규정을 적용한다."라고 정한다. 이처럼 부담부증여에도 민법 제3편 제2장 제2절(제554조부터 제562조까지)의 증여에 관한 일반 조항들이 그대로 적용되므로, 증여의 의사가 서면으로 표시되지 않은 경우 각 당사자는 원칙적으로 민법 제555조에 따라 부담부증여계약을 해제할 수 있다. 그러나 부담부증여계약에서 증여자의 증여 이행이 완료되지 않았더라도 수증자가 부담의 이행을 완료한 경우에는, 그러한 부담이 의례적·명목적인 것에 그치거나 그 이행에 특별한 노력과 비용이 필요하지 않는 등 실질적으로는 부담 없는 증여가 이루어지는 것과 마찬가지라고 볼 만한 특별한 사정이 없는 한, 각 당사자가 서면에 의하지 않은 증여임을 이유로 증여계약의 전부 또는 일부를 해제할 수는 없다고 봄이 타당하다. 그 이유는 다음과 같다.
> [1] 부담부증여계약이 체결된 경우 민법 제561조에 따라 쌍무계약에 관한 규정이 준용되고, 민법 제559조 제2항에 따라 증여자는 그 부담의 한도에서 매도인과 같은 담보책임을 진다. 이처럼 민법에서는 부담부증여에 부담 없는 증여와 구별되는 성격이 있음을 고려하여 계약의 이행과 소멸 과정에서 증여자와 수증자의 공평을 특별히 도모하고 있다. [2] 민법 제558조는 제555조에 따라 증여계약을 해제하더라도 이미 이행한 부분에 대해서는 영향을 미치지 못한다고 정하고, 부담부증여에서는 이미 이행한 부담 역시 제558조에서의 '이미 이행한 부분'에 포함된다. 따라서 수증자가 부담의 이행을 완료하였음에도 증여자가 증여를 이행하지 않은 상태에서 민법 제555조에 따라 부담부증여계약을 자유롭게 해제할 수 있다고 본다면, 증여자가 아무런 노력 없이 수증자의 부담 이행에 따른 이익을 그대로 보유하는 부당한 결과가 발생할 수 있다. [3] 민법 제555조에서 말하는 해제는 일종의 특수한 철회로서 민법 제543조 이하에서 규정한 본래 의미의 해제와는 다르고, 그 사유가 증여계약 체결 당시 이미 존재했다는 측면에서 수증자의 망은행위 등을 이유로 한 민법 제556조에 따른 해제, 증여자의 재산상태변경을 이유로 한 민법 제557조에 따른 해제와도 다르다. 따라서 부담부증여에서 수증자의 채무불이행이나 각 당사자의 사정변경이 없고 오히려 수증자가 증여자의 증여 의사를 신뢰하여 계약 본지에 따른 부담 이행을 완료한 상태임에도 증여자가 민법 제555조에 따른 특수한 철회를 통해 손쉽게 계약의 구속력에서 벗어나게 할 경우 법적 안정성을 해치게 된다. [4] 민법 제555조에서 서면에 의하지 아니한 증여를 해제할 수 있도록 정한 것은 증여자가 경솔하게 증여하는 것을 방지함과 동시에 증여자의 의사를 명확하게 하여 후일에 분쟁이 생기는 것을 피하려는 데 있다. 그러나 부담부증여의 경우 부담 없는 증여와 달리 증여자의 재산의 수여뿐만 아니라 수증자의 부담 이행까지 의사표시의 내용이 되므로 증여자가 경솔하게 증여하거나 증여 의사가 불분명할 가능성이 많지 않다. 수증자가 부담의 이행을 완료한 상황이라면 더욱 그러하다(대판 2022.9.29. 2021다299976 · 2021다299983).

2. 정기증여

① 정기증여는 계속적인 채권관계에 해당한다.
② 정기증여는 증여자 또는 수증자의 사망으로 효력을 상실한다.

3. 사인증여

(1) 준용규정(민법 제562조)

사인증여는 증여자의 사망으로 효력이 발생하는 증여계약이나, 유증은 단독행위·요식행위라는 점에서, 주로 유증의 효력에 관한 것을 준용하고, 단독행위·요식행위로서의 성질을 갖는 것은 준용하지 않는다(대판 1996.4.12. 94다37714·37721). 기출 10

> **[유증의 철회에 관한 민법 제1108조 제1항이 사인증여에 준용되는지 여부(원칙적 적극)]**
>
> 민법 제562조는 사인증여에는 유증에 관한 규정을 준용한다고 정하고 있고, 민법 제1108조 제1항은 유증자는 유증의 효력이 발생하기 전에 언제든지 유언 또는 생전행위로써 유증 전부나 일부를 철회할 수 있다고 정하고 있다. 사인증여는 증여자의 사망으로 인하여 효력이 발생하는 무상행위로 실제적 기능이 유증과 다르지 않으므로, 증여자의 사망 후 재산 처분에 관하여 유증과 같이 증여자의 최종적인 의사를 존중할 필요가 있다. 또한 증여자가 사망하지 않아 사인증여의 효력이 발생하기 전임에도 사인증여가 계약이라는 이유만으로 법적 성질상 철회가 인정되지 않는다고 볼 것은 아니다. 이러한 사정을 고려하면 특별한 사정이 없는 한 유증의 철회에 관한 민법 제1108조 제1항은 사인증여에 준용된다고 해석함이 타당하다(대판 2022.7.28. 2017다245330).

(2) 포괄적 사인증여

포괄적 사인증여는 낙성·불요식의 증여계약의 일종이고, 포괄적 유증은 엄격한 방식을 요하는 단독행위이며, 방식을 위배한 포괄적 유증은 대부분 포괄적 사인증여로 보여질 것인바, 포괄적 사인증여에 민법 제1078조가 준용된다면 양자의 효과는 같게 되므로, 결과적으로 포괄적 유증에 엄격한 방식을 요하는 요식행위로 규정한 조항들은 무의미하게 된다. 따라서 민법 제1078조가 포괄적 사인증여에 준용된다고 하는 것은 사인증여의 성질에 반하므로 준용되지 아니한다(대판 1996.4.12. 94다37714·37721).

---

02 매 매

I 서 설

1. 의 의

> **매매의 의의(민법 제563조)**
> 매매는 당사자 일방이 재산권을 상대방에게 이전할 것을 약정하고 상대방이 그 대금을 지급할 것을 약정함으로써 그 효력이 생긴다.

2. 법적 성질

매매는 당사자 일방, 즉 매도인이 일정한 재산권을 상대방, 즉 매수인에게 이전할 것을 약정하고, 상대방은 이에 대하여 대금을 지급할 것을 약정함으로써 성립하는 낙성·쌍무·불요식의 유상계약이다(민법 제563조).

Ⅱ 매매의 성립

1. 서 설

매매는 낙성계약이므로, 재산권이전과 대금지급에 관한 합의만 있으면 유효하게 성립한다. 매매의 목적물과 대금은 일반적으로 계약체결 당시에 특정되지만, 그렇지 않은 경우에도 사후에 구체적으로 특정할 수 있는 방법과 기준이 정해져 있으면 충분하다(대판 1986.2.11. 84다카2454). **기출 11**
매매는 처분행위가 아니므로 매도인이 권리자가 아니더라도 의무부담행위로서 매매는 유효하게 성립한다(민법 제569조). 매매의 성립에 관하여 주의할 것은 매매의 예약과 계약금이다.

2. 매매의 예약

> **매매의 일방예약(민법 제564조)**
> ① 매매의 일방예약은 상대방이 매매를 완결할 의사를 표시하는 때에 매매의 효력이 생긴다.
> ② 전항의 의사표시의 기간을 정하지 아니한 때에는 예약자는 상당한 기간을 정하여 매매완결 여부의 확답을 상대방에게 최고할 수 있다.
> ③ 예약자가 전항의 기간 내에 확답을 받지 못한 때에는 예약은 그 효력을 잃는다.

(1) 의 의

장차 본계약을 체결할 것을 약정하는 것이 예약이고, 매매의 예약은 장차 매매계약을 체결할 것을 약정하는 것이다. 예약자체는 채권계약이다.

(2) 종 류

① **일방예약과 쌍방예약** : 쌍방 예약당사자 중 일방만이 예약완결권을 가지는 것을 일방예약이라 하고, 쌍방이 예약완결의 의사표시를 할 수 있는 권리를 가지는 것을 쌍방예약이라고 한다.

② **편무예약과 쌍무예약** : 당사자 일방만이 승낙의무를 부담하는 경우 즉, 본계약 체결의 청약을 할 수 있는 권리를 당사자 일방만이 가지는 경우와 당사자 쌍방이 모두 승낙의무를 부담하는 경우, 즉 당사자 쌍방이 모두 상대방에 대하여 청약을 할 수 있는 권리를 가지는 경우가 있는데 전자를 편무예약, 후자를 쌍무예약이라고 한다.

③ **일방예약의 추정** : 당사자가 위의 네 가지 유형 중 어느 종류의 예약을 하였는지는 계약의 성질 또는 해석에 의하여 결정되어야 하지만, 법은 특히 일방예약에 관한 규정을 두고 있기 때문에(민법 제564조 제1항), 매매의 예약은 일방예약으로 추정된다.

(3) 매매의 일방예약

1) 성립요건

① 매매예약은 당사자의 합의만 있으면 성립한다.

② 매매의 일방예약은 매매를 완결할 의사표시를 한 때에 매매가 성립하고 즉시 효력이 생기므로 예약 당시에 그 예약에 의하여 체결된 본계약의 요소가 되는 내용이 확정되어 있거나 또는 확정될 수 있어야 한다(대판 1993.5.27, 93다4908·4915·1022).

2) 예약완결권

① 예약완결권이란 매매의 일방예약 또는 쌍방예약에 의하여 일방 또는 쌍방이 상대방에게 매매 완결의 의사표시를 할 수 있는 권리인 바, 이는 형성권이고 재산권에 해당한다. 약정이 없는 경우 10년의 제척기간에 걸린다.

> • 매매의 일방예약에서 예약자의 상대방이 매매예약 완결의 의사표시를 하여 매매의 효력을 생기게 하는 권리, 즉 매매예약 완결권은 일종의 형성권으로서 당사자 사이에 그 행사기간을 약정한 때에는 그 기간 내에, 그러한 약정이 없는 때에는 그 예약이 성립한 때로부터 10년 내에 이를 행사하여야 하고, 그 기간을 지난 때에는 상대방이 예약 목적물인 부동산을 인도받은 경우라도 예약완결권은 제척기간의 경과로 인하여 소멸한다(대판 1997.7.25, 96다47494·47500). 기출 06·16·23
> • [1] 매매의 일방예약에서 예약자의 상대방이 매매예약완결의 의사표시를 하여 매매의 효력을 생기게 하는 권리, 즉 매매예약의 완결권은 일종의 형성권으로서 당사자 사이에 그 행사기간을 약정한 때에는 그 기간 내에, 그러한 약정이 없는 때에는 그 예약이 성립한 때부터 10년 내에 이를 행사하여야 하고 그 기간이 지난 때에는 예약완결권은 제척기간의 경과로 인하여 소멸한다. 예약완결권의 제척기간이 도과하였는지 여부는 직권조사사항으로서 이에 대한 당사자의 주장이 없더라도 법원이 당연히 직권으로 조사하여 재판에 고려하여야 한다. [2] 예약완결권은 재판상이든 재판 외든 그 기간 내에 행사하면 되는 것으로서, 예약완결권자가 예약완결권 행사의 의사표시를 담은 소장 부본을 상대방에게 송달함으로써 재판상 행사하는 경우에는 그 소장 부본이 상대방에게 도달한 때에 비로소 예약완결권 행사의 효력이 발생하여 예약완결권자와 상대방 사이에 매매의 효력이 생기므로, 예약완결권 행사의 의사표시가 담긴 소장 부본이 제척기간 내에 상대방에게 송달되어야만 예약완결권자가 제척기간 내에 적법하게 예약완결권을 행사하였다고 볼 수 있다(대판 2019.7.25, 2019다227817). 기출 23

② 예약완결권의 존속기간을 정하지 않은 경우 예약자는 상당한 기간을 정하여 매매완결 여부의 확답을 최고할 수 있고, 확답을 받지 못한 경우 예약은 그 효력을 잃는다.

③ 예약완결권은 양도성이 있다.

④ 공동명의로 담보가등기를 마친 수인의 채권자가 각자의 지분별로 별개의 독립적인 매매예약 완결권을 가지는 경우, 채권자 중 1인이 단독으로 자신의 지분에 관한 청산절차를 이행한 후 소유권이전의 본등기절차 이행을 구할 수 있는지 여부(적극) : 공동명의로 담보가등기를 마친 수인의 채권자가 각자의 지분별로 별개의 독립적인 매매예약완결권을 가지는 경우, 채권자 중 1인은 단독으로 자신의 지분에 관하여 가등기담보 등에 관한 법률이 정한 청산절차를 이행한 후 소유권이전의 본등기절차 이행청구를 할 수 있다(대판[전합] 2012.2.16, 2010다82530).

3. 계약금

(1) 의 의

계약을 체결할 때에 그 계약에 부수하여 당사자의 일방이 상대방에게 교부하는 금전 기타의 유가물을 말한다. 계약금계약은 요물계약이며 종된 계약이다.

(2) 법적 성질

1) 증약금

증약금이란 계약체결의 증거로서 의미를 가지는 계약금을 의미한다. 따라서 계약금이 교부된 경우 계약체결의 증거가 된다.

2) 해약금

> **해약금(민법 제565조)** 기출 10
> ① 매매의 당사자 일방이 계약당시에 금전 기타 물건을 계약금, 보증금등의 명목으로 상대방에게 교부한 때에는 당사자 간에 다른 약정이 없는 한 당사자의 일방이 이행에 착수할 때까지 교부자는 이를 포기하고 수령자는 그 배액을 상환하여 매매계약을 해제할 수 있다.
> ② 제551조의 규정은 전항의 경우에 이를 적용하지 아니한다.

① 의의 : 계약금의 교부는 당사자 간의 다른 약정이 없는 한 해약금으로 추정된다(민법 제565조)(통설·판례). 즉 계약금을 교부한 자는 그것을 포기함으로써, 이를 수령한 자는 그 배액을 상환함으로써 각각 계약을 해제할 수 있다.

② 요 건

　㉠ 금전 기타 물건을 계약금 명목으로 교부하였을 것 : 계약금의 일부만 먼저 지급한 때에도 해약금에 기한 해제권이 인정되는지 여부

> - 판례는 「계약금계약은 금전 기타 유가물의 교부를 요건으로 하므로 단지 계약금을 지급하기로 약정만 한 단계에서는 아직 계약금으로서의 효력, 즉 위 민법 규정에 의해 계약해제를 할 수 있는 권리는 발생하지 않는다고 할 것이다. 따라서 당사자가 계약금의 일부만을 먼저 지급하고 잔액은 나중에 지급하기로 약정하거나 계약금 전부를 나중에 지급하기로 약정한 경우, 교부자가 계약금의 잔금이나 전부를 약정대로 지급하지 않으면 상대방은 계약금 지급의무의 이행을 청구하거나 채무불이행을 이유로 계약금약정을 해제할 수 있고, 나아가 위 약정이 없었더라면 주계약을 체결하지 않았을 것이라는 사정이 인정된다면 주계약도 해제할 수도 있을 것이나, 교부자가 계약금의 잔금 또는 전부를 지급하지 아니하는 한 계약금계약은 성립하지 아니하므로 당사자가 임의로 주계약을 해제할 수는 없다」(대판 2008.3.13. 2007다73611)고 판시하였다. 기출 11
> - 그러나 최근 판례는 「매도인이 '계약금 일부만 지급된 경우 지급받은 금원의 배액을 상환하고 매매계약을 해제할 수 있다'고 주장한 경우, '실제 교부받은 계약금'의 배액만을 상환하여 매매계약을 해제할 수 있다면 이는 당사자가 일정한 금액을 계약금으로 정한 의사에 반하게 될 뿐 아니라, 교부받은 금원이 소액일 경우에는 사실상 계약을 자유로이 해제할 수 있어 계약의 구속력이 약화되는 결과가 되어 부당하기 때문에, 계약금 일부만 지급된 경우 수령자가 매매계약을 해제할 수 있다고 하더라도 해약금의 기준이 되는 금원은 '실제 교부받은 계약금'이 아니라 '약정 계약금'이라고 봄이 타당하므로, 매도인이 계약금의 일부로서 지급받은 금원의 배액을 상환하는 것으로는 매매계약을 해제할 수 없다」(대판 2015.4.23. 2014다231378)고 판시하였다. 기출 17·19

ⓛ 수령자의 배액 제공 내지 교부자의 포기의 의사표시가 있을 것

- **계약금수령자** : 계약금의 수령자는 단순히 해제의 의사표시만으로는 해제를 하지 못하며, 배액을 제공하여야 한다. 따라서 배액이 되지 않는 일부만을 제공한 경우 해제하지 못한다(대판 1973.1.30. 72다2243). [기출] 10·15 그리고 배액을 제공만 하면 되므로, 상대방이 이를 수령하지 않는다고 공탁까지 할 필요는 없다(대판 1981.10.27. 80다2784). [기출] 16·19·22

> **[배도인이 민법 제565조 제1항에 따라 계약을 해제하기 위해서는 자신이 받은 계약금의 배액을 적어도 이행제공 상태에 두어야 하는지 여부(적극)]**
> 매수인이 계약의 이행에 착수하기 전에는 매도인은 계약금의 배액을 상환하고 계약을 해제할 수 있다(민법 제565조 제1항). 이에 따라 매도인이 받은 계약금의 배액을 매수인에게 상환하거나 적어도 그 이행제공을 하지 않으면 이 조항에 따라 해제할 수 없다(대판 2021.9.16. 2020다213364). [기출] 23

- **계약금교부자** : 계약금 교부자는 계약금을 포기하고 매매계약을 해제할 수 있다.

ⓒ 당사자 일방이 이행에 착수하기 전일 것

- **이행의 착수**
  - 이행에 착수한다는 것은 객관적으로 외부에서 인식할 수 있는 정도로 채무의 이행행위의 일부를 하거나 또는 이행을 하기 위하여 필요한 전제행위를 하는 경우를 말하는 것으로서 단순히 이행의 준비를 하는 것만으로는 부족하나 반드시 계약내용에 들어맞는 이행의 제공의 정도에까지 이르러야 하는 것은 아니다(대판 1993.5.25. 93다1114).
  - 당사자 중 어느 일방이라도 이행에 착수하면 비록 상대방이 이행에 착수하지 않고 있는 경우라도 해제권을 행사할 수 없다(대판 1994.11.11. 94다17659). [기출] 10·11·15·19

- **이행기 전에 이루어진 이행** : 이행기 전에 이루어진 이행이 이행의 착수에 해당하는지 문제된다. 판례는 이행기의 약정이 있는 경우라도 당사자가 채무의 이행기 전에는 착수하지 아니하기로 하는 특약을 하는 등의 특별한 사정이 없는 한 이행기 전에도 이행에 착수할 수 있다고 한다(대판 2006.2.10. 2004다11599).

> **[이행의 착수가 부정된 경우]**
> - 국토의 계획 및 이용에 관한 법률에 정한 토지거래계약에 관한 허가구역으로 지정된 구역 안의 토지에 관하여 매매계약이 체결된 후 계약금만 수수한 상태에서 당사자가 토지거래허가신청을 하고 이에 따라 관할관청으로부터 그 허가를 받았다 하더라도, 그러한 사정만으로는 아직 이행의 착수가 있다고 볼 수 없어 매도인으로서는 민법 제565조에 의하여 계약금의 배액을 상환하여 매매계약을 해제할 수 있다(대판 2009.4.23. 2008다62427). [기출] 10·11·16·19·22·23
> - 매도인이 매수인에 대하여 매매계약의 이행을 최고하고 매매잔대금의 지급을 구하는 소송을 제기한 것만으로는 이행에 착수하였다고 볼 수 없다(대판 2008.10.23. 2007다72274·72281). [기출] 11·16·22
>
> **[이행의 착수가 인정된 경우]**
> 매수인이 매도인의 동의하에 매매계약의 계약금 및 중도금 지급을 위하여 은행도어음을 교부한 경우 매수인은 계약의 이행에 착수하였다(대판 2002.11.26. 2002다46492). [기출] 10

ⓔ **배제특약의 부존재** : 민법 제565조의 해약권은 당사자 간에 다른 약정이 없는 경우에 한하여 인정되는 것이고, 만일 당사자가 위 소항의 해약권을 배제하기로 하는 약정을 하였다면 더 이상 그 해제권을 행사할 수 없다(대판 2009.4.23. 2008다50615). [기출] 16·19·22

③ 해약금 해제의 효과
  ㉠ 원상회복의무의 불발생 기출 16
  ㉡ 손해배상청구권의 불발생 기출 16 : 해약금에 기한 해제는 채무불이행에 기한 해제가 아니기 때문에 손해배상청구권이 발생하지 않는다.
  ㉢ 다른 이유에 의한 계약해제 기출 15 : 해약금 해제가 채무불이행 등 다른 이유에 의한 계약해제권을 배제하는 것은 아니다.

3) 위약금
① 의의 : 위약금이란 채무불이행이 있는 경우에 의미를 가지는 계약금을 말한다.
② 요건
  ㉠ 계약금이 위약금으로 인정되기 위해서는 별도의 특약이 있어야 한다. 따라서 별도의 특약이 없다면 해약금으로 추정될 뿐 당연히 위약금의 기능을 갖게 되는 것은 아니다(대판 1987.2.24. 86누438). 기출 11·15 따라서 별도의 특약이 없다면 채무불이행이 있는 때에도 실제 손해만을 배상받을 수 있을 뿐 계약금이 위약금으로서 상대방에게 당연히 귀속되는 것은 아니다(대판 2020.4.29. 2007다24930). 기출 08·15·22
  ㉡ 특약을 통해 계약금이 위약금이 되었다고 해약금의 성질이 사라지는 것은 아니다.
③ 위약금의 성질
  ㉠ 구별기준 : 위약금 특약이 있는 경우 손해배상액의 예정의 성질을 가지는 경우도 있고, 위약벌의 성질을 가지는 경우도 있다. 양자의 구별은 법률행위의 해석의 문제이나, 불분명한 경우 통설과 판례는 손해배상액의 예정으로 추정한다. 판례는 당사자 사이의 도급계약서에 계약보증금 외에 지체상금도 규정되어 있다는 점만을 이유로 하여 계약보증금을 위약벌로 보기는 어렵다고 하였다(대판 2000.12.8. 2000다35771). 기출 14
  ㉡ 위약벌에 해당하는 경우

> 위약벌의 약정은 채무의 이행을 확보하기 위하여 정해지는 것으로서 손해배상의 예정과는 그 내용이 다르므로 손해배상의 예정에 관한 민법 제398조 제2항을 유추 적용하여 그 액을 감액할 수는 없고 기출 13 , 다만 그 의무의 강제에 의하여 얻어지는 채권자의 이익에 비하여 약정된 벌이 과도하게 무거울 때에는 그 일부 또는 전부가 공서양속에 반하여 무효로 된다(대판 1993.3.23. 92다46905). 기출 08·14·17

4. 매매계약 비용의 부담

매매계약의 비용의 부담(민법 제566조) 기출 11
매매계약에 관한 비용은 당사자 쌍방이 균분하여 부담한다.

매매계약에 관한 비용, 예컨대 중개사 수수료, 계약서 작성비용 등은 당사자 쌍방이 균분하여 부담한다(민법 제566조).

Ⅲ 매매의 효력

매매의 효력(민법 제568조)
① 매도인은 매수인에 대하여 매매의 목적이 된 권리를 이전하여야 하며 매수인은 매도인에게 그 대금을 지급하여야 한다.
② 전항의 쌍방의무는 특별한 약정이나 관습이 없으면 동시에 이행하여야 한다.

과실의 귀속, 대금의 이자(민법 제587조)
매매계약 있은 후에도 인도하지 아니한 목적물로부터 생긴 과실은 매도인에게 속한다. 매수인은 목적물의 인도를 받은 날로부터 대금의 이자를 지급하여야 한다. 그러나 대금의 지급에 대하여 기한이 있는 때에는 그러하지 아니하다.

1. 매도인의 재산권이전의무

매도인은 매수인에 대하여 매매의 목적이 된 권리를 이전하여야 할 의무를 진다(민법 제568조 제1항).

① 매도인의 재산권 이전의무는 특약이나 관습이 없으면 매수인의 대금지급의무와 동시이행의 관계에 선다(민법 제568조 제2항).

> 부동산의 매매계약이 체결된 경우에는 매도인의 소유권이전등기의무, 인도의무와 매수인의 잔대금지급의무는 동시이행의 관계에 있는 것이 원칙이고, 이 경우 매도인은 특별한 사정이 없는 한 제한이나 부담이 없는 완전한 소유권이전등기의무를 지는 것이므로 매매목적 부동산에 가압류등기 등이 되어 있는 경우에는 매도인은 이와 같은 등기도 말소하여 완전한 소유권이전등기를 해 주어야 하는 것이고, 따라서 가압류등기 등이 있는 부동산의 매매계약에 있어서는 매도인의 소유권이전등기 의무와 아울러 가압류등기의 말소의무도 매수인의 대금지급의무와 동시이행 관계에 있다(대판 2000.11.28. 2000다8533). **기출** 10 · 11 · 18 · 19

② 매매계약 있은 후에도 인도하지 아니한 목적물로부터 생긴 과실은 매도인에게 속한다(민법 제587조). **기출** 11 · 24 다만, 매매목적물의 인도 전이라도 매수인이 매매대금을 완납한 때에는 그 이후의 과실수취권은 매수인에게 귀속된다(대판 1993.11.9. 93다28928).

2. 매도인의 담보책임

(1) 의 의

① 매매에 의하여 매수인이 취득하는 권리 또는 권리의 객체인 물건에 하자 내지 불완전한 점이 있는 때에 매도인이 매수인에 대하여 부담하는 책임을 말한다.
② 매도인의 담보책임의 법적 성질에 대하여 다수설은 매매계약의 유사성에 비추어 매수인을 보호하고 거래의 안전을 보장하기 위해 인정되는 법정책임이라고 한다.

> **담보책임면제의 특약(민법 제584조)**
> 매도인은 전15조에 의한 담보책임을 면하는 특약을 한 경우에도 매도인이 알고 고지하지 아니한 사실 및 제3자에게 권리를 설정 또는 양도한 행위에 대하여는 책임을 면하지 못한다.

③ 매도인의 담보책임은 매도인의 고의나 과실 등의 귀책사유를 요건으로 하지 않는 일종의 무과실책임이다.

(2) 법적 성질

1) 학설(법정책임설과 채무불이행책임설의 비교)

① **과실의 요부** : 법정책임설은 과실은 그 요건이 아니며 책임내용도 법률에 정해진 것에 한정된다고 보는 반면에 채무불이행책임설은 채무자의 과실을 요건으로 하고 있으며 그 효과도 달리한다.

② **특정물 매매** : 법정책임설은 특정물매매에 있어서 하자 있는 물건의 급부는 그것으로서 매도인의 이행의무는 종결된다고 하나, 채무불이행책임설은 하자 없는 급부의무가 인정되기 때문에 불완전이행이 된다고 한다.

③ **채무불이행 책임과의 경합** : 법정책임설에서는 경합을 부정하는 반면에 채무불이행책임설에서는 원칙적으로 경합을 인정한다.

④ **손해배상의 범위** : 법정책임설은 신뢰이익의 배상에 한정된다고 하는 반면에 채무불이행책임설에서는 이행이익을 배상하여야 한다고 한다.

⑤ **하자의 개념**
　㉠ **객관적 하자설** : 매매목적물이 일반적 용도에 적합하지 않으면 계약당사자의 합의내용과 관계없이 하자가 존재하는 것이 된다(법정책임설).
　㉡ **주관적 하자설** : 매매목적물이 계약에 의하여 합의된 성상에 적합하지 못한 경우, 즉 계약 체결시 당사자 쌍방이 전제로 한 성질이 목적물에 없는 경우 하자가 존재한다(채무불이행책임설).

⑥ **하자의 판단 시점**
　㉠ **계약성립 시나 특정 시** : 특정물매매의 경우에는 계약의 성립당시를 기준으로 하며, 종류물매매의 경우에는 목적물이 특정되는 시기를 기준으로 한다(법정책임설).
　㉡ **위험이전시** : 특정물매매와 종류물매매를 구별할 필요 없이 매매목적물에 대한 위험의 이전시기에 하자의 존재 여부를 판단한다(채무불이행책임설).

2) 판 례

종래에는 법정책임설을 취하고 있었으나, 현재는 채무불이행책임설을 취하고 있다. 즉 채무불이행책임과의 경합을 인정하고 있으며, 이행이익의 배상을 인정하고 있다.

(3) 권리의 하자에 대한 담보책임

1) 타인의 권리의 매매

> **타인의 권리의 매매(민법 제569조)**
> 매매의 목적이 된 권리가 타인에게 속한 경우에는 매도인은 그 권리를 취득하여 매수인에게 이전하여야 한다.

① 타인의 물건이 매매의 목적인 때에도 매매계약은 유효하며, 원시적 불능으로 무효가 되는 것이 아니다(대판 1993.9.10. 93다20283). 기출 07·15·17

② 매매나 증여의 대상인 권리가 타인에게 귀속되어 있다는 이유만으로 채무자의 계약에 따른 이행이 불능이라고 할 수는 없다(대판 2016.5.12. 2016다200729). 기출 17·19

2) 전부타인권리매매

> **동전-매도인의 담보책임(민법 제570조)** `기출` 04 · 13 · 15
> 전조의 경우에 매도인이 그 권리를 취득하여 매수인에게 이전할 수 없는 때에는 매수인은 계약을 해제할 수 있다. 그러나 매수인이 계약당시 그 권리가 매도인에게 속하지 아니함을 안 때에는 손해배상을 청구하지 못한다.

① **요건** : 민법 제570조의 담보책임이 성립하기 위해서는 ㉠ 전부 타인권리의 매매가 성립되었을 것, ㉡ 매도인이 그 권리를 취득하여 매수인에게 이전할 수 없을 것 등의 요건을 충족하여야 한다.

② **책임의 내용**

　㉠ **해제권** : 매수인은 상대방에게 최고할 필요도 없이 선의·악의를 불문하고 해제할 수 있고
　(민법 제570조 본문) `기출` 07 , 매도인의 귀책사유도 불문한다.

> **[타인의 권리의 매매에서 민법 제570조에 따른 매매계약 해제의 효과 및 매수인이 진정한 권리자인 타인에게 직접 목적물 또는 사용이익을 반환한 경우에도 매도인에게 목적물 및 사용이익을 반환할 의무를 부담하는지 여부(소극)]**
>
> 타인의 권리의 매매의 경우에 매도인이 그 권리를 취득하여 매수인에게 이전할 수 없는 때에는 매수인은 계약을 해제할 수 있다(민법 제570조). 이러한 해제의 효과에 관하여 특별한 규정은 없지만 일반적인 해제와 달리 해석할 이유가 없다. 따라서 위 규정에 따라 매매계약이 해제되는 경우에, 매도인은 매수인에게 매매대금과 그 받은 날부터의 이자를 반환할 의무를 부담하고, 매수인 역시 특별한 사정이 없는 한 매도인에게 목적물을 반환할 의무는 물론이고 목적물을 사용하였으면 그 사용이익을 반환할 의무도 부담한다. 그리고 이러한 결론은 매도인이 목적물의 사용권한을 취득하지 못하여 매수인으로부터 반환받은 사용이익을 궁극적으로 정당한 권리자에게 반환하여야 할 입장이라 하더라도 마찬가지이다. 다만, 매수인이 진정한 권리자인 타인에게 직접 목적물 또는 사용이익을 반환하는 등의 특별한 사정이 있는 경우에는 매수인은 적어도 그 반환 등의 한도에서는 매도인에게 목적물 및 사용이익을 반환할 의무를 부담하지 않는다고 할 것이다(대판 2017.5.31. 2016다240). `기출` 23

　㉡ **손해배상청구권**

　　• **범위** : 선의의 매수인은 손해배상을 청구할 수 있다(민법 제570조 단서). `기출` 07

　　• **산정 시점** : 배상액의 산정은 목적물을 취득하여 이전하는 것이 불능으로 된 때의 시가를 표준으로 한다(대판 1973.3.13. 72다2207). `기출` 15

　㉢ **권리행사기간** : 민법 제570조의 해제권과 손해배상청구권의 행사기간에 대한 별도의 규정이 없어, 견해의 대립이 있으며 `기출` 15 , 다수설은 제척기간이 없는 것으로 본다.

　㉣ **선의매도인의 해제권**

> **동전-선의의 매도인의 담보책임(민법 제571조)** `기출` 04 · 07 · 18
> ① 매도인이 계약당시에 매매의 목적이 된 권리가 자기에게 속하지 아니함을 알지 못한 경우에 그 권리를 취득하여 매수인에게 이전할 수 없는 때에는 매도인은 손해를 배상하고 계약을 해제할 수 있다.
> ② 전항의 경우에 매수인이 계약당시 그 권리가 매도인에게 속하지 아니함을 안 때에는 매도인은 매수인에 대하여 그 권리를 이전할 수 없음을 통지하고 계약을 해제할 수 있다.

- **적용범위** : 민법 제571조는 선의의 매도인이 매매의 목적인 권리의 전부를 이전할 수 없는 경우에 적용될 뿐 권리의 일부를 이전할 수 없는 경우에는 적용되지 않는다.
- **해제의 효과** : 매도인은 매수인에게 손해배상의무를 부담하고, 매수인은 매도인에게 목적물을 반환하고 목적물을 사용한 경우 그 사용이익을 반환할 의무를 부담하며, 이는 동시이행의 관계에 있다(대판 1993.4.9. 92다25946). `기출 08`

ⓜ **채무불이행책임과의 경합 인정 여부** : 판례는 「타인의 권리를 매매의 목적으로 한 경우에 있어서 그 권리를 취득하여 매수인에게 이전하여야 할 매도인의 의무가 매도인의 귀책사유로 인하여 이행불능이 되었다면 매수인이 매도인의 담보책임에 관한 민법 제570조 단서의 규정에 의해 손해배상을 청구할 수 없다 하더라도 채무불이행 일반의 규정(민법 제546조, 제390조)에 좇아서 계약을 해제하고 손해배상을 청구할 수 있다」(대판 1993.11.23. 93다37328)고 보아 담보책임과 채무불이행책임의 경합을 인정하였다. `기출 15·17`

3) 일부타인권리매매

> **권리의 일부가 타인에게 속한 경우와 매도인의 담보책임(민법 제572조)** `기출 04·11·13`
> ① 매매의 목적이 된 권리의 일부가 타인에게 속함으로 인하여 매도인이 그 권리를 취득하여 매수인에게 이전할 수 없는 때에는 매수인은 그 부분의 비율로 대금의 감액을 청구할 수 있다.
> ② 전항의 경우에 잔존한 부분만이면 매수인이 이를 매수하지 아니하였을 때에는 선의의 매수인은 계약전부를 해제할 수 있다.
> ③ 선의의 매수인은 감액청구 또는 계약해제외에 손해배상을 청구할 수 있다.

> **전조의 권리행사의 기간(민법 제573조)**
> 전조의 권리는 매수인이 선의인 경우에는 사실을 안 날로부터, 악의인 경우에는 계약한 날로부터 1년 내에 행사하여야 한다.

① **요건** : 민법 제572조의 담보책임이 성립하기 위해서는 ㉠ 일부 타인권리의 매매가 성립되었을 것, ㉡ 매도인이 그 권리를 취득하여 매수인에게 이전할 수 없을 것, ㉢ 제척기간(민법 제573조)을 준수하였을 것 등의 요건을 갖추어야 한다.

② **책임의 내용**
  ㉠ **대금감액청구권** : 매수인은 선의·악의를 불문하고 타인에게 속하는 부분의 비율만큼 대금의 감액을 청구할 수 있다(민법 제572조 제1항).
  ㉡ **계약해제권**(민법 제572조 제2항) : 선의의 매수인에 한한다.
  ㉢ **손해배상청구권** : 선의의 매수인은 손해배상을 청구할 수 있는데, 배상범위는 매수인에게 이전할 수 없게 된 때의 이행불능이 된 권리의 시가, 즉 이행이익 상당액이다(대판 1993.1.19. 92다37727).
  ㉣ **권리행사기간** : 민법 제573조 소정의 권리행사기간의 기산점인 선의의 매수인이 "사실을 안 날"이라 함은 단순히 권리의 일부가 타인에게 속한 사실을 안 날이 아니라 그 때문에 매도인이 이를 취득하여 매수인에게 이전할 수 없게 되었음이 확실하게 된 사실을 안 날을 말하는 것이다(대판 1991.12.10. 91다27396).

4) 목적물의 수량부족 · 일부멸실

> **수량부족, 일부멸실의 경우와 매도인의 담보책임(민법 제574조)** 기출 04
>
> 전2조의 규정은 수량을 지정한 매매의 목적물이 부족되는 경우와 매매목적물의 일부가 계약당시에 이미 멸실된 경우에 매수인이 그 부족 또는 멸실을 알지 못한 때에 준용한다.

① **요건** : 민법 제574조의 담보책임이 성립하기 위해서는 ㉠ 수량을 지정한 매매의 목적물이 부족한 경우와 ㉡ 매매목적물이 일부가 계약당시 이미 멸실된 경우일 것 등의 요건을 갖추어야 한다.

> - 부동산 매매계약에 있어서 매수인이 일정한 면적이 있는 것으로 믿고 매도인도 그 면적이 있는 것을 명시적 또는 묵시적으로 표시하며, 나아가 계약당사자가 면적을 가격을 정하는 여러 요소 중 가장 중요한 요소로 파악하고, 그 객관적 수치를 기준으로 가격을 정하는 경우라면 특정물이 일정한 수량을 가지고 있다는 데에 주안을 두고, 대금도 그 수량을 기준으로 하여 정한 경우에 속하므로 민법 제574조에 정한 '수량을 지정한 매매'에 해당한다(대판 2001.4.10. 2001다12256). 기출 12
> - 부동산매매계약에 있어서 실제면적이 계약면적에 미달하는 경우에는 그 매매가 수량지정매매에 해당할 때에 한하여 민법 제574조, 제572조에 의한 대금감액청구권을 행사함은 별론으로 하고, 그 매매계약이 그 미달 부분만큼 일부 무효임을 들어 이와 별도로 일반 부당이득반환청구를 하거나 그 부분의 원시적 불능을 이유로 민법 제535조가 규정하는 계약체결상의 과실에 따른 책임의 이행을 구할 수 없다(대판 2002.11.8. 99다58136). 기출 11 · 12

② **책임의 내용** : 매수인이 선의의 경우에 한하여 대금감액청구권, 계약해제권, 손해배상청구권을 행사할 수 있다.

③ **권리행사기간** : 수량지정매매에 있어서 매도인의 담보책임에 기한 매수인의 대금감액청구권은 매수인이 선의인 경우에는 사실을 안 날로부터, 악의인 경우에는 계약한 날로부터 1년 이내에 행사하여야 한다(민법 제574조, 민법 제573조). 기출 12

5) 용익적 권리에 의하여 제한받고 있는 경우

> **제한물권 있는 경우와 매도인의 담보책임(민법 제575조)** 기출 04 · 22
>
> ① 매매의 목적물이 지상권, 지역권, 전세권, 질권 또는 유치권의 목적이 된 경우에 매수인이 이를 알지 못한 때에는 이로 인하여 계약의 목적을 달성할 수 없는 경우에 한하여 매수인은 계약을 해제할 수 있다. 기타의 경우에는 손해배상만을 청구할 수 있다.
> ② 전항의 규정은 매매의 목적이 된 부동산을 위하여 존재할 지역권이 없거나 그 부동산에 등기된 임대차계약이 있는 경우에 준용한다.
> ③ 전2항의 권리는 매수인이 그 사실을 안 날로부터 1년 내에 행사하여야 한다.

6) 저당권 · 전세권에 의하여 제한받고 있는 경우

> **저당권, 전세권의 행사와 매도인의 담보책임(민법 제576조)** 기출 04 · 15 · 18
>
> ① 매매의 목적이 된 부동산에 설정된 저당권 또는 전세권의 행사로 인하여 매수인이 그 소유권을 취득할 수 없거나 취득한 소유권을 잃은 때에는 매수인은 계약을 해제할 수 있다.
> ② 전항의 경우에 매수인의 출재로 그 소유권을 보존한 때에는 매도인에 대하여 그 상환을 청구할 수 있다.
> ③ 전2항의 경우에 매수인이 손해를 받은 때에는 그 배상을 청구할 수 있다.

저당권의 목적이 된 지상권, 전세권의 매매와 매도인의 담보책임(민법 제577조)
전조의 규정은 저당권의 목적이 된 지상권 또는 전세권이 매매의 목적이 된 경우에 준용한다.

① 요건 : 민법 제576조의 담보책임이 성립하기 위해서는 ㉠ 매매의 목적된 부동산에 설정된 저당권 또는 전세권의 행사로 인하여 ㉡ 매수인이 소유권을 취득할 수 없거나 취득한 소유권을 잃었어야 한다(민법 제576조 제1항).

> • 가등기의 목적이 된 부동산을 매수한 사람이 그 뒤 가등기에 기한 본등기가 경료됨으로써 그 부동산의 소유권을 상실하게 된 때에는 매매의 목적 부동산에 설정된 저당권 또는 전세권의 행사로 인하여 매수인이 취득한 소유권을 상실한 경우와 유사하므로, 이와 같은 경우 민법 제576조의 규정이 준용된다고 보아 같은 조 소정의 담보책임을 진다고 보는 것이 상당하고 민법 제570조에 의한 담보책임을 진다고 할 수 없다(대판 1992.10.27. 92다21784). 기출 09
> • 가압류 목적이 된 부동산을 매수한 사람이 그 후 가압류에 기한 강제집행으로 부동산 소유권을 상실하게 되었다면 이는 매매의 목적 부동산에 설정된 저당권 또는 전세권의 행사로 인하여 매수인이 취득한 소유권을 상실한 경우와 유사하므로, 이와 같은 경우 매도인의 담보책임에 관한 민법 제576조의 규정이 준용된다고 보아 매수인은 같은 조 제1항에 따라 매매계약을 해제할 수 있고, 같은 조 제3항에 따라 손해배상을 청구할 수 있다고 보아야 한다(대판 2011.5.13. 2011다1941). 기출 18

② 책임의 내용
㉠ 해제권 : 매수인은 선의·악의를 불문하고 계약을 해제할 수 있다(민법 제576조 제1항).
기출 18·21
㉡ 상환청구권(민법 제576조 제2항)
㉢ 손해배상청구권 : 매수인은 선의·악의를 불문하고 손해배상청구권이 인정된다(민법 제576조 제3항).
㉣ 권리행사기간 : 민법 제570조와 마찬가지로 제척기간에 대한 규정이 없다.

(4) 물건의 하자에 대한 담보책임

매도인의 하자담보책임(민법 제580조) 기출 04·22
① 매매의 목적물에 하자가 있는 때에는 제575조 제1항의 규정을 준용한다. 그러나 매수인이 하자 있는 것을 알았거나 과실로 인하여 이를 알지 못한 때에는 그러하지 아니하다.
② 전항의 규정은 경매의 경우에 적용하지 아니한다.

종류매매와 매도인의 담보책임(민법 제581조) 기출 04·13
① 매매의 목적물을 종류로 지정한 경우에도 그 후 특정된 목적물에 하자가 있는 때에는 전조의 규정을 준용한다.
② 전항의 경우에 매수인은 계약의 해제 또는 손해배상의 청구를 하지 아니하고 하자 없는 물건을 청구할 수 있다.

전2조의 권리행사기간(민법 제582조)
전2조에 의한 권리는 매수인이 그 사실을 안 날로부터 6월 내에 행사하여야 한다.

1) 요 건

① 매매의 목적물에 하자가 있을 것

㉠ 하자의 개념 : 하자란 매매의 목적물에 물질적인 결점이 있는 것을 의미하며, 하자의 존부는 그 종류의 물건이 보통 갖고 있어야 할 품질·성능 등을 표준으로 하여 판단하여야 한다(객관적 하자). 다만, 매도인이 견본이나 광고에 의하여 목적물이 특수한 품질이나 성능을 갖고 있음을 표시하여 명시적·묵시적으로 보증한 때에는 그 특수한 표준에 따라 설섬의 유무를 결정하여야 한다(주관적 하자)(대판 2000.10.27. 2000다30554·30561). 그리고 하자의 존재시기에 대해 견해가 대립되나, 판례는 원시적 하자설의 입장이다.

- [1] 매매의 목적물이 거래통념상 기대되는 객관적 성질이나 성능을 갖추지 못한 경우[객관적 하자(註)] 또는 당사자가 예정하거나 보증한 성질을 갖추지 못한 경우[주관적 하자(註)]에 매도인은 민법 제580조에 따라 매수인에게 그 하자로 인한 담보책임을 부담한다. [2] 매매의 목적물에 하자가 있는 경우 매도인의 하자담보책임과 채무불이행책임은 별개의 권원에 의하여 경합적으로 인정된다. 이 경우 특별한 사정이 없는 한 하자를 보수하기 위한 비용은 매도인의 하자담보책임과 채무불이행책임에서 말하는 손해에 해당한다. 따라서 매매 목적물인 토지에 폐기물이 매립되어 있고 매수인이 폐기물을 처리하기 위해 비용이 발생한다면 매수인은 그 비용을 민법 제390조에 따라 채무불이행으로 인한 손해배상으로 청구할 수도 있고, 민법 제580조 제1항에 따라 하자담보책임으로 인한 손해배상으로 청구할 수도 있다(대판 2021.4.8. 2017다202050). **기출 22**
- 매도인이 성토작업을 기화로 다량의 폐기물을 은밀히 매립하고 그 위에 토사를 덮은 다음 도시계획사업을 시행하는 공공사업시행자와 사이에서 정상적인 토지임을 전제로 협의취득절차를 진행하여 이를 매도함으로써 매수자로 하여금 그 토지의 폐기물처리비용 상당의 손해를 입게 하였다면 매도인은 이른바 불완전이행으로서 채무불이행으로 인한 손해배상책임을 부담하고, 이는 하자 있는 토지의 매매로 인한 민법 제580조 소정의 하자담보책임과 경합적으로 인정된다고 할 것이다. 한편, 피고가 스스로 법령에 의하여 요구되는 정도와 방법에 부합하도록 폐기물을 처리하여 판시 토지를 정상적으로 복구할 것을 기대하기 어려워 원고가 그 처리비용 상당의 손해배상을 구하는 이 사건에서 원고에게 피고가 스스로 폐기물을 처리할 것만을 청구하거나 손해배상청구에 앞서 이러한 청구를 먼저 행사하여야 할 의무는 없는 것이고, 나아가 폐기물처리비용이 매매대금을 초과한다는 사정은 원고의 손해배상청구권 행사에 아무런 장애가 되지 않는다고 할 것이다(대판 2004.7.22. 2002다51586). **기출 22**
- 헌법 제35조 제1항, 구 환경정책기본법(2011.7.21. 법률 제10893호로 전부 개정되기 전의 것), 구 토양환경보전법(2011.4.5. 법률 제10551호로 개정되기 전의 것, 이하 같다) 및 구 폐기물관리법(2007.1.19. 법률 제8260호로 개정되기 전의 것)의 취지와 아울러 토양오염원인자의 피해배상의무 및 오염토양 정화의무, 폐기물 처리의무 등에 관한 관련 규정들과 법리에 비추어 보면, 토지의 소유자라 하더라도 토양오염물질을 토양에 누출·유출하거나 투기·방치함으로써 토양오염을 유발하였음에도 오염토양을 정화하지 않은 상태에서 오염토양이 포함된 토지를 거래에 제공함으로써 유통되게 하거나, 토지에 폐기물을 불법으로 매립하였음에도 처리하지 않은 상태에서 토지를 거래에 제공하는 등으로 유통되게 하였다면, 다른 특별한 사정이 없는 한 이는 거래의 상대방 및 토지를 전전 취득한 현재의 토지 소유자에 대한 위법행위로서 불법행위가 성립할 수 있다. 그리고 토지를 매수한 현재의 토지 소유자가 오염토양 또는 폐기물이 매립되어 있는 지하까지 토지를 개발·사용하게 된 경우 등과 같이 자신의 토지소유권을 완전하게 행사하기 위하여 오염토양 정화비용이나 폐기물 처리비용을 지출하였거나 지출해야만 하는 상황에 이르렀다거나 구 토양환경보전법에 의하여 관할 행정관청으로부터 조치명령 등을 받음에 따라 마찬가지의 상황에 이르렀다면 위법행위로 인하여 오염토양 정화비용

또는 폐기물 처리비용의 지출이라는 손해의 결과가 현실적으로 발생하였으므로, 토양오염을 유발하거나 폐기물을 매립한 종전 토지 소유자는 오염토양 정화비용 또는 폐기물 처리비용 상당의 손해에 대하여 불법행위자로서 손해배상책임을 진다(대판[전합] 2016.5.19. 2009다66549 – 다수의견). 기출 22

ⓛ **법률상의 장애** : 건축을 위하여 토지를 매수하였으나 건축허가가 나오지 않는 지역인 경우 즉 매매의 목적물에 물질적인 흠은 없으나 법률상의 장애가 있어 목적물을 사용하지 못한 경우에 물건의 하자에 해당하는지 문제되나, 판례는 물건의 하자로 보고 있다(대판 1985.4.9. 84다카2525). 기출 15

② 매수인이 하자의 존재에 대하여 선의·무과실일 것(민법 제580조 제1항 단서, 제581조 제1항)

2) 책임의 내용

① **특정물매매의 경우** : 목적물의 하자로 인하여 매매의 목적을 달성할 수 없을 때, 매수인은 계약을 해제할 수 있고, 손해배상을 청구할 수 있다.

② **불특정물매매의 경우** : 불특정물매매의 경우, 나중에 특정된 목적물의 하자로 인하여 매매의 목적을 달성할 수 없는 때에는 민법 제580조가 준용되어 계약을 해제할 수 있으며, 손해배상을 청구할 수 있다(민법 제581조 제1항). 다만, 매수인은 계약의 해제 또는 손해배상을 청구하지 않고서 그에 갈음하여 하자 없는 완전물의 급부를 청구할 수도 있다(민법 제581조 제2항).

③ **권리행사기간**(민법 제582조) : 6개월의 기간은 제척기간이며, 재판상 또는 재판 외의 권리행사기간이고 재판상 청구를 위한 출소기간은 아니다(대판 1985.11.12. 84다카2344).

> 판례는 「매도인에 대한 하자담보에 기한 손해배상청구권에 대하여는 민법 제582조의 제척기간이 적용되고, 이는 법률관계의 조속한 안정을 도모하고자 하는 데에 취지가 있다. 그런데 하자담보에 기한 매수인의 손해배상청구권은 권리의 내용·성질 및 취지에 비추어 민법 제162조 제1항의 채권 소멸시효의 규정이 적용되고, 민법 제582조의 제척기간 규정으로 인하여 소멸시효 규정의 적용이 배제된다고 볼 수 없으며, 이때 다른 특별한 사정이 없는 한 무엇보다도 매수인이 매매 목적물을 인도받은 때부터 소멸시효가 진행한다고 해석함이 타당하다」(대판 2011.10.13. 2011다10266)고 판시하여 제척기간과 소멸시효의 경합을 인정하고 있다. 기출 15

④ **확대손해의 처리**

> 매도인이 매수인에게 공급한 부품이 통상의 품질이나 성능을 갖추고 있는 경우, 나아가 내한성이라는 특수한 품질이나 성능을 갖추고 있지 못하여 하자가 있다고 인정할 수 있기 위하여는, 매수인이 매도인에게 완제품이 사용될 환경을 설명하면서 그 환경에 충분히 견딜 수 있는 내한성 있는 부품의 공급을 요구한 데 대하여, 매도인이 부품이 그러한 품질과 성능을 갖춘 제품이라는 점을 명시적으로나 묵시적으로 보증하고 공급하였다는 사실이 인정되어야만 할 것이고, 특히 매매목적물의 하자로 인하여 확대손해 내지 2차 손해가 발생하였다는 이유로 매도인에게 그 확대손해에 대한 배상책임을 지우기 위하여는 채무의 내용으로 된 하자 없는 목적물을 인도하지 못한 의무위반사실 외에 그러한 의무위반에 대하여 매도인에게 귀책사유가 인정될 수 있어야만 한다(대판 1997.5.7. 96다39455). 기출 15

(5) 그 밖의 담보책임

1) 채권의 매도인 담보책임

> **채권매매와 매도인의 담보책임(민법 제579조)** 기출 04 · 13 · 18
> ① 채권의 매도인이 채무자의 자력을 담보한 때에는 매매계약당시의 자력을 담보한 것으로 추정한다.
> ② 변제기에 도달하지 아니한 채권의 매도인이 채무자의 자력을 담보한 때에는 변제기의 자력을 담보한 것으로 추정한다.

2) 경매에 있어서의 담보책임

> **경매와 매도인의 담보책임(민법 제578조)** 기출 18
> ① 경매의 경우에는 경락인은 전8조의 규정에 의하여 채무자에게 계약의 해제 또는 대금감액의 청구를 할 수 있다.
> ② 전항의 경우에 채무자가 자력이 없는 때에는 경락인은 대금의 배당을 받은 채권자에 대하여 그 대금전부나 일부의 반환을 청구할 수 있다.
> ③ 전2항의 경우에 채무자가 물건 또는 권리의 흠결을 알고 고지하지 아니하거나 채권자가 이를 알고 경매를 청구한 때에는 경락인은 그 흠결을 안 채무자나 채권자에 대하여 손해배상을 청구할 수 있다.

① 요 건

㉠ **경매가 유효할 것** : 민법 제578조와 민법 제580조 제2항이 말하는 '경매'는 민사집행법상의 강제집행이나 담보권 실행을 위한 경매 또는 국세징수법상의 공매 등과 같이 국가나 그를 대행하는 기관 등이 법률에 기하여 목적물 권리자의 의사와 무관하게 행하는 매도행위만을 의미하는 것으로 해석하여야 한다(대판 2016.8.24. 2014다80839). 여기서 경매는 공경매를 말하고, 사경매는 포함되지 않는다.

> 경락인이 강제경매절차를 통하여 부동산을 경락받아 대금을 완납하고 그 앞으로 소유권이전등기까지 마쳤으나, 그 후 강제경매절차의 기초가 된 채무자 명의의 소유권이전등기가 원인무효의 등기이어서 경매 부동산에 대한 소유권을 취득하지 못하게 된 경우, 이와 같은 강제경매는 무효라고 할 것이므로 경락인은 경매 채권자에게 경매대금 중 그가 배당받은 금액에 대하여 일반 부당이득의 법리에 따라 반환을 청구할 수 있고, 민법 제578조 제1항, 제2항에 따른 경매의 채무자나 채권자의 담보책임은 인정될 여지가 없다(대판 2004.6.24. 2003다59259). 기출 07 · 09

㉡ **경매의 목적물에 권리의 하자가 있을 것** : 경매의 목적물에 권리의 하자가 있을 때 담보책임이 인정된다. 이와 달리 물건의 하자가 있더라도 원칙적으로 하자담보책임은 생기지 않는다(민법 제580조 제2항).

② 책임의 내용

㉠ 해제권 · 대금감액청구권(민법 제578조 제1항)
㉡ 대금반환청구권(민법 제578조 제2항)
㉢ 손해배상청구권(민법 제578조 제3항)

(6) 담보책임과 동시이행

담보책임과 동시이행(민법 제583조)
제536조의 규정은 제572조 내지 제575조, 제580조 및 제581조의 경우에 준용한다.

[권리의 하자로 인한 담보책임]

해제권	원칙	선의의 매수인만 가능	
	예외	민법 제570조(매도인의 담보책임), 민법 제576조(저당권 등의 실행)는 악의의 매수인도 가능	
손해배상	원칙	선의의 매수인만 가능	
	예외	민법 제576조는 악의의 매수인도 가능	
대금감액청구	민법 제572조 (일부타인권리매매)	선·악의 불문	판례는 민법 제574조의 수량지정매매에서의 대금 감액청구권에 대하여 매수인의 선의·악의는 불문 한다는 취지의 판시를 함
	민법 제574조 (수량부족·일부멸실)	선의의 매수인만 가능	
제척기간	없음	민법 제570조, 제576조, 제577조(저당권의 목적이 된 지상권, 전세권의 매 매와 매도인의 담보책임)는 제척기간이 없음	
	있음	물건은 6월, 나머지는 1년	

3. 매수인의 의무

동일기한의 추정(민법 제585조)
매매의 당사자 일방에 대한 의무이행의 기한이 있는 때에는 상대방의 의무이행에 대하여도 동일한 기한이 있는 것으로 추정한다.

대금지급장소(민법 제586조) 기출 11
매매의 목적물의 인도와 동시에 대금을 지급할 경우에는 그 인도장소에서 이를 지급하여야 한다.

권리주장자가 있는 경우와 대금지급거절권(민법 제588조)
매매의 목적물에 대하여 권리를 주장하는 자가 있는 경우에 매수인이 매수한 권리의 전부나 일부를 잃을 염려가 있는 때에는 매수인은 그 위험의 한도에서 대금의 전부나 일부의 지급을 거절할 수 있다. 그러나 매도인이 상당한 담보를 제공한 때에는 그러하지 아니하다.

대금공탁청구권(민법 제589조)
전조의 경우에 매도인은 매수인에 대하여 대금의 공탁을 청구할 수 있다.

매수인은 매도인의 재산권이전에 대한 반대급부로서 대금지급 의무를 진다(민법 제568조 제1항).

① 대금지급장소는 채권자의 현주소에서 하는 것이 원칙이다(민법 제467조 제2항).

② 매매의 목적물의 인도와 동시에 대금을 지급할 경우에는 그 인도장소에서 이를 지급하여야 한다(민법 제586조).

③ 매수인이 동시이행의 항변권을 원용할 수 있는 경우에는 대금의 지급을 거절할 수 있다.

④ 매수인에게 목적물 수령의무가 있는가에 대하여 통설은 협력공동체로서 수령의무를 인정한다.

Ⅳ 환매와 재매매의 예약

환매의 의의(민법 제590조) 기출 19
① 매도인이 매매계약과 동시에 환매할 권리를 보류한 때에는 그 영수한 대금 및 매수인이 부담한 매매비용을 반환하고 그 목적물을 환매할 수 있다.
② 전항의 환매대금에 관하여 특별한 약정이 있으면 그 약정에 의한다.
③ 전2항의 경우에 목적물의 과실과 대금의 이자는 특별한 약정이 없으면 이를 상계한 것으로 본다.

환매기간(민법 제591조) 기출 01 · 18
① 환매기간은 부동산은 5년, 동산은 3년을 넘지 못한다. 약정기간이 이를 넘는 때에는 부동산은 5년, 동산은 3년으로 단축한다.
② 환매기간을 정한 때에는 다시 이를 연장하지 못한다.
③ 환매기간을 정하지 아니한 때에는 그 기간은 부동산은 5년, 동산은 3년으로 한다.

환매등기(민법 제592조) 기출 18
매매의 목적물이 부동산인 경우에 매매등기와 동시에 환매권의 보류를 등기한 때에는 제3자에 대하여 그 효력이 있다.

환매권의 대위행사와 매수인의 권리(민법 제593조)
매도인의 채권자가 매도인을 대위하여 환매하고자 하는 때에는 매수인은 법원이 선정한 감정인의 평가액에서 매도인이 반환할 금액을 공제한 잔액으로 매도인의 채무를 변제하고 잉여액이 있으면 이를 매도인에게 지급하여 환매권을 소멸시킬 수 있다.

환매의 실행(민법 제594조)
① 매도인은 기간 내에 대금과 매매비용을 매수인에게 제공하지 아니하면 환매할 권리를 잃는다.
② 매수인이나 전득자가 목적물에 대하여 비용을 지출한 때에는 매도인은 제203조의 규정에 의하여 이를 상환하여야 한다. 그러나 유익비에 대하여는 법원은 매도인의 청구에 의하여 상당한 상환기간을 허여할 수 있다.

공유지분의 환매(민법 제595조)
공유자의 1인이 환매할 권리를 보류하고 그 지분을 매도한 후 그 목적물의 분할이나 경매가 있는 때에는 매도인은 매수인이 받은 또는 받을 부분이나 대금에 대하여 환매권을 행사할 수 있다. 그러나 매도인에게 통지하지 아니한 매수인은 그 분할이나 경매로써 매도인에게 대항하지 못한다.

1. 환 매

(1) 서 설
① 의의 : 매도인이 매매계약과 동시에 매수인과 특약에 의하여 환매권을 유보하는 경우, 일정한 기간 내에 그 환매권을 행사하여 매매의 목적물을 다시 사오는 것을 말한다(민법 제590조). 주계약에 해당하는 매매계약이 무효가 되면 종된 계약에 해당하는 환매특약도 실효되나, 반대로 종된 계약에 해당하는 환매특약이 실효되는 경우 주계약에 해당하는 매매계약이 실효되는 것은 아니다. 기출 18

② 법적 성질 : 해제권유보부 매매라는 견해와 재매매의 예약이라는 견해의 대립이 있다.

③ 환매의 기능 : 매도인이 매도한 물건을 다시 매수해야 할 필요성과 금전대차를 하면서 채권담보를 하기 위함이다.

(2) 환매특약의 성립시기

① 환매특약은 매매계약의 성립과 동시에 하여야 한다(환매특약은 매매계약과는 별개의 계약이다).

② 단, 매매계약의 성립 후에 환매를 약정하면 환매특약으로서는 인정되지 않지만, 재매매의 예약이 된다.

(3) 환매대금

환매대금은 특약에 의하는 것이 원칙이다(민법 제590조 제2항). 단, 민법 제607조, 제608조의 제한이 있다.

(4) 환매의 실행

환매기간 내에 환매대금을 매수인에게 제공하고 환매의 의사표시를 한다(민법 제594조 제1항). 환매대금의 현실적인 제공이 있어야 환매의 효과가 발생한다.

(5) 환매기간

① 부동산은 5년, 동산은 3년을 초과하지 못한다(민법 제591조 제1항 제1문).

② 기간을 정한 때에는 다시 이 기간을 연장할 수 없다(민법 제591조 제2항).

③ 환매기간의 기산점은 '특약의 성립일'이다.

④ 환매기간을 경과하면 환매권이 소멸되므로, 환매기간 경과 후에는 환매권을 행사할 수 없다(민법 제594조 제1항).

(6) 환매권의 법적 성질

① 환매권은 형성권이다.

② 환매권은 양도성이 있다.

③ 환매권은 일신전속적 권리가 아니므로 채권자대위권의 객체가 될 수 있다(민법 제593조).

(7) 공유지분의 환매(민법 제595조)

(8) 환매의 효과

1) 해제권유보부 매매설

① 환매권의 행사를 본매매계약의 약정해제권의 행사로 보는 견해이다.

② 물권복귀 시 환매의 목적물이 부동산이라면 등기는 말소등기가 된다. 따라서 물권행위의 무인론에 의하면 말소등기가 있어야 소유권이 매도인에게 복귀하고, 유인론에 의하면 말소등기 없이 환매권행사 즉시 소유권이 복귀한다.

2) 재매매의 예약설

① 환매권의 행사를 재매매의 예약의 예약완결권의 행사로 보는 견해이다.

② 환매의 목적물이 부동산이라면 이전등기에 의하여 매도인에게 소유권이 복귀된다(판례).

2. 재매매의 예약

(1) 의 의

① 재매매의 예약이란 어떤 물건 또는 권리를 타인에게 매각하면서 장차 그 물건이나 권리를 다시 매수하기로 하는 예약을 말한다.

② 재매매의 예약은 일종의 매매예약이므로 민법 제564조의 일방예약에 관한 규정이 적용되어 일방예약으로 추정된다.

(2) 환매와의 비교

내 용	환 매	재매매예약
법적 근거	민법 제590조	없 음
특약시기	매매계약과 동시에 환매특약을 함	제한 없음
대 금	특약이 없으면 일정범위로 제한 (민법 제590조 제1항·제2항)	제한 없음
존속기간	부동산 5년, 동산 3년 (민법 제591조 제1항·제3항)	제한 없음 단, 형성권의 행사이므로 10년의 제척기간이 걸림
등기 여부	환매권의 유보를 등기할 수 있음(민법 제592조)	특별규정이 없기에 일반적인 청구권보전의 가등기를 할 수 있을 뿐임

Ⅴ 특수한 매매

1. 소유권유보부 매매

(1) 의 의

매도인이 매매목적물을 매수인에게 인도하되, 자신의 대금채권을 확보하기 위해 매매대금이 모두 지급될 때까지 소유권을 매도인 자신에게 유보하고 대금의 완납이 있으면 자동적으로 소유권이 이전되도록 약정하는 매매이다.

(2) 법적 성질

① 정지조건부 소유권이전설 : 대금의 완납이라는 정지조건이 성취되면 소유권은 매수인에게 자동으로 이전된다는 견해이다(통설·판례).

② 담보물권설 : 소유권유보의 목적이 담보의 목적이라면 매도인의 권리를 소유권으로 구성할 것이 아니라 담보권으로 구성하자는 견해이다. 이에 따르면 소유권은 처음부터 매수인에게 이전되고 매도인은 담보권을 가질 뿐이다.

(3) 법률관계

① 대내관계 : 소유권은 매도인에게 있으나, 사용·수익권과 과실취득권은 매수인에게 있다.

② 대외관계 : 정지조건부 소유권이전설에 의하면 매도인이 소유자이고, 담보물권설에 의하면 매수인이 소유자가 된다.

(4) 소유권유보의 소멸

매수인이 매매대금을 완납함으로써 소유권유보는 소멸한다. 그 밖에 목적물의 소유권이 매수인이나 제3자에게 이전되면 소유권유보가 소멸한다.

(5) 위험부담

매수인이 할부대금을 완납하기 전에 목적물이 멸실된 경우 매수인은 소유권을 취득하지는 못하였지만 목적물을 인도받아 사용하고 있는 중이었으므로 매수인이 위험을 부담하여 계속하여 대금을 지급할 의무가 있다(통설).

2. 할부매매

(1) 의 의

할부매매란 매수인이 매도인에게 일정기간 이상에 걸쳐 매매대금을 분할하여 지급하고, 대금완납 전에 목적물을 미리 인도받는 형식의 매매를 말한다.

(2) 할부거래에 관한 법률

할부거래에 관한 법률은 계약체결 전의 정보제공(할부거래법 제5조)과 할부계약의 서면주의(동법 제6조), 매수인의 철회권(동법 제8조), 매도인의 계약해제와 손해배상(동법 제11조, 제12조) 등을 규정하고 있다.

03　교 환

> **교환의 의의(민법 제596조)**
> 교환은 당사자 쌍방이 금전 이외의 재산권을 상호이전할 것을 약정함으로써 그 효력이 생긴다.
>
> **금전의 보충지급의 경우(민법 제597조)**
> 당사자 일방이 전조의 재산권이전과 금전의 보충지급을 약정한 때에는 그 금전에 대하여는 매매대금에 관한 규정을 준용한다.

Ⅰ　의 의

교환은 당사자 쌍방이 금전 외의 재산권을 서로 이전할 것을 약정함으로써 성립하는 계약이다(민법 제596조).

Ⅱ　법적 성질

낙성·불요식·쌍무·유상계약이다.

Ⅲ 성립

1. 의사의 합치

교환은 당사자 쌍방이 모두 금전 이외의 재산권을 이전하기로 하는 약정이 있어야 성립한다.

2. 교환의 목적

교환은 금전 이외의 재산권을 목적으로 하나, 당사자 일방이 일정액의 금전을 보충지급할 것을 약정하는 경우가 있다(민법 제597조). 이 경우에 지급되는 금전을 보충금이라고 한다.

Ⅳ 효력

① 교환은 유상계약이므로 매매에 관한 규정이 준용된다(민법 제567조).
② 보충금지급의 특약이 있는 경우에는 매매대금에 관한 규정이 준용된다(민법 제597조). 기출 18

04 소비대차

소비대차의 의의(민법 제598조)
소비대차는 당사자 일방이 금전 기타 대체물의 소유권을 상대방에게 이전할 것을 약정하고 상대방은 그와 같은 종류, 품질 및 수량으로 반환할 것을 약정함으로써 그 효력이 생긴다.

파산과 소비대차의 실효(민법 제599조)
대주가 목적물을 차주에게 인도하기 전에 당사자 일방이 파산선고를 받은 때에는 소비대차는 그 효력을 잃는다.

이자계산의 시기(민법 제600조)
이자 있는 소비대차는 차주가 목적물의 인도를 받은 때로부터 이자를 계산하여야 하며 차주가 그 책임 있는 사유로 수령을 지체할 때에는 대주가 이행을 제공한 때로부터 이자를 계산하여야 한다.

무이자소비대차와 해제권(민법 제601조) 기출 03
이자 없는 소비대차의 당사자는 목적물의 인도전에는 언제든지 계약을 해제할 수 있다. 그러나 상대방에게 생긴 손해가 있는 때에는 이를 배상하여야 한다.

대주의 담보책임(민법 제602조) 기출 22
① 이자 있는 소비대차의 목적물에 하자가 있는 경우에는 제580조 내지 제582조의 규정을 준용한다.
② 이자 없는 소비대차의 경우에는 차주는 하자 있는 물건의 가액으로 반환할 수 있다. 그러나 대주가 그 하자를 알고 차주에게 고지하지 아니한 때에는 전항과 같다.

Ⅰ 서 설

1. 의 의

소비대차는 당사자 일방이 금전 기타 대체물의 소유권을 상대방에게 이전할 것을 약정하고 상대방은 그와 같은 종류, 품질 및 수량으로 반환할 것을 약정함으로써 성립하는 계약이다(민법 제598조).

2. 법적 성질

① 민법상의 소비대차는 낙성·불요식의 계약이다.

> **[민법상 소비대차의 성질과 현실의 금전 등의 수수]** 기출 22
> 민법상 소비대차는 당사자 일방이 금전 기타 대체물의 소유권을 상대방에게 이전할 것을 약정하고 상대방은 그와 같은 종류, 품질 및 수량으로 반환할 것을 약정함으로써 그 효력이 생기는 이른바 낙성계약이므로, 차주가 현실로 금전 등을 수수하거나 현실의 수수가 있는 것과 같은 경제적 이익을 취득하여야만 소비대차가 성립하는 것은 아니다(대판 1991.4.9. 90다14652).

② 소비대차는 원칙적으로 무상계약이지만, 유상계약일 수도 있다.
③ 소비대차가 쌍무계약인지, 편무계약인지는 견해의 대립이 있다. 무이자소비대차에 관하여는 일반적으로 편무계약으로 보나, 이자부소비대차에 관하여는 쌍무계약이라고 본다.

Ⅱ 소비대차의 성립

1. 합 의

소비대차는 낙성계약이므로 당사자의 일정한 합의만 있으면 성립한다.

2. 목적물

소비대차의 목적물은 금전 기타 대체물이다.

Ⅲ 소비대차의 효력

1. 대주의 의무

(1) 목적물의 소유권이전의무

(2) 담보책임

① 이자부 소비대차의 경우 : 목적물에 하자가 있는 경우 민법 제580조 내지 민법 제582조의 규정을 준용한다(민법 제602조 제1항).

② 무이자 소비대차의 경우 : 원칙적으로 담보책임이 없지만, 대주가 하자를 알고서도 고지하지 않은 경우에는 담보책임을 진다(민법 제602조 제2항 단서).

2. 차주의 의무

(1) 목적물반환의무

1) 반환시기

① 반환시기를 약정한 때에는, 차주는 약정시기에 차용물과 같은 종류·품질 및 수량의 물건을 반환하여야 한다(민법 제603조 제1항).

② 반환시기의 약정이 없는 때에는 대주는 상당한 기간을 정하여 반환을 최고하여야 한다. 그러나 차주는 언제든지 반환할 수 있다(민법 제603조 제2항).

2) 반환할 물건

① 원칙 : 차용한 것과 동종, 동질, 동량의 물건을 반환해야 한다(민법 제598조).

② 예 외

㉠ 차주가 하자 있는 물건을 받은 경우, 이때는 하자 있는 물건의 가액으로 반환할 수 있다(민법 제602조 제2항).

㉡ 차주가 차용물과 같은 종류, 품질 및 수량의 물건을 반환할 수 없는 때에는 그때의 시가로 상환하여야 한다. 그러나 민법 제376조 및 민법 제377조 제2항의 경우에는 그러하지 아니하다(민법 제604조).

(2) 이자지급의무

이자지급약정이 있는 경우

Ⅳ 소비대차의 실효와 해제에 관한 특칙

1. 파 산

대주가 목적물을 차주에게 인도하기 전에 당사자 일방이 파산선고를 받은 때에는 소비대차는 그 효력을 잃는다(민법 제599조).

2. 무이자소비대차와 해제권

이자 없는 소비대차의 당사자는 목적물의 인도 전에는 언제든지 계약을 해제할 수 있다. 그러나 상대방에게 생긴 손해가 있는 때에는 이를 배상하여야 한다(민법 제601조).

Ⅴ 준소비대차

> **준소비대차(민법 제605조)**
> 당사자 쌍방이 소비대차에 의하지 아니하고 금전 기타의 대체물을 지급할 의무가 있는 경우에 당사자가 그 목적물을 소비대차의 목적으로 할 것을 약정한 때에는 소비대차의 효력이 생긴다.

1. 의 의

소비대차에 의하지 않고 금전 기타 대체물을 급부할 의무를 지는 자가 상대방과의 계약에 의하여 그 목적물을 소비대차의 목적으로 할 것을 약정한 경우를 말한다. 낙성·불요식계약이므로 구두의 합의만으로도 성립할 수 있다. **기출** 10

2. 경개와의 비교

① 준소비대차는 신·구채무 간의 동일성이 인정되지만, 경개는 동일성이 없다.
② 당사자의 의사가 불분명하다면 항변권 등이 유지되는 준소비대차로 보아야 한다(대판 2003.9.26. 2002다31803·31810).

3. 성립요건

① 기존 채무의 존재 : 금전 기타 대체물을 목적으로 하는 기존의 채무가 유효하게 존재하여야 한다. 따라서 기존 채무가 처음부터 존재하지 않거나 무효·취소된 때에는 준소비대차도 무효로 되어 신채무는 소급하여 소멸한다(대판 2007.1.11. 2005다47175). **기출** 10
② 합의 : 기존채무의 당사자들이 그 채무의 목적물을 소비대차의 목적으로 한다는 합의를 할 것

4. 효 력

① 준소비대차는 소비대차의 효력이 생긴다(민법 제605조). 즉 구채무가 소멸하고 소비대차에 의하여 신채무가 성립한다.

② 구채무와 신채무는 동일성을 유지하고 있으므로 구채무에 있던 종전의 항변권과 그 담보도 그대로 존속한다(대판 1994.5.13. 94다8440). 기출 10 다만, 특약에 의하여 소멸할 수 있다.

③ 소멸시효기간은 준소비대차에 의하여 성립하는 신채무를 기준으로 결정된다(대판 1981.12.22. 80다1363). 기출 10

Ⅵ 대물변제의 예약

> **대물반환의 예약(민법 제607조)**
> 차용물의 반환에 관하여 차주가 차용물에 갈음하여 다른 재산권을 이전할 것을 예약한 경우에는 그 재산의 예약당시의 가액이 차용액 및 이에 붙인 이자의 합산액을 넘지 못한다.
>
> **차주에 불이익한 약정의 금지(민법 제608조)**
> 전2조의 규정에 위반한 당사자의 약정으로서 차주에 불리한 것은 환매 기타 여하한 명목이라도 그 효력이 없다.

1. 적용범위

① 소비대차와 준소비대차, 소비임치에 그 적용이 있다.

② 대물변제의 예약에 적용되므로, 차주가 임의로 대물변제를 하는 경우에는 적용이 없다.

③ 대물변제의 예약에 있어서 대신 급부하기로 한 목적물에는 제한이 없다.

2. 내 용

(1) 차주의 보호

다른 재산의 「예약당시의 가액」이 「차용액 및 이에 붙인 이자의 합산액」을 초과한 경우 무효이다(민법 제607조).

(2) 민법 제608조의 의미

민법 제606조(대물대차)나 민법 제607조(대물반환의 예약)의 규정에 위반한 당사자 간의 약정으로서 차주에 불리한 것은 환매 기타 여하한 명목이라도 그 효력이 없다는 의미는 대물변제의 예약으로서는 무효이지만, 소위 약한 의미의 양도담보계약이 된 것으로 보아 그 소유권이전등기는 담보목적의 범위 내에서는 유효하다는 것이 판례의 태도이다(대판 1980.7.22. 80다998).

사용대차의 의의(민법 제609조)
사용대차는 당사자 일방이 상대방에게 무상으로 사용, 수익하게 하기 위하여 목적물을 인도할 것을 약정하고 상대방은 이를 사용, 수익한 후 그 물건을 반환할 것을 약정함으로써 그 효력이 생긴다.

차주의 사용, 수익권(민법 제610조) 기출 08
① 차주는 계약 또는 그 목적물의 성질에 의하여 정하여진 용법으로 이를 사용, 수익하여야 한다.
② 차주는 대주의 승낙이 없으면 제3자에게 차용물을 사용, 수익하게 하지 못한다.
③ 차주가 전2항의 규정에 위반한 때에는 대주는 계약을 해지할 수 있다.

비용의 부담(민법 제611조)
① 차주는 차용물의 통상의 필요비를 부담한다.
② 기타의 비용에 대하여는 제594조 제2항의 규정을 준용한다.

준용규정(민법 제612조)
제559조, 제601조의 규정은 사용대차에 준용한다.

차용물의 반환시기(민법 제613조) 기출 08
① 차주는 약정시기에 차용물을 반환하여야 한다.
② 시기의 약정이 없는 경우에는 차주는 계약 또는 목적물의 성질에 의한 사용, 수익이 종료한 때에 반환하여야 한다. 그러나 사용, 수익에 족한 기간이 경과한 때에는 대주는 언제든지 계약을 해지할 수 있다.

차주의 사망, 파산과 해지(민법 제614조)
차주가 사망하거나 파산선고를 받은 때에는 대주는 계약을 해지할 수 있다.

차주의 원상회복의무와 철거권(민법 제615조)
차주가 차용물을 반환하는 때에는 이를 원상에 회복하여야 한다. 이에 부속시킨 물건은 철거할 수 있다.

공동차주의 연대의무(민법 제616조)
수인이 공동하여 물건을 차용한 때에는 연대하여 그 의무를 부담한다.

손해배상, 비용상환청구의 기간(민법 제617조)
계약 또는 목적물의 성질에 위반한 사용, 수익으로 인하여 생긴 손해배상의 청구와 차주가 지출한 비용의 상환청구는 대주가 물건의 반환을 받은 날로부터 6월 내에 하여야 한다.

I 의 의

사용대차는 편무·무상·낙성·불요식계약이다.

Ⅱ 성 립

1. 합 의

낙성계약이므로 당사자의 합의가 있으면 성립한다.

2. 목적물

① 사용대차의 목적물은 제한이 없으므로, 동산·부동산 모두 가능하다.
② 목적물의 소유권이 차주에게 이전되지 않으므로, 타인의 물건에 관하여도 사용대차를 할 수 있다.

Ⅲ 효 력

1. 대주의 의무

① 대주는 목적물을 차주에게 인도한 후 차주의 목적물 사용·수익을 인용할 소극적 의무만을 부담한다.
② 사용대차는 무상계약이므로, 그 대주의 담보책임에 관하여는 증여자의 담보책임에 관한 민법 제559조가 준용된다(민법 제612조). 기출 08

2. 차주의 권리·의무

① 목적물의 사용·수익권(민법 제610조)
② 비용상환청구권
   ㉠ 차주는 차용물의 통상의 필요비를 부담한다(민법 제611조 제1항).
   ㉡ 사용대차에서 차주는 민법 제611조 제2항, 제594조 제2항, 제203조 제2항에 따라 유익비 상환을 청구할 수 있다.
③ 차용물보관 및 차용물반환의무
   ㉠ 차주는 선량한 관리자의 주의를 가지고 차용물을 보관하여야 한다(민법 제374조).
   ㉡ 차주는 차용물의 통상의 필요비를 부담하며, 기타의 비용에 대해서는 환매에 관한 민법 제594조 제2항의 규정을 준용한다(민법 제611조). 기출 08
   ㉢ 차주가 차용물을 반환하는 때에 이를 원상에 회복하여야 한다. 이에 부속시킨 물건은 철거할 수 있다(민법 제615조).
④ 공동차주의 연대의무(민법 제616조)

Ⅳ 종 료

1. 존속기간의 만료(민법 제613조)

2. 해 지

(1) 대주의 해지

① 차주가 계약 또는 목적물의 성질에 의하여 정하여진 용법에 반하여 사용·수익하거나 대주의 승낙 없이 제3자에게 사용·수익하게 한 때에는 대주는 계약을 해지할 수 있다(민법 제610조 제3항).
② 반환시기를 약정하지 않은 경우에 계약 또는 목적물의 성질에 의한 사용·수익에 충분한 기간 이 경과한 때에는 대주는 언제든지 계약을 해지할 수 있다(민법 제613조 제2항 단서).
③ 차주의 사망 또는 파산선고의 경우에도 대주는 계약을 해지할 수 있다(민법 제614조). 기출 08

(2) 차주의 해지

차주는 다른 특별한 약정이 없는 한 언제든지 해지할 수 있다(민법 제153조).

---

06   임대차

Ⅰ   서 설

임대차의 의의(민법 제618조)
임대차는 당사자 일방이 상대방에게 목적물을 사용, 수익하게 할 것을 약정하고 상대방이 이에 대하여 차임을 지급 할 것을 약정함으로써 그 효력이 생긴다.

1. 의 의

임대차는 당사자 일방, 즉 임대인이 상대방(임차인)에게 목적물을 사용·수익하게 할 것을 약정 하고, 상대방은 이에 대하여 차임을 지급할 것을 약정함으로써 성립하는 낙성·불요식·유상· 쌍무계약이다(민법 제618조). 기출 01

2. 부동산임차권의 물권화현상

부동산임차권의 물권화 내용으로는 대항력 부여, 제3자의 침해시 방해배제인정, 임차권의 존속 보장 등을 들 수 있다.

3. 임대차의 목적물

① 물건이다. 즉 동산, 부동산을 불문한다.

② 임대인에게 임대물에 대한 소유권 기타 이를 임대할 권한까지 인정될 필요는 없다.

> • 타인소유의 부동산을 임대한 것이 임대차계약을 해지할 사유는 될 수 없고 목적물이 반드시 임대인의 소유일 것을 특히 계약의 내용으로 삼은 경우라야 착오를 이유로 임차인이 임대차계약을 취소할 수 있다 (대판 1975.1.28, 74다2069). 기출 08
>
> • 임대차는 당사자 일방이 상대방에게 목적물을 사용·수익하게 할 것을 약정하고 상대방이 이에 대하여 차임을 지급할 것을 약정함으로써 성립하는 것으로서(민법 제618조 참조), 임대인이 그 목적물에 대한 소유권 기타 이를 임대할 권한이 없다고 하더라도 임대차계약은 유효하게 성립한다. 따라서 임대인은 임차인으로 하여금 그 목적물을 완전하게 사용·수익하게 할 의무가 있고, 또한 임차인은 이러한 임대인의 의무가 이행불능으로 되지 아니하는 한 그 사용·수익의 대가로 차임을 지급할 의무가 있으며, 그 임대차관계가 종료되면 임차인은 임차목적물을 임대인에게 반환하여야 할 계약상의 의무가 있다. 다만 이러한 경우 임차인이 진실한 소유자로부터 목적물의 반환청구나 임료 내지 그 해당액의 지급요구를 받는 등의 이유로 임대인이 임차인으로 하여금 사용·수익하게 할 수가 없게 되면 임대인의 채무는 이행불능으로 되고 임차인은 이행불능으로 인한 임대차의 종료를 이유로 그때 이후의 임대인의 차임지급 청구를 거절할 수 있다 (대판 2009.9.24, 2008다38325). 기출 14 · 19

Ⅱ 임대차의 존속기간

1. 존속기간을 정한 경우

(1) 최장기간의 제한

헌법재판소는 최장기간 제한에 관한 민법 제651조가 사적자치에 의한 자율적 거래관계 형성을 왜곡한다는 이유로 단순위헌결정을 하였고(헌재결[전] 2013.12.26, 2011헌바234), 2016년 민법 제651조가 삭제되었다.

(2) 최단기간의 제한

민법은 최단기간에 관하여 아무런 제한이 없으나, 부동산임대차에서 임차인 보호를 위하여 최단기간을 제한할 필요가 있으며, 주택임대차보호법 제4조와 상가건물임대차보호법 제9조는 일정한 건물임대차에 관하여 최단기간을 규정하고 있다.

2. 기간의 갱신

(1) 갱신계약(갱신청구권)

당사자들이 임대차의 기간을 갱신할 수 있는데, 이 경우 동일성이 유지된다.

① 요건 : 건물 기타 공작물의 소유 또는 식목·채염·목축을 목적으로 한 토지임대차의 기간이 만료한 경우 건물·수목 기타 지상시설이 현존한 때에는 임차인은 계약의 갱신을 청구할 수 있다(민법 제643조, 제283조 제1항). 기출 07

② 효과 : 임차인의 갱신청구권은 형성권이 아니라 청구권에 불과하다. 따라서 임차인의 갱신청구권에 대하여 임대인에게는 반드시 이를 승낙할 법률상 의무는 없다.

(2) 묵시의 갱신(법정갱신)

> **묵시의 갱신(민법 제639조)** 기출 09 · 14
> ① 임대차기간이 만료한 후 임차인이 임차물의 사용, 수익을 계속하는 경우에 임대인이 상당한 기간 내에 이의를 하지 아니한 때에는 전임대차와 동일한 조건으로 다시 임대차한 것으로 본다. 그러나 당사자는 제635조의 규정에 의하여 해지의 통고를 할 수 있다.
> ② 전항의 경우에 전임대차에 대하여 제3자가 제공한 담보는 기간의 만료로 인하여 소멸한다.

① 판례는 본 규정을 임차인을 보호하기 위한 강행규정이라고 해석한다(대판 2011.5.26. 2011다1231).
② 임차인의 계속 사용에 상당기간 동안 임대인의 이의가 없으면 전임대차와 동일 조건으로 갱신된 것으로 본다(민법 제639조 제1항 본문). 단, 존속기간은 약정이 없는 것으로 당사자는 언제든지 해지통고가 가능하다(민법 제639조 제1항 단서).
③ 묵시의 갱신이 성립되는 경우 전 임대차에 대하여 제3자가 제공한 담보는 소멸한다(민법 제639조 제2항).
④ 주택임대차가 묵시적으로 갱신된 경우, 임대차의 존속기간은 2년으로 본다. 단, 묵시적 갱신의 경우에도 언제든지 임대인에게 계약해지를 통지할 수 있고, 임대인이 통지를 받은 날로부터 3개월이 지나면 그 효력이 발생한다(주택임대차보호법 제6조의2).

3. 존속기간을 정하지 않은 경우

> **기간의 약정 없는 임대차의 해지통고(민법 제635조)** 기출 04
> ① 임대차기간의 약정이 없는 때에는 당사자는 언제든지 계약해지의 통고를 할 수 있다.
> ② 상대방이 전항의 통고를 받은 날로부터 다음 각 호의 기간이 경과하면 해지의 효력이 생긴다.
>   1. 토지, 건물 기타 공작물에 대하여는 임대인이 해지를 통고한 경우에는 6월, 임차인이 해지를 통고한 경우에는 1월
>   2. 동산에 대하여는 5일

> **해지통고의 전차인에 대한 통지(민법 제638조)**
> ① 임대차계약이 해지의 통고로 인하여 종료된 경우에 그 임대물이 적법하게 전대되었을 때에는 임대인은 전차인에 대하여 그 사유를 통지하지 아니하면 해지로써 전차인에게 대항하지 못한다.
> ② 전차인이 전항의 통지를 받은 때에는 제635조 제2항의 규정을 준용한다.

① 당사자는 언제든지 해지의 통고를 할 수 있지만, 해지의 효력은 상대방이 해지통고를 받은 날부터 일정한 기간이 경과하여야 한다(민법 제635조 참고). 이 규정에 위반하는 약정으로 임차인에게 불리한 것은 그 효력이 없다(민법 제652조).
② 존속기간을 정하지 않은 경우에도 주택임대차보호법 제4조는 2년, 상가건물 임대차보호법 제9조는 1년의 존속기간을 보장한다.

4. 처분능력, 권한 없는 자의 단기임대차의 존속기간

> **처분능력, 권한 없는 자의 할 수 있는 단기임대차**(민법 제619조)
> 처분의 능력 또는 권한 없는 자가 임대차를 하는 경우에는 그 임대차는 다음 각 호의 기간을 넘지 못한다.
>   1. 식목, 채염 또는 석조, 석회조, 연와조 및 이와 유사한 건축을 목적으로 한 토지의 임대차는 10년
>   2. 기타 토지의 임대차는 5년
>   3. 건물 기타 공작물의 임대차는 3년
>   4. 동산의 임대차는 6월

Ⅲ 임대인의 의무

> **임대인의 의무**(민법 제623조)
> 임대인은 목적물을 임차인에게 인도하고 계약존속 중 그 사용, 수익에 필요한 상태를 유지하게 할 의무를 부담한다.
>
> **임차인의 상환청구권**(민법 제626조) 기출 01·02·04
> ① 임차인이 임차물의 보존에 관한 필요비를 지출한 때에는 임대인에 대하여 그 상환을 청구할 수 있다. 기출 07
> ② 임차인이 유익비를 지출한 경우에는 임대인은 임대차 종료 시에 그 가액의 증가가 현존한 때에 한하여 임차인의 지출한 금액이나 그 증가액을 상환하여야 한다. 이 경우에 법원은 임대인의 청구에 의하여 상당한 상환기간을 허여할 수 있다.

1. 임대인의 수선의무(임차물을 사용·수익하게 할 의무)

임대인은 임차인이 목적물을 사용·수익할 수 있게 해 줄 적극적 의무를 진다(민법 제618조, 제623조). 그 결과 목적물인도의무, 방해배제의무, 비용상환의무, 담보책임과 같은 의무를 부담한다.

2. 필요비상환의무

(1) 요 건

① 임차인이 임차목적물의 보존에 관하여 비용을 지출할 것
② 임대인이 부담할 비용일 것
   임대인이 부담하여야 할 수선비용을 임차인이 대신하여 지출한 경우 임차인이 임대인에게 이를 필요비로 상환청구할 수 있다(지상권자, 전세권자의 경우 필요비 상환청구권이 없다는 점과 비교된다).

(2) 효 과

① **행사시기** : 임차인이 임차물의 보존에 관한 필요비를 지출하였을 경우에는 「즉시」 상환청구를 할 수 있다(민법 제626조 제1항).

② **상환청구액** : 임차인은 필요비의 현존 여부와 상관없이 임대인에게 지출한 비용 「전액」을 청구할 수 있다. 그러나 임차인의 비용상환청구권에 관한 규정은 강행규정이 아니므로 약정으로 이를 포기할 수 있다(대판 1998.5.29. 98다6497). 기출 12 · 17

③ **동시이행의 항변권** : 임차인은 임대인으로부터 필요비를 상환받을 때까지 임대인에게 차임의 지급을 거절할 수 있다.

④ **유치권** : 임차인은 필요비상환청구권에 기하여 '임차목적물'을 유치할 수 있다. 그러나 비용상환청구권을 포기한 경우에는 유치권은 생기지 않는다. 기출 11

3. 유익비상환의무

(1) 요 건

① 임차인이 지출한 결과가 임차목적물의 구성부분이 되어 독립성을 상실할 것
② 목적물의 객관적 가치를 증가시키기 위해 투입한 비용일 것
③ 임대차 종료 시에 가액의 증가가 현존할 것

(2) 효 과

① 임차인은 임대차계약이 종료한 때 임대인에게 그 상환을 청구할 수 있다(민법 제626조 제2항).

> [민법 제495조에 따른 소멸시효가 완성된 채권에 의한 상계는 '자동채권의 소멸시효 완성 전에 양 채권이 상계적상에 이르렀을 것'을 요건으로 하는지 여부(적극) / 임차인이 유익비를 지출한 경우, 임차인의 유익비상환채권의 발생 시기(= 임대차계약 종료 시) 및 임대차 존속 중 임대인의 구상금채권 소멸시효가 완성된 경우, 임대인이 이미 소멸시효가 완성된 구상금채권을 자동채권으로 삼아 임차인의 유익비상환채권과 상계할 수 있는지 여부(소극)]
>
> 민법 제495조는 "소멸시효가 완성된 채권이 그 완성 전에 상계할 수 있었던 것이면 그 채권자는 상계할 수 있다."라고 규정하고 있다. 이는 당사자 쌍방의 채권이 상계적상에 있었던 경우에 당사자들은 그 채권·채무관계가 이미 정산되어 소멸하였다고 생각하는 것이 일반적이라는 점을 고려하여 당사자들의 신뢰를 보호하기 위한 것이다. 다만 이는 '자동채권의 소멸시효 완성 전에 양 채권이 상계적상에 이르렀을 것'을 요건으로 한다. 민법 제626조 제2항은 임차인이 유익비를 지출한 경우에는 임대인은 임대차 종료 시에 그 가액의 증가가 현존한 때에 한하여 임차인의 지출한 금액이나 그 증가액을 상환하여야 한다고 규정하고 있으므로, 임차인의 유익비상환채권은 임대차계약이 종료한 때에 비로소 발생한다고 보아야 한다. 따라서 임대차 존속 중 임대인의 구상금채권의 소멸시효가 완성된 경우에는 위 구상금채권과 임차인의 유익비상환채권이 상계할 수 있는 상태에 있었다고 할 수 없으므로, 그 이후에 임대인이 이미 소멸시효가 완성된 구상금채권을 자동채권으로 삼아 임차인의 유익비상환채권과 상계하는 것은 민법 제495조에 의하더라도 인정될 수 없다(대판 2021.2.10. 2017다258787).

② 임차인은 그가 지출한 금액과 현존하는 증가된 가액 중 임대인이 선택한 것을 임대인에게 청구할 수 있다.

③ 법원은 유익비의 상환에 관하여 상당한 기간을 허용할 수 있다. 이 경우 임차인은 유치권을 주장할 수 없다.

Ⅳ 임차인의 권리

1. 임차물의 사용 · 수익권(민법 제654조, 제610조)

> **준용규정(민법 제654조)**
> 제610조 제1항, 제615조 내지 제617조의 규정은 임대차에 이를 준용한다.
>
> **차주의 사용, 수익권(민법 제610조)**
> ① 차주는 계약 또는 그 목적물의 성질에 의하여 정하여진 용법으로 이를 사용, 수익하여야 한다.
> ② 차주는 대주의 승낙이 없으면 제3자에게 차용물을 사용, 수익하게 하지 못한다.
> ③ 차주가 전2항의 규정에 위반한 때에는 대주는 계약을 해지할 수 있다.

2. 임차권의 대항력

> **임대차의 등기(민법 제621조)**
> ① 부동산임차인은 당사자 간에 반대약정이 없으면 임대인에 대하여 그 임대차등기절차에 협력할 것을 청구할 수 있다.
> ② 부동산임대차를 등기한 때에는 그때부터 제3자에 대하여 효력이 생긴다.
>
> **건물등기 있는 차지권의 대항력(민법 제622조)** 기출 17
> ① 건물의 소유를 목적으로 한 토지임대차는 이를 등기하지 아니한 경우에도 임차인이 그 지상건물을 등기한 때에는 제3자에 대하여 임대차의 효력이 생긴다.
> ② 건물이 임대차기간 만료 전에 멸실 또는 후폐한 때에는 전항의 효력을 잃는다.

3. 부속물매수청구권

> **임차인의 부속물매수청구권(민법 제646조)**
> ① 건물 기타 공작물의 임차인이 그 사용의 편익을 위하여 임대인의 동의를 얻어 이에 부속한 물건이 있는 때에는 임대차의 종료 시에 임대인에 대하여 그 부속물의 매수를 청구할 수 있다.
> ② 임대인으로부터 매수한 부속물에 대하여도 전항과 같다.

(1) 의 의

임차인의 부속물매수청구권에 관한 민법 제646조는 편면적 강행규정이며(민법 제652조), 따라서 임차인에게 불리한 포기 특약은 무효이다. 기출 11 일시사용을 위한 임대차에는 적용되지 않는다(민법 제653조).

(2) 행사의 요건

① 건물 기타 공작물의 임대차일 것 : 토지임차인에게는 갱신청구권과 지상물매수청구권이 인정되기 때문에 굳이 부속물매수청구권을 인정할 필요가 없다(민법 제643조).

② 건물 기타 공작물의 사용의 편익을 위하여 부속시킨 것일 것 : 부속물이란 임차인의 소유에 속하고, 건물의 구성부분이 되지 아니한 것으로서 건물의 사용에 객관적인 편익을 가져오게 하는 물건이어야 한다.

③ 임대인의 동의를 얻었거나 임대인으로부터 매수한 것일 것

④ 독립성이 인정되는 것일 것

⑤ 임대차가 종료된 경우일 것 : 단, 판례는 임차인의 채무불이행에 기해 임대차가 해지된 경우 임차인은 부속물매수청구권을 행사할 수 없다고 한다(대판 1990.1.23. 88다카7245 · 88다카7252).

(3) 행사의 효과

① 부속물매수청구권은 형성권으로, 임차인의 일방적인 의사표시에 의하여 매매계약이 성립된 경우와 같은 효과가 발생한다.

② 임차인이 부속물매수청구권을 행사한 경우에, 그는 주된 물건인 임차목적물 자체에 대하여 유치권을 행사할 수 없다(통설, 대판 2013.10.24. 2011다44788).

4. 지상물매수청구권

임차인의 갱신청구권, 매수청구권(민법 제643조)
건물 기타 공작물의 소유 또는 식목, 채염, 목축을 목적으로 한 토지임대차의 기간이 만료한 경우에 건물, 수목 기타 지상시설이 현존한 때에는 제283조의 규정을 준용한다.

지상권자의 갱신청구권, 매수청구권(민법 제283조)
① 지상권이 소멸한 경우에 건물 기타 공작물이나 수목이 현존한 때에는 지상권자는 계약의 갱신을 청구할 수 있다.
② 지상권설정자가 계약의 갱신을 원하지 아니하는 때에는 지상권자는 상당한 가액으로 전항의 공작물이나 수목의 매수를 청구할 수 있다.

(1) 의 의

지상물매수청구권은 임차인을 위한 제도로, 그에 관한 민법 제643조는 편면적 강행규정이다(민법 제652조). 갱신청구권은 청구권인데 비하여 지상물매수청구권은 형성권임에 유의하여야 한다(통설 · 판례). 따라서 건물의 소유를 목적으로 한 토지의 임차인이 임대차계약을 체결하거나 임차인으로서의 지위를 승계할 당시 임대인과의 사이에 건물 기타 지상시설 일체를 포기하기로 약정을

하였다고 하더라도 임대차계약의 조건이나 계약이 체결된 경위 등 제반 사정을 종합적으로 고려하여 실질적으로 임차인에게 불리하다고 볼 수 없는 특별한 사정이 인정되지 아니하는 한 위와 같은 약정은 임차인에게 불리한 것으로서 민법 제652조에 의하여 효력이 없다(대판 1993.6.22. 93다16130). **기출** 07 · 09 · 15

(2) 행사의 요건

1) 건물 기타 공작물의 소유 또는 식목·채염·목축을 목적으로 한 토지임대차일 것

2) 지상시설이 현존하고 갱신청구를 거절한 경우일 것

① 토지임대차 기간의 만료 시 지상시설이 현존하여야 하며, 임대인이 임차인의 갱신청구를 거절한 경우이어야 한다.

> - 건물의 소유를 목적으로 하는 토지 임대차에 있어서, 임대차가 종료함에 따라 토지의 임차인이 임대인에 대하여 건물매수청구권을 행사할 수 있음에도 불구하고 이를 행사하지 아니한 채, 토지의 임대인이 임차인에 대하여 제기한 토지인도 및 건물철거청구 소송에서 패소하여 그 패소판결이 확정되었다고 하더라도, 그 확정판결에 의하여 건물철거가 집행되지 아니한 이상 토지의 임차인으로서는 건물매수청구권을 행사하여 별소로써 임대인에 대하여 건물매매대금의 지급을 구할 수 있다(대판 1995.12.26. 95다42195). **기출** 15
> - 토지임차인의 지상물매수청구권은 기간의 정함이 없는 임대차에 있어서 임대인에 의한 해지통고에 의하여 그 임차권이 소멸된 경우에도 마찬가지로 인정된다(대판[전합] 1995.7.11. 94다34265). **기출** 15

② 판례는 차임연체 등 임차인의 채무불이행으로 임대차가 해지된 경우에는 갱신청구의 가능성이 없으므로, 이를 전제로 하는 2차적인 지상물매수청구권도 불가능하다(대판 1997.4.8. 96다54249·54256)는 입장이다. **기출** 07 · 14 · 15 · 17

③ 제643조의 취지는 건물철거방지의 국민경제적 관점과 임차인을 보호하기 위한 제도이므로, 비록 행정관청의 허가를 받은 적법한 건물이 아니더라도 임차인의 건물매수청구권의 대상이 될 수 있다(대판 1997.12.23. 97다37753).

④ 임대인의 동의를 얻어서 신축한 것이 아니더라도 매수청구권의 대상이 된다.

3) 지상물매수청구권의 상대방

지상물매수청구권자는 지상물의 소유자에 한하며, 그 상대방은 원칙적으로 임차권 소멸 당시의 임대인이다.

> - 지상물매수청구권 제도의 목적, 미등기 매수인의 법적 지위 등에 비추어 볼 때, 종전 임차인으로부터 미등기 무허가건물을 매수하여 점유하고 있는 임차인은 특별한 사정이 없는 한 비록 소유자로서의 등기명의가 없어 소유권을 취득하지 못하였다 하더라도 임대인에 대하여 지상물매수청구권을 행사할 수 있는 지위에 있다(대판 2013.11.28. 2013다48364 · 48371). **기출** 14 · 17
> - 건물의 소유를 목적으로 하는 토지 임차인의 건물매수청구권 행사의 상대방은 원칙적으로 임차권 소멸 당시의 토지소유자인 임대인이고, 임대인이 임차권 소멸 당시에 이미 토지소유권을 상실한 경우에는 그에게 지상건물의 매수청구권을 행사할 수는 없으며, 이는 임대인이 임대차계약의 종료 전에 토지를 임의로 처분하였다 하여 달라지는 것은 아니다(대판 1994.7.29. 93다59717 · 93다59724). 다만, 이때 임차권이 제3자에게 대항할 수 있었던 경우에는 임대차계약 종료 후에 임대인으로부터 토지를 취득한 제3자는 그 상대방이 될 수 있다(대판 1996.6.14. 96다14517). **기출** 09 · 11 · 17

(3) 행사의 효과

① **매매계약의 체결** : 지상물매수청구권 행사에 의하여 임대인과 임차인 사이에 지상물에 대한 매매가 성립한다. `기출 07·11`

② **동시이행관계** : 임차인의 건물인도 및 소유권이전등기의무와 임대인의 건물대금지급의무는 동시이행관계에 있다(대판 1998.5.8. 98다2389). `기출 08·17` 그 결과 임차인이 임대인에게 매수청구권이 행사된 건물들에 대한 명도와 소유권이전등기를 마쳐주지 아니하였다면 임대인에게 그 매매대금에 대한 지연손해금을 구할 수 없다(대판 1998.5.8. 98다2389). 다만, 임차인이 지상건물 등의 점유·사용을 통하여 그 부지를 계속하여 점유·사용하는 한 그로 인한 부당이득으로서 부지의 임료 상당액은 이를 반환할 의무가 있다(대판 2001.6.1. 99다60535). `기출 15`

Ⅴ 임차인의 의무

임대인의 보존행위, 인용의무(민법 제624조)
임대인이 임대물의 보존에 필요한 행위를 하는 때에는 임차인은 이를 거절하지 못한다.

임차인의 의사에 반하는 보존행위와 해지권(민법 제625조)
임대인이 임차인의 의사에 반하여 보존행위를 하는 경우에 임차인이 이로 인하여 임차의 목적을 달성할 수 없는 때에는 계약을 해지할 수 있다.

일부멸실 등과 감액청구, 해지권(민법 제627조)
① 임차물의 일부가 임차인의 과실 없이 멸실 기타 사유로 인하여 사용, 수익할 수 없는 때에는 임차인은 그 부분의 비율에 의한 차임의 감액을 청구할 수 있다.
② 전항의 경우에 그 잔존부분으로 임차의 목적을 달성할 수 없는 때에는 임차인은 계약을 해지할 수 있다.
`기출 06`

차임증감청구권(민법 제628조)
임대물에 대한 공과부담의 증감 기타 경제사정의 변동으로 인하여 약정한 차임이 상당하지 아니하게 된 때에는 당사자는 장래에 대한 차임의 증감을 청구할 수 있다.

차임지급의 시기(민법 제633조)
차임은 동산, 건물이나 대지에 대하여는 매월 말에, 기타 토지에 대하여는 매년 말에 지급하여야 한다. 그러나 수확기 있는 것에 대하여는 그 수확 후 지체 없이 지급하여야 한다.

임차인의 통지의무(민법 제634조)
임차물의 수리를 요하거나 임차물에 대하여 권리를 주장하는 자가 있는 때에는 임차인은 지체 없이 임대인에게 이를 통지하여야 한다. 그러나 임대인이 이미 이를 안 때에는 그러하지 아니하다.

차임연체와 해지(민법 제640조) `기출` `01`

건물 기타 공작물의 임대차에는 임차인의 차임연체액이 2기의 차임액에 달하는 때에는 임대인은 계약을 해지할 수 있다.

동전(민법 제641조)

건물 기타 공작물의 소유 또는 식목, 채염, 목축을 목적으로 한 토지임대차의 경우에도 전조의 규정을 준용한다.

토지임대차의 해지나 지상건물 등에 대한 담보물권자에의 통지(민법 제642조)

선조의 경우에 그 지상에 있는 건물 기타 공작물이 담보물권의 목적이 된 때에는 제288조의 규정을 준용한다.

준용규정(민법 제654조) `기출` `06`

제610조 제1항, 제615조 내지 제617조의 규정은 임대차에 이를 준용한다.

1. 차임지급의무

(1) 차임의 내용

① 차임은 임대차의 요소이다. 반면 보증금은 임대차의 요소가 아니다.

② 차임의 지급시기도 당사자가 자유롭게 정할 수 있으나, 특약이 없으며, 후급이 원칙이다.

③ 수인의 임차인이 공동차주인 경우에는 연대채무를 부담한다. 따라서 차임채무도 연대채무가 된다.

> • 임대인이 국가 소유의 부동산을 임대하였는데 임차인의 차임 연체로 인하여 그 임대차계약이 해지되었다면, 특별한 사정이 없는 한 임차인은 임대인에게 그 부동산을 명도하고 해지로 인한 임대차 종료 시까지의 연체차임 및 그 이후부터 명도 완료일까지 그 부동산을 점유·사용함에 따른 차임 상당의 부당이득금을 반환할 의무가 있다(대판 1996.9.6. 94다54641). `기출` `23`
> • 임대차는 타인의 물건을 빌려 사용·수익하고 그 대가로 차임을 지급하기로 하는 계약이다(민법 제618조). 임대차계약에서 임대인은 목적물을 계약존속 중 사용·수익에 필요한 상태를 유지하게 할 의무를 부담한다(민법 제623조). 임대인이 목적물을 사용·수익하게 할 의무는 임차인의 차임지급의무와 서로 대응하는 관계에 있으므로, 임대인이 이러한 의무를 불이행하여 목적물의 사용·수익에 지장이 있으면 임차인은 지장이 있는 한도에서 차임의 지급을 거절할 수 있다(대판 2019.11.14. 2016다227694). `기출` `23`

(2) 차임의 증감청구

1) 임차인의 차임감액청구

편면적 강행규정이므로 임차인에게 불리한 약정은 무효이다(민법 제652조).

2) 차임증감청구권(민법 제628조)

① 임차인과 임대인 모두에게 인정되는 권리이다.

② 편면적 강행규정이므로 임차인에게 불리한 약정은 무효이다(민법 제652조).

③ 일시사용을 위한 임대차에서 적용되지 않는다(민법 제653조).

(3) 차임의 연체와 해지

① 2기의 차임액을 연체한 경우 임대인은 계약을 해지할 수 있다(민법 제640조).

② 편면적 강행규정이므로 임차인에게 불리한 약정은 효력이 없다(민법 제652조).

(4) 차임 등 확보를 위한 임대인의 법정담보물권(민법 제648조 내지 제650조)

2. 임차물보관 및 목적물반환의무

① 임차인은 임대차관계가 종료되어 임대인에게 임차목적물을 반환할 때까지 목적물을 '선량한 관리자의 주의의무'로 보관할 의무가 있다(민법 제374조).

② 임대차 종료 시 임차인은 임대인에게 임차물을 반환할 계약상의 의무를 부담한다(민법 제654조, 제615조).

Ⅵ 임차권의 양도와 전대

임차권의 양도, 전대의 제한(민법 제629조) 기출 01 · 19

① 임차인은 임대인의 동의 없이 그 권리를 양도하거나 임차물을 전대하지 못한다.

② 임차인이 전항의 규정에 위반한 때에는 임대인은 계약을 해지할 수 있다.

전대의 효과(민법 제630조) 기출 12

① 임차인이 임대인의 동의를 얻어 임차물을 전대한 때에는 전차인은 직접 임대인에 대하여 의무를 부담한다. 이 경우에 전차인은 전대인에 대한 차임의 지급으로써 임대인에게 대항하지 못한다.

② 전항의 규정은 임대인의 임차인에 대한 권리행사에 영향을 미치지 아니한다.

전차인의 권리의 확정(민법 제631조) 기출 13

임차인이 임대인의 동의를 얻어 임차물을 전대한 경우에는 임대인과 임차인의 합의로 계약을 종료한 때에도 전차인의 권리는 소멸하지 아니한다.

임차건물의 소부분을 타인에게 사용케 하는 경우(민법 제632조)

전3조의 규정은 건물의 임차인이 그 건물의 소부분을 타인에게 사용하게 하는 경우에 적용하지 아니한다.

해지통고의 전차인에 대한 통지(민법 제638조)

① 임대차계약이 해지의 통고로 인하여 종료된 경우에 그 임대물이 적법하게 전대되었을 때에는 임대인은 전차인에 대하여 그 사유를 통지하지 아니하면 해지로써 전차인에게 대항하지 못한다.

② 전차인이 전항의 통지를 받은 때에는 제635조 제2항의 규정을 준용한다.

전차인의 임대청구권, 매수청구권(민법 제644조) 기출 09 · 19

① 건물 기타 공작물의 소유 또는 식목, 채염, 목축을 목적으로 한 토지임차인이 적법하게 그 토지를 전대한 경우에 임대차 및 전대차의 기간이 동시에 만료되고 건물, 수목 기타 지상시설이 현존한 때에는 전차인은 임대인에 대하여 전전대차와 동일한 조건으로 임대할 것을 청구할 수 있다.

② 전항의 경우에 임대인이 임대할 것을 원하지 아니하는 때에는 제283조 제2항의 규정을 준용한다.

① 건물 기타 공작물의 임차인이 적법하게 전대한 경우에 전차인이 그 사용의 편익을 위하여 임대인의 동의를 얻어 이에 부속한 물건이 있는 때에는 전대차의 종료 시에 임대인에 대하여 그 부속물의 매수를 청구할 수 있다.
② 임대인으로부터 매수하였거나 그 동의를 얻어 임차인으로부터 매수한 부속물에 대하여도 전항과 같다.

1. 의 의

임차권의 양도란 임차권이 동일성을 유지하면서 이전되는 것을 의미하고, 임차물의 전대란 임차인이 스스로 임대인이 되어서 임차물을 다시 제3자로 하여금 사용·수익하게 하는 계약을 의미한다.

> 건물 소유를 목적으로 한 대지 임차권을 가지고 있는 자가 위 대지상의 자기소유 건물에 대하여 제3자에 대한 채권담보의 목적으로 제3자 명의의 소유권이전등기를 경료하여 준 이른바 양도담보의 경우에는, 채권담보를 위하여 신탁적으로 양도담보권자에게 건물의 소유권이 이전될 뿐 확정적, 종국적으로 이전되는 것은 아니고 또한 특별한 사정이 없는 한 양도담보권자가 건물의 사용수익권을 갖게 되는 것도 아니므로, 이러한 경우 위 건물의 부지에 관하여 민법 제629조 소정의 해지의 원인인 임차권의 양도 또는 전대가 이루어지지 않았다고 해석함이 상당하다(대판 1995.7.25. 94다46428). 기출 12·14

2. 임대인의 동의 없는 양도·전대의 법률관계

(1) 임대인의 동의 없는 임차권의 양도(무단양도)

① 임차인(양도인)과 양수인의 관계 : 임대인의 동의를 받지 아니하고 임차권을 양도한 계약도 이로써 임대인에게 대항할 수 없을 뿐 임차인과 양수인 사이에는 유효한 것이고 이 경우 임차인은 양수인을 위하여 임대인의 동의를 받아 줄 의무가 있다(대판 1986.2.25. 85다카1812).

② 임대인과 양수인의 관계 : 양수인은 임대인에 대하여 임차권을 취득하였음을 주장하지 못한다. 따라서 목적물에 대한 점유·사용은 임대인에게 불법점유가 되어 임대인은 양수인에게 소유권에 기한 물권적 청구권을 행사할 수 있다(민법 제213조. 제214조).

> **[임차인이 임대인의 동의 없이 임차물을 제3자에게 전대한 경우, 임대인이 제3자에게 손해배상청구나 부당이득 반환청구를 할 수 있는지 여부(원칙적 소극)]**
> 임차인이 임대인의 동의를 받지 않고 제3자에게 임차권을 양도하거나 전대하는 등의 방법으로 임차물을 사용·수익하게 하더라도, 임대인이 이를 이유로 임대차계약을 해지하거나 그 밖의 다른 사유로 임대차계약이 적법하게 종료되지 않는 한 임대인은 임차인에 대하여 여전히 차임청구권을 가지므로, 임대차계약이 존속하는 한도 내에서는 제3자에게 불법점유를 이유로 한 차임상당 손해배상청구나 부당이득반환청구를 할 수 없다(대판 2008.2.28. 2006다10323). 기출 09·19·23
>
> **[임대인의 동의 없는 임차권 양수인이 임대인의 권한을 대위행사할 수 있는지 여부(소극)]**
> 임대인의 동의 없는 임차권의 양도는 당사자 사이에서는 유효하다 하더라도 다른 특약이 없는 한 임대인에게는 대항할 수 없는 것이고 임대인에 대항할 수 없는 임차권의 양수인으로서는 임대인의 권한을 대위행사 할 수 없다(대판 1985.2.8. 84다카188). 기출 20·23

③ 임대인과 임차인(양도인)의 관계 : 임차권 무단 양도(전대)의 경우, 원칙적으로 임대인은 임대차 계약을 해지할 수 있다(민법 제629조 제2항). 다만, 임차인의 변경이 당사자의 개인적인 신뢰를 기초로 하는 계속적 법률관계인 임대차를 더 이상 지속시키기 어려울 정도로 당사자 간의 신뢰관계를 파괴하는 임대인에 대한 배신행위가 아니라고 인정되는 특별한 사정이 있는 때에는 임대인은 자신의 동의 없이 임차권이 이전되었다는 것만을 이유로 민법 제629조 제2항에 따라서 임대차계약을 해지할 수 없고, 그와 같은 특별한 사정이 있는 때에 한하여 경락인은 임대인의 동의가 없더라도 임차권의 이전을 임대인에게 대항할 수 있다고 봄이 상당한바, 위와 같은 특별한 사정이 있는 점은 경락인이 주장·입증하여야 한다(대판 1993.4.13. 92다24950).

`기출` 12

(2) 임대인의 동의 없는 임차물의 전대(무단전대)

① 전대인과과 전차인의 관계 : 전대차계약은 하나의 임대차계약으로서 유효하게 성립하며 `기출` 13 , 전대인은 전차인에게 임대인의 동의를 얻을 의무를 부담한다.

② 임대인과 전차인의 관계 : 전차인은 전대인으로부터 취득한 임차권을 가지고 임대인에게 대항할 수 없다. 임대인은 전차인에게 소유권에 기한 물권적 청구권을 행사하여 목적물의 반환이나 방해배제를 청구할 수 있다(민법 제213조, 제214조). `기출` 19

③ 임대인과 임차인(전대인)의 관계 : 임대인은 임차인과의 임대차계약을 해지할 수 있다(민법 제629조 제2항). 그럼에도 불구하고 임대인이 임대차 계약을 해지하지 않은 경우에는 여전히 임차인에게 차임을 계속청구할 수 있다. `기출` 19 그리고 임대인의 동의는 사전 동의에 한정되는 것은 아니므로, 임대인이 사후에라도 동의를 한 경우에는 더 이상 임대차계약을 해지할 수 없다. `기출` 12

3. 임대인의 동의 있는 양도·전대의 법률관계

(1) 임차권의 양도

임차권은 동일성을 유지하면서 양수인에게 이전되고, 양도인은 임대차관계에서 벗어난다. 임대차보증금에 관한 구 임차인의 권리의무관계는 구 임차인이 임대인과 사이에 임대차보증금을 신 임차인의 채무불이행의 담보로 하기로 약정하거나 신 임차인에 대하여 임대차보증금반환채권을 양도하기로 하는 등의 특별한 사정이 없는 한 신 임차인에게 승계되지 아니한다(대판 1998.7.14. 96다17202). `기출` 12

(2) 전 대

1) 법률관계

① 임차인(전대인)과 전차인의 관계 : 전대차계약의 내용에 따라 결정된다.

② 임대인과 임차인(전대인)의 관계 : 임대인이 전차인에 대하여 직접 권리를 행사할 수 있다고 하여, 임대인이 임차인에게 권리를 행사할 수 없게 되는 것은 아니므로, 임대인은 여전히 차임의 청구나 해지권의 행사 등을 임차인(전대인)에게 할 수 있다.

③ 임대인과 전차인의 관계
  ㉠ 임대차관계의 불성립 : 임대인의 동의 있는 전대로 인하여 임대인과 전차인 사이에 직접 임대차계약이 성립하는 것은 아니다. 따라서 전차인은 임대인에게 비용상환청구권을 갖지 않는다.
  ㉡ 전차인의 의무부담

> **전대의 효과(민법 제630조)**
> ① 임차인이 임대인의 동의를 얻어 임차물을 전대한 때에는 전차인은 직접 임대인에 대하여 의무를 부담한다. 이 경우에 전차인은 전대인에 대한 차임의 지급으로써 임대인에게 대항하지 못한다.
> ② 전항의 규정은 임대인의 임차인에 대한 권리행사에 영향을 미치지 아니한다.

> [민법 제630조 제1항에 따라 임대인의 동의를 얻은 전대차의 전차인이 전대인에 대한 차임의 지급으로 임대인에게 대항할 수 없게 되는 차임의 범위]
> 민법 제630조 제1항은 임차인이 임대인의 동의를 얻어 임차물을 전대한 때에는 전차인은 직접 임대인에 대하여 의무를 부담하고, 이 경우에 전차인은 전대인에 대한 차임의 지급으로써 임대인에게 대항할 수 없다고 규정하고 있는바, 위 규정에 의하여 전차인이 임대인에게 대항할 수 없는 차임의 범위는 전대차계약상의 차임지급시기를 기준으로 하여 그 전에 전대인에게 지급한 차임에 한정되고, 그 이후에 지급한 차임으로는 임대인에게 대항할 수 있다(대판 2008.3.27, 2006다45459).
>
> [전대인과 전차인이 전대차계약의 내용을 변경함으로써 민법 제630조 제1항에 따라 전차인이 임대인에 대하여 직접 부담하는 의무의 범위가 변경된 경우, 전차인이 변경된 전대차계약의 내용을 임대인에게 주장할 수 있는지 여부(원칙적 적극) 및 전대인과 전차인이 전대차계약상의 차임을 감액한 경우도 마찬가지인지 여부(적극)]
> 전대인과 전차인은 계약자유의 원칙에 따라 전대차계약의 내용을 변경할 수 있다. 그로 인하여 민법 제630조 제1항에 따라 전차인이 임대인에 대하여 직접 부담하는 의무의 범위가 변경되더라도, 전대차계약의 내용 변경이 전대차에 동의한 임대인 보호를 목적으로 한 민법 제630조 제1항의 취지에 반하여 이루어진 것이라고 볼 특별한 사정이 없는 한 전차인은 변경된 전대차계약의 내용을 임대인에게 주장할 수 있다. 전대인과 전차인이 전대차계약상의 차임을 감액한 경우도 마찬가지이다(대판 2018.7.11, 2018다200518). 기출 23

  ㉢ 전차인 보호를 위한 특별규정

> **해지통고의 전차인에 대한 통지(민법 제638조)**
> ① 임대차계약이 해지의 통고로 인하여 종료된 경우에 그 임대물이 적법하게 전대되었을 때에는 임대인은 전차인에 대하여 그 사유를 통지하지 아니하면 해지로써 전차인에게 대항하지 못한다.
> ② 전차인이 전항의 통지를 받은 때에는 제635조 제2항의 규정을 준용한다.

> **전차인의 임대청구권, 매수청구권(민법 제644조)** 기출 09 · 19
> ① 건물 기타 공작물의 소유 또는 식목, 채염, 목축을 목적으로 한 토지임차인이 적법하게 그 토지를 전대한 경우에 임대차 및 전대차의 기간이 동시에 만료되고 건물, 수목 기타 지상시설이 현존한 때에는 전차인은 임대인에 대하여 전전대차와 동일한 조건으로 임대할 것을 청구할 수 있다.
> ② 전항의 경우에 임대인이 임대할 것을 원하지 아니하는 때에는 제283조 제2항의 규정을 준용한다.

> **지상권목적토지의 임차인의 임대청구권, 매수청구권(민법 제645조)**
> 전조의 규정은 지상권자가 그 토지를 임대한 경우에 준용한다.

> **전차인의 부속물매수청구권(민법 제647조)** 기출 13
> ① 건물 기타 공작물의 임차인이 적법하게 전대한 경우에 전차인이 그 사용의 편익을 위하여 임대인의 동의를 얻어 이에 부속한 물건이 있는 때에는 전대차의 종료 시에 임대인에 대하여 그 부속물의 매수를 청구할 수 있다.
> ② 임대인으로부터 매수하였거나 그 동의를 얻어 임차인으로부터 매수한 부속물에 대하여도 전항과 같다.

2) 전대차의 종료

> **전차인의 권리의 확정(민법 제631조)**
> 임차인이 임대인의 동의를 얻어 임차물을 전대한 경우에는 임대인과 임차인의 합의로 계약을 종료한 때에도 전차인의 권리는 소멸하지 아니한다.

임대인의 동의 있는 전차인도 <u>임차인의 채무불이행으로 임대차계약이 해지되면</u> 특단의 사정이 없는 한 임대인에 대해서 전차인의 전대인에 대한 권리를 주장할 수가 없다(대판 1990.12.7. 90다카24939).

기출 13

Ⅶ 보증금과 권리금

1. 보증금

(1) 의 의

임차보증금이란 부동산임대차 특히 건물임대차에 있어서 임차인의 채무를 담보하기 위하여 임차인 또는 제3자가 임대인에게 교부하는 금전 기타의 유가물을 말한다.

(2) 법적 성질

<u>보증금의 성질에 대하여 다수설은 정지조건부 반환채무를 수반하는 금전소유권의 이전이라고 하고, 판례는 보증금반환채권은 임대인의 채권이 발생한다는 사정을 해제조건으로 성립한다고 한다.</u>

(3) 효 력

① 담보적 효력 : 보증금은 임대차관계에 따른 임차인의 모든 채무를 담보하는 담보적 효력을 가지며, 그 결과 임대인은 임대차와 관련된 자신의 채권을 우선변제 받을 수 있다.

② 담보의 범위

> 부동산임대차에서 임차인이 임대인에게 지급하는 <u>임대차보증금은 임대차관계가 종료되어 목적물을 반환하는 때까지 임대차관계에서 발생하는 임차인의 모든 채무를 담보하는 것으로서</u>, 임대인이 임차인을 상대로 차임연체로 인한 임대차계약의 해지를 원인으로 임대차목적물인 부동산의 인도 및 연체차임의 지급을

구하는 소송비용은 임차인이 부담할 원상복구비용 및 차임지급의무 불이행으로 인한 것이어서 임대차관계에서 발생하는 임차인의 채무에 해당하므로 이를 반환할 임대차보증금에서 당연히 공제할 수 있고, 한편 임대인의 임대차보증금 반환의무는 임대차관계가 종료되는 경우에 임대차보증금 중에서 목적물을 반환받을 때까지 생긴 임차인의 모든 채무를 공제한 나머지 금액에 관하여서만 비로소 이행기에 도달하는 것이므로, 임차인이 다른 사람에게 임대차보증금 반환채권을 양도하고, 임대인에게 양도통지를 하였어도 임차인이 임대차목적물을 인도하기 전까지는 임대인이 위 소송비용을 임대차보증금에서 당연히 공제할 수 있다(대판 2012.9.27. 2012다49490). 기출 18

③ 공제의 항변

- 임대차보증금이 임대인에게 교부되어 있더라도 임대인은 임대차관계가 계속되고 있는 동안에는 임대차보증금에서 연체차임을 충당할 것인지를 자유로이 선택할 수 있으므로, 임대차계약 종료 전에는 연체차임이 공제 등 별도의 의사표시 없이 임대차보증금에서 당연히 공제되는 것은 아니다. 기출 18 그리고 임대인이 차임채권을 양도하는 등의 사정으로 인하여 차임채권을 가지고 있지 아니한 경우에는 특별한 사정이 없는 한 임대차계약 종료 전에 임대차보증금에서 공제한다는 의사표시를 할 수 있는 권한이 있다고 할 수도 없다(대판 2013.2.28. 2011다49608·49615).
- 임대보증금이 수수된 임대차계약에서 차임채권에 관하여 압류 및 추심명령이 있었다 하더라도, 당해 임대차계약이 종료되어 목적물이 반환될 때에는 그때까지 추심되지 아니한 채 잔존하는 차임채권 상당액도 임대보증금에서 당연히 공제된다(대판 2004.12.23. 2004다56554·56561·56578·56585·56592·56608·56615·56622·56639·56646·56653·56660). 기출 18
- 임차보증금을 피전부채권으로 하여 전부명령이 있을 경우에도 제3채무자인 임대인은 임차인에게 대항할 수 있는 사유로서 전부채권자에게 대항할 수 있는 것이어서 건물임차보증금의 반환채권에 대한 전부명령의 효력이 그 송달에 의하여 발생한다고 하여도 위 보증금반환채권은 임대인의 채권이 발생하는 것을 해제조건으로 하는 것이므로 임대인의 채권을 공제한 잔액에 관하여서만 전부명령이 유효하다(대판 1988.1.19. 87다카1315). 기출 18
- 민법 제495조는 "소멸시효가 완성된 채권이 그 완성 전에 상계할 수 있었던 것이면 그 채권자는 상계할 수 있다"라고 규정하고 있다. 이는 당사자 쌍방의 채권이 상계적상에 있었던 경우에 당사자들은 채권·채무관계가 이미 정산되어 소멸하였다고 생각하는 것이 일반적이라는 점을 고려하여 당사자들의 신뢰를 보호하기 위한 것이다. 다만 이는 '자동채권의 소멸시효 완성 전에 양 채권이 상계적상에 이르렀을 것'을 요건으로 하는데, 임대인의 임대차보증금반환채무는 임대차계약이 종료된 때에 비로소 이행기에 도달하므로, 임대차 존속 중 차임채권의 소멸시효가 완성된 경우에는 소멸시효 완성 전에 임대인이 임대차보증금 반환채무에 관한 기한의 이익을 실제로 포기하였다는 등의 특별한 사정이 없는 한 양 채권이 상계할 수 있는 상태에 있었다고 할 수 없다. 그러므로 그 이후에 임대인이 이미 소멸시효가 완성된 차임채권을 자동채권으로 삼아 임대차보증금 반환채무와 상계하는 것은 민법 제495조에 의하더라도 인정될 수 없지만, 임대차 존속 중 차임이 연체되고 있음에도 임대차보증금에서 연체차임을 충당하지 않고 있었던 임대인의 신뢰와 차임연체 상태에서 임대차관계를 지속해 온 임차인의 묵시적 의사를 감안하면 연체차임은 민법 제495조의 유추적용에 의하여 임대차보증금에서 공제할 수는 있다(대판 2016.11.25. 2016다211309).

(4) 보증금반환청구

1) 반환청구권자 : 임차인

임차인이 보증금반환청구권자에 해당한다. 그리고 임차인이 임대차계약 존속 중에도 보증금반환채권을 유효하게 양도할 수 있는지 문제되는데, 판례는 장래의 채권도 양도 당시 기본적 채권관계가 어느 정도 확정되어 있어 그 권리의 특정이 가능하고 가까운 장래에 발생할 것임이 상당 정도 기대되는 경우에는 이를 양도할 수 있다(대판 1996.7.30. 95다7932)고 판시하였다.

2) 반환청구의 상대방 : 임대차 종료 시 임대인

① 양도인과 양수인 간의 합의를 통한 지위인수 : 임차목적물의 소유권 양도와 함께 양도인과
양수인 간에 임대인 지위 인수계약이 체결된 경우, 별도로 임차인의 동의나 승낙 없이도 지위
인수계약의 효력이 인정되는지 문제된다.

> 임대차계약에 있어 임대인의 지위의 양도는 임대인의 의무의 이전을 수반하는 것이지만 임대인의 의무는
> 임대인이 누구인가에 의하여 이행방법이 특별히 날라지는 것은 아니고, 목적물의 소유자의 지위에서 거의
> 완전히 이행할 수 있으며, 임차인의 입장에서 보아도 신 소유자에게 그 의무의 승계를 인정하는 것이 오히
> 려 임차인에게 훨씬 유리할 수도 있으므로 임대인과 신 소유자와의 계약만으로써 그 지위의 양도를 할
> 수 있다 할 것이나, 이 경우에 임차인이 원하지 아니하면 임대차의 승계를 임차인에게 강요할 수는 없는
> 것이어서 스스로 임대차를 종료시킬 수 있어야 한다는 공평의 원칙 및 신의성실의 원칙에 따라 임차인이
> 곧 이의를 제기함으로써 승계되는 임대차관계의 구속을 면할 수 있고, 임대인과의 임대차관계도 해지할
> 수 있다고 보아야 한다(대결 1998.9.2. 98마100). 기출 23

② 주택임대차보호법 등에 따른 대항력에 의한 임대인 지위승계

> [주택임대차보호법상 대항력을 갖춘 임차인의 임대차보증금반환채권이 가압류된 상태에서 임대주택이 양도된
> 경우, 양수인이 채권가압류의 제3채무자 지위를 승계하는지 여부(적극) 및 이 경우 가압류채권자는 양수인에
> 대하여만 가압류의 효력을 주장할 수 있는지 여부(적극)]
> 주택임대차보호법 제3조 제3항은 같은 조 제1항이 정한 대항요건을 갖춘 임대차의 목적이 된 임대주택(이
> 하 '임대주택'은 주택임대차보호법의 적용대상인 임대주택을 가리킨다)의 양수인은 임대인의 지위를 승계
> 한 것으로 본다고 규정하고 있는바, 이는 법률상의 당연승계 규정으로 보아야 하므로, 임대주택이 양도된
> 경우에 양수인은 주택의 소유권과 결합하여 임대인의 임대차 계약상의 권리·의무 일체를 그대로 승계하
> 며, 그 결과 양수인이 임대차보증금반환채무를 면책적으로 인수하고, 양도인은 임대차관계에서 탈퇴하여
> 임차인에 대한 임대차보증금반환채무를 면하게 된다. 나아가 임차인에 대하여 임대차보증금반환채무를
> 부담하는 임대인임을 당연한 전제로 하여 임대차보증금반환채무의 지급금지를 명령받은 제3채무자의 지위
> 는 임대인의 지위와 분리될 수 있는 것이 아니므로, 임대주택의 양도로 임대인의 지위가 일체로 양수인에게
> 이전된다면 채권가압류의 제3채무자의 지위도 임대인의 지위와 함께 이전된다고 볼 수밖에 없다. 한편
> 주택임대차보호법상 임대주택의 양도에 양수인의 임대차보증금반환채무의 면책적 인수를 인정하는 이유
> 는 임대주택에 관한 임대인의 의무 대부분이 그 주택의 소유자이기만 하면 이행가능하고 임차인이 같은
> 법에서 규정하는 대항요건을 구비하면 임대주택의 매각대금에서 임대차보증금을 우선변제받을 수 있기
> 때문인데, 임대주택이 양도되었음에도 양수인이 채권가압류의 제3채무자의 지위를 승계하지 않는다면 가
> 압류권자는 장차 본집행절차에서 주택의 매각대금으로부터 우선변제를 받을 수 있는 권리를 상실하는 중대
> 한 불이익을 입게 된다. 이러한 사정들을 고려하면, 임차인의 임대차보증금반환채권이 가압류된 상태에서
> 임대주택이 양도되면 양수인이 채권가압류의 제3채무자의 지위도 승계하고, 가압류권자 또한 임대주택의
> 양도인이 아니라 양수인에 대하여만 위 가압류의 효력을 주장할 수 있다고 보아야 한다(대판[전합] 2013.1.17.
> 2011다49523 - 다수의견).

③ 매도인이 악의인 계약명의신탁의 명의수탁자로부터 명의신탁의 목적물인 주택을 임차하여 주택임대차보호법 제3조 제1항의 대항요건을 갖춘 임차인의 지위(= 부동산실명법 제4조 제3항의 제3자에 해당)

> [매도인이 악의인 계약명의신탁의 명의수탁자로부터 명의신탁의 목적물인 주택을 임차하여 주택임대차보호법 제3조 제1항의 대항요건을 갖춘 임차인이, 명의수탁자의 소유권이전등기가 말소됨으로써 등기명의를 회복한 매도인과 그로부터 다시 소유권이전등기를 마친 명의신탁자에 대하여 자신의 임차권을 대항할 수 있는지 여부(적극) 및 이 경우 소유권이전등기를 마친 명의신탁자가 주택임대차보호법 제3조 제4항에 따라 임대인의 지위를 승계하는지 여부(적극)]
>
> 매도인이 악의인 계약명의신탁에서 명의수탁자로부터 명의신탁의 목적물인 주택을 임차하여 주택 인도와 주민등록을 마침으로써 주택임대차보호법 제3조 제1항에 의한 대항요건을 갖춘 임차인은 '부동산 실권리자 명의 등기에 관한 법률' 제4조 제3항의 규정에 따라 명의신탁약정 및 그에 따른 물권변동의 무효를 대항할 수 없는 제3자에 해당하므로 명의수탁자의 소유권이전등기가 말소됨으로써 등기명의를 회복하게 된 매도인 및 매도인으로부터 다시 소유권이전등기를 마친 명의신탁자에 대해 자신의 임차권을 대항할 수 있고, 이 경우 임차인 보호를 위한 주택임대차보호법의 입법 목적 및 임차인이 보증금반환청구권을 행사하는 때의 임차주택 소유자로 하여금 임차보증금반환채무를 부담하게 함으로써 임차인을 두텁게 보호하고자 하는 주택임대차보호법 제3조 제4항의 개정 취지 등을 종합하면 위의 방법으로 소유권이전등기를 마친 명의신탁자는 주택임대차보호법 제3조 제4항에 따라 임대인의 지위를 승계한다(대판 2022.3.17. 2021다 210720).

3) 동시이행의 관계

임대차계약의 기간이 만료된 경우에 임차인이 임차목적물을 명도할 의무와 임대인이 보증금중 연체차임등 당해 임대차에 관하여 명도시까지 생긴 모든 채무를 청산한 나머지를 반환할 의무는 동시이행의 관계가 있다(대판[전합] 1997.9.28. 77다1241·1242). 기출 18

2. 권리금

(1) 의 의

권리금이란 주로 부동산이 갖는 특수한 장소적 이익의 대가를 의미하며, 임차인으로부터 임대인에게 또는 임차권 양수인으로부터 양도인에게 지급되는 금전을 의미한다.

(2) 임대인의 반환의무 인정 여부

① 원칙 : 임대차가 종료되더라도 임대인에게는 권리금반환의무가 인정되지 않으므로, 임차인은 권리금반환청구를 할 수 없다.

② 예외 : 임대인의 사정으로 중도 해지됨으로써 당초 보장된 기간 동안의 이용이 불가능해진 경우에는 권리금 중 잔금기간에 대응하는 금액의 반환을 청구할 수 있다(대판 2002.7.26. 2002다 25013).

Ⅷ 임대차의 종료와 해지권

1. 종료의 원인

(1) 해지통고(일정기간 경과 후 해지의 효과발생)

> **기간의 약정 없는 임대차의 해지통고(민법 제635조) 기출 04**
> ① 임대차기간의 약정이 없는 때에는 당사자는 언제든지 계약해지의 통고를 할 수 있다.
> ② 상대방이 전항의 통고를 받은 날로부터 다음 각 호의 기간이 경과하면 해지의 효력이 생긴다.
> 　1. 토지, 건물 기타 공작물에 대하여는 임대인이 해지를 통고한 경우에는 6월, 임차인이 해지를 통고한
> 　　 경우에는 1월
> 　2. 동산에 대하여는 5일
>
> **기간의 약정 있는 임대차의 해지통고(민법 제636조)**
> 임대차기간의 약정이 있는 경우에도 당사자 일방 또는 쌍방이 그 기간 내에 해지할 권리를 보류한 때에는 전조
> 의 규정을 준용한다.
>
> **임차인의 파산과 해지통고(민법 제637조)**
> ① 임차인이 파산선고를 받은 경우에는 임대차기간의 약정이 있는 때에도 임대인 또는 파산관재인은 제635조
> 　의 규정에 의하여 계약해지의 통고를 할 수 있다.
> ② 전항의 경우에 각 당사자는 상대방에 대하여 계약해지로 인하여 생긴 손해의 배상을 청구하지 못한다.
>
> **해지통고의 전차인에 대한 통지(민법 제638조)**
> ① 임대차계약이 해지의 통고로 인하여 종료된 경우에 그 임대물이 적법하게 전대되었을 때에는 임대인은 전차
> 　인에 대하여 그 사유를 통지하지 아니하면 해지로써 전차인에게 대항하지 못한다.
> ② 전차인이 전항의 통지를 받은 때에는 제635조 제2항의 규정을 준용한다.

(2) 즉시해지권(해지 즉시 효과발생)

> **임차인의 의사에 반하는 보존행위와 해지권(민법 제625조)**
> 임대인이 임차인의 의사에 반하여 보존행위를 하는 경우에 임차인이 이로 인하여 임차의 목적을 달성할 수
> 없는 때에는 계약을 해지할 수 있다.
>
> **일부멸실 등과 감액청구, 해지권(민법 제627조)**
> ① 임차물의 일부가 임차인의 과실 없이 멸실 기타 사유로 인하여 사용, 수익할 수 없는 때에는 임차인은 그
> 　부분의 비율에 의한 차임의 감액을 청구할 수 있다.
> ② 전항의 경우에 그 잔존부분으로 임차의 목적을 달성할 수 없는 때에는 임차인은 계약을 해지할 수 있다.
>
> **임차권의 양도, 전대의 제한(민법 제629조)**
> ① 임차인은 임대인의 동의 없이 그 권리를 양도하거나 임차물을 전대하지 못한다.
> ② 임차인이 전항의 규정에 위반한 때에는 임대인은 계약을 해지할 수 있다.

> **차임연체와 해지(민법 제640조)**
> 건물 기타 공작물의 임대차에는 임차인의 차임연체액이 2기의 차임액에 달하는 때에는 임대인은 계약을 해지할수 있다.

> **동전(민법 제641조)**
> 건물 기타 공작물의 소유 또는 식목, 채염, 목축을 목적으로 한 토지임대차의 경우에도 전조의 규정을 준용한다.

(3) 존속기간의 만료

2. 종료의 효과

① 해지에 의하여 임대차계약은 장래에 향하여 소멸한다(민법 제550조 참조).
② 당사자 일방에게 귀책사유가 있으면 손해배상을 청구할 수도 있다(민법 제551조).
③ 임대차의 종료로 임차인은 목적물을 반환해야 하지만, 보증금의 반환과 유익비의 상환 또는 부속물의 매수를 청구하거나 철거를 할 수 있다.

Ⅸ 특수한 임대차

1. 일시임대차

> **일시사용을 위한 임대차의 특례(민법 제653조)**
> 제628조, 제638조, 제640조, 제646조 내지 제647조, 제648조, 제650조 및 전조의 규정은 일시사용하기 위한 임대차 또는 전대차인 것이 명백한 경우에는 적용하지 아니한다.

① 일시임대차에는 제628조(차임증감청구권), 제638조(해지통고의 전차인에 대한 통지), 제640조(차임연체와 해지), 제646조(임차인의 부속물매수청구권), 제647조(전차인의 부속물매수청구권), 제648조(임차지의 부속물, 과실 등에 대한 법정질권), 제650조(임차건물 등의 부속물에 대한 법정질권), 제652조(강행규정)는 적용하지 아니한다(민법 제653조).
② 또한 일시임대차에는 주택임대차보호법(동법 제11조)·상가건물 임대차보호법(동법 제16조)도 적용하지 아니한다.

2. 주택임대차

(1) 적용범위

> **적용범위(주택임대차법 제2조)**
> 이 법은 주거용 건물(이하 "주택")의 전부 또는 일부의 임대차에 관하여 적용한다. 그 임차주택의 일부가 주거외의 목적으로 사용되는 경우에도 또한 같다.

1) 목적물의 용도(주거용 건물)

① 주택임대차법이 적용되기 위해서는 임대차 목적물이 주거용 건물이어야 한다.

② 주거용 건물에 해당하는지 여부는 임대차목적물의 공부상 표시만을 기준으로 할 것이 아니라 그 실지 용도에 따라서 정하여야 하고(대판 1995.3.10. 94다52522), 주거용 건물이라면 미등기 또는 무허가 건물도 본법의 적용대상에 해당한다(대판[전합] 2007.6.21. 2004다26133).

③ 주택임대차법 제2조의 후단(후문) 규정은 반드시 주된 목적이 주거용에 있는 주거용 건물의 일부가 주거 이외의 목적으로 사용되는 경우만을 대상으로 하는 것은 아니다(대판 1988.12.27. 87다카 2024).

④ 주택임대차법은 일시사용을 위한 임대차임이 명백한 경우에는 적용하지 아니한다(동법 제11조).

⑤ 주택임대차법은 채권적 전세, 즉 주택의 등기를 하지 아니한 전세계약에 준용된다. 이 경우 전세금은 임대차의 보증금으로 본다(동법 제12조).

2) 인적 범위

법인은 원칙적으로 주택임대차법상의 임차인 보호대상에 포함되지 않으나(대판 1997.7.11. 96다7236), ① 주택도시기금을 재원으로 하여 저소득층 무주택자에게 주거생활 안정을 목적으로 전세임대주택을 지원하는 법인이 주택을 임차한 경우(주택임대차법 제3조 제2항)와 ② 중소기업기본법 제2조에 따른 중소기업에 해당하는 법인이 소속 직원의 주거용으로 주택을 임차한 경우(동법 제3조 제3항) 일정한 요건하에 대항력(동법 제3조 제2항·제3항)과 우선변제권(동법 제3조의2 제2항)을 부여한 결과 보증금을 확보할 수 있게 되어 예외적으로 주택임대차법상의 임차인 보호가 법인인 임차인에도 적용되고 있다.

(2) 제3자에 대한 대항력

대항력 등(주택임대차법 제3조)

① 임대차는 그 등기(登記)가 없는 경우에도 임차인(賃借人)이 주택의 인도(引渡)와 주민등록을 마친 때에는 그 다음 날부터 제3자에 대하여 효력이 생긴다. 이 경우 전입신고를 한 때에 주민등록이 된 것으로 본다.

② 주택도시기금을 재원으로 하여 저소득층 무주택자에게 주거생활 안정을 목적으로 전세임대주택을 지원하는 법인이 주택을 임차한 후 지방자치단체의 장 또는 그 법인이 선정한 입주자가 그 주택을 인도받고 주민등록을 마쳤을 때에는 제1항을 준용한다. 이 경우 대항력이 인정되는 법인은 대통령령으로 정한다.

③ 중소기업기본법 제2조에 따른 중소기업에 해당하는 법인이 소속 직원의 주거용으로 주택을 임차한 후 그 법인이 선정한 직원이 해당 주택을 인도받고 주민등록을 마쳤을 때에는 제1항을 준용한다. 임대차가 끝나기 전에 그 직원이 변경된 경우에는 그 법인이 선정한 새로운 직원이 주택을 인도받고 주민등록을 마친 다음 날부터 제3자에 대하여 효력이 생긴다.

④ 임차주택의 양수인(讓受人)(그 밖에 임대할 권리를 승계한 자를 포함한다)은 임대인(賃貸人)의 지위를 승계한 것으로 본다.

⑤ 이 법에 따라 임대차의 목적이 된 주택이 매매나 경매의 목적물이 된 경우에는 민법 제575조 제1항·제3항 및 같은 법 제578조를 준용한다.

⑥ 제5항의 경우에는 동시이행의 항변권(抗辯權)에 관한 민법 제536조를 준용한다.

1) 요 건

① 적법한 임대권한을 가진 임대인과 임대차계약을 체결하였을 것

㉠ 주택임대차법이 적용되는 임대차는 반드시 주택의 소유자가 임대한 것만에 한정되지는 않는다.

> **[주택 소유자는 아니지만 적법한 임대권한을 가진 임대인과 임대차계약을 체결한 경우에도 주택임대차법이 적용되는지 여부(적극)]**
>
> 주택임대차법이 적용되는 임대차는 반드시 임차인과 주택 소유자인 임대인 사이에 임대차계약이 체결된 경우에 한정되는 것은 아니고, 주택 소유자는 아니더라도 주택에 관하여 적법하게 임대차계약을 체결할 수 있는 권한을 가진 임대인과 임대차계약이 체결된 경우도 포함된다(대판 2012.7.26. 2012다45689).
>
> **[주택의 명의신탁자와 임대차계약을 체결한 임차인에 대하여 명의수탁자가 자신이 소유자임을 내세워 주택의 명도를 구할 수 있는지 여부(소극)]**
>
> 주택임대차법이 적용되는 임대차는 반드시 임차인과 주택의 소유자인 임대인 사이에 임대차계약이 체결된 경우에 한정된다고 할 수는 없고, 주택의 소유자는 아니지만 주택에 관하여 적법하게 임대차계약을 체결할 수 있는 권한(적법한 임대권한)을 가진 명의신탁자 사이에 임대차계약이 체결된 경우도 포함된다고 할 것이고, 이 경우 임차인은 등기부상 주택의 소유자인 명의수탁자에 대한 관계에서도 적법한 임대차임을 주장할 수 있는 반면 명의수탁자는 임차인에 대하여 그 소유자임을 내세워 명도를 구할 수 없다(대판 1999.4.23. 98다49753).

㉡ 기존 채권을 임대차보증금으로 전환하여 임대차계약을 체결한 경우, 그 사정만으로 임차인의 주택임대차법상의 대항력이 부정되는 것은 않는다(대판 2002.1.8. 2001다47535).

> 주택임차인이 대항력을 갖는지 여부는, 주택임대차법 제3조 제1항에서 정한 요건, 즉 임대차계약의 성립, 주택의 인도, 주민등록의 요건을 갖추었는지 여부에 의하여 결정되는 것이므로, 당해 임대차계약이 통정허위표시에 의한 계약이어서 무효라는 등의 특별한 사정이 있는 경우는 별론으로 하고 임대차계약 당사자가 기존 채권을 임대차보증금으로 전환하여 임대차계약을 체결하였다는 사정만으로 임차인이 같은 법 제3조 제1항 소정의 대항력을 갖지 못한다고 볼 수는 없다(대판 2002.1.8. 2001다47535)

② 주택의 인도 : '주택의 인도'는 임차목적물인 주택에 대한 점유의 이전을 말한다. 이때 점유는 사회통념상 어떤 사람의 사실적 지배에 있다고 할 수 있는 객관적 관계를 가리키는 것으로서, 사실상의 지배가 있다고 하기 위해서는 반드시 물건을 물리적·현실적으로 지배할 필요는 없고, 물건과 사람의 시간적·공간적 관계, 본권관계, 타인의 간섭가능성 등을 고려해서 사회통념에 따라 합목적적으로 판단하여야 한다. 임대주택을 인도하는 경우에는 임대인이 임차인에게 현관이나 대문의 열쇠를 넘겨주었는지, 자동문 비밀번호를 알려주었는지, 이사를 할 수 있는지 등도 고려하여야 한다(대판 2017.8.29. 2017다212194).

> **[간접점유자의 주민등록이 주택임대차의 유효한 공시방법이 되는지 여부(소극)]**
>
> 주택임대차법 제3조 제1항 소정의 대항력은 임차인이 당해 주택에 거주하면서 이를 직접점유하는 경우뿐만 아니라 타인의 점유를 매개로 하여 이를 간접점유하는 경우에도 인정될 수 있을 것이나, 그 경우 당해 주택에 실제로 거주하지 아니하는 간접점유자인 임차인은 주민등록의 대상이 되는 '당해 주택에 주소 또는

거소를 가진 자'(주민등록법 제6조 제1항)가 아니어서 그 자의 주민등록은 주민등록법 소정의 적법한 주민등록이라고 할 수 없고, 따라서 간접점유자에 불과한 임차인 자신의 주민등록으로는 대항력의 요건을 적법하게 갖추었다고 할 수 없으며, 임차인과의 점유매개관계에 기하여 당해 주택에 실제로 거주하는 직접점유자가 자신의 주민등록을 마친 경우에 한하여 비로소 그 임차인의 임대차가 제3자에 대하여 적법하게 대항력을 취득할 수 있다(대판 2001.1.19. 2000다55645).

③ 임차인의 주민등록

㉠ 주택임대차법 제3조 제1항의 「주민등록」의 의미 : 주택임대차법 제3조 제1항에서 주택의 인도와 더불어 대항력의 요건으로 규정하고 있는 주민등록은 거래의 안전을 위하여 임차권의 존재를 제3자가 명백히 인식할 수 있게 하는 공시방법으로 마련된 것으로서, 주민등록이 어떤 임대차를 공시하는 효력이 있는가의 여부는 그 주민등록으로 제3자가 임차권의 존재를 인식할 수 있는가에 따라 결정된다고 할 것이므로, 주민등록이 대항력의 요건을 충족시킬 수 있는 공시방법이 되려면 단순히 형식적으로 주민등록이 되어 있다는 것만으로는 부족하고, 주민등록에 의하여 표상되는 점유관계가 임차권을 매개로 하는 점유임을 제3자가 인식할 수 있는 정도는 되어야 한다(대판 1999.4.23. 98다32939).

㉡ 「주민등록」 신고의 효력 발생시기 : 전입신고를 한 때에 주민등록이 된 것으로 본다(주택임대차법 제3조 제1항 후문). 판례는 전입신고가 수리된 때 신고의 효력이 발생한다고 한다(대판 2009.1.30. 2006다17850).

> **[주민등록 신고의 효력 발생시기(= 신고 수리 시)]**
> 주민등록은 단순히 주민의 거주관계를 파악하고 인구의 동태를 명확히 하는 것 외에도 주민등록에 따라 공법관계상의 여러 가지 법률상 효과가 나타나게 되는 것으로서, 주민등록의 신고는 행정청에 도달하기만 하면 신고로서의 효력이 발생하는 것이 아니라 행정청이 수리한 경우에 비로소 신고의 효력이 발생한다. 따라서 주민등록 신고서를 행정청에 제출하였다가 행정청이 이를 수리하기 전에 신고서의 내용을 수정하여 위와 같이 수정된 전입신고서가 수리되었다면 수정된 사항에 따라서 주민등록 신고가 이루어진 것으로 보는 것이 타당하다(대판 2009.1.30. 2006다17850).

㉢ 주택임대차법 제3조 제1항에 의한 대항력 취득의 요건인 주민등록은 임차인 본인뿐 아니라 배우자나 자녀 등 가족의 주민등록도 포함되고, 이러한 법리는 구 재외동포의 출입국과 법적 지위에 관한 법률(2008.3.14. 법률 제8896호로 개정되기 전의 것)에 의한 재외국민이 임차인인 경우에도 마찬가지로 적용된다(대판 2016.10.13. 2014다218030[본소] · 218047[반소]).

㉣ 대항력의 존속 필요성

> **[주택임대차법상의 대항력을 행사하기 위해서는 그 요건인 주택의 인도 및 주민등록이 계속 존속하고 있어야 하는지 여부(적극)]**
> 주택임대차법이 제3조 제1항에서 주택임차인에게 주택의 인도와 주민등록을 요건으로 명시하여 등기된 물권에 버금가는 강력한 대항력을 부여하고 있는 취지에 비추어 볼 때 달리 공시방법이 없는 주택임대차에 있어서 주택의 인도 및 주민등록이라는 대항요건은 그 대항력 취득시에만 구비하면 족한 것이 아니고 그 대항력을 유지하기 위하여서도 계속 존속하고 있어야 한다(대판 1998.1.23. 97다43468).

2) 대항력의 취득시기

주택임차인이 주택의 인도와 주민등록을 마친 다음 날부터 제3자에 대하여 효력이 생긴다(주택임대차법 제3조 제1항 전문).

> **[임차인이 대항력 취득 후 가족과 함께 일시 다른 곳으로 주민등록을 이전했다가 재전입한 경우, 원래의 대항력의 소멸 여부(적극) 및 대항력의 소급 회복 여부(소극)]**
> 주택의 임차인이 그 주택에 입주하고 전입신고를 마치고 그 주택에 입주함으로써 일단 임차권의 대항력을 취득한 후 어떤 이유에서든지 그 가족과 함께 일시적이나마 다른 곳으로 주민등록을 이전하였다면 이는 전체적으로나 종국적으로 주민등록의 이탈이라고 볼 수 있으므로 그 대항력은 그 전출 당시 이미 대항요건의 상실로 소멸되는 것이고, 그 후 그 임차인이 얼마 있지 않아 다시 원래의 주소지로 주민등록을 재전입하였다 하더라도 이로써 소멸되었던 대항력이 당초에 소급하여 회복되는 것이 아니라 그 재전입한 때부터 그와는 동일성이 없는 새로운 대항력이 재차 발생하는 것이다(대판 1998.1.23. 97다43468).

3) 대항력의 내용

① 임대인의 지위 승계

㉠ 지위 승계권자

- 임차주택의 양수인(그 밖에 임대할 권리를 승계한 자를 포함한다)은 임대인의 지위를 승계한 것으로 본다(주택임대차법 제3조 제4항). 이는 법률이 임차인 보호를 위하여 임대인의 지위 승계를 의제한 것이다. 이 경우 양수인의 임대인 지위 승계에 임차인의 동의는 필요하지 않다(대판 1996.2.27. 95다35616).

> **[대항력 있는 임차인보다 우선하는 권리자가 있는 임차 주택이 양도된 경우, 양수인의 임대인 지위 승계에 임차인의 동의가 필요한지 여부(소극)]**
> 주택임대차법 제3조 제1항 및 제2항에 의하면, 임차인이 주택의 양수인에 대하여 대항력이 있는 임차인인 이상 양수인에게 임대인으로서의 지위가 당연히 승계된다 할 것이고, 그 주택에 대하여 임차인에 우선하는 다른 권리자가 있다고 하여 양수인의 임대인으로서의 지위의 승계에 임차인의 동의가 필요한 것은 아니다(대판 1996.2.27. 95다35616).

- 주택임대차법 제3조 제4항의 임대인의 지위를 승계한 것으로 보게 되는 임차주택의 양수인이 되려면 주택을 임대할 권리나 이를 수반하는 권리를 종국적·확정적으로 이전받게 되는 경우라야 한다(대판 2002.4.12. 2000다70460).

> **[임대인의 지위를 승계하는 양수인에 해당하는 사례]**
> - 주택의 명의신탁자와 임대차계약을 체결한 후 명의신탁자로부터 주택을 임대할 권리를 포함하여 주택에 대한 처분권한을 종국적으로 이전받은 경우의 명의수탁자(대판 1999.4.23. 98다49753)
> - 건물이 미등기인 관계로 그 건물에 대하여 아직 소유권이전등기를 경료하지는 못하였지만 그 건물에 대하여 사실상 소유자로서의 권리를 행사하고 있는 자(대판 1087.3.24. 86다카164)
> - 매매, 증여, 경매, 상속, 공용징수 등에 의하여 임차주택의 소유권을 취득한 자(대판 1993.11.23. 93다4083)

ⓛ 지위 승계의 효과

• 대항력을 갖춘 임차권 있는 주택이 양도되어 양수인에게 임대인의 지위가 승계된 경우, 양도인의 임차보증금반환 채무가 소멸되는지 여부(적극) : 주택의 임차인이 제3자에 대한 대항력을 갖춘 후 임차주택의 소유권이 양도되어 그 양수인이 임대인의 지위를 승계하는 경우에는, 임대차보증금의 반환채무도 부동산의 소유권과 결합하여 일체로서 이전하는 것이므로 양도인의 임대인으로서의 지위나 보증금반환 채무는 소멸한다(대판 1996.2.27. 95다35616).

• 대항력 있는 임차권의 목적인 주택의 양수인이 임대차보증금을 반환한 경우의 법률관계 : 주택 양수인이 임차인에게 임대차보증금을 반환하였다 하더라도, 이는 자신의 채무를 변제한 것에 불과할 뿐, 양도인의 채무를 대위변제한 것이라거나, 양도인이 위 금액 상당의 반환채무를 면함으로써 법률상 원인 없이 이익을 얻고 양수인이 그로 인하여 위 금액 상당의 손해를 입었다고 할 수 없다(대판 1993.7.16. 93다17324). 그 결과 양수인은 양도인에게 부당이득반환청구를 할 수 없다.

• 임차주택의 양수인이 임차보증금반환채무를 부담하게 된 이후에 임차인이 주민등록을 옮긴 경우의 법률관계 : 주택의 임차인이 제3자에 대하여 대항력을 구비한 후에 임대주택의 소유권이 양도된 경우에는 그 양수인이 임대인의 지위를 승계하게 되므로, 임대인의 임차보증금반환채무도 양수인에게 이전되는 것이고, 이와 같이 양수인이 임차보증금반환채무를 부담하게 된 이후에 임차인이 주민등록을 다른 곳으로 옮겼다 하여 이미 발생한 임차보증금반환채무가 소멸하는 것은 아니다(대판 1993.12.7. 93다36615).

• 주택임대차법상 대항력을 갖춘 임차인의 임대차보증금반환채권이 가압류된 상태에서 임대주택이 양도된 경우, 양수인이 채권가압류의 제3채무자 지위를 승계하는지 여부(적극) 및 이 경우 가압류채권자는 양수인에 대하여만 가압류의 효력을 주장할 수 있는지 여부(적극) : 주택임대차법 제3조 제3항[현행 주택임대차법 제3조 제4항(註)]은 같은 조 제1항이 정한 대항요건을 갖춘 임대차의 목적이 된 임대주택(이하 '임대주택'은 주택임대차법의 적용대상인 임대주택을 가리킨다)의 양수인은 임대인의 지위를 승계한 것으로 본다고 규정하고 있는바, 이는 법률상의 당연승계 규정으로 보아야 하므로, 임대주택이 양도된 경우에 양수인은 주택의 소유권과 결합하여 임대인의 임대차 계약상의 권리·의무 일체를 그대로 승계하며, 그 결과 양수인이 임대차보증금반환채무를 면책적으로 인수하고, 양도인은 임대차관계에서 탈퇴하여 임차인에 대한 임대차보증금반환채무를 면하게 된다. 나아가 임차인에 대하여 임대차보증금반환채무를 부담하는 임대인임을 당연한 전제로 하여 임대차보증금반환채무의 지급금지를 명령받은 제3채무자의 지위는 임대인의

지위와 분리될 수 있는 것이 아니므로, 임대주택의 양도로 임대인의 지위가 일체로 양수인에게 이전된다면 채권가압류의 제3채무자의 지위도 임대인의 지위와 함께 이전된다고 볼 수밖에 없다. 한편 주택임대차법상 임대주택의 양도에 양수인의 임대차보증금반환채무의 면책적 인수를 인정하는 이유는 임대주택에 관한 임대인의 의무 대부분이 그 주택의 소유자이기만 하면 이행가능하고 임차인이 같은 법에서 규정하는 대항요건을 구비하면 임대주택의 매각대금에서 임대차보증금을 우선변제받을 수 있기 때문인데, 임대주택이 양도되었음에도 양수인이 채권가압류의 제3채무자의 지위를 승계하지 않는다면 가압류권자는 장차 본집행절차에서 주택의 매각대금으로부터 우선변제를 받을 수 있는 권리를 상실하는 중대한 불이익을 입게 된다. 이러한 사정들을 고려하면, 임차인의 임대차보증금반환채권이 가압류된 상태에서 임대주택이 양도되면 양수인이 채권가압류의 제3채무자의 지위도 승계하고, 가압류권자 또한 임대주택의 양도인이 아니라 양수인에 대하여만 위 가압류의 효력을 주장할 수 있다고 보아야 한다(대판[전합] 2013.1.17. 2011다49523 – 다수의견).

- 주택임대차법 제3조 제1항의 대항요건을 갖춘 임차인의 임대차보증금반환채권에 대한 압류 및 전부명령이 확정된 후 소유자인 임대인이 당해 주택을 매도한 경우, 임대인이 전부금지급의무를 면하는지 여부(적극) : 주택임대차법 제3조 제1항의 대항요건을 갖춘 임차인의 임대차보증금반환채권에 대한 압류 및 전부명령이 확정되어 임차인의 임대차보증금반환채권이 집행채권자에게 이전된 경우 제3채무자인 임대인으로서는 임차인에 대하여 부담하고 있던 채무를 집행채권자에 대하여 부담하게 될 뿐 그가 임대차목적물인 주택의 소유자로서 이를 제3자에게 매도할 권능은 그대로 보유하는 것이며, 위와 같이 소유자인 임대인이 당해 주택을 매도한 경우 주택임대차법 제3조 제2항[현행 주택임대차법 제3조 제4항(註)]에 따라 전부채권자에 대한 보증금지급의무를 면하게 되므로, 결국 임대인은 전부금지급의무를 부담하지 않는다(대판 2005.9.9. 2005다23773).

- 주택의 공동임차인 중 1인이 주택임대차보호법 제3조 제1항에서 정한 대항력 요건을 갖춘 상태에서 임차 건물이 양도되는 경우, 공동임차인에 대한 보증금반환채무 전부가 임대인의 지위를 승계한 양수인에게 이전되고 양도인의 채무가 소멸하는지 여부(원칙적 적극) 및 이러한 법리는 계약당사자 사이에 공동임차인의 임대차보증금 지분을 별도로 정한 경우에도 마찬가지인지 여부(적극) : 주택의 공동임차인 중 1인이라도 주택임대차보호법 제3조 제1항에서 정한 대항력 요건을 갖추게 되면 그 대항력은 임대차 전체에 미치므로, 임차 건물이 양도되는 경우 특별한 사정이 없는 한 공동임차인에 대한 보증금반환채무 전부가 임대인 지위를 승계한 양수인에게 이전되고 양도인의 채무는 소멸한다. 이러한 법리는 계약당사자 사이에 공동임차인의 임대차보증금 지분을 별도로 정한 경우에도 마찬가지이다. 공동임차인으로서 임대차계약을 체결한 것은 기본적으로 임대차계약에 따른 권리·의무를 함께하겠다는 것이고, 임대차보증금에 관한 지분을 정하여 그 지분에 따라 임대차보증금을 지급하거나 반환받기로 약정하였다고 하더라도 임대차계약 자체를 지분에 따라 분리하겠다는 것이라고 볼 수는 없다. 공동임차인 중 1인이 취득한 대항력이 임대차 전체에 미친다고 보더라도 주택임대차보호법에 따른 공시의 목적, 거래관행 등에 비추어 임대차계약을 전제로 법률행위를 하고자 하는 제3자의 권리가 침해된다고 볼 수도 없다(대판 2021.10.28. 2021다238650).

② 저당권과의 관계

　㉠ 임차인의 대항요건 구비 후 저당권이 설정된 경우

> [임차건물에 관한 저당권설정등기 전에 대항력을 갖춘 임차인이 저당권설정등기 후 임대인과 합의하여 임차보증금을 증액한 경우, 그 증액한 보증금으로 위 저당권에 기해 건물을 경락받은 소유자에게 대항할 수 있는지 여부(소극) 및 이러한 법리는 체납처분에 의한 압류등기 후 증액한 보증금의 경우에도 마찬가지로 적용되는지 여부(적극)]
>
> 임차인이 임차건물에 관한 저당권설정등기 이전에 대항력을 갖춘 임차권을 취득한 경우에는 그 임차권으로써 저당권자에게 대항할 수 있음은 물론이나, 저당권설정등기 후에 임대인과 사이에 임차보증금을 증액하기로 합의하고 증액된 부분의 보증금을 지급하였다면 그 합의는 저당권자의 권리를 해하는 것이므로 저당권자에게는 대항할 수 없다고 할 것이다. 따라서 임차인은 위 저당권에 기하여 건물을 경락받은 소유자의 건물명도청구에 대하여 증액 전 임차보증금을 상환받을 때까지 그 건물을 명도할 수 없다고 주장할 수 있을 뿐이고 저당권설정등기 이후에 증액한 임차보증금으로써는 소유자에게 대항할 수 없는 것이다. 이러한 법리는 대항력을 갖춘 임차인이 체납처분에 의한 압류등기 이후에 임대인과 보증금을 증액하기로 합의하고 초과부분을 지급한 경우에도 마찬가지로 적용된다고 할 것이다(대판 2010.5.13. 2010다12753).

　㉡ 저당권이 설정된 후 임차인이 대항요건을 구비한 경우

- 문제점 : 甲이 乙로부터 선순위근저당권이 설정되어 있던 乙 소유 주택을 임차하고 주택임대차법 제3조 제1항의 대항요건을 모두 갖추었는데, 이후 주택의 소유권이 丙에게 양도된 경우, 임차인 甲이 丙에게 대항력을 주장할 수 있는지 여부가 문제된다.

- 丙의 소유권 취득원인이 매매인 경우 : 선순위근저당권이 소멸되지 않으므로 임차인 甲은 임대인의 지위를 승계한 양수인 丙에게 대항력을 주장할 수 있다. 즉, 주택의 임차인이 제3자에 대한 대항력을 갖춘 후 임차주택의 소유권이 양도되어 그 양수인이 임대인의 지위를 승계하는 경우에는, 임대차보증금의 반환채무도 부동산의 소유권과 결합하여 일체로서 이전하는 것이므로 양도인의 임대인으로서의 지위나 보증금반환 채무는 소멸한다(대판 1996.2.27. 95다35616). 그 결과 丙이 보증금반환채무를 부담하고, 乙의 보증금반환채무는 소멸한다.

- 丙의 소유권 취득원인이 경매인 경우 : 부동산의 경매절차에 있어서 주택임대차법 제3조에 정한 대항요건을 갖춘 임차권보다 선순위의 근저당권이 있는 경우에는, 낙찰로 인하여 선순위근저당권이 소멸하면 그보다 후순위의 임차권도 선순위근저당권이 확보한 담보가치의 보장을 위하여 그 대항력을 상실하는 것이지만, 낙찰로 인하여 근저당권이 소멸하고 낙찰인이 소유권을 취득하게 되는 시점인 낙찰대금지급기일 이전에 선순위근저당권이 다른 사유로 소멸한 경우에는, 대항력이 있는 임차권의 존재로 인하여 담보가치의 손상을 받을 선순위근저당권이 없게 되므로 임차권의 대항력이 소멸하지 아니한다(대판 2003.4.25. 2002다70075). <u>기출</u> 11·19 이에 따라 丙은 임대인의 지위를 승계하지 않고, 乙이 여전히 임차인 甲에게 보증금반환채무를 부담하므로 임차인 甲이 丙에게 임차권의 대항력을 주장할 수는 없다.

4) 일정한 법인이 임차인인 경우

① 주택도시기금을 재원으로 하여 저소득층 무주택자에게 주거생활 안정을 목적으로 전세임대주택을 지원하는 법인이 주택을 임차한 후 지방자치단체의 장 또는 그 법인이 선정한 입주자가 그 주택을 인도받고 주민등록을 마쳤을 때에는 그 다음 날부터 제3자에 대하여 효력이 생기며, 이 경우 전입신고를 한 때에 주민등록이 된 것으로 본다(주택임대차법 제3조 제2항 전문). 그리고 이 경우 대항력이 인정되는 법인은 대통령령으로 정한다(동법 제3조 제2항 후문). 이에 따르면 ㉠「한국토지주택공사법」에 따른 한국토지주택공사와 「지방공기업법」 제49조에 따라 주택사업을 목적으로 설립된 지방공사가 대항력이 인정되는 법인에 해당한다(동법 시행령 제2조).

② 「중소기업기본법」 제2조에 따른 중소기업에 해당하는 법인이 소속 직원의 주거용으로 주택을 임차한 후 그 법인이 선정한 직원이 해당 주택을 인도받고 주민등록을 마쳤을 때에는 그 다음 날부터 제3자에 대하여 효력이 생기며, 이 경우 전입신고를 한 때에 주민등록이 된 것으로 본다(주택임대차법 제3조 제3항 전문). 임대차가 끝나기 전에 그 직원이 변경된 경우에는 그 법인이 선정한 새로운 직원이 주택을 인도받고 주민등록을 마친 다음 날부터 제3자에 대하여 효력이 생긴다(동법 제3조 제3항 후문).

(3) 우선변제권

보증금의 회수(주택임대차법 제3조의2) 기출 19

① 임차인(제3조 제2항 및 제3항의 법인을 포함한다. 이하 같다)이 임차주택에 대하여 보증금반환청구소송의 확정판결이나 그 밖에 이에 준하는 집행권원에 따라서 경매를 신청하는 경우에는 집행개시요건에 관한 「민사집행법」 제41조에도 불구하고 반대의무의 이행이나 이행의 제공을 집행개시의 요건으로 하지 아니한다.

② 제3조 제1항·제2항 또는 제3항의 대항요건과 임대차계약증서(제3조 제2항 및 제3항의 경우에는 법인과 임대인 사이의 임대차계약증서를 말한다)상의 확정일자를 갖춘 임차인은 「민사집행법」에 따른 경매 또는 「국세징수법」에 따른 공매를 할 때에 임차주택(대지를 포함한다)의 환가대금에서 후순위권리자나 그 밖의 채권자보다 우선하여 보증금을 변제받을 권리가 있다.

③ 임차인은 임차주택을 양수인에게 인도하지 아니하면 제2항에 따른 보증금을 받을 수 없다.

④ 제2항 또는 제7항에 따른 우선변제의 순위와 보증금에 대하여 이의가 있는 이해관계인은 경매법원이나 체납처분청에 이의를 신청할 수 있다.

⑤ 제4항에 따라 경매법원에 이의를 신청하는 경우에는 「민사집행법」 제152조부터 제161조까지의 규정을 준용한다.

⑥ 제4항에 따라 이의신청을 받은 체납처분청은 이해관계인이 이의신청일부터 7일 이내에 임차인 또는 제7항에 따라 우선변제권을 승계한 금융기관 등을 상대로 소(訴)를 제기한 것을 증명하면 해당 소송이 끝날 때까지 이의가 신청된 범위에서 임차인 또는 제7항에 따라 우선변제권을 승계한 금융기관 등에 대한 보증금의 변제를 유보하고 남은 금액을 배분하여야 한다. 이 경우 유보된 보증금은 소송의 결과에 따라 배분한다.

⑦ 다음 각 호의 금융기관 등이 제2항, 제3조의3 제5항, 제3조의4 제1항에 따른 우선변제권을 취득한 임차인의 보증금반환채권을 계약으로 양수한 경우에는 양수한 금액의 범위에서 우선변제권을 승계한다.

　1.~10. 생략

⑧ 제7항에 따라 우선변제권을 승계한 금융기관 등(이하 "금융기관등")은 다음 각 호의 어느 하나에 해당하는 경우에는 우선변제권을 행사할 수 없다.

　1. 임차인이 제3조 제1항·제2항 또는 제3항의 대항요건을 상실한 경우

　2. 제3조의3 제5항에 따른 임차권등기가 말소된 경우

　3. 민법 제621조에 따른 임대차등기가 말소된 경우

⑨ 금융기관등은 우선변제권을 행사하기 위하여 임차인을 대리하거나 대위하여 임대차를 해지할 수 없다.

1) 우선변제권의 요건

① **주택임차인이 대항력을 구비하였을 것** : 주택임대차법 제8조에서 임차인에게 같은 법 제3조 제1항 소정의 주택의 인도와 주민등록을 요건으로 명시하여 그 보증금 중 일정액의 한도 내에서는 등기된 담보물권자에게도 우선하여 변제받을 권리를 부여하고 있는 점, 위 임차인은 배당요구의 방법으로 우선변제권을 행사하는 점, 배당요구 시까지만 위 요건을 구비하면 족하다고 한다면 동일한 임차주택에 대하여 주택임대차법 제8조 소정의 임차인 이외에 같은 법 제3조의2 소정의 임차인이 출현하여 배당요구를 하는 등 경매절차상의 다른 이해관계인들에게 피해를 입힐 수도 있는 점 등에 비추어 볼 때, 공시방법이 없는 주택임대차에 있어서 주택의 인도와 주민등록[대항력(註)]이라는 우선변제의 요건은 그 우선변제권 취득 시에만 구비하면 족한 것이 아니고, 민사집행법상 배당요구의 종기까지 계속 존속하고 있어야 한다(대판 2007.6.14. 2007다17475).

② **주택임차인이 임대차계약증서에 확정일자를 구비하였을 것**(주택임대차법 제3조의2 제2항) : 등기필증에 찍힌 등기관의 접수인은 첨부된 등기원인계약서에 대하여 민법 부칙 제3조 제4항 후단에 의한 확정일자에 해당한다고 할 것이므로, 위와 같은 전세권설정계약서가 첨부된 등기필증에 등기관의 접수인이 찍혀 있다면 그 원래의 임대차에 관한 계약증서에 확정일자가 있는 것으로 보아야 할 것이다(대판 2002.11.8. 2001다51725).

③ **주택임대차법상 임차인에게 우선변제권이 인정되기 위하여 계약 당시 임차보증금이 전액 지급되어 있을 것을 요하는지 여부(소극)** : 주택임대차법은 임차인에게 우선변제권이 인정되기 위하여 대항요건과 임대차계약증서상의 확정일자를 갖추는 것 외에 계약 당시 임차보증금이 전액 지급되어 있을 것을 요구하지는 않는다. 따라서 임차인이 임대인에게 임차보증금의 일부만을 지급하고 주택임대차법 제3조 제1항에서 정한 대항요건과 임대차계약증서상의 확정일자를 갖춘 다음 나머지 보증금을 나중에 지급하였다고 하더라도 특별한 사정이 없는 한 대항요건과 확정일자를 갖춘 때를 기준으로 임차보증금 전액에 대해서 후순위권리자나 그 밖의 채권자보다 우선하여 변제를 받을 권리를 갖는다 보아야 한다(대판 2017.8.29. 2017다212194).

④ **임차인이 경락기일까지 배당요구를 하였을 것** : [1] 민사소송법 제605조 제1항에서 규정하는 배당요구가 필요한 배당요구채권자는, 압류의 효력발생 전에 등기한 가압류채권자, 경락으로 인하여 소멸하는 저당권자 및 전세권자로서 압류의 효력발생 전에 등기한 자 등 당연히 배당을 받을 수 있는 채권자의 경우와는 달리, 경락기일까지 배당요구를 한 경우에 한하여 비로소 배당을 받을 수 있고, 적법한 배당요구를 하지 아니한 경우에는 비록 실체법상 우선변제청구권이 있다 하더라도 경락대금으로부터 배당을 받을 수는 없을 것이므로, 이러한 배당요구채권자가 적법한 배당요구를 하지 아니하여 그를 배당에서 제외하는 것으로 배당표가 작성·확정되고 그 확정된 배당표에 따라 배당이 실시되었다면 그가 적법한 배당요구를 한 경우에 배당받을 수 있었던 금액 상당의 금원이 후순위채권자에게 배당되었다고 하여 이를 법률상 원인이 없는 것이라고 할 수 없다. [2] 주택임대차법에 의하여 우선변제청구권이 인정되는 임대차보증금반환채권은 현행법상 배당요구가 필요한 배당요구채권에 해당한다(대판 1998.10.13. 98다12379). **기출 19**

⑤ **임차인이 임차주택을 양수인에게 인도하였을 것** : 임차인은 임차주택을 양수인에게 인도하지 아니하면 보증금을 받을 수 없다(주택임대차법 제3조의2 제3항).

2) 우선변제권의 내용

① **우선변제의 대상** : 민사집행법에 따른 경매 또는 국세징수법에 따른 공매를 하는 경우 대항요건과 임대차계약증서상의 확정일자를 갖춘 임차인은 임차주택 및 대지의 환가대금에서 후순위권리자나 그 밖의 채권자보다 우선하여 보증금을 변제받을 수 있다(주택임대차법 제3조의2 제2항).

② **우선변제권의 발생시기** : 주택임대차법 제3조 제1항이 인도와 주민등록을 갖춘 다음 날부터 대항력이 발생한다고 규정한 것은 인도나 주민등록이 등기와 달리 간이한 공시방법이어서 인도 및 주민등록과 제3자 명의의 등기가 같은 날 이루어진 경우에 그 선후관계를 밝혀 선순위 권리자를 정하는 것이 사실상 곤란한 데다가, 제3자가 인도와 주민등록을 마친 임차인이 없음을 확인하고 등기까지 경료하였음에도 그 후 같은 날 임차인이 인도와 주민등록을 마침으로 인하여 입을 수 있는 불측의 피해를 방지하기 위하여 임차인보다 등기를 경료한 권리자를 우선시키고자 하는 취지이고, 같은 법 제3조의2 제1항에 규정된 우선변제적 효력은 대항력과 마찬가지로 주택임차권의 제3자에 대한 물권적 효력으로서 임차인과 제3자 사이의 우선순위를 대항력과 달리 규율하여야 할 합리적인 근거도 없으므로, 법 제3조의2 제1항에 규정된 확정일자를 입주 및 주민등록일과 같은 날 또는 그 이전에 갖춘 경우에는 우선변제적 효력은 대항력과 마찬가지로 인도와 주민등록을 마친 다음 날을 기준으로 발생한다(대판 1997.12.12. 97다22393). **기출 19**

③ **우선변제권자의 범위**

㉠ **보증금반환채권만 양수한 자(소극)** : 주택임대차법의 입법목적과 주택임차인의 임차보증금반환채권에 우선변제권을 인정한 제도의 취지, 주택임대차법상 관련 규정의 문언 내용 등에 비추어 볼 때, 비록 채권양수인이 우선변제권을 행사할 수 있는 주택임차인으로부터 임차보증금반환채권을 양수하였다고 하더라도 임차권과 분리된 임차보증금반환채권만을 양수한 이상 그 채권양수인이 주택임대차법상의 우선변제권을 행사할 수 있는 임차인에

해당한다고 볼 수 없다. 따라서 위 채권양수인은 임차주택에 대한 경매절차에서 주택임대차법상의 임차보증금 우선변제권자의 지위에서 배당요구를 할 수 없고, 이는 채권양수인이 주택임차인으로부터 다른 채권에 대한 담보목적으로 임차보증금반환채권을 양수한 경우에도 마찬가지이다. <u>다만, 이와 같은 경우에도 채권양수인이 일반 금전채권자로서의 요건을 갖추어 배당요구를 할 수 있음은 물론이다</u>(대판 2010.5.27. 2010다10276). **기출** 13

ⓒ **주택임차인이 그 지위를 강화하고자 별도로 전세권설정등기를 마쳤더라도 주택임차인이 주택임대차법 제3조 제1항의 대항요건을 상실한 경우(소극)** : 주택임차인이 그 지위를 강화하고자 별도로 전세권설정등기를 마치더라도 주택임대차법상 주택임차인으로서의 우선변제를 받을 수 있는 권리와 전세권자로서 우선변제를 받을 수 있는 권리는 근거 규정 및 성립요건을 달리하는 별개의 것이라는 점, 주택임대차법 제3조의3 제1항에서 규정한 임차권등기명령에 의한 임차권등기와 동법 제3조의4 제2항에서 규정한 주택임대차등기는 공통적으로 주택임대차법상의 대항요건인 '주민등록일자', '점유개시일자' 및 '확정일자'를 등기사항으로 기재하여 이를 공시하지만 전세권설정등기에는 이러한 대항요건을 공시하는 기능이 없는 점, 주택임대차법 제3조의4 제1항에서 임차권등기명령에 의한 임차권등기의 효력에 관한 동법 제3조의3 제5항의 규정은 민법 제621조에 의한 주택임대차등기의 효력에 관하여 이를 준용한다고 규정하고 있을 뿐 <u>주택임대차법 제3조의3 제5항의 규정을 전세권설정등기의 효력에 관하여 준용할 법적 근거가 없는 점 등을 종합하면, 주택임차인이 그 지위를 강화하고자 별도로 전세권설정등기를 마쳤더라도 주택임차인이 주택임대차법 제3조 제1항의 대항요건을 상실하면 이미 취득한 주택임대차법상의 대항력 및 우선변제권을 상실한다</u>(대판 2007.6.28. 2004다69741).

3) 우선변제권 행사의 한계

> **[대항력과 우선변제권을 겸유하고 있는 임차인이 임대인을 상대로 보증금반환청구소송을 제기하여 승소판결을 받고 그 확정판결에 기하여 강제경매를 신청하였으나 그 경매절차에서 보증금 전액을 배당받지 못한 경우, 후행 경매절차에서 우선변제권에 의한 배당을 받을 수 있는지 여부(소극)]**
> 주택임대차법상의 대항력과 우선변제권의 두 가지 권리를 함께 가지고 있는 임차인이 우선변제권을 선택하여 제1경매절차에서 보증금 전액에 대하여 배당요구를 하였으나 보증금 전액을 배당받을 수 없었던 때에는 경락인에게 대항하여 이를 반환받을 때까지 임대차관계의 존속을 주장할 수 있을 뿐이고, 임차인의 우선변제권은 경락으로 인하여 소멸하는 것이므로 제2경매절차에서 우선변제권에 의한 배당을 받을 수 없는바, 이는 근저당권자가 신청한 1차 임의경매절차에서 확정일자 있는 임대차계약서를 첨부하거나 임차권등기명령을 받아 임차권등기를 하였음을 근거로 하여 배당요구를 하는 방법으로 우선변제권을 행사한 것이 아니라, 임대인을 상대로 보증금반환청구 소송을 제기하여 승소판결을 받은 뒤 그 확정판결에 기하여 1차로 강제경매를 신청한 경우에도 마찬가지이다(대판 2006.2.10. 2005다21166).

4) 임차권등기명령

> **임차권등기명령(주택임대차법 제3조의3)**
> ① 임대차가 끝난 후 보증금이 반환되지 아니한 경우 임차인은 임차주택의 소재지를 관할하는 지방법원·지방법원지원 또는 시·군 법원에 임차권등기명령을 신청할 수 있다.
> ② 임차권등기명령의 신청서에는 다음 각 호의 사항을 적어야 하며, 신청의 이유와 임차권등기의 원인이 된 사실을 소명(疏明)하여야 한다.

① 의의 : 임대차 종료 후 보증금에 대하여 우선변제를 받기 위해서는 주택임대차법 제3조에 의한 대항요건 및 확정일자의 요건을 갖추어야 한다. 그런데, 보증금을 변제받기 전에 다른 곳으로 이사를 가야 하는 경우 임차인은 우선변제권을 상실할 수도 있다는 문제가 발생한다. 이에 주택임대차법은 임차권등기명령제도를 도입하여 임차인이 단독으로 법원에 임차권등기명령을 신청할 수 있도록 규정하였으며(동법 제3조의3 제1항), 임차인이 임차권등기 이전에 이미 대항력 또는 우선변제권을 취득한 경우에는 그 대항력 또는 우선변제권은 그대로 유지되며, 임차권등기 이후에는 그 대항요건을 상실하더라도 이미 취득한 대항력이나 우선변제권을 상실하지 아니한다(동법 제3조의3 제5항).

② 내용

㉠ 임대인의 임대차보증금의 반환의무가 임차인의 임차권등기말소의무보다 먼저 이행되어야 할 의무이다(대판 2005.6.9. 2005다4529).

> **[임대인의 임대차보증금 반환의무와 임차인의 주택임대차법 제3조의3에 의한 임차권등기 말소의무가 동시이행관계에 있는지 여부(소극)]**
>
> 주택임대차법 제3조의3 규정에 의한 임차권등기는 이미 임대차계약이 종료하였음에도 임대인이 그 보증금을 반환하지 않는 상태에서 경료되게 되므로, 이미 사실상 이행지체에 빠진 임대인의 임대차보증금의 반환의무와 그에 대응하는 임차인의 권리를 보전하기 위하여 새로이 경료하는 임차권등기에 대한 임차인의 말소의무를 동시이행관계에 있는 것으로 해석할 것은 아니고, 특히 위 임차권등기는 임차인으로 하여금 기왕의 대항력이나 우선변제권을 유지하도록 해 주는 담보적 기능만을 주목적으로 하는 점 등에 비추어 볼 때, 임대인의 임대차보증금의 반환의무가 임차인의 임차권등기 말소의무보다 먼저 이행되어야 할 의무이다(대판 2005.6.9. 2005다4529).

ⓛ 임차권등기명령의 집행에 따른 임차권등기가 끝난 주택을 그 이후에 임차한 임차인은 주택임대차법 제8조에 따른 우선변제를 받을 권리가 없다(동법 제3조의3 제6항).

ⓒ 주택임대차법 제3조의3에서 정한 임차권등기명령에 따른 임차권등기에 민법 제168조 제2호에서 정하는 소멸시효중단사유인 압류 또는 가압류, 가처분에 준하는 효력이 있는지 여부(소극) : 주택임대차법 제3조의3에서 정한 임차권등기명령에 따른 임차권등기는 특정 목적물에 대한 구체적 집행행위나 보전처분의 실행을 내용으로 하는 압류 또는 가압류, 가처분과 달리 어디까지나 주택임차인이 주택임대차법에 따른 대항력이나 우선변제권을 취득하거나 이미 취득한 대항력이나 우선변제권을 유지하도록 해 주는 담보적 기능을 주목적으로 한다. 비록 주택임대차법이 임차권등기명령의 신청에 대한 재판절차와 임차권등기명령의 집행 등에 관하여 민사집행법상 가압류에 관한 절차규정을 일부 준용하고 있지만, 이는 일방 당사자의 신청에 따라 법원이 심리·결정한 다음 등기를 촉탁하는 일련의 절차가 서로 비슷한 데서 비롯된 것일 뿐 이를 이유로 임차권등기명령에 따른 임차권등기가 본래의 담보적 기능을 넘어서 채무자의 일반재산에 대한 강제집행을 보전하기 위한 처분의 성질을 가진다고 볼 수는 없다. 그렇다면 임차권등기명령에 따른 임차권등기에는 민법 제168조 제2호에서 정하는 소멸시효중단사유인 압류 또는 가압류, 가처분에 준하는 효력이 있다고 볼 수 없다(대판 2019.5.16. 2017다226629).

5) 소액보증금의 우선변제특권

보증금 중 일정액의 보호(주택임대차법 제8조)
① 임차인은 보증금 중 일정액을 다른 담보물권자보다 우선하여 변제받을 권리가 있다. 이 경우 임차인은 주택에 대한 경매신청의 등기 전에 제3조 제1항의 요건을 갖추어야 한다.
② 제1항의 경우에는 제3조의2 제4항부터 제6항까지의 규정을 준용한다.
③ 제1항에 따라 우선변제를 받을 임차인 및 보증금 중 일정액의 범위와 기준은 제8조의2에 따른 주택임대차위원회의 심의를 거쳐 대통령령으로 정한다. 다만, 보증금 중 일정액의 범위와 기준은 주택가액(대지의 가액을 포함)의 2분의 1을 넘지 못한다.

> **보증금 중 일정액의 범위 등(주택임대차법 시행령 제10조)**
> ① 법 제8조에 따라 우선변제를 받을 보증금 중 일정액의 범위는 다음 각 호의 구분에 의한 금액 이하로 한다. 〈개정 2023.2.21.〉
> 1. 서울특별시 : 5천500만원
> 2. 「수도권정비계획법」에 따른 과밀억제권역(서울특별시는 제외한다), 세종특별자치시, 용인시, 화성시 및 김포시 : 4천800만원
> 3. 광역시(「수도권정비계획법」에 따른 과밀억제권역에 포함된 지역과 군지역은 제외한다), 안산시, 광주시, 파주시, 이천시 및 평택시 : 2천800만원
> 4. 그 밖의 지역 : 2천500만원
> ② 임차인의 보증금 중 일정액이 주택가액의 2분의 1을 초과하는 경우에는 주택가액의 2분의 1에 해당하는 금액까지만 우선변제권이 있다.
> ③ 하나의 주택에 임차인이 2명 이상이고, 그 각 보증금 중 일정액을 모두 합한 금액이 주택가액의 2분의 1을 초과하는 경우에는 그 각 보증금 중 일정액을 모두 합한 금액에 대한 각 임차인의 보증금 중 일정액의 비율로 그 주택가액의 2분의 1에 해당하는 금액을 분할한 금액을 각 임차인의 보증금 중 일정액으로 본다.
> ④ 하나의 주택에 임차인이 2명 이상이고 이들이 그 주택에서 가정공동생활을 하는 경우에는 이들을 1명의 임차인으로 보아 이들의 각 보증금을 합산한다.

> **우선변제를 받을 임차인의 범위(주택임대차법 시행령 제11조)**
> 법 제8조에 따라 우선변제를 받을 임차인은 보증금이 다음 각 호의 구분에 의한 금액 이하인 임차인
> 으로 한다. 〈개정 2023.2.21.〉
>   1. 서울특별시 : 1억6천500만원
>   2. 「수도권정비계획법」에 따른 과밀억제권역(서울특별시는 제외한다), 세종특별자치시, 용인시,
>   화성시 및 김포시 : 1억4천500만원
>   3. 광역시(「수도권정비계획법」에 따른 과밀억제권역에 포함된 지역과 군지역은 제외한다), 안산
>   시, 광주시, 파주시, 이천시 및 평택시 : 8천500만원
>   4. 그 밖의 지역 : 7천500만원

① 의의 : 주택임대차법의 입법목적은 주거용건물에 관하여 민법에 대한 특례를 규정함으로써 국민의 주거생활의 안정을 보장하려는 것이고(제1조), 주택임대차법 제8조 제1항에서 임차인이 보증금 중 일정액을 다른 담보물권자보다 우선하여 변제받을 수 있도록 한 것은, 소액임차인의 경우 그 임차보증금이 비록 소액이라고 하더라도 그에게는 큰 재산이므로 적어도 소액임차인의 경우에는 다른 담보권자의 지위를 해하게 되더라도 그 보증금의 회수를 보장하는 것이 타당하다는 사회보장적 고려에서 나온 것으로서 민법의 일반규정에 대한 예외규정이다(대판 2001.5.8. 2001다14733).

② 요 건

　㉠ 소액임차인에 해당할 것

> [1] 임대차계약의 주된 목적이 주택의 사용·수익보다 소액임차인으로 보호받아 기존채권을 회수하려는 데 있는 경우, 주택임대차법상의 소액임차인으로 보호받을 수 있는지 여부(소극) : 주택임대차법의 입법목적과 소액임차인 보호제도의 취지 등을 고려할 때, 채권자가 채무자 소유의 주택에 관하여 채무자와 임대차계약을 체결하고 전입신고를 마친 다음 그곳에 거주하였다고 하더라도, 임대차계약의 주된 목적이 주택을 사용·수익하려는 것에 있는 것이 아니고 소액임차인으로 보호받아 선순위담보권자에 우선하여 채권을 회수하려는 것에 주된 목적이 있었던 경우에는, 그러한 임차인을 주택임대차법상 소액임차인으로 보호할 수 없다.
> [2] 임대차보증금의 감액으로 주택임대차법상 소액임차인에 해당하게 된 경우에 소액임차인으로서 보호받을 수 있는지 여부(원칙적 적극) : 실제 임대차계약의 주된 목적이 주택을 사용·수익하려는 것인 이상, 처음 임대차계약을 체결할 당시에는 보증금액이 많아 주택임대차법상 소액임차인에 해당하지 않았지만 그 후 새로운 임대차계약에 의하여 정당하게 보증금을 감액하여 소액임차인에 해당하게 되었다면, 그 임대차계약이 통정허위표시에 의한 계약이어서 무효라는 등의 특별한 사정이 없는 한 그러한 임차인은 같은 법상 소액임차인으로 보호받을 수 있다(대판 2008.5.15. 2007다23203).

　㉡ 대항요건을 갖추었을 것 : 소액임차인은 주택에 대한 경매신청의 등기 전에 제3조 제1항의 대항요건, 즉 주택의 인도와 주민등록을 갖추어야 하며(주택임대차법 제8조 제1항 후문), 공시방법이 없는 주택임대차에 있어서 주택의 인도와 주민등록이라는 우선변제의 요건은 그 우선변제권 취득 시에만 구비하면 족한 것이 아니고, 민사집행법상 배당요구의 종기까지 계속 존속하고 있어야 한다(대판 2007.6.14. 2007다17475).

> **[미등기 주택의 임차인이 임차주택 대지의 환가대금에 대하여 주택임대차법상 우선변제권을 행사할 수 있는지 여부(적극)]**
>
> 대항요건 및 확정일자를 갖춘 임차인과 소액임차인에게 우선변제권을 인정한 주택임대차법 제3조의2 및 제8조가 미등기 주택을 달리 취급하는 특별한 규정을 두고 있지 아니하므로, 대항요건 및 확정일자를 갖춘 임차인과 소액임차인의 임차주택 대지에 대한 우선변제권에 관한 법리는 임차주택이 미등기인 경우에도 그대로 적용된다. 이와 달리 임차주택의 등기 여부에 따라 그 우선변제권의 인정 여부를 달리 해석하는 것은 합리적 이유나 근거 없이 그 적용대상을 축소하거나 제한하는 것이 되어 부당하고, 민법과 달리 임차권의 등기 없이도 대항력과 우선변제권을 인정하는 같은 법의 취지에 비추어 타당하지 아니하다. 다만, 소액임차인의 우선변제권에 관한 같은 법 제8조 제1항이 그 후문에서 '이 경우 임차인은 주택에 대한 경매신청의 등기 전에' 대항요건을 갖추어야 한다고 규정하고 있으나, 이는 소액보증금을 배당받을 목적으로 배당절차에 임박하여 가장 임차인을 급조하는 등의 폐단을 방지하기 위하여 소액임차인의 대항요건의 구비시기를 제한하는 취지이지, 반드시 임차주택과 대지를 함께 경매하여 임차주택 자체에 경매신청의 등기가 되어야 한다거나 임차주택에 경매신청의 등기가 가능한 경우로 제한하는 취지는 아니라 할 것이다. 대지에 대한 경매신청의 등기 전에 위 대항요건을 갖추도록 하면 입법 취지를 충분히 달성할 수 있으므로, 위 규정이 미등기 주택의 경우에 소액임차인의 대지에 관한 우선변제권을 배제하는 규정에 해당한다고 볼 수 없다(대판[전합] 2007.6.21. 2004다26133).

ㄷ 임차주택이 경매 등에 의하여 매각되었을 것

ㄹ 배당요구를 하였을 것 : 주택임대차법에 의하여 우선변제청구권이 인정되는 <u>소액임차인의 소액보증금반환채권은 민사소송법 제605조 제1항[현행 민사집행법 제88조 제1항(註)]에서 규정하는 배당요구가 필요한 배당요구채권에 해당한다</u>(대판 2002.1.22. 2001다70702).

③ **내용**

ㄱ 우선변제를 받을 임차인 및 보증금 중 일정액의 범위와 기준은 제8조의2에 따른 주택임대차위원회의 심의를 거쳐 대통령령으로 정한다. 다만, 보증금 중 일정액의 범위와 기준은 주택가액(대지의 가액을 포함한다)의 2분의 1을 넘지 못한다(주택임대차법 제8조 제3항).

ㄴ <u>대항요건 및 확정일자를 갖춘 임차인과 소액임차인은 임차주택과 그 대지가 함께 경매될 경우뿐만 아니라 임차주택과 별도로 그 대지만이 경매될 경우에도 그 대지의 환가대금에 대하여 우선변제권을 행사할 수 있고, 이와 같은 우선변제권은 이른바 법정담보물권의 성격을 갖는 것으로서 임대차 성립 시의 임차 목적물인 임차주택 및 대지의 가액을 기초로 임차인을 보호하고자 인정되는 것이므로, 임대차 성립 당시 임대인의 소유였던 대지가 타인에게 양도되어 임차주택과 대지의 소유자가 서로 달라지게 된 경우에도 마찬가지이다</u>

(대판[전합] 2007.6.21. 2004다26133).

ㄷ 임차주택의 환가대금 및 주택가액에 건물뿐만 아니라 대지의 환가대금 및 가액도 포함된다고 규정하고 있는 주택임대차법(1999.1.21. 법률 제5641호로 개정되기 전의 것) 제3조의2 제1항 및 제8조 제3항의 각 규정과 같은 법의 입법 취지 및 통상적으로 건물의 임대차에는 당연히 그 부지 부분의 이용을 수반하는 것인 점 등을 종합하여 보면, 대지에 관한 저당권의 실행으로 경매가 진행된 경우에도 그 지상 건물의 소액임차인은 대지의 환가대금 중에서 소액보증금을 우선변제받을 수 있다고 할 것이나, 이와 같은 법리는 대지에 관한 저당권 설정 당시에 이미 그 지상 건물이 존재하는 경우에만 적용될 수 있는 것이고,

저당권 설정 후에 비로소 건물이 신축된 경우에까지 공시방법이 불완전한 소액임차인에게 우선변제권을 인정한다면 저당권자가 예측할 수 없는 손해를 입게 되는 범위가 지나치게 확대되어 부당하므로, 이러한 경우에는 소액임차인은 대지의 환가대금에 대하여 우선변제를 받을 수 없다고 보아야 한다(대판 1999.7.23. 99다25532).

ⓔ 주택임대차법 제3조의2 제2항은 대항요건(주택인도와 주민등록전입신고)과 임대차계약 증서상의 확정일자를 갖춘 주택임차인에게 부동산 담보권에 유사한 권리를 인정한다는 취지로서, 이에 따라 대항요건과 확정일자를 갖춘 임차인들 상호 간에는 대항요건과 확정일자를 최종적으로 갖춘 순서대로 우선변제받을 순위를 정하게 되므로, 만일 대항요건과 확정일자를 갖춘 임차인들이 주택임대차법 제8조 제1항에 의하여 보증금 중 일정액의 보호를 받는 소액임차인의 지위를 겸하는 경우, 먼저 소액임차인으로서 보호받는 일정액을 우선 배당하고 난 후의 나머지 임차보증금채권액에 대하여는 대항요건과 확정일자를 갖춘 임차인으로서의 순위에 따라 배당을 하여야 하는 것이다(대판 2007.11.15. 2007다45562).

(4) 주택임차권의 승계

주택임차권의 승계(주택임대차법 제9조) `기출` `01`
① 임차인이 상속인 없이 사망한 경우에는 그 주택에서 가정공동생활을 하던 사실상의 혼인 관계에 있는 자가 임차인의 권리와 의무를 승계한다.
② 임차인이 사망한 때에 사망 당시 상속인이 그 주택에서 가정공동생활을 하고 있지 아니한 경우에는 그 주택에서 가정공동생활을 하던 사실상의 혼인 관계에 있는 자와 2촌 이내의 친족이 공동으로 임차인의 권리와 의무를 승계한다.
③ 제1항과 제2항의 경우에 임차인이 사망한 후 1개월 이내에 임대인에게 제1항과 제2항에 따른 승계 대상자가 반대의사를 표시한 경우에는 그러하지 아니하다.
④ 제1항과 제2항의 경우에 임대차 관계에서 생긴 채권·채무는 임차인의 권리의무를 승계한 자에게 귀속된다.

(5) 기 타

임대차기간 등(주택임대차법 제4조)
① 기간을 정하지 아니하거나 2년 미만으로 정한 임대차는 그 기간을 2년으로 본다. 다만, 임차인은 2년 미만으로 정한 기간이 유효함을 주장할 수 있다.
② 임대차기간이 끝난 경우에도 임차인이 보증금을 반환받을 때까지는 임대차관계가 존속되는 것으로 본다.

계약의 갱신(주택임대차법 제6조)
① 임대인이 임대차기간이 끝나기 6개월 전부터 2개월 전까지의 기간에 임차인에게 갱신거절의 통지를 하지 아니하거나 계약조건을 변경하지 아니하면 갱신하지 아니한다는 뜻의 통지를 하지 아니한 경우에는 그 기간이 끝난 때에 전 임대차와 동일한 조건으로 다시 임대차한 것으로 본다. 임차인이 임대차기간이 끝나기 2개월 전까지 통지하지 아니한 경우에도 또한 같다. 〈개정 2020.6.9.〉
② 제1항의 경우 임대차의 존속기간은 2년으로 본다.
③ 2기(期)의 차임액에 달하도록 연체하거나 그 밖에 임차인으로서의 의무를 현저히 위반한 임차인에 대하여는 제1항을 적용하지 아니한다.

묵시적 갱신의 경우 계약의 해지(주택임대차법 제6조의2)
① 제6조 제1항에 따라 계약이 갱신된 경우 같은 조 제2항에도 불구하고 임차인은 언제든지 임대인에게 계약해지를 통지할 수 있다.
② 제1항에 따른 해지는 임대인이 그 통지를 받은 날부터 3개월이 지나면 그 효력이 발생한다.

계약갱신 요구 등(주택임대차법 제6조의3)

① 제6조에도 불구하고 임대인은 임차인이 제6조 제1항 전단의 기간 이내에 계약갱신을 요구할 경우 정당한 사유 없이 거절하지 못한다. 다만, 다음 각 호의 어느 하나에 해당하는 경우에는 그러하지 아니하다.
1. 임차인이 2기의 차임액에 해당하는 금액에 이르도록 차임을 연체한 사실이 있는 경우
2. 임차인이 거짓이나 그 밖의 부정한 방법으로 임차한 경우
3. 서로 합의하여 임대인이 임차인에게 상당한 보상을 제공한 경우
4. 임차인이 임대인의 동의 없이 목적 주택의 전부 또는 일부를 전대(轉貸)한 경우
5. 임차인이 임차한 주택의 전부 또는 일부를 고의나 중대한 과실로 파손한 경우
6. 임차한 주택의 전부 또는 일부가 멸실되어 임대차의 목적을 달성하지 못할 경우
7. 임대인이 다음 각 목의 어느 하나에 해당하는 사유로 목적 주택의 전부 또는 대부분을 철거하거나 재건축 하기 위하여 목적 주택의 점유를 회복할 필요가 있는 경우
    가. 임대차계약 체결 당시 공사시기 및 소요기간 등을 포함한 철거 또는 재건축 계획을 임차인에게 구체적으로 고지하고 그 계획에 따르는 경우
    나. 건물이 노후·훼손 또는 일부 멸실되는 등 안전사고의 우려가 있는 경우
    다. 다른 법령에 따라 철거 또는 재건축이 이루어지는 경우
8. 임대인(임대인의 직계존속·직계비속을 포함한다)이 목적 주택에 실제 거주하려는 경우
9. 그 밖에 임차인이 임차인으로서의 의무를 현저히 위반하거나 임대차를 계속하기 어려운 중대한 사유가 있는 경우
② 임차인은 제1항에 따른 계약갱신요구권을 1회에 한하여 행사할 수 있다. 이 경우 갱신되는 임대차의 존속기간은 2년으로 본다.
③ 갱신되는 임대차는 전 임대차와 동일한 조건으로 다시 계약된 것으로 본다. 다만, 차임과 보증금은 제7조의 범위에서 증감할 수 있다.
④ 제1항에 따라 갱신되는 임대차의 해지에 관하여는 제6조의2를 준용한다.
⑤ 임대인이 제1항 제8호의 사유로 갱신을 거절하였음에도 불구하고 갱신요구가 거절되지 아니하였더라면 갱신되었을 기간이 만료되기 전에 정당한 사유 없이 제3자에게 목적 주택을 임대한 경우 임대인은 갱신거절로 인하여 임차인이 입은 손해를 배상하여야 한다.
⑥ 제5항에 따른 손해배상액은 거절 당시 당사자 간에 손해배상액의 예정에 관한 합의가 이루어지지 않는 한 다음 각 호의 금액 중 큰 금액으로 한다.
1. 갱신거절 당시 월차임(차임 외에 보증금이 있는 경우에는 그 보증금을 제7조의2 각 호 중 낮은 비율에 따라 월 단위의 차임으로 전환한 금액을 포함한다. 이하 "환산월차임"이라 한다)의 3개월분에 해당하는 금액
2. 임대인이 제3자에게 임대하여 얻은 환산월차임과 갱신거절 당시 환산월차임 간 차액의 2년분에 해당하는 금액
3. 제1항 제8호의 사유로 인한 갱신거절로 인하여 임차인이 입은 손해액

[본조신설 2020.7.31.]

차임 등의 증감청구권(주택임대차법 제7조)

① 당사자는 약정한 차임이나 보증금이 임차주택에 관한 조세, 공과금, 그 밖의 부담의 증감이나 경제사정의 변동으로 인하여 적절하지 아니하게 된 때에는 장래에 대하여 그 증감을 청구할 수 있다. 이 경우 증액청구는 임대차계약 또는 약정한 차임이나 보증금의 증액이 있은 후 1년 이내에는 하지 못한다. 〈개정 2020.7.31.〉
② 제1항에 따른 증액청구는 약정한 차임이나 보증금의 20분의 1의 금액을 초과하지 못한다. 다만, 특별시·광역시·특별자치시·도 및 특별자치도는 관할 구역 내의 지역별 임대차 시장 여건 등을 고려하여 본문의 범위에서 증액청구의 상한을 조례로 달리 정할 수 있다. 〈신설 2020.7.31.〉

강행규정(주택임대차법 제10조)

이 법에 위반된 약정으로서 임차인에게 불리한 것은 그 효력이 없다.

> [임차인이 주택임대차보호법 제6조의3 제1항 본문에 따라 계약갱신을 요구하였더라도 임대인이나 같은 법 제3조 제4항에 따라 임대인의 지위를 승계한 임차주택의 양수인이 같은 법 제6조 제1항 전단에서 정한 기간 내에 제6조의3 제1항 단서 제8호에 따라 주택에 실제 거주하려고 한다는 사유를 들어 임차인의 계약갱신 요구를 거절할 수 있는지 여부(원칙적 적극)]
>
> 주택임대차보호법 제6조, 제6조의3 등 관련 규정의 내용과 체계, 입법 취지 등을 종합하여 보면, 임차인이 같은 법 제6조의3 제1항 본문에 따라 계약갱신을 요구하였더라도, 임대인으로서는 특별한 사정이 없는 한 같은 법 제6조 제1항 전단에서 정한 기간 내라면 제6조의3 제1항 단서 제8호에 따라 임대인이 목적 주택에 실제 거주하려고 한다는 사유를 들어 임차인의 계약갱신 요구를 거절할 수 있고, 같은 법 제3조 제4항에 의하여 임대인의 지위를 승계한 임차주택의 양수인도 그 주택에 실제 거주하려는 경우 위 갱신거절 기간 내에 위 제8호에 따른 갱신거절 사유를 주장할 수 있다고 보아야 한다(대판 2022.12.1. 2021다266631).

3. 상가건물 임대차

(1) 적용범위

적용범위(상가임대차법 제2조)
① 이 법은 상가건물(제3조 제1항에 따른 사업자등록의 대상이 되는 건물을 말한다)의 임대차(임대차 목적물의 주된 부분을 영업용으로 사용하는 경우를 포함한다)에 대하여 적용한다. 다만, 제14조의2에 따른 상가건물 임대차위원회의 심의를 거쳐 대통령령으로 정하는 보증금액을 초과하는 임대차에 대하여는 그러하지 아니하다. 〈개정 2020.7.31.〉
② 제1항 단서에 따른 보증금액을 정할 때에는 해당 지역의 경제 여건 및 임대차 목적물의 규모 등을 고려하여 지역별로 구분하여 규정하되, 보증금 외에 차임이 있는 경우에는 그 차임액에 은행법에 따른 은행의 대출금리 등을 고려하여 대통령령으로 정하는 비율을 곱하여 환산한 금액을 포함하여야 한다.
③ 제1항 단서에도 불구하고 제3조, 제10조 제1항, 제2항, 제3항 본문, 제10조의2부터 제10조의9까지의 규정, 제11조의2 및 제19조는 제1항 단서에 따른 보증금액을 초과하는 임대차에 대하여도 적용한다. 〈신설 2022.1.4.〉

1) 상가건물

상가임대차법은 동법 제3조 제1항에 따른 사업자등록의 대상이 되는 상가건물의 임대차(임대차 목적물의 주된 부분을 영업용으로 사용하는 경우를 포함한다)에 대하여 적용한다(동법 제2조 제1항 본문).

> [상가임대차법 적용대상인 '상가건물 임대차'의 의미 및 이러한 '상가건물'에 해당하는지에 관한 판단 기준]
>
> 상가임대차법의 목적과 같은 법 제2조 제1항 본문, 제3조 제1항에 비추어 보면, 상가임대차법이 적용되는 상가건물 임대차는 사업자등록 대상이 되는 건물로서 임대차 목적물인 건물을 영리를 목적으로 하는 영업용으로 사용하는 임대차를 가리킨다. 그리고 상가임대차법이 적용되는 상가건물에 해당하는지는 공부상 표시가 아닌 건물의 현황·용도 등에 비추어 영업용으로 사용하느냐에 따라 실질적으로 판단하여야 하고, 단순히 상품의 보관·제조·가공 등 사실행위만이 이루어지는 공장·창고 등은 영업용으로 사용하는 경우라고 할 수 없으나 그곳에서 그러한 사실행위와 더불어 영리를 목적으로 하는 활동이 함께 이루어진다면 상가임대차법 적용대상인 상가건물에 해당한다(대판 2011.7.28. 2009다40967).

2) 상가임대차법은 동법 제14조의2에 따른 상가건물 임대차위원회의 심의를 거쳐 대통령령으로
정하는 보증금액을 초과하지 않는 상가건물의 임대차에 대하여 적용된다(동법 제2조 제1항 단서).

① 대통령령으로 정하는 보증금액이란 ⑦ 서울특별시는 9억원, ⓒ 「수도권정비계획법」에 따른
과밀억제권역(서울특별시는 제외한다) 및 부산광역시는 6억 9천만원, ⓒ 광역시(「수도권정
비계획법」에 따른 과밀억제권역에 포함된 지역과 군지역, 부산광역시는 제외한다), 세종특별
자치시, 파주시, 화성시, 안산시, 용인시, 김포시 및 광주시는 5억 4천만원, ② 그 밖의 지역
은 3억 7천만원의 금액을 말한다(동법 시행령 제2조 제1항).

② 보증금 외에 차임이 있는 경우에는 그 차임액(월 단위의 차임액을 의미)에 「은행법」에 따른
은행의 대출금리 등을 고려하여 대통령령으로 정하는 비율(1분의 100)을 곱하여 환산한 금액
을 포함하여야 한다(동법 제2조 제2항 단서, 동법 시행령 제2조 제3항).

③ 다만, 대항력(동법 제3조), 계약갱신요구(동법 제10조, 제10조의2), 권리금(동법 제10조의3 내지 제10조의7), 차임연
체와 해지(동법 제10조의8), 폐업으로 인한 임차인의 해지권(동법 제11조의2), 표준계약서의 작성(동법
제19조) 등은 동법 제2조 제1항 단서에도 불구하고 보증금의 과다와 무관하게 적용된다(동법 제2조
제3항).

3) 상가임대차법은 일시사용을 위한 임대차임이 명백한 경우에는 적용되지 않는다(동법 제16조).

(2) 대항력

> **대항력 등(상가임대차법 제3조)**
> ① 임대차는 그 등기가 없는 경우에도 임차인이 건물의 인도와 부가가치세법 제8조, 소득세법 제168조 또는
> 법인세법 제111조에 따른 사업자등록을 신청하면 그 다음 날부터 제3자에 대하여 효력이 생긴다.
> ② 임차건물의 양수인(그 밖에 임대할 권리를 승계한 자를 포함한다)은 임대인의 지위를 승계한 것으로 본다.
> ③ 이 법에 따라 임대차의 목적이 된 건물이 매매 또는 경매의 목적물이 된 경우에는 민법 제575조 제1항·제3
> 항 및 제578조를 준용한다.
> ④ 제3항의 경우에는 민법 제536조를 준용한다.

① 상가건물의 임대차는 그 등기가 없는 경우에도 임차인이 ⑦ 건물의 인도와 ⓒ 부가가치세법
제8조, 소득세법 제168조 또는 법인세법 제111조에 따른 사업자등록을 신청하면 그 다음 날부
터 제3자에 대하여 효력이 생긴다(상가임대차법 제3조 제1항).

② 상가임대차법 제3조는 '대항력 등'이라는 표제로 제1항에서 대항력의 요건을 정하고, 제2항에
서 "임차건물의 양수인(그 밖에 임대할 권리를 승계한 자를 포함한다)은 임대인의 지위를 승
계한 것으로 본다"라고 정하고 있다. 이 조항은 임차인이 취득하는 대항력의 내용을 정한
것으로, 상가건물의 임차인이 제3자에 대한 대항력을 취득한 다음 임차건물의 양도 등으로
소유자가 변동된 경우에는 양수인 등 새로운 소유자(이하 '양수인'이라 한다)가 임대인의 지위
를 당연히 승계한다는 의미이다. 소유권 변동의 원인이 매매 등 법률행위든 상속·경매 등
법률의 규정이든 상관없이 이 규정이 적용된다. 따라서 임대를 한 상가건물을 여러 사람이
공유하고 있다가 이를 분할하기 위한 경매절차에서 건물의 소유자가 바뀐 경우에도 양수인이
임대인의 지위를 승계한다. 위 조항에 따라 임차건물의 양수인이 임대인의 지위를 승계하면,

양수인은 임차인에게 임대보증금반환의무를 부담하고 임차인은 양수인에게 차임지급의무를 부담한다. 그러나 임차건물의 소유권이 이전되기 전에 이미 발생한 연체차임이나 관리비 등은 별도의 채권양도절차가 없는 한 원칙적으로 양수인에게 이전되지 않고 임대인만이 임차인에게 청구할 수 있다. 차임이나 관리비 등은 임차건물을 사용한 대가로서 임차인에게 임차건물을 사용하도록 할 당시의 소유자 등 처분권한 있는 자에게 귀속된다고 볼 수 있기 때문이다. 임대차계약에서 임대차보증금은 임대차계약 종료 후 목적물을 임대인에게 명도할 때까지 발생하는, 임대차에 따른 임차인의 모든 채무를 담보한다. 따라서 이러한 채무는 임대차관계 종료 후 목적물이 반환될 때에 특별한 사정이 없는 한 별도의 의사표시 없이 보증금에서 당연히 공제된다. 임차건물의 양수인이 건물 소유권을 취득한 후 임대차관계가 종료되어 임차인에게 임대차보증금을 반환해야 하는 경우에 임대인의 지위를 승계하기 전까지 발생한 연체차임이나 관리비 등이 있으면 이는 특별한 사정이 없는 한 임대차보증금에서 당연히 공제된다. 일반적으로 임차건물의 양도 시에 연체차임이나 관리비 등이 남아있더라도 나중에 임대차관계가 종료되는 경우 임대차보증금에서 이를 공제하겠다는 것이 당사자들의 의사나 거래관념에 부합하기 때문이다(대판 2017.3.22. 2016다218874).

③ 어떠한 목적물에 관하여 임차인이 상가임대차법상의 대항력 또는 우선변제권 등을 취득한 후에 그 목적물의 소유권이 제3자에게 양도되면 임차인은 그 새로운 소유자에 대하여 자신의 임차권으로 대항할 수 있고, 새로운 소유자는 종전 소유자의 임대인으로서의 지위를 승계한다(상가임대차법 제3조 제1항, 제2항, 제5조 제2항 등 참조). 그러나 임차권의 대항 등을 받는 새로운 소유자라고 할지라도 임차인과의 계약에 기하여 그들 사이의 법률관계를 그들의 의사에 좇아 자유롭게 형성할 수 있는 것이다. 따라서 새로운 소유자와 임차인이 동일한 목적물에 관하여 종전 임대차계약의 효력을 소멸시키려는 의사로 그와는 별개의 임대차계약을 새로이 체결하여 그들 사이의 법률관계가 이 새로운 계약에 의하여 규율되는 것으로 정할 수 있다. 그리고 그 경우에는 종전의 임대차계약은 그와 같은 합의의 결과로 그 효력을 상실하게 되므로, 다른 특별한 사정이 없는 한 이제 종전의 임대차계약을 기초로 발생하였던 대항력 또는 우선변제권 등도 종전 임대차계약과 함께 소멸하여 이를 새로운 소유자 등에게 주장할 수 없다고 할 것이다(대판 2013.12.12. 2013다211919).

(3) 우선변제권

① 제3조 제1항의 대항요건을 갖추고 관할 세무서장으로부터 임대차계약서상의 확정일자를 받은 임차인은 민사집행법에 따른 경매 또는 국세징수법에 따른 공매 시 임차건물(임대인 소유의 대지를 포함한다)의 환가대금에서 후순위권리자나 그 밖의 채권자보다 우선하여 보증금을 변제받을 권리가 있다(상가임대차법 제5조 제2항).

② 임차인이 임차건물에 대하여 보증금반환청구소송의 확정판결, 그 밖에 이에 준하는 집행권원에 의하여 경매를 신청하는 경우에는 민사집행법 제41조에도 불구하고 반대의무의 이행이나 이행의 제공을 집행개시의 요건으로 하지 아니한다(상가임대차법 제5조 제1항). 그러나 임차인은 임차건물을 양수인에게 인도하지 아니하면 제2항에 따른 보증금을 받을 수 없다(동법 제5조 제3항).

③ 상가임대차법 제5조 제2항 또는 제7항에 따른 우선변제의 순위와 보증금에 대하여 이의가 있는 이해관계인은 경매법원 또는 체납처분청에 이의를 신청할 수 있다(동법 제5조 제4항). 이해관계인이 경매법원에 이의를 신청하는 경우에는 민사집행법 제152조 내지 제161조까지의 규정을 준용한다(동법 제5조 제5항).

④ 상가임대차법 제5조 제4항에 따라 이의신청을 받은 체납처분청은 이해관계인이 이의신청일부터 7일 이내에 임차인 또는 제7항에 따라 우선변제권을 승계한 금융기관 등을 상대로 소(訴)를 제기한 것을 증명한 때에는 그 소송이 종결될 때까지 이의가 신청된 범위에서 임차인 또는 제7항에 따라 우선변제권을 승계한 금융기관 등에 대한 보증금의 변제를 유보(留保)하고 남은 금액을 배분하여야 한다. 이 경우 유보된 보증금은 소송 결과에 따라 배분한다(동법 제5조 제6항).

⑤ 상가임대차법법 제5조 제7항 각 호의 금융기관 등이 동법 제5조 제2항(확정일자를 갖춘 경우), 제6조 제5항(임차권등기명령의 집행에 따른 임차권등기를 마친 경우) 또는 제7조 제1항(민법 제621조에 따라 건물임대차등기를 마친 경우)에 따른 우선변제권을 취득한 임차인의 보증금반환채권을 계약으로 양수한 경우에는 양수한 금액의 범위에서 우선변제권을 승계한다(동법 제5조 제7항). 다만, 임차인이 제3조 제1항의 대항요건을 상실한 경우, 제6조 제5항에 따른 임차권등기가 말소된 경우, 「민법」 제621조에 따른 임대차등기가 말소된 경우에는 우선변제권을 행사할 수 없다(동법 제5조 제8항).

⑥ 금융기관등은 우선변제권을 행사하기 위하여 임차인을 대리하거나 대위하여 임대차를 해지할 수 없다(상가임대차법 제5조 제9항).

(4) 보증금 중 일정액의 보호

보증금 중 일정액의 보호(상가임대차법 제14조)

① 임차인은 보증금 중 일정액을 다른 담보물권자보다 우선하여 변제받을 권리가 있다. 이 경우 임차인은 건물에 대한 경매신청의 등기 전에 제3조 제1항의 요건을 갖추어야 한다.

② 제1항의 경우에 제5조 제4항부터 제6항까지의 규정을 준용한다.

③ 제1항에 따라 우선변제를 받을 임차인 및 보증금 중 일정액의 범위와 기준은 임대건물가액(임대인 소유의 대지가액을 포함한다)의 2분의 1 범위에서 해당 지역의 경제 여건, 보증금 및 차임 등을 고려하여 제14조의2에 따른 상가건물 임대차위원회의 심의를 거쳐 대통령령으로 정한다. 〈개정 2020.7.31.〉

> **우선변제를 받을 임차인의 범위(상가임대차법 시행령 제6조)**
> 법 제14조의 규정에 의하여 우선변제를 받을 임차인은 보증금과 차임이 있는 경우 법 제2조 제2항의 규정에 의하여 환산한 금액의 합계가 다음 각 호의 구분에 의한 금액 이하인 임차인으로 한다.
> 1. 서울특별시 : 6천500만원
> 2. 「수도권정비계획법」에 따른 과밀억제권역(서울특별시는 제외한다) : 5천500만원
> 3. 광역시(「수도권정비계획법」에 따른 과밀억제권역에 포함된 지역과 군지역은 제외한다), 안산시, 용인시, 김포시 및 광주시 : 3천8백만원
> 4. 그 밖의 지역 : 3천만원

> **우선변제를 받을 보증금의 범위 등(상가임대차법 시행령 제7조)**
> ① 법 제14조의 규정에 의하여 우선변제를 받을 보증금 중 일정액의 범위는 다음 각 호의 구분에 의한 금액 이하로 한다.
> 　1. 서울특별시 : 2천200만원
> 　2. 「수도권정비계획법」에 따른 과밀억제권역(서울특별시는 제외한다) : 1천900만원
> 　3. 광역시(「수도권정비계획법」에 따른 과밀억제권역에 포함된 지역과 군지역은 제외한다), 안산시, 용인시, 김포시 및 광주시 : 1천300만원
> 　4. 그 밖의 지역 : 1천만원
> ② 임차인의 보증금 중 일정액이 상가건물의 가액의 2분의 1을 초과하는 경우에는 상가건물의 가액의 2분의 1에 해당하는 금액에 한하여 우선변제권이 있다.
> ③ 하나의 상가건물에 임차인이 2인 이상이고, 그 각 보증금 중 일정액의 합산액이 상가건물의 가액의 2분의 1을 초과하는 경우에는 그 각 보증금 중 일정액의 합산액에 대한 각 임차인의 보증금중 일정액의 비율로 그 상가건물의 가액의 2분의 1에 해당하는 금액을 분할한 금액을 각 임차인의 보증금 중 일정액으로 본다.

(5) 임차권등기명령

① 임대차가 종료된 후 보증금이 반환되지 아니한 경우 임차인은 임차건물의 소재지를 관할하는 지방법원, 지방법원지원 또는 시·군법원에 임차권등기명령을 신청할 수 있다(상가임대차법 제6조 제1항).

② 임차인이 임차권등기명령을 신청할 때에는 신청 취지 및 이유, 임대차의 목적인 건물(임대차의 목적이 건물의 일부분인 경우에는 그 부분의 도면을 첨부한다), 임차권등기의 원인이 된 사실(임차인이 제3조 제1항에 따른 대항력을 취득하였거나 제5조 제2항에 따른 우선변제권을 취득한 경우에는 그 사실), 그 밖에 대법원규칙으로 정하는 사항을 기재하여야 하며, 신청 이유 및 임차권등기의 원인인 된 사실을 소명하여야 한다(상가임대차법 제6조 제2항).

③ 임차권등기명령의 집행에 따른 임차권등기를 마치면 임차인은 제3조 제1항에 따른 대항력과 제5조 제2항에 따른 우선변제권을 취득한다. 다만, 임차인이 임차권등기 이전에 이미 대항력 또는 우선변제권을 취득한 경우에는 그 대항력 또는 우선변제권이 그대로 유지되며, 임차권등기 이후에는 제3조 제1항의 대항요건을 상실하더라도 이미 취득한 대항력 또는 우선변제권을 상실하지 아니한다(상가임대차법 제6조 제5항).

④ 임차권등기명령의 집행에 따른 임차권등기를 마친 건물(임대차의 목적이 건물의 일부분인 경우에는 그 부분으로 한정한다)을 그 이후에 임차한 임차인은 제14조에 따른 우선변제를 받을 권리가 없다(상가임대차법 제6조 제6항).

⑤ 금융기관등은 임차인을 대위하여 제1항의 임차권등기명령을 신청할 수 있다(상가임대차법 제6조 제9항 전문).

(6) 경매에 의한 임차권의 소멸

임차권은 임차건물에 대하여 「민사집행법」에 따른 경매가 실시된 경우에는 그 임차건물이 매각되면 소멸한다. 다만, 보증금이 전액 변제되지 아니한 대항력이 있는 임차권은 그러하지 아니하다(상가임대차법 제8조).

(7) 임대차기간 등

(8) 계약갱신 요구 등

[상가건물 임대차보호법의 적용을 받는 상가건물의 임대차기간 중 어느 때라도 차임이 3기분에 달하도록 연체된 사실이 있는 경우, 임대인이 임차인의 계약갱신 요구를 거부할 수 있는지 여부(적극)]

상가건물 임대차보호법(이하 '상가임대차법'이라고 한다) 제10조의8은 임대인이 차임연체를 이유로 계약을 해지할 수 있는 요건을 '차임연체액이 3기의 차임액에 달하는 때'라고 규정하였다. 반면 임대인이 임대차기간 만료를 앞두고 임차인의 계약갱신 요구를 거부할 수 있는 사유에 관해서는 '3기의 차임액에 해당하는 금액에 이르도록 차임을 연체한 사실이 있는 경우'라고 문언을 달리하여 규정하고 있다(상가임대차법 제10조 제1항 제1호). 그 취지는, 임대차계약 관계는 당사자 사이의 신뢰를 기초로 하므로, 종전 임대차기간에 차임을 3기분에 달하도록 연체한 사실이 있는 경우에까지 임차인의 일방적 의사에 의하여 계약관계가 연장되는 것을 허용하지 아니한다는 것이다. 위 규정들의 문언과 취지에 비추어 보면, 임대차기간 중 어느 때라도 차임이 3기분에 달하도록 연체된 사실이 있다면 임차인과의 계약관계 연장을 받아들여야 할 만큼의 신뢰가 깨어졌으므로 임대인은 계약갱신 요구를 거절할 수 있고, 반드시 임차인이 계약갱신요구권을 행사할 당시에 3기분에 이르는 차임이 연체되어 있어야 하는 것은 아니다(대판 2021.5.13. 2020다255429).

(9) 기 타

차임연체와 해시(상가임대차법 제10조의8)
임차인의 차임연체액이 3기의 차임액에 달하는 때에는 임대인은 계약을 해지할 수 있다.

차임 등의 증감청구권(상가임대차법 제11조)
① 차임 또는 보증금이 임차건물에 관한 조세, 공과금, 그 밖의 부담의 증감이나 「감염병의 예방 및 관리에 관한 법률」 제2조 제2호에 따른 제1급감염병 등에 의한 경제사정의 변동으로 인하여 상당하지 아니하게 된 경우에는 당사자는 장래의 차임 또는 보증금에 대하여 증감을 청구할 수 있다. 그러나 증액의 경우에는 대통령령으로 정하는 기준에 따른 비율을 초과하지 못한다. 〈개정 2020.9.29.〉

> **차임 등 증액청구의 기준(상가임대차법 시행령 제4조)**
> 법 제11조 제1항의 규정에 의한 차임 또는 보증금의 증액청구는 청구당시의 차임 또는 보증금의 100분의 5의 금액을 초과하지 못한다.

② 제1항에 따른 증액 청구는 임대차계약 또는 약정한 차임 등의 증액이 있은 후 1년 이내에는 하지 못한다.
③ 「감염병의 예방 및 관리에 관한 법률」 제2조 제2호에 따른 제1급감염병에 의한 경제사정의 변동으로 차임 등이 감액된 후 임대인이 제1항에 따라 증액을 청구하는 경우에는 증액된 차임 등이 감액 전 차임 등의 금액에 달할 때까지는 같은 항 단서를 적용하지 아니한다. 〈신설 2020.9.29.〉

벌칙 적용에서 공무원 의제(상가임대차법 제22조)
공무원이 아닌 상가건물 임대차위원회의 위원 및 상가건물 임대차분쟁조정위원회의 위원은 「형법」 제127조(공무상 비밀의 누설), 제129조부터 제132조(수뢰·사전수뢰, 제3자뇌물제공, 수뢰후부정처사·사후수뢰, 알선수뢰)까지의 규정을 적용할 때에는 공무원으로 본다. 〈개정 2020.7.31.〉

---

07 고 용

Ⅰ 서 설

1. 의 의

고용의 의의 (민법 제655조)
고용은 당사자 일방이 상대방에 대하여 노무를 제공할 것을 약정하고 상대방이 이에 대하여 보수를 지급할 것을 약정함으로써 그 효력이 생긴다

고용의 목적은 노무의 제공이고, 사용자의 보수지급을 그 요소로 한다.

2. 법적 성질

고용은 노무의 공급을 목적으로 하는 낙성·불요식·쌍무·유상계약이다.

Ⅱ 고용계약의 내용

1. 노무자의 의무

① 노무제공의무(민법 제655조)
② 지휘·명령에 복종할 의무
③ 선관주의의무 등의 부수적 의무

2. 사용자의 의무

① 보수지급의무(민법 제655조, 제656조) : 약정 → 관습 → 후불(노무종료 후 지체 없이)

> **보수액과 그 지급시기(민법 제656조)**
> ① 보수 또는 보수액의 약정이 없는 때에는 관습에 의하여 지급하여야 한다.
> ② 보수는 약정한 시기에 지급하여야 하며 시기의 약정이 없으면 관습에 의하고 관습이 없으면 약정한 노무를 종료한 후 지체 없이 지급하여야 한다.

② 노무청구권의 양도금지(민법 제657조)

> **권리의무의 전속성(민법 제657조)**
> ① 사용자는 노무자의 동의 없이 그 권리를 제3자에게 양도하지 못한다.
> ② 노무자는 사용자의 동의 없이 제3자로 하여금 자기에 갈음하여 노무를 제공하게 하지 못한다.
> ③ 당사자 일방이 전2항의 규정에 위반한 때에는 상대방은 계약을 해지할 수 있다.

③ 안전배려의무

> 사용자는 근로계약에 수반되는 신의칙상의 부수적 의무로서 피용자가 노무를 제공하는 과정에서 생명, 신체, 건강을 해치는 일이 없도록 인적·물적 환경을 정비하는 등 필요한 조치를 강구하여야 할 보호의무를 부담하고, 이러한 보호의무를 위반함으로써 피용자가 손해를 입은 경우 이를 배상할 책임이 있다(대판 2001.7.27. 99다56734). 기출 12

Ⅲ 고용의 해지와 종료

1. 묵시의 갱신(법정갱신)(민법 제662조)

> **묵시의 갱신(민법 제662조)**
> ① 고용기간이 만료한 후 노무자가 계속하여 그 노무를 제공하는 경우에 사용자가 상당한 기간 내에 이의를 하지 아니한 때에는 전고용과 동일한 조건으로 다시 고용한 것으로 본다. 그러나 당사자는 제660조의 규정에 의하여 해지의 통고를 할 수 있다.
> ② 전항의 경우에는 전고용에 대하여 제3자가 제공한 담보는 기간의 만료로 인하여 소멸한다.

2. 해지통고

(1) 기간의 약정이 없는 경우(민법 제660조)

> **기간의 약정이 없는 고용의 해지통고(민법 제660조)**
> ① 고용기간의 약정이 없는 때에는 당사자는 언제든지 계약해지의 통고를 할 수 있다.
> ② 전항의 경우에는 상대방이 해지의 통고를 받은 날로부터 1월이 경과하면 해지의 효력이 생긴다.
> ③ 기간으로 보수를 정한 때에는 상대방이 해지의 통고를 받은 당기 후의 일기를 경과함으로써 해지의 효력이 생긴다.

(2) 기간의 약정이 있는 경우

> **3년 이상의 경과와 해지통고권(민법 제659조)**
> ① 고용의 약정기간이 3년을 넘거나 당사자의 일방 또는 제3자의 종신까지로 된 때에는 각 당사자는 3년을 경과한 후 언제든지 계약해지의 통고를 할 수 있다.
> ② 전항의 경우에는 상대방이 해지의 통고를 받은 날로부터 3월이 경과하면 해지의 효력이 생긴다.

> **부득이한 사유와 해지권(민법 제661조)**
> 고용기간의 약정이 있는 경우에도 부득이한 사유 있는 때에는 각 당사자는 계약을 해지할 수 있다. 그러나 그 사유가 당사자 일방의 과실로 인하여 생긴 때에는 상대방에 대하여 손해를 배상하여야 한다.

3. 즉시해지의 사유

① 노무제공과 수령의 일신전속성 위반시(민법 제657조)
② 부득이한 사유로 고용해지시(민법 제661조)
③ 사용자의 파산시(민법 제663조) : 해지시 따로 손해배상청구는 불가

I 서 설

1. 의 의

> **도급의 의의(민법 제664조)**
> 도급은 당사자 일방이 어느 일을 완성할 것을 약정하고 상대방이 그 일의 결과에 대하여 보수를 지급할 것을 약정함으로써 그 효력이 생긴다.

2. 법적 성질

(1) 일반적인 도급의 경우

낙성·불요식·쌍무·유상계약이다.

(2) 제작물 공급계약

> 당사자의 일방이 상대방의 주문에 따라 자기 소유의 재료를 사용하여 만든 물건을 공급하기로 하고 상대방이 대가를 지급하기로 약정하는 이른바 제작물공급계약은 그 제작의 측면에서는 도급의 성질이 있고 공급의 측면에서는 매매의 성질이 있어 대체로 매매와 도급의 성질을 함께 가지고 있으므로, 그 적용 법률은 계약에 의하여 제작 공급하여야 할 물건이 대체물인 경우에는 매매에 관한 규정이 적용되지만, 물건이 특정의 주문자의 수요를 만족시키기 위한 부대체물인 경우에는 당해 물건의 공급과 함께 그 제작이 계약의 주목적이 되어 도급의 성질을 띠게 된다(대판 2010.11.25. 2010다56685). **기출 16**

II 수급인의 의무

1. 일을 완성할 의무

도급은 일의 완성을 목적으로 한다. 이와 관련하여 도급인과 수급인이 미리 계약에 의하여 이행지체시에 채무자가 지급하여야 할 손해배상액을 정하는 경우가 있는데 이를 지체상금이라고 한다.

> **[지체상금약정]**
> • 도급계약의 지연보상에 관한 약정은 수급인이 일의 완성을 지체한데 대한 손해배상의 예정을 약정한 것이라 할 것인 바, 공사도급계약이 수급인이 건물신축공사를 완성하여 준공검사를 마치고 도급인에게 인도하는 것을 그 일의 내용으로 하는 것이라면 위 약정에 의한 수급인의 지체보상의무의 종기는 수급인이 건물에 대한 준공검사를 마치고 도급인에게 인도한 때라고 할 것이므로 도급인이 준공검사를 마친 건물을 인도받은 후에 있어서는 비록 인도된 건물에 공사내용대로 완성되지 아니한 불완전한 부분이 있다 하더라도 그에 따른 하자보수청구 등 별도의 책임이 있음은 별론으로 하고 수급인에게 지체보상약정에 따른 책임은 물을 수는 없다(대판 1988.3.8. 87다카2083·2084[반소]). **기출 16**

- 지체상금 약정은 수급인이 약정 준공일보다 늦게 공사를 완료하거나 수급인의 귀책사유로 도급계약이 해제된 경우뿐 아니라 도급인의 귀책사유로 도급계약이 해제된 경우에도 적용이 된다 할 것이고, 이 경우에는 도급인의 귀책사유가 발생하지 아니하여 수급인이 공사를 계속하였더라면 완성할 수 있었을 때까지의 기간을 기준으로 하여 당초의 준공예정일로부터 지체된 기간을 산정하는 방법으로 지체일수를 적용해야 할 것이다(대판 2012.10.11. 2010다34043·34050). 기출 14
- 수급인이 완공기한 내에 공사를 완성하지 못한 채 완공기한을 넘겨 도급계약이 해제된 경우에 있어서 그 지체상금 발생의 시기(始期)는 완공기한 다음 날이고, 종기(終期)는 수급인이 공사를 중단하거나 기타 해제사유가 있어 도급인이 이를 해제할 수 있었을 때를 기준으로 하여 도급인이 다른 업자에게 의뢰하여 같은 건물을 완공할 수 있었던 시점이다(대판 2001.1.30. 2000다56112). 기출 06

2. 완성물의 인도의무

목적물의 인도는 완성된 목적물에 대한 단순한 점유의 이전만을 의미하는 것이 아니라 도급인이 목적물을 검사한 후 그 목적물이 계약내용대로 완성되었음을 명시적 또는 묵시적으로 시인하는 것까지 포함하는 의미이다(대판 2006.10.13. 2004다21862).

3. 완성물의 소유권이전의무

(1) 약정이 있는 경우

그 약정이 우선적용된다(통설·판례).

(가) 일반적으로 자기의 노력과 재료를 들여 건물을 건축한 사람은 그 건물의 소유권을 원시취득하는 것이고 기출 16 , 다만 도급계약에 있어서 수급인이 자기의 노력과 재료를 들여 건물을 완성하더라도 도급인과 수급인 사이에 도급인 명의로 건축허가를 받아 소유권보존등기를 하기로 하는 등 완성된 건물의 소유권을 도급인에게 귀속시키기로 합의한 것으로 보여질 경우에는 그 건물의 소유권은 도급인에게 원시적으로 귀속된다. 기출 13 (나) 단지 채무의 담보를 위하여 채무자가 자기의 비용과 노력으로 신축하는 건물의 건축허가명의를 채권자 명의로 하였다면 이는 완성될 건물을 담보로 제공하기로 하는 합의로서 법률행위에 의한 담보물권의 설정과 다름없으므로 완성된 건물의 소유권은 일단 채무자가 이를 원시취득한 후 채권자 명의로 소유권보존등기를 마침으로써 담보목적의 범위 내에서 채권자에게 그 소유권이 이전된다고 보아야 한다(대판 1992.8.18. 91다25505).

(2) 약정이 없는 경우

1) 도급인이 재료를 제공한 경우

도급인에게 소유권이 귀속된다.

2) 수급인이 재료를 제공한 경우

① 동산의 경우 : 수급인에게 소유권이 귀속된다.
② 부동산의 경우 : 수급인 귀속설이 다수설과 판례이다.

4. 수급인의 담보책임

> **수급인의 담보책임(민법 제667조)** [기출] 06
> ① 완성된 목적물 또는 완성전의 성취된 부분에 하자가 있는 때에는 도급인은 수급인에 대하여 상당한 기간을 정하여 그 하자의 보수를 청구할 수 있다. 그러나 하자가 중요하지 아니한 경우에 그 보수에 과다한 비용을 요할 때에는 그러하지 아니하다.
> ② 도급인은 하자의 보수에 갈음하여 또는 보수와 함께 손해배상을 청구할 수 있다.
> ③ 전항의 경우에는 제536조의 규정을 준용한다.
>
> **동전-도급인의 해제권(민법 제668조)** [기출] 15
> 도급인이 완성된 목적물의 하자로 인하여 계약의 목적을 달성할 수 없는 때에는 계약을 해제할 수 있다. 그러나 건물 기타 토지의 공작물에 대하여는 그러하지 아니하다.

(1) 담보책임의 의의

도급도 유상계약이므로 담보책임에 관한 규정이 준용되어야 하지만, 민법은 수급인의 담보책임에 관하여 민법 제667조 이하에서 특별히 규정하고 있다.

(2) 담보책임의 성립요건

① 일의 완성에 하자가 있어야 한다.

② 목적물의 하자가 도급인이 제공한 재료의 성질 혹은 도급인의 지시에 기인하는 경우가 아니어야 한다(민법 제669조).

③ 수급인의 귀책사유를 불문한다.

④ 담보책임 규정은 임의규정이다.

> 도급계약에 따라 완성된 목적물에 하자가 있는 경우, 수급인의 하자담보책임과 채무불이행책임은 별개의 권원에 의하여 경합적으로 인정된다. 목적물의 하자를 보수하기 위한 비용은 수급인의 하자담보책임과 채무불이행책임에서 말하는 손해에 해당한다. 따라서 도급인은 하자보수비용을 민법 제667조 제2항에 따라 하자담보책임으로 인한 손해배상으로 청구할 수도 있고, 민법 제390조에 따라 채무불이행으로 인한 손해배상으로 청구할 수도 있다. 하자보수를 갈음하는 손해배상에 관해서는 민법 제667조 제2항에 따른 하자담보책임만이 성립하고 민법 제390조에 따른 채무불이행책임이 성립하지 않는다고 볼 이유가 없다(대판 2020.6.11. 2020다201156).

(3) 담보책임의 내용

① 하자보수청구권(민법 제667조)

㉠ 내용 : 도급계약에서 완성된 목적물에 하자가 있으면 도급인은 수급인에게 하자의 보수나 그에 갈음하는 손해배상을 청구할 수 있으나, 하자가 중요하지 아니하면서 동시에 보수에 과다한 비용을 요할 때에는 하자의 보수나 그에 갈음하는 손해배상을 청구할 수는 없고, 하자로 인하여 입은 손해의 배상만을 청구할 수 있다(대판 2015.4.23. 2011다63383). [기출] 09

ⓒ 동시이행의 관계

> • 기성고에 따라 공사대금을 분할하여 지급하기로 약정한 경우라도 특별한 사정이 없는 한 하자보수의
> 무와 동시이행관계에 있는 공사대금지급채무는 당해 하자가 발생한 부분의 기성공사대금에 한정되는
> 것은 아니라고 할 것이다. 왜냐하면, 이와 달리 본다면 도급인이 하자발생사실을 모른 채 하자가
> 발생한 부분에 해당하는 기성공사의 대금을 지급하고 난 후 뒤늦게 하자를 발견한 경우에는 동시이행
> 의 항변권을 행사하지 못하게 되어 공평에 반하기 때문이다(대판 2001.9.18. 2001다9304). 기출 09·13
> • 도급계약에 있어서 완성된 목적물에 하자가 있는 때에는 도급인은 수급인에 대하여 하자의 보수를
> 청구할 수 있고 그 하자의 보수에 갈음하여 또는 보수와 함께 손해배상을 청구할 수 있는바, 이들
> 청구권은 수급인의 공사대금채권과 동시이행관계에 있으므로 수급인의 하수급인에 대한 하도급 공
> 사대금채무를 인수한 도급인은 수급인이 하수급인과 사이의 하도급계약상 동시이행의 관계에 있는
> 수급인의 하수급인에 대한 하자보수청구권 내지 하자에 갈음한 손해배상채권 등에 기한 동시이행의
> 항변으로써 하수급인에게 대항할 수 있다(대판 2007.10.11. 2007다31914). 기출 16

② **손해배상청구권**(민법 제667조)

　ⓐ 도급인은 하자의 보수에 갈음하여 또는 보수와 함께 손해배상을 청구할 수 있다(민법 제667조
　　제2항). 기출 06 도급인의 손해배상청구권과 수급인의 보수청구권은 동시이행의 관계에 있
　　다. 다만, 동시이행관계에 있는 보수청구권은 손해배상채권액에 상당하는 부분에 한한다.

　ⓑ 하자가 중요한 경우에는 비록 보수에 과다한 비용이 필요하더라도 보수에 갈음하는 비용,
　　즉 실제로 보수에 필요한 비용이 모두 손해배상에 포함된다. 기출 06 나아가 완성된 건물
　　기타 토지의 공작물(이하 '건물 등'이라 한다)에 중대한 하자가 있고 이로 인하여 건물
　　등이 무너질 위험성이 있어서 보수가 불가능하고 다시 건축할 수밖에 없는 경우에는, 특별
　　한 사정이 없는 한 건물 등을 철거하고 다시 건축하는 데 드는 비용 상당액을 하자로 인한
　　손해배상으로 청구할 수 있고(대판 2016.8.18. 2014다31691·31707), 이러한 하자보수에 갈음한 손해
　　배상청구권은 하자가 발생하여 보수가 필요하게 된 시점에서 성립된다(대판 2000.3.10. 99다
　　55632). 기출 14

　ⓒ 액젓저장탱크의 제작·설치공사 도급계약에 의하여 완성된 저장탱크에 균열이 발생한 경
　　우, 보수비용은 민법 제667조 제2항에 의한 수급인의 하자담보책임 중 하자보수에 갈음하
　　는 손해배상이고, 액젓 변질로 인한 손해배상은 위 하자담보책임을 넘어서 수급인이 도급
　　계약의 내용에 따른 의무를 제대로 이행하지 못함으로 인하여 도급인의 신체·재산에 발
　　생한 손해에 대한 배상으로서 양자는 별개의 권원에 의하여 경합적으로 인정된다(대판
　　2004.8.20. 2001다70337). 하자확대손해로 인한 수급인의 손해배상채무와 도급인의 공사대금채
　　무도 동시이행관계에 있는 것으로 보아야 한다(대판 2005.11.10. 2004다37676). 기출 06·13·15

　ⓓ 민법 제495조는 "소멸시효가 완성된 채권이 그 완성 전에 상계할 수 있었던 것이면 그
　　채권자는 상계할 수 있다"라고 정하고 있다. 이는 당사자 쌍방의 채권이 상계적상에 있었
　　던 경우에 당사자들은 채권·채무관계가 이미 정산되어 소멸하였거나 추후에 정산될 것이
　　라고 생각하는 것이 일반적이라는 점을 고려하여 당사자들의 신뢰를 보호하기 위한 것이
　　다. 매도인이나 수급인의 담보책임을 기초로 한 매수인이나 도급인의 손해배상채권의 제
　　척기간이 지난 경우에도 민법 제495조를 유추적용해서 매수인이나 도급인이 상대방의 채
　　권과 상계할 수 있는지 문제된다. 매도인의 담보책임을 기초로 한 매수인의 손해배상채권

또는 수급인의 담보책임을 기초로 한 도급인의 손해배상채권이 각각 상대방의 채권과 상계적상에 있는 경우에 당사자들은 채권·채무관계가 이미 정산되었거나 정산될 것으로 기대하는 것이 일반적이므로, 그 신뢰를 보호할 필요가 있다. 이러한 손해배상채권의 제척기간이 지난 경우에도 그 기간이 지나기 전에 상대방에 대한 채권·채무관계의 정산 소멸에 대한 신뢰를 보호할 필요성이 있다는 점은 소멸시효가 완성된 채권의 경우와 아무런 차이가 없다. 따라서 매도인이나 수급인의 담보책임을 기초로 한 손해배상채권의 제척기간이 지난 경우에도 제척기간이 지나기 전 상대방의 채권과 상계할 수 있었던 경우에는 매수인이나 도급인은 민법 제495조를 유추적용해서 위 손해배상채권을 자동채권으로 해서 상대방의 채권과 상계할 수 있다고 봄이 타당하다(대판 2019.3.14. 2018다255648).

③ **계약해제권**(민법 제668조)

㉠ **의의** : 도급인이 완성된 목적물의 하자로 인하여 계약의 목적을 달성할 수 없는 때에는 계약을 해제할 수 있다. `기출 15` 그러나 건물 기타 토지의 공작물에 대하여는 그러하지 아니하다(민법 제666조).

㉡ **해제의 소급효 제한**

> 건축공사도급계약의 수급인이 일을 완성하지 못한 상태에서 그의 채무불이행으로 말미암아 건축공사 도급계약이 해제되었으나, 해제 당시 공사가 상당한 정도로 진척되어 이를 원상회복하는 것이 중대한 사회적, 경제적 손실을 초래하게 되고, 완성된 부분이 도급인에게 이익이 되는 경우, 그 도급계약은 미완성부분에 대하여만 실효되고 수급인은 해제 당시의 상태 그대로 그 건물을 도급인에게 인도하고 도급인은 특별한 사정이 없는 한 인도받은 미완성건물에 대한 보수를 지급하여야 하는 권리의무관계가 성립한다(대판 1994.11.4. 94다18584). `기출 14` 그리고 이때 도급인이 지급하여야 할 미완성건물에 대한 보수는 특별한 사정이 없는 한 실제 수급인이 지출한 비용이 아니라 당사자 사이에 약정한 총 공사비를 기준으로 하여 그 금액에서 수급인이 공사를 중단할 당시의 기성고 비율에 의한 금액이 된다(대판 2003.2.26. 2000다40995). `기출 14`

(4) 책임의 면제에 관한 특칙

동전-하자가 도급인의 제공한 재료 또는 지시에 기인한 경우의 면책(민법 제669조) `기출 08`
전2조의 규정은 목적물의 하자가 도급인이 제공한 재료의 성질 또는 도급인의 지시에 기인한 때에는 적용하지 아니한다. 그러나 수급인이 그 재료 또는 지시의 부적당함을 알고 도급인에게 고지하지 아니한 때에는 그러하지 아니하다.

담보책임면제의 특약(민법 제672조)
수급인은 제667조, 제668조의 담보책임이 없음을 약정한 경우에도 알고 고지하지 아니한 사실에 대하여는 그 책임을 면하지 못한다.

> 도급계약에 따라 완성된 목적물에 하자가 있는 경우, 수급인의 하자담보책임과 채무불이행책임은 별개의 권원에 의하여 경합적으로 인정된다. 민법 제669조 본문은 완성된 목적물의 하자가 도급인이 제공한 재료의 성질 또는 도급인의 지시에 기인한 때에는 수급인의 하자담보책임에 관한 규정이 적용되지 않는다고 정하고 있다. 그러나 이 규정은 수급인의 하자담보책임이 아니라 민법 제390조에 따른 채무불이행책임에는 적용되지 않는다 (대판 2020.1.30. 2019다268252).

(5) 담보책임의 존속기간

담보책임의 존속기간(민법 제670조)
① 전3조의 규정에 의한 하자의 보수, 손해배상의 청구 및 계약의 해제는 목적물의 인도를 받은 날로부터 1년 내에 하여야 한다.
② 목적물의 인도를 요하지 아니하는 경우에는 전항의 기간은 일의 종료한 날로부터 기산한다.

수급인의 담보책임-토지, 건물 등에 대한 특칙(민법 제671조)
① 토지, 건물 기타 공작물의 수급인은 목적물 또는 지반공사의 하자에 대하여 인도 후 5년간 담보의 책임이 있다. 그러나 목적물이 석조, 석회조, 연와조, 금속 기타 이와 유사한 재료로 조성된 것인 때에는 그 기간을 10년으로 한다.
② 전항의 하자로 인하여 목적물이 멸실 또는 훼손된 때에는 도급인은 그 멸실 또는 훼손된 날로부터 1년 내에 제667조의 권리를 행사하여야 한다.

민법상 수급인의 하자담보책임에 관한 기간은 제척기간으로서 재판상 또는 재판 외의 권리행사 기간이며, 재판상 청구를 위한 출소기간이 아니라고 할 것이다(대판 2004.1.27. 2001다24891). **기출 09**

Ⅲ 도급인의 의무

1. 보수지급의무(민법 제665조)

보수의 지급시기(민법 제665조)
① 보수는 그 완성된 목적물의 인도와 동시에 지급하여야 한다. 그러나 목적물의 인도를 요하지 아니하는 경우에는 그 일을 완성한 후 지체 없이 지급하여야 한다.
② 전항의 보수에 관하여는 제656조 제2항의 규정을 준용한다.

[1] 제작물공급계약에서 보수의 지급시기에 관하여 당사자 사이의 특약이나 관습이 없으면 도급인은 완성된 목적물을 인도받음과 동시에 수급인에게 보수를 지급하는 것이 원칙이고, 이때 목적물의 인도는 완성된 목적물에 대한 단순한 점유의 이전만을 의미하는 것이 아니라 도급인이 목적물을 검사한 후 그 목적물이 계약내용대로 완성되었음을 명시적 또는 묵시적으로 시인하는 것까지 포함하는 의미이다. [2] 제작물공급계약의 당사자들이 보수의 지급시기에 관하여 "수급인이 공급한 목적물을 도급인이 검사하여 합격하면, 도급인은 수급인에게 그 보수를 지급한다"는 내용으로 한 약정은 도급인의 수급인에 대한 보수지급의무와 동시이행관계에 있는 수급인의 목적물 인도의무를 확인한 것에 불과하므로, 법률행위의 효력 발생을 장래의 불확실한 사실의 성부에 의존하게 하는 법률행위의 부관인 조건에 해당하지 아니할 뿐만 아니라, 조건에 해당한다 하더라도 검사에의 합격 여부는 도급인의 일방적인 의사에만 의존하지 않고 그 목적물이 계약내용대로 제작된 것인지 여부에 따라 객관적으로 결정되므로 순수수의조건에 해당하지 않는다. [3] 도급계약에 있어 일의 완성에 관한 주장·입증책임은 일의 결과에 대한 보수의 지급을 청구하는 수급인에게 있고, 제작물공급계약에서 일이 완성되었다고 하려면 당초 예정된 최후의 공정까지 일단 종료하였다는 점만으로는 부족하고 목적물의 주요구조 부분이 약정된 대로 시공되어 사회통념상 일반적으로 요구되는 성능을 갖추고 있어야 하므로, 제작물공급에 대한 보수의 지급을 청구하는 수급인으로서는 그 목적물 제작에 관하여 계약에서 정해진 최후 공정을 일단 종료하였다는 점뿐만 아니라 그 목적물의 주요구조 부분이 약정된 대로 시공되어 사회통념상 일반적으로 요구되는 성능을 갖추고 있다는 점까지 주장·입증하여야 한다(대판 2006.10.13. 2004다21862). **기출 10**

2. 보수지급의무의 담보

> **수급인의 목적부동산에 대한 저당권설정청구권(민법 제666조)**
> 부동산공사의 수급인은 전조의 보수에 관한 채권을 담보하기 위하여 그 부동산을 목적으로 한 저당권의 설정을 청구할 수 있다.

수급인의 저당권설정청구권을 규정하는 민법 제666조는 부동산공사에서 그 목적물이 보통 수급인의 자재와 노력으로 완성되는 점을 감안하여 그 목적물의 소유권이 원시적으로 도급인에게 귀속되는 경우 수급인에게 목적물에 대한 저당권설정청구권을 부여함으로써 수급인이 사실상 목적물로부터 공사대금을 우선적으로 변제 받을 수 있도록 하는 데 그 취지가 있고, 이러한 수급인의 지위가 목적물에 대하여 유치권을 행사하는 지위보다 더 강화되는 것은 아니어서 도급인의 일반 채권자들에게 부당하게 불리해지는 것도 아닌 점 등에 비추어, 신축 건물의 도급인이 민법 제666조가 정한 수급인의 저당권설정청구권의 행사에 따라 공사대금채무의 담보로 그 건물에 저당권을 설정하는 행위는 특별한 사정이 없는 한 사해행위에 해당하지 아니한다(대판 2008.3.27. 2007다 78616·78623). 기출 09

Ⅳ 도급의 종료

1. 도급인의 임의해제

> **완성전의 도급인의 해제권(민법 제673조)** 기출 09·13
> 수급인이 일을 완성하기 전에는 도급인은 손해를 배상하고 계약을 해제할 수 있다.

[도급인이 수급인의 채무불이행을 이유로 도급계약 해제의 의사표시를 하였으나 실제로는 채무불이행의 요건을 갖추지 못한 것으로 밝혀진 경우, 당사자 사이에 분쟁이 있었다는 사정만으로 위 의사표시에 민법 제673조에 따른 임의해제의 의사가 포함되어 있다고 볼 수 있는지 여부(소극)]

도급인이 수급인의 채무불이행을 이유로 도급계약 해제의 의사표시를 하였으나 실제로는 채무불이행의 요건을 갖추지 못한 것으로 밝혀진 경우, 도급계약의 당사자 사이에 분쟁이 있었다고 하여 그러한 사정만으로 위 의사 표시에 민법 제673조에 따른 임의해제의 의사가 포함되어 있다고 볼 수는 없다. 그 이유는 다음과 같다.
[1] 도급인이 수급인의 채무불이행을 이유로 도급계약을 해제하면 수급인에게 손해배상을 청구할 수 있다. 이에 반하여 민법 제673조에 기하여 도급인이 도급계약을 해제하면 오히려 수급인에게 손해배상을 해주어야 하는 처지가 된다. 도급인으로서는 자신이 손해배상을 받을 수 있다고 생각하였으나 이제는 자신이 손해배상을 하여야 하는 결과가 된다면 이는 도급인의 의사에 반할 뿐 아니라 의사표시의 일반적인 해석의 원칙에도 반한다. [2] 수급인의 입장에서 보더라도 채무불이행 사실이 없으므로 도급인의 도급계약 해제의 의사표시가 효력이 없다고 믿고 일을 계속하였는데, 민법 제673조에 따른 해제가 인정되면 그 사이에 진행한 일은 도급계약과 무관한 일을 한 것이 되고 그 사이에 다른 일을 할 수 있는 기회를 놓치는 경우도 있을 수 있어 불측의 손해를 입을 수 있다(대판 2022.10.14. 2022다246757).

2. 도급인의 파산과 해제

> **도급인의 파산과 해제권(민법 제674조)**
> ① 도급인이 파산선고를 받은 때에는 수급인 또는 파산관재인은 계약을 해제할 수 있다. 이 경우에는 수급인은 일의 완성된 부분에 대한 보수 및 보수에 포함되지 아니한 비용에 대하여 파산재단의 배당에 가입할 수 있다.
> ② 전항의 경우에는 각 당사자는 상대방에 대하여 계약해제로 인한 손해의 배상을 청구하지 못한다.

08-2 여행계약

I 서 설

1. 의 의

> **여행계약의 의의(민법 제674조의2)**
> 여행계약은 당사자 한쪽이 상대방에게 운송, 숙박, 관광 또는 그 밖의 여행 관련 용역을 결합하여 제공하기로 약정하고 상대방이 그 대금을 지급하기로 약정함으로써 효력이 생긴다.

여행계약은 당사자 한쪽, 즉 여행주최자가 상대방에게 운송, 숙박, 관광 또는 그 밖의 여행관련 용역을 결합하여 제공하기로 약정하고 이에 대해 상대방, 즉 여행자가 그 대금을 지급하기로 약정함으로써 성립한다(민법 제674조의2).

2. 법적 성질

여행계약은 쌍무·유상계약이며, 낙성·불요식의 계약이다.

II 여행계약의 성립

여행관련 용역을 제공하는 여행주최자와 그에 대하여 대가를 제공하는 여행자가 여행계약의 당사자에 해당한다. 여행계약은 낙성·불요식의 계약이므로 서면의 작성이 없더라도 계약은 성립한다.

Ⅲ 여행계약의 효력

1. 여행주최자의 의무

① 여행주최자는 약정된 대로 여행자에게 여행급부 전부, 즉 운송, 숙박, 관광 또는 그 밖의 여행 관련 용역을 결합하여 제공할 의무를 진다.
② 여행주최자의 의무에 관한 규정들은 편면적 강행규정이다.
③ 여행주최자는 여행자에 대하여 여행계약상의 부수의무로서 신의칙상 주의의무를 진다.

2. 여행자의 의무

① 여행자는 약정한 시기에 대금을 지급해야 하며, 그 시기의 약정이 없으면 관습에 따르고, 관습이 없으면 여행의 종료 후 지체 없이 지급해야 한다(민법 제674조의5). 이 규정은 주의적 규정이고, 실제로는 대개 약관에 따라 사전에 전액 지급된다.
② 부수적으로 특히 단체여행에서 여행자 간의 화합도모 및 질서유지에 협력할 의무도 진다.

3. 여행주최자의 담보책임

여행주최자의 담보책임(민법 제674조의6)
① 여행에 하자가 있는 경우에는 여행자는 여행주최자에게 하자의 시정 또는 대금의 감액을 청구할 수 있다. 다만, 그 시정에 지나치게 많은 비용이 들거나 그 밖에 시정을 합리적으로 기대할 수 없는 경우에는 시정을 청구할 수 없다.
② 제1항의 시정 청구는 상당한 기간을 정하여 하여야 한다. 다만, 즉시 시정할 필요가 있는 경우에는 그러하지 아니하다.
③ 여행자는 시정 청구, 감액 청구를 갈음하여 손해배상을 청구하거나 시정 청구, 감액 청구와 함께 손해배상을 청구할 수 있다.

여행주최자의 담보책임과 여행자의 해지권(민법 제674조의7)
① 여행자는 여행에 중대한 하자가 있는 경우에 그 시정이 이루어지지 아니하거나 계약의 내용에 따른 이행을 기대할 수 없는 경우에는 계약을 해지할 수 있다.
② 계약이 해지된 경우에는 여행주최자는 대금청구권을 상실한다. 다만, 여행자가 실행된 여행으로 이익을 얻은 경우에는 그 이익을 여행주최자에게 상환하여야 한다.
③ 여행주최자는 계약의 해지로 인하여 필요하게 된 조치를 할 의무를 지며, 계약상 귀환운송 의무가 있으면 여행자를 귀환운송하여야 한다. 이 경우 상당한 이유가 있는 때에는 여행주최자는 여행자에게 그 비용의 일부를 청구할 수 있다.

담보책임의 존속기간(민법 제674조의8)
제674조의6과 제674조의7에 따른 권리는 여행 기간 중에도 행사할 수 있으며, 계약에서 정한 여행 종료일부터 6개월 내에 행사하여야 한다.

> [여행자가 해외 여행계약에 따라 여행하는 도중 여행업자의 고의 또는 과실로 상해를 입은 경우, 이로 인하여 발생하는 귀환운송비 등 추가적인 비용이 여행업자의 고의 또는 과실로 인하여 발생한 통상손해의 범위에 포함되기 위한 요건 및 이러한 경우 위 손해가 특별한 사정으로 인한 손해라고 하더라도 예견가능성이 있었다고 보아야 하는지 여부(적극)]
>
> 민법 제393조 제1항은 "채무불이행으로 인한 손해배상은 통상의 손해를 그 한도로 한다."라고 규정하고 있고, 제2항은 "특별한 사정으로 인한 손해는 채무자가 이를 알았거나 알 수 있었을 때에 한하여 배상의 책임이 있다." 라고 규정하고 있다. 제1항의 통상손해는 특별한 사정이 없는 한 그 종류의 채무불이행이 있으면 사회일반의 거래관념 또는 사회일반의 생활식에 비추어 통상 발생하는 것으로 생각되는 범위의 손해를 말하고, 제2항의 특별한 사정으로 인한 손해는 당사자들의 개별적, 구체적 사정에 따른 손해를 말한다. 여행자가 해외 여행계약에 따라 여행하는 도중 여행업자의 고의 또는 과실로 상해를 입은 경우 계약상 여행업자의 여행자에 대한 국내로의 귀환운송의무가 예정되어 있고, 여행자가 입은 상해의 내용과 정도, 치료행위의 필요성과 치료기간은 물론 해외의 의료 기술수준이나 의료제도, 치료과정에서 발생할 수 있는 언어적 장애 및 의료비용의 문제 등에 비추어 현지에서 당초 예정한 여행기간 내에 치료를 완료하기 어렵거나, 계속적, 전문적 치료가 요구되어 사회통념상 여행자가 국내로 귀환할 필요성이 있었다고 인정된다면, 이로 인하여 발생하는 귀환운송비 등 추가적인 비용은 여행업자의 고의 또는 과실로 인하여 발생한 통상손해의 범위에 포함되고, 이 손해가 특별한 사정으로 인한 손해라고 하더라도 예견가능성이 있었다고 보아야 한다(대판 2019.4.3. 2018다286550).

Ⅳ 여행계약의 종료

여행 개시 전의 계약 해제(민법 제674조의3)
여행자는 여행을 시작하기 전에는 언제든지 계약을 해제할 수 있다. 다만, 여행자는 상대방에게 발생한 손해를 배상하여야 한다.

부득이한 사유로 인한 계약 해지(민법 제674조의4)
① 부득이한 사유가 있는 경우에는 각 당사자는 계약을 해지할 수 있다. 다만, 그 사유가 당사자 한쪽의 과실로 인하여 생긴 경우에는 상대방에게 손해를 배상하여야 한다.
② 제1항에 따라 계약이 해지된 경우에도 계약상 귀환운송(歸還運送)의무가 있는 여행주최자는 여행자를 귀환운송할 의무가 있다.
③ 제1항의 해지로 인하여 발생하는 추가 비용은 그 해지 사유가 어느 당사자의 사정에 속하는 경우에는 그 당사자가 부담하고, 누구의 사정에도 속하지 아니하는 경우에는 각 당사자가 절반씩 부담한다.

1. 사전해제

여행 개시 전의 사전해제가 인정된다(민법 제674조의3).

2. 계약의 해지

여행이 개시된 후 부득이한 사유가 있는 경우에 각 당사자는 계약을 해지할 수 있는데, 그 사유가 당사자 한쪽의 과실로 인하여 생긴 경우에는 상대방에게 손해를 배상해야 한다(민법 제674조의4 제1항). 그런데 계약이 해지된 경우에도 계약상 귀환운송의무가 있는 여행주최자는 여행자를 귀환운송할 의무가 있다(민법 제674조의4 제2항).

3. 비용부담

해지로 인하여 발생하는 추가비용은 그 해지사유가 어느 당사자의 사정에 속하는 경우에 그 당사자가 부담하고, 누구의 사정에도 속하지 아니한 때에는 각 당사자가 절반씩 부담한다(민법 제674조의4 제3항).

09 현상광고

현상광고의 의의(민법 제675조)
현상광고는 광고자가 어느 행위를 한 자에게 일정한 보수를 지급할 의사를 표시하고 이에 응한 자가 그 광고에 정한 행위를 완료함으로써 그 효력이 생긴다.

보수수령권자(민법 제676조)
① 광고에 정한 행위를 완료한 자가 수인인 경우에는 먼저 그 행위를 완료한 자가 보수를 받을 권리가 있다.
② 수인이 동시에 완료한 경우에는 각각 균등한 비율로 보수를 받을 권리가 있다. 그러나 보수가 그 성질상 분할할 수 없거나 광고에 1인만이 보수를 받을 것으로 정한 때에는 추첨에 의하여 결정한다.

광고부지의 행위(민법 제677조)
전조의 규정은 광고 있음을 알지 못하고 광고에 정한 행위를 완료한 경우에 준용한다.

우수현상광고(민법 제678조)
① 광고에 정한 행위를 완료한 자가 수인인 경우에 그 우수한 자에 한하여 보수를 지급할 것을 정하는 때에는 그 광고에 응모기간을 정한 때에 한하여 그 효력이 생긴다.
② 전항의 경우에 우수의 판정은 광고 중에 정한 자가 한다. 광고 중에 판정자를 정하지 아니한 때에는 광고자가 판정한다.
③ 우수한 자 없다는 판정은 이를 할 수 없다. 그러나 광고 중에 다른 의사표시가 있거나 광고의 성질상 판정의 표준이 정하여져 있는 때에는 그러하지 아니하다.
④ 응모자는 전2항의 판정에 대하여 이의를 하지 못한다.
⑤ 수인의 행위가 동등으로 판정된 때에는 제676조 제2항의 규정을 준용한다.

현상광고의 철회(민법 제679조)
① 광고에 그 지정한 행위의 완료기간을 정한 때에는 그 기간만료 전에 광고를 철회하지 못한다.
② 광고에 행위의 완료기간을 정하지 아니한 때에는 그 행위를 완료한 자 있기 전에는 그 광고와 동일한 방법으로 광고를 철회할 수 있다.
③ 전광고와 동일한 방법으로 철회할 수 없는 때에는 그와 유사한 방법으로 철회할 수 있다. 이 철회는 철회한 것을 안 자에 대하여만 그 효력이 있다.

Ⅰ 서 설

1. 의 의

현상광고는 광고자가 일정한 행위를 한 자에게 일정한 보수를 지급할 의사를 광고의 방법으로 표시하고, 이에 응한 자가 그 광고에서 정한 행위를 완료함으로써 성립하는 계약이다.

2. 법적 성질

① 현상광고의 법적 성질을 단독행위로 새기는 유력설이 있으나, 다수설은 계약설이다. 계약으로서 현상광고는 유상·편무계약이고, 지정된 행위를 완료하여야 계약이 성립하므로 요물계약이다.
② 현상광고도 법률행위이므로 그 효력의 발생, 즉 그 광고에 정한 행위의 완료에 조건이나 기한을 붙일 수 있다. **기출** 21

Ⅱ 현상광고의 성립

1. 청약과 승낙

현상광고에서 불특정 다수인에 대한 광고자의 광고행위가 청약이고, 그 광고에 응하여 지정된 행위를 완료하는 응모자의 행위가 승낙이다.

2. 철회 여부

① 현상광고는 불특정 다수인에 대한 광고이므로, 이를 철회하지 못하는 것이 원칙이다.
② 지정행위의 완료시기를 정한 경우 청약의 철회는 인정될 수 없다. 그러나 지정행위의 완료시기를 정하지 않았다면, 그 행위를 완료한 자가 있기 전에 전의 광고와 동일한 방법으로 그 광고를 철회할 수 있다.

Ⅲ 현상광고의 효과

1. 보수청구권의 취득

현상광고에서 지정된 행위를 완료한 자는 광고자에 대하여 보수청구권을 취득한다.

2. 지정행위를 완료한 자가 수인이 있는 경우

지정행위를 완료한 자가 수인이 있는 경우에, 최초로 지정행위를 완료한 자가 보수청구권을 취득한다. 수인이 동시에 지정행위를 완료한 경우에는 각각 균등한 비율로 보수를 받을 권리가 인정되지만, 보수가 성질상 분할할 수 없는 것이면 추첨에 의하여 보수청구권자를 정한다(민법 제676조). 이 규정은 임의규정이다.

IV 우수현상광고

1. 의 의

우수자에게만 보수를 지급한다는 현상광고를 의미한다(민법 제678조).

> 건축설계 우수현상광고에서 당선자가 보수로서 받는 '기본 및 실시설계권'이란 당선자가 광고자에게 우수작으로 판정된 계획설계에 기초하여 기본 및 실시설계계약의 체결을 청구할 수 있는 권리를 말하는 것이므로, 광고자로서는 특별한 사정이 없는 한 이에 응할 의무를 지게 되어 당선자 이외의 제3자와 설계계약을 체결하여서는 아니됨은 물론이고, 당사자 모두 계약의 체결을 위하여 성실하게 협의하여야 할 의무가 있다고 할 것이며, 만약 광고자가 일반 거래실정이나 사회통념에 비추어 현저히 부당하다고 보여지는 사항을 계약내용으로 주장하거나 경제적 어려움으로 공사를 추진할 수 없는 등으로 인하여 계약이 체결되지 못하였다면 당선자는 이를 이유로 한 손해배상책임을 물을 수 있다(대판 2002.1.25. 99다63169). 기출 09

2. 응모기간

응모기간이 반드시 정해져야 한다(민법 제678조 제1항). 따라서 이것은 철회가 불가하다(민법 제679조 제1항).

3. 우수자가 없다는 판정의 가능성

우수자가 없다는 판정은 원칙적으로 불가능하다. 다만, 예외적으로 광고에서 다른 의사표시를 하거나 또는 광고의 성질상 판정의 표준이 정하여져 있으면 가능하다(민법 제678조 제3항).

4. 판정에 대한 이의제기

판정은 광고자 및 응모자를 구속한다. 즉, 이의제기를 할 수 없다(민법 제678조 제4항).

10 위 임

I 서 설

1. 의 의

> **위임의 의의(민법 제680조)**
> 위임은 당사자 일방이 상대방에 대하여 사무의 처리를 위탁하고 상대방이 이를 승낙함으로써 그 효력이 생긴다.

위임은 당사자 일방, 즉 위임인이 상대방(수임인)에 대하여 사무의 처리를 위탁하고, 상대방이 이를 승낙함으로써 성립하는 계약이다(민법 제680조).

2. 법적 성질

① 민법상의 위임은 무상임을 원칙으로 하며, 그 법적 성질은 편무·낙성계약이다. 그러나 특약으로 유상으로 할 수 있는데, 이 경우 쌍무·낙성계약이다.

② 위임은 타인의 사무를 처리하는 활동 그 자체를 목적으로 하는 수단채무적 성격이 강하나, 도급은 일의 완성을 목적으로 하는 결과채무적 성격이 강하다.

3. 위임의 성립

① 위임은 일정한 사무처리의 위탁을 목적으로 한다. 여기서 사무처리는 법률상 또는 사실상의 모든 행위로, 법률행위, 준법률행위, 사실행위를 포함한다.

② 위임인이 수임인에게 보수를 지급하는 것은 위임의 요건이 아니다.

Ⅱ 위임의 효력

1. 수임인의 의무

수임인의 선관의무(민법 제681조) 기출 02·06·12

수임인은 위임의 본지에 따라 선량한 관리자의 주의로써 위임사무를 처리하여야 한다.

복임권의 제한(민법 제682조) 기출 11

① 수임인은 위임인의 승낙이나 부득이한 사유 없이 제3자로 하여금 자기에 갈음하여 위임사무를 처리하게 하지 못한다.

② 수임인이 전항의 규정에 의하여 제3자에게 위임사무를 처리하게 한 경우에는 제121조, 제123조의 규정을 준용한다.

수임인의 보고의무(민법 제683조) 기출 12

수임인은 위임인의 청구가 있는 때에는 위임사무의 처리상황을 보고하고 위임이 종료한 때에는 지체 없이 그 전말을 보고하여야 한다.

수임인의 취득물 등의 인도, 이전의무(민법 제684조)

① 수임인은 위임사무의 처리로 인하여 받은 금전 기타의 물건 및 그 수취한 과실을 위임인에게 인도하여야 한다.

② 수임인이 위임인을 위하여 자기의 명의로 취득한 권리는 위임인에게 이전하여야 한다.

수임인의 금전소비의 책임(민법 제685조)

수임인이 위임인에게 인도할 금전 또는 위임인의 이익을 위하여 사용할 금전을 자기를 위하여 소비한 때에는 소비한 날 이후의 이자를 지급하여야 하며 그 외의 손해가 있으면 배상하여야 한다.

(1) 위임사무처리의무

① 선량한 관리자의 주의로 사무를 처리하여야 한다(민법 제681조).

> 법무사가 의뢰인으로부터 등기신청서류의 작성과 등기신청의 대리 등을 수임하였을 때에는 위임의 본지에 따라 선량한 관리자의 주의로써 위임사무를 처리하여야 하는바, 일반인들이 법무사에게 등기신청의 대리 등을 의뢰하는 이유는 통상 법무사의 등기에 관한 전문적이고 기술적인 지식의 도움으로 복잡한 등기신청 절차를 직접하게 치러하기 위한 것이라 할 것이므로, 부동산 매수인의 의뢰로 매매계약 및 대금 지급에 참여하는 등 부동산 거래관계에 관여하고 그에 따른 등기신청서류의 작성과 등기신청을 내티린 법무사는 그 등기신청과 관련된 한도 내에서는 등기부를 열람하여 등기의 목적과 관련된 권리관계를 확인하고, 이를 의뢰인에게 설명하고 필요한 조언 등을 할 의무가 있고, 형식적으로 소유권이전등기신청에 관한 서류를 작성하여 제출한 것만으로는 법무사가 수임인으로서의 의무를 다하였다고 할 수 없다(대판 2008.3.27. 2007다76313). `기출` 12

② 원칙적으로 수임인은 자기 스스로 사무를 처리하여야 한다. 다만, 위임인이 승낙이 있거나 부득이한 사유가 있으면 수임인은 제3자로 하여금 자기에 갈음하여 위임사무를 처리하게 할 수 있다(민법 제682조 제1항).

(2) 부수의무

① 보고의무(민법 제683조)

② 취득물인도의무(민법 제684조 제1항) : 취득한 것 전부를 그대로 인도하여야 한다.

③ 취득한 권리의 이전의무(민법 제684조 제2항)

④ 금전소비에 대한 책임(민법 제685조) : 소비한 날 이후의 이자와 그 외에 손해가 있으면 손해까지 배상하여야 한다.

2. 위임인의 의무

수임인의 보수청구권(민법 제686조) `기출` 06 · 11 · 15
① 수임인은 특별한 약정이 없으면 위임인에 대하여 보수를 청구하지 못한다.
② 수임인이 보수를 받을 경우에는 위임사무를 완료한 후가 아니면 이를 청구하지 못한다. 그러나 기간으로 보수를 정한 때에는 그 기간이 경과한 후에 이를 청구할 수 있다.
③ 수임인이 위임사무를 처리하는 중에 수임인의 책임 없는 사유로 인하여 위임이 종료된 때에는 수임인은 이미 처리한 사무의 비율에 따른 보수를 청구할 수 있다.

수임인의 비용선급청구권(민법 제687조)
위임사무의 처리에 비용을 요하는 때에는 위임인은 수임인의 청구에 의하여 이를 선급하여야 한다.

수임인의 비용상환청구권 등(민법 제688조) `기출` 06 · 11
① 수임인이 위임사무의 처리에 관하여 필요비를 지출한 때에는 위임인에 대하여 지출한 날 이후의 이자를 청구할 수 있다.
② 수임인이 위임사무의 처리에 필요한 채무를 부담한 때에는 위임인에게 자기에 갈음하여 이를 변제하게 할 수 있고 그 채무가 변제기에 있지 아니한 때에는 상당한 담보를 제공하게 할 수 있다.
③ 수임인이 위임사무의 처리를 위하여 과실 없이 손해를 받은 때에는 위임인에 대하여 그 배상을 청구할 수 있다.

(1) 보수지급의무

① 특약이 없는 한 보수지급의무가 없다는 것이 민법상의 원칙이다(민법 제686조 제1항). 단, 명시적 특약이 없다고 할지라도 유상성이 추정되는 경우가 있다(통설·판례).

> [다수의견] 변호사의 소송위임 사무처리 보수에 관하여 변호사와 의뢰인 사이에 약정이 있는 경우 위임사무를 완료한 변호사는 원칙적으로 약정 보수액 전부를 청구할 수 있다. 다만 의뢰인과의 평소 관계, 사건 수임 경위, 사건처리 경과와 난이도, 노력의 정도, 소송물 가액, 의뢰인이 승소로 인하여 얻게 되 구체적 이익, 그 밖에 변론에 나타난 여러 사정을 고려하여, 약정 보수액이 부당하게 과다하여 신의성실의 원칙이나 형평의 관념에 반한다고 볼 만한 특별한 사정이 있는 경우에는 예외적으로 적당하다고 인정되는 범위 내의 보수액만을 청구할 수 있다. 그런데 이러한 보수 청구의 제한은 어디까지나 계약자유의 원칙에 대한 예외를 인정하는 것이므로, 법원은 그에 관한 합리적인 근거를 명확히 밝혀야 한다. 이러한 법리는 대법원이 오랜 시간에 걸쳐 발전시켜 온 것으로서, 현재에도 여전히 그 타당성을 인정할 수 있다.
> [대법관 2인의 별개의견] 민법은 반사회질서의 법률행위(제103조), 불공정한 법률행위(제104조) 등 법률행위의 무효사유를 개별적·구체적으로 규정하고 있다. 또한 '손해배상의 예정액이 부당히 과다한 경우에는 법원은 적당히 감액할 수 있다'고 하는 민법 제398조 제2항과 같이 명시적으로 계약의 내용을 수정할 수 있다고 규정하는 법률 조항도 존재한다. 그러나 신의칙과 관련하여서는 민법 제2조 제1항에서 "권리의 행사와 의무의 이행은 신의에 좇아 성실히 하여야 한다"라고 규정하고, 제2항에서 "권리는 남용하지 못한다"라고 규정할 뿐 이를 법률행위의 무효사유로 규정하고 있지는 않다. 그러므로 민법 제2조의 신의칙 또는 민법에 규정되어 있지도 않은 형평의 관념은 당사자 사이에 체결된 계약을 무효로 선언할 수 있는 근거가 될 수 없다. 그럼에도 신의칙 또는 형평의 관념 등 일반 원칙에 의해 개별 약정의 효력을 제약하려고 시도하는 것은 사적 자치의 원칙, 자유민주적 기본질서, 시장경제질서 등 헌법적 가치에 정면으로 반한다(대판[전합] 2018.5.17. 2016다35833).

② 보수의 지급시기(후급의 원칙) : 특약이 없으면 위임사무의 종료 시에 지급한다(민법 제686조 제2항 본문). 기간으로 정한 보수는 기간이 지난 후에 지급한다(민법 제686조 제2항 단서).

(2) 그 밖의 의무

① 비용선급의무(민법 제687조) [기출] 15
② 필요비상환의무(민법 제688조 제1항) [기출] 15
③ 채무의 대변제의무 및 담보제공의무(민법 제688조 제2항)
④ 손해배상의무(민법 제688조 제3항) [기출] 15

Ⅲ 위임의 종료

위임의 상호해지의 자유(민법 제689조) [기출] 06·11
① 위임계약은 각 당사자가 언제든지 해지할 수 있다.
② 당사자 일방이 부득이한 사유 없이 상대방의 불리한 시기에 계약을 해지한 때에는 그 손해를 배상하여야 한다.

사망·파산 등과 위임의 종료(민법 제690조)
위임은 당사자 한쪽의 사망이나 파산으로 종료된다. 수임인이 성년후견개시의 심판을 받은 경우에도 이와 같다.

1. 위임의 상호해지의 자유

① 위임계약은 유상이든 무상이든 상관없이 각 당사자가 언제든지 해지할 수 있다(민법 제689조 제1항).

② 위임에서 임의해지가 인정되고, 그로 말미암아 상대방이 손해를 입더라도, 그것을 배상할 의무를 부담하지 않는 것이 원칙이지만, 부득이한 사유 없이 상대방에게 불리한 시기에 해지한 경우에는 그 손해를 배상해야 한다(민법 제689조 제2항).

2. 기타 종료사유

① 당사자 한 쪽의 사망이나 파산, 수임인에 대한 성년후견개시의 심판(민법 제690조)

② 채무불이행으로 인한 해제

> 수임인이 위임계약상의 채무를 제대로 이행하지 아니하였다 하여 위임인이 언제나 최고 없이 바로 그 채무불이행을 이유로 하여 위임계약을 해제할 수 있는 것은 아니고, 아직도 수임인이 위임계약상의 채무를 이행하는 것이 가능하다면 위임인은 수임인에 대하여 상당한 기간을 정하여 그 이행을 최고하고, 수임인이 그 기간 내에 이를 이행하지 아니할 때에 한하여 계약을 해제할 수 있다(대판 1996.11.26, 96다27148). **기출 11**

3. 위임종료의 특칙

위임종료 시의 긴급처리(민법 제691조)
위임종료의 경우에 급박한 사정이 있는 때에는 수임인, 그 상속인이나 법정대리인은 위임인, 그 상속인이나 법정대리인이 위임사무를 처리할 수 있을 때까지 그 사무의 처리를 계속하여야 한다. 이 경우에는 위임의 존속과 동일한 효력이 있다.

위임종료의 대항요건(민법 제692조) **기출 12**
위임종료의 사유는 이를 상대방에게 통지하거나 상대방이 이를 안 때가 아니면 이로써 상대방에게 대항하지 못한다.

① 수임인의 긴급사무처리의무(민법 제691조)

② 위임종료의 대항요건(민법 제692조)

I 서설

1. 의의

> **임치의 의의(민법 제693조)**
> 임치는 당사자 일방이 상대방에 대하여 금전이나 유가증권 기타 물건의 보관을 위탁하고 상대방이 이를 승낙함으로써 효력이 생긴다.

임치는 당사자 일방(임치인)이 상대방(수치인)에 대하여 금전이나 유가증권 기타 물건의 보관을 위탁하고, 상대방이 이를 승낙함으로써 성립하는 낙성·불요식의 계약이다. 즉, 임치는 목적물의 보관 자체를 목적으로 하는 계약이다(민법 제693조).

2. 법적 성질

편무·무상계약이 원칙이나, 보수지급의 약정이 있으면 쌍무·유상계약이다.

II 임치의 성립

① 동산뿐만 아니라 부동산의 임치도 가능하다.
② 임치는 무상임을 원칙으로 하므로, 보수는 임치의 요건이 아니다. 다만, 상법상의 임치는 원칙적으로 유상이다(상법 제61조).

III 임치의 효력

1. 수치인의 의무

> **수치인의 임치물사용금지(민법 제694조)**
> 수치인은 임치인의 동의 없이 임치물을 사용하지 못한다.
>
> **무상수치인의 주의의무(민법 제695조)** 기출 01·03
> 보수 없이 임치를 받은 자는 임치물을 자기재산과 동일한 주의로 보관하여야 한다.
>
> **수치인의 통지의무(민법 제696조)**
> 임치물에 대한 권리를 주장하는 제3자가 수치인에 대하여 소를 제기하거나 압류한 때에는 수치인은 지체 없이 임치인에게 이를 통지하여야 한다.

(1) 임치물보관의무

① 수치인은 수치한 그 물건을 반환해야 하므로, 선량한 관리자의 주의로써 임치물을 보관해야 한다(민법 제374조).

② 그러나 선관주의의무를 부담하는 것은 유상수치인에 한하고, 무상임치에서 수치인은 자기의 재산과 동일한 주의로써 보관하는 것으로 충분하다(민법 제695조).

(2) 부수의무

① 임치인의 동의 없이 보관 중인 임치물을 사용하지 못한다(민법 제694조).

② 임치물에 관하여 권리를 주장하는 제3자가 수치인에 대하여 소를 제기하거나 압류한 경우에, 수치인은 지체 없이 그 사실을 임치인에게 통지해야 한다(민법 제696조).

③ 수임인과 마찬가지로 수치인은 보관과 관련하여 받은 금전 기타 물건을 임치인에게 인도하고, 취득한 권리를 이전하고, 자기를 위하여 소비한 금전의 이자를 지급하며 손해를 배상할 의무를 진다(민법 제701조, 제684조, 제685조).

(3) 임치물반환의무

① 임치가 종료하면 수치인은 임치물을 임치인에게 반환해야 한다. 반환의 목적물은 수치인이 받아 보관한 것 자체이다. 임치물이 대체물인 때에도 마찬가지이다. 따라서 임치물이 전부 멸실한 때에는 임치물반환채무는 이행불능이 되는 것이며, 그 물건이 대체물인 경우에도 그와 동종·동량의 물건으로 인도할 의무는 없다(대판 1976.11.9. 76다1932).

② 반환의 장소는 특약이 없으면 보관한 장소이다. 다만, 수치인이 정당한 이유에 기하여 전치한 경우에는 현존하는 장소에서 반환할 수 있다(민법 제700조).

③ 유상임치에서 수치인의 반환의무는 임치인의 보수지급의무와 동시이행관계에 있다.

2. 임치인의 의무

(1) 임치인의 임치물인도의무 인정 여부

학설은 긍정설과 부정설 및 무상임치의 경우에는 부정하나, 유상임치인 경우에는 긍정하는 절충설이 대립한다.

(2) 위임에 관한 규정의 준용 등

위임에 관한 규정이 준용되므로 유상인지, 무상인지 불문하고 임치인은 비용의 선급, 비용의 상환, 채무변제 및 담보제공의 의무를 부담한다(민법 제701조, 제687조, 제688조 제1항·제2항). 또한 임치물의 성질 또는 하자로 인하여 수치인이 입은 손해를 배상하여야 한다. 그러나 수치인이 그 성질이나 하자를 알고 있었다면 배상책임을 면한다(민법 제697조).

(3) 임치인의 보수지급의무 및 지급시기 등

임치인의 보수지급의무는 특약이 있는 경우에만 발생하며, 그 지급시기 등은 위임에서와 같다(민법 제701조, 제686조).

Ⅳ 임치의 종료

기간의 약정 있는 임치의 해지(민법 제698조)
임치기간의 약정이 있는 때에는 수치인은 부득이한 사유 없이 그 기간만료전에 계약을 해지하지 못한다. 그러나 임치인은 언제든지 계약을 해지할 수 있다.

기간의 약정 없는 임치의 해지(민법 제699조)
임치기간의 약정이 없는 때에는 각 당사자는 언제든지 계약을 해지할 수 있다.

1. 임치인

기간의 약정의 유무를 불문하고 언제든지 해지 가능하다(민법 제698조 단서, 제699조).

2. 수치인

기간의 약정이 없으면 언제든지 해지 가능하나(민법 제699조), 기간의 약정이 있으면 부득이한 사유가 있어야만 기간의 만료 전에 해지 가능하다(민법 제698조 본문).

3. 기타 종료사유

그 밖에 임치기간의 만료 또는 목적물의 멸실에 의해서도 임치관계가 종료된다.

Ⅴ 소비임치

> **소비임치(민법 제702조)**
> 수치인이 계약에 의하여 임치물을 소비할 수 있는 경우에는 소비대차에 관한 규정을 준용한다. 그러나 반환시기의 약정이 없는 때에는 임치인은 언제든지 그 반환을 청구할 수 있다.

1. 의 의

수치인이 대체물인 임치물을 소비하고, 그것과 동종·동질·동량의 물건을 반환할 의무를 부담하는 임치를 소비임치 또는 불규칙임치라고 한다(민법 제702조).

2. 효 과

(1) 준용규정

소비대차에 관한 규정이 준용되나, 반환시기에 관한 규정은 준용되지 않는다.

(2) 임치물의 소유권

소비임치에서는 임치물의 소유권이 수치인에게 귀속하므로, 수치인은 목적물의 보관의무를 부담하지 않으며, 동종·동질·동량의 물건의 반환의무만 부담한다.

3. 예금계약

(1) 법적 성질 : 소비임치(통설·판례)

(2) 예금계약의 성립시기

금융기관의 창구에서 금융기관이 돈을 받아 확인하면 그때 성립한다(대판 1996.1.26. 95다26919).

(3) 예금증서(통장)의 의미

통장은 예금계약 사실을 증빙하는 증표일 뿐이므로 그 통장이 수기식이라고 하여 이미 성립한 예금계약이 소급하여 무효가 되지는 않는다(대판 1984.8.14. 84도1139).

Ⅰ 서 설

1. 의 의

> **조합의 의의(민법 제703조)**
> ① 조합은 2인 이상이 상호출자하여 공동사업을 경영할 것을 약정함으로써 그 효력이 생긴다.
> ② 전항의 출자는 금전 기타 재산 또는 노무로 할 수 있다.

① 조합은 2인 이상이 상호출자하여 공동사업을 경영할 것을 약정함으로써 성립하는 계약을 말한다(민법 제703조 제1항). 판례는 "당사자들이 공동이행방식의 공동수급체를 구성하여 도급인으로부터 공사를 수급받는 경우 공동수급체는 원칙적으로 민법상 조합에 해당한다"고 판시하고 있다(대판 2018.1.24. 2015다69990).

> • 이른바 '내적조합'이라는 일종의 특수한 조합으로 보기 위하여는 당사자의 내부관계에서는 조합관계가 있어야 할 것이고, 내부적인 조합관계가 있다고 하려면 서로 출자하여 공동사업을 경영할 것을 약정하여야 하며, 영리사업을 목적으로 하면서 당사자 중의 일부만이 이익을 분배받고 다른 자는 전혀 이익분배를 받지 않는 경우에는 조합관계(동업관계)라고 할 수 없다(대판 2000.7.7. 98다44666). **기출 21**
> • 부동산의 공동매수인들이 전매차익을 얻으려는 '공동의 목적 달성'을 위해 상호 협력한 것에 불과하고 이를 넘어 '공동사업을 경영할 목적'이 있었다고 인정되지 않는 경우, 이들 사이의 법률관계는 공유관계에 불과할 뿐 민법상 조합이 아니다(대판 2007.6.14. 2005다5140). **기출 21**

② 조합자체는 권리·의무의 주체가 아니다. 즉, 조합은 권리능력이 없고, 소송상 당사자능력도 없다(대판 1994.4.23. 99다4504).

③ 토석채취권을 매수한 자가 그 권리를 조합에 출자하고 별도의 권리이전절차를 밟지 않은 경우, 다른 조합원이나 매도인이 그 권리가 조합재산임을 주장할 수 있는지 여부(소극) **기출 22**

> 단독으로 임야에 대한 토석채취권을 매수한 자가 그 후 매수자금 조달을 위하여 동업계약을 체결했다면, 설사 그 동업계약의 체결에 의해 매수인이 그 매매계약에 기한 매수인으로서의 권리 일체를 동업체인 조합에 출자한 것으로 본다고 하더라도, 그 권리가 당연히 조합재산으로서 동업자들에게 합유적으로 귀속되는 것은 아니고 별개의 권리이전절차를 밟아야 함은 당연하므로, 매수인 명의 변경에 관한 합의가 이루어졌거나 달리 권리이전절차를 밟았다고 볼 수 없는 경우, 동업자들로서는 매수인에 대해 출자의무의 이행으로서 권리이전절차를 밟을 것을 청구할 수 있음은 별론으로 하고 매도인에 대해 그 권리가 조합재산임을 주장할 수는 없고, 반대로 매도인 또한 그 권리가 조합재산으로서 매수인 및 동업자들에게 합유적으로 귀속됨을 내세워 매수인 단독 명의로 임야거래허가절차의 이행을 구하는 매수인의 청구를 거부할 수는 없다(대판 1996.2.27. 94다27083·27090).

2. 법적 성격

(1) 견해의 대립

순수한 계약이라는 견해, 합동행위로서의 성질과 계약으로서의 성질을 모두 가지는 특수한 법률행위라는 견해의 대립이 있다.

(2) 유상계약에 관한 규정이 적용 여부

조합계약이 낙성·불요식의 계약이라는 점은 이설이 없으나, 쌍무·유상계약인지 여부에 대해서는 견해의 대립이 있으며, 다수설은 쌍무·유상계약이라고 한다. 이에 따라 조합은 매매에 관한 규정이 준용된다. 그러나 임의탈퇴, 제명, 해산청구 등에 관한 특칙이 있기 때문에 해제와 해지에 관한 일반규정은 적용되지 않는다(통설·판례).

> 광업법 제34조 제1항, 제19조 제6항에 의하면 공동광업권자는 조합계약을 한 것으로 보도록 되어 있으므로 갑 등 4인 명의로 광업권등록이 되어 있다면 그들 사이에는 광업권에 관하여 조합관계에 있다 할 것이고 조합계약에 있어서는 조합의 해산청구를 하거나 탈퇴를 하거나 다른 조합원을 제명할 수 있을 뿐이고 특별한 사정이 없는 한 계약해제에 관한 민법상의 일반규정에 의하여 조합계약을 해제하고 상대방에게 원상회복의무를 부담시킬 수는 없다(대판 1988.3.8. 87다카1448). 기출 09·23

3. 조합계약의 성립

(1) 출자의무

모든 조합원이 출자의무를 부담하여야 하고, 출자의무를 부담하지 않는 자가 있는 조합계약은 무효이다. 출자의 목적에는 제한이 없고, 노무의 출자도 가능하다(민법 제703조 제2항).

> [1] 당사자들이 공동이행방식의 공동수급체를 구성하여 도급인으로부터 공사를 수급받는 경우 공동수급체는 원칙적으로 민법상 조합에 해당한다. 건설공동수급체 구성원은 공동수급체에 출자의무를 지는 반면 공동수급체에 대한 이익분배청구권을 가지는데, 이익분배청구권과 출자의무는 별개의 권리·의무이다. 따라서 공동수급체의 구성원이 출자의무를 이행하지 않더라도, 공동수급체가 출자의무의 불이행을 이유로 이익분배 자체를 거부할 수도 없고, 그 구성원에게 지급할 이익분배금에서 출자금이나 그 연체이자를 당연히 공제할 수도 없다. 다만 구성원에 대한 공동수급체의 출자금 채권과 공동수급체에 대한 구성원의 이익분배청구권이 상계적상에 있으면 상계에 관한 민법 규정에 따라 두 채권을 대등액에서 상계할 수 있을 따름이다. [2] 공동수급체의 구성원들 사이에 '출자의무와 이익분배를 직접 연계시키는 특약'을 하는 것도 계약자유의 원칙상 허용된다. 따라서 구성원들이 출자의무를 먼저 이행한 경우에 한하여 이익분배를 받을 수 있다고 약정하거나 출자의무의 불이행 정도에 따라 이익분배금을 전부 또는 일부 삭감하기로 약정할 수도 있다. 나아가 금전을 출자하기로 한 구성원이 출자를 지연하는 경우 그 구성원이 지급받을 이익분배금에서 출자금과 그 연체이자를 '공제'하기로 하는 약정을 할 수도 있다. 이러한 약정이 있으면 공동수급체는 그 특약에 따라 출자의무를 불이행한 구성원에 대한 이익분배를 거부하거나 구성원에게 지급할 이익분배금에서 출자금과 그 연체이자를 공제할 수 있다. 이러한 '공제'는 특별한 약정이 없는 한 당사자 쌍방의 채권이 서로 상계적상에 있는지 여부와 관계없이 가능하고 별도의 의사표시도 필요하지 않다. 이 점에서 상계적상에 있는 채권을 가진 채권자가 별도로 의사표시를 하여야 하는 상계(민법 제493조 제1항)와는 구별된다. 물론 상계의 경우에도 쌍방의 채무가 상계적상에 이르면 별도의 의사표시 없이도 상계된 것으로 한다는 특약을 할 수 있다. 그러나 공제 약정이 있으면 별도의 의사표시 없이도 당연히 공제되는 것이 원칙이다(대판 2018.1.24. 2015다69990). 기출 23

(2) 무효·취소의 소급효 제한

통설·판례는 조합이 이미 활동을 시작한 후에는 조합계약에 무효·취소사유가 있는 경우에도 거래의 안전을 보호하기 위해 조합계약의 소급효를 제한하고 있다.

Ⅱ 조합의 법률관계

1. 조합의 대내관계(업무집행)

사무집행의 방법(민법 제706조) 기출 12·14·16
① 조합계약으로 업무집행자를 정하지 아니한 경우에는 조합원의 3분의 2 이상의 찬성으로써 이를 선임한다.
② 조합의 업무집행은 조합원의 과반수로써 결정한다. 업무집행자 수인인 때에는 그 과반수로써 결정한다.
③ 조합의 통상사무는 전항의 규정에 불구하고 각 조합원 또는 각 업무집행자가 전행할 수 있다. 그러나 그 사무의 완료전에 다른 조합원 또는 다른 업무집행자의 이의가 있는 때에는 즉시 중지하여야 한다.

준용규정(민법 제707조)
조합업무를 집행하는 조합원에는 제681조 내지 제688조의 규정을 준용한다.

업무집행자의 사임, 해임(민법 제708조) 기출 16
업무집행자인 조합원은 정당한 사유 없이 사임하지 못하며 다른 조합원의 일치가 아니면 해임하지 못한다.

조합원의 업무, 재산상태검사권(민법 제710조) 기출 19
각 조합원은 언제든지 조합의 업무 및 재산상태를 검사할 수 있다.

[조합재산의 처분·변경행위에 대하여 민법 제706조 제2항이 민법 제272조에 우선하여 적용되는지 여부(적극) 및 조합재산의 처분·변경에 관한 의사결정 방법]
민법 제272조에 따르면 합유물을 처분 또는 변경함에는 합유자 전원의 동의가 있어야 하나, 합유물 가운데서도 조합재산의 경우 그 처분·변경에 관한 행위는 조합의 특별사무에 해당하는 업무집행으로서, 이에 대하여는 특별한 사정이 없는 한 민법 제706조 제2항이 민법 제272조에 우선하여 적용되므로, 조합재산의 처분·변경은 업무집행자가 없는 경우에는 조합원의 과반수로 결정하고, 업무집행자가 수인 있는 경우에는 그 업무집행자의 과반수로써 결정하며, 업무집행자가 1인만 있는 경우에는 그 업무집행자가 단독으로 결정한다(대판 2010.4.29. 2007다18911). 기출 22

2. 조합의 대외관계(조합대리)

업무집행자의 대리권추정(민법 제709조)
조합의 업무를 집행하는 조합원은 그 업무집행의 대리권 있는 것으로 추정한다.

이른바 조합대리에 있어서는 본인에 해당하는 모든 조합원을 위한 것임을 표시하여야 하나, 반드시 조합원 전원의 성명을 제시할 필요는 없고, 상대방이 알 수 있을 정도로 조합을 표시하는 것으로 충분하다. 그리고 상법 제48조는 "상행위의 대리인이 본인을 위한 것임을 표시하지 아니하여도 그 행위는 본인에 대하여 효력이 있다. 그러나 상대방이 본인을 위한 것임을 알지 못한 때에는 대리인에 대하여도 이행의 청구를 할 수 있다"고 규정하고 있으므로, 조합대리에 있어서도 그 법률행위가 조합에게 상행위가 되는 경우에는 조합을 위한 것임을 표시하지 않았다고 하더라도 그 법률행위의 효력은 본인인 조합원 전원에게 미친다(대판 2009.1.30. 2008다79340).

기출 16

Ⅲ   조합의 재산관계

1. 조합원의 출자

> **금전출자지체의 책임(민법 제705조)** 기출 12 · 14 · 16 · 17
> 금전을 출자의 목적으로 한 조합원이 출자시기를 지체한 때에는 연체이자를 지급하는 외에 손해를 배상하여야 한다.

각 조합원은 조합계약에 의하여 출자의무를 부담한다(민법 제703조 제1항). 한편 금전출자의무를 부담하는 조합원이 이를 게을리 하였다면, 이자를 지급해야 할 뿐만 아니라 그로 인한 손해도 배상해야 한다(민법 제705조). 출자한 권리가 조합재산으로 되려면 등기 등 권리이전절차를 거쳐야 한다(대판 2002.6.14. 2000다30622).

2. 조합재산

(1) 합유적 귀속

> **조합재산의 합유(민법 제704조)**
> 조합원의 출자 기타 조합재산은 조합원의 합유로 한다.

① 조합재산은 조합원의 개인재산과 구별되는 독립성을 가진다. 따라서 조합의 채무자는 그가 부담하는 채무와 조합원 개인에 대한 채권을 상계하지 못한다(민법 제715조). 기출 12 · 19 그러나 조합 자체가 독립한 권리주체인 것은 아니므로 조합재산은 전 조합원의 합유에 속한다.
② 각 조합원은 조합의 청산 전에 조합재산의 분할을 청구하지 못하지만(민법 제273조 제2항), 조합원 전원의 동의가 있으면 분할할 수 있다.
③ 조합원 전원의 동의 없이 조합재산에 대한 지분을 처분하지 못한다(민법 제273조 제1항). 이를 위반하더라도 그 처분 자체가 무효로 되지는 않지만, 조합 및 조합과 거래한 제3자에게 대항하지 못한다.

④ 조합재산의 합유성에 따른 결과로 조합원의 합유지분에 대한 압류가 그 잠재적인 지분에 대해서는 효력이 없고, 그 지분에 기한 장래의 이익배당 및 지분을 반환받을 권리에 대해서만 효력을 가질 뿐이다(민법 제714조).

⑤ 조합의 채권도 전 조합원에게 합유적으로 귀속된다.

> 업무집행 조합원이 본연의 임무에 위배되거나 혹은 권한을 넘어선 행위를 자행함으로써 끝내 동업체의 동업 목적을 달성할 수 없게끔 만들고 조합원이 출자한 ㅇㅇㅇ를 ㅇ~ 어비한 경우에 그로 인하여 손해를 입은 주체는 동업자금을 상실하여 버린 조합, 즉 소합원들로 구성된 동업체라 할 것이고, 이로 인하여 결과적으로 동업자금을 출자한 조합원에게 손해가 발생하였다 하더라도 이는 조합과 무관하게 개인으로서 입은 손해가 아니고, 조합체를 구성하는 조합원의 지위에서 입은 손해에 지나지 아니하는 것이므로, 결국 피해자인 조합원으로서는 조합관계를 벗어난 개인의 지위에서 그 손해의 배상을 구할 수는 없다(대판 1999.6.8. 98다60484). **기출** 14

⑥ 합유등기가 아닌 공유등기를 마친 경우의 법률관계

> 동업을 목적으로 한 조합이 조합체로서 또는 조합재산으로서 부동산의 소유권을 취득하였다면, 민법 제271조 제1항의 규정에 의하여 당연히 그 조합체의 합유물이 되고(이는 민법 제187조에 규정된 '법률의 규정에 의한 물권의 취득'과는 아무 관계가 없다. 따라서 조합체가 부동산을 법률행위에 의하여 취득한 경우에는 물론 소유권이전등기를 요한다.), 다만, 그 조합체가 합유등기를 하지 아니하고 그 대신 조합원들 명의로 각 지분에 관하여 공유등기를 하였다면, 이는 그 조합체가 조합원들에게 각 지분에 관하여 명의신탁한 것으로 보아야 한다(대판 2002.6.14. 2000다30622). **기출** 08·17

(2) 조합채무에 대한 책임

> **조합원에 대한 채권자의 권리행사(민법 제712조)** **기출** 14
> 조합채권자는 그 채권발생 당시에 조합원의 손실부담의 비율을 알지 못한 때에는 각 조합원에게 균분하여 그 권리를 행사할 수 있다.
>
> **무자력조합원의 채무와 타조합원의 변제책임(민법 제713조)** **기출** 16
> 조합원 중에 변제할 자력없는 자가 있는 때에는 그 변제할 수 없는 부분은 다른 조합원이 균분하여 변제할 책임이 있다.

조합의 채무도 전 조합원에게 합유적으로 귀속되며, 조합재산으로 조합채권자에게 책임을 진다. 또한 조합채무는 각 조합원의 채무이기도 하므로, 각 조합원은 손실분담의 비율로 각자의 재산으로 책임을 지기도 한다.

3. 손익분배

> **손익분배의 비율(민법 제711조)**
> ① 당사자가 손익분배의 비율을 정하지 아니한 때에는 각 조합원의 출자가액에 비례하여 이를 정한다.
> ② 이익 또는 손실에 대하여 분배의 비율을 정한 때에는 그 비율은 이익과 손실에 공통된 것으로 추정한다.

Ⅳ 조합원의 탈퇴

1. 탈퇴 유형

(1) 임의탈퇴

임의탈퇴(민법 제716조) `기출` 19

① 조합계약으로 조합의 존속기간을 정하지 아니하거나 조합원의 종신까지 존속할 것을 정한 때에는 각 조합원은 언제든지 탈퇴할 수 있다. 그러나 부득이한 사유 없이 조합의 불리한 시기에 탈퇴하지 못한다.
② 조합의 존속기간을 정한 때에도 조합원은 부득이한 사유가 있으면 탈퇴할 수 있다.

[1] 민법상 조합원은 조합의 존속기간이 정해져 있는 경우 등을 제외하고는 원칙적으로 언제든지 조합에서 탈퇴할 수 있고(민법 제716조 참조), 조합원이 탈퇴하면 그 당시의 조합재산 상태에 따라 다른 조합원과 사이에 지분의 계산을 하여 지분환급청구권을 가지게 되는바(민법 제719조 참조), 조합원이 조합을 탈퇴할 권리는 그 성질상 조합계약의 해지권으로서 그의 일반재산을 구성하는 재산권의 일종이라 할 것이고 채권자대위가 허용되지 않는 일신전속적 권리라고는 할 수 없다. [2] 민법 제714조는 "조합원의 지분에 대한 압류는 그 조합원의 장래의 이익배당 및 지분의 반환을 받을 권리에 대하여 효력이 있다"고 규정하여 조합원의 지분에 대한 압류를 허용하고 있으나, 여기에서의 조합원의 지분이란 전체로서의 조합재산에 대한 조합원 지분을 의미하는 것이고, 이와 달리 조합재산을 구성하는 개개의 재산에 대한 합유지분에 대하여는 압류 기타 강제집행의 대상으로 삼을 수 없다 할 것이다(대결 2007.11.30. 2005마1130). `기출` 21·23

(2) 비임의탈퇴

비임의 탈퇴(민법 제717조)

제716조의 경우 외에 조합원은 다음 각 호의 어느 하나에 해당하는 사유가 있으면 탈퇴된다.
  1. 사망
  2. 파산
  3. 성년후견의 개시
  4. 제명(除名)

제명(민법 제718조) `기출` 12·19

① 조합원의 제명은 정당한 사유 있는 때에 한하여 다른 조합원의 일치로써 이를 결정한다.
② 전항의 제명결정은 제명된 조합원에게 통지하지 아니하면 그 조합원에게 대항하지 못한다.

공동광업권자의 1인이 사망한 때에는 공동광업권의 조합관계로부터 당연히 탈퇴되고, 특히 조합계약에서 사망한 공동광업권자의 지위를 그 상속인이 승계하기로 약정한 바가 없는 이상 사망한 공동광업권자의 지위는 일신전속적인 권리의무관계로서 상속인에게 승계되지 아니하고, 따라서 동 망인이 제소한 공동광업권관계소송은 그의 사망으로 당연히 종료된다(대판 1981.7.28. 81다145). `기출` 08·14

2. 탈퇴의 효과

(1) 조합원 지위의 상실

(2) 지분의 계산

> **탈퇴조합원의 지분의 계산(민법 제719조)** 기출 17
> ① 탈퇴한 조합원과 다른 조합원간의 계산은 탈퇴당시의 조합재산상태에 의하여 한다.
> ② 탈퇴한 조합원의 지분은 그 출자의 종류여하에 불구하고 금전으로 반환할 수 있다.
> ③ 탈퇴당시에 완결되지 아니한 사항에 대하여는 완결 후에 계산할 수 있다.

- 조합에서 조합원이 탈퇴하는 경우, 탈퇴자와 잔존자 사이의 탈퇴로 인한 계산은 특별한 사정이 없는 한 민법 제719조 제1항, 제2항에 따라 '탈퇴 당시의 조합재산상태'를 기준으로 평가한 조합재산 중 탈퇴자의 지분에 해당하는 금액을 금전으로 반환하여야 하고, 조합원의 지분비율은 '조합 내부의 손익분배 비율'을 기준으로 계산하여야 하나, 당사자가 손익분배의 비율을 정하지 아니한 때에는 민법 제711조에 따라 각 조합원의 출자가액에 비례하여 이를 정하여야 한다(대판 2008.9.25. 2008다41529). 기출 14
- 탈퇴한 동업자의 출자금반환청구에 있어서 그 탈퇴자가 공동영업사무집행 중 동업체의 금원을 횡령하였다면 탈퇴자는 동업체에 이를 변상할 책임이 있다고 할 것이므로 동업체의 업무집행자는 위 손해배상채권을 자동채권으로 하여 탈퇴자의 출자금반환청구와 상계를 주장할 수 있다(대판 1983.10.11. 83다카542). 기출 09
- 조합의 탈퇴란 특정 조합원이 장래에 향하여 조합원으로서의 지위를 벗어나는 것으로서, 이 경우 조합 자체는 나머지 조합원에 의해 동일성을 유지하며 존속하는 것이므로 결국 탈퇴는 잔존 조합원이 동업사업을 계속 유지·존속함을 전제로 한다. 2인으로 구성된 조합에서 한 사람이 탈퇴하면 조합관계는 종료되나 특별한 사정이 없는 한 조합은 해산이나 청산이 되지 않고, 다만 조합의 합유에 속한 조합재산은 남은 조합원의 단독소유에 속하여 탈퇴 조합원과 남은 조합원 사이에는 탈퇴로 인한 계산을 해야 한다. 기출 22·23 이러한 법리는 부동산 사용권을 출자한 경우에도 적용된다. 조합원이 부동산 사용권을 존속기한을 정하지 않고 출자하였다가 탈퇴한 경우 특별한 사정이 없는 한 탈퇴 시 조합재산인 부동산 사용권이 소멸한다고 볼 수는 없고, 그러한 사용권은 공동사업을 유지할 수 있도록 일정한 기간 동안 존속한다고 보아야 한다. 기출 23 이때 탈퇴 조합원이 남은 조합원으로 하여금 부동산을 사용·수익할 수 있도록 할 의무를 이행하지 않음으로써 남은 조합원에게 손해가 발생하였다면 탈퇴 조합원은 그 손해를 배상할 책임이 있다(대판 2018.12.13. 2015다72385).

(3) 조합원 지위의 양도

- 조합원은 다른 조합원 전원의 동의가 있으면 그 지분을 처분할 수 있으나 조합의 목적과 단체성에 비추어 조합원으로서의 자격과 분리하여 그 지분권만을 처분할 수는 없으므로, 조합원이 지분을 양도하면 그로써 조합원의 지위를 상실하게 되며, 이와 같은 조합원 지위의 변동은 조합지분의 양도양수에 관한 약정으로써 바로 효력이 생긴다. 기출 17·23 한편, 당사자 사이에 조합지분의 양도양수에 관한 약정이 있었는지 여부는 법률행위 해석의 일반원칙에 따라야 하고, 당사자 사이에 계약의 해석을 둘러싸고 이견이 있어 처분문서에 나타난 당사자의 의사해석이 문제되는 경우에는 문언의 내용, 그와 같은 약정이 이루어진 동기와 경위, 약정에 의하여 달성하려는 목적, 당사자의 진정한 의사 등을 종합적으로 고찰하여 논리와 경험칙에 따라 합리적으로 해석하여야 한다(대판 2009.3.12. 2006다28454).
- 2인 이상이 상호 출자하여 공동사업을 경영할 것을 약정함에 따라 성립한 민법상 조합에서 조합원 지분의 양도는 원칙적으로 다른 조합원 전원의 동의가 있어야 하지만, 다른 조합원의 동의 없이 각자 지분을 자유로이 양도할 수 있도록 조합원 상호 간에 약정하거나 사후적으로 지분 양도를 인정하는 합의를 하는 것은 유효하다(대판 2016.8.30. 2014다19790). 기출 22

Ⅴ 조합의 해산과 청산

1. 조합의 해산

(1) 해산사유

조합계약에서 정한 사유의 발생, 존속기간의 만료, 조합의 목적인 사업의 성공 또는 성공불능, 조합원 전원의 합의 등이 있으면 '조합원의 해산청구가 없더라도' 조합은 해산되어 조합관계는 종료한다.

(2) 해산청구

> **부득이한 사유로 인한 해산청구(민법 제720조)**
> 부득이한 사유가 있는 때에는 각 조합원은 조합의 해산을 청구할 수 있다.

① 임의규정 : 민법의 조합의 해산사유와 청산에 관한 규정은 그와 내용을 달리하는 당사자의 특약까지 배제하는 강행규정이 아니므로 당사자가 민법의 조합의 해산사유와 청산에 관한 규정과 다른 내용의 특약을 한 경우, 그 특약은 유효하다(대판 1985.2.26. 84다카1921). 기출 12·13

② 부득이한 사유의 의미 : 경제계의 사정변경에 따른 조합 재산상태의 악화나 영업부진 등으로 조합의 목적달성이 매우 곤란하다고 인정되는 객관적인 사정이 있거나 조합 당사자 간의 불화·대립으로 인하여 신뢰관계가 파괴됨으로써 조합업무의 원활한 운영을 기대할 수 없는 경우 등 부득이한 사유가 있는 때에는 조합원이 조합의 해산을 청구할 수 있다(대판 1997.5.30. 95다4957). 기출 12

2. 조합의 청산

(1) 의 의

청산이란 해산한 조합의 재산관리를 정리하는 것을 말한다.

(2) 청산절차

① 청산인

> **청산인(민법 제721조)**
> ① 조합이 해산한 때에는 청산은 총조합원 공동으로 또는 그들이 선임한 자가 그 사무를 집행한다.
> ② 전항의 청산인의 선임은 조합원의 과반수로써 결정한다.
>
> **청산인의 업무집행방법(민법 제722조)**
> 청산인이 수인인 때에는 제706조 제2항 후단의 규정을 준용한다.
>
> **조합원인 청산인의 사임, 해임(민법 제723조)**
> 조합원 중에서 청산인을 정한 때에는 제708조의 규정을 준용한다.
>
> **청산인의 직무, 권한과 잔여재산의 분배(민법 제724조)**
> ① 청산인의 직무 및 권한에 관하여는 제87조의 규정을 준용한다.
> ② 잔여재산은 각 조합원의 출자가액에 비례하여 이를 분배한다.

② 잔여재산의 분배

- 조합의 목적 달성 등으로 인하여 조합이 해산된 경우 별도로 처리할 조합의 잔무가 없고, 다만 잔여재산을 분배하는 일만이 남아 있을 때에는 따로 청산절차를 밟을 필요 없이 각 조합원은 자신의 잔여재산 분배비율의 범위 내에서 그 분배비율을 초과하여 잔여재산을 보유하고 있는 조합원에 대하여 바로 잔여재산의 분배를 청구할 수 있다 할 것인데, 이때 조합에 합유적으로 귀속된 채권의 추심이나 채무의 변제 등의 사무가 완료되지 아니한 상황이라면, 그 채권의 추심이나 채무의 변제는 원칙적으로 조합원 전원이 공동으로 하여야 하는 것이니 만큼 그 추심이나 변제 등이 완료되지 않은 상태에서도 조합원들 사이에서 공평한 잔여재산의 분배가 가능하다는 특별한 사정이 인정되지 아니하는 한 조합이 처리하여야 할 잔무에 해당한다고 보아야 하고, 따라서 이러한 경우 청산절차를 거치지 않고 바로 잔여재산의 분배를 구할 수는 없다 할 것이며, 나아가 조합 해산시에 어느 조합원이 다른 조합원을 상대로 청산절차를 거치지 않고 곧바로 하는 위와 같은 잔여재산의 분배청구는 청구의 상대방인 조합원이 그 분배비율을 초과하여 잔여재산을 보유하고 있는 경우에 한하여 그 분배비율을 초과하는 부분의 범위 내에서만 허용되는 것이므로, 그러한 분배청구가 가능하기 위해서는 조합의 전체 잔여재산의 내역과 그 정당한 분배비율 및 조합원 각자의 현재의 잔여재산 보유내역 등이 먼저 정확하게 확정될 수 있어야 한다(대판 2009.4.23, 2007다87214). 기출 16
- 조합의 해산결의 이후 조합원의 자동제명 사유가 발생하였다 하더라도 그 조합원은 해산결의에서 정한 청산방법에 따라 출자지분에 비례한 잔여재산의 분배를 구할 수 있다(대판 2007.2.9, 2006다3486). 기출 12

13 종신정기금

종신정기금계약의 의의(민법 제725조)
종신정기금계약은 당사자 일방이 자기, 상대방 또는 제3자의 종신까지 정기로 금전 기타의 물건을 상대방 또는 제3자에게 지급할 것을 약정함으로써 그 효력이 생긴다.

종신정기금의 계산(민법 제726조)
종신정기금은 일수로 계산한다.

종신정기금계약의 해제(민법 제727조)
① 정기금채무자가 정기금채무의 원본을 받은 경우에 그 정기금채무의 지급을 해태하거나 기타 의무를 이행하지 아니한 때에는 정기금채권자는 원본의 반환을 청구할 수 있다. 그러나 이미 지급을 받은 채무액에서 그 원본의 이자를 공제한 잔액을 정기금채무자에게 반환하여야 한다.
② 전항의 규정은 손해배상의 청구에 영향을 미치지 아니한다.

해제와 동시이행(민법 제728조)
제536조의 규정은 전조의 경우에 준용한다.

채무자귀책사유로 인한 사망과 채권존속선고(민법 제729조)
① 사망이 정기금채무자의 책임 있는 사유로 인한 때에는 법원은 정기금채권자 또는 그 상속인의 청구에 의하여 상당한 기간 채권의 존속을 선고할 수 있다.
② 전항의 경우에도 제727조의 권리를 행사할 수 있다.

유증에 의한 종신정기금(민법 제730조)
본절의 규정은 유증에 의한 종신정기금채권에 준용한다.

14 화 해

화해의 의의(민법 제731조)

화해는 당사자가 상호양보하여 당사자 간의 분쟁을 종지할 것을 약정함으로써 그 효력이 생긴다.

화해의 창설적 효력(민법 제732조) `기출` 12

화해계약은 당사자 일방이 양보한 권리가 소멸되고 상대방이 화해로 인하여 그 권리를 취득하는 효력이 있다.

화해의 효력과 착오(민법 제733조) `기출` 08 · 12

화해계약은 착오를 이유로 하여 취소하지 못한다. 그러나 화해당사자의 자격 또는 화해의 목적인 분쟁 이외의 사항에 착오가 있는 때에는 그러하지 아니하다.

I 의 의

당사자가 상호 양보하여 그들 사이의 분쟁을 종지할 것을 약정함으로써 성립하는 <u>낙성 · 불요식 · 쌍무 · 유상계약</u>이다.

II 성립요건

1. 당사자 사이의 분쟁이 있을 것

분쟁이란 법률관계의 존부 · 범위 · 태양 등에 관하여 당사자의 주장이 서로 일치하지 않는 것을 의미한다.

2. 당사자가 상호 양보할 것

당사자가 서로 양보하여야 하므로, <u>일방만의 양보는 민법상 화해가 아니다. 이는 권리의 승인이나 포기에 해당</u>한다.

3. 당사자에게 처분권한이 있을 것

① 화해의 대상은 처분할 수 있는 법률관계여야 하므로 <u>원칙적으로 재산적 법률관계에 한정</u>된다.
② 따라서 가족법상의 법률관계는 원칙적으로 화해의 대상이 아니다. 다만, <u>재산적 의미를 갖는 상속회복청구권 등은 가족법상 법률관계임에도 불구하고 화해의 대상이 될 수 있다.</u>

Ⅲ 효력

1. 확정력

화해는 분쟁의 대상이 된 법률관계를 확정하는 효력이 있다.

2. 창설적 효력(민법 제732조)

민법 제732조는 임의규정이나. 따라서 해제조건부 화해도 유효하다.

3. 화해와 실효

(1) 원 칙

화해계약도 의사표시를 요소로 하는 법률행위이므로 무효, 취소에 관한 규정이 적용된다. 따라서 화해계약이 사기로 인하여 이루어진 경우에는 화해의 목적인 분쟁에 관한 사항에 착오가 있는 때에도 민법 제110조에 따라 이를 취소할 수 있다(대판 2008.9.11. 2008다15278). 기출 12

(2) 예 외

① 화해계약의 의사표시에 착오가 있더라도 이것이 당사자의 자격이나 화해의 목적인 분쟁 이외의 사항에 관한 것이 아니고 분쟁의 대상인 법률관계 자체에 관한 것인 때에는 이를 취소할 수 없다(대판 1989.9.12. 88다카10050). 기출 23

> 계약 당사자 사이에 수술 후 발생한 새로운 증세에 관하여 그 책임 소재와 손해의 전보를 둘러싸고 분쟁이 있어 오다가 이를 종결짓기 위하여 합의에 이른 것이라면, 가해자의 수술행위와 피해자의 수술 후의 증세 사이의 인과관계의 유무 및 그에 대한 가해자의 귀책사유의 유무는 분쟁의 대상인 법률관계 자체에 관한 것으로서, 가해자는 피해자의 수술 후의 증세가 가해자의 수술행위로 인한 것이 아니라거나 그에 대하여 가해자에게 귀책사유가 없다는 등의 이유를 들어 그 합의를 취소할 수 없다(대판 1995.10.12. 94다42846). 기출 23

② 민법상 화해계약에 있어서 착오를 이유로 취소할 수 있는 '화해의 목적인 분쟁 이외의 사항'의 의미

> 민법상의 화해계약을 체결한 경우 당사자는 착오를 이유로 취소하지 못하고, 다만 화해 당사자의 자격 또는 화해의 목적인 분쟁 이외의 사항에 착오가 있는 때에 한하여 이를 취소할 수 있으며, 여기서 '화해의 목적인 분쟁 이외의 사항'이라 함은 분쟁의 대상이 아니라 분쟁의 전제 또는 기초가 된 사항으로서 쌍방 당사자가 예정한 것이어서 상호 양보의 내용으로 되지 않고 다툼이 없는 사실로 양해된 사항을 말한다(대판 2004.6.25. 2003다32797).

③ 환자가 의료과실로 시망한 것으로 전제하고 의사가 유족들에게 손해배상금을 지급하기로 하는 합의가 이루어졌으나 그 사인이 진료와는 관련이 없는 것으로 판명되었다면 위 합의는 그 목적이 아닌 망인의 사인에 관한 착오로 이루어진 화해이므로 착오를 이유로 취소할 수 있다(대판 1991.1.25. 90다12526). 기출 12

02 계약각론

01 증여

01 증여계약에 관한 설명으로 옳지 않은 것은?(다툼이 있으면 판례에 따름) 기출 24

① 부담부 증여에서 상대방의 부담의무 불이행을 이유로 한 증여자의 계약해제는 이미 이행한 부분에 대하여는 영향을 미치지 아니한다.

② 증여계약 성립 이후에 그 계약이 존속하는 동안 서면을 작성한 경우에는 그때부터 당사자가 임의로 이를 해제할 수 없다.

③ 재단법인의 설립을 위하여 서면에 의해 출연하였더라도 착오취소를 위한 요건이 갖춰진 경우, 출연자는 착오를 이유로 출연의 의사표시를 취소할 수 있다.

④ 서면에 의하지 않음을 이유로 증여계약을 해제하는 경우에는 원칙적으로 형성권의 제척기간의 적용을 받지 않는다.

⑤ 정기의 급여를 목적으로 한 증여는 특별한 사정이 없는 한 증여자의 사망으로 인하여 그 효력을 잃는다.

해설 ① (×) 상대부담 있는 증여에 대하여는 민법 제561조에 의하여 쌍무계약에 관한 규정이 준용되어 부담의무 있는 상대방이 자신의 의무를 이행하지 아니할 때에는 비록 증여계약이 이미 이행되어 있다 하더라도 증여자는 계약을 해제할 수 있고, 그 경우 민법 제555조와 제558조는 적용되지 아니한다(대판 1997.7.8. 97다2177).

② (○) 민법 제555조 소정의 증여의 의사가 표시된 서면의 작성시기에 대하여는 법률상 아무런 제한이 없으므로 증여계약이 성립한 당시에는 서면이 작성되지 않았더라도 그 후 계약이 존속하는 동안 서면을 작성한 때에는 그때부터는 서면에 의한 증여로서 당사자가 임의로 이를 해제할 수 없게 된다(대판 1989.5.9. 88다카2271).

③ (○) 재단법인에 대한 출연자와 법인과의 관계에 있어서 그 출연행위에 터잡아 법인이 성립되면 그로써 출연재산은 민법 제48조에 의하여 법인 성립시에 법인에게 귀속되어 법인의 재산이 되는 것이고, 출연재산이 부동산인 경우에 있어서도 위 양당사자 간의 관계에 있어서는 법인의 성립 외에 등기를 필요로 하는 것은 아니라 할지라도, 재단법인의 출연자가 착오를 원인으로 취소를 한 경우에는 출연자는 재단법인의 성립 여부나 출연된 재산의 기본재산인 여부와 관계없이 그 의사표시를 취소할 수 있다(대판 1999.7.9. 98다9045).

④ (○) 민법 제555조에서 말하는 증여계약의 해제는 민법 제543조 이하에서 규정한 본래 의미의 해제와는 달리 형성권의 제척기간의 적용을 받지 않는 특수한 철회로서, 10년이 경과한 후에 이루어졌다 하더라도 원칙적으로 적법하다(대판 2009.9.24. 2009다37831).

⑤ (○) 민법 제560조

02 증여에 관한 설명으로 옳지 않은 것은?(다툼이 있으면 판례에 따름) `기출` 20

① 정기의 급여를 목적으로 한 증여는 증여자의 사망으로 인하여 그 효력을 잃는다.

② 부담부 증여에서 수증자가 부담의무를 이행하지 않은 경우, 증여자는 자신의 의무를 이행했더라도 증여계약을 해제할 수 있다.

③ 증여자가 증여의 목적에 대한 담보책임을 진다는 특약은 효력이 있다.

④ 증여자에 대해 법률상 부양의무를 지는 수증자가 부양의무를 이행하지 않은 경우, 증여자는 그 사실을 안 날로부터 6개월이 경과한 내에는 해제할 수 없다.

⑤ 증여의 의사가 서면으로 표시되지 않았음을 이유로 한 증여의 해제는 형성권의 제척기간의 적용을 받는다.

해설 ① (○) 정기의 급여를 목적으로 한 증여는 증여자 또는 수증자의 사망으로 인하여 그 효력을 잃는다(민법 제560조).

② (○) 부담부 증여에 있어서는 쌍무계약에 관한 규정이 준용되어(민법 제561조) 부담의무 있는 상대방이 자신의 의무를 이행하지 아니할 때에는 비록 증여계약이 이행되어 있다 하더라도 그 계약을 해제할 수 있다(대판 1996.1.26. 95다43358).

③ (○) 증여자의 담보책임에 관한 민법 제559조는 강행규정이 아닌 임의규정이므로, 당사자 간에 증여의 목적에 대한 담보책임을 진다는 특약이 있다면, 그 특약은 유효하다.

④ (○) 수증자가 증여자에 대하여 부양의무 있는 경우에 이를 이행하지 아니하는 때에는 증여자는 그 증여를 해제할 수 있으나(민법 제556조 제1항 제2호), 해제권은 해제원인 있음을 안 날로부터 6월을 경과한 때에는 소멸한다(민법 제556조 제2항).

⑤ (×) 민법 제555조(서면에 의하지 아니한 증여와 해제)에서 말하는 증여계약의 해제는 민법 제543조 이하에서 규정한 본래 의미의 해제와는 달리 형성권의 제척기간의 적용을 받지 않는 특수한 철회로서, 10년이 경과한 후에 이루어졌다 하더라도 원칙적으로 적법하다(대판 2009.9.24. 2009다37831).

서 설

매매의 성립

01 매매에 관한 설명으로 옳은 것은?(다툼이 있으면 판례에 따름) [기출] 20

① 자전거 매매에 있어 자전거의 인도와 동시에 대금을 지급할 경우에는 자전거인도장소에서 대금을 지급하여야 한다.

② 행사기간의 약정이 없는 매매예약완결권은, 권리자가 예약목적물인 부동산을 인도받은 경우에는 예약이 성립한 때로부터 10년이 경과하더라도 소멸하지 않는다.

③ 매수인이 매도인에게 지급한 계약금을 포기하고 적법하게 매매를 해제한 경우, 이로 인해 매도인에게 계약금 이상의 손해가 발생한 때에는 매도인은 매수인에 대해 손해배상청구를 할 수 있다.

④ 매매계약 후에도 인도하지 아니한 목적물로부터 생긴 과실은 매도인에 속하므로, 매수인이 매매대금을 완납한 후라도 매매목적물을 인도하기까지는 과실수취권은 매도인에게 귀속된다.

⑤ 매매의 목적인 재산권과 대금에 관한 합의가 있더라도, 계약비용·채무이행기·이행장소에 관한 합의가 없으면 특별한 사정이 없는 한 매매계약이 성립할 수 없다.

해설 ① (○) 매매의 목적물의 인도와 동시에 대금을 지급할 경우에는 그 인도장소에서 이를 지급하여야 한다(민법 제586조).

② (×) 매매예약완결권은 일종의 형성권으로서 당사자 사이에 그 행사기간을 약정한 때에는 그 기간 내에, 그러한 약정이 없는 때에는 그 예약이 성립한 때로부터 10년 내에 이를 행사하여야 하고, 그 기간을 지난 때에는 상대방이 예약목적물인 부동산을 인도받은 경우라도 예약완결권은 제척기간의 경과로 인하여 소멸한다(대판 1997.7.25. 96다47494·47500).

③ (×) 민법 제551조(해지, 해제와 손해배상)의 규정은 해약금에 의한 해제의 경우에 이를 적용하지 아니한다(민법 제565조 제2항). 따라서 사안의 경우, 매도인은 매수인에 대하여 손해배상청구를 할 수 없다.

④ (×) 특별한 사정이 없는 한 매매계약이 있은 후에도 인도하지 아니한 목적물로부터 생긴 과실은 매도인에게 속하나, 매매목적물의 인도 전이라도 매수인이 매매대금을 완납한 때에는 그 이후의 과실수취권은 매수인에게 귀속된다(대판 1993.11.9. 93다28928).

⑤ (×) 매매계약에 있어서 그 목적물과 대금은 반드시 계약체결 당시에 구체적으로 특정될 필요는 없고 이를 사후에라도 구체적으로 특정할 수 있는 방법과 기준이 정해져 있으면 족하다(대판 1997.1.24. 96다26176). 따라서 매매는 낙성계약이므로, 매매의 목적인 재산권과 대금에 관한 합의가 있으면, 그 매매계약은 성립한다.

02 해약금규정(민법 제565조)에 의하여 계약을 해제하는 경우에 관한 설명으로 옳지 않은 것은? (다툼이 있으면 판례에 따름) **기출 19**

① 계약금의 일부만 지급된 경우, 수령자는 실제 지급된 계약금이 아니라 약정계약금의 배액을 상환하고 계약을 해제할 수 있다.

② 계약당사자 일방이 채무의 이행기 전에 이미 채무의 이행에 착수하였다면 특별한 사정이 없는 한 계약당사자는 해제권을 행사할 수 없다.

③ 계약당사자가 제565조에 기한 해제권을 배제하기로 하는 약정을 하였다면, 각 당사자는 해제권을 행사할 수 없다.

④ 계약금을 수령한 매도인이 매수인에 대하여 해제권을 행사하기 위해서는 수령한 계약금의 배액의 이행제공을 하여야 하며 매수인이 수령을 거부하는 경우, 이를 공탁하여야 한다.

⑤ 토지거래허가구역 내의 토지에 관한 매매계약의 당사자가 토지거래허가신청절차의 협력의무를 이행하여 관할관청으로부터 거래허가를 받았더라도, 그러한 사정만으로는 아직 이행의 착수가 있다고 볼 수 없다.

해설 ① (○) 계약금 일부만 지급된 경우 수령자가 매매계약을 해제할 수 있다고 하더라도 해약금의 기준이 되는 금원은 「실제 교부받은 계약금」이 아니라 「약정계약금」이라고 봄이 타당하므로, 매도인이 계약금의 일부로서 지급받은 금원의 배액을 상환하는 것으로는 매매계약을 해제할 수 없다(대판 2015.4.23. 2014다231378).

② (○) 이행기의 약정이 있는 경우라 하더라도 당사자가 채무의 이행기 전에는 착수하지 아니하기로 하는 특약을 하는 등 특별한 사정이 없는 한 이행기 전에 이행에 착수할 수 있다(대판 1993.1.19. 92다31323). 따라서 계약당사자 일방이 채무의 이행기 전에 이미 채무의 이행에 착수한 이상, 계약당사자는 해제권을 행사할 수 없다.

③ (○) 민법 제565조의 해약권은 당사자 간에 다른 약정이 없는 경우에 한하여 인정되는 것이고, 만일 당사자가 위 조항의 해약권을 배제하기로 하는 약정을 하였다면 더 이상 그 해제권을 행사할 수 없다(대판 2009.4.23. 2008다50615).

④ (×) 매매당사자 간에 계약금을 수수하고 계약해제권을 유보한 경우에 매도인이 계약금의 배액을 상환하고 계약을 해제하려면 계약해제의 의사표시 외에 계약금 배액의 이행의 제공이 있으면 족하고, 상대방이 이를 수령하지 아니한다 하여 이를 공탁할 필요는 없다(대판 1981.10.27. 80다2784).

⑤ (○) 국토의 계획 및 이용에 관한 법률에 정한 토지거래계약에 관한 허가구역으로 지정된 구역 안의 토지에 관하여 매매계약이 체결된 후 계약금만 수수한 상태에서 당사자가 토지거래허가신청을 하고 이에 따라 관할관청으로부터 그 허가를 받았다 하더라도, 그러한 사정만으로는 아직 이행의 착수가 있다고 볼 수 없어 매도인으로서는 민법 제565조에 의하여 계약금의 배액을 상환하여 매매계약을 해제할 수 있다(대판 2009.4.23. 2008다62427).

03 해약금(민법 제565조)에 관한 설명으로 옳은 것은?(다툼이 있으면 판례에 따름) <kbd>기출</kbd> 16

① 계약당사자가 위 규정상의 해약권을 배제하는 약정을 한 경우에 그 약정은 유효하다.

② 매도인이 계약금의 배액을 상환하고 계약을 해제하려면 계약해제의 의사표시를 하고 계약금 배액을 지급하여야 하며, 상대방이 수령하지 않는 경우에는 이를 공탁하여야 한다.

③ 계약당사자가 위 민법규정에 따라 매매계약을 해제하는 경우, 상대방에 대하여 원상회복은 청구할 수 없으나 채무불이행을 이유로 손해배상은 청구할 수 있다.

④ 매도인이 매수인에게 매매계약의 이행을 최고하고 매매잔대금의 지급을 구하는 소송을 제기한 것만으로도 이행에 착수한 것이다.

⑤ 토지거래허가구역 내 토지에 관하여 매매계약을 체결하고 계약금만 주고받은 상태에서 토지거래허가를 받았다면, 매도인은 이제 더 이상 해약금규정에 따른 계약해제를 할 수 없다.

해설 ① (○) 민법 제565조의 해약권은 당사자 간에 다른 약정이 없는 경우에 한하여 인정되는 것이고, 만일 당사자가 위 조항의 해약권을 배제하기로 하는 약정을 하였다면 더 이상 그 해제권을 행사할 수 없다(대판 2009.4.23. 2008다50615).

② (×) 매매당사자 간에 계약금을 수수하고 계약해제권을 유보한 경우에 매도인이 계약금의 배액을 상환하고 계약을 해제하려면 계약해제의 의사표시 외에 계약금 배액의 이행의 제공이 있으면 족하고, 상대방이 이를 수령하지 아니한다 하여 이를 공탁할 필요는 없다(대판 1981.10.27. 80다2784).

③ (×) 민법 제551조(해지, 해제와 손해배상)의 규정은 해약금에 의한 해제의 경우에 이를 적용하지 아니한다(민법 제565조 제2항). 따라서 사안의 경우, 계약당사자는 상대방에 대하여 손해배상을 청구할 수 없다.

④ (×) 매수인은 민법 제565조 제1항에 따라 본인 또는 매도인이 이행에 착수할 때까지는 계약금을 포기하고 계약을 해제할 수 있는바, 여기에서 이행에 착수한다는 것은 객관적으로 외부에서 인식할 수 있는 정도로 채무의 이행행위의 일부를 하거나 또는 이행을 하기 위하여 필요한 전제행위를 하는 경우를 말하는 것으로서 단순히 이행의 준비를 하는 것만으로는 부족하고, 그렇다고 반드시 계약내용에 들어맞는 이행제공의 정도에까지 이르러야 하는 것은 아니지만, 매도인이 매수인에 대하여 매매계약의 이행을 최고하고 매매잔대금의 지급을 구하는 소송을 제기한 것만으로는 이행에 착수하였다고 볼 수 없다(대판 2008.10.23. 2007다72274 · 72281).

⑤ (×) 국토의 계획 및 이용에 관한 법률에 정한 토지거래계약에 관한 허가구역으로 지정된 구역 안의 토지에 관하여 매매계약이 체결된 후 계약금만 수수한 상태에서 당사자가 토지거래허가신청을 하고 이에 따라 관할관청으로부터 그 허가를 받았다 하더라도, 그러한 사정만으로는 아직 이행의 착수가 있다고 볼 수 없어 매도인으로서는 민법 제565조에 의하여 계약금의 배액을 상환하여 매매계약을 해제할 수 있다(대판 2009.4.23. 2008다62427).

04 甲은 자기 소유 주택을 乙에게 매도하고 계약금을 받았다. 그리고 1개월 후 중도금, 3개월 후 잔금을 지급받고, 잔금지급과 동시에 이전등기를 해 주기로 하였다. 이에 관한 설명으로 옳지 않은 것은?(다툼이 있으면 판례에 따름) 기출 15

① 계약금은 이를 위약금으로 하기로 하는 특약이 없는 이상 손해배상액의 예정액으로서의 성질을 갖는 것이 아니다.

② 甲이 해제권을 행사하는 경우, 甲이 계약금의 배액을 乙에게 제공하기 전이라도 해제의 의사표시가 乙에게 도달한 때 해제의 효과가 발생한다.

③ 乙이 중도금을 지급한 경우, 甲이 매매계약의 이행에 착수한 바가 없더라도 乙은 계약금을 포기하고 매매계약을 해제할 수 없다.

④ 乙이 중도금지급기일을 지키지 않자 甲이 상당한 기간을 정해 최고하였음에도 그 기간 내에 지급하지 않은 경우, 甲은 채무불이행을 이유로 계약을 해제하고 손해배상을 청구할 수 있다.

⑤ 乙의 채무불이행을 이유로 계약이 해제되는 경우, 특약이 없는 이상 甲은 채무불이행으로 입은 실제 손해만을 배상받을 수 있을 뿐, 계약금이 위약금으로 甲에게 귀속되는 것은 아니다.

해설 ① (○), ⑤ (○) 매매계약에 있어서 계약금은 당사자 일방이 이행에 착수할 때까지 매수인은 이를 포기하고 매도인은 그 배액을 상환하여 계약을 해제할 수 있는 **해약금의 성질을 가지고 있고, 다만 당사자의 일방이 위약한 경우 그 계약금을 위약금으로 하기로 하는 특약이 있는 경우에만 손해배상액의 예정으로서의 성질을 갖는 것이다**(대판 1987.2.24. 86누438). 따라서 乙의 채무불이행을 이유로 계약이 해제되는 경우, 甲은 채무불이행으로 입은 실제 손해를 배상받을 수 있으나, 계약금을 위약금으로 하기로 하는 특약이 없는 이상, 그 계약금이 위약금으로서 甲에게 당연히 귀속되는 것은 아니다.

② (×) 매매당사자 간에 계약금을 수수하고 계약해제권을 유보한 경우에 매도인이 **계약금의 배액을 상환하고 계약을 해제하려면 계약해제의 의사표시 외에 계약금 배액의 이행의 제공이 있으면 족하고, 상대방이 이를 수령하지 아니한다 하여 이를 공탁할 필요는 없다**(대판 1981.10.27. 80다2784). 따라서 비록 해제의 의사표시가 乙에게 도달하였더라도, 계약금 배액의 이행제공이 없는 이상, 해약금에 의한 해제의 효과는 발생하지 아니한다.

③ (○) 매매계약의 당사자 일방이 계약금을 상대방에게 교부하였을 때에는 당사자 간에 다른 약정이 없는 한 매매계약쌍방당사자 중 어느 일방이라도 이행에 착수하였다면 그 당사자나 상대방이 계약금의 배액상환 또는 포기로서 해제권을 행사할 수 없다(대판 1994.11.11. 94다17659). 따라서 乙이 중도금을 지급함으로써 이행에 착수하였으므로, 비록 甲이 매매계약의 이행에 착수한 바가 없더라도, 甲과 乙 모두 해약금에 기한 해제권을 행사하여 그 매매계약을 해제할 수 없다.

④ (○) 계약금이 교부되어 있더라도, 해약금에 기한 해제권 이외에 채무불이행 등을 이유로 하는 계약해제권이 배제되는 것은 아니므로, 사안의 경우에는 이행지체(민법 제544조)를 이유로 그 계약을 해제할 수 있다 할 것이다.

05 계약금에 관한 설명으로 옳은 것은?(다툼이 있으면 판례에 따름) 기출 22

① 계약금을 수령한 매도인이 계약금의 배액을 상환하고 계약을 해제하려는 경우, 매수인이 이를 수령하지 않으면 공탁하여야 해제의 효력이 발생한다.

② 매수인이 자신이 지급한 계약금을 포기하고 계약을 해제하기 전에, 매도인이 매수인에 대하여 매매계약의 이행을 최고하고 매매잔대금의 지급을 구하는 소송을 제기하였다면 이는 이행에 착수한 것으로 보아야 한다.

③ 토지거래허가구역 내 토지에 관하여 매매계약을 체결하고 계약금만 주고받은 상태에서 토지거래허가를 받았다면 매도인은 자신이 수령한 계약금의 배액을 상환하여 매매계약을 해제할 수 있다.

④ 당사자 일방의 귀책사유로 인한 법정해제권을 행사하는 경우, 특별한 사정이 없는 한 계약금은 위약금으로서 상대방에게 귀속된다.

⑤ 계약당사자가 계약금에 기한 해제권을 배제하기로 하는 약정을 하더라도, 각 당사자는 계약금에 기한 해제권을 행사할 수 있다.

해설 ① (×) 매매당사자 간에 계약금을 수수하고 계약해제권을 유보한 경우에 매도인이 계약금의 배액을 상환하고 계약을 해제하려면 계약해제 의사표시 이외에 계약금 배액의 이행의 제공이 있으면 족하고 상대방이 이를 수령하지 아니한다 하여 이를 공탁하여야 유효한 것은 아니다(대판 1992.5.12. 91다2151).

② (×) 매수인은 민법 제565조 제1항에 따라 본인 또는 매도인이 이행에 착수할 때까지는 계약금을 포기하고 계약을 해제할 수 있는바, 여기에서 이행에 착수한다는 것은 객관적으로 외부에서 인식할 수 있는 정도로 채무의 이행행위의 일부를 하거나 또는 이행을 하기 위하여 필요한 전제행위를 하는 경우를 말하는 것으로서 단순히 이행의 준비를 하는 것만으로는 부족하고, 그렇다고 반드시 계약내용에 들어맞는 이행제공의 정도에까지 이르러야 하는 것은 아니지만, 매도인이 매수인에 대하여 매매계약의 이행을 최고하고 매매잔대금의 지급을 구하는 소송을 제기한 것만으로는 이행에 착수하였다고 볼 수 없다(대판 2008.10.23. 2007다72274 · 72281).

③ (○) 국토의 계획 및 이용에 관한 법률에 정한 토지거래계약에 관한 허가구역으로 지정된 구역 안의 토지에 관하여 매매계약이 체결된 후 계약금만 수수한 상태에서 당사자가 토지거래허가신청을 하고 이에 따라 관할관청으로부터 그 허가를 받았다 하더라도, 그러한 사정만으로는 아직 이행의 착수가 있다고 볼 수 없어 매도인으로서는 민법 제565조에 의하여 계약금의 배액을 상환하여 매매계약을 해제할 수 있다(대판 2009.4.23. 2008다62427).

④ (×) 유상계약을 체결함에 있어서 계약금이 수수된 경우 계약금은 해약금의 성질을 가지고 있어서 이를 위약금으로 하기로 하는 특약이 없는 이상 계약이 당사자 일방의 귀책사유로 인하여 해제되었다 하더라도 상대방은 계약불이행으로 입은 실제 손해만을 배상받을 수 있을 뿐 계약금이 위약금으로서 상대방에게 당연히 귀속된다고 할 수 없다(대판 2010.4.29. 2007다24930).

⑤ (×) 민법 제565조의 해약권은 당사자 간에 다른 약정이 없는 경우에 한하여 인정되는 것이고, 만일 당사자가 위 조항의 해약권을 배제하기로 하는 약정을 하였다면 더 이상 그 해제권을 행사할 수 없다(대판 2009.4.23. 2008다50615).

매매의 효력

01 甲은 乙로부터 800m²의 X토지를 5천만원에 매수하여 건물을 신축하기 위한 건축허가를 받았다. 이후 甲은 건물신축을 위한 굴착공사를 하다가 1m 깊이에 300톤의 폐기물이 매립되어 있는 것을 발견하였고, 이를 처리하기 위해 6천만원을 지출하였다. 이에 관한 설명으로 옳지 않은 것은?(다툼이 있으면 판례에 따름) `기출` 22

① 특별한 사정이 없는 한 乙은 X토지의 객관적 하자뿐만 아니라 주관적 하자에 대해서도 하자담보책임을 부담한다.

② 폐기물로 인해 X토지에 하자가 인정되는 경우, 하자담보책임으로 인한 손해배상청구권은 甲이 X토지를 인도받은 때 발생한다.

③ X토지에 매립된 폐기물로 인해 乙에게 하자담보책임과 채무불이행책임이 모두 인정되는 경우, 특별한 사정이 없는 한 甲은 채무불이행책임에 따른 손해배상청구만 가능하다.

④ 폐기물로 인해 X토지에 하자가 인정되는 경우, 폐기물처리비용이 매매대금을 초과한다는 사정은 원칙적으로 채무불이행으로 인한 甲의 손해배상청구권 행사에 장애가 되지 않는다.

⑤ 乙이 X토지에 폐기물을 불법으로 매립하였음에도 이를 처리하지 않은 상태에서 그 토지를 甲에게 매도한 경우, 특별한 사정이 없는 한 이는 甲에 대한 위법행위로서 불법행위가 성립할 수 있다.

해설 ① (○), ③ (×) [1] 매매의 목적물이 거래통념상 기대되는 객관적 성질이나 성능을 갖추지 못한 경우[객관적 하자(註)] 또는 당사자가 예정하거나 보증한 성질을 갖추지 못한 경우[주관적 하자(註)]에 매도인은 민법 제580조에 따라 매수인에게 그 하자로 인한 담보책임을 부담한다. [2] 매매의 목적물에 하자가 있는 경우 매도인의 하자담보책임과 채무불이행책임은 별개의 권원에 의하여 경합적으로 인정된다. 이 경우 특별한 사정이 없는 한 하자를 보수하기 위한 비용은 매도인의 하자담보책임과 채무불이행책임에서 말하는 손해에 해당한다. 따라서 매매 목적물인 토지에 폐기물이 매립되어 있고 매수인이 폐기물을 처리하기 위해 비용이 발생한다면 매수인은 그 비용을 민법 제390조에 따라 채무불이행으로 인한 손해배상으로 청구할 수도 있고, 민법 제580조 제1항에 따라 하자담보책임으로 인한 손해배상으로 청구할 수도 있다(대판 2021.4.8. 2017다202050).

② (○) 하자담보책임으로 인한 손해배상청구권은 매수인이 매매 목적물을 인도받은 때 발생한다. 원고의 손해배상청구권은 피고로부터 이 사건 토지를 인도받은 때 발생하였고 이후 원고가 소외인에게 이 사건 토지를 증여하였다는 사정만으로 손해배상청구권이 소멸하거나 수증자에게 양도되지 않는다는 원심(서울중앙지법)판단은 정당하다(대판 2021.4.8. 2017다202050).

④ (○) 매도인이 성토작업을 기화로 다량의 폐기물을 은밀히 매립하고 그 위에 토사를 덮은 다음 도시계획사업을 시행하는 공공사업시행자와 사이에서 정상적인 토지임을 전제로 협의취득절차를 진행하여 이를 매도함으로써 매수자로 하여금 그 토지의 폐기물처리비용 상당의 손해를 입게 하였다면 매도인은 이른바 불완전이행으로서 채무불이행으로 인한 손해배상책임을 부담하고, 이는 하자 있는 토지의 매매로 인한 민법 제580조 소정의 하자담보책임과 경합적으로 인정된다고 할 것이다. 한편, 피고가 스스로 법령에 의하여 요구되는 정도와 방법에 부합하도록 폐기물을 처리하여 판시 토지를 정상적으로 복구할 것을 기대하기 어려워 원고가 그 처리비용 상당의 손해배상을 구하는 이 사건에서 원고에게 피고가 스스로 폐기물을 처리할 것만을 청구하거나 손해배상청구에 앞서 이러한 청구를 먼저 행사하여야 할 의무는 없는 것이고, 나아가 폐기물처리비용이 매매대금을 초과한다는 사정은 원고의 손해배상청구권 행사에 아무런 장애가 되지 않는다고 할 것이다(대판 2004.7.22. 2002다51586).

⑤ (○) 헌법 제35조 제1항, 구 환경정책기본법(2011.7.21. 법률 제10893호로 전부 개정되기 전의 것), 구 토양환
경보전법(2011.4.5. 법률 제10551호로 개정되기 전의 것, 이하 같다) 및 구 폐기물관리법(2007.1.19. 법률
제8260호로 개정되기 전의 것)의 취지와 아울러 토양오염원인자의 피해배상의무 및 오염토양 정화의무,
폐기물 처리의무 등에 관한 관련 규정들과 법리에 비추어 보면, 토지의 소유자라 하더라도 토양오염물질을
토양에 누출·유출하거나 투기·방치함으로써 토양오염을 유발하였음에도 오염토양을 정화하지 않은 상태
에서 오염토양이 포함된 토지를 거래에 제공함으로써 유통되게 하거나, 토지에 폐기물을 불법으로 매립하였
음에도 처리하지 않은 상태에서 토지를 거래에 제공하는 등으로 유통되게 하였다면, 다른 특별한 사정이
없는 한 이는 거래의 상대방 및 토지를 전전 취득한 현재의 토지 소유자에 대한 위법행위로서 불법행위가
성립할 수 있다. 그리고 토지를 매수한 현재의 토지 소유자가 오염토양 또는 폐기물이 매립되어 있는 시아까
지 토지를 개발·사용하게 된 경우 등과 같이 자신의 토지소유권을 완전하게 행사하기 위하여 오염토양
정화비용이나 폐기물 처리비용을 지출하였거나 지출해야만 하는 상황에 이르렀다거나 구 토양환경보전법에
의하여 관할 행정관청으로부터 조치명령 등을 받음에 따라 마찬가지의 상황에 이르렀다면 위법행위로 인하
여 오염토양 정화비용 또는 폐기물 처리비용의 지출이라는 손해의 결과가 현실적으로 발생하였으므로, 토양
오염을 유발하거나 폐기물을 매립한 종전 토지 소유자는 오염토양 정화비용 또는 폐기물 처리비용 상당의
손해에 대하여 불법행위자로서 손해배상책임을 진다(대판[전합] 2016.5.19. 2009다66549 – 다수의견).

02 매도인의 담보책임에 관한 설명으로 옳은 것을 모두 고른 것은?(특별한 사정은 없으며, 다툼이
있으면 판례에 따름) 기출 24

ㄱ. 타인의 권리의 매매에서 매도인이 그 권리를 매수인에게 이전할 수 없게 된 경우, 매도인의 손해배상액
은 이행불능 당시의 목적물의 시가를 기준으로 산정한다.
ㄴ. 매매목적물의 일부가 계약 당시에 이미 멸실되어 매도인이 그 부분을 이전 할 수 없는 경우, 악의의
매수인은 대금감액을 청구할 수 없다.
ㄷ. 매매목적물이 유치권의 목적이 되어 있는 경우, 계약의 목적을 달성할 수 있더라도 선의의 매수인은
계약을 해제할 수 있다.
ㄹ. 매매당사자가 건축을 위해 매매한 토지에 대하여 건축허가를 받을 수 없어 건축이 불가능한 경우는
물건의 하자에 해당하며, 하자의 존부는 매매계약 성립시를 기준으로 판단한다.

① ㄱ, ㄴ　　　　　　　　　　　　　② ㄴ, ㄹ
③ ㄷ, ㄹ　　　　　　　　　　　　　④ ㄱ, ㄴ, ㄹ
⑤ ㄱ, ㄴ, ㄷ, ㄹ

해설 ㄱ. (○) 타인의 권리를 매매한 자가 권리이전을 할 수 없게 된 때에는 매도인은 선의의 매수인에 대하여 불능
당시의 시가를 표준으로 그 계약이 완전히 이행된 것과 동일한 경제적 이익을 배상할 의무가 있다(대판[전합]
1967.5.18. 66다2618).
ㄴ. (○) 매수인이 선의인 경우에 한하여 대금감액청구권, 계약해제권, 손해배상청구권을 행사할 수 있다(민법
제574조).
ㄷ. (×) 매매의 목적물이 지상권, 지역권, 전세권, 질권 또는 유치권의 목적이 된 경우에 매수인이 이를 알지
못한 때에는 이로 인하여 계약의 목적을 달성할 수 없는 경우에 한하여 매수인은 계약을 해제할 수 있다(민
법 제575조 제1항).
ㄹ. (○) 매매의 목적물이 거래통념상 기대되는 객관적 성질·성능을 결여하거나, 당사자가 예정 또는 보증한
성질을 결여한 경우에 매도인은 매수인에 대하여 그 하자로 인한 담보책임을 부담한다 할 것이고, 한편
건축을 목적으로 매매된 토지에 대하여 건축허가를 받을 수 없어 건축이 불가능한 경우, 위와 같은 법률적
제한 내지 장애 역시 매매목적물의 하자에 해당한다 할 것이나, 다만 위와 같은 하자의 존부는 매매계약
성립시를 기준으로 판단하여야 할 것이다(대판 2000.1.18. 98다18506).

03 매도인의 담보책임에 관한 설명으로 옳지 않은 것은?(다툼이 있으면 판례에 따름) 기출 21

① 수량지정매매에 해당하는 부동산매매계약에서 실제면적이 계약면적에 미달하는 경우, 매수인은 대금감액청구권의 행사와 별도로 부당이득반환청구도 할 수 있다.

② 타인의 권리를 매매한 자가 그 권리를 이전할 수 없게 된 경우, 매도인은 선의의 매수인에 대하여 불능 당시의 시가를 표준으로 이행이익을 배상할 의무가 있다.

③ 매매계약 내용의 중요부분에 착오가 있는 경우, 매수인은 매도인의 하자담보책임이 성립하는지와 상관없이 착오를 이유로 그 매매계약을 취소할 수 있다.

④ 매수인이 하자의 발생과 확대에 잘못이 있는 경우, 법원은 매도인의 손해배상액을 산정함에 있어 매수인의 과실을 직권으로 참작하여 그 범위를 정해야 한다.

⑤ 저당권이 설정된 부동산의 매수인이 저당권의 행사로 그 소유권을 취득할 수 없는 경우, 악의의 매수인이라도 특별한 사정이 없는 한 계약을 해제할 수 있다.

해설 ① (×) 부동산매매계약에 있어서 실제면적이 계약면적에 미달하는 경우에는 그 매매가 수량지정매매에 해당할 때에 한하여 민법 제574조, 제572조에 의한 대금감액청구권을 행사함은 별론으로 하고, 그 매매계약이 그 미달 부분만큼 일부 무효임을 들어 이와 별도로 일반 부당이득반환청구를 하거나 그 부분의 원시적 불능을 이유로 민법 제535조가 규정하는 계약체결상의 과실에 따른 책임의 이행을 구할 수 없다(대판 2002.4.9. 99다47396).

② (○) 타인의 권리를 매매한 자가 권리이전을 할수 없게 된 때에는 매도인은 선의의 매수인에 대하여 불능 당시의 시가를 표준으로 그 계약이 완전히 이행된 것과 동일한 경제적 이익을 배상할 의무가 있다(대판[전합] 1967.5.18. 66다2618).

③ (○) 민법 제109조 제1항에 의하면 법률행위 내용의 중요부분에 착오가 있는 경우 착오에 중대한 과실이 없는 표의자는 법률행위를 취소할 수 있고, 민법 제580조 제1항, 제575조 제1항에 의하면 매매의 목적물에 하자가 있는 경우 하자가 있는 사실을 과실 없이 알지 못한 매수인은 매도인에 대하여 하자담보책임을 물어 계약을 해제하거나 손해배상을 청구할 수 있다. 착오로 인한 취소 제도와 매도인의 하자담보책임 제도는 취지가 서로 다르고, 요건과 효과도 구별된다. 따라서 매매계약 내용의 중요부분에 착오가 있는 경우 매수인은 매도인의 하자담보책임이 성립하는지와 상관없이 착오를 이유로 매매계약을 취소할 수 있다(대판 2018.9.13. 2015다78703).

④ (○) (가) 민법 제581조, 제580조에 기한 매도인의 하자담보책임은 법이 특별히 인정한 무과실책임으로서 여기에 민법 제396조의 과실상계 규정이 준용될 수는 없다 하더라도, 담보책임이 민법의 지도이념인 공평의 원칙에 입각한 것인 이상 하자 발생 및 그 확대에 가공한 매수인의 잘못을 참작하여 손해배상의 범위를 정함이 상당하다. (나) 하자담보책임으로 인한 손해배상 사건에 있어서 배상 권리자에게 그 하자를 발견하지 못한 잘못으로 손해를 확대시킨 과실이 인정된다면 법원은 손해배상의 범위를 정함에 있어서 이를 참작하여야 하며, 이 경우 손해배상의 책임을 다투는 배상 의무자가 배상 권리자의 과실에 따른 상계 항변을 하지 않더라도 소송에 나타난 자료에 의하여 그 과실이 인정되면 법원은 직권으로 이를 심리·판단하여야 한다(대판 1995.6.30. 94다23920).

⑤ (○) 매매의 목적이 된 부동산에 설정된 저당권 또는 전세권의 행사로 인하여 매수인이 그 소유권을 취득할 수 없거나 취득한 소유권을 잃은 때에는 매수인은 선의·악의와 관계없이 계약을 해제할 수 있다(민법 제576조 제1항).

04 매도인의 담보책임에 관한 설명으로 옳지 않은 것은?(다툼이 있으면 판례에 따름) _{기출} 18

① 甲이 변제기에 도달하지 않은 채권을 乙에게 매도하면서 그 채무자의 자력을 담보한 경우, 甲은 변제기의 자력을 담보한 것으로 추정한다.

② 甲의 채권자 丙이 甲 소유의 물건에 흠결이 있다는 것을 안 상태에서 담보권 실행을 위한 경매를 신청하였고 乙이 그 물건을 경락받은 경우, 乙은 그 물건에 흠결이 있음을 이유로 丙에게 손해배상을 청구할 수 없다.

③ 매수인 乙이 매도인 甲으로부터 취득한 목적물에 대한 소유권을 제3자의 저당권의 실행으로 잃게 된 경우, 乙은 매매의 목적물에 저당권이 설정되어 있다는 사실을 계약체결 당시에 알고 있었더라도 甲과의 계약을 해제할 수 있다.

④ 매도인 甲이 계약을 체결할 당시에 매매목적물에 대한 소유권이 자신에게 속하지 않는다는 사실을 알지 못하였고, 그 소유권을 취득하여 매수인 乙에게 이전할 수 없는 경우, 甲은 손해를 배상하고 乙과의 계약을 해제할 수 있다.

⑤ 가압류의 목적이 된 부동산을 甲으로부터 매수한 乙이 그 가압류에 기한 강제집행으로 소유권을 상실하였고, 그로 인해 손해를 입은 경우, 乙은 계약체결 당시에 가압류의 존재를 알고 있었더라도 손해배상을 청구할 수 있다.

해설
① (○) 변제기에 도달하지 아니한 채권의 매도인이 채무자의 자력을 담보한 때에는 변제기의 자력을 담보한 것으로 추정한다(민법 제579조 제2항).

② (×) <u>채무자가 물건 또는 권리의 흠결을 알고 고지하지 아니하거나 채권자가 이를 알고 경매를 청구한 때에는 경락인은 그 흠결을 안 채무자나 채권자에 대하여 손해배상을 청구할 수 있다</u>(민법 제578조 제3항). 따라서 경락인 乙은 그 물건에 흠결이 있음을 이유로 채권자 丙에게 손해배상을 청구할 수 있다.

③ (○) 매매의 목적이 된 부동산에 설정된 저당권 또는 전세권의 행사로 인하여 매수인이 그 소유권을 취득할 수 없거나 <u>취득한 소유권을 잃은 때에는 매수인은 계약을 해제할 수 있다</u>(민법 제576조 제1항). 이 경우 **매수인의 선의·악의는 불문**하므로, 매수인 乙이 악의이더라도 甲과의 계약을 해제할 수 있다.

④ (○) <u>매도인이 계약 당시에 매매의 목적이 된 권리가 자기에게 속하지 아니함을 알지 못한 경우에 그 권리를 취득하여 매수인에게 이전할 수 없는 때에는 매도인은 손해를 배상하고 계약을 해제할 수 있다</u>(민법 제571조 제1항). 따라서 매도인 甲은 손해를 배상하고 매수인 乙과의 계약을 해제할 수 있다.

⑤ (○) 가압류목적이 된 부동산을 매수한 사람이 그 후 가압류에 기한 강제집행으로 부동산소유권을 상실하게 되었다면 이는 매매의 목적부동산에 설정된 저당권 또는 전세권의 행사로 인하여 매수인이 취득한 소유권을 상실한 경우와 유사하므로, 이와 같은 경우 매도인의 담보책임에 관한 민법 제576조의 규정이 준용된다고 보아 매수인은 같은 조 제1항에 따라 매매계약을 해제할 수 있고, 같은 조 제3항에 따라 손해배상을 청구할 수 있다고 보아야 한다(대판 2011.5.13. 2011다1941). 따라서 매수인 乙이 악의이더라도, 매도인 甲에게 민법 제576조에 따른 매도인의 담보책임에 근거하여 손해배상을 청구할 수 있다.

05 매도인의 담보책임에 관한 설명으로 옳지 않은 것은?(다툼이 있으면 판례에 따름) 기출 15

① 건축을 목적으로 매매된 토지에 대하여 법률상 건축허가를 받을 수 없어 건축이 불가능한 경우, 이는 매매목적물의 하자에 해당하고, 그 하자의 존부는 매매계약 성립 시를 기준으로 판단한다.

② 타인의 권리를 매도한 자가 권리이전을 할 수 없게 된 때에는 매도인은 선의의 매수인에 대하여 계약체결 당시의 시가를 표준으로 그 계약이 완전히 이행된 것과 동일한 경제적 이익을 배상할 의무가 있다.

③ 매매목적물의 하자로 인하여 확대손해 내지 2차 손해가 발생하였다는 이유로 매도인에게 그 확대손해에 대한 배상책임을 묻기 위해서는 매도인에게 귀책사유가 인정될 수 있어야만 한다.

④ 하자담보책임에 따른 손해배상에 있어서 하자발생 및 그 확대에 가공한 매수인의 잘못을 참작하여 손해배상의 범위를 정할 수 있다.

⑤ 매매의 목적이 된 부동산에 설정된 저당권 또는 전세권의 행사로 인하여 매수인이 그 소유권을 취득할 수 없거나 취득한 소유권을 잃은 때에는 매수인은 계약을 해제할 수 있다.

해설 ① (○) 건축을 목적으로 매매된 토지에 대하여 건축허가를 받을 수 없어 건축이 불가능한 경우, 위와 같은 **법률적 제한 내지 장애 역시 매매목적물의 하자에 해당한다** 할 것이나, 다만 위와 같은 하자의 존부는 매매 **계약 성립 시를 기준으로 판단하여야 할 것이다**(대판 2000.1.18. 98다18506).

② (×) 타인의 권리를 매매한 자가 권리이전을 할 수 없게 된 때에는 매도인은 **선의의 매수인에 대하여 불능 당시의 시가를 표준으로 그 계약이 완전히 이행된 것과 동일한 경제적 이익을 배상할 의무가 있다**(대판[전합] 1967.5.18. 66다2618). 즉, 이행이익을 손해배상의 범위로 본다.

③ (○) 매매목적물의 하자로 인하여 확대손해 내지 2차 손해가 발생하였다는 이유로 매도인에게 그 확대손해에 대한 배상책임을 지우기 위하여는 채무의 내용으로 된 하자 없는 목적물을 인도하지 못한 의무위반사실 외에 그러한 의무위반에 대하여 매도인에게 귀책사유가 인정될 수 있어야만 한다(대판 1997.5.7. 96다39455).

④ (○) 하자담보책임으로 인한 손해배상사건에 있어서 배상권리자에게 그 하자를 발견하지 못한 잘못으로 손해를 확대시킨 과실이 인정된다면 법원은 손해배상의 범위를 정함에 있어서 이를 참작하여야 하며, 이 경우 손해배상의 책임을 다투는 배상의무자가 배상권리자의 과실에 따른 상계항변을 하지 않더라도 소송에 나타난 자료에 의하여 그 과실이 인정되면 법원은 직권으로 이를 심리·판단하여야 한다(대판 1995.6.30. 94다23920).

⑤ (○) 매매의 목적이 된 부동산에 설정된 저당권 또는 전세권의 행사로 인하여 매수인이 그 소유권을 취득할 수 없거나 취득한 소유권을 잃은 때에는 매수인은 계약을 해제할 수 있다(민법 제576조 제1항).

06 甲은 乙 소유 건물을 丙에게 매도하였으나, 그 소유권을 취득하여 丙에게 이전할 수 없게 되었다. 이에 관한 설명으로 옳은 것은?(다툼이 있으면 판례에 따름) 기출 15

① 丙이 계약을 해제하려면 계약체결일로부터 1년 내에 행사하여야 한다.

② 계약체결 당시 丙이 악의인 경우에도 丙은 계약을 해제할 수 있다.

③ 甲이 선의였다면, 甲과 丙의 계약은 원시적 불능으로서 무효이다.

④ 甲의 귀책사유로 건물이 소실되었더라도, 丙은 채무불이행의 일반규정에 의하여 계약을 해제하고 손해배상을 청구할 수는 없다.

⑤ 丙이 甲의 기망에 의하여 乙의 건물을 甲 소유로 알고 매수의 의사표시를 한 경우, 丙은 乙의 건물인 줄 알았더라면 매수하지 아니하였을 때에도 사기를 이유로 그 의사표시를 취소할 수 없다.

해설 ① (×) 타인의 권리를 매도한 매도인이 그 권리를 취득하여 매수인에게 이전할 수 없는 때에는 매수인은 선의 · 악의를 불문하고 계약을 해제할 수 있는데(민법 제570조), **일부타인권리매매**(민법 제572조, 제573조)와 달리, **전부타인권리매매는 계약해제권과 손해배상청구권의 행사기간에 관한 제한이 없어** 견해가 대립하나, 민법 제570조는 제척기간의 적용을 받지 아니한다는 입장이 통설이다. 해당 지문은 전부타인권리매매에도 민법 제573조의 제척기간을 적용하여야 한다는 긍정설(소수설)의 입장에서 구성된 것으로 보이는데, 이에 따르면 매수인 丙이 선의인 경우 그 사실을 안 날로부터 1년 내, 악의인 경우에는 계약한 날로부터 1년 내에 그 해제권을 행사하여야 한다. 따라서 긍정설을 전제로 하더라도, 매수인 丙의 선의 · 악의를 판단할 수 없는 이상, **계약체결일로부터 1년 내에 그 해제권을 행사하여야 한다고 할 수 없다.**

② (○) 전부타인권리매매에서 매수인은 **선의 · 악의를 불문하고 계약을 해제할 수 있으므로**, 사안의 丙은 그 계약을 해제할 수 있다(민법 제570조 본문).

③ (×) 특정한 매매의 목적물이 타인의 소유에 속하는 경우라 하더라도, 그 매매계약이 원시적 이행불능에 속하는 내용을 목적으로 하는 당연무효의 계약이라고 볼 수 없다(대판 1993.9.10. 93다20283). 따라서 **전부 타인권리매매도 유효**하고, 이 경우 매도인 甲은 그 권리를 취득하여 매수인 丙에게 이전할 의무를 진다(민법 제569조).

④ (×) 판례는 「타인의 권리를 매매의 목적으로 한 경우에 있어서 그 권리를 취득하여 매수인에게 이전하여야 할 매도인의 의무가 매도인의 귀책사유로 인하여 이행불능이 되었다면 매수인이 매도인의 담보책임에 관한 민법 제570조 단서의 규정에 의해 손해배상을 청구할 수 없다 하더라도 채무불이행 일반의 규정(민법 제 546조, 제390조)에 좇아서 계약을 해제하고 손해배상을 청구할 수 있다」(대판 1993.11.23. 93다37328)고 하여 **담보책임과 채무불이행책임의 경합을 인정**하고 있다.

⑤ (×) 판례는 「민법 제569조가 타인의 권리의 매매를 유효로 규정한 것은 선의의 매수인의 신뢰이익을 보호 하기 위한 것이므로, 매수인이 매도인의 기망에 의하여 타인의 물건을 매도인의 것으로 알고 매수한다는 의사표시를 한 것은 만일 타인의 물건인 줄 알았다라면 매수하지 아니하였을 사정이 있는 경우에는 매수인 은 민법 제110조에 의하여 매수의 의사표시를 취소할 수 있다고 해석해야 할 것이다」(대판 1973.10.23. 73다268)고 하여 **사기와 담보책임의 경합을 인정**하고 있다.

07 매도인 甲과 매수인 乙 사이에 체결된 매매계약의 담보책임에 관한 설명으로 옳지 않은 것을 모두 고른 것은? 기출 13

> ㄱ. 매매목적인 토지 전부가 제3자 丙의 소유인 경우, 甲이 그 토지를 취득하여 乙에게 이전하지 못하면 乙은 선의 또는 악의를 불문하고 매매계약을 해제할 수 있다.
> ㄴ. 매매목적인 토지 중의 일부가 제3자 丙의 소유인 경우, 甲이 그 권리를 취득하여 乙에게 이전할 수 없으면, 악의의 乙도 손해배상을 청구할 수 있다.
> ㄷ. 종류로 지정된 매매목적물이 특정된 후 그 특정된 목적물에 하자가 있는 경우, 乙이 선의이고 무과실이라면 甲에 대하여 하자 없는 물건을 청구할 수 있다.
> ㄹ. 甲이 변제기에 도달하지 않은 채권을 매도하면서 채무자의 자력을 담보한 경우, 계약체결 시의 자력을 담보한 것으로 추정한다.

① ㄱ, ㄴ   ② ㄱ, ㄷ
③ ㄴ, ㄷ   ④ ㄴ, ㄹ
⑤ ㄷ, ㄹ

해설 ㄱ. (○) 전부타인권리매매의 경우, 매도인이 그 권리를 취득하여 매수인에게 이전할 수 없는 때에는 매수인은 선의·악의를 불문하고 계약을 해제할 수 있다(민법 제570조). 다만, 선의의 매수인에 한하여 손해배상을 청구할 수 있다.
ㄴ. (✕) 일부타인권리매매의 경우, 선의의 매수인에 한하여 손해배상을 청구할 수 있다(민법 제572조 제3항). 따라서 악의의 매수인 乙은 감액청구 또는 계약해제 외에 손해배상을 청구할 수는 없다.
ㄷ. (○) 물건의 하자에 대한 담보책임은 매수인의 선의·무과실을 요한다(민법 제581조, 제580조). 따라서 매수인 乙이 선의이고 무과실이라면, 매도인 甲에 대하여 하자 없는 물건을 청구할 수 있다(민법 제581조 제2항).
ㄹ. (✕) 변제기에 도달하지 아니한 채권의 매도인이 채무자의 자력을 담보한 때에는 변제기의 자력을 담보한 것으로 추정한다(민법 제579조 제2항).

08 甲은 乙 소유의 토지를 3,000m²로 알고 1m²에 5만원씩 계산하여 1억 5천만원에 매수하였으나, 나중에 토지를 측량한 결과 2,700m²이었다. 다음 설명으로 옳은 것은?(다툼이 있는 경우에는 판례에 의함) 기출 12

① 甲과 乙이 면적을 매매가격을 정하는 가장 중요한 요소로 하여 이를 기준으로 가격을 정하였더라도, 매매계약서에 토지의 면적당 가격을 기재하지 않으면 수량을 지정한 매매로 볼 수 없다.

② 선의의 甲은 乙이 300m²를 추후 취득하여 甲에게 이전할 수 없게 되었음이 확실하게 된 사실을 안 날로부터 1년 이내에 대금감액청구권을 행사할 수 있다.

③ 甲은 乙에게 원시적 일부불능임을 이유로 부당이득의 반환을 청구하거나 계약체결상의 과실책임을 물을 수 있다.

④ 만일 甲이 위 토지를 경매법원에서 매각을 받아 측량한 결과 그 면적이 2,700m²일 경우, 선의의 甲은 배당받은 채권자에게 1,500만원의 반환을 청구할 수 있다.

⑤ 甲이 계약체결 시에 토지의 실제면적이 2,700m²임을 알았더라도 甲은 계약의 해제나 손해배상청구를 할 수 있다.

해설 ① (×) 부동산매매계약에 있어서 매수인이 일정한 면적이 있는 것으로 믿고 , 매도인도 그 면적이 있는 것을 명시적 또는 묵시적으로 표시하며, 나아가 계약당사자가 면적을 가격을 정하는 여러 요소 중 가장 중요한 요소로 파악하고, 그 객관적 수치를 기준으로 가격을 정하는 경우라면 특정물이 일정한 수량을 가지고 있다는 데에 주안을 두고, 대금도 그 수량을 기준으로 하여 정한 경우에 속하므로 **민법 제574조에 정한 '수량을 지정한 매매'에 해당한다**(대판 2001.4.10. 2001다12256). 따라서 비록 매매계약서에 토지의 면적당 가격을 기재하지 아니하였더라도, 수량을 지정한 매매로 볼 수 있다.

② (○) 판례는 「**수량지정매매에 있어서의 매도인의 담보책임에 기한 매수인의 대금감액청구권은 매수인이 선의인 경우에는 사실을 안 날로부터, 악의인 경우에는 계약한 날로부터 1년 이내에 행사되어야 한다**」(대판 2002.11.8. 99다58136)는 입장이다.

③ (×) 부동산매매계약에 있어서 실제면적이 계약면적에 미달하는 경우에는 그 매매가 수량지정매매에 해당할 때에 한하여 민법 제574조, 제572조에 의한 대금감액청구권을 행사함은 별론으로 하고, 그 매매계약이 그 미달부분만큼 일부무효임을 들어 이와 별도로 일반부당이득반환청구를 하거나 그 부분의 원시적 불능을 이유로 민법 제535조가 규정하는 계약체결상의 과실에 따른 책임의 이행을 구할 수 없다(대판 2002.4.9. 99다47396).

④ (×) 경락인이 강제경매절차를 통하여 부동산을 경락받아 대금을 완납하고 그 앞으로 소유권이전등기까지 마쳤으나, 그 후 강제경매절차의 기초가 된 채무자 명의의 소유권이전등기가 원인무효의 등기이어서 경매부동산에 대한 소유권을 취득하지 못하게 된 경우, 이와 같은 강제경매는 무효라고 할 것이므로 경락인은 경매채권자에게 경매대금 중 그가 배당받은 금액에 대하여 일반부당이득의 법리에 따라 반환을 청구할 수 있고, 민법 제578조 제1항, 제2항에 따른 경매의 채무자나 채권자의 담보책임은 인정될 여지가 없다(대판 2004.6.24. 2003다59259). 즉, **경매절차가 무효인 경우, 일반부당이득의 법리에 따라 반환을 청구할 수 있을 뿐, 경매의 채무자나 채권자의 담보책임은 인정되지 아니한다.** 반면, 경매절차가 유효인 경우에는, 민법 제578조의 담보책임이 적용된다. 사안의 경우, 경매절차를 무효라 볼 여지가 없으므로, 민법 제578조의 담보책임이 적용된다 할 것이다. 따라서 선의의 매수인 甲은 1차적으로 채무자 乙에게 대금감액을 청구하여야 한다.

⑤ (×) **수량지정매매의 경우, 선의의 매수인에 한하여 감액청구 또는 계약해제 외에 손해배상을 청구할 수 있다**는 입장이 통설이다(민법 제574조, 제572조 제3항). 따라서 악의의 매수인 甲은 매도인의 담보책임에 기한 계약해제권이나 손해배상청구권을 행사할 수 없다. 다만, 감액청구에 관하여 판례는 「**수량지정매매에 있어서의 매도인의 담보책임에 기한 매수인의 대금감액청구권은 매수인이 선의인 경우에는 사실을 안 날로부터, 악의인 경우에는 계약한 날로부터 1년 이내에 행사하여야 한다**」(대판 2002.11.8. 99다58136)고 판시하고 있어 해석상 문제의 소지가 있다.

환 매

01 환매에 관한 설명으로 옳지 않은 것은?(다툼이 있으면 판례에 따름) `기출` 18

① 매도인이 계약과 동시에 환매할 권리를 보류한 때에는 환매대금은 매도인이 영수한 대금 및 매수인이 부담한 매매비용에 한정되며, 당사자가 특약으로 환매대금을 다르게 정할 수 없다.

② 당사자가 부동산에 대한 환매기간을 정하지 않을 때에는 그 기간은 5년으로 하며, 이와 달리 환매기간을 정한 때에는 이를 다시 연장하지 못한다.

③ 환매특약의 실효는 원칙적으로 매매계약의 효력에 영향을 주지 않는다.

④ 환매의 경우, 특별한 약정이 없으면 목적물의 과실과 대금의 이자는 상계한 것으로 본다.

⑤ 부동산매매계약에서 소유권이전등기와 함께 환매특약에 따라 환매등기가 있은 후, 그 부동산에 제3자의 저당권등기가 마쳐진 경우라도, 매도인이 환매기간 내에 적법하게 환매권을 행사하면 제3자의 저당권은 소멸한다.

해설 ① (×) 환매대금에 관하여 특별한 약정이 있으면 그 약정에 의한다(민법 제590조 제2항). 따라서 당사자가 특약으로 환매대금을 다르게 정할 수 있다.

② (○) 환매기간을 정한 때에는 다시 이를 연장하지 못하나(민법 제591조 제2항), 환매기간을 정하지 아니한 때에는 그 기간은 부동산은 5년, 동산은 3년으로 한다(민법 제591조 제3항).

③ (○) 환매특약은 주된 매매계약의 종된 계약이므로, 주된 매매계약이 실효되면 종된 계약인 환매특약 또한 실효된다. 반면, 종된 계약인 환매특약이 실효되더라도, 주된 매매계약의 효력에는 영향을 주지 않는다.

④ (○) 환매의 경우에 목적물의 과실과 대금의 이자는 특별한 약정이 없으면 이를 상계한 것으로 본다(민법 제590조 제3항).

⑤ (○) 매매의 목적물이 부동산인 경우에 매매등기와 동시에 환매권의 보류를 등기한 때에는 제3자에 대하여 그 효력이 있다(민법 제592조). 따라서 시안의 경우, 매도인이 환매기간 내에 적법하게 환매권을 행사하면 제3자의 저당권은 소멸한다.

04 소비대차

01 민법상 소비대차에 관한 설명으로 옳은 것을 모두 고른 것은?(다툼이 있으면 판례에 따름)

기출 22

> ㄱ. 소비대차는 차주가 대주로부터 현실로 금전 등을 수수하거나 현실의 수수가 있는 것과 같은 경제적 이익을 취득하여야만 성립한다.
> ㄴ. 금전대차의 경우에 차주가 금전에 갈음하여 유가증권 기타 물건의 인도를 받은 때에는 반환 시의 가액으로써 차용액으로 한다.
> ㄷ. 이자부 소비대차에서 목적물의 하자가 중대하여 계약의 목적을 달성할 수 없는 경우, 특별한 사정이 없는 한 선의·무과실의 차주는 계약을 해제할 수 있다.

① ㄱ   ② ㄴ
③ ㄷ   ④ ㄱ, ㄴ
⑤ ㄱ, ㄴ, ㄷ

해설 ㄱ.(×) 민법상 소비대차는 당사자 일방이 금전 기타 대체물의 소유권을 상대방에게 이전할 것을 약정하고 상대방은 그와 같은 종류, 품질 및 수량으로 반환할 것을 약정함으로써 그 효력이 생기는 이른바 낙성계약이므로, 차주가 현실로 금전 등을 수수하거나 현실의 수수가 있는 것과 같은 경제적 이익을 취득하여야만 소비대차가 성립하는 것은 아니다(대판 1991.4.9. 90다14652).
ㄴ.(×) 금전대차의 경우에 차주가 금전에 갈음하여 유가증권 기타 물건의 인도를 받은 때에는 그 인도 시의 가액으로써 차용액으로 한다(민법 제606조).
ㄷ.(○) 이자부 소비대차에서 목적물의 하자가 중대하여 계약의 목적을 달성할 수 없는 경우, 특별한 사정이 없는 한 선의·무과실의 차주는 계약을 해제할 수 있다(민법 제602조 제1항, 민법 제580조 제1항, 민법 제575조 제1항 전문).

06 임대차

01 임차보증금에 관한 설명으로 옳지 않은 것은?(다툼이 있으면 판례에 따름) 기출 18

① 건물임차인은 임대인에게 지급한 보증금의 반환을 위하여 그 임차목적물에 대해 유치권을 주장할 수 없다.

② 임차인의 차임연체를 이유로 임대차계약이 해지되어, 임대인이 임차목적물의 인도와 연체차임의 지급을 구하는 소송을 제기한 경우 그 소송비용은 특별한 합의가 없는 한 보증금에서 당연히 공제될 수 없다.

③ 임대차계약이 계속되는 동안에 임차인이 차임지급을 연체한 경우, 그 연체차임은 임대인의 별도의 의사표시 없이 보증금에서 당연히 공제되는 것은 아니다.

④ 보증금반환채권에 대해 전부명령이 있은 후, 임대인의 임차인에 대한 연체차임채권이 발생하였다면 그 전부명령은 임차목적물을 반환할 때까지 임대인의 임차인에 대한 그 채권을 보증금에서 공제한 잔액에 대해서만 효력을 가진다.

⑤ 임대보증금이 지급된 임대차계약에서 차임채권에 관하여 추심명령이 송달된 경우, 당해 임대차계약이 종료되어 목적물이 반환될 때에는 그때까지 추심되지 않은 잔존차임채권 상당액도 임대보증금에서 공제된다.

해설 ① (○) 판례는 「건물의 임대차에 있어서 임차인의 임대인에게 지급한 **임차보증금반환청구권**이나 임대인이 건물시설을 아니하기 때문에 임차인에게 건물을 임차목적대로 사용 못 한 것을 이유로 하는 손해배상청구권은 모두 민법 제320조 소정의 소위 그 건물에 관하여 생긴 채권이라 할 수 없다」(대판 1976.5.11. 75다1305)고 하여 **유치권**의 성립을 부정하고 있다.

② (×) 부동산임대차에서 임차인이 임대인에게 지급하는 **임대차보증금**은 임대차관계가 종료되어 목적물을 반환하는 때까지 임대차관계에서 발생하는 임차인의 모든 채무를 담보하는 것으로서, 임대인이 임차인을 상대로 차임연체로 인한 임대차계약의 해지를 원인으로 임대차목적물인 부동산의 인도 및 연체차임의 지급을 구하는 소송비용은 임차인이 부담할 원상복구비용 및 차임지급의무 불이행으로 인한 것이어서 임대차관계에서 발생하는 임차인의 채무에 해당하므로 이를 반환할 임대차보증금에서 당연히 공제할 수 있고, 임대인의 임대차보증금반환의무는 임대차관계가 종료되는 경우에 임대차보증금 중에서 목적물을 반환받을 때까지 생긴 임차인의 모든 채무를 공제한 나머지 금액에 관하여서만 비로소 이행기에 도달하는 것이므로, 임차인이 다른 사람에게 임대차보증금반환채권을 양도하고, 임대인에게 양도통지를 하였어도 임차인이 임대차목적물을 인도하기 전까지는 임대인이 위 소송비용을 임대차보증금에서 당연히 공제할 수 있다(대판 2012.9.27. 2012다49490).

③ (○) 임대차보증금이 임대인에게 교부되어 있더라도 임대인은 임대차관계가 계속되고 있는 동안에는 임대차보증금에서 연체차임을 충당할 것인지를 자유로이 선택할 수 있으므로, 임대차계약 종료 전에는 연체차임이 공제 등 별도의 의사표시 없이 임대차보증금에서 당연히 공제되는 것은 아니다. 그리고 임대인이 차임채권을 양도하는 등의 사정으로 인하여 차임채권을 가지고 있지 아니한 경우에는 특별한 사정이 없는 한 임대차계약 종료 전에 임대차보증금에서 공제한다는 의사표시를 할 수 있는 권한이 있다고 할 수도 없다(대판 2013.2.28. 2011다49608·49615).

④ (O) 임차보증금을 피전부채권으로 하여 전부명령이 있을 경우에도 제3채무자인 임대인은 임차인에게 대항할 수 있는 사유로서 전부채권자에게 대항할 수 있는 것이어서 **건물임대차보증금의 반환채권에 대한 전부명령의 효력이 그 송달에 의하여 발생한다고 하여도 위 보증금반환채권은 임대인의 채권이 발생하는 것을 해제조건으로 하는 것이므로** 임대인의 채권을 공제한 잔액에 관하여서만 전부명령이 유효하다(대판 1988.1.19. 87다카1315).

⑤ (O) 부동산임대차에 있어서 수수된 보증금은 차임채무, 목적물의 멸실·훼손 등으로 인한 손해배상채무 등 임대차에 따른 임차인의 모든 채무를 담보하는 것으로서 그 피담보채무 상당액은 임대차관계의 종료 후 목적물이 반환될 때에 특별한 사정이 없는 한 별도의 의사표시 없이 보증금에서 당연히 공제되는 것이므로, 임대보증금이 수수된 임대차계약에서 차임채권에 관하여 압류 및 추심명령이 있었다 하더라도, 당해 임대차계약이 종료되어 목적물이 반환될 때에는 그때까지 추심되지 아니한 채 잔존하는 차임채권 상당액도 임대보증금에서 당연히 공제된다(대판 2004.12.23. 2004다56554·56561·56578·56585·56592·56608·56615·56622·56639·56646·56653·56660).

02

甲은 물품보관창고를 필요로 하는 乙의 요청에 따라 그 소유의 X토지를 乙에게 임대함과 동시에 그 지상에 신축한 미등기 Y건물을 乙에게 매도하였고, 그 후 乙은 Y건물에 대한 보존등기를 마쳤다. 다음 설명 중 옳은 것은?(다툼이 있으면 판례에 따름) 기출 17

① 乙의 차임채무 불이행으로 임대차가 종료되어도 乙은 甲에게 Y건물의 매수를 청구할 수 있다.

② 乙이 적법하게 Y건물의 매수를 청구한 경우, 甲의 대금지급의무는 乙의 Y건물 명도 및 소유권이전의무보다 선이행되어야 한다.

③ 乙이 Y건물에 대한 보존등기를 마친 후 甲이 丙에게 X토지를 매도하고 소유권이전등기를 마쳐준 경우, 乙의 임차권이 기간만료로 소멸하면 乙은 丙을 상대로 Y건물의 매수를 청구할 수 없다.

④ 만약 乙의 채권자 명의로 근저당권이 설정된 Y건물에 대하여 乙이 적법하게 매수청구권을 행사한 경우, 甲은 근저당권이 말소되지 않았음을 이유로 채권최고액에 상당한 대금의 지급을 거절할 수 없다.

⑤ 만약 Y건물이 미등기상태에 있더라도 임대차기간이 만료되어 乙이 적법하게 매수청구권을 행사한 경우, Y건물은 그 매수청구의 대상이 될 수 있다.

해설 ① (×) 토지임차인의 차임연체 등 **채무불이행을 이유로 임대차계약이 해지되는 경우 토지임차인으로서는 토지임대인에 대하여 지상건물의 매수를 청구할 수 없다**(대판 1997.4.8. 96다54249·54256). 따라서 乙은 甲에게 Y건물의 매수를 청구할 수 없다.

② (×) 민법 제643조의 규정에 의한 토지임차인의 매수청구권 행사로 지상건물에 대하여 시가에 의한 매매유사의 법률관계가 성립된 경우에 토지임차인의 건물명도 및 그 소유권이전등기의무와 토지임대인의 건물대금지급의무는 서로 대가관계에 있는 채무이므로 토지임차인은 토지임대인의 건물명도청구에 대하여 대금지급과의 동시이행을 주장할 수 있다(대판 1991.4.9. 91다3260). 따라서 甲의 대금지급의무는 乙의 Y건물 명도 및 소유권이전의무와 동시이행의 관계에 있다.

③ (×) 건물의 소유를 목적으로 하는 토지임차인의 건물매수청구권 행사의 상대방은 원칙적으로 임차권 소멸 당시의 토지소유자인 임대인이고, 임대인이 임차권 소멸 당시에 이미 토지소유권을 상실한 경우에는 그에게 지상건물의 매수청구권을 행사할 수는 없으며, 이는 임대인이 임대차계약의 종료 전에 토지를 임의로 처분하였다 하여 달라지는 것은 아니다(대판 1994.7.29. 93다59717 · 59724). 또한 피고들(토지임차인)이 이 사건 토지의 전 소유자인 소외 회사와 건물의 소유를 목적으로 하는 임대차계약을 체결하여 원고가 이 사건 토지를 취득할 당시 그 임대차계약이 유효하게 존재하고 있었다면, 민법 제622조 제1항에 의하여 원고는 위 임대차계약의 임대인의 지위를 승계하고, 따라서 그 임대차계약이 종료한 때에 위 피고들은 위 각 건물에 관하여 민법 제643조, 제283조에 의하여 매수청구권을 행사할 수 있다(대판 1996.6.14. 96다14517) 따라서 토지임차인 乙은 Y건물의 매수를 청구할 당시 이미 토지소유권을 상실한 甲에게 건물매수 청구권을 행사할 수 없으나, 임대인의 지위를 승계한 丙에게는 임대차계약이 종료한 때에 건물매수청구권을 행사할 수 있다.

④ (×) 건물의 소유를 목적으로 한 토지임대차계약의 기간이 만료함에 따라 지상건물소유자가 임대인에 대하여 행사하는 민법 제643조 소정의 매수청구권은 매수청구의 대상이 되는 건물에 근저당권이 설정되어 있는 경우에도 인정된다. 이 경우에 그 건물의 매수가격은 건물 자체의 가격 외에 건물의 위치, 주변토지의 여러 사정 등을 종합적으로 고려하여 매수청구권 행사 당시 건물이 현존하는 대로의 상태에서 평가된 시가 상당 액을 의미하고, 여기에서 근저당권의 채권최고액이나 피담보채무액을 공제한 금액을 매수가격으로 정할 것은 아니다. 다만, 매수청구권을 행사한 지상건물소유자가 위와 같은 근저당권을 말소하지 않는 경우 토지 소유자는 민법 제588조에 의하여 위 근저당권의 말소등기가 될 때까지 그 채권최고액에 상당한 대금의 지급을 거절할 수 있다(대판 2008.5.29. 2007다4356). 따라서 甲은 근저당권이 말소되지 아니하였음을 이유로 채권최고액에 상당한 대금의 지급을 거절할 수 있다.

⑤ (○) 건물을 매수하여 점유하고 있는 사람은 소유자로서의 등기명의가 없다 하더라도 그 권리의 범위 내에서는 그 점유 중인 건물에 대하여 법률상 또는 사실상의 처분권을 가지고 있다. 위와 같은 지상물매수청구권제도의 목적, 미등기매수인의 법적 지위 등에 비추어 볼 때, 종전 임차인으로부터 미등기무허가건물을 매수하여 점유하고 있는 임차인은 특별한 사정이 없는 한 비록 소유자로서의 등기명의가 없어 소유권을 취득하지 못하였다 하더라도 임대인에 대하여 지상물매수청구권을 행사할 수 있는 지위에 있다(대판 2013.11.28. 2013다48364 · 48371). 따라서 Y건물이 미등기상태에 있더라도, 그 매수청구의 대상이 될 수 있다.

03 임차인에게 불리한 약정을 하여도 그 효력이 인정되는 것은? 기출 17

① 토지임차인의 지상물매수청구권
② 임차인의 비용상환청구권
③ 임차인의 차임감액청구권
④ 임대차기간의 약정이 없는 임차인의 해지통고
⑤ 임차인의 차임연체로 인한 임대인의 해지권

해설 임차인의 비용상환청구권에 관한 규정(민법 제626조)은 강행규정이 아니므로, 약정에 의하여 이를 포기할 수 있다(대판 1998.5.29. 98다6497 참고). 반면, 토지임차인의 지상물매수청구권(민법 제643조), 임차인의 차임 감액청구권(민법 제628조), 임대차기간의 약정이 없는 임차인의 해지통고(민법 제635조), 임차인의 차임연체로 인한 임대인의 해지권(민법 제640조)은 편면적 강행규정에 해당하므로(민법 제652조), 임차인에게 불리한 약정을 하여도 그 효력이 인정되지 아니한다(민법 제652조).

04 甲은 건물을 신축할 목적으로 乙로부터 토지를 임차하면서, 임대차 종료 시 건물 기타 지상시설 일체를 대가 없이 포기하고, 만약 지상건물을 철거하지 아니할 경우에는 그 소유권을 乙에게 이전하기로 약정하였다. 임대차가 기간만료로 종료되자 乙은 甲을 상대로 토지인도 및 건물철거청구소송을 제기하였다. 이에 관한 설명으로 옳지 않은 것은?(다툼이 있으면 판례에 따름) [기출] 15

① 임대차 종료 시 대가 없이 건물 기타 지상시설 일체를 포기하겠다는 약정은 특별한 사정이 없는 한 甲에게 불리한 것이어서 무효이다.

② 甲의 채무불이행을 이유로 계약이 해지된 경우에도 甲은 건물매수청구권을 행사할 수 있다.

③ 甲이 그 지상건물에 대하여 적법하게 매수청구권을 행사하더라도 지상건물의 점유·사용을 통하여 그 부지를 계속하여 점유·사용하는 한, 부지의 임료 상당액을 부당이득으로서 반환할 의무가 있다.

④ 건물철거소송과정에서 甲이 건물매수청구권을 행사할 수 있었는데도 이를 행사하지 않았고, 甲의 패소판결이 확정되었더라도, 건물철거가 집행되기 전이라면 건물매수청구권을 행사할 수 있다.

⑤ 만약 임대차의 존속기간을 정하지 않은 경우, 乙의 해지통고에 의하여 임대차가 종료되었더라도 甲은 계약갱신청구의 유무에 관계없이 건물매수청구권을 행사할 수 있다.

해설 ① (○) 건물의 소유를 목적으로 한 토지의 임차인이 임대차계약을 체결하거나 임차인으로서의 지위를 승계할 당시 임대인과의 사이에 건물 기타 지상시설 일체를 포기하기로 약정을 하였다고 하더라도 임대차계약의 조건이나 계약이 체결된 경위 등 제반 사정을 종합적으로 고려하여 실질적으로 임차인에게 불리하다고 볼 수 없는 특별한 사정이 인정되지 아니하는 한 위와 같은 약정은 임차인에게 불리한 것으로서 민법 제652조에 의하여 효력이 없다(대판 1993.6.22. 93다16130). 또한 토지임대인과 임차인 사이에 임대차기간 만료 시에 임차인이 지상건물을 양도하거나 이를 철거하기로 하는 약정은 특별한 사정이 없는 한, 민법 제643조 소정의 임차인의 지상물매수청구권을 배제하기로 하는 약정으로서 임차인에게 불리한 것이므로 민법 제652조의 규정에 의하여 무효라고 보아야 한다(대판 1998.5.8. 98다2389).

② (×) 토지임차인의 차임연체 등 채무불이행을 이유로 임대차계약이 해지되는 경우 토지임차인으로서는 토지대인에 대하여 지상건물의 매수를 청구할 수 없다(대판 1997.4.8. 96다54249·54256). 따라서 甲의 채무불이행을 이유로 계약이 해지된 경우에는, 甲은 건물매수청구권을 행사할 수 없다.

③ (○) 건물 기타 공작물의 소유를 목적으로 한 대지임대차에 있어서 임차인이 그 지상건물 등에 대하여 민법 제643조 소정의 매수청구권을 행사한 후에 그 임대인인 대지의 소유자로부터 매수대금을 지급받을 때까지 그 지상건물 등의 인도를 거부할 수 있다고 하여도, 지상건물 등의 점유·사용을 통하여 그 부지를 계속하여 점유·사용하는 한 그로 인한 부당이득으로서 부지의 임료 상당액은 이를 반환할 의무가 있다(대판 2001.6.1. 99다60535).

④ (○) 건물의 소유를 목적으로 하는 토지임대차에 있어서, 임대차가 종료함에 따라 토지의 임차인이 임대인에 대하여 건물매수청구권을 행사할 수 있음에도 불구하고 이를 행사하지 아니한 채, 토지의 임대인이 임차인에 대하여 제기한 토지인도 및 건물철거청구소송에서 패소하여 그 패소판결이 확정되었다고 하더라도, 그 확정판결에 의하여 건물철거가 집행되지 아니한 이상 토지의 임차인으로서는 건물매수청구권을 행사하여 별소로써 임대인에 대하여 건물매매대금의 지급을 구할 수 있다(대판 1995.12.26. 95다42195).

⑤ (○) 민법 제643조가 규정하는 토지임차인의 건물매수청구권은 임대차의 기간을 약정하지 않았던 탓으로 임대인에 의한 해지통고에 의하여 그 임차권이 소멸된 경우에도 계약갱신청구의 유무에 불구하고 인정된다(대판 1977.6.7. 76다2324).

05 민법상 임대인 甲과 임차인 乙의 임대차관계에 관한 설명으로 옳지 않은 것은?(다툼이 있는 경우에는 판례에 의함) _{기출} 14

① 임대차관계가 소멸한 이후에 乙이 계속하여 임차목적물을 점유하였으나 이를 본래의 임대차계약의 목적에 따라 사용·수익하지 아니하여 실질적인 이득을 얻지 않았다면, 그로 인하여 甲에게 손해가 발생하더라도 乙의 부당이득반환의무는 성립하지 않는다.

② 토지임대인 甲이 乙의 차임연체를 이유로 임대차계약을 해지한 때에는 토지임차인 乙의 지상물매수청구권이 인정되지 않는다.

③ 건물소유를 목적으로 하는 대지임차인 乙이 甲의 동의 없이 丙에게 그 대지 위의 건물에 점유개정의 방법으로 양도담보를 설정한 때에도 甲은 무단양도를 이유로 하여 임대차계약을 해지할 수 없다.

④ 특별한 사정이 없으면, 건물소유를 목적으로 하는 토지임대차에서 乙로부터 미등기무허가건물을 매수하여 점유한 丙은 등기명의가 없더라도 甲에게 지상물매수청구권을 행사할 수 있다.

⑤ 2년을 기간으로 하는 임대차기간이 만료한 후 乙이 계속하여 임차물을 사용·수익하는 경우, 甲이 상당한 기간 내에 이의를 제기하지 않으면 전 임대차와 동일한 조건으로 다시 임차한 것으로 보아야 하므로 임대차는 다시 2년의 기간으로 연장된다.

해설 ① (○) 법률상의 원인 없이 이득하였음을 이유로 한 **부당이득의 반환에 있어 이득이라 함은 실질적인 이익을** 의미하므로, 임차인이 임대차계약관계가 소멸된 이후에도 임차목적물을 계속 점유하기는 하였으나 이를 본래의 임대차계약상의 목적에 따라 사용·수익하지 아니하여 실질적인 이득을 얻은 바 없는 경우에는 그로 인하여 임대인에게 손해가 발생하였다 하더라도 임차인의 부당이득반환의무는 성립되지 않는다(대판 1998.5.29. 98다6497).

② (○) 토지임차인의 차임연체 등 채무불이행을 이유로 임대차계약이 해지되는 경우 토지임차인으로서는 토지임대인에 대하여 지상건물의 매수를 청구할 수 없다(대판 1997.4.8. 96다54249·54256).

③ (○) 건물소유를 목적으로 한 대지임차권을 가지고 있는 자가 위 대지상의 자기 소유 건물에 대하여 제3자에 대한 채권담보의 목적으로 제3자 명의의 소유권이전등기를 경료하여 준 이른바 양도담보의 경우에는, 채권담보를 위하여 신탁적으로 양도담보권자에게 건물의 소유권이 이전될 뿐 확정적, 종국적으로 이전되는 것은 아니고 또한 특별한 사정이 없는 한 양도담보권자가 건물의 사용수익권을 갖게 되는 것도 아니므로, 이러한 경우 위 건물의 부지에 관하여 민법 제629조 소정의 해지의 원인인 임차권의 양도 또는 전대가 이루어지지 않았다고 해석함이 상당하다(대판 1995.7.25. 94다46428). 따라서 사안의 경우, 임대인 甲은 무단양도를 이유로 하여 임대차계약을 해지할 수 없다.

④ (○) 건물을 매수하여 점유하고 있는 사람은 소유자로서의 등기명의가 없다 하더라도 그 권리의 범위 내에서는 그 점유 중인 건물에 대하여 법률상 또는 사실상의 처분권을 가지고 있다. 위와 같은 지상물매수청구청구권제도의 목적, 미등기매수인의 법적 지위 등에 비추어 볼 때, 종전 임차인으로부터 미등기무허가건물을 매수하여 점유하고 있는 임차인은 특별한 사정이 없는 한 비록 소유자로서의 등기명의가 없어 소유권을 취득하지 못하였다 하더라도 임대인에 대하여 **지상물매수청구권을 행사할 수 있는** 지위에 있다(대판 2013.11.28. 2013다48364·48371). 따라서 사안의 경우, 매수인 丙은 등기명의가 없더라도, 임대인 甲에게 지상물매수청구권을 행사할 수 있다.

⑤ (×) 임대차기간이 만료한 후 임차인이 임차물의 사용, 수익을 계속하는 경우에 임대인이 상당한 기간 내에 이의를 하지 아니한 때에는 **전 임대차와 동일한 조건으로 다시 임대차한 것으로 본다**(민법 제639조 제1항 본문). 그러나 사안의 경우, **존속기간에 관한 약정이 있다고 볼 수 없으므로, 당사자는 언제든지 계약해지의 통고를 할 수 있다**(민법 제639조 제1항 단서).

06 乙은 건물의 소유를 목적으로 甲 소유의 X토지를 임차한 후, 甲의 동의 없이 이를 丙에게 전대하였다. 이에 관한 설명으로 옳은 것은?(다툼이 있으면 판례에 따름) 기출 19

① 甲은 丙에게 X토지의 반환을 청구할 수 없다.

② 甲은 乙에 대한 임대차계약상의 차임청구권을 상실한다.

③ 甲과 乙 사이의 임대차계약은 무단전대를 이유로 甲의 해지의 의사표시가 없더라도 해지의 효력이 발생한다.

④ 임대차 및 전대차기간 만료 시에 丙이 신축한 건물이 X토지에 현존하고 甲이 임대차계약의 갱신을 거절한 경우, 丙은 甲에게 건물매수를 청구할 수 없다.

⑤ 甲과 乙 사이의 임대차계약이 존속하더라도 甲은 X토지의 불법점유를 이유로 丙에게 차임 상당의 부당이득 반환을 청구할 수 있다.

해설 ① (×) 임차인은 **임대인의 동의 없이** 그 권리를 양도하거나 임차물을 전대하지 못한다(민법 제629조 제1항). 따라서 임대인 甲은 **소유권에 기한 물권적 청구권으로써** 전차인 丙에게 X토지의 반환을 청구할 수 있다(민법 제213조). 이 경우 丙은 전대인 乙로부터 취득한 임차권으로써 甲에게 대항할 수 없다.

② (×), ⑤ (×) 임차인이 임대인의 동의를 받지 않고 제3자에게 임차권을 양도하거나 전대하는 등의 방법으로 임차물을 사용·수익하게 하더라도, 임대인이 이를 이유로 임대차계약을 해지하거나 그 밖의 다른 사유로 임대차계약이 적법하게 종료되지 않는 한 임대인은 임차인에 대하여 여전히 차임청구권을 가지므로, 임대차계약이 존속하는 한도 내에서는 제3자에게 불법점유를 이유로 한 차임 상당 손해배상청구나 부당이득반환청구를 할 수 없다(대판 2008.2.28. 2006다10323). 따라서 임대인 甲은 임대차계약을 해지하거나 임대차계약이 적법하게 종료되지 아니하는 한, 임차인 乙에 대한 임대차계약상의 차임청구권을 상실하지 아니하므로, 임대차계약이 존속하는 한, 甲은 X토지의 불법점유를 이유로 전차인 丙에게 차임 상당의 부당이득 반환을 청구할 수 없다.

③ (×) 무단전대의 효과로써 임대인은 임대차계약을 해지할 수 있으나(민법 제629조 제2항), 임대인 甲의 해지의 의사표시가 없는 한, 그 임대차계약은 여전히 유효하다.

④ (○) **토지임차인이 임대인의 동의를 얻어 적법하게 전대차한 경우에만**, 전차인은 임대인에 대하여 지상물매수청구권을 행사할 수 있다(민법 제644조 제2항). 사안의 경우, 토지임차인 乙은 임대인 甲의 동의 없이 무단전대하였으므로, 전차인 丙은 甲에게 건물매수를 청구할 수 없다.

07 甲은 丙의 건물을 임차하여 乙에게 전대하였다. 이에 관한 설명으로 옳지 않은 것은?(다툼이 있는 경우에는 판례에 의함) 기출 13

① 甲이 丙의 동의를 얻지 않고 전대하였다고 하더라도, 甲과 乙이 체결한 전대차계약은 甲・乙 사이에서는 유효하다.

② 甲이 丙의 동의를 얻어 전대한 경우에는, 이후 甲과 丙의 합의로 임대차계약을 해지하더라도 乙의 권리는 소멸하지 않는다.

③ 임대차기간 및 전대차기간이 모두 만료된 후, 乙이 丙에게 건물을 직접 명도하면 乙은 甲에 대한 건물명도의무를 면한다.

④ 甲의 채무불이행을 이유로 丙이 임대차계약을 해지하고 乙에게 목적물반환청구권을 행사한 경우, 특별한 사정이 없는 한, 乙은 甲에 대한 보증금반환채권으로 丙의 목적물반환청구에 대항할 수 없다.

⑤ 乙이 丙의 동의를 얻어 甲으로부터 부속물을 매수하였더라도, 乙은 전대차 종료 시에 丙에게 그 부속물의 매수를 청구할 수 없다.

해설

① (O) 임대인 丙의 동의 없이 전대차계약을 체결하였더라도, 그 전대차계약 자체는 유효하나, 다만 전차인 乙은 전대인 甲에 대한 권리로써 丙에게 대항하지 못하고, 丙의 소유권에 기한 물권적 청구권에 응하여야 하는 의무를 부담한다.

② (O) 임차인이 임대인의 동의를 얻어 임차물을 전대한 경우에는 임대인과 임차인의 합의로 계약을 종료한 때에도 전차인의 권리는 소멸하지 아니한다(민법 제631조).

③ (O) 임차인이 임차물을 전대하여 그 임대차기간 및 전대차기간이 모두 만료된 경우에는, 그 전대차가 임대인의 동의를 얻은 여부와 상관없이 임대인으로서는 전차인에 대하여 소유권에 기한 반환청구권에 터 잡아 목적물을 자신에게 직접 반환해 줄 것을 요구할 수 있고, 전차인으로서도 목적물을 임대인에게 직접 명도함으로써 임차인(전대인)에 대한 목적물명도의무를 면한다(대판 1995.12.12. 95다23996).

④ (O) 건물매수인이 아직 건물의 소유권을 취득하지 못한 채 매도인의 동의를 얻어 제3자에게 임대하였으나 매수인(임대인)의 채무불이행으로 매도인이 매매계약을 해제하고 임차인에게 건물의 명도를 구하는 경우 임차인은 매도인에 대한 관계에서 건물의 전차인의 지위와 흡사하다 할 것인바, 임대인의 동의 있는 전차인도 임차인의 채무불이행으로 임대차계약이 해지되면 특단의 사정이 없는 한 임대인에 대해서 전차인의 전대인에 대한 권리를 주장할 수가 없고, 또 임차인이 매매계약목적물에 대하여 직접 임차권을 취득했다고 보더라도, 대항력을 갖추지 아니한 상태에서는 그 매매계약이 해제되어 소급적으로 실효되면 그 권리를 보호받을 수가 없다는 점에 비추어 볼 때, 임차인의 건물명도의무와 매수인(임대인)의 보증금반환의무를 동시이행관계에 두는 것은 오히려 공평의 원칙에 반한다 할 것이다(대판 1990.12.7. 90다카24939). 따라서 사안의 경우, 특별한 사정이 없는 한, 전차인 乙은 전대인 甲에 대한 보증금반환채권으로 임대인 丙의 목적물반환청구에 대항할 수 없다.

⑤ (×) 전차인 乙이 임대인 丙의 동의를 얻어 전대인 甲으로부터 부속물을 매수하였다면, 乙은 전대차 종료 시에 丙에게 그 부속물의 매수를 청구할 수 있다(민법 제647조 제2항).

08 민법상 임차권의 양도와 임차물의 전대에 관한 설명으로 옳지 않은 것은?(다툼이 있는 경우에는 판례에 의함) 기출 12

① 임차인이 임대인의 동의 없이 임차권을 양도하였더라도 나중에 임대인이 이에 동의하면, 임대인은 무단양도를 이유로 계약을 해지할 수 없다.

② 임대차를 더 이상 지속시키기 어려울 정도로 당사자 사이의 신뢰관계를 파괴하는 임대인에 대한 배신행위가 아니라고 인정되는 특별한 사정이 있는 때에는, 임대인은 자신의 동의 없이 임차권이 이전되었다는 것만을 이유로 임대차계약을 해지할 수 없다.

③ 임대인의 동의를 받아 임차물을 전대한 경우, 전차인은 임대인과 전대인 중 어느 한 사람에게 차임을 지급하면 지급의무를 면하므로, 전차인이 차임을 전대인에게 지급하였다면 임대인의 차임청구가 있더라도 이를 거절할 수 있다.

④ 임대인의 동의와 함께 임차권이 양도된 경우, 그의 동의가 있기 전에 발생한 임차인의 연체차임 채무나 손해배상채무는 다른 약정이 없으면 양수인에게 이전되지 않는다.

⑤ 건물소유를 목적으로 하는 대지임차권을 가진 자가 제3자에 대한 채무를 담보하기 위하여 사용·수익권을 자신에게 유보한 채 대지상의 자기 소유의 건물에 제3자 명의의 소유권이전등기를 마친 경우, 대지임차권의 양도 또는 전대가 이루어졌다고 볼 수 없다.

해설

① (○) 임대인의 동의는 특별한 방식을 요하지 아니하고, 사후적으로도 가능하다. 따라서 임차인이 임대인의 동의 없이 임차권을 양도하였더라도, 나중에 임대인이 이에 동의하면, 임대인은 무단양도를 이유로 계약을 해지할 수 없다.

② (○) 임차인의 변경이 당사자의 개인적인 신뢰를 기초로 하는 계속적 법률관계인 임대차를 더 이상 지속시키기 어려울 정도로 당사자 간의 신뢰관계를 파괴하는 임대인에 대한 배신행위가 아니라고 인정되는 특별한 사정이 있는 때에는 임대인은 자신의 동의 없이 임차권이 이전되었다는 것만을 이유로 민법 제629조 제2항에 따라서 임대차계약을 해지할 수 없고, 그와 같은 특별한 사정이 있는 때에 한하여 경락인은 임대인의 동의가 없더라도 임차권의 이전을 임대인에게 대항할 수 있다고 봄이 상당한바, 위와 같은 특별한 사정이 있는 점은 경락인이 주장·입증하여야 한다(대판 1993.4.13. 92다24950).

③ (×) 민법 제630조 제1항은 임차인이 임대인의 동의를 얻어 임차물을 전대한 때에는 전차인은 직접 임대인에 대하여 의무를 부담하고, 이 경우에 전차인은 전대인에 대한 차임의 지급으로써 임대인에게 대항할 수 없다고 규정하고 있는바, 위 규정에 의하여 전차인이 임대인에게 대항할 수 없는 차임의 범위는 전대차계약상의 차임지급시기를 기준으로 하여 그 전에 전대인에게 지급한 차임에 한정되고, 그 이후에 지급한 차임으로는 임대인에게 대항할 수 있다(대판 2008.3.27. 2006다45459). 따라서 전차인은 전대차계약상의 차임지급시기 이전에 전대인에게 지급한 차임으로는 임대인에게 대항할 수 없으나, 그 이후에 전대인에게 지급한 차임으로는 임대인에게 대항할 수 있다고 보아야 한다.

④ (○) 임대차보증금반환채권이 가압류 또는 압류된 후 임차권이 양도된 경우에 임대인이 위 임차권의 양도를 승낙하였다면 임대인과 구 임차인과의 임대차관계는 종료되어 구 임차인은 임대차관계로부터 이탈하게 되고, 구 임차인의 임대차보증금반환채권은 구 임차인과 임대인과의 임대차관계의 종료로 인하여 임대인의 임차권 양도 승낙 시에 이행기에 도달하게 된다고 보아야 한다. 이 경우 임대차보증금에 관한 구 임차인의 권리의무관계는 구 임차인이 임대인과 사이에 임대차보증금을 신 임차인의 채무불이행의 담보로 하기로 약정하거나 신 임차인에 대하여 임대차보증금반환채권을 양도하기로 하는 등의 특별한 사정이 없는 한 신 임차인에게 승계되지 아니한다(대판 1998.7.14. 96다17202). 따라서 사안의 경우, 임대인의 동의가 있기 전에 발생한 임차인의 연체차임채무나 손해배상채무는 다른 약정이 없으면 양수인에게 이전되지 아니한다고 보아야 한다.

⑤ (○) 건물소유를 목적으로 한 대지임차권을 가지고 있는 자가 위 대지상의 자기 소유 건물에 대하여 제3자에 대한 채권담보의 목적으로 제3자 명의의 소유권이전등기를 경료하여 준 이른바 양도담보의 경우에는, 채권 담보를 위하여 신탁적으로 양도담보권자에게 건물의 소유권이 이전될 뿐 확정적, 종국적으로 이전되는 것은 아니고 또한 특별한 사정이 없는 한 양도담보권자가 건물의 사용수익권을 갖게 되는 것도 아니므로, 이러한 경우 위 건물의 부지에 관하여 민법 제629조 소정의 해지의 원인인 임차권의 양도 또는 전대가 이루어지지 않았다고 해석함이 상당하다(대판 1995.7.25. 94다46428).

07 | 고용

08 | 도급

01 甲은 자신의 토지 위에 건물신축을 위해 乙과 공사도급계약을 체결하였다. 이에 관한 설명으로 옳지 않은 것을 모두 고른 것은?(다툼이 있으면 판례에 따름) `기출` 24

> ㄱ. 乙이 일을 완성하기 전에 甲은 손해를 배상하고 계약을 해제할 수 있으며, 특별한 사정이 없는 한 甲은 乙에 대한 손해배상에 있어서 과실상계를 주장할 수 있다.
> ㄴ. 乙로부터 공사대금채권을 양수받은 자의 저당권설정청구에 의하여 甲이 신축건물에 저당권을 설정하는 행위는 특별한 사정이 없는 한 甲의 채권자에 대한 사해행위에 해당하지 아니한다.
> ㄷ. 甲이 하자보수에 갈음하여 손해배상을 청구하는 경우, 甲은 보수(報酬)가 손해배상액을 초과하더라도 乙이 그 손해배상채무를 이행할 때까지 乙에게 그 보수 전액의 지급을 거절할 수 있다.
> ㄹ. 완성된 건물에 중요한 하자가 있어 甲이 하자보수에 갈음하여 손해배상을 청구하는 경우, 그 하자보수비는 건물의 완성시를 기준으로 산정해야 한다.

① ㄱ, ㄴ   ② ㄴ, ㄹ
③ ㄷ, ㄹ   ④ ㄱ, ㄷ, ㄹ
⑤ ㄴ, ㄷ, ㄹ

해설 ㄱ. (×) '완성된 목적물'이 건물 기타 공작물인 경우에는, 그 하자로 인해 계약의 목적을 달성할 수 없는 때에도 해제할 수 없다(민법 제668조 단서).
　ㄴ. (○) 민법 제666조에서 정한 수급인의 저당권설정청구권은 공사대금채권을 담보하기 위하여 인정되는 채권적 청구권으로서 공사대금채권에 부수하여 인정되는 권리이므로, 당사자 사이에 공사대금채권만을 양도하고 저당권설정청구권은 이와 함께 양도하지 않기로 약정하였다는 등의 특별한 사정이 없는 한, 공사대금채권이 양도되는 경우 저당권설정청구권도 이에 수반하여 함께 이전된다고 봄이 타당하다. 따라서 신축건물의 수급인으로부터 공사대금채권을 양수받은 자의 저당권설정청구에 의하여 신축건물의 도급인이 그 건물에 저당권을 설정하는 행위 역시 다른 특별한 사정이 없는 한 사해행위에 해당하지 아니한다(대판 2018.11.29. 2015다19827).
　ㄷ. (×) 도급인의 손해배상청구권과 수급인의 보수청구권은 동시이행의 관계에 있다. 다만, 동시이행관계에 있는 보수청구권은 손해배상채권액에 상당하는 부분에 한한다.
　ㄹ. (×) 하자보수에 갈음한 손해배상청구권은 하자가 발생하여 보수가 필요하게 된 시점에서 성립된다(대판 2000.3.10. 99다55632).

02 甲 2018년 6월 1일 乙에게 건물의 신축공사를 공사대금 10억원으로 하고, 공사기간 2018년 6월 1일부터 2018년 12월 30일까지로 정하여 도급을 주었는데, 위 공사대금에는 승강기를 설치하는 것이 포함되어 있었다. 丙은 2018년 6월 30일 乙과 사이에 그 건물에 丙이 제작한 승강기를 1억원에 제작·판매·설치하기로 하는 계약을 체결하고 승강기의 소유권은 그 제작·판매·설치대금을 모두 지급받는 시점까지 丙에게 유보하는 것으로 정하였다. 丙은 2018년 12월 9일 승강기를 설치하여 그 승강기가 건물로부터 분리할 수 없게 되었고, 甲은 2019년 3월 1일 乙에게 공사잔대금을 완불한 뒤 건물을 인도받아 보존등기 없이 丁에게 배도하고 대금 전액 수령과 동시에 인도하였다. 乙은 丙에게 승강기 제작·판매·설치대금을 지급하지 않고 있다. 이에 관한 설명으로 옳은 것은?(다툼이 있으면 판례에 따름) [기출] 20

① 乙과 丙은 승강기를 그 대체가 어렵거나 불가능할 정도로 신축건물에 맞추어 일정한 사양으로 특정하였고, 그 제작·판매·설치대금의 구분 없이 총계약금액을 1억원으로 정했더라도, 乙과 丙의 계약은 매매와 도급이 혼합된 계약이다.

② 2020년 5월 30일 丙의 승강기제작·판매·설치대금청구에 대해 乙은 그 채무가 시효로 소멸했음을 주장할 수 있다.

③ 丁은 건물에 관해 등기를 취득하지 않았더라도 그 소유권을 취득한다.

④ 위 건물이 戊의 토지 위에 무단으로 건축된 경우, 戊는 건물을 점유하는 丁을 상대로 건물철거를 청구할 수 없다.

⑤ 甲이 승강기소유권이 丙에게 유보된 사실에 관하여 과실 없이 알지 못한 경우, 丙은 甲을 상대로 승강기 제작·판매·설치대금 상당의 부당이득 반환을 청구할 수 없다.

해설 ① (×) [1] 당사자의 일방이 상대방의 주문에 따라 자기 소유의 재료를 사용하여 만든 물건을 공급하기로 하고 상대방이 대가를 지급하기로 약정하는 이른바 제작물공급계약은 그 제작의 측면에서는 도급의 성질이 있고 공급의 측면에서는 매매의 성질이 있어 대체로 매매와 도급의 성질을 함께 가지고 있으므로, 그 적용법률은 계약에 의하여 제작공급하여야 할 물건이 대체물인 경우에는 매매에 관한 규정이 적용되지만, 물건이 특정의 주문자의 수요를 만족시키기 위한 부대체물인 경우에는 당해 물건의 공급과 함께 그 제작이 계약의 주목적이 되어 도급의 성질을 띠게 된다. [2] 甲회사가 乙회사와 승강기 제작 및 설치공사계약을 체결한 경우, 甲회사가 위 계약에 따라 제작·설치하기로 한 승강기가 乙회사가 신축하는 건물에 맞추어 일정한 사양으로 특정되어 있으므로, 그 계약은 대체가 어렵거나 불가능한 제작물의 공급을 목적으로 하는 계약으로서 도급의 성질을 갖고 있다(대판 2010.11.25. 2010다56685).

② (×) 丙의 공사대금채권(승강기제작·판매·설치대금청구권)은 소멸시효대상으로(민법 제162조 제1항), 3년의 단기소멸시효가 적용된다(민법 제163조 제3호). 또한 공사도급계약에서 소멸시효의 기산점이 되는 보수청구권의 지급시기는, 당사자 사이에 특약이 있으면 그에 따르고, 특약이 없으면 관습에 의하며(민법 제665조 제2항, 제656조 제2항), 특약이나 관습이 없으면 공사를 마친 때로 보아야 한다(대판 2017.4.7. 2016다35451). 사안의 경우, 丙의 공사대금채권의 소멸시효기산점은 승강기를 설치한 2018.12.9.이므로, 소멸시효완성일은 2021.12.9.이다. 따라서 2020.5.30. 위 채무가 시효로 소멸했다는 乙의 시효완성주장은 타당하지 아니하다.

③ (×) 미등기무허가건물의 양수인이라도 소유권이전등기를 마치지 않는 한 건물의 소유권을 취득할 수 없고, 소유권에 준하는 관습상의 물권이 있다고도 할 수 없으므로, 미등기무허가건물의 양수인은 소유권에 기한 방해제거청구를 할 수 없다(대판 2016.7.29. 2016다214483·214490).

④ (×) 타인의 토지 위에 건립된 건물로 인하여 그 토지의 소유권이 침해되는 경우 그 건물을 철거할 의무가 있는 사람은 그 건물의 소유권자나 그 건물이 미등기건물일 때에는 이를 매수하여 법률상, 사실상 처분할 수 있는 지위에 있는 사람이다(대판 1987.11.24. 87다카257·258). 따라서 戊는 미등기건물을 매수하여 법률상·사실상 처분할 수 있는 지위에 있는 丁을 상대로 건물철거를 청구할 수 있다.

⑤ (○) **민법 제261조**에서 첨부로 법률규정에 의한 소유권 취득(민법 제256조 내지 제260조)이 인정된 경우에 "손해를 받은 자는 부당이득에 관한 규정에 의하여 보상을 청구할 수 있다"라고 규정하고 있는바, **이러한 보상청구가 인정되기 위해서는 민법 제261조 자체의 요건뿐만 아니라, 부당이득법리에 따른 판단에 의하여 부당이득의 요건이 모두 충족되었다고 인정되어야 한다.** 매도인에게 소유권이 유보된 자재가 제3자와 매수인 사이에 이루어진 도급계약의 이행으로 제3자 소유 건물의 건축에 사용되어 부합된 경우 보상청구를 거부할 법률상 원인이 있다고 할 수 없지만, 제3자가 도급계약에 의하여 제공된 자재의 소유권이 유보된 사실에 관하여 과실 없이 알지 못한 경우라면 선의취득의 경우와 마찬가지로 제3자가 그 자재의 귀속으로 인한 이익을 보유할 수 있는 법률상 원인이 있다고 봄이 상당하므로, 매도인으로서는 그에 관한 보상청구를 할 수 없다. 이러한 법리는 매두인에게 소유권이 유보된 자재가 본인에게 효력이 없는 계약에 기초하여 매도인으로부터 무권대리인에게 이신되고, 무권대리인과 본인 사이에 이루어진 도급계약의 이행으로 본인 소유 건물의 건축에 사용되어 부합된 경우에도 마찬가지로 적용된다(대판 2018.3.15. 2017다282391). 따라서 甲이 승강기소유권이 丙에게 유보된 사실에 관하여 선의·무과실인 경우에는, 甲에게 법률상 원인이 인정되므로, 丙은 甲을 상대로 승강기제작·판매·설치대금 상당의 부당이득 반환을 청구할 수 없다.

03 甲은 주택을 짓기 위하여 건축업자 乙과 도급계약을 체결하면서 지체상금약정도 하였다. 이에 관한 설명으로 옳은 것을 모두 고른 것은?(다툼이 있으면 판례에 따름) 기출 21

> ㄱ. 乙에 의해 완공된 주택에 하자가 있어 계약의 목적을 달성할 수 없는 경우라도 甲은 도급계약을 해제할 수 없다.
> ㄴ. 乙에 의해 완공된 주택에 발생한 하자가 중요하지 않는데도 그 보수에 과다한 비용이 드는 경우, 甲은 하자보수에 갈음하는 손해배상을 청구할 수 있다.
> ㄷ. 지체상금의 종기는 특별한 사정이 없는 한 乙이 공사를 중단하거나 기타 해제사유가 있어 甲이 실제로 해제한 때로부터 甲이 다른 업자에게 의뢰하여 완공할 수 있었던 시점까지로 제한된다.
> ㄹ. 예정된 준공기한 전에 도급계약이 해제되어 乙이 공사를 완료하지 아니한 경우에는 특별한 사정이 없는 한 지체상금약정은 적용되지 않는다.

① ㄱ, ㄴ
② ㄱ, ㄹ
③ ㄴ, ㄷ
④ ㄴ, ㄹ
⑤ ㄷ, ㄹ

해설 ㄱ. (○) 완성된 건물 기타 토지의 공작물의 경우에는 하자가 중대한 경우에도 계약을 해제할 수 없으며(민법 제668조 단서), 손해배상을 청구할 수 있을 뿐이다. 단, 집합건물의 소유 및 관리에 관한 법률 제9조 제1항이 적용되는 집합건물의 분양계약에 있어서는 민법 제668조 단서가 준용되지 않고 따라서 수분양자는 집합건물의 완공 후에도 분양목적물의 하자로 인하여 계약의 목적을 달성할 수 없는 때에는 분양계약을 해제할 수 있다(대판 2003.11.14. 2002다2485).

ㄴ. (×) 도급계약에 있어서 완성된 목적물에 하자가 있을 경우에 도급인은 수급인에게 그 하자의 보수나 하자의 보수에 갈음한 손해배상을 청구할 수 있으나, 다만 하자가 중요하지 아니하면서 동시에 보수에 과다한 비용을 요할 때에는 하자의 보수나 하자의 보수에 갈음하는 손해배상을 청구할 수는 없고 하자로 인하여 입은 손해의 배상만을 청구할 수 있다고 할 것이고, 이러한 경우 하자로 인하여 입은 통상의 손해는 특별한 사정이 없는 한 도급인이 하자 없이 시공하였을 경우의 목적물의 교환가치와 하자가 있는 현재의 상태대로의 교환가치와의 차액이 된다 할 것이므로, 교환가치의 차액을 산출하기가 현실적으로 불가능한 경우의 통상의 손해는 하자 없이 시공하였을 경우의 시공비용과 하자 있는 상태대로의 시공비용의 차액이라고 봄이 상당하다(대판 1998.3.13. 97다54376).

ㄷ. (×) 지체상금 발생의 시기는 특별한 사정이 없는 한 약정 준공일이나, 그 종기는 수급인이나 도급인이 건물을 준공할 때까지 무한히 계속되는 것이라고 할 수 없고, 수급인이 공사를 중단하거나 기타 해제 사유가 있어 도급인이 이를 해제할 수 있었을 때(실제로 해제한 때가 아니고)부터 도급인이 다른 업자에게 의뢰하여 같은 건물을 완성할 수 있었던 시점까지로 제한되어야 하고 또 수급인이 책임질 수 없는 사유로 인하여 공사가 지연된 경우에는 그 기간만큼 공제되어야 하며, 그렇게 하여 산정된 지체상금액이 부당히 과다하다고 인정되는 경우에는 법원이 민법 제398조 제2항에 의하여 적당히 감액할 수 있다(대판 1995.9.5. 95다18376).

ㄹ. (○) 건축도급계약 시 도급인과 수급인 사이에 준공기한 내에 공사를 완성하지 아니한 때에는 매 지체일수마다 계약에서 정한 지체상금율을 계약금액에 곱하여 산출한 금액을 지체상금으로 지급하도록 약정한 경우 이는 수급인이 완공예정일을 지나서 공사를 완료하였을 경우에 그 지체일수에 따른 손해배상의 예정을 약정한 것이지 공사도중에 도급계약이 해제되어 수급인이 공사를 완료하지 아니한 경우에는 지체상금을 논할 여지가 없다(대판 1989.9.12. 88다카15901·15918[반소]).

04 도급에 관한 설명으로 옳지 않은 것은?(다툼이 있으면 판례에 따름) 기출 16

① 수급인이 재료의 전부 또는 주요부분을 제공한 경우 특약이나 기타 특별한 사정이 없으면 완성된 건물의 소유권은 수급인에게 속한다.

② 건설공사도급계약에서 많이 행해지는 지체상금약정의 법적 성질은 손해배상액의 예정이므로 법원은 이를 감액할 수도 있다.

③ 제작물공급계약에서 그 제작물이 부대체물인 경우에는 도급에 관한 규정이 적용된다.

④ 수급인의 하수급인에 대한 하도급공사대금채무를 인수한 도급인은 수급인의 하수급인에 대한 하자보수청구권 내지 하자에 갈음한 손해배상채권 등에 기한 동시이행의 항변으로 하수급인에게 대항할 수 있다.

⑤ 건축주 사정으로 공사가 중단된 미완성의 건물을 인도받아 완공하였다면, 그 건물이 공사중단 시점에서 사회통념상 독립한 건물이라고 볼 수 있는 형태와 구조를 갖추고 있었더라도 완공자가 그 건물의 소유권을 원시취득한다.

해설 ① (○) 일반적으로 자기의 노력과 재료를 들여 건물을 건축한 사람은 그 건물의 소유권을 원시취득하는 것이고, 다만 도급계약에 있어서 수급인이 자기의 노력과 재료를 들여 건물을 완성하더라도 도급인과 수급인 사이에 도급인 명의로 건축허가를 받아 소유권보존등기를 하기로 하는 등 완성된 건물의 소유권을 도급인에게 귀속시키기로 합의한 것으로 보여질 경우에는 그 건물의 소유권은 도급인에게 원시적으로 귀속된다(대판 1992.8.18. 91다25505). 따라서 특약이나 기타 특별한 사정이 없으면, 완성된 건물의 소유권은 수급인에게 속한다.

② (○) 건물을 신축하기로 하는 도급계약은 그 건물의 준공이라는 일의 완성을 목적으로 하는 계약으로서 그 지체상금에 관한 약정은 수급인이 그와 같은 일의 완성을 지체한 데 대한 손해배상액의 예정이므로, 수급인이 약정된 기간 내에 그 일을 완성하여 도급인에게 인도하지 않으면 특별한 사정이 있는 경우를 제외하고는 지체상금을 지급할 의무가 있고, 약정에 따라 산정한 지체상금액이 부당하게 과다하다고 인정되는 경우에 법원은 민법 제398조 제2항에 의하여 이를 적당히 감액할 수 있으며, 손해배상액의 예정이 부당하게 과다한지의 여부는 계약당사자의 지위, 계약의 목적과 내용, 손해배상액을 예정한 동기, 실제의 손해와 그 예정액의 대비, 그 당시의 거래관행 및 경제상태 등 제반 사정을 참작하여 일반사회인이 납득할 수 있는 범위를 넘는지의 여부에 따라 결정하여야 한다(대판 1996.5.14. 95다24975).

③ (O) 당사자의 일방이 상대방의 주문에 따라 자기 소유의 재료를 사용하여 만든 물건을 공급하기로 하고 상대방이 대가를 지급하기로 약정하는 이른바 제작물공급계약은 그 제작의 측면에서는 도급의 성질이 있고 공급의 측면에서는 매매의 성질이 있어 대체로 매매와 도급의 성질을 함께 가지고 있으므로, 그 적용법률은 계약에 의하여 제작공급하여야 할 물건이 대체물인 경우에는 매매에 관한 규정이 적용되지만, 물건이 특정의 주문자의 수요를 만족시키기 위한 부대체물인 경우에는 당해 물건의 공급과 함께 그 제작이 계약의 주목적이 되어 도급의 성질을 띠게 된다(대판 2010.11.25, 2010다56685).

④ (O) 도급계약에 있어서 완성된 목적물에 하자가 있는 때에는 도급인은 수급인에 대하여 하자의 보수를 청구할 수 있고 그 하자의 보수에 갈음하여 또는 보수와 함께 손해배상을 청구할 수 있는바, 이들 청구권은 수급인의 공사대금채권과 동시이행관계에 있으므로 수급인의 하수급인에 대한 하도급공사대금채무를 인수한 도급인은 수급인이 하수급인과 사이의 하도급계약상 동시이행의 관계에 있는 수급인의 하수급인에 대한 하자보수청구권 내지 하자에 갈음한 손해배상채권 등에 기한 동시이행의 항변으로써 하수급인에게 대항할 수 있다(대판 2007.10.11, 2007다31914).

⑤ (×) 건축주의 사정으로 건축공사가 중단되었던 미완성의 건물을 인도받아 나머지 공사를 마치고 완공한 경우, 그 건물이 공사가 중단된 시점에서 이미 사회통념상 독립한 건물이라고 볼 수 있는 형태와 구조를 갖추고 있었다면 원래의 건축주가 그 건물의 소유권을 원시취득하고, 최소한의 기둥과 지붕 그리고 주벽이 이루어지면 독립한 부동산으로서의 건물의 요건을 갖춘 것이라고 보아야 한다(대판 2002.4.26, 2000다16350). 따라서 건물이 공사중단 시점에서 사회통념상 독립한 건물이라고 볼 수 있는 형태와 구조를 갖추고 있었다면, 완공자가 아닌 원래의 건축주가 그 건물의 소유권을 원시취득한다.

05 甲은 건축업자 乙에게 단독주택 신축을 도급하였고, 乙은 계약에서 정한 완공기한을 1개월 넘겨 완공하였다. 그 계약에는 지체상금약정이 있었다. 이에 관한 설명으로 옳은 것은?(다툼이 있으면 판례에 따름) 기출 15

① 지체상금이 부당하게 과다한 경우, 법원은 직권으로 감액할 수 있다.

② 완공된 건물의 하자로 인해 확대손해가 발생한 경우, 특별한 사정이 없는 한 乙의 손해배상채무는 甲의 공사대금채무와 동시이행관계에 있지 않다.

③ 완공된 건물에 하자가 있는 경우, 甲은 이를 이유로 계약을 해제할 수 있다.

④ 乙이 단순 장마로 인하여 공사를 지체한 경우, 지체상금이 발생하지 않는다.

⑤ 지체상금채권과 공사대금채권은 동시이행관계에 있으나 동시이행항변권이 붙어 있는 채권을 자동채권으로 하여 상계하는 것은 금지되므로 甲과 乙은 상계할 수 없다.

해설 ① (O) 건물을 신축하기로 하는 도급계약은 그 건물의 준공이라는 일의 완성을 목적으로 하는 계약으로서 그 지체상금에 관한 약정은 수급인이 그와 같은 일의 완성을 지체한 데 대한 손해배상액의 예정이므로, 수급인이 약정된 기간 내에 그 일을 완성하여 도급인에게 인도하지 않으면 특별한 사정이 있는 경우를 제외하고는 지체상금을 지급할 의무가 있고, 약정에 따라 산정한 지체상금액이 부당하게 과다하다고 인정되는 경우에 법원은 민법 제398조 제2항에 의하여 이를 적당히 감액할 수 있으며, 손해배상액의 예정이 부당하게 과다한지의 여부는 계약당사자의 지위, 계약의 목적과 내용, 손해배상액을 예정한 동기, 실제의 손해와 그 예정액의 대비, 그 당시의 거래관행 및 경제상태 등 제반 사정을 참작하여 일반사회인이 납득할 수 있는 범위를 넘는지의 여부에 따라 결정하여야 한다(대판 1996.5.14, 95다24975).

② (×) 민법 제667조 제3항에 의하여 민법 제536조가 준용되는 결과 도급인이 수급인에 대하여 하자보수와 함께 청구할 수 있는 손해배상채권과 수급인의 공사대금채권은 서로 동시이행관계에 있는 점 등에 비추어 보면, 하자확대손해로 인한 수급인의 손해배상채무와 도급인의 공사대금채무도 동시이행관계에 있는 것으로 보아야 한다(대판 2005.11.10, 2004다37676).

③ (×) 도급인이 완성된 목석물의 하자로 인하여 계약의 목적을 달성할 수 없는 때에는 계약을 해제할 수 있다. 그러나 건물 기타 토지의 공작물에 대하여는 그러하지 아니하다(민법 제668조).

④ (×) 수급인이 책임질 수 없는 사유로 인하여 공사가 지연된 경우에는 그 기간만큼 지체상금에서 공제되어야 하나(대판 1995.9.5. 95다18376), 수급인이 단순 장마로 인하여 공사를 지체한 경우에는, 귀책사유가 인정되어 지체상금이 발생하고, 그 기간을 공제할 수 없다.

⑤ (×) 공사도급계약상 도급인의 지체상금채권과 수급인의 공사대금채권은 특별한 사정이 없는 한 동시이행의 관계에 있다고 할 수 없다(대판 2015.8.27. 2013다81224 · 81231).

---

06 甲은 乙에게 아파트공사를 맡겼다. 다음 설명 중 옳은 것을 모두 고른 것은?(다툼이 있는 경우에는 판례에 의함) 기출 14

> ㄱ. 하자보수에 갈음한 손해배상청구권은 보수청구권(補修請求權)과 병존하여 처음부터 甲이 가지는 권리로서 甲이 乙에게 아파트의 하자보수를 청구한 때에 성립한다.
>
> ㄴ. 甲이 그가 분양한 아파트의 하자에 관하여 구분소유자들이 제기한 소송에서 그 하자에 대한 손해배상금과 이에 대한 지연손해금을 지급한 경우, 그 지연손해금은 乙의 도급계약상 채무불이행과 상당인과관계가 있는 손해가 될 수 없다.
>
> ㄷ. 乙이 공사를 완성하지 못한 상태로 아파트도급계약이 해제되어 공사비를 정산하여야 할 경우, 특별한 사정이 없으면 그 공사비는 당사자들이 약정한 총공사비 중 乙이 공사를 중단할 당시의 기성고비율에 의한 금액이다.
>
> ㄹ. 甲과 乙이 지체상금을 약정한 경우, 이는 乙이 약정한 준공일보다 늦게 공사를 마치거나 그의 책임 있는 사유로 도급계약이 해제된 경우에 적용되고 甲의 책임 있는 사유로 도급계약이 해제된 때에는 적용되지 않는다.

① ㄱ, ㄴ 　　　　　　　　　② ㄱ, ㄷ
③ ㄴ, ㄷ 　　　　　　　　　④ ㄴ, ㄹ
⑤ ㄷ, ㄹ

해설　ㄱ.(×) 민법 제667조 제2항의 하자보수에 갈음한 손해배상청구권은 보수청구권과 병존하여 처음부터 도급인에게 존재하는 권리이고, 일반적으로 손해배상청구권은 사회통념에 비추어 객관적이고 합리적으로 판단하여 현실적으로 손해가 발생한 때에 성립하는 것이므로, 하자보수에 갈음한 손해배상청구권은 하자가 발생하여 보수가 필요하게 된 시점에서 성립된다고 봄이 상당하다(대판 2000.3.10. 99다55632).

ㄴ. (○) 도급인이 그가 분양한 아파트의 하자와 관련하여 구분소유자들로부터 손해배상청구를 당하여 그 하자에 대한 손해배상금 및 이에 대한 지연손해금을 지급한 경우, 그 지연손해금은 도급인이 자신의 채무의 이행을 지체함에 따라 발생한 것에 불과하므로 특별한 사정이 없는 한 수급인의 도급계약상의 채무불이행과 상당인과관계가 있는 손해라고 볼 수는 없다(대판 2013.11.28. 2011다67323).

ㄷ. (○) 건축공사도급계약이 중도해제된 경우 도급인이 지급하여야 할 미완성건물에 대한 보수는 특별한 사정이 없는 한 당사자 사이에 약정한 총공사비를 기준으로 하여 그 금액에서 수급인이 공사를 중단할 당시의 공사기성고비율에 의한 금액이 되는 것이지 수급인이 실제로 지출한 비용을 기준으로 할 것은 아니다(대판 1992.3.31. 91다42630).

ㄹ. (×) 지체상금약정은 수급인이 약정준공일보다 늦게 공사를 완료하거나 수급인의 귀책사유로 도급계약이 해제된 경우뿐 아니라 도급인의 귀책사유로 도급계약이 해제된 경우에도 적용이 된다 할 것이고, 이 경우에는 도급인의 귀책사유가 발생하지 아니하여 수급인이 공사를 계속하였더라면 완성할 수 있었을 때까지의 기간을 기준으로 하여 당초의 준공예정일로부터 지체된 기간을 산정하는 방법으로 지체일수를 적용해야 할 것이다(대판 2012.10.11. 2010다34043 · 34050).

07 도급인 甲과 수급인 乙은 2012.5.10.까지 건물 1동을 완성하기로 하는 계약을 체결하였다. 이에 관한 설명으로 옳은 것은?(다툼이 있는 경우에는 판례에 의함) _{기출} 13

① 乙이 자신의 노력과 재료를 들여 건물을 완성한 경우, 甲의 명의로 건축허가를 받아 소유권보존등기를 하기로 하는 등 완성된 건물의 소유권을 甲에게 귀속시키기로 하는 합의가 있다고 하여, 위 건물의 소유권이 甲에게 원시적으로 귀속되는 것은 아니다.

② 乙의 하자보수에 갈음하는 손해배상채무는 이행의 기한이 없는 채무이고, 그에 따른 지체책임은 하자가 발생하여 보수가 필요하게 된 시점부터 발생한다.

③ 甲이 기성고에 따라 공사대금을 분할하여 지급하기로 약정한 경우, 특별한 사정이 없는 한 하자보수의무와 동시이행의 관계에 있는 공사대금지급채무는 하자가 발생한 부분의 기성공사대금에 한정된다.

④ 甲은 건물이 완공되지 않은 시점인 2012.4.10. 乙의 채무불이행이 없음에도 불구하고 손해를 배상하고 일방적으로 계약을 해제할 수 있다.

⑤ 하자확대손해로 인한 乙의 손해배상채무는 원칙적으로 甲의 공사대금채무와 동시이행의 관계에 있지 않다.

해설　① (×) 일반적으로 자기의 노력과 재료를 들여 건물을 건축한 사람은 그 건물의 소유권을 원시취득하는 것이고, 다만 도급계약에 있어서 수급인이 자기의 노력과 재료를 들여 건물을 완성하더라도 도급인과 수급인 사이에 도급인 명의로 건축허가를 받아 소유권보존등기를 하기로 하는 등 완성된 건물의 소유권을 도급인에게 귀속시키기로 합의한 것으로 보여질 경우에는 그 건물의 소유권은 도급인에게 원시적으로 귀속된다(대판 1992.8.18, 91다25505). 따라서 사안의 경우, 위 건물의 소유권은 도급인 甲에게 원시적으로 귀속된다.
② (×) 집합건물법 제9조에 의하여 준용되는 민법 제667조가 정하는 수급인의 하자보수에 갈음하는 손해배상채무는 이행의 기한이 없는 채무로서 이행청구를 받은 때부터 지체책임이 있다(대판 2009.5.28, 2009다9539).
③ (×) 기성고에 따라 공사대금을 분할하여 지급하기로 약정한 경우라도 특별한 사정이 없는 한 하자보수의무와 동시이행관계에 있는 공사대금지급채무는 당해 하자가 발생한 부분의 기성공사대금에 한정되는 것은 아니라고 할 것이다. 왜냐하면, 이와 달리 본다면 도급인이 하자발생사실을 모른 채 하자가 발생한 부분에 해당하는 기성공사의 대금을 지급하고 난 후 뒤늦게 하자를 발견한 경우에는 동시이행의 항변권을 행사하지 못하게 되어 공평에 반하기 때문이다(대판 2001.9.18, 2001다9304).
④ (○) 수급인이 일을 완성하기 전에는 도급인은 손해를 배상하고 계약을 해제할 수 있다(민법 제673조).
⑤ (×) 민법 제667조 제3항에 의하여 민법 제536조가 준용되는 결과 도급인이 수급인에 대하여 하자보수와 함께 청구할 수 있는 손해배상채권과 수급인의 공사대금채권은 서로 동시이행관계에 있는 점 등에 비추어 보면, 하자확대손해로 인한 수급인의 손해배상채무와 도급인의 공사대금채무도 동시이행관계에 있는 것으로 보아야 한다(대판 2005.11.10, 2004다37676).

10 위임

01 위임계약에 관한 설명으로 옳지 않은 것은?(다툼이 있으면 판례에 따름) 기출 24

① 보수의 수령 여부와 관계없이 수임인은 선량한 관리자의 주의의무를 부담한다.

② 수임인이 위임사무의 처리로 인하여 받은 금전을 위임인에게 반환할 경우, 특별한 사정이 없는 한 위임 종료시를 기준으로 그 금전의 범위가 정해진다.

③ 위임인이 성년후견개시심판을 받더라도 위임이 종료되는 것은 아니다.

④ 위임계약의 당사자는 특별한 이유 없이도 언제든지 위임계약을 해지할 수 있다.

⑤ 수임인이 위임인의 지명에 의하여 복수임인을 선임한 경우, 위임인에 대하여 그 선임감독에 관한 책임을 진다.

해설 ① (○) 수임인은 위임계약이 유상인지 무상인지 여부와 무관하게 위임의 취지에 따라 선량한 관리자의 주의로써 위임사무를 처리할 의무를 부담한다(민법 제681조).

② (○) 민법 제684조 제1항은 "수임인은 위임사무의 처리로 인하여 받은 금전 기타의 물건 및 그 수취한 과실을 위임인에게 인도하여야 한다."라고 규정하고 있다. 이때 인도시기는 당사자 간에 특약이 있거나 위임의 본뜻에 반하는 경우 등과 같은 특별한 사정이 없는 한 위임계약이 종료된 때이므로, 수임인이 반환할 금전의 범위도 위임 종료 시를 기준으로 정해진다(대판 2016.6.28. 2016다11295).

③ (○) 수임인에 대한 성년후견개시의 심판(민법 제690조)시 위임이 종료된다.

④ (○) 민법 제689조 제1항

⑤ (×) 대리인이 본인의 지명에 의하여 복대리인을 선임한 경우에는 <u>그 부적임 또는 불성실함을 알고 본인에게 대한 통지나 그 해임을 태만한 때가 아니면 책임이 없다</u>(민법 제121조 제2항). 따라서 수임인이 위임인의 지명에 의하여 복수임인을 선임한 경우, 위임인에 대하여 그 선임감독에 관한 책임을 지지 않는다.

02 위임에 관한 설명으로 옳은 것은?(다툼이 있으면 판례에 따름) 기출 20

① 위임계약의 성립은 위임장의 작성·교부를 요한다.
② 보수를 받지 않는 수임인은 위임사무처리에 관해 자기재산과 동일한 주의의무를 부담한다.
③ 변호사에게 소송사건의 처리를 위임함에 있어서 그 보수지급 및 액수에 관하여 명시적인 약정을 하지 않은 경우, 특별한 사정이 없는 한 변호사는 보수를 청구할 수 없다.
④ 유상위임의 수임인도 언제든지 위임계약을 해지할 수 있다.
⑤ 경찰관이 응급의 구호를 요하는 자를 보건의료기관에게 긴급구호요청을 하고 보건의료기관이 이에 따라 치료행위를 한 경우, 국가와 보건의료기관 사이에 치료위임계약이 체결된 것으로 볼 수 있다.

해설 ① (×) **위임계약은 불요식 계약**이므로, 위임장의 작성·교부는 위임계약의 성립요건이 아닌 단순한 증거방법에 지나지 아니한다.
② (×) **수임인은 유상·무상을 불문하고**, 위임의 본지에 따라 **선량한 관리자의 주의로써** 위임사무를 처리하여야 한다(민법 제681조).
③ (×) 변호사에게 계쟁사건의 처리를 위임함에 있어서 **보수지급 및 수액에 관하여 명시적인 약정을 아니하였다** 하여도, 무보수로 한다는 등 특별한 사정이 없는 한 응분의 보수를 지급할 묵시의 약정이 있는 것으로 봄이 상당하다(대판 1993.2.12. 92다42941).
④ (○) **위임계약은 각 당사자가 언제든지 해지할 수 있다(민법 제689조 제1항).**
⑤ (×) 경찰관이 응급의 구호를 요하는 자를 보건의료기관에게 긴급구호요청을 하고, 보건의료기관이 이에 따라 치료행위를 하였다고 하더라도 국가와 보건의료기관 사이에 국가가 그 치료행위를 보건의료기관에 위탁하고 보건의료기관이 이를 승낙하는 내용의 치료위임계약이 체결된 것으로는 볼 수 없다(대판 1994.2.22. 93다4472).

03 위임계약에 관한 설명으로 옳지 않은 것은?(다툼이 있으면 판례에 따름) 기출 15

① 보수약정이 있는 경우, 수임인의 귀책사유 없이 위임이 종료했더라도, 수임인은 이미 행해진 이행의 비율에 따라 보수의 지급을 청구할 수 없다.
② 위임사무의 처리에 비용을 요하는 때에는 위임인은 수임인의 청구에 의하여 이를 선급하여야 한다.
③ 수임인이 위임사무의 처리에 관하여 필요비를 지출한 때에는 위임인에 대하여 지출한 날 이후의 이자를 청구할 수 있다.
④ 수임인이 위임사무를 처리하기 위하여 과실 없이 손해를 입은 때에는 위임인의 과실 유무와 관계없이 손해의 배상을 청구할 수 있다.
⑤ 변리사는 의뢰받은 사무와 밀접하게 연관되는 범위 안에서는 비록 별도의 위임이 있다 하여도 의뢰인의 이익을 도모하고 손해를 방지하기 위하여 필요한 조치를 취하도록 의뢰인에게 설명하고 조언할 의무가 있다.

해설 ① (×) 수임인이 위임사무를 처리하는 중에 수임인의 책임 없는 사유로 인하여 위임이 종료된 때에는 수임인은 이미 처리한 사무의 비율에 따른 보수를 청구할 수 있다(민법 제686조 제3항).

② (○) 위임사무의 처리에 비용을 요하는 때에는 위임인은 수임인의 청구에 의하여 이를 선급하여야 한다(민법 제687조).

③ (○) 수임인이 위임사무의 처리에 관하여 필요비를 지출한 때에는 위임인에 대하여 지출한 날 이후의 이자를 청구할 수 있다(민법 제688조 제1항).

④ (○) 수임인이 위임사무의 처리를 위하여 과실 없이 손해를 받은 때에는 위임인에 대하여 그 배상을 청구할 수 있다(민법 제688조 제3항).

⑤ (○) 의뢰받은 사무와 밀접하게 연관되는 범위 안에서, 의뢰인이 의뢰한 사무의 처리에 필요한 자료를 제출하지 못하는 경우이거나 비록 의뢰인의 구체적인 지시가 있어도 그에 따르는 것이 위임의 본지에 적합하지 않거나 또는 의뢰인에게 불이익한 경우라는 등의 특별한 사정이 있는 때에는, 별도의 위임이 없다 하여도 의뢰인으로 하여금 이익을 도모하고 손해를 방지하기 위하여 필요한 조치를 취하도록 의뢰인에게 설명하고 조언할 의무를 진다(대판 2018.9.13. 2015다48412).

04 위임에 관한 설명으로 옳지 않은 것은?(다툼이 있는 경우에는 판례에 의함) [기출] 12

① 수임인은 위임의 본지에 따라 자신의 재산과 동일한 주의로 위임사무를 처리하여야 한다.

② 법무사에게 등기의 신청대리를 의뢰하고 법무사가 이를 승낙하는 법률관계는 위임에 해당한다.

③ 위임종료의 사유는 이를 상대방에게 통지하거나 상대방이 이를 안 때가 아니면 이로써 상대방에게 대항하지 못한다.

④ 수임인이 위임사무의 처리를 위해 필요비를 지출한 때에는 위임인에 대하여 지출한 날 이후의 이자를 청구할 수 있다.

⑤ 수임인은 위임인의 청구가 있는 때에는 위임사무의 처리상황을 보고하고, 위임이 종료한 때에는 지체 없이 그 전말을 보고하여야 한다.

해설 ① (×) 수임인은 유상·무상을 불문하고, 위임의 본지에 따라 선량한 관리자의 주의로써 위임사무를 처리하여야 한다(민법 제681조).

② (○) 법무사가 의뢰인으로부터 등기신청서류의 작성과 등기신청의 대리 등을 수임하였을 때에는 위임의 본지에 따라 선량한 관리자의 주의로써 위임사무를 처리하여야 한다(대판 2008.3.27. 2007다76313).

③ (○) 위임종료의 사유는 이를 상대방에게 통지하거나 상대방이 이를 안 때가 아니면 이로써 상대방에게 대항하지 못한다(민법 제692조).

④ (○) 수임인이 위임사무의 처리에 관하여 필요비를 지출한 때에는 위임인에 대하여 지출한 날 이후의 이자를 청구할 수 있다(민법 제688조 제1항).

⑤ (○) 수임인은 위임인의 청구가 있는 때에는 위임사무의 처리상황을 보고하고 위임이 종료한 때에는 지체 없이 그 전말을 보고하여야 한다(민법 제683조).

12 조 합

01 민법상 조합의 재산관계에 관한 설명으로 옳지 않은 것은?(다툼이 있으면 판례에 따름)

기출 22

① 2인으로 구성된 조합에서 한 사람이 탈퇴하면, 특별한 사정이 없는 한 조합은 해산되고, 조합재산은 탈퇴로 인한 계산으로 청산된다.

② 조합재산에 대한 각자의 지분을 다른 조합원의 동의 없이 양도할 수 있도록 하는 조합원들 상호 간의 약정은 유효하다.

③ 조합원이 출자하기로 한 부동산이 조합재산으로 되려면 권리이전절차가 완료되어야 하며, 완료 전에는 제3자에게 그 부동산을 조합재산이라고 주장할 수 없다.

④ 조합의 업무집행자가 1인만 있는 경우, 특별한 사정이 없는 한 조합재산의 처분은 그 업무집행자가 단독으로 결정한다.

⑤ 조합원의 지분에 대한 압류는 그 조합원의 장래의 이익배당 및 지분의 반환을 받을 권리에 대하여 효력이 있다.

해설 ① (×) 2인으로 구성된 조합에서 한 사람이 탈퇴하면 조합관계는 종료되나 특별한 사정이 없는 한 조합은 해산이나 청산이 되지 않고, 다만 조합원의 합유에 속한 조합재산은 남은 조합원의 단독소유에 속하여 탈퇴 조합원과 남은 조합원 사이에는 탈퇴로 인한 계산을 해야 한다(대판 2021.7.29. 2019다207851).

② (○) 2인 이상이 상호 출자하여 공동사업을 경영할 것을 약정함에 따라 성립한 민법상 조합에서 조합원 지분의 양도는 원칙적으로 다른 조합원 전원의 동의가 있어야 하지만, 다른 조합원의 동의 없이 각자 지분을 자유로이 양도할 수 있도록 조합원 상호 간에 약정하거나 사후적으로 지분 양도를 인정하는 합의를 하는 것은 유효하다(대판 2016.8.30. 2014다19790).

③ (○) 단독으로 임야에 대한 토석채취권을 매수한 자가 그 후 매수자금 조달을 위하여 동업계약을 체결했다면, 설사 그 동업계약의 체결에 의해 매수인이 그 매매계약에 기한 매수인으로서의 권리 일체를 동업체인 조합에 출자한 것으로 본다고 하더라도, 그 권리가 당연히 조합재산으로서 동업자들에게 합유적으로 귀속되는 것은 아니고 별개의 권리이전절차를 밟아야 함은 당연하므로, 매수인 명의 변경에 관한 합의가 이루어졌다거나 달리 권리이전절차를 밟았다고 볼 수 없는 경우, 동업자들로서는 매수인에 대해 출자의무의 이행으로서 권리이전절차를 밟을 것을 청구할 수 있음은 별론으로 하고 매도인에 대해 그 권리가 조합재산임을 주장할 수는 없고, 반대로 매도인 또한 그 권리가 조합재산으로서 매수인 및 동업자들에게 합유적으로 귀속됨을 내세워 매수인 단독 명의로 임야거래허가절차의 이행을 구하는 매수인의 청구를 거부할 수는 없다(대판 1996.2.27. 94다27083 · 27090).

④ (○) 민법 제272조에 따르면 합유물을 처분 또는 변경함에는 합유자 전원의 동의가 있어야 하나, 합유물 가운데서도 조합재산의 경우 그 처분 · 변경에 관한 행위는 조합의 특별사무에 해당하는 업무집행으로서, 이에 대하여는 특별한 사정이 없는 한 민법 제706조 제2항이 민법 제272조에 우선하여 적용되므로, 조합재산의 처분 · 변경은 업무집행자가 없는 경우에는 조합원의 과반수로 결정하고, 업무집행자가 수인 있는 경우에는 그 업무집행자의 과반수로써 결정하며, 업무집행자가 1인만 있는 경우에는 그 업무집행자가 단독으로 결정한다(대판 2010.4.29. 2007다18911).

⑤ (○) 민법 제714조

02 민법상 조합에 관한 설명으로 옳은 것은?(다툼이 있으면 판례에 따름) _{기출} 21

① 어느 조합원이 출자의무를 이행하지 않은 경우, 다른 조합원은 이를 이유로 조합계약을 해제할 수 있다.

② 조합계약이 성립하기 위한 공동사업이란 조합원 전원이 사업의 성공에 대하여 이해관계를 가지는 것으로 일부 조합원만이 이익분배를 받는 관계는 조합이 아니다.

③ 부동산의 공동매수인들이 전매차익을 얻으려는 목적으로만 상호 협력하는 경우에도 민법상 조합관계에 있다고 볼 수 있다.

④ 조합원의 채권자는 조합재산을 구성하는 개개의 재산에 대한 조합원의 합유지분에 대하여 강제집행을 할 수 있다.

⑤ 조합원이 조합을 탈퇴할 권리는 그 성질상 채권자대위가 허용되지 않는 일신전속적 권리에 해당한다.

해설 ① (✕) 동업계약과 같은 조합계약에 있어서는 조합의 해산청구를 하거나 조합으로부터 탈퇴를 하거나 또는 다른 조합원을 제명할 수 있을 뿐이지 일반계약에 있어서처럼 조합계약을 해제하고 상대방에게 그로 인한 원상회복의 의무를 부담지울 수는 없다(대판 1994.5.13. 94다7157).
② (○) 이른바 '내적조합'이라는 일종의 특수한 조합으로 보기 위하여는 당사자의 내부관계에서는 조합관계가 있어야 할 것이고, 내부적인 조합관계가 있다고 하려면 서로 출자하여 공동사업을 경영할 것을 약정하여야 하며, 영리사업을 목적으로 하면서 당사자 중의 일부만이 이익을 분배받고 다른 자는 전혀 이익분배를 받지 않는 경우에는 조합관계(동업관계)라고 할 수 없다(대판 2000.7.7. 98다44666).
③ (✕) 부동산의 공동매수인들이 전매차익을 얻으려는 '공동의 목적 달성'을 위해 상호 협력한 것에 불과하고 이를 넘어 '공동사업을 경영할 목적'이 있었다고 인정되지 않는 경우, 이들 사이의 법률관계는 공유관계에 불과할 뿐 민법상 조합이 아니다(대판 2007.6.14. 2005다5140).
④ (✕), ⑤ (✕) [1] 민법상 조합원은 조합의 존속기간이 정해져 있는 경우 등을 제외하고는 원칙적으로 언제든지 조합에서 탈퇴할 수 있고(민법 제716조 참조), 조합원이 탈퇴하면 그 당시의 조합재산 상태에 따라 다른 조합원과 사이에 지분의 계산을 하여 지분환급청구권을 가지게 되는바(민법 제719조 참조), 조합원이 조합을 탈퇴할 권리는 그 성질상 조합계약의 해지권으로서 그의 일반재산을 구성하는 **재산권의 일종**이라 할 것이고 채권자대위가 허용되지 않는 일신전속적 권리라고는 할 수 없다. [2] 민법 제714조는 "조합원의 지분에 대한 압류는 그 조합원의 장래의 이익배당 및 지분의 반환을 받을 권리에 대하여 효력이 있다"고 규정하여 조합원의 지분에 대한 압류를 허용하고 있으나, 여기에서의 조합원의 지분이란 전체로서의 조합재산에 대한 조합원 지분을 의미하는 것이고, 이와 달리 조합재산을 구성하는 개개의 재산에 대한 합유지분에 대하여는 압류 기타 강제집행의 대상으로 삼을 수 없다 할 것이다(대결 2007.11.30. 2005마1130).

03 민법상 조합에 관한 설명으로 옳은 것은? 기출 19

① 조합원은 정당한 사유가 있는 경우에 한하여 조합의 업무 및 재산상태를 검사할 수 있다.
② 조합의 존속기간을 정한 때에도 조합원은 부득이한 사유가 있으면 탈퇴할 수 있다.
③ 조합원의 제명은 정당한 사유가 있는 때에 한하여 다른 조합원 3분의 2 이상의 찬성으로 결정된다.
④ 조합의 채무자는 그 채무와 조합원에 대하여 개인적으로 가지는 채권과 상계할 수 있다.
⑤ 조합원의 제명결정은 제명된 조합원에게 통지하지 않아도 그 조합원에게 대항할 수 있다

해설　① (×) 각 조합원은 **언제든지** 조합의 업무 및 재산상태를 검사할 수 있다(민법 제710조).
② (○) 민법 제716조 제2항

> **임의탈퇴(민법 제716조)**
> ① 조합계약으로 <u>조합의 존속기간을 정하지 아니하거나 조합원의 종신까지 존속할 것을 정한 때에는</u>
> <u>각 조합원은 언제든지 탈퇴할 수 있다. 그러나 부득이한 사유 없이 조합의 불리한 시기에 탈퇴하지</u>
> <u>못한다.</u>
> ② <u>조합의 존속기간을 정한 때에도 조합원은 부득이한 사유가 있으면 탈퇴할 수 있다.</u>

③ (×), ⑤ (×) 민법 제718조

> **제명(민법 제718조)**
> ① 조합원의 제명은 **정당한 사유 있는 때에 한하여 다른 조합원의 일치로써** 이를 결정한다.
> ② 전항의 **제명결정은 제명된 조합원에게 통지하지 아니하면 그 조합원에게 대항하지 못한다.**

④ (×) 조합의 채무자는 그 채무와 조합원에 대한 채권으로 <u>상계하지 못한다</u>(민법 제715조).

04 甲은 영업공간을 제공하고, 乙과 丙은 각 1억원을 출자하여 A식당을 공동운영하기로 하는 조합계약을 체결하였다. 다음 설명 중 옳은 것은?(다툼이 있으면 판례에 따름) [기출] 17

① 乙이 출자를 지연한 때에는 연체이자를 지급하면 되고, 그 외에 손해까지 배상할 필요는 없다.

② 乙의 채권자는 특별한 사정이 없는 한, 乙을 집행채무자로 하여 A식당의 채권에 대하여 강제집행을 할 수 있다.

③ 현물을 출자한 甲이 동업에서 탈퇴하게 되면, 甲의 지분은 금전으로 반환할 수 없다.

④ 甲은 동업자로서의 지위를 유지한 채 전체 지분을 제3자에게 처분할 수도 있다.

⑤ A식당이 영업이익으로 구입한 부동산에 대하여 합유등기를 하지 않고 甲 명의로 소유권이전등기를 하였다면, 이는 A식당이 甲에게 명의신탁한 것으로 보아야 한다.

해설 ① (×) 금전을 출자의 목적으로 한 조합원이 출자시기를 지체한 때에는 연체이자를 지급하는 외에 손해를 배상하여야 한다(민법 제705조).

② (×) 민법상 조합의 채권은 조합원 전원에게 합유적으로 귀속하는 것이어서 특별한 사정이 없는 한 조합원 중 1인에 대한 채권으로써 그 조합원 개인을 집행채무자로 하여 조합의 채권에 대하여 강제집행을 할 수 없고, 조합업무를 집행할 권한을 수여받은 업무집행조합원은 조합재산에 관하여 조합원으로부터 임의적 소송신탁을 받아 자기이름으로 소송을 수행할 수 있다(대판 2001.2.23. 2000다68924).

③ (×) 탈퇴한 조합원의 지분은 그 출자의 종류 여하에 불구하고 금전으로 반환할 수 있다(민법 제719조 제2항).

④ (×) 조합원은 다른 조합원 전원의 동의가 있으면 그 지분을 처분할 수 있으나 조합의 목적과 단체성에 비추어 조합원으로서의 자격과 분리하여 그 지분권만을 처분할 수는 없으므로, 조합원이 지분을 양도하면 그로써 조합원의 지위를 상실하게 되며, 이와 같은 조합원 지위의 변동은 조합지분의 양도양수에 관한 약정으로써 바로 효력이 생긴다(대판 2009.3.12. 2006다28454). 따라서 甲은 동업자로서의 지위를 유지한 채 전체 지분을 제3자에게 처분할 수 없다.

⑤ (○) 동업을 목적으로 한 조합이 조합체로서 또는 조합재산으로서 부동산의 소유권을 취득하였다면, 민법 제271조 제1항의 규정에 의하여 당연히 그 조합체의 합유물이 되고(이는 민법 제187조에 규정된 '법률의 규정에 의한 물권의 취득'과는 아무 관계가 없다. 따라서 조합체가 부동산을 법률행위에 의하여 취득한 경우에는 물론 소유권이전등기를 요한다). 다만, 그 조합체가 합유등기를 하지 아니하고 그 대신 조합원들 명의로 각 지분에 관하여 공유등기를 하였다면, 이는 그 조합체가 조합원들에게 각 지분에 관하여 명의신탁한 것으로 보아야 한다(대판 2002.6.14. 2000다30622).

05 조합계약에 관한 설명으로 옳지 않은 것은?(다툼이 있으면 판례에 따름) [기출] 16

① 조합원 중에 변제할 자력이 없는 자가 있는 때에는 그 변제할 수 없는 부분에 대해서는 다른 조합원이 출자가액에 비례하여 변제할 책임이 있다.

② 조합이 그 목적을 달성하여 해산된 경우, 별도로 처리할 조합의 잔무가 없고 다만 잔여재산을 분배하는 일만이 남아 있을 때에는 따로 청산절차를 거칠 필요가 없다.

③ 조합원 3분의 2 이상의 찬성으로 일부조합원을 업무집행자로 선임할 수 있지만, 그를 해임하기 위해서는 조합원의 일치된 의사가 있어야 한다.

④ 조합의 대표조합원이 그 대표 자격을 밝히고 어음상의 서명을 하는 경우에는 그 조합의 대표 자격을 밝히기만 하면 유효한 것이며 반드시 어음행위의 본인이 되는 전 조합원을 구체적으로 표시할 필요는 없다.

⑤ 동업자들이 공동으로 처리해야 할 업무를 동업자 중 1인에게 그 업무집행을 위임하여 처리하도록 한 경우, 다른 동업자는 그 1인의 업무집행과정에서 발생한 불법행위에 대해 사용자책임을 진다.

해설 ① (×) 조합원 중에 변제할 자력 없는 자가 있는 때에는 그 변제할 수 없는 부분은 **다른 조합원이 균분하여 변제할 책임이 있다**(민법 제713조).

② (○) **조합관계가 종료된 경우** 당사자 사이에 별도의 약정이 없는 이상, 청산절차를 밟는 것이 통례로서 조합원들에게 분배할 잔여재산과 그 가액은 청산절차가 종료된 때에 확정되는 것이므로, **원칙적으로 청산절차가 종료되지 아니한 상태에서 잔여재산의 분배를 청구할 수는 없는 것이지만**, 조합의 잔무로서 처리할 일이 없고, 다만 잔여재산의 분배만이 남아 있을 때에는 따로 청산절차를 밟을 필요가 없이 각 조합원은 자신의 잔여재산분배비율의 범위 내에서 그 분배비율을 초과하여 잔여재산을 보유하고 있는 조합원에 대하여 바로 잔여재산의 분배를 청구할 수 있다(대판 1998.12.8. 97다31472).

③ (○) 조합계약으로 업무집행자를 정하지 아니한 경우에는 조합원의 3분의 2 이상의 찬성으로써 이를 선임한다(민법 제706조 제1항). 반면, 업무집행자인 조합원은 정당한 사유 없이 사임하지 못하며 다른 조합원의 일치가 아니면 해임하지 못한다(민법 제708조).

④ (○) 법인격 없는 조합이 어음행위를 하였을 경우에는 그 조합원이 위 어음행위로 인한 권리의 취득 또는 의무의 부담을 하는 것이고, 조합 자체가 위 어음행위로 인한 권리취득이나 의무부담을 하는 것은 아니다. 조합의 어음행위는 전 조합원의 어음상의 서명에 의한 것은 물론 대표조합원이 그 대표 자격을 밝히고 조합원 전원을 대리하여 서명하였을 경우에도 유효하다고 하여야 할 것이다. 그리고 조합의 대표조합원이 그 대표 자격을 밝히고 어음상의 서명을 하는 경우에는 그 조합의 대표 자격을 밝히기만 하면 유효한 것이며 반드시 어음행위의 본인이 되는 전 조합원을 구체적으로 표시할 필요는 없다 할 것이다(대판 1970.8.31. 70다1360).

⑤ (○) 동업관계에 있는 자들이 공동으로 처리하여야 할 업무를 동업자 중 1인에게 그 업무집행을 위임하여 그로 하여금 처리하도록 한 경우, 다른 동업자는 그 업무집행자의 동업자인 동시에 사용자의 지위에 있다 할 것이므로, 업무집행과정에서 발생한 사고에 대하여 사용자로서의 손해배상책임이 있다(대판 1998.4.28. 97다55164).

06 甲·乙·丙은 조합계약을 체결하면서 甲과 乙이 각 1억원, 丙이 3억원을 출연하고 출연재산의 비율로 손익을 분배하기로 하였다. 다음 설명으로 옳은 것은?(다툼이 있는 경우에는 판례에 의함) 기출 14

① 조합계약으로 업무집행자를 정하지 않은 경우에 甲과 乙은 丙의 동의 없이 그들만의 협의로 업무집행자를 선임할 수 없다.

② 채권발생 시에 甲·乙·丙 사이의 손실분담의 비율을 알지 못한 조합채권자는 甲·乙·丙에게 그 지분의 비율에 따라 변제를 청구할 수 있다.

③ 업무집행자로 선임된 甲이 권한을 넘은 행위로 조합자금을 허비한 경우에는 丙은 조합관계를 벗어나 개인의 지위에서 손해배상을 청구할 수 있다.

④ 특별한 사정이 없으면, 丙이 조합을 탈퇴하면 甲과 乙은 탈퇴 당시의 조합재산의 3/5을 丙의 지분으로 하여 그에 해당하는 금액을 금전으로 반환하여야 한다.

⑤ 특별한 사정이 없으면, 乙의 사망으로 그의 조합원의 지위는 그 상속인에게 승계된다.

해설 ① (×) **민법 제706조**에서는 조합원 3분의 2 이상의 찬성으로 조합의 업무집행자를 선임하고 조합원 과반수의 찬성으로 조합의 업무집행방법을 결정하도록 규정하고 있는바, **여기서 말하는 조합원은 조합원의 출자가액이나 지분이 아닌 조합원의 인원수를 뜻한다**(대판 2009.4.23. 2008다4247). 따라서 사안의 경우에 甲과 乙은 丙의 동의가 없더라도, 그들만의 협의로 업무집행자를 선임할 수 있다.

② (×) 조합채권자는 그 채권발생 당시에 조합원의 손실부담의 비율을 알지 못한 때에는 각 조합원에게 **균분하여** 그 권리를 행사할 수 있다(민법 제712조).

③ (×) 일부조합원이 동업계약에 따라 동업자금을 출자하였는데 업무집행조합원이 본연의 임무에 위배되거나 혹은 권한을 넘어선 행위를 자행함으로써 끝내 동업체의 동업목적을 달성할 수 없게끔 만들고, 조합원이 출자한 동업자금을 모두 허비한 경우에 그로 인하여 손해를 입은 주체는 동업자금을 상실하여 버린 조합, 즉 조합원들로 구성된 동업체라 할 것이고, 이로 인하여 결과적으로 동업자금을 출자한 조합원에게 손해가 발생하였다 하더라도 이는 조합과 무관하게 개인으로서 입은 손해가 아니고, 조합체를 구성하는 조합원의 지위에서 입은 손해에 지나지 아니하는 것이므로, **결국 피해자인 조합원으로서는 조합관계를 벗어난 개인의 지위에서 그 손해의 배상을 구할 수는 없다**(대판 1999.6.8. 98다60484).

④ (○) 민법 제719조 제1항·제2항

> **탈퇴조합원의 지분의 계산(민법 제719조)**
> ① 탈퇴한 조합원과 다른 조합원 간의 계산은 탈퇴 당시의 조합재산상태에 의하여 한다.
> ② 탈퇴한 조합원의 지분은 그 출자의 종류 여하에 불구하고 금전으로 반환할 수 있다.
> ③ 탈퇴 당시에 완결되지 아니한 사항에 대하여는 완결 후에 계산할 수 있다.

⑤ (×) 공동광업권자의 1인이 사망한 때에는 공동광업권의 조합관계로부터 당연히 탈퇴되고, 특히 조합계약에서 사망한 공동광업권자의 지위를 그 상속인이 승계하기로 약정한 바가 없는 이상 사망한 공동광업권자의 지위는 일신전속적인 권리의무관계로서 상속인에게 승계되지 아니하고, 따라서 동 망인이 제소한 공동광업권관계소송은 그의 사망으로 당연히 종료된다(대판 1981.7.28. 81다145).

07 조합에 관한 설명으로 옳지 않은 것은?(다툼이 있는 경우에는 판례에 의함) 기출 12

① 조합의 해산결의 이후 조합원의 자동제명사유가 발생한 경우에도 그 조합원은 해산결의에서 정한 청산방법에 따라 잔여재산의 분배를 구할 수 있다.

② 조합계약에서 업무집행자를 정하지 않은 경우, 조합원 3분의 2 이상의 찬성으로 업무집행자를 선임할 수 있다.

③ 조합이 해산에 관한 민법규정은 이 강행규정이므로, 조합원 전원이 협의하더라도 법령이 정하는 청산절차를 밟지 않고 조합재산을 처분할 수 없다.

④ 조합재산상태의 악화나 영업부진 등으로 조합의 목적달성이 매우 곤란하다고 인정되는 객관적인 사정이 있거나 조합원 간의 불화·대립으로 인하여 신뢰관계가 파괴됨으로써 조합업무의 원활한 운영을 기대할 수 없는 경우에는 조합원은 조합의 해산을 청구할 수 있다.

⑤ 조합원의 제명은 정당한 사유가 있는 때에 한하여 다른 조합원의 일치로써 이를 결정할 수 있고, 그 제명결정은 제명된 조합원에게 통지하지 않으면 그 조합원에게 대항하지 못한다.

해설 ① (○) 조합의 해산결의 이후 **조합원의 자동제명사유가 발생하였다** 하더라도 그 조합원은 해산결의에서 정한 청산방법에 따라 출자지분에 비례한 잔여재산의 분배를 구할 수 있다(대판 2007.2.9. 2006다3486).

② (○) 조합계약으로 업무집행자를 정하지 아니한 경우에는 조합원의 3분의 2 이상의 찬성으로써 이를 선임한다(민법 제706조 제1항).

③ (×) **민법의 조합의 해산사유와 청산에 관한 규정**은 그와 내용을 달리하는 당사자의 특약까지 배제하는 **강행규정이 아니므로** 당사자가 민법의 조합의 해산사유와 청산에 관한 규정과 다른 내용의 특약을 한 경우, 그 특약은 유효하다(대판 1985.2.26. 84다카1921).

④ (○) 경제계의 사정변경에 따른 조합재산상태의 악화나 영업부진 등으로 조합의 목적달성이 매우 곤란하다고 인정되는 객관적인 사정이 있거나 조합당사자 간의 불화·대립으로 인하여 신뢰관계가 파괴됨으로써 조합업무의 원활한 운영을 기대할 수 없는 경우 등 부득이한 사유가 있는 때에는 조합원이 조합의 해산을 청구할 수 있다(대판 1997.5.30. 95다4957).

⑤ (○) 민법 제718조

> **제명(민법 제718조)**
> ① 조합원의 제명은 **정당한 사유 있는 때에 한하여 다른 조합원의 일치로써** 이를 결정한다.
> ② 전항의 **제명결정은 제명된 조합원에게 통지하지 아니하면 그 조합원에게 대항하지 못한다.**

01 민법상 화해계약에 관한 설명으로 옳지 않은 것은?(다툼이 있는 경우에는 판례에 의함)

기출 12

① 당사자는 착오를 이유로 화해계약을 취소하지 못하지만, 화해당사자의 자격 또는 화해의 목적인 분쟁 이외의 사항에 착오가 있는 때에는 취소할 수 있다.

② 상대방의 사기로 인하여 화해의 목적인 분쟁에 관한 사항을 착오하여 화해계약을 체결한 경우, 사기를 이유로 계약을 취소할 수 있다.

③ 의사의 치료행위 직후 환자가 사망하여 의사의 치료행위상의 과실이 있었음을 전제로 의사가 환자의 유족에게 거액의 손해배상금을 지급하기로 합의하였으나 그 후 환자의 사망원인이 의사의 치료행위와는 전혀 무관한 것으로 밝혀진 경우, 착오를 이유로 화해계약을 취소할 수 있다.

④ 교통사고피해자 본인이 가해자와 손해배상에 관하여 합의한 경우, 그 화해의 효력은 특별한 사정이 없는 한 피해자의 부모들이 가지는 위자료청구권에 미친다.

⑤ 화해계약이 성립되면 특별한 사정이 없는 한 종전의 법률관계가 어떠하였느냐를 묻지 않고 화해계약에 의하여 새로운 법률관계가 생긴다.

해설
① (○) 화해계약은 착오를 이유로 하여 취소하지 못한다. 그러나 화해당사자의 자격 또는 화해의 목적인 분쟁 이외의 사항에 착오가 있는 때에는 그러하지 아니하다(민법 제733조).

② (○) 민법 제733조의 규정에 의하면, 화해계약은 화해당사자의 자격 또는 화해의 목적인 분쟁 이외의 사항에 착오가 있는 경우를 제외하고는 착오를 이유로 취소하지 못하지만, 화해계약이 사기로 인하여 이루어진 경우에는 화해의 목적인 분쟁에 관한 사항에 착오가 있는 때에도 민법 제110조에 따라 이를 취소할 수 있다고 할 것이다(대판 2008.9.11. 2008다15278).

③ (○) 환자가 의료과실로 사망한 것으로 전제하고 의사가 유족들에게 손해배상금을 지급하기로 하는 합의가 이루어졌으나 그 사인이 진료와는 관련이 없는 것으로 판명되었다면 위 합의는 그 목적이 아닌 망인의 사인에 관한 착오로 이루어진 화해이므로 착오를 이유로 취소할 수 있다(대판 1991.1.25. 90다12526).

④ (×) 교통사고의 경우, 피해자 본인과는 별도로 그의 부모들도 그 사고로 말미암아 그들이 입은 정신적 손해에 대하여 고유의 위자료청구권을 가진다 할 것이므로, 피해자 본인이 합의금을 수령하고 가해자 측과 나머지 손해배상청구권을 포기하기로 하는 등의 약정을 맺었다 하더라도 그의 부모들이 합의당사자인 피해자 본인과 가해자 사이에 합의가 성립되면 그들 자신은 별도로 손해배상을 청구하지 아니하고 손해배상청구권을 포기하겠다는 뜻을 명시적 혹은 묵시적으로 나타낸 바 있다는 등의 특별한 사정이 없는 한 위 포기등 약정의 효력이 당연히 고유의 손해배상청구권을 가지는 그의 부모들에게까지 미친다고는 할 수 없다(대판 1999.6.22. 99다7046).

⑤ (○) 화해계약은 당사자 일방이 양보한 권리가 소멸되고 상대방이 화해로 인하여 그 권리를 취득하는 효력이 있다(민법 제732조).

01 사무관리

Ⅰ 서설

1. 의의

사무관리란 법률상 의무 없이 타인을 위하여 그의 사무를 처리하는 행위를 말한다. 부탁 없이 타인의 채무를 대신 변제해 주거나 타인의 자식을 양육 및 교육시켜 주는 것이 사무관리이다.

2. 인정취지

사무관리제도가 인정되는 것은 타인의 이익을 증진하는 것이 사회연대 · 상호부조의 이상에 부합하기 때문이라고 한다(사회부조설).

Ⅱ 사무관리의 성립요건

> **사무관리의 내용(민법 제734조)**
> ① 의무 없이 타인을 위하여 사무를 관리하는 자는 그 사무의 성질에 좇아 가장 본인에게 이익되는 방법으로 이를 관리하여야 한다.
> ② 관리자가 본인의 의사를 알거나 알 수 있는 때에는 그 의사에 적합하도록 관리하여야 한다.
> ③ 관리자가 전2항의 규정에 위반하여 사무를 관리한 경우에는 과실 없는 때에도 이로 인한 손해를 배상할 책임이 있다. 그러나 그 관리행위가 공공의 이익에 적합한 때에는 중대한 과실이 없으면 배상할 책임이 없다.

1. 타인의 사무관리

① 사무란 사람의 생활에 필요한 모든 일을 말하며, 타인의 사무이어야 한다.

> 타인의 사무가 국가의 사무인 경우, 원칙적으로 사인이 법령상 근거 없이 국가의 사무를 수행할 수 없다는 점을 고려하면, 사인이 처리한 국가의 사무가 사인이 국가를 대신하여 처리할 수 있는 성질의 것으로서, 사무 처리의 긴급성 등 국가의 사무에 대한 사인의 개입이 정당화되는 경우에 한하여 사무관리가 성립하고, 사인은 그 범위 내에서 국가에 대하여 국가의 사무를 처리하면서 지출된 필요비 내지 유익비의 상환을 청구할 수 있다(대판 2014.12.11. 2012다15602). **기출** 17

② 관리란 보존·이용·개량행위뿐만 아니라 처분행위도 포함된다.

③ 사실행위로 나타날 수도 있고 법률행위의 방식으로도 나타날 수 있다.

④ 관리자는 행위능력이 있어야 한다(통설).

2. 타인을 위하여 하는 의사(사무관리의사)가 존재할 것

① 타인을 위하여란 관리자가 관리의 사실상의 이익을 타인(본인)에게 귀속시키려는 의사가 존재한다는 의미이다.

② 관리의사는 관리자 자신의 이익을 위한 의사와 병존할 수 있고 `기출 16·17·18`, 반드시 외부적으로 표시될 필요가 없으며, 사무를 관리할 당시에 확정되어 있을 필요가 없다(대판 2013.8.22. 2013다30882). `기출 19`

3. 법률상 또는 계약상의 의무가 없을 것

> 의무 없이 타인의 사무를 처리한 자는 그 타인에 대하여 민법상 사무관리 규정에 따라 비용상환 등을 청구할 수 있으나, 제3자와의 약정에 따라 타인의 사무를 처리한 경우에는 의무 없이 타인의 사무를 처리한 것이 아니므로 이는 원칙적으로 그 타인과의 관계에서는 사무관리가 된다고 볼 수 없다(대판 2013.9.26. 2012다43539).
> `기출 16·19`

4. 본인에게 불리하거나 본인의 의사에 반한다는 것이 명백하지 않을 것

> 사무관리가 성립하기 위하여는 우선 그 사무가 타인의 사무이고 타인을 위하여 사무를 처리하는 의사, 즉 관리의 사실상의 이익을 타인에게 귀속시키려는 의사가 있어야 하며, 나아가 그 사무의 처리가 본인에게 불리하거나 본인의 의사에 반한다는 것이 명백하지 아니할 것을 요한다(대판 2013.8.22. 2013다30882).

Ⅲ 사무관리의 효과

1. 일반적 효과

① 민법상으로 관리자에게 보수청구권이 인정되지 않는다.

② 사무관리의 요건을 충족한 때에는 위법성이 조각되므로 비록 손해가 발생한 경우에도 불법행위에 해당하지 않는다.

2. 사무관리자의 주의의무 및 손해배상책임

(1) 과실책임의 원칙

사무관리자는 원칙적으로 본인의 사무처리에 대한 선관주의의무를 부담한다(다수설).

(2) 무과실의 손해배상책임

관리자가 본인의 의사나 이익에 반하여 사무를 관리한 경우 관리행위에 과실이 없더라도 본인에게 손해가 발생하였다면 사무관리자는 이에 대한 손해배상의 책임이 있다(민법 제734조 제3항).

(3) 중과실의 경우에 손해배상책임을 지는 경우

① 공익관리 : 본인의 의사나 이익에 반하더라도 공공의 이익에 적합하다면 중과실의 경우에만 손해배상책임이 있다(민법 제734조 제3항 단서).

② 긴급사무관리

> **긴급사무관리(민법 제735조)** 기출 17
> 관리자가 타인의 생명, 신체, 명예 또는 재산에 대한 급박한 위해를 면하게 하기 위하여 그 사무를 관리한 때에는 고의나 중대한 과실이 없으면 이로 인한 손해를 배상할 책임이 없다.

관리자가 타인의 생명, 신체, 재산, 명예에 대한 급박한 위해를 면하게 하기 위한 경우 「고의·중과실」이 없으면 손해배상책임이 없다(민법 제735조).

3. 관리자의 의무

① 관리개시의 통지의무(민법 제736조)

> **관리자의 통지의무(민법 제736조)**
> 관리자가 관리를 개시한 때에는 지체 없이 본인에게 통지하여야 한다. 그러나 본인이 이미 이를 안 때에는 그러하지 아니하다.

② 관리계속의무(민법 제737조)

> **관리자의 관리계속의무(민법 제737조)**
> 관리자는 본인, 그 상속인이나 법정대리인이 그 사무를 관리하는 때까지 관리를 계속하여야 한다. 그러나 관리의 계속이 본인의 의사에 반하거나 본인에게 불리함이 명백한 때에는 그러하지 아니하다.

③ 보고의무(민법 제738조, 제683조) 기출 19
④ 취득물 등의 인도·이전의무(민법 제738조, 제684조)
⑤ 금전소비시 이자와 손해배상책임(민법 제738조, 제685조) 기출 17

> **준용규정(민법 제738조)** 기출 17·19
> 제683조 내지 제685조의 규정은 사무관리에 준용한다.

4. 본인의 의무

(1) 비용상환의무

> **관리자의 비용상환청구권(민법 제739조)** 기출 02
> ① 관리자가 본인을 위하여 필요비 또는 유익비를 지출한 때에는 본인에 대하여 그 상환을 청구할 수 있다.
> ② 관리자가 본인을 위하여 필요 또는 유익한 채무를 부담한 때에는 제688조 제2항의 규정을 준용한다.
> ③ 관리자가 본인의 의사에 반하여 관리한 때에는 본인의 현존이익의 한도에서 전2항의 규정을 준용한다.

1) 본인의 의사나 이익에 합치되는 경우

① 유익비·필요비 전액을 본인의 이득 여하와는 관계없이 상환해야 한다(민법 제739조 제1항).
② 채무의 대변제의무, 담보제공의무(민법 제739조 제2항, 제688조 제2항)

2) 본인의 의사나 이익에 반하는 경우

현존이익의 한도에서 비용상환·채무의 대변제·담보제공의무를 부담한다(민법 제739조 제3항).

기출 16·24

(2) 손해보상의무

> **관리자의 무과실손해보상청구권(민법 제740조)** 기출 01·17·19
> 관리자가 사무관리를 함에 있어서 과실 없이 손해를 받은 때에는 본인의 현존이익의 한도에서 그 손해의 보상을 청구할 수 있다.

관리자가 사무관리를 함에 있어서 과실 없이 손해를 받을 때에는 본인의 현존이익의 한도에서 그 손해의 보상을 청구할 수 있다(민법 제740조).

(3) 보수지급의무

민법상으로는 보수지급의무가 없고, 특별법상의 보수지급의무가 있을 뿐이다.

Ⅳ 준사무관리

1. 서 설

(1) 의 의

사무관리의사가 없는 경우에 문제되는 것이 준사무관리이다.

(2) 유 형

① 오신사무관리 : 타인의 사무를 자기의 사무로 잘못 알고 관리하는 경우이다.
② 불법사무관리 : 타인의 사무인 줄 알면서도 자기의 사무처럼 부당하게 관리하는 경우이다.

2. 인정 여부

(1) 오신사무관리

통설은 준사무관리로 인정하지 않는다. 관리자가 선의이고 과실이 없으면 본인과의 관계는 부당이득으로 처리되고, 과실이 있으면 불법행위가 성립된다.

(2) 불법사무관리

① 시회부조설 : 요건상 사무관리의사를 필요로 하는 사회부조설은 다시 준사무관리 긍정설과 부정설로 구분된다.

② 귀속성설 : 요건상 사무관리의사가 불필요하다는 귀속성설은 바로 사무관리가 성립한다고 한다.

---

02   부당이득

Ⅰ   부당이득의 의의

법률상의 원인 없이 부당하게 재산적 이득을 얻고 이로 인하여 타인에게 손해를 준 자에 대하여 그 이득의 반환을 명하는 제도를 말한다(민법 제741조). 사무관리 및 불법행위와 더불어 민법이 인정하는 법정채권 발생원인이며, 법적 성질은 사건이다.

① '법률상 원인 없이'라는 것은 공평의 원칙 또는 사회정의에 반하는 것을 의미한다[통일설(공평설, 다수설)·판례]. 통일설에 의하면 비통일설과는 달리 부당이득을 유형별로 구별하지 아니하고, 부당이득의 요건으로서 언제나 수익과 손해가 있어야 하며, 수익과 손해 사이에 인과관계가 요구된다.

② 부당이득반환청구권은 원칙적으로 다른 청구권에 의하여 만족을 얻지 못하는 경우에만 보충적으로 인정된다.

Ⅱ   부당이득의 성립요건

부당이득의 내용(민법 제741조)
법률상 원인 없이 타인의 재산 또는 노무로 인하여 이익을 얻고 이로 인하여 타인에게 손해를 가한 자는 그 이익을 반환하여야 한다.

1. 타인의 재산 또는 노무로 인한 이득의 취득

① 재산이 적극적으로 증가한 경우와 소극적으로 재산의 감소를 면한 경우를 포함한다. 기출 10

② 이득의 방법에는 제한이 없으며, 수익은 타인의 재산 또는 노무를 원인으로 하는 것이어야 한다.

> • 법률상 원인 없이 이득하였음을 이유로 한 부당이득반환에 있어서 이득이라 함은 실질적인 이익을 가리키는 것이므로 법률상 원인 없이 건물을 점유하고 있다고 하여도 이를 사용수익하지 못하였다면 실질적인 이익을 얻었다고 할 수 없다(대판 1986.3.25. 85다422·85다카1796). 기출 06·10·14·18·23 그러나 타인 소유의 토지 위에 권한 없이 건물을 소유하고 있는 자는 그 자체로써 특별한 사정이 없는 한 법률상 원인 없이 타인의 재산으로 인하여 토지의 차임에 상당하는 이익을 얻고 이로 인하여 타인에게 동액 상당의 손해를 주고 있다고 보아야 한다(대판 1998.5.8. 98다2389). 기출 06·09·10·11·18
> • 미등기건물을 양수하여 건물에 관한 사실상의 처분권을 보유하게 됨으로써 그 양수인이 건물 부지 역시 아울러 점유하고 있다고 볼 수 있는 경우에는 미등기건물에 관한 사실상의 처분권자도 건물 부지의 점유·사용에 따른 부당이득반환의무를 부담한다. 이러한 경우 미등기건물의 원시취득자와 사실상의 처분권자가 토지 소유자에 대하여 부담하는 부당이득반환의무는 동일한 경제적 목적을 가진 채무로서 부진정연대채무 관계에 있다(대판 2022.9.29. 2018다243133[본소]·243140[반소]).

③ 부당이득은 그 수익의 방법에 제한이 없는 것으로, 채권도 물권과 같이 재산의 하나이므로 그 취득도 당연히 이득이 되고 수익이 된다(대판 1996.11.22. 96다34009).

> **[배당받을 권리 없는 채권자의 부당이득반환의무]**
>
> [1] 배당받을 권리 있는 채권자가 자신이 배당받을 몫을 받지 못하고 그로 인해 권리 없는 다른 채권자가 그 몫을 배당받은 경우, 배당이의 여부 또는 배당표의 확정 여부와 관계없이 배당받을 수 있었던 채권자는 배당금을 수령한 다른 채권자를 상대로 부당이득반환청구를 할 수 있다. [2] 담보권 실행을 위한 부동산경매절차에서 근저당권자인 甲 은행에 2순위로 채권액 전부가 배당되고 일반채권자인 신용보증기금과 乙 주식회사 등에는 6순위로 채권액 일부만 배당되자 배당기일에 출석한 乙 회사가 甲 은행에 배당된 배당금에 관하여 이의하고 甲 은행을 상대로 배당이의의 소를 제기하여 확정된 화해권고결정에 따라 甲 은행에 배당된 배당금 전액을 수령하였는데, 그 후 위 배당기일에 출석하였으나 이의하지 않은 신용보증기금이 乙 회사를 상대로 乙 회사가 수령한 배당금 중 신용보증기금의 채권액에 비례한 안분액에 대해서 부당이득반환을 구한 경우, 乙 회사는 신용보증기금에 乙 회사가 수령한 배당금 중 신용보증기금의 채권액에 비례한 안분액을 부당이득으로 반환할 의무가 있다(대판[전합] 2019.7.18. 2014다206983).
>
> **[집행력 있는 정본을 가진 채권자 등이 배당요구의 종기까지 적법한 배당요구를 하지 않아 배당에서 제외된 경우, 배당금을 수령한 다른 채권자를 상대로 부당이득반환청구를 할 수 있는지 여부(소극)]**
>
> 배당받을 권리 있는 채권자가 자신이 배당받을 몫을 받지 못하고 그로 말미암아 권리 없는 다른 채권자가 그 몫을 배당받은 경우에는 배당이의 여부 또는 배당표의 확정 여부와 관계없이 배당받을 수 있었던 채권자가 배당금을 수령한 다른 채권자를 상대로 부당이득반환청구를 할 수 있다. 다만 집행력 있는 정본을 가진 채권자 등은 배당요구의 종기까지 배당요구를 한 경우에 한하여 비로소 배당을 받을 수 있고, 적법한 배당요구를 하지 않은 경우에는 매각대금으로부터 배당을 받을 수는 없다. 이러한 채권자가 적법한 배당요구를 하지 않아 배당에서 제외되는 것으로 배당표가 작성되어 배당이 실시되었다면, 그가 적법한 배당요구를 한 경우에 배당받을 수 있었던 금액에 해당하는 돈이 다른 채권자에게 배당되었다고 해서 법률상 원인이 없는 것이라고 할 수 없다(대판 2020.10.15. 2017다216523). 기출 23

④ 타인의 토지를 담보로 이용한 경우와 부당이득의 성부

> 담보권자가 담보제공자 아닌 제3자 소유의 토지를 담보물로 이용하였다고 하더라도 현실적인 점유를 수반하지 아니하는 가치권의 이용만으로써는 담보권자에게 어떠한 현실적인 이익이 있었다고 할 수도 없고 또 이로 인하여 제3자의 현실적인 점유가 방해되었다고도 할 수 없다(대판 1981.1.13. 80다979).

2. 손해의 발생

(1) 통일설(다수설·판례)

타인이 손해를 입지 않은 경우에는 부당이득이 성립하지 않는다고 한다.

> [구분소유자 중 일부가 정당한 권원 없이 집합건물의 복도, 계단 등과 같은 공용부분을 배타적으로 점유·사용한 경우, 해당 공용부분을 점유·사용함으로써 얻은 이익을 부당이득으로 반환할 의무가 있는지 여부(원칙적 적극) 및 이는 해당 공용부분이 구조상 이를 별개 용도로 사용하거나 다른 목적으로 임대할 수 있는 대상이 아닌 경우에도 마찬가지인지 여부(적극) / 이러한 법리는 구분소유자가 아닌 제3자가 집합건물의 공용부분을 정당한 권원 없이 배타적으로 점유·사용하는 경우에도 마찬가지로 적용되는지 여부(적극)]
>
> [다수의견] (가) 구분소유자 중 일부가 정당한 권원 없이 집합건물의 복도, 계단 등과 같은 공용부분을 배타적으로 점유·사용함으로써 이익을 얻고, 그로 인하여 다른 구분소유자들이 해당 공용부분을 사용할 수 없게 되었다면, 공용부분을 무단점유한 구분소유자는 특별한 사정이 없는 한 해당 공용부분을 점유·사용함으로써 얻은 이익을 부당이득으로 반환할 의무가 있다. 해당 공용부분이 구조상 이를 별개 용도로 사용하거나 다른 목적으로 임대할 수 있는 대상이 아니더라도, 무단점유로 인하여 다른 구분소유자들이 해당 공용부분을 사용·수익할 권리가 침해되었고 이는 그 자체로 민법 제741조에서 정한 손해로 볼 수 있다. 그 상세한 이유는 다음과 같다. [1] 물건의 소유자는 다른 특별한 사정이 없는 한 법률이 정한 바에 따라 그 물건에 관한 모든 이익을 향유할 권리를 가진다. 소유권의 내용으로서 민법 제211조에서 정한 '사용·수익·처분'의 이익이 그 대표적인 예이다. 집합건물의 소유 및 관리에 관한 법률에 따르면, 각 공유자는 전원의 공유에 속하는 공용부분을 그 용도에 따라 사용할 수 있고(제11조), 규약에 달리 정한 바가 없으면 그 지분비율에 따라 공용부분에서 생기는 이익을 취득한다(제17조). [2] 구분소유자 중 일부가 정당한 권원 없이 집합건물의 복도, 계단 등과 같은 공용부분을 배타적으로 사용하는 경우 다른 구분소유자들은 해당 공용부분을 사용할 수 없게 되는 불이익을 입게 된다. 즉 다른 구분소유자들의 해당 공용부분에 대한 사용권이 침해되는 것이다. [3] 구분소유자 중 일부가 정당한 권원 없이 공용부분을 배타적으로 점유·사용한 경우 해당 공용부분이 구조상 별개 용도로 사용될 수 있는지 여부나 다른 목적으로 임대할 수 있는 대상인지 여부는 부당이득반환의무의 성립 여부를 좌우하는 요소가 아니다. 정당한 권원 없이 집합건물의 공용부분을 배타적으로 점유하여 사용한 자는 부동산의 점유·사용 그 자체로 부당한 이익을 얻게 된다. 이로 인하여 다른 구분소유자들은 해당 공용부분을 사용할 수 있는 가능성이 원천적으로 봉쇄되는 손해를 입었으므로 이로써 민법 제741조에 따른 부당이득반환의 요건이 충족되었다고 볼 수 있다. 그 외에 해당 공용부분에 대한 별개 용도로의 사용 가능성이나 다른 목적으로 임대할 가능성이 추가적으로 요구된다고 볼 수 없다. [4] 일반적으로 부동산의 무단점유·사용에 대하여 차임 상당액을 부당이득으로 반환해야 한다고 보는 이유는 해당 부동산의 점유·사용으로 인한 이익을 객관적으로 평가할 때 그 부동산 사용에 관한 권리가 당사자 간의 합의로 설정된다고 가정하였을 경우 약정되었을 대가로 산정하는 것이 합리적이기 때문이지, 해당 부동산이 임대 가능한 부동산일 것을 요건으로 하기 때문이 아니다. 이렇듯 '차임 상당액'은 부동산의 무단점유·사용으로 얻은 부당이득을 금전적으로 평가하는 데 필요한 기준일 뿐이다. [5] 공용부분을 정당한 권원 없이 배타적으로 점유·사용한 자가 그로 인한 이익을 누렸는데도, 해당 공용부분이 구조상 별개의 용도로 사용하거나 다른 목적으로 임대할 수 있는 대상이 아니라는 이유로 다른 구분소유자들에게 손해가 없다고 한다면, 이는 공용부분을 배타적으로 사용한 자로 하여금 점유·사용으로 인한 모든 이익을 보유하도록 하는 것으로서 부당이득반환제도의 취지인 공평의 이념에도 반한다.
> (나) 이러한 법리는 구분소유자가 아닌 제3자가 집합건물의 공용부분을 정당한 권원 없이 배타적으로 점유·사용하는 경우에도 마찬가지로 적용된다.

[대법관 1인의 반대의견] 집합건물의 복도, 계단 등과 같이 집합건물 전체의 유지와 관리를 위하여 필수적인 공용부분은 구조상 이를 점포 등 별개의 용도로 사용하거나 그와 같은 목적으로 임대할 수 있는 대상이 아니므로 구분소유자 중 일부나 제3자가 점유·사용하였더라도 이로 인하여 다른 구분소유자에게 차임 상당의 이익을 상실하는 손해가 발생하였다고 볼 수 없다. 공용부분의 무단사용으로 차임 상당의 부당이득이 성립하기 위해서는 구분소유자들이 차임 상당 이익 내지 소득을 얻을 수 있었는데도 이를 얻지 못한 손해를 입었다는 것을 전제로 하여야 한다. 그러나 필수적 공용부분을 특정인에게 임대하여 배타적으로 사용하게 하는 것은 집합건물의 소유 및 관리에 관한 법률 제11조에서 정한 공유자의 사용권은 침해하여 허용될 수 없으므로 구분소유자는 물론 구분소유자 전원을 구성원으로 하는 관리단에도 해당 공용부분에 대한 차임 상당의 이익이나 소득이 발생할 수 있는 여지가 없다(대판[전합] 2020.5.21. 2017다220744).

[1] 배당절차에서 권리 없는 자가 배당을 받아감으로써 법률상 원인 없이 부당이득을 한 경우, 다음 순위의 배당을 받을 수 있는 채권자가 있는데도 채무자가 부당이득반환청구를 할 수 있는지 여부(소극) : 배당절차에서 권리 없는 자가 배당을 받아감으로써 법률상 원인 없이 부당이득을 하였다 하더라도, 그로 인하여 손해를 입은 사람은 배당이 잘못되지 않았다면 배당을 받을 수 있었던 사람이지 다음 순위의 배당을 받을 수 있는 채권자가 있음에도 곧바로 손해가 채무자에게 귀속된다고 할 수는 없다.

[2] 후순위 근저당권과 함께 피담보채권을 양수하였지만 채권양도의 대항요건을 갖추지 못한 양수인이 선순위 근저당권자가 신청한 경매절차에서 배당을 받았으나, 채무자가 양수인을 상대로 채권양도의 대항요건 미비를 이유로 배당이의절차에서 다툼으로써 양수인이 배당을 받지 못하게 된 경우, 양도인이 민사집행법 제148조 제4호에 따라 배당요구 없이 당연히 배당을 받는 근저당권자에 해당하는지 여부(적극) 및 채무자에게 위 배당으로 손해가 발생하였다고 할 수 있는지 여부(소극) : 후순위 근저당권과 함께 그 피담보채권을 양수하였지만 채권양도의 대항요건을 갖추지 못한 양수인이 선순위 근저당권자가 신청한 경매절차에서 배당을 받은 경우에, 채무자가 양수인을 상대로 채권양도의 대항요건 미비를 이유로 배당이의절차에서 다툼으로써 양수인이 배당을 받지 못하게 되더라도, 그 후순위 근저당권이 경매개시결정등기 전에 등기되어 매각으로 소멸하는 이상 채무자에 대한 관계에서 양도인이 민사집행법 제148조 제4호에 따라 배당요구 없이 당연히 배당을 받는 근저당권자에 해당한다고 볼 수 있으므로, 채무자에게는 위 배당으로 인하여 손해가 발생하였다고 할 수 없다(대판 2021.12.16. 2021다215701).

(2) 비통일설

① 침해부당이득의 경우에는 권리자에게 손해가 발생하지 않았다 하더라도 침해자의 수익만 있으면 부당이득반환청구가 가능하다고 한다.

② 급부부당이득에서는 급부자에게 당연히 귀속되어야 할 것이 바로 손해가 된다고 한다.

3. 이득과 손해 사이에 인과관계가 있을 것

4. 법률상 원인이 없을 것

① 수익자에게 이득의 취득, 보유권한이 없어야 한다.

[토지에 관한 부당이득 반환청구에서 해당 토지의 현황이나 지목이 '도로'라는 이유만으로 부당이득의 성립이 부정되는지 여부(소극)]

물건의 소유자가 물건에 관한 어떠한 이익을 상대방이 권원 없이 취득하고 있다고 주장하여 그 이익을 부당이득으로 반환청구하는 경우 상대방은 그러한 이익을 보유할 권원이 있음을 주장·증명하지 않는 한 소유자에게 이를 부당이득으로 반환할 의무가 있다. 이때 해당 토지의 현황이나 지목이 '도로'라는 이유만으로 부당이득의 성립이 부정되지 않으며, 도로로 이용되고 있는 사정을 감안하여 부당이득의 액수를 산정하면 된다(대판 2020.10.29. 2018다228868).

② 통일설(공평설)은 법률상 원인의 결여를 공평, 정의의 관념에 따라 판단한다.

[법률상의 원인이 인정된 경우]

- 배당요구 채권자가 적법한 배당요구를 하지 아니하여 그를 배당에서 제외하는 것으로 배당표가 작성·확정되고 그 확정된 배당표에 따라 배당이 실시되었다면, 집행목적물의 교환가치에 대하여서만 우선변제권을 가지고 있는 법정담보물권자의 경우와는 달리 그가 적법한 배당요구를 한 경우에 배당받을 수 있었던 금액 상당의 금원이 후순위 채권자에게 배당되었다 하여 이를 법률상 원인이 없는 것이라고 할 수 없다(대판 1996.12.20, 95다28304). 기출 11

- 토지에 대하여 가압류가 집행된 후에 제3자가 그 토지의 소유권을 취득함으로써 가압류의 처분금지 효력을 받고 있던 중 그 토지가 공익사업법에 따라 수용됨으로 인하여 기존 가압류의 효력이 소멸되는 한편 제3취득자인 토지소유자는 위 가압류의 부담에서 벗어나 토지수용보상금을 온전히 지급받게 되었다고 하더라도, 이는 위 법에 따른 토지 수용의 효과일 뿐이지 이를 두고 법률상 원인 없는 부당이득이라고 할 것은 아니다(대판 2009.9.10, 2006다61536·61543). 기출 15

- 과세관청이 3자간 등기명의신탁에 따라 해당 부동산의 공부상 소유자가 된 명의수탁자에게 재산세 부과처분을 하고 이에 따라 명의수탁자가 재산세를 납부하였더라도 명의수탁자가 명의신탁자 또는 그 상속인을 상대로 재산세 상당의 금액에 대한 부당이득반환청구권을 가진다고 보기는 어렵다(대판 2020.9.3, 2018다283773). 기출 23

[법률상의 원인이 부정된 경우]

- 확정된 배당표에 의하여 배당을 실시하는 것은 실체법상의 권리를 확정하는 것이 아니므로 배당을 받아야 할 자가 배당을 받지 못하고 배당을 받지 못할 자가 배당을 받은 경우에는 배당에 관하여 이의를 한 여부 또는 형식상 배당절차가 확정되었는지 여부에 관계없이 배당을 받지 못한 채권자는 배당받은 자에 대하여 부당이득반환을 청구할 수 있다(대판 2004.4.9, 2003다32681). 기출 15

- 쌍무계약에서 당사자 쌍방의 귀책사유 없이 채무가 이행불능되어 계약관계가 소멸한 경우 적용되는 법리(= 부당이득) : 민법 제537조는 채무자위험부담주의를 채택하고 있는바, 쌍무계약에서 당사자 쌍방의 귀책사유 없이 채무가 이행불능된 경우 채무자는 급부의무를 면함과 더불어 반대급부도 청구하지 못하므로, 쌍방 급부가 없었던 경우에는 계약관계는 소멸하고 이미 이행한 급부는 법률상 원인 없는 급부가 되어 부당이득의 법리에 따라 반환청구할 수 있다(대판 2009.5.28, 2008다98655·98662). 기출 10·23

- 송금의뢰인이 수취인의 예금구좌에 계좌이체를 한 경우 송금의뢰인과 수취인 사이에 계좌이체의 원인인 법률관계가 존재하는지 여부에 관계없이 수취인이 수취은행에 대하여 계좌이체금액 상당의 예금채권을 취득하는지 여부(적극) 및 이 경우 계좌이체의 원인이 되는 법률관계의 부존재를 이유로 송금의뢰인이 수취인이 아닌 수취은행에 대하여 부당이득반환을 청구할 수 있는지 여부(소극) : 계좌이체는 은행 간 및 은행점포 간의 송금절차를 통하여 저렴한 비용으로 안전하고 신속하게 자금을 이동시키는 수단이고, 다수인 사이에 다액의 자금이동을 원활하게 처리하기 위하여, 그 중개 역할을 하는 은행이 각 자금이동의 원인인 법률관계의 존부, 내용 등에 관여함이 없이 이를 수행하는 체제로 되어 있다. 따라서 현금으로 계좌송금 또는 계좌이체가 된 경우에는 예금원장에 입금의 기록이 된 때에 예금이 된다고 예금거래기본약관에 정하여져 있을 뿐이고, 수취인과 은행 사이의 예금계약의 성립 여부를 송금의뢰인과 수취인 사이에 계좌이체의 원인인 법률관계가 존재하는지 여부에 의하여 좌우되도록 한다고 별도로 약정하였다는 등의 특별한 사정이 없는 경우에는, 송금의뢰인이 수취인의 예금구좌에 계좌이체를 한 때에는, 송금의뢰인과 수취인 사이에 계좌이체의 원인인 법률관계가 존재하는지 여부에 관계없이 수취인과 수취은행 사이에는 계좌이체금액 상당의 예금계약이 성립하고, 수취인이 수취은행에 대하여 위 금액 상당의 예금채권을 취득한다. 이때, 송금의뢰인과 수취인 사이에 계좌이체의 원인이 되는 법률관계가 존재하지 않음에도 불구하고, 계좌이체에 의하여 수취인이 계좌이체금액 상당의 예금채권을 취득한 경우에는, 송금의뢰인은 수취인에 대하여 위 금액 상당의 부당이득반환청구권을 가지게 되지만, 수취은행은 이익을 얻은 것이 없으므로 수취은행에 대하여는 부당이득반환청구권을 취득하지 아니한다(대판 2007.11.29, 2007다51239). 기출 23

Ⅲ 부당이득의 효과

1. 부당이득의 반환의무

(1) 반환의무의 대상

> **원물반환불능한 경우와 가액반환, 전득자의 책임(민법 제747조)**
> ① 수익자가 그 받은 목적물을 반환할 수 없는 때에는 그 가액을 반환하여야 한다.
> ② 수익자가 그 이익을 반환할 수 없는 경우에는 수익자로부터 무상으로 그 이익의 목적물을 양수한 악의의 제3자는 전항의 규정에 의하여 반환할 책임이 있다.

① 원물반환의 원칙
② 가액반환의 예외

(2) 반환의무의 한도

<u>손해를 입은 자의 손해를 한도로 하여 이득자의 이득을 반환한다</u>(통설, 대판 1982.5.25. 81다카1061).

2. 부당이득반환의 범위

> **수익자의 반환범위(민법 제748조)**
> ① 선의의 수익자는 그 받은 이익이 현존한 한도에서 전조의 책임이 있다. `기출` 05 · 18
> ② 악의의 수익자는 그 받은 이익에 이자를 붙여 반환하고 손해가 있으면 이를 배상하여야 한다. `기출` 18
>
> **수익자의 악의인정(민법 제749조)** `기출` 15
> ① 수익자가 이익을 받은 후 법률상 원인 없음을 안 때에는 그때부터 악의의 수익자로서 이익반환의 책임이 있다.
> ② 선의의 수익자가 패소한 때에는 그 소를 제기한 때부터 악의의 수익자로 본다.

(1) 선의의 수익자의 반환범위(민법 제748조 제1항)

1) 현존이익의 반환

① <u>선의의 수익자는 그 받은 이익이 현존한 한도에서</u> 가액 반환의 책임이 있다(민법 제748조 제1항).
② <u>수익자의 과실 유무는 묻지 않는다.</u>

2) 현존이익의 기준시기

현존이익의 결정은 <u>원칙적으로 이득을 반환할 때를 기준으로 하지만, 소가 제기된 때에는 그 소제기 시에 현존이익을 결정한다</u>(다수설).

3) 이익의 현존의 입증책임

① <u>다수설은 이익의 현존은 추정되므로 수익자가 현존이익이 없음을 입증해야 한다고 한다.</u>
② 판례는 부당이득이 금전상의 이익인 경우에는 <u>이익이 현존하는 것으로 추정</u>하나, 금전이 아닌 경우에는 그 입장이 분명하지 않다.

(2) 악의의 수익자의 반환범위(민법 제748조 제2항)

1) 받은 이익 및 이자의 반환의무

악의의 수익자는 그 받은 이익에 이자를 붙여 반환하고 손해가 있으면 이를 배상하여야 한다.

2) 악의에 대한 판단기준

① 부당이득의 수익자가 선의이냐 악의이냐 하는 문제는 오로지 법률상 원인 없는 이득임을 알았
느냐의 여부에 따라 식별한다

② 부당이득반환의무자가 악의의 수익자라는 점에 대하여는 이를 주장하는 측에서 증명책임을
진다(대판 2010.1.28, 2009다24187·24194).

3. 악의의 무상전득자에 관한 특칙

(1) 의 의

수익자로부터 목적물을 전득한 자는 본래 부당이득을 취득하는 것이 아니므로 반환의무자가 아
닌 것이 원칙이다. 다만, 민법은 일정한 경우에 전득자에 대해서도 부당이득반환을 청구할 수
있는 것으로 규정하고 있다.

(2) 수익자 측 요건

수익자가 그 이익을 반환할 수 없는 경우일 것

(3) 전득자 측 요건

① 전득자가 무상으로 그 이익의 목적물을 양수하였을 것
② 전득자가 악의일 것

(4) 효 과

손실자는 전득자에게 부당이득반환을 청구할 수 있다.

Ⅳ 특수한 부당이득

1. 비채변제

> **비채변제(민법 제742조)** 기출 14
> 채무 없음을 알고 이를 변제한 때에는 그 반환을 청구하지 못한다.
>
> **도의관념에 적합한 비채변제(민법 제744조)**
> 채무 없는 자가 착오로 인하여 변제한 경우에 그 변제가 도의관념에 적합한 때에는 그 반환을 청구하지 못한다.

(1) 원 칙

변제자가 채무가 없음에도 불구하고 이를 변제하였다면 수령자는 부당이득으로서 반환해야 한다.

(2) 예 외

1) 악의의 비채변제(민법 제742조)

① 채무가 없음을 알면서 변제한 경우에는 그 반환을 청구하지 못한다(민법 제742조). 다만, 민법 제742조 소정의 비채변제는 지급자가 채무없음을 알면서도 임의로 지급한 경우에만 성립하고 채무없음을 알고 있었다 하더라도 변제를 강제당한 경우나 변제거절로 인한 사실상의 손해를 피하기 위하여 부득이 변제하게 된 경우 등 그 변제가 자기의 자유로운 의사에 반하여 이루어진 것으로 볼 수 있는 사정이 있는 때에는 지급자가 그 반환청구권을 상실하지 않는다(대판 1988.2.9. 87다432). 기출 09

② 제742조의 비채변제에 관한 규정은 변제자가 채무 없음을 알면서도 변제를 한 경우에 적용되는 것이고, 채무 없음을 알지 못한 경우에는 그 과실 유무를 불문하고 적용되지 아니한다(대판 1998.11.13. 97다58453).

③ 악의의 비채변제에 대한 주장·입증책임은 반환의무를 면하려는 변제수령자에게 있다(대판 2010.5.13. 2009다96847).

2) 도의관념에 적합한 비채변제(민법 제744조)

채무 없는 자가 착오로 인하여 변제한 경우에 그 변제가 도의관념에 적합한 때에는 그 반환을 청구하지 못한다.

2. 타인채무의 변제

> **타인의 채무의 변제(민법 제745조)** 기출 15
> ① 채무자 아닌 자가 착오로 인하여 타인의 채무를 변제한 경우에 채권자가 선의로 증서를 훼멸하거나 담보를 포기하거나 시효로 인하여 그 채권을 잃은 때에는 변제자는 그 반환을 청구하지 못한다.
> ② 전항의 경우에 변제자는 채무자에 대하여 구상권을 행사할 수 있다.

(1) 타인의 채무임을 알고 변제한 경우

제3자를 위한 유효한 변제로서 채권은 소멸한다. 이 경우 변제자는 사무관리 또는 부당이득을 근거로 본래의 채무자에게 구상권을 행사할 수 있다.

(2) 자기의 채무인 것으로 오신하고 착오로 변제한 경우(민법 제745조)

제3자를 위한 변제로서의 효력이 없어 채권은 소멸하지 않고, 변제자는 비채변제로서 부당이득 반환을 청구할 수 있다. 다만, 채권자가 선의로 채권증서를 훼멸하거나 담보를 포기하거나 시효로 인하여 그 채권을 잃은 때에는 변제자는 그 반환을 청구하지 못한다. 이 경우 변제자는 채무자에게 구상권을 행사할 수 있고 이는 부당이득반환청구권의 성질을 갖는다.

3. 변제기 전의 변제

> **기한 전의 변제(민법 제743조)** 기출 05 · 15
> 변제기에 있지 아니한 채무를 변제한 때에는 그 반환을 청구하지 못한다. 그러나 채무자가 착오로 인하여 변제한 때에는 채권자는 이로 인하여 얻은 이익을 반환하여야 한다.

① 이는 비채변제가 아니다.

② 변제기 전이라는 사실을 알면서 변제한 경우에는 기한의 이익의 포기로 해석할 수 있으나, 채무자가 변제기를 착오하여 변제기가 도래했다고 오신하고서 변제한 경우에는 채권자에게 발생한 이익의 반환을 청구할 수 있다(민법 제743조 단서).

4. 불법원인급여

> **불법원인급여(민법 제746조)**
> 불법의 원인으로 인하여 재산을 급여하거나 노무를 제공한 때에는 그 이익의 반환을 청구하지 못한다. 그러나 그 불법원인이 수익자에게만 있는 때에는 그러하지 아니하다.

(1) 의 의

민법 제746조는 법이 불법에는 조력할 수 없다는 취지로 민법 제103조와 표리일체를 이루어 사법의 이상을 실현하고자 하는 규정으로 볼 수 있다(통설).

(2) 성립요건

1) 불 법

① 불법의 개념에 관하여 민법 제103조와 같이 선량한 풍속 기타 사회질서 위반이라고 보는 것이 통설과 판례의 태도이다.

② 강행법규의 위반이 곧바로 불법원인급여의 불법에 해당한다고 볼 수는 없다.

③ 불법원인이라 함은 재산을 급여한 원인이 선량한 풍속 기타 사회질서에 위반한 경우를 가리키는 것인데, 강제집행을 면할 목적으로 부동산의 소유자명의를 신탁하는 것은 불법원인급여에 해당하지 않는다고 한다(대판 1994.4.15. 93다61307).

④ 부동산 실권리자명의 등기에 관한 법률(이하 '부동산실명법') 규정의 문언, 내용, 체계와 입법목적 등을 종합하면, 부동산실명법을 위반하여 무효인 명의신탁약정에 따라 명의수탁자 명의로 등기를 하였다는 이유만으로 그것이 당연히 불법원인급여에 해당한다고 단정할 수는 없다. 이는 농지법에 따른 제한을 회피하고자 명의신탁을 한 경우에도 마찬가지이다(대판[전합] 2019.6.20. 2013다218156).

2) 급부의 원인이 불법일 것

3) 급 여

자발적인 의사에 기초하여 급부가 이루어져야 한다. 따라서 자발적이지 않은 경우에는 이에 포함되지 않는다.

> **[급여의 종국성과 관련된 판례]**
> • 불법원인으로 근저당권을 설정해 준 경우는 급부가 종국적이지 않다.
> • 양도담보조로 이전해 준 소유권이전등기는 급여의 종국성이 인정된다.

(3) 효 과

1) 제746조 본문

급여자는 부당이득반환청구를 할 수 없다. 소유권에 기한 반환청구도 부정된다는 것이 통설·판례이다.

2) 제746조 단서

불법원인이 수익자에게만 있는 때에는 급여자는 급여한 것을 반환청구할 수 있다.

(4) 불법원인급여의 반환약정

① **현실적 임의반환** : 수령자가 현실적으로 임의반환을 하는 것은 무방하다(대판 1964.10.27. 64다798).

② **사전의 반환약정** : 사전의 임의반환약정은 무효이다. 따라서 무효인 반환약정을 근거로 반환청구를 하지 못한다(통설, 대판 1991.3.22. 91다520).

③ **사후의 반환약정** : 다수설은 임의반환의 경우와 동일한 이유로 그 약정의 효력을 긍정하지만, 사후적 약정이라 하여 일률적으로 그 효력을 긍정해서는 안 된다는 소수설도 있다. 판례는 "당사자 일방이 상대방에게 공무원의 직무에 관한 사항에 관하여 특별한 청탁을 하게 하고 그에 대한 보수로 돈을 지급할 것을 내용으로 한 약정은 사회질서에 반하는 무효의 계약이고, 나아가 그 보수를 지급한 후에 그 돈을 반환하여 주기로 한 약정도 결국 불법원인급여물의 반환을 구하는 범주에 속하는 것으로서 무효이고, 따라서 그 반환약정에 기하여 약속어음을 발행하였다 하더라도 채권자는 그 이행을 청구할 수 없다"고 판시하고 있다(대판 1995.7.14. 94다51994).

---

03   불법행위

I 서 설

1. 불법행위의 의의

불법행위란 고의 또는 과실로 위법하게 타인에게 손해를 가하는 행위를 말하며 법정채권관계를 발생시키는 법률요건에 해당한다. 민법은 과실책임주의를 원칙으로 하고, 예외적으로 무과실책임을 인정하고 있다.

2. 불법행위책임과 계약책임

(1) 공통점

① 불법행위책임과 계약책임은 위법행위에 의한 책임이라는 점에서 공통점을 갖는다.
② 민법은 손해배상의 방법과 범위, 과실상계, 손해배상자의 대위에 관한 계약책임의 규정을 불법행위에 준용하고 있다(민법 제763조).

(2) 차이점

1) 과실의 입증책임

① 계약책임에서는 채무자가 자기에게 귀책사유 없음을 적극적으로 입증해야 한다.
② 불법행위에서는 손해를 입은 피해자가 가해자의 과실을 입증해야 한다.

2) 소멸시효

① 계약책임에 따른 손해배상청구권의 소멸시효기간은 10년이다(민법 제162조 제1항).
② 불법행위책임에 따른 손해배상청구권의 소멸시효는 피해자 측이 손해 및 가해자를 안 날로부터 3년, 불법행위를 한 날로부터 10년으로 정하고 있다(민법 제766조). 10년의 기간에 대해서 학설은 제척기간으로 이해하나 판례는 소멸시효기간으로 본다.

3) 손해배상청구권의 상계

가해자는 고의에 의한 불법행위로 부담하는 손해배상의무를 수동채권으로 하여 상계하지 못한다(민법 제496조 참조).

(3) 양자의 관계

① 불법행위의 당사자 사이에 계약관계가 있고, 가해사실이 계약과 관련을 가지는 경우에 양 청구권은 요건과 효과가 각각 다른 별개의 청구권이므로 경합한다(청구권 경합설).
② 전세권자의 실화로 인하여 가옥을 소실케 하여 그 반환의무를 이행할 수 없게 된 때에는 과실로 인하여 전세물에 대한 소유권을 침해한 것으로서 불법행위가 되는 동시에 한편으로는 과실로 인하여 채무를 이행할 수 없게 됨으로써 채무불이행이 되는 것이다(대판 1967.12.5. 67다2251).

Ⅱ 일반불법행위의 성립요건

> **불법행위의 내용(민법 제750조)**
> 고의 또는 과실로 인한 위법행위로 타인에게 손해를 가한 자는 그 손해를 배상할 책임이 있다.

불법행위를 원인으로 한 손해배상청구가 인정되기 위해서는 ① 고의 또는 과실, ② 위법성, ③ 책임능력, ④ 가해행위에 의한 손해의 발생, ⑤ 가해행위와 손해의 발생 사이의 인과관계가 인정되어야 한다.

1. 고의·과실

고의란 일정한 결과가 발생하리라는 것을 알면서 감히 이를 행하는 심리상태이며, 과실은 일정한 결과가 발생한다는 것을 알고 있었어야 함에도 불구하고 부주의로 그것을 알지 못하고서 어떤 행위를 하는 심리상태를 말한다.

① 민법에서는 불법행위에 의한 손해의 전보에 목적을 두고 따라서 고의와 과실에 차이를 두지 않기 때문에 그러한 엄격한 구별이 반드시 요구되지는 않는다.

② 불법행위에서 요구되는 과실은 원칙적으로 추상적 경과실로서, 그 기준은 사회일반인의 주의이다.

③ 고의, 과실의 입증책임은 피해자에게 있음이 원칙이나 예외적으로 입증책임이 전환 또는 완화되는 경우가 있다.

> [금전을 대여한 채권자가 고의 또는 과실로 이자제한법을 위반하여 최고이자율을 초과하는 이자를 받아 채무자에게 손해를 입힌 경우, 민법 제750조에 따라 불법행위가 성립하는지 여부(원칙적 적극) 및 이때 이자제한법 제2조 제4항에 따라 원본에 충당하여 원본이 소멸하고도 남아 있는 초과 지급액이 손해라고 볼 수 있는지 여부(적극) / 제한 초과이자에 대하여 부당이득반환청구권이 있다는 것만으로 불법행위의 성립이 방해되는지 여부(소극) / 채권자와 공동으로 위와 같은 이자제한법 위반 행위를 하였거나 이에 가담한 사람도 민법 제760조에 따라 연대하여 손해를 배상하여야 하는지 여부(적극)]
>
> 금전을 대여한 채권자가 고의 또는 과실로 이자제한법을 위반하여 최고이자율을 초과하는 이자를 받아 채무자에게 손해를 입힌 경우에는 특별한 사정이 없는 한 민법 제750조에 따라 불법행위가 성립한다고 보아야 한다. 최고이자율을 초과하여 지급된 이자는 이자제한법 제2조 제4항에 따라 원본에 충당되므로, 이와 같이 충당하여 원본이 소멸하고도 남아 있는 초과 지급액은 이자제한법 위반 행위로 인한 손해라고 볼 수 있다. 부당이득반환청구권과 불법행위로 인한 손해배상청구권은 서로 별개의 청구권으로서, 제한 초과이자에 대하여 부당이득반환청구권이 있다고 해서 그것만으로 불법행위의 성립이 방해되지 않는다. 나아가 채권자와 공동으로 위와 같은 이자제한법 위반 행위를 하였거나 이에 가담한 사람도 민법 제760조에 따라 연대하여 손해를 배상할 책임이 있다(대판 2021.2.25. 2020다230239). 기출 23

2. 위법성

① 가해자의 가해행위는 위법성이 인정되어야 불법행위가 성립한다(민법 제750조).

> 채무자가 양도되는 채권의 성립이나 소멸에 영향을 미치는 사정에 관하여 양수인에게 알려야 할 신의칙상 주의의무가 있다고 볼 만한 특별한 사정이 없는 한 채무자가 그러한 사정을 알리지 아니하였다고 하여 불법행위가 성립한다고 볼 수 없다(대판 2015.12.24. 2014다49241). 기출 19

② 민법은 위법성조각사유로 정당방위와 긴급피난(민법 제761조)을 규정하고 있다.

> **정당방위, 긴급피난(민법 제761조)** 기출 01
> ① 타인의 불법행위에 대하여 자기 또는 제3자의 이익을 방위하기 위하여 부득이 타인에게 손해를 가한 자는 배상할 책임이 없다. 그러나 피해자는 불법행위에 대하여 손해의 배상을 청구할 수 있다.
> ② 전항의 규정은 급박한 위난을 피하기 위하여 부득이 타인에게 손해를 가한 경우에 준용한다.

3. 책임능력

미성년자의 책임능력(민법 제753조)
미성년자가 타인에게 손해를 가한 경우에 그 행위의 책임을 변식할 지능이 없는 때에는 배상의 책임이 없다.

심신상실자의 책임능력(민법 제754조)
심신상실 중에 타인에게 손해를 가한 자는 배상의 책임이 없다. 그러나 고의 또는 과실로 인하여 심신상실을 초래한 때에는 그러하지 아니하다.

책임능력이란 자기행위의 책임을 인식할 수 있는 능력을 말하며, 연령에 의하여 획일적으로 인정되는 것이 아니라 개별적·구체적으로 판단된다.

① 책임능력은 일반인에게는 갖추어져 있는 것이 보통이므로 가해자 측에서 책임을 면하려면 책임무능력의 사실을 입증하여야 한다.

② 미성년자로서 행위의 책임을 변식할 지능이 없는 때에는 불법행위책임을 지지 않는다(민법 제753조).

③ 심신상실 중에 타인에게 손해를 가한 자는 손해배상책임이 없다(민법 제754조 본문). 그러나 고의 또는 과실로 인하여 심신상실을 초래한 때에는 배상의 책임이 있다(민법 제754조 단서).

4. 가해행위에 의한 손해의 발생

불법행위가 성립하려면 가해행위에 의하여 손해가 발생하여야 하는데 그 손해는 현실적으로 발생한 것으로 한하여 배상된다.

① 손해는 재산적 손해뿐만 아니라 정신적 손해 등 일체의 이익상실이 포함된다.

② 손해발생에 대한 입증책임은 피해자인 원고에게 있다.

[가해자가 행한 불법행위로 피해자가 제3자에게 채무를 부담하게 된 경우, 그 채무액 상당의 손해배상을 구하기 위한 요건 및 이때 현실적으로 손해가 발생하였는지 판단하는 방법]
불법행위를 이유로 배상하여야 할 손해는 현실로 입은 확실한 손해에 한하므로, 가해자가 행한 불법행위로 인하여 피해자가 제3자에 대하여 채무를 부담하게 된 경우 피해자가 가해자에게 그 채무액 상당의 손해배상을 구하기 위해서는 채무의 부담이 현실적·확정적이어서 실제로 변제하여야 할 성질의 것이어야 하고, 현실적으로 손해가 발생하였는지 여부는 사회통념에 비추어 객관적이고 합리적으로 판단하여야 한다(대판 2020.7.9. 2017다56455).

5. 가해행위와 손해발생 사이의 인과관계

가해행위와 손해사이에는 인과관계가 있어야 한다. 인과관계의 입증책임은 원고에게 있다(통설·판례).

Ⅲ 책임무능력자의 감독자책임

> **감독자의 책임(민법 제755조)**
> ① 다른 자에게 손해를 가한 사람이 제753조 또는 제754조에 따라 책임이 없는 경우에는 그를 감독할 법정의무가 있는 자가 그 손해를 배상할 책임이 있다. 다만, 감독의무를 게을리하지 아니한 경우에는 그러하지 아니하다.
> ② 감독의무자를 갈음하여 제753조 또는 제754조에 따라 책임이 없는 사람을 감독하는 자도 제1항의 책임이 있다.

1. 감독자의 책임요건

가해자가 책임무능력자인 경우에는 법정감독의무자 또는 이에 갈음하여 무능력자를 감독하는 자가 배상할 책임이 있다(민법 제755조). 감독자가 감독의무를 해태하지 아니하였음을 입증한 때에는 책임을 지지 않는다(민법 제755조 제1항 단서). <u>기출</u> 06

> **[이혼으로 인하여 부모 중 1명이 친권자 및 양육자로 지정된 경우 그렇지 않은 부모가 미성년자의 부모라는 사정만으로 미성년 자녀에 대한 감독의무를 부담하는지 여부(원칙적 소극)]**
> 미성년자가 책임능력이 있어 스스로 불법행위책임을 지는 경우에도 그 손해가 미성년자의 감독의무자의 의무위반과 상당인과관계가 있으면 감독의무자는 민법 제750조에 따라 일반불법행위자로서 손해배상책임이 있다. 이 경우 그러한 감독의무 위반사실과 손해 발생과의 상당인과관계는 이를 주장하는 자가 증명하여야 한다. 미성년 자녀를 양육하며 친권을 행사하는 부모는 자녀를 경제적으로 부양하고 보호하며 교양할 법적인 의무가 있다(민법 제913조). 부모와 함께 살면서 경제적으로 부모에게 의존하는 미성년자는 부모의 전면적인 보호·감독 아래 있으므로, 그 부모는 미성년자가 타인에게 불법행위를 하지 않고 정상적으로 학교 및 사회생활을 하도록 일반적, 일상적으로 지도와 조언을 할 보호·감독의무를 부담한다. 따라서 그러한 부모는 미성년자의 감독의무자로서 위에서 본 것처럼 미성년자의 불법행위에 대하여 손해배상책임을 질 수 있다. 그런데 이혼으로 인하여 부모 중 1명이 친권자 및 양육자로 지정된 경우 그렇지 않은 부모(이하 '비양육친'이라 한다)에게는 자녀에 대한 친권과 양육권이 없어 자녀의 보호·교양에 관한 민법 제913조 등 친권에 관한 규정이 적용될 수 없다. 비양육친은 자녀와 상호 면접교섭할 수 있는 권리가 있지만(민법 제837조의2 제1항), 이러한 면접교섭 제도는 이혼 후에도 자녀가 부모와 친밀한 관계를 유지하여 정서적으로 안정되고 원만한 인격발달을 이룰 수 있도록 함으로써 자녀의 복리를 실현하는 것을 목적으로 하고, 제3자와의 관계에서 손해배상책임의 근거가 되는 감독의무를 부과하는 규정이라고 할 수 없다. 비양육친은 이혼 후에도 자녀의 양육비용을 분담할 의무가 있지만, 이것만으로 비양육친이 일반적, 일상적으로 자녀를 지도하고 조언하는 등 보호·감독할 의무를 진다고 할 수 없다. 이처럼 비양육친이 미성년자의 부모라는 사정만으로 미성년 자녀에 대하여 감독의무를 부담한다고 볼 수 없다. 다만 비양육친도 부모로서 자녀와 면접교섭을 하거나 양육친과의 협의를 통하여 자녀 양육에 관여할 가능성이 있는 점을 고려하면, ① 자녀의 나이와 평소 행실, 불법행위의 성질과 태양, 비양육친과 자녀 사이의 면접교섭의 정도와 빈도, 양육 환경, 비양육친의 양육에 대한 개입 정도 등에 비추어 비양육친이 자녀에 대하여 실질적으로 일반적이고 일상적인 지도, 조언을 함으로써 공동 양육자에 준하여 자녀를 보호·감독하고 있었거나, ② 그러한 정도에는 이르지 않더라도 면접교섭 등을 통해 자녀의 불법행위를 구체적으로 예견할 수 있었던 상황에서 자녀가 불법행위를 하지 않도록 부모로서 직접 지도, 조언을 하거나 양육친에게 알리는 등의 조치를 취하지 않은 경우 등과 같이 비양육친의 감독의무를 인정할 수 있는 특별한 사정이 있는 경우에는, 비양육친도 감독의무 위반으로 인한 손해배상책임을 질 수 있다(대판 2022.4.14. 2020다240021).

2. 책임능력 있는 미성년자의 불법행위와 감독자 책임

책임능력 있는 미성년자의 불법행위에 대하여도 감독자책임을 부담하는가에 대하여 민법 제755
조는 가해자에게 책임능력이 없는 경우에 한하여 적용되는 것이고, 다만, 감독상의 부주의와
손해의 발생과의 사이에 상당인과관계가 있으면 감독의무자는 민법 제750조상의 책임을 부담한
다(통설).

Ⅳ 사용자책임

사용자의 배상책임(민법 제756조)
① 타인을 사용하여 어느 사무에 종사하게 한 자는 피용자가 그 사무집행에 관하여 제3자에게 가한 손해를 배상할
  책임이 있다. 그러나 사용자가 피용자의 선임 및 그 사무감독에 상당한 주의를 한 때 또는 상당한 주의를 하여도
  손해가 있을 경우에는 그러하지 아니하다.
② 사용자에 갈음하여 그 사무를 감독하는 자도 전항의 책임이 있다.
③ 전2항의 경우에 사용자 또는 감독자는 피용자에 대하여 구상권을 행사할 수 있다.

도급인의 책임(민법 제757조)
도급인은 수급인이 그 일에 관하여 제3자에게 가한 손해를 배상할 책임이 없다. 그러나 도급 또는 지시에 관하여
도급인에게 중대한 과실이 있는 때에는 그러하지 아니하다.

1. 의 의

사용자책임이란 타인을 사용하여 어느 사무에 종사하게 한 자가 사무집행에 관하여 피용자가
타인에게 가한 손해를 배상하는 책임을 말한다(민법 제756조 제1항). 타인을 사용하여 자기의 활동범위
를 확대한 자는 그 책임의 범위도 확대된다(보상책임설).

2. 요 건

(1) 타인을 사용하여 어느 사무에 종사하게 하였을 것

① 사무란 영리적인 것에 한하지 않으며 또한 계속적인 것이어야 하는 것도 아니다.
② 사용자와 피용자의 관계는 반드시 유효한 고용관계가 있는 경우에 한하는 것이 아니고, 사실
  상 어떤 사람이 다른 사람을 위하여 그 지휘·감독 아래 그 의사에 따라 사무를 집행하는
  관계에 있으면 족하다(대판 1998.8.21. 97다13702). 다단계판매원은 다단계판매업자의 지휘·감독을
  받으면서 다단계판매업자의 업무를 직접 또는 간접으로 수행하는 자로서 다단계판매업자와
  의 관계에서 민법 제756조에 규정한 피용자에 해당하며(대판 2008.11.27. 2008다56118) 기출 11 , 책임
  능력 없는 자의 가해행위에 그 대리감독자의 불법행위가 성립하는 경우 대리감독자의 사용자
  도 사용자책임을 부담할 수 있다(대판 1981.8.11. 81다298). 기출 14

③ 사용자가 선임하고 또한 지휘·감독하는 관계가 있어야 하는데 그러한 관계는 객관적으로 결정된다.

④ 명의대여관계의 경우 민법 제756조가 규정하고 있는 사용자책임의 요건으로서의 사용관계가 있느냐 여부는 실제적으로 지휘·감독을 하였느냐의 여부에 관계없이 객관적·규범적으로 보아 사용자가 그 불법행위자를 지휘·감독해야 할 지위에 있었느냐의 여부를 기준으로 결정하여야 한다(대판 2001.8.21. 2001다3658). 기출 14·23

⑤ 일반적으로 도급인과 수급인 사이에는 지휘·감독의 관계가 없으므로 도급인은 수급인이나 수급인의 피용자의 불법행위에 대하여 사용자로서의 배상책임이 없는 것이지만 기출 07·11, 도급인이 수급인에 대하여 특정한 행위를 지휘하거나 특정한 사업을 도급시키는 경우와 같은 이른바 노무도급의 경우에는 비록 도급인이라고 하더라도 사용자로서의 배상책임이 있다(대판 2005.11.10. 2004다37676). 기출 12·18

⑥ 동업관계에 있는 자들이 공동으로 처리하여야 할 업무를 동업자 중 1인에게 맡겨 그로 하여금 처리하도록 한 경우 다른 동업자는 그 업무집행자의 동업자인 동시에 사용자의 지위에 있다 할 것이므로, 업무집행과정에서 발생한 사고에 대하여 사용자로서 손해배상책임이 있다(대판 2006.3.10. 2005다65562). 기출 11·16

⑦ 피용자가 퇴직한 뒤에는 퇴직에도 불구하고 사용자의 실질적인 지휘·감독 아래에 있었다고 볼 수 있는 특별한 사정이 없다면 그의 행위에 대하여 원칙적으로 종전의 사용자에게 사용자책임을 물을 수 없다(대판 2001.9.4. 2000다26128). 기출 11

⑧ 소위 지입차량의 소유명의자는 그 지입차량의 운전자를 직접 고용하여 지휘감독을 한 바 없었더라도 명의대여자로서 뿐만 아니라 객관적으로 지입 차량의 운전자를 지휘 감독할 관계에 있는 사용자의 지위에 있다 할 것이므로 그 운전자의 과실로 타인에게 손해를 가한 경우에는 사용자 책임을 부담한다(대판 1991.8.23. 91다15409). 기출 18

(2) 피용자가 사무집행에 관하여 제3자에게 손해를 주었을 것

1) 사무집행 관련성

① 피용자의 불법행위가 외형상 객관적으로 사용자의 사업활동 내지 사무집행행위 또는 그와 관련된 것이라고 보여질 때에는 행위자의 주관적 사정을 고려함이 없이 이를 사무집행에 관하여 한 행위로 본다(대판 1996.1.26. 95다46890).

② 피용자의 불법행위가 외관상 사무집행의 범위 내에 속하는 것으로 보이는 경우에도 피용자의 행위가 사용자나 사용자에 갈음하여 그 사무를 감독하는 자의 사무집행행위에 해당하지 않음을 피해자 자신이 알았거나 또는 중대한 과실로 알지 못한 때에는 사용자 또는 사용자에 갈음하여 사무를 감독하는 자에게 사용자책임을 물을 수 없다(대판 2011.11.24. 2011다41529). 기출 09·14

③ 피용자가 고의에 기하여 다른 사람에게 가해행위를 한 경우 그 행위가 피용자의 사무집행 그 자체는 아니라 하더라도 사용자의 사업과 시간적, 장소적으로 근접하고, 피용자의 사무의 전부 또는 일부를 수행하는 과정에서 이루어지거나 가해행위의 동기가 업무처리와 관련된 것일 경우에는 외형적, 객관적으로 사용자의 사무집행행위와 관련된 것이라고 보아 사용자책임이 성립한다고 할 것이다(대판 2000.2.11. 99다47297).

2) 제3자에 대한 손해

제3자란 사용자와 가해행위를 한 피용자를 제외한 그 밖의 자를 말한다.

(3) 피용자의 행위가 불법행위에 해당할 것

무능력자의 대리감독자에게 민법 제755조 제2항에 의한 배상책임이 있다고 하여 위 대리감독자의 사용자 또는 사용자에 갈음한 감독자에게 당연히 민법 제756조에 의한 사용자책임이 있다고 볼 수는 없으며, 책임무능력자의 가해행위에 관하여 그 대리감독자에게 고의 또는 과실이 인정됨으로써 별도로 불법행위의 일반요건을 충족한 때에만 위 대리감독자의 사용자 또는 사용자에 갈음한 감독자는 사용자책임을 지게 된다(대판 1981.8.11. 81다298).

(4) 사용자가 면책사유를 입증하지 못할 것

사용자는 피용자의 선임 및 그 사무감독에 상당한 주의를 한 때 또는 상당한 주의를 하여도 손해가 있을 경우에는 배상책임을 면한다(민법 제756조 제1항 단서).

3. 효과 : 배상책임과 구상관계

피용자는 민법 제750조의 일반불법행위책임을, 사용자는 민법 제756조의 사용자배상책임을 진다.

① 사용자에 갈음하여 그 사무를 감독하는 자도 사용자와 동일한 책임을 진다(민법 제756조 제2항). 이들의 책임은 부진정연대채무를 이룬다. 기출 18

② 사용자 또는 감독자가 배상을 한 때에는 피용자에 대하여 구상권을 행사할 수 있다(민법 제756조 제3항).

③ 사용자가 피용자의 과실에 의한 불법행위로 인한 사용자책임을 부담하는 경우와 마찬가지로 피용자의 고의에 의한 불법행위로 인하여 사용자책임을 부담하는 경우에도 피해자에게 그 손해의 발생과 확대에 기여한 과실이 있다면 사용자책임의 범위를 정함에 있어서 이러한 피해자의 과실을 고려하여 그 책임을 제한할 수 있다(대판 2002.12.26. 2000다56952). 기출 14

④ 사용자는 손해의 공평한 분담이라는 견지에서 신의칙상 상당하다고 인정되는 한도 내에서만 피용자에 대하여 손해배상을 청구하거나 그 구상권을 행사할 수 있다(대판 1996.4.9. 95다52611). 기출 14

⑤ 파견근로자 보호 등에 관한 법률에 의한 근로자 파견은 파견사업주가 근로자를 고용한 후 그 고용관계를 유지하면서 사용사업주와 사이에 체결한 근로자파견계약에 따라 사용사업주에게 근로자를 파견하여 근로를 제공하게 하는 것으로서, 파견사업주와 파견근로자 사이에는 민법 제756조의 사용관계가 인정되어 파견사업주는 파견근로자의 파견업무에 관련한 불법행위에 대하여 파견근로자의 사용자로서의 책임을 져야 하지만, 파견근로자가 사용사업주의 구체적인 지시·감독을 받아 사용사업주의 업무를 행하던 중에 불법행위를 한 경우에 파견사업주가 파견근로자의 선발 및 일반적 지휘·감독권의 행사에 있어서 주의를 다하였다고 인정되는 때에는 면책된다고 할 것이다(대판 2003.10.9. 2001다24655).

⑥ 피해자의 부주의를 이용하여 고의로 불법행위를 저지른 자가 바로 그 피해자의 부주의를 이유로 자신의 책임을 감하여 달라고 주장하는 것은 허용될 수 없으나, 이는 그러한 사유가 있는 자에게 과실상계의 주장을 허용하는 것이 신의칙에 반하기 때문이므로, 중개보조원이 업무상 행위로 거래당사자인 피해자에게 고의로 불법행위를 저지른 경우라 하더라도 중개보조원을 고용하였을 뿐 이러한 불법행위에 가담하지 아니한 중개업자에게 책임을 묻고 있는 피해자에 과실이 있다면, 법원은 과실상계의 법리에 좇아 손해배상책임 및 그 금액을 정하면서 이를 참작하여야 한다(대판 2011.7.14. 2011다21143).

⑦ 피용자와 제3자가 공동불법행위로 피해자에게 손해를 가하여 그 손해배상채무를 부담하는 경우에 피용자와 제3자는 공동불법행위자로서 서로 부진정연대관계에 있고, 한편 사용자의 손해배상책임은 피용자의 배상책임에 대한 대체적 책임이어서 사용자도 제3자와 부진정연대관계에 있다고 보아야 할 것이므로, 사용자가 피용자와 제3자의 책임비율에 의하여 정해진 피용자의 부담 부분을 초과하여 피해자에게 손해를 배상한 경우에는 사용자는 제3자에 대하여도 구상권을 행사할 수 있으며, 그 구상의 범위는 제3자의 부담 부분에 국한된다고 보는 것이 타당하다(대판[전합] 1992.6.23. 91다33070). **기출 14 · 18**

Ⅴ 공작물 등의 점유자와 소유자의 책임

> **공작물 등의 점유자, 소유자의 책임(민법 제758조)**
> ① 공작물의 설치 또는 보존의 하자로 인하여 타인에게 손해를 가한 때에는 공작물점유자가 손해를 배상할 책임이 있다. 그러나 점유자가 손해의 방지에 필요한 주의를 해태하지 아니한 때에는 그 소유자가 손해를 배상할 책임이 있다.
> ② 전항의 규정은 수목의 재식 또는 보존에 하자 있는 경우에 준용한다.
> ③ 전2항의 경우에 점유자 또는 소유자는 그 손해의 원인에 대한 책임 있는 자에 대하여 구상권을 행사할 수 있다.

1. 의 의

공작물의 설치 또는 보존의 하자로 인하여 타인에게 손해를 준 때에는 1차로 공작물의 점유자가 책임을 지되, 그가 손해의 방지에 필요한 주의를 다한 때에는 그는 면책되고 이때에는 2차로 공작물의 소유자가 그 책임을 지는데, 소유자에게는 면책이 인정되지 않는다(민법 제758조 제1항).

기출 07

2. 요 건

(1) 공작물의 설치 · 보존의 하자로 인하여 타인에게 손해를 가하였을 것

① 공작물 : 공작물이란 인공적 작업에 의해 제작된 물건을 의미한다(대판 1979.7.10. 79다714).

② 설치 · 보존의 하자 : 설치 · 보존의 하자란 공작물이 그 용도에 따라 본래 갖추어야 할 객관적인 안전성을 설치 당시부터 결여하거나 또는 설치 후 결여하게 된 것을 의미한다(대판 1983.4.12. 81다226).

③ 인과관계 : 공작물의 설치·보존의 하자로 제3자에게 손해를 가했어야 한다.

④ 타인 : 가옥의 임차인인 직접점유자가 공작물의 설치보존상의 하자로 인하여 피해를 입을 경우에 소유자는 이에 대하여 손해배상을 하여줄 책임이 있고 피해자인 직접점유자에게 그 보존상의 과실이 있으면 과실상계사유가 된다(대판 1989.3.14. 88다카11121).

(2) 면책사유가 없을 것

3. 효 과

점유자의 1차 책임은 과실의 입증책임을 전환한 중간책임이나, 2차로 보충적으로 지는 소유자의 책임은 무과실책임으로 구성되어 있다. 공작물이 국가나 지방자치단체가 설치하여 관리하는 것인 때에는 민법 제758조가 아니라 국가배상법 제5조에 의해 국가 등이 그 배상책임을 지게 된다. 수목의 식재 또는 보존에 하자가 있는 경우에도 공작물책임에서와 같은 책임이 준용된다(민법 제758조 제2항).

Ⅵ 동물 점유자의 책임

동물의 점유자의 책임(민법 제759조)
① 동물의 점유자는 그 동물이 타인에게 가한 손해를 배상할 책임이 있다. 그러나 동물의 종류와 성질에 따라 그 보관에 상당한 주의를 해태하지 아니한 때에는 그러하지 아니하다.
② 점유자에 갈음하여 동물을 보관한 자도 전항의 책임이 있다.

동물의 점유자 또는 점유자에 갈음하여 동물을 보관하는 자는 그 동물이 타인에게 가한 손해를 배상할 책임이 있다(민법 제759조 제1항 본문). 동물의 종류와 성질에 따라 그 보관에 상당한 주의를 게을리 하지 않은 때에는 면책된다(민법 제759조 제1항 단서).

Ⅶ 공동불법행위

공동불법행위자의 책임(민법 제760조) 기출 01·19
① 수인이 공동의 불법행위로 타인에게 손해를 가한 때에는 연대하여 그 손해를 배상할 책임이 있다.
② 공동 아닌 수인의 행위 중 어느 자의 행위가 그 손해를 가한 것인지를 알 수 없는 때에도 전항과 같다.
③ 교사자나 방조자는 공동행위자로 본다.

1. 의 의

공동불법행위란 수인이 공동으로 타인에게 손해를 가한 경우를 말하는데 그 가해행위에 가담한 자들은 연대하여 손해를 배상하여야 한다(민법 제760조).

2. 공동불법행위 요건

(1) 협의의 공동불법행위(민법 제760조 제1항)

① 각자의 행위가 불법행위의 요건을 구비할 것

② 가해행위의 공동성이 인정될 것(행위의 관련공동성) : 공동의 의미와 관련하여 판례는 「공동불법행위의 성립에는 공동불법행위자 상호 간에 의사의 공통이나 공동의 인식이 필요하지 아니하고 객관적으로 그들의 각 행위에 관련공동성이 있으면 족하고 그 관련공동성 있는 행위에 의하여 손해가 발생하였다면 그 손해배상책임을 면할 수 없다(대판 1998.9.25. 98다9205)」고 하여 객관적 공동설의 입장이다. 기출 09 · 10 · 19

(2) 가해자 불명의 공동불법행위(민법 제760조 제2항)

① 각자의 행위가 불법행위의 요건을 구비할 것

② 공동 아닌 수인의 행위가 있을 것

③ 수인 중 가해자가 불명일 것 : 다수의 의사가 의료행위에 관여한 경우 그중 누구의 과실에 의하여 의료사고가 발생한 것인지 분명하게 특정할 수 없는 때에는 일련의 의료행위에 관여한 의사들 모두에 대하여 민법 제760조 제2항에 따라 공동불법행위책임을 물을 수 있다고 봄이 상당하다(대판 2005.9.30. 2004다52576). 기출 12

(3) 교사자와 방조자의 책임(민법 제760조 제3항)

① 교사자나 방조자는 공동행위자로 본다(민법 제760조 제3항).

② 교사란 타인으로 하여금 불법행위의 의사결정을 하게 하는 것을 의미하며, 교사의 수단·방법에는 제한이 없다.

③ 방조란 불법행위의 보조적 행위를 하는 것, 즉 불법행위를 용이하게 하는 직접·간접의 모든 행위를 말한다. 형법과 달리 과실에 의한 방조도 인정된다.

3. 공동불법행위의 효과

(1) 부진정연대채무

민법 제760조 제1항의 연대의 의미와 관련하여 견해의 대립이 있으나, 통설과 판례는 피해자를 두텁게 보호하기 위하여 부진정연대채무로 본다. 기출 21 1인의 공동불법행위자가 행한 변제, 대물변제, 공탁, 상계 등 채권을 만족시키는 사유는 절대적 효력이 있다. 기출 19

> 공동불법행위자의 다른 공동불법행위자에 대한 구상권은 피해자의 다른 공동불법행위자에 대한 손해배상채권과는 그 발생 원인 및 성질을 달리하는 별개의 권리이고, 연대채무에 있어서 소멸시효의 절대적 효력에 관한 민법 제421조의 규정은 공동불법행위자 상호 간의 부진정연대채무에 대하여는 그 적용이 없으므로, 공동불법행위자 중 1인의 손해배상채무가 시효로 소멸한 후에 다른 공동불법행위자 1인이 피해자에게 자기의 부담 부분을 넘는 손해를 배상하였을 경우에도, 그 공동불법행위자는 다른 공동불법행위자에게 구상권을 행사할 수 있다(대판 1997.12.23. 97다42830). 기출 19

(2) 손해배상의 범위

① 산정의 기준 : 각 공동불법행위자는 민법 제393조에 따라 공동불법행위와 상당인과관계가 있는 손해에 대하여 배상하여야 한다(민법 제763조, 제393조).

> 공동불법행위로 인한 손해배상책임의 범위는 피해자에 대한 관계에서 가해자들 전원의 행위를 전체적으로 함께 평가하여 정하여야 하고, 그 손해배상액에 대하여는 가해자 각자가 그 금액의 전부에 대한 책임을 부담하는 것이며, 가해자의 1인이 다른 가해자에 비하여 불법행위에 기여한 정도가 경미하다고 하더라도 피해자에 대한 관계에서 그 가해자의 책임 범위를 위와 같이 정하여진 손해배상액의 일부로 제한하여 인정할 수는 없다(대판 2007.6.14. 2005다32999). 기출 **10 · 13**

② 과실상계

> [1] 공동불법행위책임에 대한 과실상계에 있어 피해자의 공동불법행위자 각인에 대한 과실비율이 서로 다른 경우, 피해자 과실의 평가 방법 : 공동불법행위의 경우 법원이 피해지의 괴실을 들이 과실상계를 함에 있어서는 피해자의 공동불법행위자 각인에 대한 과실비율이 서로 다르더라도 피해자의 과실을 공동불법행위자 각인에 대한 과실로 개별적으로 평가할 것이 아니고 그들 전원에 대한 과실로 전체적으로 평가하여야 한다. 기출 **10 · 13**
>
> [2] 공동불법행위자 중의 일부에게 피해자의 부주의를 이용하여 고의로 불법행위를 저지른 사유가 있다고 하여, 그러한 사유가 없는 다른 불법행위자까지도 과실상계를 주장할 수 없는 것인지 여부(소극) : 피해자의 부주의를 이용하여 고의로 불법행위를 저지른 자가 바로 그 피해자의 부주의를 이유로 자신의 책임을 감하여 달라고 주장하는 것은 허용될 수 없으나, 이는 그러한 사유가 있는 자에게 과실상계의 주장을 허용하는 것이 신의칙에 반하기 때문이므로, 불법행위자 중의 일부에게 그러한 사유가 있다고 하여 그러한 사유가 없는 다른 불법행위자까지도 과실상계의 주장을 할 수 없다고 해석할 것은 아니다(대판 2007.6.14. 2005다32999). 기출 **23**
>
> [비교] 공동불법행위자의 관계는 아니지만 부진정연대채무 관계가 인정되는 경우, 과실상계를 할 때 반드시 채권자의 과실을 채무자 전원에 대하여 전체적으로 평가하여야 하는지 여부(소극)
>
> 공동불법행위책임은 가해자 각 개인의 행위에 대하여 개별적으로 그로 인한 손해를 구하는 것이 아니라 그 가해자들이 공동으로 가한 불법행위에 대하여 그 책임을 추궁하는 것으로, 법원이 피해자의 과실을 들어 과실상계를 함에 있어서는 피해자의 공동불법행위자 각인에 대한 과실비율이 서로 다르더라도 피해자의 과실을 공동불법행위자 각인에 대한 과실로 개별적으로 평가하지 않고 그들 전원에 대한 과실로 전체적으로 평가하는 것이 원칙이다. 그런데 공동불법행위자의 관계는 아니지만 서로 별개의 원인으로 발생한 독립된 채무가 동일한 경제적 목적을 가지고 있고 서로 중첩되는 부분에 관하여 한쪽의 채무가 변제 등으로 소멸하면 다른 쪽의 채무도 소멸하는 관계에 있기 때문에 부진정연대채무 관계가 인정되는 경우가 있다. 이러한 경우까지 과실상계를 할 때 반드시 채권자의 과실을 채무자 전원에 대하여 전체적으로 평가하여야 하는 것은 아니다. 그리고 손해배상사건에서 과실상계나 손해부담의 공평을 기하기 위한 책임제한에 관한 사실인정이나 그 비율을 정하는 것은 그것이 형평의 원칙에 비추어 현저하게 불합리하다고 인정되지 않는 한 사실심의 전권사항에 속한다(대판 2022.7.28. 2017다16747[본소] · 16754[반소]).

(3) 구상관계

> • 공동불법행위자는 채권자에 대한 관계에서는 부진정연대채무를 지되, 공동불법행위자들 내부관계에서는 일정한 부담 부분이 있고, 공동불법행위자 중 1인이 자기의 부담 부분 이상을 변제하여 공동의 면책을 얻게 하였을 때에는 다른 공동불법행위자에게 그 부담 부분의 비율에 따라 구상권을 행사할 수 있으므로 공동불법

행위자가 구상권을 갖기 위하여는 반드시 피해자의 손해 전부를 배상하여야 할 필요는 없으나, 자기의 부담 부분을 초과하여 배상을 하여야 할 것이고, 피용자와 제3자가 공동불법행위로 피해자에게 손해를 가하여 그 손해배상채무를 부담하는 경우에 피용자와 제3자는 공동불법행위자로서 서로 부진정연대관계에 있고, 한편 사용자의 손해배상책임은 피용자의 배상책임에 대한 대체적 책임이어서 사용자도 제3자와 부진정연대관계에 있다고 보아야 할 것이므로, 사용자가 피용자와 제3자의 책임비율에 의하여 정해진 피용자의 부담 부분을 초과하여 피해자에게 손해를 배상한 경우에는 사용자는 제3자에 대하여도 구상권을 행사할 수 있다 (대판 2006.2.9. 2005다28426) **기출** 17

- 공동불법행위자 중 1인에 대하여 구상의무를 부담하는 다른 공동불법행위자가 수인인 경우에는 특별한 사정이 없는 이상 그들의 구상권자에 대한 채무는 이를 부진정연대채무로 보아야 할 근거는 없으며, 오히려 다수 당사자 사이의 분할채무의 원칙이 적용되어 각자의 부담 부분에 따른 분할채무로 봄이 상당하다(대판 2002.9.27. 2002다15917). **기출** 10 · 12 반면에 구상권자인 공동불법행위자 측에 과실이 없는 경우, 즉 내부적인 부담 부분이 전혀 없는 경우에는 이와 달리 그에 대한 수인의 구상의무 사이의 관계는 부진정연대관계에 해당한다(대판 2005.10.13. 2003다24147).

[소멸시효]
공동불법행위자 간 구상권의 발생 시점은 구상권자가 현실로 피해자에게 손해배상금을 지급한 때이다(대판 1997.12.12. 96다50896). **기출** 17 그리고 기간 역시 민법 제766조에 의할 것이 아니라 일반 채권과 같이 10년으로 보아야 한다(대판 1996.3.26. 96다3791). **기출** 09 · 15 · 17

VIII 현대적 불법행위

1. 자동차운행자의 책임

(1) 서 설

① 자동차손해배상보장법(이하 자배법)은 민법의 특별법으로 민법보다 우선 적용된다(대판 1997.11.28. 95다29390).

② 자배법은 인적 손해에 한정되어 적용되며, 물적 손해에 대해서는 민법상 일반불법행위책임 또는 사용자책임 등이 적용된다.

③ 자배법은 자동차운행자에게 사실상 무과실책임을 부과한다.

(2) 요 건

자동차손해배상책임(자배법 제3조)
자기를 위하여 자동차를 운행하는 자는 그 운행으로 다른 사람을 사망하게 하거나 부상하게 한 경우에는 그 손해를 배상할 책임을 진다. 다만, 다음 각 호의 어느 하나에 해당하면 그러하지 아니하다.
1. 승객이 아닌 자가 사망하거나 부상한 경우에 자기와 운전자가 자동차의 운행에 주의를 게을리 하지 아니하였고, 피해자 또는 자기 및 운전자 외의 제3자에게 고의 또는 과실이 있으며, 자동차의 구조상의 결함이나 기능상의 장해가 없었다는 것을 증명한 경우
2. 승객이 고의나 자살행위로 사망하거나 부상한 경우

① 자기를 위하여 자동차를 운행하는 자일 것(운행자일 것) : 운행지배와 운행이익이 있어야 한다. '자기를 위하여 자동차를 운행하는 자'란 사회통념상 당해 자동차에 대한 운행을 지배하여 그 이익을 향수하는 책임주체로서의 지위에 있다고 할 수 있는 자를 말하고, 이 경우 운행의 지배는 현실적인 지배에 한하지 아니하고 사회통념상 간접지배 내지는 지배가능성이 있다고 볼 수 있는 경우도 포함한다(대판 1998.10.27. 98다36382). 따라서 무단운전의 경우에도 원칙적으로 자동차 보유자에게 운행자성이 인정된다(대판 1998.7.10. 98다1072). 반면 절취운전의 경우 절도범은 운행자이나, 자동차 소유자는 원칙적으로 운행자성을 상실한다(대판 1998.3.22. 88다카2147 참조).

② 운행으로 인하여 타인의 생명·신체에 대한 손해를 야기하였을 것

　㉠ '운행'의 의미 : '운행'이라 함은 사람 또는 물건의 운송 여부에 관계없이 자동차를 그 용법에 따라 사용 또는 관리하는 것을 말한다. 여기서 '자동차를 그 용법에 따라 사용한다.'는 것은 자동차의 용도에 따라 그 구조상 설비되어 있는 각종의 장치를 각각의 장치목적에 따라 사용하는 것을 말하는 것으로서, 자동차가 반드시 주행 상태에 있지 않더라도 주행의 전후단계로서 주·정차 상태에서 문을 열고 닫는 등 각종 부수적인 장치를 사용하는 것도 포함한다(대판 2004.7.9. 2004다20340·20357).

　㉡ 운행으로 인하여 : 운행과 사고 사이에 상당인과관계가 있음을 의미한다.

　㉢ 타인의 생명·신체에 대한 손해를 야기하였을 것 : '다른 사람'이란 '자기를 위하여 자동차를 운행하는 자 및 당해 자동차의 운전자를 제외한 그 이외의 자'를 지칭하므로, 당해 자동차를 현실로 운전하거나 그 운전의 보조에 종사한 자는 같은 법 제3조 소정의 타인에 해당하지 아니한다고 할 것이나, 당해 자동차의 운전자나 운전보조자라도 사고 당시에 현실적으로 자동차의 운전에 관여하지 않고 있었다면 그러한 자는 같은 법 제3조 소정의 타인으로서 보호된다(대판 1999.9.17. 99다22328).

③ 면책사유가 없을 것 : 면책사유에 대한 증명책임은 운행자에게 있다(대판 2005.12.8. 2005다46479[본소]·46486[반소]).

(3) 관련 쟁점 : 호의동승

피해자가 사고자동차에 호의동승한 것만으로는 자동차손해배상보장법상의 타인이 아니라고 할 수 없고 또한 사고에 있어서 어떤 과실이 있었다고 할 수 없다. 따라서 호의동승자는 운행자에게 자배상의 책임을 물을 수 있다(대판 1991.1.15. 90다13710). 그리고 여러 사정에 비추어 가해자에게 일반 교통사고와 동일한 책임을 지우는 것이 신의법칙이나 형평의 원칙으로 보아 매우 불합리하다고 인정될 때에는 그 배상액을 경감할 수 있으나, 사고 차량에 단순히 호의로 동승하였다는 사실만 가지고 바로 이를 배상액 경감사유로 삼을 수 있는 것은 아니다(대판 1999.2.9. 98다53141).

2. 제조물책임

(1) 서 설

> **목적(제조물 책임법 제1조)**
> 이 법은 제조물의 결함으로 발생한 손해에 대한 제조업자 등의 손해배상책임을 규정함으로써 피해자 보호를 도모하고 국민생활의 안전 향상과 국민경제의 건전한 발전에 이바지함을 목적으로 한다.

제조물 책임법은 제조물의 결합으로 인하여 발생한 손해에 대하여 제조업자 등에게 손해배상책임을 부담하게 하여 피해자 보호를 도모하고 국민생활의 안전 향상과 국민경제의 건전한 발전에 이바지함을 목적으로 한다.

(2) 제조물 책임법의 주요 내용

① 제조물 책임법은 무과실책임이다. 제조물에 결합이 있는 것으로 객관적으로 인정되면 족하고, 그 결함에 제조업자의 과실 여부는 불문한다.

> 제품이 정상적으로 사용되는 상태에서 사고가 발생한 경우 소비자 측에서 그 사고가 제조업자의 배타적 지배하에 있는 영역에서 발생하였다는 점과 그 사고가 어떤 자의 과실 없이는 통상 발생하지 않는다고 하는 사정을 증명하면, 제조업자 측에서 그 사고가 제품의 결함이 아닌 다른 원인으로 말미암아 발생한 것임을 입증하지 못하는 이상 그 제품에게 결함이 존재하며 그 결함으로 말미암아 사고가 발생하였다고 추정하여 손해배상책임을 지울 수 있도록 입증책임을 완화하는 것이 손해의 공평·타당한 부담을 그 지도원리로 하는 손해배상제도의 이상에 맞다(대판 2004.3.12. 2003다16771). 기출 14

② 제조물 책임법은 결함으로 인한 확대손해만이 그 적용대상이다. 결함 있는 당해 제조물 자체에 대한 손해는 하자담보책임이나 불완전이행에 따른 채무불이행책임으로 그 배상을 구하여야 한다.

> **정의(제조물 책임법 제2조)**
> 이 법에서 사용하는 용어의 뜻은 다음과 같다.
> 1. "제조물"이란 제조되거나 가공된 동산(다른 동산이나 부동산의 일부를 구성하는 경우를 포함한다)을 말한다.
> 2. "결함"이란 해당 제조물에 다음 각 목의 어느 하나에 해당하는 제조상·설계상 또는 표시상의 결함이 있거나 그 밖에 통상적으로 기대할 수 있는 안전성이 결여되어 있는 것을 말한다.
>   가. "제조상의 결함"이란 제조업자가 제조물에 대하여 제조상·가공상의 주의의무를 이행하였는지에 관계없이 제조물이 원래 의도한 설계와 다르게 제조·가공됨으로써 안전하지 못하게 된 경우를 말한다.
>   나. "설계상의 결함"이란 제조업자가 합리적인 대체설계(代替設計)를 채용하였더라면 피해나 위험을 줄이거나 피할 수 있었음에도 대체설계를 채용하지 아니하여 해당 제조물이 안전하지 못하게 된 경우를 말한다.
>   다. "표시상의 결함"이란 제조업자가 합리적인 설명·지시·경고 또는 그 밖의 표시를 하였더라면 해당 제조물에 의하여 발생할 수 있는 피해나 위험을 줄이거나 피할 수 있었음에도 이를 하지 아니한 경우를 말한다.

> 제조물책임이란 제조물에 통상적으로 기대되는 안전성을 결여한 결함으로 인하여 생명·신체나 제조물 그 자체 외의 다른 재산에 손해가 발생한 경우에 제조업자 등에게 지우는 손해배상책임이고, 제조물에 상품적합성이 결여되어 제조물 그 자체에 발생한 손해는 제조물책임의 적용 대상이 아니므로, 하자담보책임으로서 그 배상을 구하여야 한다(대판 2000.7.28. 98다35525). 기출 09

③ 제조물의 범위는 제조 또는 가공된 동산만이 그 대상이다.

3. 의료과오책임

(1) 서 설

의료과오책임이란 의료행위 중에 의사 기타 의료인의 과실에 기인하여 발생한 사고에 대하여 손해배상책임을 지는 것을 의미하며, 그 유형으로 채무불이행책임이나 불법행위책임을 물을 수 있다. 의료과오에는 치료과오와 설명과오로 나누어 볼 수 있다.

(2) 의료과오와 불법행위책임

1) 치료과오에 의한 불법행위책임 - 의료사고에 있어 의료인의 과실

① 의료사고에 있어서 의료종사원의 과실은 일반적 보통인을 표준으로 하여 요구되는 주의의무를 결한 것으로서 여기에서 일반적 보통인이라 함은 추상적인 일반인이 아니라 그와 같은 업무와 직무에 종사하는 사람을 뜻하는 것이므로, 결국 이와 같은 사람이라면 보통 누구나 할 수 있는 주의의 정도를 표준으로 하여 과실유무를 논하여야 하며 이에는 사고당시의 일반적인 의학의 수준과 진료환경 및 조건, 의료행위의 특수성 등이 고려되어야 한다(대판 1987.1.20. 86다카1469).

② 무면허로 의료행위를 한 경우라도 그 자체가 의료상의 주의의무 위반행위는 아니라고 할 것이므로 당해 의료행위에 있어 구체적인 의료상의 주의의무 위반이 인정되지 아니한다면 그것만으로 불법행위책임을 부담하지는 아니한다(대판 2002.1.11. 2001다27449).

2) 인과관계의 증명책임의 완화

> 환자가 치료 도중에 사망한 경우에 있어서는, 피해자 측에서 일련의 의료행위 과정에 있어서 저질러진 일반인의 상식에 바탕을 둔 의료상의 과실 있는 행위를 입증하고 그 결과와 사이에 일련의 의료행위 외에 다른 원인이 개재될 수 없다는 점, 이를테면 환자에게 의료행위 이전에 그러한 결과의 원인이 될 만한 건강상의 결함이 없었다는 사정을 증명한 경우에 있어서는 의료행위를 한 측이 그 결과가 의료상의 과실로 말미암은 것이 아니라 전혀 다른 원인으로 말미암은 것이라는 입증을 하지 아니하는 이상 의료상 과실과 결과 사이의 인과관계를 추정하여 손해배상책임을 지울 수 있도록 입증책임을 완화하는 것이 손해의 공평·타당한 부담을 그 지도원리로 하는 손해배상제도의 이상에 맞는다고 하지 않을 수 없다(대판 2003.6.13. 2003다5269).

3) 설명의무의 위반과 손해배상책임

① 설명의무의 의의 : 의사가 환자나 그 보호자에게 질병의 종류·내용 및 그 치료방법과 이에 따르는 위험 등 환자의 진료와 관계되는 중요한 사항을 설명해 주는 것을 의사의 설명의무라 한다. 이는 환자의 알권리와 자기결정권을 보장하기 위함이다.

② 의료행위에 있어서 설명의무와 관련한 증명책임

> 설명의무는 침습적인 의료행위로 나아가는 과정에서 의사에게 필수적으로 요구되는 절차상의 조치로서, 그 의무의 중대성에 비추어 의사로서는 적어도 환자에게 설명한 내용을 문서화하여 이를 보존할 직무수행상의 필요가 있다고 보일 뿐 아니라, 응급의료에 관한 법률 제9조, 같은 법 시행규칙 제3조 및 [서식 1]에 의하면, 통상적인 의료행위에 비해 오히려 긴급을 요하는 응급의료의 경우에도 의료행위의 필요성, 의료행위의 내용, 의료행위의 위험성 등을 설명하고 이를 문서화한 서면에 동의를 받을 법적 의무가 의료종사자에게

부과되어 있는 점, 의사가 그러한 문서에 의해 설명의무의 이행을 입증하기는 매우 용이한 반면 환자 측에서 설명의무가 이행되지 않았음을 입증하기는 성질상 극히 어려운 점 등에 비추어, 특별한 사정이 없는 한 의사 측에 설명의무를 이행한 데 대한 증명책임이 있다고 해석하는 것이 손해의 공평·타당한 부담을 그 지도원리로 하는 손해배상제도의 이상 및 법체계의 통일적 해석의 요구에 부합한다(대판 2007.5.31. 2005다 5867).

③ 설명의무의 위반과 손해배상의 범위

의사가 설명의무를 위반한 채 수술 등을 하여 환자에게 사망 등의 중대한 결과가 발생한 경우에 있어서 환자 측에서 선택의 기회를 잃고 자기결정권을 행사할 수 없게 된 데 대한 위자료만을 청구하는 경우에는 의사의 설명결여 내지 부족으로 선택의 기회를 상실하였다는 사실만을 입증함으로써 족하고, 설명을 받았 더라면 사망 등의 결과는 생기지 않았을 것이라는 관계까지 입증할 필요는 없으나, 그 결과로 인한 모든 손해를 청구하는 경우에는 그 중대한 결과와 의사의 설명의무 위반 내지 승낙취득과정에서의 잘못과의 사이에 상당인과관계가 존재하여야 하며, 그 경우 의사의 설명의무의 위반은 환자의 자기결정권 내지 치료 행위에 대한 선택의 기회를 보호하기 위한 점에 비추어 환자의 생명 신체에 대한 의료적 침습 과정에서 요구되는 의사의 주의의무 위반과 동일시 할 정도의 것이어야 한다(대판 1994.4.15. 93다60953).

4. 환경오염에 대한 책임

[조망이익의 침해]
조망이익은 원칙적으로 특정의 장소가 그 장소로부터 외부를 조망함에 있어 특별한 가치를 가지고 있고, 그와 같은 조망이익의 향유를 하나의 중요한 목적으로 하여 그 장소에 건물이 건축된 경우와 같이 당해 건물의 소유 자나 점유자가 그 건물로부터 향유하는 조망이익이 사회통념상 독자의 이익으로 승인되어야 할 정도로 중요성 을 갖는다고 인정되는 경우에 비로소 법적인 보호의 대상이 되는 것이라고 할 것이고, 그와 같은 정도에 이르지 못하는 조망이익의 경우에는 특별한 사정이 없는 한 법적인 보호의 대상이 될 수 없다(대판 2004.9.13. 2003다 64602). **기출** 06

Ⅸ 불법행위의 효과

1. 손해배상의 방법

(1) 금전배상의 원칙

재산 이외의 손해의 배상(민법 제751조)
① 타인의 신체, 자유 또는 명예를 해하거나 기타 정신상고통을 가한 자는 재산 이외의 손해에 대하여도 배상할 책임이 있다.
② 법원은 전항의 손해배상을 정기금채무로 지급할 것을 명할 수 있고 그 이행을 확보하기 위하여 상당한 담보 의 제공을 명할 수 있다.

> **준용규정(민법 제763조)**
> 제393조(손해배상의 범위), 제394조(손해배상의 방법), 제396조(과실상계), 제399조(손해배상자의 대위)의 규정은 불법행위로 인한 손해배상에 준용한다.

① 민법은 금전배상주의를 취한다(민법 제763조, 제394조). 즉 금전배상이 원칙이고, 다만 당사자 간에 다른 특약이 있거나 특별한 규정이 있는 경우에는 예외적으로 원상회복방법이 인정된다.

② 금전배상의 지급방법 : 손해배상의 지급은 일시금배상이 원칙이지만, 정기금배상도 인정할 수 있다.

(2) 명예훼손의 경우

> **명예훼손의 경우의 특칙(민법 제764조)** `기출` 01
> 타인의 명예를 훼손한 자에 대하여는 법원은 피해자의 청구에 의하여 손해배상에 갈음하거나 손해배상과 함께 명예회복에 적당한 처분을 명할 수 있다. 〈개정 2014.12.30.〉
> [헌재 1991.4.1. 89헌마160. 민법 제764조(1958.2.22. 법률 제471호)의 "명예회복에 적당한 처분"에 사죄광고를 포함시키는 것은 헌법에 위반됨]

언론·출판을 통해 사실을 적시함으로써 타인의 명예를 훼손한 경우, 원고가 청구원인으로 그 적시된 사실이 허위사실이거나 허위평가라고 주장하며 손해배상을 구하는 때에는 그 허위성에 대한 입증책임은 원고에게 있고, 다만 피고가 그 적시된 사실이 진실한 사실로서 오로지 공공의 이익에 관한 것이므로 위법성이 없다고 항변할 경우 그 위법성을 조각시키는 사유에 대한 증명책임은 피고에게 있다(대판 2008.1.24. 2005다58823). `기출` 09

2. 손해배상의 산정

(1) 서 설

손해는 적극적 손해, 소극적 손해, 정신적 손해로 구분된다(손해3분설). 따라서 피해자는 각각의 손해를 증명하여야 하고, 손해 간에 전용은 인정되지 않는다.

> 재산적 손해로 인한 배상청구와 정신적 손해로 인한 배상청구는 각각 소송물을 달리하는 별개의 청구이므로 소송당사자로서는 그 금액을 각각 특정하여 청구하여야 하고, 법원으로서도 그 내역을 밝혀 각 청구의 당부에 관하여 판단하여야 하는 것이다(대판 2006.9.22. 2006다32569).

(2) 산정의 기준시기

① 일반적으로 불법행위 시를 기준으로 배상액을 산정한다. 불법행위 후 목적물의 가격등귀와 같은 특별한 사정에 의한 손해는 예견가능성이 있었던 경우에 한하여 배상책임 인정된다. 다만, 불법행위 시와 결과 발생 시 사이에 시간적 간격이 있는 경우에는 불법행위가 완성된 시점인 손해발생 시가 손해액 산정의 기준 시점이 된다(대판 2014.7.10. 2013다65710).

> **[불법행위로 인한 재산상 손해의 산정 방법 및 손해액 산정의 기준 시점(= 불법행위 시)]**
> 불법행위로 인한 재산상 손해는 위법한 가해행위로 인하여 발생한 재산상 불이익, 즉 그 위법행위가 없었더라면 존재하였을 재산상태와 그 위법행위가 가해진 현재의 재산상태의 차이를 말하는 것이며, 그 손해액은 원칙적으로 불법행위 시를 기준으로 산정하여야 한다. 즉, 여기에서 '현재'는 '기준으로 삼은 그 시점'이란 의미에서 '불법행위 시'를 뜻하는 것이지 '지금의 시간'이란 의미로부터 '사실심 변론종결 시'를 뜻하는 것은 아니다(대판 2010.4.29. 2009다91828).

> **[위법행위 시점과 손해의 발생 시점에 시간적 간격이 있는 경우, 불법행위로 인한 손해배상책임이 성립하는 시기(= 손해의 발생 시점) / 여기서 '손해'와 '손해의 발생 시점'의 의미 및 현실적으로 손해가 발생하였는지 판단하는 방법]**
> 불법행위로 인한 손해배상책임은 원칙적으로 위법행위 시에 성립하지만 위법행위 시점과 손해발생 시점 사이에 시간적 간격이 있는 경우에는 손해가 발생한 때에 성립한다. 손해란 위법한 가해행위로 인하여 발생한 재산상의 불이익, 즉 그 위법행위가 없었더라면 존재하였을 재산상태와 그 위법행위가 있은 후의 재산상태의 차이를 말한다. 또한 손해의 발생 시점이란 이러한 손해가 현실적으로 발생한 시점을 의미하는데, 현실적으로 손해가 발생하였는지 여부는 사회통념에 비추어 객관적이고 합리적으로 판단하여야 한다(대판 2018.6.15. 2016다212272). 기출 23

② **지연손해금의 발생시기** : 불법행위로 인한 손해배상채무는 그 손해발생과 동시에 이행기가 도래한다(대판 1966.10.21. 64다1102). 따라서 불법행위로 인한 손해배상채무의 지연손해금의 기산일은 원칙적으로 불법행위 성립일이다(대판 2010.7.22. 2010다18829).

> **[불법행위로 인한 손해배상채무는 채무 성립과 동시에 지연손해금이 발생하는지 여부(원칙적 적극)]**
> 불법행위로 인한 손해배상채무는 특별한 사정이 없는 한 채무 성립과 동시에 지연손해금이 발생한다(대판 2020.1.30. 2018다204787). 기출 23

(3) 재산적 손해

① **적극적 손해** : 입원비, 진료비, 약대 등의 치료비가 적극적 손해에 포함된다. 고의 또는 과실에 의하여 타인의 생명을 해한 자는 장례비를 손해로서 배상할 의무가 있다(대판 1966.10.11. 66다1456). 기출 12 그러나 장례때 조객으로부터 받는 부의금은 손실을 전보하는 성질의 것이 아니므로, 이를 재산적 손해액 산정에서 참작할 것이 아니다(대판 1976.5.24. 75다1088).

② **소극적 손해(일실이익)** : 불법행위 당시 일정한 수입이 없는 피해자의 장래 수입상실액은 일반노동임금을 기준으로 하나, 불법행위 당시 일정한 수입이 있었던 경우에는 원칙적으로 피해자가 사고 당시에 실제로 얻고 있었던 수입금액을 확정하고 이를 기초로 하여 일실수입액을 산정하여야 한다(대판 2006.3.9. 2005다16904).

(4) 정신적 손해(위자료청구권)

① 의 의

> **재산 이외의 손해의 배상(민법 제751조)**
> ① 타인의 신체, 자유 또는 명예를 해하거나 기타 정신상고통을 가한 자는 재산 이외의 손해에 대하여도 배상할 책임이 있다.
> ② 법원은 전항의 손해배상을 정기금채무로 지급할 것을 명할 수 있고 그 이행을 확보하기 위하여 상당한 담보의 제공을 명한 수 있다.

위자료란 불법행위 또는 기타의 불법원인으로 피해자가 입은 고통·충격 등의 정신적 손해를 금전으로 배상해 주는 손해배상금을 의미한다. 불법행위로 입은 비재산적 손해에 대한 위자료 액수에 관하여는 사실심법원이 여러 사정을 참작하여 그 직권에 속하는 재량에 의하여 이를 확정할 수 있고, 법원이 그 위자료 액수 결정의 근거가 되는 제반 사정을 판결 이유 중에 빠짐없이 명시해야만 하는 것은 아니나, 이것이 위자료의 산정에 법관의 자의가 허용된다는 것을 의미하는 것은 물론 아니다(대판[전합] 2013.5.16. 2012다202819).

② 위자료청구권자의 범위

> **생명침해로 인한 위자료(민법 제752조)**
> 타인의 생명을 해한 자는 피해자의 직계존속, 직계비속 및 배우자에 대하여는 재산상의 손해 없는 경우에도 손해배상의 책임이 있다.

㉠ **생명침해의 경우** : 민법 제752조는 생명침해를 입은 피해자의 직계존속, 직계비속, 배우자에게 재산적 손해와 무관하게 위자료을 인정하고 있으며, 사실혼관계의 배우자와 같이 사실상의 친족도 포함된다. 그리고 판례는 「민법 제752조의 규정은 제한적 규정이 아니므로 예시적 규정에 불과하다는 점에 근거하여 민법 제752조에 규정된 친족 이외의 친족도 그 정신적 고통에 대한 입증을 함으로써 민법 제750조, 제751조에 의하여 위자료를 청구할 수 있다」(대판 1978.1.17. 77다1942)고 한다.

㉡ **신체침해의 경우** : 사실상의 혼인관계에 있는 배우자도 다른 배우자가 제3자의 불법행위로 인하여 상해를 입은 경우에는 자기가 받은 정신적 고통에 대한 위자료를 청구할 권리가 있다(대판 1969.7.22. 69다684).

③ **사망자의 위자료청구권에 대한 상속성** : 판례는 「정신적 손해에 대한 배상(위자료)청구권은 피해자가 이를 파기하거나 면제했다고 볼 수 있는 특별한 사정이 없는 한 생전에 청구의 의사를 표시할 필요없이 원칙적으로 상속되는 것이라고 해석함이 상당하다」(대판 1966.10.18. 66다1335)고 하였다. 또한 「피해자가 즉사한 경우라 하여도 피해자가 치명상을 받은 때와 사망과의 사이에는 이론상 시간적 간격이 인정 될 수 있는 것이므로 피해자의 위자료 청구권은 당연히 상속의 대상이 된다」(대판 1969.4.15. 69다268)고 하였다.

(5) 배상액 산정 시 고려사항

① 불법행위에 관하여 피해자에게도 과실이 있는 때에는, 법원은 손해배상의 책임 및 그 금액을 정함에 있어 반드시 이를 참작하여야 한다.

② 피해자의 부주의를 이용하여 고의로 불법행위를 저지른 자가 바로 그 피해자의 부주의를 이유로 자신의 책임을 감하여 달라고 주장하는 것은 허용될 수 없다(대판 2005.11.10. 2003다66066).

③ 불법행위로 인한 손해배상액을 산정함에 있어서 과실상계를 한 다음 손익상계를 하여야 한다(대판 1996.1.23. 95다24340).

④ 배상의무자는 그 손해가 고의 또는 중대한 과실에 의한 것이 아니고 그 배상으로 인하여 배상자의 생계에 중대한 영향을 미치게 될 경우에는 법원에 그 배상액의 경감을 청구할 수 있다. 법원은 청구가 있는 때에는 채권자 및 채무자의 경제 상태와 손해의 원인 등을 참작하여 배상액을 경감할 수 있다(민법 제765조).

3. 손해배상의 범위(조정)

(1) 과실상계

피해자의 과실에는 피해자 본인의 과실뿐 아니라 그와 신분상 내지 사회생활상 일체(一體)를 이루는 관계에 있는 자의 과실도 피해자 측의 과실로서 참작되어야 하고, 어느 경우에 신분상 내지 사회생활상 일체를 이루는 관계라고 할 것인지는 구체적인 사정을 검토하여 피해자 측의 과실로 참작하는 것이 공평의 관념에서 타당한지에 따라 판단하여야 한다(대판 1999.7.23. 98다31868).

(2) 배상액의 경감청구

> **배상액의 경감청구(민법 제765조)**
> ① 본장의 규정에 의한 배상의무자는 그 손해가 고의 또는 중대한 과실에 의한 것이 아니고 그 배상으로 인하여 배상자의 생계에 중대한 영향을 미치게 될 경우에는 법원에 그 배상액의 경감을 청구할 수 있다.
> ② 법원은 전항의 청구가 있는 때에는 채권자 및 채무자의 경제상태와 손해의 원인 등을 참작하여 배상액을 경감할 수 있다.

4. 손해배상청구권의 소멸시효

> **손해배상청구권의 소멸시효(민법 제766조)**
> ① 불법행위로 인한 손해배상의 청구권은 피해자나 그 법정대리인이 그 손해 및 가해자를 안 날로부터 3년간 이를 행사하지 아니하면 시효로 인하여 소멸한다.
> ② 불법행위를 한 날로부터 10년을 경과한 때에도 전항과 같다.
> ③ 미성년자가 성폭력, 성추행, 성희롱, 그 밖의 성적(性的) 침해를 당한 경우에 이로 인한 손해배상청구권의 소멸시효는 그가 성년이 될 때까지는 진행되지 아니한다. [시행·2020.10.20.] 〈신설 2020.10.20.〉
> [헌재 2018.8.30. 2014헌바148 단순위헌, 민법(1958.2.22. 법률 제471호로 제정된 것) 제766조 제2항 중 '진실·화해를 위한 과거사정리 기본법' 제2조 제1항 제3호, 제4호에 규정된 사건에 적용되는 부분은 헌법에 위반됨]

(1) 민법 제766조 제1항·제2항 기간의 법적 성질

3년의 기간의 법적 성질에 대해서는 소멸시효라는 것에 이견이 없으나, 10년의 기간에 대해서는 통설은 제척기간으로 보나, 판례는 소멸시효로 본다.

> 민법 제766조 제2항이 규정하고 있는 '불법행위를 한 날로부터 10년'의 기간은 소멸시효기간에 해당한다(대판 [전합] 1996.12.19. 94다22927). **기출** 09

(2) 기산점

1) 피해자나 그 법정대리인이 그 손해 및 가해자를 안 날로부터 3년

① '손해 및 가해자를 안 날'이라 함은 손해의 발생, 위법한 가해행위의 존재, 가해행위와 손해의 발생과의 사이에 상당인과관계가 있다는 사실 등 불법행위의 요건 사실에 대하여 현실적이고도 구체적으로 인식하였을 때를 의미한다(대판 2008.4.24. 2006다30440).

② 계속적 불법행위의 경우 : 불법행위가 계속적으로 행하여지는 결과 손해도 역시 계속적으로 발생하는 경우에는 특별한 사정이 없는 한 그 손해는 날마다 새로운 불법행위에 기하여 발생하는 손해로서 민법 제766조 제1항 을 적용함에 있어서 그 각 손해를 안 때로부터 각별로 소멸시효가 진행된다(대판 1999.3.23. 98다30285).

2) 불법행위를 한 날로부터 10년

'불법행위를 한 날'이란 가해행위가 있었던 날이 아니라 현실적으로 손해의 결과가 발생한 날을 의미하지만, 그 손해의 결과발생이 현실적인 것으로 되었다면 그 소멸시효는 피해자가 손해의 결과발생을 알았거나 예상할 수 있는가 여부에 관계없이 가해행위로 인한 손해가 현실적인 것으로 되었다고 볼 수 있는 때로부터 진행한다(대판 2005.5.13. 2004다71881).

(3) 미성년자가 성폭력, 성추행, 성희롱, 그 밖의 성적(性的) 침해를 당한 경우의 손해배상청구권의 소멸시효 : [시행 2020.10.20.] 〈신설 2020.10.20.〉

① 내용 : 미성년자가 성폭력, 성추행, 성희롱, 그 밖의 성적(性的) 침해를 당한 경우에 이로 인한 손해배상청구권의 소멸시효는 <u>그가 성년이 될 때까지는 진행되지 아니한다</u>(민법 제766조 제3항).

② 취지 : 현행「민법」에 따르면 미성년자가 성적(性的) 침해를 당한 경우에도 일반 손해배상청구권과 동일하게 부모 등 법정대리인이 손해 및 가해자를 안 날부터 3년이 지나거나 성적 침해가 발생한 날부터 10년이 지나면 소멸시효가 완성되어 손해배상을 청구할 수 없었다. 특히 미성년자를 대상으로 하는 성폭력범죄 등은 주변인들이 가해자인 경우가 많아 대리인을 통한 권한 행사가 어려운 상황이라는 점을 고려해 미성년자인 피해자가 성년이 될 때까지 손해배상청구권의 소멸시효를 유예해야 한다는 의견이 제기되었고, 이에 미성년자가 성폭력, 성추행, 성희롱, 그 밖의 성적 침해를 당한 경우에는 해당 미성년자가 성년이 될 때까지 손해배상청구권의 소멸시효가 진행되지 아니하도록 규정하여 미성년자인 피해자가 성년이 된 후 스스로 가해자에게 손해배상을 청구할 수 있도록 보장함으로써 성적 침해를 당한 미성년자에 대한 보호를 강화하려는 것이다.

03 법정채권관계

01 사무관리

01 사무관리에 관한 설명으로 옳은 것은?(다툼이 있으면 판례에 따름) 기출 24

① 관리자가 사무의 적절한 관리를 함에 있어 과실없이 손해를 받은 때에는 본인에 대하여 그 손해 전액의 보상을 청구할 수 있다.

② 관리자가 본인을 위하여 본인의 의사에 부합하게 사무를 관리하면서 유익비를 지출한 경우, 현존이익 한도에서 그 상환을 청구할 수 있다.

③ 상대방과의 약정에 따라 제3자의 사무를 관리한 경우, 그 관리자와 제3자 사이에서는 원칙적으로 사무관리가 성립된다.

④ 관리자에게 타인을 위해 사무를 처리하는 의사와 관리자 자신의 이익을 위한 의사가 모두 있는 경우에는 사무관리가 성립할 수 없다.

⑤ 관리자가 타인의 신체에 대한 급박한 위해를 면하게 하기 위하여 그 사무를 관리한 경우, 그의 경과실로 인해 발생한 본인의 손해를 배상할 책임이 없다.

해설 ① (×) 관리자가 사무관리를 함에 있어서 과실없이 손해를 받은 때에는 본인의 현존이익의 한도에서 그 손해의 보상을 청구할 수 있다(민법 제740조).

② (×) 관리자가 본인의 의사에 반하여 관리한 때에는 <u>본인의 현존이익의 한도에서</u> 상환을 청구할 수 있다(민법 제739조 제3항 참고).

> **관리자의 비용상환청구권(민법 제739조)**
> ① 관리자가 본인을 위하여 필요비 또는 유익비를 지출한 때에는 본인에 대하여 그 상환을 청구할 수 있다.
> ② 관리자가 본인을 위하여 필요 또는 유익한 채무를 부담한 때에는 제688조 제2항의 규정을 준용한다.
> ③ 관리자가 본인의 의사에 반하여 관리한 때에는 본인의 현존이익의 한도에서 전2항의 규정을 준용한다.

③ (×) 의무 없이 타인의 사무를 처리한 자는 그 타인에 대하여 민법상 사무관리 규정에 따라 비용상환 등을 청구할 수 있으나, 제3자와의 약정에 따라 타인의 사무를 처리한 경우에는 의무 없이 타인의 사무를 처리한 것이 아니므로 이는 원칙적으로 그 타인과의 관계에서는 사무관리가 된다고 볼 수 없다(대판 2013.9.26. 2012다43539).

④ (×) 사무관리가 성립하기 위하여는 우선 그 사무가 타인의 사무이고 타인을 위하여 사무를 처리하는 의사, 즉 관리의 사실상의 이익을 타인에게 귀속시키려는 의사가 있어야 하며, 나아가 그 사무의 처리가 본인에게 불리하거나 본인의 의사에 반한다는 것이 명백하지 아니할 것을 요한다. 여기에서 '타인을 위하여 사무를 <u>처리하는 의사</u>'는 관리자 자신의 이익을 위한 의사와 병존할 수 있고, 반드시 외부적으로 표시될 필요가 없으며, 사무를 관리할 당시에 확정되어 있을 필요가 없다(대판 2013.8.22. 2013다30882).

⑤ (○) 관리자가 타인의 생명, 신체, 명예 또는 재산에 대한 급박한 위해를 면하게 하기 위하여 그 사무를 관리한 때에는 고의나 중대한 과실이 없으면 이로 인한 손해를 배상할 책임이 없다(민법 제735조).

02 사무관리에 관한 설명으로 옳은 것을 모두 고른 것은?(다툼이 있으면 판례에 따름) 기출 19

> ㄱ. 관리자가 사무관리를 함에 있어서 과실 없이 손해를 받은 경우, 본인에게 그 손해 전부의 보상을 청구할 수 있다.
> ㄴ. 관리자는 본인의 청구가 있는 때에 사무처리의 상황을 보고하여야 하며, 사무처리가 종료된 때에는 지체 없이 그 전말을 보고하여야 한다.
> ㄷ. 타인을 위하여 사무를 처리하는 의사는 관리자 자신의 이익을 위한 의사와 병존할 수 있고, 반드시 외부적으로 표시될 필요가 없으며, 사무를 관리할 당시에 확정되어 있을 필요도 없다.
> ㄹ. 제3자와의 약정에 따라 타인의 사무를 처리한 경우에도 그 타인과의 관계에서는 의무 없이 타인의 사무를 처리한 것이므로, 그 타인과의 관계에서 원칙적으로 사무관리가 성립한다.

① ㄱ, ㄴ
② ㄴ, ㄷ
③ ㄷ, ㄹ
④ ㄱ, ㄴ, ㄹ
⑤ ㄱ, ㄷ, ㄹ

해설
ㄱ. (×) 관리자가 사무관리를 함에 있어서 과실 없이 손해를 받은 때에는 본인의 현존이익의 한도에서 그 손해의 보상을 청구할 수 있다(민법 제740조).
ㄴ. (○) 관리인의 보고의무(민법 제738조, 제683조)

> **수임인의 보고의무(민법 제683조)**
> 수임인은 위임인의 청구가 있는 때에는 위임사무의 처리상황을 보고하고 위임이 종료한 때에는 지체 없이 그 전말을 보고하여야 한다.
>
> **준용규정(민법 제738조)**
> 제683조 내지 제685조의 규정은 사무관리에 준용한다.

ㄷ. (○) 사무관리가 성립하기 위하여는 우선 그 사무가 타인의 사무이고 타인을 위하여 사무를 처리하는 의사, 즉 관리의 사실상의 이익을 타인에게 귀속시키려는 의사가 있어야 하며, 나아가 그 사무의 처리가 본인에게 불리하거나 본인의 의사에 반한다는 것이 명백하지 아니할 것을 요한다. **여기에서 '타인을 위하여 사무를 처리하는 의사'는 관리자 자신의 이익을 위한 의사와 병존할 수 있고, 반드시 외부적으로 표시될 필요가 없으며, 사무를 관리할 당시에 확정되어 있을 필요가 없다**(대판 2013.8.22. 2013다30882).
ㄹ. (×) 의무 없이 타인의 사무를 처리한 자는 그 타인에 대하여 민법상 사무관리규정에 따라 비용상환 등을 청구할 수 있으니, 제3자와의 약정에 따라 타인의 사무를 처리한 경우에는 의무 없이 타인의 사무를 처리한 것이 아니므로 이는 원칙적으로 그 타인과의 관계에서는 사무관리가 된다고 볼 수 없다(대판 2013.9.26. 2012다43539).

03 사무관리에 관한 설명으로 옳지 않은 것은?(다툼이 있으면 판례에 따름) 기출 17

① 사무처리의 긴급성 등으로 국가의 사무에 대하여 사인의 개입이 정당화되는 경우, 사인은 국가의 사무를 처리하면서 지출한 필요비를 청구할 수 있으나 유익비의 상환을 청구할 수는 없다.

② 관리인이 본인에게 인도할 금전을 자기를 위하여 소비한 때에는 소비한 날 이후의 이자뿐만 아니라 그에 따른 손해까지 배상하여야 한다.

③ 관리자가 타인의 명예에 대한 급박한 위해를 면하게 하기 위하여 그 사무를 관리한 경우, 그의 경과실로 인하여 본인에게 손해가 발생하여도 그에 따른 손해배상책임을 지지 않는다.

④ 관리자가 사무관리를 함에 있어서 과실 없이 손해를 받은 때에는 본인의 현존이익의 한도에서 그 손해의 보상을 청구할 수 있다.

⑤ 타인을 위하여 사무를 처리하는 의사는 관리자 자신의 이익을 위한 의사와 병존할 수 있다.

해설

① (×) 타인의 사무가 국가의 사무인 경우, <u>원칙적으로 사인이 법령상 근거 없이 국가의 사무를 수행할 수 없다는 점을 고려하면</u>, 사인이 처리한 국가의 사무가 사인이 국가를 대신하여 처리할 수 있는 성질의 것으로서, 사무처리의 긴급성 등 국가의 사무에 대한 사인의 개입이 정당화되는 경우에 한하여 사무관리가 성립하고, 사인은 그 범위 내에서 국가에 대하여 국가의 사무를 처리하면서 지출된 필요비 내지 유익비의 상환을 청구할 수 있다(대판 2014.12.11. 2012다15602).

② (O) 관리인의 금전소비의 책임(민법 제738조, 제685조)

> **수임인의 금전소비의 책임(민법 제685조)**
> <u>수임인이 위임인에게 인도할 금전 또는 위임인의 이익을 위하여 사용할 금전을 자기를 위하여 소비한 때에는 소비한 날 이후의 이자를 지급하여야 하며 그 외의 손해가 있으면 배상하여야 한다.</u>
>
> **준용규정(민법 제738조)**
> 제683조 내지 <u>제685조의 규정은 <u>사무관리에 준용한다</u>.</u>

③ (O) 관리자가 타인의 생명, 신체, 명예 또는 재산에 대한 급박한 위해를 면하게 하기 위하여 그 사무를 관리한 때에는 **고의나 중대한 과실이 없으면** 이로 인한 손해를 배상할 책임이 없다(민법 제735조).

④ (O) 관리자가 사무관리를 함에 있어서 **과실 없이 손해를 받은 때에는 본인의 현존이익의 한도에서** 그 손해의 보상을 청구할 수 있다(민법 제740조).

⑤ (O) 사무관리가 성립하기 위하여는 우선 그 사무가 타인의 사무이고 타인을 위하여 사무를 처리하는 의사, 즉 관리의 사실상의 이익을 타인에게 귀속시키려는 의사가 있어야 하며, 나아가 그 사무의 처리가 본인에게 불리하거나 본인의 의사에 반한다는 것이 명백하지 아니할 것을 요한다. 여기에서 '타인을 위하여 사무를 **처리하는 의사'는 관리자 자신의 이익을 위한 의사와 병존할 수 있고, 반드시 외부적으로 표시될 필요가 없으며, 사무를 관리할 당시에 확정되어 있을 필요가 없다**(대판 2013.8.22. 2013다30882).

04 사무관리에 관한 설명으로 옳은 것은?(다툼이 있으면 판례에 따름) 기출 16

① 사무관리의 성립요건인 '타인을 위하여 사무를 처리하려는 의사'는 관리자 자신의 이익을 도모하려는 의사와 병존할 수 없다.

② 甲이 乙과의 계약에 따라 丙의 사무를 처리한 경우에 원칙적으로 甲과 丙 사이에서는 사무관리가 성립하지 않는다.

③ 사무관리자가 본인의 의사에 반하여 사무를 관리한 때에는 본인에 대하여 비용의 상환을 청구할 수 없다.

④ 사무관리자는 본인에 대하여 비용의 상환을 청구할 수 있는 외에 사무관리에 의하여 결과적으로 사실상 이익을 얻은 다른 제3자에 대하여 직접 부당이득 반환을 청구할 수도 있다.

⑤ 사무관리관계의 종료를 위해서는 본인이 명시적으로 관리자에게 그 목적인 사무를 스스로 직접 관리하겠다는 의사표시를 하여야 한다.

해설 ① (×) 사무관리가 성립하기 위하여는 우선 그 사무가 타인의 사무이고 타인을 위하여 사무를 처리하는 의사, 즉 관리의 사실상의 이익을 타인에게 귀속시키려는 의사가 있어야 하며, 나아가 그 사무의 처리가 본인에게 불리하거나 본인의 의사에 반한다는 것이 명백하지 아니할 것을 요한다. 여기에서 '타인을 위하여 사무를 처리하는 의사'는 관리자 자신의 이익을 위한 의사와 병존할 수 있고, 반드시 외부적으로 표시될 필요가 없으며, 사무를 관리할 당시에 확정되어 있을 필요가 없다(대판 2013.8.22. 2013다30882).

② (○) 의무 없이 타인의 사무를 처리한 자는 그 타인에 대하여 민법상 사무관리규정에 따라 비용상환 등을 청구할 수 있으나, 제3자와의 약정에 따라 타인의 사무를 처리한 경우에는 의무 없이 타인의 사무를 처리한 것이 아니므로 이는 원칙적으로 그 타인과의 관계에서는 사무관리가 된다고 볼 수 없다(대판 2013.9.26. 2012다43539). 따라서 甲이 乙과의 계약에 따라 丙의 사무를 처리한 경우, 원칙적으로 甲과 丙 사이에서는 사무관리가 성립하지 아니한다.

③ (×) 관리자가 본인의 의사에 반하여 관리한 때에는 본인의 현존이익의 한도에서 전2항의 규정(비용상환 · 채무대변제 · 담보제공의무)을 준용한다(민법 제739조 제3항).

④ (×) 의무 없이 타인을 위하여 사무를 관리한 자는 타인에 대하여 민법상 사무관리규정에 따라 비용상환 등을 청구할 수 있는 외에 사무관리에 의하여 결과적으로 사실상 이익을 얻은 다른 제3자에 대하여 직접 부당이득 반환을 청구할 수는 없다(대판 2013.6.27. 2011다17106).

⑤ (×) 사무관리는 의사표시를 요소로 하는 법률행위가 아니므로 본인이 사무관리의 목적이었던 사무를 본인이 직접 관리하려면 사무관리자에게 그 관리를 종료하여 줄 것을 내용으로 하는 의사표시를 하여야 하는 것이 아니고 본인 자신이 직접 관리하겠다는 의사가 외부적으로 명백히 표현된 경우에는 사무관리는 그 이상 성립할 수 없다(대판 1975.4.8. 75다254).

01 부당이득에 관한 설명으로 옳지 않은 것은?(다툼이 있으면 판례에 따름) 기출 18

① 임대차계약이 합의해지된 후, 임차인이 임차목적물을 계속 점유하였으나, 이를 사용·수익하지 않았다면 임대인은 임차인에게 차임 상당액의 부당이득 반환을 청구할 수 없다.

② 타인 소유의 토지 위에 권한 없이 건물을 소유하고 있는 자는 이를 사용·수익하지 않았더라도 특별한 사정이 없는 한, 그 자체만으로 토지소유자에게 토지의 차임에 상당하는 부당이득반환의무를 부담한다.

③ 임차인이 임대차계약 종료 후 임차건물을 계속 점유하였으나, 임차인의 사정으로 인해 임차건물을 사용·수익하지 아니하여 이익을 얻지 못한 경우, 임차인은 차임 상당액의 부당이득반환의무를 부담하지 않는다.

④ 甲이 乙에게 부동산을 매도하고 목적물을 인도하지 않은 상태에서 乙로부터 중도금까지 받았으나 매매계약이 처음부터 무효였다면, 甲은 선의였더라도 乙로부터 받은 금전에 받은 날로부터 이자를 가산하여 반환하여야 한다.

⑤ 甲 소유의 토지에 대한 사용권한 없이 미등기건물을 신축한 乙로부터 그 건물을 丙이 매수하여, 이전등기를 넘겨받지 않았으나 그것에 대하여 사실상의 처분권을 갖고 있는 경우, 乙은 특별한 사정이 없는 한 甲에게 건물부지부분에 관한 차임에 상당하는 부당이득반환의무를 부담한다.

해설 ① (○) 법률상 원인 없이 이득하였음을 이유로 한 부당이득 반환에 있어서 이득이라 함은 실질적인 이익을 가리키는 것이므로 법률상 원인 없이 건물을 점유하고 있다고 하여도 이를 사용·수익하지 못하였다면 실질적인 이익을 얻었다고 할 수 없다(대판 1986.3.25. 85다422·85다카1796).

② (○) 타인 소유의 토지 위에 권한 없이 건물을 소유하고 있는 자는 그 자체로써 특별한 사정이 없는 한 법률상 원인 없이 타인의 재산으로 인하여 토지의 차임에 상당하는 이익을 얻고 이로 인하여 타인에게 동액 상당의 손해를 주고 있다고 보아야 한다(대판 1998.5.8. 98다2389).

③ (○) 임차인이 임대차계약이 종료한 후 임차건물을 계속 점유하였더라도 본래의 계약목적에 따라 사용·수익하지 아니하여 이익을 얻지 않았다면 그로 인한 부당이득반환의무가 성립하지 아니하고, 이는 임차인의 사정으로 인하여 임차건물을 사용·수익하지 못한 경우에도 그러하다(대판 2006.10.12. 2004재다818).

④ (×) 선의의 수익자는 그 받은 이익이 현존한 한도에서 부당이득반환책임이 있으나, 악의의 수익자는 그 받은 이익에 이자를 붙여 반환하고 손해가 있으면 이를 배상하여야 한다(민법 제748조).

⑤ (○) 타인 소유의 토지 위에 권한 없이 건물을 소유하는 자는 그 자체로써 건물부지가 된 토지를 점유하고 있는 것이므로 특별한 사정이 없는 한 법률상 원인 없이 타인의 재산으로 인하여 토지의 차임에 상당하는 이익을 얻고 이로 인하여 타인에게 동액 상당의 손해를 주고 있다고 할 것이고, 이는 건물소유자가 미등기건물의 원시취득자로서 그 건물에 관하여 사실상의 처분권을 보유하게 된 양수인이 따로 존재하는 경우에도 다르지 아니하다(대판 2011.7.14. 2009다76522·76539). 따라서 사안의 경우, 乙이 비록 그 건물을 丙에게 매도하였더라도, 특별한 사정이 없는 한 甲에게 건물부지부분에 관한 차임에 상당하는 부당이득반환의무를 부담한다.

02 부당이득에 관한 설명으로 옳지 않은 것은?(다툼이 있으면 판례에 따름) 기출 16

① 어업권의 임대차를 금지하는 구 수산업법 규정을 위반하여 어업권을 임대한 어업권자는 임차인이 어장을 점유·사용함으로써 얻은 이익을 부당이득으로 반환청구할 수 있다.

② 고의의 불법행위를 원인으로 한 부당이득반환채권을 수동채권으로 하는 상계는 허용된다.

③ 과반수지분의 공유자가 다른 공유자들의 허락 없이 공유토지의 전부를 배타적으로 점유·사용하고 있는 경우 다른 공유자들은 부당이득반환채권을 가진다.

④ 확정판결 이후 그 내용에 반하는 다른 확정판결이 있더라도 최초 확정판결이 취소되지 않는 한 최초 확정판결에 기한 강제집행으로 교부받은 금전이 부당이득이라고 할 수는 없다.

⑤ 부동산에 대한 점유취득시효가 완성된 경우 소유명의자는 점유자가 시효가 완성되기까지 그 부동산으로부터 얻은 이익에 대하여 부당이득반환청구를 할 수 없다.

해설 ① (○) 어업권의 임대차를 내용으로 하는 임대차계약이 구 수산업법 제33조에 위반되어 무효라고 하더라도 그것이 부당이득의 반환이 배제되는 '불법의 원인'에 해당하는 것으로 볼 수는 없으므로, 어업권을 임대한 어업권자로서는 그 임대차계약에 기해 임차인에게 한 급부로 인하여 임차인이 얻은 이익, 즉 임차인이 양식어장(어업권)을 점유·사용함으로써 얻은 이익을 부당이득으로 반환을 구할 수 있다(대판 2010.12.9. 2010다57626·57633).

② (×) 부당이득의 원인이 고의의 불법행위에 기인함으로써 불법행위로 인한 손해배상채권과 부당이득반환채권이 모두 성립하여 양 채권이 경합하는 경우 피해자가 부당이득반환채권만을 청구하고 불법행위로 인한 손해배상채권을 청구하지 아니한 때에도, 그 청구의 실질적 이유, 즉 부당이득의 원인이 고의의 불법행위였다는 점은 불법행위로 인한 손해배상채권을 청구하는 경우와 다를 바 없다 할 것이어서, 고의의 불법행위에 의한 손해배상채권은 현실적으로 만족을 받아야 한다는 상계금지의 취지는 이러한 경우에도 타당하므로, 민법 제496조를 유추적용함이 상당하다(대판 2002.1.25. 2001다52506). 따라서 고의의 불법행위를 원인으로 한 부당이득반환채권을 수동채권으로 하는 상계는 금지된다.

③ (○) 과반수지분의 공유자는 공유자와 사이에 미리 공유물의 관리방법에 관하여 협의가 없었다 하더라도 공유물의 관리에 관한 사항을 단독으로 결정할 수 있으므로 과반수지분의 공유자는 그 공유물의 관리방법으로서 그 공유토지의 특정된 한 부분을 배타적으로 사용·수익할 수 있으나, 그로 말미암아 지분은 있으되 그 특정부분의 사용·수익을 전혀 하지 못하여 손해를 입고 있는 소수지분권자에 대하여 그 지분에 상응하는 임료 상당의 부당이득을 하고 있다 할 것이므로 이를 반환할 의무가 있다 할 것이나, 그 과반수지분의 공유자로부터 다시 그 특정부분의 사용·수익을 허락받은 제3자의 점유는 다수지분권자의 공유물관리권에 터 잡은 적법한 점유이므로 그 제3자는 소수지분권자에 대하여도 그 점유로 인하여 법률상 원인 없이 이득을 얻고 있다고는 볼 수 없다(대판 2002.5.14. 2002다9738).

④ (○) 확정판결은 재심의 소 등으로 취소되지 아니하는 한 그 소송당사자를 기속하는 것이므로, 비록 그 뒤 관련 소송에서 그 확정판결에 반하는 내용의 판결이 선고되어 확정되었다 하더라도 그러한 사정만으로 위 확정판결에 기한 강제집행으로 교부받은 금원이 바로 법률상 원인 없이 지급된 것이라고 단정할 수 없다(대판 1991.2.26. 90다6576).

⑤ (○) 부동산에 대한 취득시효가 완성되면 점유자는 소유명의자에 대하여 취득시효 완성을 원인으로 한 소유권이전등기절차의 이행을 청구할 수 있고 소유명의자는 이에 응할 의무가 있으므로 점유자가 그 명의로 소유권이전등기를 경료하지 아니하여 아직 소유권을 취득하지 못하였다고 하더라도 소유명의자는 점유자에 대하여 점유로 인한 부당이득반환청구를 할 수 없다(대판 1993.5.25. 92다51280).

03 甲은 乙에 대해 금전채권을 가지고 있다. 이에 관한 설명으로 옳지 않은 것은?(다툼이 있으면 판례에 따름) 기출 15

① 乙이 변제기가 되지 않았음을 모르고 甲에게 변제한 경우, 乙은 甲에게 그로 인한 이익의 반환을 청구할 수 있다.
② 乙이 보관하던 丙 소유의 동산을 乙의 소유로 잘못 알고 甲이 강제경매에 의해 매각대금을 배당받은 경우, 丙은 甲을 상대로 부당이득 반환을 청구할 수 있다.
③ 丙이 자신의 채무라고 오인하여 甲에게 변제한 경우, 丙은 특별한 사정이 없는 한 甲에게 부당이득 반환을 청구할 수 있다.
④ 甲이 乙의 토지에 저당권을 설정받은 후 그 토지가 수용되었고, 甲이 물상대위권 행사로 乙의 수용보상금을 압류하기 전에 乙이 수령한 경우, 甲은 乙에게 부당이득 반환을 청구할 수 없다.
⑤ 甲이 자신의 물건을 乙에게 매도하고 乙이 그 물건을 丙에게 전매하였고, 丙이 乙의 지시에 따라 甲에게 직접 매매대금을 지급하였지만 甲과 乙 사이의 계약이 무효인 경우, 丙은 甲에게 부당이득 반환을 청구할 수 없다.

해설 ① (○) 변제기에 있지 아니한 채무를 변제한 때에는 그 반환을 청구하지 못한다. 그러나 채무자가 착오로 인하여 변제한 때에는 채권자는 이로 인하여 얻은 이익을 반환하여야 한다(민법 제743조).
② (○) 채무자 이외의 자의 소유에 속하는 동산을 경매한 경우에도 경매절차에서 그 동산을 경락받아 경락대금을 납부하고 이를 인도받은 경락인은 특별한 사정이 없는 한 소유권을 선의취득한다고 할 것이지만, 그 동산의 매득금은 채무자의 것이 아니어서 채권자가 이를 배당받았다고 하더라도 채권은 소멸하지 않고 계속 존속한다고 할 것이므로, 배당을 받은 채권자는 이로 인하여 법률상 원인 없는 이득을 얻고 소유자는 경매에 의하여 소유권을 상실하는 손해를 입게 되었다고 할 것이니, 그 동산의 소유자는 배당을 받은 채권자에 대하여 부당이득으로서 배당받은 금원의 반환을 청구할 수 있다(대판 1998.3.27. 97다32680).
③ (○) 丙이 자신의 채무라고 오인하여 甲에게 변제한 경우, 이는 제3자의 변제에 해당하지 아니하므로, 甲의 채권은 소멸되지 아니한다. 따라서 丙은 원칙적으로 甲에게 지급한 금전에 대한 부당이득 반환을 청구할 수 있다.
④ (×) 저당권자는 저당권의 목적이 된 물건의 멸실, 훼손 또는 공용징수로 인하여 저당목적물의 소유자가 받을 저당목적물에 갈음하는 금전 기타 물건에 대하여 물상대위권을 행사할 수 있으나, 다만 그 지급 또는 인도 전에 이를 압류하여야 하며, 저당권자가 위 금전 또는 물건의 인도청구권을 압류하기 전에 저당물의 소유자가 그 인도청구권에 기하여 금전 등을 수령한 경우 저당권자는 더 이상 물상대위권을 행사할 수 없게 된다. 이 경우 저당권자는 저당권의 채권최고액범위 내에서 저당목적물의 교환가치를 지배하고 있다가 저당권을 상실하는 손해를 입게 되는 반면에, 저당목적물의 소유자는 저당권의 채권최고액범위 내에서 저당권자에게 저당목적물의 교환가치를 양보하여야 할 지위에 있다가 마치 그러한 저당권의 부담이 없었던 것과 같은 상태에서의 대가를 취득하게 되는 것이므로, 그 수령한 금액 가운데 저당권의 채권최고액을 한도로 하는 피담보채권액의 범위 내에서는 이득을 얻게 된다. 저당목적물소유자가 얻은 위와 같은 이익은 저당권자의 손실로 인한 것으로서 인과관계가 있을 뿐 아니라, 공평의 관념에 위배되는 재산적 가치의 이동이 있는 경우 수익자로부터 그 이득을 되돌려 받아 손실자와 재산상태의 조정을 꾀하는 부당이득제도의 목적에 비추어 보면 위와 같은 이익을 소유자에게 종국적으로 귀속시키는 것은 저당권자에 대한 관계에서 공평의 관념에 위배되어 법률상 원인이 없다고 봄이 상당하므로, **저당목적물소유자는 저당권자에게 이를 부당이득으로 반환할 의무가 있다**(대판 2009.5.14. 2008다17656).
⑤ (○) 계약상 금전채무를 지는 이가 채권자 甲의 지시에 좇아 甲에 대한 채권자 또는 甲이 증여하고자 하는 이에게 직접 금전을 지급한 경우 또는 남의 경사를 축하하기 위하여 꽃을 산 사람이 경사의 당사자에게 직접 배달시킨 경우와 같이, 계약상 급부가 실제적으로는 제3자에게 행하여졌다고 하여도 그것은 계약상 채무의 적법한 이행[이른바 '제3자방(第三者方)이행']이라고 할 것이다. 이때 계약의 효력이 불발생하였으면, 그와 같이 적법한 이행을 한 계약당사자는 다른 특별한 사정이 없는 한 그 제3자가 아니라 계약의 상대방당사자에 대하여 계약의 효력불발생으로 인한 부당이득을 이유로 자신의 급부 또는 그 가액의 반환을 청구하여야 한다(대판 2010.3.11. 2009다98706).

04 부당이득에 관한 설명으로 옳은 것은?(다툼이 있는 경우에는 판례에 의함) 기출 14

① 甲이 乙에게서 횡령한 금전을 자신의 친구 丙에게 무상으로 증여한 경우, 丙이 이를 수령하면서 그 금전이 횡령한 것이라는 사실에 대하여 악의 또는 중대한 과실이 없으면 丙의 금전취득은 乙에 대한 관계에서 법률상 원인이 있다고 하여야 한다.

② 계약의 일방당사자 甲이 그 상대방 乙의 지시로 乙과 또 다른 법률관계에 있는 丙에게 직접 급부한 경우, 급부의 원인이 된 甲과 乙 간의 계약이 적법하게 취소되면 甲은 丙에게 부당이득 반환을 청구할 수 있다.

③ 특별한 사정이 없으면, 불법의 원인으로 乙에게 재산을 급여한 甲은 그 불법의 원인에 가공한 乙의 불법행위를 이유로 그 재산의 급여로 인하여 발생한 자신의 손해를 배상할 것을 乙에게 청구할 수 있다.

④ 경매신청기입등기 전에 등기된 근저당권자 甲이 배당요구를 해태하여 후순위저당권자 乙에게 甲이 배당받을 수 있었던 금액이 배당된 경우, 甲은 乙에게 부당이득 반환을 청구할 수 없다.

⑤ 甲이 그의 과실로 채무 없음을 알지 못하고 乙에게 채무를 변제한 경우, 甲은 그 반환을 청구하지 못한다.

해설 ① (O) 부당이득제도는 이득자의 재산상 이득이 법률상 원인을 결여하는 경우에 공평·정의의 이념에 근거하여 이득자에게 그 반환의무를 부담시키는 것인바, 채무자가 피해자로부터 횡령한 금전을 그대로 채권자에 대한 채무변제에 사용하는 경우 피해자의 손실과 채권자의 이득 사이에 인과관계가 있음이 명백하고, 한편 **채무자가 횡령한 금전으로 자신의 채권자에 대한 채무를 변제하는 경우 채권자가 그 변제를 수령함에 있어 악의 또는 중대한 과실이 있는 경우에는 채권자의 금전취득은 피해자에 대한 관계에 있어서 법률상 원인을 결여한 것으로 봄이 상당하나, 채권자가 그 변제를 수령함에 있어 단순히 과실이 있는 경우에는 그 변제는 유효하고 채권자의 금전취득이 피해자에 대한 관계에 있어서 법률상 원인을 결여한 것이라고 할 수 없다**(대판 2003.6.13. 2003다8862).

② (×) 계약상 금전채무를 지는 이가 채권자 甲의 지시에 좇아 甲에 대한 채권자 또는 甲이 증여하고자 하는 이에게 직접 금전을 지급한 경우 또는 남의 경사를 축하하기 위하여 꽃을 산 사람이 경사의 당사자에게 직접 배달시킨 경우와 같이, 계약상 급부가 실제적으로는 제3자에게 행하여졌다고 하여도 그것은 계약상 채무의 적법한 이행[이른바 '제3자방(第三者方)이행']이라고 할 것이다. 이때 계약의 효력이 불발생하였으면, 그와 같이 적법한 이행을 한 계약당사자는 다른 특별한 사정이 없는 한 그 제3자가 아니라 계약의 상대방당사자에 대하여 계약의 효력불발생으로 인한 부당이득을 이유로 자신의 급부 또는 그 가액의 반환을 청구하여야 한다(대판 2010.3.11. 2009다98706). 따라서 급부의 원인이 된 甲과 乙간의 계약이 적법하게 취소되면, 甲은 丙이 아닌 乙에게 부당이득 반환을 청구하여야 한다.

③ (×) 불법의 원인으로 재산을 급여한 사람은 상대방수령자가 그 '불법의 원인'에 가공하였다고 하더라도 상대방에게만 불법의 원인이 있거나 그의 불법성이 급여자의 불법성보다 현저히 크다고 평가되는 등으로 제반 사정에 비추어 급여자의 손해배상청구를 인정하지 아니하는 것이 오히려 사회상규에 명백히 반한다고 평가될 수 있는 특별한 사정이 없는 한 상대방의 불법행위를 이유로 그 재산의 급여로 말미암아 발생한 자신의 손해를 배상할 것을 주장할 수 없다(대판 2013.8.22. 2013다35412).

④ (×) 경매신청기입등기 전에 등기된 근저당권자는 경락으로 인하여 그 권리가 소멸하는 대신 별도로 배당요구를 하지 않더라도 그 순위에 따라 경락대금에서 우선변제를 받을 수 있어 당연히 배당요구를 한 것과 같은 효력이 있으므로, 그러한 근저당권자가 배당요구를 하지 아니하였으나 하여도 배당에서 제외하여서는 아니 된다(대판 2006.9.28. 2004다68427). 따라서 사안의 경우, 甲은 후순위저당권자 乙에게 자신이 배당받을 수 있었던 금액에 대하여 부당이득 반환을 청구할 수 있다.

⑤ (×) 민법 제742조 소정의 비채변제에 관한 규정은 변제자가 채무 없음을 알면서도 변제를 한 경우에 적용되는 것이고, 채무 없음을 알지 못한 경우에는 그 과실 유무를 불문하고 적용되지 아니한다(대판 1998.11.13. 97다58453). 따라서 甲이 그의 과실로 채무 없음을 알지 못하고 乙에게 재무를 변제한 경우에는, 甲은 그 반환을 청구할 수 있다.

01 불법행위에 관한 설명으로 옳은 것은?(다툼이 있으면 판례에 따름) 기출 24

① 공동불법행위자 甲과 乙중 甲의 손해배상채무가 시효로 소멸한 후에 乙이 피해자에게 자기의 부담 부분을 넘는 손해를 배상한 경우, 乙은 甲을 상대로 구상권을 행사할 수 없다.

② 자신의 과실에 의해 초래된 급박한 위난을 피하기 위해 부득이 타인에게 손해를 가한 자는 그 손해에 대한 배상책임을 지지 않는다.

③ 공작물의 설치·보존의 하자로 인해 타인에게 입힌 손해에 대하여 점유자가 면책된 경우, 그 공작물의 소유자는 과실이 없어도 배상책임을 진다.

④ 피용자와 제3자가 공동불법행위에 따른 손해배상채무를 부담하는 경우, 사용자가 피용자와 제3자의 책임비율에 의해 정해진 부담부분을 초과하여 피해자에게 배상하더라도 제3자에 대하여 구상권을 행사 할 수 없다.

⑤ 불법행위로 인하여 건물이 훼손되어 사용 및 수리가 불가능한 경우, 손해배상액의 기준이 되는 건물의 시가에는 원칙적으로 건물의 철거비용이 포함된다.

해설 ① (×) 공동불법행위자의 다른 공동불법행위자에 대한 구상권은 피해자의 다른 공동불법행위자에 대한 손해배상채권과는 그 발생 원인 및 성질을 달리하는 별개의 권리이고, 연대채무에 있어서 소멸시효의 절대적 효력에 관한 민법 제421조의 규정은 공동불법행위자 상호 간의 부진정연대채무에 대하여는 그 적용이 없으므로, 공동불법행위자 중 1인의 손해배상채무가 시효로 소멸한 후에 다른 공동불법행위자 1인이 피해자에게 자기의 부담부분을 넘는 손해를 배상하였을 경우에도, 그 공동불법행위자는 다른 공동불법행위자에게 구상권을 행사할 수 있다(대판 1997.12.23. 97다42830).

② (×) 민법 제761조 제3항의 긴급피난이 성립하기 위해서는 위난이 자신의 과실에 의해 초래되어서는 안 된다.

③ (○) 점유자의 1차 책임은 과실의 입증책임을 전환한 중간책임이나, 2차로 보충적으로 지는 소유자의 책임은 무과실책임으로 구성되어 있다(민법 제758조 제1항).

> **공작물등의 점유자, 소유자의 책임(민법 제758조)**
> ① 공작물의 설치 또는 보존의 하자로 인하여 타인에게 손해를 가한 때에는 공작물점유자가 손해를 배상할 책임이 있다. 그러나 점유자가 손해의 방지에 필요한 주의를 해태하지 아니한 때에는 그 소유자가 손해를 배상할 책임이 있다.

④ (×) 피용자와 제3자가 공동불법행위로 피해자에게 손해를 가하여 그 손해배상채무를 부담하는 경우에 피용자와 제3자는 공동불법행위자로서 서로 부진정연대관계에 있고, 한편 사용자의 손해배상책임은 피용자의 배상책임에 대한 대체적 책임이어서 사용자도 제3자와 부진정연대관계에 있다고 보아야 할 것이므로, 사용자가 피용자와 제3자의 책임비율에 의하여 정해진 피용자의 부담부분을 초과하여 피해자에게 손해를 배상한 경우에는 사용자는 제3자에 대하여도 구상권을 행사할 수 있으며, 그 구상의 범위는 제3자의 부담부분에 국한된다고 보는 것이 타당하다(대판 1992.6.23. 91다33070).

⑤ (×) 불법행위로 인하여 건물이 훼손된 경우 그 손해는 수리가 가능하다면 그 수리비, 수리가 불가능하다면 그 교환가치(시가)가 통상의 손해이고, 사용 및 수리가 불가능한 경우 통상 불법행위로 인한 손해배상액의 기준이 되는 건물의 시가에는 건물의 철거비용은 포함되지 않는다(대판 1995.7.28. 94다19129).

02 甲은 친구 乙이 운전하는 차량에 호의로 동승하여 귀가하던 중 신호를 무시하고 운전하던 丙의 차량과 충돌하는 사고로 부상을 당하였다. 이 사고로 인한 甲의 손해액은 1,000만원, 乙과 丙의 과실비율은 2:8로 확정되었다. 이에 관한 설명으로 옳지 않은 것은?(단, 자동차손해배상보장법은 고려하지 않으며, 다툼이 있으면 판례에 따름) 기출 21

① 甲의 손해에 대하여 乙, 丙은 부진정연대책임을 진다.

② 甲이 호의동승으로 인해 乙의 책임이 제한되는 경우, 이는 丙에게도 인정된다.

③ 甲이 乙의 난폭운전으로 사고발생의 위험성이 상당할 정도로 우려된다는 것을 인식한 경우, 甲에게 안전운전을 촉구할 주의의무가 인정된다.

④ 甲의 호의동승에 따른 책임제한이 30%로 인정되고 丙이 甲에게 600만원을 변제한 경우, 丙은 乙에게 40만원을 구상할 수 있다.

⑤ 丙이 甲에게 손해 전부를 배상하고 乙에 대한 구상권을 취득한 후 甲의 乙에 대한 손해배상채권이 시효로 소멸한 경우, 丙은 乙에게 더 이상 구상권을 행사할 수 없다.

해설 ① (○) 수인이 공동의 불법행위로 타인에게 손해를 가한 때에는 연대하여 그 손해를 배상할 책임이 있다(민법 제760조 제1항). 여기서 「연대하여」의 의미와 관련하여 다툼이 있으나, 통설과 판례(대판 1999.2.26. 98다52469 등)는 부진정연대채무로 본다.

② (○) 2인 이상의 공동불법행위로 인하여 호의동승한 사람이 피해를 입은 경우, 공동불법행위자 상호 간의 내부관계에서는 일정한 부담 부분이 있으나 피해자에 대한 관계에서는 부진정연대책임을 지므로, 동승자가 입은 손해에 대한 배상액을 산정할 때에는 먼저 호의동승으로 인한 감액 비율을 참작하여 공동불법행위자들이 동승자에 대하여 배상하여야 할 수액을 정하여야 한다(대판 2014.3.27. 2012다87263). 이에 의하면 甲의 호의동승으로 인해 乙의 책임이 제한되는 경우 그 효과는 다른 공동불법행위자인 丙에게도 인정된다.

③ (○) 차량의 운전자가 현저하게 난폭운전을 한다거나 그 밖의 사유로 인하여 사고발생의 위험성이 상당한 정도로 우려된다는 것을 동승자가 인식할 수 있었다는 등의 특별한 사정이 없는 한, 단순한 차량의 동승자에게는 운전자에게 안전운행을 촉구할 주의의무가 있다고 할 수 없고, 특히 여러 사람이 탈 수 있는 승합자동차의 뒷좌석에 탄 동승인에 대하여는 그러한 주의의무의 인정에 신중을 기하여야 한다(대판 1994.9.13. 94다15332).

④ (○) 공동불법행위자는 채권자에 대한 관계에서는 부진정연대채무를 지되, 공동불법행위자들 내부관계에서는 일정한 부담 부분이 있고, 공동불법행위자 중 1인이 자기의 부담 부분 이상을 변제하여 공동의 면책을 얻게 하였을 때에는 다른 공동불법행위자에게 그 부담 부분의 비율에 따라 구상권을 행사할 수 있으므로 공동불법행위자가 구상권을 갖기 위하여는 반드시 피해자의 손해 전부를 배상하여야 할 필요는 없으나, 자기의 부담 부분을 초과하여 배상을 하여야 한다(대판 2006.2.9. 2005다28426). 사안의 경우 호의동승자 甲의 책임제한이 30%이므로, 공동불법행위자들인 乙과 丙의 배상책임액은 700만원이며, 내부 부담 부분은 乙이 140만원(700만원 $\times \frac{2}{10}$), 丙이 560만원(700만원 $\times \frac{8}{10}$)을 부담하게 된다. 이에 자신의 부담 부분인 560만원을 초과하여 600만원을 甲에게 변제한 丙은 다른 공동불법행위자인 乙에게 40만원에 대해 구상권을 행사할 수 있다.

⑤ (×) 피해자에게 손해배상을 한 공동불법행위자의 다른 공동불법행위자에 대한 구상권은 피해자의 다른 공동불법행위자에 대한 손해배상채권과는 그 발생 원인과 법적 성질을 달리하는 별개의 독립한 권리이므로, 공동불법행위자가 다른 공동불법행위자에 대한 구상권을 취득한 이후에 피해자의 그 다른 공동불법행위자에 대한 손해배상채권이 시효로 소멸되었다고 하여 그러한 사정만으로 이미 취득한 구상권이 소멸된다고 할 수 없으며(대판 1996.3.26. 96다3791), 이 경우 丙은 다른 공동불법행위자 乙에게 구상권을 행사할 수 있다.

03 불법행위에 관한 설명으로 옳지 않은 것은?(다툼이 있으면 판례에 따름) [기출] 20

① 공작물 보존의 하자로 인하여 타인에게 손해를 가한 경우, 그 점유자는 손해의 방지에 필요한 주의를 해태하지 아니한 때에도 소유자와 연대하여 손해를 배상할 책임이 있다.

② 수급인이 도급받은 일에 관하여 제3자에게 손해를 가한 경우, 도급인에게 도급 또는 지시에 관하여 중대한 과실이 있는 때에는 도급인은 제3자에게 손해를 배상할 책임이 있다.

③ 책임능력 있는 미성년자의 불법행위로 인하여 손해가 발생한 경우, 그 발생된 손해가 당해 미성년자의 감독의무자의 의무위반과 상당인과관계가 있을 때에는 감독의무자는 일반불법행위자로서 손해배상책임이 있다.

④ 타인의 불법행위로 생명을 잃은 피해자의 직계비속의 배우자는 경험칙상 그 직계비속에 비견할 정신적 고통을 받는다 할 것이므로 그에 대한 위자료를 청구할 수 있다.

⑤ 타인의 명예를 훼손한 자에 대하여 법원은 사죄광고를 명할 수 없다.

해설 ① (×) 공작물점유자가 손해의 방지에 필요한 주의를 해태하지 아니한 때에는 면책되고, 그 소유자만이 손해를 배상할 책임이 있다(민법 제758조 제1항 단서).
② (○) 도급인은 수급인이 그 일에 관하여 제3자에게 가한 손해를 배상할 책임이 없다. 그러나 도급 또는 지시에 관하여 도급인에게 중대한 과실이 있는 때에는 그러하지 아니하다(민법 제757조).
③ (○) 미성년자가 책임능력이 있어 그 스스로 불법행위책임을 지는 경우에도 그 손해가 당해 미성년자의 감독의무자의 의무위반과 상당인과관계가 있으면 감독의무자는 일반불법행위자로서 손해배상책임이 있고 이 경우에 그러한 감독의무위반사실 및 손해발생과의 상당인과관계의 존재는 이를 주장하는 자가 입증하여야 한다(대판 1994.2.8. 93다13605).
④ (○) 민법 제752조에 규정된 친족 이외의 친족도 그 정신적 고통에 관한 입증을 함으로써 위자료를 청구할 수 있는바 타인의 불법행위로 생명을 잃은 피해자의 직계비속의 배우자는 경험칙상 그 직계비속에 비견할 정신적 고통을 받는다 할 것이므로 그에 대한 위자료를 청구할 수 있다(대판 1978.1.17. 77다1942).
⑤ (○) 민법 제764조 "명예회복에 적당한 처분"에 사죄광고를 포함시키는 것은 헌법에 위반된다(헌재 1991.4.1. 89헌마160). 따라서 법원은 사죄광고를 명할 수 없다.

04 공동불법행위에 관한 설명으로 옳지 않은 것은?(다툼이 있으면 판례에 따름) [기출] 19

① 수인이 공동의 불법행위로 타인에게 손해를 가한 때에는 연대하여 그 손해를 배상할 책임이 있다.

② 공동불법행위가 성립하기 위해서는 행위자 사이에 의사의 공통이나 행위공동의 인식은 필요하지 않다.

③ 공동불법행위자 중 1인의 변제는 변제된 금액의 한도 내에서 다른 공동불법행위자를 위하여 공동면책의 효력이 있다.

④ 가해자 불명의 공동불법행위의 경우, 개별행위자가 자기의 행위와 손해발생 사이에 인과관계가 없음을 증명하면 불법행위책임을 면한다.

⑤ 공동불법행위자 중 1인인 甲의 손해배상채무가 시효로 소멸한 후에, 다른 공동불법행위자 乙이 피해자에게 자기의 부담부분을 넘는 손해를 배상하였더라도 乙은 甲에게 구상권을 행사할 수 없다.

해설 ① (○) 수인이 공동의 불법행위로 타인에게 손해를 가한 때에는 <u>연대하여</u> 그 손해를 배상할 책임이 있다(민법 제760조 제1항).

② (○) **공동불법행위의 성립에는 공동불법행위자 상호 간 의사의 공통이나 공동의 인식이 필요하지 아니하고 객관적으로 각 행위에 관련공동성이 있으면 되며**, 관련공동성 있는 행위에 의하여 손해가 발생하였다면 손해배상책임을 면할 수 없다(대판 2012.8.17. 2010다28390).

③ (○) 공동불법행위자 중 1인의 변제는 변제금액의 한도 내에서 다른 공동불법행위자를 위하여 공동면책의 효력이 있다(대판 1982.4.27. 80다2555).

④ (○) <u>민법 제760조 제2항은 여러 사람이 행위가 경합하여 손해가 생긴 경우 중 같은 조 제1항에서 말하는 공동의 불법행위로 보기에 부족할 때, 입증책임을 널어 숨으로써 피해자를 보호하려는 입법정책상의 고려에 따라 각각의 행위와 손해발생 사이의 인과관계를 법률상 추정한 것이므로, 이러한 경우 개별행위자가 자기의 행위와 손해발생 사이에 인과관계가 존재하지 아니함을 증명하면 면책되고, 손해의 일부가 자신의 행위에서 비롯된 것이 아님을 증명하면 배상책임이 그 범위로 감축된다</u>(대판 2008.4.10. 2007다76306).

⑤ (×) <u>공동불법행위자의 다른 공동불법행위자에 대한 구상권은 피해자의 다른 공동불법행위자에 대한 손해배상채권과는 그 발생원인 및 성질을 달리하는 별개의 권리이고, **연대채무에 있어서 소멸시효의 절대적 효력에 관한 민법 제421조의 규정은 공동불법행위자 상호 간의 부진정연대채무에 대하여는 그 적용이 없으므로**, 공동불법행위자 중 1인의 손해배상채무가 시효로 소멸한 후에 다른 공동불법행위자 1인이 피해자에게 자기의 부담부분을 넘는 손해를 배상하였을 경우에도, 그 공동불법행위자는 다른 공동불법행위자에게 구상권을 행사할 수 있다</u>(대판 1997.12.23. 97다42830).

---

05 甲과 乙은 과실에 의한 공동불법행위자로서 丙에게 5천만원의 손해를 입혔다. 이 손해의 발생에 丙의 과실은 30%로 평가되었고, 甲과 乙 사이의 과실비율은 7 : 3이었다. 이에 관한 설명으로 옳지 않은 것은?(다툼이 있으면 판례에 따름) [기출 17]

① 甲과 乙은 丙에 대하여 3천 5백만원의 손해배상채무를 부담한다.

② 甲이 丙에 대한 대여금채권을 자동채권으로 하여 2천만원을 상계한 경우, 乙은 丙에 대하여 4백 5십만원의 손해배상채무를 부담하게 된다.

③ 甲이 丙에게 손해배상채무를 전액 배상한 경우, 甲의 乙에 대한 구상채권의 소멸시효는 10년으로 완성되고, 그 기산점은 甲이 현실로 丙에게 손해배상금을 지급한 때이다.

④ 甲이 丙에게 1천만원을 배상한 경우, 甲은 乙에 대하여 구상할 수 없다.

⑤ 甲의 보증인 丁이 丙에 대하여 손해배상채무를 변제한 경우, 丁은 乙에게 乙의 부담부분에 한하여 구상권을 행사할 수 있다.

해설 ① (○) 공동불법행위책임은 가해자 각 개인의 행위에 대하여 개별적으로 그로 인한 손해를 구하는 것이 아니라 그 가해자들이 공동으로 가한 불법행위에 대하여 그 책임을 추궁하는 것이므로, **공동불법행위로 인한 손해배상책임의 범위는 피해자에 대한 관계에서 가해자들 전원의 행위를 전체적으로 함께 평가하여 정하여야 하고, 그 손해배상액에 대하여는 가해자 각자가 그 금액의 전부에 대한 책임을 부담하는 것이며, 가해자 1인이 다른 가해자에 비하여 불법행위에 가공한 정도가 경미하다고 하더라도 피해자에 대한 관계에서 그 가해자의 책임범위를 위와 같이 정하여진 손해배상액의 일부로 제한하여 인정할 수는 없다**(대판 2005.11.10. 2003다66066). 따라서 비록 공동불법행위자 甲과 乙 사이의 과실비율이 7 : 3이라고 하더라도, 이를 피해자 丙에게 주장하여 그 책임범위를 제한할 수는 없다 할 것이므로, 甲과 乙은 丙과의 관계에서 각자가 피해자의 과실을 상계하여 계산된 3천 5백만원의 손해배상채무를 부담하게 된다.

② (×) 부진정연대채무자 중 1인이 자신의 채권자에 대한 반대채권으로 상계를 한 경우에도 채권은 변제, 대물변제, 또는 공탁이 행하여진 경우와 동일하게 현실적으로 만족을 얻어 그 목적을 달성하는 것이므로, 그 상계로 인한 채무소멸의 효력은 소멸한 채무 전액에 관하여 다른 부진정연대채무자에 대하여도 미친다고 보아야 한다. 이는 부진정연대채무자 중 1인이 채권자와 상계계약을 체결한 경우에도 마찬가지이다. 나아가 이러한 법리는 채권자가 상계 내지 상계계약이 이루어질 당시 다른 부진정연대채무자의 존재를 알았는지 여부에 의하여 좌우되지 아니한다(대판[전합] 2010.9.16. 2008다97218 - 다수의견). 따라서 공동불법행위자 甲이 피해자 丙에 대한 대여금채권을 자동채권으로 하여 2천만원을 상계한 경우에는, 다른 공동불법행위자 乙은 丙에 대하여 1천 5백만원의 손해배상채무를 부담하게 된다.

③ (○), ④ (○) [1] 공동불법행위자 중 1인이 다른 공동불법행위자에 대하여 구상권을 행사하기 위하여는 자기의 부담부분 이상을 변제하여 공동의 면책을 얻었음을 주장 · 입증하여야 하며, 위와 같은 법리는 피해자의 다른 공동불법행위자에 대한 손해배상청구권이 시효소멸한 후에 구상권을 행사하는 경우라고 하여 달리 볼 것이 아니다. [2] 공동불법행위자 간 구상권의 발생 시점은 구상권자가 현실로 피해자에게 손해배상금을 지급한 때이다(대판 1997.12.12. 96다50896). 따라서 공동불법행위자 甲이 피해자 丙에게 손해배상채무를 전액 배상한 경우에는, 다른 공동불법행위자 乙에게 구상권을 행사할 수 있고, 그 구상권의 발생 시점은 甲이 현실로 丙에게 손해배상금을 지급한 때이다. 또한 공동불법행위자의 다른 공동불법행위자에 대한 구상권의 소멸시효는 그 구상권이 발생한 시점, 즉 구상권자가 공동면책행위를 한 때로부터 기산하여야 할 것이고, 그 기간도 일반채권과 같이 10년으로 보아야 한다(대판 1996.3.26. 96다3791). 이와 달리, 甲이 丙에게 자기의 부담부분(2천 4백 5십만원) 이상을 변제하지 아니하고 1천만원을 배상한 경우에는, 甲은 乙에 대하여 구상권을 행사할 수 없다.

⑤ (○) 어느 공동불법행위자를 위하여 보증인이 된 사람이 피보증인을 위하여 손해배상채무를 변제한 경우, 그 보증인은 피보증인이 아닌 다른 공동불법행위자에 대하여 그 부담부분에 한하여 구상권을 행사할 수 있고, 이러한 법리는 어느 공동불법행위자를 위하여 그가 위 손해배상채무를 변제한 보증인에 대하여 부담하는 구상채무를 보증한 구상보증인이 피보증인을 위하여 그 구상채무를 변제한 경우에도 마찬가지여서 그 구상보증인은 피보증인이 아닌 다른 공동불법행위자에 대하여 그 부담부분에 한하여 구상권을 행사할 수 있다(대판 2008.7.24. 2007다37530). 따라서 공동불법행위자 甲의 보증인 丁이 피해자 丙에 대하여 손해배상채무를 변제한 경우에는, 丁은 다른 공동불법행위자 乙에게 乙의 부담부분에 한하여 구상권을 행사할 수 있다.

06 공동불법행위에 관한 설명으로 옳지 않은 것은?(다툼이 있으면 판례에 따름) 기출 15

① 피해자가 공동불법행위자 중 1인에게 손해배상을 청구한 경우, 그에 따른 시효중단효과는 다른 공동불법행위자에게도 미친다.

② 피해자가 공동불법행위자 중 1인에 대하여 손해배상에 관한 권리를 포기하거나 채무를 면제하는 의사표시를 하였다 하더라도 다른 불법행위자에 대하여 그 효력이 미치지 않는다.

③ 가해자 甲이 다른 가해자 乙에 비하여 불법행위에 가공한 정도가 경미하더라도 피해자 丙에 대한 관계에서 甲의 책임범위를 손해배상액의 일부로 제한할 수 없다.

④ 불법행위를 방지할 작위의무 있는 사람이 그것을 방지하여야 할 제반 조치를 취하지 아니하는 부작위로 인하여 불법행위자의 실행행위를 용이하게 하는 경우, 공동불법행위책임을 질 수 있다.

⑤ 공동불법행위자 1인이 공동면책행위를 한 경우, 다른 공동불법행위자에 대한 구상권은 공동면책행위를 한 날로부터 10년이 지나면 소멸시효가 완성된다.

해설

① (×) 민법 제760조 제1항의 「연대」의 의미에 대하여 통설과 판례는 부진정연대채무로 보고 있다. 판례는 「부진정연대채무에 있어서는 변제·대물변제·공탁·상계 등 채권을 만족시키는 사유는 절대적 효력이 인정되나 면제와 같은 사유는 다른 연대채무자에게 그 효력이 미치지 아니한다」(대판 1971.2.9. 70다2508) 고 하였고, 이행청구 역시 상대적 효력에 불과하므로, 「부진정연대채무에서는 채무자 1인에 대한 이행청구 또는 채무자 1인이 행한 채무의 승인 등 소멸시효의 중단사유나 시효이익의 포기가 다른 채무자에게 효력을 미치지 아니한다」(대판 2011.4.14. 2010다91886)고 판시하고 있다.

② (○) 피해자가 부진정연대채무자 중 1인에 대하여 손해배상에 관한 권리를 포기하거나 채무를 면제하는 의사표시를 하였다 하더라도 다른 채무자에 대하여 그 효력이 미친다고 볼 수는 없다(대판 1997.12.12. 96다 50896).

③ (○) 공동불법행위책임은 가해자 각 개인의 행위에 대하여 개별적으로 그로 인한 손해를 구하는 것이 아니라 그 가해자들이 공동으로 가한 불법행위에 대하여 그 책임을 추궁하는 것이므로, 공동불법행위로 인한 손해배상책임의 범위는 피해자에 대한 관계에서 가해자들 전원의 행위를 전체적으로 함께 평가하여 정하여야 하고, 그 손해배상액에 대하여는 가해자 각자가 그 금액의 전부에 대한 책임을 부담하는 것이며, 가해자 1인이 다른 가해자에 비하여 불법행위에 가공한 정도가 경미하다고 하더라도 피해자에 대한 관계에서 그 가해자의 책임범위를 위와 같이 정하여진 손해배상액의 일부로 제한하여 인정할 수는 없다(대판 2005.11.10. 2003다66066).

④ (○) 민법 제760조 제3항은 교사자나 방조자는 공동행위자로 본다고 규정하여 교사자나 방조자에게 공동불법행위자로서 책임을 부담시키고 있는바, 방조라 함은 불법행위를 용이하게 하는 직접, 간접의 모든 행위를 가리키는 것으로서 작위에 의한 경우뿐만 아니라 작위의무 있는 자가 그것을 방지하여야 할 제반 조치를 취하지 아니하는 부작위로 인하여 불법행위자의 실행행위를 용이하게 하는 경우도 포함하고, 형법과 달리 손해의 전보를 목적으로 하여 과실을 원칙적으로 고의와 동일시하는 민법의 해석으로서는 과실에 의한 불법행위의 방조도 가능할 것이며, 이 경우의 과실의 내용은 불법행위에 도움을 주지 않아야 할 주의의무가 있음을 전제로 하여 이 의무에 위반하는 것을 말하고, 방조자에게 공동불법행위자로서의 책임을 지우기 위하여는 방조행위와 피방조자의 불법행위 사이에 상당인과관계가 있어야 한다(대판 2007.5.10. 2005다 55299).

⑤ (○) 공동불법행위자의 다른 공동불법행위자에 대한 구상권의 소멸시효는 그 구상권이 발생한 시점, 즉 구상권자가 공동면책행위를 한 때로부터 기산하여야 할 것이고, 그 기간도 일반채권과 같이 10년으로 보아야 한다(대판 1996.3.26. 96다3791).

---

07 甲과 乙의 공동불법행위로 丙이 손해를 입은 경우에 관한 설명으로 옳지 않은 것은?(다툼이 있는 경우에는 판례에 의함) [기출] 13

① 甲이 乙에 대하여 구상권을 행사하기 위해서는 자기의 부담부분을 초과하여 丙에게 배상하여야 한다.

② 丙이 乙의 손해배상채무를 면제해 주었더라도, 甲이 丙에 대한 손해배상채무 전액을 변제하였다면 乙에 대하여 구상권을 행사할 수 있다.

③ 丙이 甲을 상대로 손해배상을 청구하더라도 丙의 乙에 대한 손해배상청구권은 소멸시효가 중단되지 않는다.

④ 丙이 甲과 乙을 공동피고로 하여 손해배상을 청구하는 경우, 甲과 乙에 대한 丙의 과실비율이 서로 다르면 과실상계를 함에 있어서 원칙적으로 丙의 甲과 乙에 대한 과실을 각각 개별적으로 평가하여야 한다.

⑤ 丙의 부주의를 이용하여 고의로 불법행위를 저지른 甲은 丙의 부주의를 이유로 자신의 책임을 경감하여 줄 것을 청구할 수 없다.

해설 ① (○) [1] **공동불법행위자 중 1인이 다른 공동불법행위자에 대하여 구상권을 행사하기 위하여는 자기의 부담부분 이상을 변제하여 공동의 면책을 얻었음을 주장·입증하여야** 하며, 위와 같은 법리는 피해자의 다른 공동불법행위자에 대한 손해배상청구권이 시효소멸한 후에 구상권을 행사하는 경우라고 하여 달리 볼 것이 아니다. [2] **공동불법행위자 간 구상권의 발생 시점은 구상권자가 현실로 피해자에게 손해배상금을 지급한 때이다**(대판 1997.12.12. 96다50896).

② (○) **부진정연대채무에 있어서는 변제·대물변제·공탁·상계 등 채권을 만족시키는 사유는 절대적 효력이 인정되나 면제와 같은 사유는 다른 연대채무자에게 그 효력이 미치지 아니한다**(대판 1971.2.9. 70다2508). 따라서 피해자 丙이 공동불법행위자 乙의 손해배상채무를 면제하여 주었더라도, 이는 다른 공동불법행위자 甲에게 그 효력이 미치지 아니하므로, 甲이 丙에 대한 손해배상채무 전액을 변제하였다면, 乙에 대하여 구상권을 행사할 수 있다.

③ (○) **이행청구는 상대적 효력에 불과하므로, 부진정연대채무에서는 채무자 1인에 대한 이행청구 또는 채무자 1인이 행한 채무의 승인 등 소멸시효의 중단사유나 시효이익의 포기가 다른 채무자에게 효력을 미치지 아니한다**(대판 2011.4.14. 2010다91886).

④ (×) 공동불법행위책임은 가해자 각 개인의 행위에 대하여 개별적으로 그로 인한 손해를 구하는 것이 아니라 그 가해자들이 공동으로 가한 불법행위에 대하여 그 책임을 추궁하는 것이므로, 공동불법행위로 인한 손해배상책임의 범위는 피해자에 대한 관계에서 가해자들 전원의 행위를 전체적으로 함께 평가하여 정하여야 하고, 그 손해배상액에 대하여는 가해자 각자가 그 금액의 전부에 대한 책임을 부담하는 것이며, 가해자 1인이 다른 가해자에 비하여 불법행위에 가공한 정도가 경미하다고 하더라도 피해자에 대한 관계에서 그 가해자의 책임범위를 위와 같이 정하여진 손해배상액의 일부로 제한하여 인정할 수는 없다(대판 2005.11.10. 2003다66066).

⑤ (○) **피해자의 부주의를 이용하여 고의로 불법행위를 저지른 자가 바로 그 피해자의 부주의를 이유로 자신의 책임을 감하여 달라고 주장하는 것은 허용될 수 없다**(대판 2005.11.10. 2003다66066).

08 불법행위에 관한 설명으로 옳은 것은?(다툼이 있는 경우에는 판례에 의함) `기출 14`

① 甲의 횡령으로 乙에게 손해가 발생하였으나 乙에게도 손해의 발생에 과실이 있는 때에는 손해배상의 책임과 그 금액을 정함에 이를 참작하여야 한다.

② 초상권을 부당하게 침해한 경우에도 그 침해가 공개된 장소에서 이루어진 때에는 불법행위가 성립하지 않는다.

③ 부작위로 인한 불법행위는 객관적 작위의무와 그 존재에 대한 불법행위자의 인식 및 작위의무에 위반한 부작위를 성립요건으로 한다.

④ 甲과 명의신탁약정을 맺은 乙이 X부동산의 소유자 丙과 매매계약을 체결하였고 甲과 乙 사이에 명의신탁약정이 있다는 사실을 알았던 丙이 乙의 이름으로 X부동산의 소유권이전등기를 마친 후 乙이 X부동산을 丁에게 처분한 경우, 이는 丙의 소유권침해행위로서 불법행위이다.

⑤ 일반소비자는 고도의 기술이 집약되어 대량으로 생산되는 제품의 하자를 원인으로 제조업자에게 민법상 불법행위책임을 묻기 위하여는 구체적인 하자 및 하자와 발생한 손해 사이의 상당인과관계를 증명하여야 한다.

해설 ① (×) 불법행위로 인한 손해의 발생 또는 확대에 관하여 피해자에게도 과실이 있는 때에는 가해자의 손해배상의 범위를 정함에 있어 당연히 이를 참작하여야 하고, 가해행위가 사기, 횡령, 배임 등의 영득행위인 경우 등 과실상계를 인정하게 되면 가해자로 하여금 불법행위로 인한 이익을 최종적으로 보유하게 하여 공평의 이념이나 신의칙에 반하는 결과를 가져오는 경우에만 예외적으로 과실상계가 허용되지 않는다(대판[전합] 2013.9.26. 2012다1146·1153).

② (×) 사생활의 비밀과 자유 또는 초상권에 대한 부당한 침해는 불법행위를 구성하고, 그 침해는 그것이 공개된 장소에서 이루어졌다거나 민사소송의 증거를 수집할 목적으로 이루어졌다는 사유만으로는 정당화되지 아니한다(대판 2013.6.27. 2012다31628).

③ (×) 부작위로 인한 불법행위가 성립하려면 작위의무가 전제되어야 하지만, 작위의무가 개괄적으로 인정되는 이상 의무자가 의무의 존재를 인식하지 못하였더라도 불법행위 성립에는 영향이 없다. 이는 고지의무 위반에 의하여 불법행위가 성립하는 경우에도 마찬가지이므로 당사자의 부주의 또는 착오 등으로 고지의무가 있다는 것을 인식하지 못하였다고 하여 위법성이 부정될 수 있는 것은 아니다(대판 2012.4.26. 2010다 8709).

④ (○) 명의신탁자와 명의수탁자가 이른바 계약명의신탁약정을 맺고 매매계약을 체결한 소유자도 명의신탁자와 명의수탁자 사이의 명의신탁약정을 알면서 그 매매계약에 따라 명의수탁자 앞으로 당해 부동산의 소유권이전등기를 마친 경우 부동산 실권리자명의 등기에 관한 법률 제4조 제2항 본문에 의하여 명의수탁자 명의의 소유권이전등기는 무효이므로, 당해 부동산의 소유권은 매매계약을 체결한 소유자에게 그대로 남아 있게 되고, 명의수탁자가 자신의 명의로 소유권이전등기를 마친 부동산을 제3자에게 처분하면 이는 매도인의 소유권침해행위로서 불법행위가 된다. 그러나 명의수탁자로부터 매매대금을 수령한 상태의 소유자로서는 그 부동산에 관한 소유명의를 회복하기 전까지는 신의칙 내지 민법 제536조 제1항 본문의 규정에 의하여 명의수탁자에 대하여 이와 동시이행의 관계에 있는 매매대금반환채무의 이행을 거절할 수 있는데, 이른바 계약명의신탁에서 명의수탁자의 제3자에 대한 처분행위가 유효하게 확정되어 소유자에 대한 소유명의 회복이 불가능한 이상, 소유자로서는 그와 동시이행관계에 있는 매매대금반환채무를 이행할 여지가 없다. 또한 명의신탁자는 소유자와 매매계약관계가 없어 소유자에 대한 소유권이전등기청구도 허용되지 아니하므로, 결국 소유인 매도인으로서는 특별한 사정이 없는 한 명의수탁자의 처분행위로 인하여 어떠한 손해도 입은 바가 없다(대판 2013.9.12. 2010다95185).

⑤ (×) 고도의 기술이 집약되어 대량으로 생산되는 제품에 성능미달 등의 하자가 있어 피해를 입었다는 이유로 제조업자 측에게 민법상 일반불법행위책임으로 손해배상을 청구하는 경우에, 일반소비자로서는 제품에 구체적으로 어떠한 하자가 존재하였는지, 발생한 손해가 하자로 인한 것인지를 과학적·기술적으로 증명한다는 것은 지극히 어렵다. 따라서 소비자 측으로서는 제품이 통상적으로 지녀야 할 품질이나 요구되는 성능 또는 효능을 갖추지 못하였다는 등 일응 제품에 하자가 있었던 것으로 추단할 수 있는 사실과 제품이 정상적인 용법에 따라 사용되었음에도 손해가 발생하였다는 사실을 증명하면, 제조업자 측에서 손해가 제품의 하자가 아닌 다른 원인으로 발생한 것임을 증명하지 못하는 이상, 제품에 하자가 존재하고 하자로 말미암아 손해가 발생하였다고 추정하여 손해배상책임을 지울 수 있도록 증명책임을 완화하는 것이 손해의 공평·타당한 부담을 지도원리로 하는 손해배상제도의 이상에 맞다(대판 2013.9.26. 2011다88870).

09 불법행위에 관한 설명으로 옳지 않은 것은?(다툼이 있는 경우에는 판례에 의함) 기출 12

① 다수의 의사가 의료행위에 관여한 경우 그중 누구의 과실에 의하여 의료사고가 발생한 것인지 분명하게 특정할 수 없는 때에는 일련의 의료행위에 관여한 의사들 모두에 대하여 공동불법행위책임을 물을 수 있다.

② 건물의 축조의 하자로 인하여 임차인이 연탄가스중독으로 사망한 경우, 건물소유자인 임대인이 공작물책임을 진다.

③ 도급인이 수급인의 일의 진행 및 방법에 관하여 구체적인 지휘·감독권을 유보하고 공사시행에 관하여 구체적으로 지휘·감독을 한 경우, 도급인은 수급인이나 수급인의 피용자가 불법행위로 제3자에게 가한 손해에 대하여 사용자책임을 진다.

④ 사람은 죽음을 피할 수 없으나 장례비는 손해배상의 대상이 될 수 있다.

⑤ 불법행위에 관하여 피해자가 그의 과실로 이익을 받은 경우, 손해배상액을 산정할 때에는 손익상계를 한 다음 과실상계를 하여야 한다.

해설 ① (○) 다수의 의사가 의료행위에 관여한 경우 그중 누구의 과실에 의하여 의료사고가 발생한 것인지 분명하게 특정할 수 없는 때에는 일련의 의료행위에 관여한 의사들 모두에 대하여 민법 제760조 제2항에 따라 공동불법행위책임을 물을 수 있다고 봄이 상당하다(대판 2005.9.30. 2004다52576).

② (○) 가옥의 임차인인 직접점유자가 공작물의 설치보존상의 하자로 인하여 피해를 입을 경우에 소유자는 이에 대하여 손해배상을 하여 줄 책임이 있고, 피해자인 직접점유자에게 그 보존상의 과실이 있으면 과실상계사유가 된다(대판 1989.3.14. 88다카11121).

③ (○) 도급인은 도급 또는 지시에 관하여 중대한 과실이 없는 한 수급인이 그 일에 관하여 제3자에게 가한 손해를 배상할 책임이 없으나(민법 제757조), 다만 도급인이 수급인의 일의 진행 및 방법에 관하여 구체적인 지휘감독권을 유보한 경우에는 도급인과 수급인의 관계는 실질적으로 사용자 및 피용자의 관계와 다를 바 없으므로 수급인 또는 그 피용인의 불법행위로 인한 손해에 대하여 도급인은 민법 제756조에 의한 사용자책임을 면할 수 없고 이러한 이치는 하도급의 경우에도 마찬가지이다(대판 1992.6.23. 92다2615).

④ (○) 고의 또는 과실에 의하여 타인의 생명을 해한 사람은 그 장례에 관한 비용을 손해로서 배상할 의무가 있다 할 것이고 누구든지 사망은 조만간 면할 수 없는 운명이요 그 비용은 사망자의 친족이 당연히 부담할 것이라는 이유로 그 배상의무를 면할 수 없다고 해석함이 상당하다(대판 1966.10.11. 66다1456).

⑤ (×) 불법행위로 인하여 손해가 발생하고 그 손해발생으로 이득이 생기고 동시에 그 손해발생에 피해자에게도 과실이 있어 과실상계를 하여야 할 경우에는 먼저 산정된 손해액에서 과실상계를 한 다음에 위 이득을 공제하여야 한다(대판 1990.5.8. 89다카29129).

10 사용자책임에 관한 설명으로 옳지 않은 것은?(다툼이 있으면 판례에 따름) `기출` `18`

① 피용자의 불법행위에 기한 손해배상채무가 시효로 인해 소멸하더라도, 그것에 의해 사용자책임에 기한 손해배상채무까지 소멸하는 것은 아니다.

② 도급인이 수급인에 대하여 특정한 행위를 지휘하는 등의 노무도급의 경우에 도급인은 수급인의 불법행위에 대해 사용자책임을 질 수 있다.

③ 지입차량의 차주가 고용한 운전자의 과실로 인한 부벙행위로 인해 타인에게 손해가 발생한 경우, 그 운전자의 불법행위에 대해 지입회사는 사용자책임을 질 수 있다.

④ 피용자가 제3자와의 공동불법행위로 피해자에게 손해를 입힌 경우, 사용자가 피용자의 부담부분을 초과하여 피해자에게 손해를 배상하면 사용자는 제3자에게 그 초과부분에 대해 구상권을 행사할 수 있다.

⑤ 피용자와 제3자와의 공동불법행위로 인해 손해를 입은 피해자에게 사용자가 채권을 가지고 있으나 사용자가 상계할 수 있음에도 상계하지 않는 경우, 제3자는 사용자의 부담부분범위 내에서 사용자의 채권을 가지고 피해자에게 상계할 수 있다.

해설 ① (○) 공동불법행위자의 다른 공동불법행위자에 대한 구상권은 피해자의 다른 공동불법행위자에 대한 손해배상채권과는 그 발생원인 및 성질을 달리하는 별개의 권리이고, **연대채무에 있어서 소멸시효의 절대적 효력에 관한 민법 제421조의 규정은 공동불법행위자 상호 간의 부진정연대채무에 대하여는 그 적용이 없으므로,** 공동불법행위자 중 1인의 손해배상채무가 시효로 소멸한 후에 다른 공동불법행위자 1인이 피해자에게 자기의 부담부분을 넘는 손해를 배상하였을 경우에도, 그 공동불법행위자는 다른 공동불법행위자에게 구상권을 행사할 수 있다(대판 1997.12.23. 97다42830).

② (○) 도급인이 수급인에 대하여 특정한 행위를 지휘하거나 특정한 사업을 도급시키는 경우와 같은 이른바 노무도급의 경우에 있어서는 도급인이라고 하더라도 민법 제756조가 규정하고 있는 사용자책임의 요건으로서의 사용관계가 인정된다(대판 1998.6.26. 97다58170).

③ (○) **지입차량의 차주 또는 그가 고용한 운전자의 과실로 타인에게 손해를 가한 경우에는 지입회사는 명의** 대여자로서 제3자에 대하여 지입차량이 자기의 사업에 속하는 것을 표시하였을 뿐 아니라, 객관적으로 지입차주를 지휘·감독하는 사용자의 지위에 있다 할 것이므로 이러한 불법행위에 대하여는 그 **사용자책임을 부담한다**(대판 2000.10.13. 2000다20069).

④ (○) 피용자와 제3자가 공동불법행위로 피해자에게 손해를 가하여 그 손해배상채무를 부담하는 경우에 **피용자와 제3자는 공동불법행위자로서 서로 부진정연대관계에 있고,** 한편 사용자의 손해배상책임은 피용자의 배상책임에 대한 대체적 책임이어서 **사용자도 제3자와 부진정연대관계에 있다고 보아야 할 것이므로, 사용자가 피용자와 제3자의 책임비율에 의하여 정해진 피용자의 부담부분을 초과하여 피해자에게 손해를 배상한 경우에는 사용자는 제3자에 대하여도 구상권을 행사할 수 있다**(대판 2006.2.9. 2005다28426).

⑤ (×) 부진정연대채무에 있어서 부진정연대채무자 1인이 한 상계가 다른 부진정연대채무자에 대한 관계에 있어서도 공동면책의 효력 내지 절대적 효력이 있는 것인지는 별론으로 하더라도, **부진정연대채무자 사이에는 고유의 의미에 있어서의 부담부분이 존재하지 아니하므로 위와 같은 고유의 의미의 부담부분의 존재를 전제로 하는 민법 제418조 제2항은 부진정연대채무에는 적용되지 아니하는 것으로 봄이 상당하고,** 따라서 부진정연대채무에 있어서는 한 부진정연대채무자가 채권자에 대하여 상계할 채권을 가지고 있음에도 상계를 하지 않고 있다 하더라도 다른 부진정연대채무자가 그 채권을 가지고 상계를 할 수는 없는 것으로 보아야 한다(대판 1994.5.27. 93다21521).

11 사용자책임에 관한 설명으로 옳은 것은?(다툼이 있는 경우에는 판례에 의함) 기출 14

① 피용자의 행위가 외관상 사무집행의 범위에 속하는 것으로 보이면 피해자가 그의 중대한 과실로 피용자의 행위가 사용자의 사무집행행위에 해당하지 않음을 알지 못한 때에도 사용자책임이 성립한다.

② 어떤 사업에 관하여 명의사용을 허락받은 자가 그 사업에 관하여 고의로 다른 사람에게 손해를 가한 경우, 이는 명의사용자의 고유사업이므로 명의대여자는 손해배상책임이 없다.

③ 업무수행과 관련한 피용자의 불법행위로 사용자가 직접 손해를 입은 경우, 특별한 사정이 없으면 사용자는 발생한 손해 전부의 배상을 피용자에게 청구할 수 있다.

④ 피용자가 제3자와 공동불법행위로 피해자에게 손해를 가한 경우, 피용자와 제3자는 부진정연대관계에 있으나 사용자와 제3자는 그렇지 않다.

⑤ 책임무능력자의 가해행위에 관하여 그 대리감독자의 불법행위가 성립하는 경우, 피해자는 대리감독자의 사용자에게도 사용자책임을 물을 수 있다.

해설 ① (×) 피용자의 불법행위가 외관상 사무집행의 범위 내에 속하는 것으로 보이는 경우에도, 피용자의 행위가 사용자의 사무집행행위에 해당하지 않음을 피해자 자신이 알았거나 또는 중대한 과실로 알지 못한 경우에는 사용자에 대하여 사용자책임을 물을 수 없다(대판 2015.12.10. 2013다33584).

② (×) 타인에게 어떤 사업에 관하여 자기의 명의를 사용할 것을 허용한 경우에 그 사업이 내부관계에 있어서는 타인의 사업이고 명의자의 고용인이 아니라 하더라도 외부에 대한 관계에 있어서는 그 사업이 명의자의 사업이고, 또 그 타인은 명의자의 종업원임을 표명한 것과 다름이 없으므로 명의사용을 허가받은 사람이 업무수행을 함에 있어 고의 또는 과실로 다른 사람에게 손해를 끼쳤다면 명의사용을 허락한 사람은 민법 제756조에 의하여 그 손해를 배상할 책임이 있다(대판 1994.10.25. 94다24176).

③ (×) 일반적으로 사용자가 피용자의 업무수행과 관련하여 행하여진 불법행위로 인하여 직접 손해를 입었거나 그 피해자인 제3자에게 사용자로서의 손해배상책임을 부담한 결과로 손해를 입게 된 경우에 있어서, 사용자는 그 사업의 성격과 규모, 시설의 현황, 피용자의 업무내용과 근로조건 및 근무태도, 가해행위의 발생원인과 성격, 가해행위의 예방이나 손실의 분산에 관한 사용자의 배려의 정도, 기타 제반 사정에 비추어 손해의 공평한 분담이라는 견지에서 신의칙상 상당하다고 인정되는 한도 내에서만 피용자에 대하여 손해배상을 청구하거나 그 구상권을 행사할 수 있다(대판 2009.11.26. 2009다59350).

④ (×) 피용자와 제3자가 공동불법행위로 피해자에게 손해를 가하여 그 손해배상채무를 부담하는 경우에 피용자와 제3자는 공동불법행위자로서 서로 부진정연대관계에 있고, 한편 사용자의 손해배상책임은 피용자의 배상책임에 대한 대체적 책임이어서 사용자도 제3자와 부진정연대관계에 있다고 보아야 할 것이므로, 사용자가 피용자와 제3자의 책임비율에 의하여 정해진 피용자의 부담부분을 초과하여 피해자에게 손해를 배상한 경우에는 사용자는 제3자에 대하여도 구상권을 행사할 수 있다(대판 2006.2.9. 2005다28426).

⑤ (○) 책임무능력자(국민학교 1학년생)의 대리감독자(담임교사)에게 민법 제755조 제2항에 의한 배상책임이 있다고 하여 위 대리감독자의 사용자 또는 사용자에 갈음한 감독자(위 학교를 설립경영하는 지방자치단체)에게 당연히 민법 제756조에 의한 사용자책임이 있다고 볼 수는 없으며, 책임무능력자의 가해행위에 관하여 그 대리감독자에게 고의 또는 과실이 인정됨으로써 별도로 불법행위의 일반요건을 충족한 때에만 위 대리감독자의 사용자 또는 사용자에 갈음한 감독자는 민법 제756조의 사용자책임을 지게 된다(대판 1981.8.11. 81다298).

할 수 있다고 믿는 사람은 그렇게 되고,
할 수 없다고 믿는 사람도 역시 그렇게 된다.

- 샤를 드골 -

당신이 저지를 수 있는 가장 큰 실수는,

실수를 할까 두려워하는 것이다.

– 앨버트 하버드 –

부록

2024년 제61회 기출문제

2024년 제61회 기출문제

01 신의성실의 원칙에 관한 설명으로 옳지 않은 것은?(다툼이 있으면 판례에 따름)

① 채권자는 물상보증인이 되려는 자에게 주채무자의 신용상태를 조사해서 고지할 신의칙상 의무를 부담한다.

② 병원은 입원환자의 휴대품 등의 도난을 방지함에 필요한 적절한 조치를 강구하여 줄 신의칙상 보호의무를 부담한다.

③ 숙박업자는 투숙고객에게 객실을 사용·수익하게 할 의무를 넘어서 고객의 안전을 배려하여야 할 신의칙상 보호의무를 부담한다.

④ 사적 자치의 영역을 넘어 공공질서를 위하여 공익적 요구를 선행시켜야 할 경우, 신의칙은 합법성의 원칙을 희생하여서라도 구체적 신뢰보호의 필요성이 인정되는 경우에 한하여 예외적으로 적용된다.

⑤ 어떤 법률관계가 신의칙에 위반되는지의 여부는 법원의 직권조사사항이다.

해설 ① (×) 물상보증인은 채권자가 아니라 채무자를 위해 자기소유의 담보로 제공하는 사람이다. 물상보증인은 담보권의 실행으로 담보물의 소유권을 잃게 되면 채무자에 대한 구상권을 행사할 수 있다. 보증제도는 본질적으로 주채무자의 무자력에 따른 채권자의 위험을 인수하는 것이다. 이러한 사정을 고려하면 <u>물상보증인이 주채무자의 자력에 대하여 조사한 다음 계약을 체결할 것인지 여부를 스스로 결정해야 하고, 채권자가 물상보증인에게 주채무자의 신용 상태를 고지할 신의칙상 의무는 존재하지않는다</u>(대판 2020.10.15. 2017다254051).

② (○) 환자가 병원에 입원하여 치료를 받는 경우에 있어서, <u>병원은 진료뿐만 아니라 환자에 대한 숙식의 제공을 비롯하여 간호, 보호 등 입원에 따른 포괄적 채무</u>를 지는 것인만큼, 병원은 병실에의 출입자를 통제·감독하든가 그것이 불가능하다면 최소한 입원환자에게 휴대품을 안전하게 보관할 수 있는 시정장치가 있는 사물함을 제공하는 등으로 <u>입원환자의 휴대품 등의 도난을 방지함에 필요한 적절한 조치를 강구하여 줄 신의칙상의 보호의무</u>가 있다고 할 것이고, 이를 소홀히 하여 입원환자와는 아무런 관련이 없는 자가 입원환자의 병실에 무단출입하여 입원환자의 휴대품 등을 절취하였다면 병원은 그로 인한 손해배상책임을 면하지 못한다(대판 2003.4.11. 2002다63275).

③ (○) 공중접객업인 숙박업을 경영하는 자가 투숙객과 체결하는 숙박계약은 숙박업자가 고객에게 숙박을 할 수 있는 객실을 제공하여 고객으로 하여금 이를 사용할 수 있도록 하고 고객으로부터 그 대가를 받는 일종의 <u>일시사용을 위한 임대차계약</u>으로서, 여관의 객실 및 관련시설, 공간은 오로지 숙박업자의 지배 아래 놓여 있는 것이므로 숙박업자는 통상의 임대차와 같이 단순히 여관의 객실 및 관련시설을 제공하여 고객으로 하여금 이를 사용수익하게 할 의무를 부담하는 것에서 한 걸음 더 나아가 <u>고객에게 위험이 없는 안전하고 편안한 객실 및 관련시설을 제공함으로써 고객의 안전을 배려하여야 할 보호의무를 부담하며 이러한 의무는 숙박계약의 특수성을 고려하여 신의칙상 인정되는 부수적인 의무</u>로서 숙박업자가 이를 위반하여 고객의 생명, 신체를 침해하여 손해를 입힌 경우 불완전이행으로 인한 채무불이행책임을 부담한다(대판 1994.1.28. 93다43590).

④ (○) 민법상 신의성실의 원칙은, 법률관계의 당사자가 상대방의 이익을 배려하여 형평에 어긋나거나 신뢰를 저버리는 내용 또는 방법으로 권리를 행사하거나 의무를 이행하여서는 안 된다는 추상적 규범을 말하는 것인바, <u>사적자치의 영역을 넘어 공공질서를 위하여 공익적 요구를 선행시켜야 할 사안에서는</u> 원칙적으로 합법성의 원칙은 신의성실의 원칙보다 우월한 것이므로 <u>신의성실의 원칙은 합법성의 원칙을 희생하여서라도 구체적 신뢰보호의 필요성이 인정되는 경우에 비로소 적용된다</u>고 봄이 상당하다(대판 2000.8.22. 00다62009·02616).

⑤ (○) 신의성실의 원칙에 반하는 것 또는 권리남용은 강행규정에 위배되는 것이므로 당사자의 주장이 없더라도 <u>법원은 직권으로 판단할 수 있다</u>(대판 1995.12.22. 94다42129).

02 비법인사단 A의 유일한 이사인 대표이사 甲이 대표자로서의 모든 권한을 乙에게 포괄적으로 위임하여 乙이 실질적으로 A의 대표자로서 행위한 경우에 관한 설명으로 옳은 것을 모두 고른 것은?(다툼이 있으면 판례에 따름)

> ㄱ. 乙이 포괄적 수임인으로서 행한 대행행위의 효력은 원칙적으로 A에게 미친다.
> ㄴ. 乙이 A의 사무집행과 관련한 불법행위로 丙에게 손해를 입힌 경우, 丙은 A에게 법인의 불법행위책임에 따른 손해배상을 청구할 수 있다.
> ㄷ. 乙이 자신의 사익을 도모하기 위해 A의 사무를 처리하다가 丁에게 손해를 입힌 경우에는 법인의 불법행위 책임에 있어서 직무관련성이 부정된다.
> ㄹ. 甲이 乙에게 대표자로서의 권한을 포괄적으로 위임하고 대표이사로서의 직무를 전혀 집행하지 않은 것은 그 자체로 이사의 선관주의의무에 위반하는 행위이다.

① ㄱ, ㄴ
② ㄱ, ㄷ
③ ㄴ, ㄹ
④ ㄷ, ㄹ
⑤ ㄱ, ㄴ, ㄷ, ㄹ

해설 ㄱ.(×) 비법인사단에 대하여는 사단법인에 관한 민법규정 가운데 법인격을 전제로 하는 것을 제외하고는 이를 유추적용하여야 하는데, 민법 제62조에 비추어 보면 비법인사단의 대표자는 정관 또는 총회의 결의로 금지하지 아니한 사항에 한하여 타인으로 하여금 특정한 행위를 대리하게 할 수 있을 뿐 비법인사단의 제반 업무처리를 포괄적으로 위임할 수는 없으므로 비법인사단 대표자가 행한 타인에 대한 업무의 포괄적 위임과 그에 따른 포괄적 수임인의 대행행위는 민법 제62조를 위반한 것이어서 비법인사단에 대하여 그 효력이 미치지 않는다(대판 2011.4.28. 2008다15438). 사단법인에 관한 민법규정 제62조를 비법인사단에 유추적용 한다는 입장이다.

> **이사의 대리인 선임(민법 제62조)**
> 이사는 정관 또는 총회의 결의로 금지하지 아니한 사항에 한하여 타인으로 하여금 특정한 행위를 대리하게 할 수 있다.

ㄴ.(○) [1] 민법 제35조 제1항은 "법인은 이사 기타 대표자가 그 직무에 관하여 타인에게 가한 손해를 배상할 책임이 있다"라고 정한다. 여기서 '법인의 대표자'에는 그 명칭이나 직위 여하, 또는 대표자로 등기되었는지 여부를 불문하고 당해 법인을 실질적으로 운영하면서 법인을 사실상 대표하여 법인의 사무를 집행하는 사람을 포함한다고 해석함이 상당하다. [2] 甲 주택조합의 대표자가 乙에게 대표자의 모든 권한을 포괄적으로 위임하여 乙이 그 조합의 사무를 집행하던 중 불법행위로 타인에게 손해를 발생시킨 데 대하여 불법행위 피해자가 甲 주택조합을 상대로 민법 제35조에서 정한 법인의 불법행위책임에 따른 손해배상청구를 한 사안에서, ...(중략)... 乙은 甲 주택조합을 실질적으로 운영하면서 법인을 사실상 대표하여 법인의 사무를 집행하는 사람으로서 민법 제35조에서 정한 '대표자'에 해당한다고 보아야 함에도, 乙이 甲 주택조합의 적법한 대표자 또는 대표기관이라고 볼 수 없다는 이유로 甲 주택조합에 대한 법인의 불법행위에 따른 손해배상청구를 배척한 원심판결에는 법리오해의 위법이 있다고 한 사례(대판 2011.4.28. 2008다15438).

ㄷ.(×) 주택조합과 같은 비법인사단의 대표자가 직무에 관하여 타인에게 손해를 가한 경우 그 사단은 민법 제35조 제1항의 유추적용에 의하여 그 손해를 배상할 책임이 있으며, 비법인사단의 대표자의 행위가 대표자 개인의 사리를 도모하기 위한 것이었거나 혹은 법령의 규정에 위배된 것이었다 하더라도 외관상, 객관적으로 직무에 관한 행위라고 인정할 수 있는 것이라면 민법 제35조 제1항의 직무에 관한 행위에 해당한다(대판 2003.7.25. 2002다27088). 법인의 불법행위능력을 규정한 민법 제35조 제1항을 비법인사단에 유추적용하며, 민법 제35조의 제1항의 '직무에 관하여'의 의미는 행위의 외형상 법인의 대표자의 직무행위라고 인정할 수 있는 것이라면 설사 그것이 대표자 개인의 사리를 도모하기 위한 것이었거나 혹은 법령의 규정에 위배된 것이었다 하더라도 위의 직무에 관한 행위에 해당한다고 본다는 판례이다.

ㄹ. (○) 대표이사가 대표이사로서의 업무 일체를 다른 이사 등에게 위임하고, 대표이사로서의 직무를 전혀 집행하지 않는 것은 그 자체가 이사의 직무상 충실 및 선관의무를 위반하는 행위에 해당한다(대판 2003.4.11. 2002다70044).

03

의사무능력자 甲은 자기 소유 X건물에 乙은행 앞으로 저당권을 설정해 주고 금원을 대출받아 곧바로 이를 丙에게 대여하였다. 이에 관한 설명으로 옳은 것을 모두 고른 것은?(다툼이 있으면 판례에 따름)

> ㄱ. 甲이 자신의 의사무능력을 이유로 乙과 체결한 저당권설정계약의 무효를 주장하는 것은 특별한 사정이 없는 한 신의칙에 반한다.
> ㄴ. 甲은 선의·악의를 불문하고 받은 이익이 현존하는 한도에서 乙에게 그 이익을 반환할 의무를 부담한다.
> ㄷ. 甲이 丙에 대한 부당이득반환채권을 乙에게 양도할 의무와 乙의 저당권등기말소의무는 동시이행관계에 있다.

① ㄱ
② ㄴ
③ ㄱ, ㄷ
④ ㄴ, ㄷ
⑤ ㄱ, ㄴ, ㄷ

해설 ㄱ. (✕) 의사무능력자가 사실상의 후견인이었던 아버지의 보조를 받아 자신의 명의로 대출계약을 체결하고 자신 소유의 부동산에 관하여 근저당권을 설정한 후, 의사무능력자의 여동생이 특별대리인으로 선임되어 위 대출계약 및 근저당권설정계약의 효력을 부인하는 경우에, 이러한 무효 주장이 거래관계에 있는 당사자의 신뢰를 배신하고 정의의 관념에 반하는 예외적인 경우에 해당하지 않는 한, 의사무능력자에 의하여 행하여진 법률행위의 무효를 주장하는 것이 신의칙에 반하여 허용되지 않는다고 할 수 없다(대판 2006.9.22. 2004다51627).

ㄴ. (○) 무능력자의 책임을 제한하는 민법 제141조 단서는 부당이득에 있어 수익자의 반환범위를 정한 민법 제748조의 특칙으로서 무능력자의 보호를 위해 그 선의·악의를 묻지 아니하고 반환범위를 현존 이익에 한정시키려는데 그 취지가 있으므로, 의사능력의 흠결을 이유로 법률행위가 무효가 되는 경우에도 유추적용되어야 할 것이나, 법률상 원인 없이 타인의 재산 또는 노무로 인하여 이익을 얻고 그로 인하여 타인에게 손해를 가한 경우에 그 취득한 것이 금전상의 이득인 때에는 그 금전은 이를 취득한 자가 소비하였는가의 여부를 불문하고 현존하는 것으로 추정되므로, 위 이익이 현존하지 아니함은 이를 주장하는 자, 즉 의사무능력자 측에 입증책임이 있다(대판 2009.1.15. 2008다58367).

ㄷ. (○) 의사무능력자가 자신이 소유하는 부동산에 근저당권을 설정해 주고 금융기관으로부터 금원을 대출받아 이를 제3자에게 대여한 사안에서, 대출로 받은 이익이 위 제3자에 대한 대여금채권 또는 부당이득반환채권의 형태로 현존하므로, 금융기관은 대출거래약정 등의 무효에 따른 원상회복으로서 위 대출금 자체의 반환을 구할 수는 없더라도 현존 이익인 위 채권의 양도를 구할 수 있다고 본 사례(대판 2009.1.15. 2008다58367). 나아가 이 판결은 이유 부분에서 「공평의 관념과 신의칙에 비추어 볼 때 원고의 위 채권양도 의무와 피고 조합의 이 사건 근저당권설정등기말소 의무는 동시이행관계에 있다고 보아야 할 것」이라고 하였다.

04 주물과 종물에 관한 설명으로 옳은 것은?(다툼이 있으면 판례에 따름)

① 독립한 물건이라도 부동산은 종물이 될 수 없다.

② 주물의 점유로 인한 시효취득의 효력은 점유하지 않은 종물에도 미친다.

③ 주물에 대한 압류의 효력은 원칙적으로 종물에 미치지 않는다.

④ 주물 그 자체의 효용과 직접 관계가 없더라도 주물의 소유자의 상용에 공여되고 있는 물건은 종물이다.

⑤ 원본채권이 양도되는 경우, 특별한 의사표시가 없으면 이미 변제기에 도달한 이자채권은 함께 양도되지 않는다.

해설 ① (×) 횟집으로 사용할 점포 건물에 거의 붙여서 횟감용 생선을 보관하기 위하여 즉 위 점포 건물의 상용에 공하기 위하여 신축한 수족관 건물은 위 점포 건물의 종물이라고 해석할 것이다(대판 1993.2.12. 92도3234). 종물은 독립한 물건으로 동산과 부동산 모두 종물이 될 수 있다.

② (×) 종물은 주물의 처분에 따른다(민법 제100조 제2항)는 규정에서의 처분은 점유 기타 사실관계에 기한 권리의 득실변경에 대해서는 적용되지 않는다. 주물 만에 대한 점유의 시효취득에 대하여 점유를 하지 않는 종물에 대해서는 시효취득이 인정되지 않는다.

③ (×) 민법 제100조 제2항의 종물과 주물의 관계에 관한 법리는 물건 상호간의 관계뿐 아니라 권리 상호간에도 적용되고, 위 규정에서의 처분은 처분행위에 의한 권리변동뿐 아니라 주물의 권리관계가 압류와 같은 공법상의 처분 등에 의하여 생긴 경우에도 적용되어야 하는 점, 저당권의 효력이 종물에 대하여도 미친다는 민법 제358조 본문 규정은 같은 법 제100조 제2항과 이론적 기초를 같이하는 점, 집합건물의 소유 및 관리에 관한 법률 제20조 제1항, 제2항에 의하면 구분건물의 대지사용권은 전유부분과 종속적 일체불가분성이 인정되는 점 등에 비추어 볼 때, 구분건물의 전유부분에 대한 소유권보존등기만 경료되고 대지지분에 대한 등기가 경료되기 전에 전유부분만에 대해 내려진 가압류결정의 효력은, 대지사용권의 분리처분이 가능하도록 규약으로 정하였다는 등의 특별한 사정이 없는 한, 종물 내지 종된 권리인 그 대지권에까지 미친다(대판 2006.10.26. 2006다29020).

> **주물, 종물(민법 제100조)**
> ② 종물은 주물의 처분에 따른다.

④ (×) 어느 건물이 주된 건물의 종물이기 위하여는 주물의 상용에 이바지되어야 하는 관계가 있어야 하는바, 여기에서 주물의 상용에 이바지한다 함은 주물 그 자체의 경제적 효용을 다하게 하는 것을 말하는 것이며, 주물의 소유자나 이용자의 상용에 공여되고 있더라도 주물 그 자체의 효용과는 직접 관계없는 물건은 종물이 아니다(대판 1994.6.10. 94다11606).

> **주물, 종물(민법 제100조)**
> ① 물건의 소유자가 그 물건의 상용에 공하기 위하여 자기소유인 다른 물건을 이에 부속하게 한 때에는 그 부속물은 종물이다.

⑤ (○) 이자채권은 원본채권에 대하여 종속성을 갖고 있으나 이미 변제기에 도달한 이자채권은 원본채권과 분리하여 양도할 수 있고 원본채권과 별도로 변제할 수 있으며 시효로 인하여 소멸되기도 하는 등 어느 정도 독립성을 갖게 되는 것이므로, 원본채권이 양도된 경우 이미 변제기에 도달한 이자채권은 원본채권의 양도당시 그 이자채권도 양도한다는 의사표시가 없는 한 당연히 양도되지는 않는다(대판 1989.3.28. 88다카12803).

05 甲이 자신의 X건물을 乙에게 매도하는 계약을 체결하고 계약금 및 중도금을 수령하였으나 아직 소유권 이전등기를 마쳐주지 않았다. 이러한 사실을 알고 있는 丙이 甲의 배임행위에 적극적으로 가담하여 甲으로부터 X건물을 매수하고 소유권이전등기를 경료받았다. 이에 관한 설명으로 옳은 것을 모두 고른 것은?(다툼이 있으면 판례에 따름)

> ㄱ. 甲과 丙이 체결한 매매계약은 반사회적 법률행위로서 무효이다
> ㄴ. 乙은 甲을 대위함이 없이 직접 丙에 대하여 그 소유권이전등기의 말소를 청구할 수 있다.
> ㄷ. 乙은 甲에 대한 소유권이전등기청구권을 보전하기 위하여 甲과 丙사이의 매매계약에 대하여 채권자취소권을 행사할 수 있다.
> ㄹ. 丁이 丙을 소유권자로 믿고 丙으로부터 X건물을 매수하여 소유권이전등기를 마친 경우, 丁은 甲과 丙사이의 매매계약의 유효를 주장할 수 있다.

① ㄱ
② ㄱ, ㄷ
③ ㄴ, ㄹ
④ ㄱ, ㄴ, ㄹ
⑤ ㄱ, ㄴ, ㄷ, ㄹ

해설 ㄱ.(○) 부동산의 이중매매가 반사회적 법률행위로서 무효가 되기 위하여는 매도인의 배임행위와 매수인이 매도인의 배임행위에 적극 가담한 행위로 이루어진 매매로서, 그 적극가담하는 행위는 매수인이 다른 사람에게 매매목적물이 매도된 것을 안다는 것만으로는 부족하고, 적어도 그 매도사실을 알고도 매도를 요청하여 매매계약에 이르는 정도가 되어야 한다(대판 1994.3.11. 93다55289). 따라서 제2매수인이 매도인의 제1매수인에 대한 배임행위에 적극 가담하였으면 제2매매는 민법 제103조의 선량한 풍속 기타 사회질서에 위반하여 무효이다.
ㄴ.(×) 매도인의 매수인에 대한 배임행위에 가담하여 증여를 받아 이를 원인으로 소유권이전등기를 경료한 수증자에 대하여 매수인은 매도인을 대위하여 위 등기의 말소를 청구할 수는 있으나 직접 청구할 수는 없다는 것은 형식주의 아래서의 등기청구권의 성질에 비추어 당연하다(대판 1983.4.26. 83다카57).
ㄷ.(×) 채권자취소권을 특정물에 대한 소유권이전등기청구권을 보전하기 위하여 행사하는 것은 허용되지 않으므로, 부동산의 제1양수인은 자신의 소유권이전등기청구권 보전을 위하여 양도인과 제3자 사이에서 이루어진 이중양도행위에 대하여 채권자취소권을 행사할 수 없다(대판 1999.4.27. 98다56690). 채권자취소권은 민법 제407조의 모든 채권자를 위하여 행사되어야 하기 때문에 특정채권인 소유권이전등기청구권을 보전하기 위하여 채권자 취소권을 행사할 수는 없다.
ㄹ.(×) 부동산의 이중매매가 반사회적 법률행위에 해당하는 경우에는 이중매매계약은 절대적으로 무효이므로, 당해 부동산을 제2매수인으로부터 다시 취득한 제3자는 설사 제2매수인이 당해 부동산의 소유권을 유효하게 취득한 것으로 믿었더라도 이중매매계약이 유효하다고 주장할 수 없다(대판 1996.10.25. 96다29151).

06 의사표시에 관한 설명으로 옳지 않은 것은?(다툼이 있으면 판례에 따름)

① 상대방 있는 의사표시에 관하여 제3자가 표의자를 강박한 경우, 표의자는 상대방이 그 사실을 알았거나 알 수 있었을 경우에 한하여 강박에 의한 의사표시를 취소할 수 있다.

② 매매목적물에 하자가 있는 사실을 착오로 알지 못하고 매매계약을 체결한 매수인은 착오로 인한 의사표시의 취소 요건을 갖추더라도 매도인의 하자담보책임이 성립하는 경우에는 착오를 이유로 그 계약을 취소할 수 없다.

③ 통정허위표시로 매매계약이 체결된 경우, 매도인이 그 계약상 채무를 이행하지 않더라도 매수인은 매도인에게 채무불이행으로 인한 손해배상을 청구할 수 없다.

④ 경과실로 인한 착오로 의사표시를 한 자가 착오를 이유로 그 의사표시를 취소한 경우, 상대방은 이로 인해 손해를 입더라도 표의자에게 불법행위로 인한 손해배상을 청구할 수 없다.

⑤ 상대방이 표의자의 착오를 알고 이용한 경우에는 착오가 표의자의 중대한 과실로 인한 것이더라도 표의자는 착오를 이유로 의사표시를 취소할 수 있다.

해설 ① (○) 민법 제110조 제2항

> **사기, 강박에 의한 의사표시(민법 제110조)**
> ① 사기나 강박에 의한 의사표시는 취소할 수 있다.
> ② 상대방있는 의사표시에 관하여 제3자가 사기나 강박을 행한 경우에는 상대방이 그 사실을 알았거나 알 수 있었을 경우에 한하여 그 의사표시를 취소할 수 있다.

② (✕) 민법 제109조 제1항에 의하면 법률행위 내용의 중요부분에 착오가 있는 경우 착오에 중대한 과실이 없는 표의자는 법률행위를 취소할 수 있고, 민법 제580조 제1항, 제575조 제1항에 의하면 매매의 목적물에 하자가 있는 경우 하자가 있는 사실을 과실 없이 알지 못한 매수인은 매도인에 대하여 하자담보책임을 물어 계약을 해제하거나 손해배상을 청구할 수 있다. <u>착오로 인한 취소 제도와 매도인의 하자담보책임 제도는 취지가 서로 다르고, 요건과 효과도 구별된다.</u> 따라서 매매계약 내용의 중요 부분에 착오가 있는 경우 매수인은 매도인의 하자담보책임이 성립하는지와 상관없이 착오를 이유로 매매계약을 취소할 수 있다(대판 2018.9.13. 2015다78703).

③ (○) 통정허위표시로 매매계약이 체결된 경우 당사자 사이에서 매매계약은 무효이므로(민법 제108조 제1항), 채무불이행으로 인한 손해배상을 청구할 수 없다.

④ (○) <u>불법행위로 인한 손해배상책임이 성립하기 위하여는 가해자의 고의 또는 과실 이외에 행위의 위법성이 요구되므로</u>, 전문건설공제조합이 계약보증서를 발급하면서 조합원이 수급할 공사의 실제 도급금액을 확인하지 아니한 과실이 있다고 하더라도 민법 제109조에서 중과실이 없는 착오자의 착오를 이유로 한 의사표시의 취소를 허용하고 있는 이상, 전문건설공제조합이 과실로 인하여 착오에 빠져 계약보증서를 발급한 것이나 그 착오를 이유로 보증계약을 취소한 것이 위법하다고 할 수는 없다(대판 1997.8.22. 97다13023). 따라서 불법행위로 인한 손해배상을 청구할 수 없다.

⑤ (○) 민법 제109조 제1항 단서는 의사표시의 착오가 표의자의 중대한 과실로 인한 때에는 그 의사표시를 취소하지 못한다고 규정하고 있는데, <u>위 단서 규정은 표의자의 상대방의 이익을 보호하기 위한 것이므로, 상대방이 표의자의 착오를 알고 이를 이용한 경우에는 착오가 표의자의 중대한 과실로 인한 것이라고 하더라도 표의자는 의사표시를 취소할 수 있다</u>(대판 2014.11.27. 2013다49794).

> **착오로 인한 의사표시(민법 제109조)**
> ① 의사표시는 법률행위의 내용의 중요부분에 착오가 있는 때에는 취소할 수 있다. 그러나 그 착오가 표의자의 중대한 과실로 인한 때에는 취소하지 못한다.

07 의사표시의 효력발생에 관한 설명으로 옳지 않은 것은?(다툼이 있으면 판례에 따름)

① 상대방 있는 의사표시는 원칙적으로 상대방에게 도달되어야 효력이 발생한다.

② 청약자가 청약의 의사표시를 발송한 후 사망한 경우에도 그 의사표시의 효력에 영향을 미치지 아니한다.

③ 적법하게 성립된 매매에 관하여 해제사유가 발생한 경우, 해제의 의사가 상대방 당사자의 미성년 자(子)에게 도달하면 그 즉시 해제의 효력이 발생한다.

④ 상대방이 부당하게 등기취급 우편물의 수취를 거부함으로써 우편물의 내용을 알 수 있는 객관적 상태의 형성을 방해한 것이 신의성실의 원칙에 반한다고 인정되는 경우, 수취 거부 시에 의사표시의 효력이 생긴 것으로 보아야 한다.

⑤ 의사표시가 담긴 우편물이 상대방의 집에 도달하자 가사도우미가 수취한 후 개봉하지 않은 채 식탁위에 두었는데, 그 즈음 우연히 그 집을 방문한 의사표시자가 그 미개봉된 우편물을 회수하여 가지고 간 경우, 그 의사표시가 도달한 것으로 볼 수 없다.

해설 ① (○) 민법 제111조 제1항

> **의사표시의 효력발생시기(민법 제111조)**
> ① 상대방이 있는 의사표시는 상대방에게 도달한 때에 그 효력이 생긴다.

② (○) 민법 제111조 제2항

> **의사표시의 효력발생시기(민법 제111조)**
> ② 의사표시자가 그 통지를 발송한 후 사망하거나 제한능력자가 되어도 의사표시의 효력에 영향을 미치지 아니한다.

③ (×) 민법은 제한능력자를 의사표시의 수령무능력자로 규정하여 제한능력자를 보호하고 있으므로(민법 제112조), 미성년자의 법정대리인이 의사표시가 도달한 사실을 안 후여야 표의자는 해제의 효력발생을 주장할 수 있다.

> **제한능력자에 대한 의사표시의 효력(민법 제112조)**
> 의사표시의 상대방이 의사표시를 받은 때에 제한능력자인 경우에는 의사표시자는 그 의사표시로써 대항할 수 없다. 다만, 그 상대방의 법정대리인이 의사표시가 도달한 사실을 안 후에는 그러하지 아니하다.

④ (○) 상대방이 부당하게 등기취급 우편물의 수취를 거부함으로써 우편물의 내용을 알 수 있는 객관적 상태의 형성을 방해한 경우 그러한 상태가 형성되지 아니하였다는 사정만으로 발송인의 의사표시의 효력을 부정하는 것은 신의성실의 원칙에 반하므로 허용되지 아니한다. 이러한 경우에는 부당한 수취 거부가 없었더라면 상대방이 우편물의 내용을 알 수 있는 객관적 상태에 놓일 수 있었던 때, 즉 수취거부 시에 의사표시의 효력이 생긴 것으로 보아야 한다. 여기서 우편물의 수취 거부가 신의성실의 원칙에 반하는지는 발송인과 상대방과의 관계, 우편물의 발송 전에 발송인과 상대방 사이에 우편물의 내용과 관련된 법률관계나 의사교환이 있었는지, 상대방이 발송인에 의한 우편물의 발송을 예상할 수 있었는지 등 여러 사정을 종합하여 판단하여야 한다. 이때 우편물의 수취를 거부한 것에 정당한 사유가 있는지에 관해서는 수취 거부를 한 상대방이 이를 증명할 책임이 있다(대판 2020.8.20. 2019두34630).

⑤ (○) 채권양도의 통지와 같은 준법률행위의 도달은 의사표시와 마찬가지로 사회관념상 채무자가 통지의 내용을 알 수 있는 객관적 상태에 놓여졌을 때를 지칭하고, 그 통지를 채무자가 현실적으로 수령하였거나 그 통지의 내용을 알았을 것까지는 필요하지 않다. 채권양도의 통지서가 들어 있는 우편물을 채무자의 가정부가 수령한 직후 한집에 거주하고 있는 통지인인 채권자가 그 우편물을 바로 회수해 버렸다면 그 우편물의 내용이 무엇인지를 그 가정부가 알고 있었다는 등의 특별한 사정이 없었던 이상 그 채권양도의 통지는 사회관념상 채무자가 그 통지 내용을 알 수 있는 객관적 상태에 놓여 있는 것이라고 볼 수 없으므로 그 통지는 피고에게 도달되었다고 볼 수 없을 것이다(대판 1983.8.23. 82다카439).

08 복대리에 관한 설명으로 옳지 않은 것은?(다툼이 있으면 판례에 따름)

① 법정대리인은 원칙적으로 부득이한 사유가 있는 때에 한하여 복임권이 있다.

② 법정대리인이 부득이한 사유로 복대리인을 선임한 경우, 법정대리인은 그 선임감독에 관한 책임이 있다.

③ 임의대리인에게는 원칙적으로 복대리인을 선임할 권한이 없다.

④ 임의대리인이 본인의 승낙을 얻어 복대리인을 선임한 경우, 임의대리인은 그 선임감독에 관한 책임이 있다.

⑤ 임의대리의 목적인 법률행위의 성질상 대리인 자신에 의한 처리가 필요하지 아니한 경우, 본인이 복대리 금지의 의사를 명시하지 아니하는 한 복대리인의 선임에 관하여 묵시적인 승낙이 있는 것으로 보는 것이 타당하다.

해설 ① (×) 민법 제122조 본문

> **법정대리인의 복임권과 그 책임(민법 제122조)**
> 법정대리인은 그 책임으로 복대리인을 선임할 수 있다. 그러나 부득이한 사유로 인한 때에는 전조 제1항에 정한 책임만이 있다.

② (○) 법정대리인이 부득이한 사유로 복대리인을 선임한 경우에는 그 선임·감독상의 과실에 대해서만 책임을 진다(민법 제122조 단서).

③ (○) 민법 제120조. 임의대리인은 원칙적으로 복임권을 갖지 못하며, 임의대리인이 본인의 승낙이나 부득이한 사유없이 복대리인을 선임하여 복대리인이 본인의 대리인으로 법률행위를 하면, 이는 무권대리가 된다.

> **임의대리인의 복임권(민법 제120조)**
> 대리권이 법률행위에 의하여 부여된 경우에는 대리인은 본인의 승낙이 있거나 부득이한 사유있는 때가 아니면 복대리인을 선임하지 못한다.

④ (○) 민법 제121조 제1항

> **임의대리인의 복대리인선임의 책임(민법 제121조)**
> ① 전조의 규정에 의하여 대리인이 복대리인을 선임한 때에는 본인에게 대하여 그 선임감독에 관한 책임이 있다.

⑤ (○) 대판 1996.1.26. 94다30690

09 제한능력자가 아닌 甲이 乙의 대리인이라고 하면서 丙에게 乙의 부동산을 3억원에 매도하는 계약을 체결하고 丙으로부터 계약금 3천원을 수령하였다. 그 계약에는 '쌍방이 계약을 불이행하는 경우 계약금을 손해배상금으로 한다'는 위약금 약정이 있었다. 그러나 乙은 甲에게 대리권을 수여한 바가 없다. 이에 관한 설명으로 옳지 않은 것은?(다툼이 있으면 판례에 따름)

① 乙이 위 계약을 적법하게 추인하면, 丙은 甲을 상대로 계약상의 책임이나 무권대리인의 책임을 일절 물을 수 없다.

② 乙이 甲에게 추인의 의사표시를 한 경우, 丙은 乙의 추인 사실을 몰랐다면 계약당시 乙의 무권대리사실에 관하여 선의인 때에 한하여 위 계약을 철회할 수 있다.

③ 乙이 추인을 거절한 경우, 丙은 무권대리사실에 관하여 선의·무과실이라면 甲에게 과실이 없더라도 甲을 상대로 무권대리인으로서의 책임을 추궁할 수 있다.

④ 甲이 무권대리인으로서 책임을 부담하는 경우, 丙은 위 계약에서의 위약금 조항의 효력을 주장할 수 있다.

⑤ 만일 丙이 丁에게 위 부동산을 매도한 경우, 乙이 丁에게만 추인의 의사를 표시하면 추인의 효력은 발생하지 아니한다.

해설

① (O) 본인의 적법한 추인이 있으면 처음부터 유권대리였던 것과 마찬가지로 다루어지므로, 법률행위의 효과는 대리인이 아니라 본인에게 귀속된다. 따라서 상대방은 무권대리인에게 계약상의 책임을 물을 수 없고, 또한 본인의 추인을 받은 경우에는 상대방은 무권대리인에게 민법 제135조의 책임도 물을 수 없다(민법 제135조 참고).

② (O) 민법 제132조는 본인이 무권대리인에게 무권대리행위를 추인한 경우에 상대방이 이를 알지 못하는 동안에는 본인은 상대방에게 추인의 효과를 주장하지 못한다는 취지이므로 상대방은 그때까지 민법 제134조에 의한 철회를 할 수 있고, 또 무권대리인에의 추인이 있었음을 주장할 수도 있다(대판 1981.4.14. 80다2314). 여기서 철회는 상대방이 계약 당시 선의인 경우에 한하여 할 수 있다(민법 제134조).

③ (O) 민법 제135조 제1항은 "타인의 대리인으로 계약을 한 자가 그 대리권을 증명하지 못하고 또 본인의 추인을 얻지 못한 때에는 상대방의 선택에 좇아 계약의 이행 또는 손해배상의 책임이 있다."고 규정하고 있다. 위 규정에 따른 무권대리인의 상대방에 대한 책임은 무과실책임으로서 대리권의 흠결에 관하여 대리인에게 과실 등의 귀책사유가 있어야만 인정되는 것이 아니고, 무권대리행위가 제3자의 기망이나 문서위조 등 위법행위로 야기되었다고 하더라도 책임은 부정되지 아니한다(대판 2014.2.27. 2013다213038).

> **상대방에 대한 무권대리인의 책임(민법 제135조)**
> ① 다른 자의 대리인으로서 계약을 맺은 자가 그 대리권을 증명하지 못하고 또 본인의 추인을 받지 못한 경우에는 그는 상대방의 선택에 따라 계약을 이행할 책임 또는 손해를 배상할 책임이 있다.
> ② 대리인으로서 계약을 맺은 자에게 대리권이 없다는 사실을 상대방이 알았거나 알 수 있었을 때 또는 대리인으로서 계약을 맺은 사람이 제한능력자일 때에는 제1항을 적용하지 아니한다.

④ (O) 다른 자의 대리인으로서 계약을 맺은 자가 그 대리권을 증명하지 못하고 또 본인의 추인을 받지 못한 경우에는 그는 상대방의 선택에 따라 계약을 이행할 책임 또는 손해를 배상할 책임이 있다(민법 제135조 제1항). 이때 상대방이 계약의 이행을 선택한 경우 무권대리인은 계약이 본인에게 효력이 발생하였더라면 본인이 상대방에게 부담하였을 것과 같은 내용의 채무를 이행할 책임이 있다. 무권대리인은 마치 자신이 계약의 당사자가 된 것처럼 계약에서 정한 채무를 이행할 책임을 지는 것이다. 무권대리인이 계약에서 정한 채무를 이행하지 않으면 상대방에게 채무불이행에 따른 손해를 배상할 책임을 진다. 위 계약에서 채무불이행에 대비하여 손해배상액의 예정에 관한 조항을 둔 때에는 특별한 사정이 없는 한 무권대리인은 조항에서 정한 바에 따라 산정한 손해액을 지급하여야 한다. 이 경우에도 손해배상액의 예정에 관한 민법 제398조가 적용됨은 물론이다(대판 2018.6.28. 2018다210775).

⑤ (✕) 무권대리행위의 추인에 특별한 방식이 요구되는 것이 아니므로 명시적인 방법만 아니라 묵시적인 방법으로도 할 수 있고, 그 추인은 무권대리인, 무권대리행위의 직접의 상대방 및 그 무권대리행위로 인한 권리 또는 법률관계의 승계인에 대하여도 할 수 있다(대판 1981.4.14. 80다2314).

10 취소에 관한 설명으로 옳은 것은?(다툼이 있으면 판례에 따름)

① 미성년자가 체결한 계약이 법정대리인의 동의없음을 이유로 취소할 수 있는 경우, 계약당사자인 미성년자는 단독으로 그 계약을 취소할 수 없다.

② 계약을 체결할 수 있는 권한만을 가진 임의대리인이 상대방의 사기로 계약을 체결한 경우, 그 임의대리인은 그 계약을 취소할 수 있다.

③ 미성년자인 임의대리인이 계약을 체결한 경우, 본인은 미성년자에 의한 대리행위라는 이유로 취소할 수 있다.

④ 전세권자의 사기에 의해 건물에 전세권이 설정되고 그 건물이 양도된 경우, 건물양수인은 전세권자의 사기를 이유로 전세권 설정 계약을 취소할 수 있다.

⑤ 미성년자가 단독으로 발급받은 신용카드를 이용하여 구입한 물품의 대금을 성년자가 되어 이의 없이 결제한 후에도 그 물품구입계약을 미성년자의 행위임을 이유로 취소할 수 있다.

해설 ① (×) 미성년자 자신이 체결한 계약도 미성년자가 단독으로 그 계약을 취소할 수 있다(민법 제140조).

② (×) 계약을 체결할 수 있는 권한만을 가진 임의대리인이 상대방의 사기로 계약을 체결한 경우, 그 임의대리인은 특별수권이 없는 한 그 계약을 취소 또는 해제 등을 할 수 없다.

③ (×) 대리인은 행위능력자임을 요하지 아니하므로(민법 제117조), 본인은 미성년자에 의한 대리행위라는 이유로 취소할 수 없다.

④ (○) 민법 제140조. 따라서 건물양수인은 특정승계인으로서 전세권자의 사기를 이유로 전세권 설정 계약을 취소할 수 있다.

> **법률행위의 취소권자(민법 제140조)**
> 취소할 수 있는 법률행위는 제한능력자, 착오로 인하거나 사기·강박에 의하여 의사표시를 한 자, 그의 대리인 또는 승계인만이 취소할 수 있다.

⑤ (×) 미성년자가 단독으로 발급받은 신용카드를 이용하여 구입한 물품의 대금을 성년자가 되어 이의없이 결제한 후에는 법정추인이 되어 그 물품구입계약을 미성년자의 행위임을 이유로 취소할 수 없다(민법 제145조 제1호).

> **법정추인(민법 제145조)**
> 취소할 수 있는 법률행위에 관하여 전조의 규정에 의하여 추인할 수 있는 후에 다음 각 호의 사유가 있으면 추인한 것으로 본다. 그러나 이의를 보류한 때에는 그러하지 아니하다.
> 1. 전부나 일부의 이행

11 부동산 거래신고 등에 관한 법률에 따른 토지거래허가구역 내에 존재하는 토지에 대하여 매도인 甲과 매수인 乙사이에 허가를 전제로 하여 매매계약이 체결되었으며 계약 당시 乙은 甲에게 계약금을 지급하였다. 이에 관한 설명으로 옳은 것은?(다툼이 있으면 판례에 따름)

① 乙은 甲을 상대로 허가가 나오는 것을 조건으로 하여 잔금과 상환으로 이전등기를 해 달라고 청구할 수 있다.

② 허가가 나오기 전이라도 甲은 乙이 잔금기일에 잔금을 지급하지 않았다는 것을 이유로 위 계약을 해제 할 수 있다.

③ 위 계약이 확정적으로 무효가 된 경우, 그에 관해 귀책사유가 있는 당사자도 계약의 무효를 주장할 수 있다.

④ 거래허가를 신청하기 전에는 乙의 기망행위로 위 계약을 체결하였더라도 甲은 그 계약을 취소 할 수 없다.

⑤ 만일 계약 당시 합의에 따라 계약금을 乙이 丙에게 지급하였는데 그 후 위 계약이 확정적으로 무효가된 경우, 특별한 사정이 없는 한 乙은 丙을 상대로 지급한 계약금 상당액의 반환을 청구 할 수 있다.

해설 ① (×) 국토의 계획 및 이용에 관한 법률상의 토지거래계약허가구역 내의 토지에 관하여 관할관청의 허가를 받을 것을 전제로 한 매매계약은 법률상 미완성의 법률행위로서 허가받기 전의 상태에서는 아무런 효력이 없어, 그 매수인이 매도인을 상대로 하여 권리의 이전 또는 설정에 관한 어떠한 이행청구도 할 수 없고, 이행청구를 허용하지 않는 취지에 비추어 볼 때 그 매매계약에 기한 소유권이전등기청구권 또는 토지거래계약에 관한 허가를 받을 것을 조건으로 한 소유권이전등기청구권을 피보전권리로 한 부동산처분금지가처분신청 또한 허용되지 않는다(대결 2010.8.26. 2010마818). 토지거래허가를 받지 않은 상태에서의 매매계약은 유동적 무효로서, 허가가 있기까지는 채권계약의 효력이 발생하지 아니한다. 따라서 허가조건부이전등기의무나 토지거래계약에 관한 허가를 받을 것을 조건으로 한 소유권이전등기청구권을 피보전권리로 한 부동산처분금지가처분신청은 허용되지 않는다.

② (×) 허가받을 것을 전제로 하는 거래계약은 허가를 받을때까지는 법률상 미완성의 법률행위로서 소유권 등 권리의 이전 또는 설정에 관한 거래의 효력이 전혀 발생하지 않으나 일단 허가를 받으면 그 계약은 소급하여 유효한 계약이 되고, 이와 달리 불허가가 된 때에 무효로 확정되므로 허가를 받기까지는 유동적 무효의 상태에 있다고 볼 것인바, 허가를 받을 것을 전제로 한 거래계약은 허가 받기 전의 상태에서는 거래계약의 채권적 효력도 전혀 발생하지 않으므로 권리의 이전 또는 설정에 관한 어떠한 내용의 이행청구도 할 수 없고, 그러한 거래계약의 당사자로서는 허가받기 전의 상태에서 상대방의 거래계약상 채무불이행을 이유로 거래계약을 해제하거나 그로 인한 손해배상을 청구할 수 없다(토지거래허가구역 내에 있는 토지를 허가대상이 아닌 다른 부동산과 교환하기로 하는 내용의 교환계약이 국토이용관리법상의 토지거래허가를 받아야 하는 거래계약이어서, 당해 계약에 관하여 관할관청의 토지거래허가를 받지 않은 이상 허가를 받기까지는 유동적 무효의 상태에 있는 것임에도 불구하고, 당해 계약이 유효한 계약임을 전제로 하여, 매수인의 교환대상 건물에 관한 소유권이전등기의무가 이행불능이 되었고 그와 같은 채무불이행이 매수인의 귀책사유에 기한 것이라는 이유로 계약이 매도인에 의하여 적법하게 해제된 것을 이유로, 매수인은 매도인에게 이행불능으로 인한 손해배상책임이 있다고 한 원심판결을 파기한 사례)(대판 1997.7.25. 97다4357·4364). 매매계약이 유동적 무효인 상태에서는 물권적 효력뿐만 아니라, 채권적 효력도 발생하지 않는다. 따라서 허가가 나오기 전에는 각 당사자는 주된 급부의무의 이행을 청구할 수 없으며, 주된 급부의무가 없으므로 채무불이행을 이유로 손해배상을 청구하거나 계약을 해제할 수는 없다.

③ (○) 국토이용관리법상 토지거래허가를 받지 않아 거래계약이 유동적 무효의 상태에 있는 경우, 유동적 무효 상태의 계약은 관할 관청의 불허가처분이 있을 때뿐만 아니라 당사자 쌍방이 허가신청협력의무의 이행거절 의사를 명백히 표시한 경우에는 허가 전 거래계약관계, 즉 계약의 유동적 무효 상태가 더 이상 지속된다고 볼 수 없으므로, 계약관계는 확정적으로 무효가 된다고 할 것이고, 그와같은 법리는 거래계약상 일반의 채무가 이행불능임이 명백하고 나아가 상대방이 거래계약의 존속을 더 이상 바라지 않고 있는 경우에도 마찬가지라고 보아야 하며, 거래계약이 확정적으로 무효가 된 경우에는 거래계약이 확정적으로 무효로 됨에 있어서 귀책사유가 있는 자라고 하더라도 그 계약의 무효를 주장할 수 있다(대판 1997.7.25. 97다4357·4364).

④ (×) 국토이용관리법상 규제구역 내에 속하는 토지거래에 관하여 관할 도지사로부터 거래허가를 받지 아니한 거래계약은 처음부터 위 허가를 배제하거나 잠탈하는 내용의 계약이 아닌 한 허가를 받기까지는 <u>유동적 무효의 상태에 있고</u> 거래 당사자는 거래허가를 받기 위하여 서로 협력할 의무가 있으나, 그 토지거래가 계약 당사자의 표시와 불일치한 의사(비진의표시, 허위표시 또는 착오) 또는 사기, 강박과 같은 하자 있는 의사에 의하여 이루어진 경우에는, <u>이들 사유에 의하여 그 거래의 무효 또는 취소를 주장할 수 있는 당사자는 그러한 거래허가를 신청하기 전 단계에 서 이러한 사유를 주장하여 거래허가신청 협력에 대한 거절의사를 일방적으로 명백히 함으로써 그 계약을 확정적으로 무효화시키고 자신의 거래허가절차에 협력할 의무를 면할 수 있다</u>(대판 1997.11.14. 97다36118).

⑤ (×) 제3자를 위한 계약관계에서 낙약자와 요약자 사이의 법률관계(이른바 기본관계)를 이루는 계약이 무효이거나 해제된 경우 <u>그 계약관계의 청산은 계약의 당사자인 낙약자와 요약자 사이에 이루어져야 하므로,</u> 특별한 사정이 없는 한 낙약자가 이미 제3자에게 급부한 것이 있더라도 낙약자는 계약해제 등에 기한 원상회복 또는 부당이득을 원인으로 제3자를 상대로 그 반환을 구할 수 없다(대판 2010.8.19. 2010다31860·31877). 따라서 乙은 丙을 상대로 지급한 계약금 상당액의 반환을 청구할 수 없다.

12 소멸시효 중단사유에 관한 설명으로 옳지 않은 것은?(다툼이 있으면 판례에 따름)

① 채권자가 채무자에게 등기우편으로 이행청구를 한 경우, 법에서 정한 후속수단을 취하지 않으면 그 이행청구만으로는 시효가 중단되지 않는다.

② 채권자가 채무자를 상대로 제기한 소송에서, 피고인 채무자에게 소송서류가 송달된 적이 없는 상태에서 판결이 선고되더라도 시효중단의 효력은 있다.

③ 채무자가 채권자를 상대로 채무부존재확인소송을 제기하여 채권자가 이를 적극적으로 다툰 경우, 그 소가 법원에 접수된 때부터 시효중단의 효력이 인정된다.

④ 채권양수인이 채무자를 상대로 소를 제기하였다가 채무자에 대한 양도통지가 없었다는 이유로 청구가 기각되어 확정된 후, 양도통지를 하고 그 확정된 때로부터 6개월 내에 다시 소를 제기한 경우, 시효중단의 효력은 전소(前訴)제기 시로 소급하여 발생한다.

⑤ 채권자가 연대채무자의 1인에 대하여 가압류를 한 경우, 다른 연대채무자의 채무에 대해서는 시효가 중단되지 않는다.

해설 ① (○) 민법 제174조

> **최고와 시효중단(민법 제174조)**
> 최고는 6월내에 재판상의 청구, 파산절차참가, 화해를 위한 소환, 임의출석, 압류 또는 가압류, 가처분을 하지 아니하면 시효중단의 효력이 없다.

② (○) 민사소송법 제265조에 의하면, 시효중단사유 중 하나인 '재판상의 청구'(민법 제168조 제1호, 제170조)는 소를 제기한 때 시효중단의 효력이 발생한다. <u>이는 소장 송달 등으로 채무자가 소 제기 사실을 알기 전에 시효중단의 효력을 인정한 것이다.</u> 가압류에 관해서도 위 민사소송법규정을 유추적용하여 '재판상의 청구'와 유사하게 가압류를 신청한 때 시효중단의 효력이 생긴다고 보아야 한다(대판 2017.4.7. 2016다35451).

③ (×) 민법 제168조 제1호, 제170조 제1항에서 시효중단사유의 하나로 규정하고 있는 재판상의 청구란, 통상적으로는 권리자가 원고로서 시효를 주장하는 자를 피고로 하여 소송물인 권리를 소의 형식으로 주장하는 경우를 가리키나, 이와 반대로 <u>시효를 주장하는 자가 원고가 되어 소를 제기한 데 대하여 피고로서 응소하여 소송에서 적극적으로 권리를 주장하고 그것이 받아들여진 경우도 이에 포함되고, 위와 같은 응소행위로 인한 시효중단의 효력은 피고가 현실적으로 권리를 행사하여 응소한 때에 발생하지만,</u> 권리자인 피고가 응소하여 권리를 주장하였으나 <u>소가 각하되거나 취하되는 등의 사유로 본안에서 권리주장에 관한 판단 없이 소송이 종료된 경우에는 민법 제170조 제2항을 유추적용하여 그때부터 6월 이내에 재판상의 청구 등 다른 시효중단조치를 취한 경우에 한하여 응소 시에 소급하여 시효중단의 효력이 있다고 보아야 한다</u>(대판 2012.1.12. 2011다78606).

④ (○) 비록 대항요건을 갖추지 못하여 채무자에게 대항하지 못한다고 하더라도 채권의 양수인이 채무자를 상대로 재판상의 청구를 하였다면 이는 소멸시효 중단사유인 재판상의 청구에 해당한다(대판 2005.11.10. 2005다41818). 그리고 재판상의 청구는 소송의 각하, 기각 또는 취하의 경우에는 시효중단의 효력이 없지만 6월 내에 재판상의 청구, 파산절차참가, 압류 또는 가압류, 가처분을 한 때에는 시효는 최초의 재판상 청구로 인하여 중단된 것으로 본다(민법 제170조).

⑤ (○) 채권자의 신청에 의한 경매개시결정에 따라 연대채무자 1인의 소유 부동산이 압류된 경우, 이로써 위 채무자에 대한 채권의 소멸시효는 중단되지만, 압류에 의한 시효중단의 효력은 다른 연대채무자에게 미치지 아니하므로, 경매개시결정에 의한 시효중단의 효력을 다른 연대채무자에 대하여 주장할 수 없다(대판 2001.8.21. 2001다22840). 연대채무에서 압류, 가압류 등 이행청구 이외의 시효중단사유는 상대적 효력이 있을 뿐이다.

13 부동산소유권의 변동을 위해 등기를 요하는 것을 모두 고른 것은?(다툼이 있으면 판례에 따름)

ㄱ. 甲이 자기 소유의 X토지를 친구 乙에게 사인증여한 후, 甲이 사망하여 乙이 X토지를 취득하는 경우
ㄴ. 甲·乙·丙 3인으로 구성된 조합에서 甲이 X토지에 관한 합유지분을 포기하여 그의 지분이 乙과 丙에게 균분으로 귀속하는 경우
ㄷ. 甲이 X토지에 관해 乙에게 소를 제기하여 법원으로부터 '乙은 甲에게 2023.2.1.자 매매계약을 원인으로 한 X토지의 소유권이전등기절차를 이행하라'는 확정판결을 받아 이에 기해 甲이 소유권을 취득하는 경우
ㄹ. 甲 소유의 X토지를 乙이 20년간 소유의 의사로 평온·공연하게 점유하여 점유취득시효의 요건이 완성되어 乙이 소유권을 취득하는 경우

① ㄱ, ㄴ
② ㄱ, ㄷ
③ ㄷ, ㄹ
④ ㄴ, ㄷ, ㄹ
⑤ ㄱ, ㄴ, ㄷ, ㄹ

해설 ㄱ. (○) 사인증여는 등기가 경료되어야지 물권변동이 된다.

ㄴ. (○) 합유지분 포기가 적법하다면 그 포기된 합유지분은 나머지 잔존 합유지분권자들에게 균분으로 귀속하게 되지만 그와 같은 물권변동은 합유지분권의 포기라고 하는 법률행위에 의한 것이므로 등기하여야 효력이 있고 지분을 포기한 합유지분권자로부터 잔존 합유지분권자들에게 합유지분권 이전등기가 이루어지지 아니하는 한 지분을 포기한 지분권자는 제3자에 대하여 여전히 합유지분권자로서의 지위를 가지고 있다(대판 1997.9.9. 96다16896).

ㄷ. (○) 민법 제187조의 판결은 형성판결을 의미하므로, 매매를 원인으로 한 소유권이전등기절차 이행판결이 확정된 경우에는, 매수인 명의로 등기가 된 때에 비로소 소유권 이전의 효력이 생긴다(민법 제186조).

ㄹ. (○) 부동산점유취득시효의 경우 등기를 요한다(민법 제245조 제1항).

> **점유로 인한 부동산소유권의 취득기간(민법 제245조)**
> ① 20년간 소유의 의사로 평온, 공연하게 부동산을 점유하는 자는 등기함으로써 그 소유권을 취득한다.

14 선의취득에 관한 설명으로 옳지 않은 것은?(다툼이 있으면 판례에 따름)

① 명인방법에 의하여 공시되는 수목의 집단 중 토지로부터 분리된 수목은 선의취득의 대상이 될 수 있다.

② 무권리자로부터 연립주택의 입주권을 평온·공연하게 선의·무과실로 매수하더라도 매수인은 입주권에 관한 선의취득을 주장할 수 없다.

③ 법정대리인의 동의를 받지 않은 미성년자로부터 타인 소유의 자전거를 선의로 매수한 자는 그 미성년자가 제한능력을 이유로 매매계약을 취소하더라도 선의취득에 기해 그 자전거의 소유권을 취득한다.

④ 甲 소유의 발전기를 임차하여 공장에서 사용 중인 乙이 발전기의 소유자를 乙로 오신한 丙에게 그 발전기를 매도함과 동시에 이를 丙으로부터 임차하여 점유의 이전없이 공장에서 계속 사용하고 있는 경우, 丙은 발전기의 소유권을 선의취득 할 수 없다.

⑤ 선의취득의 대상이 된 금반지가 유실물일 때에는 유실자는 유실한 날로부터 2년 내에 그 금반지의 반환을 청구할 수 있다.

해설 ① (○) 토지로부터 분리된 수목은 동산이므로 선의취득의 대상이 된다.

② (○) 서울특별시가 무허가 건물을 자진철거하는 시민들을 위하여 건립하는 <u>연립주택의 입주권은 수분양자로서의 지위에 불과한 것이므로 선의취득의 대상이 될 수 없다</u>(대판 1980.9.9. 79다2233).

③ (×) 선의취득은 양도인이 무권리자(처분권이 없다)라는 것을 제외하고 거래행위 자체는 유효하여야 한다. 따라서 거래행위가 무효이거나 당사자에게 제한능력, 착오, 사기·강박 등의 사유가 있어 취소 또는 무효가 된 경우에는 성립하지 않는다.

④ (○) 동산의 선의취득에 필요한 점유의 취득은 현실적 인도가 있어야 하고 점유개정에 의한 점유취득만으로서는 그 요건을 충족할 수 없다(대판 1978.1.17. 77다1872). 판례는 동산의 선의취득에 필요한 점유의 취득으로 점유개정을 부정한다. 위 사례의 경우, 乙이 종전대로 점유하고 있으므로 외부에서 매도하였다는 사실을 전혀 알 수 없기 때문에 선의취득이 부정된다.

⑤ (○) 민법 제250조

> **도품, 유실물에 대한 특례(민법 제250조)**
> 전조의 경우에 그 동산이 도품이나 유실물인 때에는 피해자 또는 유실자는 도난 또는 유실한 날로부터 2년내에 그 물건의 반환을 청구할 수 있다. 그러나 도품이나 유실물이 금전인 때에는 그러하지 아니하다.

15 점유권에 관한 설명으로 옳은 것은?(다툼이 있으면 판례에 따름)

① 선의의 점유자라도 본권에 관한 소에 패소한 때에는 그 소가 확정된 때로부터 악의의 점유자로 본다.

② 건물의 소유권이 양도된 경우에는 특별한 사정이 없는 한 건물의 양도인인 전(前) 소유자는 그 건물의 부지에 대한 점유를 상실한다.

③ 직접점유자가 그의 점유를 침탈당하거나 방해당하고 있는 경우, 지접점유자만이 점유보호청구권을 가지고 간접점유자는 점유보호청구권을 행사할 수 없다.

④ 甲의 점유가 타주점유인 경우, 甲의 특정승계인 乙이 자기의 점유만을 주장하더라도 그 점유는 타주점유로 추정된다.

⑤ 과실수취권이 있는 점유자는 점유물로부터 과실을 취득하였더라도 회복자에 대하여 점유물을 보존하기 위하여 지출한 통상의 필요비의 상환을 청구할 수 있다.

해설 ① (×) 민법 제197조 제2항

> **점유의 태양(민법 제197조)**
> ② 선의의 점유자라도 본권에 관한 소에 패소한 때에는 **그 소가 제기된 때로부터** 악의의 점유자로 본다.

② (○) 사회통념상 건물은 그 부지를 떠나서는 존재할 수 없는 것이므로 <u>건물의 부지가 된 토지는 그 건물의 소유자가 점유하는 것으로 볼 것이고</u>, 건물의 소유권이 양도된 경우에는 건물의 종전의 소유자가 건물의 소유권을 상실하였음에도 불구하고 그 부지를 계속 점유할 별도의 독립된 권원이 있는 등의 특별한 사정이 없는 한 그 부지에 대한 점유도 함께 상실하는 것으로 보아야 하며, 이 경우에 건물의 종전의 소유자가 그 건물에 계속 거주하고 있고 건물의 새로운 소유자는 현실적으로 건물이나 그 부지를 점거하고 있지 아니하고 있더라도 결론은 마찬가지이다(대판 1993.10.26. 93다2483).

③ (×) 직접점유자가 제3자에 의하여 점유를 침탈당하거나 방해받고 있는 경우에는 간접점유자도 제3자에 대하여 점유보호청구권을 갖는다(민법 제207조 제1항).

> **간접점유의 보호(민법 제207조)**
> ① 전3조의 청구권은 제194조의 규정에 의한 간접점유자도 이를 행사할 수 있다.

④ (×) 점유의 승계가 있는 경우 전 점유자의 점유가 타주점유라 하여도 점유자의 승계인이 자기의 점유만을 주장하는 경우에는 현 점유자의 점유는 자주점유로 추정된다(대판 2002.2.26. 99다72743).

⑤ (×) 기계의 점유자가 그 기계장치를 계속 사용함에 따라 마모되거나 손상된 부품을 교체하거나 수리하는 데에 소요된 비용은 통상의 필요비에 해당하고, 그러한 통상의 필요비는 점유자가 과실을 취득하면 회복자로부터 그 상환을 구할 수 없다(대판 1996.7.12. 95다41161·41178).(민법 제203조 제1항 단서 참고)

> **점유자의 상환청구권(민법 제203조)**
> ① 점유자가 점유물을 반환할 때에는 회복자에 대하여 점유물을 보존하기 위하여 지출한 금액 기타 필요비의 상환을 청구할 수 있다. 그러나 점유자가 과실을 취득한 경우에는 통상의 필요비는 청구하지 못한다.

16 甲이 2000.2.1.부터 乙 소유의 X토지를 소유의 의사로 평온·공연하게 현재까지 점유하고 있다. 이에 관한 설명으로 옳지 않은 것은? (각 지문은 독립적이며, 다툼이 있으면 판례에 따름)

① 甲이 丙을 점유매개자로 하여 X토지를 간접적으로 점유하였더라도 甲은 시효취득을 주장할 수 있다.

② 乙이 X토지를 2015.2.1. 丙에게 매도하여 현재 丙이 소유권자로 등기되어 있는 경우, 甲은 丙에게 취득시효의 완성을 주장할 수 있다.

③ 乙이 丙에게 무효인 매매계약에 기하여 2022.2.1. 소유권이전등기를 마쳐주었다면, 甲은 乙을 대위하여 丙 명의의 등기의 말소를 구할 수 있다.

④ 乙의 채권자 丙이 채권을 보전하기 위하여 2018.2.1. X토지를 가압류 한 경우, 취득시효의 진행은 중단된다.

⑤ X토지에 관하여 甲의 취득시효가 완성된 경우, 乙은 甲에 대하여 취득시효 기간 동안 X토지를 점유하여 얻은 이득의 반환을 청구할 수 없다.

해설 ① (○) 시효취득의 요건인 점유에는 직접점유뿐만 아니라 간접점유도 포함되는 것이기는 하나, 간접점유를 인정하기 위해서는 간접점유자와 직접점유를 하는 자 사이에 일정한 법률관계, 즉 점유매개관계가 필요하다(대판 2020.5.28. 2020다202562). 따라서 甲은 20년간 소유의 의사로 평온, 공연하게 부동산을 점유하였으므로 시효취득을 주장할 수 있다.

② (○) 시효기간 진행 중 제3취득자의 이전등기는 점유상태를 파괴한 것으로 볼 수 없으므로 취득시효기간의 중단사유에 해당하지 않는다. 따라서 시효완성자는 완성 당시의 제3취득자에게 취득시효 완성을 이유로 이전등기를 청구 할 수 있다(대판 1997.4.25. 97다6186).

③ (○) 부동산의 점유로 인한 시효취득자는 취득시효완성당시의 소유자에 대하여 소유권이전등기청구권을 가질뿐 그 등기전에 먼저 소유권이전등기를 경료하여 부동산소유권을 취득한 제3자에 대하여 시효취득을 주장할 수 없는 것이지만 이는 어디까지나 그 제3자 명의의 등기가 적법 유효함을 전제로 하는 것이므로 만일 위 제3자 명의의 등기가 원인무효라면 동인에게 대항할 수 있고, 따라서 취득시효완성당시의 소유자에 대하여 가지는 소유권이전 등기청구권으로서 위 소유자를 대위하여 동인앞으로 경료된 원인무효인 등기의 말소를 구하고 아울러 위 소유자에게 취득시효완성을 원인으로 한 소유권이전등기를 구 할 수 있다(대판 1986.8.19. 85다카2306).

④ (×) 민법 제247조 제2항은 '소멸시효의 중단에 관한 규정은 점유로 인한 부동산소유권의 시효취득기간에 준용한다.'고 규정하고, 민법 제168조 제2호는 소멸시효 중단사유로 '압류 또는 가압류, 가처분'을 규정하고 있다. 점유로 인한 부동산소유권의 시효취득에 있어 취득시효의 중단사유는 종래의 점유상태의 계속을 파괴하는 것으로 인정될 수 있는 사유이어야 하는데, 민법 제168조 제2호에서 정하는 '압류 또는 가압류'는 금전채권의 강제집행을 위한 수단이거나 그 보전수단에 불과하여 취득시효기간의 완성 전에 부동산에 압류 또는 가압류 조치가 이루어졌다고 하더라도 이로써 종래의 점유상태의 계속이 파괴되었다고는 할 수 없으므로 이는 취득시효의 중단사유가 될 수 없다(대판 2019.4.3. 2018다296878).

⑤ (○) 부동산에 대한 취득시효가 완성되면 점유자는 소유명의자에 대하여 취득시효완성을 원인으로 한 소유권이 전등기절차의 이행을 청구할 수 있고 소유명의자는 이에 응할 의무가 있으므로 점유자가 그 명의로 소유권이전등기를 경료하지 아니하여 아직 소유권을 취득하지 못하였다고 하더라도 소유명의자는 점유자에 대하여 점유로 인한 부당이득반환청구를 할 수 없다(대판 1993.5.25. 92다51280).

17 공동소유에 관한 설명으로 옳은 것은?(다툼이 있으면 판례에 따름)

① 공유자는 다른 공유자의 동의없이 자기의 지분을 담보로 제공할 수 없다.

② 공유물의 변경은 공유자의 지분의 과반수로써 결정한다.

③ 공유물의 관리에 관한 사항은 공유자의 과반수로써 결정한다.

④ 합유자는 달리 정함이 없는 한 전원의 동의없이 합유물에 대한 지분을 처분하지 못한다.

⑤ 총유물에 대한 보존행위는 달리 정함이 없는 한 비법인사단을 구성하는 각 사원이 할 수 있다.

해설 ① (×) 공유자는 공유지분 처분의 자유가 있으므로(민법 제263조), 다른 공유자의 동의없이 자기의 지분을 담보로 제공할 수 있다.

> **공유지분의 처분과 공유물의 사용, 수익(민법 제263조)**
> 공유자는 그 지분을 처분할 수 있고 공유물 전부를 지분의 비율로 사용, 수익할 수 있다.

② (×) 공유물의 처분과 변경은 공유자 전원의 동의를 요한다(민법 제264조).

> **공유물의 처분, 변경(민법 제264조)**
> 공유자는 다른 공유자의 동의없이 공유물을 처분하거나 변경하지 못한다.

③ (×) 공유물의 관리에 관한 사항은 공유자의 지분의 과반수로써 결정한다(민법 제265조 본문).

④ (○) 민법 제273조 제1항

> **합유지분의 처분과 합유물의 분할금지(민법 제273조)**
> ① 합유자는 전원의 동의없이 합유물에 대한 지분을 처분하지 못한다.

⑤ (×) 민법 제276조 제1항은 "총유물의 관리 및 처분은 사원총회의 결의에 의한다", 같은 조 제2항은 "각 사원은 정관 기타의 규약에 좇아 총유물을 사용·수익할 수 있다"라고 규정하고 있을 뿐 공유나 합유의 경우처럼 보존행위는 그 구성원 각자가 할 수 있다는 민법 제265조 단서 또는 제272조 단서와 같은 규정을 두고 있지 아니한바, 이는 법인 아닌 사단의 소유형태인 총유가 공유나 합유에 비하여 단체성이 강하고 구성원 개인들의 총유재산에 대한 지분권이 인정되지 아니하는 데에서 나온 당연한 귀결이라고 할 것이므로 총유재산에 관한 소송은 법인 아닌 사단이 그 명의로 사원총회의 결의를 거쳐 하거나 또는 그 구성원 전원이 당사자가 되어 필수적 공동소송의 형태로 할 수 있을 뿐 그 사단의 구성원은 설령 그가 사단의 대표자라거나 사원총회의 결의를 거쳤다 하더라도 그 소송의 당사자가 될 수 없고, 이러한 법리는 총유재산의 보존행위로서 소를 제기하는 경우에도 마찬가지라 할 것이다(대판[전합] 2005.9.15. 2004다44971).

18 건물의 소유를 목적으로 하는 지상권에 관한 설명으로 옳지 않은 것은?(다툼이 있으면 판례에 따름)

① 토지에 관하여 근저당권을 설정함과 아울러 그 토지의 담보가치가 저감하는 것을 막기 위해 채권자 앞으로 건물의 소유를 목적으로 하는 지상권이 설정된 경우, 피담보채권의 변제로 근저당권이 소멸하더라도 그 지상권은 소멸하지 않는다.

② 존속기간의 만료로 지상권이 소멸할 당시에 건물이 현존한 경우, 지상권자가 계약갱신청구권을 행사하더라도 지상권설정자가 이를 거절하면 지상권은 갱신되지 않는다.

③ 지상권이 소멸한 때 지상권설정자가 상당한 가액을 제공하여 건물의 매수를 청구한 때에는 지상권자는 정당한 이유없이 이를 거절하지 못한다.

④ 건물의 소유를 목적으로 하는 지상권에서 그 건물이 멸실되더라도 존속기간이 만료되지 않은 한 지상권은 소멸되지 않는다.

⑤ 무상(無償)의 지상권자는 언제든지 지상권을 포기할 수 있지만, 지상권이 저당권의 목적인 때에는 저당권자의 동의가 있어야 포기할 수 있다.

해설

① (×) 근저당권 등 담보권 설정의 당사자들이 그 목적 토지위에 차후 용익권 설정 등으로 담보가치가 저감하는 것을 막기 위해 채권자 앞으로 지상권을 설정한 경우, <u>피담보채권이 변제나 시효로 소멸하면 그 지상권도 부종하여 소멸한다</u>(대판 2011.4.14. 2011다6342). 저당권의 담보가치를 획득하기 위하여 지상권을 취득하는 담보지상권의 경우, 담보지상권은 저당권의 담보가치를 확보하는데 그 목적이 있기 때문에, 저당권이 양도되면 함께 양도되고 저당권이 피담보채권의 변제 등으로 소멸하면 담보지상권도 함께 소멸한다(담보지상권의 부종성).

② (○) 민법 제283조 제1항의 갱신청구권은, 지상권이 존속기간의 만료로 소멸한 경우에 한하여 건물 기타 공작물이나 수목이 현존하는 때에 지상권자에게 인정되는 권리이며(통설), 지상권자의 갱신청구로 곧 계약갱신의 효과가 발생하지는 않고 지상권설정자가 갱신청구에 응하여 갱신계약을 체결함으로써 갱신이 효과가 발생한다.

> **지상권자의 갱신청구권, 매수청구권(민법 제283조)**
> ① 지상권이 소멸한 경우에 건물 기타 공작물이나 수목이 현존한 때에는 지상권자는 계약의 갱신을 청구할 수 있다.

③ (○) 민법 제285조 제2항

> **수거의무, 매수청구권(민법 제285조)**
> ① 지상권이 소멸한 때에는 지상권자는 건물 기타 공작물이나 수목을 수거하여 토지를 원상에 회복하여야 한다.
> ② 전항의 경우에 지상권설정자가 상당한 가액을 제공하여 그 공작물이나 수목의 매수를 청구한 때에는 지상권자는 정당한 이유없이 이를 거절하지 못한다.

④ (○) 지상권은 타인의 토지에서 건물 기타의 공작물이나 수목을 소유하는 것을 본질적 내용으로 하는 것이 아니라 타인의 토지를 사용하는 것을 본질적 내용으로 하고 있으므로 지상권 설정계약 당시 건물 기타의 공작물이나 수목이 없더라도 지상권은 유효하게 성립할 수 있고, 또한 기존의 건물 기타의 공작물이나 수목이 멸실되더라도 존속기간이 만료되지 않는 한 지상권이 소멸되지 아니한다(대판 1996.3.22. 95다49318).

⑤ (○) 무상의 지상권은 기간에 관한 약정의 유무를 불문하고 지상권자가 자유롭게 포기할 수 있다. 그러나 지상권이 저당권의 목적인 때에는 저당권자의 동의 없이는 포기하지 못한다(민법 제371조 제2항).

> **지상권, 전세권을 목적으로 하는 저당권(민법 제371조)**
> ② 지상권 또는 전세권을 목적으로 저당권을 설정한 자는 저당권자의 동의없이 지상권 또는 전세권을 소멸하게 하는 행위를 하지 못한다.

19 甲은 乙 소유의 X토지에 건물의 소유를 목적으로 하는 지상권을 취득한 후 Y건물을 신축하여 보존등기를 마쳤다. 그 후 甲은 丙과 Y건물에 관하여 전세금을 3억원으로 하는 전세권설정계약을 체결하고 3억원을 지급받은 뒤 전세권설정등기를 마쳐주었다. 이에 관한 설명으로 옳은 것은?(다툼이 있으면 판례에 따름)

① 甲이 丙에게 Y건물을 인도하지 않은 경우, 특별한 사정이 없는 한 丙의 전세권은 성립하지 않는다.

② 甲과 丙이 전세권의 존속기간을 약정하지 아니한 경우, 甲과 丙은 언제든지 상대방에 대하여 전세권의 소멸을 통고할 수 있고 상대방이 이 통고를 받은 때 전세권은 소멸한다.

③ 전세금 3억원은 현실적으로 수수되어야 하며, 丙이 甲에 대하여 갖는 기존의 채권으로 전세금의 지급에 갈음할 수 없다.

④ 특별한 사정이 없는 한, 전세기간 중 丙은 甲의 동의를 얻어야 Y건물을 타인에게 임대할 수 있다.

⑤ 甲이 乙에게 약정한 지료를 2년분 이상 연체한 경우, 乙은 丙의 동의가 없어도 甲에게 지상권 소멸을 청구할 수 있다.

해설 ① (×) 전세권이 용익물권적 성격과 담보물권적 성격을 겸비하고 있다는 점 및 목적물의 인도는 전세권의 성립요건이 아닌 점 등에 비추어 볼 때, 당사자가 주로 채권담보의 목적으로 전세권을 설정하였고, 그 설정과 동시에 목적물을 인도하지 아니한 경우라 하더라도, 장차 전세권자가 목적물을 사용·수익하는 것을 완전히 배제하는 것이 아니라면, 그 전세권의 효력을 부인할 수는 없다(대판 1995.2.10. 94다18508). 전세금의 지급은 전세권의 성립요소인 반면 목적물의 인도는 전세권의 성립요건이 아니다.

② (×) 민법 제313조. 따라서 상대방이 이 통고를 받은 날로부터 6개월이 경과하여야 전세권이 소멸한다.

> **전세권의 소멸통고(민법 제313조)**
> 전세권의 존속기간을 약정하지 아니한 때에는 각 당사자는 언제든지 상대방에 대하여 전세권의 소멸을 통고할 수 있고 상대방이 이 통고를 받은 날로부터 6월이 경과하면 전세권은 소멸한다.

③ (×) 전세금의 지급은 전세권 성립의 요소가 되는 것이지만 그렇다고 하여 전세금의 지급이 반드시 현실적으로 수수되어야만 하는 것은 아니고 기존의 채권으로 전세금의 지급에 갈음할 수도 있다(대판 1995.2.10. 94다18508).

④ (×) 전세권자는 전세권을 타인에게 양도 또는 담보로 제공할 수 있고 그 존속기간내에서 그 목적물을 타인에게 전전세 또는 임대할 수 있다(민법 제306조 본문). 따라서 전세권설정자의 동의 없이도 전세권자는 타인에게 목적물을 임대할 수 있다.

⑤ (○) 지상권을 가지는 건물소유자가 그 건물에 전세권을 설정하였으나 그가 2년 이상의 지료를 지급하지 아니하였음을 이유로 지상권설정자, 즉 토지소유자의 청구로 지상권이 소멸하는 것(민법 제287조 참조)은 전세권설정자가 전세권자의 동의 없이는 할 수 없는 민법 제304조 제2항상의 "지상권 또는 임차권을 소멸하게 하는 행위"에 해당하지 아니한다. 민법 제304조 제2항이 제한하려는 것은 포기, 기간단축약정 등 지상권 등을 소멸하게 하거나 제한하여 건물전세권자의 지위에 불이익을 미치는 전세권설정자의 임의적인 행위이고, 그것이 법률의 규정에 의하여 지상권소멸청구권의 발생요건으로 정하여졌을 뿐인 지상권자의 지료 부지급 그 자체를 막으려고 한다거나 또는 지상권설정자가 취득하는 위의 지상권소멸청구권이 그의 일방적 의사표시로 행사됨으로 인하여 지상권이 소멸되는 효과를 제한하려고 하는 것이라고 할 수 없다. 따라서 전세권설정자가 건물의 존립을 위한 토지사용권을 가지지 못하여 그가 토지소유자의 건물철거 등 청구에 대항할 수 없는 경우에 민법 제304조 등을 들어 전세권자 또는 대항력 있는 임차권자가 토지소유자의 권리행사에 대항할 수 없음은 물론이다. 또한 건물에 대하여 전세권 또는 대항력 있는 임차권을 설정하여 준 지상권자가 그 지료를 지급하지 아니함을 이유로 토지소유자가 한 지상권소멸청구가 그에 대한 전세권자 또는 임차인의 동의가 없이 행하여졌다고 해도 민법 제304조 제2항에 의하여 그 효과가 제한된다고 할 수 없다(대판 2010.8.19. 2010다43801). 따라서 乙은 丙의 동의 없이도 甲에게 지상권 소멸을 청구할 수 있다.

20 민법상 유치권에 관한 설명으로 옳지 않은 것은?(다툼이 있으면 판례에 따름)

① 채권자는 자기 소유의 물건에 대하여는 유치권을 취득할 수 없다.

② 임대인과 임차인 사이에 건물명도시 권리금을 반환하기로 약정한 경우, 임차인은 권리금반환청구권을 피담보채권으로 하여 그 건물에 대하여 유치권을 행사할 수 없다.

③ 당사자가 미리 유치권의 발생을 배제하기로 하는 특약을 하는 것도 가능하다.

④ 어떠한 물건에 관련하여 채권이 발생한 후 채권자가 그 물건의 점유를 취득한 경우에도 유치권이 성립할 수 있다.

⑤ 유치권자가 소유자의 승낙 없이 유치목적물을 임대한 경우, 임차인의 점유는 소유자에게 대항할 수 있는 적법한 권원에 기한 것이다.

해설 ① (○) 유치권은 타물권인 점에 비추어 볼 때 수급인의 재료와 노력으로 건축되었고 독립한 건물에 해당되는 기성부분은 수급인의 소유라 할 것이므로 수급인은 공사대금을 지급받을 때까지 이에 대하여 유치권을 가질 수 없다(대판 1993.3.26. 91다14116). 따라서 자기 소유물에 대한 유치권은 성립하지 않는다.

② (○) 임대인과 임차인 사이에 건물명도시 권리금을 반환하기로 하는 약정이 있었다 하더라도 그와 같은 권리금반환청구권은 건물에 관하여 생긴 채권이라 할 수 없으므로 그와 같은 채권을 가지고 건물에 대한 유치권을 행사할 수 없다(대판 1994.10.14. 93다62119).

③ (○) 제한물권은 이해관계인의 이익을 부당하게 침해하지 않는 한 자유로이 포기할 수 있는 것이 원칙이다. 유치권은 채권자의 이익을 보호하기 위한 법정담보물권으로서, 당사자는 미리 유치권의 발생을 막는 특약을 할 수 있고 이러한 특약은 유효하다. 유치권 배제 특약이 있는 경우 다른 법정요건이 모두 충족되더라도 유치권은 발생하지 않는데, 특약에 따른 효력은 특약의 상대방뿐 아니라 그 밖의 사람도 주장할 수 있다(대판 2018.1.24. 2016다234043).

④ (○) 유치권자가 유치물을 점유하기 전에 발생된 채권(건축비채권)이라도 그 후 그 물건(건물)의 점유를 취득했다면 유치권은 성립한다(대판 1965.3.30. 64다1977).

⑤ (×) 유치권의 성립요건인 유치권자의 점유는 직접점유이든 간접점유이든 관계없지만, 유치권자는 채무자 또는 소유자의 승낙이 없는 이상 그 목적물을 타에 임대할 수 있는 권한이 없으므로(민법 제324조 제2항 참조), 유치권자의 그러한 임대행위는 소유자의 처분권한을 침해하는 것으로서 소유자에게 그 임대의 효력을 주장할 수 없다. 따라서 소유자의 승낙 없는 유치권자의 임대차에 의하여 유치권의 목적물을 임차한 자의 점유는 소유자에게 대항할 수 있는 적법한 권원에 기한 것이라고 볼 수 없다(대판 2011.2.10. 2010다 94700).

> **유치권자의 선관의무(민법 제324조)**
> ② 유치권자는 채무자의 승낙없이 유치물의 사용, 대여 또는 담보제공을 하지 못한다. 그러나 유치물의 보존에 필요한 사용은 그러하지 아니하다.

21 민법상 질권에 관한 설명으로 옳지 않은 것은?(다툼이 있으면 판례에 따름)

① 동산질권은 선의취득의 대상이 될 수 있다.

② 저당권으로 담보한 채권을 질권의 목적으로 한 때에는 그 저당권등기에 질권의 부기등기를 하여야 그 효력이 저당권에 미친다.

③ 근질권이 설정된 금전채권에 대하여 제3자의 압류로 강제집행절차가 개시된 경우, 근질권의 피담보채권은 근질권자가 그 강제집행이 개시된 사실은 알게 된 때에 확정된다.

④ 채무자의 부탁으로 그의 채무를 담보하기 위하여 자기 소유의 동산에 질권을 설정한 자는 그 채무의 이행기가 도래한 때 채무자에게 미리 구상권을 행사할 수 있다.

⑤ 질물의 변형물인 금전 기타 물건에 대하여 이미 제3자가 압류한 경우, 질권자 스스로 이를 압류하지 않아도 물상대위권을 행사할 수 있다.

해설　① (○) 질권설정은 처분행위이므로, 질권설정자는 처분권한이 있어야 한다. 다만, 질권설정자에게 처분권한이 없더라도, 채권자가 평온·공연하게 선의이며 과실 없이 질권설정을 받은경우에는, 채권자는 그 동산질권을 선의취득한다(민법 제343조, 제249조).

　　② (○) 민법 제348조

　　③ (○) 대판 2009.10.15. 2009다43621

　　④ (×) 타인의 채무를 담보하기 위하여 자신의 채권에 질권을 설정하여 준 물상보증인은 채무자의 채무를 변제하거나, 질권의 실행으로 인하여 질물의 소유권을 잃은 경우, 민법 제355조에 의하여 준용되는 같은 법 제341조에 의하여 채무자에 대하여 구상권을 갖게 된다고 할 것이다(대판 2007.5.31. 2005다28686).

　　⑤ (○) 대판 1996.7.12. 96다21058

22 저당권에 관한 설명으로 옳지 않은 것은?(다툼이 있으면 판례에 따름)

① 구분지상권을 목적으로 하는 저당권의 설정도 가능하다.

② 저당권 등기가 위법하게 말소된 후 그 저당부동산이 경매절차에서 매각된 경우, 저당권자는 매수인을 상대로 말소된 저당권 등기의 회복을 청구할 수 있다.

③ 피담보채무의 소멸로 무효가 된 저당권 등기의 유용은 등기부상 이해관계가 있는 제3자가 생기지 않은 경우에 허용된다.

④ 저당부동산에 대한 압류가 있으면 압류 이후의 저당권설정자의 저당부동산에 관한 차임채권에도 저당권의 효력이 미친다.

⑤ 금전채권이 아닌 채권을 피담보채권으로 하는 저당권을 설정하면서 그 평가액을 등기한 경우, 채권자는 제3자에 대한 관계에 있어서 그 등기된 평가액의 한도에서만 저당권을 주장할 수 있다.

해설　① (○) 민법상 부동산(민법 제356조)과 지상권, 전세권을 저당권의 목적으로 할 수 있다(민법 제371조 제1항).

　　② (×) 근저당권설정등기가 위법하게 말소되어 아직 회복등기를 경료하지 못한 연유로 그 부동산에 대한 경매 절차에서 피담보채권액에 해당하는 금액을 전혀 배당받지 못한 근저당권자로서는 위 경매절차에서 실제로 배당받은 자에 대하여 부당이득반환 청구로서 그 배당금의 한도 내에서 그 근저당권설정등기가 말소되지 아니하였더라면 배당받았을 금액의 지급을 구할 수 있을 뿐이고, 이미 소멸한 근저당권에 관한 말소등기의 회복등기를 위하여 현소유자를 상대로 그 승낙의 의사표시를 구할 수는 없다(대판 1998.10.2. 98다27197).

③ (○) 실질관계의 소멸로 무효로 된 등기의 유용은 그 등기를 유용하기로 하는 합의가 이루어지기 전에 등기상 이해관계가 있는 제3자가 생기지 않은 경우에는 허용된다(대판 2002.12.6. 2001다2846).

④ (○) 민법 제359조 전문은 "저당권의 효력은 저당부동산에 대한 압류가 있은 후에 저당권설정자가 그 부동산으로부터 수취한 과실 또는 수취할 수 있는 과실에 미친다."라고 규정하고 있는데, 위 규정상 '과실'에는 천연과실뿐만 아니라 법정과실도 포함되므로, 저당부동산에 대한 압류가 있으면 압류 이후의 저당권설정자의 저당부동산에 관한 차임채권 등에도 저당권의 효력이 미친다(대판 2016.7.27. 2015다230020).

⑤ (○) 저당권의 피담보채권의 범위는 민법 제360조에 열거되어 있다. 즉, 원본, 이자, 위약금, 채무불이행에 기한 손해배상채권, 저당권실행비용이 그 범위에 포함된다. 피담보채권이 금전으로 산정되어 등기되면 채권자는 제3자와의 관계에서는 등기된 평가액의 한도에서만 저당권의 효력을 주장할 수 있다.

---

23 甲은 乙에 대한 3억원의 채권을 담보하기 위하여 乙 소유의 X토지와 Y토지에 각각 1번 저당권을 설정하였다. 그 후 丙은 乙에 대한 2억원의 피담보채권을 가지고 X토지에 2번 저당권을 설정하였다. 경매절차에서 X토지와 Y토지는 각각 4억원, 2억원에 매각되었다. 이에 관한 설명으로 옳은 것을 모두 고른 것은?(다른 우선권자는 없고 원본만을 고려하며, 다툼이 있으면 판례에 따름)

> ㄱ. 동시배당이 이루어지는 경우, 甲은 X토지의 매각대금으로부터 2억원, Y토지의 매각대금으로부터 1억원을 배당받는다.
> ㄴ. 먼저 X토지에 대한 경매가 이루어져 甲이 3억원을 배당받은 경우, 丙은 Y토지에 대하여 1억원의 범위에서 甲의 1번 저당권을 대위할 수 있다.
> ㄷ. 먼저 X토지에 대한 경매가 이루어져 甲이 3억원을 배당받은 경우, 만일 丙이 Y토지에 공동저당의 대위등기를 하지 아니한 사이에 甲이 Y토지에 대한 저당권을 말소하고 丁이 Y토지를 매수하여 소유권을 취득하였더라도 丙은 丁에 대하여 저당권을 주장할 수 있다.
> ㄹ. 만일 甲이 경매가 개시되기 전에 Y토지에 대한 저당권을 포기하였다면 甲은 X토지의 매각대금으로부터 3억원을 배당받고 丙은 Y토지에 대하여 1억원의 범위에서 甲의 1번 저당권을 대위할 수 있다.

① ㄱ, ㄴ
② ㄴ, ㄷ
③ ㄷ, ㄹ
④ ㄱ, ㄴ, ㄹ
⑤ ㄱ, ㄷ, ㄹ

해설 ㄱ. (○) 동시배당의 경우 각 부동산의 경매대가에 비례하여 안분배당해야 하므로 甲은 X토지의 매각대금으로부터 2억원, Y토지의 매각대금으로부터 1억원을 배당받는다(민법 제368조 제1항).

ㄴ. (○) 일부의 경매대가를 먼저 배당하는 경우에는 그 대가에서 그 채권전부의 변제를 받을 수 있다. 이 경우에 그 경매한 부동산의 차순위저당권자는 선순위저당권자가 전항의 규정에 의하여 다른 부동산의 경매대가에서 변제를 받을 수 있는 금액의 한도에서 선순위자를 대위하여 저당권을 행사할 수 있다(민법 제368조 제2항). 따라서 먼저 X토지에 대한 경매가 이루어져 甲이 3억원을 배당받은 경우, 丙은 Y토지에 대하여 1억원의 범위에서 甲의 1번 저당권을 대위할 수 있다.

ㄷ. (×) 먼저 경매된 부동산의 후순위저당권자가 다른 부동산에 공동저당의 대위등기를 하지 아니하고 있는 사이에 선순위저당권자 등에 의해 그 부동산에 관한 저당권등기가 말소되고, 그와 같이 저당권등기가 말소되어 등기부상 저당권의 존재를 확인할 수 없는 상태에서 그 부동산에 관하여 소유권이나 저당권 등 새로 이해관계를 취득한 사람에 대해서는, 후순위저당권자가 민법 제368조 제2항에 의한 대위를 주장할 수 없다 (대판 2015.3.20. 2012다99341).

ㄹ. (×) 선순위 공동저당권자가 피담보채권을 변제받기 전에 공동저당 목적 부동산 중 일부에 관한 저당권을 포기한 경우에는, 후순위저당권자가 있는 부동산에 관한 경매절차에서, 저당권을 포기하지 아니하였더라면 후순위저당권자가 대위할 수 있었던 한도에서는 후순위저당권자에 우선하여 배당을 받을 수 없다고 보아야 하고, 이러한 법리는 공동근저당권의 경우에도 마찬가지로 적용된다(대판 2009.12.10. 2009다41250). 따라서 사례에서 甲은 X토지의 매각대금으로부터 2억원만 우선 배당받을 수 있다.

24 가등기담보에 관한 설명으로 옳지 않은 것은?(다툼이 있으면 판례에 따름)

① 매매대금 채권을 담보하기 위하여 가등기를 한 경우에는 가등기담보 등에 관한 법률이 적용되지 않는다.

② 가등기담보권이 설정되기 위해서는 피담보채권이 등기되어야 한다.

③ 당사자가 가등기담보권설정계약을 체결하면서 가등기 이후에 발생할 채권도 가등기부동산의 피담보채권에 포함시키기로 약정한 경우, 이 약정은 특별한 사정이 없는 한 유효하다.

④ 채권자가 가등기담보권을 실행하기 위해 청산금의 평가액을 통지하는 경우, 그가 주관적으로 평가한 청산금의 평가액을 통지하면 족하다.

⑤ 가등기담보권자는 담보목적부동산의 경매를 청구할 수 있고, 이 경우 경매에 관하여는 가등기담보권을 저당권으로 본다.

해설
① (○) 가등기담보 등에 관한 법률은 소비대차계약이나 준소비대차에 의하여 발생한 차용물의 반환에 관하여 차주가 차용물에 갈음하여 다른 재산권을 이전할 것을 예약한 경우에 적용된다.

② (×) 가등기담보권이 성립하기 위해서는 '피담보채권의 발생원인에 해당하는 소배대차계약이나 준소비대차 계약이 존재'해야 하고, '계약 당사자 사이에 가등기담보설정 계약을 체결'하였으며, '채권자명의의 (가)등기'가 설정되었어야 한다. 피담보채권의 등기여부는 요건이 아니다.

③ (○) 채권자와 채무자가 가등기담보권실정계약을 체결하면서 가등기 이후에 발생할 채권도 후순위권리자에 대하여 우선변제권을 가지는 가등기담보권의 피담보채권에 포함시키기로 약정할 수 있고, 가등기담보권을 설정한 후에 채권자와 채무자의 약정으로 새로 발생한 채권을 기존 가등기담보권의 피담보채권에 추가할 수도 있다(대판 2011.7.14. 2011다28090).

④ (○) 가등기담보 등에 관한 법률 제3조, 제4조에 의하면 가등기담보권자가 담보계약에 따른 담보권을 실행하여 담보목적부동산의 소유권을 취득하기 위해서는 채권의 변제기 후에 청산금의 평가액을 채무자 등에게 통지하여야 한다. 여기서 말하는 청산금의 평가액은 통지 당시의 담보목적부동산의 가액에서 그 당시의 피담보채권액(원본, 이자, 위약금, 지연배상금, 실행비용)을 뺀 금액을 의미하므로, 가등기담보권자가 담보권 실행을 통하여 우선변제받게 되는 이자나 지연배상금 등 피담보채권의 범위는 통지 당시를 기준으로 확정된다. 채권자는 주관적으로 평가한 청산금의 평가액을 통지하면 족하고, 채권자가 주관적으로 평가한 청산금이 액수가 정당하게 평가된 청산금의 액수에 미치지 못하더라도 담보권 실행의 통지로서의 효력에는 아무런 영향이 없다(대판 2016.6.23. 2015다13171).

⑤ (○) 가등기담보에 관한 법률 제12조 제1항

25 특정물채권에 관한 설명으로 옳지 않은 것은?(다툼이 있으면 판례에 따름)

① 특정물매매에 있어서 매수인의 대금지급채무가 이행지체에 빠졌다고 하더라도 그 목적물이 매수인에게 인도될 때까지는 매수인은 매매대금의 이자를 지급할 필요가 없다.

② 특정물매매의 경우, 매수인이 매매대금을 지급하지 않더라도 인도받지 않은 목적물로부터 생긴 과실에 대한 수취권은 특별한 사정이 없는 한 매수인에게 귀속된다.

③ 채권자는 특정물에 관한 자신의 채권을 보전하기 위하여 채무자의 제3채무자에 대한 그 특정물에 관한 권리만을 대위행사할 수 있다.

④ 103동 607호, 107동 203호 등으로 아파트를 지정하여 매매하는 것을 내용으로 하는 아파트분양계약은 수량을 지정한 매매가 아닌 특정물을 목적으로 한 매매에 해당한다.

⑤ 채권자가 특정물채권을 보전하기 위해 채권자취소권을 행사하는 것은 허용되지 않는다.

해설 ① (○) 특정물의 매매에 있어서 매수인의 대금지급채무가 이행지체에 빠졌다 하더라도 그 목적물이 매수인에게 인도될 때까지는 매수인은 매매대금의 이자를 지급할 필요가 없는 것이므로, 그 목적물의 인도가 이루어지지 아니하는 한 매도인은 매수인의 대금지급의무 이행의 지체를 이유로 매매대금의 이자 상당액의 손해배상청구를 할 수 없다(대판 1995.6.10. 95다14190).

② (×) 매매계약 있은 후에도 인도하지 아니한 목적물로부터 생긴 과실은 매도인에게 속한다(민법 제587조).

③ (○) 채권자대위권은 채무자의 채권을 대위행사함으로써 채권자의 채권이 보전되는 관계가 존재하는 경우에 한하여 이를 행사할 수 있으므로 특정물에 관한 채권자는 채권을 보전하기 위하여 채무자의 제3채무자에 대한 그 특정물에 관한 권리만을 대위행사할 수 있다(대판 1993.4.23. 93다289).

④ (○) 원고와 피고들간에 체결된 아파트분양계약이 아파트의 6층 607호, 1층 102호 등으로 특정된 아파트 1동씩을 특정하여 매매한 것이므로 이는 수량을 지정한 매매가 아니라 특정물을 목적으로 한 매매로서 설사 분양안내 카타로그가 잘못되어 피고들이 분양받은 아파트의 실제면적이 분양계약서상에 표시된 분양면적보다 다소 넓다하더라도 피고들이 법률상 원인없이 이득을 얻은 것이라 할 수 없다(대판 1991.3.27. 90다13888).

⑤ (○) 채권자취소권은 채무자가 채권자를 해함을 알면서 자기의 일반재산을 감소시키는 행위를 한 경우에 그 행위를 취소하여 채무자의 재산을 원상회복시킴으로써 모든 채권자를 위하여 채무자의 책임재산을 보전하는 권리로서, 특정물 채권을 보전하기 위하여 행사하는 것은 허용되지 않는다(대판 1995.2.10. 94다2534).

26 채무불이행에 관한 설명으로 옳지 않은 것은?(다툼이 있으면 판례에 따름)

① 이행보조자는 채무자의 의사 관여 아래 채무의 이행행위에 속하는 활동을 하는 자이면 충분하고, 반드시 채무자의 지시 또는 감독을 받는 관계에 있어야 하는 것은 아니다.

② 이행기의 정함이 없는 지명채권을 양수한 채권양수인이 채무자를 상대로 그 이행을 구하는 소를 제기하고, 그 소송 계속 중 채무자에 대한 채권양도통지가 이루어진 경우에는 특별한 사정이 없는 한 채무자는 그 소가 제기된 날부터 채권양수인에 대해 이행지체의 책임을 진다.

③ 매매목적물에 관하여 이중으로 제3자와 매매계약을 체결하였다는 사실만 가지고는 먼저 체결된 매매계약이 법률상 이행불능이라고 할 수 없다.

④ 매매목적물이 채무자의 과실에 의한 화재로 소실됨으로써 채무자의 매매목적물에 대한 인도의무가 이행불능으로 된 경우, 채권자는 화재사고로 채무자가 지급받게 되는 화재보험금에 대하여 대상청구권을 행사할 수 있다.

⑤ 임대인이 임대물수선의무를 이행하기 위하여 제3자에게 도급을 주어 임차물을 공사하던 중 그 수급인의 과실에 의한 임차물의 화재로 인해 임차인의 손해가 발생한 경우, 임대인은 임차인에 대하여 채무불이행에 따른 손해배상책임을 부담한다.

해설   ① (○) 대판 2011.5.26. 2011다13330

② (×) 채무에 이행기의 정함이 없는 경우에는 채무자가 이행의 청구를 받은 다음 날부터 이행지체의 책임을 지는 것이나, 한편 <u>지명채권이 양도된 경우 채무자에 대한 대항요건이 갖추어질 때까지 채권양수인은 채무자에게 대항 할 수 없으므로</u>, 이행기의 정함이 없는 채권을 양수한 채권양수인이 채무자를 상대로 그 이행을 구하는 소를 제기하고 소송 계속 중 채무자에 대한 채권양도통지가 이루어진 경우에는 특별한 사정이 없는 한 <u>채무자는 채권양도통지가 도달된 다음 날부터 이행지체의 책임을 진다</u>(대판 2014.4.10. 2012다29557).

③ (○) 매매목적물에 관하여 이중으로 제3자와 매매계약을 체결하였다는 사실만 가지고는 매매계약이 법률상 이행 불능이라고 할 수 없고, 채무의 이행이 불능이라는 것은 단순히 절대적, 물리적으로 불능인 경우가 아니라 사회생활에 있어서의 경험법칙 또는 거래상의 관념에 비추어 볼 때 채권자가 채무자의 이행의 실현을 기대할 수 없는 경우를 말한다(대판 1996.7.26. 96다14616).

④ (○) 대판 2016.10.27. 2013다7769

⑤ (○) 임대인이 임차인과의 임대차계약상의 약정에 따라 제3자에게 도급을 주어 임대차목적 시설물을 수선한 경우에는 그 수급인도 임대인에 대하여 종속적인지 여부를 불문하고 이행보조자로서의 피용자라고 보아야 할 것이고, 이러한 수급인이 시설물 수선 공사 등을 하던 중 수급인의 과실로 인하여 화재가 발생한 경우에는 임대인은 민법 제391조에 따라 위 화재발생에 귀책사유가 있다 할 것이어서 임차인에 대한 채무불이행상의 손해배상책임이 있다(대판 2002.7.12. 2001다44338).

27 채무불이행에 따른 손해배상에 관한 설명으로 옳은 것은?(다툼이 있으면 판례에 따름)

① 숙박업자가 숙박계약에 따른 의무를 다하지 못하여 투숙객이 사망한 경우, 숙박계약의 당사자가 아니면서 그 사고로 인하여 정신적 고통을 받은 그 투숙객의 근친자는 그 투숙객에 대한 숙박계약상의 채무불이행을 이유로 숙박업자에게 위자료를 청구할 수 있다.

② 채무불이행을 이유로 계약이 해제된 경우에 채권자는 이행이익의 배상 대신에 계약이 이행되리라고 믿고 지출한 비용을 채무불이행으로 인한 손해로 배상을 청구할 수 있으며, 그 지출비용이 이행이익의 범위를 초과하더라도 그 전부를 청구할 수 있다.

③ 부동산매매계약에서 매도인의 이행거절로 인한 채무불이행에서의 손해액 산정은 이행거절 당시의 부동산의 시가를 표준으로 한다.

④ 채무자의 채무불이행으로 인한 손해배상액이 예정되어 있는 경우에 채무불이행으로 인한 손해의 발생 및 확대에 채권자에게도 과실이 있다면 과실상계를 할 수 있다.

⑤ 위약금이 위약벌로 해석되기 위해 특별한 사정이 주장·입증될 필요는 없으며, 도급계약서에 계약보증금 외에 지체상금도 규정되어 있다면 이 자체로 계약보증금은 위약벌이 된다.

해설 ① (×) 숙박업자가 숙박계약상의 고객 보호의무을 다하지 못하여 투숙객이 사망한 경우, 숙박계약의 당사자가 아닌 그 투숙객의 근친자가 그 사고로 인하여 정신적 고통을 받았다 하더라도 숙박업자의 그 망인에 대한 숙박계약상의 채무불이행을 이유로 위자료를 청구할 수는 없다(대판 2000.11.14. 2000다38718).

② (×) 채무불이행을 이유로 계약을 해제하거나 해지하고 손해배상을 청구하는 경우에, 채권자는 채무가 이행되었더라면 얻었을 이익을 얻지 못하는 손해를 입은 것이므로 계약의 이행으로 얻을 이익, 즉 이행이익의 배상을 구하는 것이 원칙이다. 그러나 채권자는 그 대신에 계약이 이행되리라고 믿고 지출한 비용의 배상을 채무불이행으로 인한 손해라고 볼 수 있는 한도에서 청구할 수도 있다. 이러한 지출비용의 배상은 이행이익의 증명이 곤란한 경우에 증명을 용이하게 하기 위하여 인정되는데, 이 경우에도 채권자가 입은 손해, 즉 이행이익의 범위를 초과할 수는 없다(대판 2017.2.15. 2015다235766).

③ (○) 이행지체에 의한 전보배상에 있어서의 손해액 산정은 본래의 의무이행을 최고한 후 상당한 기간이 경과한 당시의 시가를 표준으로 하고, 이행불능으로 인한 전보배상액은 이행불능 당시의 시가 상당액을 표준으로 할 것인 바, 채무자의 이행거절로 인한 채무불이행에서의 손해액 산정은, 채무자가 이행거절의 의사를 명백히 표시하여 최고 없이 계약의 해제나 손해배상을 청구할 수 있는 경우에는 이행거절 당시의 급부목적물의 시가를 표준으로 해야한다(대판 2007.9.20. 2005다63337).

④ (×) 당사자 사이의 계약에서 채무자의 채무불이행으로 인한 손해배상액이 예정되어 있는 경우, 채무불이행으로 인한 손해의 발생 및 확대에 채권자에게도 과실이 있더라도 민법 제398조 제2항에 따라 채권자의 과실을 비롯하여 채무자가 계약을 위반한 경위 등 제반 사정을 참작하여 손해배상 예정액을 감액할 수는 있을지언정 채권자의 과실을 들어 과실상계를 할 수는 없다(대판 2016.6.10. 2014다200763).

⑤ (×) 도급계약서 및 그 계약내용에 편입된 약관에 수급인의 귀책사유로 인하여 계약이 해제된 경우에는 계약보증금이 도급인에게 귀속한다는 조항이 있는 경우, 그 계약보증금이 손해배상액의 예정인지 위약벌인지는 도급계약서 및 위 약관 등을 종합하여 개별적으로 결정할 의사해석의 문제이고, 위약금은 민법 제398조 제4항에 의하여 손해배상액의 예정으로 추정되므로 위약금이 위약벌로 해석되기 위하여는 특별한 사정이 주장·입증되어야 하는바, 도급계약서에 계약보증금 외에 지체상금도 규정되어 있다는 점만을 이유로 하여 계약보증금을 위약벌이라고 보기는 어렵다 할 것이다(대판 2005.11.10. 2004다40597).

28 책임재산의 보전에 관한 설명으로 옳지 않은 것은?(다툼이 있으면 판례에 따름)

① 농지취득자격증명 발급신청권은 채권자대위권의 행사대상이 될 수 있다.

② 채권자대위권 행사의 효과는 채무자에게 귀속되는 것이므로 채권자대위소송의 제기로 인한 피대위채권의 소멸시효 중단의 효과는 채무자에게 생긴다.

③ 취득시효의 대상인 부동산의 소유자가 취득시효 완성 후에 그 부동산을 처분하여 점유자의 시효취득을 원인으로 한 소유권이전등기청구권이 침해된 경우, 그 점유자는 소유권이전등기청구권의 보전을 위해 채권자취소권을 행사할 수 있다.

④ 채권자는 원칙적으로 자신의 채권액을 초과하여 채권자취소권을 행사할 수 없다.

⑤ 사해행위에 해당하는지가 문제되는 법률행위가 수익자의 대리인에 의하여 이루어진 때에는 특별한 사정이 없는 한 수익자의 사해의사는 대리인을 표준으로 결정한다.

해설 ① (O) 농지를 취득하려는 자가 농지에 대한 매매계약을 체결하는 등으로 농지에 관한 소유권이전등기청구권을 취득하였다면, 농지취득자격증명 발급신청권을 보유하게된다. 이러한 농지취득자격증명 발급신청권은 채권자대위권의 행사대상이 될 수 있다(대판 2018.7.11. 2014다36518).

② (O) 대판 2011.10.13. 2010다80930

③ (×) 민법 제406조 소정의 채권자취소권은 채무자의 행위로 인하여 그의 일반재산이 감소되어 총 채권자들의 채권의 공동담보에 부족이 생겨 채권자를 해함을 요건으로 하여 인정되는 권리인 것이므로, 이 사건에 있어서와 같이 취득시효의 대상인 부동산의 소유자가 취득시효 완성 후에 이를 처분하여 채권자의 시효취득을 원인으로 한 소유권이전등기청구권이 침해되었음을 이유로 하는 경우에는, 채권자취소권을 인정할 수 없는 것이고, 원심이 원고의 매수행위가 통정하여서 한 허위의 의사표시라고 인정하지 아니한 조처가 위법하다고 할 수 없다.(대판 1992.11.24. 92다33855).

④ (O) 채권자가 채권자취소권을 행사할 때에는 원칙적으로 자신의 채권액을 초과하여 취소권을 행사할 수 없고, 이때 채권자의 채권액에는 사해행위 이후 사실심 변론종결시까지 발생한 이자나 지연손해금이 포함된다(대판 2001.9.4. 2000다66416).

⑤ (O) 사해행위인지가 문제되는 법률행위가 대리인에 의하여 이루어진 때에는 수익자의 사해의사 또는 전득자의 사해행위에 대한 악의의 유무는 대리인을 표준으로 결정하여야 한다(대판 2006.9.8. 2006다22661).

29 연대채무자 甲·乙·丙이 채권자 丁에게 대여금 3억원을 변제하기로 하는 채무를 부담하는 경우, 이에 관한 설명으로 옳지 않은 것은? (甲·乙·丙의 부담부분은 균등하며 원본만 고려함. 각 지문은 독립적이고, 다툼이 있으면 판례에 따름)

① 丁이 변제기에 甲을 상대로 채무이행의 소를 제기하여 승소판결이 확정된 경우, 그 소멸시효 중단의 효과는 乙과 丙에게도 발생한다.

② 乙이 丁에 대해 상계적상에 있는 2억원의 채권을 가지고 있으나 상계하지 아니한 경우, 丙은 乙의 丁에 대한 2억원의 채권 중 1억원에 한해 상계할 수 있다.

③ 丙이 채무 3억원의 지급에 갈음하여 자신이 소유하는 부동산의 소유권을 丁에게 이전하기로 하는 경개계약을 丁과 유효하게 체결한 경우, 丁에 대한 甲과 乙의 채무는 소멸한다.

④ 丁이 甲에 대해 채무 전부를 면제한 경우, 丁에 대한 乙과 丙의 채무 전부도 소멸한다.

⑤ 丙이 丁의 위 채권(3억원)을 유효하게 양수한 경우, 甲과 乙은 丙에게 각 1억원을 변제하여야 한다.

해설 ① (O) 어느 연대채무자에 대한 이행청구는 다른 연대채무자에게도 효력이 있다(민법 제416조).

② (O) 상계할 채권이 있는 연대채무자가 상계하지 아니한 때에는 그 채무자의 부담부분에 한하여 다른 연대채무자가 상계할 수 있다(민법 제418조 제2항).

③ (O) 어느 연대채무자와 채권자간에 채무의 경개가 있는 때에는 채권은 모든 연대채무자의 이익을 위하여 소멸한다(민법 제417조).

④ (×) 어느 연대채무자에 대한 채무면제는 그 채무자의 부담부분에 한하여 다른 연대채무자의 이익을 위하여 효력이 있다(민법 제419조). 따라서 1억원의 범위에서 채무면제의 효력이 있다.

⑤ (O) 어느 연대채무자와 채권자간에 혼동이 있는 때에는 그 채무자의 부담부분에 한하여 다른 연대채무자도 의무를 면한다(민법 제420조).

30 채권의 양도에 관한 설명으로 옳은 것은?(다툼이 있으면 판례에 따름)

① 부동산매매로 인한 소유권이전등기청구권이 양도된 경우, 양도인의 채무자에 대한 통지만으로 채무자에 대한 대항력이 발생한다.

② 소송행위를 하게 하는 것을 주목적으로 지명채권의 양도가 이루어진 경우, 그 채권양도가 신탁법상의 신탁에 해당하지 않는 경우에는 유효이다.

③ 주채무자에 대한 지명채권이 양도된 후 양수인이 보증인에게 보증채권을 행사하기 위해서는 주채권의 양도에 대한 대항요건과 별도로 보증채권의 양도에 대한 대항요건을 갖추어야 한다.

④ 선순위의 근저당권부채권을 양수한 채권자보다 후순위의 근저당권자는 '지명채권양도의 대항요건을 갖추지 아니한 경우에 대항할 수 없는 제3자'에 포함되지 않는다.

⑤ 채권자와 양수인 사이의 계약에 의해 지명채권이 양도된 경우, 양수인은 제3자에 대한 대항요건을 구비하기 위함이라고 하더라도 그 채권자에게 채권양도통지절차의 이행을 청구할 수 없다.

해설 ① (×) 부동산의 매매로 인한 소유권이전등기청구권은 물권의 이전을 목적으로 하는 매매의 효과로서 매도인이 부담하는 재산권이전의무의 한 내용을 이루는 것이고, 매도인이 물권행위의 성립요건을 갖추도록 의무를 부담하는 경우에 발생하는 채권적 청구권으로 그 이행과정에 신뢰관계가 따르므로, <u>소유권이전등기청구권을 매수인으로부터 양도받은 양수인은 매도인이 그 양도에 대하여 동의하지 않고 있다면 매도인에 대하여 채권양도를 원인으로 하여 소유권이전등기절차의 이행을 청구할 수 없고,</u> 따라서 매매로 인한 소유권이전등기청구권은 특별한 사정이 없는 이상 그 권리의 성질상 양도가 제한되고 그 양도에 채무자의 승낙이나 동의를 요한다고 할 것이므로 통상의 채권양도와 달리 양도인의 채무자에 대한 통지만으로는 채무자에 대한 대항력이 생기지 않으며 반드시 채무자의 동의나 승낙을 받아야 대항력이 생긴다(대판 2001.10.9. 2000다51216).

② (×) 소송행위를 하게 하는 것을 주목적으로 채권양도 등이 이루어진 경우, 그 채권 양도가 신탁법상의 신탁에 해당하지 않는다고 하여도 신탁법 제6조가 유추적용되므로 무효이다(대판 2022.1.14. 2017다257098).

③ (×) 보증채무는 주채무에 대한 부종성 또는 수반성이 있어서 주채무자에 대한 채권이 이전되면 당사자 사이에 별도의 특약이 없는 한 보증인에 대한 채권도 함께 이전하고, 이 경우 채권양도의 대항요건도 주채권의 이전에 관하여 구비하면 족하고, 별도로 보증채권에 관하여 대항요건을 갖출 필요는 없다(대판 2002.9.10. 2002다21509).

④ (○) 채권양도의 대항요건의 흠결의 경우 채권을 주장할 수 없는 채무자 이외의 제3자는 <u>양도된 채권 자체에 관하여 양수인의 지위와 양립할 수 없는 법률상 지위를 취득한 자</u>에 한하므로, 선순위의 근저당권부채권을 양수한 채권자보다 후순위의 근저당권자는 채권양도의 대항요건을 갖추지 아니한 경우 대항할 수 없는 제3자에 포함되지 않는다(대판 2005.6.23. 2004다29279).

⑤ (×) 지명채권의 양도는 특별한 사정이 없는 한 채권자와 양수인 사이의 계약에 의하여 이루어지는데, 채무자에 대한 통지 또는 채무자의 승낙이 없으면 채무자 기타 제3자에게 대항할 수 없다(민법 제450조 제1항). 한편 위 통지나 승낙이 확정일자 있는 증서에 의한 것이 아니면 채무자 이외의 제3자에게 대항하지 못하므로(민법 제450조 제2항), 양수인은 대항요건을 구비하기 위해 채권자에게 채권양도통지절차의 이행을 청구할 수 있다(대판 2022.10.27. 2017다243143).

31 채무의 인수에 관한 설명으로 옳은 것을 모두 고른 것은?(다툼이 있으면 판례에 따름)

ㄱ. 중첩적 채무인수는 채권자와 채무인수인과의 합의가 있는 이상 채무자의 의사에 반하여서도 이루어질 수 있다.
ㄴ. 면책적 채무인수가 있는 경우, 인수채무의 소멸시효기간은 특별한 사정이 없는 한 채무인수와 동시에 이루어진 채무인수인의 채무승인에 따라 채무인수일로부터 새로이 진행된다.
ㄷ. 채무자와 채무인수인의 합의에 의한 중첩적 채무인수는 제3자를 위한 계약에 해당하지 않으며, 채권자는 채무인수인에게 수익의 의사를 표시하지 않더라도 채무인수인에 대하여 직접 청구할 권리를 갖는다.

① ㄱ
② ㄱ, ㄴ
③ ㄱ, ㄷ
④ ㄴ, ㄷ
⑤ ㄱ, ㄴ, ㄷ

해설 ㄱ.(○) 채권자와 인수인 사이의 계약으로 이루어질 경우 이는 담보적 기능을 갖기 때문에 채무자의 의사에 반해서도 제3자의 병존적 채무인수가 가능하다(대판 1988.11.22. 87다카1836).
ㄴ.(○) 면책적 채무인수가 있는 경우, 인수채무의 소멸시효 기간은 채무인수와 동시에 이루어진 소멸시효 중단사유, 즉 채무승인에 따라 채무인수일로부터 새로이 진행된다(대판 1999.7.9. 99다12376).
ㄷ.(×) 채무자와 인수인의 합의에 의한 중첩적 채무인수는 일종의 제3자를 위한 계약이라고 할 것이므로, 채권자는 인수인에 대하여 채무이행을 청구하거나 기타 채권자로서의 권리를 행사하는 방법으로 수익의 의사표시를 함으로써 인수인에 대하여 직접 청구할 권리를 갖게 된다(대판 2013.9.13. 2011다56033).

32 채권의 소멸에 관한 설명으로 옳지 않은 것을 모두 고른 것은?(다툼이 있으면 판례에 따름)

ㄱ. 법정변제충당의 순위를 정함에 있어서 변제의 유예가 있는 채무에 대하여는 유예기까지 변제기가 도래하지 않은 것과 같게 보아야 한다.
ㄴ. 채권자의 태도로 보아 채무자가 채무의 이행제공을 하였더라도 그 수령을 거절하였을 것이 명백한 경우에도 채무자는 이행의 제공을 하지 않고 바로 변제공탁할 수는 없다.
ㄷ. 변제공탁이 적법한 경우에는 채권자가 공탁물 출급청구를 하였는지와 관계없이 공탁을 한 때에 변제의 효력이 발생하지만, 그 후 공탁물 출급청구권에 대하여 가압류 집행이 된 경우에는 변제의 효력이 발생하지 아니한다.
ㄹ. 매도인의 담보책임을 기초로 한 손해배상채권의 제척기간이 지난 경우, 매수인은 그 제척기간이 지나기 전에 상계할 수 있었을지라도 그 손해배상채권을 자동채권으로 해서 매도인의 채권과 상계할 수 없다.

① ㄱ, ㄴ
② ㄷ, ㄹ
③ ㄱ, ㄴ, ㄷ
④ ㄱ, ㄷ, ㄹ
⑤ ㄴ, ㄷ, ㄹ

해설 ㄱ. (○) 법정변제충당의 순위를 정함에 있어서 변제의 유예가 있는 채무에 대하여는 유예기까지 변제기가 도래하지 않은 것과 같게 보아야 한다(대판 1999.8.24. 99다22281).

ㄴ. (×) 채권자의 태도로 보아 채무자가 설사 채무의 이행제공을 하였더라도 그 수령을 거절하였을 것이 명백한 경우에는 채무자는 이행의 제공을 하지 않고 바로 변제공탁할 수 있다(대판 1981.9.8. 80다2851).

ㄷ. (×) 변제공탁이 적법한 경우에는 채권자가 공탁물 출급청구를 하였는지와 관계없이 공탁을 한 때에 변제의 효력이 발생하고, 그 후 공탁물 출급청구권에 대하여 가압류 집행이 되더라도 변제의 효력에 영향을 미치지 아니한다(대판 2011.12.13. 2011다11580).

ㄹ. (×) 매도인이나 수급인의 담보책임을 기초로 한 손해배상채권의 제척기간이 지난 경우에도 제척기간이 지나기전 상대방의 채권과 상계할 수 있었던 경우에는 매수인이나 노급인은 민법 제495조를 유추적용해서 위 손해배상 채권을 자동채권으로 해서 상대방의 채권과 상계할 수 있다고 봄이 타당하다(대판 2019.3.14. 2018다255648).

33 계약의 성립에 관한 설명으로 옳지 않은 것은?(다툼이 있으면 판례에 따름)

① 의사표시의 불일치로 인해 계약이 성립하지 않는 경우, 그로 인해 손해를 입은 당사자는 상대방이 계약의 불성립을 알았거나 알 수 있었음을 이유로 계약체결상의 과실로 인한 손해배상을 청구할 수 있다.

② 은행 직원이 예금자로부터 돈을 받아 확인한 후에는 실제로 입금하지 않아도 예금자와 은행 사이에 예금계약이 성립한다.

③ 甲이 자신의 X건물을 乙에게 1억원에 팔겠다는 청약을 하였는데, 이 사실을 모르는 乙이 甲에게 X건물을 1억원에 구입하겠다고 청약을 한 경우에 두 청약이 상대방에게 도달한 때에 계약은 성립한다.

④ 매도인이 매수인에게 매매계약의 합의해제를 청약하였는데, 매수인이 그 청약에 대하여 조건을 붙여 승낙한 경우에는 합의해제의 청약이 실효된다.

⑤ 임대인이 임대목적물에 대한 소유권 기타 이를 임대할 권한이 없다고 하더라도 임대차계약은 유효하게 성립할 수 있다.

해설 ① (×) 계약이 의사의 불합치로 성립하지 아니한 경우 그로 인하여 손해를 입은 당사자가 상대방에게 부당이득 반환 청구 또는 불법행위로 인한 손해배상청구를 할 수 있는지는 별론으로 하고, 상대방이 계약이 성립되지 아니할 수 있다는 것을 알았거나 알 수 있었음을 이유로 민법 제535조를 유추적용하여 계약체결상의 과실로 인한 손해배상 청구를 할 수는 없다(대판 2017.11.14. 2015다10929).

② (○) 예금계약은 예금자가 예금의 의사를 표시하면서 금융기관에 돈을 제공하고 금융기관이 그 의사에 따라 그 돈을 받아 확인을 하면 그로써 성립하며, 금융기관의 직원이 그 받은 돈을 금융기관에 입금하지 아니하고 이를 횡령하였다고 하더라도 예금계약의 성립에는 아무런 소장이 없다(대판 1996.1.26. 95다26919).

③ (○) 1억원에 매도, 매수하겠다는 甲과 乙의 청약이 도달한 경우라면 의사표시의 객관적 합치와 주관적 합치가 발생하였으므로 계약이 성립한다.

④ (○) 매매계약 당사자 중 매도인이 매수인에게 매매계약을 합의해제할 것을 청약하였다고 할지라도, 매수인이 그 청약에 대하여 조건을 붙이거나 변경을 가하여 승낙한 때에는 민법 제534조의 규정에 비추어 보면 그 청약의 거절과 동시에 새로 청약한 것으로 보게 되는 것이고, 그로 인하여 종전의 매도인의 청약은 실효된다(대판 2002.4.12. 2000다17834).

⑤ (○) 임대차는 당사자 일방이 상대방에게 목적물을 사용·수익하게 할 것을 약정하고 상대방이 이에 대하여 차임을 지급할 것을 약정함으로써 성립하는 것으로서(민법 제618조 참조), 임대인이 그 목적물에 대한 소유권 기타 이를 임대할 권한이 없다고 하더라도 임대차계약은 유효하게 성립한다(대판 2009.9.24. 2008다38325).

34 甲은 2024.2.10. 자신이 소유하는 특정 도자기를 1천만원에 乙에게 매도하기로 약정하면서 2024.2.28. 乙에게 인도하기로 하였다. 이에 관한 설명으로 옳지 않은 것은?(다툼이 있으면 판례에 따름)

① 乙의 과실로 도자기가 멸실된 경우, 甲은 도자기 이전의무를 면하면서 얻은 이익이 있더라도 이를 乙에게 상환할 필요는 없다.

② 도자기가 2024.2.20. 실신으로 멸실된 경우, 甲은 乙에게 매매대금의 지급을 청구할 수 없다.

③ 乙이 계약체결 당시 甲에게 매매대금을 지급하였는데, 도자기가 2024.2.20. 지진으로 멸실된 경우에 乙은 甲에게 부당이득반환을 청구할 수 있다.

④ 乙의 과실로 도자기가 멸실된 경우, 甲은 乙에게 매매대금의 지급을 청구할 수 있다.

⑤ 乙의 수령지체 중에 지진으로 도자기가 멸실된 경우, 甲은 乙에게 매매대금의 지급을 청구할 수 있다.

해설 ① (×) 채권자 귀책사유로 인한 이행불능시 채무자는 채무를 면함으로써 이익을 얻은 때에는 이를 채권자에게 상환하여야 한다(민법 제538조 제2항) 따라서 사례에서 乙의 과실로 도자기가 멸실된 경우, 甲은 도자기 이전의무를 면하면서 얻은 이익이 있으면 이를 乙에게 상환해야 한다.

② (○) 쌍무계약의 당사자 일방의 채무가 당사자쌍방의 책임 없는 사유로 이행할 수 없게 된 때에는 채무자는 상대방의 이행을 청구하지 못한다(민법 제537조). 따라서 도자기가 2024.2.20. 지진으로 멸실된 경우, 甲은 乙에게 매매대금의 지급을 청구할 수 없다.

③ (○) 계약일에 대금을 지급했고 그 후 인도일 이전에 쌍방 귀책사유없는 사유로 이행불능이 된 경우이므로 부당이득의 법리에 따라 乙은 甲에게 부당이득반환을 청구할 수 있다.

④ (○) 민법 제538조 제1항 전문

> **채권자귀책사유로 인한 이행불능(민법 제538조)**
> ① 쌍무계약의 당사자 일방의 채무가 채권자의 책임있는 사유로 이행할 수 없게 된 때에는 채무자는 상대방의 이행을 청구할 수 있다. 채권자의 수령지체 중에 당사자쌍방의 책임없는 사유로 이행할 수 없게 된 때에도 같다.

⑤ (○) 민법 제538조 제1항 후문

35 증여계약에 관한 설명으로 옳지 않은 것은?(다툼이 있으면 판례에 따름)

① 부담부 증여에서 상대방의 부담의무 불이행을 이유로 한 증여자의 계약해제는 이미 이행한 부분에 대하여는 영향을 미치지 아니한다.

② 증여계약 성립 이후에 그 계약이 존속하는 동안 서면을 작성한 경우에는 그때부터 당사자가 임의로 이를 해제할 수 없다.

③ 재단법인의 설립을 위하여 서면에 의해 출연하였더라도 착오취소를 위한 요건이 갖춰진 경우, 출연자는 착오를 이유로 출연의 의사표시를 취소할 수 있다.

④ 서면에 의하지 않음을 이유로 증여계약을 해제하는 경우에는 원칙적으로 형성권의 제척기간의 적용을 받지 않는다.

⑤ 정기의 급여를 목적으로 한 증여는 특별한 사정이 없는 한 증여자의 사망으로 인하여 그 효력을 잃는다.

해설 ① (×) 상대부담 있는 증여에 대하여는 민법 제561조에 의하여 쌍무계약에 관한 규정이 준용되어 부담의무 있는 상대방이 자신의 의무를 이행하지 아니할 때에는 비록 증여계약이 이미 이행되어 있다 하더라도 증여자는 계약을 해제할 수 있고, 그 경우 민법 제555조와 제558조는 적용되지 아니한다(대판 1997.7.8. 97다2177).

② (○) 민법 제555조 소정의 증여의 의사가 표시된 서면의 작성시기에 대하여는 법률상 아무런 제한이 없으므로 증여계약이 성립한 당시에는 서면이 작성되지 않았더라도 그 후 계약이 존속하는 동안 서면을 작성한 때에는 그때부터는 서면에 의한 증여로서 당사자가 임의로 이를 해제할 수 없게 된다(대판 1989.5.9. 88다카2271).

③ (○) 재단법인에 대한 출연자와 법인과의 관계에 있어서 그 출연행위에 터잡아 법인이 성립되면 그로써 출연재산은 민법 제48조에 의하여 법인 성립시에 법인에게 귀속되어 법인의 재산이 되는 것이고, 출연재산이 부동산인 경우에 있어서도 위 양당사자 간의 관계에 있어서는 법인의 성립 외에 등기를 필요로 하는 것은 아니라 할지라도, 재단법인의 출연자가 착오를 원인으로 취소를 한 경우에는 출연자는 재단법인의 성립 여부나 출연된 재산의 기본재산인 여부와 관계없이 그 의사표시를 취소할 수 있다(대판 1999.7.9. 98다9045).

④ (○) 민법 제555조에서 말하는 증여계약의 해제는 민법 제543조 이하에서 규정한 본래 의미의 해제와는 달리 형성권의 제척기간의 적용을 받지 않는 특수한 철회로서, 10년이 경과한 후에 이루어졌다 하더라도 원칙적으로 적법하다(대판 2009.9.24. 2009다37831).

⑤ (○) 민법 제560조

36 甲은 자신의 토지 위에 건물신축을 위해 乙과 공사도급계약을 체결하였다. 이에 관한 설명으로 옳지 않은 것을 모두 고른 것은?(다툼이 있으면 판례에 따름)

> ㄱ. 乙이 일을 완성하기 전에 甲은 손해를 배상하고 계약을 해제할 수 있으며, 특별한 사정이 없는 한 甲은 乙에 대한 손해배상에 있어서 과실상계를 주장할 수 있다.
>
> ㄴ. 乙로부터 공사대금채권을 양수받은 자의 저당권설정청구에 의하여 甲이 신축건물에 저당권을 설정하는 행위는 특별한 사정이 없는 한 甲의 채권자에 대한 사해행위에 해당하지 아니한다.
>
> ㄷ. 甲이 하자보수에 갈음하여 손해배상을 청구하는 경우, 甲은 보수(報酬)가 손해배상액을 초과하더라도 乙이 그 손해배상채무를 이행할 때까지 乙에게 그 보수 전액의 지급을 거절할 수 있다.
>
> ㄹ. 완성된 건물에 중요한 하자가 있어 甲이 하자보수에 갈음하여 손해배상을 청구하는 경우, 그 하자보수비는 건물의 완성시를 기준으로 산정해야 한다.

① ㄱ, ㄴ

② ㄴ, ㄹ

③ ㄷ, ㄹ

④ ㄱ, ㄷ, ㄹ

⑤ ㄴ, ㄷ, ㄹ

해설 ㄱ.(×) '완성된 목적물'이 건물 기타 공작물인 경우에는, 그 하자로 인해 계약의 목적을 달성할 수 없는 때에도 해제할 수 없다(민법 제668조 단서).

ㄴ.(○) 민법 제666조에서 정한 수급인의 저당권설정청구권은 공사대금채권을 담보하기 위하여 인정되는 채권적 청구권으로서 공사대금채권에 부수하여 인정되는 권리이므로, 당사자 사이에 공사대금채권만을 양도하고 저당권설정청구권은 이와 함께 양도하지 않기로 약정하였다는 등의 특별한 사정이 없는 한, 공사대금채권이 양도되는 경우 저당권설정청구권도 이에 수반하여 함께 이전된다고 봄이 타당하다. 따라서 신축건물의 수급인으로부터 공사대금채권을 양수받은 자의 저당권설정청구에 의하여 신축건물의 도급인이 그 건물에 저당권을 설정하는 행위 역시 다른 특별한 사정이 없는 한 사해행위에 해당하지 아니한다(대판 2018.11.29. 2015다19827).

ㄷ.(×) 도급인의 손해배상청구권과 수급인의 보수청구권은 동시이행의 관계에 있다. 다만, 동시이행관계에 있는 보수청구권은 손해배상채권액에 상당하는 부분에 한한다.

ㄹ.(×) 하자보수에 갈음한 손해배상청구권은 하자가 발생하여 보수가 필요하게 된 시점에서 성립된다(대판 2000.3.10. 99다55632).

37 위임계약에 관한 설명으로 옳지 않은 것은?(다툼이 있으면 판례에 따름)

① 보수의 수령 여부와 관계없이 수임인은 선량한 관리자의 주의의무를 부담한다.

② 수임인이 위임사무의 처리로 인하여 받은 금전을 위임인에게 반환할 경우, 특별한 사정이 없는 한 위임 종료시를 기준으로 그 금전의 범위가 정해진다.

③ 위임인이 성년후견개시심판을 받더라도 위임이 종료되는 것은 아니다.

④ 위임계약의 당사자는 특별한 이유 없이도 언제든지 위임계약을 해지할 수 있다.

⑤ 수임인이 위임인의 지명에 의하여 복수임인을 선임한 경우, 위임인에 대하여 그 선임감독에 관한 책임을 진다.

해설
① (○) 수임인은 위임계약이 유상인지 무상인지 여부와 무관하게 위임의 취지에 따라 선량한 관리자의 주의로써 위임사무를 처리할 의무를 부담한다(민법 제681조).

② (○) 민법 제684조 제1항은 "수임인은 위임사무의 처리로 인하여 받은 금전 기타의 물건 및 그 수취한 과실을 위임인에게 인도하여야 한다."라고 규정하고 있다. 이때 인도시기는 당사자 간에 특약이 있거나 위임의 본뜻에 반하는 경우 등과 같은 특별한 사정이 없는 한 위임계약이 종료된 때이므로, 수임인이 반환할 금전의 범위도 위임 종료 시를 기준으로 정해진다(대판 2016.6.28. 2016다11295).

③ (○) 수임인에 대한 성년후견개시의 심판(민법 제690조)시 위임이 종료된다.

④ (○) 민법 제689조 제1항

⑤ (×) 대리인이 본인의 지명에 의하여 복대리인을 선임한 경우에는 그 부적임 또는 불성실함을 알고 본인에게 대한 통지나 그 해임을 태만한 때가 아니면 책임이 없다(민법 제121조 제2항). 따라서 수임인이 위임인의 지명에 의하여 복수임인을 선임한 경우, 위임인에 대하여 그 선임감독에 관한 책임을 지지 않는다.

38 사무관리에 관한 설명으로 옳은 것은?(다툼이 있으면 판례에 따름)

① 관리자가 사무의 적절한 관리를 함에 있어 과실없이 손해를 받은 때에는 본인에 대하여 그 손해 전액의 보상을 청구할 수 있다.

② 관리자가 본인을 위하여 본인의 의사에 부합하게 사무를 관리하면서 유익비를 지출한 경우, 현존이익 한도에서 그 상환을 청구할 수 있다.

③ 상대방과의 약정에 따라 제3자의 사무를 관리한 경우, 그 관리자와 제3자 사이에서는 원칙적으로 사무관리가 성립된다.

④ 관리자에게 타인을 위해 사무를 처리하는 의사와 관리자 자신의 이익을 위한 의사가 모두 있는 경우에는 사무관리가 성립할 수 없다.

⑤ 관리자가 타인의 신체에 대한 급박한 위해를 면하게 하기 위하여 그 사무를 관리한 경우, 그의 경과실로 인해 발생한 본인의 손해를 배상할 책임이 없다.

해설 ① (×) 관리자가 사무관리를 함에 있어서 과실없이 손해를 받은 때에는 본인의 현존이익의 한도에서 그 손해의 보상을 청구할 수 있다(민법 제740조).

② (×) 관리자가 본인의 의사에 반하여 관리한 때에는 <u>본인의 현존이익의 한도에서</u> 상환을 청구할 수 있다(민법 제739조 제3항 참고).

> **관리자의 비용상환청구권(민법 제739조)**
> ① 관리자가 본인을 위하여 필요비 또는 유익비를 지출한 때에는 본인에 대하여 그 상환을 청구할 수 있다.
> ② 관리자가 본인을 위하여 필요 또는 유익한 채무를 부담한 때에는 제688조 제2항의 규정을 준용한다.
> ③ 관리자가 본인의 의사에 반하여 관리한 때에는 본인의 현존이익의 한도에서 전2항의 규정을 준용한다.

③ (×) 의무 없이 타인의 사무를 처리한 자는 그 타인에 대하여 민법상 사무관리 규정에 따라 비용상환 등을 청구할 수 있으나, 제3자와의 약정에 따라 타인의 사무를 처리한 경우에는 의무 없이 타인의 사무를 처리한 것이 아니므로 이는 원칙적으로 그 타인과의 관계에서는 사무관리가 된다고 볼 수 없다(대판 2013.9.26. 2012다43539).

④ (×) 사무관리가 성립하기 위하여는 우선 그 사무가 타인의 사무이고 타인을 위하여 사무를 처리하는 의사, 즉 관리의 사실상의 이익을 타인에게 귀속시키려는 의사가 있어야 하며, 나아가 그 사무의 처리가 본인에게 불리하거나 본인의 의사에 반한다는 것이 명백하지 아니할 것을 요한다. 여기에서 <u>'타인을 위하여 사무를 처리하는 의사'는 관리자 자신의 이익을 위한 의사와 병존할 수 있고, 반드시 외부적으로 표시될 필요가 없으며, 사무를 관리할 당시에 확정되어 있을 필요가 없다</u>(대판 2013.8.22. 2013다30882).

⑤ (○) 관리자가 타인의 생명, 신체, 명예 또는 재산에 대한 급박한 위해를 면하게 하기 위하여 그 사무를 관리한 때에는 고의나 중대한 과실이 없으면 이로 인한 손해를 배상할 책임이 없다(민법 제735조).

39 불법행위에 관한 설명으로 옳은 것은?(다툼이 있으면 판례에 따름)

① 공동불법행위자 甲과 乙중 甲의 손해배상채무가 시효로 소멸한 후에 乙이 피해자에게 자기의 부담 부분을 넘는 손해를 배상한 경우, 乙은 甲을 상대로 구상권을 행사할 수 없다.

② 자신의 과실에 의해 초래된 급박한 위난을 피하기 위해 부득이 타인에게 손해를 가한 자는 그 손해에 대한 배상책임을 지지 않는다.

③ 공작물의 설치·보존의 하자로 인해 타인에게 입힌 손해에 대하여 점유자가 면책된 경우, 그 공작물의 소유자는 과실이 없어도 배상책임을 진다.

④ 피용자와 제3자가 공동불법행위에 따른 손해배상채무를 부담하는 경우, 사용자가 피용자와 제3자의 책임비율에 의해 정해진 부담부분을 초과하여 피해자에게 배상하더라도 제3자에 대하여 구상권을 행사 할 수 없다.

⑤ 불법행위로 인하여 건물이 훼손되어 사용 및 수리가 불가능한 경우, 손해배상액의 기준이 되는 건물의 시가에는 원칙적으로 선물의 철거비용이 포함된다.

해설 ① (×) 공동불법행위자의 다른 공동불법행위자에 대한 구상권은 피해자의 다른 공동불법행위자에 대한 손해배상채권과는 그 발생 원인 및 성질을 달리하는 별개의 권리이고, 연대채무에 있어서 소멸시효의 절대적 효력에 관한 민법 제421조의 규정은 공동불법행위자 상호 간의 부진정연대채무에 대하여는 그 적용이 없으므로, 공동불법행위자 중 1인의 손해배상채무가 시효로 소멸한 후에 다른 공동불법행위자 1인이 피해자에게 자기의 부담부분을 넘는 손해를 배상하였을 경우에도, 그 공동불법행위자는 다른 공동불법행위자에게 구상권을 행사할 수 있다(대판 1997.12.23. 97다42830).

② (×) 민법 제761조 제3항의 긴급피난이 성립하기 위해서는 위난이 자신의 과실에 의해 초래되어서는 안 된다.

③ (○) 점유자의 1차 책임은 과실의 입증책임을 전환한 중간책임이나, 2차로 보충적으로 지는 소유자의 책임은 무과실책임으로 구성되어 있다(민법 제758조 제1항).

> **공작물등의 점유자, 소유자의 책임(민법 제758조)**
> ① 공작물의 설치 또는 보존의 하자로 인하여 타인에게 손해를 가한 때에는 공작물점유자가 손해를 배상할 책임이 있다. 그러나 점유자가 손해의 방지에 필요한 주의를 해태하지 아니한 때에는 그 소유자가 손해를 배상할 책임이 있다.

④ (×) 피용자와 제3자가 공동불법행위로 피해자에게 손해를 가하여 그 손해배상채무를 부담하는 경우에 피용자와 제3자는 공동불법행위자로서 서로 부진정연대관계에 있고, 한편 사용자의 손해배상책임은 피용자의 배상책임에 대한 대체적 책임이어서 사용자도 제3자와 부진정연대관계에 있다고 보아야 할 것이므로, 사용자가 피용자와 제3자의 책임비율에 의하여 정해진 피용자의 부담부분을 초과하여 피해자에게 손해를 배상한 경우에는 사용자는 제3자에 대하여도 구상권을 행사할 수 있으며, 그 구상의 범위는 제3자의 부담부분에 국한된다고 보는 것이 타당하다(대판 1992.6.23. 91다33070).

⑤ (×) 불법행위로 인하여 건물이 훼손된 경우 그 손해는 수리가 가능하다면 그 수리비, 수리가 불가능하다면 그 교환가치(시가)가 통상의 손해이고, 사용 및 수리가 불가능한 경우 통상 불법행위로 인한 손해배상액의 기준이 되는 건물의 시가에는 건물의 철거비용은 포함되지 않는다(대판 1995.7.28. 94다19129).

40 매도인의 담보책임에 관한 설명으로 옳은 것을 모두 고른 것은?(특별한 사정은 없으며, 다툼이 있으면 판례에 따름)

> ㄱ. 타인의 권리의 매매에서 매도인이 그 권리를 매수인에게 이전할 수 없게 된 경우, 매도인의 손해배상액은 이행불능 당시의 목적물의 시가를 기준으로 산정한다.
> ㄴ. 매매목적물의 일부가 계약 당시에 이미 멸실되어 매도인이 그 부분을 이전 할 수 없는 경우, 악의의 매수인은 대금감액을 청구할 수 없다.
> ㄷ. 매매목적물이 유치권의 목적이 되어 있는 경우, 계약의 목적을 달성할 수 있더라도 선의의 매수인은 계약을 해제할 수 있다.
> ㄹ. 매매당사자가 건축을 위해 매매한 토지에 대하여 건축허가를 받을 수 없어 건축이 불가능한 경우는 물건의 하자에 해당하며, 하자의 존부는 매매계약 성립시를 기준으로 판단한다.

① ㄱ, ㄴ
② ㄴ, ㄹ
③ ㄷ, ㄹ
④ ㄱ, ㄴ, ㄹ
⑤ ㄱ, ㄴ, ㄷ, ㄹ

해설　ㄱ.(○) 타인의 권리를 매매한 자가 권리이전을 할수 없게 된 때에는 매도인은 선의의 매수인에 대하여 불능 당시의 시가를 표준으로 그 계약이 완전히 이행된 것과 동일한 경제적 이익을 배상할 의무가 있다(대판[전합] 1967.5.18. 66다2618).

　ㄴ.(○) 매수인이 선의의 경우에 한하여 대금감액청구권, 계약해제권, 손해배상청구권을 행사할 수 있다(민법 제574조).

　ㄷ.(×) 매매의 목적물이 지상권, 지역권, 전세권, 질권 또는 유치권의 목적이 된 경우에 매수인이 이를 알지 못한 때에는 이로 인하여 계약의 목적을 달성할 수 없는 경우에 한하여 매수인은 계약을 해제할 수 있다(민법 제575조 제1항).

　ㄹ.(○) 매매의 목적물이 거래통념상 기대되는 객관적 성질·성능을 결여하거나, 당사자가 예정 또는 보증한 성질을 결여한 경우에 매도인은 매수인에 대하여 그 하자로 인한 담보책임을 부담한다 할 것이고, 한편 건축을 목적으로 매매된 토지에 대하여 건축허가를 받을 수 없어 건축이 불가능한 경우, 위와 같은 법률적 제한 내지 장애 역시 매매목적물의 하자에 해당한다 할 것이나, 다만 위와 같은 하자의 존부는 매매계약 성립시를 기준으로 판단하여야 할 것이다(대판 2000.1.18. 98다18506).

40 ④

인생은 자전거를 타는 것과 같다.
균형을 잡으려면 움직여야 한다.

– 알버트 아인슈타인 –

참고문헌

- 곽윤직·김재형, 민법총칙, 박영사, 2020
- 곽윤직·김재형, 물권법, 박영사, 2019
- 곽윤직, 채권총론, 박영사, 2020
- 곽윤직, 채권각론, 박영사, 2018
- 지원림, 민법강의, 홍문사, 2022
- 김준호, 민법강의, 법문사, 2022
- 송덕수, 신민법강의, 박영사, 2022
- 김동진, 민법공방, 윌비스, 2019
- 류호권, 포인트민법, 고시계사, 2020
- 박기현·김종원, 핵심정리 민법, 메티스, 2014

2025 시대에듀 변리사 1차 민법개론 한권으로 끝내기

개정3판1쇄 발행	2024년 07월 10일(인쇄 2024년 06월 28일)
초 판 발 행	2021년 01월 20일(인쇄 2020년 12월 30일)

발 행 인	박영일
책 임 편 집	이해욱
저 자	김동진 · 시대법학연구소

편 집 진 행	석지연
표 지 디 자 인	박수영
편 집 디 자 인	김민설 · 하한우

발 행 처	(주)시대고시기획
출 판 등 록	제10-1521호
주 소	서울시 마포구 큰우물로 75 [도화동 538 성지 B/D] 9F
전 화	1600-3600
팩 스	02-701-8823
홈 페 이 지	www.sdedu.co.kr

I S B N	979-11-383-7390-6 (13360)
정 가	52,000원

나는 이렇게 합격했다

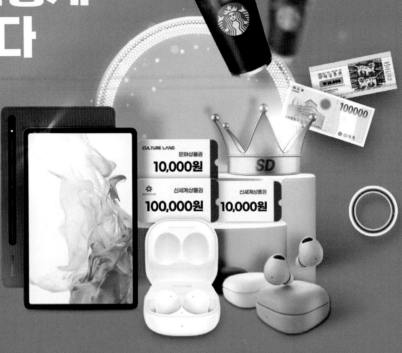

당신의 합격 스토리를 들려주세요
추첨을 통해 선물을 드립니다

베스트 리뷰
갤럭시탭/ 버즈 2

상/하반기 추천 리뷰
상품권/ 스벅커피

인터뷰 참여
백화점 상품권

이벤트 참여방법

합격수기

| 시대에듀와 함께한 도서 or 강의 **선택** | > | 나만의 합격 노하우 정성껏 **작성** | > | 상반기/하반기 추첨을 통해 선물 증정 |

인터뷰

| 시대에듀와 함께한 강의 **선택** | > | 합격증명서 or 자격증 사본 **첨부**, 간단한 소개 **작성** | > | 인터뷰 완료 후 **백화점 상품권 증정** |

이벤트 참여방법

다음 합격의 주인공은 바로 여러분입니다!

QR코드 스캔하고 ▷ ▷ ▶
이벤트 참여하여 푸짐한 경품받자!

합격의 공식
시대에듀